| 경찰형사법 |

백광훈 진도별 모의고사

백진모

백광훈 편저

경단기

박영사

백광훈 진도별 모의고사 경찰형사법 제1판

이 책은 2025년 경찰채용·해경채용·경찰간부 시험 등의 형사법 과목에 대비해서 만든 「진도별 모의고사」 교재로, 형법과 형사소송법의 수사와 증거를 묶어 '형사법' 과목으로 시행하는 시험에 대비하는 단권 모의고사집이다.

약칭 '경진모'(경찰형사법 진도별 모의고사)의 특징과 목적은 아래와 같이 요약할 수 있다.

첫째, 모의고사는 처음부터 끝까지 각 진도별로 회당 20문항, 총 34회, 680문항으로 구성하였다.

둘째, 난이도는 실전보다 다소 상향되도록 설정하였다. 보다 가혹한 환경에서 연습하고 단련하는 것이 중압감 등의 마이너스 요인이 발생하는 시험장에서 자신의 실력을 발휘하게 할 수 있기 때문이다.

셋째, 최근까지의 개정법령과 최신판례들을 반영하였다. 진도별 모의고사 풀이는 시험보다 3개월에서 4개월 전부터 진행되는 과정으로, 최신정보의 정리를 행하는 마지막 대비이기 때문이다.

넷째, '틀린 문제는 다시 안 틀리게 한다'는 목표를 실현하고자 하였다. 이를 위해 각 문항·지문별로 정확하고 충분한 해설을 수록하였다.

또한 '인터넷강의를 듣는 독자들을 위한 경진모 활용법'을 아래와 같이 알려드리고자 한다.

첫째, 모의고사 각 회에 대하여 스스로 시험을 본다. 실전과 같이 시간을 재서 풀어야 하는데, 20개 문항이 한 회이므로, 총 20분 안에 풀고 답안지 마킹까지 마친다. 숙련되면 15분 안에 푸는 것을 목표로 한다. 한 문항당 최소 30초에서 최대 1분까지로 정한다.

둘째, 각 회당 몇 점이 나왔는지 점수를 매긴다. 해설을 잘 읽고 강의를 들으면서 자신이 어떤 문항이나 어떤 지문에 대하여 틀렸는지, 확실하지 못했는지 확인한다. 특히 강의를 들으면서 다른 경쟁자들이 어떤 문항이나 지문에 대하여 점수가 어떻게 나왔는지를 확인한다.

셋째, 각 진도별로 자신이 틀렸거나 확실하지 못한 부분을 특정하여 각 부분별 취약점을 확인한다. 특정 지문에 해당하는 부분에서만 약점이 나왔다면 해당 지문에 대한 해설을 잘 읽어도 충분하나, 어떤 장이나 절 목차에 해당하는 부분이 전반적으로 점수가 잘 안 나왔다면 다시 기출, 요약, 오엑스, 기본 심화이론 교재나 강의를 복습해야 한다.

아무쪼록 본서가 독자 여러분들의 합격에 작은 도움이라도 되기를 바라는 마음뿐이다. 끝으로 본서의 편집과 교정, 제작을 맡아 준 도서출판 박영사의 임직원님들에게 깊은 감사의 말씀을 드린다.

2024년 12월

백광훈

CONTENTS
차례

01
이론집중 모의고사

▶ 제1편 **형법의 일반이론** — 제2편 **범죄론: 제2장 구성요건론** [인과관계와 객관적 귀속]

회차	시행일			목표점수			획득점수		
제1회	1차	2차	3차	1차	2차	3차	1차	2차	3차

제1편 형법의 일반이론

01

형법의 규범적 성격과 기능 등에 대한 다음 [보기]의 설명 중 옳지 않은 것을 모두 고른 것은?

| 보기 |

㉠ 형법은 일정한 행위를 금지 또는 명령하는 행위규범으로서 살인죄는 명령규범, 퇴거불응죄는 금지규범의 형식을 취하고 있다.

㉡ 형법은 법관 또한 수명자로 하여 형벌권 행사의 한계를 설정함으로써 사법(司法)작용을 규제하는 재판규범이다.

㉢ 형법은, 형법이 무가치하다고 평가한 불법을 일반 국민이 결의하지 않도록 하는 평가규범이자, 형법에 규정되어 있는 행위가 가치에 반하고 위법하다는 판단을 하게 해주는 의사결정규범의 성격을 가진다.

㉣ 형법은 보호적 기능과 보장적 기능을 모두 가지며, 어느 한 기능을 강조하면 다른 한 기능도 함께 강화되는 상호 비례 관계에 있다.

㉤ 형벌법규의 위임은 특히 긴급한 필요가 있거나 미리 법률로써 자세히 정할 수 없는 부득이한 사정이 있는 경우로 한정되어야 하며, 이러한 경우에도 법률에서 범죄의 구성요건은 처벌대상행위가 어떠한 것일 것이라고 예측할 수 있을 정도로 구체적으로 정하여야 한다.

① ㉠㉢㉣
② ㉡㉢㉣
③ ㉠㉡㉢㉤
④ ㉠㉡㉣㉤

02

죄형법정주의에 관한 다음 [보기]의 설명 중 옳지 않은 것을 모두 고른 것은? (다툼이 있으면 판례에 의함)

| 보기 |

㉠ 조례의 제정권자인 지방의회는 선거를 통해서 그 지역적인 민주적 정당성을 지니고 있는 주민의 대표기관이므로 지방의회가 조례로써 주민의 권리 또는 의무에 관한 사항이나 벌칙을 정할 때에 법률의 위임을 받지 않아도 된다.

㉡ 부진정소급입법은 허용되지만, 진정소급입법은 허용되지 않는다.

㉢ 지방자치법에 따르면, 지방자치단체는 조례를 위반한 행위에 대하여 조례로써 1천만 원 이하의 벌금을 정하여 부과할 수 있다.

㉣ 보안처분에 대하여 소급효금지원칙이 적용된다고 보는 견해는 보안처분도 형벌과 함께 형사제재에 속하고, 또한 형벌과 마찬가지로 자유제한 처분에 해당한다는 점을 근거로 한다.

㉤ 구 결혼중개업의 관리에 관한 법률이 형사처벌의 대상인 신상정보 제공의무와 관련하여 단지 "신상정보의 제공 시기 및 절차, 입증방법 등에 필요한 사항은 대통령령으로 정한다."라고만 규정하고 있는데, 동법 시행령이 '이용자와 상대방의 만남 이전'에 신상정보를 제공할 의무를 부과하고 있다면 이는 위임입법의 한계를 일탈한 것이다.

㉥ 「형법」 제1조 제1항 "범죄의 성립과 처벌은 행위 시의 법률에 따른다."라고 할 때의 '행위 시'라 함은 범죄행위 종료 시를 의미하므로 구법 시행 시 행위가 종료하였으나 결과는 신법 시행 시에 발생한 경우에는 신법이 적용된다.

① ㉠㉡㉢㉣㉤
② ㉠㉡㉢㉤㉥
③ ㉡㉢㉣㉤㉥
④ ㉠㉢㉣㉤㉥

03

죄형법정주의에 관한 다음 [보기]의 설명 중 옳은 것을 모두 고른 것은?

| 보기 |

㉠ 유추해석금지의 원칙은 모든 형벌법규의 구성요건과 가벌성에 관한 규정에 준용된다.

㉡ 형벌법규의 해석에서 위법성 및 책임의 조각사유나 소추조건 또는 처벌조각사유인 형면제 사유에 관하여 그 범위를 제한적으로 유추적용하게 되면 행위자의 가벌성의 범위는 축소된다.

㉢ 형벌법규에 대한 체계적·논리적 해석방법은 그 규정의 본질적 내용에 가장 접근한 해석을 위한 것으로서 죄형법정주의의 원칙에 부합한다.

㉣ 죄형법정주의 원칙 중 유추해석금지의 원칙은 특정 범죄자에 대한 위치추적 전자장치 부착 명령의 요건을 해석할 때에도 적용된다.

㉤ 특정강력범죄로 형을 선고받아 그 집행을 종료하거나 면제받은 후 비교적 짧은 기간이라 할 수 있는 3년 이내에 다시 특정강력범죄를 범한 경우 그 죄에 정한 형의 장기뿐 아니라 단기의 2배까지 가중하여 처벌하도록 규정한 특례법이 적정성의 원칙에 위반하는 것은 아니다.

㉥ 법률의 시행령이나 시행규칙의 내용이 모법의 입법 취지와 관련 조항 전체를 유기적·체계적으로 살펴보아 모법의 해석상 가능한 것을 명시한 것에 지나지 아니하거나 모법 조항의 취지에 근거하여 이를 구체화하기 위한 것인 때에는 모법에 이에 관하여 직접 위임하는 규정을 두지 아니하였다고 하더라도 이를 무효라고 볼 수는 없다.

① ㉠㉡㉢㉤㉥
② ㉠㉢㉣㉤㉥
③ ㉢㉣㉤㉥
④ ㉠㉡㉣㉤

04

형법 제1조 제2항[범죄 후 법률이 변경되어 그 행위가 범죄를 구성하지 아니하게 되거나 형이 구법(舊法)보다 가벼워진 경우에는 신법(新法)에 따른다] 및 형사소송법 제326조 제4호(다음 경우에는 판결로써 면소의 선고를 하여야 한다. 4. 범죄 후의 법령개폐로 형이 폐지되었을 때)에 관한 다음 기술 중 옳은 것을 모두 고른 것은? (다툼이 있으면 판례에 의함)

㉠ 형벌법규 제정의 이유가 된 법률이념의 변경에 따라 종래의 처벌 자체가 부당하였다거나 또는 과형이 과중하였다는 반성적 고려에서 법령을 변경하였을 경우에만 형법 제1조 제2항과 형사소송법 제326조 제4호가 적용된다.

㉡ 형법 제1조 제2항과 형사소송법 제326조 제4호의 규정은 입법자가 법령의 변경 이후에도 종전 법령 위반행위에 대한 형사처벌을 유지한다는 내용의 경과규정을 따로 두지 않는 한 그대로 적용된다.

㉢ 범죄의 성립과 처벌에 관하여 규정한 형벌법규 자체 또는 그로부터 수권 내지 위임을 받은 법령의 변경에 따라 범죄를 구성하지 아니하게 되거나 형이 가벼워진 경우에는, 종전 법령이 범죄로 정하여 처벌한 것이 부당하였다거나 과형이 과중하였다는 반성적 고려에 따라 변경된 것인지 여부를 따지지 않고 원칙적으로 형법 제1조 제2항과 형사소송법 제326조 제4호가 적용된다.

㉣ 형벌법규 자체 또는 그로부터 수권 내지 위임을 받은 법령이 아닌 다른 법령이 변경된 경우 형법 제1조 제2항과 형사소송법 제326조 제4호를 적용하려면, 해당 형벌법규에 따른 범죄의 성립 및 처벌과 직접적으로 관련된 형사법적 관점의 변화를 주된 근거로 하는 법령의 변경에 해당하여야 한다.

㉤ 법령이 개정 내지 폐지된 경우가 아니라, 스스로 유효기간을 구체적인 일자나 기간으로 특정하여 효력의 상실을 예정하고 있던 법령이 그 유효기간을 경과함으로써 더 이상 효력을 갖지 않게 된 경우도 형법 제1조 제2항과 형사소송법 제326조 제4호에서 말하는 법령의 변경에 해당한다.

㉥ 법무사인 甲이 개인파산·회생사건 관련 법률사무를 위임받아 취급하여 비변호사의 법률사무

취급을 금지하는 「변호사법」 제109조 제1호 위반으로 기소되었는데 범행 이후에 개정된 「법무사법」 제2조 제1항 제6호에 의하여 '개인의 파산사건 및 개인회생사건 신청의 대리'가 법무사의 업무로 추가되었다면, 위 「법무사법」 개정은 형사법적 관점의 변화를 주된 근거로 하는 법령의 변경에 해당하므로 「형법」 제1조 제2항이 적용된다.

① ㉠㉡㉢㉣㉤
② ㉡㉢㉣㉤
③ ㉡㉢㉣
④ ㉡㉢

05

형벌이론에 대한 다음 [보기]의 설명 중 옳은 것을 모두 고른 것은?

| 보기 |

㉠ 형벌론은 국가형벌권이 어떻게 정당화될 수 있으며 그 목적이 어디에 있는지를 찾는 이론이다.
㉡ 장래의 범죄를 예방하는 데 형벌의 목적이 있다고 이해하는 일반예방주의는 심리강제설의 영향을 받고 있다.
㉢ 형벌을 과거의 범죄행위에 대한 책임의 상쇄로 이해하는 응보형주의는 인간의 자기결정능력을 신뢰하는 자유주의 사상의 산물로서 국가형벌권 행사를 확대하는 데 기여하고 있다.
㉣ 선고유예제도, 집행유예제도, 가석방제도, 보호관찰제도 등은 특별예방주의의 산물로 볼 수 있다.
㉤ 일반예방주의는 범죄자의 재범 방지를, 특별예방주의는 일반인의 범죄 방지에 그 목적을 둔다.

① ㉠㉡㉣㉤
② ㉡㉢㉣㉤
③ ㉠㉡㉣
④ ㉡㉣㉤

06

형법이론에 관한 다음의 [보기]의 기술 중 옳지 않은 것을 모두 고른 것은?

| 보기 |

㉠ 교육형론, 주관주의, 행위자주의, 부정기형 부인은 신파의 주장이다.
㉡ 공범의 종속성 여부에 관하여 객관주의는 종속성을 인정하지 않는 반면 주관주의의 입장에서는 공범의 종속성을 인정한다.
㉢ 범죄이론에 관하여 객관주의와 주관주의의 대립은 인과관계론과 같은 것은 순수한 객관적 요소나 고의나 목적과 같은 주관적 불법요소에서는 나타나지 않는다.
㉣ 고의의 체계적 지위에 관한 학설 중 책임요소설은 불법의 무한정한 확대를 막는 장점은 있으나, 고의범과 과실범이 구성요건단계에서는 구별되지 않는 불합리가 있다.
㉤ 불능미수의 요건인 위험성에 관한 판단기준에 있어서 추상적 위험설이 구체적 위험설에 비하여 보다 객관주의의 입장에 가깝다.

① ㉠㉡㉢㉣
② ㉡㉢㉣㉤
③ ㉠㉡㉣㉤
④ ㉠㉡㉤

07

범죄의 처벌조건과 관련한 다음 [보기]의 설명으로 옳은 것을 모두 고른 것은?

| 보기 |

㉠ 범죄의 처벌조건이란 일단 성립된 범죄의 가벌성만을 좌우하는 조건을 말한다.

㉡ 객관적 처벌조건이 형벌을 근거지우거나 가중시키는 경우라도 책임주의에 반하는 것은 아니다.

㉢ 사전수뢰죄에 있어서 '공무원 또는 중재인이 된 사실'(제129조 제2항)은 객관적 처벌조건에 해당한다.

㉣ 친족상도례에서 제328조 제1항의 신분은 인적 처벌조각사유에 해당한다.

㉤ 범죄성립조건은 엄격한 증명의 대상이요, 범죄처벌조건은 자유로운 증명의 대상이고, 범죄소추조건은 불요증사실이다.

① ㉠㉡
② ㉠㉢
③ ㉡㉢㉣㉤
④ ㉠㉢㉣㉤

08

범죄론 일반에 관한 다음 [보기]의 설명 중 옳은 것을 모두 고른 것은?

| 보기 |

㉠ 사전수뢰죄(제129조 제2항)에 있어서 '공무원 또는 중재인이 된 사실'은 객관적 처벌조건에 해당한다.

㉡ 처벌조건이 결여되어 벌할 수 없는 행위라도 이에 대한 정당방위는 가능하다.

㉢ 폭행죄, 협박죄 등 반의사불벌죄에 있어서 피해자의 처벌불원 의사는 인적 처벌조각사유에 해당하는데, 조세범 처벌법이나 관세법 등 일부 특별법의 경우 해당 기관장의 고발이 소추조건이 되는 경우도 있다.

㉣ 「형법」 제230조의 공문서부정행사죄는 공무원 또는 공무소의 문서 또는 도화를 부정행사함으로써 성립하는 죄로 추상적 위험범에 해당한다.

㉤ 「형법」 제185조의 일반교통방해죄는 육로, 수로 또는 교량을 손괴 또는 불통하게 하거나 기타 방법으로 교통을 방해함으로써 성립하는 죄로 구체적 위험범에 해당한다.

㉥ 「형법」 제158조의 장례식방해죄는 장례식을 방해함으로써 성립하는 죄로 구체적 위험범에 해당한다.

① ㉠㉡㉣㉤
② ㉠㉡㉣㉥
③ ㉠㉡㉣
④ ㉡㉢㉣

09

위험범에 관한 설명 중 옳은 것을 모두 고른 것은?

> ㉠ 구체적 위험범에서의 위험은 구성요건표지이며 객관적 구성요건은 그 위험이 발생하였을 때 비로소 충족된다.
> ㉡ 구체적 위험범에서의 위험은 고의의 인식대상이다.
> ㉢ 중상해죄, 중유기죄, 중손괴죄는 구성요건의 충족을 위해 구체적 위험의 발생을 요구하는 범죄이다.
> ㉣ 형법상 구체적 위험범은 고의범뿐만 아니라 과실범의 형태로도 존재한다.
> ㉤ 중체포·감금죄(「형법」 제277조)는 사람을 체포 또는 감금하여 생명에 대한 위험을 발생하게 한 경우를 처벌하는 규정으로, 결과적 가중범이자 구체적 위험범이다.

① ㉠㉡㉢㉤
② ㉠㉣㉤
③ ㉡㉢㉣
④ ㉠㉡㉢㉣

10

(가)와 (나)에 관한 다음 설명 중 옳고 그름의 표시(○, ×)가 바르게 된 것은? (다툼이 있는 경우 판례에 의함)

> (가) 구성요건적 실행행위에 의해 법익의 침해가 발생하여 범죄가 기수에 이르고 범죄행위도 종료되지만 법익침해 상태는 기수 이후에도 존속되는 범죄
> (나) 범죄가 기수에 이른 후에도 범죄행위와 법익침해 상태가 범행 종료시까지 계속되는 범죄

> ㉠ (가)의 경우 기수 이후 법익침해 상태가 계속되는 시점에도 공범성립이 가능하다.
> ㉡ (나)의 공소시효는 기수시부터가 아니라 범죄종료시로부터 진행하므로 범죄가 종료한 때로부터 공소시효가 진행된다.
> ㉢ (가)와 (나)의 경우 정당방위는 기수시까지 가능하다.
> ㉣ (가)는 범죄의 기수시기와 종료시기가 일치하지만, (나)는 범죄의 기수시기와 종료시기가 일치하지 않고 분리된다.
> ㉤ 아동·청소년의 성보호에 관한 법률상 아동·청소년 성착취물소지죄는 (가)에 해당하고, 형법상 체포죄는 (나)에 해당한다.

① ㉠(○) ㉡(×) ㉢(○) ㉣(○) ㉤(○)
② ㉠(○) ㉡(×) ㉢(○) ㉣(×) ㉤(×)
③ ㉠(×) ㉡(○) ㉢(×) ㉣(○) ㉤(×)
④ ㉠(×) ㉡(○) ㉢(×) ㉣(×) ㉤(×)

11

목적범에 대한 다음 [보기]의 설명 중 옳은 것을 모두 고른 것은? (다툼이 있으면 판례에 의함)

| 보기 |

㉠ 목적범이란 구성요건상 고의 이외에 일정한 행위의 목적을 필요로 하는 범죄로서 초과된 내적 경향을 가진 범죄를 말한다.

㉡ 목적은 행위와 관련을 가진 유형적 개념으로서 불법판단의 기초가 되지만 동기는 법적으로 무의미한 비유형적 개념으로서 책임평가에 영향을 미친다는 점에서 목적은 동기와 구별된다.

㉢ 단절된 결과범으로는 내란죄, 출판물에 의한 명예훼손죄가 있고, 단축된 이(二)행위범으로는 각종 위조죄와 예비죄가 있다.

㉣ 목적범은 목적의 존재가 형의 가중·감경사유로 되어 있는 진정목적범과 목적의 존재가 범죄의 성립요건인 부진정목적범으로 나눌 수 있다.

㉤ 목적범의 목적은 고의와 다른 개념이므로 구성요건적 고의의 인식의 대상에 해당한다.

① ㉠㉡㉢㉣㉤
② ㉠㉡㉢㉣
③ ㉠㉡㉢㉤
④ ㉠㉡㉢

12

다음 [보기] 중 목적범에 해당하는 것을 모두 고른 것은?

| 보기 |

㉠ 모해위증죄(형법 제152조 제2항)
㉡ 무고죄(형법 제156조)
㉢ 공정증서원본부실기재죄(형법 제228조 제1항)
㉣ 사문서부정행사죄(형법 제236조)
㉤ 도박개장죄(형법 제247조)
㉥ 허위공문서작성죄(형법 제227조)

① ㉡㉢㉣
② ㉠㉡㉤㉥
③ ㉠㉡㉤
④ ㉠㉢㉣

13

행위론에 관한 다음 [보기]의 설명 중 옳은 것을 모두 고른 것은?

| 보기 |

㉠ 인과적 행위론은 인간행위의 핵심인 의사내용을 고려하지 않으므로 고의행위의 의미파악이 곤란하고, 구성요건해당성을 확정지을 수 없는 체계론상의 난점이 있다.

㉡ 인과적 행위론은 유의성과 거동성을 행위의 요소로 하므로 행위개념의 근본요소로서의 기능을 수행한다.

㉢ 목적적 행위론은 목적적 조정이 결여된 부작위를 행위개념에 포함시킬 수 없으므로 행위개념의 근본요소로서의 기능을 수행할 수 없다.

㉣ 목적적 행위론은 행위를 존재론적으로 파악함으로써 행위의 사회적 의미내용을 간과하고 있다는 비판을 받는다.

㉤ 사회적 행위론은 행위를 규범적으로 파악함으로써 행위개념의 한계요소로서의 기능은 잘 수행하였으나 근본요소로서의 기능은 수행하지 못한다는 비판을 받는다.

① ㉠㉡㉢㉣
② ㉠㉢㉣
③ ㉡㉢㉣㉤
④ ㉢㉣㉤

14

다음 [보기]의 법인에 대한 범죄능력 인정 여부에 대한 견해 중 같은 것끼리 짝지어 진 것은?

| 보기 |

㉠ 법인에 대하여도 윤리적·도의적 책임을 묻는 것이 가능하다.

㉡ 행정범은 윤리적 색채가 약한 반면 합목적적·기술적 색채가 강하다.

㉢ 법인은 정관 소정의 목적범위 내에서만 권리능력이 인정되는데, 범죄가 법인의 목적이 될 수는 없다.

㉣ 법인을 처벌하면 그 효과가 법인의 구성원에게까지 미치게 되어 자기책임의 원칙에 반한다.

㉤ 양벌규정을 제정하면서 입법자들이 책임주의를 간과하였을 리 없다.

㉥ 법인은 의사와 육체가 없는 무형적 존재이므로 의사능력·행위능력이 없다.

① ㉠㉡
② ㉢㉣㉥
③ ㉠㉡㉣
④ ㉡㉣㉤

15

법인의 형사책임에 관한 다음 [보기]의 설명 중 옳은 것을 모두 고른 것은? (다툼이 있는 경우 판례에 의함)

| 보기 |

㉠ 법인격 없는 사단과 같은 단체는 법인과 마찬가지로 사법상의 권리의무의 주체가 될 수 있음은 별론으로 하더라도 법률에 명문의 규정이 없는 한 그 범죄능력은 없다.

㉡ 양벌규정에 의해 법인이 처벌되는 경우, 공모한 수인의 사용인 가운데 A, B법인의 사용인은 직접 실행행위에 가담하지 않고 C법인의 사용인만 실행행위를 분담한 경우에도 A, B법인은 C법인과 공동정범이 될 수 있다.

㉢ 양벌규정에 따라 사용자인 법인 또는 개인을 처벌하기 위해서는 형벌의 자기책임 원칙에 비추어 위반행위가 발생한 그 업무와 관련하여 사용자인 법인 또는 개인이 상당한 주의 또는 감독의무를 게을리한 과실이 있어야 한다.

㉣ 양벌규정의 적용대상자는 업무주가 아니면서 당해 업무를 실제 집행하는 자에게까지 확장되므로, 법인격 없는 공공기관도 「개인정보보호법」상 양벌규정에 의해 처벌될 수 있고, 해당 업무를 실제로 담당하는 소속 공무원도 양벌규정에 의해 처벌받을 수 있다.

㉤ 양벌규정에서 법인처벌의 요건으로 규정된 '법인의 업무에 관하여' 행한 것으로 보기 위해서는 객관적으로 법인의 업무를 위하여 하는 것으로 인정할 수 있는 행위가 있어야 하고, 주관적으로는 피용자 등이 법인의 업무를 위하여 한다는 의사를 가지고 행위하여야 한다.

㉥ 양벌규정 중 법인 대표자의 법규위반행위에 대한 법인의 책임은 법인 자신의 법규위반행위로 평가될 수 있는 행위에 대한 법인의 직접책임이지만, 대표자의 고의·과실에 의한 위반행위에 대하여는 법인도 고의·과실책임을 부담하므로 법인의 처벌은 그 대표자의 처벌을 요건으로 한다.

① ㉠㉡㉢㉤㉥
② ㉡㉢㉣㉤
③ ㉠㉡㉢㉥
④ ㉠㉡㉢㉤

16

구성요건에 관한 다음 [보기]의 설명 중 옳은 것을 모두 고른 것은?

| 보기 |

㉠ 불법구성요건은 형법적으로 중요한 불법행위가 무엇인지 선별해주고, 이렇게 선별된 불법행위를 해서는 안 된다는 행위방향을 일반인에게 설정해 주며, 잠정적으로 위법하다는 평가를 하는 기능을 한다.

㉡ 소극적 구성요건요소이론에 의하면 위법성조각사유의 객관적 전제사실에 관한 착오(허용상황에 관한 착오)는 구성요건적 착오로서 고의를 조각한다.

㉢ 소극적 구성요건요소이론에 의할 경우 적법과 불법의 한계는 구성요건단계에서 완결되므로, 구성요건해당성은 단지 위법성을 징표하는 것에 그치지 않고 불법에 대한 종국적 판단이 구성요건단계에서 내려지는 결과를 가져온다.

㉣ 소극적 구성요건요소이론에 의할 경우 위법성조각사유가 존재하는 경우, 행위의 구성요건해당성이 부정되므로, 처음부터 구성요건에 해당하지 않는 행위와 구성요건에 해당하지만 허용되는 행위 사이의 차이가 명확히 드러난다.

㉤ 죄형법정주의의 보장적 기능은 위법성 판단을 통해서 비로소 실현되는 것이므로 구성요건이 가지는 기능이 아니다.

① ㉠㉡㉢㉣
② ㉠㉡㉢
③ ㉠㉡㉢㉤
④ ㉠㉡㉢

17

구성요건에 관한 다음 [보기]의 설명 중 옳지 않은 것을 모두 고른 것은?

| 보기 |

㉠ 구체적 위험범은 현실적 위험의 발생을 객관적 구성요건요소로 하지만 그 위험은 고의의 인식대상이 아니다.

㉡ 타인의 범죄 행위를 인식하면서도 그것을 방지해야 할 직무상의 의무가 있는 자가 방지조치를 취하지 아니하여 타인의 실행행위를 용이하게 하는 경우에는 부작위에 의한 공동정범이 성립된다.

㉢ 부진정부작위범에 있어서 보증인지위와 보증의무를 구분하는 견해에 따르면 보증인지위에 관한 착오는 위법성의 착오가 된다.

㉣ 소극적 구성요건표지이론에 따르면 범죄의 성립단계는 총체적 불법구성요건(불법)과 책임으로 나누어지고, 위법성조각사유의 전제사실에 관한 착오는 구성요건착오가 되어 고의가 부정되고 과실범 성립의 문제만 남는다.

㉤ 소극적 구성요건표지이론에 의하면 구성요건과 위법성은 연기와 불의 관계로 볼 수 있다.

① ㉠㉡㉢㉣㉤
② ㉡㉢㉣㉤
③ ㉠㉡㉢㉣
④ ㉠㉡㉢㉤

18

구성요건에 관한 다음 [보기]의 기술 중 옳지 않은 것을 모두 고른 것은? (다툼이 있으면 판례에 의함)

| 보기 |

㉠ 甲은 평소에 원한이 있던 乙을 사살하였다. 그러나 甲이 총을 발사한 순간 乙도 甲을 살해하기 위해 총을 조준하고 있었다는 것이 판명되었다. 순수한 결과반가치론에 의하면, 객관적 정당화상황이 존재하는 한 甲은 정당방위가 인정되어 무죄가 된다.

㉡ 살인죄(제250조)에 있어서의 '사람', 방화죄(제164조)에 있어서의 '불을 놓아', 명예훼손죄(제307조)에 있어서의 '명예', 절도죄(제329조)에 있어서의 '재물'은 모두 기술적 구성요건요소이다.

㉢ 가설적 인과관계 내지 가정적 인과관계라는 것은 현실적으로 발생한 인과과정의 이면에 존재하는 인과관계라는 점에서 소위 예비적 원인과 결과와의 인과관계를 의미하며 따라서 결과와의 인과성은 인정된다.

㉣ 甲이 방화한 집안으로 乙이 가재도구를 꺼내려고 들어갔다가 불길에 휩싸여 乙이 사망한 경우 발생된 사망 또는 상해의 결과에 대한 형사책임이 甲에게 귀속된다.

㉤ 甲은 주식회사를 운영하면서 발주처로부터 공사완성의 대가로 공사대금을 지급받았으나, 법인 인수 과정에서 법인 등록요건 중 인력요건을 외형상 갖추기 위해 관련 자격증 소지자들로부터 자격증을 대여받은 사실을 발주처에 숨기는 행위를 하였다면, 그 기망행위와 공사대금 지급 사이에 상당인과관계가 인정된다.

① ㉠㉡㉢㉣㉤
② ㉠㉡㉢㉣
③ ㉡㉢㉣㉤
④ ㉠㉢㉣㉤

19

인과관계에 대한 다음 [보기]의 설명 중 옳은 것을 모두 고른 것은?

| 보기 |

㉠ 고의범의 경우에는 인과관계가 인정되면 범죄 기수가 되고 인정되지 않으면 불가벌로 된다.

㉡ 고의의 결과범의 경우 행위와 결과 사이에 인과관계가 있어야 기수범이 성립할 수 있다.

㉢ 인과관계이론 중 조건설에 의하면 인과관계의 범위가 지나치게 확대된다는 문제점이 있다.

㉣ 인과관계이론 중 원인설은 조건설에 의하여 인과관계가 긍정되는 조건 중에서 특별히 결과발생에 중요한 영향을 준 원인과 그렇지 않은 단순한 조건을 구별한다.

㉤ 결과적 가중범의 경우 기본범죄와 무거운 결과 사이에 인과관계가 없으면 처벌할 수 없게 된다.

㉥ 인과관계의 판단 기준에 관한 합법칙적 조건설은 조건설에 비하여 인과관계의 인정 범위를 보다 넓게 파악한다.

① ㉠㉡㉢㉥
② ㉡㉢㉣
③ ㉡㉢㉣㉤
④ ㉠㉢㉤㉥

20

인과관계에 관한 다음 [보기]의 기술 중 옳은 것을 모두 고른 것은? (다툼이 있으면 판례에 의함)

| 보기 |

㉠ 객관적 귀속관계는 존재론적 문제가 아니라 법적·규범적 문제에 속한다.

㉡ 객관적 귀속을 위하여는 위험의 창출이 있어야 하는데, 행위자가 이미 진행되고 있는 인과과정 속에서 자신의 행위를 통하여 결과의 발생을 지연시킨 경우에는 객관적 귀속이 부정된다.

㉢ 행위자가 야기시킨 위험이 예견하기 어려운 비유형적인 인과진행으로 결과에 이른 경우에도 행위자가 위험을 야기시킨 이상 그 결과는 행위자에게 객관적으로 귀속된다.

㉣ 거의 탈진상태에 있는 피해자의 손과 발을 17시간 동안 묶어두고 좁은 차량에 감금하여 혈액순환장애로 인해 사망에 이르게 한 경우 인과관계가 있다.

㉤ 공사감독관이 당해 건축공사가 불법 하도급되어 무자격자에 의하여 시공되고 있는 점을 알고도 이를 묵인하였거나, 그와 같은 사정을 쉽게 적발할 수가 있었음에도 직무상 의무를 태만히 한 행위와 붕괴사고 등의 재해로 인한 치사상의 결과발생 사이에는 인과관계가 인정된다.

① ㉠㉡㉢㉣
② ㉠㉡㉣㉤
③ ㉡㉢㉣㉤
④ ㉡㉣㉤

▶ 제2편 범죄론: 제2장 구성요건론 [고의] ― 제3장 위법성론 [정당방위]

회차	시행일			목표점수			획득점수		
제2회	1차	2차	3차	1차	2차	3차	1차	2차	3차

제2편 범죄론 제2장 구성요건론 (2)

01

고의에 대한 설명으로 옳지 않은 것은?

① 판례는 고의 또는 범의는 반드시 어떤 목적이나 의도를 지녀야 인정되는 것은 아니고 자기 행위로 인하여 구성요건적 결과가 발생할 가능성 또는 위험이 있음을 인식하거나 예견하면 족하다고 보고 있다.

② 행위자가 결과발생의 가능성을 인식하면서도 이를 용인한 경우는 미필적 고의이고, 용인하지 않은 경우에는 인식 있는 과실이 된다는 견해는 고의를 책임요소로서 파악하는 범죄체계에서 가능한 견해라는 비판을 받는다.

③ 미필적 고의의 지적 요소의 구체적 요소에 관한 가능성설은 고의의 의지적 요소를 무시하여 인식 있는 과실을 고의에 포함시킴으로써 고의의 범위가 지나치게 확대된다는 문제가 있다.

④ 지정고의란 구성요건적 결과에 대한 목표지향적 추구를 의미하는 의욕적 의사를 내용으로 하는 고의를 말하고 의도적 고의란 인식의 최고단계인 확실성을 내용으로 하는 고의를 말한다.

02

다음 중 고의의 대상이 아닌 것은 모두 몇 개인가?

㉠ 인과관계
㉡ 감경적 구성요소
㉢ 책임능력
㉣ 결과적 가중범에 있어서의 중한 결과
㉤ 처벌규정의 존재
㉥ 목적범에 있어서의 목적
㉦ 상습범에 있어서 상습성
㉧ 신분범의 신분

① 0개   ② 1개
③ 3개   ④ 5개

03

다음 중 구성요건적 고의의 인식대상을 모두 고른 것은?

㉠ 일반물건방화죄에 있어서의 공공의 위험
㉡ 존속살해죄에 있어서의 직계존속인 사실
㉢ 사전수뢰죄에서 공무원이 된 사실
㉣ 명예훼손죄에 있어서의 공연성
㉤ 범죄자 자신이 14세 이상이라는 사실
㉥ 문서위조죄에서 행사할 목적
㉦ 친족상도례에서 친족이라는 신분

① ㉠㉡㉣   ② ㉠㉤㉥
③ ㉡㉢㉣   ④ ㉠㉡㉢㉣

04

고의에 관한 설명으로 옳지 않은 것을 모두 고른 것은? (다툼이 있는 경우 판례에 의함)

> ㉠ 행정상의 단속을 주안으로 하는 법규라 하더라도 명문규정이 있거나 해석상 과실범도 벌할 뜻이 명확한 경우를 제외하고는 형법의 원칙에 따라 고의가 있어야 벌할 수 있다.
> ㉡ 「형법」 제167조 제1항의 일반물건방화죄에서 '공공의 위험발생'은 고의의 인식 대상이 아니다.
> ㉢ 「형법」 제136조 제1항의 공무집행방해죄에 있어서의 범의는 상대방이 직무를 집행하는 공무원이라는 사실과 이에 대하여 폭행 또는 협박을 한다는 인식, 그리고 그 직무집행을 방해할 의사를 내용으로 한다.
> ㉣ 방조범은 2중의 고의를 필요로 하므로 정범이 정하는 범죄의 일시, 장소, 객체 등을 구체적으로 인식하여야 하며, 나아가 정범이 누구인지 확정적으로 인식해야 한다.
> ㉤ 친족상도례가 적용되기 위하여는 친족관계가 객관적으로 존재하여야 하나, 행위자가 이를 인식할 필요는 없다.

① ㉠㉡㉢
② ㉠㉣㉤
③ ㉡㉢㉣
④ ㉢㉣㉤

05

고의에 관한 설명 중 옳지 않은 것을 모두 고른 것은? (다툼이 있는 경우 판례에 의함)

> ㉠ 부진정부작위범의 고의는 결과발생을 쉽게 방지할 수 있었음을 예견하고도 결과발생을 용인하고 이를 방관하는 미필적 고의만으로는 족하지 않다.
> ㉡ 부진정 결과적가중범의 경우 중한 결과에 대한 고의가 있어도 결과적가중범이 성립한다.
> ㉢ 일반물건방화죄의 경우 '공공의 위험 발생'은 고의의 내용이므로 행위자는 이를 인식할 필요가 있다.
> ㉣ 친족상도례가 적용되기 위하여는 친족관계가 객관적으로 존재하고, 행위자가 이를 인식하여야 한다.
> ㉤ 「형법」 제331조 제2항(흉기휴대절도)의 특수절도죄에서 행위자는 흉기를 휴대하고 있다는 사실을 인식할 필요가 없다.

① ㉠㉡
② ㉡㉢
③ ㉠㉢㉤
④ ㉠㉣㉤

06

甲은 乙에게 A를 상해하라고 교사하고 乙은 이를 승낙하였으나, 그 후 생각이 바뀌어 乙에게 단념하라고 했다. 그 말을 듣고 乙은 범행을 포기했으나 얼마 후 자신을 무시하는 A를 살해하기로 마음먹고, 건물 옥상에서 우연히 A가 B와 함께 걸어가는 것을 보고 누가 죽더라도 상관없다고 생각하면서 아래로 벽돌을 던졌다. A는 놀라 넘어져 경상을 입었고, B는 머리에 벽돌을 맞아 중상을 입고 병원에 후송되었는데 수술지연 등 의사의 과실이 공동원인이 되어 B는 사망하였다. 甲과 乙의 죄책에 대한 설명으로 옳은 것은? (다툼이 있는 경우 판례에 의함)

① 甲은 乙에게 단념하라고 말했고 乙이 범행을 포기했다고 하더라도 乙이 A를 상해한 이상 甲은 A에 대한 상해교사의 죄책을 진다.

② 乙이 옥상에서 벽돌을 던져 A에게 경상을 입힌 점에 대해서는 살인미수의 죄책을 진다.

③ 乙이 옥상에서 던진 벽돌이 B의 머리에 맞은 것은 방법의 착오에 해당하며, 법정적 부합설에 따르면 B에 대한 살인의 고의가 인정되지 아니한다.

④ 수술지연 등 의사의 과실이 공동원인이 된 이상 乙의 행위와 B의 사망 사이에는 인과관계가 인정되지 않는다.

07

착오에 대한 설명으로 옳지 않은 것은? (다툼이 있는 경우 판례에 의함)

① 甲이 한밤중에 좁은 골목길을 지나가던 A를 강도범으로 오인하여 방위의 의사로 아령이 든 가방으로 쳐서 A에게 전치 3주의 상해를 입힌 경우, 위법성 인식의 체계적 지위에 관한 고의설에 의하면 상해죄의 고의범으로 처벌할 수 없다.

② 甲이 살인의 고의로 형수 A를 향하여 골프채를 휘둘렀으나 A의 등에 업혀 있던 조카 B가 머리를 맞고 그 자리에서 사망한 경우, 甲에게는 B에 대한 살인죄가 성립한다.

③ 의사 甲이 고질적인 만성질환으로 평소 안락사를 요청하던 A로부터 "부탁한다"라는 말과 함께 봉투를 건네받자 이를 유서와 안락사비용으로 오인하여 촉탁살인의 고의로 독극물을 주입하여 A를 살해한 경우, 공판과정에서 A의 촉탁이 없었음이 판명되었다면 「형법」 제15조 제1항에 의하면 甲에게는 보통살인죄가 성립한다.

④ 甲이 상해의 고의로 주차장에 서 있던 乙에게 돌을 던졌으나 빗나가서 의도치 않게 그 옆에 주차되어 있던 乙의 자동차가 파손되었다면, 甲에게는 상해미수죄가 성립한다.

08

다음 설명 중 옳은 것은?

① 현실적으로 존재하지 않는 형벌법규를 존재하는 것으로 오인하고 행위한 때에도 그 행위에 위험성이 있으면 처벌할 수 있다.

② 구성요건착오의 해결에 관한 구체적 부합설과 법정적 부합설의 입장은 구체적 사실의 착오 중 방법의 착오에서만 그 결론의 차이가 나타난다.

③ 결과의 발생이 처음부터 불가능한 것을 알면서도 실행에 착수한 경우 행위자가 생각한 대로 결과발생이 없었더라도 일반인의 관점에서 구체적 위험성이 있으면 불능미수범으로 처벌할 수 있다.

④ 친족상도례가 적용되기 위해서는 행위시에 행위자는 해당 친족관계가 존재함을 인식하여야 한다.

09

다음 중 어떠한 견해에 따르더라도 甲을 고의기수범으로 처벌해야 하는 경우는?

① 甲은 평소 乙의 심한 괴롭힘을 참을 수 없어서 늦은 밤에 乙을 뒤따라 가 등을 칼로 찔렀으나 실제로는 乙과 비슷한 외모의 丙이 살해되었다.

② 甲은 乙을 살해하기 위해 몽둥이로 머리를 내리쳤고, 이후 쓰러져 있는 乙을 땅에 파묻었는데 실제로 乙은 몽둥이에 맞아 사망한 것이 아니라 땅에 묻혀 질식사하였다.

③ 甲은 같이 사냥을 하던 동료 乙을 살해하려고 총을 쏘았는데 사격이 미숙하여 옆 자리의 丙이 총알에 맞아 사망하였다.

④ 甲은 아파트 창밖으로 화분을 던지면서 혹시 누군가 맞을 수도 있다는 점을 인식하였고, 그 화분에 맞아 행인이 즉사하였다.

10

구성요건적 착오에 관한 다음 설명 중 옳고 그름의 표시 (O, ×)가 바르게 된 것은?

> ⊙ 甲이 자신의 아버지 A를 친구 B로 오인하고 B를 살해할 의사로 총을 발포하여 A가 사망한 경우 - 「형법」 제15조 제1항에 따라 보통살인죄가 성립한다.
>
> ⓒ 甲이 살해 의사를 가지고 친구 A에게 총을 발포하였으나 빗나가 옆에 있던 친구 B에게 명중하여 사망한 경우 - 법정적 부합설에 의하면 B에 대한 살인죄가 성립한다.
>
> ⓒ 사냥을 나온 甲이 어둠 속에서 움직이는 물체를 동료 A로 알고 A를 살해하기 위해 총을 발포하였으나 사실은 A의 사냥개였던 경우 - 구체적 부합설과 법정적 부합설 중 어느 학설에 의하더라도 결론은 같다.
>
> ⓔ 甲이 이웃 A를 상해할 의사로 A를 향해 돌을 던졌으나 빗나가서 옆에 있던 A의 개가 맞아 다친 경우 - 구체적 부합설과 법정적 부합설 모두 A에 대한 상해미수죄가 성립한다.

① ⊙(O) ⓒ(O) ⓒ(O) ⓔ(O)

② ⊙(O) ⓒ(×) ⓒ(O) ⓔ(×)

③ ⊙(×) ⓒ(O) ⓒ(×) ⓔ(O)

④ ⊙(×) ⓒ(×) ⓒ(×) ⓔ(×)

11

다음은 위법성을 이해하는 학설 [보기 1]과 그 학설의 내용 또는 그에 대한 비판 [보기 2]이다. 그 연결이 옳지 않은 것은?

| 보기 1 |

가. 위법성을 규범에 대한 형식적 위반으로 보는 견해(형식적 위법성론)

나. 위법성의 본질을 권리침해, 법익침해, 사회질서위반 등에서 찾는 견해(실질적 위법성론)

다. 위법성을 의사결정규범위반으로 보는 견해(주관적 위법성론)

| 보기 2 |

A. 초법규적 위법성조각사유를 인정할 수 있는 이론적 근거가 된다.

B. 책임무능력자의 행위는 책임이 조각되는 것이 아니라 위법하지 않은 행위이다.

C. 비범죄화로 기능하기 곤란한 이론이다.

D. 구성요건해당행위는 위법성조각사유가 없는 한 위법성이 인정된다.

① 가-D
② 나-A
③ 나-C
④ 다-B

12

위법성에 관한 다음 [보기]의 기술 중 옳은 것을 모두 고른 것은? (다툼이 있으면 판례에 의함)

| 보기 |

㉠ 주관적 정당화요소 필요설에 의하면 우연방위는 위법성이 조각되지 않는다.

㉡ 순수한 결과반가치론에 의하면 위법성조각사유에서 주관적 정당화요소가 없어도 위법성이 조각될 수 있다.

㉢ 부작위에 대해서도 정당방위를 할 수 있다.

㉣ 과거의 부당한 법익침해행위에 대하여도 원칙적으로 그 재발방지를 위하여 정당방위를 인정할 수 있다.

㉤ 정당방위에서 '침해의 현재성'이란 침해행위가 형식적으로 기수에 이르렀는지에 따라 결정되는 것이 아니라 자기 또는 타인의 법익에 대한 침해상황이 종료되기 전까지를 의미한다.

㉥ 정당방위 상황을 이용할 목적으로 처음부터 공격자의 공격행위를 유발하는 의도적 도발의 경우라 하더라도 그 공격행위에 대해서는 방위행위를 인정할 수 있어 정당방위가 성립한다.

① ㉠㉡㉢㉣
② ㉡㉢㉣㉤㉥
③ ㉠㉡㉤㉥
④ ㉠㉡㉢㉤

13

주관적 정당화요소에 대한 설명으로 옳지 않은 것은?

① 위법성이 조각되기 위해서는 객관적 정당화상황과 더불어 주관적 정당화요소가 필요하다는 견해에 의하면 우연방위는 위법성이 조각되지 않는다.

② 순수한 결과반가치론에 의하면 위법성이 조각되기 위해서는 객관적 정당화상황만 있으면 족하고 주관적 정당화요소는 불필요하다고 보기 때문에 우연방위는 위법성이 조각된다.

③ 형법의 규정에 의하면 우연방위행위가 야간 기타 불안스러운 상태하에서 공포, 경악, 흥분 또는 당황으로 인한 때에는 벌하지 아니한다.

④ 우연방위에 관한 불능미수범설은 우연방위의 경우 객관적으로 존재하는 정당화상황으로 인해 결과반가치는 불능미수의 수준으로 낮아지므로 불능미수에 관한 규정을 유추적용해야 한다고 주장한다.

14

정당방위에 대한 다음 [보기]의 설명 중 옳은 것을 모두 고른 것은? (다툼이 있으면 판례에 의함)

| 보기 |

㉠ 법에 의하여 보호되는 모든 개인적 법익이 정당방위에 의하여 보호될 수 있는바, 이때의 법은 형법을 말한다.

㉡ 자기 이외에 타인의 법익을 보호하기 위한 정당방위도 인정되는바 이때의 타인은 자연인·법인이나 법인격 없는 단체를 모두 포함한다.

㉢ 주관적 정당화요소 필요설에 따르면 우연한 정당방위를 하는 자에 의해 야기된 현재의 위난에 대해서 제3자는 긴급피난을 할 수 있는 것은 물론이고, 그 자를 향해 직접 정당방위도 할 수 있다.

㉣ 현재의 부당한 침해에 대하여 정당방위가 가능하므로 과거·장래의 침해에 대해서는 원칙적으로 정당방위를 할 수 없다.

㉤ 정당방위의 상당성 판단에는 상대적 최소침해의 원칙 이외에 보충성의 원칙이 필수적으로 요구된다.

① ㉠㉡㉢㉣
② ㉡㉢㉣㉤
③ ㉡㉢㉣
④ ㉡㉣㉤

15

정당방위의 성립요건에 대한 설명으로 옳지 않은 것은?

① 공격행위를 피하기 위하여 관련 없는 제3자의 법익을 침해하는 행위도 정당방위로 허용된다.

② 현재성은 객관적인 상황에 따라 판단하고 방위행위시가 아니라 침해행위시를 기준으로 결정한다.

③ 긴급피난에 대한 정당방위는 인정되지 않으며 정당방위에 대한 정당방위도 인정되지 않는다.

④ 침해의 부당성에서의 위법은 형법상의 불법을 의미하는 것은 아니므로 구성요건해당성이 없는 행위도 객관적으로 위법하면 이에 대한 정당방위가 가능하다.

16

甲은 층간소음문제로 평소 다툼이 있던 아파트 위층에 앙갚음을 할 마음으로 돌을 던져 유리창을 깨트렸다. 그런데 위층에 살던 A는 빚 독촉에 시달리다 자살하기로 마음먹고 창문을 닫은 채 연탄불을 피운 결과, 연탄가스에 중독되어 쓰러져 있던 상태였다. 유리창을 깨트린 甲의 행위로 인하여 A는 구조되었다. 이 사례에서 甲이 무죄라는 견해에 관한 설명으로 가장 적절하지 않은 것은?

① 범죄성립에 있어서 결과반가치만을 고려하는 입장에서 주장될 수 있다.

② 객관적으로 존재하는 정당화요건은 기수범 처벌에 대한 감경가능성으로만 고려될 수 있다.

③ 객관적 정당화사정의 존재가 행위자에게 유리하게 작용하는 경우이다.

④ 주관적 정당화사정이 있는 경우와 없는 경우를 동일하게 취급한다는 비판이 가능하다.

17

다음 사례에 대한 설명으로 옳지 않은 것은?

甲은 A를 골탕 먹일 생각으로 A의 집 창문을 향해 돌을 던져 창문을 깨트렸다. 하지만 마침 연탄가스에 중독되어 위험한 상태였던 A는 甲이 창문을 깨트리는 바람에 생명을 구할 수 있었다.

① 위법성조각사유를 검토함에 있어 주관적 정당화요소가 필요하지 않다는 입장에 따르면 甲의 행위는 불가벌이다.

② 고의범의 위법성조각사유에는 주관적 정당화요소가 필요하다는 입장은 구성요건 해당 행위의 결과반가치와 행위반가치 모두가 상쇄되어야 위법성이 조각될 수 있다는 점을 근거로 한다.

③ 행위반가치는 인정되나 객관적 정당화상황의 존재로 인해 결과반가치가 인정되지 않으므로 甲에게 불능미수 규정을 유추적용하자는 견해에 따르는 경우, 甲의 행위는 불가벌이다.

④ 구성요건적 결과가 발생한 이상 결과반가치가 인정되므로 甲에게 재물손괴죄의 기수를 인정해야 한다는 입장에 대하여는, 객관적 정당화상황이 존재함에도 존재하지 않는 경우와 동일하게 평가하는 것은 문제라는 비판이 있다.

18

[보기 1]을 읽고 甲의 형사책임에 관한 [보기 2]의 설명 중 옳은 것(○)과 옳지 않은 것(×)을 올바르게 조합한 것은?

| 보기 1 |

甲은 1주일 전 아파트 충간 소음 문제로 아래층에 사는 A와 심한 말다툼을 하였다. 甲은 A에게 분풀이를 하기 위해 어느 날 저녁 아파트 지하 주차장에서 고의로 돌을 던져 A의 자동차 유리창을 깨뜨렸다. 그 당시 A는 사업에 실패하여 우울증을 앓고 있었는데 마침 그 시각 자살을 하기 위해 자동차 안에서 번개탄을 피워 놓아 사망하기 직전이었으나, 유리창이 깨지는 덕분에 생명을 구하였다.

| 보기 2 |

㉠ 객관적 정당화 요소가 모두 충족되는 한 그에 상응하는 주관적 정당화 요소가 없이도 위법성이 조각된다고 보는 견해는 불법의 본질을 오직 행위반가치에서만 바라보는 입장으로 이에 따르면 甲은 무죄이다.

㉡ 기수범설은 객관적 정당화상황이 존재하는 경우와 존재하지 않는 경우를 동일하게 취급함으로써 사태를 주관적으로 치우쳐 평가한다는 비판이 있다.

㉢ 甲에게 손괴죄의 불능미수가 성립한다는 견해는 불법의 본질을 결과반가치로서의 법익의 침해와 행위의 주관적·객관적 측면을 포섭하는 행위반가치를 고려하여 판단해야 한다는 입장을 토대로 한다.

㉣ 무죄설은, 주관적 정당화요소를 결한 경우 결과반가치는 탈락하더라도 행위반가치는 여전히 남는데 이를 적법하다고 평가하는 문제가 있다.

① ㉠(○), ㉡(○), ㉢(×), ㉣(×)

② ㉠(○), ㉡(○), ㉢(○), ㉣(×)

③ ㉠(×), ㉡(○), ㉢(○), ㉣(○)

④ ㉠(×), ㉡(×), ㉢(×), ㉣(○)

19

다음 [사례]에 대한 설명으로 옳은 것은?

| 사례 |

(가) 甲은 늦게 귀가하는 아들에게 화가 나 있던 중 오전 2시경 누군가가 현관문을 열고 들어오는 소리를 듣고 그를 아들이라고 생각하고 폭행의 고의로 거실에 있던 나무장식품을 던졌다. 나무장식품에 맞아 기절한 사람은 아들이 아니라 절도하려고 침입한 괴한이었다.

(나) 乙이 A를 살해하기 위하여 돌로 머리를 가격하여 A가 쓰러지자 죽은 것으로 오인하고 사체를 유기할 고의로 웅덩이에 매장하였으나 사실 A는 가격행위로 사망한 것이 아니라 매장행위로 질식사하였다.

① (가)에서 결과반가치론에 따르면 甲에게 방위의사가 없으므로 위법성이 조각되지 않는다.

② (가)에서 주관적 정당화 요소 필요설 중 불능미수범설은 행위반가치는 존재하지만 결과반가치가 없는 점을 이론적 근거로 한다.

③ (나)사례를 인과과정의 착오로 보는 견해에 따르면 본질적 인과과정의 착오에 해당하므로 乙에게 살인죄의 미수범이 성립한다.

④ (나)에서 판례에 따르면 乙의 가격행위는 살인죄의 미수이고, 웅덩이에 매장한 행위는 사체은닉죄의 불능미수와 과실치사죄의 상상적 경합이 된다.

20

정당방위와 긴급피난에 관한 설명 중 옳은 것(O)과 옳지 않은 것(×)을 바르게 표시한 것은?

> ㉠ 긴급피난에 있어서 위난의 현재성과 정당방위에 있어서 침해의 현재성의 성립범위는 동일하나, 보호될 수 있는 법익에는 차이가 있다.
>
> ㉡ 정당화적 긴급피난에서 피난행위는 위법성이 조각되는 행위이므로 이에 대하여는 정당방위와 긴급피난이 허용되지 않는다.
>
> ㉢ 허술하게 묶여있던 이웃집 맹견이 달려나와 甲의 애완견을 물려고 하여 몽둥이로 후려쳐 다치게 한 행위는 정당방위로 평가될 수 없다.
>
> ㉣ 이웃집 사람의 사주를 받은 맹견이 달려나와 甲의 애완견을 물려고 하여 몽둥이로 후려쳐 다치게 한 행위는 정당방위에 해당한다.
>
> ㉤ 의사 甲이 진료환자 乙이 에이즈 환자임을 알고 乙의 처에게 알려준 행위는 긴급피난에 해당하나, 사회의 성풍속을 해치는 음란영화의 상영을 저지하기 위하여 영화관의 전선을 절단한 행위는 정당방위에 해당하지 않는다.

① ㉠(×), ㉡(×), ㉢(O), ㉣(O), ㉤(O)
② ㉠(×), ㉡(O), ㉢(O), ㉣(×), ㉤(×)
③ ㉠(×), ㉡(×), ㉢(×), ㉣(O), ㉤(O)
④ ㉠(O), ㉡(O), ㉢(×), ㉣(×), ㉤(O)

▶ 제2편 **범죄론: 제3장 위법성론** [긴급피난] — **제4장 책임론** [법률의 착오 1]

회차	시행일			목표점수			획득점수		
제3회	1차	2차	3차	1차	2차	3차	1차	2차	3차

제2편 범죄론　제3장 위법성론 (2)

01

긴급피난의 본질에 대한 설명으로 옳지 않은 것은?

① 이분설에서는 「형법」 제22조 제1항을 정당화적(위법조각적) 긴급피난의 근거로 파악하고 있다.
② 위법성조각설에서는 생명과 생명의 법익이 충돌하는 경우와 같이 이익형량이 불가능한 경우의 불처벌 근거를 적법행위에 대한 기대불가능성에서 찾는다.
③ 위법성조각설에 대하여는 "자기에게 닥친, 불법하지 아니한 위난을 타인에게 전가시켜 같은 가치의 법익을 침해하는 행위는 사회윤리적 규범에 반하는 것이므로 위법하다고 해야 한다."는 비판이 있다.
④ 책임조각설은 '자신을 위한 긴급피난'의 경우에 비하여 '타인을 위한 긴급피난'의 경우의 불처벌 근거를 설명하는 데 보다 적합하다.

02

긴급피난에 관한 설명 중 옳은 것은?

① 긴급피난의 본질에 관하여 위법성조각설을 따를 경우 긴급피난에 대한 정당방위나 긴급피난이 모두 가능하다.
② 의사 甲이 수혈 없이는 살 수 없는 응급환자 A를 구조하기 위하여 A와 혈액형이 동일한 환자 B의 동의를 받지 아니하고 강제채혈을 한 경우 긴급피난의 상당성 요건 중 보충성의 원칙과 관련되어 문제된다.
③ 긴급피난을 '정 대 정(正 對 正)'의 관계라고 말하는 것은 '방어적 긴급피난'의 경우 피난자의 정당화된 행위와 위난과 관계없이 침해되는 제3자의 법익과의 관계를 염두에 두었기 때문이다.
④ 제한적 종속형식을 전제로 한 경우 긴급피난을 위법성조각사유로 이해하는 입장에 따르면 긴급피난 행위를 한 자에 대한 교사범의 성립은 인정될 수 없다.

03

위법성에 관한 다음 기술 중 판례의 입장과 일치하지 않는 것을 모두 고른 것은?

> ㉠ 환자의 생명과 자기결정권을 비교형량하기 어려운 특별한 사정이 있다고 인정되는 경우 의사가 자신의 직업적 양심에 따라 환자의 양립할 수 없는 두 개의 가치 중 어느 하나를 존중하는 방향으로 행위하였다면 이러한 행위는 처벌할 수 없다.
>
> ㉡ 수술 전 환자가 수혈을 거부하더라도 환자의 생명을 보호해야 하는 의사의 의무는 절대적인 것이므로 환자의 생명과 자기결정권을 비교형량하기 어려운 특별한 사정이 있다고 하더라도 환자의 수혈거부라는 자기결정권을 존중하여 수혈을 하지 않음으로써 환자가 사망하게 되었다면 의사는 업무상 과실치사죄 등의 형사책임을 면할 수 없다.
>
> ㉢ 고의에 의한 방위행위가 위법성이 조각되기 위해서는 정당방위상황과 방위행위의 상당한 이유가 있으면 되고 방위의사까지 존재해야 할 필요는 없다.
>
> ㉣ 토지에 대하여 사실상의 지배권을 가지고 소유자를 대신하여 실질적으로 관리하고 있던 자가 소유권에 대한 방해를 배제하기 위하여 토지에 철주를 세우고 철망을 설치하고 포장된 아스팔트를 걷어내는 등의 방법으로, 그 토지를 그에 인접한 상가건물의 통행로로 이용하지 못하게 한 것은 위법성이 조각되는 자구행위에 해당한다.
>
> ㉤ 자구행위가 그 정도를 초과하더라도 야간이나 그 밖의 불안한 상태에서 공포를 느끼거나 경악(驚愕)하거나 흥분하거나 당황하였기 때문에 그 행위를 하였을 경우에 해당한다면 형을 감경하거나 면제할 수 있다.

① ㉠㉡㉢㉣

② ㉡㉢㉣㉤

③ ㉠㉡㉢

④ ㉢㉣㉤

04

긴급피난과 의무의 충돌을 비교한 설명 중 옳지 않은 것은?

① 긴급피난은 강제되지 아니하지만, 의무의 충돌에서는 의무이행이 강제된다.

② 타인의 법익을 위한 긴급피난도 허용되지만, 충돌하는 의무는 자기의 의무이어야 한다.

③ 피난행위는 작위이지만, 의무의 이행행위는 작위이든 부작위이든 문제되지 않는다.

④ 긴급피난과는 달리 의무의 충돌에서는 수단의 적합성원칙이 적용되지 아니한다.

05

위법성조각사유에 관한 설명 중 옳지 않은 것을 모두 고른 것은? (다툼이 있는 경우에는 판례에 의함)

> ㉠ 방위행위, 피난행위 그리고 자구행위가 그 정도를 초과한 때에는 공통적으로 정황에 의하여 형을 감경 또는 면제할 수 있다.
>
> ㉡ 현재의 위법한 침해에 대해서는 정당방위 이외에 긴급피난도 가능하다.
>
> ㉢ 결과반가치일원론에 의하면 객관적 정당화상황이 존재함에도 불구하고 주관적 정당화요소가 없는 경우 위법성이 조각된다.
>
> ㉣ 장래에 예상되는 절도범의 침입을 막기 위하여 자기 집 담장에 유리조각을 박아 놓았는데 절도범이 절도의사로 그 담장을 넘다가 유리조각에 찔려 상해를 입은 경우 예방적 방위로서 정당방위로 평가될 수 없다.
>
> ㉤ 형법 제24조에 따르면 처분할 수 있는 자의 승낙에 의하여 그 법익을 훼손한 행위는 법률에 특별한 규정이 있는 경우에 한하여 벌하지 아니한다.

① ㉠㉣

② ㉢㉤

③ ㉠㉡

④ ㉣㉤

06

자구행위에 관한 다음 [보기]의 설명 중 옳은 것을 모두 고른 것은?

| 보기 |

㉠ 자구행위가 그 정도를 초과하더라도 야간 기타 불안스러운 상태하에서 공포·경악·흥분·당황으로 인한 경우에는 벌하지 아니한다.

㉡ 자구행위는 不正 대 正의 관계라는 점에서 정당방위와 유사하고, 긴급피난과 구별된다.

㉢ 자구행위가 성립하기 위해 청구권에 대한 불법한 침해가 있어야 하는 바 이때의 불법한 침해란 보전이 가능한 청구권만을 대상으로 하므로 원상회복이 불가능한 청구권은 여기의 청구권에 해당하지 않는다.

㉣ 자구행위가 성립하기 위해서는 법정절차에 의한 청구권 보전이 불가능해야 하므로 가옥명도청구·토지반환청구의 회복을 위한 자구행위는 원칙적으로 허용되지 않는다.

㉤ 자구행위는 사후적 긴급행위이므로 과거의 침해에 대해서만 가능하고, 자구행위에서 청구권 보전의 불가능이란 시간적·장소적 관계로 국가기관의 구제를 기다릴 여유가 없거나 후일 공적수단에 의한다면 그 실효를 거두지 못할 긴급한 사정이 있는 경우를 말한다.

① ㉠㉡㉢㉣㉤
② ㉠㉡㉢㉣
③ ㉡㉢㉣㉤
④ ㉠㉡㉢㉤

07

피해자의 승낙(「형법」 제24조)에 관한 다음 [보기]의 설명 중 옳은 것을 모두 고른 것은? (다툼이 있으면 판례에 의함)

| 보기 |

㉠ 피해자의 승낙이 객관적으로 존재하는데도 불구하고 행위자가 이를 알지 못하고 행위한 경우에는 위법성조각사유의 전제사실의 착오가 되어 위법성이 조각되지 않는다.

㉡ 승낙자는 법익주체인 피해자가 되는 것이 원칙이나, 예외적으로 처분권이 인정된 법정대리인도 승낙자가 될 수 있다.

㉢ 승낙으로 처분할 수 있는 법익은 개인적 법익에 한하지 않고 국가적·사회적 법익도 포함된다.

㉣ 기망·착오·강제 등 하자 있는 의사표시로 행해진 승낙은 효력이 없다.

㉤ 승낙은 법익침해 후에 하여도 유효하며, 승낙한 이후에는 자유롭게 철회할 수 없다.

㉥ 피구금자간음죄(「형법」 제303조 제2항)는 피해자의 승낙이 있어도 범죄성립에 아무런 영향이 없다.

① ㉠㉢㉣㉥
② ㉠㉢㉣㉤
③ ㉡㉣㉤㉥
④ ㉡㉣㉥

08

위법성조각사유에 관한 다음 [보기]의 설명 중 옳지 않은 것을 모두 고른 것은? (다툼이 있는 경우에는 판례에 의함)

| 보기 |

㉠ 정보보안과 소속 경찰관이 자신의 지위를 내세우면서 타인의 민사분쟁에 개입하여 빨리 채무를 변제하지 않으면 상부에 보고하여 문제를 삼겠다고 말한 경우, 상대방이 채무를 변제하고 피해 변상을 하는지 여부에 따라 직무집행 여부를 결정하겠다는 취지라면 이는 정당행위에 해당한다.

㉡ 정당방위행위에 대한 긴급피난은 인정될 수 있지만, 긴급피난행위에 대한 긴급피난은 인정될 수 없다.

㉢ 의사의 치료행위는 피해자의 유효한 승낙이 있으면 위법성이 조각된다는 견해에 의할 때 피해자가 유효한 승낙을 하였다면 설령 의사가 의료행위 과정에서 과실로 치료대상자에게 상해를 입힌 경우에도 업무상과실치상죄의 위법성이 조각된다.

㉣ 명예훼손죄의 특별한 위법성조각사유를 규정한 형법 제310조의 요소 중 사실의 진실성에 대한 착오가 있는 경우에는 위법성 그 자체가 조각될 여지가 있다.

㉤ 통상의 일반적인 안수기도의 방식과 정도를 벗어나 환자의 신체에 비정상적이거나 과도한 유형력을 행사하고 신체의 자유를 과도하게 제압하여 그 결과 환자의 신체에 상해까지 입힌 경우라면, 그러한 유형력의 행사가 비록 안수기도의 명목과 방법으로 이루어졌다 해도 일반적으로 사회상규상 용인되는 정당행위라고 볼 수 없으나, 이를 치료행위로 보아 피해자측이 승낙하였다면 이는 정당행위에 해당한다.

① ㉠㉡㉢㉣㉤
② ㉠㉡㉢㉣
③ ㉡㉢㉣㉤
④ ㉠㉡㉢㉤

09

책임의 기초이론에 관한 다음 설명 중 잘못된 것은?

① 순수한 규범적 책임론에 대해서는, 평가의 대상과 대상의 평가를 엄격히 구분하려 한 나머지 규범적 평가의 대상을 결하여 책임개념의 공허화를 초래한다는 비판이 제기된다.

② 위법성에 관한 모든 착오를 법률의 착오라고 하는 입장은 엄격책임설이다.

③ 위법성의 인식의 체계적 지위에 관한 고의설은 고의를 구성요건요소로 이해하고, 고의의 내용으로서 구성요건에 해당하는 객관적 사실의 인식 이외에 위법성의 인식(또는 그 인식의 가능성)이 필요하다는 입장이다.

④ 위법성의 인식 및 인식의 가능성은 고의와는 독립된 책임요소로 이해하는 책임설이며, 특히 위법성조각사유의 객관적 전제사실에 대한 착오를 구성요건착오로 보거나 이와 유사하다고 보는 것이 제한적 책임설이다.

10

책임의 근거 또는 본질에 대한 설명 중 옳지 않은 것은?

① 사회적 책임론에 따르면, 책임의 근거는 행위자의 반사회적 성격에 있으므로 사회생활을 하고 있는 책임무능력자에 대하여도 사회방위를 위해 보안처분을 가하여야 한다. 이러한 의미에서 책임능력은 형벌능력을 의미한다.

② 심리적 책임론에 따르면, 책임의 본질은 결과에 대한 인식과 의사인 고의 또는 결과를 인식하지 못한 과실에 있으며, 범죄 성립의 모든 객관적·외적 요소는 구성요건과 위법성단계에, 주관적·내적 요소는 책임단계에 배치한다.

③ 도의적 책임론은 형사책임의 근거를 행위자의 자유의사에서 찾으며, 가벌성 판단에서 행위보다 행위자에 중점을 두는 주관주의 책임론의 입장이다.

④ 규범적 책임론에 따르면, 책임의 구성요소는 행위자의 감정세계와 구성요건에 해당하는 결과 사이의 심리적 결합이 아니라 행위자의 적법행위가 요구되었음에도 불구하고 위법행위를 하였다는 환경의 평가에 있으므로, 책임은 구성요건에 해당하는 불법행위에 대한 비난가능성이다.

11

책임능력에 대한 다음 [보기]의 설명 중 옳지 않은 것을 모두 고른 것은? (다툼이 있는 경우 판례에 의함)

| 보기 |

㉠ 책임의 본질을 행위에 대한 행위자의 심리적 사실관계로 이해하는 견해에 대해서는 고의 또는 과실은 있으나 책임조각사유(예컨대 강요된 행위)에 의해 책임이 부정되는 이유를 설명하기 어렵다는 비판이 제기된다.

㉡ 인간의 자유의사를 부정하면서 인간의 의사와 행위는 개인의 유전적 소질과 환경에 의하여 결정된다는 견해에 따르면 책임은 '의사책임'이며 '행위책임'의 성격을 갖는다.

㉢ 심신장애의 유무는 법원이 형벌제도의 목적 등에 비추어 판단하여야 할 법률문제로서, 그 판단에 있어서는 전문감정인의 정신감정 결과가 중요한 자료가 되고, 법원으로서는 전문감정인의 정신감정 결과에 따라 심신장애의 유무를 판단하여야 한다.

㉣ 「소년법」 제4조 제1항의 '죄를 범한 소년'(범죄소년)은 형사처벌은 불가능하지만 보호처분은 가능한 책임무능력자이다.

㉤ 사물을 변별할 능력이나 의사를 결정할 능력은 판단능력 또는 의지능력과 관련된 것으로서 사실의 인식능력이나 기억능력과 반드시 일치하여야 한다.

① ㉠㉡㉢㉣㉤
② ㉡㉢㉣㉤
③ ㉠㉡㉢㉤
④ ㉠㉢㉣㉤

12

책임주의에 관한 다음 설명 중 옳은 것은 몇 개인가?

㉠ 형벌의 양은 책임의 양을 초과할 수 없다.

㉡ 기능적 책임론은 책임의 본질을 예방이라는 형벌의 목적에 두고 있다.

㉢ 책임이 반드시 불법을 전제로 하여야 성립되는 것은 아니다.

㉣ 상습범의 형을 가중하는 것은 책임주의에 반한다.

㉤ 결과적 가중범에 있어서 중한 결과에 대한 예견가능성을 요구하는 것은 책임주의와 관계없다.

① 1개
② 2개
③ 3개
④ 4개

13

책임에 관한 설명으로 옳지 않은 것은? (다툼이 있는 경우에는 판례에 의함)

① 심리적 책임론은 행위자에게 고의는 있으나 기대불가능성을 이유로 책임이 조각되는 경우를 이론적으로 설명하기 어렵다.

② 형법 제12조의 강요된 행위에 의해 법익이 위태롭게 된 제3자는 자신의 법익을 침해하는 피강요자에 대하여 정당방위를 할 수 있다.

③ 원인에 있어서 자유로운 행위의 가벌성의 근거를 원인행위와 심신장애상태하에서의 실행행위의 불가분적 관련에서 찾는 견해는 원인행위시에 실행의 착수를 인정한다.

④ 형법 제10조 제1항의 책임무능력은 생물학적 방법과 심리학적 방법을 혼합하여 판단한다.

14

원인에 있어서 자유로운 행위에 관한 다음 [보기]의 설명 중 옳은 것을 모두 고른 것은?

| 보기 |

㉠ 형법 제10조 제3항은 고의에 의한 원인에 있어서 자유로운 행위만이 아니라 과실에 의한 원인에 있어서 자유로운 행위에도 적용된다는 것이 판례의 입장이다.

㉡ 형법은 원인에 있어서 자유로운 행위의 가벌성을 입법적으로 해결하고 있다.

㉢ 원인에 있어서 자유로운 행위의 가벌성의 근거를 자신을 도구로 이용하는 간접정범으로 이해하여 원인설정행위를 실행행위로 파악하고 원인설정행위시의 책임능력을 기초로 책임을 인정하는 견해는 구성요건의 정형성을 중시하여 죄형법정주의의 보장적 기능을 관철하는 데 부합하는 이론이다.

㉣ 원인에 있어서 자유로운 행위의 가벌성의 근거를 원인설정행위와 실행행위의 불가분적 관련에서 찾는 견해는 행위와 책임능력의 동시존재의 원칙을 따르는 이론이다.

㉤ 원인에 있어서 자유로운 행위에 관한 구성요건 모델설에 의하면 원인행위시를 기준으로 실행의 착수를 인정한다.

① ㉠㉡㉣㉤
② ㉠㉡㉤
③ ㉡㉣㉤
④ ㉡㉢㉣

15

다음은 원인에 있어서 자유로운 행위에 관한 견해 [보기 1]과 연결되는 내용 또는 그 비판 [보기 2]이다. 그 연결이 옳은 것은?

| 보기 1 |

㉠ 가벌성의 근거를 자신을 도구로 이용하는 간접정범으로 이해하는 견해

㉡ 가벌성의 근거를 원인설정행위와 실행행위의 불가분적 관련에서 찾는 견해

㉢ 가벌성의 근거를 책임능력결함상태에서의 실행행위로 이해하는 견해

| 보기 2 |

ⓐ 甲이 주취상태로 乙을 살해하려는 계획을 가지고 음주하다가 명정상태에 빠져 그대로 잠이 들어버린 경우에도 살인미수죄를 인정해야 한다는 비판을 받는다.

ⓑ 원인행위가 책임비난의 근거이고 곧 실행행위다. 따라서 행위와 책임의 동시존재원칙이 그대로 유지될 수 있다.

ⓒ 책임능력결함상태에서의 실행행위에 실행의 착수가 있고 책임비난의 근거는 원인행위에 있다.

ⓓ 반무의식상태에서의 행위라는 개념을 인정하면 사실상 모든 행위에 책임능력이 인정된다는 비판을 받는다.

① ㉠ - ⓑ, ㉡ - ⓐ
② ㉠ - ⓐ, ㉢ - ⓒ
③ ㉡ - ⓓ, ㉢ - ⓐ
④ ㉠ - ⓐ, ㉡ - ⓒ

16

원인에 있어서 자유로운 행위의 가벌성 근거에 관한 견해 [보기 1]과 그 내용 [보기 2] 및 이에 대한 비판 [보기 3]이 바르게 연결된 것은?

| 보기 1 |

가. 가벌성의 근거를 원인설정행위 자체에서 찾는 견해
나. 가벌성의 근거를 원인설정행위와 실행행위의 불가분적 관련에서 찾는 견해
다. 가벌성의 근거를 책임능력 결함상태에서의 실행행위에서 찾는 견해

| 보기 2 |

A. 책임능력 결함상태에서 구성요건 해당행위를 시작한 때에 실행의 착수가 있는 것으로 본다.
B. 일종의 '반무의식상태'에서 실행행위가 이루어지는 한 그 주관적 요소를 인정할 수 있다.
C. 원인에 있어서 자유로운 행위를 자신을 책임능력 없는 도구로 이용하는 간접정범으로 이해한다.

| 보기 3 |

a. 행위와 책임의 동시존재 원칙의 예외를 인정하는 결과가 되어 책임주의에 반할 위험이 있다.
b. 실행의 착수에 구성요건적 행위경험성이 결여되어 죄형법정주의에 반할 위험이 있다.
c. 대부분의 경우에 행위자의 책임능력이 인정되어 법적 안전성을 해하는 결과를 초래한다.

① 가-A-a, 나-B-b, 다-C-c
② 가-B-b, 나-A-c, 다-C-a
③ 가-B-c, 나-A-c, 다-C-b
④ 가-C-b, 나-A-a, 다-B-c

17

[사례]에 관한 [보기]의 설명 중 옳은 것을 모두 고른 것은?

| 사례 |

(A) 甲은 평소 짝사랑하던 여성인 乙에게 한 번 만나줄 것을 요구하였으나 번번이 거절당하자 자존심이 상한 나머지 乙을 강간할 생각을 품었다. 그러나 맨정신으로는 도저히 실행할 용기가 나지 않아 음주 대취하여 자신을 심신상실 상태에 빠뜨렸다.
(B) 그 상태에서 甲은 乙이 퇴근하는 길목에 기다리고 있다가 乙이 나타나자 乙을 뒤따라가 폭행하여 반항을 억압한 후 바닥에 쓰러진 乙을 간음하려고 시도하였으나 인기척이 나자 이를 중단하였다.

| 보기 |

㉠ 甲이 (A)단계에서 자신을 심신상실상태에 빠뜨렸을 때 구성요건적 행위가 개시된다고 보면서 이를 기초로 (B)단계에서의 甲의 행위의 가벌성을 인정하는 견해는 행위와 책임능력의 동시존재 원칙의 예외를 인정한다.
㉡ ㄱ에서 제시한 견해는 (B)단계에서의 甲의 행위에 대한 원인설정행위가 구성요건의 정형성을 갖추지 못했다는 점을 간과한 것이다.
㉢ 실행행위와 책임능력 있는 상태에서 행한 원인설정행위의 불가분적 결합을 (B)단계에서의 甲의 행위의 가벌성을 인정하는 근거로 제시하는 견해는, 甲이 (B)단계에서 乙에게 폭행을 개시했을 때 강간죄의 실행을 착수한 것으로 본다.
㉣ (B)단계에서의 행위가 이른바 '반(半)무의식 상태에서의 행위'라는 점에서 (B)단계에서의 甲의 행위의 가벌성 인정 근거를 찾는 견해에 의하면 책임능력을 인정하는 범위가 지나치게 확장될 수 있다.

① ㉠㉡
② ㉡㉢
③ ㉠㉢㉣
④ ㉡㉢㉣

18

법률의 착오에 해당하는 것은? (다만, 다툼이 있는 경우 판례에 의함)

① 甲은 자신의 운전솜씨를 믿고 운전하다가 乙을 치어 상해를 입혔다.

② 甲은 乙을 죽일 작정이었는데 실수로 丙을 죽였다.

③ 甲은 장래의 침해에 대해서도 정당방위가 가능하다고 생각하고 자신을 살해하려는 계획을 가지고 있는 乙을 살해하였다.

④ 자살하는 자를 도와주면서도 그가 일부러 연극하는 것으로 생각하고 도와주었다.

19

형법상 착오 문제에 대한 설명으로서 틀린 것은? (다툼이 있는 경우 판례에 의함)

① 불능미수의 문제는 사실의 착오문제가 반전된 경우이지만, 환각범 문제는 법률의 착오가 반전된 경우이다.

② 甲은 乙과 싸우다가 힘이 달리자 옆 포장마차로 달려가 길이 30센티미터의 식칼을 가지고 나와 乙에게 휘두르다가 이를 말리면서 식칼을 뺏으려던 丙의 귀를 찔러 상해를 입힌 경우 甲은 과실치상죄에 해당하지 아니한다.

③ 공무원이 그 직무에 관하여 실시한 봉인 등의 표시를 손상 또는 은닉 기타의 방법으로 그 효용을 해함에 있어서 그 봉인 등의 표시가 법률상 효력이 없다고 믿은 경우, 그와 같이 믿은 데에 정당한 이유가 없는 이상 공무상표시무효죄의 죄책을 면할 수 없다.

④ 자기의 아들이 물에 빠져 허우적거리고 있음을 알고도 망나니 같은 아들에 대해서는 구조의무가 없다고 생각하고 구조하지 않은 경우를 환각범이라 한다.

20

착오의 유형과 사례를 올바르게 연결한 것이 아닌 것은?

① 친구의 개를 허락 없이 죽이더라도 재물손괴에는 해당되지 않는다고 생각하고 죽인 경우 – 효력의 착오

② 지하철에서 승객이 손잡이를 잡기 위해 팔을 올리는 것을 소매치기하려는 것으로 오인하여 그 팔을 쳐서 전치 3주의 상해를 입힌 경우 – 위법성 조각사유의 전제사실에 관한 착오

③ 헌법상 양심의 자유가 보장되기 때문에 병역법상 입대거부를 처벌하는 규정은 무효라고 생각하고 입대를 거부한 경우 – 효력의 착오

④ 남편과 사별한 과부와 간음해도 죄가 된다고 생각하고 간음한 경우 – 반전된 금지착오

▶ 제2편 범죄론: 제4장 책임론 [법률의 착오 2] ─ 제5장 미수론

회차	시행일			목표점수			획득점수		
제4회	1차	2차	3차	1차	2차	3차	1차	2차	3차

제2편 범죄론   제4장 책임론 (2)

01

법률의 착오에 대한 설명으로 옳은 것만을 모두 고른 것은? (다툼이 있는 경우 판례에 의함)

┌─────────────────────────────────┐
ㄱ 부작위범의 작위의무의 체계적 지위에 관한 이분설에 의할 때, 부진정부작위범의 보증인적 지위에 대한 착오는 구성요건착오요, 보증인적 의무에 대한 착오는 금지착오이다.

ㄴ 즉결심판 피의자의 정당한 귀가요청을 거절한 채 다음날 즉결심판법정이 열릴 때까지 피의자를 경찰서 보호실에 강제유치시키려고 함으로써 피의자를 경찰서 내 즉결피의자 대기실에 10∼20분 동안 있게 한 행위는 형법 제124조 제1항의 불법감금죄에 해당하나, 만일 피고인이 경찰서 보호실 근무자로부터 보호유치 지시를 받았다면 이는 정당한 이유 있는 법률의 착오에 해당한다.

ㄷ 규범적 구성요건요소에 관한 착오는 착오의 객체가 구성요건요소이기 때문에 법률의 착오가 될 수 있는 경우가 없다.

ㄹ 임대업자가 임차인으로 하여금 계약상의 의무이행을 강요하기 위한 수단으로 계약서의 조항을 근거로 임차물에 대하여 일방적으로 단전·단수조치를 함에 있어 자신의 행위가 죄가 되지 않는다고 오인하더라도, 특별한 사정이 없는 한 그 오인에는 정당한 이유가 있다고 볼 수는 없다.
└─────────────────────────────────┘

① ㄱㄷ   ② ㄱㄹ
③ ㄴㄷ   ④ ㄴㄹ

02

다음 [보기]의 (가)~(라)는 甲이 밤에 연락 없이 자신의 집을 방문한 이웃을 강도로 오인하여 상해를 입힌 사례와 관련한 견해이다. 이에 대한 설명으로 옳지 않은 것은?

┌─────────────── 보기 ───────────────┐
(가) "위법성의 인식은 고의와 구별되는 책임의 독자적인 요소인데, 이 사례는 행위자가 구성요건 사실은 인식하였지만 자기 행위의 위법성을 인식하지 못한 경우에 해당한다."

(나) "이 사례와 관련하여 甲이 위법성조각사유의 전제사실의 부존재를 인식하는 것 역시 구성요건에 해당한다."

(다) "이 사례는 구성요건 착오는 아니지만 구성요건 착오와 유사한 경우이니, 구성요건 착오 규정을 적용하여 행위자에게 고의책임을 인정하지 않아야 한다."

(라) "이 사례의 경우 구성요건 고의는 인정되지만, 책임 고의가 부정된다."
└─────────────────────────────────┘

① (가)견해에 의하면, 甲의 오인에 정당한 이유가 없다면 甲은 상해의 고의범으로 처벌된다.
② (나)견해에 의하면, 甲은 구성요건 착오에 해당하여 상해의 고의가 조각된다.
③ (다)견해에 의하면, 甲에 대해 상해의 과실범의 성립을 검토할 수 있다.
④ (라)견해에 의하면, 甲은 상해의 고의범으로 처벌되지만 그 책임이 감경된다.

03

다음 [사례]에 대한 [보기]의 설명으로 옳지 않은 것만을 모두 고르면?

| 사례 |

조직폭력단 두목 甲은 그에게 깜짝 이벤트를 해주기 위하여 한밤중에 甲의 집에 몰래 들어온 여자친구 A를 암살범으로 오인하고 자신의 생명을 보호하기 위하여 골프채로 머리를 힘껏 가격하였다. 이로 인하여 A는 두개골 골절상으로 사망하였다.

| 보기 |

㉠ 판례에 의하면 객관적 정당화요소가 없으므로 甲에게 위법성이 조각될 여지는 없다.

㉡ 고의의 성립에 위법성에 대한 현실적인 인식이 필요하다는 입장에 의하면, 甲에게 살인의 고의가 인정되지 않는다.

㉢ 고의의 이중적 기능을 인정하는 입장에 의하면, 甲의 경우 책임고의가 조각되지만, 구성요건적 고의는 인정된다.

㉣ 위법성 인식을 책임요소로 보면서도 사례의 경우는 사실의 착오와 같이 해결되어야 한다는 입장에 의하면, 甲에게 고의가 조각되며 과실치사죄가 성립할 가능성은 있다.

㉤ 위법성 인식을 예외 없이 독자적 책임요소로 보는 입장에 의하면, 甲에게 항상 책임이 조각되므로 제한적 종속형식에 따르면 악의의 공범이 성립할 수 있다.

① ㉠㉡
② ㉠㉤
③ ㉠㉢㉤
④ ㉡㉣㉤

04

오상방위에 대한 설명으로 옳지 않은 것은?

① 엄격고의설은 오상방위의 경우 행위자에게 위법성의 현실적 인식이 없어 고의가 조각되고, 해당 행위에 대해 과실범 규정이 있는 경우 과실범으로 처벌할 수 있을 뿐이라고 한다.

② 엄격책임설은 오상방위를 금지착오로 해석하나, 이에 대해서는 착오에 이르게 된 상황의 특수성을 무시하였다는 비판이 가해진다.

③ 소극적 구성요건요소이론은 사실의 착오 규정이 직접 적용되어 구성요건적 고의가 조각된다고 보나, 이에 대해서는 구성요건 해당성과 위법성의 차이를 인정하지 않는다는 비판이 가해진다.

④ 법효과제한적 책임설은 고의의 이중적 기능을 전제로 오상방위의 경우 책임고의가 조각된다고 보나, 책임고의가 조각되면 제한적 종속형식에 의할 경우 이에 대한 공범성립이 불가능하여 처벌의 흠결이 있다는 비판이 가해진다.

05

다음 [보기]의 기술 중 학설에 대한 비판으로 옳은 것을 모두 고른 것은?

| 보기 |

㉠ 미필적 고의와 인식 있는 과실의 구별에 관한 개연성설에 대해서는 고의의 본질을 지적 요소에 중점을 두고 의지적 요소를 도외시 하고 있으며 결과발생의 가능성과 개연성의 구별이 쉽지 않다는 비판이 제기된다.

㉡ 피해자의 승낙에 의해 위법성이 조각되는 경우에 관한 이익흠결설(또는 이익포기설)에 대해서는 승낙살인죄와 같이 피해자의 승낙이 위법성을 조각하지 않는 것으로 규정한 경우를 설명할 수 없다는 비판이 제기된다.

㉢ 기대가능성의 판단표준에 관한 학설 중 국가표준설에 대해서는 국가가 항상 국민에게 적법행위를 기대하기 때문에 기대가능성이 없다는 이유로 책임이 조각되는 경우란 거의 발생하지 않는다는 비판이 제기된다.

㉣ 고의와 위법성 인식의 관계에 관한 엄격책임설에 대해서는 규범적 구성요건 요소에 관한 회피 가능한 포섭의 착오를 과실범으로 처벌하기 때문에 처벌의 부당한 흠결이 발생한다는 비판이 제기된다.

㉤ 엄격고의설과 제한고의설은 위법성의 인식이 없을 경우 고의범의 성립을 배제한다는 점에서 같지만 고의 인정을 위해 필요로 하는 위법성의 인식 정도를 달리 본다는 점에서 구별되는데, 엄격고의설에 대해서는 과실과 고의를 혼동하였다는 비판이 제기된다.

① ㉠㉡㉢㉣㉤
② ㉠㉡㉢㉣
③ ㉠㉡㉢㉤
④ ㉠㉡㉢

06

위법성조각사유의 전제사실의 착오에 관한 다음 사례에서 甲에게 폭행죄의 성부가 문제 된다고 볼 경우, 이에 관한 설명 중 옳지 않은 것은?

김밥집 주인이 앞서 뛰어가는 학생 2명을 쫓아가며 "계산을 하고 가야지"라고 말하는 것을 들은 甲은, 15미터가량 뒤쫓아 가 부근에 있던 A를 무전취식을 하고 도망가던 학생으로 잘못 알고 A의 멱살을 잡고 약 10~15미터 끌고 왔다. 그런데 그 A는 무전취식을 하고 도망가던 학생이 아니었고, 甲은 약간의 주의를 했더라면 이를 알 수 있었다.

① 엄격책임설에 따르면 폭행죄가 성립하지 않는다.
② 엄격고의설에 따르면 폭행죄가 성립하지 않는다.
③ 구성요건착오유추적용설에 따르면 폭행에 대한 불법고의가 부정되므로 폭행죄가 성립하지 않는다.
④ 법효과제한책임설에 따르면 폭행에 대한 구성요건 고의는 인정되지만 책임고의는 부정되므로 폭행죄가 성립하지 않는다.

07

[보기 1]의 [의견]은 A의 입장에서 [사례]의 해결방안에 관한 여러 입장을 비판적으로 기술한 것이다. A의 입장에서 甲의 죄책을 논할 때 ㉠, ㉢~㉤에 들어갈 말을 〈보기 2〉의 (a)~(g) 중에서 골라 알맞게 짝지은 것은? (A의 입장도 〈보기 2〉에 있음을 전제함)

| 보기 1 |

| 사례 |

甲은 야간에 인적이 드문 길을 따라 집으로 돌아가던 중 마주오던 乙이 자신의 앞에서 갑자기 안주머니에 오른손을 집어넣어 뭔가를 꺼내려 하자 흉기를 꺼내려는 것으로 잘못 알고 상해의 고의로 乙을 가격하여 코뼈를 부러뜨렸다(단, 甲의 착오에는 과실이 있다고 전제함).

| 의견 |

먼저, 구성요건해당성에 대한 위법성의 독자성을 인정하는 범죄체계이론의 입장에서 본다면, (㉠)은 취하기 어렵다. 또한 (㉡)은 위법성의 인식과 고의를 분리하여 고찰하는 오늘날의 범죄체계이론과 부합하지 않으므로 수용하기 어렵다. 나아가, (㉢)은 甲을 이용한 악의의 제3자를 공범으로 처벌할 수 있다는 점에서 형사정책적 장점은 있지만, 행위상황에 관한 착오를 행위의 위법성에 관한 착오와 같게 다룸으로써 본질상 같지 않은 것을 같게 취급하고 있다는 비판이 있다. 마지막으로, (㉣)은 甲에게 불법의 정도를 초과하는 중한 책임을 지우는 결과를 초래하는 것은 아니지만, 체계적 측면에서 볼 때 불법과 책임의 일치라는 요청에 반하는 문제점을 안고 있다. 따라서 A의 입장에서 본다면, 위 사례에서 甲은 (㉤)의 죄책을 져야 한다.

| 보기 2 |

(a) 고의설
(b) 엄격책임설
(c) 구성요건착오유추적용설
(d) 법효과제한책임설
(e) 소극적 구성요건표지이론
(f) 과실치상죄
(g) 상해죄

① ㉠ － (a), ㉢ － (e), ㉣ － (c), ㉤ － (g)
② ㉠ － (b), ㉢ － (a), ㉣ － (d), ㉤ － (g)
③ ㉠ － (e), ㉢ － (b), ㉣ － (d), ㉤ － (g)
④ ㉠ － (e), ㉢ － (b), ㉣ － (d), ㉤ － (f)

08

'기대불가능성' 내지 '기대가능성의 감소'를 이유로 한 「형법」상 책임감경 또는 책임감면의 규정이 아닌 것은?

① 과잉방위
② 강요된 행위
③ 친족 간의 범인은닉
④ 오상피난

제2편 범죄론　제5장 미수론

09

예비죄에 관한 다음 [보기]의 설명 중 옳은 것을 모두 고른 것은? (다툼이 있으면 판례에 의함)

| 보기 |

㉠ 예비죄에 대하여 기본범죄의 수정적 구성요건이라고 보는 견해는 형법상 "…죄를 범할 목적으로"라는 기본적 구성요건에 종속하는 형식을 취하고 있다는 점을 근거로 한다.
㉡ 예비죄를 독립된 범죄형태로 이해하는 견해는 당연히 예비죄의 실행행위성을 인정할 수 있다.
㉢ 예비죄에 대한 발현형태설의 입장에서는 예비죄의 실행행위성을 부정한다.
㉣ 예비죄는 고의범이므로 과실에 의한 예비죄, 과실범의 예비죄는 성립할 수 없다.
㉤ 간첩이 불특정 다수인인 경찰관으로부터의 체포 기타 방해를 배제하기 위하여 무기를 휴대하였다면 살인예비죄가 성립한다.
㉥ 1인이 단독으로 상대방의 의사에 반하는 기습추행을 하려고 준비했지만 아직 실행의 착수에 이르지 못한 경우는 처벌할 수 없으나, 2인 이상이 합동하여 강제추행을 준비하였지만 실행의 착수에 이르지 않은 경우에는 「성폭력범죄의 처벌 등에 관한 특례법」상 특수강제추행죄의 예비·음모죄가 성립한다.

① ㉠㉡㉢㉣㉥
② ㉡㉢㉣㉤
③ ㉠㉡㉣㉥
④ ㉠㉡㉣㉤

10

예비와 미수에 관한 설명으로 옳은 것은 모두 몇 개인가? (다툼이 있는 경우 판례에 의함)

> ㉠ 미수범이란 행위를 종료했더라도 결과가 발생하지 아니한 경우를 말하는 것이므로 결과가 발생한 경우에는 미수범이 성립할 여지가 없다.
>
> ㉡ 강도치상죄와는 달리 강도상해죄는 강도가 미수에 그쳤다면 상해가 발생하였어도 강도상해죄의 미수에 해당한다.
>
> ㉢ 대법원은 예비죄의 실행행위성을 긍정하는 입장에 서 있으므로 예비죄의 공동정범뿐만 아니라 예비죄에 대한 종범의 성립도 긍정한다.
>
> ㉣ 저작권 침해 게시물을 인터넷 웹사이트 서버 등에 업로드하여 공중의 구성원이 개별적으로 선택한 시간과 장소에서 접근할 수 있도록 이용에 제공하였더라도 공중에게 침해 게시물을 실제로 송신하지 않았다면 저작권법상 공중송신권 침해는 기수에 이르지 않는다.
>
> ㉤ 교사를 받은 자가 범죄의 실행 자체를 승낙하지 아니하거나 실행을 승낙하고 실행의 착수에 이르지 않은 경우, 교사자는 예비·음모에 준하여 처벌된다.

① 1개
② 2개
③ 3개
④ 4개

11

미수범의 처벌근거에 대한 학설에 대한 내용 중 옳지 않은 것은?

① 객관설은 고의는 범죄의 모든 단계에서 동일하므로 미수범의 처벌 근거를 결과불법의 발생에 대한 높은 개연성에 있다는 견해이다.

② 객관설에 의할 경우 미수는 법익침해가 없으므로 기수에 비하여 필요적으로 형을 감경해야 한다.

③ 주관설은 미수범의 처벌 근거를 행위에 의하여 외부적으로 표시된 범죄적 의사 내지 적대적 의사에 있다는 견해이다.

④ 절충설에 의할 때 미수는 행위반가치가 존재한다는 점에서는 기수범과 동일하지만 현실적인 법익침해가 없으므로 형을 필요적으로 감경하게 된다.

12

미수범 및 실행의 착수에 관한 다음 기술 중 잘못된 것은?

① 미수범의 처벌근거에 관한 주관설은 죄형법정주의의 법치국가적 요청에 적합하지 않다.

② 미수범이 임의적 감경으로 처리되는 것(형법 제25조 제2항)은 주관주의적 위험형법과 객관주의적 침해형법을 절충한 것이다.

③ 원인에 있어서 자유로운 행위의 실행착수시기에 관해서는 원인행위시설과 실행행위시설이 대립하는데, 구성요건적 정형성을 중시하는 입장은 실행행위시설이다.

④ 실행의 착수시기에 관한 형식적 객관설은 실행의 착수시기가 지나치게 빨라진다는 문제점이 있다.

13

실행의 착수에 대한 견해에 관한 설명으로 옳지 않은 것은?

① 구성요건에 해당하는 정형적인 행위 또는 그 일부를 개시한 때에 실행의 착수가 있다고 보는 견해는 가벌적 미수의 범위가 지나치게 축소된다는 비판이 있다.

② 자연적으로 보아 구성요건적 행위와 필연적으로 결합되어 있기 때문에 그 구성요소로 보이는 행위가 있으면 구성요건실현의 전단계의 행위라 하더라도 실행의 착수를 인정하는 견해는 판단자의 자의가 개입할 위험이 있다.

③ 범죄의사를 명백하게 인정할 수 있는 외부적 행위가 있을 때, 또는 범의의 비약적 표동이 있을 때 실행의 착수가 있다고 보는 견해는 미수를 예비단계까지 부당하게 확대할 위험이 있다.

④ 보호법익에 대한 직접적인 위험을 야기시킨 때 실행의 착수를 인정하는 견해는 행위자의 범행계획을 중시한 나머지 모호한 판단기준을 제공한다는 문제가 있다.

14

중지미수에 관한 다음 설명 중 옳은 것은?

① 중지미수와 불능미수는 착수미수와 실행미수에 따라 그 성립요건을 달리하기 때문에 착수미수와 실행미수를 구별하는 실익이 있다.

② 중지미수를 장애미수나 불능미수보다 더 가볍게 처벌하는 근거에 관한 이론 중 위법성(불법)소멸설이나 책임소멸설은 현행 형법의 태도와 일치하지 않는다.

③ 중지미수의 법적 성격에 대한 책임감소·소멸설은 형의 면제 효과를 설명하기 어렵다는 비판과는 관계가 없다.

④ 중지미수의 자의성에 대한 주관설은 자의성의 개념을 지나치게 확대한다는 비판을 받는다.

15

다음은 범행의 실행에 착수한 자가 범행을 종료하지 못한 사유들을 열거한 것이다. 이 중 '자의성' 인정 여부에 관한 주관설(윤리적 동기를 기준으로 하는 설)과 객관설에 의할 때, 중지미수가 인정되는 경우의 수를 바르게 조합한 것은?

> ㉠ 후회, 동정, 연민 등으로 중지한 경우
> ㉡ 범행이 가능함에도 불구하고 보다 용이한 범행 기회를 기다리기 위해 중지한 경우
> ㉢ 외부의 장애사정이 없음에도 불구하고 있다고 착각하여 중지한 경우
> ㉣ 경찰이 접근해 와서 중지한 경우

	주관설	객관설
①	1개	2개
②	1개	3개
③	2개	3개
④	2개	4개

16

중지미수에 대한 설명으로 옳지 않은 것은? (다툼이 있는 경우 판례에 의함)

① 중지미수의 법적 성격에 대한 책임감소·소멸설은 형의 면제 효과를 설명하기 어렵다는 비판을 받는다.

② 중지미수의 자의성에 대한 주관설은 자의성의 개념을 지나치게 확대한다는 비판을 받는다.

③ 공동정범의 경우 다른 공동정범 전원의 실행을 중지시키거나 모든 결과의 발생을 방지하지 않는 한 중지미수가 인정되지 않는다.

④ 범죄의 예비·음모 단계에서는 자의로 예비·음모행위를 중지한 경우에도 중지미수를 인정할 수 없다.

17

중지미수에 관한 〈보기 1〉의 주장과 그에 대한 논거인 〈보기 2〉의 연결이 올바른 것은?

| 보기 1 |

㉠ 행위자가 실행에 착수한 후 자의로 결과발생의 방지를 위하여 노력하였으면, 행위자의 사후적인 노력 때문이 아니라 애초부터 결과발생이 불가능하여 결과가 발생하지 않았더라도 불능미수의 중지미수를 인정한다.

㉡ 행위자는 자의로 중지하였으나 그 이후 일반적인 생활위험이 실현되어 범행의 결과가 발생한 경우 중지미수가 인정된다.

㉢ 예비행위를 하면서 실행의 착수 이전에 중지한 경우 예비행위의 중지미수가 인정된다.

| 보기 2 |

A. 발생한 결과와 행위자의 행위 사이에 인과관계 내지 객관적 귀속이 없다.

B. 중지미수를 양형에 관한 특별규정으로 보면 형법 제26조(중지범)를 적용할 수 있다.

C. 형의 균형을 이유로 형법 제26조(중지범)를 적용할 수 있다.

D. 결과발생을 방지하는 행위가 중지미수의 요건은 아니다.

E. 결과가 무엇이든 범행에 의해 나중에 발생된 결과가 있을 경우 중지미수는 성립할 수 없다.

① ㉠-B, ㉡-A, ㉢-C
② ㉠-B, ㉡-C, ㉢-A
③ ㉠-B, ㉡-E, ㉢-C
④ ㉠-D, ㉡-A, ㉢-C

18

다음은 불능미수에 대한 설명이다. 가장 옳은 것은? (다툼이 있을 경우에는 판례에 의함)

① 불능미수와 불능범을 구별하는 기준은 결과발생의 가능성이다.

② 불능미수의 경우, 형을 감경 또는 면제하여야 한다.

③ 불능미수의 위험성판단에 관한 학설 중 객관설은 주관설보다 미수범 인정의 범위가 좁다.

④ 히로뽕 제조를 시도하였으나 그 약품배합 미숙으로 완제품을 만들지 못한 경우에는 불가벌적 불능범이 성립한다.

19

미수범에 관한 설명 중 옳지 않은 것은? (다툼이 있는 경우에는 판례에 의함)

① 실탄 세 발이 든 총으로 피해자를 살해하기 위해 첫 발을 쏘았으나 총알이 빗나가자 다시 쏠 수 있었음에도 불구하고 그 이후의 사격행위를 포기한 경우, 중지한 시점의 행위자의 생각을 기준으로 종료미수(실행미수)와 미종료미수(착수미수)를 구별하는 견해에 의하면 실행행위는 종료된 것이 된다.

② 중지미수의 자의성 여부에 관한 판례의 태도에 따르면 행위자의 중지가 일반사회통념상 범죄를 완수함에 장애가 되는 사정에 의한 것이 아니라고 평가될 수 있으면 자의성이 인정될 수 있다.

③ 불능미수의 위험성 판단에 관한 추상적 위험설과 구체적 위험설은 그 판단 자료로서 일반인이 인식할 수 있었던 사정을 포함시키는지의 여부에 따라 차이가 있다.

④ 불능미수의 위험성 판단과 관련하여 행위자가 인식한 사정과 일반인이 인식할 수 있었던 사정이 일치하지 않는 경우에 어느 사정을 기초로 판단할 것인지가 명확하지 않다는 비판을 받고 있는 견해에 의하면, 명백히 사정거리 밖에 있는 자에 대해 사정거리 안에 있는 것으로 오인하고 총격한 경우에 위험성이 부정된다.

20

[보기 1]은 불능범과 불능미수를 구별하는 기준인 「형법」 제27조의 위험성에 관한 학생들의 주장이고, [보기 2]는 사례이다. [보기 2]의 사례를 [보기 1]의 각각의 주장에 따라 판단할 경우, 다음 연결 중 살인죄의 불능범인 것은?

| 보기 1 |

- 학생 A: 행위자에게 범죄를 실현하려는 의사가 있고 이를 표현하는 행위가 있으면 위험성을 인정해야 한다.
- 학생 B: 위험성의 유무를 행위 당시에 일반인이 인식할 수 있었던 사정만을 기초로 일반인의 관점에서 판단해야 한다.
- 학생 C: 위험성의 유무를 행위 당시에 행위자가 인식한 사실만을 기초로 일반인의 관점에서 판단해야 한다.

| 보기 2 |

㉠ 甲은 설탕을 독약으로 오인하고 乙을 살해하기 위해 설탕을 먹였다. 乙은 죽지 않았다.

㉡ 甲은 乙을 살해하기 위해 독약을 준비하여 치사량에 해당한다고 생각하고 乙에게 먹였으나 치사량에 조금 미달하여 乙이 죽지 않았다.

㉢ 甲은 乙을 공기총으로 살해하기로 마음먹고 乙이 착탄거리 안에 있다고 생각하고 총을 발사하였는데, 누가 보더라도 乙은 공기총의 착탄거리 밖에 있음을 쉽게 알 수 있었다.

---

① 학생 A-㉠
② 학생 B-㉡
③ 학생 C-㉡
④ 학생 B-㉢

▶ 제2편 범죄론: 제6장 정범과 공범론

회차	시행일			목표점수			획득점수		
	1차	2차	3차	1차	2차	3차	1차	2차	3차
제5회									

제2편 범죄론　제6장 정범과 공범론

01

제한적 정범개념이론에 대한 설명으로서 옳은 것은?

① 정범과 공범을 주관적 요소에 의하여 구분하는 입장으로서, 형법의 보장적 기능을 침해한다는 비판이 있다.
② 조건설을 이론적 기초로 한다.
③ 간접정범을 공범이라고 보게 된다.
④ 공범규정은 처벌축소사유가 된다.

02

공범에 대한 설명 중 옳은 것(○)과 옳지 않은 것(×)을 순서대로 바르게 나열한 것은?

> ㉠ 단일정범개념에 대해서는 가벌성의 확대를 초래한다는 비판이 있다.
> ㉡ 제한적 정범개념에 의하면 공범규정은 형벌제한사유가 된다.
> ㉢ 공범종속성설은 유력한 근거로 이른바 '기도된 교사'를 규정한 형법 제31조 제2항과 제3항을 든다.
> ㉣ 책임가담설에 대해서는 책임의 연대성을 인정하므로 개인책임의 원칙에 반한다는 비판이 있다.
> ㉤ 극단적 종속형식에 의하면, 공범의 성립을 위해서는 정범의 행위가 구성요건에 해당하고 위법하면 족하며 유책할 필요는 없다.

	㉠	㉡	㉢	㉣	㉤
①	○	×	×	○	×
②	×	×	×	○	×
③	○	×	○	○	○
④	×	○	○	×	○

03

㉠부터 ㉤까지는 정범과 공범의 구별에 관한 학설에 대한 설명이다. 옳고 그름의 표시(○, ×)가 바르게 된 것은?

> ㉠ '구성요건상의 실행행위의 전부 또는 일부를 스스로 하는 자'를 정범, '구성요건적 행위 이외의 행위로써 구성요건실현에 기여하는 자'를 공범으로 보는 형식적 객관설에 따르면, 간접정범을 정범으로 인정하기 어렵다.
> ㉡ '스스로 구성요건상의 정형적 행위를 한 자'만을 정범으로 이해하는 제한적 정범개념에 따르면, 형법 제31조, 제32조는 형벌확장사유로서 정범 이외에 특별히 공범의 처벌을 인정하는 규정이다.
> ㉢ '정범자의 의사로 행위한 자'는 정범, '공범자의 의사로 행위한 자'는 공범이라는 의사설에 따르면, 청부살인업자는 구성요건적 행위를 스스로 모두 수행하기에 항상 정범이 된다.
> ㉣ '자기 자신의 이익을 위한 목적으로 행위한 자'는 정범, '타인의 이익을 위한 목적으로 행위한 자'는 공범이라는 이익설에 따르면, 제3자를 위하여 강도행위를 한 자는 공범이 된다.
> ㉤ 행위지배설에 따르면, 이용자가 자신의 우월한 지위에 의하여 피이용자를 수중에 두고 도구처럼 그의 의사를 조종(지배)하여 그로 하여금 범죄를 행하게 하면 행위지배가 인정되어 정범이 된다.

① ㉠(×) ㉡(○) ㉢(×) ㉣(○) ㉤(×)
② ㉠(○) ㉡(×) ㉢(○) ㉣(○) ㉤(○)
③ ㉠(○) ㉡(○) ㉢(×) ㉣(○) ㉤(○)
④ ㉠(○) ㉡(○) ㉢(×) ㉣(×) ㉤(○)

04

공범의 종속형식에 관한 다음 기술 중 옳은 것은?

① 타인의 주거에 침입할 것을 교사하였으나 피교사자가 주거자의 승낙(구성요건해당성조각사유인 양해임을 전제함)을 얻어 주거에 들어간 경우, 제한적 종속형식에 의하면 주거침입교사죄가 성립할 수 있다.

② 강도를 교사하였으나 피교사자가 예비의 단계에서 체포된 경우, 공범독립성설에 의하면 강도미수의 교사범이 성립할 수 없고 최소한 종속형식에 의하면 강도예비교사죄가 성립할 수 있다.

③ 형사미성년자를 교사하여 절도를 행하게 한 경우, 제한적 종속형식에 의하면 절도교사죄가 성립할 수 없지만 공범독립성설에 의하면 절도교사죄가 성립할 수 있다.

④ 피교사자의 아버지가 소유하는 물건을 절취하도록 교사한 경우에 제한적 종속형식에 의하든 극단적 종속형식에 의하든 교사자에게는 절도교사죄가 성립할 수 있다.

05

공범에 관한 다음 [보기]의 기술 중 옳지 않은 것을 모두 고른 것은? (다툼이 있는 경우에는 판례에 의함)

| 보기 |

㉠ 공무원 아닌 甲은 乙이 공무원에게 뇌물을 제공하도록 주선하였다. 甲에게는 형법총칙상 공범규정이 적용된다.

㉡ 甲은 乙이 적국과의 의사연락하에 대한민국의 국가기밀을 탐지·수집하는 행위를 도왔다. 甲에게는 형법총칙상 공범규정이 적용된다.

㉢ 성년인 甲은 영리 목적을 가진 乙의 주선에 따라 A녀와 간음을 하였다. 乙에게는 형법총칙상 공범규정이 적용된다.

㉣ 2인 이상의 서로 대향된 행위의 존재를 필요로 하는 대향범에 대하여 공범에 관한 형법 총칙 규정이 적용될 수 없는데, 이러한 법리는 해당 처벌규정의 구성요건 자체에서 2인 이상의 서로 대향적 행위의 존재를 필요로 하는 필요적 공범인 대향범에 적용됨은 물론, 구성요건상으로는 단독으로 실행할 수 있는 형식으로 되어 있더라도 그 구성요건이 대향범의 형태로 실행되는 경우에도 적용된다고 보아야 한다.

㉤ 필요적 공범에 속하는 대향범 중에서 각 가담자에 대해 동일한 법정형이 부과되는 범죄로는 도박죄, 아동혹사죄, 인신매매죄, 배임수·증재죄 등이 있다.

① ㉠㉡㉢㉣
② ㉡㉢㉣㉤
③ ㉠㉡㉣㉤
④ ㉠㉢㉣㉤

06

다음 설명 중 옳지 않은 것은? (다툼이 있는 경우 판례에 의함)

① 자수범의 경우에는 간접정범이 성립하지 않으므로, 정을 모르는 수표발행자에게 허위의 분실신고를 하도록 교사한 자는 부정수표단속법상 허위신고죄의 간접정범으로 처벌할 수 없다.

② 감금죄는 간접정범의 형태로 행하여질 수 없으므로, 인신구속 관련 직무를 행하는 자가 피해자를 구속하기 위하여 진술조서를 허위로 작성한 후 그 정을 모르는 검사를 기망하여 구속영장을 받아 피해자를 구금한 경우에는 직권남용감금죄가 성립하지 않는다.

③ 타인을 비방할 목적으로 허위의 기사자료를 그 정을 모르는 기자에게 제공하여 신문 등에 보도되게 한 경우에는 출판물에 의한 명예훼손죄의 간접정범이 성립한다.

④ 유가증권변조죄에서의 변조는 권한 없는 자가 진정으로 성립된 유가증권의 내용에 그 동일성을 해하지 않는 한도에의 변경을 가하는 것으로서, 간접정범의 형태로도 행해질 수 있다.

07

정범 및 공범에 관한 다음 [보기]의 설명 중 옳은 것을 모두 고른 것은? (다툼이 있는 경우 판례에 의함)

| 보기 |

㉠ 공모공동정범에 있어서 공모자가 공모에 주도적으로 참여하여 다른 공모자의 실행에 영향을 미친 때에는 범행을 저지하기 위하여 적극적으로 노력하는 등 실행에 미친 영향력을 제거하지 아니하는 한 공모관계에서 이탈하였다고 할 수 없다.

㉡ 피교사자가 교사자의 교사행위 당시에는 일응 범행을 승낙하지 아니한 것으로 보인다 하더라도 이후 그 교사행위에 의하여 범행을 결의한 것으로 인정되는 이상 교사범의 성립에는 영향이 없다.

㉢ 甲이 책임무능력자를 이용하여 범행한 사례에 있어서 공범의 종속 정도와 관련하여 제한종속형식설을 취하는 경우, 공범의 우위성에 따라 甲에게는 교사범이 성립하므로 간접정범이 성립할 여지가 없다.

㉣ 어느 행위로 인하여 과실범으로 처벌되는 자를 교사 또는 방조하여 범죄행위의 결과를 발생하게 한 자는 교사 또는 방조의 예에 의하여 처벌한다.

㉤ 「폭력행위 등 처벌에 관한 법률」 제2조 제2항의 '2인 이상이 공동하여'라고 함은 수인이 동일 장소에서 동일 기회에 범행을 한 경우이면 족하고, 수인 상호간에 범죄에 대한 공동가공의사가 있어야 하는 것은 아니다.

① ㉠㉡㉣㉤
② ㉡㉢㉣㉤
③ ㉠㉡㉣
④ ㉡㉢㉤

08

과실범의 공동정범에 대한 설명 중 옳지 않은 것은?

① 인과관계의 입증이 곤란한 사례에서 과실범의 공동정범을 인정하게 되면 과실범의 미수로 무죄가 되는 형사처벌의 흠결을 피할 수 있고 책임원칙에 맞는 결과를 이끌어 낼 수 있는 장점이 있다.

② 과실범의 공동정범을 부정하는 견해는 과실범에서는 공동의 범행결의와 이에 근거한 기능적 행위수행이 결여되어 있다는 점을 주된 논거로 한다.

③ 과실범의 공동정범을 긍정하는 견해 중 주의의무위반의 공동과 과실행위에 대한 기능적 행위지배가 있으면 공동정범이 성립한다는 견해도 있다.

④ 과실범의 공동정범을 부정하는 견해는 과실범의 공동현상을 동시범이론으로 설명한다.

09

공범에 관한 다음 [보기]의 설명 중 옳은 것을 모두 고른 것은? (다툼이 있으면 판례에 의함)

| 보기 |

㉠ 판례는 공동행위자 간에 의사의 연락이 없어도 행위의 공동만 있으면 과실범의 공동정범이 성립한다는 입장이다.

㉡ 공동정범이 성립하는 경우에는 독립행위의 경합이나 동시범은 성립할 여지가 없다.

㉢ 2인의 행위자가 공모하고 현장에서 범행을 하는 경우에는 합동범의 공동정범이 성립할 여지가 없다.

㉣ 합동절도의 경우 범행현장에서 장소적으로 협동한 범인에게는 합동범의 정범이 성립하므로 종범으로 처벌될 여지가 없다.

㉤ 형법 제263조의 동시범의 특례 규정은 '상해의 결과를 발생하게 한 경우'에 적용된다고 규정하고 있으나 상해의 결과가 발생한 모든 범죄에 대해서 적용되는 것은 아니다.

① ㉠㉡㉢㉣

② ㉡㉢㉣㉤

③ ㉠㉢㉤

④ ㉡㉢㉤

10

공동정범에 대한 다음 [보기]의 설명 중 옳은 것을 모두 고른 것은? (다툼이 있는 경우 판례에 의함)

| 보기 |

㉠ 甲이 A를 살해하고자 A의 음료수 잔에 치사량의 독약을 넣고 사라진 후 그 사실을 알고 있는 乙이 독자적으로 A를 확실히 살해하고자 한번 더 치사량의 독약을 넣어 A가 이를 마시고 사망한 경우, 甲과 乙은 상호간에 의사의 연락이 없어 공동정범이 성립되지 아니한다.

㉡ 甲이 강도살인의 의사로 먼저 A를 살해한 직후 마침 그곳을 지나가던 乙이 이를 보고 甲의 양해하에 절취의 의사로 참가하여 甲은 A의 지갑과 현금을, 乙은 A의 시계와 금반지를 가져간 경우, 승계적 공동정범을 인정하더라도 乙은 살인에 대한 책임은 지지 아니한다.

㉢ 행동대원 甲, 乙, 丙은 조직의 두목으로부터 지시를 받고 상대 조직 행동대장 A를 살해하기로 공모하였으나, 甲은 쇠파이프 등을 들고 차량에 탑승하던 중 사태의 심각성을 실감하고 범행에 휘말리기 싫어서 조용히 혼자 빠져나와 택시를 타고 집으로 갔다. 이후 乙과 丙이 공모한 대로 A의 사무실로 가서 A를 살해한 경우, 甲에게는 살인죄의 공동정범이 성립한다.

㉣ 조직의 보스 甲은 부하인 乙과 반대조직의 보스 A를 살해하기로 공모하고, 甲은 자신의 사무실에서 진행 상황을 실시간으로 보고 받고 乙이 A의 사무실로 가서 A를 살해한 경우, 공모공동정범을 인정하는 견해에 따르면 甲에게는 살인죄의 공동정범이 성립한다.

㉤ 합동하여 절도를 한 경우 범인 중 1인이 체포를 면탈할 목적으로 폭행을 하여 상해를 가한 때에는 나머지 범인이 이를 예기할 수 있었는가를 가리지 않고 그 나머지 범인 역시 강도상해죄의 죄책을 면할 수 없다.

① ㉠㉡㉣㉤

② ㉠㉡㉢㉣

③ ㉠㉡㉣

④ ㉠㉢㉤

11

동시범에 관한 설명으로 옳은 것은 모두 몇 개인가? (다툼이 있는 경우 판례에 의함)

> ⊙ 시간적 차이가 있는 독립행위가 경합한 경우, 그 결과발생의 원인된 행위가 판명되지 아니한 때에 「형법」 제263조가 적용되는 경우를 제외하고는 「형법」 제19조가 적용된다.
> ⊙ 독립행위가 경합하여 상해의 결과를 발생하게 한 경우에 있어서 원인된 행위가 판명되지 아니한 때에는 각 행위자를 미수범으로 처벌한다.
> ⊙ 「형법」 제263조의 동시범은 강간치상죄에는 적용할 수 없다.
> ⊙ A가 甲으로부터 폭행을 당하고 얼마 후 함께 A를 폭행하자는 甲의 연락을 받고 달려온 乙로부터 다시 폭행을 당하고 사망하였으나 사망의 원인행위가 판명되지 않았다면, 「형법」 제263조가 적용되어 甲과 乙은 폭행치사죄의 공동정범의 예에 의하여 처벌된다.

① 1개
② 2개
③ 3개
④ 4개

12

합동범에 대한 설명으로 옳지 않은 것은? (다툼이 있는 경우 판례에 의함)

① 합동범의 법정형은 형법에 별도로 규정되어 있다.
② 합동범의 주관적 요건으로서의 공모는 범행현장에서 암묵리에 의사상통하는 것도 포함된다.
③ 합동범에 대한 교사 · 방조는 불가능하다.
④ 합동범의 공동정범은 가능하다.

13

아래에 제시된 [보기]들이 올바르게 연결된 것은?

> | 보기 1 |
>
> ⊙ 실패한 교사
> ⊙ 효과 없는 교사
> ⊙ 협의의 교사의 미수

> | 보기 2 |
>
> A. 피교사자가 범죄의 실행을 승낙하지 않은 경우
> B. 피교사자가 범죄의 실행은 승낙했지만 실행의 착수에 이르지 아니한 경우
> C. 피교사자가 교사받은 범죄의 실행에 착수하였으나 범죄를 완성하지 못한 경우

> | 보기 3 |
>
> (1) 교사자 · 피교사자 모두 미수범으로 처벌
> (2) 교사자만 예비 · 음모에 준하여 처벌
> (3) 교사자 · 피교사자 모두 예비 · 음모에 준하여 처벌

① ⊙-B-(3)
② ⊙-B-(1)
③ ⊙-C-(2)
④ ⊙-A-(2)

14

다음 [사례]를 읽고, 甲의 죄책에 대한 [보기]의 설명으로 옳은 것만을 모두 고르면?

| 사례 |

甲은 상속을 빨리 받기 위하여 乙을 찾아가 자신의 父인 A의 살해를 교사하였으나, 乙은 이를 거절하였다. 그때 乙과 함께 있던 乙의 친구가 甲에게 살인청부업자인 丙의 전화번호를 알려주면서 한번 찾아가 보라고 하였다. 이에 따라 甲은 丙을 찾아가 A를 살해하라고 교사하였고, 丙은 1억 원의 사례금을 받고 이를 승낙한 후 자취를 감추어 버렸다.

| 보기 |

㉠ 甲의 乙에 대한 행위는 효과 없는 교사(「형법」 제31조 제2항)에 해당한다.
㉡ 甲의 丙에 대한 행위는 실패한 교사(「형법」 제31조 제3항)에 해당한다.
㉢ 甲의 乙에 대한 행위는 존속살해예비죄로도 처벌할 수 없다.
㉣ 甲의 丙에 대한 행위는 존속살해예비죄로 처벌된다.

① ㉣
② ㉠㉡
③ ㉢㉣
④ ㉠㉡㉢㉣

15

甲은 乙에게 A를 살해하라고 교사하였다. 甲의 청부를 받아들인 乙은 A라고 생각되는 사람이 골목길에 들어서는 것을 보고 그가 집에 들어가려는 순간을 기다려 총을 쏘았다. 사망을 확인하기 위하여 다가가서 보니 죽은 사람은 A가 아니라 A와 꼭 닮은 동생 B였다. 이 사례에 관한 설명으로 옳은 것은? (다툼이 있는 경우 판례에 의함)

① 乙의 착오를 객체의 착오로 보고 구체적 부합설을 따르는 견해에 의하면 乙에게는 살인미수죄와 과실치사죄의 상상적 경합이 인정된다.

② 만일 乙이 A가 오는 것을 보고 총을 쏘았으나 빗나가서 그 옆에 있던 C 소유의 자전거에 맞고 자전거의 일부가 손괴된 경우, 乙의 행위는 발생사실인 과실재물손괴죄로 처벌된다.

③ 乙의 착오를 객체의 착오로 보고 이에 기반을 둔 甲의 착오도 객체의 착오로 보는 경우, 구체적 부합설을 따르는 견해에 의하면 甲에게는 살인미수죄와 과실치사죄의 상상적 경합이 인정된다.

④ 乙의 착오를 객체의 착오로 보고 이에 기반을 둔 甲의 착오를 방법의 착오로 보는 경우, 법정적 부합설을 따르는 견해에 의하면 甲은 살인죄의 교사범으로 처벌된다.

16

甲의 죄책에 관한 설명 중 옳은 것을 모두 고르면? (다툼이 있는 경우 판례에 의함)

- ㉠ 甲은 乙에게 강도를 교사하였는데, 이를 승낙한 乙이 절도죄를 범하였다. 이 경우 공범인 甲은 정범인 乙이 실행한 범위 내에서 책임을 지기 때문에 절도죄의 교사범이 된다.
- ㉡ 甲이 乙에게 A를 상해하라고 교사하였는데 乙은 B를 A로 오인하고 상해한 경우, 피교사자가 구체적 사실에 관해 객체의 착오를 한 경우 교사자에 대해서는 방법의 착오가 된다는 전제하에 법정적 부합설을 취하면 교사자는 발생한 범죄의 기수에 대한 교사범으로 처벌된다.
- ㉢ 위 '㉡' 사안에서 乙이 B를 A로 오인하고 살해하였다고 하더라도 법정적 부합설에 의하면 甲이 사망의 결과에 대해 예견가능성이 없지 않은 한 B에 대한 상해치사죄의 교사범이 된다.
- ㉣ 甲은 13세인 乙을 14세로 알고 절도를 교사했고, 乙은 이 교사내용을 실행하였다. 이 경우 정범개념의 우위성을 배제하고 순수하게 공범종속의 형식에 관한 극단종속성설에 따르면 甲은 절도죄의 교사범이 된다.
- ㉤ 공범 중 1인이 그 범행에 관한 수사절차에서 참고인 또는 피의자로 조사받으면서 자기의 범행을 구성하는 사실관계에 관하여 허위로 진술하고 허위 자료를 제출하는 것이 다른 공범을 도피하게 하는 결과가 된다고 하더라도 범인도피죄로 처벌되지 않으나, 공범이 이러한 행위를 교사하였다면 범인도피교사의 죄책을 면할 수 없다.

① ㉠㉢㉤
② ㉡㉣㉤
③ ㉠㉣
④ ㉡㉢

17

착오에 관한 다음 [보기]의 설명 중 옳지 않은 것을 모두 고른 것은? (다툼이 있는 경우 판례에 의함)

| 보기 |

- ㉠ 아내 甲이 밤늦게 담을 넘어 오던 남편 A를 도둑으로 착각하고 상해를 가한 경우, 엄격책임설은 「형법」 제16조를 적용하여 착오에 과실이 있으면 (즉, 정당한 이유가 없으면) 甲에게 과실치상죄의 성립을 인정한다.
- ㉡ 소매치기 甲녀가 도주 중 행인 乙에게 강간범이 쫓아온다고 거짓말하여 이를 믿은 乙로 하여금 甲 자신을 추격해오던 피해자에게 상해를 가하게 한 경우, 소극적구성요건표지이론 및 구성요건착오유추적용설에 따르면 甲에게 상해죄의 교사범이 성립한다(단, 乙에 대한 甲의 우월적 의사지배는 부정되고, 제한종속형식에 따름).
- ㉢ 甲은 乙에게 A를 살해하라고 교사하였으나 乙이 B를 A로 착각하여 B를 살해한 경우, 甲에게 객체의 착오를 인정하는 견해에 따르면 甲에게는 B에 대한 살인죄의 교사범이 성립한다.
- ㉣ 甲은 살해의 고의로 A의 머리를 둔기로 가격한 후 A가 실신하자 죽었다고 생각하고 죄적인멸을 위해 A를 매장했으나 A는 매장으로 질식사한 경우, 甲에게 살인미수죄와 과실치사죄의 상상적 경합이 인정된다.
- ㉤ 甲이 乙에게 사기를 교사하였는데 乙이 피해자에 대한 기망을 행하면서 공갈을 실행한 경우, 교사내용과 실행행위의 질적 차이가 본질적이지 않으므로 甲은 교사한 범죄에 대한 교사범의 책임을 지지 않는다.

① ㉠㉡㉢㉣㉤
② ㉡㉢㉣㉤
③ ㉠㉡㉣㉤
④ ㉠㉡㉢㉣

18

방조범에 대한 설명으로 옳지 않은 것은? (다툼이 있는 경우 판례에 의함)

① 간호조무사의 무면허 진료행위가 있은 후에 이를 의사가 진료부에 기재한 행위는 무면허 의료 행위의 방조에 해당한다.

② 자신들이 개설한 인터넷 사이트를 통해 회원들로 하여금 음란한 동영상을 게시하도록 하고 다른 회원들로 하여금 이를 다운받을 수 있도록 하는 방법으로 정보통신망을 통한 음란한 영상의 배포·전시를 방조한 행위가 단일하고 계속된 범의 아래 일정기간 계속하여 이루어졌고 피해법익도 동일한 경우, 방조행위는 포괄일죄의 관계에 있다.

③ 방조행위와 정범의 실행행위 사이에 인과관계가 필요하지 않다는 견해에 따르면, 공범종속성설에 따라 기도된 방조의 가벌성을 인정하기 때문에 방조범의 처벌범위가 부당하게 확대된다는 비판이 있다.

④ 방조행위와 정범의 실행행위 사이에 인과관계가 필요하다는 견해는 공범의 처벌근거가 타인의 불법을 야기·촉진시키는 데 있으므로 방조행위가 피방조자의 실행에 아무런 영향을 끼치지 못한 경우에는 처벌근거가 상실된다는 점을 논거로 한다.

19

방조범에 대한 설명 중 가장 옳지 않은 것은? (다툼이 있는 경우 판례에 의함)

① 정범이 범행을 한다는 점을 알면서 그 실행행위를 용이하게 한 이상 그 행위가 간접적이거나 직접적이거나를 가리지 않으며 이 경우 정범이 누구에 의하여 실행되어지는가를 확지할 필요는 없다.

② 방조범에 있어서 정범의 고의는 정범에 의하여 실현되는 범죄의 구체적 내용을 인식할 것을 요하는 것은 아니고 미필적 인식 또는 예견으로 충분하다.

③ 방조자의 인식과 정범의 실행 간에 착오가 있고 양자의 구성요건을 달리한 경우에는 원칙적으로 방조자의 고의는 조각되는 것이나, 그 구성요건이 중첩되는 부분이 있는 경우에는 그 중복되는 한도 내에서는 방조자의 죄책을 인정하여야 할 것이다.

④ 정범이 실행에 착수하기 전에 장래의 실행행위를 예상하고 이를 용이하게 하는 행위를 하여 방조한 경우에는, 그 이후 정범이 실행에 착수하였다 하더라도 방조범이 성립할 수 없다.

20

형법 제33조의 공범과 신분에 대한 설명으로 옳지 않은 것은? (다툼이 있는 경우 판례에 의함)

① 형법 제33조 소정의 이른바 신분관계라 함은 남녀의 성별, 내·외국인의 구별, 친족관계, 공무원의 자격과 같은 관계뿐만 아니라 널리 일정한 범죄행위에 관련된 범인의 인적 관계인 특수한 지위 또는 상태를 지칭하는 것이다.

② 신분관계가 없는 자가 신분관계가 있는 자와 공모하여 업무상 배임죄를 저질렀다면 그러한 신분관계가 없는 자에 대하여는 형법 제33조 단서에 의하여 단순배임죄에 정한 형으로 처단하여야 할 것이다.

③ 공무원이 아닌 자는 형법 제228조의 경우를 제외하고는 허위공문서작성죄의 간접정범으로 처벌할 수 없으므로, 공무원이 아닌 자가 공무원과 공동하여 허위공문서작성죄를 범한 때에도 허위공문서작성죄의 공동정범으로 처벌할 수 없다.

④ 신분관계로 인하여 형의 경중이 있는 경우에 신분이 있는 자가 신분이 없는 자를 교사하여 죄를 범하게 한 때에는 형법 제33조 단서가 형법 제31조 제1항에 우선하여 적용됨으로써 신분이 있는 교사범이 신분이 없는 정범보다 중하게 처벌된다.

▶ 제2편 **범죄론: 제7장 범죄의 특수한 출현형태론** ─ 제3편 **형벌론**

회차	시행일			목표점수			획득점수		
제6회	1차	2차	3차	1차	2차	3차	1차	2차	3차

제2편 범죄론   제7장 범죄의 특수한 출현형태론

01

과실범에 대한 다음 기술 중 잘못된 것은?

① 현행형법상 과실범은 모두 결과범에 속한다.

② 과실범은 법률에 특별한 규정이 있으면 처벌하지 아니한다.

③ 행위자의 특별한 지식과 경험은 객관설에 의할 때 주의의무위반의 판단에서 고려된다.

④ 신뢰의 원칙은 스스로 규칙을 위반한 경우에는 그 적용이 제한되나 행위자의 규칙위반이 결과발생과 직접적인 관련이 없다면 적용될 여지가 있다.

02

과실범과 결과적 가중범에 관한 다음 [보기]의 설명 중 옳은 것을 모두 고른 것은? (다툼이 있으면 판례에 의하고, 판례가 없으면 통설 내지 다수설에 의함)

| 보기 |

㉠ 업무상 과실범은 보통의 과실범보다 불법 내지 책임이 가중되는 것이 아니라 보다 무거운 결과 발생이 있어서 가중 처벌되는 범죄유형이다.

㉡ 과실범의 성립요건인 과실의 이중기능을 인정하는 견해에 의하면, 구성요건요소로서의 과실은 행위자의 개인적 능력에 따라 그가 객관적 주의의무를 이행할 수 있었는가를 문제 삼고, 책임요소로서의 과실은 객관적으로 요구되는 주의의 태만을 문제 삼는다.

㉢ 형법 제10조 제3항(원인에 있어서 자유로운 행위)은 과실행위에도 적용된다.

㉣ 형법 제30조 소정의 "2인 이상이 공동하여 죄를 범한 때"의 '죄'에는 고의범뿐만 아니라 과실범도 포함된다.

㉤ 현주건조물방화치사죄와는 달리 현주건조물일수치사죄는 부진정결과적 가중범이 아니다.

① ㉠㉡㉣

② ㉠㉢㉣㉤

③ ㉡㉢㉣㉤

④ ㉢㉣㉤

03

과실범에 관한 설명 중 옳은 것은? (다툼이 있는 경우 판례에 의함)

① 의사 甲이 고령의 간경변증 환자 A에게 수술과정에서 출혈 등으로 신부전이 발생하여 생명이 위험할 수 있다는 점에 대하여 설명하지 아니하고 수술하던 도중 출혈 등으로 A가 사망한 경우, A가 당해 수술의 위험성을 충분히 인식하고 있어 甲이 설명의무를 다하였더라도 A가 수술을 거부하지 않았을 것으로 인정된다면 甲의 설명의무위반과 A의 사망 사이에 인과관계는 인정된다.

② 도급인이 수급인에게 공사의 시공이나 개별 작업에 관하여 구체적으로 지시·감독하였더라도, 법령에 의하여 도급인에게 구체적인 관리·감독의무가 부여되어 있지 않다면 도급인에게는 수급인의 업무와 관련하여 사고 방지에 필요한 안전조치를 해야 할 주의의무가 없다.

③ 안전배려 내지 안전관리사무에 계속적으로 종사하지 않았더라도 건물의 소유자로서 건물을 비정기적으로 수리하거나 건물의 일부분을 임대한 자는 건물에 화재가 발생하는 것을 미리 막아야 할 업무상 주의의무를 부담한다.

④ 판례에 의하면, 행정상의 단속을 주안으로 하는 법규의 위반행위는 과실범 처벌규정이 없으나 해석상 과실범도 벌할 뜻이 명확한 경우에는 고의가 없어도 처벌될 수 있다.

04

범죄의 특수한 출현형태의 과실범, 결과적 가중범 그리고 부작위범에 관한 다음 [보기]의 설명 중 타당한 것을 모두 고른 것은? (다툼이 있으면 판례에 의함)

| 보기 |

㉠ 과실범의 구성요건에 있어서 주의의무의 표준은 객관적 일반인을 기준으로 하는 것이 통설이며, 그 주의의무는 신뢰의 원칙에 의하여 제한된다.

㉡ 결과적 가중범의 기본범죄는 고의범에 한하지만 기수와 미수를 불문하여 중한 결과에 대하여는 최소한 예견가능성이 존재하여야 한다.

㉢ 진정부작위범의 경우에는 이론적으로 미수범 성립이 어렵지만 형법상 진정부작위범의 미수를 벌하는 규정은 존재한다.

㉣ 부진정부작위범은 과실에 의하여 범할 수 없지만 진정부작위범의 경우에는 현행형법상 과실에 의하여 범할 수 있다.

㉤ 해상강도치사상죄, 자기소유일반물건방화죄, 강도치사상죄, 인질치사상죄 모두 형법상 미수범 처벌규정이 있다.

① ㉠㉡㉢㉣㉤
② ㉠㉢㉤
③ ㉡㉢㉣
④ ㉠㉡㉢

05

과실범과 결과적 가중범에 관한 다음 [보기]의 설명 중 옳은 것을 모두 고른 것은? (다툼이 있는 경우에는 판례에 의함)

| 보기 |

㉠ 피해자의 승낙은 과실범의 경우에 위법성조각사유가 되지 않는다.

㉡ 신뢰의 원칙은 허용된 위험의 원리와 더불어 주의의무를 제한하는 기능을 수행하고 의사와 약사 사이는 물론이고 약사와 제약회사 사이에서도 적용될 수 있다.

㉢ 교통이 빈번한 간선도로에서 횡단보도의 보행자 신호등이 적색으로 표시된 경우, 자동차운전자에게 보행자가 적색신호를 무시하고 갑자기 뛰어나오리라는 것까지 미리 예견하여 운전하여야 할 업무상의 주의의무까지는 없다.

㉣ 주의의무의 판단기준에 관한 주관설에 따르면 행위자가 평균인 이하의 능력을 가졌기 때문에 결과발생을 예견할 가능성이 없었더라면 과실범의 불법은 부정될 수 있다.

㉤ 조문형식상 결과적 가중범에 대한 미수범처벌규정이 있더라도 이는 결과적 가중범에 적용되는 것이고 결합범에 적용되는 것이 아니다.

① ㉠㉡㉢㉣㉤
② ㉠㉡㉢㉣
③ ㉡㉢㉣㉤
④ ㉡㉢㉣

06

부작위범과 과실범에 관한 다음 [보기]의 설명 중 옳지 않은 것을 모두 고른 것은?

| 보기 |

㉠ 부작위범이 성립하기 위해서는 인과관계를 검토해야 하고, 진정부작위범과 부진정부작위범을 불문하고 작위의 가능성 여부가 고려되어야 한다.

㉡ 진정부작위범의 경우에는 부작위의 작위와의 동가치성이 문제되지 않지만, 부진정부작위범의 미수는 인정되지 않는다.

㉢ 수련병원의 전문의와 전공의 등의 관계처럼 의료기관 내의 직책상 주된 의사의 지위에서 지휘·감독 관계에 있는 다른 의사에게 특정 의료행위를 위임하는 수직적 분업에 있어서 그 의료행위가 위임을 통해 분담 가능한 내용의 것이고 실제로도 그에 관한 위임이 있었던 경우라면 위임한 의사는 위임받은 의사의 과실로 환자에게 발생한 결과에 대한 책임이 없다고 할 수 없다.

㉣ 주치의에게 요구되는 일련의 조치를 취하지 아니한 과실이 있다 하여도, 치료 과정에서 야간 당직의사의 과실이 일부 개입한 경우 환자의 주치의사는 업무상과실치사죄의 책임을 지지 않는다.

① ㉠㉡㉢㉣
② ㉠㉡㉢
③ ㉠㉢㉣
④ ㉡㉢㉣

07

다음은 부작위범의 종류와 그 내용에 관한 설명이다. [보기 1]의 (가)와 (나)에 관한 [보기 2]의 설명으로 옳은 것을 모두 고른 것은? (다툼이 있는 경우 판례에 의함)

| 보기 1 |

(가) 일정한 기간 내에 잘못된 상태를 바로 잡으라는 행정청의 지시를 이행하지 않았다는 것을 구성요건으로 하는 범죄

(나) 「형법」제250조 제1항의 살인죄와 같이 그 규정 형식으로 보아 작위를 내용으로 하는 범죄를 부작위에 의하여 범하는 범죄

| 보기 2 |

㉠ (가)와 (나)의 구별에 있어 형식설에 의할 경우, 「형법」제103조 제1항의 전시군수계약불이행죄와 「형법」제116조의 다중불해산죄는 (가)의 경우에 해당한다.

㉡ 유기죄에서의 보호의무를 법률상·계약상 보호의무로 국한하는 입장에 따르면 (나)에서의 보호의무는 유기죄의 보호의무보다 넓게 된다.

㉢ (나)는 고의에 의해서는 물론 과실범 처벌규정이 있는 한 과실에 의해서도 성립가능하다.

㉣ (나)의 요건으로 부작위와 작위와의 행위정형의 동가치성을 요구하는 것은 형사처벌을 확장하는 기능을 한다.

㉤ 개별적인 행위의 가능성은 (가)와 (나)의 공통된 구성요건이나, 부작위의 작위와의 동가치성은 (나)에서만 요구되는 구성요건요소이다.

① ㉠㉡㉢㉣㉤
② ㉠㉡㉢㉣
③ ㉠㉡㉣㉤
④ ㉠㉡㉢㉤

08

부작위범에 관한 다음 [보기]의 설명 중 틀린 것을 모두 고른 것은? (다툼이 있는 경우 판례에 의함)

| 보기 |

㉠ 부작위범에 대한 작위에 의한 교사는 불가능하다.

㉡ 부작위범 사이의 공동정범은 다수의 부작위범에게 공통된 의무가 부여되어 있거나 그 의무를 공통으로 이행할 수 있을 때에 성립한다.

㉢ 진정부작위범과 부진정부작위범의 구분에 관한 학설 중 실질설은 거동범에 대하여는 부진정부작위범이 성립할 여지가 없다고 보는 반면에, 형식설은 결과범은 물론 거동범에 대하여도 부진정부작위범이 성립할 수 있다고 본다.

㉣ 보증인의무를 위법성요소로 이해하는 견해에 의하면 부진정부작위범의 구성요건해당성은 위법성을 징표하지 못하며, 구성요건해당성의 범위가 부당하게 축소될 우려가 있다.

㉤ 부진정부작위범의 구성요건에 해당하려면, 특수폭행죄 등과 같이 특정한 행위태양을 요구하는 범죄에 있어서는 부작위가 구성요건에 규정된 작위와 동등한 형법적 가치를 가져야 하지만 살인죄 등과 같이 단순한 결과범에서는 위 요건이 요구되지 아니한다.

① ㉠㉡㉢㉣㉤
② ㉡㉢㉣㉤
③ ㉠㉡㉣㉤
④ ㉠㉡㉢㉣

09

부작위범에 관한 설명 중 옳은 것은? (다툼이 있는 경우 판례에 의함)

① 「민법」상 부부간의 부양의무에 근거한 법률상 보호의무인 작위의무는 법률상 부부의 경우에 한정되지 않으므로 사실혼 관계에서도 인정될 수 있다.
② 보증인지위와 보증인의무의 체계적 지위를 구별하는 이분설에 따를 때 보증인지위와 보증인의무에 대한 착오는 구성요건적 착오에 해당한다.
③ 부작위범에 대한 교사범은 보증인지위에 있는 자로 한정된다.
④ 부작위범을 도구로 이용한 간접정범은 불가능하다.

10

부작위범에 대한 설명 중 옳은 것은? (다툼이 있는 경우에는 판례에 의함)

① 보증인지위의 발생근거에 대한 실질설(기능설)은 법령·계약·선행행위·조리 등을 주된 근거로 들며, 형식설(법원설)은 보호의무와 안전의무를 지도적 관점으로 채택한다.
② 보증인지위와 보증인의무의 체계적 지위를 구별하는 이분설에 따를 때 보증인지위와 보증인의무에 대한 착오는 구성요건적 착오에 해당한다.
③ 통설에 의하면 살인죄와 같은 단순결과범과 사기죄와 같은 행태의존적 결과범을 구별하는 견해에 따르면 행위정형의 동가성(동가치성)은 후자의 경우에 특별한 의미를 가지나, 판례는 이와 다른 입장이다.
④ 부작위에 의한 사기죄에서 작위의무의 발생근거는 유기죄에서 보호의무의 발생근거보다 그 범위가 좁다.

11

부작위범에 관한 설명 중 옳은 것은? (다툼이 있는 경우에는 판례에 의함)

① 보증인적 지위와 보증의무를 구별하는 이원설에 의하면 보증의무에 대한 착오를 일으킨 경우 그 착오에 정당한 이유가 있으면 과실범으로 처벌된다.
② 부작위에 의한 교사는 가능하지만 부작위에 의한 방조는 불가능하다.
③ 부진정부작위범은 작위범에 비해 불법의 정도가 가벼우므로, 형법은 이를 임의적 감경사유로 규정하고 있다.
④ 은행지점장이 은행에 대한 부하직원의 범행사실을 발견하고도 손해의 보전에 필요한 조치를 취하지 않고 배임행위를 방치하였다면 부작위에 의한 업무상 배임죄의 방조범으로 처벌된다.

12

부작위범에 관한 다음 [보기]의 설명 중 옳지 않은 것을 모두 고른 것은? (다툼이 있으면 판례에 의함)

| 보기 |

㉠ 부작위범의 위법성은 의무의 충돌의 문제와 관련되고, 진정부작위범과 부진정부작위범은 신분범에 해당한다.
㉡ 부작위범에 대한 교사와 방조는 모두 가능하나, 부작위에 의한 교사와 방조는 모두 불가능하다.
㉢ 부작위범의 작위의무는 공법상의 의무로 제한되므로 단순한 도덕상 또는 종교상의 의무는 포함되지 않으나 작위의무가 공법적인 의무인 한 성문법이건 불문법이건 상관이 없고 법령, 법률행위, 선행행위로 인한 경우는 물론이고 기타 신의성실의 원칙이나 사회상규 혹은 조리상 작위의무가 기대되는 경우에도 법적인 작위의무는 있다.

① ㉠㉡㉢
② ㉠㉡
③ ㉡㉢
④ ㉡

13

다음 설명 중 옳은 것을 모두 고른 것은? (다툼이 있는 경우에는 판례에 의함)

> ㉠ 부진정부작위범은 행위자에게 고의가 있는 경우에만 성립할 수 있고 과실이 있는 경우에는 성립할 수 없다.
>
> ㉡ 피이용자에게 고의가 없는 경우는 물론 목적범에 있어서 피이용자에게 목적이 없는 경우에도 간접정범이 성립할 수 있다.
>
> ㉢ 정범의 행위가 고의행위인 이상 방조가 과실에 의한 것이라도 방조범이 성립할 수 있다.
>
> ㉣ 기본범죄에 대해서는 고의가 인정되고 중한 결과는 과실에 의해 발생한 범죄에 대해서도 "2인 이상이 공동으로 죄를 범한 때에는 각자를 그 죄의 정범으로 처벌한다."고 규정하고 있는 형법 제30조가 적용될 수 있다.
>
> ㉤ 정범의 행위가 과실행위인 경우에도 그에 대한 방조범이 성립할 수 있다.

① ㉠㉡
② ㉡㉣
③ ㉣㉤
④ ㉠㉤

14

죄수에 대한 다음 [보기]의 설명 중 옳은 것을 모두 고른 것은? (다툼이 있는 경우 판례에 의함)

> | 보기 |
>
> ㉠ 법조경합은 1개의 행위가 외관상 수개의 죄의 구성요건에 해당하는 것처럼 보이나 실질적으로 1죄만 구성하는 경우를 말한다.
>
> ㉡ 접속범은 동일한 법익에 대하여 수개의 구성요건적 행위가 불가분하게 접속하여 행하여지는 범행형태이나, 같은 기회에 하나의 행위로 여러 개의 영업비밀을 취득한 행위는 상상적 경합에 해당한다.
>
> ㉢ 법조경합의 한 형태인 특별관계란 어느 구성요건이 다른 구성요건의 모든 요소를 포함하는 외에 다른 요소를 구비해야 성립하는 경우이므로, 특별관계에서 특별법의 구성요건을 충족하는 행위는 일반법의 구성요건도 충족한다고 볼 수 있다.
>
> ㉣ 향정신성의약품 수수의 죄가 성립되는 경우에는 그에 수반되는 향정신성의약품의 소지행위는 수수죄의 불가벌적 수반 행위로서 수수죄에 흡수되고 별도로 범죄를 구성하지 않는다.
>
> ㉤ 수개의 행위가 여러 개의 구성요건을 충족하는 경우에도 포괄일죄가 될 수 있으므로 횡령, 배임의 행위와 사기의 행위 사이에는 포괄일죄를 구성할 수 있다.

① ㉠㉡㉢
② ㉠㉢㉣
③ ㉢㉣㉤
④ ㉡㉣㉤

15

죄수에 관한 다음 [보기]의 설명 중 옳지 않은 것으로만 묶인 것은? (다툼이 있는 경우 판례에 의함)

| 보기 |

㉠ 판결이 확정되지 않은 수개의 죄 또는 판결이 확정된 죄와 그 판결확정 전에 범한 죄를 말한다.

㉡ 슈퍼마켓사무실에서 식칼을 들고 피해자를 협박한 행위와 식칼을 들고 매장을 돌아다니며 손님을 내쫓아 그의 영업을 방해한 경우에는 협박죄와 업무방해죄의 실체적 경합이다.

㉢ 단일한 범의로 동일한 범행방법에 의해 수인의 피해자에 대하여 각 피해자별로 기망행위를 하여 재물을 편취한 경우에는 피해자별로 독립한 사기죄의 실체적 경합이다.

㉣ 甲이 소매치기한 후 현장에서 도망치려는 순간 경찰관이 현행범으로 체포하려고 하므로 폭행을 가하였다면 절도죄와 공무집행방해죄의 실체적 경합범이 된다.

㉤ 甲이 1개의 행위로 乙로부터 렌탈(임대차)하여 보관하던 컴퓨터 본체, 모니터 등을 횡령하면서 丙으로부터 리스(임대차)하여 보관하던 컴퓨터 본체, 모니터, 그래픽카드, 마우스 등을 횡령하였다면 위탁관계별로 수개의 횡령죄가 성립하고, 그 사이에는 상상적 경합의 관계가 있다.

① ㉠㉢㉤

② ㉢㉣

③ ㉠㉣

④ ㉡㉣㉤

16

「형법」 제37조 후단의 사후적 경합범에 관한 설명 중 옳지 않은 것은? (다툼이 있는 경우 판례에 의함)

① 2004.1.20. 법률 제7077호로 공포·시행된 「형법」 개정법률에서는 「형법」 제37조 후단의 '판결이 확정된 죄'를 '금고 이상의 형에 처한 판결이 확정된 죄'로 개정하면서 특별한 경과규정을 두지 않았다. 그러나 피고인에게 불리하게 되는 등의 특별한 사정이 없는 한 위 개정법률 시행 당시 법원에 계속중인 사건 중 위 개정법률 시행 전에 벌금형에 처한 판결이 확정된 경우에도 개정법률이 적용되는 것으로 보아야 한다.

② 경합범 중 판결을 받지 아니한 죄가 있는 때에는 그 죄와 판결이 확정된 죄를 동시에 판결할 경우와 형평을 고려하여 그 죄에 대하여 형을 선고한다. 이 경우 그 형을 감경 또는 면제할 수 있다.

③ '판결이 확정된 죄'라 함은 수개의 독립된 죄 중의 어느 죄에 대하여 확정판결이 있었던 사실 그 자체를 의미하나, 일반사면으로 형의 선고의 효력이 상실된 경우에는 '판결이 확정된 죄'에 해당하지 않는다.

④ 피고인이 경합범 관계에 있는 A, B, C, D의 죄를 순차적으로 범하였는데 B와 C 범죄의 중간 시점에 금고 이상의 형에 처한 판결이 확정된 경우, 판결 주문은 "피고인을 판시 제1죄(A, B)에 대하여 징역 1년에, 판시 제2죄(C, D)에 대하여 징역 2년에 각 처한다."라는 형식으로 기재된다.

17

형벌론에 관한 다음 [보기]의 설명 중 옳은 것을 모두 고른 것은? (다툼이 있는 경우 판례에 의함)

| 보기 |

㉠ 누범이 성립하기 위해서는 누범에 해당하는 전과사실과 새로이 범한 범죄 사이에 일정한 상관관계가 있을 것이 요구된다.

㉡ 「형법」은 경합범을 동시에 판결할 때, 각 죄에 대하여 정한 형이 사형, 무기징역, 무기금고 외의 같은 종류의 형인 경우에 가중주의를 채택하고 있는데, 과료와 과료는 병과(倂科)할 수 있다.

㉢ 노역장유치는 그 실질이 신체의 자유를 박탈하는 것으로서 징역형과 유사한 형벌적 성격을 가지고 있으므로 형벌불소급의 원칙의 적용대상이 된다.

㉣ 도로교통법위반죄에 대하여 당해 법조가 정하고 있는 징역형과 벌금형 가운데에서 벌금형을 선택한 경우, 피고인이 금고(禁錮) 이상의 형을 선고받아 그 집행이 종료된 후 3년이 경과하기 전이라면 누범가중을 할 수 있다.

㉤ 특수상해죄(「형법」 제258조의2 제1항)를 상습으로 범한 자에 대해서는 상습범 가중 규정(「형법」 제264조)에 따라 그 법정형의 단기와 장기를 모두 2분의 1까지 가중한다.

① ㉠㉡㉢㉣
② ㉡㉢㉤
③ ㉢㉣㉤
④ ㉡㉢㉣㉤

18

형의 집행유예 및 선고유예에 대한 다음 [보기]의 설명 중 옳은 것을 모두 고른 것은? (다툼이 있는 경우 판례에 의함)

| 보기 |

㉠ 집행유예기간 중에 범한 죄에 대하여 공소가 제기된 후 그 재판 도중에 집행유예기간이 경과한 경우에는 그 집행유예기간 중에 범한 죄에 대하여 다시 집행유예를 선고할 수 있다.

㉡ 집행유예를 선고받은 사람이 그 선고가 실효 또는 취소됨이 없이 집행유예기간을 경과하여 형의 선고가 효력을 상실한 경우에는 선고유예 결격사유인 '자격정지 이상의 형을 받은 전과가 있는 자'에 해당한다.

㉢ 집행유예를 선고하면서 피고인에게 유죄로 인정된 범죄행위를 뉘우치거나 그 범죄행위를 공개하는 취지의 말이나 글을 발표하도록 하는 내용의 사회봉사를 명하는 것은 위법이다.

㉣ 집행유예 선고의 판결확정 전에 이미 수사단계에서 검사가 집행유예 결격사유가 되는 전과의 존재를 당연히 알 수 있는 객관적 상황이 존재하였음에도 부주의로 알지 못한 경우에는 집행유예의 선고를 취소할 수 있다.

㉤ 형의 선고를 유예하는 경우 재범방지를 위하여 필요한 때에는 보호관찰을 받을 것을 명할 수 있고 그 기간은 법원이 「형법」 제51조의 사항을 참작하여 재량으로 한다.

㉥ 집행유예가 실효되는 등의 사유로 인하여 두 개 이상의 금고형 내지 징역형을 선고받아 각 형을 연이어 집행 받음에 있어 하나의 형의 집행을 마치고 또 다른 형의 집행을 받던 중 먼저 집행된 형의 집행종료일로부터 3년 내에 금고 이상에 해당하는 죄를 저지른 경우에, 집행 중인 형에 대한 관계에 있어서는 누범에 해당하지 않지만 앞서 집행을 마친 형에 대한 관계에 있어서는 누범에 해당한다.

① ㉠㉡㉢㉣㉤㉥
② ㉡㉢㉣㉤㉥
③ ㉡㉢㉣㉤
④ ㉠㉡㉢㉥

19

선고유예와 집행유예에 대한 다음 [보기]의 설명 중 옳지 않은 것을 모두 고른 것은? (다툼이 있는 경우 판례에 의함)

| 보기 |

㉠ 주형을 선고유예하는 경우에 부가형인 몰수나 추징도 선고유예 할 수 있다.

㉡ 피고인이 범죄사실을 부인하는 경우에는 선고유예를 할 수 없다.

㉢ 징역형과 벌금형을 병과하면서 징역형에 대하여는 집행을 유예하고 벌금형에 대하여는 선고를 유예하는 것은 허용되지 않는다.

㉣ 집행유예의 선고를 받은 자가 유예기간 중 고의 또는 과실로 범한 죄로 벌금 이상의 실형을 선고받아 그 판결이 확정된 때에는 집행유예의 선고는 효력을 잃는다.

㉤ 1년 이하의 징역이나 금고, 자격정지, 벌금 또는 구류의 형을 선고할 경우에 「형법」 제51조의 사항을 고려하여 뉘우치는 정상이 뚜렷할 때에는 그 형의 선고를 유예할 수 있지만, 자격정지 이상의 형을 받은 전과가 있는 사람에 대해서는 그러하지 아니하다.

㉥ 「형법」 제62조의2의 규정에 의하여 보호관찰이나 사회봉사 또는 수강을 명한 집행유예를 받은 자가 준수사항이나 명령을 위반한 경우에 그 위반사실이 동시에 범죄행위로 되더라도 그 기소나 재판의 확정 여부 등 형사절차와는 별도로 법원이 「보호관찰 등에 관한 법률」에 의한 검사의 청구에 의하여 「형법」 제64조 제2항에 규정된 집행유예 취소의 요건에 해당하는가를 심리하여 준수 사항이나 명령 위반사실이 인정되고 위반의 정도가 무거운 때에는 집행유예를 취소할 수 있다.

① ㉠㉡㉢㉣㉥

② ㉡㉢㉣㉤

③ ㉠㉡㉣㉤㉥

④ ㉠㉡㉢㉤

20

다음 사례에 관한 설명 중 옳지 않은 것은? (다툼이 있는 경우 판례에 의함)

甲은 ㉠ 2004.9.27. 폭력행위등처벌에관한법률위반(공동상해)죄로 징역 2년을 선고받고, ㉡ 2008.5.19. 도로교통법위반(음주운전)죄로 징역 4월에 집행유예 2년을 선고받고, ㉢ 2012.6.5. 폭력행위등처벌에관한법률위반(공동상해)죄로 징역 2년에 집행유예 4년을 선고받아 같은 날 확정되었다. 그리고 甲은 ㉣ 2015.6.1. 폭력행위등처벌에관한법률위반(공동상해)죄로 징역 2년을 선고받아 그 판결이 2016.1.31. 확정되었고, ㉤ 2017.3.3. 다시 폭력행위등처벌에관한법률위반(공동상해)죄로 공소제기되었는데, 공소제기 시점에서 ㉠의 형은 「형의 실효 등에 관한 법률」에 의하여 실효된 상태이다.

─────────────────

[참조조문] 폭력행위 등 처벌에 관한 법률 제2조(폭행 등) ③ 이 법(「형법」 각 해당 조항 및 각 해당 조항의 상습범, 특수범, 상습특수범, 각 해당 조항의 상습범의 미수범, 특수범의 미수범, 상습특수범의 미수범을 포함한다)을 위반하여 2회 이상 징역형을 받은 사람이 다시 제2항 각 호에 규정된 죄를 범하여 누범(累犯)으로 처벌할 경우에는 다음 각 호의 구분에 따라 가중처벌한다. <개정 2016.1.6.>

1. 제2항 제1호에 규정된 죄를 범한 사람: 7년 이하의 징역

2. 제2항 제2호에 규정된 죄를 범한 사람: 1년 이상 12년 이하의 징역

3. 제2항 제3호에 규정된 죄를 범한 사람: 2년 이상 20년 이하의 징역

① 만약 ㉠의 판결이 확정된 때부터 그 집행을 종료하거나 면제된 후 3년까지의 기간에 ㉡의 죄를 범하였다면, ㉡의 죄에 대하여는 징역형의 집행유예를 선고할 수 없다.

② ㉡의 판결이 확정되고 그 집행유예 기간 중, ㉠의 판결이 확정된 때부터 그 집행을 종료하거나 면제된 후 3년까지의 기간에 ㉡의 죄를 범한 사실이 발각되면 ㉡의 집행유예 선고를 취소한다.

③ ㉢의 집행유예 기간 중 ㉣의 죄가 범하여진 경우, ㉣의 죄로 징역형의 실형을 선고받아 그 판결이 확정되었으므로 ㉢의 집행유예의 선고는 효력을 잃는다.

④ ㉠과 ㉣의 전과는 「폭력행위 등 처벌에 관한 법률」
　　제2조 제3항에서 말하는 '징역형을 받은 경우'에 해
　　당하고, 그 횟수가 2회 이상이므로 甲은 ㉤의 죄가
　　유죄로 인정되는 경우 「폭력행위 등 처벌에 관한 법
　　률」 제2조 제3항을 적용하여 처벌되어야 한다.

MEMO

02

진도별 모의고사

형법총론

제1회 모의고사　　제2회 모의고사　　제3회 모의고사　　제4회 모의고사　　제5회 모의고사

제6회 모의고사　　제7회 모의고사　　제8회 모의고사　　제9회 모의고사　　제10회 모의고사

형사소송법의 수사와 증거

제1회 모의고사　　제2회 모의고사　　제3회 모의고사　　제4회 모의고사　　제5회 모의고사

제6회 모의고사　　제7회 모의고사　　제8회 모의고사　　제9회 모의고사

형법각론

제1회 모의고사　　제2회 모의고사　　제3회 모의고사　　제4회 모의고사　　제5회 모의고사

제6회 모의고사　　제7회 모의고사　　제8회 모의고사　　제9회 모의고사

진도별 모의고사
[형법총론]

▶ 제1편 **형법의 일반이론** ─ 제2편 **범죄론: 제1장 범죄론의 일반이론** [범죄론의 기초 1]

회차	시행일			목표점수			획득점수		
제1회	1차	2차	3차	1차	2차	3차	1차	2차	3차

01

죄형법정주의에 관한 다음 [보기]의 기술 중 옳은 것을 모두 고른 것은?

| 보기 |

㉠ 형벌을 신설하거나 가중하는 형법법규는 그 시행 이후에 이루어진 행위에 대하여만 적용되고 시행 이전의 행위에까지 소급하여 적용될 수 없다는 것이 소급효금지원칙인데, 이때 소급효는 형벌에 대해서 적용되며, 그것이 자유형이든 벌금형이든 묻지 않지만 주형에 한하여 적용되는 것이고 몰수·추징과 같은 부가형에는 적용되는 것이 아니다.

㉡ 약사 또는 한약사가 아닌 자가 약사 명의를 빌려 약국을 개설·운영하거나 약사가 기존에 개설하여 운영하던 약국을 인수하여 실질적으로 운영한 행위는 약사법에 의하여 처벌되는 약사 또는 한약사가 아닌 자에 의한 약국 개설행위에 해당하지 아니한다.

㉢ 법률을 해석할 때 체계적·논리적 해석 방법을 사용할 수 있으나, 문언 자체가 비교적 명확한 개념으로 구성되어 있다면 이러한 해석방법은 제한되어야 한다.

㉣ 구 도로교통법 제148조의2 제1항은 음주운전 금지규정을 2회 이상 위반한 사람은 2년 이상 5년 이하의 징역이나 1천만 원 이상 2천만 원 이하의 벌금에 처한다고 규정하고 있는데, 이는 책임과 형벌의 비례의 원칙에 위반한다.

㉤ 구 의료법 제17조 제1항의 규정은 처방전 등이 의사가 환자를 직접 진찰하거나 검안한 결과를 바탕으로 의료인으로서의 판단을 표시하는 것으로서 사람의 건강상태 등을 증명하고 민·형사책임을 판단하는 증거가 되는 등 중요한 사회적 기능을 담당하고 있어 그 정확성과 신뢰성을 담보하기 위하여 직접 진찰한 의사만이 이를 작성·교부할 수 있도록 하는 데 그 취지가 있으므로, 처방전에 기재된 환자가 실제로 존재하지 않는 허무인인 경우에는 죄형법정주의의 원칙상 이를 처벌할 수는 없다.

㉥ 죄형법정주의는 형법의 보장적 기능보다는 보호적 기능의 실현과 더욱 관련이 있다.

㉦ 빌라 아래층에 살던 자가 수개월간 불상의 도구로 여러 차례 벽 또는 천장을 두드려 '쿵쿵' 소리를 내어 이를 위층에 살던 피해자의 의사에 반하여 도달하게 한 행위는 스토킹처벌법상 스토킹범죄에 해당한다.

① ㉠㉡㉢㉥
② ㉢㉣㉦
③ ㉢㉣㉥
④ ㉡㉢㉤㉦

02

죄형법정주의에 관한 다음 [보기]의 기술 중 옳은 것을 모두 고른 것은? (다툼이 있으면 판례에 의함)

| 보기 |

㉠ 법률의 시행령이나 시행규칙의 내용이 모법의 입법 취지와 관련 조항 전체를 유기적·체계적으로 살펴보아 모법의 해석상 가능한 것을 명시한 것에 지나지 아니하거나 모법 조항의 취지에 근거하여 이를 구체화하기 위한 것이라 하더라도 모법에 이에 관하여 직접 위임하는 규정을 두지 아니하였다면 이러한 법률의 시행령이나 시행규칙은 유효하다고 볼 수 없다.

㉡ 저작권법 제137조 제1항 제1호는 '저작자 아닌 자를 저작자로 하여 실명·이명을 표시하여 저작물을 공표한 자를 형사처벌한다'고 정하고 있고, 저작권법 제2조 제25호는 '공표'의 의미에 관해 "저작물을 공연, 공중송신 또는 전시 그 밖의 방법으로 공중에게 공개하는 것과 저작물을 발행하는 것을 말한다."라고 정하고 있다. 공표의 한 유형인 저작물의 '발행'에 관하여 저작권법은 "발행은 저작물 또는 음반을 공중의 수요를 충족시키기 위하여 복제·배포하는 것을 말한다(동법 제2조 제24호)."라고 정하고 있는데, '복제·배포'의 의미는 '복제하여 배포하는 행위'를 말하며 '복제하거나 배포하는 행위'는 포함되지 아니한다.

㉢ 도로교통법 제44조 제1항은 술에 취한 상태에서 자동차 등의 운전을 금지하고, 법 제148조의2 제1항 제1호는 '제44조 제1항(음주운전)을 2회 이상 위반한 사람'으로서 다시 같은 조 제1항을 위반하여 술에 취한 상태에서 자동차 등을 운전한 사람을 1년 이상 3년 이하의 징역이나 500만 원 이상 1천만 원 이하의 벌금에 처한다고 정하고 있다. 위 조항 중 '제44조 제1항을 2회 이상 위반한 사람'은 2회 이상 음주운전 금지규정을 위반하여 그에 대한 형의 선고나 유죄의 확정판결을 받은 사람을 의미한다.

㉣ 정보통신망 이용촉진 및 정보보호 등에 관한 법률 제74조 제1항 제3호, 제44조의7 제1항 제3호는 정보통신망을 통하여 공포심이나 불안감을 유발하는 부호·문언·음향·화상 또는 영상을 반복적으로 상대방에게 도달하게 하는 행위를 처벌하고 있다. 이와 관련하여, 상대방의 휴대전화로 공포심이나 불안감을 유발하는 문자메시지를 전송함으로써 상대방이 실제로 문자메시지를 확인한 때 '공포심이나 불안감을 유발하는 문언을 상대방에게 도달하게 한다'는 구성요건을 충족하게 된다.

㉤ 한국환경공단이 환경부장관의 위탁을 받아 건설폐기물 인계·인수에 관한 내용 등의 전산처리를 위한 전자정보처리프로그램인 올바로시스템을 구축·운영하고 있는 경우, 그 업무를 수행하는 한국환경공단 임직원을 공전자기록의 작성권한자인 공무원으로 보거나 한국환경공단을 공무소로 볼 수 없다.

㉥ 군형법상 상관명예훼손죄에 대해서도 형법 제310조의 위법성조각사유("제307조 제1항의 행위가 진실한 사실로서 오로지 공공의 이익에 관한 때에는 처벌하지 아니한다.")의 유추적용이 가능하다.

㉦ 가정폭력행위를 저질렀다는 이유로 피해자보호명령을 받았음에도 이를 이행하지 아니하여 보호명령 불이행죄로 기소된 자가 이후 피해자보호명령의 전제가 된 가정폭력행위에 대하여 형사재판에서 무죄판결을 선고받아 확정된 경우, 가정폭력처벌법상 보호명령 불이행죄로 처벌할 수 있다.

① ㉡㉢㉤㉥
② ㉡㉤㉥㉦
③ ㉠㉢㉣
④ ㉡㉤㉦

03

죄형법정주의에 관한 다음 기술 중 판례의 입장과 일치하는 것을 모두 고른 것은?

> ㉠ 특가법상 운전자폭행 등 죄의 대상인 자동차의 운전자에 도로교통법상 원동기장치자전거의 운전자도 포함되지 않는다.
>
> ㉡ '분리형 캠퍼'를 화물자동차 적재함에 설치한 것은 자동차관리법상 승인이 필요한 '자동차의 튜닝'에 해당하지 않는다.
>
> ㉢ 선박안전법은 대행검사기관인 공단의 임직원을 형법 제129조 내지 제132조의 뇌물범죄의 적용에 있어 공무원으로 의제하고 있으므로, 위 공단의 임직원은 공문서위조나 허위공문서작성죄에서의 공무원에 해당한다.
>
> ㉣ 전기통신금융사기로 인하여 피해자의 자금이 사기이용계좌로 송금·이체된 후 계좌에서 현금을 인출하기 위하여 정보처리장치에 사기이용계좌 명의인의 정보 등을 입력하였다면, 이는 전기통신금융사기 피해 방지 및 피해금 환급에 관한 특별법이 처벌하는 '전기통신금융사기를 목적으로 하는 행위'에 해당한다.
>
> ㉤ 형법 제48조가 규정하는 몰수·추징의 대상 중 범인이 범죄행위로 인하여 취득한 물건에 있어서 '취득'이란 해당 범죄행위로 인하여 결과적으로 이를 취득한 때를 말한다고 제한적으로 해석하는 것은 타당하지 않다.
>
> ㉥ 약사법 제42조 제1항에 따르면 의약품 등의 수입을 업으로 하려는 자는 총리령으로 정하는 바에 따라 식품의약품안전처장에게 수입업 신고를 하여야 하고 총리령으로 정하는 바에 따라 품목마다 식품의약품안전처장의 허가를 받거나 신고를 하여야 한다. 또한 약사법에 따르면 '제42조 제1항을 위반하여 수입된 의약품'을 판매한 행위를 처벌한다. 여기에서 '약사법 제42조 제1항을 위반하여 수입된 의약품'에 해당하기 위해서는 "의약품의 수입을 업으로 하려는 자로서 이 사건 의약품을 수입하였을 것"이 요구된다.

① ㉠㉡㉢㉣㉤

② ㉠㉡㉢㉣㉥

③ ㉠㉡㉢㉤

④ ㉠㉡㉥

04

죄형법정주의에 관한 다음 [보기]의 설명 중 옳은 것을 모두 고른 것은? (다툼이 있으면 판례에 의함)

> | 보기 |
>
> ㉠ 형법 제62조의2 제1항에 따른 보호관찰은 형벌이 아니라 보안처분의 성격을 갖는 것으로서, 과거의 불법에 대한 책임에 기초하고 있는 제재가 아니라 장래의 위험성으로부터 행위자를 보호하고 사회를 방위하기 위한 합목적적인 조치이므로, 그에 관하여 반드시 행위 이전에 규정되어 있어야 하는 것은 아니며, 재판시의 규정에 의하여 보호관찰을 받을 것을 명할 수 있다고 보아야 할 것이고, 이와 같은 해석이 형벌 불소급의 원칙 내지 죄형법정주의에 위배되는 것이라고 볼 수 없다.
>
> ㉡ 「디엔에이신원확인정보의 이용 및 보호에 관한 법률」이 시행 당시 디엔에이감식시료 채취 대상 범죄로 이미 징역이나 금고 이상의 실형을 선고받아 그 형이 확정되어 수용 중인 사람에게도 적용될 수 있도록 한 위 법률 부칙 제2조 제1항은 소급입법금지원칙에 위배되지 아니한다.
>
> ㉢ 특정 범죄자에 대한 보호관찰 및 전자장치 부착 등에 관한 법률상 전자장치 부착명령에 관하여 피고인에게 실질적인 불이익을 추가하는 내용의 법 개정이 있고, 그 규정의 소급적용에 관한 명확한 경과규정이 없는 한 그 규정의 소급적용은 이를 부정하는 것이 피고인의 권익 보장이나, 위 법 부칙에서 일부 조항을 특정하여 그 소급적용에 관한 경과규정을 둔 입법자의 의사에 부합한다고 할 것이다.
>
> ㉣ 아동학대범죄의 처벌 등에 관한 특례법(이하 '아동학대처벌법'이라 한다)의 입법 목적 및 같은 법 제34조(공소시효의 정지와 효력)의 취지를 공소시효를 정지하는 특례조항의 신설·소급에 관한 법리에 비추어 보면, 아동학대처벌법이 제34조 제1항("아동학대범죄의 공소시효는 형사소송법 제252조에도 불구하고 아동학대범죄의 피해아동이 성년에 달한 날부터 진행한다")의 소급적용 등에 관하여 명시적인 경과규정을 두고 있지는 아니하므로, 위 규정은 시행일인 2014.9.29. 당시 범죄행위가 종료되었으나 아직 공소시효가 완성되지 아니한 아동학대범죄에 대해서는 적용되지 아니한다.

ⓜ 의료법인 명의로 개설된 의료기관의 경우, 비의료인의 주도적 출연 내지 주도적 관여가 있다면 비의료인이 의료기관을 개설·운영한 것으로 평가된다.

ⓗ 성폭력처벌법 제14조의3 제1항은 "성적 욕망 또는 수치심을 유발할 수 있는 촬영물 또는 복제물(복제물의 복제물을 포함한다)을 이용하여 사람을 협박한 자는 1년 이상의 유기징역에 처한다."고 규정하고 있는데, 피고인은 피해자에게 피해자의 음부 사진(협박 당시에는 이미 사진을 삭제하여 현존하지 않음)을 피해자의 남편에게 제공할 듯한 태도를 보이는 발언을 하여 피해자를 협박하였다. 그렇다면 실제로 만들어진 바 있는 촬영물 등을 방편 또는 수단으로 삼아 해악을 고지한 경우, 행위자가 해당 촬영물 등을 소지하고 있지 않더라도 성폭력처벌법상 촬영물 이용 협박죄는 성립한다.

① ㉠㉡㉢㉣㉤㉥
② ㉠㉡㉢㉣㉤
③ ㉠㉡㉢㉤㉥
④ ㉠㉡㉢㉥

05

죄형법정주의에 관한 다음 [보기]의 기술 중 판례의 입장과 일치하는 것으로만 묶인 것은?

| 보기 |

㉠ 공소시효를 정지·연장·배제하는 내용의 특례 조항을 신설하면서 소급적용에 관한 명시적인 경과규정을 두지 아니한 경우에 그 조항을 소급하여 적용할 수 있다고 볼 것인지에 관하여는 이를 해결할 보편타당한 일반원칙이 존재할 수 없는 터이므로 적법절차원칙과 소급금지원칙을 천명한 헌법 제12조 제1항과 제13조 제1항의 정신을 바탕으로 하여 법적 안정성과 신뢰보호원칙을 포함한 법치주의 이념을 훼손하지 아니하도록 신중히 판단하여야 한다.

㉡ 음란물사이트 운영자로부터 아동·청소년이용 음란물이 저장되어 있는 클라우드에 접근할 수 있는 인터넷 주소(링크)를 제공받았으나 위 음란물을 다운로드 하는 등 실제로 지배할 수 있는 상태로 나아가지 않은 경우라 하더라도 구 「아동·청소년의 성보호에 관한 법률(이하 '아청법')」 제11조 제5항의 아동·청소년이용음란물 '소지'죄가 성립한다.

㉢ 아동복지법에 의하여 처벌되는 "아동의 정신건강 및 발달에 해를 끼치는 정서적 학대행위"에 해당되려면 반드시 아동에 대한 정서적 학대의 목적이나 의도가 있어야만 한다.

㉣ '대가를 약속받고 접근매체를 대여하는 행위'를 구 전자금융거래법 제49조 제4항 제2호, 제6조 제3항 제2호에서 정한 '대가를 받고 접근매체를 대여'함으로 인한 같은 법 위반죄로 처벌하는 것이 허용되지 않는다.

㉤ 자동차관리법상 자동차를 양수한 자는 자기명의로 이전등록을 하여야 하는데, 채권자가 채무자 소유의 자동차를 소유권 이전의 합의 없이 단순히 채권의 담보로 인도받았거나 채권의 변제에 충당하기 위하여 대신 처분할 수 있는 권한만 위임받은 경우에도 여기에서 말하는 자동차를 양수한 자에 해당한다.

㉥ 통신비밀보호법 제3조 제1항에 의하면 누구든지 이 법과 형사소송법 또는 군사법원법의 규정에 의하지 아니하고는 공개되지 아니한 타인 간의 대화를 청취하지 못한다고 규정되어 있는데, '종료된 대화의 녹음물을 재생하여 듣는 것'은 위 통신비밀보호법상 '청취'에 해당하지 아니한다.

① ㉡㉢㉥
② ㉠㉣㉥
③ ㉠㉣㉤㉥
④ ㉡㉢㉣㉤

06

죄형법정주의에 관한 다음 [보기]의 기술 중 판례의 입장과 어긋나는 것은 모두 몇 개인가?

| 보기 |

㉠ 인터넷 공간에서의 선거활동을 목적으로 하여 인터넷 카페 등을 개설하고 인터넷 회원 등을 모집하여 일정한 모임의 틀을 갖추어 이를 운영하는 경우에, 이를 두고 공직선거법상 금지되는 사조직에 해당한다고 볼 수 없다.

㉡ 아동·청소년이용음란물이라 함은 아동·청소년이나 아동·청소년 또는 아동·청소년으로 인식될 수 있는 사람이나 표현물이 등장할 것을 요하지 아니한다.

㉢ 도로상에 안전표지로 표시한 노면표시 중 진로변경제한선 표시인 백색실선을 넘어 주행한 경우, 위 백색실선은 「교통사고처리 특례법」 제3조 제2항 단서 제1호에서 정하고 있는 '통행금지를 내용으로 하는 안전표지'에 해당한다.

㉣ 폭력행위 등 처벌에 관한 법률 제7조는 "정당한 이유 없이 이 법에 규정된 범죄에 공용될 우려가 있는 흉기나 그 밖의 위험한 물건을 휴대하거나 제공 또는 알선한 사람은 3년 이하의 징역 또는 300만 원 이하의 벌금에 처한다."라고 규정하고 있는데, 흉기나 그 밖의 위험한 물건을 소지하고 있다는 사실만으로 같은 법에 규정된 범죄에 공용될 우려가 있는 것으로 추정되지 않는다.

㉤ 의료법에서 자신이 진찰한 의사만이 처방전을 발급할 수 있다고 한 규정에서 '진찰'은 대면진찰만을 의미하는 것이다.

㉥ 자동차관리법 제34조 제1항에 의하면 "자동차소유자가 국토교통부령으로 정하는 항목에 대하여 튜닝을 하려는 경우에는 시장·군수·구청장의 승인을 받아야 하고" 같은 법 제81조 제19호에서는 '제34조를 위반하여 관할 관청의 승인을 받지 아니하고 자동차에 튜닝을 한 자'는 1년 이하의 징역 또는 1천만 원 이하의 벌금에 처하도록 규정하고 있다. 따라서 위 자동차관리법에서 처벌되는 승인 없이 튜닝을 한 범죄의 주체는 '자동차 소유자'에 한정된다.

① 2개   ② 3개
③ 4개   ④ 5개

07

죄형법정주의에 관한 다음 [보기]의 기술 중 판례의 입장과 일치하는 것을 모두 고른 것은?

| 보기 |

㉠ 2016.1.6. 형법 개정으로 특수상해죄가 형법 제258조의2로 신설됨에 따라 문언상으로 형법 제262조의 "제257조 내지 제259조의 예에 의한다"는 규정에 형법 제258조의2가 포함되었으므로, 특수폭행치상의 경우 특수상해인 형법 제258조의2 제1항의 예에 의하여 처벌하여야 한다.

㉡ 성폭력범죄의 처벌 등에 관한 특례법 제14조 제1항에서는 '카메라나 그 밖에 이와 유사한 기능을 갖춘 기계장치를 이용하여 성적 욕망 또는 수치심을 유발할 수 있는 다른 사람의 신체를 그 의사에 반하여 촬영하거나 그 촬영물을 반포·판매·임대·제공 또는 공공연하게 전시·상영'하는 행위를 처벌하고 있다. 그렇다면, 촬영의 대상이 된 피해자 본인에게 촬영물을 교부하는 행위는 원칙적으로 위 조항의 '제공'에 해당하지 않는다.

㉢ 피해자와 영상통화를 하면서 휴대전화에 수신된 피해자의 신체 이미지 영상을 휴대전화 녹화기능을 이용하여 녹화·저장하는 행위는 「성폭력범죄의 처벌 등에 관한 특례법」 제14조 제1항의 '사람의 신체를 촬영한 행위'에 해당하지 않는다.

㉣ 구 의료법 제19조는 "의료인은 이 법이나 다른 법령에 특별히 규정된 경우 외에는 의료·조산 또는 간호를 하면서 알게 된 다른 사람의 비밀을 누설하거나 발표하지 못한다."라고 정하고 있는데, 여기서 '다른 사람'에는 생존하는 개인 이외에 이미 사망한 사람도 포함된다.

㉤ 담배사업법 제11조에서 정한 '담배의 제조'와 관련하여, 담배가공을 위한 일정한 작업을 수행하지 않은 자의 행위를 무허가 담배제조로 인한 담배사업법위반죄로 의율하는 것은 죄형법정주의의 내용인 확장해석금지 원칙에 원칙적으로 어긋나지 아니한다.

㉥ 아동·청소년성착취물이 게시된 텔레그램 대화방 운영자가 위 대화방의 다수 회원들로 하여금 운영자가 게시한 다른 성착취물 텔레그램 채널 '링크'를 통하여 그 채널에 저장된 아동·청소년성착취물을 별다른 제한 없이 접할 수 있게 하였다면 이는 아동·청소년의 성보호에 관한 법률에서 처벌하는 아동·청소년성착취물 '배포'에 해당한다.

① ㉠㉡㉢㉤   ② ㉠㉢㉣㉥
③ ㉡㉢㉣㉤   ④ ㉡㉢㉣㉥

08

죄형법정주의에 대한 다음 [보기]의 기술 중 판례의 입장과 일치하는 것을 모두 고른 것은?

| 보기 |

㉠ '흉기휴대 폭행죄'를 범한 자를 1년 이상의 징역에 처하도록 규정한 폭력행위 등 처벌에 관한 법률 제3조 제1항, 제2조 제1항 제1호는 과잉금지원칙 등 헌법상 이념에 반하지 아니한다.

㉡ 형법상의 범죄와 똑같은 구성요건을 규정하면서 법정형만 상향 조정한 구 특정범죄 가중처벌 등에 관한 법률(2010.3.31. 법률 제10210호로 개정된 것) 제5조의4 제1항 중 형법 제329조에 관한 부분, 같은 법률 제5조의4 제1항 중 형법 제329조의 미수죄에 관한 부분, 같은 법률 제5조의4 제4항 중 형법 제363조 가운데 형법 제362조 제1항의 '취득'에 관한 부분은 헌법에 위반된다.

㉢ 법률조항의 개정이 자구만 형식적으로 변경된 것에 불과하여 개정 전후 법률조항들 사이에 실질적 동일성이 인정되는 경우, '개정 법률조항'에 대한 위헌결정의 효력이 '개정 전 법률조항'에까지 그대로 미치지 아니한다.

㉣ 형법 제332조는 절도죄의 상습범을 그 죄에 정한 형의 2분의 1까지 가중하여 처벌하는 규정을 두고 있는데, 이러한 상습절도 가중처벌규정은 책임과 형벌의 비례원칙에 위반되지 아니한다.

㉤ 전화를 걸어 상대방의 휴대전화에 벨소리가 울리게 하거나 부재중 전화 문구 등이 표시되도록 하여 상대방에게 불안감이나 공포심을 일으키는 행위는 실제 전화통화가 이루어졌는지 여부와 상관없이 스토킹처벌법에서 처벌하는 스토킹행위 중 하나(상대방의 의사에 반하여 정당한 이유 없이 상대방 또는 그의 동거인, 가족에 대하여 정보통신망을 이용하여 물건이나 글·말·부호·음향·그림·영상·화상을 도달하게 하는 행위를 하여 상대방에게 불안감 또는 공포심을 일으키는 것)에 해당한다.

㉥ 상대방의 의사에 반하여 정당한 이유 없이 전화를 걸어 상대방과 전화통화를 하여 말을 도달하게 한 경우, 그 전화통화 내용이 불안감 또는 공포심을 일으키는 것이었음이 밝혀지지 않았다면, 이는 스토킹처벌법에서 처벌하는 스토킹행위 중 하나(상대방의 의사에 반하여 정당한 이유 없이 상대방 또는 그의 동거인, 가족에 대하여 정보통신망을 이용하여 물건이나 글·말·부호·음향·그림·영상·화상을 도달하게 하는 행위를 하여 상대방에게 불안감 또는 공포심을 일으키는 것)에 해당하지 아니한다.

① ㉠㉡㉢㉣㉤
② ㉡㉢㉣㉤
③ ㉡㉢㉣㉤㉥
④ ㉢㉣㉤㉥

09

죄형법정주의 원칙에 관한 다음 [보기]의 기술 중 옳지 않은 것을 모두 고른 것은? (다툼이 있으면 판례에 의함)

| 보기 |

㉠ 구 도로교통법 제154조 제2호는 '원동기장치자전거를 운전할 수 있는 운전면허를 받지 아니하고 원동기장치자전거를 운전한 사람'을 처벌하였는데, '운전면허를 받았으나 그 후 면허의 효력이 정지된 경우'도 '운전면허를 받지 아니한 것'에 포함된다.

㉡ A는 甲과 성관계하면서 합의하에 촬영한 동영상 파일 중 컴퓨터 모니터에 나타난 영상을 휴대전화 카메라로 찍은 사진 3장을 지인 명의의 휴대전화 문자메시지 기능을 이용하여 甲의 처 乙의 휴대전화로 발송한 행위는, 촬영 당시 甲의 의사에 반하지 아니하였으나 사후에 그 의사에 반하여 '甲의 신체를 촬영한 촬영물'을 乙에게 제공한 행위로서 성폭력처벌법위반죄에 해당한다.

㉢ 형법 제155조 제1항은 '타인의 형사사건 또는 징계사건에 관한 증거를 인멸, 은닉, 위조 또는 변조하거나 위조 또는 변조한 증거를 사용한 자'를 처벌하고 있는데, '증거 자체에는 아무런 허위가 없으나 그 증거가 허위 주장과 결합하여 허위 사실을 증명하게 되는 경우(돈을 송금하였다가 되돌려 받는 방법으로 송금자료를 만들어 피해 변제의 증거로 제출한 경우)'는 '증거위조'에 포함되지 않는다.

㉣ 구 약사법(2007.10.17. 개정되기 전의 것) 제44조 제1항은 "약국 개설자가 아니면 의약품을 판매하거나 또는 판매 목적으로 취득할 수 없다."고 규정하고 있는데, '국내에 있는 불특정 또는 다수인에게 무상으로 의약품을 양도하는 수여행위'는 '판매'에 포함되지 않는다.

㉤ 어린이집 대표자를 변경하고도 변경인가를 받지 않은 채 어린이집을 운영한 행위에 대하여 설치인가를 받지 않고 사실상 어린이집의 형태로 운영한 행위 등을 처벌하는 규정인 영유아보육법 제54조 제4항 제1호 위반죄에 해당한다고 본 것은 죄형법정주의에서 파생된 유추해석금지의 원칙에 위반하지 아니한다.

㉥ 상대방과의 전화통화 당시 아무런 말을 하지 않아 '말을 도달하게 하는 행위'에 해당하지 않았다면 스토킹처벌법에서 처벌하는 스토킹행위 중 하나(상대방의 의사에 반하여 정당한 이유 없이 상대방 또는 그의 동거인, 가족에 대하여 정보통신망을 이용하여 물건이나 글·말·부호·음향·그림·영상·화상을 도달하게 하는 행위를 하여 상대방에게 불안감 또는 공포심을 일으키는 것)에도 해당하지 아니한다.

㉦ 성폭력범죄의 처벌 등에 관한 특례법 제3조 제1항 중 '형법 제319조 제1항(주거침입)의 죄를 범한 사람이 같은 법 제298조(강제추행), 제299조(준강제추행) 가운데 제298조의 예에 의하는 부분의 죄를 범한 경우에는 무기징역 또는 7년 이상의 징역에 처한다.'는 부분은 헌법에 위반된다.

① ㉠㉡㉢㉣㉤㉦
② ㉠㉡㉢㉤㉥
③ ㉠㉡㉣㉥㉦
④ ㉡㉢㉣㉤㉥㉦

10

형법 제1조 제2항[범죄 후 법률이 변경되어 그 행위가 범죄를 구성하지 아니하게 되거나 형이 구법(舊法)보다 가벼워진 경우에는 신법(新法)에 따른다] 및 형사소송법 제326조 제4호(다음 경우에는 판결로써 면소의 선고를 하여야 한다. 4. 범죄 후의 법령개폐로 형이 폐지되었을 때)에 관한 다음 [보기]의 기술 중 옳은 것을 모두 고른 것은? (다툼이 있으면 판례에 의함)

| 보기 |

㉠ 형벌법규 제정의 이유가 된 법률이념의 변경에 따라 종래의 처벌 자체가 부당하였다거나 또는 과형이 과중하였다는 반성적 고려에서 법령을 변경하였을 경우에만 형법 제1조 제2항과 형사소송법 제326조 제4호가 적용된다.

㉡ 형법 제1조 제2항과 형사소송법 제326조 제4호의 규정은 입법자가 법령의 변경 이후에도 종전 법령 위반행위에 대한 형사처벌을 유지한다는 내용의 경과규정을 따로 두지 않는 한 그대로 적용된다.

㉢ 범죄의 성립과 처벌에 관하여 규정한 형벌법규 자체 또는 그로부터 수권 내지 위임을 받은 법령의 변경에 따라 범죄를 구성하지 아니하게 되거나 형이 가벼워진 경우에는, 종전 법령이 범죄로 정하여 처벌한 것이 부당하였다거나 과형이 과중하였다는 반성적 고려에 따라 변경된 것인지 여부를 따지지 않고 원칙적으로 형법 제1조 제2항과 형사소송법 제326조 제4호가 적용된다.

㉣ 형벌법규 자체 또는 그로부터 수권 내지 위임을 받은 법령이 아닌 다른 법령이 변경된 경우 형법 제1조 제2항과 형사소송법 제326조 제4호를 적용하려면, 해당 형벌법규에 따른 범죄의 성립 및 처벌과 직접적으로 관련된 형사법적 관점의 변화를 주된 근거로 하는 법령의 변경에 해당하여야 한다.

㉤ 법령이 개정 내지 폐지된 경우가 아니라, 스스로 유효기간을 구체적인 일자나 기간으로 특정하여 효력의 상실을 예정하고 있던 법령이 그 유효기간을 경과함으로써 더 이상 효력을 갖지 않게 된 경우도 형법 제1조 제2항과 형사소송법 제326조 제4호에서 말하는 법령의 변경에 해당한다.

㉥ 법무사 甲은 개인회생·파산사건 관련 법률사무를 위임받아 취급하여 변호사법 제109조 제1호 위반으로 기소된 경우, 그 후 개인회생·파산사건 신청대리업무를 법무사의 업무로 추가하는 법무사법 개정(2020.2.4. 개정 법무사법 제2조 제1항 제6호)이 이루어졌다 하더라도 형법 제1조 제2항이 적용되지 아니한다.

㉦ 甲은 '2020.10.9. 음주의 영향으로 정상적인 운전이 곤란한 상태에서 전동킥보드를 운전하여 사람을 상해에 이르게 하였다'는 특정범죄 가중처벌 등에 관한 법률 위반(위험운전치상) 등의 공소사실로 기소되었다. 피고인의 위 범행 이후인 (2020.6.9. 개정되어) 2020.12.10. 시행된 개정 도로교통법은 전동킥보드와 같은 '개인형 이동장치'에 관한 규정을 신설하면서, 이를 원동기장치자전거가 포함된 제2조 제21호의 '자동차 등'이 아닌 동조 제21호의2의 '자전거 등'으로 분류하였다. 이렇게 개정 도로교통법이 전동킥보드와 같은 '개인형 이동장치'를 '자동차 등'이 아닌 '자전거 등'으로 분류하였는데, 이는 특가법상 위험운전치사상죄에 관하여 형법 제1조 제2항의 '범죄 후 법률이 변경되어 그 행위가 범죄를 구성하지 아니하게 된 경우'로 볼 수 있다.

① ㉠㉡㉢㉣㉥
② ㉡㉢㉣㉤㉥
③ ㉡㉢㉣㉥
④ ㉡㉢㉤㉦

11

다음 [보기]의 기술은 형법의 시간적 적용범위에 관한 기술들이다. [보기]의 기술 중 판례의 입장과 일치하지 않는 것을 모두 고른 것은?

| 보기 |

㉠ 죄가 되지 아니하던 행위를 구성요건 신설로 포괄일죄의 처벌대상으로 삼는 경우, 신설된 포괄일죄 처벌법규가 시행되기 이전의 행위에 대하여 신설된 법규를 적용하여 처벌할 수 있다.

㉡ 형법 제305조의2에서 구성요건이 신설된 상습강제추행죄가 시행되기 이전의 강제추행범행을 형법 개정 이후의 강제추행범행과 포괄일죄를 인정하여 상습강제추행죄로 처벌할 수 없다.

㉢ '1개의 죄가 본법 시행 전후에 걸쳐서 행하여진 때에는 본법 시행 전에 범한 것으로 간주한다'고 규정한 형법 부칙 제4조 제1항은 신·구형법 사이의 관계가 아닌 다른 법률 사이의 관계에서는 적용되거나 유추적용되지 않는다.

㉣ 행위시와 재판시 사이에 수차 법령의 변경이 있는 경우에는 이 점에 관한 당사자의 주장이 없더라도 직권으로 형의 경중을 비교하여 그중 가장 형이 경한 법규정을 적용하여야 한다.

㉤ '범죄의 성립과 처벌은 행위시의 법률에 따른다(형법 제1조 제1항)'고 할 때의 '행위시'라 함은 범죄행위의 종료시를 의미하므로, 체포, 감금 등 계속범의 실행행위 중 법률의 변경이 있으면 행위시법의 원칙에 따라 구법이 적용된다.

① ㉠㉤

② ㉠㉢㉤

③ ㉡㉣

④ ㉡㉣㉤

12

형법의 시간적 적용범위에 관한 다음 [보기]의 기술 중 옳은 것은 모두 몇 개인가? (다툼이 있으면 판례에 의함)

| 보기 |

㉠ 범죄의 성립과 처벌에 관하여 규정한 형벌법규 자체 또는 그로부터 수권 내지 위임을 받은 법령의 변경에 따라 범죄를 구성하지 아니하게 되거나 형이 가벼워진 경우에는, 종전 법령이 범죄로 정하여 처벌한 것이 부당하였다거나 과형이 과중하였다는 반성적 고려에 따라 변경된 것인지 여부를 따지지 않고 원칙적으로 형법 제1조 제2항과 형사소송법 제326조 제4호가 적용되지만, 형벌법규가 대통령령, 총리령, 부령과 같은 법규명령이 아닌 고시 등 행정규칙·행정명령, 조례 등에 구성요건의 일부를 수권 내지 위임한 경우에는 그 고시 등의 변경에 따라 범죄를 구성하지 아니하게 되거나 형이 가벼워졌다 하더라도 형법 제1조 제2항과 형사소송법 제326조 제4호가 적용되지 아니한다.

㉡ 형법 제1조 제2항을 적용함에 있어 형의 경중의 비교는 원칙적으로 법정형을 표준으로 할 것이고 처단형이나 선고형에 의할 것이 아니다.

㉢ 동일한 형벌조항에 대하여 헌법재판소가 합헌결정을 하였으나 이후 사정변경을 이유로 위헌결정을 한 경우, 해석으로 위헌결정 소급효의 범위를 제한하는 것은 허용되지 않는다.

㉣ 범죄 후 인적 처벌조각사유가 폐지된 경우 형법 제1조 제2항이 적용된다.

㉤ 형벌에 관한 법령이 재심판결 당시 폐지되었다면 그 '폐지'가 당초부터 헌법에 위배되어 효력이 없는 법령에 대한 것이었다 하더라도 형소법 제326조 제4호의 면소사유에 해당한다.

① 1개

② 2개

③ 3개

④ 4개

13

죄형법정주의와 형법의 적용범위에 관한 다음 기술 중 옳지 않은 것을 모두 고른 것은? (다툼이 있으면 판례에 의함)

| 보기 |

⊙ 구 도시 및 주거환경정비법 제69조 제1항 제6호에서 정한 '관리처분계획의 수립'에는 경미한 사항이 아닌 관리처분계획의 주요부분을 실질적으로 변경하는 것이 포함된다고 해석함이 타당하고, 이러한 해석이 죄형법정주의 내지 형벌법규 명확성의 원칙을 위반하였다고 보기는 어렵다.

ⓛ 구 부정선거관련자처벌법 제5조 제4항에 동법 제5조 제1항의 예비·음모를 처벌한다는 규정을 두고 있다면 그 형을 따로 규정하고 있지 않다 하더라도 위 예비·음모를 처벌할 수 있다.

ⓒ 형법 제7조는 '외국에서 집행된 형의 산입'이라는 제명하에 "죄를 지어 외국에서 형의 전부 또는 일부가 집행된 사람에 대해서는 그 집행된 형의 전부 또는 일부를 선고하는 형에 산입한다."고 규정하고 있으므로 형사사건으로 외국 법원에 기소되었다가 무죄판결을 받기까지 상당 기간 미결구금된 사람에 대한 미결구금 기간도 위 조항에 의한 산입의 대상에 해당된다.

ⓔ 의료인이 전화 등을 통해 원격지에 있는 환자에게 행하는 의료행위는 특별한 사정이 없는 한 의료법 제33조 제1항에 위반되는 행위이다.

ⓜ 내국 법인의 대표자인 외국인이 내국 법인이 외국에 설립한 특수목적법인에 위탁해 둔 자금을 정해진 목적과 용도 외에 임의로 사용하여 횡령한 경우, 우리 법원에 재판권이 있다.

① ㉠㉢㉤
② ㉠㉢
③ ㉡㉢
④ ㉡㉢㉣

14

형법의 적용범위에 관한 다음 [보기]의 설명 중 틀린 것을 모두 고른 것은? (다툼이 있는 경우 판례에 의함)

| 보기 |

⊙ 형법 제3조는 '본법은 대한민국 영역 외에서 죄를 범한 내국인에게 적용한다.'고 하여 형법의 적용 범위에 관한 속인주의를 규정하고 있지만, 필리핀국에서 카지노의 외국인 출입이 허용되어 있다면 형법 제3조는 적용되지 아니한다.

ⓛ 형법 제6조 본문의 '대한민국 또는 대한민국 국민에 대하여 죄를 범한 때'란 대한민국 또는 대한민국 국민의 법익이 직접적으로 침해되는 결과를 야기하는 죄를 범한 경우를 의미한다.

ⓒ 내국 법인의 대표자인 외국인이 내국 법인이 외국에 설립한 특수목적법인에 위탁해 둔 자금을 정해진 목적과 용도 외에 임의로 사용한 데 따른 횡령죄의 피해자는 당해 금전을 위탁한 내국 법인이다. 따라서 그 행위가 외국에서 이루어진 경우에도 행위지의 법률에 의하여 범죄를 구성하지 않거나 소추 또는 형의 집행을 면제할 경우라 하더라도 피해자가 내국 법인이므로 우리 형법이 적용된다.

ⓔ A가 甲으로부터 건네받은 乙 명의의 통장 등 접근매체를 丙이 지시하는 성명을 알 수 없는 사람에게 '양도'한 경우에도 전자금융거래법에서 금지하는 접근매체의 양도에 해당한다.

ⓜ 피고인은 2019.5.경부터 2020.8.11.경까지 아동·청소년성착취물을 소지하였는데, 소지 행위가 계속되던 중인 2020.6.2. 「아동·청소년의 성보호에 관한 법률」이 개정되어 법정형이 구법상 1년 이하의 징역형 또는 2,000만 원 이하의 벌금형에서 개정법상 1년 이상의 징역형으로 상향되었다면, 피고인의 행위에 적용되는 법률은 개정법이 아니라 구법이다.

① ㉠㉣㉤
② ㉡㉣㉤
③ ㉡㉢㉤
④ ㉠㉢㉤

15

형법의 적용범위에 관한 다음 [보기]의 설명 중 옳지 않은 것을 모두 고른 것은? (다툼이 있는 경우 판례에 의함)

| 보기 |

㉠ 북한에서 행하여진 범죄에 대해서는 대한민국 형법이 적용되지 않는다.

㉡ 도박죄를 처벌하지 않는 외국 카지노에서 대한민국 국민이 도박을 한 경우, 대한민국 형법이 적용되지 않는다.

㉢ 「형법」 제6조 본문에서 정한 '대한민국 또는 대한민국 국민에 대하여 죄를 범한 때'란 대한민국 또는 대한민국 국민의 법익이 직접적으로 침해되는 결과를 야기하는 죄를 범한 경우를 의미한다.

㉣ 우리 형법은 세계주의를 총칙에서 규정하여 이를 모든 범죄에 관한 원칙으로 삼고 있다.

㉤ 외국에서 집행된 형은 그것이 형의 전부집행이든 형의 일부집행이든 우리나라 법원이 선고하는 형에 반드시 산입하여야 한다.

① ㉠㉡㉢㉣
② ㉡㉢㉣㉤
③ ㉠㉡㉣
④ ㉡㉣㉤

16

甲에 대하여 대한민국의 형벌법령이 적용되는 경우가 아닌 것은? (다툼이 있는 경우에는 판례에 의함)

① 프랑스인 甲은 미국의 공항에서 영국인 A를 살해하기 위해 총격을 가하였다. A는 총상을 입고 이륙 직전의 대한민국 국적의 항공기 내로 피신하였으나, 항공기 안에서 과다출혈로 사망하였다.

② 러시아인 甲은 일본에서 중국 국적의 항공기를 납치하였으나, 기체고장으로 대한민국의 김해국제공항에 불시착하였다.

③ 중국인 甲은 중국에 있는 대한민국 영사관에서 여권발급신청서 1장을 위조하였다.

④ 캐나다인 甲은 미국에서 대한민국국민 A를 살해한 죄로 미국 법정에서 징역형을 선고받고 미국 교도소에서 그 형의 집행이 종료되었다.

17

「형법」의 적용범위에 관한 다음 [보기]의 설명 중 옳은 것을 모두 고른 것은? (다툼이 있는 경우 판례에 의함)

| 보기 |

㉠ 외국인이 대한민국 공무원에게 그 공무원이 취급하는 사무에 관하여 알선한다는 명목으로 금품을 수수하는 행위가 대한민국 영역 내에서 이루어졌다 하더라도, 금품수수의 명목이 된 알선행위를 하는 장소가 대한민국 영역 외인 경우라면 대한민국의 형벌법규인 「변호사법」을 적용할 수 없다.

㉡ 위임명령에 규정될 내용 및 범위의 기본사항은 구체적이고 분명하게 규정되어 있어야 하므로, 법률이나 상위명령으로부터 위임명령에 규정될 내용의 대강을 예측할 수 있는 경우에는 죄형법정주의 원칙에 반하지 아니한다.

㉢ 미국인 甲이 일본에서 중국 국적의 미성년자 A를 영리 목적으로 매매한 경우 甲에게 대한민국의 「형법」을 적용할 수 있다.

㉣ 외국인이 한국인과 공모하여 행사할 목적으로 외국에서 외국정부가 발행하는 우표를 위조하였다면 우리 형법에 의하여 처벌할 수 있다.

㉤ 종전에는 피해자의 의사에 상관없이 처벌할 수 있었던 근로기준법 위반죄가 반의사불벌죄로 개정되었다면 형법 제1조 제2항에 의하여 피고인에 대하여는 개정법률이 적용되어야 한다.

① ㉠㉡㉢㉣
② ㉡㉢㉣㉤
③ ㉠㉡㉢㉤
④ ㉠㉡㉢㉣㉤

18

다음 중 외국인의 국외범을 처벌할 수 없는 죄는?

① 공문서위조죄
② 국기모독죄
③ 외교상기밀누설죄
④ 외국통화위조죄

19

고소가 없어도 甲이 처벌될 수 있는 경우로 옳은 것은? (다툼이 있는 경우 판례에 의함)

① 동생 甲이 누나 乙의 책상에서 연애편지를 발견하고는 이를 훔쳐보려고 봉투를 뜯었으나 마침 누나가 들어오는 바람에 그 내용을 읽지 못한 경우

② 이웃에 사는 형의 집에 놀러갔던 친동생 甲이 형과 다툰 후 홧김에 형이 아끼는 도자기를 바닥에 내리쳐 깨뜨린 경우

③ 평소 乙에게 원한을 가지고 있던 甲이, 乙의 사망한 부친이 일제강점기에 친일행위에 앞장섰다는 허위사실을 불특정 다수인에게 말한 경우

④ 甲이 이웃 사람들이 있는 자리에서 피해자가 듣는 가운데 구청직원에게 피해자를 가리키면서 "저 망할 년 저기 오네"라고 경멸하는 욕설 섞인 표현을 한 경우

20

범죄의 종류에 관한 다음 [보기]의 기술 중 틀린 것을 모두 고른 것은? (다툼이 있으면 판례에 의함)

| 보기 |

㉠ 업무상 비밀누설죄와 업무상 횡령죄는 부진정 신분범이다.

㉡ 형법상 신분범이란 범죄주체에 있어서 특수한 지위 또는 상태를 구비할 것을 구성요건으로 요구하는 범죄를 의미하는데 위증죄, 수뢰죄, 횡령죄, 무고죄, 상습도박죄는 신분범에 해당한다.

㉢ 사전수뢰죄에서의 공무원 또는 중재인이 되는 사실은 구성요건요소에 해당된다.

㉣ 공문서위조죄는 신분범이나, 허위공문서작성죄는 일반범이다.

㉤ 위증죄, 모해위증죄, 무고죄는 신분범이다.

① ㉠㉢㉣㉤   ② ㉡㉢㉣㉤
③ ㉠㉡㉢㉤   ④ ㉠㉡㉢㉣㉤

▶ **제2편 범죄론: 제1장 범죄론의 일반이론** [범죄론의 기초 2] ― **제2장 구성요건론** [구성요건적 착오 1]

회차	시행일			목표점수			획득점수		
제2회	1차	2차	3차	1차	2차	3차	1차	2차	3차

01

계속범에 대한 설명으로 옳지 않은 것은? (다툼이 있는 경우 판례에 의함)

① 체포죄는 계속범으로서 체포의 행위에 확실히 사람의 신체의 자유를 구속한다고 인정할 수 있을 정도의 시간적 계속이 있어야 한다.

② 구 「폭력행위 등 처벌에 관한 법률」 제4조 소정의 단체 등의 조직죄는 같은 법에 규정된 범죄를 목적으로 하는 단체 또는 집단을 구성함으로써 즉시 성립하고 그와 동시에 완성되는 즉시범이지 계속범이 아니다.

③ 일반교통방해죄는 계속범이 아니므로 교통방해를 유발한 집회에 참가할 당시 이미 다른 참가자들에 의해 교통의 흐름이 차단된 상태였다면 교통방해를 유발한 다른 참가자들과 함께 교통방해의 위법상태를 지속시켰다고 하더라도 일반교통방해죄로 처벌할 수는 없다.

④ 범인도피죄는 범인도피행위가 계속되는 동안에는 범죄행위도 계속되므로, 타인의 범인도피행위 도중에 그 범행을 인식하면서 그와 공동의 범의를 가지고 기왕의 범인도피상태를 이용하여 범인도피행위를 계속한 경우에는 범인도피죄의 공동정범이 성립한다.

02

범죄론 일반에 관한 다음 [보기]의 기술 중 옳지 않은 것을 모두 고른 것은? (다툼이 있으면 판례에 의함)

| 보기 |

㉠ 군인이 군사기지 및 군사시설 보호법 제2조 제1호의 군사기지에서 군인을 폭행 또는 협박한 경우에는 피해자의 명시한 의사에 반하여 공소를 제기할 수 없다.

㉡ 업무상 비밀누설죄는 친고죄이나, 비밀침해죄는 친고죄가 아니다.

㉢ 외교상 기밀누설죄는 일반범이고, 공무상 비밀누설죄는 신분범이다.

㉣ 공정증서원본불실기재죄는 목적범이나, 허위공문서작성죄는 목적범이 아니다.

㉤ 스토킹행위를 전제로 하는 스토킹범죄는 행위자의 어떠한 행위를 매개로 이를 인식한 상대방에게 불안감 또는 공포심을 일으킴으로써 그의 자유로운 의사결정의 자유 및 생활형성의 자유와 평온이 침해되는 것을 막고 이를 보호법익으로 하는 침해범이다.

① ㉠㉡㉢㉣㉤
② ㉠㉡㉢㉤
③ ㉠㉡㉣㉤
④ ㉡㉢㉣㉤

03

다음 중 행위와 결과 간의 인과관계를 따질 필요가 없는 범죄는?

① 사기죄
② 폭행치사죄
③ 위증죄
④ 경계침범죄

04

범죄의 종류에 대한 다음 [보기]의 기술 중 옳지 않은 것을 모두 고른 것은? (다툼이 있으면 판례에 의함)

| 보기 |

㉠ 배임죄는 구체적 위험범이 아니라 침해범이다.

㉡ 범인도피죄는 계속범이 아니라 즉시범이다.

㉢ 아동학대처벌법상 아동학대치사죄는 부진정신분범이 아니라 진정신분범이다.

㉣ 명예훼손죄는 추상적 위험범이 아니라 구체적 위험범이다.

㉤ 구 「아동·청소년의 성보호에 관한 법률」에서는 "영리를 목적으로 아동·청소년이용음란물을 판매·대여·배포·제공하거나 이를 목적으로 소지·운반하거나 공연히 전시 또는 상영한 자는 10년 이하의 징역에 처한다."고 규정하고 있는데, 여기서 아동·청소년이용음란물소지죄가 성립하기 위해서는 영리의 목적만 있으면 되고 이와 별도로 판매·대여·배포·제공의 목적까지 있어야 하는 것은 아니다.

① ㉠㉡㉢㉣

② ㉡㉢㉣㉤

③ ㉠㉡㉣㉤

④ ㉠㉡㉢㉤

05

위험범에 관한 다음 [보기]의 설명 중 옳은 것을 모두 고른 것은?

| 보기 |

㉠ 구체적 위험범에서의 위험은 구성요건표지이며 객관적 구성요건은 그 위험이 발생하였을 때 비로소 충족된다.

㉡ 구체적 위험범에서의 위험은 고의의 인식대상이다.

㉢ 중상해죄, 중유기죄, 중손괴죄, 중감금죄는 구성요건의 충족을 위해 구체적 위험의 발생을 요구하는 범죄이다.

㉣ 형법상 구체적 위험범은 고의범뿐만 아니라 과실범의 형태로도 존재한다.

㉤ 위험범은 형법의 보호적 기능이 아니라 보장적 기능의 실현을 위한 개념이다.

① ㉠㉡㉤

② ㉠㉣㉤

③ ㉡㉢㉣

④ ㉠㉡㉣

06

범죄의 종류에 관한 설명 중 옳은 것(O)과 옳지 않은 것(×)을 올바르게 조합한 것은? (다툼이 있는 경우 판례에 의함)

> ㉠ 도주죄는 계속범이므로 도주죄의 범인이 도주행위를 하여 기수에 이른 이후에 그 범인의 도피를 도와주는 행위는 도주원조죄에 해당한다.
>
> ㉡ 「폭력행위 등 처벌에 관한 법률」 제4조 제1항 소정의 단체 등의 구성죄는 같은 법에 규정된 범죄를 목적으로 한 단체 또는 집단을 구성함으로써 즉시 성립하고 그와 동시에 완성되는 즉시범이라 할 것이므로, 피고인이 범죄단체를 구성하기만 하면 위 범죄가 성립하고 그와 동시에 공소시효도 진행된다.
>
> ㉢ 「형법」 제136조에서 정한 공무집행방해죄는 직무를 집행하는 공무원에 대하여 폭행 또는 협박한 경우에 성립하고, 추상적 위험범으로서 구체적으로 직무집행의 방해라는 결과발생을 요하지 아니한다.
>
> ㉣ 일반교통방해죄에서 교통방해 행위는 계속범의 성질을 가지는 것이어서 교통방해의 상태가 계속되는 한 위법상태는 계속 존재하므로, 교통방해를 유발한 집회에 피고인이 참가한 경우 참가 당시 이미 다른 참가자들에 의해 교통의 흐름이 차단된 상태였다고 하더라도 교통방해를 유발한 다른 참가자들과 암묵적·순차적으로 공모하여 교통방해의 위법상태를 지속시켰다고 평가할 수 있다면 피고인에게 일반교통방해죄가 성립한다.
>
> ㉤ 내란죄는 다수인이 결합하여 국토를 참절하거나 국헌을 문란할 목적으로 한 지방의 평온을 해할 정도의 폭행·협박행위를 하면 기수에 이르지만, 그 목적 달성 여부와 관계없이 한 지방의 평온을 해할 정도의 폭행·협박행위를 하는 한 가벌적인 위법행위가 계속 반복되고 있는 계속범이라고 보아야 한다.

① ㉠(O), ㉡(O), ㉢(O), ㉣(×), ㉤(O)
② ㉠(O), ㉡(×), ㉢(O), ㉣(×), ㉤(×)
③ ㉠(O), ㉡(×), ㉢(O), ㉣(O), ㉤(×)
④ ㉠(×), ㉡(O), ㉢(O), ㉣(O), ㉤(×)

07

다음 중 목적범에 해당하는 것을 모두 고른 것은?

> ㉠ 모해위증죄(형법 제152조 제2항)
> ㉡ 무고죄(형법 제156조)
> ㉢ 공정증서원본부실기재죄(형법 제228조 제1항)
> ㉣ 사문서부정행사죄(형법 제236조)
> ㉤ 도박개장죄(형법 제247조)

① ㉡㉢㉣　　　　　　　② ㉠㉡㉤
③ ㉡㉣㉤　　　　　　　④ ㉠㉢㉣

08

양벌규정 또는 법인의 범죄능력에 대한 설명 중 옳은 것을 모두 고른 것은? (다툼이 있는 경우에는 판례에 의함)

> ㉠ 배임죄에서 타인의 사무를 처리할 의무의 주체가 법인이 되는 경우 그 타인의 사무는 법인을 대표하는 자연인인 대표기관에 의하여 처리될 수밖에 없어 자연인인 대표기관이 배임죄의 주체가 된다.
>
> ㉡ 양벌규정에 의해서 법인 또는 개인을 처벌하는 경우 그 처벌은 직접 법률을 위반한 행위자에 대한 처벌에 종속하며, 행위자에 대한 선임감독상의 과실로 인하여 처벌되는 것이므로, 행위자에 대한 처벌이 법인 또는 개인에 대한 처벌의 전제조건이 된다.
>
> ㉢ 법인에 대한 양벌규정에 면책규정이 신설된 것은 범죄 후 법률의 변경에 의하여 그 행위가 범죄를 구성하지 않거나 형이 구법보다 경한 경우에 해당한다.
>
> ㉣ 행위자에 대하여 부과되는 형량을 작량감경하는 경우 양벌규정에 의하여 법인을 처벌함에 있어서도 이와 동일한 조치를 취하여야 한다.
>
> ㉤ 합병으로 인하여 소멸한 법인이 그 종업원 등의 위법행위에 대해 양벌규정에 따라 부담하던 형사책임은 그 성질상 이전을 허용하지 않는 것으로서 합병으로 인하여 존속하는 법인에 승계되지 않는다.

① ㉠㉢　　　　　　　　② ㉡㉤
③ ㉠㉡㉢　　　　　　　④ ㉠㉢㉤

법인의 처벌 등에 관한 다음 설명 중 옳지 않은 것을 모두 고른 것은? (다툼이 있으면 판례에 의함)

가. 법인을 처벌하는 양벌규정이 있는 경우에 예외적으로 법인에게도 범죄능력을 인정할 수 있다.

나. 지방자치단체 소속 공무원이 기관위임사무를 수행하는 중 위반행위를 한 경우, 지방자치단체도 양벌규정에 따른 처벌대상이 된다.

다. 개인정보보호법의 양벌규정상의 '법인'에는 공공기관이 포함되지 아니한다.

라. 회사가 해산 및 청산등기 전에 재산형에 해당하는 사건으로 기소되었으나, 그 후 청산종결의 등기가 경료되었다면, 위 회사는 형사소송법상 당사자능력을 상실하게 된다.

마. 조세범처벌법에 따른 고발의 구비여부는 양벌규정에 의하여 처벌받는 자연인인 행위자와 법인에 대하여 개별적으로 논하여야 한다.

① 없음
② 1개
③ 2개
④ 3개

양벌규정 또는 법인의 범죄능력에 관한 다음 설명 중 옳지 않은 것을 모두 고른 것은? (다툼이 있는 경우 판례에 의함)

㉠ 구 건축법 제108조 제1항은 같은 법 제11조 제1항에 의한 허가를 받지 아니하고 건축물을 건축한 건축주를 처벌한다고 규정하고, 같은 법 제112조 제4항은 양벌규정으로서 "개인의 대리인, 사용인, 그 밖의 종업원이 그 개인의 업무에 관하여 제107조부터 제111조까지의 규정에 따른 위반행위를 하면 행위자를 벌할 뿐만 아니라 그 개인에게도 해당 조문의 벌금형을 과한다."라고 규정하고 있다. 甲 교회의 총회 건설부장인 피고인이 관할시청의 허가 없이 건물 옥상층에 창고시설을 건축하는 방법으로 건물을 불법 증축한 경우, 甲 교회는 乙을 대표자로 한 법인격 없는 사단이고, 피고인은 甲 교회에 고용된 사람이므로, 乙을 구 건축법 제112조 제4항 양벌규정의 '개인'의 지위에 있다고 보아 피고인을 같은 조항에 의하여 처벌할 수 있다.

㉡ 재물을 보관하는 주체가 법인이 되는 경우라도 범죄능력이 없는 법인은 횡령죄의 주체가 될 수 없고 그 법인을 대표하여 사무를 처리하는 자연인인 대표기관이 타인의 재물을 보관하는 횡령죄의 주체가 된다고 보아야 한다.

㉢ 타인의 사무를 처리하는 업무를 하고 있는 법인의 대표기관이 타인에 대하여 부담하고 있는 의무내용대로 사무를 처리할 임무는 법인에 대하여 부담하는 임무이지 법인의 대표기관이 직접 타인에 대하여 지고 있는 임무는 아니므로, 그 임무에 위배하였다 하여 법인의 대표기관에 대하여 타인에 대한 배임죄가 성립한다고 할 수 없다.

㉣ 법인의 직원이 위반행위를 하여 양벌규정에 의하여 법인이 처벌받는 경우, 그 위반행위를 한 직원이 자수하면 자수감경에 관한 형법 제52조 제1항의 규정에 의하여 법인의 형을 감경할 수 있다.

㉤ 양벌규정 중 '법인의 대표자' 관련 부분으로 법인을 처벌하기 위해서는 대표자의 책임과 처벌이 그 요건 내지 전제조건이 된다.

㉥ 법인의 영업 규모, 행위자에 대한 감독가능성 또는 구체적인 지휘감독관계 등 구성원의 당해 법률위반행위와 직접적으로 관련이 있지 아니한 사정을 고려하여 법인이 위반행위자에 대하여 상당한 주의와 감독을 게을리 하였는가의 여부를 판단하는 것은 위법하다.

① ㉠㉡㉢㉣㉤
② ㉡㉢㉣㉤㉥
③ ㉠㉢㉣㉤㉥
④ ㉠㉢㉣㉤

11

양벌규정과 법인의 형사책임에 관한 다음 [보기]의 설명 중 옳은 것을 모두 고른 것은? (다툼이 있으면 판례에 의함)

| 보기 |

㉠ 甲법인의 직원인 乙의 행위로 인하여 甲법인이 양벌규정에 따라 부담하던 형사책임은 甲법인이 丙법인으로 합병되어 소멸되는 경우 丙법인으로 승계되지 않는다.

㉡ 甲법인의 직원인 乙이 구성요건상 자격이 없어 처벌받지 않는다고 하더라도 甲법인은 乙의 처벌과 무관하게 독립하여 乙의 행위에 관한 양벌규정으로 처벌받을 수 있다.

㉢ 甲법인의 직원인 乙이 甲법인이 설립되기 이전에 법 위반행위를 한 경우에는 특별한 근거규정이 없는 한 乙의 행위에 대하여 양벌규정을 적용하여 甲법인을 처벌할 수 없다.

㉣ 甲법인의 직원인 乙과 丙법인의 직원인 丁이 범죄행위를 공모하였다고 하더라도 乙은 실행행위에 직접 가담하지 않고 丁만 실행행위를 분담하였다면 甲법인까지 양벌규정에 따른 공동정범의 죄책을 지는 것은 아니다.

㉤ 법인의 대표자가 업무상 배임죄를 범한 경우, 법인이 그 위반행위를 방지하기 위하여 해당 업무에 관하여 상당한 주의와 감독을 게을리 하지 아니한 때에는 법인에 대하여서도 벌금을 부과한다.

① ㉠㉡㉢㉣㉤
② ㉠㉡㉢㉣
③ ㉠㉡㉢㉤
④ ㉠㉡㉢

12

구성요건에 관한 다음 [보기]의 기술 중 옳지 않은 것을 모두 고른 것은? (다툼이 있으면 판례에 의하고, 판례가 없으면 통설 내지 다수설에 의함)

| 보기 |

㉠ 어떤 행위가 구성요건에 해당하면 예외 없이 위법성이 인정된다.

㉡ 고의적인 결과범에 있어서 행위와 결과 사이에 인과관계가 인정되지 않으면 기수범이 성립한다.

㉢ 구성요건요소는 모두 기술적 요소로 규정되어 있다.

㉣ 미수범의 주관적 구성요건요소는 기수범의 주관적 구성요건요소와 일치한다.

㉤ 과실범의 독립행위가 경합하여 결과발생의 원인된 행위가 판명되지 아니한 때에는 각 행위자를 미수범으로 처벌한다.

㉥ 상당인과관계설에 의할 경우에는 결과의 행위에 대한 귀속과 관련하여 객관적 귀속에 대한 평가가 필요하고, 합법칙적 조건설에 의할 경우에는 객관적 귀속에 대한 별도의 평가가 필요 없다.

① ㉠㉡㉢㉣㉤㉥
② ㉡㉢㉣㉤
③ ㉠㉡㉢㉤㉥
④ ㉠㉡㉢㉤

13

구성요건론에 관한 다음 [보기]의 기술 중 옳은 것을 모두 고른 것은? (다툼이 있으면 판례에 의함)

| 보기 |

㉠ 행정형법상 양벌규정이 있는 경우 법인의 대표자의 고의 또는 과실에 의한 위반행위에 대해서는 법인 자신의 고의 또는 과실에 의한 책임을 진다.

㉡ 위약금 조항에 따른 손해배상채권과의 상계처리로 임금을 지급하지 않은 경우 근로기준법 위반의 고의가 인정된다.

㉢ 임금 등 지급의무의 존재에 관하여 다툴 만한 근거가 있는 경우라면 사후적으로 사용자의 민사상 지급책임이 인정되는 경우라 하더라도 사용자에게 근로기준법상 임금등 미지급죄의 미필적 고의를 인정할 수 없다.

㉣ 성폭력범죄의 처벌 등에 관한 특례법 제6조는 신체적인 장애가 있는 사람에 대하여 강간의 죄를 범한 사람을 처벌하고 있다. 여기서 규정하는 '신체적인 장애'라 함은 객관적으로 보아 피해자의 인지능력, 항거능력 또는 대처능력 등이 비장애인보다 상대적으로 낮아서 피해자의 성적 자기결정권 행사를 특별히 보호해야 할 필요가 있을 정도의 신체적인 장애를 의미한다.

㉤ 사회복무요원이 종교적 신념 등 양심의 자유에 근거하여 집총이나 군사훈련을 수반하지 않는 복무의 이행을 거부하는 것은 구성요건해당성이 조각되는 '정당한 사유'에 해당한다.

㉥ 부검 결과로써 확인된 최종적 사인이 이보다 앞선 시점에 작성된 사망진단서에 기재된 사망 원인과 일치하지 않는다면 사망진단서의 작성자에게 허위작성의 고의를 인정된다.

① ㉠㉡㉢㉣㉤

② ㉠㉡㉢㉤㉥

③ ㉠㉡㉢㉤

④ ㉠㉡㉢

14

甲의 행위와 乙의 사망 사이에 인과관계가 인정되는 경우를 모두 고르면? (다툼이 있는 경우 판례에 의함)

㉠ 甲이 운행하던 자동차에 치여 반대차선의 1차선 상에 넘어진 도로횡단자 乙이 그 직후 반대차선을 운행하던 화물차에 역과되어 사망한 경우

㉡ 甲이 주먹으로 乙의 복부를 1회 힘껏 때린 결과 장파열을 일으켜 병원에 입원한 乙이 의사의 수술지연으로 결국 복막염으로 사망한 경우

㉢ 甲이 야간에 2차선의 굽은 도로 위에 미등 및 차폭등을 켜지 않은 채 화물차를 주차시켜 놓은 후에 그것을 미처보지 못한 乙이 운전하던 오토바이가 그 화물차에 추돌하여 乙이 사망한 경우

㉣ 甲이 입힌 자상(刺傷)으로 인하여 급성신부전증이 발생되어 치료를 받게 된 乙이 음식과 수분의 섭취를 억제해야 하는 사실을 모르고 콜라와 김밥 등을 함부로 먹은 탓에 패혈증 등 합병증이 발생하여 사망한 경우

㉤ 甲이 자동차를 운전하다가 통상 예견되는 상황에 대비하여 결과를 회피할 수 있는 정도의 주의의무를 다하지 못한 것이 교통사고 발생의 직접적인 원인이 되었으나, 자동차가 보행자를 직접 충격한 것이 아니고 보행자가 자동차의 급정거에 놀라 도로에 넘어져 상해를 입은 경우

① ㉠㉢㉣㉤

② ㉠㉡㉢㉣㉤

③ ㉠㉡㉣㉤

④ ㉠㉡㉢㉣

15

인과관계에 관한 다음 [보기]의 설명 중 옳지 않은 것을 모두 고른 것은? (다툼이 있으면 판례에 의함)

| 보기 |

㉠ 甲이 乙에게 반항을 억압할 정도의 폭행, 협박을 가한 후 乙이 재물 취거 사실을 알지 못하는 사이에 甲이 그 틈을 이용하여 우발적으로 乙의 재물을 취거한 경우, 위 폭행, 협박에 의한 반항억압의 상태가 전체적·실질적으로 단일한 재물 탈취 범의의 실현행위로 평가할 수 있는 경우가 아니라면 강도죄는 성립하지 않는다.

㉡ 甲이 乙을 폭행하자 乙이 도망하였고, 甲이 乙을 쫓아와 乙에게 상해를 입히자 乙이 이를 피하여 도로를 건너 도망가려다 차에 치여 사망한 경우라면 甲의 상해행위와 乙의 사망 사이에는 상당인과관계가 인정되지 않는다.

㉢ 甲이 乙을 2회에 걸쳐 두 손으로 힘껏 밀어 땅바닥에 넘어뜨려 乙이 그 충격으로 인한 쇼크성 심장마비로 사망한 경우, 乙에게 그 당시 심관성동맥경화 및 심근섬유화 증세 등의 심장질환의 지병이 있었고 음주로 만취된 상태였으며 그것이 乙의 사망에 영향을 주었다면 甲의 폭행과 乙의 사망 사이에 상당인과관계는 인정되지 않는다.

㉣ 甲이 고속도로 1차로에서 안전거리를 확보하지 않은 채 고속버스를 따라가다가 고속버스를 추월하기 위하여 2차로로 진로를 변경하여 제한속도를 20km 초과한 시속 120km의 과속으로 진행하던 중 우측 도로변에 서 있던 乙이 甲이 운전하는 차량 30~40m 전방에서 고속도로를 무단횡단하려 2차로로 갑자기 뛰어들었고, 甲의 차량이 이를 피하는 조치를 하기에는 이미 늦어 乙을 충격하여 乙이 사망한 경우, 甲의 잘못과 乙의 사망 사이에 상당인과관계가 인정된다.

㉤ 행위자가 야기시킨 위험이 예견하기 어려운 비유형적 인과진행으로 결과에 이른 경우도 행위자가 위험을 야기시킨 이상 행위와 결과 사이에 인과관계와 객관적 귀속이 인정된다.

① ㉠㉡㉢㉣
② ㉡㉢㉣㉤
③ ㉠㉢㉣㉤
④ ㉠㉡㉢㉣㉤

16

[사례]의 경우와 인과관계 인정 여부의 판단이 동일한 것을 [보기]에서 모두 고른 것은? (다툼이 있는 경우에는 판례에 의함)

| 사례 |

A병원 의사가 제왕절개수술 과정에서 분만 후 1시간 경과시 예견되는 환자의 대량출혈 증상을 조기에 발견하지 못하여, 수혈과 B병원으로의 전원(轉院)을 지체하였는데, 환자가 B병원에 도착하였지만 A병원 의사로부터 충분한 설명을 받지 못한 B병원 의사가 수혈의 긴급성 판단을 그르쳐 대량출혈로 환자가 사망한 경우, A병원 의사가 예견된 대량출혈 증상을 조기에 발견하지 못하여 환자의 수혈지체를 야기한 과실과 환자의 사망 사이

| 보기 |

㉠ 임차인이 자신의 비용으로 설치·사용하던 가스설비의 주밸브만 잠근 채 휴즈콕크를 제거하고 아무런 조치 없이 이사를 간 후 가스공급을 개별적으로 차단할 수 있는 주밸브가 원인불상으로 열려져 가스가 유입되어 폭발사고가 발생하였는데 점화원인이 밝혀지지 않은 경우, 임차인의 과실과 가스폭발사고 사이

㉡ 건축자재인 철판 수백 장의 운반을 의뢰한 자가 절단면이 날카롭고 무거운 철판을 묶기에 매우 부적합한 폴리에스터 끈을 사용하여 철판 묶음 작업을 하는 등의 과실로 철판 쏠림 현상이 발생하였고, 이로 인하여 철판을 차에서 내리는 과정에서 철판이 쏟아져 내려 화물차 운전자가 사망한 경우, 운반 의뢰인의 과실과 화물차 운전자의 사망 사이

㉢ 자동차 운전자의 과실로 열차 건널목을 그대로 건너는 바람에 자동차와 열차가 충돌하였는데 자동차 왼쪽에서 열차가 지나가기를 기다리고 있던 피해자가 위 충돌사고로 놀라 넘어져 상해를 입은 경우, 자동차 운전자의 과실과 피해자가 입은 상해 사이

㉣ 한의사가 피해자에게 문진하여 이전에도 여러 차례 봉침을 맞고도 별다른 이상반응이 없었다는 답변을 듣고 부작용에 대한 충분한 사전 설명 없이 환부에 봉침시술을 하였는데, 피해자가 위 시술 직후 쇼크반응을 나타내는 등 상해를

입은 경우, 한의사의 설명의무 위반과 피해자의 상해 사이

① ㉠㉢
② ㉠㉣
③ ㉠㉡㉢
④ ㉠㉡㉢

17

주관적 구성요건요소에 대한 다음 [보기]의 설명 중 옳은 것을 모두 고른 것은? (다툼이 있는 경우 판례에 의함)

| 보기 |

㉠ 강제추행죄의 성립에 필요한 주관적 구성요건 요소는 고의만으로 충분하고, 그 외에 성욕을 자극·흥분·만족시키려는 주관적 동기나 목적까지 있어야 하는 것은 아니다.

㉡ 피고인이 범죄구성요건의 주관적 요소인 고의를 부인하는 경우, 사물의 성질상 범의와 관련성이 있는 간접사실 또는 정황사실을 증명하는 방법으로 범의 자체를 객관적으로 증명할 수 있다.

㉢ 법령에 의하여 도급인에게 수급인의 업무에 관하여 구체적인 관리·감독의무가 부여되어 있거나 도급인이 공사의 시공이나 개별 작업에 관하여 구체적으로 지시·감독하였다는 등의 특별한 사정이 없는 한, 도급인에게는 수급인의 업무와 관련하여 사고방지에 필요한 안전조치를 할 주의의무가 없다.

㉣ 업무상횡령죄에 있어서 불법영득의 의사라 함은 자기 또는 제3자의 이익을 꾀할 목적으로 업무상의 임무에 위배하여 보관하는 타인의 재물을 자기의 소유인 경우와 같은 처분을 하는 의사를 말한다.

㉤ 고의는 객관적 구성요건요소에 관한 인식과 구성요건실현을 위한 의사를 의미하고, 「형법」 제13조에 의하면 죄의 성립요소인 사실을 인식하지 못한 행위는 법률에 특별한 규정이 있는 때에 한하여 벌하지 아니한다.

㉥ 아동학대살해죄에서 살해의 범의의 인정 기준은 살인죄에서의 범의의 인정 기준과 같다.

① ㉠㉡㉢㉣
② ㉠㉢㉣㉥
③ ㉡㉢㉣㉤
④ ㉢㉣㉤㉥

18

고의에 대한 다음 [보기]의 설명 중 옳지 않은 것만을 모두 고른 것은? (다툼이 있는 경우 판례에 의함)

| 보기 |

㉠ 부진정부작위범의 고의는 법익침해의 결과발생을 방지할 법적 작위의무를 가지고 있는 사람이 의무를 이행함으로써 결과발생을 쉽게 방지할 수 있었음을 예견하고도 결과발생을 용인하고 이를 방관한 채 의무를 이행하지 아니한다는 인식을 하면 족하다.

㉡ 甲이 주차된 자동차를 A의 소유인 줄 알고 손괴하였는데 알고 보니 B의 소유인 경우는 주관적 정당화요소를 결여하였으므로 그 해결에 대해서는 불능미수, 기수, 무죄로 보는 견해가 대립한다.

㉢ 방조범은 정범의 실행을 방조한다는 이른바 방조의 고의와 정범의 행위가 구성요건에 해당하는 행위인 점에 대한 정범의 고의가 있어야 하고, 이 경우 방조범에서 요구되는 정범의 고의는 적어도 정범에 의하여 실현되는 범죄의 구체적 내용을 인식할 것을 필요로 한다.

㉣ 소정근로시간을 단축한 단체협약 또는 취업규칙상 소정근로시간 조항이 탈법행위로 무효이어서 기존 소정근로시간을 기준으로 계산한 결과 사후적으로 사용자가 최저임금액보다 적은 임금을 지급한 것이 인정된다 하더라도 사용자에게 최저임금법 위반죄의 고의가 있다고 할 수 없다.

㉤ 절도죄의 구성요건에서 재물의 타인성에 관하여 착오를 일으킨 경우, 이는 행위의 법질서에 대한 관련성에 관한 착오로서 법률의 착오에 해당하여 그 오인에 정당한 이유가 있는 때 벌하지 아니한다.

① ㉠㉡㉢㉣
② ㉡㉢㉣
③ ㉡㉢㉤
④ ㉡㉢㉣㉤

19

고의에 관한 다음 [보기]의 기술 중 옳게 설명한 것을 모두 고른 것은? (다툼이 있는 경우 판례에 의함)

| 보기 |

㉠ 방조범의 고의는 정범의 실행을 방조한다는 고의와 정범의 행위가 구성요건에 해당하는 행위인 점에 대한 정범의 고의가 있어야 하고, 이 경우 방조범에 있어서 정범의 고의는 정범에 의해 실현되는 범죄의 구체적 내용을 인식할 것을 요하지 않는다.

㉡ 신고자가 진실하다는 확신 없는 사실을 신고하였더라도 고소를 한 목적이 시비를 가려달라는 데에 있었다면 무고죄의 범의를 인정할 수 없다.

㉢ 이미 과다한 부채의 누적 등으로 신용카드사용으로 인한 대출금채무를 변제할 의사나 능력이 없는 상황에 처하였음에도 불구하고 신용카드를 사용하였다면 편취의 고의를 인정할 수 있다.

㉣ 정기적성검사 미필로 면허가 취소된 자가 자동차를 운전한 경우, 운전면허증 앞면에 적성검사 기간이 기재되어 있고, 뒷면 하단에 경고 문구가 있으므로, 면허취소 사실을 미필적으로나마 인식하였다고 추단할 수 있다.

㉤ 공무원이 여러 차례의 출장반복의 번거로움을 회피하고 민원사무를 신속히 처리한다는 방침에 따라 사전에 출장조사한 다음 출장조사내용이 변동 없다는 확신하에 출장복명서를 작성하고 다만 그 출장일자를 작성일자로 기재한 것이라면 허위공문서작성의 범의가 있었다고 볼 수 없다.

㉥ 고의의 일종인 미필적 고의는 중대한 과실과는 달리 범죄사실의 발생 가능성에 대한 인식이 있고 나아가 범죄사실이 발생할 위험을 용인하는 내심의 의사가 있어야 하나, 범죄사실의 발생 가능성에 대한 인식 자체가 없는 경우에도 미필적 고의가 인정될 수 있다.

① ㉠㉡㉣㉥
② ㉠㉢㉤
③ ㉠㉣㉤
④ ㉠㉡㉤㉥

20

사실의 착오에 관한 다음 [보기]의 사례 중 甲의 죄책에 관하여 구체적 부합설과 법정적 부합설의 결론이 같은 것을 모두 고른 것은?

| 보기 |

㉠ 甲은 A를 원한관계에 있던 B로 오인하고 살해하였다.

㉡ 甲은 A를 살해하고자 독약이 든 우유를 A의 집 현관에 놓아두었으나 A의 처인 B가 먹고 사망하였다.

㉢ 甲은 A를 상해할 의사로 A를 향해 돌을 던졌으나 그 돌이 빗나가 A의 개가 맞아 다쳤다.

㉣ 甲은 A를 상해할 의사로 A를 향해 돌을 던졌으나 그 돌이 빗나가 A의 옆을 지나가던 B가 맞고 다쳤다.

㉤ 甲은 자신의 아버지인 A를 친구인 B로 오인하고 상해를 가하였다.

㉥ 甲은 A를 살해할 의사로 乙에게 살인을 교사하였는데 乙은 B를 A로 착각하여 B를 살해하였다.

① ㉠㉡㉣㉥
② ㉠㉢㉣㉥
③ ㉠㉢㉤㉥
④ ㉠㉢㉤

▶ 제2편 범죄론: 제2장 구성요건론 [구성요건적 착오 2] ― 제3장 위법성론 [정당행위]

회차	시행일			목표점수			획득점수		
제3회	1차	2차	3차	1차	2차	3차	1차	2차	3차

01

구성요건적 고의와 사실의 착오에 대한 다음 [보기]의 설명으로 옳은 것만을 모두 고르면?

| 보기 |

㉠ 甲이 살해의 고의로 A를 향해 총을 쏘았으나 알고 보니 B가 맞아 죽은 경우, 구체적 부합설에 따르면 A에 대한 살인미수와 B에 대한 과실치사의 상상적 경합이다.

㉡ 甲이 상해의 고의로 A를 향해 돌을 던졌으나 빗나가서 옆에 있던 A의 자동차 유리창을 깨뜨린 경우, 구체적 부합설에 따르면 A에 대한 상해미수죄가 성립한다.

㉢ 甲이 살해의 고의로 자신의 형 A를 향해 총을 쏘았으나 알고 보니 아버지 B가 맞아 죽은 경우, 법정적 부합설에 따르면 A에 대한 보통살인미수와 B에 대한 과실치사죄가 성립한다.

㉣ 甲이 살해의 고의로 A의 머리를 돌로 쳤으나 사망하지 않고 뇌진탕으로 쓰러졌는데, 甲은 A가 죽은 것으로 오인하고 개울가로 끌고 가 땅에 파묻어 질식사한 경우, 판례에 따르면 A에 대한 살인죄의 기수가 성립한다.

㉤ 고의의 본질에 관한 가능성설에 의하면 고의의 범위가 지나치게 확장된다.

㉥ 위약금 조항에 따른 손해배상채권과의 상계처리로 임금을 지급하지 않은 데에 상당한 이유가 있다고 볼 수 없다면 근로기준법 위반의 고의를 인정할 수 없다.

① ㉠㉢㉥
② ㉡㉢㉤
③ ㉡㉣㉤
④ ㉠㉤㉥

02

착오에 관한 다음 [보기]의 설명 중 옳지 않은 것을 모두 고른 것은? (다툼이 있는 경우 판례에 의함)

| 보기 |

㉠ 객관적으로는 존재하지도 않는 구성요건적 사실을 행위자가 적극적으로 존재한다고 생각한 '반전된 구성요건적 착오'는 「형법」상 불가벌이다.

㉡ 甲이 절취한 물건이 자신의 아버지 소유인 줄 오신했다 하더라도 그 오신은 형면제사유에 관한 것으로서 절도죄의 성립이나 처벌에 아무런 영향을 미치지 않는다.

㉢ 절도죄에 있어서 재물의 타인성을 오신하여 그 재물이 자기에게 취득할 것이 허용된 동일한 물건으로 오인하고 가져온 경우에는 범죄사실에 대한 인식이 있다고 할 수 없으므로 범의가 조각되어 절도죄가 성립하지 아니한다.

㉣ 甲이 상해의 고의로 A에게 상해를 가함으로써 A가 바닥에 쓰러진 채 정신을 잃고 빈사상태에 빠지자, A가 사망한 것으로 오인하고 자신의 행위를 은폐하고 A가 자살한 것처럼 가장하기 위하여 A를 절벽 아래로 떨어뜨려 A로 하여금 현장에서 사망에 이르게 하였다면, 甲의 상해행위는 A에 대한 살인에 흡수되어 단일의 살인죄만 성립한다.

㉤ 甲이 A를 살해하기 위해 A를 향하여 총을 쏘았으나 총알이 빗나가 A의 옆에 있던 B에게 맞아 B가 즉사한 경우, 구성요건적 착오에 관한 구체적 부합설에 의하면 甲에게는 B에 대한 살인죄의 죄책이 인정되지 않는다.

㉥ 甲이 상해의 고의로 A의 머리를 벽돌로 내리쳐 A가 바닥에 쓰러진 채 실신하자 A가 사망한 것으로 오인하여 범행을 은폐하고 A가 자살한 것

처럼 위장하기 위하여 A를 절벽 아래로 떨어뜨려 사망에 이르게 하였다면, 甲의 상해행위는 A에 대한 살인에 흡수되어 단일의 살인죄만 인정된다.

① ㄱㄷㄹㅂ
② ㄱㄹㅂ
③ ㄴㄷㄹㅁ
④ ㄴㄹㅁ

03

다음 [보기]의 경우 중 위법성조각사유가 아닌 것을 모두 고른 것은? (다툼이 있으면 판례에 의함)

| 보기 |

㉠ 처분할 수 있는 사람의 승낙을 받아 그의 법익을 훼손한 행위에 대하여 이를 처벌하는 규정이 없는 경우

㉡ 법률에서 정한 절차에 따라서는 청구권을 보전할 수 없는 경우에 그 청구권의 실행이 불가능해지거나 현저히 곤란해지는 상황을 피하기 위하여 한 행위가 상당한 이유가 있는 경우

㉢ 긴급피난행위가 그 정도를 초과하였으나 야간이나 그 밖의 불안한 상태에서 공포를 느끼거나 경악하거나 흥분하거나 당황하였기 때문에 그 행위를 하였을 경우

㉣ 공공의 이익에 관하여 공연히 사실을 적시하여 사람의 명예를 훼손한 행위에 대하여 진실한 사실이라는 증명이 없으나 이를 진실이라고 오인한 것에 상당한 이유가 있는 경우

㉤ 두 개 이상의 법적 의무가 충돌하는 상황에서 낮은 가치의 의무를 이행하고 높은 가치의 의무를 이행하지 못하였는데 그 의무의 불이행이 불가피하였던 경우

① ㄱㄴㄹㅁ
② ㄴㄷㅁ
③ ㄷㅁ
④ ㄷㄹㅁ

04

정당방위에 관한 다음 [보기]의 기술 중 옳은 것을 모두 고른 것은? (다툼이 있는 경우 판례에 의함)

| 보기 |

㉠ 피고인이 피해자와 싸움 중 피해자를 가격하여 중상해를 입힌 행위는 정당방위 내지 과잉방위에 해당하지 아니한다.

㉡ 외관상 상호 격투를 하는 것처럼 보이지만 실제로는 상대방의 일방적인 불법한 공격으로부터 자신을 보호하기 위하여 소극적인 방어의 한도 내에서 유형력을 행사한 경우는 위법하지 않다.

㉢ 피고인이 피해자로부터 뺨을 맞고 손톱깎이 칼에 찔려 1cm 정도의 상처를 입게 되자 20cm의 과도로 피고인의 복부를 찌른 것은 정당방위에 해당되지 않는다.

㉣ 서로 공격할 의사로 싸우다가 먼저 공격을 받고 이에 대항하여 가해하게 된 경우, 그 가해행위는 정당방위가 될 여지는 없으나 과잉방위가 될 수는 있다.

㉤ 형법 제21조 제1항에 규정된 정당방위의 '침해의 현재성'은 침해행위가 형식적으로 기수에 이르렀는지에 따라 결정되는 것이 아니다.

① ㄱㄴㄷㄹㅁ
② ㄴㄷㄹㅁ
③ ㄱㄷㄹㅁ
④ ㄱㄴㄷㅁ

05

정당방위에 대한 다음 [보기]의 설명 중 옳은 것을 모두 고른 것은? (다툼이 있는 경우 판례에 의함)

| 보기 |

㉠ 일련의 연속되는 행위로 인해 침해상황이 중단되지 아니하거나 일시 중단되었는데 추가 침해가 곧바로 발생할 객관적인 사유가 있었으나, 그중 일부 행위가 범죄의 기수에 이르렀다면 전체적으로 정당방위의 침해상황은 종료된 것으로 보아야 한다.

㉡ 제1방위행위는 상당성이 인정되는 방위행위이고 제2방위행위는 상당성을 결여한 방위행위인 경우, 제1행위와 제2행위가 극히 짧은 시간 내에 계속하여 행하여졌다 하더라도 이를 전체로서 하나의 행위로 보아서는 안 되고 각 행위를 분리하여 정당방위 여부를 판단하여야 한다.

㉢ 경찰관 甲과 乙이 'A가 사람을 칼로 위협한다'는 신고를 받고 출동한 상황에서, A가 乙을 지속적으로 폭행하며 그의 총기를 빼앗으려하자, 甲은 A가 칼로 자신과 乙을 공격할 수 있다고 생각하고 乙을 구출하기 위하여 A에게 실탄을 발사하여 흉부관통상으로 A를 사망케 한 경우 정당방위의 상당성이 인정될 수 있다.

㉣ 불륜관계를 의심받아 집단폭행을 당하게 된 甲이 이를 벗어나기 위해 손을 휘저으며 발버둥치는 과정에서 A에게 약 14일간의 치료를 요하는 뇌진탕의 상해를 가한 경우 사회적 상당성이 인정되는 방어행위라고 할 수 있다.

㉤ 포장부에서 근속한 甲을 비롯한 다수의 근로자들을 영업부로 전환배치하는 회사의 조치에 따라 노사갈등이 격화되어 있던 중 사용자가 사무실에 출근하여 항의하는 근로자 중 1명의 어깨를 손으로 미는 과정에서 뒤엉켜 넘어져 근로자를 깔고 앉게 되었는데, 甲은 근로자를 깔고 있는 사용자의 어깨 쪽 옷을 잡고 사용자가 일으켜 세워진 이후에도 그 옷을 잡고 흔들었다. 甲의 행위는 정당방위에 해당할 수 없다.

① ㉠㉡㉢㉣
② ㉢㉣
③ ㉡㉢㉣㉤
④ ㉡㉢㉣

06

위법성에 관한 다음 기술 중 판례의 입장과 일치하지 않는 것을 모두 고른 것은?

㉠ 의사인 피고인이 한의사가 아님에도 내원 환자들의 허리 부위에 침을 꽂는 방법으로 시술한 IMS 시술행위는 의료법위반죄가 성립한다.

㉡ 수술 전 환자가 수혈을 거부하더라도 환자의 생명을 보호해야 하는 의사의 의무는 절대적인 것이므로 환자의 생명과 자기결정권을 비교형량하기 어려운 특별한 사정이 있다고 하더라도 환자의 수혈거부라는 자기결정권을 존중하여 수혈을 하지 않음으로써 환자가 사망하게 되었다면 의사는 업무상 과실치사죄 등의 형사책임을 면할 수 없다.

㉢ 고의에 의한 방위행위가 위법성이 조각되기 위해서는 정당방위상황과 방위행위의 상당한 이유가 있으면 되고 방위의사까지 존재해야 할 필요는 없다.

㉣ 토지에 대하여 사실상의 지배권을 가지고 소유자를 대신하여 실질적으로 관리하고 있던 자가 소유권에 대한 방해를 배제하기 위하여 토지에 철주를 세우고 철망을 설치하고 포장된 아스팔트를 걷어내는 등의 방법으로, 그 토지를 그에 인접한 상가건물의 통행로로 이용하지 못하게 한 것은 위법성이 조각되는 자구행위에 해당한다.

㉤ 자구행위가 그 정도를 초과한 경우에는 야간 기타 불안스러운 상태하에서 공포·경악·흥분·당황으로 인한 경우가 아니라 하더라도 형을 감경하거나 면제할 수 있다.

① ㉠㉡㉢㉣
② ㉡㉢㉣
③ ㉠㉡㉢
④ ㉢㉣㉤

07

위법성조각사유에 대한 설명으로 옳지 않은 것은?

① 타인의 청구권을 보전하기 위한 자구행위는 인정되지 아니한다.

② 과거의 침해에 대해서 정당방위나 긴급피난이 허용되지 아니한다.

③ 부작위에 의한 현재의 부당한 침해에 대해서 정당방위가 인정된다.

④ 법익침해를 승낙하면 법익침해 이전에 승낙을 철회하더라도 철회의 효과가 발생하지 아니한다.

08

다음 설명 중 옳지 않은 것을 모두 고른 것은? (다툼이 있으면 판례에 의함)

> ㉠ 공문서의 기안문서를 작성하고 이를 작성권한 있는 자에게 결재를 요청하였으나 작성권한자가 서명을 거부하며 자기의 서명을 흉내내어 대신 서명하게 하였다면, 작성권한자의 지시 내지 승낙이 있다고 볼 수 없다.
>
> ㉡ 사자명의로 된 문서를 작성함에 있어 사망자의 처로부터 사망자의 인장을 교부받아 생존당시 작성한 것처럼 문서의 작성일자를 그 명의자의 생존중의 일자로 소급하여 작성하였다면 작성명의인의 추정적 승낙이 있다고 볼 수 있다.
>
> ㉢ 피해자의 병명을 오진하고 이에 근거하여 피해자에게 수술의 불가피성만을 강조하였을 뿐 진단상의 과오가 없었으면 당연히 설명받았을 내용을 설명받지 못한 채로 수술승낙을 받았다면 피해자의 승낙이 있다고 볼 수 없다.
>
> ㉣ 관련 민사소송에서 쟁점이 된 제3자로부터 급여를 받은 사실을 숨기기 위해 통장의 입금자 부분을 화이트테이프로 지우고 복사하였을 뿐 입금자를 다른 제3자로 변경하지 않았다면, 통장 명의자인 은행의 추정적 승낙이 있다고 볼 수 있다.
>
> ㉤ 피해자가 사용 중인 공중화장실의 용변칸에 노크하여 피해자가 남편으로 오인하고 용변칸 문을 열자 강간할 의도로 용변칸에 들어갔다면, 피해자가 명시적 또는 묵시적으로 승낙하였다고 볼 수 없다.

① ㉠㉡㉢㉣

② ㉠㉡㉢

③ ㉠㉢㉣

④ ㉠㉡㉣

09

쟁의행위와 정당행위 등에 관한 설명으로 옳은 것을 모두 고른 것은? (다툼이 있는 경우 판례에 의함)

> ㉠ 정리해고에 관한 노동조합의 요구내용이 사용자는 정리해고를 하여서는 아니 된다는 취지인 경우, 이는 원칙적으로 단체교섭의 대상이 될 수 없는 사항이므로, 이를 달성하려는 쟁의행위는 그 목적의 정당성을 인정할 수 없다.
>
> ㉡ 사용자가 제3자와 공동으로 관리·사용하는 공간을 사용자에 대한 쟁의행위를 이유로 관리자의 의사에 반하여 점거한 경우, 그 공간의 점거가 사용자에 대한 관계에서 정당한 쟁의행위로 평가될 여지가 있다면, 위 제3자의 승낙 여부에 상관없이 이는 정당행위이므로 사용자와 제3자에 대하여 주거침입죄가 성립하지 않는다.
>
> ㉢ 직장 또는 사업장시설의 점거는 적극적인 쟁의행위의 한 형태로서 그 점거의 범위가 직장 또는 사업장시설의 일부분이고 사용자측의 출입이나 관리지배를 배제하지 않는 병존적인 점거에 지나지 않을 때에는 정당한 쟁의행위이다.
>
> ㉣ 사용자의 직장폐쇄가 정당한 쟁의행위로 평가받는 경우라도 사용자는 직장폐쇄 기간 동안 대상 근로자에 대한 임금지급의무를 면제받는 것은 아니므로, 그 기간 동안 임금을 지급하지 아니하였다면 임금지급에 관한 근로기준법 규정을 위반한 것이다.
>
> ㉤ 노동조합원의 찬·반 투표 절차를 거치지 아니한 쟁의행위는 특별한 사정이 없는 한 정당행위로서 사용자에 대한 업무방해죄의 위법성을 조각시킬 수 없다.

① ㉠㉡㉢㉤

② ㉠㉢㉤

③ ㉡㉢㉤

④ ㉠㉣㉤

10

위법성조각사유에 대한 다음 [보기]의 설명 중 옳은 것을 모두 고른 것은? (다툼이 있는 경우 판례에 의함)

| 보기 |

㉠ 정당행위를 인정하려면 그 행위의 동기나 목적의 정당성, 행위의 수단이나 방법의 상당성, 법익균형성, 긴급성의 요건을 갖추어야 하며, 이러한 요건이 갖추어진 경우 그 행위의 보충성은 요구되지 않음이 원칙이다.

㉡ 게시된 음란물이 음란성에 관한 학술적, 사상적 표현과 결합하여 표현된 결합표현물인 경우 음란 표현의 해악이 상당한 방법으로 해소되거나 다양한 의견과 사상의 경쟁메커니즘에 의해 해소될 수 있는 정도라는 등의 특별한 사정이 있다면 결합표현물에 의한 표현행위는 사회상규에 위배되지 아니한다.

㉢ 국가정보원의 사이버팀 직원들이 상부에서 하달된 지시에 따라 정치적인 목적을 가지고 인터넷 게시글과 댓글 작성, 찬반클릭 행위, 트윗과 리트윗 활동을 한 경우 구 「국가정보원법」에 따른 직무범위 내의 정당한 행위로 볼 수 없다.

㉣ 위법한 대체근로에 대한 대항행위는 정당행위에 해당한다.

㉤ 수급인 소속 근로자의 쟁의행위가 도급인의 사업장에서 일어나 도급인의 형법상 보호되는 법익을 침해한 경우, 사용자인 수급인에 대한 관계에서 쟁의행위의 정당성을 갖추었다면 사용자가 아닌 도급인에 대한 관계에서도 법령에 의한 정당한 행위로서 위법성이 조각된다.

① ㉠㉡㉢㉣
② ㉡㉢㉣
③ ㉡㉢㉣㉤
④ ㉠㉡㉢㉣㉤

11

위법성 및 책임에 관한 다음 [보기]의 기술 중 판례의 입장과 일치하지 않는 것을 모두 고른 것은?

| 보기 |

㉠ 제작한 영상물이 객관적으로 아동·청소년이 등장하여 성적 행위를 하는 내용을 표현한 영상물에 해당한다 하더라도, 대상이 된 아동·청소년의 동의하에 촬영하거나 사적인 소지·보관을 1차적 목적으로 제작하였다면 이는 아동·청소년의 성보호에 관한 법률의 '아동·청소년이용음란물'을 '제작'한 것에 해당하지 아니한다.

㉡ 건설폐기물법 및 동 시행규칙에 의하면, 건설폐기물 처리업의 신규허가를 받으려는 자는 건설폐기물 처리 사업계획서를 관할 행정청에 제출하여 그 계획이 적절하다는 통보를 받은 경우에 한하여 필요한 시설·장비·사업장 부지 등을 갖춘 다음 건설폐기물 처리업 허가신청서를 제출하여 관할 행정청의 허가를 받아야 하고 이를 위반한 경우 형사처벌되는데, 피고인들이 예정사업지에 폐기물처리시설 등을 신설함으로써 건설폐기물법 제63조 제4호의 구성요건을 충족하였다면 피고인들이 예정사업지에 시설 등을 미리 갖춘 후 실제 영업행위를 하기 이전에 변경허가를 받으면 된다고 그릇 인식한 것은 정당한 이유가 있는 법률의 착오에 해당하지 아니한다.

㉢ 사용자가 근로자에 대한 임금이나 퇴직금을 지급할 수 없었던 불가피한 사정이 인정되는 경우, 근로기준법이나 근로자퇴직급여 보장법에서 정하는 임금 및 퇴직금 등의 기일 내 지급의무 위반죄의 책임조각사유가 된다.

㉣ 비의료인이 유자격 의료인을 고용하여 그 명의로 의료기관 개설신고를 한 행위가 의료법에 위반되는바, 이러한 법리는 의료사업을 명시적으로 허용하고 있는 소비자생활협동조합법에 의하여 설립된 소비자생활협동조합 명의로 의료기관 개설신고가 된 경우에도 동일하게 적용된다.

㉤ 사용자인 수급인에 대한 정당성을 갖춘 쟁의행위가 도급인의 사업장에서 이루어져 형법상 보호되는 도급인의 법익을 침해한 경우 위법성이 조각될 수 없다.

① ㉠㉡㉣㉤　　　　② ㉠㉡㉤
③ ㉡㉢㉣　　　　④ ㉡㉢㉣㉤

12

다음 중 구성요건해당성과 위법성에 관한 판례의 입장과 일치하는 기술은?

① 임시보호명령을 위반한 주거지 접근 등을 피해자가 양해·승낙하였다면 가정폭력범죄의 처벌 등에 관한 특례법 위반죄가 성립하지 아니한다.

② 동물보호법 제8조 제1항 제1호에서 처벌대상으로 삼는 '잔인한 방법으로 죽이는 행위'라 하더라도 정당한 이유가 있다면 그 행위의 구성요건해당성조각사유가 된다.

③ 아동·청소년의 성을 사는 행위를 알선하는 행위를 업으로 하는 것을 처벌하는 아동·청소년의 성보호에 관한 법률 제15조 제1항 제2호의 위반죄가 성립하기 위하여 알선행위로 아동·청소년의 성을 사는 행위를 한 사람이 행위의 상대방이 아동·청소년임을 인식하여야 한다.

④ 감정평가업자가 아닌 공인회계사가 타인의 의뢰에 의하여 일정한 보수를 받고 부동산공시법이 정한 토지에 대한 감정평가를 업으로 행하는 것이 형법 제20조가 정한 '법령에 의한 행위'로서 정당행위에 해당하지 아니한다.

13

정당화사유에 대한 설명으로 옳은 것만을 모두 고르면? (다툼이 있는 경우 판례에 의함)

> ㉠ 어떠한 행위가 위법성조각사유로서 정당행위나 정당방위가 되는지 여부는 구체적인 경우에 따라 합목적적·합리적으로 가려야 하고 행위의 적법 여부는 국가질서를 벗어나서 이를 가릴 수 없는 것이다.
>
> ㉡ 상관의 적법한 직무상 명령에 따른 행위는 정당행위로서 형법 제20조에 의하여 그 위법성이 조각된다고 할 것이나, 상관의 위법한 명령에 따라 범죄행위를 한 경우에는 상관의 명령에 따랐다고 하여 부하가 한 범죄행위의 위법성이 조각될 수는 없다.
>
> ㉢ 「병역법」 제88조 제1항은 국방의 의무를 실현하기 위하여 현역입영 또는 소집통지서를 받고도 정당한 사유 없이 이에 응하지 않은 사람을 처벌함으로써 입영기피를 억제하고 병력구성을 확보하기 위한 규정이다. 이 조항에 따르면 정당한 사유가 있는 경우에는 피고인을 벌할 수 없는데, 여기에서 정당한 사유는 구성요건해당성을 조각하는 사유이다.
>
> ㉣ 긴급피난이란 자기 또는 타인의 법익에 대한 현재의 위난을 피하기 위한 상당한 이유 있는 행위를 말하고, 여기서 '상당한 이유 있는 행위'에 해당하기 위해 피난행위가 위난에 처한 법익을 보호하기 위한 유일한 수단이어야 하는 것은 아니다.
>
> ㉤ 공직선거법 제250조 제2항의 허위사실공표죄가 성립하는 경우에도 그 행위가 공공의 이익을 위한 것이라면 위법성이 조각된다.

① ㉠㉡㉢
② ㉠㉢㉣
③ ㉠㉡㉤
④ ㉡㉣㉤

14

범죄론에 관한 다음 [보기]의 기술 중 옳지 않은 것을 모두 고른 것은? (다툼이 있으면 판례에 의함)

| 보기 |

㉠ 노동조합이 주도한 쟁의행위에 참가한 일부 소수의 근로자가 폭력행위 등의 위법행위를 한 경우, 전체로서의 쟁의행위가 당연히 위법하게 된다.

㉡ 공직선거법 제112조 제1항에 해당하는 금품 등 제공행위가 동 제2항 등에 규정된 의례적 행위나 직무상 행위에 해당하지 않는다면 사회상규에 위배되므로 위법성이 조각될 수 없다.

㉢ 사립학교법상 사립 외국인학교를 경영하는 사립학교경영자가 교비회계에 속하는 수입을 다른 회계에 대여하는 행위를 하면서 이러한 대여행위가 법률상 허용되는 것으로 죄가 되지 않는다고 그릇 인식하고 있었다면 그와 같이 그릇된 인식에는 정당한 이유가 있다.

㉣ 우연적 방위는 주관적 정당화요소가 결여된 경우이고, 오상방위는 객관적 정당화상황이 결여된 경우이다.

㉤ 형법 제20조는 '사회상규에 위배되지 아니하는 행위'를 정당행위로서 위법성이 조각되는 사유로 규정하고 있다. 위 규정에 따라 사회상규에 의한 정당행위를 인정하려면, 첫째 그 행위의 동기나 목적의 정당성, 둘째 행위의 수단이나 방법의 상당성, 셋째 보호이익과 침해이익과의 법익균형성, 넷째 긴급성, 다섯째로 그 행위 외에 다른 수단이나 방법이 없다는 보충성 등의 요건을 갖추어야 하는데, 위 요건 중 '행위의 긴급성과 보충성'은 목적의 정당성, 수단의 상당성, 보호이익과 침해이익 사이의 법익균형성과 마찬가지로 사회상규에 위배되는지를 판단하기 위한 독립적인 요건이다.

㉥ 위 ㉤에서 행위의 긴급성과 보충성의 내용은 다른 일체의 법률적인 적법한 수단이 존재하지 않을 것을 의미하는 것이 아니라 다른 실효성 있는 적법한 수단이 없는 경우를 의미한다.

① ㉠㉡㉢㉣㉤
② ㉠㉡㉢㉤㉥
③ ㉠㉡㉢㉤
④ ㉠㉡㉢㉥

15

위법성론에 관한 다음 [보기]의 기술 중 판례의 입장과 어긋나는 것을 모두 고른 것은?

| 보기 |

㉠ 집행관 甲이 강제집행을 하기 위해 채무자의 주거에 들어가려 하였으나, 채무자의 아들인 A가 집행력 있는 판결정본과 신분증을 확인하고도 甲을 밀쳐내며 못 들어오게 하자 이를 배제하고 안으로 들어가는 과정에서 A를 떠밀면서 몸싸움을 하게 되어 A에게 전치 2주의 두부타박상을 입혔다면, 甲의 상해행위는 통상의 사회통념상 허용될 수 있는 상당성이 있는 행위라고 볼 수 없다.

㉡ 사용자 甲의 회사에서 정리해고된 乙이 적법하게 단행된 직장폐쇄기간 중 일방적으로 업무에 복귀하겠다고 하면서 甲의 퇴거요구에 불응한 채 계속해서 사업장 내로 진입을 시도하자 甲이 이에 대응하여 乙을 폭행·협박한 행위는 정당방위에 해당한다.

㉢ 운전자가 자신의 차를 가로막고 서서 통행을 방해하는 피해자를 향해 차를 조금씩 전진시키고 피해자가 뒤로 물러나면 다시 차를 전진시키는 방식의 운행을 반복한 경우 정당방위에 해당한다.

㉣ 공사업자가 이전 공사대금의 잔금을 지급받지 못하자 추가로 자동문의 번호키 설치 공사를 도급받아 시공하면서 자동문이 수동으로만 여닫히게 설정하여 자동잠금장치로서 역할을 할 수 없게 한 것은 정당행위에 해당한다.

㉤ 부정입학과 관련된 금품수수 등의 혐의로 구속되었던 A 대학교 전 이사장 乙이 다시 총장으로 복귀함에 따라 학내 갈등이 악화되었고, A 대학교 총학생회는 대학교 교수협의회와 총장 퇴진 운동을 벌이면서 총장과의 면담을 요구하였으나 면담이 실질적으로 성사되지 않아, 총학생회 간부인 甲 등은 총장실 입구에서 진입을 시도하거나 회의실에 들어가 총장 사퇴를 요구하다가 이를 막는 교직원들과 실랑이를 벌였다. 甲 등의 위력에 의한 업무방해 행위는 위법성이 조각되지 아니한다.

① ㉠㉡㉢㉣㉤
② ㉠㉢㉣㉤
③ ㉡㉢㉣㉤
④ ㉠㉡㉢㉣

16

위법성조각사유 등에 관한 다음 [보기]의 설명 중 옳지 않은 것을 모두 고른 것은? (다툼이 있는 경우에는 판례에 의함)

| 보기 |

㉠ 법원의 감정인 지정결정 또는 감정촉탁을 받아 감정평가업자가 아닌 사람이 토지 등에 대한 감정평가를 한 행위는 형법 제20조의 정당행위에 해당하지 아니한다.

㉡ 정당방위행위에 대한 긴급피난은 인정될 수 있지만, 긴급피난행위에 대한 긴급피난은 인정될 수 없다.

㉢ 의사의 치료행위에 대하여 피해자가 승낙을 하였다면 설령 의사가 의료행위 과정에서 과실로 치료대상자에게 상해를 입힌 경우에도 업무상과실치상죄의 위법성이 조각된다.

㉣ 명예훼손죄의 특별한 위법성조각사유를 규정한 형법 제310조의 요소 중 사실의 진실성에 대한 착오가 있는 경우에는 위법성 그 자체가 조각될 여지가 있다.

㉤ 한의사가 초음파 진단기기를 사용하여 환자의 신체 내부를 촬영하여 화면에 나타난 모습을 보고 이를 한의학적 진단의 보조수단으로 사용하는 것은 한의사의 '면허된 것 이외의 의료행위'에 해당하지 않는다.

① ㉠㉡㉢㉣㉤
② ㉠㉡㉢㉣
③ ㉠㉡㉢㉤
④ ㉠㉡㉢

17

정당화사유에 대한 다음 [보기] 설명 중 옳은 것만을 모두 고르면? (다툼이 있는 경우 판례에 의함)

| 보기 |

㉠ 아파트 입주자대표회의 회장이 정당한 소집권자인 자신의 동의나 승인 없이 위법하게 게시된 공고문을 발견하고 이를 제거하는 방법으로 손괴한 조치는 사회통념상 허용되는 범위를 크게 넘어서지 않는 행위라고 볼 수 있다.

㉡ 자기의 생명에 대한 현재의 위난을 피하기 위하여 타인의 생명을 침해하는 행위는 상당한 이유가 있으면 긴급피난으로서 위법성이 조각된다.

㉢ 행위 당시 사문서의 명의자가 현실적으로 승낙하지는 않았지만 명의자가 그 사실을 알았다면 당연히 승낙했을 것이라고 추정되는 경우라면 추정적 승낙에 의해 사문서변조죄가 성립하지 않는다.

㉣ 형법 제305조 제2항에 의하면 13세 이상 16세 미만의 사람에 대하여 간음 또는 추행을 한 19세 이상의 자는 상대방의 동의 유무를 불문하고 형법 제297조(강간), 제297조의2(유사강간), 제298조(강제추행), 제301조(강간등상해·치상) 또는 제301조의2 (강간등살인·치사)의 예에 의하여 처벌된다.

㉤ 경찰관의 현행범 체포행위가 적법한 공무집행을 벗어나 불법하게 체포한 것으로 볼 수밖에 없다면, 현행범인이 그 체포를 면하려고 반항하는 과정에서 경찰관에게 상해를 가한 것은 정당방위에 해당하나, 현행범인을 불법하게 체포하는 것에 항의하면서 제3자가 경찰관에게 상해를 가하였다면, 정당방위에 해당하지 않는다.

㉥ 학교의 교사가 아동복지법에서 금지하는 '정서적 학대행위'에 해당하는 행위를 한 경우에는 사회상규에 위배되지 아니하는 행위로서 위법성이 조각될 수 있는 경우는 없다.

① ㉠㉢㉣
② ㉠㉣㉤
③ ㉡㉢㉤㉥
④ ㉢㉣㉤㉥

18

위법성조각사유에 관한 다음 [보기]의 설명 중 옳은 것을 모두 고른 것은? (다툼이 있으면 판례에 의함)

| 보기 |

㉠ 쟁의행위로 사용자의 사무실 40평 중 임원회의 등에 사용되던 15평가량의 공간을 점거함으로써 사용자로 하여금 임원회의를 음식점 등에서 개최하게 하였다면, 정당행위에 해당하지 않는다.

㉡ 소유권의 귀속에 관한 분쟁이 있어 민사소송이 계속 중인 건조물의 자물쇠를 쇠톱으로 절단하고 그 안에 들어갔다면, 자구행위에 해당하지 않는다.

㉢ 공인노무사가 의뢰인을 대행하여 고소장을 작성·제출하거나 피고소사건에 대하여 의견서를 작성·제출하여 변호사법위반으로 기소된 경우, 이러한 행위는 공인노무사가 대행 또는 대리할 수 있는 노동관계법령에 따라 관계기관에 대하여 행하는 진술 등에 해당한다.

㉣ 외국에서 침구사자격을 취득하였더라도 국내에서 침술행위를 할 수 있는 면허나 자격을 취득하지 못한 상태에서 단순히 수지침 정도의 수준에 그치지 아니하고 체침을 시술하였다면, 그 침술행위가 광범위하고 보편화된 민간요법이고 그 시술로 인한 위험성이 적다고 하더라도 정당행위에 해당하지 않는다.

㉤ 토지에 대하여 사실상 지배권을 가지고 소유자를 대신하여 실질적으로 관리하고 있던 자가 소유권에 대한 방해를 배제하기 위하여 토지에 철주를 세우고 철망을 설치하고 포장된 아스팔트를 걷어내는 방법으로 그 토지를 그에 인접한 상가건물의 통행로로 이용하지 못하게 하였다면, 자구행위에 해당하지 않는다.

① ㉠㉡㉢㉣
② ㉡㉢㉣㉤
③ ㉡㉣㉤
④ ㉢㉣㉤

19

위법성조각사유에 관한 다음 [보기]의 설명 중 틀린 것을 모두 고른 것은? (다툼이 있으면 판례에 의함)

| 보기 |

㉠ 어떠한 행위가 정당방위로 인정되려면 그 행위가 자기 또는 타인의 법익에 대한 현재의 부당한 침해를 방어하기 위한 것으로서 상당성이 있어야 하므로, 위법하지 않은 정당한 침해에 대한 정당방위는 인정되지 아니한다.

㉡ 자기 또는 타인의 법익에 대한 현재의 위난을 피하기 위한 행위가 그 정도를 초과한 경우 그 행위가 야간 기타 불안스러운 상태하에서 공포, 경악, 흥분 또는 당황으로 인한 때에는 형을 감경하거나 면제할 수 있다.

㉢ 형법 제24조의 규정에 의하여 위법성이 조각되는 피해자의 승낙은 개인적·사회적 법익을 훼손하는 경우에 법률상 이를 처분할 수 있는 사람의 승낙을 말할 뿐만 아니라 그 승낙이 윤리적, 도덕적으로 사회상규에 반하는 것이 아니어야 하므로, 폭행치사죄에 대한 피해자의 승낙은 위법성을 조각하지 못한다.

㉣ 명의인이 문서의 작성일자 전에 이미 사망하였다 하더라도 그러한 문서 역시 공공의 신용을 해할 위험이 있는 경우에는 사문서위조죄가 성립하나, 그 문서에 관하여 사망한 명의자의 승낙이 추정되는 경우에는 피해자의 승낙에 따라 위법성이 조각된다.

㉤ 근로자의 쟁의행위가 형법상 정당행위에 해당하기 위한 기준 내지 요건은 쟁의행위의 목적을 알리는 등 적법한 쟁의행위에 통상 수반되는 부수적 행위가 형법상 정당행위에 해당하는지 여부를 판단할 때에도 동일하게 적용된다.

① ㉡㉢㉣
② ㉡㉢㉣㉤
③ ㉠㉢㉣
④ ㉠㉢㉣㉤

20

범죄론에 관한 다음 [보기]의 기술 중 판례의 입장과 일치하는 것을 모두 고른 것은?

| 보기 |

㉠ 국회의원이 특정 협회로부터 요청받은 자료를 제공하고 그 대가로서 후원금 명목으로 금원을 교부받은 경우 형법 제20조의 정당행위에 해당하여 위법성이 조각된다.

㉡ 주점 임대차 약정기간이 만료되지 않고 임대차 보증금도 상당한 액수가 남아 있는 상태에서 주점 임대인이 그 임차인의 차임 연체를 이유로 계약해지의 의사표시와 경고만을 한 후 계약서상 규정에 따라 그 주점에 대하여 단전·단수조치를 취한 경우 형법 제20조의 정당행위에 해당하지 아니한다.

㉢ 소정근로시간을 단축한 단체협약 또는 취업규칙상 소정근로시간 조항이 탈법행위로 무효이어서 기존 소정근로시간을 기준으로 계산한 결과 사후적으로 사용자가 최저임금액보다 적은 임금을 지급한 것이 인정된다 하더라도 사용자에게 최저임금법 위반죄의 고의가 있다고 할 수 없다.

㉣ 컴퓨터에 저장되어 있던 직장 동료의 사내 메신저 대화내용을 몰래 열람·복사한 행위는 정보통신망에 의해 처리·보관·전송되는 타인 비밀의 침해·누설 행위에 해당한다.

㉤ 회사가 근로자들의 동의 절차나 협의를 거치지 않고 설치된 공장 내 CCTV를 통하여 시설물 관리 업무를 하는 것은 업무방해죄의 보호대상인 업무에 해당하는데, 회사가 CCTV를 작동시키지 않았거나 시험가동만 한 상태에서 근로자가 CCTV 카메라에 비닐봉지를 씌워 촬영하지 못하도록 한 행위는 정당행위에 해당한다.

㉥ 위 ㉤과 관련하여, 회사가 정식으로 CCTV 작동을 시작한 후 근로자가 CCTV 카메라에 비닐봉지를 씌워 촬영하지 못하도록 한 행위는 정당행위에 해당하지 않는다.

① ㉠㉡㉥

② ㉡㉢㉣

③ ㉡㉢㉣㉤

④ ㉠㉤㉥

▶ 제2편 범죄론: 제4장 책임론

회차	시행일			목표점수			획득점수		
제4회	1차	2차	3차	1차	2차	3차	1차	2차	3차

01

책임능력에 관한 다음 [보기]의 설명 중 옳지 않은 것을 모두 고른 것은? (다툼이 있는 경우에는 판례에 의함)

| 보기 |

㉠ 형사미성년자라도 사물변별능력 또는 의사결정능력이 결여되어야 책임능력이 부정된다.

㉡ 심신미약자의 행위에 대해서는 임의적으로 형을 감경할 수 있고, 치료감호처분도 반드시 부과되어야 하는 것은 아니다.

㉢ 청각 및 언어장애인은 청각기능과 발음기능 모두에 장애가 있는 한정책임능력자로서 임의적으로 형을 감경할 수 있다.

㉣ 행위자에게 정신적 장애가 있는 경우에는 범행 당시 정상적인 사물변별능력과 행위통제능력이 있었다고 하더라도 형법 제10조의 심신장애가 인정된다.

㉤ 심신상실자란 심신장애로 인하여 사물을 변별할 능력뿐만 아니라 의사결정의 능력까지도 결여된 자를 말한다.

① ㉠㉡㉣㉤
② ㉠㉢㉣㉤
③ ㉡㉢㉣㉤
④ ㉠㉢㉣

02

다음 [보기]는 형법총칙의 규정의 내용이다. 틀린 것을 모두 고른 것은?

| 보기 |

㉠ 자기의 행위가 법령에 의하여 죄가 되지 아니하는 것으로 오인한 행위는 벌하지 아니한다.

㉡ 듣거나 말하는 데 어느 하나라도 장애가 있는 사람의 행위에 대해서는 형을 감경한다.

㉢ 처분할 수 있는 자의 승낙에 의하여 그 법익을 훼손한 행위는 법률에 특별한 규정이 없는 한 처벌한다.

㉣ 법률에서 정한 절차에 따라서는 청구권을 보전(保全)할 수 없는 경우에 그 청구권의 실행이 불가능해지거나 현저히 곤란해지는 상황을 피하기 위하여 한 행위는 상당한 이유가 있는 때에는 벌하지 아니한다.

㉤ 저항할 수 없는 폭력이나 자기 또는 타인의 생명, 신체에 대한 위해를 방어할 방법이 없는 협박에 의하여 강요된 행위는 벌하지 아니한다.

㉥ 자기 또는 타인의 법익에 대한 현재의 위난을 피하기 위한 행위는 상당한 이유가 있는 때에는 벌하지 아니하나, 위난을 피하지 못할 책임이 있는 자에 대하여는 이를 적용하지 아니하고 형을 감경할 수 있다.

① ㉠㉡㉢㉣㉤㉥
② ㉡㉢㉣㉤㉥
③ ㉠㉡㉢㉣㉤
④ ㉠㉡㉢㉤㉥

03

다음 설명 중 가장 옳은 것은? (다툼이 있는 경우 판례에 의함)

① 절도죄 범행 당시 11세였더라도 판결선고 당시 14세가 된 경우에는 징역형으로 처벌할 수 있다.

② 원칙적으로 충동조절장애와 같은 성격적 결함은 형의 감면사유인 심신장애에 해당한다.

③ 형법 제10조에 규정된 심신장애는 생물학적 요소로서 정신병 또는 비정상적 정신상태와 같은 정신적 장애가 있는 외에 심리학적 요소로서 이와 같은 정신적 장애로 말미암아 사물에 대한 변별능력과 그에 따른 행위통제능력이 결여되거나 감소되었음을 요하므로, 정신적 장애가 있는 자라고 하여도 범행 당시 정상적인 사물변별능력이나 행위통제능력이 있었다면 심신장애로 볼 수 없다.

④ 형법 제12조(강요된 행위)의 저항할 수 없는 폭력은, 심리적인 의미에 있어서 육체적으로 어떤 행위를 절대적으로 하지 아니할 수 없게 하는 경우를 말할 뿐이고, 윤리적 의미에 있어서 강압된 경우를 말하지는 않는다.

04

책임능력에 대한 설명으로 옳은 것은? (다툼이 있는 경우 판례에 의함)

① 「소년법」 제60조 제2항의 소년인지 여부의 판단은 원칙적으로 심판 시, 즉 사실심 판결 선고 시를 기준으로 한다.

② 절도의 충동을 억제하지 못하는 성격적 결함은 정상인에게서 찾아볼 수 없는 일로서 원칙적으로 형의 감면사유인 심신장애에 해당한다.

③ 범행 당시 정신분열증을 앓고 있던 甲에게 A를 살해한다는 명확한 의식이 있었고 甲이 범행 경위를 소상하게 기억하고 있었음이 인정된다면 범행 당시 심신상실상태가 심신미약상태에 있었다고 보아야 한다.

④ 원인에 있어서 자유로운 행위에 대한 「형법」 제10조 제3항은 고의범의 경우에만 적용되고 과실범의 경우에는 적용되지 않는다.

05

책임론에 관한 다음 [보기]의 기술 중 옳지 않은 것을 모두 고른 것은? (다툼이 있으면 판례에 의함)

| 보기 |

㉠ 결과적 가중범에 있어서 중한 결과에 대한 예견가능성을 요구하는 것은 책임주의와 관계없다.

㉡ 대마초 흡연 시에 이미 범행을 예견하고 자의로 심신장애를 야기한 경우, 그로 인해 그 범행 시에 의사결정능력이 없거나 미약했다면 심신장애로 인한 감경 등을 할 수 있다.

㉢ 반사회적 인격장애 혹은 기타 성격적 결함에 기하여 자신의 충동을 억제하지 못하여 범죄를 저지르는 경우, 특별한 사정이 없는 한 이와 같은 자에 대해서는 자신의 충동을 억제하고 법을 준수하도록 요구할 수 없다.

㉣ 사춘기 이전의 소아들을 상대로 한 성행위를 중심으로 성적 흥분을 강하게 일으키는 공상, 성적 충동, 성적 행동이 반복되어 나타나는 소아기호증은 성적인 측면에서의 성격적 결함으로 인하여 나타나는 것으로서, 이는 정신질환이므로 그 사정 자체로도 바로 형법 제10조에서 말하는 심신장애로 보아야 한다.

㉤ 책임비난의 근거를 행위자의 자유의사에서 찾는 도의적 책임론은 행위책임을 형벌권 행사의 근거로 보기 때문에 보안처분은 형벌과 다른 것으로서 재범의 위험성이 있을 때에만 인정될 뿐이라고 한다.

① ㉠㉡㉢㉣㉤

② ㉠㉡㉢㉣

③ ㉠㉢㉣㉤

④ ㉠㉡㉣㉤

06

원인에 있어서 자유로운 행위에 관한 다음 [보기]의 설명 중 옳은 것을 모두 고른 것은?

| 보기 |

㉠ 형법 제10조 제3항은 고의에 의한 원인에 있어서 자유로운 행위만이 아니라 과실에 의한 원인에 있어서 자유로운 행위에도 적용된다는 것이 판례의 입장이다.

㉡ 형법은 원인에 있어서 자유로운 행위의 가벌성을 입법적으로 해결하고 있다.

㉢ 원인에 있어서 자유로운 행위의 가벌성의 근거를 자신을 도구로 이용하는 간접정범으로 이해하여 원인설정행위를 실행행위로 파악하고 원인설정행위시의 책임능력을 기초로 책임을 인정하는 견해는 구성요건의 정형성을 중시하여 죄형법정주의의 보장적 기능을 관철하는 데 부합하는 이론이다.

㉣ 원인에 있어서 자유로운 행위의 가벌성의 근거를 원인설정행위와 실행행위의 불가분적 관련에서 찾는 견해는 행위와 책임능력의 동시존재의 원칙을 따르는 이론이다.

㉤ 음주운전을 할 의사를 가지고 음주만취 후 운전을 결행하여 교통사고를 일으켰다면 음주시에 교통사고를 일으킬 위험성을 예견하였는 데도 자의로 심신장애를 야기한 경우에 해당하므로 형법 제10조 제3항에 의하여 심신장애로 인한 감경 등을 할 수 없다는 것이 판례의 입장이다.

① ㉠㉡㉣
② ㉠㉡㉤
③ ㉠㉢㉣㉤
④ ㉡㉢

07

책임능력에 관한 다음 [보기]의 설명 중 옳지 않은 것을 모두 고른 것은? (다툼이 있는 경우 판례에 의함)

| 보기 |

㉠ 무생물인 옷 등을 성적 각성과 희열의 자극제로 믿고 이를 성적 흥분을 고취시키는 데 쓰는 성주물성애증이라는 정신질환이 있는 甲이 알코올 복용 상태에서 빌라 외벽에 설치된 가스배관을 타고 올라가 베란다를 통해 빌라에 침입하여 여성 속옷 등을 훔친 경우 원칙적으로 절도 범행에 대한 형의 감면사유인 심신장애에 해당한다고 볼 수 있다.

㉡ 심신장애의 유무는 법원이 형벌제도의 목적 등에 비추어 판단하여야 할 법률문제로서, 그 판단에 있어서는 전문감정인의 정신감정 결과가 중요한 자료가 되고, 법원으로서는 전문감정인의 정신감정 결과에 따라 심신장애의 유무를 판단하여야 한다.

㉢ 피고인이 범죄행위 당시 심신미약 등 정신적 장애상태에 있었던 경우 그 범죄행위는 상습성이 발현된 것이라고 단정할 수 없으므로 상습성은 부정된다.

㉣ 피고인이 정신장애 3급의 장애자로 등록되어 있고, 진료소견서 등에도 병명이 '미분화형 정신분열증 및 상세불명의 간질' 등으로 기재되어 있으며, 수사기관에서부터 자신의 심신장애 상태를 지속적으로 주장하여 왔고, 변호인이 공판기일에서 피고인의 심신장애를 주장하는 내용의 진술을 하였다면, 비록 피고인이 항소 이유서에서 명시적으로 심신장애 주장을 하지 않았다고 하더라도, 법원은 직권으로 피고인의 병력을 상세히 확인하여 그 증상을 밝혀보는 등의 방법으로 범행 당시 피고인의 심신장애 여부를 심리하여야 한다.

㉤ 원인에 있어서 자유로운 행위에 있어 행위와 책임의 동시존재원칙을 고수하는 책임모델설은 가벌성의 근거와 실행의 착수시기를 모두 원인행위에서 찾는 입장이다.

① ㉠㉡㉢㉣㉤
② ㉠㉡㉢㉣
③ ㉡㉢㉣㉤
④ ㉠㉡㉢㉤

08

다음 설명 중 가장 옳지 않은 것은? (다툼이 있는 경우 판례에 의함)

① 심신장애 유무는 법률문제로, 전문감정인의 정신감정 결과가 중요한 참고자료가 되기는 하나, 법원으로서는 반드시 그 의견에 기속을 받는 것은 아니고, 그러한 감정결과뿐만 아니라 범행의 경위, 수단, 범행 전후의 피고인의 행동 등 기록에 나타난 제반 자료 등을 종합하여 단독적으로 판단하여야 한다.

② 성장교육과정을 통하여 형성된 내재적인 관념 내지 확신으로 인하여 행위자 스스로의 의사결정이 사실상 강제되는 결과를 낳게 하는 경우는 형법 제12조에서 말하는 강요된 행위에 해당하지 아니한다.

③ 형법 제10조 제1항의 책임무능력의 판단은 생물학적 판단방법에 의한다.

④ 음주 또는 약물로 인한 심신상실 상태에서 아동·청소년 대상 성폭력범죄를 범한 경우 형법 제10조 제1항의 적용을 받지 않을 수 있으므로 정상적인 책임능력자의 형으로 처벌할 수 있다.

09

원인에 있어서 자유로운 행위에 대한 다음 설명 중 틀린 것은?

① 원인에 있어서 자유로운 행위의 가벌성의 근거를 자신을 도구로 이용하는 간접정범으로 이해하여 원인설정행위를 실행행위로 파악하여 원인설정행위시의 책임능력을 기초로 책임을 인정하는 견해는 구성요건의 정형성을 중시하여 죄형법정주의의 보장적 기능을 관철하는 데 부합하는 이론이다.

② 음주운전을 할 의사를 가지고 음주만취한 후 운전을 결행하여 교통사고를 일으켰다면 음주시에 교통사고를 일으킬 위험성을 예견하였는데도 자의로 심신장애를 야기한 경우에 해당하므로 형법 제10조 제3항에 의하여 심신장애로 인한 감경 등을 할 수 없다는 것이 판례의 입장이다.

③ 甲은 술을 마시면 난폭한 행위를 하는 희귀성 정신병 소질을 가진 자인데, 甲은 과실로 술을 많이 마시고 심신미약상태에서 술집 여급 乙을 칼로 찔러 살해한 경우 판례는 甲에게 과실치사죄를 인정한다.

④ 우리 형법상 원인에 있어서 자유로운 행위에는 심신상실, 심신미약의 규정을 적용하지 아니하므로 책임조각 내지 책임감경이 되지 아니하고 책임능력자로 취급하여 처벌하고 있다.

10

법률의 착오에 대한 설명으로 옳은 것만을 모두 고르면? (다툼이 있는 경우 판례에 의함)

> ㉠ 처벌규정이 있음에도 그 규정의 존재 자체를 알지 못하는 경우도 형법 제16조가 적용된다.
>
> ㉡ 광역시의회 의원이 선거구민들에게 의정보고서를 배부하기에 앞서 미리 관할 선거관리위원회 소속공무원들에게 자문을 구하고 그들의 지적에 따라 수정한 의정보고서를 배부한 경우, 자기의 행위가 죄가 되지 않는 것으로 오인한 것에는 정당한 이유가 있다.
>
> ㉢ 일본 영주권을 가진 재일교포가 영리를 목적으로 관세물품을 구입한 것이 아니므로 입국 시 관세신고를 하지 않아도 되는 것으로 착오하였다면 외국인으로서 그 오인에 정당한 이유가 있다고 볼 수 있다.
>
> ㉣ 죄가 되지 않는다고 오인한 행위의 정당성 여부는 행위자가 진지한 노력을 다하였더라면 스스로의 행위에 대하여 위법성을 인식할 수 있는 가능성이 있었음에도 이를 다하지 못한 결과 자기 행위의 위법성을 인식하지 못한 것인지 여부에 따라 판단하여야 한다.
>
> ㉤ 공중송신권을 침해하는 게시물인 영상저작물에 연결되는 링크를 자신이 운영하는 사이트에 영리적·계속적으로 게시한 행위는 공중송신권을 침해한 정범의 범죄를 방조한 행위에 해당하지만, 링크 저작권 침해 게시물 등으로 연결되는 링크 사이트 운영 도중 그 행위가 처벌대상이 되지 않는 것으로 해석되었던 적이 있었다면 이는 정당한 이유가 있는 법률의 착오에 해당한다.

① ㉠㉢㉤

② ㉡㉢

③ ㉡㉣

④ ㉢㉣㉤

11

형법 제16조 소정의 법률의 착오와 관련한 다음 설명 중 가장 옳지 않은 것은? (다툼이 있는 경우 판례에 의함)

① 행정청의 허가가 있어야 함에도 불구하고 허가를 받지 아니하여 처벌대상의 행위를 한 경우에 허가를 담당하는 공무원이 허가를 요하지 않는 것으로 잘못 알려 주었다고 하더라도, 이러한 사정만으로는 피고인이 자신의 행위가 죄가 되지 않는다고 오인함에 정당한 이유가 있다고 보기 어렵다.

② 약 23년간 경찰공무원으로 근무하여 온 형사계 강력반장이 검사의 수사지휘만 받으면 죄가 되지 아니하는 것으로 믿고 허위공문서를 작성하였다고 하더라도, 형법 제16조에 의하여 처벌을 면할 수는 없다.

③ 건물 임차인인 피고인이 건축법의 관계 규정을 알지 못하여 임차건물을 자동차정비공장으로 사용하는 것이 건축법상의 무단용도변경 행위에 해당한다는 것을 모르고 사용을 계속하였다고 하더라도, 이는 단순한 법률의 부지에 해당하므로 범죄의 성립에 아무런 지장이 없다.

④ 대법원의 판례에 비추어 자신의 행위가 무허가 의약품의 제조·판매행위에 해당하지 아니하는 것으로 오인하였다고 하더라도, 그것이 사안을 달리하는 사건에 관한 대법원의 판례의 취지를 오해하였던 것에 불과하였다면 그와 같은 사정만으로는 그 오인에 정당한 사유가 있다고 볼 수 없다.

12

다음 중 형법상 처벌이 가능한 개념은?

① 정당한 이유가 없는 반전된 금지착오의 경우

② 실행의 대상의 착오로 인하여 결과의 발생이 불가능하고 위험성이 인정되지 않는 경우

③ 죄의 성립요소인 사실을 인식하지 못한 행위에 대하여 처벌규정이 없는 경우

④ 민사소송절차에서 재판장이 증언거부권자에게 증언거부권을 고지하지 않아 증언거부권자가 불가피하게 위증을 한 경우

13

다음 [보기]의 경우 중에서 형법 제16조(법률의 착오)의 '그 오인에 정당한 이유'가 인정되지 않는 경우를 모두 고른 것은? (다툼이 있으면 판례에 의함)

| 보기 |

㉠ 지방자치단체장이 관행적으로 간담회를 열어 업무추진비 지출 형식으로 참석자들에게 음식물을 제공 하는 것이 허용되는 행위라고 오인한 경우

㉡ 광역시의회 의원이 선거구민들에게 의정보고서를 배부하기에 앞서 미리 관할 선거관리위원회 소속 공무원들에게 자문을 구하고 그들의 지적에 따라 수정한 의정보고서를 배부한 경우

㉢ 일본 영주권을 가진 재일교포가 관세물품을 영리 목적으로 구입한 것이 아니기 때문에 입국 시 관세신고를 하지 않아도 되는 것으로 오인한 경우

㉣ 숙박업소에서 위성방송수신장치를 이용하여 수신한 외국의 음란한 위성방송프로그램을 투숙객 등에게 제공한 행위로 구 「풍속영업의 규제에 관한 법률」 제3조 제2호 위반행위를 한 자가 그 이전에 그와 유사한 행위로 '혐의없음' 처분을 받은 전력이 있다거나 일정한 시청차단장치를 설치하였던 경우

㉤ 전송의 방법으로 공중송신권을 침해하는 게시물이나 그 게시물이 위치한 웹페이지 등에 연결되는 링크를 하였으나, 그 링크 사이트 운영 도중에 일시적으로 판례에 따라 그 행위가 처벌대상이 되지 않는 것으로 해석되었던 적이 있었던 경우

① ㉠㉡㉢㉣

② ㉠㉢㉣㉤

③ ㉡㉢㉣㉤

④ ㉠㉢㉣

14

법률의 착오(금지착오)에 관한 설명 중 옳지 않은 것을 모두 고른 것은? (다툼이 있는 경우 판례에 의함)

⊙ 행위자가 금지규범의 존재를 아예 인식하지 못한 '법률의 부지'는 행정형법의 영역에서 많이 발생하며 법률의 착오의 전형적인 사례로 인정된다.

ⓛ 법률의 착오에 있어 정당한 이유가 있는지 여부는 행위자에게 자기 행위의 위법의 가능성에 대해 심사숙고하거나 조회할 수 있는 계기가 있어 자신의 지적능력을 다하여 이를 회피하기 위한 진지한 노력을 다하였더라면 스스로의 행위에 대하여 위법성을 인식할 수 있는 가능성이 있었음에도 이를 다하지 못한 결과 자기 행위의 위법성을 인식하지 못한 것인지 여부에 따라 판단하여야 한다.

ⓒ 법원의 무죄판결을 신뢰하여 행위한 경우에는 법률의 착오에 정당한 이유가 있는 것으로 인정될 수 있으나, 검사의 혐의 없음 불기소처분을 믿고 행위한 경우에는 검사의 불기소처분에는 확정력이 없으므로 법률의 착오에 정당한 이유가 있는 것으로 인정될 수 없다.

ⓔ 숙박업자가 숙박업소에서 위성방송수신장치를 이용하여 수신한 외국의 음란한 위성방송 프로그램을 투숙객 등에게 제공한 경우, 그가 이전에 유사한 행위로 '혐의없음' 처분을 받은 전력이 있다거나 일정한 시청차단장치를 설치하였다는 등의 사정이 있다면 「형법」제16조의 정당한 이유가 인정된다.

① ⊙ⓛ
② ⊙ⓒⓔ
③ ⓛⓔ
④ ⊙ⓛⓔ

15

위법성조각사유의 객관적 전제사실의 착오에 대한 다음 [보기]의 설명 중 옳은 것을 모두 고른 것은? (다툼이 있으면 판례에 의함)

| 보기 |

⊙ 엄격고의설에 의하면, 과실범을 처벌하지 않거나 과실범의 형벌이 고의범에 비해 현저히 낮기 때문에 처벌의 공백이 생길 수 있다.

ⓛ 제한적 고의설에 대해서는, 과실로 구성요건적 사실을 인식하지 못한 경우에는 과실범의 효과를 인정하면서, 과실로 위법성을 인식하지 못한 경우에는 고의범의 효과를 인정하는 것은 균형에 맞지 않는다는 비판이 있다.

ⓒ 엄격책임설에 대해서는 위법성조각사유의 객관적 전제사실의 착오에 빠진 자를 고의범으로 처벌하는 것은 일반인의 법감정에 반할 수 있다는 비판이 있다.

ⓔ 법효과제한적 책임설에 따르면 위법성조각사유의 전제사실의 착오에 빠진 자를 교사하여 죄를 범하게 한 경우에도 (제한적 종속형식에 의할 때) 교사자를 교사범으로 처벌할 수 없다는 허점이 발생한다.

ⓜ 밤에 퇴근하던 丙(女)은 모자를 푹 눌러쓰고 뒤따라오던 甲을 수상하게 여기던 중 우연히 이를 본 乙이 甲을 혼내줄 생각으로 丙에게 "甲이 추행범이니 한 대 쳐버려!"라고 부추겼고, 이에 丙은 길을 묻기 위해 갑자기 자신의 앞을 가로막은 甲을 추행범으로 오인하고 자신을 방어할 생각으로 甲을 밀어 넘어뜨린 경우, 소극적 구성요건표지이론에 의하면 乙에게 폭행죄의 교사범이 성립할 수 있다.

① ⊙ⓛⓒⓔⓜ
② ⊙ⓛⓒⓔ
③ ⊙ⓛⓒⓜ
④ ⊙ⓛⓒ

16

아래의 [사례]에 대한 [보기]의 설명 중 옳지 않은 것을 모두 고른 것은? (다툼이 있으면 판례에 의함)

| 사례 |

甲은 자신이 코치로 일하는 복싱클럽 관장 A와 회원인 B(17세)의 몸싸움을 지켜보던 중 B가 왼손을 주머니에 넣어 휴대용 녹음기를 꺼내어 움켜쥐는 것을 호신용 칼을 꺼내는 것으로 오인하고 B의 왼손 주먹을 강제로 펴게 함으로써 약 4주간의 치료가 필요한 좌 제4수지 중위지골 골절에 이르게 하였다.

| 보기 |

㉠ 형법 제20조의 사회상규에 의한 정당행위를 인정하기 위한 요건으로서 행위의 긴급성과 보충성은 '일체의 법률적인 적법한 수단이 존재하지 않을 것'을 의미하는 것이지 다른 실효성 있는 적법한 수단이 없는 경우를 의미하는 것이 아니다.

㉡ 공소사실에 甲(피고인)이 한 행위의 이유·동기에 관하여 '위험한 물건으로 착각하여 빼앗기 위하여'라고 기재된 수사기관의 인식으로 보인다 하더라도 이것이 당시 상황에 대한 객관적 평가이자 甲이 B(피해자)의 행동을 오인함에 정당한 이유가 있었음을 뒷받침하는 사정에 해당하는 것은 아니다.

㉢ 甲의 행위는 주관적으로는 그 정당성에 대한 인식하에 이루어진 것이라고 보기에 충분하다.

㉣ 甲이 행위 당시 죄가 되지 않는 것으로 오인한 것에는 '정당한 이유'가 인정되지 않으므로 폭행치상죄가 성립한다.

① ㉠㉡㉢㉣
② ㉠㉡㉣
③ ㉡㉢㉣
④ ㉠㉡㉢

17

다음 중 책임조각사유가 아닌 것은?

① 친족 간의 증거인멸행위
② 사람의 생명에 대한 현재의 위난을 피하기 위한 태아의 생명에 대한 침해행위
③ 자기의 친족의 생명·신체가 아닌 법익에 대한 방어할 방법이 없는 협박에 의하여 강요된 행위
④ 야간에 불안스러운 상태하에서 공포 등에 의하여 행한 과잉피난

18

법률의 착오 또는 책임에 관한 다음 [보기]의 설명 중 옳은 것을 모두 고른 것은? (다툼이 있으면 판례에 의함)

| 보기 |

㉠ 형법 제16조(법률의 착오)에서 정당한 이유가 있는지 여부는 행위자가 위법한 행위를 하지 않으려는 진지한 노력을 했음에도 위법성을 인식하지 못한 것인지 여부를 기준으로 판단해야 하며, 위법성 인식에 필요한 노력의 정도는 행위자 개인의 인식능력 및 행위자가 속한 사회집단에 따라 달리 평가되어서는 안 된다.

㉡ 직장의 상사가 범법행위를 하는데 가담한 부하에게 직무상 지휘·복종관계에 있다 하여 범법행위에 가담하지 않을 기대가능성이 없다고 할 수 없다.

㉢ 자신에 대한 유죄판결이 확정된 증인은 공범에 대한 피고사건에서 증언을 거부할 수 없고, 설령 증인이 자신에 대한 형사사건에서 시종일관 그 범행을 부인하였다 하더라도 그러한 사정만으로 증인이 진실대로 진술할 것을 기대할 수 있는 가능성이 없는 경우에 해당한다고 할 수 없으므로 허위의 진술에 대하여 위증죄의 성립을 부정할 수 없다.

㉣ 변호사 자격을 가진 국회의원이 선거에 영향을 미칠 수 있는 내용이 포함된 의정 보고서를 발간하는 과정에서 보좌관을 통해 관할 선거관리위원회 직원에게 구두로 문의하여 답변을 받은 결과 그 의정보고서를 발간하는 것이 선거법규에 저촉되지 않는다고 오인한 경우, 형법 제16조의 정당한 이유가 인정되지 않는다.

㉤ 甲은 2022.6.25. 00:00경 A파출소 앞 도로에서, '손님이 마음대로 타서 안 내린다'라는 취지의 방문신고를 받고 현장에 나온 경찰관으로부터 '승차거부와 관련하여서는 120번으로 민원을 접수하면 된다'라는 설명을 듣고도 사건을 접수해 달라고 항의하고, 갑자기 "아이 씨 좀 다르잖아"라고 크게 소리치며 경찰관 B에게 몸을 들이밀어 경찰관 A로부터 이를 제지받자 화가 나, "왜 미는데 씹할"이라고 욕설하면서 손으로 경찰관 B의 몸을 4회 밀쳤다. 甲에게는 위법성조각사유의 전제사실에 대한 착오가 있었다고 볼 수 있다.

① ㉠㉡㉢㉣
② ㉡㉢㉣
③ ㉢㉣㉤
④ ㉡㉢㉣㉤

19

다음 [보기] 중 기대가능성이 부정되는 경우를 모두 고른 것은? (다툼이 있으면 판례에 의함)

| 보기 |

㉠ 甲은 우연히 "고등학교 입학고사 연합출제 채점기준표"를 입수하자 그 시험문제의 정답을 암기하고 그 답을 시험문제의 답안지에 기재하였다.

㉡ 甲女는 이혼한 乙과 결혼하였는데, 갑자기 나타난 乙의 전처의 혼인무효소송에 의해 혼인이 취소되었으나 甲女는 乙과 계속 동거하였다(구법상 간통죄가 있음을 전제함).

㉢ 나이트클럽 주인이 수학여행을 온 대학교 3학년생 34명 중 일부만의 학생증을 받아 성년자임을 확인하고 입장시켰으나 그들 중 1인이 미성년자였다.

㉣ 법정에서 선서한 증인이 증언거부권을 고지받았고 증언거부권 행사에 사실상 장애가 없음에도 허위의 진술을 하였다.

㉤ 비서가 주종관계인 상사의 지시에 따라 공무원에게 뇌물을 공여하였다.

① ㉠㉡㉢㉣
② ㉠㉡㉢
③ ㉡㉢㉣㉤
④ ㉡㉢㉣

20

기대가능성에 대한 설명 중 옳은 것만을 모두 고르면? (다툼이 있는 경우 판례에 의함)

㉠ 영업정지처분에 대한 집행정지 신청이 잠정적으로 받아들여졌다는 사정만으로는, 구 음반·비디오물 및 게임물에 관한 법률 위반으로 기소된 피고인에게 적법행위의 기대가능성이 없다고 볼 수 없다.

㉡ 사용자가 퇴직금 지급을 위하여 최선의 노력을 다하였으나 경영부진으로 인한 자금사정 등으로 도저히 지급기일 내에 퇴직금을 지급할 수 없었던 경우, 퇴직금의 기일 내 지급의무 이행에 대한 기대가능성이 없다.

㉢ 불법 건축물이라는 이유로 일반음식점 영업신고의 접수가 거부되었고 이전에 무신고 영업행위로 형사처벌까지 받았음에도 계속하여 일반음식점 영업행위를 한 피고인의 행위는 「식품위생법」상 무신고 영업행위로서 적법행위에 대한 기대가능성이 없는 경우에 해당하지 아니한다.

㉣ 교수가 출제교수들로부터 대학원신입생전형시험문제를 제출받아 알게 된 것을 틈타서 그 시험 문제를 알려주었고 수험생이 그 답안쪽지를 작성한 다음 이를 답안지에 그대로 베껴 써서 그 정을 모르는 시험감독관에게 제출한 경우 수험생에게는 적법행위에 대한 기대가능성이 없다.

① ㉠㉡㉢
② ㉠㉢㉣
③ ㉡㉢㉣
④ ㉠㉡㉢㉣

▶ **제2편 범죄론: 제5장 미수론**

회차	시행일			목표점수			획득점수		
	1차	2차	3차	1차	2차	3차	1차	2차	3차
제5회									

01

다음 중 예비·음모를 처벌하는 죄는 모두 몇 개인가?

> ㉠ 내란목적의 살인죄(형법 제88조)
> ㉡ 폭발물사용죄(형법 제119조)
> ㉢ 위계에 의한 공무집행방해죄(형법 제137조)
> ㉣ 특수도주죄(형법 제146조)
> ㉤ 현주건조물방화죄(형법 제164조 제1항)
> ㉥ 유가증권위조죄(형법 제214조)

① 2개
② 3개
③ 4개
④ 5개

02

다음 설명 중 가장 잘못된 것은? (다툼이 있는 경우 판례에 의함)

① 기수의 고의로 강도를 교사하였으나, 피교사자가 실행을 승낙하지 않은 경우 교사자를 강도예비에 준하여 처벌한다.
② 사람을 강간, 유사강간, 준강간, 강간 등 상해하기 위하여 준비한 경우 예비·음모죄로 처벌할 수 있다.
③ 예비죄를 처벌하는 조항이 있을 경우 이를 방조한 자는 예비죄에 정한 형을 감면한다.
④ 간수가 법률에 의하여 구금된 자를 도주하게 할 것을 준비한 경우 처벌될 수 있다.

03

예비죄에 관한 다음 [보기]의 설명 중 옳은 것을 모두 고른 것은? (다툼이 있는 경우에는 판례에 의함)

> | 보기 |
> ㉠ 과실에 의한 예비나 과실범의 예비는 불가벌이다.
> ㉡ 예비단계에서 방조에 그친 경우, 정범이 실행에 착수하였더라도 불가벌이다.
> ㉢ 예비죄의 공동정범은 불가벌이다.
> ㉣ 예비죄의 방조범은 불가벌이다.
> ㉤ 모든 예비죄는 목적범이다.

① ㉠㉡㉣㉤
② ㉠㉣㉤
③ ㉡㉢㉣
④ ㉠㉢㉣㉤

04

다음 중 甲이 처벌되는 경우는? (다툼이 있는 경우에는 판례에 의함)

① 甲은 행사할 목적으로 스키장 리프트 탑승권을 위조하기 위하여 인쇄기를 구입하였으나 단속이 심하여 위조할 계획을 포기한 경우
② 甲은 A의 외동딸인 대학생 B를 인질로 삼아 A의 국회의원 출마를 포기하게 할 목적으로 B를 약취·유인하기로 乙과 모의하였으나, A가 스스로 출마를 포기하자 범행계획을 포기한 경우
③ 甲과 乙은 甲의 변심한 애인 A에게 보복하기 위하여, 乙은 A를 강제추행하고 甲은 그 장면을 촬영하여 인터넷상에 유포하기로 모의한 후, 범행을 결행하기 위하여 밤에 카메라 등을 준비하여 A가 기거하는 오피스텔 부근에 도착하였는데, A가 애인과 함께 오피스텔로 들어가는 것을 보고는 다음 기회로 범행을 미룬 경우
④ 선서한 증인 甲이 일단 기억에 반한 허위의 진술을 하였으나 그 신문이 끝나기 전에 그 진술을 취소·시정한 경우

05

예비죄에 관한 다음 [보기]의 설명 중 옳지 않은 것을 모두 고른 것은? (다툼이 있는 경우에는 판례에 의함)

| 보기 |

㉠ 甲이 주택가를 배회하며 절도범행 대상을 물색할 당시 발각될 경우에 대비하여 체포를 면탈할 목적으로 칼과 테이프 등을 휴대하고 있었다면 甲은 강도예비죄로 처벌된다.

㉡ 甲이 乙의 강도예비행위를 공동으로 행할 의사로 가공하였더라도 甲은 물론 乙도 강도의 실행에 착수하지 아니하였다면 甲을 강도예비죄의 공동정범으로 처벌할 수 없다.

㉢ 甲이 A를 살해하기 위하여 乙과 丙 등을 고용하면서 그들에게 범행 대가의 지급을 약속한 경우, 그러한 약속은 살인죄의 실현에 실질적으로 기여할 수 있는 외적 행위로 볼 수 없기 때문에 甲을 살인예비죄로 처벌할 수 없다.

㉣ 乙이 행사할 목적으로 통용하는 대한민국의 화폐를 위조하기 위한 예비행위를 하면서, 甲이 부주의로 놓아둔 도구를 乙이 이용하였더라도 甲을 통화위조예비죄의 방조범으로 처벌할 수 없다.

㉤ 예비와 미수는 각각 형법각칙에 처벌규정이 있는 경우에만 처벌할 수 있지만 구체적인 법정형까지 규정될 필요는 없다.

① ㉠㉡㉢㉣㉤ ② ㉡㉢㉤
③ ㉠㉡㉢㉤ ④ ㉠㉢㉣

06

다음 중 미수범을 처벌하는 규정이 없는 경우는 모두 몇 개인가?

㉠ 장물죄	㉡ 공무집행방해죄
㉢ 명예훼손죄	㉣ 상습도박죄
㉤ 협박죄	㉥ 감금죄
㉦ 배임죄	㉧ 현주건조물방화죄

① 3개 ② 4개
③ 5개 ④ 6개

07

다음 중 형법상 미수범 처벌규정이 있는 범죄는 모두 몇 개인가?

㉠ 불법체포죄
㉡ 특수도주죄
㉢ 강제집행면탈죄
㉣ 공무상 보관물무효죄
㉤ 사문서부정행사죄
㉥ 장물취득죄
㉦ 공무집행방해죄

① 1개 ② 2개
③ 3개 ④ 4개

08

미수범에 대한 다음 [보기]의 설명 중 옳지 않은 것을 모두 고른 것은? (다툼이 있는 경우 판례에 의함)

| 보기 |

㉠ 실행의 착수시기에 관한 주관설은 범죄란 범죄적 의사의 표현이므로 범죄의사를 명백하게 인정할 수 있는 외부적 행위가 있을 때 또는 범의의 비약적 표동이 있을 때 실행의 착수가 있다는 견해로 예비와 미수의 구별이 어려워짐으로써 가벌적 미수의 범위가 지나치게 확대된다는 비판이 있다.

㉡ 주관적(개별적) 객관설은 행위자의 전체적 범행계획에 비추어 구성요건실현에 대한 직접적 행위가 있을 때 실행의 착수가 있다는 견해로 실행의 착수에 관한 객관설과 주관설의 단점을 제거하고 양설을 타협하기 위해 제시된 절충적인 견해로서 실행의 착수시기에 관하여 명확한 기준을 제시한다는 평가를 받는 대법원 판례의 일관된 입장이다.

㉢ 「형법」에는 진정부작위범과 과실범의 미수를 처벌하는 규정이 존재한다.

㉣ 미수범은 법률에 특별한 규정이 없는 한 처벌하고, 중지미수는 실행의 착수가 있기 전인 예비행위를 중지한 경우에는 적용되지 않는다.

㉤ 실행의 착수시기에 관한 형식적 객관설은 행위자가 구성요건에 해당하는 행위 또는 그 행위의 일부가 시작되었을 때 실행의 착수가 있다는 견해로 법익침해의 '직접적 위험'이라는 기준이 모호하다는 비판이 있고, 실질적 객관설은 구성요건의 보호법익을 기준으로 하여 법익에 대한 직접적 위험을 발생시킨 객관적 행위시점에서 실행의 착수가 있다는 견해로 실행의 착수시기를 인정하는 시점이 너무 늦어져 미수의 범위가 좁아진다는 비판이 있다.

① ㉠㉡㉢㉣
② ㉡㉢㉣㉤
③ ㉠㉢㉣㉤
④ ㉠㉡㉢㉣㉤

09

실행의 착수에 관한 다음 설명 중 가장 옳은 것은?

① 피해자가 피고인으로부터 강간미수 피해를 입은 후 피고인의 집에서 나가려고 하였는데 피고인이 피해자가 나가지 못하도록 현관에서 거실 쪽으로 피해자를 세 번 밀쳤고, 피해자가 피고인을 뿌리치고 현관문을 열고 나와 엘리베이터를 누르고 기다리는데 피고인이 팬티 바람으로 쫓아 나왔으며, 피해자가 엘리베이터를 탔는데도 피해자의 팔을 잡고 끌어내리려고 해서 이를 뿌리쳤고, 피고인이 닫히는 엘리베이터 문을 손으로 막으며 엘리베이터로 들어오려고 하자 피해자가 버튼을 누르고 손으로 피고인의 가슴을 밀어낸 경우, 체포죄의 실행의 착수가 인정되지 아니한다.

② 타인의 사무를 처리하는 자가 배임의 범의로, 즉 임무에 위배하는 행위를 한다는 점과 이로 인하여 자기 또는 제3자가 이익을 취득하여 본인에게 손해를 가한다는 점에 대한 인식이나 의사를 가지고 임무에 위배한 행위를 개시한 때 배임죄의 실행에 착수한 것이고, 이러한 행위로 인하여 자기 또는 제3자가 이익을 취득하여 본인에게 손해를 가한 때 배임죄는 기수가 된다.

③ 피고인이 잠을 자고 있는 피해자의 옷을 벗긴 후 자신의 바지를 내린 상태에서 피해자의 음부 등을 만지고 자신의 성기를 피해자의 음부에 삽입하려고 하였으나 피해자가 몸을 뒤척이고 비트는 등 잠에서 깨어 거부하는 듯한 기색을 보이자 더 이상 간음행위에 나아가는 것을 포기한 경우, 준강간죄의 실행에 착수하였다고 보기 어렵다.

④ 피고인이 주간에 피해자가 빨래를 걷으러 옥상으로 올라간 사이에 피해자의 다세대주택에 절취할 재물을 찾으려고 신발을 신은 채 거실을 통하여 안방으로 들어가 여기저기를 둘러보고는 절취할 재물을 찾지 못하여 밖으로 나온 경우, 절도죄의 실행의 착수가 인정되지 아니한다.

10

실행의 착수에 대한 설명으로 옳은 것만을 모두 고르면?
(다툼이 있는 경우 판례에 의함)

> ⊙ 사기도박에서 사기적인 방법으로 도금을 편취하려고 하는 자가 상대방에게 도박에 참가할 것을 권유하는 등 기망행위를 개시한 때에 사기죄의 실행의 착수가 인정된다.
>
> ⓒ 甲이 A를 발견하고 접근하여 껴안으려 하였으나 A가 뒤돌아보면서 소리치자 몇 초 동안 쳐다보다가 되돌아 간 경우, 甲이 A를 껴안으려고 하였을 때 강제추행죄의 실행의 착수가 인정된다.
>
> ⓒ 필로폰을 매수하려는 자에게서 필로폰을 구해 달라는 부탁과 함께 돈을 지급받았다고 하더라도, 당시 필로폰을 소지 또는 입수한 상태에 있었거나 그것이 가능하였다는 등 매매행위에 근접·밀착한 상태에서 대금을 지급받은 것이 아니라 단순히 필로폰을 구해 달라는 부탁과 함께 대금 명목으로 돈을 지급받은 것에 불과한 경우에는 필로폰 매매행위의 실행의 착수에 이른 것이라고 볼 수 없다.
>
> ② 피담보채권인 공사대금 채권을 실제와 달리 허위로 부풀려 유치권에 의한 경매를 신청한 경우에는 소송사기죄의 실행의 착수가 인정되지 않는다.
>
> ⓜ 카메라 기능이 켜진 휴대전화를 화장실 칸 너머로 향하게 하여 용변을 보던 피해자를 촬영하려한 행위만으로는 성폭력처벌법상 카메라이용촬영죄의 실행의 착수가 인정되지 아니한다.

① ⊙ⓒⓜ
② ⓒ②ⓜ
③ ⊙ⓒⓒ
④ ⊙ⓒ②

11

실행의 착수시기에 관한 다음 설명 중 가장 옳은 것은?

① 주간에 절도의 목적으로 다른 사람의 주거에 침입한 경우 주거에 침입한 단계에서 이미 절도죄의 실행에 착수한 것으로 보아야 한다.

② 사기죄는 편취의 의사로 기망행위를 개시한 때에 실행에 착수한 것으로 보아야 하므로, 사기도박에 있어서는 사기적인 방법으로 도금을 편취하려고 하는 자가 상대방에게 도박에 참가할 것을 권유한 후 정상적인 도박행위를 한 단계에서는 실행의 착수가 있다고 보기 어렵고, 이후 사기적인 방법의 도박행위를 개시한 때에 사기죄의 실행의 착수가 있는 것으로 보아야 한다.

③ 강간죄에 있어서 폭행 또는 협박은 피해자의 항거를 불능하게 하거나 현저히 곤란하게 할 정도의 것이어야 하므로, 그와 같은 폭행 또는 협박에 의하여 피해자의 항거가 불능하게 되거나 현저히 곤란하게 되는 때 실행의 착수가 있다고 볼 수 있다.

④ 타인의 사무를 처리하는 자가 배임의 범의로, 즉 임무에 위배하는 행위를 한다는 점과 이로 인하여 자기 또는 제3자가 이익을 취득하여 본인에게 손해를 가한다는 점에 대한 인식이나 의사를 가지고 임무에 위배한 행위를 개시한 때 배임죄의 실행에 착수한 것으로 볼 수 있고 이는 그 임무위배행위가 사법(私法)상 무효인 경우라 하더라도 마찬가지이다.

12

미수론에 관한 다음 기술 중 잘못된 것을 모두 고른 것은?

> ⊙ 과실에 의한 미수는 성립하지 않지만, 과실에 의한 예비는 성립할 수 있다.
>
> ⓒ 불능미수의 중지미수는 중지미수가 될 수 있는가에 대하여 견해가 일치하지 않는다.
>
> ⓒ 중지미수의 자의성이 인정되려면 윤리적 동기를 기준으로 하여야 한다는 견해는 중지미수의 자의성이 보다 넓게 인정된다는 평가를 받는다.
>
> ⓔ 환지 방식에 의한 도시개발사업의 시행자인 피해자 乙 조합을 위해 환지계획수립 등의 업무를 수행하던 피고인 甲은 사업 실시계획의 변경에 따른 일부 환지예정지의 가치상승을 청산절차에 반영하려는 조치를 취하지 않은 채 대행회사 대표이사직을 사임하였다. 甲에게는 업무상 배임죄의 미수범이 성립하지 않는다.

① ㉠ㄹ
② ㉡ㄷ
③ ㉠ㄷ
④ ㉡ㄹ

13

다음 설명 중 가장 옳지 않은 것은? (다툼이 있는 경우 판례에 의함)

① 현행 형법의 해석상 강도예비·음모죄가 성립하기 위해서는 예비·음모 행위자에게 미필적으로라도 '강도'를 할 목적이 있음이 인정되어야 하고 그에 이르지 않고 단순히 '준강도'할 목적이 있음에 그치는 경우에는 강도예비·음모죄로 처벌할 수 없다.

② 법령에 어떠한 행위의 예비음모를 처벌한다는 규정은 있으나 그 형을 따로 정하지 않은 경우에는 결국 예비음모로 처벌할 수 없다.

③ 음모는 실행의 착수 이전에 2인 이상의 자 사이에 성립한 범죄실행의 합의로서, 합의 자체는 행위로 표출되지 않은 합의 당사자들 사이의 의사표시에 불과한 만큼 실행행위로서의 정형이 없고, 따라서 합의의 모습 및 구체성의 정도도 매우 다양하게 나타날 수밖에 없다. 그런데 어떤 범죄를 실행하기로 막연하게 합의한 경우나 특정한 범죄와 관련하여 단순히 의견을 교환한 경우까지 모두 범죄실행의 합의가 있는 것으로 보아 음모죄가 성립한다고 한다면 음모죄의 성립범위가 과도하게 확대되어 국민의 기본권인 사상과 표현의 자유가 위축되거나 그 본질이 침해되는 등 죄형법정주의 원칙이 형해화될 우려가 있으므로, 음모죄의 성립범위도 이러한 확대해석의 위험성을 고려하여 엄격하게 제한하여야 한다.

④ 타인의 사망을 보험사고로 하는 생명보험계약을 체결함에 있어 제3자가 피보험자인 것처럼 가장하여 체결하는 등으로 그 유효요건이 갖추어지지 못한 경우, 보험계약 체결 당시에 이미 보험사고가 발생하였음에도 이를 숨겼다거나 보험사고의 구체적 발생 가능성을 예견할 만한 사정을 인식하고 있었던 경우 또는 고의로 보험사고를 일으키려는 의도를 가지고 보험계약을 체결한 경우와 같이 보험사고의 우연성과 같은 보험의 본질을 해칠 정도라고 볼 수 있는 특별한 사정이 없다고 하더라도, 그와 같이 하자 있는 보험계약을 체결한 행위는 미필적으로라도 보험금을 편취하려는 의사에 의한 기망행위의 실행에 착수에 해당한다.

14

甲에게 중지미수가 인정되는 사례로 옳은 것은? (다툼이 있는 경우에는 판례에 의함)

① 甲은 乙의 집에 불을 지른 후 불길이 번지는 것을 보고 놀란 나머지 119에 신고하는 등 최선을 다했지만 乙의 집은 다 타버리고 말았다.

② 甲은 乙에게 丙을 살해하라고 교사하고, 乙은 이를 받아들여 丙에게 독약을 먹였으나 양심의 가책을 느끼고 丙을 병원으로 옮겨 살렸다.

③ 甲은 乙·丙과 더불어 丁을 강간하기로 모의하고, 현장에서 乙·丙과 함께 丁을 때리던 중 양심의 가책을 느끼고 혼자 집으로 돌아왔으나 乙과 丙은 丁을 강간하였다.

④ 甲은 乙을 살해하기 위해 독약을 먹였으나 죽어가는 모습을 보고 불쌍하게 여겨 乙의 가족들에게 연락하는 등 진지한 노력을 하여 乙을 병원으로 태우고 가도록 함으로써 乙의 목숨을 구하였다.

15

다음 중 판례의 입장과 일치하지 않는 것은?

① 피고인이 미성년자를 유인하여 금원을 취득할 마음을 먹고 甲으로 하여금 피해자 乙을 유인토록 하였으나 동인의 거절로 미수에 그치고, 같은 달 2차에 걸쳐 다시 피해자 乙을 유인하였으나 마음이 약해져 각 실행을 중지하여 미수에 그치고, 다음 달 드디어 피해자 乙을 인치, 살해하고 금원을 요구하는 내용의 협박편지를 피해자 乙의 부모에게 전달하여 그 부모로부터 재물을 취득하려 했다면, 결국 이는 각 미수죄와 기수죄의 경합범이 된다.

② 피해자에게 옷을 벗으라고 협박하여 피해자를 강간하려고 하였으나 피해자가 시장에 간 남편이 곧 돌아온다고 하면서 임신 중이라고 말하자 도주한 경우에는 피고인이 자의로 강간행위를 중지하였다고 볼 수 없다.

③ 마약을 제조하려 하였으나 제조상에 어려움이 있고 판로가 마땅하지 않으며, 발각의 두려움과 함께 피고인 중 한 명이 포악하여 마음에 들지 않는다는 이유로 제조를 단념한 경우에는 자의로 중단했다고 할 수 있다.

④ 일본에서 북한 공작원과 접촉하여 한국의 기밀사항에 대해서 탐지하라는 임무를 부여받고 김포공항을 통해 밀입국한 피고인이 경찰관이 자신을 탐문하고 갔다는 말을 듣고 임무수행을 미루다가 검거된 경우에는 중지미수라고 보기 어렵다.

16

다음 중 중지미수는 모두 몇 개인가? (다툼이 있는 경우 판례에 의함)

㉠ 피고인이 甲에게 위조한 예금통장 사본 등을 보여주면서 외국회사에서 투자금을 받았다고 거짓말하며 자금 대여를 요청하였으나, 이를 의심한 甲이 그 입금여부의 확인을 요청하여 甲과 함께 은행에 가던 중 은행 입구에서 갑자기 피고인이 차용을 포기하고 돌아간 경우

㉡ 피고인이 장롱 안에 있는 옷가지에 불을 놓아 건물을 소훼하려 하였으나 불길이 치솟는 것을 보고 겁이 나서 물을 부어 불을 끈 경우

㉢ 피고인이 피해자를 살해하려고 그의 복부를 주방용 가위로 힘껏 찔렀으나 피해자가 입에서 피를 흘리는 것을 보고 놀란 나머지 범행현장에서 자고 있던 甲을 깨워서 甲으로 하여금 119에 신고하여 피해자를 병원에 후송하게 하고 피고인은 체포될 것이 두려워서 도망을 친 경우

㉣ 피고인이 피해자를 강간하려다 피해자의 다음 번에 만나 친해지면 응해주겠다는 취지의 간곡한 부탁으로 인하여 그 목적을 이루지 못한 후 피해자를 자신의 차로 집에까지 데려다 준 경우

㉤ 피고인이 피해자를 살해하려고 그의 목 부위와 왼쪽 가슴 부위를 칼로 수 회 찔렀으나 피해자의 가슴 부위에서 많은 피가 흘러나오는 것을 발견하고 겁을 먹고 그만 둔 경우

㉥ 타인의 재물을 공유하는 자가 공유자의 승낙을 받지 않고 공유대지를 담보로 제공하고 가등기하였다가 그 가등기를 말소한 경우

① 0개   ② 1개

③ 2개   ④ 3개

17

중지미수의 객관적 요건에 관한 착수미수와 실행미수에 대한 다음 [보기]의 설명 중 옳은 것을 모두 고른 것은? (다툼이 있는 경우 판례에 의함)

| 보기 |

㉠ 실행의 착수 시점에 행위자가 실행행위를 계속할 계획이었던 때에는 객관적으로 결과발생의 가능성이 있는 행위가 종료되어도 실행행위가 종료된 것으로 볼 수 없다는 견해는 치밀한 계획범을 우대하게 된다는 비판을 받는다.

㉡ 착수미수는 실행행위의 계속을 포기하는 소극적 부작위만으로도 중지미수가 성립한다.

㉢ 실행미수에 있어서 행위자가 결과발생을 위한 진지한 노력을 하였어도 결과가 발생하면 중지미수가 성립할 수 없다.

㉣ 행위자가 실행행위를 중지하는 시점에 결과발생을 위하여 필요한 모든 행위를 종료하였다고 믿으면 실행미수로 보아야 한다는 견해에 의한다면 행위자가 애초 6발의 실탄을 준비해 갔는데 첫 발을 쏘아 빗나간 다음 다시 쏠 수 있었음에도 사격을 포기한 때에는 실행미수로 보아야 한다.

㉤ 행위자의 의사와는 무관하게 현 시점까지 진행된 행위만으로 결과발생이 객관적으로 가능하지 못하면 착수미수, 가능하면 실행미수로 보는 견해에 대해서는 중지미수의 인정범위가 너무 협소해진다는 비판이 있다.

① ㉠㉡㉢㉣㉤
② ㉠㉡㉢㉣
③ ㉠㉡㉢㉤
④ ㉠㉡㉢

18

미수·기수에 대한 설명으로 옳지 않은 것은? (다툼이 있는 경우 판례에 의함)

① 공동정범 중 1인이 다른 공범의 범행을 중지하게 하지 아니하고 자기만의 범의를 철회, 포기한 경우 중지미수로 인정될 수 없다.

② 불능범과 구별되는 불능미수의 성립요건인 '위험성'은 행위자가 행위 당시에 인식한 사정을 놓고 일반인이 객관적으로 판단하여 결과 발생의 가능성이 있는지 여부를 따져야 한다.

③ 甲이 A에게 위조한 예금통장 사본 등을 보여주면서 외국회사에서 투자금을 받았다고 거짓말하며 자금 대여를 요청한 후 A와 함께 그 입금 여부를 확인하기 위해 은행에 가던 중 범행이 발각될 것이 두려워 은행 입구에서 그 차용을 포기하고 돌아간 경우 사기죄의 장애미수에 해당한다.

④ 甲이 타인의 명의를 빌려 예금계좌를 개설한 후 통장과 도장은 명의인에게 보관시키고 자신은 위 계좌의 현금인출카드를 소지한 채 명의인을 기망하여 위 계좌로 돈을 송금하게 하였지만 그 돈을 인출하지 않고 있던 중 명의인이 이를 인출한 경우, 甲은 사기죄의 장애미수에 해당한다.

19

다음 중 가장 옳지 않은 것은? (다툼이 있으면 판례에 의함)

① 甲이 丙을 살해하라면서 乙에게 치사량의 농약이 든 병을 주고 또 丙 소유의 승용차의 브레이크호스를 잘라 제동기능을 상실시켜 丙이 차를 운전하다가 인도에 부딪치게 하였으나 다행히 丙이 사망에 이르지 아니하였다면, 甲의 호스절단행위는 살인미수죄를 구성하나, 甲이 乙에게 농약을 준 행위는 불능미수에 해당하여 처벌의 대상이 되지 아니한다.

② 수입자동승인품목을 수입제한 품목이나 수입금지 품목으로 잘못 알고 반제품인양 가장하여 수입허가신청을 하였더라도, 이를 사위 기타 부정한 행위로서 수입허가를 받은 경우에 해당한다고 볼 수 없다.

③ 피고인이 에페트린과 빙초산 등 화공약품을 혼합하고 섭씨 80~90°로 가열하여 메스암페타민(속칭 히로뽕) 1kg을 제조했으나 그의 제조기술과 경험부족으로 히로뽕 완제품 아닌 염산메칠에페트린을 생성시킨 경우는 불능미수가 아니라 불능범에 해당한다.

④ 농약의 치사추정량이 쥐에 대한 것을 인체에 대하여 추정하는 극히 일반적·추상적인 것이어서 마시는 사람의 연령, 체질, 영양 기타의 신체의 상황 여하에 따라 상당한 차이가 있을 수 있는 것이라면, 甲이 요구르트 한 병마다 섞은 농약 1.6cc가 치사량에 약간 미달한다 하더라도 이를 마시는 경우 사망의 결과 발생가능성을 배제할 수는 없다.

20

불능미수에 관한 다음 [보기]의 설명 중 옳은 것을 모두 고른 것은? (다툼이 있으면 판례에 의함)

| 보기 |

㉠ 피고인이 피해자가 심신상실 또는 항거불능의 상태에 있다고 인식하고 그러한 상태를 이용하여 간음할 의사로 피해자를 간음하였으나 피해자가 실제로는 심신상실 또는 항거불능의 상태에 있지 않은 경우에는, 실행의 수단 또는 대상의 착오로 인하여 준강간죄에서 규정하고 있는 구성요건적 결과의 발생이 처음부터 불가능하였고 실제로 그러한 결과가 발생하였다고 할 수 없다. 피고인이 준강간의 실행에 착수하였으나 범죄가 기수에 이르지 못하였으므로 준강간죄의 미수범이 성립한다. 피고인이 행위 당시에 인식한 사정을 놓고 일반인이 객관적으로 판단하여 보았을 때 준강간의 결과가 발생할 위험성이 있었으므로 준강간죄의 불능미수가 성립한다.

㉡ 불능미수는 행위자가 실제로 존재하지 않는 사실을 존재한다고 오인하였다는 측면에서 존재하는 사실을 인식하지 못한 사실의 착오와 다르다.

㉢ 불능범의 판단 기준으로서 위험성 판단은 피고인이 행위 당시에 인식한 사정을 놓고 이것이 객관적으로 일반인의 판단으로 보아 결과 발생의 가능성이 있느냐를 따져야 한다.

㉣ 형법 제27조에서 정한 '실행의 수단 또는 대상의 착오'는 행위자가 시도한 행위방법 또는 행위객체로는 결과의 발생이 처음부터 불가능하다는 것까지 의미하는 것은 아니므로, '결과 발생의 불가능'은 실행의 수단 또는 대상의 원시적 불가능성으로 인하여 범죄가 기수에 이를 수 없는 것을 의미하는 것은 아니다.

㉤ 준강간죄의 장애미수 공소사실에 관한 심리 결과 준강간죄의 장애미수가 인정되지 않고 불능미수의 범죄사실이 인정되는 경우라 하더라도 불고불리의 원칙에 따라 법원이 이를 직권으로 인정하여야 하는 것은 아니다.

① ㉠㉡㉢㉣㉤
② ㉠㉡㉢㉣
③ ㉠㉡㉢㉤
④ ㉠㉡㉢

▶ **제2편 범죄론: 제6장 정범과 공범론** [정범과 공범의 일반이론] — [종범 1]

회차	시행일			목표점수			획득점수		
제6회	1차	2차	3차	1차	2차	3차	1차	2차	3차

01

대향범에 관한 설명으로 옳은 것을 모두 고른 것은? (다툼이 있는 경우 판례에 의함)

⊙ 매도·매수와 같이 2인 이상의 서로 대향된 행위의 존재를 필요로 하는 관계에 있어서는 공범이나 방조범에 관한 형법총칙 규정의 적용이 있을 수 없고, 따라서 매도인에게 따로 처벌규정이 없는 이상 매도인의 매도행위는 그와 대향적 행위의 존재를 필요로 하는 상대방의 매수범행에 대하여 공범이나 방조범관계가 성립되지 아니한다.

ⓛ 뇌물공여죄가 성립되기 위하여서는 뇌물을 공여하는 행위가 있어야 할 뿐만 아니라, 상대방 측에서 뇌물을 받아들이는 행위(부작위 포함)로서 뇌물수수죄가 성립되어야 한다.

ⓒ 각 가담자에 대해 동일한 법정형이 부과되는 범죄로는 도박죄, 아동혹사죄, 인신매매죄, 배임수·증재죄 등이 있다.

ⓔ 세무사의 사무직원으로부터 그가 직무상 보관하고 있던 임대사업자 등의 인적사항, 사업자소재지가 기재된 서면을 교부받은 행위는 세무사법상 직무상 비밀누설죄의 공동정범에 해당하지 않는다.

ⓜ 변호사 아닌 자에게 고용되어 법률사무소의 개설·운영에 관여한 변호사의 행위가 일반적인 형법 총칙상의 공모, 교사 또는 방조에 해당된다고 하더라도 변호사를 변호사 아닌 자의 공범으로서 처벌할 수는 없다.

① ⓛⓒⓔ
② ⓛⓔⓜ
③ ⊙ⓔⓜ
④ ⊙ⓒⓔⓜ

02

범죄론에 관한 다음 [보기]의 기술 중 옳은 것을 모두 고른 것은? (다툼이 있으면 판례에 의함)

| 보기 |

⊙ 금품 등 수수와 같은 대향적 범죄에 있어서 금품 등 공여자에게 따로 처벌규정이 없는 경우라 하더라도, 공여행위를 교사 또는 방조한 행위는 공여자의 상대방 범행에 대하여 공범관계가 성립한다.

ⓛ 사기의 공모공동정범이 기망방법을 구체적으로 몰랐던 경우에도 공모관계를 인정할 수 있다.

ⓒ A는 고속도로 2차로를 따라 자동차를 운전하다가 1차로를 진행하던 甲의 차량 앞에 급하게 끼어든 후 곧바로 정차하여, 甲의 차량 및 이를 뒤따르던 차량 두 대는 급정차하였으나, 그 뒤를 따라오던 乙의 차량이 앞의 차량들을 연쇄적으로 추돌케 하여 乙을 사망에 이르게 하고 나머지 차량 운전자 등 피해자들에게 상해를 입혔다. A에게는 교통방해치사상죄의 죄책이 성립한다.

ⓔ 영리를 목적으로 무면허 의료행위를 업으로 하는 자의 여러 개의 무면허 의료행위가 포괄일죄 관계에 있고 그중 일부 범행이 의료법 위반으로 기소되어 판결이 확정된 경우, 확정판결의 기판력은 사실심 판결선고 이전에 범한 보건범죄 단속에 관한 특별조치법 위반 범행에 미친다.

① ⊙ⓛⓒⓔ
② ⓛⓒⓔ
③ ⊙ⓛⓒ
④ ⓛⓔ

03

정범과 공범에 관한 다음 [보기]의 기술 중 옳은 것을 모두 고른 것은? (다툼이 있으면 판례에 의함)

| 보기 |

㉠ 거래당사자가 무등록 중개업자에게 중개를 의뢰하거나 미등기 부동산의 전매를 중개 의뢰한 경우, 중개의뢰인인 거래당사자에게는 중개행위에 관한 공동정범의 죄책이 성립한다.

㉡ 2인 이상의 서로 대향된 행위의 존재를 필요로 하는 대향범에 대하여 공범에 관한 형법 총칙 규정이 적용될 수 없으나, 구성요건상으로는 단독으로 실행할 수 있는 형식으로 되어 있는데 단지 구성요건이 대향범의 형태로 실행되는 경우에는 대향범에 관한 법리가 적용된다고 볼 수는 없다.

㉢ 공무원 아닌 자가 관공서에 허위 내용의 증명원을 제출하여 그 내용이 허위인 정을 모르는 담당공무원으로부터 그 증명원 내용과 같은 증명서를 발급받은 경우 공문서위조죄의 간접정범이 성립할 수 없다.

㉣ 甲이 마약매도인 乙로부터 4회에 걸쳐 대마를 매수하면서 乙의 요청에 따라 차명계좌(대포통장)에 제3자 A 명의로 대마 매매대금을 무통장 입금하였다면, 이는 정범인 마약매도인 乙이 범한 마약류범죄의 발견에 관한 수사를 방해할 목적으로 불법수익 등의 출처와 귀속관계를 숨기는 범죄에 대한 방조범의 죄책을 구성한다.

㉤ 피고인 甲과 그 변호인은 甲의 필로폰 매도 범행과 관련하여 필로폰을 매수한 '김○○에 대한 검사 작성 피의자신문조서'에 대하여 내용 부인 취지에서 증거로 사용함에 동의하지 않는다는 의견을 밝혔지만, 원진술자 김○○가 피고인 甲의 공판절차에 출석하여 위 조서의 실질적 진정성립을 인정하여 피고인 甲과 그 변호인에게 원진술자에 대한 반대신문의 기회가 부여된 이상 위 조서의 증거능력은 부정되지 아니한다.

① ㉠㉡㉢㉣
② ㉡㉢㉣㉤
③ ㉡㉢㉣
④ ㉠㉢㉣

04

공범론에 관한 다음 설명 중 옳은 것은? (다툼이 있는 경우 판례에 의함)

① 甲이 존재하지 않는 약정이자에 관한 내용을 부가하여 위조한 乙 명의의 차용증을 바탕으로 乙에 대한 차용금채권을 丙에게 양도하고, 이러한 사정을 모르는 丙으로 하여금 乙을 상대로 양수금 청구소송을 제기하게 한 경우, 甲은 乙과 丙을 도구로 이용한 공동정범 형태의 소송사기죄를 구성한다.

② 범죄는 '어느 행위로 인하여 처벌되지 아니하는 자'를 이용하여서도 이를 실행할 수 있으나, 내란죄의 경우에는 '국헌문란의 목적'을 가진 자가 그러한 목적이 없는 자를 이용하여 이를 실행할 수 없다.

③ 부동산소유권 이전등기 등에 관한 특별조치법의 허위보증서작성죄의 성립에 관하여, 보증인이 아닌 자라 하더라도 허위보증서 작성의 고의 없는 보증인들을 이용하여 간접정범의 형태로 허위 보증서 작성의 범행을 범할 수 있다.

④ 甲이 변심한 애인 乙을 강요하여 乙로 하여금 스스로 코를 절단하게 한 경우 甲은 강요죄의 죄책을 지는 것은 별문제로 하고 중상해죄의 간접정범의 죄책을 지지는 않는다.

05

정범과 공범에 관한 다음 기술 중 틀린 것은? (다툼이 있으면 판례에 의함)

① 정치자금을 기부하는 자의 범죄가 성립하지 않더라도 정치자금을 기부받는 자가 정치자금법이 정하지 않은 방법으로 정치자금을 제공받는다는 의사를 가지고 받으면 정치자금부정수수죄가 성립한다.

② 노동조합법에 의하면 사용자는 쟁의행위 기간 중 그 쟁의행위로 중단된 업무의 수행을 위하여 당해 사업과 관계없는 자를 채용 또는 대체할 수 없고, 이를 위반한 자는 1년 이하의 징역 또는 1천만 원 이하의 벌금으로 처벌되는바, 쟁의행위로 중단된 업무의 수행을 위하여 채용된 자가 위 범죄의 공범으로 처벌되지 아니한다.

③ 甲이 피해자 乙을 강요하여 도구로 삼아 乙의 신체를 이용하여 추행행위를 하게 한 경우, 甲의 행위는 乙로 하여금 자기추행을 강요한 데 불과하므로 강제추행죄의 간접정범에 해당하지 않는다.

④ 간접정범은 정범의 형으로 처벌하는 것이 아니라, 교사 또는 방조의 예에 의하여 처벌한다.

06

간접정범에 관한 다음 [보기]의 설명 중 옳은 것을 모두 고른 것은? (다툼이 있는 경우 판례에 의함)

| 보기 |

㉠ 자수범의 경우에는 간접정범이 성립하지 않으므로, 정을 모르는 수표발행자에게 허위의 분실신고를 하도록 교사한 자는 부정수표단속법상 허위신고죄의 간접정범으로 처벌할 수 없다.

㉡ 감금죄는 간접정범의 형태로 행하여질 수 없으므로, 인신구속 관련 직무를 행하는 자가 피해자를 구속하기 위하여 진술조서를 허위로 작성한 후 그 정을 모르는 검사를 기망하여 구속영장을 받아 피해자를 구금한 경우에는 직권남용감금죄가 성립하지 않는다.

㉢ 타인을 비방할 목적으로 허위의 기사자료를 그 정을 모르는 기자에게 제공하여 신문 등에 보도되게 한 경우에는 출판물에 의한 명예훼손죄의 간접정범이 성립한다.

㉣ 유가증권변조죄에서의 변조는 권한 없는 자가 진정으로 성립된 유가증권의 내용에 그 동일성을 해하지 않는 한도에의 변경을 가하는 것으로서, 간접정범의 형태로도 행해질 수 있다.

㉤ 甲이 공무원인 자신의 남편 A에게 채무변제로 받는 돈이라고 속여 A로 하여금 뇌물을 받게 한 경우, 甲은 「형법」 제33조에 의해 수뢰죄의 간접정범으로 처벌된다.

① ㉠㉡㉢㉣
② ㉠㉢㉣
③ ㉠㉢㉣㉤
④ ㉡㉢㉤

07

공동정범 등에 관한 다음 [보기]의 설명 중 틀린 것을 모두 고른 것은? (다툼이 있는 경우 판례에 의함)

| 보기 |

㉠ 판례는 범죄공동설의 입장에서 공동정범의 주관적 요건 대신 객관적 요건만으로 과실범의 공동정범을 인정하고 있다.

㉡ 다른 공모자들과 강도 모의를 주도한 피고인이, 다른 공모자들이 피해자를 뒤쫓아 가자 단지 "어?"라고만 하고 더 이상 만류하지 아니하여 공모자들이 강도상해의 범행을 한 경우 피고인은 그 공모관계에서 이탈하였다고 인정된다.

㉢ 피고인이 포괄일죄의 일부에 공동정범으로 가담한 경우 그가 그때에 이미 이루어진 종전의 범행을 알았다면 그 가담 이후의 범행에 대해서만이 아니라 전체에 대한 공동정범으로서 책임을 진다.

㉣ 구성요건행위를 직접 분담하여 실행하지 아니한 공모자가 공모공동정범으로 인정되기 위하여는 전체 범죄에 있어서 그가 차지하는 지위·역할이나 범죄경과에 대한 지배 내지 장악력 등을 종합하여 그에게 범죄에 대한 본질적 기여를 통한 기능적 행위지배가 존재하여야 한다.

㉤ 甲과 乙은 담배를 피우고 나서 분리수거장 방향으로 담배꽁초를 던져 버리는 한편, 각자 본인 및 상대방이 버린 담배꽁초 불씨가 살아 있는지를 확인하여 이를 완전히 제거하지 않고 현장을 떠나 화재가 발생하였다. 甲과 乙은 각각 실화죄의 죄책을 진다.

① ㉠㉡㉢㉣㉤
② ㉠㉡㉢㉣
③ ㉠㉡㉢㉤
④ ㉠㉡㉢

08

공동정범에 관한 설명 중 옳은 것을 모두 고른 것은? (다툼이 있는 경우 판례에 의함)

ㄱ. 상명하복 관계에 있는 자들이 범행에 공동가공한 경우, 특수교사·방조범(「형법」 제34조 제2항)이 성립할 수 있으나 공동정범은 인정될 수 없다.

ㄴ. 공모자에게 범죄에 대한 본질적 기여를 통한 기능적 행위지배가 인정된다면 공모공동정범으로서의 죄책을 물을 수 있다.

ㄷ. 공모자들이 그 공모한 범행을 수행하거나 목적 달성을 위해 나아가는 도중에 부수적인 다른 범죄가 파생되리라고 예상하거나 충분히 예상할 수 있는데도 그 가능성을 외면한 채 이를 방지하기에 족한 합리적 조치를 취하지 않고 공모한 범행에 나아갔다가 결국 그와 같이 예상된 범행들이 발생한 경우, 그 파생적인 범행 하나하나에 대하여 개별적 의사연락이 없었다면 그 범행 전부에 대한 기능적 행위지배가 존재한다고 볼 수 없다.

ㄹ. 공동정범이 성립하기 위하여 반드시 공범자 간 사전모의가 있어야 하는 것은 아니며, 우연히 만난 자리에서 서로 협력하여 공동의 범의를 실현하려는 의사가 암묵적으로 상통하여 범행에 공동가공하더라도 공동정범은 성립된다.

ㅁ. 도로교통법 제46조 제1항은 '자동차 등의 운전자는 도로에서 2명 이상이 공동으로 2대 이상의 자동차 등을 정당한 사유 없이 앞뒤로 또는 좌우로 줄지어 통행하면서 다른 사람에게 위해를 끼치거나 교통상의 위험을 발생하게 하여서는 아니 된다.'고 규정하고 있는데, 이러한 공동위험행위 범행에 해당하려면 행위자의 고의의 내용으로서 공동의사가 필요하다.

① ㄱㄴㄹ

② ㄴㄹㅁ

③ ㄴㄷㅁ

④ ㄱㄷㄹ

09

각 사례에 대한 설명으로 옳지 않은 것은? (다툼이 있는 경우 판례에 의함, 특별법은 논외로 함)

① 甲, 乙, 丙은 재물을 절취하기로 공모한 후 丙은 약 100m 떨어진 곳에서 망을 보고 甲과 乙은 현장에 가서 재물을 절취하였다. — 甲, 乙, 丙은 모두 특수절도죄의 죄책을 진다.

② 甲, 乙은 보석절도를 모의하고 주간에 함께 A의 주거에 침입하여 乙은 1층에서 망을 보고 甲은 2층에서 보석을 찾았으나 발견하지 못하자 화가 난 甲이 갑자기 장식장을 깨 버렸다. — 甲은 주거침입죄, 특수절도미수죄 및 손괴죄의 죄책을 지고 乙은 주거침입죄와 특수절도미수죄의 죄책을 진다.

③ 甲은 오토바이 판매점을 경영하는 자로서 乙에게 "오토바이를 훔쳐 오라. 그리하면 장물은 내가 사주겠다."라고 말하여 乙은 인근에서 오토바이를 절취하였다. — 甲, 乙은 절도죄의 공동정범의 죄책을 진다.

④ 甲과 乙은 강도를 공모하고 혼자 사는 여성 A의 집에 침입하여 甲이 재물을 강취하기 위해 A를 폭행하던 중 욕정이 발동하여 A를 강간하였고 乙은 그 사실을 알지 못한 채 물건을 가지고 나왔다. — 甲은 강도강간죄, 乙은 특수강도죄의 죄책을 진다.

10

공동정범에 관한 다음 [보기]의 설명 중 옳은 것을 모두 고른 것은? (다툼이 있는 경우에는 판례에 의함)

| 보기 |

㉠ 甲이 주도하여 乙, 丙과 절도를 하기로 공모한 후, 甲과 乙이 실행행위에 이르기 전에 망을 보기로 한 丙이 공모관계에서 이탈한 경우, 그 이후의 甲과 乙의 절취행위에 대하여 丙은 공동정범으로서의 책임을 지지 아니하고 그 이탈의 표시는 명시적일 필요는 없다.

㉡ 甲이 A회사의 직원으로서 경쟁업체에 유출하기 위해 회사의 영업비밀을 무단으로 반출함으로써 업무상배임죄의 기수에 이르렀다면, 그 이후 乙이 甲과 접촉하여 그 영업비밀을 취득하더라도 乙에 대해서 업무상배임죄의 공동정범은 성립하지 않는다.

㉢ 甲과 乙이 공동하여 강도하기로 공모하고 함께 협박에 사용할 등산용 칼을 구입하였으나 실행의 착수에 이르지 못한 경우, 강도예비죄의 공동정범이 된다.

㉣ 甲이 A녀를 강간하고 있을 때, 乙 스스로 甲의 강간행위에 가담할 의사로 甲이 모르는 사이에 망을 보아준 경우, 乙은 강간죄의 공동정범이 된다.

㉤ 甲이 乙·丙과 택시강도를 하기로 모의하고 乙·丙이 피해자 A에 대한 폭행에 착수하기 전에 겁을 먹고 미리 현장에서 도주한 경우, 甲은 특수강도의 합동범에 대한 공동정범이 된다.

① ㉠㉡㉢㉣㉤
② ㉠㉡㉢㉣
③ ㉠㉡㉢㉤
④ ㉠㉡㉢

11

다음 [보기]의 공범에 관한 기술 중 틀린 것을 모두 고른 것은? (다툼이 있는 경우 판례에 의함)

| 보기 |

㉠ 甲은 다른 공범들과 특정 회사 주식의 시세조종 주문을 내기로 공모한 다음 시세조종행위의 일부를 실행한 후 공범관계로부터 이탈하였고, 다른 공범들이 그 이후의 나머지 시세조종행위를 계속한 경우, 甲은 그 이후 나머지 공범들이 행한 시세조종행위에 대하여도 공동정범으로서의 죄책을 부담한다.

㉡ 미신고 옥외집회 또는 시위의 주최에 관하여 공동가공의 의사와 공동의사에 기한 기능적 행위지배를 통하여 그 실행을 공모한 자는 비록 구체적 실행행위에 직접 관여하지 아니하였더라도 다른 공범자의 미신고 옥외집회 또는 시위의 주최행위에 대하여 공모공동정범으로서의 죄책을 면할 수 없다.

㉢ 甲은 실제 영업활동을 하지 않는 회사들을 인수하여 회사 명의로 은행 당좌계좌를 개설하고 다량의 어음 용지를 확보한 다음 지급기일에 부도가 예정되어 있어 결제될 가능성이 없는 이른바 딱지어음을 대량 발행한 후 일정한 가격으로 시중에 유통시켰는데, 乙 등이 그중 일부를 취득하여 이러한 사실을 숨긴 채 피해자들에게 어음할인을 의뢰하거나 채무이행을 유예하는 대가로 교부하여 어음할인금을 편취하거나 채무이행의 유예를 받은 경우, 甲에게는 乙 등의 사기 범행에 공모한 점이 인정될 여지가 없다.

㉣ 영업활동에 지배적으로 관여하지 아니한 채 영업자의 직원으로 일하거나 영업을 위하여 보조한 경우, 또는 영업자에게 영업장소 등을 임대하고 사용대가를 받은 경우 등에도 법 위반에 대한 본질적인 기여를 통한 기능적 행위지배를 인정할 수 있으므로 공동정범으로 처벌할 수 있다.

㉤ A가 甲으로부터 폭행을 당하고 얼마 후 함께 A를 폭행하자는 甲의 연락을 받고 달려 온 乙로부터 다시 폭행을 당하고 사망하였으나 사망의 원인행위가 판명되지 않았다면, 「형법」제263조가 적용되어 甲과 乙은 폭행치사죄의 공동정범의 예에 의해 처벌된다.

① ㉠㉡㉣
② ㉢㉣㉤
③ ㉠㉢㉤
④ ㉡㉢㉣

12

공동정범 등에 관한 다음 [보기]의 기술 중 옳은 것을 모두 고른 것은? (다툼이 있으면 판례에 의함)

| 보기 |

㉠ 甲이 1981년 2월 초순경부터 히로뽕 제조행위를 계속하고 있던 도중에 이러한 사실을 알고 있던 乙이 그 히로뽕 제조행위의 중간에 가담한 경우에는 그 가담행위 이전의 제조행위에 대해서까지 유죄를 인정할 수 없다.

㉡ A, B, C, D 등은 폭행 기타의 신체침해행위에 대한 공동의사만을 가진 채 상대방인 甲, 乙, 丙, 丁 등과 패싸움을 하던 중 A가 甲을 칼로 찔러 죽게 한 경우에 B, C, D는 사망의 결과에 대한 인식이 없었더라도 상해치사죄의 죄책을 면할 수 없다.

㉢ 행위자 일방의 가공의사만으로는 공동정범이 성립하지 아니하고, 또한 실행행위 도중에 뒤늦게 타인의 범행의사에 가담한 경우에도 전체범죄에 대한 공동정범이 성립하지 아니한다.

㉣ 2인 이상의 공동과실로 구성요건에 해당하는 결과가 발생한 경우에는 공동정범이 성립할 수 없다.

㉤ 종업원 소유 화물차를 자신의 가스배달업무에 제공하는 대가로 임금을 포함하여 매월 일정 금원을 지급하였다면, 자가용화물자동차를 유상으로 화물운송에 제공하는 행위를 처벌하는 구 화물자동차운수사업법위반죄의 공동정범이 성립한다.

㉥ 甲, 乙, 丙 중 甲은 피해자 A를 폭행하고 乙은 이를 휴대전화로 촬영하고 丙은 이를 지켜본 경우, 甲·乙·丙은 폭력행위 등 처벌에 관한 법률상 2명 이상이 공동하여 폭행한 죄(형법 각 해당 조항에서 정한 형의 2분의 1까지 가중, 폭처법 제2조 제2항 제1호)에 해당한다.

① ㉡㉢㉤㉥
② ㉠㉡㉢㉥
③ ㉠㉡㉢
④ ㉡㉢㉣

13

정범 및 공범에 관한 다음 [보기]의 설명 중 옳은 것을 모두 고른 것은? (다툼이 있는 경우 판례에 의함)

| 보기 |

㉠ A가 甲으로부터 폭행을 당하고 얼마 후 乙이 甲과 의사연락 없이 A를 폭행하자 A가 乙의 계속되는 폭행을 피하여 도로를 무단횡단하다 지나가던 차량에 치어 사망하였다면, 「형법」제263조가 적용될 수 없다.

㉡ 甲이 뇌물공여의사 없이 오로지 공무원 乙을 함정에 빠뜨릴 의사로 직무와 관련되었다는 형식을 빌려 乙에게 금품을 공여한 경우에도 乙이 그 금품을 직무와 관련하여 수수한다는 의사를 가지고 받아들이면 甲에게 뇌물공여죄가 성립하지 않는 경우라도 乙에게 뇌물수수죄가 성립한다.

㉢ 「폭력행위 등 처벌에 관한 법률」제2조 제2항에서 '2명 이상이 공동하여' 죄를 범한 때라 함은 수인이 동일한 장소에서 동일한 기회에 상호 다른 사람의 범행을 인식하고 이를 이용하여 범행을 한 경우를 뜻하는 것으로서, 폭행 등의 실행범과의 공모사실은 인정되나 그와 공동하여 범행에 가담하였거나 범행장소에 있었다고 인정되지 아니하는 경우에도 여기서의 '공동하여 죄를 범한 때'에 해당한다.

㉣ 합동범은 주관적 요건으로서 공모 외에 객관적 요건으로서 현장에서의 실행행위의 분담을 요하나, 이 실행행위의 분담은 반드시 동시에 동일 장소에서 실행행위를 특정하여 분담하는 것만을 뜻하는 것이 아니라 시간적으로나 장소적으로 서로 협동관계에 있다고 볼 수 있으면 충분하다.

㉤ 피교사자의 범행이 당초의 교사행위와 무관한 새로운 범죄 실행의 결의에 따른 것이라면 교사자는 예비·음모에 준하는 죄책을 부담한다.

① ㉠㉡㉢㉣㉤
② ㉠㉡㉢㉤
③ ㉠㉡㉣㉤
④ ㉠㉢㉣㉤

14

甲이 乙에게 A를 살해하라고 교사하자 乙은 이를 승낙했다. 이틀 후 乙은 마음이 바뀌어 甲이 예상한 바와 전혀 달리 A의 자동차만 야구방망이로 부수고 돌아왔다. 甲과 乙의 형사책임은?

① 甲－불가벌
　　乙－손괴죄
② 甲－살인죄의 예비·음모
　　乙－손괴죄
③ 甲－살인죄의 예비·음모
　　乙－살인죄의 예비·음모와 손괴죄의 실체적 경합
④ 甲－살인죄의 예비·음모와 손괴죄의 교사범의 실체적 경합
　　乙－살인죄의 예비·음모와 손괴죄의 실체적 경합

15

정범과 공범에 대한 아래 ㉠부터 ㉤까지의 설명 중 옳고 그름의 표시(O, ×)가 모두 바르게 된 것은? (다툼이 있는 경우 판례에 의함)

> ㉠ 제한적 종속형식의 입장을 취하게 되면, 정범의 책임이 조각되는 경우 공범이 성립할 수 없다는 결론에 이른다.
> ㉡ 교사자가 피교사자에 대하여 상해 또는 중상해를 교사하였는데 피교사자가 이를 넘어 살인을 한 경우, 교사자에게 피해자의 사망이라는 결과에 대하여 고의가 없더라도 살인죄의 교사범이 된다.
> ㉢ 공범관계에 있어 공모는 공범자 상호간에 직접 또는 간접으로 범죄의 공동실행에 관한 암묵적인 의사의 연락이 있으면 족하고, 비록 전체의 모의과정이 없었다고 하더라도 수인 사이에 의사의 연락이 있으면 공동정범이 성립될 수 있다.
> ㉣ 실행의 착수 전에 장래의 실행행위를 예상하고 이를 용이하게 하는 행위를 하여 방조한 경우, 정범이 그 실행행위에 나아갔다면 종범이 성립할 수 있다.
> ㉤ 목적범에 있어서 목적 없는 고의 있는 도구를 이용한 경우, 피이용자에 대한 의사지배가 인정되지 않으므로 간접정범이 성립할 수 없다.

① ㉠(O) ㉡(×) ㉢(×) ㉣(×) ㉤(×)
② ㉠(×) ㉡(O) ㉢(O) ㉣(O) ㉤(×)
③ ㉠(×) ㉡(×) ㉢(O) ㉣(O) ㉤(×)
④ ㉠(×) ㉡(×) ㉢(O) ㉣(O) ㉤(O)

16

다음 [보기]의 경우 중 피고인에게 교사범이 성립하지 않는 것을 모두 고른 것은? (다툼이 있는 경우 판례에 의함)

> | 보기 |
>
> ㉠ 벌금 이상의 형에 해당하는 죄를 범한 피고인이 도피 중 자신의 휴대폰을 사용할 경우 소재가 드러날 것을 염려하여 평소 가깝게 지내던 후배 A에게 요청하여 대포폰을 개설하여 받고, A에게 전화를 걸어 자신이 있는 곳으로 오도록 한 다음 A가 운전하는 자동차를 타고 이동하여 다닌 경우 (범인도피교사죄)
> ㉡ 피고인의 교사를 받은 A는 수사기관에서 참고인으로서 피고인에 관하여 조사를 받으면서 A 자신이 알고 있는 사실을 묵비하거나 허위로 진술하였으나, 그것이 적극적으로 수사기관을 기만하여 착오에 빠지게 함으로써 범인의 발견 또는 체포를 곤란 내지 불가능하게 할 정도가 아닌 경우 (범인도피교사죄)
> ㉢ A와 B로부터 이미 범인도피교사를 받아 오락실의 실제 업주라고 허위로 진술할 결의를 하였던 C에게 피고인이 다시 위와 같이 허위 진술하도록 지시하였고, C가 수사기관에서 조사를 받으면서 자신이 실제 업주라고 허위로 진술한 경우 (범인도피교사죄)
> ㉣ 피고인이 승용차를 무면허로 운전하고 가다가 화물차를 들이받는 사고를 낸 후 무면허로 운전한 사실 등이 발각되지 않기 위해, 동생 A에게 '운전면허가 있는 네가 나 대신 교통사고를 내었다고 조사를 받아달라'고 부탁하여, 이를 승낙한 A로 하여금 경찰서에서 자신이 운전하고 가다가 교통사고를 낸 사람이라고 허위 진술로 피의자로서 조사를 받도록 한 경우 (범인도피교사죄)
> ㉤ 피고인이 자신이 관리하는 건물 5층에 거주하는 A의 가족을 내쫓을 목적으로 자신의 아들인 甲을 교사하여 그곳 현관문에 설치된 피고인 소유 디지털 도어락의 비밀번호를 변경하게 한 경우 (권리행사방해교사죄)

① ㉠㉡㉢㉣㉤
② ㉡㉢㉣㉤
③ ㉠㉡㉣㉤
④ ㉠㉡㉢㉤

17

방조범에 관한 다음 설명에 대해 옳고 그름을 맞게 표시한 것은? (다툼이 있으면 판례에 의함)

> ⊙ 편면적 종범에서는 정범의 범죄행위가 없더라도 방조범만 성립될 수 있다.
> ⓒ 종범의 방조행위는 작위뿐만 아니라 부작위에 의해서도 성립된다.
> ⓒ 피방조자가 자의로 실행행위를 중지하거나 결과발생을 방지한 때에 방조자는 중지미수가 된다.
> ⓐ 간접적으로 정범을 방조하는 경우 정범이 누구인지 확실히 알 필요는 없다.
> ⓜ 미수의 방조에서는 방조자의 고의가 부정된다.

① ⊙(○), ⓒ(○), ⓒ(×), ⓐ(×), ⓜ(×)
② ⊙(○), ⓒ(○), ⓒ(○), ⓐ(×), ⓜ(×)
③ ⊙(×), ⓒ(×), ⓒ(○), ⓐ(○), ⓜ(○)
④ ⊙(×), ⓒ(○), ⓒ(×), ⓐ(○), ⓜ(○)

18

방조범에 관한 다음 [보기]의 설명에 대하여 옳은 것(○)과 옳지 않은 것(×)을 올바르게 조합한 것은? (다툼이 있는 경우에는 판례에 의함)

> | 보기 |
>
> ⊙ 정범이 실행에 착수하기 전에 방조한 경우에는 그 이후 정범이 실행에 착수하였더라도 방조범이 성립할 수 없다.
> ⓒ 간호조무사의 무면허 진료행위가 있은 후에 이를 의사가 진료부에 기재하는 행위는 범죄종료 후의 사후행위에 불과하므로 무면허 의료행위의 방조에 해당하지 않는다.
> ⓒ 방조범에 있어서 정범의 고의는 정범에 의하여 실현되는 범죄의 구체적 내용을 인식할 것을 요하는 것은 아니고 미필적 인식 또는 예견으로 족하다.
> ⓐ A노조 B자동차 비정규직지회 조합원들이 B자동차 생산라인을 점거하면서 쟁의행위를 한 것 (이는 업무방해죄에 해당함)과 관련하여, A노조 미조직비정규국장인 甲은 ① B자동차 정문 앞 집회에 참가하여 점거 농성을 지원하고, ② 점거 농성장에 들어가 비정규직지회 조합원들을 독려하고, ③ A노조 공문을 비정규직지회에 전달하였다. ①②③ 중 업무방해죄의 방조범이 성립하는 것은 ②의 행위뿐이다.
> ⓜ 철도노조 조합원 A와 B는 높이 15m 가량의 조명탑 중간 대기장소에 올라가 점거 농성을 벌임으로써 한국철도공사로 하여금 위 조합원들의 안전을 위해 조명탑의 전원을 차단하게 하여 위력으로 한국철도공사의 야간 입환업무를 방해하였는데, 甲 등은 그 아래에 천막을 설치하여 지지 집회를 개최하고 음식물과 책 등 물품을 제공하였다. 甲 등의 행위에는 업무방해죄의 방조범의 죄책이 인정된다.

① ⊙(○), ⓒ(×), ⓒ(○), ⓐ(○), ⓜ(○)
② ⊙(×), ⓒ(×), ⓒ(○), ⓐ(○), ⓜ(○)
③ ⊙(×), ⓒ(○), ⓒ(×), ⓐ(○), ⓜ(×)
④ ⊙(×), ⓒ(×), ⓒ(○), ⓐ(○), ⓜ(×)

19

다음 공범에 관한 판례의 입장과 일치하는 것(○)과 일치하지 않는 것(×)을 올바르게 표시한 것은?

> ㉠ 소리바다 서비스를 운영하여 그 이용자들로 하여금 구 저작권법상 복제권의 침해행위를 할 수 있도록 한 것은 그 방조범에 해당한다.
>
> ㉡ 종범이 처벌되기 위하여는 정범의 실행의 착수가 있는 경우에만 가능하고 정범이 예비의 단계에 그친 경우에는 이를 종범으로 처벌할 수 없다.
>
> ㉢ 다른 3명의 공모자들과 강도 모의를 주도한 피고인이, 다른 공모자들이 피해자를 뒤쫓아 가자 단지 "어?"라고만 하고 더 이상 만류하지 아니하여 공모자들이 강도상해를 했다면 피고인은 실행의 착수 전에 그 공모관계에서 이탈하였기 때문에 강도상해죄가 성립하지 않는다.
>
> ㉣ 제3자를 교사·방조하여 자신에 대한 허위의 사실을 신고하게 한 경우, 자기무고는 무고죄의 구성요건에 해당하지 아니하므로 피무고자도 무고죄의 교사·방조범의 죄책을 지지 않는다.
>
> ㉤ 공중송신권 침해 게시물로 연결되는 링크를 저작권 침해물 링크 사이트에서 공중의 구성원에게 제공하는 행위는 저작권법상 공중송신권 침해의 방조에 해당하지 아니한다.

① ㉠(×), ㉡(○), ㉢(×), ㉣(×), ㉤(○)
② ㉠(×), ㉡(×), ㉢(×), ㉣(○), ㉤(×)
③ ㉠(○), ㉡(×), ㉢(○), ㉣(×), ㉤(○)
④ ㉠(○), ㉡(○), ㉢(×), ㉣(×), ㉤(×)

20

교사범과 방조범에 관한 다음 [보기]의 설명 중 옳은 것을 모두 고른 것은?

> | 보기 |
>
> ㉠ 관세법에서는 "몰수할 물품의 전부 또는 일부를 몰수할 수 없을 때에는 그 몰수할 수 없는 물품의 범칙 당시의 국내 도매가격에 상당한 금액을 범인으로부터 추징한다."라고 규정하고 있는바 여기서 말하는 범인의 범위는 공동정범자 및 교사범을 포함하나 종범은 제외된다.
>
> ㉡ 방조의 대상이 되는 정범의 실행행위의 착수가 없는 이상 방조죄만이 독립하여 성립될 수 없다.
>
> ㉢ 형법 제98조 제1항에 따른 간첩방조죄를 저지른 경우, 형법상 간첩죄의 법정형에서 형법 제32조에 따른 종범감경을 하여 처단하여야 한다.
>
> ㉣ 종범에 대한 선고형이 정범보다 가볍지 않다 하더라도 위법이라 할 수 없다.
>
> ㉤ 甲은 성명불상자로부터 불법 환전 업무를 도와주면 대가를 지급하겠다는 제안을 받고 자신의 금융계좌번호를 알려주고 성명불상자는 전기통신금융사기 편취금을 은닉하기 위하여 甲의 금융계좌로 편취금을 송금받았다. 이 경우 甲이 정범[「특정 금융거래정보의 보고 및 이용 등에 관한 법률」(구 금융실명법)에 따른 불법재산의 은닉, 자금세탁행위 그밖에 탈법행위를 목적으로 타인의 실명으로 금융거래를 하는 범죄]인 성명불상자가 목적으로 삼은 탈법행위의 구체적인 내용이 어떤 것인지를 정확히 인식하지 못하였다 하더라도 甲에게는 위 성명불상자의 위 법률위반죄에 대한 방조범이 성립한다.

① ㉠㉡㉣
② ㉠㉢㉤
③ ㉡㉣㉤
④ ㉢㉣㉤

▶ 제2편 **범죄론:** 제6장 정범과 공범론 [종범 2] ― **제7장 범죄의 특수한 출현형태론** [과실범과 결과적 가중범 1]

회차	시행일			목표점수			획득점수		
제7회	1차	2차	3차	1차	2차	3차	1차	2차	3차

01

공범에 관한 다음 [보기]의 설명 중 옳은 것을 모두 고른 것은?

| 보기 |

㉠ 甲이 제3자 소유이면서 乙조합이 점유하는 창고 건물에서 乙조합으로부터의 허락이 없었다는 정을 모르는 그 제3자로 하여금 그의 소유의 패널을 뜯어내어 甲이 지정하는 장소로 운반하도록 한 경우, 甲에게 제3자를 도구로 이용한 절도죄의 간접정범이 성립할 수 있다.

㉡ 공모공동정범에 있어서, 공모자 중 1인이 공모에 주도적으로 참여하여 다른 공모자의 실행에 영향을 미친 때에는 범행을 저지하기 위하여 적극적으로 노력하는 등 실행에 미친 영향력을 제거하지 아니하는 한 공모관계에서 이탈되었다고 할 수는 없다.

㉢ 甲과 乙이 丙을 강간하였고(각 의사연락 없는 독립행위임), 그로 인하여 丙이 회음부 찰과상을 입기는 하였으나 누구의 강간행위로 상해를 입게 된 것인지 밝혀지지 않은 경우, 甲과 乙을 강간치상죄로 처벌할 수는 없다.

㉣ 웨이터인 甲은 손님들을 단순히 출입구로 안내하였을 뿐 미성년자인 여부의 판단과 출입허용 여부는 2층 출입구에서 주인이 결정하게 되어 있었다면, 甲의 위 안내행위를 미성년자를 클럽에 출입시킨 주인의 행위에 대한 방조로 보기는 어렵다.

① ㉡㉢㉣
② ㉠㉢㉣
③ ㉠㉡㉣
④ ㉠㉡㉢㉣

02

공범론에 관한 다음 설명 중 옳은 것은? (다툼이 있는 경우 판례에 의함)

① 병원 원장인 甲은 A가 정상적으로 입원한 것으로 작성된 허위의 입·퇴원확인서를 작성한 후 A에게 교부하여 A가 보험회사에 보험금을 청구하여 보험금을 받도록 방조한 경우라면, A에 대한 공소장에 있어서 검사가 제출한 증거만으로는 A가 보험금을 부당하게 편취하였다고 인정하기 어렵다 하더라도 甲은 사기죄의 방조범이 성립한다.

② 甲이 乙에게 평소 사용하는 칼로 A의 다리를 못 쓰게 하라고 교사하여 乙이 칼로 A의 허벅지 등을 20여 회 힘껏 찔러 과다출혈로 사망에 이른 경우, 甲은 상해죄의 교사범이 성립한다.

③ 甲이 상해의 고의로 A를 폭행하여 A가 길에서 쓰러지게 되었고, 2시간쯤 지나 평소 A와 사이가 좋지 않았던 乙이 때마침 지나가던 길에 A를 발견하여 폭행의 고의로 A를 발로 구타하였고, 이후 A는 사망하게 되었으나 누구의 행위로 사망하게 된 것인지 밝혀지지 않았다면 甲은 상해치사죄가 성립하고, 乙은 폭행치사죄가 성립한다.

④ 甲이 친구 乙을 교사하여 乙의 부모님의 지갑을 가져오게 한 경우, 乙은 절도죄로 처벌되지 않으므로 甲도 절도죄의 교사범이 성립되지 않는다.

03

공범의 착오에 대한 설명으로 옳은 것은? (다툼이 있는 경우 판례에 의함)

① 방조자의 인식과 정범의 실행 간에 착오가 있고 양자의 구성요건을 달리한 경우, 그 구성요건이 중첩되는 부분뿐만 아니라 정범의 초과부분에 대해서도 방조자의 죄책을 인정하여야 한다.

② 공범종속성설에 의하면 공범의 가벌성은 교사자 자신의 행위에 의해 결정되기 때문에 교사자의 교사행위가 있는 이상 피교사자의 범죄실행이 없어도 교사한 범죄의 미수범으로 처벌받게 된다.

③ 甲과 乙이 A를 강도하기로 공모하였음에도 불구하고 乙이 공모한 내용과 전혀 다른 강도강간을 한 경우, 직접 실행행위에 관여하지 않았더라도 甲은 강도강간죄의 죄책을 진다.

④ 피교사자가 교사자의 교사내용과 전혀 다른 범죄를 실현한 경우 교사범이 성립하지 않는다는 견해에 따르면, 甲이 乙에게 A에 대한 강간을 교사하였는데 乙이 강도를 한 경우 甲은 강간의 예비·음모에 준하여 처벌된다.

04

공범과 신분에 대한 설명으로 옳은 것은? (다툼이 있는 경우 판례에 의함)

① 신분관계가 없는 사람이 신분관계로 인하여 성립될 범죄에 가공한 경우, 신분관계가 없는 사람에게 공동가공의 의사와 이에 기초한 기능적 행위지배를 통한 범죄의 실행이라는 주관적·객관적 요건이 충족되면 방조범으로 처벌된다.

② 아들의 아버지에 대한 존속살해 범행을 알고 있고 이를 막을 수 있었음에도 방치한 어머니의 행위는 기능적 행위지배의 유무에 따라 교사범 또는 방조범의 죄책을 구성한다.

③ 공무원과 공동정범 관계에 있는 비공무원은 뇌물수수죄의 공동정범은 될 수 있으나, 제3자뇌물수수죄에서 말하는 제3자는 될 수 없다.

④ 변호사 아닌 자에게 고용된 변호사도 변호사 아닌 자가 변호사를 고용하여 법률사무소를 개설·운영하는 행위를 처벌하도록 규정하고 있는 「변호사법」 위반죄의 공범이 성립한다.

05

다음 설명 중 옳지 않은 것은? (판례가 있으면 그에 따름)

① 甲이 乙을 교사하여 乙의 父 丙을 살해하게 한 경우 甲은 보통살인죄의 교사범으로 처벌된다.

② 공무원 아닌 甲이 공무원인 乙에게 乙의 직무와 관련하여 丙으로부터 뇌물을 수수하도록 교사하여 乙이 丙으로부터 뇌물을 수수한 경우에 甲은 수뢰죄의 교사범으로 처벌된다.

③ 형법 제152조 제1항(단순위증)과 제2항(모해위증)은 위증을 한 범인이 형사사건의 피고인 등을 '모해할 목적'을 가지고 있었는가 아니면 그러한 목적이 없었는가 하는 범인의 특수한 상태의 차이에 따라 범인에게 과할 형의 경중을 구별하고 있으므로, 이는 바로 형법 제33조 단서 소정의 "신분관계로 인하여 형의 경중이 있는 경우"에 해당한다고 봄이 상당하다.

④ 공무원 아닌 甲이 행사할 목적으로 호적부를 작성할 권한 있는 공무원 乙에게 자신에 관한 허위의 호적부를 작성할 것을 교사하여 乙이 행사할 목적으로 허위의 호적부를 작성한 경우에 甲은 공정증서원본부실기재죄의 교사범으로 처벌된다.

06

다음은 공범과 신분에 대한 판례이다. 틀린 것은?

① 공직선거 및 선거부정방지법상의 각 기부행위의 주체로 인정되지 아니하는 자가 기부행위의 주체자 등과 공모하여 기부행위를 하였다고 하더라도 그 신분에 따라 각 해당법조로 처벌하여야하지 기부행위의 주체자의 해당법조의 공동정범으로 처벌할 수도 없다.

② 성인용 오락영업허가 업소의 지배인도 업주의 유사사행행위 범행에 가공한 행위의 정도 및 내용에 따라 공동정범으로 의율할 수 있다.

③ 부동산을 타인이 매수한 사실을 알면서 그 매수인을 배제하고 이를 취득할 목적으로 그 매도인과 공모하여 이중으로 매수하여 그 소유권이전등기를 경료하였다면 배임죄의 공동정범이 성립한다.

④ 비점유자가 업무상 점유자와 공모하여 군용물을 횡령한 경우에 군용물횡령죄에 있어서는 업무상 횡령이든 단순횡령이든 간에 그 법정형이 동일하더라도 비점유자도 형법 제33조 본문에 의하여 공범관계가 성립되며 다만 그 처단에 있어서는 동조 단서의 적용을 받는다.

07

공범과 신분에 관한 설명 중 옳은 것을 모두 고른 것은? (다툼이 있는 경우에는 판례에 의함)

> ⊙ 甲이 A를 모해할 목적으로 乙에게 위증을 교사한 경우, 정범인 乙에게 모해의 목적이 없었다고 하더라도, 형법 제33조 단서에 의하여 甲에게는 모해위증죄의 교사범이 성립한다.
> ⓛ 업무상 타인의 사무를 처리하는 지위에 있지 아니한 자가 그러한 신분관계가 있는 자와 공모하여 업무상배임죄를 범한 경우 그러한 신분관계가 없는 자에 대하여는 형법 제33조 단서에 의하여 배임죄에 정한 형으로 처벌하여야 한다.
> ⓒ A회사 경리과장 乙의 배임행위를 A회사 직원이 아닌 친구 甲이 함께한 경우, 甲에게는 배임죄의 공동정범이 성립한다.
> ⓔ 도박의 습벽이 있는 甲이 도박의 습벽이 없는 乙의 도박을 방조하면 甲에게는 상습도박죄의 방조범이 성립한다.

① ⊙ⓛⓒ
② ⊙ⓛⓔ
③ ⊙ⓒⓔ
④ ⓛⓒⓔ

08

공범과 신분에 대한 설명으로 가장 적절한 것은? (다툼이 있는 경우 판례에 의함)

① 물건의 소유자가 아닌 사람은 형법 제33조 본문에 따라 소유자의 권리행사방해 범행에 가담한 경우에 권리행사방해죄의 공범이 성립한다.

② 업무상 배임죄에서의 업무상의 임무라는 신분관계가 없는 자가 신분관계 있는 자와 공모한 경우, 신분관계가 없는 공범에 대하여는 「형법」 제33조 본문에 따라 업무상 배임죄에서 정한 형으로 처단하여야 한다.

③ 의사가 의사면허 없는 일반인의 무면허의료행위에 공모하여 가공하는 등 기능적 행위지배가 인정된다 하더라도 의사는 「의료법」상 무면허의료행위의 공동정범으로서의 죄책을 지지 않는다.

④ 도박의 습벽이 있는 자가 타인의 도박을 방조하면 상습도박방조의 죄에 해당하는 것이며, 도박의 습벽이 있는 자가 도박을 하고 또 도박방조를 하였을 경우, 상습도박죄와는 별도로 상습도박방조의 죄가 성립하고 양자는 실체적 경합관계에 있다.

09

공범에 관한 설명 중 옳은 것은? (다툼이 있는 경우 판례에 의함)

① 업무상배임죄에서 업무상 임무라는 신분관계 없는 甲이 신분 있는 乙과 공모하여 업무상배임죄를 범한 경우 甲에게는 단순배임죄가 성립한다.

② 아동학대범죄의 처벌 등에 관한 특례법상 보호자의 아동학대치사에 공모·가담한 자에게도 동일한 아동학대치사죄가 성립하는바, 그 과형에 있어서 상해치사죄의 형으로 처벌하는 것이 아니라 아동학대범죄의 처벌 등에 관한 특례법상 아동학대치사죄의 공동정범의 형으로 처벌된다.

③ 치과의사 甲이 치과의사면허가 없는 치과기공사 乙에게 치과진료행위를 하도록 교사한 경우 甲은 소극적 신분을 가지고 있으므로 처벌되지 않는다.

④ 방조범이 성립하기 위하여 방조범과 정범 사이의 의사연락을 요하지는 않지만, 정범이 누구인지와 범행일시, 장소, 객체 등에 대한 구체적 인식과 이러한 정범의 실행을 방조한다는 인식이 필요하다.

10

다음 중 해당되는 공범의 형태가 인정되는 것은 모두 몇 개인가? (판례에 의함)

> ⊙ 과실범의 공동정범(공동정범)
> ⓛ 공모공동정범(공동정범)
> ⓒ 결과적 가중범의 공동정범(공동정범)
> ⓔ 부작위에 의한 간접정범(간접정범)
> ⓜ 과실범에 대한 교사범(교사범)
> ⓗ 사후방조(종범)
> ⓢ 방조범에 대한 교사(교사범)

① 2개
② 3개
③ 4개
④ 5개

11

과실범에 대한 다음 [보기]의 설명 중 옳은 것을 모두 고른 것은? (다툼이 있으면 판례에 의함)

| 보기 |

㉠ 현행형법상 과실범은 모두 결과범에 속하고, 형법상 과실범은 이를 처벌하는 것이 원칙이고 법률에 특별한 규정이 있으면 처벌하지 아니한다.

㉡ 과실범의 구성요건요소인 주의의무 위반을 판단할 때 주의의무의 기준에 관한 객관설의 입장에 의하면 행위자의 특별한 지식과 경험은 구성요건적 과실의 내용으로 고려된다.

㉢ 신뢰의 원칙은 스스로 규칙을 위반한 경우에는 그 적용이 제한되나 행위자의 규칙위반이 결과발생과 직접적인 관련이 없다면 적용될 여지가 있다.

㉣ 자동차의 운전자는 횡단보행자용 신호기가 설치되지 않은 횡단보도를 횡단하는 보행자가 있을 경우에, 그대로 진행하더라도 보행자의 횡단을 방해하지 않거나 통행에 위험을 초래하지 않을 경우를 제외하고는, 횡단보도에 먼저 진입하였는지 여부와 관계없이 차를 일시정지하는 등의 조치를 취함으로써 보행자의 통행이 방해되지 않도록 할 의무가 있다.

㉤ 甲은 맑은 날씨의 오후에 트럭을 운전하여 횡단보행자용 신호기가 설치되어 있지 않은 횡단보도를 통과한 직후 그 부근에서 도로를 횡단하려는 乙(만 9세, 여)을 뒤늦게 발견하고 급제동 조치를 취하였으나, 차량 앞 범퍼 부분으로 피해자의 무릎을 충격하여 약 2주간의 치료를 요하는 상해를 입혔다. 甲에게는 업무상 과실치상죄가 성립하지 아니한다.

㉥ 자동차의 운전자는 자동차가 횡단보도에 먼저 진입한 경우로서 그대로 진행하더라도 보행자의 횡단을 방해하지 않거나 통행에 위험을 초래하지 않을 상황이라면 그대로 진행할 수 있다.

① ㉠㉡㉢㉣ ② ㉡㉢㉣㉥
③ ㉢㉣㉤㉥ ④ ㉡㉢㉣㉤

12

의사의 의료행위와 형법상 과실에 관한 다음 [보기]의 설명 중 옳지 않은 것을 모두 고른 것은? (다툼이 있는 경우에는 판례에 의함)

| 보기 |

㉠ 의사는 적절한 진료방법을 선택할 상당한 범위의 재량을 갖는 것이어서, 어떤 진료방법을 선택하였더라도 진료 결과를 놓고 어느 하나만이 정당하고 이와 다른 조치를 취한 것에 과실이 있다고 할 수 없다.

㉡ 의사들 사이의 분업적인 진료행위에 있어서 서로 대등한 지위에서 각자의 의료영역을 나누어 환자 진료의 일부를 분담한 경우, 진료를 분담 받은 다른 의사의 전적인 과실로 환자에게 발생한 결과에 대하여 주된 의사의 지위에서 환자를 진료하는 의사에게 책임을 인정할 수 있다.

㉢ 의사가 자신의 환자에 대하여 다른 의사를 지휘·감독하는 지위에 있다면, 그 의료영역이 다른 의사에게 전적으로 위임된 경우라도 다른 의사의 의료행위 내용이 적절한 것인지를 확인하고 감독하여야 할 업무상 주의의무가 있다.

㉣ 수련병원의 전문의와 전공의 등의 관계처럼 의료기관 내의 직책상 주된 의사의 지위에서 지휘·감독 관계에 있는 다른 의사에게 특정 의료행위를 위임하는 수직적 분업의 경우, 그 다른 의사에게 전적으로 위임된 것에 해당하는 의료행위의 경우에도 주된 의사는 자신이 주로 담당하는 환자에 대하여 다른 의사가 하는 의료행위의 내용이 적절한 것인지 여부를 확인하고 감독하여야 할 업무상 주의의무가 있다.

㉤ 장폐색이 있는 피해자의 치료를 담당하였던 대학병원 내과 교수의 대장내시경 준비지시를 받은 내과 전공의 2년차가 대장내시경을 위해 투여하는 장정결제를 감량하지 않고 일반적인 용법으로 투여하며 별도로 배변양상을 관찰할 것을 지시하지 않고 관련 설명을 제대로 하지 않은 업무상과실로 피해자의 장이 파열되고 결국 사망하였다. 이 경우 특별한 사정이 없는 한 위 내과 교수에게도 책임을 물을 수 있다.

① ㉠㉡㉢㉣ ② ㉡㉢㉣㉤
③ ㉠㉡㉣㉤ ④ ㉠㉡㉢㉣㉤

13

과실범에 관한 다음 [보기]의 설명 중 옳지 않은 것을 모두 고른 것은? (다툼이 있는 경우 판례에 의함)

| 보기 |

㉠ 방화와 일수의 죄는 보통과실, 업무상 과실, 중과실을 모두 처벌하나, 장물죄는 업무상 과실과 중과실만 처벌할 뿐이다.

㉡ 형법 제268조의 업무상과실의 유무를 판단함에는 같은 업무와 직무에 종사하는 일반적 보통인의 주의정도를 표준으로 하는 것이 아니라 우리 사회의 일반인의 주의 정도를 표준으로 한다.

㉢ 포클레인 기사 甲은 포클레인을 이용해 토사를 덤프트럭에 적재하는 작업을 하면서 포클레인으로 퍼서 올린 토사가 부근의 자전거도로로 떨어지게 하여 자전거를 타고 그곳을 지나던 乙이 떨어진 돌에 부딪혀 상해를 입었다. 甲에게는 업무상 과실치상죄의 죄책이 인정된다.

㉣ 형법 제30조 소정의 "2인 이상이 공동하여 죄를 범한 때"의 '죄'에는 고의범만 포함되고 과실범은 포함되지 아니한다.

㉤ 업무상과실치상죄의 '업무'란 사람의 사회생활면에서 하나의 지위로서 계속적으로 종사하는 사무로, 수행하는 그 직무 자체가 위험성을 갖기 때문에 안전배려를 의무의 내용으로 하는 경우를 말하고 사람의 생명·신체의 위험을 방지하는 것을 의무의 내용으로 하는 업무까지 포함하는 것은 아니다.

㉥ 신뢰의 원칙이란 과실범에서 주의의무규칙을 준수하는 사람은 다른 참여자들도 그렇게 하리라는 것을 신뢰한 행위결과로 구성요건결과가 발생하더라도 과실행위가 되지 않는다는 것이지만, 중앙선이 표시되어 있지 아니한 비포장도로에서는 승용차가 마주보고 진행할 수 있는 정도의 너비가 되는 도로라고 하더라도 마주 오는 차가 도로의 중앙이나 좌측부분으로 진행하여 올 것을 예상하여 필요한 조치를 강구하여야 할 업무상 주의의무가 있는 것이 원칙이다.

① ㉠㉢㉣㉤

② ㉡㉢㉣㉤㉥

③ ㉠㉡㉣㉤㉥

④ ㉠㉡㉢㉣㉤

14

과실범에 대한 다음 [보기]의 설명 중 틀린 것을 모두 고른 것은? (다툼이 있는 경우 판례에 의함)

| 보기 |

㉠ 의사가 설명의무를 위반한 채 의료행위를 하였다가 환자에게 사망의 결과가 발생한 경우, 의사에게 업무상 과실로 인한 형사책임을 지우기 위해서는 의사의 설명의무 위반과 환자의 사망 사이에 상당인과관계가 존재할 필요는 없다.

㉡ 농배양을 하지 않은 의사의 과실과 피해자의 사망 사이에 인과관계를 인정하려면, 농배양을 하였더라면 피고인이 투약해 온 항생제와 다른 어떤 항생제를 사용하게 되었을 것이라거나 어떤 다른 조치를 취할 수 있었을 것이고, 따라서 피해자가 사망하지 않았을 것이라는 점이 인정되어야 한다.

㉢ 과실이 있는 경우, 결과가 발생하지 않거나 과실과 결과 사이에 인과관계가 부정될 때에는 과실범의 미수범으로 처벌된다.

㉣ 의사들의 주의의무 위반과 처방체계상의 문제점으로 인하여 수술 후 회복과정에 있는 환자에게 인공호흡 준비를 갖추지 않은 상태에서는 사용할 수 없는 약제가 잘못 처방된 경우 종합병원의 간호사가 이를 그대로 주사하여 환자가 의식불명 상태에 이르게 되었다면 의사의 형사책임은 논외로 하고 간호사에게는 업무상 과실치상의 형사책임은 인정되지 않는다.

㉤ 공사 현장소장 甲은 25톤급 이동식 크레인을 사용하여 작업하기로 작업계획서를 작성하고도 16톤급 이동식 크레인으로도 인양이 가능하다는 乙 등의 말을 믿고 16톤급 이동식 크레인을 배치하고 乙에게 적재하중을 초과하는 철근 인양작업을 지시하였는데 철근의 무게를 버티지 못한 크레인이 전도됨으로써 乙이 상해를 입었다. 甲에게는 업무상 과실치상죄의 죄책이 인정되지 아니한다.

㉥ 내과 외래 진료를 하고 있는 내과의사 甲이 환자 乙을 급성 장염으로 진단하고 그 증상을 완화하기 위해 시행한 대증적 조치를 시행하고 C-반응성 단백질 수치 결과가 확인된 이후 입원조치를 하지 않았는데 乙에게 패혈증, 패혈증 쇼크 등의 증상이 발현되어 하루 만에 사망에 이른 경우, 甲에게는 업무상 과실치사죄의 죄책이 인정된다.

① ㉠㉡㉢㉣㉥ 　　　　　② ㉠㉢㉣㉤㉥

③ ㉡㉢㉣㉤㉥ 　　　　　④ ㉠㉡㉢㉣㉤

15

다음 [보기]의 판례 중 업무상과실치사상죄가 성립하는 경우를 모두 고른 것은?

| 보기 |

㉠ 약사가 부산시의 검인이 있는 제약회사에서 공급받은 약품을 사용하여 약을 조제한 것을 피해자가 복용한 후 사망한 경우

㉡ 공사를 발주한 구청 소속의 현장감독 공무원이 감독의무를 태만히 하여 무자격자가 재하도급 받는 것을 적발하지 못하였는데, 그 후 재하도급 받은 무자격자가 콘크리트 타설 공사를 하다가 공사건물이 무너져 인부들이 사망 또는 다친 경우

㉢ 의사가 환자의 후복막 전체에 형성된 혈종을 발견한 지 14일이 지나도록 적절한 진단 및 치료조치를 취하지 아니하여 환자가 회복하기 어려운 상태에 빠졌는데, 환자가 다른 병원으로 전원하여 진료를 받던 중 사망한 경우

㉣ 정신병 환자에게 투여한 치료제의 부작용으로 발생한 저혈압을 치유하기 위하여 포도당약을 과다히 주사하여 환자가 전해질이상 등으로 인한 쇼크로 사망한 경우

㉤ 호텔을 경영하는 회사에 대표이사가 따로 있고 담당 업무에 대한 실무자 및 소방법상 방화관리자까지 선정되어 있는데, 종업원의 부주의와 호텔구조상 결함으로 발생, 확대된 화재에 대한 회사의 업무에 전혀 관여하지 않는 소위 회장의 경우

㉥ 골프장에서 A, B, C, D는 경기 참가자로서 甲은 경기보조원으로서 골프경기를 하면서, 甲은 A의 전방에 B가 위치한다는 사실을 잘 알고 있는 상황에서 B로 하여금 A의 타구 진행방향에서 벗어나 안전한 곳에 있도록 하지 않고 A에게는 B가 안전한 위치로 갈 때까지 두 번째 샷을 하지 말도록 주의를 주지 않아 A의 타구에 B가 맞아 상해를 입게 된 경우

① ㉠㉡㉢㉣㉤
② ㉡㉢㉣㉤㉥
③ ㉢㉣㉤㉥
④ ㉡㉢㉣㉥

16

과실범의 주의의무에 관한 설명 중 옳은 것(○)과 옳지 않은 것(×)을 올바르게 조합한 것은? (다툼이 있는 경우 판례에 의함)

㉠ 의사가 특정 진료방법을 선택하여 진료를 하였다면 해당 진료방법 선택과정에 합리성이 결여되어 있다고 볼 만한 사정이 없는 이상, 진료의 결과만을 근거로 하여 그 진료방법을 선택한 것이 과실에 해당한다고 말할 수 없다.

㉡ 소유자가 건물을 임대한 경우, 그 건물의 전기배선이 벽 내부에 매립·설치되어 건물 구조의 일부를 이루고 있다면 그에 관한 관리책임은 통상적으로 건물을 직접 사용하는 임차인이 아닌 소유자에게 있어, 특별한 사정이 없는 한 소유자가 전기배선의 하자로 인한 화재를 예방할 주의의무를 부담한다.

㉢ 공사도급계약의 경우 원칙적으로 도급인에게는 수급인의 업무와 관련하여 사고방지에 필요한 안전조치를 취할 주의의무가 없으므로, 도급인이 수급인의 공사시공 및 개별작업에 구체적인 지시를 하는 등의 관여를 하였더라도, 수급인의 업무와 관련하여 사고방지에 필요한 안전조치를 취할 주의의무를 부담하지 않는다.

㉣ 금은방을 운영하는 자는 전당물을 취득함에 있어 좀 더 세심한 주의를 기울였다면 그 물건이 장물임을 알 수 있는 특별한 사정이 있다면, 신원확인절차를 거치는 이외에 매수물품의 성질과 종류 및 매도자의 신원 등에 더 세심한 주의를 기울여 전당물인 귀금속이 장물인지의 여부를 확인할 주의의무를 부담한다.

㉤ 甲이 함께 술을 마신 乙과 도로 중앙선에 잠시 서 있다가 지나가는 차량의 유무를 확인하지 아니하고, 고개를 숙인 채 서 있는 乙의 팔을 갑자기 끌어당겨 도로를 무단횡단하던 도중에 지나가던 차량에 乙이 충격당하여 사망한 경우, 甲이 만취하여 사리분별능력이 떨어진 상태라면 甲에게 차량의 통행여부 및 횡단가능여부를 확인할 주의의무가 있다고 볼 수 없다.

① ㉠(○), ㉡(×), ㉢(×), ㉣(×), ㉤(○)
② ㉠(×), ㉡(×), ㉢(○), ㉣(×), ㉤(○)
③ ㉠(○), ㉡(○), ㉢(×), ㉣(○), ㉤(×)
④ ㉠(×), ㉡(○), ㉢(○), ㉣(○), ㉤(×)

17

甲의 행위를 과실범으로 처벌할 수 없는 경우만을 모두 고른 것은? (다툼이 있는 경우 판례에 의함)

- ⊙ 후행차량 운전자 甲이 선행차량에 이어 피해자를 연속하여 역과하는 과정에서 피해자가 사망한 경우
- ⓛ 의사 甲이 간호사에게 환자에 대한 수혈을 맡겼는데, 간호사가 다른 환자에게 수혈할 혈액을 당해 환자에게 잘못 수혈하여 환자가 사망한 경우
- ⓒ 안내원이 없는 시내버스의 운전사 甲이 버스정류장에서 일단의 승객을 하차시킨 후 통상적으로 버스를 출발시키던 중 뒤늦게 버스 뒤편 좌석에서 일어나 앞쪽으로 걸어 나오던 피해자가 균형을 잃고 넘어진 경우
- ⓔ 정신병동의 당직간호사 甲이 당직을 하던 중 그 정신병동에 입원 중인 환자가 완전감금병동의 화장실 창문을 열고 탈출하려다가 떨어져 사망한 경우
- ⓜ 고속도로상을 운행하는 자동차운전자 甲이 고속도로를 횡단하려는 피해자를 그 차의 제동거리 밖에서 발견하였지만 제때에 제동하지 않아 피해자를 추돌하여 사망한 경우

① ⊙ⓛ
② ⓒⓔ
③ ⊙ⓒⓜ
④ ⓛⓔⓜ

18

과실범에 관한 다음 [보기]의 설명 중 옳은 것을 모두 고른 것은? (다툼이 있는 경우 판례에 의함)

| 보기 |

- ⊙ 업무상과실장물죄에서 업무자의 신분은 부진정신분범 요소이다.
- ⓛ 의사가 설명의무를 위반하여 수술의 위험성을 고지하지 않은 채 수술을 진행하다가 그 위험성이 현실화되어 환자에게 상해가 발생하였다면 설명의무 위반과의 인과관계를 묻지 않고 업무상과실치상죄가 성립한다.
- ⓒ 방조범은 정범의 실행을 방조한다는 방조의 고의와 정범의 행위가 구성요건에 해당한다는 점에 대한 정범의 고의가 있어야 한다.
- ⓔ 과실에 의한 공동정범은 물론 과실에 의한 위험범의 성립도 가능하다.
- ⓜ 과실범에 있어서의 비난가능성의 지적 요소란 결과발생의 가능성에 대한 인식으로서 인식 있는 과실에는 이와 같은 인식이 있고, 인식 없는 과실에는 이에 대한 인식 자체도 없는 경우이나, 전자에 있어서 책임이 발생함은 물론, 후자에 있어서도 그 결과발생을 인식하지 못하였다는 데에 대한 부주의 즉 규범적 실재로서의 과실책임이 있다.
- ⓗ 형사재판에서는 인과관계 증명에 있어서 '합리적인 의심이 없을 정도'의 증명을 요하므로 그에 관한 판단이 동일 사안의 민사재판과 달라질 수 없다.

① ⊙ⓒⓔⓜ
② ⊙ⓒⓔ
③ ⓒⓔⓜⓗ
④ ⓒⓔⓜ

19

형법 제15조에 대한 설명으로 틀린 것은?

① 甲을 살해하려고 발사한 총탄이 乙에 명중하여 乙이 사망한 경우 구체적 부합설에 의하면 甲에 대한 살인미수와 乙에 대한 과실치사의 상상적 경합으로 논하게 된다.

② 법정적 부합설에 의하면 인식한 사실과 현실로 발생한 사실이 동일한 구성요건에 속하는 한 고의의 기수가 성립된다.

③ 형법 제15조는 중한 범죄사실을 인식하고 경한 범죄사실을 발생시킨 경우에 대하여는 규정하고 있지 않다.

④ 무거운 결과에 대한 예견가능성이 없었던 경우에도 인과관계가 있는 경우에는 결과적 가중범이 성립한다.

20

'죄의 성립과 형의 감면'에 관한 다음 [보기]의 기술 중 옳은 것을 모두 고른 것은? (다툼이 있으면 판례에 의함)

| 보기 |

㉠ 위험의 발생을 예견하고 자의로 심신장애를 야기한 자의 행위가 심신상실 또는 심신미약 상태에서 행하여졌다 하더라도 형법상 심신상실·심신미약의 규정을 적용하지 아니한다.

㉡ 죄의 성립요소인 사실을 인식하지 못한 행위는 벌하지 아니한다. 단, 법률에 특별한 규정이 있는 경우에는 예외로 한다.

㉢ 결과 때문에 형이 무거워지는 죄의 경우에 그 결과의 발생을 예견할 수 없었을 때에는 벌하지 아니한다.

㉣ 어떤 행위라도 죄의 요소되는 위험발생에 연결되지 아니한 때에는 그 결과로 인하여 벌하지 아니한다.

㉤ 음주의 영향으로 정상적인 운전이 곤란한 상태에서 전동킥보드를 운전하여 사람을 상해에 이르게 한 특가법상 위험운전치상죄[음주 또는 약물의 영향으로 정상적인 운전이 곤란한 상태에서 자동차(원동기장치자전거를 포함한다)를 운전하여 사람을 상해에 이르게 한 사람은 1년 이상 15년 이하의 징역 또는 1천만 원 이상 3천만 원 이하의 벌금에 처하고, 사망에 이르게 한 사람은 무기 또는 3년 이상의 징역에 처한다.]를 범한 이후 도로교통법이 개정되어 전동킥보드와 같은 '개인형 이동장치'는 '자동차 등'이 아닌 '자전거 등'으로 분류된 것은 형법 제1조 제2항의 '범죄 후 법률이 변경되어 그 행위가 범죄를 구성하지 아니하게 되거나 구법보다 형이 가벼워진 경우'에 해당하지 아니한다.

① ㉠㉡㉢㉣㉤
② ㉠㉡㉢㉤
③ ㉠㉡㉣㉤
④ ㉡㉢㉣㉤

▶ 제2편 **범죄론**: 제7장 범죄의 특수한 출현형태론 [과실범과 결과적 가중범 2] ─ **제8장 죄수론** [일죄 1]

회차	시행일			목표점수			획득점수		
제8회	1차	2차	3차	1차	2차	3차	1차	2차	3차

01

결과적 가중범에 대한 다음 [보기]의 설명 중 옳지 않은 것을 모두 고른 것은? (다툼이 있는 경우 판례에 의함)

| 보기 |

㉠ 직무를 집행하는 공무원에 대하여 위험한 물건을 휴대하여 고의로 상해를 가한 경우, 특수공무집행방해치상죄 외에 폭력행위 등 처벌에 관한 법률 위반(집단·흉기등 상해)죄를 구성한다.

㉡ 진정결과적 가중범의 예로는 연소죄, 중체포·중감금죄가 있고, 부진정결과적 가중범의 예로는 특수공무집행방해치상죄, 중상해죄 등이 있다.

㉢ 甲이 乙에게 피해자를 상해할 것을 교사하였는데 피해자를 살해한 경우, 원칙적으로 甲은 상해죄의 교사범이 되나 甲에게 피해자의 사망에 대하여 과실 또는 예견가능성이 있는 때에는 상해치사죄의 교사범으로서 죄책을 진다.

㉣ 결과적 가중범은 행위자가 행위시에 그 결과의 발생을 예견할 수 없을 때에도 그 행위와 결과 사이에 상당인과관계가 있다고 하면 중한 죄로 벌하여야 한다.

㉤ 조문형식상 결과적 가중범에 대한 미수범처벌 규정이 있더라도 이는 결합범에만 적용되고, 결과적 가중범의 경우에는 중한 결과가 발생한 이상 기본범죄가 미수에 그쳐도 결과적 가중범의 기수범이 된다.

① ㉠㉡㉢㉣㉤
② ㉠㉡㉢㉣
③ ㉠㉡㉣
④ ㉡㉣㉤

02

다음 설명 중 옳지 않은 것을 모두 고른 것은? (다툼이 있는 경우 판례에 의함)

㉠ 선행 교통사고와 후행 교통사고 중 어느 쪽이 원인이 되어 피해자가 사망에 이르게 되었는지 밝혀지지 않은 경우, 후행 교통사고를 일으킨 사람의 과실과 피해자의 사망 사이에 인과관계가 인정되기 위해서는 후행 교통사고를 일으킨 사람이 주의의무를 게을리하지 않았다면 피해자가 사망에 이르지 않았을 것이라는 사실이 증명되어야 한다.

㉡ 결과적 가중범의 미수범 규정이 있는 경우, 기본범죄가 미수에 그친 때에는 결과적 가중범의 미수범이 성립된다.

㉢ 결과적 가중범의 공동정범이 성립하기 위해서는 고의의 기본범죄를 공동으로 할 의사와 함께 과실에 의한 중한 결과를 공동으로 할 의사가 필요하다.

㉣ 절도를 교사하였는데 피교사자가 강간을 실행한 경우, 교사자에게 피교사자의 강간행위에 대한 예견가능성이 있는 때에는 강간죄의 교사범으로서의 죄책을 지울 수 있다.

㉤ 부진정결과적 가중범은 기본범죄가 고의범인 경우에는 물론이고 과실범인 경우에도 인정되는 개념이다.

① ㉠㉡㉢㉣㉤
② ㉠㉡㉣㉤
③ ㉠㉡㉢㉤
④ ㉡㉢㉣㉤

03

결과적 가중범에 대한 설명으로 옳은 것만을 모두 고르면? (다툼이 있는 경우 판례에 의함)

> ⊙ 특수공무방해치상죄는 상해의 결과에 대한 예견가능성이 있었는데도 예견하지 못한 경우에 성립할 뿐이고, 그것에 대한 고의가 있는 경우에는 성립하지 아니한다.
> ⓛ 여러 사람이 상해의 범의로 범행 중 한 사람이 중한 상해를 가하여 피해자가 사망에 이르게 된 경우, 나머지 사람들은 사망의 결과를 예견할 수 없는 때라도 상해치사죄의 책임을 진다.
> ⓒ 폭행치사죄는 결과적 가중범으로서 사망의 결과에 대한 예견가능성 즉 과실이 있어야 하는 것 외에, 폭행과 사망의 결과 사이에 인과관계가 있어야 한다.
> ⓔ 강간이 미수에 그쳤으나 그 과정에서 상해의 결과가 발생하였다면 결과적 가중범의 미수는 성립하지 아니하므로 강간치상죄의 기수가 성립한다.

① ⊙ⓛ   ② ⓛⓒ
③ ⓒⓔ   ④ ⊙ⓔ

04

결과적 가중범에 대한 설명으로 옳지 않은 것은? (다툼이 있는 경우 판례에 의함)

① 상해치사죄의 공동정범은 상해행위를 공동으로 할 의사가 있으면 되고 사망의 결과를 공동으로 할 의사는 필요 없으며, 여러 사람이 상해의 고의로 공동하여 범행을 하던 중 한 사람이 중상을 입혀 피해자가 사망에 이른 경우 나머지 사람은 사망의 결과를 예견할 수 있는 한 상해치사죄의 죄책을 진다.

② 현주건조물방화치사죄는 부진정 결과적 가중범이므로 현주건조물에 방화하여 그 건조물에서 탈출하려는 사람을 막아 소사하게 한 경우 현주건조물방화치사죄만 성립하고 별도로 살인죄는 성립하지 않는다.

③ 부진정 결과적 가중범에서 고의로 중한 결과를 발생하게 한 행위가 별도의 구성요건에 해당하고 그 고의범에 대하여 결과적가중범에 정한 형보다 더 무겁게 처벌하는 규정이 있는 경우 그 고의범과 결과적 가중범의 상상적 경합이 성립한다.

④ 부진정 결과적 가중범에서 중한 결과의 고의범에 대하여 더 무겁게 처벌하는 규정이 없는 경우에는 결과적 가중범이 고의범에 대하여 특별관계에 있으므로 결과적 가중범만 성립하고 고의범에 대하여는 별도의 죄가 성립하지 않는다.

05

결과적 가중범에 대한 판례의 태도로 옳은 것은?

① 甲과 乙女는 함께 여관에 투숙하여 별다른 마찰 없이 성교한 후, 甲이 잠시 밖으로 나간 사이 乙女는 방문을 잠그고 여관종업원에게 구조요청전화를 했는데, 甲이 돌아와 방문을 흔들자 乙女는 겁을 먹고 강간모면을 위해 창문을 넘어 탈출하다가 상해를 입은 경우 강간치상죄로 처단해야 할 것이다.

② 甲은 주먹으로 乙의 복부를 1회 강타하여 장파열로 인한 복막염으로 사망케 하였다 하더라도, 다른 공동원인이 있었다면 폭행치사의 죄책을 면한다.

③ 甲은 자기의 앞가슴을 잡고 있는 乙의 손을 떼어내기 위하여 乙의 손을 뿌리친 것에 불과하다면 그 행위의 결과로 乙이 사망하게 되었다 하더라도 폭행치사죄로 처벌할 수 없다.

④ 甲의 폭행으로 평소 고혈압 등 지병이 있던 乙이 사망한 경우에 乙의 지병이 사망결과에 영향을 주었다면 폭행치사의 죄책을 물을 수 없다.

06

부작위범에 대한 설명으로 옳지 않은 것은? (다툼이 있는 경우 판례에 의함)

① 「형법」 제18조에서 말하는 부작위는 법적 기대라는 규범적 가치판단 요소에 의하여 사회적 중요성을 가지는 사람의 행태가 되어 법적 의미에서 작위와 함께 행위의 기본 형태를 이루게 된다.

② 「형법」 제18조 부작위범의 성립을 위한 작위의무의 발생근거와 「형법」 제271조 유기죄의 성립을 위한 보호의무의 발생근거는 그 범위가 다르며, 전자의 범위가 더 넓다.

③ 수사관이 검사로부터 범인을 검거하라는 지시를 받고서도 그 직무상의 의무에 따른 적절한 조치를 취하지 아니하고 오히려 범인에게 전화로 도피하라고 권유하여 범인을 도피케 한 경우 작위범인 범인도피죄와 부작위범인 직무유기죄의 상상적 경합이 성립한다.

④ 부작위에 의한 기망은 법률상 고지의무 있는 자가 일정한 사실에 관하여 상대방이 착오에 빠져 있음을 알면서도 이를 고지하지 아니하는 것으로서, 거래의 경험칙상 상대방이 그 사실을 알았더라면 당해 법률행위를 하지 않았을 것이 명백한 경우에는 신의칙에 비추어 그 사실을 고지할 법률상 의무가 인정된다.

07

부작위범에 관한 설명 중 옳은 것을 모두 고른 것은? (다툼이 있는 경우에는 판례에 의함)

> ㉠ 하나의 행위가 작위범과 부작위범을 동시에 충족할 수는 없다.
>
> ㉡ 중고 자동차 매매를 하면서 자신의 할부금융회사에 대한 할부금 채무가 매수인에게 당연히 승계되는 것이 아니라는 이유로 그 할부금 채무의 존재를 매수인에게 고지하지 아니한 매도인에게는 부작위에 의한 사기죄가 성립하지 않는다.
>
> ㉢ 전담의사가 중환자실에서 인공호흡기를 부착하고 치료를 받던 환자의 처의 요청에 따라 치료를 중단하고 퇴원조치를 함으로써 귀가 후 수련의의 인공호흡기 제거로 환자가 사망한 경우, 전담의사에게 작위에 의한 살인방조죄가 성립한다.
>
> ㉣ 모텔 방에 투숙 중 담배를 피운 후 담뱃불을 제대로 끄지 않은 중대한 과실로 화재를 일으킨 투숙객에게도 화재를 소화할 의무가 있음에도 모텔 주인이나 다른 투숙객에게 아무 말 없이 도망쳐 나와 다른 투숙객이 사망했다면, 비록 소화하기는 쉽지 않았더라도 부작위에 의한 현주건조물방화치사죄가 성립한다.
>
> ㉤ 법무사가 아닌 사람이 법무사로 소개되거나 호칭되는 데도 자신이 법무사가 아니라는 사실을 밝히지 않은 채 법무사 행세를 계속하면서 근저당권설정계약서를 작성해 준 경우, 법무사가 아님을 밝힐 계약상 또는 조리상 법적 의무가 있기는 하나, 이는 법무사 명칭을 사칭하는 경우와 동등한 형법적 가치가 있다고 할 수 없으므로 부작위에 의한 법무사법위반죄(법무사명칭사용금지)가 성립하지 않는다.

① ㉠㉢
② ㉡㉢
③ ㉣㉤
④ ㉠㉡㉢

08

다음 설명 중 가장 적절한 것은? (다툼이 있는 경우 판례에 의함)

① 진정부작위범의 경우 다수의 부작위범에게 부여된 작위의무가 각각 다르더라도 각각의 작위의무에 위반되는 행위를 공동으로 하였다면 부작위범의 공동정범이 성립할 수 있다.

② 일정한 기간 내에 잘못된 상태를 바로잡으라는 행정청의 지시를 이행하지 않았다는 것을 구성요건으로 하는 범죄는 이른바 진정부작위범으로서 그 의무이행기간의 경과에 의하여 범행이 기수에 이른다.

③ 공무원이 어떠한 위법사실을 발견하고도 직무상 의무에 따른 적절한 조치를 취하지 아니하고 위법사실을 적극적으로 은폐할 목적으로 허위공문서를 작성·행사한 경우에는 허위공문서작성죄와 허위작성공문서행사죄 외에 부작위범인 직무유기죄가 성립한다.

④ 부진정부작위범의 작위의무는 법적인 의무로서 법령, 법률행위 또는 선행행위로 인한 경우에 인정될 수 있으나, 단순한 도덕적 의무라든가 사회상규 혹은 조리에 의하여서는 인정될 수 없다.

09

부작위범에 관한 설명 중 옳지 않은 것은? (다툼이 있는 경우에는 판례에 의함)

① 형법상의 방조행위는 부작위에 의하여도 가능하다.

② 행위자가 자신의 신체적 활동이나 물리적·화학적 작용을 통하여 적극적으로 타인의 법익 상황을 악화시켜 결국 그 타인의 법익을 침해한 경우에는 부작위범이 아니라 작위범에 해당한다.

③ 압류된 골프장시설을 보관하는 회사의 대표이사가 위 압류시설의 사용 및 봉인의 훼손을 방지할 수 있는 적절한 조치 없이 골프장을 개장하게 하여 봉인이 훼손되게 한 경우라도 대표이사에게 공무상표시무효죄에 관한 작위의무를 인정할 수 없다.

④ 중고차 매매업자가 할부금융회사에 대한 할부금 채무를 승계하기로 하고 매입한 승용차를 다시 매도하면서 할부금 채무가 있다는 사실을 매수인에게 고지하지 않은 것은 부작위에 의한 기망에 해당하지 아니한다.

10

다음 설명 중 옳지 않은 것만을 모두 고른 것은? (다툼이 있는 경우 판례에 의함)

> ㉠ 甲이 자신의 아들 乙이 익사하는 것을 보았으나 乙이 아닌 다른 아이인 줄 알고 남의 자식을 구할 의무는 없다고 생각하여 구조하지 않은 경우, 작위의무의 체계적 지위에 관하여 보증인적 지위는 구성요건요소이고 보증인적 의무는 위법성요소로 파악하는 이분설에 따르면 보증인 의무에 대한 착오로 금지착오에 해당한다.
>
> ㉡ 부작위범의 작위의무는 법령·법률행위·선행행위뿐만 아니라 신의성실의 원칙이나 사회상규 혹은 조리에 의하여 발생한다.
>
> ㉢ 「도로교통법」 제54조 제1항의 사고운전자의 구호조치의무와 같이 적법한 선행행위에 의해서도 작위의무가 발생할 수 있다.
>
> ㉣ 부작위범에 대한 교사·방조는 가능하지만 부작위에 의한 교사·방조는 불가능하다.

① ㉠㉢ ② ㉠㉣
③ ㉡㉢ ④ ㉡㉣

11

부작위범에 관한 설명 중 옳은 것(○)과 옳지 않은 것(×)을 올바르게 조합한 것은? (다툼이 있는 경우 판례에 의함)

⊙ 정신보건법상 정신의료기관 등의 장은 정신질환자의 보호의무자 2인의 동의(보호의무자가 1인인 경우에는 1인의 동의)가 있고 정신건강의학과 전문의가 입원 등이 필요하다고 판단한 경우에 한하여 당해 정신질환자를 입원 등을 시킬 수 있으며, 입원 등을 할 때 당해 보호의무자로부터 보건복지부령으로 정하는 입원 등의 동의서 및 보호의무자임을 확인할 수 있는 서류를 받아야 함에도 불구하고, 정신병원 소속 봉직의인 피고인은 보호의무자에 의한 입원 시 보호의무자 확인 서류를 수수하지 않았다. 이 경우 정신병원 소속 봉직의인 피고인과 위 정신병원의 장에게는 부작위범의 공동정범이 성립하지 아니한다.

⊙ 임대인이 임대차계약을 체결하면서 임차인에게 임대목적물이 경매진행 중인 사실을 알리지 않은 경우 임차인이 등기부를 확인 또는 열람하는 것이 가능하였다면 임대인에게 사기죄가 성립하지 않는다.

⊙ 진정부작위범과 부진정부작위범 모두 작위의무가 법적으로 인정되더라도 작위의무를 이행하는 것이 사실상 불가능한 상황이었다면, 부작위범이 성립할 수 없다.

⊙ 의사가 수술 후 치료를 계속하지 않으면 환자가 사망할 수 있음을 알면서도 보호자의 강력한 요청으로 치료를 중단하고 퇴원을 허용하여 보호자의 방치로 환자가 사망한 경우, 그 의사에게는 부작위에 의한 살인방조죄가 성립한다.

① ㉠(○), ㉡(×), ㉢(○), ㉣(×)

② ㉠(×), ㉡(○), ㉢(×), ㉣(○)

③ ㉠(○), ㉡(○), ㉢(×), ㉣(×)

④ ㉠(×), ㉡(○), ㉢(×), ㉣(×)

12

죄수에 관한 설명으로 옳은 것을 모두 고른 것은? (다툼이 있는 경우 판례에 의함)

㉠ 미성년자의제강간죄 또는 미성년자의제강제추행죄는 행위시마다 1개의 범죄가 성립한다.

㉡ 위조통화를 행사하여 재물을 불법영득한 때에는 위조통화행사죄와 사기죄의 양 죄는 경합범의 관계에 있다.

㉢ 뇌물을 여러 차례에 걸쳐 수수함으로써 그 행위가 여러 개이더라도 그것이 단일하고 계속적 범의에 의하여 이루어지고 동일 법익을 침해한 때에는 포괄일죄로 처벌함이 상당하다.

㉣ 강도가 시간적으로 접착된 상황에서 가족을 이루는 수인에게 폭행·협박을 가하여 집안에 있는 재물을 탈취한 경우 그 재물은 가족의 공동점유 아래 있는 것으로서, 이를 탈취하는 행위는 그 소유자가 누구인지에도 불구하고 단일한 강도죄의 죄책을 진다.

㉤ 비의료인이 의료기관을 개설하여 운영하는 도중 의료시설과 의료진을 그 동일성을 상실할 정도로 변경하지 않은 채 단지 개설자 명의만을 다른 의료인 등으로 변경한 경우, 의료기관을 새로 개설하였다고 보기 어려우므로 개설자 명의변경 전후로 의료법위반죄의 포괄일죄로 보아야 한다.

① ㉠㉡㉢㉣

② ㉡㉢㉣㉤

③ ㉡㉢㉣

④ ㉠㉡㉢

13

법조경합에 관한 다음 [보기]의 설명 중 옳은 것을 모두 고른 것은? (다툼이 있는 경우 판례에 의함)

| 보기 |

㉠ 법조경합은 1개의 행위가 외관상 수 개의 죄의 구성요건에 해당하는 것처럼 보이나 실질적으로 1죄만을 구성하는 경우를 말하며, 실질적으로 1죄인가 또는 수죄인가는 구성요건적 평가와 보호법익의 측면에서 고찰하여 판단하여야 한다.

㉡ 법조경합의 한 형태인 특별관계란 어느 구성요건이 다른 구성요건의 모든 요소를 포함하는 이외에 다른 요소를 갖추어야 성립하는 경우이므로 자동차등록번호판을 부정사용하는 행위를 처벌하는 자동차관리법 위반죄와 행사할 목적으로 공무소의 기호인 자동차등록번호판을 부정사용하는 행위를 처벌하는 형법 제238조 제1항의 공기호부정사용죄는 특별관계에 있다.

㉢ 타인의 위탁에 의하여 사무를 처리하는 자가 그 사무처리상 임무에 위배하여 본인을 기망하고 착오에 빠진 본인으로부터 재물을 교부받은 경우에는 배임죄와 사기죄는 법조경합 관계가 아니라 상상적 경합관계에 있다.

㉣ 국회의원 선거에서 정당의 공천을 받게 하여 줄 의사나 능력이 없음에도 이를 해 줄 수 있는 것처럼 기망하여 공천과 관련하여 금품을 받은 경우, 공직선거법상 공천 관련 금품수수죄와 사기죄가 모두 성립하고 양자는 법조경합 관계가 아니라 상상적 경합의 관계에 있다.

㉤ 경범죄처벌법에서 처벌하는 거짓신고 행위가 원인이 되어 상대방인 공무원이 범죄가 발생한 것으로 오인함으로 인하여 공무원이 그러한 사정을 알았더라면 하지 않았을 대응조치를 취하기에 이르러 거짓신고가 '위계'의 수단·방법·태양의 하나가 된 경우, 경범죄처벌법위반죄와 형법상 위계에 의한 공무집행방해죄의 상상적 경합범이 성립한다.

① ㉠㉢㉣㉤

② ㉠㉢㉣

③ ㉡㉣㉤

④ ㉡㉢㉣㉤

14

법조경합의 관계로 보기 어려운 것은? (다툼이 있는 경우 판례에 의함)

① 자신의 아버지를 살해한 경우, 보통살인죄와 존속살해죄 간의 관계

② 피해자의 손목시계를 훔친 후 그 시계가 마음에 들지 않아 망치로 부숴버린 경우, 절도죄와 손괴죄 간의 관계

③ 피해자를 칼로 찔러 살해하는 과정에서 피해자의 옷이 찢긴 경우, 손괴죄와 살인죄 간의 관계

④ 사문서 위조 후 그 위조사문서를 행사한 경우, 사문서위조죄와 위조사문서행사죄 간의 관계

15

재산죄 및 죄수관계에 대한 다음 [보기]의 기술 중 판례의 입장과 일치하지 않는 것을 모두 고른 것은?

| 보기 |

㉠ 타인에 대한 채무의 담보로 제3채무자에 대한 채권에 대하여 권리질권을 설정하고, 질권설정자가 제3채무자에게 질권설정의 사실을 통지하거나 제3채무자가 이를 승낙한 상태에서, 질권설정자가 질권자의 동의 없이 제3채무자에게서 질권의 목적인 채권의 변제를 받은 경우, 질권자에 대한 관계에서 배임죄가 성립한다.

㉡ 乙 종친회 회장인 甲은 위조한 종친회 규약 등을 공탁관에게 제출하는 방법으로 乙 종친회를 피공탁자로 하여 공탁된 수용보상금을 출급받아 편취하고, 이를 종친회를 위하여 업무상 보관하던 중 반환을 거부하였다. 甲에게는 횡령죄가 성립하지 아니한다.

㉢ 범죄단체를 구성하거나 이에 가입한 자가 더 나아가 구성원으로 활동하는 경우, '범죄단체의 구성이나 가입'과 '범죄단체 구성원으로서의 활동' 사이의 죄수관계는 실체적 경합이다.

㉣ 포괄일죄의 공소시효는 최종의 범죄행위가 종료한 때부터 진행하고, 공정거래법 제19조 제1항 제1호(부당한 공동행위)에서 정한 가격 결정 등의 합의 및 그에 기한 실행행위가 있었던 경우에 부당한 공동행위가 종료한 날은 그 합의가 있었던 날이다.

㉤ 甲이 A를 살해할 목적으로 흉기를 구입하여 A의 집 앞에서 A를 기다렸으나 만나지 못하였고 다음날 A의 맥주잔에 독약으로 오인한 제초제를 몰래 넣었으나 복통만 일으키게 하다가 며칠 뒤 A를 자동차로 치어 사망하게 한 경우, 甲에게는 살인예비 내지 미수죄와 동 기수죄의 경합죄가 성립한다.

① ㉠㉡㉢㉣㉤
② ㉠㉢㉣㉤
③ ㉡㉢㉣㉤
④ ㉠㉡㉢㉣

16

법조경합의 한 형태로서 '행위자가 특정한 죄를 범하면 비록 논리필연적인 것은 아니지만 일반적·전형적으로 다른 구성요건을 충족하고 이때 그 구성요건의 불법이나 책임 내용이 주된 범죄에 비하여 경미하기 때문에 처벌이 별도로 고려되지 않는 경우'에 해당하는 것은? (다툼이 있는 경우 판례에 의함)

① 동일한 피해자에 대한 폭행행위가 업무방해의 수단이 된 경우의 폭행죄와 업무방해죄
② 공갈의 수단으로 협박을 한 경우의 공갈죄와 협박죄
③ 감금행위가 강간의 수단이 된 경우의 감금죄와 강간죄
④ 강취한 신용카드를 자기의 신용카드인 양 가맹점의 점주를 기망하여 점주로부터 주류 등을 제공받아 취득한 경우의 사기죄와 신용카드부정사용죄

17

다음 [보기]는 횡령죄의 불가벌적 사후행위에 관한 기술들이다. 판례의 입장과 어긋나는 것은 모두 몇 개인가?

| 보기 |

㉠ 피해자 甲 종중으로부터 토지를 명의신탁받아 보관 중이던 피고인 乙이 개인 채무 변제에 사용할 돈을 차용하기 위해 위 토지에 근저당권을 설정하였는데, 그 후 피고인 乙, 丙이 공모하여 위 토지를 丁에게 매도한 경우, 피고인들의 토지 매도행위는 별도의 횡령죄를 구성하지 않는다.

㉡ 횡령죄는 상태범이므로 횡령행위의 완료 후에 행하여진 횡령물의 처분행위는 그것이 그 횡령행위에 의하여 평가되어 버린 것으로 볼 수 있는 범위 내의 것이라면 소위 불가벌적 사후행위가 된다.

㉢ (부동산실명법에 위반하지 않는 명의신탁에 있어서) 부동산의 명의수탁자가 임의로 명의신탁 목적물인 부동산을 담보로 제공하여 근저당권 설정등기를 경료했다가 이를 말소하고 소유권이전등기를 경료했다 하더라도 이는 별개의 횡령죄를 구성하지 아니한다.

㉣ 미등기건물의 관리를 위임받아 보관하고 있는 자가 임의로 건물에 대하여 자신의 명의로 보존등기를 한 후 근저당권설정등기를 한 행위는 불가벌적 사후행위에 불과하다.

㉤ 공동상속인 중 1인이 상속재산인 임야를 보관하던 중 다른 상속인들로부터 매도 후 분배 또는 소유권이전등기를 요구받고도 그 반환을 거부한 후, 그 임야에 관하여 다시 제3자 앞으로 근저당권설정등기를 경료해 준 행위는 별개의 횡령죄를 구성한다.

① ㉠㉡㉢㉤
② ㉡㉢㉤
③ ㉠㉢㉤
④ ㉠㉢㉣㉤

18

죄수에 관한 다음 [보기]의 기술 중 판례의 입장과 일치하지 않는 것을 모두 고른 것은?

| 보기 |

㉠ 약식명령이 확정된 구 성매매알선 등 행위의 처벌에 관한 법률 위반죄의 범죄사실인 '영업으로 성매매에 제공되는 건물을 제공하는 행위'와 위 약식명령 발령 전에 행해진 같은 법 위반의 공소사실인 '영업으로 성매매를 알선한 행위'는 포괄일죄이다.

㉡ 선거운동과 관련하여 금품제공을 약속한 후 실제로는 그 일부만을 제공한 경우 금품제공약속행위 전부가 금품제공행위에 흡수된다고 볼 수는 없고, 포괄일죄가 성립한다.

㉢ 무역거래자가 외화도피의 목적으로 물품 등의 수입 가격을 조작하는 방법으로 피해은행을 기망하여 피해은행으로 하여금 신용장을 개설하게 한 후 그 신용장대금을 수령한 경우에, 외화도피 목적의 수입 가격 조작행위는 사기범행의 불가벌적 사후행위에 해당한다.

㉣ 회사 대표이사가 자신의 채권자에게 회사의 정기예금을 담보로 제공한 후 당해 예금을 인출케 한 행위는 배임죄와는 별도의 횡령죄를 구성한다.

㉤ 미성년자를 유인하여 금원을 취득할 마음을 먹고 미성년자를 유인하려 했으나 미수에 그치고, 같은 달 2차에 걸쳐 다시 같은 미성년자를 유인하였으나 마음이 약해져 각 실행을 중지하여 미수에 그치고, 다음 달 드디어 같은 미성년자를 인치, 살해하고 금원을 요구하는 내용의 협박편지를 미성년자의 부모에게 보내 재물을 취득하려 한 경우, 그 사이에 범의의 갱신이 없으므로 이를 포괄적으로 보아 1죄로 처단할 것이지 경합범으로 처단할 수 없다.

① ㉠㉡㉢㉣
② ㉠㉢㉣㉤
③ ㉡㉢㉣㉤
④ ㉠㉡㉢㉣㉤

19

다음 [보기]의 행위 중에서 불가벌적 사후행위에 해당하지 않는 경우를 모두 고른 것은? (다툼이 있는 경우 판례에 의함)

| 보기 |

㉠ 자동차를 절취한 후 절취한 자동차에서 자동차 등록번호판을 떼어내는 행위

㉡ 절도 범인으로부터 장물보관 의뢰를 받은 자가 그 정을 알면서 이를 인도받아 보관하고 있다가 임의 처분하여 횡령한 행위

㉢ 근저당권을 설정해 주겠다고 기망하여 금원을 편취하여 사기죄를 범한 자가 목적 부동산에 대하여 제3자에게 근저당권을 설정해 준 행위

㉣ 대마취급자가 아닌 자가 절취한 대마를 흡입할 목적으로 소지하는 행위

㉤ 절취한 자기앞수표를 음식대금으로 교부하고 거스름돈을 환불받은 행위

① ㉠㉢㉣　　　　② ㉠㉣
③ ㉡㉣㉤　　　　④ ㉡㉤

20

다음 [보기] 중 甲의 ⓑ행위가 ⓐ행위와 결합하여 실체법상 일죄로 평가받는 관계에 있거나, ⓐ행위에 대한 불가벌적 사후행위로 평가받는 사례를 모두 모아 놓은 것은? (다툼이 있는 경우에는 판례에 의함)

| 보기 |

㉠ ⓐ 전과가 있던 甲은 친구 乙인 것처럼 가장하여 A회사에 취직하기 위하여 허락없이 임의로 친구 乙 명의의 이력서를 작성하였다.
　ⓑ 甲은 위 乙 명의의 이력서에 날인하기 위하여 허락 없이 임의로 乙 명의의 인장을 만들어 乙 이름 뒤에 날인하였다.

㉡ ⓐ 甲은 乙을 살해하였다.
　ⓑ 甲은 乙의 시체를 바다에 투기하였다.

㉢ ⓐ 甲은 乙의 지갑을 훔쳐 달아나던 중 이웃 주민 丙, 丁에게 추격을 당하게 되었다. 이에 甲은 체포를 면탈할 목적으로 가지고 있던 주머니칼로 丙의 팔에 전치 3주의 상해를 입혔다.
　ⓑ 甲은 계속하여 추격해온 丁에게 위 칼을 내밀며 "쫓아오면 칼로 찔러 죽인다."라고 소리쳐 협박하였다.

㉣ ⓐ 乙은 甲과 부동산실명법에 위반되지 않는 명의신탁약정을 하여 甲은 명의신탁 받은 토지를 보관하고 있던 중 토지의 일부가 수용되자 그 대가로 받은 토지수용보상금을 임의로 소비하였다.
　ⓑ 이후 甲은 乙로부터 나머지 토지 전체의 소유권이전등기를 乙 명의로 경료해 줄 것을 요청받았으나 甲은 이를 거부하였다.

㉤ ⓐ 甲은 다른 법령에 따른 인가·허가를 받지 아니하거나 등록·신고 등을 하지 아니하고 乙 등 불특정 다수인으로부터 자금을 조달하는 것을 업(業)으로 하는 행위로서 장래에 출자금의 전액 또는 이를 초과하는 금액을 지급할 것을 약정하고 출자금을 받았다.
　ⓑ 이후 甲은 乙 등에게 기망행위를 하여 유사수신행위로 조달받은 자금의 전부 또는 일부를 다시 투자받았다.

① ㉠㉢　　　　② ㉠㉢㉤
③ ㉡㉣㉤　　　　④ ㉡㉢㉣㉤

▶ 제2편 **범죄론**: 제8장 **죄수론** [일죄 2] ─ 제3편 **형벌론**: 제1장 형벌의 의의와 종류 1

회차	시행일			목표점수			획득점수		
제9회	1차	2차	3차	1차	2차	3차	1차	2차	3차

01

포괄일죄에 관한 다음 [보기]의 설명 중 틀린 것만 고른 것은? (다툼이 있는 경우 판례에 의함)

| 보기 |

㉠ 포괄일죄로 되는 개개의 범죄행위가 법 개정의 전후에 걸쳐서 행하여진 경우에는 신·구법의 법정형에 대한 경중을 비교하여 신법의 법정형보다 구법의 법정형이 더 가볍다면 구법을 적용하여 포괄일죄로 처단하여야 한다.

㉡ 포괄일죄로 되는 개개의 범죄행위가 다른 종류의 죄의 확정판결의 전후에 걸쳐서 행하여진 경우에는 그 죄를 2죄로 분리하여 각각 공소시효가 진행된다.

㉢ 컴퓨터로 음란 동영상을 제공한 제1범죄행위로 서버컴퓨터가 압수된 이후 다시 장비를 갖추어 동종의 제2범죄행위를 하고 제2범죄행위로 인하여 약식명령을 받아 확정된 경우, 뒤늦게 기소된 제1범죄행위는 제2범죄행위와 포괄일죄의 관계에 있어 면소판결을 내려야 한다.

㉣ 상습범으로서 포괄적 일죄의 관계에 있는 여러 개의 범죄사실 중 일부에 대하여 유죄판결의 확정판결이 있고, 그 나머지 부분 즉 위 확정판결의 사실심 선고 전에 저질러진 범행이 나중에 기소되었는데, 그 확정판결의 죄명이 상습범이 아닌 기본 구성요건의 범죄로 처단된 경우라 하더라도 그것이 뒤에 기소된 사건과 상습범으로서의 포괄일죄에 해당되는 것으로 판단되면 그 기판력이 그 사실심판결 선고 전의 나머지 범죄에 미친다.

㉤ 특정범죄 가중처벌 등에 관한 법률 제5조의4 제6항에 규정된 상습절도 등 죄를 범한 범인이 그 범행 외에 상습적인 절도의 목적으로 주거침입을 하였다가 절도에 이르지 아니하고 주거침입에 그친 경우에도 그것이 절도 상습성의 발현이라고 보이는 이상 주거침입행위는 다른 상습절도 등 죄에 흡수되어 위 법조에 규정된 상습절도 등의 1죄만을 구성하고 이 상습절도 등 죄와 별개로 주거침입죄를 구성하지 않는다.

㉥ 적법하게 개설되지 않은 의료기관의 실질 개설·운영자의 수회에 걸친 요양급여비용 및 의료급여비용 편취 범행이 있는 경우 그 죄수는 포괄일죄가 아니라 수죄에 해당한다.

① ㉠㉡㉢㉣
② ㉠㉡㉣㉤㉥
③ ㉠㉢㉣㉤
④ ㉠㉡㉢㉣㉥

02

죄수론에 관한 다음 [보기]의 기술 중 옳은 것을 모두 고른 것은? (다툼이 있으면 판례에 의함)

| 보기 |

㉠ 폭력행위 등 처벌에 관한 법률위반(상습상해)죄와 같은 법 위반(공동공갈)죄가 모두 甲의 폭력행위 습벽이 발현되어 저질러진 것으로 인정된다 하더라도 양죄는 실체적 경합의 관계가 있다고 보아야 한다.

㉡ 공무원이 동일한 사안에 관한 일련의 직무집행 과정에서 단일하고 계속된 범의로 일정 기간 계속하여 저지른 직권남용행위에 대하여는 그 상대방이 여러 명이더라도 포괄일죄가 성립한다.

㉢ 장물죄는 타인(본범)이 불법하게 영득한 재물의 처분에 관여하는 범죄이므로 자기의 범죄에 의하여 영득한 물건에 대하여는 성립하지 아니하고 이는 불가벌적 사후행위에 해당한다.

㉣ 구 도로교통법 제109조 제5호, 제63조 제2항은 교통에 방해가 될 만한 물건을 함부로 도로에 방치한 사람을 처벌하도록 규정하고 있다. 그렇다면 형법상의 일반교통방해죄와 구 도로교통법 제109조 제5호 위반죄는 상상적 경합의 관계에 있다고 볼 수 있다.

㉤ 甲은 저녁 시간에 회사에서 퇴근하면서 무면허인 상태로 차량을 운전하여 인근 식당까지 이동하고(제1 무면허운전 혐의), 약 3시간이 경과 후 식당 인근에서 시동이 켜진 위 차량에서 술에 취해 잠이 든 상태로 발견되어 경찰에 의해 음주측정을 받았다(제2 무면허운전 및 음주운전 혐의). 이 경우 甲의 무면허운전죄의 죄수는 일죄가 아니라 수죄로 보아야 한다.

① ㉠㉡㉣㉤
② ㉡㉢㉣
③ ㉠㉢㉤
④ ㉡㉢㉣㉤

03

죄수에 관한 다음 [보기]의 설명 중 틀린 것을 모두 고른 것은? (다툼이 있으면 판례에 의함)

| 보기 |

㉠ 부정한 이익을 얻거나 기업에 손해를 가할 목적으로 그 기업에 유용한 영업비밀이 담겨 있는 타인의 재물을 절취한 후 그 영업비밀을 사용하는 경우, 영업비밀의 부정사용행위는 절도범행의 불가벌적 사후행위가 된다.

㉡ 주식회사의 대표이사가 타인을 기망하여 회사가 발행하는 신주를 인수하게 한 다음 그로부터 납입받은 신주인수대금을 보관하던 중 횡령한 행위는 사기죄와는 전혀 다른 새로운 보호법익을 침해하는 행위로서 별죄를 구성한다.

㉢ 건물제공행위와 성매매알선행위의 경우 성매매알선행위는 건물제공행위의 결과에 해당하고 반대로 건물제공행위는 성매매알선행위에 수반되는 수단이라고 볼 수 있다. 따라서 '영업으로 성매매를 알선한 행위'와 '영업으로 성매매에 제공되는 건물을 제공한 행위'는 각각 독립된 가벌적 행위로서 별개의 죄를 구성하는 것이 아니라, 위 각 행위를 통틀어 법정형이 더 무거운 성매매알선행위의 포괄일죄를 구성한다고 보아야 한다.

㉣ 계속적으로 무면허운전을 할 의사를 가지고 여러 날에 걸쳐 무면허운전행위를 반복하였다면, 이를 포괄하여 무면허운전으로 인한 도로교통법위반죄의 일죄로 보아야 한다.

㉤ 특정인을 중소기업중앙회장으로 당선되도록 할 목적으로 선거인에게 재산상 이익을 제공하면서 그 비용을 자신이 이사장으로 있었던 협동조합의 법인카드로 결제한 행위는 선거인에 대한 재산상 이익 제공으로 인한 중소기업협동조합법 위반죄와 협동조합에 재산상 손해를 가한 것으로 인한 업무상배임죄의 상상적 경합에 해당한다.

㉥ 피해자들이 부부라면 단일한 범의, 동일한 방법, 피해법익의 동일성이 인정된다 하더라도 각 피해자별로 기망행위를 한 경우 사기죄의 죄수는 일죄가 아니라 수죄에 해당한다.

① ㉠㉡㉢㉣㉤
② ㉠㉢㉣㉤㉥
③ ㉡㉢㉣㉤㉥
④ ㉠㉡㉢㉣㉥

[보기] 사례 중 판례가 상상적 경합이라고 판단한 경우들만으로 묶인 것은?

| 보기 |

㉠ 공무원이 취급하는 사건에 관하여 청탁 또는 알선을 할 의사와 능력이 없음에도 청탁 또는 알선을 한다고 기망하고 금품을 교부받은 경우 사기죄와 변호사법위반죄

㉡ 위조통화를 행사하여 재물을 불법영득한 경우 위조통화행사죄와 사기죄

㉢ 공무원이 직무에 관하여 기망수단으로 재물을 교부받은 경우 사기죄와 수뢰죄

㉣ 피해자를 강제로 승용차에 태우고 가면서 주먹으로 피해자를 때려 반항을 억압한 후 현금 35만 원을 빼앗고 피해자에게 안면부 타박상을 입힌 후, 계속하여 15km 정도를 진행하다가 내려준 경우 감금죄와 강도상해죄

㉤ 사람을 살해할 목적으로 현주건조물에 방화하여 사망에 이르게 한 경우 현주건조물방화치사죄와 살인죄

㉥ 모 기관을 비방할 목적으로 출판물에 의하여 공연히 허위의 사실을 적시·유포함으로써 업무를 방해한 경우 출판물에 의한 명예훼손죄와 업무방해죄

① ㉠㉢㉣
② ㉠㉢㉤
③ ㉠㉢㉥
④ ㉡㉢㉥

죄수에 관한 다음 [보기]의 설명 중 옳지 않은 것을 모두 고른 것은? (다툼이 있는 경우 판례에 의함)

| 보기 |

㉠ 강도가 강도범행을 하는 기회에 수 명의 피해자에게 각 폭행을 가하여 각 상해를 입힌 경우에는 각 피해자별로 수 개의 강도상해죄가 성립하며 이들은 실체적 경합범의 관계에 있다.

㉡ 2개의 인터넷 파일공유 사이트를 운영하는 피고인들이 이를 통해 저작재산권 대상인 디지털 콘텐츠가 불법 유통되고 있음을 알면서도 회원들로 하여금 불법 디지털 콘텐츠를 업로드하게 한 후 이를 다운로드하게 함으로써 저작재산권 침해를 방조한 경우 위 사이트를 통해 유통된 다수 저작권자의 다수 저작물에 대한 범행 전체가 하나의 포괄일죄를 구성한다.

㉢ 위조통화를 행사하여 재물을 불법영득한 때에는 위조통화행사죄와 사기죄의 양죄가 성립된다.

㉣ 범죄단체를 구성하거나 이에 가입한 자가 더 나아가 구성원으로 활동하는 경우 이는 실체적 경합에 해당하나, 범죄집단의 조직원의 범죄집단활동죄와 그 범죄집단에서 활동하면서 저지르는 개별적 범행들은 범행 목적이나 행위 등이 일부 중첩되는 부분이 있다면 포괄일죄에 해당한다.

㉤ 운행정지명령위반으로 인한 자동차관리법위반죄와 의무보험미가입자동차운행으로 인한 자동차손해배상보장법위반죄는 자동차의 운행이라는 행위가 중첩되므로 법률상 1개의 행위로 평가되는 경우에 해당하여 상상적 경합관계로 보아야 한다.

㉥ 피해자에게 접근하거나 전화를 건 행위가 스토킹처벌법에서 처벌하는 스토킹범죄를 구성하는 스토킹행위에 해당하고 잠정조치를 위반한 행위에도 해당하는 경우, '스토킹범죄로 인한 구 스토킹처벌법위반죄'와 '잠정조치 불이행으로 인한 구 스토킹처벌법위반죄'는 실체적 경합관계에 있다.

① ㉠㉢㉣㉤㉥
② ㉠㉡㉣㉤
③ ㉡㉣㉤㉥
④ ㉡㉣㉤

06

[보기 1]의 (　) 속에 들어갈 죄수관계에 부합하는 사례를 [보기 2]에서 모두 고른 것은? (다툼이 있는 경우는 판례에 의함)

| 보기 1 |

작가협회 회원인 피고인이 타인의 명의를 도용하여 작가협회 교육원장을 비방하는 내용의 호소문을 작성한 후 이를 작가협회 회원들에게 우편으로 송달한 경우, 사문서위조와 명예훼손의 (　　　) 관계에 해당한다.

| 보기 2 |

㉠ 강도가 한 개의 강도범행을 하는 기회에 여러 명의 피해자에게 각 폭행을 가하여 각 상해를 입혔다.

㉡ 이미 절취한(이 부분은 논외로 함) 피해자 명의의 신용카드를 부정사용하여 현금자동인출기에서 현금서비스로 현금을 인출하여 취득하였다.

㉢ 강도가 재물강취의 뜻을 재물의 부재로 이루지 못한 채 미수에 그쳤으나 그 자리에서 항거불능의 상태에 빠진 피해자를 간음할 것을 결의하고 실행에 착수했으나 역시 미수에 그쳤더라도 반항을 억압하기 위한 폭행으로 피해자에게 상해를 입혔다.

㉣ 피해자 3명과 함께 같은 자리에서 약 4시간 동안 사기도박을 하여 피해자들로부터 각각 도금을 편취하였다.

㉤ 편취한 약속어음을 그와 같은 사실을 모르는 제3자에게 편취사실을 숨기고 할인받았다.

㉥ 채권자들에 의한 복수의 강제집행이 예상되는 경우 채무자가 자신의 재산을 은닉 또는 허위양도하였다.

① ㉠㉡㉤
② ㉡㉢㉣㉥
③ ㉢㉣㉤㉥
④ ㉠㉣㉤

07

죄수에 관한 다음 [보기]의 설명 중 옳지 않은 것을 모두 고른 것은? (다툼이 있는 경우 판례에 의함)

| 보기 |

㉠ 재심의 대상이 된 범죄에 관한 유죄 확정판결에 대하여 재심이 개시되어 재심판결에서 다시 금고 이상의 형이 확정되었다면, 재심대상판결 이전 범죄와 재심대상판결 이후 범죄 사이에는 형법 제37조 전단의 경합범 관계가 성립하지 않는다.

㉡ 피고인에 관하여 이미 판결이 확정된 죄가 공직선거법 제18조 제3항에 따라 분리 선고되어야 하는 공직선거법 위반죄인 경우, 형법 제39조 제1항에 따라 동시에 판결할 경우와 형평을 고려하여 형을 선고하거나 형을 감경 또는 면제할 수 있다.

㉢ 형법 제331조 제2항의 흉기를 휴대하거나 2인 이상이 합동하여 타인의 재물을 절취하는 특수절도의 범인이 그 범행수단으로 주거침입을 한 경우에 그 주거침입행위는 절도죄에 흡수되지 아니하고 별개의 주거침입죄를 구성하나 주거침입죄와 절도죄는 상상적 경합의 관계에 있게 된다.

㉣ 초병이 일단 그 수소를 이탈하면 그 이탈행위와 동시에 수소이탈죄는 완성되고, 그 후 다시 부대에 복귀하기 전이라도 별도로 군무를 기피할 목적을 일으켜 그 직무를 이탈하였다면 초병의 수소이탈죄와 군무이탈죄가 각각 독립하여 성립하고, 그 두 죄는 상상적 경합의 관계에 있다.

① ㉠㉡㉢㉣
② ㉡㉢㉣
③ ㉠㉡㉣
④ ㉠㉢㉣

08

甲의 죄책에 관한 설명 중 옳은 것(○)과 옳지 않은 것 (×)을 올바르게 조합한 것은? (다툼이 있는 경우 판례에 의함)

> ㉠ 경찰공무원인 甲이 지명수배 중인 범인을 발견하고도 그를 체포하지 아니하고 오히려 범인을 도피하게 하는 행위를 한 경우에는 작위범인 범인도피죄 이외에 부작위범인 직무유기죄도 성립하고 양 죄는 상상적 경합범 관계에 있다.
>
> ㉡ 甲이 A의 집에 침입하여 재물을 강취한 후 A를 살해할 목적으로 A의 집에 불을 놓아 A를 사망에 이르게 한 경우에는 강도살인죄와 현주건조물방화치사죄가 성립하고 양 죄는 상상적 경합범 관계에 있다.
>
> ㉢ 유가증권을 위조한 甲이 그 위조유가증권을 다른 사람에게 행사하여 그 이익을 나누어 가질 것을 乙과 공모한 후 그에게 위 위조유가증권을 교부함에 그친 경우라면, 甲에게는 유가증권위조죄와 위조유가증권행사죄가 성립하고 양 죄는 실체적 경합범 관계에 있다.
>
> ㉣ 타인 명의의 휴대전화 신규 가입신청서를 위조한 甲이 이를 스캔한 이미지 파일을 제3자에게 이메일로 전송하여 컴퓨터 화면상으로 보게 한 경우에는 사문서위조죄와 위조사문서행사죄가 성립하고 양 죄는 실체적 경합범 관계에 있다.
>
> ㉤ 타인 명의의 등기서류를 위조하여 등기관에게 제출함으로써 자신의 명의로 소유권이전등기를 마친 경우, 사문서위조죄, 위조사문서행사죄, 사기죄가 모두 성립하고, 그중 위조사문서행사죄와 사기죄는 상상적 경합 관계에 있다.

① ㉠(○), ㉡(×), ㉢(○), ㉣(×), ㉤(×)
② ㉠(○), ㉡(○), ㉢(×), ㉣(○), ㉤(×)
③ ㉠(×), ㉡(○), ㉢(×), ㉣(○), ㉤(×)
④ ㉠(×), ㉡(○), ㉢(×), ㉣(×), ㉤(○)

09

죄수에 관한 다음 [보기]의 설명 중 옳지 않은 것을 모두 고른 것은? (다툼이 있는 경우 판례에 의함)

> | 보기 |
>
> ㉠ 컴퓨터로 음란동영상을 제공하는 행위를 하였다가 음란동영상이 저장되어 있던 서버컴퓨터 2대를 압수당한 후 새로운 장비와 프로그램을 갖추어 다시 동일한 행위를 저지른 경우 정보통신망 이용촉진 및 정보보호 등에 관한 법률 위반죄의 포괄일죄가 성립한다.
>
> ㉡ 재심의 대상이 된 범죄에 관한 유죄 확정판결에 대하여 재심이 개시되어 재심판결에서 다시 금고 이상의 형이 확정되었다면, 재심대상판결 이전 범죄와 재심대상판결 이후 범죄는 하나의 형을 선고할 수 있다.
>
> ㉢ 훈련병이 상관으로부터 집총을 하고 군사교육을 받으라는 명령을 수회 받고도 그때마다 이를 거부한 경우에는 집총거부의사가 단일하고 계속된 것이며 피해법익이 동일하므로 항명죄의 포괄일죄가 성립한다.
>
> ㉣ 다수의 계(契)를 조직하여 수인의 계원들을 개별적으로 기망하여 계불입금을 편취한 경우, 각 피해자별로 독립하여 사기죄가 성립하고, 그 사기죄 상호간은 실체적 경합범 관계에 있다.

① ㉠㉡㉢㉣
② ㉡㉢㉣
③ ㉠㉢㉣
④ ㉠㉡㉢

10

죄수에 관한 다음 기술 중 판례의 입장과 일치하는 것은?

① 이미 확정판결을 받은 바 있는 피고인의 특수절도 범행과 이번에 기소된 야간주거침입절도 범행이 다같이 피고인의 절도습벽에서 이루어졌다고 한다면 위 확정판결을 받은 범죄사실과 이 사건 공소사실은 실체법상 일죄인 상습특수절도의 포괄일죄의 관계에 있다 할 것이고, 따라서 위 특수절도죄에 대한 확정판결의 기판력은 그와 포괄일죄의 관계에 있으나 단순야간주거침입죄로 기소된 본건 공소사실에 대하여도 미치게 된다 할 것이므로 본건 범죄사실에 대하여는 면소의 판결을 하여야 한다.

② 앞선 확정판결에서 조세범 처벌법 제10조 제3항 각 호 위반죄로 처벌되었으나, 확정된 사건 자체의 범죄사실이 뒤에 공소가 제기된 사건과 종합하여 특정범죄 가중처벌 등에 관한 법률 제8조의2 제1항 위반의 포괄일죄에 해당하는 경우, 확정판결의 기판력이 뒤에 공소가 제기된 특정범죄 가중처벌 등에 관한 법률 제8조의2 제1항 위반 범죄사실에 미치지 아니한다.

③ 경합범 관계에 있는 수 개의 범죄사실을 유죄로 인정하여 1개의 형을 선고한 불가분의 확정판결 중 일부 범죄사실에 재심청구의 이유가 있으나 판결 전부에 대하여 재심개시결정을 한 경우, 재심법원이 재심사유가 없는 범죄에 대해 새로이 양형을 하는 것은 헌법상 이중처벌금지 원칙에 반한다.

④ 변호사가 아닌 사람이 당사자와 내용을 달리하는 각기 다른 법률사건에 관한 법률사무를 취급하여 저지르는 변호사법 위반의 죄수는 상상적 경합관계에 있다.

11

다음과 같은 조건에서 甲죄와 乙죄 사이의 관계를 가장 옳게 설명한 것은? (다툼이 있는 경우 판례에 의함)

| 보기 |
가. 피고인은 2007.6.11. 甲죄를, 2007.7.24. 乙죄를 범하였다.
나. 피고인에게는 A죄로 징역 2년에 집행유예 3년을 선고받은 판결(제1판결)이 2002.10.10. 확정된 전과와 B죄로 징역 3년에 집행유예 4년을 선고받은 판결(제2판결)이 2007.7.14. 확정된 전과가 있다.
다. B죄의 범행일시는 제1판결 확정 전이다.

① 제2판결의 확정을 전후한 甲죄와 乙죄 사이는 형법 제37조 후단의 경합범 관계에 있으므로 각 죄에 대하여 별도로 형을 정하여 선고하여야 한다.

② 제2판결의 확정을 전후한 甲죄와 乙죄 사이는 형법 제37조 후단의 경합범 관계에 있지만 모두 제1판결 확정 후의 범죄이므로 하나의 형을 선고하여야 한다.

③ 제2판결의 확정을 전후한 甲죄와 乙죄 사이는 형법 제37조 전·후단의 어느 경합범 관계도 아니지만 모두 제1판결 확정 후의 범죄이므로 하나의 형을 선고하여야 한다.

④ 제2판결의 확정을 전후한 甲죄와 乙죄 사이는 형법 제37조 전·후단의 어느 경합범 관계도 아니므로 각 죄에 대하여 별도로 형을 정하여 선고하여야 한다.

12

죄수에 관한 다음 [보기]의 설명 중 판례의 입장에 어긋나는 것을 모두 고른 것은?

| 보기 |

㉠ 비의료인이 의료기관을 개설하여 운영하는 도중 개설자 명의를 다른 의료인 등으로 변경한 경우 의료법위반죄의 죄수는 포괄일죄에 해당한다.

㉡ 상습범으로 유죄의 확정판결을 받은 사람이 그 후 동일한 습벽에 의해 후행범죄를 저질렀는데 유죄의 확정판결에 대하여 재심이 개시된 경우, 동일한 습벽에 의한 후행범죄가 재심대상판결에 대한 재심판결 선고 전에 범하여졌다면 재심판결의 기판력이 후행범죄에 미친다.

㉢ 유죄의 확정판결을 받은 사람이 그 후 별개의 후행범죄를 저질렀는데 유죄의 확정판결에 대하여 재심이 개시된 경우, 후행범죄가 재심대상판결에 대한 재심판결 확정 전에 범하여졌다면 아직 판결을 받지 아니한 후행범죄와 재심판결이 확정된 선행범죄 사이에 형법 제37조 후단에서 정한 경합범 관계가 성립하지 아니한다.

㉣ 법정형에 하한이 설정된 형법 제37조 후단 경합범(금고 이상의 형에 처한 판결이 확정된 죄의 그 판결 확정 전에 범한 죄)에 대하여 형법 제39조 제1항 후문에 따라 형을 감경할 때에는 형법 제55조 제1항이 적용되지 아니하여 유기징역의 경우 그 형기의 2분의 1 미만으로도 감경할 수 있다.

㉤ 아직 판결을 받지 아니한 수개의 죄가 판결 확정을 전후하여 저질러지고 판결 확정 전에 범한 죄를 이미 판결이 확정된 죄와 동시에 판결할 수 없었던 경우라면 마치 확정판결이 존재하지 않는 것처럼 보아야 하므로, 그 수개의 죄 사이에 형법 제37조 전단 경합범 관계가 인정된다.

① ㉠㉡㉢㉣㉤
② ㉠㉡㉢㉣
③ ㉠㉡㉣㉤
④ ㉠㉢㉣㉤

13

형벌에 관한 다음 [보기]의 기술 중 옳지 않은 것을 모두 고른 것은? (다툼이 있으면 판례에 의함)

| 보기 |

㉠ 가석방은 유기에 있어서는 형기의 2분의 1을 경과한 때에 허용한다.

㉡ 유기징역은 1개월 이상 30년 이하로 하고, 자격정지는 1개월 이상 15년 이하로 한다. 유기징역 또는 유기금고의 판결을 받은 자는 그 형의 집행이 종료하거나 면제될 때까지 공무원이 되는 자격이 정지된다. 다만, 다른 법률에 특별한 규정이 있는 경우에는 그 법률에 따른다.

㉢ 심신미약자의 형은 감경할 수 있으나, 미수범의 형은 기수범보다 반드시 감경하고, 징역 5년과 금고 5년은 형의 경중에 차이가 없다.

㉣ 선고하는 벌금이 1억 원 이상 5억 원 이하인 경우에는 300일 이상, 5억 원 이상 50억 원 이하인 경우에는 500일 이상, 50억 원 초과인 경우에는 1천일 이상의 유치기간을 정하여야 한다.

㉤ 1억 원 이상의 벌금형을 선고하는 경우 노역장 유치기간의 하한을 정한 2014년 5월 개정형법 제70조 제2항('노역장유치조항')의 시행 전에 행해진 범죄행위라 하더라도, 위 노역장유치조항 시행일 이후 공소제기 되었다면, 위 규정을 적용할 수 있다.

㉥ 범죄수익은닉의 규제 및 처벌 등에 관한 법률에 정한 중대범죄에 해당하는 범죄행위에 의하여 취득한 것으로 재산적 가치가 인정되는 무형재산인 비트코인을 몰수할 수 있다.

① ㉠㉡㉢㉣㉤㉥
② ㉡㉢㉣㉤㉥
③ ㉡㉢㉣㉤
④ ㉠㉡㉢㉣㉤

14

몰수에 관한 다음 [보기]의 설명 중 옳은 것을 모두 고른 것은? (다툼이 있는 경우 판례에 의함)

| 보기 |

㉠ 형법 제134조는 뇌물에 공할 금품을 필요적으로 몰수하고 이를 몰수하기 불가능한 때에는 그 가액을 추징하도록 규정하고 있는바, 몰수는 특정된 물건에 대한 것이고 추징은 본래 몰수할 수 있었음을 전제로 하는 것임에 비추어 뇌물에 공할 금품이 특정되지 않았던 것은 몰수할 수 없고 그 가액을 추징할 수도 없다.

㉡ 마약류관리에 관한 법률 제67조에 의한 몰수나 추징은 범죄행위로 인한 이득의 박탈을 목적으로 하는 것이 아니라 징벌적 성질의 처분이므로, 그 범행으로 인하여 이득을 취득한 바 없다 하더라도 법원은 그 가액의 추징을 명하여야 한다.

㉢ 몰수의 취지가 범죄에 의한 이득의 박탈을 그 목적으로 하는 것이고 추징도 이러한 몰수의 취지를 관철하기 위한 것이라는 점을 고려하면 몰수하기 불능한 때에 추징하여야 할 가액은 범인이 그 물건을 보유하고 있다가 몰수의 선고를 받았더라면 잃었을 이득상당액을 의미한다고 보아야 할 것이므로 그 가액산정은 재판선고시의 가격을 기준으로 하여야 할 것이다.

㉣ 형법 제134조의 몰수나 추징을 선고하기 위하여는 몰수나 추징의 요건이 공소가 제기된 범죄사실과 반드시 관련되어 있어야 할 필요는 없으므로, 법원으로서는 범죄사실에서 인정되지 아니한 사실에 관하여도 몰수나 추징만을 선고할 수 있다.

㉤ 수인이 공동하여 공무원이 취급하는 사건 또는 사무에 관하여 청탁을 한다는 명목으로 금품을 받은 경우 그 금품을 분배하였더라도 각자에게 전액을 몰수하거나 그 가액을 추징하여야 한다.

㉥ 공소가 제기되지 아니한 별개의 범죄사실을 법원이 인정하여 그에 관하여 몰수·추징을 선고할 수 없다.

① ㉠㉡㉢㉣
② ㉠㉢㉤㉥
③ ㉡㉢㉣㉤
④ ㉠㉡㉢㉥

15

몰수·추징에 대한 다음 [보기]의 설명 중 옳은 것을 모두 고른 것은? (다툼이 있는 경우 판례에 의함)

| 보기 |

㉠ 외국환거래 신고 없이 미국 호텔 카지노 운영진으로부터 미화 100만 달러 상당의 칩을 대여받아 신고의무를 위반한 경우 칩 대금 상당액을 외국환거래법에 따라 추징할 수 있다.

㉡ 범죄행위로 인하여 물건을 취득한 것은 물건 자체이고 이는 몰수되어야 할 것이나, 이미 처분되어 없다면 그 가액 상당을 추징할 것이고, 그 가액에서 이를 취득하기 위한 대가로 지급한 금원을 뺀 나머지를 추징해야 하는 것은 아니다.

㉢ 수뢰자가 뇌물을 그대로 보관하였다가 증뢰자에게 반환한 때에는 증뢰자로부터 몰수·추징할 것이므로 수뢰자로부터 추징함은 위법하다.

㉣ 「형법」 제48조 제1항의 범인에 해당하는 공범자는 반드시 유죄의 죄책을 지는 자에 국한된다고 볼 수 없고 공범에 해당하는 행위를 한 자이면 족하다. 따라서 유죄의 죄책을 지지 않는 공범자의 소유물을 몰수할 수 있다.

㉤ 수인이 공동으로 의료법상 불법 리베이트를 수수하여 이익을 얻은 경우 개별적 이득액을 확정할 수 없는 경우 전체 추징액의 범위 안에서 각자에게 전액을 추징한다.

㉥ 도박공간을 개설한 자가 도박에 참가하여 얻은 수익을 도박공간개설로 얻은 범죄수익으로 몰수하거나 추징할 수 없다.

① ㉠㉡㉢㉣
② ㉡㉢㉣㉥
③ ㉢㉣㉤㉥
④ ㉠㉡㉢㉤

16

다음 중 몰수할 수 있는 것을 모두 고른 것은? (다툼이 있으면 판례에 의함)

| 보기 |

㉠ '물품에 대한 수입신고를 함에 있어 주요사항을 허위로 신고'하여 구 관세법을 위반한 경우, 허위신고의 대상물
㉡ 범죄행위로 인하여 취득한 물건이기는 하나, 판결선고 전 검찰에 의하여 압수된 후 피고인에게 환부된 것
㉢ 관세법 소정의 공소시효가 완성된 밀반입 바이올린
㉣ 범행에 제공하려고 한 물건이기는 하나, 효력을 상실한 압수·수색 영장에 의하여 압수한 것
㉤ 부동산의 소유권을 이전받을 것을 내용으로 하는 계약(1차 계약)을 체결한 자가 그 부동산에 대하여 다시 제3자와 소유권이전을 내용으로 하는 계약(전매계약)을 체결한 것이 부동산등기 특별조치법 제8조 제1호 위반행위에 해당하는 경우, 전매계약에 의하여 제3자로부터 받은 대금
㉥ 휴대전화로 촬영한 동영상

① ㉠㉡㉣㉥
② ㉠㉢㉣㉤
③ ㉡㉣㉥
④ ㉡㉢㉣

17

몰수와 추징에 관한 다음 [보기]의 설명 중 옳은 것을 모두 고른 것은? (다툼이 있는 경우 판례에 의함)

| 보기 |

㉠ 배임수·증재죄에서 수재자가 증재자로부터 받은 재물을 그대로 가지고 있다가 증재자에게 반환하였다면 증재자로부터 이를 몰수하거나 그 가액을 추징하여야 한다.
㉡ 법원은 피고인의 소유물은 물론 공범자의 소유물도 그 공범자의 소추 여부를 불문하고 몰수할 수 있고, 이 경우 공범자에는 공동정범, 교사범, 방조범에 해당하는 자가 포함되나 필요적 공범관계에 있는 자는 포함되지 아니한다.
㉢ 공무원인 범인이 금품을 무상대여 받음으로써 위법한 재산상 이익을 취득한 경우, 그가 받은 부정한 이익은 그로 인한 금융이익 상당액이라 할 것이므로 추징의 대상이 되는 것은 무상으로 대여받은 금품 그 자체가 아니라 위 금융이익 상당액이라고 보아야 한다.
㉣ 특정범죄가중처벌등에관한법률위반(알선수재)죄로 유죄가 선고된 사안에서, 범인이 공무원의 직무에 속한 사항의 알선에 관하여 금품을 받음에 있어 타인의 동의하에 그 타인 명의의 예금계좌로 입금받는 방식을 취하였다고 하더라도 이는 범인이 받은 금품을 관리하는 방법의 하나에 지나지 아니하므로, 그 가액 역시 범인으로부터 추징해야 한다.
㉤ 수뢰자가 자기앞수표를 뇌물로 받아 이를 소비한 후 자기앞수표 상당액을 증뢰자에게 반환하였다 하더라도 증뢰자로부터 이를 몰수 또는 추징하여야 한다.
㉥ 제1심 법원은 피고인이 대마 관련 범행 시 문자메시지를 몇 차례 주고받고 필로폰 관련 범행 시 통화를 1회 할 때 사용한 휴대전화를 '범죄행위에 제공된 물건'에 해당된다고 보아 몰수를 명하였다. 이러한 몰수는 적법하다.

① ㉠㉡㉢㉣㉥
② ㉠㉢㉣
③ ㉡㉢㉤㉥
④ ㉡㉢㉤

18

몰수와 추징에 관한 다음 [보기]의 설명 중 판례의 내용과 부합하는 것을 모두 고른 것은? (다툼이 있는 경우 판례에 의함)

| 보기 |

㉠ 금품의 무상차용을 통하여 위법한 재산상 이익을 취득한 경우 범인이 받은 부정한 이익은 그로 인한 금융이익 상당액이므로 추징의 대상이 되는 것은 무상으로 대여받은 금품 그 자체가 아니라 '금융이익 상당액'이다.

㉡ 체포될 당시에 미처 송금하지 못하고 소지하고 있던 자기앞수표나 현금은 장차 실행하려고 한 외국환거래법 위반의 범행에 제공하려는 물건으로서 몰수할 수 있다.

㉢ 공소사실이 인정되지 않거나 공소사실에 관하여 이미 공소시효가 완성되어 유죄의 선고를 할 수 없는 경우에는 몰수나 추징만을 선고할 수 있지만, 면소의 경우에는 몰수만을 선고할 수 없다.

㉣ 여러 사람이 공모하여 관세를 포탈하거나 관세 장물을 알선, 운반, 취득한 경우에는 범칙자의 1인이 그 물품을 소유하거나 점유하였다면 그 물품의 범칙 당시의 국내도매가격 상당의 가액 전액을 그 물품의 소유 또는 점유사실의 유무를 불문하고 범칙자 전원으로부터 각각 추징할 수 있다.

㉤ 범죄행위에 이용한 웹사이트 매각대금은 형법 제48조 제1항 제2호, 제2항에 따라 추징할 수 있다.

㉥ 성매매알선 등 행위자가 고객들로부터 수취한 금액 중 절반을 성매매여성에게 지급한 경우에 그 추징의 범위는 실제 취득분에 한정되지만, 범행 과정에서 지출한 업소 건물의 임대료는 범행에 사용된 필요경비에 해당하여 추징액에서 공제되지 않는다.

① ㉠㉣㉥

② ㉡㉢㉥

③ ㉠㉣

④ ㉡㉤

19

형벌 및 보안처분에 관한 다음 [보기]의 설명 중 판례의 입장과 일치하지 않은 것을 모두 고른 것은?

| 보기 |

㉠ 아청법상 공개·고지명령 선고의 예외사유로 규정한 '피고인이 아동·청소년인 경우'의 판단 기준 시점은 범죄행위시이다.

㉡ 범죄행위로 취득한 주식의 가액을 추징하는 경우, 주식의 취득대가를 추징금액에서 공제하여야 한다.

㉢ 형법상 몰수에 관하여는 범인 자신의 소유물은 물론 공범자의 소유물도 그 공범자의 소추 여부를 불문하고 몰수할 수 있고, 이는 범죄수익은닉의 규제 및 처벌 등에 관한 법률상 몰수 규정의 범인에 대한 해석에서도 마찬가지이다.

㉣ 형법 제48조 제1항 제1호에 의한 몰수는 임의적인 것이므로 그 몰수의 요건에 해당되는 물건이라도 이를 몰수할 것인지의 여부는 일응 법원의 재량에 맡겨져 있다 할 것이나, 형벌 일반에 적용되는 비례의 원칙에 의한 제한을 받으며, 이러한 법리는 범죄수익은닉의 규제 및 처벌 등에 관한 법률에도 마찬가지로 적용된다.

㉤ 특정경제범죄 가중처벌 등에 관한 법률 위반(알선수재)죄에 있어서 알선의뢰인이 알선수재자에게 공무원이나 금융기관 임직원의 직무에 속한 사항에 관한 알선의 대가를 형식적으로 체결한 고용계약에 터잡아 급여의 형식으로 지급한 경우에, 원천징수된 근로소득세 등을 포함한 명목상 급여액을 알선수재자로부터 추징하여야 한다.

① ㉠㉡㉢㉣㉤

② ㉡㉢㉤

③ ㉠㉢㉣

④ ㉠㉡㉤

20

형벌에 관한 다음 [보기]의 기술 중 판례의 입장에 일치하는 것을 모두 고른 것은?

| 보기 |

㉠ 폭력행위 등 처벌에 관한 법률(이하 '폭력행위처벌법'이라 한다) 제2조 제3항은 "이 법(형법 각 해당조항 및 각 해당조항의 상습범, 특수범, 상습특수범, 각 해당 조항의 상습범의 미수범, 특수범의 미수범, 상습특수범의 미수범을 포함한다)을 위반하여 2회 이상 징역형을 받은 사람이 다시 제2항 각 호에 규정된 죄를 범하여 누범으로 처벌할 경우에는 다음 각 호의 구분에 따라 가중처벌한다."라고 규정하고 있다. 그런데 형의 실효 등에 관한 법률에 따라 형이 실효된 경우에는 형의 선고에 의한 법적 효과가 장래를 향하여 소멸하므로 형이 실효된 후에는 그 전과를 폭력행위처벌법 제2조 제3항에서 말하는 '징역형을 받은 경우'라고 할 수 없다.

㉡ 외국환관리법상의 몰수와 추징은 일반 형사법의 경우와 달리 범죄사실에 대한 징벌적 제재의 성격을 띠고 있다. 따라서 여러 사람이 공모하여 범칙행위를 한 경우 몰수대상인 외국환 등을 몰수할 수 없을 때에는 각 범칙자 전원에 대하여 그 취득한 외국환 등의 가액 전부의 추징을 명하여야 하고, 그중 한 사람이 추징금 전액을 납부하였을 때에는 다른 사람은 추징의 집행을 면한다. 그러나 그 일부라도 납부되지 아니하였을 때에는 각 범칙자는 추징금 전액의 집행을 면하지 못한다.

㉢ 피고인이 특정범죄 가중처벌 등에 관한 법률 위반(허위세금계산서교부등)으로 기소되었는데, 벌금 24억 원을 병과하면서 800만 원을 1일로 환산한 기간 노역장유치를 명한 것은 법령을 위반한 것에 해당하지 아니한다.

㉣ 甲 주식회사 대표이사인 A는 금융기관에 청탁하여 乙 주식회사가 대출을 받을 수 있도록 알선행위를 하고 그 대가로 용역대금 명목의 수수료를 甲 회사 계좌를 통해 송금받아 특정경제범죄 가중처벌 등에 관한 법률 위반(알선수재)죄가 인정되었다. 이때 위 수수료에 대한 권리가 甲 회사에 귀속되는 경우에는 A로부터 몰수·추징할 수 없다.

㉤ 주형인 징역형의 선고를 유예할 때에는 추징을 선고할 수 없다.

① ㉠
② ㉠㉡
③ ㉠㉡㉢
④ ㉠㉡㉢㉣

▶ 제3편 형벌론: 제1장 형벌의 의의와 종류 2 ─ 제7장 보안처분

회차	시행일			목표점수			획득점수		
	1차	2차	3차	1차	2차	3차	1차	2차	3차
제10회									

01

몰수·추징에 관한 설명 중 옳지 않은 것을 모두 고른 것은? (다툼이 있는 경우에는 판례에 의함)

㉠ 피해자로 하여금 사기도박에 참여하도록 유인하기 위하여 고액의 수표를 제시해 보이기만 한 경우 그 수표가 직접적으로 도박자금으로 사용되지 아니한 이상 몰수할 수 없다.

㉡ 「특정경제범죄 가중처벌 등에 관한 법률」에 의한 몰수·추징은 범죄로 인한 이득의 박탈을 목적으로 한 형법상의 몰수·추징과는 달리 재산국외도피사범에 대한 소위 징벌적 성격의 처분이라고 보는 것이 상당하므로 그 도피재산이 회사의 소유라거나 피고인들이 그로 인하여 이득을 취한 바가 없다고 하더라도 피고인들 모두에 대하여 그 도피재산의 가액 전부의 추징을 명하여야 한다.

㉢ 장물을 처분하여 그 대가로 취득한 현금은 몰수의 선고를 할 것이 아니라 피해자에게 교부하는 선고를 하여야 한다.

㉣ 금품선거사건을 수사 중인 수사기관이 피고인의 주거에 대한 압수·수색을 실시하고 그 집행을 종료함으로써 압수·수색영장이 효력을 상실하였음에도 며칠 후 그 영장에 기하여 다시 같은 장소에 대한 압수·수색을 실시하면서 선거인들에게 제공하고 남은 돈을 발견하고 압수하였다면, 그 압수가 위법하여 그 돈은 증거로 사용될 수 없으므로 이를 몰수할 수 없다.

㉤ 마약류 불법거래 방지에 관한 특례법 위반죄의 정범에게 유상으로 필로폰을 공급한 방조범이라면 정범과 공동으로 취득하였다고 평가할 수 없는 경우에도 정범과 동일하게 추징할 수 있다.

① ㉠㉡㉣
② ㉡㉢㉣
③ ㉠㉣㉤
④ ㉡㉣㉤

02

상습범에 관한 다음 [보기]의 기술 중 옳은 것을 모두 고른 것은? (다툼이 있으면 판례에 의함)

| 보기 |

㉠ 장물취득죄와 존속중상해죄는 상습범을 처벌한다.

㉡ 상해죄 및 폭행죄의 상습범에 관한 형법 제264조에서 말하는 상습성을 판단할 때에는 위 규정에 열거되지 아니한 다른 유형의 범죄까지 종합적으로 고려하여야 한다.

㉢ 협박죄와 영리목적 약취·유인죄는 상습범을 처벌한다.

㉣ 상습범은 같은 유형의 범행을 반복하여 저지르는 습벽을 말하는 것인 바, 절도와 강도는 형법 각칙의 같은 장에 규정된 죄이나 상습성 인정의 기초가 되는 같은 유형의 범죄라 할 수는 없다.

㉤ 상습으로 도박개장죄를 범한 자라 하더라도 상습범 가중처벌을 할 수 없다.

① ㉠㉡㉣㉤
② ㉡㉢㉣
③ ㉠㉣㉤
④ ㉠㉡㉤

03

다음은 자수에 대한 판례의 내용이다. 옳은 것(○)과 틀린 것(×)을 모두 바르게 표시한 것은? (다툼이 있는 경우 판례에 의함)

┌─────────────────────────────────────┐
│ ㉠ 수사기관에 뇌물수수의 범죄사실을 자발적으로 │
│   신고하였으나 그 수뢰액을 실제보다 적게 신고 │
│   함으로써 (뇌물수수 사실을 축소 신고하여) 적 │
│   용법조와 적용형이 달라지게 된 경우는 자수가 │
│   성립하지 않는다. │
│ ㉡ 자수서를 소지하고 수사기관에 자발적으로 출 │
│   석하였으나 자수서를 제출하지 아니하고 범행 │
│   사실도 부인하였다면 자수가 성립하지 않는다. │
│ ㉢ 수사기관의 직무상의 질문 또는 조사에 응하여 │
│   범죄사실을 진술하는 것도 자수에 해당한다. │
│ ㉣ 수개의 범죄사실 중 일부에 관하여만 자수한 경 │
│   우에는 그 부분 범죄사실에 대해서만 자수의 효 │
│   력이 있다. │
│ ㉤ 검찰에 자진 출석하여 범행을 사실대로 진술하 │
│   였으나 법정에서 범행을 부인한 경우에는 자수 │
│   감경을 할 수 없다. │
└─────────────────────────────────────┘

① ㉠(○) ㉡(×) ㉢(×) ㉣(○) ㉤(×)
② ㉠(×) ㉡(○) ㉢(×) ㉣(×) ㉤(○)
③ ㉠(○) ㉡(○) ㉢(×) ㉣(○) ㉤(×)
④ ㉠(○) ㉡(×) ㉢(○) ㉣(×) ㉤(○)

04

자수에 관한 다음 설명 중 옳은 것을 모두 고른 것은? (다툼이 있으면 판례에 의함)

┌─────────────────────────────────────┐
│ ㉠ '자수'란 범인이 스스로 수사책임이 있는 관서에 │
│   자기의 범행을 자발적으로 신고하고 그 처분을 │
│   구하는 의사표시이므로, 수사기관의 직무상의 │
│   질문 또는 조사에 응하여 범죄사실을 진술하는 │
│   것은 자백일 뿐 자수로는 되지 아니하고, 나아 │
│   가 자수는 범인이 수사기관에 의사표시를 함으 │
│   로써 성립하는 것이므로 내심적 의사만으로는 │
│   부족하고 외부로 표시되어야 이를 인정할 수 있 │
│   는 것이다. │
│ ㉡ 피고인들이 검찰에 조사 일정을 문의한 다음 지 │
│   정된 일시에 검찰에 출두하는 등의 방법으로 자 │
│   진 출석하여 범행을 사실대로 진술하였다면 자 │
│   수가 성립되었다고 할 것이고, 그 후 법정에서 │
│   범행 사실을 부인한다고 하여 뉘우침이 없는 자 │
│   수라거나, 이미 발생한 자수의 효력이 없어진다 │
│   고 볼 수 없다. │
│ ㉢ 자수한 자에 대하여 법원이 임의로 형을 감경할 │
│   수 있다고 하여도 피고인의 자수감경 주장에 대 │
│   하여 판단을 하지 아니하면 위법하다. │
│ ㉣ 어느 죄에 관한 자수의 요건과 효과가 어떠한가 │
│   하는 문제는 논리필연적으로 도출되는 문제로, │
│   그 입법 취지가 자수의 두 가지 측면 즉, 범죄를 │
│   스스로 뉘우치고 개전의 정을 표시하는 것으로 │
│   보아 비난가능성이 약하다는 점과 자수를 하면 │
│   수사를 하는 데 용이할 뿐 아니라 형벌권을 정 │
│   확하게 행사할 수 있어 죄 없는 자에 대한 처벌 │
│   을 방지할 수 있다는 점 중 어느 한쪽을 얼마만 │
│   큼 중시하는지 또는 양자를 모두 동등하게 고려 │
│   하는지에 따라 입법정책적으로 결정되는 것은 │
│   아니다. │
│ ㉤ 공용건조물방화죄를 범할 목적으로 예비·음모한 │
│   후 목적한 죄의 실행에 이른 후에 수사기관에 자 │
│   수한 경우 형을 감경하거나 면제할 수 있다. │
└─────────────────────────────────────┘

① ㉠㉡㉢㉣
② ㉠㉡㉢㉤
③ ㉠㉡㉣
④ ㉠㉡㉤

05

다음 [사례]에서 형의 가중·감경에 대한 [법원의 판단] 순서와 [결론]의 A, B에 들어갈 처단형의 범위를 바르게 연결한 것은? (단, 강도죄의 법정형은 3년 이상의 유기징역이고, 다른 상황 및 특별법의 적용은 고려하지 않음)

| 사례 |

심신미약자인 甲은 강도죄로 징역 5년의 선고를 받아 복역을 마치고 2017.4.1. 출소한 후, 범죄에 대한 유혹을 떨쳐 버리지 못하고 2019.5.1. 다시 강도죄를 범하였다.

| 법원의 판단 |

㉠ 甲이 행위당시에 심신미약의 상태에 있었기 때문에 그 형을 감경한다.
㉡ 甲에게 특별히 정상참작할 만한 사유가 없어서 정상참작감경은 하지 않는다.
㉢ 甲에게 누범의 요건이 있으므로 그 형을 가중한다.

| 결론 |

甲에게는 징역 (A) 이상 (B) 이하의 범위 내에서 선고하는 형을 정하여야 한다.

	법원의 판단	A	B
①	㉠ - ㉢ - ㉡	1년 6월	30년
②	㉠ - ㉢ - ㉡	3년	30년
③	㉢ - ㉠ - ㉡	1년 6월	25년
④	㉢ - ㉠ - ㉡	3년	55년

06

다음 중 옳지 않은 것을 모두 고른 것은? (다툼이 있으면 판례에 의함)

㉠ 우리 형법은 집행유예기간의 시기에 관하여 명문의 규정을 두고 있지 않으므로, 법원이 집행유예기간의 시기로서 판결 확정일 이후의 시점을 선택할 수 있다.

㉡ 형법은 '벌금을 감경할 때에는 그 다액의 2분의 1로 한다'라고 규정하고 있으므로, 그 의미가 명확한 '다액'을 '금액'으로 해석하여 벌금의 하한까지 감경할 수는 없다.

㉢ 법률상의 형의 감경사유가 되는 자수를 위하여는, 범인이 자기의 범행으로서 범죄성립요건을 갖춘 객관적 사실을 자발적으로 수사관서에 신고하여 그 처분에 맡기고, 법적으로 그 요건을 완전히 갖춘 범죄행위라고 적극적으로 인식하고 있어야 한다.

㉣ 주형을 선고유예하면서 몰수나 추징도 함께 선고유예를 할 수 있고, 주형의 선고를 유예하지 아니하면서 몰수나 추징의 선고만을 유예할 수도 있다.

㉤ 임의적 감경의 경우에는 감경사유의 존재가 인정되더라도 법관이 형법 제55조 제1항에 따른 법률상 감경을 할 수도 있고 하지 않을 수도 있으므로, 임의적 감경사유의 존재가 인정되고 법관이 그에 따라 징역형에 대해 법률상 감경을 하는 이상 형법 제55조 제1항 제3호에 따라 상한과 하한을 모두 2분의 1로 감경한다.

① ㉠㉡㉢㉣
② ㉠㉢㉣㉤
③ ㉠㉡㉣
④ ㉡㉣㉤

07

미결구금에 관한 다음 기술 중 타당하지 않은 것은? (다툼이 있는 경우 판례에 의함)

① 실제 구금일수를 초과하여 산입한 판결이 확정된 경우에도 그 초과 부분이 본형에 산입되는 효력이 생기는 것은 아니다.

② 정식재판청구권회복결정에 의하여 사건을 공판절차에 의하여 심리하는 경우에는 법원은 노역장 유치기간을 미결구금일수로 보아 본형에 산입한다.

③ 상소제기기간 이후 상소를 취하한 때까지의 미결구금일수를 본형에 산입하지 않은 검사의 집행지휘처분은 위헌·위법이다.

④ 형법 제57조에 의하여 산입된 미결구금기간이 본형기간을 초과한 경우에도 형법 제62조의 규정에 따라 그 본형의 '집행'을 유예할 수 있다.

08

누범에 대한 설명으로 옳은 것은? (다툼이 있는 경우 판례에 의함)

① 행위책임에 형벌가중의 본질이 있는 상습범과 행위자책임에 형벌가중의 본질이 있는 누범을 단지 평면적으로 비교하여 그 경중을 가릴 수는 없다.

② 포괄일죄의 일부 범행이 누범기간 내에 이루어졌다고 하더라도 나머지 범행이 누범기간 경과 후에 이루어졌다면 선행 범죄만이 누범에 해당한다고 보아야 한다.

③ 누범을 가중 처벌하는 이유는 전범에 대하여 처벌을 받았음에도 다시 범행을 하는 경우에 전범도 후범과 일괄하여 다시 처벌한다는 것이다.

④ 누범가중의 사유가 되는 전과에 적용된 법률조항에 대하여 위헌결정이 있어 재심이 가능하다는 이유만으로 그 전과의 누범가중사유로서의 법률적 효력에 영향이 있다고 할 수는 없다.

09

다음 누범에 관한 설명 중 가장 옳은 것은? (다툼이 있는 경우 판례에 의함)

① 특별사면으로 출소한 후 복권까지 받았다면 출소 후 3년 이내에 다시 죄를 범하였더라도 누범이 되지 않는다.

② 3년의 누범기간 내에 범죄 실행의 착수가 있었으나 기수에 이르지 못했다면 누범으로 처벌할 수 없다.

③ 판결선고 후에 누범인 것이 발각된 때에는 선고한 형의 집행을 종료한 경우에도 그 선고한 형을 통산하여 다시 형을 정할 수 있다.

④ 누범가중의 사유가 되는 전과에 관한 사실은 공소장에 기재되어 있지 않더라도 피고인의 자백만으로 인정할 수 있다.

10

형법상 누범에 관한 기술로서 옳은 것을 모두 모은 것은? (다툼이 있는 경우 판례에 의함)

> ㉠ 누범 가중을 하는 경우에는 형법 제35조 제2항에 의하여 그 죄에 정한 형의 장기의 2배까지 가중할 수 있는 것이고 그 형의 단기에 관하여도 2배로 가중할 수 있는 것은 아니다.
>
> ㉡ 판결 선고 후 누범이 발각된 경우라고 하더라도 그 선고한 형의 집행을 이미 종료하였다면, 그와 같은 누범 발각을 이유로 선고한 형을 통산하여 다시 형을 정할 수 없다.
>
> ㉢ 법정형 중 벌금을 선택하는 경우에도 누범가중을 할 수 있다.
>
> ㉣ 집행유예기간 중에 금고 이상에 해당하는 범죄를 범하였다고 하더라도 이는 누범가중의 요건이 되지 못한다.
>
> ㉤ 상해죄 등으로 기소된 피고인이 누범전과인 확정판결에 대해 재심을 청구하여 재심대상판결 전부에 대하여 재심개시결정이 이루어졌고, 상해죄 등 범행 이후 진행된 재심심판절차에서 징역형을 선고한 재심판결이 확정됨으로써 확정판결이 당연히 효력을 상실한 경우, 상해죄 등 범행은 확정판결에 의한 형의 집행이 끝난 후 3년 내에 이루어졌다고 할 수 있다.

① ㉠㉡㉢㉣

② ㉠㉡㉢㉤

③ ㉠㉡㉢

④ ㉠㉢㉣㉤

11

선고유예에 관한 설명 중 옳지 않은 것은? (다툼이 있는 경우에는 판례에 의함)

① 형의 선고를 유예할 수 있는 경우는 선고할 형이 1년 이하의 징역이나 금고, 자격정지 또는 벌금의 형인 경우에 한하고, 구류형에 대하여는 선고를 유예할 수 없다.

② 징역형과 벌금형을 병과할 경우에 벌금형은 선고하고 징역형에 대하여만 선고를 유예할 수 있다.

③ 필요적 몰수의 경우라고 하더라도 주형을 선고유예할 때에는 몰수나 몰수에 갈음하는 추징도 선고유예를 할 수 있다.

④ 자격정지 이상의 형을 받은 전과가 있는 때에는 선고유예를 할 수 없으므로 징역형의 선고유예를 받았던 자에 대하여는 선고유예를 할 수 없다.

12

선고유예제도에 관한 설명 중 옳지 않은 것은? (다툼이 있는 경우에는 판례에 의함)

① 선고가 유예된 형에 벌금형을 선택하면서 그 금액을 정하지 않은 채 선고유예판결을 하는 것은 위법이다.

② 형의 선고를 유예하는 경우에 재범방지를 위하여 지도와 원호가 필요한 때에는 1년의 보호관찰을 받을 것을 명할 수 있다.

③ 선고유예는 집행유예와 마찬가지로 법원이 유예기간을 정하여야 한다.

④ 주형과 부가형이 있는 경우 주형을 선고유예하면서 부가형도 선고유예할 수 있지만, 주형을 선고유예하지 않으면서 부가형만을 선고유예할 수는 없다.

13

형의 집행유예에 관한 다음 설명 중 가장 옳은 것은?

① 집행유예의 선고를 받은 후 그 선고의 실효 또는 취소됨이 없이 유예기간을 경과한 때에는 형의 집행이 면제된다.

② 법원이 사회봉사를 명하는 경우 보호관찰을 명하는 경우와 마찬가지로 '손해를 회복하기 위하여 노력할 것'이라는 취지의 특별준수사항을 부과할 수 있다.

③ 집행유예의 요건 중 '3년 이하의 징역 또는 금고 또는 500만 원 이하의 벌금의 형'이라 함은 법정형이 아닌 선고형을 의미한다.

④ 집행유예 선고를 받은 자가 유예기간 중 고의로 범한 죄로 금고 이상의 형을 선고받아 그 판결이 확정된 때에는 집행유예의 선고를 취소할 수 있다.

14

다음은 형법상의 집행유예에 관한 기술이다. 그중 옳은 것만을 모두 모은 것은? (다툼이 있는 경우 판례에 의함)

⊙ 집행유예기간이 경과한 후에는 선고유예를 할 수 있다.

ⓛ 집행유예기간 중 범한 죄에 대하여도 다시 집행유예를 선고할 수 있다.

ⓒ 형법 제37조 후단의 경합범(금고 이상의 형에 처한 판결이 확정된 죄와 그 판결 확정 전에 범한 죄)에 대하여는 하나의 판결로 두 개의 자유형을 선고하는 경우 하나의 자유형에 대하여 실형을 선고하면서 다른 자유형에 대하여 집행유예를 선고할 수도 있으나, 형법 제37조 전단의 경합범(판결이 확정되지 아니한 수 개의 죄)에 대하여 하나의 판결로 1개의 죄에 대하여 자유형의 실형을 선고하고 그 나머지 다른 죄에 대하여 자유형의 집행유예를 선고할 수는 없다.

ⓔ 형법 제64조의 규정에 의하면 집행유예의 선고를 받은 후 형법 제62조 단행의 결격사유가 발각된 때에는 집행유예의 선고를 취소하도록 규정되어 있으나, 다만 그 결격사유가 집행유예 선고의 판결이 확정되기 전에 발각된 경우에는 집행유예의 선고를 취소할 수 없다.

ⓜ 형의 집행유예를 선고받고 그 유예기간이 경과되지 아니한 사람에게는 그 사람이 형법 제37조의 경합범 관계에 있는 수죄를 범하여 같은 절차에서 동시에 재판을 받았더라면 한꺼번에 집행유예의 선고를 받았으리라고 여겨지는 특수한 경우가 아닌 한 다시 형의 집행유예를 선고할 수 없다.

① ⓛⓒⓔⓜ

② ⊙ⓛⓜ

③ ⊙ⓒⓜ

④ ⊙ⓔ

15

집행유예와 선고유예에 관한 다음 설명 중 옳은 것은 모두 몇 개인가? (다툼이 있는 경우 판례에 의함)

⊙ 피고인을 금고 이상의 형에 처한 판결이 확정된 상태에서 그 확정 전에 피고인이 범한 甲죄에 대하여 형법 제37조 후단 경합범으로 형을 선고하는 경우에 甲죄를 범할 당시에 처벌받은 전력이 없었다면 판결이 확정된 죄를 동시에 판결할 경우와 형평성을 고려하여 甲죄에 대하여 형의 선고를 유예할 수 있다.

ⓛ 자격정지형에 대하여 집행유예와 선고유예를 선고할 수 있다.

ⓒ 형법 제37조 후단의 경합범 관계에 있는 죄에 대하여 두 개의 징역형을 선고하면서 하나의 징역형에 대해서만 집행유예를 선고할 수 있지만, 집행유예기간의 기산점을 다른 하나의 징역형의 집행종료일로 정할 수는 없다.

ⓔ 업무상과실치사죄로 집행유예 기간 중에 다시 업무상 과실치사죄를 범하여 금고형으로 처단할 경우에는 집행유예를 선고할 수 없다.

ⓜ 사회봉사명령의 특별준수사항으로 "2017년 말까지 이 사건 개발제한행위 위반에 따른 건축물 등을 모두 원상복구할 것"을 부과할 수는 없다.

ⓗ 버스회사 노동조합 지부장으로서 운전기사 신규 채용계약의 체결 등에 관하여 운전기사들로부터 청탁의 대가로 돈을 받아 이익을 취득하여 근로기준법 위반죄를 범한 피고인에 대하여 보호관찰을 받을 것을 명하면서 '보호관찰기간 중 노조지부장 선거에 후보로 출마하거나 선거에 개입하지 말 것'이라는 내용의 특별준수사항을 부과할 수 있다.

① 1개

② 2개

③ 3개

④ 4개

16

가석방에 관한 다음 설명 중 옳지 않은 것은?

① 가석방을 하기 위해서는 무기징역은 20년, 유기징역은 형기의 3분의 1을 경과하여야 한다.

② 병과된 벌금을 완납하지 아니하면 가석방을 할 수 없다.

③ 가석방의 기간은 무기형은 20년, 유기형은 남은 형기로 하되, 그 기간은 10년을 초과할 수 없다.

④ 가석방의 처분을 받은 후 실효 또는 취소되지 않고 가석방기간을 경과한 때에는 형의 집행을 종료한 것으로 본다.

17

집행유예, 선고유예, 가석방에 관한 다음 [보기]의 설명 중 옳은 것을 모두 고른 것은? (다툼이 있는 경우 판례에 의함)

| 보기 |

㉠ 선고유예 판결을 할 경우에 그 판결이유에서는 선고할 형의 종류와 양 즉 선고형을 정해 놓아야 하고 그 선고를 유예하는 형이 벌금형일 경우에는 그 벌금액뿐만 아니라 환형유치처분까지 해 두어야 한다.

㉡ 가석방 기간 중 고의 또는 과실로 인한 죄로 금고 이상의 형의 선고를 받아 그 판결이 확정된 때에도 가석방처분은 효력을 잃는다.

㉢ 성폭력범죄를 저지른 정신성적 장애자에 대하여 치료감호의 요건에 해당된다고 하여 치료명령이 함께 선고될 수 있는 것은 아니다.

㉣ 법원이 일정한 성폭력범죄에 대하여 유죄판결을 선고하면서 신상정보 제출의무 등의 고지를 누락한 경우, 당해 법원 또는 상급심 법원이 적법한 내용으로 다시 고지할 수 있고, 상급심 법원에서 신상정보 제출의무 등을 새로 고지하는 경우 형을 피고인에게 불리하게 변경하는 것이 아니다.

㉤ 집행유예 취소결정에 대한 즉시항고 또는 재항고로 인하여 집행유예 취소결정이 아직 확정되기 전에 집행유예 기간이 경과한 경우에는 집행유예의 선고를 취소할 수 있다.

① ㉠㉡㉢㉣

② ㉠㉢㉣

③ ㉡㉢㉣㉤

④ ㉡㉣㉤

18

형벌에 관한 다음 [보기]의 설명 중 옳지 않은 것을 모두 고른 것은? (다툼이 있는 경우에는 판례에 의함)

| 보기 |

㉠ 수개의 범죄사실 중 일부에 관하여만 자수한 경우에는 그 부분 범죄사실에 대하여만 자수의 효력이 있다.

㉡ 형의 시효는 사형은 30년이고 벌금형은 3년이다.

㉢ 주형에 대해서는 선고를 유예하지 않더라도 추징에 대해서는 선고를 유예할 수 있다.

㉣ 피고인과 공범관계에 있지만 공소제기 되지 않은 자의 소유에 속하는 범죄행위에 제공된 물건은 몰수할 수 없다.

㉤ 수형자 아닌 제3자가 수형자의 의사와는 무관하게 벌금의 일부를 납부하더라도 벌금형의 시효는 중단된다.

㉥ 검사가 추징형의 집행을 위하여 예금채권에 대하여 채권압류·추심명령을 받았다면 압류금지 채권이라 하더라도 추징형의 시효는 중단된다.

① ㉡㉢㉣㉤㉥

② ㉠㉣㉤㉥

③ ㉡㉢㉣㉤

④ ㉠㉢㉣

19

형벌론에 관한 다음 [보기]의 기술 중 옳은 것을 모두 고른 것은? (다툼이 있는 경우 판례에 의함)

| 보기 |

㉠ 형법 제62조 제2항에서 '형을 병과할 경우에는 그 형의 일부에 대하여 집행을 유예할 수 있다'고 규정하고 있으므로 자유형 중 일부에 대해서는 실형을, 나머지에 대해서는 집행유예를 선고하는 것이 가능하다.

㉡ 징역 또는 금고의 집행을 종료하거나 집행이 면제된 자가 피해자의 손해를 보상하고 자격정지 이상의 형을 받음이 없이 7년을 경과한 때에는 본인 또는 검사의 신청에 의하여 그 재판의 실효를 선고할 수 있다.

㉢ 형의 집행종료 후 7년 이내에 집행유예의 판결을 받고 그 기간을 무사히 경과하여 7년을 채우더라도 형법 제81조의 "형을 받음이 없이 7년을 경과"하는 때에 해당하지 아니하여 형의 실효를 선고할 수 없다.

㉣ 복권은 형선고의 효력을 상실시킨다.

㉤ 형의 시효의 정지사유는 형집행의 유예, 정지, 가석방, 수형자 체포, 기타 천재지변으로 집행할 수 없는 경우 등이다.

㉥ 「폭력행위 등 처벌에 관한 법률」 제2조 제3항은 2회 이상 징역형을 받은 사람에 대해서 누범으로 가중 처벌하도록 하고 있는데, 집행유예의 선고를 받은 후 그 선고가 실효 또는 취소됨이 없이 유예기간을 경과하여 형의 선고가 효력을 잃은 경우는 위 조항의 '징역형을 받은 경우'에 해당하지 않는다.

① ㉠㉡㉢㉤
② ㉡㉢㉥
③ ㉡㉣㉤
④ ㉡㉢㉣㉥

20

형의 실효, 형의 시효, 선고유예 등에 관한 다음 설명 중 옳지 않은 것을 모두 고른 것은? (다툼이 있으면 판례에 의함)

㉠ 형의 집행종료 후 7년 이내에 징역형의 집행유예의 판결을 받고 그 기간을 무사히 경과한 경우 형법 제65조에 따라 위 집행유예 형의 선고는 효력을 잃게 되므로, 형법 제81조의 '형을 받음이 없이 7년을 경과'하는 때에 해당하여 형의 실효를 선고할 수 있다.

㉡ 복권이 있었다고 하더라도 그 전과사실은 누범 가중사유에 해당한다.

㉢ 유체동산 경매의 방법으로 추징형을 집행하는 경우에는 검사의 징수명령서를 집행관이 수령하는 때에 강제처분의 개시가 있는 것으로 보아야 하고, 다만 집행관이 그 후에 집행에 착수하지 못하면 시효중단의 효력이 없어진다.

㉣ 벌금에 있어서의 시효는 강제처분을 개시함으로 인하여 중단되고, 여기서 채권에 대한 강제집행의 방법으로 벌금형을 집행하는 경우에는 검사의 징수명령서에 기하여 '법원에 채권압류명령을 신청하는 때'에 강제처분인 집행행위의 개시가 있는 것으로 보아 특별한 사정이 없는 한 그때 시효중단의 효력이 발생하게 되나, 그 후 수형자에게 집행행위의 개시사실을 통지하지 아니하면 시효중단 효력은 소멸된다.

㉤ 선고유예 판결에서도 그 판결 이유에서는 선고형을 정해 놓아야 하고 그 형이 벌금형일 경우에는 벌금액뿐만 아니라 환형유치처분까지 해두어야 한다.

㉥ 선고유예 실효 결정에 대한 즉시항고 또는 재항고로 인하여 아직 선고유예 실효 결정의 효력이 발생하기 전 상태에서 상소심 절차 진행 중에 선고유예 기간이 그대로 경과하였다면, 그 뒤에는 선고유예 실효의 결정을 할 수 없다.

㉦ 징역형과 벌금형을 병과하면서 징역형에 대하여는 집행을 유예하고 벌금형에 대하여 선고를 유예하는 것은 허용되지 않는다.

① ㉠㉢㉣㉥
② ㉡㉢㉣㉦
③ ㉡㉣㉦
④ ㉠㉣㉦

MEMO

진도별 모의고사
[형사소송법의 수사와 증거]

▶ **제1장 수사** [수사의 의의와 구조] ― [임의수사 1]

회차	시행일			목표점수			획득점수		
제1회	1차	2차	3차	1차	2차	3차	1차	2차	3차

01

다음 [보기]는 함정수사에 관한 설명들이다. 이 중 옳지 않은 것을 모두 고른 것은? (다툼이 있으면 판례에 의함)

| 보기 |

㉠ 경찰관이 함정수사 과정에서 이미 이루어지고 있던 피고인의 다른 범행을 적발한 경우 이에 관한 공소제기는 법률의 규정에 위반하여 무효인 때에 해당하지 아니한다.

㉡ 피유인자의 범의가 유발된 것이 유인자가 수사기관과 직접적인 관련을 맺지 않은 상태에서 피유인자를 상대로 수차례 반복적으로 범행을 부탁한 것에 기인하였다면 이는 위법한 함정수사에 해당한다.

㉢ 경찰관이 손님을 가장하고 들어가 도우미를 불러줄 것을 요구하여 노래방 업주가 도우미를 불러 낸 경우, 도우미 알선 영업에 대한 제보나 첩보가 없고 경찰관이 단속실적을 올리기 위한 것이라면 위법한 함정수사에 해당하지만, 만일 경찰관이 게임 결과물의 환전을 거절하는 피고인에게 적극적으로 환전을 요구하는 방식의 수사의 경우라면 그러하지 아니하다.

㉣ A가 수사기관에 체포된 동거남의 석방을 위한 공적을 쌓기 위하여 B에게 필로폰 밀수입에 관한 정보제공을 부탁하면서 대가의 지급을 약속하고, B가 C에게, C는 D에게 순차 필로폰 밀수입을 권유하여, 이를 승낙하고 필로폰을 받으러 나온 D를 체포한 경우에는 위법한 함정수사에 해당한다.

㉤ 아동·청소년의 성보호에 관한 법률은 아동·청소년성착취물의 제작·배포 등 디지털성범죄에 대한 신분비공개수사와 신분위장수사를 허용하는 수사 특례규정을 마련하고 있고, 이 경우에는 본래 범의(犯意)를 가지지 않은 자에게 범의를 유발하는 행위를 수반하는 수사방법이 허용된다.

① ㉠㉡㉢㉣㉤
② ㉡㉢㉣㉤
③ ㉠㉡㉢㉣
④ ㉠㉢㉣㉤

02

수사기관에 대한 다음 [보기]의 설명 중 옳지 않은 것을 모두 고른 것은? (다툼이 있으면 판례에 의함)

| 보기 |

㉠ 일반 경찰공무원인 사법경찰관리는 검사의 수사지휘를 받지 않으며 1차적 수사종결권이 있는 반면 사법경찰관의 직무를 행하는 검찰청 직원은 검사의 지휘를 받아 수사를 한다.

㉡ 「공직선거법」상 각급선거관리위원회의 위원·직원은 선거범죄에 관하여 사법경찰관리의 직무를 행하는 특별사법경찰관리로서 선거범죄에 관하여 관계인에 대하여 질문·조사를 하거나 자료제출을 요구할 수 있다.

㉢ 경찰청 소속 사법경찰관이 고소·고발 사건을 포함하여 범죄를 수사한 때에 범죄혐의가 인정되지 않을 경우에는 그 이유를 명시한 서면만을 검사에게 송부하면 된다.

㉣ 검사가 경찰청 소속 사법경찰관이 신청한 영장을 정당한 이유 없이 판사에게 청구하지 아니한 경우 경찰청 소속 사법경찰관은 그 검사 소속의 지방검찰청 소재지를 관할하는 고등검찰청에 영장 청구 여부에 대한 심의를 신청할 수 있다.

㉤ 검사는 사법경찰관으로부터 송치받은 사건에 대해 보완수사가 필요하다고 인정하는 경우에는 특별히 직접 보완수사를 할 필요가 있다고 인정되는 경우를 제외하고는 사법경찰관에게 보완수사를 요구하는 것을 원칙으로 한다.

① ㉠㉡㉢㉣㉤
② ㉡㉢㉣㉤
③ ㉡㉢㉤
④ ㉢㉣㉤

03

형사소송법의 내용으로 다음 [보기]의 내용 중 틀린 것을 모두 고른 것은?

| 보기 |

㉠ 검사는 사법경찰관리의 수사과정에서 법령위반, 인권침해 또는 현저한 수사권 남용이 의심되는 사실의 신고가 있거나 그러한 사실을 인식하게 된 경우에는 사법경찰관에게 사건기록 등본의 송부를 요구할 수 있고, 송부를 받은 검사는 필요한 경우 사법경찰관에게 시정조치를 요구할 수 있으며, 검사는 시정조치 요구가 정당한 이유 없이 이행되지 않은 경우에 사법경찰관에게 사건을 송치할 것을 요구할 수 있도록 한다.

㉡ 검사는 사법경찰관과 동일한 범죄사실을 수사하게 된 때에는 사법경찰관에게 사건을 송치할 것을 요구할 수 있고, 요구를 받은 사법경찰관은 지체 없이 검사에게 사건을 송치하도록 하되, 검사가 영장을 청구한 후라 하더라도 동일한 범죄사실에 관하여 사법경찰관이 영장을 신청한 경우에는 해당 영장에 기재된 범죄사실을 계속 수사할 수 있도록 한다.

㉢ 검사가 사법경찰관이 신청한 영장을 정당한 이유 없이 판사에게 청구하지 아니한 경우 사법경찰관은 관할 지방검찰청에 영장 청구 여부에 대한 심의를 신청할 수 있고, 이를 심의하기 위하여 각 지방검찰청에 외부 위원으로 구성된 영장심의위원회를 둔다.

㉣ 사법경찰관은 범죄를 수사한 때에는 범죄의 혐의가 인정되면 검사에게 사건을 송치하고, 그 밖의 경우에는 그 이유를 명시한 서면과 함께 관계 서류와 증거물을 검사에게 송부하도록 한다.

㉤ 검사는 사법경찰관이 사건을 송치하지 아니한 것이 위법 또는 부당한 때에는 서면 또는 구술에 의하여 사법경찰관에게 재수사를 요청할 수 있도록 하고, 사법경찰관은 요청이 있으면 사건을 재수사하도록 한다.

① ㉠㉢㉣
② ㉡㉢㉤
③ ㉢㉤
④ ㉢㉣

04

수사에 대한 다음 [보기]의 설명 중 옳은 것을 모두 고른 것은? (다툼이 있는 경우 판례에 의함)

| 보기 |

㉠ 임의동행은 「경찰관 직무집행법」 제3조 제2항에 따른 행정경찰 목적의 경찰활동으로 행하여지는 것 외에도 「형사소송법」 제199조 제1항에 따라 범죄 수사를 위하여 오로지 피의자의 자발적인 의사에 의하여 이루어진 경우에도 가능하다.

㉡ 범의를 가진 자에 대하여 단순히 범행의 기회를 제공하거나 범행을 용이하게 하는 것에 불과한 수사방법이 경우에 따라 허용될 수 있음은 별론으로 하고, 본래 범의를 가지지 아니한 자에 대하여 수사기관이 사술이나 계략 등을 써서 범의를 유발케 하여 범죄인을 검거하는 함정수사는 위법하므로 이러한 함정수사에 기한 공소제기에 대해 법원은 공소기각판결을 선고해야 한다.

㉢ 범죄의 인지는 실질적인 개념이므로 인지절차를 거치기 전에 범죄의 혐의가 있다고 보아 수사를 개시하는 행위를 한 때에 범죄를 인지한 것으로 보아야 하며, 그 뒤 범죄인지서를 작성하여 사건수리 절차를 밟은 때에 비로소 범죄를 인지하였다고 볼 것은 아니다.

㉣ 검사 또는 사법경찰관이 조사실에서 피의자를 신문할 때 도주, 자해 등의 위험이 없다면 교도관에게 피의자의 수갑 해제를 요청할 의무가 있으므로, 검사가 이러한 해제를 요청하지 않는 경우에는 피의자 또는 변호인은 상급법원에 항고할 수 있다.

㉤ 사법경찰관이 송치한 범죄를 제외하고 검사는 자신이 수사개시한 범죄에 대하여는 공소를 제기할 수 없다.

㉥ 체포·구속장소의 감찰결과 피의자가 적법한 절차에 의하지 아니하고 체포 또는 구속된 것이라고 의심할 만한 상당한 이유가 있는 경우에 검사는 즉시 체포 또는 구속된 자를 석방하거나 사건을 검찰에 송치할 것을 명하여야 하는데, 이 송치 요구에 따라 사법경찰관으로부터 송치받은 사건에 관하여 검사는 동일성을 해치지 아니하는 범위 내에서만 수사할 수 있는 것은 아니다.

① ㉠㉡㉢㉤㉥
② ㉡㉢㉣㉤㉥
③ ㉠㉡㉢㉤
④ ㉠㉡㉢㉣㉥

05

검사와 사법경찰관리의 관계에 관한 [보기]의 설명으로 옳지 않은 것만을 모두 고른 것은?

| 보기 |

㉠ 검사는 사법경찰관리의 수사과정에서 법령위반, 인권침해 또는 현저한 수사권 남용이 의심되는 사실의 신고가 있거나 그러한 사실을 인식하게 된 경우에는 사법경찰관에게 사건기록 등본의 송부를 요구하여야 한다.

㉡ 사법경찰관리의 수사과정에서 법령위반을 이유로 검사의 송부 요구를 받은 사법경찰관은 지체 없이 검사에게 사건기록 등본을 송부하여야 한다. 송부를 받은 검사는 필요하다고 인정되는 경우에는 사법경찰관에게 시정조치를 요구할 수 있다.

㉢ 검사는 사법경찰관과 동일한 범죄사실을 수사하게 된 때에는 사법경찰관에게 사건을 송치할 것을 요구할 수 있고, 이 경우 사법경찰관은 지체 없이 검사에게 사건을 송치하여야 한다. 다만 검사가 영장을 청구하기 전에 동일한 범죄사실에 관하여 사법경찰관이 영장을 신청한 경우에는 사법경찰관만 해당 영장에 기재된 범죄사실을 계속 수사할 수 있다.

㉣ 사법경찰관이 범죄를 수사한 후 범죄의 혐의가 인정되지 않아 불송치결정을 하는 경우 사법경찰관은 그 이유를 명시한 서면과 함께 관계 서류와 증거물을 지체 없이 검사에게 송부해야 하며, 검사는 송부받은 날부터 90일 이내에 사법경찰관에게 그 서류 등을 반환하여야 한다.

㉤ 검사는 고소·고발된 범죄 사건을 사법경찰관이 수사한 후 사건을 송치하지 아니한 것이 위법 또는 부당한 때에는 그 이유를 문서로 명시하여 사법경찰관에게 재수사를 요청할 수 있고, 사법경찰관은 필요한 경우 사건을 재수사할 수 있다.

㉥ 위 ㉤에 따라 사법경찰관의 재수사를 하였음에도 기존의 불송치 결정을 유지하는 경우, 검사는 원칙적으로 다시 재수사를 요청하거나 송치요구를 할 수 없으나, 검사가 범죄 혐의의 유무를 명확히 하기 위해 재수사를 요청한 사항에 관하여 그 이행이 이루어지지 않은 경우에는 그것이 불송치 결정의 유지에 영향을 미치지 않음이 명백한 경우라 하더라도 검사는 사법경찰관에게 사건송치를 요구할 수 있다.

① ㉠㉡㉢㉣㉤
② ㉠㉡㉢㉣㉥
③ ㉠㉢㉣㉤
④ ㉠㉢㉤㉥

06

수사에 대한 설명으로 옳은 것은? (다툼이 있는 경우 판례에 의함)

① 검사 또는 사법경찰관은 임의동행을 요구하는 경우 상대방에게 동행을 거부할 수 있다는 것과 동행하는 경우에도 언제든지 자유롭게 동행 과정에서 이탈하거나 동행 장소에서 퇴거할 수 있다는 것을 알려야 하지만, 이를 명시한 법률이나 명령상의 규정은 없다.

② 검사 또는 사법경찰관은 피의자에게 출석요구를 하려는 경우 피의자와 조사의 일시·장소에 관하여 협의해야 한다. 다만, 피의자에게 변호인이 있는 경우라 하더라도 변호인과는 협의할 필요는 없다.

③ 위법한 함정수사에 기한 공소제기는 그 절차가 법률의 규정에 위반하여 무효인 때에 해당한다.

④ 형사소송법 제244조의5에 의해서 피의자와 신뢰관계에 있는 자가 피의자 신문에 동석하여 피의자신문조서가 작성된 경우에, 동석한 자가 피의자를 대신하여 진술한 부분은 피의자신문조서의 증거능력의 요건을 충족하여야 증거능력이 인정된다.

07

불심검문에 대한 다음 [보기]의 설명 중 옳은 것을 모두 고른 것은? (다툼이 있는 경우 판례에 의함)

| 보기 |

㉠ 경찰관이 불심검문 대상자 해당 여부를 판단할 때에는 불심검문 당시의 구체적 상황은 물론 사전에 얻은 정보나 전문적 지식 등에 기초하여 객관적·합리적인 기준에 따라 판단하여야 하나, 불심검문 대상자에게 「형사소송법」상 체포나 구속에 이를 정도의 혐의가 있을 것은 요하지 않는다.

㉡ 경찰관은 불심검문 시 질문에 수반하여 흉기의 소지 여부도 조사할 수 있다.

㉢ 경찰관이 불심검문을 위하여 질문을 하거나 동행을 요구할 경우 자신의 신분을 표시하는 증표를 제시하여야 한다.

㉣ 검문하는 사람이 경찰관이고 검문하는 이유가 범죄행위에 관한 것임을 피고인이 알고 있었던 경우라도 경찰관이 신분증을 제시하지 않고 불심검문을 하였다면, 그 불심검문은 위법하다.

① ㉠㉡㉢   ② ㉡㉢㉣

③ ㉠㉢㉣   ④ ㉠㉡㉣

08

고소와 고발에 관한 다음 [보기]의 설명 중 옳은 것을 모두 고른 것은? (다툼이 있는 경우 판례에 의함)

| 보기 |

㉠ 고소에 있어서 범죄사실의 특정 정도는 고소인의 의사가 수사기관에 대하여 일정한 범죄사실을 지정신고하여 범인의 소추처벌을 구하는 의사표시가 있었다고 볼 수 있을 정도면 충분하며, 범인의 성명이 불명이거나 범행의 일시·장소·방법 등이 명확하지 않다고 하더라도 그 효력에는 아무 영향이 없다.

㉡ 「민법」상 행위능력이 없는 사람이라도 피해를 입은 사실을 이해하고 고소에 따른 사회생활상의 이해관계를 알아차릴 수 있는 사실상의 의사능력을 갖추었다면 고소능력이 인정된다.

㉢ 피해자의 법정대리인은 피해자의 고소권 소멸 여부에 관계없이 고소할 수 있고, 이러한 고소권은 피해자의 명시한 의사에 반하여도 행사할 수 있다.

㉣ 친고죄에서 적법한 고소가 있었는지는 엄격한 증명의 대상이 되고, 일죄의 관계에 있는 친고죄 범죄사실 일부에 대한 고소의 효력은 일죄 전부에 대하여 미친다.

㉤ 조세범 처벌법에 의한 고발은 고발장에 범칙사실의 기재가 없거나 특정이 되지 아니할 때에는 부적법하다.

㉥ 즉시고발사건의 고발은 그 효력이 고발장에 기재된 범죄사실과 동일성이 인정되는 사실 모두에 미치는 것은 아니라는 점에서 친고죄의 고소와 구별된다.

① ㉠㉡㉢㉤
② ㉡㉢㉣㉥
③ ㉠㉡㉣㉥
④ ㉠㉡㉢㉣㉤

09

다음 [보기]는 고소와 고발에 관한 설명이다. 옳은 것을 모두 고른 것은? (다툼이 있는 경우 판례에 의함)

| 보기 |

㉠ 피고인은 피해자(부재자)의 언니로서(피해자와는 비동거친족 간의 관계이므로 형법 제328조 제2항에 의하여 친고죄에 해당함) 법원에서 부재자 재산관리인으로 선임되어 피해자 앞으로 공탁된 수용보상금을 출급하였고, 이후 법원은 피고인을 재산관리인에서 해임하고 변호사 A를 재산관리인으로 개임하였는데, 피고인이 변호사 A에게 수용보상금의 존재를 알리지 않았고 그 인계도 거부하자, 변호사 A가 법원의 권한초과행위 허가를 받아 수사기관에 피고인을 배임(친고죄) 등으로 고소한 경우, 변호사 A는 형사소송법 제225조 제1항에서 정한 법정대리인으로서 적법한 고소권자에 해당한다.

㉡ 범행기간을 특정하고 있는 고소에 있어서는 그 기간 중의 어느 특정범죄에 대하여 범인의 처벌을 원치 않는 고소인의 의사가 있다고 볼 만한 특단의 사정이 없는 이상 그 고소는 특정된 기간 중에 저지른 모든 범죄에 대하여 범인의 처벌을 구하는 의사표시라고 봄이 상당하다.

㉢ 반의사불벌죄에 있어서는 공범자 사이에 불가분의 원칙이 적용되지 않는다.

㉣ 자기 또는 배우자의 직계존속이나 직계비속을 고소하지 못한다.

㉤ 강간치상죄로 공소가 제기된 사건에 있어서 공소제기 전에 고소의 취소가 있었다고 하더라도 치상의 점에 관하여 증명이 없는 경우에는 공소기각의 판결을 선고하여야 하는 것은 아니다.

㉥ 국세청장이 허위세금계산서 교부의 중개행위로 고발하였는데('피고인은 A가 재화나 용역을 공급하지 아니하고 허위세금계산서를 발급하는 행위를 중개하였다'는 내용의 범칙사실, 특가법 제8조의2 제1항 제1호, 조세범 처벌법 제10조 제4항), 검사가 허위세금계산서 교부의 공동정범으로 공소를 제기('피고인은 A와 공모하여 재화나 용역을 공급하지 아니하고 허위세금계산서를 교부하였다'는 내용의 공소사실, 특가법 제8조의2 제1항 제1호, 조세범 처벌법 제10조 제3항 제1호, 형법 제30조)한 것은 적법하지 않다.

① ㉠㉡㉢㉤㉥
② ㉠㉢㉣㉤㉥
③ ㉠㉡㉢㉤
④ ㉠㉢㉣㉥

10

고소 등에 관한 다음 [보기]의 설명 중 옳은 것을 모두 고른 것은? (다툼이 있는 경우 판례에 의함)

| 보기 |

㉠ 고소는 범죄사실은 신고하는 것이므로 고소의 대상인 범죄사실은 특정되어야 한다. 다만, 범행의 일시·장소·방법까지 구체적으로 특정할 필요는 없다.

㉡ 고소 또는 처벌을 희망하는 의사표시는 제1심 판결선고 전까지 취소 또는 철회할 수 있으나, 항소심에 이르러 비로소 반의사불벌죄가 아닌 상해죄에서 반의사불벌죄인 폭행죄로 공소장이 변경된 경우에는 예외적으로 항소심에서도 처벌을 희망하는 의사표시를 철회할 수 있다.

㉢ 친고죄의 공범 중 그 1인 또는 수인에 대한 고소뿐만 아니라, 그 취소도 다른 공범자에 대하여 효력이 있다.

㉣ 친고죄의 공범 중 그 일부에 대하여 제1심 판결이 선고된 후에는 제1심 판결을 선고하기 이전의 다른 공범자에 대하여 고소를 취소할 수 없고 취소가 있더라도 그 효력이 발생하지 않는다.

㉤ 고소는 수사의 단서에 불과하다는 점에서 어떤 범죄사실 등이 구체적으로 특정되어야 한다거나 범인의 동일성을 식별할 수 있을 정도로 특정될 필요가 없으므로, 범인의 성명이 불명 또는 오기가 있었다거나 범행일시·장소·방법 등이 명확하지 않거나 틀리는 것이 있다고 하더라도 고소의 효력에는 영향이 없다.

① ㉠㉡㉢㉣
② ㉠㉢㉣
③ ㉡㉢㉣㉤
③ ㉠㉢㉣㉤

11

고소에 관한 설명 중 가장 옳은 것은? (다툼이 있는 경우 판례에 의함)

① 친고죄에서 피해자의 고소가 없거나 고소가 취소되었음에도 친고죄로 기소되었다가, 그 후 당초에 기소된 공소사실과 동일성이 인정되는 비친고죄로 공소장변경이 허용된 경우 고소의 추완은 인정되지 않으므로 그 공소제기의 흠은 치유되지 않는다.

② 피해자가 제1심 법정에서 피고인들에 대한 처벌희망 의사표시를 철회할 당시 의사능력 있는 상태이긴 하였지만 나이가 14세 10개월이었다면, 이에 대해 법정대리인의 동의가 없는 경우 위 철회의 의사표시는 유효하지 아니하다.

③ 친고죄에서 고소는, 고소권 있는 자가 수사기관에 대하여 범죄사실을 신고하고 범인의 처벌을 구하는 의사표시로서 서면뿐만 아니라 구술로도 할 수 있고, 다만 구술에 의한 고소를 받은 검사 또는 사법경찰관은 조서를 작성하여야 하지만 그 조서는 독립된 조서이어야 하므로, 수사기관이 고소권자를 증인 또는 피해자로서 신문한 경우에 그 진술에 범인의 처벌을 요구하는 의사표시가 포함되어 있는 것으로는 고소는 적법하게 되지 아니한다.

④ 상소심에서 제1심 공소기각판결의 법률위반을 이유로 이를 파기하고 사건을 제1심법원에 환송함에 따라 다시 제1심 절차가 진행된 경우, 종전의 제1심판결은 이미 파기되어 효력을 상실하였으므로 환송 후의 제1심판결 선고 전에는 고소취소의 제한사유가 되는 제1심판결 선고가 없는 경우에 해당한다.

12

고소에 관한 다음 [보기]의 기술 중 옳은 것을 모두 고른 것은? (다툼이 있는 경우에는 판례에 의함)

| 보기 |

㉠ 모자관계는 호적에 입적되어 있는 여부와는 관계없이 자의 출생으로 법률상 당연히 생기는 것이므로 고소당시 이혼한 생모라도 피해자인 그의 자의 친권자로서 독립하여 고소할 수 있다.

㉡ 무효심결 확정 전의 고소라 하더라도 그러한 특허권에 기한 고소는 무효심결이 확정되면 고소권자에 의한 적법한 고소로 볼 수 없다.

㉢ 항소심에서 비로소 공소사실이 친고죄로 변경된 경우에 항소심에 이르러 고소인이 고소를 취소하였다면 이는 친고죄에 대한 고소취소로서의 효력이 있다.

㉣ 형사소송법 제230조 제1항 본문은 "친고죄에 대하여는 범인을 알게 된 날로부터 6월을 경과하면 고소하지 못한다."고 규정하고 있는바, 여기서 범인을 알게 된다 함은 통상인의 입장에서 보아 고소권자가 고소를 할 수 있을 정도로 범죄사실과 범인을 아는 것을 의미한다.

㉤ 관련 민사사건에서 제1심판결 선고 전에 '이 사건과 관련하여 서로 상대방에 대하여 제기한 형사 고소 사건의 일체를 모두 취하한다'는 내용이 포함된 조정이 성립되었다면, 조정 성립 후 고소인이 제1심 법정에서 여전히 피고인의 처벌을 원한다는 취지로 진술하더라도 고소를 취소한 것으로 볼 수 있다.

① ㉠㉡㉢㉣
② ㉡㉣㉤
③ ㉠㉡㉣
④ ㉠㉡㉣㉤

13

친고죄와 반의사불벌죄에 관한 다음 [보기]의 설명 중 옳지 않은 것을 모두 고른 것은? (다툼이 있는 경우 판례에 의함)

| 보기 |

㉠ 친고죄에서 고소권자의 고소가 유효함에도 고소의 효력이 없다는 이유로 공소를 기각한 제1심 판결에 대하여 항소심 절차가 진행되던 중 고소인이 고소를 취소하였는데 항소심이 제1심의 공소기각 부분이 위법하다는 이유로 사건을 파기환송한 경우, 환송 후의 제1심 법원은 고소취소를 이유로 공소기각판결을 선고할 수 없다.

㉡ 피해자가 반의사불벌죄의 공범 중 그 1인에 대하여 처벌을 희망하는 의사를 철회한 경우, 다른 공범자에 대하여도 처벌희망의사가 철회된 것으로 볼 수 없다.

㉢ 친고죄로 고소를 제기하였다가 공소제기 전 고소를 취소한 후 고소기간 내에 다시 동일한 친고죄로 고소하여 공소제기된 경우, 수소법원은 「형사소송법」 제327조 제2호의 '공소제기의 절차가 법률의 규정에 위반하여 무효인 때'에 해당한다고 볼 수 없으므로 실체재판을 하여야 한다.

㉣ 반의사불벌죄의 공범 중 일부에 대하여 제1심 판결이 선고된 후에는 제1심 판결선고 전의 다른 공범자에 대하여 고소를 취소할 수 없고, 고소의 취소가 있다 하더라도 그 효력이 발생하지 않는다.

㉤ 성년후견인은 의사무능력자인 피해자를 보호하기 위하여 그를 대리하여 반의사불벌죄의 처벌불원의사를 결정하거나 처벌희망의사를 철회할 수 있다.

㉥ 반의사불벌죄에서 성년후견인의 법정대리권 범위에 통상적인 소송행위가 포함되어 있거나 성년후견개시심판에서 정하는 바에 따라 성년후견인이 가정법원의 허가를 얻은 경우에는 성년후견인은 의사무능력자인 피해자를 대리하여 반의사불벌죄의 처벌불원의사를 결정하거나 처벌희망의사를 철회할 수 있다.

① ㉠㉡㉢㉣
② ㉠㉢㉣㉤㉥
③ ㉡㉢㉣㉤
④ ㉠㉡㉢㉣㉤㉥

14

고소 등에 대한 설명으로 옳은 것은? (다툼이 있는 경우 판례에 의함)

① 반의사불벌죄에 있어서 성인인 피해자가 교통사고로 인해 의식을 회복하지 못하여 처벌희망 여부에 관한 의사표시를 할 수 있는 소송능력이 있다고 할 수 없는 경우, 피해자의 부모가 피해자를 대리하여 처벌을 희망하지 아니한다는 의사를 표시하면 처벌할 수 없다.

② 반의사불벌죄에 있어서 미성년자인 피해자는 의사능력이 있더라도 단독으로는 처벌을 희망하는 의사표시를 할 수 없고 법정대리인의 동의가 있어야 한다.

③ 고소권자가 범죄행위가 계속되는 도중에 범인을 알았다 하여도 그 날부터 곧바로 위 조항에서 정한 친고죄의 고소기간이 진행된다고는 볼 수 없다.

④ 고소인이 사건 당일 범죄사실을 신고하면서 현장에 출동한 경찰관에게 고소장을 교부하였다면, 그 후 경찰서에 도착하여 최종적으로 고소장을 접수시키지 아니하기로 결심하고 고소장을 반환받았더라도 고소의 효력이 발생된다.

15

고소에 관한 다음 설명 중 가장 옳지 않은 것은? (다툼이 있는 경우 판례에 의함)

① 자기의 피용자인 부녀를 간음하면서 불응하는 경우 해고할 것을 위협하였다 하더라도 이는 업무상 위력에 의한 간음죄의 구성요건일 뿐 그 경우 해고될 것이 두려워 고소를 하지 않은 것이 고소할 수 없는 불가항력적 사유에 해당한다고 할 수 없다(업무상 위력에 의한 간음죄가 친고죄임을 전제함).

② 저작권법 제103조의 양벌규정은 직접 위법행위를 한 자 이외에 아무런 조건이나 면책조항 없이 그 업무의 주체 등을 당연하게 처벌하도록 되어 있는 규정으로서 당해 위법행위와 별개의 범죄를 규정한 것이라고는 할 수 없으므로, 친고죄의 경우에 있어서도 행위자의 범죄에 대한 고소가 있으면 족하고, 나아가 양벌규정에 의하여 처벌받는 자에 대하여 별도의 고소를 요한다고 할 수는 없다.

③ 고발에 있어서는 이른바 고소·고발 불가분의 원칙이 적용되지 아니하므로, 고발의 구비 여부는 양벌규정에 의하여 처벌받는 자연인인 행위자와 법인에 대하여 개별적으로 논하여야 한다.

④ 출판물에 의한 명예훼손죄의 공범 중 1인에 대한 고소의 효력은 다른 공범에 대해서도 미친다.

16

고소에 관한 다음 설명 중 가장 적절한 것은? (다툼이 있는 경우 판례에 의함)

① 법원은 고소권자가 고소한 내용을 심판하는 것이므로, 고소권자가 비친고죄로 고소한 사건이더라도 검사가 사건을 친고죄로 구성하여 공소를 제기하였다 하더라도, 법원으로서는 친고죄에서 소송조건이 되는 고소가 유효하게 존재하는지를 별도로 조사하여야 할 필요는 없다.

② 범죄피해자의 고소권은 형사절차상의 법적인 권리이므로 입법자가 넓은 입법형성권을 가질 수는 없다.

③ 구성요건이 신설된 상습강제추행죄가 시행되기 이전의 범행은 상습강제추행죄로는 처벌할 수 없고 행위시법에 기초하여 강제추행죄(구법상 친고죄 규정이 적용됨을 전제함)로 처벌할 수 있을 뿐이며, 이 경우 그 소추요건도 상습강제추행죄에 관한 것이 아니라 강제추행죄에 관한 것이 구비되어야 한다.

④ 형사소송법 제230조 제1항 본문은 '친고죄에 대하여는 범인을 알게 된 날로부터 6월을 경과하면 고소하지 못한다'고 규정하고 있는 바, 여기서 범인을 알게 된다 함은 통상인의 입장에서 보아 고소권자가 고소를 할 수 있을 정도로 범죄사실과 범인을 아는 것을 의미하나, 범죄사실을 안다는 것은 고소권자가 친고죄에 해당하는 범죄의 피해가 있었다는 사실관계에 관하여 미필적 인식이 있으면 충분하다.

17

고소와 고발에 관한 다음 설명 중 가장 적절하지 않은 것은? (다툼이 있는 경우 판례에 의함)

① 고소는 서면뿐만 아니라 구술에 의해서도 가능하고, 다만 구술에 의한 고소를 받은 검사 또는 사법경찰관은 조서를 작성하여야 하지만 그 조서가 독립된 조서일 필요는 없다.

② 고발인이 농지전용행위를 한 사람을 甲으로 잘못 알고 甲을 피고발인으로 하여 고발하였다고 하더라도 乙이 농지전용행위를 한 이상 乙에 대하여도 고발의 효력이 미친다.

③ 수 개의 범칙사실 중 일부만을 범칙사건으로 하는 고발이 있는 경우 고발장에 기재된 범칙사실과 동일성이 인정되지 않는 다른 범칙사실에 대해서까지 고발의 효력이 미칠 수는 없다.

④ 강간피해자 명의의 "당사자 간에 원만히 합의되어 민·형사상 문제를 일체 거론하지 않기로 화해되었으므로 합의서를 1심 재판장 앞으로 제출한다"는 취지의 합의서 및 피고인들에게 중형을 내리기보다는 법의 온정을 베풀어 사회에 봉사할 수 있도록 관대한 처분을 바란다는 취지의 탄원서가 제1심 법원에 제출되었더라도 고소 취소로 볼 수 없다.

18

고소에 관한 다음 설명 중 가장 적절하지 않은 것은? (다툼이 있으면 판례에 의함)

① 친고죄에 대하여 고소할 자가 없는 경우에 이해관계인의 신청이 있으면 검사는 10일 이내에 고소할 수 있는 자를 지정하여야 한다.

② 공범관계에 있는 甲, 乙이 사자명예훼손을 한 경우에 피해자의 친족이 甲에 대해서만 고소한 경우 乙에 대해서는 고소의 효력이 미치지 않는다.

③ 고소는 서면뿐만 아니라 구술에 의해서도 가능하고, 다만 구술에 의한 고소를 받은 검사 또는 사법경찰관은 조서를 작성하여야 하지만 그 조서가 독립된 조서일 필요는 없다.

④ A가 甲의 명예를 훼손하고 甲을 모욕하였다는 내용으로 공소제기 된 후 A에 대한 다른 사건의 검찰 수사과정에서 A에 이전의 모든 고소 등을 취소한다는 취지가 기재된 합의서가 작성되었으나 그것이 제1심판결 선고 전에 법원에 제출되지 않았고 甲은 제1심법정에서 증언하면서 위 합의건은 기소된 사건과 별개이고 A의 처벌을 원한다고 진술하였다면, 고소 취소 및 처벌의사의 철회가 있었다고 할 수 없다.

19

수사 및 공소에 관한 다음 기술 중 판례의 입장과 어긋나는 것은?

① 교통사고처리특례법 제4조 제1항 본문은 차의 교통으로 업무상과실치상죄 등을 범하였을 때 교통사고를 일으킨 차가 위 특례법 제4조 제1항에서 정한 보험 또는 공제에 가입된 경우에는 그 차의 운전자에 대하여 공소를 제기할 수 없다고 규정하고 있는데, 이는 차의 운전자에 대한 공소제기의 조건을 정한 것이다.

② 제1심 법원이 반의사불벌죄로 기소된 피고인에 대하여 소송촉진 등에 관한 특례법 제23조에 따라 피고인의 진술 없이 유죄를 선고하여 판결이 확정된 경우, 만일 피고인이 책임을 질 수 없는 사유로 공판절차에 출석할 수 없었음을 이유로 제1심 법원에 위법 제23조의2에 따른 재심을 청구하는 대신 항소권회복청구를 함으로써 항소심 재판을 받게 되었다 하더라도 당해 항소심 절차에서 처벌을 희망하는 의사표시를 철회할 수 있다.

③ 운전자 甲은 음주측정을 위해 경찰서에 동행할 것을 요구받고 자발적인 의사로 경찰차에 탑승하였고 경찰서로 이동 중 하차를 요구하였으나 그 직후 수사과정에 관한 설명을 듣고 경찰서로 빨리 가자고 요구하였다면, 그 후 경찰서에서 이루어진 음주측정 결과는 증거능력이 있다.

④ 乙이 필로폰을 투약한다는 제보를 받은 경찰관 甲은, 제보의 정확성을 사전에 확인한 후에 제보자를 불러 조사하기 위하여 乙의 주거지를 방문하였다가 乙을 발견하고 乙의 전화번호로 전화를 하여 나오라고 하였으나 응하지 않자 乙의 집 문을 강제로 열고 들어가 乙을 긴급체포하였다. 甲의 긴급체포는 위법하다.

20

수사에 관한 다음 기술 중 가장 옳은 것은? (다툼이 있는 경우 판례에 의함)

① 우편물 통관검사절차에서 이루어지는 우편물의 개봉, 시료채취, 성분분석 등의 검사를 하는 경우 압수·수색영장 없이 진행되었다면 특별한 사정이 없는 한 위법하다고 보아야 한다.

② 교통안전과 위험방지를 위한 필요 없음에도 주취운전을 하였다고 인정할 만한 상당한 이유가 있다는 이유만으로 이루어지는 음주측정은 수사절차로서의 의미를 가지는 것은 아니다.

③ 교도소에서 영장 없이 마약류사범에게 마약류반응검사를 위하여 월 1회씩 정기적으로 소변을 채취하여 제출하도록 한 것은 영장주의에 위반되지 않는다.

④ 거짓말탐지기의 검사는 그 기구의 성능, 조작기술에 있어 신뢰도가 극히 높다고 인정되고 그 검사자가 적격자이며, 검사를 받는 사람이 검사를 받음에 동의하였으며 검사자 자신이 실시한 검사의 방법, 경과 및 그 결과를 충실하게 기재하였다는 여러가지 점이 증거에 의하여 확인되었을 경우에도 형사소송법 제313조 제3항의 감정서 조항에 의하여 이를 증거로 할 수 없다.

▶ **제1장 수사** [임의수사 2]

회차	시행일			목표점수			획득점수		
제2회	1차	2차	3차	1차	2차	3차	1차	2차	3차

01

다음 기술 중 가장 옳지 않은 것은? (다툼이 있는 경우 판례에 의함)

① 음주운전에 대한 수사 과정에서 음주운전 혐의가 있는 운전자에 대해 도로교통법에 따른 호흡측정이 이루어졌으나 호흡측정 결과에 오류가 있다고 인정할 만한 객관적이고 합리적인 사정이 있는 경우, 혈액채취에 의한 측정 방법으로 다시 음주측정을 하는 것이 허용될 수 있다.

② 호흡측정 방식에 따라 혈중알코올농도를 측정한 경찰공무원에게 특별한 사정이 없는 한 혈액채취의 방법을 통하여 혈중알코올농도를 다시 측정할 수 있다는 취지를 운전자에게 고지하여야 할 의무가 있다고 볼 수 없다.

③ 경찰공무원은 위드마크 공식의 존재 및 나아가 호흡측정에 의한 혈중알코올농도가 음주운전 처벌기준 수치에 미달하였더라도 위드마크 공식에 의한 역추산 방식에 의하여 운전 당시의 혈중알코올농도를 산출할 경우 그 결과가 음주운전 처벌기준 수치 이상이 될 가능성이 있다는 취지를 운전자에게 미리 고지하여야 할 의무가 있다.

④ 경찰관이 피고인의 정신 상태, 신체에 있는 주사바늘 자국, 알콜솜 휴대, 전과 등을 근거로 피고인의 마약류 투약 혐의가 상당하다고 판단하여 경찰서로 임의동행을 요구하였고, 동행장소인 경찰서에서 피고인에게 마약류 투약 혐의를 밝힐 수 있는 소변과 모발의 임의제출을 요구하였다면, 이는 경찰관직무집행법 제3조 제2항에 따른 임의동행이 아니라 형사소송법 제199조 제1항에 따른 임의동행에 해당한다.

02

영장주의에 관한 다음 [보기]의 설명 중 틀린 것을 모두 고른 것은? (다툼이 있는 경우 판례에 의함)

| 보기 |

㉠ 형집행장은 사형 또는 자유형을 집행하기 위하여 검사가 발부하는 것이며, 수형자를 대상으로 하는 것으로서 구속영장과 동일한 효력이 있으므로 영장에 해당한다.

㉡ 교도관이 미결수용자의 변호인 아닌 자와의 접견 내용을 녹음하는 경우 청구인에 대하여 직접적으로 어떠한 물리적 강제력을 행사하는 강제처분을 수반하는 것이 아니므로 영장주의의 적용대상이 아니다.

㉢ 전투경찰순경에 대한 영창처분은 행정기관에 의한 구속에 해당하고, 그 본질상 급박성을 요건으로 하지 않음에도 불구하고 법관의 판단을 거쳐 발부된 영장에 의하지 않고 이루어지므로 영장주의에 위배되어 청구인의 신체의 자유를 침해한다.

㉣ 긴급체포는 영장주의원칙에 대한 예외인 만큼 요건을 갖추지 못한 긴급체포는 법적 근거에 의하지 아니한 영장 없는 체포로서 위법한 체포에 해당하는 것이고, 여기서 긴급체포의 요건을 갖추었는지 여부는 사후에 밝혀진 사정을 기초로 판단하는바, 이에 관한 검사나 사법경찰관 등 수사주체의 판단에는 상당한 재량의 여지가 있다.

㉤ 구치소장이 변호인접견실에 CCTV를 설치하여 미결수용자와 변호인 간의 접견을 관찰한 행위는 변호인의 조력을 받을 권리를 침해하지 않고, 교도관이 미결수용자와 변호인 간에 주고받는 서류를 확인하고, 소송관계서류처리부에 그 제목을 기재하여 등재한 행위도 변호인의 조력을 받을 권리를 침해하지 않는다.

① ㉠㉡㉢㉣   ② ㉠㉢㉣

③ ㉠㉢㉣㉤   ④ ㉡㉣㉤

03

「통신비밀보호법」상 전기통신의 감청에 대한 다음 [보기]의 설명 중 틀린 것을 모두 고른 것은? (다툼이 있는 경우 판례에 의함)

| 보기 |

㉠ 방송자가 인터넷을 도관 삼아 인터넷서비스제공업체 또는 온라인서비스제공자인 인터넷개인방송 플랫폼업체의 서버를 이용하여 실시간 또는 녹화된 형태로 음성, 영상물을 방송함으로써 불특정 혹은 다수인이 이를 수신·시청할 수 있게 하는 인터넷개인방송은 통신비밀보호법에 규정된 전기통신에 해당한다.

㉡ 검사는 인터넷 회선을 통하여 송신·수신하는 전기통신을 대상으로 통신제한조치를 집행한 경우 그 전기통신을 사용하거나 사용을 위하여 보관하고자 하는 때에는 집행종료일부터 7일 이내에 보관 등이 필요한 전기통신을 선별하여 통신제한조치를 허가한 법원에 보관 등의 승인을 청구하여야 한다.

㉢ 사법경찰관은 인터넷 회선을 통하여 송신·수신하는 전기통신을 대상으로 통신제한조치를 집행한 경우 그 전기통신을 사용하거나 사용을 위하여 보관하고자 하는 때에는 집행종료일부터 14일 이내에 보관 등이 필요한 전기통신을 선별하여 검사에게 보관 등의 승인을 신청하고, 검사는 신청일부터 7일 이내에 통신제한조치를 허가한 법원에 그 승인을 청구할 수 있다.

㉣ 수사기관이 피고인의 마약류관리에관한법률위반(향정)죄의 추가적인 증거를 확보할 목적으로 필로폰 투약혐의로 구속수감 중인 공소외인에게 그의 압수된 휴대전화를 제공하여 그로 하여금 피고인과 통화하고 피고인의 이 사건 공소사실 범행에 관한 통화 내용을 녹음하게 한 경우 그 녹음파일은 '타인 간의 대화'라고 할 수 없으므로 증거능력이 있다.

㉤ 이미 허가된 통신제한조치 기간을 연장하는 경우에도 총 연장기간은 2년 이내로 하여야 하고, 내란죄·외환죄 등 국가안보와 관련된 범죄 등에 대해서는 통신제한조치의 총 연장기간은 3년으로 한다.

① ㉠㉢㉣
② ㉡㉣㉤
③ ㉢㉣㉤
④ ㉠㉡㉣

04

「통신비밀보호법」에 관한 다음 [보기]의 설명 중 판례의 입장과 일치하는 것을 모두 고른 것은?

| 보기 |

㉠ 통신비밀보호법상의 '감청'에는 전기통신의 송수신과 동시에 이루어지는 경우뿐만 아니라 이미 수신이 완료된 전기통신의 내용을 지득하는 행위도 포함된다.

㉡ 수사기관으로부터 통신제한조치의 집행을 위탁받은 통신기관 등이 집행에 필요한 설비가 없을 때에는 수사기관에 설비의 제공을 요청하여야 하고, 그러한 요청 없이 통신제한조치허가서에 기재된 사항을 준수하지 아니한 채 통신제한조치를 집행하여서는 아니 된다. 다만, 그러한 집행으로 취득한 전기통신의 내용 등은 위법수집증거에 해당하는 것은 아니다.

㉢ 3인 간의 대화에서 그중 한 사람이 그 대화를 녹음 또는 청취하는 경우에 다른 두 사람의 발언은 그 녹음자 또는 청취자에 대한 관계에서 통신비밀보호법 제3조 제1항에서 정한 '타인 간의 대화'라고 할 수 없으므로, 이러한 녹음 또는 청취하는 행위 및 그 내용을 공개하거나 누설하는 행위가 통신비밀보호법 제16조 제1항에 해당한다고 볼 수 없다.

㉣ 대화에 원래부터 참여하지 않는 제3자가 일반 공중이 알 수 있도록 공개되지 아니한 타인간의 발언을 녹음하거나 전자장치 또는 기계적 수단을 이용하여 청취하는 행위는 구 통신비밀보호법(2014.1.14. 법률 제12229호로 개정되기 전의 것) 제3조 제1항에 위반된다.

㉤ 비밀번호를 설정하여 인터넷개인방송을 진행하던 乙은 甲이 불상의 방법으로 방송에 접속하거나 시청하고 있다는 사정을 알면서도 방송을 중단하거나 甲을 배제하는 조치를 취하지 아니하고 오히려 甲의 시청사실을 전제로 甲을 상대로 한 발언을 하기도 하는 등 계속 방송을 진행하였다. 그런데 甲은 위 방송을 시청하면서 음향·영상 등을 청취하거나 녹음하였다. 甲의 행위는 통신비밀보호법에 위반되는 감청행위에 해당하지 않는다.

㉥ 통신비밀보호법 제3조 제1항에 의하면 누구든지 이 법과 형사소송법 또는 군사법원법의 규정에 의하지 아니하고는 공개되지 아니한 타인 간의 대화를 청취하지 못하므로, 타인 간의 종료된 대화의 녹음물을 재생하여 듣는 것은 위 통신비밀보호법상 '청취'에 해당한다.

① ㉠㉡㉣㉥
② ㉡㉣㉤㉥
③ ㉠㉢㉣㉤
④ ㉢㉣㉥

05

수사에 관한 다음 [보기]의 기술 중 틀린 것을 모두 고른 것은? (다툼이 있으면 판례에 의함)

| 보기 |

㉠ 통신비밀보호법에 따라, 긴급통신제한조치가 단시간 내에 종료되어 법원의 허가를 받을 필요가 없는 경우에는 그 종료 후 7일 이내에 관할 지방검찰청검사장은 이에 대응하는 법원장에게 긴급통신제한조치를 한 검사, 사법경찰관 또는 정보수사기관의 장이 작성한 긴급통신제한조치통보서를 송부하여야 한다.

㉡ 수사기관이 인터넷 회선을 통하여 송신·수신하는 전기통신에 대한 통신제한조치로 취득한 자료에 대해서는 집행 종료 후 범죄수사나 소추 등에 사용하거나 사용을 위하여 보관하고자 하는 때에는 보관 등이 필요한 전기통신을 선별하여 법원으로부터 보관 등의 승인을 받도록 하고, 승인 청구를 하지 아니한 전기통신 등은 폐기하여야 하며, 검사가 사법경찰관의 보관승인 신청을 기각한 경우에는 그 날부터 7일 내에 폐기하여야 한다.

㉢ 수사기관이 범죄 증거를 수집할 목적으로 피의자의 동의 없이 피의자의 소변을 채취하는 것은 법원으로부터 감정허가장을 받아 '감정에 필요한 처분'으로 할 수 있지만 '압수·수색'의 방법으로는 할 수 없다.

㉣ 압수·수색의 방법으로 소변을 채취하는 경우 압수대상물인 피의자의 소변을 확보하기 위한 수사기관의 노력에도 불구하고, 피의자가 인근 병원 응급실 등 소변 채취에 적합한 장소로 이동하는 것에 동의하지 않거나 저항하는 등 임의동행을 기대할 수 없는 사정이 있는 경우라 하더라도, 수사기관으로서 소변 채취에 적합한 장소로 피의자를 데려가기 위해서 수갑과 포승을 사용하는 등 유형력을 행사하는 것은 허용되지 아니한다.

㉤ 검사 또는 사법경찰관이 긴급한 사유가 있어 법원의 허가 없이 소위 긴급통신제한조치의 집행에 착수한 경우 지체 없이 법원에 허가청구를 하여야 하고, 긴급통신제한조치 집행 착수 시로부터 36시간 이내에 법원의 허가를 받지 못한 경우에는 해당 조치를 즉시 중지하고 취득한 자료를 폐기하여야 한다.

㉥ 피의자가 돈을 받고 영업으로 성매매를 알선하였다는 「성매매알선 등 행위의 처벌에 관한 법률」 위반(성매매알선등)으로 기소된 사안에서, 경찰관이 피의자가 운영하는 성매매업소에 손님으로 가장하고 출입하여 피의자 등과의 대화 내용을 영장 없이 녹음한 것은 적법하지 않다.

① ㉠㉡㉢㉣
② ㉠㉢㉣㉥
③ ㉡㉢㉣㉤
④ ㉢㉣㉤㉥

06

통신비밀보호법에 의하면 누구든지 법률의 규정에 의하지 아니하고는 공개되지 아니한 타인 간의 대화를 녹음 또는 청취하지 못하고(동법 제3조 제1항), 공개되지 아니한 타인 간의 대화를 녹음하거나 전자장치 또는 기계적 수단을 이용하여 청취할 수도 없으므로(동법 제14조 제1항), 이에 위반하여 불법감청에 의하여 지득 또는 채록된 전기통신의 내용은 재판에서 증거로 사용할 수 없다(동법 제4조). 이러한 통신비밀보호법과 위 경우에 대한 다음 [보기]의 기술 중 옳지 않은 것을 모두 고른 것은?

| 보기 |

㉠ 수사기관이 대화의 일방당사자의 동의를 얻어 통화내용을 녹음하였다면 그 상대방의 동의가 없더라도, 그 녹음은 통신비밀보호법이 금지하는 감청에 해당하지 않는다.

㉡ 불법감청에 의하여 녹음된 전화통화의 내용은 통신비밀보호법에 의하여 증거능력이 없으나, 피고인이나 변호인이 이를 증거로 함에 동의한 때에는 예외적으로 증거능력이 인정된다.

㉢ 무전기와 같은 무선전화기를 이용한 통화는 통신비밀보호법상 '전기통신'에 해당하고 '타인 간의 대화'에 포함되지 않는다.

㉣ 통신비밀보호법에서 보호하는 타인 간의 '대화'는 원칙적으로 현장에 있는 당사자들이 육성으로 말을 주고받는 의사소통행위를 가리키므로, 사물에서 발생하는 음향은 포함되지 아니한다.

㉤ 상대방에게 의사를 전달하는 말이 아닌 비명소리나 탄식 등은 사물에서 발생하는 음향이 아니라 사람의 목소리에 해당하므로 통신비밀보호법에서 보호하는 타인 간의 '대화'에 원칙적으로 해당한다.

㉥ 타인 간의 '대화'에 해당하지 않는 사람의 목소리를 녹음하거나 청취하여 형사절차에서 증거로 사용할 수 있는가와 관련하여, 진실발견이라는 공익이 개인의 인격적 이익 등 보호이익보다 우월하다 하더라도 위와 같은 목소리를 들었다는 진술은 형사절차에서 증거로 사용할 수 없다.

① ㉠㉡㉢㉤㉥
② ㉠㉡㉣㉥
③ ㉠㉢㉣㉤
④ ㉠㉡㉤㉥

07

수사에 대한 다음 [보기]의 설명 중 옳은 것을 모두 고른 것은? (다툼이 있는 경우 판례에 의함)

| 보기 |

㉠ 임의동행은 「경찰관 직무집행법」 제3조 제2항에 따른 행정경찰 목적의 경찰활동으로 행하여지는 것 외에도 「형사소송법」 제199조 제1항에 따라 범죄 수사를 위하여 오로지 피의자의 자발적인 의사에 의하여 이루어진 경우에도 가능하다.

㉡ 범의를 가진 자에 대하여 단순히 범행의 기회를 제공하거나 범행을 용이하게 하는 것에 불과한 수사방법이 경우에 따라 허용될 수 있음은 별론으로 하고, 본래 범의를 가지지 아니한 자에 대하여 수사기관이 사술이나 계략 등을 써서 범의를 유발케 하여 범죄인을 검거하는 함정수사는 위법하므로 이러한 함정수사에 기한 공소제기에 대해 법원은 공소기각판결을 선고해야 한다.

㉢ 범죄의 인지는 실질적인 개념이므로 인지절차를 거치기 전에 범죄의 혐의가 있다고 보아 수사를 개시하는 행위를 한 때에 범죄를 인지한 것으로 보아야 하며, 그 뒤 범죄인지서를 작성하여 사건수리 절차를 밟은 때에 비로소 범죄를 인지하였다고 볼 것은 아니다.

㉣ 검사 또는 사법경찰관이 조사실에서 피의자를 신문할 때 도주, 자해 등의 위험이 없다면 교도관에게 피의자의 수갑 해제를 요청할 의무가 있으므로, 검사가 이러한 해제를 요청하지 않는 경우에는 피의자 또는 변호인은 상급법원에 항고할 수 있다.

㉤ 이혼소송의 피고가 전기통신사업자에게, 원고의 휴대전화번호에 대한 1년간의 통화내역을 제출하도록 명할 것을 내용으로 하는 문서제출명령을 신청하였고, 법원이 이를 받아들여 문서제출명령을 한 경우, 전기통신사업자는 통신비밀보호법에서 정한 통신사실확인자료의 제출을 명하는 법원의 문서제출명령에 대하여 통신비밀보호법의 규정을 근거로 자료의 제출을 거부할 수 없다.

㉥ 피해아동 乙의 담임교사 甲은 乙에게 수업시간 중 교실에서 "학교 안 다니다 온 애 같아."라고 말하는 등 정서적 학대행위를 하였다는 이유로 기소되었는데, 乙의 부모 A 등은 乙의 가방에 녹음기를 넣어 수업시간 중 교실에서 甲이 한 발언을 몰래 녹음하였다. 이렇게 하여 만든 녹음파일, 녹취록의 증거능력은 인정되지 않는다.

① ㉠㉡㉢㉣㉥
② ㉡㉢㉣㉤
③ ㉠㉢㉣㉤
④ ㉠㉡㉢㉤㉥

08

임의수사 및 강제수사와 관련한 다음 [보기]의 설명 중 틀린 것을 모두 고른 것은? (다툼이 있는 경우 판례에 의함)

| 보기 |

㉠ 보호실유치의 경우 피유치자의 승낙이 있다면 영장주의원칙이 침해되지 않으므로 위법하지 않다.

㉡ 범죄피해자의 동의가 있는 경우라면 영장에 의하지 않은 검증도 허용될 수 있다.

㉢ 현재 범행이 행하여지고 있거나 행하여진 직후, 증거보전의 필요성 내지 긴급성이 있으며, 일반적으로 허용되는 상당한 방법에 의하는 경우라 하더라도 피촬영자의 의사에 반한 사진촬영은 허용되지 아니한다.

㉣ 금융기관 종사자는 법원의 제출명령이나 영장이 발부된 경우 등이 아니라 하더라도 수사기관의 요구가 있다면 임의제출에 의하여 금융정보를 제공할 수 있다.

㉤ 경찰관들이 나이트클럽에 손님으로 가장하고 출입하여 풍속영업규제법위반 혐의로 나이트클럽 무대 위의 음란 공연을 촬영하면서도 사전 또는 사후에 영장을 발부받지 않았다면 이러한 촬영물은 위법수집증거에 해당한다.

㉥ 특별사법경찰관이 범죄혐의가 포착된 상태에서 증거를 보전하기 위한 필요에 의하여 공개된 장소인 영업소에 통상적인 방법으로 출입하여 영업소 내에 있는 사람이라면 누구나 볼 수 있었던 손님들이 춤추는 모습을 촬영한 것이라 하여도 이러한 촬영이 영장 없이 이루어졌다면 위법하다고 볼 수 있다.

① ㉠㉡㉢㉣
② ㉠㉢㉣㉤㉥
③ ㉡㉢㉣㉤㉥
④ ㉠㉡㉢㉣㉤

09

수사에 관한 다음 [보기]의 설명 중 옳지 않은 것을 모두 고른 것은? (다툼이 있는 경우 판례에 의함)

| 보기 |

㉠ 임의수사는 헌법상 적정절차원칙의 적용을 받지만 수사비례원칙의 적용을 받는 것은 아니다.

㉡ 무인장비에 의하여 제한속도 위반차량의 차량번호 등을 촬영한 사진의 증거능력은 인정될 수 없다.

㉢ 검사 또는 사법경찰관의 구금, 검증, 감정, 압수 또는 압수물의 환부에 관한 처분과 피의자신문에 대한 변호인의 참여 등에 관한 처분에 대하여 불복이 있으면 그 직무집행지의 관할법원 또는 검사의 소속검찰청에 대응한 법원에 그 처분의 취소 또는 변경을 청구할 수 있다.

㉣ 사법경찰관은 정당한 사유가 있다면 변호인의 피의자신문참여를 제한할 수 있다.

㉤ 피의자의 법정대리인, 배우자, 직계친족, 형제자매, 동거인은 피의자의 명시한 의사에 반하여 독립적으로 변호인을 선임할 수 있다.

① ㉠㉡㉢㉣
② ㉡㉢㉤
③ ㉠㉡㉣
④ ㉠㉡㉢㉤

10

피의자신문에 관한 다음 설명 중 가장 적절한 것은? (다툼이 있는 경우 판례에 의함)

① 피의자신문이란 필요한 경우 검사나 수탁판사가 피의자의 출석을 요구하여 피의자를 신문하고 그 진술을 듣는 절차를 말하는데, 검사가 피의자를 신문함에는 검찰청 수사관 또는 서기관이나 서기를 참여하게 하여야 한다.

② 피의자신문에 참여하고자 하는 변호인이 2인 이상인 때에는 피의자가 신문에 참여할 변호인 1인을 지정하고, 지정이 없는 경우에는 검사 또는 사법경찰관이 이를 지정하여야 한다.

③ 피의자신문에 참여한 변호인은 신문 후 의견을 진술할 수 있다. 다만, 신문 중이라도 부당한 신문방법에 대하여 이의를 제기할 수 있고, 검사 또는 사법경찰관의 승인을 얻어 의견을 진술할 수 있다.

④ 검사가 국가보안법 위반죄로 구속영장을 발부받아 피의자신문을 한 다음, 구속 기소한 후 다시 피의자를 소환하여 공범들과의 조직구성 등에 관한 신문을 하면서 피의자신문조서가 아닌 일반적인 진술조서의 형식으로 조서를 작성하였다면 진술거부권을 고지하지 않았더라도 위법이 아니다.

11

「검사와 사법경찰관의 상호협력과 일반적 수사준칙에 관한 규정」에 대한 설명으로 가장 적절하지 않은 것을 모두 고른 것은?

㉠ 검사 또는 사법경찰관은 조사, 신문, 면담 등 그 명칭을 불문하고 피의자나 사건관계인을 조사하는 경우에는 원칙적으로 대기시간, 휴식시간, 식사시간 등 모든 시간을 합산한 조사시간이 12시간을 초과하지 않도록 해야 하므로, 특별한 사정이 없으면 총 조사시간 중 식사시간, 휴식시간 및 조서의 열람시간 등을 제외한 실제 조사시간이 12시간을 초과하지 않도록 해야 한다.

㉡ 검사 또는 사법경찰관은 조사에 상당한 시간이 소요되는 경우에는 특별한 사정이 없으면 피의자 또는 사건관계인에게 조사 도중에 최소한 2시간마다 10분 이상의 휴식시간을 주어야 한다.

㉢ 검사 또는 사법경찰관은 피의자나 사건관계인에 대해 원칙적으로 오후 9시부터 오전 6시까지 사이에 심야조사를 해서는 안 되지만, 이미 작성된 조서의 열람을 위한 절차는 예외적으로 오후 9시부터 오전 6시까지 사이에 진행할 수 있다.

㉣ 검사 또는 사법경찰관은 피의자를 체포한 후 48시간 이내에 구속영장의 청구 또는 신청 여부를 판단하기 위해 불가피한 경우 오후 9시부터 오전 6시까지 사이에 심야조사를 할 수 있다.

㉤ 검사 또는 사법경찰관은 사건의 성질 등을 고려할 때 심야조사가 불가피하다고 판단되는 경우 등 법무부장관, 경찰청장 또는 해양경찰청장이 정하는 경우로서 검사 또는 사법경찰관의 소속 기관의 장이 지정하는 인권보호 책임자의 허가 등을 받은 때에는 자정 이전까지에 한하여 조사할 수 있다.

① ㉠㉡㉢㉣㉤
② ㉠㉡㉢㉤
③ ㉠㉢㉣㉤
④ ㉠㉢㉤

12

수사에 대한 설명으로 옳은 것은? (다툼이 있는 경우 판례에 의함)

① 검사 또는 사법경찰관은 임의동행을 요구하는 경우 상대방에게 동행을 거부할 수 있다는 것과 동행하는 경우에도 언제든지 자유롭게 동행 과정에서 이탈하거나 동행 장소에서 퇴거할 수 있다는 것을 알려야 하지만, 이를 명시한 현행법령상 규정은 없다.

② 검사 또는 사법경찰관은 피의자에게 출석요구를 하려는 경우 피의자와 조사의 일시·장소에 관하여 협의해야 한다. 다만 피의자에게 변호인이 있는 경우라 하더라도 변호인과는 협의할 필요는 없다.

③ 위법한 함정수사에 기한 공소제기는 그 절차가 법률의 규정에 위반하여 무효인 때에 해당하므로 결정으로 공소를 기각한다.

④ 형사소송법 제244조의5에 의해서 피의자와 신뢰관계에 있는 자가 피의자 신문에 동석하여 피의자신문조서가 작성된 경우에, 동석한 자가 피의자를 대신하여 진술한 부분은 피의자신문조서가 아니라 진술조서로서의 증거능력의 요건을 충족하여야 증거능력이 인정된다.

13

변호인의 피의자신문 참여에 대한 다음 [보기]의 설명 중 옳지 않은 것을 모두 고른 것은? (다툼이 있는 경우 판례에 의함)

| 보기 |

㉠ 수사기관이 피의자신문을 하면서 위와 같은 정당한 사유가 없는데도 변호인에 대하여 피의자로부터 떨어진 곳으로 옮겨 앉으라고 지시를 한 다음 이러한 지시에 따르지 않았음을 이유로 변호인의 피의자신문 참여권을 제한하는 것은 허용될 수 없다.

㉡ 피의자신문에 참여한 변호인은 부당한 신문방법에 대하여 신문 중이든 신문 후이든 얼마든지 이의제기를 할 수 있다.

㉢ 검사 또는 사법경찰관은 피의자신문에 참여한 변호인이 피의자의 옆자리 등 실질적인 조력을 할 수 있는 위치에 앉도록 해야 하나, 피의자신문 중 피의자에 대한 법적인 조언·상담이나 이를 위한 변호인의 메모는 원칙적으로 허용되지 아니한다.

㉣ 피의자신문에 참여한 변호인은 신문 중 의견을 진술하고자 할 때에는 검사 또는 사법경찰관의 승인을 받을 필요가 없다.

㉤ 검사 또는 사법경찰관의 변호인의 피의자신문 참여에 관한 처분에 대하여 불복이 있으면 피의자 또는 변호인은 해당 검사 또는 사법경찰관의 소속기관에 대한 상급 기관의 장에게 그 처분의 취소 또는 변경을 청구할 수 있다.

① ㉡㉢㉣
② ㉡㉢㉣㉤
③ ㉢㉣㉤
④ ㉠㉢㉣㉤

14

A가 강도 혐의로 구속되자 배우자 C는 A의 반대에도 불구하고 B를 변호인으로 선임하였다. B는 사법경찰관 D에게 A에 대한 피의자신문에 참여시켜 줄 것을 요구하였지만, D는 단순히 수사에 방해된다는 이유로 B의 피의자신문참여를 인정하지 않은 상태에서 신문조서를 작성하였다. 이에 대한 다음 [보기]의 설명 중 옳지 않은 것을 모두 고른 것은? (다툼이 있는 경우 판례에 의함)

| 보기 |

㉠ B는 A의 의사에 반하여 변호인으로 선임된 자이므로 A에게 선임의 효과가 발생하지 않는다.

㉡ B는 피의자신문 참여거부처분의 취소를 서면으로 검사의 소속검찰청에 청구할 수 있다.

㉢ C가 구속적부심사를 청구한다면 그 절차에서 B는 A에 대한 구속영장청구서나 피의자신문조서를 열람·복사할 수 있다.

㉣ A에 대한 피의자신문조서는 형사소송법 제308조의2에서 정한 '적법한 절차에 따르지 아니하고 수집한 증거'에 해당하므로 증거능력이 없다.

① ㉠㉡㉢

② ㉡㉢㉣

③ ㉠㉡㉣

④ ㉠㉡㉢㉣

15

다음 [보기]는 수사기관의 피의자신문 시 변호인의 참여에 관한 설명이다. 옳은 것을 모두 고른 것은? (다툼이 있으면 판례에 의함)

| 보기 |

㉠ 검사 또는 사법경찰관은 피의자 또는 그 변호인·법정대리인·배우자·직계친족·형제자매의 신청에 따라 변호인을 피의자와 접견하게 하거나 정당한 사유가 없는 한 피의자에 대한 신문에 참여하게 하여야 한다.

㉡ 신문에 참여한 변호인은 신문 후 의견을 진술할 수 있다. 다만, 신문 중이라도 부당한 신문방법에 대하여 이의를 제기할 수 있다.

㉢ 변호인이 피의자신문에 자유롭게 참여할 수 있는 권리는 피의자가 가지는 변호인의 조력을 받을 권리를 실현하는 수단이기는 하나 헌법상 기본권은 아니고 형사소송법상 권리에 불과하다.

㉣ 변호인의 의견이 기재된 피의자신문조서는 변호인에게 열람하게 한 후 변호인으로 하여금 그 조서에 기명날인 또는 서명하게 하여야 한다. 검사 또는 사법경찰관은 변호인의 신문참여 및 그 제한에 관한 사항을 피의자신문조서에 기재하여야 한다.

㉤ 피의자신문에 참여한 변호인이 신문 중 의견을 진술하려고 검사 또는 사법경찰관의 승인을 얻고자 할 때 검사 또는 사법경찰관은 정당한 사유가 없는 한 이를 승인해주어야 한다.

① ㉠㉡㉢㉣㉤

② ㉡㉢㉣㉤

③ ㉠㉡㉣㉤

④ ㉠㉢㉤

16

피의자신문시 변호인 참여에 대한 다음 [보기]의 설명 중 적절한 것을 모두 고른 것은? (다툼이 있는 경우 판례에 의함)

| 보기 |

㉠ 검사 또는 사법경찰관은 피의자 또는 그 변호인·법정대리인·배우자·직계친족·형제자매의 신청에 따라 변호인을 피의자와 접견하게 하거나 정당한 사유가 없는 한 피의자에 대한 신문에 참여하게 하여야 한다.

㉡ 검사 또는 사법경찰관은 피의자신문에 참여한 변호인이 피의자의 옆자리 등 실질적인 조력을 할 수 있는 위치에 앉도록 해야 하고, 정당한 사유가 없으면 피의자에 대한 법적인 조언 상담을 보장해야 하며, 법적인 조언·상담을 위한 변호인의 메모를 허용해야 한다.

㉢ 변호인이 피의자신문을 방해하거나 수사기밀을 누설할 염려가 있음이 객관적으로 명백한 경우가 아니더라도, 수사기관이 피의자신문을 하면서 변호인에 대하여 피의자로부터 떨어진 곳으로 옮겨 앉으라고 지시를 한 다음 이러한 지시에 따르지 않았음을 이유로 퇴실을 명하였다면, 이는 변호인의 피의자신문 참여권에 대한 정당한 제한이라 할 수 있다.

㉣ 피의자신문에 참여한 변호인은 검사 또는 사법경찰관의 신문 후 조서를 열람하고 의견을 진술할 수 있고, 신문 중이라도 검사 또는 사법경찰관의 승인을 받아 의견을 진술할 수 있으며, 부당한 신문방법에 대해서는 검사 또는 사법경찰관의 승인 없이 이의를 제기할 수 있는데, 검사 또는 사법경찰관은 이러한 변호인의 의견진술 또는 이의제기가 있는 경우 해당 내용을 조서에 적어야 한다.

㉤ 피의자신문에 참여한 변호인은 검사 또는 사법경찰관의 신문 후 조서를 열람하고 별도의 서면으로 의견을 제출할 수 있으며, 검사 또는 사법경찰관은 해당 서면을 사건기록에 편철한다.

① ㉠㉡㉢㉣㉤

② ㉡㉢㉣㉤

③ ㉠㉡㉣㉤

④ ㉠㉢㉤

17

피의자진술의 영상녹화제도에 관한 다음 설명 중 옳은 것은?

① 조사의 개시부터 피의자의 진술이 종료될 때까지의 과정 및 객관적 정황을 영상녹화하여야 한다.

② 영상녹화가 완료된 때에는 피의자 및 변호인 앞에서 지체 없이 그 원본을 봉인하고 피의자로 하여금 기명날인 또는 서명하게 하여야 한다.

③ 영상녹화가 완료된 이후 피의자가 영상녹화물의 내용에 대하여 이의를 진술하는 때에는 그 취지를 기재한 서면을 첨부할 수 있다.

④ 검사가 작성한 피고인이 된 피의자에 대한 피의자신문조서에 관해서 영상녹화물에 의하여 그 증거능력을 인정할 수 있는 방법은 없다.

18

다음 [보기]는 변호인과 변호사에 관한 설명이다. 옳지 않은 것을 모두 고른 것은? (다툼이 있으면 판례에 의함)

| 보기 |

㉠ 형사소송법은 구속·불구속 피의자에 대한 변호인 또는 변호인 되려는 자의 접견교통권을 인정하고 있으며, 피의자신문 시에도 변호인 또는 변호인이 되려는 자의 참여권을 인정하고 있다.

㉡ 구속영장을 청구받은 지방법원판사가 피의자를 심문하는 경우 피의자에게 변호인이 없는 때에는 지방법원판사는 직권으로 변호인을 선정하여야 하는데, 이 경우 변호인의 선정은 피의자에 대한 구속영장 청구가 기각되어 효력이 소멸한 경우를 제외하고는 제1심까지 효력이 있다.

㉢ 성폭력범죄의 처벌 등에 관한 특례법에 따라 성폭력범죄 피해자의 변호사는 피해자를 대리하여 피고인에 대한 처벌을 희망하는 의사표시를 할 수 있으나, 이러한 처벌희망 의사표시를 철회하거나 처벌을 희망하지 않는 의사표시를 할 수는 없다.

㉣ 증거로 함에 대한 동의의 주체는 소송주체인 당사자이므로, 변호인은 피고인이 증거로 함에 동의하지 아니한다고 명시적인 의사표시를 하지 않은 경우에도 서류나 물건에 대하여 증거로 함에 동의할 수 없다.

① ㉠㉡㉢㉣

② ㉠㉡㉢

③ ㉠㉡㉣

④ ㉠㉢㉣

19

수사단계의 진술에 관한 다음 [보기]의 설명 중 옳은 것을 모두 고른 것은? (다툼이 있으면 판례에 의함)

| 보기 |

㉠ 피의자 또는 그 변호인은 검사 또는 사법경찰관이 수사 중인 사건에 관한 본인의 진술이 기재된 부분 및 본인이 제출한 서류의 전부 또는 일부에 대해 열람·복사를 신청할 수 있으나, 사건관계인은 열람만 신청할 수 있다.

㉡ 수사기관에 의한 진술거부권 고지의 대상이 되는 피의자의 지위는 수사기관이 범죄인지서를 작성하는 등의 형식적인 사건수리 절차를 거치기 전이라도 조사대상자에 대하여 범죄의 혐의가 있다고 보아 실질적으로 수사를 개시하는 행위를 한 때에 인정된다.

㉢ 조사대상자의 진술 내용이 단순히 제3자의 범죄에 관한 경우가 아니라 자신과 제3자에게 공동으로 관련된 범죄에 관한 것이거나 제3자의 피의사실뿐만 아니라 자신의 피의사실에 관한 것이기도 하여 실질이 피의자신문조서의 성격을 가지는 경우에 수사기관은 진술을 듣기 전에 미리 진술거부권을 고지하여야 한다.

㉣ 구 새마을금고법은 "새마을금고나 새마을금고중앙회의 임직원 또는 청산인이 감독기관의 검사원의 질문에 거짓으로 진술한 경우 3년 이하의 징역이나 500만 원 이하의 벌금에 처한다."고 규정하고 있고, 위와 같은 질문을 하기 전에 진술거부권을 고지하여야 한다는 규정은 따로 두고 있지 않다고 하더라도, 새마을금고의 임직원이 장차 특정경제범죄법에 규정된 죄로 처벌받을 수도 있는 사항에 관한 질문을 받고 거짓으로 진술한 경우에는 위 처벌규정은 적용되지 아니한다.

㉤ 검사 또는 사법경찰관은 피의자 또는 그 변호인·법정대리인·배우자·직계친족·형제자매의 신청에 따라 변호인을 피의자와 접견하게 하거나 정당한 사유가 있으면 피의자에 대한 신문에 참여하게 하여야 한다.

① ㉠㉡㉢㉣
② ㉡㉢㉣㉤
③ ㉢㉣㉤
④ ㉡㉢㉣

20

수사와 증거에 있어서 진술거부권에 대한 설명으로 옳은 것은? (다툼이 있는 경우 판례에 의함)

① 진술거부권을 고지받지 않은 상태에서 임의로 자백을 한 경우라면, 이후 피고인이 변호인으로부터 충분한 조력을 받고 상당한 기간이 흘러 자발적으로 계속하여 동일한 내용의 자백을 하더라도 자백은 형사소송법 제308조의2에 따라 증거능력이 부정된다.

② 피고인이 증거서류의 진정성립을 묻는 검사의 질문에 대하여 진술거부권을 행사하여 진술을 거부한 경우는 형사소송법 제314조의 '그 밖에 이에 준하는 사유로 인하여 진술할 수 없는 때'에 해당한다.

③ 진술거부권 고지에 관한 형사소송법 규정내용 및 진술거부권 고지가 갖는 실질적인 의미를 고려한다면 피의자 지위에 있지 아니한 자에 대하여 진술거부권이 고지되지 아니하였더라도 진술의 증거능력은 부정해야 하므로, 수사기관이 피의자가 아닌 참고인으로 조사를 하면서 진술거부권을 고지하지 아니하고 작성한 진술조서는 위법수집증거에 해당한다.

④ 피의자에게 진술거부권을 고지하였더라도 진술거부권 행사 여부에 대한 피의자의 답변이 자필로 기재되지 않거나 답변부분에 피의자의 기명날인 또는 서명이 되어 있지 않다면, 당해 피의자신문조서의 증거능력을 인정할 수 없다.

▶ **제1장 수사** [임의수사 3] ─ **제2장 강제처분과 강제수사** [체포와 구속 1]

회차	시행일			목표점수			획득점수		
제3회	1차	2차	3차	1차	2차	3차	1차	2차	3차

01

미성년자인 甲은 2011.2.24. 02:30경 오토바이를 운전하여 가다가 교통사고를 일으키고 의식을 잃은 채 병원 응급실로 후송되었고, 병원 응급실로 출동한 경찰관 A는 사고 시각으로부터 약 1시간 20분 후인 2011.2.24. 03:50경 법원으로부터 압수·수색 또는 검증 영장이나 감정처분허가장을 발부받지 아니한 채 甲의 아버지 B의 동의만 받고서 응급실에 의식을 잃고 누워 있는 甲으로부터 채혈을 하였으나 위 채혈에 관하여 사후적으로라도 영장을 발부받지 아니하였다. 甲이 도로교통법위반(음주운전)으로 공소제기 된 후 ㉠ 甲의 혈중 알코올농도에 대한 국립과학수사연구소의 감정의뢰회보(혈중 알코올농도 0.191%)와 이에 기초한 주취운전자 적발보고서가 법정에 제출되었고, ㉡ 甲은 수사기관 및 공판정에서 음주운전을 하였다고 자백하였다(㉠, ㉡ 외에 다른 증거는 없음). 다음 설명 중 판례의 입장과 일치하지 않는 것을 모두 고른 것은?

㉠ 수사기관이 법원으로부터 영장 또는 감정처분허가장을 발부받지 아니한 채 피의자의 동의 없이 피의자의 신체로부터 혈액을 채취하고 사후에도 지체 없이 영장을 발부받지 아니한 채 그 혈액 중 알코올농도에 관한 감정을 의뢰하였다면, 이러한 과정을 거쳐 얻은 감정의뢰회보와 이에 기초한 다른 증거는 형사소송법상 영장주의 원칙을 위반하여 수집하거나 그에 기초하여 획득한 증거로서 피고인이나 변호인의 동의가 있더라도 유죄의 증거로 사용할 수 없다.

㉡ 음주운전과 관련한 도로교통법 위반죄의 범죄수사를 위하여 미성년자인 피의자의 혈액채취가 필요한 경우 피의자에게 의사능력이 있다면 피의자 본인만이 혈액채취에 관한 유효한 동의를 할 수 있고, 피의자에게 의사능력이 없다면 법정대리인이 피의자를 대리하여 동의할 수 있다.

㉢ 甲의 혈중 알코올농도에 대한 국립과학수사연구소의 감정의뢰회보와 이에 기초한 주취운전자 적발보고서는 위법수집증거로서 피고인 甲이나 변호인의 동의가 있더라도 증거능력이 인정되지 않는다.

㉣ 법원은 甲의 도로교통법위반(음주운전)의 공소사실에 대하여 유죄판결을 선고할 수 있다.

① ㉠㉡㉣
② ㉡㉢㉣
③ ㉡㉣
④ ㉠㉢

02

피의자신문에 관한 다음 [보기]의 설명 중 옳은 것을 모두 고른 것은? (다툼이 있으면 판례에 의함)

| 보기 |

㉠ 검사 또는 사법경찰관이 구금된 피의자를 신문할 때 피의자 또는 변호인으로부터 보호장비를 해제해 달라는 요구를 받고도 거부한 조치는 형사소송법 제417조에서 정한 '구금에 관한 처분'에 해당한다.

㉡ 피의자가 변호인의 참여를 원한다는 의사를 명백하게 표시하였음에도 수사기관이 정당한 사유 없이 변호인을 참여하게 하지 아니한 채 피의자를 신문하여 작성한 피의자신문조서라도 증거능력 자체가 부정되는 것은 아니나, 증명력이 낮게 평가될 수밖에 없다.

㉢ 피의자와 동석한 신뢰관계에 있는 사람이 피의자를 대신하여 진술한 부분이 조서에 기재되어 있다면 그 부분은 피의자의 진술을 기재한 것이 아니라 동석한 사람의 진술을 기재한 조서에 해당하므로, 그 사람에 대한 진술조서로서의 증거능력을 취득하기 위한 요건을 충족하지 못하는 한 이를 유죄의 증거로 사용할 수 없다.

㉣ 검사 또는 사법경찰관이 단지 변호인이 피의자신문 중에 부당한 신문방법에 대한 이의제기를 하였다는 이유만으로 변호인을 조사실에서 퇴거시키는 조치는 정당한 사유 없이 변호인의 피의자신문 참여권을 제한하는 것이다.

㉤ 검사 또는 사법경찰관은 수사에 필요한 때에는 피의자가 아닌 자의 출석을 요구하여 진술을 들을 수 있다. 이 경우 그의 동의를 받아 영상녹화할 수 있다.

㉥ 검사 또는 사법경찰관은 피의자 또는 그 변호인·법정대리인·배우자·직계친족·형제자매·동거인·고용주의 신청에 따라 변호인을 피의자와 접견하게 하거나 정당한 사유가 없는 한 피의자에 대한 신문에 참여하게 하여야 한다.

① ㉠㉡㉢㉣㉤
② ㉡㉢㉣㉤㉥
③ ㉠㉢㉣㉤
④ ㉡㉢㉤㉥

03

수사에 관한 다음 기술 중 판례의 입장에 어긋나는 것은?

① 반의사불벌죄의 피해자는 피의자나 피고인 및 그들의 변호인에게 자신을 대리하여 수사기관이나 법원에 자신의 처벌불원의사를 표시할 수 있는 권한을 수여할 수 있다.

② 국회증언감정법에 의하여 선서한 증인이 허위의 진술을 한 때에는 동법 제15조 제1항에 따라 본회의 또는 위원회가 고발하여야 검사가 공소를 제기할 수 있는데, 이러한 고발은 위원회가 존속하는 동안에 이루어져야 한다.

③ 변호인이 피의자신문에 자유롭게 참여할 수 있는 권리는 피의자가 가지는 변호인의 조력을 받을 권리를 실현하는 수단이므로 헌법상 기본권인 변호인의 변호권으로서 보호되어야 한다.

④ 경찰관들이 체포를 위한 실력행사에 나아가기 전에 체포영장을 제시하고 미란다 원칙을 고지할 여유가 있었음에도 애초부터 미란다 원칙을 체포 후에 고지할 생각으로 먼저 체포행위에 나선 행위는 적법한 공무집행에 해당한다.

04

체포에 관한 다음 [보기]의 설명 중 옳지 않은 것을 모두 고른 것은? (다툼이 있으면 판례에 의함)

| 보기 |

㉠ 피고인이 필로폰을 투약한다는 제보를 받은 경찰관이 제보의 정확성을 사전에 확인한 후에 제보자를 불러 조사하기 위하여 피고인의 주거지를 방문하였다가, 그곳에서 피고인을 발견하고 피고인의 전화번호로 전화를 하여 나오라고 하였으나 응하지 않자 피고인의 집 문을 강제로 열고 들어가 피고인을 긴급체포한 경우 긴급체포는 적법하다.

㉡ 피고인이 수사 당시 긴급체포되었다가 수사기관의 조치로 석방된 후 법원이 발부한 구속영장에 의하여 구속이 이루어진 경우에는 위법한 구속에 해당한다.

㉢ 긴급체포에 대한 검사나 사법경찰관의 판단이 경험칙에 비추어 현저히 합리성을 잃은 경우에는 그 체포는 위법하다 할 것이나, 위법한 긴급체포에 의한 유치 중에 작성된 피의자신문조서는 유죄의 증거로 사용할 수 있다.

㉣ 검사 또는 사법경찰관은 피의자를 체포 또는 구속할 때에는 피의자에게 피의사실의 요지, 체포·구속의 이유와 변호인을 선임할 수 있음을 말하고, 변명할 기회를 주어야 하고, 대통령령에 의하면 진술거부권도 알려주어야 한다.

㉤ 체포영장의 청구서에는 체포사유로서 도망이나 증거인멸의 우려가 있는 사유를 기재하여야 한다.

① ㉠㉡㉢㉣

② ㉠㉡㉢㉣

③ ㉡㉢㉤

④ ㉠㉡㉢㉤

05

긴급체포에 관한 다음 [보기]의 설명 중 옳지 않은 것을 모두 고른 것은? (다툼이 있는 경우 판례에 의함)

| 보기 |

㉠ 긴급체포 후 구속영장을 받지 못하여 석방된 자를 동일한 범죄사실로 다시 체포할 수 없다.

㉡ 영장에 의하여 체포된 피의자만이 체포적부심사를 청구할 수 있다.

㉢ 사법경찰관이 피의자를 긴급체포한 경우에는 즉시 긴급체포서를 작성하여야 함은 형사소송법의 규정에 의하나, 이 경우 즉시 검사의 승인을 얻어야 한다는 것은 형사소송법이 아니라 '검사와 사법경찰관의 상호협력과 일반적 수사준칙에 대한 규정'(대통령령)에 의한다.

㉣ 사법경찰관의 긴급체포에 대한 검사의 즉시승인을 얻기 위하여 사법경찰관이 긴급체포 후 12시간 내에 검사에게 긴급체포의 승인을 요청해야 한다는 규정은 2021.1.1. 시행되는 대통령령에도 존치되었다.

㉤ 검사는 긴급체포된 피의자에 대하여 구속영장을 청구하지 않고 석방한 경우에는 30일 내에 석방의 일시·장소·사유 등을 기재한 서면으로 법원에 통지하여야 한다. 이 경우 긴급체포서의 사본을 첨부할 필요는 없다.

① ㉠㉡㉢㉣㉤

② ㉠㉡㉢㉣㉤

③ ㉡㉢㉤

④ ㉠㉡㉢㉤

06

긴급체포에 대한 다음 [보기]의 설명 중 옳지 않은 것을 모두 고른 것은? (다툼이 있으면 판례에 의함)

| 보기 |

㉠ 긴급체포된 피의자에 대하여 구속영장이 발부된 경우에 구속기간은 피의자를 구속한 날부터 기산한다.

㉡ 피의자가 임의출석의 형식에 의하여 수사기관에 자진 출석한 후 조사를 받았고 그 과정에서 피의자가 장기 3년 이상의 범죄를 범하였다고 볼 상당한 이유가 드러나고, 도주하거나 증거를 인멸할 우려가 생긴다고 객관적으로 판단되는 경우에는 자진출석한 피의자에 대해서도 긴급체포가 가능하다.

㉢ 참고인조사를 받는 줄 알고 검찰청에 자진출석한 참고인에 대하여 피의자신문을 행하려는 수사기관의 기도를 참고인이 거부하고 바로 퇴거하려고 시도하자 수사기관이 긴급체포한 행위는 위법하며, 이에 참고인의 저항행위는 정당하다.

㉣ 사법경찰관은 피의자를 체포·구속하는 경우에 필요한 때에는 영장 없이 타인의 주거나 타인이 간수하는 가옥, 건조물, 항공기, 선차 내에서의 피의자수사를 할 수 있다는 형사소송법의 규정은 영장주의에 위반되지 아니한다.

㉤ 긴급체포 후 석방된 자 또는 그 변호인·법정대리인·배우자·직계친족·형제자매는 석방 통지서 및 관련 서류를 열람할 수 있으나 등사할 수는 없다.

① ㉠㉡㉢㉣㉤
② ㉠㉡㉣㉤
③ ㉡㉢㉣
④ ㉠㉣㉤

07

교통사고차량을 현장에서부터 추적한 것이 아니라 경찰서로부터 무전연락을 받고 출동한 경찰관이 시간상으로 10분 정도 지난 시점에 사고발생지점과 약 1 km 떨어진 곳에서 용의차량을 수색하다가, 범퍼와 팬더부분이 파손된 차량에서 용의자로 보이는 사람이 내리는 것을 발견하고 영장 없이 그를 체포하였다. 이에 대한 다음 [보기]의 설명 중 옳은 것은 모두 몇 개인가? (다툼이 있는 경우 판례에 의함)

| 보기 |

㉠ 체포의 시간이나 장소로 보아 용의자를 범죄실행의 즉후인 자라고 볼 증거가 명백히 존재하지 않으므로 고유한 의미의 현행범인으로 볼 수는 없다.

㉡ 용의자는 '장물이나 범죄에 사용되었다고 인정함에 충분한 흉기 기타의 물건을 소지하고 있는 때'에 해당한다고 볼 수 있으므로 준현행범인으로 영장 없이 체포할 수 있다.

㉢ 피의자를 체포할 때는 범죄사실의 요지, 체포의 이유와 변호인을 선임할 수 있음을 말하고 변명할 기회를 주어야 한다.

㉣ 고지는 체포를 위한 실력행사를 하기 전에 해야 하는 것이 원칙이나, 달아나는 용의자를 붙들거나 폭력으로 대항하는 용의자를 제압하는 경우에는 붙들거나 제압하는 과정에 또는 붙들었거나 제압한 후에 지체 없이 해야 한다.

① 1개
② 2개
③ 3개
④ 4개

08

현행범인 체포에 관한 다음 [보기]의 설명 중 옳지 않은 것을 모두 고른 것은? (다툼이 있는 경우 판례에 의함)

| 보기 |

㉠ 현행범인은 누구든지 영장 없이 체포할 수 있는데, 현행범인으로 체포하기 위하여 행위의 가벌성, 범죄의 현행성·시간적 접착성, 범인·범죄의 명백성 이외에 체포의 필요성 즉, 도망 또는 증거인멸의 염려는 필요로 하지 않는다는 것이 판례의 입장이다.

㉡ 긴급을 요하여 체포영장을 제시하지 않은 채 체포영장에 기한 체포 절차에 착수하였으나, 이에 피고인이 저항하면서 경찰관을 폭행하는 등 행위를 하여 특수공무집행방해의 현행범으로 체포한 후 체포영장을 별도로 제시하지 않은 것은 적법하지 않다.

㉢ 검사 또는 사법경찰관리 아닌 이에 의하여 현행범인이 체포 된 후 불필요한 지체 없이 검사 등에게 인도된 경우, 구속영장 청구기간인 48시간의 기산점은 검사 등이 현행범인을 인도받은 때이다.

㉣ 검찰수사관이 제보받은 바지선 내부를 수색하여 숨어 있던 피고인을 필로폰 밀수입으로 인한 마약류 관리에 관한 법률 위반(향정)죄의 현행범으로 체포한 후 체포 현장을 수색하여 찾아낸 필로폰을 임의로 제출받아 압수한 경우 체포 당시 필로폰 밀수 범행의 증거인 필로폰이 아직 발견되지 않았고, 필로폰을 밀수한다는 첩보만으로는 현행범 체포 요건 중 범죄의 명백성을 인정하기 부족하다.

㉤ 경찰관 P는 운전자 甲이 차선을 위반하여 진행하는 것을 적발하고 검문하던 중에 음주운전한 사실까지 추가로 발견하고, 음주측정을 위하여 파출소까지 가자고 요구하였으나 甲이 음주운전한 사실이 없다고 하면서 이를 거절하자 甲의 혁대를 잡고 파출소까지 끌고 가려고 하는데, 甲이 이에 대항하면서 P의 목을 잡고 미는 등 폭행하여 1주간의 치료를 요하는 외측경부타박상을 입히자 甲을 현행범으로 체포하였다면 이는 적법한 체포에 해당하지 않는다.

① ㉡㉣㉤
② ㉠㉡㉣
③ ㉠㉢㉣
④ ㉡㉢㉣㉤

09

현행범인 체포에 관한 다음 설명 중 판례의 입장과 일치하지 않는 것은?

① 현행범인 체포의 요건을 갖추었는지는 체포 당시의 상황을 기초로 판단하여야 하고 이에 관한 수사주체의 판단에는 상당한 재량의 여지가 있다.

② 사법경찰리가 현행범인으로 체포하는 경우에는 반드시 범죄사실의 요지, 구속의 이유와 변호인을 선임할 수 있음을 말하고 변명할 기회를 주어야 하며, 이와 같은 고지는 반드시 체포를 위한 실력행사에 들어가기 전에 미리 행하여야 한다.

③ 검사 또는 사법경찰관은 피의자를 현행범 체포하는 경우에 필요한 때에는 체포 현장에서 영장 없이 압수·수색·검증을 할 수 있으나, 이와 같이 압수한 물건을 계속 압수할 필요가 있는 경우에는 체포한 때부터 48시간 이내에 지체 없이 압수영장을 청구하여야 한다.

④ 현행범 체포 현장이나 범죄 장소에서도 소지자 등이 임의로 제출하는 물건은 영장 없이 압수할 수 있고, 이 경우에는 검사나 사법경찰관이 사후에 영장을 받을 필요가 없다.

10

체포에 관한 다음 [보기]의 설명 중 옳은 것을 모두 고른 것은? (다툼이 있는 경우 판례에 의함)

| 보기 |

㉠ 순찰 중이던 경찰관이, 교통사고를 낸 차량이 도주하였다는 무전연락을 받고 주변을 수색하다가 범퍼 등의 파손상태로 보아 사고차량으로 인정되는 차량에서 내리는 사람을 발견한 경우, 준현행범인으로 영장 없이 체포할 수 있다.

㉡ 현행범인으로 규정된 '범죄의 실행의 즉후인 자'라고 함은 범죄의 실행행위를 종료한 직후의 범인이라는 것이 체포를 당하는 자의 입장에서 볼 때 명백한 경우를 일컫는 것이다.

㉢ 검사 또는 사법경찰관리 아닌 자가 현행범인을 체포한 때에는 즉시 검사 등에게 인도하여야 하는데, 여기서 '즉시'라고 함은 반드시 체포시점과 시간적으로 밀착된 시점이어야 하는 것은 아니고, '정당한 이유 없이 인도를 지연하거나 체포를 계속하는 등으로 불필요한 지체를 함이 없이'라는 뜻이다.

㉣ 甲과 乙이 주차문제로 다투던 중 乙이 112신고를 하였고, 甲이 출동한 경찰관에게 폭행을 가하여 공무집행방해죄의 현행범으로 체포된 경우, 112에 신고를 한 것은 乙이었고, 甲이 현행범으로 체포되어 파출소에 도착한 이후에도 경찰관의 신분증 제시 요구에 20여 분 동안 응하지 아니하면서 인적 사항을 밝히지 아니한 것은 사후적 사정에 불과하므로 甲에게 현행범체포 당시에 도망 또는 증거인멸의 염려가 있었다고 할 수는 없다.

㉤ 검사가 긴급체포한 피의자를 구속하기 위하여 관할지방법원판사에게 구속영장을 청구하였으나 구속영장을 발부받지 못한 때에는 피의자를 즉시 석방하여야 한다.

① ㉠㉢㉤
② ㉠㉣㉤
③ ㉡㉢㉣
④ ㉡㉢㉤

11

체포·구속제도에 관한 다음 [보기]의 설명 중 옳은 것을 모두 고른 것은? (다툼이 있으면 판례에 의함)

| 보기 |

㉠ 검사 또는 사법경찰관은 피의자를 체포하거나 구속하였을 때에는 변호인이 있으면 변호인에게, 변호인이 없으면 변호인 선임권자 중 피의자가 지정한 사람에게 지체 없이 서면으로 피의·피고사건명, 체포·구속의 일시·장소, 범죄사실의 요지, 체포·구속의 이유와 변호인을 선임할 수 있음을 통지해야 한다. 이때 '지체 없이'의 시간적 의미는 24시간이다.

㉡ 일반 사인이라도 현행범 체포 규정에 의하여 피의자를 현행범으로 체포하는 경우에 영장 없이 타인의 주거에 들어갈 수 있다.

㉢ 구속영장에는 청구인을 구금할 수 있는 장소로 특정 경찰서 유치장으로 기재되어 있었는데, 경찰서 유치장에 인도된 바 없이 계속하여 국가안전기획부 청사에 사실상 구금되어 있다면, 청구인에 대한 이러한 사실상의 구금장소의 임의적 변경은 청구인의 방어권이나 접견교통권의 행사에 중대한 장애를 초래하는 것이므로 위법하다.

㉣ 피고인이 경찰관의 불심검문을 받아 운전면허증을 교부한 후 경찰관에게 큰 소리로 욕설을 한 경우, 피고인이 경찰관의 불심검문에 응하여 이미 운전면허증을 교부한 상태이고, 경찰관뿐 아니라 인근 주민도 욕설을 직접 들었다면, 경찰관이 피고인을 모욕죄의 현행범으로 체포하는 행위는 적법한 공무집행이라고 볼 수 없다.

㉤ 현행범인으로 체포하기 위하여 '체포의 필요성'이 별도로 필요한 것은 아니다.

① ㉠㉡㉢㉣
② ㉠㉢㉣
③ ㉡㉢㉤
④ ㉠㉢㉣㉤

12

2009년 6월 경기지방경찰청 전투경찰대 중대장이던 류○○는 쌍용자동차 평택공장에서 점거농성을 하고 있던 노조 조합원 6명을 체포했다. 이 과정에서 변호사 권○○는 불법체포라고 항의하며 체포 이유를 알려달라고 요구했지만, 경찰이 설명을 하지 않은 채 또 다른 조합원 김○○를 체포하려고 하자 "내가 김○○의 변호인이 되려고 하니 접견할 수 있도록 해달라"고 요구하며 김○○를 호송하던 경찰 승합차량을 막아서자, 위 류○○는 변호사 권○○를 공무집행방해 혐의의 현행범으로 체포하였다. 이 사건에 관한 다음 기술 중 판례의 입장과 어긋나는 것은?

① 변호인뿐만 아니라 변호인 되려는 자도 접견교통권을 가진다.

② 변호인이 되려는 의사를 표시한 자가 객관적으로 변호인이 될 가능성이 있는 경우, 신체구속을 당한 피고인 또는 피의자와 접견하지 못하도록 제한할 수 없다.

③ 변호인 또는 변호인 되려는 자가 구체적인 시간적·장소적 상황에 비추어 현실적으로 보장할 수 있는 한계를 벗어나 피고인 또는 피의자를 접견하려고 하는 것은 허용될 수 있다.

④ 인신구속에 관한 직무를 집행하는 사법경찰관이 체포 당시 상황을 고려하여 경험칙에 비추어 현저하게 합리성을 잃지 않은 채 판단하면 체포 요건이 충족되지 아니함을 알 수 있었는데도, 자신의 재량 범위를 벗어난다는 사실을 인식하고 그와 같은 결과를 용인한 채 사람을 체포하여 권리행사를 방해한 경우의 죄책은 직권남용체포죄와 직권남용권리행사방해죄이다.

13

체포절차에 관한 다음 [보기]의 설명 중 옳지 않은 것을 모두 고른 것은?

| 보기 |

㉠ 체포영장의 청구서에 10일을 넘는 유효기간을 필요로 하는 때에는 그 취지 및 사유를 기재하여야 한다.

㉡ 체포영장을 집행하는 경우 피의자에게 반드시 체포영장을 제시하고 그 사본을 교부하여야 하며 신속히 지정된 법원 기타 장소에 인치하여야 한다.

㉢ 사법경찰관이 구속영장을 청구하거나 신청하지 않고 체포하거나 긴급체포한 피의자를 석방하려는 때에는 피의자 석방 건의서를 작성·제출하여 미리 검사의 지휘를 받아야 한다는 규정은 현재 없다.

㉣ 체포된 피의자에 대하여 구속영장을 청구받은 판사는 24시간 이내 피의자를 심문하여야 한다.

㉤ 구인한 피고인을 법원에 인치한 경우에 구금할 필요가 없다고 인정한 때에는 그 인치한 때로부터 12시간 내에 석방하여야 한다.

① ㉠㉡㉣㉤

② ㉠㉣㉤

③ ㉠㉢㉣㉤

④ ㉡㉢㉣

14

다음 사례에서 사법경찰관이 피의자를 구속할 수 있는 기간은?

- 2022. 2. 23.(토)
  23:50 사법경찰관 피의자 긴급체포
- 2022. 2. 24.(일)
  12:30 검사에게 구속영장청구 신청
  13:00 법원 구속영장청구서 등 접수
- 2022. 2. 25.(월)
  10:00 판사 구속 전 피의자 심문
  12:00 판사 구속영장 발부
  18:00 검찰청에 구속영장·수사기록 반환
- 2022. 2. 26.(화)
  02:00 검사지휘 아래 사법경찰관 구속영장 집행
  ※ 2022년 2월은 28일까지임

① 2022. 3. 4.까지　　② 2022. 3. 5.까지
③ 2022. 3. 6.까지　　④ 2022. 3. 7.까지

15

피의자에 대하여 구속영장이 청구된 경우의 피의자심문 등에 관하여 옳은 것은?

① 미체포 피의자에 대하여 구속영장을 청구받은 판사는 피의자가 죄를 범하였다고 의심할 만한 이유가 있는 경우에 별도의 영장 발부 없이 피의자를 구인한 후 심문하여야 한다.

② 판사는 피의자에게 구속영장청구서에 기재된 범죄사실의 요지를 고지하고, 피의자에게 일체의 진술을 하지 아니하거나 개개의 질문에 대하여 진술을 거부할 수 있음을 알려야 하나, 이익이 되는 사실을 진술할 수 있음을 알려줄 필요는 없다.

③ 영장실질심사에서 구속영장이 발부된 경우, 피의자에 대한 구속영장의 제시와 집행이 그 발부시로부터 정당한 사유 없이 지체되어 이루어졌다면 구속영장의 집행이 구속영장의 유효기간 내에 이루어졌다 하더라도 구속영장을 지체 없이 집행하지 않은 기간 동안의 체포 내지 구금 상태를 위법하다고 해야 한다.

④ 심문할 피의자에게 변호인이 없는 때에는 지방법원판사는 직권으로 변호인을 선정하여야 하고, 이 경우 변호인의 선정은 피의자에 대한 구속영장 청구가 기각되어 효력이 소멸한 경우에도 제1심까지 효력이 있다.

16

현행법상 영장실질심사제도에 대한 다음 [보기]의 설명 중 옳지 않은 것을 모두 고른 것은? (다툼이 있으면 판례에 의함)

| 보기 |

㉠ 적법하게 체포된 피의자에 대하여 구속영장을 청구받은 판사는 필요하다고 인정되는 때에는 지체없이 영장실질 심사를 위하여 피의자를 심문할 수 있으며, 심문할 피의자에게 변호인이 없는 때에는 판사는 직권으로 변호인을 선정하여야 한다.

㉡ 피의자에 대한 심문절차는 공개하지 아니하지만, 판사는 상당하다고 인정하는 경우에는 일반인의 방청을 허가할 수 있다.

㉢ 체포된 피의자 외의 피의자에 대한 심문기일은 관계인에 대한 심문기일의 통지 및 그 출석에 소요되는 시간 등을 고려하여 법원은 피의자가 법원에 인치된 때부터 24시간 내로 지정하여야 한다.

㉣ 검사와 변호인은 판사의 심문이 끝난 후에 의견을 진술할 수 있지만, 필요한 경우에는 심문 도중에도 판사의 허가를 얻어 의견을 진술할 수 있으며, 부당한 심문방법에 대해서는 심문 도중에도 이의를 제기할 수 있다.

㉤ 검사의 구속영장 청구에 대한 지방법원판사의 재판은 항고나 준항고의 대상이 되는 법원의 결정·재판에 해당하지 아니한다.

① ㉠㉡㉢㉣㉤
② ㉡㉢㉣㉤
③ ㉠㉢㉣㉤
④ ㉠㉡㉢㉣

17

구속에 관한 다음 [보기]의 설명 중 옳은 것을 모두 고른 것은? (다툼이 있으면 판례에 의함)

| 보기 |

㉠ 법원의 피고인에 대한 구속기간(원칙적으로 2개월)에는 공소제기 전의 체포기간은 포함되지 않는다.

㉡ 법원이 예외적으로 구속을 계속할 필요가 있는 경우에는 심급마다 2개월 단위로 3차에 한하여 결정으로 갱신할 수 있다.

㉢ 무죄, 면소, 형의 면제, 형의 선고유예, 형의 집행유예, 공소기각 또는 벌금이나 과료를 과하는 판결이 선고된 때에는 구속영장은 효력을 잃는다.

㉣ 체포되지 않은 피의자에 대하여 구속영장을 청구받은 판사는 피의자가 죄를 범하였다고 의심할 만한 이유가 있는 경우에 구인을 위한 구속영장을 발부하여 피의자를 구인한 후 심문하여야 한다. 다만, 피의자가 도망하는 등의 사유로 심문할 수 없는 경우에는 그러하지 아니하다.

㉤ 수사기관의 청구에 의하여 발부하는 구속영장은 명령장으로서의 성질을 가지며, 법원이 직권으로 발부하는 영장은 허가장으로서의 성질을 가진다.

① ㉠㉡㉢㉣
② ㉠㉢㉣
③ ㉠㉢㉣㉤
④ ㉡㉢㉣㉤

18

법원의 피고인의 구속에 관한 다음 설명 중 판례의 입장과 일치하지 않는 것은?

① 형사소송법 제72조의 '피고인에 대하여 범죄사실의 요지, 구속의 이유와 변호인을 선임할 수 있음을 말하고 변명할 기회를 준 후가 아니면 구속할 수 없다'는 규정은 피고인을 구속함에 있어서 법관에 의한 사전 청문절차를 규정한 것이다.

② 법원이 사전에 형사소송법 제72조에 따른 절차를 거치지 아니한 채 피고인에 대하여 구속영장을 발부하였다면 그 발부결정은 위법하다.

③ 이미 변호인을 선정하여 공판절차에서 변명과 증거의 제출을 다하고 그의 변호 아래 판결을 선고받은 경우 등과 같이 위 규정에서 정한 절차적 권리가 실질적으로 보장되었다고 볼 수 있는 경우에는 형사소송법 제72조 해당하는 절차의 전부 또는 일부를 거치지 아니한 채 구속영장을 발부하였다 하더라도 이러한 점만으로 그 발부결정을 위법하다고 볼 것은 아니다.

④ 법원이 구속영장을 발부하기 전에 형사소송법 제72조에 따른 절차를 따로 거치지 아니하였는데, 그 전 공판기일에서 검사가 모두진술에 의하여 공소사실 등을 낭독하고 피고인과 변호인이 모두진술에 의하여 공소사실의 인정 여부 및 이익이 되는 사실 등을 진술한 점이 인정된다면 피고인에게 형사소송법 제72조에 따른 절차적 권리가 실질적으로 보장되었다고 볼 수 있으므로 위 구속영장 발부결정은 적법하다.

19

구속에 관한 다음 기술 중 옳은 것은?

① 법원은 인치받은 피고인을 유치할 필요가 있는 때에는 교도소·구치소 또는 경찰서 유치장에 유치할 수 있다. 이 경우 유치기간은 인치한 날의 다음날까지로 한다.

② 피고인이 기일에 출석한다는 서면을 제출하거나 출석한 피고인에 대하여 차회기일을 정하여 출석을 명한 때에도 피고인에 대한 소환장은 송달하여야 한다.

③ 검사의 구속기간의 연장의 필요를 인정할 수 있는 자료를 제출하여 구속기간의 연장을 신청할 수 있고 이때, 지방법원판사는 수사를 계속함에 상당한 이유가 있다고 인정한 때에는 7일을 초과하지 아니하는 한도에서 구속기간의 연장을 1차에 한하여 허가할 수 있다.

④ 상소심은 피고인 또는 변호인이 신청한 증거의 조사 등으로 추가 심리가 필요한 부득이한 경우에는 3차에 한하여 구속기간을 갱신할 수 있다.

20

법원의 피고인 구속에 관한 다음 설명 중 가장 옳지 않은 것은? (다툼이 있는 경우 판례에 의함)

① 구속기간의 말일이 공휴일 또는 토요일이면 구속기간에 산입한다.

② 법원이 피고인을 구속함에 있어서 사전청문을 거치지 않은 것은 원칙적으로 위법한 데 비하여, 사후청문을 거치지 않은 것은 구속영장의 효력에 영향을 주지 아니한다.

③ 2014.3.1.에 구속되어 2014.3.20. 공소제기된 피고인에 대하여 제1심 법원에서 구속을 계속할 수 있는 최장기한의 말일은 2014.9.20.이다.

④ 대법원의 파기환송 판결에 의하여 사건을 환송받은 법원은 형사소송법 제92조 제1항에 따라 2월의 구속기간이 만료되면 특히 구속을 계속할 필요가 있는 경우에는 2차에 한하여 결정으로 구속기간을 갱신할 수 있다.

▶ **제2장 강제처분과 강제수사** [체포와 구속 2]

회차	시행일			목표점수			획득점수		
	1차	2차	3차	1차	2차	3차	1차	2차	3차
제4회									

01

외국 국적자인 甲은 주간에 A가 운영하는 휴대폰 판매 가게에서 A가 잠시 자리를 비운 틈을 타 중고 휴대폰 여러 대를 훔친 후 자신의 집에 숨겨두었다. 며칠 뒤 사법경찰관이 노래방에서 나오는 甲을 긴급체포하였다. 검사는 검찰수사관과 통역인을 참여시킨 상태에서 甲을 신문하여 피의자신문조서를 작성하였고 영상녹화는 하지 않았다. 이에 관한 설명 중 옳은 것을 모두 고른 것은? (다툼이 있는 경우 판례에 의함)

㉠ 사법경찰관은 甲이 보관하고 있는 중고 휴대폰을 긴급히 압수할 필요가 있는 경우에 甲을 체포한 때부터 24시간 이내에 한하여 영장 없이 압수·수색할 수 있고, 압수한 중고 휴대폰을 계속 압수할 필요가 있는 경우에는 압수한 때부터 48시간 이내에 압수·수색영장을 청구하여야 한다.

㉡ 甲에 대한 공소제기 전 체포 및 구속기간은 제1심 법원의 구속기간에 산입하지 아니하고, 공판과정에서 구속을 계속할 필요가 있는 때에는 제1심 법원은 결정으로 2개월 단위로 2차에 한하여 구속기간을 갱신할 수 있다.

㉢ 검사가 甲에 대하여 구속영장을 청구한 경우 구속영장을 청구받은 판사는 甲을 심문하여야 하고, 심문할 甲에게 변호인이 없는 경우에는 필요적 변호사건이 아니기 때문에 지방법원판사는 甲의 청구가 있는 경우에 한하여 변호인을 선정할 수 있다.

㉣ 甲이 공판과정에서 검사가 작성한 공범자 乙에 대한 피의자신문조서를 증거로 함에 부동의하는 경우, 피의자신문에 참여하였던 통역인 丙이 공판정에 증인으로 출석하여 甲이 진술한 대로 기재되어 있다고 증언한 것만으로는 위 피의자신문조서의 실질적 진정성립을 인정할 수 없다.

㉤ 만일 검사가 피의자신문 시 甲의 진술을 영상녹화하려면 영상녹화에 대한 甲의 동의를 얻어야 한다.

① ㉠㉢ ② ㉠㉣
③ ㉡㉣ ④ ㉡㉤

02

구속에 대한 설명으로 옳은 것만을 모두 고르면? (다툼이 있는 경우 판례에 의함)

㉠ 미체포된 피의자에 대하여 구속영장을 청구 받은 판사는 피의자가 죄를 범하였다고 의심할 만한 이유가 있는 경우에 피의자가 도망하는 등의 사유로 심문할 수 없는 경우 외에는 피의자를 구인한 후 심문하여야 한다.

㉡ 영장실질심사와 적부심에 있어서 피의자에 대한 심문절차는 공개하지 아니하므로 판사는 일반인의 방청을 허가할 수 없다.

㉢ 법원은 피고인에 대한 구속영장을 발부함에 있어서, 피고인에게 범죄사실의 요지, 구속의 이유와 변호인을 선임할 수 있음을 말하고 변명할 기회를 주는 것을 합의부원으로 하여금 이행하게 할 수 있다.

㉣ "검사 또는 사법경찰관에 의하여 구속되었다가 석방된 자는 다른 중요한 증거를 발견한 경우를 제외하고는 동일한 범죄사실에 관하여 재차 구속하지 못한다."라는 「형사소송법」 규정은 법원이 피고인을 구속하는 경우에는 적용되지 않는다.

① ㉠㉣ ② ㉠㉡㉢
③ ㉡㉢㉣ ④ ㉠㉡㉢㉣

03

수사단계의 변호인에 관한 다음 설명 중 가장 적절하지 않은 것은? (다툼이 있는 경우 판례에 의함)

① 국가정보원 사법경찰관이 경찰서 유치장에 구금되어 있던 피의자에 대하여 의사의 진료를 받게 할 것을 신청한 변호인에게 국가정보원이 추천하는 의사의 참여를 요구한 것은 행형법시행령 제176조의 규정에 근거한 것으로서 적법하고, 이를 가리켜 변호인의 수진권을 침해하는 위법한 처분이라고 할 수 없다.

② 변호인과의 자유로운 접견은 어떠한 명분으로도 제한될 수 있는 성질의 것이 아니므로, 미결수용자의 변호인 접견권 자체는 국가안전보장, 질서유지 또는 공공복리를 위해 필요한 경우라도 법률로써 제한될 수 없다.

③ 임의동행의 형식으로 수사기관에 연행된 피의자에게도 변호인 또는 변호인이 되려는 자와의 접견교통권은 당연히 인정되고, 이는 임의동행 형식으로 연행된 피내사자도 마찬가지이다.

④ 신체구속을 당한 피고인이 범한 것으로 의심받고 있는 범죄행위에 해당 변호인이 공범으로 관련되어 있다 하더라도 그 변호인의 접견교통을 금지할 수 없다.

04

다음은 접견교통권에 대한 설명이다. 가장 적절한 것은? (다툼이 있는 경우 판례에 의함)

① 구치소장의 접견불허 처분에 대하여서는 형사소송법 제417조에 의한 준항고로 다툴 수 있다.

② 변호인의 접견에는 비밀이 보장되어야 하므로 교도관 등이 참여하거나 그 내용을 청취 또는 녹취해서는 아니 되고 보이는 거리에서 관찰하는 것도 불가능하다.

③ 변호인의 구속피의자에 대한 접견이 접견신청일부터 상당한 기간이 경과하도록 허용되지 않고 있는 것만으로는 접견불허처분이 있는 것과 동일하다고 할 수 없다.

④ 변호인과의 접견교통권은 수사기관의 처분이나 법원의 결정으로 제한할 수 없다.

05

구속에 대한 다음 [보기]의 설명 중 옳은 것만을 모두 고르면? (다툼이 있는 경우 판례에 의함)

| 보기 |

㉠ 미체포된 피의자에 대하여 구속영장을 청구 받은 판사는 피의자가 죄를 범하였다고 의심할 만한 이유가 있는 경우에 피의자가 도망하는 등의 사유로 심문할 수 없는 경우 외에는 피의자를 구인한 후 심문하여야 한다.

㉡ 영장실질심사와 적부심에 있어서 피의자에 대한 심문절차는 공개하지 아니하므로 판사는 일반인의 방청을 허가할 수 없다.

㉢ 법원은 피고인에 대한 구속영장을 발부함에 있어서, 피고인에게 범죄사실의 요지, 구속의 이유와 변호인을 선임할 수 있음을 말하고 변명할 기회를 주는 것을 합의부원으로 하여금 이행하게 할 수 있다.

㉣ "검사 또는 사법경찰관에 의하여 구속되었다가 석방된 자는 다른 중요한 증거를 발견한 경우를 제외하고는 동일한 범죄사실에 관하여 재차 구속하지 못한다."라는 「형사소송법」 규정은 법원이 피고인을 구속하는 경우에는 적용되지 않는다.

㉤ 피고인의 신병확보를 위한 구속 등 소송절차가 법령에 위반된 경우에는 그것 자체만으로 판결에 영향을 미친 위법이라고 할 수 있다.

① ㉠㉡㉢㉣㉤
② ㉠㉡㉢㉤
③ ㉡㉢㉣㉤
④ ㉠㉡㉢㉣

06

구속과 접견에 대한 다음 [보기]의 설명 중 옳은 것을 모두 고른 것은? (다툼이 있는 경우 판례에 의함)

| 보기 |

㉠ 교도관이 미결수용자와 변호인 간에 주고받는 서류를 확인하고, 소송관계서류처리부에 그 제목을 기재하여 등재한 행위는 미결수용자의 변호인 접견교통권을 침해하지 아니한다.

㉡ 구속기간이 만료될 무렵 종전 구속영장에 기재된 범죄사실과 다른 범죄사실로 피고인을 구속한 경우에는 위법한 구속에 해당한다.

㉢ 법정 구속기간이 초과되면 구속을 해제하고 불구속상태에서 재판을 계속할 수 있음은 당연하다.

㉣ 법원은 직권 또는 검사의 청구에 의하여 구속된 피고인과 변호인(변호인이 되려는 자 포함) 이외의 타인과의 접견을 금할 수 없다.

㉤ 변호인 되려는 자의 피의자와의 접견교통권은 헌법상 기본권이 아니라 법률상 권리이다.

㉥ 변호인이 되려는 의사를 표시한 자가 객관적으로 변호인이 될 가능성이 있는 경우 신체구속을 당한 피고인 또는 피의자와 접견하지 못하도록 제한할 수 없으므로, 변호인 또는 변호인 되려는 자가 구체적인 시간적·장소적 상황에 비추어 현실적으로 보장할 수 있는 한계를 벗어나 피고인 또는 피의자를 접견하려고 하는 것도 허용될 수 있다.

① ㉠
② ㉠㉢
③ ㉡㉢
④ ㉢㉣

07

접견교통권의 침해에 대한 구제방법에 대한 다음 [보기]의 설명 중 옳은 것을 모두 고른 것은? (다툼이 있는 경우 판례에 의함)

| 보기 |

㉠ 접견교통권을 제한하는 법원의 결정은 구금에 대한 결정에 해당하므로 이에 대해서는 보통항고가 허용된다.

㉡ 접견교통권을 제한하는 수사기관의 처분은 구금에 대한 처분에 해당하므로 이에 대해서는 준항고를 할 수 있다.

㉢ 검사의 비변호인과의 접견금지결정이 있는 중에 작성된 피의자신문조서라면 임의성이 부정되어 증거능력이 없다.

㉣ 피고인·피의자의 변호인과의 접견교통권이 침해된 경우 원칙적으로 헌법소원이 허용되지 않는다.

㉤ 피청구인의 접견거부처분에 대해 준항고절차까지 밟아 이를 취소하는 결정이 있었음에도 피청구인이 결정대로 이행하지 않고 무시한 채 재차 접견거부처분에 이른 경우에는 헌법소원청구가 허용된다.

① ㉠㉡㉢㉣㉤
② ㉠㉡㉢㉣
③ ㉠㉡㉣㉤
④ ㉡㉢㉣㉤

08

체포·구속적부심에 관한 다음 [보기]의 기술 중 옳지 않은 것을 모두 고른 것은? (다툼이 있는 경우 판례에 의함)

| 보기 |

㉠ 구속적부심문조서는 특별한 사정이 없는 한, 피고인의 증거로 함에 부동의 하더라도 형사소송법 제311조에 의하여 당연히 그 증거능력이 인정된다.

㉡ 강도사건 피의자 甲은 2014.4.12. 09:00 체포영장이 발부되어 2014.4.13. 10:00 체포되었다. 이에 甲의 변호인은 체포 당일 체포적부심을 청구하였고, 2014.4.14. 11:00 수사 관계 서류와 증거물이 법원에 접수되어 청구기각결정 후 2014.4.15. 13:00 검찰청에 반환되었다. 이때 검사가 甲에 대한 구속영장을 법원에 청구할 수 있는 일시는 2014.4.16. 11:00까지이고, 사법경찰관이 구속영장에 의해 甲을 구속한 후 사법경찰관이 구속할 수 있는 일시는 2014.4.24. 24:00까지이다.

㉢ 체포·구속적부심사청구에 대한 법원의 기각결정과는 달리 석방결정에 대해서는 항고하지 못한다.

㉣ 구속적부심사청구를 받은 법원은 청구서가 접수된 때로부터 24시간 이내 구속피의자를 심문하여야 하고, 심문이 종료된 때로부터 48시간 이내에 결정을 하여야 한다.

① ㉠㉡㉢㉣
② ㉠㉡㉢
③ ㉠㉢㉣
④ ㉡㉢㉣

09

다음은 체포·구속의 적부심사에 관한 설명이다. 가장 옳지 않은 것은? (다툼이 있는 경우 판례에 의함)

① 피의자는 구속적부심에서의 자백의 의미나 자백이 수사절차나 공판절차에서 가지는 중요성을 제대로 헤아리지 못한 나머지 허위자백을 하고라도 자유를 얻으려는 유혹을 받을 수가 있으므로, 법관은 구속적부심문조서의 자백의 기재에 관한 증명력을 평가함에 있어 이러한 점에 각별히 유의를 하여야 한다.

② 체포영장 또는 구속영장을 발부한 법관은 체포·구속 적부심사청구된 피의자의 석방 여부를 결정하기 위한 심문·조사·결정에 관여하지 못하지만, 체포영장 또는 구속영장을 발부한 법관 외에는 심문·조사·결정을 할 판사가 없는 경우에는 그러하지 아니하다.

③ 체포·구속적부심사를 청구한 피의자의 변호인은 지방법원판사에게 제출된 구속영장청구서 및 그에 첨부된 고소·고발장, 피의자의 진술의 기재한 서류와 피의자가 제출한 서류를 열람할 수 있는데, 이에 관하여 형사소송규칙에 의하면 열람권만 규정되어 있고 등사권은 규정되어 있지 않다.

④ 구속적부심사건 피의자의 변호인에게는 수사기록 중 고소장과 피의자신문조서의 내용을 알 권리 및 그 서류들을 열람할 권리는 인정되나 이를 등사할 권리는 인정되지 아니한다.

10

체포와 구속의 적부심사에 대한 다음 [보기]의 설명 중 옳지 않은 것을 모두 고른 것은?

| 보기 |

㉠ 보증금납입조건부 피의자석방제도는 구속적부심사의 청구가 있을 때에만 허용되며, 법원의 직권 또는 피의자의 청구에 의하여 석방을 명하는 제도이다.

㉡ 동일한 체포영장 또는 구속영장의 발부에 대하여 재청구한 때에는 심문을 거쳐 결정으로 청구를 기각하는 것이 아니라 심문 없이 결정으로 청구를 기각할 수 있다.

㉢ 법원은 구속된 피의자에 대하여 보증금의 납입을 조건으로 석방을 명할 수 있고, 이 경우 구속적부심사 청구인 이외의 자에게 보증금의 납입을 허가할 수는 없다.

㉣ 검사는 증거인멸 또는 피의자가 공범 관계에 있는 자가 도망할 염려가 있는 등 수사에 방해가 될 염려가 있는 때에는 지방법원판사에게 구속영장청구서와 고소·고발장을 제외한 서류의 열람 제한에 관한 의견을 제출할 수 있고, 지방법원판사는 검사의 의견이 상당하다고 인정하는 때에는 그 전부 또는 일부의 열람을 제한할 수 있다.

㉤ 구속적부심에서 법원의 보증금납입조건부 석방 결정에 따라 석방된 피의자는, 도망한 때, 도망하거나 범죄의 증거를 인멸할 염려가 있다고 믿을 만한 충분한 이유가 있는 때, 출석요구를 받고 정당한 이유없이 출석하지 아니한 때, 다른 중요한 증거를 발견한 때, 주거의 제한이나 그 밖에 법원이 정한 조건을 위반한 때를 제외하고는 동일한 범죄사실에 대하여 재차 구속하지 못한다.

① ㉠㉡㉢㉣
② ㉡㉢㉣㉤
③ ㉠㉢㉣㉤
④ ㉠㉡㉢㉤

11

다음 [보기]는 체포·구속적부심사제도에 대한 설명이다. 적절하지 않은 것을 모두 고른 것은? (다툼이 있는 경우 판례에 의함)

| 보기 |

㉠ 긴급체포나 현행범인체포와 같이 체포영장에 의하지 아니하고 체포된 피의자의 경우에도 체포·구속적부심사를 청구할 권리를 가진다.

㉡ 법원이 수사관계서류와 증거물을 접수한 때부터 결정 후 검찰청에 반환된 때까지의 기간은 수사기관의 체포·구속 기간에 산입하지 아니한다.

㉢ 법원은 체포 및 구속적부심사청구가 있는 경우 피의자의 출석을 보증할만한 보증금의 납입을 조건으로 석방을 명할 수 있다.

㉣ 법원은 체포 또는 구속된 피의자에 대한 심문이 종료된 때로부터 48시간 이내에 체포·구속적부심사청구에 대한 결정을 하여야 한다.

㉤ 구속된 피의자로부터 구속적부심사의 청구를 받은 법원이 보증금납입조건부 피의자석방결정을 내린 경우 보증금이 납입된 후에야 피의자를 석방할 수 있다.

① ㉠㉢㉤
② ㉡㉤
③ ㉢㉣㉤
④ ㉢㉣

12

체포와 구속의 적부심사에 관한 다음 [보기]의 설명 중 옳은 것(○)과 옳지 않은 것(×)을 올바르게 조합한 것은?

| 보기 |

㉠ 공범 또는 공동피의자의 구속적부심사 순차청구가 수사방해의 목적임이 명백하다고 하더라도 법원은 피의자에 대한 심문 없이 그 청구를 기각할 수는 없다.

㉡ 구속적부심사청구 후 검사가 피의자를 기소한 경우, 법원은 심문 없이 결정으로 청구를 기각하여야 하며 피고인은 수소법원에 보석을 청구할 수 있다.

㉢ 구속적부심사를 청구한 피의자에게 변호인이 없는 때에는 「형사소송법」 제33조의 규정에 따라 법원은 직권으로 변호인을 선정하여야 한다.

㉣ 체포적부심사결정에 의하여 석방된 피의자가 도망하거나 죄증을 인멸하는 경우, 동일한 범죄사실에 관하여 재차 체포할 수 있다.

㉤ 법원은 피의자보석에 따라 석방된 자가 동일한 범죄사실에 관하여 그 판결이 확정된 후 집행하기 위한 소환을 받고 정당한 이유 없이 출석하지 아니하거나 도망한 때에는 직권 또는 검사의 청구에 의하여 결정으로 보증금의 전부 또는 일부를 몰수할 수 있다.

① ㉠(×), ㉡(×), ㉢(○), ㉣(×), ㉤(×)
② ㉠(○), ㉡(×), ㉢(○), ㉣(×), ㉤(○)
③ ㉠(×), ㉡(○), ㉢(○), ㉣(○), ㉤(×)
④ ㉠(×), ㉡(×), ㉢(○), ㉣(○), ㉤(×)

13

보석에 관한 설명으로 옳은 것은?

① 중대범죄를 범하여 구속된 피고인은 임의적 보석의 대상에서 제외된다.

② 구속을 취소하는 결정에 대하여 검사는 즉시항고를 할 수 없다.

③ 법원은 직권 또는 검사의 신청에 따라 결정으로 피고인의 보석조건을 변경하거나 일정 기간 동안 당해 조건의 이행을 유예할 수 있다.

④ 법원은 보석조건을 정함에 있어서 범죄의 성질 및 죄상, 증거의 증명력, 피고인의 전과 등, 피해자에 대한 배상 등 범행 후의 정황에 관련된 사항을 고려하여야 한다.

14

보석에 대한 설명으로 옳지 않은 것은? (다툼이 있는 경우 판례에 의함)

① 피고인, 피고인의 변호인·법정대리인·배우자·직계친족·형제자매·가족·동거인 또는 고용주는 법원에 구속된 피고인의 보석을 청구할 수 있다.

② 구속영장의 효력이 소멸한 때에는 모든 보석조건은 즉시 그 효력을 상실한다.

③ 검사의 의견청취의 절차는 보석에 관한 결정의 본질적 부분이 되는 것은 아니므로, 법원이 검사의 의견을 듣지 아니한 채 보석에 관한 결정을 하였다고 하더라도 그 결정이 적정한 이상, 절차상의 하자만을 들어 그 결정을 취소할 수는 없다.

④ 보석청구기각결정에 대한 피고인의 보통항고는 허용되나, 검사가 보통항고의 방법으로 보석허가결정에 대하여 불복하는 것은 허용되지 아니한다.

15

다음은 보석에 대한 설명이다. 옳은 것은? (다툼이 있는 경우 판례에 의함)

① 보석취소의 결정이 있는 때에는 구속영장을 발부할 필요가 없고 그 취소결정의 등본에 의하여 피고인을 재구금하여야 한다.

② 구속 또는 보석을 취소하거나 구속영장의 효력이 소멸된 때에는 몰취하지 아니한 보증금 또는 담보를 청구한 날로부터 10일 이내에 환부하여야 한다.

③ 보석조건은 무죄나 면소의 재판이 확정된 때에는 효력을 상실하지만 자유형이 확정된 경우에는 효력이 상실되지 않는다.

④ 법원은 피고인 이외의 자가 작성한 출석보증서를 제출할 것을 조건으로 한 보석허가결정에 따라 석방된 피고인이 정당한 사유 없이 기일에 불출석 하는 경우에는 결정으로 그 출석보증인에 대하여 과태료를 부과하고 감치에 처할 수 있다.

16

보석에 대한 설명으로 옳지 않은 것은? (다툼이 있는 경우 판례에 의함)

① 보석이 취소된 경우 모든 보석조건은 그 효력을 상실한다.

② 법원은 직권 또는 보석청구권자의 청구에 의하여 결정으로 보석을 허가할 수 있다.

③ 법원이 보석을 취소하는 때에는 직권 또는 검사의 청구에 따라 결정으로 보증금 또는 담보의 전부 또는 일부를 몰취할 수 있다.

④ 상소기간 중 또는 상소 중의 사건에 관한 피고인 보석의 결정은 소송기록이 상소법원에 도달하기까지는 원심법원이 하여야 한다.

17

보석에 대한 설명으로 옳은 것은? (다툼이 있는 경우 판례에 의함)

① 재판장은 보석에 관한 결정을 하기 전에 검사의 의견을 물어야 하나, 급속을 요하는 경우에는 그러하지 아니하다.

② 보석의 청구를 받은 법원은 24시간 이내에 심문기일을 정하여 구속된 피고인을 심문하여야 하고, 특별한 사정이 없는 한 보석의 청구를 받은 날부터 7일 이내에 그에 관한 결정을 하여야 한다.

③ 법원은 보석허가결정을 집행한 후에 서약서, 보증금 약정서, 출석보증서, 피해액 공탁, 보증금 납입과 같은 보석조건을 이행하도록 정할 수 있다.

④ 보석으로 석방된 피고인이 재판 중 법원의 소환에 불응한 경우 법원은 직권 또는 검사의 청구에 따라 결정으로 보증금의 전부 또는 일부를 몰수할 수 있다.

18

보석제도에 대한 다음 [보기]의 설명 중 옳지 않은 것만을 모두 고른 것은? (다툼이 있는 경우 판례에 의함)

| 보기 |

㉠ 법원은 특별한 사정이 없는 한 보석청구를 받은 날부터 7일 이내에 그에 관한 결정을 하여야 한다.

㉡ 법원이 피고인에 대한 보석허가결정을 내리는 경우에는 보증금 납입의 조건을 필수적으로 부과하되 나머지 다른 조건들을 부가할 수 있다.

㉢ 피고인이 보석조건을 위반한 경우 1,000만 원 이하의 과태료 또는 20일 이내의 감치의 제재결정을 내릴 수 있으며, 이 제재결정에 대해서는 즉시항고를 할 수 있다.

㉣ 범죄사실과 관련하여 피고인에 대한 새로운 중요한 증거가 발견된 경우 법원은 보석을 취소할 수 있다.

㉤ 보석취소결정은 구속의 실효사유에 해당하므로 재구금을 위해서는 새로운 구속영장 발부절차를 밟아야 한다.

① ㉠㉡㉣　　　　　　② ㉡㉣㉤

③ ㉠㉡㉣㉤　　　　　④ ㉡㉢㉣

19

구속과 석방 제도에 관한 다음 [보기]의 기술 중 옳지 않은 것을 모두 고른 것은? (다툼이 있으면 판례에 의함)

| 보기 |

㉠ 중대범죄를 범하여 구속된 피고인은 임의적 보석의 대상에서 제외되고, 보석이 허가된 경우에도 법원은 직권 또는 검사의 신청에 따라 결정으로 피고인의 보석조건을 변경하거나 일정 기간 동안 당해 조건의 이행을 유예할 수 있다.

㉡ 법원은 보석조건을 정함에 있어서 범죄의 성질 및 죄상, 증거의 증명력, 피고인의 전과 등을 고려하여야 하나, 피해자에 대한 배상 등 범행 후의 정황에 관련된 사항은 고려해서는 안 된다.

㉢ 법원의 구속집행정지결정에 대해서는 불복할 수 없다.

㉣ 긴급을 요하여 체포영장을 제시하지 않은 채 체포영장에 기한 체포 절차에 착수하였으나, 이에 피고인이 저항하면서 경찰관을 폭행하는 등 행위를 하여 특수공무집행방해의 현행범으로 체포한 후 체포영장을 별도로 제시하지 않은 것은 적법하지 않다.

㉤ 피고인에 대한 구속집행정지의 조건으로 전자장치의 부착을 부가할 수는 없다.

① ㉠㉢㉣㉤
② ㉠㉡㉢㉣
③ ㉡㉢㉣㉤
④ ㉠㉡㉢㉣㉤

20

수사에 대한 설명으로 옳지 않은 것은? (다툼이 있는 경우 판례에 의함)

① 헌법 제16조 후문은 "주거에 대한 압수나 수색을 할 때에는 검사의 신청에 의하여 법관이 발부한 영장을 제시하여야 한다."라고 규정하고 있을 뿐 영장주의에 대한 예외를 마련하고 있지 않지만, 주거에 대한 압수나 수색에 있어 영장주의가 예외 없이 반드시 관철되어야 하는 것은 아니다.

② 피의자가 구속 당시에 헌법 및 「형사소송법」에 규정된 사항(구속의 이유 및 변호인의 조력을 받을 권리)을 고지받지 못하였고, 구금기간 중 면회거부 등의 처분을 받은 경우, 이는 「형사소송법」 제93조의 구속취소사유에 해당한다.

③ 검사는 증거에 사용할 압수물에 대하여 소유자 등에 의한 가환부의 청구가 있는 경우, 가환부를 거부할 수 있는 특별한 사정이 없는 한 가환부에 응하여야 한다.

④ 구속의 사유가 없거나 소멸된 때에는 피고인, 피고인의 변호인·법정대리인·배우자·직계친족·형제자매은 법원에 구속된 피고인의 구속취소를 청구할 수 있으나, 가족·동거인·고용주는 청구할 수 없다.

▶ **제2장 강제처분과 강제수사** [압수 · 수색 · 검증 · 감정 1]

회차	시행일			목표점수			획득점수		
제5회	1차	2차	3차	1차	2차	3차	1차	2차	3차

01

강제수사에 대한 다음 [보기]의 설명 중 옳은 것만을 모두 고르면? (다툼이 있는 경우 판례에 의함)

| 보기 |

㉠ 사인에 의하여 현행범인으로 체포된 후 불필요한 지체 없이 사법경찰관리에게 인도된 경우, 구속영장 청구기간인 48시간의 기산점은 사법경찰관리가 현행범인을 인도받은 때이다.

㉡ 사법경찰관이 피의자에 대하여 압수 · 수색영장을 집행할 경우, 피의자에게 영장의 원본을 제시하면 족하고 영장의 사본을 교부할 필요는 없다.

㉢ 검사의 체포영장 또는 구속영장 청구에 대한 지방법원판사의 재판은 준항고의 대상이 된다.

㉣ 피압수자가 수사기관에 압수 · 수색영장의 집행에 참여하지 않는다는 의사를 명시하였다고 하더라도, 특별한 사정이 없는 한 그 변호인에게는 「형사소송법」 제219조, 제122조에 따라 미리 집행의 일시와 장소를 통지하는 등으로 압수 · 수색영장의 집행에 참여할 기회를 별도로 보장하여야 한다.

㉤ 현역 군인 甲은 방산업체 관계자의 부탁을 받고 군사기밀 사항을 메모지에 옮겨 적은 후 이를 전달하여 누설하였는데, 위 메모지가 누설 상대방의 다른 군사기밀 탐지 · 수집 혐의에 관하여 발부된 압수 · 수색영장으로 압수되었다면, 위 메모지의 증거능력은 인정되지 아니한다.

① ㉠㉡㉣　　　　　② ㉠㉣㉤
③ ㉡㉢㉤　　　　　④ ㉠㉡㉣

02

강제처분에 대한 다음 [보기]의 설명 중 옳은 것을 모두 고른 것은? (다툼이 있는 경우 판례에 의함)

| 보기 |

㉠ 수사기관이 압수 · 수색에 착수하면서 그 장소의 관리책임자에게 영장을 제시하였더라도, 물건을 소지하고 있는 다른 사람으로부터 이를 압수하고자 하는 때에는 그 사람에게도 따로 영장을 제시하여야 한다.

㉡ 우편물 통관검사절차에서 이루어지는 우편물의 개봉, 시료채취, 성분분석 등의 검사는 수출입물품에 대한 적정한 통관 등을 목적으로 한 행정조사의 성격을 가지는 것으로서 수사기관의 강제처분이라고 할 수 없으므로, 압수 · 수색영장 없이 우편물의 개봉, 시료채취, 성분분석 등 검사가 진행되었다 하더라도 특별한 사정이 없는 한 위법하다고 볼 수 없다.

㉢ 피처분자가 현장에 없거나 현장에서 그를 발견할 수 없는 경우 등 영장 제시가 현실적으로 불가능한 경우에는 영장을 제시하지 아니한 채 압수 · 수색을 하더라도 위법하다고 볼 수 없다.

㉣ 여자의 신체에 대하여 수색할 때에는 의사와 성년 여자를 참여하게 하여야 한다.

㉤ 압수영장에 기재된 메트암페타민 투약 혐의사실은 피고인이 2018.5.23. 시간불상경 부산 이하 불상지에서 필로폰 불상량을 불상의 방법으로 투약하였다는 것이고, 공소사실 중 필로폰 투약의 점은 피고인이 2018.6.21.경부터 같은 달 25일경까지 사이에 부산 이하 불상지에서 필로폰 불상량을 불상의 방법으로 투약하였다는 것이라면, 압수영장 기재 혐의사실과 공소사실에 기재된 동종 범죄는 객관적 관련성이 인정되지 아니한다.

① ㉠㉡㉢㉣㉤　　　　② ㉠㉡㉢
③ ㉡㉢㉤　　　　　④ ㉠㉡㉢㉤

03

압수·수색에 관한 다음 [보기]의 기술 중 옳은 것을 모두 고른 것은? (다툼이 있는 경우 판례에 의함)

| 보기 |

㉠ 전자정보에 대한 압수·수색 과정에서 이루어진 현장에서의 저장매체 압수·이미징·탐색·복제 및 출력행위 등 수사기관의 처분은 하나의 영장에 의한 압수·수색 과정에서 이루어지는 것이고, 그러한 일련의 행위가 모두 진행되어 압수·수색이 종료된 이후에는 특정단계의 처분만을 취소하더라도 그 이후의 압수·수색을 저지한다는 것을 상정할 수 없고 수사기관으로 하여금 압수·수색의 결과물을 보유하도록 할 것인지가 문제될 뿐이다.

㉡ 압수·수색영장을 집행함에는 급속을 요하는 경우라도 미리 집행의 일시와 장소를 검사, 피고인 또는 변호인에게 통지하여야 한다.

㉢ 출판 직전에 그 내용을 문제삼아 출판물을 압수하는 것은 실질적으로 출판의 사전검열과 같은 효과를 가져올 수도 있는 것이므로 범죄혐의와 강제수사의 요건을 엄격히 해석하여야 한다.

㉣ 음란물 유포의 범죄혐의를 이유로 압수·수색영장을 발부받은 사법경찰관이 피고인의 주거지를 수색하는 과정에서 대마를 발견하자, 피고인을 마약류관리에관한법률위반죄의 현행범으로 체포하면서 대마를 압수하였으나, 그 다음날 피고인을 석방하고도 사후 압수·수색영장을 발부받지 않았다면 위 압수물과 압수조서는 형사소송법상 영장주의를 위반하여 수집한 증거로서 증거능력이 부정된다.

㉤ 필로폰 교부의 혐의사실로 발부된 압수·수색영장에 따라 피의자의 소변, 모발을 압수하였고 그에 대한 감정 결과 필로폰 투약 사실이 밝혀져 필로폰 투약에 대한 공소가 제기된 경우, 압수·수색영장에 의하여 압수한 피고인의 소변 및 모발과 그에 대한 감정 결과 등은 증거로 사용할 수 있다.

① ㉠㉡㉢㉣㉤
② ㉠㉡㉣㉤
③ ㉠㉢㉣㉤
④ ㉡㉢㉣㉤

04

강제수사에 관한 다음 [보기]의 기술 중 옳은 것은? (다툼이 있으면 판례에 의함)

| 보기 |

㉠ 수출입물품을 검사하는 과정에서 마약류가 감추어져 있다고 밝혀지거나 그러한 의심이 드는 경우, 마약류 불법거래 방지에 관한 특례법 제4조 제1항에 따라 검사의 요청으로 세관장이 행하는 조치에 영장주의 원칙이 적용될 수 있다.

㉡ 마약류 불법거래 방지에 관한 특례법 제4조 제1항에 따른 조치의 일환으로 특정한 수출입물품을 개봉하여 검사하고 그 내용물의 점유를 취득한 행위는 압수 또는 수색에 해당하지 않으므로 법관이 발부한 영장을 받아야 하는 것은 아니다.

㉢ 수사기관으로부터 통신제한조치의 집행을 위탁받은 통신기관 등이 집행에 필요한 설비가 없을 때에는 수사기관에 설비의 제공을 요청하여야 하고, 그러한 요청 없이 통신제한조치허가서에 기재된 사항을 준수하지 아니한 채 통신제한조치를 집행하였다면, 그러한 집행으로 취득한 전기통신의 내용 등은 유죄 인정의 증거로 할 수 없다.

㉣ 통신사실확인자료 제공요청에 의하여 취득한 통화내역 등 통신사실확인자료를 범죄의 수사·소추를 위하여 사용하는 경우 그 대상범죄는 통신사실확인자료 제공요청의 목적이 된 범죄 및 이와 관련된 범죄에 한정되어야 한다.

㉤ 필로폰 투약의 혐의사실로 발부된 압수·수색영장에 따라 피고인의 소변, 모발을 압수하였고, 그에 대한 감정 결과 혐의사실과 수개월의 기간이 경과한 후의 다른 필로폰 투약 사실이 밝혀져 압수물에 의하여 밝혀진 필로폰 투약 사실로 공소가 제기된 경우, 압수·수색영장에 의하여 압수된 피고인의 소변 및 모발과 그에 대한 감정 결과 등은 증거로 사용할 수 없다.

① ㉠㉢㉣
② ㉡㉢㉤
③ ㉠㉣㉤
④ ㉡㉣㉤

05

압수·수색 및 증거사용과 관련된 다음 [보기]의 설명 중 옳은 것을 모두 고른 것은? (다툼이 있는 경우 판례에 의함)

| 보기 |

㉠ 영장 발부의 사유로 된 범죄 혐의사실과 무관한 별개의 증거를 압수하였을 경우 이는 원칙적으로 유죄 인정의 증거로 사용할 수 없다. 다만 수사기관이 별개의 증거를 피압수자 등에게 환부하고 후에 임의제출받아 다시 압수하였다면 임의성이 증명된 경우 증거능력이 인정된다.

㉡ 세관이 시계행상이 소지한 외국산 시계를 관세장물 혐의로 압수했으나 검사가 관세포탈품인지를 확인할 수 없어 그 사건에 대해 기소중지한 경우에는 압수를 계속할 필요가 없다.

㉢ 압수·수색영장 집행 당시 피처분자가 현장에 없거나 현장에서 그를 발견할 수 없는 경우 등 영장제시가 현실적으로 불가능한 경우에는 영장을 제시하지 아니한 채 압수·수색을 하더라도 위법하다고 볼 수 없다.

㉣ 압수된 디지털 정보 저장매체에 기억된 문자정보 등에 대한 증거조사에 관하여, 컴퓨터디스크 등에 기억된 문자정보를 증거로 하는 경우에 증거조사를 신청한 당사자는 법원이 명하는 때에 한하여 컴퓨터디스크 등에 입력한 사람과 입력한 일시, 출력한 사람과 출력한 일시를 밝혀야 한다.

㉤ 압수·수색영장을 소지하지 아니한 경우에 급속을 요하는 때라 하더라도 피고인에 대하여 공소사실의 요지와 영장이 발부되었음을 고지하고 집행할 수 없다.

㉥ 형사소송법 제123조(영장의 집행과 책임자의 참여)는 제1항에서 공무소, 군사용 항공기 또는 선박·차량 안에서 압수·수색영장을 집행하려면 그 책임자에게 참여할 것을 통지하여야 한다고 규정하고, 제2항에서는 "제1항에 규정한 장소 외에 타인의 주거, 간수자 있는 가옥, 건조물(建造物), 항공기 또는 선박·차량 안에서 압수·수색영장을 집행할 때에는 주거주(住居主), 간수자 또는 이에 준하는 사람을 참여하게 하여야 한다."고 규정하고 있으며, 제3항에서는 "제2항의 사람을 참여하게 하지 못할 때에는 이웃 사람 또는 지방공공단체의 직원을 참여하게 하여

야 한다."고 규정하고 있다. 형사소송법 제123조 제2항, 제3항, 제219조에 따라 압수·수색영장의 집행에 참여하는 주거주(住居主) 등 또는 이웃 등이 최소한 압수·수색절차의 의미를 이해할 수 있는 정도의 능력을 갖추어야 한다.

① ㉠㉡㉢㉣㉥
② ㉠㉡㉢㉣
③ ㉡㉢㉣㉤
④ ㉠㉡㉢㉤㉥

06

압수·수색에 관한 다음 [보기]의 설명 중 옳지 않은 것을 모두 고른 것은? (다툼이 있는 경우 판례에 의함)

| 보기 |

㉠ 수사기관이 피의자 甲의 「공직선거법」 위반 혐의로 발부받은 압수·수색영장의 집행과정에서 甲의 혐의사실과 무관한 乙과 丙 사이의 대화가 녹음된 파일을 압수한 경우, 수사기관이 별도의 압수·수색영장을 발부받지 않고 압수한 위 녹음파일은 위법수집증거이므로 乙과 丙의 「공직선거법」 위반 혐의사실을 입증하는 증거로 사용할 수 없다.

㉡ 선행 사건의 전자정보 압수·수색 과정에서 생성한 이미징 사본을 선행 사건의 판결 확정 이후 그 공범에 대한 범죄혐의 수사를 위해 새로 탐색·출력한 것은 위법하지 않다.

㉢ 전자정보 압수·수색 과정에서 생성한 이미징 사본 등의 복제본에 혐의사실과 관련 없는 전자정보가 남아 있는 경우, 새로운 범죄혐의의 수사를 위해서 필요한 경우라면 이를 탐색·복제 또는 출력할 수 있다.

㉣ 사법경찰관이 영장 없이 물건을 압수하였더라도 그 직후 피의자로부터 그 압수물에 대한 임의제출동의서를 받았다면 독수과실의 예외에 해당하여 해당 압수는 위법하지 않게 된다.

㉤ 경찰은 피의자에 대하여 「기부금품의 모집 및 사용에 관한 법률」 위반 혐의로 수사하던 중 법원으로부터 '압수할 물건'을 '정보처리장치(컴퓨터, 노트북, 태블릿 등) 및 정보저장매체(USB, 외장하드 등)에 저장되어 있는 전자정보'로 기재한 압수·수색영장을 발부받은 뒤, 그 압수·수색영장에 의하여 피의자 소유의 이 사건 휴대전화를 압수하였다. 이렇게 압수·수색영장에 기재된 '압수할 물건'에 휴대전화에 저장된 전자정보가 포함되어 있지 않은 경우 그 영장으로 휴대전화에 저장된 전자정보를 압수할 수 없다.

① ㉠㉡㉢㉣
② ㉡㉣㉤
③ ㉢㉣㉤
④ ㉡㉢㉣

07

압수·수색에 관한 다음 [보기]의 설명 중 옳은 것을 모두 고른 것은? (다툼이 있는 경우 판례에 의함)

| 보기 |

㉠ 수사기관이 압수·수색영장을 제시하고 집행에 착수하여 압수·수색을 실시하고 그 집행을 종료하였다면 이미 그 영장은 목적을 달성하여 효력이 상실되는 것이므로, 동일한 장소 또는 목적물에 대하여 다시 압수·수색할 필요가 있는 경우라도 그 영장을 제시하고 다시 압수·수색을 할 수 없다.

㉡ 압수·수색할 전자정보가 영장에 기재된 수색장소에 있는 컴퓨터에 있지 않고 그 컴퓨터와 정보통신망으로 연결되어 제3자가 관리하는 원격지의 서버에 저장되어 있는 경우, 영장에 기재된 수색장소의 컴퓨터를 이용하여 원격지의 저장매체에 접속하는 것은 피의자가 접근하는 통상적인 방법에 따라 한 것이라도 허용된 집행의 장소적 범위를 벗어난 것으로 위법하다.

㉢ 압수·수색영장에 기재된 혐의사실과의 객관적 관련성은 압수·수색영장에 기재된 혐의사실 자체 또는 그와 기본적 사실관계가 동일한 범행과 직접 관련되어 있는 경우는 물론 범행 동기와 경위 등을 증명하기 위한 간접증거나 정황증거 등으로 사용될 수 있는 경우에도 인정될 수 있다.

㉣ 압수·수색영장은 처분을 받는 자에게 반드시 제시하여야 하지만, 피처분자가 현장에 없거나 현장에서 그를 발견할 수 없는 경우 등 영장제시가 현실적으로 불가능한 경우에는 영장을 제시하지 아니한 채 압수·수색을 하더라도 위법하다고 볼 수 없다.

㉤ 형사소송법 제215조는 검사가 압수·수색영장을 청구할 수 있는 시기를 공소제기 전으로 한정하고 있으므로, 일단 공소가 제기된 후에는 피고사건에 관하여 검사로서는 형사소송법 제215조에 의하여 압수·수색을 할 수 없다.

① ㉠㉡㉢㉣
② ㉠㉢㉣
③ ㉠㉢㉣㉤
④ ㉡㉢㉤

전자정보의 압수 · 수색에 대한 다음 [보기]의 설명 중 옳은 것을 모두 고른 것은? (다툼이 있는 경우 판례에 의함)

| 보기 |

㉠ 수사기관의 전자정보에 대한 압수 · 수색은 원칙적으로 영장 발부의 사유로 된 범죄 혐의사실과 관련된 부분만을 문서 출력물로 수집하거나 수사기관이 휴대한 저장매체에 해당 파일을 복제하는 방식으로 이루어져야 한다.

㉡ 임의제출된 정보저장매체에서 압수의 대상이 되는 전자정보의 범위를 넘어서는 전자정보에 대해 수사기관이 영장 없이 압수 · 수색하여 취득한 증거는 사후에 피고인이 이를 증거로 함에 동의하였다고 하여 그 위법성이 치유되지 않는다.

㉢ 피의자가 휴대전화를 임의제출하면서 원격지에 저장되어 있는 전자정보를 수사기관에 제출한다는 의사로 클라우드에 접속하기 위한 아이디와 비밀번호를 임의로 제공하였더라도, 그 클라우드에 저장된 전자정보를 임의제출하는 것으로 볼 수는 없다.

㉣ 수사기관이 甲을 피의자로 하여 발부받은 압수 · 수색영장에 기하여 인터넷서비스업체인 A주식회사를 상대로 A주식회사의 본사 서버에 저장되어 있는 甲의 전자정보인 SNS 대화내용 등에 대하여 압수 · 수색을 실시한 경우, 수사기관은 압수 · 수색 과정에서 甲에게 참여권을 보장하여야 한다.

㉤ 사법경찰관 P는 ⓐ 2019.3.5. 피의자가 甲으로, 혐의사실이 대마 광고 및 대마 매매로, 압수할 물건이 '피의자가 소지, 소유, 보관하고 있는 휴대전화에 저장된 마약류 취급 관련자료 등'으로, 유효기간이 '2019.3.31.'로 된 압수 · 수색 · 검증영장을 발부받아, 2019.3.7. 그에 기해 甲으로부터 휴대전화 3대 등을 압수하였는데, 이후 ⓑ P는 2019.4.8. 甲의 휴대전화 메신저에서 대마 구입 희망의사를 밝히는 피고인 A의 메시지를 확인한 후, 甲 행세를 하면서 위 메신저로 메시지를 주고받는 방법으로 위장수사를 진행하여, ⓒ 2019.4.10. A를 현행범으로 체포하고 그 휴대전화를 비롯한 소지품 등을 영장 없이 압수한 다음 2019.4.12. 사후 압수 · 수색 · 검증영장을 발부받았다. 여기에서 ⓑ 부분의 사법경찰관 P의 메시지 확인에 의한 수사는 위법하다.

㉥ 위 ㉤의 ⓒ 부분의 2019.4.10. 사법경찰관 P가 A를 현행범으로 체포하면서 영장 없이 압수한 휴대전화 등은 2019.4.12. 사후영장을 발부받았으므로 위법수집증거에 해당하지 아니한다.

① ㉠㉡㉢㉣㉤㉥
② ㉠㉡㉣㉤㉥
③ ㉠㉡㉣㉤
④ ㉠㉡㉢㉣㉤

수사에 관한 다음 [보기]의 설명 중 판례의 입장과 일치하지 않는 것을 모두 고른 것은?

| 보기 |

㉠ 수사기관은 피해자 남자 청소년 A에 대한 강제추행과 카메라 이용 촬영을 범죄사실로 하여 피고인의 휴대전화 등에 대한 압수수색영장을 발부받았고, 그 집행과정에서 피해자 A에 대한 범죄사실 외에도 다른 남자 청소년 피해자들을 상대로 성적 학대행위, 촬영행위, 아동·청소년이용음란물 소지에 대한 범죄사실과 관련한 전자정보를 압수하였다면, 이는 위법한 압수수색영장의 집행에 해당한다.

㉡ 음주운전에 대한 수사 과정에서 음주운전 혐의가 있는 운전자에 대하여 구 도로교통법 제44조 제2항에 따른 호흡측정이 이루어진 경우에는 그에 따라 과학적이고 중립적인 호흡측정 수치가 도출된 이상 다시 음주측정을 할 필요성은 사라졌으므로 운전자의 불복이 없는 한 다시 음주측정을 하는 것은 원칙적으로 허용되지 아니한다.

㉢ 음주운전에 대한 수사 과정에서 음주운전 혐의가 있는 운전자에 대해 구 도로교통법(2014. 12.30. 법률 제12917호로 개정되기 전의 것) 제44조 제2항에 따른 호흡측정이 이루어졌으나 호흡측정 결과에 오류가 있다고 인정할 만한 객관적이고 합리적인 사정이 있는 경우라면, 경찰관이 운전자의 동의 없이 혈액 채취에 의한 측정방법으로 다시 음주측정을 하는 것을 위법하다고 할 수 없다.

㉣ 압수·수색영장은 처분을 받는 자에게 반드시 제시하여야 하나 현장에서 압수·수색을 당하는 사람이 여러 명일 경우에는 그 장소의 관리책임자에게 영장을 제시하면 족하고, 물건을 소지하고 있는 다른 사람으로부터 이를 압수하고자 하는 때에도 그 사람에게 따로 영장을 제시할 필요가 없다.

㉤ 수사기관의 압수물의 환부에 관한 처분의 취소를 구하는 준항고는, 소송 계속 중 그것으로써 달성하고자 하는 목적이 이미 이루어졌거나 시일의 경과 또는 그 밖의 사정으로 인하여 그 이익이 상실된 경우에는 부적법하게 된다.

㉥ 검찰수사관 甲은 수사를 지연시켜 달라는 내용의 부정청탁을 받고 그에 따라 직무를 수행하고 수사기관 내부의 비밀을 누설하였다는 혐의로 수사를 받게 되었다. 수사기관은 별건 압수·수색 과정에서 압수한 휴대전화에 저장된 전자정보를 탐색하던 중 우연히 이 사건 범죄사실 혐의와 관련된 전자정보를 발견하였는데도, 이후 약 3개월 동안 대검찰청 통합디지털증거관리시스템(D-NET)에 그대로 저장된 채로 계속 보관하면서 영장 없이 이를 탐색·복제·출력하여 증거를 수집하였다. 이후 수사기관은 위 수집된 증거에 대해서 압수·수색영장을 발부받았고, 검사는 공판절차에서 위 증거를 제출하였으며 이에 대해서 피고인이나 변호인의 증거동의가 있었다. 위 증거의 증거능력은 인정된다.

① ㉠㉡㉢㉣
② ㉡㉢㉣㉤
③ ㉡㉢㉤㉥
④ ㉠㉢㉣㉥

10

압수·수색에 관한 다음 [보기]의 설명 중 옳은 것을 모두 고른 것은? (다툼이 있는 경우 판례에 의함)

| 보기 |

㉠ 압수·수색영장은 피압수자로 하여금 법관이 발부한 영장에 의한 압수·수색이라는 사실을 확인함과 동시에 압수·수색영장에 필요적으로 기재하도록 정한 사항이나 그와 일체를 이루는 사항을 충분히 알 수 있도록 제시하여야 한다.

㉡ 정보통신서비스 회사에서 보관 중인 이메일에 대하여 압수·수색영장을 집행하면서 팩스로 영장사본을 송신하였다면, 집행 시에 그 영장의 원본을 제시하지 않더라도 위법하지 않다.

㉢ 피의자의 이메일 계정에 대한 접근권한에 갈음하여 발부받은 압수·수색영장의 집행에 필요한 처분은 원격지 서버에 있는 피의자의 이메일 등 관련 전자정보를 수색장소의 정보처리장치로 내려받거나 그 화면에 현출시키는 행위와 같이 집행의 목적을 달성하기 위한 필요 최소한도의 범위 내에서 그 수단과 목적에 비추어 사회통념상 상당하다고 인정되는 행위이어야 한다.

㉣ 전자정보에 대한 압수·수색영장에 기하여 저장매체 자체를 반출한 후 유관정보를 탐색하는 과정에서 당해 영장의 범죄혐의와는 다른 별도의 범죄혐의와 관련된 증거를 발견하게 되어 이를 압수하려는 경우에는 더 이상의 집행을 중단하고 법원으로부터 별도의 범죄혐의에 대한 압수·수색영장을 발부받아야 한다.

㉤ 수사기관이 2022.9.12. 甲을 성폭력범죄의처벌등에관한특례법위반(카메라등이용촬영)의 현행범으로 체포하면서 휴대전화를 임의제출받은 후 피의자신문과정에서 甲과 함께 휴대전화를 탐색하던 중 2022.6.경의 동일한 범행에 관한 영상을 발견한 경우, 수사기관이 그 영상을 甲에게 제시하고 甲이 해당 영상을 언제, 어디에서 촬영한 것인지 쉽게 알아보고 그에 관해 구체적으로 진술하였다 하더라도 이후 甲에게 전자정보의 파일 명세가 특정된 압수목록이 작성·교부되지 않았다면, 甲의 절차상 권리는 실질적으로 침해되었다고 볼 수 있다.

① ㉠㉡㉢㉣
② ㉠㉢㉣
③ ㉡㉢㉣㉤
④ ㉠㉢㉣㉤

11

강제수사에 관한 다음의 [보기]의 기술 중 판례의 입장과 일치하는 것을 모두 고른 것은?

| 보기 |

㉠ 범행 중 또는 범행 직후의 범죄 장소에서 영장 없이 압수·수색 또는 검증을 할 수 있도록 규정한 형사소송법 제216조 제3항의 요건 중 어느 하나라도 갖추지 못한 경우, 이에 대하여 사후에 법원으로부터 영장을 발부받음으로써 위법성이 치유되지 않는다.

㉡ 검사는 증거에 사용할 압수물에 대하여 가환부의 청구가 있는 경우, 원칙적으로 가환부 청구에 응하여야 한다.

㉢ 수사기관이 범죄 증거를 수집할 목적으로 피의자의 동의 없이 피의자의 소변을 채취하는 것은 법원으로부터 감정허가장을 받아 '감정에 필요한 처분'으로 할 수 있지만 '압수·수색'의 방법으로도 할 수 있다.

㉣ 압수·수색의 방법으로 소변을 채취하는 경우 압수대상물인 피의자의 소변을 확보하기 위한 수사기관의 노력에도 불구하고, 피의자가 인근 병원 응급실 등 소변 채취에 적합한 장소로 이동하는 것에 동의하지 않거나 저항하는 등 임의동행을 기대할 수 없는 사정이 있는 경우라면, 수사기관으로서는 소변 채취에 적합한 장소로 피의자를 데려가기 위해서 수갑과 포승을 사용하는 등 필요 최소한의 유형력을 행사하는 것도 허용되지 아니한다.

㉤ 피해자 C는 음란합성사진 제작을 당했다고 이유로 피고인 甲을 경찰에 고소하면서 자신이 습득한 甲 소유의 휴대전화를 사법경찰관 P에게 증거물로 임의제출하였고 P는 甲에게 참여의 기회를 보장하거나 압수한 전자정보 목록을 교부함이 없이 디지털포렌식 과정을 거쳐 위 휴대전화에서 삭제된 전자정보 일체를 복원하여 탐색하는 과정에서 다른 피해자 C뿐만 아니라 다른 피해자 A, B에 대한 음란합성사진을 탐색·출력하였고 이 과정에서 다른 피해자인 여고생들인 D 등에 대한 불법촬영사진도 탐색하였는데, 이후 사법경찰관은 위 D 등에 대한 불법촬영사진에 관한 별도의 압수·수색영장을 발부받지 않은 채 甲에 대하여 두 차례 피의자신문을 실시하는 등 수사를 진행하였다. 위 불법촬영사진의 압수·수색절차는 적법하지 않다.

ⓗ (위 ⓜ에서 계속하여) 이후 甲이 군에 입대하자 군 검사는 甲을 피의자로 하여 성폭력처벌법 위반(카메라등이용촬영) 혐의사실로 위 휴대전화 내 전자정보 등에 관한 사전 압수·수색영장을 발부받은 후 위 휴대전화를 제출인인 피해자 C에게 환부하고 C의 모친은 위 휴대전화를 甲 소속 군부대로 발송하자 이후 군검사는 위 영장에 의하여 위 휴대전화를 압수한 다음 甲 및 그 변호인의 참여권 포기 의사를 확인하고 재차 디지털포렌식 절차를 진행하여 D 등 여고생들에 대한 불법촬영사진을 탐색·복원·출력하였다. 군검사 수사과정에서 수집된 D 등 여고생들에 대한 불법촬영사진 출력물과 시디(CD)는 그 증거능력이 인정된다.

① ㉠㉡㉢㉣㉤ⓗ
② ㉠㉡㉢㉣㉤
③ ㉠㉡㉢ⓗ
④ ㉠㉡㉢㉤

12

다음 [보기]의 설명 중 옳은 것(○)과 옳지 않은 것(×)을 올바르게 조합한 것은?

| 보기 |

㉠ 긴급체포되었다가 구속영장을 청구하지 아니하거나 발부받지 못하여 석방된 자는 영장 없이는 동일한 범죄사실에 관하여 체포하지 못한다.

㉡ 검사 또는 사법경찰관에 의하여 구속되었다가 석방된 피의자는 다른 중요한 증거를 발견한 경우를 제외하고는 동일한 범죄사실에 관하여 재차 구속하지 못한다.

㉢ 체포·구속적부심사결정에 의하여 석방된 피의자가 도망하거나 죄증을 인멸하는 경우를 제외하고는 동일한 범죄사실에 관하여 재차 체포 또는 구속하지 못한다.

㉣ 공소취소에 의한 공소기각의 결정이 확정된 때에는 공소취소 후 그 범죄사실에 대한 다른 중요한 증거를 발견한 경우에 한하여 다시 공소를 제기할 수 있다.

㉤ 재정신청을 기각한 법원의 결정이 확정된 사건에 대하여는 다른 중요한 증거를 발견한 경우를 제외하고는 소추할 수 없다.

① ㉠(○), ㉡(○), ㉢(○), ㉣(○), ㉤(○)
② ㉠(×), ㉡(○), ㉢(○), ㉣(○), ㉤(×)
③ ㉠(○), ㉡(○), ㉢(×), ㉣(×), ㉤(○)
④ ㉠(○), ㉡(×), ㉢(○), ㉣(×), ㉤(○)

13

다음 [보기]의 상황 중에서 「형사소송법」이 명문으로 '다른 중요한 증거를 발견한 경우'를 요구하는 상황만을 모두 고르면?

| 보기 |

㉠ 사기죄로 긴급체포되었다가 구속영장이 발부되지 않아 석방된 자를 사법경찰관이 동일한 사기죄의 범죄사실로 다시 체포하는 경우

㉡ 사기죄로 구속되었다가 석방된 자를 사법경찰관이 동일한 사기죄의 범죄사실로 재차 구속하는 경우

㉢ 사기죄에 대하여 공소취소에 의한 공소기각의 결정이 확정된 후, 검사가 다시 동일한 사기죄의 범죄사실로 공소를 제기하는 경우

㉣ 사기죄의 불기소처분에 대한 재정신청이 법률상 방식에 위배된다는 이유로 그 신청을 기각하는 결정이 확정된 후, 검사가 다시 동일한 사기죄의 범죄사실로 공소를 제기하는 경우

① ㉠㉡㉢

② ㉠㉡㉢㉣

③ ㉠㉡㉣

④ ㉡㉢㉣

14

전자정보의 압수·수색에 관한 다음 [보기]의 설명 중 판례의 입장과 일치하는 것을 모두 고른 것은?

| 보기 |

㉠ 수사기관의 전자정보에 대한 압수·수색은 원칙적으로 영장 발부의 사유로 된 범죄 혐의사실과 관련된 부분만을 문서 출력물로 수집하거나 수사기관이 휴대한 저장매체에 해당 파일을 복제하는 방식으로 이루어져야 한다.

㉡ 수사기관 사무실 등으로 반출된 저장매체 또는 복제본에서 혐의사실 관련성에 대한 구분 없이 임의로 저장된 전자정보를 문서로 출력하거나 파일로 복제하는 행위는 원칙적으로 영장주의 원칙에 반하는 위법한 압수가 된다.

㉢ 전자정보가 담긴 저장매체 또는 복제본을 수사기관 사무실 등으로 옮겨 복제·탐색·출력하는 경우에는 피압수·수색 당사자나 변호인에게 참여의 기회를 보장하지 않더라도 압수·수색은 적법하다.

㉣ 전자정보에 대한 압수·수색이 종료되기 전에 혐의사실과 관련된 전자정보를 적법하게 탐색하는 과정에서 별도의 범죄혐의와 관련된 전자정보를 우연히 발견한 경우라면 별도의 범죄혐의에 대한 압수·수색영장을 발부받지 않고 이 전자정보를 적법하게 압수·수색할 수 있다.

㉤ 전자정보에 대한 압수·수색 과정에서 이루어진 현장에서의 저장매체 압수·이미징·탐색·복제 및 출력행위 등 일련의 행위가 모두 진행되어 압수·수색이 종료된 후, 전체 압수·수색 과정을 단계적·개별적으로 구분하여 각 단계의 개별 처분의 취소를 구하는 준항고가 있는 경우에도 준항고법원은 당해 압수·수색 과정 전체를 하나의 절차로 파악하여 전체적으로 압수·수색 처분을 취소할 것인지를 가려야 한다.

① ㉠㉡㉢㉤

② ㉠㉡㉤

③ ㉡㉢㉣㉤

④ ㉡㉣㉤

15

압수된 디지털 저장매체로부터 출력한 문건에 대한 설명으로 옳지 않은 것은? (다툼이 있는 경우 판례에 의함)

① 그 문건을 증거로 사용하기 위해서는 디지털 저장매체 원본에 저장된 내용과 출력한 문건의 동일성이 인정되어야 한다.

② 그 문건을 진술증거로 사용하는 경우 그것에 기재된 내용의 진실성에 관해서는 전문법칙이 적용된다.

③ 그 문건을 간접사실에 대한 정황증거로 사용하는 경우 전문증거에 해당하므로 공판준비기일 또는 공판기일에 그 작성자의 진술에 의해 성립의 진정이 증명되어야 한다.

④ 디지털 저장매체 원본을 대신하여 저장매체에 저장된 자료를 '하드카피' 또는 '이미징'한 매체로부터 출력한 문건의 경우에는 디지털 저장매체 원본과 '하드카피' 또는 '이미징'한 매체사이에 자료의 동일성도 인정되어야 한다.

16

압수·수색에 관한 다음 [보기]의 기술 중 옳지 않은 것을 모두 고른 것은? (다툼이 있으면 판례에 의함)

| 보기 |

㉠ 압수·수색의 목적이 된 범죄나 이와 관련된 범죄의 경우에는 그 압수·수색의 결과를 유죄의 증거로 사용할 수 있다. 압수·수색영장의 범죄 혐의사실과 관계있는 범죄라는 것은 압수·수색영장에 기재한 혐의사실과 객관적 관련성이 있거나 압수·수색영장 대상자와 피의자 사이에 인적 관련성이 있는 범죄를 의미한다.

㉡ 법원이 압수·수색영장을 발부하면서 범죄 혐의사실과 관련 있는 전자정보의 탐색·복제·출력이 완료된 때 지체 없이 영장 기재 범죄 혐의사실과 관련이 없는 나머지 전자정보에 대해 삭제·폐기 또는 피압수자 등에게 반환할 것까지 결정할 수는 없으므로, 수사기관이 나머지 전자정보를 보유한 압수는 위법하지 않다.

㉢ 수사기관이 정보저장매체에 기억된 정보 중에서 범죄 혐의사실과 관련 있는 정보를 선별한 다음 이미지 파일을 제출받아 압수한 경우, 수사기관 사무실에서 위와 같이 압수된 이미지 파일을 탐색·복제·출력하는 과정에서도 피의자 등에게 참여의 기회를 보장하여야 하는 것은 아니다.

㉣ 압수물 목록의 교부와 관련하여, 압수된 정보의 상세목록에 정보의 파일 명세가 특정되어 있어야 하는 것은 아니다.

㉤ 'A의 특정 혐의사실과 관련성 있는 정보만을 압수·수색하고, 관련성 없는 정보는 삭제 등을 할 것' 등으로 압수수색의 대상과 방법을 제한한 압수수색영장(제1영장)에 기하여, 수사기관이 甲의 휴대전화를 압수·수색하면서 휴대전화에 저장된 정보를 하나의 압축파일로 수사기관의 저장매체에 보관하여 두고 그 압축파일명을 그대로 기재한 상세목록을 작성하여 甲에게 교부하였는데, 이후 A의 특정 혐의사실과는 관련이 없는 甲의 별개 혐의사실에 대한 수사가 개시되자 수사기관이 위 저장매체에 보관하여 둔 압축파일(甲의 휴대전화 전자정보)에 대해 다시 압수수색영장(제2영장, 제3영장)을 발부받아 이를 집행한 것은 전체적으로 적법한 압수에 해당한다.

① ㉠㉡㉢㉣㉤   ② ㉠㉡㉢㉣
③ ㉠㉡㉣㉤   ④ ㉡㉢㉣㉤

17

압수·수색에 대한 설명으로 옳지 않은 것은? (다툼이 있는 경우 판례에 의함)

① 경찰관이 간호사로부터 진료 목적으로 채혈된 甲의 혈액 중 일부를 주취운전 여부에 대한 감정을 목적으로 제출받아 압수한 경우 특별한 사정이 없는 한 그 압수절차가 甲 또는 그의 가족의 동의 및 영장 없이 행하여졌더라도 적법절차의 위반이 아니다.

② 수사기관이 피의자 甲의 공직선거법 위반 혐의로 발부받은 압수·수색영장의 집행과정에서 甲의 혐의사실과 무관한 乙과 丙 사이의 대화가 녹음된 파일을 압수한 경우 위 녹음파일은 위법수집증거이므로 乙과 丙의 공직선거법 위반 혐의사실을 입증하는 증거로 사용할 수 없다.

③ 긴급체포된 자가 소유·소지 또는 보관하는 물건에 대한 긴급 압수·수색 또는 검증을 규정한 형사소송법 제217조 제1항에 따른 압수·수색 또는 검증은 영장주의 원칙에 따라 체포현장이 아닌 장소에서는 할 수 없다.

④ 경찰관이 음주운전자를 단속하면서 주취운전이라는 범죄행위로 체포·구속하지 아니한 경우에도 필요하다면 그 음주운전자의 차량열쇠는 영장 없이 압수할 수 있다.

18

형사소송절차에 관한 다음 기술 중 틀린 것은? (다툼이 있으면 판례에 의함)

① 검사 또는 사법경찰관은 영장에 의한 체포, 긴급체포, 구속, 현행범인체포에 의하여 피의자를 체포 또는 구속하는 경우에 필요한 때에는 영장없이 타인의 주거나 타인이 간수하는 가옥, 건조물, 항공기, 선차 내에서의 피의자 수색을 할 수 있다. 다만, 이 경우의 피의자 수색은 미리 수색영장을 발부받기 어려운 긴급한 사정이 있는 때에 한정한다.

② 압수의 대상이 되는 전자정보와 그렇지 않은 전자정보가 혼재된 정보저장매체나 복제본을 임의제출받은 수사기관이 정보저장매체 등을 수사기관 사무실 등으로 옮겨 탐색·복제·출력하는 일련의 과정에서, 범죄혐의사실과 무관한 전자정보의 임의적인 복제 등을 막기 위한 적절한 조치를 취하지 않은 경우, 압수·수색은 원칙적으로 적법하다고 평가할 수 없다.

③ 헌법재판소가 구 형사소송법 제216조 제1항 제1호(피의자 체포·구속을 위한 영장 없는 피의자 수색) 중 제200조의2(영장에 의한 체포)에 관한 부분에 대해 헌법불합치결정을 하면서 계속 적용을 명한 부분의 효력은 '수색영장 없이 타인의 주거 등을 수색하여 피의자를 체포할 긴급한 필요가 없는 경우'까지 미치지 않는다.

④ 저장매체에 대한 압수·수색 과정에서 범위를 정하여 출력·복제하는 방법이 불가능하거나 압수의 목적을 달성하기에 현저히 곤란한 예외적인 사정이 인정되어 전자정보가 담긴 저장매체, 하드카피나 이미징(imaging) 등 형태를 수사기관 사무실 등으로 옮겨 복제·탐색·출력하는 경우에도, 피압수자나 변호인에게 참여 기회를 보장하고 혐의사실과 무관한 전자정보의 임의적인 복제 등을 막기 위한 적절한 조치를 취하여야 하나, 피압수자 측이 위와 같은 절차나 과정에 참여하지 않는다는 의사를 명시적으로 표시하였거나 절차 위반행위가 이루어진 과정의 성질과 내용 등에 비추어 피압수자에게 절차 참여를 보장한 취지가 실질적으로 침해되었다고 볼 수 없는 경우에는 압수·수색의 적법성을 부정할 수 없다.

19

강제처분에 관한 설명 중 옳지 않은 것은? (다툼이 있는 경우 판례에 의함)

① 「형사소송법」 제217조 제1항은 수사기관이 피의자를 긴급체포한 상황에서 피의자가 체포되었다는 사실이 공범이나 관련자들에게 알려짐으로써 관련자들이 증거를 파괴하거나 은닉하는 것을 방지하고, 범죄사실과 관련된 증거물을 신속히 확보할 수 있도록 하기 위한 것이므로, 긴급체포된 자가 체포현장이 아닌 장소에서 소유·소지 또는 보관하는 물건을 압수할 수 있다.

② 체포영장이 발부된 피의자를 체포하기 위하여 건조물을 수색하기에 앞서 수색영장을 발부받기 어려운 긴급한 사정이 있었다고 볼 수 없음에도 수색영장 없이 경찰이 건조물을 수색한 행위는 적법한 공무집행에 해당하지 아니한다.

③ 현행범 체포현장이나 범죄장소에서 소지자 등이 임의로 제출하는 물건은 영장 없이 압수할 수 있고, 이 경우에는 검사나 사법경찰관이 사후에 영장을 받을 필요가 없다.

④ 검사 또는 사법경찰관은 영장에 의한 체포, 긴급체포, 구속, 현행범인 체포 규정에 의하여 피의자를 체포 또는 구속하는 경우에 필요한 때에는 영장없이 타인의 주거나 타인이 간수하는 가옥, 건조물, 항공기, 선차 내에서 피의자를 수색할 수 있지만, 이러한 모든 경우에는 미리 수색영장을 발부받기 어려운 긴급한 사정이 있는 때에 한정한다는 긴급성이 갖추어져야 한다.

20

압수·수색에 대한 설명으로 옳은 것은? (다툼이 있는 경우 판례에 의함)

① 피고인 A가 2014.12.11. 피해자 甲을 상대로 저지른 성폭력범죄의 처벌 등에 관한 특례법 위반(카메라등이용촬영) 범행('2014년 범행')에 대하여 甲이 즉시 피해 사실을 경찰에 신고하면서 A의 집에서 가지고 나온 A 소유의 휴대전화 2대에 A가 촬영한 동영상과 사진이 저장되어 있다는 취지로 말하고 이를 범행의 증거물로 임의제출하였는데, 경찰이 이를 압수한 다음 그 안에 저장된 전자정보를 탐색하다가 甲을 촬영한 휴대전화가 아닌 다른 휴대전화에서 A가 2013.12.경 피해자 乙, 丙을 상대로 저지른 같은 법 위반(카메라등이용촬영) 범행('2013년 범행')을 발견하고 그에 관한 동영상·사진 등을 영장 없이 복제한 CD를 증거로 제출하였다. 위 CD는 피고인 A의 2013년 범행을 입증하는 증거로서의 증거능력이 인정된다.

② 압수·수색영장의 범죄 혐의사실과 관계있는 범죄라는 것은 압수·수색영장에 기재한 혐의사실과 객관적 관련성이 있고 압수·수색영장 대상자와 피의자 사이에 인적 관련성이 있는 범죄를 의미하는데, 이러한 객관적 관련성은 압수·수색영장에 기재된 혐의사실과 단순히 동종 또는 유사 범행이라는 사유만으로 인정된다.

③ 피고인이 2018.5. 피해자 甲(여, 10세)에 대하여 저지른 간음유인미수 및 성폭력처벌법 위반(통신매체이용음란) 범행과 관련하여 수사기관이 피고인 소유의 휴대전화를 적법하게 압수하였는데, 위 휴대전화에 대한 수사기관의 디지털정보분석 결과 피고인이 2017.12.경부터 2018.4.경까지 사이에 저지른 피해자 乙(여, 12세), 丙(여, 10세), 丁(여, 9세)에 대한 간음유인 및 간음유인미수, 미성년자의제강간, 성폭력처벌법 위반(13세미만미성년자강간), 성폭력처벌법 위반(통신매체이용음란) 등 범행에 관한 추가 자료들이 수사기관에 의하여 획득된 경우, 이러한 추가자료들은 위법수집증거에 해당한다.

④ 압수의 대상이 되는 전자정보와 그렇지 않은 전자정보가 혼재된 정보저장매체나 복제본을 임의제출받은 수사기관이 정보저장매체 등을 수사기관 사무실 등으로 옮겨 탐색·복제·출력하는 일련의 과정에서, 피압수자나 그 변호인의 참여의 기회를 보장하는 등 범죄혐의사실과 무관한 전자정보의 임의적인 복제 등을 막기 위한 적절한 조치를 취하지 않은 경우 압수·수색의 원칙적으로 적법하지 않고, 이때 수사기관이 정보저장매체 또는 복제본에서 범죄혐의사실과 관련된 전자정보만을 복제·출력하였다 하더라도 달리 볼 것은 아니다.

▶ **제2장 강제처분과 강제수사** [압수·수색·검증·감정 2] — **제3장 수사의 종결** [사법경찰관과 검사의 수사종결 1]

회차	시행일			목표점수			획득점수		
	1차	2차	3차	1차	2차	3차	1차	2차	3차
제6회									

01

임의제출된 정보저장매체의 압수·수색에 관한 다음 [보기]의 기술 중 옳지 않은 것을 모두 고른 것은?

| 보기 |

㉠ 임의제출된 정보저장매체에서 압수의 대상이 되는 전자정보의 범위를 넘어서는 전자정보에 대해 수사기관이 영장 없이 압수·수색하여 취득한 증거는 위법수집증거에 해당하나, 이에 대해 사후에 법원으로부터 영장이 발부되었다면 1차적 증거와의 인과관계가 단절되므로 증거능력이 부여된다.

㉡ 전자정보에 대한 압수·수색영장의 집행의 방식은 정보저장매체에 해당하는 임의제출물의 압수에는 동일하게 적용될 수 없다.

㉢ 수사기관이 제출자의 의사를 쉽게 확인할 수 있음에도 이를 확인하지 않은 채 특정 범죄혐의사실과 관련된 전자정보와 그렇지 않은 전자정보가 혼재된 정보저장매체를 임의제출받은 경우, 그 정보저장매체에 저장된 전자정보 전부가 임의제출되어 압수된 것으로 취급할 수는 없다.

㉣ 전자정보를 압수하고자 하는 수사기관이 정보저장매체와 거기에 저장된 전자정보를 임의제출의 방식으로 압수할 때, 제출자의 구체적인 제출 범위에 관한 의사를 제대로 확인하지 않는 등의 사유로 인해 임의제출자의 의사에 따른 전자정보 압수의 대상과 범위가 명확하지 않거나 이를 알 수 없는 경우에는 임의제출에 따른 압수의 동기가 된 범죄혐의사실과 관련되고 이를 증명할 수 있는 최소한의 가치가 있는 전자정보에 한하여 압수의 대상이 된다.

㉤ 범죄혐의사실과 관련된 전자정보인지를 판단할 때는 범죄혐의사실의 내용과 성격, 임의제출의 과정 등을 토대로 구체적·개별적 연관관계를 살펴볼 필요가 있는데, 휴대전화인 스마트폰을 이용한 불법촬영 범죄의 경우라 하더라도 그 안에 저장되어 있는 같은 유형의 전자정보에서 발견되는 간접증거나 정황증거는 범죄혐의사실과 구체적·개별적 연관관계가 인정될 수 없다.

㉥ 피의자가 소유·관리하는 정보저장매체를 피의자 아닌 피해자 등 제3자가 임의제출하는 경우에는, 그 임의제출 및 그에 따른 수사기관의 압수가 적법하므로 임의제출의 동기가 된 범죄혐의사실과 구체적·개별적 연관관계가 있는 전자정보에 한하여 압수의 대상이 되는 것으로 더욱 제한적으로 해석하여야 할 필요는 없다.

① ㉠㉡㉢㉤㉥
② ㉡㉣㉤㉥
③ ㉠㉡㉤㉥
④ ㉡㉢㉣㉤

02

다음 [사례]에서 P가 할 수 있는 조치에 대한 설명으로 옳은 것은? (다툼이 있는 경우 판례에 의함)

| 사례 |

미성년자 甲은 음주운전을 하다가 교통사고를 내고 구급차에 실려 병원으로 이송되었다. 사법경찰관 P는 응급실에 누워 있는 甲에게서 술냄새가 강하게 나는 것을 인지하고 甲을 도로교통법위반(음주운전)죄로 입건하기 위해 증거 수집의 목적으로 甲의 혈액을 취득·보관하려고 한다.

① P가 甲의 동의 없이 혈액을 강제로 취득하는 것은 「형사소송법」이 정한 압수의 방법으로 하여야 하고, 감정에 필요한 처분으로는 이를 할 수 없다.

② 甲이 응급실에서 의식을 잃지 않고 의사능력이 있는 경우라도 甲은 미성년자이므로 P는 甲의 법정대리인의 동의를 얻어야 그의 혈액을 압수할 수 있다.

③ 위 응급실은 「형사소송법」 제216조 제3항의 범죄 장소에 준한다고 볼 수 없으므로, P는 긴급체포시 압수의 방법으로 영장 없이 甲의 혈액을 취득할 수 있다.

④ P는 당시 간호사가 위 혈액의 소지자 겸 보관자인 의료기관 또는 담당의사를 대리하여 혈액을 경찰관에게 임의로 제출할 수 있는 권한이 없었다고 볼 특별한 사정이 없는 이상, 간호사로부터 진료 목적으로 채혈해 놓은 甲의 혈액을 임의로 제출받아 영장 없이 압수할 수 있다.

03

다음 [보기]의 설명 중 옳은 것만을 모두 고르면? (다툼이 있는 경우 판례에 의함)

| 보기 |

㉠ (아동·청소년 이용 음란물 제작, 배포, 소지 등으로 기소된) 피의자의 동생이 피의자로 기재된 압수·수색영장으로 피의자 소유의 정보저장매체를 압수한 영장 집행은 위법하다.

㉡ 수사기관이 범죄 증거를 수집할 목적으로 피의자의 동의 없이 피의자의 소변을 채취하는 경우, 법원으로부터 감정허가장 또는 감정유치장을 받아야 하고, 압수·수색의 방법으로는 할 수 없다.

㉢ 「통신비밀보호법」상 '전기통신의 감청'은 전기통신이 이루어지고 있는 상황에서 실시간으로 전기통신의 내용을 지득·채록하는 경우, 통신의 송·수신을 직접적으로 방해하는 경우, 이미 수신이 완료된 전기통신에 관하여 남아 있는 기록이나 내용을 열어보는 경우 등을 의미한다.

㉣ 피고인이 아닌 자가 수사과정에서 진술서를 작성하였지만 수사기관이 그에 대한 조사과정을 기록하지 아니하여 「형사소송법」 제244조의4제3항 및 제1항에서 정한 절차를 위반한 경우, 특별한 사정이 없는 한 '적법한 절차와 방식'에 따라 수사과정에서 진술서가 작성되었다 할 수 없으므로 증거능력을 인정할 수 없다.

㉤ 경찰이 지하철 내에서 여성을 촬영한 혐의(제1범죄)로 임의제출받은 휴대전화를 복원하여 주택에서 몰래 당시 교제 중이던 여성의 나체와 음부를 촬영(제2범죄)한 동영상을 발견하고 이것이 함께 기소된 경우 제2범죄에 대하여 위 동영상은 증거능력이 없다.

① ㉠㉡㉣   ② ㉠㉣㉤
③ ㉡㉢㉣   ④ ㉢㉣㉤

04

전자정보의 압수에 대한 다음 [보기]의 설명 중 옳지 않은 것을 모두 고른 것은? (다툼이 있는 경우 판례에 의함)

① ㄱㄴㄷㄹ
② ㄴㄷㄹㅁ
③ ㄱㄴㄹㅁ
④ ㄱㄴㄷㄹㅁ

| 보기 |

㉠ 피의자 소유 정보저장매체를 제3자가 보관하고 있던 중 이를 수사기관에 임의제출하면서 그곳에 저장된 모든 전자정보를 일괄하여 임의제출한다는 의사를 밝힌 경우에도 특별한 사정이 없는 한 수사기관은 범죄혐의사실과 관련된 전자정보에 한정하여 영장 없이 적법하게 압수할 수 있다.

㉡ 임의제출된 전자정보매체에서 압수의 대상이 되는 전자정보의 범위를 넘어서는 전자정보에 대해 수사기관이 영장 없이 압수·수색하여 취득한 증거는 위법수집증거에 해당하지만, 사후에 법원으로부터 영장이 발부되었거나 피고인 또는 변호인이 이를 증거로 함에 동의하였다면 그 위법성은 치유된다.

㉢ 정보저장매체를 임의제출 받아 이를 탐색·복제·출력하는 경우, 압수·수색 당시 또는 이와 시간적으로 근접한 시기까지 해당 정보저장매체를 현실적으로 지배·관리하지는 아니하였더라도 그곳에 저장되어 있는 개별 전자정보의 생성·이용 등에 관여한 자에 대하여서는 압수·수색 절차에 대한 참여권을 보장해 주어야 한다.

㉣ 수사기관이 임의제출된 정보저장매체에서 범죄혐의사실이 아닌 별도의 범죄혐의와 관련된 전자정보를 우연히 발견한 경우, 당해 정보저장매체에 대한 임의제출에 기한 압수·수색이 종료되기 전이라면 별도의 영장을 발부받지 않고 이를 적법하게 압수·수색할 수 있으나 임의제출에 의한 압수·수색이 종료되었던 경우에는 별도의 범죄혐의에 대한 압수·수색영장을 발부받아야 이를 적법하게 압수할 수 있다.

㉤ 정보저장매체를 임의제출한 피압수자에 더하여 임의제출자 아닌 피의자에게도 참여권이 보장되어야 하는 '피의자의 소유·관리에 속하는 정보저장매체'에 해당하는지 여부는 전자정보에 의해 식별되는 정보주체의 정보자기결정권을 고려할 때 압수·수색 당시 외형적 객관적으로 인식 가능한 사실상의 상태가 아니라 민사법상 권리의 귀속에 따른 법률적·사후적 판단을 기준으로 판단하여야 한다.

전자정보의 압수·수색에 관한 다음 [보기]의 기술 중 옳은 것을 모두 고른 것은? (다툼이 있으면 판례에 의함)

| 보기 |

㉠ 경찰이 성폭력범죄의 처벌 등에 관한 특례법 위반(카메라등이용촬영) 혐의로 임의제출받은 휴대전화를 피고인과 함께 탐색하다가 다른 범행에 관한 동영상을 발견하고 이것이 함께 기소된 경우, 위 동영상은 그 다른 범행에 관하여 증거능력이 인정된다.

㉡ 경찰이 피해자로부터 피고인이 모텔 방실에 침입한 혐의로 임의제출받은 위장형 카메라의 메모리카드를 탐색하다가 다른 3개 호실에 설치된 위장형 카메라의 메모리카드에서 성폭력범죄의 처벌 등에 관한 특례법 위반(카메라등이용촬영) 범행에 관한 영상을 발견하고 이것이 함께 기소된 경우, 위 영상은 증거능력이 있다.

㉢ 정보저장매체를 임의제출한 피압수자에 더하여 임의제출자 아닌 피의자에게도 참여권이 보장되어야 하는 '피의자의 소유·관리에 속하는 정보저장매체'라 함은, 피의자를 그 정보저장매체에 저장된 전자정보에 대하여 실질적인 압수·수색 당사자로 평가할 수 있는 경우를 말하므로 피의자가 과거 그 정보저장매체의 이용 내지 개별 전자정보의 생성·이용 등에 관여한 사실이 있다거나 그 과정에서 생성된 전자정보에 의해 식별되는 정보주체에 해당한다면 실질적으로 압수·수색을 받는 당사자로 취급하여야 한다.

㉣ 수사기관이 금융기관에 「금융실명거래 및 비밀보장에 관한 법률」(이하 '금융실명법') 제4조 제2항에 따라서 금융거래정보에 대하여 '영장 사본'을 첨부하여 그 제공을 요구한 결과 금융기관으로부터 자발적으로 금융거래자료를 회신받은 후, 그 자료 중 범죄혐의사실과 관련된 금융거래를 선별하는 절차를 거친 후 최종적으로 영장 원본을 제시하고 위와 같이 선별된 금융거래자료에 대한 압수절차가 집행된 경우, 예외적으로 영장의 적법한 집행 방법에 해당할 수 있다.

㉤ 수사기관이 임의제출받은 정보저장매체가 대부분 임의제출에 따른 적법한 압수의 대상이 되는 전자정보만이 저장되어 있어서 그렇지 않은 전자정보와 혼재될 여지가 거의 없는 경우라 하더라도, 전자정보인 이상 소지·보관자의 임의제출에 따른 통상의 압수절차 외에 피압수자에게 참여의 기회를 보장하지 않았고 전자정보 압수목록을 작성·교부하지 않았다면 곧바로 증거능력을 인정할 수 없다.

① ㉠㉡㉢㉣
② ㉡㉢㉣㉤
③ ㉠㉡㉣
④ ㉡㉣㉤

06

다음 [사례]에 대한 아래의 [설명] 중 옳은 것을 모두 고른 것은?

| 사례 |

순찰 중인 사법경찰관 P가 교통사고를 낸 차량이 도주하였다는 무전연락을 받고 주변을 수색하다가 사고시점으로부터 약 10분 후 사고지점과 약 1km 떨어진 도로변에서 범퍼 등의 파손상태로 보아 사고차량으로 인정되는 차량에서 내리는 甲을 발견하고 체포하였다.

| 설명 |

㉠ 사안의 경우 범죄에 사용되었다고 인정함에 충분한 물건을 소지하고 있는 때에 해당하므로, P는 甲을 준현행범인으로서 영장 없이 체포할 수 있다.

㉡ 甲이 자신을 체포하려는 P에게 저항하며 도주하여, P가 甲을 실력으로 제압하는 경우, P는 그 과정에서 피의사실의 요지, 체포의 이유와 변호인을 선임할 수 있음을 말하고 변명할 기회를 주어야 하고, 여의치 않다면 甲을 실력으로 제압한 후에 지체 없이 하여야 한다.

㉢ P가 甲을 영장 없이 체포하기 위해서는 형사소송법의 명문의 규정에 의하여 甲에게 도망 또는 증거인멸의 염려가 있어야 할 것이 요구되므로, 만약 체포 당시 상황을 기초로 판단하였을 때에 이러한 요건을 갖추지 못하였다면 그러한 체포는 위법한 체포에 해당한다.

㉣ P가 甲을 체포해서 조사 중 위 교통사고와 무관한 별건 범죄를 발견하고 그 수사를 위하여 甲의 주거지에 있는 甲 소유의 휴대전화를 긴급히 압수할 필요가 있는 경우 체포한 때부터 24시간 이내라면 영장 없이 압수할 수 있다.

㉤ P는 甲을 체포하면서 영장 없이 사고차량에 설치된 블랙박스를 甲의 의사에 반하여서도 압수할 수 있고, 이를 계속 압수할 필요가 있는 경우에는 검사를 통하여 지체 없이 압수·수색영장을 청구하여야 한다.

① ㉠㉡㉣㉤
② ㉡㉢㉣㉤
③ ㉠㉢㉣
④ ㉠㉡㉤

07

압수에 관한 다음 [보기]의 설명 중 옳은 것을 모두 고른 것은? (다툼이 있으면 판례에 의함)

| 보기 |

㉠ 검사 또는 사법경찰관이 임의제출된 증거물을 압수한 경우 압수경위 등을 구체적으로 기재한 압수조서를 작성하여야 한다.

㉡ 구 (경찰청) 범죄수사규칙 제119조 제3항에 따라 피의자신문조서 등에 압수의 취지를 기재하여 압수조서를 갈음할 수 있도록 하고 있는데 이는 형사소송법 등 관련 규정의 취지에 반하는 것이다.

㉢ 카메라의 기능과 정보저장매체의 기능을 함께 갖춘 휴대전화기를 이용한 불법촬영 범죄의 경우, 그 안에 저장되어 있는 같은 유형의 전자정보에서 발견되는 간접증거나 정황증거는 범죄 혐의사실과 구체적·개별적 연관관계가 인정될 수 있다.

㉣ 사법경찰관이 피의자신문 시 해당 사건 동영상을 재생하여 피의자에게 제시하였고 피의자는 위 동영상의 촬영 일시, 피해 여성들의 인적사항, 몰래 촬영하였는지 여부, 촬영 동기 등을 구체적으로 진술하였으며 별다른 이의를 제기하지 않은 경우, 피의자에게 압수된 전자정보가 특정된 목록이 교부되지 않았다 하더라도 피의자의 절차상 권리는 실질적으로 침해되었다고 볼 수 없다.

㉤ 증거은닉범 B가 본범 A로부터 은닉을 교사받고 소지·보관 중이던 A 등의 정보저장매체를 임의제출하는 경우 증거은닉범행의 피의자이면서 임의제출자인 B에게만 참여의 기회를 부여하고 A 등에게 참여의 기회를 부여하지 않은 것은 위법하다.

㉥ 유류물의 압수에 있어서도 수사기관의 압수 당시 참여권 행사의 주체가 되는 피압수자가 존재한다고 평가할 수 있다.

① ㉠㉢㉣㉤
② ㉠㉢㉣
③ ㉡㉢㉤㉥
④ ㉡㉢㉣㉥

08

다음 [사례]는 압수조서의 방식, 특별사법경찰관의 관할구역 외 수사 시의 보고의무, 압수·수색에 있어서의 참여권보장에 관한 것이다. 이에 대한 다음 [보기]의 설명 중 옳은 것을 모두 고른 것은? (다툼이 있으면 판례에 의함)

| 사례 |

인천세관 소속 인천항휴대품검사관들은 2018.6.29. 중국 석도항에서 인천항 제1국제여객터미널로 입국한 무역상 공소외인이 반입한 화물 중 위조품으로 추정되는 이 사건 메모리카드를 적발하여 유치하였고, 2018.7.9. 이 사건 메모리카드가 모두 위조품이라는 취지의 감정서를 회신 받았다. 이에 인천세관 소속 특별사법경찰관은 2018.7.11. 공소외인이 제출한 화물 송장(인보이스) 등에 수하인으로 기재된 ○○상사를 방문하여 대표자인 피고인을 조사하였는데, 피고인은 "자신이 화물의 화주도 아니고, 이 사건 메모리카드와는 아무런 관련이 없다"는 취지로 진술하였다.

인천지방법원 판사는 2018.8.22. 피고인을 피의자로 하여 이 사건 상표법 위반을 혐의사실로 이 사건 메모리카드 및 이 사건 휴대전화 등에 대한 사전 압수·수색영장을 발부하였다. 특별사법경찰관은 2018.8.23. 인천세관 유치품보관창고에서 유치창고 담당자를 피압수자로 하여 영장에 의해 이 사건 메모리카드를 압수하였고, 위 메모리카드 압수에 관한 압수조서를 작성하였으며, 유치창고 담당자에게 압수목록을 교부하였다.

특별사법경찰관은 2018.8.27. 영장에 의하여 ○○상사에 대한 압수수색을 실시하여 이 사건 휴대전화를 압수한 다음 디지털포렌식 절차를 진행하여 피고인의 카카오톡 및 문자메시지를 탐색·복원·출력하였다. 이 과정에서 이 사건 휴대전화 압수에 관한 압수조서가 작성되지 않았고, 피고인에 대하여 전자정보 파일명세가 특정된 압수목록이 교부되지 않았다. 다만, 특별사법경찰관은 압수수색 당시 이 사건 휴대전화를 제출받은 일시, 장소 및 압수경위 등을 '조사보고(압수수색검증영장 집행결과 보고)'로 작성하여 기록에 편철하였다. 한편, 특별사법경찰관은 위와 같은 압수·수색절차에 나아가기에 앞서 ○○상사의 소재지인 파주시를 관할하는 의정부지방검찰청 검사장이나 의정부지방검찰청 고양지청장에 대하여 별도의 보고절차를 밟지 않았다.

| 보기 |

㉠ 특별사법경찰관은 휴대전화의 압수 과정에서 압수조서 및 전자정보 상세목록을 작성·교부하지는 않았고, 그에 갈음하여 압수의 취지가 상세히 기재된 수사보고의 일종인 조사보고를 작성하였는바 이러한 압수는 위법하다.

㉡ 구 특별사법경찰관리 집무규칙 제4조에 의하면 특별사법경찰관이 관할구역 밖에서 수사할 경우 관할 검사장에 대한 보고의무를 규정하고 있는데, 특별사법경찰관이 휴대전화 압수 과정에서 별도의 보고절차를 밟지 않은 것은 적법절차의 실질적 내용을 침해한 경우에 해당한다.

㉢ 메모리카드 압수·수색영장 집행 과정에서는 메모리카드를 소지하지 않은 피의자라 하더라도 압수 집행에 있어서 절차 참여를 보장받아야 하는 사람에 해당한다.

㉣ 위 ㉠㉡에서 압수된 휴대전화에서 출력한 카카오톡 및 문자메시지는 증거능력이 인정되나, 위 ㉢에서 압수한 메모리카드의 증거능력은 인정되지 아니한다.

① 없음
② ㉠㉡
③ ㉢
④ ㉢㉣

09

압수·수색에 관한 다음 [보기]의 기술 중 옳지 않은 것을 모두 고른 것은? (다툼이 있으면 판례에 의함)

| 보기 |

㉠ 증거은닉범 B가 본범 A로부터 은닉을 교사받고 소지·보관 중이던 A 등의 정보저장매체를 임의제출하는 경우, 증거은닉범행의 피의자이면서 임의제출자인 B에게만 참여의 기회를 부여하고 A 등에게 참여의 기회를 부여하지 않은 것은 적법하지 않다.

㉡ 불법촬영범죄의 피해자 D는 C를 경찰에 고소하면서 사법경찰관 P에게 습득한 C 소유의 휴대전화를 증거물로 임의제출하면서 "자신을 포함한 친구들의 음란합성사진들이 많이 있었다."라고 말했는데, P는 C에게 참여의 기회를 보장하거나 압수한 전자정보 목록을 교부하거나 또는 피고인이 그 과정에 참여하지 아니할 의사를 가지고 있는지 여부를 확인한 바 없이 디지털포렌식 과정을 거쳐 위 휴대전화에서 삭제된 전자정보 일체를 복원하여 탐색하는 과정에서 다른 피해자 E, F에 대한 음란합성사진을 탐색·출력하여 증거기록에 편철하였으며, 나아가 또 다른 피해자인 여고생들인 G 등에 대한 불법촬영사진도 발견하고 별도의 압수·수색영장을 발부받지 않은 채 C에 대하여 두 차례 피의자신문을 실시하는 등 수사를 진행하였다. 위 G 등에 대한 불법촬영사진의 압수·수색절차는 적법하지 않다.

㉢ (㉡에서 이어짐) 이후 C는 군입대하여 군검찰로 사건이 송치되었고 군 검사 M은 C를 피의자로 하여 성폭력처벌법 위반(카메라등이용촬영)을 혐의사실로 위 휴대전화 내 전자정보 등에 관한 사전 압수·수색영장을 발부받은 후 위 휴대전화를 제출인인 피해자 D에게 환부하고 D의 모친이 위 휴대전화를 C 소속 군부대로 발송하여 군검사는 위 영장에 의하여 위 휴대전화를 압수한 다음 재차 디지털포렌식 절차를 진행하여 D 등 여고생들에 대한 불법촬영사진을 탐색·복원·출력하였고, C와 C의 변호인은 M의 위 탐색 등 절차에 대한 참여권을 포기하였다. 군검사 M의 수사과정에서 수집된 G 등 여고생들에 대한 불법촬영사진 출력물과 시디(CD)의 증거능력은 인정된다.

㉣ 수사기관은 2020.7.1. 발부된 압수·수색영장에 따라 2020.7.3. 압수·수색을 실시하면서 준항고인 소유의 물품 박스 약 9,000개를 압수한 다음 2020.9.7. 상세 압수목록을 교부하였다. 수사기관의 조치는 적법하지 않다.

㉤ 유류물의 압수·수색에 대해서도 영장에 의한 압수·수색·검증이나 임의제출물 압수에 관하여 적용되는 관련성의 제한(해당 사건과 관계가 있다고 인정할 수 것으로 한정된다는 제한)이 적용된다.

① ㉠㉡㉢㉣
② ㉠㉡㉣
③ ㉠㉢㉤
④ ㉠㉣㉤

10

압수와 수색에 관한 다음 [보기]의 설명 중 옳은 것을 모두 고른 것은?

| 보기 |

㉠ 도박 기타 풍속을 해하는 행위에 상용된다고 인정하는 장소에서 압수·수색영장을 집행함에는 압수·수색영장 야간집행의 제한을 받지 아니한다. 여관, 음식점 기타 야간에 공중이 출입할 수 있는 장소에서의 압수·수색영장 집행의 경우도 마찬가지이나 이때는 공개한 시간 내에 한한다.

㉡ 수소법원이 종국재판의 선고시에 가환부한 장물에 대하여 별단의 선고를 하지 아니한 때에는 환부의 선고가 있는 것으로 간주된다.

㉢ 수색한 경우에 증거물 또는 몰수할 물건이 없는 때에는 그 취지의 증명서를 교부하여야 한다. 압수한 경우에는 목록을 작성하여 소유자, 소지자, 보관자 기타 이에 준할 자에게 교부하여야 한다. 운반 또는 보관에 불편한 압수물에 관하여는 간수자를 두거나 소유자 또는 적당한 자의 승낙을 얻어 보관하게 할 수 있다. 위험발생의 염려가 있는 압수물은 폐기할 수 있다.

㉣ 수사기관과 법원은 압수할 물건을 지정하여 소유자 등에게 제출을 명할 수 있다.

㉤ 형사소송법 제417조에서 규정한 준항고와 관련하여, 피압수자는 준항고를 제기함에 있어서 불복의 대상이 되는 압수 등에 관한 처분을 특정하여야 한다.

㉥ 공소제기 이후의 단계에서 검사의 압수물에 대한 처분에 관해서는 형사소송법 제417조의 준항고로 다툴 수 있다.

① ㉠㉡㉢㉣㉤
② ㉡㉢㉣㉤㉥
③ ㉠㉡㉤㉥
④ ㉠㉡㉢㉤

11

압수에 관한 다음 [보기]의 설명 중 옳은 것을 모두 고른 것은? (다툼이 있으면 판례에 의함)

| 보기 |

㉠ 압수를 계속할 필요가 없다고 인정되는 압수물이라도 피고사건 종결 전이라면 반드시 환부하여야 하는 것은 아니다.

㉡ 증거에만 공할 목적으로 압수한 물건으로서 그 소유자 또는 소지자가 계속 사용하여야 할 물건은 사진촬영 기타 원형보존의 조치를 취하고 신속히 가환부하여야 한다.

㉢ 수사기관에 대하여 형사소송법상의 환부청구권을 포기한다는 의사표시를 하더라도 그 효력이 없어 그에 의하여 수사기관의 필요적 환부의무가 면제된다고 볼 수 없다.

㉣ 피고인에게 의견을 진술할 기회를 주지 아니한 채 한 가환부결정은 「형사소송법」 제135조(압수물처분과 당사자에의 통지)에 위배하여 위법하고 위 위법은 재판의 결과에 영향을 미쳤다 할 것이다.

㉤ 형사소송법 제417조에 따른 준항고와 관련하여, 준항고인이 불복의 대상이 되는 압수 등에 관한 처분을 한 수사기관을 제대로 특정하지 못하거나 준항고인이 특정한 수사기관이 해당 처분을 한 사실을 인정하기 어렵다면 이러한 이유만으로도 준항고를 배척할 수 있다.

① ㉠㉡㉢㉣
② ㉡㉢㉣
③ ㉡㉢㉣㉤
④ ㉠㉡㉢㉣㉤

12

수사상의 검증과 관련한 다음 설명 중 옳지 않은 것은? (다툼이 있는 경우 판례에 의함)

① 사고장소에서 긴급을 요하여 영장 없이 행해진 실황조사는 형사소송법 제216조 제3항에 의한 검증에 해당한다.

② 검증을 함에는 신체의 검사, 사체의 해부, 분묘의 발굴, 물건의 파괴 기타 필요한 처분을 할 수 있다.

③ 신체검사는 신체의 자유를 침해할 소지가 높아 피의자에게만 인정되며, 이 경우 그 사람의 건강과 명예를 해하지 아니하도록 주의하여야 한다.

④ 음주운전 중 교통사고를 야기한 후 피의자가 의식불명 상태에 빠져 있는 등으로 호흡조사에 의한 음주측정이 불가능하고 혈액 채취에 대한 동의를 받을 수도 없는 경우 후에 압수·수색영장 또는 감정처분허가장을 받아야 한다.

13

수사상 증거보전에 대한 다음 [보기]의 설명 중 옳지 않은 것을 모두 고른 것은? (다툼이 있으면 판례에 의함)

| 보기 |

㉠ 증거보전은 미리 증거를 보전하지 않으면 그 증거를 사용하기 곤란한 사정이 있는 때 인정되는 바 여기에는 증명력의 변화가 예상되는 경우는 포함되지 않는다.

㉡ 증거보전의 방법으로 피의자, 피고인, 공동피고인에 대한 신문을 청구할 수 없다.

㉢ 검사, 피고인, 피의자 또는 변호인은 미리 증거를 보전하지 아니하면 그 증거를 사용하기 곤란한 사정이 있는 때에는 판사에게 압수·수색·검증은 물론 증인신문 또는 감정을 청구할 수 있다. 다만 공소제기 후에는 증인신문을 청구하지 못한다.

㉣ 검사가 증거보전을 청구할 때에는 서면 또는 구술에 의하여 그 사유를 소명하여야 한다.

㉤ 증거보전 절차에서 작성된 증인신문조서 중 증인에 대한 반대신문과정에서 피의자가 진술한 내용을 기재한 부분의 증거능력은 인정되지 아니한다.

㉥ 증거보전절차에서 피의자와 변호인에게 일시와 장소를 미리 통지하지 아니하여 참여기회를 주지 않은 때에는 증인신문조서의 증거능력이 인정되지 않고 이는 당해 증인이 이후 법정에서 그 조서의 진정성립을 인정한다고 하여도 마찬가지이며, 적법한 증거보전이 행하여진 경우 검사는 판사의 허가를 얻어 증거보전의 처분에 관한 서류와 증거물을 열람 또는 등사할 수 있다.

① ㉠㉡㉢㉣㉤㉥
② ㉠㉡㉢㉣㉤
③ ㉠㉡㉢㉣
④ ㉡㉢㉣

14

증거보전에 대한 설명으로 옳지 않은 것은? (다툼이 있는 경우 판례에 의함)

① 검사는 제1회 공판기일 전에 한하여 판사에게 증인신문뿐만 아니라 압수·수색·검증을 내용으로 하는 증거보전을 청구할 수 있다.

② 검사가 증거보전을 청구할 때에는 서면 또는 구술에 의하여 그 사유를 소명하여야 한다.

③ 증거보전 절차에서 작성된 증인신문조서 중 증인에 대한 반대신문과정에서 피의자가 진술한 내용을 기재한 부분의 증거능력은 인정되지 아니한다.

④ 피고인뿐만 아니라 피의자도 제1회 공판기일 전에 한하여 판사에게 증거보전을 청구할 수 있고, 청구기각의 결정에 대하여는 3일 이내에 항고할 수 있다.

15

형사소송법상 증거보전(제184조)과 증인신문(제221조의2)에 관한 다음 [보기]의 설명 중 옳은 것을 모두 고른 것은? (다툼이 있는 경우 판례에 의함)

| 보기 |

㉠ 수사상 증인신문절차는 실질적으로는 검사의 신청에 의한 증거보전의 일종으로서 수임판사의 힘을 빌려 행하는 수사활동이다.

㉡ 범죄의 수사에 없어서는 아니될 사실을 안다고 명백히 인정되는 자가 전조의 규정에 의한 출석 또는 진술을 거부한 경우에는 검사는 제1회 공판기일 전에 한하여 판사에게 그에 대한 증인신문을 청구할 수 있다.

㉢ 판사가 형사소송법 제184조에 의한 증거보전절차로 증인신문을 하는 경우에 동법 제163조의 참여의 기회를 주지 아니한 경우라도 피고인과 변호인이 증인신문조서를 증거로 할 수 있음에 동의하여 별다른 이의 없이 적법하게 증거조사를 거친 경우에는 위 증인신문조서는 증인신문절차가 위법하였는지의 여부에 관계없이 증거능력이 부여된다.

㉣ 형사소송법 제221조의2 제2항에 의한 검사의 증인신문청구는 증인의 진술로서 증명할 대상인 피의사실이 존재하여야 하며, 피의사실은 수사기관이 어떤 자에 대하여 내심으로 혐의를 품고 있는 정도의 상태만으로 존재한다고 인정할 수 있다.

㉤ 피고인뿐만 아니라 피의자도 제1회 공판기일 전에 한하여 판사에게 증거보전을 청구할 수 있고, 청구기각의 결정에 대하여는 3일 이내에 항고할 수 있다.

① ㉠㉡㉢㉣㉤

② ㉠㉡㉢㉣

③ ㉡㉢㉣㉤

④ ㉠㉡㉢㉤

16

공무원인 甲과 민간사업자인 乙은 뇌물을 주고받았다는 범죄사실로 수사를 받고 있고, A는 범죄의 수사에 없어서는 아니될 사실을 안다고 명백히 인정되는데도 검사의 출석요구를 거부하고 있다. 한편 甲에 대한 무혐의를 입증해 줄 수 있는 B는 외국지사로 발령이 나 외국으로 출국하려고 한다. 이에 관한 설명 중 옳은 것은? (다툼이 있는 경우 판례에 의함)

① 검사는 공소제기 전이라도 「형사소송법」 제221조의 2에 의하여 판사에게 A에 대한 증인신문을 청구할 수 있으며, 청구를 기각한 결정에 대하여는 즉시항고를 할 수 있다.

② 위 ①의 청구에 따라 판사가 증인신문기일을 정한 때에도 특별히 수사에 지장이 있다고 인정되는 경우, 판사는 甲 또는 변호인에게 그 기일과 장소 및 증인신문에 참여할 수 있다는 취지를 통지하지 않고 증인신문을 할 수 있다.

③ 甲과 乙은 필요적 공범관계에 있기 때문에 수사단계에서 甲에 대한 증거를 미리 보전하기 위하여 필요한 경우라도 검사는 「형사소송법」 제184조에 따라 판사에게 乙을 증인으로 신문할 것을 청구할 수 없다.

④ 검사가 甲을 수뢰죄로 기소한 경우, 甲이 미리 증거를 보전하지 아니하면 그 증거를 사용하기 곤란한 사정이 있는 때에는 제1회 공판기일 전이라도 「형사소송법」 제184조에 의하여 판사에게 B에 대한 증인신문을 청구할 수 있으며, 청구를 기각하는 결정에 대하여는 3일 이내에 항고할 수 있다.

17

수사절차에 대한 설명으로 가장 적절하지 않은 것은?

① 사법경찰관이 검찰송치 결정을 한 경우에는 그 내용을 고소인·고발인·피해자 또는 그 법정대리인(피해자가 사망한 경우에는 그 배우자·직계친족·형제자매를 포함한다)과 피의자에게 통지해야 한다.

② 사법경찰관이 범죄를 수사한 후 범죄의 혐의가 있다고 인정되는 경우에는 지체 없이 검사에게 사건을 송치하고, 검사는 사법경찰관으로부터 송치받은 사건에 대해 보완수사가 필요하다고 인정하는 경우에는 직접 보완수사를 하거나 사법경찰관에게 보완수사를 요구할 수 있다.

③ 사법경찰관리의 수사과정에서 현저한 수사권 남용이 의심되는 사실에 대하여, 「형사소송법」 제197조의3의 절차에 따라 사법경찰관으로부터 사건기록 등본을 송부받은 검사는 필요하다고 인정되는 경우 사법경찰관에게 시정조치를 요구할 수 있고, 그 이행 결과를 통보받은 후 시정조치 요구가 정당한 이유 없이 이행되지 않았다고 인정되는 경우에는 사법경찰관에게 사건을 송치할 것을 요구할 수 있다.

④ 사법경찰관이 범죄를 수사한 후 범죄의 혐의가 인정되지 않아 불송치 결정을 하는 경우, 사법경찰관은 그 이유를 명시한 서면과 함께 관계 서류와 증거물을 지체 없이 검사에게 송부해야 하며, 검사는 송부받은 날로부터 60일 이내에 사법경찰관에게 그 서류 등을 반환하여야 한다.

18

형사소송법 및 그 관련법령의 내용에 관한 다음 [보기]의 설명 중 틀린 것을 모두 고른 것은?

| 보기 |

㉠ 검사는 사법경찰관리의 수사과정에서 법령위반, 인권침해 또는 현저한 수사권 남용이 의심되는 사실의 신고가 있거나 그러한 사실을 인식하게 된 경우에는 사법경찰관에게 사건기록 등본의 송부를 요구할 수 있는데, 위 송부 요구를 받은 사법경찰관은 지체 없이 검사에게 사건기록 등본을 송부하여야 한다.

㉡ 검사의 위 ㉠의 사건기록등본송부요구를 받은 사법경찰관이 사건기록등본을 송부하면, 검사는 사건기록 등본을 송부받은 날부터 90일(사안의 경중 등을 고려하여 10일의 범위에서 한 차례 연장할 수 있음) 이내에 시정조치 요구 여부를 결정하여 서면으로 사법경찰관에게 통보해야 한다.

㉢ 사법경찰관은 범죄를 수사한 때에는 범죄의 혐의가 인정되면 검사에게 사건을 송치하고, 그 밖의 경우에는 그 이유를 명시한 서면과 함께 관계 서류와 증거물을 검사에게 송부하도록 하고, 사건을 검사에게 송치하지 아니한 경우에는 별도의 통지 없이 수사를 종결할 수 있다.

㉣ 검사는 사법경찰관이 사건을 송치하지 아니한 것이 위법 또는 부당한 때에는 그 이유를 문서로 명시하여 사법경찰관에게 재수사를 요청할 수 있도록 하고, 사법경찰관은 요청이 있으면 사건을 재수사하도록 한다.

㉤ 검사가 피고인이 된 피의자의 진술을 기재한 조서는 적법한 절차와 방식에 따라 작성된 것으로서 피고인이 진술한 내용과 동일하게 기재되어 있음이 공판준비 또는 공판기일에서의 피고인의 진술이나 영상녹화물 등 객관적 방법에 의하여 인정되고, 그 조서에 기재된 진술이 특히 신빙할 수 있는 상태하에서 행하여졌음이 증명된 때에 한하여 증거로 할 수 있다.

① ㉠㉢㉣
② ㉡㉣㉤
③ ㉡㉢㉤
④ ㉢㉣㉤

19

형사소송법 제197조의2(보완수사요구)에 대한 설명으로 가장 적절하지 않은 것은?

① 검사는 '송치사건의 공소제기 여부 결정 또는 공소의 유지에 관하여 필요한 경우' 또는 '사법경찰관이 신청한 영장의 청구 여부 결정에 관하여 필요한 경우'에 사법경찰관에게 보완수사를 요구할 수 있다.

② 사법경찰관은 형사소송법 제197조의2 제1항에 따른 검사의 보완수사의 요구가 있는 때에는 정당한 이유가 없는 한 지체 없이 이를 이행하고, 그 결과를 검사에게 통보하여야 한다.

③ 형사소송법 제197조의2 제1항에 따른 보완수사의 요구를 받은 사법경찰관과 검사 사이에 형사소송법 제197조의2 제2항의 '정당한 이유의 유무'에 대하여 이견의 조정이 필요한 경우에 사법경찰관은 검사에 대하여 협의를 요청할 수 있다.

④ 형사소송법 제197조의2 제2항에 따른 '정당한 이유의 유무'에 대하여 이견이 있어 협의를 요청받은 검사는 이에 응하지 않을 수 있으며, 이 경우에는 해당 검사가 소속된 검찰청의 장과 해당 사법경찰관이 소속된 경찰관서의 장의 협의에 따른다.

20

수사의 종결에 관한 다음 [보기]의 설명 중 옳지 않은 것을 모두 고른 것은? (다툼이 있는 경우 판례에 의함)

| 보기 |

㉠ 고소인과 고발인은 사법경찰관으로부터 사건불송치 통지를 받은 경우에 해당 사법경찰관의 소속 관서의 장에게 이의를 신청할 수 있다.

㉡ 사법경찰관은 범죄혐의가 인정되지 않는다고 판단하는 경우 검사에게 사건을 송치할 필요는 없으나, 불송치결정서와 함께 압수물 총목록, 기록목록 등 관계서류와 증거물을 검사에게 송부하여야 한다.

㉢ 검사의 불기소처분에 의해 기본권을 침해받은 자는 헌법소원을 제기할 수 있으므로 고소하지 않은 피해자 및 기소유예 처분을 받은 피의자는 헌법소원을 제기할 수 있으나 고발인은 특별한 사정이 없는 한 자기관련성이 없으므로 헌법소원심판을 청구할 수 없다.

㉣ 검사의 불기소처분에 대한 헌법소원에 있어서 그 대상이 된 범죄에 대하여 공소시효가 완성되었더라도 헌법소원을 제기할 수 있다.

㉤ 검사는 사법경찰관으로부터 송치받은 사건에 대해 보완수사가 필요하다고 인정하는 경우에는 원칙적으로 직접 보완수사를 하고, 예외적인 경우에 한하여 사법경찰관에게 보완수사를 요구할 수 있다.

① ㉠㉡㉢㉣
② ㉡㉢㉣㉤
③ ㉠㉣㉤
④ ㉢㉣㉤

▶ **제3장 수사의 종결** [사법경찰관과 검사의 수사종결 2] — **제4장 증거** [위법수집증거배제법칙 1]

회차	시행일			목표점수			획득점수		
제7회	1차	2차	3차	1차	2차	3차	1차	2차	3차

01

사법경찰관의 수사종결처분에 관한 설명 중 옳은 것은?

① 사법경찰관은 죄가안됨 불송치결정에 해당하는 사건이 「형법」 제10조 제1항에 따라 벌할 수 없는 경우이거나 공소권없음 불송치결정에 해당하는 사건이 기소되어 사실심 계속 중인 사건과 '포괄일죄'를 구성하는 관계에 있는 경우에는 해당 사건을 검사에게 이송하여야 하나, 공소권없음 불송치결정에 해당하는 사건이 기소되어 사실심 계속 중인 사건과 「형법」 제40조에 따른 '상상적 경합' 관계에 있는 경우에는 해당 사건을 검사에게 이송할 필요가 없다.

② 사법경찰관은 사건을 수사한 결과 수사중지 결정을 한 경우에는 7일 이내에 사건기록을 검사에게 송부해야 하고, 검사는 사건기록을 송부받은 날부터 30일 이내에 반환해야 하는데, 위 기간 내에 검사는 사법경찰관에게 시정조치요구를 할 수 있다.

③ 사법경찰관은 검찰송치, 불송치, 피의자중지 등 수사종결처분에 관한 결정을 한 경우에는 그 내용을 고소인·고발인·피해자 또는 그 법정대리인(피해자가 사망한 경우에는 그 배우자·직계친족·형제자매를 포함한다)과 피의자에게 통지해야 한다.

④ 사법경찰관으로부터 수사중지 결정의 통지를 받은 사람은 해당 사법경찰관이 소속된 경찰관서의 장에게 이의를 제기할 수 있다.

02

검사의 불기소처분에 대한 다음 설명 중 가장 옳은 것은? (다툼이 있는 경우 판례에 의함)

① 세무공무원 등의 고발에 따른 조세범처벌법 위반죄 혐의에 대하여 검사가 불기소처분을 하였다가 나중에 공소를 제기하는 경우, 세무공무원 등의 새로운 고발이 있어야 한다.

② 고등법원에 재정신청을 하기 위해서는 검찰항고전치주의에 따라 먼저 검찰청법 제10조에 의한 검찰항고를 거쳐야 하는 것이 원칙이지만, 검사가 공소시효 만료일 10일 전까지 공소를 제기하지 않은 경우에는 검찰항고 없이 곧바로 재정신청을 할 수 있다.

③ 불기소처분이 위법·부당할지라도 불기소처분 당시에 공소시효가 완성되어 공소권이 없는 경우에는 위 불기소처분에 대한 재정신청은 허용되지 않는다.

④ 고등법원의 공소제기결정이나 재정신청에 대한 기각결정에 대하여 검사와 재정신청인은 불복할 수 없다.

03

공소제기 후의 수사에 대한 설명으로 옳지 않은 것은? (다툼이 있는 경우 판례에 의함)

① 공소제기 후 피고인의 구속은 수소법원의 독자적 판단에 의하며, 검사는 수소법원에 불구속 피고인에 대한 구속영장을 청구할 권한이 없다.

② 검사 또는 사법경찰관이 피고인에 대한 구속영장을 집행하는 경우, 구속현장에서 영장 없이 압수·수색·검증을 할 수 있다.

③ 검사가 공소제기 후에 피고인을 피의자로 신문하여 작성한 진술조서는 그 증거능력이 없다.

④ 수사기관이 공판준비기일에 피고인에게 유리한 증언을 한 증인을 다시 참고인으로 조사하여 작성한 참고인진술조서는 그 증거능력이 없다.

04

증명에 관한 다음 [보기]의 설명 중 틀린 것을 모두 고른 것은? (다툼이 있으면 판례에 의함)

| 보기 |

㉠ 간접증거와 직접증거의 구분은 증거법정주의보다는 자유심증주의에서 더욱 의미를 갖는다.

㉡ 범죄사실에 대한 뚜렷한 확증 없이 정황증거 내지 간접증거들만으로 공소사실을 유죄로 인정한 것은 채증법칙 위반이라고 할 수 없다.

㉢ 유죄의 심증은 반드시 직접증거에 의하여 형성되어야만 하는 것은 아니고 경험칙과 논리법칙에 위반되지 아니하는 한 간접증거에 의하여 형성될 수 있다.

㉣ 간접증거가 개별적으로 완전한 증명력을 가지지 못한다면 종합적으로 고찰하여 증명력이 있는 것으로 판단되더라도 그에 의하여 범죄사실을 인정할 수 없다.

㉤ 유죄의 인정은 범행 동기, 범행수단의 선택, 범행에 이르는 과정, 범행 전후 피고인의 태도 등 여러 간접사실로 보아 피고인이 범행한 것으로 보기에 충분할 만큼 압도적으로 우월한 증명이 있어야 한다.

① ㉠㉡㉣㉤

② ㉡㉢㉤

③ ㉠㉡㉣

④ ㉡㉢㉣㉤

05

엄격한 증명의 대상이 되는 것(○)과 그렇지 않은 것(×)을 바르게 연결한 것은? (다툼이 있는 경우 판례에 의함)

㉠ 범죄구성요건에 해당하는 사실을 증명하기 위한 근거가 되는 과학적인 연구결과

㉡ 외국인의 국외범(「형법」 제6조)에 해당되는 사실이 행위지 법률에 의하여 범죄를 구성하는지 여부

㉢ 참고인진술조서의 증거능력에 관하여 참고인의 진술이 '특히 신빙할 수 있는 상태'하에서 행하여졌다는 사실

㉣ 몰수의 대상이 되는지 여부나 추징액의 인정 등 몰수·추징의 사유

	㉠	㉡	㉢	㉣
①	○	○	×	○
②	○	○	×	×
③	×	○	○	×
④	○	×	○	○

06

다음 설명 중 판례의 입장과 일치하는 것을 모두 고른 것은?

> ㉠ 목적과 용도를 정하여 위탁한 금전을 수탁자가 임의로 소비하면 횡령죄를 구성할 수 있으나, 이 경우 피해자가 목적과 용도를 정하여 금전을 위탁한 사실 및 그 목적과 용도가 무엇인지는 자유로운 증명으로 족하다.
>
> ㉡ 범죄 일시 등 공소장에 기재된 구체적 범죄사실 전부가 엄격한 증명의 대상이 된다.
>
> ㉢ 「특정범죄 가중처벌 등에 관한 법률」 제5조의9 제1항 위반의 죄의 행위자에게 보복의 목적이 있었다는 점은 자유로운 증명으로 족하다.
>
> ㉣ 선행차량에 이어 피고인 운전 차량이 피해자를 연속하여 역과하는 과정에서 피해자가 사망한 경우에 피고인이 일으킨 후행 교통사고 당시에 피해자가 생존해 있었다는 증거가 없다면 설령 피고인에게 유죄의 의심이 있다고 하더라도 피고인의 이익으로 판단할 수밖에 없다.
>
> ㉤ 출입국사범 사건에서 지방출입국·외국인관서의 장의 적법한 고발이 있었는지 여부가 문제되는 경우에 법원은 증거조사의 방법이나 증거능력의 제한을 받지 아니하고 제반사정을 종합하여 적당하다고 인정되는 방법에 의하여 자유로운 증명으로 그 고발 유무를 판단하면 된다.

① ㉠㉢㉤
② ㉡㉣㉤
③ ㉡㉢㉣
④ ㉠㉡㉣

07

「형사소송법」 제308조에 규정된 자유심증주의에 관한 다음 [보기]의 설명 중 옳지 않은 것을 모두 고른 것은? (다툼이 있는 경우 판례에 의함)

> | 보기 |
>
> ㉠ 증거의 증거능력은 법관의 자유판단에 의하여 판단한다.
>
> ㉡ 형사재판에 있어서 유죄로 인정하기 위한 심증 형성의 정도는 합리적인 의심을 할 여지가 없을 정도이어야 하고, 여기서 합리적 의심이란 논리와 경험칙에 기하여 요증사실과 양립할 수 있는 사실의 개연성에 대한 합리성 있는 의문을 의미한다.
>
> ㉢ 형사재판에 있어서 관련된 다른 형사사건의 확정판결에서 인정된 사실은 특별한 사정이 없는 한 유력한 증거자료가 되기 때문에 당해 형사재판에서 제출된 다른 증거 내용에 비추어 관련 형사사건 확정판결의 사실판단을 그대로 채택하기 어렵다고 인정될 경우라도 이를 배척할 수 없다.
>
> ㉣ 사실심 법원은 주장과 증거에 대하여 신중하고 충실한 심리를 하여야 하고, 그에 이르지 못하여 필요한 심리를 다하지 아니하는 등으로 판결 결과에 영향을 미친 때에는 사실인정을 사실심 법원의 전권으로 인정한 전제가 충족되지 아니하므로 이는 당연히 상고심의 심판대상에 해당한다.
>
> ㉤ 범행에 관한 간접증거만이 존재하고 그 증명력에 한계가 있고 범인으로 지목되고 있는 자에게 범행을 저지를 만한 동기가 발견되지 않는다고 하더라도, 자유심증주의에 따라 무엇인가 동기가 분명히 있는데도 이를 범인이 숨기고 있다고 판단할 수 있다.
>
> ㉥ 피고인이 제출한 증거가 피고인의 주장 사실을 인정하기에 부족하다면 피고인에게 유죄를 선고할 수 있다.

① ㉠㉡㉢㉣
② ㉠㉡㉢㉥
③ ㉠㉡㉢㉤㉥
④ ㉠㉡㉣㉤㉥

자유심증주의에 관한 다음 [보기]의 설명 중 판례의 입장과 일치하지 않은 것을 모두 고른 것은?

| 보기 |

㉠ 공소사실을 뒷받침하는 과학적 증거방법은 전제로 하는 사실이 모두 진실임이 입증되고 추론의 방법이 과학적으로 정당하여 오류의 가능성이 전혀 없거나 무시할 정도로 극소한 것으로 인정되는 경우라야 법관이 사실인정을 하는 데 상당한 정도로 구속력을 가진다.

㉡ 과학적 분석기법을 사용하여 제출된 것으로서 공소사실을 뒷받침하는 1차적 증거방법 자체에 오류가 발생할 가능성이 내포되어 있고, 그와 동일한 분석기법에 의하여 제출된 2차적 증거방법이 공소사실과 배치되는 소극적 사실을 뒷받침하고 있는 경우, 각 분석결과 사이의 차이점이 합리적인 의심 없이 해명될 수 있고 1차적 증거방법에 따른 결과의 오류가능성이 무시할 정도로 극소하다는 점이 검증된다 하더라도, 공소사실을 뒷받침하는 1차적 증거방법만을 취신하였다면 그것은 자유심증주의의 한계를 벗어났다고 보아야 한다.

㉢ 마약류 매매 여부가 쟁점이 된 사건에서 매도인으로 지목된 피고인이 수수사실을 부인하고 있고 이를 뒷받침할 금융자료 등 객관적 물증이 없는 경우, 마약류를 매수하였다는 사람의 진술만으로 유죄를 인정하기 위해서는 그 사람의 진술이 증거능력이 있어야 함은 물론 합리적인 의심을 배제할 만한 신빙성이 있어야 한다.

㉣ 금품 수수 여부가 쟁점이 된 사건에서 금품을 제공하였다는 사람의 진술에 대하여 제1심이 증인신문 절차 등을 거친 후에 합리적인 의심을 배제할 만한 신빙성이 없다고 보아 공소사실을 무죄로 판단하였는데, 항소심이 제1심 증인 등을 다시 신문하는 등의 추가 증거조사를 거쳐 신빙성을 심사하여 본 결과 제1심이 들고 있는 의심과 일부 어긋날 수 있는 사실의 개연성이 드러남으로써 제1심 판단에 의문이 생긴 이상 제1심 판단에 사실오인의 위법이 있으므로 공소사실을 유죄로 인정하여야 한다.

㉤ 범죄구성요건사실을 인정하기 위하여 과학공식 등의 경험칙을 이용하는 경우에 그 법칙 적용의 전제가 되는 개별적·구체적 사실에 대하여는 자유로운 증명에 의한다.

㉥ 위드마크 공식의 적용에 관해서 불확실한 점이 남아 있고 그것이 피고인에게 불이익하게 작용한다 하더라도 그 계산결과는 음주운전사실에 관한 증명력이 인정될 수 있다.

① ㉠㉢㉣㉤
② ㉡㉣㉤㉥
③ ㉠㉣㉤㉥
④ ㉡㉢㉣㉤

09

자유심증주의에 관한 다음 [보기]의 설명으로 옳은 것을 모두 고른 것은? (다툼이 있으면 판례에 의함)

| 보기 |

㉠ 부검의가 사체에 대한 부검을 실시한 후 어떤 것을 유력한 사망원인으로 지시한다고 하여 그 밖의 다른 사인이 존재할 가능성을 가볍게 배제하여서는 아니 되고, 특히 형사재판에서 부검의의 소견에 주로 의지하여 유죄의 인정을 하기 위해서는 다른 가능한 사망원인을 모두 배제하기 위한 치밀한 논증의 과정을 거치지 않으면 안 된다.

㉡ 일정 기간 동안에 발생한 피해자의 일련의 강간 피해 주장 중 그에 부합하는 진술의 신빙성을 대부분 부정할 경우, 일부 사실에 대하여만 피해자의 진술을 믿어 유죄를 인정하려면 그와 같이 피해자 진술의 신빙성을 달리 볼 수 있는 특별한 사정이 인정되어야 할 것이다.

㉢ 용의자의 인상착의 등에 의한 범인식별 절차에서 용의자 한 사람을 단독으로 목격자와 대질시키거나 용의자의 사진 한 장만을 목격자에게 제시하여 범인여부를 확인하게 하는 것은 부가적인 사정이 없는 한 그 신빙성이 낮다.

㉣ 비가 오는 야간에 우연히 지나가다 20~30명이 몰려 있던 싸움현장을 목격하였음에 불과한 사람이 그로부터 1개월여가 지난 뒤에 단순한 당시의 기억만으로 피해자를 때리려고 한 사람이 바로 피고인이었다고 지목한 것이라도 경험칙상 그 신빙성이 의심스럽다고 할 수 없다.

㉤ 인접한 시기에 같은 피해자를 상대로 저질러진 동종 범죄에 대해서 판단할 때에는 사실심 법원이라 하더라도 각각의 범죄에 따라 피해자 진술의 신빙성이나 그 신빙성 유무를 기초로 한 범죄 성립 여부를 달리 판단하여서는 아니 된다.

㉥ 피고인이 성폭력처벌법상 공중밀집장소추행죄의 고의를 부인하는 경우에는 고의와 상당한 관련성이 있는 간접사실을 증명하는 방법에 따라서 피고인이 고의로 추행을 하였다고 볼 만한 징표와 어긋나는 사실의 의문점이 해소되어야 한다. 여기서 밑줄 친 부분에서 나타난 고의의 판단방법은 피고인이 자폐성 장애인이거나 지적장애인에 해당하는 경우에 마찬가지로 적용된다.

① ㉠㉡㉢㉣㉤ ② ㉠㉡㉢㉤㉥
③ ㉠㉡㉢㉤ ④ ㉠㉡㉢㉥

10

자유심증주의에 관한 다음 [보기]의 설명 중 옳은 것을 모두 고른 것은? (다툼이 있으면 판례에 의함)

| 보기 |

㉠ 제1심이 증인신문을 거쳐 신빙성을 인정한 성폭력범죄 피해자의 진술 등에 대하여 항소심이 추가 증거조사 없이 '피해자다움'이 나타나지 않는다는 등의 사정을 들어 신빙성을 배척하는 것은 타당하지 아니하다.

㉡ 비록 사실의 인정이 사실심의 전권이더라도 범죄사실이 인정되는지는 논리와 경험법칙에 따라야 하고, 충분한 증명력이 있는 증거를 합리적 이유 없이 배척하거나 반대로 객관적인 사실에 명백히 반하는 증거를 근거 없이 채택·사용하는 것은 자유심증주의의 한계를 벗어나는 것으로서 법률 위반에 해당한다.

㉢ 피해자가 피고인으로부터 강간을 당한 후 그 다음 날 스스로 피고인의 집에 찾아갔다면 이러한 피해자의 행위는 피해자 진술의 신빙성을 곧바로 배척할 사정에 해당하지 아니한다.

㉣ 피고인이 수사기관에서부터 공판기일에 이르기까지 일관되게 범행을 자백하다가 어느 공판기일부터 갑자기 자백을 번복한 경우라고 하여 자백 진술의 신빙성 유무를 살피는 외에 자백을 번복하게 된 동기나 이유 및 경위 등과 함께 수사기관 이래의 진술 경과와 진술의 내용 등에 비추어 번복 진술이 납득할 만한 것이고 이를 뒷받침할 증거가 있는지 등을 살펴보아야 하는 것은 아니다.

㉤ 형사처벌을 모면하기 위해 운전자가 의도적인 추가음주를 하는 경우에도 피고인에게 음주운전을 하지 않았다는 점에 대한 증명책임이 전가되는 것이 아니므로 검사의 엄격한 증명책임은 유지된다.

㉥ 피고인이 수사과정에서 공소사실을 부인하였고 그 내용이 기재된 피의자신문조서 등에 관하여 증거동의를 한 경우, 법원은 그중 일부만 발췌하여 유죄의 증거로 사용할 수 없다.

① ㉠㉡㉢㉣㉤ ② ㉡㉢㉣㉤㉥
③ ㉠㉢㉣㉤㉥ ④ ㉠㉡㉢㉤㉥

11

자유심증주의에 관한 다음 [보기]의 설명 중 판례의 입장(전원합의체 판결의 경우 다수의견에 의함)과 일치하지 않는 것을 모두 고른 것은?

| 보기 |

㉠ 검사가 공판기일에 증인으로 신청하여 신문할 사람을 특별한 사정 없이 미리 수사기관에 소환하여 면담하는 절차를 거친 후 증인이 법정에서 피고인에게 불리한 내용의 진술을 한 경우라 하더라도 증인에 대한 회유나 압박 등이 없었다는 사정을 검사가 별도로 증명할 필요는 없다.

㉡ 국회의원인 甲은 A 주식회사 대표이사 乙에게서 3차례에 걸쳐 약 9억 원의 불법정치자금을 수수하였다는 내용으로 기소되었는데, 乙이 검찰의 소환 조사에서는 자금을 조성하여 피고인에게 정치자금으로 제공하였다고 진술하였다가, 제1심 법정에서는 이를 번복하여 자금 조성 사실은 시인하면서도 피고인에게 정치자금으로 제공한 사실을 부인하고 자금의 사용처를 달리 진술한 경우, 乙의 법정진술을 믿을 수 없는 사정 아래에서 乙이 법정에서 검찰진술을 번복하였다는 이유만으로 조성자금을 피고인에게 정치자금으로 공여하였다는 검찰진술의 신빙성이 부정될 수는 없다.

㉢ 공판중심주의 원칙과 전문법칙의 취지에 비추어 보면, 피고인 아닌 사람이 공판기일에 선서를 하고 증언하면서 수사기관에서 한 진술과 다른 진술을 하는 경우에, 공개된 법정에서 교호신문을 거치고 위증죄의 부담을 지면서 이루어진 자유로운 진술의 신빙성을 부정하고 수사기관에서 한 진술을 증거로 삼으려면 이를 뒷받침할 객관적인 자료가 있어야 한다.

㉣ 개별적, 구체적인 사건에서 성폭행 등의 피해자가 처하여 있는 특별한 사정을 충분히 고려하지 않은 채 피해자 진술의 증명력을 가볍게 배척하는 것은 정의와 형평의 이념에 입각하여 논리와 경험의 법칙에 따른 증거판단이라고 볼 수 있다.

㉤ 배심원이 참여하는 형사재판 즉 국민참여재판을 거쳐 제1심 법원이 배심원의 만장일치 무죄평결을 받아들여 피고인에 대하여 무죄판결을 선고한 경우, 제1심 법원의 무죄판결에 대한 항소심에서의 추가적이거나 새로운 증거조사는 형사소송법과 형사소송규칙 등에서 정한 바에 따라 신중하게 이루어져야 한다.

① ㉠㉡㉢㉣
② ㉠㉢㉣
③ ㉡㉣㉤
④ ㉡㉢㉣㉤

12

「정치자금법」상 금품수수 혐의로 공소제기된 피고인 甲이 법정에서 금품수수 사실을 부인하였고, 제1심 법원에 증인으로 출석한 乙은 甲에게 금품을 제공하였다고 증언하였지만 제1심 법원은 乙의 증언에 신빙성이 없고 범죄의 증명이 부족하다는 이유로 무죄를 선고하였다. 이에 관한 설명 중 옳지 않은 것은? (다툼이 있는 경우 판례에 의함)

① 甲의 혐의를 뒷받침할 금융자료 등 객관적 물증이 없는 경우, 제1심 법원이 금품수수 사실을 부인하는 甲에 대해 乙의 진술만으로 유죄를 인정하기 위해서는 乙의 진술이 증거능력이 있어야 함은 물론 합리적인 의심을 배제할 만한 신빙성이 있어야 한다.

② 항소심 법원이 乙을 증인으로 다시 신문한 결과 제1심이 들고 있는 의심과 일부 어긋날 수 있는 사실의 개연성이 드러나 제1심의 판단에 의문이 생긴 경우, 제1심이 일으킨 합리적인 의심을 충분히 해소할 수 있을 정도에까지 이르지 아니하더라도 乙의 진술의 신빙성이 부족하다는 제1심의 판단에 사실오인의 위법이 있다고 인정하여 공소사실을 유죄로 인정할 수 있다.

③ 만일 乙이 검찰에서는 자금을 조성하여 甲에게 정치자금으로 제공하였다고 진술하였다가 제1심 법정에서는 정치자금으로 제공한 사실을 부인하면서 자금의 사용처를 달리 증언하였다고 하더라도, 제1심 법원은 乙의 검찰 진술의 신빙성을 인정하여 甲에게 유죄를 선고할 수 있다.

④ 乙이 증인신문에 앞서 법원에 甲뿐만 아니라 변호인에 대해서까지 차폐시설의 설치를 요구한다면, 그러한 방식으로 증인신문이 이루어지는 경우 반대신문권이 제한될 수 있으므로, 법원은 특별한 사정이 있는 경우에만 예외적으로 변호인에 대한 차폐시설의 설치를 허용할 수 있다.

13

자백에 대한 설명으로 옳은 것은? (다툼이 있는 경우 판례에 의함)

① 자백의 임의성은 조서의 형식과 내용, 진술자의 신분·학력·지능 등 여러 사정을 종합하여 자유로운 심증으로 판단해서는 안 되고 엄격한 증명의 방법에 의하여 판단하여야 한다.

② 피고인이 범행을 자인하는 것을 들었다는 피고인 아닌 자의 진술을 내용으로 하는 수사기관 작성의 진술조서는 피고인의 자백을 보강하는 증거가 될 수 있다.

③ 일정한 증거가 발견되면 피의자가 자백하겠다고 한 약속이 검사의 강요나 위계에 의하여 이루어졌다거나 불기소나 경한 죄의 소추 등의 이익과 교환조건으로 된 것으로 인정되지 않는다면 이와 같은 약속 하에 된 자백이라 하여 곧 임의성 없는 자백이라고 단정할 수는 없다.

④ 피고인의 자백이 임의성이 없다고 의심할 만한 사유가 있다면, 비록 그 임의성을 의심하게 된 사유와 자백과의 사이에 인과관계가 없는 것이 명백하더라도 자백의 임의성은 부정된다.

14

자백배제법칙에 관한 설명으로 옳지 않은 것은? (다툼이 있으면 판례에 의함)

① 검사가 피고인들에게 공소사실 그대로의 사실 유무를 묻자, 피고인들이 동시에 "예, 그랬습니다."라고 답을 하였으나, 재판장의 물음에서는 다시 범행을 부인하였다면 피고인들이 공모하여 기망 내지 편취하였다는 내용까지 자백한 것이라고는 볼 수 없다.

② 상업장부나 항해일지, 진료일지 등이 설사 그 문서가 우연히 피고인이 작성하였고 그 문서의 내용 중 피고인의 범죄사실의 존재를 추론해 낼 수 있는 공소사실에 일부 부합되는 사실의 기재가 있다면 피고인이 범죄사실을 자백하는 문서라고 볼 수 있다.

③ 검찰에서 피의자신문을 받아 본건 방화사실을 자백하고 이어서 진술서를 작성·제출하고 그 다음 날부터 연 3일간 자기의 잘못을 반성하고 자백하는 내용의 양심서, 반성문, 사실확인서를 작성·제출하고 경찰의 검증조서에도 피고인이 자백하는 기재가 있는 경우의 자백은 그 신빙성이 희박하다.

④ 구속영장에 의함이 없이 경찰에 연행된 이래 강압적인 수사를 받아 15일간의 불법구금상태에서의 자백은 증거능력이 인정되지 않는다.

15

다음 중 자백배제법칙에 관한 다음 설명 중 판례의 입장과 일치하지 않는 것은?

① 임의성 없는 진술의 증거능력을 부정하는 취지는, 허위진술을 유발 또는 강요할 위험성이 있는 상태 하에서 행하여진 진술은 그 자체가 실체적 진실에 부합하지 아니하여 오판을 일으킬 소지가 있을 뿐만 아니라 그 진위를 떠나서 진술자의 기본적 인권을 침해하는 위법·부당한 압박이 가하여지는 것을 사전에 막기 위한 것이다.

② 자백의 임의성에 다툼이 있을 때에는 그 임의성을 의심할 만한 합리적이고 구체적인 사실을 검사가 아니라 피고인이 입증하여야 한다.

③ 자백의 임의성에 다툼이 있는 경우 법원이 구체적인 사건에 따라 피고인의 학력, 경력, 직업, 사회적 지위, 지능 정도, 진술의 내용, 피의자신문조서의 경우 그 조서의 형식 등 제반 사정을 참작하여 자유로운 심증으로 위 진술이 임의로 된 것인지의 여부를 판단하면 된다.

④ 피고인이 경찰에서 가혹행위 등으로 인하여 임의성 없는 자백을 하고 그 후 검찰이나 법정에서도 임의성 없는 심리상태가 계속되어 동일한 내용의 자백을 하였다면 각 자백도 임의성 없는 자백이라고 보아야 한다.

16

위법수집증거능력배제법칙에 대한 다음 [보기]의 설명 중 옳은 것을 모두 고른 것은? (다툼이 있으면 판례에 의함)

| 보기 |

㉠ 위법한 긴급체포는 영장주의에 위배되는 중대한 것이니 그 체포에 의한 유치 중에 작성된 피의자신문조서는 위법하게 수집된 증거로서 특별한 사정이 없는 한 이를 유죄의 증거로 할 수 없다.

㉡ 강도 현행범으로 체포된 피고인에게 진술거부권 고지 없이 강도 범행에 대한 자백을 받은 후 40여일이 지난 후에 피고인이 변호인의 충분한 조력을 받으면서 법정에서 임의로 자백한 경우, 법정에서의 자백은 위법수집증거라 할 수 없다.

㉢ 영장주의에 위반하여 수집한 증거물에 대하여는 비록 헌법과 형사소송법이 정한 절차에 따르지 아니한 위법성이 있더라도 물건 자체의 성질이나 형상에 변경을 가져오지 않으므로 그 증거능력이 인정된다.

㉣ 검찰관이 피고인을 뇌물수수 혐의로 기소한 후, 형사사법 공조절차를 거치지 아니한 채 외국에 현지출장하여 그곳에서 뇌물공여자를 상대로 참고인 진술조서를 작성한 경우, 그 진술조서는 위법수집증거에 해당하지 않는다.

㉤ 수사기관이 피압수자 측에게 참여의 기회를 보장하거나 압수한 전자정보 목록을 교부하지 않은 경우에는 사후에 법원으로부터 영장을 발부받아야만 그 위법성이 치유된다.

㉥ 사법경찰관이 피의자를 유치장에 입감시킨 상태에서 이미 영장에 의하여 압수된 피의자의 휴대전화 내 전자정보를 탐색·복제·출력하고 이후 압수한 전자정보에 관한 사후영장을 발부받았다면 압수절차의 위법성은 치유된 것으로 볼 수 있다.

① ㉠㉡㉢㉥
② ㉠㉣㉤
③ ㉠㉡㉣
④ ㉡㉢㉤㉥

17

위법수집증거배제법칙에 대한 다음 [보기]의 설명 중 옳은 것을 모두 고른 것은? (다툼이 있는 경우 판례에 의함)

| 보기 |

㉠ 甲의 공직선거법 위반 범행을 영장사실로 하여 발부받은 압수·수색영장을 집행하는 과정에서 발견된 甲과 무관한 乙과 丙사이의 공직선거법 위반 혐의사실이 담겨 있는 녹음파일은 임의로 제출받거나 별도의 압수·수색영장을 발부받지 않았다면 乙과 丙에 대한 유죄의 증거로 사용할 수 없다.

㉡ 참고인에 대한 검찰진술조서가 강압상태 또는 강압수사로 인한 정신적 강압상태가 계속된 상태에서 작성된 것으로 의심되어 그 임의성을 의심할 만한 사정이 있는데도 검사가 그 임의성의 의문점을 없애는 증명을 하지 못하였다면 유죄의 증거로 사용할 수 없다.

㉢ 수사기관이 압수영장 또는 감정처분허가장을 발부받지 아니한 채 피의자의 동의 없이 피의자의 신체로부터 혈액을 채취하고 사후에도 지체 없이 영장을 발부받지 않았다면, 그 혈액의 알코올농도에 관한 감정회보는 유죄의 증거로 사용할 수 없다.

㉣ 제3자가 공갈목적을 숨기고 피고인의 동의하에 찍은 나체사진은 피고인의 사생활의 비밀을 침해하므로 형사소추상 반드시 필요한 증거라고 하더라도 피고인에 대한 간통죄의 유죄의 증거로 사용할 수는 없다.

㉤ 수사기관이 甲의 A 범죄 혐의에 관하여 甲의 휴대전화를 적법하게 압수하여 분석하던 중, 甲의 배우자 乙은 甲 모르게 甲의 휴대전화에 자동녹음 애플리케이션을 실행해 두어 자동으로 녹음된 甲과 乙 사이의 A 범죄와 관련된 '전화통화 녹음파일'을 우연히 발견하여 압수한 경우, 위 전화통화 녹음파일은 증거로 사용할 수 없다.

㉥ 법관이 증인에 대하여 형사소송법이 정한 절차와 방식에 따른 증인신문을 거치지 아니하고 청취한 진술과 그 형식적 변형에 불과한 증거의 경우, 피고인이나 변호인이 그러한 절차 진행에 동의하였거나 사후에 그와 같은 증거조사 결과에 대하여 이의를 제기하지 아니하고 그 녹음파일 등을 증거로 함에 동의한 경우 증거능력이 인정된다.

① ㉠㉡㉢㉣㉥　　　　② ㉡㉢㉣㉤
③ ㉡㉢㉣㉥　　　　　④ ㉠㉡㉢

18

위법수집증거에 대한 다음 [보기]의 설명 중 옳은 것을 모두 고른 것은? (다툼이 있는 경우 판례에 의함)

| 보기 |

㉠ 음주운전의 의심이 있는 자가 운전 중 교통사고를 내고 의식을 잃은 채 병원응급실로 호송되자 출동한 경찰관이 영장 없이 의사로 하여금 채혈 후 작성하게 한 혈중알콜농도에 관한 감정서는 증거능력이 없다.

㉡ 검사가 피의자를 소환하여 신문하면서 피의자신문조서가 아닌 일반적인 진술조서의 형식으로 조서를 작성한 경우, 그 진술조서의 내용이 피의자신문조서와 실질적으로 같고, 진술의 임의성이 인정된다면 미리 피의자에게 진술거부권을 고지하지 않았더라도 위법수집증거에 해당하지 아니한다.

㉢ 수사기관이 피의자 지위에 있지 아니한 조사대상자에게 진술거부권을 고지하지 않고 얻은 진술은 위법수집증거에 해당하여 증거능력이 부정된다.

㉣ 수사기관이 피고인 아닌 자를 상대로 수집한 증거가 위법수집증거에 해당하면 원칙적으로 이를 피고인에 대한 유죄 인정의 증거로 삼을 수 없다.

㉤ 제1심에서 피고인에 대하여 무죄판결이 선고되어 검사가 항소한 후, 수사기관이 항소심 공판기일에 증인으로 신청하여 신문할 수 있는 사람을 특별한 사정 없이 미리 수사기관에 소환하여 작성한 진술조서는 이미 증언을 마친 증인을 소환하여 작성한 진술조서와는 달리 그 증거능력이 있다.

㉥ 법원이 해외에 체류 중인 사람에 대하여 선서 없이 인터넷 화상장치로 진술을 청취한 경우 그 진술 녹음파일과 녹취서는 증거능력이 인정되지 않는다.

① ㉠㉣㉥
② ㉡㉣㉤
③ ㉠㉡㉢㉣
④ ㉡㉢㉤㉥

19

위법수집증거능력배제법칙에 대한 다음 [보기]의 설명 중 옳지 않은 것을 모두 고른 것은? (다툼이 있으면 판례에 의함)

| 보기 |

㉠ 사문서위조·위조사문서행사 및 소송사기로 이어지는 일련의 범행에 대하여 피고인을 형사소추하기 위해서는 이 사건 업무일지가 반드시 필요한 증거로 보이므로, 설령 그것이 제3자에 의하여 절취된 것으로서 위 소송사기 등의 피해자 측이 이를 수사기관에 증거자료로 제출하기 위하여 대가를 지급하였다 하더라도, 공익의 실현을 위해서는 이 사건 업무일지를 범죄의 증거로 제출하는 것이 허용되어야 하고, 이로 말미암아 피고인의 사생활 영역을 침해하는 결과가 초래된다 하더라도 이는 피고인이 수인하여야 할 기본권의 제한에 해당된다.

㉡ 음주운전 피의자에 대해 위법한 강제연행 상태에서 호흡측정방법에 의한 음주측정을 한 다음, 즉시 그 자리에서 피의자가 자신의 호흡측정 결과에 대한 탄핵을 하기 위하여 스스로 혈액채취방법에 의한 측정을 할 것을 요구하여 혈액채취가 이루어진 경우, 호흡측정에 의한 측정결과와는 달리 혈액채취에 의한 측정결과는 증거능력이 있다.

㉢ 대통령비서실장이 정부 산하기관이 수행하는 각종 사업에서 이른바 좌파 등에 대한 지원배제를 지시하였다는 직권남용권리행사방해의 공소사실로 기소된 경우, 특별검사가 검찰을 통하여 또는 직접 청와대로부터 넘겨받아 법원에 제출한 '청와대 문건'은 위법수집증거에 해당한다.

㉣ 수사기관이 금융기관으로부터 금융거래자료를 수신하기에 앞서 금융계좌추적용 압수·수색영장 원본을 사전에 제시하지 않았다면, 전체적으로 하나의 영장에 기하여 적시에 원본을 제시하고 이를 토대로 영장의 당초 집행 대상과 범위 내에서 이를 압수·수색한 것으로 평가할 수 있는 경우라 하더라도 이에 의하여 수집된 증거는 위법수집증거에 해당한다.

㉤ 형사소송법 제216조 제3항에 의한 압수 후 청구한 압수영장이 기각되었는데 압수물이 아직 반환되지 않은 상태에서 다시 압수영장을 청구하여 압수영장을 발부받은 다음 압수물을 피압수자에게 반환함과 동시에 다시 압수하였다면 이러한 압수물의 증거능력은 인정된다.

① ㉠㉡㉢㉣㉤
② ㉠㉡㉢㉣
③ ㉡㉢㉣㉤
④ ㉡㉢㉣

20

다음 [사례]의 비밀녹음 중 증거로 사용할 수 있는 것을 모두 고른 것은? (다툼이 있는 경우 판례에 의함)

| 사례 |

ⓐ 교사 A가 학생들과 사적인 대화를 나누면서 교사 B가 수업시간에 발언한 내용을 들었다는 학생들의 진술을 녹음한 경우

ⓑ 3인 간의 대화에 있어서 그중 한 사람이 대화를 녹음한 경우

ⓒ 범인이 범행 후 피해자에게 전화를 걸어오자 피해자가 그 전화내용을 녹음한 경우

ⓓ 제3자인 사인(私人)이 간통죄 당사자들 사이의 전화통화를 녹음한 경우

ⓔ 제3자가 전화통화 당사자 일방만의 동의를 받고 그 통화내용을 녹음한 경우

① ㉠㉡㉢
② ㉠㉢㉣
③ ㉡㉢㉣
④ ㉡㉣㉤

▶ **제4장 증거** [위법수집증거배제법칙 2] — [전문법칙 1]

회차	시행일			목표점수			획득점수		
제8회	1차	2차	3차	1차	2차	3차	1차	2차	3차

01

위법수집증거능력배제법칙에 대한 다음 [보기]의 설명 중 옳은 것을 모두 고른 것은? (다툼이 있으면 판례에 의함)

| 보기 |

㉠ 공판준비 또는 공판기일에서 이미 증언을 마친 증인을 검사가 소환한 후 이를 일방적으로 번복시키는 방식으로 작성한 진술조서는 그 후 원진술자인 종전 증인이 다시 법정에 출석하여 증언을 하면서 그 진술조서의 성립의 진정함을 인정하더라도 증거능력이 없다.

㉡ 검사가 甲을 긴급체포하여 조사 중, 甲의 친구인 변호사 A가 甲의 변호인이 되기 위하여 검사에게 접견신청을 하였으나, 검사가 변호인선임신고서의 제출을 요구하면서 변호인 접견을 못하게 한 상태에서 검사가 작성한 甲에 대한 피의자신문조서는 甲에 대한 유죄의 증거로 사용할 수 있다.

㉢ 수사기관이 사전에 영장을 제시하지 않은 채 구속영장을 집행한 다음 공소제기 후에 이루어진 피고인의 법정진술은 이른바 2차적 증거로서 위법수집증거의 배제원칙에도 불구하고 그 증거능력이 인정될 수 있다.

㉣ 교사 A가 학생들과 사적인 대화를 나누면서 교사 B가 수업시간에 발언한 내용을 들었다는 학생들의 진술을 녹음하여 만든 녹음테이프는 위법수집증거는 아니다.

㉤ 수사기관이 범죄사실과 무관하게 압수한 USB를 피의자에게 환부하였다가 다시 임의 제출받았으나 그 제출의 임의성이 인정되지 아니하는 경우 위 USB는 위법수집증거가 아니다.

① ㉠㉡㉤   ② ㉠㉢㉣
③ ㉡㉢㉤   ④ ㉠㉡㉢㉣

02

위법수집증거능력배제법칙에 대한 다음 [보기]의 설명 중 옳지 않은 것을 모두 고른 것은? (다툼이 있으면 판례에 의함)

| 보기 |

㉠ 정보저장매체를 임의제출한 피압수자에 더하여 임의제출자 아닌 피의자에게도 참여권이 보장되어야 하는 '피의자의 소유·관리에 속하는 정보저장매체'인가를 판단함에 있어서 피의자가 과거 그 정보저장매체의 이용 내지 개별 전자정보의 생성·이용 등에 관여한 사실이 있다거나 그 과정에서 생성된 전자정보에 의해 식별되는 정보주체에 해당된다면 실질적으로 압수·수색을 받는 당사자로 취급하여야 한다.

㉡ 증인신문절차의 공개금지사유가 '국가의 안녕질서를 방해할 우려가 있는 때'에 해당하지 아니하고 달리 공개금지사유를 찾을 수 없다면 그 절차에 의하여 이루어진 증인의 증언은 증거능력이 없다.

㉢ 마약류관리에관한법률위반죄 피고사건에서 수사기관의 임의동행이 위법한 체포에 해당하면 이후의 제1차 채뇨에 의한 증거수집은 위법하게 된다. 피고인이 이후 법관이 발부한 구속영장에 의하여 적법하게 구금되었고 법관이 발부한 압수영장에 의하여 2차 채뇨 및 채모 절차가 적법하게 이루어진 경우에도 2차적 증거수집이 위법한 체포·구금절차에 의하여 형성된 상태를 직접 이용하여 행하여진 것으로 평가되어야 한다.

㉣ 검사 또는 사법경찰관은 압수·수색영장 발부의 사유로 된 범죄 혐의사실과 무관한 별개의 증거를 압수하였을 경우 이는 원칙적으로 유죄 인정의 증거로 사용할 수 없으므로, 수사기관이 별개의 증거를 피압수자 등에게 환부하고 후에 임

의 제출받아 다시 압수하였더라도 증거를 압수
한 최초의 절차 위반행위와 최종적인 증거수집
사이의 인과관계가 단절되었다고 평가할 수는
없다.

ⓜ 위법수집한 녹음파일을 제시받고 그 대화 내용
을 전제로 하는 신문에 답변한 것을 내용으로
하는 피고인의 법정진술은 소위 독수의 과실 이
론의 예외에 해당한다.

① ㉠㉢㉣
② ㉠㉢㉣㉤
③ ㉡㉢㉣㉤
④ ㉠㉡㉢㉣

03

**위법수집증거배제법칙에 대한 다음 [보기]의 설명 중 판례
의 입장에 일치하는 것을 모두 고른 것은?**

| 보기 |

㉠ 판사의 날인이 누락된 압수수색영장에 기초하
여 수집한 증거는 위법수집증거에 해당하지 아
니할 수 있다.

㉡ 수사기관이 정보저장매체에 기억된 정보 중에서
범죄 혐의사실과 관련 있는 정보를 선별한 다음
이미지 파일을 제출받아 압수한 경우, 수사기관
사무실에서 위와 같이 압수된 이미지 파일을 탐
색·복제·출력하는 과정에서 피의자 등에게 참여
의 기회를 보장하지 아니하였다면 이러한 절차에
의하여 수집한 증거는 위법수집증거에 해당한다.

㉢ 압수물인 컴퓨터용 디스크 등 정보저장매체 원
본을 대신하여 저장매체에 저장된 자료를 '하드
카피' 또는 '이미징'한 매체로부터 출력한 문건
의 경우, 출력 문건과 정보저장매체에 저장된
자료가 동일하고 정보저장매체 원본이 문건 출
력 시까지 변경되지 않았다는 점에 관하여, 피
압수·수색 당사자가 그 동일성을 인정한 확인
서면을 검사가 교부받아 법원에 제출하지 않고,
일련의 절차에 참여한 수사관이나 전문가 등의
증언에 의한 경우라 하더라도 위 출력 문건은
위법수집증거에 해당하지 아니한다.

㉣ 음주운전에 대한 수사과정에서 호흡측정이 이
루어진 운전자에 대하여 다시 혈액 채취의 방법
으로 측정할 수 있는 경우는 운전자가 호흡측정
결과에 불복한 경우에 한정되지 않으므로, 호흡
측정 당시의 구체적 상황에 비추어 호흡측정기
의 오작동 등으로 인하여 호흡측정 결과에 오류
가 있다고 인정할 만한 객관적이고 합리적인 사
정이 있는 경우 경찰관이 음주운전 혐의를 제대
로 밝히기 위하여 운전자의 자발적인 동의를 얻
어 혈액 채취에 의한 측정으로 얻어낸 음주운전
측정결과는 위법수집증거에 해당하지 아니한다.

㉤ 선행절차인 긴급체포는 적법하게 이루어졌으나
이후 법원에의 석방통지가 이루어지지 않은 경
우 긴급체포에 의한 유치 중에 작성된 피의자신
문조서는 그 증거능력이 인정되지 않는다.

① ㉠㉡㉢　　　　② ㉠㉢㉣
③ ㉡㉢㉣㉤　　　　④ ㉠㉢㉣㉤

04

위법수집증거배제법칙에 관한 다음 [보기]의 기술 중 옳은 것을 모두 고른 것은? (다툼이 있으면 판례에 의함)

| 보기 |

㉠ 수사기관이 외국인을 체포하거나 구속하면서 지체 없이 영사통보권 등이 있음을 고지하지 않았다면 체포나 구속 절차는 국내법과 같은 효력을 가지는 협약 제36조 제1항 (b)호를 위반한 것으로 위법하다.

㉡ 사법경찰관이 피고인(당시 피의자)이 인도네시아 국적의 외국인이라는 사실이 명백했는데도 현행범인으로 체포할 당시 피고인에게 영사통보권 등을 고지하지 않았지만, 피고인이 영사통보권 등을 고지받았더라도 영사의 조력을 구하였으리라고 보기 어려운 점, 수사기관이 피고인에게 영사통보권 등을 고지하지 않았더라도 그로 인해 피고인에게 실질적인 불이익이 초래되었다고 볼 수 없는 점이 인정된다면 체포나 구속 이후 수집된 증거와 이에 기초한 증거들은 유죄 인정의 증거로 사용할 수 있다.

㉢ 반대신문권의 기회는 제공되었으나 반대신문사항을 모두 신문하지 못한 경우에도 증인의 법정진술이나 그 진술이 기재된 증인신문조서의 증거능력을 인정할 수 있다.

㉣ 위 ㉢의 경우가 위법한 증거라 하더라도 명시적인 책문권 포기의 의사에 의하여 그 하자가 치유될 수 있다.

㉤ 여자의 신체를 검사함에 있어서 의사나 성년의 여자를 참여하게 하지 않았다면 그 신체검사의 결과는 증거로 할 수 없다.

㉥ 수사기관은 검찰수사서기관 甲이 수사 지연 등 부정한 청탁을 받고 이를 처리한 혐의와 내부의 비밀을 누설하였다는 혐의로 수사를 하면서, 별건 압수·수색 과정에서 압수한 휴대전화에 저장된 전자정보를 탐색하던 중 우연히 이 사건 범죄사실 혐의와 관련된 전자정보를 발견하여 이후 약 3개월 동안 대검찰청 통합디지털증거관리시스템(D-NET)에 그대로 저장된 채로 계속 보관하면서 영장 없이 이를 탐색·복제·출력하여 증거를 수집하였다. 이후 수사기관은 위 수집된 증거에 대해서 압수·수색영장을 발부받았고, 검사는 공판절차에서 위 증거를 제출하였으며 이에 대해서 피고인이나 변호인의 증거동의가 있었다. 위 증거의 증거능력은 인정되지 않는다.

① ㉠㉡㉢㉣㉤
② ㉡㉣㉤㉥
③ ㉠㉡㉣㉤㉥
④ ㉠㉡㉣㉥

05

다음 [보기] 중 전문증거에 해당하는 것을 모두 고른 것은? (다툼이 있는 경우 판례에 의함)

| 보기 |

㉠ 건축허가를 둘러싼 A의 알선수재사건에서 "건축허가 담당공무원에게 내(B)가 사례비 2,000만 원을 주기로 A와 상의하였다."라는 B의 증언

㉡ 휴대전화기에 공포심이나 불안감을 유발하는 글을 반복적으로 상대방에게 도달하게 하는 행위를 하였다는 C에 대한 공소사실의 유죄증거로 C의 휴대전화기에 저장된 위와 같은 내용의 문자정보

㉢ 횡령죄로 기소된 D의 의뢰를 받은 변호사가 작성하여 D에게 이메일로 전송한 '법률의견서'를 출력한 사본

㉣ 반국가단체로부터 지령을 받고 국가기밀을 탐지·수집하였다는 공소사실로 기소된 E의 컴퓨터에 저장된 국가기밀문건

㉤ F가 한 진술의 내용인 사실이 요증사실인 경우, F의 진술을 내용으로 하는 G의 진술

① ㉠㉢
② ㉡㉣
③ ㉢㉤
④ ㉠㉡

06

전문증거에 대한 다음 [보기]의 설명 중 옳은 것을 모두 고른 것은?

| 보기 |

㉠ 정보통신망을 통하여 공포심이나 불안감을 유발하는 글을 반복적으로 상대방에게 도달하게 하는 행위를 하였다는 공소사실에 대하여 휴대전화기에 저장된 문자정보다 그 증거가 되는 경우에는 형사소송법 제310조의2에서 정한 전문법칙이 적용되지 않는다.

㉡ 甲의 알선수재의 공소사실에 대하여 법정에 증인으로 출석한 乙이 "甲으로부터 '공무원 A에게 뇌물을 주어야 한다'는 말을 들었다"고 증언한 경우 乙의 증언은 전문증거가 아니다.

㉢ "검거 당시 피고인이 범행사실을 순순히 자백하였다."라는 경찰관의 법정증언은 피고인이 공판정에서 범행을 부인하였다 하더라도 조사자증언으로서 그 증거능력이 인정된다.

㉣ 피고인 B의 정신상태를 나타내기 위해 A가 "평소 B는 자신이 신이라고 말하였다."고 증언한 경우, A의 증언은 전문증거가 아니다.

㉤ 수사기관이 작성한 압수조서의 압수경위란에 피의자였던 피고인의 자백 진술이 기재된 경우 피고인 또는 변호인이 쟁점 공소사실을 일관되게 부인한다면 위 압수조서의 기재된 피고인의 자백 진술의 증거능력이 인정되지 않는다.

① ㉠㉡㉢㉣㉤
② ㉡㉢㉣㉤
③ ㉠㉡㉣㉤
④ ㉠㉡㉢㉣

07

피의자신문조서의 증거능력에 대한 다음 [보기]의 설명 중 옳지 않은 것을 모두 고른 것은? (다툼이 있는 경우 판례에 의함)

| 보기 |

㉠ 피고인에 대한 검찰 피의자신문조서에는 피고인이 2021.3.경부터 같은 해 6.10. 19:00경 사이에 공소사실과 같은 방법으로 메트암페타민을 2회 투약하였다고 진술한 것으로 기재되어 있는데, 피고인이 공소사실을 부인하는 경우 검사 작성 피의자신문조서의 증거능력은 인정되지 아니한다.

㉡ 검사 작성의 피고인이 된 피의자신문조서가 초본의 형식으로 제출된 경우, 원본 제출이 곤란한 경우가 아니라도 원본과 상위 없다는 인증을 받았다면 원본과 동일하게 취급할 수 있다.

㉢ 형사소송법 제312조 제1항에서 정한 '검사가 작성한 피의자신문조서'란 당해 피고인에 대한 피의자신문조서만을 말하고, 당해 피고인과 공범관계에 있는 다른 피고인이나 피의자에 대하여 검사가 작성한 피의자신문조서는 이에 포함되지 아니한다.

㉣ 피고인이 자신과 공범관계에 있는 다른 피고인이나 피의자에 대하여 검사가 작성한 피의자신문조서의 내용을 부인하는 경우에는 형사소송법 제312조 제1항에 따라 유죄의 증거로 쓸 수 없다.

㉤ 공범자 아닌 공동피고인에 대한 사법경찰관 작성 피의자신문조서에 대하여 그 공동피고인의 증언에 의하여 성립의 진정이 인정된다 하더라도 당해 피고인이 내용을 부인한다면 증거로 할 수 없다.

① ㉠㉡㉢㉣
② ㉡㉢㉣㉤
③ ㉠㉡㉢㉤
④ ㉡㉢㉤

08

수사기관이 작성한 전문서류의 증거능력에 대한 다음 [보기]의 설명 중 틀린 것을 모두 고른 것은? (다툼이 있는 경우 판례에 의함)

| 보기 |

㉠ 검사 이외의 수사기관이 작성한 피의자신문조서도 검사가 이를 근거로 개괄적으로 질문한 사실이 있는 때에는 검사 작성의 피의자신문조서로 인정될 수 있다.

㉡ 피고인과 공범관계에 있는 공동피고인에 대하여 검사 이외의 수사기관이 작성한 피의자신문조서는 그 공동피고인의 법정진술에 의하여 성립의 진정이 인정되면 당해 피고인이 공판기일에서 그 조서의 내용을 부인하더라도 증거능력이 인정된다.

㉢ 참고인 진술조서에 대하여 증거조사가 완료된 후 원진술자가 조서 성립의 진정 인정을 번복하더라도 이미 인정된 조서의 증거능력이 당연히 상실되는 것은 아니다.

㉣ 절도범과 그 장물범이 공동피고인으로 기소된 경우, 피고인이 증거로 함에 동의한 바 없는 공동피고인에 대한 사법경찰관 작성 피의자신문조서와 검사 작성 피의자신문조서가 증거능력을 인정받기 위해서는 그 공동피고인의 증언에 의하여 그 성립의 진정이 인정되어야 한다.

㉤ 피고인이 피의자였을 때 수사기관에 한 진술이 기재된 조서나 수사과정에서 작성된 진술서 등의 증거능력을 인정할 수 없는 경우라 하더라도 수사기관에 제출된 변호인의견서에 기재된 같은 취지의 피의자 진술 부분의 증거능력은 인정된다.

① ㉠㉡㉢㉤
② ㉠㉡㉣
③ ㉠㉢㉣
④ ㉠㉡㉤

09

피의자신문조서, 진술조서의 증거능력에 관한 다음 [보기]의 설명 중 판례의 입장과 일치하지 않는 것은?

| 보기 |

㉠ 피의자의 진술을 녹취 내지 기재한 서류 또는 문서가 수사기관에서의 조사 과정에서 작성된 것이라면, 그것이 '진술조서, 진술서, 자술서'라는 형식을 취하였다고 하더라도 피의자신문조서와 달리 볼 수 없다.

㉡ 검사가 작성한 진술조서는 그 작성절차와 방식의 적법성과 별도로 그 내용이 검사 앞에서 진술한 것과 동일하게 기재되어 있다는 점, 즉 실질적 진정성립이 인정되어야 증거로 사용할 수 있다. 여기서 기재 내용이 동일하다는 것은 적극적으로 진술한 내용이 그 진술대로 기재되어 있어야 한다는 것을 의미할 뿐, 진술하지 아니한 내용이 진술한 것처럼 기재되어 있지 아니할 것까지 포함하는 것은 아니다.

㉢ A는 B로부터 현금을 건네받은 후 B에게 필로폰을 교부하여 매도하였다는 「마약류관리에 관한 법률」 위반(향정)으로 기소되었다. A와 대향범으로서 공범관계에 있는 B에 대한 검사 또는 사법경찰관 작성 피의자신문조서에 대하여 A와 A의 변호인은 내용부인 취지에서 '증거로 사용함에 동의하지 않는다'는 의견을 밝혔다. B에 대한 각 피의자신문조서는 형사소송법 제312조 제1항, 제3항에 따라 A에 대한 유죄의 증거로 쓸 수 없다.

㉣ 원진술자가 진술조서 중 일부에 관하여만 실질적 진정성립을 인정하는 경우, 법원은 당해 조서 중 어느 부분이 그 진술대로 기재되어 있고 어느 부분이 달리 기재되어 있는지 여부를 구체적으로 심리함이 없이 전체 진술조서의 증거능력을 부정하여야 한다.

㉤ 진술조서의 실질적 진정성립을 증명하려면 봉인되어 원진술자가 기명날인 또는 서명한 영상녹화물을 조사하는 방법으로 하여야 하는데, 형사소송법이 정한 봉인절차를 지키지 않은 영상녹화물의 경우 라 하더라도 예외적으로 영상녹화물을 법정 등에서 재생·시청하는 방법으로 조사하여 영상녹화물의 조작 여부를 확인함과 동시에 위 조서에 대한 실질적 진정성립의 인정 여부를 판단할 수 있다.

① ㉠㉢
② ㉡㉣
③ ㉠㉢㉤
④ ㉡㉣㉤

10

영상녹화물에 관한 다음 [보기]의 설명 중 옳지 않은 것을 모두 고른 것은? (다툼이 있는 경우 판례에 의함)

| 보기 |

㉠ 수사기관이 참고인을 조사하는 과정에서 형사소송법 제221조 제1항에 따라 작성한 영상녹화물은, 다른 법률에서 달리 규정하고 있는 등의 특별한 사정이 없는 한, 공소사실을 직접 증명할 수 있는 독립적인 증거로 사용될 수는 없다.

㉡ 검사가 작성한 피의자신문조서는 적법한 절차와 방식에 따라 작성된 것으로서 공판준비, 공판기일에 그 피의자였던 피고인 또는 변호인이 그 내용을 인정할 때에 한정하여 증거로 할 수 있으며, 그 내용을 인정하지 아니할 때에는 영상녹화물 그 밖의 객관적 방법에 의하여 이를 증명할 수 있다.

㉢ 수사단계에서 조사 전 과정이 영상녹화되어야 함에도 불구하고, 수회의 조사가 이루어진 경우, 원칙적으로 최초의 조사부터 모든 조사 과정을 빠짐없이 영상녹화하여야 한다.

㉣ 피고인의 진술을 내용으로 하는 영상녹화물은 공판준비 또는 공판기일에서의 피고인진술의 증명력을 다투기 위하여 증거로 할 수 있다.

㉤ 19세 미만인 성폭력범죄 피해자의 진술 내용과 조사 과정을 비디오녹화기 등 영상물 녹화장치로 촬영·보존한 경우 촬영한 영상물에 수록된 피해자의 진술은 공판준비기일 또는 공판기일에 조사 과정에 동석하였던 신뢰관계에 있는 사람 또는 진술조력인의 진술에 의하여 그 성립의 진정함이 인정되어도 이를 증거로 할 수 없다.

① ㉠㉡㉢㉣
② ㉡㉢㉣
③ ㉠㉡㉢㉤
④ ㉡㉢㉣㉤

11

진술조서와 영상녹화물에 관한 다음 [보기]의 설명 중 옳지 않은 것을 모두 고른 것은? (다툼이 있으면 판례에 의함)

| 보기 |

㉠ 수사기관이 작성한 피고인 아닌 자의 진술을 기재한 조서에 대한 실질적 진정성립을 증명할 수 있는 수단으로서 형사소송법 제312조 제4항에 규정된 '영상녹화물'이라 함은 형사소송법 및 형사소송규칙에 규정된 방식과 절차에 따라 제작되어 조사 신청된 영상녹화물을 의미한다.

㉡ 사법경찰관 P는 피해자 A 등의 진술을 영상녹화하면서 사전에 영상녹화에 동의한다는 취지의 서면 동의서를 받지 않았고, A 등 피해자들이 조서를 열람하는 도중 영상녹화가 중단되어 조서 열람 과정 일부와 조서에 기명날인 또는 서명을 마치는 과정이 영상녹화물에 녹화되지 않았다. 이 경우 위 영상녹화물에 의하여 피해자들에 대한 진술조서의 실질적 진정성립을 인정할 수 있다.

㉢ 아동·청소년대상 성범죄의 혐의로 기소된 피고인은 수사기관에서 촬영한 피해자 진술에 대한 영상물과 이를 그대로 녹취한 속기록이 모두 증거능력이 없다고 주장하면서 이를 증거로 함에 동의하지 않다가, 위헌결정을 받은 법률 조항(미성년성폭력피해자에 대한 피고인의 반대신문 없이 신뢰관계인·진술조력인의 진술에 의한 성립의 진정만으로 피해자 진술에 대한 영상물의 증거능력을 인정하는 성폭력처벌법 제30조 제6항)에 따라 신뢰관계인에 대한 증인신문에 의하여 위 영상물이 증거로 채택되어 증거조사가 이루어지게 되자 증거에 관한 의견을 변경하여 위 속기록을 증거로 함에는 동의한 경우, 영상물과 달리 위 속기록의 증거능력은 인정된다.

㉣ 피고인 아닌 피의자가 피의자신문조서에 기재된 내용이 자신이 진술한 내용과 동일하게 기재되어 있음을 인정하지 아니하는 경우, 검사는 그 부분의 성립의 진정을 증명하기 위하여 영상녹화물을 조사를 신청할 수 있는데, 이 경우 피고인 아닌 피의자가 영상녹화에 동의하였다는 취지로 기재하고 기명날인 또는 서명한 서면을 첨부하여야 한다.

㉤ 수사단계에서 '같은 날' 수회의 조사가 이루어진 경우라면 원칙적으로 조사 과정 전부를 영상녹화하여야 한다.

① ㉠㉡㉢㉣
② ㉠㉡㉢㉤
③ ㉡㉢㉣㉤
④ ㉡㉢㉣

12

전문증거에 관한 다음 [보기]의 설명 중 옳지 않은 것을 모두 고른 것은? (다툼이 있는 경우 판례에 의함)

| 보기 |

㉠ 증인 A는 법정에서 "피해자 乙로부터 '피고인 甲이 나를 추행했다'는 취지의 말을 들었다."고 진술하였는데, 위 A의 진술이 피해자 乙의 진술에 부합한다고 보아 이를 피해자의 진술 내용의 진실성을 증명하는 간접사실로 사용하는 경우 이는 전문증거에 해당하지 아니한다.

㉡ A가 진술 당시 술에 취하여 횡설수설하였다는 것을 확인하기 위하여 제출된 A의 진술이 녹음된 녹음테이프는 전문증거에 해당한다.

㉢ 수사기관이 작성한 조서의 내용이 원진술자가 진술한 대로 기재된 것이라 함은 조서작성 당시 원진술자의 진술대로 기재되었는지의 여부만을 의미하는 것으로, 이와 같이 진술하게 된 연유나 그 진술의 신빙성 여부는 고려할 것이 아니다.

㉣ 형사소송법 제312조 제5항의 적용대상인 '수사과정에서 작성한 진술서'란 수사가 시작된 이후에 수사기관의 관여 아래 작성된 것이거나, 개시된 수사와 관련하여 수사과정에 제출할 목적으로 작성한 것으로, 작성 시기와 경위 등 여러 사정에 비추어 그 실질이 이에 해당하는 이상 명칭이나 작성된 장소 여부를 불문한다.

㉤ 사법경찰관은 작성자의 동의 없이 보관자로부터 임의로 제출받은 '입당원서'의 작성자의 주거지·근무지를 방문하여 그 작성 경위 등을 질문한 후 작성을 요구하여 '진술서'를 제출받았는데, 이때 사법경찰관은 조사과정의 진행경과를 확인하기 위하여 필요한 사항을 그 진술서에 기록하거나 별도의 서면에 기록한 후 수사기록에 편철하는 등 적절한 조치를 취하지 않았다 하더라도, 이는 형사소송법에 따라 그 증거능력이 인정된다.

㉥ 피고인이 아닌 자의 진술을 기재한 서류가 수사기관이 아닌 자에 의하여 작성된 경우, 수사가 시작된 이후 수사기관의 관여나 영향 아래 작성된 경우로서 실질적으로 고찰할 때 그 서류가 수사과정 외에서 작성된 것이라고 보기 어려운 경우, 형사소송법 제313조 제1항의 '전 2조의 규정 이외에 피고인이 아닌 자의 진술을 기재한 서류'에 해당한다.

① ㉠㉡㉢㉤㉥
② ㉠㉡㉢㉣
③ ㉠㉡㉣㉤
④ ㉠㉡㉤㉥

13

다음 [보기]의 설명 중 옳은 것만을 모두 고르면? (다툼이 있는 경우 판례에 의함)

| 보기 |

㉠ 수사기관이, 정보저장매체에 기억된 정보 중에서 키워드 또는 확장자 검색 등을 통해 범죄 혐의사실과 관련 있는 정보를 선별한 다음, 정보저장매체와 동일하게 비트열 방식으로 복제하여 생성한 파일을 제출받아 압수한 경우, 수사기관이 수사기관 사무실에서 위와 같이 압수된 이미지 파일을 탐색·복제·출력하는 과정에서도 피의자 등에게 참여의 기회를 보장하여야 하는 것은 아니다.

㉡ 수사기관이 범죄 증거를 수집할 목적으로 피의자의 동의 없이 피의자의 소변을 채취하는 경우, 법원으로부터 감정허가장 또는 감정유치장을 받아야 하고, 압수·수색의 방법으로는 할 수 없다.

㉢ 「통신비밀보호법」상 '전기통신의 감청'은 전기통신이 이루어지고 있는 상황에서 실시간으로 전기통신의 내용을 지득·채록하는 경우, 통신의 송·수신을 직접적으로 방해하는 경우, 이미 수신이 완료된 전기통신에 관하여 남아 있는 기록이나 내용을 열어보는 경우 등을 의미한다.

㉣ 정보저장매체에 기억된 문자정보의 내용의 진실성이 아닌 그와 같은 내용의 문자정보의 존재 자체가 직접 증거로 되는 경우에는 전문법칙이 적용되지 아니한다.

㉤ 성폭력처벌법에 따라 19세 미만 성폭력피해자의 진술을 수사기관이 영상녹화한 경우 그 영상녹화물에 대해서 공판준비기일 또는 공판기일에 피고인 또는 변호인이 영상녹화물의 내용에 대하여 19세 미만 피해자 등을 신문할 수 있고 영상녹화된 진술 및 영상녹화가 신빙할 수 있는 상태에서 이루어졌음이 증명된 경우에는 그 영상녹화물은 증거로 할 수 있다.

㉥ 대검찰청 소속 진술분석관이 피해자와의 면담 내용을 녹화한 영상녹화물은 형사소송법 제312조에 의하여 증거능력을 인정할 수 없다.

① ㉠㉡㉣㉥   ② ㉠㉣㉥
③ ㉡㉢㉤   ④ ㉠㉣㉤㉥

14

전문법칙에 대한 다음 [보기]의 설명 중 옳은 것을 모두 고른 것은? (다툼이 있는 경우 판례에 의함)

| 보기 |

㉠ 공범인 공동피고인은 소송절차가 분리되어 피고인의 지위에서 벗어나게 되면 다른 공동피고인에 대한 공소사실에 관하여 증인이 될 수 있다.

㉡ 대향범인 공동피고인은 소송절차가 분리되어 피고인의 지위에서 벗어나게 되면 다른 공동피고인에 대한 공소사실에 관하여 증인이 될 수 있다.

㉢ 피고인이 증거로 함에 동의한 바 없는 공범자 아닌 공동피고인에 대한 수사기관 작성의 피의자신문조서는 형사소송법 제312조 제4항이 적용된다.

㉣ 성폭력처벌법에 따라 19세 미만 성폭력피해자 등의 진술을 수사기관이 영상녹화한 경우 원진술자인 19세 미만 성폭력피해자등이 사망, 질병 등의 사유로 공판준비기일 또는 공판기일에 출석하여 진술할 수 없는 경우에는 영상녹화된 진술 및 영상녹화가 특별히 신빙할 수 있는 상태에서 이루어졌음이 증명되었다 하더라도 그 영상녹화물은 증거로 할 수 없다.

㉤ 형사소송법 제314조에서 '특히 신빙할 수 있는 상태하에서 행하여졌음에 대한 증명'의 정도는 그러할 개연성이 있다는 정도를 의미한다.

㉥ 수사기관이 작성한 수사보고서는 전문증거로서 형사소송법 제311조·제312조·제315조·제316조의 적용 대상이 아님이 분명하므로, 형사소송법 제313조의 서류에 해당하여야만 증거능력이 인정될 수 있는바, 형사소송법 제313조가 적용되기 위해서는 그 서류에 진술자의 서명 또는 날인이 있어야 한다.

① ㉠㉡㉢㉥
② ㉡㉢㉣㉤
③ ㉠㉢㉣㉥
④ ㉡㉢㉤㉥

15

진술조서 및 진술서의 증거능력에 관한 다음 [보기]의 설명 중 옳은 것을 모두 고른 것은? (다툼이 있으면 판례에 의함)

| 보기 |

㉠ 진술을 요하는 자가 외국에 거주하고 있어 공판정 출석을 거부하면서 공판정에 출석할 수 없는 사정을 밝히고 있다 하더라도 반대신문권이 결여된 전문서류에 관하여 증거능력을 인정하는 요건인 형사소송법 제314조의 '외국거주로 인하여 진술할 수 없는 때'에 해당하지 아니한다.

㉡ 피고인이 아닌 자가 수사과정에서 진술서를 작성하였지만 수사기관이 그에 대한 조사과정을 기록하지 아니한 경우에는, 특별한 사정이 없는 한 '적법한 절차와 방식'에 따라 수사과정에서 진술서가 작성되었다 할 수 없으므로 그 증거능력을 인정할 수 없다.

㉢ 수사기관이 진술자의 성명을 가명(假名)으로 기재하여 조서를 작성하였다면, 그 진술조서는 '적법한 절차와 방식'에 따라 작성되었다 할 수 없으므로 공판기일 등에 원진술자가 출석하여 자신의 진술을 기재한 조서임을 확인함과 아울러 그 조서의 실질적 진정성립을 인정하고 나아가 그에 대한 반대신문이 이루어지는 등 형사소송법 제312조 제4항에서 규정한 조서의 증거능력 인정에 관한 다른 요건이 모두 갖추어졌다고 하더라도 그 증거능력은 부정된다.

㉣ 형사소송법 제312조 제4항의 '특히 신빙할 수 있는 상태'는 증거능력의 요건에 해당하므로 검사가 그 존재에 대하여 구체적으로 주장·입증하여야 하는 것이지만, 이는 소송상의 사실에 관한 것이므로 엄격한 증명을 요하지 아니하고 자유로운 증명으로 족하다.

㉤ 피고인이 수사과정 외에서 작성된 피고인 자신의 진술을 기재한 서류를 증거로 할 수 있음에 동의하지 않은 경우, 그 서류에 기재된 피고인의 진술 내용을 증거로 사용하려면 공판준비 또는 공판기일에서 작성자의 진술에 의하여 그 서류에 기재된 피고인의 진술 내용이 피고인이 진술한 대로 기재된 것임이 증명되고, 진술이 특히 신빙할 수 있는 상태하에서 행하여진 것임이 인정되어야 하며, 나아가 피고인의 공판준비 또

는 공판기일에서의 진술에 의하여 그 서류에 기재된 진술 내용이 피고인이 진술한 대로 기재된 것임이 인정되어야 한다.

① ㉠㉡㉢㉣㉤   ② ㉠㉡㉢㉣
③ ㉠㉡㉣   ④ ㉡㉣㉤

16

공동피고인의 진술에 관한 다음 [보기]의 설명 중 옳은 것을 모두 고른 것은? (다툼이 있는 경우 판례에 의함)

| 보기 |

㉠ 피고인과 별개의 범죄사실로 기소되어 병합심리중인 공동피고인은 피고인의 범죄사실에 관하여는 증인의 지위에 있다 할 것이므로 선서 없이 한 공동피고인의 법정진술은 피고인의 범죄사실을 인정하는 증거로 할 수 없다.

㉡ 피고인 甲이 공판정에서 공범인 공동피고인 乙에 대한 사법경찰관 작성의 피의자신문조서의 내용을 부인하면 乙이 법정에서 그 조서의 내용을 인정하여도 그 조서를 甲의 범죄사실에 대한 증거로 사용할 수 없다.

㉢ 甲과 乙이 공모하여 타인의 재물을 편취한 범죄사실로 기소된 사건에서, 甲은 법정에서 범행을 부인하고 乙은 경찰 수사 단계에서 범행을 자백하는 자술서를 작성·제출한 이후 사망하였다면, 공판준비 또는 공판기일에 진술을 요하는 자가 사망하여 진술할 수 없는 때에 해당하므로 乙의 자술서는 그 작성이 특히 신빙할 수 있는 상태하에서 행하여졌음이 증명되었다면 甲에 대한 유죄 인정의 증거로 할 수 있다.

㉣ 공범인 공동피고인의 법정자백은 이에 대한 피고인의 반대신문권이 보장되어 있어 증인으로 신문한 경우와 다를 바 없으므로 독립한 증거능력이 있다.

㉤ 甲, 乙, 丙이 공모하여 타인의 재물을 편취한 범죄사실로 기소된 사건에서, 피고인 甲과 공동피고인 乙이 범죄사실을 자백하고 공동피고인 丙은 범죄사실을 부인하는 경우, 乙의 자백을 甲의 자백에 대한 보강증거로 사용할 수 없다.

① ㉠㉡㉢   ② ㉠㉣㉤
③ ㉠㉣㉤   ④ ㉡㉢㉤

17

녹음테이프의 증거능력에 대한 설명으로 옳지 않은 것은? (다툼이 있는 경우 판례에 의함)

① 사인(私人)이 피고인 아닌 사람과의 대화내용을 녹음한 녹음테이프는 원본으로서 공판준비나 공판기일에서 원진술자의 진술에 의하여 녹음된 각자의 진술내용이 자신이 진술한대로 녹음된 것이라는 점이 인정되더라도 피고인이 동의하지 않는다면 증거로 사용할 수 없다.

② 피고인이 자신의 아들 등에게 폭행을 당하여 입원한 피해자의 병실로 찾아가 그의 모(母) 甲과 대화하던 중 허위사실을 적시하여 피해자의 명예를 훼손하였다는 내용으로 기소되어, 검사가 甲이 甲의 이웃 乙과 나눈 대화내용을 녹음한 녹음테이프 등을 기초로 작성된 녹취록을 증거로 제출하였는데, 피고인은 녹취록을 증거로 함에 동의하지 않았고, 甲은 법정에서 "乙이 사건 당시 피고인의 말을 다 들었다. 그래서 지금 녹취도 해왔다."고 진술한 경우 위 녹취록의 증거능력은 인정되지 아니한다.

③ 사인(私人)이 피고인 아닌 사람과의 대화내용을 녹음한 녹음테이프에 대해 법원이 그 진술당시 진술자의 상태 등을 확인하기 위하여 작성한 검증조서는 법원의 검증 결과를 기재한 조서로서 형사소송법 제311조에 의하여 증거로 할 수 있다.

④ 피고인이 범행 후 피해자에게 전화를 걸어오자 피해자가 증거를 수집하려고 그 전화내용을 녹음한 경우 그 녹음테이프가 피고인 모르게 녹음된 것이라 하더라도 위법수집증거는 아니다.

18

형사소송법 제314조에 대한 다음 [보기]의 설명 중 옳은 것을 모두 고른 것은?

| 보기 |

㉠ 형사소송법 제312조 소정의 조서나 같은 법 제313조 소정의 서류를 반드시 우리나라의 권한 있는 수사기관 등이 작성한 조서 및 서류에만 한정하여 볼 것은 아니고, 외국의 권한 있는 수사기관 등이 작성한 조서나 서류도 같은 법 제314조 소정의 요건을 모두 갖춘 것이라면 이를 유죄의 증거로 삼을 수 있다.

㉡ '그밖에 이에 준하는 사유'는 사망 또는 질병에 준하여 증인으로 소환될 당시부터 기억력이나 분별력의 상실 상태에 있다거나 법정에 출석하여 증언거부권을 행사한다거나 증인소환장을 송달받고 출석하지 아니하여 구인을 명하였으나 끝내 구인의 집행이 되지 아니하는 등으로 진술을 요할 자가 공판준비 또는 공판기일에 진술할 수 없는 예외적인 사유가 있어야 한다.

㉢ '특히 신빙할 수 있는 상태'는 증거능력의 요건에 해당하므로 검사가 그 존재에 대하여 구체적으로 주장·증명하여야 하지만 이는 소송상의 사실에 관한 것이므로 엄격한 증명을 요하지 아니하고 자유로운 증명으로 족하다.

㉣ 진술을 요할 자가 외국에 있고 그를 공판정에 출석시켜 진술하게 할 가능하고 상당한 모든 수단을 다하더라도 출석하게 할 수 없는 경우는 동조의 '진술을 요할 자가 사망·질병·외국거주·소재불명, 그 밖에 이에 준하는 사유로 진술할 수 없는 때'에 해당된다.

㉤ 피고인들이 망인 甲과 합동하여 피해자 乙(여, 당시 14세)의 심신상실 또는 항거불능 상태를 이용하여 乙을 간음하였다는 성폭력처벌법위반(특수준강간)의 공소사실과 관련하여, 甲이 사건 발생 14년여 후 자살하기 직전 작성한 유서가 발견되어 증거로 제출되었다. 유서에는 甲이 자신의 범행을 참회하는 듯한 내용이 포함되어 있는데, 제반 사정을 종합할 때, 유서가 신빙할 수 있는 상태에서 작성되었을 개연성이 있다고 평가할 여지가 있으면 그 증거능력이 인정된다.

① ㉠㉡㉢㉣
② ㉠㉢㉣
③ ㉡㉢㉣㉤
④ ㉡㉣㉤

19

甲과 乙은 공모하여 A의 자전거를 편취한 사기죄의 공범으로, 丙은 甲·乙이 편취한 정을 알고도 위 자전거를 매수한 장물취득죄로 함께 기소된 공동피고인이다. 공판정에 출석한 피고인 甲은 공소사실을 부인하고 있는 반면, 피고인 乙과 丙은 공소사실을 자백하고 있다. 이에 관한 설명 중 옳지 않은 것은? (다툼이 있는 경우 판례에 의함)

① 乙의 법정진술은 이에 대한 甲의 반대신문권이 보장되어 있어 증인으로 신문한 경우와 다를 바 없으므로 甲에 대한 유죄의 증거로 사용할 수 있다.

② 甲을 조사하였던 사법경찰관 P가 법정에서 "甲이 수사과정에서 범행을 자백하였다."라고 진술하였을 경우, 甲의 진술이 특히 신빙할 수 있는 상태하에서 행하여졌음이 증명되면, P의 법정진술을 甲에 대한 유죄의 증거로 사용할 수 있다.

③ 만약 丙이 자신의 애인 B에게 "내가 甲, 乙과 함께 A의 자전거를 기망하여 편취했다."고 진술하여, B가 위 들은 내용을 공판정에 출석하여 진술하였다 하더라도 이는 피고인 甲과 乙에 대한 증거로 사용할 수 없다.

④ 만약 乙만 사기죄로 먼저 공소제기 되어 재판을 받았고, 이후에 甲, 丙이 따로 공소제기 되었다면, 乙에 대한 피고사건에서 작성된 공판조서는 「형사소송법」 제311조(법원 또는 법관의 조서)에 해당하므로 甲에 대한 유죄의 증거로 사용할 수 있다.

20

다음 [사례]와 그 [설명] 중 옳지 않은 것을 모두 고른 것은? (다툼이 있는 경우 판례에 의함)

| 사례 |

甲과 乙은 날치기 범행을 공모한 후 혼자 걸어가는 여성 A를 발견하고 乙은 A를 뒤쫓아 가고 甲은 차량을 운전하여 뒤따라가면서 망을 보았다. 乙은 A의 뒤쪽에서 접근한 후 A의 왼팔에 끼고 있던 손가방의 끈을 잡아당겼으나 A가 가방을 놓지 않으려고 버티다가 바닥에 넘어졌다. 넘어진 A가 손가방의 끈을 놓지 않은 채 버티자 乙은 계속하여 손가방 끈을 잡아당겨 A를 5미터 가량 끌고 갔고 A는 힘이 빠져 손가방을 놓치게 되었다. 乙은 손가방을 빼앗은 후 甲이 운전하는 차량에 올라타 도망갔다. A는 약 3주간의 치료를 요하는 상해를 입었다.

ⓐ A는 경찰 수사과정에서 피해사실에 관한 진술서를 작성하였으나 사법경찰관은 특별한 사정이 없음에도 조사과정을 기록하지 아니하였다.

ⓑ 사법경찰관은 위 사건을 목격한 B에 대하여 진술조서를 작성하였고 사법경찰관은 그 조사과정을 기록하였다.

ⓒ 사법경찰관은 甲, 乙의 범행과정을 재연한 검증조서를 작성하면서 범행재연사진을 검증조서에 첨부하였다.

| 설명 |

㉠ ⓐ사실과 관련하여 검사가 증거로 신청한 A의 진술서를 甲, 乙이 부동의한 경우에도, A가 증인으로 출석하여 실질적 진정성립을 인정하고 특신상태가 인정되며 甲, 乙의 A에 대한 반대신문권이 보장된 경우에는 진술서의 증거능력이 인정된다.

㉡ ⓑ사실과 관련하여 검사가 증거로 신청한 B에 대한 진술조서를 甲, 乙이 부동의하여 검사가 B를 증인으로 신청하였으나 증인소환장이 송달되지 않은 경우, 추가적인 조치가 없더라도 위 진술조서는 「형사소송법」 제314조에 따라 증거능력이 인정된다.

㉢ ⓒ사실과 관련하여 甲, 乙이 검증조서에 첨부되어 있는 범행재연사진에 대하여 부동의하는 경우, 범행재연사진은 증거능력이 없다.

① ㉠㉡

② ㉡㉢

③ ㉠㉢

④ ㉠㉡㉢

▶ **제4장 증거** [전문법칙 2] — [공판조서의 배타적 증명력]

회차	시행일			목표점수			획득점수		
제9회	1차	2차	3차	1차	2차	3차	1차	2차	3차

01

수사기관의 검증조서와 감정서에 관한 설명 중 옳지 않은 것은? (다툼이 있는 경우 판례에 의함)

① 사법경찰관이 작성한 검증조서에 기재된 피고인의 진술기재부분에 대하여는 피고인이 성립의 진정뿐만 아니라 내용을 인정할 때에만 증거능력을 인정할 수 있다.

② 실황조사서의 기재가 검사나 사법경찰관의 의견을 기재한 것에 불과하다면 그 실황조사서는 증거능력이 없다.

③ 수사보고서에 검증의 결과에 해당하는 기재가 있는 경우 그 기재 부분은 증거로 할 수 있다.

④ 실황조사는 강제수사에 대한 영장주의 원칙에 따라 사후검증영장을 발부받아야 그 적법성이 확보될 수 있다.

02

전문법칙의 예외에 관한 다음 [보기]의 설명 중 판례의 입장과 일치하는 것을 모두 고른 것은?

| 보기 |

㉠ 상업장부나 항해일지, 진료일지 또는 이와 유사한 금전출납부 등과 같이 범죄사실의 인정 여부와는 관계없이 자기에게 맡겨진 사무를 처리한 내역을 그때그때 계속적, 기계적으로 기재한 문서는 사무처리 내역을 증명하기 위하여 존재하는 문서로서 형사소송법 제315조 제2호에 의하여 당연히 증거능력이 인정된다.

㉡ 형사소송법 제315조 제3호에서 규정한 '기타 특히 신용할 만한 정황에 의하여 작성된 문서'는 형사소송법 제315조 제1호와 제2호에서 열거된 공권적 증명문서 및 업무상 통상문서에 준하여 '굳이 반대신문의 기회 부여 여부가 문제 되지 않을 정도로 고도의 신용성의 정황적 보장이 있는 문서'를 의미한다.

㉢ 법원 또는 합의부원, 검사, 변호인, 청구인이 구속된 피의자를 심문하고 그에 대한 피의자의 진술 등을 기재한 구속적부심문조서는 형사소송법 제311조가 규정한 문서에 해당하여 당연히 증거능력이 인정된다.

㉣ 체포·구속인접견부는 특히 신용할 만한 정황에 의하여 작성된 문서로서 형사소송법 제315조 제2호, 제3호에 규정된 '당연히 증거능력이 있는 서류'에 해당된다.

① ㉠㉡
② ㉠㉡㉢
③ ㉡㉢
④ ㉠㉢㉣

03

다음 [보기] 중 형사소송법 제315조의 당연히 증거능력이 있는 서류들을 모두 모은 것은? (다툼이 있는 경우 판례에 의함)

| 보기 |

㉠ 성매매업소 업주가 성매매를 전후하여 영업상 참고하기 위해 고객정보를 입력한 메모리 카드에 기재된 내용
㉡ 국립과학수사연구소장 작성의 감정의뢰 회보서
㉢ 주민들의 진정서 사본
㉣ 일본 세관공무원이 작성한 필로폰에 대한 범칙물건 감정서등본, 분석의뢰서, 분석회답서등본
㉤ 다른 피고사건의 공판조서

① ㉠㉡㉢㉣
② ㉠㉢㉣㉤
③ ㉡㉢㉣㉤
④ ㉠㉡㉣㉤

04

전문법칙에 관한 다음 [보기]의 설명 중 옳은 것을 모두 고른 것은? (다툼이 있으면 판례에 의함)

| 보기 |

㉠ 甲의 알선수재의 공소사실에 대하여 법정에 증인으로 출석한 乙이 "甲으로부터 '공무원 A에게 뇌물을 주어야 한다'는 말을 들었다"고 증언한 경우 乙의 증언은 전문증거가 아니다.
㉡ 전문의 진술을 증거로 함에 있어서는 전문진술자가 원진술자로부터 진술을 들을 당시 원진술자가 증언능력에 준하는 능력을 갖춘 상태에 있어야 할 것이다.
㉢ 피고인 A는 새마을금고 이사장 선거와 관련하여 대의원 甲에게 자신을 지지해 달라고 부탁하면서 돈 50만 원을 제공하였다고 하여 새마을금고법 위반으로 기소되어, 검사는 ⓐ 사법경찰관 작성의 공범 甲에 대한 피의자신문조서를 증거로 제출하고, ⓑ 검사가 신청한 증인 乙은 법정에 출석하여 '甲으로부터 A에게서 돈을 받았다는 취지의 말을 들었다'고 증언하였는데, A는 공판기일에서 조서의 내용을 모두 부인하였고, 甲은 일관되게 A로부터 50만 원을 받았다는 취지의 공소사실을 부인하였다면, ⓐ와 ⓑ는 모두 증거능력이 인정되지 아니한다.

㉣ 양벌규정의 종업원과 사업주(피고인) 중에서 망인(亡人)인 종업원에 대한 경찰 피의자신문조서에 대해서는 「형사소송법」 제314조에 기초하여 증거능력을 인정할 수 있다.

㉤ 경찰관 P는 피의자 A에 대하여 변호인이 동석하지 않은 상태에서 세 차례 피의자신문을 하였는데, 제1회 피의자신문을 받으면서 A는 필로폰 투약 범행을 부인하였으나 P가 A에게 소변의 임의제출을 종용하는 듯한 태도를 취하자 이를 번복하여 '2021.8.4. 18:00경 B공원 내 벤치에서 불상량의 필로폰을 커피에 타서 마시는 방법으로 투약하였다'는 취지로 진술하였다가, P가 A의 휴대전화의 발신 기지국 위치를 통하여 그 시각 A가 다른 곳에 있었고 같은 날 22:46경 B공원 부근에 있었음을 확인하여 A를 다시 소환하여 위 사실을 언급하면서 같은 날 22:46경에 필로폰을 투약한 것이 아닌지 묻자 A는 그 시각 투약하였던 것 같다고 진술하여 공소가 제기되었다. 이후 피고인이 된 A는 법정에서 P 작성 피의자신문조서의 내용을 부인하였으나, 경찰관 P는 제1심 법정에 출석하여 "A가 조사 당시 강요나 회유 없이 자발적으로 공소사실 기재 필로폰 투약 범행을 자백하였다"는 취지로 증언하였다면, P의 증언은 형사소송법 제316조 제1항에 의하여 그 증거능력이 인정된다.

① ㉠㉡㉢㉣
② ㉠㉡㉢㉤
③ ㉡㉢㉣
④ ㉠㉡㉢

05

전문법칙에 대한 다음 [보기]의 설명 중 적절한 것만을 모두 고른 것은? (다툼이 있는 경우 판례에 의함)

| 보기 |

㉠ 조세범칙조사를 담당하는 세무공무원이 피고인이 된 혐의자 또는 참고인에 대하여 심문한 내용을 기재한 조서의 증거능력을 판단할 때, 형사소송법 제312조와 제313조 중 제312조에 의하여야 한다.

㉡ 어떤 진술이 기재된 서류가 어떠한 내용의 진술을 하였다는 사실 자체에 대한 정황증거로 사용될 것이라는 이유로 서류의 증거능력을 인정한 다음 그 사실을 다시 진술 내용이나 그 진실성을 증명하는 간접사실로 사용하는 경우에 그 서류는 전문증거에 해당한다.

㉢ 甲이 乙로부터 들은 피고인 A의 진술내용을 수사기관이 진술조서에 기재하여 증거로 제출하였다면, 그 진술조서 중 피고인 A의 진술을 기재한 부분은 乙이 증거로 하는 데 동의하지 않는 한 「형사소송법」 제310조의2의 규정에 의하여 이를 증거로 할 수 없다.

㉣ 「형사소송법」 제312조부터 제316조까지의 규정에 따라 증거로 할 수 없는 서류나 진술이라도 공판준비 또는 공판기일에서의 피고인 또는 피고인 아닌 자의 진술의 증명력을 다투기 위하여 증거로 할 수 있다.

㉤ 진술조서에 대하여 증거조사가 완료된 후 원진술자가 조서성립의 진정인정을 번복하면 이미 인정된 조서의 증거능력은 상실된다.

① ㉠㉡㉣　　　　② ㉡㉣㉤
③ ㉡㉣　　　　　④ ㉠㉤

06

甲은 A의 집에 들어가 금품을 절취하려다 A에게 발각되자 A를 강간한 후에 도주하였다. 甲은 양심에 가책을 느꼈지만 처벌이 두려워 자수하지 못하고 친구인 乙에게 자신의 범행을 이야기 하였는데, 乙은 다시 이 사실을 여자친구 丙에게 이야기하였다. 이에 관한 설명 중 옳지 않은 것을 모두 고른 것은? (다툼이 있는 경우 판례에 의함)

| 보기 |

㉠ 甲이 자필로 작성한 범행을 인정하는 내용의 메모지가 甲의 집에서 발견되어 증거로 제출된 경우, 甲이 공판기일에서 그 성립의 진정을 부인하면 필적감정에 의하여 성립의 진정함이 증명되더라도 증거로 사용할 수 없다.

㉡ 乙이 甲과의 대화를 녹음한 녹음테이프의 원본이 증거로 제출된 경우, 공판기일에서 甲이 녹음내용을 부인하여도 乙의 진술에 의하여 녹음테이프에 녹음된 甲의 진술내용이 甲이 진술한 대로 녹음된 것이 증명되고 그 진술이 특히 신빙할 수 있는 상태하에서 행하여진 것이 인정되는 때에는 증거로 사용할 수 있다.

㉢ 丙이 乙로부터 들은 甲의 진술내용을 사법경찰관에게 진술하였고 그러한 진술이 기재된 진술조서가 증거로 제출된 경우, 해당 진술조서 중 甲의 진술기재 부분은 「형사소송법」 제316조 제1항 및 제312조 제4항의 규정에 따른 요건을 갖춘 때에 한하여 증거로 사용할 수 있다.

㉣ 피해자 A는 피해내용을 아버지 B에게 문자메시지로 보냈고 B가 그 문자메시지를 촬영한 사진이 증거로 제출된 경우, A와 B가 법정에 출석하여 A는 사진 속 문자메시지의 내용이 자신이 작성해 보낸 것과 동일함을 확인하고, B는 A가 보낸 문자메시지를 촬영한 사진이 맞다고 확인한 때에는 증거로 사용할 수 있다.

① ㉠㉡　　　　　② ㉠㉢
③ ㉡㉣　　　　　④ ㉢㉣

07

뇌물 수수자 甲과 뇌물 공여자 乙에 대한 뇌물 사건을 수사하던 검사는 乙의 동창생 丙을 참고인으로 불러 "乙이 '甲에게 뇌물을 주었다'고 내게 말했다."라는 취지의 진술을 확보하고 甲과 乙을 공동피고인으로 기소하였다. 그러나 공판정에 증인으로 출석한 丙은 일체의 증언을 거부하였고, 오히려 그 동안 일관되게 범행을 부인하던 乙이 심경의 변화를 일으켜 뇌물공여 혐의를 모두 시인하였다. 이에 관한 설명 중 옳은 것은? (다툼이 있는 경우 판례에 의함)

① 丙이 정당하게 증언거부권을 행사했다면, 丙에 대한 진술조서는 증거능력이 인정된다.

② 丙에 대한 진술조서 중 '甲에게 뇌물을 주었다'는 부분은 甲의 혐의에 대해서는 증거능력이 인정되지 않는다.

③ 乙이 공판정에서 한 자백은 丙에 대한 진술조서로 보강할 수 있다.

④ 乙이 공판정에서 한 자백은 甲의 혐의에 대해서는 유죄 인정의 증거가 될 수 없다.

08

증거동의에 관한 다음 [보기]의 설명 중 판례의 입장과 일치하는 것을 모두 고른 것은?

| 보기 |

㉠ 형사소송법 제318조 제1항은 "검사와 피고인이 증거로 할 수 있음을 동의한 서류 또는 물건은 진정한 것으로 인정한 때에는 증거로 할 수 있다."고 규정하고 있을 뿐 진정한 것으로 인정하는 방법을 제한하고 있지 아니하므로, 증거동의가 있는 서류 또는 물건은 법원이 제반 사정을 참작하여 진정한 것으로 인정하면 증거로 할 수 있다.

㉡ 증거동의의 의사표시는 증거조사가 완료되기 전까지 취소 또는 철회할 수 있으나, 일단 증거조사가 완료된 뒤에는 취소 또는 철회가 인정되지 아니하므로 취소 또는 철회 전에 이미 취득한 증거능력은 상실되지 아니한다.

㉢ 증거동의의 주체는 소송주체인 검사와 피고인이지만, 변호인은 피고인을 대리하여 증거동의에 관한 의견을 낼 수 있을 뿐만 아니라 피고인의 명시한 의사에 반하여 증거로 함에 동의할 수 있다.

㉣ 검사와 피고인 중 일방 당사자가 신청한 증거에 대해서는 타방 당사자의 동의가 있어야 하고, 법원이 직권으로 채택한 증거에 대해서는 피고인의 동의가 필요하다.

① ㉠㉡   ② ㉡㉢
③ ㉠㉡㉣   ④ ㉠㉢㉣

증거에 관한 다음 설명 중 판례의 입장과 일치하지 않는 것은?

① 타인의 진술을 내용으로 하는 진술이 전문증거인지 여부는 요증사실과의 관계에서 정하여지는 것이므로, 원진술의 내용인 사실이 요증사실인 경우에는 전문증거이나, 원진술의 존재 자체가 요증사실인 경우에는 본래증거이지 전문증거가 아니다.

② 피고인이나 변호인이 무죄에 관한 자료로 제출한 서증 가운데 도리어 유죄임을 뒷받침하는 내용이 있는 경우, 법원은 상대방의 원용(동의)이 있더라도 그 서류의 진정성립 여부 등을 조사하고 아울러 그 서류에 대한 피고인이나 변호인의 의견과 변명의 기회를 준 다음이 아니면 그 서증을 유죄인정의 증거로 쓸 수 없다.

③ 제3자의 진술을 담고 있는 서류 등의 증거가 제3자의 진술 내용의 진실성이 범죄사실에 대한 직접증거로 사용될 때는 전문증거가 된다고 하더라도, 그와 같은 진술을 하였다는 것 자체로 사용되거나 그 진술의 진실성과 관계없는 간접사실에 대한 정황증거로 사용될 때에는 반드시 전문증거가 되는 것은 아니다.

④ 피고인이 수표를 발행하였으나 예금부족 또는 거래정지처분으로 지급되지 아니하게 하였다는 부정수표단속법위반의 공소사실을 증명하기 위하여 제출되는 수표의 증거능력은 증거물의 예에 의하여 판단하여야 하고, 이에 대하여는 형사소송법 제310조의2에서 정한 전문법칙이 적용될 여지가 없다.

증거동의에 대한 설명으로 옳은 것은?

① 유죄증거에 대하여 피고인 측에 의하여 반대증거로 제출된 서류는 그 진정성립이 증명되거나 상대방의 동의가 있어야 증거판단의 자료로 삼을 수 있다.

② 간이공판절차의 결정이 있는 사건의 증거에 관하여는 전문증거에 대해 증거동의가 있는 것으로 간주하는 것은 피고인이 공판정에서 공소사실을 자백한 이상 전문증거에 대한 반대신문권을 포기한 것으로 볼 수 있고 간이공판절차를 통한 재판의 신속을 도모할 필요 등에서 인정되는 것이므로, 설령 검사, 피고인 또는 변호인이 증거로 함에 이의를 표시하였다 하더라도 마찬가지로 증거동의가 의제된다.

③ 제1심법원에서 이미 증거능력이 있었던 증거는 항소심에서도 증거능력이 그대로 유지되어 심판의 기초가 될 수 있고, 다시 증거조사를 할 필요가 없다.

④ 피고인이 공시송달의 방법에 의한 공판기일의 소환을 2회 이상 받고도 출석하지 않아 소송촉진 등에 관한 특례법에 따라 피고인의 출정 없이 증거조사를 하는 경우에는, 증거동의를 간주할 수 없다.

11

탄핵증거에 관한 다음 [보기]의 설명 중 옳은 것을 모두 고른 것은? (다툼이 있는 경우 판례에 의함)

| 보기 |

㉠ 탄핵증거는 진술의 증명력을 감쇄하기 위하여 인정되는 것이므로 범죄사실 또는 그 간접사실을 인정하는 증거로서는 허용되지 않는다.

㉡ 탄핵증거는 범죄사실을 인정하는 증거가 아니므로 엄격한 증거조사를 거쳐야 할 필요가 없으나, 법정에서 이에 대한 탄핵증거로서의 증거조사는 필요하다.

㉢ 검사가 피고인이 아닌 자의 진술을 기재한 조서는 원진술자가 성립의 진정을 부인하더라도 그의 증언의 증명력을 다투기 위한 증거로 할 수 있다.

㉣ 사법경찰관 작성의 피고인에 대한 피의자신문조서는 피고인이 그 내용을 부인하는 경우, 그것이 임의로 작성된 것이 인정되더라도 피고인의 법정진술을 탄핵하기 위한 반대증거로 사용할 수 없다.

㉤ 형사소송법 제309조의 자백배제법칙에 의하여 임의성이 없어 증거능력이 없는 자백이라도 탄핵증거로는 사용할 수 있다.

① ㉠㉡㉢㉣㉤
② ㉠㉡㉢㉣
③ ㉠㉡㉢㉤
④ ㉠㉡㉢

12

증명력에 대한 설명으로 옳지 않은 것은? (다툼이 있는 경우 판례에 의함)

① 탄핵증거의 제출에 있어서 탄핵증거의 어느 부분에 의하여 진술의 어느 부분을 다투려고 한다는 것을 사전에 상대방에게 알려야 하는 것은 아니다.

② 피고인이 변호인과 함께 출석한 공판기일의 공판조서에 검사가 제출한 증거에 대하여 동의한다는 기재가 되어 있다면 이는 피고인이 증거동의를 한 것으로 보아야 하고, 그 기재는 절대적인 증명력을 가진다.

③ 자백의 임의성에 다툼이 있을 때에는 검사가 그 임의성의 의문점을 없애는 증명을 하여야 하고, 그 임의성의 의문점을 없애는 증명을 하지 못한 경우에는 그 진술증거는 증거능력이 부정된다.

④ 탄핵증거임이 증거목록에 기재되지 않았고 증거결정이 있지 아니하였다 하더라도 공판과정에서 그 입증취지가 구체적으로 명시되고 제시까지 된 이상 각 서증들에 대하여 탄핵증거로서의 증거조사는 이루어진 것이다.

13

탄핵증거에 대한 다음 [보기]의 설명 중 옳은 것을 모두 고른 것은? (다툼이 있는 경우 판례에 의함)

| 보기 |

㉠ 유죄증거에 대하여 반대증거로 제출된 진술기재서류는 유죄사실인정의 증거가 되는 것이 아닌 이상 그 성립의 진정이 인정될 것을 요하지 않는다.

㉡ 탄핵증거는 적극적으로 범죄사실의 존부를 증명하기 위한 증거가 아니므로 엄격한 증명이 필요 없고, 전문법칙의 적용이 없다. 따라서 증거의 증명력을 감쇄하거나 간접사실 인정의 증거로만 사용될 뿐 범죄사실 인정의 증거로서 허용되지 않는다.

㉢ 검사가 탄핵증거로 신청한 체포·구속인접견부 사본은 피고인의 부인진술을 탄핵한다는 것이므로 결국 검사에게 입증책임이 있는 공소사실 자체를 입증하기 위한 것에 불과하기 때문에 탄핵증거로 볼 수 없다.

㉣ 사법경찰리의 수사과정에서 피고인이 작성한 자술서로서 피고인이 내용을 부인하는 경우, 그것이 임의로 작성된 것이 아니라고 의심할 만한 사정이 없는 한 피고인의 법정에서의 진술을 탄핵하기 위한 증거로 사용할 수 있다.

㉤ 피고인이 내용을 부인하여 증거능력이 없는 사법경찰리 작성의 피의자신문조서가 당초 증거제출 당시 탄핵증거라는 입증취지를 명시하지 아니하였다면 탄핵증거로서의 증거조사절차가 대부분 이루어졌더라도 위 피의자신문조서를 피고인의 법정 진술에 대한 탄핵증거로 사용할 수 없다.

㉥ 피고인 또는 피고인 아닌 자의 진술을 내용으로 하는 영상녹화물이라면 공판준비 또는 공판기일에서의 그 피고인 또는 피고인 아닌 자의 진술의 증명력을 다투기 위하여 증거로 할 수 있다.

① ㉠㉡㉢㉣
② ㉠㉢㉤
③ ㉠㉢㉣
④ ㉡㉣㉤㉥

14

자백과 보강증거에 관한 설명 중 옳지 않은 것은? (다툼이 있는 경우 판례에 의함)

① 「국가보안법」상 회합죄를 피고인이 자백하는 경우, 회합 당시 상대방으로부터 받았다는 명함의 현존은 보강증거로 될 수 있다.

② 피고인 A는 지하철역 에스컬레이터에서 휴대전화기의 카메라를 이용하여 성명불상 여성 피해자의 치마 속을 몰래 촬영하다가 현행범으로 체포되어 성폭력범죄의 처벌 등에 관한 특례법 위반(카메라등이용촬영)으로 기소되었는데, 검사가 제출한 증거 중 체포 당시 임의제출 방식으로 압수된 A 소유 휴대전화기에 대한 압수조서의 '압수경위'란에 기재된 내용이 A가 범행을 저지르는 현장을 직접 목격한 사법경찰관 B의 진술이 담긴 것이고, 검사가 제출한 증거에 대하여 피고인이 모두 증거로 함에 동의하였다면, 이는 피고인 A의 자백을 보강하는 증거가 된다.

③ 약 3개월에 걸쳐 8회의 도박을 하였다는 혐의로 검사가 피고인에 대해 상습도박죄로 기소한 경우, 총 8회의 도박 중 3회의 도박사실에 대해서는 피고인의 자백 외에 보강증거가 없는 경우에도 법원은 소위 진실성담보설에 입각하여 8회의 도박행위 전부에 대하여 유죄판결을 할 수 있다.

④ 2017.2.18. 01:35경 자동차를 타고 온 甲으로부터 필로폰을 건네받은 후 甲이 위 차량을 운전해 갔다고 한 A의 진술과 2017.2.20. 甲으로부터 채취한 소변에서 나온 필로폰 양성 반응 결과는, 甲이 2017.2.18. 02:00경의 필로폰 투약으로 정상적으로 운전하지 못할 우려가 있는 상태에서 운전하였다는 자백을 보강하는 증거가 되기에 충분하다.

15

자백과 보강증거에 대한 다음 [보기]의 설명 중 옳지 않은 것을 모두 고른 것은? (다툼이 있는 경우 판례에 의함)

| 보기 |

㉠ 피고인이 범행을 자인하는 것을 들었다는 피고인 외의 제3자의 진술이 기재된 검찰 진술조서는 피고인의 자백에 대한 보강증거로 사용할 수 없다.

㉡ 자백에 대한 보강증거는 범죄사실의 전부 또는 중요부분을 인정할 수 있는 정도이어야 하고, 자백과 보강증거가 서로 어울려서 전체로서 범죄사실을 인정할 수 있어야 한다.

㉢ 일정한 증거가 발견되면 자백하겠다고 한 피의자의 약속이 검사의 강요나 위계에 의하여 이루어진 것이 아니라 경한 죄의 소추 등 이익과 교환조건으로 이루어진 경우, 그 약속에 의한 자백은 임의성 없는 자백이라 할 수 없다.

㉣ 피고인이 피해자의 재물을 절취하려다가 미수에 그쳤다는 내용의 공소사실을 자백한 경우, 피고인을 현행범인으로 체포한 피해자가 수사기관에서 한 진술 또는 현장사진이 첨부된 수사보고서는 피고인 자백의 진실성을 담보하기에 충분한 보강증거가 될 수 있다.

㉤ 카메라이용촬영죄의 현행범으로 체포된 피의자 甲은 지하철역에서 피해자의 신체를 의사에 반하여 촬영한 사실로 공소가 제기되어 공소사실을 자백한 경우, 수사단계에서 임의제출된 甲의 휴대전화에 저장된 전자정보 탐색·복제·출력 과정에서 참여권이 보장되지 않아 증거능력이 인정되지 않는다면 피고인이 증거로 함에 동의한 위 휴대전화에 대한 임의제출서, 압수조서, 압수품 사진 등도 피고인의 자백을 보강하는 증거가 될 수는 없다.

① ㉠㉡㉢㉤
② ㉡㉢㉤
③ ㉡㉢㉣
④ ㉡㉢㉣㉤

16

자백의 보강법칙에 관한 다음 [보기]의 기술 중 옳지 않은 것을 모두 고른 것은? (다툼이 있는 경우 판례에 의함)

| 보기 |

㉠ 피고인 甲이 위조신분증을 제시·행사하였다고 자백하는 때의 그 위조신분증과 피고인 乙이 주거침입의 범행을 자백하는 때의 주거침입행위의 동기에 관한 참고인의 전문진술은 모두 보강증거가 될 수 있다.

㉡ 전과에 관한 사실을 보강증거 없이 피고인의 자백만으로 이를 인정한 경우에는 법령위반에 해당하므로 상소이유가 된다.

㉢ 피고인이 7건의 절도행위를 한 것으로 기소된 경우, 그중 4건은 범행장소인 구체적 호수가 특정되지 않았을 때, 위 4건에 관한 피고인의 범행 관련 진술이 매우 사실적이고 구체적이며 진술의 신빙성을 의심할 만한 사유도 없어 자백의 진실성이 인정된다 하더라도, 피고인의 집에서 해당 피해품을 압수한 압수조서와 압수물 사진은 위 자백에 대한 보강증거가 될 수 없다.

㉣ 피고인 丙이 간통사실을 자백하는 때의 그 범행시점에 가출과 외박이 잦아 의심을 하게 되었다는 남편의 진술조서와 피고인 丁이 반지를 편취하였다고 자백하는 때의 피고인으로부터 반지를 매입하였다는 참고인의 진술은 모두 보강증거가 될 수 있다.

㉤ 확정판결은 엄격한 의미의 범죄사실과는 구별되는 것이어서 피고인의 자백만으로서도 그 존부를 인정할 수 있다.

㉥ 소년법의 적용을 받는 소년보호사건에 있어서도 자백의 보강법칙은 적용되므로 자백만으로 사실을 인정하는 것은 엄연히 위법이다.

① ㉠㉡㉢㉤
② ㉠㉡㉢㉥
③ ㉡㉢㉣㉤
④ ㉡㉢㉣㉥

17

자백보강법칙에 대한 설명으로 옳은 것은? (다툼이 있는 경우 판례에 의함)

① 자백보강법칙은 「즉결심판에 관한 절차법」에 따른 즉결심판절차에 적용된다.

② 피고인의 습벽을 범죄구성요건으로 하는 포괄일죄로서의 상습범에 있어서는 이를 구성하는 각 행위에 관하여 개별적으로 보강증거를 필요로 하지 않는다.

③ 피고인이 범행을 인정하는 것을 들었다는 참고인의 검찰 진술조서의 진술기재는 피고인의 자백에 대한 보강증거가 될 수 있다.

④ 자동차등록증에 차량의 소유자가 피고인으로 등록·기재된 사실은 피고인이 그 차량을 운전하였다는 사실의 자백 부분에 대한 보강증거가 될 수 있고, 결과적으로 피고인의 무면허운전이라는 전체 범죄사실의 보강증거가 될 수 있다.

18

자백의 보강증거에 대한 다음 [보기]의 설명으로 옳은 것만을 모두 고른 것은? (다툼이 있는 경우 판례에 의함)

| 보기 |

㉠ 피고인 甲이 업무수행에 필요한 자금을 지출하면서, 스스로 그 지출한 자금내역을 자료로 남겨두기 위해 뇌물자금과 기타자금을 구별하지 아니하고 그 지출내역을 그때그때 계속적, 기계적으로 수첩에 직접 기재한 기재내용은 뇌물 공여사실에 대한 보강증거가 될 수 있다.

㉡ 형사소송법 제310조 소정의 '피고인의 자백'에 공범인 공동피고인의 진술은 포함되지 아니하므로 공범인 공동피고인의 진술은 다른 공동피고인에 대한 범죄사실을 인정하는 증거로 할 수 있을 뿐만 아니라 공범인 공동피고인들의 각 진술은 상호간에 서로 보강증거가 될 수 있다.

㉢ 피고인 甲이 乙로부터 필로폰을 매수하면서 그 대금을 乙이 지정하는 은행계좌로 송금한 사실에 대한 압수·수색·검증영장 집행보고는 피고인 甲의 필로폰 매수행위와 실체적 경합범 관계에 있는 필로폰 투약행위에 대한 보강증거가 될 수 있다.

㉣ 자백에 대한 보강증거는 범죄사실 전부나 그중 요부분의 전부에 일일이 그 보강증거를 필요로 하는 것이며, 간접증거 내지 정황증거는 보강증거가 될 수 없다.

① ㉠㉡   ② ㉡㉢

③ ㉢㉣   ④ ㉠㉡㉣

19

자백에 관한 다음 [보기]의 설명 중 옳은 것(O)과 옳지 않은 것(×)을 올바르게 조합한 것은? (다툼이 있는 경우 판례에 의함)

| 보기 |

ⓐ 변론을 분리하지 아니한 채 이루어진 공범인 공동피고인의 공판정에서의 자백은 피고인에 대하여 불리한 증거로 사용할 수 없다.

ⓑ 상업장부나 금전출납부 등과 같이 범죄사실의 인정 여부와는 관계없이 우연히 피고인이 자기에게 맡겨진 사무를 처리한 사무 내역을 그때그때 계속적, 기계적으로 기재한 문서라도 공소사실에 일부 부합되는 사실의 기재가 있다면 이는 범죄사실을 자백하는 문서로 보아야 한다.

ⓒ 피고인이 그 범죄혐의를 받기 전에 이와는 관계없이 자기의 업무수행에 필요한 자금을 지출하면서 스스로 그 지출한 자금내역을 자료로 남겨두기 위하여 뇌물자금과 기타 자금을 구별하지 아니하고 그 내역을 기입한 수첩은 피고인의 검찰에서의 자백에 대한 보강증거가 될 수 없다.

ⓓ 횡령죄의 피고인이 제출한 항소이유서에 "피고인은 돈이 급해 지어서는 안 될 죄를 지었습니다.", "진심으로 뉘우치고 있습니다."라고 기재되어 있더라도, 이어진 검사와 재판장 및 변호인의 각 신문에 대하여 범죄사실을 일관되게 부인한다면 범죄사실을 자백한 것이라고 볼 수 없다.

ⓔ 자백에 대한 보강증거는 자백이 가공적인 것이 아닌 진실한 것임을 인정할 수 있는 정도로 충분하지만, 자백과 보강증거만으로도 유죄의 증거로 충분하다고 볼 수 있으므로, 간접증거나 정황증거는 보강증거가 될 수 없다.

① ⓐ(O), ⓑ(×), ⓒ(×), ⓓ(O), ⓔ(×)
② ⓐ(×), ⓑ(×), ⓒ(O), ⓓ(×), ⓔ(×)
③ ⓐ(O), ⓑ(×), ⓒ(×), ⓓ(×), ⓔ(O)
④ ⓐ(×), ⓑ(×), ⓒ(×), ⓓ(O), ⓔ(×)

20

공판조서의 배타적 증명력에 대한 다음 [보기]의 설명 중 옳은 것을 모두 고른 것은? (다툼이 있는 경우 판례에 의함)

| 보기 |

ⓐ 동일한 사항에 관하여 두 개의 서로 다른 내용이 기재된 공판조서가 병존하는 경우에 그중 어느 쪽이 진실한 것으로 볼 것인지는 법관의 자유로운 심증에 따라서는 안 된다.

ⓑ 피고인의 열람 또는 등사청구권이 침해된 경우에는 그 공판조서를 유죄의 증거로 할 수 없을 뿐만 아니라, 공판조서에 기재된 당해 피고인이나 증인의 진술도 증거로 할 수 없다.

ⓒ 당해 공판기일에 열석하지 아니한 판사가 재판장으로서 서명날인한 공판조서는 소송법상 무효라 할 것이므로 당해 공판기일에 있어서의 소송절차를 증명할 수 없다.

ⓓ 공판조서에 재판장이 판결서에 의하여 판결을 선고하였음이 기재되어 있다면 검찰서기의 판결서 없이 판결선고 되었다는 내용의 보고서가 있더라도 공판조서의 기재내용이 허위라고 판정할 수 없다.

ⓔ 공판조서에 기재되지 않은 소송절차라면 그 존재는 공판조서에 기재된 다른 내용이나 공판조서 이외의 자료로 증명될 수 없다.

① ⓑⓒⓓ
② ⓒⓓⓔ
③ ⓐⓑⓒⓓ
④ ⓑⓒⓓⓔ

MEMO

진도별 모의고사
[형법각론]

▶ 제1편 **개인적 법익에 대한 죄: 제1장 생명과 신체에 대한 죄** [살인의 죄] ― **제2장 자유에 대한 죄** [강간과 추행의 죄 1]

회차	시행일			목표점수			획득점수		
	1차	2차	3차	1차	2차	3차	1차	2차	3차
제1회									

01

다음 설명 중 가장 적절하지 않은 것은? (다툼이 있는 경우 판례에 의함)

① 피고인이 격분하여 피해자를 살해할 것을 마음먹고 밖으로 나가 낫을 들고 피해자에게 다가서려고 하였으나 제3자가 이를 제지하여 그 틈을 타서 피해자가 도망함으로써 살인의 목적을 이루지 못한 경우, 피고인이 낫을 들고 피해자에게 접근함으로써 살인의 실행행위에 착수하였다고 할 것이므로 이는 살인미수에 해당한다.

② 사람을 살해한 자가 그 살해의 목적을 수행함에 있어 사후 사체의 발견이 불가능 또는 심히 곤란하게 하려는 의사로 인적이 드문 장소로 피해자를 유인하거나 실신한 피해자를 끌고 가서 그곳에서 살해하고 사체를 그대로 둔 채 도주하여 사체의 발견이 현저하게 곤란하게 된 경우에는 살인죄와 별도로 사체은닉죄가 성립하지 아니한다.

③ 살해의 목적으로 동일인에게 일시·장소를 달리하고 수차에 걸쳐 공격을 하였으나 미수에 그치다가 그 목적을 달성한 경우, 살해의 목적을 달성할 때까지의 행위는 모두 실행행위의 일부로서 이를 포괄적으로 보아 단순한 한 개의 살인기수죄로 처단할 것이 아니라 살인예비 내지 미수죄와 동 기수죄의 경합범으로 처단하여야 한다.

④ 제왕절개 수술의 경우 임산부의 상태변화, 의료진의 처치경과 등 제반 사정을 토대로 '의학적으로 제왕절개수술이 가능하였고 규범적으로 수술이 필요하였던 시기'를 사후적으로 판단하여 분만의 시기로 볼 수 없다.

02

상해와 폭행의 죄에 관한 다음 [보기]의 기술 중 옳지 않은 것을 모두 고른 것은? (다툼이 있으면 판례에 의함)

| 보기 |

㉠ 상해죄 및 폭행죄의 상습범에 관한 형법 제264조에 열거되지 아니한 다른 유형의 범죄까지 고려하여 상습성의 유무를 결정할 수 없다.

㉡ 단순폭행, 존속폭행의 범행이 동일한 폭행 습벽의 발현에 의한 것으로 인정되는 경우, 그 죄수는 상습폭행과 상습존속폭행죄의 경합범이다.

㉢ 상습존속폭행죄는 피해자의 명시한 의사에 반하여 공소를 제기할 수 없다.

㉣ 상해죄는 미수를 처벌하지 않지만, 폭행죄는 미수를 처벌한다.

㉤ 폭행의 고의로 폭행하여 중상해의 결과가 발생하면 중상해죄가 성립한다.

① ㉠㉡㉢㉣
② ㉡㉢㉣㉤
③ ㉠㉢㉣
④ ㉢㉣㉤

03

생명과 신체에 관한 죄에 대한 다음 [보기]의 설명 중 옳은 것을 모두 고른 것은? (다툼이 있는 경우에는 판례에 의함)

| 보기 |

㉠ 공휴일 또는 야간에 구치소 소장을 대리하는 당직간부에게는 구치소에 수용된 수용자들의 생명·신체에 대한 위험을 방지할 법령상 내지 조리상의 의무가 있고, 이와 같은 의무를 직무로서 수행하는 교도관들의 업무는 업무상과실치사죄에서 말하는 업무에 해당한다.

㉡ 여객의 승차·하차 등을 위하여 일시 정차한 버스 안에서 버스운전사를 폭행한 행위는 특정범죄 가중처벌 등에 관한 법률 제5조의10 제1항에서 처벌하는 '운행 중'인 자동차의 운전자에 대한 폭행에 해당한다.

㉢ 양친자관계를 창설하려는 명백한 의사가 있고 기타 입양의 실질적 요건이 구비되었음에도 입양신고를 하지 아니한 채 친생자 출생신고를 한 이후 계속하여 자신을 양육하여 온 사람을 살해한 경우 존속살해죄가 성립한다.

㉣ 형법의 해석상 태아는 임산부 신체의 일부에 해당된다고 볼 수 있어, 낙태행위는 임산부 신체의 일부에 대한 훼손이나 임산부의 태아 양육·출산 기능의 침해 측면에서 낙태죄와는 별개로 임산부에 대한 상해죄를 구성한다.

㉤ 행위자가 위험한 물건을 '휴대하여' 피해자를 협박하고 상해를 가하였는지 여부가 문제되는 경우, 행위자가 범행 현장에서 범행에 사용하려는 의도 아래 위험한 물건을 소지하거나 몸에 지닌 상태에서 나아가 이를 실제로 범행에 사용하였을 것까지 요구되는 것은 아니다.

① ㉠㉡㉢㉣
② ㉡㉢㉣㉤
③ ㉠㉢㉣㉤
④ ㉠㉡㉢㉤

04

상해와 폭행에 관한 다음 [보기]의 설명 중 옳은 것을 모두 고른 것은? (다툼이 있는 경우에는 판례에 의함)

| 보기 |

㉠ 형법은 제258조의2 제1항에서 위험한 물건을 휴대하여 상해죄를 범한 때에는 1년 이상 10년 이하의 징역에 처한다고 특수상해죄를 규정하고 있는데, 형법 제264조에서 상습범을 그 죄에 정한 형의 2분의 1까지 가중하므로, 상습특수상해죄를 범한 때에는 1년 6개월 이상 15년 이하의 징역에 처해야 한다.

㉡ 상해죄의 동시범 규정은 가해행위를 한 것 자체가 분명하지 않은 사람에게도 적용된다.

㉢ 폭력행위등처벌에관한법률위반(집단·흉기등폭행)죄의 '위험한 물건을 휴대하여'라 함은 피고인이 폭행을 가할 당시에 범행에 사용할 의도로 위험한 물건을 소지하면 족하고 피해자가 그 사실을 인식해야 하는 것은 아니다.

㉣ 1~2개월간 입원할 정도로 다리가 부러진 상해 또는 칼에 찔려 입게 된 약 3주간의 치료를 요하는 우측흉부자상은 중상해에 해당하지 않는다.

㉤ 형법 제258조의2 제1항 및 제284조에서는 위험한 물건을 휴대하여 사람의 신체를 상해한 자를 특수상해죄로, 사람을 협박한 자를 특수협박죄로 각 처벌하는바, 위험한 물건을 휴대하였다고 하기 위해서는 행위자가 그 물건을 현실적으로 손에 쥐고 있는 등 그 물건이 행위자와 물리적으로 부착되어 있어야 한다.

① ㉠㉡㉢㉣
② ㉠㉢㉣
③ ㉢㉣㉤
④ ㉡㉣㉤

05

폭행에 관한 다음 [보기] 중 옳은 기술을 모두 고른 것은?
(다툼이 있는 경우 판례에 의함)

| 보기 |

ㄱ 형법 제260조에 규정된 폭행죄는 사람의 신체에 대한 유형력의 행사를 가리키므로 음향(音響)은 유형력에 포함될 수 없다.

ㄴ 다방 종업원들의 숙소에 이르러 종업원 중 1인이 피고인을 만나주지 않는다는 이유로 주방문을 부수고 주방으로 들어가 방문을 열어주지 않으면 모두 죽여 버린다고 폭언하면서 시정된 방문을 수회 발로 찬 피고인의 행위는 다른 범죄가 성립함은 별론으로 하고, 단순히 방문을 발로 몇 번 찼다고 하여 그것이 피해자들의 신체에 대한 유형력의 행사로 볼 수 없어 폭행죄에 해당한다 할 수 없다.

ㄷ 외국사절의 숙소 앞에서 시위를 벌이다가 숙소에서 나오던 외국사절을 태운 승용차를 발견하고 5m도 되지 않는 거리에서 위 승용차를 향하여 연이어 계란 4개를 던져 그중 2개를 위 승용차 운전석 유리창 및 보닛에 맞힌 행위는 외국사절폭행죄에서의 폭행에 해당한다.

ㄹ 피해자에게 근접하여 욕설을 하면서 때릴 듯이 손발이나 물건을 휘두르거나 던지는 행위를 한 경우에 직접 피해자의 신체에 접촉하지 않았다고 하여도 피해자에 대한 유형력의 행사로 폭행에 해당한다.

ㅁ 폭행죄의 폭행의 개념보다 공무집행방해죄의 폭행의 개념이 보다 좁다.

① ㄴㄷㄹ
② ㄱㄴㄹ
③ ㄱㄷㄹㅁ
④ ㄴㄷㄹㅁ

06

다음 [보기] 중 「폭력행위 등 처벌에 관한 법률」 제3조 제1항(집단·흉기등)의 '행위자가 흉기 기타 위험한 물건을 휴대'한 경우라고 인정될 수 있는 사례를 모두 고른 것은? (다툼이 있는 경우에는 판례에 의함)

| 보기 |

ㄱ 자동차를 이용하여 다른 사람의 자동차 2대를 손괴한 경우, 그 자동차의 소유자 등이 실제로 해를 입거나 해를 입을 만한 위치에 있지 아니하였다.

ㄴ 甲은 자신의 승용차 트렁크에서 공기총을 꺼내어 A를 향해 들이대고 협박하였다. 공기총에는 실탄이 장전되지 아니한 상태였으나, 승용차 트렁크에는 공기총 실탄이 보관되어 있었다.

ㄷ 甲은 A가 식칼을 들고 나와 자신을 찌르려고 하자 이를 저지하기 위하여 그 칼을 뺏은 다음 A를 훈계하면서 칼의 칼자루 부분으로 A의 머리를 가볍게 쳤다.

ㄹ 甲은 A 등과 이혼에 관한 사항을 협의하던 도중 A 등과 가벼운 실랑이를 하게 되었다. 이 과정에서 甲의 승낙 없이 A의 아버지인 B가 甲의 아들을 자신의 중형승용차에 태운 후 시동을 걸고 출발하려고 하였다. 甲은 이를 제지하기 위하여 급히 자신의 소형승용차를 출발시켜 B가 운전하던 승용차를 저속으로 가볍게 충격하였다. 이로 인하여 B는 특별한 치료를 요하지 않는 가벼운 상해를 입었으며, 甲의 차량과 B의 차량도 경미한 손상을 입게 되었다.

① ㄱㄴ
② ㄱㄹ
③ ㄴㄷ
④ ㄱㄴㄹ

07

다음 설명 중 틀린 것은? (다툼이 있는 경우 판례에 의함)

① 시간적 차이가 있는 독립된 상해행위나 폭행행위가 경합하여 사망의 결과가 일어나고 그 사망의 원인된 행위가 판명되지 아니한 경우에는 형법 제19조의 동시범으로 처벌할 수 있다.

② 피해자보다 먼저 횡단보도에 진입한 차량운전자에게도 도로교통법 제27조 제1항에 따른 '횡단보도에서의 보행자 보호의무' 위반을 인정할 수 있다.

③ 상해죄의 성립에는 상해의 원인인 폭행에 대한 인식이 있으면 충분하고 상해를 가할 의사의 존재까지는 필요하지 않다.

④ 당구공으로 피해자의 머리를 툭툭 건드린 정도에 불과한 경우, 이 당구공은 구 폭력행위 등 처벌에 관한 법률 제3조 제1항의 '위험한 물건'에 해당하지 않는다.

08

다음 중 판례의 입장과 일치하는 기술은?

① 국회의원인 甲은 한미 자유무역협정 비준동의안의 국회 본회의 심리를 막기 위하여 의장석 앞 발언대 뒤에서 CS최루분말 비산형 최루탄 1개를 터뜨리고 최루탄 몸체에 남아있는 최루분말을 국회부의장 乙에게 뿌렸다. 위 최루탄과 최루분말은 폭력행위 등 처벌에 관한 법률 제3조 제1항의 '위험한 물건'에 해당한다.

② 도로교통법 제54조 제2항 단서에서 규정된 '운행 중인 차만 손괴된 것이 분명하고 도로에서의 위험방지와 원활한 소통을 위하여 필요한 조치를 한 경우'라면 교통사고를 낸 차의 운전자 등에게도 모두 신고의무가 인정된다.

③ 계약상 부수의무로서의 민사적 부조의무 또는 보호의무가 인정되는 경우 형법상 유기죄의 '계약상 의무'는 당연히 긍정되므로, 자신이 운영하는 주점에서 수일 동안 계속하여 술을 마시고 만취한 피해자를 방치하여 저체온증으로 사망에 이르게 한 경우, 주점 주인에게는 계약상 부조의무가 인정되어 유기치사죄가 성립한다.

④ 미성년자를 약취한 후 강간 목적으로 상해 등을 가하고 나아가 강간 및 살인미수를 범한 경우, 약취한 미성년자에 대한 상해 등으로 인한 특정범죄 가중처벌 등에 관한 법률 위반죄와 미성년자에 대한 강간 및 살인미수행위로 인한 성폭력범죄의 처벌 등에 관한 특례법 위반죄의 죄수 관계는 상상적 경합이다.

09

다음 [보기]는 유기와 학대의 죄에 관한 기술들이다. 틀린 것으로 올바르게 짝지어진 것은? (다툼이 있으면 판례에 의함)

| 보기 |

㉠ 유기죄의 주체를 근거지우는 보호의무의 근거에 대하여 종래의 통설은 법률·계약뿐만 아니라 사회상규·관습·조리 등도 인정하였던 바 있으나, 현재의 다수설과 판례는 유추해석금지의 원칙상 법률·계약으로 제한된다는 입장이다.

㉡ 강간치상의 범행을 저지른 자가 그 범행으로 인하여 실신상태에 있는 피해자를 구호하지 아니하고 방치한 경우 강간치상죄와 유기죄가 성립한다.

㉢ 단순한 동거 또는 간헐적인 정교관계를 맺고 있다는 사정만으로는 유기죄의 주체가 되기에는 부족하지만, 사실혼관계에 있는 경우에는 유기죄의 법률상 보호의무가 인정된다고 보아야 한다.

㉣ 유기죄가 성립하기 위하여는 행위자가 형법 제271조 제1항이 정한 바에 따라 '노유, 질병 기타 사정으로 인하여 부조를 요하는 자를 보호할 만한 법률상 또는 계약상 의무 있는 자'에 해당하여야 하고, 요부조자에 대한 보호책임의 발생원인이 된 사실이 존재한다는 것을 인식하면 충분하나, 나아가 이에 기한 부조의무를 해태한다는 의식까지 있을 것을 요하지 않는다.

① ㉠㉡　　　　　　　　　② ㉡㉣
③ ㉠㉣　　　　　　　　　④ ㉡㉢

10

유기죄에 관한 다음 설명 중 가장 옳지 않은 것은? (다툼이 있는 경우 판례에 의함)

① 경찰관은 경찰관직무집행법 등에 의하여 머리를 심하게 다친 상태로 경찰서에 누워 있는 사람을 구조할 법률상 의무는 있지만 이는 공법상 의무에 불과하므로 형법상 유기죄의 주체가 될 수는 없다.

② 우연히 길에서 만나 동행하던 사람이 절벽에서 추락한 것을 구조하지 아니하였다고 하여 유기죄가 성립하는 것은 아니다.

③ A가 운전하는 승용차에 동승하고 있던 B가 차량문을 열고 차에서 뛰어내렸음에도 A가 그대로 차량을 진행함으로써 도로상에 정신을 잃고 쓰러져 있던 B가 그 직후 후행차량에 역과되어 사망한 경우 A에게는 도로교통법상 구호조치의무가 있기 때문에 유기치사죄가 성립할 수 있다.

④ 병원에 입원한 11세의 딸에 대하여 종교적인 이유로 수혈을 거부하여 딸이 사망한 경우 수혈을 거부한 부모에 대하여 유기치사죄가 성립할 수 있다.

11

협박죄에 관한 다음 [보기]의 설명 중 옳은 것을 모두 고른 것은? (다툼이 있는 경우 판례에 의함)

| 보기 |

㉠ 제3자에 대한 법익 침해를 내용으로 하는 해악을 고지하더라도 피해자 본인과 제3자가 밀접한 관계에 있어 그 해악의 내용이 피해자 본인에게 공포심을 일으킬 만한 정도의 것이라면 협박죄가 성립할 수 있는데, 법인은 협박죄의 객체나 제3자가 될 수 없다.

㉡ 제3자로 하여금 해악을 가하도록 하겠다는 방식으로도 해악의 고지는 얼마든지 가능하지만, 이 경우 고지자가 제3자의 행위를 사실상 지배하거나 제3자에게 영향을 미칠 수 있는 지위에 있는 것으로 믿게 하는 명시적·묵시적 언동을 하였거나 제3자의 행위가 고지자의 의사에 의하여 좌우될 수 있는 것으로 상대방이 인식한 경우에 한하여 고지자가 직접 해악을 가하겠다고 고지한 것과 마찬가지의 행위로 평가할 수 있다.

㉢ 감금을 하기 위한 수단으로서 행사된 단순한 협박행위는 감금죄에 흡수되어 따로 협박죄를 구성하는 것이 아니다.

㉣ 피고인이 피해자인 누나의 집에서 갑자기 온몸에 연소성이 높은 물질을 바르고 라이터불을 켜는 동작을 하면서 이를 말리려는 피해자 등에게 가위, 송곳을 휘두르면서 "방에 불을 지르겠다. 가족 전부를 죽여 버리겠다."고 소리쳤지만, 실제로는 피해자 등의 신체에 위해를 가할 의사나 불을 놓을 의사가 없었더라도 피해자가 피고인의 행위를 약 1시간가량 말렸으나 듣지 아니하여 무섭고 두려워서 신고하였다면 협박죄가 성립한다.

㉤ 협박죄는 해악을 고지하여 이를 상대방이 인식하면 되는 것으로서 현실적으로 공포심이 생길 것을 요하지 않는 위험범이므로 미수를 벌하지 아니한다.

① ㉠㉡㉢㉣
② ㉡㉢㉣
③ ㉢㉣㉤
④ ㉡㉢㉣㉤

12

협박과 강요의 죄에 대한 설명으로 옳은 것은? (다툼이 있는 경우 판례에 의함)

① 협박죄에서의 고의는 해악을 고지하여 상대방에게 공포심을 일게 할 의사 및 그 해악을 실현시킬 의사를 포함한다.

② 대통령비서실장 등 피고인들은 문화체육관광부 공무원들을 통하여 문화예술진흥기금 등 정부의 지원을 신청한 개인·단체의 이념적 성향이나 정치적 견해 등을 이유로 한국문화예술위원회 등이 수행한 각종 사업에서 이른바 좌파 등에 대한 지원배제에 이르는 과정에서, 공무원 甲 및 지원배제 적용에 소극적인 문체부 1급 공무원 乙 등에 대하여 사직서를 제출하도록 요구하고, 예술위 등의 직원들로 하여금 지원심의 등에 개입하도록 지시하였는데, 일부 사업에서는 특정인 또는 특정단체가 지원배제 지시에도 불구하고 지원 대상자로 선정되기도 하였다. 그렇다면 이는 강요죄의 성립요건인 상대방의 의사결정의 자유를 제한하거나 의사실행의 자유를 방해할 정도로 겁을 먹게 할 만한 해악을 고지하였다는 점에 대한 증명이 부족한 것이다.

③ 타인의 주택 대문 바로 앞에 차량을 주차하여 타인이 차량을 주차장에 출입할 수 없도록 한 경우 강요죄가 성립한다.

④ 협박이란 그 상대방이 된 사람으로 하여금 공포심을 일게 하기에 충분한 정도의 해악을 고지하는 것으로서, 그 해악이 제3자의 법익을 침해하는 것을 내용으로 하는 때에는 협박죄가 성립될 여지가 없다.

13

자유에 대한 죄에 관한 다음 기술 중 판례의 입장과 일치하는 것은?

① 민주노총 전국건설노조 건설기계지부 소속 노조원인 A 등은, 현장소장인 피해자 甲이 노조원이 아닌 피해자 乙의 건설장비를 투입하여 수해상습지 개선사업 공사를 진행하자 '민주노총이 어떤 곳인지 아느냐, 현장에서 장비를 빼라'는 취지로 말하거나 공사 발주처에 부실공사가 진행되고 있다는 취지의 진정을 제기하는 방법으로 공사현장에서 사용하던 장비를 철수하게 하고 '현장에서 사용하는 모든 건설장비는 노조와 합의하여 결정한다'는 협약서를 작성하게 하였다. A 등의 행위는 정당한 권리의 실현 수단으로 사용된 경우이어서 강요죄의 수단인 협박에 해당하지 않는다.

② B는 A로부터 강간미수 피해를 입은 후 A의 집에서 나가려고 하였는데 A는 B가 나가지 못하도록 현관에서 거실 쪽으로 B를 세 번 밀쳤고, B가 A를 뿌리치고 현관문을 열고 나와 엘리베이터를 누르고 기다리는데 A가 팬티 바람으로 쫓아 나왔으며, B가 엘리베이터를 탔는데도 A는 B의 팔을 잡고 끌어내리려고 해서 이를 뿌리쳤고, A가 닫히는 엘리베이터 문을 손으로 막으며 엘리베이터로 들어오려고 하자 B는 버튼을 누르고 손으로 A의 가슴을 밀어냈다. 그렇다면, 강간미수죄는 논외로 하고 A의 이러한 행위의 죄책은 체포미수죄에 해당한다.

③ 성폭력범죄의 처벌 등에 관한 특례법 제13조는 "자기 또는 다른 사람의 성적 욕망을 유발하거나 만족시킬 목적으로 전화, 우편, 컴퓨터, 그 밖의 통신매체를 통하여 '성적 수치심이나 혐오감을 일으키는 말, 음향, 글, 그림, 영상 또는 물건'(이하 '성적 수치심을 일으키는 그림 등'이라 한다)을 상대방에게 도달하게 한 사람"을 처벌하고 있다. 그렇다면, 위 죄의 구성요건 중 '성적 욕망'에는 상대방을 성적으로 비하하거나 조롱하는 등 상대방에게 성적 수치심을 줌으로써 자신의 심리적 만족을 얻고자 하는 욕망은 포함되지 아니한다.

④ (위 ③에서) 성적 욕망이 상대방에 대한 분노감과 결합되어 있다면 위 죄의 구성요건 중 '성적 욕망'에 포함되지 아니한다.

14

약취·유인죄에 관한 다음 [보기]의 설명 중 옳은 것은 모두 몇 개인가? (다툼이 있으면 판례에 의함)

| 보기 |

㉠ 미성년자의 아버지의 부탁으로 그 아이들을 보호하고 있는 자는 위 아이를 인도하라는 어머니의 요구를 거부하였다고 하더라도 미성년자약취죄의 죄책을 진다고 보기는 어렵다.

㉡ 미성년자를 보호·감독하고 있던 그 아버지의 의사에 반하여 미성년자를 자신들의 사실상 지배로 옮긴 이상 미성년자약취죄가 성립한다 할 것이고, 설령 미성년자의 동의가 있었다 하더라도 마찬가지이다.

㉢ 미성년의 자녀를 부모가 함께 동거하면서 보호·양육하여 오던 중 공동친권자인 부모의 일방이 상대방의 동의나 가정법원의 결정이 없는 상태에서 유아를 데리고 공동양육의 장소를 이탈함으로써 상대방의 친권행사가 미칠 수 없도록 하였다면, 비록 그 과정에서 협박이나 불법적인 사실상의 힘을 행사한 사실이 없다고 하더라도 미성년자에 대한 약취죄가 성립한다고 보아야 한다.

㉣ 강도 범행을 하는 과정에서 미성년자와 그의 부모를 함께 체포·감금, 또는 폭행·협박을 가하는 경우 특별한 사정이 없는 한 미성년자약취죄는 성립하지 않는다.

㉤ 약취·유인, 인신매매의 죄는 상습범을 처벌한다.

① 1개
② 2개
③ 3개
④ 4개

15

약취·유인 및 인신매매의 죄에 관한 다음 설명 중 가장 옳은 것은?

① 미성년자가 유인에 의하여 스스로 가출한 경우, 가출에 관한 미성년자의 동의가 하자 있는 의사에 의하여 이루어진 경우에는 미성년자유인죄가 성립하나, 진의에 의한 동의가 있는 경우에는 보호자의 동의가 없더라도 미성년자유인죄가 성립하지 않는다.

② 외국인인 양육친과 이혼소송 중인 내국인 양육친이 면접교섭권을 행사하기 위하여 외국에서 양육친과 함께 살던 아동(5세)을 대한민국으로 데려온 후 면접교섭 기간이 종료한 후 양육친에게 데려다 주지 않은 행위는 미성년자약취죄가 성립하지 아니한다.

③ 미성년자가 혼자 머무는 주거에 침입하여 그를 감금한 뒤 폭행 또는 협박에 의하여 부모의 출입을 봉쇄하거나, 미성년자와 부모가 거주하는 주거에 침입하여 부모만을 강제로 퇴거시키고 독자적인 생활관계를 형성하기에 이르렀다면 비록 장소적 이전이 없었다 할지라도 미성년자약취죄에 해당한다.

④ 약취·유인 및 인신매매의 죄에 대하여는 속인주의가 적용되므로 대한민국 영역 내에서 위 죄를 범한 외국인에게는 우리나라 형법이 적용되나 대한민국 영역 밖에서 위 죄를 범한 외국인에게는 적용되지 않는다.

16

성폭력범죄에 관한 다음 [보기]의 설명 중 옳지 않은 것을 모두 고른 것은? (다툼이 있는 경우 판례에 의함)

| 보기 |

㉠ 2012.12.18. 형법개정으로 강간죄, 강제추행죄, 준강간죄, 준강제추행죄의 친고죄 규정 및 혼인빙자간음죄가 폐지되었다.

㉡ 2012.12.18. 형법개정으로 강간죄와 강제추행죄의 객체가 부녀에서 사람으로 바뀌었다.

㉢ 형법은 일정한 성범죄에 대하여 공소시효 적용을 배제하는 규정을 두고 있다.

㉣ 강간죄, 강제추행죄, 준강간·준강제추행죄는 예비·음모를 처벌한다.

㉤ 강제추행죄의 '폭행 또는 협박'은 상대방의 항거를 곤란하게 할 정도일 것이 요구되지 아니한다.

① ㉡㉢㉣

② ㉡㉢㉤

③ ㉠㉣㉤

④ ㉠㉡㉢

17

강간과 추행의 죄에 관한 다음 [보기]의 설명 중 옳은 것을 모두 고른 것은?

| 보기 |

㉠ 추행의 고의로 상대방의 의사에 반하는 유형력의 행사, 즉 폭행행위를 하여 그 실행행위에 착수하였으나 추행의 결과에 이르지 못한 때에는 강제추행미수죄가 성립하나, 이러한 법리는 폭행행위 자체가 추행행위라고 인정되는 이른바 '기습추행'의 경우에는 적용되지 않는다.

㉡ 강간죄에서의 폭행·협박과 간음 사이에는 인과관계가 있어야 하나, 폭행·협박이 반드시 간음행위보다 선행되어야 하는 것은 아니다.

㉢ 가해자가 폭행을 수반함이 없이 오직 협박만을 수단으로 피해자를 간음한 경우에도 그 협박의 정도가 피해자의 항거를 불가능하게 하거나 현저히 곤란하게 할 정도의 것(강간죄)이면 강간죄가 성립하고, 협박과 간음 사이에 시간적 간격이 있더라도 협박에 의하여 간음이 이루어진 것으로 인정될 수 있다면 달리 볼 것은 아니다.

㉣ 미용업체인 甲 주식회사를 운영하는 피고인이 甲 회사의 가맹점에서 근무하는 乙(여, 27세)을 비롯한 직원들과 노래방에서 회식을 하던 중 乙을 자신의 옆자리에 앉힌 후 갑자기 乙의 볼에 입을 맞추고, 이에 乙이 '하지 마세요'라고 하였음에도 계속하여 오른손으로 乙의 오른쪽 허벅지를 쓰다듬었다면, 피고인의 행위는 강제추행에 해당한다.

㉤ '형법 제319조 제1항(주거침입)의 죄를 범한 사람이 같은 법 제298조(강제추행), 제299조(준강제추행) 가운데 제298조의 예에 의하는 부분의 죄를 범한 경우에는 성폭력범죄의 처벌 등에 관한 특례법이 적용되어 무기징역 또는 7년 이상의 징역에 처한다.

① ㉡㉢㉣㉤

② ㉡㉢㉣

③ ㉢㉣㉤

④ ㉡㉣㉤

18

생명·신체 및 자유에 관한 죄에 대한 다음 [보기]의 설명 중 판례의 입장과 일치하지 않는 것을 모두 고른 것은?

| 보기 |

㉠ 형법 제273조 제1항에서 말하는 '학대'라 함은 상대방의 인격에 대한 반인륜적 침해만으로 성립한다.

㉡ 여성인 직장 상사가 직장에서 함께 근무하는 여성 피해자의 가슴을 움켜쥐거나 엉덩이를 만지는 등의 신체접촉을 한 행위도 강제추행에 해당한다.

㉢ 놀이터 의자에 앉아 통화를 하고 있는 타인의 뒤로 몰래 다가가 등 쪽에 소변을 본 행위만으로는 강제추행죄를 구성하기엔 부족하다.

㉣ 아동복지법 제17조(금지행위)는 "누구든지 아동에게 성적 수치심을 주는 성희롱 등의 성적 학대행위 등을 하여서는 아니 된다."라고 규정하고 있으나, 성인이 아닌 자는 위 금지행위규정 및 처벌규정의 적용에서 배제된다.

① ㉠㉡㉣
② ㉠㉢㉣
③ ㉡㉢㉣
④ ㉠㉡㉢㉣

19

자유에 대한 죄에 관한 다음 기술 중 옳은 것은? (다툼이 있으면 판례에 의함)

① 미성년자유인죄의 고의를 인정하기 위해서는 피해자가 미성년자임을 알면서 유인한다는 인식 및 나아가 유인하는 행위가 피해자의 의사에 반한다는 인식도 필요하다.

② 종래 13세 미만의 미성년자에 대한 간음·추행을 형법상 미성년자의제강간 등 죄로 처벌하였으나, 형법 개정에 의하여 13세 이상 16세 이하의 미성년자에 대하여 간음·추행을 한 19세 이상의 자도 처벌할 수 있게 되었다.

③ 피고인이 연예기획사 매니저와 사진작가의 1인 2역을 하면서 청소년인 피해자에게 거짓말을 하여 피해자로 하여금 모델이 되기 위한 연기 연습 등의 일환으로 성관계를 한다는 착각에 빠지게 하여 위계로써 피해자를 간음한 경우 청소년에 대한 위계에 의한 간음죄를 구성한다.

④ 피고인이 청바지를 입은 여성의 뒷모습을 허락 없이 촬영하였다면, 엉덩이를 부각하여 촬영한 경우이든 또는 엉덩이를 부각하지 않고 어느 정도 떨어진 거리에서 촬영한 행위이든 모두 성폭력처벌법이 처벌하는 카메라이용촬영죄에 해당한다.

20

준강간죄에 관한 다음 설명 중 가장 옳지 않은 것은?

① 준강간죄는 사람의 심신상실 또는 항거불능의 상태를 이용하여 간음함으로써 성립하는 범죄로서, 정신적·신체적 사정으로 인하여 성적인 자기방어를 할 수 없는 사람의 성적 자기결정권을 보호법익으로 한다.

② 준강간죄에서의 항거불능의 상태라 함은 강간죄와의 균형상 심신상실 이외의 원인 때문에 심리적 또는 물리적으로 반항이 절대적으로 불가능하거나 현저히 곤란한 경우를 의미한다.

③ 잠을 자고 있는 피해자의 옷을 벗긴 후 자신의 바지를 내린 상태에서 피해자의 음부 등을 만지고 자신의 성기를 피해자의 음부에 삽입하려고 하였으나 피해자가 몸을 뒤척이고 비트는 등 잠에서 깨어 거부하는 듯한 기색을 보이자 더 이상 간음행위에 나아가는 것을 포기한 경우, 준강간죄의 실행에 착수를 인정할 수 있다.

④ 피고인이 피해자가 심신상실 또는 항거불능의 상태에 있다고 인식하고 그러한 상태를 이용하여 간음할 의사로 피해자를 간음하였으나 피해자가 실제로는 심신상실 또는 항거불능의 상태에 있지 않은 경우에는, 실행의 수단 또는 대상의 착오로 인하여 준강간죄에서 규정하고 있는 구성요건적 결과의 발생이 처음부터 불가능하였고 실제로 그러한 결과가 발생하였다고 할 수 없으므로 피고인을 처벌할 수 없다.

▶ 제1편 **개인적 법익에 대한 죄: 제2장 자유에 대한 죄** [강간과 추행의 죄 2] — **제3장 명예와 신용에 대한 죄** [신용·업무와 경매에 관한 죄 1]

회차	시행일			목표점수			획득점수		
제2회	1차	2차	3차	1차	2차	3차	1차	2차	3차

01

강간죄 및 강제추행죄에 관한 다음 [보기]의 설명 중 옳지 않은 것은 모두 몇 개인가? (다툼이 있는 경우 판례에 의함)

| 보기 |

- ㉠ 강간죄와 강제추행죄에 있어 폭행·협박은 상대방의 항거를 불가능하게 하거나 또는 현저히 곤란하게 할 정도임을 요한다.
- ㉡ 피고인이 지하철에서 추행했으나 대상자가 성적 수치심이나 혐오감을 느끼지 못한 경우에도 성폭력범죄의처벌등에관한특례법위반(공중밀집장소에서의추행)죄의 기수범이 성립한다.
- ㉢ 채용 절차에 있는 구직자는 업무상 위력 등에 의한 간음죄의 '업무, 고용이나 그 밖의 관계로 자기의 보호, 감독을 받는 사람'에 해당한다.
- ㉣ A가 자신의 집무실에서 아침 보고를 하는 자신의 비서 B에게 '이쁘다'고 칭찬하며 B의 허리를 손으로 껴안는 방법으로 포옹하고, 같은 날 퇴근 보고를 하는 B에게 '학원에 태워줄까'라고 하면서 양손으로 B를 포옹하였더라도, 성적 수치심이나 혐오감을 일으키게 하는 추행행위에 해당한다고 볼 수 있다.
- ㉤ 17세의 미성년자에 대하여 위계에 의하여 간음행위를 하여 상해의 결과에 이르게 한 행위에 대해서는 형법 제301조에 의하여 미성년자에 대한 위계에 의한 간음치상죄가 성립한다.

① 1개　　　　　　　② 2개
③ 3개　　　　　　　④ 4개

02

강간과 추행의 죄에 관한 다음 [보기]의 기술 중 옳은 것을 모두 고른 것은? (다툼이 있으면 판례에 의함)

| 보기 |

- ㉠ 강간죄는 사람을 간음하기 위하여 피해자의 항거를 불능하게 하거나 현저히 곤란하게 할 정도의 폭행 또는 협박을 개시한 때에 그 실행의 착수가 있다고 보아야 할 것이고, 실제로 그와 같은 폭행 또는 협박에 의하여 피해자의 항거가 불가능하게 되거나 현저히 곤란하게 되어야만 실행의 착수가 있다고 볼 것은 아니다.
- ㉡ 목사가 신도들의 믿음과 신뢰를 이용하여 가족의 병을 고친다는 명분으로 추행한 경우 강제추행죄가 성립하지 않는다.
- ㉢ 여성인 피고인이 직장에서 함께 근무하는 여성의 가슴을 움켜쥐거나 엉덩이를 만지는 등의 신체접촉을 한 행위는 강제추행에 해당한다.
- ㉣ 甲이 제작한 영상물이 객관적으로 아동·청소년이 등장하여 성적 행위를 하는 내용을 표현한 영상물에 해당하더라도 대상이 된 아동·청소년의 동의하에 촬영한 것이라면, 甲의 행위는 「아동·청소년의 성보호에 관한 법률」상 '아동·청소년이용음란물'을 제작한 것에 해당하지 아니한다.
- ㉤ 운전 연수 차량 안에서 자신에게 운전 연수를 받던 여성의 운전이 미숙하다는 이유로 그녀의 오른쪽 허벅지를 1회 밀친 경우 강제추행죄의 고의가 인정된다.

① ㉠㉡㉢㉣㉤　　　　② ㉠㉡㉢㉣
③ ㉠㉡㉢㉤　　　　　④ ㉠㉡㉢

03

성폭력범죄에 관한 다음 [보기]의 설명 중 판례에 따를 때 타당하지 않은 것을 모두 골라 조합한 것은?

| 보기 |

㉠ 찜질방 수면실에서 옆에 누워 있던 피해자의 가슴 등을 손으로 만진 행위는 성폭력범죄의 처벌 등에 관한 특례법상 공중밀집장소에서의 추행 행위에 해당하지 않는다.

㉡ 甲, 乙, 丙이 사전의 모의에 따라 강간할 목적으로 심야에 인가에서 멀리 떨어져 있어 쉽게 도망할 수 없는 야산으로 피해자 A, B, C를 유인한 다음 곧바로 암묵적인 합의에 따라 각자 마음에 드는 피해자 1명씩만을 데리고 불과 100m 이내의 거리에 있는 곳으로 흩어져 동시 또는 순차적으로 피해자들을 각각 강간하였다 하더라도, 甲에게는 A, B, C 모두에 대한 성폭력범죄의 처벌 등에 관한 특례법상의 특수강간죄가 성립하는 것은 아니다.

㉢ 야간에 버스 안에서 휴대폰 카메라로 옆 좌석에 앉은 여성(18세)의 치마 밑으로 드러난 허벅다리 부분을 촬영한 경우는 무죄이다.

㉣ 甲이 에스컬레이터에서 카메라폰으로 A의 치마 속 신체 부위를 일정한 시간 동안 동영상 촬영하여 영상정보가 주 기억장치 등에 입력되었으나 카메라폰의 저장버튼을 누르지 않은 상태에서 경찰관에게 발각되었다면 성폭력범죄의처벌등에관한특례법위반(카메라등이용촬영)죄의 미수범이 성립한다.

㉤ 성폭력처벌법에서 처벌되는 카메라 등 이용 촬영물 등 반포 등의 죄는 촬영행위가 촬영 당시 촬영대상자의 의사에 반하지 아니하였다면 반포 등 행위 시를 기준으로 촬영대상자의 의사에 반하여 그 반포행위를 하였다 하더라도 성립하지 아니한다.

① ㉡㉢㉤
② ㉡㉢㉣㉤
③ ㉠㉢㉣
④ ㉠㉡㉢㉣㉤

04

다음 설명 중 가장 옳지 않은 것은? (다툼이 있는 경우 판례에 의함)

① 알고 지내던 여성인 C로부터 폭행을 당하자 보복의 의미에서 C의 입술, 귀, 유두, 가슴 등을 입으로 깨물었다면 강제추행죄가 성립한다.

② 신체 노출 사진 인터넷 게시 등으로 피해자를 협박한 행위는 강간의 실행의 착수로 인정될 수 있다.

③ A가 B 등을 협박하여 겁을 먹은 B 등으로 하여금 어쩔 수 없이 나체나 속옷만 입은 상태가 되게 하여 스스로를 촬영하게 하거나, 성기에 이물질을 삽입하거나 자위를 하는 등의 행위를 하게 하였다면, 이러한 행위는 B 등을 도구로 삼아 B 등의 신체를 이용하여 그 성적 자유를 침해한 행위로서, A가 직접 위와 같은 행위들을 하지 않았다거나 B 등의 신체에 대한 직접적인 접촉이 없었다고 하더라도 강제추행의 범죄를 실현한 것으로 평가할 수 있다.

④ 채팅으로 만난 16세의 여자청소년에게 "성교를 해 주면 그 대가로 돈을 주겠다"고 거짓말하고 성교한 경우 형법 제302조의 미성년자위계간음죄가 성립하지 않는다.

05

다음 기술 중 판례의 입장에 어긋나는 것은?

① 성폭력범죄의 처벌 등에 관한 특례법(이하 성폭력처벌법) 제3조 제1항에서는 형법 제319조 제1항의 주거침입죄를 범한 자가 같은 법 제297조의2의 유사강간죄를 범한 경우에는 무기징역 또는 7년 이상의 징역에 처한다. 그렇다면 甲이 피해자 乙에 대하여 유사강간 등 성범죄를 하기로 의욕하고 주점의 여자화장실로 끌고 가 여자화장실의 문을 잠근 후 강제로 입맞춤을 하고 유사강간하려고 하였으나 미수에 그친 경우, 성폭력처벌법 제3조 제1항의 주거침입유사강간죄의 미수범에 해당하지 않는다.

② 성폭력범죄의 처벌 등에 관한 특례법 제14조 제1항 후단에서 '타인의 신체를 그 의사에 반하여 촬영한 촬영물'을 반포·판매·임대 또는 공연히 전시·상영한 자가 반드시 촬영물을 촬영한 자와 동일인이어야 하는 것은 아니다.

③ 성폭력범죄의 처벌 등에 관한 특례법 제14조 제2항은 카메라나 그 밖에 이와 유사한 기능을 갖춘 기계장치를 이용하여 성적 욕망 또는 수치심을 유발할 수 있는 다른 사람의 신체를 촬영한 촬영물이 촬영 당시에는 촬영대상자의 의사에 반하지 아니하는 경우에도 사후에 의사에 반하여 촬영물을 반포·판매·임대·제공 또는 공공연하게 전시·상영한 사람을 처벌하도록 규정하고 있는데, 계속적·반복적으로 전달하여 불특정 또는 다수인에게 반포하려는 의사를 가지고 있다면 특정한 1인 또는 소수의 사람에게 교부하는 것도 반포에 해당할 수 있다.

④ 성폭력범죄의 처벌 등에 관한 특례법 제13조의 구성요건 중 '성적 수치심이나 혐오감을 일으키는 말, 음향, 글, 그림, 영상 또는 물건을 상대방에게 도달하게 한다'는 것과 관련하여, 상대방에게 성적 수치심이나 혐오감을 일으키는 말, 음향, 글, 그림, 영상 또는 물건이 담겨 있는 웹페이지 등에 대한 인터넷 링크(internet link)를 보내는 행위는 위 구성요건을 충족하지 않는다.

06

강간과 추행의 죄에 관한 다음 설명 중 옳지 않은 것은? (다툼이 있으면 판례에 의함)

① 음주 후 준강간 또는 준강제추행을 당하였음을 호소한 피해자의 경우, 범행 당시 알코올이 기억형성의 실패만을 야기한 알코올 블랙아웃 상태였다면 피해자는 기억장애 외에 인지기능이나 의식 상태의 장애에 이르렀다고 인정하기 어렵다.

② 피해자가 술에 취해 수면상태에 빠지는 등 의식을 상실한 패싱아웃 상태였다면 준강간·준강제추행죄의 성립요건인 심신상실의 상태에 있었음을 인정할 수 있다.

③ 甲이 스마트폰 채팅 애플리케이션을 통하여 알게 된 14세의 피해자에게 자신을 '고등학교 2학년인 乙'이라고 거짓으로 소개하고 채팅을 통해 교제하던 중 자신을 스토킹하는 여성 때문에 힘들다며 그 여성을 떼어내려면 자신의 선배와 성관계를 하여야 한다는 취지로 피해자에게 이야기하고, 甲과 헤어지는 것이 두려워 甲의 제안을 승낙한 피해자를 마치 자신이 乙의 선배인 것처럼 행세하여 간음한 경우, 甲의 위 행위는 아동·청소년의 성보호에 관한 법률 제7조 제5항에서의 위계에 해당한다.

④ 피해사실 전후의 객관적 정황상 피해자가 심신상실 등이 의심될 정도로 비정상적인 상태에 있었음이 밝혀진 경우 이는 '알코올 블랙아웃'에 해당하므로 심신상실 내지 항거불능 상태에는 있지 않았다고 볼 수 있다.

07

다음 [보기]의 설명 중 옳은 것을 모두 고른 것은? (다툼이 있는 경우 판례에 의함)

| 보기 |

㉠ 甲이 새벽에 귀가하는 A(25세, 여)를 발견하고는 강간하기로 마음먹고, A를 따라가 A가 거주하는 아파트 엘리베이터를 같이 탄 뒤 엘리베이터 안에서 주먹으로 A의 얼굴을 수회 때려 반항을 억압한 후 A를 끌고 엘리베이터에서 내린 다음 아파트 계단에서 A를 간음하고 그로 인하여 A에게 상해를 가한 경우, 아파트의 엘리베이터, 공용계단은 특별한 사정이 없는 한 주거침입죄의 객체인 '사람의 주거'에 해당하므로 甲에게는 성폭력범죄의처벌등에관한특례법위반(강간등상해)죄가 성립한다.

㉡ 甲이 야간에 A(26세, 여)의 주거에 침입하여 A에게 칼을 들이대고 협박하여 A의 반항을 억압한 상태에서 강간행위를 실행하던 도중 범행현장에 있던 A 소유의 핸드백을 뺏은 다음 그 자리에서 강간행위를 계속한 경우, 甲에게는 성폭력범죄의처벌등에관한특례법위반(특수강간)죄와 특수강도죄가 성립하고 양 죄는 실체적 경합범 관계이다.

㉢ 甲이 버스에서 내려 혼자 걸어가는 A(27세, 여)를 발견하고 마스크를 착용한 채 뒤따라가다가 인적이 없고 외진 곳에서 가까이 접근하여 껴안으려고 양 팔을 든 순간, A가 뒤돌아보면서 소리치자 甲이 그 상태로 몇 초 동안 A를 쳐다보다가 다시 오던 길로 되돌아간 경우, 甲에게는 강제추행미수죄가 성립한다.

㉣ 군인 甲이 동성(同性)인 군인과 영외의 사적 공간에서 항문성교를 비롯한 행위를 하였다면 그것이 영외의 사적 공간에서 자발적 의사 합치에 따라 이루어졌다 하더라도 군형법에서 처벌하는 항문성교에 해당한다.

① ㉠㉡
② ㉠㉢
③ ㉡㉣
④ ㉢㉣

08

명예훼손의 죄에 관한 다음 [보기]의 설명 중 옳지 않은 것을 모두 고른 것은? (다툼이 있으면 판례에 의함)

| 보기 |

㉠ 다수의 사람에게 피해자의 명예를 훼손하는 사실을 적시한 경우와 달리 소수의 사람에게 발언하였다면 그로 인해 불특정 또는 다수인이 인식할 수 있는 상태를 초래한 경우에도 공연히 발언한 것으로 해석할 수 없다.

㉡ 집단표시에 의한 모욕은 모욕의 내용이 집단에 속한 특정인에 대한 것이라고 해석되기 힘들다 하더라도 구성원 개개인에 대한 모욕죄가 성립되는 것이 원칙이다.

㉢ 종교적 목적을 위한 언론·출판의 자유를 행사하는 과정에서 타 종교의 신앙 대상을 우스꽝스럽게 묘사하거나 다소 모욕적이고 불쾌하게 느껴지는 표현을 사용하는 것도 허용될 수 있다.

㉣ 공연성은 명예훼손죄의 구성요건으로서, 특정 소수에 대한 사실적시의 경우 공연성이 부정되는 유력한 사정이 있다고 볼 수 있으므로, 전파가능성의 부존재에 관해서는 피고인의 증명이 필요하나 다만 이는 자유로운 증명으로 족하다.

① ㉠㉡㉢㉣
② ㉡㉢㉣
③ ㉠㉡㉣
④ ㉠㉢㉣

09

명예에 관한 죄의 성립요건인 공연성에 관한 다음 기술 중 옳은 것은? (다툼이 있으면 판례에 의함)

① 빌라 관리자 甲은 빌라의 누수 문제로 그 아랫집에 거주하는 A로부터 공사 요청을 받게 되자, 공사가 신속히 진행되지 못하는 이유를 위 빌라를 임차하여 거주하는 가족인 乙 등의 탓으로 돌려 책임추궁을 피하려는 의도로 A와 전화통화를 하면서 乙 등에 대하여 '무식한 것들', '이중인격자' 등이라 표현하면서 누수 공사 협조의 대가로 과도하고 부당한 요구를 하거나 막말과 욕설을 하였다고 말하였다면, 甲 등의 행위에는 명예훼손죄나 모욕죄의 공연성이 인정되지 않는다.

② 甲은 직원들에게 민주노총 지부장 乙이 관리하는 사업소의 문제 등을 지적하는 내용의 카카오톡 문자메시지를 발송하면서 '민주노총 ○○○지부장은 정말 야비한 사람인 것 같습니다'라고 표현하였다. 甲의 행위는 모욕죄를 구성한다.

③ 피고인이 식당 내의 방안에서 피해자의 친척 한 사람만 있는 자리에서 피해자가 어떤 여자와 불륜관계에 있다고 말한 경우에도 공연성이 인정된다.

④ 피고인이 민사소송에서 피해자의 주장에 부합하는 확인서를 작성해 준 甲을 찾아가 방문 경위를 설명하고 甲으로부터 기존 확인서와 상반되는 취지의 사실확인서를 다시금 교부받는 과정에서 명예훼손적 발언을 하였다면 명예훼손죄의 공연성이 인정된다.

10

다음 [보기]에서 명예훼손죄의 성립요건인 공연성에 관한 판례의 태도와 일치하는 것으로만 연결된 것은?

| 보기 |

㉠ 피고인이 세 사람이 있는 자리에서 허위의 사실을 유포한 경우 또는 한 사람에게 전화로 허위의 사실을 유포한 경우에 그 사람들에 의해 외부에 전파될 가능성이 있는 이상 명예훼손죄의 성립에는 영향이 없다.

㉡ 피고인이 진정서와 고소장 사본을 특정 사람들에게 개별적으로 우송한 것이라고 하여도 그 숫자가 다수인 경우에는 공연성이 인정된다.

㉢ 피고인이 피해자 부부가 전과가 많다고 발언한 내용을 들은 사람들이 피해자들과는 일면식이 없다거나, 또는 이미 피해자들의 전과사실을 알고 있었다면 공연성, 즉 피고인의 발언이 전파될 가능성이 없다.

㉣ 피고인이 명예훼손행위를 행할 당시 피고인의 말을 들은 사람은 한 사람씩에 불과하였으나 그들은 피고인과 특별한 친분관계가 있는 자도 아니며, 그 내용도 지방의회의원선거를 앞둔 시점에 현역 시의회의원이면서 다시 그 후보자가 되고자 하는 자를 비방한 것인 경우에는 공연성이 인정된다.

① ㉠㉡㉢   ② ㉡㉢㉣
③ ㉠㉢㉣   ④ ㉠㉡㉣

11

명예에 관한 죄에 대한 다음 [보기]의 기술 중 판례의 입장과 일치하는 것을 모두 고른 것은?

| 보기 |

㉠ 동기생들만 참여대상으로 하는 단체채팅방에서 상관을 지칭하여 '도라이'라는 글을 1회 게시한 행위는 상관모욕죄의 구성요건에 해당하지 아니한다.

㉡ 다른 사람의 말이나 글을 비평하면서 사용한 표현이 겉으로 보기에 증거에 의해 입증 가능한 구체적인 사실관계를 서술하는 형태를 취하고 있다면 이는 명예훼손죄에서 말하는 사실의 적시에 해당한다.

㉢ 회사의 징계절차는 공적인 측면이 있다 하더라도 징계절차에 회부되었을 뿐인 단계에서 그 사실을 공개함으로써 피해자의 명예를 훼손한 것은 공공의 이익이 인정될 수 없다.

㉣ 甲은 세월호 참사 국민대책회의 공동위원장이자 '4월 16일의 약속 국민연대' 상임운영위원으로서 언론사 기자와 시민 등을 상대로 기자회견을 하던 중 '세월호 참사 당일 7시간 동안 대통령 B가 마약이나 보톡스를 했다는 의혹이 사실인지 청와대를 압수·수색해서 확인했으면 좋겠다.'는 취지로 발언하였다. 甲에게는 명예훼손죄가 성립하지 않는다.

㉤ 학문적 표현을 그 자체로 이해하지 않고, 표현에 숨겨진 배경이나 배후를 섣불리 단정하는 방법으로 암시에 의한 명예훼손적 사실 적시를 인정할 수 없다.

① ㉠㉢㉣㉤
② ㉢㉣㉤
③ ㉡㉢㉣㉤
④ ㉠㉡㉣

12

명예에 관한 다음 [보기]의 기술 중 옳지 않은 것을 모두 고른 것은? (다툼이 있으면 판례에 의함)

| 보기 |

㉠ 회의 자리에서 상급자로부터 책임을 추궁당하며 질문을 받게 되자 이에 대답하는 과정에서 타인의 명예를 훼손하는 듯한 사실을 발설한 경우 명예훼손의 고의가 인정된다.

㉡ 甲 등은 자신들의 주거지인 아파트에서 위층에 사는 乙이 손님들을 데리고 와 시끄럽게 한다는 이유로 화가 나 인터폰으로 乙에게 전화하여 손님(乙과 친분은 있으나 비밀의 보장이 상당히 높은 정도로 기대되는 관계로는 볼 수 없음)과 그 자녀들이 듣고 있는 가운데 乙의 자녀 교육과 인성을 비하하는 내용의 욕설을 하였다. 甲 등의 행위는 모욕죄를 구성한다.

㉢ 아파트 관리소장인 甲이, 오피스텔 관리소장인 乙이 개인적인 이익을 위해 아파트 관리업무에 관해 과다한 민원을 제기하여 아파트 관리업무를 방해한다고 생각하던 차에 乙의 민원으로 과태료까지 부과 받게 되자, 乙이 관리소장으로 근무하는 오피스텔의 입주자대표회의 회장 등이 있는 가운데 "여기 소장인 乙은 낮에 근무하면서 경매를 받으러 다닌다. 구청에 사적으로 일보러 다닌다."는 취지의 발언을 하였다면, 甲에게는 명예훼손죄가 성립한다.

㉣ ○○버스노동자협의회 회원인 甲은 1991년부터 2008년까지 ○○지역버스노동조합의 위원장이었고 현재 조합의 상임지도위원인 A와 조합의 사무처장이면서 ○○지역마을버스노동조합의 지부장인 B에 대하여, 인터넷을 이용하여 자신의 페이스북에 노동조합 집행부의 공적 활동과 관련한 자신의 의견을 담은 게시글을 작성하고 집회 일정을 알리면서 A, B를 지칭하며 "버스노조 악의 축, A, B 구속수사하라!!"는 내용을 적시하였다. 甲에게는 모욕죄가 성립한다.

㉤ 양육비채권자의 제보를 받아 양육비 미지급자의 신상정보를 공개하는 사이트 운영자 甲은 위 사이트에 전 배우자를 제보한 乙의 제보를 받아 위 사이트에 乙의 전 배우자를 비롯하여 A 등 5명의 이름, 거주지, 직장명, 얼굴 등을 공개하는 글

이 올라가게 하고, 乙은 甲과 공모하여 전 배우자의 신상을 공개하는 글이 올라가게 하고, 인스타그램에 그 링크 주소를 첨부하고 '미친년'이라는 표현 등을 덧붙인 글을 게시하였다. 甲과 乙에게는 「정보통신망 이용촉진 및 정보보호 등에 관한 법률」상 명예훼손죄의 구성요건요소인 '비방할 목적'이 인정된다.

① ㉠㉢㉣㉤
② ㉠㉢㉣
③ ㉡㉢㉣
④ ㉡㉢㉣㉤

13

명예훼손죄에 관한 다음 [보기]의 설명 중 옳은 것을 모두 고른 것은? (다툼이 있는 경우 판례에 의함)

| 보기 |

㉠ 명예훼손죄에서 '사실의 적시'란 가치판단이나 평가를 내용으로 하는 '의견표현'에 대치되는 개념으로서 시간적으로나 공간적으로 구체적인 과거 또는 현재의 사실관계에 관한 보고나 진술을 뜻하고, 표현 내용을 증거로 증명할 수 있는 것을 말한다.

㉡ 형법 제307조 제1항의 '사실'은 제2항의 '허위의 사실'과 반대되는 '진실한 사실'을 말하는 것이므로, 적시된 사실이 허위라는 입증이 없는 경우에는 형법 제307조 제1항의 명예훼손죄가 성립하지만, 적시된 사실이 허위인 경우 행위자에게 허위성에 대한 인식이 없다는 이유만으로 형법 제307조 제1항의 명예훼손죄가 성립될 수는 없다.

㉢ 객관적으로 피해자의 사회적 평가를 저하시키는 사실에 관한 발언이 보도, 소문이나 제3자의 말을 인용하는 방법으로 단정적인 표현이 아닌 전문 또는 추측의 형태로 표현되었더라도, 표현 전체의 취지로 보아 사실이 존재할 수 있다는 것을 암시하는 방식으로 이루어진 경우에는 사실을 적시한 것으로 보아야 한다.

㉣ 공론의 장에 나선 전면적 공적 인물의 경우에는 비판과 의혹의 제기를 감수해야 하고 그러한 비판과 의혹에 대해서는 해명과 재반박을 통해서 이를 극복해야 하며 공적 관심사에 대한 표현의 자유는 중요한 헌법상 권리로서 최대한 보장되어야 한다. 따라서 공적 인물과 관련된 공적 관심사에 관하여 의혹을 제기하는 형태의 표현행위에 대해서는 일반인에 대한 경우와 달리 암시에 의한 사실의 적시로 평가하는 데 신중해야 한다.

㉤ 형법 제310조의 위법성조각사유는 형법 제307조 제1항의 명예훼손죄의 구성요건에 해당하는 행위에 대해서만 적용되므로 군형법상 상관명예훼손죄에 대해서는 적용되지 않는다.

① ㉡㉢㉣㉤
② ㉠㉢㉣
③ ㉠㉡㉢
④ ㉠㉡㉣㉤

14

명예훼손죄와 모욕죄에 대한 다음 [보기]의 설명 중 옳은 것을 모두 고른 것은? (다툼이 있는 경우 판례에 의함)

| 보기 |

㉠ 골프장 경기도우미들이 자율규정을 위반한 경기도우미를 징계하였으니 처리하여 달라는 취지가 기재된 요청서를 절차에 따라 골프장 운영회사의 담당자에게 전달한 행위는 명예훼손죄의 공연성이 인정되지 아니한다.

㉡ 언론매체가 피해자의 명예를 현저하게 훼손할 수 있는 보도내용의 주된 부분이 허위임을 충분히 인식하면서도 이를 보도하였다면, 특별한 사정이 없는 한 거기에는 사람을 비방할 목적이 있다고 볼 것이다.

㉢ 마을의 동장인 사람이 주민들과 함께한 저녁식사 자리에서 "피해자는 이혼했다는 사람이 왜 마을제사에 왔는지 모르겠다."고 말한 것은 명예훼손죄로 처벌하는 '사실의 적시'에 해당하지 아니한다.

㉣ 정보통신망을 이용한 명예훼손의 경우 범죄종료시기는 원래의 게시물이 삭제되어 정보의 송수신이 불가능해지는 시점이다.

㉤ 甲은 같은 정당에 소속된 상대방 A에게 카카오톡 메신저로 피해자 乙이 같은 정당 소속 의원과 간담회에 참석한 사진을 보내면서 '거기에 술꾼인 乙이 송총이랑 가 있네요 ㅋ 거기는 술 안 사주는데. 입 열면 막말과 비속어, 욕설이 난무하는 乙과 가까이 해서 대장님이 득 될 것은 없다 봅니다.'는 취지의 메시지를 전송하였다. 甲에게는 모욕죄가 성립하지 않는다.

① ㉠㉡㉢㉣
② ㉡㉢㉣㉤
③ ㉠㉡㉣㉤
④ ㉠㉡㉢㉤

15

명예훼손죄에 관한 다음 [보기]의 기술 중 옳은 것을 모두 고른 것은? (다툼이 있으면 판례에 의함)

| 보기 |

㉠ 과거의 역사적 사실관계 등에 대하여 민사판결을 통하여 어떠한 사실인정이 있었다 하더라도, 그와 반대되는 사실의 주장이나 견해의 개진 등을 원칙적으로 형법상 명예훼손죄 등에서 '허위의 사실 적시'라는 구성요건에 해당한다고 단정할 수 없다.

㉡ 피고인 본인의 이익을 추구할 목적으로 피해자를 비난하는 내용의 발언이나 글을 게시한 경우 공공의 이익이 인정되지 아니한다.

㉢ 드러낸 사실이 거짓인 경우라 하더라도 「정보통신망 이용촉진 및 정보보호 등에 관한 법률」 제70조 제2항의 '사람의 비방할 목적'이 당연히 인정되는 것은 아니다.

㉣ 마트의 운영자인 피고인이 마트에 아이스크림을 납품하는 업체 직원인 甲을 불러 '다른 업체에서는 마트에 입점하기 위하여 입점비를 준다고 하던데, 입점비를 얼마나 줬냐? 점장 乙이 여러 군데 업체에서 입점비를 돈으로 받아 해먹었고, 지금 뒷조사 중이다.'라고 말한 경우, 명예훼손의 고의를 인정할 수 있다.

① ㉠㉡㉢㉣
② ㉡㉢㉣
③ ㉠㉢㉣
④ ㉠㉡㉢

16

인격적 법익에 대한 죄에 관한 다음 기술 중 옳은 것은? (다툼이 있으면 판례에 의함)

① 경영위기에 놓인 회사의 직원 중 일부가 동료 직원 및 주요 투자자와 협의를 거쳐 회사 갱생을 위한 자구책으로 마련한 '사임제안서'를 대표이사에게 전달한 행위는 협박죄를 구성한다.

② 자기의 보호 또는 감독을 받는 13세 미만의 여자 아동을 장장 8년간에 걸쳐 간음한 성년의 남자에 대해서는 형법상 학대죄가 성립한다.

③ 국립대학교 총학생회장이 농활 답사 과정에서 자신을 포함한 학생회 임원진의 음주운전 및 묵인 관행에 대해 글을 써 페이스북 등에 게시한 행위는 명예훼손죄의 죄책이 성립하지 않는다.

④ 유튜브 채널에 타인의 방송 영상을 게시하면서 그 얼굴에 '개' 얼굴을 합성하는 방법으로 표현한 행위는 모욕죄를 구성한다.

17

업무방해죄에 관한 다음 [보기]의 설명 중 옳은 것을 모두 고른 것은? (다툼이 있는 경우 판례에 의함)

| 보기 |

㉠ 업무방해죄에서 '허위사실의 유포'란 객관적으로 진실과 부합하지 않는 사실을 유포하는 것으로서 단순한 의견이나 가치판단을 표시하는 것은 이에 해당하지 않는바, 의견표현과 사실 적시가 혼재되어 있는 경우에는 이를 전체적으로 보아 허위사실을 유포하여 업무를 방해한 것인지 등을 판단해야지, 의견표현과 사실 적시 부분을 분리하여 별개로 범죄의 성립 여부를 판단해서는 안 된다.

㉡ 대학의 컴퓨터 시스템 서버를 관리하던 자가 전보발령을 받아 더 이상 웹서버를 관리·운영할 권한이 없는 상태에서 그 웹서버에 접속하여 홈페이지 관리자의 아이디와 비밀번호를 함부로 변경한 행위는 피해 대학에 업무방해의 위험을 초래하는 행위에 해당하여 컴퓨터 등 장애 업무방해죄가 성립한다.

㉢ 신규직원 채용권한을 가지고 있는 지방공사 사장이 시험업무 담당자들에게 지시하여 상호 공모 내지 양해하에 시험성적조작 등의 부정한 행위를 한 경우 법인인 공사에게 신규직원 채용업무와 관련하여 오인·착각 또는 부지를 일으키게 한 것이 아니므로 업무방해죄에 해당하지 않는다.

㉣ 회계자료열람권을 가진 회원이 협회에 대하여 회계서류 등의 열람을 요구하는 과정에서 협회 직원들을 불러 모아 상당한 시간 동안 이야기를 하면서 자신의 요구를 거부하는 협회 직원에게 다소 언성을 높이는 등 행위를 한 것은 업무방해죄에 해당한다.

㉤ 농협 이사회에서 농협 감사가 농협의 재산과 업무집행상황에 대한 감사 및 이사회에 대한 의견진술을 하고 있는데 '급여규정 일부 개정안'에 대하여 허위로 설명 또는 보고하거나 개정안과 관련하여 허위의 자료를 작성하여 제시한 행위는 감사의 업무를 방해한 것으로서 업무방해죄가 성립한다.

① ㉠㉡㉢㉤   ② ㉠㉡㉢㉣
③ ㉢㉣㉤   ④ ㉠㉡㉢

18

다음 기술 중 판례의 입장과 일치하는 것은?

① 행위자가 제3자로 하여금 어떤 조치를 취하게 하는 등으로 상대방의 업무에 곤란을 야기하거나 그러한 위험이 초래되게 하였다면, 행위자가 제3자의 의사결정에 관여할 수 있는 권한을 가지고 있거나 그에 대하여 업무상 지시를 할 수 있는 지위에 있는 경우라 하더라도 특별한 사정이 없는 한 업무방해죄를 구성한다.

② 甲 주식회사 임원인 A는 자동차 판매수수료율과 관련하여 대리점 사업자들과 甲 회사 사이에 의견대립이 고조되자, 대리점 사업자 乙이 일정액의 사용료를 지급하고 판매정보 교환 등에 이용해 오던 甲 회사의 내부전산망 전체 및 고객관리시스템 중 자유게시판에 대한 접속권한을 차단하였다 하더라도 A의 행위를 업무방해죄의 행위태양인 위력에 해당한다고 볼 수 없다.

③ 상호저축은행 경영진인 甲 등은 상호저축은행의 영업정지가 임박해 있던 상황에서 금융감독원 파견감독관에게 알리지 아니한 채 영업마감 후에 전화로 특정 고액 예금채권자들에게 영업정지 예정사실을 알려주어 이들로 하여금 상호저축은행을 방문하여 예금을 인출하도록 하였다. 이는 업무상 배임죄의 배임행위에 해당할 뿐 업무방해죄에 있어서의 위계에 해당하지 않는다.

④ 파업이 확정된 상황에서 사용자가 근로자를 상대로 순회설명회를 개최하여 노동조합의 파업방침에 대해 비판적 견해를 표명한 행위는 원칙적으로 부당노동행위에 속하지 않으므로 업무방해죄의 업무에 해당된다.

19

명예와 신용에 대한 죄에 관한 다음 기술 중 옳은 것은? (다툼이 있으면 판례에 의함)

① 甲은 B대학교 병원 정문 앞길에서 "잘못된 만행을 알리고자 합니다!! B대 병원에서 무릎 인공관절 수술을 하다 돌아가신 A의 아들 甲입니다. B대 병원 乙은 의사 자기가 수술하다 죽은게 '재수가 없어 죽었다' 이런 막말을 하고 있습니다. 어떻게 의사란 사람이 상식 밖의 말을 하는지 B대학병원 관계자는 이런 사실을 알고 있는지 궁금합니다!! B대학병원을 찾고 있는 모든 환자와 가족분들께 알리고자 합니다. 이런 형태로 의료행위를 한다는 것을 반드시 만천하에 알려야 한다고 생각합니다."라는 문구와 수술경과 모습이 촬영된 사진을 첨부한 전단지를 병원을 출입하는 불특정 다수인들에게 배포하였다. 甲의 행위는 형법 제310조에 의하여 위법성이 조각된다.

② 피고인이 페이스북에 과거 자신이 근무했던 소규모 스타트업 회사의 대표가 회식 자리에서 직원들에게 술을 강권하였다는 취지의 글을 게시한 것은 사람을 비방할 목적이 인정된다.

③ A 정당의 전당대회가 개최되는 전시회장 앞 광장에서 甲 등은 50명의 집회참가자들과 공모하여 정당규탄 기자회견을 추진하면서 행한 집단적으로 정치적 의사표현 행위를 하였다. 甲 등의 행위는 업무방해죄의 '위력'에 해당하지 않는다.

④ 한국도로공사가 고속도로 통행료 자동징수시스템을 도입하기로 결정하고 제조구매 입찰을 실시하면서 업체선정을 위한 현장성능시험을 시행하였는데, 당시 입찰에 참가한 회사의 하이패스 시스템이 시험에 관한 기본가정 내지 도로공사의 제안요청서상 요구되는 기술적 조건을 충족하지 못하였고 입찰참여조건을 위반하여 성능시험 자체가 부적합한 것으로 드러났다면, 도로공사의 위 성능시험 업무는 업무방해죄의 보호대상이 된다고 보기 어렵다.

20

업무방해죄와 경매·입찰방해죄에 관한 다음 [보기]의 설명 중 옳지 않은 것을 모두 고른 것은? (다툼이 있으면 판례에 의함)

| 보기 |

㉠ 컴퓨터 등 정보처리장치에 정보를 입력하는 등의 행위가 입력된 정보 등을 바탕으로 업무를 담당하는 사람의 오인, 착각 또는 부지를 일으킬 목적으로 행해진 경우, 그 행위가 업무를 담당하는 사람을 직접적인 대상으로 이루어진 것이 아니라면 업무방해죄의 '위계'에 해당하지 않는다.

㉡ 甲이 乙과 사이에 토지 지상에 창고를 신축하는 데 필요한 형틀공사 계약을 체결한 후 그 공사를 완료하였는데, 乙이 공사대금을 주지 않자 甲이 공사대금을 받을 목적으로 위 토지에 쌓아둔 건축자재를 치우지 않았다면, 甲에게 부작위에 의한 업무방해죄가 성립한다.

㉢ 이 자신이 경영하던 공장을 乙에게 양도하면서 미수외상대금 채권의 수금권을 포기하기로 약정하고도 이를 외상채무자들에게 고지하지 아니하고 외상대금을 수령하였다고 하더라도, 위계로 乙의 공장경영업무를 방해한 것이라고 할 수는 없다.

㉣ A 회사의 상무이사인 甲이 A 회사의 신규 직원 채용과정에서, 면접위원인 乙이 면접이 끝난 후 인사 담당 직원에게 채점표를 작성하여 제출하고 면접장소에서 이탈하자, 남은 면접위원들과 협의하여 甲이 지정한 응시자를 최종합격자로 선정한 경우, 甲은 乙의 공정하고 객관적인 직원채용에 관한 업무를 위계로써 방해하였다고 보아야 한다.

㉤ 甲이 민사집행법상 기일입찰 방식의 경매절차에서 경매목적물을 매수할 의사나 능력 없이 오로지 경매목적물이 제3자에게 매각되는 것을 저지하기 위하여 경매절차를 지연할 목적으로 다른 사람의 명의를 이용하여 감정가와 현저하게 차이가 나는 금액으로 입찰하는 행위를 반복함으로써 제3자의 매수를 사실상 봉쇄하여 전체적으로 경매절차를 형해화하는 정도에 이르렀다 하여도 형법상 경매방해죄에 해당하는 것은 아니다.

① ㉠㉡㉢㉤
② ㉡㉢㉣㉤
③ ㉠㉡㉣㉤
④ ㉠㉡㉢㉣

▶ 제1편 개인적 법익에 대한 죄: 제3장 명예와 신용에 대한 죄 [신용·업무와 경매에 관한 죄 2] ─ **제5장 재산에 대한 죄** [절도의 죄]

회차	시행일			목표점수			획득점수		
제3회	1차	2차	3차	1차	2차	3차	1차	2차	3차

01

업무방해죄에 관한 다음 [보기]의 기술 중 판례의 입장과 일치하지 않는 것을 모두 고른 것은?

| 보기 |

㉠ 소비자불매운동도 구매력을 무기로 자신들의 선호를 반영하기 위한 집단적인 시도이기는 하지만, 헌법 제124조에 따라 보장되는 소비자보호운동의 요건을 갖추지 못하였다면 위력에 의한 업무방해죄가 바로 성립되는 것으로 볼 수 있다.

㉡ 컴퓨터 등 장애 업무방해죄는 정보처리에 장애를 발생하게 하여 업무방해의 결과를 초래할 위험이 발생한 이상, 나아가 업무방해의 결과가 실제로 발생하지 않더라도 성립한다.

㉢ 주택재건축조합 조합장인 甲은 자신에 대한 감사활동을 방해하기 위하여 조합 사무실에 있던 컴퓨터에 비밀번호를 설정하고 하드디스크를 분리·보관하였다. 甲에게는 형법 제314조 제1항의 위계에 의한 업무방해죄의 죄책이 인정된다.

㉣ 인터넷카페의 운영진인 甲 등은 카페 회원들과 공모하여, 특정 신문들에 광고를 게재하는 광고주들에게 불매운동의 일환으로 지속적·집단적으로 항의전화를 하거나 항의글을 게시하는 등의 방법으로 광고중단을 압박하였다. 甲 등의 행위는 광고주들에 대하여는 업무방해죄의 위력에 해당하지 않고, 신문사들에 대하여는 업무방해죄의 위력에 해당한다.

㉤ 甲은 지도교수 등이 대작(代作)한 박사학위 논문 예비심사용 자료를 마치 자신이 작성한 것처럼 발표하여 예비심사에 합격하였다. 甲에게는 X 대학원장의 박사학위 논문 예비심사 업무를 방해한 위계에 의한 업무방해죄의 죄책이 인정된다.

① ㉠㉡㉢㉣　　　　② ㉠㉢㉣㉤
③ ㉡㉢㉣㉤　　　　④ ㉠㉡㉢㉣㉤

02

명예와 업무에 관한 죄에 대한 다음 [보기]의 기술 중 판례의 입장과 일치하지 않는 것을 모두 고른 것은?

| 보기 |

㉠ 업무의 양도·양수 여부에 분쟁이 있는 경우 양수인의 업무에 대한 양도인의 업무방해죄가 인정되려면, 당해 업무에 관한 양도·양수 합의의 존재가 인정되면 충분하다.

㉡ 컴퓨터 등 정보처리장치에 정보를 입력하는 등의 행위로 말미암아 업무와 관련하여 오인, 착각 또는 부지를 일으킨 상대방이 없었던 경우에도 이는 그 입력된 정보 등을 바탕으로 업무를 담당하는 사람의 오인, 착각 또는 부지를 일으킬 목적으로 행해진 경우로서 업무방해죄의 '위계'에 해당한다.

㉢ 이른바 집단표시에 의한 모욕은 모욕의 내용이 그 집단에 속한 특정인에 대한 것이라고는 해석되기 힘들다는 점에서 형법상 모욕죄가 성립할 수 없다.

㉣ 사립고등학교 학생 A는 실제로 봉사활동을 한 사실이 없음에도 그 부모 甲은 (다른 학교 교사와 공모하여) 외부기관으로부터 허위의 봉사활동내용이 기재된 확인서를 발급받은 후 이를 학교에 제출하여 학생으로 하여금 봉사상을 받도록 한 경우, 甲에게는 업무방해죄의 죄책이 인정된다.

① ㉠㉡㉢㉣　　　　② ㉠㉡㉣
③ ㉡㉢㉣　　　　　④ ㉠㉡㉢

03

개인적 법익에 대한 다음 [보기]의 기술 중 옳지 않은 것을 모두 고른 것은? (다툼이 있으면 판례에 의함)

| 보기 |

㉠ 면허증에 그 유효기간과 적성검사를 받지 아니하면 면허가 취소된다는 사실이 기재되어 있고, 이미 적성검사 미필로 면허가 취소된 전력이 있는데도 면허증에 기재된 유효기간이 5년 이상 지나도록 적성검사를 받지 아니한 채 자동차를 운전한 경우, 적성검사 미필로 인한 운전면허 취소사실이 통지되지 아니하고 공고되었다면 면허취소사실을 알고 있었다고 볼 수 없으므로 무면허운전죄가 성립하지 아니한다.

㉡ 지방공기업 사장 甲은 내부 인사규정 변경을 위한 적법한 절차를 거치지 않은 채 채용공고상 자격요건을 무단으로 변경하여 乙을 2급 경력직의 사업처장으로 채용하였다. 甲에게는 형법 제314조 제1항의 업무방해죄의 죄책이 인정되지 않는다.

㉢ 업무방해죄의 '위력'이란 범인의 위세, 사람 수, 주위의 상황 등에 비추어 피해자의 자유의사를 제압하기 족한 정도가 되어야 하는 것으로서, 그러한 위력에 해당하는지는 객관적으로 판단하는 것이 아니라 피해자 등의 의사에 의해 결정되는 것이다.

㉣ 타인의 컴퓨터에 해킹프로그램을 몰래 설치해 별도의 보안장치가 없는 인터넷 계정의 아이디, 비밀번호를 알아냈을 때, 위와 같은 타인의 아이디, 비밀번호는 형법 제316조 제2항 소정의 전자기록등내용탐지죄의 전자기록 등 특수매체기록에 해당하지 아니한다.

㉤ 계좌개설 신청인이 접근매체를 양도할 의사로 금융기관에 법인 명의 계좌를 개설하면서 예금거래신청서 등에 금융거래의 목적이나 접근매체의 양도의사 유무 등에 관한 사실을 허위로 기재하였으나, 계좌개설 심사업무를 담당하는 금융기관의 업무담당자가 단순히 예금거래신청서 등에 기재된 계좌개설 신청인의 허위 답변만을 그대로 믿고 그 내용의 진실 여부를 확인할 수 있는 증빙자료의 요구 등 추가적인 확인조치 없이 법인 명의의 계좌를 개설해 준 경우, 신청인에게 위계에 의한 업무방해죄가 성립하지 아니한다.

① ㉠㉡㉤
② ㉠㉢㉣
③ ㉡㉣㉤
④ ㉠㉡㉢㉣

04

업무방해와 건조물침입에 관한 다음 [보기]의 기술 중 옳은 것을 모두 고른 것은? (다툼이 있으면 판례에 의함)

| 보기 |

㉠ A는 11회에 걸쳐 의료인 B가 진료를 하는 병원에서 큰 소리를 지르거나, 환자 진료 예약이 있는 B를 붙잡고 있는 등의 방법으로 위력으로 B의 진료 업무를 방해하였다. 단, 이 사건 병원은 B를 개설 명의자로 하여 의료인이 아닌 C가 개설하여 운영하는 병원이다. 그렇다면, 무자격자가 개설한 의료기관에 고용된 의료인이 환자를 진료하는 업무는 업무방해죄의 보호대상이 되는 업무가 될 수 있다.

㉡ 甲 등은 재개발정비사업조합의 건물명도소송 확정판결에 따른 강제집행에 대해 조합의 이주, 철거업무를 방해하였다. 甲 등에게는 조합의 업무에 대한 업무방해죄의 죄책이 인정된다.

㉢ A고등학교 교장 甲은 2016년경 신입생 입학 사정회의 과정에서 면접위원인 乙 등에게 "참 선생님들이 말을 안 듣네. 중학교는 이 정도면 교장 선생님한테 권한을 줘서 끝내는데. 왜 그러는 거죠?" 등 특정 학생을 합격시키라는 취지로 강압적인 이 사건 발언을 하였다. 甲의 행위는 업무방해죄의 위력에 해당하지 아니한다.

㉣ 기존 점유자가 건조물침입 범죄 행위 등 불법적으로 점유를 개시한 현 점유자의 점유를 탈환하기 위하여 적법한 절차를 거치지 않고 건조물에 들어간 경우 건조물침입죄가 성립할 수 있다.

㉤ 건조물침입 범죄 행위 등 불법적으로 점유를 개시한 공사현장에 대한 경비·관리 업무는 업무방해죄의 보호대상인 '업무'에 해당할 수 있다.

① ㉠㉡㉢㉣
② ㉡㉢㉣㉤
③ ㉠㉢㉣㉤
④ ㉠㉡㉢㉣㉤

05

사생활의 평온에 관한 죄에 대한 다음 [보기]의 설명 중 옳은 것을 모두 고른 것은? (다툼이 있는 경우 판례에 의함)

| 보기 |

㉠ 주거침입죄가 성립하기 위해서는 주거자 또는 간수자가 건조물 등에 거주 또는 간수할 권리를 가지고 있어야 하므로, 법에 정해진 절차에 의하지 아니하고 거주 또는 간수할 권리가 없는 자의 건조물 등에 침입하였더라도 주거침입죄는 성립하지 않는다.

㉡ 주거의 출입문이 열려 있으면 안으로 들어가겠다는 의사로 출입문을 당겨 보았다면 주거침입죄의 실행의 착수가 인정된다.

㉢ 甲 등이 골프장 부지에 설치된 사드(THAAD: 고고도 미사일 방어 체계)기지 외곽 철조망을 미리 준비한 각목과 장갑을 이용해 통과하여 300m 정도 진행하다가 내곽 철조망에 도착하자 미리 준비한 모포와 장갑을 이용해 통과하여 사드기지 내부 1km 지점까지 진입한 행위는 건조물침입죄에 해당한다.

㉣ 다른 사람의 주택에 무단 침입한 범죄사실로 이미 유죄판결을 받은 사람이 판결 확정 후에도 퇴거하지 않은 채 계속하여 당해 주택에 거주한 경우에는 별도의 주거침입죄가 성립한다.

㉤ 건조물에 대한 공동 거주·관리·점유권한이 있는 자가 해당 건조물에 절도의 목적으로 임의로 출입하는 경우 건조물침입죄가 성립하지 아니한다.

① ㉠㉡㉢㉣
② ㉡㉢㉣㉤
③ ㉠㉡㉢㉤
③ ㉠㉢㉣㉤

06

주거침입죄에 관한 다음 [보기]의 설명 중 옳은 것은 모두 몇 개인가? (다툼이 있는 경우에는 판례에 의함)

| 보기 |

㉠ 주거침입죄가 계속범이라는 견해에 의하면 불법하게 주거에 침입한 자가 퇴거요구를 받고 불응한 때에는 퇴거불응죄가 별도로 성립한다.

㉡ 乙의 처 丙과 교제하고 있던 甲은 丙과 혼외 성관계 목적으로 乙과 丙이 공동으로 거주하는 아파트에 이르러 丙이 열어 준 현관 출입문을 통해 위 아파트에 3회에 걸쳐 들어갔다면 甲에게 주거침입죄가 성립하지 아니한다.

㉢ 피고인이 이웃에 있는 고종사촌인 A의 집에 놀러 가서 잠시 머무르고 있는 동안에 A에게 돈을 변제하고자 찾아온 B의 돈을 절취하였다면 주거침입죄가 성립한다.

㉣ 점유자에게 건물을 점유할 권리가 없는 경우라고 하더라도 권리자가 그 권리의 실행을 위하여 자력구제의 수단으로 건물에 침입한 경우에 주거침입죄가 성립한다.

㉤ 호텔관리단 소속 甲 등은 업무시간 중 A건설, B저축은행, C저축은행에 사전 면담약속·방문 통지를 한 후 방문하거나 면담요청을 하기 위해 방문하였다가 면담이 무산되어 각 장소를 점거하였다. 甲 등의 행위는 건조물침입죄를 구성한다.

① 2개　　　　　② 3개
③ 4개　　　　　④ 5개

07

사생활의 평온에 대한 죄에 관한 다음 기술 중 옳은 것은? (다툼이 있으면 판례에 의함)

① 타인의 컴퓨터에 해킹프로그램을 몰래 설치해 별도의 보안장치가 없는 인터넷 계정의 아이디, 비밀번호를 알아낸 경우 형법 제316조 제2항의 전자기록등내용탐지죄에 해당한다.

② 피고인이 피해자가 운영하는 음식점에서 기자를 만나 식사를 대접하면서 그 기자가 부적절한 요구를 하는 장면 등을 확보할 목적으로 녹음·녹화 장치를 설치하거나 장치의 작동 여부 확인 및 이를 제거하기 위하여 위 음식점의 방실에 들어갔다면 주거침입죄가 성립하지 아니한다.

③ 甲은 교제하다 헤어진 乙의 주거가 속해 있는 아파트 동의 출입구에 설치된 공동출입문에 乙이나 다른 입주자의 승낙 없이 비밀번호를 입력하는 방법으로 아파트의 공용 부분에 출입하였다. 甲의 행위는 주거침입에 해당하지 아니한다.

④ 甲은 ㉠ A(여, 17세)를 강간하기로 마음먹고 피해자를 뒤따라가 피해자의 주거지인 ○○아파트 ○○동에 들어간 다음, 위 아파트 1층 계단을 오르는 피해자의 뒤에서 갑자기 피해자를 폭행하여 간음하였다. 이후 甲은 ㉡ B(여, 16세)를 강간하기로 마음먹고 피해자를 뒤따라 ㅁㅁ프라자 상가 1층에 들어가, 그곳에서 엘리베이터를 기다리는 피해자를 폭행하고 간음하였다. 甲의 ㉠과 ㉡의 행위 중에 성폭력처벌법상 주거침입강간죄를 구성하는 것은 ㉡이다.

08

주거침입죄에 관한 다음 [보기]의 설명 중 옳은 것을 모두 고른 것은? (다툼이 있으면 판례에 의함)

| 보기 |

㉠ 흉기를 휴대하거나 2인 이상이 합동하여 타인의 재물을 절취하는 형법 제331조 제2항의 특수절도에 있어서 절도범인이 그 범행수단으로 주거침입을 한 경우에 그 주거침입행위는 절도죄에 흡수되지 아니하고 별개로 주거침입죄를 구성하여 절도죄와는 실체적 경합의 관계에 있게 된다.

㉡ 공동거주자 중 한 사람이 그의 출입을 금지한 다른 공동거주자의 사실상 평온상태를 해치는 행위태양으로 공동주거에 들어간 경우 그것이 공동주거의 보편적인 이용형태에 해당한다고 평가할 수 있는 경우에는 주거침입죄가 성립하지 아니한다.

㉢ 근저당권설정등기가 되어 있지 아니한 별개 독립의 건물이 근저당권의 목적으로 된 대지 등과 일괄하여 경매된 경우 위 건물에 대한 낙찰허가결정은 당연무효이므로, 이에 기한 인도명령에 의한 집행으로서 건물의 점유가 타인에게 이전되었다고 하더라도 건물의 소유자인 피고인이 위 건물에 들어간 경우 주거침입죄가 성립하지 아니한다.

㉣ 주택의 매수인이 계약금과 중도금을 지급하고서 그 주택을 명도받아 점유하고 있던 중 위 매매계약을 해제하고 중도금반환청구소송을 제기하여 얻은 그 승소판결에 기하여 강제집행에 착수한 이후라면, 매도인이 매수인이 잠가 놓은 위 주택의 출입문을 열고 들어간 행위는 주거침입죄를 구성하지 아니한다.

① ㉠㉡㉢㉣
② ㉠㉡㉢
③ ㉠㉡㉣
④ ㉡㉢㉣

09

퇴거불응죄 및 주거침입죄와 관련된 다음 [보기]의 설명 중 옳은 것은 모두 몇 개인가? (다툼이 있으면 판례에 의함)

| 보기 |

㉠ 정당한 퇴거요구를 받고 건물에서 나가면서 가재도구 등을 남겨두는 행위는 퇴거불응죄를 구성한다.

㉡ 사용자의 직장폐쇄가 정당한 쟁의행위로 인정되지 아니하는 때에는 적법한 쟁의행위로서 사업장을 점거 중인 근로자 들이 직장폐쇄를 단행한 사용자로부터 퇴거요구를 받고 이에 불응한 채 직장점거를 계속하더라도 퇴거불응죄가 성립하지 아니한다.

㉢ 건물신축 공사현장에 무단으로 들어간 뒤 타워크레인에 올라가 이를 점거한 경우에는 건조물침입죄가 성립한다.

㉣ 피해자 소유의 축사건물 및 그 부지를 임의경매절차에서 매수한 사람이 위 부지 밖에 설치된 피해자 소유 소독시설을 통로로 삼아 축사건물에 출입한 경우 건조물침입죄를 구성한다.

㉤ 피고인 소유 건물이 하자 있는 임의경매절차에 의하여 경락되고 그에 기한 인도명령에 의한 집행으로 건물의 점유가 이전되었다면, 자력구제의 수단으로 건물에 들어간 행위는 주거침입죄에 해당하지 아니한다.

① 1개
② 2개
③ 3개
④ 4개

10

재산에 대한 죄에 관한 다음 [보기]의 기술 중 옳지 않은 것을 모두 고른 것은? (다툼이 있으면 판례에 의함)

| 보기 |

㉠ 절도죄의 성립에 필요한 불법영득의 의사란 타인의 물건을 그 권리자를 배제하고 자기의 소유물과 같이 그 경제적 용법에 따라 이용·처분하고자 하는 의사를 말하는 것으로서, 단순히 타인의 점유만을 침해하였다고 하여 그로써 곧 절도죄가 성립하는 것은 아니나, 재물의 소유권 또는 이에 준하는 본권을 침해하는 의사가 있어야 하고 나아가 반드시 영구적으로 보유할 의사가 필요하고, 그것이 물건 자체를 영득할 의사이어야 하고 물건의 가치만을 영득할 의사는 포함되지 않는다.

㉡ 어떠한 물건을 점유자의 의사에 반하여 취거하는 행위가 결과적으로 소유자의 이익으로 된다는 사정 또는 소유자의 추정적 승낙이 있다고 볼 만한 사정이 있는 경우, 원칙적으로 절도죄의 불법영득의사가 인정되지 않는다.

㉢ 친족상도례에 관한 형법 규정은 특정경제범죄 가중처벌 등에 관한 법률 제3조 제1항 위반죄(횡령)에 적용되지 않는다.

㉣ 형법상의 점유는 절도죄에서는 침해대상이 되고 권리행사방해죄에서는 보호대상이 되므로, 절도범인의 점유는 절도죄에 있어서는 타인의 점유가 되나 권리행사방해죄에 있어서는 타인의 점유에 해당하지 아니한다.

㉤ 재산범죄의 가해자와 피해자 사이에 일정한 친족관계가 있는 경우 일률적으로 형을 면제하도록 규정한 형법 제328조 제1항은 헌법에 위배된다.

① ㉠㉡㉢㉣㉤
② ㉠㉡㉢㉤
③ ㉡㉣㉤
④ ㉠㉡㉢

11

절도죄에 관한 다음 [보기]의 설명 중 옳은 것을 모두 고른 것은? (다툼이 있는 경우에는 판례에 의함)

| 보기 |

㉠ 법원으로부터 송달된 심문기일소환장은 재산적 가치가 있는 물건으로서 절도죄의 재물에 해당한다.

㉡ 타인의 명의를 모용하여 발급받은 신용카드를 사용하여 현금자동지급기에서 현금대출을 받았다면 현금대출을 받은 부분에 대해서는 절도죄가 성립한다.

㉢ 건물 임차인이 임대인으로부터 임대차계약의 종료를 원인으로 한 명도요구를 받고 건물에서 퇴거하면서, 건물 외벽 쪽에 설치하여 사용하던 냉장고의 전원이 연결되어 있는 상태로 두고 나옴으로써 임대인의 요구에 따라 철거하기까지 전기사용료가 나오게 한 경우 절도죄가 성립하지 않는다.

㉣ 일시사용의 목적으로 소유자의 승낙 없이 오토바이를 타고 가다가 원래 있던 장소로부터 3km 정도 떨어진 장소에 버린 경우 절도죄가 성립하지 않는다.

㉤ 결혼식장에서 축의금 접수인인 것처럼 가장하여 하객으로부터 결혼식 축의금을 받아 가로챈 경우 절도죄가 성립한다.

㉥ 같은 회사 동료 여직원의 자리에서 도장을 몰래 가져가 혼인신고서에 도장을 찍고 곧바로 제자리에 갖다 놓은 경우 불법영득의 의사가 인정되어 절도죄가 성립한다.

① ㉠㉡㉣㉥   ② ㉡㉢㉣㉥
③ ㉠㉢㉣㉤   ④ ㉠㉡㉢㉤

12

재산범죄에 관한 다음 [보기]의 설명 중 옳은 것을 모두 고른 것은? (특별법 위반의 점은 논외로 하고, 다툼이 있는 경우 판례에 의함)

| 보기 |

㉠ 甲이 자신이 일하는 회사 사무실에서 회사 명의의 예금통장을 몰래 가지고 나와 예금 1,000만 원을 인출한 후 다시 그 통장을 제자리에 갖다 놓은 경우, 甲에게 예금통장에 대한 불법영득의 의사는 인정되지 않으므로 예금통장에 대한 절도죄는 성립하지 않는다.

㉡ PC방 종업원 甲이 손님 A로부터 2만 원의 현금을 인출해 오라는 부탁과 함께 A의 현금카드를 건네받아 현금자동지급기에서 5만 원을 인출한 뒤 2만 원만 A에게 건네주고 나머지는 자신이 가진 경우, 甲의 행위는 현금자동지급기 관리자의 의사에 반해 현금 3만 원에 대한 점유를 침탈한 것이므로 절도죄를 구성한다.

㉢ 乙이 권한 없이 인터넷뱅킹으로 타인의 예금계좌에서 자신의 예금계좌로 돈을 이체한 후 그중 일부를 현금으로 인출하여 甲에게 주었는데 甲이 그 정을 알고 받았다면, 甲이 받은 돈은 재물로서 장물에 해당하므로 甲에게는 장물취득죄가 성립한다.

㉣ 甲이 A의 명의를 모용하여 카드회사로부터 발급받은 신용카드를 사용하여 현금자동지급기에서 현금대출을 받은 경우, 현금대출을 받은 甲의 행위는 현금자동지급기 관리자의 의사에 반해 그의 지배를 배제한 채 그 현금을 자기의 지배하에 옮겨 놓는 행위이므로 절도죄를 구성한다.

㉤ 甲이 A를 협박하여 A 소유의 현금카드를 강취한 다음 이를 이용하여 현금자동지급기에서 현금을 인출한 경우, 甲의 현금인출행위는 현금카드 사용에 관한 A의 승낙에 기한 것이라고 할 수 없어 현금카드에 대한 강도죄와는 별도로 절도죄를 구성한다.

① ㉠㉤   ② ㉢㉣
③ ㉣㉤   ④ ㉠㉡㉢

13

자유에 대한 죄 및 재산에 대한 죄에 관한 다음 [보기]의 기술 중 판례의 입장에 어긋나는 것을 모두 고른 것은?

| 보기 |

㉠ 아동복지법상 아동매매죄의 성부와 관련하여 아동이 명시적인 반대 의사를 표시하지 아니하거나 동의·승낙의 의사를 표시하였다는 사정이 아동매매죄 성립에 영향을 미치는 것은 아니다.

㉡ 피해 아동이 성적 자기결정권을 행사하거나 자신을 보호할 능력이 부족한 경우, 행위자의 요구에 명시적인 반대 의사를 표시하지 아니하였거나 행위자의 행위로 인해 현실적으로 육체적 또는 정신적 고통을 느끼지 아니하는 등의 사정만으로 아동복지법상 금지되는 성적 학대행위에 해당하지 않는다고 단정할 수 없다.

㉢ A 등은 공모하여, 피해자 甲, 乙 등을 기망하여 甲, 乙 및 丙의 합유에 속하는 부동산에 대한 매매계약을 체결하고 소유권을 이전받은 다음 잔금을 지급하지 않아 같은 금액 상당의 재산상 이익을 편취하였다는 내용의 사기죄로 기소된 경우, 甲이 A의 8촌 혈족이고 丙이 A의 부친이라면 乙이 친족관계에 있지 않다 하더라도 친족상도례가 적용된다.

㉣ 당사자 사이에 자동차의 소유권을 그 등록명의자 아닌 자가 보유하기로 약정한 경우, 그 약정 당사자 사이의 내부관계에서는 등록명의자 아닌 자가 소유권을 보유하게 된다고 하였다면 제3자에 대한 관계에서도 어디까지나 그 등록명의자 아닌 자가 자동차의 소유자라고 할 것이다.

① ㉠㉡   ② ㉢㉣
③ ㉠㉢   ④ ㉡㉣

14

다음 중 재산죄의 개념과 관련된 설명으로 틀린 것은?

① 甲 등은 주점에서 손님 乙에게 가위로 귀를 자르겠다고 위협하여 매출전표에 서명하게 하였는데, 이에 乙은 허위로 서명하였다면 신용카드회사에서 약정에 따라 대금을 지급하지 않을 수도 있으므로 강도죄는 성립하지 않는다.

② 배임죄는 재산상 이익을 객체로 하는 범죄로서, 법률적 관점에서 무효라 하더라도 경제적 관점에서 손해를 입힐 가능성이 있으면 배임죄가 성립한다.

③ 신용카드를 훔쳐서 일시 사용하고 반환할 의도였다면 불법영득의사가 없기 때문에 절도죄는 성립하지 않는다.

④ 甲이 사채업자로부터 돈을 빌리면서 자신이 리스하여 사용하던 乙 캐피탈 소유의 승용차를 담보로 맡겼으나, 차용금채무를 변제하지 못해 위 승용차는 丙에게 매각되었다. 甲은 승용차를 회수하여 乙 캐피탈에게 반환할 생각으로 丙 몰래 위 승용차를 운전하여 가져간 경우, 승용차에 대한 불법영득의사가 없다고 할 수 없다.

15

다음 설명 중 가장 옳지 않은 것은?

① 피해자 소유의 나무를 캐내었으나 혼자 운반할 수 없어 제3자에게 전화를 걸어 현장으로 와 달라고 부탁하여 제3자와 함께 자동차까지 운반하였다면 특수절도죄가 성립한다.

② 산지기로서 종중 소유의 분묘를 간수하고 있는 자는 그 분묘에 설치된 석등이나 문관석 등을 점유하고 있다고는 할 수 없으므로 이러한 물건 등을 반출하였다면 절도죄가 성립한다.

③ 섬에서 광산개발을 위해 발전기 등을 반입하였으나 광업권 설정의 취소로 인해 사업을 철수한 후 10년 동안 관리하지 않고 있었다면 위 반입된 물건은 절도죄의 객체가 될 수 없다.

④ 고속버스에서 승객이 두고 내린 물건을 버스기사가 현실적으로 발견하지 못한 상태에서 다른 승객이 그 물건을 가져갔다면 절도죄가 성립할 수 없다.

16

다음 [보기]의 경우 중 절도죄의 실행의 착수가 인정되는 경우로 옳은 것을 모두 고르면? (다툼이 있는 경우 판례에 의함)

| 보기 |

㉠ 담을 넘어 마당에 들어가 훔칠 물건을 찾기 위하여 그 담에 붙어 걸어간 경우

㉡ 노상에 세워놓은 자동차 안에 있는 물건을 훔칠 생각으로 자동차의 유리창을 통하여 그 내부를 손전등으로 비추어 본 경우

㉢ 소를 흥정하고 있는 피해자의 뒤에 접근한 다음 소지하고 있던 가방으로 돈이 들어있는 피해자의 하의(下衣) 주머니를 스치면서 지나간 경우

㉣ 소매치기가 피해자의 양복 상의(上衣) 주머니에 있는 금품을 절취하려고 그 주머니에 손을 뻗쳐 그 겉을 더듬은 경우

㉤ 평소 잘 아는 피해자에게 전화채권을 사주겠다고 하면서 골목길에 유인하여 돈을 절취하려고 기회를 엿본 경우

① ㉠㉢
② ㉠㉣
③ ㉡㉣
④ ㉢㉤

17

절도에 관한 죄에 대한 다음 설명 중 가장 옳은 것은? (다툼이 있는 경우 판례에 의함)

① 주간에 사람의 주거에 침입하여 야간에 타인의 재물을 절취한 행위는 야간주거침입절도죄가 성립하지 않는다.

② 2인 이상이 합동하여 주간에 절도의 목적으로 타인의 주거에 침입한 때에 특수절도죄의 실행의 착수가 있으므로 그 집에 사람이 있어 물건을 절취하지 못하고 도망갔더라도 특수절도미수죄가 성립한다.

③ 특정범죄 가중처벌 등에 관한 법률 제5조의4 제1항이 적용되는 피고인의 상습절도미수 범죄에 대하여도 형법 제25조 제2항에 의한 형의 미수감경을 할 수 있다.

④ 절도죄에서 친족상도례에 관한 규정이 적용되려면 범인과 피해물건의 소유자나 점유자 어느 일방과 사이에만 친족관계가 있으면 된다.

18

재산에 대한 죄에 관한 다음 [보기]의 기술 중 판례의 입장에 어긋나는 것을 모두 고른 것은?

| 보기 |

㉠ 내리막길에 주차된 자동차를 절취할 목적으로 조수석 문을 열고 시동을 걸려고 차 안의 기기를 만지다가 핸드브레이크를 풀게 되어 시동이 걸리지 않은 상태에서 약 10미터 전진하다가 가로수를 들이받게 한 甲은 절도죄의 기수로 처벌받게 된다.

㉡ 甲이 야간에 乙이 운영하는 식당의 창문과 방충망을 창틀에서 분리하고 침입하여 현금을 절취하였다면 甲에게는 형법 제331조 제1항의 특수절도죄가 성립하지 아니한다.

㉢ 형법 제332조에 규정된 상습절도죄를 범한 범인이 그 범행 외에 상습적인 절도의 목적으로 주간에 주거침입을 하였다가 절도에 이르지 아니하고 주거침입에 그친 경우, 주간 주거침입행위는 별개로 주거침입죄를 구성한다.

㉣ 기망행위에 의하여 취득한 재물 또는 재산상 이득을 사후에 반환하거나 변상하였다면 사기죄는 성립하지 아니한다.

① ㉠㉢
② ㉡㉣
③ ㉠㉣
④ ㉡㉢

19

다음 [사례]와 관련된 설명 중 옳은 것은? (다툼이 있는 경우 판례에 의함)

| 사례 |

甲이 절도의 고의로 이웃집에 담을 넘어 들어갔다가 훔칠 물건을 찾을 새도 없이 때마침 귀가한 A에게 곧바로 발각되었다. A가 甲을 향해 "너, 누구야?"라고 소리치며 붙잡으려 하자, 甲이 도망치기 위해 A를 폭행하였다.

① 위 사례가 주간에 발생했다면, 甲에게 절도미수죄가 성립한다.

② 위 사례가 주간에 발생했고, 甲이 담을 넘어 들어갈 때 범행에 사용할 의도로 칼을 소지하고 있었다고 하더라도, 실제 甲이 A를 폭행할 때 칼을 사용하지 않았다면 특수주거침입죄나 특수폭행죄는 성립하지 않는다.

③ 위 사례가 야간에 발생했다면, 甲에게 준강도기수죄가 성립한다.

④ 위 사례가 야간에 발생했고, 甲이 A를 폭행한 후 곧이어 뒤따라 온 B에게 붙잡히게 되자 도망치기 위해 B에게 상해를 가한 경우, 甲에게는 포괄하여 하나의 강도상해죄가 성립한다.

20

甲은 삼촌 A와 따로 살고 있다. 甲은 어느 날 비어 있는 A의 집에 몰래 들어가 A가 보관 중이던 A의 친구 B 소유의 노트북과 A의 통장 및 운전면허증을 절취하였다. 甲은 절취한 통장을 가지고 인근 현금자동지급기로 가서 우연히 알아낸 비밀번호를 이용하여 A의 계좌에서 자신의 계좌로 100만 원을 이체하였다. 甲은 돈을 이체하고 돌아가던 중 불심검문 중인 경찰관의 신분증 제시 요구에 절취한 A의 운전면허증을 제시하였다. 이후 甲은 이체한 돈을 인출하여 그 정을 아는 친구 乙에게 교부하였다. 이에 관한 다음 [보기]의 설명 중 옳은 것(○)과 옳지 않은 것(×)을 올바르게 조합한 것은? (다툼이 있는 경우 판례에 의함)

| 보기 |

㉠ 노트북 절취와 관련하여 甲과 점유자인 A 사이에 친족관계가 존재하므로 A의 고소가 없다면 甲은 절도죄로 기소될 수 없다.

㉡ 甲의 컴퓨터등사용사기죄와 관련하여 A 명의 계좌의 금융기관을 피해자에 해당한다고 볼 수 없으므로, 甲이 A의 계좌에서 자신의 계좌로 100만 원을 이체한 행위에 친족상도례가 적용된다.

㉢ 甲으로부터 돈을 받은 乙에게는 장물취득죄가 성립한다.

㉣ 甲이 경찰관의 신분증 제시 요구에 A의 운전면허증을 제시한 것은 운전면허증이 신분의 동일성을 증명하는 기능을 하는 것이 아니기 때문에 공문서부정행사죄에 해당하지 않는다.

㉤ 만약 甲이 이체한 돈을 인출하지 못했다면 컴퓨터 등 사용사기죄의 미수에 해당한다.

① ㉠(○), ㉡(○), ㉢(×), ㉣(×), ㉤(○)

② ㉠(×), ㉡(×), ㉢(○), ㉣(×), ㉤(×)

③ ㉠(○), ㉡(○), ㉢(×), ㉣(○), ㉤(×)

④ ㉠(×), ㉡(×), ㉢(×), ㉣(×), ㉤(×)

▶ **제1편 개인적 법익에 대한 죄: 제5장 재산에 대한 죄** [강도의 죄] ― [공갈의 죄]

회차	시행일			목표점수			획득점수		
	1차	2차	3차	1차	2차	3차	1차	2차	3차
제4회									

01

준강도에 관한 설명 중 옳지 않은 것은? (다툼이 있는 경우에는 판례에 의함)

① 준강도죄의 성립에 필요한 수단으로서의 폭행이나 협박의 정도는 상대방의 반항을 억압하는 수단으로서 일반적·객관적으로 가능하다고 인정되는 정도의 것이면 되고 현실적으로 반항을 억압하였음을 필요로 하는 것은 아니다.

② 준강도죄를 규정한 형법 제335조에는 범죄의 주체는 절도범인이고 행위는 폭행·협박으로만 되어 있지 행위의 정도·방법 따위에 대하여는 언급이 없어 행위로서는 단순한 준강도인지 특수강도의 준강도인지를 구별할 근거가 없으므로 강도의 예에 의할 것인지 특수강도의 예에 의할 것인지는 행위의 주체인 절도의 태양에 따라 구별해야 한다.

③ 甲과 乙이 빈 담뱃가게를 털기로 하고 甲은 가게 밖에서 망을 보고 있다가 예기치 않은 인기척이 나므로 멀리 도주하였고, 乙은 자그마한 담배창구로 몸을 빠져 나오려고 하였으나 시간이 지체되어 피해자에게 붙들리자 체포를 면탈할 목적으로 피해자에게 폭행을 가하여 상해를 입힌 경우 甲에게 강도상해죄의 죄책이 인정되지 않는다.

④ 강도살인죄의 주체인 강도는 준강도죄의 범인을 포함한다고 할 것이어서 절도가 체포를 면탈하거나 죄적을 인멸할 목적으로 사람을 살해한 때에도 강도살인죄가 성립한다.

02

피고인은 절도행위가 발각되어 도주하다가 곧바로 뒤쫓아온 보안요원에게 붙잡혀 보안사무실로 인도되어 피해자로부터 그 경위를 확인받던 중 체포된 상태를 벗어나기 위해서 위 피해자에게 폭행을 가하여 상해를 입혔다. 다음 중 피고인의 행위에 대한 판례의 입장과 다른 죄명에 해당하는 행위는?

① 절도현장에서부터 2km 떨어진 곳까지 추격당하여 체포될 상황에 놓이게 되자 추격자를 폭행하여 상해를 입혔다.

② 야간에 절도의 목적으로 피해자의 집에 담을 넘어 들어갔다가 피해자의 처에게 발각되어 다시 담을 넘어 도망치던 중 추격해 온 피해자에게 범행현장에서 200m 떨어진 곳에서 붙잡히게 되자 폭행을 가하여 상해를 입혔다.

③ 피해자의 집에서 절도범행을 마친지 10분가량 지나 피해자의 집에서 200m가량 떨어진 버스정류장이 있는 곳에서 피고인을 절도범인이라고 의심하고 뒤쫓아 온 피해자에게 붙잡혀 피해자의 집으로 돌아왔을 때 피해자를 폭행하여 상해를 입혔다.

④ 절도가 피해자에게 발각되자 피해자를 폭행하여 상해를 입히고 피해자의 돈지갑을 탈취하였다.

03

강도의 죄에 관한 다음 기술 중 판례의 입장과 일치하는 것은?

① 甲은 강도의 범의 없이 공범들과 함께 피해자 乙의 반항을 억압함에 충분한 정도로 폭행하던 중 공범들이 계속하여 폭행하는 사이에 乙의 재물을 취거하였다면 강도죄가 성립하지 않는다.

② 채권자를 폭행·협박하여 채무를 면탈함으로써 성립하는 강도죄에서 불법이득의사는 단순 폭력범죄와 구별되는 중요한 구성요건 표지이다.

③ 甲은 술집 운영자 乙로부터 술값의 지급을 요구받자 지급할 술값의 지급을 면하고자 乙을 유인·폭행하고 도주하였다. 甲에게는 준강도죄의 성립이 인정된다.

④ 강도상해죄의 '강도'에는 형법 제334조 제1항의 특수강도가 포함되고, 형법 제334조 제1항 특수강도에 의한 강도상해의 경우 별도로 '주거침입죄'가 성립한다.

04

다음 설명 중 가장 옳지 않은 것은? (다툼이 있는 경우 판례에 의함)

① 피해자가 운영하는 가게의 시정되어 있지 않은 출입문을 열고 침입한 다음 훔칠 물건을 물색하던 중 가게로 나온 피해자에게 붙잡히자 체포를 면탈할 목적으로 피해자를 밀어 넘어뜨린 경우 준강도기수죄가 성립한다.

② 절도범인이 처음에는 흉기를 휴대하지 아니하였으나, 체포를 면탈할 목적으로 폭행 또는 협박을 가할 때에 비로소 흉기를 휴대하여 사용하게 된 경우에는 형법 제334조의 예에 의한 특수강도의 준강도가 된다.

③ 甲이 乙과 공모하여 타인의 재물을 절취하려다 미수에 그친 이상 乙이 체포를 면탈하려고 경찰관에게 상해를 가할 때 甲이 비록 거기에는 가담하지 아니하였다고 하더라도 乙의 행위를 예견하지 못한 것으로 볼 수 없는 한 준강도상해의 죄책을 면할 수 없다.

④ 절도피해자가 잠을 자다가 이마를 맞고 잠이 깨어 비로소 맞은 것을 알았다고 진술할 뿐이라면 준강도상해의 죄책을 지울 수 없다.

05

강도의 죄에 관한 다음 [보기]의 설명 중 옳은 것을 모두 고른 것은? (다툼이 있는 경우 판례에 의함)

| 보기 |

㉠ 강도상해죄는 강도범인이 그 강도의 기회에 상해행위를 함으로써 성립하는 것이므로 강도범행의 실행 중이거나 그 실행 직후 또는 실행의 범의를 포기한 직후로서 사회통념상 범죄행위가 완료되지 아니하였다고 볼 수 있는 단계에서 상해가 행하여짐을 요건으로 한다.

㉡ 甲이 A로부터 재물을 강취하고 A가 운전하는 자동차에 함께 타고 1시간 20분 동안 도주하다가 단속경찰관이 뒤따라오자 A를 칼로 찔러 상해를 가한 경우 강도상해죄가 성립하고, 강도죄와 상해죄의 실체적 경합범이라고 볼 수 없다.

㉢ 강도범행 직후 신고를 받고 출동한 경찰관 B가 위 범행 현장으로부터 약 150m 지점에서, 화물차를 타고 도주하는 乙을 발견하고 순찰차로 추적하여 격투 끝에 乙을 붙잡았으나, 乙이 너무 힘이 세고 반항이 심하여 수갑도 채우지 못한 채 乙을 순찰차에 억지로 밀어 넣고서 파출소로 연행하고자 하였는데, 그 순간 乙이 체포를 면하기 위하여 소지하고 있던 과도로써 옆에 앉아 있던 경찰관을 찔러 사망하게 한 경우 강도살인죄가 성립하고, 강도죄와 살인죄의 실체적 경합범이라고 볼 수 없다.

㉣ 丙이 지하주차장에 주차되어 있는 C 소유의 승합차 조수석 문을 열고 안으로 들어가 공구함을 뒤지던 중 위 차에 설치된 도난경보장치의 경보음을 듣고 달려온 C에게 발각되는 바람에 절취의 뜻을 이루지 못한 채 미수에 그친 후 C의 신고를 받고 출동한 대전경찰서 소속 경장 D, E가 자신을 붙잡으려고 하자 체포를 면탈할 목적으로 팔꿈치로 D의 얼굴을 1회 쳐 폭행하고, 발로 E의 정강이를 1회 걷어 차 E에게 약 3주간의 치료를 요하는 측하퇴부좌상 등을 가한 경우 D에 대한 준강도죄, E에 대한 강도상해죄의 경합범이 성립한다.

① ㉠㉡㉢㉣
② ㉠㉢㉣
③ ㉡㉢㉣
④ ㉠㉡㉢

06

다음 [보기]의 설명 중 옳지 않은 것은 모두 몇 개인가? (다툼이 있는 경우 판례에 의함)

| 보기 |

㉠ 강도하기로 모의한 후 피해자 甲(男子)으로부터 금품을 빼앗고 이어서 피해자 乙(女子)을 강간하였다면 강도강간죄를 구성할 수 있다.

㉡ 피고인이 채무를 면탈할 의사로 채권자를 살해하였다면, 채무의 존재가 명백하고 채권자의 상속인이 존재하며 그 상속인에게 채권의 존재를 확인할 방법이 확보되어 있다 하더라도 강도살인죄가 성립할 수 있다.

㉢ 강간범이 강간행위 후에 강도의 범의를 일으켜 그 부녀의 재물을 강취하는 경우에는 형법상 강도강간죄가 아니라 강간죄와 강도죄의 경합범이 성립될 수 있을 뿐이다.

㉣ 절도범이 체포를 면탈할 목적으로 사람을 살해한 때에는 강도살인죄가 성립한다.

① 1개
② 2개
③ 3개
④ 4개

07

甲은 18:50경 열려 있는 A의 집 현관문을 통해 집 안으로 들어가 20분 정도 물건을 찾아다니다가, 19:10경 안방 서랍 안에 있는 A의 다이아몬드반지를 발견하고, 바지 주머니에 넣은 후 다시 현관문을 통해 밖으로 나올 때, 마침 귀가하던 A 및 A의 처 B와 마주쳤다. A와 B는 즉시 甲이 도둑임을 알아채고 함께 甲을 막아섰다. 이에 甲은 체포를 면탈하려고 주먹으로 A의 얼굴을 때리고 곧바로 B의 배를 발로 차, A와 B를 쓰러뜨린 후 도주하였다. 그 날 일몰시각은 19:05으로 확인되었다. 이에 관한 설명 중 옳은 것은? (다툼이 있는 경우 판례에 의함)

① 甲이 A의 집에 들어가 다이아몬드반지를 훔친 행위는 야간주거침입절도죄에 해당한다.

② 甲의 행위는 A, B에 대한 각각의 준특수강도죄에 해당하고 양 죄는 실체적 경합범 관계이다.

③ 만약 甲이 집안에서 훔칠 물건을 찾고 있던 도중에 귀가한 A, B에게 발각되자, 체포를 면탈할 목적으로 그들을 폭행한 후 빈손으로 도주하였다면, 주거침입죄 및 준강도미수죄가 성립하고 양 죄는 실체적 경합범 관계이다.

④ 만약 甲이 다이아몬드반지를 훔쳐 나오면서 A와 B를 마주치지는 않았지만, 신고를 받고 출동한 경찰관 P가 현관문 앞에서 甲을 현행범으로 체포하려 하자 甲이 이를 면탈하기 위해 주먹으로 P의 얼굴을 때려 넘어뜨리고 도주하였다면, 주거침입죄와 준강도죄 및 공무집행방해죄가 성립하고 그중 준강도죄와 공무집행방해죄는 실체적 경합범 관계이다.

08

재산에 대한 죄에 관한 다음 기술 중 판례의 입장과 일치하는 것은?

① 범인이 기망행위에 의해 스스로 재물을 취득하지 않고 제3자로 하여금 재물의 교부를 받게 한 경우 사기죄가 성립하려면, 그 제3자가 범인과의 사이에 정을 모르는 도구 또는 범인의 이익을 위해 행동하는 대리인의 관계에 있거나, 그렇지 않다면 적어도 불법영득의사와의 관련상 범인에게 그 제3자로 하여금 재물을 취득하게 할 의사가 있어야 한다.

② 보험계약자가 상법상 고지의무를 위반하여 보험자와 생명보험계약을 체결하였다면 보험계약자에게 보험금 편취를 위한 고의의 기망행위가 미필적으로나마 있었다고 인정된다.

③ 시설물의 안전관리에 관한 특별법상 하도급 제한 규정을 위반하였다면 사기죄의 기망행위를 인정할 수 있다.

④ 전화 진찰만을 한 이후 국민건강보험관리공단에 전화 등을 통한 진료임을 밝히지 아니한 채 요양급여 비용을 청구하여 지급받은 것은 사기죄에 해당하지 않는다.

09

사기죄에 관한 다음 [보기]의 기술 중 판례의 입장과 일치하는 것을 모두 고른 것은?

| 보기 |

㉠ 甲 주식회사의 실질적 운영자인 A는 회사에 대한 고의 부도 준비 사실 등을 숨긴 채 甲 회사 명의로 대한주택보증 주식회사와 임대보증금 보증약정을 체결하였다. A에게는 사기기수죄의 죄책이 성립한다.

㉡ '기업구매전용카드'를 사용한 거래에서 판매기업(가맹점)이 카드회사에 용역제공을 가장한 허위 내용의 납품내역임을 고지하지 아니하고 대금을 청구한 행위는 사기죄의 기망행위에 해당할 수 있다.

㉢ 사기죄의 요건으로서의 기망은 널리 재산상의 거래관계에 있어서 서로 지켜야 할 신의와 성실의 의무를 저버리는 적극적 또는 소극적 행위로서 사람으로 하여금 착오를 일으키게 하는 것을 말하며, 나아가 법률행위의 중요부분에 관한 것임을 요하고 단지 상대방이 개별적 처분행위를 하기 위한 판단의 기초사실에 관한 것이라면 이에 해당하지 않는다.

㉣ 투자금 편취에 의한 사기죄에서 투자받은 사람이 투자자에게 한 원금반환 약정이 기망행위에 해당하는 경우, 이때 편취의 고의 유무를 판단하는 기준 시점은 투자금 약정 당시이다.

① ㉠㉡㉢㉣　　② ㉠㉡㉢

③ ㉠㉡㉣　　　 ④ ㉠㉢㉣

10

재산에 대한 죄에 관한 다음 기술 중 판례의 입장과 어긋나는 것은?

① 장기간 과다하게 통원치료를 받은 후 실제 지급받을 수 있는 보험금보다 많은 보험금을 청구한 경우에 통원치료의 경우에도 보험회사에 대한 수령한 보험금 전액에 대한 편취가 인정된다.

② 주식회사의 재산을 주주나 대표이사가 제3자의 자금 조달을 위하여 담보로 제공하는 등 사적인 용도로 임의로 처분하였다면 그 처분에 관하여 주주총회나 이사회의 결의가 있었는지 여부와 관계없이 횡령죄의 죄책을 면할 수 없다.

③ 소비자불매운동이라 하더라도 그 일환으로 이루어지는 표현이나 행동이 정치적 표현의 자유나 일반적 행동의 자유의 관점에서 사회적 상당성을 갖추지 못한 때에는 그 행위 자체가 강요죄나 공갈죄에서 말하는 협박의 개념에 포섭될 수 있다.

④ A는 甲 주식회사에서 운영하는 전자복권구매시스템에서 일정한 조건하에 복권 구매명령을 입력하면 가상계좌로 복권 구매요청금과 동일한 액수의 가상현금이 입금되는 프로그램 오류를 이용하여 복권 구매명령을 입력하는 행위를 반복함으로써 자신의 가상계좌로 구매요청금 상당의 금액이 입금되게 하였다. A의 행위는 컴퓨터 등 사용사기죄에서 정한 '부정한 명령의 입력'에 해당하지 않는다.

11

절도죄와 사기죄에 관한 다음 기술 중 판례의 입장에 어긋나는 것은?

① 甲은 강제경매 절차에서 피고인 A 소유이던 토지 및 그 지상 건물을 매수한 후 법원으로부터 인도명령을 받아 인도집행을 하였는데, 피고인 A는 이 인도집행 전에 건물 외벽에 설치된 전기코드에 선을 연결하여 A가 점유하며 창고로 사용 중인 컨테이너로 전기를 공급받아 사용하였다. A에게는 절도죄가 성립하지 않는다.

② 甲이 담당 공무원을 기망하여 납부의무가 있는 농지보전부담금을 면제받았다면 이는 사기죄를 구성하지 아니한다.

③ 공사도급계약 당시 관련 영업 또는 업무를 규제하는 행정법규나 입찰 참가자격, 계약절차 등에 관한 규정을 위반하여 공사도급계약을 체결한 행위는 사기죄의 기망행위에 해당한다고 단정해서는 안 된다.

④ 피해자 법인이나 단체의 대표자 또는 실질적으로 의사결정을 하는 최종결재권자 등 기망의 상대방이 기망행위자와 동일인이거나 기망행위자와 공모하는 등 기망행위를 알고 있었던 경우에도 사기죄는 성립한다.

12

사기죄에 관한 다음 [보기]의 기술 중 판례의 입장에 부합되는 것을 모두 고른 것은?

| 보기 |

㉠ 보험계약자가 보험계약 체결 시 보험금액이 목적물의 가액을 현저하게 초과하는 초과보험 상태를 의도적으로 유발한 후 보험사고가 발생하자 초과보험 사실을 알지 못하는 보험자에게 목적물의 가액을 묵비한 채 보험금을 청구하여 교부받은 경우, 보험금을 청구한 행위는 사기죄의 실행행위로서 기망행위에 해당할 수 있다.

㉡ 비의료인이 개설한 의료기관이 의료법에 의하여 적법하게 개설된 요양기관인 것처럼 국민건강보험공단에 요양급여비용의 지급을 청구하여 지급받은 경우 사기죄가 성립하지만, 이 경우 의료기관 개설인인 비의료인이 개설 명의를 빌려준 의료인으로 하여금 환자들에게 요양급여를 제공하게 하였다면 사기죄가 성립하지 않는다.

㉢ 의료인으로서 자격과 면허를 보유한 甲은 의료법에 따라 의료기관을 개설하여 건강보험의 가입자 또는 피부양자에게 국민건강보험법에서 정한 요양급여를 실시하고 국민건강보험공단으로부터 요양급여비용을 지급받았다. 그런데 그 의료기관은 다른 의료인의 명의로 개설·운영되어 의료법 제4조 제2항을 위반한 경우이었다. 甲의 행위는 국민건강보험공단을 피해자로 하는 사기죄를 구성하지 아니한다.

㉣ 부동산에 관한 소유권이전등기청구권에 대한 강제집행절차에서, 허위 채권에 기한 공정증서를 집행권원으로 하여 채무자의 소유권이전등기청구권에 대하여 압류신청을 하였다면 소송사기의 실행착수에 이른 것이고, 부동산에 대한 경매 개시 등을 요하는 것은 아니다.

㉤ 가처분사건에서 변호사를 선임한 적이 없는데도 그 가처분사건에 관한 소송비용액확정결정신청을 하면서 실제 지출하지 않은 변호사비용을 기재한 경우라 하더라도 이와 관련하여 소명자료 등을 조작하거나 허위의 소명자료 등을 제출하지 않았다면 사기(미수)죄에 해당하지 아니한다.

① ㉠㉡㉢㉣
② ㉠㉢㉣㉤
③ ㉡㉢㉣㉤
④ ㉠㉡㉢㉣㉤

13

재산에 대한 죄에 관한 다음 기술 중 판례의 입장과 일치하는 것은?

① 법원에 허위의 임차권등기명령을 신청한 행위는 소송사기의 실행에 착수한 것으로 인정되지 않는다.

② 타인의 사망을 보험사고로 하는 생명보험계약을 체결함에 있어 제3자가 피보험자인 것처럼 가장하여 체결하는 등 그 유효요건이 갖추어지지 못한 경우 보험계약을 체결한 행위는 사기죄의 실행의 착수로 인정된다.

③ 형법상 사기의 죄의 하나로 규정된 부당이득죄는 상습범을 처벌하나 미수범을 처벌하지 않는다.

④ 통정허위표시로서 무효인 임대차계약에 기초하여 임차권등기명령을 받아 임차권등기를 마친 경우, 외형상 임차인으로서 취득하게 되는 권리는 사기죄의 재산상 이익에 해당하지 않는다.

14

2018.7.경 甲과 乙은 공모하여 甲의 장인인 A에 대한 차용증을 위조한 다음 법원에 A 소유 토지에 대한 부동산가압류를 신청하였고 법원은 위 신청에 대한 부동산가압류명령을 발령하여 부동산등기부와 동일한 공전자기록에 위 토지에 대한 가압류등기가 경료되었다. 이후 甲과 乙은 A에 대하여 대여금청구의 소를 제기하면서 소장(訴狀)에 A의 주소를 허위로 기재하는 방법으로 승소판결을 받았다. A는 위 사실을 뒤늦게 알고, 알게 된 날로부터 1개월 만에 甲과 乙을 사문서위조, 위조사문서행사, 사기, 공전자기록등부실기재 및 부실기재공전자기록등행사로 경찰에 고소하였다. 乙은 수사를 받게 된 것을 알고 집에 보관 중이던 위 차용증 원본을 태워 없앴다. 이에 관한 다음 [보기]의 설명 중 옳은 것을 모두 고른 것은? (특별법 위반의 점은 논외로 하고, 다툼이 있는 경우 판례에 의함)

| 보기 |

㉠ 甲과 乙이 부동산가압류를 신청하고 이에 따른 명령을 받은 것에 대하여는 사기죄가 성립하고, 이 경우 사기죄는 부동산가압류명령이 발령된 시점에 기수에 이른다.

㉡ 위 가압류등기는 甲과 乙의 등기신청이 아니라 법원의 촉탁에 의하여 이루어졌으므로 甲과 乙에게는 공전자기록등부실기재죄 및 부실기재공전자기록등행사죄가 성립하지 아니한다.

㉢ 자신의 형사사건에 대한 증거를 인멸한 경우 증거인멸죄가 성립하지 않지만, 乙이 없앤 차용증 원본은 甲에 대한 형사사건의 증거이기도 하므로 乙을 증거인멸죄로 처벌할 수 있다.

① ㉠㉡
② ㉠㉢
③ ㉡㉢
④ ㉡

15

재산에 대한 죄에 관한 다음 기술 중 판례의 입장에 어긋나는 것은?

① A와 B는 甲에게 자동차를 매도하겠다고 거짓말하고 자동차를 양도하면서 매매대금을 편취한 다음, 자동차에 미리 부착해 놓은 지피에스(GPS)로 위치를 추적하여 자동차를 절취하였다. A와 B에게는 (자동차에 대한 특수절도는 별론으로 하고) 매매대금을 편취한 부분에 대한 사기죄의 죄책이 인정된다.

② 대주(貸主)가 차주(借主)의 장래의 변제 지체 또는 변제불능에 대한 위험을 예상하고 있었거나 충분히 예상할 수 있는 경우 사기죄는 원칙적으로 성립하지 아니한다.

③ 甲 회사가 시행하고 乙 회사가 시공하는 아파트 중 임대아파트 부분의 신축과 관련하여 甲 주식회사의 실질적 운영자이자 乙 주식회사의 대표이사인 A는 戊 은행에 임대주택건설자금 대출을 신청하면서 아파트 부지의 매매가격을 부풀린 매매계약서 등을 제출하였다. A가 아파트 부지의 매매가격을 부풀린 매매계약서 등을 제출한 행위와 戊 은행의 대출 사이에는 인과관계가 존재하지 아니한다.

④ 피해자의 도박이 피고인들의 기망행위에 의하여 이루어졌다면 그로써 사기죄는 성립하며, 이로 인하여 피고인들이 취득한 재물이나 재산상 이익은 도박 당일 피해자가 잃은 도금 상당액이라 할 것이다.

16

사기의 죄에 관한 다음 기술 중 판례의 입장과 어긋나는 것은?

① 건물을 신축하여 그 소유권을 원시취득한 미등기건물의 소유자 A가 있고 그에 대한 채권담보 등을 위하여 건축허가명의만을 가진 자 乙이 따로 있는 상황에서, 건축허가명의자에 대한 채권자 甲은 위 명의자 乙과 공모하여 乙을 상대로 위 건물에 관한 강제경매를 신청하여 법원의 경매개시결정이 내려지고, 그에 따라 위 명의자 乙 앞으로 촉탁에 의한 소유권보존등기가 되고 나아가 그 경매절차에서 건물이 매각되었다. 그렇다면 甲의 위와 같은 경매신청행위 등이 진정한 소유자에 대한 관계에서 사기죄를 구성하게 된다.

② 컴퓨터 등 사용사기죄의 구성요건 중 '정보처리'는 입력된 허위의 정보 등에 의하여 계산이나 데이터의 처리가 이루어짐으로써 직접 재산처분의 결과를 초래하여야 하고, 행위자나 제3자의 '재산상 이익 취득'은 사람의 처분행위가 개재됨이 없이 컴퓨터 등에 의한 정보처리 과정에서 이루어져야 한다.

③ 甲은 시설공사 발주처인 지방자치단체 등의 재무관 컴퓨터에는 암호화되기 직전 15개의 예비가격과 그 추첨번호를 해킹하여 볼 수 있는 악성프로그램을, 입찰자의 컴퓨터에는 입찰금액을 입력하면서 선택하는 2개의 예비가격 추첨번호가 미리 지정된 추첨번호 4개 중에서 선택되어 조달청 서버로 전송되도록 하는 악성프로그램을 각각 설치하여 낙찰하한가를 미리 알아낸 다음 A 건설사에 낙찰이 가능한 입찰금액을 알려주어 그 건설사가 낙찰 받게 하였다. 甲에게는 컴퓨터 등 사용사기죄의 죄책이 성립하지 않는다.

④ 대학교수인 피고인이 甲 대학교 산학협력단 등에서 주관하는 연구과제에 연구책임자로 참가하면서 연구에 실제 참여하지 않은 학생들을 연구보조원으로 허위 등재하는 방법으로 위 산학협력단 등으로부터 연구비를 받은 행위가 사기죄를 구성하려면, 연구보조원으로 허위 등재되었다고 하는 학생들이 연구에 아무런 기여나 참여를 하지 않았는지 등에 관하여 면밀하게 심리해야 한다.

17

A는 토지의 소유자이자 매도인인 甲 등에게 토지거래허가 등에 필요한 서류라고 속여 근저당권설정계약서 등에 서명·날인하게 하고 인감증명서를 교부받은 다음, 이를 이용하여 甲 등의 소유 토지에 A를 채무자로 한 근저당권을 乙 등에게 설정하여 주고 돈을 차용하였다. 이와 관련하여 다음 기술 중 판례의 입장에 어긋나는 것은?

① 피기망자가 처분행위의 의미나 내용을 인식하지 못하였으나 피기망자의 작위 또는 부작위가 직접 재산상 손해를 초래하는 재산적 처분행위로 평가되고, 이러한 작위 또는 부작위를 피기망자가 인식하고 한 경우, 사기죄의 처분행위에 상응하는 처분의사가 인정된다.

② 피기망자가 행위자의 기망행위로 인하여 착오에 빠진 결과 내심의 의사와 다른 효과를 발생시키는 내용의 처분문서에 서명 또는 날인함으로써 처분문서의 내용에 따른 재산상 손해가 초래된 경우, 피기망자의 행위가 사기죄에서 말하는 처분행위에 해당한다.

③ 위 ②번의 경우, 피기망자가 처분결과, 즉 문서의 구체적 내용과 법적 효과를 미처 인식하지 못하였으나 처분문서에 서명 또는 날인하는 행위에 관한 인식이 있었던 경우, 피기망자의 처분의사가 인정된다.

④ A의 행위는 사기죄를 구성하지 않는다.

18

사기죄에 관한 다음 기술 중 판례의 입장에 어긋나는 기술은?

① 근저당권자가 집행법원을 기망하여 원인무효이거나 피담보채권이 존재하지 않는 근저당권에 기해 채무자 또는 물상보증인 소유의 부동산에 대하여 임의경매신청을 하여 부동산 매각대금에 대한 배당절차에서 배당금을 지급받은 경우, 집행법원의 배당표 작성과 이에 따른 배당금 교부행위는 매수인의 처분행위에 갈음하는 내용과 효력을 가지지 않는다.

② 사업의 수행과정에서 이루어진 거래에서 기업경영자가 파산에 의한 채무불이행의 가능성을 인식할 수 있었으나 그러한 사태를 피할 수 있는 가능성이 있다고 믿었고, 계약이행을 위해 노력할 의사가 있었을 경우, 사기죄의 고의가 있었다고 단정할 수 없다.

③ 공사의 도급 또는 하도급계약에서 공사대금을 기성고 비율에 따라 산정한 기성금으로 분할 지급하기로 약정한 경우에 수급인 또는 하수급인이 시공물량을 부풀려 기성금을 청구하고 이를 지급받는 행위가 거래관계에서 신의와 성실의 의무를 저버리는 것으로서 사회통념상 권리행사의 수단으로 용인할 수 없는 정도에 이르렀다고 볼 수 있다면 사기죄로 인정할 수 있다.

④ 수개의 선거비용 항목을 허위기재한 하나의 선거비용 보전청구서를 제출하여 선거비용을 과다 보전받아 편취한 경우, 사기죄의 죄수는 일죄이다.

19

사기죄에 관한 다음 기술 중 옳지 않은 것은? (다툼이 있으면 판례에 의함)

① 사기죄에 있어서 피기망자는 처분행위자와 동일인이어야 하나, 재산상 피해자는 동일인이 되지 아니할 수도 있다.

② 비의료인이 의료법 제33조 제2항을 위반하여 개설한 의료기관에서 면허를 갖춘 의료인을 통해 교통사고 환자 등에 대한 진료가 이루어진 경우, 해당 의료기관이 보험회사 등에 교통사고 환자 등을 진료한 의료기관이 위 의료법 규정에 위반되어 개설된 것이라는 사정을 고지하지 아니한 채 자동차손해배상 보장법에 따라 자동차보험진료수가의 지급을 청구한 행위는 사기죄에서 말하는 기망에 해당한다.

③ 비의료인이 의료법 제33조 제2항을 위반하여 개설한 의료기관에서 면허를 갖춘 의료인을 통해 환자 등에 대한 진료가 이루어진 경우, 해당 의료기관이 보험회사 등에 실손의료보험의 피보험자를 진료한 의료기관이 위 의료법 규정에 위반되어 개설된 것이라는 사정을 고지하지 아니한 채 실손의료보험계약에 따라 실손의료비를 청구하는 보험수익자에게 진료사실증명 등을 발급해 준 행위는 원칙적으로 사기죄에서 말하는 기망에 해당하지 않는다.

④ A는 甲 저축은행에 대출을 신청하여 심사를 받을 당시 동시에 다른 저축은행에 대출을 신청한 상태였는데도 甲 저축은행으로부터 다른 금융회사에 동시에 진행 중인 대출이 있는지에 대하여 질문을 받자 '없다'고 답변하였고, 甲 저축은행으로부터 대출을 받은 지 약 6개월 후에 신용회복위원회에 대출 이후 증가한 채무를 포함하여 프리워크아웃을 신청하였다. A의 행위는 사기죄를 구성한다.

20

재산에 대한 죄에 관한 다음 [보기]의 기술 중 옳은 것을 모두 고른 것은? (다툼이 있으면 판례에 의함)

| 보기 |

㉠ 양도담보권자인 甲은 양도담보 설정자 乙이 점유하고 있는 양도담보물(동산)을 목적물반환청구권 양도 방식으로 丙에게 처분하였는데, 그 후 甲이 丙으로 하여금 乙이 점유하고 있는 위 양도담보물을 취거하게 하였다고 하더라도, 丙에게 절도죄가 성립하는 것은 아니다.

㉡ 부동산 실권리자명의 등기에 관한 법률에 위반한 이른바 양자 간 명의신탁에서 명의수탁자가 신탁부동산을 임의로 처분한 경우 횡령죄가 성립하지 않는다.

㉢ A는 토지의 소유자이자 매도인인 甲 등에게 토지거래허가 등에 필요한 서류라고 속여 근저당권설정계약서 등에 서명·날인하게 하고 인감증명서를 교부받은 다음, 이를 이용하여 甲 등의 소유 토지에 A를 채무자로 한 근저당권을 乙 등에게 설정하여 주고 돈을 차용하였다. A의 행위는 사기죄를 구성한다.

㉣ 아파트 수분양권 매도인은 매수인에 대한 관계에서 배임죄의 '타인의 사무를 처리하는 자'의 지위에 있지 않다.

① ㉠㉡㉢㉣
② ㉠㉡㉢
③ ㉠㉡㉣
④ ㉠㉢㉣

▶ 제1편 **개인적 법익에 대한 죄: 제5장 재산에 대한 죄** [횡령의 죄] ― [배임의 죄 1]

회차	시행일			목표점수			획득점수		
제5회	1차	2차	3차	1차	2차	3차	1차	2차	3차

01

사기죄와 횡령죄에 관한 다음 기술 중 틀린 것은? (다툼이 있으면 판례에 의함)

① 국가연구개발사업에서 연구책임자 甲은 학생연구원들의 연구비를 처음부터 자신이 관리하는 공동관리계좌에 귀속시킬 의도로 산학협력단으로부터 학생연구비를 지급받아 개인적인 용도 등으로 사용하였다면 사기죄가 성립한다.

② 乙은 드라이버를 구매하기 위해 특정 매장에 방문하였다가 지갑을 떨어뜨렸는데, 10분쯤 후 甲은 같은 매장에서 우산을 구매하고 계산을 마친 뒤, 지갑을 발견하여 습득한 매장 주인 A로부터 "이 지갑이 선생님 지갑이 맞느냐?"라는 질문을 받자 "내 것이 맞다."라고 대답한 후 이를 교부받아 가지고 갔다. 甲의 행위는 사기죄가 아니라 절도죄에 해당한다.

③ 여신전문금융업법에서는 '사람을 기망하거나 공갈하여 취득한 신용카드를 사용한 자'를 처벌하는데, '기망하거나 공갈하여 취득한 신용카드나 직불카드'는 '신용카드나 직불카드의 소유자 또는 점유자를 기망하거나 공갈하여 그들의 자유로운 의사에 의하지 않고 점유가 배제되어 그들로부터 사실상 처분권을 취득한 신용카드나 직불카드'라고 해석되어야 한다.

④ 재물의 위탁행위가 범죄의 실행행위나 준비행위 등과 같이 범죄 실현의 수단으로서 이루어진 경우 그 행위 자체가 처벌 대상인지와 상관없이 그러한 행위를 통해 형성된 위탁관계는 횡령죄로 보호할 만한 가치 있는 신임에 의한 것이라고 아니라고 보아야 한다.

02

횡령죄에 관한 다음 [보기]의 설명 중 옳은 것을 모두 고른 것은? (다툼이 있으면 판례에 의함)

| 보기 |

㉠ 소유권의 취득에 등록이 필요한 타인 소유 차량을 인도받아 보관하고 있는 사람이 이를 사실상 처분한 경우, 보관 위임자나 보관자가 차량의 등록명의자가 아니라도 횡령죄가 성립한다.

㉡ 소유권의 취득에 등록이 필요한 차량에 대한 횡령죄에서 타인의 재물을 보관하는 사람의 지위는 일반 동산의 경우와 달리 차량에 대한 점유 여부가 아니라 등록에 의하여 차량을 제3자에게 법률상 유효하게 처분할 수 있는 권능 유무에 따라 결정하여야 한다.

㉢ 지입회사에 소유권이 있는 차량에 대하여 지입회사에서 운행관리권을 위임받은 지입차주 또는 지입차주에게서 차량 보관을 위임받은 사람이 지입회사 또는 지입차주의 승낙 없이 보관 중인 차량을 사실상 처분한 경우 횡령죄가 성립한다.

㉣ 횡령죄는 타인의 재물을 보관하는 자라는 신분이 있어야 성립하는 진정신분범이요, 업무상 횡령죄는 이러한 신분과 업무자라는 형벌가중적 신분이 결합한 부진정신분범이자 이중적 신분범이다.

㉤ 주권이 발행되지 않은 상태에서 주권불소지 제도, 일괄예탁 제도 등에 근거하여 예탁결제원에 예탁된 것으로 취급되어 계좌 간 대체 기재의 방식에 의하여 양도되는 주식은 횡령죄의 객체인 재물에 해당하지 아니한다.

① ㉠㉡㉢   ② ㉠㉢㉣㉤
③ ㉡㉢㉣   ④ ㉠㉡㉣㉤

03

재산에 대한 죄에 관한 다음 [보기]의 설명 중 옳은 것을 모두 고른 것은? (다툼이 있으면 판례에 의함)

| 보기 |

㉠ 甲 주식회사가 납품하는 물품을 마치 乙 주식회사(甲 회사의 자회사로서 서류상으로서만 존재하여 법인격이 부인됨)가 납품하는 것처럼 서류를 꾸며 납품대금을 乙 회사 명의의 계좌로 지급받아 급여 등의 명목으로 임의로 사용한 경우 횡령죄가 성립한다.

㉡ 채무자가 기존 금전채무를 담보하기 위하여 다른 금전채권을 채권자에게 양도한 후, 그 채권양도사실을 통지하지 않은 채 제3채무자로부터 변제금을 수령하여 소비한 경우 채권자에 대한 횡령죄가 성립한다.

㉢ 강제집행면탈죄의 객체는 채무자의 재산 중에서 채권자가 민사집행법상 강제집행이나 보전처분의 대상으로 삼을 수 있는 것이어야 한다.

㉣ 甲 주식회사 대표이사 등인 A 등은 공모하여 회사 채권자들의 강제집행을 면탈할 목적으로 甲 회사가 시공 중인 건물의 건축주 명의를 甲 회사에서 乙 주식회사로 변경하였는데, 위 건물은 지하 4층, 지상 12층으로 건축허가를 받았으나 명의 변경 당시 지상 8층까지 골조공사가 완료된 채 공사가 중단된 상태이었다. A 등에게는 강제집행면탈죄의 죄책이 인정되지 않는다.

㉤ 재물의 위탁행위가 범죄의 실행행위나 준비행위 등과 같이 범죄 실현의 수단으로서 이루어진 경우라고 하더라도, 그 행위 자체가 형사처벌의 대상이 되지 않는 경우에 해당된다면 그러한 행위를 통해 형성된 위탁관계는 횡령죄로 보호할 만한 것에 해당된다.

① ㉠㉡㉢㉣
② ㉠㉢㉣
③ ㉡㉢㉤
④ ㉡㉢㉣㉤

04

재산에 대한 죄에 관한 다음의 기술 중 판례의 입장과 일치하는 것은?

① 이른바 중간생략등기형 명의신탁의 명의신탁자가 매매계약의 당사자로서 매도인을 대위하여 신탁부동산을 이전받아 취득할 수 있는 권리 기타 법적 가능성을 가지고 있는 경우에는 명의신탁자를 사실상 또는 실질적 소유권자로 보아 민사상 소유권이론과 달리 횡령죄가 보호하는 신탁부동산의 소유자라고 평가할 수 있다.

② 명의신탁자가 매수한 부동산에 관하여 부동산 실권리자명의 등기에 관한 법률을 위반하여 명의수탁자와 맺은 명의신탁약정에 따라 매도인에게서 바로 명의수탁자 명의로 소유권이전등기를 마친 이른바 중간생략등기형 명의신탁을 한 경우, 명의수탁자가 신탁받은 부동산을 임의로 처분하였다면 명의신탁자에 대한 관계에서 횡령죄가 성립하지 아니한다.

③ 횡령죄의 본질이 신임관계에 기초하여 위탁된 타인의 물건을 위법하게 영득하는 데 있음에 비추어 볼 때 위탁신임관계는 횡령죄로 보호할 만한 가치 있는 신임에 의한 것으로 한정하여서는 아니 된다.

④ 명의신탁자와 명의수탁자 사이에 존재한다고 주장될 수 있는 사실상의 위탁관계는 부동산실명법에 반하기는 하나 형법상 보호할 만한 가치 있는 신임에 의한 것이라고 할 수 있다.

05

횡령죄에 관한 다음 [보기]의 설명 중 옳은 것을 모두 고른 것은? (다툼이 있는 경우 판례에 의함)

| 보기 |

㉠ 소유권의 취득에 등록이 필요한 차량에 대한 횡령죄에서 타인의 재물을 보관하는 사람의 지위는 일반 동산의 경우와 달리 차량에 대한 점유 여부가 아니라 등록에 의하여 차량을 제3자에게 법률상 유효하게 처분할 수 있는 권능 유무에 따라 결정하여야 하므로, 지입회사에 소유권이 있는 차량에 대하여 지입회사에서 운행관리권을 위임받은 지입차주가 지입회사의 승낙없이 보관 중인 차량을 사실상 처분한 경우 횡령죄가 성립하지 아니한다.

㉡ 주식회사의 대표이사가 노조위원장에게 부정한 청탁을 하면서 회사공금을 노조위원장측에게 송금한 행위로 배임증재죄의 확정판결을 받은 후 같은 송금행위에 대하여 업무상횡령으로 기소된 경우, 형사소송법 제326조 제1호의 '확정판결이 있는 때'에 해당한다.

㉢ 甲이 경영하는 윤락업소에서 종업원 乙이 손님을 상대로 윤락행위를 하고 그 대가로 받은 화대를 甲과 乙이 절반씩 분배하기로 약정한 다음, 그 때부터 乙이 甲의 업소에 찾아온 손님들을 상대로 윤락행위를 하고서 받은 화대를 甲이 보관하던 중 그 절반을 乙에게 반환하지 아니하고 화대 전부를 임의로 소비하였고 甲의 불법성이 乙의 그것보다 현저하게 큰 경우 甲의 행위는 횡령죄를 구성한다.

㉣ 「특정경제범죄 가중처벌 등에 관한 법률」 제3조 제1항에 의하면 횡령죄로 취득한 재물의 가액, 즉 이득액이 5억 원 이상인 때에는 가중처벌되는데, 여기서 말하는 '이득액'은 단순일죄의 이득액 혹은 포괄일죄가 성립되는 경우 그 이득액의 합산액, 또는 경합범으로 처벌될 수죄에서 그 이득액을 합산한 금액을 의미한다.

㉤ 자동차 매수인이 매도인으로부터 승낙을 받고 이전등록 전 이를 사용하다가 차량 반환 요구를 거부한 것은 횡령죄에 해당한다.

① ㉠㉡㉤
② ㉠㉢㉤
③ ㉡㉢
④ ㉡㉣

06

다음 [보기] 중 괄호 안 행위자에 대하여 횡령죄가 성립하지 않는 경우를 모두 고른 것은?

| 보기 |

㉠ 구분소유자 전원의 공유에 속하는 공용부분인 지하주차장 일부를 그중 1인이 독점 임대하고 수령한 임차료를 임의로 소비한 경우(구분소유자 1인)

㉡ 부동산 매수인이 매매대금의 완납 전에 그 매매 목적물을 담보로 하여 금전을 차용함에 있어 매도인의 승낙을 받는 한편 매도인과 사이에 그 차용금액의 일부는 매도인에게 매매대금으로 우선 교부하여 주기로 약정한 다음 금전을 차용하여 이를 전부 임의로 소비한 경우(부동산 매수인)

㉢ 甲이 다른 공유자 乙과 공동으로 임대목적물을 임대하면서 지급받은 임대차보증금 잔금을 임차인으로부터 지급받은 후, 乙의 승낙 없이 임의로 처분한 경우(甲)

㉣ 점유개정에 의한 동산양도담보계약에 의하여 채무자가 점유하던 동산을 다른 사유로 보관하게 된 채권자가 이를 임의로 처분한 경우(채권자)

① ㉠㉡㉢
② ㉠㉢
③ ㉠㉡
④ ㉠㉡㉣

07

횡령과 배임의 죄에 관한 다음 기술 중 판례의 입장과 어긋나는 것은?

① 피고인 A는 甲으로부터 수표를 현금으로 교환해 주면 대가를 주겠다는 제안을 받고 위 수표가 乙 등이 사기범행을 통해 취득한 범죄수익 등이라는 사실을 잘 알면서도 교부받아 그 일부를 현금으로 교환한 후 丙, 丁과 공모하여 아직 교환되지 못한 수표 및 교환된 현금을 임의로 사용하였다. A에게는 횡령죄의 죄책이 인정된다.

② 甲 아파트의 입주자대표회의 회장인 피고인 A는 일반 관리비와 별도로 입주자대표회의 명의 계좌에 적립·관리되는 특별수선충당금을 아파트 구조진단 견적비 및 시공사인 乙 주식회사에 대한 손해배상청구소송의 변호사 선임료로 사용함으로써 아파트 관리규약에 의하여 정하여진 용도 외에 사용하였다고 하여 업무상횡령으로 기소되었다. 피고인 A에게는 횡령죄의 불법영득의사가 인정되지 않는다.

③ 영업비밀 등을 적법하게 반출하였으나 퇴사 시에 회사에 반환하거나 폐기할 의무가 있음에도 같은 목적으로 이를 반환하거나 폐기하지 아니한 경우, 업무상배임죄의 기수시기는 '퇴사 시'이다.

④ 퇴사한 회사직원이 위 ③과 같이 반환하거나 폐기하지 아니한 영업비밀 등을 경쟁업체에 유출하거나 스스로의 이익을 위하여 이용한 행위는 따로 업무상배임죄를 구성하지 않는다.

08

횡령죄에 관한 다음 보기의 기술 중 옳은 것을 모두 고른 것은? (다툼이 있으면 판례에 의함)

| 보기 |

㉠ 근로자가 운송회사로부터 일정액의 급여를 받으면서 당일 운송수입금을 전부 운송회사에 납입하고, 운송회사는 이를 월 단위로 정산하기로 하는 약정이 체결되었다 하더라도, 근로자가 사납금을 초과하는 수입금 일부를 배분받을 권리가 있다면 근로자가 운송수입금을 임의로 소비한 행위는 원칙적으로 횡령죄를 구성하지 않는다.

㉡ 성매매알선 등 행위에 관하여 동업계약을 체결한 당사자 일방이 상대방에게 동업계약에 따라 성매매의 권유·유인·강요의 수단으로 이용되는 선불금 등 명목으로 사업자금을 제공한 경우, 그 사업자금은 불법원인급여에 해당하지 않는다.

㉢ 횡령의 범행을 한 자가 물건의 소유자에 대하여 별도의 금전채권을 가지고 있었다는 사정은 이미 성립한 업무상 횡령죄에 영향을 미치지 않는 것이 원칙이다.

㉣ 여러 개의 위탁관계에 의하여 보관하던 여러 개의 재물을 1개의 행위에 의하여 횡령한 경우, 횡령죄의 죄수 관계는 상상적 경합이다.

① ㉣   ② ㉢㉣
③ ㉡㉢㉣   ④ ㉠㉡㉢㉣

09

횡령죄에 관한 다음 기술 중 판례의 입장과 어긋나는 것은?

① 송금의뢰인이 다른 사람의 예금계좌에 자금을 송금·이체하여 송금의뢰인과 계좌명의인 사이에 송금·이체의 원인이 된 법률관계가 존재하지 않음에도 송금·이체에 의하여 계좌명의인이 그 금액 상당의 예금채권을 취득한 경우, 계좌명의인이 그와 같이 송금·이체된 돈을 그대로 보관하지 않고 영득할 의사로 인출하면 횡령죄가 성립한다.

② 계좌명의인이 개설한 예금계좌가 전기통신금융사기 범행에 이용되어 그 계좌에 피해자가 사기피해금을 송금·이체한 경우, 계좌명의인이 그 돈을 영득할 의사로 인출하면 피해자에 대한 횡령죄가 성립할 수 있다.

③ 위 ②의 경우, 계좌명의인의 인출행위는 전기통신금융사기의 범인에 대한 관계에서는 횡령죄가 성립하지 않는다.

④ 甲과 乙은 공모하여, 甲 명의로 개설된 예금계좌의 접근매체를 보이스피싱 조직원 丙에게 양도함으로써 丙의 丁에 대한 전기통신금융사기 범행을 방조하고, 사기피해자 丁이 丙에게 속아 위 계좌로 송금한 사기피해금 중 일부를 별도의 접근매체를 이용하여 임의로 인출하였다는 사실로 공소제기 되었으나, 甲·乙에게 사기방조죄가 성립하지 않는다고 하면, 甲·乙이 사기피해금 중 일부를 임의로 인출한 행위도 사기피해자 丁에 대한 횡령죄가 성립하지 않는다.

10

배임죄에 관한 다음 기술 중 옳지 않은 것은? (다툼이 있으면 판례에 의함)

① 공무원이 임무에 위배되는 행위로써 제3자로 하여금 재산상 이익을 취득하게 하여 국가에 손해를 가한 경우, 업무상 배임죄가 성립한다.

② 배임죄의 요건인 '타인의 사무처리'로 인정되려면 타인의 재산관리에 관한 사무의 전부 또는 일부를 타인을 위하여 대행하는 경우와 타인의 재산보전행위에 협력하는 경우이어야만 되고, 그 사무가 타인의 사무가 아니고 자기의 사무라면, 그 사무의 처리가 타인에게 이익이 되어 타인에 대하여 이를 처리할 의무를 부담하는 경우라 하더라도, 이는 타인의 사무를 처리하는 자에 해당하지 아니한다.

③ 제1매수인으로부터 중도금을 지급받은 부동산 매도인이 그 부동산을 제3자에게 처분하고 제3자 앞으로 그 처분에 따른 등기를 마쳐준 행위는 배임죄를 구성하는바, 이는 서면으로 부동산 증여의 의사를 표시한 증여자의 경우에도 마찬가지이다.

④ 채무자인 A는 채권자 甲에게 차용금을 변제하지 못할 경우 자신의 어머니 소유 부동산에 대한 유증상속분을 대물변제하기로 약정한 후 유증을 원인으로 위 부동산에 관한 소유권이전등기를 마쳤음에도 이를 제3자에게 매도하였다. A에게는 배임죄의 죄책이 인정된다.

11

횡령과 배임의 죄의 성립에 관한 다음 기술 중 판례의 입장과 일치하지 않는 것은?

① 채권양도담보계약을 체결한 채무자가 채권자에게 담보 목적 채권에 관한 대항요건을 갖추어 주기 전에 이를 이중으로 양도하고 제3채무자에게 그 채권양도통지를 한 경우 배임죄가 성립하지 않는다.

② 범죄수익은닉의 규제 및 처벌 등에 관한 법률에 따라 직접 처벌되는 행위를 내용으로 하는 계약은 그 자체로 반사회성이 현저하여 민법 제746조에서 말하는 불법의 원인에 해당하는 것으로 볼 수 있으나, 자금의 조성과정에 반사회적 요소가 있더라도 그 자금을 위탁하거나 보관시키는 등의 행위가 범죄수익은닉규제법을 위반하지 않고 그 내용, 성격, 목적이나 연유 등에 비추어 선량한 풍속 그 밖의 사회질서에 반한다고 보기 어려운 경우라면 불법원인이 있다고 볼 수 없다.

③ A는 甲 등이 금융다단계 사기 범행을 통하여 취득한 범죄수익 등인 무기명 양도성예금증서를 乙로부터 건네받아 현금으로 교환한 후 임의로 소비하였다. A의 행위는 횡령죄를 구성한다.

④ 주권발행 전 주식에 대한 양도계약에서 양도인이 양수인으로 하여금 회사 이외의 제3자에게 대항할 수 있도록 확정일자 있는 증서에 의한 양도통지 또는 승낙을 갖추어 주지 아니하고 위 주식을 다른 사람에게 처분한 경우, 배임죄가 성립하지 않는다.

12

사기죄, 횡령죄, 배임죄에 관한 다음 기술 중 판례의 입장과 어긋나는 것은?

① 아파트 소유권자 A는 가등기권리자 甲에게 아파트에 관한 소유권이전청구권가등기를 말소해 주면 대출은행을 변경한 후 곧바로 다시 가등기를 설정해 주겠다고 속여 가등기를 말소하게 한 행위가 사기죄를 구성하는 이상 그 후 위 아파트에 제3자 명의로 근저당권 및 전세권설정등기를 마친 행위는 별도로 배임죄를 구성하지 않는다.

② 채무자가 금전채무를 담보하기 위하여 그 소유의 동산을 채권자에게 양도담보로 제공함으로써 채권자인 양도담보권자에 대하여 담보물의 담보가치를 유지·보전할 의무 내지 담보물을 타에 처분하거나 멸실·훼손하는 등으로 담보권 실행에 지장을 초래하는 행위를 하지 않을 의무를 부담하게 된 경우, 채무자가 담보물을 제3자에게 처분하는 등으로 담보가치를 감소 또는 상실시켜 채권자의 담보권 실행이나 이를 통한 채권실현에 위험을 초래한 경우라고 하더라도 배임죄가 성립하지 아니한다.

③ 피해자에 대한 사기범행을 실현하는 수단으로서 타인을 기망하여 그를 피해자로부터 편취한 재물이나 재산상 이익을 전달하는 도구로서만 이용한 경우에도 피해자에 대한 사기죄 외에 도구로 이용된 위 타인에 대한 사기죄가 별도로 성립한다.

④ 신문사 기자들이 홍보성 기사를 게재하는 대가로 기자들이 소속된 신문사들이 돈을 교부받은 경우, 위 돈을 교부한 자에게는 배임증재죄의 죄책이 인정되지 않는다.

13

배임죄에 관한 다음 기술 중 판례의 입장과 어긋나는 것은?

① 甲 은행 지점장인 A가 업무상 임무에 위배하여 물품대금지급보증서를 발급한 후 乙 주식회사의 거래처인 丙 주식회사에 건네주었으나 丙 회사가 乙 회사와 거래를 개시하지 않아 지급보증 대상인 물품대금지급채무 자체가 현실적으로 발생하지 않았다. A에게는 (업무상) 배임죄의 죄책이 인정되지 않는다.

② 지입계약관계에서 지입회사 운영자가 지입차량에 임의로 저당권을 설정한 경우 배임죄가 성립한다.

③ 甲 주식회사 대표이사인 A는 자신과 딸이 발행주식 전부를 소유하고 있는 乙 주식회사를 운영하면서 乙 주식회사가 건물 신축 과정에서 받은 대출금 등 채무를 甲 회사로 하여금 연대보증하게 하고 신축될 건물을 미리 임차하여 임대차보증금을 선지급하도록 하였다. A에게는 업무상 배임죄의 죄책이 인정된다.

④ A는 자신이 실질적으로 소유·지배하는 甲 주식회사 명의로 빌딩을 매입하면서 은행에서 매입자금을 대출받고 乙 주식회사로 하여금 대출금채무에 연대보증하게 하였으나 업무상배임으로 취득한 재산상 이익의 가액을 구체적으로 산정할 수 없는 경우이었다. 배임죄에서 손해액이 구체적으로 명백하게 산정되지 않았더라도 배임죄의 성립에는 영향이 없으므로 A에게는 특정경제범죄 가중처벌 등에 관한 법률 제3조 제1항 제1호(특정재산범죄의 가중처벌)의 규정이 적용된다.

14

재산에 대한 죄에 관한 다음 [보기]의 기술 중 판례의 입장과 어긋나는 것을 모두 고른 것은?

| 보기 |

㉠ 배임죄의 재산상 이익은 인정되나 가액이 산정되지 않는 경우에도 재산상 이득액을 기준으로 가중 처벌하는 특경법상 배임죄로 의율할 수 있다.

㉡ 기업주가 상당히 고령인 가까운 친족을 회사의 경영진이나 고문으로 참여시키고 보수를 지급하였는바, 이는 기업윤리적인 측면에서 의문이 제기될 수 있었다면 급여의 필요성이 인정되고 급여액수는 합리적인 범위를 벗어나지 않는 경우이었다 하더라도 기업주에게는 업무상 횡령죄가 성립한다.

㉢ 회사의 이사 등이 보관 중인 회사 자금으로 뇌물을 공여하거나 회사 자금으로 부정한 청탁을 하고 배임증재를 한 경우 회사에 대하여 별도로 업무상 횡령죄를 구성한다.

㉣ 보험계약자가 상법상 고지의무를 위반하여 보험계약을 체결하였다면 보험금 편취를 위한 고의의 기망행위가 있다.

㉤ 회사 직원이 경쟁업체 또는 스스로의 이익을 위하여 이용할 의사로 무단으로 자료를 반출한 행위가 업무상배임죄에 해당하기 위하여는, 그 자료가 반드시 영업비밀에 해당할 필요까지는 없지만 적어도 영업상 주요한 자산에는 해당하여야 하는데, 어떠한 정보가 공지된 정보를 조합하여 이루어진 것이라면 그 조합 자체가 해당 업계에 일반적으로 알려져 있지 않고 보유자를 통하지 않고서는 조합된 전체로서의 정보를 통상적으로 입수하기 어렵다고 하여도 그 정보는 영업상 주요한 자산에는 해당하지 않는다.

① ㉠㉡㉢㉣㉤

② ㉡㉢㉣㉤

③ ㉠㉡㉣㉤

④ ㉠㉡㉤

15

외국에 거주하는 위장결혼 알선 브로커인 한국인 甲은, 국내에 거주하는 노숙자 乙에게 100만 원을 송금해 주기로 하고 진정한 혼인의사가 없는 乙로 하여금 외국인 여성 A와의 혼인 신고서를 작성하여 ○○구청 공무원 B에게 제출하도록 하였다. B는 가족관계등록부와 동일한 공전자기록에 乙과 A가 혼인한 것으로 입력하여 등록하였다. 한편 100만 원의 입금을 기다리던 乙은 전혀 모르는 사람인 C의 이름으로 100만 원이 착오 입금되었으나, 이를 알면서도 인출하여 사용해 버렸다. 이에 관한 설명 중 옳지 않은 것은? (다툼이 있는 경우 판례에 의함)

① 乙에게는 공전자기록등부실기재죄 및 동행사죄가 성립한다.

② 외국에 거주하는 甲도 우리 「형법」의 적용 대상이 된다.

③ 만약 乙이 허위의 정을 모르는 B로 하여금 乙과 A가 부부로 기재된 가족관계증명서를 발급하게 하였더라도 乙에게는 허위공문서작성죄의 간접정범이 성립하지 않는다.

④ 乙은 계좌에 착오로 입금된 금전을 반환해야 하는 타인의 사무처리자이므로, 이를 인출하여 사용한 행위는 배임죄를 구성한다.

16

횡령과 배임의 죄에 관한 다음 [보기]의 기술 중 옳은 것을 모두 고른 것은? (다툼이 있으면 판례에 의함)

| 보기 |

㉠ 자신의 임대차보증금반환채권을 자신의 채권자에게 양도하였는데 임대인에게 채권양도 통지를 하지 않고 임대인으로부터 남아 있던 임대차보증금을 반환받아 이를 개인적인 용도로 사용하였다 하더라도 횡령죄가 성립하지 않는다.

㉡ 甲이 의료기관을 개설할 자격이 없는 자들끼리 노인요양병원을 설립·운영하기로 한 약정에 따라 교부받은 투자금을 임의로 처분한 경우 횡령죄가 성립한다.

㉢ 학교법인의 운영권을 양도하고 양수인으로부터 양수인 측을 학교법인의 임원으로 선임해 주는 대가로 양도대금을 받기로 하는 내용의 '청탁'은 원칙적으로 배임수재죄의 구성요건인 '부정한 청탁'에 해당하지 않는다.

㉣ A는 甲 새마을금고로부터 특정 토지 위에 건물을 신축하는 데 필요한 공사자금을 대출받으면서 이를 담보하기 위하여 乙 신탁회사를 수탁자, 甲 금고를 우선수익자, A를 위탁자 겸 수익자로 한 담보신탁계약 및 자금관리대리사무계약을 체결하였는데, A는 이를 위배하여 丙 앞으로 건물의 소유권보존등기를 마쳐준 경우 A에게는 배임죄가 성립하지 않는다.

㉤ A신문사 논설주간 甲은 F주식회사의 대표이사 C가 C 및 F에 대한 우호적인 여론 형성에 도움을 달라는 취지의 청탁을 받고 그 대가로 8박 9일 동안 유럽여행의 비용을 제공받았다. 甲에게는 배임수재죄가 성립한다.

① ㉠㉡㉢㉣

② ㉠㉢㉣㉤

③ ㉡㉢㉣㉤

④ ㉠㉡㉢㉣㉤

17

배임의 죄에 관한 다음 보기의 기술 중 틀린 것을 모두 고른 것은? (다툼이 있으면 판례에 의함)

| 보기 |

㉠ 회사가 타인의 사무를 처리하는 일을 영업으로 영위하고 있는 경우, 회사 대표이사가 그 타인의 사무를 처리하면서 업무상 임무에 위배되는 행위를 함으로써 회사로 하여금 타인에 대한 채무를 부담하게 한 행위는 회사에 대한 관계에서는 업무상 배임죄를 구성하지 아니한다.

㉡ 주식회사의 임원이 공적 업무수행을 위해서만 사용이 가능한 법인카드를 개인 용도로 계속적, 반복적으로 사용하면서 그 법인카드 사용에 대하여 실질적 1인 주주의 양해를 얻었다 하더라도 업무상 배임죄가 성립한다.

㉢ 이른바 차입매수 또는 LBO(Leveraged Buy – Out의 약어) 방식의 기업인수를 주도한 관련자들에게는 업무상 배임죄의 죄책이 성립한다.

㉣ 사회복지법인의 운영권을 양도하고 양수인으로부터 양수인 측을 사회복지법인의 임원으로 선임해 주는 대가로 양도대금을 받기로 하는 내용의 '청탁'은 원칙적으로 배임수재죄의 성립요건인 '부정한 청탁'에 해당한다.

① ㉠㉡㉢㉣
② ㉠㉡㉣
③ ㉠㉡㉢
④ ㉠㉢㉣

18

배임죄에 관한 다음 [보기]의 기술 중 판례의 입장과 일치하지 않는 것을 모두 고른 것은?

| 보기 |

㉠ 법인의 대표자 또는 피용자가 그 법인 명의로 한 채무부담행위가 관련 법령에 위배되어 법률상 효력이 없는 경우라 하더라도 배임죄는 실해 발생의 위험만 있으면 성립하는 위험범이므로 특별한 사정이 없는 한 그 대표자 또는 피용자의 행위는 배임죄를 구성한다.

㉡ 주식회사의 주주총회결의에서 자신이 대표이사로 선임된 것으로 주주총회의사록 등을 위조한 자가 회사를 대표하여 대물변제 등의 행위를 한 경우, 원칙적으로 회사에 대한 배임죄를 구성한다.

㉢ 주식회사의 대표이사 등이 개인적 이익을 위하여 대표권을 행사하고 상대방이 그 진의를 알았거나 알 수 있었을 경우에는 위 대표이사 등은 위 주식회사 등에 대하여 배임죄의 죄책을 진다.

㉣ 주식회사의 대표이사가 회사에 대한 자신의 대여금 채권의 담보를 취득한다는 명목으로 자신의 대표권을 남용하여 회사 명의의 약속어음을 발행·취득한 경우에는 회사에 배임죄의 요건인 재산상 손해가 발생하였다고 할 수 없다.

① ㉠㉡㉢㉣
② ㉠㉡㉢
③ ㉠㉢㉣
④ ㉠㉢

19

재산에 대한 죄에 관한 다음 기술 중 판례의 입장에 어긋나는 것은?

① A회사의 주식을 소유한 甲은 乙에게 주식을 양도하기로 하고 대금을 모두 받았음에도 주권발행 전 위 주식을 丙에게 이중으로 양도하였다. 甲의 행위는 배임죄를 구성하지 아니한다.

② 채무의 담보로 자신 소유의 부동산에 대하여 근저당권설정등기를 마쳐주어야 할 임무가 있는 상태에서 이를 이행하지 않고 임의로 제3자 앞으로 근저당권설정등기를 마쳐주는 행위는 배임죄를 구성한다.

③ 임대인 A는 임차인 B와 아파트에 관한 임대차계약을 체결하면서 자신이 소유권을 취득하는 즉시 임차인 B에게 알려 B가 전입신고를 하고 확정일자를 받아 1순위 근저당권자 다음으로 대항력을 취득할 수 있도록 하기로 약정하였는데, 그 후 A는 B에게서 전세금 전액을 수령하고 소유권을 취득하였음에도 취득 사실을 고지하지 않고 다른 2, 3순위 근저당권을 설정해 주었다. 임대인 A에게는 배임죄의 죄책이 인정되지 아니한다.

④ 전환사채의 발행업무를 담당하는 사람과 전환사채 인수인이 사전 공모하여 제3자에게서 전환사채 인수대금에 해당하는 금액을 차용하여 전환사채 인수대금을 납입하고 전환사채 발행절차를 마친 직후 인출하여 차용금채무의 변제에 사용하는 등 실질적으로 전환사채 인수대금이 납입되지 않았음에도 전환사채를 발행한 경우 특별한 사정이 없는 한, 전환사채의 발행업무를 담당하는 사람은 업무상배임죄의 죄책을 진다.

20

다음은 대법원 2017.7.20, 2014도1104 전원합의체 판결을 문제로 만든 것이다. 판례의 입장과 어긋나는 기술은?

① 대표이사의 회사 명의 약속어음 발행행위가 무효인 경우에도 그 약속어음이 제3자에게 유통되지 아니한다는 특별한 사정이 없는 한 재산상 실해 발생의 위험이 초래된 것으로 보아야 한다.

② 주식회사의 대표이사가 대표권을 남용하는 등 그 임무에 위배하여 회사 명의로 의무를 부담하는 행위를 하더라도 일단 회사의 행위로서 유효하고, 다만 상대방이 대표이사의 진의를 알았거나 알 수 있었을 때에는 회사에 대하여 무효가 된다. 따라서 상대방이 대표권남용 사실을 알았거나 알 수 있었던 경우 그 의무부담행위는 원칙적으로 회사에 대하여 효력이 없고, 경제적 관점에서 보아도 이러한 사실만으로는 회사에 현실적인 손해가 발생하였다거나 실해 발생의 위험이 초래되었다고 평가하기 어려우므로, 달리 그 의무부담행위로 인하여 실제로 채무의 이행이 이루어졌다거나 회사가 민법상 불법행위책임을 부담하게 되었다는 등의 사정이 없는 이상 배임죄의 기수에 이른 것은 아니다.

③ 주식회사의 대표이사가 대표권을 남용하는 등 그 임무에 위배하여 약속어음을 발행한 경우, 어음발행이 무효라 하더라도 그 어음이 실제로 제3자에게 유통되었다면 회사로서는 어음채무를 부담할 위험이 구체적·현실적으로 발생하였다고 보아야 하고, 따라서 그 어음채무가 실제로 이행되기 전이라도 배임죄의 기수범이 된다.

④ 주식회사의 대표이사가 대표권을 남용하는 등 그 임무에 위배하여 약속어음을 발행한 경우, 약속어음 발행이 무효일 뿐만 아니라 그 어음이 유통되지도 않았다면 회사는 어음발행의 상대방에게 어음채무를 부담하지 않기 때문에 특별한 사정이 없는 한 회사에 현실적으로 손해가 발생하였다거나 실해 발생의 위험이 발생하였다고도 볼 수 없으므로, 이때에는 배임죄의 기수범이 아니라 배임미수죄로 처벌하여야 한다.

▶ 제1편 **개인적 법익에 대한 죄: 제5장 재산에 대한 죄** [배임의 죄 2] ― [손괴의 죄]

회차	시행일			목표점수			획득점수		
	1차	2차	3차	1차	2차	3차	1차	2차	3차
제6회									

01

다음 [보기]의 사례들 중 甲과 丙의 죄책에 관한 설명으로 옳지 않은 것을 모두 고른 것은? (다음 사례의 기재 내용 중 '배임죄'는 '업무상배임죄'로 대신할 수 있고, 다툼이 있는 경우에는 판례에 의함)

| 보기 |

㉠ 배임죄에서 '재산상 손해를 가한 때'에는 '재산상 손해발생의 위험을 초래한 경우'도 포함되는 것이므로, 법인의 대표이사 甲이 회사의 이익이 아닌 자기 또는 제3자의 이익을 도모할 목적으로 권한을 남용하여 회사 명의의 금전소비대차 공정증서를 작성하여 법인 명의의 채무를 부담한 경우에는 상대방이 대표이사의 진의를 알았거나 알 수 있었다고 할지라도 배임죄가 성립한다.

㉡ 甲이 乙로부터 임야를 매수하면서 계약금을 지급하는 즉시 甲 앞으로 소유권을 이전받되 위 임야를 담보로 대출을 받아 잔금을 지급하기로 약정하고, 甲이 계약금을 지급한 후 임야에 대한 소유권을 이전받고 이를 담보로 제공하여 자금을 융통하였음에도 乙에게 잔금을 지급하지 않았다고 하더라도 배임죄가 성립하지 않는다.

㉢ 부동산 소유자인 甲이 乙과 부동산 매매계약을 체결하고 계약금과 중도금을 모두 수령하였는데, 이러한 사실을 모두 알고 있는 丙이 甲에게 부동산의 가격을 더 높게 지불할 테니 자신에게 위 부동산을 매각해 달라는 요청을 하자 위 부동산을 丙에게 이중으로 매도하고 소유권이전등기를 경료해 준 경우, 甲에게는 배임죄가 성립하고 丙에게는 장물취득죄가 성립한다.

㉣ 아파트 입주자대표회의 회장인 甲이 공공요금의 납부를 위한 지출결의서에 날인을 거부함으로써 아파트 입주자들에게 그에 대한 통상의 연체료를 부담시켰다면, 위 행위로 인하여 아파트 입주민에게 연체료 금액만큼 손해를 가하고 연체료를 받은 공공기관은 그 금액만큼 이익을 취득한 것이므로 배임죄가 성립한다.

① ㉠㉢　　　　　② ㉡㉣
③ ㉠㉢㉣　　　　④ ㉡㉢㉣

02

배임죄에 관한 다음 [보기]의 설명 중 옳지 않은 것을 모두 고른 것은? (다툼이 있는 경우 판례에 의함)

| 보기 |

㉠ 주식회사의 대표이사가 대표권을 남용하여 약속어음을 발행한 경우, 그 발행 상대방이 대표권 남용사실을 알았거나 알 수 있었던 때에 해당하여 약속어음 발행이 무효일 뿐 아니라, 실제 그 어음이 유통되지도 않았다면 회사에 현실적으로 손해가 발생하였다거나 실해 발생의 위험이 발생하였다고 볼 수 없으므로 배임죄의 기수, 미수 어느 것도 성립할 수 없다.

㉡ 금융기관이 금원을 대출함에 있어 대출금 중 선이자를 공제한 나머지만 교부하거나 약속어음을 할인함에 있어 만기까지의 선이자를 공제한 경우, 배임행위로 인하여 금융기관이 입는 손해는 선이자를 공제한 금액이 아니라 선이자로 공제한 금원을 포함한 대출금 전액이거나 약속어음 액면금 상당액으로 보아야 한다.

㉢ 배임죄에 있어 재산상 손해의 유무에 대한 판단과 관련하여, 법률적 판단에 의해 당해 배임행위가 무효인 경우에는, 경제적 관점에서 파악하여 본인에게 현실적인 손해를 가하였거나 재산상 실해 발생의 위험을 초래한 경우라도 재산상의 손해를 가한 때에 해당할 수 없다.

㉣ 업무상배임죄의 실행으로 인하여 이익을 얻게 되는 수익자 또는 그와 밀접한 관련이 있는 제3자를 배임의 실행행위자와 공동정범으로 인정하기 위해서는, 위 수익자 또는 제3자가 실행행위자의 행위가 피해자 본인에 대한 배임행위에 해당한다는 것을 알면서도 소극적으로 그 배임행위에 편승하여 이익을 취득한 것만으로 충분하다.

① ㉠㉡㉢
② ㉠㉢㉣
③ ㉠㉡㉣
④ ㉠㉡㉢㉣

03

배임죄에 관한 다음 [보기]의 설명 중 옳은 것을 모두 고른 것은?

| 보기 |

㉠ 甲은 ⓐ M 캐피털 주식회사에게 저당권을 설정해 준 버스를 임의처분하였고, ⓑ 乙에게 버스를 매도하기로 하여 중도금까지 지급받았음에도 버스에 공동근저당권을 설정하였는데, 이렇게 저당권이 설정된 자동차를 임의로 매도하거나 이중매매하는 행위는 모두 배임죄를 구성하지 아니한다.

㉡ 상호저축은행 임직원인 甲 등은 대체담보를 취득하지 아니한 채 대출채권에 대한 기존 담보를 해지함으로써 업무상배임죄가 성립하였는데, 이 경우 그 손해액은 담보물의 가액을 초과하는 대출잔액이다.

㉢ 상호저축은행의 경영진인 甲 등이 영업정지가 임박한 단계에 있는 상호저축은행의 특정 예금채권자들에게만 그 사실을 알려주어 그들로 하여금 예금을 인출하도록 하였다면, 甲 등의 행위는 업무상 배임죄를 구성한다.

㉣ 주식회사의 대표이사가 대표권을 남용하여 회사 명의의 약속어음을 발행한다는 사정을 상대방이 알지 못한 경우 그 채무가 현실적으로 이행되기 전이라도 배임죄는 기수에 이른 것이다.

① ㉠㉡㉣
② ㉠㉢㉣
③ ㉡㉢㉣
④ ㉠㉡㉢㉣

04

배임죄에 관한 다음 [보기]의 설명 중 옳은 것을 모두 고른 것은?

| 보기 |

㉠ A회사의 B은행에 대한 대출금 담보를 위해 동산을 양도담보로 제공한 A 회사 운영자 甲이 위 담보물인 동산을 임의로 제3자에게 매각한 경우에는 배임죄가 성립한다.

㉡ 배임죄의 성립요건인 재산상 실해 발생의 위험은 '구체적·현실적인 위험이 야기된 정도'에 이르러야 하고 단지 막연한 가능성이 있다는 정도로는 부족하다.

㉢ 배합사료 판매회사인 甲 회사의 영업사원인 A는 乙에게 배합사료를 공급하면서 甲 회사의 내부 결재를 거치지 않고 장려금 등 명목으로 임의로 단가를 조정하거나 대금을 할인해 주었다. A에는 (업무상) 배임죄의 죄책이 인정되지 않는다.

㉣ 타인의 사무를 처리하는 자의 임무위배로 인하여 의무부담행위로 인하여 실제로 채무의 이행이 이루어지거나 본인이 민법상 불법행위책임을 부담하게 되는 경우에는 배임기수죄의 죄책에 해당한다.

① ㉠㉡㉣
② ㉠㉢㉣
③ ㉡㉢㉣
④ ㉠㉡㉢㉣

05

배임죄에 관한 다음 [보기]의 설명 중 옳은 것을 모두 고른 것은?

| 보기 |

㉠ 회사의 대표이사가 회사로 하여금 타 회사로부터 아무런 담보나 대가를 받지 아니한 채 타 회사의 채무에 대하여 연대보증하게 하고, 타 회사가 발행한 약속어음에도 연대보증하게 한 다음 채권자가 위 약속어음 공정증서에 기하여 강제집행을 함에 있어 강제집행에 아무런 이의를 제기하지 않기로 하는 약정을 체결하여 채권자로 하여금 약속어음 액면금 전액을 추심하도록 함으로써 회사에 동액 상당의 손해를 입힌 경우, (업무상) 배임죄가 성립한다.

㉡ 주식회사의 대표이사가 대표권을 남용하는 등 그 임무에 위배하여 회사 명의로 의무를 부담하는 행위를 하였는데 상대방이 대표이사의 대표권남용 사실을 알았거나 알 수 있었던 경우, 그 의무부담행위로 인하여 실제로 채무의 이행이 이루어졌다거나 회사가 민법상 불법행위책임을 부담하게 되었다는 등의 사정이 없는 이상 배임죄의 기수에 이른 것은 아니다.

㉢ 주식회사 대표이사가 대표권을 남용하여 자신의 채권자들에게 주식회사 명의의 금전소비대차 공정증서와 약속어음 공정증서를 작성해 주었는데, 상대방들도 A가 甲 회사의 이익과 관계 없이 자기 또는 제3자의 이익을 도모할 목적으로 공정증서를 작성해 준다는 것을 알았거나 충분히 알 수 있었던 상황인 경우 배임죄가 성립하지 아니한다.

㉣ 알 수 없는 경위로 타인의 비트코인을 자신의 계정으로 이체 받은 후 자신의 다른 계정으로 이체한 경우 횡령죄가 성립하지 않고 배임죄가 성립한다.

① ㉠㉡㉢
② ㉠㉡㉣
③ ㉡㉢㉣
④ ㉠㉡㉢㉣

06

배임죄에 관한 다음 [보기]의 기술 중 옳은 것을 모두 고른 것은? (다툼이 있으면 판례에 의함)

| 보기 |

㉠ 타인의 사무를 처리하는 자가 증재자로부터 돈이 입금된 계좌의 예금통장이나 이를 인출할 수 있는 현금카드나 신용카드를 교부받은 경우, 예금된 돈을 취득한 것으로 볼 수 있어 배임수재죄가 성립한다.

㉡ 회사의 대표이사 등이 임무에 위배하여 회사로 하여금 다른 사업자와 용역계약을 체결하게 하면서 적정한 용역비의 수준을 벗어나 부당하게 과다한 용역비를 정하여 지급하게 한 경우, 원칙적으로 재산상 손해를 회사에 가한 것이다. 이때 배임죄의 성립에 필요한 재산상 손해 발생을 증명하는 방법과 증명 정도와 관련하여, 임무위배행위가 없었다면 더 낮은 수준의 용역비로 정할 수 있었다는 가능성이 있다면 재산상 손해 발생이 있었다고 할 수 있다.

㉢ 제1매수인으로부터 중도금을 지급받은 부동산 매도인이 그 부동산을 제3자에게 처분하고 제3자 앞으로 그 처분에 따른 등기를 마쳐준 행위는 배임죄를 구성한다.

㉣ 서면으로 부동산 증여의 의사를 표시한 증여자는 배임죄의 '타인의 사무를 처리하는 자'에 해당한다.

① ㉠㉡㉢㉣
② ㉠㉢㉣
③ ㉡㉢㉣
④ ㉠㉡㉢

07

배임죄에 관한 다음 기술 중 틀린 것은? (다툼이 있으면 판례에 의함)

① 증권사 브로커와 채권 파킹 거래를 한 펀드매니저가 그로 인한 증권사 손실을 펀드투자자의 투자일임재산으로 보전한 경우 배임죄의 죄책이 인정되지 아니한다.

② A 주식회사를 인수하는 甲이 일단 금융기관으로부터 인수자금을 대출받아 회사를 인수한 다음, A 주식회사에 아무런 반대급부를 제공하지 않고 그 회사의 자산을 위 인수자금 대출금의 담보로 제공하도록 하였다면, 甲에게는 배임죄가 성립한다.

③ 배임죄는 타인의 사무를 처리하는 자가 임무에 위배하는 행위를 하고 그러한 임무위배행위로 인하여 재산상의 이익을 취득하거나 제3자로 하여금 이를 취득하게 하여 본인에게 재산상의 손해를 가한 때 성립하는데, '재산상 이익 취득'과 '재산상 손해 발생'은 대등한 범죄성립요건이므로 서로 대응하는 관계에 있는 등 일정한 관련성이 인정되어야 한다.

④ 비밀유지조치를 취하지 아니한 채 판매 등으로 공지된 제품의 경우, 상당한 시간과 노력 및 비용을 들이지 않고도 통상적인 역설계 등의 방법으로 쉽게 입수 가능한 상태에 있는 정보를 위 정보 소유 회사의 직원이 임의로 반출한 행위는 배임죄를 구성하지 않는다.

08

배임의 죄에 관한 다음 기술 중 판례의 입장과 어긋나는 것은?

① 유치권자 B로부터 점유를 위탁받아 부동산을 점유하는 A는 경매를 통하여 부동산을 매수한 자인 C로부터 소유권에 기한 부동산 인도소송을 당하자 점유권원에 대한 항변을 하지 않은 채 상대방의 주장을 그대로 인정한다는 취지로 진술하여 재판상 자백하였다. A에게는 배임죄의 죄책이 인정되지 않는다.

② 배임수재죄 및 배임증재죄에서 공여 또는 취득하는 재물 또는 재산상 이익은 부정한 청탁에 대한 대가 또는 사례이어야 한다.

③ 거래상대방의 대향적 행위의 존재를 필요로 하는 유형의 배임죄에서 배임행위의 실행행위자가 거래에 따른 계약상 의무를 이행받은 것은 배임수재죄의 부정한 청탁에 대한 대가로 수수한 것에 해당한다.

④ 형법 제357조는 제1항에서 배임수재죄를, 제2항에서 배임증재죄를 규정하고 있으며, 제3항에서는 범인이 취득한 제1항(배임수재죄)의 재물은 몰수한다고 규정하고 있다. 이러한 배임수증재죄에 있어서, 수재자가 증재자로부터 받은 재물을 그대로 가지고 있다가 증재자에게 반환한 경우에도 범인이 취득한 제1항의 재물에 해당한다고 보아 몰수·추징할 수 있고, 몰수 또는 추징의 상대방은 수재자가 아니라 증재자가 된다.

09

배임수증재죄에 관한 다음 [보기]의 설명 중 옳지 않은 것은 모두 몇 개인가? (다툼이 있는 경우 판례에 의함)

| 보기 |

㉠ 임무에 관하여 부정한 청탁을 받고 재물 또는 재산상 이익을 취득하면 배임수재죄는 성립되고, 어떠한 임무 위배 행위를 하거나 본인에게 손해를 가하는 것을 요건으로 하나, 재물 또는 이익을 공여하는 사람과 취득하는 사람 사이에 부정한 청탁이 개재되지 않는 한 성립하지 않는다.

㉡ 형법 제357조 제1항에 정한 배임수재죄는 원칙적으로 타인의 사무를 처리하는 자라야 그 범죄의 주체가 될 수 있고, 그러한 신분을 가지지 아니한 자는 신분 있는 자의 범행에 가공한 경우에 한하여 그 주체가 될 수 있다.

㉢ 타인의 사무를 처리하는 자가 그 신임관계에 기한 사무의 범위에 속한 것으로서 장래에 담당할 것이 합리적으로 기대되는 임무에 관하여 부정한 청탁을 받고 재물 또는 재산상 이익을 취득한 후 그 청탁에 관한 임무를 현실적으로 담당하게 되었다면 이로써 타인의 사무를 처리하는 자의 청렴성은 훼손되는 것이어서 배임수재죄의 성립을 인정할 수 있다.

㉣ 배임수재죄에 있어 '임무에 관하여'라 함은 타인의 사무를 처리하는 자가 위탁받은 사무를 말하는 것이나 이는 그 위탁관계로 인한 본래의 사무뿐만 아니라 그와 밀접한 관계가 있는 범위 내의 사무도 포함되고, 나아가 고유의 권한으로서 그 처리를 하는 자에 한하지 않으나, 그 자의 보조기관으로서 직접 또는 간접으로 그 처리에 관한 사무를 담당하는 자는 포함되지 않는다.

① 1개 　　　　　② 2개
③ 3개 　　　　　④ 4개

10

다음 [보기]의 사례 중 배임수재죄에 해당하는 것을 모두 고른 것은?

| 보기 |

㉠ 백화점 및 면세점의 입점업체 선정 업무를 총괄하는 피고인이 입점업체들로부터 추가 입점이나 매장 이동 등 입점 관련 편의를 제공해 달라는 청탁을 받고 그 대가로 매장 수익금 등을 지급받는 방법으로 돈을 수수한 경우

㉡ 甲주식회사를 사실상 관리하는 乙이 甲회사가 사업용 부지로 매수한 토지에 관하여 처분금지 가처분등기를 마쳐두었는데, 위 토지를 매수하려는 丙에게서 가처분을 취하해 달라는 취지의 청탁을 받고 돈을 수수한 경우

㉢ 시·도 화물자동차운송사업협회 대표자인 피고인들이 甲으로부터 전국화물자동차운송사업연합회 회장 선거에서 자신을 지지해달라는 취지의 청탁을 받고 돈을 수수한 경우

㉣ 조합 이사장이 조합이 주관하는 도자기 축제의 대행기획사를 선정하는 과정에서 최종 기획사로 선정된 회사로부터 조합운영비 지급을 약속받고 위 축제가 끝난 후 조합운영비 명목으로 현금 3,000만 원을 교부받아 조합운영비로 사용한 경우

① ㉠㉡㉢㉣ ② ㉠㉡㉣
③ ㉠㉢㉣ ④ ㉠㉡㉢

11

배임수재죄 등에 관한 다음 [보기]의 설명 중 옳지 않은 것을 모두 고른 것은? (다툼이 있는 경우 판례에 의함)

| 보기 |

㉠ 형법 제357조 제1항의 배임수재죄와 같은 조 제2항의 배임증재죄는 통상 필요적 공범의 관계에 있기는 하나, 이것은 반드시 수재자와 증재자가 같이 처벌받아야 하는 것을 의미하는 것은 아니고, 증재자에게는 정당한 업무에 속하는 청탁이라도 수재자에게는 부정한 청탁이 될 수도 있다.

㉡ 학교법인의 운영권을 양도하고 양수인으로부터 양수인 측을 학교법인의 임원으로 선임해 주는 대가로 양도대금을 받기로 하는 내용의 '청탁'은 다른 특별한 사정이 없는 한, 배임수재죄 구성요건인 '부정한 청탁'에 해당한다.

㉢ 기업활동을 위해 회사 자금으로 부정한 청탁을 하고 배임증재를 한 경우라면, 특별한 사정이 없는 한 업무상횡령죄는 성립하지 않는다.

㉣ 대학병원 의사인 피고인이, 의약품 등을 지속적으로 납품할 수 있도록 해달라는 부탁 또는 의약품 등을 사용해 준 대가로 제약회사 등으로부터 명절 선물이나 골프 접대 등 향응을 제공받았다면 배임수재죄가 성립한다.

① ㉠㉡㉢ ② ㉡㉢㉣
③ ㉡㉢ ④ ㉡㉣

12

장물죄에 관한 다음 [보기]의 기술 중 틀린 것을 모두 모은 것은? (다툼이 있는 경우 판례에 의함)

| 보기 |

ⓖ 장물인 현금을 금융기관에 예금의 형태로 보관하였다가 이를 반환받기 위하여 동일한 액수의 현금을 인출한 경우에 예금계약의 성질상 인출된 현금은 당초의 현금과 물리적인 동일성은 상실되었지만 액수에 의하여 표시되는 금전적 가치에는 아무런 변동이 없으므로 장물로서의 성질은 그대로 유지된다.

ⓛ 권한 없이 타인의 아이디와 패스워드를 입력하여 인터넷뱅킹에 접속하고 그 예금계좌로부터 자신의 예금계좌로 돈을 이체하는 내용의 정보를 입력하여 자신의 예금액을 증액시킴으로써 컴퓨터등사용사기죄의 범행을 저지른 다음 자신의 현금카드를 사용하여 현금자동지급기에서 현금을 인출한 경우, 그 현금은 재산범죄에 의하여 취득한 재물이므로 장물이다.

ⓒ 횡령행위를 하도록 교사한 후 그 횡령한 물건을 취득한 때에는 횡령교사죄 외에 장물취득죄도 성립된다.

ⓔ 재물이 아니라 채권적 권리라고 하더라도 재산상의 이익을 가지고 있는 이상 이를 업무상의 과실로 취득하였으면 업무상과실장물취득죄가 성립된다.

① ⓛⓒ

② ⓖⓔ

③ ⓛⓔ

④ ⓒⓔ

13

장물죄에 관한 다음 설명 중 가장 옳은 것은? (다툼이 있는 경우 판례에 의함)

① 피고인이 예금계좌를 개설하여 본범에게 양도하는 사기방조 행위로 인해 본범에게 편취금이 귀속되는 과정 없이 피해자로부터 피고인의 예금계좌로 편취금이 바로 송금된 경우, 피고인이 자신의 예금계좌에서 편취금을 인출하였다고 하더라도 따로 장물취득죄가 성립하지 않는다.

② 업무상 과실장물취득죄는 부진정신분범이고, 장물에 관한 죄는 미수범을 처벌한다.

③ 재산범죄를 저지른 이후에 별도의 재산범죄의 구성요건에 해당하는 사후행위가 있었으나, 그 행위가 불가벌적 사후행위로서 처벌의 대상이 되지 않는다면 그 사후행위로 인하여 취득한 물건은 장물이 될 수 없다.

④ 장물범이 본범과 직계혈족일 경우, 장물범에 대하여 그 형을 면제한다.

14

다음은 장물죄에 대한 설명이다. 아래 [보기]의 설명 중 옳은 것은 모두 몇 개인가? (다툼이 있는 경우 판례에 의함)

| 보기 |

ⓖ 자동차 소유권의 득실변경은 등록을 하여야 그 효력이 생기므로, 수입자동차가 장물이라 하더라도 이를 신규등록한 경우 그 최초 등록명의인이 해당 수입자동차를 원시취득하게 되고, 따라서 이를 양도하는 행위는 장물양도죄가 성립하지 않는다.

ⓛ 절도 범인으로부터 장물보관 의뢰를 받은 자가 그 정을 알면서 이를 인도받아 보관하고 있다가 임의 처분한 경우, 장물보관죄만 성립하고 횡령죄는 성립하지 않는다.

ⓒ 장물인 정을 모르고 장물을 보관하였다가 그 후에 장물인 정을 알게 된 경우, 그 정을 알고서도 계속하여 보관하였다면 그것을 점유할 권한이 있더라도 장물보관죄가 성립한다.

ⓔ 본범과 공동하여 장물을 운반한 경우, 본범은 장물죄에 해당하고 본범 이외의 자의 행위는 장물운반죄를 구성한다.

① 없음

② 1개

③ 2개

④ 3개

15

장물에 관한 다음 [보기]의 기술 중 옳은 것으로만 묶은 것은? (다툼이 있는 경우 판례에 의함)

| 보기 |

㉠ 장물이라 함은 절도·강도·사기·공갈·횡령 등 영득죄에 의하여 취득된 물건이어야 한다. 여기에서 본범의 범죄행위가 우리 형법에 비추어 절도죄 등의 구성요건에 해당하는 이상 본범의 범죄행위에 대하여 우리 형법이 적용되지 아니하는 경우라도, 이에 의하여 영득된 재물은 장물에 해당한다.

㉡ A는 甲, 乙로부터 그들이 절취하여 온 귀금속을 매도하여 달라는 부탁을 받았다. A는 위 귀금속이 장물이라는 정을 알면서도 위 요구를 수락하고 위 귀금속을 매수하기로 한 丙에게 전화하여 ○○노래방에서 만나기로 약속하였다. A는 甲, 乙로부터 건네받은 귀금속을 가지고 ○○노래방에 들어갔다가 丙을 만나기 전에 경찰관에 의하여 체포되었다. 이 경우, A의 알선에 의하여 실제로 장물의 취득에 관한 계약이 성립하지 아니하였거나 장물의 점유가 현실적으로 이전되지 아니하였으므로 장물알선죄가 성립하지 않는다.

㉢ 예금계좌로 합계 2억 원을 이체하는 내용의 정보를 입력하여 자신의 예금액을 증액시킴으로써 컴퓨터등 사용사기죄의 범행을 저지른 다음 자신의 현금카드를 사용하여 현금자동지급기에서 현금 6천만 원을 인출한 경우, 위 현금인출행위는 위 컴퓨터등사용사기죄의 불가벌적 사후행위가 되고, 불가벌적 사후행위로 인하여 취득한 물건은 재산범죄로 인하여 취득한 물건으로서 장물이 될 수 있다. 따라서 위 6천만 원을 인출한 행위는 장물취득죄에 해당한다.

㉣ 피고인은 甲으로부터 장물인 고려청자 1점을 매각하여 달라는 의뢰를 받았는데 당시 위 고려청자가 장물인 점을 짐작하고 있었다. 피고인은 위 고려청자를 보관하던 중 乙로부터 돈을 빌리면서 이를 담보로 제공하였다. 이 경우 피고인이 위 고려청자를 담보로 제공한 행위는 장물보관죄의 가벌적 평가에 포함되고 별도로 횡령죄를 구성하지 않는다.

① ㉠ㄴㄷ
② ㉠ㄷㄹ
③ ㄴㄷ
④ ㉠ㄹ

16

배임수증재와 장물의 죄에 관한 설명 중 옳은 것은?

① 공동의 사기 범행으로 인하여 얻은 돈을 공범자끼리 수수한 행위가 공동정범들 사이의 그 범행에 의하여 취득한 돈이나 재산상 이익의 내부적인 분배행위에 해당한다 하더라도 그 돈의 수수행위는 따로 배임수증재죄를 구성한다.

② 회원제 골프장의 예약업무 담당자가 부킹대행업자의 청탁에 따라 회원에게 제공해야 하는 주말부킹권을 부킹대행업자에게 판매하고 그 대금 명목의 금품을 받은 경우 배임수재죄에 해당하지 아니한다.

③ 甲이 회사 자금으로 乙에게 주식매각 대금조로 금원을 지급하는 사실을 乙이 알면서 받은 경우, 그 금원은 횡령행위에 제공된 물건일 뿐 장물로 취급될 수는 없다.

④ A는 甲으로부터 보수를 받는 조건으로 甲이 습득하였다고 주장하는 신용카드들로 물품을 구입하여 주기로 하고 위 신용카드들을 교부받았다. 그런데 위 신용카드는 甲이 절취한 것이었다. 이 경우 A를 장물취득죄로 처벌할 수 없다.

17

재산에 대한 죄에 관한 다음 [보기]의 기술 중 판례의 입장과 일치하는 것을 모두 고른 것은?

| 보기 |

㉠ 타인과의 토지경계에 관한 분쟁이 발생하자 경계의 표시를 위하여 타인 소유의 석축 중 돌 3개에 빨간색 락카를 사용해 화살표 모양을 표시한 경우 손괴죄가 성립한다.

㉡ 어느 문서에 대한 종래의 사용상태가 문서 소유자의 의사에 반하여 또는 문서 소유자의 의사와 무관하게 이루어진 경우, 단순히 종래 사용상태를 제거 또는 변경시킨 것만으로는 문서손괴죄가 성립하지 않는다.

㉢ 강제집행면탈죄의 '강제집행'에는 의사의 진술에 갈음하는 판결의 강제집행이 포함된다.

㉣ 강제집행면탈죄의 성립요건인 채권자의 권리와 행위의 객체인 재산은 국가의 강제집행권이 발동될 수 있으면 충분하다.

㉤ 부지의 점유 권원 없는 건물 소유자가 토지 소유자와의 철거 등 청구소송에서 패소하고 강제집행을 당했는데도 무단으로 새 건물을 지은 행위는 재물손괴죄에 해당하지 않는다.

① ㉠㉡㉢㉣
② ㉡㉢㉣㉤
③ ㉡㉣㉤
④ ㉠㉢㉤

18

다음 [보기] 중 형법상 손괴죄가 성립하지 않는 경우로만 묶은 것은? (다툼이 있는 경우 판례에 의함)

| 보기 |

㉠ 타인 소유의 광고용 간판을 백색페인트로 도색하여 광고문안을 지워버린 경우

㉡ 재판결과에 불만을 품고 특정단체의 회원들이 재판장이 거주하는 아파트 벽면에 계란 30개를 투척하여 건물 벽이 더럽혀진 경우

㉢ 약속어음의 수취인이 차용금의 지급담보를 위하여 은행에 보관시킨 약속어음을 은행지점장이 발행인의 부탁을 받고 그 지급기일란의 일자를 지운 경우

㉣ 쪽파의 매수인이 명인방법을 갖추기 전에 매도인의 승낙을 받은 자가 쪽파를 파헤쳐 훼손한 경우

㉤ 환경운동가들이 석탄화력발전소 건설에 문제를 제기하기 위하여 글씨 모양 조형물에 녹색 수성 스프레이를 분사하였다가 바로 세척한 경우

① ㉠㉢㉣
② ㉡㉢㉣㉤
③ ㉡㉢㉣
④ ㉡㉣㉤

19

다음 [보기]의 사례 중 재물손괴죄 또는 재물은닉죄에 해당하는 것을 모두 고른 것은?

| 보기 |

㉠ 경락받은 농수산물 저온저장 공장건물 중 공냉식 저온창고를 수냉식으로 개조함에 있어 그 공장에 시설된 피해자 소유의 자재에 관하여 피해자에게 철거를 최고하는 등 적법한 조치를 취함이 없이 이를 일방적으로 철거하게 한 경우

㉡ 재건축사업으로 철거예정이고 그 입주자들이 모두 이사하여 아무도 거주하지 않은 채 비어있는 아파트를 포클레인 등을 이용하여 무단으로 철거한 경우

㉢ 주식회사의 직원들이 유색 페인트와 래커 스프레이를 이용하여 주식회사 소유의 도로 바닥에 직접 문구를 기재하거나 도로 위에 놓인 현수막천에 문구를 기재하여 페인트가 바닥으로 배어나와 도로에 배게 한 경우

㉣ 甲 소유였다가 약정에 따라 乙 명의로 이전되었으나 권리관계에 다툼이 생긴 토지상에서 甲이 버스공용터미널을 운영하고 있는데, 乙이 甲의 영업을 방해하기 위하여 철조망을 설치하려 하자 甲이 위 철조망을 가까운 곳에 마땅한 장소가 없어 터미널로부터 약 200 내지 300m 가량 떨어진 甲 소유의 다른 토지 위에 옮겨 놓은 경우

① ㉠㉢㉣
② ㉠㉣
③ ㉠㉡
④ ㉢㉣

20

형법 제370조의 경계침범죄에 관한 다음 설명 중 가장 옳지 않은 것은? (다툼이 있는 경우 판례에 의함)

① 실제상의 경계선에 부합되지 않는 경계표라 할지라도 그것이 종전부터 일반적으로 승인되어 온 것이라면 그와 같은 경계표도 형법 제370조 소정의 경계표에 해당된다.

② 형법 제370조에서 말하는 경계표는 그것이 어느 정도 객관적으로 통용되는 사실상의 경계를 표시할 것을 요하기 때문에 일시적인 것은 여기에 해당하지 않는다.

③ 경계침범죄는 어떠한 행위에 의하여 토지의 경계가 인식불능하게 됨으로써 비로소 성립되는 것이어서, 경계표의 손괴 등의 행위가 있었다 하더라도 토지경계 인식불능의 결과가 발생하지 않는 한 경계침범죄가 성립될 수 없다.

④ 기존 경계가 진실한 권리상태와 맞지 않는다는 이유로 당사자의 어느 한쪽이 기존 경계를 무시하고 일방적으로 경계측량을 하여 이를 실체권리관계에 맞는 경계라고 주장하면서 그 위에 경계표를 설치하더라도 이와 같은 경계표는 경계침범죄에서 말하는 경계표에 해당되지 않는다.

▶ **제1편 개인적 법익에 대한 죄: 제5장 재산에 대한 죄** [권리행사를 방해하는 죄] ── **제2편 사회적 법익에 대한 죄: 제2장 공공의 신용에 대한 죄** [문서에 관한 죄 1]

회차	시행일			목표점수			획득점수		
	1차	2차	3차	1차	2차	3차	1차	2차	3차
제7회									

01

권리행사방해죄에 관한 다음 [보기]의 설명 중 옳은 것을 모두 고른 것은? (다툼이 있는 경우에는 판례에 의함)

| 보기 |

㉠ 甲이 자동차등록원부상 A명의로 등록되어 있는 차량을 B에게 담보로 제공하였음에도 불구하고, B의 승낙 없이 미리 소지하고 있던 위 차량의 보조키를 이용하여 이를 운전하여 간 경우 권리행사방해죄가 성립하지 않는다.

㉡ 권리행사방해죄의 보호 대상인 '타인의 점유'에는 절도범인의 점유와 같이 점유할 권리 없는 자의 점유임이 외관상 명백한 경우는 포함되지 않는다.

㉢ 무효인 경매절차에서 경매목적물을 경락받아 이를 점유하고 있는 낙찰자의 점유는 동시이행항변권이 있더라도 적법한 점유가 아니므로 그 점유자는 권리행사방해죄에 있어서의 타인의 물건을 점유하고 있는 자라고 할 수 없다.

㉣ 甲이 이른바 중간생략등기형 명의신탁 또는 계약명의신탁의 방식으로 자신의 처에게 등기명의를 신탁하여 놓은 점포에 자물쇠를 채워 점포의 임차인을 출입하지 못하게 한 경우 권리행사방해죄가 성립한다.

① ㉡㉢   ② ㉢㉣
③ ㉠㉣   ④ ㉠㉡

02

권리행사방해의 죄에 관한 다음 [보기]의 설명 중 옳은 것을 모두 고른 것은?

| 보기 |

㉠ 甲은 자동차정비업을 운영하는 자기 소유의 건물과 기계·기구에 대하여 乙에게 근저당권을 설정하였음에도 위 건물을 철거한 뒤 멸실등기를 마치고 기계·기구를 다른 사람에게 양도하였다. 甲에게는 권리행사방해죄가 성립한다.

㉡ A 등은 공모하여 렌트카 회사인 甲 주식회사를 설립한 다음 乙 주식회사 등의 명의로 저당권등록이 되어 있는 다수의 차량들을 사들여 甲 회사 소유의 영업용 차량으로 등록한 후 자동차대여사업자등록 취소처분을 받아 차량등록을 직권말소시켜 저당권 등이 소멸되게 하였다. A 등에게는 권리행사방해죄의 죄책이 성립한다.

㉢ 의료법에 의하여 적법하게 개설되지 아니한 의료기관에서 요양급여가 행하여진 경우 (위 의료기관이 국민건강보험공단에 대한) 요양급여비용 채권은 강제집행면탈죄의 객체가 된다.

㉣ 압류금지채권의 목적물을 수령하는 데 사용하던 기존 예금계좌가 채권자에 의해 압류된 채무자가 압류되지 않은 다른 예금계좌를 통하여 그 목적물을 수령하는 경우 강제집행면탈죄가 성립하지 않는다.

① ㉠㉡㉢㉣
② ㉠㉡㉢
③ ㉠㉡㉣
④ ㉠㉡

03

손괴와 권리행사방해의 죄에 관한 다음 기술 중 판례의 입장과 어긋나는 것은?

① 자동문을 자동으로 작동하지 않고 수동으로만 개폐가 가능하게 하여 자동잠금장치로서 역할을 할 수 없도록 한 경우에도 재물손괴죄가 성립한다.

② 집행관이 집행채권자 甲 조합 소유 아파트에서 유치권을 주장하는 피고인 A를 상대로 부동산인도집행을 실시하자, 피고인 A는 이에 불만을 갖고 아파트 출입문과 잠금 장치를 훼손하며 강제로 개방하고 아파트에 들어갔다. A에게는 재물손괴 및 건조물침입의 죄책이 성립한다.

③ A는 강제경매를 통하여 아들인 B 명의로 오피스텔 건물 501호를 매수하였는데, 위 501호에 대해서는 C가 유치권을 행사하고 있었다. A는 열쇠수리공을 불러 501호의 잠금장치를 변경하여 C가 더 이상 유치권 행사를 할 수 없도록 하였다 하더라도, A에게는 C에 대한 권리행사방해죄가 성립하지 아니한다.

④ 권리행사방해죄의 공범으로 기소된 물건의 소유자에게 고의가 없는 등으로 범죄가 성립하지 않는 경우, 물건의 소유자가 아닌 사람은 권리행사방해죄의 공동정범이 될 수 있다.

04

권리행사방해의 죄에 관한 다음 기술 중 틀린 것은? (다툼이 있으면 판례에 의함)

① A주식회사의 실질적인 대표이사인 甲이 지입차주인 B, C가 지입료 납부를 거부하거나 지체하였다는 이유로 그들이 점유하는 A주식회사 명의의 트럭을 무단으로 가져온 경우 권리행사방해죄가 성립한다. (다만, A주식회사와 B, C 사이에 트럭의 소유관계에 관한 특약은 없음)

② A·B에 대한 각자의 유류분반환청구권을 보전하기 위하여 위 건물을 공동으로 가압류한 자들이 있는 경우 부부인 A와 B가 공모하여 자기들의 공유의 건물을 철거한 행위는 권리행사방해죄를 구성하지 않는다.

③ A는 처(妻) 甲 명의로 임차하여 운영하는 주유소의 주유대금 신용카드 결제를, 별도로 운영하는 다른 주유소의 신용카드 결제 단말기로 처리하여 甲에 대하여 연체차임 등 채권이 있어 甲 명의 주유소의 매출채권을 가압류한 乙 주식회사의 강제집행을 면탈하였는가가 문제된다 하더라도, 乙 회사가 甲을 상대로 미지급 차임 등의 지급을 구하는 민사소송을 제기하였으나 甲이 임대차보증금 반환채권으로 상계한다는 주장을 하여 乙 회사의 청구가 기각된 판결이 확정되었다면, A의 행위는 강제집행면탈죄를 구성하지 아니한다.

④ 보전처분 단계에서의 가압류채권자의 지위 자체는 원칙적으로 민사집행법상 강제집행 또는 보전처분의 대상이 될 수 없어 강제집행면탈죄의 객체에 해당하지 않고, 이는 가압류채무자가 가압류해방금을 공탁한 경우에도 마찬가지이다.

05

권리행사방해의 죄에 관한 다음 [보기]의 기술 중 옳은 것을 모두 고른 것은? (다툼이 있으면 판례에 의함)

| 보기 |

㉠ 甲 종합건설회사가 유치권 행사를 위하여 점유하고 있던 주택에 A가 그 소유자인 처(妻)와 함께 출입문 용접을 해제하고 들어가 거주하였다면 권리행사방해죄가 성립한다.

㉡ 채무자가 제3자 명의로 되어 있던 사업자등록을 또 다른 제3자 명의로 변경한 것은 강제집행면탈죄의 재산의 은닉에 해당한다.

㉢ 형법 제323조의 권리행사방해죄는 타인의 점유 또는 권리의 목적이 된 '자기의 물건'을 취거, 은닉 또는 손괴하여 타인의 권리행사를 방해함으로써 성립하는 것이므로, 그 취거, 은닉 또는 손괴한 물건이 '자기의 물건'이 아니라면 권리행사방해죄가 성립할 여지가 없다.

㉣ 부부인 A와 B가 공모하여 자기들의 공유의 건물을 철거함으로써 A·B에 대한 각자의 유류분 반환청구권을 보전하기 위하여 위 건물을 공동으로 가압류한 甲, 乙의 권리행사를 방해한 경우 甲, 乙에 대한 권리행사방해죄는 포괄일죄의 관계에 있다.

① ㉠㉡㉢
② ㉠㉢
③ ㉡㉢㉣
④ ㉢㉣

06

강제집행면탈죄에 관한 다음 설명 중 옳지 않은 것을 모두 고른 것은? (다툼이 있는 경우 판례에 의함)

㉠ 장래의 권리는 채무자와 제3채무자 사이에 채무자의 장래청구권이 충분하게 표시되었거나 결정된 법률관계가 존재한다 하더라도 민사집행법상 강제집행 또는 보전처분의 대상으로 삼을 수 없어 강제집행면탈죄의 객체인 '재산'에 해당하지 않는다.

㉡ 국세징수법에 의한 체납처분을 면탈할 목적으로 재산을 은닉하는 등의 행위는 형법 제327조의 강제집행면탈죄의 규율 대상에 포함된다.

㉢ 강제집행면탈죄는 국가의 강제집행권이 발동될 단계에 있는 채권자의 권리를 보호하기 위한 범죄로서, 여기서의 강제집행에는 광의의 강제집행인 의사의 진술에 갈음하는 판결의 강제집행도 포함되고, 강제집행면탈죄의 성립요건으로서의 채권자의 권리와 행위의 객체인 재산은 국가의 강제집행권이 발동될 수 있으면 충분하다.

㉣ '보전처분 단계에서의 가압류채권자의 지위' 자체는 원칙적으로 강제집행면탈죄의 객체에 해당하고, 이는 가압류채무자가 가압류해방금을 공탁한 경우에도 마찬가지이다. 나아가 채무자가 가압류채권자의 지위에 있으면서 가압류집행해제를 신청함으로써 그 지위를 상실하는 행위는 강제집행면탈행위에 포함된다.

① ㉠㉡㉢㉣
② ㉠㉡㉢
③ ㉠㉢㉣
④ ㉠㉡㉣

07

강제집행면탈죄에 관한 다음 기술 중 옳은 것으로만 묶인 것은? (다툼이 있는 경우 판례에 의함)

| 보기 |

㉠ 채권자의 권리, 즉 채권의 존재가 인정되지 않을 때에는 강제집행면탈죄는 성립하지 않는다. 한편 상계의 의사표시가 있는 경우에는 각 채무는 상계할 수 있는 때에 소급하여 대등액에 관하여 소멸한 것으로 보게 되므로 상계로 인하여 소멸한 것으로 보게 되는 채권에 관하여는 상계의 효력이 발생하는 시점 이후에는 채권의 존재가 인정되지 않으므로 강제집행면탈죄가 성립하지 않는다.

㉡ 강제집행면탈죄는 위태범으로서 현실적으로 채권자가 본안 또는 보전소송을 제기하거나 제기할 태세를 보이고 있는 상태에서 주관적으로 강제집행을 면탈하려는 목적으로 재산을 은닉, 손괴, 허위양도하거나 허위의 채무를 부담하여 채권자를 해할 위험이 있으면 성립하고, 반드시 채권자를 해하는 결과가 야기되거나 행위자가 어떤 이득을 취하여야 범죄가 성립하는 것은 아니다.

㉢ 채무자에게 채권자의 집행을 확보하기에 충분한 다른 재산이 있다고 하더라도 채무자가 재산 은닉 등의 행위를 하면 강제집행면탈죄는 성립한다.

㉣ 허위의 채무를 부담하는 내용의 채무변제계약 공정증서를 작성한 후 이에 기하여 채권압류 및 추심명령을 받은 다음 3개월 후에 실제로 위 강제집행에 따른 추심금을 수령한 경우, 강제집행면탈죄는 위 추심금을 수령한 때에 범죄행위가 종료한다고 보아야 하고 그때부터 공소시효가 진행한다.

① ㉠㉡㉣
② ㉠㉣
③ ㉡㉢㉣
④ ㉠㉡

08

배임죄와 강제집행면탈죄에 관한 다음 기술 중 판례의 입장에 어긋나는 것은?

① 채무자가 투자금반환채무의 변제를 위하여 담보로 제공한 임차권 등의 권리를 그대로 유지할 계약상 의무는 배임죄에서 말하는 '타인의 사무'에 해당한다.

② 한국농어촌공사의 직원이 구 한국농어촌공사 및 농지관리기금법 제18조에서 정한 농지매매사업 등을 수행하기 위하여 정부에서 위탁받아 운용하는 농지관리기금을 농지매매사업의 지원대상에 해당하지 아니하는 농지를 매입하는 데 사용하거나 지원요건을 갖추지 아니한 농업인을 위하여 부당하게 지원하도록 한 경우, 한국농어촌공사가 업무상배임죄의 재산상 손해를 입었다고 볼 것이다.

③ 甲 주식회사 대표이사 등인 A 등은 공모하여 회사 채권자들의 강제집행을 면탈할 목적으로 甲 회사가 시공 중인 건물의 건축주 명의를 甲 회사에서 乙 주식회사로 변경하였는데, 위 건물은 지하 4층, 지상 12층으로 건축허가를 받았으나 명의 변경 당시 지상 8층까지 골조공사가 완료된 채 공사가 중단된 상태이었다. A 등에게는 강제집행면탈죄의 죄책이 인정되지 않는다.

④ 강제집행면탈죄의 규율 대상에 '담보권 실행 등을 위한 경매'를 면탈할 목적으로 재산을 은닉하는 등의 행위가 포함되지 않는다.

09

다음 중 甲에게 사기죄가 성립하지 않는 것은?

① 甲은 도산이 불가피한 상황에서 신용 과대조작, 변태적 지급보증 및 재력과시 등의 방법으로 변제자력을 가장하여 대출을 받았다.

② 약속어음의 발행인인 甲은 그 어음을 타인이 교부받아 소지하고 있는 사실을 알면서도 허위의 분실사유를 들어 공시최고 신청을 하여 법원으로부터 제권판결을 받았다.

③ 명의상의 학원원장에 불과한 甲은 창업자금 대출금 중 일부를 개인적인 용도로 사용할 생각이었음에도 불구하고 위 대출금을 학원 운전자금 용도로 사용하면서 보증을 신청하여 대출을 받았다.

④ 甲은 토지의 실제 소유자인 乙이 甲에게 금 1,100만 원에 매도하도록 승낙한 사실이 없음에도 불구하고 乙로부터 위 토지에 관한 소유명의를 신탁받은 丙에게 乙로부터 그와 같은 승낙이 있었던 것처럼 속여 丁과의 사이에 위 토지에 관하여 대금 1,100만 원의 매매계약을 체결하게 한 다음 丁으로부터 매매대금 전액을 교부받았다.

10

다음 설명 중 가장 옳지 않은 것은?

① 채권자에게 채권을 추심하여 줄 것 같이 속여 채권의 추심승낙을 받아 그 채권을 추심하여 이를 취득하였다면 사기죄가 성립한다.

② 편취한 약속어음을 그와 같은 사실을 모르는 제3자에게 편취사실을 숨기고 할인받았다면, 어음 편취와 별개의 사기죄가 성립한다.

③ 사업자등록 명의를 빌려주면 세금이나 채무는 모두 자신이 변제하겠다고 속여 명의를 대여받아 호텔을 운영하면서 호텔에 관한 각종 세금 및 채무 등을 부담하게 하였다면, 명의대여행위를 처분행위로 볼 수 있어 사기죄가 성립한다.

④ 환자들로 하여금 장기간의 입원을 유도하여 국민건강보험공단에 과다한 요양급여비를 청구함으로써 요양급여비 상당액을 편취하였다면, 실제 입원치료가 필요하였던 부분에 대하여도 사기죄가 성립한다.

11

다음 설명 중 가장 옳지 않은 것은? (다툼이 있는 경우에는 판례에 의함)

① 수의계약을 체결하는 공무원이 해당 공사업자와 적정한 금액 이상으로 계약금액을 부풀려서 계약하고 부풀린 금액을 자신이 되돌려 받기로 사전에 약정한 다음 그에 따라 수수한 돈은 성격상 뇌물이 아니고 횡령금에 해당한다.

② 자기가 점유하는 타인의 재물을 횡령하기 위하여 기망수단을 쓴 경우에는 피기망자에 의한 재산처분행위가 없으므로 일반적으로 횡령죄만 성립되고 사기죄는 성립되지 아니한다.

③ 채권자가 그 채권의 지급을 담보하기 위하여 채무자로부터 수표를 발행·교부받아 이를 소지한 경우에는, 단순히 보관의 위탁관계에 따라 수표를 소지하고 있는 경우와는 달리 그 수표상의 권리가 채권자에게 유효하게 귀속되고, 채권자와 채무자 사이의 수표 반환에 관한 약정은 원인관계상의 인적 항변사유에 불과하므로, 채권자는 횡령죄의 주체인 타인의 재물을 보관하는 자의 지위에 있다고 볼 수 없다.

④ 횡령죄는 다른 사람의 재물에 관한 소유권 등 본권을 그 보호법익으로 하고 있으므로, 다른 사람의 재물을 보관하는 사람이 그 사람의 동의 없이 함부로 이를 담보로 제공하더라도 사법(私法)상 그 담보제공행위가 무효이거나 그 재물에 대한 소유권이 침해되는 결과가 발생하지 않는다면 횡령죄가 성립하지 않는다.

12

다음 중 횡령죄가 성립하는 경우를 모두 고른 것은? (다툼이 있는 경우 판례에 의함)

| 보기 |

㉠ 공동상속인 중 1인이 상속 부동산을 혼자 점유하던 중 다른 공동상속인의 상속지분을 임의로 처분한 경우
㉡ 포주가 윤락녀와 사이에 윤락녀가 받은 화대를 포주가 보관하였다가 절반씩 분배하기로 약정하고도 보관중인 화대를 임의로 소비한 경우
㉢ 회사의 대표이사가 그 회사의 상가분양 사업을 수행하면서 수분양자들을 기망하여 편취한 분양대금을 사적인 용도에 사용한 경우
㉣ 수개의 학교법인을 운영하는 자가 각 학교법인의 금원을 다른 학교법인을 위하여 사용한 경우

① ㉠㉢㉣
② ㉠㉡㉢㉣
③ ㉠㉡㉣
④ ㉡㉢㉣

13

배임죄에 관한 다음 기술 중 판례의 입장과 어긋나는 것은?

① 甲 주식회사 대표이사인 A는 甲 회사 설립의 동기가 된 동업약정의 투자금 용도로 부친 乙로부터 2억 원을 차용한 후 乙에게 甲 회사 명의의 차용증을 작성·교부하는 한편 甲 회사 명의로 액면금 2억 원의 약속어음을 발행하여 공증해 주었다. 이러한 A의 행위는 대표이사의 대표권 남용에 해당하고 그 행위의 상대방인 乙은 이러한 사실을 알았거나 알 수 있었던 상황이었다. 이후 乙은 A가 작성하여 준 약속어음공정증서에 기하여 甲 회사의 丙 재단법인에 대한 임대차보증금반환채권 중 2억 원에 이르기까지의 금액에 대하여 압류 및 전부명령을 받은 다음 확정된 압류 및 전부명령에 기하여 丙 재단법인으로부터 甲 회사의 임대차보증금 중 1억 2,300만 원을 지급받았다. 그렇다면, A의 행위는 배임기수죄를 구성한다.

② 법인의 대표이사 甲이 회사의 이익이 아닌 자기 또는 제3자의 이익을 도모할 목적으로 권한을 남용하여 회사 명의의 금전소비대차 공정증서를 작성하여 법인 명의의 채무를 부담한 경우 상대방이 대표이사의 진의를 알았거나 알 수 있었다면 배임죄가 성립하지 아니한다.

③ 배합사료 판매회사인 甲 회사의 영업사원인 A는 乙에게 배합사료를 공급하면서 甲 회사의 내부 결재를 거치지 않고 장려금 등 명목으로 임의로 단가를 조정하거나 대금을 할인해 주었다. A에는 (업무상) 배임죄의 죄책이 인정되지 않는다.

④ 타인의 사무를 처리하는 자의 임무위배로 인한 의무부담행위로 인하여 실제로 채무의 이행이 이루어지거나 본인이 민법상 불법행위책임을 부담하게 되는 경우에는 배임미수죄의 죄책에 해당한다.

14

범죄단체등 조직죄(제114조)에 관한 다음 설명 중 틀린 것은?

① 예비·음모행위를 목적한 죄의 기수범으로 처벌하는 규정이지만, 형을 감경할 수 있다.

② 본죄에서 단체는 최소한의 통솔체계를 갖추고 있어야 하고, 현재는 범죄단체에 이르지 못하였으나 그 위험성이 큰 집단을 조직한 경우에도 본죄에 해당된다.

③ 중고차량을 시세보다 비싸게 판매해 금원을 편취할 목적으로 조직된 외부사무실은 형법 제114조의 범죄단체 또는 범죄집단의 그 어디에 해당되지 않는다.

④ 본죄는 범죄를 목적으로 단체를 조직한 때에 성립하고 그와 동시에 완성되는 즉시범이다.

15

소요죄에 관한 다음 설명 중 가장 타당하지 않은 것은? (다툼이 있을 경우에는 통설 내지 다수설에 의함)

① 소요죄의 주관적 구성요건은 다중의 합동력으로 폭행·협박·손괴한다는 공동의사를 의미한다.

② 본죄의 폭행은 사람 또는 물건에 대한 일체의 유형력의 행사를 의미하며, 다중(多衆)의 구성원 내에서는 직접 폭행·협박을 한 자 뿐만 아니라 이를 교사·방조한 자도 본죄의 정범에 해당된다.

③ 소요죄보다 법정형이 중한 살인죄나 방화죄는 소요죄와 수죄의 관계에 선다.

④ 다중(多衆)은 한 지방의 평온·안전을 해할 수 있는 정도에 이를 것은 요구되지 않는다.

16

방화죄에 대한 다음 [보기]의 설명 중 옳은 것을 모두 고른 것은? (다툼이 있는 경우 판례에 의함)

| 보기 |

㉠ 피해자의 방 안에 옷가지 등을 모아놓고 불을 붙인 천조각을 던져서 그 불길이 방안을 태우면서 천장까지 옮겨 붙었다면 도중에 진화되었다고 하더라도 현주건조물방화죄의 기수가 성립한다.

㉡ 장롱 안에 있는 옷가지에 불을 놓아 건물을 소훼하려 하였으나 불길이 치솟는 것을 보고 겁이 나서 물을 부어 불을 끈 경우에는 중지미수로 볼 수 없다.

㉢ 노상에서 전봇대 주변에 놓인 재활용품과 쓰레기 등에 불을 붙인 후 가연물을 집어넣어 그 화염을 키움으로써 전선을 비롯한 주변의 가연물에 손상을 입히거나 바람에 의하여 다른 곳으로 불이 옮겨 붙을 수 있는 공공의 위험을 발생하게 하였다면 일반물건방화죄가 성립한다.

㉣ 방화죄는 공공위험범이면서도 재산죄의 속성을 가지므로 목적물의 경제적 효용이 상실된 때에 기수가 된다는 것이 판례의 입장이다.

① ㉠㉡㉢㉣

② ㉠㉡㉣

③ ㉠㉢㉣

④ ㉠㉡㉢

17

방화죄 등에 관한 다음 설명 중 옳은 것을 모두 고른 것은? (다툼이 있는 경우 판례에 의함)

| 보기 |

㉠ 형법상 방화죄의 객체인 건조물은 토지에 정착되고 벽 또는 기둥과 지붕 또는 천장으로 구성되어 사람이 내부에 기거하거나 출입할 수 있는 공작물을 말하고, 반드시 사람의 주거용이어야 하는 것은 아니라도 사람이 사실상 기거·취침에 사용할 수 있는 정도는 되어야 한다.

㉡ 피고인이 방화의 의사로 뿌린 휘발유가 인화성이 강한 상태로 주택주변과 피해자의 몸에 적지 않게 살포되어 있는 사정을 알면서도 라이터를 켜 불꽃을 일으킴으로써 피해자의 몸에 불이 붙은 경우라 하더라도, 불이 방화 목적물인 주택 자체에 옮겨 붙지 아니한 이상 현존건조물방화죄의 실행의 착수에 이른 것이라 볼 수는 없다.

㉢ 甲은 지붕과 문짝, 창문이 없고 담장과 일부 벽체가 붕괴된 철거 대상 건물로서 사실상 기거·취침에 사용할 수 없는 상태의 폐가의 내부와 외부에 쓰레기를 모아놓고 태워 그 불길이 이 사건 폐가 주변 수목 4~5그루를 태우고 폐가의 벽을 일부 그을리게 하였다. 甲의 행위는 방화죄나 방화미수죄에 해당하지 아니한다.

㉣ 불을 놓은 집에서 빠져 나오려는 피해자들을 막아 소사케 한 행위는 1개의 행위가 수개의 죄명에 해당하는 경우라고 볼 수 없고, 위 방화행위와 살인행위는 법률상 별개의 범의에 의하여 별개의 법익을 해하는 별개의 행위라고 할 것이니, 현주건조물방화죄와 살인죄는 실체적 경합관계에 있다.

① ㉠㉡㉢㉣ ② ㉠㉡㉢
③ ㉡㉢㉣ ④ ㉠㉢㉣

18

교통방해죄에 대한 다음 기술 중 틀린 것은? (다툼이 있으면 판례에 의함)

① 일반교통방해죄(제185조)는 미수를 처벌하지만 예비·음모를 처벌하지 않으며, 기차·선박 등 교통방해죄(제186조)와 기차 등 전복죄(제187조)는 예비·음모를 처벌한다.

② 기차 등 전복죄는 사람이 현존하는 기차 등을 전복시킴으로써 성립하는 범죄이며 그 객체에는 자동차도 포함되어 있고 여기에 현존하는 사람의 사상의 결과가 있으면 기수가 되는 범죄이다.

③ 도로변의 노상 주차장에 주차된 차량들 옆으로 바짝 붙여 주차시키기는 하였으나 그 옆으로 다소 불편하지만 다른 차량들이 지나갈 수 있는 공간은 남겼다면 일반교통방해죄에 해당되지 않는다.

④ 왕복 4차로의 도로 중 편도 3개 차로 쪽에 차량과 간이테이블 수십 개를 이용하여 길가 쪽 2개 차로를 차지하는 포장마차를 설치하고 영업을 한 행위는 일반교통방해죄에 해당된다.

19

사회적 법익에 대한 죄에 관한 다음 [보기]의 기술 중 옳지 않은 것을 모두 고른 것은? (다툼이 있으면 판례에 의함)

| 보기 |

㉠ 작성권한 있는 자가 그 권한을 남용하여 허위의 정보를 입력함으로써 시스템 설치·운영 주체의 의사에 반하는 사(私)전자기록을 생성한 행위는 무형위조에 불과하므로 형법 제232조의2에서 정한 사전자기록의 '위작'에 해당하지 아니한다.

㉡ 위조된 외국의 화폐, 지폐 또는 은행권이 외국에서 강제통용력이 없고 국내에서 사실상 거래 대가의 지급수단이 되지 않는 경우, 그 화폐 등을 행사한 행위는 위조통화행사죄를 구성하지 않고, 위조사문서행사죄 또는 위조사도화행사죄로 의율할 수 있다.

㉢ 의사인 甲은 환자 乙의 인적사항, 병명, 입원기간 및 그러한 입원사실을 확인하는 내용이 기재된 '입퇴원 확인서'를 허위로 작성하였다. 甲에게는 허위진단서작성죄의 죄책이 성립한다.

㉣ 청원경찰인 공무원 甲은 실제로 현장확인을 하지 않고 동료 청원경찰인 乙에게 원상복구 여부에 대한 현장확인을 부탁한 다음, 乙이 작성한 출장복명서가 진실한 것인지를 제대로 알지도 못하면서 자신이 직접 현장확인을 하여 보니 원상복구가 완료되었다는 내용의 출장복명서에 자신의 서명을 함으로써 출장복명서를 완성하여 그 정을 모르는 담당공무원에게 제출하였다. 甲의 죄책으로는 허위공문서작성 및 동행사죄는 성립하지 않는다.

㉤ 사법경찰관 P는 검사로부터 '피해자들로부터 교통사고경위에 대해 구체적인 진술을 청취하여 운전자 도주 여부에 대해 재수사할 것'을 요청받았는데 재수사 결과서의 재수사 결과란에 피해자들로부터 진술을 청취하지 않고도 진술을 듣고 그 진술내용을 적은 것처럼 기재하고 자신의 독자적인 의견이나 추측에 불과한 것을 마치 피해자들로부터 직접 들은 진술인 것처럼 기재했다. P의 행위는 허위공문서작성죄에 해당한다.

① ㉠㉡㉢㉣
② ㉡㉢㉣㉤
③ ㉠㉢㉣
④ ㉠㉡㉢

20

다음 중 틀린 것은? (다툼이 있으면 판례에 의함)

① 甲 주식회사가 납품하는 물품을 마치 乙 주식회사(甲 회사의 자회사로서 서류상으로서만 존재하여 법인격이 부인됨)가 납품하는 것처럼 서류를 꾸며 납품대금을 乙 회사 명의의 계좌로 지급받아 급여 등의 명목으로 임의로 사용한 경우 횡령죄가 성립한다.

② 방화죄 중 구체적 위험범과 추상적 위험범을 구별하는 실익은 구체적 위험범에 있어서는 '구체적 위험의 발생'이 없으면 당해 범죄가 기수가 될 수 없다는 점에 있다.

③ 구체적 위험범에 있어서 구체적 위험은 구성요건적 고의의 인식대상이 아니지만, 추상적 위험범에 있어서는 그 인식대상에 해당한다.

④ 신탁자에게 아무런 부담이 지워지지 않은 채 재산이 수탁자에게 명의신탁된 경우 특별한 사정이 없는 한 수탁자는 신탁자에게 자신의 명의사용을 포괄적으로 허용하였다고 봄이 타당한데, 사법행위와 공법행위를 구별하여 신탁재산의 처분 등과 관련한 사법상 행위에 대하여만 명의사용을 승낙하였다고 제한하여 해석할 수는 없다.

▶ 제2편 **사회적 법익에 대한 죄**: 제2장 공공의 신용에 대한 죄 [문서에 관한 죄 2] —
제3편 **국가적 법익에 대한 죄**: 제2장 국가의 기능에 대한 죄 [공무원의 직무에 관한 죄 1]

회차	시행일			목표점수			획득점수		
제8회	1차	2차	3차	1차	2차	3차	1차	2차	3차

01

다음 중 타당하지 않은 것은? (다툼이 잇는 경우 판례에 의함)

① 이미 타인에 의하여 위조된 약속어음의 기재사항을 권한 없이 변경하였다고 하더라도 유가증권변조죄는 성립하지 않는다.

② 유가증권의 허위작성행위 자체에는 직접 관여한 바 없다 하더라도 타인에게 그 작성을 부탁하여 의사연락이 되고 그 타인으로 하여금 범행을 하게 하였다면 공모공동정범에 의한 허위작성죄가 성립한다.

③ 유가증권이 되기 위해서는 재산권이 증권에 화체된다는 것과 그 권리의 행사와 처분에 증권의 점유를 필요로 한다는 두 가지 요소와 증권의 유통성을 필요로 한다.

④ 한국외환은행 소비조합 발행의 신용카드는 유가증권에 해당한다.

02

다음 중 허위유가증권작성죄가 성립하지 않는 것은? (다툼이 잇는 경우 판례에 따름)

① 약속어음작성권자의 승낙 내지 위임을 받아 약속어음을 발행함에 있어서 발행인의 명의 아래 피고인의 인장을 날인하여 약속어음 발행·교부한 경우

② 선하증권 기재의 화물을 인수하거나 확인하지도 아니하고 또한 선적할 선편조차 예약하거나 확보하지도 않은 상태에서 수출면장만을 확인한 채 실제로 선적한 사실이 없는 화물을 선적하였다는 내용의 선하증권을 발행한 경우

③ 유가증권의 허위작성행위 자체에는 직접 관여한 바 없이 타인에게 그 작성을 부탁하여 그 타인으로 하여금 범행을 하게 한 경우

④ 자기앞수표의 발행인이 수표의뢰인으로부터 수표자금을 입금 받지 아니한 채 자기앞수표를 발행한 경우

03

문서에 대한 죄에 관한 다음 [보기]의 설명 중 옳지 않은 것을 모두 고른 것은? (다툼이 있는 경우에는 판례에 의함)

| 보기 |

㉠ 보이스피싱 현금 수거 및 전달책인 甲은 성명불상자와 공모하여 금융감독원장 명의의 '금융감독원 대출정보내역'이라는 문서를 위조하여 피해자에게 교부하였다. 甲의 죄책은 공문서위조·동행사죄가 아니라 사문서위조·동행사죄에 해당한다.

㉡ 주식회사의 지배인이 그 권한을 남용하여 자신을 그 회사의 대표이사로 표시하여 연대보증채무를 부담한다는 취지의 회사 명의의 차용증을 작성한 경우에 사문서위조죄가 성립하지 않는다.

㉢ 폭력행위등처벌에관한법률위반(공동폭행)죄의 피의자가 신분을 확인하려는 경찰공무원에게 자신의 인적사항을 속이기 위하여 다른 사람의 운전면허증을 제시한 행위는 공문서부정행사죄에 해당한다.

㉣ 일반인으로 하여금 공무소에서 작성한 것으로 믿게 할 만한 형식과 외관을 갖추고 있으면 설령 그러한 공무소가 실존하지 않아도 공문서위조죄가 성립하지만, 사문서의 경우에는 법인이 실존하지 않으면 사문서위조죄가 성립하지 않는다.

㉤ A회사의 대표이사 甲이 A회사와 B회사의 '총괄대표이사'의 자격으로 작성된 도급계약서에 자신의 이름과 A회사 대표이사의 직인을 날인한 행위는 사문서위조죄를 구성한다.

① ㉠㉡㉣㉤   ② ㉠㉡㉢㉤
③ ㉡㉢㉣㉤   ④ ㉠㉣㉤

04

공공의 신용에 대한 죄에 관한 다음 [보기]의 기술 중 판례의 입장과 일치하는 것을 모두 고른 것은?

| 보기 |

㉠ 간접정범을 통한 위조문서행사 범행에서 도구로 이용된 자에게 행사한 경우 위조문서행사죄가 성립한다.

㉡ 발행인과 수취인 사이에 통정허위표시로서 무효인 어음발행행위를 공증인에게 진정한 어음발행행위가 있는 것처럼 신고함으로써 공증인으로 하여금 어음발행행위에 대하여 집행력 있는 어음공정증서원본을 작성케 하고 이를 비치하게 하였다면 공정증서원본부실기재 및 동행사죄를 구성한다.

㉢ 주식회사의 지배인이 회사 내부규정 등에 의하여 제한된 권한 범위를 벗어나 회사 명의의 문서를 작성한 경우, 사문서위조죄가 성립하지 않고 경우에 따라 배임죄의 죄책만 질 뿐이다.

㉣ 부도가 된 백지수표의 금액란이 부당보충된 경우 그 보충권을 넘어서는 금액에 관하여는 발행인에게 부정수표단속법위반죄의 죄책을 물을 수 없다.

㉤ 특정 후보자에 대한 지지선언 형식의 기자회견을 위해 허무인 명의 서명부를 작성한 행위는 사문서위조죄를 구성한다.

① ㉠㉡㉢㉤

② ㉡㉣㉤

③ ㉠㉡㉣

④ ㉢㉣㉤

05

아래 문서죄에 관한 사례에서 甲의 죄책을 [보기]에서 골라 올바르게 연결한 것은? (다툼이 있는 경우에는 판례에 의하며, 甲에게는 행사할 목적이 있었다는 것을 전제로 함)

| 보기 |

㉠ 甲은 다방 업주로부터 선불금을 받고 그 반환을 약속하는 내용의 현금보관증을 작성하면서 가명과 4살 어린 허위의 출생연도를 기재한 후, 이를 그 사실을 모르는 다방 업주에게 교부하였다(그 가명을 그 다방에서 근무하는 동안 계속 사용함).

㉡ 甲은 이미 위조된 휴대전화 신규 가입신청서(휴대전화 신규 가입신청서의 위조 부분은 논외로 함)를 스캐너로 읽어들여 이미지화하고, 그 이미지 파일을 이메일로 전송하여 그 사실을 모르는 제3자로 하여금 컴퓨터 화면상으로 보게 하였다.

㉢ 음주운전으로 단속된 甲은 주취운전자 적발보고서의 운전자 란에 타인의 성명을 기재하고 그 타인의 서명을 한 후, 이를 그 사실을 모르는 경찰관에게 제출하였다.

㉣ 甲은 乙로부터 乙이 등록한 '○○부동산'의 등록 명의를 빌려 중개행위를 하던 중, 매매계약 중개 과정에서 자신을 '○○부동산'의 대표자라고 자칭하면서 부동산매매계약서의 공인중개사 란에 '○○부동산 대표 甲'이라고 기재하고, 이를 그 사실을 모르는 매수인에게 교부하였다.

| 보기 |

A. 사문서위조죄

B. 위조사문서행사죄

C. 공문서위조죄

D. 위조공문서행사죄

E. 자격모용사문서작성죄

F. 자격모용작성사문서행사죄

G. 무죄

	㉠	㉡	㉢	㉣
①	G	A와 B	C와 D	E와 F
②	A와 B	B	A와 B	E와 F
③	G	G	C와 D	A와 B
④	A와 B	G	A와 B	G

06

공공의 신용에 대한 죄에 관한 다음 [보기]의 기술 중 판례의 입장과 일치하지 않는 것을 모두 고른 것은?

| 보기 |

㉠ A주식회사 대표이사 甲은 A주식회사의 또 다른 대표이사 乙이 약속어음을 발행한 것처럼 약속어음을 허위로 작성하였다. 甲에게는 유가증권위조죄가 성립한다.

㉡ 사문서를 수정할 때 명의자가 그 사실을 알았다면 당연히 승낙했을 것이라고 추정되는 경우 사문서변조죄가 성립한다.

㉢ '문서가 원본인지 여부'가 중요한 거래에서 문서의 사본을 진정한 원본인 것처럼 행사할 목적으로 다른 조작을 가함이 없이 문서의 원본을 그대로 컬러복사기로 복사한 후 복사한 문서의 사본을 원본인 것처럼 행사한 행위는 사문서위조죄 및 동행사죄에 해당한다.

㉣ 신분을 확인하려는 경찰관에게 타인의 운전면허증을 촬영한 이미지파일을 휴대전화 화면을 통하여 보여준 행위는 공문서부정행사죄를 구성한다.

㉤ 부검 결과로써 확인된 최종적 사인이 이보다 앞선 시점에 작성된 사망진단서에 기재된 사망 원인과 일치하지 않는 경우에는 사망진단서의 기재가 객관적으로 진실에 반한다거나 작성자가 그러한 사정을 인식하고 있음이 인정된다.

① ㉠㉡㉢㉣㉤

② ㉡㉣㉤

③ ㉠㉡㉣㉤

④ ㉡㉢㉣㉤

07

문서에 대한 죄에 관한 다음 기술 중 판례의 입장에 어긋나는 것은?

① 이사가 이사회 회의록에 서명 대신 서명거부사유를 기재하고 그에 대한 서명을 하였는데 이사회 회의록의 작성권한자인 이사장이 임의로 이를 삭제한 행위는 원칙적으로 사문서변조에 해당하지 않는다.

② A는 甲 주식회사 소유의 오피스텔에 대한 분양대행 권한을 가지게 되었을 뿐 甲 회사의 동의 없이 오피스텔을 임대할 권한이 없는데도 임차인들과 임대차계약을 체결하면서 甲 회사가 분양사업을 위해 만든 乙 회사 명의로 계약서를 작성·교부하였는데, 임대차계약서에는 임대인 성명이 '乙 회사(A)'로 기재되어 대표자 또는 대리인의 자격 표시가 없고 또 A의 개인 도장이 찍혀있는 경우이었다. 그렇다면 A의 행위는 자격모용사문서작성과 자격모용작성사문서행사에 해당된다.

③ 의사가 진단서에 환자에 대한 진단 결과 또는 향후 치료 의견 등을 함께 제시하고 그와 결합하여 '수형생활 또는 수감생활의 가능 여부'에 대하여 판단한 경우, 그 전체가 환자의 건강상태를 나타내고 있는 의료적 판단에 해당한다.

④ 허위공문서작성죄의 객체가 되는 문서는 문서상 작성명의인이 명시된 경우뿐 아니라 작성명의인이 명시되어 있지 않더라도 문서의 형식, 내용 등 문서 자체에 의하여 누가 작성하였는지를 추지할 수 있을 정도의 것이면 된다.

08

문서에 관한 죄에 대한 설명 중 옳은 것을 모두 모은 것은? (다툼이 있는 경우에는 판례에 의함)

> ㉠ 사문서의 작성명의자의 인장이 압날되지 아니하고 주민등록번호가 기재되지 않았더라도 일반인으로 하여금 그 작성명의자가 진정하게 작성한 사문서로 믿기에 충분할 정도의 형식과 외관을 갖추었으면 사문서위조죄 및 동행사죄의 객체가 되는 사문서라고 보아야 한다.
>
> ㉡ 공문서에는 명의인의 실재를 요하지 않지만, 사문서에는 명의인의 실재를 요건으로 하며, 다만 사자(死者)명의의 사문서에 대해서는 문서의 작성일자가 생존 중의 일자로 되어 있는 경우에 한하여 사문서위조죄가 될 수 있다.
>
> ㉢ 형법 제237조의2에 따라 전자복사기, 모사전송기 기타 이와 유사한 기기를 사용하여 복사한 문서의 사본도 문서원본과 동일한 의미를 가지는 문서로서 이를 다시 복사한 문서의 재사본도 문서위조죄 및 동행사죄의 객체인 문서에 해당한다 할 것이므로, 타인의 주민등록증사본의 사진란에 자신의 사진을 붙여 복사하여 행사한 행위도 공문서위조죄 및 동행사죄에 해당한다.
>
> ㉣ 문서의 변조는 이미 진정하게 성립한 타인 명의의 문서에 그 동일성을 해하지 않을 정도로 변경을 가하는 것으로 그 변경 내용이 비록 객관적인 진실에 합치하는 것이라 하더라도 사문서변조죄의 구성요건을 충족한다.
>
> ㉤ 당사자로부터 뇌물을 받고 고의로 적용하여서는 안 될 조항을 적용하여 과세준을 결정하고 그 과세준에 기하여 세액을 산출하였다고 하더라도, 그 세액계산서에 허위내용의 기재가 없다면 허위공문서작성죄에는 해당하지 않는다.
>
> ㉥ 출원에 대한 심사업무를 담당하는 공무원이 출원인의 출원사유가 허위라는 사실을 알면서도 결재권자로 하여금 오인, 착각, 부지를 일으키게 하고 그 오인, 착각, 부지를 이용하여 인·허가처분에 대한 결재를 받아낸 경우에는 허위공문서작성죄의 간접정범이 성립한다.

① ㉠㉡㉢㉥ ② ㉠㉡㉣㉥
③ ㉠㉢㉣㉤ ④ ㉡㉢㉣㉤

09

다음 중 형법상 문서에 관한 죄의 객체에 관한 설명으로 옳은 것을 모두 고른 것은? (다툼이 있는 경우 판례에 의함)

> | 보기 |
>
> ㉠ 국립대학교 교무처장 명의의 졸업증명서 파일은 형법상의 공문서에 해당한다.
>
> ㉡ 제조회사와 담배 종류를 구별·확인할 수 있는 특유의 도안이 표시되어 있는 담뱃갑은 문서 등 위조죄의 대상인 도화에 해당한다.
>
> ㉢ 지대장은 형법상 공정증서원본 부실기재죄의 객체인 공정증서원본에 해당한다.
>
> ㉣ 사용자에 관한 각종 정보가 전자기록되어 있는 자기띠가 카드번호와 카드발행자 등이 문자로 인쇄된 플라스틱 카드에 부착되어 있는 후불식 전화카드의 경우 전화카드 전체가 사문서부정행사죄의 사문서에 해당한다.
>
> ㉤ 수사기관이 피의자의 신원을 특정하고 지문대조조회를 하기 위하여 직무상 작성하는 십지지문 지문대조표는, 위 문서 중 자서란에 피의자로 하여금 스스로 성명 등의 인적사항을 기재하도록 하고 있으므로 사문서에 해당한다.
>
> ㉥ 신탁자에게 아무런 부담이 지워지지 않은 채 재산이 수탁자에게 명의신탁된 경우에는 특별한 사정이 없는 한 신탁자가 수탁자 명의로 신탁재산의 처분에 필요한 서류를 작성할 때에 수탁자로부터 개별적인 승낙을 받지 않았더라도 사문서위조·동행사죄가 성립하지 않는다.

① ㉠㉢㉣ ② ㉡㉤㉥
③ ㉡㉣㉥ ④ ㉢㉤㉥

10

문서, 인장에 관한 죄에 관한 다음 [보기]의 기술 중 판례의 입장과 일치하는 것을 모두 고른 것은?

| 보기 |

㉠ 甲은 자신의 주식을 乙에게 명의신탁한 후 명의수탁자를 변경하기 위해 제3자인 丙에게 주식을 양도하면서 임의로 乙의 명의로 증권거래세 과세표준신고서를 작성하여 관할 세무서에 제출하였다. 甲의 행위는 사문서위조죄 및 위조사문서행사죄를 구성하지 아니한다.

㉡ 일반인으로 하여금 공무원 또는 공무소의 권한 내에서 작성된 문서라고 믿을 수 있는 형식과 외관을 구비한 문서를 작성하면 공문서위조죄가 성립하지만, 평균 수준의 사리분별력을 갖는 사람이 조금만 주의를 기울여 살펴보면 공무원 또는 공무소의 권한 내에서 작성된 것이 아님을 쉽게 알아볼 수 있을 정도로 공문서로서의 형식과 외관을 갖추지 못한 경우에는 공문서위조죄가 성립하지 않는다.

㉢ 인터넷을 통하여 출력한 등기사항전부증명서 하단의 열람일시 부분을 수정 테이프로 지우고 복사한 행위는 공문서변조죄에 해당한다.

㉣ 공문서의 작성권한 없는 공무원 등이 작성권자의 결재를 받지 않고 직인 등을 보관하는 담당자를 기망하여 작성권자의 직인을 날인하도록 하여 공문서를 완성한 경우, 공문서위조죄가 아니라 허위공문서작성죄의 간접정범의 죄책을 진다.

㉤ 甲은 온라인 구매사이트에서 검찰 업무표장 아래 피고인의 전화번호, 승용차 번호 또는 '공무수행' 문구를 표시한 표지판 3개를 주문하고 그 판매자로 하여금 제작하게 하여 배송받은 다음 이를 자신의 승용차에 부착하고 다녔다. 甲의 행위는 공기호위조죄 및 위조공기호행사죄를 구성한다.

① ㉠㉡㉢㉣㉤
② ㉠㉡㉢㉣
③ ㉠㉡㉢㉤
④ ㉠㉡㉢

11

공공의 신용에 대한 범죄에 관한 다음 [보기]의 설명 중 옳은 것을 모두 고른 것은? (다툼이 있으면 판례에 의함)

| 보기 |

㉠ 관급공사의 현장감독관인 甲은 공사 현장이 아닌 제작 공장에서의 기성검사의 경우 기성검사에서 합격된 자재의 100분의 50 범위 내에서만 기성부분으로 인정할 수 있도록 한 공사계약일반조건과 달리, 자재 제작을 내용으로 하는 부분 전부를 기성부분으로 인정하여 이를 바탕으로 산정된 기성고 비율과 기성부분 준공금액을 기재하여 기성검사조서를 작성하였다. 甲의 행위는 허위공문서작성죄에 해당하지 아니한다.

㉡ 백지수표의 금액란이 부당보충된 경우 그 보충권을 넘어서는 금액 부분에 대해서도 발행인은 부정수표단속법위반죄의 죄책을 지는 것은 아니다.

㉢ 자격모용사문서작성죄의 객체인 사문서는 권리·의무 또는 사실증명에 관한 타인의 문서를 가리키고, 사실증명에 관한 문서는 권리·의무에 관한 문서 이외의 문서로서 거래상 중요한 사실을 증명하는 문서를 의미하므로, 직접적인 법률관계에 단지 간접적으로만 연관된 의사표시를 내용으로 하는 문서는 포함되지 아니한다.

㉣ 휴대용정보단말기(PDA)의 음주운전단속결과통보 중 운전자 서명 란에 타인의 기명 없이 의미를 알 수 없는 부호를 기재한 경우 사서명위조 및 위조사서명행사죄가 성립한다.

㉤ 실효된 '장애인전용주차구역 주차표지가 있는 장애인사용자동차표지'를 승용차에 계속 비치한 채 아파트 주차장 중 장애인전용주차구역이 아닌 장소에 승용차를 주차한 행위는 공문서부정행사죄를 구성하지 않는다.

① ㉠㉡㉢㉣㉤
② ㉡㉢㉣㉤
③ ㉠㉡㉣㉤
④ ㉠㉢㉣㉤

12

공무원 甲은 자신의 처 乙의 건축법위반 사실을 은폐할 목적으로 정산설계서를 확인하지 않았음에도 불구하고 "정산설계서에 의하여 준공검사를 하였다."라는 내용을 공문서인 준공검사조서에 기재하였다. 甲이 위 행위에 대하여 기소되고 乙이 증인으로 신청되자, 甲은 乙에게 위증을 교사하였으며, 이에 乙은 허위 증언을 하였다. 이에 관한 설명 중 옳은 것은? (다툼이 있는 경우 판례에 의함)

① 甲에게는 허위공문서작성죄 외에 직무유기죄도 성립하고, 양자는 상상적 경합관계에 해당한다.

② 甲이 작성한 준공검사조서의 내용이 객관적으로 공사 현장의 준공 상태와 부합한다 하더라도 甲에게 허위공문서작성죄가 성립한다.

③ 甲이 乙에게 위증을 교사한 행위는 자기의 형사사건에 관하여 허위의 진술을 하는 행위와 마찬가지로 甲의 방어권 행사에 속하는 것이므로, 甲을 위증교사죄로 처벌할 수 없다.

④ 만약 乙의 허위 증언에 대해 위증죄가 성립하는 경우, 甲에 대한 형사재판이 확정된 이후라도 乙이 위증 사실을 자수한 때에는 그 형을 감경 또는 면제한다.

13

도박죄에 대한 설명으로 옳은 것만을 모두 고르면? (다툼이 있는 경우 판례에 의함)

| 보기 |

㉠ 사기도박의 실행에 착수한 후에 사기도박을 숨기기 위하여 얼마간 정상적인 도박을 한 경우, 사기죄만이 성립하고 도박죄는 따로 성립하지 않는다.

㉡ 도박에 참여한 수인의 피해자로부터 사기도박으로 도금을 편취한 경우 피해자들에 대한 각 사기죄는 실체적 경합의 관계에 있다.

㉢ 도박행위를 처벌하지 않는 외국 카지노에서의 내국인의 도박에 대해서는, 내국인의 폐광지역 카지노 출입을 허용하는 국내법을 유추적용하여 위법성이 조각되는 것으로 보아야 한다.

㉣ 도박은 '재물을 걸고 우연에 의하여 재물의 득실을 결정하는 것'을 의미하는 바, 당사자의 능력이 승패의 결과에 영향을 미친다면 다소간 우연성의 영향을 받는다고 하여도 도박죄는 성립하지 않는다.

㉤ 도박의 습벽이 있는 자가 타인의 도박을 방조하면 상습도박방조의 죄가 성립한다.

① ㉠㉤

② ㉡㉣

③ ㉢㉤

④ ㉡㉤

14

사회의 도덕에 대한 죄에 관한 다음 [보기]의 설명 중 옳은 것을 모두 고른 것은? (다툼이 있는 경우에는 판례에 의함)

| 보기 |

㉠ 피고인이 관리하는 과수원에서 노무자로서 종사하던 자가 자살한 경우에 비록 법률상 또는 계약상의 의무는 아니라 할지라도 의당 관할관서에의 신고 또는 그 유가족에의 통보연락 등 상당한 조처를 취하였어야 할 조리상의 의무를 기대할 수 있는 것인 바, 피고인이 이에 반하여 임의로 사체를 지하에 매몰한 행위는 사체유기죄가 성립한다.

㉡ 사체은닉죄는 사체의 발견을 불가능 또는 심히 곤란하게 하는 것을 구성요건으로 하고 있는 바, 살인, 강도살인 등의 목적으로 사람을 살해한 자가 그 살해의 목적을 수행함에 있어 사후 사체의 발견이 불가능 또는 심히 곤란하게 하려는 의사로 인적이 드문 장소로 피해자를 유인하거나 실신한 피해자를 끌고 가서 그곳에서 살해하고 사체를 그대로 둔 채 도주한 경우에도 사체은닉죄가 성립한다.

㉢ 성매매알선죄는 성매매죄 정범에 종속되는 종범이 아니므로 성매수자에게 실제로 성매매에 나아가려는 의사가 없었다고 하더라도 성매매처벌법상 성매매알선죄가 성립한다.

㉣ 변사체검시방해죄에서 사인(死因)이 명백한 경우는 변사자라 할 수 없으므로, 범죄로 인하여 사망한 것이 명백한 자의 사체는 변사체검시방해죄의 객체가 될 수 없다.

㉤ 장례식방해죄는 적어도 객관적으로 보아 장례식의 평온한 수행에 지장을 줄 만한 행위를 함으로써 장례식의 절차와 평온을 저해할 위험이 초래될 수 있는 정도는 되어야 성립한다.

㉥ 매장된 시체나 유골이 토괴화한 것을 화장하여 다시 묻은 시설은 분묘가 될 수 없다.

① ㉠㉡㉢㉣㉤
② ㉠㉢㉣㉤
③ ㉡㉣㉤㉥
④ ㉡㉢㉣㉤㉥

15

다음 중 목적범이 아닌 것으로만 묶인 것은?

① 허위유가증권작성죄 – 허위진단서작성죄
② 허위공문서작성죄 – 공정증서원본부실기재죄
③ 음행매개죄 – 음화제조죄
④ 상습도박죄 – 음화판매죄

16

사회적 법익과 국가적 법익에 대한 죄에 관한 다음 [보기]의 설명 중 옳지 않은 것을 모두 고른 것은? (다툼이 있으면 판례에 의함)

| 보기 |

㉠ 선박안전기술공단이 해양수산부장관을 대행하여 이사장 명의로 발급하는 선박검사증서는 공문서이다.

㉡ 주식회사의 발기인 등이 상법 등 법령에 정한 회사설립의 요건과 절차에 따라 회사설립등기를 함으로써 회사가 성립하였다고 볼 수 있는 경우, 발기인 등이 회사를 설립할 당시 회사를 실제로 운영할 의사 없이 회사를 이용한 범죄 의도나 목적이 있었다거나 회사로서의 인적·물적 조직 등 영업의 실질을 갖추지 않았다 하더라도 부실의 사실을 법인등기부에 기록하게 한 것으로 볼 수 없다.

㉢ 주택재건축사업조합장은 뇌물죄의 적용에 있어서 공무원으로 의제되는 조합의 임원에 해당하나, 추진위원회의 승인 또는 조합 설립인가의 취소가 있었다면 이는 승인 또는 인가의 효력을 소급적으로 상실시키는 행정행위의 취소에 해당되므로 위 조합장은 소급하여 뇌물죄의 주체에 해당하지 않게 된다.

㉣ 도시 및 주거환경정비법상 정비사업조합의 임원이 조합 임원의 지위를 상실하거나 직무수행권을 상실한 후에는, 조합 임원으로 등기되어 있는 상태에서 계속하여 실질적으로 조합 임원으로서 직무를 수행하여 왔다 하더라도, 같은 법 제84조에 따라 형법상 뇌물죄가 적용되는 '공무원'으로 볼 수 없다.

㉤ 주상복합아파트 입주자대표회의 회장이 상가입주자들과의 수도 관리비 인상 협상이 결렬되자, 상가입주자들이 상가 2층 화장실에 연결하여 이용 중인 수도배관을 분리하여 불통하게 한 행위로는 형법상 수도불통죄를 구성하지 아니한다.

㉥ 지인의 얼굴과 나체사진을 합성하여 제작한 음란한 사진(음란합성사진) 파일은 형법 제244조의 음화제조죄의 '음란한 물건'에 해당한다.

① ㉠㉡㉣㉤
② ㉠㉢㉣㉤㉥
③ ㉡㉢㉣㉤㉥
④ ㉠㉡㉢㉣

17

국가의 존립에 대한 범죄에 관한 다음 [보기]의 설명 중 옳은 것을 모두 고른 것은? (다툼이 있으면 판례에 의함)

| 보기 |

㉠ 내란을 실행시킬 목표를 가지고 있다고 하여도 단순히 특정한 정치적 사상이나 추상적인 원리를 옹호하거나 교사하는 것만으로는 내란선동이 될 수 없고, 그 내용이 내란에 이를 수 있을 정도의 폭력적인 행위를 선동하는 것이어야 한다.

㉡ 내란선동에 있어 시기와 장소, 대상과 방식, 역할분담 등 내란 실행행위의 주요 내용이 선동 단계에서 구체적으로 제시되어야 하는 것은 아니고, 또 선동에 따라 피선동자가 내란의 실행행위로 나아갈 개연성이 있다고 인정되어야만 내란선동의 위험성이 있는 것으로 볼 수도 없다.

㉢ 내란음모가 성립하였다고 하기 위해서는 개별 범죄행위에 관한 세부적인 합의가 있을 필요는 없으나, 공격의 대상과 목표가 설정되어 있고 그 밖의 실행계획에 있어서 주요 사항의 윤곽을 공통적으로 인식할 정도의 합의가 있어야 한다.

㉣ 내란음모죄에 해당하는 합의는 실행행위로 나아간다는 확정적인 의미를 가질 것을 요하지 않으며 내란에 관한 생각이나 이론을 논의한 것으로 충분하다.

㉤ 제3자로부터 북한의 지령을 전달받고 그로부터 금품 등을 수수하고 그에게 이미 지득한 남한의 정세 등에 관한 문건을 전달하여 북한에 제공한 행위는 형법 제98조 제1항에 정한 적국을 위하여 간첩하는 행위에 해당하지 아니한다.

㉥ 국가기밀과 관련해 국내에서 공지에 속하거나 국민에게 널리 알려진 사실도 국가기밀이 될 수 있다는 판례의 입장에 의하면, 지령에 의하여 해외교포 사회의 민심동향을 파악·수집하는 것은 간첩죄에 해당하지 않는다.

㉦ 형법 제91조 제2호에 의하면 헌법에 의하여 설치된 국가기관을 강압에 의하여 전복 또는 그 권능행사를 불가능하게 하는 것을 국헌문란의 목적의 하나로 규정하고 있는데, 여기에서 '권능행사를 불가능하게 한다'고 하는 것은 그 기관을 제도적으로 영구히 폐지하는 경우만을 가리키는 것은 의미한다.

ⓞ 법령이나 제도가 가지고 있는 위협적인 효과가 국헌문란의 목적을 가진 자에 의하여 그 목적을 달성하기 위한 수단으로 이용되는 경우 비상계엄의 전국확대조치는 내란죄의 구성요건인 폭동에 해당한다.

① ㉠ㄴㄷㄹㅁㅂㅅㅇ
② ㉠ㄴㄷㄹㅁㅅ
③ ㉠ㄴㄷㅁㅂㅇ
④ ㉠ㄴㄷㅁㅇ

18

공무상 비밀누설죄에 대한 다음 설명 중 타당하지 않은 것을 모두 고른 것은? (다툼이 있으면 판례에 의함)

㉠ 공무상 비밀누설죄 소정의 "직무상 비밀"은 법령에 의해서 비밀로 규정되었거나 비밀로 분류 명시된 사항에 한한다.
㉡ 甲이 법원공무원 乙을 교사하여 체포영장 발부자 명단을 받은 경우에 乙은 공무상 비밀누설죄, 甲은 공무상 비밀누설죄의 교사범의 죄책을 진다.
㉢ 본죄는 기밀 그 자체를 보호하기 위한 것이 아니라 공무원의 비밀준수의무 침해에 의해 위협받는 국가기능을 보호하기 위한 것이다.
㉣ 검찰고위간부 甲이 사건에 대한 수사가 진행 중인 상태에서 해당 사안에 관한 수사책임자 乙의 잠정적인 판단 등 수사팀의 내부 상황을 확인하고 그 내용을 수사 대상자에게 전달한 행위는 본죄를 구성한다.

① ㉠ㄴㄷ   ② ㉠ㄴ
③ ㄴㄷㄹ   ④ ㄴㄷ

19

직권남용권리행사방해죄에 관한 다음 [보기]의 기술 중 판례의 입장과 일치하지 않는 것을 모두 고른 것은?

| 보기 |

㉠ 직권남용 행위의 상대방이 일반 사인인 경우 특별한 사정이 없는 한 직권에 대응하여 따라야 할 의무가 있으므로 그에게 어떠한 행위를 하게 하였다면 '의무 없는 일을 하게 한 때'에 해당하지 아니한다.
㉡ 대통령비서실장이 문화체육관광부 공무원을 통하여 문화예술진흥기금 등 정부의 지원을 신청한 개인·단체의 이념적 성향이나 정치적 견해 등을 이유로 한국문화예술위원회 등이 수행한 각종 사업에서 이른바 좌파 등에 대한 지원배제를 지시함으로써 직권을 남용한 경우, 한국문화예술위원회 등의 직원들로 하여금 지원배제 방침이 관철될 때까지 사업진행 절차를 중단하는 행위, 지원배제 대상자에게 불리한 사정을 부각시켜 심의위원에게 전달하는 행위 등을 하게 한 것은 직권남용죄의 '의무 없는 일을 하게 한 때'에 해당하지 않지만, 한국문화예술위원회 등의 직원들로 하여금 문화체육관광부 공무원에게 각종 명단을 송부하게 한 행위, 공모사업 진행 중 수시로 심의 진행 상황을 보고하게 한 행위 부분은 '의무 없는 일을 하게 한 때'에 해당한다.
㉢ 공무원이 퇴임한 이후에도 실질적 영향력을 행사하는 등으로 퇴임 전 공모한 범행에 관한 기능적 행위지배가 계속되었다고 인정할 만한 특별한 사정이 없는 한, 퇴임 후의 범행에 관해서는 직권남용죄의 공범으로서 책임을 지지 않는다.
㉣ 공무원인 행위자가 상대방에게 특정 정치성향 시민단체들에게 어떠한 이익 등을 제공하도록 요구한 경우, 이것이 해악의 고지로 인정될 수 없다 하더라도 직권남용이나 뇌물 요구 등이 될 수는 있다면 강요죄도 성립할 수 있다.
㉤ 대통령비서실 소속 해양수산비서관 甲과 정무수석비서관 乙은 세월호 특별조사위원회 설립준비 관련 업무를 담당하거나 위원회 설립준비팀장으로 지원근무 중이던 해양수산부 소속 공무원들에게 '세월호 특별조사위 설립준비 추진 경위 및 대응방안' 문건을 작성하게 하였고, 甲은 해양수산비서관실 행정관 또는 해양수산부

소속 공무원들에게 위원회의 동향을 파악하여 보고하도록 지시하였다. 甲과 乙에게는 직권남용권리행사방해죄의 죄책이 성립하지 않는다.

① ㉠㉡㉢㉣
② ㉠㉡㉢㉤
③ ㉠㉡㉣㉤
④ ㉠㉡㉢㉣㉤

20

공무원의 직무에 관한 죄에 대한 다음 보기의 기술 중 옳은 것을 모두 고른 것은?

| 보기 |

㉠ 공무원이 직무집행의 의사로 직무를 수행하였으나 직무집행의 내용이 위법한 경우, 직무유기죄가 성립한다.

㉡ 교육기관 등의 장이 징계위원회로부터 교육공무원에 대한 징계의결서를 통보받은 경우, 원칙적으로 법정 시한 내에 이를 집행할 의무가 없다.

㉢ 교육기관 등의 장이 교육공무원에 대한 징계의결을 집행하지 못할 법률상·사실상의 장애가 없는데도 징계의결서를 통보받은 날로부터 법정 시한이 지나도록 집행을 유보하였다면 이러한 행위는 모두 직무유기죄를 구성한다.

㉣ 뇌물죄에서 뇌물의 내용인 이익이라 함은 금전, 물품 기타의 재산적 이익뿐만 아니라 사람의 수요·욕망을 충족시키기에 족한 일체의 유형·무형의 이익을 포함하며, 제공된 것이 성적 욕구의 충족이라고 하여 달리 볼 것이 아니다.

㉤ 법무부 검찰국장이 검찰국이 마련하는 인사안 결정과 관련하여 검사인사담당 검사로 하여금 검사인사에서 부치지청에 근무하고 있던 경력검사 A를 다른 부치지청으로 다시 전보시키는 내용의 인사안을 작성하게 한 경우 직권남용죄가 성립하지 아니한다.

㉥ 지방공무원 승진임용과 관련하여 임용권자인 지방자치단체장 또는 인사담당 실무자가 단지 인사위원회에 특정 후보자를 승진대상자로 제시·추천하는 의사를 표시하여 특정한 내용의 의결을 유도한 경우 직권남용권리행사방해죄에 해당한다.

① ㉠㉢㉥
② ㉠㉤
③ ㉣㉤㉥
④ ㉣㉤

▶ **제3편 국가적 법익에 대한 죄: 제2장 국가의 기능에 대한 죄** [공무원의 직무에 관한 죄 2] — [무고의 죄]

회차	시행일			목표점수			획득점수		
	1차	2차	3차	1차	2차	3차	1차	2차	3차
제9회									

01

뇌물죄에 관한 다음 기술 중 옳은 것은? (다툼이 있으면 판례에 의함)

① 도시개발법상 도시개발구역의 토지 소유자가 도시개발을 위하여 설립한 조합의 임직원 등이 직무에 관하여 부당한 이익을 얻은 경우, 그러한 이익을 약속, 공여 또는 공여의 의사를 표시한 자에게는 형법 제133조 제1항에 의한 뇌물공여죄가 성립하지 않는다.

② 임명권자에 의하여 임용되어 공무에 종사하여 온 사람이 나중에 임용결격자이었음이 밝혀져 당초의 임용행위가 무효인 경우라 하더라도 형법 제129조의 뇌물수수죄에서 규정한 '공무원'에 해당한다.

③ 공무원이 건설기술관리법에 따른 '지방건설기술심의위원회' 위원으로서 직무를 처리하고 있다고 하더라도 그 직무가 그 공무원이 취급하는 원래의 직무 범위에 속하지 않는다면 지방건설기술심의위원회 위원의 직무와 관련하여 부당한 금품을 수수하였다 하더라도 뇌물수수죄가 성립하지 아니한다.

④ 공무원이 고유의 직무와 관련이 없는 일에 관하여 별도의 위촉절차 등을 거쳐 다른 직무를 수행하고 위촉 종료 이후에 종전에 위촉받아 수행한 직무에 관하여 금품을 수수한 경우, 일반 수뢰죄로 처벌할 수 있다.

02

공무원의 직무에 대한 죄에 관한 다음 [보기]의 설명 중 옳지 않은 것을 모두 고른 것은? (다툼이 있으면 판례에 의함)

| 보기 |

㉠ 구 해양수산부 소속 공무원이 A 해운회사의 대표이사 등에게서 중국의 선박운항허가 담당부서가 관장하는 중국국적선사의 선박에 대한 운항허가를 받을 수 있도록 노력해 달라는 부탁을 받고 돈을 받은 것은 직무관련성이 없어 뇌물수수죄가 성립하지 않는다.

㉡ 교도소 보안과 출정계장과 감독교사가 호송교도관들을 지휘하여 재소자의 호송계호업무를 수행함에 있어서 성실하게 그 직무를 수행하지 아니한 잘못으로 집단도주사고가 발생한 경우에는 직무유기죄가 성립한다.

㉢ 직권남용죄는 공무원이 그 일반적 권한에 속하는 사항에 실질적, 구체적으로 위법, 부당한 행위를 한 경우에 성립하고 범죄의 성질상 그 일반적 직무권한은 반드시 법률상 강제력을 수반하는 것임을 요한다.

㉣ 경찰관 甲이 간통고소사건을 수사하면서 간통을 부인하는 피의자 乙의 이익을 위하여 고소인 丙이 제출한 간통장면을 촬영한 CD를 乙에게 보여 준 경우 공무상비밀누설죄에 해당한다.

㉤ 법원 형사수석부장판사가 같은 법원 영장전담판사들로부터 보고받은 정보를 법원행정처 차장에게 보고한 행위는 공무상 비밀누설죄에 해당한다.

㉥ 기간제 교원이 기말고사 답안지를 교부받고도 무단결근하고 임기 종료 시까지 답안지와 채점 결과를 학교 측에 인계하지 않았다면, 학사일정

상 甲의 임기 종료일까지 기말고사 성적 처리에 대한 최종 업무를 종료할 것이 예정되어 있지 않았다 하더라도 직무유기죄가 성립한다.

① ㄱㄴㄹㅂ ② ㄴㄷㅁㅂ
③ ㄷㄹㅁㅂ ④ ㄱㄴㄷㅁ

03

뇌물범죄에 관한 다음 [보기]의 설명 중 옳지 않은 것을 모두 고른 것은? (다툼이 있는 경우에는 판례에 의함)

| 보기 |

ㄱ 공무원이 직무와 관련하여 뇌물수수를 약속하고 퇴직 후 이를 수수하는 경우에도 뇌물약속과 뇌물수수가 시간적으로 근접하여 연속되어 있다면 뇌물수수죄가 성립한다.

ㄴ 오로지 공무원을 함정에 빠뜨릴 의사로 직무와 관련되었다는 형식을 빌려 그 공무원에게 금품을 공여한 경우에도 공무원이 그 금품을 직무와 관련하여 수수한다는 의사를 가지고 받아들이면 뇌물수수죄가 성립한다.

ㄷ 구청장이 구청 관내의 공사 인·허가와 관련하여 건설회사로부터 부정한 청탁을 받고 경로당 누각을 구(區)에 기부채납하게 한 경우, 뇌물수수죄가 성립할 수 있음은 별론으로 하더라도 구청장은 구(區)를 대표하는 지위에 있어 구(區)는 제3자뇌물수수죄의 제3자가 될 수 없으므로 제3자뇌물수수죄가 성립하지 않는다.

ㄹ 수뢰자가 증뢰자로부터 10만 원권 자기앞수표로 3,000만 원을 교부받아 모두 소비한 후 증뢰자에게 다른 돈으로 3,000만 원 및 이에 대한 이자를 반환하였다면 증뢰자로부터 3,000만 원을 몰수하여야 한다.

ㅁ 공무원이 공무원이 아닌 사람과 공모하여 금품을 수수한 경우 각 수수자가 수수한 금품별로 직무 관련성 유무를 달리 볼 수 있다 하더라도 각 금품마다 직무와의 관련성을 따져 뇌물성을 인정하여야 하는 것은 아니다.

① ㄱㄴㄷㅁ ② ㄱㄷㄹㅁ
③ ㄴㄷㅁ ④ ㄴㄹㅁ

04

국가적 법익에 대한 죄에 관한 다음 [보기]의 기술 중 틀린 것을 모두 고른 것은? (다툼이 있으면 판례에 의함)

| 보기 |

ㄱ 배임증재자 甲은 배임수재자 乙에게 무상으로 물건을 빌려주어 사용할 수 있도록 해주던 중 乙은 공무원이 되었고, 甲은 乙에게 뇌물공여의 뜻을 밝히고 물건을 계속하여 乙이 사용할 수 있는 상태로 둔 경우, 특별한 사정이 없는 한 뇌물공여죄가 성립하지 아니한다.

ㄴ 공무원 甲이 乙과 丙에게 돈을 빌려달라고 요구하였으나 乙과 丙이 이를 즉각 거부하여 뇌물로 제공한 금품이 특정되지 않아 이를 몰수할 수 없다면 그 가액을 추징할 수 있다.

ㄷ 뇌물을 수수할 때 공여자를 기망한 경우, 뇌물수수죄, 뇌물공여죄가 성립하며, 이때 뇌물을 수수한 공무원은 뇌물죄와 사기죄의 실체적 경합 관계에 있다.

ㄹ 등기관이 필요 서면 제출 여부 및 형식적 진정을 심사할 권한만 있는 경우 등기신청인이 제출한 허위의 소명자료 등에 대하여 등기관이 나름대로 충분히 심사를 하였음에도 이를 발견하지 못하여 등기가 마쳐지게 되었다면 위계에 의한 공무집행방해죄가 성립하지 아니한다.

ㅁ 직권남용죄의 성립에 관하여, 직권남용 행위의 상대방이 공무원이거나 법령에 따라 일정한 공적 임무를 부여받고 있는 공공기관 등의 임직원인 경우 특별한 사정이 없는 한 그에게 어떠한 행위를 하게 하였다면 '의무 없는 일을 하게 한 때'에 해당할 수 있으나, 상대방이 일반 사인인 경우 경우에는 그가 직권에 대응하여 어떠한 일을 한 것이 의무 없는 일인지 여부는 관계 법령 등의 내용에 따라 개별적으로 판단하여야 한다.

① ㄱㄴㄷㄹ
② ㄴㄷㄹㅁ
③ ㄱㄴㄷㅁ
④ ㄱㄴㄷㄹㅁ

05

뇌물수수 및 알선뇌물수수에 관한 다음 기술 중 판례의 입장과 일치하는 것은?

① 뇌물죄의 성립에 있어서 금품수수 시기와 직무집행 행위의 전후를 가릴 필요가 있다.

② 뇌물수수죄의 성립요건인 직무관련성과 관련하여, 공무원이 장래에 담당할 직무에 대한 대가로 이익을 수수한 경우 뇌물수수죄가 성립할 수 없다.

③ 공무원이 장래에 담당할 직무에 대한 대가로 이익을 수수한 경우의 뇌물수수죄의 성립 여부와 관련하여, 그 이익을 수수할 당시 장래에 담당할 직무에 속하는 사항이 그 수수한 이익과 관련된 것임을 확인할 수 없을 정도로 막연하고 추상적이거나, 장차 그 수수한 이익과 관련지을 만한 직무권한을 행사할지 자체를 알 수 없는 경우, 뇌물수수죄가 성립한다.

④ 형법 제132조의 알선뇌물수수죄의 성립 여부와 관련하여, 단지 상대방으로 하여금 뇌물을 수수하는 자에게 잘 보이면 어떤 도움을 받을 수 있다거나 손해를 입을 염려가 없다는 정도의 막연한 기대감을 갖게 하는 정도인 경우, 알선뇌물수수죄가 성립하지 않는다.

06

뇌물죄에 관한 다음 기술 중 판례의 입장과 어긋나는 것은?

① 형법은 제130조에서 제129조 제1항 뇌물수수죄와는 별도로 공무원이 그 직무에 관하여 뇌물공여자로 하여금 제3자에게 뇌물을 공여하게 한 경우에는 부정한 청탁을 받고 그와 같은 행위를 한 때에 뇌물수수죄와 법정형이 동일한 제3자뇌물수수죄로 처벌하고 있는데, 제3자뇌물수수죄가 성립하기 위하여 뇌물을 받는 제3자가 뇌물임을 인식할 것을 그 요건으로 하지 않는다.

② 공무원이 뇌물을 받는 데에 지출한 필요 경비 또는 뇌물을 받는 주체가 아닌 자가 수고비로 받은 부분이나 뇌물을 받기 위하여 형식적으로 체결된 용역계약에 따른 비용으로 사용된 부분은 뇌물의 가액과 추징액에서 공제할 항목에 해당하지 않는다.

③ 제3자뇌물수수죄에서 공무원 또는 중재인이 부정한 청탁을 받고 제3자에게 뇌물을 제공하게 하고 제3자가 그러한 공무원 또는 중재인의 범죄행위를 알면서 방조한 경우에도 제3자뇌물수수방조죄가 성립하는 것은 아니다.

④ 공무원이 직무관련자에게 제3자와 계약을 체결하도록 요구하여 계약 체결을 하게 한 행위가 제3자뇌물수수죄의 구성요건과 직권남용권리행사방해죄의 구성요건에 모두 해당하는 경우 양죄의 죄수관계는 포괄일죄, 상상적 경합, 실체적 경합 중 상상적 경합에 해당한다.

07

국가의 기능에 대한 죄에 관한 다음 기술 중 판례의 입장과 일치하는 것을 모두 고른 것은?

- ㉠ 甲 생명보험 주식회사의 보험설계사이자 도시 및 주거환경정비법상 재건축정비사업조합의 조합장인 A가, 乙에게서 시공사 선정 등에 도움을 달라는 청탁을 받고 乙로 하여금 甲 회사 보험상품에 대한 보험계약을 체결하게 한 후 그에 대한 보험계약 모집수수료를 교부받았다면 뇌물수수죄에 해당한다.
- ㉡ 형법 제130조의 부정한 청탁은 명시적 의사표시에 의해서뿐만 아니라 묵시적 의사표시에 의해서도 가능하지만, 묵시적 의사표시에 의한 부정한 청탁이 있다고 하려면 청탁의 대상이 되는 직무집행의 내용과 제3자에게 제공되는 이익이 그 직무집행에 대한 대가라는 점에 대하여 공무원과 이익 제공자 사이에 공통의 인식이나 양해가 있어야 하므로, 그러한 인식이나 양해 없이 막연히 선처하여 줄 것이라는 기대나 직무집행과는 무관한 다른 동기에 의하여 제3자에게 금품을 공여한 경우에는 묵시적 의사표시에 의한 부정한 청탁이 있다고 볼 수 없다.
- ㉢ 국민권익위원회 운영지원과 소속 기간제근로자로서 청사 안전관리 및 민원인 안내 등의 사무를 담당한 자는 공무집행방해죄의 객체인 공무원에 해당하지 아니한다.
- ㉣ 뇌물죄에 있어서 공여자의 특정은 직무행위와 관련이 있는 이익의 부담 주체라는 관점에서 파악하여서는 안 되므로, 금품이나 재산상 이익 등은 반드시 공여자와 수뢰자 사이에 직접 수수되어야 한다.
- ㉤ 금품이나 이익 전부에 관하여 뇌물수수죄의 공동정범이 성립한 이후에 뇌물이 실제로 공동정범인 공무원 또는 비공무원 중 누구에게 귀속되었는지는 이미 성립한 뇌물수수죄에 영향을 미치지 않는다.
- ㉥ 시청청사 내 주민생활복지과 사무실에서 소란을 피우던 민원인 甲을 민원 담당 공무원 乙이 제지하며 사무실 밖으로 데리고 나가려고 하자 甲은 乙을 폭행하였다. 甲에게는 공무집행방해죄가 성립한다.

① ㉠㉡㉢㉣㉥
② ㉠㉡㉢㉤㉥
③ ㉠㉡㉤
④ ㉠㉤㉥

08

국가적 법익에 대한 죄에 관한 다음 [보기]의 기술 중 옳지 않은 것을 모두 고른 것은? (다툼이 있으면 판례에 의함)

| 보기 |

- ㉠ 형법 제133조 제2항은 증뢰자가 뇌물에 공할 목적으로 금품을 제3자에게 교부하거나 또는 그 정을 알면서 교부받는 증뢰물 전달행위를 독립한 구성요건으로 하여 이를 같은 조 제1항의 뇌물공여죄와 같은 형으로 처벌하는 규정으로서, 여기에서의 제3자란 증뢰자와 공동정범 관계에 있는 자를 말한다.
- ㉡ 공무원이 뇌물공여자로 하여금 공무원과 뇌물수수죄의 공동정범 관계에 있는 비공무원에게 뇌물을 공여하게 한 경우, 제3자뇌물수수죄가 성립한다.
- ㉢ 횡령으로 인한 특정범죄 가중처벌 등에 관한 법률 위반(국고등손실)죄는 회계관계직원이라는 지위에 따라 형법상 횡령죄 또는 업무상횡령죄에 대한 가중처벌을 규정한 것으로서 신분관계로 인한 형의 경중이 있는 경우에 해당한다.
- ㉣ 불법 사행성 게임장의 종업원인 피고인 甲은 수사기관에서 자신이 게임장의 실제 업주라고 진술하였다가, 그 후 위 진술을 번복함에 따라 실제 업주 乙이 체포되자 다시 자신이 실제 업주라고 허위 진술을 한 경우, 甲의 행위는 범인도피죄를 구성한다.
- ㉤ 미결수용 중인 사람이 이른바 '집사변호사'를 고용한 후 변호인 접견을 가장하여 형사사건 변호활동이 아닌 개인 업무 처리 등을 하게 하였다면 위계에 의한 공무집행방해죄가 성립한다.

① ㉠㉡㉢㉣㉤
② ㉠㉢㉣㉤
③ ㉠㉡㉣㉤
④ ㉡㉢㉣㉤

09

국가의 기능에 관한 죄에 대한 다음 기술 중 판례의 입장에 어긋나는 것은?

① 중국 국적의 甲은 다른 사람의 인적 사항을 빌려 가장 혼인하여 국적법에 따라 대한민국 국적을 취득한 것처럼 행세하여 대한민국 국민으로서 다른 사람의 인적사항이 기재된 대한민국 여권을 발급받아 이를 출입국시 출입국심사 담당공무원에게 제출하였다. 甲에게는 위계에 의한 공무집행방해죄, 부실기재 여권행사죄 등의 죄책이 인정된다.

② 경찰관이 음주운전 신고를 받고 음주측정을 위한 하차를 요구하자 피고인은 차량은 운전하지 않았다고 다투었고, 이에 경찰관은 지구대로 가서 차량 블랙박스를 확인하자고 하였는데 피고인은 차량에서 내리자마자 도주하여 차량 블랙박스 확인을 위한 임의동행 요구를 거부하여, 경찰관은 이미 착수한 음주측정에 관한 직무를 계속하기 위하여 피고인의 도주를 제지하였다면 경찰관의 위와 같은 직무집행은 적법하다.

③ A는 甲과 주차문제로 언쟁을 벌이던 중, 112 신고를 받고 출동한 경찰관 乙이 甲을 때리려는 A를 제지하자 자신만 제지를 당한 데 화가 나서 손으로 乙의 가슴을 밀치고, A를 현행범으로 체포하며 순찰차 뒷좌석에 태우려고 하는 乙의 정강이 부분을 양발로 걷어찼다. A에게는 공무집행방해죄의 죄책이 인정된다.

④ 경찰관 甲이 도로를 순찰하던 중 벌금 미납으로 지명수배된 A와 조우하게 되어 벌금 미납 사실을 고지하고 벌금납부를 유도하였으나 A가 이를 거부하자 벌금 미납으로 인한 노역장 유치의 집행을 위하여 구인하려 하였는데, A는 이에 저항하여 甲을 폭행하였다. 그런데 A에 대하여 확정된 벌금형의 집행을 위하여 형집행장이 이미 발부되어 있었으나, 甲이 A를 구인하는 과정에서 형집행장이 발부되어 있는 사실은 고지하지 않았다. 그렇다면 A의 행위는 공무집행방해죄를 구성한다.

10

공무방해에 관한 죄에 대한 다음 기술 중 옳은 것은? (다툼이 있으면 판례에 의함)

① 교정시설 소장에 의하여 허용된 범위를 넘어 사진 또는 그림 등을 부착한 수용자에 대해 교도관이 부착물의 제거를 지시한 행위는 원칙적으로 적법한 직무집행에 해당하지 않는다.

② 징벌사유에 해당하는 행위를 하였다고 의심할 만한 상당한 이유가 있는 수용자에 대하여 조사가 필요한 경우라 하더라도 원칙적으로 수용자를 조사거실에 분리 수용할 수 없다.

③ 도로법에 규정된 금지행위를 하고 있는 위반자에 대하여 도로관리권에 기하여 제지하는 행위는 원칙적으로 정당한 직무집행에 속하지 아니한다.

④ A가 甲 시청 옆 도로의 보도에서 철야농성을 위해 천막을 설치하던 중 이를 제지하는 甲 시청 소속 공무원들에게 폭행을 가한 행위는 공무집행방해죄를 구성하지 않는다.

11

위계에 의한 공무집행방해죄에 관한 다음 [보기]의 설명 중 옳은 것을 모두 고른 것은? (다툼이 있는 경우 판례에 의함)

| 보기 |

- ㉠ 지방의회의원들이 지방의회 의장선거에 있어 특정인을 선출하기로 하고, 그에 따라 투표용지에 각자 기명할 위치를 특정하여 투표하기로 한 합의를 한 것은 형법 제137조의 위계에 해당하지 아니한다.
- ㉡ 시사프로그램의 프로듀서 甲과 촬영감독 乙은 구치소장의 허가 없이 구치소에 수용 중인 사람을 취재하기 위하여 명함지갑 형태의 녹음·녹화장비를 몰래 소지한 채 접견담당 교도관의 승낙을 받아 접견실에 들어가 수용자를 취재하였다. 甲과 乙에게는 위계공무집행방해죄와 건조물침입죄의 죄책이 성립하지 아니한다.
- ㉢ 피의자나 참고인이 아닌 자가 자발적이고 계획적으로 피의자를 가장하여 수사기관에 허위진술을 한 경우라도 곧바로 위계에 의한 공무집행방해죄가 성립하지 않는다.
- ㉣ 범죄행위로 인하여 강제출국당한 전력이 있는 사람이 외국 주재 한국영사관 담당직원에게 허위의 호구부 및 외국인등록신청서 등을 제출하여 사증 및 외국인등록증을 발급받은 경우에 업무담당자가 충분히 심사하였으나 신청사유 및 소명자료가 허위임을 발견하지 못하여 신청을 수리한 경우라도 이는 행정청의 불충분한 심사에 기인한 것이므로 위계에 의한 공무집행방해죄가 성립되지 않는다.
- ㉤ 외국인이 허위의 사실이 기재된 귀화허가신청서를 담당공무원에게 제출하여 접수되게 한 행위를 하였다면 그 행위만으로 위계에 의한 공무집행방해죄를 구성한다.

① ㉠㉡㉢㉣㉤
② ㉠㉡㉢㉣
③ ㉠㉡㉢㉤
④ ㉠㉡㉢

12

국가의 기능에 대한 죄에 관한 기술 중 판례의 입장과 어긋나는 것은?

① 형법 제140조 제1항이 정한 공무상표시무효죄 중 '공무원이 그 직무에 관하여 실시한 압류 기타 강제처분의 표시를 기타 방법으로 그 효용을 해하는 것'이란 손상 또는 은닉 이외의 방법으로 그 표시 자체의 효력을 사실상으로 감쇄 또는 멸각시키는 것뿐만 아니라 나아가 그 표시의 근거인 처분의 법률상 효력까지 상실케 하는 것을 의미한다.

② 집행관이 유체동산을 가압류하면서 이를 채무자에게 보관하도록 하였는데 채무자가 가압류된 유체동산을 제3자에게 양도하고 그 점유를 이전한 경우, 원칙적으로 공무상표시무효죄가 성립한다.

③ (위 ②의 경우) 채무자와 양수인이 가압류된 유체동산을 원래 있던 장소에 그대로 두었다면, 공무상표시무효죄가 성립한다.

④ 공범 중 1인이 그 범행에 관한 수사절차에서 참고인 또는 피의자로 조사받으면서 자기의 범행을 구성하는 사실관계에 관하여 허위로 진술하고 허위 자료를 제출하는 경우, 범인도피죄로 처벌할 수 없다.

13

도주와 범인도피죄에 대한 다음 [보기]의 설명 중 옳은 것을 모두 고른 것은? (다툼이 있는 경우 판례에 의함)

| 보기 |

㉠ 범인도피죄는 범인에 대한 수사·재판 및 형의 집행 등 형사사법의 작용을 곤란 또는 불가능하게 하는 것으로서, 현실적으로 형사사법의 작용을 방해하는 결과가 초래될 것을 요하지는 않는다.

㉡ 법정구속되어 구속 피고인 대기실에 있던 피고인이 도주하려고 하였으나 법정 내에서 검거되었다. 이렇게 법정구속된 피고인은 형법 제145조 제1항 도주죄의 주체인 '법률에 의하여 체포 또는 구금된 자'에 해당하지 않는다.

㉢ 범인도피죄의 객체인 '죄를 범한 자'에는 범죄의 혐의를 받아 수사의 대상이 되어 있는 자도 포함된다.

㉣ 범인이 자신을 위하여 그 친족 또는 동거의 가족으로 하여금 허위의 자백을 하게 하여 범인도피죄를 범하게 하는 것은 범인도피교사죄를 구성하지 않는다.

① ㉠㉡㉢
② ㉡㉢㉣
③ ㉢㉣
④ ㉠㉢

14

범인은닉·도피죄에 관한 다음 기술 중 타당한 것은? (다툼이 있으면 판례에 의함)

① 공범관계 있는 A가 B를 교사하여 A·B의 범행에 관한 수사절차에서 B로 하여금 참고인 또는 피의자로 조사받으면서 B의 범행을 구성하는 사실관계에 관하여 허위로 진술하고 허위 자료를 제출하게 하였다면, A에게는 범인도피교사죄가 성립한다.

② 범인의 요청에 응하여 범인을 도운 타인의 행위가 범인도피죄에 해당한다 하더라도, 범인이 도피를 위하여 타인에게 도움을 요청하는 행위와 같이 도피행위의 범주에 속하는 행위는 범인도피교사죄를 구성하지 아니한다.

③ 범인이 타인으로 하여금 허위의 자백을 하게 하는 등으로 범인도피죄를 범하게 하는 경우와 같이 그것이 방어권의 남용으로 볼 수 있을 때에도 범인은 범인도피교사죄에 해당하지 아니한다.

④ 乙은 벌금 이상의 형에 해당하는 죄를 범한 甲과 평소 가깝게 지내던 후배인데, 甲은 자신의 휴대폰을 사용할 경우 소재가 드러날 것을 염려하여 乙에게 요청하여 대포폰을 개설하여 받고, 乙에게 전화를 걸어 자신이 있는 곳으로 오도록 한 다음 乙이 운전하는 자동차를 타고 청주시 일대를 이동하여 다녔다면, 甲에게는 범인도피교사죄의 죄책이 인정된다.

15

위증죄에 관한 설명 중 옳지 않은 것은? (다툼이 있는 경우 판례에 의함)

① 위증죄와 모해위증죄의 관계에서 '모해할 목적'을 가지고 있었는가 아니면 그러한 목적이 없었는가 하는 범인의 특수한 상태는 「형법」 제33조 단서 소정의 '신분관계'에 해당된다.

② 甲이 자신의 강도상해 범행을 일관되게 부인하였으나 유죄판결이 확정된 후, 별건으로 기소된 공범의 형사사건에서 자신의 강도상해 범행사실을 부인하는 위증을 한 경우, 甲에게 위증죄가 성립한다.

③ 하나의 사건에 관하여 한 번 선서한 증인 甲이 같은 기일에 여러 가지 사실에 관하여 기억에 반하는 허위의 진술을 하는 경우에는 포괄하여 1개의 위증죄를 구성한다.

④ 甲이 제9회 공판기일에 증인으로 출석하여 선서한 후 기억에 반하는 허위 진술한 것을 철회·시정한 바 없이 증인신문절차가 그대로 종료되었지만, 그 후 다시 증인으로 신청된 甲이 위 사건의 제21회 공판기일에 다시 출석하여 선서한 후 종전의 제9회 기일에서 한 진술이 허위 진술임을 시인하고 이를 철회하는 취지의 진술을 하였다면 甲에게 위증죄가 성립하지 않는다.

16

증거인멸 및 증거위조죄에 관한 다음 보기의 기술 중 옳은 것을 모두 고른 것은? (다툼이 있으면 판례에 의함)

| 보기 |

㉠ 피고인 자신을 위한 증거인멸 행위가 동시에 다른 공범자에 관한 증거를 인멸한 결과가 되는 경우, 증거인멸죄가 성립하지 않는다.

㉡ 증거인멸죄의 증거는 타인에게 불리한 증거로 제한되지 않는다.

㉢ 사실의 증명을 위해 작성된 문서를 증거로 제출한 경우(돈을 송금하였다가 되돌려 받는 방법으로 송금자료를 만들어 피해 변제의 증거로 제출한 경우)가 그 사실에 관한 내용이나 작성명의 등에 허위가 없는 경우라 하더라도 이는 증거위조에 해당한다.

㉣ 참고인이 타인의 형사사건 등에 관하여 제3자와 대화를 하면서 허위로 진술하고 그 진술이 담긴 대화 내용을 녹음한 녹음파일 또는 이를 녹취한 녹취록을 만들어 수사기관 등에 제출하는 행위는 증거위조죄를 구성한다.

① ㉡㉢㉣　　② ㉠㉡㉣

③ ㉠㉡㉢　　④ ㉠㉢㉣

17

공무원의 직무에 관련되는 범죄에 관한 다음 [보기]의 설명 중 옳은 것을 모두 고른 것은? (다툼이 있으면 판례에 의함)

| 보기 |

㉠ 국가정보원에서 주선양총영사관에 파견된 영사인 甲은 공식적으로는 외교부 소속 사건사고 담당 영사로서, 비공식적으로는 국정원 소속 해외정보관으로 근무하면서, 국정원의 지시에 따라 국정원에서 파견된 영사가 수행하는 직무권한 범위 내에서 공무의 일환으로써 주선양총영사관 甲 명의로 확인서 및 사실확인서를 작성하였다. 위 각 확인서 등은 허위공문서작성죄의 객체가 되는 공문서에 해당한다.

㉡ 허위공문서작성죄는 허위공문서를 작성함에 있어 그 내용이 허위라는 사실을 인식하면 성립한다.

㉢ 공무원이 그 직무를 수행함에 있어 상관이 하관에 대하여 명백히 위법한 명령을 하였다면 이는 직무상 지시명령에 해당하지 아니한다.

㉣ 참고인이 타인의 형사사건 등에서 직접 진술 또는 증언하는 것을 대신하거나 그 진술 등에 앞서 허위의 사실확인서나 진술서를 작성하여 수사기관 등에 제출하거나 또는 제3자에게 교부하여 제3자가 이를 제출하였다면 증거위조죄가 성립한다.

㉤ 피의자 등이 적극적으로 수사기관에 조작된 증거를 제출함으로써 수사활동을 방해한 경우, 위계에 의한 공무집행방해죄의 죄책이 인정되지 않는다.

㉥ 소송절차가 분리된 공범인 공동피고인이 증언거부권을 고지받은 상태에서 자기의 범죄사실에 대하여 허위로 진술한 경우 위증죄가 성립한다.

① ㉠㉡㉢㉣㉤
② ㉠㉡㉢㉤㉥
③ ㉠㉡㉢㉤
④ ㉠㉡㉢㉥

18

무고죄에 관한 다음 보기의 기술 중 잘못된 것을 모두 고른 것은? (다툼이 있으면 판례에 의함)

| 보기 |

㉠ 신고사실의 진실성을 인정할 수 없는 경우 무고죄의 허위의 사실을 신고한 행위에 해당되지 않는다.

㉡ 甲이 작성한 고소장의 기재 내용은 '甲은 乙에게 주택의 임대차보증금으로 950만 원을 지급하였는데, 乙은 900만 원만 받았다고 주장하면서 임대차보증금 전액을 돌려주지 않기 위해 중국 국적의 甲을 불법체류자로 고발하였다'는 것이다. 위 내용 중 乙은 950만 원을 받은 것이 사실이어서 900만 원만 받았다고 주장한 부분은 허위사실에 해당한다. 甲에게는 무고죄가 성립하지 않는다.

㉢ 허위 내용의 고소장을 수사기관에 제출한 고소인에게는 무고죄의 '형사처분 또는 징계처분을 받게 할 목적'이 인정된다.

㉣ A는 수사기관에 '甲이 민사사건 재판과정에서 위조된 확인서를 제출하였으니 처벌하여 달라'는 내용으로 허위 사실이 기재된 고소장을 제출하면서 '甲이 위조된 합의서도 제출하였다'는 취지로 허위 기재하였으나, 고소보충 진술 시 확인서가 위조되었다는 점에 관하여만 진술하였다. 그렇다면 ―확인서가 아닌― 합의서 위조·행사 부분에 대해서는 무고죄가 성립하지 아니한다.

㉤ 甲은 사립대학교 교수인 乙 등으로 하여금 징계처분을 받게 할 목적으로 범정부 국민포털인 국민신문고에 허위의 내용으로 민원을 제기하였다. 甲에게는 무고죄의 죄책이 인정된다.

① ㉠㉢
② ㉡㉣
③ ㉢㉤
④ ㉣㉤

19

무고죄에 대한 다음 [보기]의 설명 중 타당한 것을 모두 고른 것은? (다툼이 있으면 판례에 의함)

| 보기 |

㉠ 타인 명의의 고소장을 대리하여 작성하고 제출하는 형식으로 고소가 이루어진 경우, 명의자를 대리한 자가 실제 고소의 의사를 가지고 고소행위를 주도했더라도 그 명의자를 무고죄의 주체로 보아야 한다.

㉡ 상대방의 범행에 공범으로 가담한 자가 자신의 가담사실을 숨기고 상대방만 고소한 경우에는 무고죄가 성립한다.

㉢ 허위사실의 신고가 공무소에 도달하였다면 신고사실에 대하여 수사에 착수하지 않았다 하더라도 무고죄는 기수에 해당한다.

㉣ 객관적으로 고소사실에 대한 공소시효가 완성되었더라도 고소를 제기하면서 공소시효가 완성되지 아니한 것처럼 고소한 경우에는 무고죄가 성립한다.

㉤ 금원을 대여한 고소인이 차용금을 갚지 않은 차용인을 사기죄로 고소하는 데 있어서, 피고소인이 차용금의 용도를 사실대로 이야기하였더라면 금원을 대여하지 않았을 것인데 차용금의 용도를 속이는 바람에 대여하였다고 주장하는 경우, 실제 용도에 관하여 고소인이 허위로 신고하는 것만으로는 무고죄에서 허위의 사실을 신고한 경우에 해당하지 않는다.

① ㉡㉢㉤

② ㉡㉣

③ ㉢㉣

④ ㉠㉢㉤

20

무고죄에 대한 다음 [보기]의 기술 중 옳은 것을 모두 고른 것은? (다툼이 있으면 판례에 의함)

| 보기 |

㉠ 허위로 신고한 사실 자체가 신고 당시 형사범죄를 구성하지 않는 경우 무고죄가 성립하지 않는다.

㉡ 허위로 신고한 사실이 무고행위 당시 형사처분의 대상이 될 수 있었으나 이후 형사범죄가 되지 않는 것으로 판례가 변경된 경우에는 무고죄가 성립하지 않는다.

㉢ 성폭행 등의 피해를 입었다는 신고사실에 관하여 불기소처분 내지 무죄판결이 내려졌다 하더라도 그 자체를 무고를 하였다는 적극적인 근거로 삼아 신고내용을 허위라고 단정하여서는 아니 된다.

㉣ 자기 자신을 무고하기로 제3자와 공모하고 무고행위에 가담한 경우 무고죄의 공동정범으로 처벌할 수 없다.

㉤ 형법 제157조, 제153조는 무고죄를 범한 자가 그 신고한 사건의 재판 또는 징계처분이 확정되기 전에 자백 또는 자수한 때에는 그 형을 감경 또는 면제한다고 규정하고 있는데, 여기서 말하는 '재판이 확정되기 전'에는 피고인의 고소사건 수사 결과 피고인의 무고 혐의가 밝혀져 피고인에 대한 공소가 제기되고 피고소인에 대해서는 불기소결정이 내려져 재판절차가 개시되지 않은 경우가 포함되지 아니한다.

① ㉠㉡㉢㉣

② ㉠㉢㉣

③ ㉢㉣㉤

④ ㉡㉢㉣㉤

03

정답 및 해설

이론집중

제1회 모의고사   제2회 모의고사   제3회 모의고사   제4회 모의고사   제5회 모의고사
제6회 모의고사

형법총론

제1회 모의고사   제2회 모의고사   제3회 모의고사   제4회 모의고사   제5회 모의고사
제6회 모의고사   제7회 모의고사   제8회 모의고사   제9회 모의고사   제10회 모의고사

형사소송법의 수사와 증거

제1회 모의고사   제2회 모의고사   제3회 모의고사   제4회 모의고사   제5회 모의고사
제6회 모의고사   제7회 모의고사   제8회 모의고사   제9회 모의고사

형법각론

제1회 모의고사   제2회 모의고사   제3회 모의고사   제4회 모의고사   제5회 모의고사
제6회 모의고사   제7회 모의고사   제8회 모의고사   제9회 모의고사

▶ 제1편 **형법의 일반이론** — 제2편 **범죄론: 제2장 구성요건론** [인과관계와 객관적 귀속]

01	①	02	②	03	②	04	③	05	③
06	③	07	②	08	③	09	④	10	③
11	④	12	②	13	②	14	②	15	④
16	④	17	④	18	③	19	②	20	②

제1편 형법의 일반이론

01   정답 ①

① ㉠㉢㉣

㉠ (×) 살인죄는 '살인하지 말라'라는 행위명령을 어긴 자를 처벌하는 것으로 금지규범의 형식을 취하고 있으며, 퇴거불응죄는 '퇴거요구'에 응하지 않는 부작위를 처벌하는 규정으로 명령규범에 해당한다.

㉡ (○) 형법은 일반인으로 하여금 행위를 함에 있어서 규범을 제공하고, 법관으로 하여금 재판을 함에 있어서 규범을 제공한다는 점에서 행위규범인 동시에 재판규범이다.

㉢ (×) 전단이 의사결정규범, 후단이 평가규범의 성격에 대한 설명이다.

㉣ (×) 형법의 보호적 기능과 보장적 기능은 상호 비례 관계에 있다기보다는 긴장 내지 반비례 관계에 있다.

㉤ (○) 처벌법규의 위임은 특히 긴급한 필요가 있거나 미리 법률로써 자세히 정할 수 없는 부득이한 사정이 있는 경우에 한정되어야 하며 이러한 경우라도 법률에서 범죄의 구성요건은 처벌대상행위가 어떠한 것일 것이라고 예측할 수 있을 정도로 구체적으로 정하고 형벌의 종류 및 그 상한과 폭을 명백히 규정하여야 한다(헌법재판소 1991.7.8, 91헌가4).

02   정답 ②

② ㉠㉡㉢㉺

㉠ (×) 주민의 권리제한 또는 의무부과에 관한 사항이나 벌칙에 해당하는 조례를 제정할 경우에는 그 조례의 성질을 묻지 아니하고 법률의 위임이 있어야 하고 그러한 위임 없이 제정된 조례는 효력이 없다(대법원 2007.12.13, 2006추52).

㉡ (×) 부진정소급입법은 원칙적으로 허용하고, 진정소급입법은 원칙적으로는 허용되지 않지만 예외적인 경우에는 허용할 수 있다는 것이 판례이며, 진정소급입법을 예외적으로 허용한 예가 소위 5·18 특별법 합헌결정이다[헌법재판소 1996.2.16, 96헌가2, 96헌바7·13(병합)].

㉢ (×) 지방자치법에 따르면, 지방자치단체는 조례를 위반한 행위에 대하여 조례로써 1천만 원 이하의 과태료를 정하여 부과할 수 있다.

> 지방자치법 제34조(조례 위반에 대한 과태료) ① 지방자치단체는 조례를 위반한 행위에 대하여 조례로써 1천만 원 이하의 과태료를 정할 수 있다.

㉣ (○) 통설의 입장에 대한 설명으로서 타당하다.
[보충] 이에 비해, 판례는 형벌과 다른 보안처분의 경우에는 소급효금지원칙이 적용되지 않고, 형벌과 유사한 보안처분의 경우에는 소급효금지원칙이 적용된다는 입장이다.

㉤ (×) 결혼중개업법과 같은 법 시행령의 규정 내용과 체계에다가 국제결혼중개업자를 통한 국제결혼의 특수성과 실태 등을 관련 법리에 비추어 살펴보면, 결혼중개업법 제10조의2 제4항에 의하여 대통령령에 규정하도록 위임된 '신상정보의 제공 시기'는 적어도 이용자와 상대방의 만남 이전이 될 것임을 충분히 예측할 수 있으므로, 결혼중개업법 시행령 제3조의2 제3항이 결혼중개업법 제10조의2 제4항에서 위임한 범위를 일탈하여 위임입법의 한계를 벗어났다고 볼 수 없다(대법원 2019.7.25, 2018도7989).

㉺ (×) 형법 제1조 제1항 "범죄의 성립과 처벌은 행위 시의 법률에 따른다."라고 할 때의 '행위 시'라 함은 범죄행위 종료 시를 말하며, 결과범에서도 결과발생 시가 아니라 행위종료 시를 말한다. 따라서 위 지문에서는 행위시법인 구법이 적용된다.
[보충] 만일 신법이 구법보다 경하다면 신법이 적용된다(형법 제1조 제2항).

03   정답 ②

② ㉠㉢㉣㉤

㉠ (○) 위법성조각사유, 책임조각사유, 처벌조건인 형면제사유, 소추조건 등에 관해서도 유추해석금지원칙이 적용된다.

㉡ (×) 행위자의 가벌성의 범위는 확대되므로 이러한 해석은 유추해석금지원칙에 반한다.

㉢ (○) 형벌법규는 문언에 따라 엄격하게 해석·적용하여야 하고 피고인에게 불리한 방향으로 지나치게 확장해석하거나 유추해석하여서는 아니 되나, 형벌법규의 해석에 있어서도 가능한 문언의 의미 내에서 당해 규정의 입법 취지와 목적 등을 고려한 법률체계적 연관성에 따라 그 문언의 논리적 의미를 분명히 밝히는 체계적·논리적 해석방법은 그 규정의 본질적 내용에 가장 접근한 해석을 위한 것으로서 죄형법정주의의 원칙에 부합한다(대법원 2003.1.10, 2002도2363; 2007.6.14, 2007도2162; 2011.10.13, 2011도6287 등).

ⓔ (○) 죄형법정주의 원칙상 형벌법규는 문언에 따라 엄격하게 해석·적용하여야 하고 피고인에게 불리한 방향으로 지나치게 확장해석하거나 유추해석하여서는 안 되는 것이 원칙이고, 이는 특정 범죄자에 대한 위치추적 전자장치 부착명령의 요건을 해석할 때에도 마찬가지이다(대법원 2012.3.22, 2011도15057, 2011전도249 전원합의체).

[보충] '특정 범죄자에 대한 위치추적 전자장치 부착 등에 관한 법률'(이하 '전자장치부착법'이라 한다) 제5조 제1항 제3호는 검사가 전자장치 부착명령을 법원에 청구할 수 있는 경우 중의 하나로 '성폭력범죄를 2회 이상 범하여(유죄의 확정판결을 받은 경우를 포함한다) 그 습벽이 인정된 때'라고 규정하고 있는데, 이 규정 전단은 문언상 '유죄의 확정판결을 받은 전과사실을 포함하여 성폭력범죄를 2회 이상 범한 경우'를 의미한다고 해석된다. 따라서 피부착명령청구자가 소년법에 의한 보호처분(이하 '소년보호처분'이라고 한다)을 받은 전력이 있다고 하더라도, 이는 유죄의 확정판결을 받은 경우에 해당하지 아니함이 명백하므로, 피부착명령청구자가 2회 이상 성폭력범죄를 범하였는지를 판단할 때 소년보호처분을 받은 전력을 고려할 것이 아니다(위 판례).

ⓜ (○) 이전 판결의 경고기능에 비추어 누범에 대한 비난가능성이 큰 점, 특강법의 입법목적, 특가법상 상습특수강도죄를 범한 누범자의 반사회성과 위험성, 재범예방이라는 형사정책의 측면 등을 종합적으로 고려하여 보면, 심판대상조항이 특강법에서 정한 특정강력범죄로 형을 선고받고 그 집행이 끝나거나 면제된 후 비교적 짧은 기간이라 할 수 있는 3년 이내에 다시 특정강력범죄인 특가법상 상습특수강도죄를 범한 경우에 그 죄에 정한 형의 장기뿐만 아니라, 단기의 2배까지 가중하여 처벌하도록 한 것은, 책임에 비해 지나치게 가혹한 형벌을 규정하여 책임과 형벌 간의 비례성을 갖추지 못하였다고 볼 수 없다(헌법재판소 2015.4.30, 2013헌바103).

ⓗ (○) 법률의 시행령이나 시행규칙은 법률에 의한 위임이 없으면 개인의 권리·의무에 관한 내용을 변경·보충하거나 법률이 규정하지 아니한 새로운 내용을 정할 수는 없지만, 법률의 시행령이나 시행규칙의 내용이 모법의 입법 취지와 관련 조항 전체를 유기적·체계적으로 살펴보아 모법의 해석상 가능한 것을 명시한 것에 지나지 아니하거나 모법 조항의 취지에 근거하여 이를 구체화하기 위한 것인 때에는 모법의 규율 범위를 벗어난 것으로 볼 수 없으므로, 모법에 이에 관하여 직접 위임하는 규정을 두지 아니하였다고 하더라도 이를 무효라고 볼 수는 없다(대법원 2014.8.20, 2012두19526).

04

③

③ ⓛⓒⓔ

ⓖ (✕) 종래 대법원은 이러한 쟁점의 해결을 위하여 법령의 변경에 관한 입법자의 동기를 고려하여 형법 제1조 제2항과 형사소송법 제326조 제4호의 적용 범위를 제한적으로 해석하는 입장을 견지해 왔다. 즉 형벌법규 제정의 이유가 된 법률이념의 변경에 따라 종래의 처벌 자체가 부당하였다거나 또는 과형이 과중하였다는 반성적 고려에서 법령을 변경하였을 경우에만 형법 제1조 제2항과 형사소송법 제326조 제4호가 적용된다고 해석하여, 이러한 경우가 아니라 그때그때의 특수한 필요에 대처하기 위하여 법령을 변경한 것에 불과한 때에는 이를 적용하지

아니하고 행위 당시의 형벌법규에 따라 위반행위를 처벌하여야 한다는 판례 법리를 확립하여 오랜 기간 유지하여 왔다(대법원 1963.1.31, 62도257; 대법원 1978.2.28, 77도1280; 대법원 1980.7.22, 79도2953; 대법원 1982.10.26, 82도1861; 대법원 1984.12.11, 84도413; 대법원 1997.12.9, 97도2682; 대법원 2003.10.10, 2003도2770; 대법원 2010.3.11, 2009도12930; 대법원 2013.7.11, 2013도4862, 2013전도101; 대법원 2016.10.27, 2016도9954 판결 등, 이하 '종래 대법원판례'라고 한다). 이러한 종래 대법원판례를 비롯한 같은 취지의 대법원판결들은 이 판결의 견해에 배치되는 범위 내에서 모두 변경하기로 한다(대법원 2022.12.22, 2020도16420 전원합의체).

ⓛ (○) 범죄 후 법률이 변경되어 그 행위가 범죄를 구성하지 아니하게 되거나 형이 구법보다 가벼워진 경우에는 신법에 따라야 하고(형법 제1조 제2항), 범죄 후의 법령 개폐로 형이 폐지되었을 때는 판결로써 면소의 선고를 하여야 한다(형사소송법 제326조 제4호). 이러한 형법 제1조 제2항과 형사소송법 제326조 제4호의 규정은 입법자가 법령의 변경 이후에도 종전 법령 위반행위에 대한 형사처벌을 유지한다는 내용의 경과규정을 따로 두지 않는 한 그대로 적용되어야 한다(대법원 2022.12.22, 2020도16420 전원합의체).

ⓒ (○) (ⓛ해설에 이어서, 따라서) 범죄의 성립과 처벌에 관하여 규정한 형벌법규 자체 또는 그로부터 수권 내지 위임을 받은 법령의 변경에 따라 범죄를 구성하지 아니하게 되거나 형이 가벼워진 경우에는, 종전 법령이 범죄로 정하여 처벌한 것이 부당하였다거나 과형이 과중하였다는 반성적 고려에 따라 변경된 것인지 여부를 따지지 않고 원칙적으로 형법 제1조 제2항과 형사소송법 제326조 제4호가 적용된다. 형벌법규가 대통령령, 총리령, 부령과 같은 법규명령이 아닌 고시 등 행정규칙·행정명령, 조례 등(이하 '고시 등 규정'이라고 한다)에 구성요건의 일부를 수권 내지 위임한 경우에도 이러한 고시 등 규정이 위임입법의 한계를 벗어나지 않는 한 형벌법규와 결합하여 법령을 보충하는 기능을 하는 것이므로, 그 변경에 따라 범죄를 구성하지 아니하게 되거나 형이 가벼워졌다면 마찬가지로 형법 제1조 제2항과 형사소송법 제326조 제4호가 적용된다(대법원 2022.12.22, 2020도16420 전원합의체).

ⓔ (○) 형법 제1조 제1항은 "범죄의 성립과 처벌은 행위 시의 법률에 따른다."라고 하여 행위시법주의의 원칙을 규정하고, 형법 제1조 제2항은 "범죄 후 법률이 변경되어 그 행위가 범죄를 구성하지 아니하게 되거나 형이 구법보다 가벼워진 경우에는 신법에 따른다."라고 하여 행위시법주의의 예외로 재판시법주의를 규정하고 있다. 이러한 형법 제1조의 문언과 입법취지 등을 종합하여 보면, 형법 제1조 제2항과 형사소송법 제326조 제4호에서 말하는 법령의 변경은 해당 형벌법규에 따른 범죄의 성립 및 처벌과 직접 관련된 것이어야 하고, 이는 결국 해당 형벌법규의 가벌성에 관한 형사법적 관점의 변화를 전제로 한 법령의 변경을 의미하는 것이다. (따라서) 구성요건을 규정한 형벌법규 자체 또는 그로부터 수권 내지 위임을 받은 법령의 변경에 따라 범죄를 구성하지 아니하게 되거나 형이 가벼워진 경우에는, 당연히 해당형벌법규에 따른 범죄의 성립 및 처벌과 직접적으로 관련된 형사법적 관점의 변화에 근거한 것으로 인정할 수 있으므로, 형법 제1조 제2항과 형사소송법 제326조 제4호가 그대로 적용된다. (마찬가지로) 형벌법규가 헌법상 열거된 법규명령이 아닌 고시 등 규정에 구성요건의 일부를 수권 내지 위임한

경우에도 그 고시 등 규정이 위임입법의 한계를 벗어나지 않는 한 모법인 형벌법규와 결합하여 형사처벌의 근거가 되는 것이므로, 고시 등 규정이 변경되는 경우에도 마찬가지로 형법 제1조 제2항과 형사소송법 제326조 제4호에서 말하는 법령의 변경에 해당한다. 그러나 해당 형벌법규 자체 또는 그로부터 수권 내지 위임을 받은 법령이 아닌 다른 법령이 변경되어 결과적으로 해당 형벌법규에 따른 범죄가 성립하지 아니하게 되거나 형이 가벼워진 경우에는, 문제된 법령의 변경이 해당 형벌법규에 따른 범죄의 성립 및 처벌과 직접적으로 관련된 형사법적 관점의 변화를 주된 근거로 하는 것인지 여부를 면밀히 따져 보아야 한다. 해당 형벌법규의 가벌성과 직접적으로 관련된 형사법적 관점의 변화가 있는지 여부는 종래 대법원판례가 기준으로 삼은 반성적 고려 유무와는 구별되는 것이다. 이는 입법자에게 과거의 처벌이 부당하였다는 반성적 고려가 있었는지 여부를 추단하는 것이 아니라, 법령의 변경이 향후 문제된 형사처벌을 더 이상 하지 않겠다는 취지의 규범적 가치판단을 기초로 한 것인지 여부를 판단하는 것이다. 이는 입법자의 내심의 동기를 탐지하는 것이 아니라, 객관적으로 드러난 사정을 기초로 한 법령해석을 의미한다. 즉 해당 형벌법규에 따른 범죄 성립의 요건과 구조, 형벌법규와 변경된 법령과의 관계, 법령 변경의 내용·경위·보호목적·입법취지 등을 종합적으로 고려하여, 법령의 변경이 해당 형벌법규에 따른 범죄의 성립 및 처벌과 직접적으로 관련된 형사법적 관점의 변화를 주된 근거로 한다고 해석할 수 있을 때 형법 제1조 제2항과 형사소송법 제326조 제4호를 적용할 수 있다. 따라서 해당 형벌법규와 수권 내지 위임관계에 있지 않고 보호목적과 입법취지를 달리하는 민사적·행정적 규율의 변경이나, 형사처벌에 관한 규범적 가치판단의 요소가 배제된 극히 기술적인 규율의 변경 등에 따라 간접적인 영향을 받는 것에 불과한 경우는 형법 제1조 제2항과 형사소송법 제326조 제4호에서 말하는 법령의 변경에 해당한다고 볼 수 없다. 한편 입법자는 해당 형벌법규와 직접 관련이 없는 다른 법령을 변경할 때에도 해당형벌법규에 따른 범죄의 성립 및 처벌에 대하여 신법을 적용한다는 취지의 경과규정을 둘 수 있다. 이로써 법령의 변경이 해당 형벌법규에 관한 형사법적 관점의 변화에 근거하는 것이라는 취지를 분명하게 밝혀 신법에 따르도록 할 수 있으므로, 입법자는 그 스스로도 입법목적을 얼마든지 관철시킬 수 있다(대법원 2022.12.22, 2020도16420 전원합의체).

ⓔ (×) (그러나) 해당 형벌법규 자체 또는 그로부터 수권 내지 위임을 받은 법령이 아닌 다른 법령이 변경된 경우 형법 제1조 제2항과 형사소송법 제326조 제4호를 적용하려면, 해당 형벌법규에 따른 범죄의 성립 및 처벌과 직접적으로 관련된 형사법적 관점의 변화를 주된 근거로 하는 법령의 변경에 해당하여야 하므로, 이와 관련이 없는 법령의 변경으로 인하여 해당 형벌법규의 가벌성에 영향을 미치게 되는 경우에는 형법 제1조 제2항과 형사소송법 제326조 제4호가 적용되지 않는다. 한편 법령이 개정 내지 폐지된 경우가 아니라, 스스로 유효기간을 구체적인 일자나 기간으로 특정하여 효력의 상실을 예정하고 있던 법령이 그 유효기간을 경과함으로써 더 이상 효력을 갖지 않게 된 경우도 형법 제1조 제2항과 형사소송법 제326조 제4호에서 말하는 법령의 변경에 해당한다고 볼 수 없다(대법원 2022.12. 22, 2020도16420 전원합의체).

[보충] 이러한 법령 자체가 명시적으로 예정한 유효기간의 경과에 따른 효력 상실은 일반적인 법령의 개정이나 폐지 등과 같이 애초의 법령이 변경되었다고 보기 어렵고, 어떠한 형사법적 관점의 변화 내지 형사처벌에 관한 규범적 가치판단의 변경에 근거하였다고 볼 수도 없다. 유효기간을 명시한 입법자의 의사를 보더라도 유효기간 경과 후에 형사처벌 등의 제재가 유지되지 않는다면 유효기간 내에도 법령의 규범력과 실효성을 확보하기 어려울 것이므로, 특별한 사정이 없는 한 유효기간 경과 전의 법령 위반행위는 유효기간 경과 후에도 그대로 처벌하려는 취지라고 보는 것이 합리적이다(위 판례의 판결이유).

[보충] 협의의 한시법에 대한 추급효는 긍정된다는 내용이다.

[보충] 피고인은 도로교통법위반(음주운전)죄로 4회 처벌받은 전력이 있음에도 2020.1.5. 혈중알코올농도 0.209%의 술에 취한 상태로 전동킥보드를 운전하였다. 원심은 구 도로교통법(2020.6.9. 법률 제17371호로 개정되어 2020.12.10. 시행되기 전의 것, 이하 같다) 제148조의2 제1항, 도로교통법 제44조 제1항을 적용하여 이 부분 공소사실을 유죄로 판단하였다. 구 도로교통법이 2020.6.9. 법률 제17371호로 개정되어 원심판결 선고 후인 2020.12.10. 개정 도로교통법이 시행되면서 제2조 제19호의2 및 제21호의2에서 이 사건 전동킥보드와 같은 '개인형 이동장치'와 이를 포함하는 '자전거등'에 관한 정의규정을 신설하였다. 이에 따라 개인형 이동장치는 자전거등에 해당하게 되었으므로, 자동차등 음주운전 행위를 처벌하는 제148조의2의 적용대상에서 개인형 이동장치를 운전하는 경우를 제외하는 한편, 개인형 이동장치 음주운전 행위에 대하여 자전거등 음주운전 행위를 처벌하는 제156조 제11호를 적용하도록 규정하였다(이하 '이 사건 법률 개정'이라고 한다). 그 결과 이 부분 공소사실과 같이 도로교통법 제44조 제1항 위반 전력이 있는 사람이 다시 술에 취한 상태로 전동킥보드를 운전한 행위에 대하여, 이 사건 법률 개정 전에는 구 도로교통법 제148조의2 제1항을 적용하여 2년 이상 5년 이하의 징역이나 1천만 원 이상 2천만 원 이하의 벌금으로 처벌하였으나, 이 사건 법률 개정 후에는 도로교통법 제156조 제11호를 적용하여 20만 원 이하의 벌금이나 구류 또는 과료로 처벌하게 되었다. 이 사건 법률 개정은 이러한 내용의 신법 시행 전에 이루어진 구 도로교통법 제148조의2 제1항 위반행위에 대하여 종전 법령을 그대로 적용할 것인지에 관하여 별도의 경과규정을 두고 있지 아니하였다.

ⓕ (×) 법무사인 피고인이 개인파산·회생사건 관련 법률사무를 위임받아 취급하여 변호사법 제109조 제1호 위반으로 기소되었는데, 범행 이후인 2020.2.4. 법률 제16911호로 개정된 법무사법 제2조 제1항 제6호에 의하여 '개인의 파산사건 및 개인회생사건 신청의 대리'가 법무사의 업무로 추가된 경우, 위 법무사법 개정은 범죄사실의 해당 형벌법규 자체인 변호사법 제109조 제1호 또는 그로부터 수권 내지 위임을 받은 법령이 아닌 별개의 다른 법령의 개정에 불과하고, 변호사법 제109조 제1호 위반죄의 성립 요건과 구조를 살펴보더라도 법무사법 제2조의 규정이 보충규범으로서 기능하고 있다고 보기 어려운 점, 법무사법 제2조는 법무사의 업무범위에 관한 규정으로서 기본적으로 형사법과 무관한 행정적 규율에 관한 내용이므로, 그 변경은 문제된 형벌법규의 가벌성에 간접적인 영향을 미치는 경우에 해당할 뿐인 점, 법무사법 제2조가 변호사법 제109조 제1호 위반죄와 불가분적으로 결합되어 보호목적과 입법 취지 등을 같이한다고 볼 만한 특별한 사정도 없는 점 등을 종합하면, 위 법무사법 개정은 형사법적 관점의 변화를 주된 근거로 하는 법령의 변경에 해당하지 않는다는 이유로, 원심이 형법 제1조 제2항과

형사소송법 제326조 제4호를 적용하지 아니하고 변호사법 제109조 제1호 위반의 유죄를 인정한 것은 정당하다(대법원 2023. 2.23, 2022도4610).

05 정답 ③

③ ㉠㉡㉣

㉠ (O) ㉤ (×) 형벌론은 왜 범죄에 대하여 형벌을 부과하느냐의 형벌의 본질과 목적에 대한 것으로서, 형벌권의 정당성이론과 관련이 있다. 그 본질에 대한 근거의 견해에 따라 응보주의와 목적형주의로 나뉘어지고, 목적형주의는 범죄예방의 대상을 사회 일반인에게 두느냐, 범죄를 저지른 특정인에게 두느냐에 따라 일반예방주의와 특별예방주의로 나뉜다.

㉡ (O) 일반예방주의는 범죄예방의 대상을 사회 일반인에게 두고, 형벌에 의하여 일반인을 위하·경계함으로써 범죄예방의 효과를 얻으려는 사상으로, 일반인은 잠재적으로 범죄를 저지르고 싶어하지만 형벌로 인한 고통을 강조함으로써 인간의 심리가 강제된다고 보기 때문에 자연스럽게 심리강제설의 영향을 받게 된다.

㉢ (×) 응보형주의는 형벌의 본질은 범죄에 대한 응보에 있다고 보는 구파의 주장으로서 형벌의 목적은 오로지 응보적 해악으로서의 형벌 그 자체가 목적이라고 한다. 이러한 응보형주의는 오늘날 책임주의의 의미로 이해됨으로써, 범죄에 대한 책임 이상으로 부과되어야 할 어떤 이유도 없으므로 범죄인의 부당한 인권침해를 방지할 수 있다는 장점이 있다.

[참고] 범죄자의 개인적 관점에서 출발함으로써 형벌의 사회적·국가적 측면을 간과할 수밖에 없으므로 형사정책적으로는 무력해지는 단점이 있다.

㉣ (O) 형벌이론에 관한 특별예방주의라는 것은 범죄인에 대한 형벌의 작용에 중점을 두고 범죄인을 개선·교육·재활·갱생·재사회화시켜 다시는 범죄를 저지르지 않도록 예방하려는 것을 형벌의 목적으로 삼는 형벌이론으로서 주로 신파의 형벌관이라고 볼 수 있다. 이를 교육형주의 내지 개선형주의라고 부를 수도 있을 것이다. 특별예방주의의 목표를 실현하기 위한 제도들로서는 보통 집행유예, 선고유예, 가석방, 보호관찰, 사회봉사명령, 수강명령, 단기자유형의 제한 내지 폐지, 상습범에 대한 가중처벌, 과실범에 대한 자유형을 억제하고 재산형부과와 같은 것들이 있다.

[구별] 특별예방주의와 거리가 먼 것은 보통 법적 안정성을 추구하는 제도들이다. 예컨대 공소시효라는 것은 검사의 공소권 발동기간을 제한함으로써 일정기간이 지나면 공소권을 소멸시켜 법적 안정성을 추구하는 목적을 가진다는 점에서 범죄인에 대한 교화 내지 개선에서 그 의미를 찾는 특별예방주의와는 거리가 있다.

06 정답 ③

③ ㉠㉡㉣㉤

㉠ (×) 신파는 형벌이론에 있어서 특별예방주의 내지 목적형주의를 취하게 된다. 이는 범죄인의 재범방지를 위한 개선과 치료와 교육을 중시하는 입장이다. 따라서 형의 단기와 장기를 애초에 확정해야 할 필요를 느끼지 않는다. 예를 들어 소년법의 경우에 특별예방주의가 그 사상적 배경이 되고 있음을 상기해야 한다. 결국 부정기형의 효용을 인정하는 입장이다.

㉡ (×) 공범종속성설이 객관주의, 공범독립성설의 주관주의의 입장이다.

㉢ (O) 객관주의 대 주관주의는 행위주의 대 행위자주의, 사실의 착오에 있어서 구체적 부합설 내지 법정적 부합설 대 추상적 부합설, 책임의 근거에 관한 도의적 책임론 대 사회적 책임론, 책임판단의 대상에 관한 행위책임 대 행위자(성격)책임, 미수범의 처벌에 관한 기수범의 형보다 필요적 감경 대 기수범과 동일치벌, 실행의 착수시기에 관한 객관설 대 주관설, 불능미수의 위험성에 관한 객관설 내지 구체적 위험설 대 추상적 위험설 내지 주관설, 공동정범의 본질에 관한 범죄공동설 대 행위공동설, 공범종속성에 관한 공범종속성설 대 공범독립성설, 죄수결정의 표준에 관한 행위표준설·법익표준설·구성요건표준설 대 의사표준설의 대립 등에서 나타나는 것이다. 인과관계론은 순수한 객관적 구성요건요소이므로 양 주의의 대립과는 무관하다. 고의나 목적과 같은 주관적 불법요소도 같은 맥락에서 이해하면 알기 쉽다. 다만 과실범의 주의의무위반에 대한 기준에 관한 객관설과 주관설의 대립에 대해서는 양 주의의 대립과 무관하다는 견해와 전자는 객관주의, 후자는 주관주의의 표현으로 보는 견해의 대립이 있다.

㉣ (×) (전단이 틀렸음) 책임요소설은 고전적 범죄론체계 및 신고전적 범죄론체계에서 취하는 고의의 체계적 지위에 관한 입장이다. 이에 의하면 모든 객관적인 요소는 구성요건(불법)에서, 모든 주관적·심리적 요소는 책임에서 판단한다는 체계를 취하게 된다(심리적 책임론). 책임요소설에 의하면, 고의는 책임의 요소로 파악되어, 책임의 단계에 이르러서야 고의의 유무 및 과실의 유무를 판단하게 되므로, 구성요건해당성(불법)의 단계에서 그 판단의 대상이 무한정하게 되고(따라서 전단이 틀렸음), 고의범(살인죄)과 과실범(과실치사죄)을 구성요건해당성(불법)의 단계에서 구별하는 것은 불가능하게 된다는 문제가 있다.

㉤ (×) 구체적 위험설이 행위자가 인식한 사정뿐만 아니라 일반인이 인식할 수 있었던 사정을 고려하는 것에 비하여, 추상적 위험설은 행위자가 인식한 사정만 그 위험성 판단의 기초로 삼아 일반인의 판단에서 위험성을 판단한다. 따라서 추상적 위험설이 보다 주관주의의 입장에 가깝다고 해야 한다.

제2편 범죄론   제1장 범죄론의 일반이론

07 정답 ②

② ㉠㉢

㉠ (O) 처벌조건은 형벌권의 발생을 좌우하는 실체법적 조건이다.

㉡ (×) 이러한 경우는 책임 없이 형벌을 받는 것이기 때문에 책임주의에 반한다.

㉢ (O) 타당하다.

㉣ (×) 친족상도례에서 제328조 제2항의 신분은 소추조건이다.

㉤ (×) 범죄성립조건과 범죄처벌조건은 엄격한 증명의 대상이고, 범죄소추조건은 자유로운 증명의 대상이다.

08 정답 ③

③ ㉠㉡㉣

ⓞ (○) 범죄의 성립과는 별도로 형벌권 발생의 조건이 되는 객관적 사유에 해당한다.

ⓛ (○) 처벌조건이 결여되어 벌할 수 없는 행위라 하더라도 위법한 행위라면 이에 대한 정당방위는 가능하다.

ⓒ (×) 인적 처벌조각사유란 이미 성립한 범죄에 대해 행위 당시 존재하는 행위자의 특별한 신분관계로 인해 처벌만 되지 않는 경우를 말한다. 반의사불벌죄의 피해자의 처벌불원 의사는 여기에 해당하지 않고 범죄의 소추조건으로 소극적 소송조건에 해당한다. 따라서 전단이 틀렸다. 즉시고발사건에서는 관계공무원의 고발이 있어야 검사가 공소제기를 할 수 있다. 따라서 후단은 맞다.

ⓔ (○) 문서에 관한 죄는 문서에 대한 공공의 신용을 보호법익으로 하는 추상적 위험범이다.

> 형법 제230조의 공문서부정행사죄는 공문서의 사용에 대한 공공의 신용을 보호법익으로 하는 범죄로서 추상적 위험범이다(대법원 2022.9.29, 2021도14514).

ⓜ (×) 일반교통방해죄는 이른바 추상적 위험범으로서 교통이 불가능하거나 또는 현저히 곤란한 상태가 발생하면 바로 기수가 되고 교통방해의 결과가 현실적으로 발생하여야 하는 것은 아니다(대법원 2019.4.23, 2017도1056).

ⓗ (×) 장례식방해죄는 장례식의 평온과 공중의 추모감정을 보호법익으로 하는 이른바 추상적 위험범으로서 범인의 행위로 인하여 장례식이 현실적으로 저지 내지 방해되었다고 하는 결과의 발생까지 요하지 않고 방해행위의 수단과 방법에도 아무런 제한이 없으며 일시적인 행위라 하더라도 무방하나, 적어도 객관적으로 보아 장례식의 평온한 수행에 지장을 줄 만한 행위를 함으로써 장례식의 절차와 평온을 저해할 위험이 초래될 수 있는 정도는 되어야 비로소 방해행위가 있다고 보아 장례식방해죄가 성립한다(대법원 2013.2.14, 2010도13450).

09 정답 ④

④ ⓞⓛⓒⓔ

ⓞ (○) 구체적 위험범에서의 위험은 구성요건적 요소이며, 법익침해의 현실적 위험이 야기된 경우에 구성요건이 충족된다.

ⓛ (○) 구체적 위험범에서의 위험의 인식은 고의의 내용이다.

ⓒ (○) 이외 중강요죄(중권리행사방해죄)도 그러하다.

ⓔ (○) 자기소유일반건조물실화죄나 일반물건실화죄 등은 과실범이자 구체적 위험범이다.

ⓜ (×) 중체포·중감금죄는 사람을 체포·감금하고 다시 그에게 가혹한 행위를 가함으로써 성립하는 범죄이므로, 체포·감금행위와 가혹행위가 결합된 결합범이다. 따라서 본죄는 결과적 가중범(중상해죄, 중유기죄, 중강요죄, 중손괴죄)이 아니며, 구체적 위험범도 아니다.

> **제277조(중체포, 중감금, 존속중체포, 존속중감금)** ① 사람을 체포 또는 감금하여 가혹한 행위를 가한 자는 7년 이하의 징역에 처한다.

10 정답 ③

③ ⓞ(×) ⓛ(○) ⓒ(×) ⓔ(○) ⓜ(×)
(가)는 상태범(즉시범), (나)는 계속범이다.

ⓞ (×) 상태범의 경우에는 기수시까지 공범이 성립가능하다.

ⓛ (○) 계속범의 경우에는 범죄 종료시가 공소시효의 기산점이다.

ⓒ (×) 계속범의 경우에는 종료시까지 정당방위가 가능하지만, 상태범의 경우에는 기수시까지 정당방위가 가능하다.

ⓔ (○) 상태범의 경우에는 기수와 종료의 시기가 일치하지만, 계속범의 경우에는 기수와 종료의 시기가 불일치한다.

ⓜ (×) 아청법상 성착취물소지죄는 계속범이므로 전단이 틀렸다. 체포죄가 계속범인 것은 맞다.

> [판례 1] 「아동·청소년의 성보호에 관한 법률」 제11조 제5항에서 정한 소지란 아동·청소년성착취물을 자기가 지배할 수 있는 상태에 두고 지배관계를 지속시키는 행위를 말하므로, 청소년성보호법위반(성착취물소지)죄는 아동·청소년성착취물임을 알면서 소지를 개시한 때부터 지배관계가 종료한 때까지 하나의 죄로 평가되는 이른바 계속범이다. 원칙적으로 계속범에 대해서는 실행행위가 종료되는 시점의 법률이 적용된다(대법원 2001.9.25, 2001도3990; 2023.3.16, 2022도15319).
> [판례 2] 형법 제276조 제1항의 체포죄에서 말하는 '체포'는 사람의 신체에 대하여 직접적이고 현실적인 구속을 가하여 신체활동의 자유를 박탈하는 행위를 의미하는 것으로서 수단과 방법을 불문한다. 체포죄는 계속범으로서 체포의 행위에 확실히 사람의 신체의 자유를 구속한다고 인정할 수 있을 정도의 시간적 계속이 있어야 하나, 체포의 고의로써 타인의 신체적 활동의 자유를 현실적으로 침해하는 행위를 개시한 때 체포죄의 실행에 착수하였다고 볼 것이다(대법원 2018.2.28, 2017도21249).

11 정답 ④

④ ⓞⓛⓒ

ⓒ (○) 단절된 결과범(단축된 결과범)이란 목적의 실현을 위해 별도의 행위를 요하지 않는 목적범을 말한다. 내란죄는 폭동행위를 함으로써 국권배제·국토참절의 목적이 실현되고 출판물에 의한 명예훼손죄는 신문 등에 명예훼손적 사실을 게재함으로써 사람을 비방할 목적이 실현된다. 이외 준강도죄 등도 단절된 결과범으로 분류된다. 이에 비해 단축된 이(二)행위범(불완전한 이행위범)이란 목적의 실현이 별도의 행위를 해야만 야기될 수 있는 목적범을 말한다. 각종 예비·음모죄는 '기본범죄를 범할 목적'을 요하는 목적범인데 이러한 목적은 예비·음모행위 이후 별도의 실행행위를 해야만 실현될 수 있다는 점에서 단축된 이행위범으로 분류되고, 각종 위조·변조죄는 '행사할 목적'을 요하는 목적범으로서 이는 위조·변조행위 이후 별도의 행사행위가 있어야만 실현될 수 있다는 점에서 역시 단축된 이행위범으로 분류되는 것이다. 이외에도 무고죄나 영리 등 목적 약취·유인죄 등도 단축된 이행위범으로 분류된다.

[참고] 단절된 결과범은 목적에 대한 확정적 인식을 요하고 단축된 이행위범은 목적에 대한 미필적 인식으로 충분하다는 것이 학계의 보편적인 설명 방식이다. 다만 판례는 목적에 대한 인식도 미필적 인식으로 충분하다고 판시하고 있다.

ⓔ (×) 설명이 반대로 되어 있다. 진정목적범에는 각종 위조죄가 이에 해당하고, 부진정목적범에는 모해위증죄 등이 이에 해당한다.

ⓜ (×) 구성요건적 고의의 인식의 대상은 객관적 구성요건요소이다. 목적은 고의와는 다른 초과주관적 구성요건요소이므로 구성요건적 고의의 인식대상에 해당하지 않는다.

12
정답 ②

② ㄱㄴㅁㅂ

ㄱ (○) 모해위증죄: '피고인, 피의자 또는 징계혐의자를 모해할 목적으로~'(제152조 제2항)

ㄴ (○) 무고죄: '타인으로 하여금 형사처분 또는 징계처분을 받게 할 목적으로~'(제156조)

ㄷ (×) 공정증서원본부실기재죄는 일반범이다(제228조 참조).

ㄹ (×) '~행사죄'는 목적범이 아니다.

ㅁ (○) 도박개장죄: '영리의 목적으로~'(제247조)

ㅂ (○) 허위공문서작성죄: 공무원이 '행사할 목적으로'(제227조)

13
정답 ②

② ㄱㄷㄹ

ㄱ (○) 인과적 행위론은 자연과학의 영향을 받아 행위의 외부적 측면만 관찰하고 내부적 측면은 고려하지 않고 있다.

ㄴ (×) 인과적 행위론은 거동성이 없는 부작위와 유의성이 없는 인식 없는 과실을 행위개념에 포함시킬 수 없으므로 행위개념의 근본요소로서의 기능을 수행하지 못한다.

ㄷㄹ (○) 목적적 행위론은 행위를 법 이전에 존재하는 존재론적 구조로 파악하여 행위의 본질적 요소를 목적성에 있다고 보았다.

ㅁ (×) 사회적 행위론은 사회적으로 의미 있는 인간의 행태로 규범적으로 평가되는 행위는 모두 형법상 행위로 파악함으로써 행위론의 근본기능을 만족시키고 있으나 이론적 통일성을 결여함으로써 행위론의 한계기능을 수행하지 못하였다는 비판을 받는다. 즉 반대로 설명되어 있다.

14
정답 ②

② ㄷㄹㅂ

ㄱ 법인의 범죄능력 긍정설에 해당한다.

ㄴ 부분적 긍정설 중 이분설에 해당한다.

ㄷ 법인의 범죄능력 부정설에 해당한다.

ㄹ 법인의 범죄능력 부정설에 해당한다.

ㅁ 부분적 긍정설 중 양벌규정설에 해당한다.

ㅂ 법인의 범죄능력 부정설에 해당한다.

15
정답 ④

④ ㄱㄴㄷㅁ

ㄱ (○) 법인격 없는 사단과 같은 단체는 법인과 마찬가지로 사법상의 권리의무의 주체가 될 수 있음은 별론으로 하더라도 법률에 명문의 규정이 없는 한 그 범죄능력은 없고 그 단체의 업무는 단체를 대표하는 자연인인 대표기관의 의사결정에 따른 대표행위에 의하여 실현될 수밖에 없다(대법원 1997.1.24, 96도524).

ㄴ (○) 양벌규정에 의하여 법인이 처벌받는 경우에 법인의 사용인들이 범죄행위를 공모한 후 일방법인의 사용인이 그 실행행위에 직접 가담하지 아니하고 다른 공모자인 타법인의 사용인만이 분담실행한 경우에도 그 법인은 공동정범의 죄책을 면할 수 없다(대법원 1983.3.22, 81도2545).

ㄷ (○) 대법원 2011.7.28, 2009도6303

ㄹ (×) 양벌규정은 업무주뿐만 아니라 행위자에게도 적용된다는 것은 판례의 입장이다. 따라서 전단은 맞다. 다만 법인격 없는 공공기관은 양벌규정에 규정된 법인 또는 개인에 해당하지 않

고, 이에 따라 해당 기관 소속 공무원도 양벌규정에 규정된 행위자에 해당하지 않는다. 따라서 후단은 틀렸다.

> 개인정보 보호법은 제2조 제5호, 제6호에서 공공기관 중 법인격이 없는 '중앙행정기관 및 그 소속 기관' 등을 개인정보처리자 중 하나로 규정하고 있으면서도, 양벌규정에 의하여 처벌되는 개인정보처리자로는 같은 법 제74조 제2항에서 '법인 또는 개인'만을 규정하고 있을 뿐이고, 법인격 없는 공공기관에 대하여도 위 양벌규정을 적용할 것인지 여부에 대하여는 명문의 규정을 두고 있지 않으므로, 죄형법정주의의 원칙상 '법인격 없는 공공기관'을 위 양벌규정에 의하여 처벌할 수 없고, 그 경우 행위자 역시 위 양벌규정으로 처벌할 수 없다고 봄이 타당하다(대법원 2021.10.28, 2020도1942).

ㅁ (○) 신용정보의 이용 및 보호에 관한 법률 제34조에 법인을 처벌하기 위한 요건으로서 규정한 '법인의 업무에 관하여' 행한 것으로 보기 위해서는 객관적으로 법인의 업무를 위하여 하는 것으로 인정할 수 있는 행위가 있어야 하고, 주관적으로는 피용자 등이 법인의 업무를 위하여 한다는 의사를 가지고 행위함을 요한다(대법원 2006.6.15, 2004도1639).

ㅂ (×) 양벌규정을 따로 둔 취지는, 법인은 기관을 통하여 행위하므로 법인의 대표자의 행위로 인한 법률효과와 이익은 법인에 귀속되어야 하고, 법인 대표자의 범죄행위에 대하여는 법인 자신이 책임을 져야 하는바, 법인 대표자의 법규위반행위에 대한 법인의 책임은 법인 자신의 법규위반행위로 평가될 수 있는 행위에 대한 법인의 직접책임이기 때문이다. 따라서 대표자의 고의에 의한 위반행위에 대하여는 법인 자신의 고의에 의한 책임을, 대표자의 과실에 의한 위반행위에 대하여는 법인 자신의 과실에 의한 책임을 져야 한다. 이처럼 양벌규정 중 법인의 대표자 관련 부분은 대표자의 책임을 요건으로 하여 법인을 처벌하는 것이지 그 대표자의 처벌까지 전제조건이 되는 것은 아니다(대법원 2022.11.17, 2021도701).

제2편 범죄론 제2장 구성요건론 (1)

16
정답 ④

④ ㄱㄴㄷ

ㄱ (○) 구성요건은 위법성의 인식근거가 된다.

ㄴ (○) 소극적 구성요건요소이론에 의하면 위법성조각사유가 없어야 한다는 것이 소극적 구성요건요소로 파악되므로, 위법성조각사유의 객관적 전제사실에 관한 착오(허용상황에 관한 착오)는 곧 구성요건적 착오로서 구성요건적 고의를 조각하게 된다고 보게 된다.

ㄷ (○) 소극적 구성요건요소이론에 의할 때 구성요건은 바로 총체적 불법구성요건을 의미하기 때문이다.

ㄹ (×) 소극적 구성요건요소이론은 2단계 범죄체계를 취함으로써, 위법성조각사유가 존재하게 되면 소극적 구성요건요소가 결여되게 되어 구성요건해당성 자체가 부정되게 된다. 즉 처음부터 구성요건에 해당하지 않는 행위이든, 구성요건에는 해당되나 위법성이 조각되어 허용되는 행위이든 모든 구성요건해당성이 조각되어 그 차이가 없게 되는 것이다. 이에 대해서는 "모

기를 죽이는 행위와 정당방위로 사람을 살해하는 행위가 똑같이 취급되는 것은 타당하지 않다."는 비판(H. Wezel)도 있는 것이다.
ⓜ (×) 구성요건의 정형성(定型性)은 죄형법정주의의 보장적 기능의 실현을 위하여 구성요건이 가지는 중요한 성질이자 기능이다.

17 정답 ④

④ ㉠㉡㉢㉤

㉠ (×) 구체적 위험범은 법익침해의 현실적 위험의 발생을 구성요건해당성의 요건으로 하는 범죄이다. 따라서 이 경우의 위험은 객관적 구성요건요소로서 고의의 인식대상이 된다. 위험이 별도의 구성요건요소가 아니며 고의의 인식대상도 되지 않는 것은 추상적 위험범이다.

㉡ (×) 직무상의 의무가 있는 자가 방지조치를 취하지 아니하여 타인의 실행행위를 용이하게 하는 경우에는 부작위에 의한 방조범이 성립한다.

㉢ (×) 부진정부작위범에 있어서 보증인지위와 보증의무를 구분하는 이분설에 따르면 보증인적 지위는 부진정부작위범의 구성요건요소이나, 보증인적 의무는 위법성의 요소이다. 그러므로 보증인지위에 관한 착오는 구성요건착오가 되고, 보증인적 의무에 관한 착오는 금지착오가 된다.

㉤ (○) 소극적 구성요건표지이론에 의한 구성요건개념은 위법성조각사유가 포함된 총체적 불법구성요건의 개념이다. 따라서 범죄가 총체적 불법구성요건에 해당하고 유책한 행위(책임)라고 보게 되며, 위법성단계는 존재하지 않는다. 그러므로 위법성이 조각되는 객관적인 사실관계에 대하여 잘못 판단하여 객관적 정당화상황이 없음에도 그것이 존재한다고 오인하고 행위를 한 경우인 위법성조각사유의 전제사실에 관한 착오는 구성요건착오가 되고 구성요건적 고의 자체가 부정되므로 과실범 성립의 문제만 남는다.

ⓜ (×) 구성요건과 위법성은 연기와 불의 관계로 비유하는 것은 구성요건을 위법성의 인식근거 내지 징표로 이해하는 인식근거설의 표현이다. 이에 비해 소극적 구성요건표지이론은 구성요건을 총체적 불법구성요건으로 파악하고, 그 안에 구성요건에 해당하는 행위이어야 한다는 적극적 구성요건요소와 위법성조각사유에 해당하지 않아야 한다는 소극적 구성요건요소가 들어 있다고 보게 되므로, 구성요건에 해당한다는 것은 위법성에 대한 종국적·확정적 판단이 이루어졌다는 것을 의미하여, 구성요건은 곧 위법성의 존재근거로 파악되게 된다.

18 정답 ③

③ ㉡㉢㉤ⓜ

㉠ (○) 이를 주관적 정당화요소 불요설이라고 하는데, 이에 의하면 객관적 정당화상황만 존재하면 위법성이 조각된다고 보게 되므로, 위와 같은 우연방위도 위법성이 조각되어 무죄가 된다고 보게 된다.

㉡ (×) 명예훼손죄의 명예는 사람의 인격적 측면에 대한 외부의 평가이므로, 별도의 사회적 평가를 통해 해석되는 규범적 구성요건요소이다.

㉢ (×) 가정적 인과관계의 경우에 있어서 소위 예비적 원인과 결과와의 인과관계는 형법적으로 인정될 수 없다.

㉤ (×) 현주건조물방화치사죄의 사망의 결과와 관련하여서는 소사

(燒死)·질식사(窒息死)·압사(壓死) 등 그 사망의 원인을 불문한다. 그러므로 불을 피하여 뛰어내리다가 결과가 발생한 경우도 포함된다. 다만, 피해자가 진화작업에 열중하다가 화상을 입은 경우는 제외된다는 것이 판례이다(대법원 1966.6.28, 66도1).

ⓜ (×) 산림사업법인 설립 또는 법인 인수 과정에서 자격증 대여가 있었다는 사정만으로는 피고인에게 병해충 방제 또는 숲가꾸기 공사를 완성할 의사나 능력이 없었다고 단정하기 어렵다. 또한 피고인이 운영하는 한국임업은 이러한 공사 완성의 대가로 발주처로부터 공사대금을 지급받은 것이므로, 설령 피고인이 발주처에 대하여 기술자격증 대여 사실을 숨기는 등의 행위를 하였다고 하더라도 그 행위와 공사대금 지급 사이에 상당인과관계를 인정하기도 어렵다(대법원 2022.7.14, 2017도20911).

19 정답 ②

② ㉡㉢㉤

㉠ (×) 고의범의 경우에는 인과관계가 인정되지 않으면 미수가 된다. 즉, 불가벌이 되는 것이 아니다.

㉡ (○) 고의적 결과범에서는 인과관계가 있어야 기수, 없으면 미수가 된다.
[보충] 과실범에 있어서는 과실행위와 결과 간 인과관계가 없으면 불가벌이다.

㉢ (○) 절대적 제약관계의 공식(c.s.q.n)을 만족시키는 모든 조건은 동등하게 인과관계가 있다고 보기 때문이다.

㉤ (○) 원인설은 결과발생에 보다 우월한 영향을 준 것인지 아닌지에 따라 인과관계를 판단하는 입장이다.

ⓜ (×) 이 경우 고의의 기본범죄가 성립한다.

ⓗ (×) 인과관계를 너무 확대시킨다는 것이 조건설에 대한 비판이다. 이에 합법칙적 조건설은 자연법칙에 부합하는 조건만을 고려한다고 하여 인과관계의 인정 범위를 보다 축소하여 파악한다.

20 정답 ②

② ㉠㉡㉤ⓜ

㉠ (○) 객관적 귀속이란 인과관계가 있는가라는 존재론적 문제가 아니라, 그 결과가 정당한 처벌인가라는 관점에서 행위자에게 객관적으로 귀속될 수 있느냐라는 법적·규범적 문제에 속한다.

㉡ (○) 위험을 감소시킨 행위는 객관적 귀속이 부정된다.

㉢ (×) 행위의 정도가 객관적으로 결과의 발생을 예견케 할 수 없을 때에는 위험이 상당하게 실현된 경우가 아니므로 객관적 귀속이 부정된다.

㉤ (○) 대법원 1982.11.23, 82도2024

ⓜ (○) 대법원 1995.9.15, 95도906

▶ **제2편 범죄론: 제2장 구성요건론** [고의] ― **제3장 위법성론** [정당방위]

01	④	02	④	03	①	04	③	05	④
06	②	07	③	08	②	09	①	10	①
11	③	12	④	13	③	14	③	15	①
16	②	17	③	18	③	19	②	20	③

제2편 범죄론 제2장 구성요건론 (2)

01
정답 ④

④ (×) 의도적 고의는 목적이라고도 하고, 지정고의는 직접고의라고도 한다.

① (○) 대법원 2002.2.8, 2001도6425; 2006.4.14, 2006도734; 2009.2.26, 2008도9867

② (○) 용인설의 내용이자 다수설의 입장이다.

③ (○) 가능성설은 결과발생에 대한 의지적 요소를 요하지 않으므로 인식 있는 과실의 존재를 부인한다.

02
정답 ④

④ 고의의 대상은 객관적 구성요건요소로서 불법을 구성하거나 가중하거나 감경하는 요소이다.

㉠ (○) 객관적 구성요건요소로서 고의의 대상이다. 다만 인과관계의 세부적 진행상황까지는 인식할 필요가 없고 그 대강의 과정만 인식하면 충분하다.

㉡ (○) 예컨대 촉탁·승낙살인죄에서 촉탁·승낙이 있었음을 인식해야 본죄에 해당된다.

㉢ (×) 책임능력은 고의의 대상이 아니다. 즉 객관적으로 판단하여 책임능력이 있는가 없는가를 판단하면 충분하다.

㉣ (×) 진정결과적 가중범을 출제하였음을 전제할 때 중한 결과는 과실의 대상일 뿐이다(다만 부진정결과적 가중범에 있어서는 중한 결과에 대하여 과실뿐만 아니라 고의가 있을 수도 있으나, 출제의 의도는 이를 배제한 것으로 생각된다).

㉤ (×) 처벌규정이 있는가 없는가에 대한 것은 위법성의 인식과 관련되는 것이다. 통설에 의할 때 위법성의 인식은 고의와는 무관한 독자적인 책임요소이다. 또한 법률의 부지가 있다 하여도 판례는 이를 법률의 착오로도 인정하지 않는다.

㉥ (×) 목적 그 자체가 이미 주관적 구성요건요소로서 고의와는 별도의 초과주관적 구성요건요소이다. 이는 고의의 '대상'이 아니다.

㉦ (×) 상습성은 책임가중적 요소이지, 불법가중적 구성요건요소가 아니다. 즉 상습성도 객관적으로 그 유무에 대하여 판단할 뿐이며, 행위자의 인식 여하에 달려있는 문제가 아닌 것이다.

◎ (○) 행위주체를 구성하는 신분은 객관적 구성요건요소로서 당연히 고의의 대상이 된다.

03
정답 ①

① ㉠㉡㉣

구성요건적 고의의 인식대상은 모든 '객관적 구성요건에 해당하는 사실'이다. 이에 해당하는 것으로는 신분범에서의 신분, 수뢰지의 공무원이라는 신분과 같은 행위의 주체, 살인죄의 '사람'이라는 행위의 객체, 행위의 방법, 행위의 상황, 결과범에서의 결과, 가중·감경적 구성요건요소, 규범적 구성요건요소 등이 포함된다.

㉠ (○) 일반물건방화죄는 구체적 위험범으로서, '공공의 위험'은 구체적 위험범에서 요구되는 객관적 구성요건요소이므로 고의의 인식대상이 된다.

㉡ (○) 가중적 구성요건에 있어서의 형가중사유 역시 객관적 구성요건 요소로서 고의의 인식대상이 된다.

㉢ (×) 사전수뢰죄에서 공무원이 된 사실은 구성요건 사실이 아니라 객관적 '처벌조건'에 불과하므로 고의의 인식대상이 아니다.

㉣ (○) 명예훼손죄에 있어서의 공연성은 행위상황으로서의 객관적 구성요건요소이므로, 고의의 인식대상에 해당한다.

㉤ (×) 범죄자 자신이 14세 이상이라는 사실은 '책임능력'에 관한 사실로서 객관적 구성요건에 해당하는 사실이 아니어서 고의의 대상이 아니다.

㉥ (×) 문서위조죄에서 해야 할 목적은 '주관적' 구성요건요소이므로, 고의의 인식대상이 아니다.

㉦ (×) 친족상도례에서 친족이라는 신분은 인적처벌조각사유로서 '처벌조건'에 불과하므로 고의의 인식대상이 아니다.

04
정답 ③

③ ㉡㉢㉣

㉠ (○) 행정상의 단속을 주안으로 하는 법규라 하더라도 '명문규정이 있거나 해석상 과실범도 벌할 뜻이 명확한 경우'를 제외하고는 형법의 원칙에 따라 '고의'가 있어야 벌할 수 있다(대법원 2010.2.11, 2009도9807).

㉡ (×) 구체적 위험범에서의 위험 발생은 객관적 구성요건으로서 고의의 인식대상이다. 따라서 구체적 위험범인 일반물건방화죄에서 '공공의 위험'은 고의의 인식대상이다.

㉢ (×) 공무집행방해죄에 있어서의 범의는 상대방이 직무를 집행하는 공무원이라는 사실, 그리고 이에 대하여 폭행 또는 협박을 한다는 사실을 인식하는 것을 그 내용으로 하고, 그 인식은 불확정적인 것이라도 소위 미필적 고의가 있다고 보아야 하며, 그 직무집행을 방해할 의사를 필요로 하지 아니한다(대법원 1995.

1.24, 94도1949).

ⓔ (×) 방조범에 있어서 정범의 고의는 정범에 의하여 실현되는 범죄의 구체적 내용을 인식할 것을 요하는 것은 아니고 미필적 인식 또는 예견으로 충분하다(대법원 2011.12.8, 2010도9500).

ⓜ (○) 친족상도례에서의 친족관계는 소추조건에 불과하므로 구성요건적 고의의 인식대상이 아니다. 따라서 이는 행위시에 객관적으로 존재하면 되고, 범인이 그에 대하여 인식하였는지 여부는 문제되지 않는다.

05

정답 ④

④ ⓖⓔⓜ

ⓖ (×) 부진정부작위범의 고의는 반드시 구성요건적 결과발생에 대한 목적이나 계획적인 범행 의도가 있어야 하는 것은 아니고 법익침해의 결과발생을 방지할 법적 작위의무를 가지고 있는 자가 그 의무를 이행함으로써 그 결과발생을 쉽게 방지할 수 있었음을 예견하고도 결과발생을 용인하고 이를 방관한 채 그 의무를 이행하지 아니한다는 인식을 하면 족하며, 이러한 작위의무자의 예견 또는 인식 등은 확정적인 경우는 물론 불확정적인 경우이더라도 미필적 고의로 인정될 수 있다(대법원 2015.11.12, 2015도6809 전원합의체).

ⓛ (○) 대법원 2008.11.27, 2008도7311

ⓒ (○) 일반물건방화죄에 있어 '공공의 위험 발생'은 객관적 구성요건요소로서 고의의 인식대상이 된다. 따라서 행위자가 이를 인식해야 범죄가 성립한다.

ⓔ (×) 소추조건인 친족관계의 존부는 고의의 인식대상이 아니므로, 이에 대한 인식 여부는 친족상도례의 적용과 무관하다.

ⓜ (×) 제331조 제2항(흉기휴대절도)의 특수절도죄에서 흉기의 휴대는 객관적 구성요건요소로서 고의의 인식대상이 되므로 특수절도죄가 성립하기 위해서는 행위자의 인식이 필요하다.

06

정답 ②

② (○) 乙에게는 A와 B에 대한 살인의 택일적 고의가 인정된다. 따라서 A에게 경상을 입힌 부분에 대해서는 살인미수의 죄책을 진다.

① (×) 교사범이 그 공범관계로부터 이탈하기 위해서는 피교사자가 범죄의 실행행위에 나아가기 전에 교사범에 의하여 형성된 피교사자의 범죄 실행의 결의를 해소하는 것이 필요하고, 이때 교사범이 피교사자에게 교사행위를 철회한다는 의사를 표시하고 이에 피교사자도 그 의사에 따르기로 하거나 또는 교사범이 명시적으로 교사행위를 철회함과 아울러 피교사자의 범죄 실행을 방지하기 위한 진지한 노력을 다하여 당초 피교사자가 범죄를 결의하게 된 사정을 제거하는 등 제반 사정에 비추어 객관적·실질적으로 보아 교사범에게 교사의 고의가 계속 존재한다고 보기 어렵고 당초의 교사행위에 의하여 형성된 피교사자의 범죄 실행의 결의가 더 이상 유지되지 않는 것으로 평가할 수 있다면, 설사 그 후 피교사자가 범죄를 저지르더라도 이는 당초의 교사행위에 의한 것이 아니라 새로운 범죄 실행의 결의에 따른 것이므로 교사자는 형법 제31조 제2항에 의한 죄책을 부담함은 별론으로 하고 형법 제31조 제1항에 의한 교사범으로서의 죄책을 부담하지는 않는다고 할 수 있다(대법원 2012.11.15, 2012도7407). 위 문제에서 甲의 단념하라는 말에 乙이 범행을 포기하였고, 이후 乙이 범죄를 저지른 것은 당초의 교사행위

에 의한 것이 아니라 새로운 범죄실행의 결의에 따른 것이다. 따라서 甲은 A와 B의 상해와 사망의 결과에 대한 교사범의 죄책을 지지 아니한다. 또한 상해죄는 예비·음모를 벌하지 않으므로 결국 甲은 무죄가 된다.

③ (×) 방법의 착오라 함은 A만을 인식하였는데 그 벽돌이 빗나가 乙이 인식하지 못한 B를 맞힌 경우를 말하는데, 위 문제의 경우 乙에게는 A와 B에 대한 살인의 택일적 고의가 인정되고 있다. 乙 자신이 의도한대로 벽돌을 B의 머리에 맞힌 것은 방법의 착오에 해당하지 않는다.

④ (×) 피고인이 주먹으로 피해자의 복부를 1회 강타하여 장파열로 인한 복막염으로 사망케 하였다면, 비록 의사의 수술지연 등 과실이 피해자의 사망의 공동원인이 되었다 하더라도 피고인의 행위가 사망의 결과에 대한 유력한 원인이 된 이상 그 폭력행위와 치사의 결과 간에는 인과관계가 있다 할 것이어서 피고인은 피해자의 사망의 결과에 대해 폭행치사의 죄책을 면할 수 없다(대법원 1984.6.26, 84도831,84감도129).

07

정답 ③

③ (×) 인식한 구성요건은 촉탁살인이요, 발생한 구성요건은 보통살인의 경우로서 제15조 제1항에 의해 촉탁살인죄가 성립한다.

① (○) 오상방위의 경우이다. 고의설(출제의 의도상 엄격고의설로 보임)에 의하면, 위법성의 인식이 없는 경우 고의가 조각된다. 만일 과실범 처벌규정이 존재하고 그 착오에 과실이 있으면 과실범이 성립하게 된다.

② (○) 구성요건적 착오의 해결에 관하여 법정적 부합설을 취하는 판례에 의하면, 타격의 착오가 있는 경우라 할지라도 행위자의 살인의 범의의 성립에 방해가 되지 아니한다(대법원 1984.1.24, 83도2813).

④ (○) 추상적 사실의 착오 중 방법의 착오의 경우로서, 법정적 부합설을 따르는 판례에 의하면, 乙에 대한 상해미수죄(자동차 손괴 부분은 과실손괴를 벌하지 않으므로 무죄)가 성립한다. 이는 구체적 부합설에 의하더라도 같다.

08

정답 ②

② (○) 구체적 사실에 관한 착오 중 객체의 착오의 경우 구체적 부합설과 법정적 부합설 모두 발생사실에 대한 고의기수를 인정하고, 추상적 사실의 착오의 경우는 양 설 모두 인식사실의 미수와 발생사실의 과실을 인정한다는 점에서 차이가 없다. 양 설의 차이가 나타나는 경우는 구체적 사실의 착오 중 방법의 착오뿐이다.

① (×) 현실적으로 존재하지 않는 형벌법규를 존재하는 것으로 오인하고 행위한 때에는 환각범 내지 환상범으로서 애초에 처벌하는 법질서가 존재하지 않기 때문에 불가벌이 된다.

③ (×) 결과의 발생이 처음부터 불가능한 것을 알면서도 실행에 착수한 경우에는 불능미수의 요건인 기수의 고의 자체가 인정되지 않으므로 처벌될 수 없다.

④ (×) 친족상도례는 인적 처벌조각사유로서 존부에 관한 인식은 요구되지 않으며, 이에 대한 착오도 범죄성립에 아무런 영향을 주지 않는다.

09 정답 ①

① (○) 구성요건착오(사실의 착오)에 있어서 구체적 부합설, 법정적 부합설, 추상적 부합설 중 어느 견해에 의하더라도 동일한 결론에 이르게 되는 경우는 구체적 사실의 착오 중 객체의 착오이며, 이 경우 발생한 사실에 대한 고의·기수가 인정된다.

② (×) 인과관계에 착오의 해결에 대해서는 견해의 대립이 있다. 개괄적 고의설(판례), 인과관계의 착오설(다수설), 미수설, 객관적 귀속설, 계획실현설 등의 대립이 그것이다. 예컨대 위 사안에 있어서 미수설에 의하면 甲에게는 살인미수와 과실치사의 경합범이 되지만, 나머지 학설에 의하면 살인기수가 될 것이다.

③ (×) 구체적 사실의 착오 중 방법의 착오의 경우로서, 구체적 부합설에 의하면 乙에 대한 살인미수와 丙에 대한 과실치사의 경합범이 되지만, 법정적 부합설 내지 추상적 부합설에 의하면 丙에 대한 살인기수가 된다.

④ (×) 甲에게는 미필적 고의가 인정되는가가 문제되는 경우로서, 이에 대해서 인식설에 의하면 고의가 인정되나, 의사설에 의하면 고의가 부정될 것이다.

10 정답 ①

① ㉠(○) ㉡(○) ㉢(○) ㉣(○)

㉠ (○) 직계존속임을 인식하지 못하고 살인을 한 경우 특별히 무거운 죄가 되는 사실을 인식하지 못한 경우로서 甲은 「형법」 제15조 제1항에 의하여 보통살인죄에 해당한다.

㉡ (○) 구체적 사실의 착오 중 방법의 착오에 관한 문제로 법정적 부합설에 의하면 발생사실에 대한 고의기수범이 성립하므로, 甲에게는 B에 대한 살인죄가 성립한다.

㉢ (○) 추상적 사실의 착오 중 객체의 착오에 관한 문제로 구체적 부합설과 법정적 부합설 모두 인식사실에 대한 '미수'와 발생사실에 대한 '과실'의 상상적 경합을 인정한다. 甲은 A에 대한 살인미수가 성립한다(A의 사냥개에 대한 과실손괴는 불가벌이다).

㉣ (○) 추상적 사실의 착오 중 방법의 착오에 관한 문제로 구체적 부합설과 법정적 부합설 모두 인식사실에 대한 '미수'와 발생사실에 대한 '과실'의 상상적 경합을 인정한다. 甲은 A에 대한 상해미수가 성립한다(A의 개에 대한 과실손괴는 불가벌이다).

제2편 범죄론 제3장 위법성론 (1)

11 정답 ③

③ (×) 실질적으로 위법한 행위만으로 구성요건화하여 처벌해야 하고, 행위반가치나 결과반가치가 없거나 아주 경미한 행위를 범죄로 규정해서는 안 된다는 점에서, 비범죄화론의 근거로 기능할 수 있는 이론이 바로 실질적 위법성론이다.

① (○) 가−D 구성요건에 해당하는 행위는 실정법상의 위법성조각사유가 없는 한 위법하다는 것은 형식적 위법성론에 대한 설명이다.

② (○) 나−A 형식적 위법성론에 의하면 인정될 수 없는 초법규적 위법성조각사유의 존재도 위법성을 실질적으로 이해하는 입장인 실질적 위법성론에 의하면 인정할 수 있게 된다.

④ (○) 다−B 책임무능력자의 행위를 위법하지 않다고 보는 것은 주관적 위법성론이다. 주관적 위법성론에 의하면 법의 의사 결정규범 기능을 중시하여, 수범자가 법규범에 따라 의사를 결정할 능력이 있는 책임능력자이어야 하고 그러한 자의 행위만 위법할 수 있다고 보게 된다.

12 정답 ④

④ ㉠㉡㉢㉤

㉠ (○) 불법의 요소에는 결과반가치뿐 아니라 행위반가치도 있다는 이원적·인적 불법론을 취하게 되면 위법성조각을 위해서는 주관적 정당화요소가 필요하다는 입장을 취하게 되며 이것이 통설·판례이다. 이에 의하면 주관적 정당화요소가 결여된 우연방위는 위법성이 조각되지 않는다.

㉡ (○) 순수한 결과반가치론에 의하면 위법성이 조각되기 위하여 주관적 정당화요소가 필요 없다는 주관적 정당화요소 불요설을 취하게 된다. 따라서 우연방위도 정당방위로 인정되어 무죄가 된다.

㉢ (○) 정당방위의 침해는 고의·과실·작위·부작위를 불문한다.

㉣ (×) 정당방위는 현재의 침해에 대하여 가능하다.

㉤ (○) '침해의 현재성'이란 침해행위가 형식적으로 기수에 이르렀는지에 따라 결정되는 것이 아니라 자기 또는 타인의 법익에 대한 침해상황이 종료되기 전까지를 의미하는 것이므로 일련의 연속되는 행위로 인해 침해상황이 중단되지 아니하거나 일시 중단되더라도 추가 침해가 곧바로 발생할 객관적인 사유가 있는 경우에는 그중 일부 행위가 범죄의 기수에 이르렀더라도 전체적으로 침해상황이 종료되지 않은 것으로 볼 수 있다(대법원 2023.4.27, 2020도6874).

㉥ (×) 상대방을 해치기 위해 의도적으로 도발하고 상대방의 반격을 유발하고 이에 대응하는 것처럼 행한 침해행위는 정당방위로 인정될 수 없다.

[정리] 의도적 도발행위의 경우 정당방위가 금지되고, 유책한 도발행위의 경우 정당방위가 제한된다.

> 피고인이 피해자를 살해하려고 먼저 가격한 이상 피해자의 반격이 있었더라도 피해자를 살해한 소위가 정당방위에 해당한다고 볼 수 없다(대법원 1983.9.13, 83도1467).

13 정답 ③

③ (×) 제21조 제3항에 의하면 '과잉방위행위'가 위와 같은 상황 하에서 일어난 경우 벌하지 아니한다고 규정되어 있다. 즉 방위의사는 존재하나 방위행위의 상당성이 초과된 경우에 적용되는 것이지, 방위의사 자체가 없는 우연방위에는 적용될 수 없는 규정이다.

① (○) 주관적 정당화요소 필요설이 통설·판례이다. 필요설에 의하면 주관적 정당화요소가 결여된 우연방위는 정당방위로 인정되지 않아 위법성이 조각될 수 없다.

② (○) 순수한 결과반가치론은 주관적 정당화요소 불요설이다. 이에 의하면 우연방위도 위법성이 조각된다.

④ (○) 우연방위에 대해서는 불능미수범설이 다수설의 입장이다. 이에 의하면, 우연방위는 방위의사가 없으므로 행위반가치는 존재하나, 객관적 정당화상황은 존재하므로 결과반가치는 현저히 약화된다고 보아, (불능)미수범 정도로 처리해야 한다고 보고 있다.

14
정답 ③

③ ㉡㉢㉣

㉠ (×) 형법에 제한되지 않고, 민법상의 점유, 일반적 인격권 등도 정당방위에 의하여 보호될 수 있다.

㉡ (○) 옳은 설명이다.
[보충] 나아가 국가도 사법상 권리귀속 주체인 국고로서 법익의 주체가 될 경우에는 그 법익도 정당방위의 보호대상이 된다.

㉢ (○) 주관적 정당화요소 필요설에 따르면 우연한 정당방위를 하는 자에게는 주관적 정당화 요소가 결여되어 있으므로 그 자에 의해 야기된 현재의 위난은 정당방위가 될 수 없어 위법한 행위로 평가받게 된다. 따라서 이에 대하여 그 상대방인 제3자는 긴급피난과 정당방위를 모두 할 수 있다.

㉣ (○) 현재의 침해란, 법익에 대한 침해가 급박한 상태에 있거나, 방금 막 개시되었거나, 아직도 계속되고 있는 경우를 말한다.

㉤ (×) 긴급피난과 달리, 정당방위의 방위행위의 상당성이 인정되기 위하여 그 행위가 최후의 수단일 것을 의미하는 보충성의 원칙은 요구되지 않는다.

15
정답 ①

① (×) 이 경우에는 긴급피난만이 가능하다.

② (○) 타당하다.

③ (○) 정당방위는 '부정 vs 정'의 관계이므로 긴급피난에 대한 정당방위는 인정되지 않으며, 마찬가지로 정당방위에 대한 정당방위도 인정되지 않는다.

④ (○) 타당하다.

16
정답 ②

② (×) 타인의 생명에 대한 현재의 위난이 존재하지만(객관적 정당화상황은 존재), 행위자는 위난을 피하게 해주겠다는 의사가 없는 경우로서(주관적 정당화요소인 피난의사는 부존재) 우연적 피난의 경우이다. 이 경우 주관적 정당화요소의 부존재로 인하여 행위반가치는 인정되고, 객관적 정당화상황의 존재로 인하여 결과반가치가 없거나 감소된다고 보는 불능미수설(다수설)에 의하면, 객관적으로 존재하는 정당화요건이 임의적 감면사유로 작용하게 된다. 따라서 ②번의 지문은 불능미수범설에 대한 설명이지, 위 문제의 조건인 '무죄설'의 설명으로 볼 수 없다.

① (○) 순수한 결과반가치론 내지 결과반가치 일원론에 의하면 객관적 정당화상황만 있으면 위법성이 조각되고, 별도로 주관적 정당화요소는 필요없다고 보게 된다. 따라서 우연적 피난의 경우 객관적 정당화상황의 존재만 고려되므로 위법성이 조각되어 무죄가 된다.

③ (○) 우연적 피난에 관한 무죄설은 객관적 정당화사정의 존재로 인하여 위법성이 조각된다는 것이므로 행위자에게 유리하게 작용되는 것이다.
[보충] 이렇게 객관적 정당화상황의 존재가 행위자에게 유리하게 작용하는 학설은 무죄설(위법성조각설)과 불능미수설(다수설)이 있다. 반면, 이원적·인적 불법론에 의한 기수범설이나 순수한 행위반가치론에 의한 기수범설에서는 객관적 정당화상황의 존재가 전혀 고려되지 아니한다. 따라서 이것이 기수범설에 대한 비판의 근거가 된다.

④ (○) 무죄설(주관적 정당화요소 불요설, 순수한 결과반가치론)에서는 주관적 정당화요소가 있는 긴급피난과 그것이 없는 우

연적 피난이 모두 긴급피난으로 인정되어 위법성이 조각되므로, 주관적 정당화요소의 부존재를 고려하지 못한다는 비판을 받게 된다.

17
정답 ③

주어진 사례는 우연피난에 대한 사례이다.

③ (×) 행위반가치는 인정되고 결과반가치는 인정되지 않는 경우, 甲에게 불능미수 규정을 유추적용하자는 견해는 불능미수범설로서 이 견해에 따르면 甲은 손괴불능미수죄로 처벌할 수 있다.

① (○) 위법성조각설에 대한 설명으로 이에 따르면 위법성조각사유의 성립에 주관적 정당화요소는 필요 없고 객관적 정당화상황만 있으면 위법성이 조각되므로 甲의 행위는 불가벌이다.

② (○) 기수범설에 대한 내용으로 옳은 설명이다.

④ (○) 기수범설에 대한 비판사항이다.

18
정답 ③

③ ㉠(×), ㉡(○), ㉢(○), ㉣(○)

㉠ (×), ㉣ (○) 순수한 결과반가치론(무죄설, 주관적 정당화요소 불요설)에 의하면, 결과반가치만 있으면 불법이 충족되므로 객관적 정당화요소만 있으면 결과불법이 조각되어 불법이 부정되므로 甲의 행위는 무죄이다. 이 입장은 결과반가치는 없어 결과불법이 조각되나 행위반가치가 여전히 남는 경우도 무죄로 평가한다는 점에서 문제가 있다.

㉡ (○) 기수범설은 행위의 위법성이 인정되고 구성요건적 결과까지도 발생하였으므로 결과반가치를 부정할 수 없다는 점에서 기수범이 된다는 견해인데, 결과불법적 측면에서 객관적 정당화 상황이 존재하지 않는 상황에서 행해진 행위와 구별하지 않고 동일하게 취급한다는 비판이 있다.

㉢ (○) 우연적 피난행위에 관한 학설 중 다수인 불능미수범설은 우연적 피난행위가 행위반가치는 있으나 결과반가치가 없기 때문에 불능미수 규정을 유추적용하자는 입장이다.

19
정답 ②

② (○) 불능미수범설에 따르면 옳은 설명이다.

① (×) 결과반가치론(주관적 정당화요소 불요설)에 따르면 방위의사가 없어도 위법성이 조각된다.

③ (×) 인과관계착오설에 따르면 본질적 착오라고 볼 수 없다.

④ (×) 판례("전 과정을 개괄적으로 보면 피해자의 살해라는 처음에 예견된 사실이 결국은 실현된 것으로서 피고인들은 살인죄의 죄책을 면할 수 없다")에 따르면 살인죄 기수가 된다(개괄적 고의설, 대법원 1988.6.28, 88도650).

20
정답 ③

③ ㉠(×), ㉡(×), ㉢(×), ㉣(○), ㉤(○)

㉠ (×) 긴급피난에 있어서 위난의 현재성과 정당방위에 있어서 침해의 현재성의 성립범위는 동일하지 않고, 위난의 현재성의 범위가 침해의 현재성의 범위보다 넓다(따라서 전단의 내용이 틀렸다). 다만 보호될 수 있는 법익에는 차이가 있다는 것은 타당한 표현이다. 정당방위의 대상 법익이 원칙적으로 개인적 법익으로 제한되고 사회적 법익은 인정되지 않으며 예외적으로 국가적 법익에 대해서 정당방위가 가능한가에 대해 학설 대립

이 있는데 비해, 긴급피난의 대상 법익은 개인적 법익, 사회적 법익, 국가적 법익을 가리지 않기 때문이다(따라서 후단의 내용은 맞다).

ⓒ (×) 정당화적 긴급피난에서 피난행위는 위법성이 조각되는 행위이므로 이에 대하여는 정당방위는 허용되지 않지만 긴급피난은 허용된다.

ⓒ (×) 동물의 공격 그 자체는 인간의 침해행위로 평가될 수 없어 정당방위의 침해가 되지 않는다. 그러나 사육주의 의도적 사주나 지시에 의한 동물의 공격은 인간의 고의적 침해행위로서 정당방위가 침해로 평가되고, 나아가 사육주의 과실에 의하여 동물의 공격이 이루어진 경우에도 과실에 의한 침해가 정당방위의 침해로 평가될 수 있다는 점에서 이에 대해 정당방위가 가능하다. 여기에서 "허술하게 묶여있던" 이웃집 맹견이 달려나와 甲의 애완견을 물려고 하였다는 것은, 이웃집 사육주의 과실에 의한 동물의 공격으로서 정당방위의 위법한 침해로 평가될 수 있다. 따라서 몽둥이로 후려쳐 다치게 한 행위는 정당방위로 평가될 수 있다.

ⓔ (○) 위 ⓒ의 해설 참조.

ⓜ (○) 우선 의사 甲이 진료환자 乙이 에이즈 환자임을 알고 乙의 처에게 알려준 행위는 업무상 비밀누설죄(제317조)의 구성요건에 해당되나 긴급피난에 해당되어 위법성이 조각될 수 있다. 이는 乙의 처의 생명 내지 신체에 대한 현재의 위난을 피하게 하기 위한 행위이고, 긴급피난의 상당성 요건인 보충성(최후수단성), 균형성(우월한 이익보호의 원칙), 적합성(상대적 최소피난의 원칙)을 갖추었다고 판단할 수 있기 때문이다. 다음으로, 사회의 성풍속을 해치는 음란영화의 상영을 저지하기 위하여 영화관의 전선을 절단한 행위는 업무방해죄(제314조 제1항)의 구성요건에 해당하고 위법성 조각 여부와 관련하여 정당방위에도 해당하지 않는다. 사회적 법익을 위한 정당방위는 인정될 수 없기 때문이다.

▶ 제2편 **범죄론**: 제3장 위법성론 [긴급피난] ― 제4장 책임론 [법률의 착오 1]

01	④	02	④	03	②	04	③	05	④
06	③	07	④	08	④	09	③	10	③
11	②	12	②	13	③	14	②	15	④
16	④	17	④	18	③	19	④	20	①

제2편 범죄론 제3장 위법성론 (2)

01
정답 ④

긴급피난의 법적성질	내용
단일설 위법성 조각설	긴급피난은 이익형량에 의해 우월한 이익을 보호하기 위해 낮은 이익을 희생시키는 것을 정당화시키는 위법성조각사유라고 본다. 우리나라 통설이다. 이에 대해 자기에게 닥친 위난을 타인에게 전가시키는 것은 사회윤리규범에 반하고, 생명·신체 등과 같이 이익교량이 어려운 법익이 충돌한 경우 이익교량이 어려운 경우가 많다는 비판이 있다.
단일설 책임 조각설	긴급피난은 잘못 없는 제3자의 법익을 침해하기 때문에 위법하지만, 자기유지본능으로서 피난행위를 한 자에게 그 위난을 피하지 말라고 기대할 수 없기 때문에 책임이 조각된다고 본다.
이분설	긴급피난을 위법성조각사유인 긴급피난과 책임조각사유인 긴급피난으로 나누는 견해이다. 구체적으로 사물에 대한 긴급피난과 사람의 생명, 신체에 대한 긴급피난 구별하여 전자는 위법성조각사유, 후자는 책임조각사유라는 견해가 있다. 그리고 우월한 이익을 위한 긴급피난과 같거나 낮은 이익을 위한 긴급피난을 구별하여 전자는 위법성조각사유, 후자는 책임조각사유라는 견해가 있다. 이에 대해 긴급피난을 위법성조각사유로 규정하고 있는 형법의 태도에 반하며, 면책적 긴급피난도 제22조를 적용하게 되면 상당한 이유가 기대불가능성과 같은 개념이 된다는 비판을 받는다.

④ (×) 책임조각설은 자기유지본능에 기초하여 책임을 조각하므로, '자신을 위한 긴급피난'의 경우에 불처벌의 근거를 설명하는 데 더 적합하다.

① (○) 이분설에 따르면 긴급피난의 근거인 제22조는 위법성조각사유와 책임조각사유를 모두 규정한 것이므로 옳은 지문이다.

② (○) 위법성조각설에서는 책임이 조각되는 긴급피난은 초법규적 책임조각사유에 해당하는 것으로 본다. 따라서 생명과 생명의 법익이 충돌하는 경우와 같이 이익형량이 불가능한 경우 적법행위에 대한 기대가능성이 없어 처벌할 수 없다고 한다.

③ (○) 위법성조각설에 대한 비판으로 옳은 지문이다.

02
정답 ④

④ (○) 공범의 성립형식 중 제한적 종속형식은 공범의 행위가 정범의 구성요건에 해당하고 위법할 것을 요한다. 이 제한적 종속형식을 전제로 하여 긴급피난의 본질에 관해 위법성조각사유설을 취하게 되면, 긴급피난 행위는 위법성이 조각되어 불법요건을 충족시키지 못하게 되고, 정범이 불법구성요건을 충족시키지 못한 이상 이에 대한 공범은 성립할 수 없게 된다.

① (×) 정당방위의 본질은 법익의 부당한 침해에 대한 방위행위(正 vs 正)인데, 긴급피난의 본질에 관하여 위법성조각사유설에 따르게 되면 긴급피난행위는 위법성이 조각되어 불법요건을 충족시키지 못하므로 이에 대한 정당방위는 불가능하게 된다. 따라서 위법성조각사유설을 따르게 될 경우 긴급피난에 대한 긴급피난은 가능하나, 긴급피난에 대한 정당방위는 불가능하다.

② (×) 강제채혈을 한 사안에서는 긴급피난의 상당성 요건 중 적합성, 즉 사회상규에 어긋나지 않는 적합한 수단이어야 한다는 원칙이 문제된다. 아무리 타인의 생명을 보호하기 위함이라고 하더라도, 타인에 대한 강제채혈 행위는 인격의 존엄성을 현저히 훼손하는 행위이므로 '사회상규에 어긋나지 않는' 적합한 피난수단이라 할 수 없다.

③ (×) 위난과는 무관한 제3자의 법익을 희생시켜 正 vs 正의 관계구도가 문제되는 유형은 긴급피난의 유형 중 공격적 긴급피난이다. 방어적 긴급피난은 위난을 야기한 자에 대한 피난행위로서, 正 vs 正의 관계구도가 문제되지 않는다.

03
정답 ②

② ㉠㉢㉣㉤

㉠ (○) 환자의 생명과 자기결정권을 비교형량하기 어려운 특별한 사정이 있다고 인정되는 경우에 의사가 자신의 직업적 양심에 따라 환자의 양립할 수 없는 두 개의 가치 중 어느 하나를 존중하는 방향으로 행위하였다면, 이러한 행위는 처벌할 수 없다(대법원 2014.6.26, 2009도14407).

㉡ (×) 피고인의 무수혈 방식의 수술 및 그 위험성에 관한 수술 전의 설명 내용, 망인의 나이, 가족관계, 망인이 이 사건 수술에 이르게 된 경위, 망인이 타가수혈 거부라는 자기결정권을 행사하게 된 배경, 수혈 거부에 대한 망인의 확고한 종교적 신념, 책임면제각서를 통한 망인의 진지한 의사결정, 수술 도중 타가수혈이 필요한 상황에서의 가족 등의 의사 재확인 등에 관한 사정들을 종합적으로 고려하여 보면, 이 사건에서는 망인의 생명과 자기결정권을 비교형량하기 어려운 특별한 사정이 있으므

로, 타가수혈하지 아니한 사정만을 가지고 피고인이 의사로서 진료상의 주의의무를 다하지 아니하였다고 할 수 없다. 따라서 피고인이 자신의 직업적 양심에 따라 망인의 자기결정권을 존중하여 망인에게 타가수혈하지 아니하고 이 사건 인공고관절 수술을 시행한 행위에 대하여 업무상과실치사에 관한 범죄의 증명이 없는 경우에 해당한다(대법원 2014.6.26, 2009도14407).

ⓒ (×) 주관적 정당화요소가 인정되기 위해서는 객관적 정당화상황에 대한 인식이 있음은 물론 나아가 이를 방위하거나 피하기 위하는 등의 의사적 요소까지 존재해야 한다는 것이 다수설·판례이다. "정당행위가 성립하기 위하여는 건전한 사회통념에 비추어 그 행위의 동기나 목적이 정당하여야 하고, 정당방위·과잉방위나 긴급피난·과잉피난이 성립하기 위하여는 방위의사 또는 피난의사가 있어야 한다(대법원 1997.4.17, 96도3376 전원합의체)."

ⓔ (×) 사실상의 지배권을 가지고 그 소유자를 대신하여 이 사건 토지를 실질적으로 관리하고 있던 피고인이 토지에 철주를 세우고 철망을 설치하고 포장된 아스팔트를 걷어내는 등의 방법으로 통행로로 이용하지 못하게 하는 등 상가임대업무 및 상가 영업업무를 방해함과 동시에 육로를 막아 일반 교통을 방해하였다고 판단한다(대법원 2007.12.28, 2007도7717).
[보충] 토지에 인접하여 있는 상가건물에 건축법상 위법요소가 존재하고 그와 같은 위법요소를 방치 내지 조장하고 있다하더라도, 그러한 사정만으로는 이 사건에 있어서 피고인이 이 사건 토지의 소유자를 대위 또는 대리하여 법정절차에 의하여 토지의 소유권을 방해하는 사람들에 대한 방해배제 등 청구권을 보전하는 것이 불가능하였거나 현저하게 곤란하였다고 볼 수 없을 뿐만 아니라, 피고인의 이 사건 행위가 그 청구권의 실행 불능 또는 현저한 실행곤란을 피하기 위한 상당한 행위라고 볼 수도 없다(대법원 2007.12.18, 2007도7717).

ⓜ (×) 제23조 제2항에 의하면 자구행위가 그 정도를 초과한 때에는 정황에 따라 그 형을 감경하거나 면제할 수 있으며, 여기에서 더 나아가 야간이나 그 밖의 불안한 상태에서 공포를 느끼거나 경악(驚愕)하거나 흥분하거나 당황하였기 때문에 그 행위를 하였을 경우라는 요건이 갖추어져야 하는 것은 아니다.
[보충] 한편, 제21조 제3항의 소위 면책적 과잉방위의 규정[제2항의 경우에 야간이나 그 밖의 불안한 상태에서 공포를 느끼거나 경악(驚愕)하거나 흥분하거나 당황하였기 때문에 그 행위를 하였을 때에는 벌하지 아니한다]은 긴급피난에는 준용되지만(제22조 제3항) 자구행위에는 준용되지 아니한다.

04   정답 ③

③ (×) 긴급피난의 행위태양은 작위이다. 한편 의무의 충돌에 있어서 의무 불이행은 항상 부작위로 이루어지므로 의무의 이행행위는 작위이어야 한다. 만일 의무의 이행행위가 부작위로 이루어지는 경우라면 이는 행위자가 부작위의무를 부담하는 경우를 의미하는데, 이러한 부작위의무와 부작위의무의 충돌의 경우는 의무의 충돌에 포함될 수 없는 것이다.

① (○) 긴급피난은 행위강제가 없다. 위난상황을 행위자가 피난행위 없이 감수해버릴 수 있기 때문이다. 반면 의무충돌상황에서는 행위자는 행위를 해야 한다.

② (○) 긴급피난의 대상법익은 자기 또는 타인의 법익이며, 의무충돌의 의무는 작위의무자 자기의 의무이다.

④ (○) 위 ①번 해설에서 제시한 의무충돌의 특징 때문에 행위자에게는 수단이 적합한 행위를 해야 한다는 조건이 부과되지 않는다. 대신 충돌하는 의무 중 고가치 또는 동가치의 의무를 이행하면 의무의 이행에 상당한 이유가 인정되는 것이다.

05   정답 ④

④ ⓔⓜ

㉠ (○) 제21조 제2항, 제22조 제3항, 제23조 제2항 참조.

㉡ (○) 현재의 위법한 침해가 있는 경우에는 이에 방어하는 정당방위(부정 대 정)나 이를 피하기 위한 긴급피난(정 대 정, '부정' 대 정)이 모두 가능하다.

㉢ (○) 결과반가치일원론은 주관적 정당화요소 불요설과 통한다. 즉 객관적 정당화상황만 존재하면 위법성이 조각된다고 보게 된다(우연적 방위에 관한 위법성조각설, 소수설).

㉣ (×) 소위 자동보안장치가 작동된 경우로서, 이것이 작동되는 것은 어디까지나 현재의 침해가 행해진 때이므로, 침해의 현재성이 인정되어 정당방위가 성립한다.

㉤ (×) 처분할 수 있는 자의 승낙에 의하여 그 법익을 훼손한 행위는 '법률에 특별한 규정이 없는 한' 벌하지 아니한다(제24조). 따라서 법률에 특별한 규정이 '있는' 경우라면 위법성이 조각되지 않아 범죄가 성립하게 된다.

06   정답 ③

③ ㉡㉢㉣㉤

㉠ (×) 제21조 제3항은 긴급피난에는 준용되지만 자구행위에는 준용되지 아니한다.

㉡ (○) 타당하다.

㉢ (○) 예컨대 생명, 신체, 자유, 정조, 명예 등은 여기에 해당하지 않는다.

㉣ (○) 법정절차에 의한 청구권보전이 가능하기 때문이다.

㉤ (○) 자구행위는 과거의 청구권 침해에 대한 '사후적 보전행위'라는 점에서 현재의 침해나 현재의 위난에 대한 정당방위·긴급피난과는 다르다. 또한 자구행위에서 청구권 보전의 불가능이란 법정절차에 따른 권리구제가 불가능하고, 나중에 공적 구제 수단에 의하더라도 그 실효성을 거둘 수 없는 긴급한 사정이 있는 경우를 말한다.

07   정답 ④

④ ㉡㉣㉥

㉠ (×) 객관적으로 승낙이 있는데 이를 알지 못하고 행위한 경우는 위법성조각사유의 전제사실의 착오가 아니라 주관적 정당화요소를 결한 경우이다. 따라서 우연적 승낙행위의 경우로서 통설에 의할 때 위법성이 조각되지 않는다.

㉡ (○) 대리승낙도 가능하다. 대리인에 의하여 행해질 경우 대리인의 의사표시는 가능한 한 법익주체의 추정된 진의에 부합하여야 한다.

㉢ (×) 국가적·사회적 법익은 개인이 처분할 수 없기 때문에 승낙대상이 아니다.
[보충] 다만 공공의 신용으로 보호법익으로 하는 문서위조죄의 경우 판례는 피해자의 승낙이 있으면 죄가 되지 않는다는 판시를 내리기도 한다.

ⓔ (○) 승낙은 자유로운 결정에 의한 진지한 승낙이어야 한다.
ⓜ (×) 승낙은 자유로이 철회할 수 있다.
ⓗ (○) 준강간죄(제299조), 피구금자간음죄(제303조), 미성년자의 제강간·강제추행죄(제305조) 등은 피해자의 승낙이 범죄성립과 무관한 범죄들이다.

08   정답 ④

④ ㉠㉡㉢㉤

㉠ (×) 정보보안과 소속 경찰관이 자신의 지위를 내세우면서 타인의 민사분쟁에 개입하여 빨리 채무를 변제하지 않으면 상부에 보고하여 문제를 삼겠다고 말한 경우, 상대방이 채무를 변제하고 피해 변상을 하는지 여부에 따라 직무집행 여부를 결정하겠다는 취지이더라도 정당한 직무집행이라거나 목적 달성을 위한 상당한 수단으로 인정할 수 없어 정당행위에 해당하지 않는다(대법원 2007.9.28, 2007도606 전원합의체).

㉡ (×) 적법한 침해에 대해서는 정당방위를 할 수 없다. 즉, 정당방위·긴급피난에 대한 정당방위는 불가능하다. 그러나 정당방위·긴급피난에 대한 긴급피난은 가능하다. 정당방위는 원인되는 침해가 위법할 것을 요하나, 긴급피난은 원인되는 위난이 위법할 것을 요하지 않기 때문이다.

㉢ (×) 진단상의 과오가 없었으면 당연히 설명받았을 자궁 외 임신에 관한 내용을 설명받지 못한 피해자로부터 수술승낙을 받았다면, 위 승낙은 부정확 또는 불충분한 설명을 근거로 이루어진 것으로서 수술의 위법성을 조각할 유효한 승낙이라고 볼 수 없다(대법원 1993.7.27, 92도2345).

㉣ (○) 신문기자가 타인의 명예를 훼손하는 허위사실을 진실한 사실로 오인하고 오로지 공공의 이익을 위해 공포한 경우, 통설은 이를 위법성조각사유의 전제사실에 관한 착오로 검토하고 있다. 단, 판례는 행위자가 진실하다고 믿은 것에 객관적으로 상당한 이유가 있으면 위법성이 조각된다고 하여, 단지 제310조의 위법성조각사유를 다소 확장해석함으로써 문제를 해결하고 있다. 판례는 이 경우를 위법성조각사유의 해석에 관한 문제로 접근할 뿐, 허용구성요건착오 검토하는 문제의식까지는 보여주지 않고 있는 것이다. "형법 제310조의 규정은 인격권으로서의 개인의 명예의 보호와 헌법 제21조에 의한 정당한 표현의 자유의 보장이라는 상충되는 두 법익의 조화를 꾀한 것이므로, 두 법익간의 조화와 균형을 고려한다면 적시된 사실이 진실한 것이라는 증명이 없더라도 행위자가 진실한 것으로 믿었고 또 그렇게 믿을 만한 상당한 이유가 있는 경우에는 위법성이 없다고 보아야 한다(대법원 2007.12.14, 2006도2074; 2020.8.13, 2019도13404 등)."

㉤ (×) 종교적 기도행위를 마치 의료적으로 효과가 있는 치료행위인 양 내세워 환자를 끌어들인 다음, 통상의 일반적인 안수기도의 방식과 정도를 벗어나 환자의 신체에 비정상적이거나 과도한 유형력을 행사하고 신체의 자유를 과도하게 제압하여 그 결과 환자의 신체에 상해까지 입힌 경우라면, 그러한 유형력의 행사가 비록 안수기도의 명목과 방법으로 이루어졌다 해도 사회상규상 용인되는 정당행위라고 볼 수 없음은 물론이고, 이를 치료행위로 오인한 피해자측의 승낙이 있었다 하여 달리 볼 수도 없다(대법원 2008.8.21, 2008도2695).

제2편 범죄론   제4장 책임론 (1)

09   정답 ③

③ (×) 고의를 책임요소로 이해하고, 그 내용으로서 구성요건에 해당하는 객관적 사실의 인식 이외에 위법성의 인식(또는 그 인식의 가능성)이 필요하다는 견해가 고의설이다. 이는 고전적 범죄체계와 신고전적 범죄체계 하의 학설이다.
[보충] 특히 고의가 성립하기 위해서는 구성요건에 해당하는 객관적 사실의 인식 이외에 현실적인 위법성의 인식이 필요한 입장인 엄격고의설이다. 엄격고의설에 따르면 위법성조각사유의 전제사실에 대한 착오에 대하여 고의 성립 여부가 문제된다. 따라서 위법성의 인식이 없으면 고의가 조각되고, 회피가능성이 있는 경우 과실범처벌규정의 존재를 전제로 과실범으로 처벌된다.

① (○) 순수한 규범적 책임론은 고의·과실과 같은 심리적 요소는 구성요건요소이고 책임은 단지 의사에 대한 평가라는 입장으로서, 평가의 대상인 고의·과실과 대상의 평가인 의사형서에 대한 비난가능성을 엄격히 구분하는 입장이다. 규범적 평가의 대상은 책임 단계에는 전혀 존재하지 않고 불법 단계에만 존재한다고 보기 때문에 책임개념이 공허하게 된다는 비판을 받는다.

② (○) 위법성에 관한 모든 착오를 법률의 착오라고 하는 엄격책임설이다. 엄격책임설에 따르면 착오의 정당한 이유가 있다면 책임이 조각되어 무죄로 되나(고의는 인정되어 과실범 여부도 문제 삼지 않는다), 정당한 이유는 없었지만 경우에 따라 책임이 감경한다거나, 정당한 이유가 없다면 책임이 인정되어 고의범이 성립하게 된다.

④ (○) 제한적 책임설에 대한 올바른 내용이다. 제한적 책임설 내에서도 위법성조각사유의 객관적 전제사실에 대한 착오를 어떻게 해결할 것인가에 따라서 구성요건착오유추적용설과 법효과제한적 책임설로 입장이 나뉜다. 구성요건착오유추적용설은 구성요건착오로 보아 구성요건적 고의가 조각되어 과실범 성립만 문제되므로 이에 가공한 행위를 공범으로 의율할 수 없다는 입장인데 비해, 법효과제한적 책임설은 고의의 이중기능을 인정하는 전제 하에 책임형식으로서의 고의를 소위 '심정반가치로서의 고의'라 하여 구성요건고의는 인정하되 이러한 책임고의를 부정하여 고의범 성립을 부정하는 입장을 취한다. 이에 의하면 허용구성요건의 착오가 구성요건적 착오의 성질을 가지고 있다는 점을 인정하면서도 이를 책임단계의 고의문제에서 고려함으로써 고의범의 불법은 성립하나 고의범의 책임은 조각되어 결국 고의범의 성립을 부인하고 과실범 성립 여부만 문제삼게 된다.

10   정답 ③

③ (×) 도의적 책임론이 형사책임의 근거를 행위자의 자유의사에서 찾는 것은 맞지만, 가벌성 판단에서는 행위자보다 행위에 중점을 두는 객관주의 책임론의 입장이라는 점에서 위 지문은 틀렸다.

① (○) 사회적 책임론에서는 행위자의 책임능력을 형벌능력으로 이해하여 그가 형벌을 받을 수 있는 능력이 있으면 책임도 질 수 있다고 설명한다. 또 책임의 근거를 행위자의 반사회성에 두고, 사회생활을 하고 있는 책임무능력자에 대하여도 사회방위

를 위해 보안처분을 가하여야 한다고 주장한다.

② (○) 심리적 책임론에서 책임의 본질은 결과에 대한 인식과 의사인 고의 또는 결과를 인식하지 못한 과실에 있다. 특히 심리적 책임론을 책임 개념으로 받아들인 고전적 범죄체계에서는 객관적 요소는 위법성에 속하고 주관적 요소는 책임에 속한다고 이해한다.

④ (○) 규범적 책임론에서 책임의 구성요소는 책임능력, 고의·과실, 기대가능성이 있다. '복합적 책임개념'을 채택하여 책임 단계 내에 심리적 요소인 고의·과실과 규범적 요소인 기대불가능성(책임조각사유)의 부존재가 혼합되어있다는 입장을 취한 것이다.

11   정답 ②

② ㉡㉢㉣㉤

㉠ (○) 심리적 책임론에 의하면 책임은 책임능력(책임조건)과 고의·과실(책임형식)로 구성된다. 이에 대해 강요된 행위(제12조)에 있어서 고의를 가지고 행위하는 피강요자의 책임조각의 이유를 설명하기 어렵다는 비판이 있다.

㉡ (×) 인간의 자유의사를 부정하면서 인간의 의사와 행위는 개인의 유전적 소질과 환경에 의하여 결정된다는 견해는 사회적 책임론(특히 성격책임론)인데 이는 책임의 근거를 행위자의 반사회성에서 찾는다. 의사책임과 행위책임으로부터 책임의 근거를 찾는 것은 도의적 책임론에 해당한다.

㉢ (×) 형법 제10조 소정의 심신장애의 유무는 법원이 형벌제도의 목적 등에 비추어 판단하여야 할 법률문제로서, 그 판단에 있어서는 전문감정인의 정신감정 결과가 중요한 참고자료가 되기는 하나, 법원으로서는 반드시 그 의견에 기속을 받는 것은 아니고, 그러한 감정 결과뿐만 아니라 범행의 경위, 수단, 범행 전후의 피고인의 행동 등 기록에 나타난 제반 자료 등을 종합하여 단독으로 심신장애의 유무를 판단하여야 한다(대법원 1995.2.24, 94도3163).

㉣ (×) 소년법 제4조 제1항의 '죄를 범한 소년'(범죄소년)은 죄를 범한 14세 이상 19세 미만의 자를 말한다. 범죄소년은 책임능력자(형법 제9조)로서 그에 대하여 보호처분은 물론 범죄의 동기와 죄질에 따라 형사처벌도 부과할 수 있다(소년법 제49조 참조).

> 소년법 제4조(보호의 대상과 송치 및 통고) ① 다음 각 호의 어느 하나에 해당하는 소년은 소년부의 보호사건으로 심리한다.
> 1. 죄를 범한 소년

㉤ (×) 아동·청소년의 성보호에 관한 법률 제8조 제1항에서 말하는 '사물을 변별할 능력'이란 사물의 선악과 시비를 합리적으로 판단하여 정할 수 있는 능력을 의미하고, '의사를 결정할 능력'이란 사물을 변별한 바에 따라 의지를 정하여 자기의 행위를 통제할 수 있는 능력을 의미하는데, 이러한 사물변별능력이나 의사결정능력은 판단능력 또는 의지능력과 관련된 것으로서 사실의 인식능력이나 기억능력과는 반드시 일치하는 것은 아니다(대법원 2015.3.20, 2014도17346).

12   정답 ②

㉠ (○) 책임 없이 형벌 없다. 책임을 초과하는 형벌은 정당하지 않다. 죄형법정주의의 적정성의 원칙 중 죄형균형의 원칙도 이러한 의미이다.

㉡ (○) 기능적 책임론은 예방적 책임론이라고도 한다. 책임은 형벌의 전제이므로, 책임을 형벌의 목적인 '예방'과 관련시켜 기능적으로 이해해야만 한다는 점에서, 기능적 책임개념이라고 하는 것이다. 따라서 예방의 필요성이 없으면 책임을 부정하여 무죄판결을 내릴 수 있다는 결론에 이르게 된다. 다만 이 입장에 대해서는 책임과 예방을 혼동한 것이고, 예방은 형벌의 양정인 양형단계에서 고려하면 충분하며, 예방으로 책임을 이해한다면 책임주의가 약화될 수 있다는 비판도 있다.

㉢ (×) 불법이 없다면 책임이 있더라도 처벌해서는 안 된다. 책임원칙은 불법과 책임의 일치를 요구한다.

㉣ (×) 책임주의라는 것은 책임 없이는 형벌도 없다는 것인데, 여기서 책임은 원칙적으로 행위책임을 의미하지만, 경우에 따라서는 예외적으로 행위자책임도 고려될 수 있고, 그 한 예가 동종범죄의 습벽이라는 위험성을 가진 상습범에 대한 가중처벌이다. 따라서 상습범에 대한 가중처벌은 책임주의에서 벗어났다고는 볼 수 없다. 문제는 '동종 범죄의 습벽'이라는 위험성이 있다는 것을 어떠한 정당한 방법으로 입증할 것인가에 있다.

㉤ (×) 중한 결과가 발생되었고 인과관계가 인정된다고 하여 결과적 가중범으로 처벌된다는 것은 결과책임사상의 표현에 다름 아니다. 따라서 과실이 없으면 책임도 없다는 책임주의를 결과적 가중범에도 적용하기 위하여 결과적 가중범의 중한 결과에 대한 예견가능성을 요구하게된 것이다. 따라서 이는 책임주의와 매우 깊은 관련이 있다.

13   정답 ③

③ (×) 원인에 있어서 자유로운 행위의 가벌성의 근거를 원인행위와 심신장애상태 하에서의 실행행위의 불가분적 관련에서 찾는 견해는 예외설(예외모델, 다수설)은 실행의 착수시기에 대해서는 구성요건적 정형성을 중시하여 구성요건을 실현하는 행위를 하는 때로 보고 있다(실행행위시설; 구성요건실현행위시설).

① (○) 고전적 범죄체계 하의 심리적 책임론은 고의·과실이 있으면 책임을 인정하기 때문에, 이러한 심리적 요소가 있음에도 불구하고 적법행위의 기대가능성이 없어 비난할 수 없는 행위를 한 행위자의 책임을 조각시키는 이유를 설명하기 어렵게 된다. 여기에서 규범적 책임론이 필요하게 되는 것이다.

② (○) 강요된 행위에 있어서 피강요자의 행위는 책임이 조각될 뿐 위법한 행위인 것은 명백하다. 따라서 이에 대한 정당방위가 가능하다(다만 사회윤리적 제한은 있음).

14   정답 ②

② ㉠㉡㉢

㉠ (○) 대법원 1992.7.28, 92도999

㉡ (○) 형법 제10조 제3항에서 명문의 규정을 두고 있다.

㉢ (×) 간접정범과의 구조적 유사성설(행위와 책임의 동시존재원칙을 준수하고자 하는 소위 '일치설, 구성요건모델)의 입장이다. 이 견해는 원인설정행위를 실행행위로 보아 이를 실행의 착수시기로 인정한다는 점에서 구성요건적 실행행위의 정형성을 무시하게 된다는 문제점이 발생한다. 결국 이는 가벌성을 확장하게 되는 것이어서 최근에는 지지를 얻지 못하는 입장이다.

㉣ (×) 원인행위와 실행행위 간의 불가분적 관련성설(행위와 책

임의 동시존재원칙의 예외를 인정하는 소위 '예외설', 책임모델)의 입장이다. 이 견해는 행위와 책임능력의 동시존재의 원칙에 대한 예외를 인정하는 입장이다.

ⓐ (O) 원인에 있어서 자유로운 행위에 있어 구성요건모델설에 의하면 원인행위 자체를 구성요건적 실행행위로 파악하고(원인행위=구성요건), 원인행위시에 실행의 착수가 있다고 본다. 구성요건모델설(일치설)은 실행행위와 책임능력의 동시 존재의 원칙과는 일치하나, 구성요건적 정형성을 깨뜨릴 수 있다는 점에서 비판의 대상이 된다.

15
정답 ④

④ ㉠-ⓐ, ㉡-ⓒ

㉠-ⓐ 및 ⓑ 가벌성의 근거를 자신을 도구로 이용하는 간접정범으로 이해하는 견해(간접정범과의 구조적 유사성설, 일치설 내지 구성요건모델)에 의하면 원인에 있어서 자유로운 행위의 실행의 착수시기를 원인행위시(원인행위설, 주관설)로 파악하기 때문에 ⓐ와 같은 비판을 받게 된다. 다만 이 입장은 원인행위시에는 책임능력이 존재하고 있었다는 점에서 ⓑ와 같은 장점은 가지게 된다.

㉡-ⓒ 가벌성의 근거를 원인설정행위와 실행행위의 불가분적 관련에서 찾는 견해(원인행위와 실행행위 간의 불가분적 관련성설, 예외설 내지 책임모델)은 원인에 있어서 자유로운 행위를 행위와 책임의 동시존재원칙의 예외로 파악하여, 가벌성의 근거는 원인행위에 있지만 동시에 구성요건적 정형성을 중시하여 실행행위시(책임능력결함상태하에서의 구성요건적 실행행위 개시시)에 실행의 착수가 있다고 파악하게 된다. 따라서 ⓒ와 연결된다.

㉢-ⓓ 가벌성의 근거를 책임능력결함상태에서의 실행행위로 이해하는 견해는 심층심리학을 활용한 유기천 교수의 소수설로서, ⓓ와 같은 비판이 뒤따르게 된다.

16
정답 ④

④ 가-C-b, 나-A-a, 다-B-c

[가-C-b 일치설 (간접정범유사설, 구성요건모델)] 원인이 자유로운 행위의 가벌성의 근거를 간접정범과의 구조적 유사성에 근거하여 원인행위에서 찾는 견해는 논리적으로 간접정범에서 이용행위시에 실행의 착수가 인정되듯이 원인이 자유로운 행위에서도 원인행위시에 실행의 착수가 있다고 본다. 이러한 입장은 실행행위와 책임능력의 동시존재의 원칙과는 일치하지만 구성요건적 정형성을 깨뜨릴 수 있다는 점에서 비판의 대상이 된다.

[나-A-a 예외설 (불가분적 관련성설, 책임모델)] 이 견해는 원인이 자유로운 상태에서 결과를 예견하였음에도 불구하고 책임능력이 결여되는 심신장애의 상태를 초래하는 원인설정행위를 하였다는 점에 그 처벌의 근거가 있다는 입장이다. 이는 구성요건적 정형성을 준수하여 죄형법정주의의 보장적 기능을 충실히 하기 위한 입장이다.

[다-B-c] 가벌성의 근거를 범죄실행행위에서 찾는 견해로, 무의식상태에서 행한 실행행위에 가벌성의 근거를 인정하는 입장이다. 반무의식상태 하에서의 행위라는 개념을 인정하면 대부분의 경우에 책임능력이 인정되어 법적 안정성을 해하는 결과를 초래할 수 있다는 비판을 받고 있다.

17
정답 ④

④ ㉡㉢㉣

원인에 있어서 자유로운 행위와 관련하여 (A)단계는 원인설정행위단계, (B)단계는 장애상태하의 행위단계라고 할 수 있다.

㉠ (×) 간접정범유사설(구성요건모델설, 일치모델)에 대한 설명으로 이는, 행위와 책임능력의 동시존재의 원칙을 유지하는 견해이다.

㉡ (O) 타당하다.

㉢ (O) 불가분적 관련성설(책임모델, 예외모델)의 내용이다.

㉣ (O) 반무의식상태설의 내용이다.

18
정답 ③

③ (O) '장래의 침해에 대해서도 정당방위가 가능하다'고 생각하고 방위행위를 한 것은 위법성조각사유의 존재 내지 그 범위에 관한 착오로서 법률의 착오에 해당된다.

① (×) 인식 있는 과실의 경우로서 과실범에 해당된다.

② (×) 구체적 사실의 착오 중 방법의 착오로서, 구체적 부합설과 법정적 부합설의 입장이 대립한다. 사실의 착오의 경우이다.

④ (×) 과실에 의한 자살방조의 경우이다. − 과실치사죄의 성립을 논해볼 수 있으나 − 단지 방조행위를 하는 경우이었다면 현행법상 처벌규정이 없으므로 불가벌이 될 것이다.

19
정답 ④

④ (×) 환각범(=환상범, 반전된 금지착오)은 위법성의 적극적 금지착오로, 처벌되지 않는 행위를 처벌된다고 오인한 경우를 말한다. 보기의 경우는 구조의무, 즉 작위의무가 없다고 착오한 것으로서 위법한 행위를 하면서도 자기의 행위가 위법함을 착오로 인하여 인식하지 못하는 법률의 착오(=금지착오)에 속한다.

① (O) 불능미수는 행위자가 범죄가 되는 사실은 인식하였으나 결과발생이 불가능한 경우 위험성이 있는 경우 처벌하는 개념인데 반하여 사실의 착오는 (중한)범죄가 되는 사실은 인식하지 못하였으나 (중한)결과가 발생한 경우를 말하므로 서로 반전된 경우에 해당된다. 환각범은 행위에 위법성이 없는데 있다고 오신한 경우이고, 법률의 착오는 위법성이 있지만 없다고 믿은 경우를 말하므로 반전된 경우가 맞다.

② (O) 말리면서 식칼을 뺏으려던 피해자의 귀를 찔러 상해를 입힌 피고인에게 상해의 범의가 인정되며 상해를 입은 사람이 목적한 사람이 아닌 다른 사람이라 하여 과실상해죄에 해당한다고 할 수 없다(대법원 1987.10.26, 87도1745). 판례는 구성요건적 착오에서 법정적 부합설의 입장이므로 보기와 같은 구체적 사실의 착오 중 방법의 착오에서 발생사실의 고의 기수를 인정한다. 따라서 상해죄에 해당한다.

③ (O) 이 사건 범행 당시 피고인이 이 사건 기계에 대한 가압류가 무효라고 믿었다거나 그와 같이 믿은 데에 정당한 이유가 있었다고 할 수 있는 자료가 전혀 없으므로, 피고인이 주장하는 사정만으로는 공무상표시무효죄의 죄책을 면할 수 없다고 할 것이다(대법원 2000.4.21, 99도5563).

20
정답 ①

① (×) 개를 죽이더라도 재물손괴에는 해당되지 않는다고 생각한 것은 재물손괴죄(제366조)로 포섭됨에도 불구하고 포섭되지 않

는다고 오인한 포섭의 착오이다.

② (○) 지하철에서 승객이 손잡이를 잡기 위해 팔을 올리는 것을 소매치기하려는 것으로 오인하여 그 팔을 쳐서 전치 3주의 상해를 입힌 경우는, 타인의 법익에 대한 현재의 침해가 없음에도 불구하고 있다고 오인한 오상방위로서 위법성조각사유의 객관적 전제사실에 관한 착오이다.

③ (○) 병역법상 입대거부를 처벌하는 규정은 무효라고 생각한 것은 일반적 구속력이 있는 규정을 효력이 없다고 오인한 경우로서 효력의 착오에 속한다.

④ (○) 남편과 사별한 과부와 간음하는 것은 간통죄에 속하지 않음에도 죄가 된다고 오인한 경우는, 금지되지 않은 행위를 금지된 행위로 오인한 환상범 즉, 반전된 금지착오에 속한다.

▶ **제2편 범죄론: 제4장 책임론 [법률의 착오 2] ─ 제5장 미수론**

01	②	02	④	03	②	04	④	05	④
06	①	07	④	08	④	09	③	10	①
11	④	12	④	13	④	14	②	15	②
16	②	17	①	18	③	19	①	20	④

제2편 범죄론 제4장 책임론 (2)

01

정답 ②

② ㉠㉣

㉠ (O) 보증인적 지위는 구성요건요소이고, 보증인적 의무는 위법성요소이므로 맞는 내용이다.

㉡ (×) 형사소송법이나 경찰관직무집행법 등의 법률에 정하여진 구금 또는 보호유치 요건에 의하지 아니하고는 즉결심판 피의자라는 사유만으로 피의자를 구금, 유치할 수 있는 아무런 법률상 근거가 없고, 경찰 업무상 그러한 관행이나 지침이 있었다 하더라도 이로써 원칙적으로 금지되어 있는 인신구속을 행할 수 있는 근거로 할 수 없으므로, 즉결심판 피의자의 정당한 귀가요청을 거절한 채 다음날 즉결심판법정이 열릴 때까지 피의자를 경찰서 보호실에 강제유치시키려고 함으로써 피의자를 경찰서 내 즉결피의자 대기실에 10~20분 동안 있게 한 행위는 형법 제124조 제1항의 불법감금죄에 해당하고 … 이 사건 범행의 경위 및 피고인의 경찰관 복무 경력 등에 비추어 보면 피고인의 판시와 같은 감금, 유치행위가 법령에 의하여 죄가 되지 아니하는 것으로 오인하였다고 볼 수 없을 뿐만 아니라 피고인이 경찰서 보호실 근무자로부터 보호유치 지시를 받았다 하여 그러한 위법한 명령에 따라야 할 의무가 없는 이상 위와 같은 오인을 하게 된 데에 대하여 정당한 이유가 있다거나 피고인이 피해자의 보호실유치를 회피할 가능성이 없었다고 인정하기 어렵다(대법원 1997.6.13, 97도877).

㉢ (×) 규범적 구성요건요소는 해석에 있어서 다른 요소에 의한 가치평가를 필요로 하는 구성요건요소이다. 예를 들어, 절도죄의 '재물의 타인성'이 여기에 속한다. 만일 규범적 구성요건요소 의미 자체를 인식하지 못한 경우(재물이 타인 소유임을 인식하지 못한 경우)라면 사실의 착오에 해당하고, 규범적 구성요건요소의 의미는 인식하였으나 그 해석 내지 포섭을 잘못한 경우(이 정도는 타인 소유라고 생각하지 않은 경우로서 예컨대, 타인 소유 토지에 권원 없이 식재한 수목이라 하더라도 자기 소유라고 오인한 경우)라면 법률의 착오에 해당한다.

㉣ (O) 임대업자가 임차인으로 하여금 계약상의 의무이행을 강요하기 위한 수단으로 계약서의 조항을 근거로 임차물에 대하여 일방적으로 단전·단수조치를 함에 있어 자신의 행위가 죄가 되지 않는다고 오인하더라도, 특별한 사정이 없는 한 그 오인에는 정당한 이유가 있다고 볼 수는 없다(대법원 2007.9.20, 2006도9157).

02

정답 ④

사안은 위법성조각사유의 전제사실의 착오(오상방위)에 관한 문제로 (가)는 엄격책임설, (나)는 소극적구성요건표지이론, (다)는 구성요건착오유추적용설, (라)는 법효과제한적 책임설이다.

④ (×) 법효과제한적 책임설에 의하면, 甲은 책임고의가 부정되므로 고의범으로 처벌되지 않는다.

① (O) 엄격책임설에 의하면 위법성에 관한 착오는 모두 금지착오, 즉 법률의 착오로 규율된다. 따라서 그 오인에 정당한 이유가 있다면 책임이 조각되어 무죄로 되나, 정당한 이유가 없다면 책임이 인정되어 고의범이 성립하게 된다.

② (O) 소극적구성요건표지이론에 의하면, 위법성조각사유는 소극적 구성요건요소이므로 위법성조각사유에 대한 착오는 곧 구성요건의 착오가 되므로 구성요건적 고의가 조각된다.

③ (O) 구성요건착오유추적용설에 의하면, 위법성전제사실의 착오 문제에 사실의 착오 규정을 유추적용하여 구성요건적 고의가 조각된다.

03

정답 ②

② ㉠㉢

㉠ (×) 위법성조각사유의 전제사실의 착오를 어떻게 해결하는가에 관한 판례의 입장은 명확하지 않다. 다만, 판례는 ⓐ 일부 판례에서는 오상방위에 대하여 그 오인에 정당한 사유가 존재한다고 보아 살인죄가 성립하지 않는다고 하여 엄격책임설을 취하기도 하고(소위 빈 칼빈 소총 사건, 대법원 1968.5.7, 68도370), ⓑ 일부 판례에서는 허위의 사실을 진실한 사실로 오인하고 공공의 이익을 적시한 경우 그 오인에 상당한 이유가 있다면 위법성이 조각된다고 보는 위법성조각설의 입장을 보여주기도 한다(형법 제310조 위법성조각사유 적용, 대법원 1993.6.22, 92도3160; 2007.12.14, 2006도2074)(이를 허용된 위험의 법리를 적용한 것이라 평하는 견해도 있음). 위 지문의 출제의 의도는 후자의 판례를 고려한 것이다.

㉡ (O) 엄격고의설에 의하면 고의가 조각되고 과실범 성립 여부가 문제될 것이다.

㉢ (O) 법효과제한적 책임설의 입장이다.

㉣ (O) 위법성의 인식이 고의와는 다른 독자적인 책임의 요소라고 보는 것은 책임설이다. 책임설 중에서도 위법성조각사유의 전제사실의 착오를 사실의 착오처럼 해결해야 한다는 것은 제한적 책임설이다. 제한적 책임설에 의하면 구성요건적 고의가 조각되든(유추적용설) 책임고의가 조각되든(법효과제한적 책임설) 고

의범이 성립하지 않고 과실치사죄가 성립할 수 있게 된다.
◉ (×) 책임설에는 엄격책임설과 제한적 책임설이 있고 제한적 책임설 내에는 구성요건착오유추적용설과 법효과제한적 책임설의 입장이 있는데, 엄격책임설에 의하면 책임조각, 법효과제한적 책임설에 의하면 책임고의 조각이 되나 구성요건착오유추적용설에 따르면 구성요건고의가 조각되어 공범 성립이 인정되지 아니한다.

04   정답 ④

④ (×) 법효과제한적 책임설은 착오로 인하여 행위자의 심정반가치를 인정할 수 없으므로 책임고의가 조각되며 오상행위에 가담한 자에 대하여 공범성립을 인정할 수 있다는 특징이 있다.
① (○) 엄격고의설에 따르면 오상방위의 경우 행위자에게 현실적인 위법성의 인식이 없으므로 고의가 조각되고 단지 과실범의 성부가 문제가 된다고 보는데 행위자에게 과실이 있으면 과실범, 과실이 없으면 무죄가 된다.
② (○) 엄격책임설은 오상방위를 행위자가 구성요건적 사실 그 자체는 인식했으므로 고의는 조각될 수 없고, 착오로 위법성을 인식하지 못한 것이라고 보아 금지착오로 해석한다.
③ (○) 소극적 구성요건요소이론은 위법성조각사유는 소극적 구성요건이므로 구성요건적 착오에 관한 규정을 직접 적용하여 고의가 조각된다고 보는 견해이다.

05   정답 ④

④ ㉠㉡㉢
㉠ (○) 고의의 인식적 · 지적 요소를 중시하는 입장에 가능성설과 개연성설이 있는데, 이에 대해서는 고의의 의사적 · 의지적 요소를 무시하고 있어 결국 고의의 성립범위가 지나치게 확대된다는 비판이 제기된다.
㉡ (○) 피해자의 승낙의 본질에 대한 이익흠결설에 의하면 피해자가 자신의 법익을 침해할 것을 승낙하게 되면 형법적으로 보호해야 할 이익이 흠결된다고 파악하게 된다. 따라서 승낙살인죄와 같은 처벌규정을 설명할 수 없게 된다.
[보충] 법률정책설이 다수설이다.
㉢ (○) 국가표준설에 대해서는 기대가능성이 없는 경우를 상정하기 어렵다는 비판이 제기된다.
[보충] 이에 비하여, 행위자표준설에 대해서는 기대가능성이 있는 경우가 지나치게 축소된다는 비판이 제기된다. 통설 · 판례는 일반인 · 평균인 표준설의 입장이다.
㉣ (×) 규범적 구성요건요소에 관한 회피가능한 포섭의 착오란 "법률의 착오에 정당한 이유가 없는 경우"를 말한다. 이 지문에서는 정당한 이유가 없는 법률의 착오가 과실범이 된다고 되어 있는데 이는 대표적으로 엄격고의설의 결론이다. 따라서 이는 엄격고의설에 대한 비판에 해당하는 것이지 엄격책임설(고의범 성립)에 대한 비판에는 해당하지 않는다.
㉤ (×) 엄격고의설은 고의가 성립하기 위해서는 구성요건에 해당하는 객관적 사실의 인식 이외에 다시 현실적인 위법성의 인식이 필요하다는 입장이고, 제한고의설은 고의가 성립하기 위해서는 구성요건에 해당하는 객관적 사실의 인식 이외에 위법성의 인식가능성만 있으면 충분하고, 현실적인 위법성 인식은 불필요하다는 입장이다. 따라서 전단은 맞다. 다만 엄격고의설에 대해서는 도의심이 박약한 자를 부당하게 유리하게 취급한다는

비판이, 제한고의설에 대해서는 인식가능성만으로 고의를 인정하게 되면 과실과 고의를 혼동한 것이라는 비판이 제기된다. 따라서 후단은 틀렸다.
[보충] 엄격고의설과 제한고의설에 대해서는 위법성인식의 체계적 지위를 잘못 파악하고 있다는 비판이 공통적으로 제기된다.

06   정답 ①

① (×) 위법성조각사유의 전제사실에 대한 착오에 대해서 엄격책임설은 '금지착오'로 이해한다. 따라서 그 착오에 정당한 이유가 없으면 고의범이 성립하고 책임감경이 가능할 뿐이다. 결국 사안의 경우 이에 의하면 甲에게 폭행죄가 성립한다.
② (○) 엄격고의설은 위법성의 인식을 고의의 내용으로 이해하여, 위법성조각사유의 전제사실에 대한 착오가 있으면 위법성의 인식이 없으므로 책임요소로서의 고의가 조각되고 과실범이 문제된다. 결국 사안의 경우 甲에게 폭행죄가 성립하지 않고, 과실 폭행이 인정되나 그 처벌 규정이 없어 불가벌이 된다.
③ (○) 구성요건착오유추적용설에 따르면 위법성조각사유의 전제사실에 대한 착오에 대해서 구성요건적 착오를 유추적용하게 되므로, 구성요건적고의 즉 불법고의가 부정되고 과실범이 문제된다. 결국 사안의 경우 甲에게 폭행죄가 성립하지 않고, 과실폭행이 인정되나 그 처벌규정이 없어 불가벌이 된다.
④ (○) 법효과제한책임설에 따르면 위법성조각사유의 전제사실에 대한 착오의 경우 구성요건적 고의는 인정되지만, 책임고의가 조각되어 고의범의 성립을 부정하고, 그 착오에 과실이 있으므로 과실범의 법효과를 인정하게 된다. 따라서 이에 의하면 甲에게 폭행에 대한 구성요건고의는 인정되지만 책임고의는 부정되므로 폭행죄가 성립하지 않고, 과실폭행이 인정되나 그 처벌규정이 없어 불가벌이 된다.

07   정답 ④

㉠-(e) 소극적 구성요건표지이론에 따르면 위법성은 구성요건 단계에서 불법구성요건해당성과 위법성을 하나로 포함시키는 총체적불법구성요건으로 보고 있기 때문에 구성요건해당성에 대한 위법성의 독자성을 인정하는 3단계 범죄체계와 부합하지 않는다.
㉡-(a) 고의설은 고의를 책임요소로 이해하고, 그 내용으로서의 구성요건에 해당하는 객관적 사실의 인식 이외에 위법성의 인식이 필요하다는 견해로, 위법성의 인식과 고의를 분리하여 고찰하는 책임설의 주장과 대립된다. 따라서 고의설에 따르면 위법성의 인식이 없으면 고의가 조각되며, 회피가능성이 있는 경우 과실범 처벌규정의 존재를 전제로 과실범으로 처벌되는 것이다.
㉢-(b) 엄격책임설은 위법성에 관한 모든 착오를 법률의 착오라고 하는 견해로, 오상방위와 같은 위법성조각사유의 전제사실에 대한 착오도 금지착오라고 보아 그 착오의 정당한 사유의 존부에 의하여 책임조각을 판단한다. 이에 따르면 위법성조각사유의 전제사실에 관한 착오에 빠진 자를 이용한 악의의 제3자를 공범으로 처벌하는 것은 용이할지도 모르나, 이러한 착오에 빠진 자를 고의범과 같게 처벌하여 본질상 같지 않은 것을 같게 취급한다는 비판을 받게 된다.
㉣-(d) 법효과제한적책임설은 고의의 이중기능을 인정하는 전제에서, 오상방위사안에 대해 구성요건적 고의는 인정하되, 책임

고의를 판단함에 있어 그 착오에 과실이 있으면 책임과실을 인정하여 과실범이 성립하게 되는 것이다. 이러한 법효과제한적 책임설에 대한 비판은 과실범 성립만이 문제되기 때문에 형사정책적 관점에서 과실범보다 엄한 처벌을 물어야 할 허용구성 요건의 착오를 일으킨 자에 대하여는 불합리하게 관대한 결론에 이르게 된다는 점을 지적하기도 한다.

ⓒ-(f) [보기 1]에서 제시하는 입장은 유추적용설(구성요건착오유추적용설)로서, 이는 구성요건요소와 허용구성요건요소 사이에는 질적인 차이가 없고 행위자에게 구성요건적 불법을 실현하려는 결단이 없기 때문에 (불법)고의를 조각하여 행위불법을 부정해야 한다는 입장이다. 이에 따르게 되면 그 착오에 있어 과실이 있으면 과실범이 성립한다고 보기 때문에 甲은 과실치상죄의 죄책을 지게 된다.

08 정답 ④

④ (×) 형법은 오상피난에 관하여 어떠한 규정도 두고 있지 않다. 또한 오상피난과 같은 위법성조각사유의 전제사실에 대한 착오의 경우, 기대가능성의 감소나 조각을 이유로 하는 것이 아니라, 견해에 따라 구성요건착오를 이유로 한 구성요건적 고의의 조각이나 금지착오를 이유로 한 책임조각 여부나 심정반가치의 탈락을 이유로 하는 책임고의의 조각을 인정할 뿐이다.

① (○) 전항(제21조 제2항의 과잉방위)의 경우에 그 행위가 야간 기타 불안스러운 상태하에서 공포, 경악, 흥분 또는 당황으로 인한 때에는 벌하지 아니한다(제21조 제3항). 이 규정은 기대불가능성을 이유로 한 책임조각사유를 규정한 것이다. 또한 동조 제2항의 과잉방위도 기대가능성의 감소 내지 소멸을 이유로 한 책임 감소·소멸사유를 규정한 것으로 보는 것이 다수설이다.

② (○) 저항할 수 없는 폭력이나 자기 또는 친족의 생명 신체에 대한 위해를 방어할 방법이 없는 협박에 의하여 강요된 행위는 벌하지 아니한다(제12조).

③ (○) 친족 또는 동거의 가족이 본인을 위하여 전항의 죄를 범한 때에는 처벌하지 아니한다(제151조 제2항).

제2편 범죄론   제5장 미수론

09 정답 ③

③ ㉠㉡㉣㉺

㉠ (○) 예비죄와 기본범죄의 관계에 관하여 다수설·판례는 위와 같은 발현형태설을 취한다.

㉡ (○) 발현형태설의 반대 입장이 독립범죄설(少)이고, 이에 의하면 예비죄를 독립된 범죄구성요건으로 파악하므로 예비죄의 실행행위성을 긍정한다.

㉢ (×) 발현형태설의 입장에서도 예비죄도 수정적 구성요건인 이상 실행행위성을 인정할 수 있다. 이렇게 발현형태설을 취하면서도 예비죄의 실행행위성을 긍정하는 것이 다수설이다.

㉣ (○) 예비죄의 성립요건 중 주관적 요건으로서 기본범죄에 대한 고의와 기본범죄를 범할 목적이 요구된다. 따라서 과실에 의해서는 예비죄가 성립할 수 없고, 형법상 과실범에 대해서는 예비죄 규정이 적용될 수 없다.

㉺ (×) 피고인은 '간첩에 당하여 불특정 다수인인 경찰관으로부터 체포 기타 방해를 받을 경우에는 이를 배제하기 위하여 원판시 무기를 휴대한' 것임이 명백한 바 이 경우에 있어서의 무기 소지는 법령 제5호 위반으로 문책함은 별론이라 할 것이나 살인 대상이 특정되지 아니한 살인 예비죄의 성립은 이를 인정할 수 없다고 해석함이 타당하다(대법원 1959.7.31, 4292형상308).

㉻ (○) 전단은 형법상 강제추행의 예비·음모가 없다는 것이고(형법 제298조, 제305조의3 참조), 후단은 성폭력처벌법상 특수강제추행죄는 예비·음모를 처벌한다는 것이다(동 제4조, 제15조의2).

> **성폭력처벌법 제4조(특수강간 등)** ① 흉기나 그 밖의 위험한 물건을 지닌 채 또는 2명 이상이 합동하여 「형법」 제297조(강간)의 죄를 범한 사람은 무기징역 또는 7년 이상의 징역에 처한다.
> ② 제1항의 방법으로 「형법」 제298조(강제추행)의 죄를 범한 사람은 5년 이상의 유기징역에 처한다.
> ③ 제1항의 방법으로 「형법」 제299조(준강간, 준강제추행)의 죄를 범한 사람은 제1항 또는 제2항의 예에 따라 처벌한다.
> **제15조의2(예비, 음모)** 제3조부터 제7조까지의 죄를 범할 목적으로 예비 또는 음모한 사람은 3년 이하의 징역에 처한다.

[보충] 위와 같이 성폭력처벌법상 특수강도강간 등, 특수강간 등, 친족강간, 장애인강간·강제추행 등, 13세 미만의 미성년자에 대한 강간·강제추행 등 죄는 예비·음모를 처벌한다.

[정리] 형법상 강제추행, 준강제추행은 예비·음모 불벌, 성폭력처벌법상 특수강제추행, 특수준강제추행은 예비·음모 처벌

10 정답 ①

① ㉡

㉠ (×) 결과가 발생한 경우이더라도 행위와 결과 사이에 인과관계 내지 객관적 귀속을 인정할 수 없다면 미수범이 성립할 수 있다.

㉡ (×) 강도가 기수이든 미수이든 강도의 기회에 사람을 상해하여 그 결과를 발생시켰다면 강도상해죄의 기수에 해당한다. "형법 제337조의 강도상해, 치상죄는 재물강취의 기수와 미수를 불문하고 범인이 강도범행의 기회에 사람을 상해하거나 치상하게 되면 성립하는 것이다(대법원 1986.9.23, 86도1526)."

㉢ (×) 예비죄의 실행행위성 여부에 대해서는 학설이 대립하나(긍정설이 다수설) 판례는 명시적인 입장이 없다. 다만 판례는 예비죄의 공동정범의 성립에 대해서는 긍정설, 예비죄의 종범의 성립에 관해서는 부정설의 입장을 취한다. "형법 제32조 제1항 소정 타인의 범죄란 정범이 범죄의 실현에 착수한 경우를 말하는 것이므로 종범이 처벌되기 위하여는 정범의 실행의 착수가 있는 경우에만 가능하고 형법 전체의 정신에 비추어 정범이 실행의 착수에 이르지 아니한 예비의 단계에 그친 경우에는 이에 가공하는 행위가 예비의 공동정범이 되는 경우를 제외하고는 종범의 성립을 부정하고 있다고 보는 것이 타당하다(대법원 1976.5.25, 75도1549)."

㉣ (×) 침해 게시물을 인터넷 웹사이트 서버 등에 업로드하여 공중의 구성원이 개별적으로 선택한 시간과 장소에서 접근할 수 있도록 이용에 제공하면, 공중에게 침해 게시물을 실제로 송신하지 않더라도 공중송신권 침해는 기수에 이른다(대법원 2021.9.9, 2017도19025 전원합의체).

[보충] 위 행위가 공중송신권 침해의 정범에 해당하므로, 위

침해 게시물에 연결되는 링크를 저작권 침해물 링크 사이트에서 영리적·계속적으로 제공하는 행위는 공중송신권 침해의 방조범에 해당할 수 있다. "저작권 침해물 링크 사이트에서 침해 게시물에 연결되는 링크를 제공하는 경우 등과 같이, 링크 행위자가 정범이 공중송신권을 침해한다는 사실을 충분히 인식하면서 그러한 침해 게시물 등에 연결되는 링크를 인터넷 사이트에 영리적·계속적으로 게시하는 등으로 공중의 구성원이 개별적으로 선택한 시간과 장소에서 침해 게시물에 쉽게 접근할 수 있도록 하는 정도의 링크 행위를 한 경우에는 침해 게시물을 공중의 이용에 제공하는 정범의 범죄를 용이하게 하므로 공중송신권 침해의 방조범이 성립한다. 이러한 링크 행위는 정범의 범죄행위가 종료되기 전 단계에서 침해 게시물을 공중의 이용에 제공하는 정범의 범죄 실현과 밀접한 관련이 있고 그 구성요건적 결과 발생의 기회를 현실적으로 증대함으로써 정범의 실행행위를 용이하게 하고 공중송신권이라는 법익의 침해를 강화·증대하였다고 평가할 수 있다. 링크 행위자에게 방조의 고의와 정범의 고의도 인정할 수 있다(대법원 2021.9.9, 2017도19025 전원합의체)."

ⓜ (○) 형법 제31조 제2항, 제3항 참조.

11 　정답 ④
④ (×) 절충설에 의하면 미수범의 불법은 행위반가치와 결과반가치에 있고 이를 조화롭게 적용한다면 형을 임의적으로 감경할 수 있게 된다. 현행 형법 제25조 제2항은 절충설(인상설)의 반영이다.

12 　정답 ④
④ (×) 형식적 객관설에 의하면 실행의 착수시기가 지나치게 늦어진다.
① (○) 주관설에 의하면 미수를 기수와 동일하게 처벌하기 때문이다.
② (○) 임의적 감경에서, 임의적은 주관설을, 감경은 객관설을 반영한 것이기 때문이다.
③ (○) 실행행위시설에 의하면 구성요건적 실행행위가 개시되어야 원인에 있어서 자유로운 행위의 실행착수가 있다고 보게 되기 때문이다.

13 　정답 ④
④ (×) 이는 실질적 객관설 중 소위 밀접행위설의 입장으로서, 이에 대해서는 그 판단기준이 모호하고, (형식적 객관설과 마찬가지로) '행위자의 범행계획(주관)을 무시'한다는 비판이 제기된다.
① (○) 형식적 객관설에 대한 설명으로 너무 늦은 시점에서 실행의 착수를 인정한다는 문제가 있다.
② (○) 실질적 객관설 중 Frank의 공식에 대한 설명이다.
③ (○) 주관설은 지나치게 내부적 의사에 치중하여 구성요건의 정형성을 도외시한다는 문제가 있다.

14 　정답 ②
② (○) 형법이 중지범의 형을 일단 유죄로 인정하고 형의 감경 내지 면제를 인정하고 있다는 점에서, 무죄 판결을 전제하는 위법성(불법)소멸설이나 책임소멸설은 타당하지 않다는 비판이 제기되고 있다.

① (×) 중지미수의 경우 착수미수단계에서는 범행을 중지만 하면 중지미수가 되지만, 실행미수단계에서는 적극적인 결과 발생 방지의 노력을 해야 중지미수가 될 수 있어 구별의 실익이 있다. 그러나 불능미수의 경우 착수미수와 실행미수의 차이에 따라 그 성립요건·가벌성의 차이가 생기는 것이 아니고 위험성의 유무에 따라 처벌과 불벌을 판단하기 때문에 중지미수와는 다른 기준을 가진다.
③ (×) 법률설은 범행의 중지 및 결과의 방지로 인하여 위법성이 감소 내지 소멸되거나 책임이 감소 내지 소멸된다고 설명하는 입장이다. 이는 범행의 중지를 책임 감소 사유로 이해하는 부분은 타당하나, 형법이 중지범의 형을 일단 유죄로 인정하고 형의 감경 내지 면제를 인정하고 있다는 점에서 무죄판결을 전제하는 위법성 소멸설·책임소멸설은 타당하지 않다는 비판을 받고 있다(위법성이 소멸하고 책임이 소멸한다는 것은 무죄이나, 중지미수는 감경 사유가 되더라도 분명 유죄.)
④ (×) 주관설(심리설)은 윤리적 동기 여부를 기준으로 하는 주관설과 Frank의 공식으로 나눠져 전자는 후회·동정·연민, 양심의 가책 등 윤리적 동기에 의하여 중지한 경우만 중지미수로 보고, 후자는 결과를 발생시킬 수 있지만 원하지 않아서 행위를 중단할 경우에만 자의성을 인정하여 중지미수로 인정하는 학설이다. 특히 윤리적 주관설에 의하면 후회·동정·연민 등에 의한 중지가 중지미수인 것은 분명하지만 그 이외 합리적·계산적으로 판단하여 자율적으로 중지한 경우에는 −중지미수의 자의성은 인정되어야 함에도− 자의성을 인정하지 않음으로써 중지미수의 인정 범위가 지나치게 협소해진다는 비판을 받는다.

15 　정답 ②
② 윤리적 동기가 있는 경우에만 자의성을 인정한다면 이러한 경우는 ㉠ 하나뿐이다. 그리고 자의성 판단에 관한 객관설이라 함은 내부적인 사유에 의한 중지의 경우에만 자의성을 인정하는 입장을 말하는바, 이에 의할 때 내부적 사유에 의한 중지는 ㉣을 뺀 나머지 3개 경우들이다.

16 　정답 ②
② (×) 주관설(심리설)은 윤리적 동기 여부를 기준으로 하는 주관설과 Frank의 공식으로 나눠져 전자는 후회·동정·연민, 양심의 가책 등 윤리적 동기에 의하여 중지한 경우만 중지미수로 보고, 후자는 결과를 발생시킬 수 있지만 원하지 않아서 행위를 중단할 경우에만 자의성을 인정하여 중지미수로 인정하는 학설이다. 특히 윤리적 주관설에 의하면 후회·동정·연민 등에 의한 중지가 중지미수인 것은 분명하지만 그 이외 합리적·계산적으로 판단하여 자율적으로 중지한 경우에는 −중지미수의 자의성은 인정되어야 함에도− 자의성을 인정하지 않음으로써 중지미수의 인정범위가 지나치게 협소해진다는 비판을 받는다.
① (○) 책임감소·소멸설(법률설)은 범행의 중지 및 결과의 방지로 인하여 위법성이 감소 내지 소멸되거나 책임이 감소 내지 소멸된다고 설명하는 입장이다. 이는 범행의 중지를 책임감소사유로 이해하는 부분은 타당하나, 형법이 중지범의 형을 일단 유죄로 인정하고 형의 감경 내지 면제를 인정하고 있다는 점에서 무죄판결을 전제하는 위법성소멸설·책임소멸설은 타당하지 않다는 비판을 받고 있다(위법성이 소멸하고 책임이 소멸한다는 것은 무죄이나, 중지미수는 감경사유가 되더라도 분명 유죄).

③ (○) 중지미수는 중지로 인하여 결과가 발생하지 않아야 인정되는 것이기 때문에, 공범자 중 1인의 중지미수가 성립하려면 그 자신의 범의를 중지함으로써 되는 것이 아니라 다른 공범자의 실행을 중지게 하여야만 중지미수가 성립된다(대법원 1969.2. 25, 68도1676). 즉 다른 공범의 범행을 중지하게 하지 아니한 이상 자기만의 범의를 철회·포기하여도 중지미수로는 인정될 수 없다.

④ (○) 중지범은 범죄의 실행에 착수한 후 자의로 그 행위를 중지한 때를 말하는 것이므로 실행의 착수가 있기 전인 예비·음모의 행위를 처벌하는 경우에 있어서는 중지범의 관념을 인정할 수 없다(대법원 1966.4.21, 66도152).

17 정답 ①

㉠−B·C. ㉠의 지문은 불능미수의 중지미수에 관하여 중지미수를 긍정하는 긍정설(다수설)의 입장이다. 이는 중지미수를 미수범 중 양형에 관한 특별규정으로 보는 B의 지문이나 형의 균형을 위해서 중지미수를 적용해야 한다는 C의 지문과 연결된다. 또한 ㉠은 D와는 반대의 입장이 된다.

㉡−A. 일단 ㉡의 지문의 의미는 예컨대 甲이 살인의 고의로 乙에게 총을 쏘아 명중시켰으나 甲이 자신의 범행을 후회하며 병원으로 데리고 가서 수술을 받게 하여 乙을 살리려고 하였으나 병원에 화재가 발생하여 乙이 사망한 경우에는, 비록 결과가 발생하였지만 그 결과를 행위자의 탓으로 돌릴 수 없다는 점에서, 인과관계 내지 객관적 귀속이 결여되므로 중지미수를 인정해야 한다는 뜻이다. 그렇다면 ㉡은 A와 연결된다. 또한 ㉡은 E와는 반대의 입장이다.

㉢−C. ㉢은 예비의 중지에 관하여 중지미수를 인정하는 긍정설(통설)의 표현이다. 예비의 중지를 긍정하는 논거는 바로 실행 착수 이후에도 중지미수를 인정하면서 그보다 위험성이 덜한 실행 착수 이전에 중지미수의 성립을 부정하는 것은 균형에 어긋난다는데 있다. 따라서 ㉢은 C와 연결된다.

18 정답 ③

③ (○) (구)객관설은 상대적 불능의 경우에 불능미수로 처벌되고, (순)주관설은 미신범을 제외한 대부분의 경우에 불능미수(가벌적 미수)로 처벌되므로 객관설이 주관설보다 미수범의 인정범위가 좁다.

① (×) 불능미수와 불능범의 구별기준은 '보호법익에 대한 위험성'의 존재유무이다.

② (×) 제27조 참조.

> **제27조(불능범)** 실행의 수단 또는 대상의 착오로 인하여 결과의 발생이 불가능하더라도 위험성이 있는 때에는 처벌한다. 단, 형을 감경 또는 면제할 수 있다.

④ (×) 불능범은 범죄행위의 성질상 결과발생의 위험이 절대로 불능한 경우를 말하는 것으로서 히로뽕 제조를 시도하였으나 그 약품배합미숙으로 완제품을 제조하지 못하였다면 그 성질상 결과발생의 위험성이 있다고 할 것이므로 이를 습관성의약품제조(불능)미수범으로 처단한 것은 정당하다(대법원 1985.3.26, 85도206).

19 정답 ①

① (×) 중지한 시점의 행위자의 생각을 기준으로 종료미수(실행

미수)와 미종료미수(착수미수)를 구별하는 견해는 주관설이다. 주관설에 의하면, 결과발생에 필요한 실행행위를 아직 끝마치지 못했으므로 추가적인 행위가 여전히 필요하다는 것이 행위자의 의사(생각)이므로, 아직 실행행위는 종료되지 아니한 착수미수로 보게 된다.

[참고] 이 경우에는 착수미수와 실행미수의 구별기준에 관한 다수인 절충설에 의하더라도, 행위자의 의사와 행위 당시의 객관적 사정을 종합하여 결과발생에 필요한 행위가 아직 끝나지 않은 것이어서, 역시 착수미수에 해당한다. 다만 객관설에 의한다면 행위자의 의사와는 상관 없이 객관적으로 결과발생의 가능성이 있는 행위만 있으면 실행행위는 종료된 것으로 보게 된다.

② (○) 판례는 이렇게 중지미수의 자의성의 판단기준에 대해 절충설(사회통념설)의 입장을 취한다(대법원 1985.11.12, 85도2002 등).

③ (○) 불능미수의 위험성 판단에 관한 판단 자료로서, 구체적 위험설은 (행위자가 인식한 사정 및) 일반인이 인식할 수 있었던 사정을 기준으로 판단하고, 추상적 위험설은 행위자가 인식한 사정을 그 기초로 삼는다.

④ (○) 구체적 위험설에 대한 기술이다. 일반인이 인식할 수 있었던 사정은 '명백히 사정거리 밖'에 있다는 것이므로 이를 일반인의 관점에서 위험성을 판단했을 때 그 위험성을 인정할 수 없게 된다.

20 정답 ④

불능미수에 있어서 위험성을 판단하는 기준과 관련하여 학생 A는 주관설, 학생 B는 구체적 위험설, 학생 C는 추상적 위험설의 입장에 있다.

② (×), ④ (○) 학생 B(구체적 위험설)에 의하면 ⅰ) ㉡은 불능미수에 해당한다. 일반인의 관점에서 판단하여도 치사량 미달의 독약을 먹일 경우 위험성이 인정되기 때문이다. ⅱ) ㉢은 불능범에 해당한다. ㉢의 경우 일반인이 인식할 수 있었던 사정은 乙이 착탄거리 '밖'에 있다는 사정이므로, 일반인의 관점에서도 위험성을 인정할 수 없기 때문이다.

① (×) 학생 A(주관설)에 의하면 실행행위의 정형성이 없는 미신범을 제외하고는 모두 위험성을 인정하므로, ㉠㉡㉢ 모두 불능미수에 해당한다.

③ (×) 학생 C(추상적 위험설)에 의하면 ㉠㉡㉢ 모두 불능미수에 해당한다. 각 사안에서 행위자가 인식한 사정은 '독약이라는 사정(㉠)', '독약이 치사량에 이른다는 사정(㉡)', '乙이 착탄거리 안에 있다는 사정(㉢)'이므로, 일반인의 관점에서도 위험성을 인정할 수 있기 때문이다.

▶ 제2편 범죄론: 제6장 정범과 공범론

01	③	02	①	03	③	04	④	05	②
06	②	07	③	08	①	09	④	10	③
11	②	12	③	13	④	14	①	15	④
16	④	17	③	18	③	19	④	20	③

제2편 범죄론 제6장 정범과 공범론

01

정답 ③

③ (○) 직접 구성요건적 행위를 한 자만을 정범이라고 본다는 견해가 제한적 정범개념이라고 할 때에 간접정범은 공범이 된다. 제한적 정범개념은 ① 객관적 요소에 의하여 구별하며(구성요건설), 법적 구성요건을 중시하는 입장이므로 형법의 보장적 기능은 준수하고 있으며(형법의 보장적 기능을 침해할 위험이 있는 이론은 확장적 정범개념이론임), ② 구성요건설을 그 이론적 기초로 하고(조건설 내지 등가설은 확장적 정범개념이론과 연결됨), ④ 공범규정은 처벌확장사유로 이해한다.

02

정답 ①

① ㄱ(○) ㄴ(×) ㄷ(×) ㄹ(○) ㅁ(×)

ㄱ (○) 단일정범체계란 인과적으로 기여한 자를 모두 정범으로 간주하여 처벌한다는 것으로, 정범과 공범을 구별하는 것은 조건설에 따라 양형의 단계에서 구별하게 된다. 이는 교사의 미수, 방조의 미수에도 조건관계가 있으면 정범으로 처벌하기 때문에 가벌성의 범위가 부당하게 확대되고, 비신분자의 신분자의 정범이 될 수 있으며, 범죄관여의 질적·양적차이를 무시한다는 비판을 받는다.

ㄴ (×) 제한적 정범개념이론은 직접행위를 한 사람만을 범죄자로 보기 때문에 구성요건에 해당하는 행위를 스스로 행한 사람만이 정범이고, 구성요건적 행위 이외의 다른 행위에 의하여 결과야기에 가공한 자는 정범이 될 수 없다고 본다. 이 입장은 교사범·종범에 대한 처벌규정을 둔 것을 형벌확장사유로 이해한다.

ㄷ (×) 공범종속성설은 정범의 범죄가 객관적으로 있어야 공범도 성립하기 때문에 정범의 행위가 가벌미수로 된 때에만 공범의 미수를 인정하게 된다. 그렇기 때문에 기도된 교사(제31조 제2항·제3항)에 대해서는 교사자의 특유한 불법에 근거한 특별규정으로 보게 되고, 이에 따라 예비죄에 대한 공범 성립을 부정하게 된다.

ㄹ (○) 책임가담설 또는 책임가담설로서의 타락설은 공범의 처벌근거를 공범자가 정범자를 유혹하여 유책한 범행으로 이끌어서 타락 내지 부패시켰다는 점에서 찾는 입장으로, 공범은 정범의 유책화에 책임을 져야 한다는 입장이다. 이 입장에 의하면 공범 처벌의 전제가 되는 정범의 행위는 구성요건에 해당하고, 위법

하며 나아가 유책한 행위여야 하므로 극단적 종속형식과 논리적으로 결부된다. 이는 현재의 통설 및 판례인 제한적 종속형식의 입장 및 책임개별화의 원칙과 조화될 수 없다는 비판을 받는다.

ㅁ (×) 극단적 종속형식은 공범이 성립하기 위해서는 정범의 행위가 구성요건에 해당하고 위법하며 유책함을 요한다는 요건이다. 따라서 이러한 요소 중 어느 하나라도 결여하게 되면 공범이 성립하지 않게 된다. 제시된 지문은 제한적 종속형식으로, 공범이 성립하기 위해서는 정범의 행위가 구성요건에 해당하고 위법할 것을 요한다는 형식이다.

03

정답 ③

③ ㄱ(○) ㄴ(○) ㄷ(×) ㄹ(○) ㅁ(○)

ㄱ (○) 형식적 객관설에 의하면 간접정범은 공범에 불과하다고 보게 되어 간접정범의 정범성을 인정할 수 없게 된다.

ㄴ (○) 제한적 정범개념에 의하면 교사범·종범에 대한 처벌규정을 둔 것은 형벌확장사유로 보게 된다.

ㄷ (×) '정범자의 의사로 행위한 자'는 정범, '공범자의 의사로 행위한 자'는 공범이라는 의사설(주관설)에 따르면, 청부살인업자는 공범자의 의사로 행위한 자이므로 정범이 아닌 공범이 된다.

ㄹ (○) 주관설 중 이익설에 의하면 타인의 재산상 이익을 위해 강도나 사기를 한 자를 공범에 불과하다고 보게 된다.
[보충] 이렇게 이익설은 형법 제333조의 제3자로 하여금 이익을 취득하게 한 강도나 제347조 제2항의 제3자로 하여금 재물 또는 이익을 취득하게 한 사기의 정범성을 설명할 수 없다는 단점이 있다.

ㅁ (○) 행위지배 중 의사지배에 대한 설명으로서 간접정범의 정범성의 표지에 해당한다.

04

정답 ④

④ (○) 피교사자의 아버지가 소유하는 물건을 절취하도록 교사한 경우라면, 피교사자의 행위는 절도죄가 성립하지만(구성요건해당성, 위법성, 책임 모두 인정), 친족상도례의 적용 문제만 남아 있을 뿐이다(제328조, 제344조). 따라서 (공범독립성설, 최소한 종속형식뿐 아니라) 제한적 종속형식과 극단적 종속형식에 의하여 교사자에게 절도교사죄가 성립할 수 있다.
[보충] 초극단적 종속형식에 의할 경우에는 인정되지 않는다.
[참고] 2024년 6월 27일 헌법재판소는 친족상도례 중 형면제

조항인 제328조 제1항에 대하여 아래와 같이 헌법불합치결정을 내렸다(개정시한은 2025.12.31.이고 개정 전까지 적용중지됨).

> 형법 제328조 제1항은 형사피해자가 법관에게 적절한 형벌권을 행사하여 줄 것을 청구할 수 없도록 하는바, 이는 입법재량을 명백히 일탈하여 현저히 불합리하거나 불공정한 것으로서 형사피해자의 재판절차진술권을 침해한다(헌법재판소 2024. 6.27, 2020헌마468 전원합의체).

① (×) 양해에 의하여 피교사자의 행위가 구성요건해당성이 조각되므로, (공범독립성설을 취하지 않는 한) 심지어 최소한 종속형식에 의하더라도 주거침입교사죄가 성립하지 않는다. 따라서 제한적 종속형식에 의하는 경우에도 당연히 성립하지 않는다.

② (×) 최소한 종속형식이라 하더라도 공범종속성을 전제한다. 공범종속성설에 의하면, 정범의 실행행위가 없으면 공범도 성립할 수 없다. 따라서 예비죄에 대한 교사범이 성립할 수 없다. 참고로, 예비죄에 대한 교사범의 성립을 인정하려면 예비죄의 법적 성격을 독립범죄설로 이해하든가 공범의 성립 여부에 대해 공범독립성설을 따라야 한다.
[보충] 현행형법은 제31조 제2항에 의하여 교사범은 성립하지 않지만 예비·음모죄로 처벌할 수는 있는데 이는 공범종속성설과 공범독립성설의 절충이라는 평가도 있다.

③ (×) 형사미성년자는 책임무능력자로서 책임이 조각된다. 따라서 제한적 종속형식에 따르면 절도교사죄가 성립할 수 있다.
[보충] 극단적 종속형식에 의하면 절도교사죄가 성립할 수 없다. 여기에 극단적 종속형식의 난점이 있다.

05 정답 ②

② ㄴㄷㄹㅁ

㉠ (○) 필요적 공범에 대해서 총칙상의 공동정범, 교사범, 방조범이 인정될 수 있는가의 문제로서, 판례는 필요적 공범을 외부에서 방조하거나 교사한 자에 대하여 각각 방조범 또는 교사범으로 처벌한다. 사안에서 乙과 공무원이 형법 제133조 제1항의 증뢰자와 제129조의 수뢰자로서 필요적 공범관계이며, 甲은 乙의 증뢰에 대한 외부관여자에 해당하므로 증뢰죄의 '방조범'의 죄책을 진다. 즉, 甲에게는 형법총칙상의 공범규정이 적용된다.

㉡ (×) 乙은 간첩죄, 甲은 간첩방조죄가 되고 이는 모두 형법 제98조 제1항에 해당한다. 여기서 간첩방조죄는 각칙상 독립된 범죄로서 총칙상 방조범 규정이 적용되는 것이 아니다.

㉢ (×) 형법 제242조의 음행매개죄는 3인의 가담이 필요한 필요적 공범 중 대향범에 속하며 직접 간음한 자는 벌하지 않고 매개한 자만이 처벌된다. 따라서 내부참가자인 甲과 A는 처벌되지 않으며 내부참가자 상호간이므로 형법 총칙상의 공범규정 역시 적용되지 않는다. 乙만이 음행매개죄로 처벌된다.

㉣ (×) 2인 이상의 서로 대향된 행위의 존재를 필요로 하는 대향범에 대하여 공범에 관한 형법 총칙 규정이 적용될 수 없다. 이러한 법리는 해당 처벌규정의 구성요건 자체에서 2인 이상의 서로 대향적 행위의 존재를 필요로 하는 필요적 공범인 대향범을 전제로 한다. 구성요건상으로는 단독으로 실행할 수 있는 형식으로 되어 있는데 단지 구성요건이 대향범의 형태로 실행되는 경우에도 대향범에 관한 법리가 적용된다고 볼 수는 없다(대법원 2022.6.30, 2020도7866).

㉤ (×) 도박죄(제246조), 아동혹사죄(제274조), 인신매매죄(제289

조)는 각 가담자의 법정형이 동일하나, 배임수재죄와 배임증재죄는 각 가담자의 법정형이 다르다.

06 정답 ②

② (×) 감금죄는 간접정범의 형태로도 행하여질 수 있는 것이므로, 인신구속에 관한 직무를 행하는 자 또는 이를 보조하는 자가 피해자를 구속하기 위하여 진술조서 등을 허위로 작성한 후 이를 기록에 첨부하여 구속영장을 신청하고, 진술조서 등이 허위로 작성된 정을 모르는 검사와 영장전담판사를 기망하여 구속영장을 발부 받은 후 그 영장에 의하여 피해자를 구금하였다면 형법 제124조 제1항의 직권남용감금죄의 간접정범이 성립한다(대법원 2006.5.25, 2003도3945).

① (○) 부정수표단속법의 목적이 부정수표 등의 발생을 단속 처벌함에 있고, 허위신고를 규정한 같은 법 제4조가 '수표금액의 지급 또는 거래정지처분을 면할 목적'이라고 규정하여 이를 요건으로 삼고 있는데, 수표금액의 지급책임을 부담하는 자 또는 거래 정지처분을 당하는 자는 오로지 발행인에 국한되는 점에 비추어 볼 때, 발행인 아닌 자는 위 법조가 정한 허위신고죄의 주체가 될 수 없고, 허위신고의 고의 없는 발행인을 이용하여 간접정범의 형태로 허위신고죄를 범할 수도 없다(대법원 1992.11.10, 92도2342).

③ (○) 출판물에 의한 명예훼손죄는 간접정범에 의하여 범하여질 수도 있으므로 타인을 비방할 목적으로 허위의 기사 재료를 그 정을 모르는 기자(고의는 있으나 목적 없는 피이용자)에게 제공하여 신문 등에 보도되게 한 경우에도 성립할 수 있다(대법원 2002.6.28, 2000도3045).

④ (○) 유가증권변조죄에서의 변조란 권한 없는 자가 진정하게 성립된 타인 명의의 유가증권 내용에 동일성을 해하지 않는 범위 내에서 변경을 가하는 것을 말하므로, 작성권한 없이 유가증권의 내용을 변경한 경우에는 변조로 되는 것이고 간접정범 형태로도 범할 수 있다(대법원 2006.1.26, 2005도4764; 1984.11.27, 84도1862).

07 정답 ③

③ ㉠ㄴㄹ

㉠ (○) 공모공동정범에 있어서 공모자 중의 1인이 다른 공모자가 실행행위에 이르기 전에 그 공모관계에서 이탈한 때에는 그 이후의 다른 공모자의 행위에 관하여는 공동정범으로서의 책임은 지지 않는다 할 것이나, 공모관계에서의 이탈은 공모자가 공모에 의하여 담당한 기능적 행위지배를 해소하는 것이 필요하므로 공모자가 공모에 주도적으로 참여하여 다른 공모자의 실행에 영향을 미친 때에는 범행을 저지하기 위하여 적극적으로 노력하는 등 실행에 미친 영향력을 제거하지 아니하는 한 공모자가 구속되었다는 등의 사유만으로 공모관계에서 이탈하였다고 할 수 없다(대법원 2010.9.9, 2010도6924).

㉡ (○) 피교사자가 교사자의 교사행위 당시에는 일응 범행을 승낙하지 아니한 것으로 보여진다 하더라도 이후 그 교사행위에 의하여 범행을 결의한 것으로 인정되는 이상 교사범의 성립에는 영향이 없다(대법원 2013.9.12, 2012도2744).

㉢ (×) 제한적 종속형식에 의하면 정범이 책임무능력자라도 교사범이 성립할 수 있는 것은 사실이다. 다만, 정범이 책임무능력자인 경우에는 어느 행위로 인하여 처벌되지 아니하는 자에 속

하므로 간접정범의 성립도 가능하다. 이 경우에는 공범의 우위성이 아니라 '정범개념의 우위성'에 따라 의사지배가 인정되는 경우에는 간접정범이, 의사지배가 인정되지 않는 경우에는 교사범이 성립한다.

② (O) 형법 제34조 제1항 참조.

⑩ (×) 폭력행위처벌법 제2조 제2항의 "2인 이상이 공동하여"라고 함은 그 수인 간에 소위 공범관계가 존재하는 것을 요건으로 하는 것이며, 수인이 동일 장소에서 동일 기회에 상호 다른 자의 범행을 인식하고 이를 이용하여 범행을 한 경우임을 요한다(형법상 공동정범보다 강화된 요건, 대법원 1986.6.10, 85도119). 따라서 수인 상호간에 공동가공의사는 있어야 한다.

> [유사] 폭력행위처벌법상 2인 이상의 공동범행이 있다는 것을 전제로 이에 대한 공모공동정범 성립이 가능하다는 사례
> 폭력행위처벌법 제2조 제2항의 '2인 이상이 공동하여 제1항 각 호에 열거된 죄를 범한 때'라고 함은 그 수인 간에 소위 공범관계가 존재하는 것을 요건으로 하고, 수인이 동일 장소에서 동일 기회에 상호 다른 자의 범행을 인식하고 이를 이용하여 범행을 한 경우임을 요하는 것이며(대법원 2000.2.25, 99도4305 등), 또한 여러 사람이 폭력행위 등 처벌에 관한 법률 제2조 제1항에 열거된 죄를 범하기로 공모한 다음 그중 2인 이상이 범행장소에서 범죄를 실행한 경우에는 범행장소에 가지 아니한 자도 같은 법 제2조 제2항에 규정된 죄의 공모공동정범으로 처벌할 수 있다(대법원 1996.12.10, 96도2529; 2007.6.28, 2007도2590 등).
>
> [비교] 공모만 하고 범행가담이 없거나 범행장소에 있지 않았다면 폭력행위처벌법상 2인 이상의 공동범행은 인정되지 않는다는 사례
> 폭력행위처벌법 제2조 제2항 제1호의 '2명 이상이 공동하여 폭행의 죄를 범한 때'라고 함은 그 수인 사이에 공범관계가 존재하고, 수인이 동일 장소에서 동일 기회에 상호 다른 자의 범행을 인식하고 이를 이용하여 폭행의 범행을 한 경우임을 요한다(대법원 1986.6.10, 85도119 등). 따라서 폭행 실행범과의 공모사실이 인정되더라도 그와 공동하여 범행에 가담하였거나 범행장소에 있었다고 인정되지 아니하는 경우에는 공동하여 죄를 범한 때에 해당하지 않고(대법원 1990.10.30, 90도2022 등), 여러 사람이 공동하여 범행을 공모하였다면 그중 2인 이상이 범행장소에서 실제 범죄의 실행에 이르렀어야 나머지 공모자에게도 공모공동정범이 성립할 수 있을 뿐이다(대법원 1994.4.12, 94도128; 2023.8.31, 2023도6355).

08 **정답** ①

① (×) 과실범의 공동정범 긍정설(판례와 소수설)에 의하면 책임원칙에 반하는 결과가 발생할 수 있다.

② (O), ③ (O), ④ (O) 기능적 행위지배설을 취하면서도 과실범의 공동정범의 성립을 긍정하는 견해 - 과실공동·기능적 행위지배설 - 도 있다(심재우). 기능적 행위지배설에 의하면, 과실범에서는 기능적 행위지배의 요소가 결여될 수밖에 없기 때문에 과실범의 공동정범은 인정될 수 없다(다수설). 이러한 부정설에서는 과실범의 동시범이 되는 데 불과하다고 보게 된다.

09 **정답** ④

④ ⓛⓒⓔ

㉠ (×) 판례는 고의범이고 과실범이고 불문하고 공동정범이 성립한다는 입장이나(과실범의 공동정범 긍정설) 과실범의 공동정범이

성립하기 위해서는 '어떠한 과실행위를 서로의 의사연락 하에' 하여 범죄가 되는 결과를 발생시킨 경우에 성립한다고 본다. 이에 따라 단순한 동승자에 대해서는 운전자의 과실행위에 대한 공동정범 성립을 부정하고 있다(대법원 1984.3.13, 82도3136 등).

> **과실범의 공동정범 긍정례**
> [판례 1] 형법 제30조에 "공동하여 죄를 범한 때"의 "죄"라 함은 고의범이고 과실범이고를 불문하므로 두 사람 이상이 어떠한 과실행위를 서로의 의사연락 하에 이룩하여 범죄가 되는 결과를 발생케 한 것이라면 과실범의 공동정범이 성립된다. 운전병이 운전하던 짚차의 선임 탑승자는 이 운전병의 안전운행을 감독하여야 할 책임이 있는데 오히려 운전병을 데리고 주점에 들어가서 같이 음주한 다음 운전케 한 결과 위 운전병이 음주로 인하여 취한 탓으로 사고가 발생한 경우에는 위 선임 탑승자에게도 과실범의 공동정범이 성립한다(대법원 1979.8.21, 79도1249).
> [판례 2] 성수대교와 같은 교량이 그 수명을 유지하기 위하여는 건설업자의 완벽한 시공, 감독공무원들의 철저한 제작 시공상의 감독 및 유지·관리를 담당하고 있는 공무원들의 철저한 유지·관리라는 조건이 합치되어야 하는 것이므로, 위 각 단계에서의 과실 그것만으로 붕괴원인이 되지 못한다고 하더라도, 그것이 합쳐지면 교량이 붕괴될 수 있다는 점은 쉽게 예상할 수 있고, 따라서 위 각 단계에 관여한 자는 전혀 과실이 없다거나 과실이 있다고 하여도 교량붕괴의 원인이 되지 않았다는 등의 특별한 사정이 있는 경우를 제외하고는 붕괴에 대한 공동책임을 면할 수 없다고 봄이 상당하다 할 것이다. 피고인들에게는 트러스 제작상, 시공 및 감독의 과실이 인정되고, 감독공무원들의 감독상의 과실이 합쳐져서 이 사건 사고의 한 원인이 되었으며, 한편 피고인들은 이 사건 성수대교를 안전하게 건축되도록 한다는 공동의 목표와 의사연락이 있었다고 보아야 할 것이므로, 피고인들 사이에는 이 사건 업무상과실치사상등죄에 대하여 형법 제30조 소정의 공동정범의 관계가 성립된다고 보아야 할 것이다(대법원 1997.11.28, 97도1740).

> **과실범의 공동정범 부정례**
> 피고인이 운전자의 부탁으로 차량의 조수석에 동승한 후, 운전자의 차량운전행위를 살펴보고 잘못된 점이 있으면 이를 지적하여 교정해 주려 했던 것에 그치고 전문적인 운전교습자가 피교습자에 대하여 차량운행에 관해 모든 지시를 하는 경우와 같이 주도적 지위에서 동 차량을 운행할 의도가 있었다거나 실제로 그같은 운행을 하였다고 보기 어렵다면 그 같은 운행 중에 야기된 사고에 대하여 과실범의 공동정범의 책임을 물을 수 없다(대법원 1984.3.13, 82도3136).

ⓛ (O) 공범자 간에 의사의 상호연락이 있어 공동가공의 의사가 있다고 인정되면 공동정범이 성립하는 것이므로, 이 경우에는 독립행위의 경합이나 동시범의 문제는 검토될 필요가 없다.

> 2인 이상이 상호의사의 연락이 없이 동시에 범죄구성요건에 해당하는 행위를 하였을 때에는 원칙적으로 각인에 대하여 그 죄를 논하여야 하나, 그 결과발생의 원인이 된 행위가 분명하지 아니한 때에는 각 행위자를 미수범으로 처벌하고(독립행위의 경합), 이 독립행위가 경합하여 특히 상해의 경우에는 공동정범의 예에 따라 처단(동시범)하는 것이므로, 상호의사의 연락이 있어 공동정범이 성립한다면, 이에는 독립행위 경합 등의 문제는 제기될 여지가 없는 것이다(대법원 1985.12.

10, 85도1892 참조). 피고인들에 대하여 업무상과실치사상죄, 업무상과실일반교통방해죄, 업무상과실자동차추락죄의 공동정범으로 인정되는 이상, 여기에는 독립행위의 경합문제가 제기될 여지가 없다. 뿐만 아니라, 이 사건 붕괴는 피고인들의 제작시공 및 감독상의 과실과 공소외 2 등 서울시의 유지·관리담당 공무원들의 유지·관리의 잘못이 모두 합쳐져서 발생한 것이므로, 결과발생의 원인이 된 행위가 판명되지 아니한 경우에 해당한다고 볼 수도 없다(대법원 1997.11.28, 97도1740).

ⓒ (O) 합동범은 2인 이상의 행위자가 범행 현장에서 시간적·장소적 협동관계를 가지고 범죄를 실행하는 범죄유형이고, 합동범의 공동정범은 이러한 합동범의 범행에 공모하였으나 현장에서 직접 범죄를 실행하지 않는 자를 말한다. 따라서 합동범의 공동정범이 성립하기 위해서는 3인 이상의 행위자가 합동범행을 공모하여야 한다.

> 2인 이상이 공동의 의사로서 특정한 범죄행위를 하기 위하여 일체가 되어 서로 다른 사람의 행위를 이용하여 각자 자기의 의사를 실행에 옮기는 내용의 공모를 하고, 그에 따라 범죄를 실행한 사실이 인정되면 그 공모에 참여한 사람은 직접 실행행위에 관여하지 아니하였더라도 다른 사람의 행위를 자기 의사의 수단으로 하여 범죄를 하였다는 점에서 자기가 직접 실행행위를 분담한 경우와 형사책임의 성립에 차이를 둘 이유가 없는 것인바(형법 제30조), 이와 같은 공동정범 이론을 형법 제331조 제2항 후단의 합동절도와 관련하여 살펴보면, 2인 이상의 범인이 합동절도의 범행을 공모한 후 1인의 범인만이 단독으로 절도의 실행행위를 한 경우에는 합동절도의 객관적 요건을 갖추지 못하여 합동절도가 성립할 여지가 없는 것이지만, 3인 이상의 범인이 합동절도의 범행을 공모한 후 적어도 2인 이상의 범인이 범행 현장에서 시간적, 장소적으로 협동관계를 이루어 절도의 실행행위를 분담하여 절도 범행을 한 경우에는 위와 같은 공동정범의 일반 이론에 비추어 그 공모에는 참여하였으나 현장에서 절도의 실행행위를 직접 분담하지 아니한 다른 범인에 대하여도 그가 현장에서 절도 범행을 실행한 위 2인 이상의 범인의 행위를 자기 의사의 수단으로 하여 합동절도의 범행을 하였다고 평가할 수 있는 정범성의 표지를 갖추고 있다고 보여지는 한 그 다른 범인에 대하여 합동절도의 공동정범의 성립을 부정할 이유가 없다고 할 것이다(대법원 1956.5.1, 4289형상35; 1960.6.15, 4293형상60 등 및 대법원 1998.5.21, 98도321 전원합의체).

ⓔ (×) 판례에 의하면 합동범의 범행현장에서 협동을 한 범인도 경우에 따라서는 방조범이 성립할 여지가 있다고 본다.

> 형법 제331조 제2항 후단의 규정이 위와 같이 3인 이상이 공모하고 적어도 2인 이상이 합동절도의 범행을 실행한 경우에 대하여 공동정범의 성립을 부정하는 취지라고 해석할 이유가 없을 뿐만 아니라, 만일 공동정범의 성립가능성을 제한한다면 직접 실행행위에 참여하지 아니하면서 배후에서 합동절도의 범행을 조종하는 수괴는 그 행위의 기여도가 강력함에도 불구하고 공동정범으로 처벌받지 아니하는 불합리한 현상이 나타날 수 있다. 그러므로 합동절도에서도 공동정범과 교사범·종범의 구별기준은 일반원칙에 따라야 하고, 그 결과 범행현장에 존재하지 아니한 범인도 공동정범이 될 수 있으며, 반대로 상황에 따라서는 장소적으로 협동한 범인도 방조만 한 경우에는 종범으로 처벌될 수도 있다(대법원 1998.5.21, 98도321 전원합의체).

ⓜ (O) 형법 제263조는 상해, 폭행치상, 상해치사, 폭행치사에 대하여 적용된다는 것이 판례이다. 반면 강간치상, 강도치상, 과실치사상에 대해서는 적용되지 아니한다(예컨대, 강간치상에 대해서는 대법원 1984.4.24, 84도372).

10 정답 ③

③ ㄱㄴㄹ

ㄱ (O) 甲과 乙은 A를 공동으로 살해한다는 의사의 연락이 없어 공동정범이 성립하지 않고 동시범에 해당한다.

ㄴ (O) 甲은 강도의 고의로 살해하고 A의 지갑과 현금을 취득한 것이니 강도살인죄가 성립하고, 乙은 절도의 의사로 참가한 것에 불과하니 절도죄의 죄책만 져야 한다. 승계적 공동정범의 경우에도 가담한 이후의 죄책을 지는 것에 불과하다.

ㄷ (×) 甲에게는 공모관계로부터의 이탈이 인정되어 공동정범이 성립하지 않는다. "가사 피고인에게도 그 범행에 가담하려는 의사가 있어 공모 관계가 인정된다 하더라도 다른 조직원들이 각이 사건 범행에 이르기 전에 그 공모 관계에서 이탈한 것이라 할 것이므로 피고인은 위 공모 관계에서 이탈한 이후의 행위에 대하여는 공동정범으로의 책임을 지지 않는다고 할 것이다(시라소니파 사건, 대법원 1996.1.26, 94도2654)."

ㄹ (O) 판례는 공모만 하였다 하더라도 기능적 행위지배가 인정된다면 공모공동정범의 성립을 인정하는 입장이다.
[보충] 위 지문의 甲은 공모만 한 것이 아니라 진행 상황을 실시간으로 보고를 받고 있으므로 보통의 공동정범에도 해당될 수 있다.

ㅁ (×) 합동하여 절도를 한 경우 범인 중 1인이 체포를 면탈할 목적으로 폭행을 하여 상해를 가한 때에는 나머지 범인도 이를 예기하지 못한 것으로 볼 수 없으면 준강도상해죄의 죄책을 면할 수 없다(대법원 1982.7.13, 82도1352).

11 정답 ②

② ㄱㄷ

ㄱ (O) 형법 제19조, 형법 제263조 참조.

ㄴ (×) 독립행위가 경합하여 상해의 결과를 발생하게 한 경우에 있어서 원인된 행위가 판명되지 아니한 때에는 공동정범의 예에 의한다(형법 제263조).

ㄷ (O) 형법 제263조의 동시범은 상해와 폭행죄에 관한 특별규정으로서 동규정은 그 보호법익을 달리하는 강간치상죄에는 적용할 수 없다(대법원 1984.4.24, 84도372).

ㄹ (×) 공동가공의 의사가 인정되어 공동정범으로 처벌되므로 동시범의 특례는 적용되지 않는다.

12 정답 ③

③ (×) 합동범에 대하여 내부관여자는 총칙상의 공범규정이 적용될 수 없으나, 합동범에 대하여 외부에서 교사·방조한 경우에는 교사범·방조범이 성립한다.

① (O) 합동범은 특수절도죄, 특수강도죄, 특수도주죄, 특수강간죄처럼 별도의 구성요건을 가지고 있는 각칙상의 범죄로서 해당 법정형도 각 범죄에 대하여 별도로 규정되어 있다.

② (O) 형법 제334조 제2항 소정의 "합동하여"라 함은 주관적 요건으로서의 공모와 객관적 요건으로서의 범행현장에서의 범행의 실행의 분담이 있어야 하나, 그 공모나 모의는 반드시 사전

에 이루어진 것만을 필요로 하는 것이 아니고 범행 현장에서 암묵리에 의사상통하는 것도 포함된다(대법원 1988.11.22, 88도1557).

④ (○) 3인 이상의 범인이 합동절도의 범행을 공모한 후 적어도 2인 이상의 범인이 범행 현장에서 시간적, 장소적으로 협동관계를 이루어 절도의 실행행위를 분담하여 절도 범행을 한 경우에, 그 공모에는 참여하였으나 현장에서절도의 실행행위를 직접 분담하지 아니한 다른 범인에 대하여도 그가 현장에서 절도 범행을 실행한 위 2인 이상의 범인의 행위를 자기 의사의 수단으로 하여 합동절도의 범행을 하였다고 평가할 수 있는 정범성의 표지를 갖추고 있는 한 공동정범의 일반 이론에 비추어 그 다른 범인에 대하여 합동절도의 공동정범으로 인정할 수 있다(대법원 2011.5.13, 2011도2021).

※ 대법원 1998.5.21, 98도321 전원합의체 참조.

13 　정답 ④

④ ㉠ − A − (2): 제31조 제3항
　 ㉡ − B − (3): 제31조 제2항
　 ㉢ − C − (1): 제31조 제1항 참조.

14 　정답 ①

① ㉣
㉠ (×) 실패한 교사이다(제31조 제3항 참조).
㉡ (×) 효과없는 교사이다(제31조 제2항 참조).
㉢ (×) 존속살해예비죄로 처벌된다.
㉣ (○) 존속살해예비죄로 처벌된다.

15 　정답 ④

④ (○) 피교사자의 구체적 사실에 대한 객체의 착오가 교사자에게도 구체적 사실의 방법의 착오가 된다는 견해(다수설)에 의하고, 이를 법정적 부합설에 의하여 해결한다면 발생사실에 대한 고의·기수의 교사범이 된다. 따라서 甲은 살인기수의 교사범이 된다.
① (×) 구체적 부합설에 의하면 乙은 살인기수의 책임을 진다.
② (×) 판례(법정적 부합설)에 따르면 A에 대한 살인미수로 처벌된다. 과실손괴죄는 처벌규정이 없으므로 별도로 성립하지 않는다.
③ (×) 피교사자의 구체적 사실에 대한 객체의 착오가 교사자에게도 동일한 객체의 착오가 된다고 보는 입장에 의한다면, 구체적 사실의 착오 중 객체의 착오의 해결에 대해서는 학설의 대립이 없으므로, 구체적 부합설에 의하더라도 甲은 살인기수의 교사범이 인정된다.

16 　정답 ④

④ ㉡㉢
㉠ (×) 甲은 강도예비와 절도교사의 상상적 경합이 되는 것이다. 보다 중한 형인 강도예비의 형으로 처벌된다.
㉡ (○) 교사의 착오에 있어서 피교사자의 구체적 사실에 대한 객체의 착오는 교사자에 대해서는 구체적 사실에 대한 방법의 착오가 된다는 것이 다수설이다. 이 경우 법정적 부합설에 의하면 교사자에게는 실현된 결과에 대하여 고의·기수책임이 인정된다.

㉢ (○) 피교사자의 객체의 착오는 교사자에게는 방법의 착오가 되는데 판례의 입장은 법정적 부합설을 취하므로 이 경우에도 甲에게는 B에 대한 상해의 고의가 인정된다. 결론적으로 甲의 죄책은 상해치사죄의 교사범이다.
㉣ (×) 극단적 종속형식에 의하면 피교사자에게 책임까지 있을 때 비로소 교사범이 성립하는바, 피교사자인 乙이 13세이므로 책임이 조각되므로 교사자인 甲에 대해서는 교사범이 성립하지 않으므로 간접정범이 성립할 뿐이라는 결론에 이르게 된다.
㉤ (×) 공범 중 1인이 그 범행에 관한 수사절차에서 참고인 또는 피의자로 조사받으면서 자기의 범행을 구성하는 사실관계에 관하여 허위로 진술하고 허위 자료를 제출하는 것은 자신의 범행에 대한 방어권 행사의 범위를 벗어난 것으로 볼 수 없다. 이러한 행위가 다른 공범을 도피하게 하는 결과가 된다고 하더라도 범인도피죄로 처벌할 수 없다. 이때 공범이 이러한 행위를 교사하였더라도 범죄가 될 수 없는 행위를 교사한 것에 불과하여 범인도피교사죄가 성립하지 않는다(대법원 2018.8.1, 2015도20396).

17 　정답 ③

③ ㉠㉡㉣㉤
㉠ (×) 위법성조각사유의 전제사실의 착오에 대해 엄격책임설은 이를 금지착오로 보고, 착오에 정당한 이유가 없으면 고의범의 성립을 인정하고, 정당한 이유가 있으면 책임이 조각된다. 따라서 과실범은 성립할 수 없다.
㉡ (×) 위법성조각사유의 전제사실의 착오에 대해 소극적 구성요건 표지이론은 구성요건적 착오로 보아 불법고의가 조각되고, 구성요건착오유추적용설도 구성요건적 착오에 관한 규정을 유추적용하여 구성요건적 고의가 조각된다. 제한적 종속형식에 의하면 정범이 위법성까지는 인정되어야 공범이 성립하므로, 두 학설 모두 교사범이 성립할 수 없게 된다.
㉢ (○) 피교사자의 객체의 착오를 교사자의 객체의 착오로 인정하는 견해에 의하면, 구체적 사실에 대한 객체의 착오가 되므로 B에 대한 살인죄의 교사범을 인정할 수 있다.
[참고] 다수설은 피교사자의 객체의 착오는 교사자에게는 방법의 착오가 된다고 본다. 이때 구체적 부합설과 법정적 부합설의 대립이 있게 된다.
㉣ (×) 개괄적 고의에 대한 사례로 판례는 살인죄의 기수를 인정한다. 피고인이 자신의 부인을 희롱하는 피해자에 대한 분노가 폭발하여 살해하기로 마음먹고 돌로 수차례 내리쳐 피해자가 뇌진탕으로 실신하자 죽은 것으로 오인하고 시체를 몰래 파묻어 증거를 없애기 위해 150m 정도 떨어진 개울가로 끌고 가 모래웅덩이에 묻었다면 피해자가 피고인의 구타행위로 인해 직접 사망한 것이 아니라 죄적을 인멸할 목적으로 행한 매장행위에 의해 사망하게 되었더라도 전과정을 개괄적으로 보면 피해자의 살해라는 애초의 예견사실이 결국 실현된 것이기 때문에 살인죄의 죄책을 면할 수 없다(대법원 1988.6.28, 88도650).
㉤ (×) 乙에게 사기를 교사하였는데 乙이 '기망을 근거로' 공갈을 실행한 경우, 교사내용과 실행행위의 질적 차이가 본질적이지 않으므로 甲은 교사한 범죄에 대한 교사범의 책임을 져야 한다. 예컨대, 사기를 교사하였으나 피교사자가 기망을 하면서 협박을 하여 외포심에 기하여 처분행위를 하게 함으로써 재물을 편취한 경우라면 사기와 공갈 모두 상대방의 처분행위를 필요로

하는 편취죄의 성질을 가진다는 점에서 그 질적 초과가 본질적이지 않아 사기죄(혹은 공갈죄)의 교사범이 성립한다.
[보충] 비슷한 경우로서, 공갈을 교사하였는데 강도를 실행한 경우 질적 차이가 본질적이지 않으므로 공갈죄의 교사범이 성립한다.

18
정답 ③

③ (×) 기도된 방조의 가벌성을 인정하는 것은 공범종속성설에 따른 것이 아니라 그와 배치되는 것이다. 실제로 인과관계가 필요하다는 견해로부터 공범의 종속성과 배치된다는 비판을 받는다.
① (○) 진료부는 환자의 계속적인 진료에 참고로 공하여지는 진료상황부이므로 간호보조원의 무면허 진료행위가 있은 후에 이를 의사가 진료부에다 기재하는 행위는 정범의 실행행위종료 후의 단순한 사후행위에 불과하다고 볼 수 없고 무면허 의료행위의 방조에 해당한다(대법원 1982.4.27, 82도122).
② (○) 피고인들이, 자신들이 개설한 인터넷 사이트를 통해 회원들로 하여금 음란한 동영상을 게시하도록 하고, 다른 회원들로 하여금 이를 다운받을 수 있도록 하는 방법으로 정보통신망을 통한 음란한 영상의 배포, 전시를 방조한 행위가 단일하고 계속된 범의 아래 일정기간 계속하여 이루어졌고 피해법익도 동일한 경우, 포괄일죄의 관계에 있다고 본 원심판결을 수긍한 사례이다(대법원 2010.11.25, 2010도1588).
④ (○) 인과관계가 필요하다는 견해는 적어도 방조행위가 범죄실행의 방법이나 수단에 영향을 미쳤을 것을 요한다고 한다. 공범의 처벌근거가 타인의 불법을 야기·촉진시키는 데 있기 때문이며, 따라서 방조행위가 피방조자의 실행에 아무런 영향을 끼치지 못한 경우에는 처벌근거가 상실된다고 본다.

19
정답 ④

④ (×) 종범(방조범)은 정범의 실행행위 중에 이를 방조하는 경우는 물론이고 실행의 착수 전에 장래의 실행행위를 예상하고 이를 용이하게 하는 행위를 하여 방조한 경우에도 정범이 그 실행행위에 나아갔다면 방조범이 성립한다(대법원 1997.4.17, 96도3377).
① (○) 형법이 방조행위를 종범으로 처벌하는 까닭은 정범의 실행을 용이하게 하는 점에 있으므로 그 방조행위가 정범의 실행에 대하여 간접적이거나 직접적이거나를 가리지 아니하고 정범이 범행을 한다는 점을 알면서 그 실행행위를 용이하게 한 이상 종범으로 처벌함이 마땅하며 간접적으로 정범을 방조하는 경우 방조자에 있어 정범이 누구에 의하여 실행되어지는가를 확지할 필요가 없다 할 것이므로 방조범의 성립에 아무런 지장이 없다(대법원 1977.9.28, 76도4133).
② (○) 방조범은 정범의 실행을 방조한다는 이른바 방조의 고의와 정범의 행위가 구성요건에 해당하는 행위인 점에 대한 정범의 고의가 있어야 하나, 이와 같은 고의는 내심적 사실이므로, 방조범에 있어서 정범의 고의는 정범에 의하여 실현되는 범죄의 구체적 내용을 인식할 것을 요하는 것은 아니고 미필적 인식 또는 예견으로 충분하다(대법원 2011.12.8, 2010도9500).
③ (○) 대법원 1985.2.26, 84도2987

20
정답 ③

③ (×) 공무원이 아닌 자가 공무원과 공동하여 허위공문서작성죄를 범한 때에는 공무원이 아닌 자도 형법 제33조, 제30조에 의하여 허위공문서작성죄의 공동정범이 된다(대법원 2006.5.11, 2006도1663). 또한 공문서의 작성권한이 있는 공무원의 직무를 보좌하는 자가 그 직위를 이용하여 행사할 목적으로 허위의 내용이 기입된 문서초안을 그 정을 모르는 상사에게 제출하여 결재하도록 함으로써 허위공문서를 작성케 하는 경우에는 허위공문서작성죄의 간접정범이 성립되고 이와 공모한 자 역시 위 죄책(간접정범의 공범)을 면할 수 없다(대법원 1977.12.13, 74도1900; 1986.8.19, 85도2728).

▶ 제2편 범죄론: 제7장 범죄의 특수한 출현형태론 — 제3편 형벌론

01	②	02	④	03	④	04	④	05	④
06	④	07	④	08	③	09	①	10	③
11	④	12	①	13	②	14	②	15	③
16	③	17	②	18	④	19	②	20	④

제2편 범죄론　제7장 범죄의 특수한 출현형태론

01
정답 ②

② (×) 정상의 주의를 태만함으로 인하여 죄의 성립요소인 사실을 인식하지 못한 행위는 '법률에 특별한 규정이 없는 한 벌하지 아니한다.' 이것이 제14조의 규정 내용이다(과실범: 원칙적 불벌, 예외적 처벌). 따라서 법률에 특별한 규정이 있으면 처벌한다고 표현하여야 맞는 것이다.

① (○) 구성요건적 결과발생은 과실범의 성립요건이므로, 과실범은 모두 결과범이고 또한 결과가 발생한 때에만 성립한다. 과실범의 미수는 인정되지 않는다.

③ (○) 일정한 출퇴근길을 이용함에 있어 어느 도로가 공사 중이고 어느 건물 앞에서는 무단횡단이 많다는 등의 사정은 행위자개인의 특별한 능력에 의하여 알 수 있는 것이 아니라 해당되는 특별한 지식과 경험을 공유하는 객관적 주의의무의 내용에서 고려될 수 있는 것이기 때문이다.

④ (○) 옳은 설명으로서, 관련되는 판례로는 대법원 1970.2.24, 70도176 참조.

02
정답 ④

④ ㉢㉣㉤

㉠ (×) 보통과실범과 업무상 과실범 그 결과 측면에서는 동일하다. 예컨대 과실치사죄와 업무상 과실치사죄의 결과는 둘 다 동일하게 사람의 사망이다.

[보충] 업무상 과실범이 보통의 과실범보다 형이 가중처벌되는 근거에 대한 학설: 보통의 주의의무보다 무거운 주의의무가 부과되는 것이라는 견해(김종원, 임웅), 주의의무는 동일하지만 예견의무가 달라서 책임이 가중되기 때문이라는 견해(이재상), 주의의무는 동일하지만 업무자의 예견가능성이 더욱 크기 때문에 책임이 가중된다는 견해(정성근/박광민) 등이 대립한다.

[정리] 업무상 과실범은 보통의 과실범보다 불법 내지 책임이 가중되는 범죄유형이다.

㉡ (×) 과실의 체계적 지위에 관하여 책임요소설, 신과실이론(위법성요소설), 구성요건요소설에 주장된 바 있으나 이중기능설이 통설의 입장이다. 또한 과실범의 구성요건요소로서 주의의무위반에 관한 주의의무의 표준에 대해서는 객관설이 통설이다. 따라서 통설에 의할 때, 과실범의 구성요건적 과실은 객관적 주의의무의 위반이요, 책임과실은 주관적 주의의무의 위반이다.

㉢ (○) 다수설과 판례는 원인에 있어서 자유로운 행위(제10조 제3항)에는 고의에 의한 원인에 있어서 자유로운 행위뿐만 아니라 과실에 의한 원인에 있어서 자유로운 행위도 포함된다는 입장이다.

> 형법 제10조 제3항은 "위험의 발생을 예견하고 자의로 심신장애를 야기한 자의 행위에는 전2항의 규정을 적용하지 아니한다"고 규정하고 있는 바, 이 규정은 고의에 의한 원인에 있어서의 자유로운 행위만이 아니라 과실에 의한 원인에 있어서의 자유로운 행위까지도 포함하는 것으로서 위험의 발생을 예견할 수 있었는데도 자의로 심신장애를 야기한 경우도 그 적용 대상이 된다(대법원 1992.7.28, 92도999).

㉣ (○) 판례는 과실범의 공동정범을 소위 행위공동설에 의하여 긍정하는 입장이다.

> 공동정범은 고의범이나 과실범을 불문하고 의사의 연락이 있는 경우면 성립하는 것으로서 2인 이상이 서로의 의사연락 아래 과실행위를 하여 범죄되는 결과를 발생하게 하면 과실범의 공동정범이 성립하는 것이다(대법원 1994.3.22, 94도35; 1982.6.8, 82도781 등 참조).

㉤ (○) 현주건조물방화치사죄(형법 제164조 제2항: 사형, 무기 또는 7년 이상의 징역)와는 달리 현주건조물일수치사죄는 부진정결과적 가중범이 아니다. 왜냐하면 그 법정형(무기 또는 7년 이상의 징역, 형법 제177조 제2항)이 살인죄의 법정형보다 낮기 때문이다.

> **제177조(현주건조물등에의 일수)** ① 물을 넘겨 사람이 주거에 사용하거나 사람이 현존하는 건조물, 기차, 전차, 자동차, 선박, 항공기 또는 광갱을 침해한 자는 무기 또는 3년 이상의 징역에 처한다.
> ② 제1항의 죄를 범하여 사람을 상해에 이르게 한 때에는 무기 또는 5년 이상의 징역에 처한다. 사망에 이르게 한 때에는 무기 또는 7년 이상의 징역에 처한다.

03
정답 ④

④ (○) 행정상의 단속을 주안으로 하는 법규라 하더라도 명문규정이 있거나 해석상 과실범도 벌할 뜻이 명확한 경우를 제외하고는 형법의 원칙에 따라 고의가 있어야 벌할 수 있다(대법원

2010.2.11, 2009도9807). 따라서 (이론적으로는 다소 이상하지만 판례에 의하면) 과실범 처벌규정이 없어도 해석상 과실범을 벌할 뜻이 명확하다면 고의가 없어도 벌할 수 있다.

① (×) 의사가 설명의무를 위반한 채 의료행위를 하였다가 환자에게 상해 또는 사망의 결과가 발생한 경우 의사에게 업무상 과실로 인한 형사책임을 지우기 위해서는 의사의 설명의무 위반과 환자의 상해 또는 사망 사이에 상당인과관계가 존재하여야 한다(대법원 2011.4.14, 2010도10104 등). 원심은 피고인이 고령의 간경변증 환자인 피해자 공소외 1에게 화상 치료를 위한 가피절제술과 피부이식수술(이하 통틀어 '이 사건 수술'이라고 한다)을 실시하기 전에 출혈과 혈액량 감소로 신부전이 발생하여 생명이 위험할 수 있다는 점에 대해 피해자와 피해자의 보호자에게 설명을 하지 아니한 채 수술을 실시한 과실로 인하여 피해자로 하여금 신부전으로 사망에 이르게 하였다는 공소사실에 대하여 유죄로 판단하였다. 그러나 기록에 의하면, 피해자의 남편 공소외 2는 피해자가 화상을 입기 전 다른 의사로부터 피해자가 간경변증을 앓고 있기 때문에 어떠한 수술이라도 받으면 사망할 수 있다는 말을 들었고, 이러한 이유로 피해자와 공소외 2는 피고인의 거듭된 수술 권유에도 불구하고 계속 수술을 받기를 거부하였던 사실을 알 수 있다. 이로 보건대, 피해자와 공소외 2는 피고인이 수술의 위험성에 관하여 설명하였는지 여부에 관계 없이 간경변증을 앓고 있는 피해자에게 이 사건 수술이 위험할 수 있다는 점을 이미 충분히 인식하고 있었던 것으로 보인다. 그렇다면 피고인이 피해자나 공소외 2에게 공소사실 기재와 같은 내용으로 수술의 위험성에 관하여 설명하였다고 하더라도 피해자나 공소외 2가 수술을 거부하였을 것이라고 단정하기 어렵다. 원심이 유지한 제1심이 적법하게 채택한 증거를 종합하여 보더라도 피고인의 설명의무 위반과 피해자의 사망 사이에 상당인과관계가 있다는 사실이 합리적 의심의 여지가 없이 증명되었다고 보기 어렵다(대법원 2015.6.24, 2014도11315).

② (×) 대법원 2016.3.24, 2015도8621

③ (×) 안전배려 내지 안전관리 사무에 계속적으로 종사하여 사회생활면에서 하나의 지위로서의 계속성을 가지지 아니한 채 단지 건물의 소유자로서 건물을 비정기적으로 수리하거나 건물의 일부분을 임대하였다는 사정만으로는 업무상과실치상죄에 있어서의 업무로 보기 어렵다(대법원 2009.5.28, 2009도1040).

04
정답 ④

④ ㉠㉡㉢

㉠ (○) 과실범의 구성요건요소로서의 주의의무 위반의 주의의무의 판단기준에 대해서는 객관적 일반인 내지 평균인의 주의의무를 기준으로 하는 객관설이 통설·판례이다. 이러한 객관적 주의의무의 제한원리로서는 허용된 위험과 신뢰의 원칙이 있다.

㉡ (○) 형법상 결과적 가중범의 기본범죄는 고의범에 한하고 기수와 미수를 불문한다. 여기에서 기본범죄가 미수인 경우 중한 결과가 발생한 때 결과적 가중범의 미수가 성립하지 않는다는 것이 다수설·판례이다. 중한 결과에 대해서는 최소한 예견가능성 즉, 과실이 요구된다(형법 제15조 제2항).
[보충] 다만, 부진정결과적 가중범의 경우에는 중한 결과에 대하여 과실뿐만 아니라 고의가 있어도 그 성립이 인정된다.

㉢ (○) 진정부작위범은 거동범의 성질을 가지므로 미수와 친하지

않다. 다만 집합명령위반죄(형법 제145조 제2항)와 퇴거불응죄(형법 제319조 제2항)는 미수범 처벌규정이 있기는 하다(형법 제149조, 제322조).

㉣ (×) 과실에 의한 부진정부작위범은 망각범으로서 처벌될 수 있다. 또한 형법상 진정부작위범은 과실범 처벌규정이 없다.

㉤ (×) 자기소유일반물건방화죄는 미수를 벌하지 않는다(제174조, 제167조). 한편, 해상강도치사상죄(제342조), 강도치사상죄(제342조), 인질치사상죄(제324조의5)은 형법상 미수범 처벌규정이 있다.
[보충] 결과적 가중범은 거의 미수범 처벌규정이 없다. 다만, 인질치사상, 강도치사상, 해상강도치사상, 현주건조물일수치사상죄는 미수범 처벌규정이 있다.

05
정답 ④

④ ㉡㉢㉣

㉠ (×) 과실범의 경우에도 고의범과 마찬가지로 피해자의 승낙이 있을 시에 위법성조각이 가능하다. 운전자의 음주사실을 알고 동승했는데 사고가 발생한 경우, (비직업적) 운동경기 중 상대방 선수에게 과실로 상해한 경우 등 피해자의 승낙으로써 과실범의 위법성조각이 가능하다.

㉡ (○) 약사는 의약품을 판매하거나 조제함에 있어서 그 의약품이 그 표시 포장상에 있어서 소정의 검인 합격품이고 또한 부패 변질 변색되지 아니하고 유효기간이 경과되지 아니함을 확인하고 조제판매한 경우에는 특별한 사정이 없는 한 관능시험 및 기기시험까지 할 주의의무가 없으므로 그 약의 표시를 신뢰하고 이를 사용한 경우에는 과실이 있다고 볼 수 없다(대법원 1976. 2.10, 74도2046).

㉢ (○) 대법원 1985.11.12, 85도1893

㉣ (○) 주의의무의 판단기준에 관한 주관설(행위자표준설)에 의하면 구성요건 단계에서는 오직 행위자 개인의 주관적 주의의무 위반과 주관적 예견가능성만을 심사해야 한다고 한다. 즉 행위자 본인의 주의능력을 표준으로 주의의무위반을 결정한다. 따라서 행위자의 주의능력이 평균인에 미달하여 자신의 능력을 모두 발휘하더라도 결과발생의 예견이 불가능하였더라면 과실범의 불법이 배제된다.
[보충] 주관설에 의하면 객관적 주의의무 위반이 있어도 주관적 주의의무 위반이 없으면 과실범의 구성요건에 해당하지 아니한다.

㉤ (×) 결과적 가중범의 미수범의 문제는 기본범죄가 미수에 그쳤는데 무거운 결과가 발생한 경우 결과적 가중범의 미수범 처벌이 가능한가의 문제라고 할 수 있는바, 다수설·판례는 부정설을 취한다. 이에 의하면, 기본범죄가 미수인데 무거운 결과가 발생한 경우에는 미수범의 임의적 감경규정이 적용되지 않고 결과적 가중범의 기수가 성립한다. 따라서 고의범과 고의범의 결합범(예컨대, 특수강간상해죄) 및 결과적 가중범(예컨대, 특수강간치상죄)에 대한 미수범 처벌규정이 조문형식상 존재한다 하더라도 이는 전자의 결합범에 적용되는 것일 뿐 후자의 결과적 가중범에 적용되지 않는다는 것이다.

> 성폭력범죄의 처벌 및 피해자보호 등에 관한 법률 제9조 제1항에 의하면 같은 법 제6조 제1항에서 규정하는 특수강간의 죄를 범한 자뿐만 아니라, 특수강간이 미수에 그쳤다고 하더라도 그로 인하여 피해자가 상해를 입었으면 특수강간치상죄가 성립하는 것이고, 같은 법 제12조에서 규정한 위 제9조 제1항

에 대한 미수범 처벌규정은 제9조 제1항에서 특수강간치상죄와 함께 규정된 특수강간상해죄의 미수에 그친 경우, 즉 특수강간의 죄를 범하거나 미수에 그친 자가 피해자에 대하여 상해의 고의를 가지고 피해자에게 상해를 입히려다가 미수에 그친 경우 등에 적용된다(대법원 2008.4.24, 2007도10058).

06

정답 ④

④ ㄴㄷㄹ

㉠ (O) 전단은 맞다. 구체적으로는, 부작위범 중에서도 결과범(대부분의 부진정부작위범)의 경우에만 인과관계가 문제된다. 후단도 맞다. 개별적 행위가능성은 진정부작위범과 부진정부작위범의 공통된 구성요건요소이다.

㉡ (×) 진정부작위범의 경우에는 부진정부작위범의 경우와 달리 「작위범」의 구성요건이 아닌 「부작위범」의 구성요건을 부작위에 의해서 실현하는 것이므로 부작위의 동가치성은 문제될 여지가 없다. 따라서 전단은 맞다. 그런데 후단의 경우, 진정부작위범과 달리 대체로 결과범에 해당하는 부진정부작위범에 있어서는 당연히 미수범이 성립할 수 있다. 따라서 후단은 틀렸다.
[보충] 형법은 진정부작위범인 퇴거불응죄나 집합명령위반죄에 대하여 미수범처벌규정을 두고 있으나(제322조, 제149조), 거동범인 위 죄들의 미수범은 성립할 수 없다는 것이 다수설이다.

㉢ (×) 수련병원의 전문의와 전공의 등의 관계처럼 의료기관 내의 직책상 주된 의사의 지위에서 지휘·감독 관계에 있는 다른 의사에게 특정 의료행위를 위임하는 수직적 분업의 경우, 그 의료행위가 위임을 통해 분담 가능한 내용의 것이고 실제로도 그에 관한 위임이 있었던 경우에는 원칙적으로 위임한 의사는 위임받은 의사의 과실로 환자에게 발생한 결과에 대한 책임이 있다고 할 수 없다.

① 의사가 환자에 대하여 주된 의사의 지위에서 진료하는 경우라도, 자신은 환자의 수술이나 시술에 전념하고 마취과 의사로 하여금 마취와 환자 감시 등을 담당토록 하거나, 특정 의료영역에 관한 진료 도중 환자에게 나타난 문제점이 자신이 맡은 의료영역 내지 전공과목에 관한 것이 아니라 그에 선행하거나 병행하여 이루어진 다른 의사의 의료영역 내지 전공과목에 속하는 등의 사유로 다른 의사에게 그 관련된 협의진료를 의뢰한 경우처럼 서로 대등한 지위에서 각자의 의료영역을 나누어 환자 진료의 일부를 분담하였다면, 진료를 분담받은 다른 의사의 전적인 과실로 환자에게 발생한 결과에 대하여는 책임을 인정할 수 없다. … ② 수련병원의 전문의와 전공의 등의 관계처럼 의료기관 내의 직책상 주된 의사의 지위에서 지휘·감독 관계에 있는 다른 의사에게 특정 의료행위를 위임하는 수직적 분업의 경우에는, 그 다른 의사에게 전적으로 위임된 것이 아닌 이상 주된 의사는 자신이 주로 담당하는 환자에 대하여 다른 의사가 하는 의료행위의 내용이 적절한 것인지 여부를 확인하고 감독하여야 할 업무상 주의의무가 있고, 만약 의사가 이와 같은 업무상 주의의무를 소홀히 하여 환자에게 위해가 발생하였다면 주된 의사는 그에 대한 과실 책임을 면할 수 없다. … ③ 이때 그 의료행위가 지휘·감독 관계에 있는 다른 의사에게 전적으로 위임된 것으로 볼 수 있는지 여부는 위임받은 의사의 자격 내지 자질과 평소 수행한 업무, 위임의 경위 및 당시 상황, 그 의료행위가 전문적인 의료영역 및 해당 의료기관의 의료 시스템 내에서 위임 하

에 이루어질 수 있는 성격의 것이고 실제로도 그와 같이 이루어져 왔는지 여부 등 여러 사정에 비추어 해당 의료행위가 위임을 통해 분담 가능한 내용의 것이고 실제로도 그에 관한 위임이 있었다면, 그 위임 당시 구체적인 상황 하에서 위임의 합리성을 인정하기 어려운 사정이 존재하고 이를 인식하였거나 인식할 수 있었다고 볼 만한 다른 사정에 대한 증명이 없는 한, 위임한 의사는 위임받은 의사의 과실로 환자에게 발생한 결과에 대한 책임이 있다고 할 수 없다(대법원 2022.12.1, 2022도1499).

㉣ (×) 치료 과정에서 야간당직의사의 과실이 일부 개입하였다고 하더라도 그의 주치의사 및 환자와의 관계에 비추어 볼 때 환자의 주치의사는 업무상과실치사죄의 책임을 면할 수는 없다(대법원 1994.12.9, 93도2524).
[보충] 정신과질환인 조증으로 입원한 환자의 주치의사는 환자의 건강상태를 사전에 면밀히 살펴서 그 상태에 맞도록 조증 치료제인 클로르포르마진을 가감하면서 투여하여야 하고, 클로르포르마진의 과다투여로 인하여 환자에게 기립성저혈압이 발생하게 되었고 당시 환자의 건강상태가 갑자기 나빠지기 시작하였다면 좀 더 정확한 진찰과 치료를 위하여 내과전문병원 등으로 전원조치를 하여야 할 것이고, 그러지 못하고 환자의 혈압 상승을 위하여 포도당액을 주사하게 되었으면 그 과정에서 환자의 전해질이상 유무를 확인하고 투여하여야 함에도 의사에게 요구되는 이러한 일련의 조치를 취하지 아니한 과실이 있다면, 그러한 과실로 환자가 전해질이상·빈혈·저알부민증 등으로 인한 쇼크로 사망하였음을 인정할 수 있다(위 판례).

07

정답 ④

④ ㉠ㄴㄷㅁ

㉠ (O) 형식설에 의하면 (가)는 법조문의 형태가 부작위범으로 되어 있는 것으로 진정부작위범이고, (나)는 작위범으로 되어 있는 것을 부작위로 범하는 것으로 부진정부작위범이다.

㉡ (O) 부진정부작위범의 보호의무는 법령, 법률행위, 선행행위로 인한 경우는 물론, 기타 신의성실의 원칙이나 사회상규 혹은 조리상 작위의무가 기대되는 경우에도 인정된다 할 것이다(대법원 1992.2.11, 91도2951).

㉢ (O) 과실범 처벌규정이 있는 경우 과실범의 부진정부작위범은 성립할 수 있다.

㉣ (×) 부진정부작위범은 원래 작위범의 구성요건이므로 부작위가 그 작위와 같다는 평가를 받을 수 있어야 구성요건에 해당하고, 이를 행위정형의 동가치성이라 한다. 부진정부작위범에서 보증인적 지위, 보증인적 의무 외에도 추가로 행위정형의 동가치성을 요구하는 것(이상을 모두 동치성이라 함)은 결국 부진정부작위범의 성립을 제약하는 것이므로 형사처벌을 축소하는 기능을 한다.

㉤ (O) 진정부작위범과 부진정부작위범의 공통된 구성요건요소는 구성요건적 상황, 요구된 행위의 부작위, 개별적 행위의 가능성이요, 부진정부작위범에서만 요구되는 특유한 구성요건요소는 보증인적 지위, 부작위와 작위의 행위정형의 동가치성, (결과범인 경우) 부작위와 결과 간의 인과관계(및 객관적 귀속)이다.
[보충] 진정부작위범은 부작위에 의한 부작위범이므로 부작위와 작위의 동가치성은 요하지 아니한다.

08
정답 ③

③ ㉠ㄴㄹㅁ

㉠ (×) 부작위범에 대한 교사는 부작위를 하라고 작위에 의하여 교사하는 경우이므로 교사범이 성립하지 않을 이유가 없다.

㉡ (×) 공통된 의무가 부여되어 있고 그 의무를 공통으로 이행할 수 있는 때에만 성립한다(대법원 2008.3.27, 2008도89).

㉢ (○) 소수설인 실질설에 의하면 진정부작위범은 거동범이요, 부진정부작위범은 결과범이라고 설명된다. 이에 비해 형식설에 의하면 부진정부작위범에는 결과범뿐만 아니라 거동범도 해당될 수 있다고 비판한다(예컨대, 이재상, 총론, §10-8).

㉣ (×) 위법성요소설(유기천)은 부작위범의 작위의무를 위법성요소로 파악함으로써 보증인적 지위 없는 자의 부작위도 모두 구성요건에 해당한다고 보게 되므로 **구성요건해당성이 지나치게 확대된다는 비판을 받게 된다**(따라서 후단이 틀림). 다만 위법성요소설은 모든 부작위가 구성요건에 해당된다고 보게 됨으로써 **구성요건에 해당하는 행위만이 가지는 위법성의 징표적 기능을 다하지 못하게 된다**(따라서 전단은 맞음).

[보충] 구성요건이 가지는 위법성의 징표적 기능을 무시한다는 비판은, 부작위범의 작위의무의 체계적 지위에 관한 구성요건요소설에 대해서도 동일하게 적용될 수 있다. 즉, 구성요건요소설(보증인설)에 의하면 구성요건해당성이 인정되면 곧 위법성도 확정되게 되므로, 구성요건은 위법성을 징표하므로 위법성에서 위법성조각사유를 살펴보아야 한다는 구성요건과 위법성의 관계에 관한 인식근거설과 어긋나게 된다. 구성요건요소설에 대해서 위법성조각사유의 독자적 기능을 무시한다는 비판도 이와 같은 맥락이다. 결국, 위법성요소설과 구성요건요소설은 모두 행위는 구성요건에서 판단하고 의무는 위법성에서 판단한다는 작위범과의 체계적 균형에 반한다는 비판이 동일하게 적용될 수 있다.

㉤ (×) 부진정부작위범의 구성요건요소로서 행위정형의 동가치성이 필요한가에 관하여, 통설은 특정한 행위태양을 요구하는 범죄(행태관련적 거동범)에서는 필요하나 결과를 야기한 것으로 충분한 단순한 결과범에서는 필요하지 않다는 입장이나(구분설), 판례는 단순한 결과범에서도 행위정형의 동가치성이 필요하다는 입장이다. 소수설에서는 독일형법과 같이 임의적 감경규정을 두지 않고 있는 우리 형법의 규정을 고려할 때 이러한 판례의 입장이 타당하다고 설명한다.

> [판례 1] 형법이 금지하고 있는 법익침해의 결과발생을 방지할 법적인 작위의무를 지고 있는 자가 그 의무를 이행하지 아니한 경우, 이를 작위에 의한 실행행위와 동일하게 부작위범으로 처벌하기 위하여는, 그 의무를 이행함으로써 결과발생을 쉽게 방지할 수 있었음에도 불구하고 그 결과의 발생을 용인하고 이를 방관한 채 그 의무를 이행하지 아니한 결과, 그 부작위가 작위에 의한 법익침해와 동등한 형법적 가치를 가진다고 볼 수 있어 그 범죄의 실행행위로 평가될 만한 것이라야 한다(대법원 1992.2.11, 91도2951; 2006.4.28, 2003도4128; 2010.1.14, 2009도12109,2009감도38).
>
> [판례 2] 살인죄와 같이 일반적으로 작위를 내용으로 하는 범죄를 부작위에 의하여 범하는 이른바 부진정 부작위범의 경우에는 보호법익의 주체가 법익에 대한 침해위협에 대처할 보호능력이 없고, 부작위행위자에게 침해위협으로부터 법익을 보호해 주어야 할 법적 작위의무가 있을 뿐 아니라, 부작

> 위행위자가 그러한 보호적 지위에서 법익침해를 일으키는 사태를 지배하고 있어 작위의무의 이행으로 결과발생을 쉽게 방지할 수 있어야 부작위로 인한 법익침해가 작위에 의한 법익침해와 동등한 형법적 가치가 있는 것으로서 범죄의 실행행위로 평가될 수 있다(대법원 2015.11.12, 2015도6809 전원합의체).

09
정답 ①

① (○) 형법 제271조 제1항에서 말하는 법률상 보호의무 가운데는 민법 제826조 제1항에 근거한 부부간의 부양의무도 포함되며, 나아가 법률상 부부는 아니지만 사실혼 관계에 있는 경우에도 위 민법 규정의 취지 및 유기죄의 보호법익에 비추어 위와 같은 법률상 보호의무의 존재를 긍정하여야 한다(대법원 2008. 2.14, 2007도3952).

② (×) 이분설에 의할 경우 보증인지위에 관한 착오는 구성요건적 착오에 해당하지만, 보증인의무에 대한 착오는 금지착오에 해당한다.

③ (×) 부작위범에 대한 교사범은 작위범이므로 보증인지위를 요하지 않는다.

④ (×) 부작위에 의한 간접정범은 불가능하지만, 부작위범을 도구로 이용하는 것은 얼마든지 가능하므로(예컨대 간호사가 의사에게 잘못된 정보를 제공하여 의사가 환자를 돌보지 않은 경우) 부작위범을 도구로 이용한 간접정범은 가능하다.

10
정답 ③

③ (○) 통설에 의하면 단순결과범(순수한 결과야기적 결과범)은 부작위로 인하여 결과가 발생하면 족하고 추가적인 동가치성은 요구되지 않는 반면에, 행태의존적 결과범은 특정한 행위방법에 의한 결과발생을 요하는 바 부작위가 이러한 작위범의 행위태양과 상응하는 모습이어야 한다. 판례는 단순결과범에서도 행위정형의 동가치성을 요구하는 입장이다.

[정리] 행위정형의 동가치성은 단순한 결과범에서도 요구되는가의 문제: 통설은 불요설, 판례는 필요설.

① (×) 보호의무와 안전의무를 지도적 관점으로 채택한 것이 실질설(기능설)이고 법령, 계약, 선행행위, 조리 등을 주된 근거로 드는 것이 형식설(법원설)이다. 위 보기는 설명이 반대로 되어 있다.

② (×) 이분설에 따를 때 보증인지위에 대한 착오는 구성요건 착오가 되어 과실범 성부가 문제되게 되고, 보증인의무에 대한 착오는 금지착오가 되어 정당한 이유를 따져 책임조각 여부를 심사하게 된다.

④ (×) 부진정부작위범의 작위의무의 발생근거는 법령, 계약, 선행행위, 조리까지 인정하나 유기죄에서 보호의무의 발생근거는 법령, 계약상 의무에 한정되므로 더 넓다.

11
정답 ④

④ (○) 형법상 방조는 작위에 의하여 정범의 실행행위를 용이하게 하는 경우는 물론, 직무상의 의무가 있는 자가 정범의 범죄행위를 인식하면서도 그것을 방지하여야 할 제반조치를 취하지 아니하는 부작위로 인하여 정범의 실행행위를 용이하게 하는 경우에도 성립된다 할 것이므로 은행지점장이 정범인 부하직원들의 범행을 인식하면서도 그들의 은행에 대한 배임행위를 방치

하였다면 배임죄의 방조범이 성립된다(대법원 1984.11.27, 84도1906).

① (×) 보증인적 지위와 보증인적 의무를 구별하는 이분설(이원설)은 보증인적 지위는 구성요건요소이고, 보증인적 의무는 위법성의 요소로 파악하는 학설이다. 따라서 보증인적 의무에 대한 착오는 금지착오(위법성의 착오)가 되어 형법 제16조에 따라 그 착오에 정당한 이유가 있으면 벌하지 아니한다.

② (×) 부작위에 의해서는 범행결의 형성이 불가능하므로 부작위에 의한 교사는 불가능하다. 그러나 방조자에게 일정한 결과발생방지의무 내지 보증인적 의무가 있을 때 결과발생을 방치한 경우 부작위에 의한 방조는 가능하다(대법원 1997.3.14, 96도1639 등).

③ (×) 진정부작위범의 경우 각칙상 규정에 의하며, 부진정부작위범의 경우에는 작위범의 규정에 의해 동일하게 처벌된다. 우리 형법은 독일형법과 달리 부진정부작위범에 관한 임의적 감경 규정을 두고 있지 않다.

12 　　　　　　　　　　　　　　　　　　정답 ①

① ㉠㉡㉢

㉠ (×) 의무의 충돌은 작위의무와 작위의무가 충돌하는 상황을 전제한다. 이 경우 이행하지 못한 작위의무에 대하여는 범행형태상 부작위범이 문제된다. 이러한 부작위범에 대하여 그 위법성 유무를 판단할 때 다른 작위의무를 이행하기 위하여 불가피하였다는 사유가 있다면 이는 바로 부작위범의 위법성 문제에 해당된다. 따라서 전단은 맞다. 그런데 부작위범 중에서는 부진정부작위범만이 보증인적 지위가 요구되는 신분범에 해당된다. 따라서 후단은 틀렸다.

㉡ (×) 부작위범에 대한 작위에 의한 교사와 작위 또는 부작위에 의한 방조는 가능하고, 부작위에 의한 교사는 불가능하나 부작위에 의한 방조는 가능하다.

㉢ (×) 작위의무는 법적 의무여야 하나 그것이 공법인가 사법인가는 불문한다. 예컨대, 경찰관의 보호조치의무는 공법상 의무요, 친권자의 자녀 보호의무는 사법상 의무에 속한다.

> 작위의무는 법적인 의무이어야 하므로 단순한 도덕상 또는 종교상의 의무는 포함되지 않으나 작위의무가 법적인 의무인 한 성문법이건 불문법이건 상관이 없고 또 공법이건 사법이건 불문하므로, 법령, 법률행위, 선행행위로 인한 경우는 물론이고 기타 신의성실의 원칙이나 사회상규 혹은 조리상 작위의무가 기대되는 경우에도 법적인 작위의무는 있다(대법원 1996.9.6, 95도2551).

13 　　　　　　　　　　　　　　　　　　정답 ②

② ㉡㉢

㉠ (×) 과실에 의한 부진정부작위범은 소위 망각범으로서 성립할 수 있는 개념이다.

㉡ (○) 목적범에 있어서 고의는 있으나 목적이 없는 도구를 이용하는 경우에도 규범적·심리적 행위지배를 인정하여 간접정범이 성립한다고 보는 것이 다수설이며, 판례도 결론적으로 같은 입장이다(대법원 1997.4.17, 96도3376 전원합의체).

㉢ (×) 방조범이 성립하기 위해서는 방조의 고의와 피방조자의 범행에 대한 정범의 고의의 2중의 고의를 갖추어야 한다. 따라

서 과실에 의한 방조는 있을 수 없다.

㉣ (○) 결과적 가중범의 공동정범도 긍정하는 것이 판례의 입장이다.

㉤ (×) 과실범에 대한 방조의 경우에도 방조범이 성립할 수 없다. 방조범이 성립하기 위해서는 고의적인 피방조자의 범행이 있어야 한다는 것은 공범종속성설의 당연한 전제이다. 과실범에 대한 방조는 경우에 따라 간접정범의 성립이 가능할 뿐이다.

제2편 범죄론　제8장 죄수론

14 　　　　　　　　　　　　　　　　　　정답 ②

② ㉠㉢㉣

㉠ (○) 대법원 2002.7.18, 2002도669 전원합의체; 2003.4.8, 2002도6033 등

㉡ (×) 접속범이란 동일한 법익에 대하여 수개의 독립적 구성요건에 해당하는 행위가 불가분하게 접속하여 행하여지는 경우를 말하고, 같은 기회에 하나의 행위로 여러 개의 영업비밀을 취득한 행위가 그 예이다.

[보충] 이러한 경우에는 기업의 영업비밀 보호와 관련한 재산적 가치라는 비전속적 법익이 그 보호법익이므로 상상적 경합이 아니라 일죄가 되는 것이다.

> 같은 기회에 하나의 행위로 여러 개의 영업비밀을 취득한 행위는 영업비밀보호법 제18조 제2항 위반죄의 일죄로 평가되어야 한다(대법원 2009.4.9, 2006도9022).

㉢ (○) 대법원 2006.5.26, 2006도1713; 2009.4.23, 2009도834

㉣ (○) 대법원 1990.1.25, 89도1211

㉤ (×) 서로 다른 구성요건에 해당하는 행위는 범죄의사의 연속성을 인정할 수 없으므로 포괄일죄가 성립할 수 없다.

[보충] 판례 중에는 배임과 사기의 행위가 포괄일죄를 구성하지 않는다는 판시도 있다.

> 업무상배임행위에 사기행위가 수반된 때의 죄수 관계에 관하여 보면, 사기죄는 사람을 기망하여 재물의 교부를 받거나 재산상의 이익을 취득하는 것을 구성요건으로 하는 범죄로서 임무위배를 그 구성요소로 하지 아니하고 사기죄의 관념에 임무위배 행위가 당연히 포함된다고 할 수도 없으며, 업무상배임죄는 업무상 타인의 사무를 처리하는 자가 그 업무상의 임무에 위배하는 행위로써 재산상의 이익을 취득하거나 제3자로 하여금 이를 취득하게 하여 본인에게 손해를 가하는 것을 구성요건으로 하는 범죄로서 기망적 요소를 구성요건의 일부로 하는 것이 아니어서 양 죄는 그 구성요건을 달리하는 별개의 범죄이고 형법상으로도 각각 별개의 장(章)에 규정되어 있어, 1개의 행위에 관하여 사기죄와 업무상배임죄의 각 구성요건이 모두 구비된 때에는 양 죄를 법조경합 관계로 볼 것이 아니라 상상적 경합관계로 봄이 상당하다 할 것이고, 나아가 업무상배임죄가 아닌 단순배임죄라고 하여 양 죄의 관계를 달리 보아야 할 이유도 없다(대법원 2002.7.18, 2002도669 전원합의체).

15
정답 ③

③ ㉠㉣

㉠ (×) 사후적 경합범의 요건은 '금고 이상의 형에 처한' 판결이 확정된 죄와 그 판결확정 전에 범한 죄이다. 제37조 참조.

㉡ (○) 대법원 1991.1.29, 90도2445

㉢ (○) 대법원 1995.8.22, 95도594

㉣ (×) <u>준강도와 공무집행방해죄의 상상적 경합이 된다</u>(대법원 1992.7.28, 92도917).

㉤ (○) 여러 개의 위탁관계에 의하여 보관하던 여러 개의 재물을 1개의 행위에 의하여 횡령한 경우 <u>위탁관계별로 수개의 횡령죄</u>가 성립하고, 그 사이에는 <u>상상적 경합의 관계가 있는 것으로 보아야 한다</u>(대법원 2013.10.31, 2013도10020).

16
정답 ③

③ (×) 형법 제37조 후단의 경합범에 있어서 '판결이 확정된 죄'라 함은 수개의 독립된 죄 중의 어느 죄에 대하여 확정판결이 있었던 사실 자체를 의미하고 일반사면으로 형의 선고의 효력이 상실된 여부는 묻지 않는다고 해석할 것이므로, 사면됨으로써 형의 선고의 효력이 상실되었다고 하더라도 확정판결을 받은 죄의 존재가 이에 의하여 소멸되지 않는 이상 형법 제37조 후단의 판결이 확정된 죄에 해당한다(대법원 1996.3.8, 95도2114).

① (○) 대법원 2005.7.14, 2003도1166

② (○) 제39조 제1항 참조.

> **제39조(판결을 받지 아니한 경합범, 수개의 판결과 경합범, 형의 집행과 경합범)** ① 경합범 중 판결을 받지 아니한 죄가 있는 때에는 그 죄와 판결이 확정된 죄를 동시에 판결할 경우와 형평을 고려하여 그 죄에 대하여 형을 선고한다. 이 경우 그 형을 감경 또는 면제할 수 있다.

④ (○) 대법원 2010.11.25, 2010도10985

[보충] 피고인만 판시 제1죄에 대하여만 무죄를 주장하며 항소를 하였다면, 판시 제2죄 부분은 항소기간이 지남으로써 확정된다. 수개의 판결주문으로 수개의 형이 선고된 경우도 일부상소가 허용되기 때문이다.

제3편 형벌론

17
정답 ②

② ㉡㉢㉤

㉠ (×) 형법 제35조가 누범에 해당하는 전과사실과 새로이 범한 범죄 사이에 일정한 상관관계가 있다고 인정되는 경우에 한하여 적용되는 것으로 제한하여 해석하여야 할 아무런 이유나 근거가 없고, 위 규정이 헌법상의 평등원칙 등에 위배되는 것도 아니다(대법원 2008.12.24, 2006도1427).

㉡ (○) 제38조 제1항 제2호 참조.

> **제38조(경합범과 처벌례)** ① 경합범을 동시에 판결할 때에는 다음 각 호의 구분에 따라 처벌한다.

> 2. 각 죄에 대하여 정한 형이 사형, 무기징역, 무기금고 외의 같은 종류의 형인 경우에는 가장 무거운 죄에 대하여 정한 형의 장기 또는 다액(多額)에 그 2분의 1까지 가중하되 각 죄에 대하여 정한 형의 장기 또는 다액을 합산한 형기 또는 액수를 초과할 수 없다. 다만, 과료와 과료, 몰수와 몰수는 병과(倂科)할 수 있다.

㉢ (○) 형벌불소급원칙에서 의미하는 '처벌'은 형법에 규정되어 있는 형식적 의미의 형벌 유형에 국한되지 않으며, 범죄행위에 따른 제재의 내용이나 실제적 효과가 형벌적 성격이 강하여 신체의 자유를 박탈하거나 이에 준하는 정도로 신체의 자유를 제한하는 경우에는 형벌불소급원칙이 적용되어야 한다. 노역장유치는 그 실질이 신체의 자유를 박탈하는 것으로서 징역형과 유사한 형벌적 성격을 가지고 있으므로 형벌불소급원칙의 적용대상이 된다(헌법재판소 2017.10.26, 2015헌바239).

㉣ (×) 형법 제35조 제1항에 규정된 "금고 이상에 해당하는 죄"라 함은 유기금고형이나 유기징역형으로 처단할 경우에 해당하는 죄를 의미하는 것으로서 법정형 중 벌금형을 선택한 경우에는 누범가중을 할 수 없다(대법원 1982.9.14, 82도1702).

㉤ (○) 형법은 제264조에서 상습으로 제258조의2의 죄를 범한 때에는 그 죄에 정한 형의 2분의 1까지 가중한다고 규정하고, 제258조의2 제1항에서 위험한 물건을 휴대하여 상해죄를 범한 때에는 1년 이상 10년 이하의 징역에 처한다고 규정하고 있다. 위와 같은 형법 각 규정의 문언, 형의 장기만을 가중하는 형법 규정에서 그 죄에 정한 형의 장기를 가중한다고 명시하고 있는 점, 형법 제264조에서 상습범을 가중처벌하는 입법 취지 등을 종합하면, 형법 제264조는 상습특수상해죄를 범한 때에 형법 제258조의2 제1항에서 정한 법정형의 단기와 장기를 모두 가중하여 1년 6개월 이상 15년 이하의 징역에 처한다는 의미로 새겨야 한다(대법원 2017.6.29, 2016도18194).

18
정답 ④

④ ㉠㉡㉢㉥

㉠ (○) 집행유예기간 중에 범한 죄에 대하여 형을 선고할 때에, 집행유예의 결격사유를 정하는 현행 형법 제62조 제1항 단서 소정의 요건에 해당하는 경우란, 이미 집행유예가 실효 또는 취소된 경우와 그 선고 시점에 미처 유예기간이 경과하지 아니하여 형 선고의 효력이 실효되지 아니한 채로 남아 있는 경우로 국한되고, 집행유예가 실효 또는 취소됨이 없이 유예기간을 경과한 때에는 위 단서 소정의 요건에 해당하지 않으므로, 집행유예기간 중에 범한 범죄라고 할지라도 집행유예가 실효 또는 취소됨이 없이 그 유예기간이 경과한 경우에는 이에 대해 다시 집행유예의 선고가 가능하다(대법원 2007.7.27, 2007도768).

㉡ (○) 형법 제59조 제1항 단행에서 정한 "자격정지 이상의 형을 받은 전과"라 함은 자격정지 이상의 형을 선고받은 범죄경력 자체를 의미하는 것이고, 그 형의 효력이 상실된 여부는 묻지 않는 것으로 해석함이 상당하다고 할 것이고, 따라서 형의 집행유예를 선고받은 자는 형법 제65조에 의하여 그 선고가 실효 또는 취소됨이 없이 정해진 유예기간을 무사히 경과하여 형의 선고가 효력을 잃게 되었다고 하더라도 형의 선고의 법률적 효과가 없어진다는 것일 뿐, 형의 선고가 있었다는 기왕의 사실 자체까지 없어지는 것은 아니므로, 형법 제59조 제1항 단행에서 정한 선고유예 결격사유인 "자격정지 이상의 형을 받은 전

과가 있는 자'에 해당한다고 보아야 한다(대법원 2003.12.26, 2003도3768).

ⓒ (O) 법원이 피고인에게 유죄로 인정된 범죄행위를 뉘우치거나 그 범죄행위를 공개하는 취지의 말이나 글을 발표하도록 하는 내용의 사회봉사를 명하고 이를 위반할 경우 형법 제64조 제2항에 의하여 집행유예의 선고를 취소할 수 있도록 함으로써 그 이행을 강제하는 것은, 헌법이 보호하는 피고인의 양심의 자유, 명예 및 인격에 대한 심각하고 중대한 침해에 해당하므로 허용될 수 없고, 또 법원이 명하는 사회봉사의 의미나 내용은 피고인이나 집행 담당 기관이 쉽게 이해할 수 있어 집행 과정에서 그 의미나 내용에 관한 다툼이 발생하지 않을 정도로 특정되어야 하므로, 피고인으로 하여금 자신의 범죄행위와 관련하여 어떤 말이나 글을 공개적으로 발표하라는 사회봉사를 명하는 것은 경우에 따라 피고인의 명예나 인격에 대한 심각하고 중대한 침해를 초래할 수 있고, 그 말이나 글이 어떤 의미 내용이어야 하는 것인지 쉽게 이해할 수 없어 집행 과정에서 그 의미나 내용에 관한 다툼이 발생할 가능성이 적지 않으며, 유죄로 인정된 범죄행위를 뉘우치거나 그 범죄행위를 공개하는 취지의 말이나 글을 발표하도록 하는 취지의 것으로도 해석될 가능성이 적지 않으므로 이러한 사회봉사명령은 위법하다(대법원 2008. 4.11, 2007도8373).

ⓔ (X) 집행유예 선고의 판결확정 전에 이미 수사단계에서 검사가 집행유예 결격사유가 되는 전과의 존재를 당연히 알 수 있는 객관적 상황이 존재하였음에도 부주의로 알지 못한 경우에 해당한다고 하여 집행유예의 선고를 취소할 수 없다(대법원 2001.6.27, 2001모135).

ⓜ (X) 형의 선고를 유예하는 경우에 재범방지를 위하여 지도 및 원호가 필요한 때에는 보호관찰을 받을 것을 명할 수 있다. 그 기간은 1년으로 한다.

> 제59조의2(보호관찰) ① 형의 선고를 유예하는 경우에 재범방지를 위하여 지도 및 원호가 필요한 때에는 보호관찰을 받을 것을 명할 수 있다.
> ② 제1항의 규정에 의한 보호관찰의 기간은 1년으로 한다.

ⓗ (O) 형법 제35조 제1항은 "금고 이상의 형을 받아 그 집행을 종료하거나 면제를 받은 후 3년 내에 금고 이상에 해당하는 죄를 범한 자는 누범으로 처벌한다."라고 규정하고 있다. 따라서 집행유예가 실효되는 등의 사유로 인하여 두 개 이상의 금고형 내지 징역형을 선고받아 각 형을 연이어 집행받음에 있어 하나의 형의 집행을 마치고 또 다른 형의 집행을 받던 중 먼저 집행된 형의 집행종료일로부터 3년 내에 금고 이상에 해당하는 죄를 저지른 경우에, 집행 중인 형에 대한 관계에 있어서는 누범에 해당하지 않지만 앞서 집행을 마친 형에 대한 관계에 있어서는 누범에 해당한다(대법원 2021.9.16, 2021도8764).

19
정답 ②

② ⓛⓒⓔⓜ

ⓖ (O) 형법 제59조에 의하여 주형을 선고유예 하는 경우에 부가형인 몰수나 몰수에 갈음하는 부가형적 성질을 띠는 추징을 선고유예 하여서는 안 된다고 해석할 수는 없는 것이라고 할 것이므로, 주형을 선고유예하는 경우에는 몰수나 추징에 대해서도 선고유예를 할 수 있다(대법원 1980.3.11, 77도2027).

ⓛ (X) 피고인이 범죄사실을 자백하지 않고 이를 부인하는 때에도 개전의 정상이 현저할 수 있는 경우에서 배제되지 않는다고 하여 선고유예를 할 수 있다(대법원 2003.2.20, 2001도6138 전원합의체).

ⓒ (X) 형을 병과할 경우에는 일부에 대한 선고유예나(제59조 제2항) 일부에 대한 집행유예가 가능하다(제62조 제2항). 따라서 징역형과 벌금형을 병과하는 경우 징역형에 대해서는 집행을 유예하고 벌금형의 선고만 유예하는 것도 가능하다(대법원 1976.6.8, 74도1266).

ⓔ (X) 제63조 참조.

> 제63조(집행유예의 실효) 집행유예의 선고를 받은 자가 유예기간 중 고의로 범한 죄로 금고 이상의 실형을 선고받아 그 판결이 확정된 때에는 집행유예의 선고는 효력을 잃는다.

ⓜ (X) 구류에 대한 선고유예는 불가하다.

> 제59조(선고유예의 요건) ① 1년 이하의 징역이나 금고, 자격정지 또는 벌금의 형을 선고할 경우에 제51조의 사항을 고려하여 뉘우치는 정상이 뚜렷할 때에는 그 형의 선고를 유예할 수 있다. 다만, 자격정지 이상의 형을 받은 전과가 있는 사람에 대해서는 예외로 한다.

ⓗ (O) 형법 제62조의2의 규정에 의하여 보호관찰이나 사회봉사 또는 수강을 명한 집행유예를 받은 자가 준수사항이나 명령을 위반한 경우에 그 위반사실이 동시에 범죄행위로 되더라도 그 기소나 재판의 확정여부 등 형사절차와는 별도로 법원이 보호관찰 등에 관한 법률에 의한 검사의 청구에 의하여 형법 제64조 제2항에 규정된 집행유예 취소의 요건에 해당하는가를 심리하여 준수사항이나 명령 위반사실이 인정되고 위반의 정도가 무거운 때에는 집행유예를 취소할 수 있다(대법원 1999.3.10, 99모33).

20
정답 ④

④ (X) 형의 실효 등에 관한 법률에 따라 형이 실효된 경우에는 형의 선고에 의한 법적 효과가 장래를 향하여 소멸하므로 형이 실효된 후에는 그 전과를 폭력행위처벌법 제2조 제3항에서 말하는 '징역형을 받은 경우'라고 할 수 없다(대법원 2016.6.23, 2016도5032).

① (O) 3년 이하의 징역이나 금고 또는 500만 원 이하의 벌금의 형을 선고할 경우에 제51조의 사항을 참작하여 그 정상에 참작할 만한 사유가 있는 때에는 1년 이상 5년 이하의 기간 형의 집행을 유예할 수 있다. 다만, 금고 이상의 형을 선고한 판결이 확정된 때부터 그 집행을 종료하거나 면제된 후 3년까지의 기간에 범한 죄에 대하여 형을 선고하는 경우에는 그러하지 아니하다(제62조 제1항).

② (O) 집행유예의 선고를 받은 후 제62조 단행의 사유가 발각된 때에는 집행유예의 선고를 취소한다(제64조 제1항). 금고 이상의 형을 선고한 판결이 확정된 때부터 그 집행을 종료하거나 면제된 후 3년까지의 기간에 범한 죄에 대하여 형을 선고하는 경우에는 그러하지 아니하다(제62조 제1항 단서).

③ (O) 집행유예의 선고를 받은 자가 유예기간 중 고의로 범한 죄로 금고 이상의 실형을 선고받아 그 판결이 확정된 때에는 집행유예의 선고는 효력을 잃는다(제63조).

03

제6회 형법총론

▶ 제1편 **형법의 일반이론** — 제2편 **범죄론: 제1장 범죄론의 일반이론** [범죄론의 기초 1]

01	②	02	②	03	④	04	④	05	②
06	③	07	④	08	②	09	③	10	③
11	①	12	②	13	③	14	④	15	③
16	③	17	②	18	③	19	②	20	④

01

정답 ②

② ㉡㉢㉣㉅

㉠ (×) 소급효금지원칙이 적용되는 형벌은 자유형이든 벌금형이든 주형이든 부가형이든 묻지 아니한다.

[보충] 나아가 사회봉사명령, 수강명령, 실질적 불이익을 추가하는 전자장치부착명령 기간의 하한 가중 등에 대해서도 소급효금지원칙이 적용된다.

㉡ (×) 약사법 제20조 제1항은 "약사 또는 한약사가 아니면 약국을 개설할 수 없다."라고 정하고 있다. 이 조항에 따라 금지되는 약국 개설행위는 약사 또는 한약사(이하 '약사 등'이라 한다) 자격이 없는 일반인이 약국의 시설 및 인력의 충원·관리, 개설신고, 의약품 제조 및 판매업의 시행, 필요한 자금의 조달, 그 운영성과의 귀속 등을 주도적으로 처리하는 것을 뜻한다(의료법 위반죄에 관한 대법원 2008.11.13, 2008도7388 등). 약사 등이 아닌 사람이 이미 개설된 약국의 시설과 인력을 인수하고 그 운영을 지배·관리하는 등 종전 개설자의 약국 개설·운영행위와 단절되는 새로운 개설·운영행위를 한 것으로 볼 수 있는 경우에도 약사법에서 금지하는 약사 등이 아닌 사람의 약국 개설행위에 해당한다(의료법 위반죄에 관한 대법원 2011.10.27, 2009도2629 등; 2021.7.29, 2021도6092).

㉢ (○) 법률을 해석할 때 입법 취지와 목적, 제·개정 연혁, 법질서 전체와의 조화, 다른 법령과의 관계 등을 고려하는 체계적·논리적 해석 방법을 사용할 수 있으나, 문언 자체가 비교적 명확한 개념으로 구성되어 있다면 원칙적으로 이러한 해석 방법은 활용할 필요가 없거나 제한될 수밖에 없다. 죄형법정주의 원칙이 적용되는 형벌법규의 해석에서는 더욱 그러하다(대법원 2017.12.21, 2015도8335 전원합의체).

[보충] 지상의 항공기가 이동할 때 '운항 중'이 된다는 이유만으로 그때 다니는 지상의 길까지 '항로'로 해석하는 것은 문언의 가능한 의미를 벗어난다. … 甲 항공사 부사장인 피고인이 외국 공항에서 국내로 출발 예정인 자사 여객기에 탑승하였다가, 담당 승무원의 객실서비스 방식에 화가 나 폭언하면서 승무원을 비행기에서 내리도록 하기 위해, 기장으로 하여금 계류장의 탑승교에서 분리되어 푸시백(Pushback, 계류장의 항공기를 차량으로 밀어 유도로까지 옮기는 것) 중이던 비행기를 다시 탑승구 쪽으로 돌아가게 함으로써 위력으로 운항 중인 항공기의 항로를 변경하게 하였다고 하여 항공보안법 위반으로 기소된 경우, 피고인이 푸시백 중이던 비행기를 탑승구로 돌아가게

한 행위는 항공기의 항로를 변경하게 한 것에 해당하지 않는다고 보아야 한다(대법원 2017.12.21, 2015도8335 전원합의체).

㉣ (○) 형사법상 범죄행위의 유형이 다양한 경우에는 그 다양한 행위 중에서 특히 죄질이 불량한 범죄를 무겁게 처벌해야 한다는 것은 책임주의의 원칙상 당연히 요청되지만, 그 다양한 행위유형을 하나의 구성요건으로 포섭하면서 법정형의 하한을 무겁게 책정하여 죄질이 가벼운 행위까지를 모두 엄히 처벌하는 것은 책임주의에 반한다. … 심판대상조항은 음주운전 금지규정 위반 전력을 가중요건으로 삼으면서 해당 전력과 관련하여 형의 선고나 유죄의 확정판결을 받을 것을 요구하지 않는데다 아무런 시간적 제한도 두지 않은 채 재범에 해당하는 음주운전행위를 가중처벌하도록 하고 있어, 예컨대 10년 이상의 세월이 지난 과거 위반행위를 근거로 재범으로 분류되는 음주운전 행위자에 대해서는 책임에 비해 과도한 형벌을 규정하고 있다고 하지 않을 수 없다. … 따라서 심판대상조항은 책임과 형벌 간의 비례원칙에 위반된다[헌법재판소 2021.11.25, 2019헌바446, 2020헌가17(병합), 2021헌바77(병합)].

㉤ (×) 의사 등이 구 의료법 제17조 제1항에 따라 직접 진찰하여야 할 환자를 진찰하지 않은 채 그 환자를 대상자로 표시하여 진단서·증명서 또는 처방전을 작성·교부하였다면 구 의료법 제17조 제1항을 위반한 것으로 보아야 하고, 이는 환자가 실제 존재하지 않는 허무인인 경우에도 마찬가지이다(대법원 2021.2.4, 2020도13899).

㉥ (×) 죄형법정주의는 법률에 없으면 범죄로 처벌할 수 없다는 것을 천명함으로써 일반 시민의 자유와 권리를 보장하기 위한 원칙이므로, 형법의 보호적 기능보다는 보장적 기능의 실현과 관계가 깊다.

㉅ (○) 이웃 간 소음 등으로 인한 분쟁과정에서 위와 같은 행위가 발생하였다고 하여 곧바로 정당한 이유 없이 객관적·일반적으로 불안감 또는 공포심을 일으키는 '스토킹행위'에 해당한다고 단정할 수는 없다. 그러나 피고인은 층간소음 기타 주변의 생활소음에 불만을 표시하며 수개월에 걸쳐 이웃들이 잠드는 시각인 늦은 밤부터 새벽 사이에 반복하여 도구로 벽을 치거나 음향기기를 트는 등으로 피해자를 비롯한 주변 이웃들에게 큰 소리가 전달되게 하였고, 피고인의 반복되는 행위로 다수의 이웃들은 수개월 내에 이사를 갈 수밖에 없었으며, 피고인은 이웃의 112 신고에 의하여 출동한 경찰관으로부터 주거지문을 열어 줄 것을 요청받고도 '영장 들고 왔냐'고 하면서 대화 및 출입을 거부하였을 뿐만 아니라 주변 이웃들의 대화 시도를 거부하고 오

히려 대화를 시도한 이웃을 스토킹혐의로 고소하는 등 이웃 간의 분쟁을 합리적으로 해결하려 하기보다 이웃을 괴롭힐 의도로 위 행위를 한 것으로 보이는 점 등 피고인과 피해자의 관계, 구체적 행위태양 및 경위, 피고인의 언동, 행위 전후의 여러 사정들에 비추어 보면, 피고인의 위 행위는 층간소음의 원인 확인이나 해결방안 모색 등을 위한 사회통념상 합리적 범위 내의 정당한 이유 있는 행위에 해당한다고 볼 수 없고 객관적·일반적으로 상대방에게 불안감 내지 공포심을 일으키기에 충분하다고 보이며, 나아가 위와 같은 일련의 행위가 지속되거나 반복되었으므로 '스토킹범죄'를 구성한다(대법원 2023.12.14, 2023도10313).

> **스토킹범죄의 처벌 등에 관한 법률 제2조(정의)** 이 법에서 사용하는 용어의 뜻은 다음과 같다.
> 1. "스토킹행위"란 상대방의 의사에 반(反)하여 정당한 이유 없이 다음 각 목의 어느 하나에 해당하는 행위를 하여 상대방에게 불안감 또는 공포심을 일으키는 것을 말한다.
>   라. 상대방등에게 직접 또는 제3자를 통하여 물건등을 도달하게 하거나 주거등 또는 그 부근에 물건등을 두는 행위
> 2. "스토킹범죄"란 지속적 또는 반복적으로 스토킹행위를 하는 것을 말한다.

02
정답 ②

② ㉡㉢㉤㉥
㉠ (×) 법률의 시행령이나 시행규칙은 법률에 의한 위임이 없으면 개인의 권리·의무에 관한 내용을 변경·보충하거나 법률이 규정하지 아니한 새로운 내용을 정할 수는 없지만, 법률의 시행령이나 시행규칙의 내용이 모법의 입법 취지와 관련 조항 전체를 유기적·체계적으로 살펴보아 모법의 해석상 가능한 것을 명시한 것에 지나지 아니하거나 모법 조항의 취지에 근거하여 이를 구체화하기 위한 것인 때에는 모법의 규율 범위를 벗어난 것으로 볼 수 없으므로, 모법에 이에 관하여 직접 위임하는 규정을 두지 아니하였다고 하더라도 이를 무효라고 볼 수는 없다(대법원 2014.8.20, 2012두19526).
[보충] 다만 그럼에도 불구하고, "처벌법규의 위임은 특히 긴급한 필요가 있거나 미리 법률로써 자세히 정할 수 없는 부득이한 사정이 있는 경우에 한정되어야 하며 이러한 경우라도 법률에서 범죄의 구성요건은 처벌대상행위가 어떠한 것일 것이라고 예측할 수 있을 정도로 구체적으로 정하고 형벌의 종류 및 그 상한과 폭을 명백히 규정하여야 한다(헌법재판소 1991.7.8, 91헌가4)."
㉡ (○) 저작물을 '복제하여 배포하는 행위'가 있어야 저작물의 발행이라고 볼 수 있고, 저작물을 복제한 것만으로는 저작물의 발행이라고 볼 수 없다(대법원 2018.1.24, 2017도18230).
㉢ (×) '제44조 제1항을 2회 이상 위반한 사람'은 문언 그대로 2회 이상 음주운전 금지규정을 위반하여 음주운전을 하였던 사실이 인정되는 사람으로 해석해야 하고, 그에 대한 형의 선고나 유죄의 확정판결 등이 있어야만 하는 것은 아니다. 법 제148조의2 제1항 제1호를 적용할 때 위와 같은 음주운전 금지규정 위반자의 위반전력 유무와 그 횟수는 법원이 관련 증거를 토대로 자유심증에 따라 심리·판단해야 한다. 다만 이는 공소가 제기된 범죄의 구성요건을 이루는 사실이므로, 그 증명책임은 검사

에게 있다(대법원 2018.11.15, 2018도11378).
㉣ (×) 상대방이 별다른 제한 없이 문자메시지를 바로 접할 수 있는 상태에 이른 경우에는 상대방이 실제로 문자메시지를 확인하는지에 관계없이 기수에 이른 것이다(대법원 2018.11.15, 2018도14610).
㉤ (○) 형법 제227조의2(공전자기록위작·변작)는 "사무처리를 그르치게 할 목적으로 공무원 또는 공무소의 전자기록 등 특수매체기록을 위작 또는 변작한 자는 10년 이하의 징역에 처한다."라고 규정하고 있다. 여기에서 … 그 행위주체가 공무원과 공무소가 아닌 경우에는 형법 또는 특별법에 의하여 공무원 등으로 의제되는 경우를 제외하고는 계약 등에 의하여 공무와 관련되는 업무를 일부 대행하는 경우가 있더라도 공무원 또는 공무소가 될 수 없다. 형벌법규의 구성요건인 공무원 또는 공무소를 법률의 규정도 없이 확장해석하거나 유추해석하는 것은 죄형법정주의 원칙에 반하기 때문이다. … 한국환경공단은 한국환경공단법에 의해 설립된 법인으로서, 그 임직원은 공무원이 아니고 단지 같은 법 제11조, 건설폐기물법 제61조, 폐기물관리법 제62조의2 등에 의하여 형법 제129조부터 제132조까지의 규정을 적용할 때 공무원으로 의제될 뿐이며, 한국환경공단 임직원을 공전자기록 등 위작죄에서 공전자기록 작성권한자인 공무원으로 의제하거나 한국환경공단이 작성하는 전자기록을 공전자기록으로 의제하는 취지의 명문규정은 없다. 이러한 관련 법령을 법리에 비추어 살펴보면, 한국환경공단이 환경부장관의 위탁을 받아 건설폐기물 인계·인수에 관한 내용 등의 전산처리를 위한 전자정보처리프로그램인 올바로시스템을 구축·운영하고 있더라도, 그 업무를 수행하는 한국환경공단 임직원을 공전자기록의 작성권한자인 공무원으로 보거나 한국환경공단을 공무소로 볼 수는 없다. 그리고 한국환경공단법 등이 한국환경공단 임직원을 형법 제129조 내지 제132조의 적용에 있어 공무원으로 본다고 규정한다고 하여 그들 또는 그들이 직무를 행하는 한국환경공단을 형법 제227조의2에 정한 공무원 또는 공무소에 해당한다고 보는 것은 형벌법규를 피고인에게 불리하게 확장해석하거나 유추해석하는 것이어서 죄형법정주의 원칙에 반한다. 이는 한국환경공단 또는 그 임직원이 환경부장관으로부터 위탁받은 업무와 관련하여 직무상 작성한 문서를 공문서로 볼 수 없는 것과 마찬가지이다(대법원 2020.3.12, 2016도19170).
㉥ (○) 군형법은 제64조 제3항에서 '공연히 사실을 적시하여 상관의 명예를 훼손한 경우'에 대해 형법 제307조 제1항의 사실 적시에 의한 명예훼손죄보다 형을 높여 처벌하도록 하면서 이에 대해 형법 제310조와 같이 공공의 이익에 관한 때에는 처벌하지 아니한다는 규정을 별도로 두지 않았다. 그러나 입법에도 불구하고 입법자가 의도하지 않았던 규율의 공백이 있는 사안에 대하여 법규범의 체계, 입법 의도와 목적 등에 비추어 정당하다고 평가되는 한도 내에서 그와 유사한 사안에 관한 법규범을 적용할 수 있다고 할 것인바, 형법 제307조 제1항의 행위에 대한 위법성조각사유를 규정한 형법 제310조는 군형법 제64조 제3항의 행위에 대해 유추적용된다고 보아야 한다. 그 이유는 다음과 같다. 군형법상 상관명예훼손죄는 상관에 대한 사회적 평가, 즉 외부적 명예 외에 군 조직의 질서 및 통수체계 유지 역시 보호법익으로 한다(대법원 2013.12.12, 2013도4555; 2015.9.24, 2015도11286). 그런데 군형법 제64조 제3항의 상관명예훼손죄는 행위의 상대방이 '상관'이라는 점에서 형법 제

307조 제1항의 명예훼손죄와 구별되는 것일 뿐 구성요건적 행위인 명예훼손을 형법상의 개념과 다르게 해석할 이유가 없다. 따라서 군형법상 상관명예훼손죄와 형법상 명예훼손죄의 불법 내용에 본질적인 차이가 있다고 보기 어렵고, 문제되는 행위가 '공공의 이익에 관한 때'에 해당하는지를 심사할 때에 상관명예훼손죄가 보호하고자 하는 군의 통수체계와 위계질서에 대한 침해 위험 등을 추가적으로 고려함으로써 위법성조각사유의 해당 여부를 판단하면 충분하다(대법원 2024.4.16, 2023도13333). [보충] 피고인이 '국방부유해발굴단 감식단장이 유해의 국적에 대해 다른 국적 가능성을 묵살하였다'는 내용의 인터넷 기사 댓글에 '위 기사의 제보자(피해자)는 현재 성희롱 등으로 검찰조사 받고 있다'는 댓글을 게시함으로써 공연히 사실을 적시하여 상관인 피해자의 명예를 훼손하였다는 상관명예훼손으로 기소된 사건에서 무죄 취지로 판시된 것이다.

Ⓐ (O) 피해자보호명령 제도의 내용과 입법취지 등에 비추어 보면, 가정폭력처벌법 제63조 제1항 제2호가 정한 '피해자보호명령을 받고 이를 이행하지 아니한 가정폭력행위자'란 피해자의 청구에 따라 가정폭력행위자로 인정되어 피해자보호명령을 받았음에도 이행하지 않은 사람을 말한다. 피해자보호명령의 제도적 의의나 취지에 비추어 볼 때 피고인이 피해자보호명령을 받았음에도 이를 이행하지 아니한 이상 보호명령 불이행죄로 처벌할 수 있다(대법원 2023.6.1, 2020도5233).

03 정답 ④

④ ㉠ㄴㅂ

㉠ (O) 특가법 제5조의10 제1항은 "운행 중인 자동차의 운전자를 폭행하거나 협박한 사람은 5년 이하의 징역 또는 2천만 원 이하의 벌금에 처한다.", 제2항은 "제1항의 죄를 범하여 사람을 상해에 이르게 한 경우에는 3년 이상의 유기징역에 처하고, 사망에 이르게 한 경우에는 무기 또는 5년 이상의 징역에 처한다."라고 규정하여 운행 중인 자동차의 운전자를 폭행·협박하거나 이로 인하여 상해 또는 사망에 이르게 한 경우를 가중처벌하고 있다. 이 사건 규정의 문언 형식, 입법 취지 및 보호법익, 특정범죄가중법상 다른 자동차 등 관련 범죄의 가중처벌 규정과의 체계적 해석 등을 종합하면, 이 사건 규정의 '자동차'는 도로교통법상의 자동차를 의미하고 도로교통법상 원동기장치자전거는 '자동차'에 포함되지 않는다(대법원 2022.4.28, 2022도1013).

ㄴ (O) 자동차관리법 제2조 제11호는 "자동차의 튜닝"을 "자동차의 구조·장치의 일부를 변경하거나 자동차에 부착물을 추가하는 것"으로 정의하고 있고, 제34조 제1항은 자동차소유자가 국토교통부령으로 정하는 항목에 대하여 튜닝을 하려는 경우에는 시장·군수·구청장의 승인을 받도록 규정하고 있다. 자동차관리법 시행령 제8조 및 같은 법 시행규칙 제55조는 '길이, 높이, 총중량 등 시장·군수·구청장의 승인이 필요한 구조·장치의 변경사항'을 상세하게 규정하고 있다. 자동차관리법 제81조 제19호는 시장·군수·구청장의 승인을 받지 않고 자동차에 튜닝을 한 자에 대하여 1년 이하의 징역 또는 1,000만 원 이하의 벌금에 처하도록 규정하고 있다. 위와 같은 관련 규정과 그 입법 취지 및 형벌법규의 명확성이나 그 엄격해석을 요구하는 죄형법정주의 원칙에 비추어, 자동차관리법상 승인이 필요한 '자동차의 튜닝'은 '자동차의 안전운행에 필요한 성능과 기준이 설정

되어 있는 자동차의 구조·장치가 일부 변경되거나 자동차에 부착물을 추가함으로써 그러한 자동차 구조·장치의 일부 변경에 이르게 된 경우'를 의미한다고 해석함이 타당하다(대법원 2018.7.12, 2017도1589; 헌법재판소 2019.11.28, 2017헌가23 등; 대법원 2021.6.24, 2019도110).

ㄷ (×) 공문서위조죄나 허위공문서작성죄의 객체인 공문서는 공무원 또는 공무소가 그 직무에 관하여 작성하는 문서이고, 그 행위주체가 공무원과 공무소가 아닌 경우에는 형법 또는 특별법에 의하여 공무원 등으로 의제되는 경우를 제외하고는 계약 등에 의하여 공무와 관련되는 업무를 일부 대행하는 경우가 있더라도 공무원 또는 공무소가 될 수 없다. … 공단이 선박안전법 제60조 제1항에 따라 해양수산부장관의 선박검사업무 등을 대행하면서 선박검사증서를 발급하더라도 그 업무를 수행하는 공단 임직원을 공문서의 작성 주체인 공무원으로 볼 수는 없다고 할 것이다. 이 경우에 관하여 선박안전법 제82조가 대행검사기관인 공단의 임직원을 형법 제129조 내지 제132조의 적용에 있어 공무원으로 의제하는 것으로 규정한다고 하여 이들이 공문서위조죄나 허위공문서작성죄에서의 공무원으로도 될 수 있다고 보는 것은 형벌법규를 피고인에게 불리하게 지나치게 확장해석하거나 유추해석하는 것이어서 죄형법정주의 원칙에 반한다(대법원 2016.1.14, 2015도9133).

ㄹ (×) 전기통신금융사기 피해 방지 및 피해금 환급에 관한 특별법('통신사기피해환급법') 제15조의2 제1항('처벌조항')이 처벌 대상으로 삼고 있는 '통신사기피해환급법 제2조 제2호에서 정한 전기통신금융사기를 목적으로 하는 정보 또는 명령의 입력'이란 '타인에 대한 전기통신금융사기 행위에 의하여 자금을 다른 계좌('사기이용계좌')로 송금·이체하는 것을 목적으로 하는 정보 또는 명령의 입력'을 의미한다고 해석되며, … 정보 또는 명령의 입력으로 자금이 사기이용계좌로 송금·이체되면 전기통신금융사기 행위는 종료되고 처벌조항 위반죄는 이미 기수에 이른 것이므로, 그 후에 사기이용계좌에서 현금을 인출하거나 다시 송금하는 행위는 범인들 내부 영역에서 그들이 관리하는 계좌를 이용하여 이루어지는 행위이어서, 이를 두고 새로 전기통신금융사기를 목적으로 하는 행위라고 할 수 없다. 또한 통신사기피해환급법 제2조 제2호에서 정한 '타인'은 '기망의 상대방으로서 전기통신금융사기의 대상이 된 사람'을 의미하므로 '타인'에 사기이용계좌 명의인까지 포함된다고 볼 수는 없다. … 결국 전기통신금융사기로 인하여 피해자의 자금이 사기이용계좌로 송금·이체된 후 계좌에서 현금을 인출하기 위하여 정보처리장치에 사기이용계좌 명의인의 정보 등을 입력하는 행위는 '전기통신금융사기를 목적으로 하는 행위'가 아닐 뿐만 아니라 '전기통신금융사기의 대상이 된 사람의 정보를 이용한 행위'가 아니라서, 처벌조항이 정한 구성요건에 해당하지 않는다(대법원 2016.2.19, 2015도15101 전원합의체).

ㅁ (×) 형벌법규의 해석은 엄격하여야 하고 명문규정의 의미를 피고인에게 불리한 방향으로 지나치게 확장해석하거나 유추해석하는 것은 죄형법정주의의 원칙에 어긋나는 것으로서 허용되지 아니한다(대법원 2002.2.8, 2001도5410). 형법 제48조가 규정하는 몰수·추징의 대상은 범인이 범죄행위로 인하여 취득한 물건을 뜻하고, 여기서 '취득'이란 해당 범죄행위로 인하여 결과적으로 이를 취득한 때를 말한다고 제한적으로 해석함이 타당하다(대법원 1979.9.25, 79도1309; 2021.7.21, 2020도10970).

ㅂ (O) 형벌법규의 해석은 엄격하여야 하고, 문언의 가능한 의미

를 벗어나 피고인에게 불리한 방향으로 해석하는 것은 죄형법정주의의 내용인 확장해석금지에 따라 허용되지 않는다. 따라서 형벌조항 중 범죄의 구성요건에 해당하는 문언의 의미를 합리적 이유 없이 고려하지 않고 해석함으로써 형벌의 적용범위가 확장되는 것을 경계해야 한다. 이러한 원칙에 비추어 (이 사건 금지조항에 따라 판매 등을 하여서는 안 될 의무를 부담하는 주체에는 아무런 제한이 없으나) '제42조 제1항을 위반하여 수입된 의약품'이란 제42조 제1항의 문언 그대로 '의약품의 수입을 업으로 하려는 자'가 총리령으로 정하는 바에 따라 식품의약품안전처장에게 수입업 신고를 하지 않거나, 품목마다 식품의약품안전처장의 허가를 받거나 신고를 하지 않은 의약품을 의미한다고 해석하는 것이 타당하다. 따라서 피고인이 판매하거나 저장하였다는 이 사건 의약품이 '구 약사법 제42조 제1항을 위반하여 수입된 의약품'인지 여부를 심리·판단하였어야 하고, 그 판단을 위해서는 '피고인이 의약품의 수입을 업으로 하려는 자로서 이 사건 의약품을 수입하였는지'에 관하여 심리하였어야 한다(대법원 2024.2.29, 2020도9256).

04 　　　　　　　　　　　정답 ④

④ ㉠㉡㉢㉣

㉠ (O) 대법원 1997.6.13, 97도703

㉡ (O) 디엔에이신원확인정보의 수집·이용은 수형인 등에게 심리적 압박으로 인한 범죄예방효과를 가진다는 점에서 보안처분의 성격을 지니지만, 처벌적인 효과가 없는 비형벌적 보안처분으로서 소급입법금지원칙이 적용되지 않는다. 이 사건 법률의 소급적용으로 인한 공익적 목적이 당사자의 손실보다 더 크므로, 이 사건 부칙조항이 법률 시행 당시 디엔에이감식시료 채취대상범죄로 실형이 확정되어 수용 중인 사람들까지 이 사건 법률을 적용한다고 하여 소급입법금지원칙에 위배되는 것은 아니다(헌법재판소 2014.8.28, 2011헌마28).

㉢ (O) 대법원 2013.7.25, 2013도6181

㉣ (×) 아동학대범죄의 처벌 등에 관한 특례법(2014.1.28. 법률 제12341호로 제정되어 2014.9.29. 시행되었으며, 이하 '아동학대처벌법'이라 한다) 제34조는 '공소시효의 정지와 효력'이라는 표제 밑에 제1항에서 "아동학대범죄의 공소시효는 형사소송법 제252조에도 불구하고 해당 아동학대범죄의 피해아동이 성년에 달한 날부터 진행한다."라고 규정하며, 부칙은 "이 법은 공포 후 8개월이 경과한 날부터 시행한다."라고 규정하고 있다. 아동학대처벌법은 신체적 학대행위를 비롯한 아동학대범죄로부터 피해아동을 보호하기 위한 것으로서, 같은 법 제34조 역시 아동학대범죄가 피해아동의 성년에 이르기 전에 공소시효가 완성되어 처벌대상에서 벗어나지 못하도록 진행을 정지시킴으로써 보호자로부터 피해를 입은 18세 미만 아동을 실질적으로 보호하려는 취지이다. 아동학대처벌법의 입법 목적 및 같은 법 제34조의 취지를 공소시효를 정지하는 특례조항의 신설·소급에 관한 법리에 비추어 보면, 비록 아동학대처벌법이 제34조 제1항의 소급적용 등에 관하여 명시적인 경과규정을 두고 있지는 아니하나, 위 규정은 완성되지 아니한 공소시효의 진행을 일정한 요건 아래에서 장래를 향하여 정지시키는 것으로서, 시행일인 2014.9.29. 당시 범죄행위가 종료되었으나 아직 공소시효가 완성되지 아니한 아동학대범죄에 대하여도 적용된다(대법원 2016.9.28, 2016도7273).

㉤ (×) 의료법인 명의로 개설된 의료기관의 경우, 비의료인의 주도적 출연 내지 주도적 관여만을 근거로 비의료인이 의료기관을 개설·운영한 것으로 평가하기 어렵다. 의료법인 명의로 개설된 의료기관을 실질적으로 비의료인이 개설·운영하였다고 판단하려면, 비의료인이 의료법인 명의 의료기관의 개설·운영에 주도적으로 관여하였다는 점을 기본으로 하여, 비의료인이 외형상 형태만을 갖추고 있는 의료법인을 탈법적인 수단으로 악용하여 적법한 의료기관 개설·운영으로 가장하였다는 사정이 인정되어야 한다(대법원 2023.7.17, 2017도1807 전원합의체). [보충] 이러한 사정은 다음 두 가지 사항 중 어느 하나에 해당되면 인정될 수 있다. 첫째는 비의료인이 실질적으로 재산출연이 이루어지지 않아 실체가 인정되지 아니하는 의료법인을 의료기관 개설·운영을 위한 수단으로 악용한 경우이고, 둘째는 의료법인의 재산을 부당하게 유출하여 의료법인의 공공성, 비영리성을 일탈한 경우이다. 전자는 의료법인 중 '법인'에 관한 사항이고, 후자는 의료법인 중 '의료'에 관한 사항이다.

㉥ (O) 「성폭력범죄의 처벌 등에 관한 특례법」 제14조의3 제1항은 성적 욕망 또는 수치심을 유발할 수 있는 촬영물 또는 복제물(복제물의 복제물을 포함한다, 이하 '촬영물 등'이라 한다)을 이용하여 사람을 협박한 자를 형법상의 협박죄보다 가중 처벌하는 규정을 두고 있다. 여기서 '촬영물 등을 이용하여'는 '촬영물 등'을 인식하고 이를 방편 또는 수단으로 삼아 협박행위에 나아가는 것을 의미한다. 한편, 협박죄에 있어서의 협박이라 함은 '사람으로 하여금 공포심을 일으킬 수 있을 정도의 해악의 고지'라 할 것이고, 해악을 고지하는 방법에는 제한이 없어 언어 또는 문서에 의하는 경우는 물론 태도나 거동에 의하는 경우도 협박에 해당한다(대법원 2003.4.8, 2002도3673). 따라서 실제로 촬영, 제작, 복제 등의 방법으로 만들어진 바 있는 촬영물 등을 방편 또는 수단으로 삼아 유포가능성 등 공포심을 일으킬 수 있을 정도의 해악을 고지한 이상 성폭력처벌법 제14조의3 제1항의 죄는 성립할 수 있고, 반드시 행위자가 촬영물 등을 피해자에게 직접 제시하는 방법으로 협박해야 한다거나 협박 당시 해당 촬영물 등을 소지하고 있거나 유포할 수 있는 상태일 필요는 없다(대법원 2024.5.30, 2023도17896).

05 　　　　　　　　　　　정답 ②

② ㉠㉢㉣

㉠ (O) 법원이 어떠한 법률조항을 해석·적용함에 있어서 한 가지 해석방법에 의하면 헌법에 위배되는 결과가 되고 다른 해석방법에 의하면 헌법에 합치하는 것으로 볼 수 있을 때에는 위헌적인 해석을 피하고 헌법에 합치하는 해석방법을 택하여야 한다. 이는 입법방식에 다소 부족한 점이 있어 어느 법률조항의 적용 범위 등에 관하여 불명확한 부분이 있는 경우에도 마찬가지이다. 이러한 관점에서 보면, 공소시효를 정지·연장·배제하는 내용의 특례조항을 신설하면서 소급적용에 관한 명시적인 경과규정을 두지 아니한 경우에 그 조항을 소급하여 적용할 수 있다고 볼 것인지에 관하여는 이를 해결할 보편타당한 일반원칙이 존재할 수 없는 터이므로 적법절차원칙과 소급금지원칙을 천명한 헌법 제12조 제1항과 제13조 제1항의 정신을 바탕으로 하여 법적 안정성과 신뢰보호원칙을 포함한 법치주의 이념을 훼손하지 아니하도록 신중히 판단하여야 한다(대법원 2015.5.28, 2015도1362,2015전도19).

ⓛ (×) 형벌법규의 해석은 엄격하여야 하고 문언의 의미를 피고인에게 불리한 방향으로 지나치게 확장해석하는 것은 죄형법정주의 원칙에 어긋나는 것이다. 구 아청법 제11조 제5항은 "아동·청소년이용음란물임을 알면서 이를 소지한 자는 1년 이하의 징역 또는 2천만 원 이하의 벌금에 처한다."라고 규정하고 있다. 여기서 '소지'란 아동·청소년이용음란물을 자기가 지배할 수 있는 상태에 두고 지배관계를 지속시키는 행위를 말하고(대법원 2023.3.16, 2022도15319), 인터넷 주소(URL)는 인터넷에서 링크하고자 하는 웹페이지나 웹사이트 등의 서버에 저장된 개개의 영상물 등의 웹 위치 정보 또는 경로를 나타낸 것에 불과하다(대법원 2021.9.9, 2017도19025 전원합의체). 따라서 아동·청소년이용음란물 파일을 구입하여 시청할 수 있는 상태 또는 접근할 수 있는 상태만으로 곧바로 이를 소지로 보는 것은 소지에 대한 문언 해석의 한계를 넘어서는 것이어서 허용될 수 없으므로, 피고인이 자신이 지배하지 않는 서버 등에 저장된 아동·청소년이용음란물에 접근하여 다운로드받을 수 있는 인터넷 주소 등을 제공받은 것에 그친다면 특별한 사정이 없는 한 아동·청소년이용음란물을 '소지'한 것으로 평가하기는 어렵다(대법원 2023.6.29, 2022도6278).

ⓒ (×) 구 아동복지법 제17조 제5호 "아동의 정신건강 및 발달에 해를 끼치는 정서적 학대행위"는 유형력 행사를 동반하지 아니한 정서적 학대행위나 유형력을 행사하였으나 신체의 손상에까지 이르지는 않고 정서적 학대에 해당하는 행위를 가리킨다고 보아야 한다. 여기에서 "아동의 정신건강 및 발달에 해를 끼치는 정서적 학대행위"라 함은 현실적으로 아동의 정신건강과 그 정상적인 발달을 저해한 경우뿐만 아니라 그러한 결과를 초래할 위험 또는 가능성이 발생한 경우도 포함되며, 반드시 아동에 대한 정서적 학대의 목적이나 의도가 있어야만 인정되는 것은 아니고 자기의 행위로 인하여 아동의 정신건강 및 발달을 저해하는 결과가 발생할 위험 또는 가능성이 있음을 미필적으로 인식하면 충분하다고 할 것이다(대법원 2015.12.23. 2015도13488).

ⓔ (○) 구 전자금융거래법은 제6조 제3항 제2호에서 '대가를 주고 접근매체를 대여받거나 대가를 받고 접근매체를 대여하는 행위'를 금지하고, 제49조 제4항 제2호에서 '제6조 제3항 제2호를 위반하여 접근매체를 대여받거나 대여한 자'를 처벌하고 있었는데, 개정 전자금융거래법(2015.1.20. 법률 제13069호로 개정된 것)은 제6조 제3항 제2호에서 '대가를 수수·요구 또는 약속하면서 접근매체를 대여받거나 대여하는 행위 또는 보관·전달·유통하는 행위'를 금지하고, 제49조 제4항 제2호에서 '제6조 제3항 제2호 또는 제3호를 위반하여 접근매체를 대여받거나 대여한 자 또는 보관·전달·유통한 자'를 처벌하는 것으로 변경하여 규정하고 있다. 위와 같은 구 전자금융거래법 및 개정 전자금융거래법의 각 규정 내용과 취지에 비추어 볼 때, 대가를 약속받고 접근매체를 대여하는 행위를 처벌할 필요성이 있다고 하더라도 그러한 행위를 구 전자금융거래법 제49조 제4항 제2호, 제6조 제3항 제2호에서 정한 '대가를 받고 접근매체를 대여'함으로 인한 구 전자금융거래법 위반죄로 처벌하는 것은 형벌법규의 확장해석 또는 유추해석으로서 죄형법정주의에 반하여 허용될 수 없다(대법원 2015.02.26, 2015도354).

ⓜ (×) 자동차관리법 제6조, 제12조 제1항, 제3항, 제80조 제2호의 내용과 취지 등을 종합할 때, 자동차관리법 제12조 제3항에서 말하는 '자동차를 양수한 자'란 매매나 증여를 비롯한 법률행위 등에 의하여 자동차의 소유권을 이전받는 자를 뜻한다. 채권자가 채무자로부터 그 소유의 자동차를 인도받았다 하더라도 소유권 이전의 합의 없이 단순히 채권의 담보로 인도받은 것에 불과하거나 또는 채권의 변제에 충당하기 위하여 자동차를 대신 처분할 수 있는 권한만을 위임받은 것이라면, 그러한 채권자는 자동차관리법 제12조 제3항의 '자동차를 양수한 자'라고 할 수 없다(대법원 2016.6.9, 2013도8503).

ⓗ (○) [피고인은 2020. 2. 배우자와 함께 거주하는 아파트 거실에 녹음기능이 있는 영상정보 처리기기(이른바 '홈캠')를 설치하였고, 2020. 5. 1. 13:00경 위 거실에서 배우자와 그 부모 및 동생이 대화하는 내용이 위 기기에 자동 녹음되었다. 이에 대하여 피고인은 "공개되지 아니한 타인 간 대화를 청취하고 그 내용을 누설"하여 통신비밀보호법 제16조, 제3조를 위반한 것으로 기소되었다.] 통신비밀보호법 제3조 제1항은 누구든지 이 법과 형사소송법 또는 군사법원법의 규정에 의하지 아니하고는 우편물의 검열, 전기통신의 감청 또는 공개되지 않은 타인 간의 대화를 녹음 또는 청취하지 못한다고 규정하고 있고, 제16조 제1항은 이를 위반하는 행위를 처벌하도록 규정하고 있다. 여기서 '청취'는 타인 간의 대화가 이루어지고 있는 상황에서 실시간으로 그 대화의 내용을 엿듣는 행위를 의미하고, 대화가 이미 종료된 상태에서 그 대화의 녹음물을 재생하여 듣는 행위는 '청취'에 포함되지 않는다(대법원 2024.2.29, 2023도8603).

06
정답 ③

③ ⓛⓒⓔⓗ

ⓐ (○) 정보통신망을 통한 선거운동과 그 밖의 선거운동은 구분되어야 하며, 정보통신망을 통한 선거운동과 관련한 공직선거법의 규정들은 이러한 정보통신망을 통한 선거운동의 특성 및 이를 폭넓게 허용한 입법취지 등을 고려하여 해석될 필요가 있다. 이에 비추어 보면, 인터넷 공간에서의 선거활동을 목적으로 하여 인터넷 카페 등을 개설하고 인터넷 회원 등을 모집하여 일정한 모임의 틀을 갖추어 이를 운영하는 경우에, 이러한 인터넷상의 활동은 정보통신망을 통한 선거운동의 하나로서 허용되어야 할 것이며, 이를 두고 공직선거법상 사조직에 해당한다고 보기 어렵다(대법원 2013.11.14, 2013도2190).

ⓛ (×) '아동·청소년이용음란물'은 '아동·청소년'이나 '아동·청소년 또는 아동·청소년으로 인식될 수 있는 사람이나 표현물'이 등장하여 그 아동·청소년 등이 제2조 제4호 각 목의 행위나 그 밖의 성적 행위를 하거나 하는 것과 같다고 평가될 수 있는 내용을 표현하는 것이어야 한다(대법원 2013.9.12, 2013도502).

ⓒ (×) 진로변경금지 위반을 통행금지 위반으로 보아 단서 제1호에 해당한다고 보는 것은 문언의 객관적인 의미를 벗어나 피고인에게 불리한 해석을 하는 것이다. 진로변경을 금지하는 안전표지인 백색실선은 단서 제1호에서 정하고 있는 '통행금지를 내용으로 하는 안전표지'에 해당하지 않으므로, 이를 침범하여 업무상과실치상죄를 범한 운전자에 대하여는 처벌특례가 적용된다고 보아야 한다. … 그런데 이 사건 당시 피고인이 운전한 승용차가 자동차종합보험에 가입되어 있었음은 원심이 인정한 바와 같으므로, 처벌특례에 따라 검사의 공소제기는 그 절차가 법률의 규정을 위반하여 무효인 때에 해당한다(대법원 2024.6. 20, 2022도12175 전원합의체).

ⓔ (○) 폭력행위처벌법 제7조에서 말하는 '이 법에 규정된 범죄'란 '폭력행위처벌법에 규정된 범죄'만을 의미한다고 해석함이

타당하다. 폭력행위처벌법 제7조에서 말하는 위험한 물건의 '휴대'란 범죄현장에서 사용할 의도 아래 위험한 물건을 몸 또는 몸 가까이에 소지하는 것을 말하고, 정당한 이유 없이 폭력행위처벌법에 규정된 범죄에 공용될 우려가 있는 흉기를 휴대하고 있었다면 다른 구체적인 범죄행위가 없더라도 그 휴대행위 자체에 의하여 폭력행위처벌법위반(우범자)죄의 구성요건을 충족하는 것이지만, 흉기나 그 밖의 위험한 물건을 소지하고 있다는 사실만으로 폭력행위처벌법에 규정된 범죄에 공용될 우려가 있는 것으로 추정된다고 볼 수는 없다. 그리고 형사재판에서 공소가 제기된 범죄의 구성요건을 이루는 사실에 대한 증명책임은 검사에게 있다. 따라서 피고인이 폭력행위처벌법에 규정된 범죄에 공용될 우려가 있는 흉기나 그 밖의 위험한 물건을 휴대하였다는 점은 검사가 증명하여야 한다(대법원 2017.9.21, 2017도7687).

ⓜ (×) '자신이' 진찰하였다는 문언을 두고 그중 대면진찰을 한 경우만을 의미한다는 등 진찰의 내용이나 진찰 방법을 규제하는 것이라고 새길 것은 아니다. 이는 형벌법규의 해석은 '문언이 가지는 가능한 의미의 범위' 내에서 하여야 한다는 내재적 한계를 벗어나는 것으로서 죄형법정주의의 원칙에 어긋나는 것이다(대법원 2013.4.11, 2010도1388).

ⓗ (×) 자동차관리법이 자동차 튜닝에 관하여 엄격한 승인절차 그리고 튜닝작업을 실제 담당할 자를 규정한 것은, 자동차 튜닝 즉 자동차의 구조·장치의 일부를 변경하거나 자동차에 부착물을 추가하는 경우에도 자동차의 안전운행에 필요한 성능과 기준을 유지시킬 필요성이 있음을 고려한 것으로 보이고, 이로써 자동차를 효율적으로 관리하고 안전성을 확보하여 교통안전 등 공공의 복리를 증진시키려는 취지에 따른 것으로 이해할 수 있다. 자동차 튜닝에 관한 자동차관리법의 규정 내용 및 체계, 앞서 본 입법취지 등을 감안하는 한편 이 사건 벌칙조항이 그 위반의 주체에 관하여 아무런 제한을 두고 있지 않은 점에 주목하면, 이 사건 승인조항에서 정한 절차적 요건이 충족되지 않은 상태에서는 누구든지 자동차 튜닝을 할 수 없고, 이를 위반하여 자동차 튜닝을 한 사람은 누구라도 이 사건 벌칙조항에 따라 처벌된다고 보는 것이 타당하다. 승인 절차가 전혀 이루어지지 않은 상황에서 피고인이 이 사건 이륜자동차에 튜닝을 한 이상, 피고인이 위 이륜자동차의 소유자인지 여부와 관계없이 피고인에게 이 사건 벌칙조항이 적용된다(대법원 2024.2.29, 2023도16690).

07 〔정답〕 ④

④ ⓛⓒⓔⓔ

ⓖ (×) (만일 특수폭행치상죄에 대하여 2016년 1월 개정형법 제258조의2를 적용한다면) 특수폭행치상죄의 법정형이 형법 제258조의2 제1항이 정한 '1년 이상 10년 이하의 징역'이 되어 종래와 같이 형법 제257조 제1항의 예에 의하는 것보다 상향되는 결과가 발생하게 된다. 그러나 형벌규정 해석에 관한 법리와 폭력행위 등 처벌에 관한 법률의 개정 경과 및 형법 제258조의2의 신설 경위와 내용, 그 목적, 형법 제262조의 연혁, 문언과 체계 등을 고려할 때, 특수폭행치상의 경우 형법 제258조의2의 신설에도 불구하고 종전과 같이 형법 제257조 제1항의 예에 의하여 처벌하는 것으로 해석함이 타당하다(대법원 2018.7.24, 2018도3443).

ⓛ (○) 성폭력처벌법 제14조 제1항에서 '반포'와 별도로 열거된

'제공'은, '반포'에 이르지 아니하는 무상 교부행위로서 '반포'할 의사 없이 '특정한 1인 또는 소수의 사람'에게 무상으로 교부하는 것을 의미하는데, 성폭력처벌법 제14조 제1항에서 촬영행위뿐만 아니라 촬영물을 반포·판매·임대·제공 또는 공공연하게 전시·상영하는 행위까지 처벌하는 것이 촬영물의 유포행위를 방지함으로써 피해자를 보호하기 위한 것임에 비추어 볼 때, 촬영의 대상이 된 피해자 본인은 성폭력처벌법 제14조 제1항에서 말하는 '제공'의 상대방인 '특정한 1인 또는 소수의 사람'에 포함되지 않는다고 봄이 타당하다. 따라서 피해자 본인에게 촬영물을 교부하는 행위는 다른 특별한 사정이 없는 한 성폭력처벌법 제14조 제1항의 '제공'에 해당한다고 할 수 없다(대법원 2018.8.1, 2018도1481).

ⓒ (○) 「성폭력범죄의 처벌 등에 관한 특례법」 제14조 제1항은 "카메라나 그 밖에 이와 유사한 기능을 갖춘 기계장치를 이용하여 성적 욕망 또는 수치심을 유발할 수 있는 사람의 신체를 촬영대상자의 의사에 반하여 촬영한 자는 7년 이하의 징역 또는 5천만 원 이하의 벌금에 처한다."라고 규정하고 있다. 위 조항이 촬영의 대상을 '사람의 신체'로 규정하고 있으므로, 사람의 신체 그 자체를 직접 촬영하는 행위만이 위 조항에서 규정하고 있는 '사람의 신체를 촬영한 행위'에 해당하고, 사람의 신체 이미지가 담긴 영상을 촬영한 행위는 이에 해당하지 않는다(대법원 2013.6.27, 2013도4279; 2018.8.30, 2017도3443). 위 법리에 따르면, 이 사건 공소사실 중 피고인이 피해자와 영상통화를 하면서 피해자가 나체로 샤워하는 모습을 휴대전화 녹화기능을 이용하여 녹화·저장한 행위는 피해자의 신체 그 자체가 아니라 피고인의 휴대전화에 수신된 신체 이미지 영상을 대상으로 한 것이어서 위 조항이 정하는 '사람의 신체를 촬영한 행위'에 해당한다고 볼 수 없다(대법원 2024.10.31, 2024도10477).

ⓔ (○) 의료인과 환자 사이에 형성된 신뢰관계와 이에 기초한 의료인의 비밀누설 금지의무는 환자가 사망한 후에도 그 본질적인 내용이 변한다고 볼 수 없다. … 형벌법규 해석에 관한 일반적인 법리, 의료법의 입법 취지, 구 의료법 제19조의 문언·내용·체계·목적 등에 비추어 보면, 구 의료법 제19조에서 정한 '다른 사람'에는 생존하는 개인 이외에 이미 사망한 사람도 포함된다고 보아야 한다(대법원 2018.5.11, 2018도2844).

ⓜ (×) 담배사업법 제2조 제1호는, "담배"란 연초의 잎을 원료의 전부 또는 일부로 하여 피우거나, 빨거나, 증기로 흡입하거나, 씹거나, 냄새 맡기에 적합한 상태로 제조한 것을 말한다고 규정한다. 담배사업법 제11조에 규정된 '담배의 제조'는 일정한 작업으로 담배사업법 제2조의 '담배'에 해당하는 것을 만들어 내는 것을 말한다. '담배의 제조'는 담배가공을 위한 일정한 작업의 수행을 전제하므로, 그러한 작업을 수행하지 않은 자의 행위를 무허가 담배제조로 인한 담배사업법 제27조 제1항 제1호, 제11조 위반죄로 의율하는 것은 특별한 사정이 없는 한 문언의 가능한 의미를 벗어나 피고인에게 불리한 방향으로 해석한 것이어서 죄형법정주의의 내용인 확장해석금지 원칙에 어긋난다(대법원 2023.1.12, 2019도16782).

ⓗ (○) 아청법 제11조 제3항은 "아동·청소년성착취물을 배포·제공하거나 이를 목적으로 광고·소개하거나 공연히 전시 또는 상영한 자는 3년 이상의 징역에 처한다."라고 규정하고 있다. 여기서 아동·청소년성착취물의 '배포'란 아동·청소년성착취물을 불특정 또는 다수인에게 교부하는 것을 의미하고, '공연히 전시'하는 행위란 불특정 또는 다수인이 실제로 아동·청소년

성착취물을 인식할 수 있는 상태에 두는 것을 의미한다(대법원 2009.5.14, 2008도10914). … 링크의 게시를 포함한 일련의 행위가 불특정 또는 다수인에게 다른 웹사이트 등을 단순히 소개·연결하는 정도를 넘어 링크를 이용하여 별다른 제한 없이 아동·청소년성착취물에 바로 접할 수 있는 상태를 실제로 조성한다면, 이는 아동·청소년성착취물을 직접 '배포'하거나 '공연히 전시'한 것과 실질적으로 다를 바 없다고 평가할 수 있으므로, 위와 같은 행위는 전체적으로 보아 아동·청소년성착취물을 배포하거나 공연히 전시한다는 구성요건을 충족한다(대법원 2003. 7.8, 2001도1335; 2019.7.25, 2019도5283; 2023.10.12, 2023도5757).

08   **정답** ②

② ㉡㉢㉣㉤

㉠ (×) 심판대상조항은 형벌체계상의 정당성과 균형을 잃은 것이 명백하므로, 인간의 존엄성과 가치를 보장하는 헌법의 기본원리에 위배될 뿐만 아니라 그 내용에 있어서도 평등원칙에 위배된다[헌법재판소 2015.9.24, 2014헌바154·398, 2015헌가3·9·14·18·20·21·25(병합)].

㉡ (○) 심판대상조항은 별도의 가중적 구성요건표지를 규정하지 않은 채 형법 조항과 똑같은 구성요건을 규정하면서 법정형만 상향 조정하여 어느 조항으로 기소하는지에 따라 벌금형의 선고 여부가 결정되고, 선고형에 있어서도 심각한 형의 불균형을 초래하게 함으로써 형사특별법으로서 갖추어야 할 형벌체계상의 정당성과 균형을 잃어 인간의 존엄성과 가치를 보장하는 헌법의 기본원리에 위배될 뿐만 아니라 그 내용에 있어서도 평등원칙에 위반되어 위헌이다[헌법재판소 2015.2.26, 2014헌가16·19·23(병합)].

㉢ (○) 어느 법률조항의 개정이 자구만 형식적으로 변경된 데 불과하여 개정 전후 법률조항들 자체의 의미내용에 아무런 변동이 없고, 개정 법률조항이 해당 법률의 다른 조항이나 관련 다른 법률과의 체계적 해석에서도 개정 전 법률조항과 다른 의미로 해석될 여지가 없어 양자의 동일성이 그대로 유지되고 있는 경우에는 ⓐ '개정 전 법률조항'에 대한 위헌결정의 효력은 그 주문에 개정 법률조항이 표시되어 있지 아니하더라도 '개정 법률조항'에 대하여도 미친다. 그러나 이와 달리 ⓑ '개정 법률조항'에 대한 위헌결정이 있는 경우에는, 비록 그 법률조항의 개정이 자구만 형식적으로 변경된 것에 불과하여 개정 전후 법률조항들 사이에 실질적 동일성이 인정된다 하더라도, '개정 법률조항'에 대한 위헌결정의 효력이 '개정 전 법률조항'에까지 그대로 미친다고 할 수는 없다(대법원 2020.2.21, 2015모2204).

㉣ (○) 심판대상조항은 형법상 상습절도의 형을 기본범죄에 정한 형의 2분의 1까지 가중한다고 정하고 있으나 이는 법정형의 범위를 넓히는 것일 뿐 일률적으로 2분의 1을 가중하는 것이 아니라 그것을 상한으로 하여 형을 정할 수 있다는 것으로, 법관은 구체적인 사실관계와 범행을 기초로 행위태양, 피해정도 등을 고려하여 죄질에 따라 행위에 상응하는 책임을 물을 수 있고, 현행법상 절도죄의 형은 6년 이하의 징역 또는 1천만 원 이하의 벌금으로 하한이 정해져 있지 아니하므로 피해가 작고 사안이 경미하다면 집행유예의 선고도 가능하다. 따라서 심판대상조항이 형벌에 관한 입법재량이나 형성의 자유를 현저히 일탈하여 책임과 형벌의 비례원칙에 위반된다고 할 수 없다(헌법

재판소 2016.10.27, 2016헌바31).

㉤ (○) 「스토킹범죄의 처벌 등에 관한 법률」(이하 '스토킹처벌법'이라 한다) 제2조 제1호는 "'스토킹행위'란 상대방의 의사에 반하여 정당한 이유 없이 상대방 또는 그의 동거인, 가족에 대하여 다음 각 목의 어느 하나에 해당하는 행위를 하여 상대방에게 불안감 또는 공포심을 일으키는 것을 말한다."라고 규정하면서, 그 다목(이하 '쟁점 조항'이라 한다)에서 "우편·전화·팩스 또는 「정보통신망 이용 촉진 및 정보보호 등에 관한 법률」(이하 '정보통신망법'이라 한다) 제2조 제1항 제1호의 정보통신망을 이용하여 물건이나 글·말·부호·음향·그림·영상·화상(이하 '물건등'이라 한다)을 도달하게 하는 행위"를 스토킹행위 중 하나로 규정한다. 스토킹처벌법 제2조 제2호는 "'스토킹범죄'란 지속적 또는 반복적으로 스토킹행위를 하는 것을 말한다."라고 규정한다. 형벌법규는 문언에 따라 엄격하게 해석·적용하여야 하고 피고인에게 불리한 방향으로 지나치게 확장해석하거나 유추해석하여서는 아니 되나, 형벌 법규의 해석에서도 가능한 문언의 의미 내에서 그 법률의 입법 취지와 목적, 입법연혁 등을 고려한 체계적·논리적 해석이 배제되는 것은 아니다(대법원 2007.6.14, 2007도2162 등). 스토킹처벌법의 문언, 입법목적 등을 종합하면, 피고인이 전화를 걸어 피해자의 휴대전화에 벨소리가 울리게 하거나 부재중 전화 문구 등이 표시되도록 하여 상대방에게 불안감이나 공포심을 일으키는 행위는 실제 전화통화가 이루어졌는지 여부와 상관없이 쟁점 조항이 정한 스토킹행위에 해당한다고 볼 수 있다(대법원 2023.5.18, 2022도12037).

㉥ (×) 피고인이 피해자의 의사에 반하여 정당한 이유 없이 전화를 걸어 피해자와 전화통화를 하여 말을 도달하게 한 행위는, 그 전화통화 내용이 불안감 또는 공포심을 일으키는 것이었음이 밝혀지지 않는다고 하더라도, 피고인과 피해자의 관계, 지위, 성향, 행위 전후의 여러 사정을 종합하여 그 전화통화 행위가 피해자의 불안감 또는 공포심을 일으키는 것으로 평가되면, 쟁점 조항 스토킹행위에 해당하게 된다(대법원 2023.5.18, 2022도12037).

09   **정답** ③

③ ㉠㉡㉣㉤㉥

㉠ (×) 대법원 2011.8.25, 2011도7725

㉡ (×) 성폭력범죄의 처벌 등에 관한 특례법(이하 성폭력처벌법) 제14조 제1항은 "카메라나 그 밖에 이와 유사한 기능을 갖춘 기계장치를 이용하여 성적 욕망 또는 수치심을 유발할 수 있는 다른 사람의 신체를 그 의사에 반하여 촬영하거나 그 촬영물을 반포·판매·임대·제공 또는 공공연하게 전시·상영한 자는 5년 이하의 징역 또는 1천만 원 이하의 벌금에 처한다."라고 규정하고 있다. 위 조항이 촬영의 대상을 '다른 사람의 신체'로 규정하고 있으므로, 다른 사람의 신체 그 자체를 직접 촬영하는 행위만이 위 조항에서 규정하고 있는 '다른 사람의 신체를 촬영하는 행위'에 해당하고, 다른 사람의 신체 이미지가 담긴 영상을 촬영하는 행위는 이에 해당하지 않는다. (또한) 성폭력처벌법 제14조 제2항은 "제1항의 촬영이 촬영 당시에는 촬영대상자의 의사에 반하지 아니하는 경우에도 사후에 그 의사에 반하여 촬영물을 반포·판매·임대·제공 또는 공공연하게 전시·상영한 자는 3년 이하의 징역 또는 500만 원 이하의 벌금에 처한다."라고 규정하고 있다. 위 제2항은 촬영대상자의 의사에 반하

지 아니하여 촬영한 촬영물을 사후에 그 의사에 반하여 반포하는 행위 등을 규율 대상으로 하면서 그 촬영의 대상과 관련해서는 '제1항의 촬영'이라고 규정하고 있다. 성폭력처벌법 제14조 제1항이 촬영의 대상을 '다른 사람의 신체'로 규정하고 있으므로, 위 제2항의 촬영물 또한 '다른 사람의 신체'를 촬영한 촬영물을 의미한다고 해석하여야 하는데, '다른 사람의 신체에 대한 촬영'의 의미를 해석할 때 위 제1항과 제2항의 경우를 달리 볼 근거가 없다. 따라서 다른 사람의 신체 그 자체를 직접 촬영한 촬영물만이 위 제2항에서 규정하고 있는 촬영물에 해당하고, 다른 사람의 신체 이미지가 담긴 영상을 촬영한 촬영물은 이에 해당하지 아니한다(대법원 2018.8.30, 2017도3443).

ⓒ (○) 형법 제155조 제1항은 타인의 형사사건 또는 징계사건에 관한 증거를 인멸, 은닉, 위조 또는 변조하거나 위조 또는 변조한 증거를 사용한 자를 처벌하고 있고, 여기서의 '위조'란 문서에 관한 죄의 위조 개념과는 달리 새로운 증거의 창조를 의미한다. 그러나 사실의 증명을 위해 작성된 문서가 그 사실에 관한 내용이나 작성명의 등에 아무런 허위가 없다면 '증거위조'에 해당한다고 볼 수 없다. 설령 사실증명에 관한 문서가 형사사건 또는 징계사건에서 허위의 주장에 관한 증거로 제출되어 그 주장을 뒷받침하게 되더라도 마찬가지이다(대법원 2021.1.28, 2020도2642).

ⓔ (×) 대법원 2011.10.13, 2011도6287

ⓜ (×) 영유아보육법 제13조 제1항은 "국공립어린이집 외의 어린이집을 설치·운영하려는 자는 특별자치시장·특별자치도지사·시장·군수·구청장의 인가를 받아야 한다. 인가받은 사항 중 중요 사항을 변경하려는 경우에도 또한 같다."라고 규정하여 설치인가를 받을 의무와 변경인가를 받을 의무를 각기 별도로 규정하여 부과하고 있다. 그런데 같은 법 제54조 제4항 제1호는 "제13조 제1항에 따른 설치인가를 받지 아니하고 어린이집의 명칭을 사용하거나 사실상 어린이집의 형태로 운영한 자"를 처벌한다고 규정하여 설치인가를 받지 않은 경우에 대해서만 명시적인 처벌 조항을 두고 있을 뿐, 변경인가를 받지 않은 경우에 대해서는 따로 처벌 조항을 두고 있지 않다. 이는 같은 항 제2호가 '거짓이나 그 밖의 부정한 방법으로 제13조 제1항에 따른 어린이집의 설치인가 또는 변경인가를 받은 자'를 처벌한다고 규정하여 설치인가와 별도로 변경인가와 관련해서도 처벌 조항을 두는 것과 구별된다. 따라서 어린이집 대표자를 변경하고도 변경인가를 받지 않은 채 어린이집을 운영한 행위에 대하여 설치인가를 받지 않고 사실상 어린이집의 형태로 운영한 행위 등을 처벌하는 규정인 영유아보육법 제54조 제4항 제1호 위반죄에 해당한다고 본 것은 죄형법정주의에서 파생된 유추해석금지의 원칙을 위반한다(어린이집 설치인가를 받지 않은 운영과 변경인가를 받지 않은 운영은 구별되어야 함, 대법원 2022.12.1, 2021도6860).

ⓗ (×) 「스토킹범죄의 처벌 등에 관한 법률」(이하 '스토킹처벌법'이라 한다) 제2조 제1호는 "'스토킹행위'란 상대방의 의사에 반하여 정당한 이유 없이 상대 또는 그의 동거인, 가족에 대하여 다음 각 목의 어느 하나에 해당하는 행위를 하여 상대방에게 불안감 또는 공포심을 일으키는 것을 말한다."라고 규정하면서, 그 다목(이하 '쟁점 조항'이라 한다)에서 "우편·전화·팩스 또는 「정보통신망 이용 촉진 및 정보보호 등에 관한 법률」(이하 '정보통신망법'이라 한다) 제2조 제1항 제1호의 정보통신망을 이용하여 물건이나 글·말·부호·음향·그림·영상·화상(이

하 '물건등'이라 한다)을 도달하게 하는 행위"를 스토킹행위 중 하나로 규정한다. 스토킹처벌법 제2조 제2호는 "'스토킹범죄'란 지속적 또는 반복적으로 스토킹행위를 하는 것을 말한다."라고 규정한다. 형벌법규는 문언에 따라 엄격하게 해석·적용하여야 하고 피고인에게 불리한 방향으로 지나치게 확장해석하거나 유추해석하여서는 아니 되나, 형벌 법규의 해석에서도 가능한 문언의 의미 내에서 그 법률의 입법 취지와 목적, 입법연혁 등을 고려한 체계적·논리적 해석이 배제되는 것은 아니다(대법원 2007.6.14, 2007도2162 등). … 설령 피고인이 피해자와의 전화통화 당시 아무런 말을 하지 않아 '말을 도달하게 하는 행위'에 해당하지 않는다고 하더라도 피해자의 수신 전 전화 벨소리가 울리게 하거나 발신자 전화번호가 표시되도록 한 것까지 포함하여 피해자에게 불안감이나 공포심을 일으킨 것으로 평가된다면 '음향, 글 등을 도달하게 하는 행위'에 해당하므로 마찬가지로 쟁점 조항 스토킹행위에 해당한다고 볼 수 있다(대법원 2023.5.18, 2022도12037).

ⓢ (○) 헌법재판소 2023.2.23, 2021헌가9 등

10 정답 ③

③ ⓛⓒⓔⓗ

㉠ (×) 종래 대법원은 이러한 쟁점의 해결을 위하여 법령의 변경에 관한 입법자의 동기를 고려하여 형법 제1조 제2항과 형사소송법 제326조 제4호의 적용 범위를 제한적으로 해석하는 입장을 견지해 왔다. 즉 형벌법규 제정의 이유가 된 법률이념의 변경에 따라 종래의 처벌 자체가 부당하였다거나 또는 과형이 과중하였다는 반성적 고려에서 법령을 변경하였을 경우에만 형법 제1조 제2항과 형사소송법 제326조 제4호가 적용된다고 해석하여, 이러한 경우가 아니라 그때그때의 특수한 필요에 대처하기 위하여 법령을 변경한 것에 불과한 때에는 이를 적용하지 아니하고 행위 당시의 형벌법규에 따라 위반행위를 처벌하여야 한다는 판례 법리를 확립하여 오랜 기간 유지하여 왔다(대법원 1963.1.31, 62도257; 대법원 1978.2.28, 77도1280; 대법원 1980.7.22, 79도2953; 대법원 1982.10.26, 82도1861; 대법원 1984.12.11, 84도413; 대법원 1997.12.9, 97도2682; 대법원 2003.10.10, 2003도2770; 대법원 2010.3.11, 2009도12930; 대법원 2013.7.11, 2013도4862,2013전도101; 대법원 2016. 10.27, 2016도9954 판결 등, 이하 '종래 대법원판례'라고 한다). 이러한 종래 대법원판례를 비롯한 같은 취지의 대법원판결들은 이 판결의 견해에 배치되는 범위 내에서 모두 변경하기로 한다(대법원 2022.12.22, 2020도16420 전원합의체).

㉡ (○) 범죄 후 법률이 변경되어 그 행위가 범죄를 구성하지 아니하게 되거나 형이 구 법보다 가벼워진 경우에는 신법에 따라야 하고(형법 제1조 제2항), 범죄 후의 법령 개폐로 형이 폐지되었을 때는 판결로써 면소의 선고를 하여야 한다(형사소송법 제326조 제4호). 이러한 형법 제1조 제2항과 형사소송법 제326조 제4호의 규정은 입법자가 법령의 변경 이후에도 종전 법령 위반행위에 대한 형사처벌을 유지한다는 내용의 경과규정을 따로 두지 않는 한 그대로 적용되어야 한다(대법원 2022.12.22, 2020도16420 전원합의체).

㉢ (○) (㉡해설에 이어서, 따라서) 범죄의 성립과 처벌에 관하여 규정한 형벌법규 자체 또는 그로부터 수권 내지 위임을 받은 법령의 변경에 따라 범죄를 구성하지 아니하게 되거나 형이 가

벼워진 경우에는, 종전 법령이 범죄로 정하여 처벌한 것이 부당하였다거나 과형이 과중하였다는 반성적 고려에 따라 변경된 것인지 여부를 따지지 않고 원칙적으로 형법 제1조 제2항과 형사소송법 제326조 제4호가 적용된다(대법원 2022.12.22, 2020도16420 전원합의체).

[보충] 형벌법규가 대통령령, 총리령, 부령과 같은 법규명령이 아닌 고시 등 행정규칙·행정명령, 조례 등(이하 '고시 등 규정'이라고 한다)에 구성요건의 일부를 수권 내지 위임한 경우에도 이러한 고시 등 규정이 위임입법의 한계를 벗어나지 않는 한 형벌법규와 결합하여 법령을 보충하는 기능을 하는 것이므로, 그 변경에 따라 범죄를 구성하지 아니하게 되거나 형이 가벼워졌다면 마찬가지로 형법 제1조 제2항과 형사소송법 제326조 제4호가 적용된다(위 판례).

ㄹ (O) 형법 제1조 제1항은 "범죄의 성립과 처벌은 행위 시의 법률에 따른다."라고 하여 행위시법주의의 원칙을 규정하고, 형법 제1조 제2항은 "범죄 후 법률이 변경되어 그 행위가 범죄를 구성하지 아니하게 되거나 형이 구법보다 가벼워진 경우에는 신법에 따른다."라고 하여 행위시법주의의 예외로 재판시법주의를 규정하고 있다. 이러한 형법 제1조의 문언과 입법취지 등을 종합하여 보면, 형법 제1조 제2항과 형사소송법 제326조 제4호에서 말하는 법령의 변경은 해당 형벌법규에 따른 범죄의 성립 및 처벌과 직접 관련된 것이어야 하고, 이는 결국 해당 형벌법규의 가벌성에 관한 형사법적 관점의 변화를 전제로 한 법령의 변경을 의미하는 것이다. (따라서) 구성요건을 규정한 형벌법규 자체 또는 그로부터 수권 내지 위임을 받은 법령의 변경에 따라 범죄를 구성하지 아니하게 되거나 형이 가벼워진 경우에는, 당연히 해당형벌법규에 따른 범죄의 성립 및 처벌과 직접적으로 관련된 형사법적 관점의 변화에 근거한 것으로 인정할 수 있으므로, 형법 제1조 제2항과 형사소송법 제326조 제4호가 그대로 적용된다. (마찬가지로) 형벌법규가 헌법상 열거된 법규명령이 아닌 고시 등 규정에 구성요건의 일부를 수권 내지 위임한 경우에도 그 고시 등 규정이 위임입법의 한계를 벗어나지 않는 한 모법인 형벌법규와 결합하여 형사처벌의 근거가 되는 것이므로, 고시 등 규정이 변경되는 경우에도 마찬가지로 형법 제1조 제2항과 형사소송법 제326조 제4호에서 말하는 법령의 변경에 해당한다. 그러나 해당 형벌법규 자체 또는 그로부터 수권 내지 위임을 받은 법령이 아닌 다른 법령이 변경되어 결과적으로 해당 형벌법규에 따른 범죄가 성립하지 아니하게 되거나 형이 가벼워진 경우에는, 문제된 법령의 변경이 해당 형벌법규에 따른 범죄의 성립 및 처벌과 직접적으로 관련된 형사법적 관점의 변화를 주된 근거로 하는 것인지 여부를 면밀히 따져보아야 한다. 해당 형벌법규의 가벌성과 직접적으로 관련된 형사법적 관점의 변화가 있는지 여부는 종래 대법원판례가 기준으로 삼은 반성적 고려 유무와는 구별되는 것이다. 이는 입법자에게 과거의 처벌이 부당하였다는 반성적 고려가 있었는지 여부를 추단하는 것이 아니라, 법령의 변경이 향후 문제된 형사처벌을 더 이상 하지 않겠다는 취지의 규범적 가치판단을 기초로 한 것인지 여부를 판단하는 것이다. 이는 입법자의 내심의 동기를 탐지하는 것이 아니라, 객관적으로 드러난 사정을 기초로 한 법령해석을 의미한다. 즉 해당 형벌법규에 따른 범죄 성립의 요건과 구조, 형벌법규와 변경된 법령과의 관계, 법령 변경의 내용·경위·보호목적·입법취지 등을 종합적으로 고려하여, 법령의 변경이 해당 형벌법규에 따른 범죄의 성립 및 처벌과 직

접적으로 관련된 형사법적 관점의 변화를 주된 근거로 한다고 해석할 수 있을 때 형법 제1조 제2항과 형사소송법 제326조 제4호를 적용할 수 있다. 따라서 해당 형벌법규와 수권 내지 위임 관계에 있지 않고 보호목적과 입법취지를 달리하는 민사적·행정적 규율의 변경이나, 형사처벌에 관한 규범적 가치판단의 요소가 배제된 극히 기술적인 규율의 변경 등에 따라 간접적인 영향을 받는 것에 불과한 경우는 형법 제1조 제2항과 형사소송법 제326조 제4호에서 말하는 법령의 변경에 해당한다고 볼 수 없다. 한편 입법자는 해당 형벌법규와 직접 관련이 없는 다른 법령을 변경할 때에도 해당형벌법규에 따른 범죄의 성립 및 처벌에 대하여 신법을 적용한다는 취지의 경과규정을 둘 수 있다. 이로써 법령의 변경이 해당 형벌법규에 관한 형사법적 관점의 변화에 근거하는 것이라는 취지를 분명하게 밝혀 신법에 따르도록 할 수 있으므로, 입법자는 그 스스로도 입법목적을 얼마든지 관철시킬 수 있다(대법원 2022.12.22, 2020도16420 전원합의체).

ㅁ (X) (그러나) 해당 형벌법규 자체 또는 그로부터 수권 내지 위임을 받은 법령이 아닌 다른 법령이 변경된 경우 형법 제1조 제2항과 형사소송법 제326조 제4호를 적용하려면, 해당 형벌법규에 따른 범죄의 성립 및 처벌과 직접적으로 관련된 형사법적 관점의 변화를 주된 근거로 하는 법령의 변경에 해당하여야 하므로, 이와 관련이 없는 법령의 변경으로 인하여 해당 형벌법규의 가벌성에 영향을 미치게 되는 경우에는 형법 제1조 제2항과 형사소송법 제326조 제4호가 적용되지 않는다. 한편 법령이 개정 내지 폐지된 경우가 아니라, 스스로 유효기간을 구체적인 일자나 기간으로 특정하여 효력의 상실을 예정하고 있던 법령이 그 유효기간을 경과함으로써 더 이상 효력을 갖지 않게 된 경우도 형법 제1조 제2항과 형사소송법 제326조 제4호에서 말하는 법령의 변경에 해당한다고 볼 수 없다(대법원 2022.12.22, 2020도16420 전원합의체).

[보충] 이러한 법령 자체가 명시적으로 예정한 유효기간의 경과에 따른 효력 상실은 일반적인 법령의 개정이나 폐지 등과 같이 애초의 법령이 변경되었다고 보기 어렵고, 어떠한 형사법적 관점의 변화 내지 형사처벌에 관한 규범적 가치판단의 변경에 근거하였다고 볼 수도 없다. 유효기간을 명시한 입법자의 의사를 보더라도 유효기간 경과 후에 형사처벌 등의 제재가 유지되지 않는다면 유효기간 내에도 법령의 규범력과 실효성을 확보하기 어려울 것이므로, 특별한 사정이 없는 한 유효기간 경과 전의 법령 위반행위는 유효기간 경과 후에도 그대로 처벌하려는 취지라고 보는 것이 합리적이다(위 판례의 판결이유).

[보충] 협의의 한시법에 대한 추급효는 긍정된다는 내용이다.

[보충] 피고인은 도로교통법위반(음주운전)죄로 4회 처벌받은 전력이 있음에도 2020.1.5. 혈중알코올농도 0.209%의 술에 취한 상태로 전동킥보드를 운전하였다. 원심은 구 도로교통법(2020.6.9. 법률 제17371호로 개정되어 2020.12.10. 시행되기 전의 것, 이하 같다) 제148조의2 제1항, 도로교통법 제44조 제1항을 적용하여 이 부분 공소사실을 유죄로 판단하였다. 구 도로교통법이 2020.6.9. 법률 제17371호로 개정되어 원심판결 선고 후인 2020.12.10. 개정 도로교통법이 시행되면서 제2조 제19호의2 및 제21호의2에서 이 사건 전동킥보드와 같은 '개인형 이동장치'와 이를 포함하는 '자전거등'에 관한 정의규정을 신설하였다. 이에 따라 개인형 이동장치는 자전거등에 해당하게 되었으므로, 자동차등 음주운전 행위를 처벌하는 제148조의2의 적용 대

상에서 개인형 이동장치를 운전하는 경우를 제외하는 한편, 개인형 이동장치 음주운전 행위에 대하여 자전거등 음주운전 행위를 처벌하는 제156조 제11호를 적용하도록 규정하였다(이하 '이 사건 법률 개정'이라고 한다).

그 결과 이 부분 공소사실과 같이 도로교통법 제44조 제1항 위반 전력이 있는 사람이 다시 술에 취한 상태로 전동킥보드를 운전한 행위에 대하여, 이 사건 법률 개정 전에는 구 도로교통법 제148조의2 제1항을 적용하여 2년 이상 5년 이하의 징역이나 1천만 원 이상 2천만 원 이하의 벌금으로 처벌하였으나, 이 사건 법률 개정 후에는 도로교통법 제156조 제11호를 적용하여 20만 원 이하의 벌금이나 구류 또는 과료로 처벌하게 되었다. 이 사건 법률 개정은 이러한 내용의 신법 시행 전에 이루어진 구 도로교통법 제148조의2 제1항 위반행위에 대하여 종전 법령을 그대로 적용할 것인지에 관하여 별도의 경과규정을 두고 있지 아니하였다.

ⓗ (○) 범죄 후 법률이 변경되어 그 행위가 범죄를 구성하지 아니하게 되거나 형이 구법보다 가벼워진 경우에는 신법에 따라야 하고(형법 제1조 제2항), 범죄 후의 법령 개폐로 형이 폐지되었을 때는 판결로써 면소의 선고를 하여야 한다(형사소송법 제326조 제4호). 이러한 형법 제1조 제2항과 형사소송법 제326조 제4호의 규정은 입법자가 법령의 변경 이후에도 종전 법령 위반행위에 대한 형사처벌을 유지한다는 내용의 경과규정을 따로 두지 않는 한 그대로 적용되어야 한다. 따라서 ⓐ 범죄의 성립과 처벌에 관하여 규정한 형벌법규 자체 또는 그로부터 수권 내지 위임을 받은 법령의 변경에 따라 범죄를 구성하지 아니하게 되거나 형이 가벼워진 경우에는, 종전 법령이 범죄로 정하여 처벌한 것이 부당하였다거나 과형이 과중하였다는 반성적 고려에 따라 변경된 것인지 여부를 따지지 않고 원칙적으로 형법 제1조 제2항과 형사소송법 제326조 제4호가 적용된다. 그러나 ⓑ 해당 형벌법규 자체 또는 그로부터 수권 내지 위임을 받은 법령이 아닌 다른 법령이 변경된 경우 형법 제1조 제2항과 형사소송법 제326조 제4호를 적용하려면, 해당 형벌법규에 따른 범죄의 성립 및 처벌과 직접적으로 관련된 형사법적 관점의 변화를 주된 근거로 하는 법령의 변경에 해당하여야 하므로, ⓒ 이와 관련이 없는 법령의 변경으로 인하여 해당 형벌법규의 가벌성에 영향을 미치게 되는 경우에는 형법 제1조 제2항과 형사소송법 제326조 제4호가 적용되지 않는다. 즉 해당 형벌법규 자체 또는 그로부터 수권 내지 위임을 받은 법령이 아닌 다른 법령이 변경된 경우에는 해당 형벌법규에 따른 범죄 성립의 요건과 구조, 형벌법규와 변경된 법령과의 관계, 법령 변경의 내용·경위·보호목적·입법취지 등을 종합적으로 고려하여, 법령의 변경이 해당 형벌법규에 따른 범죄의 성립 및 처벌과 직접적으로 관련된 형사법적 관점의 변화를 주된 근거로 한다고 해석할 수 있을 때 형법 제1조 제2항과 형사소송법 제326조 제4호를 적용할 수 있다(대법원 2022.12.22, 2020도16420 전원합의체). … 이 사건 법률 개정으로 제6호의 내용이 추가된 법무사법 제2조는 이 부분 공소사실의 해당 형벌법규인 변호사법 제109조 제1호 또는 그로부터 수권 내지 위임을 받은 법령이 아닌 별개의 다른 법령에 불과하고, 법무사의 업무범위에 관한 규정으로서 기본적으로 형사법과 무관한 행정적 규율에 관한 내용이므로, 이는 타법에서의 비형사적 규율의 변경이 문제된 형벌법규의 가벌성에 간접적인 영향을 미치는 경우에 해당할 뿐이어서, 원칙적으로 형법 제1조 제2항과 형사소송법 제326조

제4호의 적용 대상인 형사법적 관점의 변화에 근거한 법령의 변경에 해당한다고 볼 수 없다. 또한 법무사법 제2조가 변호사법 제109조 제1호 위반죄와 불가분적으로 결합되어 그 보호목적과 입법취지 등을 같이한다고 볼 만한 특별한 사정도 인정하기 어렵다. 형법 제1조 제2항과 형사소송법 제326조 제4호를 적용하지 아니하고 유죄로 인정하는 것이 타당하다(대법원 2023.2.23, 2022도6434).

ⓧ (×) 개정 도로교통법이 개인형 이동장치에 관한 규정을 신설하면서 이를 '자전거 등'으로 분류하였다고 하여 이를 형법 제1조 제2항의 '범죄 후 법률이 변경되어 그 행위가 범죄를 구성하지 아니하게 된 경우'라고 볼 수는 없다(대법원 2023.6.29, 2022도13430).

11 정답 ①

① ㉠㉢

㉠ (×) 포괄일죄에 관한 기존 처벌법규에 대하여 그 표현이나 형량과 관련한 개정을 하는 경우가 아니라 애초에 죄가 되지 아니하던 행위를 구성요건의 신설로 포괄일죄의 처벌대상으로 삼는 경우에는 신설된 포괄일죄 처벌법규가 시행되기 이전의 행위에 대하여는 신설된 법규를 적용하여 처벌할 수 없다(형법 제1조 제1항)(대법원 2016.1.28, 2015도15669).

㉡ (○) 위 ㉠의 법리는 신설된 처벌법규가 상습범을 처벌하는 구성요건인 경우에도 마찬가지라고 할 것이므로, 구성요건이 신설된 상습강제추행죄(형법 제305조의2)가 시행되기 이전의 범행은 상습강제추행죄로는 처벌할 수 없고 행위시법에 기초하여 강제추행죄로 처벌할 수 있을 뿐이다(대법원 2016.1.28, 2015도15669).

㉢ (○) 형법 부칙 제4조 제1항은 경과규정으로서, "본법 총칙"에 해당되지 않을 뿐만 아니라, 형법 제1조 제1항의 해석으로서도 행위가 종료된 때 시행되는 법률의 적용을 배제한 점에서 타당한 것이 아니므로, 신·구형법 사이의 관계가 아닌 다른 법률 사이의 관계에서는 형법 부칙 제4조 제1항을 그대로 적용하거나 유추적용할 것이 아니다(대법원 1992.12.8, 92도407).

㉣ (○) 행위시와 재판시 사이에 수차 법령의 변경이 있는 경우에는 이 점에 관한 당사자의 주장이 없더라도 형의 경중을 비교하여 그중 가장 형이 경한 법규정을 적용하여 심판하여야 한다(대법원 1968.12.17, 68도1324).

㉤ (×) '범죄의 성립과 처벌은 행위시의 법률에 의한다(형법 제1조 제1항)'고 할 때의 '행위시'라 함은 범죄행위의 종료시를 의미한다(대법원 1994.5.10, 94도963). 또한 계속범이 실행행위가 계속되는 동안에 법률의 변경이 있는 경우, 이는 형법 제1조 제2항의 '범죄 후'의 법률의 변경에 해당하지 않으므로 형법 제1조 제1항에 의하여 신법이 적용된다.

12 정답 ②

② ㉡㉢

㉠ (×) 범죄의 성립과 처벌에 관하여 규정한 형벌법규 자체 또는 그로부터 수권 내지 위임을 받은 법령의 변경에 따라 범죄를 구성하지 아니하게 되거나 형이 가벼워진 경우에는, 종전 법령이 범죄로 정하여 처벌한 것이 부당하였다거나 과형이 과중하였다는 반성적 고려에 따라 변경된 것인지 여부를 따지지 않고 원칙적으로 형법 제1조 제2항과 형사소송법 제326조 제4호가 적용된다 형벌법규가 대통령령, 총리령, 부령과 같은 법규명령이 아

닌 고시 등 행정규칙·행정명령, 조례 등(이하 '고시 등 규정'이라고 한다)에 구성요건의 일부를 수권 내지 위임한 경우에도 이러한 고시 등 규정이 위임입법의 한계를 벗어나지 않는 한 형벌법규와 결합하여 법령을 보충하는 기능을 하는 것이므로, 그 변경에 따라 범죄를 구성하지 아니하게 되거나 형이 가벼워졌다면 마찬가지로 형법 제1조 제2항과 형사소송법 제326조 제4호가 적용된다(대법원 2022.12.22, 2020도16420 전원합의체).

ⓛ (O) 대법원 1983.11.8, 83도2499; 1992.11.13, 92도2194

ⓒ (O) 형벌조항에 대한 위헌결정의 경우 죄형법정주의 등 헌법과 형사법하에서 형벌이 가지는 특수성으로 인하여 위헌결정의 소급효와 그에 따른 재심청구권을 명시적으로 규정한 법률의 문언에 반하여 해석으로 그 소급효 및 피고인의 재심에 관한 권리를 제한하는 것은 어렵고, 그에 따른 현저한 불합리는 결국 입법에 의하여 해결할 수밖에 없다(대법원 2011.4.14, 2010도5606).

ⓔ (×) 인적 처벌조각사유가 폐지된 경우에는 행위자에게 불리한 법률변경이 있는 것이나 마찬가지이다. 따라서 제1조 제2항의 예외가 적용될 수 없고, 제1조 제1항의 행위시법주의에 의하여 인적 처벌조각사유에 의한 형면제를 내려야 한다.

ⓜ (×) 형벌에 관한 법령이 재심판결 당시 폐지되었다 하더라도 그 '폐지'가 당초부터 헌법에 위배되어 효력이 없는 법령에 대한 것이었다면 같은 법 제325조 전단이 규정하는 '범죄로 되지 아니한 때'의 무죄사유에 해당하는 것이지, 같은 법 제326조 제4호의 면소사유에 해당한다고 할 수 없다. 따라서 면소판결에 대하여 무죄판결인 실체판결이 선고되어야 한다고 주장하면서 상고할 수 없는 것이 원칙이지만, 위와 같은 경우에는 이와 달리 면소를 할 수 없고 피고인에게 무죄의 선고를 하여야 하므로 면소를 선고한 판결에 대하여 상고가 가능하다(대법원 1964.4.7, 64도57; 2004.9.24, 2004도3532; 2010.12.16, 2010도5986 전원합의체).

13

정답 ③

③ ⓛⓒ

ⓐ (O) 대법원 2019.9.25, 2016도1306

ⓛ (×) 예비·음모 처벌규정은 그 '형'을 규정해야 한다(대법원 1977.6.28, 77도251).

ⓒ (×) 형법 제7조는 "죄를 지어 외국에서 형의 전부 또는 일부가 집행된 사람에 대해서는 그 집행된 형의 전부 또는 일부를 선고하는 형에 산입한다."라고 규정하고 있다. 이 규정의 취지는, 형사판결은 국가주권의 일부분인 형벌권 행사에 기초한 것이어서 피고인이 외국에서 형사처벌을 과하는 확정판결을 받았더라도 그 외국 판결은 우리나라 법원을 기속할 수 없고 우리나라에서는 기판력도 없어 일사부재리의 원칙이 적용되지 않으므로, 피고인이 동일한 행위에 관하여 우리나라 형벌법규에 따라 다시 처벌받는 경우에 생길 수 있는 실질적인 불이익을 완화하려는 것이다. 그런데 여기서 '외국에서 형의 전부 또는 일부가 집행된 사람'이란 문언과 취지에 비추어 '외국 법원의 유죄판결에 의하여 자유형이나 벌금형 등 형의 전부 또는 일부가 실제로 집행된 사람'을 말한다고 해석하여야 한다. 따라서 형사사건으로 외국 법원에 기소되었다가 무죄판결을 받은 사람은, 설령 그가 무죄판결을 받기까지 상당 기간 미결구금되었더라도 이를 유죄판결에 의하여 형이 실제로 집행된 것으로 볼 수는 없으므로, '외국에서 형의 전부 또는 일부가 집행된 사람'에 해당한다

고 볼 수 없고, 그 미결구금 기간은 형법 제7조에 의한 산입의 대상이 될 수 없다(대법원 2017.8.24, 2017도5977 전원합의체).

ⓔ (O) 의료법 제33조 제1항은 "의료인은 이 법에 따른 의료기관을 개설하지 아니하고는 의료업을 할 수 없으며, 다음 각 호의 어느 하나에 해당하는 경우 외에는 그 의료기관 내에서 의료업을 하여야 한다."라고 규정하고 있다. 아울러 의료법 제34조 제1항은 "의료인은 제33조 제1항에도 불구하고 컴퓨터·화상통신 등 정보통신기술을 활용하여 먼 곳에 있는 의료인에게 의료지식이나 기술을 지원하는 원격의료를 할 수 있다."라고 규정하여 의료인이 원격지에서 행하는 의료행위를 의료법 제33조 제1항의 예외로 보는 한편, 이를 의료인 대 의료인의 행위로 제한적으로만 허용하고 있다. 이와 같은 사정 등을 종합하면 의료인이 전화 등을 통해 원격지에 있는 환자에게 행하는 의료행위는 특별한 사정이 없는 한 의료법 제33조 제1항에 위반되는 행위로 봄이 타당하다(대법원 2020.11.5, 2015도13830).

ⓜ (O) 법인 소유의 자금에 대한 사실상 또는 법률상 지배·처분권한을 가지고 있는 대표자 등은 법인에 대한 관계에서 자금의 보관자 지위에 있으므로, 법인이 특정 사업의 명목상의 주체로 특수목적법인을 설립하여 그 명의로 자금 집행 등 사업진행을 하면서도 자금의 관리·처분에 관하여는 실질적 사업주체인 법인이 의사결정권한을 행사하면서 특수목적법인 명의로 보유한 자금에 대하여 현실적 지배를 하고 있는 경우에는, 사업주체인 법인의 대표자 등이 특수목적법인의 보유 자금을 정해진 목적과 용도 외에 임의로 사용하면 위탁자인 법인에 대하여 횡령죄가 성립할 수 있다. 이는 법인의 대표자 등이 외국인인 경우에도 마찬가지이므로, 내국 법인의 대표자인 외국인이 내국 법인이 외국에 설립한 특수목적법인에 위탁해 둔 자금을 정해진 목적과 용도 외에 임의로 사용한 데 따른 횡령죄의 피해자는 당해 금전을 위탁한 내국 법인이다. 따라서 그 행위가 외국에서 이루어진 경우에도 행위지의 법률에 의하여 범죄를 구성하지 아니하거나 소추 또는 형의 집행을 면제할 경우가 아니라면 그 외국인에 대해서도 우리 형법이 적용되어(형법 제6조), 우리 법원에 재판권이 있다(대법원 2017.3.22, 2016도17465).

14

정답 ④

④ ⓐⓒⓜ

ⓐ (×) 속인주의가 적용된다(대법원 2001.9.25, 99도3337).

ⓛ (O) 대법원 2011.8.25, 2011도6507

ⓒ (×) 외국인의 국외범으로서 내국 법인을 피해자로 하는 횡령죄에 해당하므로 형법 제6조 본문이 적용되는데, 이때 행위지법에 따라 범죄를 구성하지 아니하거나 소추 또는 형의 집행을 면제할 경우에는 예외로 하므로(형법 제6조 단서), 행위지법에 따라 범죄를 구성하고 소추 또는 형의 집행을 면제할 경우가 아니어야 우리 형법에 적용되어 우리 법원에 재판권이 있게 되는 것이다(대법원 2017.3.22, 2016도17465).

ⓔ (O) 같은 법 제6조 제3항 제1호는 접근매체의 양도, 양수행위의 주체에 제한을 두지 않고 있으므로 반드시 접근매체의 명의자가 양도하거나 명의자로부터 양수한 경우에만 처벌대상이 된다고 볼 수 없다(대법원 2013.8.23, 2013도4004).

ⓜ (×) 청소년성보호법 제11조 제5항에서 정한 소지란 아동·청소년성착취물을 자기가 지배할 수 있는 상태에 두고 지배관계를 지속시키는 행위를 말하므로, 청소년성보호법위반(성착취물

소지)죄는 아동·청소년성착취물임을 알면서 소지를 개시한 때부터 지배관계가 종료한 때까지 하나의 죄로 평가되는 이른바 계속범이다. 원칙적으로 계속범에 대해서는 실행행위가 종료되는 시점의 법률이 적용된다(대법원 2023.3.16, 2022도15319).

15
정답 ③

③ ㈀㈁㈃

㈀ (×) 속지주의 원칙을 규정한 제2조의 대한민국 영역이란 영토·영해·영공을 말하기 때문에 북한에서 발생한 범죄에도 대한민국 형법이 적용된다.

㈁ (×) 형법 제3조는 "본법은 대한민국 영역 외에서 죄를 범한 내국인에게 적용한다."고 하여 형법의 적용 범위에 관한 속인주의를 규정하고 있고, 또한 국가 정책적 견지에서 도박죄의 보호법익보다 좀 더 높은 국가이익을 위하여 예외적으로 내국인의 출입을 허용하는 폐광지역개발지원에 관한 특별법 등에 따라 카지노에 출입하는 것은 법령에 의한 행위로 위법성이 조각된다고 할 것이나, 도박죄를 처벌하지 않는 외국 카지노에서의 도박이라는 사정만으로 그 위법성이 조각된다고 할 수 없다(대법원 2004.4.23, 2002도2518).

㈂ (○) 대법원 2011.8.25, 2011도6507

㈃ (×) 우리 형법은 세계주의에 관하여 약취·유인, 인신매매의 죄에 대하여 규정을 두고 있을 뿐(제296조의2) 총칙에서 이를 원칙으로 정한 규정을 두지 않고 있다.

㈄ (○) 죄를 지어 외국에서 형의 전부 또는 일부가 집행된 사람에 대해서는 그 집행된 형의 전부 또는 일부를 선고하는 형에 산입한다(제7조).

16
정답 ③

③ (×) 중국 북경시에 소재한 대한민국 영사관 내부는 여전히 중국의 영토에 속할 뿐 이를 대한민국의 영토로서 그 영역에 해당한다고 볼 수 없을 뿐 아니라, 사문서위조죄(여권발급신청서 위조)가 형법 제6조의 대한민국 또는 대한민국 국민에 대하여 범한 죄에 해당하지 아니함은 명백하다(대법원 2006.9.22, 2006도5010).

① (○) 제4조 기국주의 원칙에 따라 대한민국 영역 외에 있는 대한민국의 선박 또는 항공기 내에서 죄를 범한 외국인에게 적용된다. 또한 '죄를 범한'의 의미는 행위지, 결과발생지 등 부분범 행지를 모두 포함한다.

② (○) 항공기운항안전법, 토오쿄협약, 헤이그협약에 근거하여 외국인의 국외범에 대해서도 재판권이 있다(대법원 1984.5.22, 84도39).

④ (○) 제6조 개인보호주의에 의하여 대한민국국민에 대하여 죄를 범한 외국인에게 적용되며, 외국에서 형의 집행이 종료 되었다 하더라도 제7조에 의해 임의적 감면 규정이 적용될 뿐이다.

17
정답 ②

② ㈁㈂㈃㈄

㈀ (×) 외국인이 대한민국 공무원에게 알선한다는 명목으로 금품을 수수하는 행위가 대한민국 영역 내에서 이루어진 이상, 비록 금품수수의 명목이 된 알선행위를 하는 장소가 대한민국 영역 외라 하더라도 대한민국 영역 내에서 죄를 범한 것이라고 하여

야 할 것이므로, 형법 제2조에 의하여 대한민국의 형벌법규인 구변호사법(2000.1.28. 법률 제6207호로 전문 개정되기 전의 것) 제90조 제1호가 적용되어야 한다(대법원 2000.4.21, 99도3403).

㈁ (○) 법률이나 상위명령으로부터 위임명령에 규정될 내용의 대강을 예측할 수 있다면 죄형법정주의에 반하지 아니한다. "위임명령은 법률이나 상위명령에서 구체적으로 범위를 정한 개별적인 위임이 있을 때에 가능하고, 여기에서 구체적인 위임의 범위는 규제하고자 하는 대상의 종류와 성격에 따라 달라지는 것이어서 일률적 기준을 정할 수는 없지만, 적어도 위임명령에 규정될 내용 및 범위의 기본사항이 구체적으로 규정되어 있어서 누구라도 당해 법률이나 상위명령으로부터 위임명령에 규정될 내용의 대강을 예측할 수 있어야 하나, 이 경우 그 예측가능성의 유무는 당해 위임조항 하나만을 가지고 판단할 것이 아니라 그 위임조항이 속한 법률이나 상위명령의 전반적인 체계와 취지·목적, 당해 위임조항의 규정형식과 내용 및 관련 법규를 유기적·체계적으로 종합 판단하여야 하고, 나아가 각 규제 대상의 성질에 따라 구체적·개별적으로 검토함을 요한다(대법원 2004.1.29, 2003두10701)."

㈂ (○) 제288조(영리 목적 약취,유인 등)는 대한민국 영역 밖에서 죄를 범한 외국인에게도 적용한다(제296조의2).

㈃ (○) 외국의 통화·유가증권·우표·인지를 위조·변조하는 행위는 우리 형법상 국가보호주의의 대상범죄이므로 우리나라에 재판권이 있다.

㈄ (○) 이른바 반의사불벌죄에 있어서 처벌불원의 의사표시의 부존재는 소극적 소송조건으로서 직권조사사항이라 할 것이고(대법원 2002.3.15, 2002도158), 2005.3.31. 법률 제7465호로 개정되어 2005.7.1.부터 시행된 근로기준법 제112조 제2항에 의하면, 종전에는 피해자의 의사에 상관없이 처벌할 수 있었던 근로기준법 제112조 제1항, 제36조 위반죄가 반의사불벌죄로 개정되었고, 부칙에는 그 적용과 관련한 경과규정이 없지만 개정법률이 피고인에게 더 유리할 것이므로 형법 제1조 제2항에 의하여 피고인에 대하여는 개정법률이 적용되어야 할 것이다(대법원 2005.10.28, 2005도4462).

18
정답 ③

③ (×) 외교상기밀누설죄(제113조)는 각칙 제4장 국교에 관한 죄에 속하므로 제5조의 보호주의의 대상에 속하지 않는다.

19
정답 ②

② (○) 현행 형법상 친고죄에는 비밀침해죄, 업무상 비밀누설죄, 모욕죄, 사자명예훼손죄 그리고 비동거친족 간의 재산범죄(제328조 제2항)가 있다. 위 甲의 행위는 손괴죄에 해당한다. 친족 간 재산범죄의 경우 일반적으로 친족상도례가 적용되지만, 강도죄와 손괴죄에는 적용되지 않으므로(이외 재산죄 중 강제집행면탈죄, 점유강취죄, 준점유강취죄에도 적용되지 않음), 위 경우 형의 고소 여부를 불문하고 동생 甲을 처벌할 수 있다.

① (×) 제316조 제1항의 비밀침해죄에 해당하여 내용을 인지하지 못하였다 하더라도 기수가 성립하고, 친고죄에 해당하여 고소 없이는 처벌할 수 없다.

③ (×) 사자명예훼손죄에 해당한다. 사자명예훼손죄는 친고죄로서 乙의 고소가 있어야 甲을 처벌할 수 있다.

④ (×) 모욕죄에 해당한다(대법원 1990.9.25, 90도873). 모욕죄는 친고죄로서 피해자의 고소가 있어야 처벌할 수 있다.

④ ㉠㉡㉢㉣㉤

㉠ (×) 틀린 기술이다.

- 업무상 비밀누설죄(제317조) : 형법이 규정한 일정한 업무자의 비밀누설행위만이 처벌되므로 진정신분범이다.
- 업무상 횡령죄(제356조) : 횡령죄(제355조)에 대하여 업무자라는 이유로 형이 가중되는 경우로서 부진정신분범에 해당된다. 진정신분범이란 일정한 신분이 있어야만 범죄가 성립하는 경우를 말한다. 부진정신분범이란 일정한 신분이 있으면 형이 가중 또는 감경되는 범죄형을 말한다.

[정리] '업무상 ~'이라는 말이 죄명에 나오면 업무상 비밀누설죄와 업무상 과실장물죄를 제외하고는 모두 부진정신분범이다. 또한 상습성으로 인하여 형이 가중되는 상습범의 경우도 부진정신분범이라고 한다.

㉡ (×) 무고죄는 그 주체의 제한이 없으므로 신분범이 아니라 일반범이다. 다만, 무고죄는 타인으로 하여금 형사처분 또는 징계처분을 받게 할 목적이 있어야 한다는 점에서 목적범이다. 제156조 참조. 위증죄는 법률에 의해 선서한 증인(제152조), 수뢰죄는 공무원 또는 중재인(제129조 제1항), 횡령죄는 타인의 재물을 보관하는 자(제355조 제1항), 상습도박죄는 상습으로 죄를 범한 자(제246조 제1항). 본죄는 행위자의 상습성 때문에 책임이 가중됨으로 인하여 그 형이 가중된다는 점에서 부진정신분범이라고 볼 수 있다.

㉢ (×) 구성요건요소가 아니라 객관적 처벌조건에 불과하다. 제129조 제2항 참조.

㉣ (×) 공문서위조죄(제225조)는 누구든지 행사할 목적으로 공문서를 위조함으로써 성립하는 일반범이다. 허위공문서작성죄(제227조)가 진정신분범인 것과 혼동하지 말 것

[보충] 공정증서원본부실기재죄는 일반범.

㉤ (×) 위증죄(제152조 제1항)는 진정신분범, 모해위증죄(동 제2항)는 판례에 의하면 부진정신분범이나 무고죄(제156조)는 일반범이다.

▶ 제2편 **범죄론: 제1장 범죄론의 일반이론** [범죄론의 기초 2] ─ **제2장 구성요건론** [구성요건적 착오 1]

01	③	02	③	03	③	04	③	05	④
06	④	07	②	08	④	09	④	10	③
11	④	12	③	13	④	14	②	15	②
16	④	17	②	18	③	19	②	20	④

01
정답 ③

③ (×) 일반교통방해죄에서 교통방해 행위는 계속범의 성질을 가지는 것이어서 교통방해의 상태가 계속되는 한 위법상태는 계속 존재한다. 따라서 교통방해를 유발한 집회에 참가한 경우 참가 당시 이미 다른 참가자들에 의해 교통의 흐름이 차단된 상태였더라도 교통방해를 유발한 다른 참가자들과 암묵적·순차적으로 공모하여 교통방해의 위법상태를 지속시켰다고 평가할 수 있다면 일반교통방해죄가 성립한다(대법원 2018.5.11, 2017도9146).

① (○) 대법원 2018.2.28, 2017도21249
② (○) 대법원 2005.9.9, 2005도3857 등
④ (○) 대법원 1995.9.5, 95도577

02
정답 ③

③ ㉠㉡㉢㉣

㉠ (×) 군형법 제60조의6에서 군사기지 및 군사시설 등에서 군인을 폭행한 경우에는 폭행죄에서의 반의사불벌죄 규정인 형법 제260조 제3항을 적용하지 않는 특례를 규정하고 있으므로(반의사불벌죄가 아니므로), 이 사건 공소사실 중 폭행 부분의 공소를 기각할 수 없다(대법원 2020.3.12, 2019도15117).
[유사] 군인등이 대한민국의 국군이 군사작전을 수행하기 위한 근거지에서 군인등을 폭행했다면 그곳이 대한민국의 영토 내인지, 외국군의 군사기지인지 등과 관계없이 군형법 제60조의6 제1호에 따라 형법 제260조 제3항이 적용되지 않는다(대법원 2023.6.15, 2020도927).
㉡ (×) 둘 다 친고죄이다(제318조).
㉢ (○) 외교상 기밀누설죄는 모든 사람이 범할 수 있는 일반범이요, 공무상 비밀누설죄는 공무원 또는 공무원이었던 자만 범할 수 있는 진정신분범이다.

> **제113조(외교상기밀의 누설)** ① 외교상의 기밀을 누설한 자는 5년 이하의 징역 또는 1천만 원 이하의 벌금에 처한다.
> ② 누설할 목적으로 외교상의 기밀을 탐지 또는 수집한 자도 전항의 형과 같다.
> **제127조(공무상 비밀의 누설)** 공무원 또는 공무원이었던 자가 법령에 의한 직무상 비밀을 누설한 때에는 2년 이하의 징역이나 금고 또는 5년 이하의 자격정지에 처한다.

㉣ (×) 허위공문서작성죄는 목적범이고(제227조), 공정증서원본부실기재죄는 목적을 요하지 않는 범죄이다(제228조).

㉤ (×) 스토킹행위를 전제로 하는 스토킹범죄는 행위자의 어떠한 행위를 매개로 이를 인식한 상대방에게 불안감 또는 공포심을 일으킴으로써 그의 자유로운 의사결정의 자유 및 생활형성의 자유와 평온이 침해되는 것을 막고 이를 보호법익으로 하는 위험범이라고 볼 수 있으므로, 구 스토킹범죄의 처벌 등에 관한 법률(2023.7.11. 법률 제19518호로 개정되기 전의 것, 이하 '구 스토킹처벌법'이라 한다) 제2조 제1호 각 목의 행위가 객관적·일반적으로 볼 때 이를 인식한 상대방으로 하여금 불안감 또는 공포심을 일으키기에 충분한 정도라고 평가될 수 있다면 현실적으로 상대방이 불안감 내지 공포심을 갖게 되었는지 여부와 관계없이 '스토킹행위'에 해당하고, 나아가 그와 같은 일련의 스토킹행위가 지속되거나 반복되면 '스토킹범죄'가 성립한다. 이때 구 스토킹처벌법 제2조 제1호 각 목의 행위가 객관적·일반적으로 볼 때 상대방으로 하여금 불안감 또는 공포심을 일으키기에 충분한 정도인지는 행위자와 상대방의 관계·지위·성향, 행위에 이르게 된 경위, 행위 태양, 행위자와 상대방의 언동, 주변의 상황 등 행위 전후의 여러 사정을 종합하여 객관적으로 판단하여야 한다(대법원 2023.9.27, 2023도6411).

03
정답 ③

③ (○) 거동범을 고르는 문제이다. 위증죄는 법률에 의하여 선서한 증인이 허위의 진술을 하면 성립하고 별도의 결과발생을 요하지 않는 거동범이다.
① (×), ② (×), ④ (×) 모두 결과범이다. 제347조, 제262조, 제370조 참조.

04
정답 ③

③ ㉠㉡㉣㉤

㉠ (×) 판례는 배임죄를 위험범으로 본다(구체적 위험범설). "배임죄에서 '본인에게 손해를 가한 때'라 함은 재산적 가치의 감소를 뜻하는 것으로서 이는 재산적 실해를 가한 경우뿐만 아니라 실해 발생의 위험을 초래한 경우도 포함하는 것이고, 손해액이 구체적으로 명백하게 확정되지 않았다고 하더라도 배임죄의 성립에는 영향이 없다(대법원 1973.11.13, 72도1366; 1980.9.9, 79도2637; 1987.7.21, 87도546; 1990.10.16, 90도1702; 1997.5.30, 95도531 등). 또한 재산상 손해의 유무는 본인의 전 재산 상태와의 관계에서 법률적 판단에 의하지 않고 경제적 관점에서 파악하여야 하므로, 법률적 판단에 의하여 배임행위가 무효라

하더라도 경제적 관점에서 파악하여 배임행위로 인하여 본인에게 현실적인 손해를 가하였거나 재산상 실해 발생의 위험을 초래한 경우에는 재산상의 손해를 가한 때에 해당된다. 다만 재산상 실해 발생의 위험은 경제적 관점에서 재산상 손해가 발생한 것과 사실상 같다고 평가될 정도에 이르렀다고 볼 수 있을 만큼 구체적·현실적인 위험이 야기된 경우를 의미하고 단지 막연한 가능성이 있다는 정도로는 부족하므로, 배임행위가 법률상 무효이기 때문에 본인의 재산 상태가 사실상으로도 악화된 바가 없다면 현실적인 손해가 없음은 물론이고 실해가 발생할 위험도 없는 것이므로 본인에게 재산상의 손해를 가한 것이라고 볼 수 없다(대법원 1987.11.10, 87도993; 1992.5.26, 91도2963; 1995.11.21, 94도1375; 2000.11.28, 2000도142; 2008.6.19, 2006도4876 전원합의체; 2014.2.3, 2011도16763; 2015.9.10, 2015도6745; 2017.7.20, 2014도1104 전원합의체)."

ⓛ (×) 판례는 범인도피죄를 계속범으로 본다. "범인도피죄는 범인을 도피하게 함으로써 기수에 이르지만, 범인도피행위가 계속되는 동안에는 범죄행위도 계속되고 행위가 끝날 때 비로소 범죄행위가 종료된다(대법원 1995.9.5, 95도577; 2012.8.30, 2012도6027; 2017.3.15, 2015도1456)."

ⓒ (○) [원심은 피고인 2에 대한 공소사실 중 「아동학대범죄의 처벌 등에 관한 특례법」(이하 '아동학대처벌법') 위반(아동학대치사) 부분에 대하여 피고인 2가 아동복지법 제3조 제3호에서 정한 '보호자'에 해당하지 않으나, 신분관계 있는 피고인 1과 공모하여 범행을 저질렀으므로 아동학대처벌법 위반(아동학대치사)죄가 성립하되, 형법 제33조 단서에 의하여 형법 제259조 제1항 상해치사죄에서 정한 형으로 처단하였으나] 아동학대처벌법은 '보호자에 의한 아동학대로서 형법 제257조 제1항(상해), 제260조 제1항(폭행), 제271조 제1항(유기), 제276조 제1항(체포, 감금) 등의 죄를 범한 사람이 아동을 사망에 이르게 한 때'에 '무기 또는 5년 이상의 징역'에 처하도록 규정하고 있다. 이는 보호자가 구 아동학대처벌법 제2조 제4호 가목 내지 다목에서 정한 아동학대범죄를 범하여 그 아동을 사망에 이르게 한 경우를 처벌하는 규정으로 형법 제33조 본문의 '신분관계로 인하여 성립될 범죄'에 해당한다(대법원 2021.9.16, 2021도5000). [보충] 피고인 2에 대해 형법 제33조 본문에 따라 아동학대처벌법 위반(아동학대치사)죄의 공동정범이 성립하고 아동학대처벌법 제4조에서 정한 형에 따라 과형이 이루어져야 한다. 그럼에도 피고인 2에 대하여 형법 제33조 단서를 적용하여 형법 제259조 제1항의 상해치사죄에서 정한 형으로 처단한 원심의 판단에는 법리오해의 위법이 있다(위 판례).

ⓓ (×) 판례는 명예훼손죄를 구체적 위험범이 아니라 추상적 위험범으로 본다. "명예훼손죄는 추상적 위험범으로 불특정 또는 다수인이 적시된 사실을 실제 인식하지 못하였다고 하더라도 인식할 수 있는 상태에 놓인 것으로도 명예가 훼손된 것으로 보아야 한다(위 대법원 2020도5813 전원합의체 판결 참조). 발언 상대방이 이미 알고 있는 사실을 적시하였더라도 공연성 즉 전파될 가능성이 없다고 볼 수 없다(대법원 1993.3.23, 92도455; 2020.12.30, 2015도15619)."

ⓔ (×) 구 「아동·청소년의 성보호에 관한 법률」(2020.6.2. 법률 제17338호로 개정되기 전의 것) 제11조 제2항은 '영리를 목적으로 아동·청소년이용음란물을 판매·대여·배포·제공(이하 '배포 등')하거나 이를 목적으로 소지·운반하거나 공연히 전시 또는 상영한 자는 10년 이하의 징역에 처한다.'고 규정하여, 영

리를 목적으로 아동·청소년이용음란물을 배포하는 등의 행위를 하거나 "이를 목적으로" 소지하는 행위를 금지하고 있다. 이 사건 조항은 아동·청소년이용음란물의 공급을 규제하는 측면에서 배포 등 유통행위를 처벌하는 규정으로서 이 사건 조항이 처벌대상으로 정하고 있는 '소지'도 배포 등 유통행위를 목적으로 하는 소지로 보아야 한다. 따라서 이 사건 조항이 정한 "이를 목적으로"란 '영리를 목적으로 배포 등 행위를 하기 위하여'를 의미한다고 할 것이므로, 이 사건 조항의 소지죄가 성립하기 위해서는 영리 목적뿐만 아니라 '배포 등 행위의 목적'이 있어야 한다(대법원 2024.5.30, 2021도6801).

05 　　　정답 ④

④ ⓐⓛⓔ
ⓐ (○) 구체적 위험범에서의 위험은 구성요건적 요소이며, 법익 침해의 현실적 위험이 야기된 경우에 구성요건이 충족된다.
ⓛ (○) 구체적 위험범에서의 위험의 인식은 고의의 내용이다.
ⓒ (×) 중감금죄는 구체적 위험범이 아니다.
ⓔ (○) 자기소유일반건조물실화죄나 일반물건실화죄 등은 과실범이자 구체적 위험범이다.
ⓓ (×) 법익에 대한 위험만 있어도 범죄가 성립하는 위험범의 개념은 보다 강력하고 효과적인 법익의 보호를 위한 것이므로 (형법의 보장적 기능이 아니라) 형법의 법익 보호적 기능과 관계가 깊다.

06 　　　정답 ④

④ ⓐ(×), ⓛ(○), ⓒ(○), ⓔ(○), ⓓ(×)
ⓐ (×) 도주죄는 즉시범으로서 범인이 간수자의 실력적 지배를 이탈한 상태에 이르렀을 때에 기수가 되어 도주행위가 종료하는 것이고, 도주원조죄는 도주죄에 있어서의 범인의 도주행위를 야기시키거나 이를 용이하게 하는 등 그와 공범관계에 있는 행위를 독립한 구성요건으로 하는 범죄이므로, 도주죄의 범인이 도주행위를 하여 기수에 이른 이후에 범인의 도피를 도와주는 행위는 범인도피죄에 해당할 수 있을 뿐 도주원조죄에는 해당하지 아니한다(대법원 1991.10.11, 91도1656).
ⓛ (○) 구 폭력행위등처벌에관한법률(1990.12.31. 법률 제4294호로서 개정되기 전의 것) 제4조 소정의 단체 등의 조직죄는 같은 법에 규정된 범죄를 목적으로 한 단체 또는 집단을 구성함으로써 즉시 성립하고 그와 동시에 완성되는 즉시범이다(대법원 1993.6.8, 93도999).
ⓒ (○) 형법 제136조에서 정한 공무집행방해죄는 직무를 집행하는 공무원에 대하여 폭행 또는 협박한 경우에 성립하는 범죄로서 여기서의 폭행은 사람에 대한 유형력의 행사로 족하고 반드시 그 신체에 대한 것임을 요하지 아니하며, 또한 추상적 위험범으로서 구체적으로 직무집행의 방해라는 결과발생을 요하지도 아니한다(대법원 2018.3.29, 2017도21537).
ⓔ (○) 일반교통방해죄에서 교통방해 행위는 계속범의 성질을 가지는 것이어서 교통방해의 상태가 계속되는 한 가벌적인 위법 상태는 계속 존재한다. 따라서 신고 범위를 현저히 벗어나거나 집회 및 시위에 관한 법률 제12조에 따른 조건을 중대하게 위반함으로써 교통방해를 유발한 집회에 참가한 경우, 참가 당시 이미 다른 참가자들에 의해 교통의 흐름이 차단된 상태였더라도 교통방해를 유발한 다른 참가자들과 암묵적·순차적으로 공

모하여 교통방해의 위법상태를 지속시켰다고 평가할 수 있다면 일반교통방해죄가 성립한다(대법원 2018.1.24, 2017도11408).
ⓜ (×) 내란죄는 국토를 참절하거나 국헌을 문란할 목적으로 폭동한 행위로서, 다수인이 결합하여 위와 같은 목적으로 한 지방의 평온을 해할 정도의 폭행·협박행위를 하면 기수가 되고, 그 목적의 달성 여부는 이와 무관한 것으로 해석되므로, 다수인이 한 지방의 평온을 해할 정도의 폭동을 하였을 때 이미 내란의 구성요건은 완전히 충족된다고 할 것이어서 상태범으로 봄이 상당하다(대법원 1997.4.17, 96도3376).

07 　　　　　　　　　　　　　　　정답 ②

② ㉠㉢㉤
㉠ 모해위증죄: '피고인, 피의자 또는 징계혐의자를 모해할 목적으로~'(제152조 제2항)
㉡ 무고죄: '타인으로 하여금 형사처분 또는 징계처분을 받게 할 목적으로~'(제156조)
㉤ 도박개장죄: '영리의 목적으로~'(제247조)
㉢ 공정증서원본부실기재죄는 일반범이다(제228조 참조).
㉣ ~행사죄는 목적범이 아니다.

08 　　　　　　　　　　　　　　　정답 ④

④ ㉠㉢㉤
㉠ (○) 배임죄에서 타인의 사무를 처리할 의무의 주체가 법인이 되는 경우 그 타인의 사무는 법인을 대표하는 자연인인 대표기관에 의하여 처리될 수밖에 없어 자연인인 대표기관이 배임죄의 주체가 된다(대법원 1984.10.10, 82도2595 전원합의체).
㉡ (×) 양벌규정에 의한 영업주의 처벌은 금지위반행위자인 종업원의 처벌에 종속하는 것이 아니라 독립하여 그 자신의 종업원에 대한 선임감독상의 과실로 인하여 처벌되는 것이므로 종업원의 범죄성립이나 처벌이 영업주 처벌의 전제조건이 될 필요는 없다(대법원 2006.2.24, 2005도7673).
㉢ (○) 구 주택법 제100조의 양벌규정은 2009.2.3. 법률 제9405호로 개정되면서 사업주인 법인이 그 위반행위를 방지하기 위하여 해당 업무에 관하여 상당한 주의와 감독을 게을리하지 아니한 경우에는 양벌규정에 의하여 처벌하지 않는다는 내용의 단서 규정이 추가되었는바, 이는 범죄 후 법률의 변경에 의하여 그 행위가 범죄를 구성하지 아니하거나 형이 구법보다 경한 경우에 해당한다(대법원 2011.3.24, 2009도7230).
㉣ (×) 회사 대표자의 위반행위에 대하여 징역형의 형량을 작량감경하고 병과하는 벌금형에 대하여 선고유예를 한 이상 양벌규정에 따라 그 회사를 처단함에 있어서도 같은 조치를 취하여야 한다는 논지는 독자적인 견해에 지나지 아니하여 받아들일 수 없다(대법원 1995.12.12, 95도1893).
㉤ (○) 합병으로 인하여 소멸한 법인이 그 종업원 등의 위법행위에 대해 양벌규정에 따라 부담하던 형사책임은 그 성질상 이전을 허용하지 않는 것으로서 합병으로 인하여 존속하는 법인에 승계되지 않는다(대법원 2007.8.23, 2005도4471).

09 　　　　　　　　　　　　　　　정답 ④

④ ㉠㉡㉢
㉠ (×) 판례는 법인은 자연인과 다르므로 범죄능력이 없다는 입

장이다(범죄능력 부정설).
㉡ (×) 기관위임사무의 경우에는 지방자치단체는 국가기관의 일부로 볼 수 있는 것이므로 공법인으로 볼 수 없다(대법원 2009. 6.11, 2008도6530).
㉢ (○) 구 「개인정보 보호법」은 제2조 제5호, 제6호에서 공공기관 중 법인격이 없는 '중앙행정기관 및 그 소속 기관' 등을 개인정보처리자 중 하나로 규정하고 있으면서도, 양벌규정에 의하여 처벌되는 개인정보처리자로는 같은 법 제74조 제2항에서 '법인 또는 개인'만을 규정하고 있을 뿐이고, 법인격 없는 공공기관에 대하여도 위 양벌규정을 적용할 것인지 여부에 대하여는 명문의 규정을 두고 있지 않으므로, 죄형법정주의의 원칙상 '법인격 없는 공공기관'을 위 양벌규정에 의하여 처벌할 수 없고, 그 경우 행위자 역시 위 양벌규정으로 처벌할 수 없다고 봄이 타당하다(대법원 2021.10.28, 2020도1942).
㉣ (×) 회사가 해산 및 청산등기 전에 재산형에 해당하는 사건으로 소추당한 후 청산종결의 등기가 경료되었다고 하여도 그 피고사건이 종결되기까지는 회사의 청산사무는 종료되지 아니하고 형사소송법상 당사자 능력도 존속한다고 할 것이다(판결확정시설, 대법원 1982.3.23, 81도1450).
㉤ (○) 즉시고발사건의 고발에 대해서는 친고죄의 고소의 주관적 불가분원칙은 적용되지 아니한다. 대법원 1962.1.11, 4293형상883 참조.

10 　　　　　　　　　　　　　　　정답 ③

③ ㉠㉢㉣㉤
㉠ (×) 구 건축법(2015.7.24. 법률 제13433호로 개정되기 전의 것) 제108조 제1항은 같은 법 제11조 제1항에 의한 허가를 받지 아니하고 건축물을 건축한 건축주를 처벌한다고 규정하고, 같은 법 제112조 제4항은 양벌규정으로서 "개인의 대리인, 사용인, 그 밖의 종업원이 그 개인의 업무에 관하여 제107조부터 제111조까지의 규정에 따른 위반행위를 하면 행위자를 벌할 뿐만 아니라 그 개인에게도 해당 조문의 벌금형을 과한다."라고 규정하고 있다. 그러나 법인격 없는 사단에 고용된 사람이 위반행위를 하였더라도 법인격 없는 사단의 구성원 개개인이 위 법 제112조에서 정한 '개인'의 지위에 있다 하여 그를 처벌할 수는 없다(대법원 2017.12.28, 2017도13982).
㉡ (○) 대법원 1997.1.24, 96도524
㉢ (×) 판례는, 타인의 사무를 처리할 의무의 주체가 법인인 경우 그 법인의 대표기관이 배임죄의 주체가 될 수 있다는 입장이다. [다수의견] 형법 제355조 제2항의 배임죄에 있어서 타인의 사무를 처리할 의무의 주체가 법인이 되는 경우라도 법인은 다만 사법상의 의무주체가 될 뿐 범죄능력이 없는 것이며 그 타인의 사무는 법인을 대표하는 자연인인 대표기관의 의사결정에 따른 대표행위에 의하여 실현될 수밖에 없어 그 대표기관은 마땅히 법인이 타인에 대하여 부담하고 있는 의무내용대로 사무를 처리할 임무가 있다 할 것이므로 법인이 처리할 의무를 지는 타인의 사무에 관하여는 법인이 배임죄의 주체가 될 수 없고 그 법인을 대표하여 사무를 처리하는 자연인인 대표기관이 바로 타인의 사무를 처리하는 자 즉 배임죄의 주체가 된다(대법원 1984.10.10, 82도2595 전원합의체).
[소수의견] 위 지문은 위 전원합의체 판례의 소수의견에 해당한다. "법인은 사법상의 의무주체가 될 뿐 범죄능력이 없다고

하나 바로 이 사법상의 의무주체가 배임죄의 주체가 되는 것이 므로 이것을 떠나서 배임죄는 성립할 수 없다할 것이고 법인의 대표기관은 법인이 타인에 대하여 부담하고 있는 의무내용대로 사무를 처리할 임무가 있다는 그 임무는 법인에 대하여 부담하는 임무이지 법인의 대표기관이 직접 타인에 대하여 지고 있는 임무는 아니므로 그 임무에 위배하였다 하여 이를 타인에 대한 배임죄가 성립한다고 할 수 없다(소수의견)."

② (×) 법인의 직원 또는 사용인이 위반행위를 하여 양벌규정에 의하여 법인이 처벌받는 경우, 법인에게 자수감경에 관한 형법 제52조 제1항의 규정을 적용하기 위하여는 법인의 이사 기타 대표자가 수사책임이 있는 관서에 자수한 경우에 한하고, 그 위반행위를 한 직원 또는 사용인이 자수한 것만으로는 위 규정에 의하여 형을 감경할 수 없다(대법원 1995.7.25, 95도391).

⑩ (×) 정보통신망 이용촉진 및 정보보호 등에 관한 법률 제75조 및 영화 및 비디오물의 진흥에 관한 법률 제97조는 법인의 대표자 등이 그 법인의 업무에 관하여 각 법규위반행위를 하면 그 행위자를 벌하는 외에 그 법인에도 해당 조문의 벌금을 과하는 양벌규정을 두고 있다. 위와 같이 양벌규정을 따로 둔 취지는, 법인은 기관을 통하여 행위 하므로 법인의 대표자의 행위로 인한 법률효과와 이익은 법인에 귀속되어야 하고, 법인 대표자의 범죄행위에 대하여는 법인 자신이 책임을 져야 하는바, 법인 대표자의 법규위반행위에 대한 법인의 책임은 법인 자신의 법규위반행위로 평가될 수 있는 행위에 대한 법인의 직접책임 이기 때문이다. 따라서 대표자의 고의에 의한 위반행위에 대하여는 법인 자신의 고의에 의한 책임을, 대표자의 과실에 의한 위반행위에 대하여는 법인 자신의 과실에 의한 책임을 져야 한다. 이처럼 양벌규정 중 법인의 대표자 관련 부분은 대표자의 책임을 요건으로 하여 법인을 처벌하는 것이지 그 대표자의 처벌까지 전제조건이 되는 것은 아니다(대법원 2022.11.17, 2021도701).

⑭ (×) 형벌의 자기책임원칙에 비추어 보면, 위반행위가 발생한 그 업무와 관련하여 법인이 상당한 주의 또는 관리감독 의무를 게을리한 때에 한하여 구 산업안전보건법(2007.5.17. 법률 제8475호로 개정되기 전의 것) 제71조의 양벌규정이 적용된다고 보아야 하며, 구체적인 사안에서 법인이 상당한 주의 또는 관리감독 의무를 게을리하였는지 여부는 당해 위반행위와 관련된 모든 사정 즉, 당해 법률의 입법 취지, 처벌조항 위반으로 예상되는 법익 침해의 정도, 그 위반행위에 관하여 양벌규정을 마련한 취지 등은 물론 위반행위의 구체적인 모습과 그로 인하여 실제 야기된 피해 또는 결과의 정도, 법인의 영업 규모 및 행위자에 대한 감독가능성 또는 구체적인 지휘감독 관계, 법인이 위반행위 방지를 위하여 실제 행한 조치 등을 전체적으로 종합하여 판단하여야 한다(대법원 2010.9.9, 2008도7834).

11

정답 ④

④ ㉠ㄴㄷ

㉠ (○) 대법원 2009.12.24, 2008도7012 등.

ㄴ (○) 양벌규정에 의한 영업주의 처벌은 금지위반행위자인 종업원의 처벌에 종속하는 것이 아니라 독립하여 그 자신의 종업원에 대한 선임감독상의 과실로 인하여 처벌되는 것이므로 영업주의 위 과실책임을 묻는 경우 금지위반행위자인 종업원에게 구성요건상의 자격이 없다고 하더라도 영업주의 범죄성립에는

아무런 지장이 없다(대법원 1987.11.10, 87도1213).

[보충] 영업주 스스로 고용한 자가 아니고 타인의 고용인으로서 타인으로부터 보수를 받고 있다 하더라도 객관적 외형상으로 영업주의 업무를 처리하고 영업주의 종업원을 통하여 간접적으로 감독통제를 받는 자라면 위 종업원에 포함된다.

ㄷ (○) 특별한 근거규정이 없는 한 법인이 설립되기 이전에 자연인이 한 행위에 대하여 양벌규정을 적용하여 법인을 처벌할 수는 없다(대법원 2018.8.1, 2015도10388).

② (×) 양벌규정에 의하여 법인이 처벌받는 경우에 법인의 사용인들이 범죄행위를 공모한 후 일방법인의 사용인이 그 실행행위에 직접 가담하지 아니하고 다른 공모자인 타법인의 사용인만이 분담실행한 경우에도 그 법인은 공동정범의 죄책을 면할 수 없다. "공동정범에 있어서는 범죄행위를 공모한 후 그 실행행위에 직접 가담하지 아니하더라도 다른 공범자의 분담실행한 행위에 대하여 공동정범의 죄책을 면할 수 없다고 할 것인바(대법원 1971.4.30, 71도496), 피고인(법인)의 사용인 공소외 1과 다른 피고인(법인)의 사용인 또는 대표자와의 사이에 정당한 절차를 거치지 아니하고 물품을 수입하기로 공모하고, 공소외 1은 물품매도확인서를 발행한 것에 불과하고 그 후에 제반수입절차에 하등 관여한 바가 없다 하더라도 다른 공모자가 분담실행한 정당한 절차를 거치지 아니하고 한 수입행위에 대하여 공동정범으로서의 죄책을 면할 수 없다(대법원 1983.3.22, 81도2545)."

⑩ (×) 배임죄나 업무상 배임죄는 모두 형법상 범죄로서 형법에는 법인처벌의 근거가 되는 양벌규정이 존재하지 않는다.

[보충] 또한 행정형법상 양벌규정이 있는 경우에도, '대표자'의 법규위반행위에 대하여 '양벌규정'에 따른 법인의 책임은 과실책임이 아니라 직접책임이다. 따라서 법인의 책임을 묻기 위하여 법인에게 대표자에 대한 상당한 주의와 감독을 게을리 하였는지를 따질 필요가 없다.

> 법인은 기관을 통하여 행위하므로 법인이 대표자를 선임한 이상 그의 행위로 인한 법률효과는 법인에게 귀속되어야 하고, 법인 대표자의 범죄행위에 대하여는 법인 자신이 책임을 져야 하는바, 법인 대표자의 법규위반행위에 대한 법인의 책임은 법인 자신의 법규위반행위로 평가될 수 있는 행위에 대한 법인의 직접책임으로서, 대표자의 고의에 의한 위반행위에 대하여는 법인 자신의 고의에 의한 책임을, 대표자의 과실에 의한 위반행위에 대하여는 법인 자신의 과실에 의한 책임을 지는 것이다(헌법재판소 2010.7.29, 2009헌가25). 따라서 이 사건 법률조항 중 법인의 대표자 관련 부분은 대표자의 책임을 요건으로 하여 법인을 처벌하는 것이므로 위 양벌규정에 근거한 형사처벌이 형벌의 자기책임원칙에 반하여 헌법에 위배된다고 볼 수 없다(대법원 2010.9.30, 2009도3876).

12

정답 ③

③ ㉠ㄴㄷㅁㅂ

㉠ (×) 구성요건에 해당하면 위법성이 추정된다는 것이 통설이다. 이를 인식근거설이라 한다.

[보충] 소수설인 소극적 구성요건표지이론에 의하면 맞는 지문이다.

ㄴ (×) 미수범에 해당할 뿐이다.

ㄷ (×) 구성요건요소에는 기술적 구성요건요소만 있는 것이 아니라, 별도의 가치평가를 요하는 규범적 구성요건요소도 있다.

ⓔ (○) 기수의 고의뿐 아니라 목적범의 목적이나 영득죄의 불법
영득의사 등의 주관적 구성요건요소가 모두 구비되어야 미수범
의 구성요건에도 해당된다.

ⓜ (×) 제19조에 의하면 이 경우 각 행위를 미수범으로 처벌하는
데, 과실범의 미수는 성립할 수 없기 때문에 무죄가 된다.

ⓗ (×) 상당인과관계설은 사실판단과 규범판단을 동일차원에서
취급하여 행위와 결과 사이에 상당한 조건관계가 인정되면 인
과관계를 인정하므로 객관적 귀속에 대한 평가가 필요 없지만,
합법칙적 조건설에 의할 경우에는 객관적 귀속에 대한 별도의
평가가 필요하다.

13 　　　　　　　　　　　　　　　　　　　　　　정답 ④

④ ㉠ⓛ㉢

㉠ (○) 법인 대표자의 범죄행위에 대하여는 법인 자신이 책임을
져야 하는바, 법인 대표자의 법규위반행위에 대한 법인의 책임
은 법인 자신의 법규위반행위로 평가될 수 있는 행위에 대한
법인의 직접책임으로서, 대표자의 고의에 의한 위반행위에 대
하여는 법인 자신의 고의에 의한 책임을, 대표자의 과실에 의한
위반행위에 대하여는 법인 자신의 과실에 의한 책임을 지는 것
이다(헌법재판소 2010.7.29, 2009헌가25; 대법원 2010. 9.30,
2009도3876).

ⓛ (○) 임금 등 지급의무의 존부와 범위에 관하여 다툴 만한 근거
가 있다면 사용자가 그 임금 등을 지급하지 않은 데에 상당한
이유가 있다고 보아야 하므로, 사용자에게 근로기준법 제109조
제1항, 제36조 위반의 고의가 있었다고 보기 어렵다. … 근로기
준법 제20조는 "사용자는 근로계약 불이행에 대한 위약금 또는
손해배상액을 예정하는 계약을 체결하지 못한다."라고 규정하
고 있으므로, 이에 반하여 약정한 근무기간 이전에 퇴직할 경우
사용자에게 어떤 손해가 어느 정도 발생하였는지를 묻지 않고
곧바로 소정의 금액을 사용자에게 지급하기로 하는 약정의 효
력을 인정할 수 없다. 그리고 근로자에 대한 임금은 직접 근로
자에게 전액을 지급하여야 하므로 초과지급된 임금의 반환채권
을 제외하고는 사용자가 근로자에 대하여 가지는 대출금이나
불법행위를 원인으로 한 채권으로써 근로자의 임금채권과 상계
를 하지 못한다(대법원 1995.12.21, 94다26721 전원합의체;
2017.7.11, 2017도4343 등). … 국어학원을 운영하는 원장인 피
고인이 강사들의 급여에 관한 사업소득세 원천징수, 4대 보험
미가입, 자율권 부여 등을 들어 개인사업자로 인식하였다고 주
장하며 근로자성을 인식하지 못하였고, 위약금 조항에 기하여
퇴직 전 마지막 달 급여를 상계처리하였다고 주장하는 이 사건
에서, 피고인이 강사들을 근로기준법의 적용을 받는 근로자로
인식하지 않은 데에 정당한 이유가 있다고 보기 어렵고, 위약금
약정의 효력을 인정할 수 없고 사용자의 상계처리도 원칙적으
로 허용되지 않으므로, 위약금 조항에 근거하여 임금을 지급하
지 않은 데에 정당한 이유가 있다고 보기 어렵다. 따라서 피고
인에게 근로기준법 위반의 고의가 있었다고 단정하기 어렵다는
이유로 공소사실을 무죄로 판단한 원심을 파기한다(대법원
2022.5.26, 2022도2188).

㉢ (○) 임금 등 지급의무의 존재에 관하여 다툴 만한 근거가 있는
경우라면 사용자가 임금 등을 지급하지 아니한 데 상당한 이유
가 있다고 보아야 할 것이어서 사용자에게 근로기준법 제36조,
제109조 제1항 위반죄의 고의가 있었다고 인정하기 어렵고, …

사후적으로 사용자의 민사상 지급책임이 인정된다고 하여 곧바
로 사용자에게 같은 법 제36조, 제109조 제1항 위반죄의 고의
가 인정된다고 단정해서는 안 된다(대법원 2011.10.27, 2010도
14693).

ⓔ (×) 성폭력처벌법 제6조에서 규정하는 '신체적인 장애가 있는
사람'이란 '신체적 기능이나 구조 등의 문제로 일상생활이나 사
회생활에서 상당한 제약을 받는 사람'을 의미한다고 해석할 수
있다. 한편 장애와 관련된 피해자의 상태는 개인 별로 그 모습과
정도에 차이가 있는데 그러한 모습과 정도가 성폭력처벌법 제6
조에서 정한 신체적인 장애를 판단하는 본질적인 요소가 되므로
신체적인 장애를 판단함에 있어서는 해당 피해자의 상태가 충
분히 고려되어야 하고 비장애인의 시각과 기준에서 피해자의
상태를 판단하여 장애가 없다고 쉽게 단정해서는 안 된다. 아울
러 본 죄가 성립하려면 행위자도 범행 당시 피해자에게 이러한
신체적인 장애가 있음을 인식하여야 한다(대법원 2021.2.25,
2016도4404,2016전도49; 2021.4.29, 2021도2778).

[보충] 장애인인 피해여성(다리를 절고 오른쪽 눈이 사실상 보
이지 않으며 지체장애 3급으로 등록되어 있음)을 강간, 강제추
행 등의 범행을 저지른 것으로 기소한 사안에서, 원심은 성폭력
처벌법 제6조에서 규정하는 신체적 또는 정신적인 장애에 해당
하려면 피해자의 성적 자기결정권 행사를 특별히 보호해야 할
필요가 있을 정도의 신체적 또는 정신적인 장애가 있어야 한다
는 전제 하에 피해자에게 그러한 장애가 있다거나 피고인이 범
행 당시 피해자가 그와 같은 장애상태에 있었음을 인식하였다
고 보기 어렵다고 판단하여 이 부분에 대해 무죄를 선고하고,
일반 강간, 강제추행 등만 유죄로 판단하였으나, 대법원은 성폭
력처벌법 제6조의 '신체적 장애가 있는 사람'이란 '신체적 기능
이나 구조 등의 문제로 일상생활이나 사회생활에서 상당한 제
약을 받는 사람'을 의미하는 것으로 보아야 한다고 판단하면서
그러한 장애 여부를 판단함에 있어서는 해당 피해자의 상태가
충분히 고려되어야 하고 비장애인의 시각과 기준에서 피해자의
상태를 판단하여 장애가 없다고 쉽게 단정해서는 안 된다고 보
아 원심을 파기한 것이다.

ⓜ (×) 구 병역법 제89조의2 제1호는 "사회복무요원 또는 예술·
체육요원으로서 정당한 사유 없이 통틀어 8일 이상 복무를 이
탈하거나 해당 분야에 복무하지 아니한 사람은 3년 이하의 징
역에 처한다."라고 규정한다. … 진정한 양심에 따른 병역거부
라면, 이는 병역법 제88조 제1항의 '정당한 사유'에 해당한다
(대법원 2018.11.1, 2016도10912 전원합의체). 이러한 법리는
이 사건 조항에서 정한 '정당한 사유'가 있는지를 판단할 때에
도 적용될 수 있다. … 국가기관 등의 공익목적 수행에 필요한
사회복지, 보건·의료, 교육·문화, 환경·안전 등의 사회서비
스업무 및 행정업무 등의 지원을 하는 사회복무요원으로 하여
금 집총이나 군사훈련을 수반하지 않는 복무의 이행을 강제하
더라도 그것이 양심의 자유에 대한 과도한 제한이 되거나 본질
적 내용에 대한 위협이 된다고 볼 수 없으므로, 종교적 신념 등
양심의 자유를 이유로 사회복무요원의 복무를 거부하는 경우
특별한 사정이 없는 한 이 사건 조항이 정한 '정당한 사유'에 해
당하지 않는다(대법원 2023.3.16, 2020도15554).

ⓗ (×) 고의의 일종인 미필적 고의는 중대한 과실과는 달리 범죄
사실의 발생 가능성에 대한 인식이 있고 나아가 범죄사실이 발
생할 위험을 용인하는 내심의 의사가 있어야 한다. 행위자가 범
죄사실이 발생할 가능성을 용인하고 있었는지 여부는 행위자의

진술에 의존하지 않고 외부에 나타난 행위의 형태와 행위의 상황 등 구체적인 사정을 기초로 일반인이라면 해당 범죄사실이 발생할 가능성을 어떻게 평가할 것인지를 고려하면서 행위자의 입장에서 그 심리상태를 추인하여야 한다(대법원 2004.5.14, 2004도74; 2017.1.12, 2016도15470). 의사는 사망진단서 작성 당시까지 드러난 환자의 임상 경과를 고려하여 가장 부합하는 사망 원인과 사망의 종류를 자신의 의학적인 판단에 따라 사망진단서에 기재할 수 있으므로, 부검 이전에 작성된 사망진단서에 기재된 사망 원인이 부검으로 밝혀진 사망 원인과 다르다고 하여 피고인들에게 허위진단서 작성의 고의가 있다고 곧바로 추단할 수는 없다. 특히 부검을 통하지 않고 사망의 의학적 원인을 정확하게 파악하는 데에는 한계가 있으므로, 부검 결과로써 확인된 최종적 사인이 이보다 앞선 시점에 작성된 사망진단서에 기재된 사망 원인과 일치하지 않는다는 사정만으로 사망진단서의 기재가 객관적으로 진실에 반한다거나, 작성자가 그러한 사정을 인식하고 있었다고 함부로 단정하여서는 안 된다(대법원 2024.4.4, 2021도15080).

14

② ㉠㉡㉢㉣㉤

㉠ (O) 甲이 운행하던 자동차로 도로를 횡단하던 도로횡단자 乙을 충격하여 乙로 하여금 반대차선의 1차선상에 넘어지게 하여 乙이 반대차선을 운행하던 자동차에 역과되어 사망하게 하였다면 甲은 그와 같은 사고를 충분히 예견할 수 있었고 또한 甲의 과실과 乙의 사망사이에는 인과관계가 있다고 할 것이다(대법원 1988.11.8, 88도928).

㉡ (O) 甲이 주먹으로 乙의 복부를 1회 힘껏 때려 장파열로 인한 복막염으로 사망에 이르게 한 사실이 명백한 이상, 乙의 사망은 결국 甲의 폭행행위에 의한 결과라고 봄이 상당하고, 비록 의사의 수술지연 등의 과실이 乙의 사망의 공동원인이 되었다 하더라도 甲의 행위가 사망의 결과에 대한 유력한 원인이 된 이상, 그 폭행행위와 치사의 결과 사이에 인과관계는 있다고 할 것이다(대법원 1984.6.26, 84도831).

㉢ (O) 야간에 도로의 가장자리에 자동차를 주차하는 자로서는 미등과 차폭등을 켜 두어 다른 차의 운전자가 주차사실을 쉽게 식별할 수 있도록 하여야 함은 물론, 다른 교통에 장해가 되지 아니하도록 주차하여야 할 법령상의 의무가 있다고 할 것이므로, 甲이 야간에 2차선의 굽은 도로 위에 미등과 차폭등을 켜지 않은 채 화물차를 주차시켜 놓음으로써 乙이 운전하던 오토바이가 그 화물차에 추돌하여 운전자 乙이 사망한 경우, 甲의 주차행위와 乙의 사고발생 사이에 인과관계가 있다(대법원 1996.12.20, 96도2030).

㉣ (O) 甲이 입힌 자상(刺傷)으로 인한 범행이 피해자 乙을 사망하게 한 직접적인 원인이 된 것은 아니지만, 그 범행으로 인하여 乙에게 급성신부전증이 발생하였고 또 그 합병증으로 乙의 직접사인이 된 패혈증 등이 유발된 이상, 비록 그 직접사인의 유발에 乙 자신의 과실이 개재되었다고 하더라도 이와 같은 사실은 통상 예견할 수 있는 것으로 인정되므로, 甲의 이 사건 범행과 乙의 사망과의 사이에는 인과관계가 있다(대법원 1994.3.22, 93도3612).

㉤ (O) 자동차의 운전자가 통상 예견되는 상황에 대비하여 결과를 회피할 수 있는 정도의 주의의무를 다하지 못한 것이 교통

사고 발생의 직접적인 원인이 되었다면, 비록 자동차가 보행자를 직접 충격한 것이 아니고 보행자가 자동차의 급정거에 놀라 도로에 넘어져 상해를 입은 경우라고 할지라도, 업무상 주의의무 위반과 교통사고 발생 사이에 상당인과관계를 인정할 수 있다(대법원 2022.6.16, 2022도1401).

[유사] 자동차의 운전자가 그 운전상의 주의의무를 게을리하여 열차건널목을 그대로 건너는 바람에 그 자동차가 열차좌측 모서리와 충돌하여 20여미터쯤 열차 진행방향으로 끌려가면서 튕겨나갔고 피해자는 타고가던 자전거에서 내려 위 자동차 왼쪽에서 열차가 지나가기를 기다리고 있다가 위 충돌사고로 놀라 넘어져 상처를 입었다면 비록 위 자동차와 피해자가 직접 충돌하지는 아니하였더라도 자동차운전자의 위 과실과 피해자가 입은 상처 사이에는 상당한 인과관계가 있다(사고차량에 직접 충돌되지 않은 피해자의 부상에 대해 운전자의 과실을 인정한 사례, 대법원 1989.9.12, 89도866).

15

② ㉡㉢㉣㉤

㉠ (O) 양자 사이에 인과관계가 존재하지 아니한다 할 것이므로 양자가 시간적으로 극히 밀접되어 있는 등 전체적·실질적으로 단일한 재물 탈취의 범의의 실현행위로 평가할 수 있는 경우에 해당하지 아니하는 한 강도죄의 성립을 인정하여서는 안 된다(대법원 1956.8.17, 4289형상170; 2009.1.30, 2008도10308).

㉡ (×) 대법원 1996.5.10, 96도529

㉢ (×) 대법원 1986.9.9, 85도2433

㉣ (×) 피고인에게 야간에 고속버스와의 안전거리를 확보하지 아니한 채 진행하다가 고속버스의 우측으로 제한최고속도를 시속 20km 초과하여 고속버스를 추월한 잘못이 있더라도, 이 사건 사고경위에 비추어 볼 때 피고인의 위와 같은 잘못과 이 사건 사고결과와의 사이에 상당인과관계가 있다고 할 수 없다(대법원 2000.9.5, 2000도2671).

㉤ (×) 예견가능성이 없는 비유형적 인과관계의 경우 절충적 상당인과관계설(판례)에 의할 경우에는 상당성, 즉 개연성이 부정되므로 인과관계가 부정되나, 합법칙적 조건설에 의할 경우에는 행위가 결과발생의 유일한 조건 또는 유력한 조건일 필요는 없으므로 인과관계는 인정되나 결과발생의 예견가능성이 없는 경우에는 객관적 귀속이 부정된다.

16

④ ㉠㉡㉢

[사례]의 경우, A병원 의사가 전원받는 병원 의료진에게 피해자가 고혈압환자이고 제왕절개수술 후 대량출혈이 있었던 사정을 설명하지 않았다면, 피고인에게 전원과정에서 피해자의 상태 및 응급조치의 긴급성에 관하여 충분히 설명하지 않은 과실이 있다고 할 수 있다.

㉠ (O) 임차인이 자신의 비용으로 설치·사용하던 가스설비의 휴즈 콕크를 아무런 조치 없이 제거하고 이사를 간 후 가스공급을 개별적으로 차단할 수 있는 주 밸브가 열려져 가스가 유입되어 폭발사고가 발생한 경우, 대형사고의 가능성이 있다는 것은 평균인의 관점에서 객관적으로 볼 때 충분히 예견할 수 있기 때문에 임차인의 과실과 가스폭발사고 사이의 상당인과관계는 인정된다(대법원 2001.6.1, 99도5086).

ⓛ (○) 피고인들은 수백 장의 철판의 운반을 의뢰하면서 이들 철판이 운반 과정에서 서로 흐트러지지 않도록 적절한 단위로 나누어 받침목 등과 함께 서로 단단히 묶는 등의 작업을 소홀히 하는 잘못을 범하였고, 그러한 주의의무 위반과 철판 하차 과정에서 철판이 쏟아져 내려 피해자가 사망에 이르게 된 위 사고 사이에는 상당인과관계가 있어 업무상 과실치사죄가 성립한다(대법원 2009.7.23, 2009도3219).

ⓒ (○) 자동차의 운전자가 그 운전상의 주의의무를 게을리하여 열차건널목을 그대로 건너는 바람에 그 자동차가 열차좌측 모서리와 충돌하여 20여미터쯤 열차 진행방향으로 끌려가면서 튕겨나갔고 피해자는 타고 가던 자전거에서 내려 위 자동차 왼쪽에서 열차가 지나가기를 기다리고 있다가 위 충돌사고로 놀라 넘어져 상처를 입었다면 비록 위 자동차와 피해자가 직접 충돌하지는 아니하였더라도 자동차운전자의 위 과실과 피해자가 입은 상처 사이에는 상당한 인과관계가 있다(대법원 1989.9.12, 89도866).

ⓔ (×) 한의사인 피고인이 피해자에게 문진하여 과거 봉침을 맞고도 별다른 이상반응이 없었다는 답변을 듣고 부작용에 대한 충분한 사전 설명 없이 환부에 봉침시술을 하였는데, 제반 사정에 비추어 피고인이 봉침시술에 앞서 설명의무를 다하였더라도 피해자가 반드시 봉침시술을 거부하였을 것이라고 볼 수 없어, 피고인의 설명의무 위반과 피해자의 상해 사이에 상당인과관계를 인정하기 어렵다(대법원 2011.4.14, 2010도10104).

17
정답 ②

② ⓐⓒⓔ

ⓐ (○) 대법원 2006.1.13, 2005도6791

ⓛ (×) 피고인이 범죄구성요건의 주관적 요소인 고의를 부인하는 경우, 범의 자체를 객관적으로 증명할 수는 없으므로 사물의 성질상 범의와 관련성이 있는 간접사실 또는 정황사실을 증명하는 방법으로 이를 증명할 수밖에 없다(대법원 2017.1.12, 2016도15470).

ⓒ (○) 대법원 2009.5.28, 2008도7030

ⓔ (○) 대법원 2006.6.2, 2005도3431

ⓜ (×) 형법은 고의범 처벌을 원칙으로 하고, 고의가 없을 때에는 법률에 특별한 규정이 있는 경우에 예외적으로 과실범으로 처벌할 수 있을 뿐이다(제13조).

> **제13조(고의)** 죄의 성립요소인 사실을 인식하지 못한 행위는 벌하지 아니한다. 다만, 법률에 특별한 규정이 있는 경우에는 예외로 한다.

ⓗ (○) 아동학대처벌법 제4조 제1항은 보호자(친권자, 후견인, 아동을 보호·양육·교육하거나 그러한 의무가 있는 자 또는 업무·고용 등의 관계로 사실상 아동을 보호·감독하는 자)에 의한 아동학대로서 형법 제257조 제1항(상해), 제260조 제1항(폭행), 제271조 제1항(유기), 제276조 제1항(체포, 감금) 등 일정한 아동학대범죄를 범한 사람이 아동을 살해한 때에는 사형, 무기 또는 7년 이상의 징역에 처하도록 규정하고 있다. 아동학대살해죄에서 살해의 범의 인정 기준은 살인죄에서의 범의 인정 기준과 같다고 보아야 한다. 아동학대살해의 범의는 반드시 살해의 목적이나 계획적인 살해의 의도가 있어야 인정되는 것은 아니고, 자기의 행위로 인하여 아동에게 사망이라는 결과가 발생할 가능성 또는 위험이 있음을 인식하거나 예견하면 족한

것이며, 그 인식이나 예견은 확정적인 것은 물론 불확정적인 것이라도 이른바 미필적 고의로서 살해의 범의가 인정된다(대법원 2024.7.11, 2024도2940).
[보충] 피해아동은 이미 건강상태가 불량하게 변경되어 면역력, 회복력 등 생활기능의 장애가 심각한 수준에 이르렀으므로, 이에 피고인의 지속적이고 중한 학대행위가 다시 가해질 경우 피해아동에게 치명적인 결과가 발생할 가능성 내지 위험이 있음을 충분히 인식하거나 예견할 수 있었을 것으로 평가되는데도, 피고인은 이를 무시한 채 3일에 걸쳐 피해아동이 사망할 때까지 심한 구타와 결박을 반복하는 등 중한 학대행위를 계속하여 감행하고, 신속히 치료와 구호를 받아야 할 상황에 있던 피해아동을 아무런 조치 없이 방치하였으므로, 피고인에게 적어도 아동학대살해죄의 미필적 고의는 있었다고 볼 여지가 크다(대법원 2024.7.11, 2024도2940).

18
정답 ③

③ ⓛⓒⓜ

ⓐ (○) 대법원 2015.11.12, 2015도6809 전원합의체

ⓛ (×) 구체적 사실의 착오 중 객체의 착오 사례이므로 甲은 B의 자동차에 대한 손괴기수가 되고 이에 관해서는 학설의 대립이 없다.

ⓒ (×) 방조범의 경우에 정범의 고의는 정범에 의하여 실현되는 범죄의 구체적 내용을 인식할 것을 요하는 것은 아니고 미필적 인식 또는 예견으로 족하다(대법원 2005.4.29, 2003도6056 등).

ⓔ (○) 최저임금액에 미달하는 임금 차액의 지급의무의 존재에 관하여 다툴 만한 근거가 있다면, 사용자가 그 임금을 지급하지 아니한 데에 상당한 이유가 있다고 보아야 하므로 사용자에게 구 최저임금법 제6조 제1항, 제28조 위반죄의 고의가 있었다고 인정하기 어렵다. … 소정근로시간을 단축한 단체협약 또는 취업규칙상 소정근로시간 조항이 탈법행위로 무효이어서 기존 소정근로시간을 기준으로 계산한 결과 사후적으로 사용자가 최저임금액보다 적은 임금을 지급한 것이 인정된다고 하여 곧바로 사용자에게 구 최저임금법 제6조 제1항, 제28조 위반죄의 고의가 있었다고 단정해서는 안 된다(대법원 2019.5.10, 2015도676).

ⓜ (×) 절도죄에 있어서 재물의 타인성을 오신하여 그 재물이 자기에게 취득(빌린 것)할 것이 허용된 동일한 물건으로 오인하고 가져온 경우에는 범죄사실에 대한 인식이 있다고 할 수 없으므로 범의가 조각되어 절도죄가 성립하지 아니한다(대법원 1983.9.13, 83도1762,83감도315).

19
정답 ②

② ⓐⓒⓜ

ⓐ (○) 방조범은 정범의 실행을 방조한다는 이른바 방조의 고의와 정범의 행위가 구성요건에 해당하는 행위인 점에 대한 정범의 고의가 있어야 하며, 또한 방조범에 있어서 정범의 고의는 정범에 의하여 실현되는 범죄의 구체적 내용을 인식할 것을 요하는 것은 아니고 미필적 인식 또는 예견으로 족하다(대법원 2005.4.29, 2003도6056).

ⓛ (×) 무고죄에 있어서 형사처분을 받게 할 목적은 허위신고를 함에 있어 다른 사람이 그로 인하여 형사처분을 받게 될 것이라는 인식이 있으면 충분하고 그 결과의 발생을 희망할 필요까지는 없다 할 것이므로, 고소인이 고소장을 수사기관에 제출한

이상 그러한 인식은 있다 할 것이고, 나아가 고소를 한 목적이 상대방을 처벌받도록 하는 데 있지 않고 시비를 가려 달라는 데에 있다고 하여 무고죄의 범의가 없다고 할 수 없다(대법원 1995.12.12, 94도3271).

ⓒ (○) 카드회원이 일시적인 자금궁색 등의 이유로 그 채무를 일시적으로 이행하지 못하게 되는 상황이 아니라 이미 과다한 부채의 누적 등으로 신용카드사용으로 인한 대출금채무를 변제할 의사나 능력이 없는 상황에 처하였음에도 불구하고 신용카드를 사용하였다면 사기죄에 있어서 기망행위 내지 편취의 범의를 인정할 수 있다(대법원 2005.8.19, 2004도6859).

ⓔ (×) 운전면허증 앞면에 적성검사기간이 기재되어 있고, 뒷면 하단에 경고 문구가 있다는 점만으로 피고인이 정기적성검사 미필로 면허가 취소된 사실을 미필적으로나마 인식하였다고 추단하기 어렵다(대법원 2004.12.10, 2004도6480).

ⓜ (○) 피고인이 여러 차례의 출장반복의 번거로움을 회피하고 민원사무를 신속히 처리한다는 면의 방침과 지시에 따라 사전에 일괄하여 출장 조사한 다음 출장조사내용에 변동이 없다는 확신 하에 출장복명서를 작성하고 다만 그 출장 일자를 작성일자로 기재한 것이라면 허위공문서작성의 범의가 있었다고 볼 수 없다(대법원 1983.12.27, 82도3141).

ⓑ (×) 공직선거법 제250조 제1항에서 정한 허위사실공표죄에서는 행위자의 고의의 내용으로서 공표된 사실이 허위라는 점의 인식이 필요한데, 이러한 주관적 인식의 유무는 그 성질상 외부에서 이를 알거나 증명하기 어려운 이상 공표 사실의 내용과 구체성, 소명자료의 존재 및 내용, 피고인이 밝히는 사실의 출처 및 인지 경위 등을 토대로 피고인의 학력, 경력, 사회적 지위, 공표 경위, 시점 및 그로 말미암아 객관적으로 예상되는 파급효과 등 제반 사정을 모두 종합하여 규범적으로 이를 판단할 수밖에 없으며, 허위사실공표죄는 미필적 고의에 의하여도 성립된다(대법원 2015.5.29, 2015도1022). 고의의 일종인 미필적 고의는 중대한 과실과는 달리 범죄사실의 발생 가능성에 대한 인식이 있고 나아가 범죄사실이 발생할 위험을 용인하는 내심의 의사가 있어야 하므로(대법원 2004.5.14, 2004도74; 2024.4.4, 2021도15080), 범죄사실의 발생 가능성에 대한 인식 자체가 없다면 미필적 고의가 인정될 수 없다(대법원 2024. 9.12, 2024도4824).

20 정답 ④

④ ㉠ⓒ㉤

㉠ (○) 구체적 사실의 착오 중 객체의 착오로서 어느 견해에 의하든 발생사실에 대한 고의·기수가 된다.

ⓒ (×) 구체적 사실에 대한 방법의 착오로서, 구체적 부합설에 의하면 A에 대한 살인미수와 B에 대한 과실치사의 상상적 경합이요, 법정적 부합설에 의하면 B에 대한 살인기수가 된다.

ⓒ (○) 추상적 사실에 대한 방법의 착오로서 구체적 부합설에 의하든 법정적 부합설에 의하든 A에 대한 상해미수만 된다.

ⓔ (×) 구체적 사실의 착오 중 방법의 착오로서, 구체적 부합설에 의하면 A에 대한 상해미수와 B에 대한 과실치상의 상상적 경합이요, 법정적 부합설에 의하면 B에 대한 상해기수가 된다.

ⓜ (○) 착오의 유형으로 굳이 따지면 추상적 사실의 착오 중 객체의 착오이지만, 제15조 제1항에서 명문의 규정을 둔 "특별히 무거운 죄가 되는 사실을 인식하지 못한 경우"로서 무거운 죄로

벌하지 않아야 한다. 구체적 부합설이든 법정적 부합설이든 A에 대한 상해죄만 성립할 뿐이다.

ⓑ (×) 교사자의 착오에 있어서, 피교사자의 구체적 사실의 객체의 착오는 교사자에게는 객체의 착오가 된다는 견해와 방법의 착오가 된다는 견해의 대립이 있다. 객체의 착오설에 따르면 구체적 사실의 객체의 착오에 대해서는 학설의 대립이 없으니 발생한 사실에 대한 고의·기수가 되고, 방법의 착오설에 따르면 구체적 사실의 방법의 착오의 해결에 대해서는 구체적 부합설과 법정적 부합설의 대립이 있게 된다. 구체적 부합설에 따르면 甲은 A에 대한 살인교사미수와 B에 대한 과실치사의 상상적 경합이 되고, 법정적 부합설에 따르면 甲은 B에 대한 살인기수의 교사범이 성립한다.

▶ **제2편 범죄론: 제2장 구성요건론** [구성요건적 착오 2] ─ **제3장 위법성론** [정당행위]

01	③	02	②	03	③	04	④	05	②
06	②	07	④	08	④	09	②	10	②
11	②	12	④	13	①	14	③	15	②
16	④	17	①	18	③	19	①	20	②

01 　　　　　정답 ③

③ ⓛⓔⓜ

ⓐ (×) 구체적 사실에 대한 객체의 착오이므로 B에 대한 살인기수가 성립한다.

ⓛ (○) 과실손괴죄는 존재하지 않으므로 A에 대한 상해미수죄만 성립한다.

ⓒ (×) 제15조 제1항이 적용되는 경우로서 B에 대한 보통살인죄만 성립한다.

ⓔ (○) 개괄적 고의에 의한 살인기수가 성립한다(대법원 1988.6. 28, 88도650).

ⓜ (○) 가능성설, 개연성설은 모두 인식설에 속한다. 인식설에 의하면 인식있는 과실도 고의로 인정되어 고의의 범위가 지나치게 확대된다는 비판이 있다.

ⓗ (×) 임금 등 지급의무의 존부와 범위에 관하여 다툴 만한 근거가 있다면 사용자가 그 임금 등을 지급하지 않은 데에 상당한 이유가 있다고 보아야 하므로, 사용자에게 근로기준법 제109조 제1항, 제36조 위반의 고의가 있었다고 보기 어렵다. … 근로기준법 제20조는 "사용자는 근로계약 불이행에 대한 위약금 또는 손해배상액을 예정하는 계약을 체결하지 못한다."라고 규정하고 있으므로, 이에 반하여 약정한 근무기간 이전에 퇴직할 경우 사용자에게 어떤 손해가 어느 정도 발생하였는지를 묻지 않고 곧바로 소정의 금액을 사용자에게 지급하기로 하는 약정의 효력을 인정할 수 없다. 그리고 근로자에 대한 임금은 직접 근로자에게 전액을 지급하여야 하므로 초과지급된 임금의 반환채권을 제외하고는 사용자가 근로자에 대하여 가지는 대출금이나 불법행위를 원인으로 한 채권으로써 근로자의 임금채권과 상계를 하지 못한다(대법원 1995.12.21, 94다26721 전원합의체; 2017.7.11, 2017도4343 등). … 국어학원을 운영하는 원장인 피고인이 강사들의 급여에 관한 사업소득세 원천징수, 4대 보험 미가입, 자율권 부여 등을 들어 개인사업자로 인식하였다고 주장하며 근로자성을 인식하지 못하였고, 위약금 조항에 기하여 퇴직 전 마지막 달 급여를 상계처리하였다고 주장하는 이 사건에서, 피고인이 강사들을 근로기준법의 적용을 받는 근로자로 인식하지 않은 데에 정당한 이유가 있다고 보기 어렵고, 위약금 약정의 효력을 인정할 수 없고 사용자의 상계처리도 원칙적으로 허용되지 않으므로, 위약금 조항에 근거하여 임금을 지급하지 않은 데에 정당한 이유가 있다고 보기 어렵다. 따라서 피고인에게 근로기준법 위반의 고의가 있었다고 단정하기 어렵다는 이유로 공소사실을 무죄로 판단한 원심을 파기한다(대법원 2022.5.26, 2022도2188).

02 　　　　　정답 ②

② ⓐⓒⓗ

ⓐ (×) 객관적으로는 존재하지도 않는 구성요건적 사실을 행위자가 적극적으로 존재한다고 생각한 '반전된 구성요건적 착오'는 결과의 발생이 불가능하더라도 위험성이 있는 때에는 불능미수범으로 처벌한다(제27조).

[보충] 이에 비하여 객관적으로 존재하지 않는 '처벌법규'를 존재한다고 적극적으로 오인한 경우는 '반전된 금지착오' 즉 환상범으로서 형법상 불가벌이다.

ⓛ (○) 형면제 사유는 고의의 인식대상이 아니므로 절취한 물건이 자신의 아버지 소유인 줄 오신했다 하더라도 그 오신은 형면제사유에 관한 것으로서 절도죄의 성립이나 처벌에 아무런 영향을 미치지 않는다.

ⓒ (○) 절도죄에 있어서 재물의 타인성을 오신하여 그 재물이 자기에게 취득(빌린 것)할 것이 허용된 동일한 물건으로 오인하고 가져온 경우에는 범죄사실에 대한 인식이 있다고 할 수 없으므로 범의가 조각되어 절도죄가 성립하지 아니한다(대법원 1983. 9.13, 83도1762).

ⓔ (×) 피고인이 피해자에게 우측 흉골골절 및 늑골골절상과 이로 인한 우측 심장벽좌상과 심낭내출혈 등의 상해를 가함으로써, 피해자가 바닥에 쓰러진 채 정신을 잃고 빈사상태에 빠지자, 피해자가 사망한 것으로 오인하고, 피고인의 행위를 은폐하고 피해자가 자살한 것처럼 가장하기 위하여 피해자를 베란다로 옮긴 후 베란다 밑 약 13m 아래의 바닥으로 떨어뜨려 피해자로 하여금 현장에서 좌측 측두부 분쇄함몰골절에 의한 뇌손상 및 뇌출혈 등으로 사망에 이르게 하였다면, 피고인의 행위는 포괄하여 단일의 상해치사죄에 해당한다(대법원 1994.11.4, 94도2361).

ⓜ (○) 구체적 부합설에 의할 경우 갑에게는 A에 대한 살인미수죄, B에 대한 과실치사죄가 인정된다.

ⓗ (×) 甲의 상해행위는 포괄하여 단일의 상해치사죄에 해당한다. "피고인이 피해자에게 우측 흉골골절 및 늑골골절상과 이로 인한 우측 심장벽좌상과 심낭내출혈 등의 상해를 가함으로써, 피해자가 바닥에 쓰러진 채 정신을 잃고 빈사상태에 빠지자, 피해자가 사망한 것으로 오인하고, 피고인의 행위를 은폐하고 피해자가 자살한 것처럼 가장하기 위하여 피해자를 베란다로 옮긴 후 베란다 밑 약 13m 아래의 바닥으로 떨어뜨려 피해자로 하여금 현장에서 좌측 측두부 분쇄함몰골절에 의한 뇌손상 및 뇌출혈 등으로 사망에 이르게 하였다면, 피고인의 행위는 포괄하여 단일의 상해치사죄에 해당한다(대법원 1994.11.4, 94도2361)."

03

③ ㉢㉤

㉠㉡ (○) 제24조와 제23조 제1항의 위법성조각사유이다.

㉢ (×) 위법성이 조각되는 경우가 아니라 적법행위의 기대가능성이 없어 책임이 조각되는 경우이다(소위 면책적 긴급피난). 제22조 제3항, 제21조 제3항 참조.

㉣ (○) 형법 제310조의 규정은 인격권으로서의 개인의 명예의 보호와 헌법 제21조에 의한 정당한 표현의 자유의 보장이라는 상충되는 두 법익의 조화를 꾀한 것이므로, 두 법익간의 조화와 균형을 고려한다면 적시된 사실이 진실한 것이라는 증명이 없더라도 행위자가 진실한 것으로 믿었고 또 그렇게 믿을 만한 상당한 이유가 있는 경우에는 위법성이 없다고 보아야 한다(대법원 2007.12.14, 2006도2074; 2020.8.13, 2019도13404 등).

㉤ (×) 의무의 충돌의 경우 의무의 이행행위가 상당한 이유가 있으려면 높은 가치 또는 동등한 가치를 가지는 의무를 이행하여야 하므로, 그중 낮은 가치의 의무를 이행함으로써 보다 높은 가치의 의무를 불이행한 부작위는 부작위범의 구성요건에 해당할 뿐만 아니라 그 위법성이 조각(위법성이 조각된다면 정당화적 의무충돌)될 수 없으나, 저가치의 의무를 이행할 수밖에 없는 불가피한 사정이 인정된다면 초법규적 책임조각사유에 해당하여 책임이 조각될 수 있다(면책적 의무충돌).

04

④ ㉠㉡㉢㉤

㉠ (○) 가해자의 행위가 피해자의 부당한 공격을 방위하기 위한 것이라기보다는 서로 공격할 의사로 싸우다가 먼저 공격을 받고 이에 대항하여 가해를 한 경우 가해행위는 방어행위인 동시에 공격행위의 성격을 가지므로 과잉방위행위라고 볼 수 없다(대법원 2000.3.28, 2000도228 등; 2021.6.10, 2021도4278).
[보충] 피고인이 피해자와 싸움 중 피해자를 가격하여 피해자에게 언어장애 및 우측 반신마비 등의 중상해를 입힌 사안에서, 피고인의 행위가 과잉방위에 해당한다는 주장을 배척하고 중상해 공소사실을 유죄로 판단한 원심을 수긍한 사례이다.

㉡ (○) 외관상 서로 격투를 하는 것처럼 보이는 경우라고 할지라도 실제로는 한쪽 당사자가 일방적으로 불법한 공격을 가하고 상대방은 이러한 불법한 공격으로부터 자신을 보호하고 이를 벗어나기 위한 저항수단으로 유형력을 행사한 경우라면, 그 행위가 적극적인 반격이 아니라 소극적인 방어의 한도를 벗어나지 않는 한 그 행위에 이르게 된 경위와 그 목적수단 및 행위자의 의사 등 제반 사정에 비추어 볼 때 사회통념상 허용될 만한 상당성이 있는 행위로서 위법성이 조각된다고 보아야 할 것이다(대법원 1999.10.12, 99도3377).

㉢ (○) 피고인이 피해자로부터 뺨을 맞고 손톱깎이 칼에 찔려 약 1cm의 상처를 입었다 하여 약 20cm의 과도로 피고의 복부를 찔렀다면, 현재의 부당한 침해에서 벗어나기 위한 행위로서의 정당방위에 해당한다고 볼 수 없다(대법원 1968.12.24, 68도1229).

㉣ (×) 가해자의 행위가 피해자의 부당한 공격을 방위하기 위한 것이라기보다는 서로 공격할 의사로 싸우다가 먼저 공격을 받고 이에 대항하여 가해하게 된 것이라고 봄이 상당한 경우, 그 가해행위는 방어행위인 동시에 공격행위의 성격을 가지므로 정당방위 또는 과잉방위행위라고 볼 수 없다(대법원 2000.3.28,

2000도228; 1971.4.30, 71도527; 1993.8.24, 92도1329).

㉤ (○) 형법 제21조 제1항은 "현재의 부당한 침해로부터 자기 또는 타인의 법익을 방위하기 위하여 한 행위는 상당한 이유가 있는 경우에는 벌하지 아니한다"고 규정하여 정당방위를 위법성조각사유로 인정하고 있다. 이때 '침해의 현재성'이란 침해행위가 형식적으로 기수에 이르렀는지에 따라 결정되는 것이 아니라 자기 또는 타인의 법익에 대한 침해상황이 종료되기 전까지를 의미하는 것이므로 일련의 연속되는 행위로 인해 침해상황이 중단되지 아니하거나 일시 중단되더라도 추가 침해가 곧바로 발생할 객관적인 사유가 있는 경우에는 그중 일부 행위가 범죄의 기수에 이르렀더라도 전체적으로 침해상황이 종료되지 않은 것으로 볼 수 있다(대법원 2023.4.27, 2020도6874).

05

② ㉢㉣

㉠ (×) '침해의 현재성'이란 침해행위가 형식적으로 기수에 이르렀는지에 따라 결정되는 것이 아니라 자기 또는 타인의 법익에 대한 침해상황이 종료되기 전까지를 의미하는 것이므로 일련의 연속되는 행위로 인해 침해상황이 중단되지 아니하거나 일시 중단되더라도 추가 침해가 곧바로 발생할 객관적인 사유가 있는 경우에는 그중 일부 행위가 범죄의 기수에 이르렀더라도 전체적으로 침해상황이 종료되지 않은 것으로 볼 수 있다(대법원 2023.4.27, 2020도6874).

㉡ (×) (제1방위행위인 정당방위와 제2방위행위인 과잉방위가 극히 짧은 시간 내에 계속되어 이를 전체로서 하나의 과잉방위로 보아 형법 제21조 제3항에 의하여 무죄로 본 사례, 소위 정신이상 오빠 사건) 평소 흉포한 성격인데다가 술까지 몹시 취한 피해자(남, 33세)가 심하게 행패를 부리던 끝에 피고인들을 모두 죽여버리겠다면서 식칼을 들고 어머니 공소외 1에게 달려들어 찌를듯이 면전에 칼을 들이대다가 남동생 공소외 2로부터 제지를 받자, 다시 공소외 2의 목을 손으로 졸라 숨쉬기를 어렵게 한 위급한 상황에서 여동생인 피고인이 순간적으로 공소외 2를 구하기 위하여 피해자에게 달려들어 그의 목을 조르면서 뒤로 넘어뜨린 행위는 공소외 1, 2의 생명, 신체에 대한 현재의 부당한 침해를 방위하기 위한 상당한 행위라 할 것이고, 나아가 위 사건 당시 피해자가 피고인의 위와 같은 방위행위로 말미암아 뒤로 넘어져 피고인의 몸아래 깔려 더 이상 침해행위를 계속하는 것이 불가능하거나 또는 적어도 현저히 곤란한 상태에 빠졌음에도 피고인이 피해자의 몸 위에 타고앉아 그의 목을 계속하여 졸라 누름으로써 결국 피해자로 하여금 질식하여 사망에 이르게 한 행위는 정당방위의 요건인 상당성을 결여한 행위라고 보아야 할 것이나, 극히 짧은 시간 내에 계속하여 행하여진 피고인의 위와 같은 일련의 행위는 이를 전체로서 하나의 행위로 보아야 할 것이므로, 방위의사에서 비롯된 피고인의 위와 같이 연속된 전후행위는 하나로서 형법 제21조 제2항 소정의 과잉방위에 해당한다 할 것이고, 당시 야간에 흉포한 성격에 술까지 취한 피해자가 식칼을 들고 피고인을 포함한 가족들의 생명, 신체를 위협하는 불의의 행패와 폭행을 하여 온 불안스러운 상태 하에서 공포, 경악, 흥분 또는 당황 등으로 말미암아 저질러진 것이라고 보아야 할 것이다(대법원 1986.11.11, 86도1862).
[비교] (제1방위행위는 정당방위이나 이어진 제2행위는 방위의사를 인정할 수 없어 전체가 정당방위·과잉방위에 해당하지

않는다는 사례, 소위 도둑 뇌사 사건) 정당방위나 과잉방위는 모두 침해상황이 있고 이를 방어하려는 의사(방위의사)가 인정되어야 하는바, 피고인이 도둑의 주거침입과 물건을 훔치려는 행위를 막기 위해 한 최초 폭행과 달리 이어진 2차 폭행은 단지 도망치지 못하게 하려는 의사만 있을 뿐이어서 침해상황과 방위의사를 인정할 수 없어 정당방위 및 과잉방위에 해당하지 않는다(대법원 2016.5.12, 2016도2794).

[보충] 강원도 원주시에 사는 A씨는 2014년 3월 친구들과 술을 마시다 새벽 3시가 넘어 귀가했다가 자신의 집 거실에서 서랍장을 뒤지던 도둑 B(당시 55세)씨를 발견하고 주먹으로 얼굴을 수차례 때려 넘어뜨렸다. A씨는 B씨가 넘어진 상태에서 도망치려 하자 B씨의 뒤통수를 수차례 발로 걷어 찼고, 빨래 건조대와 차고 있던 벨트를 풀어 B씨의 등을 수 차례 때렸다. A씨의 폭행으로 B씨는 의식불명 상태에 빠졌고 같은해 12월 치료를 받던 중 폐렴으로 사망했다(법률신문, 2016.5.12.).

ⓒ (○) 피고인의 권총 사용이, 경찰관직무집행법 제10조의4 제1항의 허용범위를 벗어난 위법한 행위라거나 피고인에게 업무상 과실치사의 죄책을 지울만한 행위라고 선뜻 단정할 수는 없다(대법원 2004.3.25, 2003도3842).

ⓓ (○) 대법원 2010.2.11, 2009도12958

ⓔ (×) 정당방위의 성립요건으로서의 방어행위에는 순수한 수비적 방어뿐 아니라 적극적 반격을 포함하는 반격방어의 형태도 포함된다. … 사용자가 이미 넘어진 후 피고인이 사용자의 옷을 잡았고 자리에서 일어난 이후에도 사용자의 어깨를 흔들었으므로 가해행위가 이미 종료되었다고 볼 여지도 없는 것은 아니다. 그러나 당시 사용자는 근로자들과 장기간 노사갈등으로 마찰이 격화된 상태에서 사무실 밖으로 나가기 위하여 좁은 공간에서 다수의 근로자들을 헤치거나 피하면서 앞 쪽으로 움직이던 중 출입구 직전에서 공소외 2와 엉켜 넘어졌으므로 근로자들 중 일부인 공소외 1에 대한 가해행위만을 두고 침해상황의 종료를 판단하는 데에는 한계가 있다. 정당방위에서 방위행위의 상당성은 침해행위에 의해 침해되는 법익의 종류와 정도, 침해의 방법, 침해행위의 완급, 방위행위에 의해 침해될 법익의 종류와 정도 등 일체의 구체적 사정을 참작하여 종합적으로 판단하여야 한다. 피고인은 좁은 공간으로 사람들이 몰려드는 어수선한 상황에서 바닥에 깔려 있는 공소외 2를 구하기 위해 사용자를 일으켜 세울 필요가 있어 '내 몸에 손대지 마'라고 소리를 지르며 신체 접촉에 강하게 거부감을 보이는 사용자를 직접 일으켜 세우는 대신 손이 닿는 대로 어깨 쪽 옷을 잡아 올림으로써 무게를 덜고 사용자가 일어서도록 한 것으로 볼 여지가 있다(대법원 2023.4.27, 2020도6874).

06 **정답 ②**

② ⓑⓒⓓ

ⓐ (○) 의료인이 아니면 누구든지 의료행위를 할 수 없고 의료인도 면허를 받은 것 이외의 의료행위를 할 수 없으며(의료법 제27조 제1항 본문), 이를 위반한 사람은 형사처벌을 받는다(제87조 제1항). … 한편, 한방 의료행위는 '우리 선조들로부터 전통적으로 내려오는 한의학을 기초로 한 질병의 예방이나 치료행위'로서 앞서 본 의료법의 관련 규정에 따라 한의사만이 할 수 있고, 이에 속하는 침술행위는 '침을 이용하여 질병을 예방, 완화, 치료하는 한방 의료행위'로서, 의사가 위와 같은 침술행위를 하는 것은 면허된 것 외의 의료행위를 한 경우에 해당한다(대법원 2011.

5.13, 2007두18710; 2014.10.30, 2014도3285 등). 근육 자극에 의한 신경 근성 통증 치료법(Intramuscular Stimulation, 이하 'IMS') 시술이 침술행위인 한방 의료행위에 해당하는지 아니면 침술행위와 구별되는 별개의 시술에 해당하는지 여부를 가리기 위해서는 해당 시술행위의 구체적인 시술 방법, 시술 도구, 시술 부위 등을 면밀히 검토하여 개별 사안에 따라 이원적 의료체계의 입법목적 등에 부합하게끔 사회통념에 비추어 합리적으로 판단하여야 한다(대법원 2014.10.30, 2014도3285; 2021.12.30, 2016도928).

ⓑ (×) 환자의 생명과 자기결정권을 비교형량하기 어려운 특별한 사정이 있다고 인정되는 경우에 의사가 자신의 직업적 양심에 따라 환자의 양립할 수 없는 두 개의 가치 중 어느 하나를 존중하는 방향으로 행위하였다면, 이러한 행위는 처벌할 수 없다. … 피고인의 무수혈 방식의 수술 및 그 위험성에 관한 수술 전의 설명 내용, 망인의 나이, 가족관계, 망인이 이 사건 수술에 이르게 된 경위, 망인이 타가수혈 거부라는 자기결정권을 행사하게 된 배경, 수혈 거부에 대한 망인의 확고한 종교적 신념, 책임면제각서를 통한 망인의 진지한 의사결정, 수술 도중 타가수혈이 필요한 상황에서의 가족 등의 의사 재확인 등에 관한 사정들을 종합적으로 고려하여 보면, 이 사건에서는 망인의 생명과 자기결정권을 비교형량하기 어려운 특별한 사정이 있으므로, 타가수혈하지 아니한 사정만을 가지고 피고인이 의사로서 진료상의 주의의무를 다하지 아니하였다고 할 수 없다. 따라서 피고인이 자신의 직업적 양심에 따라 망인의 자기결정권을 존중하여 망인에게 타가수혈하지 아니하고 이 사건 인공고관절 수술을 시행한 행위에 대하여 업무상과실치사에 관한 범죄의 증명이 없는 경우에 해당한다(대법원 2014.6.26, 2009도14407).

ⓒ (×) 주관적 정당화요소가 인정되기 위해서는 객관적 정당화상황에 대한 인식이 있음은 물론 나아가 이를 방위하거나 피하기 위하는 등의 의사적 요소까지 존재해야 한다는 것이 다수설·판례이다. "정당행위가 성립하기 위하여는 건전한 사회통념에 비추어 그 행위의 동기나 목적이 정당하여야 하고, 정당방위·과잉방위나 긴급피난·과잉피난이 성립하기 위하여는 방위의사 또는 피난의사가 있어야 한다(대법원 1997.4.17, 96도3376 전원합의체)."

ⓓ (×) 사실상의 지배권을 가지고 그 소유자를 대신하여 이 사건 토지를 실질적으로 관리하고 있던 피고인이 토지에 철주를 세우고 철망을 설치하고 포장된 아스팔트를 걷어내는 등의 방법으로 통행로로 이용하지 못하게 하는 등 상가임대업무 및 상가영업업무를 방해함과 동시에 육로를 막아 일반 교통을 방해하였다고 판단한다(대법원 2007.12.28, 2007도7717).

[보충] 토지에 인접하여 있는 상가건물에 건축법상 위법요소가 존재하고 그와 같은 위법요소를 방치 내지 조장하고 있다하더라도, 그러한 사정만으로는 이 사건에 있어서 피고인이 이 사건 토지의 소유자를 대위 또는 대리하여 법정절차에 의하여 토지의 소유권을 방해하는 사람들에 대한 방해배제 등 청구권을 보전하는 것이 불가능하였거나 현저하게 곤란하였다고 볼 수 없을 뿐만 아니라, 피고인의 이 사건 행위가 그 청구권의 실행불능 또는 현저한 실행곤란을 피하기 위한 상당한 행위라고 볼 수도 없다(대법원 2007.12.18, 2007도7717).

ⓔ (○) 제21조 3항의 소위 면책적 과잉방위 규정은 긴급피난에는 준용되지만(제22조 제3항) 자구행위에는 준용되지 아니한다. 따라서 이 경우 처벌하지 아니하는 것은 아니고, 제23조 제2항에 의하여 임의적 감면의 대상이 될 뿐이다.

07
정답 ④

④ (×) 위법성조각사유로서의 피해자의 승낙은 언제든지 철회할 수 있다고 할 것이고, 그 철회의 방법에는 아무런 제한이 없다(대법원 2011.5.13. 2010도9962). 법익침해 이전에 승낙의 의사를 철회한 경우에는 승낙은 더 이상 존재하지 않게 된다. 즉 승낙은 행위시까지 존재하고 있어야 하는 것이다.
[보충] 다만, 철회 이전의 행위는 위법성이 조각될 수 있다.

08
정답 ④

④ ㉠㉡㉣

㉠ (×) 공문서의 위조라 함은 행사할 목적으로 공무원 또는 공무소의 문서를 정당한 작성권한 없는 자가 작성권한 있는 자의 명의로 작성하는 것을 말하므로, 공문서인 기안문서의 작성권한자가 직접 이에 서명하지 않고 피고인에게 지시하여 자기의 서명을 흉내내어 기안문서의 결재란에 대신 서명케 한 경우라면 피고인의 기안문서 작성행위는 작성권자의 지시 또는 승낙에 의한 것으로서 공문서위조죄의 구성요건해당성이 조각된다(대법원 1983.5.24, 82도1426).

㉡ (×) 약속어음과 같이 유통성을 가진 유가증권의 위조는 일반거래의 신용을 해하게 될 위험성이 매우 크다는 점에서 적어도 행사할 목적으로 외형상 일반인으로 하여금 진정하게 작성된 유가증권이라고 오신케 할 수 있을 정도로 작성된 것이라면 그 발행명의인이 가령 실재하지 않은 사자 또는 허무인이라 하더라도 그 위조죄가 성립된다고 해석함이 상당하다(대법원 1971. 7.27, 71도905). 그리고 사자 명의로 된 약속어음을 작성함에 있어 사망자의 처로부터 사망자의 인장을 교부받아 생존 당시 작성한 것처럼 약속어음의 발행일자를 그 명의자의 생존 중의 일자로 소급하여 작성한 때에는 발행명의인의 승낙이 있었다고 볼 수 없다(대법원 1983.10.25, 83도1520; 2009.10.29, 2009도4658 등).

㉢ (○) 대법원 1993.7.27, 92도2345

㉣ (×) 피고인이 행사할 목적으로 권한 없이 甲 은행 발행의 피고인 명의의 예금통장 기장내용 중 특정 일자에 乙 주식회사로부터 지급받은 월급여의 입금자 부분을 화이트테이프로 지우고 복사하여 통장 1매를 변조한 후 그 통장사본을 법원에 증거로 제출하여 행사하였다는 내용으로 기소된 경우, 관련 민사소송에서 피고인이 언제부터 乙 회사에서 급여를 받았는지가 중요한 사항이었는데 2006.4.25.자 입금자 명의를 가리고 복사하여 이를 증거로 제출함으로써 2006.5.25.부터 乙 회사에서 급여를 수령하였다는 새로운 증명력이 작출되었으므로 공공적 신용을 해할 위험성이 있었다고 볼 수 있고, 제반 사정을 종합할 때 통장 명의자인 甲 은행장이 행위 당시 그러한 사실을 알았다면 이를 당연히 승낙했을 것으로 추정된다고 볼 수 없으며, 피고인이 쟁점이 되는 부분을 가리고 복사함으로써 문서내용에 변경을 가하고 증거자료로 제출한 이상 사문서변조 및 동행사의 고의가 없었다고 할 수 없다(사문서변조 및 동행사죄 성립)(대법원 2011. 9.29, 2010도14587).

㉤ (○) 대법원 2003.5.30, 2003도1256

09
정답 ②

② ㉠㉢㉤

㉠ (○) 긴박한 경영상의 필요에 의하여 하는 이른바 정리해고의 실시는 사용자의 경영상의 조치라고 할 것이므로, 정리해고에 관한 노동조합의 요구내용이 사용자는 정리해고를 하여서는 아니된다는 취지라면 이는 사용자의 경영권을 근본적으로 제약하는 것이 되어 원칙적으로 단체교섭의 대상이 될 수 없고, 단체교섭사항이 될 수 없는 사항을 달성하려는 쟁의행위는 그 목적의 정당성을 인정할 수 없다(대법원 2001.4.24, 99도4893).

㉡ (×) 2인 이상이 하나의 공간에서 공동생활을 하고 있는 경우에는 각자 주거의 평온을 누릴 권리가 있으므로, 사용자가 제3자와 공동으로 관리·사용하는 공간을 사용자에 대한 쟁의행위를 이유로 관리자의 의사에 반하여 침입·점거한 경우, 비록 그 공간의 점거가 사용자에 대한 관계에서 정당한 쟁의행위로 평가될 여지가 있다 하여도 이를 공동으로 관리·사용하는 제3자의 명시적 또는 추정적인 승낙이 없는 이상 위 제3자에 대하여서까지 이를 정당행위라고 하여 주거침입의 위법성이 조각된다고 볼 수는 없다(대법원 2010.3.11, 2009도5008).

㉢ (○) 직장 또는 사업장시설의 점거는 적극적인 쟁의행위의 한 형태로서 그 점거의 범위가 직장 또는 사업장시설의 일부분이고 사용자측의 출입이나 관리지배를 배제하지 않는 병존적인 점거에 지나지 않을 때에는 정당한 쟁의행위로 볼 수 있으나, 이와 달리 직장 또는 사업장시설을 전면적, 배타적으로 점거하여 조합원 이외의 자의 출입을 저지하거나 사용자측의 관리지배를 배제하여 업무의 중단 또는 혼란을 야기케 하는 것과 같은 행위는 이미 정당성의 한계를 벗어난 것이라고 볼 수밖에 없다(대법원 2007.12.28, 2007도5204).

㉣ (×) 사용자의 직장폐쇄는 사용자와 근로자의 교섭태도와 교섭과정, 근로자의 쟁의행위의 목적과 방법 및 그로 인하여 사용자가 받는 타격의 정도 등 구체적인 사정에 비추어 쟁의행위에 대한 방어수단으로서 상당성이 있어야만 사용자의 정당한 쟁의행위로 인정될 수 있고, 그 직장폐쇄가 정당한 쟁의행위로 평가받는 경우 사용자는 직장폐쇄 기간 동안의 대상 근로자에 대한 임금지불의무를 면한다(대법원 2010.1.28, 2007다76566).

㉤ (○) 근로자가 쟁의행위를 함에 있어 조합원의 직접·비밀·무기명투표에 의한 찬성결정이라는 절차를 거쳐야 한다는 노동조합 및 노동관계조정법 제41조 제1항의 규정은 노동조합의 자주적이고 민주적인 운영을 도모함과 아울러 쟁의행위에 참가한 근로자들이 사후에 그 쟁의행위의 정당성 유무와 관련하여 어떠한 불이익을 당하지 않도록 그 개시에 관한 조합의사의 결정에 보다 신중을 기하기 위하여 마련된 규정이므로 위의 절차를 위반한 쟁의행위는 그 절차를 따를 수 없는 객관적인 사정이 인정되지 아니하는 한 정당성이 상실된다(대법원 2007.5.11, 2005도8005; 2001.10.25, 99도4837 전원합의체).

10
정답 ②

② ㉡㉢㉣

㉠ (×) 판례는 사회상규에 위배되지 않는 행위의 요건으로서 보충성을 요한다는 입장이다. "형법 제20조가 정한 '사회상규에 위배되지 아니하는 행위'…와 같은 정당행위를 인정하려면 첫째 그 행위의 동기나 목적의 정당성, 둘째 행위의 수단이나 방법의 상당성, 셋째 보호이익과 침해이익의 법익균형성, 넷째 긴급성, 다섯째 그 행위 외에 다른 수단이나 방법이 없다는 보충성 등의 요건을 갖추어야 한다(대법원 2002.12.26, 2002도5077; 2014.9.4, 2014도7302 등)."

ⓛ (○) 대법원 2017.10.26, 2012도13352

ⓒ (○) 대법원 2018.4.19, 2017도14322

ⓔ (○) 도급인은 비록 수급인 소속 근로자와 직접적인 근로계약관계를 맺고 있지는 않지만, 수급인 소속 근로자가 제공하는 근로에 의하여 일정한 이익을 누리고, 그러한 이익을 향수하기 위하여 수급인 소속 근로자에게 사업장을 근로의 장소로 제공하였으므로 그 사업장에서 발생하는 쟁의행위로 인하여 일정 부분 법익이 침해되더라도 사회통념상 이를 용인하여야 하는 경우가 있을 수 있다. 따라서 사용자인 수급인에 대한 정당성을 갖춘 쟁의행위가 도급인의 사업장에서 이루어져 형법상 보호되는 도급인의 법익을 침해한 경우, 그것이 항상 위법하다고 볼 것은 아니고, 법질서 전체의 정신이나 그 배후에 놓여 있는 사회윤리 내지 사회통념에 비추어 용인될 수 있는 행위에 해당하는 경우에는 형법 제20조의 '사회상규에 위배되지 아니하는 행위'로서 위법성이 조각된다. … 사용자는 쟁의행위 기간 중 그 쟁의행위로 중단된 업무의 수행을 위하여 당해 사업과 관계없는 자를 채용 또는 대체할 수 없다(노동조합 및 노동관계조정법 제43조 제1항). 사용자가 당해 사업과 관계없는 자를 쟁의행위로 중단된 업무의 수행을 위하여 채용 또는 대체하는 경우, 쟁의행위에 참가한 근로자들이 위법한 대체근로를 저지하기 위하여 상당한 정도의 실력을 행사하는 것은 쟁의행위가 실효를 거둘 수 있도록 하기 위하여 마련된 위 규정의 취지에 비추어 정당행위로서 위법성이 조각된다(대법원 1992.7.14, 91다43800 등; 2020.9.3, 2015도1927).

ⓜ (✕) 단체행동권은 헌법 제33조 제1항에서 보장하는 기본권으로서 최대한 보장되어야 하지만 헌법 제37조 제2항에 의하여 국가안전보장, 질서유지 또는 공공복리 등의 공익상의 이유로 제한될 수 있고 그 권리의 행사가 정당한 것이어야 한다는 내재적인 한계가 있다(대법원 2011.3.17, 2007도482 전원합의체). 쟁의행위가 정당행위로 위법성이 조각되는 것은 사용자에 대한 관계에서 인정되는 것이므로, 제3자의 법익을 침해한 경우에는 원칙적으로 정당성이 인정되지 않는다. 그런데 도급인은 원칙적으로 수급인 소속 근로자의 사용자가 아니므로, 수급인 소속 근로자의 쟁의행위가 도급인의 사업장에서 일어나 도급인의 형법상 보호되는 법익을 침해한 경우에는 사용자인 수급인에 대한 관계에서 쟁의행위의 정당성을 갖추었다는 사정만으로 사용자 아닌 도급인에 대한 관계에서까지 법령에 의한 정당한 행위로서 법익 침해의 위법성이 조각된다고 볼 수는 없다(대법원 2020.9.3, 2015도1927).

11　　　　　　　　　　　　　　　　정답 ②

② ㉠ⓛㅁ

㉠ (✕) 구 아동·청소년의 성보호에 관한 법률(2012.12.18. 법률 제11572호로 전부 개정되기 전의 것, 이하 '구 아청법'이라 한다)은 제2조 제5호, 제4호에 '아동·청소년이용음란물'의 의미에 관한 별도의 규정을 두면서도, 제8조 제1항에서 아동·청소년이용음란물을 제작하는 등의 행위를 처벌하도록 규정하고 있을 뿐 범죄성립의 요건으로 제작 등의 의도나 음란물이 아동·청소년의 의사에 반하여 촬영되었는지 여부 등을 부가하고 있지 아니하다. 여기에다가 아동·청소년을 대상으로 성적 행위를 한 자를 엄중하게 처벌함으로써 성적 학대나 착취로부터 아동·청소년을 보호하는 한편 아동·청소년이 책임 있고 건강한

사회구성원으로 성장할 수 있도록 하려는 구 아청법의 입법 목적과 취지 등을 고려하면, 제작한 영상물이 객관적으로 아동·청소년이 등장하여 성적 행위를 하는 내용을 표현한 영상물에 해당하는 한 대상이 된 아동·청소년의 동의하에 촬영한 것이라거나 사적인 소지·보관을 1차적 목적으로 제작한 것이라고 하여 구 아청법 제8조 제1항의 '아동·청소년이용음란물'에 해당하지 아니한다거나 이를 '제작'한 것이 아니라고 할 수 없다(대법원 2015.2.12, 2014도11501).

[참고] 다만 아동·청소년인 행위자 본인이 사적인 소지를 위하여 자신을 대상으로 '아동·청소년이용음란물'에 해당하는 영상 등을 제작하거나 그 밖에 이에 준하는 경우로서, 영상의 제작행위가 헌법상 보장되는 인격권, 행복추구권 또는 사생활의 자유 등을 이루는 사적인 생활 영역에서 사리분별력 있는 사람의 자기결정권의 정당한 행사에 해당한다고 볼 수 있는 예외적인 경우에는 위법성이 없다고 볼 수 있다.

ⓛ (✕) 피고인들이 예정사업지에 폐기물처리시설 등을 신설함으로써 구 건설폐기물법 제63조 제4호의 구성요건을 충족하더라도 피고인들이 예정사업지에 시설 등을 미리 갖춘 후 실제 영업행위를 하기 이전에 변경허가를 받으면 된다고 그릇 인식한 것은 형법 제16조의 정당한 이유가 있는 법률의 착오에 해당하여 범죄로 되지 아니하는 때에 해당한다(대법원 2015.1.15, 2013도15027).

ⓒ (○) 기업이 불황이라는 사유만으로 사용자가 근로자에 대한 임금이나 퇴직금을 체불하는 것은 허용되지 아니하지만, 모든 성의와 노력을 다했어도 임금이나 퇴직금의 체불이나 미불을 방지할 수 없었다는 것이 사회통념상 긍정할 정도가 되어 사용자에게 더 이상의 적법행위를 기대할 수 없거나 불가피한 사정이었음이 인정되는 경우에는 그러한 사유는 근로기준법이나 근로자퇴직급여 보장법에서 정하는 임금 및 퇴직금 등의 기일 내 지급의무 위반죄의 책임조각사유로 된다(대법원 2015.2.12, 2014도12753).

ⓔ (○) 의료인의 자격이 없는 일반인(이하 '비의료인')이 필요한 자금을 투자하여 시설을 갖추고 유자격 의료인을 고용하여 그 명의로 의료기관 개설신고를 한 행위는 형식적으로만 적법한 의료기관의 개설로 가장한 것일 뿐 실질적으로는 비의료인이 의료기관을 개설한 것으로서 의료법 제33조 제2항 본문에 위반된다고 봄이 타당하고, 개설신고가 의료인 명의로 되었다거나 개설신고명의인인 의료인이 직접 의료행위를 하였다 하여 달리 볼 이유가 되지 못한다. 그리고 이러한 법리는 의료사업을 명시적으로 허용하고 있는 소비자생활협동조합법(이하 '생협법'이라 한다)에 의하여 설립된 소비자생활협동조합(이하 '생협조합'이라 한다) 명의로 의료기관 개설신고가 된 경우에도 마찬가지로 적용되며, 이는 사회상규에 위배되지 아니하는 행위에 해당하지 아니한다(대법원 2014.8.20, 2012도14360).

ⓜ (✕) 사용자인 수급인에 대한 정당성을 갖춘 쟁의행위가 도급인의 사업장에서 이루어져 형법상 보호되는 도급인의 법익을 침해한 경우, 법령에 의한 행위에는 해당하지 아니하나 사회상규에 위배되지 아니하는 행위에 해당할 수 있으므로 그것이 항상 위법하다고 볼 것은 아니다.

> 수급인 소속 근로자들이 집결하여 함께 근로를 제공하는 장소로서 도급인의 사업장은 수급인 소속 근로자들의 삶의 터전이 되는 곳이고, 쟁의행위의 주요 수단 중 하나인 파업이나

태업은 도급인의 사업장에서 이루어질 수밖에 없다. 또한 도급인은 비록 수급인 소속 근로자와 직접적인 근로계약관계를 맺고 있지는 않지만, 수급인 소속 근로자가 제공하는 근로에 의하여 일정한 이익을 누리고, 그러한 이익을 향수하기 위하여 수급인 소속 근로자에게 사업장을 근로의 장소로 제공하였으므로 그 사업장에서 발생하는 쟁의행위로 인하여 일정 부분 법익이 침해되더라도 사회통념상 이를 용인하여야 하는 경우가 있을 수 있다. 따라서 사용자인 수급인에 대한 정당성을 갖춘 쟁의행위가 도급인의 사업장에서 이루어져 형법상 보호되는 도급인의 법익을 침해한 경우, 그것이 항상 위법하다고 볼 것은 아니고, 법질서 전체의 정신이나 그 배후에 놓여있는 사회윤리 내지 사회통념에 비추어 용인될 수 있는 행위에 해당하는 경우에는 형법 제20조의 '사회상규에 위배되지 아니하는 행위'로서 위법성이 조각된다(대법원 2020.9.3, 2015도1927).

12
정답 ④

④ (○) 타인의 의뢰를 받아 부동산 가격공시 및 감정평가에 관한 법률(부동산공시법)이 정한 토지에 대한 감정평가를 행하는 것은 회계서류에 대한 전문적 지식이나 경험과는 관계가 없어 공인회계사법 제2조의 공인회계사의 직무범위로 규정된 '회계에 관한 감정' 또는 '그에 부대되는 업무'에 해당한다고 볼 수 없고, 그 밖에 공인회계사가 행하는 다른 직무의 범위에 포함된다고 볼 수도 없다. 따라서 감정평가업자가 아닌 공인회계사가 타인의 의뢰에 의하여 일정한 보수를 받고 부동산공시법이 정한 토지에 대한 감정평가를 업으로 행하는 것은 부동산공시법 제43조 제2호에 의하여 처벌되는 행위에 해당하고, 특별한 사정이 없는 한 형법 제20조가 정한 '법령에 의한 행위'로서 정당행위에 해당한다고 볼 수는 없다(대법원 2015.11.27, 2014도191).

① (×) ㉠ 가정폭력처벌법 제55조의4에 따른 임시보호명령은 피해자의 양해 여부와 관계없이 행위자에게 접근금지, 문언송신금지 등을 명하는 점, ㉡ 피해자의 양해만으로 임시보호명령 위반으로 인한 가정폭력처벌법 위반죄의 구성요건해당성이 조각된다면 개인의 의사로써 법원의 임시보호명령을 사실상 무효화하는 결과가 되어 법적 안정성을 훼손할 우려도 있으므로, 설령 피고인의 주장과 같이 이 사건 임시보호명령을 위반한 주거지 접근이나 문자메시지 송신을 피해자가 양해 내지 승낙했다고 할지라도 가정폭력처벌법 위반죄의 구성요건에 해당할뿐더러, ㉢ 피고인이 이 사건 임시보호명령의 발령 사실을 알면서도 피해자에게 먼저 연락하였고 이에 피해자가 대응한 것으로 보이는 점, ㉣ 피해자가 피고인과 문자메시지를 주고받던 중 수회에 걸쳐 '더 이상 연락하지 말라'는 문자메시지를 보내기도 한 점 등에 비추어 보면, 피고인이 이 사건 임시보호명령을 위반하여 피해자의 주거지에 접근하거나 문자메시지를 보낸 것을 형법 제20조의 정당행위로 볼 수도 없다(대법원 2022.1.4, 2021도14015).

② (×) 동물보호법은 … 누구든지 동물에 대하여 '목을 매다는 등의 잔인한 방법으로 죽이는 행위'(제8조 제1항 제1호), '노상 등 공개된 장소에서 죽이거나 같은 종류의 다른 동물이 보는 앞에서 죽이는 행위'(같은 항 제2호), '고의로 사료 또는 물을 주지 아니하는 행위로 인하여 동물을 죽음에 이르게 하는 행위'(같은 항 제3호), '그 밖에 수의학적 처치의 필요, 동물로 인한 사람의

생명·신체·재산의 피해 등 농림축산식품부령으로 정하는 정당한 사유 없이 죽이는 행위'(같은 항 제4호)를 하여서는 아니 된다고 규정하는 한편, 이를 위반한 자에 대하여는 1년 이하의 징역 또는 1천만 원 이하의 벌금에 처하는 것으로 규정하고 있다(제46조 제1항). … 동물보호법 제8조 제1항 제1호가 규정하는 '잔인한 방법으로 죽이는 행위'는 같은 항 제4호의 경우와는 달리 정당한 사유를 구성요건 요소로 규정하고 있지 아니하여 행위를 하는 것 자체로 구성요건을 충족하고, 행위를 정당화할 만한 사정 또는 행위자의 책임으로 돌릴 수 없는 사정이 있다 하더라도, 이로 인해 위법성이나 책임이 조각될 수 있는지는 별론으로 하고 구성요건해당성이 조각되는 것은 아니다(대법원 2016.1.28, 2014도2477).

③ (×) 아동·청소년의 성을 사는 행위를 알선하는 행위를 업으로 하는 사람이 그 알선의 대상이 아동·청소년임을 인식하면서 위와 같은 알선행위를 하였다면, 그 알선행위로 아동·청소년의 성을 사는 행위를 한 사람이 그 행위의 상대방이 아동·청소년임을 인식하고 있었는지 여부는 위와 같은 알선행위를 한 사람의 책임에 영향을 미칠 이유가 없다. 따라서 아동·청소년의 성을 사는 행위를 알선하는 행위를 업으로 하여 청소년성보호법 제15조 제1항 제2호의 위반죄가 성립하기 위해서는 그러한 알선행위를 업으로 하는 사람이 아동·청소년을 알선의 대상으로 삼아 그 성을 사는 행위를 알선한다는 것을 인식하여야 하지만, 이에 더하여 위와 같은 알선행위로 아동·청소년의 성을 사는 행위를 한 사람이 그 행위의 상대방이 아동·청소년임을 인식하여야 한다고 볼 수는 없다(대법원 2016.2.18, 2015도15664).

13
정답 ①

① ㉠㉡㉢

㉠ (○) 대법원 2018.12.27, 2017도15226

㉡ (○) 대법원 1997.4.17, 96도3376 전원합의체

㉢ (○) 병역법 제88조 제1항은 국방의 의무를 실현하기 위하여 현역입영 또는 소집통지서를 받고도 정당한 사유 없이 이에 응하지 않은 사람을 처벌함으로써 입영기피를 억제하고 병력구성을 확보하기 위한 규정이다. 위 조항에 따르면 정당한 사유가 있는 경우에는 피고인을 벌할 수 없는데, 여기에서 정당한 사유는 구성요건해당성을 조각하는 사유이다. 이는 형법상 위법성 조각사유인 정당행위나 책임조각사유인 기대불가능성과는 구별된다(대법원 2018.11.1, 2016도10912 전원합의체).

㉣ (×) 형법 제22조 제1항의 긴급피난의 상당한 이유 있는 행위에 해당하려면 피난행위의 보충성(최후수단성)을 요한다. "여기서 '상당한 이유 있는 행위'에 해당하려면, 첫째 피난행위는 위난에 처한 법익을 보호하기 위한 유일한 수단이어야 하고, 둘째 피해자에게 가장 경미한 손해를 주는 방법을 택하여야 하며, 셋째 피난행위에 의하여 보전되는 이익은 이로 인하여 침해되는 이익보다 우월해야 하고, 넷째 피난행위는 그 자체가 사회윤리나 법질서 전체의 정신에 비추어 적합한 수단일 것을 요하는 등의 요건을 갖추어야 한다(대법원 2006.4.13, 2005도9396 등).

㉤ (×) 공직선거법 제250조 제2항의 허위사실공표죄가 성립하는 경우에는 그 행위가 공공의 이익을 위한 것이라고 하여 위법성이 조각된다고 볼 수 없다(대법원 2011.12.22, 2008도11847).

14

정답 ③

③ ㉠㉡㉢㉤

㉠ (×) 노동조합이 주도한 쟁의행위 자체의 정당성과 이를 구성하거나 여기에 부수되는 개개 행위의 정당성은 구별하여야 하므로, 일부 소수의 근로자가 폭력행위 등의 위법행위를 하였더라도, 전체로서의 쟁의행위마저 당연히 위법하게 되는 것은 아니다(대법원 2017.7.11, 2013도7896).

㉡ (×) 공직선거법 제112조 제1항에 해당하는 금품 등 제공행위가 같은 법 제112조 제2항 등에 규정된 의례적 행위나 직무상 행위에 해당하지 않더라도, 그것이 지극히 정상적인 생활형태의 하나로서 역사적으로 생성된 사회질서의 범위 안에 있는 것이라면 의례적 행위나 직무상의 행위로서 사회상규에 위배되지 아니하여 위법성이 조각된다(대법원 2017.4.28, 2015도6008).

㉢ (×) 사립학교인 甲 외국인학교 경영자인 피고인이 甲 학교의 교비회계에 속하는 수입을 수회에 걸쳐 乙 외국인학교에 대여하였다고 하여 사립학교법 위반으로 기소된 경우, 甲 학교의 교비회계에 속하는 수입을 乙 학교에 대여하는 것은 구 사립학교법 제29조 제6항에 따라 금지되며, 피고인이 위와 같은 대여행위가 법률상 허용되는 것으로서 죄가 되지 않는다고 그릇 인식하고 있었더라도 그와 같이 그릇된 인식에 정당한 이유가 없다(대법원 2017.3.15, 2014도12773).

㉣ (○) 올바른 설명이다. 우연적 방위의 해결에 대해서는 주관적 정당화요소 필요설에 의하면 불능미수 또는 기수, 주관적 정당화요소 불요설에 의하면 위법성조각으로 무죄, 오상방위의 해결에 대해서는 엄격책임설에 의하면 법률의 착오, 제한적 책임설에 의하면 사실의 착오로 본다(제한적 책임설 내에서 다시 유추적용설과 법효과제한적 책임설의 입장이 대립함).

㉤ (×) ㉥ (○) 형법 제20조는 '사회상규에 위배되지 아니하는 행위'를 정당행위로서 위법성이 조각되는 사유로 규정하고 있다. 위 규정에 따라 사회상규에 의한 정당행위를 인정하려면, 첫째 그 행위의 동기나 목적의 정당성, 둘째 행위의 수단이나 방법의 상당성, 셋째 보호이익과 침해이익과의 법익균형성, 넷째 긴급성, 다섯째로 그 행위 외에 다른 수단이나 방법이 없다는 보충성 등의 요건을 갖추어야 하는데(대법원 1983.3.8, 82도3248; 1992.9.25, 92도1520 등 다수의 판결들), 위 '목적·동기', '수단', '법익균형', '긴급성', '보충성'은 불가분적으로 연관되어 하나의 행위를 이루는 요소들로 종합적으로 평가되어야 한다. '목적의 정당성'과 '수단의 상당성' 요건은 행위의 측면에서 사회상규의 판단기준이 된다. 사회상규에 위배되지 아니하는 행위로 평가되려면 행위의 동기와 목적을 고려하여 그것이 법질서의 정신이나 사회윤리에 비추어 용인될 수 있어야 한다. 수단의 상당성·적합성도 고려되어야 한다. 또한 보호이익과 침해이익 사이의 법익균형은 결과의 측면에서 사회상규에 위배되는지를 판단하기 위한 기준이다. 이에 비하여 행위의 긴급성과 보충성은 수단의 상당성을 판단할 때 고려요소의 하나로 참작하여야 하고 이를 넘어 독립적인 요건으로 요구할 것은 아니다. 또한 그 내용 역시 다른 실효성 있는 적법한 수단이 없는 경우를 의미하고 '일체의 법률적인 적법한 수단이 존재하지 않을 것'을 의미하는 것은 아니라고 보아야 한다. 위 법리에 따라 판단건대, 피고인들의 행위는 그 동기와 목적의 정당성, 행위의 수단이나 방법의 상당성, 법익균형성이 인정되고, 특히 학습권 침해가 예정된 이상 긴급성이 인정되고, 피고인들이 선택할 수 있는 법률적 수단이 더 이상 존재하지 않는다거나 다른 구제절차를 모두 취해본 후에야 면담 추진 등이 가능하다고 할 것은 아니어서 보충성도 인정되므로 정당행위 성립을 인정한 원심의 결론은 정당하다(대법원 2023.5.18, 2017도2760).

15

정답 ②

② ㉠㉢㉣㉤

㉠ (×) 집행관이 압류집행을 위하여 채무자의 주거에 들어가는 과정에서 상해를 가한 것을 상당성이 있는 행위로서 위법성이 조각된다(대법원 1993.10.12, 93도875).

㉡ (○) 사용자가, 적법한 직장폐쇄 기간 중 일방적으로 업무에 복귀하겠다고 하면서 자신의 퇴거요구에 불응한 채 계속하여 사업장 내로 진입을 시도하는 해고 근로자를 폭행, 협박한 것은 사업장 내의 평온과 노동조합의 업무방해행위를 방지하기 위한 정당방위 내지 정당행위에 해당한다(대법원 2005.6.9, 2004도7218).

㉢ (×) 피고인이 자신의 차를 가로막고 서 있는 피해자를 향해 차를 조금씩 전진시키고 피해자가 뒤로 물러나면 다시 차를 전진시키는 방식의 운행을 반복하였는데, 이는 그 자체로 피해자에 대한 유형력의 행사에 해당하고, 피고인 주장의 사정만으로는 차 앞에 서 있는 사람을 향해 차를 전진시킨 행위가 정당방위나 정당행위에 해당하지 않는다(특수폭행, 대법원 2016.10.27, 2016도9302).

㉣ (×) 이 사건 자동문의 자동작동중지에 대하여 피해자의 승낙이 있다고 보기 어렵고 피고인의 행위는 정당행위에 해당하지 않는다(대법원 2016.11.25, 2016도9219).

㉤ (×) 피고인들의 행위는 그 동기와 목적의 정당성, 행위의 수단이나 방법의 상당성, 법익균형성이 인정되고, 특히 학습권 침해가 예정된 이상 긴급성이 인정되고, 피고인들이 선택할 수 있는 법률적 수단이 더 이상 존재하지 않는다거나 다른 구제절차를 모두 취해본 후에야 면담 추진 등이 가능하다고 할 것은 아니어서 보충성도 인정되므로 정당행위 성립을 인정한 원심의 결론은 정당하다(대법원 2023.5.18, 2017도2760).

16

정답 ④

④ ㉠㉡㉢

㉠ (×) 소송의 증거방법 중 하나인 감정은 법관의 지식과 경험을 보충하기 위하여 특별한 학식과 경험을 가진 제3자에게 그 전문적 지식이나 이를 구체적 사실에 적용하여 얻은 판단을 법원에 보고하게 하는 것으로, 감정신청의 채택 여부를 결정하고 감정인을 지정하거나 단체 등에 감정촉탁을 하는 권한은 법원에 있고(민사소송법 제335조, 제341조 제1항 참조), 행정소송사건의 심리절차에서 토지보상법상 토지 등의 손실보상액에 관하여 감정을 명할 경우 그 감정인으로 반드시 감정평가사나 감정평가법인을 지정하여야 하는 것은 아니다(대법원 2002.6.14, 2000두3450 등). … 그렇다면 민사소송법 제335조에 따른 법원의 감정인 지정결정 또는 같은 법 제341조 제1항에 따른 법원의 감정촉탁을 받은 경우에는 감정평가업자가 아닌 사람이더라도 그 감정사항에 포함된 토지 등의 감정평가를 할 수 있고, 이러한 행위는 법령에 근거한 법원의 적법한 결정이나 촉탁에 따른 것으로 형법 제20조의 정당행위에 해당하여 위법성이 조각된다고 보아야 한다(대법원 2021.10.14, 2017도10634).

ⓛ (×) 적법한 침해에 대해서는 정당방위를 할 수 없다. 즉, 정당방위·긴급피난에 대한 정당방위는 불가능하다. 그러나 정당방위·긴급피난에 대한 긴급피난은 가능하다. 정당방위는 원인되는 침해가 위법할 것을 요하나, 긴급피난은 원인되는 위난이 위법할 것을 요하지 않기 때문이다.

ⓒ (×) 진단상의 과오가 없었으면 당연히 설명받았을 자궁 외 임신에 관한 내용을 설명받지 못한 피해자로부터 수술승낙을 받았다면, 위 승낙은 부정확 또는 불충분한 설명을 근거로 이루어진 것으로서 수술의 위법성을 조각할 유효한 승낙이라고 볼 수 없다(대법원 1993.7.27, 92도2345).

ⓔ (○) 신문기자가 타인의 명예를 훼손하는 허위사실을 진실한 사실로 오인하고 오로지 공공의 이익을 위해 공포한 경우, 통설은 이를 위법성조각사유의 전제사실에 관한 착오로 검토하고 있다. 단, 판례는 행위자가 진실하다고 믿은 것에 객관적으로 상당한 이유가 있으면 위법성이 조각된다고 하여, 단지 제310조의 위법성조각사유를 다소 확장해석함으로써 문제를 해결하고 있다. 판례는 이 경우를 위법성조각사유의 해석에 관한 문제로 접근할 뿐, 허용구성요건착오로 검토하는 문제의식까지는 보여주지 않고 있는 것이다. "형법 제310조의 규정은 인격권으로서의 개인의 명예의 보호와 헌법 제21조에 의한 정당한 표현의 자유의 보장이라는 상충되는 두 법익의 조화를 꾀한 것이므로, 두 법익간의 조화와 균형을 고려한다면 적시된 사실이 진실한 것이라는 증명이 없더라도 행위자가 진실한 것으로 믿었고 또 그렇게 믿을 만한 상당한 이유가 있는 경우에는 위법성이 없다고 보아야 한다(대법원 2007.12.14, 2006도2074; 2020.8.13, 2019도13404 등)."

ⓜ (○) 한의사가 의료공학 및 그 근간이 되는 과학기술의 발전에 따라 개발·제작된 진단용 의료기기를 사용하는 것이 한의사의 '면허된 것 이외의 의료행위'에 해당하는지는 관련 법령에 한의사의 해당 의료기기 사용을 금지하는 규정이 있는지, 해당 진단용 의료기기의 특성과 그 사용에 필요한 기본적·전문적 지식과 기술 수준에 비추어 한의사가 진단의 보조수단으로 사용하게 되면 의료행위에 통상적으로 수반되는 수준을 넘어서는 보건위생상 위해가 생길 우려가 있는지, 전체 의료행위의 경위·목적·태양에 비추어 한의사가 그 진단용 의료기기를 사용하는 것이 한의학적 의료행위의 원리에 입각하여 이를 적용 내지 응용하는 행위와 무관한 것임이 명백한지 등을 종합적으로 고려하여 사회통념에 따라 합리적으로 판단하여야 한다(이 전원합의체 판례가 제시한 새로운 판단기준). 이는 대법원 2014.2.13, 2010도10352 판결의 '종전 판단 기준'과 달리, 한방의료행위의 의미가 수범자인 한의사의 입장에서 명확하고 엄격하게 해석되어야 한다는 죄형법정주의 관점에서, 진단용 의료기기가 한의학적 의료행위 원리와 관련 없음이 명백한 경우가 아닌 한 형사처벌 대상에서 제외됨을 의미한다. … 한의사가 진단용 의료기기를 사용하는 것이 한의사의 '면허된 것 이외의 의료행위'에 해당하는지에 관한 새로운 판단 기준에 따르면, 한의사가 초음파 진단기기를 사용하여 환자의 신체 내부를 촬영하여 화면에 나타난 모습을 보고 이를 한의학적 진단의 보조수단으로 사용하는 것은 한의사의 '면허된 것 이외의 의료행위'에 해당하지 않는다고 보는 것이 타당하다(대법원 2022.12.22, 2016도21314 전원합의체).

17

① ⓐⓒⓔ

ⓐ (○) 형법 제20조에 정하여진 '사회상규에 위배되지 아니하는 행위'라 함은, 법질서 전체의 정신이나 그 배후에 놓여 있는 사회윤리 내지 사회통념에 비추어 용인될 수 있는 행위를 말하므로, 어떤 행위가 그 행위의 동기나 목적의 정당성, 행위의 수단이나 방법의 상당성, 보호이익과 침해이익의 법익 균형성, 긴급성, 그 행위 이외의 다른 수단이나 방법이 없다는 보충성 등의 요건을 갖춘 경우에는 정당행위에 해당한다 할 것이다(대법원 1986.10.28, 86도1764; 2014.1.16, 2013도6761 등). 한편, 어떠한 행위가 범죄구성요건에 해당하지만 정당행위라는 이유로 위법성이 조각된다는 것은 그 행위가 적극적으로 용인, 권장된다는 의미가 아니라 단지 특정한 상황 하에서 그 행위가 범죄행위로서 처벌대상이 될 정도의 위법성을 갖추지 못하였다는 것을 의미한다. 입주자대표회의 회장인 피고인이 정당한 소집권자인 회장의 동의나 승인 없이 위법하게 게시된 이 사건 공고문을 발견하고 이를 제거하는 방법으로 손괴한 조치는, 그에 선행하는 위법한 공고문 작성 및 게시에 따른 위법상태의 구체적 실현이 임박한 상황 하에 그 행위의 효과가 귀속되는 주체의 적법한 대표자 자격에서 그 위법성을 바로잡기 위한 조치의 일환으로 사회통념상 허용되는 범위를 크게 넘어서지 않는 행위라고 볼 수 있다. 나아가 이는 공동주택의 관리 또는 사용에 관하여 입주자 및 사용자의 보호와 그 주거생활의 질서유지를 위하여 구성된 입주자대표회의의 대표자로서 공동주택의 질서유지 및 입주자 등에 대한 피해방지를 위하여 필요한 합리적인 범위 내에서 사회통념상 용인될 수 있는 피해를 발생시킨 경우에 지나지 아니한다고도 볼 수 있다(대법원 2021.12.30, 2021도9680).

ⓛ (×) 생명은 교량할 수 있는 법익이 아니다. 따라서 아무리 자기 또는 타인의 생명을 보호하려 했다 하여도 긴급피난에 의해 사람을 살해하는 것은 우월한 이익을 보호한 것으로 볼 수 없으므로 위법성이 조각되지 않는다.

ⓒ (○) 대법원 1993.3.9, 92도3101

ⓔ (○) 미성년자의제강간죄(제305조)에 있어서 피해자의 승낙은 범죄의 성립과 무난하다. 제305조 제2항 참조.

> **제305조(미성년자에 대한 간음, 추행)** ② 13세 이상 16세 미만의 사람에 대하여 간음 또는 추행을 한 19세 이상의 자는 제297조, 제297조의2, 제298조, 제301조 또는 제301조의2의 예에 의한다.

ⓜ (×) 피고인은 전투경찰대원들의 위와 같은 유형력 행사에 저항하여 전투경찰대원인 공소외 2와 공소외 3이 들고 있던 방패를 당기고 밀어 공소외 2와 공소외 3에게 상해를 입혔다. 비록 공소외 3이 입은 상해의 정도가 가볍지는 않지만, 피고인이 공소외 2와 공소외 3에게 행사한 유형력은 전투경찰대원들의 불법 체포 행위로 위 조합원들의 신체의 자유가 침해되는 것을 방위하기 위한 수단으로 그 정도가 전투경찰대원들의 피고인에 대한 유형력의 정도에 비해 크다고 보이지 않는다. 피고인의 행위는 정당방위에 해당한다(대법원 2017.3.15, 2013도2168).

ⓑ (×) 학교의 교사가 훈육 또는 지도의 목적으로 한 행위이더라도 정신적 폭력이나 가혹행위로서 아동인 학생의 정신건강 또는 복지를 해치거나 정신건강의 정상적 발달을 저해할 정도 혹은 그러한 결과를 초래할 위험을 발생시킬 정도에 이른다면, 초·중등교육 법령과 학칙이 허용하는 범위 내에서 그 요건과 절차를

준수하는 등으로 법령과 학칙의 취지를 따른 것이 아닌 이상, 구 아동복지법 제17조 제5호에서 금지하는 '정서적 학대행위'에 해당한다고 보아야 한다(대법원 2020.3.12, 2017도5769). 한편 교사의 위와 같은 행위도 사회상규에 위배되지 아니하는 경우에는 위법성이 조각될 수 있으나, 이에 해당하는지 여부를 판단함에 있어서는 교사의 학생에 대한 악의적·부정적 태도에서 비롯된 것이 아니라 교육상의 필요, 교육활동 보장, 학교 내 질서유지 등을 위한 행위였는지, 학생의 기본적 인권과 정신적·신체적 감수성을 존중·보호하는 범위 내에서 이루어졌는지, 동일 또는 유사한 행위의 반복성이나 지속시간 등에 비추어 교육의 필요성이 인정되는 합리적인 범위 내에서 이루어졌다고 평가되는지, 법령과 학칙의 취지를 준수하지 못할 긴급한 사정이 있었는지, 그 밖에 학생의 연령, 성향, 건강상태, 정신적 발달상태 등이 종합적으로 고려되어야 한다(대법원 2024.9.12, 2020도12920).

18

정답 ③

③ ㄴㄹㅁ

㉠ (×) 쟁의행위의 본질상 사용자의 정상업무가 일부 저해되는 경우가 있음은 부득이한 것으로서 이 사건의 경우 이 사건 회의실 점거행위로 인하여 위와 같이 1달에 1, 2회 정도 개최되는 임원회의를 이 사건 회의실이 아닌 음식점 등에서 개최하게 된 사정 정도는 사용자가 이를 수인하여야 할 범위 내라고 봄이 상당하고, 그 외에는 실질적으로 협회의 업무의 중단 또는 혼란을 초래한 바도 없고, 협회의 업무가 실제로 방해되었거나 또는 적어도 그 업무방해의 결과를 초래할 위험성이 발생하였다고 보이지도 아니한다(대법원 2007.12.28, 2007도5204).

㉡ (○) 대법원 1985.7.9, 85도707

㉢ (×) 근로감독관에 대하여 근로기준법 등 노동 관계 법령 위반 사실을 신고하는 행위라도 범인에 대한 처벌을 구하는 의사표시가 포함되어 있는 고소·고발은 노동 관계 법령이 아니라 형사소송법, 사법경찰직무법 등에 근거한 것으로서, 구 공인노무사법 제2조 제1항 제1호에서 공인노무사가 수행할 수 있는 직무로 정한 '노동 관계 법령에 따라 관계 기관에 대하여 행하는 신고 등의 대행 또는 대리'에 해당하지 아니하고, 고소·고발장의 작성을 위한 법률상담도 구 공인노무사법 제2조 제1항 제3호의 '노동 관계 법령과 노무관리에 관한 상담·지도'에 해당하지 않는다고 봄이 타당하다. 또한 근로기준법 제102조 제5항, 제105조에 따라 근로감독관이 노동 관계 법령 위반의 죄에 관하여 사법경찰관으로서 수행하는 수사 역시 개별 노동 관계 법령에 정해진 절차가 아니라 형사소송법상 수사절차의 일환이라고 할 것이므로, 노동조합법위반으로 고소당한 피고소인이 그 수사절차에서 근로감독관에게 답변서를 제출하는 행위 역시 구 공인노무사법 제2조 제1항 제1호에 따라 공인노무사가 대행 또는 대리할 수 있는 행위인 '노동 관계 법령에 따라 관계 기관에 대하여 행하는 진술'에 해당한다거나 그 답변서가 같은 항 제2호에 정한 '노동 관계 법령에 따른 모든 서류'에 해당한다고 볼 수 없다(대법원 2022.1.13, 2015도6329).

㉣ (○) 일반적으로 면허 또는 자격 없이 침술행위를 하는 것은 의료법 제25조의 무면허 의료행위(한방의료행위)에 해당되어 같은 법 제66조에 의하여 처벌되어야 하는 것이며, 그 침술행위가 광범위하고 보편화된 민간요법이고 그 시술로 인한 위험성

이 적다는 사정만으로 그것이 바로 사회상규에 위배되지 아니하는 행위에 해당한다고 보기는 어렵다 할 것이고, 다만 개별적인 경우에 그 침술행위의 위험성의 정도, 일반인들의 시각, 시술자의 시술의 동기, 목적, 방법, 횟수, 시술에 대한 지식수준, 시술경력, 피시술자의 나이, 체질, 건강상태, 시술행위로 인한 부작용 내지 위험발생 가능성 등을 종합적으로 고려하여 법질서 전체의 정신이나 그 배후에 놓여 있는 사회윤리 내지 사회통념에 비추어 용인될 수 있는 행위에 해당한다고 인정되는 경우에만 사회상규에 위배되지 아니하는 행위로서 위법성이 조각된다고 할 것이다(대법원 2000.4.25, 98도2389).

㉤ (○) 대법원 2007.12.28, 2007도7717

19

정답 ①

① ㄴㄷㄹ

㉠ (○) 대법원 2017.3.15, 2013도2168

㉡ (×) 임의적 감면이 아니라 책임조각으로 벌하지 아니한다. 제22조 제3항, 제21조 제3항 참조.

㉢ (×) 사회적 법익은 피해자의 승낙의 대상이 되는 법익이 아니다. 대법원 1985.12.10, 85도1892 참조.

㉣ (×) 사망한 사람 명의의 사문서에 대하여도 문서에 대한 공공의 신용을 보호할 필요가 있다는 점을 고려하면, 문서명의인이 이미 사망하였는데도 문서명의인이 생존하고 있다는 점이 문서의 중요한 내용을 이루거나 그 점을 전제로 문서가 작성되었다면 이미 문서에 관한 공공의 신용을 해할 위험이 발생하였다 할 것이므로, 그러한 내용의 문서에 관하여 사망한 명의자의 승낙이 추정된다는 이유로 사문서위조죄의 성립을 부정할 수는 없다(대법원 2011.9.29, 2011도6223).

㉤ (○) 근로자의 쟁의행위가 형법상 정당행위에 해당하려면, ⓐ 주체가 단체교섭의 주체로 될 수 있는 자이어야 하고, ⓑ 목적이 근로조건의 향상을 위한 노사 간의 자치적 교섭을 조성하는 데에 있어야 하며, ⓒ 사용자가 근로자의 근로조건 개선에 관한 구체적인 요구에 대하여 단체교섭을 거부하였을 때 개시하되 특별한 사정이 없는 한 조합원의 찬성결정 등 법령이 규정한 절차를 거쳐야 하고, ⓓ 수단과 방법이 사용자의 재산권과 조화를 이루어야 함은 물론 폭력의 행사에 해당되지 아니하여야 한다는 조건을 모두 구비하여야 한다. 이러한 기준은 쟁의행위의 목적을 알리는 등 적법한 쟁의행위에 통상 수반되는 부수적 행위가 형법상 정당행위에 해당하는지 여부를 판단할 때에도 동일하게 적용된다(대법원 2022.10.27, 2019도10516).

20

정답 ②

② ㄴㄷㄹ

㉠ (×) 피고인이 단순히 민원인의 자료협조요청에 응하여 이 사건 자료를 제공하는 데 그치지 않고 이 사건 자료 제공의 대가로 금원을 교부받은 이상 이러한 피고인의 행위가 형법 제20조가 규정하는 정당행위에 해당하지 않는다(대법원 2009.5.14, 2008도8852).

㉡ (○) 호텔 내 주점의 임대인이 임차인의 차임 연체를 이유로 계약서상 규정에 따라 위 주점에 대하여 단전·단수조치를 취한 경우, ⓐ 약정 기간이 만료되었고 임대차보증금도 차임연체 등으로 공제되어 이미 남아있지 않은 상태에서 미리 예고한 후 단전·단수조치를 하였다면 형법 제20조의 정당행위에 해당하

지만, ⓑ 약정 기간이 만료되지 않았고 임대차보증금도 상당한 액수가 남아있는 상태에서 계약해지의 의사표시와 경고만을 한 후 단전·단수조치를 하였다면 정당행위로 볼 수 없다(대법원 2007.9.20, 2006도9157).

© (○) 최저임금액에 미달하는 임금 차액의 지급의무의 존재에 관하여 다툴 만한 근거가 있다면, 사용자가 그 임금을 지급하지 아니한 데에 상당한 이유가 있다고 보아야 하므로 사용자에게 구 최저임금법 제6조 제1항, 제28조 위반죄의 고의가 있었다고 인정하기 어렵다. … 소정근로시간을 단축한 단체협약 또는 취업규칙상 소정근로시간 조항이 탈법행위로 무효이어서 기존 소정근로시간을 기준으로 계산한 결과 사후적으로 사용자가 최저임금액보다 적은 임금을 지급한 것이 인정된다고 하여 곧바로 사용자에게 구 최저임금법 제6조 제1항, 제28조 위반죄의 고의가 있었다고 단정해서는 안 된다(대법원 2019.5.10, 2015도676).

② (○) 정보통신망법 제49조의 '타인의 비밀 침해 또는 누설'에서 요구되는 '정보통신망에 침입하는 등 부정한 수단 또는 방법'에는 부정하게 취득한 타인의 식별부호(아이디와 비밀번호)를 직접 입력하거나 보호조치에 따른 제한을 면할 수 있게 하는 부정한 명령을 입력하는 등의 행위에 한정되지 않는다. 이러한 행위가 없더라도 사용자가 식별부호를 입력하여 정보통신망에 접속된 상태에 있는 것을 기화로 정당한 접근권한 없는 사람이 사용자 몰래 정보통신망의 장치나 기능을 이용하는 등의 방법으로 타인의 비밀을 취득·누설하는 행위도 포함된다. 그와 같은 해석이 죄형법정주의에 위배된다고 볼 수는 없다(대법원 2018.12.27, 2017도15226).

⑩ (×) 이 사건 회사는 시설물 보안 및 화재 감시라는 정당한 이익을 위하여 이 사건 CCTV를 설치한 것으로 볼 수 있으므로, 비록 그 설치 과정에서 근로자들의 동의 절차나 노사협의회의 협의를 거치지 아니하였다 하더라도 그 업무가 법률상 보호할 가치가 없다고 평가할 수 없다. 따라서 이 사건 CCTV의 설치 및 운영을 통한 시설물 관리 업무는 업무방해죄의 보호대상에 해당한다. 피고인들의 공소사실 기재 각 행위는 이 사건 CCTV 카메라의 촬영을 불가능하게 하는 물적 상태를 만든 것으로 위력에 해당하고, 시설물 관리 업무를 방해할 위험성도 인정되므로, 구성요건해당성이 인정된다. … 회사가 CCTV를 작동시키지 않았거나 시험가동만 한 상태였으므로 근로자들의 권리가 실질적으로 침해되고 있었다고 단정하기 어려운 점, 피고인들이 공장부지의 외곽 울타리를 따라 설치되어 실질적으로 근로자를 감시하는 효과를 가진다고 보기 어려운 32대의 카메라를 포함하여 전체 CCTV의 설치 및 운영을 중단하라는 무리한 요구를 하고, 위 32대의 카메라에까지 검정색 비닐봉지를 씌웠던 점 등에 비추어 볼 때, 위 행위는 정당행위에 해당하지 않는다(대법원 2023.6.29, 2018도1917).

⑪ (×) 어떠한 행위가 범죄구성요건에 해당하지만 정당행위라는 이유로 위법성이 조각된다는 것은 그 행위가 적극적으로 용인·권장된다는 의미가 아니라 단지 특정한 상황 하에서 그 행위가 범죄행위로서 처벌대상이 될 정도의 위법성을 갖추지 못하였다는 것을 의미한다(대법원 2021.12.30, 2021도9680 참조). 이 사건 CCTV 카메라의 촬영을 불가능하게 한 각 행위들은 모두 위력에 의한 업무방해죄의 구성요건에 해당하고, 그중 회사가 CCTV를 작동시키지 않았거나 시험가동만 한 상태에서 촬영을 방해한 행위는 정당행위로 볼 수 없으나, 정식으로 CCTV 작동을 시작한 후에는 회사의 정당한 이익 달성이 명백하게 정보주체의 권리보다 우선하는 경우에 해당한다고 보기 어려워 그 촬영을 방해한 행위는 정당행위에 해당할 여지가 있다(대법원 2023.6.29, 2018도1917).

▶ 제2편 범죄론: 제4장 책임론

01	②	02	④	03	③	04	①	05	②
06	②	07	④	08	③	09	①	10	③
11	①	12	④	13	②	14	②	15	④
16	②	17	②	18	②	19	②	20	①

01
정답 ②

② ㉠㉢㉣㉤

㉠ (×) 철저한 생물학적 기준에 의한 형사미성년자이므로, 만 14세 미만의 자는 절대적 책임무능력자가 된다.

㉡ (○) 심신미약자의 행위는 형을 감경할 수 있다(제10조 제2항). 또한 검사는 형법 제10조 제1항에 따라 벌하지 아니하거나 같은 조 제2항에 따라 형을 감경할 수 있는 심신장애인으로서 금고 이상의 형에 해당하는 죄를 지은 자가 치료감호시설에서 치료를 받을 필요가 있고 재범의 위험성이 있는 경우(치료감호법 제2조 제1항 제1호) 등 치료감호대상자가 치료감호를 받을 필요가 있는 경우 관할 법원에 치료감호를 청구할 수 있다(동법 제4조 제1항).

㉢ (×) 듣거나 말하는 데 모두 장애가 있는 사람의 행위는 형을 감경한다(필요적 감경, 제11조, 청각 및 언어 장애인).

㉣ (×) 정신적 장애가 있는 자라고 하여도 '범행 당시' 정상적인 사물변별능력이나 행위통제능력이 있었다면 심신장애로 볼 수 없다(대법원 2007.2.8, 2006도7900).

㉤ (×) 사물변별능력이나 의사결정능력 중 어느 하나라도 없으면 심신상실자이다.

> 형법 제10조 제1항 소정의 심신상실자는 사물변별능력, 즉 사물의 선악과 시비를 합리적으로 판단하여 구별할 수 있는 능력이 결여되거나 의사결정능력, 즉 사물을 변별한 바에 따라 의지를 정하여 자기의 행위를 통제할 수 있는 능력이 결여된 상태에 있는 자를 말한다(대법원 1990.8.14, 90도1328).

02
정답 ④

④ ㉠㉡㉢㉤㉥

㉠ (×) 자기의 행위가 법령에 의하여 죄가 되지 아니하는 것으로 오인한 행위는 그 오인에 정당한 이유가 있는 때에 한하여 벌하지 아니한다(제16조).

㉡ (×) 듣거나 말하는 데 모두 장애가 있는 사람의 행위에 대해서는 형을 감경한다(제11조).

㉢ (×) 처분할 수 있는 자의 승낙에 의하여 그 법익을 훼손한 행위는 법률에 특별한 규정이 없는 한 벌하지 아니한다(제24조).

㉣ (○) 제23조 제1항의 규정이다.

㉤ (×) 저항할 수 없는 폭력이나 자기 또는 친족의 생명, 신체에 대한 위해를 방어할 방법이 없는 협박에 의하여 강요된 행위는 벌하지 아니한다(제12조).

㉥ (×) 자기 또는 타인의 법익에 대한 현재의 위난을 피하기 위한 행위는 상당한 이유가 있는 때에는 벌하지 아니한다(제22조 제1항). 위난을 피하지 못할 책임이 있는 자에 대하여는 전항의 규정을 적용하지 아니한다(동 제2항).

03
정답 ③

③ (○) 정신적 장애가 있는 자라고 하여도 범행 당시 정상적인 사물변별능력이나 행위통제능력이 있었다면 심신장애로 볼 수 없다(대법원 1992.8.18, 92도1425; 2007.2.8, 2006도7900; 2007.6.14, 2007도2360). 예를 들어, 평소 간질병 증세가 있었더라도 '범행 당시'에는 간질병이 발작하지 아니하였다면 이는 책임감면사유인 심신장애 내지 심신미약의 경우에 해당하지 아니한다(대법원 1983.7.26, 83도1239).

① (×) 범행 당시 14세 되지 아니한 자의 행위는 책임이 조각되어 벌할 수 없다(제9조).

② (×) 원칙적으로 충동조절장애와 같은 성격적 결함은 형의 감면사유인 심신장애에 해당하지 아니한다고 봄이 상당하다(대법원 1999.4.27, 99도693).

④ (×) 형법 제12조 소정의 저항할 수 없는 폭력은, 심리적인 의미에 있어서 육체적으로 어떤 행위를 절대적으로 하지 아니할 수 없게 하는 경우와 윤리적 의미에 있어서 강압된 경우를 말한다(대법원 1983.12.13, 83도2276).

04
정답 ①

① (○) 대법원 1991.12.10, 91도2393; 1997.2.14, 96도1241

② (×) 원칙적으로 충동조절장애와 같은 성격적 결함은 형의 감면사유인 심신장애에 해당하지 아니한다(대법원 2002.5.24, 2002도1541).

③ (×) 범행당시 정신분열증으로 심신장애의 상태에 있었던 피고인이 피해자를 살해한다는 명확한 의식이 있었고 범행의 경위를 소상하게 기억하고 있다고 하여 범행당시 사물의 변별능력이나 의사결정능력이 결여된 정도가 아니라 미약한 상태에 있었다고 단정할 수는 없는 것인바, 피고인이 피해자를 살해할 만한 다른 동기가 전혀 없고, 오직 피해자를 "사탄"이라고 생각하고 피해자를 죽여야만 피고인 자신이 천당에 갈 수 있다고 믿어 살해하기에 이른 것이라면, 피고인은 범행당시 정신분열증에 의한 망상에 지배되어 사물의 선악과 시비를 구별할 만한 판단능력이 결여된 상태에 있었던 것으로 볼 여지가 없지 않다

(대법원 1990.8.14, 90도1328).

④ (×) 고의에 의한 원인에 있어서 자유로운 행위뿐만 아니라 과실에 의한 경우까지 포함된다(다수설·판례).

05
정답 ②

② ㄱㄴㄷㄹ

㉠ (×) 과실이 없으면 책임도 없다는 책임주의를 결과적 가중범에도 적용하기 위하여 결과적 가중범의 중한 결과에 대한 예견가능성을 요구하게 된 것이다. 즉, 제15조 제2항의 예견가능성 요건은 책임주의와 깊은 관계가 있다.

㉡ (×) 대마초 흡연시에 이미 범행을 예견하고도 자의로 심신장애를 야기한 경우 형법 제10조 제3항에 의하여 심신장애로 인한 감경 등을 할 수 없다(대법원 1996.6.11, 96도857).

㉢ (×) 인격장애는 질병이나 뇌손상 기타 정신과적 장애가 없이 소아기나 청년기부터 시작되어 성인이 될 때까지 지속되면서 인격의 비정상적 성장으로 성격이 변이 … 일탈되어 발생하는 장애로서, 이러한 인격장애로 스트레스에 대하여 융통성이 없는 병적 적응 형태의 반응이 나타날 수도 있으나 이를 생물학적 의미에서 정신장애나 질환으로 볼 수는 없다. 이와 같이 인격장애 혹은 기타 성격적 결함에 기하여 자신의 충동을 억제하지 못하여 범죄를 저지르게 되는 현상은 정상인에게서도 얼마든지 찾아볼 수 있는 일로서, 특별한 사정이 없는 한 이와 같은 성격적 결함을 가진 자에 대하여 자신의 충동을 억제하고 법을 준수하도록 요구하는 것이 기대할 수 없는 행위를 요구하는 것이라고 할 수 없다(대법원 2016.2.19, 2015도12980 전원합의체).

㉣ (×) 소아기호증과 같은 질환이 있다는 사정은 그 자체만으로는 형의 감면사유인 심신장애에 해당하지 아니한다고 봄이 상당하고, 다만 그 증상이 매우 심각하여 원래의 의미의 정신병이 있는 사람과 동등하다고 평가할 수 있거나, 다른 심신장애사유와 경합된 경우 등에는 심신장애를 인정할 여지가 있다(대법원 2007.2.8, 2006도7900).

㉤ (○) 도의적 책임론이란 책임은 자유의사를 가진 자가 그 의사에 의하여 적법한 행위를 할 수 있었음에도 불구하고 위법한 행위를 선택하였으므로 이에 대해 윤리적 비난을 가하는 것이라는 견해를 말한다(의사책임, 행위책임). 도의적 책임론에 의할 때 보안처분은 형벌과는 다른 것이어서 재범의 위험성이 있을 때에만 인정한다.

[보충] 한편 책임의 근거를 성격책임·행위자책임에서 찾는 사회적 책임론에서는 책임무능력자에게도 반사회적 위험성을 감쇄하기 위한 폭넓은 보안처분의 필요성을 지지하게 된다.

06
정답 ②

② ㄱㄴㅁ

㉠ (○) 대법원 1992.7.28, 92도999

㉡ (○) 제10조 제3항에서 명문의 규정을 두고 있다.

㉢ (×) 간접정범과의 구조적 유사성설(행위와 책임의 동시존재원칙을 준수하고자 하는 소위 '일치설')의 입장이다. 이 견해는 원인설정행위를 실행행위로 보아 이를 실행의 착수시기로 인정한다는 점에서 구성요건적 실행행위의 정형성을 무시하게 된다는 문제점이 발생한다. 결국 이는 가벌성을 확장하게 되는 것이어서 최근에는 지지를 얻지 못하는 입장이다.

㉣ (×) 원인행위와 실행행위 간의 불가분적 관련성설(행위와 책임의 동시존재원칙의 예외를 인정하는 소위 '예외설')의 입장이다. 이 견해는 행위와 책임능력의 동시존재의 원칙에 대한 예외를 인정하는 입장이다.

㉤ (○) 대법원 1992.7.28, 92도999

07
정답 ④

④ ㄱㄴㄷㅁ

㉠ (×) 특별한 사정이 없는 한 성격적 결함을 가진 사람에 대하여 자신의 충동을 억제하고 법을 준수하도록 요구하는 것이 기대할 수 없는 행위를 요구하는 것이라고는 할 수 없으므로, 무생물인 옷 등을 성적 각성과 희열의 자극제로 믿고 이를 성적 흥분을 고취시키는 데 쓰는 성주물성애증이라는 정신질환이 있다고 하더라도 그러한 사정만으로는 절도 범행에 대한 형의 감면사유인 심신장애에 해당한다고 볼 수 없다(대법원 2013.1.24, 2012도12689).

㉡ (×) 형법 제10조 소정의 심신장애의 유무는 법원이 형벌제도의 목적 등에비추어 판단하여야 할 법률문제로서, 그 판단에 있어서는 전문감정인의 정신감정 결과가 중요한 참고자료가 되기는 하나, 법원으로서는 반드시 그 의견에 기속을 받는 것은 아니고, 그러한 감정 결과뿐만 아니라 범행의 경위, 수단, 범행 전후의 피고인의 행동 등 기록에 나타난 제반 자료 등을 종합하여 단독적으로 심신장애의 유무를 판단하여야 한다(대법원 1995.2.24, 94도3163).

㉢ (×) 행위자가 범죄행위 당시 심신미약 등 정신적 장애상태에 있었다고 하여 일률적으로 그 행위자의 상습성이 부정되는 것은 아니다. 심신미약 등의 사정은 상습성을 부정할 것인지 여부를 판단하는 데 자료가 되는 여러 가지 사정들 중의 하나일 뿐이다. 따라서 행위자가 범죄행위 당시 심신미약 등 정신적 장애상태에 있었다는 이유만으로 그 범죄행위가 상습성이 발현된 것이 아니라고 단정할 수 없고 다른 사정을 종합하여 상습성을 인정할 수 있어 심신미약의 점이 상습성을 부정하는 자료로 삼을 수 없는 경우가 있는가 하면, 경우에 따라서는 심신미약 등 정신적 장애상태에 있었다는 점이 다른 사정들과 함께 참작되어 그 행위자의 상습성을 부정하는 자료가 될 수도 있다(대법원 2009.2.12, 2008도11550).

㉣ (○) 항소이유서에서 명시적으로 심신장애 주장을 하지 않은 경우라도 법원이 직권으로 피고인의 심신장애 여부를 심리하였어야 한다는 이유로 원심판결을 파기한 사례이다(대법원 2009.4.9, 2009도870).

[보충] 항소법원은 판결에 영향을 미친 사유에 관하여는 항소이유서에 포함되지 아니한 경우에도 직권으로 심판할 수 있다(제346조 제2항).

㉤ (×) 원인에 있어서 자유로운 행위에 있어 책임모델설은 가벌성의 근거(책임)는 원인행위와의 불가분적 관련성에서 실행의 착수는 실행행위에서 찾는 입장으로 행위와 책임의 동시존재원칙의 예외모델을 제시한다.

[비교] 위 지문은 구성요건모델설에 대한 것이다. 이에 의하면 원인행위 자체를 구성요건적 실행행위로 파악하고(원인행위=구성요건), 원인행위시에 실행의 착수가 있다고 본다. 구성요건모델설(일치설)은 실행행위와 책임능력의 동시 존재의 원칙과는 일치하나, 구성요건적 정형성을 깨뜨릴 수 있다는 점에서 비판의 대상이 된다.

08

정답 ③

③ (×) 생물학적 판단과 심리적·규범적 판단의 혼합적 판단방법에 의한다.

① (○) 형법 제10조 소정의 심신장애의 유무는 법원이 형벌제도의 목적 등에 비추어 판단하여야 할 법률문제로서, 그 판단에 있어서는 전문감정인의 정신감정결과가 중요한 참고자료가 되기는 하나, 법원으로서는 반드시 그 의견에 기속을 받는 것은 아니고, 그러한 감정 결과뿐만 아니라 범행의 경위, 수단, 범행 전후의 피고인의 행동 등 기록에 나타난 제반 자료 등을 종합하여 독자적으로 심신장애의 유무를 판단하여야 한다(대법원 1996.5.10, 96도638).

② (○) 형법 제12조에서 말하는 강요된 행위는 저항할 수 없는 폭력이나 생명, 신체에 위해를 가하겠다는 협박 등 다른 사람의 강요행위에 의하여 이루어진 행위를 의미하는 것이지 어떤 사람의 성장교육과정을 통하여 형성된 내재적인 관념 내지 확신으로 인하여 행위자 스스로의 의사결정이 사실상 강제되는 결과를 낳게 하는 경우까지 의미한다고 볼 수 없다(대법원 1990. 3.27, 89도1670).

④ (○) 음주 또는 약물로 인한 심신장애 상태에서 성폭력범죄(제2조 제1항 제1호의 죄는 제외한다)를 범한 때에는 「형법」 제10조 제1항·제2항 및 제11조를 적용하지 아니할 수 있다(성폭력범죄의 처벌 등에 관한 특례법 제20조의 형법상 감경규정에 관한 특례).

09

정답 ①

① (×) 원인에 있어서 자유로운 행위의 가벌성의 근거를 원인설정행위에서 찾는 간접정범유사설은 원인행위 자체를 구성요건적 실행행위로 파악하기 때문에 '구성요건모델'이라고도 한다. 이 입장은 실행행위와 책임능력의 동시존재의 원칙과는 일치하나, 구성요건적정형성을 깨뜨릴 수 있다는 점에서 비판의 대상이 된다.

② (○), ③ (○) 형법 제10조 제3항은 "위험의 발생을 예견하고 자의로 심신장애를 야기한 자의 행위에는 전2항의 규정을 적용하지 아니한다"고 규정하고 있는 바, 이 규정은 고의에 의한 원인에 있어서의 자유로운 행위만이 아니라 과실에 의한 원인에 있어서의 자유로운 행위까지도 포함하는 것으로서 위험의 발생을 예견할 수 있었는데도 자의로 심신장애를 야기한 경우도 그 적용 대상이 된다고 할 것이어서, 피고인은 음주시에 교통사고를 일으킬 위험성을 예견하였는데도 자의로 심신장애를 야기한 경우에 해당하므로 위 법조항에 의하여 심신장애로 인한 감경 등을 할 수 없다(대법원 1992.7.28, 92도999).

④ (○) 제10조 제3항

10

정답 ③

③ ㉡㉢

㉠ (×) 법률의 착오란 단순한 법률의 부지의 경우를 말하는 것이 아니고 일반적으로 범죄가 되는 행위이지만 자기의 특수한 경우에는 법령에 의하여 허용된 행위로서 죄가 되지 아니한다고 그릇 인식하고 그와 같이 인식함에 있어 정당한 이유가 있는 경우라고 보고 있다(대법원 1991.10.11, 91도1566).

㉡ (○) 대법원 2005.6.10, 2005도835

㉢ (×) 대법원 2007.5.11, 2006도1993

㉣ (○) 대법원 2006.3.24, 2005도3717

㉤ (×) 전송의 방법으로 공중송신권을 침해하는 게시물이나 그 게시물이 위치한 웹페이지 등에 연결되는 링크를 한 행위자가, 정범이 공중송신권을 침해한다는 사실을 충분히 인식하면서 그러한 링크를 인터넷 사이트에 영리적·계속적으로 게시하는 등으로 공중의 구성원이 개별적으로 선택한 시간과 장소에서 침해 게시물에 쉽게 접근할 수 있도록 하는 정도의 링크 행위를 한 경우에는, 침해 게시물을 공중의 이용에 제공하는 정범의 범죄를 용이하게 하므로 공중송신권 침해의 방조범이 성립한다. 이러한 링크 행위는 정범의 범죄행위가 종료되기 전 단계에서 침해 게시물을 공중의 이용에 제공하는 정범의 범죄 실현과 밀접한 관련이 있고 그 구성요건적 결과 발생의 기회를 현실적으로 증대함으로써 정범의 실행행위를 용이하게 하고 공중송신권이라는 법익의 침해를 강화·증대하였다고 평가할 수 있다. 링크 행위자에게 방조의 고의와 정범의 고의도 인정할 수 있다(대법원 2021.9.9, 2017도19025 전원합의체). … 법률 위반 행위 중간에 일시적으로 판례에 따라 그 행위가 처벌대상이 되지 않는 것으로 해석되었던 적이 있었다고 하더라도 그것만으로 자신의 행위가 처벌되지 않는 것으로 믿은 데에 정당한 이유가 있다고 할 수 없다(대법원 2002.10.22, 2002도4260; 2021.11. 25, 2021도10903).

11

정답 ①

① (×) 행정청의 허가가 있어야 함에도 불구하고 허가를 받지 아니하여 처벌대상의 행위를 한 경우라도, 허가를 담당하는 공무원이 허가를 요하지 않는 것으로 잘못 알려 주어 이를 믿었기 때문에 허가를 받지 아니한 것이라면 허가를 받지 않더라도 죄가 되지 않는 것으로 착오를 일으킨 데 대하여 정당한 이유가 있는 경우에 해당하여 처벌할 수 없다(대법원 1992.5.22, 91도2525).

② (○) 약 23년간 경찰공무원으로 근무하여 온 형사계 강력반장이 검사의 수사지휘만 받으면 죄가 되지 아니하는 것으로 믿고 허위공문서를 작성하였다면 범행당시에는 강력반장으로 근무하고 있는 사람으로서 일반인들보다도 형벌법규를 잘 알고 있으리라 추단이 되고 이러한 피고인(경찰공무원)이 검사의 수사지휘만 받으면 허위로 공문서를 작성하여도 죄가 되지 아니하는 것으로 그릇 인식하였다는 것은 납득이 가지 아니하고, 가사 피고인이 그러한 그릇된 인식이 있었다 하여도 피고인의 직업 등에 비추어 그러한 그릇된 인식을 함에 있어 정당한 이유가 있다고 볼 수도 없으므로 형법 제16조에 의하여 처벌을 면할 수는 없다(대법원 1995.11.10, 95도2088).

③ (○) 건물의 임차인으로서 건축법의 관계 규정을 알지 못하여 임차건물을 자동차정비공장으로 사용하는 것이 건축법상의 무단용도변경 행위에 해당한다는 것을 모르고 사용을 계속하였다는 것이므로, 이는 단순한 법률의 부지에 해당한다고 할 것이고 피고인의 소위가 특히 법령에 의하여 허용된 행위로서 죄가 되지 않는다고 그릇 인식한 경우는 아니므로 범죄의 성립에 아무런 지장이 없다(대법원 1995.8.25, 95도1351).

④ (○) 자신의 행위가 무허가 의약품의 제조·판매행위에 해당하지 아니하는 것으로 오인하였다고 하더라도, 이는 사안을 달리하는 사건에 관한 대법원의 판례의 취지를 오해하였던 것에 불과하여 그와 같은 사정만으로는 그 오인에 정당한 사유가 있다고 볼 수 없다(대법원 1995.7.28, 95도1081).

12

④ (처벌 가능) 민사소송절차에서는 증언거부권 제도는 있으나 증언거부권 고지 절차는 존재하지 않으므로, 위 지문의 경우 절차위반의 위법이 없어 위증죄가 성립한다(대법원 2011.7.28, 2009도14928).

① (처벌 불가) 처벌되지 않는 행위를 하면서 처벌된다고 오인한 경우로서, 이를 처벌하는 현실상의 법질서가 없으므로 불가벌이다. 이 경우 정당한 이유의 유무는 따지지 아니한다.

② (처벌 불가) 실행의 수단 또는 대상의 착오로 인하여 결과의 발생이 불가능하고 위험성도 인정되지 않는 경우는 불능범에 해당하므로 불가벌이다.

③ (처벌 불가) 죄의 성립요소인 사실을 인식하지 못한 행위는 고의가 없는 경우이다(제13조 본문). 이 경우 원칙적으로 처벌하지 못하고 다만 이를 처벌하는 예외적인 규정이 있을 때에는 과실범으로 처벌할 수 있다(제13조 단서 및 제14조). 따라서 위 지문은 불가벌이다.

13

② ㉠㉢㉣㉤

㉠ (×) 비록 여러 지방자치단체장들이 관행적으로 그와 같은 간담회 개최 및 음식물 제공을 하여 왔고 행정자치부에서 이를 금지하는 구체적인 지침이 없으며, 그 비용을 행정자치부에서 마련한 업무추진비 집행기준을 준수하여 적법한 절차에 따라 업무추진비에서 지출하여 옴으로써, 피고인이 자신의 그와 같은 행위가 공직선거법 제112조 제2항 제4호 (가)목 또는 (나)목에서 정한 법령 또는 조례에 의한 금품제공행위 내지는 같은 항 제4호 각 목에서 정한 직무상의 행위와 동등하게 평가할 수 있는 행위에 해당하여 법령에 의하여 허용되는 행위라고 오인하였다고 하더라도 그러한 오인에 정당한 이유가 있다고 볼 수 없다(대법원 2007.11.16.2007도7205).

㉡ (○) 피고인으로서는 의정보고서 배부가 선거관리위원회의 공식적인 지도에 맞추어 행한 것으로 공직선거법에 위반되지 않는다고 믿을 수밖에 없었고, 또 그렇게 오인함에 있어서 정당한 이유가 있는 경우에 해당한다(대법원 2005.6.10, 2005도835).

㉢ (×) 피고인이 일본 영주권을 가진 재일교포로서 영리를 목적으로 이 사건 관세물품을 구입한 것이 아니라거나 국내 입국시 관세신고를 하지 않아도 되는 것으로 착오하였다는 등의 사정만으로는 위에서 말한 형법 제16조의 법률의 착오에 해당한다고 할 수 없다(대법원 2007.5.11, 2006도1993).

㉣ (×) 구 풍속영업의 규제에 관한 법률 제3조 제2호 위반행위를 한 피고인이 그 이전에 그와 유사한 행위로 '혐의없음' 처분을 받은 전력이 있다거나 일정한 시청차단장치를 설치하였다는 등의 사정만으로는, 형법 제16조의 정당한 이유가 있다고 볼 수 없다(대법원 2010.7.15, 2008도11679).

㉤ (×) 피고인들이 이 사건 사이트를 운영하던 도중에 대법원 2015.3.12, 2012도13748 판결이 선고되었지만, 이 판결은 대법원 2021.9.9, 2017도19025 전원합의체 판결로 변경되었다. 법률위반 행위 중간에 일시적으로 판례에 따라 그 행위가 처벌대상이 되지 않는 것으로 해석되었던 적이 있었다고 하더라도 그것만으로 자신의 행위가 처벌되지 않는 것으로 믿은 데에 정당한 이유가 있다고 할 수 없다(대법원 2002.10.22, 2002도4260; 2021.11.25, 2021도10903).

14

② ㉠㉢㉣

㉠ (×) 형법 제16조에서 "자기가 행한 행위가 법령에 의하여 죄가 되지 아니한 것으로 오인한 행위는 그 오인에 정당한 이유가 있는 때에 한하여 벌하지 아니한다."라고 규정하고 있는 것은 단순한 법률의 부지를 말하는 것이 아니고 일반적으로 범죄가 되는 경우이지만 자기의 특수한 경우에는 법령에 의하여 허용된 행위로서 죄가 되지 아니한다고 그릇 인식하고 그와 같이 그릇 인식함에 정당한 이유가 있는 경우에는 벌하지 않는다는 취지이다(대법원 2005.9.29, 2005도4592).

㉡ (○) 대법원 2006.3.24, 2005도3717

㉢ (×) 가감삼십전대보초와 한약 가지 수에만 차이가 있는 십전대보초를 제조하고 그 효능에 관하여 광고를 한 사실에 대하여 이전에 검찰의 혐의없음 결정을 받은 적이 있다면, 피고인이 비록 한의사 약사 한약업사 면허나 의약품판매업 허가가 없이 의약품인 가감삼십전대보초를 판매하였다고 하더라도 자기의 행위가 법령에 의하여 죄가 되지 않는 것으로 믿을 수밖에 없었고, 또 그렇게 오인함에 있어서 정당한 이유가 있는 경우에 해당한다(대법원 1995.8.25, 95도717).

㉣ (×) '혐의없음' 처분을 받은 전력이 있다거나 일정한 시청차단장치를 설치하였다는 등의 사정만으로는, 형법 제16조의 정당한 이유가 있다고 볼 수 없다(대법원 2010.7.15, 2008도11679).

15

④ ㉠㉡㉢

㉠ (○) 엄격고의설에 의하면 위법성의 인식이 없으면 고의가 조각된다고 보는 입장이다(고의설이란 위법성의 인식이 고의의 한 구성요소로 보는 입장으로서, 고의를 이해함에 있어서 사실에 대한 인식뿐만 아니라 위법성에 대한 인식까지 있어야 한다고 보는 견해를 말함). 따라서 허용구성요건착오를 일으킨 자의 경우 위법성의 인식이 없기 때문에 고의가 인정되지 않게 되고, 그렇다면 과실범의 성립만 문제될 뿐이기 때문에 과실범 처벌규정이 없는 경우에는 처벌의 공백이 생길 수 있게 된다는 비판을 받게 되는 것이다.

㉡ (○) 제한적 고의설에 의하면 위법성의 인식이 없더라도 위법성인식가능성이 있으면 고의가 있다는 이론이다(위법성인식가능성설이라고도 함). 그런데 원래 구성요건적 사실에 대한 인식이 없으나 인식가능성(예견가능성)이 있으면 고의가 부정되고 과실만 인정되는데 비하여, 위법성에 대하여는 인식가능성만 있어도 고의가 있다는 것은 균형에 맞지 않는 것이다.

㉢ (○) 엄격책임설에 의하면, 허용구성요건착오를 일으킨 경우도 다른 위법성의 착오들(법률의 부지, 효력의 착오, 포섭의 착오, 위법성조각사유의 존재 내지 범위에 관한 착오, 위법성조각사유의 법적 한계에 관한 착오)과 마찬가지로 모두 위법성의 착오(법률의 착오 내지 금지착오)로 보아 해결해야 한다는 입장이다. 따라서 허용구성요건의 착오를 일으킨 데 대하여 −형법 제16조를 적용하여− 그 착오에 정당한 이유가 있는 때에는 책임이 조각되어 무죄가 되고, 그 착오에 정당한 이유가 없는 때에는 책임이 인정되어 유죄 즉 "고의범"이 성립한다고 보게 된다. 생각해보면, 다른 유형의 중대한 착오들(예 밭에 들어와서 고구마를 서리하는 사람을 멧돼지로 오인하고 총을 쏘아 살해한 경우)의 경우에도 고의를 조각하여 과실범(위 예에서는 '과실치사

죄')의 죄책만 인정하면서, 유독 허용구성요건에 관한 착오의 경우에는 고의범이 성립한다고 보는 것은 법감정에 어긋날 수 있기 때문에 위 지문과 같은 비판이 제기되는 것이다. 이렇게 생각하면 알기 쉽다.

② (×) 법효과제한적 책임설에 의하면 위법성조각사유의 객관적 전제사실의 착오 즉 허용구성요건착오를 일으킨 자의 경우에는 불법고의(구성요건적 고의)는 인정하되 책임고의(심정반가치)만 조각된다고 보아 고의범의 성립을 인정하지 않고 과실범의 성립을 인정하는 해결책을 제시하고 있다. 이 설에 의하면, 허용구성요건착오를 일으킨 자에게 불법고의는 인정된다고 보기 때문에, 공범의 종속성의 정도에 관한 통설의 입장인 제한적 종속형식을 취할 때 허용구성요건의 착오를 일으킨 자에게 교사나 방조행위를 함으로써 이에 가공한 "공범의 성립도 인정할 수 있다"고 보게 된다. 여기에서 제한적 종속형식이라 함은 정범의 행위가 구성요건해당성과 위법성 즉 불법을 갖추고 있다면 공범이 성립할 수 있다고 보는 입장을 말한다(교사자를 교사범으로 처벌할 수 없게 되는 것은 제한적 책임설 중에서도 불법고의를 조각한다고 보는 유추적용설의 입장이라고 보면 됨).

⑩ (×) 위법성조각사유의 전제사실의 착오인 오상방위의 경우로서, 소극적 구성요건표지이론에 의하면 丙의 착오는 구성요건적 착오에 해당하여 구성요건적 고의가 조각되므로 乙에게 교사범이 성립할 여지가 없다.

16
정답 ②

② ㉠ㄴㄹ

㉠ (×) 형법 제20조의 정당행위에 관한 판례의 법리, 즉 사회상규에 의한 정당행위를 인정하려면, 행위의 동기나 목적의 정당성, 행위의 수단이나 방법의 상당성, 보호이익과 침해이익과의 법익균형성, 긴급성, 그 행위 외에 다른 수단이나 방법이 없다는 보충성 등의 요건을 갖추어야 하는데, 위 '목적·동기', '수단', '법익균형', '긴급성', '보충성'은 불가분적으로 연관되어 하나의 행위를 이루는 요소들로 종합적으로 평가되어야 하고, 그 중 행위의 긴급성과 보충성은 다른 실효성 있는 적법한 수단이 없는 경우를 의미하는 것이지 '일체의 법률적인 적법한 수단이 존재하지 않을 것'을 의미하는 것은 아니다(대법원 2023.5. 18, 2017도2760; 2023.11.2, 2023도10768).

㉡ (×) 피해자가 진술한 바와 같이 당시 왼손으로 휴대용 녹음기를 움켜쥔 상태에서 이를 활용함에 별다른 장애가 없었으므로 몸싸움을 하느라 신체적으로 뒤엉킨 상황에서 피해자가 실제로 위험한 물건을 꺼내어 움켜쥐고 있었다면, 그 자체로 위 관장의 생명·신체에 관한 급박한 침해나 위험이 초래될 우려가 매우 높은 상황이었고, 수사기관도 이러한 정황을 고려하였기에 원심에서 공소장을 변경하기 전까지 공소사실에 피고인이 한 행위의 이유·동기에 관하여 '위험한 물건으로 착각하여 빼앗기 위하여'라고 기재하였는바, 이러한 수사기관의 인식이야말로 당시 상황에 대한 객관적 평가이자 피고인이 피해자의 행동을 오인함에 정당한 이유가 있었음을 뒷받침하는 사정에 해당하며, 비록 원심에서 공소장변경을 통해 이 부분 기재를 공소사실에서 삭제하였다고 하여 수사기관의 당초 인식 및 평가가 소급하여 달라질 수 없음에도, 원심이 마치 그 삭제만으로 처음부터 그러한 사정이 존재하지 않았던 것처럼 '피고인이 피해자의 손에 있는 물건이 흉기라고 오인할만한 별다른 정황도 보이지 않

는다.'라고 단정한 것은 형사재판에서 범죄사실에 대한 증명 및 유죄 인정의 첫 걸음에 해당하는 것이자 검사에게 증명책임과 작성권한이 있는 공소사실 등에 대한 올바른 평가라고 보기 어렵다(대법원 2023.11.2, 2023도10768).

㉢ (○) 이 사건 당시 피고인의 행위는 적어도 주관적으로는 그 정당성에 대한 인식하에 이루어진 것이라고 보기에 충분하다(대법원 2023.11.2, 2023도10768).

㉣ (×) 원심은 피고인이 공소사실 기재 행위 당시 죄가 되지 않는 것으로 오인한 것에 대해 '정당한 이유'를 부정하여 공소사실을 유죄로 판단하였는바, 이러한 원심의 판단에는 위법성조각사유의 전제사실에 관한 착오, 정당한 이유의 존부에 관한 법리를 오해함으로써 판결에 영향을 미친 잘못이 있다(대법원 2023. 11.2, 2023도10768).

17
정답 ②

② 우월한 이익을 보호한 피난행위로서 (정당화적) 긴급피난에 해당된다(위법성조각사유).

①·④는 형법상 책임조각사유(제155조 제4항 및 제22조 제3항)이고, ③은 (제12조의 요건을 벗어나므로 형법상 책임조각사유는 아니고) 초법규적 책임조각사유이다.

18
정답 ②

② ㄴㄷㄹ

㉠ (×) 형법 제16조에서 "자기가 행한 행위가 법령에 의하여 죄가 되지 아니한 것으로 오인한 행위는 그 오인에 정당한 이유가 있는 때에 한하여 벌하지 아니한다."라고 규정하고 있는 것은 단순한 법률의 부지를 말하는 것이 아니고, 일반적으로 범죄가 되는 경우이지만 자기의 특수한 경우에는 '법령에 의하여 허용된 행위로서 죄가 되지 아니한다고 그릇 인식하고 그와 같이 그릇 인식함에 정당한 이유가 있는 경우에는 벌하지 않는다는 취지이다(대법원 2006.1.13, 2005도8873). 그리고 여기서 정당한 이유가 있는지 여부는 행위자에게 자기 행위의 위법의 가능성에 대해 심사숙고하거나 조회할 수 있는 계기가 있어 자신의 지적능력을 다하여 이를 회피하기 위한 진지한 노력을 다하였더라면 스스로의 행위에 대하여 위법성을 인식할 수 있는 가능성이 있었음에도 이를 다하지 못한 결과 자기 행위의 위법성을 인식하지 못한 것인지 여부에 따라 판단하여야 할 것이고, 이러한 위법성의 인식에 필요한 노력의 정도는 구체적인 행위정황과 행위자 개인의 인식능력 그리고 행위자가 속한 사회집단에 따라 달리 평가되어야 한다(대법원 2006.3.24, 2005도3717).

㉡ (○) 직장 상사의 범법행위에 가담한 부하에 대하여 직무상 지휘·복종관계에 있다는 이유만으로 범법행위에 가담하지 않을 기대가능성이 없다고는 할 수 없다(대법원 2005.7.29, 2004도5685).

㉢ (○) 피고인은 강도상해죄로 이미 유죄의 확정판결을 받았으므로 그 범행에 대한 증언을 거부할 수 없을 뿐만 아니라 나아가 사실대로 증언하여야 하고, 설사 피고인이 자신에 대한 형사사건에서 시종일관 그 범행을 부인하였다 하더라도 이러한 사정은 이 사건 위증죄에 관한 양형참작사유로 볼 수 있음은 별론으로 하고 이를 이유로 피고인에게 사실대로의 진술을 기대할 가능성이 없다고 볼 수는 없다(대법원 2008.10.23, 2005도10101).

㉣ (○) 자신의 지적 능력을 다하여 이를 회피하기 위한 진지한 노

력을 다하였다고 볼 수 없고, 그 결과 자신의 행위의 위법성을 인식하지 못한 것이므로 정당한 이유가 있다고 하기 어렵다(대법원 2006.3.24, 2005도3717).

ⓜ (×) 형법 제16조에서 자기가 행한 행위가 법령에 의하여 죄가 되지 아니한 것으로 오인한 행위는 그 오인에 정당한 이유가 있는 때에 한하여 벌하지 아니한다고 규정하고 있으므로 공무집행방해죄에서 공무집행의 적법성에 관한 피고인의 잘못된 법적 평가로 인하여 자신의 행위가 금지되지 않는다고 오인한 경우에는 그 오인에 정당한 이유가 있는지를 살펴보아야 한다. 이때 피고인의 오인에 정당한 이유가 있는지 여부는 구체적인 행위 정황, 오인에 이르게 된 계기나 원인, 행위자 개인의 인식 능력, 행위자가 속한 사회집단에서 일반적으로 기대되는 오인 회피 노력의 정도와 회피 가능성 등을 고려할 때 피고인이 이러한 오인을 회피할 가능성이 있는지에 따라 판단하여야 한다(대법원 2013.1.31, 2012도3475; 2006.3.24, 2005도3717). ⓐ 피고인이 술에 취하여 항의를 계속하다가 갑자기 경찰관 B에게 고성을 지르고 몸을 들이밀면서 다가간 상황에서, 경찰관 A가 피고인을 급하게 밀쳐내는 방법으로 피고인과 경찰관 B를 분리한 조치는 경찰관 직무집행법 제6조에서 정하는 '범죄의 예방과 제지'에 관한 적법한 공무에 해당하고, ⓑ 피고인이 경찰관 A를 밀친 행위로 나아가게 된 전제사실 자체에 관하여는 피고인의 인식에 어떠한 착오도 존재하지 않고, 다만 경찰관 A의 직무집행 적법성에 대한 주관적인 법적 평가가 잘못되었을 여지가 있을 뿐이므로 위법성 조각사유의 전제사실에 대한 착오가 있었다고 보기 어려우며, ⓒ 피고인에게 자신을 제지한 경찰관 A의 행위가 위법하다고 오인할 만한 정당한 이유가 있다고 할 수도 없다(대법원 2024.7.25, 2023도16951).

19

정답 ②

② ㉠㉡㉢

㉠ (×) 입학시험에 응시한 수험생으로서 자기 자신이 부정한 방법으로 탐지한 것이 아니고 우연한 기회에 미리 출제될 시험문제를 알게 되어 그에 대한 답을 암기하였을 경우 그 암기한 답에 해당된 문제가 출제되었다 하여도 위와 같은 경위로서 암기한 답을 그 입학시험 답안지에 기재하여서는 아니된다는 것을 그 일반수험생에게 기대한다는 것은 보통의 경우 도저히 불가능하다 할 것이다(대법원 1966.3.22, 65도1164).

㉡ (×) 처녀의 신분으로 이혼한 남자와 혼인한 후 남편의 전처가 이혼무효의 소를 제기함으로써 남편과 전처와의 혼인이 부활되고 자신의 혼인은 취소되었음에도 남편과 동거생활을 계속하다가 전처로부터 간통죄로 고소된 경우 간통죄의 구성요건에는 해당되지만 그러한 행위를 하지 않으리라는 기대가능성이 없다(인천지법 1993.1.6, 92고단4640).

㉢ (×) 수학여행을 온 대학교 3학년생 34명이 지도교수의 인솔하에 피고인 경영의 나이트클럽에 찾아와 단체입장을 원하므로 그들 중 일부만의 학생증을 제시받아 확인하여 본즉 그들이 모두 같은 대학교 같은 학과 소속의 3학년 학생들로서 성년자임이 틀림없어 나머지 학생들의 연령을 개별적, 기계적으로 일일이 증명서로 확인하지 아니하고 그들의 단체입장을 허용함으로써 그들 중에 섞여 있던 미성년자(19세 4개월 남짓된 여학생) 1인을 위 업소에 출입시킨 결과가 되었다면 피고인이 단체입장하는 위 학생들이 모두 성년자일 것으로 믿은 데에는 정당한

이유가 있었다고 할 것이고, 따라서 위와 같은 상황 아래서 피고인에게 위 학생들 중에 미성년자가 섞여 있을지도 모른다는 것을 예상하여 그들의 증명서를 일일이 확인할 것을 요구하는 것은 사회통념상 기대가능성이 없다고 봄이 상당하므로 이를 벌할 수 없다(대법원 1987.1.20, 86도874).

㉣ (○) 증언거부권 제도는 증인에게 증언의무의 이행을 거절할 수 있는 권리를 부여한 것이고, 형사소송법상 증언거부권의 고지 제도는 증인에게 그러한 권리의 존재를 확인시켜 침묵할 것인지 아니면 진술할 것인지에 관하여 심사숙고할 기회를 충분히 부여함으로써 침묵할 수 있는 권리를 보장하기 위한 것임을 감안할 때, 재판장이 신문 전에 증인에게 증언거부권을 고지하지 않은 경우에도 당해 사건에서 증언 당시 증인이 처한 구체적인 상황, 증언거부사유의 내용, 증인이 증언거부사유 또는 증언거부권의 존재를 이미 알고 있었는지 여부, 증언거부권을 고지 받았더라도 허위진술을 하였을 것이라고 볼 만한 정황이 있는지 등을 전체적ㆍ종합적으로 고려하여 증인이 침묵하지 아니하고 진술한 것이 자신의 진정한 의사에 의한 것인지 여부를 기준으로 위증죄의 성립 여부를 판단하여야 한다. 그러므로 헌법 제12조 제2항에 정한 불이익 진술의 강요금지 원칙을 구체화한 자기부죄거부특권에 관한 것이거나 기타 증언거부사유가 있음에도 증인이 증언거부권을 고지받지 못함으로 인하여 그 증언거부권을 행사하는 데 사실상 장애가 초래되었다고 볼 수 있는 경우에는 위증죄의 성립을 부정하여야 할 것이다(대법원 2010.1.21, 2008도942 전원합의체).

㉤ (○) 공무원에게 금원을 공여한 행위가 직장 상사의 지시 하에 행해진 것이라 하더라도 그와 같은 사정만으로 동인에게 뇌물 공여 이외의 반대행위를 기대할 수 없는 불가피한 경우였다고는 볼 수 없다(서울고법 1984.4.24, 84노138,84노959). 상사의 명령이 명백히 위법한 경우에는 이를 따라야 할 필요가 없는 것이다.

20

정답 ①

① ㉠㉡㉢

㉠ (○) 대법원 2010.11.11, 2007도8645

㉡ (○) 대법원 2001.2.23, 2001도204

㉢ (○) 대법원 2009.4.23, 2008도6829

㉣ (×) 위계로써 입시감독업무를 방해한 것이므로 업무방해죄에 해당한다(대법원 1991.11.12, 91도2211).

▶ 제2편 **범죄론: 제5장 미수론**

01	③	02	③	03	②	04	①	05	③
06	②	07	③	08	②	09	②	10	③
11	④	12	③	13	④	14	④	15	③
16	②	17	③	18	④	19	①	20	④

01

정답 ③

③ ㉠㉡㉢㉤

㉠ (○) 제90조 제1항 참조.

> **제90조(예비, 음모, 선동, 선전)** ① 제87조 또는 제88조의 죄를 범할 목적으로 예비 또는 음모한 자는 3년 이상의 유기징역이나 유기금고에 처한다. 단, 그 목적한 죄의 실행에 이르기 전에 자수한 때에는 그 형을 감경 또는 면제한다.

㉡ (○) 제120조 제1항 참조.

> **제120조(예비, 음모, 선동)** ① 전조 제1항, 제2항의 죄를 범할 목적으로 예비 또는 음모한 자는 2년 이상의 유기징역에 처한다. 단, 그 목적한 죄의 실행에 이르기 전에 자수한 때에는 그 형을 감경 또는 면제한다.

㉢ (×) 위계에 의한 공무집행방해죄(제137조)가 속한 제8장(공무방해에 관한 죄)에는 예비, 음모를 처벌하는 규정이 없다.

㉣ (×) 특수도주는 미수를 처벌하나, 예비를 벌하지 아니한다.

> **제150조(예비, 음모)** 제147조와 제148조의 죄를 범할 목적으로 예비 또는 음모한 자는 3년 이하의 징역에 처한다.

㉤ (○) 제175조 참조.

> **제175조(예비, 음모)** 제164조 제1항, 제165조, 제166조 제1항, 제172조 제1항, 제172조의2 제1항, 제173조 제1항과 제2항의 죄를 범할 목적으로 예비 또는 음모한 자는 5년 이하의 징역에 처한다. 단 그 목적한 죄의 실행에 이르기 전에 자수한 때에는 형을 감경 또는 면제한다.

㉥ (○) 제224조 참조.

> **제224조(예비, 음모)** 제214조, 제215조와 제218조 제1항의 죄를 범할 목적으로 예비 또는 음모한 자는 2년 이하의 징역에 처한다.

02

정답 ③

③ (×) 공범종속성설에 의하면 예비죄 자체가 독자적 범죄가 아니라는 점에서 예비죄에 대한 방조는 완전히 불가벌이라고 본다. "종범이 처벌되기 위하여는 정범의 실행의 착수가 있는 경우에만 가능하고 정범이 실행의 착수에 이르지 아니한 예비의 단계에 그친 경우에는 이에 가공하는 행위가 예비의 공동정범이 되는 경우를 제외하고는 이를 종범으로 처벌할 수 없다(대법원 1976.5.25, 75도1549)."

① (○) 제31조 3항에 교사를 받은 자가 범죄의 실행을 승낙하지 아니한 때에도 교사자에 대하여는 전항과 같다고 규정하고 있으며, 제343조 '강도할 목적으로 예비 또는 음모한 자는 7년 이하의 징역에 처한다' 의하면 강도죄의 예비, 음모를 처벌함을 확인할 수 있어 교사자를 예비에 준하여 처벌할 수 있다.

② (○) 2020.5.19. 개정형법에 의하여 강간죄 등에 대한 예비·음모죄가 신설되었다.

> **제305조의3(예비, 음모)** 제297조, 제297조의2, 제299조(준강간죄에 한정한다), 제301조(강간 등 상해죄에 한정한다) 및 제305조의 죄를 범할 목적으로 예비 또는 음모한 사람은 3년 이하의 징역에 처한다.

④ (○) 간수자의 도주원조는 제148조에 규정되어 있으며, 제150조에 의하면 제147조와 제148조의 죄를 범할 목적으로 예비 또는 음모한 자는 3년 이하의 징역에 처한다고 규정되어 있으므로, 간수자가 구금된 자를 도주할 목적으로 준비한 경우 처벌이 가능하다.

03

정답 ②

② ㉠㉣㉤

㉠ (○) 살인예비죄가 성립하기 위하여는 형법 제255조에서 명문으로 요구하는 살인죄를 범할 목적 외에도 살인의 준비에 관한 고의가 있어야 하며, 나아가 실행의 착수까지에는 이르지 아니하는 살인죄의 실현을 위한 준비행위가 있어야 한다(대법원 2009.10.29, 2009도7150).

㉡ (×) 예비단계에서 방조에 그쳤지만, 그 후 정범이 실행에 착수하였다면 −그리고 방조행위와 피방조자의 실행행위 사이에 기회증대적 관계가 인정되는 경우라면− 방조범이 성립한다(대법원 1983.3.8, 82도2873).

㉢ (×) 예비죄의 공동정범은 성립할 수 있다(대법원 2009.10.29, 2009도7150).

㉣ (○) 기수의 고의로 방조했으나 피방조자가 예비단계에 그친 경우, 예비죄의 종범으로 처벌할 수 없으며 불가벌이다(대법원 1976.5.25, 75도1549; 1979.11.27, 79도2201). 왜냐하면 공범종속성원칙상 정범의 범죄실행행위가 없는 이상 방조범이 성립할 수 없고, 방조범에 있어서는 기도된 방조를 따로 처벌하는 규정을 두고 있지 않은 이상 그 가벌성을 인정할 수 없기 때문이다.

㉤ (○) 예비·음모죄는 기본범죄에 대한 고의뿐만 아니라 기본범죄를 범할 목적이 있어야 성립하므로, 모든 예비·음모죄는 목적범이다.

04

① (○) 스키장 리프트탑승권은 유가증권이므로(대법원 1998.11.
24, 98도2967), 유가증권위조예비죄에 해당된다(제224조, 제214
조 제1항).
[참고] 판례에 의하면 예비죄의 중지는 인정되지 않으며(대법
원 1999.4.9, 99도424), 유가증권위조예비죄는 실행행위에 이르
기 전에 자수한 경우에도 필요적 감면규정이 없다(제224조 참
조). 이 점은 통화위조예비죄와는 다른 점이다.

② (×) 인질강요죄(제324조의2)는 예비를 벌하지 않는다. 인질강
도죄(제336조)가 예비·음모를 벌하는 것(제343조)과는 구별해
야 한다.
[보충] 미성년자약취유인 및 추행 등 목적에 의한 약취·유인
죄의 예비·음모는 처벌하나(제296조), 추행 등 목적이 없는 성
년자에 대한 단순약취·유인행위는 그 자체가 처벌규정이 없으
므로 예비·음모 처벌도 되지 않는다.

③ (×) 강제추행죄(제298조), 카메라이용촬영죄(성폭법 제14조),
정보통신망이용음란부호배포죄(정보통신망이용촉진 및 정보
보호 등에 관한 법률 제74조 제1항 제2호)는 예비를 벌하지 않
는다.
[보충] 강간죄 등은 예비·음모를 처벌하는 데 비하여 강제추
행죄는 예비·음모를 처벌하지 않음을 주의해야 한다. 제305조
의3 참조.

④ (×) 위증죄(제152조 제1항)는 일단 허위의 진술을 하더라도 동
일한 신문절차 내에서 이를 번복·시정하였다면 아예 죄가 되
지 않는다.

05

③ ㉠㉡㉢㉤

㉠ (×) 강도예비·음모죄가 성립하기 위하여는 예비·음모 행위
자에게 미필적으로라도 '강도'를 할 목적이 있음이 인정되어야
하고 그에 이르지 않고 단순히 '준강도'할 목적이 있음에 그치
는 경우에는 강도예비·음모죄로 처벌할 수 없다(대법원 2006.
9.14, 2004도6432).

㉡ (×) 정범이 실행의 착수에 이르지 아니한 예비의 단계에 그친
경우에는 이에 가공하는 행위가 예비의 공동정범이 되는 경우
를 제외하고는 종범의 성립을 부정하고 있다고 보는 것이 타당
하다(대법원 1976.5.25, 75도1549). 따라서 예비의 공동정범으
로 처벌할 수 있다.

㉢ (×) 외적행위는 객관적으로 보아서 살인죄의 실현에 실질적으
로 기여할 수 있는 행위이고, 살인죄를 범할 목적 및 살인의 준
비에 관한 고의가 인정될 뿐 아니라 그가 살인죄의 실현을 위
한 준비행위를 하였음을 인정할 수 있고, 따라서 甲에 대하여
살인예비죄가 성립한다(대법원 2009.10.29, 2009도7150).

㉣ (○) 방조범이 성립하기 위해서는 방조의 고의(정범의 실행을
방조)뿐만 아니라 정범의 고의(정범의 행위가 구성요건에 해당
하는 행위라는 인식과 의사)도 가지고 있어야 한다. 따라서 과
실에 의한 방조는 불가벌이다.

㉤ (×) 미수는 형법총칙에서 임의적 감경 등으로 처리하는 규정
이 있지만, 예비·음모에 대해서는 총칙에 이러한 규정을 두고
있지 않으므로 예비·음모를 처벌함에는 죄뿐만 아니라 형도
규정되어 있어야 한다. "형법 제28조에 의하면 범죄의 예비 또
는 음모는 특별한 죄형규정이 있을 때에 한하여 처벌할 수 있

도록 되어 있는데 부정선거관련자처벌법 제5조 제4항에 의하
면 동조 제1항에 예비, 음모와 미수는 처벌한다고 규정하고 있
으나 동 예비, 음모의 형에 관하여 아무런 규정이 없으며, 이를
본범이나 미수범에 준하여 처벌함은 죄형법정주의 원칙상 허용
할 수 없으니 결국 위 소위는 처벌할 수 없다(대법원 1979.12.
26, 78도957)."

06

② ㉠㉡㉢㉣

㉠ (×) 장물죄는 미수를 벌하는 규정이 없다.

㉡ (×) 공무집행방해죄, 위계에 의한 공무집행방해죄, 법정·국회
회의장모욕죄, 특수공무집행방해죄는 미수를 벌하지 않는다.

㉢ (×) 명예훼손죄는 미수를 벌하는 규정이 없다. 신용훼손죄, 업
무방해죄, 경매·입찰방해죄도 마찬가지이다.

㉣ (×) 도박죄나 상습도박죄, 도박개장죄 모두 미수를 벌하지 않
는다.

㉤ (○) 협박죄는 판례에 의하면 위험범이기는 하지만, 미수범 처
벌규정을 두고 있다(제286조). 예컨대 해악고지를 하였으나 상
대방에게 도달하지 않았거나 상대방이 인식하지 못하였거나 그
의미를 지각하지 못한 경우에는 협박미수가 될 것이다. 또한 특
수협박죄나 상습협박죄도 미수를 처벌하고 있다.

㉥ (○) 감금죄는 미수범 처벌규정이 있다(제280조). 체포·감금행
위로 인하여 잠재적 신체활동의 자유가 침해되었다면 기수에
도달한 것이고, 일시적 체포·감금행위와 같이 아직 그 상태에
도달하지 못한 경우에는 미수로 처벌될 것이다. 또한 중체포·
중감금죄, 특수체포·특수감금죄, 상습체포·감금죄도 미수를
처벌하고 있다.

㉦ (○) 횡령과 배임의 죄는 점유이탈물횡령죄를 제외하고는 모두
미수를 처벌하고 있다(제359조).

㉧ (○) 현주건조물방화죄는 예비·음모를 처벌하는 범죄이므로
(제175조), 당연히 미수를 처벌하는 규정을 두고 있다(제174조).
다만 방화의 죄 중에서도 과실범이나 결과적 가중범은 물론 미
수가 없지만, 자기소유일반건조물방화죄나 일반물건방화죄는
미수범 처벌규정이 없다는 것은 주의할 필요가 있다.

07

③ ㉠㉡㉤

㉠ (○) 제124조 참조.

> 제124조(불법체포, 불법감금) ① 재판, 검찰, 경찰 기타 인신
> 구속에 관한 직무를 행하는 자 또는 이를 보조하는 자가 그
> 직권을 남용하여 사람을 체포 또는 감금한 때에는 7년 이하의
> 징역과 10년 이하의 자격정지에 처한다.
> ② 전항의 미수범은 처벌한다.

㉡ (○) 제146조, 제149조 참조.

> 제146조(특수도주) 수용설비 또는 기구를 손괴하거나 사람에
> 게 폭행 또는 협박을 가하거나 2인 이상이 합동하여 전조 제1항
> 의 죄를 범한 자는 7년 이하의 징역에 처한다.
> 제149조(미수범) 전4조의 미수범은 처벌한다.

㉤ (○) 제142조, 제143조 참조.

> 제142조(공무상 보관물의 무효) 공무소로부터 보관명령을 받

거나 공무소의 명령으로 타인이 관리하는 자기의 물건을 손
상 또는 은닉하거나 기타 방법으로 그 효용을 해한 자는 5년
이하의 징역 또는 700만 원 이하의 벌금에 처한다.
제143조(미수범) 제140조 내지 전조의 미수범은 처벌한다.

08
정답 ②

② ⓛⓒⓔ㉤

㉠ (○) 이외에도 주관설은 실행의 착수시기가 너무 빨라진다는
비판도 제기된다.

ⓛ (×) 주관적 객관설 내지 개별적 객관설은 행위자의 관념(표상)
과 행위(공격)의 직접성을 동시에 중시하는 견해로서, 행위자의
주관적인 범죄계획에 비추어 범죄의사의 분명한 표명이라고 볼
수 있는 행위가 보호법익에 대한 직접적 위험을 발생시킨 때
실행의 착수가 있다는 입장이다(통설). 다만 '보호법익에 대한
직접적 위험을 발생시킨 때'라는 것은 여전히 모호한 기준이라
는 비판이 있으므로 '명확한 기준으로 제시한다'는 부분도 틀린
것이며, 대법원 판례는 주로 실질적 객관설을 취하면서 사안에
따라 형식적 객관설, 주관설, 개별적 객관설의 입장을 모두 적
용하므로 일관된 입장이라는 표현도 틀린 것이다.

ⓒ (×) 제145조 제2항의 집합명령위반죄를 제149조에서 미수범
을 처벌한다. 제319조 제2항의 퇴거불응죄를 제322조에서 미수
범을 처벌한다. 따라서 진정부작위범의 미수를 처벌하는 규정
이 있다는 것은 맞는 설명이다. 그러나 과실범은 모두 결과범으
로서 기수범의 형태로만 존재한다. 따라서 과실범의 미수란 이
론적으로도 있을 수 없으며 미수범 처벌규정도 없다.

ⓔ (×) 미수범은 각칙에 처벌규정이 있는 경우에 한하여 처벌된
다(제29조). 따라서 전단이 틀린 것이다. 이에 비해 예비의 중지
에 대해서는 부정설이 판례이다(아래 판례 참조). 따라서 후단
은 맞다.

> 중지범은 범죄의 실행에 착수한 후 자의로 그 행위를 중지한
> 때를 말하는 것이고 실행의 착수가 있기 전인 예비음모의 행
> 위를 처벌하는 경우에 있어서 중지범의 관념은 이를 인정할
> 수 없다(대법원 1999.4.9, 99도424).

㉤ (×) 각각 형식적 객관설과 실질적 객관설의 내용은 맞지만, 그
에 대한 비판은 서로 뒤바뀌어 있다.
[보충] 이외에도 실질적 객관설은 밀접행위설이라고도 하는데
밀접한 행위라는 개념이 모호하다는 비판도 받는다.

09
정답 ②

② (○) 대법원 2017.9.21, 2014도9960

① (×) 증거에 의하여 피해자가 피고인으로부터 강간미수 피해를
입은 후 피고인의 집에서 나가려고 하였는데 피고인이 피해자
가 나가지 못하도록 현관에서 거실 쪽으로 피해자를 세 번 밀
쳤고, 피해자가 피고인을 뿌리치고 현관문을 열고 나와 엘리베
이터를 누르고 기다리는데 피고인이 팬티 바람으로 쫓아 나왔
으며, 피해자가 엘리베이터를 탔는데도 피해자의 팔을 잡고 끌
어내리려고 해서 이를 뿌리쳤고, 피고인이 닫히는 엘리베이터
문을 손으로 막으며 엘리베이터로 들어오려고 하자 피해자가
버튼을 누르고 손으로 피고인의 가슴을 밀어낸 경우, 피고인은
피해자의 신체적 활동의 자유를 박탈하려는 고의를 가지고 피
해자의 신체에 대한 유형력의 행사를 통해 일시적으로나마 피

해자의 신체를 구속하였다고 볼 수 있다(체포미수 성립, 대법원
2018.2.28, 2017도21249).

③ (×) 피고인이 잠을 자고 있는 피해자의 옷을 벗긴 후 자신의
바지를 내린 상태에서 피해자의 음부 등을 만지고 자신의 성기
를 피해자의 음부에 삽입하려고 하였으나 피해자가 몸을 뒤척
이고 비트는 등 잠에서 깨어 거부하는 듯한 기색을 보이자 더
이상 간음행위에 나아가는 것을 포기한 경우, 준강간죄의 실행
에 착수하였다고 볼 수 있다(대법원 2000.1.14, 99도5187).

④ (×) 피고인은 범행 당일 피해자가 빨래를 걷으러 옥상으로 올
라 간 사이에 피해자의 다세대주택에 절취할 재물을 찾으려고
신발을 신은 채 거실을 통하여 안방으로 들어가 여기저기를 둘
러보고는 절취할 재물을 찾지 못하고 다시 거실로 나와서 두리
번거리고 있다가 피해자가 현관문을 통하여 거실로 들어가다가
마주치게 된 사실을 인정할 수 있다. 이와 같이 피고인이 방 안
으로 들어가다가 곧바로 피해자에게 발각되어 물색행위 등을
할 만한 시간적 여유가 없었던 경우가 아니고 피고인이 방 안
까지 들어갔다가 절취할 재물을 찾지 못하고 거실로 돌아 나온
경우라면 피고인이 절도의 목적으로 침입한 이상 물색행위를
하는 등 재물에 대한 피해자의 사실상의 지배를 침해하는 데
밀접한 행위를 하였던 것으로 보아야 한다(대법원 2003.6.24,
2003도1985,2003감도26).

10
정답 ③

③ ㉠ⓛⓒ

㉠ (○) 대법원 2011.1.13, 2010도9330

ⓛ (○) 대법원 2015.9.10, 2015도6980,2015모2524

ⓒ (○) 대법원 2015.3.20, 2014도16920

ⓔ (×) 피담보채권인 공사대금 채권을 실제와 달리 허위로 크게
부풀러 유치권에 의한 경매를 신청할 경우 정당한 채권액에 의
하여 경매를 신청한 경우보다 더 많은 배당금을 받을 수도 있
으므로, 소송사기죄의 실행의 착수에 해당한다.

㉤ (×) 성폭력처벌법위반(카메라등이용촬영)죄는 카메라 등을 이
용하여 성적 욕망 또는 수치심을 유발할 수 있는 타인의 신체
를 그 의사에 반하여 촬영함으로써 성립하는 범죄이고, 여기서
'촬영'이란 카메라나 그 밖에 이와 유사한 기능을 갖춘 기계장치
속에 들어 있는 필름이나 저장장치에 피사체에 대한 영상정보를
입력하는 행위를 의미한다(대법원 2011.6.9, 2010도10677). 따라
서 ① 범인이 피해자를 촬영하기 위하여 육안 또는 캠코더의 줌
기능을 이용하여 피해자가 있는지 여부를 탐색하다가 피해자를
발견하지 못하고 촬영을 포기한 경우에는 촬영을 위한 준비행
위에 불과하여 성폭력처벌법위반(카메라등이용촬영)죄의 실행
에 착수한 것으로 볼 수 없다(대법원 2011.11.10, 2011도12415).
이에 반하여 ② 범인이 카메라 기능이 설치된 휴대전화를 피해
자의 치마 밑으로 들이밀거나, 피해자가 용변을 보고 있는 화장
실 칸 밑 공간 사이로 집어넣는 등 카메라 등 이용 촬영 범행에
밀접한 행위를 개시한 경우에는 성폭력처벌법위반(카메라등이
용촬영)죄의 실행에 착수하였다고 볼 수 있다(대법원 2012.6.14,
2012도4449; 2014.11.13, 2014도8385 등; 2021.3.25, 2021도
749; 2021.8.12, 2021도7035).
[보충] ① 2021도749: 휴대전화를 든 피고인의 손이 피해자가
용변을 보고 있던 화장실 칸 너머로 넘어온 점, 카메라 기능이
켜진 위 휴대전화의 화면에 피해자의 모습이 보인 점 등에 비

추어 카메라등이용촬영죄의 실행의 착수를 인정한 사례이다. ② 2021도7035: 편의점에서 카메라 기능이 설치된 휴대전화를 손에 쥔 채 치마를 입은 피해자들을 향해 쪼그려 앉아 피해자의 치마 안쪽을 비추는 등 행위를 한 피고인에 대해 카메라등이용촬영죄의 실행의 착수를 인정한 사례이다.

11   정답 ④

④ (O) 주식회사의 대표이사가 대표권을 남용하는 등 그 임무에 위배하여 회사 명의로 의무를 부담하는 행위를 하더라도 일단 회사의 행위로서 유효하고, 다만 상대방이 대표이사의 진의를 알았거나 알 수 있었을 때에는 회사에 대하여 무효가 된다. 따라서 상대방이 대표권남용 사실을 알았거나 알 수 있었던 경우 그 의무부담행위는 원칙적으로 회사에 대하여 효력이 없고, 경제적 관점에서 보아도 이러한 사실만으로는 회사에 현실적인 손해가 발생하였다거나 실해 발생의 위험이 초래되었다고 평가하기 어려우므로, 달리 그 의무부담행위로 인하여 실제로 채무의 이행이 이루어졌다거나 회사가 민법상 불법행위책임을 부담하게 되었다는 등의 사정이 없는 이상 배임죄의 기수에 이른 것은 아니다. 그러나 이 경우에도 대표이사로서는 배임의 범의로 임무위배행위를 함으로써 실행에 착수한 것이므로 배임죄의 미수범이 된다(대법원 2017.7.20, 2014도1104 전원합의체). [유사판례] 배임죄는 타인의 사무를 처리하는 자가 그 임무에 위배하는 행위로써 재산상의 이익을 취득하거나 제3자로 하여금 이를 취득하게 하여 본인에게 손해를 가함으로써 성립하는바, 이 경우 그 임무에 위배하는 행위라 함은 처리하는 사무의 내용, 성질 등 구체적 상황에 비추어 법률의 규정, 계약의 내용 혹은 신의칙상 당연히 할 것으로 기대되는 행위를 하지 않거나 당연히 하지 않아야 할 것으로 기대하는 행위를 함으로써 본인과 사이의 신임관계를 저버리는 일체의 행위를 포함하고 그러한 행위가 법률상 유효한가 여부는 따져볼 필요가 없다. 비영리 재단법인의 이사장이 설립목적과는 다른 목적으로 기본재산을 매수하여 사용할 의도를 가진 공소외인과 사이에 기본재산의 직접적인 매도는 주무관청의 허가문제 등으로 불가능하자 이사진 등을 교체하는 방법으로 재단법인의 운영을 공소외인에게 넘긴 후 공소외인이 의도하는 사업을 할 수 있게 재단법인의 명칭과 목적을 변경함으로써 사실상 기본재산을 매각하는 효과를 얻되 그 대가로 금원을 받기로 하는 약정을 체결하고 그 일부를 수령한 경우, 주무관청의 허가의 문제로 법률상 유효한 약정인가 여부와 관계없이 재단법인과 사이의 신임관계를 저버린 배임행위에 해당한다(대법원 2001.9.28, 99도263).

① (X) 주간에 절도의 목적으로 다른 사람의 주거에 침입하여 절취할 재물의 물색행위를 시작하는 등 그에 대한 사실상의 지배를 침해하는 데에 밀접한 행위를 개시하면 절도죄의 실행에 착수한 것으로 보아야 한다(대법원 2003.6.24, 2003도1985).

② (X) 사기적인 방법으로 도금을 편취하려고 하는 자가 상대방에게 도박에 참가할 것을 권유하는 등 기망행위를 개시한 때에 실행의 착수가 있는 것으로 보아야 한다(대법원 2011.1.13, 2010도9330).

③ (X) 강간죄는 부녀를 간음하기 위하여 피해자의 항거를 불능하게 하거나 현저히 곤란하게 할 정도의 폭행 또는 협박을 개시한 때에 그 실행의 착수가 있다고 보아야 할 것이고, 실제로 그와 같은 폭행 또는 협박에 의하여 피해자의 항거가 불능하게

되거나 현저히 곤란하게 되어야만 실행의 착수가 있다고 볼 것은 아니다(대법원 2000.6.9, 2000도1253).

12   정답 ③

③ ㉠㉢

㉠ (X) 예비죄가 성립하려면 그 주관적 요건으로서 고의와 기본범죄를 범할 목적이 요구된다. 따라서 과실에 의한 예비는 성립할 수 없다.

㉡ (O) 불능미수 상황에서 자의로 중지한 경우 중지행위와 결과의 불발생 간에 인과관계가 없으므로 중지미수가 성립할 수 없다는 부정설과 장애미수 상황에서도 중지미수의 성립을 인정하면서 불능미수 상황에서 중지미수의 성립을 인정할 수 없다는 것에는 형의 불균형이 있으므로 중지미수의 성립을 인정하여야 한다는 긍정설이 대립한다.
[참고] 긍정설이 다수설이다.

㉢ (X) 이를 주관설이라 하는데, 중지미수의 자의성이 너무 협소하게 된다는 비판을 받는다.

㉣ (O) 업무상배임죄는 타인과의 신뢰관계에서 일정한 임무에 따라 사무를 처리할 법적 의무가 있는 자가 그 상황에서 당연히 할 것이 법적으로 요구되는 행위를 하지 않는 부작위에 의해서도 성립할 수 있다(대법원 2012.11.29, 2012도10139 등). 그러한 부작위를 실행의 착수로 볼 수 있기 위해서는 작위의무가 이행되지 않으면 사무처리의 임무를 부여한 사람이 재산권을 행사할 수 없으리라고 객관적으로 예견되는 등으로 구성요건적 결과 발생의 위험이 구체화한 상황에서 부작위가 이루어져야 한다. 그리고 행위자는 부작위 당시 자신에게 주어진 임무를 위반한다는 점과 그 부작위로 인해 손해가 발생할 위험이 있다는 점을 인식하였어야 한다(대법원 2021.5.27, 2020도15529).
[보충] 대법원은 위 도시개발사업의 진행 경과 등 제반 사정을 위에서 본 법리에 비추어 살펴보면, 피해자 조합이 환지예정지의 가치상승을 청산절차에 반영하지 못할 위험이 구체화한 상황에서 피고인이 자신에게 부여된 작위의무를 위반하였다고 인정하기 어려워 피고인이 부작위로써 업무상배임죄의 실행에 착수하였다고 볼 수 없다고 본 것이다.

13   정답 ④

④ (X) 타인의 사망을 보험사고로 하는 생명보험계약을 체결함에 있어 제3자가 피보험자인 것처럼 가장하여 체결하는 등으로 그 유효요건이 갖추어지지 못한 경우에도, 보험계약 체결 당시에 이미 보험사고가 발생하였음에도 이를 숨겼다거나 보험사고의 구체적 발생 가능성을 예견할 만한 사정을 인식하고 있었던 경우 또는 고의로 보험사고를 일으키려는 의도를 가지고 보험계약을 체결한 경우와 같이 보험사고의 우연성과 같은 보험의 본질을 해칠 정도라고 볼 수 있는 특별한 사정이 없는 한, 그와 같이 하자 있는 보험계약을 체결한 행위만으로는 미필적으로라도 보험금을 편취하려는 의사에 의한 기망행위의 실행에 착수한 것으로 볼 것은 아니다. 그러므로 그와 같이 기망행위의 실행의 착수로 인정할 수 없는 경우에 피보험자 본인임을 가장하는 등으로 보험계약을 체결한 행위는 단지 장차의 보험금 편취를 위한 예비행위에 지나지 않는다(대법원 2013.11.14, 2013도7494).

① (O) 대법원 2006.9.14, 2004도6432

② (○) 대법원 1977.6.28, 77도251

③ (○) 대법원 2015.1.22, 2014도10978 전원합의체

14 　　　　　　　　　　　　　　　　　　정답 ④

④ (○) 실행미수에 있어서 중지미수의 객관적 요건으로서의 결과발생의 방지행위는 원칙적으로 행위자 자신이 직접 해야 하지만, 제3자에 의한 결과방지라도 범인 자신의 결과방지와 동일시될 수 있는 경우에는 결과방지행위로 인정된다.

① (×) 현주건조물방화기수이다.

② (×) 乙은 살인죄의 중지미수이나, 甲은 장애미수이다.

③ (×) 공동정범에 있어서 중지미수가 인정되려면 다른 공범자의 행위를 모두 중지시키거나 결과발생을 방지하는 행위가 필요하다. 이 경우 특수강간기수(내지 강간죄의 공동정범)에 해당된다.

15 　　　　　　　　　　　　　　　　　　정답 ③

③ (×) 이른바 중지미수라 함은 범죄의 실행행위에 착수하고 그 범죄가 완수되기 전에 자기의 자유로운 의사에 따라 범죄의 실행행위를 중지하는 것으로서 장애미수와 대칭되는 개념이나, 중지미수와 장애미수를 구분하는데 있어서는 범죄의 미수가 자의에 의한 중지냐 또는 어떤 장애에 의한 미수냐에 따라 가려야 하고 특히 자의에 의한 중지중에서도 일반사회통념상 장애에 의한 미수라고 보여지는 경우를 제외한 것을 중지미수라고 풀이함이 일반이다. 소론(피고인의 상고이유)은 피고인 등의 이 사건 범행은 원료불량으로 인한 제조상의 애로, 제품의 판로문제, 범행탄로시의 처벌공포, 원심 공동피고인의 포악성 등으로 인하여 히로뽕 제조를 단념한 것이므로 중지미수로서 형법 제26조를 적용하여야 한다는 취지이나 원심이 인용한 제1심판결이 적법하게 확정한 바에 따르면 피고인 등은 염산에페트린으로 메스암페타민합성 중간제품을 만드는 과정에서 그 범행이 발각되어 검거됨으로써 메스암페타민 제조의 목적을 이루지 못하고 미수에 그쳤다는 것이므로 피고인 등의 범행과정에 설사 소론과 같은 사정이 있었다는 사정만으로서는 이를 중지미수라 할 수 없는 것이므로 소론 상고논지 역시 그 이유가 없다(대법원 1985.11.12, 85도2002).

① (○) 피고인이 미성년자를 유인하여 금원을 취득할 마음을 먹고 공소외 갑으로 하여금 피해자를 유인토록 하였으나 동인의 거절로 미수에 그치고, 같은달 2차에 걸쳐 다시 피해자를 유인하였으나 마음이 약해져 각 실행을 중지하여 미수에 그치고, 다음달 드디어 동 피해자를 인치, 살해하고 금원을 요구하는 내용의 협박편지를 피해자의 마루에 갖다 놓고 피해자의 안전을 염려하는 부모로부터 재물을 취득하려 했다면, 피고인은 당초의 범의를 철회 내지 방기하였다가 다시 범의를 일으켜 위 마지막의 약취유인 살해에 이른 것이라고 하지 않을 수 없으니, 그간에 범의의 갱신이 있어 그간의 범행이 단일한 의사발동에 인한 것이라고는 할 수 없으므로 위 각 미수죄와 기수죄를 경합범으로 의율한 원심판단은 정당하다(대법원 1983.1.18, 82도2761).

② (○) 대법원 1993.4.13, 93도347

④ (○) 대법원 1984.9.11, 84도1381

16 　　　　　　　　　　　　　　　　　　정답 ②

② ㉢㉣

㉠ (×) 피고인이 범행이 발각될 것이 두려워 범행을 중지한 것으

로서 일반 사회통념상 범죄를 완수함에 장애가 되는 사정에 해당하여 자의에 의한 중지미수로 볼 수 없다(대법원 2011.11.10, 2011도10539).

㉡ (×) 치솟는 불길에 놀라거나 자신의 신체안전에 대한 위해 또는 범행 발각시의 처벌 등에 두려움을 느끼는 것은 일반 사회통념상 범죄를 완수함에 장애가 되는 사정에 해당한다고 보아야 할 것이므로, 이를 자의에 의한 중지미수라고는 볼 수 없다(대법원 1997.6.13, 97도957).

㉢ (×) 실행미수의 중지에 있어서 중지행위는 행위자 자신이 직접 하여야 하는 것이 원칙이지만 타인의 도움을 받아 결과발생을 방지하여도 가능하다. 다만 행위자 자신이 결과발생을 방지한 것과 동일한 평가를 받을 수 있을 정도의 행위자 자신의 진지한 노력이 있어야 한다. 사안의 경우 甲으로 하여금 119에 신고하여 피해자를 병원에 후송하게 하고 피고인은 체포될 것이 두려워서 도망을 친 경우는 자신의 결과방지와 동일시될 수 있는 진지성이 결여되어 있으므로 중지미수의 성립 요건인 결과발생의 적극적 방지가 있다고 볼 수 없고 따라서 피고인에게는 살인죄의 장애미수가 성립하게 된다.

㉣ (○) 피고인이 피해자를 강간하려다가 피해자의 다음번에 만나 친해지면 응해 주겠다는 취지의 간곡한 부탁으로 인하여 그 목적을 이루지 못한 후 피해자를 자신의 차에 태워 집에까지 데려다 주었다면 피고인은 자의로 피해자에 대한 강간행위를 중지한 것이고 피해자의 다음에 만나 친해지면 응해 주겠다는 취지의 간곡한 부탁은 사회통념상 범죄실행에 대한 장애라고 여겨지는 아니하므로 피고인의 행위는 중지미수에 해당한다(대법원 1993.10.12, 93도1851).

㉤ (×) 많은 피가 흘러나오는 것에 놀라거나 두려움을 느끼는 것은 일반 사회통념상 범죄를 완수함에 장애가 되는 사정에 해당한다고 보아야 할 것이므로, 이를 자의에 의한 중지미수라고 볼 수 없다(대법원 1999.4.13, 99도640).

㉥ (×) 타인의 재물을 공유하는 자가 공유자의 승낙을 받지 않고 공유대지를 담보에 제공하고 가등기를 경료한 경우 횡령행위는 기수에 이르고 그후 가등기를 말소했다고 하여 중지미수에 해당하는 것이 아니다(대법원 1978.11.28, 78도2175).

17 　　　　　　　　　　　　　　　　　　정답 ③

③ ㉠㉡㉢

㉠ (○) 착수미수와 실행미수의 구별에 관한 주관설 중 전체행위설(범행계획설)에 대한 설명이다.

　[보충] 즉, 중지미수의 성립범위가 너무 확대된다.

㉡ (○) 착수미수는 행위자가 실행에 착수하였으나, 실행행위를 종료하지 못한 경우로서 실행행위의 계속을 포기하는 소극적 부작위만으로도 중지미수가 성립한다.

㉢ (○) 실행미수는 행위자가 실행에 착수하여 실행행위를 종료하였으나 결과가 발생하지 아니한 경우로서 중지미수가 성립하기 위해서는 결과발생을 방지하기 위한 적극적인 기여와 노력이 필요하다. 따라서 행위자가 행위의 계속을 중단하였는데도 결과가 발생한 때에는 이미 기수에 이른 것이므로 중지미수가 성립할 수 없다.

㉣ (×) 착수미수와 실행미수의 구별에 관한 주관설 중 개별행위설에 의하면 중지시에 행위자가 추가적 행위를 통해 범죄완성이 가능한데도 이를 포기한 경우이므로 착수미수에 해당한다.

ⓜ (○) 착수미수와 실행미수의 구별에 관한 객관설에 대한 설명이다.

[보충] 객관설에 의하면 중지미수의 성립범위가 너무 축소된다.

[정리] 2발의 총알로 상대방을 살해하려 하는 계획으로 제1탄을 쏘았는데 총알이 빗나갔는데 자의에 의하여 더 이상의 행위를 진행하지 않은 경우: 객관설에 의하면 장애미수, 주관설(및 절충설)에 의하면 중지미수

[보충] ① 객관설: 객관적으로 결과발생이 가능한 경우에 속한다. 객관설에 의하면 실행미수로 파악하고 적극적 결과의 방지 행위가 없으므로 중지미수가 되지 않고 장애미수가 된다. ② 주관설: 더 이상의 행위를 중단함으로써 자의에 의한 중지가 가능할 수 있으므로 착수미수로 파악하여 중지미수가 될 수 있다. ③ 절충설: 행위자의 의사와 행위 당시의 객관적 사정을 종합하여 하나의 행위로 파악되면 착수미수, 서로 다른 행위로 파악되면 실행미수로 보는 견해이므로, 위 경우도 착수미수로서 중지미수가 된다.

18 정답 ④

④ (×) 자신은 통장의 현금인출카드를 소지하고 있으면서 언제든지 카드를 이용하여 차명계좌 통장으로부터 금원을 인출할 수 있었고, 명의인을 기망하여 위 통장으로 돈을 송금받은 이상, 이로써 송금받은 돈을 자신의 지배하에 두게 되어 편취행위는 기수에 이르렀다고 할 것이고, 이후 편취금을 인출하지 않고 있던 중 명의인이 이를 인출하여 갔다 하더라도 이는 범죄성립 후의 사정일 뿐 사기죄의 성립에 영향이 없다(대법원 2003.7.25, 2003도2252).

① (○) 대법원 2005.2.25, 2004도8259

② (○) 불능미수의 위험성 판단기준에 관하여 판례가 취하는 추상적 위험설의 입장이다(대법원 2019.3.28, 2018도16002 전원합의체).

③ (○) 대법원 2011.11.10, 2011도10539

19 정답 ①

① (×) 피고인이 원심상 피고인에게 피해자를 살해하라고 하면서 준 원비-디 병에 성인 남자를 죽게 하기에 족한 용량의 농약이 들어 있었고, 또 피고인이 피해자 소유 승용차의 브레이크호스를 잘라 브레이크액을 유출시켜 주된 제동기능을 완전히 상실시킴으로써 그 때문에 피해자가 그 자동차를 몰고 가다가 반대차선의 자동차와의 충돌을 피하기 위하여 브레이크 페달을 밟았으나 전혀 제동이 되지 아니하여 사이드브레이크를 잡아당김과 동시에 인도에 부딪치게 함으로써 겨우 위기를 모면하였다면 피고인의 위 행위는 어느 것이나 사망의 결과발생에 대한 위험성을 배제할 수 없다 할 것이므로 각 살인미수죄를 구성한다(대법원 1990.7.24, 90도1149).

② (○) 대법원 1983.7.12, 82도2114

③ (○) 불능미수로 본 원심을 깨고 위험성이 없다고 보아 불능범으로 본 판례이다: "불능범의 판단기준으로서 위험성 판단은 피고인이 행위 당시에 인식한 사정을 놓고 이것이 객관적으로 일반인의 판단으로 보아 결과발생의 가능성이 있느냐를 따져야 하므로 히로뽕제조를 위하여 에페트린에 빙초산을 혼합한 행위가 불능범이 아니라고 인정하려면 위와 같은 사정을 놓고 '객관적으로 제약방법을 아는 과학적 일반인'의 판단으로 보아 결과

발생의 가능성이 있어야 한다"(대법원 1978.3.28, 77도4049).

④ (○) 대법원 1984.2.28, 83도3331

20 정답 ④

④ ㉠㉡㉢

㉠ · ㉡ · ㉢ (○) 대법원 2019.3.28, 2018도16002 전원합의체

㉣ (×) 형법 제27조에서 정한 '실행의 수단 또는 대상의 착오'는 행위자가 시도한 행위방법 또는 행위객체로는 결과의 발생이 처음부터 불가능하다는 것을 의미한다. 그리고 '결과 발생의 불가능'은 실행의 수단 또는 대상의 원시적 불가능성으로 인하여 범죄가 기수에 이를 수 없는 것을 의미한다고 보아야 한다(대법원 2019.3.28, 2018도16002 전원합의체).

㉤ (×) 피고인의 행위가 준강간죄의 불능미수에 해당한다고 볼 수 있고, 나아가 ⓐ 이 사건 공소사실과 준강간죄의 불능미수 범죄사실 사이에 범행일시, 장소, 피고인의 구체적 행위 등 기본적 사실에 차이가 없고, ⓑ 공판 과정에서 준강간의 고의, 피해자의 항거불능 상태는 물론 준강간의 결과 발생 위험성에 관한 판단근거가 될 수 있는 피고인이 당시 인식한 피해자의 상태에 관한 공방 및 심리가 모두 이루어졌고 검사가 항소이유서에서 준강간죄의 불능미수 성립을 주장하고 피고인의 변호인이 그에 대한 답변서를 제출하기도 하여 직권으로 준강간죄 불능미수의 범죄사실을 인정하더라도 피고인의 방어권 행사에 실질적인 불이익을 초래할 염려가 있다고 볼 수 없으며, ⓒ 준강간죄의 불능미수가 중대한 범죄이고, 준강간죄의 장애미수와 사이에 범죄의 중대성, 죄질, 처벌가치 등 측면에서 별다른 차이가 없어, 공소장이 변경되지 않았다는 이유로 이를 처벌하지 않는다면 적정절차에 의한 신속한 실체적 진실의 발견이라는 형사소송의 목적에 비추어 현저히 정의와 형평에 반하므로 원심으로서는 준강간죄의 불능미수 범죄사실을 직권으로 인정하였어야 한다(대법원 2024.4.12, 2021도9043).

▶ 제2편 **범죄론: 제6장 정범과 공범론** [정범과 공범의 일반이론] ─ [종범 1]

01	③	02	②	03	③	04	③	05	③
06	②	07	④	08	②	09	③	10	④
11	②	12	③	13	③	14	③	15	③
16	④	17	④	18	④	19	④	20	③

01　　　　　　　　　　　　　　　정답 ③

③ ㉠㉡㉺

㉠ (○) 매도, 매수와 같이 2인 이상의 서로 대향된 행위의 존재를 필요로 하는 관계에 있어서는 공범이나 방조범에 관한 형법총칙 규정의 적용이 있을 수 없고, 따라서 매도인에게 따로 처벌규정이 없는 이상 매도인의 매도행위는 그와 대향적 행위의 존재를 필요로 하는 상대방의 매수범행에 대하여 공범이나 방조범관계가 성립되지 아니한다(대법원 2001.12.28, 2001도5158).

㉡ (×) 뇌물공여죄가 성립하기 위하여는 뇌물을 공여하는 행위와 상대방측에서 금전적으로 가치가 있는 그 물품 등을 받아들이는 행위가 필요할 뿐 반드시 상대방측에서 뇌물수수죄가 성립하여야 함을 뜻하는 것은 아니라 할 것이므로, 위 2억 원의 현금이 든 굴비상자를 제공한 공소외 1의 행위가 뇌물공여죄가 성립한다 하여 그가 제공하려고 한 물건의 뇌물성에 대한 인식이 없었던 피고인에 대하여도 뇌물수수죄가 반드시 성립하는 것은 아니다(대법원 2006.2.24, 2005도4737).

㉢ (×) 각 가담자에 대해 동일한 법정형이 부과되는 범죄로는 도박죄(제246조 제1항), 아동혹사죄(제274조), 인신매매죄(제289조 제1항)가 있다. 다만, 배임수증죄(제357조)의 경우 배임수재와 배임증재의 쌍방의 법정형이 다르다.

> **제357조(배임수증재)** ① 타인의 사무를 처리하는 자가 그 임무에 관하여 부정한 청탁을 받고 재물 또는 재산상의 이익을 취득하거나 제3자로 하여금 이를 취득하게 한 때에는 5년 이하의 징역 또는 1천만 원 이하의 벌금에 처한다. <개정 2016. 5.29.>
> ② 제1항의 재물 또는 재산상 이익을 공여한 자는 2년 이하의 징역 또는 500만 원 이하의 벌금에 처한다. <개정 2020.12.8.>
> ③ 범인 또는 그 사정을 아는 제3자가 취득한 제1항의 재물은 몰수한다. 그 재물을 몰수하기 불가능하거나 재산상의 이익을 취득한 때에는 그 가액을 추징한다. <개정 2020.12.8.>

㉣ (○) 대향범에 대하여는 공범에 관한 형법총칙 규정이 적용될 수 없어, 세무사의 사무직원으로부터 그가 직무상 보관하고 있던 임대사업자 등의 인적사항, 사업자소재지가 기재된 서면을 교부받은 행위가 세무사법상 직무상 비밀누설죄의 공동정범에 해당하지 않는다(대법원 2007.10. 25, 2007도6712).

㉤ (○) 변호사가 변호사 아닌 자에게 고용되어 법률사무소의 개설·운영에 관여하는 행위는 위 범죄가 성립하는 데 당연히 예상될 뿐만 아니라 범죄의 성립에 없어서는 아니 되는 것인데도 이를 처벌하는 규정이 없는 이상, 그 입법 취지에 비추어 볼 때 변호사 아닌 자에게 고용되어 법률사무소의 개설·운영에 관여한 변호사의 행위가 일반적인 형법 총칙상의 공모, 교사 또는 방조에 해당된다고 하더라도 변호사를 변호사 아닌 자의 공범으로서 처벌할 수는 없다고 할 것이다(대법원 2004.10.28, 2004도3994).

02　　　　　　　　　　　　　　　정답 ②

② ㉡㉢㉣

㉠ (×) 금품 등의 수수와 같이 2인 이상의 서로 대향된 행위의 존재를 필요로 하는 관계에 있어서는 공범이나 방조범에 관한 형법총칙 규정의 적용이 있을 수 없다. 따라서 금품 등을 공여한 자에게 따로 처벌규정이 없는 이상, 그 공여행위는 그와 대향적 행위의 존재를 필요로 하는 상대방의 범행에 대하여 공범관계가 성립되지 아니하고, 오로지 금품 등을 공여한 자의 행위에 대하여만 관여하여 그 공여행위를 교사하거나 방조한 행위도 상대방의 범행에 대하여 공범관계가 성립되지 아니한다(대법원 2014.1.16, 2013도6969).

㉡ (○) 2인 이상이 범죄에 공동가공하는 공범관계에 있어 공모는 법률상 어떤 정형을 요구하는 것이 아니고 2인 이상이 공모하여 범죄에 공동가공하여 범죄를 실현하려는 의사의 결합만 있으면 되는 것으로서, 순차적으로 또는 암묵적으로 상통하여 그 의사의 결합이 이루어지면 공모관계가 성립하고, 이러한 공모가 이루어진 이상 실행행위에 직접 관여하지 아니한 사람이라도 다른 공범자의 행위에 대하여 공동정범으로서의 형사책임을 진다. 따라서 사기의 공모공동정범이 그 기망방법을 구체적으로 몰랐다고 하더라도 공모관계를 부정할 수 없다(대법원 1997.9.12, 97도1706; 2013.8.23, 2013도5080).

㉢ (○) 형법 제188조에 규정된 교통방해에 의한 치사상죄는 결과적 가중범이므로, 위 죄가 성립하려면 교통방해 행위와 사상(사상)의 결과 사이에 상당인과관계가 있어야 하고 행위 시에 결과의 발생을 예견할 수 있어야 한다. 그리고 교통방해 행위가 피해자의 사상이라는 결과를 발생하게 한 유일하거나 직접적인 원인이 된 경우만이 아니라, 그 행위와 결과 사이에 피해자나 제3자의 과실 등 다른 사실이 개재된 때에도 그와 같은 사실이 통상 예견될 수 있는 것이라면 상당인과관계를 인정할 수 있다(대법원 2014.7.24, 2014도6206).

㉣ (○) 확정판결의 기판력이 미치며, 이는 범죄사실이 '보건범죄단속에 관한 특별조치법' 제5조 제1호 위반죄가 아니라 단순히 의료법 제27조 제1호 위반죄로 공소제기된 경우라고 하여 달리 볼 것이 아니다(대법원 2014.1.16, 2013도11649).

03

③ ⓛⓒⓔ

㉠ (×) 거래당사자가 개설등록을 하지 아니한 중개업자에게 중개를 의뢰하거나 미등기 부동산의 전매에 대하여 중개를 의뢰하였다고 하더라도, 공인중개사법은 중개행위를 처벌대상으로 삼고 있을 뿐이므로 그 중개의뢰행위 자체는 처벌 대상이 될 수 없으며, 또한 위와 같이 중개행위가 중개의뢰행위에 대응하여 서로 구분되어 존재하여야 하는 이상(대향범 관계에 있으므로 - 필자 주), 중개의뢰인의 중개의뢰행위를 중개업자의 중개행위와 동일시하여 중개행위에 관한 공동정범 행위로 처벌할 수도 없다(대법원 2013.6.27, 2013도3246).

㉡ (○), ㉣ (○) 2인 이상의 서로 대향된 행위의 존재를 필요로 하는 대향범에 대하여 공범에 관한 형법 총칙 규정이 적용될 수 없다(대법원 2004.10.28, 2004도3994 등). 이러한 법리는 해당 처벌규정의 구성요건 자체에서 2인 이상의 서로 대향적 행위의 존재를 필요로 하는 필요적 공범인 대향범을 전제로 한다. 구성요건상으로는 단독으로 실행할 수 있는 형식으로 되어 있는데 단지 구성요건이 대향범의 형태로 실행되는 경우에도 대향범에 관한 법리가 적용된다고 볼 수는 없다. … 처벌규정의 구성요건 자체에서 2인 이상의 서로 대향적 행위의 존재를 필요로 하는 필요적 공범인 대향범에 대하여 공범에 관한 형법 총칙 규정이 적용될 수 없으나, 마약류거래방지법 제7조 제1항의 '불법수익 등의 출처 또는 귀속관계 등을 숨기거나 가장하는 행위'는 처벌규정의 구성요건 자체에서 2인 이상의 서로 대향된 행위의 존재를 필요로 하지 않으므로 정범의 위 행위에 가담하는 행위에는 '형법 총칙의 공범 규정'이 적용된다(대법원 2022.6.30, 2020도7866).

㉢ (○) 어느 문서의 작성권한을 갖는 공무원이 그 문서의 기재 사항을 인식하고 그 문서를 작성할 의사로써 이에 서명날인하였다면, 설령 그 서명날인이 타인의 기망으로 착오에 빠진 결과 그 문서의 기재사항이 진실에 반함을 알지 못한 데 기인한다고 하여도, 그 문서의 성립은 진정하며 여기에 하등 작성명의를 모용한 사실이 있다고 할 수는 없으므로, 공무원 아닌 자가 관공서에 허위 내용의 증명원을 제출하여 그 내용이 허위인 정을 모르는 담당공무원으로부터 그 증명원 내용과 같은 증명서를 발급받은 경우 공문서위조죄의 간접정범으로 의율할 수는 없다(대법원 2001.3.9, 2000도938).

㉤ (×) 형사소송법 제312조 제1항에서 정한 '검사가 작성한 피의자신문조서'란 당해 피고인에 대한 피의자신문조서만이 아니라 당해 피고인과 공범관계에 있는 다른 피고인이나 피의자에 대하여 검사가 작성한 피의자신문조서도 포함되고, 여기서 말하는 '공범'에는 형법 총칙의 공범 이외에도 서로 대향된 행위의 존재를 필요로 할 뿐 각자의 구성요건을 실현하고 별도의 형벌 규정에 따라 처벌되는 강학상 필요적 공범 또는 대향범까지 포함한다. 따라서 피고인이 자신과 공범관계에 있는 다른 피고인이나 피의자에 대하여 검사가 작성한 피의자신문조서의 내용을 부인하는 경우에는 형사소송법 제312조 제1항에 따라 유죄의 증거로 쓸 수 없다(대법원 2023.6.1, 2023도3741).

[보충] 피고인과 변호인이 필로폰 매도 범행과 관련하여 필로폰을 매수한 '김○○에 대한 검찰 피의자신문조서 사본'에 대해 내용 부인 취지에서 증거로 사용함에 동의하지 않는다는 의견을 밝혔음에도, 원심이 이를 유죄인정의 증거로 사용한 것은 형사소송법 제312조 제1항에 관한 법리를 오해한 것이다.

04

③ (○) 보증인이 아닌 자가 허위 보증서 작성의 고의 없는 보증인들을 이용하여 허위의 보증서를 작성하게 한 경우, 부동산소유권 이전등기 등에 관한 특별조치법에 정한 '허위보증서작성죄'의 간접정범이 성립한다(대법원 1997.7.11, 97도1180; 2009.12.24, 2009도7815).

① (×) 자기에게 유리한 판결을 얻기 위하여 소송상의 주장이 사실과 다름이 객관적으로 명백하거나 증거가 조작되어 있다는 정을 인식하지 못하는 제3자를 이용하여 그로 하여금 소송의 당사자가 되게 하고 법원을 기망하여 소송 상대방의 재물 또는 재산상 이익을 취득하려 하였다면 간접정범의 형태에 의한 소송사기죄가 성립한다(대법원 2007.9.6, 2006도3591).

② (×) 외형상 적법하였다고 하더라도, 이는 피고인들에 의하여 국헌문란의 목적을 달성하기 위한 수단으로 이루어진 것이므로 내란죄의 폭동에 해당하고, 또한 이는 피고인들에 의하여 국헌문란의 목적을 달성하기 위하여 그러한 목적이 없는 대통령을 이용하여 이루어진 것이므로 피고인들이 간접정범의 방법으로 내란죄를 실행한 것으로 보아야 할 것이다(대법원 1997.4.17, 96도3376).

④ (×) 피고인이 피해자를 협박하여 그로 하여금 자상케 한 경우에 피고인에게 상해의 결과에 대한 인식이 있고 또 그 협박의 정도가 피해자의 의사결정의 자유를 상실케 함에 족한 것인 이상 피고인에 대하여 상해죄를 구성한다(대법원 1970.9.22, 70도1638).

05

③ (×) 강제추행죄는 사람의 성적 자유 내지 성적 자기결정의 자유를 보호하기 위한 죄로서 정범 자신이 직접 범죄를 실행하여야 성립하는 자수범이라고 볼 수 없으므로, 처벌되지 아니하는 타인을 도구로 삼아 피해자를 강제로 추행하는 간접정범의 형태로도 범할 수 있다. 여기서 강제추행에 관한 간접정범의 의사를 실현하는 도구로서의 타인에는 피해자도 포함될 수 있으므로, 피해자를 도구로 삼아 피해자의 신체를 이용하여 추행행위를 한 경우에도 강제추행죄의 간접정범에 해당할 수 있다(대법원 2018.2.8, 2016도17733).

① (○) 구 정치자금법 제45조 제1항의 정치자금을 기부한 자와 기부받은 자는 이른바 대향범인 필요적 공범관계에 있다. 이러한 공범관계는 행위자들이 서로 대향적 행위를 하는 것을 전제로 하는데, 각자의 행위가 범죄구성요건에 해당하면 그에 따른 처벌을 받을 뿐이고 반드시 협력자 전부에게 범죄가 성립해야 하는 것은 아니다. 정치자금을 기부하는 자의 범죄가 성립하지 않더라도 정치자금을 기부받는 자가 정치자금법이 정하지 않은 방법으로 정치자금을 제공받는다는 의사를 가지고 받으면 정치자금부정수수죄가 성립한다(대법원 2017.11.14, 2017도3449).

② (○) 사용자는 쟁의행위 기간 중 그 쟁의행위로 중단된 업무의 수행을 위하여 당해 사업과 관계없는 자를 채용 또는 대체할 수 없고, 이를 위반한 자는 1년 이하의 징역 또는 1천만 원 이하의 벌금으로 처벌된다[노동조합 및 노동관계조정법(이하 '노동조합법') 제91조, 제43조 제1항]. 여기서 처벌되는 '사용자'는 사업주, 사업의 경영담당자 또는 그 사업의 근로자에 관한 사항에 대하여 사업주를 위하여 행동하는 자를 말한다(제2조 제2호). 노동조합법 제91조, 제43조 제1항은 사용자의 위와 같은 행위를 처벌하도록 규정하고 있으므로, 사용자에게 채용 또는

대체되는 자에 대하여 위 법조항을 바로 적용하여 처벌할 수 없음은 문언상 분명하다. 나아가 채용 또는 대체하는 행위와 채용 또는 대체되는 행위는 2인 이상의 서로 대향된 행위의 존재를 필요로 하는 관계에 있음에도 채용 또는 대체되는 자를 따로 처벌하지 않는 노동조합법 문언의 내용과 체계, 법 제정과 개정 경위 등을 통해 알 수 있는 입법 취지에 비추어 보면, 쟁의행위 기간 중 그 쟁의행위로 중단된 업무의 수행을 위하여 당해 사업과 관계없는 자를 채용 또는 대체하는 사용자에게 채용 또는 대체되는 자의 행위에 대하여는 일반적인 형법 총칙상의 공범 규정을 적용하여 공동정범, 교사범 또는 방조범으로 처벌할 수 없다고 판단된다(대법원 2020.6.11, 2016도3048).

④ (○) 제34조 제1항 참조.

06   정답 ②

② ㉠㉢㉣

㉠ (○) 부정수표단속법의 목적이 부정수표 등의 발생을 단속 처벌함에 있고, 허위신고를 규정한 같은 법 제4조가 '수표금액의 지급 또는 거래정지처분을 면할 목적'이라고 규정하여 이를 요건으로 삼고 있는데, 수표금액의 지급책임을 부담하는 자 또는 거래정지처분을 당하는 자는 오로지 발행인에 국한되는 점에 비추어 볼 때, 발행인 아닌 자는 위 법조가 정한 허위신고죄의 주체가 될 수 없고, 허위신고의 고의 없는 발행인을 이용하여 간접정범의 형태로 허위신고죄를 범할 수도 없다(대법원 1992.11.10, 92도2342).

[보충] 타인으로부터 명의를 차용하여 수표를 발행하는 경우에 있어서도 수표가 제시됨으로써 당좌예금계좌에서 수표금액이 지출되거나 거래정지처분을 당하게 되는 자는 결국 수표의 지급인인 은행과 당좌예금계약을 체결한 자인 수표의 발행명의인이 되고, 수표가 제시된다고 하더라도 수표금액이 지출되거나 거래정지처분을 당하게 되는 자에 해당된다고 볼 수 없는 명의차용인은 부정수표단속법 제4조가 정한 허위신고죄의 주체가 될 수 없다(대법원 2003.1.24, 2002도5939).

㉡ (×) 감금죄는 간접정범의 형태로도 행하여질 수 있는 것이므로, 인신구속에 관한 직무를 행하는 자 또는 이를 보조하는 자가 피해자를 구속하기 위하여 진술조서 등을 허위로 작성한 후 이를 기록에 첨부하여 구속영장을 시청하고, 진술조서 등이 허위로 작성된 정을 모르는 검사와 영장전담판사를 기망하여 구속영장을 발부받은 후 그 영장에 의하여 피해자를 구금하였다면 형법 제124조 제1항의 직권남용감금죄의 간접정범이 성립한다(대법원 2006.5.25, 2003도3945).

㉢ (○) 출판물에 의한 명예훼손죄는 간접정범에 의하여 범하여질 수도 있으므로 타인을 비방할 목적으로 허위의 기사 재료를 그 정을 모르는 기자(고의는 있으나 목적 없는 피이용자)에게 제공하여 신문 등에 보도되게 한 경우에도 성립할 수 있다(대법원 2002.6.28, 2000도3045).

㉣ (○) 유가증권변조죄에서의 변조란 권한 없는 자가 진정하게 성립된 타인 명의의 유가증권 내용에 동일성을 해하지 않는 범위 내에서 변경을 가하는 것을 말하므로, 작성권한 없이 유가증권의 내용을 변경한 경우에는 변조로 되는 것이고 간접정범형태로도 범할 수 있다(대법원 2006.1.26, 2005도4764; 1984.11.27, 84도1862).

㉤ (×) 진정신분범인 수뢰죄의 간접정범이 되기 위해서는 공무원·중재인의 신분이 있어야 한다.

07   정답 ④

④ ㉠㉡㉢

㉠ (×) 판례는 행위공동설의 입장에서 과실범의 공동정범을 인정하고 있다.

㉡ (×) 피고인에게 공동가공의 의사와 공동의사에 기한 기능적 행위지배를 통한 범죄의 실행사실이 인정되므로 그 공모관계에서 이탈하였다고 볼 수 없고 강도상해죄의 공동정범으로서의 죄책을 진다(대법원 2008.4.10, 2008도1274).

㉢ (×) 소위 승계적 공동정범 문제에 있어서 선행자의 행위 도중 가담한 후행자의 귀책범위는 가담 이후의 부분으로 제한된다. 판례도 같은 입장이다. "계속된 배임적 거래행위 도중에 공동정범으로 범행에 가담한 자는 비록 그가 그 범행에 가담할 때에 이미 이루어진 종전의 범행을 알았다 하더라도 그 가담 이후의 범행에 대하여만 공동정범으로 책임을 진다고 할 것이므로, 거래행위 전체가 포괄하여 하나의 죄가 된다 할지라도 그 가담 이전의 거래행위에 대하여서까지 유죄로 인정할 수는 없다(대법원 1997.6.2, 97도163)."

㉣ (○) 구성요건행위를 직접 분담하여 실행하지 아니한 공모자가 공모공동정범으로 인정되기 위하여는 전체 범죄에 있어서 그가 차지하는 지위·역할이나 범죄경과에 대한 지배 내지 장악력 등을 종합하여 그에게 범죄에 대한 본질적 기여를 통한 기능적 행위지배가 존재하여야 한다(대법원 2010.7.15, 2010도3544).

㉤ (○) 형법이 금지하고 있는 법익침해의 결과발생을 방지할 법적인 작위의무를 지고 있는 자가 그 의무를 이행함으로써 결과발생을 쉽게 방지할 수 있는데도 결과발생을 용인하고 방관한 채 의무를 이행하지 아니한 것이 범죄의 실행행위로 평가될 만한 것이라면 부작위범으로 처벌할 수 있다(대법원 2016.4.15, 2015도15227). 실화죄에 있어서 공동의 과실이 경합되어 화재가 발생한 경우 적어도 각 과실이 화재의 발생에 대하여 하나의 조건이 된 이상은 그 공동적 원인을 제공한 사람들은 각자 실화죄의 책임을 면할 수 없다(대법원 1983.5.10, 82도2279). 피고인들의 행위 모두 이 사건 화재 발생에 공동의 원인이 되었고, 피고인들 각각의 행위와 이 사건 화재 발생 사이에 상당인과관계가 인정되므로, 피고인들 각자의 과실이 경합하여 이 사건 화재를 일으켰다고 보아 피고인 각자에게 실화죄의 죄책이 인정된다(대법원 2023.3.9, 2022도16120).

08   정답 ②

② ㉡㉣㉤

㉠ (×) 상명하복 관계에 있는 자들 사이에 있어서도 범행에 공동가공한 이상 공동정범이 성립하는 데 아무런 지장이 없는 것이다(대법원 1995.6.16, 94도1793; 2012.1.27, 2010도10739).

[참고] 국가정보원의 엄격한 상명하복 관계에서 그 수장인 피고인 1이 가지는 조직 장악력 등을 종합하면, 피고인 1이 비록 개별적 범행을 지시하지 않았더라도, 사이버팀의 활동 내역을 보고받으면서 활동을 승인하고 나아가 사이버팀 조직을 관리·확대하면서 사이버 활동의 구체적 내용에까지 막대한 영향을 미친 이상, 피고인 1은 범행의 핵심적 경과를 계획적으로 조종하거나 촉진하는 등으로 기능적 행위지배를 하였다고 인정할 수 있다. 한 피고인 1과 사이버팀 직원들 사이에 직접적인 접촉이나 모의가 없었더라도, 심리전단장인 피고인 3과 실행행위자인 사이버팀 직원들의 직접적인 공모관계가 있었고 피고인 1이

지휘 계통에 따라 피고인 2를 거쳐 피고인 3과 지시·보고를 통하여 순차 공모한 이상, 피고인 1에 대해서도 사이버팀 직원들의 범행에 대한 공모관계를 인정할 수 있다(대법원 2018.4.19, 2017도14322 전원합의체).

ⓒ (O) 대법원 2010.7.15, 2010도3544

ⓒ (×) 범죄의 수단과 태양, 가담하는 인원과 그 성향, 범행 시간과 장소의 특성, 범행과정에서 타인과의 접촉가능성과 예상되는 반응 등 제반 상황에 비추어, 공모자들이 그 공모한 범행을 수행하거나 목적 달성을 위해 나아가는 도중에 부수적인 다른 범죄가 파생되리라고 예상하거나 충분히 예상할 수 있는데도 그러한 가능성을 외면한 채 이를 방지하기에 족한 합리적인 조치를 취하지 아니하고 공모한 범행에 나아갔다가 결국 그와 같이 예상되던 범행들이 발생하였다면, 비록 그 파생적인 범행 하나하나에 대하여 개별적인 의사의 연락이 없었다고 하더라도 당초의 공모자들 사이에 그 범행 전부에 대하여 암묵적인 공모는 물론 그에 대한 기능적 행위지배가 존재한다고 보아야 할 것이다(대법원 2011.1.27, 2010도11030).

ⓒ (O) 대법원 1984.12.26, 82도1373

ⓒ (O) 도로교통법 제46조 제1항은 '자동차 등의 운전자는 도로에서 2명 이상이 공동으로 2대 이상의 자동차 등을 정당한 사유 없이 앞뒤로 또는 좌우로 줄지어 통행하면서 다른 사람에게 위해를 끼치거나 교통상의 위험을 발생하게 하여서는 아니 된다.'고 규정하고 있고, 제150조 제1호에서는 이를 위반한 사람에 대한 처벌규정을 두고 있다. 도로교통법 제46조 제1항에서 말하는 '공동 위험행위'란 2인 이상인 자동차 등의 운전자가 공동으로 2대 이상의 자동차 등을 정당한 사유 없이 앞뒤로 또는 좌우로 줄지어 통행하면서 신호위반, 통행구분위반, 속도제한위반, 안전거리확보위반, 급제동 및 급발진, 앞지르기금지위반, 안전운전의무위반 등의 행위를 하여 다른 사람에게 위해를 주거나 교통상의 위험을 발생하게 하는 것으로, 2인 이상인 자동차 등의 운전자가 함께 2대 이상의 자동차 등으로 위의 각 행위 등을 하는 경우에는 단독으로 한 경우와 비교하여 다른 사람에 대한 위해나 교통상의 위험이 증가할 수 있고 집단심리에 의해 그 위해나 위험의 정도도 가중될 수 있기 때문에 이와 같은 공동 위험행위를 금지하는 것이다(대법원 2007.7.12, 2006도5993). 위와 같은 도로교통법 위반(공동위험행위) 범행에서는 '2명 이상이 공동으로' 범행에 가담하는 것이 구성요건의 내용을 이루기 때문에 행위자의 고의의 내용으로서 '공동의사'가 필요하고, 위와 같은 공동의사는 반드시 위반행위에 관계된 운전자 전부 사이의 의사의 연락이 필요한 것은 아니고 다른 사람에게 위해를 끼치거나 교통상의 위험을 발생하게 하는 것과 같은 사태의 발생을 예견하고 그 행위에 가담할 의사로 족하다. 또한 그 공동의사는 사전 공모 뿐 아니라 현장에서의 공모에 의한 것도 포함된다(고의의 증명에 관한 대법원 2019.3.28, 2018도16002 전원합의체 등)(대법원 2021.10.14, 2018도10327).

09
정답 ③

③ (×) 오토바이를 절취하여 오면 그 물건을 사 주겠다고 한 것이 절도죄에 있어 공동정범의 성립을 인정하기 위하여 필요한 공동가공의 의사가 있었다고 보기 어렵다(대법원 1997.9.30, 97도1940).

① (O) 3인 이상의 범인이 합동절도의 범행을 공모한 후 적어도

2인 이상의 범인이 범행 현장에서 시간적, 장소적으로 협동관계를 이루어 절도의 실행행위를 분담하여 절도 범행을 한 경우에, 그 공모에는 참여하였으나 현장에서 절도의 실행행위를 직접 분담하지 아니한 다른 범인에 대하여도 그가 현장에서 절도 범행을 실행한 위 2인 이상의 범인의 행위를 자기 의사의 수단으로 하여 합동절도의 범행을 하였다고 평가할 수 있는 정범성의 표지를 갖추고 있는 한 공동정범의 일반 이론에 비추어 그 다른 범인에 대하여 합동절도의 공동정범으로 인정할 수 있다(대법원 2011.5.13, 2011도2021).

② (O) 형법 제331조 제2항의 특수절도에 있어서 주거침입은 그 구성요건이 아니므로, 절도범인이 그 범행수단으로 주거침입을 한 경우에 그 주거침입행위는 절도죄에 흡수되지 아니하고 별개로 주거침입죄를 구성하여 절도죄와는 실체적 경합의 관계에 있다(대법원 2009.12.24, 2009도9667). 손괴죄에 대해서는 공모 내용과는 다른 질적 초과의 경우로서 초과부분은 甲과 乙이 공모한 내용이 아니므로 甲만 손괴죄의 죄책을 지게 된다.

④ (O) 공모공동정범에 있어서의 모의는 두 사람 이상이 공동의 의사로 특정한 범죄행위를 하기 위하여 일체가 되어 서로가 다른 사람의 행위를 이용하여 각자 자기의 의사를 실행에 옮기는 것을 내용으로 하는 것이어야 하고, 그에 따라 범죄를 실행한 사실이 인정되어야만 공모공동정범이 성립되는 것이다(대법원 1988.9.13, 88도1114). 따라서 강간에 대해서는 공모한 내용과는 별개의 결과를 발생시킨 질적 초과에 해당한다. 즉 초과부분은 공모가 인정되지 않으므로 乙의 경우 특수강도죄만 성립한다.

10
정답 ④

④ ㉠㉡㉢

㉠ (O) 공모공동정범에 있어서 그 공모자 중의 1인이 다른 공모자가 실행행위에 이르기 전에 그 공모관계에서 이탈한 때에는 그 이후의 다른 공모자의 행위에 관하여 공동정범으로서의 책임은 지지 않는다고 할 것이고 그 이탈의 표시는 반드시 명시적임을 요하지 않는다(대법원 1986.1.21, 85도2371).

㉡ (O) 업무상배임죄의 실행으로 인하여 이익을 얻게 되는 수익자 또는 그와 밀접한 관련이 있는 제3자를 배임의 실행행위자와 공동정범으로 인정하기 위하여는 실행행위자의 행위가 피해자 본인에 대한 배임행위에 해당한다는 것을 알면서도 소극적으로 그 배임행위에 편승하여 이익을 취득한 것만으로는 부족하고, 실행행위자의 배임행위를 교사하거나 또는 배임행위의 전 과정에 관여하는 등으로 배임행위에 적극 가담할 것을 필요로 한다(대법원 2003.10.30, 2003도4382).

㉢ (O) 정범이 실행의 착수에 이르지 아니하고 예비단계에 그친 경우에는, 이에 가공한다 하더라도 예비의 공동정범이 되는 때를 제외하고는 종범으로 처벌할 수 없다(대법원 1979.5.22, 79도552)는 판례의 표현에서도 알 수 있듯이, 판례는 예비죄의 공동정범의 성립을 긍정하는 입장이다.

㉣ (×) 공동정범은 행위자 상호간에 범죄행위를 공동으로 한다는 공동가공의 의사를 가지고 범죄를 공동실행하는 경우에 성립하는 것으로서, 여기에서의 공동가공의 의사는 공동행위자 상호 간에 있어야 하며 행위자 일방의 가공의사만으로는 공동정범관계가 성립할 수 없으므로, 의사의 상호이해 없이 공동행위자 중의 한사람만 범행의사를 가진 편면적 공동정범은 공동정범이 성립하지 않고 동시범(단독정범의 경합) 또는 종범(편면적 종

범)이 성립할 뿐이다(대법원 1985.5.14, 84도2118).

ⓒ (×) 형법 제334조 제2항에 규정된 합동범은 주관적 요건으로서 공모가 있어야 하고 객관적 요건으로서 현장에서의 실행행위의 분담이라는 협동관계가 있어야 하는 것이므로 피고인이 다른 피고인들과 택시강도를 하기로 모의한 일이 있다고 하여도 다른 피고인들이 피해자에 대한 폭행에 착수하기 전에 겁을 먹고 미리 현장에서 도주해 버렸다면 다른 피고인들과의 사이에 강도의 실행행위를 분담한 협동관계가 있었다고 보기는 어려우므로 피고인을 특수강도의 합동범으로 다스릴 수는 없다(대법원 1985.3.26, 84도2956).

11

정답 ②

② ⓒⓔⓜ의 기술이 판례의 입장과 일치하지 않는다.

㉠ (○) 피고인이 포괄일죄의 관계에 있는 범행의 일부를 실행한 후 공범관계에서 이탈하였으나 다른 공범자에 의하여 나머지 범행이 이루어진 경우, 피고인이 관여하지 않은 부분에 대하여도 죄책을 부담한다(대법원 2005.4.15, 2005도630 등 참조). … 피고인이 해고되어 甲 회사를 퇴사함으로써 기존의 공모관계에서 이탈하였다는 사정만으로 피고인이 이미 실행한 시세조정행위에 대한 기능적 행위지배가 해소되었다고 볼 수는 없다(대법원 2011.1.13, 2010도9927).

ⓛ (○) 대법원 1992.8.18, 92도1244; 2008.6.26, 2007도6188; 2011. 9.29, 2009도2821

ⓒ (×) 해당 어음의 유통과정에서 최후소지인인 피해자들 외에는 해당 어음이 딱지어음이라는 점을 알지 못하여 피해를 입은 사람이 달리 나타나지 아니한 사정 등에 비추어, 피고인 등은 乙등이 사기 범행을 실현하리라는 점을 인식하면서도 이를 용인하며 부도가 예정된 딱지어음을 조직적으로 대량 발행하고 시중에 유통시킴으로써 乙 등 딱지어음 취득자들과 사이에 그들의 사기 범행에 관하여 직접 또는 중간 판매상 등을 통하여 적어도 순차적·암묵적으로 의사가 상통하여 공모관계가 성립되었다고 보아야 한다(대법원 2011.12.22, 2011도9721).

ⓔ (×) 게임산업진흥에 관한 법률 제26조 제2항에서 '청소년게임제공업 등을 영위하고자 하는 자'란 청소년게임제공업 등을 영위함으로 인한 권리의무의 귀속주체가 되는 자(이하 '영업자'라고 한다)를 의미하므로, 영업활동에 지배적으로 관여하지 아니한 채 단순히 영업자의 직원으로 일하거나 영업을 위하여 보조한 경우, 또는 영업자에게 영업장소 등을 임대하고 사용대가를 받은 경우 등에는 같은 법 제45조 위반에 대한 본질적인 기여를 통한 기능적 행위지배를 인정하기 어려워, 이들을 방조범으로 처벌할 수 있는지는 별론으로 하고 공동정범으로 처벌할 수는 없다(대법원 2011.11.10, 2010도11631).

ⓜ (×) 공범관계에 있어 공동가공의 의사가 있었다면 이에는 동시범 등의 문제는 제기될 여지가 없다(대법원 1985.12.10, 85도1892). 따라서 제263조가 아니라 제30조가 직접 적용되어 폭행치사죄의 공동정범이 성립한다.

12

정답 ③

③ ㉠ⓛⓒ

㉠ (○) 공소외 1이 이미 1981.1월 초순경부터 그 제조행위를 계속하던 도중인 1981.2.9경 피고인이 비로소 공소외 1의 위 제조행위를 알고 그에 가담한 사실이 인정될 뿐인바, 이와 같이 연속

된 제조행위 도중에 공동정범으로 범행에 가담한 자는 비록 그가 그 범행에 가담할 때에 이미 이루어진 종전의 범행을 알았다 하더라도 그 가담 이후의 범행에 대하여만 공동정범으로 책임을 지는 것이라고 할 것이니, 비록 이 사건에서 위 유춘원의 위 제조행위 전체가 포괄하여 하나의 죄가 된다 할지라도 피고인에게 그 가담 이전의 제조행위에 대하여까지 유죄를 인정할 수는 없다고 할 것이다(대법원 1982.6.8, 82도884).

ⓛ (○) 결과적가중범인 상해치사죄의 공동정범은 폭행 기타의 신체침해행위를 공동으로 할 의사가 있으면 성립되고 결과를 공동으로 할 의사는 필요없다 할 것이므로 패싸움중 한사람이 칼로 찔러 상대방을 죽게 한 경우에 다른 공범자가 그 결과 인식이 없다 하여 상해치사죄의 책임이 없다고 할 수 없다(대법원 1978.1.17, 77도2193).

ⓒ (○) 공동정범은 행위자 상호간에 범죄행위를 공동으로 한다는 공동가공의 의사를 가지고 범죄를 공동실행하는 경우에 성립하는 것으로서, 여기에서의 공동가공의 의사는 공동행위자 상호간에 있어야 하며 행위자 일방의 가공의사만으로는 공동정범관계가 성립할 수 없다. 또한 포괄적 일죄의 일부에 공동정범으로 가담한 자는 비록 그가 그때에 이미 이루어진 종전의 범행을 알았다 하여도 그 가담 이후의 범행에 대해서만 공동정범으로서 책임을 진다(대법원 1982.6.8, 82도884).

ⓔ (×) 성수대교와 같은 교량이 그 수명을 유지하기 위하여는 건설업자의 완벽한 시공, 감독공무원들의 철저한 제작시공상의 감독 및 유지·관리를 담당하고 있는 공무원들의 철저한 유지·관리라는 조건이 합치되어야 하는 것이므로, 위 각 단계에서의 과실 그것만으로 붕괴원인이 되지 못한다고 하더라도, 그것이 합쳐지면 교량이 붕괴될 수 있다는 점은 쉽게 예상할 수 있고, 따라서 위 각 단계에 관여한 자는 전혀 과실이 없다거나 과실이 있다고 하여도 교량붕괴의 원인이 되지 않았다는 등의 특별한 사정이 있는 경우를 제외하고는 붕괴에 대한 공동책임을 면할 수 없다(대법원 1997.11.28, 97도1740). 이처럼 판례는 과실범의 공동정범을 인정하고 있다.

ⓜ (×) 구 화물자동차 운수사업법(2002. 8. 26. 법률 제6731호로 개정되기 전의 것) 제48조 제4호, 제39조에 의하여 처벌되는 행위인, 자가용화물자동차의 소유자가 유상으로 화물을 운송하는 행위를 함에 있어서는, 자가용화물자동차의 소유자에게 대가를 지급하고 화물의 운송이라는 용역을 제공받는 상대방의 행위의 존재가 반드시 필요하고, 따라서 자가용화물자동차의 소유자에게 대가를 지급하고 의뢰하여 화물의 운송이라는 용역을 제공받는 상대방의 행위가 있을 것으로 당연히 예상되는바(필요적 공범 중 대향범), 이와 같이 자가용화물자동차 소유자의 유상운송이라는 범죄가 성립하는 데 당연히 예상될 뿐만 아니라 위와 같은 범죄의 성립에 없어서는 아니 되는 상대방의 행위를 따로 처벌하는 규정이 없는 이상(편면적 대향범), 그 입법 취지에 비추어 볼 때, 자가용화물자동차의 소유자에게 대가를 지급하고 운송을 의뢰하여 화물운송이라는 용역을 제공받은 상대방의 행위가, 자가용화물자동차 소유자와의 관계에서, 일반적인 형법 총칙상의 공모, 교사 또는 방조에 해당된다고 하더라도 자가용화물자동차 소유자의 유상운송행위의 상대방을 자가용화물자동차 소유자의 유상운송행위의 공범으로 처벌할 수 없다(대법원 2005.11.25, 2004도8819).

ⓗ (×) 「폭력행위 등 처벌에 관한 법률(이하 '폭처법')」 제2조 제2항 제1호의 '2명 이상이 공동하여 폭행의 죄를 범한 때'라고 함

은 그 수인 사이에 공범관계가 존재하고, 수인이 동일 장소에서 동일 기회에 상호 다른 자의 범행을 인식하고 이를 이용하여 폭행의 범행을 한 경우임을 요한다(대법원 1986.6.10, 85도119). 따라서 폭행 실행범과의 공모사실이 인정되더라도 그와 공동하여 범행에 가담하였거나 범행장소에 있었다고 인정되지 아니하는 경우에는 공동하여 죄를 범한 때에 해당하지 않고(대법원 1990.10.30, 90도2022), 여러 사람이 공동하여 범행을 공모하였다면 그중 2인 이상이 범행장소에서 실제 범죄의 실행에 이르렀어야 나머지 공모자에게도 공모공동정범이 성립할 수 있을 뿐이다(대법원 1994.4.12, 94도128). 피고인들 상호간에 공동으로 피해자를 폭행하자는 공동가공의 의사를 인정할 증거가 없고, 피고인들 중 1인만 실제 폭행의 실행행위를 하였고 나머지는 이를 인식하고 이용하여 피해자의 신체에 대한 유형력을 행사하는 폭행의 실행행위에 가담한 것이 아니라 단순히 지켜보거나 동영상으로 촬영한 것에 불과하여 2명 이상이 공동하여 피해자를 폭행한 경우 성립하는 폭처법위반(공동폭행)죄의 죄책을 물을 수 없다(대법원 2023.8.31, 2023도6355).

13
정답 ③

③ ㉠㉡㉣㉤
㉠ (○) 사망의 결과에 대하여 원인된 행위가 판명된 경우이므로 제263조가 적용되지 않는다. 甲은 폭행죄, 乙은 폭행치사죄로 처벌될 것이다.

> 상해행위를 피하려고 하다가 차량에 치어 사망한 경우 상해행위와 피해자의 사망 사이에 상당인과관계가 있다(대법원 1996.5.10, 96도529).

㉡ (○) 뇌물공여죄와 뇌물수수죄는 필요적 공범관계에 있다고 할 것이나, 필요적 공범이라는 것은 법률상범죄의 실행이 다수인의 협력을 필요로 하는 것을 가리키는 것으로서 이러한 범죄의 성립에는 행위의 공동을 필요로 하는 것에 불과하고 반드시 협력자 전부가 책임이 있음을 필요로 하는 것은 아니므로, 오로지 공무원을 함정에 빠뜨릴 의사로 직무와 관련되었다는 형식을 빌려 그 공무원에게 금품을 공여한 경우에도 공무원이 그 금품을 직무와 관련하여 수수한다는 의사를 가지고 받아들이면 뇌물수수죄가 성립한다(대법원 2008.3.13, 2007도10804).
㉢ (×) 폭력행위 등 처벌에 관한 법률 제2조 제2항의 "2인 이상이 공동하여 전항 게기의 죄를 범한 때"라고 함은 그 수인 간에 소위 공범관계가 존재하는 것을 요건으로 하는 것이고 수인이 동일 장소에서 동일 기회에 상호 다른자의 범행을 인식하고 이를 이용하여 범행을 한 경우임을 요한다고 할 것이므로 폭행의 실행범과의 공모사실은 인정되나 그와 공동하여 범행에 가담하였거나 범행장소에 있었다고 인정되지 아니하는 경우에는 "공동하여" 죄를 범한 때에 해당하지 아니한다(대법원 1990.10.30, 90도2022).
㉣ (○) 합동범은 주관적 요건으로서 공모 외에 객관적 요건으로서 현장에서의 실행행위의 분담을 요하나 이 실행행위의 분담은 반드시 동시에 동일장소에서 실행행위를 특정하여 분담하는 것만을 뜻하는 것이 아니라 시간적으로나 장소적으로 서로 협동관계에 있다고 볼 수 있으면 충분하다(대법원 1992.7.28, 92도917).
㉤ (○) 교사범이란 정범인 피교사자로 하여금 범죄를 결의하게 하여 그 죄를 범하게 한 때에 성립하므로, 교사자의 교사행위에

도 불구하고 피교사자가 범행을 승낙하지 아니하거나 피교사자의 범행결의가 교사자의 교사행위에 의하여 생긴 것으로 보기 어려운 경우에는 이른바 실패한 교사로서 형법 제31조 제3항에 의하여 교사자를 음모 또는 예비에 준하여 처벌할 수 있을 뿐이다(대법원 2013.9.12, 2012도2744).

14
정답 ③

③ 甲의 교사행위를 乙이 승낙하였지만, 甲이 교사한 살인행위를 하지 않은 것은 피교사자가 범죄의 실행은 승낙하였으나, 실행의 착수에 나아가지 않은 효과 없는 교사의 경우로, 제31조 제2항에 의해 교사자와 피교사자를 둘 다 예비·음모에 준하여 처벌한다. 그렇기 때문에 甲과 乙 모두 살인죄에 대해 예비·음모의 죄책을 지게 된다. 乙이 실행한 자동차 손괴 부분은 甲이 교사한 살해와 질적으로 전혀 다른 범죄로, 교사의 착오에서 추상적 사실의 착오 중 질적 착오에 해당하게 된다. 때문에 甲은 乙의 손괴행위에 대한 예견가능성조차 없기 때문에 乙의 손괴행위는 책임을 지지 않고, 乙의 경우에는 손괴행위에 대한 고의·기수의 책임을 지는 것이고, 이는 살인예비·음모죄와 실체적 경합의 관계에 있게 된다.

15
정답 ③

③ ㉠(×) ㉡(×) ㉢(○) ㉣(○) ㉤(×)
㉠ (×) 제한적 종속형식의 입장에 따르면 정범의 행위가 구성요건에 해당하고, 위법성이 조각되지 않으면 공범이 성립할 수 있다. 즉, 정범의 책임이 조각되더라도 공범이 성립할 수 있다.
㉡ (×) 살인죄에 대한 교사의 고의와 정범의 고의가 존재하지 않는 이상 살인죄의 교사범이 될 수 없다.
[보충] 원래 이는 상해치사죄의 교사범에 관한 판례이다. "교사자가 피교사자에 대하여 상해 또는 중상해를 교사하였는데 피교사자가 이를 넘어 살인을 실행한 경우 일반적으로 교사자는 상해죄 또는 중상해죄의 교사범이 되지만 이 경우 교사자에게 피해자의 사망이라는 결과에 대하여 과실 내지 예견가능성이 있는 때에는 상해치사죄의 교사범으로서의 죄책을 지울 수 있다(대법원 1993.10.8, 93도1873)."
㉢ (○) 대법원 1993.7.13, 92도2832
㉣ (○) 대법원 2013.11.14, 2013도7494
㉤ (×) 목적범에 있어서 목적 없는 고의 있는 도구를 이용한 경우 당해 목적범의 간접정범이 성립할 수 있다는 것이 다수설·판례이다.

16
정답 ④

④ ㉠㉡㉢㉤
㉠ (×) 형법 제151조가 정한 범인도피죄에서 '도피하게 하는 행위'란 은닉 이외의 방법으로 범인에 대한 수사, 재판 및 형의 집행 등 형사사법의 작용을 곤란하게 하거나 불가능하게 하는 일체의 행위를 말한다. 한편 범인 스스로 도피하는 행위는 처벌되지 아니하는 것이므로, 범인이 도피를 위하여 타인에게 도움을 요청하는 행위 역시 도피행위의 범주에 속하는 한 처벌되지 아니하는 것이며, 범인의 요청에 응하여 범인을 도운 타인의 행위가 범인도피죄에 해당한다고 하더라도 마찬가지이다. 다만 범인이 타인으로 하여금 허위의 자백을 하게 하는 등으로 범인도피죄를 범하게 하는 경우와 같이 그것이 방어권의 남용으로 볼

수 있을 때에는 범인도피교사죄에 해당할 수 있다(대법원 2000. 3.24, 2000도20 등). 이 경우 방어권의 남용이라고 볼 수 있는지 여부는, 범인을 도피하게 하는 것이라고 지목된 행위의 태양과 내용, 범인과 행위자의 관계, 행위 당시의 구체적인 상황, 형사사법의 작용에 영향을 미칠 수 있는 위험성의 정도 등을 종합하여 판단하여야 할 것이다. 원심은 이 사건 공소사실 중 당시 벌금 이상의 형에 해당하는 죄를 범하고 도피 중이던 피고인이 공소외인에게 자동차를 이용하여 원하는 목적지로 이동시켜 달라고 요구하거나 속칭 '대포폰'을 구해 달라고 부탁함으로써 공소외인으로 하여금 피고인의 요청에 응하도록 하였다는 내용인 범인도피교사의 점을 유죄로 인정하였다. 그러나 원심이 적법하게 채택한 증거에 의하여 인정되는 다음과 같은 사정들, 즉, 공소외인은 피고인이 평소 가깝게 지내던 후배인 점, 피고인은 자신의 휴대폰을 사용할 경우 소재가 드러날 것을 염려하여 공소외인에게 요청하여 대포폰을 개설하여 받고, 공소외인에게 전화를 걸어 자신이 있는 곳으로 오도록 한 다음 공소외인이 운전하는 자동차를 타고 청주시 일대를 이동하여 다닌 것으로서, 피고인의 이러한 행위는 형사사법에 중대한 장애를 초래한다고 보기 어려운 통상적 도피의 한 유형으로 볼 여지가 충분하다. 그런데도 원심은 공소외인의 범인도피행위가 인정된다는 이유만으로 피고인에 대하여 범인도피교사의 점을 유죄로 판단하였으니, 이러한 원심판결에는 범인도피교사죄의 성립요건에 관한 법리를 오해하여 필요한 심리를 다하지 아니함으로써 판결에 영향을 미친 잘못이 있다(대법원 2014.4.10, 2013도12079).

ⓒ (×) 형법 제151조 제1항의 범인도피는 은닉 이외의 방법으로 수사기관에 의한 범인의 발견 또는 체포를 곤란 내지 불가능하게 하는 일체의 행위를 말하는 것인바, 참고인이 수사기관에서 범인에 관하여 조사를 받으면서 그가 알고 있는 사실을 묵비하거나 허위로 진술하였다고 하여도 그것이 적극적으로 수사기관을 기만하여 착오에 빠지게 함으로써 범인의 발견 또는 체포를 곤란 내지 불가능하게 할 정도의 것이 아니라면 범인도피죄를 구성하지 않는다(대법원 1991.8.27, 91도1441).

ⓒ (×) '게임산업 진흥에 관한 법률' 위반의 혐의로 수사기관에서 조사받는 피의자가 사실은 게임장·오락실·피씨방 등의 실제 업주가 아니라 그 종업원임에도 불구하고 자신이 실제 업주라고 허위로 진술하였다고 하더라도 그 자체만으로 범인도피죄를 구성하는 것은 아니다. 다만 그 피의자가 실제 업주로부터 금전적 이익 등을 제공받기로 하고 단속이 되면 실제 업주를 숨기고 자신이 대신하여 처벌받기로 하는 역할(이른바 '바지사장')을 맡기로 하는 등 수사기관을 착오에 빠뜨리기로 하고, 단순히 실제 업주라고 진술하는 것에서 나아가 게임장 등의 운영 경위, 자금 출처, 게임기 등의 구입 경위, 점포의 임대차계약 체결 경위 등에 관하여서까지 적극적으로 허위로 진술하거나 허위 자료를 제시하여 그 결과 수사기관이 실제 업주를 발견 또는 체포하는 것이 곤란 내지 불가능하게 될 정도에까지 이른 것으로 평가되는 경우 등에는 범인도피죄를 구성할 수 있다(대법원 2010.1.28, 2009도10709 등). 또한 교사범이란 정범으로 하여금 범죄를 결의하게 하여 그 죄를 범하게 한 때에 성립하는 것이고, 피교사자는 교사범의 교사에 의하여 범죄실행을 결의하여야 하는 것이므로, 피교사자가 이미 범죄의 결의를 가지고 있을 때에는 교사범이 성립할 여지가 없다(대법원 1991.5.14, 91도542; 2012.8.30, 2010도13694).

ⓔ (○) 범인이 자신을 위하여 타인으로 하여금 허위의 자백을 하

게 하여 범인도피죄를 범하게 하는 행위는 방어권의 남용으로 범인도피교사죄에 해당하는바, 이 경우 그 타인이 형법 제151조 제2항에 의하여 처벌을 받지 아니하는 친족 또는 동거 가족에 해당한다 하여 달리 볼 것은 아니다(대법원 2006.12.7, 2005도3707).

ⓜ (×) 甲이 자기의 물건이 아닌 위 도어락의 비밀번호를 변경하였다고 하더라도 권리행사방해죄가 성립할 수 없고, 정범인 甲의 권리행사방해죄가 인정되지 않는 이상 교사자인 피고인에 대하여 권리행사방해교사죄도 성립할 수 없다(대법원 2022.9.15, 2022도5827).

[보충] 형법 제323조의 권리행사방해죄는 타인의 점유 또는 권리의 목적이 된 자기의 물건을 취거, 은닉 또는 손괴하여 타인의 권리행사를 방해함으로써 성립하므로 취거, 은닉 또는 손괴한 물건이 자기의 물건이 아니라면 권리행사방해죄가 성립할 수 없다. 물건의 소유자가 아닌 사람은 형법 제33조 본문에 따라 소유자의 권리행사방해 범행에 가담한 경우에 한하여 그의 공범이 될 수 있을 뿐이다(대법원 2017.5.30, 2017도4578).

17 　정답 ④

④ ㉠(×), ㉡(○), ㉢(×), ㉣(○), ㉤(○)

㉠ (×) 편면적 종범이라 하더라도 정범의 범죄행위가 없으면 방조범이 성립될 수 없다(공범종속성).

㉡ (○) 부작위에 의한 방조는 인정된다. 법적 작위의무 있는 자의 경우를 말한다.

㉢ (×) 방조자는 장애미수가 된다.

㉣ (○) 정범이 범행을 한다는 점을 알면서 그 실행행위를 용이하게 한 이상 그 행위가 간접적이거나 직접적이거나를 가리지 않으며 이 경우 정범이 누구에 의하여 실행되어지는가를 확지할 필요는 없다(대법원 1977.9.28, 76도4133).

㉤ (○) 기수의 고의가 필요하기 때문에, 미수의 방조에서는 방조자의 고의가 부정된다.

18 　정답 ④

④ ㉠(×), ㉡(×), ㉢(○), ㉣(○), ㉤(×)

㉠ (×) 종범은 정범의 실행행위 중에 이를 방조하는 경우는 물론이고 실행의 착수 전에 장래의 실행행위를 예상하고 이를 용이하게 하는 행위를 하여 방조한 경우에도 정범이 그 실행행위에 나아갔다면 성립한다(대법원 1997.4.17, 96도3377 전원합의체).

㉡ (×) 진료부는 환자의 계속적인 진료에 참고로 공하여지는 진료상황부이므로 간호보조원의 무면허 진료행위가 있은 후에 이를 의사가 진료부에다 기재하는 행위는 정범의 실행행위종료 후의 단순한 사후행위에 불과하다고 볼 수 없고 무면허 의료행위의 방조에 해당한다(대법원 1982.4.27, 82도122).

㉢ (○) 형법상 방조행위는 정범이 범행을 한다는 정을 알면서 그 실행행위를 용이하게 하는 직접·간접의 행위를 말하므로, 방조범은 정범의 실행을 방조한다는 이른바 방조의 고의와 정범의 행위가 구성요건에 해당하는 행위인 점에 대한 정범의 고의가 있어야 하나 정범의 고의는 정범에 의하여 실현되는 범죄의 구체적 내용을 인식할 것을 요하는 것은 아니고 미필적 인식 또는 예견으로 족하다(대법원 2005.4.29, 2003도6056).

㉣ (○) 쟁의행위가 업무방해죄에 해당하는 경우 제3자가 그러한 정을 알면서 쟁의행위의 실행을 용이하게 한 경우에는 업무방

해방조죄가 성립할 수 있다. 다만, 헌법 제33조 제1항이 규정하고 있는 노동3권을 실질적으로 보장하기 위해서는 근로자나 노동조합이 노동3권을 행사할 때 제3자의 조력을 폭넓게 받을 수 있도록 할 필요가 있고, 나아가 근로자나 노동조합에 조력하는 제3자도 헌법 제21조에 따른 표현의 자유나 헌법 제10조에 내재된 일반적 행동의 자유를 가지고 있으므로, 위법한 쟁의행위에 대한 조력행위가 업무방해방조에 해당하는지 판단할 때는 헌법이 보장하는 위와 같은 기본권이 위축되지 않도록 업무방해방조죄의 성립 범위를 신중하게 판단하여야 한다. 또한, 방조범은 정범에 종속하여 성립하는 범죄이므로 방조행위와 정범의 범죄 실현 사이에는 인과관계가 필요하다. 방조범이 성립하려면 방조행위가 정범의 범죄 실현과 밀접한 관련이 있고 정범으로 하여금 구체적 위험을 실현시키거나 범죄결과를 발생시킬 기회를 높이는 등으로 정범의 범죄 실현에 현실적인 기여를 하였다고 평가할 수 있어야 한다. 정범의 범죄 실현과 밀접한 관련이 없는 행위를 도와준 데 지나지 않는 경우에는 방조범이 성립하지 않는다(대법원 2021.9.9, 2017도19025 전원합의체). … 피고인 2의 농성현장 독려 행위는 정범의 범행을 더욱 유지·강화시킨 행위에 해당하여 업무방해방조로 인정할 수 있지만 집회 참가 및 공문 전달 행위는 업무방해 정범의 실행행위에 해당하는 생산라인 점거로 인한 범죄 실현과 밀접한 관련성이 있다고 단정하기 어려워 방조범의 성립을 인정할 정도로 업무방해행위와 인과관계가 있다고 보기 어려움에도, 피고인 2의 위 행위들을 모두 업무방해방조로 인정한 원심판결은 파기해야 한다(대법원 2021.9.16, 2015도12632).

ⓓ (×) 형법 제32조 제1항은 "타인의 범죄를 방조한 자는 종범으로 처벌한다."라고 정하고 있다. 방조란 정범의 구체적인 범행 준비나 범행사실을 알고 그 실행행위를 가능·촉진·용이하게 하는 지원행위 또는 정범의 범죄행위가 종료하기 전에 정범에 의한 법익 침해를 강화·증대시키는 행위로서, 정범의 범죄 실현과 밀접한 관련이 있는 행위를 말한다. 방조범은 정범에 종속하여 성립하는 범죄이므로 방조행위와 정범의 범죄 실현 사이에는 인과관계가 필요하다. 방조범이 성립하려면 방조행위가 정범의 범죄 실현과 밀접한 관련이 있고 정범으로 하여금 구체적 위험을 실현시키거나 범죄 결과를 발생시킬 기회를 높이는 등으로 정범의 범죄 실현에 현실적인 기여를 하였다고 평가할 수 있어야 한다. 정범의 범죄 실현과 밀접한 관련이 없는 행위를 도와준 데 지나지 않는 경우에는 방조범이 성립하지 않는다. (쟁의행위가 업무방해죄에 해당하는 경우 제3자가 그러한 정을 알면서 쟁의행위의 실행을 용이하게 한 경우에는 업무방해방조죄가 성립할 수 있다. 그러나) 피고인들이 조명탑 점거농성 개시부터 관여한 것으로는 보이지 않는 점, 회사 인사 방침에 대한 의견을 표현하는 집회의 개최 등은 조합활동에 속하고, 농성자들에게 제공한 음식물 등은 생존을 위해 요구되는 것인 점 등을 고려할 때, 피고인들의 행위가 전체적으로 보아 조명탑 점거에 일부 도움이 된 측면이 있었다고 하더라도, 행위의 태양과 빈도, 경위, 장소적 특성 등에 비추어 농성자들의 업무방해범죄 실현과 밀접한 관련이 있는 행위로 보기 어렵다(대법원 2023.6.29, 2017도9835).

정답 ④

④ ㉠(○), ㉡(○), ㉢(×), ㉣(×), ㉤(×)
㉠ (○) P2P 프로그램을 이용하여 음악파일을 공유하는 행위가 대

부분 정당한 허락 없는 음악파일의 복제임을 예견하면서도 P2P 프로그램인 소리바다 프로그램을 개발하여 이를 무료로 널리 제공하였으며, 그 서버를 설치·운영하면서 이용자들의 접속정보를 서버에 보관하여 다른 이용자에게 제공함으로써 용이하게 MP3 파일을 다운로드 받아 자신의 컴퓨터 공유폴더에 담아 둘 수 있게 하고, 저작권법에 위배된다는 경고와 서비스 중단 요청을 받고도 이를 계속한 경우, MP3 파일을 다운로드 받은 이용자의 행위는 구 저작권법(2006.12.28. 법률 제8101호로 전문 개정되기 전의 것) 제2조 제14호의 복제에 해당하고, 소리바다 서비스 운영자의 행위는 구 저작권법상 복제권 침해행위의 방조에 해당한다(대법원 2007.12.14, 2005도872).

㉡ (○) 형법 제32조 제1항 소정 타인의 범죄란 정범이 범죄의 실현에 착수한 경우를 말하는 것이므로 종범이 처벌되기 위하여는 정범의 실행의 착수가 있는 경우에만 가능하고 정범이 실행의 착수에 이르지 아니한 예비의 단계에 그친 경우에는 이에 가공하는 행위가 예비의 공동정범이 되는 경우를 제외하고는 종범으로 처벌할 수 없다(대법원 1976.5.25, 75도1549).

㉢ (×) 공모공동정범에 있어서 공모자 중의 1인이 다른 공모자가 실행행위에 이르기 전에 그 공모관계에서 이탈한 때에는 그 이후의 다른 공모자의 행위에 관하여는 공동정범으로서의 책임은 지지 않는다 할 것이나, 공모관계에서의 이탈은 공모자가 공모에 의하여 담당한 기능적 행위지배를 해소하는 것이 필요하므로 공모자가 공모에 주도적으로 참여하여 다른 공모자의 실행에 영향을 미친 때에는 범행을 저지하기 위하여 적극적으로 노력하는 등 실행에 미친 영향력을 제거하지 아니하는 한 공모관계에서 이탈하였다고 볼 수 없다(대법원 2008.4.10, 2008도1274).

㉣ (×) 형법 제156조의 무고죄는 국가의 형사사법권 또는 징계권의 적정한 행사를 주된 보호법익으로 하는 죄이나, 스스로 본인을 무고하는 자기무고는 무고죄의 구성요건에 해당하지 아니하여 무고죄를 구성하지 않는다. 그러나 피무고자의 교사·방조하에 제3자가 피무고자에 대한 허위의 사실을 신고한 경우에는 제3자의 행위는 무고죄를 구성하므로, 제3자를 교사·방조한 피무고자도 교사·방조범으로서의 죄책을 부담한다(대법원 2008.10.23, 2008도4852).

㉤ (×) 비록 링크 자체는 연결 통로의 역할을 하는 것으로서 중립적 기술이라고 할지라도 링크가 제공되는 환경, 링크의 게시 목적과 방법 등의 여러 사정을 고려하면 전송의 방법으로 저작재산권을 침해하는 정범의 범죄 실현에 조력하는 행위가 될 수 있다. … 저작권 침해물 링크 사이트에서 침해 게시물에 연결되는 링크를 제공하는 경우 등과 같이, 링크 행위자가 정범이 공중송신권을 침해한다는 사실을 충분히 인식하면서 그러한 침해 게시물 등에 연결되는 링크를 인터넷 사이트에 영리적·계속적으로 게시하는 등으로 공중의 구성원이 개별적으로 선택한 시간과 장소에서 침해 게시물에 쉽게 접근할 수 있도록 하는 정도의 링크 행위를 한 경우에는 침해 게시물을 공중의 이용에 제공하는 정범의 범죄를 용이하게 하므로 공중송신권 침해의 방조범이 성립한다. … 이와 달리 저작권자의 공중송신권을 침해하는 웹페이지 등으로 링크를 하는 행위만으로는 어떠한 경우에도 공중송신권 침해의 방조행위에 해당하지 않는다는 취지로 판단한 종전 판례인 대법원 2015.3.12, 2012도13748 등은 이 판결의 견해에 배치되는 범위에서 이를 변경하기로 한다(대법원 2021.9.9, 2017도19025 전원합의체).

[보충] 방조행위가 정범의 실행행위를 용이하게 하는 직·간

접적인 모든 행위라는 이유만으로 링크를 통한 공중송신권 침해의 방조범 성립을 쉽게 인정할 경우 자칫 시민들이 인터넷 공간에서 링크 설정을 통해 자유롭게 정보를 교환하고 공유하는 일상적인 인터넷 이용 행위를 위축시킬 수 있다. 링크의 자유에 대한 제한은 엄격하게 인정할 필요가 있고, 링크 대상인 게시물이 저작재산권자로부터 이용허락을 받은 것이거나 저작물의 공정한 이용의 대상이 될 여지가 있으며, 빠른 속도로 다양한 정보의 연결과 공유가 이루어지는 인터넷 공간의 특성상 링크 대상이 공중송신권 침해 등으로 위법한 게시물인 경우와 그렇지 않은 경우의 구별이 언제나 명확한 것도 아니다. 불법성에 대한 피고인의 인식은 적어도 공중송신권 침해 게시물임을 명확하게 인식할 수 있는 정도가 되어야 한다. 검사는 링크를 한 행위자가 링크 대상인 게시물이 공중송신권을 침해하는 게시물 등으로서 불법성이 있다는 것을 명확하게 인식할 수 있는 정도에 이르렀다는 점을 엄격하게 증명하여야 한다. 침해 게시물 등에 연결되는 링크를 하였을 때 정범의 공중송신권 침해에 대한 방조행위가 성립하려면, 링크 행위가 정범의 범죄 실현과 밀접한 관련이 있고 공중송신권 침해의 기회를 현실적으로 증대시켜 정범의 범죄 실현에 현실적인 기여를 하였다고 평가할 수 있어야 한다. 위에서 보았듯이 저작권 침해물 링크 사이트에서 정범의 침해 게시물 등에 연결되는 링크를 영리적·계속적으로 게시하는 경우 등과 같이 공중의 구성원이 개별적으로 선택한 시간과 장소에서 그 공중송신권 침해 게시물에 쉽게 접근할 수 있도록 링크를 제공하는 행위가 이에 해당한다. 반면 위와 같은 정도에 이르지 않은 링크 행위는 정범의 공중송신권 침해와 밀접한 관련이 있고 그 법익침해를 강화·증대하는 등의 현실적인 기여를 하였다고 보기 어려운 이상 공중송신권 침해의 방조행위라고 쉽사리 단정해서는 안 된다(위 전원합의체 판례).

20

정답 ③

③ ㉡㉣㉤

㉠ (×) 여기서 말하는 범인의 범위는 공동정범자 뿐만 아니라 종범 또는 교사범도 포함된다(대법원 1985.6.25, 85도652).

[보충] 뇌물죄의 추징에 적용되는 뇌물의 공동수수자의 개념에서도 공동정범·교사범·종범이 모두 포함될 수 있다.

㉡ (○) 대법원 1979.2.27, 78도3113

㉢ (×) 간첩방조죄는 정범인 간첩죄와 대등한 독립죄로서 간첩죄와 동일한 법정형으로 처단하게 되어 있어 형법 총칙 제32조 소정의 감경대상이 되는 종범과는 그 실질이 달라 종범감경을 할 수 없는 것이다(대법원 1986.9.23, 86도1429).

㉣ (○) 대법원 2015.8.27, 2015도8408

㉤ (○) 형법상 방조행위는 정범이 범행을 한다는 정을 알면서 그 실행행위를 용이하게 하는 직접·간접의 행위를 말하므로, 방조범은 정범의 실행을 방조한다는 이른바 방조의 고의와 정범의 행위가 구성요건에 해당하는 행위인 점에 대한 정범의 고의가 있어야 하나, 방조범에서 정범의 고의는 정범에 의하여 실현되는 범죄의 구체적 내용을 인식할 것을 요하는 것은 아니고 미필적 인식 또는 예견으로 족하다(대법원 2005.4.29, 2003도6056). 구 금융실명법 제6조 제1항 위반죄는 이른바 초과주관적 위법요소로서 '탈법행위의 목적'을 범죄성립요건으로 하는 목적범이므로, 방조범에게도 정범이 위와 같은 탈법행위를 목

적으로 타인 실명 금융거래를 한다는 점에 관한 고의가 있어야 하나, 그 목적의 구체적인 내용까지 인식할 것을 요하는 것은 아니다. … 피고인은 정범인 성명불상자가 이 사건 규정에서 말하는 '탈법행위'에 해당하는 무등록 환전영업을 하기 위하여 타인 명의로 금융거래를 하려고 한다고 인식하였음에도 이러한 범행을 돕기 위하여 자신 명의의 금융계좌 정보를 제공하였고, 정범인 성명불상자는 이를 이용하여 전기통신금융사기 범행을 통한 편취금을 송금받아 탈법행위를 목적으로 타인 실명의 금융거래를 하였다면, 피고인에게는 구 금융실명법 제6조 제1항 위반죄의 방조범이 성립하고, 피고인이 정범인 성명불상자가 목적으로 삼은 탈법행위의 구체적인 내용이 어떤 것인지를 정확히 인식하지 못하였다고 하더라도 범죄 성립에는 영향을 미치지 않는다(대법원 2022.10.27, 2020도12563).

▶ 제2편 범죄론: 제6장 정범과 공범론 [종범 2] — 제7장 범죄의 특수한 출현형태론 [과실범과 결과적 가중범 1]

01	④	02	③	03	④	04	③	05	④
06	④	07	②	08	①	09	②	10	②
11	②	12	④	13	③	14	②	15	④
16	③	17	②	18	④	19	④	20	③

01

정답 ④

④ ㉠ㄴㄷㄹ

㉠ (○) 대법원 2006.9.28, 2006도2963

㉡ (○) 대법원 2008.4.10, 2008도1274

㉢ (○) 대법원 1984.4.24, 84도372

㉣ (○) 대법원 1984.8.21, 84도781

02

정답 ③

③ (○) 시간적 차이가 있는 독립된 상해행위나 폭행행위가 경합하여 사망의 결과가 일어나고 그 사망의 원인된 행위가 판명되지 않은 경우에는 공동정범의 예에 의하여 처벌할 것이다(대법원 2000.7.28, 2000도2466).

① (×) 정범의 범죄가 성립되지 않는 이상 방조범에 불과한 피고인 甲 등의 범죄도 성립될 수 없다(대법원 2017.5.31, 2016도12865).

② (×) 상해치사죄의 교사범이 성립한다(대법원 2002.10.25, 2002도4089).

④ (×) 乙에게는 절도죄의 죄책이 인정되며 다만 친족상도례에 의하여 그 형만 면제되는 것이다. 따라서 甲에게 절도죄의 교사범이 성립하지 못할 이유가 없다.

03

정답 ④

④ (○) 질적 초과의 경우에 교사범이 성립하지 않게 되므로, 이 경우 제31조 제2항 또는 제3항에 의하여 교사자는 강간죄의 예비·음모에 준하여 처벌될 따름이다.

[보충] 2020.5. 개정 제305조의3에 의하여 강간의 예비·음모 처벌규정이 신설되었다.

① (×) 방조자의 인식과 정범의 실행간에 착오가 있고 양자의 구성요건을 달리한 경우에는 원칙적으로 방조자의 고의는 저각(조각)되는 것이나 그 구성요건이 중첩되는 부분이 있는 경우에는 그 중복되는 한도 내에서는 방조자의 죄책을 인정하여야 할 것이다(대법원 1985.2.26, 84도2987).

[보충] 관세법위반의 고의를 가지고 방조한 자에게 정범이 범한 특가법위반에 대한 방조를 인정할 수는 없고 관세법위반의 방조의 죄책만 인정하여야 한다는 판례이다.

② (×) 공범종속성설에 의하면 공범의 가벌성은 정범의 행위에 의하여 결정되기 때문에 교사자의 교사행위가 있더라도 피교사자의 범죄실행이 없으면 원칙적으로 처벌되지 아니한다.

[보충] 다만 현행형법에 의하면 기도된 교사의 경우 예외적으로 예비·음모죄로의 가벌성만 인정되고 있을 뿐이다(제31조 제2항, 제3항).

③ (×) 甲에게는 강도죄의 공동정범의 죄책만 인정될 뿐이다. "피고인은 원심공동피고인 의 강간사실을 알게 된 것은 이미 실행의 착수가 이루어지고 난 다음이었음이 명백하고 강간사실을 알고 나서도 암묵리에 그것을 용인하여 그로 하여금 강간하도록 할 의사로 강간의 실행범인 원심공동피고인 1과 강간 피해자의 머리 등을 잡아준 원심공동피고인 2와 함께 일체가 되어 원심공동피고인들의 행위를 통하여 자기의 의사를 실행하였다고는 볼 수 없다 할 것이고 따라서 결국 강도강간의 공모사실을 인정할 증거가 없다고 하지 않을 수 없다(대법원 1988.9.13, 88도1114)."

04

정답 ③

③ (○) 신분관계가 없는 사람이 신분관계로 인하여 성립될 범죄에 가공한 경우에는 신분관계가 있는 사람과 공범이 성립한다(형법 제33조 본문 참조). … 따라서 공무원이 아닌 사람(이하 '비공무원')이 공무원과 공동가공의 의사와 이를 기초로 한 기능적 행위지배를 통하여 공무원의 직무에 관하여 뇌물을 수수하는 범죄를 실행하였다면 공무원이 직접 뇌물을 받은 것과 동일하게 평가할 수 있으므로 공무원과 비공무원에게 형법 제129조 제1항에서 정한 뇌물수수죄의 공동정범이 성립한다. (한편) 형법은 제130조에서 제129조 제1항 뇌물수수죄와는 별도로 공무원이 그 직무에 관하여 뇌물공여자로 하여금 제3자에게 뇌물을 공여하게 한 경우에는 부정한 청탁을 받고 그와 같은 행위를 한 때에 뇌물수수죄와 법정형이 동일한 제3자뇌물수수죄로 처벌하고 있다. 제3자뇌물수수죄에서 뇌물을 받는 제3자가 뇌물임을 인식할 것을 요건으로 하지 않는다. 그러나 공무원이 뇌물공여자로 하여금 공무원과 뇌물수수죄의 공동정범 관계에 있는 비공무원에게 뇌물을 공여하게 한 경우에는 공동정범의 성질상 공무원 자신에게 뇌물을 공여하게 한 것으로 볼 수 있다. (따라서) 공무원과 공동정범 관계에 있는 비공무원은 제3자뇌물수수죄에서 말하는 제3자가 될 수 없고, 공무원과 공동정범 관계에 있는 비공무원이 뇌물을 받은 경우에는 공무원과 함께 뇌물수수죄의 공동정범이 성립하고 제3자뇌물수수죄는 성립하지 않는다(대법원 2019.8.29, 2018도13792 전원합의체).

① (×) 방조범이 아니라 공동정범이 된다(대법원 2019.8.29, 2018도13792 전원합의체).

② (×) 이 경우 아들은 존속살해죄의 정범이 되고, 어머니는 이를 방지할 법적 작위의무를 가지고 있으므로 부작위에 의한 살인 죄의 공범이 될 수 있다. 이때 판례는 어머니에게 존속살해죄의 공범이 성립한다고 보고(실자와 더불어 남편을 살해한 처는 존 속살해의 공동정범이라는 판례는 대법원 1961.8.2, 4294형상 284) 다만 과형에서는 보통살인죄의 공범의 형으로 처단한다는 입장이다. 이때 아들과 어머니 사이에 기능적 행위지배가 인정된 다면 공동정범, 인정되지 않는다면 방조범(부작위에 의한 방조) 이 성립하게 된다. 따라서 교사범의 죄책은 성립하지 않는다.
④ (×) 대향범과 같은 필요적 공범의 내부관여자에게는 총칙상 공범규정이 적용될 수 없다. "변호사 아닌 자에게 고용되어 법 률사무소의 개설·운영에 관여한 변호사의 행위가 일반적인 형 법 총칙상의 공모, 교사 또는 방조에 해당된다고 하더라도 변호 사를 변호사 아닌 자의 공범으로서 처벌할 수는 없다(대법원 2004.10.28, 2004도3994)."

05

정답 ④

④ (×) 공정증서원본부실기재죄(제228조)는 간접정범 형태의 범 죄로서 허위라는 사실을 모르는 공무원을 이용하여 그에게 허 위신고를 하여 공정증서원본 등에 부실(不實)의 사실을 기재 또 는 기록하게 한 자에게 성립하는 범죄이다. 그러나 위 지문의 경우에는 허위의 호적부를 작성할 것을 교사하였다는 점에서 <u>피교사자인 공무원에게 허위작성의 고의가 있다고 보아야 하므 로</u>, 乙은 허위공문서작성죄의 정범, 甲은 허위공문서작성죄의 교사범이 성립하는 것이다.
① (○) 통설에 의하든 판례에 의하든 제33조 단서에 의해 甲의 과 형이 보통살인죄의 형으로 '처벌'된다는 데에는 차이가 없다.
② (○) 제33조 본문이 적용되기 때문이다. 통설과 판례가 일치 한다.
③ (○) 판례의 입장이다. 대법원 1994.12.23, 93도1002 참조.

06

정답 ④

④ (×) 업무상 횡령죄는 부진정신분범이므로 판례에 의할 때 위 와 같은 해석에 의한다. 그러나 군용물횡령죄는 일종의 진정신 분범으로 해석되어 제33조 본문에 의하여 동죄의 공범이 그대 로 성립하게 된다고 보는 것이 판례이다. "비점유자가 업무상점 유자와 공모하여 횡령한 경우에 비점유자도 형법 제33조 본문 에 의하여 공범관계가 성립되며 다만 그 처단에 있어서는 동조 단서의 적용을 받는다 할 것이나 군용물횡령죄에 있어서는 업 무상횡령이든 단순횡령이든 간에 본조에 의하여 그 법정형이 동일하게 되어 양죄 사이에 형의 경중이 없게 되었으므로 법률 적용에 있어서 형법 제33조 단서의 적용을 받지 않는다(대법원 1965.8.24, 65도493)."
① (○) 죄형법정주의원칙상 유추해석은 금지되므로 공직선거법 제257조 제1항 제1호 소정의 각 기부행위제한위반의 죄는 같은 법 제113조·제114조·제115조에 각각 한정적으로 열거되어 규정하고 있는 신분관계가 있어야만 성립하는 범죄로 해석해야 한다는 점에서, 각 기부행위의 주체로 인정되지 않는 자가 기부 행위 주체자와 공모하여 기부행위를 하였다 하더라도 그 신분 에 따라 각 해당법조로 처벌하여야 하는 것이지 기부행위의 주 체자의 해당법조의 공동정범으로 처벌할 수 없다는 것이 판례 의 입장이다(대법원 2007.4.26, 2007도309 참조).

② (○) 대법원 1990.11.13, 90도1848
③ (○) 부동산이중매매에 대한 적극가공행위를 통하여 배임죄의 공동정범이 성립한다는 사례이다(대법원 1983.7.12, 82도180 참조).

07

정답 ②

② ㉠ㄴㄹ
㉠ (○) 피고인 甲이 A를 모해할 목적으로 乙에게 위증을 교사한 이상, 가사 정범인 乙에게 모해의 목적이 없었다고 하더라도, 형법 제33조 단서의 규정에 의하여 피고인甲을 모해위증교사 죄로 처단할 수 있다(대법원 1994.12.23, 93도1002).
㉡ (○), ㉢ (×) 업무상배임죄는 업무상 타인의 사무를 처리하는 지위에 있는 사람이 그 임무에 위배하는 행위로써 재산상의 이 익을 취득하거나 제3자로 하여금 이를 취득하게 하여 본인에게 손해를 가한 때에 성립하는 것으로서, 이는 타인의 사무를 처리 하는 지위라는 점에서 보면 신분관계로 인하여 성립될 범죄이 고, 업무상 타인의 사무를 처리하는 지위라는 점에서 보면 단순 배임죄에 대한 가중규정으로서 신분관계로 인하여 형의 경중이 있는 경우라고 할 것이므로, 그와 같은 신분관계가 없는 자가 그러한 신분관계가 있는 자와 공모하여 업무상배임죄를 저질렀 다면(따라서 ㉢은 틀렸다. 甲에게는 업무상 배임죄의 공동정범 이 성립한다) 그러한 신분관계가 없는 자에 대하여는 형법 제33 조 단서에 의하여 단순배임죄에 정한 형으로 처단하여야 할 것 이다(따라서 ㉡은 맞았다)(대법원 1999.4.27, 99도883).
㉣ (○) 상습도박의 죄나 상습도박방조의 죄에 있어서의 상습성은 행위의 속성이 아니라 행위자의 속성으로서 도박을 반복해서 거듭하는 습벽을 말하는 것인 바, 도박의 습벽이 있는 자가 타 인의 도박을 방조하면 상습도박방조의 죄에 해당하는 것이며, 도박의 습벽이 있는 자가 도박을 하고 또 도박방조를 하였을 경우 상습도박방조의 죄는 무거운 상습도박의 죄에 포괄시켜 죄로서 처단하여야 한다(대법원 1984.4.24, 84도195).

08

정답 ①

① (○) 형법 제323조의 권리행사방해죄는 타인의 점유 또는 권리 의 목적이 된 자기의 물건을 취거, 은닉 또는 손괴하여 타인의 권리행사를 방해함으로써 성립하는 것이므로 그 취거, 은닉 또 는 손괴한 물건이 자기의 물건이 아니라면 권리행사방해죄가 성립할 수 없다(대법원 2003.5.30, 2000도5767; 2005.11.10, 2005도6604 등). 물건의 소유자가 아닌 사람은 형법 제33조 본 문에 따라 소유자의 권리행사방해 범행에 가담한 경우에 한하 여 그의 공범이 될 수 있을 뿐이다. 그러나 권리행사방해죄의 공범으로 기소된 물건의 소유자에게 고의가 없는 등으로 범죄 가 성립하지 않는다면 공동정범이 성립할 여지가 없다(대법원 2017.5.30, 2017도4578).
② (×) 형법 제33조 단서에 의하여 단순배임죄의 형으로 처벌한 다(대법원 2018.8.30, 2018도10047).
③ (×) 소극적 신분자도 공범이 성립할 수 있다(대법원 1986.2. 11, 85도448).
④ (×) 상습도박의 죄나 상습도박방조의 죄에 있어서의 상습성은 행위의 속성이 아니라 행위자의 속성으로서 도박을 반복해서 거듭하는 습벽을 말하는 것인 바, 도박의 습벽이 있는 자가 타 인의 도박을 방조하면 상습도박방조의 죄에 해당하는 것이며,

도박의 습벽이 있는 자가 도박을 하고 또 도박방조를 하였을 경우 상습도박방조의 죄는 무거운 상습도박의 죄에 포괄시켜 1죄로서 처단하여야 한다(대법원 1984.4.24, 84도195).

09

정답 ②

② (○) 아동학대처벌법 제4조의 아동학대치사죄는 보호자가 구 아동학대처벌법 제2조 제4호 가목 내지 다목에서 정한 아동학대범죄를 범하여 그 아동을 사망에 이르게 한 경우를 처벌하는 규정으로 형법 제33조 본문의 '신분관계로 인하여 성립될 범죄'에 해당한다. 따라서 피고인들에 대하여 구 아동학대처벌법 제4조, 제2조 제4호 가목, 형법 제257조 제1항, 제30조로 공소가 제기된 이 사건에서 피고인2에 대해 형법 제33조 본문에 따라 아동학대처벌법 위반(아동학대치사)죄의 공동정범이 성립하고 구 아동학대처벌법 제4조에서 정한 형에 따라 과형이 이루어져야 한다(대법원 2021.9.16, 2021도5000).
[보충] 피고인2에 대하여 형법 제33조 단서를 적용하여 형법 제259조 제1항의 상해치사죄에서 정한 형으로 처단한 원심의 판단에 구 아동학대처벌법 제4조 및 형법 제33조에 관한 법리를 오해하여 판결에 영향을 미친 위법이 있다는 대법원의 파기환송 판결이다.

① (×) 판례에 의하면, 업무상 임무라는 신분관계가 없는 피고인에 대하여는 형법 제33조 본문에 따라 일단 신분범인 업무상배임죄가 성립된다. 다만 과형에서는 형법 제33조 단서에 따라 단순배임죄의 형으로 처벌된다.

③ (×) 소극적 신분이 있는 자도 소극적 신분이 없는 자의 범행에 가공하였다면 공범이 성립한다. "치과의사가 환자의 대량유치를 위해 치과기공사들에게 내원환자들에게 진료행위를 하도록 지시하여 동인들이 각 단독으로 진료행위를 하였다면 무면허의료행위의 교사범에 해당한다(대법원 1986.7.8, 86도749)."

④ (×) 정범이 범행을 한다는 점을 알면서 그 실행행위를 용이하게 한 이상 그 행위가 간접적이거나 직접적이거나를 가리지 않으며 이 경우 정범이 누구에 의하여 실행되어지는가를 확지할 필요는 없다(대법원 1977.9.28, 76도4133). 또한 방조범에 있어서 정범의 고의는 정범에 의하여 실현되는 범죄의 구체적 내용을 인식할 것을 요하는 것은 아니고 미필적 인식 또는 예견으로 족하다(대법원 2005.4.29, 2003도6056).

10

정답 ②

② ㉠㉡㉢이 해당되는 공범의 형태가 인정되는 것이다.

11

정답 ②

② ㉡㉢㉣㉥

㉠ (×) 구성요건적 결과발생은 과실범의 성립요건이므로, 과실범은 모두 결과범이고 또한 결과가 발생한 때에만 성립한다. 과실범의 미수는 인정되지 않는다(따라서 전단은 맞는 내용임). 다만 "정상적으로 기울여야 할 주의(注意)를 게을리하여 죄의 성립요소인 사실을 인식하지 못한 행위는 법률에 특별한 규정이 있는 경우에만 처벌한다." 이것이 형법 제14조의 규정 내용이다(과실범: 원칙적 불벌, 예외적 처벌). 따라서 형법상 과실범은 원칙적으로 처벌하지 아니하고, 법률에 특별한 규정이 있는 경우에 한하여 처벌한다고 표현하여야 맞다(따라서 후단은 틀림).

㉡ (○) 주의의무의 판단기준에 관한 객관설(통설·판례)에 의하면 일반적 보통인의 주의의무가 구성요건적 과실의 판단기준이 된다. 예컨대, 일정한 출퇴근길을 이용함에 있어 어느 도로가 공사 중이고 어느 건물 앞에서는 무단횡단이 많다는 등의 사정은 행위자 개인의 특별한 능력에 의하여 알 수 있는 것이 아니라 해당되는 특별한 지식과 경험을 공유하는 객관적 주의의무의 내용에서 고려된다.

㉢ (○) 옳은 설명으로서, 관련되는 판례로는 대법원 1970.2.24, 70도176 참조.

㉣ (○) 도로교통법 제27조 제5항은 '모든 차의 운전자는 보행자가 횡단보도가 설치되어 있지 아니한 도로를 횡단하고 있을 때에는 안전거리를 두고 일시정지하여 보행자가 안전하게 횡단할 수 있도록 하여야 한다'고 규정하고 있다. 따라서 맞는 내용이다.

> 도로교통법 제27조 제5항은 '모든 차의 운전자는 보행자가 횡단보도가 설치되어 있지 아니한 도로를 횡단하고 있을 때에는 안전거리를 두고 일시정지하여 보행자가 안전하게 횡단할 수 있도록 하여야 한다'고 규정하고 있다. 따라서 자동차의 운전자는 횡단보행자용 신호기가 설치되지 않은 횡단보도를 횡단하는 보행자가 있을 경우에 그대로 진행하더라도 보행자의 횡단을 방해하지 않거나 통행에 위험을 초래하지 않을 경우를 제외하고는, 횡단보도에 먼저 진입하였는지 여부와 관계없이 차를 일시정지하는 등의 조치를 취함으로써 보행자의 통행이 방해되지 않도록 할 의무가 있다(대법원 2020.12.24, 2020도8675; 2022.4.14, 2020도17724 참조).

㉤ (×) 피고인으로서는 횡단보도 부근에서 도로를 횡단하려는 보행자가 흔히 있을 수 있음을 충분히 예상할 수 있었으므로, 보행자를 발견한 즉시 안전하게 정차할 수 있도록 제한속도 아래로 속도를 더욱 줄여 서행하고 전방과 좌우를 면밀히 주시하여 안전하게 운전함으로써 사고를 미연에 방지할 업무상 주의의무가 있었음에도 이를 위반하였고, 횡단보도 부근에서 안전하게 서행하였더라면 사고 발생을 충분히 피할 수 있었을 것이므로, 피고인의 업무상 주의의무 위반과 사고 발생 사이의 상당인과관계가 인정된다(대법원 2022.6.16, 2022도1401).

㉥ (○) 자동차의 운전자는 ⓐ 횡단보행자용 신호기의 지시에 따라 횡단보도를 횡단하는 보행자가 있을 때에는 횡단보도에의 진입 선후를 불문하고 일시정지하는 등의 조치를 취함으로써 보행자의 통행이 방해되지 않도록 하여야 하고, ⓑ 다만 자동차가 횡단보도에 먼저 진입한 경우로서 그대로 진행하더라도 보행자의 횡단을 방해하지 않거나 통행에 위험을 초래하지 않을 상황이라면 그대로 진행할 수 있는 것으로 해석된다(대법원 2020.12.24, 2020도8675).

12

정답 ④

④ ㉠㉡㉢㉣㉤

㉠ (×) 의료과오사건에 있어서 의사의 과실을 인정하려면 결과 발생을 예견·회피할 수 있었는데도 이를 하지 못한 점을 인정할 수 있어야 하고, 과실의 유무는 같은 업무에 종사하는 일반적인 의사의 주의 정도를 표준으로 판단하여야 하며, 이때 사고 당시의 의학의 수준, 의료환경과 조건, 의료행위의 특수성 등을 고려하여야 한다. 또한 의사에게는 환자의 상황, 당시의 의료수준, 자신의 지식·경험 등에 따라 적절하다고 판단되는 진료방법을 선택할 폭넓은 재량권이 있으므로, 의사가 특정 진료방법

을 선택하여 진료를 하였다면 '해당 진료방법 선택과정에 합리성이 결여되어 있다고 볼 만한 사정이 없는 이상' 진료의 결과만을 근거로 하여 그중 어느 진료방법만이 적절하고 다른 진료방법을 선택한 것은 과실에 해당한다고 말할 수 없다(대법원 2008.8.11, 2008도3090; 2015.6.24, 2014도11315 등). 따라서 진료방법 선택과정에 합리성이 결여된 부분이 있다면 의사의 업무상 과실이 인정될 수 있다.

ⓛ (×) 어떠한 의료행위가 의사들 사이의 분업적인 진료행위를 통하여 이루어지는 경우에도 그 의료행위 관련 임상의학 분야의 현실과 수준을 포함하여 구체적인 진료환경 및 조건, 해당 의료행위의 특수성 등을 고려한 규범적인 기준에 따라 해당 의료행위에 필요한 주의의무의 준수 내지 위반이 있었는지 여부가 판단되어야 함은 마찬가지이다. 따라서 의사가 환자에 대하여 주된 의사의 지위에서 진료하는 경우라도, 자신은 환자의 수술이나 시술에 전념하고 마취과 의사로 하여금 마취와 환자 감시 등을 담당토록 하거나, 특정 의료영역에 관한 진료 도중 환자에게 나타난 문제점이 자신이 맡은 의료영역 내지 전공과목에 관한 것이 아니라 그에 선행하거나 병행하여 이루어진 다른 의사의 의료영역 내지 전공과목에 속하는 등의 사유로 다른 의사에게 그 관련된 협의진료를 의뢰한 경우처럼 서로 대등한 지위에서 각자의 의료영역을 나누어 환자 진료의 일부를 분담하였다면, 진료를 분담받은 다른 의사의 전적인 과실로 환자에게 발생한 결과에 대하여는 책임을 인정할 수 없다(대법원 2003.1.10, 2001도3292; 2022.12.1, 2022도1499).

ⓒ (×) 의사가 다른 의사와 의료행위를 분담하는 경우에도 자신이 환자에 대하여 주된 의사의 지위에 있거나 다른 의사를 사실상 지휘·감독하는 지위에 있다면, 그 의료행위의 영역이 자신의 전공과목이 아니라 다른 의사의 전공과목에 전적으로 속하거나 다른 의사에게 전적으로 위임된 것이 아닌 이상, 의사는 자신이 주로 담당하는 환자에 대하여 다른 의사가 하는 의료행위의 내용이 적절한 것인지의 여부를 확인하고 감독하여야 할 업무상 주의의무가 있다(대법원 2007.2.22, 2005도9229). 즉, 그 의료영역이 다른 의사에게 전적으로 위임된 경우라면 다른 의사의 의료행위 내용이 적절한 것인지를 확인하고 감독하여야 할 업무상 주의의무가 있다고 볼 수 없다.

ⓔ (×) ⓐ 수련병원의 전문의와 전공의 등의 관계처럼 의료기관 내의 직책상 주된 의사의 지위에서 지휘·감독 관계에 있는 다른 의사에게 특정 의료행위를 위임하는 수직적 분업의 경우에는, 그 다른 의사에게 전적으로 위임된 것이 아닌 이상 주된 의사는 자신이 주로 담당하는 환자에 대하여 다른 의사가 하는 의료행위의 내용이 적절한 것인지 여부를 확인하고 감독하여야 할 업무상 주의의무가 있고, 만약 의사가 이와 같은 업무상 주의의무를 소홀히 하여 환자에게 위해가 발생하였다면 주된 의사는 그에 대한 과실 책임을 면할 수 없다(대법원 2007.2.22, 2005도9229; 2022.12.1, 2022도1499). ⓑ 이때 그 의료행위가 지휘·감독 관계에 있는 다른 의사에게 전적으로 위임된 것으로 볼 수 있는지 여부는 위임받은 의사의 자격 내지 자질과 평소 수행한 업무, 위임의 경위 및 당시 상황, 그 의료행위가 전문적인 의료영역 및 해당 의료기관의 의료 시스템 내에서 위임하에 이루어질 수 있는 성격의 것이고 실제로도 그와 같이 이루어져 왔는지 여부 등 여러 사정에 비추어 해당 의료행위가 위임을 통해 분담 가능한 내용의 것이고 실제로도 그에 관한 위임이 있었다면, 그 위임 당시 구체적인 상황 하에서 위임의 합

리성을 인정하기 어려운 사정이 존재하고 이를 인식하였거나 인식할 수 있었다고 볼 만한 다른 사정에 대한 증명이 없는 한, 위임한 의사는 위임받은 의사의 과실로 환자에게 발생한 결과에 대한 책임이 있다고 할 수 없다(대법원 2022.12.1, 2022도1499).

ⓜ (×) 전공의가 분담한 의료행위에 관하여 내과 교수에게도 주의의무 위반에 따른 책임을 인정하려면, 부분 장폐색 환자에 대한 장정결 시행의 빈도와 처방 내용의 의학적 난이도, 내과 2년차 전공의임에도 소화기내과 위장관 부분 업무를 담당한 경험이 미흡하였거나 기존 경력에 비추어 보아 적절한 업무수행을 기대하기 어렵다는 등의 특별한 사정이 있었는지 여부 등을 구체적으로 심리하여 전공의에게 장정결 처방 및 그에 관한 설명을 위임한 것이 합리적이지 않았다는 사실에 대한 증명이 있었는지를 판단하였어야 한다. 내과 교수가 전공의를 지휘·감독하는 지위에 있다는 사정만으로 직접 수행하지 않은 장정결제 처방과 장정결로 발생할 수 있는 위험성에 관한 설명에 대하여 책임이 있다고 단정한 원심에는 의사의 의료행위 분담에 관한 법리를 오해하고 필요한 심리를 제대로 하지 아니함으로써 판결에 영향을 미친 잘못이 있다(대법원 2022.12.1, 2022도1499).

13
정답 ③

③ ㉠ㄴㄹㅁㅂ

㉠ (×) 일수죄는 과실일수만 처벌하고(제181조) 업무상과실일수나 중과실일수를 처벌하고 있지는 않다.

ⓛ (×) 의료과오사건에 있어서 의사의 과실을 인정하려면 결과 발생을 예견할 수 있고 또 회피할 수 있었음에도 이를 하지 못한 점을 인정할 수 있어야 하고, 위 과실의 유무를 판단함에는 같은 업무와 직무에 종사하는 일반적 보통인의 주의 정도를 표준으로 하여야 하며, 이때 사고 당시의 일반적인 의학의 수준과 의료환경 및 조건, 의료행위의 특수성 등을 고려하여야 한다(대법원 2006.10.26, 2004도486; 2008.8.11, 2008도3090 등).

ⓒ (○) 공사현장에서 포클레인을 이용해 땅을 파서 흙을 트럭에 싣는 작업을 하는 경우 적재물이 낙하하여 사람이 다치거나 주변 통행에 방해가 되는 등의 사고가 발생할 수 있으므로 포클레인 기사는 낙하사고를 방지하기 위하여 필요한 조치를 취하여야 한다. 사람의 통행이 빈번한 산책로와 자전거도로 부근에서 적재 작업을 하는 피고인으로서는 작업 중 토사 등 적재물이 덤프트럭 적재함 밖으로 떨어지지 않도록 충분한 주의를 기울이거나 그것이 어려운 경우 작업의 중단 내지 안전펜스 설치나 신호수의 배치요구를 하는 등의 조치를 취하여야 할 업무상 주의의무가 있었다(대법원 2021.11.11, 2021도11547).

ⓔ (×) 판례는 과실범의 공동정범을 소위 행위공동설에 의하여 긍정하는 입장이다. "공동정범은 고의범이나 과실범을 불문하고 의사의 연락이 있는 경우면 성립하는 것으로서 2인 이상이 서로의 의사연락 아래 과실행위를 하여 범죄되는 결과를 발생하게 하면 과실범의 공동정범이 성립하는 것이다(대법원 1994.3.22, 94도35; 1982.6.8, 82도781 등 참조)."

ⓜ (×) 업무상과실치사상죄의 '업무'란 사람의 사회생활면에서 하나의 지위로서 계속적으로 종사하는 사무로, 수행하는 직무 자체가 위험성을 갖기 때문에 안전배려를 의무의 내용으로 하는 경우는 물론 사람의 생명·신체의 위험을 방지하는 것을 의무의 내용으로 하는 업무도 포함한다(골프장 경기보조원도 업무상과실치사상죄의 업무자에 해당한다는 사례, 대법원 2022.12.1,

2022도11950).

ⓗ (×) 중앙선이 표시되어 있지 아니한 비포장도로라고 하더라도 승용차가 넉넉히 서로 마주보고 진행할 수 있는 정도의 너비가 되는 도로를 정상적으로 진행하고 있는 자동차의 운전자로서는, 특별한 사정이 없는 한 마주 오는 차가 교통법규(도로교통법 제12조 제3항 등)를 지켜 도로의 중앙으로부터 우측부분을 통행할 것으로 신뢰하는 것이 보통이므로, 마주 오는 차가 도로의 중앙이나 좌측부분으로 진행하여 올 것까지 예상하여 특별한 조치를 강구하여야 할 업무상 주의의무는 없는 것이 원칙이다(대법원 1992.7.28. 92도1137).

14
정답 ②

② ㉠㉢㉣㉤ⓗ

㉠ (×) 의사가 설명의무를 위반한 채 의료행위를 하였다가 환자에게 상해 또는 사망의 결과가 발생한 경우 의사에게 업무상 과실로 인한 형사책임을 지우기 위해서는 의사의 설명의무 위반과 환자의 상해 또는 사망 사이에 상당인과관계가 존재하여야 한다(대법원 2015.6.24, 2014도11315).

㉡ (○) 대법원 1996.11.8, 95도2710

㉢ (×) 과실범의 미수는 처벌되지 않는다.

㉣ (×) 간호사에게 업무상과실치상의 형사책임이 인정된다(대법원 2009.12.24, 2005도8980).
[보충] 종합병원의 간호사로서 환자에 대한 투약 과정 및 그 이후의 경과 관찰 등의 직무 수행을 위하여 처방 약제의 기본적인 약효나 부작용 및 주사 투약에 따르는 주의사항 등을 미리 확인·숙지하였다면 과실로 처방된 것임을 알 수 있었음에도 그대로 주사하여 환자가 의식불명 상태에 이르게 된 경우, 간호사에게 업무상과실치상의 형사책임을 인정한 사례이다.

㉤ (×) 피고인이 이 사건 작업이 이 사건 크레인의 적재하중을 초과할 수 있음을 충분히 인식할 수 있었음에도 크레인의 적재하중을 파악하기 위해 제원표를 확인하는 등의 조치도 취하지 않은 채 인양이 가능하다는 피해자 등의 말만 믿고서 작업을 지시한 점 등에 비추어, 피고인의 적재하중을 초과한 중량물 취급으로 인한 안전조치의무 위반 및 업무상 주의의무 위반도 인정되며, 피고인의 업무상 과실과 사고 사이에 인과관계도 인정된다(산업안전보건법 위반죄, 업무상과실치상죄, 대법원 2022.1. 14, 2021도15004).

ⓗ (×) 내과 외래 진료를 하고 있는 내과의사인 피고인이 피해자를 급성 장염으로 진단하고 그 증상을 완화하기 위해 시행한 대증적 조치나 C−반응성단백질 수치 결과가 확인된 이후 피해자에 대한 입원조치를 하지 않은 것에 의료상 과실이 있다고 보기 어렵고, 피해자에게 패혈증, 패혈증 쇼크 등의 증상이 발현되어 하루 만에 사망에 이를 정도로 급격하게 악화될 것을 예견할 수 있었다고 보기도 어렵다(대법원 2024.10.25, 2023도13950).

15
정답 ④

④ ㉡㉢㉣ⓗ

㉠ (×) 약사는 의약품을 판매하거나 조제함에 있어서 그 의약품이 그 표시 포장상에 있어서 약사법 소정의 검인 합격품이고 또한 부패 변질 변색되지 아니하고 유효기간이 경과되지 아니함을 확인하고 조제판매한 경우에는 특별한 사정이 없는 한 관

능시험 및 기기시험까지 할 주의의무가 없으므로 그 약의 표시를 신뢰하고 이를 사용한 경우에는 과실이 없다고 볼 수 있다(대법원 1976.2.10, 74도2046).

㉡ (○) 공사를 발주한 구청 소속의 현장감독 공무원인 피고인이 갑 회사가 전문 건설업 면허를 소지한 을 회사의 명의를 빌려 원수급인인 병 회사로부터 콘크리트 타설공사를 하도급받아 전문 건설업 면허나 건설기술 자격이 없는 개인인 정에게 재하도급주어 이 사건 공사를 시공하도록 한 사실을 알았거나 쉽게 알 수 있었음에도 불구하고 그 직무를 유기 또는 태만히 하여 정의 시공방법상의 오류와 그 밖의 안전상의 잘못으로 인하여 콘크리트 타설작업 중이던 건물이 붕괴되는 사고가 발생할 때까지도 이를 적발하지 아니하였거나 적발하지 못한 잘못이 있다면, 피고인의 위와 같은 직무상의 의무위반 행위는 이 사건 붕괴사고로 인한 치사상의 결과에 대하여 상당인과관계가 있다(대법원 1995.9.15, 95도906).

㉢ (○) 대법원 1996.9.24, 95도245

㉣ (○) 대법원 1994.12.9, 93도2524

㉤ (×) 비록 같은 피고인이 위 회사의 회장으로 취임 중이었다고 하더라도 같은 피고인에게는 위 회사의 직원들에 대한 일반적, 추상적 지휘감독의 책임은 있을지언정, 더 나아가 원심이 판시하고 있는 바와 같은 이 사건 화재에 대한 구체적이고도 직접적인 주의의무는 없다고 할 수 밖에 없다(대법원 1973.1.30, 72도2676; 1973.6.5, 73도233 등; 1986.7.22, 85도108).

ⓗ (○) 업무상과실치상죄의 '업무'란 사람의 사회생활면에서 하나의 지위로서 계속적으로 종사하는 사무로, 수행하는 직무 자체가 위험성을 갖기 때문에 안전배려를 의무의 내용으로 하는 경우는 물론 사람의 생명·신체의 위험을 방지하는 것을 의무의 내용으로 하는 업무도 포함한다. 골프와 같은 개인 운동경기에서, 경기에 참가하는 자는 자신의 행동으로 인해 다른 사람이 다칠 수도 있으므로 경기규칙을 준수하고 주위를 살펴 상해의 결과가 발생하는 것을 미연에 방지해야 할 주의의무가 있고, 경기보조원은 그 업무의 내용상 기본적으로는 골프채의 운반·이동·취급 및 경기에 관한 조언 등으로 골프경기 참가자를 돕는 역할을 수행하면서 아울러 경기 진행 도중 위와 같이 경기 참가자의 행동으로 다른 사람에게 상해의 결과가 발생할 위험성을 고려해 예상할 수 있는 사고의 위험을 미연에 방지하기 위한 조치를 취함으로써 경기 참가자들의 안전을 배려하고 그 생명·신체의 위험을 방지할 업무상 주의의무를 부담한다(대법원 2022.12.1, 2022도11950).
[보충] 피고인은 위와 같이 전기자동차에 태운 피해자를 공소 외 1의 앞쪽에서 하차하도록 정차시켰을 뿐만 아니라, 공소외 1의 공을 찾아준 후에는 피해자나 공소외 1에게 예상할 수 있는 사고의 위험성에 관한 주의를 촉구하는 등 안전한 경기운영을 위한 아무런 조치도 취하지 않은 것이므로, 경기보조원으로서의 주의의무를 다하지 않은 업무상과실을 인정할 수 있다.

16
정답 ③

③ ㉠(○), ㉡(○), ㉢(×), ㉣(○), ㉤(×)

㉠ (○) 의료과오사건에 있어서 의사의 과실을 인정하려면 결과 발생을 예견·회피할 수 있었는데도 이를 하지 못한 점을 인정할 수 있어야 하고, 과실의 유무는 같은 업무에 종사하는 일반적인 의사의 주의 정도를 표준으로 판단하여야 하며, 이때 사고

당시의 의학의 수준, 의료환경과 조건, 의료행위의 특수성 등을 고려하여야 한다. 또한 의사에게는 환자의 상황, 당시의 의료수준, 자신의 지식·경험 등에 따라 적절하다고 판단되는 진료방법을 선택할 폭넓은 재량권이 있으므로, 의사가 특정 진료방법을 선택하여 진료를 하였다면 해당 진료방법 선택과정에 합리성이 결여되어 있다고 볼 만한 사정이 없는 이상 진료의 결과만을 근거로 하여 그중 어느 진료방법만이 적절하고 다른 진료방법을 선택한 것은 과실에 해당한다고 말할 수 없다(대법원 2015.6.24, 2014도11315).

ⓛ (○) 전기배선을 임차인이 직접 하였으며 그 이상을 미리 알았거나 알 수 있었다는 등의 특별한 사정이 없는 한 소유자가 전기배선의 하자로 인한 화재를 예방할 주의의무를 부담한다. "전기배선이 벽 내부에 매립 설치되어 건물 구조의 일부를 이루고 있다면 그에 관한 관리책임은 일반적으로 소유자에게 있다고 보아야 할 것이고, 다만 그 전기배선을 임차인이 직접 하였으며 그 이상을 미리 알았거나 알 수 있었다는 등의 특별한 사정이 있는 때에는 임차인에게도 그 부분의 하자로 인한 화재를 예방할 주의의무가 인정될 수 있다(대법원 2009.5.28, 2009도1040)."

ⓒ (×) 원칙적으로 도급인에게는 수급인의 업무와 관련하여 사고방지에 필요한 안전조치를 취할 주의의무가 없으나, 법령에 의하여 도급인에게 수급인의 업무에 관하여 구체적인 관리·감독의무 등이 부여되어 있거나 도급인이 공사의 시공이나 개별 작업에 관하여 구체적으로 지시·감독하였다는 등의 특별한 사정이 있는 경우에는 도급인에게도 수급인의 업무와 관련하여 사고방지에 필요한 안전조치를 취할 주의의무가 있다(대법원 2009.5.28, 2008도7030).

ⓔ (○) 금은방을 운영하는 자가 귀금속류를 매수함에 있어 매도자의 신원확인절차를 거쳤다고 하여도 장물인지의 여부를 의심할 만한 특별한 사정이 있거나, 매수물품의 성질과 종류 및 매도자의 신원 등에 좀 더 세심한 주의를 기울였다면 그 물건이 장물임을 알 수 있었음에도 불구하고 이를 게을리하여 장물인 정을 모르고 매수하여 취득한 경우에는 업무상과실장물취득죄가 성립한다고 할 것이고(대법원 1984.11.27, 84도1413; 1985. 2.26, 84도2732,84감도429; 1987.6.9, 87도915 등), 물건이 장물인지의 여부를 의심할 만한 특별한 사정이 있는지 여부나 그 물건이 장물임을 알 수 있었는지 여부는 매도자의 인적사항과 신분, 물건의 성질과 종류 및 가격, 매도자와 그 물건의 객관적 관련성, 매도자의 언동 등 일체의 사정을 참작하여 판단하여야 할 것이다(대법원 2003.4.25, 2003도348).

ⓜ (×) 중앙선에 서서 도로횡단을 중단한 피해자의 팔을 갑자기 잡아끌고 피해자로 하여금 도로를 횡단하게 만든 피고인으로서는 위와 같이 무단횡단을 하는 도중에 지나가는 차량에 충격당하여 피해자가 사망하는 교통사고가 발생할 가능성이 있으므로, 이러한 경우에는 피고인이 피해자의 안전을 위하여 차량의 통행 여부 및 횡단 가능 여부를 확인하여야 할 주의의무가 있다 할 것이고, 비록 당시 피고인이 술에 취해 있었다 할지라도 심신상실이나 심신미약을 이유로 책임이 조각되거나 감경되는 것은 별론으로 하고(기록에 의하면, 피고인이 당시 심신상실이나 심신미약의 상태에 있었다고 보여지지도 아니한다), 위와 같은 주의의무가 없어지는 것은 아니라 할 것이며, 또 피고인 역시 위 차량에 충격당하였다 하여 피고인이 무단횡단에 앞서서 차량이 진행하여 오는 것을 확인하거나 그 횡단 가능 여부를 판단할 수 있는 기대가능성이 없었다고 할 수도 없으므로, 피고

인으로서는 위와 같은 주의의무를 다하지 않은 이상 이 사건 교통사고와 그로 인한 피해자의 사망에 대하여 과실책임을 면할 수 없다(대법원 2002.8.23, 2002도2800).

17 정답 ②

② ⓒⓔ

ⓐ (○) 선행차량에 이어 피고인 운전 차량이 피해자를 연속하여 역과하는 과정에서 피해자가 사망한 경우, 역과와 사망 사이의 인과관계가 인정된다(대법원 2001.12.11, 2001도5005).

ⓛ (○) 간호사로 하여금 의료행위에 관여하게 하는 경우에도 그 의료행위는 의사의 책임 하에 이루어지는 것이고 간호사는 그 보조자에 불과하므로, 의사는 간호사가 과오를 범하지 않도록 충분히 지도·감독을 하여 사고의 발생을 미연에 방지하여야 할 주의의무가 있고, 이를 소홀히 한 채 만연히 간호사를 신뢰하여 간호사에게 당해 의료행위를 일임함으로써 간호사의 과오로 환자에게 위해가 발생하였다면 의사는 그에 대한 과실책임을 면할 수 없다(대법원 1998.2.27, 97도2812).

ⓒ (×) 시내버스 운전사가 버스정류장에서 승객을 하차시킨 후 통상적으로 버스를 출발시키던 중 뒤늦게 버스 뒤편 좌석에서 일어나 앞 쪽으로 걸어 나오던 피해자가 균형을 잃고 넘어진 경우, 특별한 사정이 없는 한 착석한 승객 중 더 내릴 손님이 있는지, 출발 도중 넘어질 우려가 있는 승객이 있는지 등의 여부를 일일이 확인하여야 할 주의의무가 없기 때문에, 운전사의 과실은 인정되지 않는다(대법원 1992.4.28, 92도56).

ⓔ (×) 정신병동에 입원중인 환자가 완전감금병동의 화장실 창문을 열고 탈출하려다가 떨어져 죽은 사고에 있어서 위 병동의 당직간호사인 피고인이 피해자에 대한 동태관찰의무 및 화장실 창문 자물쇠의 시정상태 점검의무를 게을리 한 과실이 있다고 단정하기 어렵다(대법원 1992.4.28, 91도1346).

ⓜ (○) 고속도로상을 운행하는 자동차운전자는 통상의 경우 보행인이 그 도로의 중앙방면으로 갑자기 뛰어드는 일이 없으리라는 신뢰하에서 운행하는 것이지만 위 도로를 횡단하려는 피해자를 그 차의 제동거리 밖에서 발견하였다면 피해자가 반대 차선의 교행차량 때문에 도로를 완전히 횡단하지 못하고 그 진행 차선쪽에서 멈추거나 다시 되돌아 나가는 경우를 예견해야 하는 것이다(대법원 1981.3.24, 80도3305).

18 정답 ④

④ ⓒⓔⓜ

ⓐ (×) 과실장물죄라는 범죄는 존재하지 않으므로 업무상과실장물죄에서 업무자의 신분은 진정신분범의 요소이다.

ⓛ (×) 의사가 설명의무를 위반한 채 의료행위를 하였다가 환자에게 상해 또는 사망의 결과가 발생한 경우 의사에게 업무상과실로 인한 형사책임을 지우기 위해서는 의사의 설명의무 위반과 환자의 상해 또는 사망 사이에 상당인과관계가 존재하여야 한다(대법원 2011.4.14, 2010도10104 등). 이러한 판례들은, 대체로 피고인의 설명의무 위반과 피해자의 사망 사이에 상당인과관계가 있다는 사실이 합리적 의심의 여지가 없이 증명되었다고 보기 어렵다고 보는 사례들이다. 한 예를 들자면 다음과 같다. "피해자 측은 화상을 입기 전 다른 의사로부터 피해자가 간경변증을 앓고 있기 때문에 어떠한 수술이라도 받으면 사망할 수 있다는 말을 들었고, 이러한 이유로 피해자 측은 피고인

의 거듭된 수술 권유에도 불구하고 계속 수술을 받기를 거부하였었다. 이로 보건대, 피해자 측은 피고인이 수술의 위험성에 관하여 설명하였는지 여부에 관계없이 간경변증을 앓고 있는 피해자에게 이 사건 수술이 위험할 수 있다는 점을 이미 충분히 인식하고 있었던 것으로 보인다. 그렇다면 피고인이 수술의 위험성에 관하여 설명하였다고 하더라도 피해자 측이 수술을 거부하였을 것이라고 단정하기 어렵다. 즉, 피고인의 설명의무 위반과 피해자의 사망 사이에 상당인과관계가 있다는 사실이 합리적 의심의 여지가 없이 증명되었다고 보기 어렵다(대법원 2015.6.24, 2014도11315)."

ⓒ (○) 형법상 방조행위는 정범이 범행을 한다는 정을 알면서 그 실행행위를 용이하게 하는 직접·간접의 행위를 말하므로, 방조범은 정범의 실행을 방조한다는 이른바 방조의 고의와 정범의 행위가 구성요건에 해당하는 행위인 점에 대한 정범의 고의가 있어야 한다(대법원 2005.4.29, 2003도6056).

ⓔ (○) 제30조에 "공동하여 죄를 범한 때"의 "죄"라 함은 고의범이고 과실범이고를 불문하므로 두사람 이상이 어떠한 과실행위를 서로의 의사연락 하에 이룩하여 범죄가 되는 결과를 발생케 한 것이라면 과실범의 공동정범이 성립된다(대법원 1979. 8.21, 79도1249). 또한 과실에 의한 침해범뿐만 아니라 구체적 위험범(자기소유일반건조물실화죄 등), 추상적 위험범(현주건조물실화죄 등)의 성립도 가능하다.

ⓜ (○) 대법원 1984.2.28, 83도3007

ⓗ (×) 의사에게 의료행위로 인한 업무상과실치사상죄를 인정하기 위해서는, 의료행위 과정에서 공소사실에 기재된 업무상과실의 존재는 물론 그러한 업무상과실로 인하여 환자에게 상해·사망 등 결과가 발생한 점에 대하여도 엄격한 증거에 따라 합리적 의심의 여지가 없을 정도로 증명이 이루어져야 한다(대법원 2023.1.12, 2022도11163). 따라서 검사는 공소사실에 기재한 업무상과실과 상해·사망 등 결과 발생 사이에 인과관계가 있음을 합리적인 의심의 여지가 없을 정도로 증명하여야 하고, 의사의 업무상 과실이 증명되었다는 사정만으로 인과관계가 추정되거나 증명 정도가 경감되는 것은 아니다. 이처럼 형사재판에서는 인과관계 증명에 있어서 '합리적인 의심이 없을 정도'의 증명을 요하므로 그에 관한 판단이 동일 사안의 민사재판과 달라질 수 있다(대법원 2011.4.28, 2010도14102)(대법원 2023.8.31, 2021도1833).

19 정답 ④

④ (×) 결과적 가중범이 성립하기 위하여서는 고의에 의한 기본범죄(예 상해)와 과실에 의한 중한 결과(예 사망)가 있어야 하고 기본범죄와 중한 결과 사이에 인과관계 및 객관적 귀속이 인정되어야 한다(판례는 상당인과관계설에 의하여 이를 인과관계의 문제로만 본다). 이 경우 중한 결과는 발생하였다고 하여 결과적 가중범이 되는 것이 아니라 반드시 예견가능성 있는 중한 결과이어야 한다. 이때 예견가능성과 과실은 동일한 의미로 이해되는 것이다.

① (○) 구체적 부합설은 행위자가 구체적으로 인식한 대상에 결과가 발생한 경우에만 고의가 인정된다는 입장이므로 위와 같은 구체적 사실에 대한 방법의 착오에 있어서 인식한 사실의 미수범과 발생한 사실의 과실범의 상상적 경합이 인정된다.

② (○) 법정적 부합설에 대한 올바른 설명이다.

③ (○) 제15조 1항에서는 중한 죄가 되는 사실을 인식하지 못한 경우에는 중한 죄로 벌하지 않는다라고 규정되어 있다. 이는 우선 형을 가중하는 사유를 인식하지 못한 경우를 의미한다. 이 경우에는 기본적 구성요건으로 처벌된다. 예를 들어, 존속살해죄에 관한 가중적 구성요건요소에 관한 착오의 경우에 직계존속임을 인식하지 못하고 살인을 한 경우 제15조 제1항에 의하여 보통살인죄에 해당한다(대법원 1960.10.31, 4293형상494). 또한 행위자가 형을 감경하는 사유가 있는 것으로 오인한 경우도 위 규정에 의하여 해결된다. 이 경우 감경적 구성요건으로 처벌된다. 예를 들어, 촉탁살인 고의로 보통살인죄를 범한 때에는 촉탁살인죄(제252조 제1항)로 처벌될 뿐이다.

20 정답 ③

③ ㉠ⓛⓔⓜ

㉠ (○) 제10조 제3항

ⓛ (○) 제13조

ⓒ (×) 제15조 제2항에 의하면, 결과적 가중범에서 예견가능성이 없을 때 '무거운 죄로 벌하지 아니한다.' 즉 결과적 가중범만 성립하지 않는다는 것이지 위 지문처럼 '벌하지 아니한다'는 식으로 무죄가 된다는 것이 아니다. 고의의 기본범죄만큼은 성립하기 때문이다.

ⓔ (○) 제17조 참조.

ⓜ (○) 구 특가법 제5조의11 제1항의 '원동기장치자전거'에는 전동킥보드와 같은 개인형 이동장치도 포함된다. 개정 도로교통법은 통행방법 등에 관하여 개인형 이동장치를 자전거에 준하여 규율하면서 입법기술상의 편의를 위해 이를 "자전거 등"으로 분류하였다고 보는 것이 타당하다. (따라서) 개정 도로교통법이 개인형 이동장치에 관한 규정을 신설하면서 이를 '자전거 등'으로 분류하였다고 하여 이를 형법 제1조 제2항의 '범죄 후 법률이 변경되어 그 행위가 범죄를 구성하지 아니하게 된 경우'라고 볼 수는 없다(대법원 2023.6.29, 2022도13430).

▶ 제2편 **범죄론: 제7장 범죄의 특수한 출현형태론** [과실범과 결과적 가중범 2] ─ **제8장 죄수론** [일죄 1]

01	③	02	④	03	③	04	②	05	③
06	③	07	②	08	②	09	③	10	②
11	①	12	④	13	②	14	④	15	②
16	②	17	③	18	②	19	②	20	①

01

정답 ③

③ ㉠㉡㉢

㉠ (×) 기본범죄를 통하여 고의로 중한 결과를 발생하게 한 경우에 가중 처벌하는 부진정결과적가중범에 있어서, 고의로 중한 결과를 발생하게 한 행위가 별도의 구성요건에 해당하고 그 고의범에 대하여 결과적가중범에 정한 형보다 더 무겁게 처벌하는 규정이 있는 경우에는 그 고의범과 결과적가중범이 상상적 경합관계에 있다고 보아야 할 것이지만 위와 같이 고의범에 대하여 더 무겁게 처벌하는 규정이 없는 경우에는 결과적가중범이 고의범에 대하여 특별관계에 있다고 해석되므로 결과적가중범만 성립하고 이와 법조경합의 관계에 있는 고의범에 대하여는 별도로 죄를 구성한다고 볼 수 없다. 따라서 직무를 집행하는 공무원에 대하여 위험한 물건을 휴대하여 고의로 상해를 가한 경우에는 특수공무집행방해치상죄만 성립할 뿐, 이와는 별도로 폭력행위 등 처벌에 관한 법률 위반(집단·흉기 등 상해)죄를 구성한다고 볼 수 없다(대법원 2008.11.27, 2008도7311).

㉡ (×) 중체포·중감금죄는 결과적 가중범이 아닌 고의범일 뿐이다. 주로 결과적 가중범은 '~치~죄', '중~죄(상해, 유기, 강요, 손괴)' 등으로 규정되어 있고 '연소죄'도 포함된다. 그리고 부진정결과적 가중범의 예로는 현주건조물방화치사상죄, 특수공무방해치상죄, 중상해죄 등이 있다.
[보충] 단 '과실치~'는 과실범이다. (치/중 – 상·유·강·손/연)

> **제277조(중체포·중감금·존속중체포·존속중감금)** ① 사람을 체포 또는 감금하여 가혹한 행위를 가한 자는 7년 이하의 징역에 처한다.

㉢ (○) 교사자가 피교사자에 대하여 상해를 교사하였는데 피교사자가 이를 넘어 살인을 실행한 경우에, 일반적으로 교사자는 상해죄에 대한 교사범이 되는 것이고, 다만 이 경우 교사자에게 피해자의 사망이라는 결과에 대하여 과실 내지 예견가능성이 있는 때에는 상해치사죄의 교사범으로서의 죄책을 지울 수 있다(대법원 1997.6.24, 97도1075).

㉣ (×) 형법 제15조 제2항이 규정하고 있는 이른바 결과적 가중범은 행위자가 행위시에 그 결과의 발생을 예견할 수 없을 때는 비록 그 행위와 결과사이에 인과관계가 있다 하더라도 중한 죄로 벌할 수 없는 것으로 풀이된다(대법원 1988.4.12, 88도178).

㉤ (○) 결과적 가중범의 미수범의 문제는 기본범죄가 미수에 그쳤는데 무거운 결과가 발생한 경우 결과적 가중범의 미수범 처벌이 가능한가의 문제라고 할 수 있는바, 판례와 다수설은 부정설을 취한다. 따라서 기본범죄가 미수인데 무거운 결과가 발생한 경우에는 미수범의 임의적 감경규정이 적용되지 않고 결과적 가중범의 기수가 성립한다.

> 성폭력범죄의 처벌 및 피해자보호 등에 관한 법률 제9조 제1항에 의하면 같은 법 제6조 제1항에서 규정하는 특수강간의 죄를 범한 자뿐만 아니라, 특수강간이 미수에 그쳤다고 하더라도 그로 인하여 피해자가 상해를 입었으면 특수강간치상죄가 성립하는 것이고, 같은 법 제12조에서 규정한 위 제9조 제1항에 대한 미수범 처벌규정은 제9조 제1항에서 특수강간치상죄와 함께 규정된 특수강간상해죄의 미수에 그친 경우, 즉 특수강간의 죄를 범하거나 미수에 그친 자가 피해자에 대하여 상해의 고의를 가지고 피해자에게 상해를 입히려다가 미수에 그친 경우 등에 적용된다(대법원 2008.4.24, 2007도10058).

02

정답 ④

④ ㉡㉢㉣㉤

㉠ (○) 대법원 2007.10.26, 2005도8822

㉡ (×) 결과적 가중범에서 중한 결과가 발생하였다면 기본범죄가 미수에 그쳤더라도 결과적 가중범의 기수범이 성립한다(다수설·판례, 대법원 1972.7.25, 72도1294, 미수범 처벌규정은 결과적 가중범에 대한 것이 아니라는 판례는 대법원 2008.4.24, 2007도10058).

㉢ (×) 결과적 가중범에 있어서의 공동정범은 행위를 공동으로 할 의사가 있으면 성립하고 결과를 공동으로 할 의사는 필요없다(대법원 1990.6.26, 90도765).

㉣ (×) 절도를 교사한 행위자에게 강간의 실행 부분은 질적 초과의 경우로서 교사자는 이에 대한 죄책을 부담하지 않는다. 이 경우 교사한 범죄의 예비·음모의 처벌규정이 있다면 그에 따라 처벌될 수 있을 뿐이나(제31조 제2항, 제3항), 절도는 예비·음모를 벌하지 않으므로 결국 무죄가 된다.

㉤ (×) 부진정결과적 가중범에 있어서도 기본범죄는 고의범이어야 한다.
[보충] 부진정결과적 가중범은 중한 결과에 대하여 과실뿐만 아니라 고의가 있을 경우에도 성립하는 개념이다.

03

정답 ③

③ ㉢㉣

㉠ (×) 대법원 2008.11.27, 2008도7311

ⓛ (×) 결과적 가중범인 상해치사죄의 공동정범은 폭행 기타의 신체침해 행위를 공동으로 할 의사가 있으면 성립되고 결과를 공동으로 할 의사는 필요 없으며, 여러 사람이 상해의 범의로 범행 중 한 사람이 중한 상해를 가하여 피해자가 사망에 이르게 된 경우 나머지 사람들은 사망의 결과를 예견할 수 없는 때가 아닌 한 상해치사의 죄책을 면할 수 없다(대법원 2000.5.12, 2000도745).

ⓒ (○) 폭행치사죄는 결과적 가중범으로서 폭행과 사망의 결과 사이에 인과관계가 있는 외에 사망의 결과에 대한 예견가능성 즉 과실이 있어야 한다(대법원 1990.9.25, 90도1596).

ⓔ (○) 결과적 가중범의 미수범의 성립 여부에 대해서는 부정설이 다수설·판례이다. "강간이 미수에 그친 경우라도 그 수단이 된 폭행에 의하여 피해자가 상해를 입었으면 강간치상죄가 성립한다(대법원 1988.11.8, 88도1628; 1972.7.25, 72도1294)."

04
정답 ②

② (×) 불을 놓은 집에서 빠져 나오려는 피해자들을 막아 소사케 한 행위는 1개의 행위가 수개의 죄명에 해당하는 경우라고 볼 수 없고, 위 방화행위와 살인행위는 법률상 별개의 범의에 의하여 별개의 법익을 해하는 별개의 행위라고 할 것이니, 현주건조물방화죄와 살인죄는 실체적 경합관계에 있다(대법원 1983.1. 18, 82도2341).

① (○) 결과적 가중범인 상해치사죄의 공동정범은 폭행 기타의 신체침해 행위를 공동으로 할 의사가 있으면 성립되고 결과를 공동으로 할 의사는 필요 없으며, 여러 사람이 상해의 범의로 범행 중 한 사람이 중한 상해를 가하여 피해자가 사망에 이르게 된 경우 나머지 사람들은 사망의 결과를 예견할 수 없는 때가 아닌 한 상해치사의 죄책을 면할 수 없다(대법원 2000.5.12, 2000도745).

③ (○) 고의범에 대하여 결과적 가중범에 정한 형보다 더 무겁게 처벌하는 규정이 있는 경우에는 그 고의범과 결과적 가중범이 상상적 경합관계에 있다고 보아야 할 것이다(대법원 1995.1.20, 94도2842; 1996.4.26, 96도485).

④ (○) 고의범에 대하여 더 무겁게 처벌하는 규정이 없는 경우에는 결과적 가중범이 고의범에 대하여 특별관계에 있다고 해석되므로 결과적 가중범만 성립하고 이와 법조경합의 관계에 있는 고의범에 대하여는 별도로 죄를 구성한다고 볼 수 없다(대법원 2008.11.27, 2008도7311).

05
정답 ③

③ (○) 대법원 1987.10.26, 87도464

① (×) 일반경험칙상 그와 같은 상황 아래서 상해의 결과발생을 예견할 수는 없다고 볼 것이므로 강간치상죄로 처단할 수 없다(대법원 1985.10.8, 85도1537).

② (×) 폭행치사죄가 성립한다(대법원 1984.6.26, 84도831).

④ (×) 폭행치사죄가 성립한다(대법원 1983.1.18, 82도697).

06
정답 ③

③ (×) 작위범인 범인도피죄만 성립하고 부작위범인 직무유기죄는 성립하지 않는다(대법원 1996.5.10, 96도91).

① (○) 범죄는 보통 적극적인 행위에 의하여 실행되지만 때로는

결과의 발생을 방지하지 아니한 부작위에 의하여도 실현될 수 있다. 형법 제18조는 "위험의 발생을 방지할 의무가 있거나 자기의 행위로 인하여 위험발생의 원인을 야기한 자가 그 위험발생을 방지하지 아니한 때에는 그 발생된 결과에 의하여 처벌한다."라고 하여 부작위범의 성립 요건을 별도로 규정하고 있다. 자연적 의미에서의 부작위는 거동성이 있는 작위와 본질적으로 구별되는 무(無)에 지나지 아니하지만, 위 규정에서 말하는 부작위는 법적 기대라는 규범적 가치판단 요소에 의하여 사회적 중요성을 가지는 사람의 행태가 되어 법적 의미에서 작위와 함께 행위의 기본 형태를 이루게 되므로, 특정한 행위를 하지 아니하는 부작위가 형법적으로 부작위로서의 의미를 가지기 위해서는, 보호법익의 주체에게 해당 구성요건적 결과 발생의 위험이 있는 상황에서 행위자가 구성요건의 실현을 회피하기 위하여 요구되는 행위를 현실적·물리적으로 행할 수 있었음에도 하지 아니하였다고 평가될 수 있어야 한다(대법원 2015.11.12, 2015도6809 전원합의체).

② (○) 유추해석금지원칙상 유기죄(제271조 제1항)의 보호의무의 발생근거(법률, 계약)는 부진정부작위범(제18조)의 작위의무의 발생근거(법령, 계약 등 법률행위, 조리, 선행행위)보다 좁게 파악된다.

④ (○) 대법원 1998.12.8, 98도3263

07
정답 ②

② ⓛⓒ

ⓐ (×) 경찰관이 불법체류자의 신병을 출입국관리사무소에 인계하지 않고 훈방하면서 이들의 인적사항조차 기재해 두지 아니하였다면 직무유기죄가 성립한다. 하나의 행위가 부작위범인 직무유기죄와 작위범인 허위공문서작성·행사죄의 구성요건을 동시에 충족하는 경우, 공소제기권자는 재량에 의하여 작위범인 허위공문서작성·행사죄로 공소를 제기하지 않고 부작위범인 직무유기죄로만 공소를 제기할 수 있다(대법원 2008.2.14, 2005도4202).

ⓛ (○) 중고매매에 있어서 매도인의 할부금융회사 또는 보증보험에 대한 할부가 매수인에게 당연히 승계되는 것이 아니다. 그러므로 그 할부금의 존재를 매수인에게 고지하지 아니한 것이 부작위에 의한 기망에 해당하지 아니한다(대법원 1998.4.14, 98도231).

ⓒ (○) 보호자가 의학적 권고에도 불구하고 치료를 요하는 환자의 퇴원을 강청하여 담당 전문의와 주치의가 치료중단 및 퇴원을 허용하는 조치를 취함으로써 환자를 사망에 이르게 한 행위에 대하여 보호자, 담당 전문의 및 주치의가 부작위에 의한 살인죄의 공동정범으로 기소된 사안에서, 담당 전문의와 주치의에게 환자의 사망이라는 결과 발생에 대한 정범의 고의는 인정되나 환자의 사망이라는 결과나 그에 이르는 사태의 핵심적 경과를 계획적으로 조종하거나 저지·촉진하는 등으로 지배하고 있었다고 보기는 어려워 공동정범의 객관적 요건인 이른바 기능적 행위지배가 흠결되어 있다는 이유로 작위에 의한 살인방조죄만 성립한다(대법원 2004.6.24, 2002도995, 보라매병원 사건).

ⓔ (×) 모텔 방에 투숙하여 담배를 피운 후 재떨이에 버리고 잠을 잔 과실로 담뱃불이 휴지와 침대 시트에 옮겨 붙게 함으로써 화재가 발생한 경우, 위 화재가 중대한 과실 있는 선행행위로 발생한 이상 화재를 소화할 법률상 의무는 있다 할 것이나, 화

재 발생 사실을 안 상태에서 모텔을 빠져나오면서도 모텔 주인이나 다른 투숙객들에게 이를 알리지 아니하였다는 사정만으로는 화재를 용이하게 소화할 수 있었다고 보기 어렵기 때문에, 부작위에 의한 현주건조물방화치사상죄의 공소사실에 대해 무죄를 선고한 원심의 판단은 정당하다(대법원 2010.1.14, 2009도12109,2009감도38).

ⓜ (×) 피고인은 자신이 A법무사가 아님을 밝히지 아니한 채 A법무사 행세를 하면서 본인 확인절차를 거친 다음 공소외 5로부터 근저당권설정계약서에 서명날인을 받았는데, 피고인은 계약당사자가 아니므로 적어도 공소외 5와 사이에 등기위임장이나 근저당권설정계약서를 작성함에 있어 자신이 법무사가 아님을 밝힐 계약상 또는 조리상의 법적인 작위의무가 있다고 할 것임에도, 이를 밝히지 아니한 채 A법무사 행세를 하면서 등기위임장 및 근저당권설정계약서를 작성함으로써 자신이 공소외 6법무사로 호칭되도록 계속 방치한 것은 작위에 의하여 법무사의 명칭을 사용한 경우와 동등한 형법적 가치가 있는 것으로 볼 수 있다고 할 것이다. 따라서 피고인에게는 부작위에 의한 법무사법 제3조 제2항 위반죄의 죄책이 성립한다(대법원 2008.2. 28, 2007도9354).

08 **정답 ②**

② (○) 일정한 기간 내에 잘못된 상태를 바로잡으라는 행정청의 지시를 이행하지 않았다는 것을 구성요건으로 하는 범죄는 이른바 진정부작위범으로서 그 의무이행기간의 경과에 의하여 범행이 기수에 이름과 동시에 작위의무를 발생시킨 행정청의 지시 역시 그 기능을 다한 것으로 보아야 한다(대법원 1994.4.26, 93도1731).

① (×) 부작위범 사이의 공동정범은 다수의 부작위범에게 공통된 의무가 부여되어 있고 그 의무를 공통으로 이행할 수 있을 때에만 성립한다(대법원 2008.3.27, 2008도89).

③ (×) 공무원이 어떠한 위법사실을 발견하고도 직무상 의무에 따른 적절한 조치를 취하지 아니하고 위법사실을 적극적으로 은폐할 목적으로 허위공문서를 작성·행사한 경우에는 직무위배의 위법상태는 허위공문서작성 당시부터 그 속에 포함되는 것으로 작위범인 허위공문서작성, 동행사죄만이 성립하고 부작위범인 직무유기죄는 따로 성립하지 아니한다(대법원 1993.12. 24, 92도3334).

④ (×) 부진정부작위범의 작위의무는 법적인 의무이어야 하므로 단순한 도덕상 또는 종교상의 의무는 포함되지 않으나 작위의무가 법적인 의무인 한 성문법이건 불문법이건 상관이 없고 또 공법이건 사법이건 불문하므로, 법령, 법률행위, 선행행위로 인한 경우는 물론이고 기타 신의성실의 원칙이나 사회상규 혹은 조리상 작위의무가 기대되는 경우에도 법적인 작위의무가 있다(대법원 1996.9.6, 95도2551).

09 **정답 ③**

③ (×) 피고인은 대표이사로서 압류시설이 위치한 골프장의 개장 및 운영 전반에 걸친 포괄적 권한과 의무를 지녔으므로 적어도 압류, 봉인에 의하여 사용이 금지된 골프장 시설물에 대하여 봉인의 훼손을 초래하게 될 골프장의 개장 및 그에 따른 압류시설 작동을 제한하거나 그 사용 및 훼손을 방지할 수 있는 적절한 조치를 취할 위임계약 혹은 조리상의 작위의무가 존재한다

(대법원 2005.7.22, 2005도3034).

① (○) 방조자가 법적 작위의무가 있는 한 정범의 범행을 방치한 경우에는 부작위에 의한 방조범이 성립한다(대법원 1984.11. 27, 84도1906).

② (○) 행위자가 자신의 신체적 활동이나 물리적·화학적 작용을 통하여 적극적으로 타인의 법익 상황을 악화시킴으로써 결국 그 타인의 법익을 침해하기에 이르렀다면, 이는 작위범으로 봄이 원칙이고, 작위에 의하여 악화된 법익 상황을 다시 되돌이키지 아니한 점에 주목하여 이를 부작위범으로 볼 것은 아니다(대법원 2004. 6.24, 2002도995).

④ (○) 대법원 1998.4.14, 98도231

10 **정답 ②**

② ㉠㉣

㉠ (×) 이분설에 따르면 보증인적 지위는 구성요건요소이고, 보증인적 의무는 위법성의 요소이다. 자신의 아들인 乙이 익사함에도 남의 자식이 익사하는 것으로 인식하는 경우는 보증인적 지위에 대한 착오로서, 구성요건착오가 된다. 이 경우 구성요건적 고의가 조각되어 과실범 성부가 문제된다.

㉡ (○) 부작위범에서 작위의무는 성문법과 불문법, 공법과 사법을 불문하고 법령, 법률행위, 선행행위로 인한 경우는 물론, 기타 신의성실의 원칙이나 사회상규 혹은 조리상 작위의무가 기대되는 경우에도 인정된다 할 것이다(대법원 2003. 12.12, 2003도5207).

㉢ (○) 도로교통법상 구호조치의무는 교통사고를 발생시킨 당해 차량의 운전자에게 그 사고발생에 있어서 고의·과실 혹은 유책·위법의 유무에 관계없이 부과된 의무라고 해석함이 상당하다(대법원 2002.5.24, 2000도1731).

㉣ (×) 부작위범에 대한 교사와 방조는 가능하다. 부작위에 의한 교사는 부작위에 의해서는 범행결의 형성이 불가능하므로 부정되나, 부작위에 의한 방조는 방조자에게 일정한 결과발생방지 의무 내지 보증의무가 있는 경우 결과발생을 방치한 방조범이 성립할 수 있다.

11 **정답 ①**

① ㉠(○), ㉡(×), ㉢(○), ㉣(×)

㉠ (○) (병원장과 병원 소속 전문의의 부작위범의 공동정범 성부) 보호의무자 확인 서류 등 수수 의무 위반으로 인한 구 정신보건법 위반죄는 구성요건이 부작위에 의해서만 실현될 수 있는 진정부작위범에 해당한다. 진정부작위범인 위 수수 의무 위반으로 인한 구 정신보건법 위반죄의 공동정범은 그 의무가 수인에게 공통으로 부여되어 있는데도 수인이 공모하여 전원이 그 의무를 이행하지 않았을 때 성립할 수 있다. 그리고 위 규정에 따르면 보호의무자 확인 서류 등의 수수 의무는 '정신의료기관 등의 장'에게만 부여되어 있고, 정신의료기관 등의 장이 아니라 그곳에 근무하고 있을 뿐인 정신건강의학과 전문의는 위 규정에서 정하는 보호의무자 확인 서류 등의 수수 의무를 부담하지 않는다고 보아야 한다(부작위범의 공동정범 불성립, 대법원 2021.5.7, 2018도12973).

㉡ (×) 임대인이 임대차계약을 체결하면서 임차인에게 임대목적물이 경매진행중인 사실을 알리지 아니한 경우, 임차인이 등기부를 확인 또는 열람하는 것이 가능하더라도 부작위에 의한 기망에 해당되어 사기죄가 성립한다(대법원 1998.12.8, 98도3263).

03 제8회 형법총론

© (○) 개별적 행위의 가능성은 진정부작위범과 부진정부작위범의 공통의 구성요건요소에 해당한다.

② (×) 보호자가 의학적 권고에도 불구하고 치료를 요하는 환자의 퇴원을 간청하여 담당 전문의와 주치의가 치료중단 및 퇴원을 허용하는 조치를 취함으로써 환자를 사망에 이르게 한 행위에 대하여 보호자, 담당 전문의 및 주치의가 부작위에 의한 살인죄의 공동정범으로 기소된 경우, 담당 전문의와 주치의에게 환자의 사망이라는 결과 발생에 대한 정범의 고의는 인정되나 환자의 사망이라는 결과나 그에 이르는 사태의 핵심적 경과를 계획적으로 조종하거나 저지·촉진하는 등으로 지배하고 있었다고 보기는 어려워 공동정범의 객관적 요건인 이른바 기능적 행위지배가 흠결되므로 공동정범은 성립하지 않고 작위에 의한 살인방조죄만 성립한다(대법원 2004.6.24, 2002도99).

12 정답 ④

④ ㉠㉡㉢㉣

㉠ (○) 미성년자의제강간죄 또는 미성년자의제강제추행죄는 행위 시마다 1개의 범죄가 성립한다(대법원 1982.12.14, 82도2442).

㉡ (○) 통화위조죄에 관한 규정은 공공의 거래상의 신용 및 안전을 보호하는 공공적인 법익을 보호함을 목적으로 하고 있고, 사기죄는 개인의 재산법익에 대한 죄이어서 양죄는 그 보호법익을 달리하고 있으므로 위조통화를 행사하여 재물을 불법영득한 때에는 위조통화행사죄와 사기죄의 양죄가 성립된다(대법원 1979.7.10, 79도840).

㉢ (○) 대법원 1999.1.29, 98도3584

㉣ (○) 강도가 시간적으로 접착된 상황에서 가족을 이루는 수인에게 폭행·협박을 가하여 집안에 있는 재물을 탈취한 경우 그 재물은 가족의 공동점유 아래 있는 것으로서, 이를 탈취하는 행위는 그 소유자가 누구인지에 불구하고 단일한 강도죄의 죄책을 지는 것으로 봄이 상당하다(대법원 1996.7.30, 96도1285).

㉤ (×) 의료법은 의료기관을 개설할 수 있는 자격을 엄격하게 제한하고 있고(제33조 제2항), … 의료기관의 개설자는 공법상 법률관계에서 중요한 의미를 지닌다. 또한 의료서비스를 제공받는 일반인도 대체로 의료기관을 선택할 때 의료기관의 개설자가 누구인지를 중요한 판단 기준으로 삼는다. 이러한 사정들을 고려하면, 의료기관의 개설자 명의는 의료기관을 특정하고 동일성을 식별하는 데에 중요한 표지가 되는 것이므로, 비의료인이 의료기관을 개설하여 운영하는 도중 개설자 명의를 다른 의료인 등으로 변경한 경우에는 그 범의가 단일하다거나 범행방법이 종전과 동일하다고 보기 어렵다. 따라서 개설자 명의별로 별개의 범죄가 성립하고 각 죄는 실체적 경합범의 관계에 있다고 보아야 한다(대법원 2018.11.29, 2018도10779).

13 정답 ②

② ㉠㉢㉣

㉠ (○) 법조경합은 1개의 행위가 외관상 수개의 죄의 구성요건에 해당하는 것처럼 보이나 실질적으로 1죄만을 구성하는 경우를 말하며, 실질적으로 1죄인가 또는 수죄인가는 구성요건적 평가와 보호법익의 측면에서 고찰하여 판단하여야 한다(대법원 2001.3.27, 2000도5318).

㉡ (×) 법조경합의 한 형태인 특별관계란 어느 구성요건이 다른 구성요건의 모든 요소를 포함하는 이외에 다른 요소를 구비하여야 성립하는 경우로서 특별관계에 있어서는 특별법의 구성요건을 충족하는 행위는 일반법의 구성요건을 충족하지만 반대로 일반법의 구성요건을 충족하는 행위는 특별법의 구성요건을 충족하지 못한다. 형법 제238조 제1항은 인장에 관한 죄의 한 태양으로서 인장·서명·기명·기호 등의 진정에 대한 공공의 신용, 즉 거래상의 신용과 안정을 그 보호법익으로 하고 있는 반면, 자동차관리법의 입법취지는 자동차를 효율적으로 관리하고 자동차의 성능과 안정을 확보함으로써 공공의 복리를 증진함을 그 목적으로 하고 있어 그 보호법익을 달리 하고 있을 뿐 아니라 그 주관적 구성요건으로서 형법상의 위 공기호부정사용죄는 고의와 더불어 '행사할 목적'이 있음을 요하는 반면 위 자동차관리법은 '행사할 목적'을 그 주관적 구성요건으로 하지 아니하고 있는 점에 비추어 보면, 자동차관리법 제78조, 제71조가 형법 제238조 제1항 소정의 공기호부정사용죄의 특별법 관계에 있다고는 보이지 아니한다(대법원 1997.6.27, 97도1085).

㉢ (○) 양 죄는 그 구성요건을 달리하는 별개의 범죄이고 형법상으로도 각각 별개의 장(章)에 규정되어 있어, 1개의 행위에 관하여 사기죄와 업무상배임죄의 각 구성요건이 모두 구비된 때에는 양 죄를 법조경합 관계로 볼 것이 아니라 상상적 경합관계로 봄이 상당하다 할 것이고, 나아가 업무상배임죄가 아닌 단순배임죄라고 하여 양 죄의 관계를 달리 보아야 할 이유도 없다(대법원 2002.7.18, 2002도669).

㉣ (○) 국회의원 선거에서 정당의 공천을 받게 하여 줄 의사나 능력이 없음에도 이를 해 줄 수 있는 것처럼 기망하여 공천과 관련하여 금품을 받은 경우, 공직선거법상 공천관련금품수수죄와 사기죄가 모두 성립하고 양자는 상상적 경합의 관계에 있다(대법원 2009.4.23, 2009도834).

㉤ (×) 경범죄처벌법 제3조 제3항 제2호의 거짓신고로 인한 경범죄처벌법위반죄는 '있지 아니한 범죄나 재해 사실을 공무원에게 거짓으로 신고'하는 경우에 성립하고, 형법 제137조의 위계에 의한 공무집행방해죄는 상대방의 오인, 착각, 부지를 일으키고 이를 이용하는 위계에 의하여 상대방으로 하여금 그릇된 행위나 처분을 하게 함으로써 공무원의 구체적이고 현실적인 직무집행을 방해하는 경우에 성립하는바(대법원 2016.1.28, 2015도17297), 전자는 사회공의 질서유지를 보호법익으로 하는 반면, 후자는 국가기능으로서의 공무 그 자체를 보호법익으로 하는 등 양 죄는 직접적인 보호법익이나 규율대상 및 구성요건 등을 달리한다. 따라서 경범죄처벌법 제3조 제3항 제2호에서 정한 거짓신고 행위가 원인이 되어 상대방인 공무원이 범죄가 발생한 것으로 오인함으로 인하여 공무원이 그러한 사정을 알았더라면 하지 않았을 대응조치를 취하기에 이르렀다면, 이로써 구체적이고 현실적인 공무집행이 방해되어 위계에 의한 공무집행방해죄가 성립하지만(대법원 2016.10.13, 2016도9958), 이와 같이 경범죄처벌법 제3조 제3항 제2호의 거짓신고가 '위계'의 수단·방법·태양의 하나가 된 경우에는 거짓신고로 인한 경범죄처벌법위반죄가 위계에 의한 공무집행방해죄에 흡수되는 법조경합 관계에 있으므로, 위계에 의한 공무집행방해죄만 성립할 뿐 이와 별도로 거짓신고로 인한 경범죄처벌법위반죄가 성립하지는 않는다(허위화재신고 사건, 대법원 2022.10.27, 2022도10402).

14 정답 ④

④ (×) 사문서위조와 위조사문서행사죄의 관계는 실체적 경합에

해당한다는 것이 다수설·판례이다. 판례는 대법원 1991.9.10, 91도1722; 1983.7.26, 83도1378 참조.

① (○) 법조경합 중 특별관계에 해당한다.

② (○) 불가벌적 사후행위로서 법조경합 중 흡수관계에 해당한다.

③ (○) 불가벌적 수반행위로서 법조경합 중 흡수관계에 해당한다.

15 정답 ②

② ㉠㉢㉣㉤

㉠ (×) 타인에 대한 채무의 담보로 제3채무자에 대한 채권에 대하여 권리질권을 설정한 경우 질권설정자는 질권자의 동의 없이 질권의 목적된 권리를 소멸하게 하거나 질권자의 이익을 해하는 변경을 할 수 없다(민법 제352조). 또한 질권설정자가 제3채무자에게 질권설정의 사실을 통지하거나 제3채무자가 이를 승낙한 때에는 제3채무자가 질권자의 동의 없이 질권의 목적인 채무를 변제하더라도 이로써 질권자에게 대항할 수 없고, 질권자는 여전히 제3채무자에 대하여 직접 채무의 변제를 청구하거나 변제할 금액의 공탁을 청구할 수 있다(민법 제353조 제2항, 제3항). 그러므로 이러한 경우 질권설정자가 질권의 목적인 채권의 변제를 받았다고 하여 질권자에 대한 관계에서 타인의 사무를 처리하는 자로서 임무에 위배하는 행위를 하여 질권자에게 손해를 가하거나 손해 발생의 위험을 초래하였다고 할 수 없고, 배임죄가 성립하지도 않는다(대법원 2016.4.2, 2015도5665).

㉡ (○) 乙 종친회 회장인 甲이 위조한 종친회 규약 등을 공탁관에게 제출하는 방법으로 乙 종친회를 피공탁자로 하여 공탁된 수용보상금을 출급받아 편취하고, 이를 종친회를 위하여 업무상 보관하던 중 반환을 거부하여 횡령하였다는 내용으로 기소된 경우, 피고인 甲이 공탁관을 기망하여 공탁금을 출급받음으로써 乙 종친회를 피해자로 한 사기죄가 성립하고, 그 후 乙 종친회에 대하여 공탁금 반환을 거부한 행위는 새로운 법익의 침해를 수반하지 않는 불가벌적 사후행위에 해당할 뿐 별도의 횡령죄가 성립하지 않는다(대법원 2015.9.10, 2015도8592).

㉢ (×) 폭처법 제4조 제1항은 그 법에 규정된 범죄행위를 목적으로 하는 단체를 구성하거나 이에 가입하는 행위 또는 구성원으로 활동하는 행위를 처벌하도록 정하고 있는데, 범죄단체의 구성이나 가입은 범죄행위의 실행 여부와 관계없이 범죄단체 구성원으로서의 활동을 예정하는 것이고, 범죄단체 구성원으로서의 활동은 범죄단체의 구성이나 가입을 당연히 전제로 하는 것이므로, 양자는 모두 범죄단체의 생성 및 존속·유지를 도모하는, 범죄행위에 대한 일련의 예비·음모 과정에 해당한다는 점에서 범의의 단일성과 계속성을 인정할 수 있을 뿐만 아니라 피해법익도 다르지 않다. 따라서 범죄단체를 구성하거나 이에 가입한 자가 더 나아가 구성원으로 활동하는 경우, 이는 포괄일죄의 관계에 있다(대법원 2015.9.10, 2015도7081).

㉣ (×) 포괄일죄의 공소시효는 최종의 범죄행위가 종료한 때부터 진행하고, 공정거래법 제19조 제1항 제1호에서 정한 가격 결정 등의 합의 및 그에 기한 실행행위가 있었던 경우에 부당한 공동행위가 종료한 날은 그 합의가 있었던 날이 아니라 그 합의에 기한 실행행위가 종료한 날을 의미하므로, 공정거래법 제19조 제1항 제1호에서 정한 가격 결정 등의 합의 및 그에 기한 실행행위로 인한 공정거래법 제66조 제1항 제9호 위반죄의 공소시효는 그 실행행위가 종료한 날부터 진행한다(대법원 2015.9.10, 2015도3926).

㉤ (×) 포괄적으로 1개의 살인기수죄가 성립한다(대법원 1965.9.28, 65도695).

16 정답 ②

② (○) 이른바 '불가벌적 수반행위'란 법조경합의 한 형태인 흡수관계에 속하는 것으로서, 행위자가 특정한 죄를 범하면 비록 논리필연적인 것은 아니지만 일반적·전형적으로 다른 구성요건을 충족하고 이때 그 구성요건의 불법이나 책임 내용이 주된 범죄에 비하여 경미하기 때문에 처벌이 별도로 고려되지 않는 경우를 말한다(대법원 2012.10.11, 2012도1895 등). 이 지문의 경우, 공갈죄의 수단으로서 한 협박은 공갈죄에 흡수될 뿐 별도로 협박죄를 구성하지 않는다(대법원 1996.9.24, 96도2151).

① (×) 업무방해죄와 폭행죄는 구성요건과 보호법익을 달리하고 있고, 업무방해죄의 성립에 일반적·전형적으로 사람에 대한 폭행행위를 수반하는 것은 아니며, 폭행행위가 업무방해죄에 비하여 별도로 고려되지 않을 만큼 경미한 것이라고 할 수도 없으므로, 설령 피해자에 대한 폭행행위가 동일한 피해자에 대한 업무방해죄의 수단이 되었다고 하더라도 그러한 폭행행위가 이른바 '불가벌적 수반행위'에 해당하여 업무방해죄에 대하여 흡수관계에 있다고 볼 수는 없다(대법원 2012.10.11, 2012도1895). 따라서 상상적 경합에 해당한다(피고인들이 공동으로 피해자를 폭행하여 피해자의 택시운행을 방해한 사건).

③ (×) 강간죄의 성립에 언제나 직접적으로 또 필요한 수단으로서 감금행위를 수반하는 것은 아니므로 감금행위가 강간미수죄의 수단이 되었다 하여 감금행위는 강간미수죄에 흡수되어 범죄를 구성하지 않는다고 할 수는 없는 것이고, 그 때에는 감금죄와 강간미수죄는 일개의 행위에 의하여 실현된 경우로서 상상적 경합관계에 있다(대법원 1983.4.26, 83도323).

④ (×) 강취한 신용카드를 가지고 자신이 그 신용카드의 정당한 소지인인양 가맹점의 점주를 속이고 그에 속은 점주로부터 주류 등을 제공받아 이를 취득한 것이라면 신용카드부정사용죄와 별도로 사기죄가 성립한다(대법원 1997.1.21, 96도2715)(실체적 경합).

17 정답 ③

③ ㉠㉢㉣

횡령죄는 다른 사람의 재물에 관한 소유권 등 본권을 보호법익으로 하고 법익침해의 위험이 있으면 침해의 결과가 발생되지 아니하더라도 성립하는 위험범이다. 그리고 일단 특정한 처분행위(이를 '선행 처분행위'라 한다)로 인하여 법익침해의 위험이 발생함으로써 횡령죄가 기수에 이른 후 종국적인 법익침해의 결과가 발생하기 전에 새로운 처분행위(이를 '후행 처분행위'라 한다)가 이루어졌을 때, ⓐ 후행 처분행위가 선행 처분행위에 의하여 발생한 위험을 현실적인 법익침해로 완성하는 수단에 불과하거나 그 과정에서 당연히 예상될 수 있는 것으로서 새로운 위험을 추가하는 것이 아니라면 후행 처분행위에 의해 발생한 위험은 선행 처분행위에 의하여 이미 성립된 횡령죄에 의해 평가된 위험에 포함되는 것이므로 후행 처분행위는 이른바 불가벌적 사후행위에 해당한다. 그러나 ⓑ 후행 처분행위가 이를 넘어서서, 선행 처분행위로 예상할 수 없는 '새로운 위험'을 추가함으로써 법익침해에 대한 위험을 증가시키거나 선행 처분행위와는 무관한 방법으로 법익침해의 결과를 발생시키는 경우라면, 이는 선행 처분행위에 의하여 이미 성립된 횡령죄에 의해 평가된 위험의 범위를 벗어나는 것이므로 특별한 사정이 없는 한 별도로 횡령죄를 구성한다고 보아야 한다(대법원 2013. 2.21, 2010도10500 전원합의체: 이하 '새로운 위험 전합 판례'라 함).

㉠ (×) 타인의 부동산을 보관 중인 자가 불법영득의사를 가지고 그 부동산에 근저당권설정등기를 경료함으로써 일단 횡령행위가 기수에 이르렀다 하더라도 그 후 같은 부동산에 별개의 근저당권을 설정하여 새로운 법익침해의 위험을 추가함으로써 법익침해의 위험을 증가시키거나 해당 부동산을 매각함으로써 기존의 근저당권과 관계없이 법익침해의 결과를 발생시켰다면, 이는 당초의 근저당권 실행을 위한 임의경매에 의한 매각 등 그 근저당권으로 인해 당연히 예상될 수 있는 범위를 넘어 새로운 법익침해의 위험을 추가시키거나 법익침해의 결과를 발생시킨 것이므로 특별한 사정이 없는 한 불가벌적 사후행위로 볼 수 없고, 별도로 횡령죄를 구성한다(대법원 2013.2.21, 2010도10500 전원합의체).

㉡ (○) 대법원 1978.11.28, 78도2175

㉢ (×) 새로운 위험 전합판례(2013.2.21, 2010도10500 전원합의체)에 의하여 변경된 판례(대법원 2000.3.24, 2000도310)로서 별도의 횡령죄를 구성한다.

㉣ (○) 자신의 명의로 보존등기를 한 때 이미 횡령죄는 완성되었다 할 것이므로, 횡령행위의 완성 후 근저당권설정등기를 한 행위는 피해자에 대한 새로운 법익의 침해를 수반하지 않는 불가벌적 사후행위에 불과하다(대법원 1993.3.9, 92도2999). 이 판례는 새로운 위험 전합판례에도 불구하고 변경되지 않은 판례이다.

㉤ (×) 반환을 거부한 때 이미 횡령죄가 성립하고, 그 후 그 임야에 관하여 다시 제3자 앞으로 근저당권설정등기를 경료해 준 행위는 불가벌적 사후행위이다(대법원 2010.2.25, 2010도93). 이 판례는 새로운 위험 전합판례에도 불구하고 변경되지 않은 판례이다.

18
정답 ②

② ㉠㉢㉣㉤

㉠ (×) 건물제공행위와 성매매알선행위의 경우 성매매알선행위가 건물제공행위의 필연적 결과라거나 반대로 건물제공행위가 성매매알선행위에 수반되는 필연적 수단이라고도 볼 수 없다. 따라서 '영업으로 성매매를 알선한 행위'와 '영업으로 성매매에 제공되는 건물을 제공하는 행위'는 당해 행위 사이에서 각각 포괄일죄를 구성할 뿐, 서로 독립된 가벌적 행위로서 별개의 죄를 구성한다고 보아야 한다(대법원 2011.5.26, 2010도6090).

㉡ (○) 공직선거법 제135조 제3항, 제230조 제1항 제4호 위반죄는 선거운동과 관련하여 금품 기타 이익의 제공 또는 그 제공의 의사를 표시하거나 그 제공을 약속하는 행위를 처벌 대상으로 하고 있는데, 선거운동과 관련하여 금품제공을 약속한 후 이를 제공한 경우 그 약속은 제공에 흡수되나, 금품제공을 약속한 후 실제로는 그 일부만을 제공한 경우에 있어서는 금품제공약속행위 전부가 금품제공행위에 흡수된다고 볼 수는 없고, 금품제공약속행위 전부와 금품제공행위를 포괄하여 공직선거법 제135조 제3항, 제230조 제1항 제4호 위반죄의 1죄가 성립한다고 보는 것이 타당하다(대법원 2013.2.28, 2012도15689).

㉢ (×) 외화도피 목적의 수입 가격 조작행위는 사기범행과는 별도로 대외무역법 제43조가 보호하는 새로운 법익을 침해한 것으로 보아야 하므로, 위와 같은 수입 가격 조작행위가 사기범행의 불가벌적 사후행위가 되는 것은 아니다(대법원 2012.9.27, 2010도16946).

㉣ (×) 피고인의 예금인출동의행위는 이미 배임행위로써 이루어진 질권설정행위의 사후조처에 불과하여 불가벌적 사후행위에 해당하고 별도의 횡령죄를 구성하지 아니한다(대법원 2012.11.29, 2012도10980).

㉤ (×) 동일한 법익에 속하는 범죄를 일시 장소를 달리하여 수차에 걸쳐 실행하였으나 미수에 그치다가 그 목적을 달성한 경우에, 그 일련의 행위가 단일한 의사발동에서 나왔고 그 사이에 범의의 갱신이 없는 한 각 행위가 동일 또는 다른 일시 장소에서 행하여졌거나, 방법의 동일 여부에 관계없이 기수에 이를 때까지의 행위는 모두 실행행위의 일부로서 이를 포괄적으로 보아 1죄로 처단할 것이지 경합범으로 처단할 수 없다. (그러나) 피고인은 당초의 범의를 철회 내지 방기하였다가 다시 범의를 일으켜 위 마지막의 약취유인 살해에 이른 것이라고 하지 않을 수 없으니, 그간에 범의의 갱신이 있어 그간의 범행이 단일한 의사발동에 인한 것이라고는 할 수 없으므로 위 각 미수죄와 기수죄를 경합범으로 의율한 원심판단은 정당하다(대법원 1983. 1.18, 82도2761).

19
정답 ②

② ㉠㉣

㉠ (×) 자동차를 절취(특가법 제5조의4 제1항, 형법 제331조 제2항)한 후 자동차등록번호판을 떼어내고(자동차관리법 제81조 제1호 위반), 이를 다른 차에 부착하고(형법 제238조 제1항 공기호부정사용죄) 운행한(형법 제238조 제2항 부정사용공기호행사죄) 행위는 새로운 법익의 침해로 보아야 하므로 절도범행의 불가벌적 사후행위가 되는 것이 아니다(대법원 2007.9.6, 2007도4739).

㉡ (○) 절도 범인으로부터 장물보관의뢰를 받은 자가 그 정을 알면서 이를 인도받아 보관하고 있다가 임의 처분하였다 하여도 장물보관죄가 성립되는 때에는 이미 그 소유자의 소유물 추구권을 침해하였으므로 그 후의 횡령행위는 불가벌적 사후행위에 불과하다(대법원 1976.11.23, 76도3067).

㉢ (○) 종래 판례는 사기죄와 배임죄의 실체적 경합으로 보았으나(대법원 2008.3.27, 2007도9328), 대법원 2020.6.18, 2019도14340 전원합의체 판결에 의하여 배임죄는 성립하지 않는 것으로 변경되었다.

> 채무자가 금전채무를 담보하기 위한 저당권설정계약에 따라 채권자에게 그 소유의 부동산에 관하여 저당권을 설정할 의무를 부담하게 되었다고 하더라도, 이를 들어 채무자가 통상의 계약에서 이루어지는 이익대립관계를 넘어서 채권자와의 신임관계에 기초하여 채권자의 사무를 맡아 처리하는 것으로 볼 수 없다. 채무자가 저당권설정계약에 따라 채권자에 대하여 부담하는 저당권을 설정할 의무는 계약에 따라 부담하게 된 채무자 자신의 의무이다. 채무자가 위와 같은 의무를 이행하는 것은 채무자 자신의 사무에 해당할 뿐이므로, 채무자를 채권자에 대한 관계에서 '타인의 사무를 처리하는 자'라고 할 수 없다. 따라서 채무자가 제3자에

게 먼저 담보물에 관한 저당권을 설정하거나 담보물을 양도하는 등으로 담보가치를 감소 또는 상실시켜 채권자의 채권실현에 위험을 초래하더라도 배임죄가 성립한다고 할 수 없다. 위와 같은 법리는, 채무자가 금전채무에 대한 담보로 부동산에 관하여 양도담보설정계약을 체결하고 이에 따라 채권자에게 소유권이전등기를 해 줄 의무가 있음에도 제3자에게 그 부동산을 처분한 경우에도 적용된다. 이와 달리 채무 담보를 위하여 채권자에게 부동산에 관하여 근저당권을 설정해주기로 약정한 채무자가 채권자의 사무를 처리하는 자에 해당함을 전제로 채무자가 담보목적물을 처분한 경우 배임죄가 성립한다고 한 대법원 2008.3.27, 2007도9328; 대법원 2011.11.10, 2011도11224 판결을 비롯한 같은 취지의 대법원 판결들은 이 판결의 견해에 배치되는 범위 내에서 모두 변경하기로 한다(대법원 2020.6.18, 2019도14340 전원합의체).

[보충] 한편 대법원 2018.5.17, 2017도4027 전원합의체 판결은 부동산 이중매매의 경우 배임죄의 성립을 인정하였다. 위 판결은 부동산이 국민의 경제생활에서 차지하는 비중이 크고, 부동산 매매대금은 통상 계약금, 중도금, 잔금으로 나누어 지급되는데, 매수인이 매도인에게 매매대금 중 상당한 부분을 차지하는 계약금과 중도금까지 지급하고도 매도인의 이중매매를 방지할 충분한 수단이 마련되어 있지 않은 거래 현실의 특수성을 고려하여 부동산 이중매매의 경우 배임죄가 성립한다는 종래의 견해를 유지한 것이다. 이러한 점에 비추어 보면, 위 전원합의체 판결의 취지는 이 판결의 다수의견에 반하지 아니함을 밝혀둔다(위 판례).

ⓔ (×) 대마취급자가 아닌 자가 절취한 대마를 흡입할 목적으로 소지하는 행위는 절도죄의 보호법익과는 다른 새로운 법익을 침해하는 행위이므로 절도죄의 불가벌적 사후행위로서 절도죄에 포괄흡수된다고 할 수 없고 절도죄 외에 별개의 죄를 구성한다(대법원 1999.4.13, 98도3619).

ⓜ (○) 금융기관발행의 자기앞수표는 그 액면금을 즉시 지급받을 수 있어 현금에 대신하는 기능을 하고 있으므로 절취한 자기앞수표를 음식대금으로 교부하고 거스름돈을 환불받은 행위는 절도의 불가벌적 사후처분행위로서 사기죄가 되지 아니한다(대법원 1987.1.20, 86도1728).

20

정답 ①

① ㉠㉢

㉠ (○) 행사의 목적으로 타인의 인장을 위조하고 그 위조한 인장을 사용하여 권리의무 또는 사실증명에 관한 타인의 사문서를 위조한 경우에는 인장위조죄는 사문서위조죄에 흡수되고 따로 인장위조죄가 성립하는 것은 아니다(대법원 1978.9.26, 78도1787). (법조경합 중 흡수관계)

㉡ (×) 사람을 살해한 자가 그 사체를 다른 장소로 옮겨 유기하였을 때에는 별도로 사체유기죄가 성립하고, 이와 같은 사체유기를 불가벌적 사후행위로 볼 수는 없다(대법원 1997.7.25, 97도1142).

㉢ (○) 절도범이 체포를 면탈할 목적으로 체포하려는 여러 명의 피해자에게 같은 기회에 폭행을 가하여 그중 1인에게만 상해를 가하였다면 이러한 행위는 포괄하여 하나의 강도상해죄만 성립

한다(대법원 2001.8.21, 2001도3447).

ⓔ (×) 명의수탁자가 신탁 받은 부동산의 일부에 대한 토지수용보상금 중 일부를 소비하고, 이어 수용되지 않은 나머지 부동산 전체에 대한 반환을 거부한 경우, 부동산의 일부에 관하여 수령한 수용보상금 중 일부를 소비하였다고 하여 객관적으로 부동산 전체에 대한 불법영득의 의사를 외부에 발현시키는 행위가 있었다고 볼 수는 없으므로, 그 금원 횡령죄가 성립된 이후에 수용되지 않은 나머지 부동산 전체에 대한 반환을 거부한 것은 새로운 법익의 침해가 있는 것으로서 별개의 횡령죄가 성립하는 것이지 불가벌적 사후행위라 할 수 없다(대법원 2001.11.27, 2000도3463).

ⓜ (×) 「유사수신행위의 규제에 관한 법률」 제6조 제1항, 제3조를 위반한 행위는 그 자체가 사기행위에 해당한다거나 사기행위를 반드시 포함한다고 할 수 없고, 유사수신행위법위반죄가 형법 제347조 제1항의 사기죄와 구성요건을 달리하는 별개의 범죄로서 서로 보호법익이 다른 이상, 유사수신행위를 한 자가 출자자에게 별도의 기망행위를 하여 유사수신행위로 조달받은 자금의 전부 또는 일부를 다시 투자받는 행위는 유사수신행위법위반죄와 다른 새로운 보호법익을 침해하는 것으로서 유사수신행위법위반죄의 불가벌적 사후행위가 되는 것이 아니라 별죄인 사기죄를 구성한다(대법원 2023.11.16, 2023도12424).

▸ 제2편 **범죄론**: 제8장 죄수론 [일죄 2] ― 제3편 **형벌론**: 제1장 형벌의 의의와 종류 1

01	④	02	②	03	②	04	③	05	③
06	①	07	②	08	③	09	④	10	②
11	④	12	③	13	④	14	④	15	②
16	③	17	②	18	①	19	④	20	①

01

정답 ④

④ ㉠㉡㉢㉣㉺

㉠ (×) 포괄일죄로 되는 개개의 범죄행위가 법 개정의 전후에 걸쳐서 행하여진 경우에는 신·구법의 법정형에 대한 경중을 비교하여 볼 필요도 없이 범죄 실행 종료시의 법이라고 할 수 있는 신법을 적용하여 포괄일죄로 처단하여야 한다(대법원 1998. 2.24, 97도183).

㉡ (×) 포괄일죄로 되는 개개의 범죄행위가 다른 종류의 죄의 확정판결의 전후에 걸쳐서 행하여진 경우에는 그 죄는 2죄로 분리되지 않고 확정판결 후인 최종의 범죄 행위시에 완성되는 것이다(대법원 2000.3.10, 99도2744).

㉢ (×) 컴퓨터로 음란 동영상을 제공한 제1범죄행위로 서버컴퓨터가 압수된 이후 다시 장비를 갖추어 동종의 제2범죄행위를 하고 제2범죄행위로 인하여 약식명령을 받아 확정된 경우 피고인에게 범의의 갱신이 있으므로 제1범죄행위는 약식명령이 확정된 제2범죄행위와 실체적 경합관계에 있다고 보아야 한다(대법원 2005.9.30, 2005도4051).

㉣ (×) 상습범으로서 기판력이 인정되어 면소의 선고를 하기 위해서는 전의 확정판결에서 당해 피고인이 상습범으로 기소되어 처단되었을 것을 필요로 하는 것이고, 상습범 아닌 기본 구성요건의 범죄로 처단되는 데 그친 경우에는, 가사 뒤에 기소된 사건에서 비로소 드러났거나 새로 저질러진 범죄사실과 전의 판결에서 이미 유죄로 확정된 범죄사실 등을 종합하여 비로소 그 모두가 상습범으로서의 포괄적 일죄에 해당하는 것으로 판단된다 하더라도 뒤늦게 앞서의 확정판결을 상습범의 일부에 대한 확정판결이라고 보아 그 기판력이 그 사실심판결 선고 전의 나머지 범죄에 미친다고 보아서는 아니 된다(대법원 2004.9.16, 2001도3206).

㉺ (○) 특정범죄 가중처벌 등에 관한 법률 제5조의4 제6항에 규정된 상습절도 등 죄를 범한 범인이 그 범행의 수단으로 주거침입을 한 경우에 주거침입행위는 상습절도 등 죄에 흡수되어 위 조문에 규정된 상습절도 등 죄의 1죄만이 성립하고 별개로 주거침입죄를 구성하지 않으며, 또 위 상습절도 등 죄를 범한 범인이 그 범행 외에 상습적인 절도의 목적으로 주거침입을 하였다가 절도에 이르지 아니하고 주거침입에 그친 경우에도 그것이 절도상습성의 발현이라고 보이는 이상 주거침입행위는 다른 상습절도 등 죄에 흡수되어 위 조문에 규정된 상습절도 등 죄의 1죄만을 구성하고 상습절도 등 죄와 별개로 주거침입죄를 구성하지 않는다(대법원 2017.7.11, 2017도4044).

㉻ (×) 적법하게 개설되지 않은 의료기관의 실질 개설·운영자인 공동피고인의 의료급여비용 편취 범행 피해자는 개별 지방자치단체가 아닌 국민건강보험공단이므로, 공동피고인의 요양급여비용 및 의료급여비용 편취 범행 전체는 포괄하여 피해자 국민건강보험공단에 대한 하나의 특경법상 사기죄를 구성한다(대법원 2023.10.26, 2022도90).

02

정답 ②

② ㉡㉢㉣

㉠ (×) 폭력행위 등 처벌에 관한 법률 제2조 제1항에서 말하는 '상습'이란 같은 항 각 호에 열거된 각 범죄행위 상호간의 상습성만을 의미하는 것이 아니라, 같은 항 각 호에 열거된 모든 범죄행위를 포괄한 폭력행위의 습벽을 의미하는 것이라고 해석함이 상당하므로, 위와 같은 습벽을 가진 자가 폭력행위 등 처벌에 관한 법률 제2조 제1항 각 호에 열거된 형법 각 조 소정의 다른 수종의 죄를 범하였다면 그 각 행위는 그 각 호 중 가장 중한 법정형의 상습폭력범죄의 포괄일죄에 해당한다(대법원 2008.8.21, 2008도3657).

㉡ (○) 직권남용권리행사방해죄는 국가기능의 공정한 행사라는 국가적 법익을 보호하는 데 주된 목적이 있으므로, 공무원이 동일한 사안에 관한 일련의 직무집행 과정에서 단일하고 계속된 범의로 일정 기간 계속하여 저지른 직권남용행위에 대하여는 설령 그 상대방이 여러 명이더라도 포괄일죄가 성립할 수 있다. 다만 개별 사안에서 포괄일죄의 성립 여부는 직무집행 대상의 동일 여부, 범행의 태양과 동기, 각 범행 사이의 시간적 간격, 범의의 단절이나 갱신 여부 등을 세밀하게 살펴 판단하여야 한다(직권남용으로 인한 국가정보원법 위반죄에 관한 대법원 2021.3.11, 2020도12583). 피고인의 관련 행위(온라인 여론조작 활동 지시 또는 불법 신원조회 활동 지시)는 동일한 사안에 관한 일련의 직무집행 과정에서 단일하고 계속된 범의로 일정 기간 계속하여 저지른 직권남용행위에 해당하므로 그 전체 범행에 대하여 포괄하여 하나의 직권남용죄가 성립한다. 따라서 직권남용행위의 상대방별로 별개의 죄가 성립함을 전제로 일부 상대방에 대한 범행에 대하여 별도로 공소시효가 완성되었다고 판단한 원심판결에는 직권남용죄의 죄수에 관한 법리를 오해한 잘못이 있다(대법원 2021.9.9, 2021도2030, 국군기무사령관의 온라인 여론조작 활동 지시 사건).

㉢ (○) 장물죄는 타인(본범)이 불법하게 영득한 재물의 처분에 관여하는 범죄이므로 자기의 범죄에 의하여 영득한 물건에 대하

여는 성립하지 아니하고 이는 불가벌적 사후행위에 해당한다 (대법원 1986.9.9, 86도1273).

ⓔ (○) 대법원 2007.12.14, 2006도4662 참조.

ⓜ (×) 무면허운전으로 인한 도로교통법 위반죄에 관해서는 어느 날에 운전을 시작하여 다음 날까지 동일한 기회에 일련의 과정에서 계속 운전을 한 경우 등 특별한 경우를 제외하고는 사회통념상 운전한 날을 기준으로 운전한 날마다 1개의 운전행위가 있다고 보는 것이 상당하므로 운전한 날마다 무면허운전으로 인한 도로교통법 위반의 1죄가 성립한다고 보아야 한다(대법원 2002.7.23, 2001도6281). 한편, 같은 날 무면허운전 행위를 여러 차례 반복한 경우라도 그 범의의 단일성 내지 계속성이 인정되지 않거나 범행 방법 등이 동일하지 않은 경우 각 무면허운전 범행은 실체적 경합 관계에 있다고 볼 수 있으나, 그와 같은 특별한 사정이 없다면 각 무면허운전 행위는 동일 죄명에 해당하는 수 개의 동종 행위가 동일한 의사에 의하여 반복되거나 접속·연속하여 행하여진 것으로 봄이 상당하고 그로 인한 피해법익도 동일한 이상, 각 무면허운전 행위를 통틀어 포괄일죄로 처단하여야 한다(대법원 2022.10.27, 2022도8806).
[보충] 검사가 공소장변경으로 철회하려는 공소사실(제2 무면허운전 혐의)과 추가하려는 공소사실(제1 무면허운전 혐의)은 시간 및 장소에 있어 일부 차이가 있으나, 같은 날 동일 차량을 무면허로 운전하려는 단일하고 계속된 범의 아래 동종 범행을 같은 방법으로 반복한 것으로 포괄하여 일죄에 해당하고 그 기초가 되는 사회적 사실관계도 기본적인 점에서 동일하여 그 공소사실이 동일하다고 보아, 공소장변경신청은 허가됨이 타당하다.

03
정답 ②

② ㉠ⓒⓔⓜⓗ

㉠ (×) 부정한 이익을 얻거나 기업에 손해를 가할 목적으로 그 기업에 유용한 영업비밀이 담겨 있는 타인의 재물을 절취한 후 그 영업비밀을 사용하는 경우, 영업비밀의 부정사용행위는 새로운 법익의 침해로 보아야 하므로 위와 같은 부정사용행위가 절도범행의 불가벌적 사후행위가 되는 것은 아니다(대법원 2008. 9.11, 2008도5364).

ⓒ (○) 주식회사의 대표이사가 타인을 기망하여 회사가 발행하는 신주를 인수하게 한 다음 그로부터 납입받은 신주인수대금을 보관하던 중 횡령한 행위는 사기죄와는 전혀 다른 새로운 보호법익을 침해하는 행위로서 별죄를 구성한다(대법원 2006.10.27, 2004도6503).

ⓒ (×) 성매매알선행위와 건물제공행위의 경우 비록 처벌규정은 동일하지만, 범행방법 등의 기본적 사실관계가 상이할 뿐 아니라 주체도 다르다고 보아야 한다. 또한 수개의 행위태양이 동일한 법익을 침해하는 일련의 행위로서 각 행위 간 필연적 관련성이 당연히 예상되는 경우에는 포괄일죄의 관계에 있다고 볼 수 있지만, 건물제공행위와 성매매알선행위의 경우 성매매알선행위가 건물제공행위의 필연적 결과라거나 반대로 건물제공행위가 성매매알선행위에 수반되는 필연적 수단이라고도 볼 수 없다. 따라서 '영업으로 성매매를 알선한 행위'와 '영업으로 성매매에 제공되는 건물을 제공하는 행위'는 당해 행위 사이에서 각각 포괄일죄를 구성할 뿐, 서로 독립된 가별적 행위로서 별개의 죄를 구성한다고 보아야 한다(대법원 2011.5.26, 2010도6090).

ⓔ (×) 무면허운전으로 인한 도로교통법위반죄에 있어서는 어느 날에 운전을 시작하여 다음날까지 동일한 기회에 일련의 과정에서 계속 운전을 한 경우 등 특별한 경우를 제외하고는 사회통념상 운전한 날을 기준으로 운전한 날마다 1개의 운전행위가 있다고 보는 것이 상당하므로 운전한 날마다 무면허운전으로 인한 도로교통법위반의 1죄가 성립한다고 보아야 할 것이고, 비록 계속적으로 무면허운전을 할 의사를 가지고 여러 날에 걸쳐 무면허운전행위를 반복하였다 하더라도 이를 포괄하여 일죄로 볼 수는 없다(대법원 2002.7.23, 2001도6281).

ⓜ (×) 피고인이 특정인을 중소기업중앙회장으로 당선되도록 할 목적으로 선거인에게 재산상 이익을 제공하면서 그 비용을 자신이 이사장으로 있었던 협동조합의 법인카드로 결제한 행위는 선거인에 대한 재산상 이익 제공으로 인한 중소기업협동조합법위반죄와 협동조합에 재산상 손해를 가한 것으로 인한 업무상 배임죄의 실체적 경합에 해당한다(대법원 2023.2.23, 2020도12431).

ⓗ (×) 다수의 피해자에 대하여 각각 기망행위를 하여 각 피해자로부터 재물을 편취한 경우에는 범의가 단일하고 범행방법이 동일하더라도 각 피해자의 피해법익은 독립한 것이므로 이를 포괄일죄로 파악할 수 없고 피해자별로 독립한 사기죄가 성립된다(대법원 1989.6.13, 89도582; 2003.4.8, 2003도382). 다만 피해자들의 피해법익이 동일하다고 볼 수 있는 사정이 있는 경우에는 이들에 대한 사기죄를 포괄하여 일죄로 볼 수 있다(대법원 2015.4.23, 2014도16980; 2023.12.21, 2023도13514).

> [비교] 사기죄 피해자들의 피해 법익이 동일하다고 볼 근거가 없는데도, 위 피해자들이 부부라는 사정만으로 이들에 대한 각 사기 행위가 포괄하여 일죄에 해당한다고 보아 특정경제범죄 가중처벌 등에 관한 법률을 적용한 원심판결에는 죄수에 관한 심리미진 또는 법리오해의 위법이 있다(대법원 2011.4.14, 2011도769).

04
정답 ③

③ ㉠ⓒⓗ

㉠ (○) 상상적 경합이 성립하므로 형이 중한 사기죄의 형으로 처벌되어야 하지만 변호사법위반죄도 성립하는 것이기 때문에 변호사법상 필요적 몰수·추징규정이 적용된다고 본 판례이다(대법원 2006.1.27, 2005도8704).

ⓒ (×) 소위 법익표준설을 철저히 적용한 판례이다(대법원 1979. 7.10, 79도840).

ⓒ (○) 대법원 1977.6.7, 77도1069 참조.

ⓔ (×) 동시적 경합범으로서 실체적 경합에 해당한다(대법원 2003. 1.10, 2002도4380).

ⓜ (×) 법조경합으로서 현주건조물방화치사죄만 성립한다는 판례가 있다(대법원 1996.4.26, 96도485).

ⓗ (○) 대법원 1999.4.13, 92도3035 참조.

05
정답 ③

③ ⓒⓔⓜⓗ

㉠ (○) 강도가 서로 다른 시기에 다른 장소에서 수인의 피해자들에게 각기 폭행 또는 협박을 하여 각 그 피해자들의 재물을 강취하고, 그 피해자들 중 1인을 상해한 경우에는, 각기 별도로

강도죄와 강도상해죄가 성립하는 것임은 물론, 법률상 1개의 행위로 평가되는 것도 아닌 바, 포괄하여 1개의 강도상해죄만을 구성하는 것이 아니라 실체적 경합범의 관계에 있는 것이라고 할 것이다(대법원 1991.6.25, 91도643).

ⓛ (×) 2개의 인터넷 파일공유 사이트를 운영하는 피고인들이 이를 통해 저작재산권 대상인 디지털 콘텐츠가 불법 유통되고 있음을 알면서도 회원들로 하여금 불법 디지털 콘텐츠를 업로드하게 한 후 이를 다운로드하게 함으로써 저작재산권 침해를 방조하였다는 내용으로 기소된 사안에서, 피고인들에게 '영리 목적의 상습성'이 인정된다고 하더라도 이는 고소 없이도 처벌할 수 있는 근거가 될 뿐 피고인들의 각 방조행위는 다수 저작권자의 다수 저작물에 대한 저작권 침해에 대한 방조이므로 원칙적으로 서로 경합범 관계에 있다(대법원 2012.5.10, 2011도12131).

ⓒ (○) 통화위조죄에 관한 규정은 공공의 거래상의 신용 및 안전을 보호하는 공공적인 법익을 보호함을 목적으로 하고 있고, 사기죄는 개인의 재산법익에 대한 죄이어서 양죄는 그 보호법익을 달리하고 있으므로 위조통화를 행사하여 재물을 불법영득한 때에는 위조통화행사죄와 사기죄의 양죄가 성립된다(대법원 1979.7.10, 79도840).

ⓔ (×) 서로 바뀌어 있다. 전단의 경우는 포괄일죄이다. "'폭력행위 등 처벌에 관한 법률' 제4조 제1항은 그 법에 규정된 범죄행위를 목적으로 하는 단체를 구성하거나 이에 가입하는 행위 또는 구성원으로 활동하는 행위를 처벌하도록 정하고 있는데, 이는 구체적인 범죄행위의 실행 여부를 불문하고 그 범죄행위에 대한 예비·음모의 성격이 있는 범죄단체의 생성 및 존속 자체를 막으려는 데 입법 취지가 있다(대법원 2009.6.11, 2009도2337 판결 참조). 또한 위 조항에서 말하는 범죄단체 구성원으로서의 활동이란 범죄단체의 내부 규율 및 통솔 체계에 따른 조직적·집단적 의사 결정에 기초하여 행하는 범죄단체의 존속·유지를 지향하는 적극적인 행위를 일컫는다(대법원 2009.9.10, 2008도10177 등). 그런데 범죄단체의 구성이나 가입은 범죄행위의 실행 여부와 관계없이 범죄단체 구성원으로서의 활동을 예정하는 것이고, 범죄단체 구성원으로서의 활동은 범죄단체의 구성이나 가입을 당연히 전제로 하는 것이므로, 양자는 모두 범죄단체의 생성 및 존속·유지를 도모하는, 범죄행위에 대한 일련의 예비·음모 과정에 해당한다는 점에서 그 범의의 단일성과 계속성을 인정할 수 있을 뿐만 아니라 피해법익도 다르지 않다. 따라서 범죄단체를 구성하거나 이에 가입한 자가 더 나아가 구성원으로 활동하는 경우 이는 포괄일죄의 관계에 있다고 봄이 타당하다(대법원 2015.9.10, 2015도7081)." 후단의 경우는 실체적 경합이다. "범죄집단의 조직원의 범죄집단활동죄와 그 범죄집단에서 활동하면서 저지르는 개별적 범행들은 범행 목적이나 행위 등이 일부 중첩되는 부분이 있더라도 범행의 상대방, 범행 수단·방법, 결과, 보호법익, 실체적 경합 관계 등을 고려할 경우 각 공소사실이 동일하다고 볼 수 없어 공소장변경을 허가할 수 없고 그 죄수관계는 실체적 경합관계에 있다(대법원 2022.9.7, 2022도6993)."

[유사] 범죄집단이란 특정 다수인이 사형, 무기 또는 장기 4년 이상의 범죄를 수행한다는 공동목적 아래 구성원들이 정해진 역할분담에 따라 행동함으로써 범죄를 반복적으로 실행할 수 있는 조직체계를 갖춘 계속적인 결합체를 의미한다. 다만 그

단체를 주도하거나 내부의 질서를 유지하는 '최소한의 통솔체계'가 요구되는 '범죄단체'와 달리, 범죄의 계획과 실행을 용이하게 할 정도의 조직적 구조를 갖추어야 한다(대법원 2008.5.29, 2008도1857; 2020.8.20, 2019도16263). … 범죄집단 구성원으로서의 '활동'이란 범죄집단의 조직구조에 따른 조직적·집단적 의사결정에 기초하여 행하는 범죄집단의 존속·유지를 지향하는 적극적인 행위를 일컫는다. 특정한 행위가 범죄집단의 구성원으로서의 '활동'에 해당하는지 여부는 당해 행위가 행해진 일시, 장소 및 그 내용, 행위가 이루어지게 된 동기 및 경위, 목적, 의사 결정자와 실행 행위자 사이의 관계 및 그 의사의 전달 과정 등의 구체적인 사정을 종합하여 실질적으로 판단하여야 한다(대법원 2009.9.10, 2008도10177; 2013.10.17, 2013도6401). 범죄집단활동죄와 개별 마약류관리에관한법률위반(향정)죄는 그 구성요건, 보호법익 및 입법취지가 다르므로 위 두 죄는 실체적 경합관계에 있다(범죄단체 구성원으로서 활동하는 행위와 집단감금 또는 집단상해행위는 각각 별개의 범죄구성요건을 충족하는 독립된 행위라고 본 대법원 2008.5.29, 2008도1857)(대법원 2024.7.25, 2024도6909).

ⓜ (×) 운행정지명령위반으로 인한 자동차관리법위반죄와 의무보험미가입자동차운행으로 인한 자동차손해배상보장법위반죄는 자동차의 운행이라는 행위가 일부 중첩되기는 하나 법률상 1개의 행위로 평가되는 경우에 해당한다고 보기 어렵고, 또 구성요건을 달리하는 별개의 범죄로서 보호법익을 달리하고 있으므로 상상적 경합관계로 볼 것이 아니라 실체적 경합관계로 봄이 타당하다(대법원 2023.4.27, 2020도17883).

ⓗ (×) 피고인이 전화를 걸어 피해자 휴대전화에 부재중 전화 문구, 수신차단기호 등이 표시되도록 하였다면 실제 전화통화가 이루어졌는지 여부와 상관없이 '피해자의 휴대전화로 유선·무선·광선 및 기타의 전자적 방식에 의하여 부호·문언을 송신하지 말 것'을 명하는 잠정조치를 위반하였다고 보아야 한다. 피고인이 피해자에게 접근하거나 전화를 건 행위가 스토킹범죄를 구성하는 스토킹행위에 해당하고 구 스토킹처벌법 제9조 제1항 제2호, 제3호의 잠정조치를 위반한 행위에도 해당하는 경우, '스토킹범죄로 인한 구 스토킹처벌법위반죄'와 '잠정조치불이행으로 인한 구 스토킹처벌법위반죄'는 사회관념상 1개의 행위로 성립하는 수 개의 죄에 해당하므로 형법 제40조의 상상적 경합관계에 있다(대법원 2024.9.27, 2024도7832).

06   **정답 ①**

① ⓗⓛⓔ이 [보기 1]과 함께 실체적 경합관계에 있다.
[보기 1] ○○작가협회 회원이 타인의 명의를 도용하여 협회 교육원장을 비방하는 내용의 호소문을 작성한 후 이를 협회 회원들에게 우편으로 송달한 경우, 사문서위조죄와 명예훼손죄가 각 성립하고, 이는 실체적 경합관계가 성립한다(대법원 2009.4.23, 2008도8527).

ⓗ (실체적 경합) 수인의 피해자에게 각각 폭행을 가하여 각각 상해를 가한 것이므로 수개의 강도상해죄의 실체적 경합에 해당한다.

ⓛ (실체적 경합) 신용카드부정사용죄와 절도죄의 관계는 그 보호법익이나 행위태양이 전혀 달라 실체적 경합관계에 있는 것으로 보아야 한다(대법원 1995.7.28, 95도997).

ⓒ (상상적 경합) 강도강간미수죄와 강도치상죄가 성립되고 이는 1개의 행위가 2개의 죄명에 해당되어 상상적 경합관계가 성립

된다(대법원 1988.6.28, 88도820).

ⓔ (상상적 경합) 1개의 사기도박행위에 의하여 수인의 피해자에 대한 사기죄를 범한 것으로 인정되므로 수개의 사기죄의 상상적 경합에 해당한다(대법원 2011.1.13, 2010도9330).

ⓜ (실체적 경합) 편취한 약속어음을 그와 같은 사실을 모르는 제3자에게 편취사실을 숨기고 할인받는 행위는 당초의 어음 편취와는 별개의 새로운 법익을 침해하는 행위로서 기망행위와 할인금의 교부행위 사이에 상당인과관계가 있어 새로운 사기죄를 구성한다 할 것이고, 설령 그 약속어음을 취득한 제3자가 선의이고 약속어음의 발행인이나 배서인이 어음금을 지급할 의사와 능력이 있었다 하더라도 이러한 사정은 사기죄의 성립에 영향이 없다(대법원 2005.9.30, 2005도5236; 2000.9.5, 99도3590).

ⓗ (상상적 경합) 채권자들에 의한 복수의 강제집행이 예상되는 경우 재산을 은닉 또는 허위양도함으로써 채권자들을 해하였다면 채권자별로 각각 강제집행면탈죄가 성립하고, 상호 상상적 경합범의 관계에 있다(대법원 2011.12.8, 2010도4129).

07 정답 ②

② ⓛⓔⓔ

ⓐ (O) 재심대상판결 이전 범죄는 선행범죄와 형법 제37조 후단의 경합범 관계에 있지만, 재심대상판결 이후 범죄는 선행범죄와 형법 제37조 후단의 경합범 관계에 있지 아니하므로, 재심대상판결 이전 범죄와 재심대상판결 이후 범죄는 형법 제37조 전단의 경합범 관계로 취급할 수 없어 형법 제38조가 적용될 수 없는 이상 별도로 형을 정하여 선고하여야 한다(대법원 2023. 11.16, 2023도10545).

ⓛ (×) 형법 제37조 후단 및 제39조 제1항의 문언, 입법 취지 등에 비추어 보면, 아직 판결을 받지 아니한 죄가 이미 판결이 확정된 죄와 동시에 판결할 수 없었던 경우에는 형법 제39조 제1항에 따라 동시에 판결할 경우와 형평을 고려하여 형을 선고하거나 그 형을 감경 또는 면제할 수 없다(대법원 2011.10.27, 2009도9948; 2012.9.27, 2012도9295; 2014.3.27, 2014도469 등). 한편 공직선거법 제18조 제1항 제3호에서 '선거범'이라 함은 공직선거법 제16장 벌칙에 규정된 죄와 국민투표법 위반의 죄를 범한 자를 말하는데(공직선거법 제18조 제2항), 공직선거법 제18조 제1항 제3호에 규정된 죄와 다른 죄의 경합범에 대하여는 이를 분리 선고하여야 한다(공직선거법 제18조 제3항 전단). 따라서 판결이 확정된 선거범죄와 확정되지 아니한 다른 죄는 동시에 판결할 수 없었던 경우에 해당하므로 형법 제39조 제1항에 따라 동시에 판결할 경우와의 형평을 고려하여 형을 선고하거나 그 형을 감경 또는 면제할 수 없다고 해석함이 타당하다(대법원 2021.10.14, 2021도8719).

ⓒ (×) 형법 제331조 제2항의 특수절도에 있어서 주거침입은 그 구성요건이 아니므로, 절도범인이 그 범행수단으로 주거침입을 한 경우에 그 주거침입행위는 절도죄에 흡수되지 아니하고 별개로 주거침입죄를 구성하여 절도죄와는 실체적 경합의 관계에 있게 된다(대법원 2008.11. 27, 2008도7820).

ⓔ (×) 초병이 일단 그 수소를 이탈하면 그 이탈행위와 동시에 수소이탈죄는 완성되고, 그 후 다시 부대에 복귀하기 전이라도 별도로 군무를 기피할 목적을 일으켜 그 직무를 이탈하였다면 초병의 수소이탈죄와 군무이탈죄가 각각 독립하여 성립하고, 그두 죄는 서로 실체적 경합범의 관계에 있다(대법원 1981.10.13, 81도2397).

08 정답 ③

③ ⓐ(×), ⓛ(O), ⓒ(×), ⓔ(O), ⓜ(×)

ⓐ (×) 경찰공무원이 지명수배 중인 범인을 발견하고도 직무상 의무에 따른 적절한 조치를 취하지 아니하고 오히려 범인을 도피하게 하는 행위를 하였다면, 그 직무위배의 위법상태는 범인도피행위 속에 포함되어 있다고 보아야 할 것이므로, 이와 같은 경우에는 작위범인 범인도피죄만이 성립하고 부작위범인 직무유기죄는 따로 성립하지 아니한다(대법원 1996.5.10, 96도51).

ⓛ (O) 피고인들이 피해자들의 재물을 강취한 후 그들을 살해할 목적으로 현주건조물에 방화하여 사망에 이르게 한 경우, 피고인들의 행위는 강도살인죄와 현주건조물방화치사죄에 모두 해당하고 그 두 죄는 상상적 경합범관계에 있다(대법원 1998.12. 8, 98도3416).

ⓒ (×) 교부자가 진정 또는 진실한 유가증권인 것처럼 위조유가증권을 행사하였을 때뿐만 아니라 위조유가증권임을 알고 있는 자에게 교부하였더라도 피교부자가 이를 유통시킬 것임을 인식하고 교부하였다면, 그 교부행위 그 자체가 유가증권의 유통질서를 해할 우려가 있어 처벌의 이유와 필요성이 충분히 있으므로 위조유가증권행사죄가 성립한다고 보아야 할 것이지만, 위조유가증권의 교부자와 피교부자가 서로 유가증권위조를 공모하였거나 위조유가증권을 타에 행사하여 그 이익을 나누어 가질 것을 공모한 공범의 관계에 있다면, 그들 사이의 위조유가증권 교부행위는 그들 이외의 자에게 행사함으로써 범죄를 실현하기 위한 전단계의 행위에 불과한 것으로서 위조유가증권은 아직 범인들의 수중에 있다고 볼 것이지 행사되었다고 볼 수는 없다(대법원 2010.12.9, 2010도1255).

ⓔ (O) 위조된 문서 그 자체를 직접 상대방에게 제시하거나 이를 기계적인 방법으로 복사하여 그 복사본을 제시하는 경우는 물론, 이를 모사전송의 방법으로 제시하거나 컴퓨터에 연결된 스캐너(scanner)로 읽어 들여 이미지화한 다음 이를 전송하여 컴퓨터 화면상에서 보게 하는 경우도 행사에 해당하여 위조문서행사죄가 성립한다(대법원 2008.10.23, 2008도5200).

ⓜ (×) 타인 명의의 등기서류를 위조하여 등기공무원에게 제출함으로써 피고인 명의로 소유권이전등기를 마쳤다고 하여도 피해자의 처분행위가 없을 뿐 아니라 등기공무원에게는 위 부동산의 처분권한이 있다고 볼 수 없어 사기죄가 성립하지 않는다(대법원 1981.7.28, 81도529).

09 정답 ④

④ ⓐⓛⓒ

ⓐ (×) 컴퓨터로 음란 동영상을 제공한 제1범죄행위로 서버컴퓨터가 압수된 이후 다시 장비를 갖추어 동종의 제2범죄행위를 하고 제2범죄행위로 인하여 약식명령을 받아 확정된 경우, 피고인에게 범의의 갱신이 있어 제1범죄행위는 약식명령이 확정된 제2범죄행위와 실체적 경합관계에 있다고 보아야 할 것이기 때문에, 포괄일죄를 구성한다고 판단한 원심판결을 파기해야 한다(대법원 2005.9.30, 2005도4051).

ⓛ (×) 재심의 대상이 된 범죄('선행범죄')에 관한 유죄 확정판결('재심대상판결')에 대하여 재심이 개시되어 재심판결에서 다시금 금고 이상의 형이 확정되었다면, 재심대상판결 이전 범죄와 재심대상판결 이후 범죄 사이에는 형법 제37조 전단의 경합범 관계가 성립하지 않으므로, 그 각 범죄에 대해 별도로 형을 정하

여 선고하여야 한다(대법원 2023.11.16, 2023도10545).

ⓒ (×) 상관으로부터 집총을 하고 군사교육을 받으라는 명령을 수회 받고도 그때마다 이를 거부한 경우에는 그 명령 횟수만큼의 항명죄가 즉시 성립하는 것이지, 집총거부의 의사가 단일하고 계속된 것이며 피해법익이 동일하다고 하여 수회의 명령거부행위에 대하여 하나의 항명죄만 성립한다고 할 수는 없다(대법원 1992.9.14, 92도1534).

ⓔ (○) 다수의 계를 조직하여 수인의 계원들을 개별적으로 기망하여 계불입금을 편취한 경우에도, 각 피해자별로 독립하여 사기죄가 성립하고 그 사기죄 상호간은 실체적 경합범 관계에 있다(대법원 2010.4.29, 2010도2810).

10 정답 ②

② (○) 확정판결의 기판력이 미치는 범위는 확정된 사건 자체의 범죄사실과 죄명을 기준으로 정하는 것이 원칙이므로, 그 전의 확정판결에서 조세범 처벌법 제10조 제3항 각 호의 위반죄로 처단되는 데 그친 경우에는, 확정된 사건 자체의 범죄사실이 뒤에 공소가 제기된 사건과 종합하여 특정범죄 가중처벌 등에 관한 법률 제8조의2 제1항(이하 '법률조항'이라 한다) 위반의 포괄일죄에 해당하는 것으로 판단된다 하더라도, 뒤늦게 앞서의 확정판결을 포괄일죄의 일부에 대한 확정판결이라고 보아 기판력이 사실심판결 선고 전의 법률조항 위반 범죄사실에 미친다고 볼 수 없다(대법원 2015.6.23, 2015도2207).

① (×) (상습범에 대한 확정판결의 기판력을 인정하기 위해서는) 전의 확정판결에서 당해 피고인이 상습범으로 기소되어 처단되었을 것을 필요로 하는 것이고, 상습범 아닌 기본 구성요건의 범죄로 처단되는 데 그친 경우에는, 가사 뒤에 기소된 사건에서 비로소 드러났거나 새로 저질러진 범죄사실과 전의 판결에서 이미 유죄로 확정된 범죄사실 등을 종합하여 비로소 그 모두가 상습범으로서의 포괄적 일죄에 해당하는 것으로 판단된다 하더라도 뒤늦게 앞서의 확정판결을 상습범의 일부에 대한 확정판결이라고 보아 그 기판력이 그 사실심판결 선고 전의 나머지 범죄에 미친다고 보아서는 아니 된다. … 비상습범으로 기소되어 판결이 확정된 이상, 그 사건의 범죄사실이 상습범 아닌 기본 구성요건의 범죄라는 점에 관하여 이미 기판력이 발생하였다고 보아야 할 것이며, 뒤에 드러난 다른 범죄사실이나 그 밖의 사정을 부가하여 전의 확정판결의 효력을 검사의 기소내용보다 무거운 범죄유형인 상습범에 대한 판결로 바꾸어적용하는 것은 형사소송의 기본원칙에 비추어 적절하지 않기 때문이다(대법원 2004.9.16, 2001도3206 전원합의체).

③ (×) 경합범 관계에 있는 수 개의 범죄사실을 유죄로 인정하여 1개의 형을 선고한 불가분의 확정판결에서 그중 일부의 범죄사실에 대하여만 재심청구의 이유가 있는 것으로 인정되었으나 형식적으로는 1개의 형이 선고된 판결에 대한 것이어서 판결 전부에 대하여 재심개시의 결정을 한 경우, 재심법원은 재심사유가 없는 범죄에 대하여는 새로이 양형을 하여야 하는 것이므로 이를 헌법상 이중처벌금지의 원칙을 위반한 것이라고 할 수 없고, 다만 재심사건에는 불이익변경의 금지 원칙이 적용되어 원판결의 형보다 중한 형을 선고하지 못하는 것이다(형사소송법 제439조)(대법원 2014.11.13, 2014도10193).

④ (×) 변호사가 아니면서 금품·향응 또는 그 밖의 이익을 받거나 받을 것을 약속하고 또는 제3자에게 이를 공여하게 하거나

공여하게 할 것을 약속하고 법률사건에 관하여 감정·대리·중재·화해·청탁·법률상담 또는 법률 관계 문서 작성, 그 밖의 법률사무를 취급하거나 이러한 행위를 알선하는 변호사법 제109조 제1호 위반행위에서 당사자와 내용을 달리하는 법률사건에 관한 법률사무 취급은 각기 별개의 행위라고 할 것이므로, 변호사가 아닌 사람이 각기 다른 법률사건에 관한 법률사무를 취급하여 저지르는 위 변호사법위반의 각 범행은 특별한 사정이 없는 한 실체적 경합범이 되는 것이지 포괄일죄가 되는 것이 아니다(대법원 2015.1.15, 2011도14198).

11 정답 ④

④ (○) 아직 판결을 받지 아니한 죄가 이미 판결이 확정된 죄와 동시에 판결할 수 없었던 경우, 형법 제37조 후단 경합범 관계가 성립하지 않는다. 따라서 확정된 제2판결의 존재로 인하여 이를 전후한 갑죄와 을죄 사이에는 형법 제37조 전·후단의 어느 경합범 관계도 성립할 수 없고, 결국 각각의 범죄에 대하여 별도로 형을 정하여 선고하여야 할 수밖에 없다(대법원 2011. 6.10, 2011도2351).

① (×) 甲죄와 乙죄 사이에는 제2판결의 확정이 존재하기 때문에 제37조 후단의 경합범 관계가 아니다.

② (×) 甲죄와 乙죄 사이에는 제2판결의 확정이 존재하기 때문에 제37조 후단의 경합범 관계가 아니며, 그러므로 하나의 형을 선고할 수 없다.

③ (×) 甲죄와 乙죄 사이에는 제2판결의 확정이 존재하기 때문에 하나의 형을 선고할 수 없으며, 그러므로 각각의 범죄에 대해 별도로 형을 정하여 선고하여야 한다.

12 정답 ③

③ ㉠ㄴㄹㅁ

㉠ (×) 의료기관의 개설자 명의는 의료기관을 특정하고 동일성을 식별하는 데에 중요한 표지가 되는 것이므로, 비의료인이 의료기관을 개설하여 운영하는 도중 개설자 명의를 다른 의료인 등으로 변경한 경우에는 그 범의가 단일하다거나 범행방법이 종전과 동일하다고 보기 어렵다. 따라서 개설자 명의별로 별개의 범죄가 성립하고 각 죄는 실체적 경합범의 관계에 있다고 보아야 한다(대법원 2018.11.29, 2018도10779).

ㄴ (×) 상습범으로 유죄의 확정판결을 받은 사람이 그 후 동일한 습벽에 의해 범행을 저질렀는데('후행범죄') 유죄의 확정판결에 대하여 재심이 개시된 경우, 동일한 습벽에 의한 후행범죄가 재심대상판결에 대한 재심판결 선고 전에 저질러진 범죄라 하더라도 재심판결의 기판력이 후행범죄에 미치지 않는다. 재심심판절차에서 선행범죄, 즉 재심대상판결의 공소사실에 후행범죄를 추가하는 내용으로 공소장을 변경하거나 추가로 공소를 제기한 후 이를 재심대상사건에 병합하여 심리하는 것이 허용되지 않으므로 재심심판절차에서는 후행범죄에 대하여 사실심리를 할 가능성이 없다. 또한 재심심판절차에서 재심개시결정의 확정만으로는 재심대상판결의 효력이 상실되지 않으므로 재심대상판결은 확정판결로서 유효하게 존재하고 있고, 따라서 재심대상판결을 전후하여 범한 선행범죄와 후행범죄의 일죄성은 재심대상판결에 의하여 분단되어 동일성이 없는 별개의 상습범이 된다. 그러므로 선행범죄에 대한 공소제기의 효력은 후행범죄에 미치지 않고 선행범죄에 대한 재심판결의 기판력은 후행

범죄에 미치지 않는다. 만약 재심판결의 기판력이 재심판결의 선고 전에 선행범죄와 동일한 습벽에 의해 저질러진 모든 범죄에 미친다고 하면, 선행범죄에 대한 재심대상판결의 선고 이후 재심판결 선고 시까지 저지른 범죄는 동시에 심리할 가능성이 없었음에도 모두 처벌할 수 없다는 결론에 이르게 되는데, 이는 처벌의 공백을 초래하고 형평에 반한다(대법원 2019.6.20, 2018도20698 전원합의체).

ⓒ (○) 유죄의 확정판결을 받은 사람이 그 후 별개의 후행범죄를 저질렀는데 유죄의 확정판결에 대하여 재심이 개시된 경우, 후행범죄가 재심대상판결에 대한 재심판결 확정 전에 범하여졌다 하더라도 아직 판결을 받지 아니한 후행범죄와 재심판결이 확정된 선행범죄 사이에는 형법 제37조 후단에서 정한 경합범 관계가 성립하지 않는다 재심판결이 후행범죄 사건에 대한 판결보다 먼저 확정된 경우에 후행범죄에 대해 재심판결을 근거로 후단 경합범이 성립한다고 하려면 재심심판법원이 후행범죄를 동시에 판결할 수 있었어야 한다. 그러나 아직 판결을 받지 아니한 후행범죄는 재심심판절차에서 재심대상 된 선행범죄와 함께 심리하여 동시에 판결할 수 없었으므로 후행범죄와 재심판결이 확정된 선행범죄 사이에는 후단 경합범이 성립하지 않고, 동시에 판결할 경우와 형평을 고려하여 그 형을 감경 또는 면제할 수 없다. 재심판결이 후행범죄에 대한 판결보다 먼저 확정되는 경우에는 재심판결을 근거로 형식적으로 후행범죄를 판결확정 전에 범한 범죄로 보아 후단 경합범이 성립한다고 하면, 선행범죄에 대한 재심판결과 후행범죄에 대한 판결 중 어떤 판결이 먼저 확정되느냐는 우연한 사정에 따라 후단 경합범 성립이 좌우되는 형평에 반하는 결과가 발생한다(대법원 2019.6. 20, 2018도20698 전원합의체).

ⓔ (×) 형법 제37조 후단 경합범(이하 '후단 경합범'이라 한다)에 대하여 형법 제39조 제1항에 의하여 형을 감경할 때에도 법률상 감경에 관한 형법 제55조 제1항이 적용되어 유기징역을 감경할 때에는 그 형기의 2분의 1 미만으로는 감경할 수 없다. … 후단 경합범에 따른 감경을 새로운 유형의 감경이 아니라 일반 법률상 감경의 하나로 보고, 후단 경합범에 대한 감경에 있어 형법 제55조 제1항에 따라야 한다고 보는 것은 문언적·체계적 해석에 합치될 뿐 아니라 입법자의 의사와 입법연혁 등을 고려한 목적론적 해석에도 부합한다(대법원 2019.4.18, 2017도14609 전원합의체).

ⓜ (×) 형법 제37조 후단 및 제39조 제1항의 문언, 입법 취지 등에 비추어 보면, 아직 판결을 받지 아니한 죄가 이미 판결이 확정된 죄와 동시에 판결할 수 없었던 경우에는 형법 제37조 후단의 경합범 관계가 성립할 수 없고 형법 제39조 제1항에 따라 동시에 판결할 경우와 형평을 고려하여 형을 선고하거나 그 형을 감경 또는 면제할 수도 없다고 해석함이 타당하다. (또한) 아직 판결을 받지 아니한 수개의 죄가 판결 확정을 전후하여 저질러진 경우 판결 확정 전에 범한 죄를 이미 판결이 확정된 죄와 동시에 판결할 수 없었던 경우라고 하여 마치 확정된 판결이 존재하지 않는 것처럼 그 수개의 죄 사이에 형법 제37조 전단의 경합범 관계가 인정되어 형법 제38조가 적용된다고 볼 수도 없으므로, 판결 확정을 전후한 각각의 범죄에 대하여 별도로 형을 정하여 선고할 수밖에 없다(대법원 2011.6.10, 2011도2351; 2014.3.27, 2014도469).

13

④ ㄱㄴㄷㄹㅁ

ⓐ (×) 가석방은 무기에 있어서는 20년, 유기에 있어서는 형기의 3분의 1을 경과한 때에 허용한다(제72조 제1항).

ⓑ (×) 징역 또는 금고는 무기 또는 유기로 하고 유기는 1개월 이상 30년 이하로 한다. 단, 유기징역 또는 유기금고에 대하여 형을 가중하는 때에는 50년까지로 한다(제42조). 자격정지는 1년 이상 1년 이상 15년 이하로 한다(제44조 제1항)(따라서 제1문의 후단의 내용이 틀림). 단서의 내용은 제43조 제2항의 내용으로 맞는 내용이다.

ⓒ (×) 제1문은 2018.12.18. 개정형법 제10조 제2항의 내용으로서 맞다. 다만, 제2문의 미수범의 형은 기수범보다 감경할 수 있으므로(임의적 감경, 제25조 제2항) 틀린 내용이다. 또한 제3문의 징역 5년의 형은 금고 5년보다 중한 형이므로 틀린 내용이다. 제50조와 제41조 기재의 순서 참조.

ⓓ (×) 제70조 제2항의 소위 황제노역 방지규정 참조.

> 제70조(노역장유치) ② 선고하는 벌금이 1억 원 이상 5억 원 미만인 경우에는 300일 이상, 5억 원 이상 50억 원 미만인 경우에는 500일 이상, 50억 원 이상인 경우에는 1천일 이상의 유치기간을 정하여야 한다. <신설 2014.5.14>

ⓔ (×) 소위 황제노역방지규정은 당해규정 제정 전 행위에 대해서는 적용될 수 없다는 판례이다. 1억 원 이상의 벌금형을 선고하는 경우 노역장유치기간의 하한을 정한 형법(2014.5.14. 개정·시행) 제70조 제2항('노역장유치조항')의 시행 전에 행해진 피고인의 범죄행위에 대하여, 원심이 피고인을 징역 5년 6개월과 벌금 13억 1,250만 원에 처하면서 형법 제70조 제1항, 제2항을 적용하여 '벌금을 납입하지 않는 경우 250만 원을 1일로 환산한 기간 노역장에 유치한다'는 내용의 판결을 선고하였는데(이렇게 되면 노역장유치기간은 525일이 된다. 필자 주), 원심판결 선고 후 헌법재판소가 형법 제70조 제2항을 시행일 이후 최초로 공소제기되는 경우부터 적용하도록 한 형법 부칙(2014.5.14.) 제2조 제1항이 헌법상 형벌불소급원칙에 위반되어 위헌이라고 판단한 경우(헌법재판소 2017.10.26, 2015헌바239, 2016헌바177), 헌법재판소의 위헌결정 선고로 위 부칙조항은 헌법재판소법 제47조 제3항 본문에 따라 효력을 상실하였으므로, 노역장유치조항을 적용하여 노역장유치기간을 정한 원심판결은 유지될 수 없다(대법원 2018.2.13, 2017도17809).

ⓕ (○) 범죄수익은닉규제법의 입법 취지 및 법률 규정의 내용을 종합하여 보면, 범죄수익은닉규제법에 정한 중대범죄에 해당하는 범죄행위에 의하여 취득한 것으로 재산적 가치가 인정되는 무형재산도 몰수할 수 있다. 피고인이 음란물유포 인터넷사이트를 운영하면서 정보통신망 이용촉진 및 정보보호 등에 관한 법률 위반(음란물유포)죄와 도박개장방조죄에 의하여 비트코인(Bitcoin)을 취득한 경우, 피고인의 정보통신망 이용촉진 및 정보보호 등에 관한 법률 위반(음란물유포)죄와 도박개장방조죄는 범죄수익은닉의 규제 및 처벌 등에 관한 법률에 정한 중대범죄에 해당하며, 비트코인은 재산적 가치가 있는 무형의 재산이라고 보아야 하고, 몰수의 대상인 비트코인이 특정되어 있으므로, 피고인이 취득한 비트코인은 몰수할 수 있다(대법원 2018.5.30, 2018도3619).

14 정답 ④

④ ㉠㉡㉢㉤

㉠ (○) 대법원 1996.5.8, 96도221

㉡ (○) 대법원 2001.12.28, 2001도5158

㉢ (○) 몰수는 범죄에 의한 이득을 박탈하는 데 그 취지가 있고, 추징도 이러한 몰수의 취지를 관철하기 위한 것인 점 등에 비추어 볼 때, 몰수할 수 없는 때에 추징하여야 할 가액은 범인이 그 물건을 보유하고 있다가 몰수의 선고를 받았더라면 잃었을 이득상당액을 의미하므로, 다른 특별한 사정이 없는 한 그 가액산정은 재판선고시의 가격을 기준으로 하여야 한다(대법원 2008. 10. 9, 2008도6944).

㉣ (×) 형법 제134조의 몰수나 추징을 선고하기 위하여는 몰수나 추징의 요건이 공소가 제기된 범죄사실과 관련되어 있어야 하므로, 법원으로서는 범죄사실에서 인정되지 아니한 사실에 관하여는 몰수나 추징을 선고할 수 없다고 보아야 한다(대법원 2009.8.20, 2009도4391).

㉤ (×) 변호사법 제94조의 규정에 의한 필요적 몰수 또는 추징은 같은 법 제27조의 규정에 위반하거나 같은 법 제90조 제1호, 제2호 또는 제92조의 죄를 범한 자 또는 그 정을 아는 제3자가 받은 금품 기타 이익을 그들로부터 박탈하여 그들로 하여금 부정한 이익을 보유하지 못하게 함에 그 목적이 있는 것이므로, 수인이 공동하여 공무원이 취급하는 사건 또는 사무에 관하여 청탁을 한다는 명목으로 받은 금품을 분배한 경우에는 각자가 실제로 분배받은 금품만을 개별적으로 몰수하거나 그 가액을 추징하여야 한다(대법원 1996.11.29, 96도2490).

㉥ (○) 형법 제49조 단서는 '행위자에게 유죄의 재판을 하지 아니할 때에도 몰수의 요건이 있는 때에는 몰수만을 선고할 수 있다.'고 규정하고 있으므로, 몰수는 물론 이에 갈음하는 추징도 위 규정에 근거하여 선고할 수 있으나, 우리 법제상 공소제기 없이 별도로 몰수·추징만을 선고할 수 있는 제도가 마련되어 있지 아니하므로, 위 규정에 근거하여 몰수·추징을 선고하려면 몰수·추징의 요건이 공소가 제기된 공소사실과 관련되어 있어야 하고, 공소가 제기되지 아니한 별개의 범죄사실을 법원이 인정하여 그에 관하여 몰수·추징을 선고하는 것은 불고불리의 원칙에 위배되어 허용되지 않는다. 이러한 법리는 형법 제48조의 몰수·추징 규정에 대한 특별규정인 범죄수익은닉의 규제 및 처벌 등에 관한 법률 제8조 내지 제10조의 규정에 따른 몰수·추징의 경우에도 마찬가지로 적용된다(대법원 2022. 11.17, 2022도8662; 2022.12.29, 2022도8592).

15 정답 ②

② ㉡㉢㉣㉥

㉠ (×) 외국환거래법상의 대외지급수단으로 인정되기 위해서는 현실적으로 대외거래에서 채권·채무의 결제 등을 위한 지급수단으로 사용할 수 있고 그 사용이 보편성을 가지고 있어야 할 것인데 피고인이 미국 호텔 카지노에서 외화차용행위로 인하여 취득한 '칩'에는 미화로 표시된 금액과 호텔의 로고가 기재되어 있을 뿐 지급받을 수 있는 내용이 표시된 문구는 전혀 기재되어 있지 않으므로, 이는 단순히 '칩'에 표시된 금액 상당을 카지노에서 보관하고 있다는 증표에 지나지 않는다, 따라서 이 사건 '칩'은 외국환거래법상의 몰수·추징의 대상이 되는 대외지급수단으로 볼 수 없다(대법원 2022.5.26, 2022도2570, 외화차용

행위로 인하여 취득한 카지노 칩은 외국환거래법상 몰수·추징의 대상이 아니라는 사례).

[보충] 피고인이 미신고 자본거래로 인한 외국환거래법 위반죄에 해당하지만, 그 범행으로 취득한 카지노 칩 상당액은 동법이 정한 추징 대상에 해당하지 않는다는 취지이다.

㉡ (○) 범죄수익의 추징에 있어서 범죄수익을 얻기 위해 범인이 지출한 비용은 그것이 범죄수익으로부터 지출되었다고 하더라도 이는 범죄수익을 소비하는 방법에 지나지 않아 추징할 범죄수익에서 공제할 것은 아니다(대법원 2006.6.29, 2005도7146).

㉢ (○) 수뢰자가 뇌물을 그대로 보관하다가 뇌물 그 자체를 증뢰자에게 반환한 경우 증뢰자로부터 몰수 또는 추징한다(대법원 1978.2.28, 77도4037).

㉣ (○) 형법 제48조 1항 '범인 이외의 자의 소유에 속하지 아니할 것'에서 '범인' 속에는 '공범자'도 포함되므로 범인 자신의 소유물은 물론 공범자의 소유물도 그 공범자의 소추 여부를 불문하고 몰수할 수 있다(대법원 1984.5.29, 83도2680).

㉤ (×) 구 의료법 제88조 제2호의 규정에 의한 추징은 구 의료법 제23조의3에서 금지한 불법 리베이트 수수 행위의 근절을 위하여 그 범죄행위로 인한 부정한 이익을 필요적으로 박탈하여 이를 보유하지 못하게 하는 데 목적이 있는 것이므로, 수인이 공동으로 불법 리베이트를 수수하여 이익을 얻은 경우 그 범죄로 얻은 금품 그 밖의 경제적 이익을 몰수할 수 없을 때에는 공범자 각자가 실제로 얻은 이익의 가액, 즉 실질적으로 귀속된 이익만을 개별적으로 추징하여야 한다. 만일 개별적 이득액을 확정할 수 없다면 전체 이득액을 평등하게 분할하여 추징하여야 한다(대법원 2001.3.9, 2000도794; 2018.7.26, 2018도8657)(대법원 2022.9.7, 2022도7911).

㉥ (○) 공소가 제기되지 아니한 별개의 범죄사실을 법원이 인정하여 그에 관하여 몰수·추징을 선고할 수 없다. … 피고인이 영리의 목적으로 도박공간을 개설하였다는 공소사실이 제1심 및 원심에서 유죄로 인정되었는데, 그로 인한 범죄수익의 추징과 관련하여 피고인이 직접 도박에 참가하여 얻은 수익 부분에 대한 추징 여부가 문제 된 사안에서, 형법 제247조의 도박개장죄는 영리의 목적으로 스스로 주재자가 되어 그 지배 아래 도박장소를 개설함으로써 성립하는 범죄로서 도박죄와 별개의 독립된 범죄이고, 도박공간을 개설한 자가 도박에 참가하여 얻은 수익은 도박공간개설을 통하여 간접적으로 얻은 이익에 당연히 포함된다고 보기도 어려워 도박공간을 개설한 자가 도박에 참가하여 얻은 수익을 도박공간개설로 얻은 범죄수익으로 몰수하거나 추징할 수 없다. 따라서 전체 범죄수익 중 피고인이 직접 도박에 참가하여 얻은 수익을 도박공간개설의 범죄로 인한 추징 대상에서 제외하고 그 차액만을 추징한 원심의 판단은 정당하다(대법원 2022.12.29, 2022도8592).

16 정답 ③

③ ㉡㉢㉤㉥

㉠ (×) 관세법 제188조 1호 소정의 물품에 대한 수입신고를 함에 있어서 주요사항을 허위로 신고한 경우에 위 물건은 신고의 대상물에 지나지 않아 신고로서 이루어지는 허위신고죄의 범죄행위 자체에 제공되는 물건이라고 할 수 없으므로 형법 제48조 제1항 소정의 몰수요건에 해당한다고 볼 수 없다(대법원 1974.6.11, 74도352).

[보충] 이에 비하여 물품을 국내에 반입하려다가 미수에 그친 경우의 구 관세법상 무신고수입죄의 미수범이 점유하는 물품(대법원 2001.12.28, 2002도2572)이나 피고인 소유의 토지개발채권을 구 외국환관리법 소정의 허가 없이 휴대하여 외국으로 출국하려다 미수에 그친 경우의 구 외국환관리법 소정의 허가 없이 수출하려 한 대상물(대법원 2002.9.4, 2000도515)은 몰수의 대상이다.

ⓛ (○) 몰수는 압수되어 있는 물건에 대해서만 하는 것이 아니므로 판결선고 전 검찰에 의하여 압수된 후 피고인에게 환부된 물건에 대하여도 피고인으로부터 몰수할 수 있다(대법원 1977.5.24, 76도4001).

ⓒ (×) 몰수나 추징이 공소사실과 관련이 있다 하더라도 그 공소사실에 관하여 이미 공소시효가 완성되어 유죄의 선고를 할 수 없는 경우에는 몰수나 추징도 할 수 없다고 보아야 할 것이다(대법원 1992.7.28, 92도700).

ⓔ (○) 이미 그 집행을 종료함으로써 효력을 상실한 압수·수색영장에 기하여 다시 압수·수색을 실시하면서 몰수대상물건을 압수한 경우, 압수 자체가 위법하게 됨은 별론으로 하더라도 그것이 위 물건의 몰수의 효력에는 영향을 미칠 수 없다고 한 사례(대법원 2003.5.30, 2003도705).

ⓜ (×) 전매계약에 의하여 제3자로부터 받은 대금은 위 조항의 처벌대상인 '1차 계약에 따른 소유권이전등기를 하지 않은 행위'로 취득한 것이 아니므로 형법 제48조에 의한 몰수나 추징의 대상이 될 수 없다(대법원 2007.12.14, 2007도7353).

ⓗ (○) 범죄의 대상이 된 피해자의 인격권을 현저히 침해하는 성격의 전자정보를 담고 있는 불법촬영물은 범죄행위로 인해 생성된 것으로서 몰수의 대상이기도 하므로 임의제출된 휴대전화에서 해당 전자정보를 신속히 압수·수색하여 불법촬영물의 유통 가능성을 적시에 차단함으로써 피해자를 보호할 필요성이 크다(대법원 2021.11.18, 2016도348 전원합의체).

17 정답 ②

② ㄱㄷㄹ

ㄱ (○) 배임수재죄와 배임증재죄는 이른바 대향범으로서 형법 제357조 제3항에서 필요적 몰수 또는 추징을 규정한 것은 범행에 제공된 재물과 재산상 이익을 박탈하여 부정한 이익을 보유하지 못하게 하기 위한 것이므로, 형법 제357조 제3항에서 몰수의 대상으로 규정한 '범인이 취득한 제1항의 재물'은 배임수재죄의 범인이 취득한 목적물이자 배임증재죄의 범인이 공여한 목적물을 가리키는 것이지 배임수재죄의 목적물만을 한정하여 가리키는 것이 아니다. 그러므로 수재자가 증재자로부터 받은 재물을 그대로 가지고 있다가 증재자에게 반환하였다면 증재자로부터 이를 몰수하거나 그 가액을 추징하여야 한다(대법원 2017.4.7, 2016도18104).

ㄴ (×) 형법 제48조 제1항의 '범인'에는 공범자도 포함되므로 피고인의 소유물은 물론 공범자의 소유물도 그 공범자의 소추 여부를 불문하고 몰수할 수 있고, 여기에서의 공범자에는 공동정범, 교사범, 방조범에 해당하는 자는 물론 필요적 공범관계에 있는 자도 포함된다(대법원 2006.11.23, 2006도5586).

ㄷ (○) 금품의 무상대여를 통하여 위법한 재산상 이익을 취득한 경우 범인이 받은 부정한 이익은 그로 인한 금융이익 상당액이라 할 것이므로 추징의 대상이 되는 것은 무상으로 대여받은

금품 그 자체가 아니라 위 금융이익 상당액이라고 봄이 상당하다(대법원 2014.5.16, 2014도1547).

ㄹ (○) 공무원의 직무에 속한 사항의 알선에 관하여 금품을 받음에 있어 타인의 동의하에 그 타인 명의의 예금계좌로 입금받는 방식을 취하였다고 하더라도 이는 범인이 받은 금품을 관리하는 방법의 하나에 지나지 아니하므로, 그 가액 역시 범인으로부터 추징하지 않으면 안된다고 할 것이다(대법원 2006.10.27, 2006도4659).

ㅁ (×) 수뢰자가 자기앞수표를 뇌물로 받아 이를 소비한 후 자기앞수표 상당액을 증뢰자에게 반환하였다 하더라도 뇌물 그 자체를 반환한 것은 아니므로 이를 몰수할 수 없고 수뢰자로부터 그 가액을 추징하여야 할 것이다(대법원 1999.1.29, 98도3584).

ㅂ (×) 구 형법(2020.12.8. 법률 제17571호로 일부 개정되기 전의 것) 제48조 제1항 제1호의 '범죄행위에 제공한 물건'은 범죄의 실행행위 자체에 사용한 물건만 의미하는 것이 아니라 실행행위 착수 전 또는 실행행위 종료 후 행위에 사용한 물건 중 범죄행위의 수행에 실질적으로 기여하였다고 인정되는 물건까지도 포함한다(대법원 2006.9.14, 2006도4075 등). … 전자기록은 일정한 저장매체에 전자방식이나 자기방식에 의하여 저장된 기록으로서 저장매체를 매개로 존재하는 물건이므로 위 조항에 정한 사유가 있는 때에는 이를 몰수할 수 있는바, 가령 휴대전화의 동영상 촬영기능을 이용하여 피해자를 촬영한 행위 자체가 범죄에 해당하는 경우, 휴대전화는 '범죄행위에 제공된 물건', 촬영되어 저장된 동영상은 휴대전화에 저장된 전자기록으로서 '범죄행위로 인하여 생긴 물건'에 각각 해당하고 이러한 경우 법원이 휴대전화를 몰수하지 않고 동영상만을 몰수하는 것도 가능하다(대법원 2017.10.23, 2017도5905). … 마약 등의 수수 및 흡연(투약)을 본질로 하는 이 사건 범죄의 실행행위 자체 또는 범행의 직접적 도구로 사용된 것은 아닌 점, 이 사건 범행으로 체포되기까지 약 1년 6개월 동안 이 사건 휴대전화를 일상적인 생활도구로 사용하던 중 이 사건 범죄사실과 관련하여 상대방과의 연락 수단으로 일시적으로 이용한 것일 뿐 이 사건 범행의 직접적이고 실질적인 목적·수단·도구로 사용하기 위하여 또는 그 과정에서 범행·신분 등을 은폐하기 위한 부정한 목적으로 타인 명의로 개통하여 사용한 것으로 보이지는 않는 등 이 사건 범죄와의 상관성은 매우 낮은 편이어서 … 이 사건 휴대전화는 비록 최초 압수 당시에는 몰수 요건에 형식적으로 해당한다고 볼 수 있었다 하더라도 몰수로 인하여 피고인에게 미치는 불이익의 정도가 지나치게 큰 편이라는 점에서 비례의 원칙상 몰수가 제한되는 경우에 해당한다고 볼 여지가 많다(대법원 2024.1.4, 2021도5723).

18 정답 ①

① ㄱㄹㅂ

ㄱ (○) 금품의 무상차용을 통하여 위법한 재산상 이익을 취득한 경우 범인이 받은 부정한 이익은 그로 인한 금융이익 상당액이므로 추징의 대상이 되는 것은 무상으로 대여받은 금품 그 자체가 아니라 위 금융이익 상당액이다(대법원 2008. 9.25, 2008도2590).

ㄴ (×) 체포될 당시에 미처 송금하지 못하고 소지하고 있던 자기앞수표나 현금은 장차 실행하려 한 외국환거래법 위반의 범행에 제공하려는 물건일 뿐, 그 이전에 범해진 외국환거래법 위

반의 '범죄행위에 제공하려고 한 물건'으로는 볼 수 없으므로 몰수할 수 없다(대법원 2008.2.14, 2007도10034).

ⓒ (×) 공소사실이 인정되지 않는 경우에 이와 별개의 공소가 제기되지 아니한 범죄사실을 법원이 인정하여 그에 관하여 몰수나 추징을 선고하는 것은 불고불리의 원칙에 위반되어 불가능하며, 몰수나 추징이 공소사실과 관련이 있다 하더라도 그 공소사실에 관하여 이미 공소시효가 완성되어 유죄의 선고를 할 수 없는 경우에는 몰수나 추징도 할 수 없다(대법원 1992.7.28, 92도700).

ⓔ (○) 관세법상 추징은 일반 형사법에서의 추징과는 달리 징벌적 성격을 띠고 있어 여러 사람이 공모하여 관세를 포탈하거나 관세장물을 알선, 운반, 취득한 경우에는 범칙자의 1인이 그 물품을 소유하거나 점유하였다면 그 물품의 범칙 당시의 국내도매가격 상당의 가액 전액을 그 물품의 소유 또는 점유사실의 유무를 불문하고 범칙자 전원으로부터 각각 추징할 수 있고, 범인이 밀수품을 소유하거나 점유한 사실이 있다면 압수 또는 몰수가 가능한 시기에 범인이 이를 소유하거나 점유한 사실이 있는지 여부에 상관없이 관세법 제282조에 따라 몰수 또는 추징할 수 있다(대법원 2007.12.28, 2007도8401).

ⓜ (×) 형법 제48조 제1항은 '범죄행위로 인하여 생(生)하였거나 이로 인하여 취득한 물건'으로서 범인 이외의 자의 소유에 속하지 아니하거나 범죄 후 범인 이외의 자가 정을 알면서 취득한 물건의 전부 또는 일부를 몰수할 수 있다고 규정하면서(제2호), 제2항에서는 제1항에 기재한 물건을 몰수하기 불능한 때에는 그 가액을 추징하도록 규정하고 있다. 이와 같이 형법 제48조는 몰수의 대상을 '물건'으로 한정하고 있다. … 피고인이 범죄행위에 이용한 웹사이트는 형법 제48조 제1항 제2호에서 몰수의 대상으로 정한 '범죄행위로 인하여 생(生)하였거나 이로 인하여 취득한 물건'에 해당하지 않으므로, 그 웹사이트 매각을 통해 취득한 대가는 형법 제48조 제1항 제2호, 제2항이 규정한 추징의 대상에 해당하지 않는다(대법원 2021.10.14, 2021도7168).

[유사판례] 피고인이 2013.4.15.부터 2014.1.30.까지의 기간 동안 질병의 예방 및 치료에 효능·효과가 있거나 의약품 또는 건강기능식품으로 오인·혼동할 우려가 있는 내용의 광고를 통해 식품을 판매한 대가 중 상당 부분을 은행 계좌로 송금·이체 받거나 신용카드결제의 방법으로 수령한 경우(식품위생법위반), 피고인은 은행에 대한 예금채권이나 신용카드회사에 대한 신용판매대금지급채권을 취득할 뿐이어서 이를 범죄수익은닉규제법에서 정한 '범죄수익'에는 해당한다고 볼 수 있으나 형법 제48조 제1항 각호의 '물건'에 해당한다고 보기는 어렵다. 따라서 피고인이 계좌이체나 신용카드결제를 통해 취득한 식품 등의 판매대가는 형법 제48조 제1항 제2호, 제2항이 규정한 추징의 대상에 해당하지 아니한다(대법원 2021.1.28, 2016도11877).

ⓗ (○) 성매매알선 등 행위의 처벌에 관한 법률 제25조의 규정에 의한 추징은 성매매알선 등 행위의 근절을 위하여 그 행위로 인한 부정한 이익을 필요적으로 박탈하려는데 그 목적이 있으므로, 그 추징의 범위는 범인이 실제로 취득한 이익에 한정된다고 봄이 상당하고, 다만 범인이 성매매알선 등 행위를 하는 과정에서 지출한 세금 등의 비용은 성매매알선의 대가로 취득한 금품을 소비하거나 자신의 행위를 정당화시키기 위한 방법의 하나에 지나지 않으므로 추징액에서 이를 공제할 것은 아니다(대법원 2008.6.26, 2008도1392 등 참조). … 성매매알선 등 행

위자가 고객들로부터 수취한 금액 중 절반을 성매매여성에게 지급한 경우에 그 추징의 범위는 실제 취득분에 한정되지만, 범행 과정에서 지출한 업소 건물의 임대료는 범행에 사용된 필요경비에 해당하여 추징액에서 공제되지 않는다(대법원 2009.5.14, 2009도2223).

19

④ ⓖⓛⓜ

ⓖ (×) 아동·청소년의 성보호에 관한 법률 제38조 제1항 단서, 제38조의2 제1항 단서는 '아동·청소년대상 성범죄 사건에 대하여 벌금형을 선고하거나 피고인이 아동·청소년인 경우, 그 밖에 신상정보를 공개하여서는 아니 될 특별한 사정이 있다고 판단되는 경우'를 공개명령 또는 고지명령 선고에 관한 예외사유로 규정하고 있는데, 공개명령 및 고지명령의 성격과 본질, 관련 법률의 내용과 취지 등에 비추어 공개명령 등의 예외사유로 규정되어 있는 위 '피고인이 아동·청소년인 경우'에 해당하는지는 '사실심 판결의 선고시'를 기준으로 판단하여야 한다(대법원 2012.5.24, 2012도2763).

ⓛ (×) 범죄행위로 인하여 물건을 취득하면서 그 대가를 지급하였다고 하더라도 범죄행위로 취득한 것은 물건 자체이고 이는 몰수되어야 할 것이나, 이미 처분되어 없다면 그 가액 상당을 추징할 것이고, 그 가액에서 이를 취득하기 위한 대가로 지급한 금원을 뺀 나머지를 추징해야 하는 것은 아니다(대법원 2005.7.15, 2003도4293).

ⓒ (○) 형법 제48조 제1항의 '범인' 속에는 '공범자'도 포함되므로 범인 자신의 소유물은 물론 공범자의 소유물도 그 공범자의 소추 여부를 불문하고 몰수할 수 있고, 이는 범죄수익은닉의 규제 및 처벌 등에 관한 법률 제9조 제1항의 '범인'의 해석에서도 마찬가지이다(대법원 2013.5.23, 2012도11586).

ⓔ (○) 성매매알선 등 행위에 제공된 성매매업소 건물—5층— 등의 몰수를 선고한 원심을 수긍한 사례이다(대법원 2013.5.23, 2012도11586).

ⓜ (×) 특가법 제3조, 제13조 및 특경법 제7조, 제10조 제2항, 제3항의 내용과 그 입법 취지를 종합하면, 알선의뢰인이 알선수재자에게 공무원이나 금융기관 임직원의 직무에 속한 사항에 관한 알선의 대가를 형식적으로 체결한 고용계약에 터잡아 급여의 형식으로 지급한 경우에, 알선수재자가 수수한 알선수재액은 명목상의 급여액이 아니라 원천징수된 근로소득세 등을 제외하고 알선수재자가 실제 지급받은 금액으로 보아야 하고, 또한 위 금액만을 특가법 제13조 소정의 '제3조의 죄를 범하여 범인이 취득한 해당 재산' 또는 특경법 제10조 제2항 소정의 '제7조의 경우 범인이 받은 금품이나 그 밖의 이익'으로서 몰수·추징하여야 한다(대법원 2012.6.14, 2012도534).

20

① ⓖ

ⓖ (○) 대법원 2016.6.23, 2016도5032

ⓛ (×) 외국환관리법상의 몰수와 추징은 일반 형사법의 경우와 달리 범죄사실에 대한 징벌적 제재의 성격을 띠고 있다고 할 것이므로, 여러 사람이 공모하여 범칙행위를 한 경우 몰수대상인 외국환 등을 몰수할 수 없을 때에는 각 범칙자 전원에 대하여 그 취득한 외국환 등의 가액 전부의 추징을 명하여야 하고,

그중 한 사람이 추징금 전액을 납부하였을 때에는 다른 사람은 추징의 집행을 면할 것이나, 그 일부라도 납부되지 아니하였을 때에는 그 범위 내에서 각 범칙자는 추징의 집행을 면할 수 없다(대법원 1998.5.21, 95도2002 전원합의체).

ⓒ (×) 피고인이 특정범죄 가중처벌 등에 관한 법률 위반(허위세금계산서교부등)으로 기소되었는데, 원심이 벌금 24억 원을 병과하면서 800만 원을 1일로 환산한 기간 노역장유치를 명한 경우, 2014.5.14. 법률 제12575호로 개정된 형법 시행 후에 공소가 제기되었으므로 개정 형법 제70조 제2항에 따라 500일 이상의 유치기간을 정하였어야 함에도, 300일의 유치기간만을 정한 것은 심판이 법령에 위반한 경우에 해당한다(검찰총장의 비상상고는 이유 있음)(대법원 2014.12.24, 2014오2).

ⓔ (×) 甲 주식회사 대표이사인 피고인이 금융기관에 청탁하여 乙 주식회사가 대출을 받을 수 있도록 알선행위를 하고 그 대가로 용역대금 명목의 수수료를 甲 회사 계좌를 통해 송금받아 특정경제범죄 가중처벌 등에 관한 법률 위반(알선수재)죄가 인정된 경우, 피고인이 甲 회사의 대표이사로서 같은 법 제7조에 해당하는 행위를 하고 당해 행위로 인한 대가로 수수료를 받았다면, 수수료에 대한 권리가 甲 회사에 귀속된다 하더라도 행위자인 피고인으로부터 수수료로 받은 금품을 몰수 또는 그 가액을 추징할 수 있으므로, 피고인이 개인적으로 실제 사용한 금품이 없더라도 마찬가지라고 본 원심판단은 정당하다(대법원 2015.1.15, 2012도7571).

ⓜ (×) 주형인 징역형의 선고를 유예할 경우에도 추징을 선고할 수 있다(제49조 본문, 대법원 1990.4.27, 89도2291).

▶ 제3편 **형벌론: 제1장 형벌의 의의와 종류 2 ─ 제7장 보안처분**

01	③	02	③	03	③	04	④	05	③
06	①	07	②	08	④	09	④	10	③
11	④	12	③	13	③	14	①	15	③
16	③	17	②	18	③	19	②	20	④

01

정답 ③

③ ㉠㉢㉤

㉠ (×) 형법 제48조 소정의 몰수가 임의적 몰수에 불과하여 법관의 자유재량에 맡겨져 있고, 위 수표가 직접적으로 도박자금으로 사용되지 아니하였다 할지라도, 위 수표가 피해자로 하여금 사기도박에 참여하도록 만들기 위한 수단으로 사용된 이상, 이를 몰수할 수 있고, 그렇다고 하여 피고인에게 극히 가혹한 결과가 된다고 볼 수는 없다(대법원 2002.9.24, 2002도3589).

㉡ (○) 특정경제범죄가중처벌등에관한법률 제10조 제3항, 제1항에 의한 것으로서 형법상의 몰수, 추징과는 달리 범죄로 인한 이득의 박탈을 목적으로 한 것이라기보다는 재산국외도피사범에 대한 징벌의 도를 강화하여 범행대상인 재산을 필요적으로 몰수하고 그 몰수가 불능인 때에는 그 가액을 납부하게 하는 징벌적 성질의 처분이라고 봄이 상당하므로 그 도피재산이 피고인 을이 아닌 '가'항 회사의 소유라거나 피고인 을이 이를 점유하지 아니하고 그로 인하여 이득을 취한 바가 없다고 하더라도 추징할 수 있다(대법원 1995.3.10, 94도1075).

㉢ (○) 장물을 처분하여 그 대가로 취득한 압수물은 몰수할 것이 아니라 피해자에게 교부하여야 할 것이다(대법원 1969.1.21, 68도1672).

㉣ (×) 범죄행위에 제공하려고 한 물건은 범인 이외의 자의 소유에 속하지 아니하거나 범죄 후 범인 이외의 자가 정을 알면서 취득한 경우 이를 몰수할 수 있고(형법 제48조 제1항), 한편 법원이나 수사기관은 필요한 때에는 증거물 또는 몰수할 것으로 사료하는 물건을 압수할 수 있으나(형사소송법 제106조 제1항, 제219조), 몰수는 반드시 압수되어 있는 물건에 대하여서만 하는 것이 아니므로(대법원 1977.5.24, 76도4001), 몰수대상물건이 압수되어 있는가 하는 점 및 적법한 절차에 의하여 압수되었는가 하는 점은 몰수의 요건이 아니라고 할 것이다(대법원 2003.5.30, 2003도705).

㉤ (×) 마약거래방지법 제6조를 위반하여 마약류를 수출입·제조·매매하는 행위 등을 업으로 하는 범죄행위의 정범이 그 범죄행위로 얻은 수익은 마약거래방지법 제13조부터 제16조까지의 규정에 따라 몰수·추징의 대상이 된다. 그러나 위 정범으로부터 대가를 받고 판매할 마약을 공급하는 방법으로 위 범행을 용이하게 한 방조범은 정범의 위 범죄행위로 인한 수익을 정범과 공동으로 취득하였다고 평가할 수 없다면 위 몰수·추징 규정에 의하여 정범과 같이 추징할 수는 없고, 그 방조범으로부터는 방조행위로 얻은 재산 등에 한하여 몰수, 추징할 수 있다고

보아야 한다(대법원 2021.4.29, 2020도16369).

02

정답 ③

③ ㉠㉡㉤

㉠ (○) 장물취득죄는 제363조, 존속중상해죄는 제264조 참조.

㉡ (×) 상해죄 및 폭행죄의 상습범에 관한 형법 제264조는 "상습으로 제257조, 제258조, 제258조의2, 제260조 또는 제261조의 죄를 범한 때에는 그 죄에 정한 형의 2분의 1까지 가중한다."라고 규정하고 있다. 형법 제264조에서 말하는 '상습'이란 위 규정에 열거된 상해 내지 폭행행위의 습벽을 말하는 것이므로, 위 규정에 열거되지 아니한 다른 유형의 범죄까지 고려하여 상습성의 유무를 결정하여서는 아니 된다(대법원 2018.4.24, 2017도21663).

㉢ (×) 협박죄는 제285조에서 상습범을 처벌하나, 약취·유인·인신매매의 죄에 관해서는 상습범 처벌규정이 없다(2013년 3월 개정형법에 의하여 약취·유인죄에 대한 상습범 처벌규정이 모두 삭제됨, 예컨대 삭제된 제293조 참조).

㉣ (○) 상습범은 같은 유형의 범행을 반복누행하는 습벽을 말하는 것인 바, 절도와 강도는 유형을 달리하는 범행이므로 각 별로 상습성의 유무를 가려야 하며, 사회보호법 제6조 제2항 제2호에서 절도와 강도를 형법 각칙의 같은 장에 규정된 죄로서 동종 또는 유사한 죄로 규정하고 있다고 하여 상습성 인정의 기초가 되는 같은 유형의 범죄라고 말할 수 없다(대법원 1990.4.10, 90감도8).

㉤ (○) 형법 제246조 제2항에서는 제1항의 도박죄에 대한 상습범 가중처벌규정만 두고 있다. 즉, 제247조의 도박개장죄는 상습범 처벌규정이 없는 것이다.

03

정답 ③

③ ㉠(○), ㉡(○), ㉢(×), ㉣(○), ㉤(×)

㉠ (○) 형법 제52조 제1항 소정의 자수란 범인이 자발적으로 자신의 범죄사실을 수사기관에 신고하여 그 소추를 구하는 의사표시를 함으로써 성립하는 것이고 여기서 신고의 내용이 되는 '자신의 범죄사실'이란 자기의 범행으로서 범죄성립요건을 갖춘 객관적 사실을 의미하는 것으로서, 위와 같은 객관적 사실을 자발적으로 수사기관에 신고하여 그 처분에 맡기는 의사표시를 함으로써 자수는 성립하게 되는 것이므로, 수사기관에의 신고가 자발적이라고 하더라도 그 신고의 내용이 자기의 범행을 부인하는 등의 내용으로 자기의 범행으로서 범죄성립요건을 갖추

지 아니한 사실일 경우에는 자수는 성립하지 아니한다(대법원 2004.6.24, 2004도2003).

ⓛ (○) 자수서를 소지하고 수사기관에 자발적으로 출석하였으나 자수서를 제출하지 아니하고 범행사실도 부인하였다면 자수가 성립하지 아니하고, 그 이후 구속까지 된 상태에서 자수서를 제출하고 범행사실을 시인한 것을 자수에 해당한다고 인정할 수 없다(대법원 2004.10.14, 2003도3133).

ⓒ (×) 자수라 함은 범인이 스스로 수사책임이 있는 관서에 자기의 범행을 자발적으로 신고하고 그 처분을 구하는 의사표시를 말하고, 가령 수사기관의 직무상의 질문 또는 조사에 응하여 범죄사실을 진술하는 것은 자백일 뿐 자수로는 되지 않는다(대법원 1992.8.14, 92도962).

ⓔ (○) 수개의 범죄사실 중 일부에 관하여만 자수한 경우에는 그 부분 범죄사실에 대하여만 자수의 효력이 있다(대법원 1994.10.14, 94도2130).

ⓜ (×) 피고인들이 검찰에 조사 일정을 문의한 다음 지정된 일시에 검찰에 출두하는 등의 방법으로 자진 출석하여 범행을 사실대로 진술하였다면 자수가 성립되었다고 할 것이고, 그 후 법정에서 범행 사실을 부인한다고 하여 뉘우침이 없는 자수라거나, 이미 발생한 자수의 효력이 없어진다고 볼 수 없다(대법원 2005.4.29, 2002도7262).

04

정답 ④

④ ㄱㄴㅁ

ㄱ (○) 대법원 2011.12.22, 2011도12041

ㄴ (○) 대법원 2005.4.29, 2002도7262

ㄷ (×) 피고인이 자수하였다고 하더라도 자수한 사람에 대하여는 법원이 임의로 형을 감경할 수 있을 뿐이어서 원심이 자수감경을 하지 아니하였다거나 자수감경 주장에 대하여 판단을 하지 아니하였다고 하여 이를 위법하다고 할 수 없다(대법원 2011.12.22, 2011도12041).

ㄹ (×) 형법이나 국가보안법 등이 자수에 대하여 형을 감면하는 정도를 그 입법 취지에 따라 달리 정하고 자수의 요건인 자수 시기에 관하여도 각각 달리 정하고 있는 점으로 미루어 보면, 어느 죄에 관한 자수의 요건과 효과가 어떠한가 하는 문제는 논리필연적으로 도출되는 문제가 아니라, 그 입법 취지가 자수의 두 가지 측면 즉 범죄를 스스로 뉘우치고 개전의 정을 표시하는 것으로 보아 비난가능성이 약하다는 점과 자수를 하면 수사를 하는 데 용이할 뿐 아니라 형벌권을 정확하게 행사할 수 있어 죄 없는 자에 대한 처벌을 방지할 수 있다는 점 중 어느 한쪽을 얼마만큼 중시하는지 또는 양자를 모두 동등하게 고려하는지에 따라 입법정책적으로 결정되는 것이다(대법원 1997.3.20, 96도1167 전원합의체).

ㅁ (○) 공용건조물방화 예비·음모죄를 범한 죄가 그 목적한 죄의 실행에 이른 후라는 것은 최소한 공용건조물방화 미수죄에 해당하므로 이때 수사기관에 자수한 경우에는 형법 제52조 제1항에 의하여 형을 감경하거나 면제할 수 있다(임의적 감면).

[주의] 공용건조물방화죄를 범할 목적으로 예비·음모한 자가 그 목적한 죄의 실행에 이르기 전에 자수한 때에는 형법 제175조에 의하여 형을 감경 또는 면제한다.

> **제175조(예비, 음모)** 제164조 제1항, 제165조, 제166조 제1항, 제172조 제1항, 제172조의2 제1항, 제173조 제1항과 제2항의

> 죄를 범할 목적으로 예비 또는 음모한 자는 5년 이하의 징역에 처한다. 단 그 목적한 죄의 실행에 이르기 전에 자수한 때에는 형을 감경 또는 면제한다.
>
> **제165조(공용건조물 등 방화)** 불을 놓아 공용(公用)으로 사용하거나 공익을 위해 사용하는 건조물, 기차, 전차, 자동차, 선박, 항공기 또는 지하채굴시설을 불태운 자는 무기 또는 3년 이상의 징역에 처한다.

05

정답 ③

③ 판단순서: ㄷ - ㄱ - ㄴ

> **제56조(가중감경의 순서)** 형을 가중·감경하는 경합하는 경우에는 다음 각 호의 순서에 따른다.
> 1. 각칙 조문에 의한 가중
> 2. 제34조 제2항의 가중
> 3. 누범가중
> 4. 법률상감경
> 5. 경합범가중
> 6. 정상참작감경

[양형] 3년 이상 30년 → 누범가중에 의하여 3년 이상 50년 이하 → 심신미약 감경에 의하여 1년 6월 이상 25년 이하 → 정상참작감경은 하지 않음

06

정답 ①

① ㄱㄴㄷㄹ

ㄱ (×) 우리 형법이 집행유예기간의 시기에 관하여 명문의 규정을 두고 있는 지는 않지만 형사소송법 제459조가 "재판은 이 법률에 특별한 규정이 없으면 확정한 후에 집행한다."고 규정한 취지나 집행유예 제도의 본질 등에 비추어 보면 집행유예를 함에 있어 그 집행유예기간의 시기는 집행유예를 선고한 판결 확정일로 하여야 하고 법원이 판결 확정일 이후의 시점을 임의로 선택할 수는 없다(대법원 2002.2.26, 2000도4637).

ㄴ (×) 형법 제55조 제1항 제6호의 벌금을 감경할 때의 「다액」의 2분의 1이라는 문구는 「금액」의 2분의 1이라고 해석하여 그 상한과 함께 하한도 2분의 1로 내려가는 것으로 해석하여야 한다(대법원 1978.4.25, 78도246 전원합의체).

ㄷ (×) 법률상의 형의 감경사유가 되는 자수를 위하여는, 범인이 자기의 범행으로서 범죄성립요건을 갖춘 객관적 사실을 자발적으로 수사관서에 신고하여 그 처분에 맡기는 것으로 족하고, 더 나아가 법적으로 그 요건을 완전히 갖춘 범죄행위라고 적극적으로 인식하고 있을 필요까지는 없다(대법원 1995.6.30, 94도1017).

ㄹ (×) 형법 제59조에 의하더라도 몰수는 선고유예의 대상으로 규정되어 있지 아니하고 다만 몰수 또는 이에 갈음하는 추징은 부가형적 성질을 띠고 있어 그 주형에 대하여 선고를 유예하는 경우에는 그 부가할 몰수 추징에 대하여도 선고를 유예할 수 있으나, 그 주형에 대하여 선고를 유예하지 아니하면서 이에 부가할 몰수 추징에 대하여서만 선고를 유예할 수는 없다(대법원 1988.6.21, 88도551).

ㅁ (○) 형의 양정은 법정형 확인, 처단형 확정, 선고형 결정 등 단계로 구분된다. 법관은 형의 양정을 할 때 법정형에서 형의 가중·감경 등을 거쳐 형성된 처단형의 범위 내에서만 양형의 조

건을 참작하여 선고형을 결정해야 한다(대법원 2008.9.11, 2006도8376 등). 형법 제25조는 범죄의 실행에 착수하여 행위를 종료하지 못하였거나 결과가 발생하지 아니한 때에는 미수범으로 처벌하고(제1항), 미수범의 형은 기수범보다 감경할 수 있다(제2항)고 규정하고 있다. 형법 제25조 제2항에 따른 형의 감경은 법률상 감경의 일종으로서 재판상 감경인 작량감경(제53조)과 구별된다. 법률상 감경에 관하여 형법 제55조 제1항은 형벌의 종류에 따른 감경의 방법을 규정하고 있다. 법률상 감경사유가 무엇인지와 그 사유가 인정될 때 반드시 감경을 하여야 하는지는 형법과 특별법에 개별적이고 구체적으로 규정되어 있다. 이와 같은 감경 규정들은 법문상 형을 '감경한다'라거나 형을 '감경할 수 있다'라고 표현되어 있는데, '감경한다'라고 표현된 경우를 필요적 감경, '감경할 수 있다'라고 표현된 경우를 임의적 감경이라 한다. 형법 제25조 제2항에 따른 형의 감경은 임의적 감경에 해당한다. 필요적 감경의 경우에는 감경사유의 존재가 인정되면 반드시 형법 제55조 제1항에 따른 법률상 감경을 하여야 함에 반해, 임의적 감경의 경우에는 감경사유의 존재가 인정되더라도 법관이 형법 제55조 제1항에 따른 법률상 감경을 할 수도 있고 하지 않을 수도 있다. 나아가 임의적 감경사유의 존재가 인정되고 법관이 그에 따라 징역형에 대해 법률상 감경을 하는 이상 형법 제55조 제1항 제3호에 따라 상한과 하한을 모두 2분의 1로 감경한다. 이러한 현재 판례와 실무의 해석은 여전히 타당하다(대법원 2021.1.21, 2018도5475 전원합의체).

07 정답 ②

② (×) 정식재판청구기간을 도과한 약식명령에 기하여 피고인을 노역장에 유치하는 것은 형의 집행이므로 그 유치기간은 형법 제57조가 규정한 미결구금일수에 해당하지 아니한다. 따라서 비록 정식재판청구권회복결정에 의하여 사건을 공판절차에 의하여 심리하는 경우라 하더라도 법원은 노역장 유치기간을 미결구금일수로 보아 이를 본형에 산입할 수는 없고, 그 유치기간은 나중에 본형의 집행단계에서 그에 상응하는 벌금형이 집행된 것으로 간주될 뿐이다. 이와 같은 취지에서 원심이 정식재판청구권회복 및 형집행정지결정 이전에 피고인이 노역장에 유치된 기간을 판결선고 전의 구금일수에 산입하지 아니한 조치는 정당하고, 거기에 상고이유의 주장과 같은 미결구금일수 산입에 관한 법리오해 등의 위법이 없다(대법원 2007.5.10, 2007도2517).

① (○) 형법 제57조에서 판결 선고 전의 구금일수를 유기징역, 유기금고, 벌금이나 과료에 관한 유치 또는 구류에 산입하도록 규정하고 있는 것은 신체의 자유를 구속한다는 점에서 자유형(自由刑)의 집행과 실질적 차이가 없다는 점을 감안하여 공평(公平)의 견지에서 실제로 구금되었던 일수를 본형에 산입하도록 하는 것이므로, 실제 구금일수를 초과하여 산입한 판결이 확정된 경우에도 그 초과 부분이 본형에 산입되는 효력이 생기는 것은 아니다(대법원 2007.7.13, 2007도3448).

③ (○) 헌법재판소 2009.12.29, 2008헌가13

④ (○) 형법 제57조 제1항은 판결선고 전의 구금일수는 그 전부(또는 일부 - 위헌)를 유기징역, 유기금고, 벌금이나 과료에 관한 유치 또는 구류에 산입한다고 규정하고 있는바, 미결구금기간이 확정된 징역 또는 금고의 본형기간을 초과한다고 하여 위법하다고 할 수는 없고, 미결구금은 공소의 목적을 달성하기 위

하여 어쩔 수 없이 피고인 또는 피의자를 구금하는 강제처분으로서, 자유를 박탈하는 점이 자유형과 유사하기 때문에 형법 제57조가 인권보호의 관점에서 미결구금일수의 전부를 본형에 산입한다고 규정하고 있는 것일 뿐, 미결구금이 곧 형의 집행인 것은 아니므로, 형법 제57조에 의하여 산입된 미결구금기간이 징역 또는 금고의 본형기간을 초과한다고 하여도 형법 제62조의 규정에 따라 그 본형의 '집행'을 유예하는 데에는 아무런 지장이 없다고 할 것이다(대법원 2008.2.29, 2007도9137).

08 정답 ④

④ (○) 누범가중의 사유가 되는 전과에 적용된 법률조항에 대하여 위헌결정이 있어 재심이 가능하다는 이유만으로 그 전과의 법률적 효력에 영향이 있다고 할 수 없으므로, 그 전과에 기하여 누범가중을 한 원심판결에는 헌법과 법률을 위반한 위법이 있다거나 재심사유가 존재한다고 볼 수 없다(대법원 2017.3.22, 2016도9032).

① (×) 상습범은 행위자책임에, 누범은 행위책임에 형벌가중의 본질이 있다(대법원 2007.8.23, 2007도4913 등).

② (×) 포괄일죄의 일부 범행이 누범기간 내에 이루어진 이상 나머지 범행이 누범기간 경과 후에 이루어졌더라도 그 범행 전부가 누범에 해당한다고 보아야 한다(대법원 2012.3.29, 2011도14135).

③ (×) 누범을 가중 처벌하는 이유는 전범에 대한 형벌에 의하여 주어진 기왕의 경고를 무시하고 다시 범죄를 저질렀다는 점에서 비난가능성 및 책임이 높기 때문이지 전범에 대하여 처벌을 받았음에도 다시 범행을 하는 경우에 전범도 후범과 일괄하여 다시 처벌한다는 것은 아니다(따라서 일사부재리의 원칙에 반하지 않는다는 것임, 대법원 2014.7.10, 2014도5868).

09 정답 ④

④ (○) 전과에 관한 사실은 엄격한 의미에서의 범죄사실과는 구별되는 것으로서 피고인의 자백만으로서도 이를 인정할 수 있으며(대법원 1973.3.20, 73도280), 누범가중의 사유가 되는 전과사실은 범죄사실이 아니므로 공소장에 기재된 바 없다 하더라도 이를 심리 처단할 수 있는 것이다(대법원 1971.12.21, 71도2004).
[보충] 누범전과에 대해서는 자백보강법칙(형사소송법 제310조)이 적용되지 아니한다.

① (×) 형의 선고를 받은 자가 특별사면을 받아 형의 집행을 면제받고 또 후에 복권이 되었다 하더라도 형의 선고의 효력이 상실되는 것은 아니므로 실형을 선고받아 복역타가 특별사면으로 출소한 후 3년 이내에 다시 범죄를 저지른 자에 대한 누범가중은 정당하다(대법원 1986.11.11, 86도2004).

② (×) 형법 제35조 소정의 누범이 되려면 금고 이상의 형을 받아 그 집행을 종료하거나 면제를 받은 후 3년 내에 다시 금고 이상에 해당하는 죄를 범하여야 하는바, 이 경우 다시 금고 이상에 해당하는 죄를 범하였는지 여부는 그 범죄의 실행행위를 하였는지 여부를 기준으로 결정하여야 하므로 3년의 기간 내에 실행의 착수가 있으면 족하고, 그 기간 내에 기수에까지 이르러야 되는 것은 아니다(대법원 2006.4.7, 2005도9858 전원합의체).

③ (×) 제36조 [판결선고 후의 누범 발각] 판결선고 후 누범인 것이 발각된 때에는 그 선고한 형을 통산하여 다시 형을 정할 수

있다. 단, 선고한 형의 집행을 종료하거나 그 집행이 면제된 후
에는 예외로 한다.

10

③ ㉠㉡㉢

㉠ (○) 형법 제35조 제2항은 누범의 형은 그 죄에 정한 형의 장기
의 2배까지 가중한다고 명시할 뿐 단기에 관하여는 명시하고
있지 않다.

㉡ (○) 일사부재리의 원칙에 반하므로 선고한 형을 통산하여 다
시 형을 정할 수 없다(제36조 단서).

㉢ (✕) 형법 제35조 제1항에 규정된 "금고 이상에 해당하는 죄"라
함은 유기금고형이나 유기징역형으로 처단할 경우에 해당하는
죄를 의미하는 것으로서 법정형 중 벌금형을 선택한 경우에는
누범가중을 할 수 없다(대법원 1982.9.14, 82도1702).

㉣ (○) 대법원 1983.8.23, 83도1600

㉤ (✕) 유죄의 확정판결에 대하여 재심개시결정이 확정되어 법원
이 그 사건에 대하여 다시 심판을 한 후 재심의 판결을 선고하
고 그 재심판결이 확정된 때에는 종전의 확정판결은 당연히 효
력을 상실한다(대법원 2017.9.21, 2017도4019).

11

④ (✕) '징역형의 선고유예'를 받은 자는 자격정지 이상의 '형을
받은' 전과가 있는 경우가 아니므로 그 자에 대하여는 선고유예
를 할 수 있다.

[비교] 위 지문과 다른 경우는 징역 · 금고형의 집행유예를 받
고 그 기간이 경과하여 형선고의 효력이 상실된 경우이다. 이
경우에는 선고유예의 결격사유(제59조 제1항 단서)에 해당하므
로 선고유예를 할 수 없다는 것이 판례이다. "형법 제59조 제1항
단행에서 정한 '자격정지 이상의 형을 받은 전과'라 함은 자격
정지 이상의 형을 선고받은 범죄경력 자체를 의미하는 것이고,
그 형의 효력이 상실된 여부는 묻지 않는 것으로 해석함이 상
당하다고 할 것이고, 따라서 형의 집행유예를 선고받은 자는 형
법 제65조에 의하여 그 선고가 실효 또는 취소됨이 없이 정해
진 유예기간을 무사히 경과하여 형의 선고가 효력을 잃게 되었
다고 하더라도 형의 선고의 법률적 효과가 없어진다는 것일 뿐,
형의 선고가 있었다는 기왕의 사실 자체까지 없어지는 것은 아
니므로, 형법 제59조 제1항 단행에서 정한 선고유예 결격사유
인 '자격정지 이상의 형을 받은 전과가 있는 자'에 해당한다고
보아야 한다(대법원 2008.1.18, 2007도9405; 2007.5.11, 2005도
5756; 2003.12.26, 2003도3768)."

① (○) 대법원 1993.6.22, 93오1 참조.

② (○) 형을 병과할 경우에도 형의 전부 또는 일부에 대하여 선고
를 유예할 수 있다(제59조 제2항).

12

③ (✕) 선고유예의 선고 여부는 법원의 재량이지만, 유예기간은
언제나 2년(제60조)으로서 단축이 허용되지 않는다.

① (○) 형법 제59조에 의한 선고유예 판결을 할 경우에는 선고할
형의 종류와 양 즉 선고형을 정하여 놓아야 하고 선고가 유예
된 형에 벌금형을 선택하면서 그 액을 정하지 아니한 채 선고
유예 판결을 하면 위법이다(대법원 1975.4.8, 74도618).

② (○) 제53조의2 참조.

> **제59조의2(보호관찰)** ① 형의 선고를 유예하는 경우에 재범
> 방지를 위하여 지도 및 원호가 필요한 때에는 보호관찰을
> 받을 것을 명할 수 있다.
> ② 제1항의 규정에 의한 보호관찰의 기간은 1년으로 한다.

④ (○) 주형에 대하여 선고를 유예하는 경우에는 그 부가할 추징
에 대하여도 선고를 유예할 수 있으나 그 주형에 대하여 선고
를 유예하지 아니하면서 이에 부가할 추징에 대하여서만 선고
를 유예할 수는 없다(대법원 1979.4.10, 78도3098).

13

③ (○) 형법 제62조 제1항에서 집행유예의 요건을 '3년 이하의 징
역 또는 금고의 형을 선고할 경우'라고 규정하고 있기 때문에
이는 법정형이 아닌 선고형을 일컫는다(대법원 1989.11.28, 89
도780).

① (✕) 형의 집행이 면제되는 것이 아니라 형의 선고의 효력이 상
실되는 것이다.

> **제65조(집행유예의 효과)** 집행유예의 선고를 받은 후 그 선고
> 의 실효 또는 취소됨이 없이 유예기간을 경과한 때에는 형의
> 선고는 효력을 잃는다.

② (✕) 형법과 보호관찰 등에 관한 법률을 종합할 때, 범죄로 인
한 손해를 회복하기 위해 노력할 것과 같은 특별준수사항은 보
호관찰 대상자에 한해 부과할 수 있을 뿐, 사회봉사명령 · 수강
명령 대상자에 대해서는 부과할 수 없다(대법원 2020.11.5,
2017도18291).

④ (✕) 취소할 수 있는 것이 아니라 효력을 잃는다.

> **제63조(집행유예의 실효)** 집행유예의 선고를 받은 자가 유예
> 기간 중 고의로 범한 죄로 금고 이상의 실형을 선고받아 그
> 판결이 확정된 때에는 집행유예의 선고는 효력을 잃는다.
> <개정 2005.7.29.>

14

① ㉡㉢㉣㉤

㉠ (✕) 대법원 2008.1.18, 2007도9405

㉡ (○) 집행유예기간 중에 범한 죄에 대하여 형을 선고할 때에,
집행유예의 결격사유를 정하는 현행 형법 제62조 제1항 단서
소정의 요건에 해당하는 경우란, 이미 집행유예가 실효 또는 취
소된 경우와 그 선고 시점에 미처 유예기간이 경과하지 아니하
여 형 선고의 효력이 실효되지 아니한 채로 남아 있는 경우로
국한되고, 집행유예가 실효 또는 취소됨이 없이 유예기간을 경
과한 때에는 위 단서 소정의 요건에 해당하지 않는다고 할 것
이므로, 집행유예기간 중에 범한 범죄라고 할지라도 집행유예
가 실효 또는 취소됨이 없이 그 유예기간이 경과한 경우에는
이에 대해 다시 집행유예의 선고가 가능하다(대법원 2007.2.8,
2006도6196; 2007.7.27, 2007도768). 위 2007년 판례의 입장에
의하면, 집행유예기간 중 범한 죄라 하더라도 집행유예가 실
효 · 취소됨이 없이 유예기간을 경과한 때에는 이에 대해 다시
집행유예의 선고가 가능하게 되므로, "집행유예기간 중 범한 죄
에 대하여도 다시 집행유예를 선고할 수 있다"는 위 ㉡번 지문
은 판례의 입장과 일치한다.

ⓒ (○) 우선 '사후적 경합범'의 경우에는 실형과 집행유예가 하나의 판결로 선고될 수 있다. "형법 제37조 후단의 경합범 관계에 있는 죄에 대하여 형법 제39조 제1항에 의하여 따로 형을 선고하여야 하기 때문에 하나의 판결로 두 개의 자유형을 선고하는 경우 그 두 개의 자유형은 각각 별개의 형이므로 형법 제62조 제1항에 정한 집행유예의 요건에 해당하면 그 각 자유형에 대하여 각각 집행유예를 선고할 수 있는 것이고, 또 그 두 개의 자유형 중 하나의 자유형에 대하여 실형을 선고하면서 다른 자유형에 대하여 집행유예를 선고하는 것도 우리 형법상 이러한 조치를 금하는 명문의 규정이 없는 이상 허용되는 것으로 보아야 할 것이다(대법원 2001.10.12, 2001도3579)." 이상에서 위 지문의 전단은 옳다. 한편, 후단의 내용을 보면, '동시적 경합범'에 대해서는 위와 같은 판결이 허용되지 않는다는 것이 판례이다. "집행유예의 요건에 관한 형법 제62조 제1항이 '형'의 집행을 유예할 수 있다고만 규정하고 있다고 하더라도, 이는 같은 조 제2항이 그 형의 '일부'에 대하여 집행을 유예할 수 있는 때를 형을 '병과'할 경우로 한정하고 있는 점에 비추어 보면, 조문의 체계적 해석상 하나의 형의 전부에 대한 집행유예에 관한 규정이라 할 것이고, 또한 하나의 자유형에 대한 일부집행유예에 관하여는 그 요건, 효력 및 일부 실형에 대한 집행의 시기와 절차, 방법 등을 입법에 의해 명확하게 할 필요가 있어, 그 인정을 위해서는 별도의 근거 규정이 필요하므로 하나의 자유형 중 일부에 대해서는 실형을, 나머지에 대해서는 집행유예를 선고하는 것은 허용되지 않는다(대법원 2007.2.22, 2006도8555)." 위 지문의 후단은 동시적 경합범 중 하나의 자유형과 그 나머지 자유형이 경합되는 경우로서 이때에는 가중주의(제38조 제1항 제2호)에 의해 가중된 '하나의 자유형'이 선고되어야 한다. 이상에서 위 지문의 후단도 옳다.

ⓔ (○) 형법 제64조 제1항에 의하면 집행유예의 선고를 받은 후 형법 제62조 단행의 사유가 발각된 때에는 집행유예의 선고를 취소한다고 규정되어 있는바, 여기에서 집행유예를 선고받은 후 형법 제62조 단행의 사유 즉 금고 이상의 형의 선고를 받아 집행을 종료한 후 또는 집행이 면제된 후로부터 5년을 경과하지 아니한 자인 것이 발각된 때라 함은 집행유예 선고의 판결이 확정된 후에 비로소 위와 같은 사유가 발각된 경우를 말하고 그 판결확정 전에 결격사유가 발각된 경우에는 이를 취소할 수 없으며, 이때 판결확정 전에 발각되었다고 함은 검사가 명확하게 그 결격사유를 안 경우만을 말하는 것이 아니라 당연히 그 결격사유를 알 수 있는 객관적 상황이 존재함에도 부주의로 알지 못한 경우도 포함된다(대법원 2001.6.27, 2001모135).

ⓜ (○) 형법 제62조 제1항 단서에서 규정한 '금고 이상의 형의 선고를 받아 집행을 종료한 후 또는 집행이 면제된 후로부터 5년이 경과하지 아니한 자'라는 의미는 실형의 선고를 받고 집행종료나 집행이 면제된 후부터 5년을 경과하지 아니한 경우만을 가리키는 것이 아니라 형의 집행유예를 선고받고 그 유예기간이 경과하지 아니한 경우도 포함되고, 다만 어떤 사람이 저지른 형법 제37조의 경합범관계에 있는 수죄가 전후로 기소되어 각각 별개의 절차에서 재판을 받게 된 결과 어느 죄에 대하여 먼저 집행유예가 선고되어 그 형이 확정된 경우 그 나머지 죄에 대한 판결에서 다시 집행유예를 선고할 수 없다면 위 수죄가 같은 절차에서 동시에 심판을 받아 한꺼번에 집행유예를 선고받을 수 있었던 경우와 비교하여 현저히 균형을 잃게 되어 불합리하므로, 이러한 경우에 있어서는 위 단서규정의 '형의 선고

를 받아'라는 의미는 실형이 선고된 경우만을 가리키고 형의 집행유예를 선고받은 경우는 포함하지 않으므로, 형의 집행유예를 선고받고 그 유예기간이 경과되지 아니한 사람에게는 그 사람이 형법 제37조의 경합범관계에 있는 수죄를 범하여 같은 절차에서 동시에 재판을 받았더라면 한꺼번에 집행유예의 선고를 받았으리라고 여겨지는 특수한 경우가 아닌 한 다시 형의 집행유예를 선고할 수 없다(대법원 2002.2.22, 2001도5891).

15   정답 ③

③ ⓒⓜ의 3개의 지문이 옳다.

ⓖ (×) 형법 제39조 제1항에 의하여 형법 제37조 후단 경합범 중 판결을 받지 아니한 죄에 대하여 형을 선고하는 경우에 있어서 형법 제37조 후단에 규정된 금고 이상의 형에 처한 판결이 확정된 죄의 형도 형법 제59조 제1항 단서에서 정한 '자격정지 이상의 형을 받은 전과'에 포함된다고 봄이 상당하다(대법원 2010.7.8, 2010도931).

ⓛ (×) 자격정지형을 선고할 때에는 집행유예는 불가하고 선고유예는 가능하다.

> **제62조(집행유예의 요건)** ① 3년 이하의 징역이나 금고 또는 500만 원 이하의 벌금의 형을 선고할 경우에 제51조의 사항을 참작하여 그 정상에 참작할 만한 사유가 있는 때에는 1년 이상 5년 이하의 기간 형의 집행을 유예할 수 있다.
>
> **제59조(선고유예의 요건)** ① 1년 이하의 징역이나 금고, 자격정지 또는 벌금의 형을 선고할 경우에 제51조의 사항을 고려하여 뉘우치는 정상이 뚜렷할 때에는 그 형의 선고를 유예할 수 있다. 다만, 자격정지 이상의 형을 받은 전과가 있는 사람에 대해서는 예외로 한다.

ⓒ (○) 형법 제37조 후단의 경합범 관계에 있는 죄에 대하여 형법 제39조 제1항에 의하여 따로 형을 선고하여야 하기 때문에 하나의 판결로 두 개의 자유형을 선고하는 경우 그 두 개의 자유형은 각각 별개의 형이므로 형법 제62조 제1항에 정한 집행유예의 요건에 해당하면 그 각 자유형에 대하여 각각 집행유예를 선고할 수 있는 것이고, 또 그 두 개의 자유형 중 하나의 자유형에 대하여 실형을 선고하면서 다른 자유형에 대하여 집행유예를 선고하는 것도 우리 형법상 이러한 조치를 금하는 명문의 규정이 없는 이상 허용되는 것으로 보아야 한다. 그러나 형법 제37조 후단의 경합범 관계에 있는 죄에 대하여 두 개의 징역형을 선고하면서 하나의 징역형에 대하여만 집행유예를 선고하고 그 집행유예기간의 시기를 다른 하나의 징역형의 집행종료일로 한 것은 위법하다(대법원 2002.2.26, 2000도4637).

ⓔ (×) 전자의 집행유예 기간이 경과된 후 재판이 이루어진다면 집행유예를 선고할 수 있다. "집행유예 기간 중에 범한 범죄라고 할지라도 집행유예가 실효 취소됨이 없이 그 유예기간이 경과한 경우에는 이에 대해 다시 집행유예의 선고가 가능하다(대법원 2007.2.8, 2006도6196)."

ⓜ (○) 헌법, 형법, 보호관찰 등에 관한 법률의 각 규정을 종합하면, 법원이 형의 집행을 유예하는 경우 명할 수 있는 사회봉사는 다른 법률에 특별한 규정이 없는 한 500시간 내에서 시간 단위로 부과될 수 있는 일 또는 근로활동을 의미하는 것으로 해석된다(대법원 2008.4.11, 2007도8373; 2008.4.24, 2007도8116 등). 한편 사회봉사명령·수강명령 대상자에 대한 특별준수사항은 보호관찰 대상자에 대한 것과 같을 수 없고, 따라서

보호관찰 대상자에 대한 특별준수사항을 사회봉사명령·수강명령 대상자에게 그대로 적용하는 것은 적합하지 않다(대법원 2009.3.30, 2008모1116). … 보호관찰법 제32조 제3항이 보호관찰 대상자에게 과할 수 있는 특별준수사항으로 정한 "범죄행위로 인한 손해를 회복하기 위하여 노력할 것(제4호)" 등 같은 항 제1호부터 제9호까지의 사항은 보호관찰 대상자에 한해 부과할 수 있을 뿐, 사회봉사명령·수강명령 대상자에 대해서는 부과할 수 없다. 한편 보호관찰법 제32조 제3항 제4호는 보호관찰 대상자에게 과할 수 있는 특별준수사항으로 '범죄행위로 인한 손해를 회복하기 위해 노력할 것'을 정하고 있는데, 이 사건 특별준수사항은 범죄행위로 인한 손해를 회복하기 위하여 노력할 것을 넘어 일정 기간 내에 원상회복할 것을 명하는 것으로서 보호관찰법 제32조 제3항 제4호를 비롯하여 같은 항 제1호부터 제9호까지 정한 보호관찰의 특별준수사항으로도 허용될 수 없음을 밝혀 둔다(대법원 2020.11.5, 2017도18291).

[보충] 대법원은 사회봉사명령의 특별준수사항으로 위와 같은 내용을 부과할 수 없다고 보아 파기환송한 것이다. 나아가 대법원은 보호관찰의 특별준수사항으로도 위와 같은 내용을 부과할 수 없음도 밝히고 있다.

ⓑ (○) 원심이 피고인의 재범을 방지하고 개선·자립에 도움이 된다고 판단하여 위와 같은 특별준수사항을 부과한 것은 정당하다(대법원 2010.9.30, 2010도640).

16

③ (×) 무기형의 경우 가석방기간은 10년이다. 제73조의2 제1항 참조.
[주의] 무기형의 가석방의 요건은 20년 이상 복역하는 것이다(제72조 제1항). 양자를 혼동하지 말 것.

④ (○) 가석방 기간 중 고의로 지은 죄로 금고 이상의 형을 선고받아 그 판결이 확정된 경우에 가석방 처분은 효력을 잃는다(제74조).

17
정답 ②

② ㉠㉢㉣

㉠ (○) 형법 제59조에 의하여 형의 선고를 유예하는 판결을 할 경우에도 선고가 유예된 형에 대한 판단을 하여야 하는 것이므로 선고유예 판결에서도 그 판결이유에서는 선고할 형의 종류와 량 즉 선고형을 정해 놓아야 하고 그 선고를 유예하는 형이 벌금형일 경우에는 그 벌금액뿐만 아니라 환형유치처분까지 해두어야 한다(대법원 1988.1.19, 86도2654).

㉡ (×) 제74조 참조.

> **제74조(가석방의 실효)** 가석방 중 금고 이상의 형의 선고를 받아 그 판결이 확정된 때에는 가석방처분은 효력을 잃는다. 단, 과실로 인한 죄로 형의 선고를 받았을 때에는 예외로 한다.

㉢ (○) 치료감호법 제2조 제1항 제3호는 성폭력범죄를 저지른 성적 성벽이 있는 정신성적 장애자를 치료감호대상자로 규정하고 있는데, 성폭력범죄자의 성충동 약물치료에 관한 법률(이하 '성충동약물치료법'이라고 한다) 제2조 제1호, 제4조 제1항은 치료감호법 제2조 제1항 제3호의 정신성적 장애자를 약물치료명령(이하 '치료명령'이라고 한다)의 대상이 되는 성도착증 환자의 한 유형으로 규정하고 있다. 따라서 성폭력범죄를 저지른 정신

성적 장애자에 대하여는 치료감호와 치료명령이 함께 청구될 수도 있는데, 피청구자의 동의 없이 강제적으로 이루어지는 치료명령 자체가 피청구자의 신체의 자유와 자기결정권에 대한 중대한 제한이 되는 점, 치료감호는 치료감호법에 규정된 수용기간을 한도로 피치료감호자가 치유되어 치료감호를 받을 필요가 없을 때 종료되는 것이 원칙인 점, 치료감호와 치료명령이 함께 선고된 경우에는 성충동약물치료법 제14조에 따라 치료감호의 종료·가종료 또는 치료위탁으로 석방되기 전 2개월 이내에 치료명령이 집행되는 점 등을 감안하면, 치료감호와 치료명령이 함께 청구된 경우에는, 치료감호를 통한 치료에도 불구하고 치료명령의 집행시점에도 여전히 약물치료가 필요할 만큼 피청구자에게 성폭력범죄를 다시 범할 위험성이 있고 피청구자의 동의를 대체할 수 있을 정도의 상당한 필요성이 인정되는 경우에 한하여 치료감호와 함께 치료명령을 선고할 수 있다고 보아야 한다(대법원 2014.12.11, 2014도6930).

㉣ (○) 등록대상자의 신상정보 제출의무는 법원이 별도로 부과하는 것이 아니라 등록대상 성범죄로 유죄판결이 확정되면 성폭력처벌법의 규정에 따라 당연히 발생하는 것이므로, 유죄판결을 선고하는 법원이 하는 신상정보 제출의무 등의 고지는 등록대상자에게 신상정보 제출의무가 있음을 알려 주는 것에 의미가 있을 뿐이다. 따라서 설령 법원이 유죄판결을 선고하면서 고지를 누락한 잘못이 있더라도 그 법원은 적법한 내용으로 다시 신상정보 제출의무를 고지할 수 있고, 상급심 법원도 그 사유로 판결을 파기할 필요 없이 적법한 내용의 신상정보 제출의무 등을 새로 고지함으로써 잘못을 바로잡을 수 있으며(대법원 2014.11.13, 2014도3564 등 참조), 나아가 상급심 법원에서 이와 같이 신상정보 제출의무 등을 새로 고지하더라도 형을 피고인에게 불리하게 변경하는 경우에 해당되지 아니한다(대법원 2014.12.24, 2014도13529).

㉤ (×) 검사는 보호관찰이나 사회봉사 또는 수강을 명한 집행유예를 받은 자가 준수사항이나 명령을 위반하고 그 정도가 무거운 경우 보호관찰소장의 신청을 받아 집행유예의 선고 취소청구를 할 수 있는데(보호관찰 등에 관한 법률 제47조 제1항, 형법 제64조 제2항), 그 심리 도중 집행유예 기간이 경과하면 형의 선고는 효력을 잃기 때문에 더 이상 집행유예의 선고를 취소할 수 없고 취소청구를 기각할 수밖에 없다. 집행유예의 선고 취소결정에 대한 즉시항고 또는 재항고 상태에서 집행유예 기간이 경과한 때에도 같다(대법원 2005.8.23, 2005모444; 2016.6.9, 2016모1567). 이처럼 집행유예의 선고 취소는 '집행유예 기간 중'에만 가능하다는 시간적 한계가 있다(대법원 2023.6.29, 2023모1007).

18
정답 ③

③ ㉡㉢㉣㉤

㉠ (○) 자수 그 자체는 범죄사실이 아니고 형의 감면사유라 그 범죄사실을 수사기관에 자진신고하면 그로써 그 요건을 구비한다 할 것이므로 경합죄의 일부에 대해서 자수한 경우에는 그 자수한 부분에 대해서는 자수의 효력이 있다(대법원 1969.7.22, 69도779).

㉡ (×) 2023.8.8. 개정형법 제77조, 제78조 제1호에 의하여 사형의 형의 시효는 폐지되었고, 2017.12.12. 개정형법 제78조 제6호에 의하여 벌금형의 형의 시효는 (3년에서) 5년으로 연장되었다.

03 정답 및 해설 461

ⓒ (×) 형법 제59조에 의하더라도 몰수는 선고유예의 대상으로 규정되어 있지 아니하고 다만 몰수 또는 이에 갈음하는 추징은 부가형적 성질을 띄고 있어 그 주형에 대하여 선고를 유예하는 경우에는 그 부가할 몰수 추징에 대하여도 선고를 유예할 수 있으나, 그 주형에 대하여 선고를 유예하지 아니하면서 이에 부가할 몰수 추징에 대하여서만 선고를 유예할 수는 없다(대법원 1988.6.21, 88도551).

ⓔ (×) 형법 제48조 제1항의 '범인'에는 공범자도 포함되므로 피고인의 소유물은 물론 공범자의 소유물도 그 공범자의 소추 여부를 불문하고 몰수할 수 있는 것이고 여기에서의 공범자에는 공동정범, 교사범, 방조범에 해당하는 자는 물론 필요적 공범관계에 있는 자도 포함된다(대법원 2006.11.23, 2006도5586).

ⓜ (×) 수형자가 벌금의 일부를 납부한 경우에는 그 벌금형의 시효가 중단된다고 봄이 상당하고, 이 경우 벌금의 일부 납부란 수형자 본인이 스스로 벌금을 일부 납부한 경우를 말하는 것이고, 수형자 본인의 의사와는 무관하게 제3자가 이를 납부한 경우는 포함되지 아니한다(대법원 2001.8.23, 2001모91).

ⓗ (○) 추징형의 시효는 강제처분을 개시함으로써 중단되는데(형법 제80조), 추징형은 검사의 명령에 의하여 민사집행법을 준용하여 집행하거나 국세징수법에 따른 국세체납처분의 예에 따라 집행한다(형사소송법 제477조). 추징형의 집행을 채권에 대한 강제집행의 방법으로 하는 경우에는 검사가 집행명령서에 기하여 법원에 채권압류명령을 신청하는 때에 강제처분인 집행행위의 개시가 있는 것이므로 특별한 사정이 없는 한 그때 시효중단의 효력이 발생한다. 시효중단의 효력이 발생하기 위하여 집행행위가 종료하거나 성공할 필요는 없으므로 수형자의 재산이라고 추정되는 채권에 대하여 압류신청을 한 이상 피압류채권이 존재하지 않거나 압류채권을 환가하여도 집행비용 외에 잉여가 없다는 이유로 집행불능이 되었다고 하더라도 이미 발생한 시효중단의 효력이 소멸하지 않는다(대법원 2009.6.25, 2008모1396). 또한 채권압류가 집행된 후 해당 채권에 대한 압류가 취소되더라도 이미 발생한 시효중단의 효력이 소멸하지 않는다(대법원 2001.7.27, 2001두3365; 2017.7.12, 2017모648). 채권에 대한 압류의 효력은 압류채권자가 압류명령의 신청을 취하하거나 압류명령이 즉시항고에 의하여 취소되는 경우 또는 채권압류의 목적인 현금화절차가 종료할 때(추심채권자가 추심을 완료한 때 등)까지 존속한다. 이처럼 채권압류의 집행으로 압류의 효력이 유지되고 있는 동안에는 특별한 사정이 없는 한 추징형의 집행이 계속되고 있는 것으로 보아야 한다(대법원 2017.7.12, 2017

모648). 한편 피압류채권이 법률상 압류금지채권에 해당하더라도 재판으로서 압류명령이 당연무효는 아니므로 즉시항고에 의하여 취소되기 전까지는 역시 추징형의 집행이 계속되고 있는 것으로 보아야 한다(대법원 2023.2.23. 2021모3227).

19 정답 ②

② ⓛⓒ回

ⓐ (×) 집행유예의 요건에 관한 형법 제62조 제1항이 '형'의 집행을 유예할 수 있다고만 규정하고 있다고 하더라도, 이는 같은 조 제2항이 그 형의 '일부'에 대하여 집행을 유예할 수 있는 때를 형을 '병과'할 경우로 한정하고 있는 점에 비추어 보면, 조문의 체계적 해석상 하나의 형의 전부에 대한 집행유예에 관한 규정이라 할 것이고, 또한 하나의 자유형에 대한 일부집행유예에 관하여는 그 요건, 효력 및 일부 실형에 대한 집행의 시기와 절차, 방법 등을 입법에 의해 명확하게 할 필요가 있어, 그 인정을 위해서는 별도의 근거 규정이 필요하므로 하나의 자유형 중 일부에 대해서는 실형을, 나머지에 대해서는 집행유예를 선고하는 것은 허용되지 않는다(대법원 2007.2.22, 2006도8555).

ⓛ (○) 제81조의 형의 실효

ⓒ (○) 형법 제65조 소정의 "형의 선고는 효력을 잃는다"는 취의는 형의 선고의 법률적 효과가 없어진다는 것일 뿐 형의 선고가 있었다는 기왕의 사실 자체까지 없어진다는 뜻이 아니다. 따라서 형의 집행종료 후 7년 이내에 집행유예의 판결을 받고 그 기간을 무사히 경과하여 7년을 채우더라도 형법 제81조의 "형을 받음이 없이 7년을 경과"하는 때에 해당하지 아니하여 형의 실효를 선고할 수 없다(대법원 1983.4.2, 83모8).

ⓔ (×) 복권은 사면의 경우와 같이 형의 언도의 효력을 상실시키는 것이 아니고, 다만 형의 언도의 효력으로 인하여 상실 또는 정지된 자격을 회복시킴에 지나지 아니하는 것이므로 복권이 있었다고 하더라도 그 전과사실은 누범가중사유에 해당한다(대법원 1981.4.14, 81도543).

回 (×) 체포는 시효중단사유이고, 시효정지사유가 아니다.

ⓗ (○) 폭력행위 등 처벌에 관한 법률(이하 '폭력행위처벌법'이라 한다) 제2조 제3항은 "이 법(형법 각 해당 조항 및 각 해당 조항의 상습범, 특수범, 상습특수범, 각 해당 조항의 상습범의 미수범, 특수범의 미수범, 상습특수범의 미수범을 포함한다)을 위반하여 2회 이상 징역형을 받은 사람이 다시 제2항 각 호에 규정된 죄를 범하여 누범으로 처벌할 경우에는 다음 각 호의 구분에 따라 가중처벌한다."라고 규정하고 있다. 그런데 형의 실효

등에 관한 법률에 따라 형이 실효된 경우에는 형의 선고에 의한 법적 효과가 장래를 향하여 소멸하므로 형이 실효된 후에는 그 전과를 폭력행위처벌법 제2조 제3항에서 말하는 '징역형을 받은 경우'라고 할 수 없다. 형법 제65조는 "집행유예의 선고를 받은 후 그 선고의 실효 또는 취소됨이 없이 유예기간을 경과한 때에는 형의 선고는 효력을 잃는다."라고 규정하고 있다. 여기서 '형의 선고가 효력을 잃는다'는 의미는 형의 실효와 마찬가지로 형의 선고에 의한 법적 효과가 장래를 향하여 소멸한다는 취지이다. 따라서 형법 제65조에 따라 형의 선고가 효력을 잃는 경우에도 그 전과는 폭력행위 등 처벌에 관한 법률 제2조 제3항에서 말하는 '징역형을 받은 경우'라고 할 수 없다(대법원 2016.6.23, 2016도5032).

20

정답 ④

④ ㉠㉣㉟
㉠ (×) 징역형의 집행유예가 선고된 것은 자격정지 이상의 형을 받은 것이므로, 이 경우 형의 실효를 선고할 수 없다(대법원 1983.4.2, 83모8).
㉡ (○) 형선고 효력이 상실되지 않는 자격의 회복에 불과하므로 누범전과에 해당된다.
㉢ (○) 대법원 2006.1.17, 2004모524
㉣ (×) 수형자에게 집행행위의 개시사실을 통지할 것을 요하지 아니한다(대법원 2009.6.25, 2008모1396).
㉤ (○) 대법원 1993.6.11, 92도3437
㉥ (○) 대법원 2018.2.6, 2017모3459
㉟ (×) 가능하다(대법원 1976.6.8, 74도1266).

▶ **제1장 수사** [수사의 의의와 구조] ― [임의수사 1]

01	②	02	③	03	②	04	③	05	④
06	③	07	①	08	①	09	③	10	②
11	④	12	③	13	②	14	③	15	④
16	③	17	④	18	②	19	②	20	③

01

정답 ②

② ⓛⓒⓔⓜ

㉠ (○) 범의를 가진 자에 대하여 단순히 범행의 기회를 제공하거나 범행을 용이하게 하는 것에 불과한 수사방법이 경우에 따라 허용될 수 있음은 별론으로 하고, 본래 범의를 가지지 아니한 자에 대하여 수사기관이 사술이나 계략 등을 써서 범의를 유발케 하여 범죄인을 검거하는 함정수사는 위법함을 면할 수 없고, 이러한 함정수사에 기한 공소제기는 그 절차가 법률의 규정에 위반하여 무효인 때에 해당한다(대법원 2005.10.28, 2005도1247, 제327조 제2호에 따라 공소기각의 판결). 그러나 수사기관이 사술이나 계략 등을 써서 피고인의 범의를 유발한 것이 아니라 이미 이루어지고 있던 범행을 적발한 것에 불과한 경우에는 이에 관한 공소제기가 함정수사에 기한 것으로 볼 수 없다(대법원 2021.7.29, 2017도16810).

ⓛ (×) 대법원 2008.3.13, 2007도10804

ⓒ (×) 전단은 맞다. "이 사건의 경우 경찰관들이 단속 실적을 올리기 위하여 손님을 가장하고 들어가 도우미를 불러줄 것을 요구하였던 점, 피고인 측은 평소 자신들이 손님들에게 도우미를 불러준 적도 없으며, 더군다나 이 사건 당일 도우미를 불러달라는 다른 손님들이 있었으나 응하지 않고 모두 돌려보낸 바 있다고 주장하는데, 위 노래방이 평소 손님들에게 도우미 알선 영업을 해 왔다는 아무런 자료도 없는 점, 위 경찰관들도 그와 같은 제보나 첩보를 가지고 이 사건 노래방에 대한 단속을 한 것이 아닌 점, 위 경찰관들이 피고인 측으로부터 한 차례 거절당하였으면서도 다시 위 노래방에 찾아가 도우미를 불러줄 것을 요구하여 도우미가 오게 된 점 등 여러 사정들을 종합해 보면, 이 사건 단속은 수사기관이 사술이나 계략 등을 써서 피고인의 범의를 유발케 한 것으로서 위법하다(대법원 2008.10.23, 2008도7362)." 그러나 후단은 틀렸다. "본래 범의를 가지지 아니한 사람에 대하여 수사기관이 사술이나 계략 등을 써서 범의를 유발하게 하여 범죄인을 검거하는 함정수사는 위법하고, 이러한 함정수사에 기한 공소제기는 그 절차가 법률의 규정에 위반하여 무효인 때에 해당한다(대법원 2005.10.28, 2005도1247; 2021.7.29, 2017도16810)."

ⓔ (×) 甲이 수사기관에 체포된 동거남의 석방을 위한 공적을 쌓기 위하여 乙에게 필로폰 밀수입에 관한 정보제공을 부탁하면서 대가의 지급을 약속하고, 이에 乙이 丙에게, 丙은 丁에게 순차 필로폰 밀수입을 권유하여, 이를 승낙하고 필로폰을 받으러 나온 丁을 체포한 사안에서, 乙, 丙 등이 각자의 사적인 동기에 기하여 수사기관과 직접적인 관련이 없이 독자적으로 丁을 유인한 것으로서 위법한 함정수사에 해당하지 않는다고 한 사례(대법원 2007.11.29, 2007도7680).

ⓜ (×) 「아동·청소년의 성보호에 관한 법률」은 동법 소정의 디지털성범죄에 대한 신분비공개수사를 허용하는 수사 특례규정을 마련하고 있고, 다른 방법으로는 그 죄의 실행을 저지하거나 범인의 체포 또는 증거의 수집이 어려운 경우에는 신분위장수사도 허용한다(아청법 제25조의2 이하). 다만 이 경우에도 수사 관계 법령을 준수하고, 본래 범의(犯意)를 가지지 않은 자에게 범의를 유발하는 행위를 하지 않는 등 적법한 절차와 방식에 따라 수사할 것 등의 사항을 준수하여야 한다(아청법 시행령 제5조의2).

> **아동·청소년의 성보호에 관한 법률 제25조의2(아동·청소년 대상 디지털 성범죄의 수사 특례)** ① 사법경찰관리는 다음 각 호의 어느 하나에 해당하는 범죄(이하 "디지털 성범죄"라 한다)에 대하여 신분을 비공개하고 범죄현장(정보통신망을 포함한다) 또는 범인으로 추정되는 자들에게 접근하여 범죄행위의 증거 및 자료 등을 수집(이하 "신분비공개수사"라 한다)할 수 있다.
> 1. 제11조(아동·청소년성착취물의 제작·배포 등) 및 제15조의2(아동·청소년에 대한 성착취 목적 대화 등)의 죄
> 2. 아동·청소년에 대한 「성폭력범죄의 처벌 등에 관한 특례법」 제14조 제2항(촬영물반포 등) 및 제3항(영리목적 촬영물반포 등)의 죄
> ② 사법경찰관리는 디지털 성범죄를 계획 또는 실행하고 있거나 실행하였다고 의심할 만한 충분한 이유가 있고, 다른 방법으로는 그 범죄의 실행을 저지하거나 범인의 체포 또는 증거의 수집이 어려운 경우에 한정하여 수사 목적을 달성하기 위하여 부득이한 때에는 다음 각 호의 행위(이하 "신분위장수사"라 한다)를 할 수 있다.
> 1. 신분을 위장하기 위한 문서, 도화 및 전자기록 등의 작성, 변경 또는 행사
> 2. 위장신분을 사용한 계약·거래
> 3. 아동·청소년성착취물 또는 「성폭력범죄의 처벌 등에 관한 특례법」 제14조 제2항의 촬영물 또는 복제물(복제물의 복제물을 포함한다)의 소지, 판매 또는 광고
> ③ 제1항에 따른 수사의 방법 등에 필요한 사항은 대통령령으로 정한다.
> **제25조의3(아동·청소년대상 디지털 성범죄 수사 특례의 절차)** ① 사법경찰관리가 신분비공개수사를 진행하고자 할 때

에는 사전에 상급 경찰관서 수사부서의 장의 승인을 받아야 한다. 이 경우 그 수사기간은 3개월을 초과할 수 없다.

② 제1항에 따른 승인의 절차 및 방법 등에 필요한 사항은 대통령령으로 정한다.

③ 사법경찰관리는 신분위장수사를 하려는 경우에는 검사에게 신분위장수사에 대한 허가를 신청하고, 검사는 법원에 그 허가를 청구한다.

④ 제3항의 신청은 필요한 신분위장수사의 종류·목적·대상·범위·기간·장소·방법 및 해당 신분위장수사가 제25조의2 제2항의 요건을 충족하는 사유 등의 신청사유를 기재한 서면으로 하여야 하며, 신청사유에 대한 소명자료를 첨부하여야 한다.

⑤ 법원은 제3항의 신청이 이유 있다고 인정하는 경우에는 신분위장수사를 허가하고, 이를 증명하는 서류(이하 "허가서"라 한다)를 신청인에게 발부한다.

⑥ 허가서에는 신분위장수사의 종류·목적·대상·범위·기간·장소·방법 등을 특정하여 기재하여야 한다.

⑦ 신분위장수사의 기간은 3개월을 초과할 수 없으며, 그 수사기간 중 수사의 목적이 달성되었을 경우에는 즉시 종료하여야 한다.

⑧ 제7항에도 불구하고 제25조의2 제2항의 요건이 존속하여 그 수사기간을 연장할 필요가 있는 경우에는 사법경찰관리는 소명자료를 첨부하여 3개월의 범위에서 수사기간의 연장을 검사에게 신청하고, 검사는 법원에 그 연장을 청구한다. 이 경우 신분위장수사의 총기간은 1년을 초과할 수 없다.

제25조의4(아동·청소년대상 디지털 성범죄에 대한 긴급 신분위장수사) ① 사법경찰관리는 제25조의2 제2항의 요건을 구비하고, 제25조의3 제3항부터 제8항까지에 따른 절차를 거칠 수 없는 긴급을 요하는 때에는 법원의 허가 없이 신분위장수사를 할 수 있다.

② 사법경찰관리는 제1항에 따른 신분위장수사 개시 후 지체 없이 검사에게 허가를 신청하여야 하고, 사법경찰관리는 48시간 이내에 법원의 허가를 받지 못한 때에는 즉시 신분위장수사를 중지하여야 한다.

③ 제1항 및 제2항에 따른 신분위장수사 기간에 대해서는 제25조의3 제7항 및 제8항을 준용한다.

제25조의5(아동·청소년대상 디지털 성범죄에 대한 신분비공개수사 또는 신분위장수사로 수집한 증거 및 자료 등의 사용제한) 사법경찰관리가 제25조의2부터 제25조의4까지에 따라 수집한 증거 및 자료 등은 다음 각 호의 어느 하나에 해당하는 경우 외에는 사용할 수 없다.

1. 신분비공개수사 또는 신분위장수사의 목적이 된 디지털 성범죄나 이와 관련되는 범죄를 수사·소추하거나 그 범죄를 예방하기 위하여 사용하는 경우
2. 신분비공개수사 또는 신분위장수사의 목적이 된 디지털 성범죄나 이와 관련되는 범죄로 인한 징계절차에 사용하는 경우
3. 증거 및 자료 수집의 대상자가 제기하는 손해배상청구소송에서 사용하는 경우
4. 그 밖에 다른 법률의 규정에 의하여 사용하는 경우

[참고] 2025.4.17.부터 위 내용은 아래와 같이 개정됨

제25조의4(아동·청소년대상 디지털 성범죄에 대한 긴급 신분비공개수사) ① 사법경찰관리는 디지털 성범죄에 대하여 제25조의3 제1항 및 제2항에 따른 절차를 거칠 수 없는 긴급을 요하는 때에는 상급 경찰관서 수사부서의 장의 승인 없이 신분비공개수사를 할 수 있다.

② 사법경찰관리는 제1항에 따른 신분비공개수사 개시 후 지체 없이 상급 경찰관서 수사부서의 장에게 보고하여야 하고, 사법경찰관리는 48시간 이내에 상급 경찰관서 수사부서의 장의 승인을 받지 못한 때에는 즉시 신분비공개수사를 중지하여야 한다.

③ 제1항 및 제2항에 따른 신분비공개수사 기간에 대해서는 제25조의3 제1항 후단을 준용한다.

[시행 2025.4.17.]

제25조의5(아동·청소년대상 디지털 성범죄에 대한 긴급 신분위장수사) ① 사법경찰관리는 제25조의2 제2항의 요건을 구비하고, 제25조의3 제3항부터 제8항까지에 따른 절차를 거칠 수 없는 긴급을 요하는 때에는 법원의 허가 없이 신분위장수사를 할 수 있다.

② 사법경찰관리는 제1항에 따른 신분위장수사 개시 후 지체 없이 검사에게 허가를 신청하여야 하고, 사법경찰관리는 48시간 이내에 법원의 허가를 받지 못한 때에는 즉시 신분위장수사를 중지하여야 한다.

③ 제1항 및 제2항에 따른 신분위장수사 기간에 대해서는 제25조의3 제7항 및 제8항을 준용한다.

[시행 2025.4.17.]

제25조의6(아동·청소년대상 디지털 성범죄에 대한 신분비공개수사 또는 신분위장수사로 수집한 증거 및 자료 등의 사용제한) 사법경찰관리가 제25조의2부터 제25조의5까지에 따라 수집한 증거 및 자료 등은 다음 각 호의 어느 하나에 해당하는 경우 외에는 사용할 수 없다.

1. 신분비공개수사 또는 신분위장수사의 목적이 된 디지털 성범죄나 이와 관련되는 범죄를 수사·소추하거나 그 범죄를 예방하기 위하여 사용하는 경우
2. 신분비공개수사 또는 신분위장수사의 목적이 된 디지털 성범죄나 이와 관련되는 범죄로 인한 징계절차에 사용하는 경우
3. 증거 및 자료 수집의 대상자가 제기하는 손해배상청구소송에서 사용하는 경우
4. 그 밖에 다른 법률의 규정에 의하여 사용하는 경우

[시행 2025.4.17.]

아동·청소년의 성보호에 관한 법률 시행령 제5조의2(아동·청소년대상 디지털 성범죄의 수사 특례에 따른 사법경찰관리의 준수사항) 사법경찰관리는 법 제25조의2 제1항에 따른 신분비공개수사(이하 "신분비공개수사"라 한다) 또는 같은 조 제2항에 따른 신분위장수사(이하 "신분위장수사"라 한다)를 할 때 다음 각 호의 사항을 준수해야 한다.

1. 수사 관계 법령을 준수하고, 본래 범의(犯意)를 가지지 않은 자에게 범의를 유발하는 행위를 하지 않는 등 적법한 절차와 방식에 따라 수사할 것
2. 피해아동·청소년에게 추가 피해가 발생하지 않도록 주의할 것
3. 법 제25조의2 제2항 제3호에 따른 행위를 하는 경우에는 피해아동·청소년이나 「성폭력방지 및 피해자보호 등에 관한 법률」 제2조 제3호의 성폭력피해자에 관한 자료가 유포되지 않도록 할 것

제5조의3(신분비공개수사의 방법) ① 법 제25조의2 제1항에 따른 신분 비공개는 경찰관임을 밝히지 않거나 부인(법 제25조의2 제2항 제1호에 이르지 않는 행위로서 경찰관 외의 신분을 고지하는 방식을 포함한다)하는 방법으로 한다.

② 법 제25조의2 제1항에 따른 접근은 대화의 구성원으로서

관찰하는 등 대화에 참여하거나 아동·청소년성착취물,「성폭력범죄의 처벌 등에 관한 특례법」제14조 제2항의 촬영물 또는 복제물(복제물의 복제물을 포함한다)을 구입하거나 무상으로 제공받는 등의 방법으로 한다.

02

정답 ③

③ ⓛⓒⓜ

⑦ (○) 일반 경찰공무원인 사법경찰관리는 검사의 수사지휘를 받지 않는다는 것은 형사소송법 제195조 제1항, 1차적 수사종결권이 있다는 것은 형사소송법 제245조의5 및 수사준칙 제51조, 검찰청 직원인 사법경찰관리는 검사에 대한 수사보조자로서의 지휘를 받는다는 것은 형사소송법 제245조의9 제2항·제3항 참조.

> **형사소송법 제195조(검사와 사법경찰관의 관계 등)** ① 검사와 사법경찰관은 수사, 공소제기 및 공소유지에 관하여 서로 협력하여야 한다.
> **제245조의5(사법경찰관의 사건송치 등)** 사법경찰관은 고소·고발 사건을 포함하여 범죄를 수사한 때에는 다음 각 호의 구분에 따른다.
> 1. 범죄의 혐의가 있다고 인정되는 경우에는 지체 없이 검사에게 사건을 송치하고, 관계 서류와 증거물을 검사에게 송부하여야 한다.
> 2. 그 밖의 경우에는 그 이유를 명시한 서면과 함께 관계 서류와 증거물을 지체 없이 검사에게 송부하여야 한다. 이 경우 검사는 송부받은 날부터 90일 이내에 사법경찰관에게 반환하여야 한다.
> **수사준칙 제51조(사법경찰관의 결정)** ① 사법경찰관은 사건을 수사한 경우에는 다음 각 호의 구분에 따라 결정해야 한다.
> 1. 법원송치
> 2. 검찰송치
> 3. 불송치 (이하 중략)
> **형사소송법 제245조의9(검찰청 직원)** ② 사법경찰관의 직무를 행하는 검찰청 직원은 검사의 지휘를 받아 수사하여야 한다.
> ③ 사법경찰리의 직무를 행하는 검찰청 직원은 검사 또는 사법경찰관의 직무를 행하는 검찰청 직원의 수사를 보조하여야 한다.

ⓛ (×) 선거관리위원회의 본질적 기능은 선거의 공정한 관리 등 행정기능이고, 그 효과적인 기능 수행과 집행의 실효성을 확보하기 위한 수단으로서 선거범죄 조사권을 인정하고 있다. 심판대상조항에 의한 자료제출요구는 위와 같은 조사권의 일종으로서 행정조사에 해당하고, 선거범죄 혐의 유무를 명백히 하여 공소의 제기와 유지 여부를 결정하려는 목적으로 범인을 발견·확보하고 증거를 수집·보전하기 위한 수사기관의 활동인 수사와는 근본적으로 그 성격을 달리한다(헌법재판소 2019.9.26, 2016헌바381).

> **공직선거법 제272조의2(선거범죄의 조사등)** ① 각급선거관리위원회(읍·면·동선거관리위원회를 제외한다) 위원·직원은 선거범죄에 관하여 그 범죄의 혐의가 있다고 인정되거나, 후보자(경선후보자를 포함한다)·예비후보자·선거사무장·선거연락소장 또는 선거사무원이 제기한 그 범죄의 혐의가 있다는 소명이 이유 있다고 인정되는 경우 또는 현행범의 신고를 받은 경우에는 그 장소에 출입하여 관계인에 대하여 질문·

조사를 하거나 관련서류 기타 조사에 필요한 자료의 제출을 요구할 수 있다.

> **형사소송법 제245조의10(특별사법경찰관리)** ① 삼림, 해사, 전매, 세무, 군수사기관, 그 밖에 특별한 사항에 관하여 사법경찰관리의 직무를 행할 특별사법경찰관리와 그 직무의 범위는 법률로 정한다.

ⓒ (×) 이유를 명시한 서면과 함께 관계 서류와 증거물을 지체 없이 검사에게 송부하여야 한다. 이 경우 검사는 송부받은 날부터 90일 이내에 사법경찰관에게 반환하여야 한다(형사소송법 제245조의5 제2호).

ⓔ (○) 형사소송법 제221조의5 제1항

ⓜ (×) 구 수사준칙에 의하면 맞지만(구 수사준칙 제59조 제1항), 2023.11.1. 시행 개정 수사준칙에 의하면 검사가 직접 보완수사하거나 사법경찰관에게 보완수사를 요구할 수 있는 것을 원칙으로 한다.

> **2023.11.1. 시행 수사준칙 제59조(보완수사요구의 대상과 범위)** ① 검사는 사법경찰관으로부터 송치받은 사건에 대해 보완수사가 필요하다고 인정하는 경우 직접 보완수사하거나 법 제197조의2 제1항 제1호에 따라 사법경찰관에게 보완수사를 요구할 수 있다. 다만, 법 제197조의2 제1항 제1호 전단의 경우로서 다음 각 호의 어느 하나에 해당하는 때에는 특별히 사법경찰관에게 보완수사를 요구할 필요가 있다고 인정되는 경우를 제외하고는 검사가 직접 보완수사를 하는 것을 원칙으로 한다.
> 1. 사건을 수리한 날(이미 보완수사요구가 있었던 사건의 경우 보완수사 이행 결과를 통보받은 날)로부터 1개월이 경과한 경우
> 2. 사건이 송치된 이후 검사에 의하여 해당 피의자 및 피의사실에 대해 상당한 정도의 보완수사가 이루어진 경우
> 3. 법 제197조의3 제5항, 제197조의4 제1항, 제198조의2 제2항에 따라 사법경찰관으로부터 송치받은 경우
> 4. 제7조 또는 제8조에 따라 검사와 사법경찰관이 사건 송치 전에 수사할 사항, 증거수집의 대상, 법령의 적용 등에 관하여 협의를 마치고 송치한 경우

03

정답 ②

② ⓛⓒⓜ이 틀린 지문이다.

⑦ (○) 2020.2.4. 신설 형사소송법 제197조의3 참조.

> **형사소송법 제197조의3(시정조치요구 등)** ① 검사는 사법경찰관리의 수사과정에서 법령위반, 인권침해 또는 현저한 수사권 남용이 의심되는 사실의 신고가 있거나 그러한 사실을 인식하게 된 경우에는 사법경찰관에게 사건기록 등본의 송부를 요구할 수 있다.
> ② 제1항의 송부 요구를 받은 사법경찰관은 지체 없이 검사에게 사건기록 등본을 송부하여야 한다.
> ③ 제2항의 송부를 받은 검사는 필요하다고 인정되는 경우에는 사법경찰관에게 시정조치를 요구할 수 있다.
> ④ 사법경찰관은 제3항의 시정조치 요구가 있는 때에는 정당한 이유가 없으면 지체 없이 이를 이행하고, 그 결과를 검사에게 통보하여야 한다.
> ⑤ 제4항의 통보를 받은 검사는 제3항에 따른 시정조치 요구가 정당한 이유 없이 이행되지 않았다고 인정되는 경우에는 사법경찰관에게 사건을 송치할 것을 요구할 수 있다.

⑥ 제5항의 송치 요구를 받은 사법경찰관은 검사에게 사건을 송치하여야 한다.

⑦ 검찰총장 또는 각급 검찰청 검사장은 사법경찰관리의 수사과정에서 법령위반, 인권침해 또는 현저한 수사권 남용이 있었던 때에는 권한 있는 사람에게 해당 사법경찰관리의 징계를 요구할 수 있고, 그 징계 절차는 「공무원 징계령」 또는 「경찰공무원 징계령」에 따른다.

⑧ 사법경찰관은 피의자를 신문하기 전에 수사과정에서 법령위반, 인권침해 또는 현저한 수사권 남용이 있는 경우 검사에게 구제를 신청할 수 있음을 피의자에게 알려주어야 한다.

ⓛ (×) 검사가 영장을 청구하기 전에 사법경찰관이 영장을 신청한 경우에만 계속 수사가 가능하다(신설 형사소송법 제197조의 4 제2항 단서 참조).

> **형사소송법 제197조의4(수사의 경합)** ① 검사는 사법경찰관과 동일한 범죄사실을 수사하게 된 때에는 사법경찰관에게 사건을 송치할 것을 요구할 수 있다.
> ② 제1항의 요구를 받은 사법경찰관은 지체 없이 검사에게 사건을 송치하여야 한다. 다만, '검사가 영장을 청구하기 전'에 동일한 범죄사실에 관하여 사법경찰관이 영장을 신청한 경우에는 해당 영장에 기재된 범죄사실을 계속 수사할 수 있다.

ⓒ (×) 검사가 사법경찰관이 신청한 영장을 정당한 이유 없이 판사에게 청구하지 아니한 경우 사법경찰관은 '관할 고등검찰청'에 영장 청구 여부에 대한 심의를 신청할 수 있고, 이를 심의하기 위하여 각 '고등검찰청'에 외부 위원으로 구성된 영장심의위원회를 둔다(신설 형사소송법 제221조의5).

> **형사소송법 제221조의5(사법경찰관이 신청한 영장의 청구 여부에 대한 심의)** ① 검사가 사법경찰관이 신청한 영장을 정당한 이유 없이 판사에게 청구하지 아니한 경우 사법경찰관은 그 검사 소속의 지방검찰청 소재지를 관할하는 고등검찰청에 영장 청구 여부에 대한 심의를 신청할 수 있다.
> ② 제1항에 관한 사항을 심의하기 위하여 각 고등검찰청에 영장심의위원회(이하 이 조에서 "심의위원회"라 한다)를 둔다.
> ③ 심의위원회는 위원장 1명을 포함한 10명 이내의 외부 위원으로 구성하고, 위원은 각 고등검찰청 검사장이 위촉한다.
> ④ 사법경찰관은 심의위원회에 출석하여 의견을 개진할 수 있다.
> ⑤ 심의위원회의 구성 및 운영 등 그 밖에 필요한 사항은 법무부령으로 정한다.

ⓔ (○) 사법경찰관에게 신설된 1차적 수사종결권의 내용이다(신설 형사소송법 제245조의5 신설).

> **형사소송법 제245조의5(사법경찰관의 사건송치 등)** 사법경찰관은 고소·고발 사건을 포함하여 범죄를 수사한 때에는 다음 각 호의 구분에 따른다.
> 1. 범죄의 혐의가 있다고 인정되는 경우에는 지체 없이 검사에게 사건을 송치하고, 관계 서류와 증거물을 검사에게 송부하여야 한다.
> 2. 그 밖의 경우에는 그 이유를 명시한 서면과 함께 관계 서류와 증거물을 지체 없이 검사에게 송부하여야 한다. 이 경우 검사는 송부받은 날부터 90일 이내에 사법경찰관에게 반환하여야 한다.

ⓜ (×) 재수사 요청은 그 이유를 문서로 명시하여야 한다(신설 형사소송법 제245조의8 제1항 참조).

> **형사소송법 제245조의8(재수사요청 등)** ① 검사는 제245조의5 제2호의 경우에 사법경찰관이 사건을 송치하지 아니한 것이 위법 또는 부당한 때에는 그 이유를 문서로 명시하여 사법경찰관에게 재수사를 요청할 수 있다.
> ② 사법경찰관은 제1항의 요청이 있는 때에는 사건을 재수사하여야 한다.

04

③ ⓖⓛⓒ

ⓖ (○) 임의동행은 경찰관 직무집행법 제3조 제2항에 따른 행정경찰 목적의 경찰활동으로 행하여지는 것 외에도 형사소송법 제199조 제1항에 따라 범죄 수사를 위하여 수사관이 동행에 앞서 피의자에게 동행을 거부할 수 있음을 알려 주었거나 동행한 피의자가 언제든지 자유로이 동행과정에서 이탈 또는 동행장소로부터 퇴거할 수 있었음이 인정되는 등 오로지 피의자의 자발적인 의사에 의하여 이루어진 경우에도 가능하다(대법원 2020.5.14, 2020도398).

ⓛ (○) 공소기각결정이 아니라 공소기각판결을 내려야 한다는 것이 판례이다(대법원 2008.10.23, 2008도7362).

ⓒ (○) 범죄의 인지는 실질적인 개념이므로 검사가 범죄의 혐의가 있다고 보아 수사를 개시하는 행위를 한 때에는 이때에 범죄를 인지한 것으로 보아야 하며, 그 뒤 범죄인지서를 작성하여 사건수리 절차를 밟은 때에 비로소 범죄를 인지하였다고 볼 것이 아니다. 따라서 이러한 인지절차를 밟기 전에 수사를 하였다고 하더라도, 그 수사가 장차 인지의 가능성이 전혀 없는 상태하에서 행해졌다는 등의 특별한 사정이 없는 한, 인지절차가 이루어지기 전에 수사를 하였다는 이유만으로 그 수사가 위법하다고 볼 수는 없고, 따라서 그 수사과정에서 작성된 피의자신문조서나 진술조서 등의 증거능력도 이를 부인할 수 없다(대법원 2001.10.26, 2000도2968).

ⓔ (×) 항고(법원의 결정에 대하여 상급법원에 불복을 신청하는 상소의 개념)가 아니라 준항고의 대상이다. "형사소송법 제417조는 검사 또는 사법경찰관의 '구금에 관한 처분'에 불복이 있으면 법원에 그 처분의 취소 또는 변경을 청구할 수 있다고 규정하고 있다. 검사 또는 사법경찰관이 보호장비 사용을 정당화할 예외적 사정이 존재하지 않음에도 구금된 피의자에 대한 교도관의 보호장비 사용을 용인한 채 그 해제를 요청하지 않는 경우에, 검사 및 사법경찰관의 이러한 조치를 형사소송법 제417조에서 정한 '구금에 관한 처분'으로 보지 않는다면 구금된 피의자로서는 이에 대하여 불복하여 침해된 권리를 구제받을 방법이 없게 된다. 따라서 검사 또는 사법경찰관이 구금된 피의자를 신문할 때 피의자 또는 변호인으로부터 보호장비를 해제해 달라는 요구를 받고도 거부한 조치는 형사소송법 제417조에서 정한 '구금에 관한 처분'에 해당한다고 보아야 한다(대법원 2020.3.17, 2015모2357)."

ⓜ (○) 검찰청법 제4조 제2항 참조.

> **검찰청법 제4조(검사의 직무)** ② 검사는 자신이 수사개시한 범죄에 대하여는 공소를 제기할 수 없다. 다만, 사법경찰관이 송치한 범죄에 대하여는 그러하지 아니하다.

ⓗ (×) 해당 사건과 동일성을 해치지 아니하는 범위 내에서 수사할 수 있다(형사소송법 제196조 제2항, 제198조의2 제1항, 제2항).

03 정답 및 해설 **467**

05

정답 ④

④ ㉠㉢㉤㉥

㉠ (×) 검사는 요구하여야 하는 것이 아니라 요구할 수 있다. 형사소송법 제197조의3 제1항 참조.

형사소송법 제197조의3(시정조치요구 등) ① 검사는 사법경찰관리의 수사과정에서 법령위반, 인권침해 또는 현저한 수사권 남용이 의심되는 사실의 신고가 있거나 그러한 사실을 인식하게 된 경우에는 사법경찰관에게 사건기록 등본의 송부를 요구할 수 있다.

㉡ (○) 형사소송법 제197조의3 제2항·제3항 참조.

형사소송법 제197조의3(시정조치요구 등) ② 제1항의 송부 요구를 받은 사법경찰관은 지체 없이 검사에게 사건기록 등본을 송부하여야 한다.
③ 제2항의 송부를 받은 검사는 필요하다고 인정되는 경우에는 사법경찰관에게 시정조치를 요구할 수 있다.

㉢ (×) 검사가 영장을 청구하기 전 동일 범죄사실에 관하여 사법경찰관이 영장을 신청한 경우에는 사법경찰관은 해당 영장 기재 범죄사실을 계속 수사할 수 있는 것이지, 검사의 수사권이 배제되는 것은 아니다. 형사소송법 제197조의4 참조.

형사소송법 제197조의4(수사의 경합) ① 검사는 사법경찰관과 동일한 범죄사실을 수사하게 된 때에는 사법경찰관에게 사건을 송치할 것을 요구할 수 있다.
② 제1항의 요구를 받은 사법경찰관은 지체 없이 검사에게 사건을 송치하여야 한다. 다만, 검사가 영장을 청구하기 전에 동일한 범죄사실에 관하여 사법경찰관이 영장을 신청한 경우에는 해당 영장에 기재된 범죄사실을 계속 수사할 수 있다.

㉣ (○) 형사소송법 제245조의5 참조.

형사소송법 제245조의5(사법경찰관의 사건송치 등) 사법경찰관은 고소·고발 사건을 포함하여 범죄를 수사한 때에는 다음 각 호의 구분에 따른다.
1. 범죄의 혐의가 있다고 인정되는 경우에는 지체 없이 검사에게 사건을 송치하고, 관계 서류와 증거물을 검사에게 송부하여야 한다.
2. 그 밖의 경우에는 그 이유를 명시한 서면과 함께 관계 서류와 증거물을 지체 없이 검사에게 송부하여야 한다. 이 경우 검사는 송부받은 날부터 90일 이내에 사법경찰관에게 반환하여야 한다.

㉤ (×) 검사는 그 이유를 문서로 명시하여 사법경찰관에게 재수사를 요청할 수 있고, 사법경찰관은 사건을 재수사하여야 한다. 형사소송법 제245조의8 제1항 참조.

형사소송법 제245조의8(재수사요청 등) ① 검사는 제245조의5 제2호의 경우에 사법경찰관이 사건을 송치하지 아니한 것이 위법 또는 부당한 때에는 그 이유를 문서로 명시하여 사법경찰관에게 재수사를 요청할 수 있다.
② 사법경찰관은 제1항의 요청이 있는 때에는 사건을 재수사하여야 한다.

㉥ (×) 사법경찰관의 재수사를 하였음에도 기존의 불송치 결정을 유지하는 경우, 검사는 다시 재수사를 요청하거나 송치 요구를 할 수 없음이 원칙이다(수사준칙 제64조 제2항 본문). 그러나 검사가 범죄 혐의의 유무를 명확히 하기 위해 재수사를 요청한 사항에 관하여 그 이행이 이루어지지 않은 경우에는 검사는 사법경찰관에게 사건송치를 요구할 수 있다(동조 동항 단서 제2호 본문). 다만, 이러한 경우라 하더라도 사법경찰관의 재수사 미이행이 불송치 결정의 유지에 영향을 미치지 않음이 명백한 경우라면 검사는 사법경찰관에게 사건송치를 요구할 수 없다(동조 동항 제2호 단서).

수사준칙 제64조(재수사 결과의 처리) ① 사법경찰관은 법 제245조의8 제2항에 따라 재수사를 한 경우 다음 각 호의 구분에 따라 처리한다.
1. 범죄의 혐의가 있다고 인정되는 경우: 법 제245조의5 제1호에 따라 검사에게 사건을 송치하고 관계 서류와 증거물을 송부
2. 기존의 불송치 결정을 유지하는 경우: 재수사 결과서에 그 내용과 이유를 구체적으로 적어 검사에게 통보
② 검사는 사법경찰관이 제1항 제2호에 따라 재수사 결과를 통보한 사건에 대해서 다시 재수사를 요청하거나 송치 요구를 할 수 없다. 다만, 검사는 사법경찰관이 사건을 송치하지 않은 위법 또는 부당이 시정되지 않아 사건을 송치받아 수사할 필요가 있는 다음 각 호의 경우에는 법 제197조의3에 따라 사건송치를 요구할 수 있다. <개정 2023.10.17.>
1. 관련 법령 또는 법리에 위반된 경우
2. 범죄 혐의의 유무를 명확히 하기 위해 재수사를 요청한 사항에 관하여 그 이행이 이루어지지 않은 경우. 다만, 불송치 결정의 유지에 영향을 미치지 않음이 명백한 경우는 제외한다.
3. 송부받은 관계 서류 및 증거물과 재수사 결과만으로도 범죄의 혐의가 명백히 인정되는 경우
4. 공소시효 또는 형사소추의 요건을 판단하는 데 오류가 있는 경우 (이하 생략)

06

정답 ③

③ (○) 대법원 2008.10.23, 2008도7362

① (×) 2021.1.1. 시행 검사와 사법경찰관의 상호협력과 일반적 수사준칙에 관한 규정 −이하 '수사준칙' − 에 의하여 수사상 임의동행 시 고지의무 규정이 신설되었다. 수사준칙 제20조 참조.

수사준칙 제20조(수사상 임의동행 시의 고지) 검사 또는 사법경찰관은 임의동행을 요구하는 경우 상대방에게 동행을 거부할 수 있다는 것과 동행하는 경우에도 언제든지 자유롭게 동

행 과정에서 이탈하거나 동행 장소에서 퇴거할 수 있다는 것을 알려야 한다.

② (×) 2021.1.1. 시행 대통령령에 의하여 피의자에 대한 출석요구 시 조사 일시·장소 협의의무 규정이 신설되었다. 이는 변호인이 있는 피의자의 경우에는 변호인과도 협의해야 할 의무를 포함한다. 수사준칙 제19조 제2항 참조.

수사준칙 제19조(출석요구) ① 검사 또는 사법경찰관은 피의자에게 출석요구를 할 때에는 다음 각 호의 사항을 유의해야 한다.
1. 출석요구를 하기 전에 우편·전자우편·전화를 통한 진술 등 출석을 대체할 수 있는 방법의 선택 가능성을 고려할 것
2. 출석요구의 방법, 출석의 일시·장소 등을 정할 때에는 피의자의 명예 또는 사생활의 비밀이 침해되지 않도록 주의할 것
3. 출석요구를 할 때에는 피의자의 생업에 지장을 주지 않도록 충분한 시간적 여유를 두도록 하고, 피의자가 출석 일시의 연기를 요청하는 경우 특별한 사정이 없으면 출석 일시를 조정할 것
4. 불필요하게 여러 차례 출석요구를 하지 않을 것
② 검사 또는 사법경찰관은 피의자에게 출석요구를 하려는 경우 피의자와 조사의 일시·장소에 관하여 협의해야 한다. 이 경우 변호인이 있는 경우에는 변호인과도 협의해야 한다.
③ 검사 또는 사법경찰관은 피의자에게 출석요구를 하려는 경우 피의사실의 요지 등 출석요구의 취지를 구체적으로 적은 출석요구서를 발송해야 한다. 다만, 신속한 출석요구가 필요한 경우 등 부득이한 사정이 있는 경우에는 전화, 문자메시지, 그 밖의 상당한 방법으로 출석요구를 할 수 있다.
④ 검사 또는 사법경찰관은 제3항 본문에 따른 방법으로 출석요구를 했을 때에는 출석요구서의 사본을, 같은 항 단서에 따른 방법으로 출석요구를 했을 때에는 그 취지를 적은 수사보고서를 각각 사건기록에 편철한다.
⑤ 검사 또는 사법경찰관은 피의자가 치료 등 수사관서에 출석하여 조사를 받는 것이 현저히 곤란한 사정이 있는 경우에는 수사관서 외의 장소에서 조사할 수 있다.
⑥ 제1항부터 제5항까지의 규정은 피의자 외의 사람에 대한 출석요구의 경우에도 적용한다.

④ (×) 만약 동석한 사람이 피의자를 대신하여 진술한 부분이 조서에 기재되어 있다면 그 부분은 피의자의 진술을 기재한 것이 아니라 동석한 사람의 진술을 기재한 조서에 해당하므로 그 사람에 대한 진술조서로서의 증거능력을 취득하기 위한 요건을 충족하지 못하는 한 이를 유죄 인정의 증거로 사용할 수 없는 것이다(대법원 2009.6.23, 2009도1322).

07
정답 ①
① ㉠㉡㉢
㉠ (○) ㉡ (○) 경찰관직무집행법(이하 '법'이라고 한다)의 목적, 법 제1조 제1항, 제2항, 제3조 제1항, 제2항, 제3항, 제7항의 내용 및 체계 등을 종합하면, 경찰관이 법 제3조 제1항에 규정된 대상자(이하 '불심검문 대상자'라 한다) 해당 여부를 판단할 때에는 불심검문 당시의 구체적 상황은 물론 사전에 얻은 정보나 전문적 지식 등에 기초하여 불심검문 대상자인지를 객관적·합리적인 기준에 따라 판단하여야 하나, 반드시 불심검문 대상자

에게 형사소송법상 체포나 구속에 이를 정도의 혐의가 있을 것을 요한다고 할 수는 없다. 그리고 경찰관은 불심검문 대상자에게 질문을 하기 위하여 범행의 경중, 범행과의 관련성, 상황의 긴박성, 혐의의 정도, 질문의 필요성 등에 비추어 목적 달성에 필요한 최소한의 범위 내에서 사회통념상 용인될 수 있는 상당한 방법으로 대상자를 정지시킬 수 있고 질문에 수반하여 흉기의 소지 여부도 조사할 수 있다(대법원 2014.2.27, 2011도13999).

㉢ (○) ㉣ (×) 경찰관직무집행법(이하 '법'이라 한다) 제3조 제4항은 경찰관이 불심검문을 하고자 할 때에는 자신의 신분을 표시하는 증표를 제시하여야 한다고 규정하고, 경찰관직무집행법 시행령 제5조는 위 법에서 규정한 신분을 표시하는 증표는 경찰관의 공무원증이라고 규정하고 있는데, 불심검문을 하게 된 경위, 불심검문 당시의 현장상황과 검문을 하는 경찰관들의 복장, 피고인이 공무원증 제시나 신분 확인을 요구하였는지 여부 등을 종합적으로 고려하여, 검문하는 사람이 경찰관이고 검문하는 이유가 범죄행위에 관한 것임을 피고인이 충분히 알고 있었다고 보이는 경우에는 신분증을 제시하지 않았다고 하여 그 불심검문이 위법한 공무집행이라고 할 수 없다(대법원 2014. 12.11, 2014도7976).

08
정답 ①
① ㉠㉡㉢㉤
㉠ (○) 고소는 범죄의 피해자등이 수사기관에 대하여 범죄사실을 신고하여 범인의 소추처벌을 구하는 의사표시이므로 그 범죄사실등이 구체적으로 특정되어야 할 것이나, 그 특정의 정도는 고소인의 의사가 수사기관에 대하여 일정한 범죄사실을 지정신고하여 범인의소추처벌을 구하는 의사표시가 있었다고 볼 수 있을 정도면 그것으로 충분하고, 범인의 성명이 불명이거나 또는 오기가 있었다거나 범행의 일시·장소·방법 등이 명확하지 않거나 틀리는 것이 있다고 하더라도 그 효력에는 아무 영향이 없다(대법원 1984.10.23, 84도1704).

㉡ (○) 고소를 할 때는 소송행위능력, 즉 고소능력이 있어야 하나, 고소능력은 피해를 입은 사실을 이해하고 고소에 따른 사회생활상의 이해관계를 알아차릴 수 있는 사실상의 의사능력으로 충분하므로, 민법상 행위능력이 없는 사람이라도 위와 같은 능력을 갖추었다면 고소능력이 인정된다(대법원 2011.6.24, 2011도4451, 2011전도76).

㉢ (○) 형사소송법 제225조 제1항이 규정한 법정대리인의 고소권은 무능력자의 보호를 위하여 법정대리인에게 주어진 고유권이므로, 법정대리인은 피해자의 고소권 소멸 여부에 관계없이 고소할 수 있고, 이러한 고소권은 피해자의 명시한 의사에 반하여도 행사할 수 있다(대법원 1999.12.24, 99도3784).

㉣ (×) 친고죄에서 적법한 고소가 있었는지는 자유로운 증명의 대상이 되고, 일죄의 관계에 있는 범죄사실 일부에 대한 고소의 효력은 일죄 전부에 대하여 미친다(대법원 2011.6.24, 2011도4451, 2011전도76).

㉤ (○) ㉥ (×) 조세범 처벌법에 의한 고발은 고발장에 범칙사실의 기재가 없거나 특정이 되지 아니할 때에는 부적법하나(범칙사실의 최소한의 특정은 요함), 반드시 공소장 기재요건과 동일한 범죄의 일시·장소를 표시하여 사건의 동일성을 특정할 수 있을 정도로 표시하여야 하는 것은 아니고, 조세범 처벌법이 정하는 어떠한 태양의 범죄인지를 판명할 수 있을 정도의 사실을

일응 확정할 수 있을 정도로 표시하면 족하고, 고발사실의 특정은 고발장에 기재된 범칙사실과 세무공무원의 보충진술 기타 고발장과 함께 제출된 서류 등을 종합하여 판단하여야 한다. 그리고 고발은 범죄사실에 대한 소추를 요구하는 의사표시로서 그 효력은 고발장에 기재된 범죄사실과 동일성이 인정되는 사실 모두에 미친다(고발의 객관적 불가분의 원칙, 대법원 2011. 11.24, 2009도7166; 2022.6.30, 2018도10973).

09   정답 ③

③ ㉠㉡㉢㉣

㉠ (○) 법원이 선임한 부재자 재산관리인이 그 관리대상인 부재자의 재산에 대한 범죄행위에 관하여 법원으로부터 고소권 행사에 관한 허가를 얻은 경우 부재자 재산관리인은 형사소송법 제225조 제1항에서 정한 법정대리인으로서 적법한 고소권자에 해당한다고 보아야 한다. 그 이유는 다음과 같다. ⓐ 형사소송법은 "피해자의 법정대리인은 독립하여 고소할 수 있다."라고 정하고 있다(제225조 제1항). 법정대리인이 갖는 대리권의 범위는 법률과 선임 심판의 내용 등을 통해 정해지므로 독립하여 고소권을 가지는 법정대리인의 의미도 법률과 선임 심판의 내용 등을 통해 정해진다. 법원이 선임한 부재자 재산관리인은 법률에 규정된 사람의 청구에 따라 선임된 부재자의 법정대리인에 해당한다. 부재자 재산관리인의 권한은 원칙적으로 부재자의 재산에 대한 관리행위에 한정되나, 부재자 재산관리인은 재산관리를 위하여 필요한 경우 법원의 허가를 받아 관리행위의 범위를 넘는 행위를 하는 것도 가능하고, 여기에는 관리대상 재산에 관한 범죄행위에 대한 형사고소도 포함된다. 따라서 부재자 재산관리인은 관리대상이 아닌 사항에 관해서는 고소권이 없겠지만, 관리대상 재산에 관한 범죄행위에 대하여 법원으로부터 고소권 행사 허가를 받은 경우에는 독립하여 고소권을 가지는 법정대리인에 해당한다. ⓑ 고소권은 일신전속적인 권리로서 피해자가 이를 행사하는 것이 원칙이나, 형사소송법이 예외적으로 법정대리인으로 하여금 독립하여 고소권을 행사할 수 있도록 한 이유는 피해자가 고소권을 행사할 것을 기대하기 어려운 경우 피해자와 독립하여 고소권을 행사할 사람을 정하여 피해자를 보호하려는 데 있다. 부재자 재산관리제도의 취지는 부재자 재산관리인으로 하여금 부재자의 잔류재산을 본인의 이익과 더불어 사회경제적 이익을 기하고 나아가 잔존배우자와 상속인의 이익을 위하여 관리하게 하고 돌아올 부재자 본인 또는 그 상속인에게 관리해 온 재산 전부를 인계하도록 하는 데 있다(대법원 1976.12.21, 75마551). 부재자는 자신의 재산을 침해하는 범죄에 대하여 처벌을 구하는 의사표시를 하기 어려운 상태에 있다. 따라서 부재자 재산관리인에게 법정대리인으로서 관리대상 재산에 관한 범죄행위에 대하여 고소권을 행사할 수 있도록 하는 것이 형사소송법 제225조 제1항과 부재자 재산관리제도의 취지에 부합한다(대법원 2022.5.26, 2021도2488).

㉡ (○) 대법원 1985.7.23, 85도1213

㉢ (○) 형사소송법이 고소와 고소취소에 관한 규정을 하면서 제232조 제1항, 제2항에서 고소취소의 시한과 재고소의 금지를 규정하고 제3항에서는 반의사불벌죄에 제1항, 제2항의 규정을 준용하는 규정을 두면서도, 제233조에서 고소와 고소취소의 불가분에 관한 규정을 함에 있어서는 반의사불벌죄에 이를 준용하는 규정을 두지 아니한 것은 처벌을 희망하지 아니하는 의사

표시나 처벌을 희망하는 의사표시의 철회에 관하여 친고죄와는 달리 공범자간에 불가분의 원칙을 적용하지 아니하고자 함에 있다고 볼 것이지, 입법의 불비로 볼 것은 아니다(대법원 1994. 4.26, 93도1689).

㉣ (×) 직계비속은 고소할 수 있다.

> **형사소송법 제224조(고소의 제한)** 자기 또는 배우자의 직계존속을 고소하지 못한다.

㉤ (○) 강간죄가 친고죄이었을 때에는 형사소송법 제327조 제2호에 의하여 공소기각의 판결을 선고하여야 할 것이지 범죄의 증명이 없다고 하여 무죄의 선고를 할 수는 없다는 것이 판례이었다(대법원 2002.7.12, 2001도6777). 그러나 현행법상 강간죄는 친고죄가 아니므로 이 경우에는 강간죄에 대하여 실체재판을 할 수 있다.

㉥ (×) 조세범 처벌법에 의한 고발은 고발장에 범칙사실의 기재가 없거나 특정이 되지 아니할 때에는 부적법하나, 반드시 공소장 기재요건과 동일한 범죄의 일시·장소를 표시하여 사건의 동일성을 특정할 수 있을 정도로 표시하여야 하는 것은 아니고, 조세범 처벌법이 정하는 어떠한 태양의 범죄인지를 판명할 수 있을 정도의 사실을 일응 확정할 수 있을 정도로 표시하면 족하고, 고발사실의 특정은 고발장에 기재된 범죄사실과 세무공무원의 보충진술 기타 고발장과 함께 제출된 서류 등을 종합하여 판단하여야 한다. 그리고 고발은 범죄사실에 대한 소추를 요구하는 의사표시로서 그 효력은 고발장에 기재된 범죄사실과 동일성이 인정되는 사실 모두에 미친다(고발의 객관적 불가분의 원칙, 대법원 2011.11.24, 2009도7166). 이 사건 고발장에 기재된 범칙사실과 이 사건 공소장에 기재된 공소사실 사이에는 법률적 평가에 차이가 있을 뿐 양자 간에 기본적 사실관계의 동일성이 인정되어 이 사건 공소는 유효한 고발에 따라 적법하게 제기된 것이다(대법원 2022.6.30, 2018도10973).

[보충] 피고인이 A와 공모하여 피해자 기술보증기금 등의 담당직원을 기망하여 보증서를 발급받아 피해자 기술보증기금 등에 대한 신용보증금액 상당의 사기범행을 완료한 후 위 보증서 등을 이용하여 피해자 신한은행의 대출 담당직원을 기망하여 대출금을 지급받았다면, 피해자 신한은행에 대한 사기범행이 피해자 기술보증기금 등에 대한 사기범행에 흡수되거나, 그 사기범행의 불가벌적 사후행위에 해당한다고 볼 수 없어, 피해자 신한은행에 대하여 대출금액 상당의 별도의 사기죄가 성립한다.

10   정답 ②

② ㉠㉢㉣

㉠ (○) 이는 공소제기에 있어서 일시·장소·방법·피고인이 특정되어야 하는 점과 다른 점이다.

㉡ (×) 형사소송법 제232조 제1항, 제3항의 취지는 국가형벌권의 행사가 피해자의 의사에 의하여 좌우되는 현상을 장기간 방치할 것이 아니라 제1심판결선고 이전까지로 제한하자는 데 그 목적이 있다 할 것이므로 비록 항소심에 이르러 비로소 반의사불벌죄가 아닌 죄에서 반의사불벌죄로 공소장변경이 있었다 하여 항소심인 제2심을 제1심으로 볼 수는 없다(대법원 1988.3.8, 85도2518 등).

㉢ (○) 친고죄의 공범 중 그 1인 또는 수인에 대한 고소뿐만 아니라, 그 취소도 다른 공범자에 대하여 효력이 있다.

> 제233조(고소의 불가분) 친고죄의 공범 중 그 1인 또는 수인에 대한 고소 또는 그 취소는 다른 공범자에 대하여도 효력이 있다.

② (○) 대법원 1985.11.12, 85도1940

⑤ (×) 고소는 피해자 등이 수사기관에 대하여 범죄사실을 신고하여 그 범죄사실을 범한 범인의 처벌을 희망하는 의사표시이므로, 최소한 어떤 범죄사실인지는 구체적으로 특정되어야 하고 그 범죄사실을 범한 범인의 동일성을 식별할 수 있을 정도로는 특정되어야 한다. 따라서 전단이 틀린 내용이다. 다만 후단은 맞는 내용이다.

> [판례 1] 고소는 범죄의 피해자등이 수사기관에 대하여 범죄사실을 신고하여 범인의 소추처벌을 구하는 의사표시이므로 그 범죄사실 등이 구체적으로 특정되어야 할 것이나, 그 특정의 정도는 고소인의 의사가 수사기관에 대하여 일정한 범죄사실을 지정·신고하여 범인의 소추처벌을 구하는 의사표시가 있었다고 볼 수 있을 정도면 그것으로 충분하고, 범인의 성명이 불명이거나 또는 오기가 있었다거나 범행의 일시·장소·방법 등이 명확하지 않거나 틀리는 것이 있다고 하더라도 그 효력에는 아무 영향이 없다(대법원 1984.10.23, 84도1704).
>
> [판례 2] 고소는 고소인이 일정한 범죄사실을 수사기관에 신고하여 범인의 처벌을 구하는 의사표시이므로 그 고소한 범죄사실이 특정되어야 할 것이나 그 특정의 정도는 고소인의 의사가 구체적으로 어떤 범죄사실을 지정하여 범인의 처벌을 구하고 있는 것인가를 확정할 수만 있으면 된다(대법원 2003. 10.23, 2002도446).

11 정답 ④

④ (○) 형사소송법 제232조 제1항은 고소를 제1심판결 선고 전까지 취소할 수 있도록 규정하여 친고죄에서 고소취소의 시한을 한정하고 있다. 그런데 상소심에서 형사소송법 제366조 또는 제393조 등에 의하여 법률 위반을 이유로 제1심 공소기각판결을 파기하고 사건을 제1심법원에 환송함에 따라 다시 제1심 절차가 진행된 경우, 종전의 제1심판결은 이미 파기되어 효력을 상실하였으므로 환송 후의 제1심판결 선고 전에는 고소취소의 제한사유가 되는 제1심판결 선고가 없는 경우에 해당한다(대법원 2011.8.25, 2009도9112).

① (×) 친고죄에서 피해자의 고소가 없거나 고소가 취소되었음에도 친고죄로 기소되었다가 그 후 당초에 기소된 공소사실과 동일성이 인정되는 비친고죄로 공소장변경이 허용된 경우 그 공소제기의 흠은 치유되고, 친고죄로 기소된 후에 피해자의 고소가 취소되더라도 제1심이나 항소심에서 당초에 기소된 공소사실과 동일성이 인정되는 범위 내에서 다른 공소사실로 공소장을 변경할 수 있으며 이러한 경우 변경된 공소사실에 대하여 심리·판단하여야 하는데 이는 반의사불벌죄에서 피해자의 '처벌을 희망하지 아니하는 의사표시' 또는 '처벌을 희망하는 의사표시의 철회'가 있는 경우에도 마찬가지로 보아야 한다(대법원 2011.5.13, 2011도2233; 1996.9.24, 96도2151 등).

② (×) 대법원 2009.11.19, 2009도6058 전원합의체

③ (×) 대법원 1966.1.31, 65도1089; 1985.3.12, 85도190; 2011. 6.24, 2011도4451 등

12 정답 ③

③ ㉠㉡㉣

㉠ (○) 모자관계는 호적에 입적되어 있는 여부와는 관계없이 자의 출생으로 법률상 당연히 생기는 것이므로 고소당시 이혼한 생모라도 피해자인 그의 자의 친권자로서 독립하여 고소할 수 있다(대법원 1987.9.22, 87도1707).

㉡ (○) 특허법 제225조 제1항 소정의 특허권침해죄는 피해자의 고소가 있어야 논할 수 있는 죄인바, 특허를 무효로 하는 심결이 확정된 때에는 특허법 제133조 제1항 제4호의 경우에 해당되지 아니하는 한 그 특허권은 처음부터 없었던 것으로 보게 되므로(특허법 제133조 제3항 참조), 무효심결 확정 전의 고소라 하더라도 그러한 특허권에 기한 고소는 무효심결이 확정되면 고소권자에 의한 적법한 고소로 볼 수 없다 할 것이고, 이러한 고소를 기초로 한 공소는 형사소송법 제327조 제2호 소정의 공소제기의 절차가 법률의 규정에 위반되어 무효인 때에 해당한다고 할 수 있다(대법원 2008.4.10, 2007도6325).

㉢ (×) 항소심에서 비로소 공소사실이 친고죄로 변경된 경우에도 항소심을 제1심이라 할 수는 없는 것이므로, 항소심에 이르러 고소인이 고소를 취소하였다면 이는 친고죄에 대한 고소취소로서의 효력이 없다(대법원 2007.3.15, 2007도210).

㉣ (○) 형사소송법 제230조 제1항 본문은 "친고죄에 대하여는 범인을 알게 된 날로부터 6월을 경과하면 고소하지 못한다."고 규정하고 있는바, 여기서 범인을 알게 된다 함은 통상인의 입장에서 보아 고소권자가 고소를 할 수 있을 정도로 범죄사실과 범인을 아는 것을 의미하고, 범죄사실을 안다는 것은 고소권자가 친고죄에 해당하는 범죄의 피해가 있었다는 사실관계에 관하여 확정적인 인식이 있음을 말한다(대법원 2001.10.9, 2001도3106).

㉤ (×) 관련 민사사건에서 '이 사건과 관련하여 서로 상대방에 대하여 제기한 형사 고소 사건 일체를 모두 취하한다'는 내용이 포함된 조정이 성립된 것만으로는 고소 취소나 처벌불원의 의사표시를 한 것으로 보기 어렵다(대법원 2004.3.25, 2003도8136).

13 정답 ②

② ㉠㉢㉣㉤㉥

㉠ (×) 형사소송법 제232조 제1항은 고소를 제1심판결 선고 전까지 취소할 수 있도록 규정하여 친고죄에서 고소취소의 시한을 한정하고 있다. 그런데 상소심에서 형사소송법 제366조 또는 제393조 등에 의하여 법률 위반을 이유로 제1심 공소기각판결을 파기하고 사건을 제1심법원에 환송함에 따라 다시 제1심 절차가 진행된 경우, 종전의 제1심판결은 이미 파기되어 효력을 상실하였으므로 환송 후의 제1심판결 선고 전에는 고소취소의 제한사유가 되는 제1심판결 선고가 없는 경우에 해당한다(대법원 2011.8.25, 2009도9112).

㉡ (○) 제233조에서 고소와 고소취소의 불가분에 관한 규정을 함에 있어서는 반의사불벌죄에 이를 준용하는 규정을 두지 아니한 것은 처벌을 희망하지 아니하는 의사표시나 처벌을 희망하는 의사표시의 철회에 관하여 친고죄와는 달리 공범자 간에 불가분의 원칙을 적용하지 아니하고자 함에 있다고 볼 것이지, 입법의 불비로 볼 것은 아니다(대법원 1994.4.26, 93도1689).

㉢ (×) 고소를 취소한 자는 다시 고소하지 못하고, 다시 고소하여 공소제기 되었다면 공소기각의 판결을 한다(형사소송법 제327조

제2호).

> **형사소송법 제232조(고소의 취소)** ① 고소는 제1심 판결선고 전까지 취소할 수 있다.
> ② 고소를 취소한 자는 다시 고소하지 못한다.

ⓔ (×) 형사소송법 제233조의 주관적 불가분원칙이 적용되는 것은 친고죄이다. "친고죄의 공범중 그 일부에 대하여 제1심판결이 선고된 후에는 제1심판결 선고 전의 다른 공범자에 대하여는 그 고소를 취소할 수 없고 그 고소의 취소가 있다 하더라도 그 효력을 발생할 수 없으며, 이러한 법리는 필요적 공범이나 임의적 공범을 구별함이 없이 모두 적용된다(대법원 1985.11.12, 85도1940)." 따라서 반의사불벌죄에 대해서는 위와 같은 법리가 적용되지 않으므로, 고소를 취소할 수 있고 그 고소의 취소는 효력을 가지게 된다.

ⓜⓗ (×) (반의사불벌죄의 처벌불원의사 내지 처벌희망 의사표시 철회의 대리의 가능 여부) ⓐ 형사소송절차에서 명문의 규정이 없으면 소송행위의 법정대리가 허용되지 않는다. 교통사고처리 특례법 제3조 제2항은 '피해자의 명시적인 의사'에 반하여 공소를 제기할 수 없다고 규정하므로 문언상 그 처벌 여부는 피해자의 명시적 의사에 달려있음이 명백하고, 제3자가 피해자를 대신하여 처벌불원의사를 형성하거나 결정할 수 있다고 해석하는 것은 법의 문언에 반한다. 교통사고처리 특례법이나 형법, 형사소송법에 처벌불원의사의 대리를 허용하는 규정을 두고 있지 않으므로 원칙적으로 그 대리는 허용되지 않는다고 보아야 한다. ⓑ 형사소송법은 친고죄의 고소·고소취소와 반의사불벌죄의 처벌불원의사를 달리 규정하고 있으므로 반의사불벌죄의 처벌불원의사를 친고죄의 고소·고소취소와 동일하게 취급할 수 없다. 형사소송법은 친고죄의 고소·고소취소에 관하여 다수의 조문을 두고 있고 특히 제236조에서 대리를 명시적으로 허용하고 있으나 이와 달리 반의사불벌죄의 처벌불원의사에 관하여는 대리에 관한 명시적 규정을 두지 않고 고소·고소취소의 대리규정을 준용하지도 않았다. 친고죄와 반의사불벌죄는 피해자의 의사가 소송조건이 된다는 점에서는 비슷하지만 이를 소송조건으로 하는 이유·방법·효과는 같다고 할 수 없다. 반의사불벌죄에서 처벌불원의사는 피해자 본인이 하여야 하고 그 대리는 허용되지 않는다는 것이 입법자의 결단으로 이해할 수 있다. ⓒ (결론) 반의사불벌죄에서 성년후견인은 명문의 규정이 없는 이상 의사무능력자인 피해자를 대리하여 피고인 또는 피의자에 대한 처벌불원의사를 결정하거나 처벌희망 의사표시를 철회할 수 없다. 성년후견인의 법정대리권 범위에 통상적인 소송행위가 포함되어 있거나 성년후견개시심판에서 정하는 바에 따라 성년후견인이 가정법원의 허가를 얻었더라도 마찬가지이다(대법원 2023.7.17, 2021도11126 전원합의체).

> **형사소송법 제236조(대리고소)** 고소 또는 그 취소는 대리인으로 하여금 하게 할 수 있다.
> **제232조(고소의 취소)** ① 고소는 제1심 판결선고 전까지 취소할 수 있다.
> ② 고소를 취소한 자는 다시 고소할 수 없다.
> ③ 피해자의 명시한 의사에 반하여 공소를 제기할 수 없는 사건에서 처벌을 원하는 의사표시를 철회한 경우에도 제1항과 제2항을 준용한다.

14

③ (○) 형사소송법 제230조 제1항에서 말하는 '범인을 알게 된 날'이란 범죄행위가 종료된 후에 범인을 알게 된 날을 가리키는 것으로서, 고소권자가 범죄행위가 계속되는 도중에 범인을 알았다 하여도, 그 날부터 곧바로 위 조항에서 정한 친고죄의 고소기간이 진행된다고는 볼 수 없고, 이러한 경우 고소기간은 범죄행위가 종료된 때부터 계산하여야 하며, 동종행위의 반복이 당연히 예상되는 영업범 등 포괄일죄의 경우에는 최후의 범죄행위가 종료한 때에 전체 범죄행위가 종료된 것으로 보아야 한다(대법원 2004.10.28, 2004도5014).

① (×) 피해자가 의식을 회복하지 못하고 있는 이상 피해자에게 반의사불벌죄에서 처벌희망 여부에 관한 의사표시를 할 수 있는 소송능력이 있다고 할 수 없고, 피해자의 아버지가 피해자를 대리하여 피고인에 대한 처벌을 희망하지 아니한다는 의사를 표시하는 것 역시 허용되지 아니할 뿐만 아니라 피해자가 성년인 이상 의사능력이 없다는 것만으로 피해자의 아버지가 당연히 법정대리인이 된다고 볼 수도 없으므로, 피해자의 아버지가 피고인에 대한 처벌을 희망하지 아니한다는 의사를 표시하였더라도 그것이 반의사불벌죄에서의 처벌희망 여부에 관한 피해자의 의사표시로서 소송법적으로 효력이 발생할 수는 없다(대법원 2013.9.26, 2012도568).

② (×) 청소년의 성보호에 관한 법률 제16조에 규정된 반의사불벌죄라고 하더라도, 피해자인 청소년에게 의사능력이 있는 이상, 단독으로 피고인 또는 피의자의 처벌을 희망하지 않는다는 의사표시 또는 처벌희망 의사표시의 철회를 할 수 있고, 거기에 법정대리인의 동의가 있어야 하는 것으로 볼 것은 아니다(대법원 2009.11.19, 2009도6058 전원합의체).

④ (×) 비록 고소인이 사건 당일 간통의 범죄사실을 신고하면서 현장에 출동한 경찰관에게 고소장을 교부하였다고 하더라도, 송파경찰서에 도착하여 최종적으로 고소장을 접수시키지 아니하기로 결심하고 고소장을 반환받은 것이라면, 고소장이 수사기관에 적법하게 수리되어 고소의 효력이 발생되었다고 할 수 없다. 나아가 고소인이 당시 피고인들에 대하여 처벌 불원의 의사를 표시하였다고 하더라도, 애초 적법한 고소가 없었던 이상, 그로부터 3개월이 지나 제기된 이 사건 고소가 재고소의 금지를 규정한 형사소송법 제232조 제2항에 위반된다고 볼 수도 없다(대법원 2008.11.27, 2007도4977).

15

④ (×) 형사소송법은 '친고죄의 공범 중 그 1인 또는 수인에 대한 고소 또는 그 취소는 다른 공범자에 대하여도 효력이 있다'고 하여(형사소송법 제233조) '친고죄'에 대한 주관적 불가분의 원칙에 대해서만 규정하고 있다. 따라서 반의사불벌죄의 경우에는 위 원칙이 적용되지 아니한다.

① (○) 대법원 1985.9.10, 85도1273

② (○) 대법원 1996.3.12, 94도2423

③ (○) 조세범처벌법 제6조는 조세에 관한 범칙행위에 대하여는 원칙적으로 국세청장 등의 고발을 기다려 논하도록 규정하고 있는바, 같은 법에 의하여 하는 고발에 있어서는 이른바 고소·고발 불가분의 원칙이 적용되지 아니하므로, 고발의 구비 여부는 양벌규정에 의하여 처벌받는 자연인인 행위자와 법인에 대하여 개별적으로 논하여야 한다(대법원 2004.9.24, 2004도4066).

16

③ (○) 포괄일죄에 관한 기존 처벌법규에 대하여 그 표현이나 형량과 관련한 개정을 하는 경우가 아니라 애초에 죄가 되지 아니하던 행위를 구성요건의 신설로 포괄일죄의 처벌대상으로 삼는 경우에는 신설된 포괄일죄 처벌법규가 시행되기 이전의 행위에 대하여는 신설된 법규를 적용하여 처벌할 수 없다(형법 제1조 제1항). 이는 신설된 처벌법규가 상습범을 처벌하는 구성요건인 경우에도 마찬가지라고 할 것이므로, 구성요건이 신설된 상습강제추행죄가 시행되기 이전의 범행은 상습강제추행죄로는 처벌할 수 없고 행위시법에 기초하여 강제추행죄로 처벌할 수 있을 뿐이며, 이 경우 그 소추요건도 상습강제추행죄에 관한 것이 아니라 강제추행죄에 관한 것이 구비되어야 한다(대법원 2016.1.28, 2015도15669).

① (×) 법원은 검사가 공소를 제기한 범죄사실을 심판하는 것이지 고소권자가 고소한 내용을 심판하는 것이 아니므로, 고소권자가 비친고죄로 고소한 사건이더라도 검사가 사건을 친고죄로 구성하여 공소를 제기하였다면 공소장 변경절차를 거쳐 공소사실이 비친고죄로 변경되지 아니하는 한, 법원으로서는 친고죄에서 소송조건이 되는 고소가 유효하게 존재하는지를 직권으로 조사·심리하여야 한다(대법원 2015.11.17, 2013도7987).

② (×) 범죄피해자의 고소권은 그 자체로 헌법상 기본권의 성격을 갖는 것이 아니라 형사절차상의 법적인 권리에 불과하므로, 이에 관하여는 원칙적으로 입법자가 그 나라의 고유한 사법문화와 윤리관, 문화전통을 고려하여 합목적적으로 결정할 수 있는 넓은 입법형성권을 갖는다(헌법재판소 2011.2.24, 2008헌바56).
[보충] 자기 또는 배우자의 직계존속을 고소하지 못하도록 규정한 형사소송법 제224조가 비속을 차별 취급하여 평등권을 침해하는 것은 아니라는 헌재결정이다.

④ (×) 「형사소송법」 제230조 제1항 본문은 "친고죄에 대하여는 범인을 알게 된 날로부터 6월을 경과하면 고소하지 못한다"고 규정하고 있는바, 여기서 범인을 알게 된다 함은 통상인의 입장에서 보아 고소권자가 고소를 할 수 있을 정도로 범죄사실과 범인을 아는 것을 의미하고, 범죄사실을 안다는 것은 고소권자가 친고죄에 해당하는 범죄의 피해가 있었다는 사실관계에 관하여 확정적인 인식이 있음을 말한다(대법원 2010.7.15, 2010도4680).

17

④ (×) 강간피해자 명의의 "당사자 간에 원만히 합의되어 민·형사상 문제를 일체 거론하지 않기로 화해되었으므로 합의서를 1심 재판장 앞으로 제출한다"는 취지의 합의서 및 피고인들에게 중형을 내리기보다는 법의 온정을 베풀어 사회에 봉사할 수 있도록 관대한 처분을 바란다는 취지의 탄원서가 제1심 법원에 제출되었다면 이는 결국 고소취소가 있은 것으로 보아야 한다(대법원 1981.11.10, 81도1171).

① (○) 대법원 2011.6.24, 2011도4451; 1985.3.12, 85도190; 1966.1.31, 65도1089 등

② (○) 고발이란 범죄사실을 수사기관에 고하여 그 소추를 촉구하는 것으로서 범인을 지적할 필요가 없는 것이고 또한 고발에서 지정한 범인이 진범인이 아니더라도 고발의 효력에는 영향이 없는 것이므로, 고발인이 농지전용행위를 한 사람을 甲으로 잘못 알고 甲을 피고발인으로 하여 고발하였다고 하더라도 을이 농지전용행위를 한 이상 을에 대하여도 고발의 효력이 미친

다(대법원 1994.5.13, 94도458).

③ (○) 고발은 범죄사실에 대한 소추를 요구하는 의사표시로서 그 효력은 고발장에 기재된 범죄사실과 동일성이 인정되는 사실 모두에 미치므로, 조세범 처벌절차법에 따라 범칙사건에 대한 고발이 있는 경우 고발의 효력은 범칙사건에 관련된 범칙사실의 전부에 미치고 한 개의 범칙사실의 일부에 대한 고발은 전부에 대하여 효력이 생긴다. 그러나 수 개의 범칙사실 중 일부만을 범칙사건으로 하는 고발이 있는 경우 고발장에 기재된 범칙사실과 동일성이 인정되지 않는 다른 범칙사실에 대해서까지 고발의 효력이 미칠 수는 없다(대법원 2014.10.15, 2013도5650).

18

② (×) 사자명예훼손죄는 친고죄로 주관적 불가분의 원칙이 적용된다.

> **형사소송법 제233조(고소의 불가분)** 친고죄의 공범 중 그 1인 또는 수인에 대한 고소 또는 그 취소는 다른 공범자에 대하여도 효력이 있다.

① (○) 형사소송법 제228조 참조.

> **형사소송법 제228조(고소권자의 지정)** 친고죄에 대하여 고소할 자가 없는 경우에 이해관계인의 신청이 있으면 검사는 10일 이내에 고소할 수 있는 자를 지정하여야 한다.

③ (○) 친고죄에 있어서의 고소는 고소권 있는 자가 수사기관에 대하여 범죄사실을 신고하고 범인의 처벌을 구하는 의사표시로서 서면뿐만 아니라 구술로도 할 수 있는 것이고, 다만 구술에 의한 고소를 받은 검사 또는 사법경찰관은 조서를 작성하여야 하지만 그 조서가 독립된 조서일 필요는 없으며 수사기관이 고소권자를 증인 또는 피해자로서 신문한 경우에 그 진술에 범인의 처벌을 요구하는 의사표시가 포함되어 있고 그 의사표시가 조서에 기재되면 고소는 적법하게 이루어진 것이다(대법원 1985.3.12, 85도190).

④ (○) 형사소송법 제232조 제1항, 제3항에 의하면 친고죄에서 고소의 취소 및 반의사불벌죄에서 처벌을 희망하는 의사표시의 철회는 제1심판결 선고 전까지만 할 수 있고, 따라서 제1심판결 선고 후에 고소가 취소되거나 처벌을 희망하는 의사표시가 철회된 경우에는 효력이 없으므로 형사소송법 제327조 제5호 내지 제6호의 공소기각 재판을 할 수 없다. 그리고 고소의 취소나 처벌을 희망하는 의사표시의 철회는 수사기관 또는 법원에 대한 법률행위적 소송행위이므로 공소제기 전에는 고소사건을 담당하는 수사기관에, 공소제기 후에는 고소사건의 수소법원에 대하여 이루어져야 한다. 피고인이 甲의 명예를 훼손하고 甲을 모욕하였다는 내용으로 기소된 사안에서, 공소제기 후에 피고인에 대한 다른 사건의 검찰 수사과정에서 피고인에 대한 이전의 모든 고소 등을 취소한다는 취지가 기재된 합의서가 작성되었으나 그것이 제1심판결 선고 전에 법원에 제출되었다고 볼 자료가 없고, 오히려 甲이 제1심법정에서 증언하면서 위 합의 건은 기소된 사건과 별개이고 피고인의 처벌을 원한다고 진술하였다면, 고소취소 및 처벌의사의 철회가 있었다고 할 수 없다(대법원 2012.2.23, 2011도17264).

19

② (×) 제1심 법원이 반의사불벌죄로 기소된 피고인에 대하여 소송촉진 등에 관한 특례법(이하 '소송촉진법'이라고 한다) 제23조에 따라 피고인의 진술 없이 유죄를 선고하여 판결이 확정된 경우, 만일 피고인이 책임을 질 수 없는 사유로 공판절차에 출석할 수 없었음을 이유로 소송촉진법 제23조의2에 따라 제1심 법원에 재심을 청구하여 재심개시결정이 내려졌다면 피해자는 재심의 제1심 판결 선고 전까지 처벌을 희망하는 의사표시를 철회할 수 있다. 그러나 피고인이 제1심 법원에 소송촉진법 제23조의2에 따른 재심을 청구하는 대신 항소권회복청구를 함으로써 항소심 재판을 받게 되었다면 항소심을 제1심이라고 할 수 없는 이상 항소심 절차에서는 처벌을 희망하는 의사표시를 철회할 수 없다(대법원 2016.11.25, 2016도9470).

① (〇) 맞는 지문이다. 또한 위 특례법 제2조 제2호는 '교통사고'란 차의 교통으로 인하여 사람을 사상하거나 물건을 손괴하는 것을 말한다고 규정하고 있는데, 여기서 '차의 교통'은 차량을 운전하는 행위 및 그와 동일하게 평가할 수 있을 정도로 밀접하게 관련된 행위를 모두 포함한다(대법원 2017.5.31, 2016도21034).

③ (〇) 피고인이 술에 취한 상태에서 굴삭기를 운전하여 화물차에 적재하였다고 하여 도로교통법 위반(음주운전)으로 기소된 경우, 피고인이 음주측정을 위해 경찰서에 동행할 것을 요구받고 자발적인 의사로 경찰차에 탑승하였고, 경찰서로 이동 중 하차를 요구하였으나 그 직후 수사 과정에 관한 설명을 듣고 빨리 가자고 요구하였으므로, 피고인에 대한 임의동행은 적법하고, 그 후 이루어진 음주측정 결과는 증거능력이 있다(대법원 2016.9.28, 2015도2798).

④ (〇) 피고인이 필로폰을 투약한다는 제보를 받은 경찰관이 제보된 주거지에 피고인이 살고 있는지 등 제보의 정확성을 사전에 확인한 후에 제보자를 불러 조사하기 위하여 피고인의 주거지를 방문하였다가, 현관에서 담배를 피우고 있는 피고인을 발견하고 사진을 찍어 제보자에게 전송하여 사진에 있는 사람이 제보한 대상자가 맞다는 확인을 한 후, 가지고 있던 피고인의 전화번호로 전화를 하여 차량 접촉사고가 났으니 나오라고 하였으나 나오지 않고, 또한 경찰관임을 밝히고 만나자고 하는데도 현재 집에 있지 않다는 취지로 거짓말을 하자 피고인의 집 문을 강제로 열고 들어가 피고인을 긴급체포한 경우, 피고인이 마약에 관한 죄를 범하였다고 의심할 만한 상당한 이유가 있었더라도, 경찰관이 이미 피고인의 신원과 주거지 및 전화번호 등을 모두 파악하고 있었고, 당시 마약 투약의 범죄 증거가 급속하게 소멸될 상황도 아니었던 점 등의 사정을 감안하면, 긴급체포가 미리 체포영장을 받을 시간적 여유가 없었던 경우에 해당하지 않아 경찰관의 긴급체포를 위법하다고 본 원심판단은 정당하다(대법원 2016.10.13, 2016도5814).

20

③ (〇) 이 사건 소변채취를 법관의 영장을 필요로 하는 강제처분이라고 할 수 없어 구치소 등 교정시설 내에서 위와 같은 방법에 의한 소변채취가 법관의 영장이 없이 실시되었다고 하여 헌법 제12조 제3항의 영장주의에 위배하였다고 할 수는 없다(헌법재판소 2006.7.27, 2005헌마277).

① (×) 관세법 제246조 제1항, 제2항, 제257조, '국제우편물 수입

통관 사무처리'(2011.9.30. 관세청고시 제2011-40호) 제1-2조 제2항, 제1-3조, 제3-6조, 구 '수출입물품 등의 분석사무 처리에 관한 시행세칙'(2013.1.4. 관세청훈령 제1507호로 개정되기 전의 것) 등과 관세법이 관세의 부과·징수와 아울러 수출입물품의 통관을 적정하게 함을 목적으로 한다는 점(관세법 제1조)에 비추어 보면, 우편물 통관검사절차에서 이루어지는 우편물의 개봉, 시료채취, 성분분석 등의 검사는 수출입물품에 대한 적정한 통관 등을 목적으로 한 행정조사의 성격을 가지는 것으로서 수사기관의 강제처분이라고 할 수 없으므로, 압수·수색영장 없이 우편물의 개봉, 시료채취, 성분분석 등 검사가 진행되었다 하더라도 특별한 사정이 없는 한 위법하다고 볼 수 없다(대법원 2013.9.26, 2013도7718).

② (×) 교통안전과 위험방지를 위한 필요가 없음에도 주취운전을 하였다고 인정할 만한 상당한 이유가 있다는 이유만으로 이루어지는 음주측정은 이미 행하여진 주취운전이라는 범죄행위에 대한 증거 수집을 위한 수사절차로서의 의미를 가지는 것인데, 도로교통법상의 규정들이 음주측정을 위한 강제처분의 근거가 될 수 없으므로 위와 같은 음주측정을 위하여 당해 운전자를 강제로 연행하기 위해서는 수사상의 강제처분에 관한 형사소송법상의 절차에 따라야 하고, 이러한 절차를 무시한 채 이루어진 강제연행은 위법한 체포에 해당한다. 이와 같은 위법한 체포 상태에서 음주측정요구가 이루어진 경우, 음주측정요구를 위한 위법한 체포와 그에 이은 음주측정요구는 주취운전이라는 범죄행위에 대한 증거 수집을 위하여 연속하여 이루어진 것으로서 개별적으로 그 적법 여부를 평가하는 것은 적절하지 않으므로 그 일련의 과정을 전체적으로 보아 위법한 음주측정요구가 있었던 것으로 볼 수밖에 없고, 운전자가 주취운전을 하였다고 인정할 만한 상당한 이유가 있다 하더라도 그 운전자에게 경찰공무원의 이와 같은 위법한 음주측정요구에 대해서까지 그에 응할 의무가 있다고 보아 이를 강제하는 것은 부당하므로 그에 불응하였다고 하여 음주측정거부에 관한 도로교통법 위반죄로 처벌할 수 없다(대법원 2006.11.9, 2004도8404; 2012.12.13, 2012도11162).

④ (×) 거짓말탐지기의 검사는 그 기구의 성능, 조작기술에 있어 신뢰도가 극히 높다고 인정되고 그 검사자가 적격자이며, 검사를 받는 사람이 검사를 받음에 동의하였으며 검사자 자신이 실시한 검사의 방법, 경과 및 그 결과를 충실하게 기재하였다는 여러가지 점이 증거에 의하여 확인되었을 경우에 형사소송법 제313조 제2항(현행 동 제3항)에 의하여 이를 증거로 할 수 있다(대법원 1984.2.14, 83도3146).

▶ **제1장 수사** [임의수사 2]

01	③	02	②	03	②	04	④	05	②
06	④	07	④	08	②	09	④	10	③
11	④	12	④	13	③	14	①	15	③
16	③	17	④	18	④	19	④	20	④

01

정답 ③

③ (×) 위드마크 공식은 운전자가 음주한 상태에서 운전한 사실이 있는지에 대한 경험법칙에 의한 증거수집 방법에 불과하다. 따라서 경찰공무원에게 위드마크 공식의 존재 및 나아가 호흡측정에 의한 혈중알코올농도가 음주운전 처벌기준 수치에 미달하였더라도 위드마크 공식에 의한 역추산 방식에 의하여 운전 당시의 혈중알코올농도를 산출할 경우 그 결과가 음주운전 처벌기준 수치 이상이 될 가능성이 있다는 취지를 운전자에게 미리 고지하여야 할 의무가 있다고 보기도 어렵다(대법원 2017. 9.21, 2017도661).

① (○) 구 도로교통법 제44조 제2항, 제3항, 제148조의2 제1항 제2호의 입법연혁과 내용 등에 비추어 보면, 구 도로교통법 제44조 제2항, 제3항은 음주운전 혐의가 있는 운전자에게 수사를 위한 호흡측정에도 응할 것을 간접적으로 강제하는 한편 혈액 채취 등의 방법에 의한 재측정을 통하여 호흡측정의 오류로 인한 불이익을 구제받을 수 있는 기회를 보장하는 데 취지가 있으므로, 이 규정들이 음주운전에 대한 수사방법으로서의 혈액 채취에 의한 측정의 방법을 운전자가 호흡측정 결과에 불복하는 경우에만 한정하여 허용하려는 취지의 규정이라고 해석할 수는 없다. … 음주운전에 대한 수사 과정에서 음주운전 혐의가 있는 운전자에 대하여 구 도로교통법 제44조 제2항에 따른 호흡측정이 이루어진 경우에는 그에 따라 과학적이고 중립적인 호흡측정 수치가 도출된 이상 다시 음주측정을 할 필요성은 사라졌으므로 운전자의 불복이 없는 한 다시 음주측정을 하는 것은 원칙적으로 허용되지 아니한다. 그러나 운전자의 태도와 외관, 운전 행태 등에서 드러나는 주취 정도, 운전자가 마신 술의 종류와 양, 운전자가 사고를 야기하였다면 경위와 피해 정도, 목격자들의 진술 등 호흡측정 당시의 구체적 상황에 비추어 호흡측정기의 오작동 등으로 인하여 호흡측정 결과에 오류가 있다고 인정할 만한 객관적이고 합리적인 사정이 있는 경우라면 그러한 호흡측정 수치를 얻은 것만으로는 수사의 목적을 달성하였다고 할 수 없어 추가로 음주측정을 할 필요성이 있으므로, 경찰관이 음주운전 혐의를 제대로 밝히기 위하여 운전자의 자발적인 동의를 얻어 혈액 채취에 의한 측정의 방법으로 다시 음주측정을 하는 것을 위법하다고 볼 수는 없다. 이 경우 운전자가 일단 호흡측정에 응한 이상 재차 음주측정에 응할 의무까지 당연히 있다고 할 수는 없으므로, 운전자의 혈액 채취에 대한 동의의 임의성을 담보하기 위하여는 경찰관이 미리 운전자에게 혈액 채취를 거부할 수 있음을 알려주었거나 운전자가 언제든지 자유로이 혈액 채취에 응하지 아니할 수 있었음이 인정되는 등 운전자의 자발적인 의사에 의하여 혈액 채취가 이루어졌다는 것이 객관적인 사정에 의하여 명백한 경우에 한하여 혈액 채취에 의한 측정의 적법성이 인정된다(대법원 2015.7.9, 2014도16051).

② (○) 음주운전에 대한 수사과정에서 음주운전의 혐의가 있는 운전자에 대하여 도로교통법 제44조 제2항에 따른 호흡측정이 이루어진 경우에는 그에 따라 과학적이고 중립적인 호흡측정 수치가 도출된 이상 다시 음주측정을 할 필요가 사라졌으므로 운전자의 불복이 없는 한 다시 음주측정을 하는 것은 원칙적으로 허용되지 아니한다. 또한 도로교통법 제44조 제2항, 제3항의 내용 등에 비추어 보면, 호흡측정 방식에 따라 혈중알코올농도를 측정한 경찰공무원에게 특별한 사정이 없는 한 혈액채취의 방법을 통하여 혈중알코올농도를 다시 측정할 수 있다는 취지를 운전자에게 고지하여야 할 의무가 있다고 볼 수 없다(대법원 2017.9.21, 2017도661).

④ (○) 임의동행은 ㉠ 경찰관 직무집행법 제3조 제2항에 따른 행정경찰 목적의 경찰활동으로 행하여지는 것 외에도 ㉡ 형사소송법 제199조 제1항에 따라 범죄 수사를 위하여 수사관이 동행에 앞서 피의자에게 동행을 거부할 수 있음을 알려 주었거나 동행한 피의자가 언제든지 자유로이 동행과정에서 이탈 또는 동행장소로부터 퇴거할 수 있었음이 인정되는 등 오로지 피의자의 자발적인 의사에 의하여 이루어진 경우에도 가능하다(대법원 2006.7.6, 2005도6810 등). 기록에 의하면, 경찰관은 당시 피고인의 정신 상태, 신체에 있는 주사바늘 자국, 알콜솜 휴대, 전과 등을 근거로 피고인의 마약류 투약 혐의가 상당하다고 판단하여 경찰서로 임의동행을 요구하였고, 동행장소인 경찰서에서 피고인에게 마약류 투약 혐의를 밝힐 수 있는 소변과 모발의 임의제출을 요구하였음을 알 수 있다. 그렇다면 이 사건 임의동행은 마약류 투약 혐의에 대한 수사를 위한 것이어서 형사소송법 제199조 제1항에 따른 임의동행에 해당한다(대법원 2020.5.14, 2020도398).

[보충] 다만 원심은 수사기관이 위 소변과 모발을 형사소송법 제218조에 따른 임의제출물로 압수함에 있어 그 제출의 임의성도 부정하였고, 관련 법리와 기록에 비추어 살펴보면, 검사가 위 임의성의 존재에 관하여 합리적 의심을 배제할 정도로 증명하는 데에 실패하였다고 볼 수 있어서 임의성을 부정한 판단 부분에 상고이유 주장과 같이 논리와 경험의 법칙을 위반하여 자유심증주의의 한계를 벗어나거나 임의제출물 압수의 임의성,

위법수집증거 배제법칙과 증거능력에 관한 법리를 오해한 잘못이 없다. 결국 피고인의 소변과 모발은 증거능력을 인정할 수 없으므로, 앞서 본 원심의 임의동행에 관한 법리를 오해한 잘못은 판결에 영향이 없다.

02

정답 ②

② ㉠㉢㉣

㉠ (×) 확정된 형을 집행하는 단계까지 법관의 영장에 의하게 하는 것은 절차의 번잡을 초래한다는 점을 고려하여 검사의 형집행장에 의한 구인이 인정된다(형사소송법 제473조 참조). 형집행장은 영장에 해당하지 않으나 구속영장과 동일한 효력이 있다(형사소송법 제474조 제2항 참조).

> **형사소송법 제473조(집행하기 위한 소환)** ① 사형, 징역, 금고 또는 구류의 선고를 받은 자가 구금되지 아니한 때에는 검사는 형을 집행하기 위하여 이를 소환하여야 한다.
> ② 소환에 응하지 아니한 때에는 검사는 형집행장을 발부하여 구인하여야 한다.
> ③ 제1항의 경우에 형의 선고를 받은 자가 도망하거나 도망할 염려가 있는 때 또는 현재지를 알 수 없는 때에는 소환함이 없이 형집행장을 발부하여 구인할 수 있다.
> **제474조(형집행장의 방식과 효력)** ① 전조의 형집행장에는 형의 선고를 받은 자의 성명, 주거, 연령, 형명, 형기 기타 필요한 사항을 기재하여야 한다.
> ② 형집행장은 구속영장과 동일한 효력이 있다.

㉡ (○) 헌법재판소 2016.11.24, 2014헌바401

㉢ (×) 헌법재판소 2016.3.31. 2013헌바190. 최종결론은 합헌(영장주의 위배 ×, 위헌정족수 미달)이고, 지문은 재판관 이정미, 재판관 김이수, 재판관 이진성, 재판관 안창호, 재판관 강일원의 위헌의견이다.

㉣ (×) 긴급체포는 영장주의원칙에 대한 예외인 만큼 형사소송법 제200조의3 제1항의 요건을 모두 갖춘 경우에 한하여 예외적으로 허용되어야 하고, 요건을 갖추지 못한 긴급체포는 법적 근거에 의하지 아니한 영장 없는 체포로서 위법한 체포에 해당하는 것이고, 여기서 긴급체포의 요건을 갖추었는지 여부는 사후에 밝혀진 사정을 기초로 판단하는 것이 아니라 체포 당시의 상황을 기초로 판단하여야 하고, 이에 관한 검사나 사법경찰관 등 수사주체의 판단에는 상당한 재량의 여지가 있다고 할 것이나, 긴급체포 당시의 상황으로 보아서도 그 요건의 충족 여부에 관한 검사나 사법경찰관의 판단이 경험칙에 비추어 현저히 합리성을 잃은 경우에는 그 체포는 위법한 체포라 할 것이고, 이러한 위법은 영장주의에 위배되는 중대한 것이니 그 체포에 의한 유치 중에 작성된 피의자신문조서는 위법하게 수집된 증거로서 특별한 사정이 없는 한 이를 유죄의 증거로 할 수 없다(대법원 2008.3.27, 2007도11400; 2002.6.11, 2000도5701 등).

㉤ (○) 구치소장이 변호인접견실에 CCTV를 설치하여 미결수용자와 변호인 간의 접견을 관찰한 행위는 변호인의 조력을 받을 권리를 침해하지 않고, 교도관이 미결수용자와 변호인 간에 주고받는 서류를 확인하고, 소송관계서류처리부에 그 제목을 기재하여 등재한 행위도 변호인의 조력을 받을 권리를 침해하지 않는다(헌법재판소 2016.4.28, 2015헌마243).

03

정답 ②

② ㉡㉣㉤

㉠ (○) 방송자가 인터넷을 도관 삼아 인터넷서비스제공업체 또는 온라인서비스제공자인 인터넷개인방송 플랫폼업체의 서버를 이용하여 실시간 또는 녹화된 형태로 음성, 영상물을 방송함으로써 불특정 혹은 다수인이 이를 수신·시청할 수 있게 하는 인터넷개인 방송은 그 성격이나 통신비밀보호법의 위와 같은 규정에 비추어 전기통신에 해당함은 명백하다. … (따라서) 인터넷개인방송의 방송자가 비밀번호를 설정하는 등으로 비공개 조치를 취한 후 방송을 송출하는 경우에는, 방송자로부터 허가를 받지 못한 사람은 당해 인터넷개인방송의 당사자가 아닌 '제3자'에 해당하고, 이러한 제3자가 비공개 조치가 된 인터넷개인방송을 비정상적인 방법으로 시청·녹화하는 것은 통신비밀보호법상의 감청에 해당할 수 있다(대법원 2022.10.27, 2022도9877).

㉡ (×) (7일이 아니라 14일이다.) ㉢ (○) 개정 통신비밀보호법 제12조의2 제2항 참조. 구법은 통신제한조치를 집행하여 취득한 전기통신에 대하여 통신제한조치에 관여한 공무원 등의 비밀준수의무와 통신제한조치로 취득한 자료의 사용 제한에 관하여 규정하고 있을 뿐, 수사기관이 통신제한조치로 취득한 자료의 처리나 보관절차에 대해서는 아무런 규정을 두고 있지 않고 있는데, 헌법재판소는 2018년 8월 30일에 이 법 제5조 제2항 중 '인터넷 회선을 통하여 송신·수신하는 전기통신'에 관한 부분은 인터넷 감청의 특성상 다른 통신제한조치에 비하여 수사기관이 취득하는 자료가 매우 방대함에도 불구하고 수사기관이 감청 집행으로 취득한 자료에 대한 처리 등을 객관적으로 통제할 수 있는 절차가 마련되어 있지 않다는 취지로 헌법불합치 결정을 내렸다(헌법재판소 2018.8.30, 2016헌마263). 이에 2020. 3.24. 개정 통신비밀보호법에서는 수사기관이 인터넷 회선을 통하여 송신·수신하는 전기통신에 대한 통신제한조치로 취득한 자료에 대해서는 집행 종료 후 범죄수사나 소추 등에 사용하거나 사용을 위하여 보관하고자 하는 때에는 보관 등이 필요한 전기통신을 선별하여 법원으로부터 보관 등의 승인을 받도록 하고, 승인 청구를 하지 아니한 전기통신 등의 폐기 절차를 마련하였다. 이에 동법 제12조의2를 다음과 같이 신설하였다.

> **통신비밀보호법 제12조의2(범죄수사를 위하여 인터넷 회선에 대한 통신제한조치로 취득한 자료의 관리)** ① 검사는 인터넷 회선을 통하여 송신·수신하는 전기통신을 대상으로 제6조 또는 제8조(제5조 제1항의 요건에 해당하는 사람에 대한 긴급통신제한조치에 한정한다)에 따른 통신제한조치를 집행한 경우 그 전기통신을 제12조 제1호에 따라 사용하거나 사용을 위하여 보관(이하 이 조에서 "보관등"이라 한다)하고자 하는 때에는 집행종료일부터 14일 이내에 보관등이 필요한 전기통신을 선별하여 통신제한조치를 허가한 법원에 보관등의 승인을 청구하여야 한다.
> ② 사법경찰관은 인터넷 회선을 통하여 송신·수신하는 전기통신을 대상으로 제6조 또는 제8조(제5조 제1항의 요건에 해당하는 사람에 대한 긴급통신제한조치에 한정한다)에 따른 통신제한조치를 집행한 경우 그 전기통신의 보관등을 하고자 하는 때에는 집행종료일부터 14일 이내에 보관등이 필요한 전기통신을 선별하여 검사에게 보관등의 승인을 신청하고, 검사는 신청일부터 7일 이내에 통신제한조치를 허가한 법원에 그 승인을 청구할 수 있다.

③ 제1항 및 제2항에 따른 승인청구는 통신제한조치의 집행경위, 취득한 결과의 요지, 보관등이 필요한 이유를 기재한 서면으로 하여야 하며, 다음 각 호의 서류를 첨부하여야 한다.

1. 청구이유에 대한 소명자료

2. 보관등이 필요한 전기통신의 목록

3. 보관등이 필요한 전기통신. 다만, 일정 용량의 파일 단위로 분할하는 등 적절한 방법으로 정보저장매체에 저장·봉인하여 제출하여야 한다.

④ 법원은 청구가 이유 있다고 인정하는 경우에는 보관등을 승인하고 이를 증명하는 서류(이하 이 조에서 "승인서"라 한다)를 발부하며, 청구가 이유 없다고 인정하는 경우에는 청구를 기각하고 이를 청구인에게 통지한다.

⑤ 검사 또는 사법경찰관은 제1항에 따른 청구나 제2항에 따른 신청을 하지 아니하는 경우에는 집행종료일부터 14일(검사가 사법경찰관의 신청을 기각한 경우에는 그 날부터 7일) 이내에 통신제한조치로 취득한 전기통신을 폐기하여야 하고, 법원에 승인청구를 한 경우(취득한 전기통신의 일부에 대해서만 청구한 경우를 포함한다)에는 제4항에 따라 법원으로부터 승인서를 발부받거나 청구기각의 통지를 받은 날부터 7일 이내에 승인을 받지 못한 전기통신을 폐기하여야 한다.

⑥ 검사 또는 사법경찰관은 제5항에 따라 통신제한조치로 취득한 전기통신을 폐기한 때에는 폐기의 이유와 범위 및 일시 등을 기재한 폐기결과보고서를 작성하여 피의자의 수사기록 또는 피내사자의 내사사건기록에 첨부하고, 폐기일부터 7일 이내에 통신제한조치를 허가한 법원에 송부하여야 한다.

㉣ (×) 수사기관이 甲으로부터 피고인의 마약류관리에 관한 법률 위반(향정) 범행에 대한 진술을 듣고 추가적인 증거를 확보할 목적으로, 구속수감되어 있던 甲에게 그의 압수된 휴대전화를 제공하여 피고인과 통화하고 위 범행에 관한 통화 내용을 녹음하게 한 행위는 불법감청에 해당하므로, 그 녹음 자체는 물론 이를 근거로 작성된 녹취록 첨부 수사보고는 피고인의 증거동의에 상관없이 그 증거능력이 없다.

> 제3자의 경우는 설령 전화통화 당사자 일방의 동의를 받고 그 통화 내용을 녹음하였다 하더라도 그 상대방의 동의가 없었던 이상, 이는 여기의 감청에 해당하여 법 제3조 제1항 위반이 되고, 이와 같이 법 제3조 제1항에 위반한 불법감청에 의하여 녹음된 전화통화의 내용은 법 제4조에 의하여 증거능력이 없다. 그리고 사생활 및 통신의 불가침을 국민의 기본권의 하나로 선언하고 있는 헌법규정과 통신비밀의 보호와 통신의 자유 신장을 목적으로 제정된 통신비밀보호법의 취지에 비추어 볼 때 피고인이나 변호인이 이를 증거로 함에 동의하였다고 하더라도 달리 볼 것은 아니다(대법원 2010.10.14. 2010도 9016).

㉤ (×) 헌법재판소는 전기통신에 관한 통신제한조치 기간의 연장과 관련하여 총 연장기간 등을 정하지 아니하고 제한 없이 기간을 연장할 수 있도록 한 규정 등에 대하여 헌법불합치 결정을 내린 바 있다(헌법재판소 2010.12.28. 2009헌가30). 이에 2019.12.31. 개정 통신비밀보호법에서는 통신제한조치 기간을 연장하는 경우 총 연장기간을 1년 이내로 하도록 하고, 예외적으로 내란죄·외환죄 등 국가안보와 관련된 범죄 등에 대해서는 통신제한조치의 총 연장기간을 3년 이내로 하였다(통신비밀보호법 제6조 제8항 신설).

[개정] 제6조 제8항을 제9항으로 하고, 같은 조에 제8항을 다음

과 같이 신설하며, 같은 조 제9항(종전의 제8항)을 다음과 같이 한다.

> **통신비밀보호법 제6조(범죄수사를 위한 통신제한조치의 허가절차)** ⑧ 검사 또는 사법경찰관이 제7항 단서에 따라 통신제한조치의 연장을 청구하는 경우에 통신제한조치의 총 연장기간은 1년을 초과할 수 없다. 다만, 다음 각 호의 어느 하나에 해당하는 범죄의 경우에는 통신제한조치의 총 연장기간이 3년을 초과할 수 없다.
>
> 1. 「형법」 제2편 중 제1장 내란의 죄, 제2장 외환의 죄 중 제92조부터 제101조까지의 죄, 제4장 국교에 관한 죄 중 제107조, 제108조, 제111조부터 제113조까지의 죄, 제5장 공안을 해하는 죄 중 제114조, 제115조의 죄 및 제6장 폭발물에 관한 죄
>
> 2. 「군형법」 제2편 중 제1장 반란의 죄, 제2장 이적의 죄, 제11장 군용물에 관한 죄 및 제12장 위령의 죄 중 제78조·제80조·제81조의 죄
>
> 3. 「국가보안법」에 규정된 죄
>
> 4. 「군사기밀보호법」에 규정된 죄
>
> 5. 「군사기지 및 군사시설보호법」에 규정된 죄
>
> ⑨ 법원은 제1항·제2항 및 제7항 단서에 따른 청구가 이유없다고 인정하는 경우에는 청구를 기각하고 이를 청구인에게 통지한다.

04

정답 ④

④ ㉢㉣㉤

㉠ (×) 통신비밀보호법에 규정된 '통신제한조치'는 '우편물의 검열 또는 전기통신의 감청'을 말하는 것으로(제3조 제2항), 여기서 '전기통신'은 전화·전자우편·모사전송 등과 같이 유선·무선·광선 및 기타의 전자적 방식에 의하여 모든 종류의 음향·문언·부호 또는 영상을 송신하거나 수신하는 것을 말하고(제2조 제3호), '감청'은 전기통신에 대하여 당사자의 동의 없이 전자장치·기계장치 등을 사용하여 통신의 음향·문언·부호·영상을 청취·공독하여 그 내용을 지득 또는 채록하거나 전기통신의 송·수신을 방해하는 것을 말한다고 규정되어 있다(제2조 제7호). 따라서 '전기통신의 감청'은 '감청'의 개념 규정에 비추어 전기통신이 이루어지고 있는 상황에서 실시간으로 전기통신의 내용을 지득·채록하는 경우와 통신의 송·수신을 직접적으로 방해하는 경우를 의미하는 것이지, 이미 수신이 완료된 전기통신에 관하여 남아 있는 기록이나 내용을 열어보는 등의 행위는 포함하지 않는다(대법원 2016.10.13. 2016도8137).

㉡ (×) 통신제한조치허가서에는 통신제한조치의 종류·목적·대상·범위·기간 및 집행장소와 방법을 특정하여 기재하여야 하고(통신비밀보호법 제6조 제6항), 수사기관은 허가서에 기재된 허가의 내용과 범위 및 집행방법 등을 준수하여 통신제한조치를 집행하여야 한다. 이때 수사기관은 통신기관 등에 통신제한조치허가서의 사본을 교부하고 집행을 위탁할 수 있으나(통신비밀보호법 제9조 제1항, 제2항), 그 경우에도 집행의 위탁을 받은 통신기관 등은 수사기관이 직접 집행할 경우와 마찬가지로 허가서에 기재된 집행방법 등을 준수하여야 함은 당연하다. 따라서 허가된 통신제한조치의 종류가 전기통신의 '감청'인 경우, 수사기관 또는 수사기관으로부터 통신제한조치의 집행을 위탁받은 통신기관 등은 통신비밀보호법이 정한 감청의 방식으로 집행하여야 하고 그와 다른 방식으로 집행하여서는 아니 된

다. 한편 수사기관이 통신기관 등에 통신제한조치의 집행을 위탁하는 경우에는 집행에 필요한 설비를 제공하여야 한다(통신비밀보호법 시행령 제21조 제3항). 그러므로 수사기관으로부터 통신제한조치의 집행을 위탁받은 통신기관 등이 집행에 필요한 설비가 없을 때에는 수사기관에 설비의 제공을 요청하여야 하고, 그러한 요청 없이 통신제한조치허가서에 기재된 사항을 준수하지 아니한 채 통신제한조치를 집행하였다면, 그러한 집행으로 취득한 전기통신의 내용 등은 헌법과 통신비밀보호법이 국민의 기본권인 통신의 비밀을 보장하기 위해 마련한 적법한 절차를 따르지 아니하고 수집한 증거에 해당하므로(형사소송법 제308조의2), 이는 유죄 인정의 증거로 할 수 없다(대법원 2016.10.13, 2016도8137).

ⓒ (O) 통신비밀보호법 제3조 제1항은 법률이 정하는 경우를 제외하고는 공개되지 아니한 타인 간의 대화를 녹음 또는 청취하지 못하도록 정하고 있고, 제16조 제1항은 제3조의 규정에 위반하여 공개되지 아니한 타인 간의 대화를 녹음 또는 청취한 자(제1호)와 제1호에 의하여 지득한 대화의 내용을 공개하거나 누설한 자(제2호)를 처벌하고 있다. 이와 같이 공개되지 아니한 타인 간의 대화를 녹음 또는 청취하지 못하도록 한 것은, 대화에 원래부터 참여하지 않는 제3자가 그 대화를 하는 타인들 간의 발언을 녹음 또는 청취해서는 아니 된다는 취지이다. 따라서 3인 간의 대화에서 그중 한 사람이 그 대화를 녹음 또는 청취하는 경우에 다른 두 사람의 발언은 그 녹음자 또는 청취자에 대한 관계에서 통신비밀보호법 제3조 제1항에서 정한 '타인 간의 대화'라고 할 수 없으므로, 이러한 녹음 또는 청취하는 행위 및 그 내용을 공개하거나 누설하는 행위가 통신비밀보호법 제16조 제1항에 해당한다고 볼 수 없다(대법원 2014.5.16, 2013도16404; 2006.10.12, 2006도4981).

ⓓ (O) 통신비밀보호법 제3조 제1항이 공개되지 아니한 타인 간의 대화를 녹음 또는 청취하지 못하도록 한 것은, 대화에 원래부터 참여하지 않는 제3자가 그 대화를 하는 타인 간의 발언을 녹음 또는 청취해서는 아니 된다는 취지이다. 따라서 대화에 원래부터 참여하지 않는 제3자가 일반 공중이 알 수 있도록 공개되지 아니한 타인 간의 발언을 녹음하거나 전자장치 또는 기계적 수단을 이용하여 청취하는 것은 특별한 사정이 없는 한 같은 법 제3조 제1항에 위반된다(대법원 2016.5.12, 2013도15616).

ⓔ (O) 방송자가 인터넷을 도관 삼아 인터넷서비스제공업체 또는 온라인서비스제공자인 인터넷개인방송 플랫폼업체의 서버를 이용하여 실시간 또는 녹화된 형태로 음성, 영상물을 방송함으로써 불특정 혹은 다수인이 이를 수신·시청할 수 있게 하는 인터넷개인 방송은 그 성격이나 통신비밀보호법의 위와 같은 규정에 비추어 전기통신에 해당함은 명백하다. ⓐ 인터넷개인방송의 방송자가 비밀번호를 설정하는 등 그 수신 범위를 한정하는 비공개 조치를 취하지 않고 방송을 송출하는 경우, 누구든지 시청하는 것을 포괄적으로 허용하는 의사라고 볼 수 있으므로, 그 시청자는 인터넷개인방송의 당사자인 수신인에 해당하고, 이러한 시청자가 방송 내용을 지득·채록하는 것은 통신비밀보호법에서 정한 감청에 해당하지 않는다. 그러나 ⓑ 인터넷개인방송의 방송자가 비밀번호를 설정하는 등으로 비공개 조치를 취한 후 방송을 송출하는 경우에는, 방송자로부터 허가를 받지 못한 사람은 당해 인터넷개인방송의 당사자가 아닌 '제3자'에 해당하고, 이러한 제3자가 비공개 조치가 된 인터넷개인방송을 비정상적인 방법으로 시청·녹화하는 것은 통신비밀보호법상

의 감청에 해당할 수 있다. 다만, ⓒ 방송자가 이와 같은 제3자의 시청·녹화 사실을 알거나 알 수 있었음에도 방송을 중단하거나 그 제3자를 배제하지 않은 채 방송을 계속 진행하는 등 허가받지 아니한 제3자의 시청·녹화를 사실상 승낙·용인한 것으로 볼 수 있는 경우에는 불특정인 혹은 다수인을 직·간접적인 대상으로 하는 인터넷개인방송의 일반적 특성상 그 제3자 역시 인터넷개인방송의 당사자에 포함될 수 있으므로, 이러한 제3자가 방송 내용을 지득·채록하는 것은 통신비밀보호법에서 정한 감청에 해당하지 않는다(대법원 2022.10.27, 2022도9877).

ⓗ (×) [피고인은 2020.2. 배우자와 함께 거주하는 아파트 거실에 녹음기능이 있는 영상정보 처리기기(이른바 '홈캠')를 설치하였고, 2020.5.1. 13:00경 위 거실에서 배우자와 그 부모 및 동생이 대화하는 내용이 위 기기에 자동 녹음되었다. 이에 대하여 피고인은 "공개되지 아니한 타인 간 대화를 청취하고 그 내용을 누설"하여 통신비밀보호법 제16조, 제3조를 위반한 것으로 기소되었다.] 통신비밀보호법 제3조 제1항은 누구든지 이 법과 형사소송법 또는 군사법원법의 규정에 의하지 아니하고는 우편물의 검열, 전기통신의 감청 또는 공개되지 않은 타인 간의 대화를 녹음 또는 청취하지 못한다고 규정하고 있고, 제16조 제1항은 이를 위반하는 행위를 처벌하도록 규정하고 있다. 여기서 '청취'는 타인 간의 대화가 이루어지고 있는 상황에서 실시간으로 그 대화의 내용을 엿듣는 행위를 의미하고, 대화가 이미 종료된 상태에서 그 대화의 녹음물을 재생하여 듣는 행위는 '청취'에 포함되지 않는다(대법원 2024.2.29, 2023도8603).

05

정답 ②

② ㉠㉢㉣㉤

㉠ (×) 2022.12.27. 통신비밀보호법이 개정되어 긴급통신제한조치 종료 후 법원에 대한 사후통보제도는 폐지되고(구법 제8조 제5항 삭제), 긴급통신제한조치 착수 시 법원의 사후허가 취득이 필수적 절차로 강제되게 되었다.

㉡ (O) 2020.3.24. 개정 통신비밀보호법 제12조의2 참조(끝 부분은 동조 제5항 첫 번째 괄호 참조). '인터넷회선을 통하여 송·수신하는 전기통신'에 관한 부분은 헌법에 합치되지 아니한다. 위 법률조항은 2020.3.31.을 시한으로 개정될 때까지 계속 적용한다는 헌법재판소의 헌법불합치결정(헌법재판소 2018.8.30, 2016헌마263)에 의하여, 2020.3.24. 통신비밀보호법이 개정되어 제12조의2를 다음과 같이 신설하였다.

> **통신비밀보호법 제12조의2(범죄수사를 위하여 인터넷 회선에 대한 통신제한조치로 취득한 자료의 관리)** ① 검사는 인터넷 회선을 통하여 송신·수신하는 전기통신을 대상으로 제6조 또는 제8조(제5조 제1항의 요건에 해당하는 사람에 대한 긴급통신제한조치에 한정한다)에 따른 통신제한조치를 집행한 경우 그 전기통신을 제12조 제1호에 따라 사용하거나 사용을 위하여 보관(이하 이 조에서 "보관등"이라 한다)하고자 하는 때에는 집행종료일부터 14일 이내에 보관등이 필요한 전기통신을 선별하여 통신제한조치를 허가한 법원에 보관등의 승인을 청구하여야 한다.
> ② 사법경찰관은 인터넷 회선을 통하여 송신·수신하는 전기통신을 대상으로 제6조 또는 제8조(제5조 제1항의 요건에 해당하는 사람에 대한 긴급통신제한조치에 한정한다)에 따른 통신제한조치를 집행한 경우 그 전기통신의 보관등을 하고

자 하는 때에는 집행종료일부터 14일 이내에 보관등이 필요
한전기통신을 선별하여 검사에게 보관등의 승인을 신청하고,
검사는 신청일부터 7일 이내에 통신제한조치를 허가한 법원
에 그 승인을 청구할 수 있다.

④ 법원은 청구가 이유 있다고 인정하는 경우에는 보관등을
승인하고 이를 증명하는 서류(이하 이 조에서 "승인서"라 한
다)를 발부하며, 청구가 이유 없다고 인정하는 경우에는 청구
를 기각하고 이를 청구인에게 통지한다.

⑤ 검사 또는 사법경찰관은 제1항에 따른 청구나 제2항에 따
른 신청을 하지 아니하는 경우에는 집행종료일부터 14일(검
사가 사법경찰관의 신청을 기각한 경우에는 그 날부터 7일)
이내에 통신제한조치로 취득한 전기통신을 폐기하여야 하고,
법원에 승인청구를 한 경우(취득한 전기통신의 일부에 대해
서만 청구한 경우를 포함한다)에는 제4항에 따라 법원으로부
터 승인서를 발부받거나 청구기각의 통지를 받은 날부터 7일
이내에 승인을 받지 못한 전기통신을 폐기하여야 한다.

ⓒ (×), ⓔ (×) 수사기관이 범죄 증거를 수집할 목적으로 피의자
의 동의 없이 피의자의 소변을 채취하는 것은 법원으로부터 감
정허가장을 받아 형사소송법 제221조의4 제1항, 제173조 제1항
에서 정한 '감정에 필요한 처분'으로 할 수 있지만(피의자를 병
원 등에 유치할 필요가 있는 경우에는 형사소송법 제221조의3
에 따라 법원으로부터 감정유치장을 받아야 한다), 형사소송법
제219조, 제106조 제1항, 제109조에 따른 압수·수색의 방법으
로도 할 수 있다. 이러한 압수·수색의 경우에도 수사기관은 원
칙적으로 형사소송법 제215조에 따라 판사로부터 압수·수색영
장을 적법하게 발부받아 집행해야 한다(이상 ⓒ번의 해설). 압
수·수색의 방법으로 소변을 채취하는 경우 압수대상물인 피의
자의 소변을 확보하기 위한 수사기관의 노력에도 불구하고, 피
의자가 인근 병원 응급실 등 소변 채취에 적합한 장소로 이동
하는 것에 동의하지 않거나 저항하는 등 임의동행을 기대할 수
없는 사정이 있는 때에는 수사기관으로서는 소변 채취에 적합
한 장소로 피의자를 데려가기 위해서 필요 최소한의 유형력을
행사하는 것이 허용된다. 이는 형사소송법 제219조, 제120조
제1항에서 정한 '압수·수색영장의 집행에 필요한 처분'에 해당
한다고 보아야 한다(이상 ⓔ번의 해설). 그렇지 않으면 피의자
의 신체와 건강을 해칠 위험이 적고 피의자의 굴욕감을 최소화
하기 위하여 마련된 절차에 따른 강제 채뇨가 불가능하여 압수
영장의 목적을 달성할 방법이 없기 때문이다(대법원 2018.
7.12, 2018도6219).

ⓜ (○) 2022.12.27. 개정 통신비밀보호법 제8조 제2항, 제5항 참
조. 개정 통비법의 요점은, 긴급통신제한조치의 집행에 착수하
면 지체 없이 법원에 허가청구를 하고 법원의 허가를 받지 못
한 경우 긴급감청 즉시 중지 조항을 신설함으로써, 긴급통신제
한조치가 단시간 내 종료된 경우라도 예외 없이 법원의 허가를
받아야 함을 분명히 하였다는 점이다. 이로써 구 통비법상 긴급
통신제한조치 단시가 종료 시 법원의 허가를 받을 필요가 없는
경우 종료 후 7일 내 법원에 대한 사후통보제도(구 통비법 제8조
제5항)는 폐지된 것이다(위 ⓒ의 내용).

> **통신비밀보호법 제8조(긴급통신제한조치)** ① 검사, 사법경찰
> 관 또는 정보수사기관의 장은 국가안보를 위협하는 음모행위,
> 직접적인 사망이나 심각한 상해의 위험을 야기할 수 있는 범
> 죄 또는 조직범죄등 중대한 범죄의 계획이나 실행 등 긴박한

의한 요건을 구비한 자에 대하여 제6조 또는 제7조 제1항 및
제3항의 규정에 의한 절차를 거칠 수 없는 긴급한 사유가 있
는 때에는 법원의 허가없이 통신제한조치를 할 수 있다.

② 검사, 사법경찰관 또는 정보수사기관의 장은 제1항에 따른
통신제한조치(이하 "긴급통신제한조치"라 한다)의 집행에 착
수한 후 지체 없이 제6조(제7조 제3항에서 준용하는 경우를
포함한다)에 따라 법원에 허가청구를 하여야 한다. <개정
2022.12.27.>

③ 사법경찰관이 긴급통신제한조치를 할 경우에는 미리 검사
의 지휘를 받아야 한다. 다만, 특히 급속을 요하여 미리 지휘
를 받을 수 없는 사유가 있는 경우에는 긴급통신제한조치의
집행착수후 지체없이 검사의 승인을 얻어야 한다.

④ 검사, 사법경찰관 또는 정보수사기관의 장이 긴급통신제
한조치를 하고자 하는 경우에는 반드시 긴급검열서 또는 긴
급감청서(이하 "긴급감청서등"이라 한다)에 의하여야 하며
소속기관에 긴급통신제한조치대장을 비치하여야 한다.

⑤ 검사, 사법경찰관 또는 정보수사기관의 장은 긴급통신제
한조치의 집행에 착수한 때부터 36시간 이내에 법원의 허가
를 받지 못한 경우에는 해당 조치를 즉시 중지하고 해당 조치
로 취득한 자료를 폐기하여야 한다. <개정 2022.12.27.>

⑥ 검사, 사법경찰관 또는 정보수사기관의 장은 제5항에 따라
긴급통신제한조치로 취득한 자료를 폐기한 경우 폐기이유·
폐기범위·폐기일시 등을 기재한 자료폐기결과보고서를 작성
하여 폐기일부터 7일 이내에 제2항에 따라 허가청구를 한 법원
에 송부하고, 그 부본(副本)을 피의자의 수사기록 또는 피내사
자의 내사사건기록에 첨부하여야 한다. <개정 2022.12.27.>

⑦ 삭제 <2022.12.27.>

⑧ 정보수사기관의 장은 국가안보를 위협하는 음모행위, 직
접적인 사망이나 심각한 상해의 위험을 야기할 수 있는 범죄
또는 조직범죄등 중대한 범죄의 계획이나 실행 등 긴박한 상
황에 있고 제7조 제1항 제2호에 해당하는 자에 대하여 대통령
의 승인을 얻을 시간적 여유가 없거나 통신제한조치를 긴급
히 실시하지 아니하면 국가안전보장에 대한 위해를 초래할
수 있다고 판단되는 때에는 소속 장관(국가정보원장을 포함
한다)의 승인을 얻어 통신제한조치를 할 수 있다.

⑨ 정보수사기관의 장은 제8항에 따른 통신제한조치의 집행
에 착수한 후 지체 없이 제7조에 따라 대통령의 승인을 얻어
야 한다. <개정 2022.12.27.>

⑩ 정보수사기관의 장은 제8항에 따른 통신제한조치의 집행
에 착수한 때부터 36시간 이내에 대통령의 승인을 얻지 못한
경우에는 해당 조치를 즉시 중지하고 해당 조치로 취득한 자
료를 폐기하여야 한다. <신설 2022.12.27.>

ⓑ (×) 손님으로 가장한 경찰관이 대화당사자로서 성매매업소를
운영하는 피고인 등과의 대화 내용을 녹음한 것은 통신비밀보
호법 제3조 제1항이 금지하는 공개되지 아니한 타인 간의 대화
를 녹음한 경우에 해당하지 않고, 경찰관이 불특정 다수가 출입
할 수 있는 성매매업소에 통상적인 방법으로 들어가 적법한 방
법으로 수사를 하는 과정에서 성매매알선 범행이 행하여진 시
점에 위 범행의 증거를 보전하기 위하여 범행 상황을 녹음한
것이므로 설령 대화상대방인 피고인 등이 인식하지 못한 사이
에 영장 없이 녹음하였다고 하더라도 이를 위법하다고 볼 수
없다(대법원 2024.5.30, 2020도9370).

정답 ④

④ ㉠㉡㉢㉣

㉠ (×), ㉡ (×) 전기통신의 감청은 제3자가 전기통신의 당사자인 송신인과 수신인의 동의를 받지 아니하고 전기통신 내용을 녹음하는 등의 행위를 하는 것만을 말한다고 풀이함이 상당하다고 할 것이므로, 전기통신에 해당하는 전화통화 당사자의 일방이 상대방 모르게 통화 내용을 녹음하는 것은 여기의 감청에 해당하지 아니하지만, 제3자의 경우는 설령 전화통화 당사자 일방의 동의를 받고 그 통화 내용을 녹음하였다 하더라도 그 상대방의 동의가 없었던 이상, 이는 여기의 감청에 해당하여 법 제3조 제1항 위반이 되고, 이와 같이 통신비밀보호법 제3조 제1항에 위반한 불법감청에 의하여 녹음된 전화통화의 내용은 위 법 제4조에 의하여 증거능력이 없다. 그리고 사생활 및 통신의 불가침을 국민의 기본권의 하나로 선언하고 있는 헌법규정과 통신비밀의 보호와 통신의 자유 신장을 목적으로 제정된 통신비밀보호법의 취지에 비추어 볼 때 피고인이나 변호인이 이를 증거로 함에 동의하였다고 하더라도 달리 볼 것은 아니다(대법원 2010.10.14, 2010도9016).

㉢ (○) 통신비밀보호법에서는 그 규율의 대상을 통신과 대화로 분류하고 그중 통신을 다시 우편물과 전기통신으로 나눈 다음, 그 제2조 제3호로 "전기통신"이라 함은 유선·무선·광선 및 기타의 전자적 방식에 의하여 모든 종류의 음향·문언·부호 또는 영상을 송신하거나 수신하는 것을 말한다고 규정하고 있는바, 무전기와 같은 무선전화기를 이용한 통화가 위 법에서 규정하고 있는 전기통신에 해당함은 전화통화의 성질 및 위 규정 내용에 비추어 명백하므로 이를 같은 법 제3조 제1항 소정의 '타인 간의 대화'에 포함된다고 할 수 없다(대법원 2003.11.13, 2001도6213).

㉣ (○) 통신비밀보호법 제1조, 제3조 제1항 본문, 제4조, 제14조 제1항, 제2항의 문언, 내용, 체계와 입법 취지 등에 비추어 보면, 통신비밀보호법에서 보호하는 타인 간의 '대화'는 원칙적으로 현장에 있는 당사자들이 육성으로 말을 주고받는 의사소통 행위를 가리킨다. 따라서 사람의 육성이 아닌 사물에서 발생하는 음향은 타인 간의 '대화'에 해당하지 않는다(대법원 2017.3.15, 2016도19843).

㉤ (×) 사람의 목소리라고 하더라도 상대방에게 의사를 전달하는 말이 아닌 단순한 비명소리나 탄식 등은 타인과 의사소통을 하기 위한 것이 아니라면 특별한 사정이 없는 한 타인 간의 '대화'에 해당한다고 볼 수 없다(대법원 2017.3.15, 2016도19843).

㉥ (×) 국민의 인간으로서의 존엄과 가치를 보장하는 것은 국가기관의 기본적인 의무에 속하고 이는 형사절차에서도 구현되어야 한다. 위와 같은 소리가 비록 통신비밀보호법에서 말하는 타인 간의 '대화'에는 해당하지 않더라도, 형사절차에서 그러한 증거를 사용할 수 있는지는 개별적인 사안에서 효과적인 형사소추와 형사절차상 진실발견이라는 공익과 개인의 인격적 이익 등의 보호이익을 비교형량하여 결정하여야 한다(대법원 2013.11.28, 2010도12244 등). 대화에 속하지 않는 사람의 목소리를 녹음하거나 청취하는 행위가 개인의 사생활의 비밀과 자유 또는 인격권을 중대하게 침해하여 사회통념상 허용되는 한도를 벗어난 것이라면, 단지 형사소추에 필요한 증거라는 사정만을 들어 곧바로 형사소송에서 진실발견이라는 공익이 개인의 인격적 이익 등 보호이익보다 우월한 것으로 섣불리 단정해서는 안 된다. 그러나 그러한 한도를 벗어난 것이 아니라면 위와 같은

목소리를 들었다는 진술을 형사절차에서 증거로 사용할 수 있다(대법원 2017.3.15, 2016도19843).

[보충] 공소외인은 평소 친분이 있던 피해자와 휴대전화로 통화를 마친 후 전화가 끊기지 않은 상태에서 1~2분간 위와 같은 소리를 들었다고 진술하였음을 알 수 있고, 통화를 마칠 무렵 몸싸움을 연상시키는 소리가 들려 전화를 끊지 않았던 것으로 보인다. 공소외인이 들었다는 '우당탕' 소리는 사물에서 발생하는 음향일 뿐 사람의 목소리가 아니므로 통신비밀보호법에서 말하는 타인 간의 '대화'에 해당하지 않는다. '악' 소리도 사람의 목소리이기는 하나 단순한 비명소리에 지나지 않아 그것만으로 상대방에게 의사를 전달하는 말이라고 보기는 어려워 특별한 사정이 없는 한 타인 간의 '대화'에 해당한다고 볼 수 없다. … (따라서) 통신비밀보호법에서 보호하는 타인 간의 '대화'에 준하는 것으로 보아 증거능력을 부정할 만한 특별한 사정이 있다고 보기도 어렵다. 그리고 공소외인의 청취행위가 피해자 등의 사생활의 영역에 관계된 것이라 하더라도, 위와 같은 청취 내용과 시간, 경위 등에 비추어 개인의 인격적 이익 등을 형사절차상의 공익과 비교형량하여 보면, 공소외인의 위 진술을 상해 부분에 관한 증거로 사용하는 것이 피해자 등의 사생활의 비밀과 자유 또는 인격권을 위법하게 침해한다고 볼 수 없어 그 증거의 제출은 허용된다고 판단된다. (… 피고인의 나머지 상고이유 주장은, 피고인이 피해자에게 상해를 입히거나 협박하지 않았는데도 원심이 잘못된 사실인정을 하여 이 사건 공소사실을 모두 유죄로 인정하였으니, 원심판결이 위법하다는 것이다. … 위 각 공소사실을 유죄로 인정한 원심의 판단에 상고이유 주장과 같이 논리와 경험의 법칙에 반하여 자유심증주의의 한계를 벗어나거나 상해, 협박에 관한 법리를 오해한 잘못이 없다)

정답 ④

④ ㉠㉡㉢㉣㉤㉥

㉠ (○) 임의동행은 경찰관 직무집행법 제3조 제2항에 따른 행정경찰 목적의 경찰활동으로 행하여지는 것 외에도 형사소송법 제199조 제1항에 따라 범죄 수사를 위하여 수사관이 동행에 앞서 피의자에게 동행을 거부할 수 있음을 알려 주었거나 동행한 피의자가 언제든지 자유로이 동행과정에서 이탈 또는 동행장소로부터 퇴거할 수 있었음이 인정되는 등 오로지 피의자의 자발적인 의사에 의하여 이루어진 경우에도 가능하다(대법원 2020.5.14, 2020도398).

㉡ (○) 공소기각결정이 아니라 공소기각판결을 내려야 한다는 것이 판례이다(대법원 2008.10.23, 2008도7362).

㉢ (○) 범죄의 인지는 실질적인 개념이므로 검사가 범죄의 혐의가 있다고 보아 수사를 개시하는 행위를 한 때에는 이때에 범죄를 인지한 것으로 보아야 하며, 그 뒤 범죄인지서를 작성하여 사건수리 절차를 밟은 때에 비로소 범죄를 인지하였다고 볼 것이 아니다. 따라서 이러한 인지절차를 밟기 전에 수사를 하였다고 하더라도, 그 수사가 장차 인지의 가능성이 전혀 없는 상태하에서 행해졌다는 등의 특별한 사정이 없는 한, 인지절차가 이루어지기 전에 수사를 하였다는 이유만으로 그 수사가 위법하다고 볼 수는 없고, 따라서 그 수사과정에서 작성된 피의자신문조서나 진술조서 등의 증거능력도 이를 부인할 수 없다(대법원 2001.10.26, 2000도2968).

② (×) 항고가 아니라 준항고의 대상이다. "형사소송법 제417조는 검사 또는 사법경찰관의 '구금에 관한 처분'에 불복이 있으면 법원에 그 처분의 취소 또는 변경을 청구할 수 있다고 규정하고 있다. 검사 또는 사법경찰관이 보호장비 사용을 정당화할 예외적 사정이 존재하지 않음에도 구금된 피의자에 대한 교도관의 보호장비 사용을 용인한 채 그 해제를 요청하지 않는 경우에, 검사 및 사법경찰관의 이러한 조치를 형사소송법 제417조에서 정한 '구금에 관한 처분'으로 보지 않는다면 구금된 피의자로서는 이에 대하여 불복하여 침해된 권리를 구제받을 방법이 없게 된다. 따라서 검사 또는 사법경찰관이 구금된 피의자를 신문할 때 피의자 또는 변호인으로부터 보호장비를 해제해 달라는 요구를 받고도 거부한 조치는 형사소송법 제417조에서 정한 '구금에 관한 처분'에 해당한다고 보아야 한다(대법원 2020.3.17, 2015모2357).

ⓜ (○) 법원은 민사소송법 제344조 이하의 규정을 근거로 통신사실확인자료에 대한 문서제출명령을 할 수 있고 전기통신사업자는 특별한 사정이 없는 한 이에 응할 의무가 있으며, 전기통신사업자가 통신비밀보호법 제3조 제1항 본문을 들어 문서제출명령의 대상이 된 통신사실확인자료의 제출을 거부하는 것에는 정당한 사유가 있다고 볼 수 없다(대법원 2023.7.17, 2018스34 전원합의체).

[보충] 통신비밀보호법과 민사소송법은 그 입법목적, 규정사항 및 적용범위 등을 고려할 때 각각의 영역에서 독자적인 입법취지를 가지는 법률이므로 각 규정의 취지에 비추어 그 적용범위를 정할 수 있고, 통신비밀보호법에서 민사소송법이 정한 문서제출명령에 의하여 통신사실확인자료를 제공할 수 있는지에 관한 명시적인 규정을 두고 있지 않더라도 민사소송법상 증거에 관한 규정이 원천적으로 적용되지 않는다고 볼 수 없다. … 통신비밀보호법의 입법취지는 법원이 신중하고 엄격한 심리를 거쳐 문서제출명령 제도를 운용함으로써 충분히 구현될 수 있다.

ⓗ (○) 통신비밀보호법 제14조 제1항은 "누구든지 공개되지 아니한 타인 간의 대화를 녹음하거나 전자장치 또는 기계적 수단을 이용하여 청취할 수 없다."라고 규정하고, 제14조 제2항 및 제4조는 "제14조 제1항을 위반한 녹음에 의하여 취득한 대화의 내용은 재판 또는 징계절차에서 증거로 사용할 수 없다."라는 취지로 규정하고 있다. 통신비밀보호법 제14조 제1항이 공개되지 않은 타인 간의 대화를 녹음 또는 청취하지 못하도록 한 것은, 대화에 원래부터 참여하지 않는 제3자가 일반 공중이 알 수 있도록 공개되지 않은 타인 간의 발언을 녹음하거나 전자장치 또는 기계적 수단을 이용하여 청취해서는 안 된다는 취지이다. 여기서 '공개되지 않았다'는 것은 반드시 비밀과 동일한 의미는 아니고 일반 공중에게 공개되지 않았다는 의미이며, 구체적으로 공개된 것인지는 발언자의 의사와 기대, 대화의 내용과 목적, 상대방의 수, 장소의 성격과 규모, 출입의 통제 정도, 청중의 자격 제한 등 객관적인 상황을 종합적으로 고려하여 판단해야 한다(대법원 2022.8.31, 2020도1007 등). ⓓ 초등학교 교실은 출입이 통제되는 공간이고, 수업시간 중 불특정 다수가 드나들 수 있는 장소가 아니며, 수업시간 중인 초등학교 교실에 학생이 아닌 제3자가 별다른 절차 없이 참석하여 담임교사의 발언 내용을 청취하는 것은 상정하기 어려우므로, 초등학교 담임교사가 교실에서 수업시간 중 한 발언은 통상적으로 교실 내 학생들만을 대상으로 하는 것으로서 교실 내 학생들에게만 공개된 것일 뿐, 일반 공중이나 불특정 다수에게 공개된 것이 아닌 점,

ⓑ 피고인의 발언은 특정된 30명의 학생들에게만 공개되었을 뿐, 일반 공중이나 불특정 다수에게 공개되지 않았으므로, 대화자 내지 청취자가 다수였다는 사정만으로 '공개된 대화'로 평가할 수는 없고, 대화 내용이 공적인 성격을 갖는지 여부나 발언자가 공적 인물인지 여부 등은 '공개되지 않은 대화'에 해당하는지 여부를 판단하는 데에 영향을 미치지 않는 점, ⓒ 피해아동의 부모는 피고인의 수업시간 중 발언의 상대방, 즉 대화에 원래부터 참여한 당사자에 해당하지 않는 점 등에 비추어 보면, 이 사건 녹음파일 등은 통신비밀보호법 제14조 제1항을 위반하여 '공개되지 아니한 타인 간의 대화'를 녹음한 것이므로 통신비밀보호법 제14조 제2항 및 제4조에 따라 증거능력이 부정된다고 보아야 한다(대법원 2024.1.11, 2020도1538).

08 [정답] ②

② ㉠㉢㉣ⓜⓗ

㉠ (×) 경찰서에 설치되어 있는 보호실은 영장대기자나 즉결대기자 등의 도주방지와 경찰업무의 편의 등을 위한 수용시설로서 사실상 설치, 운영되고 있으나 현행법상 그 설치근거나 운영 및 규제에 관한 법령의 규정이 없고, 이러한 보호실은 그 시설 및 구조에 있어 통상 철창으로 된 방으로 되어 있어 그 안에 대기하고 있는 사람들이나 그 가족들이 출입이 제한되는 등 일단 그 장소에 유치되는 사람은 그 의사에 기하지 아니하고 일정장소에 구금되는 결과가 되므로, 경찰관직무집행법상 정신착란자, 주취자, 자살기도자 등 응급의 구호를 요하는 자를 24시간을 초과하지 아니하는 범위 내에서 경찰관서에 보호조치할 수 있는 시설로 제한적으로 운영되는 경우를 제외하고는 구속영장을 발부받음이 없이 피의자를 보호실에 유치함은 영장주의에 위배되는 위법한 구금으로서 적법한 공무수행이라고 볼 수 없다(대법원 1994.3.11, 93도958).

㉡ (○) 승낙검증은 임의수사의 한 방법으로서 가능하다.

> 범행 현장에서 지문채취 대상물에 대한 지문채취가 먼저 이루어진 이상, 수사기관이 그 이후에 지문채취 대상물을 적법한 절차에 의하지 아니한 채 압수하였다고 하더라도(한편, 이 사건 지문채취 대상물인 맥주컵, 물컵, 맥주병 등은 피해자 공소외 1이 운영하는 주점 내에 있던 피해자 공소외 1의 소유로서 이를 수거한 행위가 피해자 공소외 1의 의사에 반한 것이라고 볼 수 없으므로, 이를 가리켜 위법한 압수라고 보기도 어렵다), 위와 같이 채취된 지문은 위법하게 압수한 지문채취 대상물로부터 획득한 2차적 증거에 해당하지 아니함이 분명하여, 이를 가리켜 위법수집증거라고 할 수 없으므로, 원심이 이를 증거로 채택한 것이 위법하다고 할 수 없다(대법원 2008. 10.23, 2008도7471).

㉢ (×) 누구든지 자기의 얼굴 기타 모습을 함부로 촬영당하지 않을 자유를 가지나 이러한 자유도 국가권력의 행사로부터 무제한으로 보호되는 것은 아니고 국가의 안전보장·질서유지·공공복리를 위하여 필요한 경우에는 상당한 제한이 따르는 것이고, 수사기관이 범죄를 수사함에 있어 현재 범행이 행하여지고 있거나 행하여진 직후이고, 증거보전의 필요성 및 긴급성이 있으며, 일반적으로 허용되는 상당한 방법에 의하여 촬영을 한 경우라면 위 촬영이 영장 없이 이루어졌다 하여 이를 위법하다고 단정할 수 없다(대법원 1999.9.3, 99도2317).

㉣ (×) 금융실명거래 및 비밀보장에 관한 법률 제4조 제1항 참조.

금융실명법 제4조(금융거래의 비밀보장) ① 금융회사등에 종사하는 자는 명의인(신탁의 경우에는 위탁자 또는 수익자를 말한다)의 서면상의 요구나 동의를 받지 아니하고는 그 금융거래의 내용에 대한 정보 또는 자료(이하 "거래정보등"이라 한다)를 타인에게 제공하거나 누설하여서는 아니 되며, 누구든지 금융회사등에 종사하는 자에게 거래정보등의 제공을 요구하여서는 아니 된다. 다만, 다음 각 호의 어느 하나에 해당하는 경우로서 그 사용 목적에 필요한 최소한의 범위에서 거래정보등을 제공하거나 그 제공을 요구하는 경우에는 그러하지 아니하다.

1. 법원의 제출명령 또는 법관이 발부한 영장에 따른 거래정보등의 제공 (이하 생략)

◎ (×) 수사기관이 범죄를 수사하면서 현재 범행이 행하여지고 있거나 행하여진 직후이고, 증거보전의 필요성 및 긴급성이 있으며, 일반적으로 허용되는 상당한 방법으로 촬영한 경우라면 위 촬영이 영장 없이 이루어졌다 하여 이를 위법하다고 할 수 없다(대법원 1999.9.3, 99도2317). 다만 촬영으로 인하여 초상권, 사생활의 비밀과 자유, 주거의 자유 등이 침해될 수 있으므로 수사기관이 일반적으로 허용되는 상당한 방법으로 촬영하였는지 여부는 수사기관이 촬영장소에 통상적인 방법으로 출입하였는지 또 촬영장소와 대상이 사생활의 비밀과 자유 등에 대한 보호가 합리적으로 기대되는 영역에 속하는지 등을 종합적으로 고려하여 신중하게 판단하여야 한다. … 이 사건 촬영물은 경찰관들이 피고인들에 대한 범죄의 혐의가 포착된 상태에서 이 사건 나이트클럽 내에서의 음란행위 영업에 관한 증거를 보전하기 위한 필요에 의하여, 불특정 다수에게 공개된 장소인 이 사건 나이트클럽에 통상적인 방법으로 출입하여 손님들에게 공개된 모습을 촬영한 것이다. 따라서 영장 없이 촬영이 이루어졌다 하여 이를 위법하다고 할 수 없어 이 사건 촬영물과 그 촬영물을 캡처한 영상사진은 그 증거능력이 인정된다(대법원 2023. 4.27, 2018도8161).

ⓗ (×) 식품위생법 제22조 제3항에 따라 '권한을 표시하는 증표 및 조사기간 등이 기재된 서류를 제시하여야 하는 경우'는 식품위생법 제22조 제1항 제2호에 따라 영업소에 출입하여 식품 등 또는 영업시설 등에 대하여 검사하거나, 식품 등의 무상 수거, 장부 또는 서류를 열람하는 등의 행정조사를 하려는 경우에 한정된다. 따라서 구 형사소송법(2020.2.4. 법률 제16924호로 개정되기 전의 것) 제197조, 구 사법경찰관리의 직무를 수행할 자와 그 직무범위에 관한 법률(2019.12.10. 법률 제16768호로 개정되기 전의 것) 제5조 제8호에 근거하여 특별사법경찰관리로 지명된 공무원이 범죄수사를 위하여 음식점 등 영업소에 출입하여 증거수집 등 수사를 하는 경우에는 식품위생법 제22조 제3항이 정한 절차를 준수하지 않았다고 하여 위법하다고 할 수 없다. … 수사기관이 범죄를 수사하면서 현재 범행이 행하여지고 있거나 행하여진 직후이고, 증거보전의 필요성 및 긴급성이 있으며, 일반적으로 허용되는 상당한 방법으로 촬영한 경우라면 위 촬영이 영장 없이 이루어졌다 하여 이를 위법하다고 할 수 없다(대법원 1999.9.3, 99도2317). 특별사법경찰관이 범죄혐의가 포착된 상태에서 증거를 보전하기 위한 필요에 의하여 공개된 장소인 이 사건 영업소에 통상적인 방법으로 출입하여 이 사건 영업소 내에 있는 사람이라면 누구나 볼 수 있었던 손님들이 춤추는 모습을 촬영한 것은 영장 없이 이루어졌다 하여

위법하다고 볼 수 없다(대법원 2023.7.13, 2021도10763).

[유사] (일반음식점영업자인 피고인은 음향시설을 갖추고 손님이 춤을 추는 것을 허용하여 영업자가 지켜야 할 사항을 지키지 않았다는 이유로 식품위생법 위반으로 기소된 사건) 수사기관이 범죄를 수사하면서 불특정, 다수의 출입이 가능한 장소에 통상적인 방법으로 출입하여 아무런 물리력이나 강제력을 행사하지 않고 통상적인 방법으로 위법행위를 확인하는 것은 특별한 사정이 없는 한 임의수사의 한 방법으로서 허용되므로 영장 없이 이루어졌다고 하여 위법하다고 할 수 없다. 또한 수사기관이 범죄를 수사하면서 현재 범행이 행하여지고 있거나 행하여진 직후이고, 증거보전의 필요성 및 긴급성이 있으며, 일반적으로 허용되는 상당한 방법으로 촬영한 경우라면 위 촬영이 영장 없이 이루어졌다 하여 이를 위법하다고 할 수 없다(대법원 1999.9.3, 99도2317). 경찰관들이 범죄혐의가 포착된 상태에서 그에 관한 증거를 보전하기 위하여, 불특정, 다수가 출입할 수 있는 이 사건 음식점에 통상적인 방법으로 출입하여 음식점 내에 있는 사람이라면 누구나 볼 수 있었던 손님들의 춤추는 모습을 확인하고 이를 촬영한 것은 영장 없이 이루어졌다 하여 위법하다고 볼 수 없다(촬영물의 증거능력 인정, 대법원 2023.7.13, 2019도7891).

09

정답 ④

④ ㉠㉡㉢㉤

㉠ (×) 수사의 수단과 목적 사이에는 비례관계가 유지되어야 한다는 것이 수사비례의 원칙이며, 이는 특히 강제수사의 허용 여부와 범위를 판단하는 기준으로서 그 중요한 의미를 가진다(예 경미사건에 대한 체포·구속의 제한). 다만, 임의수사라 하더라도 무제한적으로 허용될 수는 없으므로 역시 수사비례의 원칙의 적용을 받아야 한다.

㉡ (×) 수사, 즉 범죄혐의의 유무를 명백히 하여 공소를 제기·유지할 것인가의 여부를 결정하기 위하여 범인을 발견·확보하고 증거를 수집·보전하는 수사기관의 활동은 수사 목적을 달성함에 필요한 경우에 한하여 사회통념상 상당하다고 인정되는 방법 등에 의하여 수행되어야 하는 것인바, 무인장비에 의한 제한속도 위반차량 단속은 이러한 수사활동의 일환으로서 도로에서의 위험을 방지하고 교통의 안전과 원활한 소통을 확보하기 위하여 도로교통법령에 따라 정해진 제한속도를 위반하여 차량을 주행하는 범죄가 현재 행하여지고 있고, 그 범죄의 성질·태양으로 보아 긴급하게 증거보전을 할 필요가 있는 상태에서 일반적으로 허용되는 한도를 넘지 않는 상당한 방법에 의한 것이라고 판단되므로, 이를 통하여 운전 차량의 차량번호 등을 촬영한 사진을 두고 위법하게 수집된 증거로서 증거능력이 없다고 말할 수 없다(대법원 1999.12.7, 98도3329).

㉢ (×) 검증이나 감정은 형사소송법 제417조의 준항고의 대상에 포함되지 않는다.

형사소송법 제417조(동전) 검사 또는 사법경찰관의 구금, 압수 또는 압수물의 환부에 관한 처분과 제243조의2에 따른 변호인의 참여 등에 관한 처분에 대하여 불복이 있으면 그 직무집행지의 관할법원 또는 검사의 소속검찰청에 대응한 법원에 그 처분의 취소 또는 변경을 청구할 수 있다.

㉤ (○) 형사소송법 제243조의2 제1항 참조. 다만 정당한 사유는 피의자신문 방해 또는 수사기밀 누설의 염려 있음이 객관적으로

로 명백한 경우 등을 말한다(대법원 2003.11.11, 2003모402; 2008.9.12, 2008모793).

> **형사소송법 제243조의2(변호인의 참여 등)** ① 검사 또는 사법경찰관은 피의자 또는 그 변호인·법정대리인·배우자·직계친족·형제자매의 신청에 따라 변호인을 피의자와 접견하게 하거나 정당한 사유가 없는 한 피의자에 대한 신문에 참여하게 하여야 한다.

㉤ (×) 피의자의 명시한 의사에 반하여 독립하여 변호인을 선임할 수 있는 자는 법정대리인, 배우자, 직계친족과 형제자매이다. 가족, 동거인, 고용주는 포함되지 아니한다.

> **형사소송법 제30조(변호인선임권자)** ② 피고인 또는 피의자의 법정대리인, 배우자, 직계친족과 형제자매는 독립하여 변호인을 선임할 수 있다.

10   정답 ③

③ (○) 형사소송법 제243조의2 제3항 참조.

> **형사소송법 제243조의2(변호인의 참여 등)** ③ 신문에 참여한 변호인은 신문 후 의견을 진술할 수 있다. 다만, 신문 중이라도 부당한 신문방법에 대하여 이의를 제기할 수 있고, 검사 또는 사법경찰관의 승인을 얻어 의견을 진술할 수 있다.

① (×) 피의자신문은 검사 또는 사법경찰관의 임의수사의 방법으로 인정되는 것이다. 따라서 전단이 틀렸다. 후단은 맞다. 후단은 다음 조문 참조.

> **형사소송법 제243조(피의자신문과 참여자)** 검사가 피의자를 신문함에는 검찰청수사관 또는 서기관이나 서기를 참여하게 하여야 하고 사법경찰관이 피의자를 신문함에는 사법경찰관리를 참여하게 하여야 한다.

② (×) 지정하여야 하는 것이 아니라 지정할 수 있다.

> **형사소송법 제243조의2(변호인의 참여 등)** ② 신문에 참여하고자 하는 변호인이 2인 이상인 때에는 피의자가 신문에 참여할 변호인 1인을 지정한다. 지정이 없는 경우에는 검사 또는 사법경찰관이 이를 지정할 수 있다.

④ (×) 진술조서의 내용이 피의자신문조서와 실질적으로 같고, 진술의 임의성이 인정되는 경우라도 미리 피의자에게 진술거부권을 고지하지 않았다면 위법수집증거에 해당하므로, 유죄인정의 증거로 사용할 수 없다(대법원 2009.8.20, 2008도8213).

11   정답 ④

④ ㉠㉢㉤

㉠ (×) 총 조사시간은 12시간, 실제 조사시간은 8시간 이내로 한다. 검사 또는 사법경찰관은 특별한 사정이 없으면 총 조사시간 중 식사시간, 휴식시간 및 조서의 열람시간 등을 제외한 실제 조사시간이 8시간을 초과하지 않도록 해야 한다(수사준칙 제22조 제2항).

> **수사준칙 제22조(장시간 조사 제한)** ① 검사 또는 사법경찰관은 조사, 신문, 면담 등 그 명칭을 불문하고 피의자나 사건관계인을 조사하는 경우에는 대기시간, 휴식시간, 식사시간 등 모든 시간을 합산한 조사시간(이하 "총조사시간"이라 한다)

이 12시간을 초과하지 않도록 해야 한다. 다만, 다음 각 호의 어느 하나에 해당하는 경우에는 예외로 한다.
> 1. 피의자나 사건관계인의 서면 요청에 따라 조서를 열람하는 경우
> 2. 제21조 제2항 각 호의 어느 하나에 해당하는 경우
> ② 검사 또는 사법경찰관은 특별한 사정이 없으면 총조사시간 중 식사시간, 휴식시간 및 조서의 열람시간 등을 제외한 실제 조사시간이 8시간을 초과하지 않도록 해야 한다.
> ③ 검사 또는 사법경찰관은 피의자나 사건관계인에 대한 조사를 마친 때부터 8시간이 지나기 전에는 다시 조사할 수 없다. 다만, 제1항 제2호에 해당하는 경우에는 예외로 한다.

㉡ (○) 수사준칙 제23조 제1항

㉢ (×) 심야조사는 원칙적으로 금지되나, 이미 작성된 조서의 열람을 위한 절차는 '자정 이전까지' 진행할 수 있다(수사준칙 제21조 제1항 단서).

> **수사준칙 제21조(심야조사 제한)** ① 검사 또는 사법경찰관은 조사, 신문, 면담 등 그 명칭을 불문하고 피의자나 사건관계인에 대해 오후 9시부터 오전 6시까지 사이에 조사(이하 "심야조사"라 한다)를 해서는 안 된다. 다만, 이미 작성된 조서의 열람을 위한 절차는 '자정 이전'까지 진행할 수 있다.
> ② 제1항에도 불구하고 다음 각 호의 어느 하나에 해당하는 경우에는 심야조사를 할 수 있다. 이 경우 심야조사의 사유를 조서에 명확하게 적어야 한다.
> 1. 피의자를 체포한 후 48시간 이내에 구속영장의 청구 또는 신청 여부를 판단하기 위해 불가피한 경우
> 2. 공소시효가 임박한 경우
> 3. 피의자나 사건관계인이 출국, 입원, 원거리 거주, 직업상 사유 등 재출석이 곤란한 구체적인 사유를 들어 심야조사를 요청한 경우(변호인이 심야조사에 동의하지 않는다는 의사를 명시한 경우는 제외한다)로서 해당 요청에 상당한 이유가 있다고 인정되는 경우
> 4. 그 밖에 사건의 성질 등을 고려할 때 심야조사가 불가피하다고 판단되는 경우 등 법무부장관, 경찰청장 또는 해양경찰청장이 정하는 경우로서 검사 또는 사법경찰관의 소속 기관의 장이 지정하는 인권보호 책임자의 허가 등을 받은 경우(→ 영장/시효/요청/기타허가는 심야조사 돼, 영/시/청/기허는 밤에 돼)

㉣ (○) 체포 후 48시간 이내에 검사가 구속영장을 청구하지 않으면 석방해야 하는데(형사소송법 제200조의2 제5항), 이 경우 48시간 이내에 검사의 구속영장 청구 또는 사법경찰관의 구속영장 신청 여부를 판단하기 위해 불가피한 경우에는 예외적으로 심야조사가 가능하다(수사준칙 제21조 제2항 제1호).

㉤ (×) 자정 이전까지로 제한되지 않고(오후 9시 이후 자정 이전까지는 이미 작성된 조서 열람 절차 진행 가능한 시간이다), 심야조사(오후 9시부터 오전 6시까지)가 가능한 경우이다. 심야조사가 가능한 예외적인 경우는 ⓐ 체포 후 48시간 이내에 구속영장의 청구 또는 신청 여부를 판단하기 위해 불가피한 경우, ⓑ 공소시효가 임박한 경우, ⓒ 피의자나 사건관계인이 재출석이 곤란한 구체적인 사유를 들어 심야조사를 요청한 경우(이때 변호인의 명시적 부동의가 있으면 심야조사 금지) 그리고 ⓓ 그 밖에 사건의 성질 등을 고려할 때 심야조사가 불가피하다고 판단되는 경우 등 법무부장관, 경찰청장, 해양경찰청장이 정하는 경우로서 소속기관장 지정 인권보호책임자의 허가를 받은 경우

의 네 가지 경우가 있다(영/시/청/기허 심야조사 돼). 마지막 ⓓ의 경우에는 검사 또는 사법경찰관의 소속기관의 장이 지정하는 인권보호책임자의 허가 등을 받아야 한다(수사준칙 제21조 제2항).

[참고] 검사 또는 사법경찰관은 피의자나 사건관계인에 대한 조사를 마친 때부터 8시간 내에는 재조사가 금지되나, 역시 위 네 가지 경우에는 8시간 내 재조사가 가능하다(영/시/청/기허 8시간내 재조사 돼).

12
정답 ④

④ (O) 만약 동석한 사람이 피의자를 대신하여 진술한 부분이 조서에 기재되어 있다면 그 부분은 피의자의 진술을 기재한 것이 아니라 동석한 사람의 진술을 기재한 조서에 해당하므로 그 사람에 대한 진술조서로서의 증거능력을 취득하기 위한 요건을 충족하지 못하는 한 이를 유죄 인정의 증거로 사용할 수 없는 것이다(대법원 2009.6.23, 2009도1322).

① (×) 2021.1.1. 시행 대통령령에 의하여 수사상 임의동행 시 고지의무 규정이 신설되었다. 수사준칙 제20조 참조.

> **수사준칙 제20조(수사상 임의동행 시의 고지)** 검사 또는 사법경찰관은 임의동행을 요구하는 경우 상대방에게 동행을 거부할 수 있다는 것과 동행하는 경우에도 언제든지 자유롭게 동행 과정에서 이탈하거나 동행 장소에서 퇴거할 수 있다는 것을 알려야 한다.

② (×) 2021.1.1. 시행 대통령령에 의하여 피의자에 대한 출석요구 시 조사 일시·장소 협의의무 규정이 신설되었다. 이는 변호인이 있는 피의자의 경우에는 변호인과도 협의해야 할 의무를 포함한다. 수사준칙 제19조 제2항 참조.

> **수사준칙 제19조(출석요구)** ① 검사 또는 사법경찰관은 피의자에게 출석요구를 할 때에는 다음 각 호의 사항을 유의해야 한다.
> 1. 출석요구를 하기 전에 우편·전자우편·전화를 통한 진술 등 출석을 대체할 수 있는 방법의 선택 가능성을 고려할 것
> 2. 출석요구의 방법, 출석의 일시·장소 등을 정할 때에는 피의자의 명예 또는 사생활의 비밀이 침해되지 않도록 주의할 것
> 3. 출석요구를 할 때에는 피의자의 생업에 지장을 주지 않도록 충분한 시간적 여유를 두도록 하고, 피의자가 출석 일시의 연기를 요청하는 경우 특별한 사정이 없으면 출석 일시를 조정할 것
> 4. 불필요하게 여러 차례 출석요구를 하지 않을 것
> ② 검사 또는 사법경찰관은 피의자에게 출석요구를 하려는 경우 피의자와 조사의 일시·장소에 관하여 협의해야 한다. 이 경우 변호인이 있는 경우에는 변호인과도 협의해야 한다.
> ③ 검사 또는 사법경찰관은 피의자에게 출석요구를 하려는 경우 피의사실의 요지 등 출석요구의 취지를 구체적으로 적은 출석요구서를 발송해야 한다. 다만, 신속한 출석요구가 필요한 경우 등 부득이한 사정이 있는 경우에는 전화, 문자메시지, 그 밖의 상당한 방법으로 출석요구를 할 수 있다.
> ④ 검사 또는 사법경찰관은 제3항 본문에 따른 방법으로 출석요구를 했을 때에는 출석요구서의 사본을, 같은 항 단서에 따른 방법으로 출석요구를 했을 때에는 그 취지를 적은 수사보고서를 각각 사건기록에 편철한다.
> ⑤ 검사 또는 사법경찰관은 피의자가 치료 등 수사관서에 출

석하여 조사를 받는 것이 현저히 곤란한 사정이 있는 경우에는 수사관서 외의 장소에서 조사할 수 있다.
> ⑥ 제1항부터 제5항까지의 규정은 피의자 외의 사람에 대한 출석요구의 경우에도 적용한다.

③ (O) 법 제327조 제2호에 의하여 판결로써 공소를 기각한다(대법원 2008.10.23, 2008도7362).

13
정답 ③

③ ⓒⓔⓜ

ⓐ (O) 변호인의 피의자신문 참여권을 규정한 형사소송법 제243조의2 제1항에서 '정당한 사유'란 변호인이 피의자신문을 방해하거나 수사기밀을 누설할 염려가 있음이 객관적으로 명백한 경우 등을 말하는 것이므로, 수사기관이 피의자신문을 하면서 위와 같은 정당한 사유가 없는데도 변호인에 대하여 피의자로부터 떨어진 곳으로 옮겨 앉으라고 지시를 한 다음 이러한 지시에 따르지 않았음을 이유로 변호인의 피의자신문 참여권을 제한하는 것은 허용될 수 없다(대법원 2008.9.12, 2008모793).

ⓑ (O) 형사소송법 제243조의2 제3항 단서 전단 참조.

> **형사소송법 제243조의2(변호인의 참여 등)** ① 검사 또는 사법경찰관은 피의자 또는 그 변호인·법정대리인·배우자·직계친족·형제자매의 신청에 따라 변호인을 피의자와 접견하게 하거나 정당한 사유가 없는 한 피의자에 대한 신문에 참여하게 하여야 한다.
> ③ 신문에 참여한 변호인은 신문 후 의견을 진술할 수 있다. 다만, 신문 중이라도 부당한 신문방법에 대하여 이의를 제기할 수 있고, 검사 또는 사법경찰관의 승인을 얻어 의견을 진술할 수 있다.
> ⑤ 검사 또는 사법경찰관은 변호인의 신문참여 및 그 제한에 관한 사항을 피의자신문조서에 기재하여야 한다.

ⓒ (×) 피의자신문에 참여한 변호인의 피의자에 대한 법적 조언·상담은 정당한 사유가 없는 한 보장해야 한다. 또한 법적인 조언·상담을 위한 변호인의 메모도 허용된다. 수사준칙 제13조 제1항 참조.

> **수사준칙 제13조(변호인의 피의자신문 참여·조력)** ① 검사 또는 사법경찰관은 피의자신문에 참여한 변호인이 피의자의 옆자리 등 실질적인 조력을 할 수 있는 위치에 앉도록 해야 하고, 정당한 사유가 없으면 피의자에 대한 법적인 조언·상담을 보장해야 하며, 법적인 조언·상담을 위한 변호인의 메모를 허용해야 한다.
> ② 검사 또는 사법경찰관은 피의자에 대한 신문이 아닌 단순 면담 등이라는 이유로 변호인의 참여·조력을 제한해서는 안 된다.
> ③ 제1항 및 제2항은 검사 또는 사법경찰관의 사건관계인에 대한 조사·면담 등의 경우에도 적용한다.

ⓔ (×) 신문 중 의견진술 시에는 검사 또는 사법경찰관의 승인을 얻어야 한다(형사소송법 제243조의2 제2항 단서 후단).

ⓜ (×) 직무집행지의 관할법원 또는 검사의 소속검찰청에 대응한 법원에 준항고를 할 수 있다.

> **형사소송법 제417조(동전)** 검사 또는 사법경찰관의 구금, 압수 또는 압수물의 환부에 관한 처분과 제243조의2에 따른 변호인의 참여 등에 관한 처분에 대하여 불복이 있으면 그 직무

집행지의 관할법원 또는 검사의 소속검찰청에 대응한 법원에 그 처분의 취소 또는 변경을 청구할 수 있다.

14

정답 ①

① ㉠㉡㉢

㉠ (×) 선임대리권자의 변호인 선임권은 독립대리권의 성질을 가지므로, 본인의 명시 또는 묵시의 의사에 반하여 변호인을 선임할 수 있다.

[보충] 다만, 일단 선임한 이상 본인의 의사에 반하여 해임할수 없으며, 고유의 선임권자인 피의자·피고인은 선임대리권자가 선임한 변호인을 해임할 수 있다.

[비교] 피해자가 사망한 때 그 배우자·직계친족·형제자매는고소할 수 있는데(형사소송법 제225조 제2항 본문), 피해자의명시한 의사에 반하지는 못한다(동 단서).

> **형사소송법 제30조(변호인선임권자)** ② 피고인 또는 피의자의 법정대리인, 배우자, 직계친족과 형제자매는 독립하여 변호인을 선임할 수 있다.

㉡ (×) 검사의 소속검찰청이 아니라 검사 또는 사법경찰관의 직무집행지의 관할법원 또는 검사의 소속검찰청에 대응한 법원에 청구하는 것이다.

> **형사소송법 제417조(동전)** 검사 또는 사법경찰관의 구금, 압수 또는 압수물의 환부에 관한 처분과 제243조의2에 따른 변호인의 참여 등에 관한 처분에 대하여 불복이 있으면 그 직무집행지의 관할법원 또는 검사의 소속검찰청에 대응한 법원에 그 처분의 취소 또는 변경을 청구할 수 있다.

㉢ (×) 열람만 가능하고 복사는 할 수 없다.

[보충] 고소장과 피의자신문조서에 대해서는 열람·등사가 가능하다는 헌법재판소 결정은 있다.

> **형사소송규칙 제96조의21(구속영장청구서 및 소명자료의 열람)** ① 피의자 심문에 참여할 변호인은 지방법원 판사에게 제출된 구속영장청구서 및 그에 첨부된 고소·고발장, 피의자의진술을 기재한 서류와 피의자가 제출한 서류를 열람할 수 있다.
> **제104조의2(준용규정)** 제96조의21의 규정은 체포·구속의 적부심사를 청구한 피의자의 변호인에게 이를 준용한다.

> 구속적부심사건 피의자의 변호인에게 수사기록 중 고소장과피의자신문조서의 내용을 알 권리 및 그 서류들을 열람·등사할 권리가 인정된다. (따라서) 구속적부심사건 피의자의 변호인에게 고소장과 피의자신문조서에 대한 열람 및 등사를 거부한 경찰서장의 정보비공개결정은 변호인의 피구속자를 조력할 권리 및 알 권리를 침해하여 헌법에 위반된다(헌법재판소 2003.3.27, 2000헌마474).

㉣ (○) 피의자가 변호인의 참여를 원한다는 의사를 명백하게 표시하였음에도 수사기관이 정당한 사유 없이 변호인을 참여하게하지 아니한 채 피의자를 신문하여 작성한 피의자신문조서는형사소송법 제312조에 정한 '적법한 절차와 방식'에 위반된 증거일 뿐만 아니라, 형사소송법 제308조의2에서 정한 '적법한 절차에 따르지 아니하고 수집한 증거'에 해당하므로 이를 증거로할 수 없다(대법원 2013.3.28, 2010도3359).

15

정답 ③

③ ㉠㉡㉣㉤

㉠ (○) 아래 형사소송법 제243조의2 제1항 참조.

㉡ (○) 아래 동 제3항 참조.

㉣ (○) 아래 동 제4항 및 제5항 참조.

> **형사소송법 제243조의2(변호인의 참여 등)** ① 검사 또는 사법경찰관은 피의자 또는 그 변호인·법정대리인·배우자·직계친족·형제자매의 신청에 따라 변호인을 피의자와 접견하게하거나 정당한 사유가 없는 한 피의자에 대한 신문에 참여하게 하여야 한다.
> ② 신문에 참여하고자 하는 변호인이 2인 이상인 때에는 피의자가 신문에 참여할 변호인 1인을 지정한다. 지정이 없는경우에는 검사 또는 사법경찰관이 이를 지정할 수 있다.
> ③ 신문에 참여한 변호인은 신문 후 의견을 진술할 수 있다. 다만, 신문 중이라도 부당한 신문방법에 대하여 이의를 제기할 수 있고, 검사 또는 사법경찰관의 승인을 얻어 의견을 진술할 수 있다.
> ④ 제3항에 따른 변호인의 의견이 기재된 피의자신문조서는변호인에게 열람하게 한 후 변호인으로 하여금 그 조서에 기명날인 또는 서명하게 하여야 한다.
> ⑤ 검사 또는 사법경찰관은 변호인의 신문참여 및 그 제한에관한 사항을 피의자신문조서에 기재하여야 한다.

㉢ (×) 변호인이 피의자신문에 자유롭게 참여할 수 있는 권리는피의자가 가지는 변호인의 조력을 받을 권리를 실현하는 수단이므로 헌법상 기본권인 변호인의 변호권으로서 보호되어야 한다. 피의자신문에 참여한 변호인이 피의자 옆에 앉는다고 하여피의자 뒤에 앉는 경우보다 수사를 방해할 가능성이 높아진다거나 수사기밀을 유출할 가능성이 높아진다고 볼 수 없으므로, 이 사건 후방착석요구행위의 목적의 정당성과 수단의 적절성을인정할 수 없다. 이 사건 후방착석요구행위로 인하여 위축된 피의자가 변호인에게 적극적으로 조언과 상담을 요청할 것을 기대하기 어렵고, 변호인이 피의자의 뒤에 앉게 되면 피의자의 상태를 즉각적으로 파악하거나 수사기관이 피의자에게 제시한 서류 등의 내용을 정확하게 파악하기 어려우므로, 이 사건 후방착석요구행위는 변호인인 청구인의 피의자신문참여권을 과도하게 제한한다. 그런데 이 사건에서 변호인의 수사방해나 수사기밀의 유출에 대한 우려가 없고, 조사실의 장소적 제약 등과 같이 이 사건 후방착석요구행위를 정당화할 그 외의 특별한 사정도 없으므로, 이 사건 후방착석요구행위는 침해의 최소성 요건을 충족하지 못한다. 이 사건 후방착석요구행위로 얻어질 공익보다는 변호인의 피의자신문참여권 제한에 따른 불이익의 정도가 크므로, 법익의 균형성 요건도 충족하지 못한다. 따라서 이사건 후방착석요구행위는 변호인인 청구인의 변호권을 침해한다(헌법재판소 2017.11.30, 2016헌마503).

㉤ (○) 2021.1.1. 시행 수사준칙에 의하여 검사 또는 사법경찰관은 정당한 사유가 있는 경우를 제외하고는 변호인의 의견진술요청을 승인해야 한다는 의무조항이 제정되었다. 수사준칙 제14조 제2항 참조.

> **수사준칙 제14조(변호인의 의견진술)** ① 피의자신문에 참여한 변호인은 검사 또는 사법경찰관의 신문 후 조서를 열람하고 의견을 진술할 수 있다. 이 경우 변호인은 별도의 서면으로 의견을 제출할 수 있으며, 검사 또는 사법경찰관은 해당

03

제2회 형사소송법의 수사와 증거

서면을 사건기록에 편철한다.

② 피의자신문에 참여한 변호인은 신문 중이라도 검사 또는 사법경찰관의 승인을 받아 의견을 진술할 수 있다. 이 경우 검사 또는 사법경찰관은 정당한 사유가 있는 경우를 제외하고는 변호인의 의견진술 요청을 승인해야 한다.

③ 피의자신문에 참여한 변호인은 제2항에도 불구하고 부당한 신문방법에 대해서는 검사 또는 사법경찰관의 승인 없이 이의를 제기할 수 있다.

④ 검사 또는 사법경찰관은 제1항부터 제3항까지의 규정에 따른 의견진술 또는 이의제기가 있는 경우 해당 내용을 조서에 적어야 한다.

16 　　　　　　　　　　　　　　　 정답 ③

③ ㉠㉡㉢㉤

㉠ (○) 형사소송법 제243조의2 제1항

㉡ (○) 수사준칙 제13조 제1항

> **수사준칙 제13조(변호인의 피의자신문 참여·조력)** ① 검사 또는 사법경찰관은 피의자신문에 참여한 변호인이 피의자의 옆자리 등 실질적인 조력을 할 수 있는 위치에 앉도록 해야 하고, 정당한 사유가 없으면 피의자에 대한 법적인 조언·상담을 보장해야 하며, 법적인 조언·상담을 위한 변호인의 메모를 허용해야 한다.
> ② 검사 또는 사법경찰관은 피의자에 대한 신문이 아닌 단순 면담 등이라는 이유로 변호인의 참여·조력을 제한해서는 안 된다.
> ③ 제1항 및 제2항은 검사 또는 사법경찰관의 사건관계인에 대한 조사·면담 등의 경우에도 적용한다.

㉢ (×) 변호인의 피의자신문 참여권을 규정한 형사소송법 제243조의2 제1항에서 '정당한 사유'란 변호인이 피의자신문을 방해하거나 수사기밀을 누설할 염려가 있음이 객관적으로 명백한 경우 등을 말하는 것이므로, 수사기관이 피의자신문을 하면서 위와 같은 정당한 사유가 없는데도 변호인에 대하여 피의자로부터 떨어진 곳으로 옮겨 앉으라고 지시를 한 다음 이러한 지시에 따르지 않음을 이유로 변호인의 피의자신문 참여권을 제한하는 것은 허용될 수 없다(대법원 2008.9.12, 2008모793).

㉣ (○) 수사준칙 제14조 제4항 참조.

㉤ (○) 수사준칙 제14조 제1항 제2문 참조.

> **수사준칙 제14조(변호인의 의견진술)** ① 피의자신문에 참여한 변호인은 검사 또는 사법경찰관의 신문 후 조서를 열람하고 의견을 진술할 수 있다. 이 경우 변호인은 별도의 서면으로 의견을 제출할 수 있으며, 검사 또는 사법경찰관은 해당 서면을 사건기록에 편철한다.
> ② 피의자신문에 참여한 변호인은 신문 중이라도 검사 또는 사법경찰관의 승인을 받아 의견을 진술할 수 있다. 이 경우 검사 또는 사법경찰관은 정당한 사유가 있는 경우를 제외하고는 변호인의 의견진술 요청을 승인해야 한다.
> ③ 피의자신문에 참여한 변호인은 제2항에도 불구하고 부당한 신문방법에 대해서는 검사 또는 사법경찰관의 승인 없이 이의를 제기할 수 있다.
> ④ 검사 또는 사법경찰관은 제1항부터 제3항까지의 규정에 따른 의견진술 또는 이의제기가 있는 경우 해당 내용을 조서에 적어야 한다.

17 　　　　　　　　　　　　　　　 정답 ④

④ (○) 2021.1.1. 시행 개정 형사소송법에 의하여 형사소송법 제312조 제2항이 삭제됨으로써 영상녹화물이나 그 밖의 객관적인 방법으로 검사 작성 피의자신문조서의 실질적 진정성립을 증명할 수 없게 되었다. 따라서 이제는 형사소송법 제312조 제1항에 따라 공판준비 또는 공판기일에서의 피고인의 진술에 의하여 인정될 수 있을 뿐이다.

① (×) 피의자의 진술이 종료될 때까지가 아니라 '조사가 종료될 때까지의 전 과정'을 영상녹화하여야 한다. 형사소송법 제244조의2 제1항 참조.

> **형사소송법 제244조의2(피의자진술의 영상녹화)** ① 피의자의 진술은 영상녹화할 수 있다. 이 경우 미리 영상녹화사실을 알려주어야 하며, 조사의 개시부터 종료까지의 전 과정 및 객관적 정황을 영상녹화하여야 한다.

② (×) 영상녹화 완료 시 지체 없이 원본을 봉인하는 것은 피의자 및 변호인 앞에서가 아니라 '피의자 또는 변호인 앞에서'이다. 형사소송법 제244조의2 제2항 참조.

> **형사소송법 제244조의2(피의자진술의 영상녹화)** ② 제1항에 따른 영상녹화가 완료된 때에는 피의자 또는 변호인 앞에서 지체 없이 그 원본을 봉인하고 피의자로 하여금 기명날인 또는 서명하게 하여야 한다.

③ (×) 영상녹화물 재생·시청 후 피의자 또는 변호인의 이의가 있으면 그 취지를 기재한 서면을 첨부할 수 있는 것이 아니라 '첨부하여야 한다.' 형사소송법 제244조의2 제3항 참조.

> **형사소송법 형사소송법 제244조의2(피의자진술의 영상녹화)** ③ 제2항의 경우에 피의자 또는 변호인의 요구가 있는 때에는 영상녹화물을 재생하여 시청하게 하여야 한다. 이 경우 그 내용에 대하여 이의를 진술하는 때에는 그 취지를 기재한 서면을 첨부하여야 한다.

18 　　　　　　　　　　　　　　　 정답 ④

④ ㉠㉢㉣

㉠ (×) 피의자신문 시에는 변호인만 참여권이 있으며, 변호인 되려는 자에게는 참여권 규정이 없다.

> **형사소송법 제243조의2(변호인의 참여 등)** ① 검사 또는 사법경찰관은 피의자 또는 그 변호인·법정대리인·배우자·직계친족·형제자매의 신청에 따라 변호인을 피의자와 접견하게 하거나 정당한 사유가 없는 한 피의자에 대한 신문에 참여하게 하여야 한다.

㉡ (○) 형사소송법 제201조의2 제8항의 내용이다.

> **형사소송법 제201조의2(구속영장 청구와 피의자 심문)** ⑧ 심문할 피의자에게 변호인이 없는 때에는 지방법원판사는 직권으로 변호인을 선정하여야 한다. 이 경우 변호인의 선정은 피의자에 대한 구속영장 청구가 기각되어 효력이 소멸한 경우를 제외하고는 제1심까지 효력이 있다.

㉢ (×) 반의사불벌죄에서 처벌을 희망하는 의사표시의 철회 또는 처벌을 희망하지 않는 의사표시는 제1심판결 선고 전까지 할 수 있다(형사소송법 제232조 제1항, 제3항). 처벌불원의 의사표시의 부존재는 소극적 소송조건으로서 직권조사사항에 해당하

므로 당사자가 항소이유로 주장하지 않았더라도 원심은 이를 직권으로 조사·판단하여야 한다. 성폭력범죄의 처벌 등에 관한 특례법 제27조는 성폭력범죄 피해자에 대한 변호사 선임의 특례를 정하고 있다. 성폭력범죄의 피해자는 형사절차상 법률적 조력을 받기 위해 스스로 변호사를 선임할 수 있고(제1항), 검사는 피해자에게 변호사가 없는 경우 국선변호사를 선정하여 형사절차에서 피해자의 권익을 보호할 수 있으며(제6항), 피해자의 변호사는 형사절차에서 피해자 등의 대리가 허용될 수 있는 모든 소송행위에 대한 포괄적인 대리권을 가진다(제5항). 따라서 피해자의 변호사는 피해자를 대리하여 피고인에 대한 처벌을 희망하는 의사표시를 철회하거나 처벌을 희망하지 않는 의사표시를 할 수 있다(대법원 2019.12.13, 2019도10678).

㉣ (×) 증거로 함에 대한 동의의 주체는 소송주체인 당사자라 할 것이지만 변호인은 피고인의 명시한 의사에 반하지 아니하는 한 피고인을 대리하여 증거로 함에 동의할 수 있으므로 피고인이 증거로 함에 동의하지 아니한다고 명시적인 의사표시를 한 경우 이외에는 변호인은 서류나 물건에 대하여 증거로 함에 동의할 수 있고, 이 경우 변호인의 동의에 대하여 피고인이 즉시 이의하지 아니하는 경우에는 변호인의 동의로 증거능력이 인정되어 증거조사 완료 전까지 그 동의가 취소 또는 철회하지 아니한 이상 일단 부여된 증거능력은 그대로 존속한다(대법원 2005.4.28. 2004도4428).

19 【정답】 ④

④ ㉡㉢㉣

㉠ (×) 2021.1.1. 시행 대통령령 수사준칙에 의하여 신설된 수사서류 등의 열람·복사규정의 내용이다. 피의자, 사건관계인 또는 그 변호인은 검사 또는 사법경찰관이 수사 중인 사건에 관한 본인의 진술이 기재된 부분 및 본인이 제출한 서류의 전부 또는 일부에 대해 열람·복사를 신청할 수 있다. 수사준칙 제69조 제1항 참조.

> **수사준칙 제69조(수사서류 등의 열람·복사)** ① 피의자, 사건관계인 또는 그 변호인은 검사 또는 사법경찰관이 수사 중인 사건에 관한 본인의 진술이 기재된 부분 및 본인이 제출한 서류의 전부 또는 일부에 대해 열람·복사를 신청할 수 있다.
> ② 피의자, 사건관계인 또는 그 변호인은 검사가 불기소 결정을 하거나 사법경찰관이 불송치 결정을 한 사건에 관한 기록의 전부 또는 일부에 대해 열람·복사를 신청할 수 있다.
> ③ 피의자 또는 그 변호인은 필요한 사유를 소명하고 고소장, 고발장, 이의신청서, 항고장, 재항고장(이하 "고소장등"이라 한다)의 열람·복사를 신청할 수 있다. 이 경우 열람·복사의 범위는 피의자에 대한 혐의사실 부분으로 한정하고, 그 밖에 사건관계인에 관한 사실이나 개인정보, 증거방법 또는 고소장등에 첨부된 서류 등은 제외한다.
> ④ 체포·구속된 피의자 또는 그 변호인은 현행범인체포서, 긴급체포서, 체포영장, 구속영장의 열람·복사를 신청할 수 있다.
> ⑤ 피의자 또는 사건관계인의 법정대리인, 배우자, 직계친족, 형제자매로서 피의자 또는 사건관계인의 위임장 및 신분관계를 증명하는 문서를 제출한 사람도 제1항부터 제4항까지의 규정에 따라 열람·복사를 신청할 수 있다.
> ⑥ 검사 또는 사법경찰관은 제1항부터 제5항까지의 규정에 따른 신청을 받은 경우에는 해당 서류의 공개로 사건관계인

의 개인정보나 영업비밀이 침해될 우려가 있거나 범인의 증거인멸·도주를 용이하게 할 우려가 있는 경우 등 정당한 사유가 있는 경우를 제외하고는 열람·복사를 허용해야 한다.

㉡ (○) ㉢ (○) 피의자의 진술을 기재한 서류 또는 문서가 수사기관에서의 조사 과정에서 작성된 것이라면, 그것이 '진술조서, 진술서, 자술서'라는 형식을 취하였다고 하더라도 피의자신문조서와 달리 볼 수 없고, 수사기관에 의한 진술거부권 고지의 대상이 되는 피의자의 지위는 수사기관이 범죄인지서를 작성하는 등의 형식적인 사건수리 절차를 거치기 전이라도 조사대상자에 대하여 범죄의 혐의가 있다고 보아 실질적으로 수사를 개시하는 행위를 한 때에 인정된다. 특히 조사대상자의 진술 내용이 단순히 제3자의 범죄에 관한 경우가 아니라 자신과 제3자에게 공동으로 관련된 범죄에 관한 것이거나 제3자의 피의사실뿐만 아니라 자신의 피의사실에 관한 것이기도 하여 실질이 피의자신문조서의 성격을 가지는 경우에 수사기관은 진술을 듣기 전에 미리 진술거부권을 고지하여야 한다(대법원 2015.10.29, 2014도5939).

㉣ (○) 구 새마을금고법 제85조 제2항 제9호(이하 '처벌규정'이라 한다), 특정경제범죄 가중처벌 등에 관한 법률(이하 '특정경제범죄법'이라 한다) 제2조 제1호, 제12조 제2항, 제4항을 헌법상 보장된 진술거부권에 관한 법리에 비추어 살펴보면, 처벌규정은 적어도 새마을금고의 임직원이 장차 특정경제범죄법에 규정된 죄로 처벌받을 수도 있는 사항에 관한 질문을 받고 거짓 진술을 한 경우에는 특별한 사정이 없는 한 적용되지 않는다. 이러한 경우까지 항상 처벌규정으로 처벌될 수 있다고 본다면, 이는 실질적으로 장차 형사피의자나 피고인이 될 가능성이 있는 자로 하여금 수사기관 앞에서 자신의 형사책임을 자인하도록 강요하는 것과 다르지 않기 때문이다(대법원 2015.5.28, 2015도3136).

㉤ (×) 변호인의 피의자신문 참여의 신청이 있는 경우에는 검사 또는 사법경찰관은 정당한 사유가 없는 한 피의자신문에 참여하게 하여야 한다(원칙적 의무). 따라서 정당한 사유가 있으면 참여하게 하지 않을 수 있다(형사소송법 제243조의 제1항).

> **형사소송법 제243조의2(변호인의 참여 등)** ① 검사 또는 사법경찰관은 피의자 또는 그 변호인·법정대리인·배우자·직계친족·형제자매의 신청에 따라 변호인을 피의자와 접견하게 하거나 정당한 사유가 없는 한 피의자에 대한 신문에 참여하게 하여야 한다.

20 【정답】 ④

④ (○) 헌법 제12조 제2항, 형사소송법 제244조의3 제1항, 제2항, 제312조 제3항에 비추어 보면, 비록 사법경찰관이 피의자에게 진술거부권을 행사할 수 있음을 알려 주고 그 행사 여부를 질문하였다 하더라도, 형사소송법 제244조의3 제2항에 규정한 방식에 위반하여 진술거부권 행사 여부에 대한 피의자의 답변이 자필로 기재되어 있지 아니하거나 그 답변 부분에 피의자의 기명날인 또는 서명이 되어 있지 아니한 사법경찰관 작성의 피의자신문조서는 특별한 사정이 없는 한 형사소송법 제312조 제3항에서 정한 '적법한 절차와 방식'에 따라 작성된 조서라 할 수 없으므로 그 증거능력을 인정할 수 없다(대법원 2013.3.28, 2010도3359).

① (×) 강도 현행범으로 체포된 피고인에게 진술거부권을 고지하

지 아니한 채 강도범행에 대한 자백을 받고, 이를 기초로 여죄에 대한 진술과 증거물을 확보한 후 진술거부권을 고지하여 피고인의 임의자백 및 피해자의 피해사실에 대한 진술을 수집한 경우, 제1심 법정에서의 피고인의 자백은 진술거부권을 고지받지 않은 상태에서 이루어진 최초 자백 이후 40여 일이 지난 후에 변호인의 충분한 조력을 받으면서 공개된 법정에서 임의로 이루어진 것이고, 피해자의 진술은 법원의 적법한 소환에 따라 자발적으로 출석하여 위증의 벌을 경고받고 선서한 후 공개된 법정에서 임의로 이루어진 것이어서, 예외적으로 유죄 인정의 증거로 사용할 수 있는 2차적 증거에 해당한(대법원 2009.3. 12, 2008도11437).

② (×) 법정에 출석한 증인이 형사소송법 제148조, 제149조 등에서 정한 바에 따라 정당하게 증언거부권을 행사하여 증언을 거부한 경우는 형사소송법 제314조의 '그 밖에 이에 준하는 사유로 인하여 진술할 수 없는 때'에 해당하지 아니한다(대법원 2012.5.17, 2009도6788 전원합의체).

③ (×) 피의자에 대한 진술거부권 고지는 피의자의 진술거부권을 실효적으로 보장하여 진술이 강요되는 것을 막기 위해 인정되는 것인데, 이러한 진술거부권 고지에 관한 형사소송법 규정내용 및 진술거부권 고지가 갖는 실질적인 의미를 고려하면 수사기관에 의한 진술거부권 고지 대상이 되는 피의자 지위는 수사기관이 조사대상자에 대한 범죄혐의를 인정하여 수사를 개시하는 행위를 한 때 인정되는 것으로 보아야 한다. 따라서 이러한 피의자 지위에 있지 아니한 자에 대하여는 진술거부권이 고지되지 아니하였더라도 진술의 증거능력을 부정할 것은 아니다. 나아가 형사소송법상 진술거부권 고지의 대상은 피의자나 피고인이므로(제244조의3, 제283조의2), 참고인 등에게는 진술거부권의 고지의무가 없어 이러한 참고인에 대하여는 진술거부권이 고지되지 아니하였더라도 그 진술의 증거능력을 부정할 것은 아니다(대법원 2011.11.10, 2011도8125).

▶ **제1장 수사** [임의수사 3] ― **제2장 강제처분과 강제수사** [체포와 구속 1]

01	③	02	③	03	④	04	④	05	④
06	④	07	④	08	②	09	②	10	①
11	②	12	③	13	②	14	③	15	③
16	④	17	②	18	④	19	④	20	③

01　　　　　　　　　　　　정답 ③

③ ㉡㉣

㉠ (○) 수사기관의 강제처분에 관하여 상세한 절차조항을 규정하고 있는 형사소송법의 취지에 비추어 볼 때, 수사기관이 법원으로부터 영장 또는 감정처분허가장을 발부받지 아니한 채 피의자의 동의 없이 피의자의 신체로부터 혈액을 채취하고 사후에도 지체 없이 영장을 발부받지 아니한 채 그 혈액 중 알코올농도에 관한 감정을 의뢰하였다면, 이러한 과정을 거쳐 얻은 감정의뢰회보와 이에 기초한 다른 증거는 형사소송법상 영장주의 원칙을 위반하여 수집하거나 그에 기초하여 획득한 증거로서, 그 절차위반행위가 적법절차의 실질적인 내용을 침해하여 피고인이나 변호인의 동의가 있더라도 유죄의 증거로 사용할 수 없다(대법원 2014.11.13, 2013도1228; 2012.11.15, 2011도15258).

㉡ (×) 형사소송법상 소송능력이란 소송당사자가 유효하게 소송행위를 할 수 있는 능력, 즉 피고인 또는 피의자가 자기의 소송상의 지위와 이해관계를 이해하고 이에 따라 방어행위를 할 수 있는 의사능력을 의미하는데, 피의자에게 의사능력이 있으면 직접 소송행위를 하는 것이 원칙이고, 피의자에게 의사능력이 없는 경우에는 형법 제9조 내지 제11조의 규정의 적용을 받지 아니하는 범죄사건에 한하여 예외적으로 법정대리인이 소송행위를 대리할 수 있다(형사소송법 제26조). 따라서 음주운전과 관련한 도로교통법 위반죄의 범죄수사를 위하여 미성년자인 피의자의 혈액채취가 필요한 경우에도 피의자에게 의사능력이 있다면 피의자 본인만이 혈액채취에 관한 유효한 동의를 할 수 있고, 피의자에게 의사능력이 없는 경우에도 명문의 규정이 없는 이상 법정대리인이 피의자를 대리하여 동의할 수는 없다(대법원 2014.11.13, 2013도1228).

㉢ (○) 당시 피고인 甲은 의식불명상태여서 혈액채취에 대한 甲의 동의를 기대할 수는 없었던 상황으로 보이고, 이 사건 범죄는 형사소송법 제26조에 의하여 예외적으로 그 법정대리인이 소송행위를 대리할 수 있는 경우에도 해당하지 않으며, 달리 법정대리인에 의한 채혈동의를 허용하는 명문 규정이 없는 이상, 피고인이 아닌 甲의 아버지 B의 동의만으로는 혈액채취에 관한 유효한 동의가 있었다고 볼 수 없다. 결국 경찰관 A는 법원으로부터 영장 또는 감정처분허가장을 발부받지 아니한 채 피고인의 동의 없이 피고인으로부터 혈액을 채취하고 사후에도 영장을 발부받지 아니하였으므로, 甲의 혈중 알코올농도에 대한 국립과학수사연구소의 감정의뢰회보(혈중 알코올농도 0.191%)와 이에 기초한 주취운전자 적발보고서는 위법수집증거로서 증거능력

이 없다(대법원 2014.11.13, 2013도1228).

㉣ (×) 피고인의 자백이 그 피고인에게 불이익한 유일의 증거인 때에는 이를 유죄의 증거로 하지 못한다(형사소송법 제310조). 보강증거는 자백 이외의 독립증거일 것을 요하므로 피고인의 공판정에서의 자백을 공판정 외의 자백, 즉 수사기관에서의 자백에 의하여 보강하는 것은 허용되지 않으며(대법원 1974.1.15, 73도1819), 자백은 아무리 반복되더라도 피고인의 자백만 있는 경우에 해당한다. 한편 보강증거도 증거능력 있는 증거일 것을 요하므로 위법수집증거는 보강증거가 될 수 없다. 결국 남는 증거는 피고인의 자백뿐인데 이를 보강할만한 증거가 없으므로 법원은 유죄판결을 선고할 수 없다(대법원 2014.11.13, 2013도1228).

02　　　　　　　　　　　　정답 ③

③ ㉠㉢㉣㉤

㉠ (○) 형사소송법 제417조는 검사 또는 사법경찰관의 '구금에 관한 처분'에 불복이 있으면 법원에 그 처분의 취소 또는 변경을 청구할 수 있다고 규정하고 있다. 검사 또는 사법경찰관이 보호장비 사용을 정당화할 예외적 사정이 존재하지 않음에도 구금된 피의자에 대한 교도관의 보호장비 사용을 용인한 채 그 해제를 요청하지 않는 경우에, 검사 및 사법경찰관의 이러한 조치를 형사소송법 제417조에서 정한 '구금에 관한 처분'으로 보지 않는다면 구금된 피의자로서는 이에 대하여 불복하여 침해된 권리를 구제받을 방법이 없게 된다. 따라서 검사 또는 사법경찰관이 구금된 피의자를 신문할 때 피의자 또는 변호인으로부터 보호장비를 해제해 달라는 요구를 받고도 거부한 조치는 형사소송법 제417조에서 정한 '구금에 관한 처분'에 해당한다고 보아야 한다(대법원 2020.3.17, 2015모2357).

[보충] 검사가 조사실에서 피의자를 신문할 때 도주, 자해, 다른 사람에 대한 위해 등 형의 집행 및 수용자의 처우에 관한 법률 제97조 제1항 각호에 규정된 위험이 분명하고 구체적으로 드러나는 경우에만 예외적으로 보호장비를 사용하여야 하고, 검사가 조사실에서 피의자를 신문할 때 피의자에게 위와 같은 특별한 사정이 없는 이상 교도관에게 보호장비의 해제를 요청할 의무가 있고, 교도관은 이에 응하여야 한다.

㉡ (×) 헌법 제12조 제1항, 제4항 본문, 형사소송법 제243조의2 제1항 및 그 입법 목적 등에 비추어 보면, 피의자가 변호인의 참여를 원한다는 의사를 명백하게 표시하였음에도 수사기관이 정당한 사유 없이 변호인을 참여하게 하지 아니한 채 피의자를 신문하여 작성한 피의자신문조서는 형사소송법 제312조에 정

한 '적법한 절차와 방식'에 위반된 증거일 뿐만 아니라, 형사소송법 제308조의2에서 정한 '적법한 절차에 따르지 아니하고 수집한 증거'에 해당하므로 이를 증거로 할 수 없다(대법원 2013. 3.28, 2010도3359). 증거능력이 없다는 판시이다.

ⓒ (○) 형사소송법 제244조의5는, 검사 또는 사법경찰관은 피의자를 신문하는 경우 피의자가 신체적 또는 정신적 장애로 사물을 변별하거나 의사를 결정·전달할 능력이 미약한 때나 피의자의 연령·성별·국적 등의 사정을 고려하여 그 심리적 안정의 도모와 원활한 의사소통을 위하여 필요한 경우에는 직권 또는 피의자·법정대리인의 신청에 따라 피의자와 신뢰관계에 있는 자를 동석하게 할 수 있도록 하고 있다. 구체적인 사안에서 위와 같은 동석을 허락할 것인지는 원칙적으로 검사 또는 사법경찰관이 피의자의 건강 상태 등 여러 사정을 고려하여 재량에 따라 판단하여야 할 것이나, 이를 허락하는 경우에도 동석한 사람으로 하여금 피의자를 대신하여 진술하도록 하여서는 아니되는 것이고 만약 동석한 사람이 피의자를 대신하여 진술한 부분이 조서에 기재되어 있다면 그 부분은 피의자의 진술을 기재한 것이 아니라 동석한 사람의 진술을 기재한 조서에 해당하므로 그 사람에 대한 진술조서로서의 증거능력을 취득하기 위한 요건을 충족하지 못하는 한 이를 유죄 인정의 증거로 사용할 수 없는 것이다(대법원 2009.6.23, 2009도1322).

ⓔ (○) 형사소송법 제243조의2 제1항은 검사 또는 사법경찰관은 피의자 또는 변호인 등이 신청할 경우 정당한 사유가 없는 한 변호인을 피의자신문에 참여하게 하여야 한다고 규정하고 있다. 여기에서 '정당한 사유'란 변호인이 피의자신문을 방해하거나 수사기밀을 누설할 염려가 있음이 객관적으로 명백한 경우 등을 말한다. 형사소송법 제243조의2 제3항 단서는 피의자신문에 참여한 변호인은 신문 중이라도 부당한 신문방법에 대하여 이의를 제기할 수 있다고 규정하고 있으므로, 검사 또는 사법경찰관의 부당한 신문방법에 대한 이의제기는 고성, 폭언 등 그 방식이 부적절하거나 또는 합리적 근거 없이 반복적으로 이루어지는 등의 특별한 사정이 없는 한, 원칙적으로 변호인에게 인정된 권리의 행사에 해당하며, 신문을 방해하는 행위로는 볼 수 없다. 따라서 검사 또는 사법경찰관이 그러한 특별한 사정 없이, 단지 변호인이 피의자신문 중에 부당한 신문방법에 대한 이의제기를 하였다는 이유만으로 변호인을 조사실에서 퇴거시키는 조치는 정당한 사유 없이 변호인의 피의자신문 참여권을 제한하는 것으로서 허용될 수 없다(대법원 2020.3.17, 2015모2357).

ⓜ (○) 형사소송법 제221조 제1항 참조.

> **형사소송법 제221조(제3자의 출석요구 등)** ① 검사 또는 사법경찰관은 수사에 필요한 때에는 피의자가 아닌 자의 출석을 요구하여 진술을 들을 수 있다. 이 경우 그의 동의를 받아 영상녹화할 수 있다.

ⓗ (×) 변호인의 피의자 접견 및 피의자신문참여권의 신청권자는 피의자, 변호인, 법정대리인, 배우자, 직계친족, 형제자매이다. 동거인·고용주는 포함되지 아니한다(형사소송법 제243조의2 제1항).

> **형사소송법 제243조의2(변호인의 참여 등)** ① 검사 또는 사법경찰관은 피의자 또는 그 변호인·법정대리인·배우자·직계친족·형제자매의 신청에 따라 변호인을 피의자와 접견하게 하거나 정당한 사유가 없는 한 피의자에 대한 신문에 참여하게 하여야 한다.

03

④ (×) 사법경찰관 등이 체포영장을 소지하고 피의자를 체포하기 위해서는 체포영장을 피의자에게 제시하고(형사소송법 제200조의6, 제85조 제1항), 피의사실의 요지, 체포의 이유와 변호인을 선임할 수 있음을 말하고 변명할 기회를 주어야 한다(형사소송법 제200조의5). 이와 같은 체포영장의 제시나 고지 등은 체포를 위한 실력행사에 들어가기 이전에 미리 하여야 하는 것이 원칙이다. 그러나 달아나는 피의자를 쫓아가 붙들거나 폭력으로 대항하는 피의자를 실력으로 제압하는 경우에는 붙들거나 제압하는 과정에서 하거나, 그것이 여의치 않은 경우에는 일단 붙들거나 제압한 후에 지체 없이 하여야 한다. … 피고인이 경찰관들과 마주하자마자 도망가려는 태도를 보이거나 먼저 폭력을 행사하며 대항한 바 없는 등 경찰관들이 체포를 위한 실력행사에 나아가기 전에 체포영장을 제시하고 미란다 원칙을 고지할 여유가 있었음에도 애초부터 미란다 원칙을 체포 후에 고지할 생각으로 먼저 체포행위에 나선 행위는 적법한 공무집행이라고 보기 어렵다(공소사실은 무죄)(대법원 2017.9.21, 2017도10866).

① (○) 대법원 2001.12.14, 2001도4283; 2008.2.29, 2007도11339; 2017.9.7, 2017도8989

② (○) 국회증언감정법 제15조 제1항 본문에 따른 고발은 증인을 조사한 본회의 또는 위원회의 의장 또는 위원장의 명의로 한다(동 제15조 제3항). 따라서 그 위원회가 고발에 관한 의결을 하여야 하므로 제15조 제1항 본문의 고발은 위원회가 존속하고 있을 것을 전제로 한다. 한편 국회증언감정법 제15조 제1항 단서는 위와 같은 본문에 이어서 "다만 청문회의 경우에는 재적위원 3분의 1 이상의 연서에 따라 그 위원의 이름으로 고발할 수 있다."라고 규정하고 있다. … 국회증언감정법 제15조 제1항 단서에 의한 고발도 위원회가 존속하는 동안에 이루어져야 한다고 해석하는 것이 타당하다. 특별위원회가 존속하지 않게 된 이후에도 과거 특별위원회가 존속할 당시 재적위원이었던 사람이 연서로 고발할 수 있다고 해석하는 것은 유추해석금지의 원칙에 위배된다. 국회증언감정법 제15조 제1항 단서의 문언 및 입법 취지, 다른 법률 규정과의 관계 등에 비추어 보면, 국회증언감정법 제15조 제1항 단서의 재적위원은 존속하고 있는 위원회에 적을 두고 있는 위원을 의미하고, 특별위원회가 존속하지 않게 된 경우 그 재적위원이었던 사람을 의미하는 것은 아니라고 해석하는 것이 타당하다(대법원 2018.5.17, 2017도14749 전원합의체).

③ (○) 변호인이 피의자신문에 자유롭게 참여할 수 있는 권리는 피의자가 가지는 변호인의 조력을 받을 권리를 실현하는 수단이므로 헌법상 기본권인 변호인의 변호권으로서 보호되어야 한다. 피의자신문에 참여한 변호인이 피의자 옆에 앉는다고 하여 피의자 뒤에 앉는 경우보다 수사를 방해할 가능성이 높아진다거나 수사기밀을 유출할 가능성이 높아진다고 볼 수 없으므로, 이 사건 후방착석요구행위의 목적의 정당성과 수단의 적절성을 인정할 수 없다. 이 사건 후방착석요구행위로 인하여 위축된 피의자가 변호인에게 적극적으로 조언과 상담을 요청할 것을 기대하기 어렵고, 변호인이 피의자의 뒤에 앉게 되면 피의자의 상태를 즉각적으로 파악하거나 수사기관이 피의자에게 제시한 서류 등의 내용을 정확하게 파악하기 어려우므로, 이 사건 후방착석요구행위는 변호인인 청구인의 피의자신문참여권을 과도하게 제한한다. 그런데 이 사건에서 변호인의 수사방해나 수사기밀의 유출에 대한 우려가 없고, 조사실의 장소적 제약 등과 같

이 이 사건 후방착석요구행위를 정당화할 그 외의 특별한 사정도 없으므로, 이 사건 후방착석요구행위는 침해의 최소성 요건을 충족하지 못한다. 이 사건 후방착석요구행위로 얻어질 공익보다는 변호인의 피의자신문참여권 제한에 따른 불이익의 정도가 크므로, 법익의 균형성 요건도 충족하지 못한다. 따라서 이 사건 후방착석요구행위는 변호인인 청구인의 변호권을 침해한다(헌법재판소 2017.11.30, 2016헌마503).

04

④ ㉠㉡㉢㉤

㉠ (×) 대법원 2016.10.13, 2016도5814

㉡ (×) 제208조 소정의 '구속되었다가 석방된 자'라 함은 구속영장에 의하여 구속되었다가 석방된 경우를 말하는 것이지, 긴급체포나 현행범으로 체포되었다가 사후 영장발부 전에 석방된 경우는 포함되지 않는다 할 것이므로, 피고인이 수사당시 긴급체포되었다가 수사기관의 조치로 석방된 후 법원이 발부한 구속영장에 의하여 구속이 이루어진 경우 앞서 본 법조에 위배되는 위법한 구속이라고 볼 수 없다(대법원 2001.9.28, 2001도4291). 제208조 제1항은 검사 또는 사법경찰관에 의하여 '구속되었다가 석방된 자'는 다른 중요한 증거를 발견한 경우를 제외하고는 동일한 범죄사실에 관하여 재차 구속하지 못한다고 규정하여 재구속을 제한하고 있다. 그러나 체포되었다가 석방된 후 발부된 구속영장에 의하여 구속하는 것은 이러한 제한에 해당하지 않아 위법한 구속이 아닌 것이다.

㉢ (×) 긴급체포의 요건을 갖추었는지 여부는 사후에 밝혀진 사정을 기초로 판단하는 것이 아니라 체포 당시의 상황을 기초로 판단하여야 하고, 이에 관한 검사나 사법경찰관 등 수사주체의 판단에는 상당한 재량의 여지가 있다고 할 것이나, 긴급체포 당시의 상황으로 보아서도 그 요건의 충족 여부에 관한 검사나 사법경찰관의 판단이 경험칙에 비추어 현저히 합리성을 잃은 경우에는 그 체포는 위법한 체포라 할 것이고, 이러한 위법은 영장주의에 위배되는 중대한 것이니 그 체포에 의한 유치 중에 작성된 피의자신문조서는 위법하게 수집된 증거로서 특별한 사정이 없는 한 이를 유죄의 증거로 할 수 없다(대법원 2002.6.11, 2000도5701).

㉣ (○) 2021.1.1. 시행 수사준칙에 의하여 체포·구속 시 진술거부권 고지의무 조항이 신설되었다. 수사준칙 제32조 제1항 참조.

> **수사준칙 제32조(체포·구속영장 집행 시의 권리 고지)** ① 검사 또는 사법경찰관은 피의자를 체포하거나 구속할 때에는 법 제200조의5(법 제209조에서 준용하는 경우를 포함한다)에 따라 피의자에게 피의사실의 요지, 체포·구속의 이유와 변호인을 선임할 수 있음을 말하고, 변명할 기회를 주어야 하며, 진술거부권을 알려주어야 한다.
> ② 제1항에 따라 피의자에게 알려주어야 하는 진술거부권의 내용은 법 제244조의3 제1항 제1호부터 제3호까지의 사항으로 한다.
> ③ 검사와 사법경찰관이 제1항에 따라 피의자에게 그 권리를 알려준 경우에는 피의자로부터 권리 고지 확인서를 받아 사건기록에 편철한다.

㉤ (×) 영장에 의한 체포의 사유는 출석요구에 불응하거나 불응할 우려이지, 체포의 필요성 즉, 도망이나 증거인멸의 우려가 아니다. 따라서 체포영장청구서의 기재사항에도 형사소송법 제

200조의2 제1항에 규정한 체포의 사유(출석요구에 응하지 아니하거나 응하지 아니할 우려가 있는 때)는 포함되나(형사소송규칙 제95조 제7호), 도망이나 증거인멸의 우려가 있는 사유는 포함되지 아니한다. 형사소송규칙 제95조 참조.

> **형사소송규칙 제95조(체포영장청구서의 기재사항)** 체포영장의 청구서에는 다음 각 호의 사항을 기재하여야 한다.
> 1. 피의자의 성명(분명하지 아니한 때에는 인상, 체격, 그 밖에 피의자를 특정할 수 있는 사항), 주민등록번호 등, 직업, 주거
> 2. 피의자에게 변호인이 있는 때에는 그 성명
> 3. 죄명 및 범죄사실의 요지
> 4. 7일을 넘는 유효기간을 필요로 하는 때에는 그 취지 및 사유
> 5. 여러 통의 영장을 청구하는 때에는 그 취지 및 사유
> 6. 인치구금할 장소
> 7. 법 제200조의2 제1항에 규정한 체포의 사유
> 8. 동일한 범죄사실에 관하여 그 피의자에 대하여 전에 체포영장을 청구하였거나 발부받은 사실이 있는 때에는 다시 체포영장을 청구하는 취지 및 이유
> 9. 현재 수사 중인 다른 범죄사실에 관하여 그 피의자에 대하여 발부된 유효한 체포영장이 있는 경우에는 그 취지 및 그 범죄사실

05

④ ㉠㉡㉢

㉠ (×) 긴급체포되었다가 석방된 자는 영장 없이는 동일한 범죄사실로 다시 체포하지 못한다(형사소송법 제200조의4 제3항). 따라서 영장에 의한 체포는 가능하다.

㉡ (×) 대법원 판례도 '긴급체포나 현행범으로 체포된 피의자 등 영장에 의하지 아니하고 체포된 피의자 등'에게도 적부심사청구권을 인정하고 있다(대법원 1997.8.27, 97모21). 형사소송법은 긴급체포나 현행범으로 체포된 피의자 등 영장에 의하지 아니하고 체포된 피의자 등에게도 명문규정으로 적부심사청구권을 인정하고 있다.

㉢ (×) 모두 형사소송법에 명문의 규정을 두고 있다(형사소송법 제200조의3 제2항 및 제3항).
[참고] 다만, 이를 위해 사법경찰관이 긴급체포 후 12시간 내에 검사에게 긴급체포를 승인해달라는 요청을 하여야 한다는 것은 형사소송법에 규정이 없고 수사준칙에 의한다.

> **형사소송법 제200조의3(긴급체포)** ① 검사 또는 사법경찰관은 피의자가 사형·무기 또는 장기 3년이상의 징역이나 금고에 해당하는 죄를 범하였다고 의심할 만한 상당한 이유가 있고, 다음 각 호의 어느 하나에 해당하는 사유가 있는 경우에 긴급을 요하여 지방법원판사의 체포영장을 받을 수 없는 때에는 그 사유를 알리고 영장없이 피의자를 체포할 수 있다. 이 경우 긴급을 요한다 함은 피의자를 우연히 발견한 경우등과 같이 체포영장을 받을 시간적 여유가 없는 때를 말한다.
> 1. 피의자가 증거를 인멸할 염려가 있는 때
> 2. 피의자가 도망하거나 도망할 우려가 있는 때
> ② 사법경찰관이 제1항의 규정에 의하여 피의자를 체포한 경우에는 즉시 검사의 승인을 얻어야 한다.
> ③ 검사 또는 사법경찰관은 제1항의 규정에 의하여 피의자를 체포한 경우에는 즉시 긴급체포서를 작성하여야 한다.

④ 제3항의 규정에 의한 긴급체포서에는 범죄사실의 요지, 긴급체포의 사유등을 기재하여야 한다.

㉣ (○) 수사준칙 제27조 제1항 참조.

> **수사준칙 제27조(긴급체포)** ① 사법경찰관은 법 제200조의3 제2항에 따라 긴급체포 후 12시간 내에 검사에게 긴급체포의 승인을 요청해야 한다. 다만, 제51조 제1항 제4호가목 또는 제52조 제1항 제3호에 따라 수사중지 결정 또는 기소중지 결정이 된 피의자를 소속 경찰관서가 위치하는 특별시·광역시·특별자치시·도 또는 특별자치도 외의 지역이나 「연안관리법」 제2조 제2호 나목의 바다에서 긴급체포한 경우에는 긴급체포 후 24시간 이내에 긴급체포의 승인을 요청해야 한다.
> ② 제1항에 따라 긴급체포의 승인을 요청할 때에는 범죄사실의 요지, 긴급체포의 일시·장소, 긴급체포의 사유, 체포를 계속해야 하는 사유 등을 적은 긴급체포 승인요청서로 요청해야 한다. 다만, 긴급한 경우에는 「형사사법절차 전자화 촉진법」 제2조 제4호에 따른 형사사법정보시스템 또는 팩스를 이용하여 긴급체포의 승인을 요청할 수 있다.
> ③ 검사는 사법경찰관의 긴급체포 승인 요청이 이유 있다고 인정하는 경우에는 지체 없이 긴급체포 승인서를 사법경찰관에게 송부해야 한다.
> ④ 검사는 사법경찰관의 긴급체포 승인 요청이 이유 없다고 인정하는 경우에는 지체 없이 사법경찰관에게 불승인 통보를 해야 한다. 이 경우 사법경찰관은 긴급체포된 피의자를 즉시 석방하고 그 석방 일시와 사유 등을 검사에게 통보해야 한다.

㉤ (✕) 법원에 대한 석방통지 시 긴급체포서 사본을 첨부해야 한다(형사소송법 제200조의3 제4항 제2문).

> **형사소송법 제200조의3(긴급체포)** ④ 검사는 제1항에 따른 구속영장을 청구하지 아니하고 피의자를 석방한 경우에는 석방한 날부터 30일 이내에 서면으로 다음 각 호의 사항을 법원에 통지하여야 한다. 이 경우 긴급체포서의 사본을 첨부하여야 한다.
> 1. 긴급체포 후 석방된 자의 인적사항
> 2. 긴급체포의 일시·장소와 긴급체포하게 된 구체적 이유
> 3. 석방의 일시·장소 및 사유
> 4. 긴급체포 및 석방한 검사 또는 사법경찰관의 성명

06
정답 ④

④ ㉠㉢㉤

㉠ (✕) 구속한 날이 아니라 (긴급)체포한 날부터 기산한다.

> **형사소송법 제203조의2(구속기간에의 산입)** 피의자가 제200조의2·제200조의3·제201조의2 제2항 또는 제212조(＝현행범체포)의 규정에 의하여 체포 또는 구인된 경우에는 제202조 또는 제203조의 구속기간은 피의자를 체포 또는 구인한 날부터 기산한다.

㉡ (○) 명시적인 판례는 없으나, 긴급체포의 요건을 충족하고 있으므로 적법하다.

㉢ (○) 대법원 2006.9.8, 2006도148

㉣ (✕) 심판대상조항은 체포영장을 발부받아 피의자를 체포하는 경우에 필요한 때에는 영장 없이 타인의 주거 등 내에서 피의자 수사를 할 수 있다고 규정함으로써, 앞서 본 바와 같이 별도로 영장을 발부받기 어려운 긴급한 사정이 있는지 여부를 구별

하지 아니하고 피의자가 소재할 개연성만 소명되면 영장 없이 타인의 주거 등을 수색할 수 있도록 허용하고 있다. 이는 체포영장이 발부된 피의자가 타인의 주거 등에 소재할 개연성은 소명되나, 수색에 앞서 영장을 발부받기 어려운 긴급한 사정이 인정되지 않는 경우에도 영장 없이 피의자 수색을 할 수 있다는 것이므로, 헌법 제16조의 영장주의 예외 요건을 벗어나는 것으로서 영장주의에 위반된다(형사소송법 제216조 제1항 제1호 위헌소원 등, 헌법재판소 2018.4.26, 2015헌바370,2016헌가7). 이에, 2019.12.31. 형사소송법 개정에 의하여 다음과 같은 내용으로 변경되었다.

> **형사소송 제216조(영장에 의하지 아니한 강제처분)** ① 검사 또는 사법경찰관은 제200조의2·제200조의3·제201조 또는 제212조의 규정에 의하여 피의자를 체포 또는 구속하는 경우에 필요한 때에는 영장없이 다음 처분을 할 수 있다.
> 1. 타인의 주거나 타인이 간수하는 가옥, 건조물, 항공기, 선차 내에서의 피의자 수색. 다만, 제200조의2 또는 제201조에 따라 피의자를 체포 또는 구속하는 경우의 피의자 수색은 미리 수색영장을 발부받기 어려운 긴급한 사정이 있는 때에 한정한다. <개정 2019.12.31.>

㉤ (✕) 긴급체포된 후 석방된 자 또는 변호인·법정대리인·배우자·직계친족·형제자매는 통지서 및 관련서류를 열람하거나 등사할 수 있다(형사소송법 제200조의3 제5항).

> **형사소송법 제200조의3(긴급체포)** ⑤ 긴급체포 후 석방된 자 또는 그 변호인·법정대리인·배우자·직계친족·형제자매는 통지서 및 관련 서류를 열람하거나 등사할 수 있다.

07
정답 ④

④ 지문은 모두 대법원 2000.7.4, 99도4341의 내용이다.

㉠ (○) 이 사건 교통사고가 발생한 지점과 피고인이 체포된 지점은 거리상으로 약 1km 떨어져 있고 시간상으로도 10분 정도의 차이가 있으며, 경찰관들이 피고인의 차량을 사고현장에서부터 추적하여 따라간 것도 아니고 순찰 중 경찰서로부터 무전연락을 받고 도주차량 용의자를 수색하다가 그 용의자로 보이는 피고인을 발견하고 검문을 하게 된 사정에 비추어 보면, 피고인을 현행범인으로 보기 어렵다.

㉡ (○) 사정이 이와 같다면, 피고인으로서는 형사소송법 제211조 제2항 제2호의 '장물이나 범죄에 사용되었다고 인정함에 충분한 흉기 기타의 물건을 소지하고 있는 때'에 해당한다고 볼 수 있으므로, 준현행범인으로서 영장 없이 체포할 수 있는 경우에는 해당한다고 봄이 상당하다.

㉢ (○) 헌법 제12조 제5항 전문은 '누구든지 체포 또는 구속의 이유와 변호인의 조력을 받을 권리가 있음을 고지받지 아니하고는 체포 또는 구속을 당하지 아니한다.'는 원칙을 천명하고 있고, 형사소송법 제72조는 '피고인에 대하여 범죄사실의 요지, 구속의 이유와 변호인을 선임할 수 있음을 말하고 변명할 기회를 준 후가 아니면 구속할 수 없다.'고 규정하는 한편, 이 규정은 같은 법 제213조의2에 의하여 검사 또는 사법경찰관리가 현행범인을 체포하거나 일반인이 체포한 현행범인을 인도받는 경우에 준용되므로, 이 사건과 같이 사법경리가 피고인을 현행범인으로 체포하는 경우에 반드시 피고인에게 범죄사실의 요지, 구속의 이유와 변호인을 선임할 수 있음을 말하고 변명할

기회를 주어야 할 것임은 명백하다.

ⓔ (O) 이러한 법리는 비단 현행범인을 체포하는 경우뿐만 아니라 긴급체포의 경우에도 마찬가지로 적용되는 것이고, 이와 같은 고지는 체포를 위한 실력행사에 들어가기 이전에 미리 하여야 하는 것이 원칙이나, 달아나는 피의자를 쫓아가 붙들거나 폭력으로 대항하는 피의자를 실력으로 제압하는 경우에는 붙들거나 제압하는 과정에서 하거나, 그것이 여의치 않은 경우에라도 일단 붙들거나 제압한 후에는 지체 없이 행하여야 할 것이다.

08 정답 ②

② ㄱㄴㄹ

ㄱ (×) 현행범인은 누구든지 영장 없이 체포할 수 있는데(형사소송법 제212조), 현행범인으로 체포하기 위하여는 행위의 가벌성, 범죄의 현행성·시간적 접착성, 범인·범죄의 명백성 이외에 체포의 필요성 즉, 도망 또는 증거인멸의 염려가 있어야 하고, 이러한 요건을 갖추지 못한 현행범인 체포는 법적 근거에 의하지 아니한 영장 없는 체포로서 위법한 체포에 해당한다. 여기서 현행범인 체포의 요건을 갖추었는지는 체포 당시 상황을 기초로 판단하여야 하고, 이에 관한 검사나 사법경찰관 등 수사주체의 판단에는 상당한 재량 여지가 있으나, 체포 당시 상황으로 보아도 요건 충족 여부에 관한 검사나 사법경찰관 등의 판단이 경험칙에 비추어 현저히 합리성을 잃은 경우에는 그 체포는 위법하다고 보아야 한다(대법원 2011.5.26, 2011도3682; 2002.12.10, 2002도4227; 2002.6.11, 2000도5701 등).

ㄴ (×) 경찰들이 체포영장을 근거로 체포절차에 착수하였으나 피고인이 흥분하며 타고 있던 승용차를 출발시켜 경찰관들에게 상해를 입히는 범죄를 추가로 저지르자, 경찰관들이 위 승용차를 멈춘 후 저항하는 피고인을 별도 범죄인 특수공무집행방해치상의 현행범으로 체포하였는데, 이와 같이 경찰관이 체포영장에 기재된 범죄사실이 아닌 새로운 피의사실인 특수공무집행방해치상을 이유로 피고인을 현행범으로 체포하였고, 현행범 체포에 관한 제반 절차도 준수하였던 이상 피고인에 대한 체포 및 그 이후 절차에 위법이 없다. 또한 이 사건 당시 체포영장에 의한 체포절차가 착수된 단계에 불과하였고, 피고인에 대한 체포가 체포영장과 관련 없는 새로운 피의사실인 특수공무집행방해치상을 이유로 별도의 현행범 체포 절차에 따라 진행된 이상, 집행 완료에 이르지 못한 체포영장을 사후에 피고인에게 제시할 필요는 없으므로 피고인에 대한 체포절차는 적법하다고 볼 수 있다(대법원 2021.6.24, 2021도4648).

ㄷ (O) 현행범인은 누구든지 영장 없이 체포할 수 있고(형사소송법 제212조), 검사 또는 사법경찰관리(이하 '검사 등'이라고 한다) 아닌 이가 현행범인을 체포한 때에는 즉시 검사 등에게 인도하여야 한다(형사소송법 제213조 제1항). 여기서 '즉시'라고 함은 반드시 체포시점과 시간적으로 밀착된 시점이어야 하는 것은 아니고, '정당한 이유 없이 인도를 지연하거나 체포를 계속하는 등으로 불필요한 지체를 함이 없이'라는 뜻으로 볼 것이다. 또한 검사 등이 현행범인을 체포하거나 현행범인을 인도받은 후 현행범인을 구속하고자 하는 경우 48시간 이내에 구속영장을 청구하여야 하고 그 기간 내에 구속영장을 청구하지 아니하는 때에는 즉시 석방하여야 한다(형사소송법 제213조의2, 제200조의2 제5항). … 따라서 검사 등이 아닌 이에 의하여 현행범인이 체포된 후 불필요한 지체 없이 검사 등에게 인도된 경우 위

48시간의 기산점은 체포시가 아니라 검사 등이 현행범인을 인도받은 때라고 할 것이다(대법원 2011.12.22, 2011도12927).

ㄹ (×) 피고인이 바지선에 승선하여 밀입국하면서 필로폰을 밀수입하는 범행을 실행 중이거나 실행한 직후에 검찰수사관이 바지선 내 피고인을 발견한 장소 근처에서 필로폰이 발견되자 곧바로 피고인을 체포하였으므로 이는 현행범 체포로서 적법하다(대법원 2016.2.18, 2015도13726).

ㅁ (O) 의경이 피고인을 파출소로 끌고 가려고 한 것은 음주측정을 하기 위한 것일 뿐, 피고인을 음주운전이나 음주측정거부의 현행범으로 체포하려는 의사였는지도 의심스러울 뿐 아니라, 가사 현행범으로 체포하려 하였더라도 현행범을 체포함에 있어서는 체포 당시에 헌법 및 형사소송법에 규정된 바와 같이 피의자에 대하여 범죄사실의 요지, 체포 또는 구속의 이유와 변호인을 선임할 수 있음을 말하고 변명할 기회를 주는 등 적법절차를 준수하여야 함에도 현행범으로 체포한다는 사실조차 고지하지 아니한 채 실력으로 연행하려 하였다면 그 의경의 행위는 적법한 공무집행으로 볼 수 없다(적법한 공무집행이 아니므로 이에 대항한 甲의 행위는 폭행치상의 위법성이 조각되어 P의 현행범체포는 위법, 대법원 1994.10.25, 94도2283).

09 정답 ②

② (×) 검사 또는 사법경찰관리는 현행범인을 체포하거나 일반인이 체포한 현행범인을 인도받는 경우 형사소송법 제213조의2에 의하여 준용되는 제200조의5에 따라 피의자에 대하여 피의사실의 요지, 체포의 이유와 변호인을 선임할 수 있음을 말하고 변명할 기회를 주어야 하고, 이와 같은 고지는 체포를 위한 실력행사에 들어가기 전에 미리 하여야 하는 것이 원칙이지만, 달아나는 피의자를 쫓아가 붙들거나 폭력으로 대항하는 피의자를 실력으로 제압하는 경우에는 붙들거나 제압하는 과정에서 하거나 그것이 여의치 않은 경우에는 일단 붙들거나 제압한 후에 지체 없이 하면 된다(대법원 2012.2.9, 2011도7193).

① (O) 범죄를 실행 중이거나 실행 직후의 현행범인은 누구든지 영장 없이 체포할 수 있다(형사소송법 제212조). 현행범인으로 체포하기 위하여는 행위의 가벌성, 범죄의 현행성·시간적 접착성, 범인·범죄의 명백성 외에 체포의 필요성, 즉 도망 또는 증거인멸의 염려가 있어야 하는데, 이러한 현행범인 체포의 요건을 갖추었는지는 체포 당시의 상황을 기초로 판단하여야 하고, 이에 관한 수사주체의 판단에는 상당한 재량의 여지가 있다고 할 것이다. 따라서 체포 당시의 상황에서 보아 그 요건에 관한 수사주체의 판단이 경험칙에 비추어 현저히 합리성이 없다고 인정되지 않는 한 수사주체의 현행범인 체포를 위법하다고 단정할 것은 아니다(대법원 2016.2.18, 2015도13726).

③ (O) ④ (O) 검사 또는 사법경찰관은 형사소송법 제212조의 규정에 의하여 피의자를 현행범 체포하는 경우에 필요한 때에는 체포 현장에서 영장 없이 압수·수색·검증을 할 수 있으나, 이와 같이 압수한 물건을 계속 압수할 필요가 있는 경우에는 체포한 때부터 48시간 이내에 지체 없이 압수영장을 청구하여야 한다(제216조 제1항 제2호, 제217조 제2항). 그리고 검사 또는 사법경찰관이 범행 중 또는 범행 직후의 범죄 장소에서 긴급을 요하여 판사의 영장을 받을 수 없는 때에는 영장 없이 압수·수색 또는 검증을 할 수 있으나, 이 경우에는 사후에 지체 없이 영장을 받아야 한다(제216조 제3항). 다만 형사소송법 제218조에 의

제3회 형사소송법의 수사와 증거

03 정답 및 해설 493

하면 검사 또는 사법경찰관은 피의자 등이 유류한 물건이나 소유자·소지자 또는 보관자가 임의로 제출한 물건은 영장 없이 압수할 수 있으므로, 현행범 체포현장이나 범죄 장소에서도 소지자 등이 임의로 제출하는 물건은 형사소송법 제218조에 의하여 영장 없이 압수할 수 있고, 이 경우에는 검사나 사법경찰관이 사후에 영장을 받을 필요가 없다(대법원 2016.2.18, 2015도13726).

10 정답 ①

① ㉠㉢㉤

㉠ (○) 대법원 2000.7.4, 99도4341

㉡ (×) 형사소송법 제211조가 현행범인으로 규정한 '범죄의 실행의 즉후인 자'라고 함은, 범죄의 실행행위를 종료한 직후의 범인이라는 것이 체포하는 자의 입장에서 볼 때 명백한 경우를 일컫는 것이다(대법원 2002.5.10, 2001도300).

㉢ (○) 대법원 2011.12.22, 2011도12927

㉣ (×) 제반 사정을 종합하면 피고인에게 체포될 당시 도망 또는 증거인멸의 염려가 없었다고 할 수 없어 체포의 필요성이 인정된다(대법원 2018.3.29, 2017도21537).

㉤ (○) 형사소송법 제200조의4 제2항

11 정답 ②

② ㉠㉢㉣

㉠ (○) 형사소송법 제87조, 수사준칙 제33조 참조.

> **형사소송법 제87조(구속의 통지)** ① 피고인을 구속한 때에는 변호인이 있는 경우에는 변호인에게, 변호인이 없는 경우에는 제30조 제2항에 규정한 자 중 피고인이 지정한 자에게 피고사건명, 구속일시·장소, 범죄사실의 요지, 구속의 이유와 변호인을 선임할 수 있는 취지를 알려야 한다.
> ② 제1항의 통지는 지체없이 서면으로 하여야 한다.
> **제200조의6(준용규정)** 제75조, 제81조 제1항 본문 및 제3항, 제82조, 제83조, 제85조 제1항·제3항 및 제4항, 제86조, 제87조, 제89조부터 제91조까지, 제93조, 제101조 제4항 및 제102조 제2항 단서의 규정은 검사 또는 사법경찰관이 피의자를 체포하는 경우에 이를 준용한다. 이 경우 "구속"은 이를 "체포"로, "구속영장"은 이를 "체포영장"으로 본다.
> **제209조(준용규정)** 제70조 제2항, 제71조, 제75조, 제81조 제1항 본문·제3항, 제82조, 제83조, 제85조부터 제87조까지, 제89조부터 제91조까지, 제93조, 제101조 제1항, 제102조 제2항 본문(보석의 취소에 관한 부분은 제외한다) 및 제200조의5는 검사 또는 사법경찰관의 피의자 구속에 관하여 준용한다.
> **제213조의2(준용규정)** 제87조, 제89조, 제90조, 제200조의2 제5항 및 제200조의5의 규정은 검사 또는 사법경찰관리가 현행범인을 체포하거나 현행범인을 인도받은 경우에 이를 준용한다.
> **수사준칙 제33조(체포·구속 등의 통지)** ① 검사 또는 사법경찰관은 피의자를 체포하거나 구속하였을 때에는 법 제200조의6 또는 제209조에서 준용하는 법 제87조에 따라 변호인이 있으면 변호인에게, 변호인이 없으면 법 제30조 제2항에 따른 사람 중 피의자가 지정한 사람에게 24시간 이내에 서면으로 사건명, 체포·구속의 일시·장소, 범죄사실의 요지, 체포·구속의 이유와 변호인을 선임할 수 있음을 통지해야 한다.
> ② 검사 또는 사법경찰관은 제1항에 따른 통지를 하였을 때에는 그 통지서 사본을 사건기록에 편철한다. 다만, 변호인 및

법 제30조 제2항에 따른 사람이 없어서 체포·구속의 통지를 할 수 없을 때에는 그 취지를 수사보고서에 적어 사건기록에 편철한다.
③ 제1항 및 제2항은 법 제214조의2 제2항에 따라 검사 또는 사법경찰관이 같은 조 제1항에 따른 자 중에서 피의자가 지정한 자에게 체포 또는 구속의 적부심사를 청구할 수 있음을 통지하는 경우에도 준용한다.

㉡ (×) 사인의 현행범 체포는 형사소송법 제212조에 의해서 위법성이 조각될 수 있으나, 사인이 현행범 체포를 위해 타인의 주거에 들어가는 것까지 위법성이 조각되지는 않는다.

㉢ (○) 구속영장에는 청구인을 구금할 수 있는 장소로 특정 경찰서 유치장으로 기재되어 있었는데, 청구인에 대하여 위 구속영장에 의하여 1995.11.30. 07:50경 위 경찰서 유치장에 구속이 집행되었다가 같은 날 08:00에 그 신병이 조사차 국가안전기획부 직원에게 인도된 후 위 경찰서 유치장에 인도된 바 없이 계속하여 국가안전기획부 청사에 사실상 구금되어 있다면, 청구인에 대한 이러한 사실상의 구금장소의 임의적 변경은 청구인의 방어권이나 접견교통권의 행사에 중대한 장애를 초래하는 것이므로 위법하다(대법원 1996.5.15, 95모94).

㉣ (○) 대법원 2011.5.26, 2011도3682

㉤ (×) 판례는 현행범인 체포에 있어서 체포의 필요성을 그 요건으로 요구하는 입장이다.
[보충] 판례는 긍정설, 다수설은 부정설

> 현행범인은 누구든지 영장 없이 체포할 수 있다(형사소송법 제212조). 현행범인으로 체포하기 위하여는 행위의 가벌성, 범죄의 현행성과 시간적 접착성, 범인·범죄의 명백성 이외에 체포의 필요성, 즉 도망 또는 증거인멸의 염려가 있어야 한다. 이러한 요건을 갖추지 못한 현행범인 체포는 법적 근거에 의하지 아니한 영장 없는 체포로서 위법한 체포에 해당한다(대법원 1999.1.26, 98도3029; 2017.4.7, 2016도19907 등).

12 정답 ③

③ (×) 변호인 또는 변호인이 되려는 자의 접견교통권은 신체구속제도 본래의 목적을 침해하지 아니하는 범위 내에서 행사되어야 하므로, ㉠ 변호인 또는 변호인이 되려는 자가 구체적인 시간적·장소적 상황에 비추어 현실적으로 보장할 수 있는 한계를 벗어나 피고인 또는 피의자를 접견하려고 하는 것은 정당한 접견교통권의 행사에 해당하지 아니하여 허용될 수 없다. 다만 ㉡ 접견교통권이 그와 같은 한계를 일탈한 것이어서 허용될 수 없다고 판단함에 있어서는 신체구속을 당한 사람의 헌법상 기본적 권리인 변호인의 조력을 받을 권리의 본질적인 내용이 침해되는 일이 없도록 신중을 기하여야 한다(대법원 2017.3.9, 2013도16162).

① (○), ② (○) 형사소송법 제34조는 "변호인 또는 변호인이 되려는 자는 신체구속을 당한 피고인 또는 피의자와 접견하고 서류 또는 물건을 수수할 수 있으며 의사로 하여금 진료하게 할 수 있다."라고 규정하고 있으므로, 변호인이 되려는 의사를 표시한 자가 객관적으로 변호인이 될 가능성이 있다고 인정되는데도, 형사소송법 제34조에서 정한 '변호인 또는 변호인이 되려는 자'가 아니라고 보아 신체구속을 당한 피고인 또는 피의자와 접견하지 못하도록 제한하여서는 아니 된다(대법원 2017.3.9, 2013도16162).

④ (○) 현행범인 체포의 요건을 갖추었는지에 관한 검사나 사법경찰관 등의 판단에는 상당한 재량의 여지가 있으나, 체포 당시 상황으로 보아도 요건 충족 여부에 관한 검사나 사법경찰관 등의 판단이 경험칙에 비추어 현저히 합리성을 잃은 경우 그 체포는 위법하다. 그리고 범죄의 고의는 확정적 고의뿐만 아니라 결과발생에 대한 인식이 있고 이를 용인하는 의사인 이른바 미필적 고의도 포함하므로, 피고인이 인신구속에 관한 직무를 집행하는 사법경찰관으로서 체포 당시 상황을 고려하여 경험칙에 비추어 현저하게 합리성을 잃은 채 판단하면 체포 요건이 충족되지 아니함을 충분히 알 수 있었는데도, 자신의 재량 범위를 벗어난다는 사실을 인식하고 그와 같은 결과를 용인한 채 사람을 체포하여 권리행사를 방해하였다면, 직권남용체포죄와 직권남용권리행사방해죄가 성립한다(대법원 2017.3.9, 2013도16162).

[보충] 이 사건은 집회나 시위, 파업 현장에서 체포된 사람을 접견하게 해 달라고 요구하며 호송차량의 진행을 막은 변호사를 경찰이 공무집행방해죄의 현행범으로 체포한 것은 직권을 남용한 불법체포일뿐만 아니라 직권을 남용해 변호사의 접견교통권을 방해한 것이라는 대법원 판례이다. 대법원은 직권남용권리행사방해 · 직권남용체포 혐의로 공소가 제기된 경찰관 류모(51)씨에게 징역 6월에 집행유예 2년, 자격정지 1년을 선고한 원심을 확정한 것이다. 이 판례는 ⊙ 접견교통권이 인정되는 변호인이 되려는 자의 범위, ⓒ 변호인 또는 변호인 되려는 자가 행사하는 접견교통권의 한계, ⓒ 피의자 접견을 요구하는 변호인 되려는 자를 체포하는 행위가 위법하게 되는 경우를 설시하였다는 점에서 의미가 있다.

13
정답 ②

② ⊙ⓒ□

⊙ (×) 10일이 아니라 7일이다.

> **형사소송규칙 제95조(체포영장청구서의 기재사항)** 체포영장의 청구서에는 다음 각 호의 사항을 기재하여야 한다.
> 4. 7일을 넘는 유효기간을 필요로 하는 때에는 그 취지 및 사유

ⓒ (○) 형사소송법 제200조의6, 제85조 제1항 참조.

> **형사소송법 제200조의6(준용규정)** 제75조, 제81조 제1항 본문 및 제3항, 제82조, 제83조, 제85조 제1항 · 제3항 및 제4항, 제86조, 제87조, 제89조부터 제91조까지, 제93조, 제101조 제4항 및 제102조 제2항 단서의 규정은 검사 또는 사법경찰관이 피의자를 체포하는 경우에 이를 준용한다. 이 경우 "구속"은 이를 "체포"로, "구속영장"은 이를 "체포영장"으로 본다.
> **제85조(구속영장집행의 절차)** ① 구속영장을 집행함에는 피고인에게 반드시 이를 제시하고 그 사본을 교부하여야 하며 신속히 지정된 법원 기타 장소에 인치하여야 한다.

ⓒ (○) 구 대통령령 제36조 제1항에서는 사법경찰관의 석방에는 미리 검사의 지휘를 받아야 한다는 규정이 있었으나, 2021.1.1. 시행 수사준칙 제36조에 의하면 이 경우 사법경찰관은 석방 후 지체 없이 검사에게 통보 내지 보고하도록 하고 있다.

> **수사준칙 제36조(피의자의 석방)** ① 검사 또는 사법경찰관은 법 제200조의2 제5항 또는 제200조의4 제2항에 따라 구속영장을 청구하거나 신청하지 않고 체포 또는 긴급체포한 피의자를 석방하려는 때에는 다음 각 호의 구분에 따른 사항을 적은 피의자 석방서를 작성해야 한다.

> 1. 체포한 피의자를 석방하려는 때: 체포 일시 · 장소, 체포사유, 석방 일시 · 장소, 석방 사유 등
> 2. 긴급체포한 피의자를 석방하려는 때: 법 제200조의4 제4항 각 호의 사항
> ② 사법경찰관은 제1항에 따라 피의자를 석방한 경우 다음 각 호의 구분에 따라 처리한다.
> 1. 체포한 피의자를 석방한 때: 지체 없이 검사에게 석방사실을 통보하고, 그 통보서 사본을 사건기록에 편철한다.
> 2. 긴급체포한 피의자를 석방한 때: 법 제200조의4 제6항에 따라 즉시 검사에게 석방 사실을 보고하고, 그 보고서 사본을 사건기록에 편철한다.

② (×) 지체 없이 심문하여야 한다.

> **형사소송법 제201조의2(구속영장 청구와 피의자 심문)** ① 제200조의2 · 제200조의3 또는 제212조에 따라 체포된 피의자에 대하여 구속영장을 청구받은 판사는 지체 없이 피의자를 심문하여야 한다. 이 경우 특별한 사정이 없는 한 구속영장이 청구된 날의 다음날까지 심문하여야 한다.

□ (×) 12시간이 아니라 24시간이다.

> **형사소송법 제71조(구인의 효력)** 구인한 피고인을 법원에 인치한 경우에 구금할 필요가 없다고 인정한 때에는 그 인치한 때로부터 24시간 내에 석방하여야 한다.

14
정답 ③

③ 사법경찰관의 구속기간은 10일이고(제202조), 구속기간은 일로써 계산한다(제66조 제1항). 초일불산입이 원칙이나(제66조 제1항 본문), 구속기간의 경우에는 초일도 산입하여야 한다고 예외를 정하고 있다(제66조 제1항 단서). 또한 사실상 신체구속의 효과가 있는 체포기간 역시 구속기간에 산입하여야 한다고 규정한다(제203조의2). 따라서 최초에 긴급체포를 한 2022.2.23.이 기산점이 되고 구속의 최종시점은 2022.3.4. 24:00.가 되어야 하는 것이 원칙이다. 다만, 형사소송법은 영장실질심사 과정에서 피의자심문을 하는 경우에는 법원이 구속영장청구서 · 수사관계서류 및 증거물을 접수한 날부터 구속영장을 발부하여 검찰청에 반환한 날까지의 기간은 제202조 및 제203조의 적용에 있어서 그 구속기간에 이를 산입하지 아니한다고 규정한다(제201조의2 제7항). 따라서 설문의 경우 2022.2.24. 13:00부터 2022.2.25. 18:00까지의 기간은 구속기간에서 제외된다. 결국 사법경찰관이 피의자를 구속할 수 있는 기간은 2022.3.6. 24:00까지이다.

15
정답 ③

③ (○) 법관이 검사의 청구에 의하여 체포된 피의자의 구금을 위한 구속영장을 발부하면 검사와 사법경찰관리는 지체 없이 신속하게 구속영장을 집행하여야 한다. 피의자에 대한 구속영장의 제시와 집행이 그 발부 시로부터 정당한 사유 없이 시간이 지체되어 이루어졌다면, 구속영장이 그 유효기간 내에 집행되었다고 하더라도 위 기간 동안의 체포 내지 구금 상태는 위법하다(대법원 2021.4.29, 2020도16438).

[보충] 사법경찰리가 현행범인 체포된 피의자에 대하여 구속영장 발부일로부터 만 3일이 경과하여 구속영장 원본 제시에 의한 구속영장을 집행한 사안에서, 사법경찰리의 피고인에 대

한 구속영장 집행은 지체 없이 이루어졌다고 볼 수 없고, 구속영장이 주말인 토요일에 발부되어 담당경찰서의 송치담당자가 월요일 일과시간 중 이를 받아왔고 피고인에 대한 사건 담당자가 외근 수사 중이어서 화요일에 구속영장 원본 제시에 의한 집행을 한 사정은 구속영장 집행 지연에 대한 정당한 사유에 해당하지 않는다고 보아 구속영장의 집행이 정당한 사유 없이 지체된 기간 동안의 피고인에 대한 체포 내지 구금 상태는 위법하다고 판단한 사례이다(다만, 피고인에 대한 구속영장 집행이 위법하더라도 그로 인하여 피고인의 방어권, 변호권이 본질적으로 침해되어 원심판결의 정당성마저 인정하기 어렵다고 보이는 정도에 이르지 않았다고 보아 피고인의 상고를 기각한 사례이기도 하다).

① (×) 미체포피의자에 대한 영장실질심사를 위해서 판사는 구인을 위한 구속영장을 발부하여야 한다.

> **형사소송법 제201조의2(구속영장 청구와 피의자 심문)** ② 제1항 외의 피의자에 대하여 구속영장을 청구받은 판사는 피의자가 죄를 범하였다고 의심할 만한 이유가 있는 경우에 **구인을 위한 구속영장을 발부하여 피의자를 구인한 후 심문하여야 한다.** 다만, 피의자가 도망하는 등의 사유로 심문할 수 없는 경우에는 그러하지 아니하다.

② (×) 진술거부권과 이익사실진술권을 모두 고지해야 한다.

> **형사소송규칙 제96조의16(심문기일의 절차)** ① 판사는 피의자에게 구속영장청구서에 기재된 범죄사실의 요지를 고지하고, 피의자에게 일체의 진술을 하지 아니하거나 개개의 질문에 대하여 진술을 거부할 수 있으며, 이익 되는 사실을 진술할 수 있음을 알려주어야 한다.

④ (×) 구속영장청구가 기각된 경우에는 국선변호인 선정도 효력을 잃는다.

> **형사소송법 제201조의2(구속영장 청구와 피의자 심문)** ⑧ 심문할 피의자에게 변호인이 없는 때에는 지방법원판사는 직권으로 변호인을 선정하여야 한다. 이 경우 변호인의 선정은 피의자에 대한 **구속영장 청구가 기각되어 효력이 소멸한 경우를 제외하고는 제1심까지 효력이 있다.**

16 정답 ④

④ ㉠㉡㉢㉣

㉠ (×) 전단이 틀린 내용인데, 영장실질심사(구속전피의자심문)는 판사의 필요성 판단과 무관하게 필수적 절차이기 때문이다. 형사소송법 제201조의2 제1항 참조.

> **형사소송법 제201조의2(구속영장 청구와 피의자 심문)** ① 제200조의2·제200조의3 또는 제212조에 따라 체포된 피의자에 대하여 구속영장을 청구받은 판사는 지체 없이 피의자를 심문하여야 한다. 이 경우 특별한 사정이 없는 한 구속영장이 청구된 날의 다음날까지 심문하여야 한다.
> ② 제1항 외의 피의자에 대하여 구속영장을 청구받은 판사는 피의자가 죄를 범하였다고 의심할 만한 이유가 있는 경우에 구인을 위한 구속영장을 발부하여 피의자를 구인한 후 심문하여야 한다. 다만, 피의자가 도망하는 등의 사유로 심문할 수 없는 경우에는 그러하지 아니하다.

㉡ (×) 일반인의 방청은 허용되지 아니한다.

> **형사소송규칙 제96조의14(심문의 비공개)** 피의자에 대한 심문절차는 공개하지 아니한다. 다만, 판사는 상당하다고 인정하는 경우에는 피의자의 친족, 피해자 등 이해관계인의 방청을 허가할 수 있다.

㉢ (×) 미체포피의자는 법원에 인치된 때로부터 가능한 한 빠른 일시로 지정하는 것이지, 24시간 내라는 제한은 없다.

> **형사소송규칙 제96조의12(심문기일의 지정, 통지)** ② 체포된 피의자외의 피의자에 대한 심문기일은 관계인에 대한 심문기일의 통지 및 그 출석에 소요되는 시간 등을 고려하여 피의자가 법원에 인치된 때로부터 가능한 한 빠른 일시로 지정하여야 한다.

㉣ (×) 부당한 신문에 대한 이의제기는 구속 전 피의자심문에는 존재하지 않는 제도이다. 이는 수사기관의 피의자신문에 있어서 변호인의 참여권 행사와는 다른 부분이다.

> **형사소송규칙 제96조의16(심문기일의 절차)** ③ 검사와 변호인은 판사의 심문이 끝난 후에 의견을 진술할 수 있다. 다만, 필요한 경우에는 심문 도중에도 판사의 허가를 얻어 의견을 진술할 수 있다.

㉤ (○) 검사의 구속영장 청구에 대한 지방법원판사의 재판은 항고나 준항고의 대상이 되는 법원의 결정이나 재판에 해당하지 않는다(대법원 2006.12.8, 2006모646).

17 정답 ②

② ㉠㉢㉣

㉠ (○) 형사소송법 제92조 제1항, 제3항 참조.

> **형사소송법 제92조(구속기간과 갱신)** ① 구속기간은 2개월로 한다.
> ② 제1항에도 불구하고 특히 구속을 계속할 필요가 있는 경우에는 심급마다 2개월 단위로 2차에 한하여 결정으로 갱신할 수 있다. 다만, 상소심은 피고인 또는 변호인이 신청한 증거의 조사, 상소이유를 보충하는 서면의 제출 등으로 추가 심리가 필요한 부득이한 경우에는 3차에 한하여 갱신할 수 있다.
> ③ 제22조, 제298조 제4항, 제306조 제1항 및 제2항의 규정에 의하여 공판절차가 정지된 기간 및 공소제기 전의 체포·구인·구금 기간은 제1항 및 제2항의 기간에 산입하지 아니한다.

㉡ (×) 특히 예외적으로 구속을 계속할 필요가 있는 경우에는 심급마다 2개월 단위로 2차에 한하여 결정으로 갱신할 수 있다.

> **형사소송법 제92조(구속기간과 갱신)** ② 제1항에도 불구하고 특히 구속을 계속할 필요가 있는 경우에는 심급마다 2개월 단위로 2차에 한하여 결정으로 갱신할 수 있다. 다만, 상소심은 피고인 또는 변호인이 신청한 증거의 조사, 상소이유를 보충하는 서면의 제출 등으로 추가 심리가 필요한 부득이한 경우에는 3차에 한하여 갱신할 수 있다.

㉢ (○) 형사소송법 제331조 참조.

> **형사소송법 제331조(무죄등 선고와 구속영장의 효력)** 무죄, 면소, 형의 면제, 형의 선고유예, 형의 집행유예, 공소기각 또는 벌금이나 과료를 과하는 판결이 선고된 때에는 구속영장은 효력을 잃는다.

㉣ (○) 형사소송법 제201조의2 제2항 참조.

> **형사소송법 제201조의2(구속영장 청구와 피의자 심문)** ② 제1
> 항 외의 피의자에 대하여 구속영장을 청구받은 판사는 피의
> 자가 죄를 범하였다고 의심할 만한 이유가 있는 경우에 구인
> 을 위한 구속영장을 발부하여 피의자를 구인한 후 심문하여
> 야 한다. 다만, 피의자가 도망하는 등의 사유로 심문할 수 없
> 는 경우에는 그러하지 아니하다.

ⓜ (×) 피의자 구속영장은 허가장, 피고인 구속영장은 명령장의
성격을 가진다(헌법재판소 1997.3.27, 96헌바28).

18 　　　　　　　　　　　　　　　　　　　　　정답 ④

④ (×) 사전 청문절차의 흠결에도 불구하고 구속영장 발부를 적
법하다고 보는 이유는 공판절차에서 증거의 제출과 조사 및 변
론 등을 거치면서 판결이 선고될 수 있을 정도로 범죄사실에
대한 충분한 소명과 공방이 이루어지고 그 과정에서 피고인에
게 자신의 범죄사실 및 구속사유에 관하여 변명을 할 기회가
충분히 부여되기 때문이므로, 이와 동일시할 수 있을 정도의 사
유가 아닌 이상 함부로 청문절차 흠결의 위법이 치유된다고 해
석하여서는 아니 된다(대법원 2016.6.14, 2015모1032). 제1심법
원은 제2차 구속영장을 발부하기 전에 형사소송법 제72조에 따
른 절차를 따로 거치지 아니하였는데, 그 전 공판기일에서 검사
가 모두진술에 의하여 공소사실 등을 낭독하고 피고인과 변호
인이 모두진술에 의하여 공소사실의 인정 여부 및 이익이 되는
사실 등을 진술하였다는 점만으로는 위 규정에서 정한 절차적
권리가 실질적으로 보장되었다고 보기는 어렵다고 할 것이다.
그럼에도 원심이 판시와 같은 이유만으로 피고인에게 형사소송
법 제72조에 따른 절차적 권리가 실질적으로 보장되었다고 보
아 제2차 구속영장 발부결정이 적법하다고 판단한 것에는 형사
소송법 제72조에 관한 법리를 오해하여 재판에 영향을 미친 위
법이 있다(대법원 2016.6.14, 2015모1032).

① (○) ② (○) 형사소송법 제72조의 '피고인에 대하여 범죄사실
의 요지, 구속의 이유와 변호인을 선임할 수 있음을 말하고 변명
할 기회를 준 후가 아니면 구속할 수 없다'는 규정은 피고인을 구
속함에 있어서 법관에 의한 사전 청문절차를 규정한 것으로서, 법
원이 사전에 위 규정에 따른 절차를 거치지 아니한 채 피고인에
대하여 구속영장을 발부하였다면 그 발부결정은 위법하다(대법원
2016.6.14, 2015모1032; 2000.11.10, 2000모134).

③ (○) 형사소송법 제72조는 피고인의 절차적 권리를 보장하기
위한 규정이므로 이미 변호인을 선정하여 공판절차에서 변명과
증거의 제출을 다하고 그의 변호 아래 판결을 선고받은 경우
등과 같이 위 규정에서 정한 절차적 권리가 실질적으로 보장되
었다고 볼 수 있는 경우에는 이에 해당하는 절차의 전부 또는
일부를 거치지 아니한 채 구속영장을 발부하였다 하더라도 이
러한 점만으로 그 발부결정을 위법하다고 볼 것은 아니다(대법
원 2000.11.10, 2000모134 등 참조).

19 　　　　　　　　　　　　　　　　　　　　　정답 ④

④ (○) 형사소송법 제92조 제2항 단서 참조.

> **형사소송법 제92조(구속기간과 갱신)** ① 구속기간은 2개월로
> 한다.
> ② 제1항에도 불구하고 특히 구속을 계속할 필요가 있는 경
> 우에는 심급마다 2개월 단위로 2차에 한하여 결정으로 갱신

할 수 있다. 다만, 상소심은 '피고인 또는 변호인'이 신청한 증
거의 조사, 상소이유를 보충하는 서면의 제출 등으로 추가 심
리가 필요한 부득이한 경우에는 3차에 한하여 갱신할 수 있다.

① (×) 인치한 날의 다음날이 아니라 인치한 때로부터 24시간까
지이다.

> **형사소송법 제71조의2(구인 후의 유치)** 법원은 인치받은 피
> 고인을 유치할 필요가 있는 때에는 교도소·구치소 또는 경찰
> 서 유치장에 유치할 수 있다. 이 경우 유치기간은 인치한 때
> 부터 24시간을 초과할 수 없다.

② (×) 소환장은 송달하여야 하나, 피고인이 출석의사 확인서면
제출 시, 피고인에 대한 출석명령 시에는 소환장 송달이 의제되
므로 소환장 송달을 요하지 아니한다(형사소송법 제76조 제2항),
이외에도 법원의 구내에서의 피고인에 대한 공판기일 통지(형
사소송법 제268조)의 경우도 같다. 또한 구금된 피고인에 대해
서는 교도관에게 통지하여 소환하여야 하는데, 이 경우 피고인
이 교도관으로부터 소환통지를 받은 때 소환장 송달이 의제된
다(형사소송법 제76조 제4항·제5항).

> **형사소송법 제76조(소환장의 송달)** ① 소환장은 송달하여야
> 한다.
> ② 피고인이 기일에 출석한다는 서면을 제출하거나 출석한
> 피고인에 대하여 차회기일을 정하여 출석을 명한 때에는 소
> 환장의 송달과 동일한 효력이 있다.

③ (×) 7일이 아니라 10일이다.

> **형사소송법 제205조(구속기간의 연장)** ① 지방법원판사는 검
> 사의 신청에 의하여 수사를 계속함에 상당한 이유가 있다고
> 인정한 때에는 10일을 초과하지 아니하는 한도에서 제203조
> 의 구속기간의 연장을 1차에 한하여 허가할 수 있다.
> ② 전항의 신청에는 구속기간의 연장의 필요를 인정할 수 있
> 는 자료를 제출하여야 한다.

20 　　　　　　　　　　　　　　　　　　　　　정답 ③

③ (×) 법원의 구속기간의 초일은 공소제기일인 2014.3.20.이다.
따라서 그로부터 6개월은 2014.9.19.이 된다.

> **형사소송법 제92조(구속기간과 갱신)** ① 구속기간은 2개월로
> 한다.
> ② 제1항에도 불구하고 특히 구속을 계속할 필요가 있는 경
> 우에는 심급마다 2개월 단위로 2차에 한하여 결정으로 갱신할 수
> 있다. 다만, 상소심은 피고인 또는 변호인이 신청한 증거의 조
> 사, 상소이유를 보충하는 서면의 제출 등으로 추가 심리가 필
> 요한 부득이한 경우에는 3차에 한하여 갱신할 수 있다.

① (○) 구속기간의 경우에는 기간의 말일이 공휴일 또는 토요일
이라도 구속의 기간에 포함한다.

> **형사소송법 제66조(기간의 계산)** ③ 기간의 말일이 공휴일 또
> 는 토요일에 해당하는 날은 기간에 산입하지 아니한다. 단, 시
> 효와 구속의 기간에 관하여서는 예외로 한다.

② (○) 형사소송법 제72조는 '피고인에 대하여 범죄사실의 요지,
구속의 이유와 변호인을 선임할 수 있음을 말하고 변명할 기회
를 준 후가 아니면 구속할 수 없다.'고 규정하고 있는바, 이는
피고인을 구속함에 있어 법관에 의한 사전 청문절차를 규정한

것으로서, 구속영장을 집행함에 있어 집행기관이 취하여야 하는 절차가 아니라 구속영장을 발부함에 있어 수소법원 등 법관이 취하여야 하는 절차라 할 것이므로, 법원이 피고인에 대하여 구속영장을 발부함에 있어 사전에 위 규정에 따른 절차를 거치지 아니한 채 구속영장을 발부하였다면 그 발부결정은 위법하고, 형사소송법 제88조는 '피고인을 구속한 때에는 즉시 공소사실의 요지와 변호인을 선임할 수 있음을 알려야 한다.'고 규정하고 있는바, 이는 사후 청문절차에 관한 규정으로서 이를 위반하였다 하여 구속영장의 효력에 어떠한 영향을 미치는 것은 아니다(대법원 2000.11.10, 2000모134).

④ (○) 대법원의 파기환송 판결에 의하여 사건을 환송받은 법원은 형사소송법 제92조 제1항에 따라 2월의 구속기간이 만료되면 특히 계속할 필요가 있는 경우에는 2차(대법원이 형사소송규칙 제57조 제2항에 의하여 구속기간을 갱신한 경우에는 1차)에 한하여 결정으로 구속기간을 갱신할 수 있는 것이고, 한편 무죄추정을 받는 피고인이라고 하더라도 그에게 구속의 사유가 있어 구속영장이 발부, 집행된 이상 신체의 자유가 제한되는 것은 당연한 것이므로, 이러한 조치가 무죄추정의 원칙에 위배되는 것이라고 할 수는 없다(대법원 2001.11.30, 2001도5225).

▶ **제2장 강제처분과 강제수사** [체포와 구속 2]

01	③	02	④	03	②	04	④	05	④
06	②	07	③	08	①	09	④	10	③
11	④	12	④	13	④	14	④	15	①
16	①	17	④	18	②	19	④	20	②

01   정답 ③

③ ㉡㉣

㉠ (×) 압수한 때부터가 아니라 체포한 때부터 48시간 이내이다.

> **형사소송법 제217조(영장에 의하지 아니하는 강제처분)** ① 검사 또는 사법경찰관은 제200조의3에 따라 체포된 자가 소유·소지 또는 보관하는 물건에 대하여 긴급히 압수할 필요가 있는 경우에는 체포한 때부터 24시간 이내에 한하여 영장 없이 압수·수색 또는 검증을 할 수 있다.
> ② 검사 또는 사법경찰관은 제1항 또는 제216조 제1항 제2호에 따라 압수한 물건을 계속 압수할 필요가 있는 경우에는 지체 없이 압수수색영장을 청구하여야 한다. 이 경우 압수수색영장의 청구는 체포한 때부터 48시간 이내에 하여야 한다.

㉡ (○) 형사소송법 제92조 참조.

> **형사소송법 제92조(구속기간과 갱신)** ① 구속기간은 2개월로 한다.
> ② 제1항에도 불구하고 특히 구속을 계속할 필요가 있는 경우에는 심급마다 2개월 단위로 2차에 한하여 결정으로 갱신할 수 있다. 다만, 상소심은 피고인 또는 변호인이 신청한 증거의 조사, 상소이유를 보충하는 서면의 제출 등으로 추가 심리가 필요한 부득이한 경우에는 3차에 한하여 갱신할 수 있다.
> ③ 제22조, 제298조 제4항, 제306조 제1항 및 제2항의 규정에 의하여 공판절차가 정지된 기간 및 공소제기 전의 체포·구인·구금 기간은 제1항 및 제2항의 기간에 산입하지 아니한다.

㉢ (×) 구속 전 피의자심문은 필요적 변호사건에 해당한다.

> **형사소송법 제201조의2(구속영장 청구와 피의자 심문)** ① 제200조의2·제200조의3 또는 제212조에 따라 체포된 피의자에 대하여 구속영장을 청구받은 판사는 지체 없이 피의자를 심문하여야 한다. 이 경우 특별한 사정이 없는 한 구속영장이 청구된 날의 다음날까지 심문하여야 한다.
> ⑧ 심문할 피의자에게 변호인이 없는 때에는 지방법원판사는 직권으로 변호인을 선정하여야 한다. 이 경우 변호인의 선정은 피의자에 대한 구속영장 청구가 기각되어 효력이 소멸한 경우를 제외하고는 제1심까지 효력이 있다.

㉣ (○) 검사 작성의 피고인 아닌 자에 대한 피의자신문조서에 적용되는 전문법칙의 예외규정은 (현재 시점에서) 형사소송법 제312조 제4항이다. 실질적 진정 성립을 증명할 수 있는 수단으로서 형사소송법 제312조 제4항에 규정된 '영상녹화물이나 그 밖의 객관적인 방법'이란 형사소송법 및 형사소송규칙에 규정된 방식과 절차에 따라 제작된 영상녹화물 또는 그러한 영상녹화물에 준할 정도로 피고인의 진술을 과학적·기계적·객관적으로 재현해 낼 수 있는 방법만을 의미하고, 그 외에 조사관 또는 조사 과정에 참여한 통역인 등의 증언은 이에 해당한다고 볼 수 없다(구법 제312조 제1항·제2항에 대한 같은 취지의 판례로는 대법원 2016.2.18, 2015도16586).

㉤ (×) 피의자에게 미리 영상녹화사실을 알려주어야 하고 동의는 요하지 않는다.

> **형사소송법 제244조의2(피의자진술의 영상녹화)** ① 피의자의 진술은 영상녹화할 수 있다. 이 경우 미리 영상녹화사실을 알려주어야 하며, 조사의 개시부터 종료까지의 전 과정 및 객관적 정황을 영상녹화하여야 한다.

02   정답 ④

④ ㉠㉡㉢㉣

㉠ (○) 형사소송법 제201조의2 제2항

㉡ (○) 수사단계이므로 일반인의 방청을 허용할 수는 없고, 예외적으로 이해관계인의 방청이 허가될 수 있을 뿐이다(형사소송규칙 제96조의14).

㉢ (○) 형사소송법 제72조 및 제72조의2 참조.

> **형사소송법 제72조(구속과 이유의 고지)** 피고인에 대하여 범죄사실의 요지, 구속의 이유와 변호인을 선임할 수 있음을 말하고 변명할 기회를 준 후가 아니면 구속할 수 없다 다만, 피고인이 도망한 경우에는 그러하지 아니하다.
> **제72조의2(수명법관)** 법원은 합의부원으로 하여금 제72조의 절차를 이행하게 할 수 있다.

㉣ (○) 수소법원의 구속에 관하여는 검사 또는 사법경찰관이 피의자를 구속함을 규율하는 형사소송법 제208조의 규정은 적용되지 아니하므로, 구속기간의 만료로 피고인에 대한 구속의 효력이 상실된 후 원심법원이 피고인에 대한 판결을 선고하면서 피고인을 구속하였다 하여 위 법조에 위배되는 재구속 또는 이중구속이라 할 수는 없다(대법원 1985.7.23, 85모12).

03   정답 ②

② (×) 미결수용자와 변호인과의 접견에 대해 어떠한 명분으로도 제한할 수 없다고 한 것은 구속된 자와 변호인 간의 접견이 실제로 이루어지는 경우에 있어서의 '자유로운 접견', 즉 '대화내

용에 대하여 비밀이 완전히 보장되고 어떠한 제한, 영향, 압력 또는 부당한 간섭 없이 자유롭게 대화할 수 있는 접견'을 제한할 수 없다는 것이지, 변호인과의 접견 자체에 대해 아무런 제한도 가할 수 없다는 것을 의미하는 것이 아니므로 미결수용자의 변호인 접견권 역시 국가안전보장·질서유지 또는 공공복리를 위해 필요한 경우에는 법률로써 제한될 수 있음은 당연하다(헌법재판소 2011.5.26, 2009헌마341).

① (O) [1] 변호인의 구속된 피고인 또는 피의자와의 접견교통권은 피고인 또는 피의자 자신이 가지는 변호인과의 접견교통권과는 성질을 달리하는 것으로서 헌법상 보장된 권리라고는 할 수 없고, 형사소송법 제34조에 의하여 비로소 보장되는 권리이지만, 신체구속을 당한 피고인 또는 피의자의 인권보장과 방어준비를 위하여 필수불가결한 권리이므로, 수사기관의 처분 등에 의하여 이를 제한할 수 없고, 다만 법령에 의하여서만 제한이 가능하다.
[2] 경찰서 유치장은 미결수용실에 준하는 것이어서(행형법 제68조) 그 곳에 수용된 피의자에 대하여는 행형법 및 그 시행령이 적용되고, 행형법시행령 제176조는 '형사소송법 제34조, 제89조, 제209조의 규정에 의하여 피고인 또는 피의자가 의사의 진찰을 받는 경우에는 교도관 및 의무관이 참여하고 그 경과를 신분장부에 기재하여야 한다.'고 규정하고 있는바, 이는 피고인 또는 피의자의 신병을 보호, 관리해야 하는 수용기관의 입장에서 수진과정에서 발생할지도 모르는 돌발상황이나 피고인 또는 피의자의 신체에 대한 위급상황을 예방하거나 대처하기 위한 것으로서 합리성이 있으므로, 행형법 제176조의 규정은 변호인의 수진권 행사에 대한 법령상의 제한에 해당한다고 보아야 할 것이고, 그렇다면 국가정보원 사법경찰관이 경찰서 유치장에 구금되어 있던 피의자에 대하여 의사의 진료를 받게 할 것을 신청한 변호인에게 국가정보원이 추천하는 의사의 참여를 요구한 것은 행형법시행령 제176조의 규정에 근거한 것으로서 적법하고, 이를 가리켜 변호인의 수진권을 침해하는 위법한 처분이라고 할 수는 없다(대법원 2002.5.6, 2000모112).

③ (O) 임의동행의 형식으로 수사기관에 연행된 피의자에게도 변호인 또는 변호인이 되려는 자와의 접견교통권은 당연히 인정된다고 보아야 하고, 임의동행의 형식으로 연행된 피내사자의 경우에도 이는 마찬가지이다(대법원 1996.6.3, 96모18).

④ (O) 신체구속을 당한 피의자 또는 피고인이 범한 것으로 의심받고 있는 범죄행위에 해당 변호인이 관련되어 있다는 등의 사유에 기하여 그 변호인의 변호활동을 광범위하게 규제하는 변호인의 제척(제척)과 같은 제도를 두고 있지 아니한 우리 법제 아래에서는, 변호인의 접견교통의 상대방인 신체구속을 당한 사람이 그 변호인을 자신의 범죄행위에 공범으로 가담시키려고 하였다는 등의 사정만으로 그 변호인의 신체구속을 당한 사람과의 접견교통을 금지하는 것이 정당화될 수는 없다(대법원 2007.1.31, 2006모656).

04
정답 ④
④ (O) 변호인의 구속된 피고인 또는 피의자와의 접견교통권은 … 신체구속을 당한 피고인 또는 피의자의 인권보장과 방어준비를 위하여 필수불가결한 권리이므로, 수사기관의 처분 등에 의하여 이를 제한할 수 없고, 다만 법령에 의하여서만 제한이 가능하다(대법원 2002.5.6, 2000모112).

① (×) 교도소 또는 구치소에 의하여 접견교통권이 침해된 경우, 판례는 행정소송(행정법상 취소소송)에 의하여 불복할 수 있다는 입장을 취하고 있다(대법원 1992.8.7, 92두30).

② (×) 형의 집행 및 수용자의 처우에 관한 법률 제84조 제1항 참조.

> **형의 집행 및 수용자의 처우에 관한 법률 제84조(변호인과의 접견 및 서신수수)** ① 제41조 제4항에도 불구하고 미결수용자와 변호인과의 접견에는 교도관이 참여하지 못하며 그 내용을 청취 또는 녹취하지 못한다. 다만, 보이는 거리에서 미결수용자를 관찰할 수 있다.

③ (×) 구치소에 구속되어 검사로부터 수사를 받고 있던 피의자들의 변호인으로 선임되었거나 선임되려는 변호사들이 피의자들을 접견하려고 1989.7.31. 구치소장에게 접견신청을 하였으나 같은 해 8.9.까지도 접견이 허용되지 아니하고 있었다면, 수사기관의 구금 등에 관한 처분에 대하여 불복이 있는 경우 행정소송절차와는 다른 특별절차로서 준항고 절차를 마련하고 있는 형사소송법의 취지에 비추어, 위와 같이 피의자들에 대한 접견이 접견신청일로부터 상당한 기간이 경과하도록 허용되지 않고 있는 것은 접견불허처분이 있는 것과 동일시된다고 봄이 상당하다(대법원 1990.2.13, 89모37).

05
정답 ④
④ ㉠㉡㉢㉣
㉠ (O) 형사소송법 제201조의2 제2항
㉡ (O) 수사단계이므로 일반인의 방청을 허용할 수는 없고, 예외적으로 이해관계인의 방청이 허가될 수 있을 뿐이다(형사소송규칙 제96조의14).
㉢ (O) 형사소송법 제72조 및 제72조의2 참조.

> **형사소송법 제72조(구속과 이유의 고지)** 피고인에 대하여 범죄사실의 요지, 구속의 이유와 변호인을 선임할 수 있음을 말하고 변명할 기회를 준 후가 아니면 구속할 수 없다 다만, 피고인이 도망한 경우에는 그러하지 아니하다.
> **제72조의2(수명법관)** 법원은 합의부원으로 하여금 제72조의 절차를 이행하게 할 수 있다.

㉣ (O) 수소법원의 구속에 관하여는 검사 또는 사법경찰관이 피의자를 구속함을 규율하는 형사소송법 제208조의 규정은 적용되지 아니하므로, 구속기간의 만료로 피고인에 대한 구속의 효력이 상실된 후 원심법원이 피고인에 대한 판결을 선고하면서 피고인을 구속하였다 하여 위 법조에 위배되는 재구속 또는 이중구속이라 할 수는 없다(대법원 1985.7.23, 85모12).
㉤ (×) 판결내용 자체가 아니고 다만 피고인의 신병확보를 위한 구속 등 소송절차가 법령에 위반된 경우에는, 그로 인하여 피고인의 방어권이나 변호인의 조력을 받을 권리가 본질적으로 침해되고 판결의 정당성마저 인정하기 어렵다고 보이는 정도에 이르지 않는 한, 그것 자체만으로는 판결에 영향을 미친 위법이라고 할 수 없다(대법원 1985.7.23, 85도1003; 1994.11.4, 94도129; 2019.2.28, 2018도19034).

06
정답 ②
② ㉠㉢
㉠ (O) 이는 형집행법 제43조 제3항과 제8항에 근거를 두고 이루어진 것이므로 법률유보원칙에 위배되지 않고, 내용에 대한 검

열이 이루어질 수 없어 변호인의 조력을 받을 권리를 침해한다고 할 수 없다(헌법재판소 2016.4.28, 2015헌마243).

ⓛ (×) 구속의 효력은 원칙적으로 구속영장에 기재된 범죄사실에만 미친다는 점, 재항고인과 함께 병합심리되고 있는 공동피고인이 상당수에 이를 뿐만 아니라 재항고인과 공동피고인들에 대한 공소사실이 방대하고 복잡하여 그 심리에 상당한 시일이 요구될 것으로 예상된다는 점 등에 비추어 보면, 구속기간이 만료될 무렵에 종전 구속영장에 기재된 범죄사실과는 다른 범죄사실로 재항고인을 구속하였다는 사정만으로는 재항고인에 대한 구속이 위법하다고 단정할 수는 없다고 한 사례(대법원 1996.8.12, 96모46).

ⓒ (○) 헌법재판소 2001.6.28, 99헌가14

ⓔ (×) 도망하거나 범죄의 증거를 인멸할 염려가 있다고 인정할 만한 상당한 이유가 있는 때에는 접견을 금지할 수 있다(형사소송법 제91조).

ⓜ (×) 구속된 피의자 등의 변호인 조력을 받을 권리를 헌법상 기본권으로 인정하는 이유 및 그 필요성(헌법재판소 1995.7.21, 92헌마144 참조)은 체포된 피의자 등의 경우에도 마찬가지이다. 헌법 제12조 제4항 본문은 체포 또는 구속을 당한 때에 "즉시" 변호인의 조력을 받을 권리를 가진다고 규정함으로써 변호인이 선임되기 이전에도 피의자 등에게 변호인의 조력을 받을 권리가 있음을 분명히 하고 있다. 이와 같이 아직 변호인을 선임하지 않은 피의자 등의 변호인 조력을 받을 권리는 변호인 선임을 통하여 구체화되는데, 피의자 등의 변호인선임권은 변호인의 조력을 받을 권리의 출발점이자 가장 기초적인 구성부분으로서 법률로써도 제한할 수 없는 권리이다(헌법재판소 2004.9.23, 2000헌마138 참조). 따라서 변호인 선임을 위하여 피의자 등이 가지는 '변호인이 되려는 자'와의 접견교통권 역시 헌법상 기본권으로 보호되어야 한다. … '변호인이 되려는 자'의 접견교통권은 피의자 등을 조력하기 위한 핵심적인 부분으로서, 피의자 등이 가지는 헌법상의 기본권인 '변호인이 되려는 자'와의 접견교통권과 표리의 관계에 있다고 할 것이다. 결론적으로, '변호인이 되려는 자'의 접견교통권은 피의자 등을 조력하기 위한 핵심적인 권리로서, 피의자 등이 가지는 '변호인이 되려는 자'의 조력을 받을 권리가 실질적으로 확보되기 위하여 이 역시 헌법상 기본권으로서 보장되어야 한다(헌법재판소 2019.2.28, 2015헌마1204).

[참고] (보충성원칙의 예외 인정 여부) 헌법소원은 다른 법률에 구제절차가 있는 경우에는 그 절차를 모두 거친 후에 심판청구를 하여야 하는데(헌법재판소법 제68조 제1항 단서), 다만 청구인이 그의 불이익으로 돌릴 수 없는 정당한 이유가 있는 착오로 전심절차를 밟지 않은 경우 또는 전심절차로 권리가 구제될 가능성이 거의 없거나 권리구제절차가 허용되는지 여부가 객관적으로 불확실하여 전심절차 이행의 기대가능성이 없는 경우에는 보충성의 예외로서 적법한 청구로 인정된다(헌법재판소 1989.9.4, 88헌마22; 2008.5.29, 2007헌마712 등 참조). … 대법원은 수사기관의 접견불허처분의 취소를 구하는 준항고에도 법률상 이익이 있어야 하고, 소송계속 중 준항고로써 달성하고자 하는 목적이 이미 이루어졌거나 시일의 경과 또는 그 밖의 사정으로 인하여 그 이익이 상실된 경우에는 준항고는 그 이익이 없어 부적법하게 된다고 보면서도(대법원 1999.6.14, 98모121; 2014.4.15, 2014모686 결정 참조), 그에 관한 구체적 기준을 제시하지 않고 있다. 따라서 사건 당일 종료된 이 사건 검사의 접

견불허행위에 대하여 청구인이 그 취소를 구하는 준항고를 제기할 경우 법원이 법률상 이익이 결여되었다고 볼 것인지 아니면 실체 판단에 나아갈 것인지가 객관적으로 불확실하여 청구인으로 하여금 전심절차를 이행할 것을 기대하기 어려운 경우에 해당한다. 결론적으로, 이 부분 심판청구는 보충성의 예외로서 적법한 청구로 인정되어야 한다(헌법재판소 2019.2.28, 2015헌마1204).

ⓗ (×) (전단은 맞고, 후단이 틀림) 형사소송법 제34조는 "변호인 또는 변호인이 되려는 자는 신체구속을 당한 피고인 또는 피의자와 접견하고 서류 또는 물건을 수수할 수 있으며 의사로 하여금 진료하게 할 수 있다."라고 규정하고 있으므로, 변호인이 되려는 의사를 표시한 자가 객관적으로 변호인이 될 가능성이 있다고 인정되는데도, 형사소송법 제34조에서 정한 '변호인 또는 변호인이 되려는 자'가 아니라고 보아 신체구속을 당한 피고인 또는 피의자와 접견하지 못하도록 제한하여서는 아니 된다(대법원 2017.3.9, 2013도16162). 따라서 전단은 맞는 내용이다. 그런데 변호인 또는 변호인이 되려는 자의 접견교통권은 신체구속제도 본래의 목적을 침해하지 아니하는 범위 내에서 행사되어야 하므로, 변호인 또는 변호인이 되려는 자가 구체적인 시간적·장소적 상황에 비추어 현실적으로 보장할 수 있는 한계를 벗어나 피고인 또는 피의자를 접견하려고 하는 것은 정당한 접견교통권의 행사에 해당하지 아니하여 허용될 수 없다(대법원 2017.3.9, 2013도16162). 따라서 후단은 틀린 내용이다.

[보충] 다만 이 경우에도 접견교통권이 그와 같은 한계를 일탈한 것이어서 허용될 수 없다고 판단함에 있어서는 신체구속을 당한 사람의 헌법상 기본적 권리인 변호인의 조력을 받을 권리의 본질적인 내용이 침해되는 일이 없도록 신중을 기하여야 한다(대법원 2017.3.9, 2013도16162).

07

정답 ③

③ ⓛⓒⓔⓜ
ⓛ (○) 형사소송법 제403조 제2항 참조.

> **형사소송법 제403조(판결 전의 결정에 대한 항고)** ① 법원의 관할 또는 판결 전의 소송절차에 관한 결정에 대하여는 특히 즉시항고를 할 수 있는 경우 외에는 항고하지 못한다.
> ② 전항의 규정은 구금, 보석, 압수나 압수물의 환부에 관한 결정 또는 감정하기 위한 피고인의 유치에 관한 결정에 적용하지 아니한다.

ⓒ (○) 형사소송법 제417조 참조.

> **형사소송법 제417조(준항고)** 검사 또는 사법경찰관의 구금, 압수 또는 압수물의 환부에 관한 처분과 제243조의2에 따른 변호인의 참여 등에 관한 처분에 대하여 불복이 있으면 그 직무집행지의 관할법원 또는 검사의 소속검찰청에 대응한 법원에 그 처분의 취소 또는 변경을 청구할 수 있다.

ⓒ (×) 검사의 접견금지 결정으로 피고인들의 (변호인 아닌 자와의) 접견이 제한된 상황 하에서 피의자신문조서가 작성되었다는 사실만으로 바로 그 조서가 임의성이 없는 것이라고는 볼 수 없다(대법원 1984.7.10, 84도846).

ⓔ (○) 법원의 피고인의 접견교통권 침해에 대해서는 보통항고, 수사기관의 피의자의 접견교통권 침해에 대해서는 준항고, 교도소장·구치소장 등 행형기관의 접견교통권 침해에 대해서는

(형사소송법상 항고·준항고는 불가하나) 행정심판·행정소송과 같은 법원의 재판이 가능하고, 법원의 재판에 의한 구제수단이 존재하는 경우에는 헌법소원은 허용되지 않으므로(헌법재판소법 제68조 제1항), 접견교통권 침해에 대해서는 헌법소원이 원칙적으로 허용되지 않는다.

ⓜ (○) 헌법재판소 1991.7.8, 89헌마181

08 　　정답 ①

① ㉠ㄴㄷㄹ

㉠ (×) 형사소송법 제311조가 아니라 제315조 제3호의 기타 특히 신용할 만한 정황에 의하여 작성된 문서에 해당한다(대법원 2004.1.16, 2003도5693).

㉡ (×) 구속영장청구시한 부분이 틀렸고, 사법경찰관의 구속기간은 맞았다. 체포적부심사에 있어 법원이 수사관계서류와 증거물을 접수한 때부터 결정후 검찰청에 반환된 때까지의 기간은 구속영장 청구시한 또는 구속 기간에 산입하지 않는다(제214조의2 제13항). 甲이 체포된 2014.4.13일 10:00부터 기산하여(체포영장발부시인 09:00가 아니라 체포시인 10:00부터 기산) 48시간인 2014.4.15일 10:00까지 일응 구속영장을 청구하여야 하지만(제200조의2 제5항), 서류가 접수된 후 반환된 때까지의 시간인 26시간은 산입하지 않으므로, 2014.4.16일 12:00까지 구속영장을 청구하여야 한다. 그리고 서류가 접수된 후 반환된 때까지의 2일은 산입하지 않으므로 2014.4.24일 24:00까지 구속할 수 있다.

㉢ (×) 체포·구속적부심사청구에 대한 법원의 석방결정뿐만 아니라 기각결정에 대해서도 항고하지 못한다(제214조의2 제8항). [보충] 다만, 구속적부심의 보증금납입조건부 피의자석방결정에 대한 보통항고는 가능하다.

> **형사소송법 제214조의2(체포와 구속의 적부심사)** ③ 법원은 제1항에 따른 청구가 다음 각 호의 어느 하나에 해당하는 때에는 제4항에 따른 심문 없이 결정으로 청구를 기각할 수 있다.
> 1. 청구권자 아닌 자가 청구하거나 동일한 체포영장 또는 구속영장의 발부에 대하여 재청구한 때
> 2. 공범 또는 공동피의자의 순차청구가 수사방해의 목적임이 명백한 때
> ④ 제1항의 청구를 받은 법원은 청구서가 접수된 때부터 48시간 이내에 체포 또는 구속된 피의자를 심문하고 수사관계서류와 증거물을 조사하여 그 청구가 이유 없다고 인정한 때에는 결정으로 이를 기각하고, 이유 있다고 인정한 때에는 결정으로 체포 또는 구속된 피의자의 석방을 명하여야 한다. 심사청구 후 피의자에 대하여 공소제기가 있는 경우에도 또한 같다.
> ⑧ 제3항과 제4항의 결정에 대하여는 항고하지 못한다.

㉣ (×) 청구서가 접수된 때로부터 48시간 이내에 심문하고, 심문이 종료된 때로부터 24시간 이내에 결정한다.

> **형사소송법 제214조의2(체포와 구속의 적부심사)** ④ 제1항의 청구를 받은 법원은 청구서가 접수된 때부터 48시간 이내에 체포되거나 구속된 피의자를 심문하고 수사 관계 서류와 증거물을 조사하여 그 청구가 이유 없다고 인정한 경우에는 결정으로 기각하고, 이유 있다고 인정한 경우에는 결정으로 체포되거나 구속된 피의자의 석방을 명하여야 한다. 심사 청구 후 피의자에 대하여 공소제기가 있는 경우에도 또한 같다.

> **형사소송규칙 제106조(결정의 기한)** 체포 또는 구속의 적부심사청구에 대한 결정은 체포 또는 구속된 피의자에 대한 심문이 종료된 때로부터 24시간 이내에 이를 하여야 한다.

09 　　정답 ④

④ (×) 헌법재판소 결정에 의할 때, 열람·등사할 권리가 인정된다(헌법재판소 2003.3.27, 2000헌마474).

① (○) 구속적부심문조서의 증명력은 다른 증거와 마찬가지로 법관의 자유판단에 맡겨져 있으나, 피의자는 구속적부심에서의 자백의 의미나 자백이 수사절차나 공판절차에서 가지는 중요성을 제대로 헤아리지 못한 나머지 허위자백을 하고라도 자유를 얻으려는 유혹을 받을 수가 있으므로, 법관은 구속적부심문조서의 자백의 기재에 관한 증명력을 평가함에 있어 이러한 점에 각별히 유의를 하여야 한다(대법원 2004.1.16, 2003도5693).

② (○) 체포영장 또는 구속영장을 발부한 법관은 원칙적으로 심문·조사·결정에 관여하지 못하나, 예외적으로 관여할 수도 있다.

> **형사소송법 제214조의2(체포와 구속의 적부심사)** ⑫ 체포영장 또는 구속영장을 발부한 법관은 제4항부터 제6항까지의 심문·조사·결정에 관여하지 못한다. 다만, 체포영장 또는 구속영장을 발부한 법관외에는 심문·조사·결정을 할 판사가 없는 경우에는 그러하지 아니하다.

③ (○) 학설의 대립은 있으나, 형사소송규칙의 법조문상으로 '열람권'만 인정되고 있다(형사소송규칙 제104조의2, 제96조의21 참조).

10 　　정답 ③

③ ㉠ㄷㄹㅁ

㉠ (×) 피의자에게 보석을 조건으로 석방결정을 청구할 권한은 인정되지 않으며 단지 법원이 직권으로 보증금 납입을 조건으로 피의자의 석방을 명할 수 있을 뿐이다.

㉡ (○) 간이기각결정의 경우이다.

> **형사소송법 제214조의2(체포와 구속의 적부심사)** ③ 법원은 제1항에 따른 청구가 다음 각 호의 어느 하나에 해당하는 때에는 제4항에 따른 심문 없이 결정으로 청구를 기각할 수 있다.
> 1. 청구권자 아닌 자가 청구하거나 동일한 체포영장 또는 구속영장의 발부에 대하여 재청구한 때
> 2. 공범 또는 공동피의자의 순차청구가 수사방해의 목적임이 명백한 때

㉢ (×) 제3자 납입도 허가할 수 있다.

> **형사소송법 제214조의2(체포와 구속의 적부심사)** ⑤ 법원은 구속된 피의자(심사청구 후 공소제기된 자를 포함한다)에 대하여 피의자의 출석을 보증할 만한 보증금의 납입을 조건으로 하여 결정으로 제4항의 석방을 명할 수 있다. 다만, 다음 각 호에 해당하는 경우에는 그러하지 아니하다.
> 1. 죄증을 인멸할 염려가 있다고 믿을만한 충분한 이유가 있는 때
> 2. 피해자, 당해 사건의 재판에 필요한 사실을 알고 있다고 인정되는 자 또는 그 친족의 생명·신체나 재산에 해를 가하거나 가할 염려가 있다고 믿을만한 충분한 이유가 있는 때

⑦ 제99조 및 100조는 제5항에 따라 보증금의 납입을 조건으로 하는 석방을 하는 경우에 준용한다.

제100조(보석집행의 절차) ② 법원은 보석청구자 이외의 자에게 보증금의 납입을 허가할 수 있다.

ⓔ (×) 고소·고발장은 열람제한 대상서류에서 제외되지 않는다. 오로지 구속영장청구서만 제외될 뿐이다(형사소송규칙 제104조의2, 제96조의21 참조).

ⓜ (×) 구속적부심의 피의자보석으로 석방된 피의자의 재구속사유에는 다른 중요한 증거를 발견한 경우가 규정되어 있지 않다. 따라서 피의자보석으로 석방된 피의자에 대해서는 다른 중요한 증거를 발견하였다 하더라도 동일한 범죄사실에 대한 재구속은 불가하다.

형사소송법 제214조의3(재체포 및 재구속의 제한) ① 제214조의2 제4항에 따른 체포 또는 구속 적부심사결정에 의하여 석방된 피의자가 도망하거나 범죄의 증거를 인멸하는 경우를 제외하고는 동일한 범죄사실로 재차 체포하거나 구속할 수 없다.
② 제214조의2 제5항에 따라 석방된 피의자에게 다음 각 호의 어느 하나에 해당하는 사유가 있는 경우를 제외하고는 동일한 범죄사실로 재차 체포하거나 구속할 수 없다.
1. 도망한 때
2. 도망하거나 범죄의 증거를 인멸할 염려가 있다고 믿을 만한 충분한 이유가 있는 때
3. 출석요구를 받고 정당한 이유없이 출석하지 아니한 때
4. 주거의 제한이나 그 밖에 법원이 정한 조건을 위반한 때

11
정답 ④

④ ⓒⓔ
ⓖ (○) 대법원은 이미 '긴급체포나 현행범으로 체포된 피의자 등 영장에 의하지 아니하고 체포된 피의자 등'에게도 적부심사청구권을 인정하고 있어 왔다(대법원 1997.8.27, 97모21). 형사소송법도 긴급체포나 현행범으로 체포된 피의자 등 영장에 의하지 아니하고 체포된 피의자 등에게도 명문규정으로 적부심사청구권을 인정하고 있다. 형사소송법 제214조의2 제1항 참조.

형사소송법 제214조의2(체포와 구속의 적부심사) ① 체포 또는 구속된 피의자 또는 그 변호인, 법정대리인, 배우자, 직계친족, 형제자매나 가족, 동거인 또는 고용주는 관할법원에 체포 또는 구속의 적부심사를 청구할 수 있다.

ⓛ (○) 형사소송법 제214조의2 제13항 참조.

형사소송법 제214조의2(체포와 구속의 적부심사) ⑬ 법원이 수사 관계 서류와 증거물을 접수한 때부터 결정 후 검찰청에 반환된 때까지의 기간은 제200조의2 제5항(제213조의2에 따라 준용되는 경우를 포함한다) 및 제200조의4 제1항의 적용에 있어서는 그 제한기간에 산입하지 아니하고, 제202조·제203조 및 제205조의 적용에 있어서는 그 구속기간에 산입하지 아니한다.

ⓒ (×) 형사소송법은 수사단계에서의 체포와 구속을 명백히 구별하고 있고 이에 따라 체포와 구속의 적부심사를 규정한 같은 법 제214조의2에서 체포와 구속을 서로 구별되는 개념으로 사용하고 있는바, 같은 조 제4항(현행법 동 제5항)에 기소 전 보증금 납입을 조건으로 한 석방의 대상자가 '구속된 피의자'라고

명시되어 있고, 같은 법 제214조의3 제2항의 취지를 체포된 피의자에 대하여도 보증금 납입을 조건으로 한 석방이 허용되어야 한다는 근거로 보기는 어렵다 할 것이어서 현행법상 체포된 피의자에 대하여는 보증금 납입을 조건으로 한 석방이 허용되지 않는다(대법원 1997.8.27, 97모21).

형사소송법 제214조의2(체포와 구속의 적부심사) ⑤ 법원은 구속된 피의자(심사청구 후 공소제기된 사람을 포함한다)에 대하여 피의자의 출석을 보증할 만한 보증금의 납입을 조건으로 하여 결정으로 제4항의 석방을 명할 수 있다. 다만, 다음 각 호에 해당하는 경우에는 그러하지 아니하다. <신설 1995. 12.29, 2004.10.16, 2007.6.1.>
1. 범죄의 증거를 인멸할 염려가 있다고 믿을 만한 충분한 이유가 있는 때
2. 피해자, 당해 사건의 재판에 필요한 사실을 알고 있다고 인정되는 사람 또는 그 친족의 생명·신체나 재산에 해를 가하거나 가할 염려가 있다고 믿을 만한 충분한 이유가 있는 때

ⓔ (×) 48시간이 아니라 24시간이다. 형사소송규칙 제106조 참조.

형사소송규칙 제106조(결정의 기한) 체포 또는 구속의 적부심사청구에 대한 결정은 체포 또는 구속된 피의자에 대한 심문이 종료된 때로부터 24시간 이내에 이를 하여야 한다.

ⓜ (○) 보증금을 납입한 후가 아니면 피의자보석결정을 집행하지 못한다(형사소송법 제214조의2 제7항, 제100조 제1항 전단).
[보충] 다만 법원은 유가증권 또는 피의자 외의 자가 제출한 보증서로써 보증금에 갈음함을 허가할 수 있다(형사소송법 제214조의2 제7항, 제100조 제3항). 이 보증서에는 보증금액을 언제든지 납입할 것을 기재하여야 한다(형사소송법 제100조 제4항).

12
정답 ④

④ ⓖ(×), ⓛ(×), ⓒ(○), ⓔ(○), ⓜ(×)
ⓖ (×) 간이기각 할 수 있다.

형사소송법 제214조의2(체포와 구속의 적부심사) ③ 법원은 제1항에 따른 청구가 다음 각 호의 어느 하나에 해당하는 때에는 제4항에 따른 심문 없이 결정으로 청구를 기각할 수 있다.
1. 청구권자 아닌 자가 청구하거나 동일한 체포영장 또는 구속영장의 발부에 대하여 재청구한 때
2. 공범 또는 공동피의자의 순차청구가 수사방해의 목적임이 명백한 때

ⓛ (×) 전격기소의 경우에도 법원은 적부심 절차를 진행한다.

형사소송법 제214조의2(체포와 구속의 적부심사) ④ 제1항의 청구를 받은 법원은 청구서가 접수된 때부터 48시간 이내에 체포되거나 구속된 피의자를 심문하고 수사 관계 서류와 증거물을 조사하여 그 청구가 이유 없다고 인정한 경우에는 결정으로 기각하고, 이유 있다고 인정한 경우에는 결정으로 체포되거나 구속된 피의자의 석방을 명하여야 한다. 심사청구 후 피의자에 대하여 공소제기가 있는 경우에도 또한 같다.

ⓒ (○) 적부심은 필요적 변호사건에 해당한다.

형사소송법 제214조의2(체포와 구속의 적부심사) ⑩ 체포되거나 구속된 피의자에게 변호인이 없는 때에는 제33조를 준용한다.

ⓔ (○) 적부심에서 석방된 자에 대한 재체포·재구속 사유는 도

망 또는 증거인멸의 경우이다.

> **형사소송법 제214조의3(재체포 및 재구속의 제한)** ① 제214조의2 제4항에 따른 체포 또는 구속 적부심사결정에 의하여 석방된 피의자가 도망하거나 범죄의 증거를 인멸하는 경우를 제외하고는 동일한 범죄사실로 재차 체포하거나 구속할 수 없다. <개정 2020.12.8.>

ⓜ (×) 임의적 몰수가 아니라 필요적 몰수의 경우이다.

> **형사소송법 제214조의4(보증금의 몰수)** ① 법원은 다음 각 호의 1의 경우에 직권 또는 검사의 청구에 의하여 결정으로 제214조의2 제5항에 따라 납입된 보증금의 전부 또는 일부를 몰수할 수 있다.
> 1. 제214조의2 제5항에 따라 석방된 자를 제214조의3 제2항에 열거된 사유로 재차 구속할 때
> 2. 공소가 제기된 후 법원이 제214조의2 제5항에 따라 석방된 자를 동일한 범죄사실에 관하여 재차 구속할 때
> ② 법원은 제214조의2 제5항에 따라 석방된 자가 동일한 범죄사실에 관하여 형의 선고를 받고 그 판결이 확정된 후, 집행하기 위한 소환을 받고 정당한 이유 없이 출석하지 아니하거나 도망한 때에는 직권 또는 검사의 청구에 의하여 결정으로 보증금의 전부 또는 일부를 몰수하여야 한다.

13
정답 ④

④ (○) 형사소송법 제99조 제1항 참조.

> **형사소송법 제99조(보석조건의 결정 시 고려사항)** ① 법원은 제98조의 조건을 정할 때 다음 각 호의 사항을 고려하여야 한다.
> 1. 범죄의 성질 및 죄상(罪狀)
> 2. 증거의 증명력
> 3. 피고인의 전과(前科)·성격·환경 및 자산
> 4. 피해자에 대한 배상 등 범행 후의 정황에 관련된 사항

① (×) 필요적 보석의 제외사유에 불과할 뿐, 임의적 보석의 대상에는 제한이 없다.

② (×) 구속취소결정에 대해서는 즉시항고가 남아있다(형사소송법 제97조 제4항).

> **형사소송법 제97조(보석, 구속의 취소와 검사의 의견)** ④ 구속을 취소하는 결정에 대하여는 검사는 즉시항고를 할 수 있다.

③ (×) 검사는 신청권자가 아니다.

> **형사소송법 제102조(보석조건의 변경과 취소 등)** ① 법원은 직권 또는 제94조에 규정된 자의 신청에 따라 결정으로 피고인의 보석조건을 변경하거나 일정기간 동안 당해 조건의 이행을 유예할 수 있다.

14
정답 ④

④ (×) 보석허가결정에 대한 즉시항고는 허용되지 아니하나 피고인과 검사의 보통항고는 얼마든지 허용된다.

> **형사소송법 제403조(판결 전의 결정에 대한 항고)** ② 전항의 규정은 구금, 보석, 압수나 압수물의 환부에 관한 결정 또는 감정하기 위한 피고인의 유치에 관한 결정에 적용하지 아니한다.

① (○) 형사소송법 제94조 참조.

> **형사소송법 제94조(보석의 청구)** 피고인, 피고인의 변호인·법정대리인·배우자·직계친족·형제자매·가족·동거인 또는 고용주는 법원에 구속된 피고인의 보석을 청구할 수 있다.

② (○) 형사소송법 제104조의2 제1항 참조.

> **형사소송법 제104조의2(보석조건의 효력상실 등)** ① 구속영장의 효력이 소멸한 때에는 보석조건은 즉시 그 효력을 상실한다.

③ (○) 검사의 의견청취의 절차는 보석에 관한 결정의 본질적 부분이 되는 것은 아니므로, 설사 법원이 검사의 의견을 듣지 아니한 채 보석에 관한 결정을 하였다고 하더라도 그 결정이 적정한 이상, 절차상의 하자만을 들어 그 결정을 취소할 수는 없다(대법원 1997.11.27, 97모88).

15
정답 ①

① (○) 보석허가결정은 구속영장의 효력의 집행을 정지시키는 것에 불과하고 실효시키지 않는다. 따라서 보석취소결정이 있는 때에는 새로운 구속영장의 발부를 요하지 아니한다. 형사소송규칙 제56조 제1항 참조.

> **형사소송규칙 제56조(보석 등의 취소에 의한 재구금절차)** ① 법 제102조 제2항에 따른 보석취소 또는 구속집행정지취소의 결정이 있는 때 또는 기간을 정한 구속집행정지결정의 기간이 만료된 때에는 검사는 그 취소결정의 등본 또는 기간을 정한 구속집행정지결정의 등본에 의하여 피고인을 재구금하여야 한다. 다만, 급속을 요하는 경우에는 재판장, 수명법관 또는 수탁판사가 재구금을 지휘할 수 있다.

② (×) 10일이 아니라 7일 이내이다.

> **형사소송법 제104조(보증금 등의 환부)** 구속 또는 보석을 취소하거나 구속영장의 효력이 소멸된 때에는 몰취하지 아니한 보증금 또는 담보를 청구한 날로부터 7일 이내에 환부하여야 한다.

③ (×) 제104조의2는 구속영장의 효력이 소멸한 때에는 보석조건은 즉시 그 효력을 상실한다고 규정한다. 이는 피고인이 더 이상 보석조건을 준수할 필요성이 없어졌다는 점을 고려한 것이다. 따라서 무죄나 면소의 재판이 확정된 때 구속이 실효되는 것이 아니라 무죄나 면소의 재판이 '선고'된 때 구속이 실효되므로 보석조건도 그 효력을 상실하고, 자유형이 확정된 경우에도 구속영장의 효력은 소멸하는바, 그 보석도 효력이 상실된다.

④ (×) 과태료 부과는 가능하나, 감치에 처할 수는 없다.

> **형사소송법 제100조의2(출석보증인에 대한 과태료)** ① 법원은 제98조 제5호의 조건을 정한 보석허가결정에 따라 석방된 피고인이 정당한 사유 없이 기일에 불출석하는 경우에는 결정으로 그 출석보증인에 대하여 500만 원 이하의 과태료를 부과할 수 있다.

16
정답 ①

① (×) 구속영장이 실효되면 모든 보석조건도 실효되나(형사소송법 제104조의2 제1항), 보석이 취소된 경우에는 보증금납입·담보제공 조건을 제외한 나머지 조건이 실효된다(동조 제2항). 이는 추후 몰취의 가능성이 남아있기 때문이다.

형사소송법 제104조의2(보석조건의 효력상실 등) ① 구속영장의 효력이 소멸한 때에는 보석조건은 즉시 그 효력을 상실한다.

② 보석이 취소된 경우에도 제1항과 같다. 다만, 제98조 제8호의 조건은 예외로 한다.

② (○) 임의적 보석을 표현한 지문이다. 형사소송법 제96조 참조.

형사소송법 제96조(임의적 보석) 법원은 제95조의 규정에 불구하고 상당한 이유가 있는 때에는 직권 또는 제94조에 규정한 자의 청구에 의하여 결정으로 보석을 허가할 수 있다.

③ (○) 보석취소결정이 있는 때에는 보증금에 대한 임의적 몰취가 가능하다.

형사소송법 제103조(보증금 등의 몰취) ① 법원은 보석을 취소하는 때에는 직권 또는 검사의 청구에 따라 결정으로 보증금 또는 담보의 전부 또는 일부를 몰취할 수 있다.

④ (○) 구속, 보석 등에 관한 결정은 소송기록이 있는 법원이 한다.

형사소송법 제57조(상소 등과 구속에 관한 결정) ① 상소기간 중 또는 상소 중의 사건에 관한 피고인의 구속, 구속기간갱신, 구속취소, 보석, 보석의 취소, 구속집행정지와 그 정지의 취소의 결정은 소송기록이 상소법원에 도달하기까지는 원심법원이 이를 하여야 한다.

17
정답 ④

④ (○) 보석을 받은 피고인이 소환을 받고 정당한 사유 없이 출석하지 않으면 보석취소사유에 해당하고(형사소송법 제102조 제2항 제3호), 이 경우 직권 또는 검사의 청구에 따라 결정으로 보증금 또는 담보의 전부 또는 일부를 몰취할 수 있다(형사소송법 제103조 제1항).

형사소송법 제102조(보석조건의 변경과 취소 등) ② 법원은 피고인이 다음 각 호의 어느 하나에 해당하는 경우에는 직권 또는 검사의 청구에 따라 결정으로 보석 또는 구속의 집행정지를 취소할 수 있다. (중략)
3. 소환을 받고 정당한 사유없이 출석하지 아니한 때
제103조(보증금 등의 몰취) ① 법원은 보석을 취소하는 때에는 직권 또는 검사의 청구에 따라 결정으로 보증금 또는 담보의 전부 또는 일부를 몰취할 수 있다.

① (×) 보석에 관한 결정 시 검사의 의견청취절차를 생략할 수 있는 법조문상 예외는 없다(형사소송법 제97조 제1항, 제2항). 이는 구속집행정지, 구속취소 시의 검사의 의견청취와의 차이점이다.

② (×) 심문기일은 지체 없이 정하여 심문하여야 한다. 형사소송규칙 제54조의2 제1항 참조. 나머지는 맞다.

형사소송규칙 제54조의2(보석의 심리) ① 보석의 청구를 받은 법원은 지체 없이 심문기일을 정하여 구속된 피고인을 심문하여야 한다. 다만, 다음 각 호의 어느 하나에 해당하는 때에는 그러하지 아니하다.
1. 법 제94조에 규정된 청구권자 이외의 사람이 보석을 청구한 때
2. 동일한 피고인에 대하여 중복하여 보석을 청구하거나 재청구한 때

3. 공판준비 또는 공판기일에 피고인에게 그 이익되는 사실을 진술할 기회를 준 때
4. 이미 제출한 자료만으로 보석을 허가하거나 불허가할 것이 명백한 때
제55조(보석 등의 결정기한) 법원은 특별한 사정이 없는 한 보석 또는 구속취소의 청구를 받은 날부터 7일 이내에 그에 관한 결정을 하여야 한다.

③ (×) 후이행조건이 아니라 <u>선이행조건</u>이다(형사소송법 제100조 제1항 전단).

18
정답 ②

② ㉡㉣㉤

㉠ (○) 형사소송규칙 제55조 참조.

형사소송규칙 제55조(보석 등의 결정기한) 법원은 특별한 사정이 없는 한 보석 또는 구속취소의 청구를 받은 날부터 7일 이내에 그에 관한 결정을 하여야 한다.

㉡ (×) 보석조건(형사소송법 제98조)에 대해서는 2007년 개정 전 구법 하에서는 보증금 납입이 필수적 조건이었으나, 2007년 개정법에서는 보증금 납입이 필수적 조건이 되지 않게 하고 보석조건을 다양화함으로써 비금전적 보석조건을 대폭 가능하게 하여 무자력자에게도 석방 기회를 넓혀주게 된 것이다.

㉢ (○) 형사소송법 제102조 제3항·제4항

형사소송법 제102조(보석조건의 변경과 취소 등) ③ 법원은 피고인이 정당한 사유 없이 보석조건을 위반한 경우에는 결정으로 피고인에 대하여 1천만 원 이하의 과태료를 부과하거나 20일 이내의 감치에 처할 수 있다.
④ 제3항의 결정에 대하여는 즉시항고를 할 수 있다.

㉣ (×) 형사소송법 제102조 제2항 참조. 피고인에 대한 새로운 중요한 증거가 발견된 경우는 보석 취소 사유가 아니다.

형사소송법 제102조(보석조건의 변경과 취소 등) ② 법원은 피고인이 다음 각 호의 어느 하나에 해당하는 경우에는 직권 또는 검사의 청구에 따라 결정으로 보석 또는 구속의 집행정지를 취소할 수 있다. 다만, 제101조 제4항에 따른 구속영장의 집행정지는 그 회기 중 취소하지 못한다.
1. 도망한 때
2. 도망하거나 죄증을 인멸할 염려가 있다고 믿을 만한 충분한 이유가 있는 때
3. 소환을 받고 정당한 사유 없이 출석하지 아니한 때
4. 피해자, 당해 사건의 재판에 필요한 사실을 알고 있다고 인정되는 자 또는 그 친족의 생명·신체·재산에 해를 가하거나 가할 염려가 있다고 믿을 만한 충분한 이유가 있는 때
5. 법원이 정한 조건을 위반한 때

㉤ (×) 보석취소결정이 있는 때에는 검사는 그 취소결정의 등본에 의하여 피고인을 재구금하여야 한다(규칙 제56조 제1항 본문, 급속을 요할 때에는 재판장 등이 재구금 지휘함, 동항 단서. 보석취소결정에 의한 피고인의 재구금은 이미 발부된 구속영장의 효력에 의하는 것이다. 따라서 보석취소결정을 피고인에게 송달할 필요가 없고, 별도의 구속영장을 발부할 필요도 없다.

형사소송규칙 제56조(보석 등의 취소에 의한 재구금절차) ① 법 제102조 제2항에 따른 보석취소 또는 구속집행정지취소의

결정이 있는 때 또는 기간을 정한 구속집행정지결정의 기간이 만료된 때에는 검사는 그 취소결정의 등본 또는 기간을 정한 구속집행정지결정의 등본에 의하여 피고인을 재구금하여야 한다. 다만, 급속을 요하는 경우에는 재판장, 수명법관 또는 수탁판사가 재구금을 지휘할 수 있다.
② 제1항 단서의 경우에는 법원사무관등에게 그 집행을 명할 수 있다. 이 경우에 법원사무관등은 그 집행에 관하여 필요한 때에는 사법경찰관리 또는 교도관에게 보조를 요구할 수 있으며 관할구역외에서도 집행할 수 있다.

19

정답 ④

④ ㉠㉡㉢㉣㉤

㉠ (×) 중대범죄는 필요적 보석의 제외사유에 불과할 뿐, 임의적 보석의 대상에는 제한이 없다(따라서 전단 틀림). 보석조건의 변경에 대해서 검사는 신청권자가 아니다(따라서 후단 틀림).

> **형사소송법 제102조(보석조건의 변경과 취소 등)** ① 법원은 직권 또는 제94조에 규정된 자의 신청에 따라 결정으로 피고인의 보석조건을 변경하거나 일정기간 동안 당해 조건의 이행을 유예할 수 있다.

㉡ (×) 형사소송법 제99조 제1항 참조.

> **형사소송법 제99조(보석조건의 결정 시 고려사항)** ① 법원은 제98조의 조건을 정할 때 다음 각 호의 사항을 고려하여야 한다.
> 1. 범죄의 성질 및 죄상(罪狀)
> 2. 증거의 증명력
> 3. 피고인의 전과(前科)·성격·환경 및 자산
> 4. 피해자에 대한 배상 등 범행 후의 정황에 관련된 사항

㉢ (×) 법원의 피고인 구속집행정지결정에 대해서는 즉시항고는 할 수 없으나(헌법재판소 2012.6.27, 2011헌가36, 2015년 개정에 의하여 형사소송법 제101조 제3항 삭제), 보통항고는 가능하다(형사소송법 제403조 제2항).

㉣ (×) 원심은 ① 피고인에 대해 성폭력처벌법 위반(비밀준수등) 범행으로 체포영장이 발부되어 있었던 사실, ② '피고인의 차량이 30분 정도 따라온다'는 내용의 112신고를 받고 현장에 출동한 경찰관들이 승용차에 타고 있던 피고인의 주민등록번호를 조회하여 피고인에 대한 체포영장이 발부된 것을 확인한 사실, ③ 경찰관들이 피고인에게 '성폭력처벌법위반으로 수배가 되어 있는바, 변호인을 선임할 수 있고 묵비권을 행사할 수 있으며, 체포적부심을 청구할 수 있고 변명의 기회가 있다'고 고지하며 하차를 요구한 사실을 인정한 후, 이 사건 당시 경찰관들이 체포영장을 소지할 여유 없이 우연히 그 상대방을 만난 경우로서 체포영장의 제시 없이 체포영장을 집행할 수 있는 '급속을 요하는 때'에 해당하므로, 경찰관들이 체포영장의 제시 없이 피고인을 체포하려고 시도한 행위는 적법한 공무집행이라고 판단하였다. 나아가 원심은, 위와 같이 경찰관들이 체포영장을 근거로 체포절차에 착수하였으나 피고인이 흥분하며 타고 있던 승용차를 출발시켜 경찰관들에게 상해를 입히는 범죄를 추가로 저지르자, 경찰관들이 위 승용차를 멈춘 후 저항하는 피고인을 별도 범죄인 특수공무집행방해치상의 현행범으로 체포한 사실을 인정한 후, 이와 같이 경찰관이 체포영장에 기재된 범죄사실이 아닌 새로운 피의사실인 특수공무집행방해치상을 이유로 피고인을 현행범으로 체포하였고, 현행범 체포에 관한 제반 절차도 준

수하였던 이상 피고인에 대한 체포 및 그 이후 절차에 위법이 없다고 판단한 후, 이 사건 공소사실을 유죄로 판단한 제1심판결을 그대로 유지하였다. 원심이 든 위 사정들과 함께 이 사건 당시 체포영장에 의한 체포절차가 착수된 단계에 불과하였고, 피고인에 대한 체포가 체포영장과 관련 없는 새로운 피의사실인 특수공무집행방해치상을 이유로 별도의 현행범 체포 절차에 따라 진행된 이상, 집행 완료에 이르지 못한 체포영장을 사후에 피고인에게 제시할 필요는 없는 점까지 더하여 보면, 피고인에 대한 체포절차가 적법하다는 원심의 판단이 타당하다(대법원 2021.6.24, 2021도4648).

㉤ (×) 군사법원법 제141조 제2항은 피고인에 대한 구속집행정지에 관하여 '피고인이 영내거주자이면 그 소속 부대장에게 부탁하고, 영내거주자가 아니면 친족·보호단체 그 밖의 적당한 사람에게 부탁하거나 피고인의 주거를 제한'하도록 규정한다. 이때 구속집행정지 제도의 취지에 부합한다면 피고인의 도주 방지 및 출석을 확보하기 위하여 예컨대, 전자장치의 부착을 구속집행정지의 조건으로 부가할 수도 있다(대법원 2022.11.22, 2022모1799).
[보충] 피고인에 대한 구속집행정지는 상당한 이유가 있을 때 법원이 직권으로 제반 사정을 고려하여 피고인의 구속 상태를 잠정적으로 해제하는 것이다. 가장 중한 기본권 제한인 구속을 예외적으로 해제하면서 다시 구속될 것을 담보하기 위해 일정한 조건을 부가하는 것은 구속집행정지의 성질상 당연히 허용된다고 보아야 한다. 구속의 목적을 달성하는 데 지장이 없다면 일정한 조건을 부가하더라도 구속집행을 정지하는 것이 피고인에게 더 유리하기 때문이다. … 구속집행정지의 구체적인 조건은 보석의 조건이 성질에 반하지 않는 한 적용될 수 있다. 구속집행정지 제도는 불구속재판의 원칙과 무죄추정의 원칙을 구현하기 위한 보석 제도를 보충하는 기능을 하므로 본질적으로 보석과 같은 성격을 띠고 있기 때문이다.

20

정답 ②

② (×) 체포, 구금 당시에 헌법 및 형사소송법에 규정된 사항(체포, 구금의 이유와 변호인의 조력을 받을 권리) 등을 고지받지 못하였고, 그 후의 구금기간 중 면회거부 등의 처분을 받았다 하더라도 이와 같은 사유는 형사소송법 제93조 소정의 구속취소사유에는 해당하지 아니한다(대법원 1991.12.30, 91모76).

① (○) 헌법 제16조에서 영장주의에 대한 예외를 마련하지 아니하였다고 하여, 주거에 대한 압수나 수색에 있어 영장주의가 예외 없이 반드시 관철되어야 함을 의미하는 것은 아니다(헌법재판소 2018.4.26, 2015헌바370).

③ (○) 형사소송법 제218조의2 제1항은 '검사는 사본을 확보한 경우 등 압수를 계속할 필요가 없다고 인정되는 압수물 및 증거에 사용할 압수물에 대하여 공소제기 전이라도 소유자, 소지자, 보관자 또는 제출인의 청구가 있는 때에는 환부 또는 가환부하여야 한다'고 규정하고 있다. 따라서 검사는 증거에 사용할 압수물에 대하여 가환부의 청구가 있는 경우 가환부를 거부할 수 있는 특별한 사정이 없는 한 가환부에 응하여야 한다(대법원 2017.9.29, 2017모236).

④ (○) 구속의 사유가 없거나 소멸된 때에는 법원은 직권 또는 검사, 피고인, 변호인과 제30조 제2항에 규정한 자(법정대리인, 배우자, 직계친족과 형제자매)의 청구에 의하여 결정으로 구속을 취소하여야 한다(형사소송법 제93조).

▶ **제2장 강제처분과 강제수사** [압수·수색·검증·감정 1]

01	②	02	④	03	③	04	①	05	④
06	④	07	②	08	③	09	④	10	②
11	④	12	①	13	④	14	②	15	③
16	③	17	③	18	①	19	④	20	④

01

정답 ②

② ㉠㉢㉣

㉠ (○) 체포된 현행범인에 대하여 일정 시간 내에 구속영장 청구 여부를 결정하도록 하고 그 기간 내에 구속영장을 청구하지 아니하는 때에는 즉시 석방하도록 한 것은 영장에 의하지 아니한 체포 상태가 부당하게 장기화되어서는 안 된다는 인권보호의 요청과 함께 수사기관에서 구속영장 청구 여부를 결정하기 위한 합리적이고 충분한 시간을 보장해 주려는 데에도 그 입법취지가 있다고 할 것이다. 따라서 검사 등이 아닌 이에 의하여 현행범인이 체포된 후 불필요한 지체 없이 검사 등에게 인도된 경우 위 48시간의 기산점은 체포시가 아니라 검사 등이 현행범인을 인도받은 때라고 할 것이다(대법원 2011.12.22, 2011도12927).

㉡ (×) 압수·수색을 받는 자가 피고인(피의자)인 경우에는 그 사본을 교부하여야 한다.

> **형사소송법 제118조(영장의 제시와 사본교부)** 압수·수색영장은 처분을 받는 자에게 반드시 제시하여야 하고, 처분을 받는 자가 피고인인 경우에는 그 사본을 교부하여야 한다. 다만, 처분을 받는 자가 현장에 없는 등 영장의 제시나 그 사본의 교부가 현실적으로 불가능한 경우 또는 처분을 받는 자가 영장의 제시나 사본의 교부를 거부한 때에는 예외로 한다.
> **제219조(준용규정)** 제106조, 제107조, 제109조 내지 제112조, 제114조, 제115조 제1항 본문, 제2항, 제118조부터 제132조까지, 제134조, 제135조, 제140조, 제141조, 제333조 제2항, 제486조의 규정은 검사 또는 사법경찰관의 본장의 규정에 의한 압수, 수색 또는 검증에 준용한다. 단, 사법경찰관이 제130조, 제132조 및 제134조에 따른 처분을 함에는 검사의 지휘를 받아야 한다.

㉢ (×) 검사의 체포영장 또는 구속영장 청구에 대한 지방법원판사의 재판은 형사소송법 제402조의 규정에 의하여 항고의 대상이 되는 '법원의 결정'에 해당하지 아니하고, 제416조 제1항의 규정에 의하여 준항고의 대상이 되는 '재판장 또는 수명법관의 구금 등에 관한 재판'에도 해당하지 아니한다(대법원 2006.12.18, 2006모646).

㉣ (○) 형사소송법 제219조, 제121조가 규정한 변호인의 참여권은 피압수자의 보호를 위하여 변호인에게 주어진 고유권이다. 따라서 설령 피압수자가 수사기관에 압수·수색영장의 집행에 참여하지 않는다는 의사를 명시하였다고 하더라도, 특별한 사정이 없는 한 그 변호인에게는 형사소송법 제219조, 제122조에 따라 미리 집행의 일시와 장소를 통지하는 등으로 압수·수색

영장의 집행에 참여할 기회를 별도로 보장하여야 한다(대법원 2020.11.26, 2020도10729).

㉤ (○) 수사기관은 영장 발부의 사유로 된 범죄혐의사실과 관계가 없는 증거를 압수할 수 없고, 별도의 영장을 발부받지 아니하고서는 압수물 또는 압수한 정보를 그 압수의 근거가 된 압수·수색영장 혐의사실과 관계가 없는 범죄의 유죄 증거로 사용할 수 없다(대법원 2023.6.1, 2018도18866).

02

정답 ④

④ ㉠㉡㉢㉤

㉠ (○) 대법원 2009.3.12, 2008도763

㉡ (○) 대법원 2013.9.26, 2013도7718

㉢ (○) 대법원 2015.1.22, 2014도10978

> **형사소송법 제118조(영장의 제시와 사본교부)** 압수·수색영장은 처분을 받는 자에게 반드시 제시하여야 하고, 처분을 받는 자가 피고인인 경우에는 그 사본을 교부하여야 한다. 다만, 처분을 받는 자가 현장에 없는 등 영장의 제시나 그 사본의 교부가 현실적으로 불가능한 경우 또는 처분을 받는 자가 영장의 제시나 사본의 교부를 거부한 때에는 예외로 한다. <개정 2022.2.3.>

㉣ (×) 여자의 신체에 대하여 수색할 때에는 성년의 여자를 참여하게 하여야 한다(형사소송법 제124조).
[보충] 여자의 신체를 검사하는 경우에는 의사나 성년 여자를 참여하게 하여야 한다(형사소송법 제141조 제3항).

㉤ (○) 이 사건 압수영장에 기재된 메트암페타민(이하 '필로폰') 투약 혐의사실은 피고인이 2018.5.23. 시간불상경 부산 이하 불상지에서 필로폰 불상량을 불상의 방법으로 투약하였다는 것이다. 이 사건 공소사실 중 필로폰 투약의 점은 피고인이 2018.6.21.경부터 같은 달 25일경까지 사이에 부산 이하 불상지에서 필로폰 불상량을 불상의 방법으로 투약하였다는 것이다. 마약류 투약 범죄는 그 범행일자가 다를 경우 별개의 범죄로 보아야 하고, 이 사건 압수영장 기재 혐의사실과 이 부분 공소사실은 그 범행 장소, 투약방법, 투약량도 모두 구체적으로 특정되어 있지 않아 어떠한 객관적인 관련성이 있는지 알 수 없다. 이 사건 압수영장 기재 혐의사실과 이 부분 공소사실이 동종 범죄라는 사정만으로 객관적 관련성이 있다고 할 수 없다. 경찰은 제보자의 진술을 토대로 이 사건 압수영장 기재 혐의사실을 특정하였는데, 이 사건 압수영장이 발부된 후 약 1달이 지난

2018.6.25.에야 이 사건 압수영장을 집행하여 피고인의 소변을 압수하였으나 그 때는 필로폰 투약자의 소변에서 마약류 등이 검출될 수 있는 기간이 지난 뒤였고, 별도의 압수·수색영장으로 압수한 피고인의 모발에서 마약류 등이 검출되지 않자 결국 압수된 피고인의 소변에서 필로폰 양성반응이 나온 점을 근거로 이 부분 공소사실과 같이 기소하였다. 이 사건 압수영장 기재 혐의사실의 내용과 수사의 대상, 수사 경위 등을 종합하여 보면, 이 부분 공소사실과 같은 필로폰 투약의 점은 경찰이 이 사건 압수영장을 발부받을 당시 전혀 예견할 수 없었던 혐의사실이었던 것으로 보이므로, 이 사건 압수영장 기재 혐의사실과 이 부분 공소사실 사이에 연관성이 있다고 보기 어렵다(위법수집증거로 본 사건, 대법원 2019.10.17, 2019도6775).

03
정답 ③

③ ㉠㉢㉣㉤

㉠ (O) 대법원 2015.10.15, 2013모1969

㉡ (X) 형사소송법 제122조 참조.

> **형사소송법 제122조(영장집행과 참여권자에의 통지)** 압수·수색영장을 집행함에는 미리 집행의 일시와 장소를 전조에 규정한 자에게 통지하여야 한다. 단, 전조에 규정한 자가 참여하지 아니한다는 의사를 명시한 때 또는 급속을 요하는 때에는 예외로 한다.

㉢ (O) 출판에 대한 사전검열이 헌법상 금지된 것으로서 어떤 이유로도 행정적인 규제방법으로 사전검열을 하는 것은 허용되지 않으나 출판내용에 형벌법규에 저촉되어 범죄를 구성하는 혐의가 있는 경우에 그 증거물 또는 몰수할 물건으로서 압수하는 것은 재판절차라는 사법적 규제와 관련된 것이어서 행정적인 규제로서의 사전검열과 같이 볼 수 없고, 다만 출판 직전에 그 내용을 문제삼아 출판물을 압수하는 것은 실질적으로 출판의 사전검열과 같은 효과를 가져올 수도 있는 것이므로 범죄혐의와 강제수사의 요건을 엄격히 해석하여야 할것이다(대법원 1991.2.26, 91모1).

㉣ (O) 대법원 2009.5.14, 2008도10914

㉤ (O) 형사소송법 제215조 제1항은 "검사는 범죄수사에 필요한 때에는 피의자가 죄를 범하였다고 의심할 만한 정황이 있고 해당 사건과 관계가 있다고 인정할 수 있는 것에 한정하여 지방법원판사에게 청구하여 발부받은 영장에 의하여 압수, 수색 또는 검증을 할 수 있다."라고 규정하고 있다. 따라서 영장 발부의 사유로 된 범죄 혐의사실과 무관한 별개의 증거를 압수하였을 경우 이는 원칙적으로 유죄 인정의 증거로 사용할 수 없다. 그러나 압수·수색의 목적이 된 범죄나 이와 관련된 범죄의 경우에는 그 압수·수색의 결과를 유죄의 증거로 사용할 수 있다. 압수·수색영장의 범죄 혐의사실과 관계있는 범죄라는 것은 압수·수색영장에 기재한 혐의사실과 객관적 관련성이 있고 압수·수색영장 대상자와 피의자 사이에 인적 관련성이 있는 범죄를 의미한다. 그중 혐의사실과의 객관적 관련성은 압수·수색영장에 기재된 혐의사실 자체 또는 그와 기본적 사실관계가 동일한 범행과 직접 관련되어 있는 경우는 물론 범행 동기와 경위, 범행 수단과 방법, 범행 시간과 장소 등을 증명하기 위한 간접증거나 정황증거 등으로 사용될 수 있는 경우에도 인정될 수 있다. 이러한 객관적 관련성은 압수·수색영장에 기재된 혐의사실의 내용과 수사의 대상, 수사 경위 등을 종합하여 구체적·개별적 연

관관계가 있는 경우에만 인정된다고 보아야 하고, 혐의사실과 단순히 동종 또는 유사 범행이라는 사유만으로 객관적 관련성이 있다고 할 것은 아니다(대법원 2017.1.25, 2016도13489; 2017.12.5, 2017도13458; 2020.2.13, 2019도14341,2019전도130 등). 필로폰 교부의 혐의사실로 발부된 압수·수색영장에 따라 피고인의 소변, 모발을 압수하였고 그에 대한 감정 결과 필로폰 투약 사실이 밝혀져 필로폰 투약에 대한 공소가 제기된 사안에서, ① 법원이 압수할 물건으로 피고인의 소변뿐만 아니라 모발을 함께 기재하여 압수영장을 발부한 것은 영장 집행일 무렵의 필로폰 투약 범행뿐만 아니라 그 이전의 투약 여부까지 확인하기 위한 것으로 볼 수 있고, 피고인이 혐의사실인 필로폰 교부 일시 무렵 내지 그 이후 반복적으로 필로폰을 투약한 사실이 증명되면 필로폰 교부 당시에도 필로폰을 소지하고 있었거나 적어도 필로폰을 구할 수 있었다는 사실의 증명에 도움이 된다고 볼 수 있으므로, 압수한 피고인의 소변 및 모발은 압수영장의 혐의사실 증명을 위한 간접증거 내지 정황증거로 사용될 수 있는 경우에 해당하고, ② 법원이 영장의 '압수·수색·검증을 필요로 하는 사유'로 "필로폰 사범의 특성상 피고인이 이전 소지하고 있던 필로폰을 투약하였을 가능성 또한 배제할 수 없어 필로폰 투약 여부를 확인 가능한 소변과 모발을 확보하고자 한다."라고 기재하고 있는 점 등에 비추어 볼 때 이 부분 공소사실이 이 사건 압수영장 발부 이후의 범행이라고 하더라도 영장 발부 당시 전혀 예상할 수 없었던 범행이라고 볼 수도 없다는 이유로, 압수·수색영장에 따라 압수한 피고인의 소변 및 모발과 그에 대한 감정 결과 등은 위 압수·수색영장의 혐의사실과 객관적·인적 관련성을 모두 갖추어 투약의 공소사실의 증거로 사용할 수 있다(대법원 2021.7.29, 2021도3756).

04
정답 ①

① ㉠㉢㉣

㉠ (O) 수사기관에 의한 압수·수색의 경우 헌법과 형사소송법이 정한 적법절차와 영장주의 원칙은 법률에 따라 허용된 예외사유에 해당하지 않는 한 관철되어야 한다. 세관공무원이 수출입물품을 검사하는 과정에서 마약류가 감추어져 있다고 밝혀지거나 그러한 의심이 드는 경우, 검사는 마약류의 분산을 방지하기 위하여 충분한 감시체제를 확보하고 있어 수사를 위하여 이를 외국으로 반출하거나 대한민국으로 반입할 필요가 있다는 요청을 세관장에게 할 수 있고, 세관장은 그 요청에 응하기 위하여 필요한 조치를 할 수 있다(마약류 불법거래 방지에 관한 특례법 제4조 제1항). 그러나 이러한 조치가 수사기관에 의한 압수·수색에 해당하는 경우에는 영장주의 원칙이 적용된다(대법원 2017.7.18, 2014도8719).

㉡ (X) ⓐ 물론 수출입물품 통관검사절차에서 이루어지는 물품의 개봉, 시료채취, 성분분석 등의 검사는 수출입물품에 대한 적정한 통관 등을 목적으로 조사를 하는 것으로서 이를 수사기관의 강제처분이라고 할 수 없으므로, 세관공무원은 압수·수색영장 없이 이러한 검사를 진행할 수 있다. 세관공무원이 통관검사를 위하여 직무상 소지하거나 보관하는 물품을 수사기관에 임의로 제출한 경우에는 비록 소유자의 동의를 받지 않았더라도 수사기관이 강제로 점유를 취득하지 않은 이상 해당 물품을 압수하였다고 할 수 없다. ⓑ 그러나 마약류 불법거래 방지에 관한 특례법 제4조 제1항에 따른 조치의 일환으로 특정한 수출입물품을 개봉하여 검사하고 그 내용물의 점유를 취득한 행위는 위에서

본 수출입물품에 대한 적정한 통관 등을 목적으로 조사를 하는 경우와는 달리, 범죄수사인 압수 또는 수색에 해당하여 사전 또는 사후에 영장을 받아야 한다(대법원 2017.7.18, 2014도8719).

ⓒ (○) 통신제한조치허가서에는 통신제한조치의 종류·목적·대상·범위·기간 및 집행장소와 방법을 특정하여 기재하여야 하고(통신비밀보호법 제6조 제6항), 수사기관은 허가서에 기재된 허가의 내용과 범위 및 집행방법 등을 준수하여 통신제한조치를 집행하여야 한다. 이때 수사기관은 통신기관 등에 통신제한조치허가서의 사본을 교부하고 집행을 위탁할 수 있으나(동법 제9조 제1항, 제2항), 그 경우에도 집행의 위탁을 받은 통신기관 등은 수사기관이 직접 집행할 경우와 마찬가지로 허가서에 기재된 집행방법 등을 준수하여야 함은 당연하다. 따라서 허가된 통신제한조치의 종류가 전기통신의 '감청'인 경우, 수사기관 또는 수사기관으로부터 통신제한조치의 집행을 위탁받은 통신기관 등은 통신비밀보호법이 정한 감청의 방식으로 집행하여야 하고 그와 다른 방식으로 집행하여서는 아니 된다. 한편 수사기관이 통신기관 등에 통신제한조치의 집행을 위탁하는 경우에는 집행에 필요한 설비를 제공하여야 한다(통신비밀보호법 시행령 제21조 제3항). 그러므로 수사기관으로부터 통신제한조치의 집행을 위탁받은 통신기관 등이 집행에 필요한 설비가 없을 때에는 수사기관에 설비의 제공을 요청하여야 하고, 그러한 요청 없이 통신제한조치허가서에 기재된 사항을 준수하지 아니한 채 통신제한조치를 집행하였다면, 그러한 집행으로 취득한 전기통신의 내용 등은 헌법과 통신비밀보호법이 국민의 기본권인 통신의 비밀을 보장하기 위해 마련한 적법한 절차를 따르지 아니하고 수집한 증거에 해당하므로(형사소송법 제308조의2), 이는 유죄 인정의 증거로 할 수 없다(대법원 2016.10.13, 2016도8137).

ⓔ (○) 통신비밀보호법은 통신제한조치의 집행으로 인하여 취득된 전기통신의 내용은 통신제한조치의 목적이 된 범죄나 이와 관련되는 범죄를 수사·소추하거나 그 범죄를 예방하기 위한 경우 등에 한정하여 사용할 수 있도록 규정하고(제12조 제1호), 통신사실확인자료의 사용제한에 관하여 이 규정을 준용하도록 하고 있다(제13조의5). 따라서 통신사실확인자료 제공요청에 의하여 취득한 통화내역 등 통신사실확인자료를 범죄의 수사·소추를 위하여 사용하는 경우 그 대상범죄는 통신사실확인자료 제공요청의 목적이 된 범죄 및 이와 관련된 범죄에 한정되어야 한다(대법원 2014.10.27, 2014도2121 참조)(대법원 2017. 1.25, 2016도13489).

[보충] 여기서 통신사실확인자료제공 요청의 목적이 된 범죄와 관련된 범죄라 함은 통신사실확인자료제공 요청허가서에 기재한 혐의사실과 객관적 관련성이 있고 자료제공 요청대상자와 피의자 사이에 인적 관련성이 있는 범죄를 의미한다고 할 것이다. 그중 혐의사실과의 객관적 관련성은, 통신사실확인자료제공 요청허가서에 기재된 혐의사실 자체 또는 그와 기본적 사실관계가 동일한 범행과 직접 관련되어 있는 경우는 물론 범행동기와 경위, 범행 수단 및 방법, 범행 시간과 장소 등을 증명하기 위한 간접증거나 정황증거 등으로 사용될 수 있는 경우에도 인정될 수 있다. 다만 통신비밀보호법이 위와 같이 통신사실확인자료의 사용 범위를 제한하고 있는 것은 특정한 혐의사실을 전제로 제공된 통신사실확인자료가 별건의 범죄사실을 수사하거나 소추하는 데 이용되는 것을 방지함으로써 통신의 비밀과 자유에 대한 제한을 최소화하는 데 입법 취지가 있다고 할 것이다. 따라서 그 관련성은 통신사실확인자료제공 요청허가서에

기재된 혐의사실의 내용과 당해 수사의 대상 및 수사 경위 등을 종합하여 구체적·개별적 연관관계가 있는 경우에만 인정된다고 보아야 하고, 혐의사실과 단순히 동종 또는 유사 범행이라는 사유만으로 관련성이 있다고 할 것은 아니다. 그리고 피의자와 사이의 인적 관련성은 통신사실 확인자료제공요청 허가서에 기재된 대상자의 공동정범이나 교사범 등 공범이나 간접정범은 물론 필요적 공범 등에 대한 피고사건에 대해서도 인정될 수 있다(대법원 2017.1.25, 2016도13489).

ⓜ (×) 필로폰 투약의 혐의사실로 발부된 압수·수색영장에 따라 피고인의 소변, 모발을 압수하였고, 그에 대한 감정 결과 혐의사실과 다른 필로폰 투약 사실이 밝혀져 압수물에 의하여 밝혀진 필로폰 투약 사실로 공소가 제기된 경우, 법원이 압수·수색영장을 발부하면서 '압수·수색을 필요로 하는 사유'로 "필로폰 사범의 특성상 피고인이 이전 소지하고 있던 필로폰을 투약하였을 가능성 또한 배제할 수 없어 피고인의 필로폰 투약 여부를 확인 가능한 소변과 모발을 확보하고자 한다."라고 기재하고, '압수할 물건'으로 피고인의 소변뿐만 아니라 모발을 함께 기재한 것은 영장 집행일 무렵의 필로폰 투약 범행뿐만 아니라 그 이전의 투약 여부까지 확인하기 위한 것으로 볼 수 있는 점 등을 고려하면, 압수·수색영장에 의하여 압수한 피고인의 소변 및 모발과 그에 대한 감정 결과 등은 압수·수색영장 기재 혐의사실의 정황증거 내지 간접증거로 사용될 수 있는 경우에 해당하여 객관적 관련성이 인정된다. … 이 사건 각 압수·수색영장의 기재 내용, 마약류 범죄의 특성과 피고인에게 다수의 동종 범죄전력이 있는 점(피고인은 총 3회 동종 범행전력이 있고, 그중 2회는 징역형을, 1회는 징역형의 집행유예를 선고받았다)을 고려하면, 이 사건 각 압수·수색영장에 따라 압수된 피고인의 소변 및 모발에 대한 감정 결과에 의하여 피고인이 위 각 압수·수색영장 집행일 무렵뿐만 아니라 그 이전에도 반복적·계속적으로 필로폰을 투약해온 사실이 증명되면 이 사건 각 압수·수색영장 기재 혐의사실 일시 무렵에도 유사한 방법으로 필로폰을 투약하였을 개연성이 매우 높다고 할 것이므로, 비록 소변에서 각 압수·수색영장 기재 필로폰 투약과 관련된 필로폰이 검출될 수 있는 기간이 경과된 이후에 영장이 집행되어 압수된 소변으로 혐의사실을 직접 증명할 수는 없다고 하더라도, 유효기간 내에 집행된 위 각 압수·수색영장에 따라 압수된 피고인의 소변 및 모발 등은 적어도 위 각 압수·수색영장 기재 혐의사실을 증명하는 유력한 정황증거 내지 간접증거로 사용될 수 있는 경우에 해당한다고 보아야 한다. 나아가 이 사건 각 압수·수색영장 기재 혐의사실에 대한 공소가 제기되지 않았다거나 이 사건 공소사실이 위 각 압수·수색영장 발부 이후의 범행이라는 사정만으로 객관적 관련성을 부정할 것은 아니다(원심이 원용하고 있는 대법원 2019.10.17, 2019도6775 판결은 압수·수색영장의 '압수·수색을 필요로 하는 사유'의 기재 내용, 압수·수색영장의 집행 결과 등 수사의 경위에서 이 사건과 사실관계를 달리하므로 이 사건에 그대로 적용하기에는 적절하지 않다)(대법원 2021.8.26, 2021도2205).

05 정답 ④

④ ㉠ㄴㄷㄹㅂ

㉠ (○) 검사 또는 사법경찰관은 범죄수사에 필요한 때에는 피의자가 죄를 범하였다고 의심할 만한 정황이 있는 경우에 판사로

부터 발부받은 영장에 의하여 압수·수색을 할 수 있으나, 압수·수색은 영장 발부의 사유로 된 범죄 혐의사실과 관련된 증거에 한하여 할 수 있으므로, 영장 발부의 사유로 된 범죄 혐의사실과 무관한 별개의 증거를 압수하였을 경우 이는 원칙적으로 유죄 인정의 증거로 사용할 수 없다. 다만 수사기관이 별개의 증거를 피압수자 등에게 환부하고 후에 임의제출받아 다시 압수하였다면 증거를 압수한 최초의 절차 위반행위와 최종적인 증거수집 사이의 인과관계가 단절되었다고 평가할 수 있으나, 환부 후 다시 제출하는 과정에서 수사기관의 우월적 지위에 의하여 임의제출 명목으로 실질적으로 강제적인 압수가 행하여질 수 있으므로, 제출에 임의성이 있다는 점에 관하여는 검사가 합리적 의심을 배제할 수 있을 정도로 증명하여야 하고, 임의로 제출된 것이라고 볼 수 없는 경우에는 증거능력을 인정할 수 없다(대법원 2016.3.10, 2013도11233).

ⓛ (○) 세관이 시계행상이 소지한 외국산 시계를 관세장물 혐의로 압수했으나 검사가 관세포탈품인지를 확인할 수 없어 그 사건에 대해 기소중지한 경우에는 압수를 계속할 필요가 없다(대법원 1988.12.14, 88모55).

ⓒ (○) 형사소송법 제219조가 준용하는 제118조는 "압수·수색영장은 처분을 받는 자에게 반드시 제시하여야 한다."고 규정하고 있으나, 이는 영장제시가 현실적으로 가능한 상황을 전제로 한 규정으로 보아야 하고, 피처분자가 현장에 없거나 현장에서 그를 발견할 수 없는 경우 등 영장제시가 현실적으로 불가능한 경우에는 영장을 제시하지 아니한 채 압수·수색을 하더라도 위법하다고 볼 수 없다(대법원 2015.1.22, 2014도10978 전원합의체).

ⓔ (×) 컴퓨터디스크 등에 기억된 문자정보를 증거로 하는 경우에 증거조사를 신청한 당사자는 법원이 명하거나 상대방이 요구한 때에는 컴퓨터디스크 등에 입력한 사람과 입력한 일시, 출력한 사람과 출력한 일시를 밝혀야 한다(형사소송규칙 제134조의7 제2항).

ⓜ (○) 압수·수색영장은 처분을 받는 자에게 반드시 제시하여야 한다(형사소송법 제118조, 제219조). 압수·수색영장은 처분을 받는 자에게 반드시 사전 제시하여야 하고, 구속영장의 집행(형사소송법 제85조, 제209조)과는 달리 사후제시의 방법에 의한 긴급집행은 허용되지 않는다.

ⓗ (○) 형사소송법은 제121조, 제219조에서 압수·수색절차에서 피고인과 피의자의 참여권 일반을 정하는 한편, 제123조, 제219조에서 압수·수색이 이루어지는 장소의 특수성을 고려하여 특정 장소에서 압수·수색영장을 집행할 때는 그 장소의 책임자가 참여하게 함으로써, 압수·수색영장의 집행과정에서 절차적 권리로서의 참여권이 적법절차와 영장주의의 이념을 실질적으로 구현하는 장치로 기능하도록 하였다. … 제123조는 '영장의 집행과 책임자의 참여'라는 표제 아래, 공무소, 군사용 항공기 또는 선박·차량 안에서 압수·수색영장을 집행하려면 그 책임자에게 참여할 것을 통지하여야 하고(제1항), 제1항에서 규정한 장소 외에 타인의 주거, 간수자 있는 가옥, 건조물, 항공기 또는 선박·차량 안(이하 '주거지 등'이라고 한다)에서 압수·수색영장을 집행할 때에는 주거주, 간수자 또는 이에 준하는 사람(이하 '주거주 등'이라고 한다)을 참여하게 하여야 하며(제2항), 주거주 등을 참여하게 하지 못할 때에는 이웃 사람 또는 지방공공단체의 직원(이하 '이웃 등'이라고 한다)을 참여하게 하여야 한다(제3항)고 규정하고 있다. 이는 형사소송법 제219조에 의해 수사

기관의 압수·수색영장 집행에서도 준용된다. 형사소송법 제123조 제2항, 제3항, 제219조가 주거지 등에서 압수·수색영장을 집행할 때 주거주 등이나 이웃 등을 참여하도록 한 것은 주거의 자유나 사생활의 비밀과 자유와 같은 기본권 보호의 필요성이 특히 요구되는 장소에 관하여 밀접한 이해관계를 갖는 사람을 참여시켜 영장집행절차의 적정성을 담보함으로써 수사기관이나 법원의 강제처분을 받는 당사자를 보호하고 궁극적으로 국민의 기본권을 보호하려는 데 그 취지가 있다. 이러한 점에 비추어 보면 형사소송법 제123조 제2항, 제3항, 제219조에서 정한 바에 따라 압수·수색영장의 집행에 참여하는 주거주 등 또는 이웃 등은 최소한 압수·수색절차의 의미를 이해할 수 있는 정도의 능력(이하 '참여능력')을 갖추고 있어야 한다. 압수·수색영장의 집행에 참여하는 주거주 등 또는 이웃 등이 참여능력을 갖추지 못한 경우에는 영장의 집행 과정에서 발생할 수 있는 위법·부당한 처분이나 행위로부터 당사자를 보호하고 영장집행절차의 적정성을 담보하려는 형사소송법의 입법 취지나 기본권 보호·적법절차·영장주의 등 헌법적 요청을 실효적으로 달성하기 어렵기 때문이다. … 이러한 법리는, 주거지 등에 대한 압수·수색에서 피의자가 동시에 주거주 등인 경우에도 동일하게 적용된다(대법원 2024.10.8, 2020도11223).

[보충] 형사소송법 제123조 제2항과 제3항은 주거주 등이나 이웃 등의 참여에 관하여 그 참여 없이 압수·수색영장을 집행할 수 있는 예외를 인정하지 않고 있다. 이는 형사소송법 제121조, 제122조에서 압수·수색영장의 집행에 대한 검사, 피의자, 변호인의 참여에 대하여 급속을 요하는 등의 경우 집행의 일시와 장소의 통지 없이 압수·수색영장을 집행할 수 있다고 한 것과 다른 점이다. 따라서 형사소송법 제123조 제2항에서 정한 주거지 등에 대한 압수·수색영장의 집행이 주거주 등이나 이웃 등의 참여 없이 이루어진 경우 특별한 사정이 없는 한 그러한 압수·수색영장의 집행은 위법하다고 보아야 한다. 나아가 주거주 등 또는 이웃 등이 참여하였다고 하더라도 그 참여자에게 참여능력이 없거나 부족한 경우에는, 주거주 등이나 이웃 등의 참여 없이 이루어진 것과 마찬가지로 형사소송법 제123조 제2항, 제3항에서 정한 압수수색절차의 적법요건이 갖추어졌다고 볼 수 없으므로 그러한 압수·수색영장의 집행도 위법하다. … 형사소송법 제123조 제2항, 제3항, 제219조에 따라 압수수색절차에 참여한 참여자와 관련하여 해당 절차의 적법요건이 갖추어졌는지는, 수사기관이 인식하였거나 인식할 수 있었던 사정 등을 포함하여 압수·수색 당시를 기준으로 외형적으로 인식 가능한 사실상의 상태를 살펴 판단하여야 한다. 압수·수색 당시 수사기관이 인식할 수 없었던 참여자의 내부적·주관적 사정이나 참여자의 객관적 능력에 관한 법률적·사후적인 판단은 고려대상이 아니다.

06

정답 ④

④ ⓒⓒⓔ

ⓛ (○) 수사기관이 피의자 甲의 공직선거법 위반 범행을 영장 범죄사실로 하여 발부받은 압수·수색영장의 집행 과정에서 乙, 丙 사이의 대화가 녹음된 녹음파일(이하 '녹음파일'이라 한다)을 압수하여 乙, 丙의 공직선거법 위반 혐의사실을 발견한 사안에서, 압수·수색영장에 기재된 '피의자'인 甲이 녹음파일에 의하여 의심되는 혐의사실과 무관한 이상, 수사기관이 별도의 압수·수색영장을 발부받지 아니한 채 압수한 녹음파일은 형사소

송법 제219조에 의하여 수사기관의 압수에 준용되는 형사소송법 제106조 제1항이 규정하는 '피고사건' 내지 같은 법 제215조 제1항이 규정하는 '해당 사건'과 '관계가 있다고 인정할 수 있는 것'에 해당하지 않으며, 이와 같은 압수에는 헌법 제12조 제1항 후문, 제3항 본문이 규정하는 영장주의를 위반한 절차적 위법이 있으므로, 녹음파일은 형사소송법 제308조의2에서 정한 '적법한 절차에 따르지 아니하고 수집한 증거'로서 증거로 쓸 수 없고, 그 절차적 위법은 헌법상 영장주의 내지 적법절차의 실질적 내용을 침해하는 중대한 위법에 해당하여 예외적으로 증거능력을 인정할 수도 없다고 한 사례(대법원 2014.1.16, 2013도7101).

ⓒ (×) ⓒ (×) 수사기관의 전자정보에 대한 압수·수색은 원칙적으로 영장 발부의 사유로 된 범죄 혐의사실과 관련된 부분만을 문서 출력물로 수집하거나 수사기관이 휴대한 저장매체에 해당 파일을 복제하는 방식으로 이루어져야 한다. 수사기관이 저장매체 자체를 직접 반출하거나 그 저장매체에 들어 있는 전자파일 전부를 하드카피나 이미징 등 형태(이하 '복제본')로 수사기관 사무실 등 외부에 반출하는 방식으로 압수·수색하는 것은 현장의 사정이나 전자정보의 대량성으로 인하여 관련 정보 획득에 긴 시간이 소요되거나 전문 인력에 의한 기술적 조치가 필요한 경우 등 범위를 정하여 출력 또는 복제하는 방법이 불가능하거나 압수의 목적을 달성하기에 현저히 곤란하다고 인정되는 때에 한하여 예외적으로 허용될 수 있을 뿐이다(대법원 2015.7.16, 2011모1839 전원합의체 등). 수사기관은 복제본에 담긴 전자정보를 탐색하여 혐의사실과 관련된 정보(이하 '유관정보')를 선별하여 출력하거나 다른 저장매체에 저장하는 등으로 압수를 완료하면 혐의사실과 관련 없는 전자정보(이하 '무관정보')를 삭제·폐기하여야 한다. 수사기관이 새로운 범죄 혐의의 수사를 위하여 무관정보가 남아있는 복제본을 열람하는 것은 압수·수색영장으로 압수되지 않은 전자정보를 영장 없이 수색하는 것과 다르지 않다. 따라서 복제본은 더 이상 수사기관의 탐색, 복제 또는 출력 대상이 될 수 없고, 수사기관은 새로운 범죄 혐의의 수사를 위하여 필요한 경우에도 유관정보만을 출력하거나 복제한 기존 압수·수색의 결과물을 열람할 수 있을 뿐이다. 원심은 수사기관이 피고인에 대한 수사를 위하여 유죄 판결이 이미 확정된 A(누설 상대방)에 대한 수사 당시 전자정보 압수·수색 과정에서 생성한 이미징 사본을 탐색, 출력한 행위가 위법하며, 이를 바탕으로 수집한 전자정보 등 2차적 증거는 위법수집증거에 해당하여 유죄의 증거로 사용할 수 없고, 위법수집증거 배제법칙의 예외에 해당한다고 보기도 어렵다는 이유로 피고인에게 무죄를 선고하였는데, 이러한 원심의 판단은 정당하다(대법원 2023.6.1, 2018도19782).

ⓔ (×) 형사소송법 제215조 제2항은 "사법경찰관이 범죄수사에 필요한 때에는 검사에게 신청하여 검사의 청구로 지방법원 판사가 발부한 영장에 의하여 압수, 수색 또는 검증을 할 수 있다."고 규정하고 있는바, 사법경찰관이 위 규정을 위반하여 영장 없이 물건을 압수한 경우 그 압수물은 물론 이를 기초로 하여 획득한 2차적 증거 역시 유죄 인정의 증거로 사용할 수 없는 것이고, 이와 같은 법리는 헌법과 형사소송법이 선언한 영장주의의 중요성에 비추어 볼 때 위법한 압수가 있은 직후에 피고인으로부터 작성받은 그 압수물에 대한 임의제출동의서도 특별한 사정이 없는 한 마찬가지라고 할 것이다(대법원 2010.7.22, 2009도14376).

ⓜ (○) 경찰은 재항고인에 대하여 「기부금품의 모집 및 사용에

관한 법률」 위반 혐의로 수사하던 중 법원으로부터 '압수할 물건'을 '정보처리장치(컴퓨터, 노트북, 태블릿 등) 및 정보저장매체(USB, 외장하드 등)에 저장되어 있는 전자정보'로 기재한 압수·수색영장을 발부받은 뒤, 그 압수·수색영장에 의하여 재항고인 소유의 이 사건 휴대전화를 압수하였는데, 재항고인의 변호인은 이 사건 휴대전화 압수·수색의 취소를 구하는 준항고를 제기하였다. 헌법과 형사소송법이 구현하고자 하는 적법절차와 영장주의의 정신에 비추어 볼 때, 법관이 압수·수색영장을 발부하면서 '압수할 물건'을 특정하기 위하여 기재한 문언은 엄격하게 해석해야 하고, 함부로 피압수자 등에게 불리한 내용으로 확장해석 또는 유추해석을 하는 것은 허용될 수 없다(대법원 2009.3.12, 2008도763). 휴대전화는 정보처리장치나 정보저장매체의 특성을 가지고 있기는 하나, 기본적으로 통신매체의 특성을 가지고 있어 컴퓨터, 노트북 등 정보처리장치나 USB, 외장하드 등 정보저장매체와는 명확히 구별되는 특성을 가지고 있다. 휴대전화, 특히 스마트폰에는 전화·문자메시지·SNS 등 통신, 개인 일정, 인터넷 검색기록, 전화번호, 위치정보 등 통신의 비밀이나 사생활에 관한 방대하고 광범위한 정보가 집적되어 있다. 이와 같이 휴대전화에 저장된 전자정보는 컴퓨터나 USB 등에 저장된 전자정보와는 그 분량이나 내용, 성격 면에서 현저한 차이가 있으므로, 휴대전화에 대한 압수·수색으로 얻을 수 있는 전자정보의 범위와 그로 인한 기본권 침해의 정도도 크게 다르다. 따라서 압수·수색영장에 기재된 '압수할 물건'에 휴대전화에 저장된 전자정보가 포함되어 있지 않다면, 특별한 사정이 없는 한 그 영장으로 휴대전화에 저장된 전자정보를 압수할 수는 없다고 보아야 한다(대법원 2024.9.25, 2024모2020).

07 정답 ②

② ㉠ⓒⓔ

㉠ (○) 대법원 1999.12.1, 99모161

ⓒ (×) 수사기관이 인터넷서비스이용자인 피의자를 상대로 피의자의 컴퓨터 등 정보처리장치 내에 저장되어 있는 이메일 등 전자정보를 압수·수색하는 것은 전자정보의 소유자 내지 소지자를 상대로 해당 전자정보를 압수·수색하는 대물적 강제처분으로 형사소송법의 해석상 허용된다. 나아가 압수·수색할 전자정보가 압수·수색영장에 기재된 수색장소에 있는 컴퓨터 등 정보처리장치 내에 있지 아니하고 그 정보처리장치와 정보통신망으로 연결되어 제3자가 관리하는 원격지의 서버 등 저장매체에 저장되어 있는 경우에도, 수사기관이 '피의자의 이메일 계정에 대한 접근권한에 갈음하여 발부받은 영장'에 따라 영장 기재 수색장소에 있는 컴퓨터 등 정보처리장치를 이용하여 적법하게 취득한 피의자의 이메일 계정 아이디와 비밀번호를 입력하는 등 피의자가 접근하는 통상적인 방법에 따라 원격지의 저장매체에 접속하고 그곳에 저장되어 있는 피의자의 이메일 관련 전자정보를 수색장소의 정보처리장치로 내려받거나 그 화면에 현출시키는 것 역시 피의자의 소유에 속하거나 소지하는 전자정보를 대상으로 이루어지는 것이므로 그 전자정보에 대한 압수·수색을 위와 달리 볼 필요가 없다(대법원 2017.11.29, 2017도9747).

[보충] 법원이 발부한 압수·수색영장에 압수·수색·검증할 물건으로 '피고인이 북한 대남공작조직 225국과 간첩 통신수단으로 사용한 중국 인터넷서비스제공자인 공소외 1 회사와 공소

외 2 회사가 제공하는 이메일서비스의 총 10개 계정 중 국가보안법 위반 혐의와 관련해 개설시점부터 2015.11.24.까지 사이의 이메일 계정, 받은 편지함 등 각종 편지함, 임시 보관함 등 각종 보관함(스팸·휴지통, 주소록 등 기타 내용 포함), 이메일과 연결된 드라이브 내 각종 문서함(휴지통·캘린더 등 기타 내용 포함)에 송·수신이 완료되어 저장되어 있는 내용과 동 내용을 출력한 출력물, 동 내용을 저장한 저장매체(메일 헤더가 기록된 원본내용 포함)'가 기재되어 있으므로, 위 압수·수색은 영장주의 위반이 아니다.

> [비교] **법원이 발부한 압수·수색영장에는 '압수할 물건'이 '여성의 신체를 몰래 촬영한 것으로 판단되는 사진, 동영상 파일이 저장된 컴퓨터 하드디스크 및 외부 저장매체'로 되어 있는데, 사법경찰관 P는 위 압수·수색영장으로 압수한 휴대전화가 구글계정에 로그인되어 있는 상태를 이용하여 구글클라우드에서 불법촬영물을 다운로드 받는 방식으로 압수하였다. P의 압수는 영장주의 위반인가?**
> 압수할 전자정보가 저장된 저장매체로서 압수·수색영장에 기재된 수색장소에 있는 컴퓨터, 하드디스크, 휴대전화와 같은 컴퓨터 등 정보처리장치와 수색장소에 있지는 않으나 컴퓨터 등 정보처리장치와 정보통신망으로 연결된 원격지의 서버 등 저장매체(이하 '원격지 서버'라 한다)는 소재지, 관리자, 저장 공간의 용량 측면에서 서로 구별된다. 원격지 서버에 저장된 전자정보를 압수·수색하기 위해서는 컴퓨터 등 정보처리장치를 이용하여 정보통신망을 통해 원격지 서버에 접속하고 그곳에 저장되어 있는 전자정보를 컴퓨터 등 정보처리장치로 내려 받거나 화면에 현출시키는 절차가 필요하므로, 컴퓨터 등 정보처리장치 자체에 저장된 전자정보와 비교하여 압수·수색의 방식에 차이가 있다. 원격지 서버에 저장되어 있는 전자정보와 컴퓨터 등 정보처리장치에 저장되어 있는 전자정보는 그 내용이나 질이 다르므로 압수·수색으로 얻을 수 있는 전자정보의 범위와 그로 인한 기본권 침해 정도도 다르다. 따라서 수사기관이 압수·수색영장에 적힌 '수색할 장소'에 있는 컴퓨터 등 정보처리장치에 저장된 전자정보 외에 원격지 서버에 저장된 전자정보를 압수·수색하기 위해서는 압수·수색영장에 적힌 '압수할 물건'에 별도로 원격지 서버 저장 전자정보가 특정되어 있어야 한다. 압수·수색영장에 적힌 '압수할 물건'에 컴퓨터 등 정보처리장치 저장 전자정보만 기재되어 있다면 컴퓨터 등 정보처리장치를 이용하여 원격지 서버 저장 전자정보를 압수할 수는 없다. 압수·수색영장에 적힌 '압수할 물건'에 원격지 서버 저장 전자정보가 기재되어 있지 않은 이상 '압수할 물건'은 컴퓨터 하드디스크 및 외부 저장매체에 저장된 전자정보에 한정되므로 경찰이 압수한 불법촬영물은 위법수집증거에 해당하고, 이를 이용하여 수집한 다른 증거도 위법수집증거에 기한 2차적 증거에 해당하여 증거능력이 없다(대법원 2022.6.30, 2022도1452).

ⓒ (○) 대법원 2017.12.5, 2017도13458

ⓔ (○) 대법원 2015.1.22, 2014도10978 전원합의체

ⓜ (×) 형사소송법 제215조는 검사가 압수·수색영장을 청구할 수 있는 시기를 공소제기 전으로 한정하고 있지 않다(따라서 전단이 틀린 내용임. 아래 조문 참조). 나머지는 맞다(아래 판례 참조).

> **형사소송법 제215조(압수, 수색, 검증)** ① 검사는 범죄수사에 필요한 때에는 피의자가 죄를 범하였다고 의심할 만한 정황이 있고 해당 사건과 관계가 있다고 인정할 수 있는 것에 한정하여 지방법원판사에게 청구하여 발부받은 영장에 의하여 압수, 수색 또는 검증을 할 수 있다.
> ② 사법경찰관이 범죄수사에 필요한 때에는 피의자가 죄를 범하였다고 의심할 만한 정황이 있고 해당 사건과 관계가 있다고 인정할 수 있는 것에 한정하여 검사에게 신청하여 검사의 청구로 지방법원판사가 발부한 영장에 의하여 압수, 수색 또는 검증을 할 수 있다.

> 형사소송법은 제215조에서 검사가 압수·수색 영장을 청구할 수 있는 시기를 공소제기 전으로 명시적으로 한정하고 있지는 아니하나, 헌법상 보장된 적법절차의 원칙과 재판받을 권리, 공판중심주의·당사자주의·직접주의를 지향하는 현행 형사소송법의 소송구조, 관련 법규의 체계, 문언 형식, 내용 등을 종합하여 보면, 일단 공소가 제기된 후에는 피고사건에 관하여 검사로서는 형사소송법 제215조에 의하여 압수·수색을 할 수 없다고 보아야 하며, 그럼에도 검사가 공소제기 후 형사소송법 제215조에 따라 수소법원 이외의 지방법원 판사에게 청구하여 발부받은 영장에 의하여 압수·수색을 하였다면, 그와 같이 수집된 증거는 기본적 인권 보장을 위해 마련된 적법한 절차에 따르지 않은 것으로서 원칙적으로 유죄의 증거로 삼을 수 없다(대법원 2011.4.28, 2009도10412).

08

정답 ③

③ ㉠㉡㉢㉣

㉠ (○) 수사기관의 전자정보에 대한 압수·수색은 원칙적으로 영장 발부의 사유로 된 범죄 혐의사실과 관련된 부분만을 문서 출력물로 수집하거나 수사기관이 휴대한 저장매체에 해당 파일을 복제하는 방식으로 이루어져야 한다(대법원 2017.11.14, 2017도3449).

㉡ (○) 대법원 2021.11.25, 2016도82

㉢ (×) 피의자가 휴대전화를 임의제출하면서 휴대전화에 저장된 전자정보가 아닌 클라우드 등 제3자가 관리하는 원격지에 저장되어 있는 전자정보를 수사기관에 제출한다는 의사로 수사기관에게 클라우드 등에 접속하기 위한 아이디와 비밀번호를 임의로 제공하였다면 위 클라우드 등에 저장된 전자정보를 임의제출하는 것으로 볼 수 있다(대법원 2021.7.29, 2020도14654).

㉣ (○) 압수·수색영장의 원본을 제시하지 않은 위법, 수사기관이 카카오로부터 입수한 전자정보에서 범죄 혐의사실과 관련된 부분의 선별 없이 그 일체를 출력하여 증거물로 압수한 위법, 그 과정에서 서비스이용자로서 실질적 피압수자이자 피의자인 준항고인에게 참여권을 보장하지 않은 위법과 압수한 전자정보 목록을 교부하지 않은 위법을 종합하면, 이 사건 압수·수색에서 나타난 위법이 압수·수색 절차 전체를 위법하게 할 정도로 중대하다(대법원 2022.5.31, 2016모587).

> 수사기관이 준항고인을 피의자로 하여 발부받은 압수·수색영장에 기하여 인터넷서비스업체인 甲 주식회사를 상대로 甲 회사의 본사 서버에 저장되어 있는 준항고인의 전자정보인 카카오톡 대화내용 등에 대하여 압수·수색을 실시하였는데, 준항고인은 수사기관이 압수·수색 과정에서 참여권을 보장하지 않는 등의 위법이 있다는 이유로 압수·수색의 취소를 청구한 경우, 수사기관이 압수·수색영장을 집행할 때 처분

의 상대방인 甲 회사에 영장을 팩스로 송부하였을 뿐 영장 원
본을 제시하지 않은 점, 甲 회사는 서버에서 일정 기간의 준
항고인의 카카오톡 대화내용을 모두 추출한 다음 그중에서
압수·수색영장의 범죄사실과 관련된 정보만을 분리하여 추
출할 수 없어 그 기간의 모든 대화내용을 수사기관에 이메일
로 전달하였는데, 여기에는 준항고인이 자신의 부모, 친구 등
과 나눈 일상적 대화 등 혐의사실과 관련 없는 내용이 포함되
어 있는 점, 수사기관은 압수·수색 과정에서 준항고인에게 미
리 집행의 일시와 장소를 통지하지 않았고, 甲 회사로부터 준
항고인의 카카오톡 대화내용을 취득한 뒤 전자정보를 탐색·출
력하는 과정에서도 준항고인에게 참여 기회를 부여하지 않았
으며, 혐의사실과 관련된 부분을 선별하지 않고 그 일체를 출
력하여 증거물로 압수하였고, 압수·수색영장 집행 이후 甲
회사와 준항고인에게 압수한 전자정보 목록을 교부하지 않은
점 등 제반 사정에 비추어 볼 때, … 그 과정에서 압수·수색
영장의 원본을 제시하지 않은 위법, 수사기관이 甲 회사로부
터 입수한 전자정보에서 범죄 혐의사실과 관련된 부분의 선
별 없이 그 일체를 출력하여 증거물로 압수한 위법, 그 과정
에서 서비스이용자로서 실질적 피압수자이자 피의자인 준항
고인에게 참여권을 보장하지 않은 위법과 압수한 전자정보
목록을 교부하지 않은 위법을 종합하면, 압수·수색에서 나타
난 위법이 압수·수색절차 전체를 위법하게 할 정도로 중대하
다고 보아 압수·수색을 취소한 원심의 결론을 수긍할 수 있
다(대법원 2022.5.31, 2016모587).

ⓜ (○), ⓗ(×) 형사소송법 제215조에 의한 압수·수색영장은 수
사기관의 압수·수색에 대한 허가장으로서 거기에 기재되는 유
효기간은 집행에 착수할 수 있는 종기를 의미하는 것일 뿐이므
로, 수사기관이 압수·수색영장을 제시하고 집행에 착수하여
압수·수색을 실시하고 그 집행을 종료하였다면 이미 그 영장
은 목적을 달성하여 효력이 상실되는 것이고, 동일한 장소 또는
목적물에 대하여 다시 압수·수색할 필요가 있는 경우라면 그
필요성을 소명하여 법원으로부터 새로운 압수·수색영장을 발
부 받아야 하는 것이지, 앞서 발부 받은 압수·수색영장의 유효
기간이 남아있다고 하여 이를 제시하고 다시 압수·수색을 할
수는 없다(대법원 1999.12.1, 99모161). 피고인이 이 사건 메시
지를 보낸 시점까지 경찰이 이 사건 영장 집행을 계속하고 있
었다고 볼 만한 자료가 없으므로 경찰의 이 사건 메시지 등의
정보 취득은 영장 집행 종료 후의 위법한 재집행이고(이상 ⓜ번
에 대한 해설), 그 외에 경찰이 甲의 휴대전화 메신저 계정을
이용할 정당한 접근권한도 없으므로, 이 사건 메시지 등을 기초
로 피고인을 현행범으로 체포하면서 수집한 증거는 위법수집증
거로서 증거능력이 없다(이상 ⓗ번에 대한 해설)「마약류 불법
거래 방지에 관한 특례법」위반 부분)에 대해 무죄, 대법원
2023.3.16, 2020도5336].

09
정답 ④

④ ㉠ⓒⓔⓗ

㉠ (×) 전자정보 또는 전자정보저장매체에 대한 압수수색에서 혐
의사실과 관련된 전자정보인지 여부를 판단할 때는 혐의사실의
내용과 성격, 압수수색의 과정 등을 토대로 구체적·개별적 연
관관계를 살펴볼 필요가 있다. 특히 카메라의 기능과 전자정보
저장매체의 기능을 함께 갖춘 휴대전화인 스마트폰을 이용한
불법촬영 등 범죄와 같이 범죄의 속성상 해당 범행의 상습성이

의심되거나 성적 기호 내지 경향성의 발현에 따른 일련의 범행
의 일환으로 이루어진 것으로 의심되고, 범행의 직접 증거가 스
마트폰 안에 이미지 파일이나 동영상 파일의 형태로 남아 있을
개연성이 있는 경우에는 그 안에 저장되어 있는 같은 유형의
전자정보에서 그와 관련한 유력한 간접증거나 정황증거가 발견
될 가능성이 높다는 점에서 이러한 간접증거나 정황증거는 혐
의사실과 구체적·개별적 연관관계를 인정할 수 있다. 이처럼
범죄의 대상이 된 피해자의 인격권을 현저히 침해하는 성격의
전자정보를 담고 있는 촬영물은 범죄행위로 인해 생성된 것으
로서 몰수의 대상이기도 하므로, 휴대전화에서 해당 전자정보
를 신속히 압수수색하여 촬영물의 유통가능성을 적시에 차단함
으로써 피해자를 보호할 필요성이 크다. 나아가 이와 같은 경우
에는 간접증거나 정황증거이면서 몰수의 대상이자 압수수색의
대상인 전자정보의 유형이 이미지 파일 내지 동영상 파일 등으
로 비교적 명확하게 특정되어 그와 무관한 사적 전자정보 전반
의 압수수색으로 이어질 가능성이 적어 상대적으로 폭넓게 관
련성을 인정할 여지가 많다는 점에서도 그렇다(대법원 2021.
11.18, 2016도348 전원합의체). … 수사기관은 피해자 A에 대한
강제추행과 카메라 이용 촬영을 범죄사실로 하여 피고인의 휴
대전화 등에 대한 압수수색영장을 발부받았고, 그 집행과정에
서 피해자 A에 대한 범죄사실 외에도 다른 피해자들에 대한 범
죄사실과 관련한 전자정보를 압수하여, 피고인은 피해자 A에
대한 음란물 제작과 성적 학대행위를 포함하여 다른 피해자들
에 대한 여러 범죄사실로 공소제기되었는데, 위 압수수색영장
은 피해자 A에 대한 범죄사실과 관련한 직접증거뿐 아니라 그
증명에 도움이 되는 간접증거 또는 정황증거를 확보하기 위한
것이라고 볼 수 있고, 그 압수수색영장에 따라 압수된 전자정보
및 그 분석결과 등은 혐의사실의 간접증거 또는 정황증거로 사용
될 수 있는 경우에 해당하여 압수수색영장 기재 혐의사실과의 객
관적 관련성이 인정된다(대법원 2021.11.25, 2021도10034).

ⓒ (○) ⓒ (×) [1] 구 도로교통법(2014.12.30. 법률 제12917호로
개정되기 전의 것, 이하 같다) 제44조 제2항, 제3항, 제148조의2
제1항 제2호의 입법연혁과 내용 등에 비추어 보면, 구 도로교
통법 제44조 제2항, 제3항은 음주운전 혐의가 있는 운전자에게
수사를 위한 호흡측정에도 응할 것을 간접적으로 강제하는 한
편 혈액 채취 등의 방법에 의한 재측정을 통하여 호흡측정의
오류로 인한 불이익을 구제받을 수 있는 기회를 보장하는 데
취지가 있으므로, 이 규정들이 음주운전에 대한 수사방법으로
서의 혈액 채취에 의한 측정의 방법을 운전자가 호흡측정 결과
에 불복하는 경우에만 한정하여 허용하려는 취지의 규정이라고
해석할 수는 없다.

[2] 음주운전에 대한 수사 과정에서 음주운전 혐의가 있는 운전
자에 대하여 구 도로교통법(2014.12.30. 법률 제12917호로 개정
되기 전의 것) 제44조 제2항에 따른 호흡측정이 이루어진 경우
에는 그에 따라 과학적이고 중립적인 호흡측정 수치가 도출된
이상 다시 음주측정을 할 필요성은 사라졌으므로 운전자의 불
복이 없는 한 다시 음주측정을 하는 것은 원칙적으로 허용되지
아니한다. 그러나 운전자의 태도와 외관, 운전 행태 등에서 드
러나는 주취 정도, 운전자가 마신 술의 종류와 양, 운전자가 사
고를 야기하였다면 경위와 피해 정도, 목격자들의 진술 등 호흡
측정 당시의 구체적 상황에 비추어 호흡측정기의 오작동 등으
로 인하여 호흡측정 결과에 오류가 있다고 인정할 만한 객관적
이고 합리적인 사정이 있는 경우라면 그러한 호흡측정 수치를

얻은 것만으로는 수사의 목적을 달성하였다고 할 수 없어 추가로 음주측정을 할 필요성이 있으므로, 경찰관이 음주운전 혐의를 제대로 밝히기 위하여 운전자의 자발적인 동의를 얻어 혈액 채취에 의한 측정의 방법으로 다시 음주측정을 하는 것을 위법하다고 볼 수는 없다. 이 경우 운전자가 일단 호흡측정에 응한 이상 재차 음주측정에 응할 의무까지 당연히 있다고 할 수는 없으므로, 운전자의 혈액 채취에 대한 동의의 임의성을 담보하기 위하여는 경찰관이 미리 운전자에게 혈액 채취를 거부할 수 있음을 알려주었거나 운전자가 언제든지 자유로이 혈액 채취에 응하지 아니할 수 있었음이 인정되는 등 운전자의 자발적인 의사에 의하여 혈액 채취가 이루어졌다는 것이 객관적인 사정에 의하여 명백한 경우에 한하여 혈액 채취에 의한 측정의 적법성이 인정된다(대법원 2015.7.9, 2014도16051).

ㄹ (×) 압수·수색영장은 처분을 받는 자에게 반드시 제시하여야 하는바, 현장에서 압수·수색을 당하는 사람이 여러 명일 경우에는 그 사람들 모두에게 개별적으로 영장을 제시해야 하는 것이 원칙이다. 수사기관이 압수·수색에 착수하면서 그 장소의 관리책임자에게 영장을 제시하였다고 하더라도, 물건을 소지하고 있는 다른 사람으로부터 이를 압수하고자 하는 때에는 그 사람에게 따로 영장을 제시하여야 한다(대법원 2009.3.12, 2008도763).

ㅁ (○) 수사기관의 압수물의 환부에 관한 처분의 취소를 구하는 준항고는 일종의 항고소송이므로, 통상의 항고소송에서와 마찬가지로 그 이익이 있어야 하고, 소송 계속 중 준항고로써 달성하고자 하는 목적이 이미 이루어졌거나 시일의 경과 또는 그 밖의 사정으로 인하여 그 이익이 상실된 경우에는 준항고는 그 이익이 없어 부적법하게 된다(대법원 2015.10.15, 2013모1970).

ㅂ (×) 전자정보에 대한 압수·수색이 종료되기 전에 유관정보를 적법하게 탐색하는 과정에서 무관정보를 우연히 발견한 경우라면, 수사기관으로서는 더 이상의 추가 탐색을 중단하고 법원으로부터 별도의 범죄혐의에 대한 압수·수색영장을 발부받은 경우에 한하여 그러한 정보에 대하여도 적법하게 압수·수색을 할 수 있다. 수사기관이 유관정보를 선별하여 압수한 후에도 무관정보를 삭제·폐기·반환하지 않은 채 그대로 보관하고 있다면 무관정보 부분에 대하여는 압수의 대상이 되는 전자정보의 범위를 넘어서는 전자정보를 영장 없이 압수·수색하여 취득한 것이어서 위법하고, 사후에 법원으로부터 압수·수색영장이 발부되었다거나 피고인이나 변호인이 이를 증거로 함에 동의하였다고 하여 그 위법성이 치유된다고 볼 수 없다. 수사기관이 새로운 범죄혐의의 수사를 위하여 무관정보가 남아 있는 복제본을 열람하는 것은 압수·수색영장으로 압수되지 않은 전자정보를 영장 없이 수색하는 것과 다르지 않다. 따라서 복제본은 더 이상 수사기관의 탐색, 복제 또는 출력 대상이 될 수 없으며, 수사기관은 새로운 범죄혐의의 수사를 위하여 필요한 경우에도 기존 압수·수색 과정에서 출력하거나 복제한 유관정보의 결과물을 열람할 수 있을 뿐이다. 사후에 법원으로부터 복제본을 대상으로 압수·수색영장을 발부받아 집행하였다고 하더라도, 이는 압수·수색절차가 종료됨에 따라 당연히 삭제·폐기되었어야 할 전자정보를 대상으로 한 것으로 위법하다(대법원 2024.4.16, 2020도3050).

10

정답 ②

② ㄱㄷㄹ

ㄱ (○) 관련 규정과 영장 제시 제도의 입법 취지 등을 종합하여 보면, 압수·수색영장을 집행하는 수사기관은 피압수자로 하여금 법관이 발부한 영장에 의한 압수·수색이라는 사실을 확인함과 동시에 형사소송법이 압수·수색영장에 필요적으로 기재하도록 정한 사항이나 그와 일체를 이루는 사항을 충분히 알 수 있도록 압수·수색영장을 제시하여야 한다(대법원 2017.9.21, 2015도12400).

ㄴ (×) 공소외 1 주식회사에 팩스로 영장 사본을 송신한 사실은 있으나 영장 원본을 제시하지 않았고 또한 압수조서와 압수물목록을 작성하여 이를 피압수·수색 당사자에게 교부하였다고 볼 수도 없다고 전제한 다음, 위와 같은 방법으로 압수된 위 각 이메일은 헌법과 형사소송법 제219조, 제118조, 제129조가 정한 절차를 위반하여 수집한 위법수집증거로 원칙적으로 유죄의 증거로 삼을 수 없다(대법원 2017.9.7, 2015도10648).

ㄷ (○) 피의자의 이메일 계정에 대한 접근권한에 갈음하여 발부받은 압수·수색영장에 따라 원격지의 저장매체에 적법하게 접속하여 내려받거나 현출된 전자정보를 대상으로 하여 범죄 혐의사실과 관련된 부분에 대하여 압수·수색하는 것은, 압수·수색영장의 집행을 원활하고 적정하게 행하기 위하여 필요한 최소한도의 범위 내에서 이루어지며 그 수단과 목적에 비추어 사회통념상 타당하다고 인정되는 대물적 강제처분 행위로서 허용된다(대법원 2017.11.29, 2017도9747).

ㄹ (○) 전자정보에 대한 압수·수색이 종료되기 전에 혐의사실과 관련된 전자정보를 적법하게 탐색하는 과정에서 별도의 범죄혐의와 관련된 전자정보를 우연히 발견한 경우라면, 수사기관은 더 이상의 추가 탐색을 중단하고 법원에서 별도의 범죄혐의에 대한 압수·수색영장을 발부받은 경우에 한하여 그러한 정보에 대하여도 적법하게 압수·수색을 할 수 있다(대법원 2015.7.16, 2011모1839 전원합의체).

ㅁ (×) 수사기관이 휴대전화를 임의제출받은 후 피의자신문과정에서 피의자와 함께 휴대전화를 탐색하던 중 그 이전의 동일한 범행에 관한 영상을 발견하고 그 영상을 피의자에게 제시하였으며 피의자가 해당 영상을 언제, 어디에서 촬영한 것인지 쉽게 알아보고 그에 관해 구체적으로 진술하였던 경우에는 피의자가 위 휴대전화의 압수 과정에 참여하였다고 볼 수 있으므로, 피의자에게 전자정보의 파일 명세가 특정된 압수목록이 작성·교부되지 않았더라도 피의자의 절차상 권리가 실질적으로 침해되었다고 보기도 어렵다.

> [판례 1] 다른 범행에 관한 영상은 임의제출에 따른 압수의 동기가 된 범행의 동기와 경위, 범행 수단과 방법 등을 증명하기 위한 간접증거나 정황증거 등으로 사용될 수 있으므로 구체적·개별적 연관관계가 인정되어 관련성이 있는 증거에 해당하고, 경찰이 1회 피의자신문 당시 휴대전화를 피고인과 함께 탐색하는 과정에서 다른 범행에 관한 영상을 발견하였으므로 피고인이 휴대전화의 탐색 과정에 참여하였다고 볼 수 있으며, 경찰은 같은 날 곧바로 진행된 2회 피의자신문에서 이 사건 사진을 피고인에게 제시하였고, 5장에 불과한 이 사건 사진은 모두 동일한 일시, 장소에서 촬영된 다른 범행에 관한 영상을 출력한 것임을 육안으로 쉽게 알 수 있으므로, 비록 피고인에게 전자정보의 파일 명세가 특정된 압수목록이 작성·교부되지 않았더라도 절차 위반행위가 이루어진 과정의 성질과 내용 등에 비추어 피고인의 절차상 권리가 실질적으로 침해되었다고 보기도 어렵다(대법원 2022.1.13, 2016도9596).

[판례 2] 피고인이 휴대전화로 성명 불상 피해자들의 신체를 그 의사에 반하여 촬영하거나(이하 '1~7번 범행'이라고 한다), 짧은 치마를 입고 횡단보도 앞에서 신호를 기다리던 피해자의 다리를 몰래 촬영하여(이하 '8번 범행'이라고 한다) 성폭력범죄의 처벌 등에 관한 특례법 위반(카메라등이용촬영)으로 기소되었는데, 8번 범행 피해자의 신고를 받고 출동한 경찰관이 현장에서 피고인으로부터 임의제출 받아 압수한 휴대전화를 사무실에서 탐색하는 과정에서 1~7번 범행의 영상을 발견한 경우, 1~7번 범행에 관한 동영상은 촬영 기간이 8번 범행 일시와 가깝고, 8번 범행과 마찬가지로 버스정류장 등 공공장소에서 촬영되어 임의제출의 동기가 된 8번 범죄혐의사실과 관련성 있는 증거인 점, 경찰관은 임의제출 받은 휴대전화를 피고인이 있는 자리에서 살펴보고 8번 범행이 아닌 영상을 발견하였으므로 피고인이 탐색에 참여하였다고 볼 수 있는 점, 경찰관이 피의자신문 시 1~7번 범행 영상을 제시하자 피고인은 그 영상이 언제 어디에서 찍은 것인지 쉽게 알아보고 그에 관해 구체적으로 진술하였으므로, 비록 피고인에게 압수된 전자정보가 특정된 목록이 교부되지 않았더라도 절차 위반행위가 이루어진 과정의 성질과 내용 등에 비추어 절차상 권리가 실질적으로 침해되었다고 보기 어려운 점 등을 종합하면, 1~7번 범행으로 촬영한 영상의 출력물과 파일 복사본을 담은 시디(CD)는 임의제출에 의해 적법하게 압수된 전자정보에서 생성된 것으로서 증거능력이 인정된다(대법원 2022.2.17, 2019도4938).

11
정답 ④

④ ㉠㉡㉢㉣

㉠ (○) 범행 중 또는 범행 직후의 범죄 장소에서 긴급을 요하여 법원 판사의 영장을 받을 수 없는 때에는 영장 없이 압수·수색 또는 검증을 할 수 있으나, 사후에 지체없이 영장을 받아야 한다(형사소송법 제216조 제3항). 형사소송법 제216조 제3항의 요건 중 어느 하나라도 갖추지 못한 경우에 그러한 압수·수색 또는 검증은 위법하며, 이에 대하여 사후에 법원으로부터 영장을 발부받았다고 하여 그 위법성이 치유되지 아니한다(대법원 2012.2.9, 2009도14884; 2017.11.29, 2014도16080).
[보충] 형사소송법 제216조 제3항이 정한 '긴급을 요하여 법원 판사의 영장을 받을 수 없는 때'의 요건을 갖추지 못하였다면 적법한 직무집행으로 볼 수 없다고 사례이다.

㉡ (○) 형사소송법 제218조의2 제1항은 '검사는 사본을 확보한 경우 등 압수를 계속할 필요가 없다고 인정되는 압수물 및 증거에 사용할 압수물에 대하여 공소제기 전이라도 소유자, 소지자, 보관자 또는 제출인의 청구가 있는 때에는 환부 또는 가환부하여야 한다'고 규정하고 있다. 따라서 검사는 증거에 사용할 압수물에 대하여 가환부의 청구가 있는 경우 가환부를 거부할 수 있는 특별한 사정이 없는 한 가환부에 응하여야 한다(대법원 2017.9.29, 2017모236).

㉢ (○), ㉣ (×) 수사기관이 범죄 증거를 수집할 목적으로 피의자의 동의 없이 피의자의 소변을 채취하는 것은 법원으로부터 감정허가장을 받아 형사소송법 제221조의4 제1항, 제173조 제1항에서 정한 '감정에 필요한 처분'으로 할 수 있지만(피의자를 병원 등에 유치할 필요가 있는 경우에는 형사소송법 제221조의3에 따라 법원으로부터 감정유치장을 받아야 한다), 형사소송법 제219조, 제106조 제1항, 제109조에 따른 압수·수색의 방법으

로도 할 수 있다. 이러한 압수·수색의 경우에도 수사기관은 원칙적으로 형사소송법 제215조에 따라 판사로부터 압수·수색영장을 적법하게 발부받아 집행해야 한다(이상 ㉢의 해설). 압수·수색의 방법으로 소변을 채취하는 경우 압수대상물인 피의자의 소변을 확보하기 위한 수사기관의 노력에도 불구하고, 피의자가 인근 병원 응급실 등 소변 채취에 적합한 장소로 이동하는 것에 동의하지 않거나 저항하는 등 임의동행을 기대할 수 없는 사정이 있는 때에는 수사기관으로서는 소변 채취에 적합한 장소로 피의자를 데려가기 위해서 필요 최소한의 유형력을 행사하는 것이 허용된다. 이는 형사소송법 제219조, 제120조 제1항에서 정한 '압수·수색영장의 집행에 필요한 처분'에 해당한다고 보아야 한다(따라서 ㉣은 틀림). 그렇지 않으면 피의자의 신체와 건강을 해칠 위험이 적고 피의자의 굴욕감을 최소화하기 위하여 마련된 절차에 따른 강제 채뇨가 불가능하여 압수영장의 목적을 달성할 방법이 없기 때문이다(이상 ㉣의 해설)(대법원 2018.7.12, 2018도6219).

㉤ (○) 피해자가 임의제출한 이 사건 휴대전화 내 전자정보의 탐색 등 과정에서 실질적 피압수자인 피고인의 참여권이 보장되지 않았고, 전자정보 압수목록이 교부되지 않은 위법이 있다. 또한 임의제출된 정보저장매체에서 압수의 대상이 되는 전자정보의 범위를 초과하여 수사기관 임의로 전자정보를 탐색·복제·출력하는 것은 원칙적으로 위법한 압수·수색에 해당하므로 허용될 수 없다. 만약 전자정보에 대한 압수·수색이 종료되기 전에 범죄혐의사실과 관련된 전자정보를 적법하게 탐색하는 과정에서 별도의 범죄혐의와 관련된 전자정보를 우연히 발견한 경우라면, 수사기관은 더 이상의 추가 탐색을 중단하고 법원으로부터 별도의 범죄혐의에 대한 압수·수색영장을 발부받은 경우에 한하여 그러한 정보에 대하여도 적법하게 압수·수색을 할 수 있다(위 대법원 2021.11.18, 2016도348 전원합의체 참조). … 피고인이 지하철, 학원 등지에서 성명불상의 여고생들을 몰래 촬영한 사진은 임의제출에 따른 압수의 동기가 된 범죄혐의사실인 음화제조교사 부분과 구체적·개별적 연관관계 있는 전자정보로 보기 어렵다. 그런데 사법경찰관은 별도의 범죄혐의와 관련된 전자정보를 우연히 발견하였음에도 더 이상의 추가 탐색을 중단하거나 법원으로부터 압수·수색영장을 발부받지 않았으므로, 그러한 정보에 대한 압수·수색은 위법하다(불법촬영 사진의 증거능력 부정, 대법원 2023.12.14, 2020도1669).

㉥ (×) (선행 절차위법과 사이에 인과관계가 희석 내지 단절되는지의 문제) 사법경찰관은 피고인의 참여권 등 절차적인 권리를 전혀 보장하지 않은 채 이 사건 휴대전화에 저장된 성폭력처벌법 위반(카메라등이용촬영) 관련 전자정보를 탐색·복원하였고, 별도의 압수·수색영장을 발부받지 않고 여고생들에 대한 불법촬영 부분을 포함하여 피고인에 대하여 두 차례 피의자신문을 실시하는 등 수사를 진행하였다. 이후 사건이 군검사에게 송치되었는데 군검사는 이 사건 휴대전화를 피해자 측에 환부한 후 다시 제출받아 이 사건 영장에 따라 불법촬영사진을 탐색하기는 하였으나, 이는 군검사가 피해자에게 위 휴대전화를 환부하기 이전에 미리 이 사건 영장을 발부받은 다음 위 휴대전화를 피해자에게 환부하고, 휴대전화가 피해자 측을 거쳐 피고인이 소속된 군부대에 도착하자 이 사건 영장을 집행하여 다시 위 불법촬영사진을 탐색·복원·출력한 것에 불과하다. 따라서 군검사의 증거수집과 사법경찰관의 선행 절차위법 사이에는 여전히 직접적 인과관계가 있다고 볼 수 있고 그 인과관계가 희석

되거나 단절되었다고 보기는 어려우며, 결국 위 불법촬영사진 출력물, 시디(CD) 역시 위법하게 수집된 증거로서 증거능력이 없다(2차적 증거의 증거능력도 부정, 대법원 2023.12. 14, 2020도1669).

12
정답 ①

① ㉠(O), ㉡(O), ㉢(O), ㉣(O), ㉤(O)
㉠ (O) 형사소송법 제200조의4 제3항
㉡ (O) 형사소송법 제208조 제1항
㉢ (O) 형사소송법 제214조의3 제1항
㉣ (O) 형사소송법 제329조
㉤ (O) 형사소송법 제262조 제4항

13
정답 ④

④ ㉡㉢㉣
㉠ (×) 형사소송법 제200조의4 제3항 참조.

> **형사소송법 제200조의4(긴급체포와 영장청구기간)** ③ 제2항의 규정에 의하여 석방된 자는 영장없이는 동일한 범죄사실에 관하여 체포하지 못한다.

㉡ (O) 형사소송법 제208조 제1항 참조.

> **형사소송법 제208조(재구속의 제한)** ① 검사 또는 사법경찰관에 의하여 구속되었다가 석방된 자는 다른 중요한 증거를 발견한 경우를 제외하고는 동일한 범죄사실에 관하여 재차 구속하지 못한다.

㉢ (O) 형사소송법 제329조 참조.

> **형사소송법 제329조(공소취소와 재기소)** 공소취소에 의한 공소기각의 결정이 확정된 때에는 공소취소 후 그 범죄사실에 대한 다른 중요한 증거를 발견한 경우에 한하여 다시 공소를 제기할 수 있다.

㉣ (O) 형사소송법 제262조 제4항 참조.

> **형사소송법 제262조(심리와 결정)** ④ 제2항 제1호의 결정에 대하여는 제415조에 따른 즉시항고를 할 수 있고, 제2항 제2호의 결정에 대하여는 불복할 수 없다. 제2항 제1호의 결정이 확정된 사건에 대하여는 다른 중요한 증거를 발견한 경우를 제외하고는 소추할 수 없다.

14
정답 ②

② ㉠㉡㉣
㉠ (O) 수사기관의 전자정보에 대한 압수·수색은 원칙적으로 영장 발부의 사유로 된 범죄 혐의사실과 관련된 부분만을 문서출력물로 수집하거나 수사기관이 휴대한 저장매체에 해당 파일을 복제하는 방식으로 이루어져야 하고, 저장매체 자체를 직접 반출하거나 저장매체에 들어 있는 전자파일 전부를 하드카피나 이미징 등 형태(이하 '복제본'이라 한다)로 수사기관 사무실 등 외부로 반출하는 방식으로 압수·수색하는 것은 현장의 사정이나 전자정보의 대량성으로 관련 정보 획득에 긴 시간이 소요되거나 전문 인력에 의한 기술적 조치가 필요한 경우 등 범위를 정하여 출력 또는 복제하는 방법이 불가능하거나 압수의 목적을 달성하기에 현저히 곤란하다고 인정되는 때에 한하여 예외

적으로 허용될 수 있을 뿐이다(대법원 2015.7.16, 2011모1839 전원합의체).

㉡ (O) 이처럼 저장매체 자체 또는 적법하게 획득한 복제본을 탐색하여 혐의사실과 관련된 전자정보를 문서로 출력하거나 파일로 복제하는 일련의 과정 역시 전체적으로 하나의 영장에 기한 압수·수색의 일환에 해당하므로, 그러한 경우의 문서출력 또는 파일복제의 대상 역시 저장매체 소재지에서의 압수·수색과 마찬가지로 혐의사실과 관련된 부분으로 한정되어야 함은 헌법 제12조 제1항, 제3항과 형사소송법 제114조, 제215조의 적법절차 및 영장주의 원칙이나 비례의 원칙에 비추어 당연하다. 따라서 수사기관 사무실 등으로 반출된 저장매체 또는 복제본에서 혐의사실 관련성에 대한 구분 없이 임의로 저장된 전자정보를 문서로 출력하거나 파일로 복제하는 행위는 원칙적으로 영장주의 원칙에 반하는 위법한 압수가 된다(대법원 2015.7.16, 2011모1839 전원합의체).

㉢ (×) 저장매체에 대한 압수·수색 과정에서 범위를 정하여 출력 또는 복제하는 방법이 불가능하거나 압수의 목적을 달성하기에 현저히 곤란한 예외적인 사정이 인정되어 전자정보가 담긴 저장매체 또는 하드카피나 이미징 등 형태(이하 '복제본'이라 한다)를 수사기관 사무실 등으로 옮겨 복제·탐색·출력하는 경우에도, 그와 같은 일련의 과정에서 형사소송법 제219조, 제121조에서 규정하는 피압수·수색 당사자(이하 '피압수자'라 한다)나 변호인에게 참여의 기회를 보장하고 혐의사실과 무관한 전자정보의 임의적인 복제 등을 막기 위한 적절한 조치를 취하는 등 영장주의 원칙과 적법절차를 준수하여야 한다. 만약 그러한 조치가 취해지지 않았다면 피압수자 측이 참여하지 아니한다는 의사를 명시적으로 표시하였거나 절차 위반행위가 이루어진 과정의 성질과 내용 등에 비추어 피압수자 측에 절차 참여를 보장한 취지가 실질적으로 침해되었다고 볼 수 없을 정도에 해당한다는 등의 특별한 사정이 없는 이상 압수·수색이 적법하다고 평가할 수 없고, 비록 수사기관이 저장매체 또는 복제본에서 혐의사실과 관련된 전자정보만을 복제·출력하였다 하더라도 달리 볼 것은 아니다(대법원 2015.7.16, 2011모1839 전원합의체).

㉣ (×) 전자정보에 대한 압수·수색에 있어 저장매체 자체를 외부로 반출하거나 하드카피·이미징 등의 형태로 복제본을 만들어 외부에서 저장매체나 복제본에 대하여 압수·수색이 허용되는 예외적인 경우에도 혐의사실과 관련된 전자정보 이외에 이와 무관한 전자정보를 탐색·복제·출력하는 것은 원칙적으로 위법한 압수·수색에 해당하므로 허용될 수 없다. 그러나 전자정보에 대한 압수·수색이 종료되기 전에 혐의사실과 관련된 전자정보를 적법하게 탐색하는 과정에서 별도의 범죄혐의와 관련된 전자정보를 우연히 발견한 경우라면, 수사기관은 더 이상의 추가 탐색을 중단하고 법원에서 별도의 범죄혐의에 대한 압수·수색영장을 발부받은 경우에 한하여 그러한 정보에 대하여도 적법하게 압수·수색을 할 수 있다. 나아가 이러한 경우에도 별도의 압수·수색 절차는 최초의 압수·수색 절차와 구별되는 별개의 절차이고, 별도 범죄혐의와 관련된 전자정보는 최초의 압수·수색영장에 의한 압수·수색의 대상이 아니어서 저장매체의 원래 소재지에서 별도의 압수·수색영장에 기해 압수·수색을 진행하는 경우와 마찬가지로 피압수·수색 당사자(이하 '피압수자'라 한다)는 최초의 압수·수색 이전부터 해당 전자정보를 관리하고 있던 자라 할 것이므로, 특별한 사정이 없는 한

피압수자에게 형사소송법 제219조, 제121조, 제129조에 따라 참여권을 보장하고 압수한 전자정보 목록을 교부하는 등 피압수자의 이익을 보호하기 위한 적절한 조치가 이루어져야 한다 (대법원 2015.7.16, 2011모1839 전원합의체).

ⓜ (○) [다수의견] 전자정보에 대한 압수·수색 과정에서 이루어진 현장에서의 저장매체 압수·이미징·탐색·복제 및 출력행위 등 수사기관의 처분은 하나의 영장에 의한 압수·수색 과정에서 이루어진다. 그러한 일련의 행위가 모두 진행되어 압수·수색이 종료된 이후에는 특정단계의 처분만을 취소하더라도 그 이후의 압수·수색을 저지한다는 것을 상정할 수 없고 수사기관에게 압수·수색의 결과물을 보유하도록 할 것인지가 문제될 뿐이다. 그러므로 이 경우에는 준항고인이 전체 압수·수색 과정을 단계적·개별적으로 구분하여 각 단계의 개별 처분의 취소를 구하더라도 준항고법원은 특별한 사정이 없는 한 구분된 개별 처분의 위법이나 취소 여부를 판단할 것이 아니라 당해 압수·수색 과정 전체를 하나의 절차로 파악하여 그 과정에서 나타난 위법이 압수·수색 절차 전체를 위법하게 할 정도로 중대한지 여부에 따라 전체적으로 압수·수색 처분을 취소할 것인지를 가려야 한다. 여기서 위법의 중대성은 위반한 절차조항의 취지, 전체과정 중에서 위반행위가 발생한 과정의 중요도, 위반사항에 의한 법익침해 가능성의 경중 등을 종합하여 판단하여야 한다(대법원 2015.7.16, 2011모1839 전원합의체; 2015.10.15, 2013모1969).

15 정답 ③

③ (×) 어떤 진술이 기재된 서류가 그 진술의 진실성과 관계없는 간접사실에 대한 정황증거로 사용될 경우 반드시 전문증거가 되는 것은 아니다(대법원 2013.6.13, 2012도16001).

① (○) ② (○) ④ (○) 압수물인 디지털 저장매체로부터 출력한 문건을 증거로 사용하기 위해서는 디지털 저장매체 원본에 저장된 내용과 출력한 문건의 동일성이 인정되어야 하고, 이를 위해서는 디지털 저장매체 원본이 압수 시부터 문건 출력 시까지 변경되지 않았음이 담보되어야 한다. 그리고 압수된 디지털 저장매체로부터 출력한 문건을 진술증거로 사용하는 경우, 그 기재 내용의 진실성에 관하여는 전문법칙이 적용되므로 형사소송법 제313조 제1항에 따라 공판준비나 공판기일에서의 그 작성자 또는 진술자의 진술에 의하여 그 성립의 진정함이 증명된 때에 한하여 이를 증거로 사용할 수 있다(대법원 2013.6.13, 2012도16001).

16 정답 ③

③ ㉠㉡㉢㉣

㉠ (×) 압수·수색영장에 기재한 혐의사실과 객관적 관련성이 '있고' 압수·수색영장 대상자와 피의자 사이에 인적 관련성이 있는 범죄를 의미한다(지문에서 '있거나' 부분이 틀린 것임). 그중 혐의사실과의 객관적 관련성은 압수·수색영장에 기재된 혐의사실 자체 또는 그와 기본적 사실관계가 동일한 범행과 직접 관련되어 있는 경우는 물론 범행 동기와 경위, 범행 수단과 방법, 범행 시간과 장소 등을 증명하기 위한 간접증거나 정황증거 등으로 사용될 수 있는 경우에도 인정될 수 있다. 그 관련성은 압수·수색영장에 기재된 혐의사실의 내용과 수사의 대상, 수사 경위 등을 종합하여 구체적·개별적 연관관계가 있는 경우

에만 인정되고, 혐의사실과 단순히 동종 또는 유사 범행이라는 사유만으로 관련성이 있다고 할 것은 아니다. 그리고 피의자와 사이의 인적 관련성은 압수·수색영장에 기재된 대상자의 공동정범이나 교사범 등 공범이나 간접정범은 물론 필요적 공범 등에 대한 피고사건에 대해서도 인정될 수 있다(대법원 2017.12.5, 2017도13458).

㉡ (×) 수사기관은 압수의 목적물이 전자정보가 저장된 저장매체인 경우에는 압수·수색영장 발부의 사유로 된 범죄 혐의사실과 관련 있는 정보의 범위를 정하여 출력하거나 복제하여 이를 제출받아야 하고, 이러한 과정에서 혐의사실과 무관한 전자정보의 임의적인 복제 등을 막기 위한 적절한 조치를 취하는 등 영장주의 원칙과 적법절차를 준수하여야 한다. 따라서 저장매체의 소재지에서 압수·수색이 이루어지는 경우는 물론 예외적으로 저장매체에 들어 있는 전자파일 전부를 하드카피나 이미징(imaging) 등의 형태(이하 '복제본'이라 한다)로 수사기관 사무실 등으로 반출한 경우에도 반출한 저장매체 또는 복제본에서 혐의사실 관련성에 대한 구분 없이 임의로 저장된 전자정보를 문서로 출력하거나 파일로 복제하는 행위는 원칙적으로 영장주의 원칙에 반하는 위법한 압수가 된다(대법원 2017.11.14, 2017도3449; 2017.9.21, 2015도12400 등). … 법원은 압수·수색영장의 집행에 관하여 범죄 혐의사실과 관련 있는 전자정보의 탐색·복제·출력이 완료된 때에는 지체 없이 영장 기재 범죄 혐의사실과 관련이 없는 나머지 전자정보에 대해 삭제·폐기 또는 피압수자 등에게 반환할 것을 정할 수 있다. 수사기관이 범죄 혐의사실과 관련 있는 정보를 선별하여 압수한 후에도 그와 관련이 없는 나머지 정보를 삭제·폐기·반환하지 아니한 채 그대로 보관하고 있다면 범죄 혐의사실과 관련이 없는 부분에 대하여는 압수의 대상이 되는 전자정보의 범위를 넘어서는 전자정보를 영장 없이 압수·수색하여 취득한 것이어서 위법하고, 사후에 법원으로부터 압수·수색영장이 발부되었다거나 피고인이나 변호인이 이를 증거로 함에 동의하였다고 하여 그 위법성이 치유된다고 볼 수 없다(대법원 2022.1.14, 2021모1586).

㉢ (○) 형사소송법 제219조, 제121조에 의하면, 수사기관이 압수·수색영장을 집행할 때 피의자 또는 변호인은 그 집행에 참여할 수 있다. 압수의 목적물이 컴퓨터용디스크 그 밖에 이와 비슷한 정보저장매체인 경우에는 영장 발부의 사유로 된 범죄 혐의사실과 관련 있는 정보의 범위를 정하여 출력하거나 복제하여 이를 제출받아야 하고, 피의자나 변호인에게 참여의 기회를 보장하여야 한다. 만약 그러한 조치를 취하지 않았다면 이는 형사소송법에 정한 영장주의 원칙과 적법절차를 준수하지 않은 것이다. 수사기관이 정보저장매체에 기억된 정보 중에서 키워드 또는 확장자 검색 등을 통해 범죄 혐의사실과 관련 있는 정보를 선별한 다음 정보저장매체와 동일하게 비트열 방식으로 복제하여 생성한 파일(이하 '이미지 파일'이라 한다)을 제출받아 압수하였다면 이로써 압수의 목적물에 대한 압수·수색 절차는 종료된 것이므로, 수사기관이 수사기관 사무실에서 위와 같이 압수된 이미지 파일을 탐색·복제·출력하는 과정에서도 피의자 등에게 참여의 기회를 보장하여야 하는 것은 아니다(대법원 2018.2.8, 2017도13263).

㉣ (×) 형사소송법 제219조, 제129조에 의하면, 압수한 경우에는 목록을 작성하여 소유자, 소지자, 보관자 기타 이에 준할 자에게 교부하여야 한다. 그리고 법원은 압수·수색영장의 집행에 관하여 범죄 혐의사실과 관련 있는 정보의 탐색·복제·출력이

완료된 때에는 지체 없이 압수된 정보의 상세목록을 피의자 등에게 교부할 것을 정할 수 있다. 압수물 목록은 피압수자 등이 압수처분에 대한 준항고를 하는 등 권리행사절차를 밟는 가장 기초적인 자료가 되므로, 수사기관은 이러한 권리행사에 지장이 없도록 압수 직후 현장에서 압수물 목록을 바로 작성하여 교부해야 하는 것이 원칙이다. 이러한 압수물 목록 교부 취지에 비추어 볼 때, 압수된 정보의 상세목록에는 정보의 파일 명세가 특정되어 있어야 하고, 수사기관은 이를 출력한 서면을 교부하거나 전자파일 형태로 복사해 주거나 이메일을 전송하는 등의 방식으로도 할 수 있다.

ⓜ (×) 범죄 혐의사실과의 관련성에 대한 구분 없이 임의로 전체의 전자정보를 복제·출력하여 이를 하나의 압축파일로 보관하여 두고, 그와 같이 선별되지 않은 전자정보에 대해 구체적인 개별 파일 명세를 특정하여 상세목록을 작성하지 않고 그 압축파일 이름만을 기재하여 이를 상세목록이라고 하면서 피압수자에게 교부한 경우 그 압축파일 전체에 대한 압수는 위법하다(하나의 압축파일 사건, 대법원 2022.1.14, 2021모1586).
[보충] 법원은 압수·수색영장의 집행에 관하여 범죄 혐의사실과 관련 있는 정보의 탐색·복제·출력이 완료된 때에는 지체 없이 압수된 정보의 상세목록을 피의자 등에게 교부할 것을 정할 수 있다. 압수물 목록은 피압수자 등이 압수처분에 대한 준항고를 하는 등 권리행사절차를 밟는 가장 기초적인 자료가 되므로, 수사기관은 이러한 권리행사에 지장이 없도록 압수 직후 현장에서 압수물 목록을 바로 작성하여 교부해야 하는 것이 원칙이다. 이러한 압수물 목록 교부 취지에 비추어 볼 때, 압수된 정보의 상세목록에는 정보의 파일 명세가 특정되어 있어야 한다(대법원 2018.2.8, 2017도13263 등). … 수사기관이 압수·수색영장에 기재된 범죄 혐의사실과의 관련성에 대한 구분 없이 임의로 전체의 전자정보를 복제·출력하여 이를 보관하여 두고, 그와 같이 선별되지 않은 전자정보에 대해 구체적인 개별 파일 명세를 특정하여 상세목록을 작성하지 않고 '….zip'과 같이 그 내용을 파악할 수 없도록 되어 있는 포괄적인 압축파일만을 기재한 후 이를 전자정보 상세목록이라고 하면서 피압수자 등에게 교부함으로써 범죄 혐의사실과 관련성 없는 정보에 대한 삭제·폐기·반환 등의 조치도 취하지 아니하였다면, 이는 결국 수사기관이 압수·수색영장에 기재된 범죄혐의 사실과 관련된 정보 외에 범죄혐의 사실과 관련이 없어 압수의 대상이 아닌 정보까지 영장 없이 취득하는 것일 뿐만 아니라, 범죄혐의와 관련 있는 압수 정보에 대한 상세목록 작성·교부 의무와 범죄혐의와 관련 없는 정보에 대한 삭제·폐기·반환 의무를 사실상 형해화하는 결과가 되는 것이어서 영장주의와 적법절차의 원칙을 중대하게 위반한 것으로 봄이 상당하다(만약 수사기관이 혐의사실과 관련 있는 정보만을 선별하였으나 기술적인 문제로 정보 전체를 1개의 파일 등으로 복제하여 저장할 수밖에 없다고 하더라도 적어도 압수목록이나 전자정보 상세목록에 압수의 대상이 되는 전자정보 부분을 구체적으로 특정하고, 위와 같이 파일 전체를 보관할 수밖에 없는 사정을 부기하는 등의 방법을 취할 수 있을 것으로 보인다). 따라서 이와 같은 경우에는 영장 기재 범죄혐의 사실과의 관련성 유무와 상관없이 수사기관이 임의로 전자정보를 복제·출력하여 취득한 정보 전체에 대해 그 압수는 위법한 것으로 취소되어야 한다고 봄이 상당하고, 사후에 법원으로부터 그와 같이 수사기관이 취득하여 보관하고 있는 전자정보 자체에 대해 다시 압수·수색영장이 발부되었다

고 하여 달리 볼 수 없다(대법원 2022.1.14, 2021모1586).
[보충] 'A의 특정 혐의사실과 관련성 있는 정보만을 압수·수색하고, 관련성 없는 정보는 삭제 등을 할 것' 등으로 압수수색의 대상과 방법을 제한한 압수수색영장(1영장)에 기하여, 수사기관이 甲의 휴대전화를 압수·수색하면서 휴대전화에 저장된 정보를 하나의 압축파일로 수사기관의 저장매체에 보관하여 두고, 그 압축파일명을 그대로 기재한 상세목록을 작성하여 甲에게 교부하였는데, 이후 A의 특정 혐의사실과는 관련이 없는 甲의 별개 혐의사실에 대한 수사가 개시되자, 수사기관이 위 저장매체에 보관하여 둔 압축파일(甲의 휴대전화 전자정보)에 대해 다시 압수수색영장(2영장, 3영장)을 발부받아 이를 집행하자, 이에 대한 압수의 취소를 구하는 사안으로서, 대법원은 1영장에 기한 압수수색은 결국 혐의사실과 관련성 있는 부분만을 선별하려는 조치를 취하지도 않았고, 이후 관련 없는 부분에 대해 삭제 등의 조치를 취하지도 않았으며 유관·무관정보를 가리지 않은 채 1개의 파일로 압축하여 이를 보관하여 두고 그 파일 이름을 적은 서면을 상세목록이라고 하여 교부한 이상, 1영장에 기한 압수 전부가 위법하고, 이후 2영장, 3영장이 발부되었다고 하더라도 그 위법성이 치유되지 않는다고 보아, 이와 달리 판단한 원심결정을 파기환송한 사례이다.

17

정답 ③

③ (×) 범죄수사를 위하여 압수, 수색 또는 검증을 하려면 미리 영장을 발부받아야 한다는 이른바 사전영장주의(형사소송법 제215조 제2항)가 원칙이지만, 형사소송법 제217조는 그 예외를 인정한다. 즉, 검사 또는 사법경찰관은 긴급체포된 자가 소유·소지 또는 보관하는 물건에 대하여는 긴급히 압수할 필요가 있는 경우에는 체포한 때부터 24시간 이내에 한하여 영장 없이 압수·수색 또는 검증을 할 수 있고(형사소송법 제217조 제1항), 압수한 물건을 계속 압수할 필요가 있는 경우에는 지체 없이 압수수색영장을 청구하여야 한다. 이 경우 압수수색영장의 청구는 체포한 때부터 48시간 이내에 하여야 한다(같은 조 제2항). … 이 규정에 따른 압수·수색 또는 검증은 체포현장에서의 압수·수색 또는 검증을 규정하고 있는 형사소송법 제216조 제1항 제2호와 달리, 체포현장이 아닌 장소에서도 긴급체포된 자가 소유·소지 또는 보관하는 물건을 대상으로 할 수 있다(대법원 2017. 9.12, 2017도10309).

① (○) 의료인이 진료 목적으로 채혈한 환자의 혈액을 수사기관에 임의로 제출하였다면 그 혈액의 증거사용에 대하여도 환자의 사생활의 비밀 기타 인격적 법익이 침해되는 등의 특별한 사정이 없는 한 반드시 그 환자의 동의를 받아야 하는 것이 아니고, 따라서 경찰관이 간호사로부터 진료 목적으로 이미 채혈되어 있던 피고인의 혈액 중 일부를 주취운전 여부에 대한 감정을 목적으로 임의로 제출 받아 이를 압수한 경우, 당시 간호사가 위 혈액의 소지자 겸 보관자인 병원 또는 담당의사를 대리하여 혈액을 경찰관에게 임의로 제출할 수 있는 권한이 없었다고 볼 특별한 사정이 없는 이상, 그 압수절차가 피고인 또는 피고인의 가족의 동의 및 영장 없이 행하여졌다고 하더라도 이에 적법절차를 위반한 위법이 있다고 할 수 없다(대법원 1999. 9.3, 98도968).

② (○) 헌법 제12조 제1항 후문, 제3항 본문이 규정하는 영장주의를 위반한 절차적 위법이 있으므로, 녹음파일은 형사소송법 제

308조의2에서 정한 '적법한 절차에 따르지 아니하고 수집한 증거'로서 증거로 쓸 수 없고, 그 절차적 위법은 헌법상 영장주의 내지 적법절차의 실질적 내용을 침해하는 중대한 위법에 해당하여 예외적으로 증거능력을 인정할 수도 없다(대법원 2014.1. 16, 2013도7101).

④ (○) 주취운전이라는 범죄행위로 당해 음주운전자를 구속·체포하지 아니한 경우에도 필요하다면 그 차량열쇠는 범행 중 또는 범행 직후의 범죄장소에서의 압수로서 형사소송법 제216조 제3항에 의하여 영장 없이 이를 압수할 수 있다(대법원 1998. 5.8, 97다54482).

18 정답 ①

① (×) 2019.12.31. 개정법에 의하여 피의자 수색에 적용되는 영장주의 예외는 긴급성 요건이 구비된 경우에 한정되게 되었다. 구체적으로 "영장에 의한 체포와 구속을 하는 경우의 피의자 수색은 미리 수색영장을 발부받기 어려운 긴급한 사정이 있는 때에 한정한다." 위 지문에서는 "긴급체포와 현행범인체포"가 포함되어 있어 틀린 것이다. 긴급체포와 현행범인체포는 그 자체가 이미 긴급성 요건이 충족된 경우이어서 피의자 수색에 있어 별도의 긴급성이 필요치 않은 것이다. 2019.12.31. 개정 형사소송법 제216조 제1항 제1호의 내용이다.

> **형사소송법 제216조(영장에 의하지 아니한 강제처분)** ① 검사 또는 사법경찰관은 제200조의2·제200조의3·제201조 또는 제212조의 규정에 의하여 피의자를 체포 또는 구속하는 경우에 필요한 때에는 영장없이 다음 처분을 할 수 있다.
> 1. 타인의 주거나 타인이 간수하는 가옥, 건조물, 항공기, 선차 내에서의 피의자 수색. 다만, 제200조의2 또는 제201조에 따라 피의자를 체포 또는 구속하는 경우의 피의자 수색은 미리 수색영장을 발부받기 어려운 긴급한 사정이 있는 때에 한정한다. <개정 2019.12.31.>

② (○) 압수의 대상이 되는 전자정보와 그렇지 않은 전자정보가 혼재된 정보저장매체나 그 복제본을 임의제출받은 수사기관이 그 정보저장매체 등을 수사기관 사무실 등으로 옮겨 이를 탐색·복제·출력하는 경우, 그와 같은 일련의 과정에서 형사소송법 제219조, 제121조에서 규정하는 피압수·수색 당사자(이하 '피압수자'나 그 변호인에게 참여의 기회를 보장하고 압수된 전자정보의 파일 명세가 특정된 압수목록을 작성·교부하여야 하며 범죄혐의사실과 무관한 전자정보의 임의적인 복제 등을 막기 위한 적절한 조치를 취하는 등 영장주의 원칙과 적법절차를 준수하여야 한다. 만약 그러한 조치가 취해지지 않았다면 피압수자 측이 참여하지 아니한다는 의사를 명시적으로 표시하였거나 임의제출의 취지와 경과 또는 그 절차 위반행위가 이루어진 과정의 성질과 내용 등에 비추어 피압수자 측에 절차 참여를 보장한 취지가 실질적으로 침해되었다고 볼 수 없을 정도에 해당한다는 등의 특별한 사정이 없는 이상 압수·수색이 적법하다고 평가할 수 없다(대법원 2021.11.18, 2016도348 전원합의체).

③ (○) 헌법재판소가 구법 조항의 위헌성을 확인하였음에도 불구하고 일정 시한까지 계속 적용을 명한 것은 구법 조항에 근거하여 수색영장 없이 타인의 주거 등을 수색하여 피의자를 체포할 긴급한 필요가 있는 경우에는 이를 허용할 필요성이 있었기 때문이다. 따라서 구법 조항 가운데 그 해석상 '수색영장 없이 타인의 주거 등을 수색하여 피의자를 체포할 긴급한 필요가 없

는 경우' 부분은 영장주의에 위반되는 것으로서 개선입법 시행 전까지 적용중지 상태에 있었다고 보아야 한다(대법원 2021.5. 27, 2018도13458).

④ (○) 형사소송법 제219조, 제121조는 '수사기관이 압수·수색영장을 집행할 때에는 피압수자 또는 변호인은 그 집행에 참여할 수 있다.'고 정하고 있다. 저장매체에 대한 압수·수색 과정에서 범위를 정하여 출력·복제하는 방법이 불가능하거나 압수의 목적을 달성하기에 현저히 곤란한 예외적인 사정이 인정되어 전자정보가 담긴 저장매체, 하드카피나 이미징(imaging) 등 형태(이하 '복제본'이라 한다)를 수사기관 사무실 등으로 옮겨 복제·탐색·출력하는 경우에도, 피압수자나 변호인에게 참여 기회를 보장하고 혐의사실과 무관한 전자정보의 임의적인 복제 등을 막기 위한 적절한 조치를 취하는 등 영장주의 원칙과 적법절차를 준수하여야 한다. 만일 그러한 조치를 취하지 않았다면 압수·수색이 적법하다고 평가할 수 없다. 다만 피압수자 측이 위와 같은 절차나 과정에 참여하지 않는다는 의사를 명시적으로 표시하였거나 절차 위반행위가 이루어진 과정의 성질과 내용 등에 비추어 피압수자에게 절차 참여를 보장한 취지가 실질적으로 침해되었다고 볼 수 없는 경우에는 압수·수색의 적법성을 부정할 수 없다. 이는 수사기관이 저장매체 또는 복제본에서 혐의사실과 관련된 전자정보만을 복제·출력한 경우에도 마찬가지이다(대법원 2019.7.11, 2018도20504).

19 정답 ④

④ (×) 2018.4.26 헌법재판소는 수색에 앞서 영장을 발부받기 어려운 긴급한 사정이 있는지에 대한 여부를 구별하지 아니하고 피의자가 소재할 개연성이 있으면 영장 없이 곧바로 타인의 주거 등을 수색할 수 있도록 하는 것은 헌법 제16조에 따른 영장주의에 위반된다는 이유로 헌법불합치 결정을 내렸다. 이에 2019.12.31. 개정 형사소송법 제137조 중 "때에는"을 "때에는 미리 수색영장을 발부받기 어려운 긴급한 사정이 있는 경우에 한정하여"로 하고, 제216조 제1항 제1호 중 "수사"를 "수색"으로 하고, 같은 호에 단서를 "다만, 제200조의2 또는 제201조에 따라 피의자를 체포 또는 구속하는 경우의 피의자 수색은 미리 수색영장을 발부받기 어려운 긴급한 사정이 있는 때에 한정한다."의 내용으로 신설하였다. 여기서 사전 수색영장 발부가 곤란한 긴급성 요건은 영장에 의한 체포와 구속을 위한 피의자 수색 시에만 적용되는 것이다.

> **형사소송법 제137조(구속영장집행과 수색)** 검사, 사법경찰관리 또는 제81조 제2항의 규정에 의한 법원사무관등이 구속영장을 집행할 경우에 필요한 때에는 미리 수색영장을 발부받기 어려운 긴급한 사정이 있는 경우에 한정하여 타인의 주거, 간수자 있는 가옥, 건조물, 항공기, 선차 내에 들어가 피고인을 수색할 수 있다. <개정 2007.6.1, 2019.12.31.>
> **제216조(영장에 의하지 아니한 강제처분)** ① 검사 또는 사법경찰관은 제200조의2·제200조의3·제201조 또는 제212조의 규정에 의하여 피의자를 체포 또는 구속하는 경우에 필요한 때에는 영장없이 다음 처분을 할 수 있다. <개정 1995.12.29, 2019.12.31.>
> 1. 타인의 주거나 타인이 간수하는 가옥, 건조물, 항공기, 선차 내에서의 피의자 수색. 다만, 제200조의2 또는 제201조에 따라 피의자를 체포 또는 구속하는 경우의 피의자 수색

은 미리 수색영장을 발부받기 어려운 긴급한 사정이 있는 때에 한정한다.
2. 체포현장에서의 압수, 수색, 검증

① (O) 형사소송법 제217조 제1항 규정에 따른 압수·수색 또는 검증은 체포현장에서의 압수·수색 또는 검증을 규정하고 있는 형사소송법 제216조 제1항 제2호와 달리, 체포현장이 아닌 장소에서도 긴급체포된 자가 소유·소지 또는 보관하는 물건을 대상으로 할 수 있다(대법원 2017.9.12, 2017도10309).

② (O) 구법 조항이 헌법재판소법 제47조의 소급효가 인정되는 형벌조항은 아니지만, 기존의 법리에 따라, 이 사건 헌법불합치결정을 하게 된 당해 사건인 이 사건 및 이 사건 헌법불합치결정 당시 구법 조항의 위헌 여부가 쟁점이 되어 법원에 계속 중인 사건에 대하여는 위헌성이 제거된 현행 형사소송법의 규정이 적용되어야 한다. 따라서 이 사건 건조물을 수색하기에 앞서 수색영장을 발부받기 어려운 긴급한 사정이 있었다고 볼 수 없음에도 수색영장 없이 경찰이 이 사건 건조물을 수색한 행위는 적법한 공무집행에 해당하지 아니한다(대법원 2021.5.27, 2018도13458).

③ (O) 형사소송법 제218조에 의하면 검사 또는 사법경찰관은 피의자 등이 유류한 물건이나 소유자·소지자 또는 보관자가 임의로 제출한 물건은 영장 없이 압수할 수 있으므로, 현행범 체포 현장이나 범죄 장소에서도 소지자 등이 임의로 제출하는 물건은 위 조항에 의하여 영장 없이 압수할 수 있고, 이 경우에는 검사나 사법경찰관이 사후에 영장을 받을 필요가 없다(대법원 2016.2.18, 2015도13726).

20
정답 ④

④ (O) 그와 같은 일련의 과정에서 형사소송법 제219조, 제121조에서 규정하는 피압수·수색 당사자(이하 '피압수자')나 그 변호인에게 참여의 기회를 보장하고 압수된 전자정보의 파일 명세가 특정된 압수목록을 작성·교부하여야 하며 범죄혐의사실과 무관한 전자정보의 임의적인 복제 등을 막기 위한 적절한 조치를 취하는 등 영장주의 원칙과 적법절차를 준수하여야 한다. 만약 그러한 조치가 취해지지 않았다면 피압수자 측이 참여하지 아니한다는 의사를 명시적으로 표시하였거나 임의제출의 취지와 경과 또는 그 절차 위반행위가 이루어진 과정의 성질과 내용 등에 비추어 피압수자 측에 절차 참여를 보장한 취지가 실질적으로 침해되었다고 볼 수 없을 정도에 해당한다는 등의 특별한 사정이 없는 이상 압수·수색이 적법하다고 평가할 수 없고, 비록 수사기관이 정보저장매체 또는 복제본에서 범죄혐의사실과 관련된 전자정보만을 복제·출력하였다 하더라도 달리 볼 것은 아니다(대법원 2021.11.18, 2016도348 전원합의체). [보충] 나아가 피해자 등 제3자가 피의자의 소유·관리에 속하는 정보저장매체를 영장에 의하지 않고 임의제출한 경우에는 실질적 피압수자인 피의자가 수사기관으로 하여금 그 전자정보 전부를 무제한 탐색하는 데 동의한 것으로 보기 어려울 뿐만 아니라 피의자 스스로 임의제출한 경우 피의자의 참여권 등이 보장되어야 하는 것과 견주어 보더라도 특별한 사정이 없는 한 형사소송법 제219조, 제121조, 제129조에 따라 피의자에게 참여권을 보장하고 압수한 전자정보 목록을 교부하는 등 피의자의 절차적 권리를 보장하기 위한 적절한 조치가 이루어져야 한다.

① (×) 甲은 경찰에 피고인의 휴대전화를 증거물로 제출할 당시 그 안에 수록된 전자정보의 제출 범위를 명확히 밝히지 않았고, 담당 경찰관들도 제출자로부터 그에 관한 확인절차를 거치지 않은 이상 휴대전화에 담긴 전자정보의 제출 범위에 관한 제출자의 의사가 명확하지 않거나 이를 알 수 없는 경우에 해당하므로, 휴대전화에 담긴 전자정보 중 임의제출을 통해 적법하게 압수된 범위는 임의제출 및 압수의 동기가 된 피고인의 2014년 범행 자체와 구체적·개별적 연관관계가 있는 전자정보로 제한적으로 해석하는 것이 타당하고, 이에 비추어 볼 때 범죄발생 시점 사이에 상당한 간격이 있고 피해자 및 범행에 이용한 휴대전화도 전혀 다른 피고인의 2013년 범행에 관한 동영상은 임의제출에 따른 압수의 동기가 된 범죄혐의사실(2014년 범행)과 구체적·개별적 연관관계 있는 전자정보로 보기 어려워 수사기관이 사전영장 없이 이를 취득한 이상 증거능력이 없고, 사후에 압수·수색영장을 받아 압수절차가 진행되었더라도 달리 볼 수 없다(피고인의 2013년 범행은 무죄)(대법원 2021.11.18, 2016도348 전원합의체).

② (×) 압수·수색영장의 범죄 혐의사실과 관계있는 범죄라는 것은 압수·수색영장에 기재한 혐의사실과 객관적 관련성이 있고 압수·수색영장 대상자와 피의자 사이에 인적 관련성이 있는 범죄를 의미한다. 그중 혐의사실과의 객관적 관련성은 압수·수색영장에 기재된 혐의사실 자체 또는 그와 기본적 사실관계가 동일한 범행과 직접 관련되어 있는 경우는 물론 범행 동기와 경위, 범행 수단과 방법, 범행 시간과 장소 등을 증명하기 위한 간접증거나 정황증거 등으로 사용될 수 있는 경우에도 인정될 수 있다. 이러한 객관적 관련성은 압수·수색영장에 기재된 혐의사실의 내용과 수사의 대상, 수사 경위 등을 종합하여 구체적·개별적 연관관계가 있는 경우에만 인정된다고 보아야 하고, 혐의사실과 단순히 동종 또는 유사 범행이라는 사유만으로 객관적 관련성이 있다고 할 것은 아니다(대법원 2020.2.13, 2019도14341, 2019전도130).

③ (×) 위 휴대전화는 피고인이 긴급체포되는 현장에서 적법하게 압수되었고, 형사소송법 제217조 제2항에 의해 발부된 법원의 사후 압수·수색·검증영장(이하 '압수·수색영장')에 기하여 압수 상태가 계속 유지되었으며, 압수·수색영장에는 범죄사실란에 甲에 대한 간음유인미수 및 통신매체이용음란의 점만이 명시되었으나, 법원은 계속 압수·수색·검증이 필요한 사유로서 영장 범죄사실에 관한 혐의의 상당성 외에도 추가 여죄수사의 필요성을 포함시킨 점, 압수·수색영장에 기재된 혐의사실은 미성년자인 甲에 대하여 간음행위를 하기 위한 중간 과정 내지 그 수단으로 평가되는 행위에 관한 것이고 나아가 피고인은 형법 제305조의2 등에 따라 상습범으로 처벌될 가능성이 완전히 배제되지 아니한 상태였으므로, 추가 자료들로 밝혀지게 된 乙, 丙, 丁에 대한 범행은 '압수·수색영장에 기재된 혐의사실과 기본적 사실관계가 동일한 범행에 직접 관련되어 있는 경우'라고 볼 수 있으며, 실제로 2017.12.경부터 2018.4.경까지 사이에 저질러진 추가 범행들은, 압수·수색영장에 기재된 혐의사실의 일시인 2018.5.7.과 시간적으로 근접할 뿐만 아니라, 피고인이 자신의 성적 욕망을 해소하기 위하여 미성년자인 피해자들을 대상으로 저지른 일련의 성범죄로서 범행 동기, 범행 대상, 범행의 수단과 방법이 공통되는 점, 추가 자료들은 압수·수색영장의 범죄사실 중 간음유인죄의 '간음할 목적'이나 성폭

력처벌법 위반(통신매체이용음란)죄의 '자기 또는 다른 사람의
성적 욕망을 유발하거나 만족시킬 목적'을 뒷받침하는 간접증
거로 사용될 수 있었고, 피고인이 영장 범죄사실과 같은 범행을
저지른 수법 및 준비과정, 계획 등에 관한 정황증거에 해당할
뿐 아니라, 영장 범죄사실 자체에 대한 피고인 진술의 신빙성을
판단할 수 있는 자료로도 사용될 수 있었던 점 등을 종합하면,
추가 자료들로 인하여 밝혀진 피고인의 乙, 丙, 丁에 대한 범행
은 압수 · 수색영장의 범죄사실과 단순히 동종 또는 유사 범행인
것을 넘어서서 이와 구체적 · 개별적 연관관계가 있는 경우로서
객관적 · 인적 관련성을 모두 갖추었다. 같은 취지에서 추가 자
료들은 위법하게 수집된 증거에 해당하지 않으므로 압수 · 수색
영장의 범죄사실뿐 아니라 추가 범행들에 관한 증거로 사용할
수 있다고 본 원심판단은 정당하다(대법원 2020.2.13, 2019도
14341, 2019전도130).

▶ **제2장 강제처분과 강제수사** [압수·수색·검증·감정 2] ── **제3장 수사의 종결** [사법경찰관과 검사의 수사종결 1]

01	③	02	④	03	②	04	②	05	③
06	④	07	②	08	①	09	③	10	④
11	②	12	③	13	③	14	②	15	④
16	④	17	④	18	③	19	④	20	③

01

정답 ③

③ ㉠㉡㉢㉣

㉠ (×) 임의제출된 정보저장매체에서 압수의 대상이 되는 전자정보의 범위를 초과하여 수사기관이 임의로 전자정보를 탐색·복제·출력하는 것은 원칙적으로 위법한 압수·수색에 해당하므로 허용될 수 없다. 만약 전자정보에 대한 압수·수색이 종료되기 전에 범죄혐의사실과 관련된 전자정보를 적법하게 탐색하는 과정에서 별도의 범죄혐의와 관련된 전자정보를 우연히 발견한 경우라면, 수사기관은 더 이상의 추가 탐색을 중단하고 법원으로부터 별도의 범죄혐의에 대한 압수·수색영장을 발부받은 경우에 한하여 그러한 정보에 대하여도 적법하게 압수·수색을 할 수 있다. 따라서 임의제출된 정보저장매체에서 압수의 대상이 되는 전자정보의 범위를 넘어서는 전자정보에 대해 수사기관이 영장 없이 압수·수색하여 취득한 증거는 위법수집증거에 해당하고, 사후에 법원으로부터 영장이 발부되었다거나 피고인이나 변호인이 이를 증거로 함에 동의하였다고 하여 그 위법성이 치유되는 것도 아니다(대법원 2021.11.18, 2016도348 전원합의체).

㉡ (×) 수사기관의 전자정보에 대한 압수·수색은 원칙적으로 영장 발부의 사유로 된 범죄혐의사실과 관련된 부분만을 문서 출력물로 수집하거나 수사기관이 휴대한 정보저장매체에 해당 파일을 복제하는 방식으로 이루어져야 하고, 정보저장매체 자체를 직접 반출하거나 저장매체에 들어 있는 전자파일 전부를 하드카피나 이미징 등 형태(이하 '복제본')로 수사기관 사무실 등 외부로 반출하는 방식으로 압수·수색하는 것은 현장의 사정이나 전자정보의 대량성으로 인하여 관련 정보 획득에 긴 시간이 소요되거나 전문 인력에 의한 기술적 조치가 필요한 경우 등 범위를 정하여 출력 또는 복제하는 방법이 불가능하거나 압수의 목적을 달성하기에 현저히 곤란하다고 인정되는 때에 한하여 예외적으로 허용될 수 있을 뿐이다. 위와 같은 법리는 정보저장매체에 해당하는 임의제출물의 압수(형사소송법 제218조)에도 마찬가지로 적용된다. 임의제출물의 압수는 압수물에 대한 수사기관의 점유 취득이 제출자의 의사에 따라 이루어진다는 점에서 차이가 있을 뿐 범죄혐의를 전제로 한 수사 목적이나 압수의 효력은 영장에 의한 경우와 동일하기 때문이다. 따라서 수사기관은 특정 범죄혐의와 관련하여 전자정보가 수록된 정보저장매체를 임의제출받아 그 안에 저장된 전자정보를 압수하는 경우 그 동기가 된 범죄혐의사실과 관련된 전자정보의 출력물 등을 임의제출받아 압수하는 것이 원칙이다. 다만 현장의 사정이나 전자정보의 대량성과 탐색의 어려움 등의 이유로 범

위를 정하여 출력 또는 복제하는 방법이 불가능하거나 압수의 목적을 달성하기에 현저히 곤란하다고 인정되는 때에 한하여 예외적으로 정보저장매체 자체나 복제본을 임의제출받아 압수할 수 있다(대법원 2021.11.18, 2016도348 전원합의체).

㉢ (○) 대법원 2021.11.18, 2016도348 전원합의체

㉣ (○) 대법원 2021.11.18, 2016도348 전원합의체

[보충] 이때 범죄혐의사실과 관련된 전자정보에는 범죄혐의사실 그 자체 또는 그와 기본적 사실관계가 동일한 범행과 직접 관련되어 있는 것은 물론 범행 동기와 경위, 범행 수단과 방법, 범행 시간과 장소 등을 증명하기 위한 간접증거나 정황증거 등으로 사용될 수 있는 것도 포함될 수 있다. 다만 그 관련성은 임의제출에 따른 압수의 동기가 된 범죄혐의사실의 내용과 수사의 대상, 수사의 경위, 임의제출의 과정 등을 종합하여 구체적·개별적 연관관계가 있는 경우에만 인정되고, 범죄혐의사실과 단순히 동종 또는 유사 범행이라는 사유만으로 관련성이 있다고 할 것은 아니다.

㉤ (×) 카메라의 기능과 정보저장매체의 기능을 함께 갖춘 휴대전화인 스마트폰을 이용한 불법촬영 범죄와 같이 범죄의 속성상 해당 범행의 상습성이 의심되거나 성적 기호 내지 경향성의 발현에 따른 일련의 범행의 일환으로 이루어진 것으로 의심되고, 범행의 직접증거가 스마트폰 안에 이미지 파일이나 동영상 파일의 형태로 남아 있을 개연성이 있는 경우에는 그 안에 저장되어 있는 같은 유형의 전자정보에서 그와 관련한 유력한 간접증거나 정황증거가 발견될 가능성이 높다는 점에서 이러한 간접증거나 정황증거는 범죄혐의사실과 구체적·개별적 연관관계를 인정할 수 있다(대법원 2021.11.18, 2016도348 전원합의체).

[보충] 이처럼 범죄의 대상이 된 피해자의 인격권을 현저히 침해하는 성격의 전자정보를 담고 있는 불법촬영물은 범죄행위로 인해 생성된 것으로서 몰수의 대상이기도 하므로 임의제출된 휴대전화에서 해당 전자정보를 신속히 압수·수색하여 불법촬영물의 유통 가능성을 적시에 차단함으로써 피해자를 보호할 필요성이 크다. 나아가 이와 같은 경우에는 간접증거나 정황증거이면서 몰수의 대상이자 압수·수색의 대상인 전자정보의 유형이 이미지 파일 내지 동영상 파일 등으로 비교적 명확하게 특정되어 그와 무관한 사적 전자정보 전반의 압수·수색으로 이어질 가능성이 적어 상대적으로 폭넓게 관련성을 인정할 여지가 많다는 점에서도 그러하다.

㉥ (×) 피의자가 소유·관리하는 정보저장매체를 피의자 아닌 피해자 등 제3자가 임의제출하는 경우에는, 그 임의제출 및 그에

따른 수사기관의 압수가 적법하더라도 임의제출의 동기가 된 범죄혐의사실과 구체적·개별적 연관관계가 있는 전자정보에 한하여 압수의 대상이 되는 것으로 더욱 제한적으로 해석하여야 한다. 피의자 개인이 소유·관리하는 정보저장매체에는 그의 사생활의 비밀과 자유, 정보에 대한 자기결정권 등 인격적 법익에 관한 모든 것이 저장되어 있어 제한 없이 압수·수색이 허용될 경우 피의자의 인격적 법익이 현저히 침해될 우려가 있기 때문이다(대법원 2021.11.18, 2016도348 전원합의체)."

02
④

④ (○) 형사소송법 제218조의 보관자가 임의로 제출한 물건에 해당하는 경우이다. "의료인이 진료 목적으로 채혈한 환자의 혈액을 수사기관에 임의로 제출하였다면 그 혈액의 증거사용에 대하여도 환자의 사생활의 비밀 기타 인격적 법익이 침해되는 등의 특별한 사정이 없는 한 반드시 그 환자의 동의를 받아야 하는 것이 아니고, 따라서 경찰관이 간호사로부터 진료 목적으로 이미 채혈되어 있던 피고인의 혈액 중 일부를 주취운전 여부에 대한 감정을 목적으로 임의로 제출 받아 이를 압수한 경우, 당시 간호사가 위 혈액의 소지자 겸 보관자인 병원 또는 담당의사를 대리하여 혈액을 경찰관에게 임의로 제출할 수 있는 권한이 없었다고 볼 특별한 사정이 없는 이상, 그 압수절차가 피고인 또는 피고인의 가족의 동의 및 영장 없이 행하여졌다고 하더라도 이에 적법절차를 위반한 위법이 있다고 할 수 없다(대법원 1999.9.3, 98도968)."

① (×) 강제채혈·강제채뇨에 필요한 영장에 관하여 판례는 택일설의 입장이다. "수사기관이 범죄 증거를 수집할 목적으로 피의자의 동의 없이 피의자의 혈액을 취득·보관하는 행위는 법원으로부터 감정처분허가장을 받아 형사소송법 제221조의4 제1항, 제173조 제1항에 의한 '감정에 필요한 처분'으로도 할 수 있지만, 형사소송법 제219조, 제106조 제1항에 정한 압수의 방법으로도 할 수 있고, 압수의 방법에 의하는 경우 혈액의 취득을 위하여 피의자의 신체로부터 혈액을 채취하는 행위는 혈액의 압수를 위한 것으로서 형사소송법 제219조, 제120조 제1항에 정한 '압수영장의 집행에 있어 필요한 처분'에 해당한다(대법원 2012.11.15, 2011도15258)."

② (×) 음주운전과 관련한 도로교통법 위반죄의 범죄수사를 위하여 미성년자인 피의자의 혈액채취가 필요한 경우에도 피의자에게 의사능력이 있다면 피의자 본인만이 혈액채취에 관한 유효한 동의를 할 수 있고, 피의자에게 의사능력이 없는 경우에도 명문의 규정이 없는 이상 법정대리인이 피의자를 대리하여 동의할 수는 없다(대법원 2014.11.13, 2013도1228).

③ (×) 위 응급실은 「형사소송법」 제216조 제3항의 범죄 장소에 준한다고 볼 수 있으므로 형사소송법 제213조의 방법에 따라 영장 없이 혈액을 취득할 수 있다. 이 경우 당연히 사후에 지체 없이 압수영장을 받아야 한다. "음주운전 중 교통사고를 야기한 후 피의자가 의식불명 상태에 빠져 있는 등으로 도로교통법이 음주운전의 제1차적 수사방법으로 규정한 호흡조사에 의한 음주측정이 불가능하고 혈액 채취에 대한 동의를 받을 수도 없을 뿐만 아니라 법원으로부터 혈액 채취에 대한 감정처분허가장이나 사전 압수영장을 발부받을 시간적 여유도 없는 긴급한 상황이 생길 수 있다. 이러한 경우 피의자의 신체 내지 의복류에 주취로 인한 냄새가 강하게 나는 등 형사소송법 제211조 제2항

제3호가 정하는 범죄의 증적이 현저한 준현행범인의 요건이 갖추어져 있고 교통사고 발생 시각으로부터 사회통념상 범행 직후라고 볼 수 있는 시간 내라면, 피의자의 생명·신체를 구조하기 위하여 사고현장으로부터 곧바로 후송된 병원 응급실 등의 장소는 형사소송법 제216조 제3항의 범죄 장소에 준한다 할 것이므로, 검사 또는 사법경찰관은 피의자의 혈중알코올농도 등 증거의 수집을 위하여 의료법상 의료인의 자격이 있는 자로 하여금 의료용 기구로 의학적인 방법에 따라 필요최소한의 한도 내에서 피의자의 혈액을 채취하게 한 후 그 혈액을 영장 없이 압수할 수 있다. 다만 이 경우에도 형사소송법 제216조 제3항 단서, 형사소송규칙 제58조, 제107조 제1항 제3호에 따라 사후에 지체 없이 강제채혈에 의한 압수의 사유 등을 기재한 영장청구서에 의하여 법원으로부터 압수영장을 받아야 한다(대법원 2012.11.15, 2011도15258)."

03
②

② ㉠㉣㉤

㉠ (○) 법관이 압수·수색영장을 발부하면서 '압수할 물건'을 특정하기 위하여 기재한 문언은 엄격하게 해석하여야 하고, 함부로 피압수자 등에게 불리한 내용으로 확장 또는 유추 해석하여서는 안 된다(대법원 2009.3.12, 2008도763 등). 따라서 피고인이 아닌 사람을 피의자로 하여 발부된 이 사건 영장을 집행하면서 피고인 소유의 이 사건 휴대전화 등을 압수한 것은 위법하다(대법원 2021.7.29, 2020도14654).

㉡ (×) 수사기관이 범죄 증거를 수집할 목적으로 피의자의 동의 없이 피의자의 소변을 채취하는 것은 법원으로부터 감정허가장을 받아 형사소송법 제221조의4 제1항, 제173조 제1항에서 정한 '감정에 필요한 처분'으로 할 수 있지만(피의자를 병원 등에 유치할 필요가 있는 경우에는 형사소송법 제221조의3에 따라 법원으로부터 감정유치장을 받아야 한다), 형사소송법 제219조, 제106조 제1항, 제109조에 따른 압수·수색의 방법으로도 할 수 있다. 이러한 압수·수색의 경우에도 수사기관은 원칙적으로 형사소송법 제215조에 따라 판사로부터 압수·수색영장을 적법하게 발부받아 집행해야 한다(대법원 2018.7.12, 2018도6219).

㉢ (×) '전기통신의 감청'은 위 '감청'의 개념 규정에 비추어 전기통신이 이루어지고 있는 상황에서 실시간으로 그 전기통신의 내용을 지득·채록하는 경우와 통신의 송·수신을 직접적으로 방해하는 경우를 의미하는 것이지 이미 수신이 완료된 전기통신에 관하여 남아 있는 기록이나 내용을 열어보는 등의 행위는 포함하지 않는다 할 것이다(대법원 2016.10.13, 2016도8137).

㉣ (○) 특별한 사정이 없는 한 '적법한 절차와 방식'에 따라 수사과정에서 진술서가 작성되었다 할 수 없으므로 그 증거능력을 인정할 수 없다(대법원 2015.4.23, 2013도3790).

㉤ (○) 공중밀집장소인 지하철 내에서 여성을 촬영한 행위와 다세대 주택에서 몰래 당시 교제 중이던 여성의 나체와 음부를 촬영한 행위는 범행 시간과 장소뿐만 아니라 범행 동기와 경위, 범행 수단과 방법 등을 달리하므로, 간접증거와 정황증거를 포함하는 구체적·개별적 연관관계 있는 관련 증거의 법리에 의하더라도, 여성의 나체와 음부가 촬영된 사진은 임의제출에 따른 압수의 동기가 된 범죄혐의사실과 구체적·개별적 연관관계 있는 전자정보로 보기 어렵고, 위 사진 및 이 사건 휴대전화에서 삭제된 전자정보를 복원하여 이를 복제한 시디는 경찰이 피

03 정답 및 해설 523

압수자인 피고인에게 참여의 기회를 부여하지 않은 상태에서 임의로 탐색·복제·출력한 전자정보로서, 피고인에게 압수한 전자정보 목록을 교부하거나 피고인이 그 과정에 참여하지 아니할 의사를 가지고 있는지 여부를 확인한 바가 없으므로, 수사기관이 영장 없이 이를 취득한 이상 증거능력이 없다(대법원 2021.11.25, 2016도82).

04

② ㉡㉢㉣㉤

㉠ (O) 전자정보를 압수하고자 하는 수사기관이 정보저장매체와 거기에 저장된 전자정보를 임의제출의 방식으로 압수할 때, 제출자의 구체적인 제출 범위에 관한 의사를 제대로 확인하지 않는 등의 사유로 인해 임의제출자의 의사에 따른 전자정보 압수의 대상과 범위가 명확하지 않거나 이를 알 수 없는 경우에는 임의제출에 따른 압수의 동기가 된 범죄혐의사실과 관련되고 이를 증명할 수 있는 최소한의 가치가 있는 전자정보에 한하여 압수의 대상이 된다(대법원 2021.11.18, 2016도348 전원합의체).

㉡ (×) 임의제출된 정보저장매체에서 압수의 대상이 되는 전자정보의 범위를 초과하여 수사기관이 임의로 전자정보를 탐색·복제·출력하는 것은 원칙적으로 위법한 압수·수색에 해당하므로 허용될 수 없다. 만약 전자정보에 대한 압수·수색이 종료되기 전에 범죄혐의사실과 관련된 전자정보를 적법하게 탐색하는 과정에서 별도의 범죄혐의와 관련된 전자정보를 우연히 발견한 경우라면, 수사기관은 더 이상의 추가 탐색을 중단하고 법원으로부터 별도의 범죄혐의에 대한 압수·수색영장을 발부받은 경우에 한하여 그러한 정보에 대하여도 적법하게 압수·수색을 할 수 있다. 따라서 임의제출된 정보저장매체에서 압수의 대상이 되는 전자정보의 범위를 넘어서는 전자정보에 대해 수사기관이 영장 없이 압수·수색하여 취득한 증거는 위법수집증거에 해당하고, 사후에 법원으로부터 영장이 발부되었다거나 피고인이나 변호인이 이를 증거로 함에 동의하였다고 하여 그 위법성이 치유되는 것도 아니다(대법원 2021.11.18, 2016도348 전원합의체).

㉢ (×) 피해자 등 제3자가 피의자의 소유·관리에 속하는 정보저장매체를 영장에 의하지 않고 임의제출한 경우에는 실질적 피압수·수색 당사자(이하 '피압수자'라 한다)인 피의자가 수사기관으로 하여금 그 전자정보 전부를 무제한 탐색하는 데 동의한 것으로 보기 어려울 뿐만 아니라 피의자 스스로 임의제출한 경우 피의자의 참여권 등이 보장되어야 하는 것과 견주어 보더라도 특별한 사정이 없는 한 형사소송법 제219조, 제121조, 제129조에 따라 피의자에게 참여권을 보장하고 압수한 전자정보 목록을 교부하는 등 피의자의 절차적 권리를 보장하기 위한 적절한 조치가 이루어져야 한다. 이와 같이 정보저장매체를 임의제출한 피압수자에 더하여 임의제출자 아닌 피의자에게도 참여권이 보장되어야 하는 '피의자의 소유·관리에 속하는 정보저장매체'란, 피의자가 압수·수색 당시 또는 이와 시간적으로 근접한 시기까지 해당 정보저장매체를 현실적으로 지배·관리하면서 그 정보저장매체 내 전자정보 전반에 관한 전속적인 관리처분권을 보유·행사하고, 달리 이를 자신의 의사에 따라 제3자에게 양도하거나 포기하지 아니한 경우로써, 피의자를 그 정보저장매체에 저장된 전자정보에 대하여 실질적인 피압수자로 평가할 수 있는 경우를 말하는 것이다. 이에 해당하는지 여부는

민사법상 권리의 귀속에 따른 법률적·사후적 판단이 아니라 압수·수색 당시 외형적·객관적으로 인식 가능한 사실상의 상태를 기준으로 판단하여야 한다. 이러한 정보저장매체의 외형적·객관적 지배·관리 등 상태와 별도로 단지 피의자나 그 밖의 제3자가 과거 그 정보저장매체의 이용 내지 개별 전자정보의 생성·이용 등에 관여한 사실이 있다거나 그 과정에서 생성된 전자정보에 의해 식별되는 정보주체에 해당한다는 사정만으로 그들을 실질적으로 압수·수색을 받는 당사자로 취급하여야 하는 것은 아니다(대법원 2022.1.27, 2021도11170).

㉣ (×) 임의제출된 정보저장매체에서 압수의 대상이 되는 전자정보의 범위를 초과하여 수사기관이 임의로 전자정보를 탐색·복제·출력하는 것은 원칙적으로 위법한 압수·수색에 해당하므로 허용될 수 없다. 만약 전자정보에 대한 압수·수색이 종료되기 전에 범죄혐의사실과 관련된 전자정보를 적법하게 탐색하는 과정에서 별도의 범죄혐의와 관련된 전자정보를 우연히 발견한 경우라면, 수사기관은 더 이상의 추가 탐색을 중단하고 법원으로부터 별도의 범죄혐의에 대한 압수·수색영장을 발부받은 경우에 한하여 그러한 정보에 대하여도 적법하게 압수·수색을 할 수 있다. 따라서 임의제출된 정보저장매체에서 압수의 대상이 되는 전자정보의 범위를 넘어서는 전자정보에 대해 수사기관이 영장 없이 압수·수색하여 취득한 증거는 위법수집증거에 해당하고, 사후에 법원으로부터 영장이 발부되었다거나 피고인이나 변호인이 이를 증거로 함에 동의하였다고 하여 그 위법성이 치유되는 것도 아니다(대법원 2021.11.18, 2016도348 전원합의체).

㉤ (×) 정보저장매체를 임의제출한 피압수자에 더하여 임의제출자 아닌 피의자에게도 참여권이 보장되어야 하는 '피의자의 소유·관리에 속하는 정보저장매체'란, 피의자가 압수·수색 당시 또는 이와 시간적으로 근접한 시기까지 해당 정보저장매체를 현실적으로 지배·관리하면서 그 정보저장매체 내 전자정보 전반에 관한 전속적인 관리처분권을 보유·행사하고, 달리 이를 자신의 의사에 따라 제3자에게 양도하거나 포기하지 아니한 경우로써, 피의자를 그 정보저장매체에 저장된 전자정보에 대하여 실질적인 피압수자로 평가할 수 있는 경우를 말하는 것이다. 이에 해당하는지 여부는 민사법상 권리의 귀속에 따른 법률적·사후적 판단이 아니라 압수·수색 당시 외형적·객관적으로 인식 가능한 사실상의 상태를 기준으로 판단하여야 한다. 이러한 정보저장매체의 외형적·객관적 지배·관리 등 상태와 별도로 단지 피의자나 그 밖의 제3자가 과거 그 정보저장매체의 이용 내지 개별 전자정보의 생성·이용 등에 관여한 사실이 있다거나 그 과정에서 생성된 전자정보에 의해 식별되는 정보주체에 해당한다는 사정만으로 그들을 실질적으로 압수·수색을 받는 당사자로 취급하여야 하는 것은 아니다(대법원 2022.1.27, 2021도11170).

05

③ ㉠㉡㉣

㉠ (O) 다른 범행에 관한 동영상은 임의제출에 따른 압수의 동기가 된 범행의 동기와 경위, 범행 수단과 방법 등을 증명하기 위한 간접증거나 정황증거 등으로 사용될 수 있으므로 구체적·개별적 연관관계가 인정되어 관련성이 있는 증거에 해당하고, 경찰관이 피의자 신문 당시 휴대전화를 피고인과 함께 탐색하는 과정에서 발견된 다른 범행에 관한 동영상을 추출·복사하

였고, 피고인이 직접 다른 범행에 관한 동영상을 토대로 '범죄일람표' 목록을 작성·제출하였으므로, 실질적으로 피고인에게 참여권이 보장되고, 전자정보 상세목록이 교부된 것과 다름이 없다(증거능력 인정, 대법원 2021.11.25, 2019도6730).

ⓛ (○) 이 사건 각 위장형 카메라에 저장된 모텔 내 3개 호실에서 촬영된 영상은 임의제출에 따른 압수의 동기가 된 다른 호실에서 촬영한 범행과 범행의 동기와 경위, 범행 수단과 방법 등을 증명하기 위한 간접증거나 정황증거 등으로 사용될 수 있으므로 구체적·개별적 연관관계가 인정되어 관련성이 있는 증거에 해당하고, 임의제출된 이 사건 각 위장형 카메라 및 그 메모리카드에 저장된 전자정보처럼 오직 불법촬영을 목적으로 방실 내 나체나 성행위 모습을 촬영할 수 있는 벽 등에 은밀히 설치되고, 촬영대상 목표물의 동작이 감지될 때에만 카메라가 작동하여 촬영이 이루어지는 등, 그 설치 목적과 장소, 방법, 기능, 작동원리상 소유자의 사생활의 비밀 기타 인격적 법익의 관점에서 그 소지·보관자의 임의제출에 따른 적법한 압수의 대상이 되는 전자정보와 구별되는 별도의 보호 가치 있는 전자정보의 혼재 가능성을 상정하기 어려운 경우에는 위 소지·보관자의 임의제출에 따른 통상의 압수절차 외에 별도의 조치가 따로 요구된다고 보기는 어렵다. 즉, 위장형 카메라 등 특수한 정보저장매체의 경우(대법원 2021.11.18, 2016도348 전원합의체 판결의 경우와 달리) 수사기관이 임의제출받은 정보저장매체가 그 기능과 속성상 임의제출에 따른 적법한 압수의 대상이 되는 전자정보와 그렇지 않은 전자정보가 혼재될 여지가 거의 없어 '사실상 대부분 압수의 대상이 되는 전자정보만이 저장되어 있는 경우'에는 소지·보관자의 임의제출에 따른 통상의 압수절차 외에 피압수자에게 참여의 기회를 보장하지 않고 전자정보 압수목록을 작성·교부하지 않았다는 점만으로 곧바로 증거능력을 부정할 것은 아니다(대법원 2021.11.25, 2019도7342).

ⓒ (×) 정보저장매체를 임의제출한 피압수자에 더하여 임의제출자 아닌 피의자에게도 참여권이 보장되어야 하는 '피의자의 소유·관리에 속하는 정보저장매체'라 함은, 피의자가 압수·수색 당시 또는 이와 시간적으로 근접한 시기까지 해당 정보저장매체를 현실적으로 지배·관리하면서 그 정보저장매체 내 전자정보 전반에 관한 전속적인 관리처분권을 보유·행사하고, 달리 이를 자신의 의사에 따라 제3자에게 양도하거나 포기하지 아니한 경우로써, 피의자를 그 정보저장매체에 저장된 전자정보에 대하여 실질적인 압수·수색 당사자로 평가할 수 있는 경우를 말하는 것이다. 이에 해당하는지 여부는 민사법상 권리의 귀속에 따른 법률적·사후적 판단이 아니라 압수·수색 당시 외형적·객관적으로 인식 가능한 사실상의 상태를 기준으로 판단하여야 한다. 이러한 정보저장매체의 외형적·객관적 지배·관리 등 상태와 별도로 단지 피의자나 그 밖의 제3자가 과거 그 정보저장매체의 이용 내지 개별 전자정보의 생성·이용 등에 관여한 사실이 있다거나 그 과정에서 생성된 전자정보에 의해 식별되는 정보주체에 해당한다는 사정만으로 그들을 실질적으로 압수·수색을 받는 당사자로 취급하여야 하는 것은 아니다(대법원 2022.1.27, 2021도11170).

[보충] 이 사건 각 PC의 임의제출에 따른 압수·수색 당시 외형적·객관적으로 인식 가능한 사실상의 상태를 기준으로 볼 때, 이 사건 각 PC나 거기에 저장된 전자정보가 피고인의 소유·관리에 속한 경우에 해당하지 않고, 오히려 이 사건 각 PC에 저장된 전자정보 전반에 관하여 당시 대학교 측이 포괄적인 관리

처분권을 사실상 보유·행사하고 있는 상태에 있었다고 인정된다고 보아, 이 사건 각 PC에 저장된 전자정보의 압수·수색은 대법원 2016도348 전원합의체 판결이 설시한 법리에 따르더라도 피의자에게 참여권을 보장하여야 하는 경우에 해당하지 아니한다. 이러한 정보저장매체에 대한 지배·관리 등의 상태와 무관하게 개별 전자정보의 생성·이용 등에 관여한 자들 혹은 그 과정에서 생성된 전자정보에 의해 식별되는 사람으로서 그 정보의 주체가 되는 사람들에게까지 모두 참여권을 인정하여야 한다는 취지의 피고인의 주장을 받아들일 수 없다.

ⓔ (○) 수사기관의 압수·수색은 법관이 발부한 압수·수색영장에 의하여야 하는 것이 원칙이고, 영장의 원본은 처분을 받는 자에게 반드시 제시되어야 하므로(대법원 2017.9.7, 2015도10648; 2019.3.14, 2018도2841 등), 금융계좌추적용 압수·수색영장의 집행에 있어서도 수사기관이 금융기관으로부터 금융거래자료를 수신하기에 앞서 금융기관에 영장 원본을 사전에 제시하지 않았다면 원칙적으로 적법한 집행 방법이라고 볼 수는 없다. 다만, 수사기관이 금융기관에 「금융실명거래 및 비밀보장에 관한 법률」(이하 '금융실명법'이라 한다) 제4조 제2항에 따라서 금융거래정보에 대하여 영장 사본을 첨부하여 그 제공을 요구한 결과 금융기관으로부터 회신받은 금융거래자료가 해당 영장의 집행 대상과 범위에 포함되어 있고, 이러한 모사전송 내지 전자적 송수신 방식의 금융거래정보 제공요구 및 자료 회신의 전 과정이 해당 금융기관의 자발적 협조의사에 따른 것이며, 그 자료 중 범죄혐의사실과 관련된 금융거래를 선별하는 절차를 거친 후 최종적으로 영장 원본을 제시하고 위와 같이 선별된 금융거래자료에 대한 압수절차가 집행된 경우로서, 그 과정이 금융실명법에서 정한 방식에 따라 이루어지고 달리 적법절차와 영장주의 원칙을 잠탈하기 위한 의도에서 이루어진 것이라고 볼 만한 사정이 없어, 이러한 일련의 과정을 전체적으로 '하나의 영장에 기하여 적시에 원본을 제시하고 이를 토대로 압수·수색하는 것'으로 평가할 수 있는 경우에 한하여, 예외적으로 영장의 적법한 집행 방법에 해당한다고 볼 수 있다(대법원 2022.1.27, 2021도11170).

[보충] 이 사건 각 금융계좌추적용 압수·수색영장의 집행 과정을 살펴보면, 수사기관이 금융기관으로부터 금융거래자료를 수신하기에 앞서 영장 원본을 사전에 제시하지 않았다고 하더라도 그 후 범죄혐의사실과 관련된 자료의 선별 절차를 거친 후 최종적으로 영장 원본을 제시하고 그 선별된 자료를 직접 압수하는 일련의 과정이 전체적으로 하나의 영장에 기하여 적시에 원본을 제시하고 이를 토대로 영장의 당초 집행 대상과 범위 내에서 이를 압수·수색한 것으로 평가할 수 있는 경우에 해당하고, 수사기관이 적법절차와 영장주의 원칙을 잠탈하려는 의도에서 위와 같은 방법으로 집행하였다고 인정할 만한 사정도 보이지 아니한다.

ⓜ (×) 모텔에 설치된 위장형 카메라 등 특수한 정보저장매체의 경우에 관한 판례의 법리로서 위 ⓛ 해설 참조(대법원 2021.11.25, 2019도7342).

06

④ ⓐⓛⓜ

ⓐ (○) 형사소송법 제211조 제2항 제2호, 제212조 참조.

03 정답 및 해설 525

형사소송법 제211조(현행범인과 준현행범인) ② 다음 각 호의 어느 하나에 해당하는 사람은 현행범인으로 본다.
2. 장물이나 범죄에 사용되었다고 인정하기에 충분한 흉기나 그 밖의 물건을 소지하고 있을 때
제212조(현행범인의 체포) 현행범인은 누구든지 영장 없이 체포할 수 있다.

ⓛ (○) 형사소송법 제213조의2, 제200조의5 및 대법원 2008.10. 9, 2008도3640 참조.

형사소송법 제213조의2(준용규정) 제87조, 제89조, 제90조, 제200조의2 제5항 및 제200조의5의 규정은 검사 또는 사법경찰관리가 현행범인을 체포하거나 현행범인을 인도받은 경우에 이를 준용한다.
제200조의5(체포와 피의사실 등의 고지) 검사 또는 사법경찰관은 피의자를 체포하는 경우에는 피의사실의 요지, 체포의 이유와 변호인을 선임할 수 있음을 말하고 변명할 기회를 주어야 한다.

ⓒ (×) 현행범체포에 있어서 필요성(도망 또는 증거인멸의 염려)의 요건은 형사소송법이 명문으로 정하고 있지 않다(형사소송법 제212조 참조, 따라서 전단이 틀린 내용임). 다만 판례는 현행범체포에 있어서 필요성 요건에 관한 적극설을 취한다(참고로, 다수설은 소극설).

범죄를 실행 중이거나 실행 직후의 현행범인은 누구든지 영장 없이 체포할 수 있다(형사소송법 제212조). 현행범인으로 체포하기 위하여는 행위의 가벌성, 범죄의 현행성·시간적 접착성, 범인·범죄의 명백성 외에 체포의 필요성, 즉 도망 또는 증거인멸의 염려가 있어야 한다(대법원 1999.1.26, 98도3029; 2016.2.18, 2015도13726).

ⓔ (×) 현행범체포의 사유로 된 범죄 혐의사실과 무관한 별건 범죄의 수사를 위해 압수의 필요가 있는 때에는 별도로 압수·수색영장을 받아야 한다. "영장 발부의 사유로 된 범죄 혐의사실과 무관한 별개의 증거를 압수하였을 경우 이는 원칙적으로 유죄 인정의 증거로 사용할 수 없다(대법원 2017.12.5, 2017도13458)."
[보충] 위 지문의 끝 부분은 긴급체포 후 24시간 내의 긴급압수·수색·검증에 관한 것이다(형사소송법 제217조 제1항). 다만 이 경우에도 긴급체포의 사유가 범죄와 관계가 있다고 인정할 수 있는 것에 한한다.

ⓜ (○) 형사소송법 제216조 제1항 제2호, 제217조 제2항 참조.

형사소송법 제216조(영장에 의하지 아니한 강제처분) ① 검사 또는 사법경찰관은 제200조의2·제200조의3·제201조 또는 제212조의 규정에 의하여 피의자를 체포 또는 구속하는 경우에 필요한 때에는 영장없이 다음 처분을 할 수 있다.
2. 체포현장에서의 압수, 수색, 검증
제217조(영장에 의하지 아니하는 강제처분) ② 검사 또는 사법경찰관은 제1항 또는 제216조 제1항 제2호에 따라 압수한 물건을 계속 압수할 필요가 있는 경우에는 지체 없이 압수수색영장을 청구하여야 한다. 이 경우 압수수색영장의 청구는 체포한 때부터 48시간 이내에 하여야 한다.

② ⓐⓒⓔ
ⓐ (○) 대법원 2023.6.1, 2020도2550, 수사준칙 제40조 참조.

정답 ②

수사준칙 제40조(압수조서와 압수목록) 검사 또는 사법경찰관은 증거물 또는 몰수할 물건을 압수했을 때에는 압수의 일시·장소, 압수 경위 등을 적은 압수조서와 압수물건의 품종·수량 등을 적은 압수목록을 작성해야 한다. 다만, 피의자신문조서, 진술조서, 검증조서에 압수의 취지를 적은 경우에는 그렇지 않다.

ⓛ (×) 피의자신문조서 등에 압수의 취지를 기재하여 압수조서에 갈음하는 것은 위법이 아니다.

형사소송법 제106조, 제218조, 제219조, 형사소송규칙 제62조, 제109조, 구 (경찰청) 범죄수사규칙(2021. 1. 8. 경찰청 훈령 제1001호로 개정되기 전의 것, 이하 '구 범죄수사규칙'이라 한다) 제119조 등 관련 규정들에 의하면, 사법경찰관이 임의제출된 증거물을 압수한 경우 압수경위 등을 구체적으로 기재한 압수조서를 작성하도록 하고 있다. 이는 사법경찰관으로 하여금 압수절차의 경위를 기록하도록 함으로써 사후적으로 압수절차의 적법성을 심사·통제하기 위한 것이다. 구 범죄수사규칙 제119조 제3항에 따라 피의자신문조서 등에 압수의 취지를 기재하여 압수조서를 갈음할 수 있도록 하더라도, 압수절차의 적법성 심사·통제 기능에 차이가 없다(대법원 2023. 6.1, 2020도2550).

[보충] 또한 수사준칙 제40조 단서(위 ⓐ 해설의 조문)에서도 동일한 취지를 규정하고 있다.

ⓒ (○) 카메라의 기능과 정보저장매체의 기능을 함께 갖춘 휴대전화기인 스마트폰을 이용한 불법촬영 범죄와 같이 범죄의 속성상 해당 범행의 상습성이 의심되거나 성적 기호 내지 경향성의 발현에 따른 일련의 범행의 일환으로 이루어진 것으로 의심되고, 범행의 직접증거가 스마트폰 안에 이미지 파일이나 동영상 파일의 형태로 남아 있을 개연성이 있는 경우에는 그 안에 저장되어 있는 같은 유형의 전자정보에서 그와 관련한 유력한 간접증거나 정황증거가 발견될 가능성이 높다는 점에서 이러한 간접증거나 정황증거는 범죄혐의사실과 구체적·개별적 연관관계를 인정할 수 있다(대법원 2023.6.1, 2020도2550).

ⓔ (○) 사법경찰관은 피의자신문 시 이 사건 동영상을 재생하여 피고인에게 제시하였고, 피고인은 이 사건 동영상의 촬영 일시, 피해 여성들의 인적사항, 몰래 촬영하였는지 여부, 촬영 동기 등을 구체적으로 진술하였으며 별다른 이의를 제기하지 않았다. 따라서 이 사건 동영상의 압수 당시 실질적으로 피고인에게 해당 전자정보 압수목록이 교부된 것과 다름이 없다고 볼 수 있다. 비록 피고인에게 압수된 전자정보가 특정된 목록이 교부되지 않았더라도, 절차 위반행위가 이루어진 과정의 성질과 내용 등에 비추어 피고인의 절차상 권리가 실질적으로 침해되었다고 보기 어려우므로 이 사건 동영상에 관한 압수는 적법하다고 평가할 수 있다(대법원 2021.11.25, 2019도9100; 2022.2.17, 2019도4938)(대법원 2023.6.1, 2020도2550).

ⓜ (×) 정보저장매체를 임의제출한 피압수자에 더하여 임의제출자 아닌 피의자에게도 참여권이 보장되어야 하는 '피의자의 소유·관리에 속하는 정보저장매체'라 함은, 피의자가 압수·수색 당시 또는 이와 시간적으로 근접한 시기까지 해당 정보저장매체를 현실적으로 지배·관리하면서 그 정보저장매체 내 전자정보 전반에 관한 전속적인 관리처분권을 보유·행사하고, 달리 이를 자신의 의사에 따라 제3자에게 양도하거나 포기하지 아니한 경우로서, 피의자를 그 정보저장매체에 저장된 전자정

백광훈 진도별 모의고사 경찰형사법

보 전반에 대한 실질적인 압수·수색 당사자로 평가할 수 있는 경우를 말하는 것이다. 이에 해당하는지 여부는 민사법상 권리의 귀속에 따른 법률적·사후적 판단이 아니라 압수·수색 당시 외형적·객관적으로 인식 가능한 사실상의 상태를 기준으로 판단하여야 한다. 이러한 정보저장매체의 외형적·객관적 지배·관리 등 상태와 별도로 단지 피의자나 그 밖의 제3자가 과거 그 정보저장매체의 이용 내지 개별 전자정보의 생성·이용 등에 관여한 사실이 있다거나 그 과정에서 생성된 전자정보에 의해 식별되는 정보주체에 해당한다는 사정만으로 그들을 실질적으로 압수·수색을 받는 당사자로 취급하여야 하는 것은 아니다(대법원 2022.1.27, 2021도11170 등 참조). 피고인이 허위의 인턴활동 확인서를 작성한 후 A의 아들 대학원 입시에 첨부자료로 제출하도록 함으로써 A 등과 공모하여 대학원 입학담당자들의 입학사정 업무를 방해한 공소사실로 기소된 사안에서, 이 사건 하드디스크의 임의제출 과정에서 B에게만 참여의 기회를 부여하고 A 등에게 참여의 기회를 부여하지 않은 것이 위법하다고 볼 수 없다(대법원 2023.9.18, 2022도7453 전원합의체).

ⓑ (×) 정보저장매체에 대한 압수·수색에 있어, 압수·수색 당시 또는 이와 시간적으로 근접한 시기까지 정보저장매체를 현실적으로 지배·관리하면서 그 정보저장매체 내 전자정보 전반에 관한 전속적인 관리처분권을 보유·행사하고, 달리 이를 자신의 의사에 따라 제3자에게 양도하거나 포기하지 아니한 경우에는, 그 지배·관리인 피의자를 정보저장매체에 저장된 전자정보 전반에 대한 실질적인 압수·수색 당사자로 평가할 수 있다(대법원 2022.1.27, 2021도11170). 그러나 유류물 압수는 수사기관이 소유권이나 관리처분권이 처음부터 존재하지 않거나, 존재하였지만 적법하게 포기된 물건, 또는 그와 같은 외관을 가진 물건 등의 점유를 수사상 필요에 따라 취득하는 수사방법을 말한다. 따라서 유류물 압수에 있어서는 정보저장매체의 현실적 지배·관리 혹은 이에 담겨있는 전자정보 전반에 관한 전속적인 관리처분권을 인정하기 어렵다. 정보저장매체를 소지하고 있던 사람이 이를 분실한 경우와 같이 그 권리를 포기하였다고 단정하기 어려운 경우에도, 수사기관이 그러한 사정을 알거나 충분히 알 수 있었음에도 이를 유류물로서 영장 없이 압수하였다는 등의 특별한 사정이 없는 한, 영장에 의한 압수나 임의제출물 압수와 같이 수사기관의 압수 당시 참여권 행사의 주체가 되는 피압수자가 존재한다고 평가할 수는 없다(대법원 2024.7.25, 2021도1181).

[정리] 범죄수사를 위해 정보저장매체의 압수가 필요하고, 정보저장매체를 소지하던 사람이 그에 관한 권리를 포기하였거나 포기한 것으로 인식할 수 있는 경우에는, 수사기관이 형사소송법 제218조에 따라 피의자 기타 사람이 유류한 정보저장매체를 영장 없이 압수할 때 해당 사건과 관계가 있다고 인정할 수 있는 것에 압수의 대상이나 범위가 한정된다거나, 참여권자의 참여가 필수적이라고 볼 수는 없다.

08 　　　　　　　　　　　　　　 정답 ①

① 없음

㉠ (×) 특별사법경찰관은 휴대전화의 압수 과정에서 압수조서 및 전자정보 상세목록을 작성·교부하지는 않았지만, 그에 갈음하여 압수의 취지가 상세히 기재된 수사보고의 일종인 조사보고를 작성하였는바, 이는 적법절차의 실질적인 내용을 침해하였다고 보기 어렵다(대법원 2023.6.1, 2020도12157).

㉡ (×) 구 「특별사법경찰관리 집무규칙(2021.1.1. 법무부령 제995호로 폐지되기 전의 것)」 제4조는 내부적 보고의무 규정에 불과하므로, 특별사법경찰관리가 위 보고의무를 이행하지 않았다고 하여 적법절차의 실질적인 내용을 침해하는 경우에 해당하지 않는다(대법원 2023.6.1, 2020도12157).

㉢ (×) ㉣ (×) 피고인은 유체물인 이 사건 메모리카드 압수 당시 메모리카드를 소지하고 있지 않았고, 당초 자신은 아무런 관련이 없다고 진술한 점, 특별사법경찰관은 메모리카드 보관자인 세관측에 이 사건 영장을 제시하면서 메모리카드를 압수하였고, 압수조서를 작성하였으며, 세관측에 압수목록을 교부한 점을 감안하면 피고인은 압수 집행과정에서 절차 참여를 보장받아야 하는 사람에 해당한다고 단정할 수 없거나, 압수 집행과정에서 피고인에 대한 절차 참여를 보장한 취지가 실질적으로 침해되었다고 보기 어렵다. … 위 ㉠㉡에서 압수된 휴대전화에서 출력한 카카오톡 및 문자메시지과 위 ㉢에서 압수한 메모리카드의 증거능력은 모두 인정된다(대법원 2023.6.1, 2020도12157).

09 　　　　　　　　　　　　　　 정답 ③

③ ㉠㉡㉣

㉠ (×) 정보저장매체를 임의제출한 피압수자에 더하여 임의제출자 아닌 피의자에게도 참여권이 보장되어야 하는 '피의자의 소유·관리에 속하는 정보저장매체'라 함은, 피의자가 압수·수색 당시 또는 이와 시간적으로 근접한 시기까지 해당 정보저장매체를 현실적으로 지배·관리하면서 그 정보저장매체 내 전자정보 전반에 관한 전속적인 관리처분권을 보유·행사하고, 달리 이를 자신의 의사에 따라 제3자에게 양도하거나 포기하지 아니한 경우로서, 피의자를 그 정보저장매체에 저장된 전자정보 전반에 대한 실질적인 압수·수색 당사자로 평가할 수 있는 경우를 말하는 것이다. 이에 해당하는지 여부는 민사법상 권리의 귀속에 따른 법률적·사후적 판단이 아니라 압수·수색 당시 외형적·객관적으로 인식 가능한 사실상의 상태를 기준으로 판단하여야 한다. 이러한 정보저장매체의 외형적·객관적 지배·관리 등 상태와 별도로 단지 피의자나 그 밖의 제3자가 과거 그 정보저장매체의 이용 내지 개별 전자정보의 생성·이용 등에 관여한 사실이 있다거나 그 과정에서 생성된 전자정보에 의해 식별되는 정보주체에 해당한다는 사정만으로 그들을 실질적으로 압수·수색을 받는 당사자로 취급하여야 하는 것은 아니다(대법원 2022.1.27, 2021도11170 등 참조). 피고인이 허위의 인턴활동 확인서를 작성한 후 A의 아들 대학원 입시에 첨부자료로 제출하도록 함으로써 A 등과 공모하여 대학원 입학담당자들의 입학사정 업무를 방해한 공소사실로 기소된 사안에서, 이 사건 하드디스크의 임의제출 과정에서 B에게만 참여의 기회를 부여하고 A 등에게 참여의 기회를 부여하지 않은 것이 위법하다고 볼 수 없다(대법원 2023.9.18, 2022도7453 전원합의체).

㉡ (○) ⓐ 참여권 보장의 문제: 피해자 등 제3자가 피의자의 소유·관리에 속하는 정보저장매체를 임의제출한 경우에는 실질적 피압수자인 피의자가 수사기관으로 하여금 그 전자정보 전부를 무제한 탐색하는 데 동의한 것으로 보기 어려울 뿐만 아니라 피의자 스스로 임의제출한 경우 피의자의 참여권 등이 보장되어야 하는 것과 견주어 보더라도 특별한 사정이 없는 한 피의자에게 참여권을 보장하고 압수한 전자정보 목록을 교부하는 등 피의자의 절차적 권리를 보장하기 위한 적절한 조치가 이루

어져야 한다(대법원 2021.11.18, 2016도348 전원합의체). 이와 같이 정보저장매체를 임의제출한 피압수자에 더하여 임의제출자 아닌 피의자에게도 참여권이 보장되어야 하는 '피의자의 소유·관리에 속하는 정보저장매체'라 함은, 피의자가 압수·수색 당시 또는 이와 시간적으로 근접한 시기까지 해당 정보저장매체를 현실적으로 지배·관리하면서 그 정보저장매체 내 전자정보 전반에 관한 전속적인 관리처분권을 보유·행사하고, 달리 이를 자신의 의사에 따라 제3자에게 양도하거나 포기하지 아니한 경우로서, 피의자를 그 정보저장매체에 저장된 전자정보 전반에 대한 실질적인 압수·수색 당사자로 평가할 수 있는 경우를 말하는 것이다. 이에 해당하는지 여부는 민사법상 권리의 귀속에 따른 법률적·사후적 판단이 아니라 압수·수색 당시 외형적·객관적으로 인식 가능한 사실상의 상태를 기준으로 판단하여야 한다(대법원 2022.1.27, 2021도11170; 2023.9.18, 2022도7453 전원합의체). ··· 피해자가 임의제출한 이 사건 휴대전화 내 전자정보의 탐색 등 과정에서 실질적 피압수자인 피고인의 참여권이 보장되지 않았고, 전자정보 압수목록이 교부되지 않은 위법이 있다. ⓑ 객관적 관련성의 문제: 임의제출된 정보저장매체에서 압수의 대상이 되는 전자정보의 범위를 초과하여 수사기관 임의로 전자정보를 탐색·복제·출력하는 것은 원칙적으로 위법한 압수·수색에 해당하므로 허용될 수 없다. 만약 전자정보에 대한 압수·수색이 종료되기 전에 범죄혐의사실과 관련된 전자정보를 적법하게 탐색하는 과정에서 별도의 범죄혐의와 관련된 전자정보를 우연히 발견한 경우라면, 수사기관은 더 이상의 추가 탐색을 중단하고 법원으로부터 별도의 범죄혐의에 대한 압수·수색영장을 발부받은 경우에 한하여 그러한 정보에 대하여도 적법하게 압수·수색을 할 수 있다(위 대법원 2021.11.18, 2016도348 전원합의체 참조). ··· 피고인이 지하철, 학원 등지에서 성명불상의 여고생들을 몰래 촬영한 사진은 임의제출에 따른 압수의 동기가 된 범죄혐의사실인 음화제조교사 부분과 구체적·개별적 연관관계 있는 전자정보로 보기 어렵다. 그런데 사법경찰관은 별도의 범죄혐의와 관련된 전자정보를 우연히 발견하였음에도 더 이상의 추가 탐색을 중단하거나 법원으로부터 압수·수색영장을 발부받지 않았으므로, 그러한 정보에 대한 압수·수색은 위법하다(불법촬영사진의 증거능력 부정, 대법원 2023.12.14, 2020도1669).

ⓒ (×) (선행 절차위법과 사이에 인과관계가 희석 내지 단절되는지의 문제) 사법경찰관은 피고인의 참여권 등 절차적인 권리를 전혀 보장하지 않은 채 이 사건 휴대전화에 저장된 성폭력처벌법 위반(카메라등이용촬영) 관련 전자정보를 탐색·복원하였고, 별도의 압수·수색영장을 발부받지 않고 여고생들에 대한 불법촬영 부분을 포함하여 피고인에 대하여 두 차례 피의자신문을 실시하는 등 수사를 진행하였다. 이후 사건이 군검사에게 송치되었는데 군검사는 이 사건 휴대전화를 피해자 측에 환부한 후 다시 제출받아 이 사건 영장에 따라 불법촬영사진을 탐색하기는 하였으나, 이는 군검사가 피해자에게 위 휴대전화를 환부하기 이전에 미리 이 사건 영장을 발부받은 다음 위 휴대전화를 피해자에게 환부하고, 휴대전화가 피해자 측을 거쳐 피고인이 소속된 군부대에 도착하자 이 사건 영장을 집행하여 다시 위 불법촬영사진을 탐색·복원·출력한 것에 불과하다. 따라서 군검사의 증거수집과 사법경찰관의 선행 절차위법 사이에는 여전히 직접적 인과관계가 있다고 볼 수 있고 그 인과관계가 희석되거나 단절되었다고 보기는 어려우며, 결국 위 불법촬영사진

출력물, 시디(CD) 역시 위법하게 수집된 증거로서 증거능력이 없다(2차적 증거의 증거능력도 부정, 대법원 2023.12.14, 2020도1669).

ⓓ (○) ⓐ (원칙) 수사기관은 압수를 한 경우 압수경위를 기재한 압수조서와 압수물의 특징을 구체적으로 기재한 압수목록을 작성하고, 압수목록은 압수물의 소유자·소지자·보관자 기타 이에 준하는 사람에게 교부하여야 한다(형사소송법 제219조, 제129조, 「검사의 사법경찰관리에 대한 수사지휘 및 사법경찰관리의 수사준칙에 관한 규정」 제44조). 압수조서에는 작성연월일과 함께 품종, 외형상의 특징과 수량을 기재하여야 하고(형사소송법 제49조 제3항, 제57조 제1항), 그 내용은 객관적 사실에 부합하여야 하므로(대법원 2009.3.12, 2008도763 참조), 압수목록 역시 압수물의 특징을 객관적 사실에 맞게 구체적으로 기재하여야 하는데, 압수방법·장소·대상자별로 명확히 구분한 후 압수물의 품종·종류·명칭·수량·외형상 특징 등을 최대한 구체적이고 정확하게 특정하여 기재하여야 한다. 이는 수사기관의 압수 처분에 대한 사후적 통제수단임과 동시에 피압수자 등이 압수물에 대한 환부·가환부 청구를 하거나 부당한 압수 처분에 대한 준항고를 하는 등 권리행사절차를 밟는 데 가장 기초적인 자료가 되므로, 이러한 권리행사에 지장이 없도록 압수 직후 현장에서 바로 작성하여 교부하는 것이 원칙이다(대법원 2009.3.12, 2008도763 등). 한편, 임의제출에 따른 압수(형사소송법 제218조)의 경우에도 압수물에 대한 수사기관의 점유취득이 제출자의 의사에 따라 이루어진다는 점에서만 차이가 있을 뿐 범죄혐의를 전제로 한 수사 목적이나 압수의 효력은 영장에 의한 압수의 경우와 동일하므로(대법원 2021.11.18, 2016도348 전원합의체), 헌법상 기본권에 관한 수사기관의 부당한 침해로부터 신속하게 권리를 구제받을 수 있도록 수사기관은 영장에 의한 압수와 마찬가지로 객관적·구체적인 압수목록을 신속하게 작성·교부할 의무를 부담한다. ⓑ (예외) 다만, 적법하게 발부된 영장의 기재는 그 집행의 적법성 판단의 우선적인 기준이 되어야 하므로, 예외적으로 압수물의 수량·종류·특성 기타의 사정상 압수 직후 현장에서 압수목록을 작성·교부하지 않을 수 있다는 취지가 영장에 명시되어 있고, 이와 같은 특수한 사정이 실제로 존재하는 경우에는 압수영장을 집행한 후 일정한 기간이 경과하고서 압수목록을 작성·교부할 수도 있으나, 압수목록 작성·교부 시기의 예외에 관한 영장의 기재는 피의자·피압수자 등의 압수 처분에 대한 권리구제절차 또는 불복절차가 형해화되지 않도록 그 취지에 맞게 엄격히 해석되어야 하고, 나아가 예외적 적용의 전제가 되는 특수한 사정의 존재 여부는 수사기관이 이를 증명하여야 하며, 그 기간 역시 필요 최소한에 그쳐야 한다. 또한 영장에 의한 압수 및 그 대상물에 대한 확인조치가 끝나면 그것으로 압수절차는 종료되고, 압수물과 혐의사실과의 관련성 여부에 관한 평가 및 그에 필요한 추가 수사는 압수절차 종료 이후의 사정에 불과하므로 이를 이유로 압수 직후 이루어져야 하는 압수목록 작성·교부의무를 해태·거부할 수는 없다(대법원 2024.1.5, 2021모385).

[보충] 서울본부세관은 2020.7.17.경에는 압수물의 품명, 수량, 제조번호 등을 모두 확인하였으므로 이때 압수방법 및 시기별로 명확히 구분하여 위 각 사항을 구체적으로 특정하여 기재한 상세 압수목록을 작성·교부하였어야 함에도, 그 시점으로부터 50여 일이 경과한 후에야 상세 압수목록을 교부하였을 뿐만 아니라 내용상 압수방법 및 시기별로 구분이 되어 있지 않았기에

압수처분에 대한 법률상 권리구체절차 또는 불복절차가 사실상 불가능하였거나 상당한 지장이 초래되었다고 판단된다.

ⓜ (×) 형사소송법 제215조 제1항은 '범죄수사에 필요한 때에는 피의자가 죄를 범하였다고 의심할 만한 정황이 있고 해당 사건과 관계가 있다고 인정할 수 있는 것에 한정하여 지방법원판사에게 청구하여 발부받은 영장에 의하여 압수, 수색 또는 검증을 할 수 있다'고 규정하고 있다. 그러나 유류물 압수의 근거인 형사소송법 제218조는 유류물을 압수하는 경우에 사전, 사후에 영장을 받을 것을 요구하지 않는다. 유류물 압수와 같은 조문에 규정된 임의제출물 압수의 경우, 제출자가 제출·압수의 대상을 개별적으로 지정하거나 그 범위를 한정할 수 있으나, 유류물 압수는 그와 같은 제출자의 존재를 생각하기도 어렵다. 따라서 유류물 압수·수색에 대해서는 원칙적으로 영장에 의한 압수·수색·검증에 관하여 적용되는 형사소송법 제215조 제1항이나 임의제출물 압수에 관하여 적용되는 형사소송법 제219조에 의하여 준용되는 제106조 제1항, 제3항, 제4항에 따른 관련성의 제한이 적용된다고 보기 어렵다(대법원 2024.7.25, 2021도1181).
[정리] 범죄수사를 위해 정보저장매체의 압수가 필요하고, 정보저장매체를 소지하던 사람이 그에 관한 권리를 포기하였거나 포기한 것으로 인식할 수 있는 경우에는, 수사기관이 형사소송법 제218조에 따라 피의자 기타 사람이 유류한 정보저장매체를 영장 없이 압수할 때 해당 사건과 관계가 있다고 인정할 수 있는 것에 압수의 대상이나 범위가 한정된다거나, 참여권자의 참여가 필수적이라고 볼 수는 없다.

10

정답 ④

④ ㉠ㄴㄷㅁ

㉠ (○) 형사소송법 제125조, 제126조

> **형사소송법 제125조(야간집행의 제한)** 일출 전, 일몰 후에는 압수·수색영장에 야간집행을 할 수 있는 기재가 없으면 그 영장을 집행하기 위하여 타인의 주거, 간수자 있는 가옥, 건조물, 항공기 또는 선차 내에 들어가지 못한다.
> **제126조(야간집행제한의 예외)** 다음 장소에서 압수·수색영장을 집행함에는 전조의 제한을 받지 아니한다.
> 1. 도박 기타 풍속을 해하는 행위에 상용된다고 인정하는 장소
> 2. 여관, 음식점 기타 야간에 공중이 출입할 수 있는 장소. 단, 공개한 시간 내에 한한다.

ㄴ (○) 형사소송법 제333조 제3항

> **형사소송법 제333조(압수장물의 환부)** ③ 가환부한 장물에 대하여 별단의 선고가 없는 때에는 환부의 선고가 있는 것으로 간주한다.

ㄷ (○) 형사소송법 제128조, 제129조, 제130조

> **형사소송법 제128조(증명서의 교부)** 수색한 경우에 증거물 또는 몰취할 물건이 없는 때에는 그 취지의 증명서를 교부하여야 한다.
> **제129조(압수목록의 교부)** 압수한 경우에는 목록을 작성하여 소유자, 소지자, 보관자 기타 이에 준할 자에게 교부하여야 한다.
> **제130조(압수물의 보관과 폐기)** ① 운반 또는 보관에 불편한 압수물에 관하여는 간수자를 두거나 소유자 또는 적당한 자의 승낙을 얻어 보관하게 할 수 있다.
> ② 위험발생의 염려가 있는 압수물은 폐기할 수 있다.

ㄹ (×) 제출명령은 수사기관에게는 인정되지 않는다. 법원의 제출명령에 관해서는 형사소송법 제106조 제2항 참조.

ㅁ (○) 형사소송법은 수사기관의 압수·수색영장 집행에 대한 사후적 통제수단 및 피압수자의 신속한 구제절차로 준항고 절차를 마련하여 검사 또는 사법경찰관의 압수 등에 관한 처분에 대하여 불복이 있으면 처분의 취소 또는 변경을 구할 수 있도록 규정하고 있다(형사소송법 제417조). 피압수자는 준항고인의 지위에서 불복의 대상이 되는 압수 등에 관한 처분을 특정하고 준항고취지를 명확히 하여 청구의 내용을 서면으로 기재한 다음 관할법원에 제출하여야 한다(형사소송법 제418조)(대법원 2023.1.12, 2022모1566).

ㅂ (×) 수사기관의 압수물의 환부에 관한 형사소송법 제417조의 준항고는 검사 또는 사법경찰관이 수사 단계에서 압수물의 환부에 관하여 처분을 할 권한을 가지고 있을 경우에 그 처분에 관하여 제기할 수 있는 불복절차이다(대법원 1974.5.30, 74모28; 1984.2.6, 84모3). 공소제기 이전의 수사 단계에서는 압수물 환부·가환부에 관한 처분권한이 수사기관에 있으나 공소제기 이후의 단계에서는 위 권한이 수소법원에 있으므로 검사의 압수물에 대한 처분에 관하여 형사소송법 제417조의 준항고로 다툴 수 없다. 또한 형사소송법 제332조에 따라 압수물에 대한 몰수의 선고가 포함되지 않은 판결이 확정된 때에는 압수가 해제된 것으로 간주되므로 이 경우 검사에게는 압수물 환부에 대한 처분을 할 권한이 없다(대법원 2024.3.12, 2022모2352).

11

정답 ②

② ㄴㄷㄹ

㉠ (×) 결정으로 환부하여야 한다. 형사소송법 제133조 제1항 참조.

> **형사소송법 제133조(압수물의 환부, 가환부)** ① 압수를 계속할 필요가 없다고 인정되는 압수물은 피고사건 종결 전이라도 결정으로 환부하여야 하고 증거에 공할 압수물은 소유자, 소지자, 보관자 또는 제출인의 청구에 의하여 가환부할 수 있다.

ㄴ (○) 형사소송법 제133조 제2항 참조.

> **형사소송법 제133조(압수물의 환부, 가환부)** ② 증거에만 공할 목적으로 압수한 물건으로서 그 소유자 또는 소지자가 계속 사용하여야 할 물건은 사진촬영 기타 원형보존의 조치를 취하고 신속히 가환부하여야 한다.

ㄷ (○) 피압수자 등 환부를 받을 자가 압수 후 그 소유권을 포기하는 등에 의하여 실체법상의 권리를 상실하더라도 그 때문에 압수물을 환부하여야 하는 수사기관의 의무에 어떠한 영향을 미칠 수 없고, 또한 수사기관에 대하여 형사소송법상의 환부청구권을 포기한다는 의사표시를 하더라도 그 효력이 없어 그에 의하여 수사기관의 필요적 환부의무가 면제된다고 볼 수는 없으므로, 압수물의 소유권이나 그 환부청구권을 포기하는 의사표시로 인하여 위 환부의무에 대응하는 압수물에 대한 환부청구권이 소멸하는 것은 아니다(대법원 1996.8.16, 94모51 전원합의체).

ㄹ (○) 피고인에게 의견을 진술할 기회를 주지 아니한 채 한 가환부결정은 형사소송법 제135조에 위배하여 위법하고 이 위법은 재판의 결과에 영향을 미쳤다 할 것이다(대법원 1980.2.5, 80모3).

ㅁ (×) 형사소송법은 수사기관의 압수·수색영장 집행에 대한 사후적 통제수단 및 피압수자의 신속한 구제절차로 준항고 절차

를 마련하여 검사 또는 사법경찰관의 압수 등에 관한 처분에 대하여 불복이 있으면 처분의 취소 또는 변경을 구할 수 있도록 규정하고 있다(형사소송법 제417조). 피압수자는 준항고인의 지위에서 불복의 대상이 되는 압수 등에 관한 처분을 특정하고 준항고취지를 명확히 하여 청구의 내용을 서면으로 기재한 다음 관할법원에 제출하여야 한다(형사소송법 제418조). 다만 준항고인이 불복의 대상이 되는 압수 등에 관한 처분을 구체적으로 특정하기 어려운 사정이 있는 경우에는 법원은 석명권 행사 등을 통해 준항고인에게 불복하는 압수 등에 관한 처분을 특정할 수 있는 기회를 부여하여야 한다. … (또한) 형사소송법 제417조에 따른 준항고 절차는 항고소송의 일종으로 당사자주의에 의한 소송절차와는 달리 대립되는 양 당사자의 관여를 필요로 하지 않는다. 따라서 준항고인이 불복의 대상이 되는 압수 등에 관한 처분을 한 수사기관을 제대로 특정하지 못하거나 준항고인이 특정한 수사기관이 해당 처분을 한 사실을 인정하기 어렵다는 이유만으로 준항고를 쉽사리 배척할 것은 아니다. … 준항고인이 압수·수색 처분의 주체로 지정한 수사처 검사가 압수·수색 처분을 한 사실이 없다거나 준항고인을 압수·수색 영장 대상자로 하여 어떠한 물건에 대한 압수·수색 처분을 하였다고 인정할 자료가 없거나 부족하다는 이유만으로 준항고인의 이 부분 청구를 기각한 원심의 판단에는 준항고 대상 특정에 관한 법리를 오해하고 필요한 심리를 다하지 않아 재판에 영향을 미친 잘못이 있다(대법원 2023.1.12, 2022모1566).

> **형사소송법 제417조(동전)** 검사 또는 사법경찰관의 구금, 압수 또는 압수물의 환부에 관한 처분과 제243조의2에 따른 변호인의 참여 등에 관한 처분에 대하여 불복이 있으면 그 직무집행지의 관할법원 또는 검사의 소속검찰청에 대응한 법원에 그 처분의 취소 또는 변경을 청구할 수 있다.
> **제418조(준항고의 방식)** 전2조의청구는 서면으로 관할법원에 제출하여야 한다.

12

③ (×) 피고인·피의자 아닌 자에 대해서도 인정된다. 다만 증적의 존재를 확인할 수 있는 현저한 사유가 있는 경우에 한한다.

> **형사소송법 제141조(신체검사에 관한 주의)** ② 피고인 아닌 사람의 신체검사는 증거가 될 만한 흔적을 확인할 수 있는 현저한 사유가 있는 경우에만 할 수 있다.

① (○) 사법경찰관 사무취급이 작성한 실황조서가 사고발생 직후 사고장소에서 긴급을 요하여 판사의 영장 없이 시행된 것으로서 형사소송법 제216조 제3항에 의한 검증에 따라 작성된 것이라면 사후영장을 받지 않는 한 유죄의 증거로 삼을 수 없다(대법원 1989.3.14, 88도1399).

② (○) 형사소송법 제219조, 제140조 참조.

> **형사소송법 제219조(준용규정)** 제106조, 제107조, 제109조 내지 제112조, 제114조, 제115조 제1항 본문, 제2항, 제118조부터 제132조까지, 제134조, 제135조, 제140조, 제141조, 제333조 제2항, 제486조의 규정은 검사 또는 사법경찰관의 본장의 규정에 의한 압수, 수색 또는 검증에 준용한다.
> **제140조(검증과 필요한 처분)** 검증을 함에는 신체의 검사, 사체의 해부, 분묘의 발굴, 물건의 파괴 기타 필요한 처분을 할 수 있다.

④ (○) 수사기관이 범죄 증거를 수집할 목적으로 피의자의 동의 없이 피의자의 혈액을 취득·보관하는 행위는 법원으로부터 감정처분허가장을 받아 형사소송법 제221조의4 제1항, 제173조 제1항에 의한 '감정에 필요한 처분'으로도 할 수 있지만, 형사소송법 제219조, 제106조 제1항에 정한 압수의 방법으로도 할 수 있고, 압수의 방법에 의하는 경우 혈액의 취득을 위하여 피의자의 신체로부터 혈액을 채취하는 행위는 혈액의 압수를 위한 것으로서 형사소송법 제219조, 제120조 제1항에 정한 '압수영장의 집행에 있어 필요한 처분'에 해당한다(대법원 2012.11.15, 2011도15258).

13

정답 ③

③ ㉠㉡㉢㉣

㉠ (×) 해당 증거에 대한 증거조사가 곤란한 경우 뿐만 아니라 증명력의 변화가 예상되는 경우도 포함된다.

㉡ (×) 형사소송법 제184조에 의한 증거보전은 피고인 또는 피의자가 형사입건도 되기 전에는 청구할 수 없고, 또 피의자신문에 해당하는 사항을 증거보전의 방법으로 청구할 수 없다(대법원 1979.6.12, 79도792). 피고인에 신문도 허용되지 않는다. 다만, 공동피고인과 피고인이 뇌물을 주고받은 사이로 필요적 공범관계에 있다고 하더라도 검사는 수사단계에서 피고인에 대한 증거를 미리 보전하기 위하여 필요한 경우에는 판사에게 공동피고인을 증인으로 신문할 것을 청구할 수 있다(대법원 1988.11.8, 86도1646).

㉢ (×) 제1회 공판기일 전이라면, 공소제기 후라도 가능하다.

> **형사소송법 제184조(증거보전의 청구와 그 절차)** ① 검사, 피고인, 피의자 또는 변호인은 미리 증거를 보전하지 아니하면 그 증거를 사용하기 곤란한 사정이 있는 때에는 제1회 공판기일 전이라도 판사에게 압수, 수색, 검증, 증인신문 또는 감정을 청구할 수 있다.

㉣ (×) 증거보전청구를 함에는 '서면'으로 그 사유를 소명하여야 한다.

> **형사소송법 제184조(증거보전의 청구와 그 절차)** ① 검사, 피고인, 피의자 또는 변호인은 미리 증거를 보전하지 아니하면 그 증거를 사용하기 곤란한 사정이 있는 때에는 제1회 공판기일 전이라도 판사에게 압수, 수색, 검증, 증인신문 또는 감정을 청구할 수 있다.
> ③ 제1항의 청구를 함에는 서면으로 그 사유를 소명하여야 한다.

㉤ (○) 증인신문조서가 증거보전절차에서 피고인이 증인으로서 증언한 내용을 기재한 것이 아니라 증인(甲)의 증언내용을 기재한 것이고 다만 피의자였던 피고인이 당사자로 참여하여 자신의 범행사실을 시인하는 전제하에 위 증인에게 반대신문한 내용이 기재되어 있을 뿐이라면, 위 조서는 공판준비 또는 공판기일에 피고인 등의 진술을 기재한 조서도 아니고, 반대신문과정에서 피의자가 한 진술에 관한 한 형사소송법 제184조에 의한 증인신문조서도 아니므로 위 조서 중 피의자의 진술기재부분에 대하여는 형사소송법 제311조에 의한 증거능력을 인정할 수 없다(대법원 1984.5.15, 84도508).

㉥ (○) 제1회 공판기일 전에 형사소송법 제184조에 의한 증거보전절차에서 증인신문을 하면서, 위 증인신문의 일시와 장소를

피의자 및 변호인에게 미리 통지하지 아니하여 증인신문에 참여할 수 있는 기회를 주지 아니하였고, 또 변호인이 제1심 공판기일에 위 증인신문조서의 증거조사에 관하여 이의신청을 하였다면, 위 증인신문조서는 증거능력이 없다 할 것이고, 그 증인이 후에 법정에서 그 조서의 진정성립을 인정한다 하여 다시 그 증거능력을 취득한다고 볼 수도 없다(대법원 1992.2.28, 91도2337). 또한 위 지문 후단의 내용은 형사소송법 제185조 참조.

> **형사소송법 제185조(서류의 열람등)** 검사, 피고인, 피의자 또는 변호인은 판사의 허가를 얻어 전조의 처분에 관한 서류와 증거물을 열람 또는 등사할 수 있다.

14
정답 ②

② (×) 증거보전청구를 함에는 '서면'으로 그 사유를 소명하여야 한다.

> **형사소송법 제184조(증거보전의 청구와 그 절차)** ① 검사, 피고인, 피의자 또는 변호인은 미리 증거를 보전하지 아니하면 그 증거를 사용하기 곤란한 사정이 있는 때에는 제1회 공판기일 전이라도 판사에게 압수, 수색, 검증, 증인신문 또는 감정을 청구할 수 있다.
> ③ 제1항의 청구를 함에는 서면으로 그 사유를 소명하여야 한다.

① (○) 형사소송법 제184조 제1항 참조.

> **형사소송법 제184조(증거보전의 청구와 그 절차)** ① 검사, 피고인, 피의자 또는 변호인은 미리 증거를 보전하지 아니하면 그 증거를 사용하기 곤란한 사정이 있는 때에는 제1회 공판기일 전이라도 판사에게 압수, 수색, 검증, 증인신문 또는 감정을 청구할 수 있다.

③ (○) 증인신문조서가 증거보전절차에서 피고인이 증인으로서 증언한 내용을 기재한 것이 아니라 증인(甲)의 증언내용을 기재한 것이고 다만 피의자였던 피고인이 당사자로 참여하여 자신의 범행사실을 시인하는 전제하에 위 증인에게 반대신문한 내용이 기재되어 있을 뿐이라면, 위 조서는 공판준비 또는 공판기일에 피고인 등의 진술을 기재한 조서도 아니고, 반대신문과정에서 피의자가 한 진술에 관한 한 형사소송법 제184조에 의한 증인신문조서도 아니므로 위 조서중 피의자의 진술기재부분에 대하여는 형사소송법 제311조에 의한 증거능력을 인정할 수 없다(대법원 1984.5.15, 84도508).

④ (○) 형사소송법 제184조 제1항·제4항 참조.

> **형사소송법 제184조(증거보전의 청구와 그 절차)** ① 검사, 피고인, 피의자 또는 변호인은 미리 증거를 보전하지 아니하면 그 증거를 사용하기 곤란한 사정이 있는 때에는 제1회 공판기일 전이라도 판사에게 압수, 수색, 검증, 증인신문 또는 감정을 청구할 수 있다.
> ④ 제1항의 청구를 기각하는 결정에 대하여는 3일 이내에 항고할 수 있다.

15
정답 ④

④ ㉠㉡㉢㉤

㉠ (○) 수사상 증인신문은 참고인의 출석과 진술을 강제함으로써 진술증거의 수집과 보전을 기하는 것이 제도적 취지이다.

㉡ (○) 형사소송법 제221조의2 제1항 참조.

> **형사소송법 제221조의2(증인신문의 청구)** ① 범죄의 수사에 없어서는 아니 될 사실을 안다고 명백히 인정되는 자가 전조의 규정에 의한 출석 또는 진술을 거부한 경우에는 검사는 제1회 공판기일 전에 한하여 판사에게 그에 대한 증인신문을 청구할 수 있다.

㉢ (○) 판사가 형사소송법 제184조에 의한 증거보전절차로 증인신문을 하는 경우에는 동법 제221조의2에 의한 증인신문의 경우와는 달리 동법 제163조에 따라 검사, 피의자 또는 변호인에게 증인신문의 시일과 장소를 미리 통지하여 증인신문에 참여할 수 있는 기회를 주어야 하나 참여의 기회를 주지 아니한 경우라도 피고인과 변호인이 증인신문조서를 증거로 할 수 있음에 동의하여 별다른 이의 없이 적법하게 증거조사를 거친 경우에는 위 증인신문조서는 증인신문절차가 위법하였는지의 여부에 관계없이 증거능력이 부여된다(대법원 1988.11.8, 86도1646).

㉣ (×) 형사소송법 제221조의2 제2항에 의한 검사의 증인신문청구는 수사단계에서의 피의자 이외의 자의 진술이 범죄의 증명에 없어서는 안될 것으로 인정되는 경우에 공소유지를 위하여 이를 보전하려는데 그 목적이 있으므로 이 증인신문청구를 하려면 증인의 진술로서 증명할 대상인 피의사실이 존재하여야 하고, 피의사실은 수사기관이 어떤 자에 대하여 내심으로 혐의를 품고 있는 정도의 상태만으로는 존재한다고 할 수 없고 고소, 고발 또는 자수를 받거나 또는 수사기관 스스로 범죄의 혐의가 있다고 보아 수사를 개시하는 범죄의 인지 등 수사의 대상으로 삼고 있음을 외부적으로 표현한 때에 비로소 그 존재를 인정할 수 있다(대법원 1989.6.20, 89도648).

㉤ (○) 형사소송법 제184조 제1항·제4항 참조.

> **형사소송법 제184조(증거보전의 청구와 그 절차)** ① 검사, 피고인, 피의자 또는 변호인은 미리 증거를 보전하지 아니하면 그 증거를 사용하기 곤란한 사정이 있는 때에는 제1회 공판기일 전이라도 판사에게 압수, 수색, 검증, 증인신문 또는 감정을 청구할 수 있다.
> ④ 제1항의 청구를 기각하는 결정에 대하여는 3일 이내에 항고할 수 있다.

16
정답 ④

④ (○) 형사소송법 제186조 제1항·제4항 참조.

> **형사소송법 제184조(증거보전의 청구와 그 절차)** ① 검사, 피고인, 피의자 또는 변호인은 미리 증거를 보전하지 아니하면 그 증거를 사용하기 곤란한 사정이 있는 때에는 제1회 공판기일 전이라도 판사에게 압수, 수색, 검증, 증인신문 또는 감정을 청구할 수 있다.
> ④ 제1항의 청구를 기각하는 결정에 대하여는 3일 이내에 항고할 수 있다.

① (×) 즉시항고를 허용하는 규정이 없고, 수임판사의 결정이므로 불복할 수 없다.

② (×) 형사소송법 제221조의2 제5항 참조.

> **형사소송법 제221조의2(증인신문의 청구)** ⑤ 판사는 제1항의 청구에 따라 증인신문기일을 정한 때에는 피고인·피의자 또는 변호인에게 이를 통지하여 증인신문에 참여할 수 있도록 하여야 한다.

③ (×) 공동피고인과 피고인이 뇌물을 주고받은 사이로 필요적 공범관계에 있다고 하더라도 검사는 수사단계에서 피고인에 대한 증거를 미리 보전하기 위하여 필요한 경우에는 판사에게 공동피고인을 증인으로 신문할 것을 청구할 수 있다(대법원 1988. 11.8, 86도1646).

17 정답 ④

④ (×) 사법경찰관이 범죄를 수사한 후 범죄의 혐의가 인정되지 않아 불송치 결정을 하는 경우, 사법경찰관은 그 이유를 명시한 서면과 함께 관계 서류와 증거물을 지체 없이 검사에게 송부해야 하며, 검사는 송부받은 날로부터 90일 이내에 사법경찰관에게 그 서류 등을 반환하여야 한다(형사소송법 제245조의5 제2호).

① (○) 검사와 사법경찰관의 상호협력 및 일반적 수사준칙에 관한 규정(이하 '수사준칙') 제53조 제1항

> **수사준칙 제53조(수사 결과의 통지)** ① 검사 또는 사법경찰관은 제51조 또는 제52조에 따른 결정을 한 경우에는 그 내용을 고소인·고발인·피해자 또는 그 법정대리인(피해자가 사망한 경우에는 그 배우자·직계친족·형제자매를 포함한다. 이하 "고소인등"이라 한다)과 피의자에게 통지해야 한다.

[보충] 사건불송치결정에 대해서는 고소인 등이 이의신청권을 행사할 수 있다(고발인은 제외, 2022.5.9. 개정). 형사소송법 제245조의6, 제245조의7 참조.

> **형사소송법 제245조의6(고소인 등에 대한 송부통지)** 사법경찰관은 제245조의5 제2호의 경우에는 그 송부한 날부터 7일 이내에 서면으로 고소인·고발인·피해자 또는 그 법정대리인(피해자가 사망한 경우에는 그 배우자·직계친족·형제자매를 포함한다)에게 사건을 검사에게 송치하지 아니하는 취지와 그 이유를 통지하여야 한다.
> **제245조의7(고소인 등의 이의신청)** ① 제245조의6의 통지를 받은 사람(고발인을 제외한다)은 해당 사법경찰관의 소속 관서의 장에게 이의를 신청할 수 있다. <개정 2022.5.9.>
> ② 사법경찰관은 제1항의 신청이 있는 때에는 지체 없이 검사에게 사건을 송치하고 관계 서류와 증거물을 송부하여야 하며, 처리결과와 그 이유를 제1항의 신청인에게 통지하여야 한다.

② (○) 수사준칙 제59조 제1항 본문 참조.

> **수사준칙 제59조(보완수사요구의 대상과 범위)** ① 검사는 사법경찰관으로부터 송치받은 사건에 대해 보완수사가 필요하다고 인정하는 경우에는 직접 보완수사를 하거나 법 제197조의2 제1항 제1호에 따라 사법경찰관에게 보완수사를 요구할 수 있다. 다만, 송치사건의 공소제기 여부 결정에 필요한 경우로서 다음 각 호의 어느 하나에 해당하는 경우에는 특별히 사법경찰관에게 보완수사를 요구할 필요가 있다고 인정되는 경우를 제외하고는 검사가 직접 보완수사를 하는 것을 원칙으로 한다. <개정 2023.10.17.>
> 1. 사건을 수리한 날(이미 보완수사요구가 있었던 사건의 경우 보완수사 이행 결과를 통보받은 날을 말한다)부터 1개월이 경과한 경우
> 2. 사건이 송치된 이후 검사가 해당 피의자 및 피의사실에 대해 상당한 정도의 보완수사를 한 경우
> 3. 법 제197조의3 제5항, 제197조의4 제1항 또는 제198조의2 제2항에 따라 사법경찰관으로부터 사건을 송치받은 경우

> 4. 제7조 또는 제8조에 따라 검사와 사법경찰관이 사건 송치 전에 수사할 사항, 증거수집의 대상 및 법령의 적용 등에 대해 협의를 마치고 송치한 경우

③ (○) 형사소송법 제197조의3 제3항·제5항

18 정답 ③

③ ㉡㉢㉣

㉠ (○) 사법경찰관의 위법·부당 수사에 대한 검사의 통제장치인 시정조치요구권의 내용이다.

> **형사소송법 제197조의3(시정조치요구 등)** ① 검사는 사법경찰관리의 수사과정에서 법령위반, 인권침해 또는 현저한 수사권 남용이 의심되는 사실의 신고가 있거나 그러한 사실을 인식하게 된 경우에는 사법경찰관에게 사건기록 등본의 송부를 요구할 수 있다.
> ② 제1항의 송부 요구를 받은 사법경찰관은 지체 없이 검사에게 사건기록 등본을 송부하여야 한다.
> ③ 제2항의 송부를 받은 검사는 필요하다고 인정되는 경우에는 사법경찰관에게 시정조치를 요구할 수 있다.
> ④ 사법경찰관은 제3항의 시정조치 요구가 있는 때에는 정당한 이유가 없으면 지체 없이 이를 이행하고, 그 결과를 검사에게 통보하여야 한다.
> ⑤ 제4항의 통보를 받은 검사는 제3항에 따른 시정조치 요구가 정당한 이유 없이 이행되지 않았다고 인정되는 경우에는 사법경찰관에게 사건을 송치할 것을 요구할 수 있다.
> ⑥ 제5항의 송치 요구를 받은 사법경찰관은 검사에게 사건을 송치하여야 한다.
> ⑦ 검찰총장 또는 각급 검찰청 검사장은 사법경찰관리의 수사과정에서 법령위반, 인권침해 또는 현저한 수사권 남용이 있었던 때에는 권한 있는 사람에게 해당 사법경찰관리의 징계를 요구할 수 있고, 그 징계 절차는 「공무원 징계령」 또는 「경찰공무원 징계령」에 따른다.
> ⑧ 사법경찰관은 피의자를 신문하기 전에 수사과정에서 법령위반, 인권침해 또는 현저한 수사권 남용이 있는 경우 검사에게 구제를 신청할 수 있음을 피의자에게 알려주어야 한다.

㉡ (×) 검사가 시정조치요구권을 행사할 수 있는 기간은 원칙적으로 '30일 이내'이다(수사준칙 제45조 제3항 참조).

[보충] 검사의 재수사요청권 행사 기간인 90일(형사소송법 제245조의5 제2호 제2문)과 혼동하지 않도록 한다.

> **수사준칙 제45조(시정조치 요구의 방법 및 절차 등)** ① 검사는 법 제197조의3 제1항에 따라 사법경찰관에게 사건기록 등본의 송부를 요구할 때에는 그 내용과 이유를 구체적으로 적은 서면으로 해야 한다.
> ② 사법경찰관은 제1항에 따른 요구를 받은 날부터 7일 이내에 사건기록 등본을 검사에게 송부해야 한다.
> ③ 검사는 제2항에 따라 사건기록 등본을 송부받은 날부터 30일(사안의 경중 등을 고려하여 10일의 범위에서 한 차례 연장할 수 있다) 이내에 법 제197조의3 제3항에 따른 시정조치 요구 여부를 결정하여 사법경찰관에게 통보해야 한다. 이 경우 시정조치 요구의 통보는 그 내용과 이유를 구체적으로 적은 서면으로 해야 한다.
> ④ 사법경찰관은 제3항에 따라 시정조치 요구를 통보받은 경우 정당한 이유가 있는 경우를 제외하고는 지체 없이 시정조

치를 이행하고, 그 이행 결과를 서면에 구체적으로 적어 검사에게 통보해야 한다.

⑤ 검사는 법 제197조의3 제5항에 따라 사법경찰관에게 사건송치를 요구하는 경우에는 그 내용과 이유를 구체적으로 적은 서면으로 해야 한다.

⑥ 사법경찰관은 제5항에 따라 서면으로 사건송치를 요구받은 날부터 7일 이내에 사건을 검사에게 송치해야 한다. 이 경우 관계 서류와 증거물을 함께 송부해야 한다.

⑦ 제5항 및 제6항에도 불구하고 검사는 공소시효 만료일의 임박 등 특별한 사유가 있을 때에는 제5항에 따른 서면에 그 사유를 명시하고 별도의 송치기한을 정하여 사법경찰관에게 통지할 수 있다. 이 경우 사법경찰관은 정당한 이유가 있는 경우를 제외하고는 통지받은 송치기한까지 사건을 검사에게 송치해야 한다.

[정리] 사건기록등본 송부는 지체 없이(7일) → 시정조치요구는 30일(+10일) → 시정조치 이행은 (정당한 이유 없는 한) 지체 없이 → 사건송치는 7일

[보충] 검사의 재수사요청권 행사기간은 90일이다.

> **형사소송법 제245조의5(사법경찰관의 사건송치 등)** 사법경찰관은 고소·고발 사건을 포함하여 범죄를 수사한 때에는 다음 각 호의 구분에 따른다.
> 1. 범죄의 혐의가 있다고 인정되는 경우에는 지체 없이 검사에게 사건을 송치하고, 관계 서류와 증거물을 검사에게 송부하여야 한다.
> 2. 그 밖의 경우에는 그 이유를 명시한 서면과 함께 관계 서류와 증거물을 지체 없이 검사에게 송부하여야 한다. 이 경우 검사는 송부받은 날부터 90일 이내에 사법경찰관에게 반환하여야 한다.
> **제245조의8(재수사요청 등)** ① 검사는 제245조의5 제2호의 경우에 사법경찰관이 사건을 송치하지 아니한 것이 위법 또는 부당한 때에는 그 이유를 문서로 명시하여 사법경찰관에게 재수사를 요청할 수 있다.
> ② 사법경찰관은 제1항의 요청이 있는 때에는 사건을 재수사하여야 한다.

ⓒ (×) 사법경찰관은 범죄를 수사한 때에는 범죄의 혐의가 인정되면 검사에게 사건을 송치하고, 그 밖의 경우에는 그 이유를 명시한 서면과 함께 관계 서류와 증거물을 검사에게 송부하도록 하고(제245조의5 신설), 사건을 검사에게 송치하지 아니한 경우에는 서면으로 고소인·고발인·피해자 또는 그 법정대리인에게 사건을 검사에게 송치하지 아니하는 취지와 그 이유를 통지하도록 한다(제245조의6 신설). 이때 사법경찰관으로부터 사건을 검사에게 송치하지 아니하는 취지와 그 이유를 통지받은 사람은 해당 사법경찰관의 소속 관서의 장에게 이의를 신청할 수 있고, 사법경찰관은 이의신청이 있는 때에는 지체 없이 검사에게 사건을 송치하도록 한다(제245조의7 신설).

> **형사소송법 제245조의5(사법경찰관의 사건송치 등)** 사법경찰관은 고소·고발 사건을 포함하여 범죄를 수사한 때에는 다음 각 호의 구분에 따른다.
> 1. 범죄의 혐의가 있다고 인정되는 경우에는 지체 없이 검사에게 사건을 송치하고, 관계 서류와 증거물을 검사에게 송부하여야 한다.
> 2. 그 밖의 경우에는 그 이유를 명시한 서면과 함께 관계 서

류와 증거물을 지체 없이 검사에게 송부하여야 한다. 이 경우 검사는 송부받은 날부터 90일 이내에 사법경찰관에게 반환하여야 한다.

> **제245조의6(고소인 등에 대한 송부통지)** 사법경찰관은 제245조의5 제2호의 경우에는 그 송부한 날부터 7일 이내에 서면으로 고소인·고발인·피해자 또는 그 법정대리인(피해자가 사망한 경우에는 그 배우자·직계친족·형제자매를 포함한다)에게 사건을 검사에게 송치하지 아니하는 취지와 그 이유를 통지하여야 한다.
> **제245조의7(고소인 등의 이의신청)** ① 제245조의6의 통지를 받은 사람(고발인을 제외한다)은 해당 사법경찰관의 소속 관서의 장에게 이의를 신청할 수 있다. <개정 2022.5.9.>
> ② 사법경찰관은 제1항의 신청이 있는 때에는 지체 없이 검사에게 사건을 송치하고 관계 서류와 증거물을 송부하여야 하며, 처리결과와 그 이유를 제1항의 신청인에게 통지하여야 한다.

ⓔ (○) 사법경찰관의 사건불송치결정이 위법·부당한 경우 검사에게 부여된 재수사요청권의 내용이다.

> **형사소송법 제245조의8(재수사요청 등)** ① 검사는 제245조의5 제2호의 경우에 사법경찰관이 사건을 송치하지 아니한 것이 위법 또는 부당한 때에는 그 이유를 문서로 명시하여 사법경찰관에게 재수사를 요청할 수 있다.
> ② 사법경찰관은 제1항의 요청이 있는 때에는 사건을 재수사하여야 한다.

ⓜ (×) 2021.1.1. 시행된 개정 형사소송법 제312조 제2항(영상녹화물이나 그밖의 객관적 방법에 의한 대체증명)이 삭제되어 검사 작성 피의자신문조서의 실질적 진정성립의 인정은 피고인의 진술만이 유일한 증명방법이 되었다.

[보충] 2022.1.1. 시행된 개정 형사소송법 제312조 제1항에 의하여 검사 작성 피의자신문조서의 증거능력 인정요건은 '내용의 인정'이다.

19 　　　　　　　　　　　　　　　　　　정답 ④

④ (×) 형사소송법 제197조의2 제1항에 따른 보완수사의 요구를 받은 사법경찰관과 검사 사이에 형사소송법 제197조의2 제2항의 '정당한 이유의 유무'에 대하여 이견의 조정이 필요한 경우에는 특별한 사정이 없으면 상대방의 협의요청에 응해야 하며(수사준칙 제8조 제1항 제2문), 이때 해당 검사와 사법경찰관의 협의에도 불구하고 이견이 해소되지 않는 경우에는 해당 검사가 소속된 검찰청의 장과 해당 사법경찰관이 소속된 경찰관서의 장의 협의에 따른다(수사준칙 제8조 제2항 제2호).

> **수사준칙 제8조(검사와 사법경찰관의 협의)** ① 검사와 사법경찰관은 수사와 사건의 송치, 송부 등에 관한 이견의 조정이나 협력 등이 필요한 경우 서로 협의를 요청할 수 있다. 이 경우 특별한 사정이 없으면 상대방의 협의 요청에 응해야 한다. <개정 2023.10.17.>
> ② 제1항에 따른 협의에도 불구하고 이견이 해소되지 않는 경우로서 다음 각 호의 어느 하나에 해당하는 경우에는 해당 검사가 소속된 검찰청의 장과 해당 사법경찰관이 소속된 경찰관서(지방해양경찰관서를 포함한다. 이하 같다)의 장의 협의에 따른다. <개정 2023.10.17.>

1. 중요사건에 관하여 상호 의견을 제시·교환하는 것에 대해 이견이 있거나 제시·교환한 의견의 내용에 대해 이견이 있는 경우
2. 「형사소송법」(이하 "법"이라 한다) 제197조의2 제2항 및 제3항에 따른 정당한 이유의 유무에 대해 이견이 있는 경우
3. 법 제197조의4 제2항 단서에 따라 사법경찰관이 계속 수사할 수 있는지 여부나 사법경찰관이 계속 수사할 수 있는 경우 수사를 계속할 주체 또는 사건의 이송 여부 등에 대해 이견이 있는 경우
4. 법 제245조의8 제2항에 따른 재수사의 결과에 대해 이견이 있는 경우(→ 중요/정당/경합/재수사는 장끼리 협의해)

① (○), ② (○) 형사소송법 제197조의2 제1항·제2항 참조.

> **형사소송법 제197조의2(보완수사요구)** ① 검사는 다음 각 호의 어느 하나에 해당하는 경우에 사법경찰관에게 보완수사를 요구할 수 있다.
> 1. 송치사건의 공소제기 여부 결정 또는 공소의 유지에 관하여 필요한 경우
> 2. 사법경찰관이 신청한 영장의 청구 여부 결정에 관하여 필요한 경우(→ 기소/영장은 보완수사 해주세요)
> ② 사법경찰관은 제1항의 요구가 있는 때에는 정당한 이유가 없는 한 지체 없이 이를 이행하고, 그 결과를 검사에게 통보하여야 한다.
> ③ 검찰총장 또는 각급 검찰청 검사장은 사법경찰관이 정당한 이유 없이 제1항의 요구에 따르지 아니하는 때에는 권한 있는 사람에게 해당 사법경찰관의 직무배제 또는 징계를 요구할 수 있고, 그 징계 절차는 「공무원 징계령」 또는 「경찰공무원 징계령」에 따른다.

③ (○) 수사를 함에 있어서 검·경 간에 이견 조정이나 협력 등이 필요한 경우 상호 협의를 요청할 수 있다(수사준칙 제8조 제1항 본문).
[보충] 여기서 더 나아가 검사의 보완수사요구에 대한 사법경찰관의 보완수사 이행 여부에 관한 정당한 이유의 유무에 대한 이견이 있을 때(동조 제2항 제2호)와 같은 경우 등에는 상대방의 협의 요청에 응해야 한다.

20
정답 ③

③ ㉠㉣㉤
㉠ (✕) 사법경찰관의 사건불송치결정에 대한 이의신청권자에 고발인은 포함되지 아니한다. 2022.5.9. 개정 형사소송법 제245조의7 제1항 참조.

> **형사소송법 제245조의7(고소인 등의 이의신청)** ① 제245조의6의 통지를 받은 사람(고발인을 제외한다)은 해당 사법경찰관의 소속 관서의 장에게 이의를 신청할 수 있다.

㉡ (○) 형사소송법 제245조의5 제2호, 수사준칙 제62조

> **형사소송법 제245조의5(사법경찰관의 사건송치 등)** 사법경찰관은 고소·고발 사건을 포함하여 범죄를 수사한 때에는 다음 각 호의 구분에 따른다.
> 1. 범죄의 혐의가 있다고 인정되는 경우에는 지체 없이 검사에게 사건을 송치하고, 관계 서류와 증거물을 검사에게 송부하여야 한다.
> 2. 그 밖의 경우에는 그 이유를 명시한 서면과 함께 관계 서

류와 증거물을 지체 없이 검사에게 송부하여야 한다. 이 경우 검사는 송부받은 날부터 90일 이내에 사법경찰관에게 반환하여야 한다.

> **수사준칙 제62조(사법경찰관의 사건불송치)** ① 사법경찰관은 법 제245조의5 제2호 및 이 영 제51조 제1항 제3호에 따라 불송치 결정을 하는 경우 불송치의 이유를 적은 불송치 결정서와 함께 압수물 총목록, 기록목록 등 관계 서류와 증거물을 검사에게 송부해야 한다.

㉢ (○) 검사의 불기소처분에 대하여 고소하지 않은 피해자(헌법재판소 2008.11.27, 2008헌마399·400)와 기소유예처분을 받은 피의자(헌법재판소 1989.10.27, 89헌마56)는 헌법소원심판을 청구할 수 있다. 다만 고소인은 재정신청이 가능하다는 점에서, 고발인은 자기관련성이 인정되지 않는다는 점에서 헌법소원을 제기할 수 없다.

㉣ (✕) 검사의 불기소처분에 대한 헌법소원심판청구 후에 그 불기소처분의 대상이 된 피의사실에 대하여 공소시효가 완성된 경우에는 그 불기소처분에 대한 헌법소원심판청구는 권리보호의 이익이 없어 부적법하다(헌법재판소 1992.7.23, 92헌마103).

㉤ (✕) 검사는 사법경찰관으로부터 송치받은 사건에 대해 보완수사가 필요하다고 인정하는 경우에는 직접 보완수사를 하거나 법 제197조의2 제1항 제1호에 따라 사법경찰관에게 보완수사를 요구할 수 있다.
[보충] 다만 예외적인 경우(수사준칙 제59조 제1항 단서 및 동항 제1호~제4호)에는 검사가 직접 보완수사 하는 것을 원칙으로 한다.

> **수사준칙 제59조(보완수사요구의 대상과 범위)** ① 검사는 사법경찰관으로부터 송치받은 사건에 대해 보완수사가 필요하다고 인정하는 경우에는 직접 보완수사를 하거나 법 제197조의2 제1항 제1호에 따라 사법경찰관에게 보완수사를 요구할 수 있다. 다만, 송치사건의 공소제기 여부 결정에 필요한 경우로서 다음 각 호의 어느 하나에 해당하는 경우에는 특별히 사법경찰관에게 보완수사를 요구할 필요가 있다고 인정되는 경우를 제외하고는 검사가 직접 보완수사를 하는 것을 원칙으로 한다. <개정 2023.10.17.>
> 1. 사건을 수리한 날(이미 보완수사요구가 있었던 사건의 경우 보완수사 이행 결과를 통보받은 날을 말한다)부터 1개월이 경과한 경우
> 2. 사건이 송치된 이후 검사가 해당 피의자 및 피의사실에 대해 상당한 정도의 보완수사를 한 경우
> 3. 법 제197조의3 제5항, 제197조의4 제1항 또는 제198조의2 제2항에 따라 사법경찰관으로부터 사건을 송치받은 경우
> 4. 제7조 또는 제8조에 따라 검사와 사법경찰관이 사건 송치 전에 수사할 사항, 증거수집의 대상 및 법령의 적용 등에 대해 협의를 마치고 송치한 경우
> ② 검사는 법 제197조의2 제1항에 따른 보완수사요구 여부를 판단하는 경우 필요한 보완수사의 정도, 수사 진행 기간, 구체적 사건의 성격에 따른 수사 주체의 적합성 및 검사와 사법경찰관의 상호 존중과 협력의 취지 등을 종합적으로 고려한다. <신설 2023.10.17.> (이하 생략)

▶ **제3장 수사의 종결** [사법경찰관과 검사의 수사종결 2] — **제4장 증거** [위법수집증거배제법칙 1]

01	②	02	③	03	③	04	③	05	②
06	②	07	③	08	②	09	④	10	④
11	②	12	②	13	③	14	②	15	②
16	③	17	④	18	①	19	③	20	①

01

정답 ②

② (○) 수사준칙 제51조 제4항

① (×) 사법경찰관이 사건을 수사한 결과 기소되어 사실심 계속 중인 사건과 상상적 경합 관계에 있는 사건으로서 공소권없음 불송치결정에 해당하는 경우에도 해당 사건을 검사에게 이송해야 한다(2023.10.7. 개정 수사준칙 제51조 제3항 제2호).

> **수사준칙 제51조(사법경찰관의 결정)** ① 사법경찰관은 사건을 수사한 경우에는 다음 각 호의 구분에 따라 결정해야 한다.
> 1. 법원송치
> 2. 검찰송치
> 3. 불송치
> 가. 혐의없음
>   1) 범죄인정안됨
>   2) 증거불충분
> 나. 죄가안됨
> 다. 공소권없음
> ㉣ 각하
> 4. 수사중지
> 가. 피의자중지
> 나. 참고인중지
> 5. 이송
> ② 사법경찰관은 하나의 사건 중 피의자가 여러 사람이거나 피의사실이 여러 개인 경우로서 분리하여 결정할 필요가 있는 경우 그중 일부에 대해 제1항 각 호의 결정을 할 수 있다.
> ③ 사법경찰관은 제1항 제3호 나목 또는 다목에 해당하는 사건이 다음 각 호의 어느 하나에 해당하는 경우에는 해당 사건을 검사에게 이송한다. <개정 2023.10.17.>
> 1. 「형법」 제10조 제1항에 따라 벌할 수 없는 경우
> 2. 기소되어 사실심 계속 중인 사건과 포괄일죄를 구성하는 관계에 있거나 「형법」 제40조에 따른 상상적 경합 관계에 있는 경우
> ④ 사법경찰관은 제1항 제4호에 따른 수사중지 결정을 한 경우 7일 이내에 사건기록을 검사에게 송부해야 한다. 이 경우 검사는 사건기록을 송부받은 날부터 30일 이내에 반환해야 하며, 그 기간 내에 법 제197조의3에 따라 시정조치요구를 할 수 있다.
> ⑤ 사법경찰관은 제4항 전단에 따라 검사에게 사건기록을 송부한 후 피의자 등의 소재를 발견한 경우에는 소재 발견 및 수사 재개 사실을 검사에게 통보해야 한다. 이 경우 통보를 받은 검사는 지체 없이 사법경찰관에게 사건기록을 반환해야 한다.

③ (×) 사법경찰관의 피의자중지결정이나 검사의 기소중지결정은 피의자에게 통지하는 사항이 아니다. 수사준칙 제53조 제1항 제1호.

> **수사준칙 제53조(수사 결과의 통지)** ① 검사 또는 사법경찰관은 제51조 또는 제52조에 따른 결정을 한 경우에는 그 내용을 고소인·고발인·피해자 또는 그 법정대리인(피해자가 사망한 경우에는 그 배우자·직계친족·형제자매를 포함한다. 이하 "고소인등"이라 한다)과 피의자에게 통지해야 한다. 다만, 다음 각 호의 어느 하나에 해당하는 경우에는 고소인등에게만 통지한다. <개정 2023.10.17.>
> 1. 제51조 제1항 제4호 가목에 따른 피의자중지 결정 또는 제52조 제1항 제3호에 따른 기소중지 결정을 한 경우
> 2. 제51조 제1항 제5호 또는 제52조 제1항 제7호에 따른 이송(법 제256조에 따른 송치는 제외한다) 결정을 한 경우로서 검사 또는 사법경찰관이 해당 피의자에 대해 출석요구 또는 제16조 제1항 각 호의 어느 하나에 해당하는 행위를 하지 않은 경우
> ② 고소인등은 법 제245조의6에 따른 통지를 받지 못한 경우 사법경찰관에게 불송치 통지서로 통지해 줄 것을 요구할 수 있다.
> ③ 제1항에 따른 통지의 구체적인 방법·절차 등은 법무부장관, 경찰청장 또는 해양경찰청장이 정한다.

④ (×) 사법경찰관으로부터 수사중지 결정의 통지를 받은 사람은 해당 사법경찰관이 소속된 바로 위 상급경찰관서의 장에게 이의를 제기할 수 있다. 수사준칙 제54조 제1항.

> **수사준칙 제54조(수사중지 결정에 대한 이의제기 등)** ① 제53조에 따라 사법경찰관으로부터 제51조 제1항 제4호에 따른 수사중지 결정의 통지를 받은 사람은 해당 사법경찰관이 소속된 바로 위 상급경찰관서의 장에게 이의를 제기할 수 있다.
> ② 제1항에 따른 이의제기의 절차·방법 및 처리 등에 관하여 필요한 사항은 경찰청장 또는 해양경찰청장이 정한다.
> ③ 제1항에 따른 통지를 받은 사람은 해당 수사중지 결정이 법령위반, 인권침해 또는 현저한 수사권 남용이라고 의심되는 경우 검사에게 법 제197조의3 제1항에 따른 신고를 할 수 있다.
> ④ 사법경찰관은 제53조에 따라 고소인등에게 제51조 제1항 제4호에 따른 수사중지 결정의 통지를 할 때에는 제3항에 따라 신고할 수 있다는 사실을 함께 고지해야 한다.

02 정답 ③

③ (○) 검사의 불기소처분 당시에 공소시효가 완성되어 공소권이 없는 경우에는 위 불기소처분에 대한 재정신청은 허용되지 않는다(대법원 1990.7.16, 90모34).

① (×) 검사의 불기소처분에는 확정재판에 있어서의 확정력과 같은 효력이 없어 일단 불기소처분을 한 후에도 공소시효가 완성되기 전이면 언제라도 공소를 제기할 수 있으므로, 세무공무원 등의 고발이 있어야 공소를 제기할 수 있는 조세범처벌법 위반죄에 관하여 일단 불기소처분이 있었더라도 세무공무원 등이 종전에 한 고발은 여전히 유효하다. 따라서 나중에 공소를 제기함에 있어 세무공무원 등의 새로운 고발이 있어야 하는 것은 아니다(대법원 2009.10.29, 2009도6614).

② (×) 형사소송법 제260조 제2항 제3호.

> **형사소송법 제260조(재정신청)** ② 제1항에 따른 재정신청을 하려면 「검찰청법」 제10조에 따른 항고를 거쳐야 한다. 다만, 다음 각 호의 어느 하나에 해당하는 경우에는 그러하지 아니하다.
> 1. 항고 이후 재기수사가 이루어진 다음에 다시 공소를 제기하지 아니한다는 통지를 받은 경우
> 2. 항고 신청 후 항고에 대한 처분이 행하여지지 아니하고 3개월이 경과한 경우
> 3. 검사가 공소시효 만료일 30일 전까지 공소를 제기하지 아니하는 경우

④ (×) 재정신청기각결정에 대해서 재정신청인은 즉시항고 할 수 있다.

> **형사소송법 제262조(심리와 결정)** ④ 제2항 제1호(기각결정)의 결정에 대하여는 제415조에 따른 즉시항고를 할 수 있고, 제2항 제2호(공소제기결정)의 결정에 대하여는 불복할 수 없다. 제2항 제1호의 결정이 확정된 사건에 대하여는 다른 중요한 증거를 발견한 경우를 제외하고는 소추할 수 없다.

03 정답 ③

③ (×) 검사작성의 피고인에 대한 진술조서가 공소제기 후에 작성된 것이라는 이유만으로는 곧 그 증거능력이 없다고 할 수 없다(대법원 1984.9.25, 84도1646).

① (○) 공소제기된 후에는 법원의 독자적 판단에 의하여 구속한다(형사소송법 제73조).

② (○) 형사소송법 제216조 제2항

④ (○) 대법원 2000.6.15, 99도1108; 2012.6.14, 2012도534

04 정답 ③

③ ㉠㉡㉢

㉠ (×) 자유심증주의하에서는 직접증거와 간접증거의 구분은 큰 의미가 없다. 증거의 증명력은 그 증거의 종류에 따르는 것이 아니라, 법관의 자유판단에 따르기 때문이다.

㉡ (×) 이 사건 범행이 피고인의 소행이었다고 보기에 합리적인 의심이 없을 정도에 이르러야 할 것임에도 불구하고 그러한 조치에 나아감이 없이 위 간접증거만에 의하여 바로 피고인을 유죄로 인정한 원심판결에는 결국, 채증법칙 위반이나 심리미진으로 인하여 판결 결과에 영향을 미친 위법이 있다(대법원 2006.3.9, 2005도8675).

㉢ (○) ㉣ (×) 유죄의 심증이 반드시 직접증거에 의하여 형성되어야만 하는 것은 아니고 경험과 논리의 법칙에 위반되지 아니하는 한 간접증거에 의하여 형성되어도 되는 것이며, 간접증거가 개별적으로는 범죄사실에 대한 완전한 증명력을 가지지 못하더라도 전체 증거를 상호 관련하에 종합적으로 고찰할 경우 그 단독으로는 가지지 못하는 종합적 증명력이 있는 것으로 판단되면 그에 의하여도 범죄사실을 인정할 수가 있다(대법원 2015.5.14, 2015도119).

㉤ (○) (공소사실의 요지는 '피고인이 2020.3.30. 01:00경 자신의 집에서 필로폰 약 0.05g을 1회용 주사기에 넣어 공소외인의 오른팔 부위에 주사하여 필로폰을 사용하였다.'는 것이다.) 유죄의 인정은 범행 동기, 범행수단의 선택, 범행에 이르는 과정, 범행 전후 피고인의 태도 등 여러 간접사실로 보아 피고인이 범행한 것으로 보기에 충분할 만큼 압도적으로 우월한 증명이 있어야 하고, 피고인이 범행한 것이라고 보기에 의심스러운 사정이 병존하고 증거관계 및 경험법칙상 위와 같이 의심스러운 정황을 확실하게 배제할 수 없다면 유죄로 인정할 수 없다. 피고인은 무죄로 추정된다는 것이 헌법상의 원칙이고, 그 추정의 번복은 직접증거가 존재할 경우에 버금가는 정도가 되어야 한다(대법원 2023.1.12, 2022도14645).

05 정답 ②

② ㉠(○), ㉡(○), ㉢(×), ㉣(×)

㉠ (○) 범죄구성요건사실의 존부를 알아내기 위해 과학공식 등의 경험칙을 이용하는 경우에는 그 법칙 적용의 전제가 되는 개별적이고 구체적인 사실에 대하여는 엄격한 증명을 요한다(대법원 2000.11.10, 99도5541 등).

㉡ (○) 형법 제6조 본문에 의하여 외국인이 대한민국 영역 외에서 대한민국 국민에 대하여 범죄를 저지른 경우 우리 형법이 적용되지만, 같은 조 단서에 의하여 행위지의 법률에 의하여 범죄를 구성하지 아니하거나 소추 또는 형의 집행을 면제할 경우에는 우리 형법을 적용하여 처벌할 수 없고, 이 경우 행위지의 법률에 의하여 범죄를 구성하는지 여부에 대해서는 엄격한 증명에 의하여 검사가 증명하여야 한다(대법원 2011.8.25, 2011도6507 등).

㉢ (×) 형사소송법 제312조 제4항의 '특히 신빙할 수 있는 상태'는 증거능력의 요건에 해당하므로 검사가 그 존재에 대하여 구체적으로 주장·입증하여야 하는 것이지만, 이는 소송상의 사실에 관한 것이므로 엄격한 증명을 요하지 아니하고 자유로운 증명으로 족하다(대법원 2001.9.4, 2000도1743).

㉣ (×) 몰수, 추징의 대상이 되는지 여부나 추징액의 인정은 엄격한 증명을 필요로 하지 아니한다(대법원 1993.6.22, 91도3346).

06 정답 ②

② ㉡㉣㉤

㉠ (×) 목적과 용도를 정하여 위탁한 금전을 수탁자가 임의로 소비하면 횡령죄를 구성할 수 있으나, 이 경우 피해자 등이 목적과 용도를 정하여 금전을 위탁한 사실 및 그 목적과 용도가 무엇인지는 엄격한 증명의 대상이라고 보아야 한다(대법원 2013.11.14, 2013도8121).

㉡ (○) 형사재판에서 범죄사실의 인정은 법관으로 하여금 합리적인 의심을 할 여지가 없을 정도의 확신을 가지게 하는 증명력

을 가진 엄격한 증거에 의하여야 하는 것이므로, 검사의 입증이 위와 같은 확신을 가지게 하는 정도에 충분히 이르지 못한 경우에는 비록 피고인의 주장이나 변명이 모순되거나 석연치 않은 면이 있는 등 유죄의 의심이 간다고 하더라도 피고인의 이익으로 판단하여야 한다. 이와 같이 엄격한 증명이 요구되는 대상에는 검사가 공소장에 기재한 구체적 범죄사실 모두가 포함되고, 특히 공소사실에 특정된 범죄의 일시는 피고인의 방어권 행사의 주된 대상이 되므로, 범죄의 성격상 특수한 사정이 있는 경우가 아닌 한 엄격한 증명을 통하여 공소사실에 특정한 대로 범죄사실이 인정되어야 한다(대법원 2013.9.26, 2012도3722; 2011.4.28, 2010도14487).

ⓒ (×) 형사재판에서 공소가 제기된 범죄의 구성요건을 이루는 사실에 대한 증명책임은 검사에게 있으므로 특정범죄 가중처벌 등에 관한 법률 제5조의9 제1항 위반의 죄의 행위자에게 보복의 목적이 있었다는 점 또한 검사가 증명하여야 하고 그러한 증명은 법관으로 하여금 합리적인 의심을 할 여지가 없을 정도의 확신을 생기게 하는 엄격한 증명에 의하여야 하며 이와 같은 증명이 없다면 피고인의 이익으로 판단할 수밖에 없다(대법원 2014.9.26, 2014도9030).

ⓔ (○) 형사재판에서 공소가 제기된 범죄사실에 대한 증명책임은 검사에게 있고, 유죄의 인정은 법관으로 하여금 합리적인 의심을 할 여지가 없을 정도로 공소사실이 진실한 것이라는 확신을 가지게 하는 증명력을 가진 엄격한 증거에 의하여야 하며, 이러한 법리는 선행차량에 이어 피고인 운전 차량이 피해자를 연속하여 역과하는 과정에서 피해자가 사망한 경우에도 마찬가지로 적용되므로, 피고인이 일으킨 후행 교통사고 당시에 피해자가 생존해 있었다는 증거가 없다면 설령 피고인에게 유죄의 의심이 있다고 하더라도 피고인의 이익으로 판단할 수밖에 없다(대법원 2014.6.12, 2014도3163).

ⓜ (○) 대법원 2001.2.9, 2000도1216; 2021.10.28, 2021도404

07 {정답 ③}

③ ㉠ㄴㄷㅁㅂ

㉠ (×) 증거능력이 아니라 증명력이다.
[보충] 증거능력은 법률의 규정에 따라 형식적으로 판단·결정하는 것이고 여기에는 법관의 자유판단이 허용되지 아니한다. 이에 비하여 증거의 실질적 가치인 증명력은 법관의 주관적인 판단의 대상으로서 법관의 자유판단에 의한다(제308조).

ㄴ (×) 합리적 의심이란 요증사실과 양립할 수 '없는' 사실의 개연성에 대한 논리법칙과 경험법칙에 기하여 가질 수 있는 합리성 있는 의문을 말한다(대법원 2011.1.27, 2010도12728). 즉, 합리적 의심이란 사실의 인정과 관련하여 피고인에게 '유리한' 정황이 나타나는 이성적 추론에 근거한 의심을 말하는 것이다. 반면, 만일 공소사실과 양립할 수 있는 사실의 개연성이 있다면 이는 피고인에게 불리한 정황이 나타나는 것이므로 이는 여기서 말하는 합리적 의심이 아니다.

ㄷ (×) 형사재판에서 이와 관련된 다른 형사사건의 확정판결에서 인정된 사실은 특별한 사정이 없는 한 유력한 증거자료가 되는 것이나, 당해 형사재판에서 제출된 다른 증거 내용에 비추어 관련 형사사건 확정판결의 사실판단을 그대로 채택하기 어렵다고 인정될 경우에는 이를 배척할 수 있다(대법원 2012.6.14, 2011도15653).

ⓔ (○) 대법원 2016.10.13, 2015도17869

ⓜ (×) 법정형이 무거운 범죄의 경우에도 직접증거 없이 간접증거만으로 유죄를 인정할 수 있으나, 그러한 유죄 인정에는 공소사실에 대한 관련성이 깊은 간접증거들에 의하여 신중한 판단이 요구되므로, 간접증거에 의하여 주요사실의 전제가 되는 간접사실을 인정할 때에는 증명이 합리적인 의심을 허용하지 않을 정도에 이르러야 하고, 하나하나의 간접사실 사이에 모순, 저촉이 없어야 하는 것은 물론 간접사실이 논리와 경험칙, 과학법칙에 의하여 뒷받침되어야 한다(대법원 2011.5.26, 2011도1902 참조). 그러므로 유죄의 인정은 범행 동기, 범행수단의 선택, 범행에 이르는 과정, 범행 전후 피고인의 태도 등 여러 간접사실로 보아 피고인이 범행한 것으로 보기에 충분할 만큼 압도적으로 우월한 증명이 있어야 한다. 피고인은 무죄로 추정된다는 것이 헌법상의 원칙이고, 그 추정의 번복은 직접증거가 존재할 경우에 버금가는 정도가 되어야 한다(대법원 2017.5.30, 2017도1549). 그리고 범행에 관한 간접증거만이 존재하고 더구나 그 간접증거의 증명력에 한계가 있는 경우, 범인으로 지목되고 있는 자에게 범행을 저지를 만한 동기가 발견되지 않는다면, 만연히 무엇인가 동기가 분명히 있는데도 이를 범인이 숨기고 있다고 단정할 것이 아니라 반대로 간접증거의 증명력이 그만큼 떨어진다고 평가하는 것이 형사증거법의 이념에 부합하는 것이다(대법원 2006.3.9, 2005도8675 참조). 유전자검사나 혈액형검사 등 과학적 증거방법은 전제로 하는 사실이 모두 진실임이 증명되고 추론의 방법이 과학적으로 정당하여 오류의 가능성이 없거나 무시할 정도로 극소하다고 인정되는 경우에는 법관이 사실인정을 할 때 상당한 정도로 구속력을 가진다(대법원 2009.3.12, 2008도8486 등 참조). 그러나 이 경우 법관은 과학적 증거방법이 증명하는 대상이 무엇인지, 즉 증거방법과 쟁점이 어떠한 관련성을 갖는지를 면밀히 살펴 신중하게 사실인정을 하여야 한다(대법원 2022.6.16, 2022도2236).
[보충] S는 산부인과의원에서 자신의 딸인 K가 출산한 여아 B(피해자)를 다른 여아 C로 바꿔치기 하는 방법으로 C를 데리고 왔는데 K가 C를 방치하여 사망케 하였는데, 유전자 감정 결과 C는 K의 딸이 아니라 S 자신의 딸이라는 결과가 나와, 현재 생사 및 행방이 불명인 피해자 B(K의 딸)에 대한 미성년자약취죄로 기소되었다. … 유전자 감정 결과가 증명하는 대상은 이 사건 여아(C)를 피고인의 친자로 볼 수 있다는 사실에 불과하고, 피고인이 쟁점 공소사실 기재 일시 및 장소에서 피해자(B)를 이 사건 여아(C)와 바꾸는 방법으로 약취하였다는 사실이 아니며, 피고인이 유전자 감정 결과에도 불구하고 자신이 범행을 저지르지 않았다는 점에 대하여 개연성 있는 설명을 하고 있지는 못하지만, 공소사실에 관한 목격자의 진술이나 CCTV 영상 등 직접적인 증거가 없고, 공소사실을 유죄로 확신하는 것을 주저하게 하는 의문점들이 남아 있으며, 그에 대하여 추가적인 심리가 가능하다고 보이는 이상, 유전자 감정 결과만으로 쟁점 공소사실이 증명되었다고 보기에는 어렵다.

ⓗ (×) 형사소송법 제307조 제2항이 "범죄사실의 인정은 합리적인 의심이 없는 정도의 증명에 이르러야 한다."라고 정한 것의 의미는, 법관은 검사가 제출하여 공판절차에서 적법하게 채택·조사한 증거만으로 유죄를 인정하여야 하고, 법관이 합리적인 의심을 할 여지가 없을 만큼 확신을 가지는 정도의 증명력을 가진 엄격한 증거에 의하여 공소사실을 증명할 책임은 검사에게 있다는 것이다. 결국 검사가 법관으로 하여금 그만한 확신을 가

지게 하는 정도로 증명하지 못한 경우에는 설령 피고인의 주장
이나 변명이 모순되거나 석연치 않은 면이 있는 등 유죄의 의
심이 가는 사정이 있다고 하더라도 피고인의 이익으로 판단하
여야 한다(대법원 2012.6.28, 2012도231). 따라서 피고인이 유
리한 증거를 제출하면서 범행을 부인하는 경우에도 공소사실에
대한 증명책임은 여전히 검사에 있고, 피고인이 공소사실과 배
치되는 자신의 주장 사실에 관하여 증명할 책임까지 부담하는
것은 아니므로, 검사가 제출한 증거와 피고인이 제출한 증거를
종합하여 볼 때 공소사실에 관하여 조금이라도 합리적인 의심
이 있는 경우에는 무죄를 선고하여야 할 것이지, 피고인이 제출
한 증거만으로 피고인의 주장 사실을 인정하기에 부족하다는
이유를 들어 공소사실에 관하여 유죄 판결을 선고하는 것은 헌
법상 무죄추정의 원칙은 물론 형사소송법상 증거재판주의 및
검사의 증명책임에 반하는 것이어서 허용될 수 없다(대법원
2024.1.4, 2023도13081).

08

정답 ②

② ㉡㉢㉤

㉠ (○) 공소사실을 뒷받침하는 과학적 증거방법은 전제로 하는
사실이 모두 진실임이 입증되고 추론의 방법이 과학적으로 정
당하여 오류의 가능성이 전혀 없거나 무시할 정도로 극소한 것
으로 인정되는 경우라야 법관이 사실인정을 하는 데 상당한 정
도로 구속력을 가진다. 이를 위하여는 그 증거방법이 전문적인
지식·기술·경험을 가진 감정인에 의하여 공인된 표준 검사기
법으로 분석을 거쳐 법원에 제출된 것이어야 할 뿐만 아니라
채취·보관·분석 등 모든 과정에서 자료의 동일성이 인정되고
인위적인 조작·훼손·첨가가 없었음이 담보되어야 한다(대법
원 2014.2.13, 2013도9605; 2011.5.26, 2011도1902).

㉡ (×) 어떠한 과학적 분석기법을 사용하여 제출된 것으로서 공
소사실을 뒷받침하는 1차적 증거방법 자체에 오류가 발생할 가
능성이 내포되어 있고, 그와 동일한 분석기법에 의하여 제출된
2차적 증거방법이 공소사실과 배치되는 소극적 사실을 뒷받침
하고 있는 경우, 법원은 각 증거방법에 따른 분석 대상물과 분
석 주체, 분석 절차와 방법 등의 동일 여부, 내포된 오류가능성
의 정도, 달라진 분석결과가 일정한 방향성을 가지는지 여부,
상반된 분석결과가 나타난 이유의 합리성 유무 등에 관하여 면
밀한 심리를 거쳐 각 증거방법의 증명력을 판단하여야 한다. 이
때 각 분석결과 사이의 차이점이 합리적인 의심 없이 해명될
수 있고 1차적 증거방법에 따른 결과의 오류가능성이 무시할
정도로 극소하다는 점이 검증된다면 공소사실을 뒷받침하는
1차적 증거방법만을 취신하더라도 그것이 자유심증주의의 한
계를 벗어났다고 할 수는 없을 것이나, 그에 이르지 못한 경우
라면 그중 공소사실을 뒷받침하는 증거방법만을 섣불리 취신하
거나 이와 상반되는 증거방법의 증명력을 가볍게 배척하여서는
아니 된다(대법원 2014.2.13, 2013도9605).

㉢ (○) 마약류 매매 여부가 쟁점이 된 사건에서 매도인으로 지목
된 피고인이 수수사실을 부인하고 있고 이를 뒷받침할 금융자
료 등 객관적 물증이 없는 경우, 마약류를 매수하였다는 사람의
진술만으로 유죄를 인정하기 위해서는 그 사람의 진술이 증거
능력이 있어야 함은 물론 합리적인 의심을 배제할 만한 신빙성
이 있어야 한다. 신빙성 유무를 판단할 때에는 진술 내용 자체
의 합리성, 객관적 상당성, 전후의 일관성뿐만 아니라 그의 인
간됨, 진술로 얻게 되는 이해관계 유무 등을 아울러 살펴보아야

한다. 특히, 그에게 어떤 범죄의 혐의가 있고 그 혐의에 대하여
수사가 개시될 가능성이 있거나 수사가 진행 중인 경우에는, 이
를 이용한 협박이나 회유 등의 의심이 있어 그 진술의 증거능력
이 부정되는 정도에까지 이르지 않는 경우에도, 그로 인한 궁박
한 처지에서 벗어나려는 노력이 진술에 영향을 미칠 수 있는지
여부 등을 살펴보아야 한다(대법원 2014.4.10, 2014도1779).

㉣ (×) 금품 수수 여부가 쟁점이 된 사건에서 금품을 제공하였다
는 사람의 진술에 대하여 제1심이 증인신문 절차 등을 거친 후
에 합리적인 의심을 배제할 만한 신빙성이 없다고 보아 공소사
실을 무죄로 판단한 경우에, 항소심이 제1심 증인 등을 다시 신
문하는 등의 추가 증거조사를 거쳐 신빙성을 심사하여 본 결과
제1심이 들고 있는 의심과 일부 어긋날 수 있는 사실의 개연성
이 드러남으로써 제1심의 판단에 의문이 생기더라도, 제1심이
제기한 의심이 금품 제공과 양립할 수 없거나 진술의 신빙성
인정에 장애가 되는 사실의 개연성에 대한 합리성 있는 근거에
기초하고 있고 제1심의 증거조사 결과와 항소심의 추가 증거조
사 결과에 의하여도 제1심이 일으킨 합리적인 의심을 충분히
해소할 수 있을 정도에까지 이르지 아니한다면, 일부 반대되는
사실에 관한 개연성 또는 의문만으로 진술의 신빙성 및 범죄의
증명이 부족하다는 제1심의 판단에 사실오인의 위법이 있다고
단정하여 공소사실을 유죄로 인정하여서는 아니 된다. 특히 항
소심에서도 진술 중의 일부에 대하여 신빙성을 부정함으로써
그에 관한 제1심의 판단을 수긍하는 경우라면, 나머지 진술 부
분에 대하여 신빙성을 부정한 제1심의 판단이 위법하다고 인정
하기 위해서는 그 부분 진술만은 신뢰할 수 있는 확실한 근거
가 제시되는 등의 특별한 사정이 있는지에 관하여 더욱 신중히
판단하여야 한다(대법원 2016.2.18, 2015도11428).

㉤ (×), ㉥(×) 범죄구성요건사실을 인정하기 위하여 과학공식
등의 경험칙을 이용하는 경우에 그 법칙 적용의 전제가 되는
개별적·구체적 사실에 대하여는 엄격한 증명을 요한다. 위드
마크 공식은 알코올을 섭취하면 최고 혈중알코올농도가 높아지
고, 흡수된 알코올은 시간의 경과에 따라 일정하게 분해된다는
과학적 사실에 근거한 수학적인 방법에 따른 계산결과를 통해
운전 당시 혈중알코올농도를 추정하는 경험칙의 하나이므로,
그 적용을 위한 자료로 섭취한 알코올의 양·음주시각·체중
등이 필요하고 이에 관하여는 엄격한 증명이 필요하다. 나아가
위드마크 공식에 따른 혈중알코올농도의 추정방식에는 알코올의
흡수분배로 인한 최고 혈중알코올농도에 관한 부분과 시간경과
에 따른 분해소멸에 관한 부분이 있고, 그중 최고 혈중알코올농
도의 계산에 관하여는 섭취한 알코올의 체내흡수율과 성별·비
만도·나이·신장·체중 등이 결과에 영향을 미칠 수 있으며,
개인의 체질, 술의 종류, 음주속도, 음주 시 위장에 있는 음식의
정도 등에 따라 최고 혈중알코올농도에 이르는 시간이 달라질
수 있고, 알코올의 분해소멸에 관하여도 평소의 음주정도, 체
질, 음주속도, 음주 후 신체활동의 정도 등이 시간당 알코올 분
해량에 영향을 미칠 수 있는 등 음주 후 특정 시점의 혈중알코
올농도에 영향을 줄 수 있는 다양한 요소가 존재한다. 한편, 형
사재판에서 유죄의 인정은 법관으로 하여금 합리적인 의심을
할 여지가 없을 정도로 공소사실이 진실한 것이라는 확신을 가
지게 할 수 있는 증명이 필요하므로, 위 영향요소를 적용할 때
피고인이 평균인이라고 쉽게 단정하여서는 아니 되고, 필요하
다면 전문적인 학식이나 경험이 있는 자의 도움을 받아 객관적
이고 합리적으로 혈중알코올농도에 영향을 줄 수 있는 요소를

확정하여야 한다. 만일 위드마크 공식의 적용에 관해서 불확실한 점이 남아 있고 그것이 피고인에게 불이익하게 작용한다면, 그 계산결과는 합리적인 의심을 품게 하지 않을 정도의 증명력이 있다고 할 수 없다(대법원 2000.11.24, 2000도2900 등). 혈중알코올농도 측정 없이 위드마크 공식을 사용해 피고인이 마신 술의 양을 기초로 피고인의 운전 당시 혈중알코올농도를 추산하는 경우로서 알코올의 분해소멸에 따른 혈중알코올농도의 감소기(위드마크 제2공식, 하강기)에 운전이 이루어진 것으로 인정되는 경우에는 피고인에게 가장 유리한 음주 시작 시점부터 곧바로 생리작용에 의하여 분해소멸이 시작되는 것으로 보아야한다. 이와 다르게 음주 개시 후 특정 시점부터 알코올의 분해소멸이 시작된다고 인정하려면 알코올의 분해소멸이 시작되는 시점이 다르다는 점에 관한 과학적 증명 또는 객관적인 반대증거가 있거나, 음주 시작 시점부터 알코올의 분해소멸이 시작된다고 보는 것이 그렇지 않은 경우보다 피고인에게 불이익하게 작용되는 특별한 사정이 있어야 한다. … 섭취한 알코올의양, 음주시간, 체중 등 위드마크 공식의 적용을 위한 자료에 관한 엄격한 증명도 없는 상태로, 혈중알코올농도의 측정 없이 위드마크 공식을 적용하여 혈중알코올농도의 감소기에 운전이 이루어진 것으로 인정함에 있어 음주 시작 시점부터 곧바로 분해소멸이 시작되는 것으로 보지 않았음에도 운전 당시 혈중알코올농도가 0.03% 이상임을 전제로 유죄 판결을 한 것은 위법하다(대법원 2022.5.12, 2021도14074).

09

정답 ④

④ ㉠㉡㉢㉤

㉠ (O) 부검은 사망 이전의 질병 경과나 사망을 초래한 직접 혹은 간접적 요인들을 자세한 관찰 및 검사를 통하여 규명하는 것으로서, 사망원인의 인정 내지 추정을 위하여는 단편적인 개별 소견을 종합하여 최종 사인에 관한 판단에 이르는 추론의 과정을 거쳐야 한다. 따라서 부검의(부검의)가 사체에 대한 부검을 실시한 후 어떤 것을 유력한 사망원인으로 지시한다고 하여 그 밖의 다른 사인이 존재할 가능성을 가볍게 배제하여서는 아니되고, 특히 형사재판에서 부검의의 소견에 주로 의지하여 유죄의 인정을 하기 위해서는 다른 가능한 사망원인을 모두 배제하기 위한 치밀한 논증의 과정을 거치지 않으면 아니 된다. 더구나 사체에 대한 부검이 사망으로부터 상당한 시간이 경과한 후에 실시되고 그 과정에서 사체의 이동·보관에 따른 훼손·변화 가능성이 있는 경우에는 그 판단에 오류가 포함될 가능성을 전적으로 배제할 수 없다(대법원 2012.6.28, 2012도231).

㉡ (O) 대법원 2010.11.11, 2010도9633

㉢ (O) 대법원 2008.1.17, 2007도5201

㉣ (×) 비가 오는 야간에 우연히 지나다가 20~30여 명이 몰려 있던 싸움현장을 목격하였음에 불과한 사람이 그로부터 1개월여가 지난 뒤에 단순한 당시의 기억만으로 피해자를 때리려고 한 사람이 바로 피고인이었다고 지목하는 것은 경험칙상 그 확실성 여부가 의심스러운 것이다(대법원 1984.12.11, 84도2058).

㉤ (×) 사실인정의 전제로 이루어지는 증거의 취사선택과 증명력에 대한 판단은 자유심증주의의 한계를 벗어나지 않는 한 사실심 법원의 재량에 속한다(형사소송법 제308조). 인접한 시기에 같은 피해자를 상대로 저질러진 동종 범죄라도 각각의 범죄에 따라 범행의 구체적인 경위, 피해자와 피고인 사이의 관계, 피해자를 비롯한 관련 당사자의 진술 등이 다를 수 있다. 따라서 사실심 법원은 인접한 시기에 같은 피해자를 상대로 저질러진 동종 범죄에 대해서도 각각의 범죄에 따라 피해자 진술의 신빙성이나 그 신빙성 유무를 기초로 한 범죄 성립 여부를 달리 판단할 수 있고, 이것이 실체적 진실발견과 인권보장이라는 형사소송의 이념에 부합한다(대법원 2022.3.31, 2018도19472, 2018전도126－병합－).

[보충] 한편 대법원은 다른 상관(함장)에 대해서는 무죄로 판단한 원심을 파기환송하였다(대법원 2022.3.31, 2018도19037).

㉥ (O) 피고인이 추행의 고의를 부인하는 경우에는 고의와 상당한 관련성이 있는 간접사실을 증명하는 방법에 따를 수밖에 없다. 이 경우 피고인의 나이·지능·지적능력 및 판단능력, 직업및 경력, 피고인이 공소사실 기재 행위에 이르게 된 경위와 동기, 피고인과 피해자의 관계, 구체적 행위 태양 및 행위 전후의 정황, 피고인의 평소 행동양태·습관 등 객관적 사정을 종합하여 판단해야 하고, 피고인이 고의로 추행을 하였다고 볼 만한 징표와 어긋나는 사실의 의문점이 해소되어야 한다. 이는 피고인이 자폐성 장애인이거나 지적장애인에 해당하는 경우에도 마찬가지로서, 외관상 드러난 피고인의 언행이 비장애인의 관점에서 이례적이라거나 합리적이지 않다는 이유만으로 함부로 고의를 추단하거나 이를 뒷받침하는 간접사실로 평가하여서는 아니 되고, 전문가의 진단이나 감정 등을 통해 피고인의 장애 정도, 지적·판단능력 및 행동양식 등을 구체적으로 심리한 후 피고인이 공소사실 기재 행위 당시 특정 범행의 구성요건 해당 여부에 관한 인식을 전제로 이를 용인하는 내심의 의사까지 있었다는 점에 관하여 합리적인 의심을 할 여지가 없을 정도의 확신에 이르러야 한다(대법원 2024.1.4, 2023도13081).

10

정답 ④

④ ㉠㉡㉢㉣㉤

㉠ (O) 성폭행 피해자의 대처 양상은 피해자의 성정이나 가해자와의 관계 및 구체적인 상황에 따라 다르게 나타날 수밖에 없다. 따라서 개별적, 구체적인 사건에서 성폭행 등의 피해자가 처하여 있는 특별한 사정을 충분히 고려하지 않은 채 피해자 진술의 증명력을 가볍게 배척하는 것은 정의와 형평의 이념에 입각하여 논리와 경험의 법칙에 따른 증거판단이라고 볼 수 없다(대법원 2018.10.25, 2018도7709). 범행 후 피해자의 태도 중 '마땅히 그러한 반응을 보여야만 하는 피해자'로 보이지 않는 사정이 존재한다는 이유만으로 피해자 진술의 신빙성을 함부로 배척할 수 없다(대법원 2020.8.20, 2020도6965; 2020.9.3, 2020도8533; 2020.10.29, 2019도4047).

[보충] 편의점 브랜드 개발팀 직원인 피고인이 편의점주인 피해자를 편의점 안에서 강제추행하였다고 기소된 사안에서, 제1심은 피해자에 대한 증인신문을 거친 후 피해자의 피해 경위에 관한 진술이 구체적이고 일관되어 신빙성이 인정되고, CCTV 영상 촬영사진과도 부합한다는 등의 이유로 유죄로 판단하였는데, 원심은 추가 증거조사 없이 주로 제1심에서 증거조사를 마친 증거들에 기초한 사정들을 들어 피해자 진술 신빙성 등을 배척하고 무죄로 판단하였으나, 대법원은, 원심이 든 사정 중 일부는 피해자에게 '피해자다움'이 나타나지 않음을 지적하는 것으로 위와 같은 법리에 비추어 타당하지 않고, 원심이 지적한 사정만으로는 피해자 진술의 신빙성 유무 및 이에 부합하는

CCTV 영상의 증명력에 관한 제1심의 판단이 명백하게 잘못되었다거나 그대로 유지하는 것이 현저히 부당하다고 인정되는 예외적인 경우에 해당한다고 단정하기 어렵다고 판단한 것이다.

ⓒ (○) 형사소송법은 증거재판주의와 자유심증주의를 기본원칙으로 하면서, 범죄사실의 인정은 증거에 의하되 증거의 증명력은 법관의 자유판단에 의하도록 하고 있다. 그러나 이는 그것이 실체적 진실발견에 적합하기 때문이지 법관의 자의적인 판단을 인용한다는 것은 아니므로, 비록 사실의 인정이 사실심의 전권이더라도 범죄사실이 인정되는지는 논리와 경험법칙에 따라야 하고, 충분한 증명력이 있는 증거를 합리적 이유 없이 배척하거나 반대로 객관적인 사실에 명백히 반하는 증거를 근거 없이 채택·사용하는 것은 자유심증주의의 한계를 벗어나는 것으로서 법률 위반에 해당한다(대법원 2016.10.13, 2015도17869).

ⓒ (○) 아동·청소년의 성보호에 관한 법률이 특별히 아동·청소년을 보호하고자 하는 이유는, 아동·청소년은 사회적·문화적 제약 등으로 아직 온전한 자기결정권을 행사하기 어려울 뿐만 아니라, 인지적·심리적·관계적 자원의 부족으로 타인의 성적 침해 또는 착취행위로부터 자신을 방어하기 어려운 처지에 있기 때문이다(대법원 2020.8.27, 2015도9436 전원합의체). 피해자가 피고인으로부터 강간을 당한 후 다음 날 혼자서 다시 피고인의 집을 찾아간 것이 일반적인 평균인의 경험칙이나 통념에 비추어 범죄 피해자로서는 취하지 않았을 특이하고 이례적인 행태로 보인다고 하더라도, 그로 인하여 곧바로 피해자의 진술에 신빙성이 없다고 단정할 수는 없다. 범죄를 경험한 후 피해자가 보이는 반응과 피해자가 선택하는 대응 방법은 천차만별인바, 강간을 당한 피해자가 반드시 가해자나 가해현장을 무서워하며 피하는 것이 마땅하다고는 볼 수 없고, 경우에 따라서는 가해자를 별로 무서워하지 않거나 피하지 않고 나아가 가해자를 먼저 찾아가는 것도 불가능하다고 볼 수는 없다. 피해자와 피고인의 나이 차이, 범행 이전의 우호적인 관계 등에 비추어 보면, 피해자로서는 사귀는 사이인 것으로 알았던 피고인이 자신을 상대로 느닷없이 강간 범행을 한 것에 대해서 의구심을 가지고 그 해명을 듣고 싶어하는 마음을 가졌던 것으로 보이고, 피해자의 그러한 심리가 성폭력을 당한 여성으로서는 전혀 보일 수 없을 정도로 이례적이고 납득 불가능한 것이라고 할 수는 없다. 따라서 피해자가 2018.1.26.자 강간을 당한 후 그 다음 날 스스로 피고인의 집에 찾아갔다고 하더라도, 그러한 피해자의 행위가 피해자 진술의 신빙성을 배척할 사정이 되지는 못한다는 것이다. 원심이 위와 같이 판단하여, 범행 후 피해자의 일부 언행을 문제 삼아 피해자다움이 결여되었다는 등의 이유로 피해자 진술 전체의 신빙성을 다투는 피고인의 주장을 배척하고 이 부분 공소사실을 유죄로 판단한 제1심판결을 그대로 유지한 것은 정당하고, 거기에 논리와 경험의 법칙을 위반하여 자유심증주의의 한계를 벗어난 잘못이 없다(대법원 2020.9.7, 2020도8016).

ⓔ (×) 자백의 신빙성 유무를 판단할 때에는 자백 진술의 내용 자체가 객관적으로 합리성이 있는지, 자백의 동기나 이유는 무엇이며, 자백에 이르게 된 경위는 어떠한지, 그리고 자백 외의 정황증거 중 자백과 저촉되거나 모순되는 것은 없는지 등 제반 사정을 고려하여 판단하여야 한다. 나아가 피고인이 수사기관에서부터 공판기일에 이르기까지 일관되게 범행을 자백하다가 어느 공판기일부터 갑자기 자백을 번복한 경우에는, 자백 진술의 신빙성 유무를 살피는 외에도 자백을 번복하게 된 동기나

이유 및 경위 등과 함께 수사기관 이래의 진술 경과와 진술의 내용 등에 비추어 번복 진술이 납득할 만한 것이고 이를 뒷받침할 증거가 있는지 등을 살펴보아야 한다(대법원 2016.10.13, 2015도17869).

ⓜ (○) 형사처벌을 모면하기 위해 의도적인 추가음주를 하는 행위가 드물지 않게 발생하고 있다. 죄증을 인멸하기 위한 의도적인 추가음주행위를 통해 음주운전자가 정당한 형사처벌을 회피하게 되는 결과를 그대로 용인하는 것은 정의의 관념이나 음주운전에 대한 강력한 처벌을 통해 안전사회를 염원하는 국민적 공감대 및 시대적 흐름에 비추어 바람직하지 않다. 국민의 건강과 사회의 안전을 보호하고 의도적인 법질서교란행위에 대한 정당한 처벌이 이루어질 수 있는 방향으로 추가음주 사안의 현황과 문제점을 체계적으로 파악하여 이를 해결하기 위한 입법적 조치 등이 이루어질 필요가 있지만, 이러한 조치가 없는 현재의 상황에서는 죄형법정주의와 검사의 엄격한 증명책임이라는 형사법의 대원칙을 존중하여 판단할 수밖에 없다(대법원 2023.12.28, 2020도6417).

ⓗ (○) 수사기관이 작성한 진술조서는 수사기관이 피조사자에 대하여 상당한 시간에 걸쳐 이루어진 문답 과정을 그대로 옮긴 '녹취록'과는 달리 수사기관의 관점에서 조사결과를 요약·정리하여 기재한 것에 불과할 뿐만 아니라 진술의 신빙성 유무를 판단할 때 가장 중요한 요소 중 하나인 진술 경위는 물론 피조사자의 진술 당시 모습·표정·태도, 진술의 뉘앙스, 지적능력·판단능력 등과 같은 피조사자의 상태 등을 정확히 반영할 수 없는 본질적 한계가 있다. 따라서 피고인이 수사과정에서 공소사실을 부인하였고 그 내용이 기재된 피의자신문조서 등에 관하여 증거동의를 한 경우에는, 형사소송법에 따라 증거능력 자체가 부인되는 것은 아니지만, 전체적 내용이나 진술의 맥락·취지를 고려하지 않은 채 그중 일부만을 발췌하여 유죄의 증거로 사용하는 것은 함부로 허용할 수 없다(대법원 2024.1.4, 2023도13081).

11
정답 ②

② ㉠ⓒⓔ

㉠ (×) 검사가 공판기일에 증인으로 신청하여 신문할 사람을 특별한 사정 없이 미리 수사기관에 소환하여 면담하는 절차를 거친 후 증인이 법정에서 피고인에게 불리한 내용의 진술을 한 경우, 검사가 증인신문 전 면담 과정에서 증인에 대한 회유나 압박, 답변 유도나 암시 등으로 증인의 법정진술에 영향을 미치지 않았다는 점이 담보되어야 증인의 법정진술을 신빙할 수 있다고 할 것이다. 검사가 증인신문 준비 등 필요에 따라 증인을 사전 면담할 수 있다고 하더라도 법원이나 피고인의 관여 없이 일방적으로 사전 면담하는 과정에서 증인이 훈련되거나 유도되어 법정에서 왜곡된 진술을 할 가능성도 배제할 수 없기 때문이다. 증인에 대한 회유나 압박 등이 없었다는 사정은 검사가 증인의 법정진술이나 면담과정을 기록한 자료 등으로 사전면담 시점, 이유와 방법, 구체적 내용 등을 밝힘으로써 증명하여야 한다(대법원 2021.6.10, 2020도15891).

ⓒ (○) 형사소송법 제307조 제1항, 제308조는 증거에 의하여 사실을 인정하되 증거의 증명력은 법관의 자유판단에 의하도록 규정하고 있는데, 이는 법관이 증거능력 있는 증거 중 필요한 증거를 채택·사용하고 증거의 실질적인 가치를 평가하여 사실

을 인정하는 것은 법관의 자유심증에 속한다는 것을 의미한다. 따라서 충분한 증명력이 있는 증거를 합리적인 근거 없이 배척하거나 반대로 객관적인 사실에 명백히 반하는 증거를 아무런 합리적인 근거 없이 채택·사용하는 등으로 논리와 경험의 법칙에 어긋나는 것이 아닌 이상, 법관은 자유심증으로 증거를 채택하여 사실을 인정할 수 있다. … 국회의원인 피고인이 甲 주식회사 대표이사 乙에게서 3차례에 걸쳐 약 9억 원의 불법정치자금을 수수하였다는 내용으로 기소되었는데, 乙이 검찰의 소환 조사에서는 자금을 조성하여 피고인에게 정치자금으로 제공하였다고 진술하였다가, 제1심 법정에서는 이를 번복하여 자금 조성 사실은 시인하면서도 피고인에게 정치자금으로 제공한 사실을 부인하고 자금의 사용처를 달리 진술한 경우, 공판중심주의와 실질적 직접심리주의 등 형사소송의 기본원칙상 검찰진술보다 법정진술에 더 무게를 두어야 한다는 점을 감안하더라도, 乙의 법정진술을 믿을 수 없는 사정 아래에서 乙이 법정에서 검찰진술을 번복하였다는 이유만으로 조성 자금을 피고인에게 정치자금으로 공여하였다는 검찰진술의 신빙성이 부정될 수는 없고, 진술 내용 자체의 합리성, 객관적 상당성, 전후의 일관성, 이해관계 유무 등과 함께 다른 객관적인 증거나 정황사실에 의하여 진술의 신빙성이 보강될 수 있는지, 반대로 공소사실과 배치되는 사정이 존재하는지 두루 살펴 판단할 때 자금 사용처에 관한 乙의 검찰진술의 신빙성이 인정되므로, 乙의 검찰진술 등을 종합하여 공소사실을 모두 유죄로 인정한 원심판단에는 자유심증주의의 한계를 벗어나는 등의 잘못이 없다(다수의견, 대법원 2015.8.20, 2013도11650 전원합의체).

ⓒ (×) 대법원 2015.8.20 2013도11650 전원합의체 판결의 소수의견의 내용이다.

ⓔ (×) 성폭행이나 성희롱 사건의 피해자가 피해사실을 알리고 문제를 삼는 과정에서 오히려 피해자가 부정적인 여론이나 불이익한 처우 및 신분 노출의 피해 등을 입기도 하여 온 점 등에 비추어 보면, 성폭행 피해자의 대처 양상은 피해자의 성정이나 가해자와의 관계 및 구체적인 상황에 따라 다르게 나타날 수밖에 없다. 따라서 개별적, 구체적인 사건에서 성폭행 등의 피해자가 처하여 있는 특별한 사정을 충분히 고려하지 않은 채 피해자 진술의 증명력을 가볍게 배척하는 것은 정의와 형평의 이념에 입각하여 논리와 경험의 법칙에 따른 증거판단이라고 볼 수 없다(대법원 2021.3.11, 2020도15259).

ⓜ (○) 제1심 법원에서 증거로 할 수 있었던 증거는 항소법원에서도 증거로 할 수 있다(형사소송법 제364조 제3항). 즉 제1심 법원에서 증거능력이 있었던 증거는 항소심에서도 증거능력이 그대로 유지되어 재판의 기초가 될 수 있고 다시 증거조사를 할 필요가 없으며(대법원 2005.3.11, 2004도8313), 항소심 재판장이 증거조사절차에 들어가기에 앞서 제1심의 증거관계와 증거조사결과의 요지를 고지하면 된다(형사소송규칙 제156조의5 제1항). 한편 형사소송규칙 제156조의5 제2항에 의하면 항소심의 증거조사 중 증인신문의 경우, 항소심 법원은 '제1심에서 조사되지 아니한 데에 대하여 고의나 중대한 과실이 없고, 그 신청으로 인하여 소송을 현저하게 지연시키지 아니하는 경우(제1호)', '제1심에서 증인으로 신문하였으나 새로운 중요한 증거의 발견 등으로 항소심에서 다시 신문하는 것이 부득이하다고 인정되는 경우(제2호)', '그 밖에 항소의 당부에 관한 판단을 위하여 반드시 필요하다고 인정되는 경우(제3호)'에 한하여 증인을 신문할 수 있다. 위 규정은 형사재판의 사실인정에 있어서 제1

심 법원과 항소심 법원의 역할 및 관계 등에 관한 입법 취지 등에 비추어 항소심에서의 증거조사는 필요 최소한에 그쳐야 한다는 점을 반영한 것이다. 이를 고려하면, 형사소송규칙 제156조의5 제2항 제3호는 비록 포괄적 사유이기는 하지만 항소심 법원에 증인신문에 관한 폭넓은 재량을 부여한 것으로 볼 것이 아니라 제1, 2호가 규정한 사유에 준하는 '예외적 사유'로 보아야 한다. … 배심원이 참여하는 형사재판 즉 국민참여재판을 거쳐 제1심 법원이 배심원의 만장일치 무죄평결을 받아들여 피고인에 대하여 무죄판결을 선고한 경우, 국민참여재판을 도입한 입법 취지, 실질적 직접심리주의의 의미와 정신 등에 비추어 '증거의 취사 및 사실의 인정'에 관한 제1심 법원의 판단은 한층 더 존중될 필요가 있고 그런 면에서 제1심 법원의 무죄판결에 대한 항소심에서의 추가적이거나 새로운 증거조사는 형사소송법과 형사소송규칙 등에서 정한 바에 따라 신중하게 이루어져야 한다(무죄판결에 대한 항소심에서의 추가적이거나 새로운 증거조사는 형사소송법과 형사소송규칙 등에서 정한 바에 따라 증거조사의 필요성이 분명하게 인정되는 예외적인 경우에 한정하여 실시하는 것이 바람직함)(대법원 2024.7.25, 2020도7802).

12
정답 ②

② (×) 항소심이 제1심 증인 등을 다시 신문하는 등의 추가 증거조사를 거쳐 그 신빙성을 심사하여 본 결과 제1심이 들고 있는 의심과 일부 어긋날 수 있는 사실의 개연성이 드러남으로써 제1심의 판단에 의문이 생긴다 하더라도, 제1심이 제기한 의심이 금품 제공과 양립할 수 없거나 그 진술의 신빙성 인정에 장애가 되는 사실의 개연성에 대한 합리성 있는 근거에 기초하고 있고 제1심의 증거조사 결과와 항소심의 추가 증거조사 결과에 의하여도 제1심이 일으킨 이러한 합리적인 의심을 충분히 해소할 수 있을 정도에까지 이르지 아니한다면, 그와 같은 일부 반대되는 사실에 관한 개연성 또는 의문만으로 그 진술의 신빙성 및 범죄의 증명이 부족하다는 제1심의 판단에 사실오인의 위법이 있다고 단정하여 공소사실을 유죄로 인정하여서는 아니 된다(대법원 2016.6.23, 2016도2889).

① (○) 대법원 2016.6.23, 2016도2889

③ (○) 대법원 1988.6.28, 88도740; 2015.8.20, 2013도11650 전원합의체(한명숙 전 총리 사건)

④ (○) 대법원 2015.5.28, 2014도18006

13
정답 ③

③ (○) 대법원 1983.9.13, 83도712

① (×) 대법원 2011.2.24, 2010도14720

② (×) 이러한 진술조서는 자백자 본인의 진술 자체를 기재한 것은 아니므로 같은 법 제310조의 자백에는 포함되지 않는다 할 것이지만, 피고인의 자백을 내용으로 하고 있는 이와 같은 진술 기재 내용을 피고인의 자백의 보강증거로 삼는다면 결국 피고인의 자백을 피고인의 자백으로서 보강하는 결과가 되어 아무런 보강도 하는 바 없는 것이니 보강증거가 되지 못하고, 오히려 보강증거를 필요로 하는 피고인의 자백과 동일하게 보아야 할 성질의 것이라고 할 것이므로 피고인의 자백의 보강증거로 될 수 없다(대법원 2008.2.14, 2007도10937).

④ (×) 임의성이 없다고 의심할 만한 이유가 있는 때에 해당함에도 불구하고 임의성이 없다고 의심하게 된 사유들과 피고인들

의 자백과의 사이에는 <u>인과관계가 존재하지 않는 것이 명백하</u>여 그 자백의 임의성이 있는 것임이 인정된다고 할 것이다(대법원 1984.11.27, 84도2252).

14
정답 ②

② (×) 상업장부나 항해일지, 진료일지 또는 이와 유사한 금전출납부 등과 같이 범죄사실의 인정 여부와는 관계없이 자기에게 맡겨진 사무를 처리한 사무 내역을 그때그때 계속적, 기계적으로 기재한 문서 등의 경우는 사무처리 내역을 증명하기 위하여 존재하는 문서로서 그 존재 자체 및 기재가 그러한 내용의 사무가 처리되었음의 여부를 판단할 수 있는 별개의 독립된 증거자료이고, 설사 그 문서가 우연히 피고인이 작성하였고 그 문서의 내용 중 피고인의 범죄사실의 존재를 추론해 낼 수 있는, 즉 공소사실에 일부 부합되는 사실의 기재가 있다고 하더라도, 이를 일컬어 피고인이 범죄사실을 자백하는 문서라고 볼 수는 없다(대법원 1996.10.17, 94도2865 전원합의체).

① (○) 검사가 피고인에게 공소장기재를 낭독하다시피 공소사실 그대로의 사실유무를 묻자 "예, 있읍니다", "예, 그렇습니다"라고 대답한 것으로 되어 있어 피고인이 상피고인과 공모하여 이 사건 사기범죄사실을 저지른 것으로 자백한 것처럼 보이나 계속되는 검사와 변호인의 물음에서나 그 이후의 공판정에서는 피고인이 상피고인의 부동산전매업을 도와 주는 모집책이 아니고 단순한 고객일 뿐이라고 진술하고 있다면 위 상피고인이 피고인들과 공모하여 기망 내지 편취한 점까지 자백한 것이라고는 볼 수 없다(대법원 1984.4.10, 84도141).

③ (○) 피고인은 검찰에서 피의자신문을 받아 본건 방화사실을 자백하고 이어서 진술서를 작성제출하고 그 다음 날부터 연 3일간 자기의 잘못을 반성하고 자백하는 내용의 양심서, 반성문, 사실서를 작성 제출하고 경찰의 검증조서에도 피고인이 자백하는 기재가 있으나, 검찰에 송치되자마자 검찰에서의 자백은 강요에 의한 것이라고 주장하면서 범행을 부인할 뿐더러 연 4일을 계속하여 매일 한장씩 진술서등을 작성한다는 것은 부자연하다는 느낌이 드는 등 사정에 비추어 보면 위의 자백은 신빙성이 희박하다(대법원 1980.12.9, 80도2656).

④ (○) 대법원 1985.2.26, 82도2413

15
정답 ②

① (○), ② (×) 임의성 없는 진술의 증거능력을 부정하는 취지는, 허위진술을 유발 또는 강요할 위험성이 있는 상태하에서 행하여진 진술은 그 자체가 실체적 진실에 부합하지 아니하여 오판을 일으킬 소지가 있을 뿐만 아니라 그 진위를 떠나서 진술자의 기본적 인권을 침해하는 위법·부당한 압박이 가하여지는 것을 사전에 막기 위한 것이므로, 그 임의성에 다툼이 있을 때에는 그 임의성을 의심할 만한 합리적이고 구체적인 사실을 피고인이 증명할 것이 아니고 검사가 그 임의성의 의문점을 없애는 증명을 하여야 하며, 검사가 그 임의성의 의문점을 없애는 증명을 하지 못한 경우에는 그 진술증거는 증거능력이 부정된다(대법원 2015.9.10, 2012도9879; 2006.1.26, 2004도517).

③ (○) 피고인이 피의자신문조서에 기재된 피고인의 진술 및 공판기일에서의 피고인의 진술의 임의성을 다투면서 그것이 허위자백이라고 다투는 경우, 법원은 구체적인 사건에 따라 피고인의 학력, 경력, 직업, 사회적 지위, 지능 정도, 진술의 내용, 피

의자신문조서의 경우 그 조서의 형식 등 제반 사정을 참작하여 자유로운 심증으로 위 진술이 임의로 된 것인지의 여부를 판단하면 된다(대법원 2012.11.29, 2010도3029; 2003.5.30, 2003도705).

④ (○) 피고인이 경찰에서 가혹행위 등으로 인하여 임의성 없는 자백을 하고 그 후 검찰이나 법정에서도 임의성 없는 심리상태가 계속되어 동일한 내용의 자백을 하였다면 각 자백도 임의성 없는 자백이라고 보아야 한다(대법원 2015.9.10, 2012도9879).

16
정답 ③

③ ㉠ㄴㄹ

㉠ (○) 대법원 2008.3.27, 2007도11400

㉡ (○) 진술거부권을 고지하지 않은 것이 단지 수사기관의 실수일 뿐 피의자의 자백을 이끌어내기 위한 의도적이고 기술적인 증거확보의 방법으로 이용되지 않았고, 그 이후 이루어진 신문에서는 진술거부권을 고지하여 잘못이 시정되는 등 수사 절차가 적법하게 진행되었다는 사정, <u>최초 자백 이후 구금되었던 피고인이 석방되었다거나 변호인으로부터 충분한 조력을 받은 가운데 상당한 시간이 경과하였음에도 다시 자발적으로 계속하여 동일한 내용의 자백을 하였다는 사정</u>, 최초 자백 외에도 다른 독립된 제3자의 행위나 자료 등도 물적 증거나 증인의 증언 등 2차적 증거 수집의 기초가 되었다는 사정, 증인이 그의 독립적인 판단에 의해 형사소송법이 정한 절차에 따라 소환을 받고 임의로 출석하여 증언하였다는 사정 등은 통상 2차적 증거의 증거능력을 인정할만한 정황에 속한다(대법원 2009.3.12, 2008도11437).

㉢ (×) 수사기관의 강제처분인 압수수색은 그 과정에서 관련자들의 권리나 법익을 침해할 가능성이 적지 않으므로 엄격히 헌법과 형사소송법이 정한 절차를 준수하여 이루어져야 한다. 절차 조항에 따르지 않는 수사기관의 압수수색을 억제하고 재발을 방지하는 가장 효과적이고 확실한 대응책은 이를 통하여 수집한 증거는 물론 이를 기초로 하여 획득한 2차적 증거를 유죄 인정의 증거로 삼을 수 없도록 하는 것이다. 이와 달리, 압수물은 그 압수절차가 위법이라 하더라도 물건 자체의 성질, 형상에 변경을 가져오는 것은 아니므로 그 형상 등에 관한 증거가치에는 변함이 없다 할 것이므로 증거능력이 있다는 취지로 판시한 대법원 1968.9.17, 68도932; 대법원 1987.6.23, 87도705; 대법원 1994.2.8, 93도3318; 대법원 1996.5.14, 96초88 결정, 대법원 2002.11.26, 2000도1513; 대법원 2006.7.27, 2006도3194 판결 등은 이 판결의 견해에 배치되는 범위 안에서 이를 변경하기로 한다(대법원 2007.11.15, 2007도3061 전원합의체).

㉣ (○) 대법원 2011.7.14, 2011도3809

㉤ (×) ㉥ (×) 압수의 대상이 되는 전자정보와 그렇지 않은 전자정보가 혼재된 정보저장매체나 그 복제본을 압수·수색한 수사기관이 정보저장매체 등을 수사기관 사무실 등으로 옮겨 이를 <u>탐색·복제·출력하는 경우, 그와 같은 일련의 과정에서 형사소송법 제219조, 제121조에서 규정하는 피압수·수색 당사자나 변호인에게 참여의 기회를 보장하고 압수된 전자정보의 파일 명세가 특정된 압수목록을 작성·교부하여야 하며 범죄혐의사실과 무관한 전자정보의 임의적인 복제 등을 막기 위한 적절한 조치를 취하는 등</u> 영장주의 원칙과 적법절차를 준수하여야 한다. 만약 그러한 조치가 취해지지 않았다면 피압수자 측이 참여

하지 아니한다는 의사를 명시적으로 표시하였거나 절차 위반행위가 이루어진 과정의 성질과 내용 등에 비추어 피압수자 측에 절차 참여를 보장한 취지가 실질적으로 침해되었다고 볼 수 없을 정도에 해당한다는 등의 특별한 사정이 없는 이상 압수·수색이 적법하다고 평가할 수 없고, 비록 수사기관이 정보저장매체 또는 복제본에서 범죄혐의사실과 관련된 전자정보만을 복제·출력하였다 하더라도 달리 볼 것은 아니다(대법원 2015.7. 16, 2011모1839 전원합의체; 2021.11.18, 2016도348 전원합의체). 따라서 수사기관이 피압수자 측에게 참여의 기회를 보장하거나 압수한 전자정보 목록을 교부하지 않는 등 영장주의 원칙과 적법절차를 준수하지 않은 위법한 압수·수색 과정을 통하여 취득한 증거는 위법수집증거에 해당하고, 사후에 법원으로부터 영장이 발부되었다거나 피고인이나 변호인이 이를 증거로 함에 동의하였다고 하여 위법성이 치유되는 것도 아니다(위 대법원 2021.11.18, 2016도348 전원합의체). 사법경찰관은 피고인을 유치장에 입감시킨 상태에서 휴대전화 내 전자정보를 탐색·복제·출력함으로써 참여의 기회를 배제한 상태에서 이 사건 엑셀파일을 탐색·복제·출력하였고, 압수한 전자정보 상세목록을 교부한 것으로 평가할 수 없어, 위 엑셀파일은 위법하게 수집된 증거로서 증거능력이 없고, 사후에 압수·수색영장을 발부받아 압수절차가 진행되었더라도 위법성이 치유되지 않는다(대법원 2022.7.28, 2022도2960).

17

정답 ④

④ ㉠ㄴㄷ

㉠ (○) 수사기관이 피의자 甲의 공직선거법 위반 범행을 영장 범죄사실로 하여 발부받은 압수·수색영장의 집행 과정에서 乙, 丙 사이의 대화가 녹음된 녹음파일(이하 '녹음파일'이라 한다)을 압수하여 乙, 丙의 공직선거법 위반 혐의사실을 발견한 사안에서, 압수·수색영장에 기재된 '피의자'인 甲이 녹음파일에 의하여 의심되는 혐의사실과 무관한 이상, 수사기관이 별도의 압수·수색영장을 발부받지 아니한 채 압수한 녹음파일은 형사소송법 제219조에 의하여 수사기관의 압수에 준용되는 형사소송법 제106조 제1항이 규정하는 '피고사건' 내지 같은 법 제215조 제1항이 규정하는 '해당 사건'과 '관계가 있다고 인정할 수 있는 것'에 해당하지 않으며, 이와 같은 압수에는 헌법 제12조 제1항 후문, 제3항 본문이 규정하는 영장주의를 위반한 절차적 위법이 있으므로, 녹음파일은 형사소송법 제308조의2에서 정한 '적법한 절차에 따르지 아니하고 수집한 증거'로서 증거로 쓸 수 없고, 그 절차적 위법은 헌법상 영장주의 내지 적법절차의 실질적 내용을 침해하는 중대한 위법에 해당하여 예외적으로 증거능력을 인정할 수도 없다(대법원 2014.1.16, 2013도7101).

㉡ (○) 임의성 없는 진술의 증거능력을 부정하는 취지는, 허위진술을 유발 또는 강요할 위험성이 있는 상태하에서 행하여진 진술은 그 자체가 실체적 진실에 부합하지 아니하여 오판을 일으킬 소지가 있을 뿐만 아니라 그 진위를 떠나서 진술자의 기본적 인권을 침해하는 위법 부당한 압박이 가하여지는 것을 사전에 막기 위한 것이므로, 그 임의성에 다툼이 있을 때에는 그 임의성을 의심할 만한 합리적이고 구체적인 사실을 피고인이 증명할 것이 아니고 검사가 그 임의성의 의문점을 없애는 증명을 하여야 할 것이고, 검사가 그 임의성의 의문점을 없애는 증명을 하지 못한 경우에는 그 진술증거는 증거능력이 부정된다(대법

원 2006.11.23, 2004도7900).

㉢ (○) 대법원 2012.11.15, 2011도15258

㉣ (×) 국민의 인간으로서의 존엄과 가치를 보장하는 것은 국가기관의 기본적인 의무에 속하는 것이고, 이는 형사절차에서도 당연히 구현되어야 하는 것이기는 하나 그렇다고 하여 국민의 사생활 영역에 관계된 모든 증거의 제출이 곧바로 금지되는 것으로 볼 수는 없고, 법원으로서는 효과적인 형사소추 및 형사소송에서의 진실발견이라는 공익과 개인의 사생활의 보호이익을 비교형량하여 그 허용 여부를 결정하고, 적절한 증거조사의 방법을 선택함으로써 국민의 인간으로서의 존엄성에 대한 침해를 피할 수 있다고 보아야 할 것이므로, 피고인의 동의하에 촬영된 나체사진의 존재만으로 피고인의 인격권과 초상권을 침해하는 것으로 볼 수 없고, 가사 사진을 촬영한 제3자가 그 사진을 이용하여 피고인을 공갈할 의도였다고 하더라도 사진의 촬영이 임의성이 배제된 상태에서 이루어진 것이라고 할 수는 없으며, 그 사진은 범죄현장의 사진으로서 피고인에 대한 형사소추를 위하여 반드시 필요한 증거로 보이므로, 공익의 실현을 위하여는 그 사진을 범죄의 증거로 제출하는 것이 허용되어야 하고, 이로 말미암아 피고인의 사생활의 비밀을 침해하는 결과를 초래한다 하더라도 이는 피고인이 수인하여야 할 기본권의 제한에 해당된다(대법원 1997.9.30, 97도1230).

㉤ (×) 증거수집 절차가 개인의 사생활 내지 인격적 이익을 중대하게 침해하여 사회통념상 허용되는 한도를 벗어난 것이라면, 단지 형사소추에 필요한 증거라는 사정만을 들어 곧바로 형사소송에서 진실발견이라는 공익이 개인의 인격적 이익 등 보호이익보다 우월한 것으로 섣불리 단정해서는 아니 된다. 그러나 그러한 한도를 벗어난 것이 아니라면 형사절차에서 증거로 사용할 수 있다(대법원 2013.11.28, 2010도12244; 2017.3.15, 2016도19843 등). 피고인의 배우자가 피고인의 동의 없이 피고인의 휴대전화를 조작하여 통화내용을 녹음하였으므로 피고인의 사생활 내지 인격적 이익을 침해하였다고 볼 여지는 있으나, ⓐ 피고인의 배우자가 전화통화의 일방 당사자로서 피고인과 직접 대화를 나누면서 피고인의 발언 내용을 직접 청취하였으므로 전화통화 내용을 몰래 녹음하였다고 하여 피고인의 사생활의 비밀, 통신의 비밀, 대화의 비밀 등이 침해되었다고 평가하기는 어렵고, 피고인의 배우자가 녹음파일 등을 제3자에게 유출한 바 없으므로 음성권 등 인격적 이익의 침해 정도도 비교적 경미하다고 보아야 하는 점, ⓑ 피고인의 배우자가 범행에 관한 증거로 사용하겠다는 의도나 계획 아래 전화통화를 녹음한 것이 아니고, 수사기관 역시 위 전화통화의 녹음에 어떠한 관여도 하지 않은 채 적법하게 압수한 휴대전화를 분석하던 중 우연히 이를 발견하였을 뿐인 점, ⓒ 반면 이 사건 형사소추의 대상이 된 행위는 수산업협동조합장 선거에서 금품을 살포하여 선거인을 매수하는 등 이른바 '돈 선거'를 조장하였다는 것이고, 선거범죄는 대체로 계획적·조직적인 공모 아래 은밀하게 이루어지므로, 구체적 범행 내용 등을 밝혀 줄 수 있는 객관적 증거인 전화통화 녹음파일을 증거로 사용해야 할 필요성이 높은 점 등을 종합하면, 전화통화 녹음파일을 증거로 사용할 수 있다(대법원 2023.12.14, 2021도2299).

㉥ (×) 형사소송법은 증인 등 인증(人證), 증거서류와 증거물 및 그 밖의 증거를 구분한 다음 각각의 증거방법에 대한 증거조사 방식을 개별적·구체적으로 규정하여 위와 같은 헌법적 형사소송의 이념을 구체화하고 있다. 특히 형사소송법 제1편 제12장

및 형사소송규칙 제1편 제12장에서 증인에 대한 증거조사를 '신문'의 방식으로 하면서 소환방법과 법정에 불출석할 경우의 제재와 조치, 출석한 증인에 대한 선서와 위증의 벌의 경고, 증언거부권 고지 및 신문의 구체적인 방식 등에 대하여 엄격한 절차 규정을 두는 한편, 법정 외 신문(제165조), 비디오 등 중계장치 등에 의한 증인신문(제165조의2) 규정에서 정한 사유 등이 있는 때에만 예외적으로 증인이 직접 법정에 출석하지 않고 증언할 수 있도록 정하였다. 이는 사건의 실체를 규명하는 데 가장 직접적이고 핵심적인 증인으로 하여금 원칙적으로 공개된 법정에 출석하여 법관 앞에서 선서한 후 정해진 절차에 따른 신문의 방식으로 증언하도록 하여 재판의 공정성과 증언의 확실성·진실성을 담보하고, 법관은 그러한 증인의 진술을 토대로 형성된 유·무죄의 심증에 따라 사건의 실체를 규명하도록 하기 위함이다. 그러므로 범죄사실의 인정을 위한 증거조사는 특별한 사정이 없는 한 공개된 법정에서 법률이 그 증거방법에 따라 정한 방식으로 하여야 하고, 이를 토대로 형성된 심증에 따라 공소가 제기된 범죄사실이 합리적인 의심이 없는 정도로 증명되었는지 여부를 판단하여야 한다(대법원 2011.11. 10, 2011도11115). 형사소송법에서 정한 절차와 방식에 따른 증인신문절차를 거치지 아니한 채 증인에 대하여 선서 없이 법관이 임의의 방법으로 청취한 진술과 그 진술의 형식적 변형에 불과한 증거(녹음파일 등)는 적법한 증거조사 절차를 거치지 않은 증거로서 증거능력이 없다. 따라서 사실인정의 자료로 삼을 수도 없고, 피고인이나 변호인이 그러한 절차 진행에 동의하였다거나 사후에 그와 같은 증거조사 결과에 대하여 이의를 제기하지 아니하고 그 녹음파일 등을 증거로 함에 동의하였더라도 그 위법성이 치유되지 않는다(대법원 2024.9.12, 2020도14843).

18

정답 ①

① ㉠㉡㉢

㉠ (○) 원심이 적법한 절차에 따르지 아니하고 수집된 피고인의 혈액을 이용한 혈중알콜농도에 관한 국립과학수사연구소 감정서 및 이에 기초한 주취운전자적발보고서의 증거능력을 부정한 것은 정당하고, 음주운전자에 대한 채혈에 관하여 영장주의를 요구할 경우 증거가치가 없게 될 위험성이 있다거나 음주운전 중 교통사고를 야기하고 의식불명 상태에 빠져 병원에 후송된 자에 대해 수사기관이 수사의 목적으로 의료진에게 요청하여 혈액을 채취한 사정이 있다고 하더라도 이러한 증거의 증거능력을 배제하는 것이 형사사법 정의를 실현하려고 한 취지에 반하는 결과를 초래하는 예외적인 경우에 해당한다고 볼 수 없다 (대법원 2011.4.28, 2009도2109).

㉡ (×) 검사가 국가보안법 위반죄로 구속영장을 발부받아 피의자신문을 한 다음, 구속 기소한 후 다시 피의자를 소환하여 공범들과의 조직구성 및 활동 등에 관한 신문을 하면서 피의자신문조서가 아닌 일반적인 진술조서의 형식으로 조서를 작성한 경우, 진술조서의 내용이 피의자신문조서와 실질적으로 같고, 진술의 임의성이 인정되는 경우라도 미리 피의자에게 진술거부권을 고지하지 않았다면 위법수집증거에 해당하므로, 유죄인정의 증거로 사용할 수 없다(대법원 2009.8.20, 2008도8213).

㉢ (×) 피의자 지위에 있지 아니한 자에 대하여는 진술거부권이 고지되지 아니하였더라도 진술의 증거능력을 부정할 것은 아니다(대법원 2011.11.10, 2011도8125).

㉣ (○) 수사기관이 피고인 아닌 자를 상대로 적법한 절차에 따르지 아니하고 수집한 증거는 원칙적으로 피고인에 대한 유죄 인정의 증거로 삼을 수 없다(대법원 2011.6.30, 2009도6717).

㉤ (×) (항소심의 증인으로 소환된 사람을 미리 수사기관에서 조사한 진술조서의 증거능력과 법정 증언의 증명력이 문제된 사건) 형사소송법의 기본원칙에 따라 살펴보면, 제1심에서 피고인에 대하여 무죄판결이 선고되어 검사가 항소한 후, 수사기관이 항소심 공판기일에 증인으로 신청하여 신문할 수 있는 사람을 특별한 사정 없이 미리 수사기관에 소환하여 작성한 진술조서는 피고인이 증거로 할 수 있음에 동의하지 않는 한 증거능력이 없다. 검사가 공소를 제기한 후 참고인을 소환하여 피고인에게 불리한 진술을 기재한 진술조서를 작성하여 이를 공판절차에 증거로 제출할 수 있게 한다면, 피고인과 대등한 당사자의 지위에 있는 검사가 수사기관으로서의 권한을 이용하여 일방적으로 법정 밖에서 유리한 증거를 만들 수 있게 하는 것이므로 당사자주의·공판중심주의·직접심리주의에 반하고 피고인의 공정한 재판을 받을 권리를 침해하기 때문이다. 위 참고인이 나중에 법정에 증인으로 출석하여 위 진술조서의 성립의 진정을 인정하고 피고인 측에 반대신문의 기회가 부여된다 하더라도 위 진술조서의 증거능력을 인정할 수 없음은 마찬가지이다. 위 참고인이 법정에서 위와 같이 증거능력이 없는 진술조서와 같은 취지로 피고인에게 불리한 내용의 진술을 한 경우, 그 진술에 신빙성을 인정하여 유죄의 증거로 삼을 것인지는 증인신문 전 수사기관에서 진술조서가 작성된 경위와 그것이 법정진술에 영향을 미쳤을 가능성 등을 종합적으로 고려하여 신중하게 판단하여야 한다(대법원 2019.11.28, 2013도6825).

㉥ (○) 증거조사는 공판중심주의, 직접심리주의 및 증거재판주의 원칙에 입각하여 법률이 정한 요건과 절차에 따라 엄격하게 이루어져야 하고, 헌법상 보장되는 적법절차의 원칙에 따라 공정한 재판을 받을 피고인의 권리는 경제적 효율성이나 사법적 편의를 증진시킨다는 이유로 간과되어서는 아니 된다. 원심은 공소외 1이 해외 체류 중이어서 법정 출석에 따른 증인신문이 어렵다는 이유로, 형사소송법이 규정한 증인에 대한 증거조사 방식인 '신문'에 의하지 아니하고 공소외 1에게 증인으로서 부담해야 할 각종 의무를 부과하지 아니한 채 별다른 법적 근거 없이 공소외 1이 증인으로서 출석하지 않음을 전제로 하면서도 인터넷 화상장치를 통해서 검사의 주신문, 변호인의 반대신문 등의 방식을 통해 공소외 1의 진술을 청취하는 방법으로 증거조사를 한 다음 진술의 형식적 변형(녹취파일과 녹취서 등본)에 해당하는 이 사건 각 증거를 검사로부터 제출받는 우회적인 방식을 취하였다. 이와 같은 원심의 조치는 형사소송법이 정한 증거방법(증인)에 대한 적법한 증거조사로 볼 수 없다. 따라서 그러한 진술청취의 결과물인 이 사건 각 증거는 증거능력이 없어 사실인정의 자료로 삼을 수 없고, 이는 피고인과 변호인이 그와 같은 절차 진행에 동의하였거나 사후에 그 증거조사 결과에 대하여 이의를 제기하지 아니하고 증거로 함에 동의하였더라도 마찬가지이다(대법원 2024.9.12, 2020도14843).

19

정답 ③

③ ㉡㉢㉣㉤

㉠ (○) 대법원 2008.6.26, 2008도1584

㉡ (×) 위법한 강제연행 상태에서 호흡측정 방법에 의한 음주측

정을 한 다음 강제연행 상태로부터 시간적·장소적으로 단절되었다고 볼 수도 없고 피의자의 심적 상태 또한 강제연행 상태로부터 완전히 벗어났다고 볼 수 없는 상황에서 피의자가 호흡측정 결과에 대한 탄핵을 하기 위하여 스스로 혈액채취 방법에 의한 측정을 할 것을 요구하여 혈액채취가 이루어졌다고 하더라도 그 사이에 위법한 체포 상태에 의한 영향이 완전하게 배제되고 피의자의 의사결정의 자유가 확실하게 보장되었다고 볼 만한 다른 사정이 개입되지 않은 이상 불법체포와 증거수집 사이의 인과관계가 단절된 것으로 볼 수는 없다. 따라서 그러한 혈액채취에 의한 측정 결과 역시 유죄 인정의 증거로 쓸 수 없다고 보아야 한다(대법원 2013.3.14, 2010도2094).

ⓒ (×) 대통령비서실장인 피고인이 대통령의 뜻에 따라 정무수석비서관실과 교육문화수석비서관실 등 수석비서관실과 문화체육관광부에 문화예술진흥기금 등 정부의 지원을 신청한 개인·단체의 이념적 성향이나 정치적 견해 등을 이유로 한국문화예술위원회·영화진흥위원회·한국출판문화산업진흥원이 수행한 각종 사업에서 이른바 좌파 등에 대한 지원배제를 지시하였다는 직권남용권리행사방해의 공소사실로 기소된 경우, 특별검사가 검찰을 통하여 또는 직접 청와대로부터 넘겨받아 원심에 제출한 '청와대 문건'은 '대통령기록물 관리에 관한 법률'을 위반하거나 공무상 비밀을 누설하여 수집된 것으로 볼 수 없어 위법수집증거가 아니므로 증거능력이 있다(대법원 2020.1.30, 2018도2236 전원합의체).

ⓔ (×) 수사기관의 압수·수색은 법관이 발부한 압수·수색영장에 의하여야 하는 것이 원칙이고, 영장의 원본은 처분을 받는 자에게 반드시 제시되어야 하므로(대법원 2017.9.7, 2015도10648; 2019.3.14, 2018도2841 등), 금융계좌추적용 압수·수색영장의 집행에 있어서도 수사기관이 금융기관으로부터 금융거래자료를 수신하기에 앞서 금융기관에 영장 원본을 사전에 제시하지 않았다면 원칙적으로 적법한 집행 방법이라고 볼 수는 없다. 다만, 수사기관이 금융기관에 「금융실명거래 및 비밀보장에 관한 법률」(이하 '금융실명법'이라 한다) 제4조 제2항에 따라서 금융거래정보에 대하여 영장 사본을 첨부하여 그 제공을 요구한 결과 금융기관으로부터 회신받은 금융거래자료가 해당 영장의 집행 대상과 범위에 포함되어 있고, 이러한 모사전송 내지 전자적 송수신 방식의 금융거래정보 제공요구 및 자료 회신의 전 과정이 해당 금융기관의 자발적 협조의사에 따른 것이며, 그 자료 중 범죄혐의사실과 관련된 금융거래를 선별하는 절차를 거친 후 최종적으로 영장 원본을 제시하고 위와 같이 선별된 금융거래자료에 대한 압수절차가 집행된 경우로서, 그 과정이 금융실명법에서 정한 방식에 따라 이루어지고 달리 적법절차와 영장주의 원칙을 잠탈하기 위한 의도에서 이루어진 것이라고 볼 만한 사정이 없어, 이러한 일련의 과정을 전체적으로 '하나의 영장에 기하여 적시에 원본을 제시하고 이를 토대로 압수·수색하는 것'으로 평가할 수 있는 경우에 한하여, 예외적으로 영장의 적법한 집행 방법에 해당한다고 볼 수 있다(대법원 2022.1.27, 2021도11170).

ⓜ (×) 형사소송법 제216조 제3항은 "범행 중 또는 범행 직후의 범죄 장소에서 긴급을 요하여 법원판사의 영장을 받을 수 없는 때에는 영장 없이 압수, 수색 또는 검증을 할 수 있다. 이 경우에는 사후에 지체 없이 영장을 받아야 한다."라고 규정하고 있다. 이 규정에 따라 압수수색영장을 청구하였다가 영장을 발부

받지 못한 때에는 수사기관은 압수한 물건을 즉시 반환하여야 하고, 즉시 반환하지 아니한 압수물은 유죄의 증거로 사용할 수 없으며, 헌법과 형사소송법이 선언한 영장주의의 중요성에 비추어 볼 때 피고인이나 변호인이 이를 증거로 함에 동의하였다고 하더라도 달리 볼 것은 아니다. 여기서 압수한 물건을 즉시 반환한다는 것은 수사기관이 압수한 물건을 곧바로 반환하는 것이 현저히 곤란하다는 등의 특별한 사정이 없는 한 영장을 청구하였다가 기각되는 바로 그때에 압수물을 돌려주기 위한 절차에 착수하여 그 절차를 지연하거나 불필요하게 수사기관의 점유를 계속하는 등으로 지체함이 없이 적극적으로 압수 이전의 상태로 회복시켜 주는 것을 의미한다. … 사후 압수영장이 기각되었음에도 즉시 반환하지 아니하다가 그 사이에 압수영장을 발부받아 휴대전화를 형식적으로 반환한 외관을 만든 후 다시 압수하는 것은 적법절차의 원칙이나 영장주의를 잠탈하는 것으로 허용할 수 없으므로 휴대전화 압수의 위법성이 압수영장 집행으로 희석·단절되었다고 할 수 없다(휴대전화 및 위 증거들은 위법하게 수집된 증거이거나 이를 기초로 획득한 2차 증거로서 증거능력 부정, 대법원 2024.10.8, 2024도10062).

20
정답 ①

① ㉠ㄴㄷ

㉠ (사용가능), ㉡ (사용가능) 통신비밀보호법 제3조 제1항이 "공개되지 아니한 타인 간의 대화를 녹음 또는 청취하지 못한다"라고 정한 것은, 대화에 원래부터 참여하지 않는 제3자가 그 대화를 하는 타인들 간의 발언을 녹음해서는 아니 된다는 취지이다. 3인 간의 대화에 있어서 그중 한 사람이 그 대화를 녹음하는 경우에 다른 두 사람의 발언은 그 녹음자에 대한 관계에서 '타인 간의 대화'라고 할 수 없으므로, 이와 같은 녹음행위가 통신비밀보호법 제3조 제1항에 위배된다고 볼 수는 없다(대법원 2006.10.12, 2006도4981).
두 지문 모두 대화에 이미 참여한 당사자가 녹음한 것으로 '타인 간의 대화'에 해당한다고 볼 수 없어, 통신비밀보호법 위반이 아니고 따라서 위법수집증거도 아니다.

㉢ (사용가능) 피고인이 범행 후 피해자에게 전화를 걸어오자 피해자가 증거를 수집하려고 그 전화내용을 녹음한 경우, 그 녹음테이프가 피고인 모르게 녹음된 것이라 하여 이를 위법하게 수집된 증거라고 할 수 없다(대법원 1997.3.28, 97도240).

㉣ (사용불가), ㉤ (사용불가) 전기통신의 감청은 제3자가 전기통신의 당사자인 송신인과 수신인의 동의를 받지 아니하고 전기통신 내용을 녹음하는 등의 행위를 하는 것만을 말한다고 풀이함이 상당하다고 할 것이므로, 전기통신에 해당하는 전화통화 당사자의 일방이 상대방 모르게 통화 내용을 녹음하는 것은 여기의 감청에 해당하지 아니하지만, 제3자의 경우는 설령 전화통화 당사자 일방의 동의를 받고 그 통화 내용을 녹음하였다 하더라도 그 상대방의 동의가 없었던 이상, 이는 여기의 감청에 해당하여 법 제3조 제1항 위반이 되고, 이와 같이 법 제3조 제1항에 위반한 불법감청에 의하여 녹음된 전화통화의 내용은 법 제4조에 의하여 증거능력이 없다(대법원 2010.10.14, 2010도9016).

▶ **제4장 증거** [위법수집증거배제법칙 2] — [전문법칙 1]

01	②	02	②	03	②	04	③	05	③
06	③	07	④	08	④	09	②	10	②
11	③	12	④	13	②	14	①	15	③
16	②	17	①	18	②	19	④	20	①

01

정답 ②

② ㉠㉢㉣

㉠ (○) 공판준비 또는 공판기일에서 이미 증언을 마친 증인을 검사가 소환한 후 피고인에게 유리한 그 증언 내용을 추궁하여 이를 일방적으로 번복시키는 방식으로 작성한 진술조서를 유죄의 증거로 삼는 것은 당사자주의·공판중심주의·직접주의를 지향하는 현행 형사소송법의 소송구조에 어긋나는 것일 뿐만 아니라, 헌법 제27조가 보장하는 기본권, 즉 법관의 면전에서 모든 증거자료가 조사·진술되고 이에 대하여 피고인이 공격·방어할 수 있는 기회가 실질적으로 부여되는 재판을 받을 권리를 침해하는 것이므로, 이러한 진술조서는 피고인이 증거로 할 수 있음에 동의하지 아니하는 한 증거능력이 없다고 할 것이고, 그 후 원진술자인 종전 증인이 다시 법정에 출석하여 증언을 하면서 그 진술조서의 성립의 진정함을 인정하고 피고인 측에 반대신문의 기회가 부여되었다고 하더라도 그 증언 자체를 유죄의 증거로 할 수 있음은 별론으로 하고 위와 같은 진술조서의 증거능력이 없다는 결론은 달리할 것이 아니다(대법원 2013. 8.14, 2012도13665).

㉡ (×) 헌법상 보장된 변호인과의 접견교통권이 위법하게 제한된 상태에서 얻어진 피의자의 자백은 그 증거능력을 부인하는 유죄의 증거에서 실질적이고 완전하게 배제하여야 하는 것인바, 피고인이 구속되어 국가안전기획부에서 조사를 받다가 변호인의 접견신청이 불허되어 이에 대한 준항고를 제기 중에 검찰로 송치되어 검사가 피고인을 신문하여 제1회 피의자신문조서를 작성한 후 준항고절차에서 위 접견불허처분이 취소되어 접견이 허용된 경우에는 검사의 피고인에 대한 위 제1회 피의자신문은 변호인의 접견교통을 금지한 위법상태가 계속된 상황에서 시행된 것으로 보아야 할 것이므로 그 피의자신문조서는 증거능력이 없다(대법원 1990.9.25, 90도1586).

㉢ (○) 사전에 구속영장을 제시하지 아니한 채 구속영장을 집행하고, 그 구속중 수집한 피고인의 진술증거 중 피고인의 제1심 법정진술은, 피고인이 구속집행절차의 위법성을 주장하면서 청구한 구속적부심사의 심문 당시 구속영장을 제시받은 바 있어 그 이후에는 구속영장에 기재된 범죄사실에 대하여 숙지하고 있었던 것으로 보이고, 구속 이후 원심에 이르기까지 구속적부심사와 보석의 청구를 통하여 구속집행절차의 위법성만을 다투었을 뿐, 그 구속 중 이루어진 진술증거의 임의성이나 신빙성에 대하여는 전혀 다투지 않았을 뿐만 아니라, 변호인과의 충분한 상의를 거친 후 공소사실 전부에 대하여 자백한 것이라면, 유죄 인정의 증거로 삼을 수 있는 예외적인 경우에 해당한다(대법원 2009.4.23, 2009도526).

㉣ (○) 통신비밀보호법 제3조 제1항이 "공개되지 아니한 타인 간의 대화를 녹음 또는 청취하지 못한다"라고 정한 것은, 대화에 원래부터 참여하지 않는 제3자가 그 대화를 하는 타인들 간의 발언을 녹음해서는 아니 된다는 취지이다. 3인 간의 대화에 있어서 그중 한 사람이 그 대화를 녹음하는 경우에 다른 두 사람의 발언은 그 녹음자에 대한 관계에서 '타인 간의 대화'라고 할 수 없으므로, 이와 같은 녹음행위가 통신비밀보호법 제3조 제1항에 위배된다고 볼 수는 없다(대법원 2006.10.12, 2006도4981). 즉, 대화에 이미 참여한 당사자가 녹음한 것으로 '타인 간의 대화'에 해당한다고 볼 수 없어, 통신비밀보호법 위반이 아니고 따라서 위법수집증거도 아니다.

㉤ (×) 수사기관이 별개의 증거를 피압수자 등에게 환부하고 후에 임의제출받아 다시 압수하였다면 증거를 압수한 최초의 절차 위반행위와 최종적인 증거수집 사이의 인과관계가 단절되었다고 평가할 수 있으나, 환부 후 다시 제출하는 과정에서 수사기관의 우월적 지위에 의하여 임의제출 명목으로 실질적으로 강제적인 압수가 행하여질 수 있으므로, 제출에 임의성이 있다는 점에 관하여는 검사가 합리적 의심을 배제할 수 있을 정도로 증명하여야 하고, 임의로 제출된 것이라고 볼 수 없는 경우에는 증거능력을 인정할 수 없다(대법원 2016.3.10, 2013도11233).

02

정답 ②

② ㉠㉢㉣㉤

㉠ (×) 압수의 대상이 되는 전자정보와 그렇지 않은 전자정보가 혼재된 정보저장매체나 그 복제본을 임의제출받은 수사기관이 그 정보저장매체 등을 수사기관 사무실 등으로 옮겨 이를 탐색·복제·출력하는 경우, 그와 같은 일련의 과정에서 형사소송법 제219조, 제121조에서 규정하는 피압수·수색 당사자(이하 '피압수자'라 한다)나 그 변호인에게 참여의 기회를 보장하고 압수된 전자정보의 파일 명세가 특정된 압수목록을 작성·교부하여야 하며 범죄혐의사실과 무관한 전자정보의 임의적인 복제 등을 막기 위한 적절한 조치를 취하는 등 영장주의 원칙과 적법절차를 준수하여야 한다. 만약 그러한 조치가 취해지지 않았다면 피압수자 측이 참여하지 아니한다는 의사를 명시적으로 표시하였거나 임의제출의 취지와 경과 또는 그 절차 위반행위가 이루어진 과정의 성질과 내용 등에 비추어 피압수자 측에 절차 참여를 보장한 취지가 실질적으로 침해되었다고 볼 수 없을 정

도에 해당한다는 등의 특별한 사정이 없는 이상 압수 · 수색이 적법하다고 평가할 수 없고, 비록 수사기관이 정보저장매체 또는 복제본에서 범죄혐의사실과 관련된 전자정보만을 복제 · 출력하였다 하더라도 달리 볼 것은 아니다. 나아가 피해자 등 제3자가 피의자의 소유 · 관리에 속하는 정보저장매체를 영장에 의하지 않고 임의제출한 경우에는 실질적 피압수인 피의자가 수사기관으로 하여금 그 전자정보 전부를 무제한 탐색하는 데 동의한 것으로 보기 어려울 뿐만 아니라 피의자 스스로 임의제출한 경우 피의자의 참여권 등이 보장되어야 하는 것과 견주어 보더라도 특별한 사정이 없는 한 형사소송법 제219조, 제121조, 제129조에 따라 피의자에게 참여권을 보장하고 압수한 전자정보 목록을 교부하는 등 피의자의 절차적 권리를 보장하기 위한 적절한 조치가 이루어져야 한다(대법원 2021.11.18, 2016도348 전원합의체 등). 이와 같이 정보저장매체를 임의제출한 피압수자에 더하여 임의제출자 아닌 피의자에게도 참여권이 보장되어야 하는 '피의자의 소유 · 관리에 속하는 정보저장매체'라 함은, 피의자가 압수 · 수색 당시 또는 이와 시간적으로 근접한 시기까지 해당 정보저장매체를 현실적으로 지배 · 관리하면서 그 정보저장매체 내 전자정보 전반에 관한 전속적인 관리처분권을 보유 · 행사하고, 달리 이를 자신의 의사에 따라 제3자에게 양도하거나 포기하지 아니한 경우로써, 피의자를 그 정보저장매체에 저장된 전자정보에 대하여 실질적인 압수 · 수색 당사자로 평가할 수 있는 경우를 말하는 것이다. 이에 해당하는지 여부는 민사법상 권리의 귀속에 따른 법률적 · 사후적 판단이 아니라 압수 · 수색 당시 외형적 · 객관적으로 인식 가능한 사실상의 상태를 기준으로 판단하여야 한다. 이러한 정보저장매체의 외형적 · 객관적 지배 · 관리 등 상태와 별도로 단지 피의자나 그 밖의 제3자가 과거 그 정보저장매체의 이용 내지 개별 전자정보의 생성 · 이용 등에 관여한 사실이 있다거나 그 과정에서 생성된 전자정보에 의해 식별되는 정보주체에 해당한다는 사정만으로 그들을 실질적으로 압수 · 수색을 받는 당사자로 취급하여야 하는 것은 아니다(대법원 2022.1.27, 2021도11170).

ⓛ (○) 법원이 증인신문절차의 공개금지사유로 삼은 사정이 '국가의 안녕질서를 방해할 우려가 있는 때'에 해당하지 아니하고, 달리 헌법 제109조, 법원조직법 제57조 제1항이 정한 공개금지사유를 찾아볼 수도 없다면, 법원의 공개금지결정은 피고인의 공개재판을 받을 권리를 침해한 것으로서 그 절차에 의하여 이루어진 증인의 증언은 증거능력이 없다(대법원 2005.10.28, 2005도5854).

ⓒ (×) 피고인을 강제로 연행한 조치는 위법한 체포에 해당하고, 위법한 체포상태에서 이루어진 채뇨 요구 또한 위법하므로 그에 의하여 수집된 '소변검사시인서'는 유죄 인정의 증거로 삼을 수 없으나, 한편 연행 당시 피고인이 마약을 투약한 것이거나 자살할지도 모른다는 취지의 구체적 제보가 있었던 데다가, 피고인이 경찰관 앞에서 바지와 팬티를 내리는 등 비상식적인 행동을 하였던 사정 등에 비추어 피고인에 대한 긴급한 구호의 필요성이 전혀 없었다고 볼 수 없는 점, 경찰관들은 임의동행시점으로부터 얼마 지나지 아니하여 체포의 이유와 변호인 선임권 등을 고지하면서 피고인에 대한 긴급체포의 절차를 밟는 등 절차의 잘못을 시정하려고 한 바 있어, 경찰관들의 위와 같은 임의동행조치는 단지 수사의 순서를 잘못 선택한 것이라고 할 수 있지만 관련 법규정으로부터의 실질적 일탈 정도가 헌법에 규정된 영장주의 원칙을 현저히 침해할 정도에 이르렀다고 보

기 어려운 점 등에 비추어 볼 때, 위와 같은 2차적 증거 수집이 위법한 체포 · 구금절차에 의하여 형성된 상태를 직접 이용하여 행하여진 것으로는 쉽사리 평가할 수 없으므로, 이와 같은 사정은 체포과정에서의 절차적 위법과 2차적 증거 수집 사이의 인과관계를 희석하게 할 만한 정황에 속하고, 메스암페타민 투약 범행의 중대성도 아울러 참작될 필요가 있는 점 등 제반 사정을 고려할 때 2차적 증거인 소변 감정서 등은 증거능력이 인정된다(대법원 2013.3.14, 2012도13611).

ⓔ (×) 검사 또는 사법경찰관은 범죄수사에 필요한 때에는 피의자가 죄를 범하였다고 의심할 만한 정황이 있는 경우에 판사로부터 발부받은 영장에 의하여 압수 · 수색을 할 수 있으나, 압수 · 수색은 영장 발부의 사유로 된 범죄 혐의사실과 관련된 증거에 한하여 할 수 있으므로, 영장 발부의 사유로 된 범죄 혐의사실과 무관한 별개의 증거를 압수하였을 경우 이는 원칙적으로 유죄 인정의 증거로 사용할 수 없다. 다만 수사기관이 별개의 증거를 피압수자 등에게 환부하고 후에 임의제출받아 다시 압수하였다면 증거를 압수한 최초의 절차 위반행위와 최종적인 증거수집 사이의 인과관계가 단절되었다고 평가할 수 있으나(따라서 ⓔ 지문은 틀림), 환부 후 다시 제출하는 과정에서 수사기관의 우월적 지위에 의하여 임의제출 명목으로 실질적으로 강제적인 압수가 행하여질 수 있으므로, 제출에 임의성이 있다는 점에 관하여는 검사가 합리적 의심을 배제할 수 있을 정도로 증명하여야 하고, 임의로 제출된 것이라고 볼 수 없는 경우에는 증거능력을 인정할 수 없다(대법원 2016.3.10, 2013도11233).

ⓜ (×) 수사기관은 범죄수사의 필요성이 있고 피의자가 죄를 범하였다고 의심할 만한 정황이 있는 경우에도 해당 사건과 관계가 있다고 인정할 수 있는 것에 한하여 영장을 발부받아 압수 · 수색을 할 수 있다. 영장 발부의 사유로 된 범죄 혐의사실과 관련된 증거가 아니라면 적법한 압수 · 수색이 아니다. 따라서 영장 발부의 사유로 된 범죄 혐의사실과 무관한 별개의 증거를 압수하였을 경우 이는 원칙적으로 유죄 인정의 증거로 사용할 수 없다(대법원 2016.3.10, 2013도11233; 2017.11.14, 2017도3449 등). 피고인의 진술은 위법수집증거인 이 사건 전자정보 출력물을 직접 제시받고 한 것과 같거나, 적어도 피고인의 진술은 이 사건 전자정보 출력물의 내용을 전제로 한 신문에 답변한 것이라면(피고인은 당시 이 사건 전자정보 출력물이 위법수집증거에 해당할 수 있다는 점을 고지받거나 그러한 내용의 법적 조언을 받지 못하였음), 이 사건 전자정보의 증거능력이 인정되지 아니하므로, 그에 터잡아 수집한 2차적 증거인 피고인의 검찰 진술과 법정 진술도 위법수집증거의 2차적 증거로서 인과관계가 희석 또는 단절되지 아니하였으므로 그 증거능력이 인정되지 않는다(대법원 2018.4.26, 2018도2624).

03

정답 ②

② ㄱㄷㄹ

ⓐ (○) 압수 · 수색영장에는 피의자의 성명, 죄명, 압수할 물건, 수색할 장소, 신체, 물건, 발부 연월일, 유효기간과 그 기간을 경과하면 집행에 착수하지 못하며 영장을 반환하여야 한다는 취지, 그 밖에 대법원규칙으로 정한 사항을 기재하고 영장을 발부하는 법관이 서명날인하여야 한다(형사소송법 제219조, 제114조 제1항 본문). 이 사건 영장은 법관의 서명날인란에 서명만 있고 날인이 없으므로, 형사소송법이 정한 요건을 갖추지 못하여 적

법하게 발부되었다고 볼 수 없다. 그러나 이 사건 영장이 형사소송법이 정한 요건을 갖추지 못하여 적법하게 발부되지 못하였다고 하더라도, 그 영장에 따라 수집한 이 사건 파일 출력물의 증거능력을 인정할 수 있다. 이에 기초하여 획득한 2차적 증거인 위 각 증거 역시 증거능력을 인정할 수 있다(대법원 2019. 7.11, 2018도20504).

ⓛ (×) 형사소송법 제219조, 제121조에 의하면, 수사기관이 압수·수색영장을 집행할 때 피의자 또는 변호인은 그 집행에 참여할 수 있다. 압수의 목적물이 컴퓨터용디스크 그 밖에 이와 비슷한 정보저장매체인 경우에는 영장 발부의 사유로 된 범죄 혐의사실과 관련 있는 정보의 범위를 정하여 출력하거나 복제하여 이를 제출받아야 하고, 피의자나 변호인에게 참여의 기회를 보장하여야 한다. 만약 그러한 조치를 취하지 않았다면 이는 형사소송법에 정한 영장주의 원칙과 적법절차를 준수하지 않은 것이다. 수사기관이 정보저장매체에 기억된 정보 중에서 키워드 또는 확장자 검색 등을 통해 범죄 혐의사실과 관련 있는 정보를 선별한 다음 정보저장매체와 동일하게 비트열 방식으로 복제하여 생성한 파일(이하 '이미지 파일')을 제출받아 압수하였다면 이로써 압수의 목적물에 대한 압수·수색 절차는 종료된 것이므로, 수사기관이 수사기관 사무실에서 위와 같이 압수된 이미지 파일을 탐색·복제·출력하는 과정에서도 피의자 등에게 참여의 기회를 보장하여야 하는 것은 아니다(대법원 2018.2.8, 2017도13263).

ⓒ (○) 압수물인 컴퓨터용 디스크 그 밖에 이와 비슷한 정보저장매체(이하 '정보저장매체')에 입력하여 기억된 문자정보 또는 그 출력물(이하 '출력 문건')을 증거로 사용하기 위해서는 정보저장매체 원본에 저장된 내용과 출력 문건의 동일성이 인정되어야 하고, 이를 위해서는 정보저장매체 원본이 압수 시부터 문건 출력 시까지 변경되지 않았다는 사정, 즉 무결성이 담보되어야 한다. 특히 정보저장매체 원본을 대신하여 저장매체에 저장된 자료를 '하드카피' 또는 '이미징'한 매체로부터 출력한 문건의 경우에는 정보저장매체 원본과 '하드카피' 또는 '이미징'한 매체 사이에 자료의 동일성도 인정되어야 할 뿐만 아니라, 이를 확인하는 과정에서 이용한 컴퓨터의 기계적 정확성, 프로그램의 신뢰성, 입력·처리·출력의 각 단계에서 조작자의 전문적인 기술능력과 정확성이 담보되어야 한다. 이 경우 출력 문건과 정보저장매체에 저장된 자료가 동일하고 정보저장매체 원본이 문건 출력 시까지 변경되지 않았다는 점은, 피압수·수색 당사자가 정보저장매체 원본과 '하드카피' 또는 '이미징'한 매체의 해쉬(Hash) 값이 동일하다는 취지로 서명한 확인서면을 교부받아 법원에 제출하는 방법에 의하여 증명하는 것이 원칙이나, 그와 같은 방법에 의한 증명이 불가능하거나 현저히 곤란한 경우에는, 정보저장매체 원본에 대한 압수, 봉인, 봉인해제, '하드카피' 또는 '이미징' 등 일련의 절차에 참여한 수사관이나 전문가 등의 증언에 의해 정보저장매체 원본과 '하드카피' 또는 '이미징'한 매체 사이의 해쉬 값이 동일하다거나 정보저장매체 원본이 최초 압수 시부터 밀봉되어 증거 제출 시까지 전혀 변경되지 않았다는 등의 사정을 증명하는 방법 또는 법원이 그 원본에 저장된 자료와 증거로 제출된 출력 문건을 대조하는 방법 등으로도 그와 같은 무결성·동일성을 인정할 수 있으며, 반드시 압수·수색 과정을 촬영한 영상녹화물 재생 등의 방법으로만 증명하여야 한다고 볼 것은 아니다(대법원 2013.7.26, 2013도2511).

ⓔ (○) 구 도로교통법 제44조 제2항, 제3항은 음주운전 혐의가 있는 운전자에게 수사를 위한 호흡측정에도 응할 것을 간접적으로 강제하는 한편 혈액 채취 등의 방법에 의한 재측정을 통하여 호흡측정의 오류로 인한 불이익을 구제받을 수 있는 기회를 보장하는 데 취지가 있으므로, 이 규정들이 음주운전에 대한 수사방법으로서의 혈액 채취에 의한 측정의 방법을 운전자가 호흡측정 결과에 불복하는 경우에만 한정하여 허용하려는 취지의 규정이라고 해석할 수는 없다. … 음주운전에 대한 수사 과정에서 음주운전 혐의가 있는 운전자에 대하여 구 도로교통법 제44조 제2항에 따른 호흡측정이 이루어진 경우에는 그에 따라 과학적이고 중립적인 호흡측정 수치가 도출된 이상 다시 음주측정을 할 필요성은 사라졌으므로 운전자의 불복이 없는 한 다시 음주측정을 하는 것은 원칙적으로 허용되지 아니한다. 그러나 운전자의 태도와 외관, 운전 행태 등에서 드러나는 주취 정도, 운전자가 마신 술의 종류와 양, 운전자가 사고를 야기하였다면 경위와 피해 정도, 목격자들의 진술 등 호흡측정 당시의 구체적 상황에 비추어 호흡측정기의 오작동 등으로 인하여 호흡측정 결과에 오류가 있다고 인정할 만한 객관적이고 합리적인 사정이 있는 경우라면 그러한 호흡측정 수치를 얻은 것만으로는 수사의 목적을 달성하였다고 할 수 없어 추가로 음주측정을 할 필요성이 있으므로, 경찰관이 음주운전 혐의를 제대로 밝히기 위하여 운전자의 자발적인 동의를 얻어 혈액 채취에 의한 측정의 방법으로 다시 음주측정을 하는 것을 위법하다고 볼 수는 없다. 이 경우 운전자가 일단 호흡측정에 응한 이상 재차 음주측정에 응할 의무까지 당연히 있다고 할 수는 없으므로, 운전자의 혈액 채취에 대한 동의의 임의성을 담보하기 위하여는 경찰관이 미리 운전자에게 혈액 채취를 거부할 수 있음을 알려주었거나 운전자가 언제든지 자유로이 혈액 채취에 응하지 아니할 수 있었음이 인정되는 등 운전자의 자발적인 의사에 의하여 혈액 채취가 이루어졌다는 것이 객관적인 사정에 의하여 명백한 경우에 한하여 혈액 채취에 의한 측정의 적법성이 인정된다(대법원 2015.7.9, 2014도16051).

ⓜ (×) 피의자는 2009.11.2. 22:00경 긴급체포되어 조사를 받고 구속영장이 청구되지 아니하여 2009.11.4. 20:10경 석방되었음에도 검사가 그로부터 30일 이내에 법 제200조의4에 따른 석방통지를 법원에 하지 아니한 경우, 피의자에 대한 긴급체포 당시의 상황과 경위, 긴급체포 후 조사 과정 등에 특별한 위법이 있다고 볼 수 없는 이상, 단지 사후에 석방통지가 법에 따라 이루어지지 않았다는 사정만으로 그 긴급체포에 의한 유치 중에 작성된 피의자신문조서들의 작성이 소급하여 위법하게 된다고 볼 수는 없다(대법원 2014.8.26, 2011도6035).

04 정답 ③

③ ⓐⓛⓔ○ⓜ

ⓐ (○) (수사기관이 외국인을 체포하거나 구속하면서 지체 없이 영사통보권 등이 있음을 고지하지 않았다면 수사절차는 위법함) 영사관계에 관한 비엔나협약(Vienna Convention on Consular Relations, 1977.4.6. 대한민국에 대하여 발효된 조약 제594호, 이하 '협약'이라 한다) 제36조 제1항 (b)호, 경찰수사규칙 제91조 제2항, 제3항이 외국인을 체포·구속하는 경우 지체 없이 외국인에게 영사통보권 등이 있음을 고지하고, 외국인의 요청이 있는 경우 영사기관에 체포·구금 사실을 통보하도록 정한 것은

외국인의 본국이 자국민의 보호를 위한 조치를 취할 수 있도록 협조하기 위한 것이다. 따라서 수사기관이 외국인을 체포하거나 구속하면서 지체 없이 영사통보권 등이 있음을 고지하지 않았다면 체포나 구속 절차는 국내법과 같은 효력을 가지는 협약 제36조 제1항 (b)호를 위반한 것으로 위법하다(대법원 2022.4.28, 2021도17103).

ⓒ (ㅇ) 적법한 절차에 따르지 아니하고 수집한 증거는 증거로 할 수 없다(형사소송법 제308조의2). 다만 수사기관의 절차 위반행위가 적법절차의 실질적인 내용을 침해하는 경우에 해당하지 않고, 오히려 그 증거의 증거능력을 배제하는 것이 헌법과 형사소송법이 형사소송에 관한 절차 조항을 마련하여 적법절차의 원칙과 실체적 진실 규명의 조화를 도모하고 이를 통하여 형사사법 정의를 실현하려고 한 취지에 반하는 결과를 초래하는 것으로 평가되는 예외적인 경우라면 법원은 그 증거를 유죄 인정의 증거로 사용할 수 있다. 이 사건에서 사법경찰관이 피고인을 현행범인으로 체포할 당시 피고인이 인도네시아 국적의 외국인이라는 사실이 명백했는데도 피고인에게 영사통보권 등을 고지하지 않았으므로 이 사건 체포나 구속 절차는 협약 제36조 제1항 (b)호를 위반하여 위법하다. 다만, 이 사건에서 피고인이 영사통보권 등을 고지받았더라도 영사의 조력을 구하였으리라고 보기 어려운 점, 수사기관이 피고인에게 영사통보권 등을 고지하지 않았더라도 그로 인해 피고인에게 실질적인 불이익이 초래되었다고 볼 수 없는 점 등에 비추어보면 이 사건 체포나 구속 절차에 협약 제36조 제1항 (b)호를 위반한 위법이 있더라도 절차 위반의 내용과 정도가 중대하거나 절차 조항이 보호하고자 하는 외국인 피고인의 권리나 법익을 본질적으로 침해하였다고 볼 수 없으므로 이 사건 체포나 구속 이후 수집된 증거와 이에 기초한 증거들은 위법수집 배제 원칙의 예외에 해당하여 유죄 인정의 증거로 사용할 수 있다(대법원 2022.4.28, 2021도17103).

ⓒ (×) ② (ㅇ) 피고인에게 불리한 증거인 증인이 주신문의 경우와 달리 반대신문에 대하여는 답변을 하지 아니하는 등 진술내용의 모순이나 불합리를 그 증인신문 과정에서 드러내어 이를 탄핵하는 것이 사실상 곤란하였고, 그것이 피고인 또는 변호인에게 책임있는 사유에 기인한 것이 아닌 경우라면, 관계 법령의 규정 혹은 증인의 특성 기타 공판절차의 특수성에 비추어 이를 정당화할 수 있는 특별한 사정이 존재하지 아니하는 이상, 이와 같이 실질적 반대신문권의 기회가 부여되지 아니한 채 이루어진 증인의 법정진술은 위법한 증거로서 증거능력을 인정하기 어렵다. 이 경우 피고인의 책문권 포기로 그 하자가 치유될 수 있으나, 책문권 포기의 의사는 명시적인 것이어야 한다(대법원 2010.1.14, 2009도9344)(대법원 2022.3.17, 2016도17054).
[보충] 채무자 특수상해 혐의를 받은 폭력조직 두목에 대하여 증거 부족을 이유로 무죄판결을 내린 판례이다.

ⓜ (ㅇ) 형사소송법 제141조 제3항 참조.

> **형사소송법 제141조(신체검사에 관한 주의)** ① 신체의 검사에 관하여는 검사를 받는 사람의 성별, 나이, 건강상태, 그 밖의 사정을 고려하여 그 사람의 건강과 명예를 해하지 아니하도록 주의하여야 한다.
> ② 피고인 아닌 사람의 신체검사는 증거가 될 만한 흔적을 확인할 수 있는 현저한 사유가 있는 경우에만 할 수 있다.

여하게 하여야 한다.
④ 시체의 해부 또는 분묘의 발굴을 하는 때에는 예(禮)에 어긋나지 아니하도록 주의하고 미리 유족에게 통지하여야 한다.
제219조(준용규정) 제106조, 제107조, 제109조 내지 제112조, 제114조, 제115조 제1항 본문, 제2항, 제118조부터 제132조까지, 제134조, 제135조, 제140조, 제141조, 제333조 제2항, 제486조의 규정은 검사 또는 사법경찰관의 본장의 규정에 의한 압수, 수색 또는 검증에 준용한다. 단, 사법경찰관이 제130조, 제132조 및 제134조에 따른 처분을 함에는 검사의 지휘를 받아야 한다.

ⓑ (ㅇ) 전자정보에 대한 압수·수색이 종료되기 전에 유관정보를 적법하게 탐색하는 과정에서 무관정보를 우연히 발견한 경우라면, 수사기관으로서는 더 이상의 추가 탐색을 중단하고 법원으로부터 별도의 범죄혐의에 대한 압수·수색영장을 발부받은 경우에 한하여 그러한 정보에 대하여도 적법하게 압수·수색을 할 수 있다. 수사기관이 유관정보를 선별하여 압수한 후에도 무관정보를 삭제·폐기·반환하지 않은 채 그대로 보관하고 있다면 무관정보 부분에 대하여는 압수의 대상이 되는 전자정보의 범위를 넘어서는 전자정보를 영장 없이 압수·수색하여 취득한 것이어서 위법하고, 사후에 법원으로부터 압수·수색영장이 발부되었다거나 피고인이나 변호인이 이를 증거로 함에 동의하였다고 하여 그 위법성이 치유된다고 볼 수 없다. 수사기관이 새로운 범죄혐의의 수사를 위하여 무관정보가 남아 있는 복제본을 열람하는 것은 압수·수색영장으로 압수되지 않은 전자정보를 영장 없이 수색하는 것과 다르지 않다. 따라서 복제본은 더 이상 수사기관의 탐색, 복제 또는 출력 대상이 될 수 없으며, 수사기관은 새로운 범죄혐의의 수사를 위하여 필요한 경우에도 기존 압수·수색 과정에서 출력하거나 복제한 유관정보의 결과물을 열람할 수 있을 뿐이다. 사후에 법원으로부터 복제본을 대상으로 압수·수색영장을 발부받아 집행하였다고 하더라도, 이는 압수·수색절차가 종료됨에 따라 당연히 삭제·폐기되었어야 할 전자정보를 대상으로 한 것으로 위법하다(대법원 2024.4.16, 2020도3050).

05 정답 ③

③ ⓒⓒ

ⓐ (×) 타인의 진술을 내용으로 하는 진술이 전문증거인지 여부는 요증사실과의 관계에서 정하여지는바, 원진술의 내용인 사실이 요증사실인 경우에는 전문증거이나, 원진술의 존재 자체가 요증사실인 경우에는 본래증거이지 전문증거가 아니다. 피고인의 위와 같은 원진술의 존재 자체가 이 사건 알선수재죄에 있어서의 요증사실이므로, 이를 직접 경험한 공소외 2가 피고인으로부터 위와 같은 말들을 들었다고 하는 진술들은 전문증거가 아니라 본래증거에 해당된다(대법원 2008.9.25, 2008도5347).

ⓒ (×) 정보통신망을 통하여 공포심이나 불안감을 유발하는 글을 반복적으로 상대방에게 도달하게 하는 행위를 하였다는 공소사실에 대하여 휴대전화기에 저장된 문자정보가 그 증거가 되는 경우, 그 문자정보는 범행의 직접적인 수단이고 경험자의 진술에 갈음하는 대체물에 해당하지 않으므로, 형사소송법 제310조의2에서 정한 전문법칙이 적용되지 않는다(대법원 2008.11.13, 2006도2556).

ⓒ (ㅇ) 법률의견서는 압수된 디지털 저장매체로부터 출력한 문건

으로서 실질에 있어서 형사소송법 제313조 제1항에 규정된 '피고인 아닌 자가 작성한 진술서나 그 진술을 기재한 서류'에 해당한다(대법원 2012.5.17, 2009도6788).

ⓔ (×) 정보저장매체에 기억된 문자정보의 내용의 진실성이 아닌 그와 같은 내용의 문자정보가 존재하는 것 자체가 증거로 되는 경우에는 전문법칙이 적용되지 아니한다(대법원 1999.9.3, 99도2317).

ⓜ (○) 타인의 진술을 내용으로 하는 진술이 전문증거인지 여부는 요증사실과의 관계에서 정하여지는바, 원진술의 내용인 사실이 요증사실인 경우에는 전문증거이나, 원진술의 존재 자체가 요증사실인 경우에는 본래증거이지 전문증거가 아니다(대법원 2008.9.25, 2008도5347).

06 　　　　　　　　　　　　　　　 정답 ③

③ ㄱㄴㄹㅁ

ⓖ (○) 대법원 2008.11.13, 2006도2556

ⓛ (○) 甲의 진술은 요증사실의 일부를 이루는 진술이므로 원본증거가 되어 전문법칙이 적용되지 않는다.

ⓒ (×) 피고인을 검거하고 경찰에서 피고인에 대하여 피의자 신문을 한 경찰관의 피고인이 경찰조사에서 범행사실을 순순히 자백하였다는 증언은 피고인이 경찰에서의 진술을 부인하는 이상 형사소송법 제312조 제2항(현 형사소송법 제312조 제3항)의 취지에 비추어 증거능력이 없다(대법원 2002.8.23, 2002도2112).

ⓔ (○) A의 증언은 간접사실로 적용될 뿐 전문증거가 아니다.

ⓜ (○) 형사소송법 제312조 제3항에 의하면, 검사 이외의 수사기관이 작성한 피의자신문조서는 그 피의자였던 피고인 또는 변호인이 그 내용을 인정할 때에 한하여 증거로 할 수 있다. 피의자의 진술을 기재한 서류 내지 문서가 수사기관의 수사과정에서 작성된 것이라면 그 서류나 문서의 형식과 관계없이 피의자신문조서와 달리 볼 이유가 없으므로, 이 사건 압수조서는 수사기관이 수사과정에서 작성한 서류로서 거기에 기재된 피고인의 진술 부분은 피고인 또는 변호인이 그 내용을 인정하는 경우에 한하여 증거로 할 수 있다. 따라서 수사기관이 작성한 압수조서에 기재된 피의자였던 피고인의 자백 진술 부분은 피고인 또는 변호인이 내용을 부인하는 이상 증거능력이 없다(대법원 1983.7.26, 82도385; 2006.1.13, 2003도6548; 2024.5.30, 2020도16796).

07 　　　　　　　　　　　　　　　 정답 ④

④ ㄴㄷㄹ

ⓖ (○) 2020.2.4. 법률 제16924호로 개정되어 2022.1.1.부터 시행된 형사소송법 제312조 제1항은 검사가 작성한 피의자신문조서는 공판준비, 공판기일에 그 피의자였던 피고인 또는 변호인이 그 내용을 인정할 때에 한정하여 증거로 할 수 있다고 규정하고 있다. 여기서 '그 내용을 인정할 때'라 함은 피의자신문조서의 기재 내용이 진술 내용대로 기재되어 있다는 의미가 아니고 그와 같이 진술한 내용이 실제 사실과 부합한다는 것을 의미한다(대법원 2022.7.28, 2020도15669; 2010.6.24, 2010도5040 등). 따라서 피고인이 공소사실을 부인하는 경우 검사가 작성한 피의자신문조서 중 공소사실을 인정하는 취지의 진술 부분은 그 내용을 인정하지 않았다고 보아야 한다(대법원 2023.4.27, 2023도2102).

[보충] 피고인은 제1심에서 공소사실을 부인하였으므로 증거목록에 피고인이 제1심에서 검찰 피의자신문조서에 동의한 것으로 기재되어 있어도 그중 공소사실을 인정하는 취지의 진술내용을 인정하지 않았다고 보아야 하고 증거목록에 위와 같이 기재되어 있는 것은 착오 기재이거나 조서를 잘못 정리한 것으로 이해될 뿐 이로써 위 검찰 피의자신문조서가 증거능력을 가지게 되는 것은 아니다.

ⓛ (×) 피고인에 대한 검사 작성의 피의자신문조서가 그 내용 중 일부를 가린 채 복사를 한 다음 원본과 상위없다는 인증을 하여 초본의 형식으로 제출된 경우에, 위와 같은 피의자신문조서 초본은 피의자신문조서원본 중 가려진 부분의 내용이 가려지지 않은 부분과 분리 가능하고 당해 공소사실과 관련성이 없는 경우에만, 그 피의자신문조서의 원본이 존재하거나 존재하였을 것, 피의자신문조서의 원본 제출이 불능 또는 곤란한 사정이 있을 것, 원본을 정확하게 전사하였을 것 등 3가지 요건을 전제로 피고인에 대한 검사 작성의 피의자신문조서원본과 동일하게 취급할 수 있다(대법원 2002.10.22, 2000도5461).

ⓒ (×) ⓔ (○) 형사소송법 제312조 제1항에서 정한 '검사가 작성한 피의자신문조서'란 당해 피고인에 대한 피의자신문조서만이 아니라 당해 피고인과 공범관계에 있는 다른 피고인이나 피의자에 대하여 검사가 작성한 피의자신문조서도 포함되고, 여기서 말하는 '공범'에는 형법 총칙의 공범 이외에도 서로 대향된 행위의 존재를 필요로 할 뿐 각자의 구성요건을 실현하고 별도의 형벌 규정에 따라 처벌되는 강학상 필요적 공범 또는 대향범까지 포함한다. 따라서 피고인이 자신과 공범관계에 있는 다른 피고인이나 피의자에 대하여 검사가 작성한 피의자신문조서의 내용을 부인하는 경우에는 형사소송법 제312조 제1항에 따라 유죄의 증거로 쓸 수 없다(대법원 2023.6.1, 2023도3741).

ⓜ (×) 공범자 아닌 공동피고인에 대한 사법경찰관 작성 피의자신문조서는 피고인에 대해서는 법 제312조 제4항의 참고인 진술조서와 같은 증거능력 인정요건이 적용된다. 즉, 공범자 아닌 공동피고인에 대한 피의자신문조서에 관해서는 검사 작성이든 사법경찰관 작성이든 법 제312조 제4항이 적용된다는 점에서 동일하다(대법원 2006.1.12, 2005도7601). 위 지문은 법 제312조 제3항이 적용된다는 내용이므로 틀렸다.

08 　　　　　　　　　　　　　　　 정답 ④

④ ㄱㄴㅁ

ⓖ (×) 외관상 검사가 작성한 것으로 되어 있는 피고인에 대한 피의자신문조서가 검찰주사와 검찰주사보가 담당 검사가 임석하지 아니한 상태에서 피의자였던 피고인을 번갈아가며 신문한 끝에 작성된 것으로, 담당 검사는 검찰주사 등이 피고인에 대한 조사를 끝마치고 자백하는 취지의 진술을 기재한 피의자신문조서를 작성하여 가져오자 이를 살펴본 후 비로소 피고인이 조사를 받고 있던 방으로 와서 피의자신문조서를 손에 든 채 그에게 "이것이 모두 사실이냐"는 취지로 개괄적으로 질문한 사실이 있을 뿐, 피의사실에 관하여 위 피고인을 직접·개별적으로 신문한 바 없는 경우, 위 피의자신문조서를 (구)형사소송법 제312조 제1항 소정의 '검사가 피의자나 피의자 아닌 자의 진술을 기재한 조서'로 볼 수 없으므로 그 증거능력 유무는 검사 이외의 수사기관이 작성한 피의자신문조서와 마찬가지 기준에 의하여 결정되어야 할 것이어서, 결국 위 피의자신문조서는 피고

인이 그 내용을 부인하는 이상 유죄의 증거로 삼을 수 없다고 한 원심의 판단은 정당하다(대법원 2003.10.9, 2002도4372).
ⓛ (×) 형사소송법 제312조 제3항은 검사 이외의 수사기관이 작성한 당해 피고인에 대한 피의자신문조서를 유죄의 증거로 하는 경우뿐만 아니라, 검사 이외의 수사기관이 작성한 당해 피고인과 공범관계에 있는 다른 피고인이나 피의자에 대한 피의자신문조서를 당해 피고인에 대한 유죄의 증거로 채택할 경우에도 적용된다. 따라서 당해 피고인과 공범관계에 있는 공동피고인에 대하여 검사 이외의 수사기관이 작성한 피의자신문조서는 그 공동피고인의 법정진술에 의하여 성립의 진정이 인정되더라도 당해 피고인이 공판기일에서 그 조서의 내용을 부인하면 증거능력이 부정된다(대법원 2010.1.28, 2009도10139).
ⓒ (○) 원진술자가 조서의 성립의 진정함을 인정하는 진술을 하였다 하더라도, 그 조서에 대하여 증거조사가 완료되기 전에는 최초의 진술을 번복함으로써 그 조서를 유죄 인정의 자료로 사용할 수 없도록 할 수 있으나, 그 조서에 대하여 위의 증거조사가 완료된 뒤에는 그와 같은 번복의 의사표시에 의하여 이미 인정된 조서의 증거능력이 당연히 상실되는 것은 아니다(구법상 검사작성 피의자신문조서에 관한 판례로는 대법원 2008.7.10, 2007도7760).
[보충] 다만, 적법절차 보장의 정신에 비추어 성립의 진정함을 인정한 최초의 진술에 그 효력을 그대로 유지하기 어려운 중대한 하자가 있고 그에 관하여 진술인에게 귀책사유가 없는 경우에 한하여 예외적으로 증거조사 절차가 완료된 뒤에도 그 진술을 취소할 수 있고, 그 취소 주장이 이유 있는 것으로 받아들여지게 되면 법원은 구 형사소송규칙 제139조 제4항의 증거배제 결정을 통하여 그 조서를 유죄 인정의 자료에서 제외하여야 한다(위 판례).
ⓔ (○) 공동피고인인 절도범과 그 장물범은 서로 다른 공동피고인의 범죄사실에 관하여는 증인의 지위에 있다 할 것이므로(공범자 아닌 공동피고인에 해당한다는 의미임), 피고인이 증거로 함에 동의한 바 없는 공동피고인에 대한 피의자신문조서는 공동피고인의 증언에 의하여 그 성립의 진정이 인정되지 아니하는 한 피고인의 공소 범죄사실을 인정하는 증거로 할 수 없다(대법원 1982.6.22, 82도898; 1982.9.14, 82도1000 등). 원심은, 원심 공동피고인에 대한 경찰 및 검찰 피의자신문조서 중 원심 공동피고인이 원심 판시 별지 '범죄일람표 3' 순번 1 내지 5 기재와 같이 그가 절취한 각 수표를 피고인 2를 통하여 교환한 사실이 있다는 진술기재 부분은 원심 공동피고인의 제1심법정에서의 증언에 의하여 실질적 진정성립이 인정되지 아니하여 증거능력이 없고, 달리 '범죄일람표 3' 순번 1 내지 5의 공소사실을 인정할 증거가 없다고 판단하여, 이 부분 공소사실에 대하여 무죄를 선고한 제1심판결을 그대로 유지하였는바, 위와 같은 원심의 조치는 옳은 것으로 수긍이 가고, 거기에 공동피고인에 대한 피의자신문조서의 증거능력에 관한 법리오해 또는 채증법칙 위배로 인한 사실오인 등의 위법이 있다고 할 수 없다(대법원 2006.1.12, 2005도7601).
ⓜ (×) 수사기관에 제출된 변호인의견서 즉, 변호인이 피의사건의 실체나 절차에 관하여 자신의 의견 등을 기재한 서면에 피의자가 당해사건 수사기관에 한 진술이 인용되어 있는 경우가 있다. 변호인의견서에 기재된 이러한 내용의 진술은 수사기관의 수사과정에서 작성된 '피의자의 진술이 기재된 신문조서나 진술서 등'으로부터 독립하여 증거능력을 가질 수 없는 성격의

것이고, '피의자의 진술이 기재된 신문조서나 진술서 등'의 증거능력을 인정하지 않는 경우에 변호인의견서에 기재된 동일한 내용의 피의자 진술 부분을 유죄의 증거로 사용할 수 있다면 피의자였던 피고인에게 불의의 타격이 될 뿐만 아니라 피의자 등의 보호를 목적으로 하는 변호인의 지위나 변호인 제도의 취지에도 반하게 된다. 따라서 피고인이 피의자였을 때 수사기관에 한 진술이 기재된 조서나 수사과정에서 작성된 진술서 등의 증거능력을 인정할 수 없다면 수사기관에 제출된 변호인의견서에 기재된 같은 취지의 피의자 진술 부분도 유죄의 증거로 사용할 수 없다(대법원 2024.5.30, 2020도16796).

09 　　　　　　　　　　　　　　　　　정답 ②

② ⓛⓔ

ⓖ (○) 피의자의 진술을 녹취 내지 기재한 서류 또는 문서가 수사기관에서의 조사 과정에서 작성된 것이라면, 그것이 '진술조서, 진술서, 자술서'라는 형식을 취하였다고 하더라도 피의자신문조서와 달리 볼 수 없다(대법원 2014.4.10, 2014도1779).
ⓛ (×) 검사가 작성한 진술조서는 그 작성절차와 방식의 적법성과 도로 그 내용이 검사 앞에서 진술한 것과 동일하게 기재되어 있다는 점, 즉 실질적 진정성립이 인정되어야 증거로 사용할 수 있다. 여기서 기재 내용이 동일하다는 것은 적극적으로 진술한 내용이 그 진술대로 기재되어 있어야 한다는 것뿐 아니라 진술하지 아니한 내용이 진술한 것처럼 기재되어 있지 아니할 것을 포함하는 의미이다. 그리고 형사소송법이 조서 작성절차와 방식의 적법성과 실질적 진정성립을 분명하게 구분하여 규정하고 있고, 또 원진술자가 조서의 실질적 진정성립을 부인하는 경우에는 영상녹화물 등 객관적인 방법에 의하여 원진술자가 진술한 내용과 동일하게 기재되어 있음을 증명할 수 있는 방법을 마련해 두고 있는 이상, 원진술자 본인의 진술에 의한 실질적 진정성립의 인정은 공판준비 또는 공판기일에서 한 명시적인 진술에 의하여야 하고, 단지 원진술자가 실질적 진정성립에 대하여 이의하지 않았다거나 조서 작성절차와 방식의 적법성을 인정하였다는 것만으로 실질적 진정성립까지 인정한 것으로 보아서는 아니 된다. 또한 특별한 사정이 없는 한 이른바 '입증취지 부인'이라고 진술한 것만으로 이를 조서의 진정성립을 인정하는 전제에서 그 증명력만을 다투는 것이라고 가볍게 단정해서도 안 된다(구법상 검사작성 피의자신문조서에 관한 판례로는 대법원 2013.3.14, 2011도8325).
ⓒ (○) 형사소송법 제312조 제1항에서 정한 '검사가 작성한 피의자신문조서'란 당해 피고인에 대한 피의자신문조서만이 아니라 당해 피고인과 공범관계에 있는 다른 피고인이나 피의자에 대하여 검사가 작성한 피의자신문조서도 포함되고, 여기서 말하는 '공범'에는 형법 총칙의 공범 이외에도 서로 대향된 행위의 존재를 필요로 할 뿐 각자의 구성요건을 실현하고 별도의 형벌규정에 따라 처벌되는 강학상 필요적 공범 또는 대향범까지 포함한다. 따라서 피고인이 자신과 공범관계에 있는 다른 피고인이나 피의자에 대하여 검사가 작성한 피의자신문조서의 내용을 부인하는 경우에는 형사소송법 제312조 제1항에 따라 유죄의 증거로 쓸 수 없다(대법원 2023.6.1, 2023도3741; 2024.8.29, 2024도8200).
ⓔ (×) 원진술자가 공판준비 또는 공판기일에서 실질적 진정성립을 인정하는 경우에는 법원은 당해 조서 중 어느 부분이 원진

술자가 진술한 대로 기재되어 있고 어느 부분이 달리 기재되어 있는지 여부를 구체적으로 심리한 다음 진술한 대로 기재되어 있다고 하는 부분에 한하여 증거능력을 인정하여야 하고, 그 밖에 실질적 진정성립이 부정되는 부분에 대해서는 증거능력을 부정하여야 한다(대법원 2013.5.23, 2010도15499; 대법원 2005. 6.10, 2005도1849).

ⓤ (○) 형사소송법 및 형사소송규칙은 피의자진술의 영상녹화에 관하여 그 영상녹화의 과정, 방식 및 절차 등을 엄격하게 규정하고 있으므로(형사소송법 제244조의2, 형사소송규칙 제134조의2 제3항, 제4항, 제5항, 제134조의4), 진술조서의 실질적 진정성립을 증명할 수 있는 방법으로서 예시된 영상녹화물은 위와 같은 형사소송법 등에 규정된 방식과 절차에 따라 제작되어 조사 신청된 영상녹화물을 의미한다고 보아야 한다. … 형사소송법은 제244조의2 제2항에서 "영상녹화가 완료된 때에는 피의자 또는 변호인 앞에서 지체 없이 그 원본을 봉인하고 피의자로 하여금 기명날인 또는 서명하게 하여야 한다."라고 규정한다. 형사소송규칙은 제134조의4에서 "법원은 검사가 영상녹화물의 조사를 신청한 경우 이에 관한 결정을 함에 있어 피고인 또는 변호인으로 하여금 그 영상녹화물이 적법한 절차와 방식에 따라 작성되어 봉인된 것인지에 관한 의견을 진술하게 하여야 하고(제1항)", "공판준비 또는 공판기일에서 봉인을 해체하고 영상녹화물의 전부 또는 일부를 재생하는 방법으로 조사하여야 하며(제3항 전문)", "재판장은 조사를 마친 후 지체 없이 법원사무관 등으로 하여금 다시 원본을 봉인하도록 하고, 원진술자와 함께 피고인 또는 변호인에게 기명날인 또는 서명하도록 하여 검사에게 반환한다(제4항 본문)."라고 규정한다. 형사소송법 및 형사소송규칙에서 영상녹화물에 대한 봉인절차를 둔 취지는 영상녹화물의 조작가능성을 원천적으로 봉쇄하여 영상녹화물 원본과의 동일성과 무결성을 담보하기 위한 것이다. 이러한 형사소송법 등의 규정 내용과 취지에 비추어 보면, 검사가 작성한 피고인이 된 피의자의 진술을 기재한 ⓐ 조서의 실질적 진정성립을 증명하려면 원칙적으로 봉인되어 원진술자가 기명날인 또는 서명한 영상녹화물을 조사하는 방법으로 하여야 하고 특별한 사정이 없는 한 봉인절차를 위반한 영상녹화물로는 이를 증명할 수 없다. ⓑ 다만 형사소송법 등이 정한 봉인절차를 제대로 지키지 못했더라도 영상녹화물 자체에 원본으로서 동일성과 무결성을 담보할 수 있는 수단이나 장치가 있어 조작가능성에 대한 합리적 의심을 배제할 수 있는 경우에는 그 영상녹화물을 법정 등에서 재생·시청하는 방법으로 조사하여 영상녹화물의 조작 여부를 확인함과 동시에 위 조서에 대한 실질적 진정성립의 인정 여부를 판단할 수 있다고 보아야 한다. 그와 같은 예외적인 경우라면 형사소송법 등이 봉인절차를 마련하여 둔 취지와 구 형사소송법(2020.2.4. 법률 제16924호로 개정되기 전의 것) 제312조 제2항에서 '영상녹화물이나 그 밖의 객관적인 방법'에 의하여 실질적 진정성립을 증명할 수 있도록 한 취지에 부합하기 때문이다(대법원 2022.7.14, 2020도13957).

10

정답 ②

② ⓛⓒⓔ

㉠ (○) 2007.6.1. 법률 제8496호로 개정되기 전의 형사소송법에는 없던 수사기관에 의한 피의자 아닌 자(이하 '참고인'이라 한다) 진술의 영상녹화를 새로 정하면서 그 용도를 참고인에 대한 진

술조서의 실질적 진정성립을 증명하거나 참고인의 기억을 환기시키기 위한 것으로 한정하고 있는 현행 형사소송법의 규정 내용을 영상물에 수록된 성범죄 피해자의 진술에 대하여 독립적인 증거능력을 인정하고 있는 성폭력범죄의 처벌 등에 관한 특례법 제30조 제6항 또는 아동·청소년의 성보호에 관한 법률 제26조 제6항의 규정과 대비하여 보면, 수사기관이 참고인을 조사하는 과정에서 형사소송법 제221조 제1항에 따라 작성한 영상녹화물은, 다른 법률에서 달리 규정하고 있는 등의 특별한 사정이 없는 한, 공소사실을 직접 증명할 수 있는 독립적인 증거로 사용될 수는 없다고 해석함이 타당하다(대법원 2014. 7.10, 2012도5041).

㉡ (×) 형사소송법 제312조 제1항이 개정되어 위 전단의 내용으로 바뀌었다. 따라서 동 제2항의 영상녹화물 그밖의 객관적 방법에 의한 대체증명 규정은 삭제되었다.

> **형사소송법 제312조(검사 또는 사법경찰관의 조서 등)** ① 검사가 작성한 피의자신문조서는 적법한 절차와 방식에 따라 작성된 것으로서 공판준비, 공판기일에 그 피의자였던 피고인 또는 변호인이 그 내용을 인정할 때에 한정하여 증거로 할 수 있다. <개정 2020.2.4.>
> ② 삭제 <2020.2.4.>

㉢ (×) 형사소송법은 제244조의2 제1항에서 피의자의 진술을 영상녹화하는 경우 조사의 개시부터 종료까지의 전 과정 및 객관적 정황을 영상녹화하여야 한다고 규정하고 있고, 형사소송규칙은 제134조의2 제3항에서 영상녹화물은 조사가 개시된 시점부터 조사가 종료되어 피의자가 조서에 기명날인 또는 서명을 마치는 시점까지 전 과정이 영상녹화된 것으로서 피의자의 신문이 영상녹화되고 있다는 취지의 고지, 영상녹화를 시작하고 마친 시각 및 장소의 고지, 신문하는 검사와 참여한 자의 성명과 직급의 고지, 진술거부권·변호인의 참여를 요청할 수 있다는 점 등의 고지, 조사를 중단·재개하는 경우 중단 이유와 중단 시각, 중단 후 재개하는 시각, 조사를 종료하는 시각의 내용을 포함하는 것이어야 한다고 규정한다. 형사소송법 등에서 조사가 개시된 시점부터 조사가 종료되어 조서에 기명날인 또는 서명을 마치는 시점까지 조사 전 과정이 영상녹화되는 것을 요구하는 취지는 진술 과정에서 연출이나 조작을 방지하고자 하는 데 있다. 여기서 조사가 개시된 시점부터 조사가 종료되어 조서에 기명날인 또는 서명을 마치는 시점까지라 함은 기명날인 또는 서명의 대상인 조서가 작성된 개별 조사에서의 시점을 의미하므로 수회의 조사가 이루어진 경우에도 최초의 조사부터 모든 조사 과정을 빠짐없이 영상녹화하여야 한다고 볼 수 없고, 같은 날 이루어진 수회의 조사라 하더라도 특별한 사정이 없는 한 조사 과정 전부를 영상녹화하여야 하는 것도 아니다(대법원 2022.7.14, 2020도13957).

㉣ (×) 형사소송법은 영상녹화물의 용도를 참고인에 대한 진술조서의 실질적 진정성립을 증명하거나 참고인의 기억을 환기시키기 위한 것으로 한정하고 있다(대법원 2014.7.10, 2012도5041). 따라서 영상녹화물은 피고인의 진술의 증명력을 다투기 위한 탄핵증거로도 사용할 수 없다.

> **형사소송법 제318조의2(증명력을 다투기 위한 증거)** ① 제312조부터 제316조까지의 규정에 따라 증거로 할 수 없는 서류나 진술이라도 공판준비 또는 공판기일에서의 피고인 또는 피고

인이 아닌 자(공소제기 전에 피고인을 피의자로 조사하였거나 그 조사에 참여하였던 자를 포함한다. 이하 이 조에서 같다)의 진술의 증명력을 다투기 위하여 증거로 할 수 있다.

② 제1항에도 불구하고 피고인 또는 피고인이 아닌 자의 진술을 내용으로 하는 영상녹화물은 공판준비 또는 공판기일에 피고인 또는 피고인이 아닌 자가 진술함에 있어서 기억이 명백하지 아니한 사항에 관하여 기억을 환기시켜야 할 필요가 있다고 인정되는 때에 한하여 피고인 또는 피고인이 아닌 자에게 재생하여 시청하게 할 수 있다.

⑩ (○) 성폭력범죄의 처벌 등에 관한 특례법 제30조(영상물의 촬영·보존 등) 제6항에서는 "제1항에 따라 촬영한 영상물에 수록된 피해자의 진술은 공판준비기일 또는 공판기일에 피해자나 조사 과정에 동석하였던 신뢰관계에 있는 사람 또는 진술조력인의 진술에 의하여 그 성립의 진정함이 인정된 경우에 증거로 할 수 있다."고 규정하고 있는데, 이 중 '제1항에 따라 촬영한 영상물에 수록된 피해자의 진술은 공판준비기일 또는 공판기일에 조사 과정에 동석하였던 신뢰관계에 있는 사람 또는 진술조력인의 진술에 의하여 그 성립의 진정함이 인정된 경우에 증거로 할 수 있다' 부분 가운데 19세 미만 성폭력범죄 피해자에 관한 부분은 헌법에 위반된다(헌법재판소 2021.12.23, 2018헌바524).

11

정답 ③

③ ⓛⓒⓔⓜ

⑦ (○) 형사소송법 제312조 제4항이 실질적 진정성립을 증명할 수 있는 방법으로 규정하는 영상녹화물에 대하여는 형사소송법 및 형사소송규칙에서 영상녹화의 과정, 방식 및 절차 등을 엄격하게 규정하고 있으므로(형사소송법 제221조 제1항 후문, 형사소송규칙 제134조의2, 제134조의3) 수사기관이 작성한 피고인 아닌 자의 진술을 기재한 조서에 대한 실질적 진정성립을 증명할 수 있는 수단으로서 형사소송법 제312조 제4항에 규정된 '영상녹화물'이라 함은 형사소송법 및 형사소송규칙에 규정된 방식과 절차에 따라 제작되어 조사 신청된 영상녹화물을 의미한다고 봄이 타당하다(대법원 2016.2.18, 2015도16586 참조).

ⓒ (×) 형사소송법과 형사소송규칙의 규정 내용과 취지에 비추어 보면, 수사기관이 작성한 피고인이 아닌 자의 진술을 기재한 조서에 대하여 실질적 진정성립을 증명하기 위해 영상녹화물의 조사를 신청하려면 영상녹화를 시작하기 전에 피고인 아닌 자의 동의를 받고 그에 관해서 피고인 아닌 자가 기명날인 또는 서명한 영상녹화 동의서를 첨부하여야 하고, 조사가 개시된 시점부터 조사가 종료되어 참고인이 조서에 기명날인 또는 서명을 마치는 시점까지 조사 전 과정이 영상녹화되어야 하므로 이를 위반한 영상녹화물에 의하여는 특별한 사정이 없는 한 피고인 아닌 자의 진술을 기재한 조서의 실질적 진정성립을 증명할 수 없다. … 증거능력이 인정되지 않는 전문증거에 대하여 예외적으로 증거능력을 부여하기 위한 요건을 정한 법조항은 엄격하게 해석·적용되어야 한다는 전제에서, 형사소송법 제312조 제4항에서 조서의 실질적 진정성립을 증명하기 위한 수단으로 규정하는 영상녹화물도 형사소송법과 형사소송규칙에서 정한 방식과 절차에 따라 제작·조사 신청되어야 하고, 만일 이를 위반하였다면 특별한 사정이 없는 한 그러한 영상녹화물에 의하여는 조서의 실질적 진정성립이 증명되지 않는다고 보아야 하므로, 사전에 피해자들로부터 서면동의를 받지 않고 조사 전 과

정이 녹화되지 않은 영상녹화물에 의하여 피해자들에 대한 진술조서의 실질적 진정성립을 인정할 수 없다(대법원 2022.6.16, 2022도364).

ⓒ (×) 이 사건 속기록은 이 사건 영상물의 진술 내용을 그대로 녹취한 것으로서 이 사건 영상물 속의 발언자를 특정하고 내용을 명확하게 함으로써 증거조사절차가 효율적으로 이루어질 수 있도록 하기 위하여 작성된 것에 불과하다. 이 사건 위헌 결정으로 인하여 이 사건 영상물의 증거능력이 인정될 수 없는 경우라면, 비록 피고인이 이 사건 속기록에 대해서는 증거로 함에 동의하였다고 하더라도 그 동의의 경위와 사유 등에 비추어 이 사건 영상물과 속기록 사이에 증거능력의 차이를 둘 수 있는 합리적 이유가 존재한다는 등의 특별한 사정이 없는 한, 이 사건 속기록을 진정한 것으로 인정하기는 어렵다(대법원 2022.4.14, 2021도14616).

[보충] 헌법재판소는 2021.12.23, 2018헌바524 사건에서 "성폭력처벌법(2012.12.18. 법률 제11556호로 전부개정된 것) 제30조 제6항 중 '제1항에 따라 촬영한 영상물에 수록된 피해자의 진술은 공판준비기일 또는 공판기일에 조사 과정에 동석하였던 신뢰관계에 있는 사람 또는 진술조력인의 진술에 의하여 그 성립의 진정함이 인정된 경우에 증거로 할 수 있다' 부분 가운데 19세 미만 성폭력범죄 피해자에 관한 부분은 헌법에 위반된다."는 결정을 선고하였다. 이 사건 위헌 결정 이유는, 자기에게 불리하게 진술한 증인에 대하여 반대신문의 기회를 부여해야 한다는 절차적 권리의 보장은 피고인의 '공정한 재판을 받을 권리'의 핵심적인 내용을 이루는데, 피고인의 반대신문권을 보장하면서도 미성년 피해자를 보호할 수 있는 조화로운 방법을 상정할 수 있음에도, 피고인의 반대신문권을 실질적으로 배제하여 피고인의 방어권을 과도하게 제한하는 이 사건 위헌 법률조항은 피해의 최소성, 법익의 균형성 요건을 충족하지 못하여 과잉금지 원칙을 위반하고 피고인의 공정한 재판을 받을 권리를 침해한다는 것이다.

ⓔ (×) 영상녹화 동의서면을 첨부해야 하는 것은 피고인 아닌 피의자의 진술에 대한 영상녹화물이 아니라 피의자 아닌 자의 진술에 대한 영상녹화물에 대한 조사를 신청하는 경우이다(형사소송규칙 제134조의3 제2항).

[정리] ⓐ 피고인 아닌 피의자의 진술에 대한 영상녹화물: 영상녹화 사전고지 내용이 영상녹화물에 포함되어 있으면 충분하고 별도 서면 첨부는 필요 없음. ⓑ 피의자 아닌 자의 진술에 대한 영상녹화물: 영상녹화 동의 서면 별도 첨부 필요.

> **형사소송규칙 제134조의2(영상녹화물의 조사 신청)** ① 검사는 피고인이 아닌 피의자의 진술을 영상녹화한 사건에서 피고인이 아닌 피의자가 그 조서에 기재된 내용이 자신이 진술한 내용과 동일하게 기재되어 있음을 인정하지 아니하는 경우 그 부분의 성립의 진정을 증명하기 위하여 영상녹화물의 조사를 신청할 수 있다. <개정 2020.12.28.>
> ③ 제1항의 영상녹화물은 조사가 개시된 시점부터 조사가 종료되어 피의자가 조서에 기명날인 또는 서명을 마치는 시점까지 전과정이 영상녹화된 것으로, 다음 각 호의 내용을 포함하는 것이어야 한다.
> 1. 피의자의 신문이 영상녹화되고 있다는 취지의 고지(피의자신문 시 영상녹화 사전고지는 영상녹화물 내에 포함되어 있어야 함, 별도 서면 첨부 不要)

2. 영상녹화를 시작하고 마친 시각 및 장소의 고지

3. 신문하는 검사와 참여한 자의 성명과 직급의 고지

4. 진술거부권·변호인의 참여를 요청할 수 있다는 점 등의 고지

5. 조사를 중단·재개하는 경우 중단 이유와 중단 시각, 중단 후 재개하는 시각

6. 조사를 종료하는 시각

④ 제1항의 영상녹화물은 조사가 행해지는 동안 조사실 전체를 확인할 수 있도록 녹화된 것으로 진술자의 얼굴을 식별할 수 있는 것이어야 한다.

⑤ 제1항의 영상녹화물의 재생 화면에는 녹화 당시의 날짜와 시간이 실시간으로 표시되어야 한다.

제134조의3(제3자의 진술과 영상녹화물) ① 검사는 피의자가 아닌 자가 공판준비 또는 공판기일에서 조서가 자신이 검사 또는 사법경찰관 앞에서 진술한 내용과 동일하게 기재되어 있음을 인정하지 아니하는 경우 그 부분의 성립의 진정을 증명하기 위하여 영상녹화물의 조사를 신청할 수 있다.

② 검사는 제1항에 따라 영상녹화물의 조사를 신청하는 때에는 피의자가 아닌 자가 영상녹화에 동의하였다는 취지로 기재하고 기명날인 또는 서명한 서면을 첨부하여야 한다. (참고인 조사 시 영상녹화 사전동의 부분은 별도 서면 첨부 必要)

③ 제134조의2 제3항 제1호부터 제3호, 제5호, 제6호, 제4항, 제5항은 검사가 피의자가 아닌 자에 대한 영상녹화물의 조사를 신청하는 경우에 준용한다(참고인 조사이므로 진술거부권·변호인조력권 등 고지는 不要).

㉤ (×) 형사소송법은 제244조의2 제1항에서 피의자의 진술을 영상녹화하는 경우 조사의 개시부터 종료까지의 전 과정 및 객관적 정황을 영상녹화하여야 한다고 규정하고 있고, 형사소송규칙은 제134조의2 제3항에서 영상녹화물은 조사가 개시된 시점부터 조사가 종료되어 피의자가 조서에 기명날인 또는 서명을 마치는 시점까지 전 과정이 영상녹화된 것으로서 피의자의 신문이 영상녹화되고 있다는 취지의 고지, 영상녹화를 시작하고 마친 시각 및 장소의 고지, 신문하는 검사와 참여한 자의 성명과 직급의 고지, 진술거부권·변호인의 참여를 요청할 수 있다는 점 등의 고지, 조사를 중단·재개하는 경우 중단 이유와 중단 시각, 중단 후 재개하는 시각, 조사를 종료하는 시각의 내용을 포함하는 것이어야 한다고 규정한다. 형사소송법 등에서 조사가 개시된 시점부터 조사가 종료되어 조서에 기명날인 또는 서명을 마치는 시점까지 조사 전 과정이 영상녹화되는 것을 요구하는 취지는 진술 과정에서 연출이나 조작을 방지하고자 하는 데 있다. 여기서 조사가 개시된 시점부터 조사가 종료되어 조서에 기명날인 또는 서명을 마치는 시점까지라 함은 기명날인 또는 서명의 대상인 조서가 작성된 개별 조사에서의 시점을 의미하므로 수회의 조사가 이루어진 경우에도 최초의 조사부터 모든 조사 과정을 빠짐없이 영상녹화하여야 한다고 볼 수 없고, 같은 날 이루어진 수회의 조사라 하더라도 특별한 사정이 없는 한 조사 과정 전부를 영상녹화하여야 하는 것도 아니다(대법원 2022.7.14, 2020도13957).

12   정답 ④

④ ㉠㉡㉢㉤

㉠ (×) 다른 사람의 진술을 내용으로 하는 진술이 전문증거인지는 요증사실이 무엇인지에 따라 정해진다. 다른 사람의 진술,

즉 원진술의 내용인 사실이 요증사실인 경우에는 전문증거이지만, 원진술의 존재 자체가 요증사실인 경우에는 본래증거이지 전문증거가 아니다. 어떤 진술 내용의 진실성이 범죄사실에 대한 직접증거로 사용될 때는 전문증거가 되지만, 그와 같은 진술을 하였다는 것 자체 또는 진술의 진실성과 관계없는 간접사실에 대한 정황증거로 사용될 때는 반드시 전문증거가 되는 것이 아니다. 그러나 어떠한 내용의 진술을 하였다는 사실 자체에 대한 정황증거로 사용될 것이라는 이유로 진술의 증거능력을 인정한 다음 '그 사실을 다시 진술 내용이나 그 진실성을 증명하는 간접사실로 사용하는 경우'에 그 진술은 전문증거에 해당한다. 그 진술에 포함된 원진술의 내용인 사실을 증명하는 데 사용되어 원진술의 내용인 사실이 요증사실이 되기 때문이다. 이러한 경우 형사소송법 제311조부터 제316조까지 정한 요건을 충족하지 못한다면 증거능력이 없다(대법원 2019.8.29, 2018도13792 전원합의체; 2021.2.25, 2020도17109).

[보충] 증인 양○○의 제1심 법정진술 중 "피해자로부터 '피고인이 추행했다'는 취지의 말을 들었다."는 진술이 피해자의 진술에 부합한다고 보아 양○○의 위 진술을 피해자의 진술 내용의 진실성을 증명하는 간접사실로 사용할 경우 양○○의 진술은 전문증거에 해당한다. 그런데 형사소송법 제310조의2, 제316조 제2항의 요건을 갖추지 못하므로 증거능력이 없다.

㉡ (×) 어떤 행위를 설명하기 위한 경우와 원진술자의 심리적·정신적 상황을 증명하기 위한 정황증거로 사용한 경우 전문법칙은 적용되지 않는다.

㉢ (○) 수사기관이 작성한 조서의 내용이 원진술자가 진술한 대로 기재된 것이라 함은 조서 작성 당시 원진술자의 진술대로 기재되었는지의 여부만을 의미하는 것으로, 그와 같이 진술하게 된 연유나 그 진술의 신빙성 여부는 고려할 것이 아니며, 한편 검사가 피의자나 피의자 아닌 자의 진술을 기재한 조서 중 일부에 관하여만 원진술자가 공판준비 또는 공판기일에서 실질적 진정성립을 인정하는 경우에는 법원은 당해 조서 중 어느 부분이 원진술자가 진술한 대로 기재되어 있고 어느 부분이 달리 기재되어 있는지 여부를 구체적으로 심리한 다음 진술한 대로 기재되어 있다고 하는 부분에 한하여 증거능력을 인정하여야 하고, 그밖에 실질적 진정성립이 부정되는 부분에 대해서는 증거능력을 부정하여야 한다(대법원 2005.6.10, 2005도1849).

㉣ (○) 형사소송법 제312조 제5항은 피고인 또는 피고인이 아닌 자가 수사과정에서 작성한 진술서의 증거능력에 관하여 형사소송법 제312조 제1항부터 제4항까지 준용하도록 규정하고 있으므로, 검사 또는 사법경찰관이 피고인이 아닌 자의 진술을 기재한 조서의 증거능력이 인정되려면 '적법한 절차와 방식에 따라 작성된 것'이어야 한다는 법리가 피고인이 아닌 자가 수사과정에서 작성한 진술서의 증거능력에 관하여도 적용된다. 이러한 형사소송법 규정 및 문언과 그 입법 목적 등에 비추어 보면, 형사소송법 제312조 제5항의 적용대상인 '수사과정에서 작성한 진술서'란 수사가 시작된 이후에 수사기관의 관여 아래 작성된 것이거나, 개시된 수사와 관련하여 수사과정에 제출할 목적으로 작성한 것으로, 작성 시기와 경위 등 여러 사정에 비추어 그 실질이 이에 해당하는 이상 명칭이나 작성된 장소 여부를 불문한다(대법원 2022.10.27, 2022도9510).

㉤ (×) 수사기관이 수사에 필요하여 피의자가 아닌 자로부터 진술서를 작성·제출받는 경우에도 그 절차는 준수되어야 하므로, 피고인이 아닌 자가 수사과정에서 진술서를 작성하였지만

수사기관이 조사과정의 진행경과를 확인하기 위하여 필요한 사항을 그 진술서에 기록하거나 별도의 서면에 기록한 후 수사기록에 편철하는 등 적절한 조치를 취하지 아니하여 형사소송법 제244조의4 제1·3항에서 정한 절차를 위반한 경우에는, 그 진술증거 취득과정의 절차적 적법성의 제도적 보장이 침해되지 않았다고 볼 만한 특별한 사정이 없는 한 '적법한 절차와 방식'에 따라 수사과정에서 진술서가 작성되었다고 할 수 없어 증거능력을 인정할 수 없다(대법원 2015.4.23, 2013도3790)(대법원 2022.10.27, 2022도9510).

ⓗ (×) 형사소송법 제313조 제1항은 '전2조의 규정 이외에 피고인 또는 피고인이 아닌 자가 작성한 진술서나 그 진술을 기재한 서류'로서 그 작성자 또는 진술자의 자필이거나 그 서명 또는 날인이 있는 것에 대하여 그 진정성립이 증명되면 증거능력을 인정한다. 수사과정에서 작성된 서류의 증거능력에 관하여 형사소송법 제313조 제1항보다 더욱 엄격한 요건을 규정한 형사소송법 제312조의 취지에 비추어 보면, 형사소송법 제313조 제1항이 규정하는 서류는 수사과정 외에서 작성된 서류를 의미한다. 피고인이 아닌 자의 진술을 기재한 서류가 비록 수사기관이 아닌 자에 의하여 작성되었다고 하더라도, 수사가 시작된 이후 수사기관의 관여나 영향 아래 작성된 경우로서 서류를 작성한 자의 신분이나 지위, 서류를 작성한 경위와 목적, 작성 시기와 장소 및 진술을 받는 방식 등에 비추어 실질적으로 고찰할 때 그 서류가 수사과정 외에서 작성된 것이라고 보기 어렵다면, 이를 형사소송법 제313조 제1항의 '전2조의 규정 이외에 피고인이 아닌 자의 진술을 기재한 서류'에 해당한다고 할 수 없다(대법원 2022.10.27, 2022도9510; 2024.3.28, 2023도15133, 2023전도163, 2023전도164).

13

정답 ②

② ㉠㉣ⓗ

㉠ (○) 형사소송법 제219조, 제121조에 의하면, 수사기관이 압수·수색영장을 집행할 때 피의자 또는 변호인은 그 집행에 참여할 수 있다. 압수의 목적물이 컴퓨터용디스크 그 밖에 이와 비슷한 정보저장매체인 경우에는 영장 발부의 사유로 된 범죄 혐의사실과 관련 있는 정보의 범위를 정하여 출력하거나 복제하여 이를 제출받아야 하고, 피의자나 변호인에게 참여의 기회를 보장하여야 한다. 만약 그러한 조치를 취하지 않았다면 이는 형사소송법에 정한 영장주의 원칙과 적법절차를 준수하지 않은 것이다. (그러나) 수사기관이 정보저장매체에 기억된 정보 중에서 키워드 또는 확장자 검색 등을 통해 범죄 혐의사실과 관련 있는 정보를 선별한 다음 정보저장매체와 동일하게 비트열 방식으로 복제하여 생성한 파일(이하 '이미지 파일')을 제출받아 압수하였다면 이로써 압수의 목적물에 대한 압수·수색 절차는 종료된 것이므로, 수사기관이 수사기관 사무실에서 위와 같이 압수된 이미지 파일을 탐색·복제·출력하는 과정에서도 피의자 등에게 참여의 기회를 보장하여야 하는 것은 아니다(대법원 2018.2.8, 2017도13263).

㉡ (×) 수사기관이 범죄 증거를 수집할 목적으로 피의자의 동의 없이 피의자의 소변을 채취하는 것은 법원으로부터 감정허가장을 받아 형사소송법 제221조의4 제1항, 제173조 제1항에서 정한 '감정에 필요한 처분'으로 할 수 있지만(피의자를 병원 등에 유치할 필요가 있는 경우에는 형사소송법 제221조의3에 따라 법원으로부터 감정유치장을 받아야 한다), 형사소송법 제219조, 제106조 제1항, 제109조에 따른 압수·수색의 방법으로도 할 수 있다. 이러한 압수·수색의 경우에도 수사기관은 원칙적으로 형사소송법 제215조에 따라 판사로부터 압수·수색영장을 적법하게 발부받아 집행해야 한다(대법원 2018.7.12, 2018도6219).

㉢ (×) '전기통신의 감청'은 위 '감청'의 개념 규정에 비추어 전기통신이 이루어지고 있는 상황에서 실시간으로 그 전기통신의 내용을 지득·채록하는 경우와 통신의 송·수신을 직접적으로 방해하는 경우를 의미하는 것이지 이미 수신이 완료된 전기통신에 관하여 남아 있는 기록이나 내용을 열어보는 등의 행위는 포함하지 않는다 할 것이다(대법원 2016.10.13, 2016도8137).

㉣ (○) 피고인 또는 피고인 아닌 사람이 컴퓨터용디스크 그 밖에 이와 비슷한 정보저장매체에 입력하여 기억된 문자정보 또는 그 출력물을 증거로 사용하는 경우, 이는 실질에 있어서 피고인 또는 피고인 아닌 사람이 작성한 진술서나 그 진술을 기재한 서류와 크게 다를 바 없고, 압수 후의 보관 및 출력과정에 조작의 가능성이 있으며, 기본적으로 반대신문의 기회가 보장되지 않는 점 등에 비추어 그 내용의 진실성에 관하여는 전문법칙이 적용되고, 따라서 원칙적으로 형사소송법 제313조 제1항에 의하여 작성자 또는 진술자의 진술에 의하여 성립의 진정함이 증명된 때에 한하여 이를 증거로 사용할 수 있다. 다만 정보저장매체에 기억된 문자정보의 내용의 진실성이 아닌 그와 같은 내용의 문자정보의 존재 자체가 직접 증거로 되는 경우에는 전문법칙이 적용되지 아니한다(대법원 2013.2.15, 2010도3504).

㉤ (×) 성폭력처벌법에 따라 19세 미만 성폭력피해자의 진술을 수사기관이 영상녹화한 경우(성폭력처벌법에서 정한 절차와 방식에 따라 적법하게 영상녹화된 것), 그 영상녹화물에 대해서 증거보전기일, 공판준비기일 또는 공판기일에 그 내용에 대하여 피의자, 피고인 또는 변호인이 19세 미만 피해자 등을 신문할 수 있었던 경우(피고인 측의 피해자에 대한 반대신문권의 보장)에는 증거로 할 수 있다(2023.7.11. 개정 성폭력처벌법 제30조의2 제1항 제1호). 즉, "영상녹화된 진술 및 영상녹화가 신빙할 수 있는 상태에서 이루어졌음이 증명된 경우"라는 요건이 추가적으로 필요하지 않다.

[보충] 특신상태의 증명은 19세미만피해자등이 사망, 질병 등 사유로 출석하여 진술할 수 없는 경우(반대신문권이 보장되지 못하였으나 위 영상녹화물을 증거조사해야 할 필요성 있음, 성폭력처벌법 제30조의2 제1항 제2호 본문)이다(동호 단서).

> **성폭력범죄의 처벌 등에 관한 특례법 제30조의2(영상녹화물의 증거능력 특례)** ① 제30조 제1항에 따라 19세미만피해자등의 진술이 영상녹화된 영상녹화물은 같은 조 제4항부터 제6항까지에서 정한 절차와 방식에 따라 영상녹화된 것으로서 다음 각 호의 어느 하나의 경우에 증거로 할 수 있다.
> 1. 증거보전기일, 공판준비기일 또는 공판기일에 그 내용에 대하여 피의자, 피고인 또는 변호인이 피해자를 신문할 수 있었던 경우. 다만, 증거보전기일에서의 신문의 경우 법원이 피의자나 피고인의 방어권이 보장된 상태에서 피해자에 대한 반대신문이 충분히 이루어졌다고 인정하는 경우로 한정한다.
> 2. 19세 미만 피해자등이 다음 각 목의 어느 하나에 해당하는 사유로 공판준비기일 또는 공판기일에 출석하여 진술할 수 없는 경우. 다만, 영상녹화된 진술 및 영상녹화가 특별히 신빙(信憑)할 수 있는 상태에서 이루어졌음이 증명된 경우

로 한정한다.
가. 사망
나. 외국 거주
다. 신체적, 정신적 질병·장애
라. 소재불명
마. 그 밖에 이에 준하는 경우
② 법원은 제1항 제2호에 따라 증거능력이 있는 영상녹화물을 유죄의 증거로 할지를 결정할 때에는 피고인과의 관계, 범행의 내용, 피해자의 나이, 심신의 상태, 피해자가 증언으로 인하여 겪을 수 있는 심리적 외상, 영상녹화물에 수록된 19세 미만피해자등의 진술 내용 및 진술 태도 등을 고려하여야 한다. 이 경우 법원은 전문심리위원 또는 제33조에 따른 전문가의 의견을 들어야 한다.
[본조신설 2023.7.11.]

ⓑ (○) 전문증거의 증거능력은 이를 인정하는 법적 근거가 있는 때에만 예외적으로 인정된다는 원칙 및 수사기관이 제작한 영상녹화물의 증거능력 내지 증거로서의 사용 범위를 다른 전문증거보다 더욱 엄격하게 제한하는 관련 판례의 취지에 비추어 보면, 수사기관이 아닌 자가 수사과정에서 피고인이 아닌 자의 진술을 녹화한 영상녹화물의 증거능력도 엄격하게 제한할 필요가 있다. 검사가 피고인들의 성폭력범죄의 처벌 등에 관한 특례법 위반(친족관계에의한강간) 등 혐의를 수사하면서 아동인 피해자의 진술 내용에 대하여 대검찰청 과학수사부 소속 진술분석관에게 분석을 의뢰하였고, 이에 따라 진술분석관이 피해자를 면담하고 그 내용을 녹화한 '피해자 진술분석 과정 영상녹화 CD'가 제작되어 증거로 제출됨으로써 그 증거능력이 문제된 경우, 검사는 성폭력범죄의 처벌 등에 관한 특례법 제33조 제4항, 제1항에 의하여 진술분석관에게 피해자 진술의 신빙성 여부에 대한 분석을 의뢰한 점, 진술분석관은 사건 기록을 받아 검찰청 여성·아동조사실에서 피해자를 면담하였는데, 면담은 당시까지 수사기관이 사건에 대하여 조사한 내용에 관해 피해자에게 문답을 하는 방식으로 진행되었고, 면담 과정은 녹화되어 영상녹화물로 제작된 점 등 진술분석관의 소속 및 지위, 진술분석관이 피해자와 면담을 하고 영상녹화물을 제작한 경위와 목적, 진술분석관이 면담과 관련하여 수사기관으로부터 확보한 자료의 내용과 성격, 면담 방식과 내용, 면담 장소 등에 비추어 영상녹화물은 수사과정 외에서 작성된 것이라고 볼 수 없으므로 형사소송법 제313조 제1항에 따라 증거능력을 인정할 수 없고, 나아가 수사기관이 작성한 피의자신문조서나 피고인이 아닌 자의 진술을 기재한 조서가 아니고, 피고인 또는 피고인이 아닌 자가 작성한 진술서도 아니므로 형사소송법 제312조에 의하여 증거능력을 인정할 수도 없다(대법원 2024.3.28, 2023도15133, 2023전도163, 2023전도164).

14
정답 ①

① ㉠ⓛⓒⓑ
㉠ (○) 공범인 공동피고인은 당해 소송절차에서는 피고인의 지위에 있어 다른 공동피고인에 대한 공소사실에 관하여 증인이 될 수 없으나, 소송절차가 분리되어 피고인의 지위에서 벗어나게 되면 다른 공동피고인에 대한 공소사실에 관하여 증인이 될 수 있다(대법원 2012.12.13, 2010도10028).
ⓛ (○) 피고인의 지위에 있는 공동피고인은 다른 공동피고인에 대한 공소사실에 관하여 증인이 될 수 없으나, 소송절차가 분리

되어 피고인의 지위에서 벗어나게 되면 다른 공동피고인에 대한 공소사실에 관하여 증인이 될 수 있고, 이는 대향범인 공동피고인의 경우에도 다르지 않다(대법원 2012.3.29, 2009도11249).
ⓒ (○) 공동피고인인 절도범과 그 장물범은 서로 다른 공동피고인의 범죄사실에 관하여는 증인의 지위에 있다 할 것이므로, 피고인이 증거로 함에 동의한 바 없는 공동피고인에 대한 피의자신문조서는 공동피고인의 증언에 의하여 그 성립의 진정이 인정되지 아니하는 한 피고인의 공소 범죄사실을 인정하는 증거로 할 수 없다(대법원 2006.1.12, 2005도7601).
ⓔ (×) 성폭력처벌법에 따라 19세 미만 성폭력피해자등의 진술을 수사기관이 영상녹화한 경우(성폭력처벌법에서 정한 절차와 방식에 따라 적법하게 영상녹화된 것), 원진술자인 19세 미만 성폭력피해자등이 사망, 외국 거주, 신체적·정신적 질병·장애, 소재불명, 그밖에 이에 준하는 경우에 해당하는 사유로 공판준비기일 또는 공판기일에 출석하여 진술할 수 없고(반대신문권이 보장되지 못했음에도 증거로 해야 할 필요성이 있는 경우), 영상녹화된 진술 및 영상녹화가 특별히 신빙할 수 있는 상태에서 이루어졌음이 증명된 경우(특신상태)에는 증거로 할 수 있다(2023.7.11. 개정 성폭력처벌법 제30조의2 제1항 제2호).
ⓜ (×) 형사소송법 제314조에서 '그 진술 또는 작성이 특히 신빙할 수 있는 상태하에서 행하여졌음'이란 그 진술 내용이나 조서 또는 서류의 작성에 허위가 개입할 여지가 거의 없고, 그 진술 내지 작성 내용의 신빙성이나 임의성을 담보할 구체적이고 외부적인 정황이 있는 경우를 가리킨다. 형사소송법 제312조, 제313조는 진술조서 등에 대하여 피고인 또는 변호인의 반대신문권이 보장되는 등 엄격한 요건이 충족될 경우에 한하여 증거능력을 인정할 수 있도록 함으로써 직접심리주의 등 기본원칙에 대한 예외를 정하고 있는데, 형사소송법 제314조는 원진술자 또는 작성자가 사망·질병·외국거주·소재불명 등의 사유로 공판준비 또는 공판기일에 출석하여 진술할 수 없는 경우에 그 진술이 특히 신빙할 수 있는 상태하에서 행하여졌다는 점이 증명되면 원진술자 등에 대한 반대신문의 기회조차도 없이 증거능력을 부여할 수 있도록 함으로써 보다 중대한 예외를 인정한 것이므로, 그 요건을 더욱 엄격하게 해석·적용하여야 한다. 따라서 형사소송법 제314조에서 '특히 신빙할 수 있는 상태하에서 행하여졌음에 대한 증명'은 단지 그러할 개연성이 있다는 정도로는 부족하고, 합리적 의심의 여지를 배제할 정도, 즉 법정에서의 반대신문 등을 통한 검증을 굳이 거치지 않더라도 진술의 신빙성을 충분히 담보할 수 있어 실질적 직접심리주의와 전문법칙에 대한 예외로 평가할 수 있는 정도에 이르러야 한다(대법원 2024.4.12, 2023도13406).
ⓑ (○) 수사기관이 작성한 수사보고서는 전문증거로서 형사소송법 제311조·제312조·제315조·제316조의 적용 대상이 아님이 분명하므로, 형사소송법 제313조의 서류에 해당하여야만 증거능력이 인정될 수 있는바, 형사소송법 제313조가 적용되기 위해서는 그 서류에 진술자의 서명 또는 날인이 있어야 한다(대법원 1999.2.26, 98도2742; 2007.9.20, 2007도4105 등). 결국 '의견서 사본(증거목록 순번 25번)' 중 공소사실에 부합하는 내용은 공소외인이 수사과정에서 이 사건 공소사실과 동일한 혐의사실을 자백하였다는 부분인데, 이는 수사의 경위 및 결과를 내부적으로 보고하면서 피고인 아닌 자에 해당하는 공소외인의 진술을 기재한 것에 불과하여 형사소송법 제313조의 서류에 해당하는바, 앞서 본 법리에 비추어 보면 형사소송법 제313조에

서 정한 진술자인 공소외인의 서명·날인이 없는 이상 전문증거로서 증거능력을 인정할 수 없다(대법원 2023.1.12, 2022도14645).

15

③ ㉠㉡㉢

㉠ (○) 형사소송법 제314조에 의하여 증거능력이 인정되려면, 진술자가 사망·질병·외국거주·소재불명, 그 밖에 이에 준하는 사유로 인하여 공판정에 출석하여 진술할 수 없는 때에 해당하고, 또 서류의 작성이 특히 신빙할 수 있는 상태에서 행하여졌음이 증명되어야 한다. 여기서 '외국거주'란 진술을 요하는 자가 외국에 있다는 것만으로는 부족하고, 수사 과정에서 수사기관이 진술을 청취하면서 진술자의 외국거주 여부와 장래 출국 가능성을 확인하고, 만일 진술자의 거주지가 외국이거나 그가 가까운 장래에 출국하여 장기간 외국에 체류하는 등의 사정으로 향후 공판정에 출석하여 진술을 할 수 없는 경우가 발생할 개연성이 있다면 진술자의 외국 연락처를, 일시 귀국할 예정이 있다면 귀국 시기와 귀국 시 체류 장소와 연락 방법 등을 사전에 미리 확인하고, 진술자에게 공판정 진술을 하기 전에는 출국을 미루거나, 출국한 후라도 공판 진행 상황에 따라 일시 귀국하여 공판정에 출석하여 진술하게끔 하는 방안을 확보하여 진술자가 공판정에 출석하여 진술할 기회를 충분히 제공하며, 그 밖에 그를 공판정에 출석시켜 진술하게 할 모든 수단을 강구하는 등 가능하고 상당한 수단을 다하더라도 진술을 요할 자를 법정에 출석하게 할 수 없는 사정이 있어야 예외적으로 적용이 있다. 나아가 진술을 요하는 자가 외국에 거주하고 있어 공판정 출석을 거부하면서 공판정에 출석할 수 없는 사정을 밝히고 있더라도 증언 자체를 거부하는 의사가 분명한 경우가 아닌 한 거주하는 외국의 주소나 연락처 등이 파악되고, 해당 국가와 대한민국 간에 국제형사사법공조조약이 체결된 상태라면 우선 사법공조의 절차에 의하여 증인을 소환할 수 있는지를 검토해 보아야 하고, 소환을 할 수 없는 경우라도 외국의 법원에 사법공조로 증인신문을 실시하도록 요청하는 등의 절차를 거쳐야 하고, 이러한 절차를 전혀 시도해 보지도 아니한 것은 가능하고 상당한 수단을 다하더라도 진술을 요하는 자를 법정에 출석하게 할 수 없는 사정이 있는 때에 해당한다고 보기 어렵다(대법원 2016.2.18, 2015도17115).

㉡ (○) 형사소송법 제221조 제1항에서 검사 또는 사법경찰관은 수사에 필요한 때에는 피의자가 아닌 자의 출석을 요구하여 진술을 들을 수 있다고 규정하고, 제244조의4 제3항, 제1항에서 검사 또는 사법경찰관이 피의자가 아닌 자를 조사하는 경우에는 피의자를 조사하는 경우와 마찬가지로 조사장소에 도착한 시각, 조사를 시작하고 마친 시각, 그 밖에 조사과정의 진행경과를 확인하기 위하여 필요한 사항을 조서에 기록하거나 별도의 서면에 기록한 후 수사기록에 편철하여야 한다고 규정하고 있다. 이와 같이 수사기관으로 하여금 피의자가 아닌 자를 조사할 수 있도록 하면서도 그 조사과정을 기록하도록 한 취지는 수사기관이 조사과정에서 피조사자로부터 진술증거를 취득하는 과정을 투명하게 함으로써 그 과정에서의 절차적 적법성을 제도적으로 보장하려는 데 있다. 따라서 수사기관이 수사에 필요하여 피의자가 아닌 자를 조사하는 과정에서 그 진술을 청취하여 증거로 남기는 방법으로 진술조서가 아닌 진술서를 작성·제

출받는 경우에도 그 절차는 준수되어야 할 것이다. 이러한 형사소송법의 규정 및 그 입법 목적 등을 종합하여 보면, 피고인이 아닌 자가 수사과정에서 진술서를 작성하였지만 수사기관이 그에 대한 조사과정을 기록하지 아니하여 형사소송법 제244조의4 제3항, 제1항에서 정한 절차를 위반한 경우에는, 특별한 사정이 없는 한 '적법한 절차와 방식'에 따라 수사과정에서 진술서가 작성되었다 할 수 없으므로 그 증거능력을 인정할 수 없다(대법원 2015.4.23, 2013도3790).

㉢ (×) 형사소송법은 조서에 진술자의 실명 등 인적 사항을 확인하여 이를 그대로 밝혀 기재할 것을 요구하는 규정을 따로 두고 있지는 아니하다. 따라서 「특정범죄신고자 등 보호법」 등에서처럼 명시적으로 진술자의 인적 사항의 전부 또는 일부의 기재를 생략할 수 있도록 한 경우가 아니라 하더라도, 진술자와 피고인의 관계, 범죄의 종류, 진술자 보호의 필요성 등 여러 사정으로 볼 때 상당한 이유가 있는 경우에는 수사기관이 진술자의 성명을 가명(假名)으로 기재하여 조서를 작성하였다고 해서 그 이유만으로 그 조서가 '적법한 절차와 방식'에 따라 작성되지 않았다고 할 것은 아니다. 그러한 조서라도 공판기일 등에 원진술자가 출석하여 자신의 진술을 기재한 조서임을 확인함과 아울러 그 조서의 실질적 진정성립을 인정하고 나아가 그에 대한 반대신문이 이루어지는 등 형사소송법 제312조 제4항에서 규정한 조서의 증거능력 인정에 관한 다른 요건이 모두 갖추어진 이상 그 증거능력을 부정할 것은 아니라고 할 것이다(대법원 2012.5.24, 2011도7757).

㉣ (○) 형사소송법 제312조 제4항은 "검사 또는 사법경찰관이 피고인이 아닌 자의 진술을 기재한 조서는 적법한 절차와 방식에 따라 작성된 것으로서 그 조서가 검사 또는 사법경찰관 앞에서 진술한 내용과 동일하게 기재되어 있음이 원진술자의 공판준비 또는 공판기일에서의 진술이나 영상녹화물 또는 그 밖의 객관적인 방법에 의하여 증명되고, 피고인 또는 변호인이 공판준비 또는 공판기일에 그 기재 내용에 관하여 원진술자를 신문할 수 있었던 때에는 증거로 할 수 있다. 다만 그 조서에 기재된 진술이 특히 신빙할 수 있는 상태하에서 행하여졌음이 증명된 때에 한한다."고 규정하고 있는바, 여기서의 '특히 신빙할 수 있는 상태'라 함은 진술 내용이나 조서의 작성에 허위개입의 여지가 거의 없고, 진술 내용의 신빙성이나 임의성을 담보할 구체적이고 외부적인 정황이 있는 것을 말한다(대법원 2006.9.28, 2006도3922 등 참조). 이러한 '특히 신빙할 수 있는 상태'는 증거능력의 요건에 해당하므로 검사가 그 존재에 대하여 구체적으로 주장·입증하여야 하는 것이지만, 이는 소송상의 사실에 관한 것이므로 엄격한 증명을 요하지 아니하고 자유로운 증명으로 족하다(대법원 2012.7.26, 2012도2937; 2001.9.4, 2000도1743).

㉤ (×) 수사과정 외에서 작성된 피고인의 진술을 기재한 서류는 작성자의 진술에 의한 성립의 진정과 특신상태의 증명이 있으면 그 증거능력이 인정되고, 여기에 진술자인 피고인의 실질적 진정성립의 인정까지 필요한 것은 아니라는 것(완화요건설)이 판례의 입장이다. "형사소송법 제313조 제1항 단서는 '단, 피고인의 진술을 기재한 서류는 공판준비 또는 공판기일에서의 그 작성자의 진술에 의하여 그 성립의 진정함이 증명되고 그 진술이 특히 신빙할 수 있는 상태하에서 행하여진 때에 한하여 피고인의 공판준비 또는 공판기일에서의 진술에 불구하고 증거로 할 수 있다.'라고 규정하고 있다. 피고인이 피고인의 진술을 기재한 서류를 증거로 할 수 있음에 동의하지 않은 이상 그 서류

에 기재된 피고인의 진술 내용을 증거로 사용하려면 형사소송법 제313조 제1항 단서에 따라 공판준비 또는 공판기일에서 작성자의 진술에 의하여 그 서류에 기재된 피고인의 진술 내용이 피고인이 진술한 대로 기재된 것임이 증명되고 나아가 진술이 특히 신빙할 수 있는 상태하에서 행하여진 것임이 인정되어야 한다(대법원 2012.9.13, 2012도7461 등; 2022.4.28, 2018도3914)."
[정리] 피고인의 진술을 기재한 서류의 증거능력 인정 요건＝작성자의 진술에 의한 성립의 진정의 증명＋특신상태(피고인의 실질적 진정성립의 인정은 필요치 않음, 완화요건설)

16　　　　　　　　　　　　　　　　　**정답** ②

② ㉠㉡㉢

㉠ (○) 대법원 1982.9.14, 82도1000
㉡ (○) 대법원 2015.10.29, 2014도5939
㉢ (×) 피의자의 진술을 기재한 서류 또는 문서가 수사기관에서의 조사과정에서 작성된 것이라면 그것이 '진술조서, 진술서, 자술서'라는 형식을 취하였다고 하더라도 피의자신문조서와 달리 볼 수 없다(대법원 2015.10.29, 2014도5939). 당해 피고인과 공범관계가 있는 다른 피의자에 대한 검사 이외의 수사기관 작성의 피의자신문조서는 그 피의자의 법정진술에 의하여 그 성립의 진정이 인정되더라도 당해 피고인이 공판기일에서 그 조서의 내용을 부인하면 증거능력이 부정되므로 그 당연한 결과로 그 피의자신문조서에 대하여는 사망 등 사유로 인하여 법정에서 진술할 수 없는 때에 예외적으로 증거능력을 인정하는 규정인 형사소송법 제314조가 적용되지 아니한다(대법원 2009.11.26, 2009도6602). 따라서 피고인이 당해 공소사실에 대하여 법정에서 부인한 경우에는 사법경찰리 작성의 피의자신문조서의 내용을 인정하지 아니한다(대법원 1997.10.28, 97도2211).
㉣ (○) 대법원 2007.10.11, 2007도5577
㉤ (×) 공동피고인 중의 한 사람이 자백하였고 피고인 역시 자백했다면 다른 공동피고인 중의 한 사람이 부인한다 하여도 공동피고인 중의 한 사람이 자백은 피고인의 자백에 대한 보강증거가 된다(대법원 1968.3.19, 68도43).

17　　　　　　　　　　　　　　　　　**정답** ①

① (×) ② (○) [1] 수사기관 아닌 사인(私人)이 피고인 아닌 사람과의 대화내용을 녹음한 녹음테이프는 형사소송법 제311조, 제312조 규정 이외의 피고인 아닌 자의 진술을 기재한 서류와 다를 바 없으므로, 피고인이 녹음테이프를 증거로 할 수 있음에 동의하지 아니하는 이상 그 증거능력을 부여하기 위해서는, 첫째 녹음테이프가 원본이거나 원본으로부터 복사한 사본일 경우 복사과정에서 편집되는 등의 인위적 개작 없이 원본 내용 그대로 복사된 사본일 것, 둘째 형사소송법 제313조 제1항에 따라 공판준비나 공판기일에서 원진술자의 진술에 의하여 녹음테이프에 녹음된 각자의 진술내용이 자신이 진술한 대로 녹음된 것이라는 점이 인정되어야 한다.
[2] 피고인이 자신의 아들 등에게 폭행을 당하여 입원한 피해자의 병실로 찾아가 그의 모(母) 甲과 대화하던 중 허위사실을 적시하여 피해자의 명예를 훼손하였다는 내용으로 기소된 사안에서, 원심이 유죄의 증거로 채용한 녹취록은 甲이 甲의 이웃 乙과 나눈 대화내용을 녹음한 녹음테이프 등을 기초로 작성된 것으로서, 형사소송법 제313조의 진술서에 준하여 피고인의 동의

가 있거나 원진술자의 공판준비나 공판기일에서의 진술에 의하여 성립의 진정함이 증명되어야 증거능력을 인정할 수 있는데, 피고인이 녹취록을 증거로 함에 동의하지 않았고, 甲이 원심 법정에서 "乙이 사건 당시 피고인의 말을 다 들었다. 그래서 지금 녹취도 해왔다."고 진술하였을 뿐, 검사가 녹취록 작성의 토대가 된 대화내용을 녹음한 원본 녹음테이프 등을 증거로 제출하지 아니하고, 원진술자인 甲과 乙의 공판준비나 공판기일에서의 진술에 의하여 자신들이 진술한 대로 기재된 것이라는 점이 인정되지도 아니하는 등 형사소송법 제313조 제1항에 따라 녹취록의 진정성립을 인정할 수 있는 요건이 전혀 갖추어지지 않았으므로, 위 녹취록은 증거능력이 없어 이를 유죄의 증거로 사용할 수 없다고 한 사례(대법원 2011.9.8, 2010도7497).
③ (○) 대법원 2008.7.10, 2007도10755
④ (○) 대법원 1997.3.28, 97도240

18　　　　　　　　　　　　　　　　　**정답** ②

② ㉠㉢㉣

㉠ (○) 대법원 1997.7.25, 97도1351
㉡ (×) 형사소송법 제314조에 의하면 '기타 사유'는 사망 또는 질병에 준하여 증인으로 소환될 당시부터 기억력이나 분별력의 상실 상태에 있다거나, 법정에 출석하여 증언거부권을 행사한다거나, 증인소환장을 송달받고 출석하지 아니하여 구인을 명하였으나 끝내 구인의 집행이 되지 아니하는 등으로 진술을 요할 자가 공판준비 또는 공판기일에 진술할 수 없는 예외적인 사유가 있어야 한다(대법원 2006.5.25, 2004도3619 등). 그러나 해당 판례에서 밑줄 부분은 2012년 전원합의체 판결에 의해 폐기되었으므로 틀린 지문이다. 법정에 출석한 증인이 형사소송법 제148조, 제149조 등에서 정한 바에 따라 정당하게 증언거부권을 행사하여 증언을 거부한 경우는 형사소송법 제314조의 '그 밖에 이에 준하는 사유로 인하여 진술할 수 없는 때'에 해당하지 아니한다(대법원 2012.5.17, 2009도6788 전원합의체).
㉢ (○) 형사소송법 제314조에 따라 같은 법 제312조 소정의 조서나 같은 법 제313조 소정의 서류 등을 증거로 하기 위하여는 진술을 요할 자가 사망, 질병 기타 사유로 인하여 공판정에 출정하여 진술을 할 수 없는 경우이어야 한다는 요건 이외에 그 진술 또는 서류의 작성이 특히 신빙할 수 있는 상태하에서 행하여진 것이라야 한다는 두가지 요건이 갖추어져야 할 것이고, 여기서 특히 신빙할 수 있는 상태하에서 행하여진 때라 함은 그 진술 내용이나 조서 또는 서류의 작성에 허위 개입의 여지가 거의 없고, 그 진술내용의 신빙성이나 임의성을 담보할 구체적이고 외부적인 정황이 있는 경우를 가리키는 것이라고 할 것이다(대법원 1995.12.26, 95도2340).
㉣ (○) 구 형사소송법(2007.6.1. 법률 제8461호로 개정되기 전의 것) 제314조에 따라 같은 법 제312조의 조서나 같은 법 제313조의 진술서, 서류 등을 증거로 하기 위하여는 '진술을 요할 자가 사망·질병·외국거주 기타 사유로 인하여 공판정에 출석하여 진술을 할 수 없는 경우'이어야 하고, '그 진술 또는 서류의 작성이 특히 신빙할 수 있는 상태하에서 행하여진 것'이라야 한다는 두 가지 요건이 갖추어져야 할 것인바, 첫째 요건과 관련하여 '외국거주'라 함은 진술을 요할 자가 외국에 있다는 것만으로는 부족하고, 수사 과정에서 수사기관이 그 진술을 청취하면서 그 진술자의 외국거주 여부와 장래 출국 가능성을 확인하고 만일

그 진술자의 거주지가 외국이거나 그가 가까운 장래에 출국하여 장기간 외국에 체류하는 등의 사정으로 향후 공판정에 출석하여 진술을 할 수 없는 경우가 발생할 개연성이 있다면 그 진술자의 외국 연락처를, 일시 귀국할 예정이 있다면 그 귀국 시기와 귀국시 체류 장소와 연락 방법 등을 사전에 미리 확인하고 그 진술자에게 공판정 진술을 하기 전에는 출국을 미루거나, 출국한 후라도 공판 진행 상황에 따라 일시 귀국하여 공판정에 출석하여 진술하게끔 하는 방안을 확보하여 그 진술자로 하여금 공판정에 출석하여 진술할 기회를 충분히 제공하며, 그 밖에 그를 공판정에 출석시켜 진술하게 할 모든 수단을 강구하는 등 가능하고 상당한 수단을 다하더라도 그 진술을 요할 자를 법정에 출석하게 할 수 없는 사정이 있어야 예외적으로 그 요건이 충족된다(대법원 2008.2.28, 2007도10004).

ⓜ (×) 유서에서 甲이 피고인들을 무고할 만한 뚜렷한 동기나 이유가 발견되지 않았고, 피고인들 스스로도 당시 甲 및 乙과 함께 술을 마셨던 사실은 인정하고 있는 점, 乙은 수사기관에서 당시 만취 상태에서 귀가하였는데 속옷에 피가 묻어 있었고 사타구니 부근이 아팠으며 산부인과에서 진료를 받고 사후피임약 등을 처방받았다고 진술한 점 등에 비추어 유서가 신빙할 수 있는 상태에서 작성되었을 개연성이 있다고 평가할 여지는 있으나, 유서는 작성 동기가 명확하지 아니하고, 수사기관에서 작성 경위, 구체적 의미 등이 상세하게 밝혀진 바가 없으며, 사건 발생일로부터 무려 14년 이상 경과된 후 작성된 점, 유서의 주요 내용이 구체적이거나 세부적이지 않고, 다른 증거에 의하여 충분히 뒷받침되지도 아니하며, 오히려 일부 내용은 乙의 진술 등과 명백히 배치되기도 하는 점, 갑에 대한 반대신문이 가능하였다면 그 과정에서 구체적, 세부적 진술이 현출됨으로써 기억의 오류, 과장, 왜곡, 거짓 진술 등이 드러났을 가능성을 배제하기 어려운 점 등 제반 사정을 종합하면, 유서의 내용이 법정에서의 반대신문 등을 통한 검증을 굳이 거치지 않아도 될 정도로 신빙성이 충분히 담보된다고 평가할 수 없어 유서의 증거능력을 인정할 수 없다(대법원 2024.4.12, 2023도13406).

19 정답 ④

④ (×) 다른 피고사건의 공판조서는 형사소송법 제315조 제3호의 문서로서 당연히 증거능력이 있다(대법원 2005.1.14, 2004도6646).

① (○) 대법원 1987.7.7, 87도973

② (○) 피고인이 아닌 자(공소제기 전에 피고인을 피의자로 조사하였거나 그 조사에 참여하였던 자를 포함한다)의 공판준비 또는 공판기일에서의 진술이 피고인의 진술을 그 내용으로 하는 것인 때에는 그 진술이 특히 신빙할 수 있는 상태하에서 행하여졌음이 증명된 때에 한하여 이를 증거로 할 수 있다(형사소송법 제316조 제1항).

③ (○) 피고인 아닌 자의 공판준비 또는 공판기일에서의 진술이 피고인 아닌 타인의 진술을 그 내용으로 하는 것인 때에는 원진술자가 사망, 질병, 외국거주, 소재불명 그 밖에 이에 준하는 사유로 인하여 진술할 수 없고, 그 진술이 특히 신빙할 수 있는 상태하에서 행하여졌음이 증명된 때에 한하여 이를 증거로 할 수 있다(법 제316조 제2항). 위 문제에서 원진술자 丙이 공판정에 출석하여 진술하고 있으므로, 전문진술자 B의 진술은 甲 · 乙에 대해서는 증거능력을 가지지 못한다.

20 정답 ①

① ㉠㉡

㉠ (×) 피고인이 아닌 자가 수사과정에서 진술서를 작성하였지만 수사기관이 그에 대한 조사과정을 기록하지 아니하여 형사소송법 제244조의4 제3항, 제1항에서 정한 절차를 위반한 경우에는, 특별한 사정이 없는 한 '적법한 절차와 방식'에 따라 수사과정에서 진술서가 작성되었다 할 수 없으므로 그 증거능력을 인정할 수 없다(대법원 2015.4.23, 2013도3790).

㉡ (×) 형사소송법 제314조에 의하여 같은 법 제312조의 조서나 같은 법 제313조의 진술서, 서류 등을 증거로 하기 위하여는 공판기일에 진술을 요하는 자가 사망 · 질병 · 외국거주 · 소재불명 그 밖에 이에 준하는 사유로 인하여 공판정에 출석하여 진술을 할 수 없는 경우이어야 하고, 그 진술 또는 서류의 작성이 특히 신빙할 수 있는 상태하에서 행하여진 것이어야 한다는 두 가지 요건을 갖추어야 한다. 그리고 직접주의와 전문법칙의 예외를 정한 형사소송법 제314조의 요건 충족 여부는 엄격히 심사하여야 하고, 전문증거의 증거능력을 갖추기 위한 요건에 관한 증명책임은 검사에게 있으므로, 법원이 증인이 소재불명이거나 그밖에 이에 준하는 사유로 인하여 진술할 수 없는 때에 해당한다고 인정할 수 있으려면, 증인의 법정 출석을 위한 가능하고도 충분한 노력을 다하였음에도 불구하고 부득이 증인의 법정 출석이 불가능하게 되었다는 사정을 검사가 증명한 경우여야 한다(대법원 2013.4.11, 2013도1435; 2013.10.17, 2013도5001).

㉢ (○) 수사기관 작성 검증조서에 기재된 현장지시와 현장진술을 구별하여 전자는 제312조 제6항, 후자는 제312조 제3항이 적용된다. "사법경찰관 작성의 검증조서에 대하여 피고인이 증거로 함에 동의만 하였을 뿐 공판정에서 검증조서에 기재된 진술내용 및 범행을 재연한 부분에 대하여 그 성립의 진정 및 내용을 인정한 흔적을 찾아 볼 수 없고 오히려 이를 부인하고 있는 경우에는 그 증거능력을 인정할 수 없다(대법원 1998.3.13, 98도159)."

▶ **제4장 증거** [전문법칙 2] — [공판조서의 배타적 증명력]

01	③	02	①	03	④	04	④	05	③
06	②	07	②	08	①	09	②	10	③
11	④	12	①	13	③	14	③	15	②
16	②	17	④	18	①	19	④	20	①

01　　　　　　　　　　　　　　　　　　 정답 ③

③ (×) 수사보고서에 검증의 결과에 해당하는 기재가 있는 경우, 그 기재 부분은 검찰사건사무규칙 제17조에 의하여 검사가 범죄의 현장 기타 장소에서 실황조사를 한 후 작성하는 실황조서 또는 사법경찰관리집무규칙(참고로 2012년 폐지됨) 제49조 제1항, 제2항에 의하여 사법경찰관이 수사상 필요하다고 인정하여 범죄현장 또는 기타 장소에 임하여 실황을 조사할 때 작성하는 실황조사서에 해당하지 아니하며, 단지 수사의 경위 및 결과를 내부적으로 보고하기 위하여 작성된 서류에 불과하므로 그 안에 검증의 결과에 해당하는 기재가 있다고 하여 이를 형사소송법 제312조 제1항의 '검사 또는 사법경찰관이 검증의 결과를 기재한 조서'라고 할 수 없을 뿐만 아니라 이를 같은 법 제313조 제1항의 '피고인 또는 피고인이 아닌 자가 작성한 진술서나 그 진술을 기재한 서류'라고 할 수도 없고, 같은 법 제311조, 제315조, 제316조의 적용대상이 되지 아니함이 분명하므로 그 기재 부분은 증거로 할 수 없다(대법원 2001.5.29, 2000도2933).

① (○) 사법경찰관이 작성한 검증조서에 피의자이던 피고인이 검사 이외의 수사기관 앞에서 자백한 범행내용을 현장에 따라 진술·재연한 내용이 기재되고 그 재연 과정을 촬영한 사진이 첨부되어 있다면, 그러한 기재나 사진은 피고인이 공판정에서 그 진술내용 및 범행재연의 상황을 모두 부인하는 이상 증거능력이 없다(대법원 2006.1.13, 2003도6548).

② (○) 실황조서의 기재가 사고현장을 설명하면서 경찰이나 검사의 의견을 기재한 것에 불과하다면 피고인이 이 사건 사고를 일으켰다고 인정할 자료가 될 수 없다(대법원 1983.6.28, 83도948).

④ (○) 실황조사는 범행 중 또는 범행 직후의 사고현장에서 행해지는 영장주의의 예외인 긴급검증에 해당하므로 사후영장검증을 받아야 한다(대법원 1989.3.14, 88도1399).

02　　　　　　　　　　　　　　　　　　 정답 ①

① ㉠ㄴ

㉠ (○) ㄴ (○) 상업장부나 항해일지, 진료일지 또는 이와 유사한 금전출납부 등과 같이 범죄사실의 인정 여부와는 관계없이 자기에게 맡겨진 사무를 처리한 내역을 그때그때 계속적, 기계적으로 기재한 문서는 사무처리 내역을 증명하기 위하여 존재하는 문서로서 형사소송법 제315조 제2호에 의하여 당연히 증거능력이 인정된다. 그리고 이러한 문서는 업무의 기계적 반복성으로 인하여 허위가 개입될 여지가 적고, 또 문서의 성질에 비

추어 고도의 신용성이 인정되어 반대신문의 필요가 없거나 작성자를 소환해도 서면제출 이상의 의미가 없는 것들에 해당하기 때문에 당연히 증거능력이 인정된다는 것이 형사소송법 제315조의 입법 취지인 점과 아울러, 전문법칙과 관련된 형사소송법 규정들의 체계 및 규정 취지에 더하여 '기타'라는 문언에 의하여 형사소송법 제315조 제1호와 제2호의 문서들을 '특히 신용할 만한 정황에 의하여 작성된 문서'의 예시로 삼고 있는 형사소송법 제315조 제3호의 규정형식을 종합하여 보면, 형사소송법 제315조 제3호에서 규정한 '기타 특히 신용할 만한 정황에 의하여 작성된 문서'는 형사소송법 제315조 제1호와 제2호에서 열거된 공권적 증명문서 및 업무상 통상문서에 준하여 '굳이 반대신문의 기회 부여 여부가 문제 되지 않을 정도로 고도의 신용성의 정황적 보장이 있는 문서'를 의미한다.

나아가 어떠한 문서가 형사소송법 제315조 제2호가 정하는 업무상 통상문서에 해당하는지를 구체적으로 판단함에 있어서는, 형사소송법 제315조 제2호 및 제3호의 입법 취지를 참작하여 당해 문서가 정규적·규칙적으로 이루어지는 업무활동으로부터 나온 것인지 여부, 당해 문서를 작성하는 것이 일상적인 업무 관행 또는 직무상 강제되는 것인지 여부, 당해 문서에 기재된 정보가 취득된 즉시 또는 그 직후에 이루어져 정확성이 보장될 수 있는 것인지 여부, 당해 문서의 기록이 비교적 기계적으로 행하여지는 것이어서 기록 과정에 기록자의 주관적 개입의 여지가 거의 없다고 볼 수 있는지 여부, 당해 문서가 공시성이 있는 등으로 사후적으로 내용의 정확성을 확인·검증할 기회가 있어 신용성이 담보되어 있는지 여부 등을 종합적으로 고려하여야 한다(대법원 2015.7.16, 2015도2625 전원합의체).

㉢ (×) 구속적부심은 구속된 피의자 또는 그 변호인 등의 청구로 수사기관과는 별개 독립의 기관인 법원에 의하여 행하여지는 것으로서 구속된 피의자에 대하여 피의사실과 구속사유 등을 알려 그에 대한 자유로운 변명의 기회를 주어 구속의 적부를 심사함으로써 피의자의 권리보호에 이바지하는 제도인바, 법원 또는 합의부원, 검사, 변호인, 청구인이 구속된 피의자를 심문하고 그에 대한 피의자의 진술 등을 기재한 구속적부심문조서는 형사소송법 제311조가 규정한 문서에는 해당하지 않는다 할 것이나, 특히 신용할 만한 정황에 의하여 작성된 문서라고 할 것이므로 특별한 사정이 없는 한, 피고인이 증거로 함에 부동의하더라도 형사소송법 제315조 제3호에 의하여 당연히 그 증거능력이 인정된다(대법원 2004.1.16, 2003도5693).

㉣ (×) 체포·구속인접견부는 유치된 피의자가 죄증을 인멸하거

나 도주를 기도하는 등 유치장의 안전과 질서를 위태롭게 하는 것을 방지하기 위한 목적으로 작성되는 서류로 보일 뿐이어서 형사소송법 제315조 제2, 3호에 규정된 당연히 증거능력이 있는 서류로 볼 수는 없다(대법원 2012.10.25, 2011도5459).

03
정답 ④

④ ㉠㉡㉢㉣

㉠ (○) 대법원 2007.7.26, 2007도3219
㉡ (○) 대법원 1982.9.14, 82도1504
㉢ (×) 주민들의 진정서 사본은 피고인이 증거로 함에 동의하지 않고 기록상 원본의 존재나 그 진정성립을 인정할 아무런 자료도 없을 뿐 아니라 형사소송법 제315조 제3호의 규정사유도 없으므로 이를 증거로 할 수 없다(대법원 1983.12.13, 83도2613).
㉣ (○) 대법원 1984.2.28, 83도3145
㉤ (○) 대법원 2005.4.28, 2004도4428

04
정답 ④

④ ㉠㉡㉢

㉠ (○) 원진술인 甲의 진술의 존재 자체가 알선수재죄의 알선행위를 증명하고 있는 경우로서, 이는 요증사실의 일부를 이루는 진술이므로 이를 들은 乙의 진술은 전문증거가 아니라 원본증거가 되는 것이다. 따라서 乙의 진술에 대해서는 전문법칙이 적용되지 않는다.
㉡ (○) 전문의 진술을 증거로 함에 있어서는 전문진술자가 원진술자로부터 진술을 들을 당시 원진술자가 증언능력에 준하는 능력을 갖춘 상태에 있어야 할 것인데, 증인의 증언능력은 증인 자신이 과거에 경험한 사실을 그 기억에 따라 공술할 수 있는 정신적인 능력이라 할 것이므로, 유아의 증언능력에 관해서도 그 유무는 단지 공술자의 연령만에 의할 것이 아니라 그의 지적수준에 따라 개별적이고 구체적으로 결정되어야 함은 물론 공술의 태도 및 내용 등을 구체적으로 검토하고, 경험한 과거의 사실이 공술자의 이해력, 판단력 등에 의하여 변식될 수 있는 범위 내에 속하는가의 여부도 충분히 고려하여 판단하여야 한다(대법원 2006.4.14, 2005도956).
㉢ (○) ⓐ 甲이 법정에 출석하여 위 피의자신문조서 및 진술조서(이 진술조서도 피의자신문을 내용으로 함)의 성립의 진정을 인정하였더라도 피고인이 공판기일에서 그 조서의 내용을 모두 부인한 이상 이는 증거능력이 없고, ⓑ 한편 제1심 및 원심 공동피고인인 甲은 원심에 이르기까지 일관되게 피고인으로부터 50만 원을 받았다는 취지의 공소사실을 부인한 사실에 비추어 원진술자 甲이 사망, 질병, 외국거주, 소재불명 그 밖에 이에 준하는 사유로 인하여 진술할 수 없는 때에 해당하지 아니하여 甲의 진술을 내용으로 하는 乙의 법정증언은 전문증거로서 증거능력이 없다(대법원 2019.11.14, 2019도11552).
[보충] 나아가 피고인은 일관되게 甲에게 50만 원 자체를 교부한 적이 없다고 주장하면서 적극적으로 다툰 점, 이에 따라 사법경찰관 작성의 甲에 대한 피의자신문조서 및 진술조서의 내용을 모두 부인한 점, 乙의 법정증언이 전문증거로서 증거능력이 없다는 사정에 대하여 피고인 또는 변호인에게 의견을 묻는 등의 적절한 방법으로 고지가 이루어지지 않은 채 증인신문이 진행된 다음 증거조사 결과에 대한 의견진술이 이루어진 점, 乙이 위와 같이 증언하기에 앞서 원진술자 甲이 피고인으로부터

50만 원을 제공받은 적이 없다고 이미 진술한 점 등을 종합하면 피고인이 乙의 법정증언을 증거로 삼는 데에 동의하였다고 볼 여지는 없고, 乙의 증언에 따른 증거조사 결과에 대하여 별 의견이 없다고 진술하였더라도 달리 볼 수 없으므로, 결국 사법경찰관 작성의 甲에 대한 피의자신문조서 및 진술조서와 乙의 전문진술은 증거능력이 없다.

㉣ (×) 형사소송법 제312조 제3항은 검사 이외의 수사기관이 작성한 해당 피고인에 대한 피의자신문조서를 유죄의 증거로 하는 경우뿐만 아니라 검사 이외의 수사기관이 작성한 해당 피고인과 공범관계에 있는 다른 피고인이나 피의자에 대한 피의자신문조서를 해당 피고인에 대한 유죄의 증거로 채택할 경우에도 적용된다. 따라서 해당 피고인과 공범관계가 있는 다른 피의자에 대하여 검사 이외의 수사기관이 작성한 피의자신문조서는 그 피의자의 법정진술에 의하여 그 성립의 진정이 인정되는 등 형사소송법 제312조 제4항의 요건을 갖춘 경우라고 하더라도 해당 피고인이 공판기일에서 그 조서의 내용을 부인한 이상 이를 유죄 인정의 증거로 사용할 수 없고, 그 당연한 결과로 위 피의자신문조서에 대하여는 사망 등 사유로 인하여 법정에서 진술할 수 없는 때에 예외적으로 증거능력을 인정하는 규정인 형사소송법 제314조가 적용되지 아니한다(대법원 2004.7.15, 2003도7185 전원합의체 등 참조). 그리고 이러한 법리는 공동정범이나 교사범, 방조범 등 공범관계에 있는 자들 사이에서뿐만 아니라, 법인의 대표자나 법인 또는 개인의 대리인, 사용인, 그 밖의 종업원 등 행위자의 위반행위에 대하여 행위자가 아닌 법인 또는 개인이 양벌규정에 따라 기소된 경우, 이러한 법인 또는 개인과 행위자 사이의 관계에서도 마찬가지로 적용된다고 보아야 한다(대법원 2020.6.11, 2016도9367).
[보충] 양벌규정에 따라 처벌되는 행위자와 행위자가 아닌 법인 또는 개인 간의 관계는, 행위자가 저지른 법규위반행위가 사업주의 법규위반행위와 사실관계가 동일하거나 적어도 중요부분을 공유한다는 점에서 내용상 불가분적 관련성을 지닌다고 보아야 하고, 따라서 형법총칙의 공범관계 등과 마찬가지로 인권보장적인 요청에 따라 형사소송법 제312조 제3항이 이들 사이에서도 적용된다고 보는 것이 타당하다.

㉤ (×) 형사소송법은 검사, 사법경찰관 등 수사기관이 작성한 피의자신문조서는 그 피의자였던 피고인 또는 변호인이 공판준비 또는 공판기일에 내용을 인정하지 아니하면 증거능력을 부정하면서도(형사소송법 제312조 제1항, 제3항), 검사, 사법경찰관 등 공소제기 전에 피고인을 피의자로 조사하였거나 그 조사에 참여하였던 자, 즉 조사자의 공판준비 또는 공판기일에서의 진술이 피고인의 수사기관 진술을 내용으로 하는 것인 때에는 그 진술이 '특히 신빙할 수 있는 상태하에서 행하여졌음이 증명된 때'에 한하여 이를 증거로 할 수 있다고 규정하고 있다(형사소송법 제316조 제1항). 법 제316조 제1항에서 규정하는 '그 진술이 특히 신빙할 수 있는 상태하에서 행하여졌음'이란 그 진술을 하였다는 것에 허위 개입의 여지가 거의 없고, 그 진술내용의 신빙성이나 임의성을 담보할 구체적이고 외부적인 정황이 있음을 의미한다(대법원 2015.12.10, 2015도16105). 이러한 특신상태는 증거능력의 요건에 해당하므로 검사가 그 존재에 대하여 구체적으로 주장·증명하여야 하는데(대법원 2001.9.4, 2000도1743), 피고인의 수사기관 진술이 '특히 신빙할 수 있는 상태하에서 행하여졌음에 대한 증명'은 단지 그러할 개연성이 있다는 정도로는 부족하고 합리적인 의심의 여지를 배제할 정도에 이

르러야 한다. 피고인이나 변호인이 그 내용을 인정하지 않더라도 검사, 사법경찰관 등 조사자의 법정증언을 통하여 피고인의 수사기관 진술내용이 법정에 현출되는 것을 허용하는 것은, 형사소송법 제312조 제1항, 제3항이 피고인의 수사기관 진술은 신용성의 정황적 보장이 부족하다고 보아 피고인이나 변호인이 그 내용을 인정하지 않는 이상 피의자신문조서의 증거능력을 인정하지 않음으로써 그 진술내용이 법정에 현출되지 않도록 규정하고 있는 것에 대하여 중대한 예외를 인정하는 것이어서, 이를 폭넓게 허용하는 경우 형사소송법 제312조 제1항, 제3항의 입법취지와 기능이 크게 손상될 수 있기 때문이다. 피고인이 경찰 조사 당시 변호인의 동석 없이 진술한 점, 피고인의 진술 중 범인만이 알 수 있는 내용에 관한 자발적, 구체적 진술로 평가될 수 있는 부분이 존재하지 않는 점, 오히려 피고인은 임의동행 직후 경찰관이 소변의 임의제출을 종용하자 필로폰 투약 사실을 인정하고, 이후 경찰관이 발신 기지국 위치를 통하여 확인된 사실을 기초로 진술번복을 유도하자 그에 따라 공소사실 기재와 같은 필로폰 투약 범행을 인정한 것으로 보이는 등 피고인이 조사 당시 그 진술내용을 신빙하기 어려운 상태에 있었다고 의심되는 정황이 존재하는 점 등에 비추어 보면, 피고인을 경찰에서 조사하였던 경찰관의 제1심 증언은 증거능력이 인정된다고 보기 어렵다(대법원 2023.10.26, 2023도7301).

05

정답 ③

③ ㉡㉢

㉠ (×) 사법경찰관리 또는 특별사법경찰관리에 대하여는 헌법과 형사소송법 등 법령에 따라 국민의 생명·신체·재산 등을 보호하기 위하여 광범위한 기본권 제한조치를 할 수 있는 권한이 부여되어 있으므로, 소관 업무의 성질이 수사업무와 유사하거나 이에 준하는 경우에도 명문의 규정이 없는 한 함부로 그 업무를 담당하는 공무원을 사법경찰관리 또는 특별사법경찰관리에 해당한다고 해석할 수 없다. … 뿐만 아니라 현행 법령상 조세범칙조사의 법적 성질은 기본적으로 행정절차에 해당하므로, 조세범 처벌절차법 등 관련 법령에 조세범칙조사를 담당하는 세무공무원에게 압수·수색 및 혐의자 또는 참고인에 대한 심문권한이 부여되어 있어 그 업무의 내용과 실질이 수사절차와 유사한 점이 있고, 이를 기초로 수사기관에 고발하는 경우에는 형사절차로 이행되는 측면이 있다 하여도, 달리 특별한 사정이 없는 한 이를 형사절차의 일환으로 볼 수는 없다. (따라서) 조세범칙조사를 담당하는 세무공무원이 피고인이 된 혐의자 또는 참고인에 대하여 심문한 내용을 기재한 조서는 검사·사법경찰관 등 수사기관이 작성한 조서와 동일하게 볼 수 없으므로 형사소송법 제312조에 따라 증거능력의 존부를 판단할 수는 없고, 피고인 또는 피고인이 아닌 자가 작성한 진술서나 그 진술을 기재한 서류에 해당하므로 형사소송법 제313조에 따라 공판준비 또는 공판기일에서 작성자·진술자의 진술에 따라 성립의 진정함이 증명되고 나아가 그 진술이 특히 신빙할 수 있는 상태 아래에서 행하여진 때에 한하여 증거능력이 인정된다. 이때 '특히 신빙할 수 있는 상태'란 조서 작성 당시 그 진술내용이나 조서 또는 서류의 작성에 허위 개입의 여지가 거의 없고, 그 진술내용의 신빙성과 임의성을 담보할 구체적이고 외부적인 정황이 있는 경우를 의미하는데, 조세범 처벌절차법 및 이에 근거한 시행령·시행규칙·훈령(조사사무처리규정) 등의 조세범칙조사 관련 법령에서 구체적으로 명시한 진술거부권 등 고지, 변호사

등의 조력을 받을 권리 보장, 열람·이의제기 및 의견진술권 등 심문조서의 작성에 관한 절차규정의 본질적인 내용의 침해·위반 등도 '특히 신빙할 수 있는 상태' 여부의 판단에 있어 고려되어야 한다(대법원 2022.12.15, 2022도8824).

㉡ (○) 어떤 진술이 기재된 서류가 그 내용의 진실성이 범죄사실에 대한 직접증거로 사용될 때는 전문증거가 되지만, 그와 같은 진술을 하였다는 것 자체 또는 진술의 진실성과 관계없는 간접사실에 대한 정황증거로 사용될 때는 반드시 전문증거가 되는 것이 아니다. 그러나 어떠한 내용의 진술을 하였다는 사실 자체에 대한 정황증거로 사용될 것이라는 이유로 서류의 증거능력을 인정한 다음 그 사실을 다시 진술 내용이나 그 진실성을 증명하는 간접사실로 사용하는 경우에 그 서류는 전문증거에 해당한다. 서류가 그곳에 기재된 원진술의 내용인 사실을 증명하는 데 사용되어 원진술의 내용인 사실이 요증사실이 되기 때문이다. 이러한 경우 형사소송법 제311조부터 제316조까지 정한 요건을 충족하지 못한다면 증거능력이 없다(대법원 2019.8.29, 2018도14303 전원합의체).

㉢ (×) 증거동의의 주체는 이 경우 피고인이다. "형사소송법은 전문진술에 대하여 제316조에서 실질상 단순한 전문의 형태를 취하는 경우에 한하여 예외적으로 그 증거능력을 인정하는 규정을 두고 있을 뿐, 재전문진술이나 재전문진술을 기재한 조서에 대하여는 달리 그 증거능력을 인정하는 규정을 두고 있지 아니하고 있으므로, 피고인이 증거로 하는 데 동의하지 아니하는 한 형사소송법 제310조의2의 규정에 의하여 이를 증거로 할 수 없다(대법원 2004.3.11, 2003도171)."

㉣ (○) 형사소송법 제318조의2

㉤ (×) 구 형사소송법(2007.6.1. 법률 제8496호로 개정되기 전의 것) 제292조에서 정한 증거조사가 완료되기 전에는 최초의 진술을 번복함으로써 그 피의자신문조서를 유죄 인정의 자료로 사용할 수 없도록 할 수 있으나, 그 피의자신문조서에 대하여 위의 증거조사가 완료된 뒤에는 그와 같은 번복의 의사표시에 의하여 이미 인정된 조서의 증거능력이 당연히 상실되는 것은 아니다. 다만, 적법절차 보장의 정신에 비추어 성립의 진정함을 인정한 최초의 진술에 그 효력을 그대로 유지하기 어려운 중대한 하자가 있고 그에 관하여 진술인에게 귀책사유가 없는 경우에 한하여 예외적으로 증거조사 절차가 완료된 뒤에도 그 진술을 취소할 수 있고, 그 취소 주장이 이유 있는 것으로 받아들여지게 되면 법원은 구 형사소송규칙(2007.10.29. 대법원규칙 제2106호로 개정되기 전의 것) 제139조 제4항의 증거배제결정을 통하여 그 조서를 유죄 인정의 자료에서 제외하여야 한다(대법원 2008.7.10, 2007도7760).

06

정답 ②

② ㉠㉢

㉠ (×) 형사소송법 제313조 제2항 참조.

> **형사소송법 제313조(진술서등)** ② 제1항 본문에도 불구하고 진술서의 작성자가 공판준비나 공판기일에서 그 성립의 진정을 부인하는 경우에는 과학적 분석결과에 기초한 디지털포렌식 자료, 감정 등 객관적 방법으로 성립의 진정함이 증명되는 때에는 증거로 할 수 있다. 다만, 피고인 아닌 자가 작성한 진술서는 피고인 또는 변호인이 공판준비 또는 공판기일에 그 기재 내용에 관하여 작성자를 신문할 수 있었을 것을 요한다.

ⓛ (○) 피고인과 상대방 사이의 대화 내용에 관한 녹취서가 공소사실의 증거로 제출되어 녹취서의 기재 내용과 녹음테이프의 녹음 내용이 동일한지에 대하여 법원이 검증을 실시한 경우에, 증거자료가 되는 것은 녹음테이프에 녹음된 대화 내용 자체이고, 그중 피고인의 진술 내용은 실질적으로 형사소송법 제311조, 제312조의 규정 이외에 피고인의 진술을 기재한 서류와 다름없어, 피고인이 녹음테이프를 증거로 할 수 있음에 동의하지 않은 이상 녹음테이프에 녹음된 피고인의 진술 내용을 증거로 사용하기 위해서는 형사소송법 제313조 제1항 단서에 따라 공판준비 또는 공판기일에서 작성자인 상대방의 진술에 의하여 녹음테이프에 녹음된 피고인의 진술 내용이 피고인이 진술한 대로 녹음된 것임이 증명되고 나아가 그 진술이 특히 신빙할 수 있는 상태하에서 행하여진 것임이 인정되어야 한다. 또한 대화 내용을 녹음한 파일 등 전자매체는 성질상 작성자나 진술자의 서명 또는 날인이 없을 뿐만 아니라, 녹음자의 의도나 특정한 기술에 의하여 내용이 편집·조작될 위험성이 있음을 고려하여, 대화 내용을 녹음한 원본이거나 원본으로부터 복사한 사본일 경우에는 복사과정에서 편집되는 등의 인위적 개작 없이 원본의 내용 그대로 복사된 사본임이 증명되어야 한다(대법원 2012.9.13, 2012도7461).

ⓒ (×) 판례는 재전문진술이나 재전문진술을 기재한 조서(재재전문서류)에 대하여는 피고인 측의 증거동의가 없는 이상 원칙적으로 증거능력을 부정한다(대법원 2000.3.10, 2000도159).

ⓔ (○) 문자메시지의 내용을 촬영한 사진은 피해자의 진술서에 준하는 것으로 취급함이 상당할 것인바, 진술서에 관한 형사소송법 제313조에 따라 문자메시지의 작성자인 A가 법정에 출석하여 자신이 문자메시지를 작성하여 동생에게 보낸 것과 같음을 확인하고, 동생인 B도 법정에 출석하여 A가 보낸 문자메시지를 촬영한 사진이 맞다고 확인한 이상, 문자메시지를 촬영한 사진은 그 성립의 진정함이 증명되었다고 볼 수 있으므로 이를 증거로 할 수 있다(대법원 2010.11.25, 2010도8735).

07 {정답 ②}

② (○) 丙에 대한 참고인진술조서는 피고인의 진술을 그 내용으로 하는 전문진술이 기재된 전문서류로서(재전문서류), 형사소송법 제312조 내지 제314조의 규정에 의하여 그 증거능력이 인정될 수 있는 경우에 해당하여야 함은 물론, 나아가 형사소송법 제316조 제2항의 규정에 따른 위와 같은 조건을 갖춘 때에 예외적으로 증거능력을 인정하여야 할 것이다(대법원 2012.5.24, 2010도5948). 사안의 경우, 우선 丙의 실질적 진정성립 인정이 없으므로 제312조 제4항에 의하여 그 증거능력이 인정되지 않는다(제312조 제4항에 의할 때 영상녹화물 등 객관적 방법에 의한 대체증명이 가능하나, 문제에 적시되지 않은 것으로 보아 이는 배제함). 또한 피고인 甲의 혐의에 대한 증거능력이 문제되므로 원진술자인 乙은 피고인 아닌 자이다. 따라서 전문진술의 증거능력 인정의 예외를 정한 제316조 제2항의 요건을 갖추어야 하는데, 사안에서 원진술자 乙의 법정출석 및 진술이 있는 경우이므로(소재불명 등 요건 충족 안 됨) 역시 그 증거능력이 인정되지 않는다.

① (×) 형사소송법 제314조의 문언과 개정 취지, 증언거부권 관련 규정의 내용 등에 비추어 보면, 법정에 출석한 증인이 형사소송법 제148조, 제149조 등에서 정한 바에 따라 정당하게 증언거부권을 행사하여 증언을 거부한 경우는 형사소송법 제314조의

'그 밖에 이에 준하는 사유로 인하여 진술할 수 없는 때'에 해당하지 아니한다고 할 것이다(대법원 2012.5.17, 2009도6788 전원합의체).

③ (×) 자백의 보강증거는 자백과는 다른 증거능력 있는 증거이어야 한다. 丙에 대한 진술조서는 乙의 자백을 내용으로 하는 것이므로 乙의 자백을 보강하는 증거가 될 수 없다. 또한 전문법칙의 예외에 해당하지 않아 증거능력이 없는 전문증거는 보강증거가 될 수 없으므로(대법원 2017.9.21, 2015도12400) 丙에 대한 참고인진술조서의 부정되는 이상 乙의 자백에 대한 보강증거가 될 수 없다.

④ (×) 형사소송법 제310조의 피고인의 자백에는 공범인 공동피고인의 진술이 포함되지 아니하므로 공범인 공동피고인의 진술은 다른 공동피고인에 대한 범죄사실을 인정하는데 있어서 증거로 쓸 수 있고 그에 대한 보강증거의 여부는 법관의 자유심증에 맡긴다(대법원 1985.3.9, 85도951). 또한 공동피고인의 자백은 이에 대한 피고인의 반대신문권이 보장되어 있어 증인으로 신문한 경우와 다를 바 없으므로 독립한 증거능력이 있다(대법원 1987.7.7, 87도973).

08 {정답 ①}

① ㉠ㄴ

㉠ (○) ㄴ (○) [1] 형사소송법 제318조 제1항은 "검사와 피고인이 증거로 할 수 있음을 동의한 서류 또는 물건은 진정한 것으로 인정한 때에는 증거로 할 수 있다."고 규정하고 있을 뿐 진정한 것으로 인정하는 방법을 제한하고 있지 아니하므로, 증거동의가 있는 서류 또는 물건은 법원이 제반 사정을 참작하여 진정한 것으로 인정하면 증거로 할 수 있다. 그리고 증거동의의 의사표시는 증거조사가 완료되기 전까지 취소 또는 철회할 수 있으나, 일단 증거조사가 완료된 뒤에는 취소 또는 철회가 인정되지 아니하므로 취소 또는 철회 전에 이미 취득한 증거능력은 상실되지 아니한다(대법원 2015.8.27, 2015도3467).

ⓒ (×) 형사소송법 제318조에 규정된 증거동의의 주체는 소송 주체인 검사와 피고인이고, 변호인은 피고인을 대리하여 증거동의에 관한 의견을 낼 수 있을 뿐이므로 피고인의 명시한 의사에 반하여 증거로 함에 동의할 수는 없다. 따라서 피고인이 출석한 공판기일에서 증거로 함에 부동의한다는 의견이 진술된 경우에는 그 후 피고인이 출석하지 아니한 공판기일에 변호인만이 출석하여 종전 의견을 번복하여 증거로 함에 동의하였다 하더라도 이는 특별한 사정이 없는 한 효력이 없다고 보아야 한다(대법원 2013.3.28, 2013도3).

ⓔ (×) 전단은 맞지만, 후단이 틀렸다. 법원이 직권으로 채택한 증거에 대해서는 양 당사자의 동의가 필요하다. 대법원 1989.10.10, 87도966 참조.

09 {정답 ②}

② (×) 피고인이나 변호인이 무죄에 관한 자료로 제출한 서증 가운데 도리어 유죄임을 뒷받침하는 내용이 있다 하여도, 법원은 상대방의 원용(동의)이 없는 한 그 서류의 진정성립 여부 등을 조사하고 아울러 그 서류에 대한 피고인이나 변호인의 의견과 변명의 기회를 준 다음이 아니면 그 서증을 유죄인정의 증거로 쓸 수 없다. 그러나 당해 서류를 제출한 당사자는 그것을 증거로 함에 동의하고 있음이 명백한 것이므로 상대방인 검사의 원

용이 있으면 그 서증을 유죄의 증거로 사용할 수 있다(대법원 2014.2.27, 2013도12155).

① (○) 타인의 진술을 내용으로 하는 진술이 전문증거인지 여부는 요증사실과의 관계에서 정하여지는 것이므로, 원진술의 내용인 사실이 요증사실인 경우에는 전문증거이나, 원진술의 존재 자체가 요증사실인 경우에는 본래증거이지 전문증거가 아니다(대법원 2014.2.27, 2013도12155).

③ (○) 제3자의 진술을 담고 있는 서류 등의 증거가 제3자의 진술 내용의 진실성이 범죄사실에 대한 직접증거로 사용될 때는 전문증거가 된다고 하더라도, 그와 같은 진술을 하였다는 것 자체로 사용되거나 그 진술의 진실성과 관계없는 간접사실에 대한 정황증거로 사용될 때에는 반드시 전문증거가 되는 것은 아니다(대법원 2014.12.24, 2014도10199; 2013.6.13, 2012도16001).

④ (○) 피고인이 수표를 발행하였으나 예금부족 또는 거래정지처분으로 지급되지 아니하게 하였다는 부정수표단속법위반의 공소사실을 증명하기 위하여 제출되는 수표는 그 서류의 존재 또는 상태 자체가 증거가 되는 것이어서 증거물인 서면에 해당하고 어떠한 사실을 직접 경험한 사람의 진술에 갈음하는 대체물이 아니므로, 증거능력은 증거물의 예에 의하여 판단하여야 하고, 이에 대하여는 형사소송법 제310조의2에서 정한 전문법칙이 적용될 여지가 없다. 이때 수표 원본이 아니라 전자복사기를 사용하여 복사한 사본이 증거로 제출되었고 피고인이 이를 증거로 하는 데 부동의한 경우 위 수표 사본을 증거로 사용하기 위해서는 수표 원본을 법정에 제출할 수 없거나 제출이 곤란한 사정이 있고 수표 원본이 존재하거나 존재하였으며 증거로 제출된 수표 사본이 이를 정확하게 전사한 것이라는 사실이 증명되어야 한다(대법원 2015.4.23, 2015도2275).

10 　　　　　　　　　　　　　　　　　　정답 ③

③ (○) (2020년 국가직 7급에 출제된 지문으로서 출제의 의도를 고려하여 해설함) 피고인이 제1심법원에서 공소사실에 대하여 자백하여 제1심법원이 이에 대하여 간이공판절차에 의하여 심판할 것을 결정하고, 이에 따라 제1심법원이 제1심판결 명시의 증거들을 증거로 함에 피고인 또는 변호인의 이의가 없어 형사소송법 제318조의3의 규정에 따라 증거능력이 있다고 보고, 상당하다고 인정하는 방법으로 증거조사를 한 이상, 가사 항소심에 이르러 범행을 부인하였다고 하더라도 제1심법원에서 증거로 할 수 있었던 증거는 항소법원에서도 증거로 할 수 있는 것이므로 제1심법원에서 이미 증거능력이 있었던 증거는 항소심에서도 증거능력이 그대로 유지되어 심판의 기초가 될 수 있고 다시 증거조사를 할 필요가 없다(대법원 1998.2.27, 97도3421).

> **형사소송법 제318조(당사자의 동의와 증거능력)** ② 피고인의 출정없이 증거조사를 할 수 있는 경우에 피고인이 출정하지 아니한 때에는 전항의 동의가 있는 것으로 간주한다. 단, 대리인 또는 변호인이 출정한 때에는 예외로 한다.

① (×) 유죄의 자료가 되는 것으로 제출된 증거의 반대증거 서류에 대하여는 그것이 유죄사실을 인정하는 증거가 되는 것이 아닌 이상 반드시 그 진정성립이 증명되지 아니하거나 이를 증거로 함에 있어서의 상대방의 동의가 없다고 하더라도 증거판단의 자료로 할 수 있다(대법원 1981.12.22, 80도1547).

② (×) 형사소송법 제318조의3 참조.

> **형사소송법 제318조의3(간이공판절차에서의 증거능력에 관한 특례)** 제286조의2의 결정이 있는 사건의 증거에 관하여는 제310조의2, 제312조 내지 제314조 및 제316조의 규정에 의한 증거에 대하여 제318조 제1항의 동의가 있는 것으로 간주한다. 단, 검사, 피고인 또는 변호인이 증거로 함에 이의가 있는 때에는 그러하지 아니하다.

④ (×) 소송촉진 등에 관한 특례법(이하 '소촉법'이라 한다) 제23조는 "제1심 공판절차에서 피고인에 대한 송달불능보고서가 접수된 때부터 6개월이 지나도록 피고인의 소재를 확인할 수 없는 경우에는 대법원규칙으로 정하는 바에 따라 피고인의 진술 없이 재판할 수 있다. 다만, 사형, 무기 또는 장기 10년이 넘는 징역이나 금고에 해당하는 사건의 경우에는 그러하지 아니하다."라고 규정하고 있고, 형사소송법 제318조 제2항은 "피고인의 출정 없이 증거조사를 할 수 있는 경우에 피고인이 출정하지 아니한 때에는 피고인의 동의가 있는 것으로 간주한다. 단, 대리인 또는 변호인이 출정한 때에는 예외로 한다."고 규정하고 있는바, 소촉법 제23조의 경우 피고인의 출정 없이도 심리·판결할 수 있고 공판심리의 일환으로 증거조사가 행해지게 마련이어서 피고인이 출석하지 아니한 상태에서 증거조사를 할 수밖에 없는 경우에는 형사소송법 제318조 제2항의 규정상 피고인의 진의와는 관계없이 형사소송법 제318조 제1항의 동의가 있는 것으로 간주하게 되어 있는 점, 형사소송법 제318조 제2항의 입법 취지가 재판의 필요성 및 신속성, 즉 피고인의 불출정으로 인한 소송행위의 지연 방지 내지 피고인 불출정의 경우 전문증거의 증거능력을 결정하지 못함에 따른 소송지연 방지에 있는 점 등에 비추어, 피고인이 공시송달의 방법에 의한 공판기일의 소환을 2회 이상 받고도 출석하지 아니하여 법원이 피고인의 출정 없이 증거조사를 하는 경우에는 형사소송법 제318조 제2항에 따른 피고인의 증거동의가 있는 것으로 간주된다고 할 것이다(대법원 2011.3.10, 2010도15977).

11 　　　　　　　　　　　　　　　　　　정답 ④

④ ㉠ㄴㄷ

㉠ (○) 대법원 2012.10.25, 2011도5459

㉡ (○) 대법원 2005.8.19, 2005도2617

㉢ (○) 법 제312조부터 제316조까지의 규정에 따라 증거로 할 수 없는 서류나 진술이라도 공판준비 또는 공판기일에서의 피고인 또는 피고인이 아닌 자(조사자 포함)의 진술의 증명력을 다투기 위하여 증거로 할 수 있다(형사소송법 제318조의2 제1항).

㉣ (×) 사법경찰리 작성의 피고인에 대한 피의자신문조서는 피고인이 그 내용을 부인하는 이상 증거능력이 없으나, 그것이 임의로 작성된 것이 아니라고 의심할 만한 사정이 없는 한 피고인의 법정에서의 진술을 탄핵하기 위한 반대증거로 사용할 수 있다(대법원 2014.3.13, 2013도12507).

㉤ (×) 자백배제법칙에 위반한 자백은 사용을 철저히 제한할 필요가 있으므로, 탄핵증거로도 사용할 수 없다는 것이 통설의 입장이다.

12 　　　　　　　　　　　　　　　　　　정답 ①

① (×) 상대방에게도 공격·방어의 기회를 부여하기 위해서 사전에 상대방에게 알려야 하는 것이다(대법원 2005.8.19, 2005도2617).

② (○) 형사소송법 제318조에 규정된 증거 동의는 소송 주체인 검사와 피고인이 하는 것이고, 변호인은 피고인을 대리하여 증거 동의에 관한 의견을 낼 수 있을 뿐이므로, 피고인이 변호인과 함께 출석한 공판기일의 공판조서에 검사가 제출한 증거에 대하여 동의한다는 기재가 되어 있다면 이는 피고인이 증거 동의를 한 것으로 보아야 하고, 그 기재는 절대적인 증명력을 가진다(대법원 2016.3.10, 2015도19139).

③ (○) 임의성 없는 진술의 증거능력을 부정하는 취지는, 허위진술을 유발 또는 강요할 위험성이 있는 상태하에서 행하여진 진술은 그 자체가 실체적 진실에 부합하지 아니하여 오판을 일으킬 소지가 있을 뿐만 아니라 그 진위를 떠나서 진술자의 기본적 인권을 침해하는 위법·부당한 압박이 가하여지는 것을 사전에 막기 위한 것이므로, 그 임의성에 다툼이 있을 때에는 그 임의성을 의심할 만한 합리적이고 구체적인 사실을 피고인이 증명할 것이 아니고 검사가 그 임의성의 의문점을 없애는 증명을 하여야 하고, 검사가 그 임의성의 의문점을 없애는 증명을 하지 못한 경우에는 그 진술증거는 증거능력이 부정된다. 나아가 피고인이 경찰에서 가혹행위 등으로 인하여 임의성 없는 자백을 하고 그 후 검찰이나 법정에서도 임의성 없는 심리상태가 계속되어 동일한 내용의 자백을 하였다면 각 자백도 임의성 없는 자백이라고 보아야 한다(대법원 2015.9.10, 2012도9879).

④ (○) 대법원 2005.8.19, 2005도2617

13

③ ㉠㉢㉣

㉠ (○) 유죄의 자료가 되는 것으로 제출된 증거의 반대 증거서류에 대하여는 그것이 유죄사실을 인정하는 증거가 되는 것이 아닌 이상 반드시 그 진정성립이 증명되지 아니하거나 이를 증거로 함에 있어서의 상대방의 동의가 없다고 하더라도 증거판단의 자료로 할 수 있는 것이다(대법원 1972.1.31, 71도2060).

㉡ (×) 탄핵증거는 진술의 증명력을 감쇄하기 위하여 인정되는 것이고 범죄사실 또는 그 간접사실의 인정의 증거로서는 허용되지 않는다(대법원 2012.10.25, 2011도5459).

㉢ (○) 범죄사실의 인정은 합리적인 의심이 없는 정도의 증명에 이르러야 하나(형사소송법 제307조 제2항), 사실인정의 전제로 행하여지는 증거의 취사선택 및 증명력에 대한 판단은 자유심증주의의 한계를 벗어나지 않는 한 사실심 법원의 재량에 속한다(형사소송법 제308조). 그리고 탄핵증거는 진술의 증명력을 감쇄하기 위하여 인정되는 것이고 범죄사실 또는 그 간접사실의 인정의 증거로서는 허용되지 않는다. 따라서 검사가 탄핵증거로 신청한 체포·구속인접견부 사본은 피고인의 부인진술을 탄핵한다는 것이므로 결국 검사에게 입증책임이 있는 공소사실 자체를 입증하기 위한 것에 불과하므로 형사소송법 제318조의2 제1항 소정의 피고인의 진술의 증명력을 다투기 위한 탄핵증거로 볼 수 없다(대법원 2012.10.25, 2011도5459).

㉣ (○) 사법경찰리 작성의 피고인에 대한 피의자신문조서와 피고인이 작성한 자술서들은 모두 검사가 유죄의 자료로 제출한 증거들로서 피고인이 각 그 내용을 부인하는 이상 증거능력이 없으나 그러한 증거라 하더라도 그것이 임의로 작성된 것이 아니라고 의심할 만한 사정이 없는 한 피고인의 법정에서의 진술을 탄핵하기 위한 반대증거로 사용할 수 있다(대법원 1998.2.27, 97도1770).

㉤ (×) 피고인이 내용을 부인하여 증거능력이 없는 사법경찰리 작성의 피의자신문조서에 대하여 비록 당초 증거제출 당시 탄핵증거라는 입증취지를 명시하지 아니하였지만 피고인의 법정 진술에 대한 탄핵증거로서의 증거조사절차가 대부분 이루어졌다고 볼 수 있는 점 등의 사정에 비추어 위 피의자신문조서를 피고인의 법정 진술에 대한 탄핵증거로 사용할 수 있다(대법원 2005.8.19, 2005도2617).

㉥ (×) 피고인 또는 피고인 아닌 자가 공판준비 또는 공판기일에 진술함에 있어 기억환기용으로만 활용할 수 있다(형사소송법 제318조의2 제2항의 동 제1항과의 관계).

[보충] 이외에는 진술조서의 실질적 진정성립 인정의 대체증명 수단으로서의 용도가 있다(형사소송법 제312조 제4항 참조).

> 형사소송법 제318조의2(증명력을 다투기 위한 증거) ① 제312조부터 제316조까지의 규정에 따라 증거로 할 수 없는 서류나 진술이라도 공판준비 또는 공판기일에서의 피고인 또는 피고인이 아닌 자(공소제기 전에 피고인을 피의자로 조사하였거나 그 조사에 참여하였던 자를 포함한다. 이하 이 조에서 같다)의 진술의 증명력을 다투기 위하여 증거로 할 수 있다.
> ② 제1항에도 불구하고 피고인 또는 피고인이 아닌 자의 진술을 내용으로 하는 영상녹화물은 공판준비 또는 공판기일에 피고인 또는 피고인이 아닌 자가 진술함에 있어서 기억이 명백하지 아니한 사항에 관하여 기억을 환기시켜야 할 필요가 있다고 인정되는 때에 한하여 피고인 또는 피고인이 아닌 자에게 재생하여 시청하게 할 수 있다.

14

③ (×) 포괄일죄 중 상습범에 대해서는 각 행위에 대한 보강증거가 필요하므로, 자백 외에 보강증거가 없는 부분에 대해서 전부 유죄판결 할 수는 없다(형사소송법 제310조, 대법원 1996.2.13, 95도1794).

① (○) 국가보안법상 회합죄를 피고인이 자백하는 경우 회합 당시 상대방으로부터 받았다는 명함의 현존은 보강증거로 될 수 있다(대법원 1990.6.22, 90도741).

② (○) (피고인이 휴대전화기의 카메라로 피해자를 몰래 촬영한 현장에서 현행범으로 체포되면서 위 휴대전화기를 수사기관에 임의제출한 사안에서, 피고인의 자백을 보강할 증거가 있는지 여부가 쟁점이 된 사건이다.) 피고인은 공소사실에 대해 자백하고 검사가 제출한 모든 서류에 대하여 증거로 함에 동의하였는데, 그 서류들 중 체포 당시 임의제출 방식으로 압수된 피고인 소유 휴대전화기(이하 '휴대전화기')에 대한 압수조서의 '압수경위'란에 '지하철역 승강장 및 게이트 앞에서 경찰관이 지하철범죄 예방·검거를 위한 비노출 잠복근무 중 검정 재킷, 검정 바지, 흰색 운동화를 착용한 20대 가량 남성이 짧은 치마를 입고 에스컬레이터를 올라가는 여성을 쫓아가 뒤에 밀착하여 치마 속으로 휴대폰을 집어넣는 등 해당 여성의 신체를 몰래 촬영하는 행동을 하였다'는 내용이 포함되어 있고, 그 하단에 피고인의 범행을 직접 목격하면서 위 압수조서를 작성한 사법경찰관 및 사법경찰리의 각 기명날인이 들어 있으므로, 위 압수조서 중 '압수경위'란에 기재된 내용은 피고인이 범행을 저지르는 현장을 직접 목격한 사람의 진술이 담긴 것으로서 형사소송법 제312조 제5항에서 정한 '피고인이 아닌 자가 수사과정에서 작성한 진술서'에 준하는 것으로 볼 수 있고, 이에 따라 휴대전화기

에 대한 임의제출절차가 적법하였는지에 영향을 받지 않는 별개의 독립적인 증거에 해당하여, 피고인이 증거로 함에 동의한 이상 유죄를 인정하기 위한 증거로 사용할 수 있을 뿐 아니라 피고인의 자백을 보강하는 증거가 된다고 볼 여지가 많다(대법원 2019.11.14, 2019도13290).

④ (O) 2010.2.18. 01:35경 자동차를 타고 온 피고인으로부터 필로폰을 건네받은 후 피고인이 위 차량을 운전해 갔다고 한 갑의 진술과 2010.2.20. 피고인으로부터 채취한 소변에서 나온 필로폰 양성 반응은, 피고인이 2010.2.18. 02:00경의 필로폰 투약으로 정상적으로 운전하지 못할 우려가 있는 상태에 있었다는 공소사실 부분에 대한 자백을 보강하는 증거가 되기에 충분하다(대법원 2010.12.23, 2010도11272).

15
정답 ②

② ⓛⒸⓜ

㉠ (O) 피고인이 범행을 자인하는 것을 들었다는 피고인 아닌 자의 진술내용은 형사소송법 제310조의 피고인의 자백에는 포함되지 아니하나 이는 피고인의 자백의 보강증거로 될 수 없다(대법원 2008.2.14, 2007도10937).

㉡ (×) 자백에 대한 보강증거는 범죄사실의 전부 또는 중요 부분을 인정할 수 있는 정도가 되지 아니하더라도 피고인의 자백이 가공적인 것이 아닌 진실한 것임을 인정할 수 있는 정도만 되면 족한 것으로서, 자백과 서로 어울려서 전체로서 범죄사실을 인정할 수 있으면 유죄의 증거로 충분하다(대법원 2011.9.29, 2011도8015).

㉢ (×) 일정한 증거가 발견되면 피의자가 자백하겠다고 한 약속이 검사의 강요나 위계에 의하여 이루어졌다던가 또는 불기소나 경한 죄의 소추등 이익과 교환조건으로 된 것으로 인정되지 않는다면 위와 같은 자백의 약속하에 된 자백이라 하여 곧 임의성 없는 자백이라고 단정할 수는 없다(대법원 1983.9.13, 83도712).

㉣ (O) 피고인을 현행범으로 체포한 피해자 공소외 2의 수사기관에서의 진술과 앞서 본 현장사진이 첨부된 수사보고서는 피고인의 자백의 진실성을 담보하기에 충분한 보강증거가 된다(대법원 2011.9.29, 2011도8015).

㉤ (×) 휴대전화에 대한 임의제출서, 압수조서, 압수목록, 압수품 사진, 압수물 소유권 포기여부 확인서는 경찰이 피고인의 이 부분 범행 직후 범행 현장에서 피고인으로부터 위 휴대전화를 임의제출 받아 압수하였다는 내용으로서 이 사건 휴대전화에 저장된 전자정보의 증거능력 여부에 영향을 받지 않는 별개의 독립적인 증거에 해당하므로, 피고인이 증거로 함에 동의한 이상 유죄를 인정하기 위한 증거로 사용할 수 있고, 이 부분 공소사실에 대한 피고인의 자백을 보강하는 증거가 된다고 볼 여지가 많다(대법원 2022.11.17, 2019도11967).

16
정답 ②

② ㉠ⓛⒸⓗ

㉠ (×) 전자는 보강증거가 될 수 있다. "자백에 대한 보강증거는 피고인의 임의적인 자백사실이 가공적인 것이 아니고 진실하다고 인정될 정도의 증거이면 직접증거이거나 간접증거이거나 보강증거능력이 있다 할 것이고, 반드시 그 증거만으로 객관적 구성요건에 해당하는 사실을 인정할 수 있는 정도의 것임을 요하

는 것이 아니라 할 것이므로, 피고인이 위조신분증을 제시·행사한 사실을 자백하고 있고, 위 제시·행사한 신분증이 현존한다면 그 자백이 임의성이 없는 것이 아닌 한 위 신분증은 피고인의 위 자백사실의 진실성을 인정할 간접증거가 된다고 보아야 한다(대법원 1983.2.22, 82도3107)." 그러나 후자는 보강증거가 될 수 없다. "검사가 보강증거로서 제출한 증거의 내용이 피고인과 공소외 甲이 현대자동차 춘천영업소를 점거했다가 甲이 처벌받았다는 것이고, 피고인의 자백내용은 현대자동차 점거로 甲이 처벌받은 것은 학교측의 제보 때문이라 하여 피고인이 그 보복으로 학교총장실을 침입점거했다는 것이라면, 위 증거는 공소사실의 객관적 부분인 주거침입, 점거사실과는 관련이 없는 범행의 침입동기에 관한 정황증거에 지나지 않으므로 위 증거와 피고인의 자백을 합쳐 보아도 자백사실이 가공적인 것이 아니고 진실한 것이라 인정하기에 족하다고 볼 수 없으므로 검사 제출의 위 증거는 자백에 대한 보강증거가 될 수 없다(대법원 1990.12.7, 90도2010)."

㉡ (×) 전과에 관한 사실은 엄격한 의미에서의 범죄사실과는 구별되는 것으로서 피고인의 자백만으로서도 이를 인정할 수 있다 할 것이다(대법원 1981.6.9, 81도1353; 1973.3.20, 73도280). 즉 보강증거를 필요로 하지 않으므로 상소이유에 해당하지 않는다.

㉢ (×) 피고인이 자신이 거주하던 다세대주택의 여러 세대에서 7건의 절도행위를 한 것으로 기소되었는데 그중 4건은 범행장소인 구체적 호수가 특정되지 않은 경우, 위 4건에 관한 피고인의 범행 관련 진술이 매우 사실적·구체적·합리적이고 진술의 신빙성을 의심할 만한 사유도 없어 자백의 진실성이 인정되므로, 피고인의 집에서 해당 피해품을 압수한 압수조서와 압수물 사진은 위 자백에 대한 보강증거가 된다(대법원 2008.5.29, 2008도2343).

㉣ (O) 전자의 판례는 다음과 같다. "피고인이 간통사실을 자인하는 것을 들었고 공소사실 기재의 간통범행 일시경에 피고인의 가출과 외박이 잦아 의심을 하게 되었다는 취지의 피고인의 남편에 대한 진술조서 기재는 피고인의 간통사실 자백에 대한 보강증거가 될 수 있다(대법원 1983.5.10, 83도686)." 후자의 판례는 다음과 같다. "검사의 피고인에 대한 피의자신문조서기재에 피고인이 성명불상자로부터 반지 1개를 편취한 후 이 반지를 1984.4.20경 소송외 甲에게 매도하였다는 취지로 진술하고 있고 한편 검사의 甲에 대한 진술조서기재에 위 일시경 피고인으로부터 금반지 1개를 매입하였다고 진술하고 있다면 위 甲의 진술은 피고인이 자백하고 있는 편취물품의 소재 내지 행방에 부합하는 진술로서 형식적으로 피고인의 자백의 진실성을 보강하는 증거가 될 수 있다(대법원 1985.11.12, 85도1838)."

㉤ (O) 자백에 대한 보강증거가 필요한 부분은 객관적 구성요건에 해당하는 부분에 한한다(대법원 1983.8.23, 83도820).

㉥ (×) 형사소송절차가 아닌 소년보호사건에 있어서는 비행사실의 일부에 관하여 자백이외의 다른 증거가 없다 하더라도 법령적용의 착오나 소송절차의 법령위반이 있다고 할 수 없다(대법원 1982.10.15, 82모36).

17
정답 ④

④ (O) 제1심판결이 적법하게 채용한 자동차등록증의 기재에 의하면 이 사건 차량이 피고인의 소유로 등록되어 있으므로 이는

피고인이 그 소유 이 사건 차량을 운전하였다는 사실의 자백 부분에 대한 보강증거가 될 수 있고, 결과적으로 피고인이 운전면허 없이 운전하였다는 전체 범죄사실의 보강증거로 충분하다 할 것이다(대법원 2000.9.26, 2000도2365).

① (×) 즉결심판에는 자백보강법칙이 적용되지 아니한다(즉결심판에 관한 절차법 제10조 참조).

[보충] 소년보호사건에도 적용되지 아니한다.

> 즉결심판에 관한 절차법 제10조(증거능력) 즉결심판절차에 있어서는 형사소송법 제310조, 제312조 제3항 및 제313조의 규정은 적용하지 아니한다.
> 형사소송법 제310조(불이익한 자백의 증거능력) 피고인의 자백이 그 피고인에게 불이익한 유일의 증거인 때에는 이를 유죄의 증거로 하지 못한다.

② (×) 피고인의 습벽을 범죄구성요건으로 하며 포괄1죄인 상습범에 있어서도 이를 구성하는 각 행위에 관하여는 개별적으로 보강증거가 요구된다(대법원 1983.7.26, 83도1448, 83감도266).

[보충] 포괄일죄에 대한 보강증거는 전체적으로 있으면 되나, 상습범만큼은 각 행위에 관한 개별적인 보강증거가 필요하다.

③ (×) 공소외 1에 대한 검찰 진술조서의 진술기재는 피고인이 이 사건 범행을 자인하는 것을 들었다는 진술로서 전문증거이기는 하나 간이공판절차에 의하여 심판할 것을 결정한 이 사건에 있어서는 같은 법 제318조의3의 규정에 의하여 피고인의 동의가 있는 것으로 간주되어 증거능력이 인정되고, 또한 이러한 진술조서는 자백자 본인의 진술 자체를 기재한 것은 아니므로 같은 법 제310조의 자백에는 포함되지 않는다 할 것이지만, 피고인의 자백을 내용으로 하고 있는 이와 같은 진술기재 내용을 피고인의 자백의 보강증거로 삼는다면 결국 피고인의 자백을 피고인의 자백으로서 보강하는 결과가 되어 아무런 보강도 하는 바 없는 것이니 보강증거가 되지 못하고, 오히려 보강증거를 필요로 하는 피고인의 자백과 동일하게 보아야 할 성질의 것이라고 할 것이므로 피고인의 자백의 보강증거로 될 수 없다(대법원 1981.7.7, 81도1314).

18

정답 ①

① ㉠㉡

㉠ (○) 피고인이 뇌물공여 혐의를 받기 전에 이와는 관계없이 준설공사에 필요한 각종 인·허가 등의 업무를 위임받아 이를 추진하는 과정에서 그 업무수행에 필요한 자금을 지출하면서, 스스로 그 지출한 자금내역을 자료로 남겨두기 위하여 뇌물자금과 기타 자금을 구별하지 아니하고 그 지출 일시, 금액, 상대방 등 내역을 그때그때 계속적, 기계적으로 기입한 수첩의 기재 내용은, 피고인이 자신의 범죄사실을 시인하는 자백이라고 볼 수 없으므로, 증거능력이 있는 한 피고인의 금전출납을 증명할 수 있는 별개의 증거라고 할 것인즉, 피고인의 검찰에서의 자백에 대한 보강증거가 될 수 있다(대법원 1996.10.17, 94도2865 전원합의체).

㉡ (○) 형사소송법 제310조 소정의 "피고인의 자백"에 공범인 공동피고인의 진술은 포함되지 아니하므로 공범인 공동피고인의 진술은 다른 공동피고인에 대한 범죄사실을 인정하는 증거로 할 수 있는 것일 뿐만 아니라 공범인 공동피고인들의 각 진술은 상호간에 서로 보강증거가 될 수 있다(대법원 1990.10.30, 90도1939).

㉢ (×) [1] 피고인이 범행을 자인하는 것을 들었다는 피고인 아닌 자의 진술내용은 형사소송법 제310조의 피고인의 자백에는 포함되지 아니하나 이는 피고인의 자백의 보강증거로 될 수 없다.

[2] 실체적 경합범은 실질적으로 수죄이므로 각 범죄사실에 관하여 자백에 대한 보강증거가 있어야 한다.

[3] 필로폰 매수 대금을 송금한 사실에 대한 증거가 필로폰 매수죄와 실체적 경합범 관계에 있는 필로폰 투약행위에 대한 보강증거가 될 수 없다고 한 사례(대법원 2008.2.14, 2007도10937).

㉣ (×) 자백에 대한 보강증거는 범죄사실의 전부 또는 중요 부분을 인정할 수 있는 정도가 되지 아니하더라도 피고인의 자백이 가공적인 것이 아닌 진실한 것임을 인정할 수 있는 정도만 되면 족할 뿐만 아니라 직접증거가 아닌 간접증거나 정황증거도 보강증거가 될 수 있으며, 또한 자백과 보강증거가 서로 어울려서 전체로서 범죄사실을 인정할 수 있으면 유죄의 증거로 충분하다고 할 것이다(대법원 2007.5.31, 2007도1419).

19

정답 ④

④ ㉠(×), ㉡(×), ㉢(×), ㉣(○), ㉤(×)

㉠ (×) 공동피고인의 자백은 이에 대한 피고인의 반대신문권이 보장되어 있어 증인으로 신문한 경우와 다를 바 없으므로 독립한 증거능력이 있다(대법원 1987.7.7, 87도973).

㉡ (×) 상업장부나 항해일지, 진료일지 또는 이와 유사한 금전출납부 등과 같이 범죄사실의 인정 여부와는 관계없이 자기에게 맡겨진 사무를 처리한 사무 내역을 그때그때 계속적, 기계적으로 기재한 문서 등의 경우는 사무처리 내역을 증명하기 위하여 존재하는 문서로서 그 존재 자체 및 기재가 그러한 내용의 사무가 처리되었음의 여부를 판단할 수 있는 별개의 독립된 증거자료이고, 설사 그 문서가 우연히 피고인이 작성하였고 공소사실에 일부 부합되는 사실의 기재가 있다고 하더라도, 이를 일컬어 피고인이 범죄사실을 자백하는 문서라고 볼 수는 없다(대법원 1996.10.17, 94도2865 전원합의체).

㉢ (×) 피고인이 뇌물공여 혐의를 받기 전에 이와는 관계없이 준설공사에 필요한 각종 인·허가 등의 업무를 위임받아 이를 추진하는 과정에서 그 업무수행에 필요한 자금을 지출하면서, 스스로 그 지출한 자금내역을 자료로 남겨두기 위하여 뇌물자금과 기타 자금을 구별하지 아니하고 그 지출 일시, 금액, 상대방 등 내역을 그때그때 계속적, 기계적으로 기입한 수첩의 기재 내용은, 피고인이 자신의 범죄사실을 시인하는 자백이라고 볼 수 없으므로, 증거능력이 있는 한 피고인의 금전출납을 증명할 수 있는 별개의 증거라고 할 것인즉, 피고인의 검찰에서의 자백에 대한 보강증거가 될 수 있다(대법원 1996.10.17, 94도2865 전원합의체).

㉣ (○) 피고인이 제출한 항소이유서에 '피고인은 돈이 급해 지어서는 안될 죄를 지었습니다.', '진심으로 뉘우치고 있습니다.'라고 기재되어 있고 피고인은 원심 제2회 공판기일에 위 항소이유서를 진술하였으나, 곧 이어서 있은 검사와 재판장 및 변호인의 각 심문에 대하여 피고인은 범죄사실을 부인하였고, 수사단계에서도 일관되게 그와 같이 범죄사실을 부인하여 온 점에 비추어 볼 때, 위와 같이 추상적인 항소이유서의 기재만을 가지고 이 사건 범죄사실을 자백한 것으로 볼 수 없다(대법원 1999. 11.12, 99도3341).

㉤ (×) 자백에 대한 보강증거는 범죄사실의 전부 또는 중요 부분

을 인정할 수 있는 정도가 되지 않더라도, 피고인의 자백이 가공적인 것이 아닌 진실한 것임을 인정할 수 있는 정도만 되면 충분하다. 또한 직접증거가 아닌 간접증거나 정황증거도 보강증거가 될 수 있고, 자백과 보강증거가 서로 어울려서 전체로서 범죄사실을 인정할 수 있으면 유죄의 증거로 충분하다(대법원 2007.7.12, 2007도3041; 2008.11.27, 2008도7883; 2018.3. 15, 2017도20247).

20

정답 ①

① ⓛⓒⓔ

㉠ (×) 동일한 사항에 관하여 두개의 서로 다른 내용이 기재된 공판조서가 병존하는 경우 양자는 동일한 증명력을 가지는 것으로서 그 증명력에 우열이 있을 수 없다고 보아야 할 것이므로 그중 어느 쪽이 진실한 것으로 볼 것인지는 공판조서의 증명력을 판단하는 문제로서 법관의 자유로운 심증에 따를 수 밖에 없다(대법원 1988.11.8, 86도1646).

㉡ (○) 형사소송법 제55조 제1항은 공판조서의 정확성을 담보함과 아울러 피고인의 방어권을 충실하게 보장하려는 취지에서 피고인에게 공판조서의 열람 또는 등사청구권을 인정하고, 제3항은 피고인의 위와 같은 청구에 응하지 아니하는 때에는 공판조서를 유죄의 증거로 할 수 없다고 규정하고 있다. 따라서 피고인이 공판조서의 열람 또는 등사를 청구하였음에도 법원이 불응하여 피고인의 열람 또는 등사청구권이 침해된 경우에는 공판조서를 유죄의 증거로 할 수 없을 뿐만 아니라 공판조서에 기재된 당해 피고인이나 증인의 진술도 증거로 할 수 없다고 보아야 한다. 다만 그러한 증거들 이외에 적법하게 채택하여 조사한 다른 증거들만에 의하더라도 범죄사실을 인정하기에 충분하고, 또한 당해 공판조서의 내용 등에 비추어 보아 공판조서의 열람 또는 등사에 응하지 아니한 것이 피고인의 방어권이나 변호인의 변호권을 본질적으로 침해한 정도에 이르지는 않은 경우에는, 판결에서 공판조서 등을 증거로 사용하였다고 하더라도 그러한 잘못이 판결에 영향을 미친 위법이라고 할 수는 없다(대법원 2012.12.27, 2011도15869).

㉢ (○) 공판조서에 서명날인할 재판장은 당해 공판기일에 열석한 재판장이어야 하므로 당해 공판기일에 열석하지 아니한 판사가 재판장으로서 서명날인한 공판조서는 적식의 공판조서라고 할 수 없어 이와 같은 공판조서는 소송법상 무효라 할 것이므로 공판기일에 있어서의 소송절차를 증명할 공판조서로서의 증명력이 없다(대법원 1983.2.8, 82도2940).

㉣ (○) 공판조서에 재판장이 판결서에 의하여 판결을 선고하였음이 기재되어 있다면 동 판결선고 절차는 적법하게 이루어졌음이 증명되었다고 할 것이며 여기에는 다른 자료에 의한 반증을 허용하지 못하는 바이니 검찰서기의 판결서없이 판결선고되었다는 내용의 보고서로써 공판조서의 기재내용이 허위라고 판정할 수 없다(대법원 1983.10.25, 82도571).

㉤ (×) 공판기일의 소송절차로서 판결 기타의 재판을 선고 또는 고지한 사실은 공판조서에 기재되어야 하는데(형사소송법 제51조 제1항, 제2항 제14호), 공판조서의 기재가 명백한 오기인 경우를 제외하고는, 공판기일의 소송절차로서 공판조서에 기재된 것은 조서만으로써 증명하여야 하고 그 증명력은 공판조서 이외의 자료에 의한 반증이 허용되지 않는 절대적인 것이다(대법원 2005.12.22, 2005도6557). 반면에 어떤 소송절차가 진행된 내용이 공판조서에 기재되지 않았다고 하여 당연히 그 소송절차가 당해 공판기일에 행하여지지 않은 것으로 추정되는 것은 아니고 공판조서에 기재되지 않은 소송절차의 존재가 공판조서에 기재된 다른 내용이나 공판조서 이외의 자료로 증명될 수 있고, 이는 소송법적 사실이므로 자유로운 증명의 대상이 된다(대법원 2023.6.15, 2023도3038).

▶ **제1편 개인적 법익에 대한 죄: 제1장 생명과 신체에 대한 죄** [살인의 죄] — **제2장 자유에 대한 죄** [강간과 추행의 죄 1]

01	③	02	②	03	④	04	②	05	①
06	①	07	①	08	①	09	②	10	①
11	②	12	②	13	②	14	③	15	③
16	①	17	②	18	②	19	③	20	④

01   정답 ③

③ (×) 살해의 목적으로 동일인에게 일시 장소를 달리하고 수차에 걸쳐 공격을 가하였으나 미수에 그치다가 그 목적을 달성한 경우에 살해의 목적을 달성할 때까지의 행위는 모두 실행행위의 일부로서 이를 포괄적으로 보고 단순한 한 개의 살인기수죄로 처단할 것이지 살인예비 내지 미수죄와 동 기수죄의 경합죄로 처단할 수 없는 것이다(대법원 1965.9.28, 65도695).

① (○) 피고인이 격분하여 피해자를 살해할 것을 마음먹고 밖으로 나가 낫을 들고 피해자에게 다가서려고 하였으나 제3자 이를 제지하여 그 틈을 타서 피해자가 도망함으로써 살인의 목적을 이루지 못한 경우, 피고인이 낫을 들고 피해자에게 접근함으로써 살인의 실행행위에 착수하였다고 할 것이므로 이는 살인미수에 해당한다(대법원 1986.2.25, 85도2773).

② (○) 형법 제161조의 사체은닉이라 함은 사체의 발견을 불가능 또는 심히 곤란하게 하는 것을 구성요건으로 하고 있으나 살인, 강도살인 등의 목적으로 사람을 살해한 자가 그 살해의 목적을 수행함에 있어 사후 사체의 발견이 불가능 또는 심히 곤란하게 하려는 의사로 인적이 드문 장소로 피해자를 유인하거나 실신한 피해자를 끌고 가서 그곳에서 살해하고 사체를 그대로 둔 채 도주한 경우에는 비록 결과적으로 사체의 발견이 현저하게 곤란을 받게 되는 사정이 있다 하더라도 별도로 사체은닉죄가 성립되지 아니한다(대법원 1986.6.24, 86도891).

④ (○) 제왕절개 수술의 경우 '의학적으로 제왕절개 수술이 가능하였고 규범적으로 수술이 필요하였던 시기'는 판단하는 사람 및 상황에 따라 다를 수 있어, 분만개시 시점 즉, 사람의 시기도 불명확하게 되므로 이 시점을 분만의 시기로 볼 수는 없다(대법원 2007.6.29, 2005도3832).

02   정답 ②

② ㉡㉢㉣㉤

㉠ (○) 상해죄 및 폭행죄의 상습범에 관한 형법 제264조는 "상습으로 제257조, 제258조, 제258조의2, 제260조 또는 제261조의 죄를 범한 때에는 그 죄에 정한 형의 2분의 1까지 가중한다."라고 규정하고 있다. 형법 제264조에서 말하는 '상습'이란 위 규정에 열거된 상해 내지 폭행행위의 습벽을 말하는 것이므로, 위 규정에 열거되지 아니한 다른 유형의 범죄까지 고려하여 상습성의 유무를 결정하여서는 아니 된다(대법원 2018.4.24, 2017도21663).

㉡ (×) 폭행죄의 상습성은 폭행 범행을 반복하여 저지르는 습벽을 말하는 것으로서, 동종 전과의 유무와 그 사건 범행의 횟수, 기간, 동기 및 수단과 방법 등을 종합적으로 고려하여 상습성 유무를 결정하여야 하고, 단순폭행, 존속폭행의 범행이 동일한 폭행 습벽의 발현에 의한 것으로 인정되는 경우, 그중 법정형이 더 중한 상습존속폭행죄에 나머지 행위를 포괄하여 하나의 죄만이 성립한다고 봄이 타당하다(대법원 2018.4.24, 2017도10956).

㉢ (×) 상습존속폭행죄로 처벌되는 경우에는 형법 제260조 제3항이 적용되지 않으므로, 피해자의 명시한 의사에 반하여도 공소를 제기할 수 있다(대법원 2018.4.24, 2017도10956).

㉣ (×) 상해죄는 결과범으로서 미수를 처벌하고(제257조 제3항), 폭행죄는 거동범으로서 미수를 벌하는 규정이 없다.

㉤ (×) 성립하는 죄책은 중상해죄가 아니라 폭행치상죄이다. 다만 중상해죄의 형으로 처벌한다. 형법 제262조 참조.
[보충] 중상해죄가 성립하기 위한 고의의 기본범죄는 상해죄이고 폭행죄가 아니다.

03   정답 ④

④ ㉠㉡㉢㉣

㉠ (○) 업무상과실치사상죄에 있어서의 업무란 사람의 사회생활면에 있어서의 하나의 지위로서 계속적으로 종사하는 사무를 말하고, 여기에는 수행하는 직무 자체가 위험성을 갖기 때문에 안전배려를 의무의 내용으로 하는 경우는 물론 사람의 생명·신체의 위험을 방지하는 것을 의무내용으로 하는 업무도 포함된다 할 것이다. 행형법 및 교도관직무규칙의 규정과 구치소라는 수용시설의 특성에 비추어 보면, 공휴일 또는 야간에는 소장을 대리하는 당직간부에게는 구치소에 수용된 수용자들의 생명·신체에 대한 위험을 방지할 법령상 내지 조리상의 의무가 있다고 할 것이고, 이와 같은 의무를 직무로서 수행하는 교도관들의 업무는 업무상과실치사죄에서 말하는 업무에 해당한다(대법원 2007.5.31, 2006도3493).

㉡ (○) 피고인이 정차한 버스 안에서 버스운전사인 피해자를 폭행한 경우, 「특정범죄 가중처벌 등에 관한 법률」 제5조의10 제1항의 '운행 중'에 '여객자동차운송사업을 위하여 사용되는 자동차를 운행하는 중 운전자가 여객의 승차·하차 등을 위하여 일시 정차한 경우를 포함한다'고 규정되어 있는 점, 피고인이 피해자를 폭행한 시각은 귀가 승객이 몰리는 퇴근시간 무렵이었고 피해자가 이 사건 버스를 정차한 곳은 ○○경찰서 버스정

류장으로서, 공중의 교통안전과 질서를 저해할 우려가 있는 장소였던 점, 당시 이 사건 버스의 승객이 적지 않았던 점, 피고인은 이 사건 버스가 정차하고 2분이 채 지나지 않은 시점에 피해자를 폭행하였고 피해자는 피고인만 하차하면 즉시 버스를 출발할 예정이었는바, 피해자에게는 버스에 관한 계속적인 운행의사가 있었던 점 등에 비추어 보면, 이 사건 범행은 <u>운행 중인 자동차 운전자에 대한 폭행</u>에 해당된다(대법원 2021.10.14, 2021도10243).

ⓒ (○) 입양의 실질적 요건이 구비되어 있다면 그 형식에 다소 잘못이 있더라도 입양의 효력이 발생하고, 이 경우의 허위의 친생자 출생신고는 법률상의 친자관계인 양친자관계를 공시하는 입양신고의 기능을 하게 되는 것이다. 입양할 의사로 1978.3.16. 피고인을 친생자로 출생신고를 하고 피고인을 양육하여 오다가 위 공소외인이 1984년경 사망한 후에도 계속하여 피고인을 양육하여 온 사실을 알 수 있는바, 그렇다면 친생자로 한 출생신고는 피해자와 피고인 사이에서도 입양신고로서 효력이 있으므로 피고인은 피해자의 양자라고 할 것이고, 피고인이 피해자를 살해한 경우 존속살해죄가 성립한다(대법원 2007.11.29, 2007도8333).

ⓓ (×) 현행 형법이 사람에 대한 상해 및 과실치사상의 죄에 관한 규정과는 별도로 태아를 독립된 행위객체로 하는 행위 등에 대하여 처벌하도록 한 점, 과실낙태행위 및 낙태미수행위에 대하여 따로 처벌규정을 두지 아니한 점 등에 비추어 보면, 우리 형법은 태아를 임산부 신체의 일부로 보거나, 낙태행위가 임산부의 태아양육, 출산 기능의 침해라는 측면에서 낙태죄와는 별개로 임산부에 대한 상해죄를 구성하는 것으로 보지는 않는다고 해석된다(대법원 2007.6.29, 2005도3832).

ⓔ (○) 형법 제258조의2 제1항, 제257조 제1항, 제284조, 제283조 제1항은 위험한 물건을 휴대하여 사람의 신체를 상해한 자를 특수상해죄로, 사람을 협박한 자를 특수협박죄로 각 처벌하도록 규정하고 있다. 여기서 <u>위험한 물건을 '휴대하여'는 범행 현장에서 사용하려는 의도 아래 위험한 물건을 소지하거나 몸에 지니는 경우</u>를 의미한다(대법원 2017.3.30, 2017도771). 범행 현장에서 위험한 물건을 사용하려는 의도가 있었는지는 피고인의 범행 동기, 위험한 물건의 휴대 경위 및 사용 방법, 피고인과 피해자와의 인적 관계, 범행 전후의 정황 등 모든 사정을 합리적으로 고려하여 판단하여야 한다(대법원 2002.6.14, 2002도1341). 피고인이 범행 현장에서 범행에 사용하려는 의도 아래 <u>위험한 물건을 소지하거나 몸에 지닌 이상 피고인이 이를 실제로 범행에 사용하였을 것까지 요구되지는 않는다</u>(대법원 2004.6.11, 2004도2018).

04

정답 ②

② ㉠ⓒⓔ

㉠ (○) 형법은 제264조에서 상습으로 제258조의2의 죄를 범한 때에는 그 죄에 정한 형의 2분의 1까지 가중한다고 규정하고, 제258조의2 제1항에서 위험한 물건을 휴대하여 상해죄를 범한 때에는 1년 이상 10년 이하의 징역에 처한다고 규정하고 있다. 위와 같은 형법 각 규정의 문언, 형의 장기만을 가중하는 형법 규정에서 그 죄에 정한 형의 장기를 가중한다고 명시하고 있는 점, 형법 제264조에서 상습범을 가중처벌하는 입법 취지 등을 종합하면, 형법 제264조는 상습특수상해를 범한 때에 형법

제258조의2 제1항에서 정한 법정형의 단기와 장기를 모두 가중하여 1년 6개월 이상 15년 이하의 징역에 처한다는 의미로 새겨야 한다(대법원 2017.6.29, 2016도18194).

ⓛ (×) 독립행위가 경합하여 상해의 결과를 발생하게 한 경우에 있어서 원인된 행위가 판명되지 아니한 때에는 공동정범의 예에 의한다는 형법 제263조는 상해 내지 폭행행위가 있고 사상의 결과도 있는데 그 인과관계가 판명되지 아니한 경우에 적용되는 규정이다(거증책임전환규정). 따라서 상해 내지 폭행행위 자체를 한 것 자체가 분명치 않은 경우에는 여전히 검사가 증명해야 한다는 점에서 형법 제263조는 적용되지 아니한다.

ⓒ (○) 범행과는 전혀 무관하게 우연히 이를 소지하게 된 경우까지를 포함하는 것은 아니라 할 것이나, 범행 현장에서 범행에 사용하려는 의도 아래 흉기 등 위험한 물건을 소지하거나 몸에 지닌 이상 그 사실을 피해자가 인식하거나 실제로 범행에 사용하였을 것까지 요구되는 것은 아니라 할 것이다(대법원 2007. 3.30, 2007도914).

ⓔ (○) 대법원 2005.12.9, 2005도7527

ⓜ (×) 형법 제258조의2 제1항, 제257조 제1항, 제284조, 제283조 제1항은 위험한 물건을 휴대하여 사람의 신체를 상해한 자를 특수상해죄로, 사람을 협박한 자를 특수협박죄로 각 처벌하도록 규정하고 있다. 여기서 <u>위험한 물건을 '휴대하여'는 범행 현장에서 사용하려는 의도 아래 위험한 물건을 소지하거나 몸에 지니는 경우</u>를 의미한다(대법원 2017.3.30, 2017도771). 위험한 물건을 휴대하였다고 하기 위하여는, 피고인이 범행 현장에 있는 위험한 물건을 사실상 지배하면서 언제든지 그 물건을 곧바로 범행에 사용할 수 있는 상태에 두면 충분하고, 피고인이 그 물건을 현실적으로 손에 쥐고 있는 등 피고인과 그 물건이 반드시 물리적으로 부착되어 있어야 하는 것은 아니다(대법원 2024.6.13, 2023도18812).

05

정답 ①

① ⓛⓒⓔ

㉠ (×) 폭행죄는 사람의 신체에 대한 유형력의 행사를 가리키며, 그 유형력의 행사는 신체적 고통을 주는 물리력의 작용을 의미하므로 신체의 청각기관을 직접적으로 자극하는 음향도 경우에 따라서는 유형력에 포함될 수 있다. 거리상 멀리 떨어져 있는 사람에게 전화기를 이용하여 전화하면서 고성을 내거나 그 전화 대화를 녹음 후 듣게 하는 경우에는 특수한 방법으로 수화자의 청각기관을 자극하여 그 수화자로 하여금 고통스럽게 느끼게 할 정도의 음향을 이용하였다는 등의 특별한 사정이 없는 한 신체에 대한 유형력의 행사를 한 것으로 보기 어렵다(대법원 2003.1.10, 2000도5716).

ⓛ (○) 형법 제260조에서 말하는 폭행이란 사람의 신체에 대하여 유형력을 행사하는 것을 의미하는 것으로서 피고인이 피해자에게 욕설을 한 것만을 가지고 당연히 폭행을 한 것이라고 할 수는 없을 것이고, 피해자 집의 대문을 발로 찬 것이 막바로 또는 당연히 피해자의 신체에 대하여 유형력을 행사한 경우에 해당한다고 할 수도 없다(대법원 1991.1.29, 90도2153).

ⓒ (○) 형법 제108조 1항에서 말하는 외국사절에 대한 폭행죄에 있어서의 폭행이라 함은 외국사절의 신체에 대한 위법한 일체의 유형력의 행사를 의미하는 것이며 여기서의 유형력의 행사는 외국사절의 신체에 대하여 가해지면 충분하며 반드시 신체

에 직접적으로 접촉할 필요는 없다(대법원 2003.7.11, 2003도1800).

ⓔ (○) 폭행죄에 있어서의 폭행이라 함은 사람의 신체에 대하여 물리적 유형력을 행사함을 뜻하는 것으로서 반드시 피해자의 신체에 접촉함을 필요로 하는 것은 아니므로 피해자에게 근접하여 욕설을 하면서 때릴듯이 손발이나 물건을 휘두르거나 던지는 행위를 한 경우에 직접 피해자의 신체에 접촉하지 않았다고 하여도 피해자에 대한 불법한 유형력의 행사로서 폭행에 해당한다(대법원 1990.2.13, 89도1406).

ⓜ (×) 폭행죄의 폭행은 사람의 신체에 대한 직접적·간접적인 유형력의 행사이고(협의의 폭행), 공무집행방해죄의 폭행은 사람에 대한 직접적·간접적인 유형력의 행사이다(광의의 폭행). 따라서 폭행죄의 폭행의 개념보다 공무집행방해죄의 폭행의 개념이 보다 넓다.

06 정답 ①

① ㉠㉡

㉠ (○) 자동차는 원래 살상용이나 파괴용으로 만들어진 것이 아니지만 사람의 생명 또는 신체에 위해를 가하거나 다른 사람의 재물을 손괴하는 데 사용되었다면 폭력행위 등 처벌에 관한 법률 제3조 제1항의 '위험한 물건'에 해당한다. 한편, 위험한 물건을 휴대하고 다른 사람의 재물을 손괴하면 상대방이 그 위험한 물건의 존재를 인식하지 못하였거나 그 위험한 물건의 사용으로 생명 또는 신체에 위해를 입지 아니하였다고 하더라도 폭력행위 등 처벌에 관한 법률 제3조 제1항 위반죄가 성립한다(대법원 2003.1.24, 2002도5783).

㉡ (○) 피고인이 공기총에 실탄을 장전하지 아니하였다고 하더라도 범행 현장에서 공기총과 함께 실탄을 소지하고 있었고 피고인으로서는 언제든지 실탄을 장전하여 발사할 수도 있으므로 공기총이 '위험한 물건'에 해당한다(대법원 2002.11.26, 2002도4586).

㉢ (×) 피해자가 먼저 식칼을 들고 나와 피고인을 찌르려다가 피고인이 이를 저지하기 위하여 그 칼을 뺏은 다음 피해자를 훈계하면서 위 칼의 칼자루 부분으로 피해자의 머리를 가볍게 쳤을 뿐이라면 피해자가 위험성을 느꼈으리라고는 할 수 없다(대법원 1989.12.22, 89도1570).

㉣ (×) 자동차를 이용하여 다른 자동차를 충격한 사안에서, 충격 당시 차량의 크기, 속도, 손괴 정도 등 제반 사정에 비추어 볼 때, 위 자동차는 폭력행위 등 처벌에 관한 법률 제3조 제1항에 정한 '위험한 물건'에 해당하지 않는다(대법원 2009.3.26, 2007도3520).

07 정답 ①

① (×) 제263조의 상해죄의 동시범 특례규정으로 처벌할 수 있다. 이시의 독립된 상해행위가 경합하여 사망의 결과가 일어난 경우에 그 원인된 행위가 판명되지 아니한 때에는 공동정범의 예에 의하여야 한다(대법원 1981.3.10, 80도3321).

② (○) 모든 차의 운전자는 보행자보다 먼저 횡단보행자용 신호기가 설치되지 않은 횡단보도에 진입한 경우에도, 보행자의 횡단을 방해하지 않거나 통행에 위험을 초래하지 않을 상황이 아니고서는, 차를 일시정지하는 등으로 보행자의 통행이 방해되지 않도록 할 의무가 있다(대법원 2020.12.24, 2020도8675). 피고인이 운전한 화물차가 보행자인 피해자보다 먼저 횡단보행자

용 신호기가 없는 횡단보도에 진입하였더라도 화물차를 일시정지하지 않은 채 횡단보도를 통과한 행위는 도로교통법 제27조 제1항에 따른 '횡단보도에서의 보행자 보호의무'를 위반한 경우로서 이는 「교통사고처리 특례법」 제3조 제2항 단서 제6호에 해당한다(대법원 2022.4.14, 2020도17724).

③ (○) 상해죄의 성립에는 상해의 원인인 폭행에 대한 인식이 있으면 충분하고 상해를 가할 의사의 존재까지는 필요하지 않다(대법원 2000.7.4, 99도4341).

④ (○) 상해행위 과정에서 사용한 당구공이 폭력의 정도와 결과 등에 비추어 폭력행위 등 처벌에 관한 법률 제3조 제1항의 '위험한 물건'에 해당하지 않는다(대법원 2008.1.17, 2007도9624).

08 정답 ①

① (○) 위 최루탄과 최루분말은 사회통념에 비추어 상대방이나 제3자로 하여금 생명 또는 신체에 위험을 느낄 수 있도록 하기에 충분한 물건으로서 폭력행위 등 처벌에 관한 법률 제3조 제1항의 '위험한 물건'에 해당한다(대법원 2014.6.12, 2014도1894).

② (×) 도로교통법상 신고의무 규정의 입법취지와 헌법상 보장된 진술거부권 및 평등원칙에 비추어 볼 때, 교통사고를 낸 차의 운전자 등의 신고의무는 사고의 규모나 당시의 구체적인 상황에 따라 피해자의 구호 및 교통질서의 회복을 위하여 당사자의 개인적인 조치를 넘어 경찰관의 조직적 조치가 필요하다고 인정되는 경우에만 있는 것이라고 해석하여야 한다. 그리고 이는 도로교통법 제54조 제2항 단서에서 '운행 중인 차만 손괴된 것이 분명하고 도로에서의 위험방지와 원활한 소통을 위하여 필요한 조치를 한 경우에는 그러하지 아니하다'고 규정하고 있어도 마찬가지이다(대법원 2014.2.27, 2013도15500).

③ (×) 유기죄의 '계약상 의무'는 간호사나 보모와 같이 계약에 기한 주된 급부의무가 부조를 제공하는 것인 경우에 반드시 한정되지 아니하며, 계약의 해석상 계약관계의 목적이 달성될 수 있도록 상대방의 신체 또는 생명에 대하여 주의와 배려를 한다는 부수적 의무의 한 내용으로 상대방을 부조하여야 하는 경우를 배제하는 것은 아니라고 할 것이다. 그러나 위와 같은 부수의무로서의 민사적 부조의무 또는 보호의무가 인정된다고 해서 형법 제271조 소정의 '계약상 의무'가 당연히 긍정된다고는 말할 수 없고, 기타 제반 사정을 고려하여 위 '계약상의 부조의무'의 유무를 신중하게 판단하여야 한다(대법원 2011.11.24, 2011도12302)(다만 결론에 있어서 유기치사죄의 성립은 인정한 판례임).

④ (×) 미성년자인 피해자를 약취한 후에 강간을 목적으로 피해자에게 가혹한 행위 및 상해를 가하고 나아가 그 피해자에 대한 강간 및 살인미수를 범하였다면, 이에 대하여는 약취한 미성년자에 대한 상해 등으로 인한 특정범죄 가중처벌 등에 관한 법률 위반죄 및 미성년자인 피해자에 대한 강간 및 살인미수행위로 인한 성폭력범죄의 처벌 등에 관한 특례법 위반죄가 각 성립하고, 설령 상해의 결과가 피해자에 대한 강간 및 살인미수행위 과정에서 발생한 것이라 하더라도 위 각 죄는 서로 형법 제37조 전단의 실체적 경합범 관계에 있다(대법원 2014.2.27, 2013도12301).

09

② ㉡㉣

㉠ (○) 대법원 1977.1.11, 76도3419 등 참조.

㉡ (×) 강간치상의 범행을 저지른 자가 그 범행으로 인하여 실신 상태에 있는 피해자를 구호하지 아니하고 방치하였다고 하더라도 그 행위는 포괄적으로 단일의 강간치상죄만을 구성한다(대법원 1980.6.24, 80도726).

㉢ (○) 형법 제271조 제1항에서 말하는 법률상 보호의무 가운데는 민법 제826조 제1항에 근거한 부부간의 부양의무도 포함되며, 나아가 법률상 부부는 아니지만 사실혼 관계에 있는 경우에도 위 민법 규정의 취지 및 유기죄의 보호법익에 비추어 위와 같은 법률상 보호의무의 존재를 긍정하여야 하지만, 사실혼에 해당하여 법률혼에 준하는 보호를 받기 위하여는 단순한 동거 또는 간헐적인 정교관계를 맺고 있다는 사정만으로는 부족하고, 그 당사자 사이에 주관적으로 혼인의 의사가 있고 객관적으로도 사회관념상 가족질서적인 면에서 부부공동생활을 인정할 만한 혼인생활의 실체가 존재하여야 한다(대법원 2008.2.14, 2007도3952).

㉣ (×) 유기죄가 성립하기 위하여는 행위자가 형법 제271조 제1항이 정한 바에 따라 '노유, 질병 기타 사정으로 인하여 부조를 요하는 자를 보호할 만한 법률상 또는 계약상 의무 있는 자'에 해당하여야 할 뿐만 아니라, 요부조자에 대한 보호책임의 발생원인이 된 사실이 존재한다는 것을 인식하고, 이에 기한 부조의무를 해태한다는 의식이 있음을 요한다(동거 또는 내연관계를 맺은 사정만으로는 사실혼관계를 인정할 수 없고, 내연녀가 치사량의 필로폰을 복용하여 부조를 요하는 상태에 있었음을 인식하였다는 점을 인정할 증거가 부족하다는 이유로 유기치사죄의 성립을 부정한 사례)(대법원 2008.2.14, 2007도3952).

10

① (×) 국민의 생명과 신체의 안전을 보호하기 위한 응급의 조치를 강구하여야 할 직무를 가진(경찰관직무집행법 제1조, 제3조) 경찰관인 피고인으로서는 술에 만취된 피해자가 향토예비군 4명에게 떠매어 운반되어 지서 나무의자 위에 눕혀 놓았을 때 숨이 가쁘게 쿨쿨 내뿜고 자신의 수족과 의사도 자제할 수 없는 상태에 있음에도 불구하고 근 3시간 동안이나 아무런 구호조치를 취하지 아니한 것은 유기죄에 대한 범의를 인정할 수 있다(대법원 1972.6.27, 72도863).

② (○) 현행 형법은 유기죄에 있어서 구법과는 달리 보호법익의 범위를 넓힌 반면에 보호책임없는 자의 유기죄는 없애고 법률상 또는 계약상의 의무있는 자만을 유기죄의 주체로 규정하고 있어 명문상 사회상규의 보호책임을 관념할 수 없다고 하겠으니 유기죄의 죄책을 인정하려면 보호책임이 있게 된 경위 사정관계등을 설시하여 구성요건이 요구하는 법률상 또는 계약상 보호의무를 밝혀야 하고 설혹 동행자가 구조를 요하게 되었다 하여도 일정거리를 동행한 사실만으로서는 피고인에게 법률상 계약상의 보호의무가 있다고 할 수 없으니 유기죄의 주체가 될 수 없다(대법원 1977.1.11, 76도3419).

③ (○) 도로교통법 제50조 제1, 2항이 규정한 교통사고발생시의 구호조치의무 및 신고의무는 차의 교통으로 인하여 사람을 사상하거나 물건을 손괴한 때에 운전자 등으로 하여금 교통사고로 인한 사상자를 구호하는 등 필요한 조치를 신속히 취하게

하고, 또 속히 경찰관에게 교통사고의 발생을 알려서 피해자의 구호, 교통질서의 회복 등에 관하여 적절한 조치를 취하게 하기 위한 방법으로 부과된 것이므로 교통사고의 결과가 피해자의 구호 및 교통질서의 회복을 위한 조치가 필요한 상황인 이상 그 의무는 교통사고를 발생시킨 당해 차량의 운전자에게 그 사고발생에 있어서 고의, 과실 혹은 유책, 위법의 유무에 관계없이 부과된 의무라고 해석함이 상당할 것이다(대법원 1990.9.25, 90도978). → 판례에 의하면 귀책사유 없어도 교통사고를 발생시킨 차량의 운전자인 A에게 구호조치의무가 인정되기 때문에 유기치사죄가 성립할 수 있다.

[보충] 하급심 판례에서 같은 취지로 판시한 바 있다. 피고인이 승용차 조수석에 甲을 태우고 고속도로를 주행하다가 甲이 내려달라고 요구하자 감속하여 운행하던 중 甲이 문을 열고 도로로 뛰어내렸음에도 그대로 진행함으로써 도로 상에 정신을 잃고 쓰러져 있던 甲이 그 직후 후행 차량에 역과되어 사망한 사안에서, 피고인의 행위가 사고 후 미조치로 인한 도로교통법위반죄 및 유기치사죄를 구성한다고 한 사례(서울고등법원 2014.4.22, 2013노2492).

④ (○) 생모가 사망의 위험이 예견되는 그 딸에 대하여는 수혈이 최선의 치료방법이라는 의사의 권유를 자신의 종교적 신념이나 후유증 발생의 염려만을 이유로 완강하게 거부하고 방해하였다면 이는 결과적으로 요부조자를 위험한 장소에 두고 떠난 경우나 다름이 없다고 할 것이고 그때 사리를 변식할 지능이 없다고 보아야 마땅한 11세 남짓의 환자본인 역시 수혈을 거부하였다고 하더라도 생모의 수혈거부 행위가 위법한 점에 영향을 미치는 것이 아니다(대법원 1980.9.24, 79도1387).

[보충] (판결이유 중) … 피고인의 판시 소위가 유기치사죄에 해당한다고 판단한 원심의 조치에 논지가 지적한 바와 같은 심리 미진, 판단유탈 및 유기치사죄에 대한 법리오해, 치료방법을 선택할 수 있는 자유권의 행사인 정당행위에 관한 법리오해와 종교의 자유를 보장한 헌법위반 등의 위법사유가 있다고 할 수 없으므로…

11

② ㉡㉢㉣

㉠ (×) 피해자 본인이나 그 친족뿐만 아니라 그 밖의 '제3자'에 대한 법익 침해를 내용으로 하는 해악을 고지하는 것이라고 하더라도 피해자 본인과 제3자가 밀접한 관계에 있어 그 해악의 내용이 피해자 본인에게 공포심을 일으킬 만한 정도의 것이라면 협박죄가 성립할 수 있고, 이 때 '제3자'에는 자연인뿐만 아니라 법인도 포함된다. 그러나 법인은 협박죄의 객체는 될 수 없다(대법원 2010.7.15, 2010도1017).

㉡ (○) 협박의 경우 행위자가 직접 해악을 가하겠다고 고지하는 것은 물론, 제3자로 하여금 해악을 가하도록 하겠다는 방식으로도 해악의 고지는 얼마든지 가능하지만, 이 경우 고지자가 제3자의 행위를 사실상 지배하거나 제3자에게 영향을 미칠 수 있는 지위에 있는 것으로 믿게 하는 명시적·묵시적 언동을 하였거나 제3자의 행위가 고지자의 의사에 의하여 좌우될 수 있는 것으로 상대방이 인식한 경우에 한하여 비로소 고지자가 직접 해악을 가하겠다고 고지한 것과 마찬가지의 행위로 평가할 수 있고, 만약 고지자가 위와 같은 명시적·묵시적 언동을 하거나 상대방이 위와 같이 인식을 한 적이 없다면 비록 상대방이 현

실적으로 외포심을 느꼈다고 하더라도 이러한 고지자의 행위가 협박죄를 구성한다고 볼 수는 없다(대법원 2006.12.8, 2006도6155; 2007.6.1, 2006도1125).

ⓒ (○) 감금을 하기 위한 수단으로서 행사된 단순한 협박행위는 감금죄에 흡수되어 따로 협박죄를 구성하지 아니한다(대법원 1982.6.22, 82도705).

ⓔ (○) 피고인이 피해자인 누나의 집에서 갑자기 온 몸에 연소성이 높은 고무놀을 바르고 라이타 불을 켜는 동작을 하면서 이를 말리려는 피해자 등에게 가위, 송곳을 휘두르면서 "방에 불을 지르겠다" "가족 전부를 죽여버리겠다"고 소리쳤고 피해자가 피고인의 행위를 약 1시간 가량 말렸으나 듣지 아니하여 무섭고 두려워서 신고를 하였다면, 피고인의 행위는 피해자 등에게 공포심을 일으키기에 충분할 정도의 해악을 고지한 것이고, 나아가 피고인에게 실제로 피해자 등의 신체에 위해를 가할 의사나 불을 놓을 의사가 없었다고 할지라도 위와 같은 해악을 고지한다는 점에 대한 인식, 인용은 있었다고 봄이 상당하고, 피해자가 그 이상의 행동에 이르지 못하도록 막은 바 있다 해도 피고인의 행위가 단순한 감정적 언동에 불과하거나 가해의 의사가 없음이 객관적으로 명백한 경우에 해당한다고는 볼 수 없다(대법원 1991.5.10, 90도2102).

ⓜ (×) 협박죄는 위험범이나, 미수를 처벌한다(제286조).

12
정답 ②

② (○) (문화계 블랙리스트 사건의 강요죄 부분) 강요죄는 폭행 또는 협박으로 사람의 권리행사를 방해하거나 의무 없는 일을 하게 하는 범죄이다. 여기에서 협박은 객관적으로 사람의 의사결정의 자유를 제한하거나 의사실행의 자유를 방해할 정도로 겁을 먹게 할 만한 해악을 고지하는 것을 말한다. 이와 같은 협박이 인정되기 위해서는 발생 가능한 것으로 생각할 수 있는 정도의 구체적인 해악의 고지가 있어야 한다. 행위자가 직업이나 지위에 기초하여 상대방에게 어떠한 요구를 하였을 때 그 요구 행위가 강요죄의 수단으로서 해악의 고지에 해당하는지 여부는 행위자의 지위뿐만 아니라 그 언동의 내용과 경위, 요구 당시의 상황, 행위자와 상대방의 성행·경력·상호관계 등에 비추어 볼 때 상대방으로 하여금 그 요구에 불응하면 어떠한 해악에 이를 것이라는 인식을 갖게 하였다고 볼 수 있는지, 행위자와 상대방이 행위자의 지위에서 상대방에게 줄 수 있는 해악을 인식하거나 합리적으로 예상할 수 있었는지 등을 종합하여 판단해야 한다. … 대통령비서실장을 비롯한 피고인들 등은 문화체육관광부(이하 '문체부') 공무원들을 통하여 문화예술진흥기금 등 정부의 지원을 신청한 개인·단체의 이념적 성향이나 정치적 견해 등을 이유로 한국문화예술위원회·영화진흥위원회·한국출판문화산업진흥원(이하 각각 '예술위', '영진위', '출판진흥원')이 수행한 각종 사업에서 이른바 좌파 등에 대한 지원배제에 이르는 과정에서, 공무원 甲 및 지원배제 적용에 소극적인 문체부 1급 공무원 乙 등에 대하여 사직서를 제출하도록 요구하고, 예술위·영진위·출판진흥원 직원들로 하여금 지원심의 등에 개입하도록 지시함으로써 업무상·신분상 불이익을 당할 위험이 있다는 위구심을 일으켜 의무 없는 일을 하게 하였다는 강요의 공소사실로 기소되었는바, 사직 요구 또는 지원배제 지시를 할 당시의 구체적인 상황과 요구 경위 및 발언의 내용, 요구자와 상대방의 직위·경력, 사직 또는 지원배제에

이르게 된 경우, 일부 사업에서 특정인 또는 특정단체가 지원배제 지시에도 불구하고 지원 대상자로 선정되기도 한 사정 등을 종합할 때, 피고인들이 상대방의 의사결정의 자유를 제한하거나 의사실행의 자유를 방해할 정도로 겁을 먹게 할 만한 해악을 고지하였다는 점에 대한 증명은 부족하다고 해야 한다(대법원 2020.1.30, 2018도2236 전원합의체).

① (×) 협박죄에 있어서 주관적 구성요건으로서의 고의는 행위자가 그러한 정도의 해악을 고지한다는 것을 인식, 인용하는 것을 그 내용으로 하고 고지한 해악을 실제로 실현할 의도나 욕구는 필요로 하지 아니한다(대법원 1991.5.10, 90도2102).

③ (×) 강요죄는 폭행 또는 협박으로 사람의 권리행사를 방해하거나 의무 없는 일을 하게 하는 범죄이다(제324조 제1항). 여기에서 폭행은 사람에 대한 직접적인 유형력의 행사뿐만 아니라 간접적인 유형력의 행사도 포함하며, 반드시 사람의 신체에 대한 것에 한정되지 않는다. 사람에 대한 간접적인 유형력의 행사를 강요죄의 폭행으로 평가하기 위해서는 피고인이 유형력을 행사한 의도와 방법, 피고인의 행위와 피해자의 근접성, 유형력이 행사된 객체와 피해자의 관계 등을 종합적으로 고려해야 한다. 피고인은 이 사건 도로의 소유자인데, 피해자를 포함한 이 사건 도로 인접 주택 소유자들에게 도로 지분을 매입할 것을 요구하였음에도 피해자 등이 이를 거부하자, 피해자 주택 대문 바로 앞에 피고인의 차량을 주차하여 피해자가 자신의 차량을 주차장에 출입할 수 없도록 한 경우, 피고인은 피해자에 대하여 어떠한 유형력을 행사하였다고 보기 어려울 뿐만 아니라, 피해자는 주택 내부 주차장에 출입하지 못하는 불편을 겪는 외에는 차량을 용법에 따라 정상적으로 사용할 수 있었다. 따라서 강요죄는 성립하지 않는다(대법원 2021.11.25, 2018도1346).

④ (×) 형법 제283조에서 정하는 협박죄의 성립에 요구되는 '협박'이라고 함은 일반적으로 그 상대방이 된 사람으로 하여금 공포심을 일으키기에 충분한 정도의 해악을 고지하는 것으로서, 여기서의 '해악'이란 법익을 침해하는 것을 가리키는데, 그 해악이 반드시 피해자 본인이 아니라 그 친족 그 밖의 제3자의 법익을 침해하는 것을 내용으로 하더라도 피해자 본인과 제3자가 밀접한 관계에 있어서 그 해악의 내용이 피해자 본인에게 공포심을 일으킬 만한 것이라면 협박죄가 성립할 수 있다(대법원 2012.8.17, 2011도10451).

13
정답 ②

② (○) 형법 제276조 제1항의 체포죄에서 말하는 '체포'는 사람의 신체에 대하여 직접적이고 현실적인 구속을 가하여 신체활동의 자유를 박탈하는 행위를 의미하는 것으로서 수단과 방법을 불문한다. 체포죄는 계속범으로서 체포의 행위에 확실히 사람의 신체의 자유를 구속한다고 인정할 수 있을 정도의 시간적 계속이 있어야 하나(이상 제2문의 판례), 체포의 고의로써 타인의 신체적 활동의 자유를 현실적으로 침해하는 행위를 개시한 때 체포죄의 실행에 착수하였다고 볼 것이다. … 피고인은 피해자의 신체적 활동의 자유를 박탈하려는 고의를 가지고 피해자의 신체에 대한 유형력의 행사를 통해 일시적으로나마 피해자의 신체를 구속하였다고 판단된다(대법원 2018.2.28, 2017도21249).

① (×) 강요죄는 폭행 또는 협박으로 사람의 권리행사를 방해하거나 의무 없는 일을 하게 하는 범죄이다(제324조). 강요죄의

수단으로서 협박은 사람의 의사결정의 자유를 제한하거나 의사실행의 자유를 방해할 정도로 겁을 먹게 할 만한 해악을 고지하는 것을 말하고, 해악의 고지는 반드시 명시적인 방법이 아니더라도 말이나 행동을 통해서 상대방으로 하여금 어떠한 해악에 이르게 할 것이라는 인식을 갖게 하는 것이면 족하다. 이러한 해악의 고지가 비록 정당한 권리의 실현 수단으로 사용된 경우라고 하여도 권리실현의 수단 방법이 사회통념상 허용되는 정도나 범위를 넘는다면 강요죄가 성립하고, 여기서 어떠한 행위가 구체적으로 사회통념상 허용되는 정도나 범위를 넘는 것인지는 그 행위의 주관적인 측면과 객관적인 측면, 즉 추구된 목적과 선택된 수단을 전체적으로 종합하여 판단하여야 한다. … 피고인들의 행위는 피해자들의 정당한 영업활동을 방해함으로써 피해자들로 하여금 장비를 철수시키고 자신들이 속한 노조 지회의 장비만을 사용하도록 하기 위하여 발주처에 대한 진정이라는 수단을 동원한 것으로 그 의도나 목적이 정당하다고 보기 어렵고, 나아가 피해자들의 정당한 영업활동의 자유를 침해하는 것이며, 피고인들이 피해자들에게 위와 같은 내용의 언사를 사용하고 부실공사가 아님에도 공사 발주처에 부실공사를 조사해 달라는 진정을 하였다면 이는 사회통념상 허용되는 정도나 범위를 넘는 것으로서 강요죄의 수단인 협박에 해당한다(대법원 2017.10.26, 2015도16696).

③ (×), ④ (×) '자기 또는 다른 사람의 성적 욕망을 유발하거나 만족시킬 목적'이 있는지는 피고인과 피해자의 관계, 행위의 동기와 경위, 행위의 수단과 방법, 행위의 내용과 태양, 상대방의 성격과 범위 등 여러 사정을 종합하여 사회통념에 비추어 합리적으로 판단하여야 한다. '성적 욕망'에는 성행위나 성관계를 직접적인 목적이나 전제로 하는 욕망뿐만 아니라, 상대방을 성적으로 비하하거나 조롱하는 등 상대방에게 성적 수치심을 줌으로써 자신의 심리적 만족을 얻고자 하는 욕망도 포함된다(이상 ③). 또한 이러한 '성적 욕망'이 상대방에 대한 분노감과 결합되어 있더라도 달리 볼 것은 아니다(이상 ④)(대법원 2018.9.13, 2018도9775).

14
정답 ③

③ ㉠㉡㉢㉣

㉠ (○) 대법원 1974.5.28, 74도840
㉡ (○) 대법원 2003.2.11, 2002도7115
㉢ (×) 대법원 2013.6.20, 2010도14328
㉣ (○) 대법원 2008.1.17, 2007도8485
㉤ (×) 2013.4.5. 개정에 의하여 약취·유인 등 죄에 관한 상습범 처벌규정(제293조 등)이 삭제되었다.

15
정답 ③

③ (○) 미성년자가 혼자 머무는 주거에 침입하여 그를 감금한 뒤 폭행 또는 협박에 의하여 부모의 출입을 봉쇄하거나, 미성년자와 부모가 거주하는 주거에 침입하여 부모만을 강제로 퇴거시키고 독자적인 생활관계를 형성하기에 이르렀다면 비록 장소적 이전이 없었다 할지라도 형법 제287조의 미성년자약취죄에 해당함이 명백하지만(여기까지가 지문 ③의 내용, 따라서 맞는 지문임), 강도 범행을 하는 과정에서 혼자 주거에 머무르고 있는 미성년자를 체포·감금하거나 혹은 미성년자와 그의 부모를 함께 체포·감금, 또는 폭행·협박을 가하는 경우, 나아가 주거지

에 침입하여 미성년자의 신체에 위해를 가할 것처럼 협박하여 부모로부터 금품을 강취하는 경우와 같이, 일시적으로 부모와의 보호관계가 사실상 침해·배제되었다 할지라도, 그 의도가 미성년자를 기존의 생활관계 및 보호관계로부터 이탈시키는 데 있었던 것이 아니라 단지 금품 강취를 위하여 반항을 제압하는 데 있었다거나 금품 강취를 위하여 고지한 해악의 대상이 그곳에 거주하는 미성년자였던 것에 불과하다면, 특별한 사정이 없는 한 미성년자를 약취한다는 범의를 인정하기 곤란할 뿐 아니라, 보통의 경우 시간적 간격이 짧아 그 주거지를 중심으로 영위되었던 기존의 생활관계로부터 완전히 이탈되었다고 평가하기도 곤란하다(대법원 2008.1.17, 2007도8485).
[보충] 이 사건은, 미성년자 혼자 머무는 주거에 침입하여 강도 범행을 하는 과정에서 미성년자와 그 부모에게 폭행·협박을 가하여 일시적으로 부모와의 보호관계가 사실상 침해·배제되었더라도, 미성년자가 기존의 생활관계로부터 완전히 이탈되었다거나 새로운 생활관계가 형성되었다고 볼 수 없고 범인의 의도도 위와 같은 생활관계의 이탈이 아니라 단지 금품 강취를 위한 반항 억압에 있었으므로, 형법 제287조의 미성년자약취죄가 성립하지 않는다고 한 사례이다.

① (×) 미성년자약취·유인죄(제287조)의 보호법익은 미성년자의 자유권과 보호감독자의 감호권이다. 따라서 위 죄가 성립하지 않으려면 미성년자뿐만 아니라 보호감독자의 동의까지 필요하다(대법원 1982.4.27, 82도186; 2003.2.11, 2002도7115).

② (×) 미성년자를 보호·감독하는 사람이라고 하더라도 다른 보호감독자의 보호·양육권을 침해하거나 자신의 보호·양육권을 남용하여 미성년자 본인의 이익을 침해하는 때에는 미성년자에 대한 약취죄의 주체가 될 수 있으므로(대법원 2008.1.31, 2007도8011 등), 부모가 이혼하였거나 별거하는 상황에서 미성년의 자녀를 부모의 일방이 평온하게 보호·양육하고 있는데, 상대방 부모가 폭행, 협박 또는 불법적인 사실상의 힘을 행사하여 그 보호·양육 상태를 깨뜨리고 자녀를 자기 또는 제3자의 사실상 지배하에 옮긴 경우 그와 같은 행위는 특별한 사정이 없는 한 미성년자에 대한 약취죄를 구성한다(대법원 2017.12.13, 2015도10032). … 면접교섭 기간이 종료하였음에도 프랑스에 있는 양육친에게 데려다 주지 않고 양육친과 연락을 두절한 후 가정법원의 유아인도명령 등에도 불응한 피고인의 행위는 그 목적과 의도, 행위 당시의 정황과 피해자의 상태, 결과적으로 피해아동의 자유와 복리를 침해한 점, 법원의 확정된 심판 등의 실효성을 확보할 수 없도록 만든 점 등을 종합해 보면, 불법적인 사실상의 힘을 수단으로 피해아동을 그 의사와 복리에 반하여 자유로운 생활 및 보호관계로부터 이탈시켜 자기의 사실상 지배하에 옮긴 적극적 행위와 형법적으로 같은 정도의 행위로 평가할 수 있으므로, 형법 제287조 미성년자약취죄의 약취행위에 해당한다(대법원 2021.9.9, 2019도16421).

④ (×) 속지주의, 속인주의, 보호주의 외에도 세계주의도 적용된다(제296조의2).

> **제296조의2(세계주의)** 제287조부터 제292조까지 및 제294조는 대한민국 영역 밖에서 죄를 범한 외국인에게도 적용한다.

16
정답 ①

① ㉡㉢㉣

㉠ (○) 2012.12.18. 개정형법에 의하여 형법 제306조가 삭제되었

으로 강간죄, 강제추행죄, 준강간죄, 준강제추행죄 등의 성폭력범죄는 현재 비친고죄이다. 또한 같은 개정형법에 의해 형법 제296조도 삭제되었으므로 추행·간음·결혼목적 약취·유인죄도 이제는 비친고죄이다. 그리고 헌법재판소에 의하여 위헌결정을 받았던 형법 제304조의 혼인빙자간음죄는 폐지되었다.

ⓛ (×) 2012.12.18.에 구성요건의 객체가 "부녀"에서 사람으로 변경된 것은 강간죄이며, 강제추행죄는 종래에도 사람으로 되어 있었다.

ⓒ (×) 형법이 아니라, 2011년 11월 17일자로 개정된 성폭력특례법에서 13세 미만의 아동이나 신체적·정신적 장애가 있는 사람에 대한 성폭력범죄에 대해서 공소시효를 배제하는 규정을 두고 있다(성폭법 제21조 제3항).

ⓔ (×) 2020.5.19. 개정형법에 의해 강간 등 죄의 예비·음모 처벌규정이 신설되었다. 다만 강제추행죄는 예비·음모 처벌규정이 없다.

> 제305조의3(예비, 음모) 제297조, 제297조의2, 제299조(준강간죄에 한정한다), 제301조(강간 등 상해죄에 한정한다) 및 제305조의 죄를 범할 목적으로 예비 또는 음모한 사람은 3년 이하의 징역에 처한다.
> [본조신설 2020.5.19.]

ⓜ (○) 형법 제298조(강제추행)는 "폭행 또는 협박으로 사람에 대하여 추행을 한 자는 10년 이하의 징역 또는 1천 500만 원 이하의 벌금에 처한다."라고 규정하고 있다. 「성폭력범죄의 처벌 등에 관한 특례법」(이하 '성폭력처벌법'이라 한다) 제5조 제2항은 "친족관계인 사람이 폭행 또는 협박으로 사람을 강제추행한 경우에는 5년 이상의 유기징역에 처한다."라고 규정하여 가중처벌하고 있다. 이와 같이 형법 및 성폭력처벌법은 강제추행죄의 구성요건으로 '폭행 또는 협박'을 규정하고 있는데, 대법원은 강제추행죄의 '폭행 또는 협박'의 의미에 관하여 이를 두 가지 유형으로 나누어, 폭행행위 자체가 곧바로 추행에 해당하는 경우(이른바 기습추행형)에는 상대방의 의사를 억압할 정도의 것임을 요하지 않고 상대방의 의사에 반하는 유형력의 행사가 있는 이상 그 힘의 대소강약을 불문한다고 판시하는 한편(대법원 1983.6.28, 83도399; 2002.4.26, 2001도2417 등), 폭행 또는 협박이 추행보다 시간적으로 앞서 그 수단으로 행해진 경우(이른바 폭행·협박 선행형)에는 상대방의 항거를 곤란하게 하는 정도의 폭행 또는 협박이 요구된다고 판시하여 왔다(대법원 2007.1.25, 2006도5979; 2012.7.26, 2011도8805 등, 이하 폭행·협박 선행형 관련 판례 법리를 '종래의 판례 법리'라 한다). 이 사건의 쟁점은 폭행·협박 선행형의 강제추행죄에서 '폭행 또는 협박'의 의미를 위와 같이 제한 해석한 종래의 판례 법리를 유지할 것인지 여부이다. 강제추행죄의 범죄구성요건과 보호법익, 종래의 판례 법리의 문제점, 성폭력범죄에 대한 사회적 인식, 판례 법리와 재판 실무의 변화에 따라 해석기준을 명확히 할 필요성 등에 비추어 강제추행죄의 '폭행 또는 협박'의 의미는 다시 정의될 필요가 있다. 강제추행죄의 '폭행 또는 협박'은 상대방의 항거를 곤란하게 할 정도로 강력할 것이 요구되지 아니하고, 상대방의 신체에 대하여 불법한 유형력을 행사(폭행)하거나 일반적으로 보아 상대방으로 하여금 공포심을 일으킬 수 있는 정도의 해악을 고지(협박)하는 것이라고 보아야 한다. 어떠한 행위가 강제추행죄의 '폭행 또는 협박'에 해당하는지 여부는 행위의 목적과 의도, 구체적인 행위태양과 내용, 행위의 경

위와 행위 당시의 정황, 행위자와 상대방과의 관계, 그 행위가 상대방에게 주는 고통의 유무와 정도 등을 종합하여 판단하여야 한다. 이와 달리 강제추행죄의 폭행 또는 협박이 상대방의 항거를 곤란하게 할 정도일 것을 요한다고 본 대법원 2012.7.26, 2011도8805 판결을 비롯하여 같은 취지의 종전 대법원판결은 이 판결의 견해에 배치되는 범위 내에서 모두 변경하기로 한다(대법원 2023.9.21, 2018도13877 전원합의체).

17 정답 ②

② ⓛⓒⓔ

㉠ (×) 추행의 고의로 상대방의 의사에 반하는 유형력의 행사, 즉 폭행행위를 하여 그 실행행위에 착수하였으나 추행의 결과에 이르지 못한 때에는 강제추행미수죄가 성립하며, 이러한 법리는 폭행행위 자체가 추행행위라고 인정되는 이른바 '기습추행'의 경우에도 마찬가지로 적용된다(대법원 2015.9.10, 2015도6980,2015모2524).

ⓛ (○) 강간죄에서의 폭행·협박과 간음 사이에는 인과관계가 있어야 하나, 폭행·협박이 반드시 간음행위보다 선행되어야 하는 것은 아니다(대법원 2017.10.12, 2016도16948,2016전도156).

ⓒ (○) 대법원 2007.1.25, 2006도5979

ⓔ (○) 강제추행죄는 상대방에 대하여 폭행 또는 협박을 가하여 추행행위를 하는 경우뿐만 아니라 폭행행위 자체가 추행행위라고 인정되는 이른바 기습추행의 경우도 포함된다. 특히 기습추행의 경우 추행행위와 동시에 저질러지는 폭행행위는 반드시 상대방의 의사를 억압할 정도의 것임을 요하지 않고 상대방의 의사에 반하는 유형력의 행사가 있기만 하면 그 힘의 대소강약을 불문한다는 것이 일관된 판례의 입장이다. 이에 따라 대법원은, 피해자의 옷 위로 엉덩이나 가슴을 쓰다듬는 행위, 피해자의 의사에 반하여 그 어깨를 주무르는 행위, 교사가 여중생의 얼굴에 자신의 얼굴을 들이밀면서 비비는 행위나 여중생의 귀를 쓸어 만지는 행위 등에 대하여 피해자의 의사에 반하는 유형력의 행사가 이루어져 기습추행에 해당한다고 판단한 바 있다. … 원심이 공소사실 전부를 무죄로 판단한 사안에서, 공소사실 중 피고인이 乙의 허벅지를 쓰다듬은 행위로 인한 강제추행 부분에 대하여는, 乙은 본인의 의사에 반하여 피고인이 자신의 허벅지를 쓰다듬었다는 취지로 일관하게 진술하였고, 당시 현장에 있었던 증인들의 진술 역시 피고인이 乙의 허벅지를 쓰다듬는 장면을 목격하였다는 취지로서 乙의 진술에 부합하는 점, 여성인 乙이 성적 수치심이나 혐오감을 느낄 수 있는 부위인 허벅지를 쓰다듬은 행위는 乙의 의사에 반하여 이루어진 것인 한 乙의 성적 자유를 침해하는 유형력의 행사에 해당할 뿐 아니라 일반인에게도 성적 수치심이나 혐오감을 일으키게 하는 추행행위라고 보아야 하는 점, 원심은 무죄의 근거로서 피고인이 乙의 허벅지를 쓰다듬던 당시 乙이 즉시 피고인에게 항의하거나 반발하는 등의 거부의사를 밝히는 대신 그 자리에 가만히 있었다는 점을 중시한 것으로 보이나, 성범죄 피해자의 대처 양상은 피해자의 성정이나 가해자와의 관계 및 구체적인 상황에 따라 다르게 나타날 수밖에 없다는 점에서 위 사정만으로는 강제추행죄의 성립이 부정된다고 보기 어려운 점 등을 종합할 때 기습추행으로 인한 강제추행죄의 성립을 부정적으로 볼 수 없을 뿐 아니라, 피고인이 저지른 행위가 자신의 의사에 반하였다는 乙 진술의 신빙성에 대하여 합리적인 의심을 가질 만한 사

정도 없으므로, 이와 달리 보아 이 부분에 대하여도 범죄의 증명이 없다고 본 원심의 판단에는 기습추행 내지 강제추행죄의 성립에 관한 법리를 오해한 잘못이 있다(대법원 2020.3.26, 2019도15994).

⑩ (×) 성폭력범죄의 처벌 등에 관한 특례법(2020.5.19. 법률 제17264호로 개정된 것) 제3조 제1항 중 '형법 제319조 제1항(주거침입)의 죄를 범한 사람이 같은 법 제298조(강제추행), 제299조(준강제추행) 가운데 제298조의 예에 의하는 부분의 죄를 범한 경우에는 무기징역 또는 7년 이상의 징역에 처한다.'는 부분은 헌법에 위반된다(헌법재판소 2023.2.23, 2021헌가9 등).

18
정답 ②

② ㉠㉢㉣

㉠ (×) 형법 제273조 제1항에서 말하는 '학대'라 함은 육체적으로 고통을 주거나 정신적으로 차별대우를 하는 행위를 가리키고, 이러한 학대행위는 형법의 규정체계상 학대와 유기의 죄가 같은 장에 위치하고 있는 점 등에 비추어 단순히 상대방의 인격에 대한 반인륜적 침해만으로는 부족하고 적어도 유기에 준할 정도에 이르러야 한다(대법원 2000.4.25, 2000도223).

㉡ (○) 피고인과 피해자가 모두 여성으로서 동성인 점을 고려하더라도 피고인이 이 사건 한의원에서 거부의사를 밝히는 피해자의 가슴을 움켜쥐거나 엉덩이를 만지고 피고인의 볼을 피해자의 볼에 가져다 대는 등의 행동을 한 것은 피해자로 하여금 성적 수치심을 느끼게 할 만한 행위로서 강제추행에 해당된다(대법원 2021.7.21, 2021도6112).

㉢ (×) 추행이라 함은 객관적으로 일반인에게 성적 수치심이나 혐오감을 일으키게 하고 선량한 성적 도덕관념에 반하는 행위로서 피해자의 성적 자유를 침해하는 것으로, … 성적 자유를 침해당했을 때 느끼는 성적 수치심은 부끄럽고 창피한 감정만으로 나타나는 것이 아니라 다양한 형태로 나타날 수 있다(대법원 2020.12.24, 2019도16258). 추행 행위에 해당하기 위해서는 객관적으로 일반인에게 성적 수치심이나 혐오감을 일으키게 할 만한 행위로서 선량한 성적 도덕관념에 반하는 행위를 행위자가 대상자를 상대로 실행하는 것으로 충분하고, 그 행위로 말미암아 대상자가 성적 수치심이나 혐오감을 반드시 실제로 느껴야 하는 것은 아니다(공중밀집장소추행죄에 관한 대법원 2020.6.25, 2015도7102 참조)(대법원 2021.10.28, 2021도7538).
[보충] 피고인의 행위가 객관적으로 추행행위에 해당한다면 그로써 행위의 대상이 된 피해자의 성적 자기결정권은 침해되었다고 보아야 하며, 행위 당시에 피해자가 이를 인식하지 못하였다고 하여 추행에 해당하지 않는다고 볼 것은 아니라는 사례이다.

㉣ (×) 아동복지법은 제17조에서 '누구든지 다음 각호의 어느 하나에 해당하는 행위를 하여서는 아니 된다'고 하면서, 제2호로 '아동에게 음란한 행위를 시키거나 이를 매개하는 행위 또는 아동에게 성적 수치심을 주는 성희롱 등의 성적 학대행위'를 금지행위로 규정하고, 제71조 제1항에서 '제17조를 위반한 자를 처벌한다'고 규정하고 있다. 이러한 아동복지법 규정의 각 문언과 조문의 체계 등을 종합하여 보면, 누구든지 제17조 제2호에서 정한 금지행위를 한 경우 제71조 제1항에 따라 처벌되는 것이고, 성인이 아니라고 하여 위 금지행위규정 및 처벌규정의 적용에서 배제된다고 할 수는 없다(대법원 2020.10.15, 2020도6422).

19
정답 ③

③ (○) 피고인이 연예기획사 매니저와 사진작가의 1인 2역을 하면서 청소년인 피해자에게 거짓말을 하여 피해자로 하여금 모델이 되기 위한 연기 연습 등의 일환으로 성관계를 한다는 착각에 빠지게 하여 위계로써 피해자를 간음하였다는 공소사실에 대하여, (원심은 피해자가 간음행위 자체에 대한 착오에 빠져 성관계를 하였다는 점의 증명이 부족하다고 보아 무죄로 판단하였으나) 피고인이 '간음행위에 이르게 된 동기' 내지 '간음행위와 결부된 비금전적 대가'에 관한 위계로 피해자를 간음한 것으로 볼 수 있는데, 이는 공소사실에 적시된 위계의 내용과 정확히 일치하지는 않으나, 공소사실의 동일성의 범위 내에 있고, 피고인의 방어권 행사에 실질적인 불이익을 초래할 염려도 없을뿐더러, 원심이 대법원 2020.8.27, 2015도9436 전원합의체 판결의 결과를 장기간 기다려 왔고 위 2015도9436 판결의 법리에 따르면 피고인의 행위는 위계에 의한 간음죄를 구성하는 것이므로 원심의 결론은 법원의 직권심판의무에 반한다(대법원 2022.4.28, 2021도9041).

① (×) 피해자가 미성년자임을 알면서 유인행위에 대한 인식이 있으면 족하고 유인하는 행위가 피해자의 의사에 반하는 것까지 인식할 필요는 없으며 또 피해자가 하자있는 의사로 자유롭게 승낙하였다 하더라도 본죄의 성립에 소장이 없다(대법원 1976.9.14, 76도2072).

② (×) 2020.5.19. 개정형법에 의하여 미성년자의제강간 등 죄의 피해 미성년의 연령이 상향된 부분은 맞지만, 13세 이상 16세 이하가 아니라 13세 이상 16세 미만이다.

> **제305조(미성년자에 대한 간음, 추행)** ① 13세 미만의 사람에 대하여 간음 또는 추행을 한 자는 제297조, 제297조의2, 제298조, 제301조 또는 제301조의2의 예에 의한다. <개정 2020.5.19.>
> ② 13세 이상 16세 미만의 사람에 대하여 간음 또는 추행을 한 19세 이상의 자는 제297조, 제297조의2, 제298조, 제301조 또는 제301조의2의 예에 의한다. <신설 2020.5.19.>

④ (×) 성폭력처벌법 제14조 제1항은 '카메라나 그 밖에 이와 유사한 기능을 갖춘 기계장치를 이용하여 성적 욕망 또는 수치심을 유발할 수 있는 다른 사람의 신체를 그 의사에 반하여 촬영'하는 행위를 처벌하도록 규정한다. … 촬영한 대상이 '성적 욕망 또는 수치심을 유발할 수 있는 다른 사람의 신체'에 해당하는지는 객관적으로 피해자와 같은 성별, 연령대의 일반적이고 평균적인 사람들의 관점에서 성적 욕망 또는 수치심을 유발할 수 있는 신체에 해당하는지를 고려함과 아울러, 피해자의 옷차림, 노출의 정도 등은 물론, 촬영자의 의도와 촬영에 이르게 된 경위, 촬영 장소와 촬영 각도 및 촬영 거리, 촬영된 원판의 이미지, 특정 신체 부위의 부각 여부 등을 종합적으로 고려하여 구체적·개별적으로 결정하여야 한다(대법원 2008.9.25, 2008도7007 등). … 피고인이 유사한 옷차림을 한 여성에 대한 촬영을 오랜 기간 지속한 경우에도 피고인의 행위가 카메라등이용촬영죄에 해당하는지 여부는 개개의 촬영행위별로 구체적·개별적으로 결정되어야 하고, 이 사건 엑셀 파일 중 엉덩이를 부각하여 촬영한 경우는 성적 수치심을 유발할 수 있다고 볼 여지가 있으나 특별히 엉덩이를 부각하지 않고 일상복인 청바지를 입은 여성의 뒷모습 전신을 어느 정도 떨어진 거리에서 촬영하였을 뿐이라면 카메라등이용촬영죄 성립을 단정하기 어렵다. 따라서 원심으로서는 공소제기의 대상을 명확히 한 다음, 피고인

의 그와 같은 촬영이 성적 욕망 또는 수치심을 유발할 수 있는 신체를 촬영한 경우에 해당하는지 여부를 구체적·개별적으로 심리·판단하였어야 하므로 원심을 전부 파기하고 환송한다(대법원 2022.3.17, 2021도13203).

20

정답 ④

④ (×) 형법 제300조는 준강간죄의 미수범을 처벌한다. 또한 형법 제27조는 "실행의 수단 또는 대상의 착오로 인하여 결과의 발생이 불가능하더라도 위험성이 있는 때에는 처벌한다. 단, 형을 감경 또는 면제할 수 있다."라고 규정하여 불능미수범을 처벌하고 있다. 따라서 피고인이 피해자가 심신상실 또는 항거불능의 상태에 있다고 인식하고 그러한 상태를 이용하여 간음할 의사로 피해자를 간음하였으나 피해자가 실제로는 심신상실 또는 항거불능의 상태에 있지 않은 경우에는, 실행의 수단 또는 대상의 착오로 인하여 준강간죄에서 규정하고 있는 구성요건적 결과의 발생이 처음부터 불가능하였고 실제로 그러한 결과가 발생하였다고 할 수 없다. 피고인이 준강간의 실행에 착수하였으나 범죄가 기수에 이르지 못하였으므로 준강간죄의 미수범이 성립한다. 나아가 피고인이 행위 당시에 인식한 사정을 놓고 일반인이 객관적으로 판단하여 보았을 때 준강간의 결과가 발생할 위험성이 있었으므로 준강간죄의 불능미수가 성립한다(대법원 2019.3.28, 2018도16002).

① (○), ② (○) 대법원 2000.5.26, 98도3257
③ (○) 대법원 2000.1.14, 99도5187

▶ 제1편 개인적 법익에 대한 죄: 제2장 자유에 대한 죄 [강간과 추행의 죄 2] ─ 제3장 명예와 신용에 대한 죄
[신용·업무와 경매에 관한 죄 1]

01	②	02	④	03	④	04	④	05	④
06	④	07	②	08	③	09	①	10	④
11	②	12	②	13	②	14	④	15	④
16	③	17	④	18	④	19	①	20	③

01

정답 ②

① ㉠㉤의 2개가 틀린 지문이다.

㉠ (×) 강간죄가 성립하려면 가해자의 폭행·협박은 피해자의 항거를 불가능하게 하거나 현저히 곤란하게 할 정도의 것이어야 하는데 비하여, 강제추행죄가 성립하려면 그 폭행·협박이 항거를 곤란하게 할 정도일 것도 요하지 않으며(대법원 2023.9.21, 2018도13877 전원합의체) 심지어 폭행행위 자체가 추행행위인 경우에는 아예 그 힘의 대소강약을 불문한다고 보고 있다(대법원 2002.4.26, 2001도2417).

㉡ (○) 구 성폭력범죄의 처벌 등에 관한 특례법(2020.5.19. 법률 제17264호로 개정되기 전의 것, 이하 '성폭력처벌법'이라 한다) 제11조는 '대중교통수단, 공연·집회 장소, 그 밖에 공중이 밀집하는 장소에서 사람을 추행한 사람을 1년 이하의 징역 또는 300만 원 이하의 벌금에 처하도록 하고 있다. … 성폭력처벌법 위반(공중밀집장소에서의추행)죄가 기수에 이르기 위해서는 객관적으로 일반인에게 성적 수치심이나 혐오감을 일으키게 할 만한 행위로서 선량한 성적 도덕관념에 반하는 행위를 행위자가 대상자를 상대로 실행하는 것으로 충분하고, 행위자의 행위로 말미암아 대상자가 성적 수치심이나 혐오감을 반드시 실제로 느껴야 하는 것은 아니다(대법원 2020.6.25, 2015도7102). [보충] 성폭법상 공중밀집장소추행죄는 미수를 벌하지 않는다.

㉢ (○) 성폭력범죄의 처벌 등에 관한 특례법 제10조는 '업무상 위력 등에 의한 추행'에 관한 처벌 규정인데, 제1항에서 "업무, 고용이나 그 밖의 관계로 인하여 자기의 보호, 감독을 받는 사람에 대하여 위계 또는 위력으로 추행한 사람은 3년 이하의 징역 또는 1천 500만 원 이하의 벌금에 처한다."라고 정하고 있다. '업무, 고용이나 그 밖의 관계로 인하여 자기의 보호, 감독을 받는 사람'에는 직장 안에서 보호 또는 감독을 받거나 사실상 보호 또는 감독을 받는 상황에 있는 사람(제303조의 '업무상 위력 등에 의한 간음'에 관한 대법원 1976.2.10, 74도1519; 2001.10.30, 2001도4085)뿐만 아니라 채용 절차에서 영향력의 범위 안에 있는 사람도 포함된다(대법원 2020.7.9, 2020도5646).

㉣ (○) (원심-서울남부지법 2019.6.7, 2018노1111-은 피해자가 비서로 재직하는 동안 피고인이 피해자에게 여러 차례 포옹 등의 신체접촉을 하였던 것으로 보인다고 인정하면서도, 피고인이 위 공소사실 기재 각 일시, 장소에서 그와 같은 방법으로 피해자를 강제로 추행하였다는 피해자의 진술을 그대로 믿기 어렵다고 보았는데) 원심이 피해자 진술의 신빙성을 배척하여

이 부분 공소사실을 무죄로 판단한 데에는 논리와 경험의 법칙을 위반하여 자유심증주의의 한계를 벗어나거나 피해자 진술의 신빙성 판단에 관한 법리를 오해하여 판결에 영향을 미친 잘못이 있다. 따라서 이 경우 성적 수치심이나 혐오감을 일으키게 하는 추행행위에 해당한다고 보아야 한다(대법원 2019.9.26, 2019도8583).

㉤ (×) 제301조의 강간 등 치상죄의 고의의 기본범죄는 제297조부터 제300조까지의 범죄이지, 제302조(미성년자 등에 대한 간음)나 제303조(업무상위력 등에 의한 간음)의 죄가 아니다.

> **제301조(강간 등 상해·치상)** 제297조, 제297조의2 및 제298조부터 제300조까지의 죄를 범한 자가 사람을 상해하거나 상해에 이르게 한 때에는 무기 또는 5년 이상의 징역에 처한다.

02

정답 ④

④ ㉠㉡㉢

㉠ (○) 강간죄는 부녀를 간음하기 위하여 피해자의 항거를 불능하게 하거나 현저히 곤란하게 할 정도의 폭행 또는 협박을 개시한 때에 그 실행의 착수가 있다고 보아야 할 것이고, 실제로 그와 같은 폭행 또는 협박에 의하여 피해자의 항거가 불가능하게 되거나 현저히 곤란하게 되어야만 실행의 착수가 있다고 볼 것은 아니다(대법원 2000.6.9, 2000도1253).

㉡ (○) 폭행 또는 협박이 인정되지 않아 강제추행죄가 성립하지 않는다. 원래 이 경우는 준강제추행죄의 성립이 문제되는 경우로서 제시된 지문의 내용만으로 보아서는 준강제추행죄도 성립하지 않는다. 대법원 2000.5.26, 98도3257 참조.

㉢ (○) 피고인과 피해자가 모두 여성으로서 동성인 점을 고려하더라도 피고인이 이 사건 한의원에서 거부의사를 밝히는 피해자의 가슴을 움켜쥐거나 엉덩이를 만지고 피고인의 볼을 피해자의 볼에 가져다 대는 등의 행동을 한 것은 피해자로 하여금 성적 수치심을 느끼게 할 만한 행위로서 강제추행에 해당된다(대법원 2021.7.21, 2021도6112).

㉣ (×) 제작한 영상물이 객관적으로 아동·청소년이 등장하여 성적 행위를 하는 내용을 표현한 영상물에 해당하는 한 대상이 된 아동·청소년의 동의하에 촬영한 것이라거나 사적인 소지·보관을 1차적 목적으로 제작한 것이라고 하여 구 아청법 제8조 제1항의 '아동·청소년이용음란물'에 해당하지 아니한다거나 이를 '제작'한 것이 아니라고 할 수 없다(대법원 2015.2.12,

2014도11501).

ⓜ (×) 강제추행죄에서의 추행은 객관적으로 일반인에게 성적 수치심이나 혐오감을 일으키게 하고 선량한 성적 도덕관념에 반하는 행위로서 피해자의 성적 자기결정권을 침해하는 것을 의미한다. … 강제추행죄는 특별한 사정이 없는 한 행위마다 1개의 범죄가 성립하고, 강제추행죄가 성립되기 위해서는 문제가 되는 행위마다 폭행 또는 협박외에 추행 행위 및 그에 대한 범의가 인정되어야 한다. 형사재판에서 유죄의 인정은 법관으로 하여금 합리적인 의심을 할 여지가 없을 정도로 공소사실이 진정하다는 확신을 가지게 할 수 있는 증명력을 가진 증거에 의하여야 하므로, 추행의 범의에 대한 증명이 부족하다면 설령 피고인에게 유죄의 의심이 간다고 하더라도 강제추행죄의 유죄로 판단할 수는 없다(대법원 2014.10.15, 2014도4447; 2024.8.1, 2024도3061).

03
정답 ④

④ ㉠ㄴㄷㄹㅁ

㉠ (×) 찜질방 수면실에서 옆에 누워 있던 피해자의 가슴 등을 손으로 만진 행위가 성폭력범죄의 처벌 및 피해자보호 등에 관한 법률 제13조에서 정한 공중밀집장소에서의 추행행위에 해당한다(대법원 2009.10.29, 2009도5704).

ㄴ (×) 성폭력범죄의 처벌 및 피해자보호 등에 관한 법률 제6조 제1항의 2인 이상이 합동하여 형법 제297조의 죄를 범함으로써 특수강간죄가 성립하기 위하여는 주관적 요건으로서의 공모와 객관적 요건으로서의 실행행위의 분담이 있어야 하고, 그 실행행위는 시간적으로나 장소적으로 협동관계에 있다고 볼 정도에 이르면 된다. 피고인 등이 비록 특정한 1명씩의 피해자만 강간하거나 강간하려고 하였다 하더라도, 사전의 모의에 따라 강간할 목적으로 심야에 인가에서 멀리 떨어져 있어 쉽게 도망할 수 없는 야산으로 피해자들을 유인한 다음 곧바로 암묵적인 합의에 따라 각자 마음에 드는 피해자들을 데리고 불과 100m 이내의 거리에 있는 곳으로 흩어져 동시 또는 순차적으로 피해자들을 각각 강간하였다면, 그 각 강간의 실행행위도 시간적으로나 장소적으로 협동관계에 있었다고 보아야 할 것이므로, 피해자 3명 모두에 대한 특수강간죄 등이 성립된다(대법원 2004. 8.20, 2004도2870).

ㄷ (×) 야간에 버스 안에서 휴대폰 카메라로 옆 좌석에 앉은 여성(18세)의 치마 밑으로 드러난 허벅다리 부분을 촬영한 사안에서, 그 촬영 부위가 성폭력범죄의 처벌 및 피해자보호 등에 관한 법률 제14조의2 제1항의 '성적 욕망 또는 수치심을 유발할 수 있는 타인의 신체'에 해당한다고 보아 위 조항 위반죄의 성립을 인정한다(대법원 2008.9.25, 2008도7007).

ㄹ (×) 피고인이 휴대폰을 이용하여 동영상 촬영을 시작하여 일정한 시간이 경과하였다면 설령 촬영 중 경찰관에게 발각되어 저장버튼을 누르지 않고 촬영을 종료하였더라도 카메라 등 이용 촬영 범행은 이미 '기수'에 이르렀다고 보아야 한다(대법원 2011.6.9, 2010도10677).

ㅁ (×) 성폭력처벌법 제14조 제2항 위반죄는 반포 등 행위 시를 기준으로 촬영대상자의 의사에 반하여 그 행위를 함으로써 성립하고, 촬영이 촬영대상자의 의사에 반하지 아니하였더라도 그 성립에 지장이 없다(대법원 2023.6.15, 2022도15414).

성폭력처벌법 제14조(카메라 등을 이용한 촬영) ② 제1항에 따른 촬영물 또는 복제물(복제물의 복제물을 포함한다. 이하 이 조에서 같다)을 반포·판매·임대·제공 또는 공공연하게 전시·상영(이하 "반포등"이라 한다)한 자 또는 제1항의 촬영이 촬영 당시에는 촬영대상자의 의사에 반하지 아니한 경우(자신의 신체를 직접 촬영한 경우를 포함한다)에도 사후에 그 촬영물 또는 복제물을 촬영대상자의 의사에 반하여 반포등을 한 자는 7년 이하의 징역 또는 5천만 원 이하의 벌금에 처한다.

04
정답 ④

④ (×) '위계'라 함은 행위자의 행위목적을 달성하기 위하여 피해자에게 오인, 착각, 부지를 일으키게 하여 이를 이용하는 것을 말한다. 행위자가 간음의 목적으로 피해자에게 오인, 착각, 부지를 일으키고 피해자의 그러한 심적 상태를 이용하여 간음의 목적을 달성하였다면 위계와 간음행위 사이의 인과관계를 인정할 수 있고, 따라서 위계에 의한 간음죄가 성립한다. 왜곡된 성적 결정에 기초하여 성행위를 하였다면 왜곡이 발생한 지점이 성행위 그 자체인지 성행위에 이르게 된 동기인지는 성적 자기결정권에 대한 침해가 발생한 것은 마찬가지라는 점에서 핵심적인 부분이라고 하기 어렵다. 피해자가 오인, 착각, 부지에 빠지게 되는 대상은 간음행위 자체일 수도 있고, 간음행위에 이르게 된 동기이거나 간음행위와 결부된 금전적·비금전적 대가와 같은 요소일 수도 있다. 다만 행위자의 위계적 언동이 존재하였다는 사정만으로 위계에 의한 간음죄가 성립하는 것은 아니므로 위계적 언동의 내용 중에 피해자가 성행위를 결심하게 된 중요한 동기를 이룰 만한 사정이 포함되어 있어 피해자의 자발적인 성적 자기결정권의 행사가 없었다고 평가할 수 있어야 한다. 이와 같은 인과관계를 판단함에 있어서는 피해자의 연령 및 행위자와의 관계, 범행에 이르게 된 경위, 범행 당시와 전후의 상황 등 여러 사정을 종합적으로 고려하여야 한다. … 이와 달리 위계에 의한 간음죄에서 행위자가 간음의 목적으로 상대방에게 일으킨 오인, 착각, 부지는 간음행위 자체에 대한 오인, 착각, 부지를 말하는 것이지 간음행위와 불가분적 관련성이 인정되지 않는 다른 조건에 관한 오인, 착각, 부지를 가리키는 것은 아니라는 취지의 종전 판례인 대법원 2001.12.24, 2001도5074(위 ④에 해당하는 판례); 대법원 2002.7.12, 2002도2029, 대법원 2007.9.21, 2007도6190; 대법원 2012.9.27, 2012도9119; 대법원 2014.9.4, 2014도8423,2014전도151 판결 등은 이 판결과 배치되는 부분이 있으므로 그 범위에서 이를 변경하기로 한다(대법원 2020.8.27, 2015도9436 전원합의체).

[보충] [甲(36세, 피고인)은 자신을 고등학교 2학년으로 가장하여 14세의 피해자와 온라인으로 교제하던 중, 교제를 지속하고 스토킹하는 여자를 떼어내려면 자신의 선배와 성관계하여야 한다는 취지로 피해자에게 거짓말을 하고, 이에 응한 피해자를 그 선배로 가장하여 간음하였다. 甲에게는 아동·청소년에 대한 위계에 의한 간음죄의 죄책이 인정되는가?] 원심은, 위계에 의한 간음죄에서 행위자가 간음의 목적으로 상대방에게 일으킨 오인, 착각, 부지는 간음행위 자체에 대한 오인, 착각, 부지를 말하는 것이지 간음행위와 불가분적 관련성이 인정되지 않는 다른 조건에 관한 오인, 착각, 부지를 가리키는 것은 아니라고 보아야 한다는 종전 판례에 따라 이 사건 공소사실을 무죄로 판단하였으나, 대법원은 행위자가 간음의 목적으로 피해자에게

오인, 착각, 부지를 일으키고 피해자의 그러한 심적 상태를 이용하여 간음의 목적을 달성하였다면 위계와 간음행위 사이의 인과관계를 인정할 수 있다고 보아 이와 다른 취지의 종전 판례를 변경하고, 이 사건 공소사실을 무죄로 판단한 원심판결을 파기하였다(대법원 2020.8.27, 2015도9436 전원합의체).

① (○) 피고인이, 알고 지내던 여성인 피해자 甲이 자신의 머리채를 잡아 폭행을 가하자 보복의 의미에서 甲의 입술, 귀 등을 입으로 깨무는 등의 행위를 한 사안에서, 피고인의 행위가 강제추행죄의 '추행'에 해당한다고 한 사례(대법원 2013.9.26, 2013도5856).

② (○) 피고인은 아동·청소년인 피해자2(여, 15세)의 신체 노출 사진을 받아낸 다음 성관계를 하지 않으면 위 사진을 인터넷에 올린다는 등으로 협박하여 강간하려고 하였으나 미수에 그쳤다는 아동·청소년의성보호에관한법률위반으로 기소되었는데, [원심은 협박을 인정하면서도 피고인이 계획한 간음 행위 시기와 2달 정도의 간격이 있고, 간음 행위에 대한 구체적인 계획까지 드러내지 않았다는 이유 등을 들어 피고인이 협박을 간음행위에 사용하려는 고의를 가지고 있었다거나 협박이 간음행위의 수단으로 이루어진 것이라는 점이 합리적인 의심의 여지없이 증명되었다고 보기 어렵다는 보아 협박에 의한 강간의 점 및 위력에 의한 간음의 점을 모두 무죄로 판단하였으나] 피고인이 페이스북에 3개의 계정을 만들어 1인 3역을 하면서 복잡하고 교묘한 방법을 사용한 이유는 상대여성의 경계심을 풀고 용이하게 성관계에 나아가기 위한 것이므로 그 일련의 과정에서 상대여성에게 한 위협적 언동은 모두 간음의 목적을 달성하기 위한 수단으로 볼 수 있는 점, 이 사건에서도 피해자가 피고인의 협박에 못 이겨 피고인과 접촉하기에 이른 이상 피해자가 성관계를 결심하기만 하면 다른 특별한 사정이 없는 한 피고인의 간음행위를 실행할 수 있는 단계에 이른 것으로 볼 수 있고, 협박에 의한 강간 및 위력에 의한 간음의 실행에 착수한 것으로 볼 수 있다(대법원 2020.10.29, 2018도16466).

③ (○) 강제추행죄는 사람의 성적 자유 내지 성적 자기결정의 자유를 보호하기 위한 죄로서 정범 자신이 직접 범죄를 실행하여야 성립하는 자수범이라고 볼 수 없으므로, 처벌되지 아니하는 타인을 도구로 삼아 피해자를 강제로 추행하는 간접정범의 형태로도 범할 수 있다. 여기서 강제추행에 관한 간접정범의 의사를 실현하는 도구로서의 타인에는 피해자도 포함될 수 있으므로, 피해자를 도구로 삼아 피해자의 신체를 이용하여 추행행위를 한 경우에도 강제추행죄의 간접정범에 해당할 수 있다(대법원 2018.2.8, 2016도17733).

05

정답 ④

④ (×) 성폭법 제13조에서 '성적 수치심이나 혐오감을 일으키는 말, 음향, 글, 그림, 영상 또는 물건(이하 '성적 수치심을 일으키는 그림 등')을 상대방에게 도달하게 한다'는 것은 '상대방이 성적 수치심을 일으키는 그림 등을 직접 접하는 경우뿐만 아니라 상대방이 실제로 이를 인식할 수 있는 상태에 두는 것'을 의미한다. 따라서 행위자의 의사와 그 내용, 웹페이지의 성격과 사용된 링크기술의 구체적인 방식 등 모든 사정을 종합하여 볼 때 상대방에게 성적 수치심을 일으키는 그림 등이 담겨 있는 웹페이지 등에 대한 인터넷 링크(internet link)를 보내는 행위를 통해 그와 같은 그림 등이 상대방에 의하여 인식될 수 있는 상태에 놓이고 실질에 있어서 이를 직접 전달하는 것과 다를 바 없다고 평가되고, 이에 따라 상대방이 이러한 링크를 이용하여 별다른 제한 없이 성적 수치심을 일으키는 그림 등에 바로 접할 수 있는 상태가 실제로 조성되었다면, 그러한 행위는 전체로 보아 성적 수치심을 일으키는 그림 등을 상대방에게 도달하게 한다는 구성요건을 충족한다(대법원 2017.6.8, 2016도21389).

① (○) 성폭력처벌법상 주거침입강간등죄는 사람의 주거 등을 침입한 자가 피해자를 간음하는 등 성폭력을 행사한 경우에 성립하는 것으로서, 주거침입죄를 범한 후에 사람을 강간하는 등의 행위를 하여야 하는 일종의 신분범이다. 따라서 선후가 바뀌어 강간죄 등을 범한 자가 그 피해자의 주거에 침입한 경우에는 이에 해당하지 않고 강간죄 등과 주거침입죄 등의 실체적 경합범이 된다. 따라서 성폭력처벌법상 주거침입강간등죄의 실행의 착수시기는 주거침입 행위 후 강간죄 등의 실행행위에 나아간 때이다. 한편, 강간죄는 사람을 강간하기 위하여 피해자의 항거를 불능하게 하거나 현저히 곤란하게 할 정도의 폭행 또는 협박을 개시한 때에 그 실행의 착수가 있다고 보아야 할 것이지(대법원 2000.6.9, 2000도1253 등), 실제 간음행위가 시작되어야만 그 실행의 착수가 있다고 볼 것은 아니다(대법원 2003.4.25, 2003도949; 2005.5.27, 2004도7892 등). 유사강간죄의 경우도 이와 같다. 피해자를 주점의 여자화장실로 끌고 가 여자화장실의 문을 잠근 후 강제로 입맞춤을 하고 유사강간하려고 하였으나 미수에 그친 이 사안에서 피고인은 여자화장실에 들어가기 전에 이미 유사강간죄의 실행행위에 착수하였으므로(피고인은 피해자를 화장실로 끌고 들어갈 때 이미 피해자에게 유사강간 등의 성범죄를 의욕한 것임) 주거침입유사강간죄를 범할 수 있는 지위 즉, '주거침입죄를 범한 자'에 해당되지 아니한다(대법원 2021.8.12, 2020도17796).

② (○) 성폭법 제14조 제1항 후단의 문언 자체가 "촬영하거나 그 촬영물을 반포·판매·임대 또는 공연히 전시·상영한 자"라고 함으로써 촬영행위 또는 반포 등 유통행위를 선택적으로 규정하고 있을 뿐 아니라, 위 조항의 입법 취지는, 개정 전에는 카메라 등을 이용하여 성적 욕망 또는 수치심을 유발할 수 있는 타인의 신체를 그 의사에 반하여 촬영한 자만을 처벌하였으나, '타인의 신체를 그 의사에 반하여 촬영한 촬영물'(이하 '촬영물'이라 한다)이 인터넷 등 정보통신망을 통하여 급속도로 광범위하게 유포됨으로써 피해자에게 엄청난 피해와 고통을 초래하는 사회적 문제를 감안하여, 죄책이나 비난 가능성이 촬영행위 못지않게 크다고 할 수 있는 촬영물의 시중 유포 행위를 한 자에 대해서도 촬영자와 동일하게 처벌하기 위한 것인 점을 고려하면, 위 조항에서 촬영물을 반포·판매·임대 또는 공연히 전시·상영한 자는 반드시 촬영물을 촬영한 자와 동일인이어야 하는 것은 아니고, 행위의 대상이 되는 촬영물은 누가 촬영한 것인지를 묻지 아니한다(대법원 2016.10.13, 2016도6172).

③ (○) 성폭법 제14조 제2항은 카메라나 그 밖에 이와 유사한 기능을 갖춘 기계장치를 이용하여 성적 욕망 또는 수치심을 유발할 수 있는 다른 사람의 신체를 촬영한 촬영물이 촬영 당시에는 촬영대상자의 의사에 반하지 아니하는 경우에도 사후에 의사에 반하여 촬영물을 반포·판매·임대·제공 또는 공공연하게 전시·상영한 사람을 처벌하도록 규정하고 있다. 여기에서 '반포'는 불특정 또는 다수인에게 무상으로 교부하는 것을 말하고, 계속적·반복적으로 전달하여 불특정 또는 다수인에게 반포하려는 의사를 가지고 있다면 특정한 1인 또는 소수의 사람

에게 교부하는 것도 반포에 해당할 수 있다. 한편 '반포'와 별도로 열거된 '제공'은 '반포'에 이르지 아니하는 무상 교부 행위를 말하며, '반포'할 의사 없이 특정한 1인 또는 소수의 사람에게 무상으로 교부하는 것은 '제공'에 해당한다(대법원 2016.12.27, 2016도16676).

06　　　　　　　　　　　　　　　　　정답 ④

④ (×) 법의학 분야에서는 알코올 블랙아웃이 '술을 마시는 동안에 일어난 중요한 사건에 대한 기억상실'로 정의되기도 하며, 일반인 입장에서는 '음주 후 발생한 광범위한 인지기능 장애 또는 의식상실'까지 통칭하기도 한다. 따라서 음주로 심신상실 상태에 있는 피해자에 대하여 준강간 또는 준강제추행을 하였음을 이유로 기소된 피고인이 '피해자가 범행 당시 의식상실 상태가 아니었고 그 후 기억하지 못할 뿐이다.'라는 취지에서 알코올 블랙아웃을 주장하는 경우, 법원은 피해자의 범행 당시 음주량과 음주 속도, 경과한 시간, 피해자의 평소 주량, 피해자가 평소 음주 후 기억장애를 경험하였는지 여부 등 피해자의 신체 및 의식상태가 범행 당시 알코올 블랙아웃(심신상실 ×)인지 아니면 패싱아웃(심신상실 ○) 또는 행위통제능력이 현저히 저하된 상태(항거불능 ○)였는지를 구분할 수 있는 사정들과 더불어 CCTV나 목격자를 통하여 확인되는 당시 피해자의 상태, 언동, 피고인과의 평소 관계, 만나게 된 경위, 성적 접촉이 이루어진 장소와 방식, 그 계기와 정황, 피해자의 연령·경험 등 특성, 성에 대한 인식 정도, 심리적·정서적 상태, 피해자와 성적 관계를 맺게 된 경위에 대한 피고인의 진술 내용의 합리성, 사건 이후 피고인과 피해자의 반응을 비롯한 제반 사정을 면밀하게 살펴 범행 당시 피해자가 심신상실 또는 항거불능 상태에 있었는지 여부를 판단해야 한다. 또한 피해사실 전후의 객관적 정황상 피해자가 심신상실 등이 의심될 정도로 비정상적인 상태에 있었음이 밝혀진 경우 혹은 피해자와 피고인의 관계 등에 비추어 피해자가 정상적인 상태하에서라면 피고인과 성적 관계를 맺거나 이에 수동적으로나마 동의하리라고 도저히 기대하기 어려운 사정이 인정되는데도, 피해자의 단편적인 모습만으로 피해자가 단순히 '알코올 블랙아웃'에 해당하여 심신상실 상태에 있지 않았다고 단정하여서는 안 된다(대법원 2021.2.4, 2018도9781).

① (○) 형법 제299조는 '사람의 심신상실 또는 항거불능의 상태를 이용하여 추행을 한 자'를 처벌하도록 규정한다. 이러한 준강제추행죄는 정신적·신체적 사정으로 인하여 성적인 자기방어를 할 수 없는 사람의 성적 자기결정권을 보호해 주는 것을 보호법익으로 하며, 그 성적 자기결정권은 원치 않는 성적 관계를 거부할 권리라는 소극적 측면을 말한다(대법원 2020.8.27, 2015도9436 전원합의체). 준강간죄에서 '심신상실'이란 정신기능의 장애로 인하여 성적 행위에 대한 정상적인 판단능력이 없는 상태를 의미하고, '항거불능'의 상태라 함은 심신상실 이외의 원인으로 심리적 또는 물리적으로 반항이 절대적으로 불가능하거나 현저히 곤란한 경우를 의미한다(대법원 2006.2.23, 2005도9422; 2012.6.28, 2012도2631 등). 이는 준강제추행죄의 경우에도 마찬가지이다. 피해자가 깊은 잠에 빠져 있거나 술·약물 등에 의해 일시적으로 의식을 잃은 상태 또는 완전히 의식을 잃지는 않았더라도 그와 같은 사유로 정상적인 판단능력과 대응·조절능력을 행사할 수 없는 상태에 있었다면 준강간죄 또는 준강제추행죄에서의 심신상실 또는 항거불능 상태에 해당한

다. 의학적 개념으로서의 '알코올 블랙아웃(black out)'은 중증도 이상의 알코올 혈중농도, 특히 단기간 폭음으로 알코올 혈중농도가 급격히 올라간 경우 그 알코올 성분이 외부 자극에 대하여 기록하고 해석하는 인코딩 과정(기억형성에 관여하는 뇌의 특정 기능)에 영향을 미침으로써 행위자가 일정한 시점에 진행되었던 사실에 대한 기억을 상실하는 것을 말한다. 알코올 블랙아웃은 인코딩 손상의 정도에 따라 단편적인 블랙아웃과 전면적인 블랙아웃이 모두 포함한다. 그러나 알코올의 심각한 독성화와 전형적으로 결부된 형태로서의 의식상실의 상태, 즉 알코올의 최면진정작용으로 인하여 수면에 빠지는 의식상실(passing out)과 구별되는 개념이다. 따라서 음주 후 준강간 또는 준강제추행을 당하였음을 호소한 피해자의 경우, 범행당시 알코올이 위의 기억형성의 실패만을 야기한 알코올 블랙아웃 상태였다면 피해자는 기억장애 외에 인지기능이나 의식 상태의 장애에 이르렀다고 인정하기 어렵다(대법원 2021.2.4, 2018도9781).

② (○) 이에 비하여 피해자가 술에 취해 수면상태에 빠지는 등 의식을 상실한 패싱아웃 상태였다면 심신상실의 상태에 있었음을 인정할 수 있다. 또한 '준강간죄 또는 준강제추행죄에서의 심신상실·항거불능'의 개념에 비추어, 피해자가 의식상실 상태에 빠져 있지는 않지만 알코올의 영향으로 의사를 형성할 능력이나 성적 자기결정권 침해행위에 맞서려는 저항력이 현저하게 저하된 상태였다면 '항거불능'에 해당하여, 이러한 피해자에 대한 성적 행위 역시 준강간죄 또는 준강제추행죄를 구성할 수 있다(대법원 2021.2.4, 2018도9781).

[보충] 위 ①·②를 정리하면 음주 후 준강간 또는 준강제추행을 당하였음을 호소한 피해자의 경우, ㉠ 범행당시 알코올이 위의 기억형성의 실패만을 야기한 알코올 블랙아웃 상태였다면 심신상실 ×, ㉡ 술에 취해 수면상태에 빠지는 등 의식을 상실한 패싱아웃 상태였다면 심신상실 ○, ㉢ 의식상실 상태에 빠져 있지는 않지만 알코올의 영향으로 의사를 형성할 능력이나 성적 자기결정권 침해행위에 맞서려는 저항력이 현저하게 저하된 상태였다면 (심신상실은 아니나) 항거불능 ○ → [정리] 블랙아웃 ×, 패싱아웃 ○, 행위통제능력 현저 저하 ○

③ (○) 위계에 의한 간음죄에서 행위자가 간음의 목적으로 피해자에게 오인, 착각, 부지를 일으키고 피해자의 그러한 심적 상태를 이용하여 간음의 목적을 달성하였다면 위계와 간음행위 사이의 인과관계를 인정할 수 있고, 따라서 위계에 의한 간음죄가 성립한다. 왜곡된 성적 결정에 기초하여 성행위를 하였다면 왜곡이 발생한 지점이 성행위 그 자체인지 성행위에 이르게 된 동기인지는 성적 자기결정권에 대한 침해가 발생한 것은 마찬가지라는 점에서 핵심적인 부분이라고 하기 어렵다. 피해자가 오인, 착각, 부지에 빠지게 되는 대상은 간음행위 자체일 수도 있고, 간음행위에 이르게 된 동기이거나 간음행위와 결부된 금전적·비금전적 대가와 같은 요소일 수도 있다(다만 행위자의 위계적 언동이 존재하였다는 사정만으로 위계에 의한 간음죄가 성립하는 것은 아니므로 위계적 언동의 내용 중에 피해자가 성행위를 결심하게 된 중요한 동기를 이룰 만한 사정이 포함되어 있어 피해자의 자발적인 성적 자기결정권의 행사가 없었다고 평가할 수 있어야 한다. 이와 같은 인과관계를 판단할 때에는 피해자의 연령 및 행위자와의 관계, 범행에 이르게 된 경위, 범행 당시와 전후의 상황 등 여러 사정을 종합적으로 고려하여야 한다). … 14세에 불과한 아동·청소년인 피해자는 36세 피고인에게 속아 자신이 甲의 선배와 성관계를 하는 것만이 甲을 스

토킹하는 여성을 떼어내고 甲과 연인관계를 지속할 수 있는 방법이라고 오인하여 甲의 선배로 가장한 피고인과 성관계를 하였고, 피해자가 위와 같은 오인에 빠지지 않았다면 피고인과의 성행위에 응하지 않았을 것인데, 피해자가 오인한 상황은 피해자가 피고인과의 성행위를 결심하게 된 중요한 동기가 된 것으로 보이고, 이를 자발적이고 진지한 성적 자기결정권의 행사에 따른 것이라고 보기 어렵다는 점에서, 피고인은 간음의 목적으로 피해자에게 오인, 착각, 부지를 일으키고 피해자의 그러한 심적 상태를 이용하여 피해자를 간음한 것이므로 이러한 피고인의 간음행위는 위계에 의한 것이라고 평가할 수 있다(대법원 2020.8.27, 2015도9436 전원합의체).

07 **정답** ②

② ㉠㉢

㉠ (○) 다가구용 단독주택이나 다세대주택·연립주택·아파트 등 공동주택의 내부에 있는 엘리베이터, 공용 계단과 복도는 특별한 사정이 없는 한 주거침입죄의 객체인 '사람의 주거'에 해당하므로 강간할 목적으로 피해자를 따라 피해자가 거주하는 아파트 내부의 엘리베이터에 탄 다음 그 안에서 폭행을 가하여 반항을 억압한 후 계단으로 끌고 가 피해자를 강간하고 상해를 입힌 사안에서, 피고인이 성폭력범죄의 처벌 및 피해자보호 등에 관한 법률 제5조 제1항에 정한 주거침입범의 신분을 가지게 되었다는 이유로, 주거침입을 인정하지 않고 강간상해죄만을 선고한 원심판결을 파기한 사례(대법원 2009.9.10, 2009도4335).

㉡ (×) 강도강간죄는 강도라는 신분을 가진 범인이 강간죄를 범하였을 때 성립하는 범죄이고 따라서 강간범이 강간행위 후에 강도의 범의를 일으켜 그 부녀의 재물을 강취하는 경우에는 강도강간죄가 아니라 강도죄와 강간죄의 경합범이 성립될 수 있을 뿐이나, 강간범이 강간행위 종료전 즉 그 실행행위의 계속중에 강도의 행위를 할 경우에는 이때에 바로 강도의 신분을 취득하는 것이므로 이후에 그 자리에서 강간행위를 계속하는 때에는 강도가 부녀를 강간한 때에 해당하여 형법 제339조 소정의 강도강간죄를 구성한다(대법원 1988.9.9, 88도1240).

㉢ (○) 피고인의 팔이 피해자의 몸에 닿지는 않았다 하더라도 양 팔을 높이 들어 갑자기 뒤에서 피해자를 껴안으려는 행위는 피해자의 의사에 반하는 유형력의 행사로서 폭행행위에 해당하고, 그 때에 이른바 '기습추행'에 관한 실행의 착수가 있다고 볼 수 있다. 그런데 마침 피해자가 뒤돌아보면서 '왜 이러세요?'라고 소리치는 바람에 피해자의 몸을 껴안는 추행의 결과에 이르지 못하고 미수에 그친 것이므로, 피고인의 위와 같은 행위는 아동.청소년에 대한 강제추행미수죄에 해당한다고 봄이 타당하다(대법원 2015.9.10, 2015도6980).

㉣ (×) 군형법 제92조의6의 문언(군인 등에 대하여 항문성교나 그 밖의 추행을 한 사람은 2년 이하의 징역에 처한다.), 개정 연혁, 보호법익과 헌법 규정을 비롯한 전체 법질서의 변화를 종합적으로 고려하면, 위 규정은 동성인 군인 사이의 항문성교나 그 밖에 이와 유사한 행위가 사적 공간에서 자발적 의사 합치에 따라 이루어지는 등 군이라는 공동사회의 건전한 생활과 군기를 직접적, 구체적으로 침해한 것으로 보기 어려운 경우에는 적용되지 않는다고 봄이 타당하다(판례변경, 대법원 2022.4.21, 2019도3047 전원합의체).

08 **정답** ③

③ ㉠㉡㉣

㉠ (×) 대법원은 명예훼손죄의 공연성에 관하여 개별적으로 소수의 사람에게 사실을 적시하였더라도 그 상대방이 불특정 또는 다수인에게 적시된 사실을 전파할 가능성이 있는 때에는 공연성이 인정된다고 일관되게 판시하여, 이른바 전파가능성 이론은 공연성에 관한 확립된 법리로 정착되었다. 공연성에 관한 전파가능성 법리는 대법원이 오랜 시간에 걸쳐 발전시켜 온 것으로서 현재에도 여전히 법리적으로나 현실적인 측면에 비추어 타당하므로 유지되어야 한다. 대법원 판례와 재판 실무는 전파가능성 법리를 제한 없이 적용할 경우 공연성 요건이 무의미하게 되고 처벌이 확대되게 되어 표현의 자유가 위축될 우려가 있다는 점을 고려하여, 전파가능성의 구체적·객관적인 적용 기준을 세우고, 피고인의 범의를 엄격히 보거나 적시의 상대방과 피고인 또는 피해자의 관계에 따라 전파가능성을 부정하는 등 판단기준을 사례별로 유형화하면서 전파가능성에 대한 인식이 필요함을 전제로 전파가능성 법리를 적용함으로써 공연성을 엄격하게 인정하여 왔다. 따라서 전파가능성 법리에 따르더라도 위와 같은 객관적 기준에 따라 전파가능성을 판단할 수 있고, 행위자도 발언 당시 공연성 여부를 충분히 예견할 수 있으며, 상대방의 전파의사만으로 전파가능성을 판단하거나 실제 전파되었다는 결과를 가지고 책임을 묻는 것이 아니다. 추상적 위험범으로서 명예훼손죄는 개인의 명예에 대한 사회적 평가를 진위에 관계없이 보호함을 목적으로 하고, 적시된 사실이 특정인의 사회적 평가를 침해할 가능성이 있을 정도로 구체성을 띠어야 하나(대법원 1994.10.25, 94도1770; 2000.2.25, 98도2188 등), 위와 같이 침해할 위험이 발생한 것으로 족하고 침해의 결과를 요구하지 않으므로, 다수의 사람에게 사실을 적시한 경우뿐만 아니라 소수의 사람에게 발언하였다고 하더라도 그로 인해 불특정 또는 다수인이 인식할 수 있는 상태를 초래한 경우에도 공연히 발언한 것으로 해석할 수 있다(대법원 2020.11.19, 2020도5813 전원합의체).

㉡ (×) 모욕죄는 특정한 사람 또는 인격을 보유하는 단체에 대하여 사회적 평가를 저하시킬 만한 경멸적 감정을 표현함으로써 성립하므로 그 피해자는 특정되어야 한다. 그리고 이른바 집단표시에 의한 모욕은, ⓐ 모욕의 내용이 집단에 속한 특정인에 대한 것이라고는 해석되기 힘들고, 집단표시에 의한 비난이 개별구성원에 이르러서는 비난의 정도가 희석되어 구성원 개개인의 사회적 평가에 영향을 미칠 정도에 이르지 아니한 경우에는 구성원 개개인에 대한 모욕이 성립되지 않는다고 봄이 원칙이고, ⓑ 비난의 정도가 희석되지 않아 구성원 개개인의 사회적 평가를 저하시킬 만한 것으로 평가될 경우에는 예외적으로 구성원 개개인에 대한 모욕이 성립할 수 있다(대법원 2003.9.2, 2002다63558; 2013.1.10, 2012도13189 등 참조)(대법원 2014.3.27, 2011도15631).

[참고] 강용석 전 의원에게 모욕죄의 성립을 부정한 판례이다.

㉢ (○) 우리 헌법이 종교의 자유를 보장함으로써 보호하고자 하는 것은 종교 자체나 종교가 신봉하는 신앙의 대상이 아니라, 종교를 신봉하는 국민, 즉 신앙인이고, 종교에 대한 비판은 성질상 어느 정도의 편견과 자극적인 표현을 수반하게 되는 경우가 많으므로, 타 종교의 신앙의 대상에 대한 모욕이 곧바로 그 신앙의 대상을 신봉하는 종교단체나 신도들에 대한 명예훼손이

되는 것은 아니고, 종교적 목적을 위한 언론·출판의 자유를 행사하는 과정에서 타 종교의 신앙의 대상을 우스꽝스럽게 묘사하거나 다소 모욕적이고 불쾌하게 느껴지는 표현을 사용하였더라도 그것이 그 종교를 신봉하는 신도들에 대한 증오의 감정을 드러내는 것이거나 그 자체로 폭행·협박 등을 유발할 우려가 있는 정도가 아닌 이상 허용된다고 보아야 한다(대법원 2014.9.4, 2012도13718).

[보충] 종교적 목적을 위한 언론·출판의 자유가 허용되는 범위에 관하여는 대법원 판례가 그 표현방법을 중시하고 있다. "아무리 종교적 목적을 위한 언론·출판의 자유가 고도로 보장되고, 종교적 의미의 검증을 위한 문제의 제기가 널리 허용되어야 한다고 하더라도 구체적 정황의 뒷받침도 없이 악의적으로 모함하는 일이 허용되지 않도록 경계해야 함은 물론, 구체적 정황에 근거한 것이라 하더라도 표현방법에 있어서는 상대방의 인격을 존중하는 바탕 위에서 어휘를 선택하여야 하고, 아무리 비판을 받아야 할 사항이 있다고 하더라도 모멸적인 표현으로 모욕을 가하는 일은 허용될 수 없다(대법원 2014.9.4, 2012도13718)."

ⓔ (×) 공연성은 명예훼손죄의 구성요건으로서, 특정 소수에 대한 사실적시의 경우 공연성이 부정되는 유력한 사정이 있다고 볼 수 있으므로, 전파가능성에 관해서는 검사의 엄격한 증명이 필요하다(대법원 2020.12.30, 2015도12933).

[보충] 발언 상대방이 발언자나 피해자의 배우자, 친척, 친구 등 사적으로 친밀한 관계에 있는 경우 또는 직무상 비밀유지의무 또는 이를 처리해야 할 공무원이나 이와 유사한 지위에 있는 경우에는 그러한 관계나 신분으로 비밀의 보장이 상당히 높은 정도로 기대되는 경우로서 공연성이 부정된다. 위와 같이 발언자와 상대방, 그리고 피해자와 상대방이 특수한 관계에 있는 경우 또는 상대방이 직무상 특수한 지위나 신분을 가지고 있는 경우에 공연성을 인정하려면 그러한 관계나 신분에도 불구하고 불특정 또는 다수인에게 전파될 수 있다고 볼 만한 특별한 사정이 존재하여야 한다(대법원 2020.11.19, 2020도5813 전원합의체). 피고인이 사무실에서 이 사건 발언을 할 당시 甲만 있었는데, 이는 공연성이 부정될 유력한 사정이므로, 피고인의 발언이 전파될 가능성에 대해서는 검사의 엄격한 증명이 필요하다. 또한 피고인과 甲의 친밀 관계를 고려하면 비밀보장이 상당히 높은 정도로 기대되기 때문에 공연성을 인정하려면 그러한 관계에도 불구하고 불특정 또는 다수인에게 전파될 수 있다고 볼 만한 특별한 사정이 있어야 한다(대법원 2020.12.30, 2015도12933).

09

정답 ①

① (○) 공연성은 명예훼손죄와 모욕죄의 구성요건으로서, 명예훼손이나 모욕에 해당하는 표현을 특정 소수에게 한 경우 공연성이 부정되는 유력한 사정이 될 수 있으므로, 전파될 가능성에 관해서는 검사의 엄격한 증명이 필요하다. 친밀하고 사적인 관계뿐만 아니라 공적인 관계에서도 조직 등의 업무와 관련하여 사실의 확인 또는 규명 과정에서 발언하게 된 것이거나, 상대방의 가해에 대하여 대응하는 과정에서 발언하게 된 경우와 수사·소송 등 공적인 절차에서 당사자 사이에 공방을 하던 중 발언하게 된 경우 등이라면 발언자의 전파가능성에 대한 인식과 위험을 용인하는 내심의 의사를 인정하는 것은 신중하여야 한다(대법원 2020.11.19, 2020도5813 전원합의체). 이 사건 각 발언은 피고인들이 각자 공소외 1 한 사람에게만 한 것이다. 이 사건 각 발언은 신속한 누수 공사 진행을 요청하는 공소외 1에게 임차인인 피해자들의 협조 문제로 공사가 지연되는 상황을 설명하는 과정에서 나온 것으로서, 이에 관한 피고인들의 진술 내용을 종합해 보더라도 피고인들이 전파가능성에 대한 인식과 위험을 용인하는 내심의 의사에 기하여 이 사건 각 발언을 하였다고 단정하기 어렵다(대법원 2022.7.28, 2020도8336).

[보충] 공소외 1(A)이 자신의 형과 변호사에게 이 사건 각 발언의 녹음 사실을 알려주었다. 그러나 이는 이 사건 빌라의 누수에 관하여 피고인들을 상대로 한 민사소송에서 이 사건 각 발언이 자료로 제출되도록 하기 위한 것일 뿐이므로, 이를 들어 이 사건 각 발언이 불특정인 또는 다수인에게 전파되었다고 볼 수 없다. 이 사건 각 발언이 불특정인 또는 다수인에게 전파되지 않은 것은 비록 위 각 발언 이후의 사정이기는 하지만 공연성 여부를 판단할 때 소극적 사정으로 고려될 수 있다(위 판례).

② (×) 어떠한 표현이 개인의 인격권을 심각하게 침해할 우려가 있는 것이거나 상대방의 인격을 허물어뜨릴 정도로 모멸감을 주는 혐오스러운 욕설이 아니라 상대방을 불쾌하게 할 수 있는 무례하고 예의에 벗어난 정도이거나(대법원 2018.11.29, 2017도2661 등 참조) 상대방에 대한 부정적·비판적 의견이나 감정을 나타내면서 경미한 수준의 추상적 표현이나 욕설이 사용된 경우 등이라면 특별한 사정이 없는 한 외부적 명예를 침해할 만한 표현으로 볼 수 없어 모욕죄의 구성요건에 해당된다고 볼 수 없다. 이 사건 표현은 피고인의 피해자에 대한 부정적·비판적 의견이나 감정이 담긴 경미한 수준의 추상적 표현에 불과할 뿐 피해자의 외부적 명예를 침해할 만한 표현이라고 단정하기 어렵다(대법원 2022.8.31, 2019도7370).

③ (×) 전파될 가능성이 인정되지 아니한다(대법원 1981.10.27, 81도1023).

④ (×) 공연성은 명예훼손죄의 구성요건으로서, 특정 소수에 대한 사실적시의 경우 공연성이 부정되는 유력한 사정이 될 수 있으므로, 전파될 가능성에 관하여는 검사의 엄격한 증명이 필요하다. 전파가능성을 이유로 명예훼손죄의 공연성을 인정하는 경우에는 적어도 범죄구성요건의 주관적 요소로서 미필적 고의가 필요하므로 전파가능성에 대한 인식이 있음은 물론 나아가 그 위험을 용인하는 내심의 의사가 있어야 하고, 행위자가 전파가능성을 용인하고 있었는지 여부는 외부에 나타난 행위의 형태와 상황 등 구체적인 사정을 기초로 일반인이라면 그 전파가능성을 어떻게 평가할 것인가를 고려하면서 행위자의 입장에서 그 심리상태를 추인하여야 한다. 친밀하고 사적인 관계뿐만 아니라 공적인 관계에 있어서도 조직 등의 업무와 관련하여 사실의 확인 또는 규명 과정에서 발언하게 된 것이거나, 상대방의 가해에 대하여 대응하는 과정에서 발언하게 된 경우 및 수사·소송 등 공적인 절차에서 그 당사자들 사이에 공방을 하던 중 발언하게 된 경우 등이라면 그 발언자의 전파가능성에 대한 인식과 위험을 용인하는 내심의 의사를 인정하는 것은 신중하여야 한다. … 피고인이 관련 민사소송에서 피해자의 주장에 부합하는 확인서를 작성해 준 甲을 찾아가 방문 경위를 설명하고 甲으로부터 기존 확인서와 상반되는 취지의 사실확인서를 다시금 교부받는 과정에서 이 사건 발언을 하였고, 실제 이 사건 발언을 들은 상대방은 甲이 유일하며, 이 사건 발언이 달리 전파된 바 없는 경우, 명예훼손죄의 공연성이 인정되지 아니한다(대법원 2021.10.14, 2020도11004).

10
정답 ④

④ ㉠㉡㉣

㉠ (○) 대법원 1994.9.30, 94도1880

㉡ (○) 대법원 1991.6.25, 91도347

㉢ (×) 전파될 가능성이 없다고 볼 수 없다(대법원 1993.3.23, 92도455).

㉣ (○) 대법원 1996.7.12, 96도1007

11
정답 ②

② ㉡㉣㉤

㉠ (×) 상관모욕죄의 구성요건에 해당하나 사회상규에 위배되지 아니하는 행위로서 위법성이 조각된다.

> 피고인이 해군 부사관 동기생의 단체채팅방에서, 피고인의 직속상관인 피해자가 목욕탕 청소담당 교육생들에게 과실 지적을 많이 한다는 이유로, "도라이 ㅋㅋㅋ 습기가 그렇게 많은데"라고 게시함으로써 공연히 상관인 피해자를 모욕하였다는 이유로 상관모욕죄로 기소된 사건에서, '도라이'는 상관인 피해자를 경멸적으로 비난한 것으로 모욕적인 언사라고 볼 수 있으나, 위 표현은 피고인의 입장에서 불만을 토로하는 과정에서 즉흥적이고 우발적으로 이루어진 것으로 보이는 점, 위 단체채팅방은 동기생들만 참여대상으로 하는 비공개채팅방으로 교육생 신분에서 가질 수 있는 불평불만을 토로하는 공간으로서의 역할을 하고 있었고, 교육생 상당수가 별다른 거리낌 없이 욕설을 포함한 비속어를 사용하고 대화하고 있었던 점, 당시 목욕탕 청소를 담당했던 다른 교육생들도 이 사건 단체채팅방에서 피고인과 비슷한 불만을 토로하고 있었는데, 피고인의 이 사건 표현은 단 1회에 그쳤고, 그 부분이 전체 대화 내용에서 차지하는 비중도 크지 않은 점, 이 사건 표현은 근래 비공개적인 상황에서는 일상생활에서 드물지 않게 사용되고 그 표현이 내포하는 모욕의 정도도 경미한 수준인 점 등의 사정에 비추어 볼 때, 피고인의 이 사건 표현은 동기 교육생들끼리 고충을 토로하고 의견을 교환하는 사이버공간에서 상관인 피해자에 대하여 일부 부적절한 표현을 사용하게 된 것에 불과하고 이로 인하여 군의 조직질서와 정당한 지휘체계가 문란하게 되었다고 보이지 않으므로, 이러한 행위는 사회상규에 위배되지 않는다고 보는 것이 타당하다(대법원 2021.8.19, 2020도14576).

㉡ (×) 명예훼손죄에서의 사실의 적시란 가치판단이나 평가를 내용으로 하는 의견표현에 대치되는 개념으로서 시간과 공간적으로 구체적인 과거 또는 현재의 사실관계에 관한 보고 내지 진술을 의미하며, 그 표현내용이 증거에 의한 입증이 가능한 것을 말하고, 판단할 진술이 사실인가 또는 의견인가를 구별할 때에는 언어의 통상적 의미와 용법, 입증가능성, 문제된 말이 사용된 문맥, 그 표현이 행하여진 사회적 상황 등 전체적 정황을 고려하여 판단하여야 한다. 다른 사람의 말이나 글을 비평하면서 사용한 표현이 겉으로 보기에 증거에 의해 입증 가능한 구체적인 사실관계를 서술하는 형태를 취하고 있더라도, 글의 집필의도, 논리적 흐름, 서술체계 및 전개방식, 해당 글과 비평의 대상이 된 말 또는 글의 전체적인 내용 등을 종합하여 볼 때, 평균적인 독자의 관점에서 문제 된 부분이 실제로는 비평자의 주관적 의견에 해당하고, 다만 비평자가 자신의 의견을 강조하기 위한 수단으로 그와 같은 표현을 사용한 것이라고 이해된다면 명

예훼손죄에서 말하는 사실의 적시에 해당한다고 볼 수 없다(대법원 2017.5.11, 2016도19255).

㉢ (○) 형법 제310조의 '오로지 공공의 이익에 관한 때'라 함은 적시된 사실이 객관적으로 볼 때 공공의 이익에 관한 것으로서 행위자도 주관적으로 공공의 이익을 위하여 그 사실을 적시한 것이어야 한다. … (원심은, 징계회부를 한 후 곧바로 징계혐의 사실과 징계회부사실을 회사 게시판에 게시한 피고인의 행위가 '회사 내부의 원활하고 능률적인 운영의 도모'라는 공공의 이익에 관한 것이라고 판단하여 피고인에게 무죄를 선고하였으나) 회사 징계절차가 공적인 측면이 있다고 해도 징계절차에 회부된 단계부터 그 과정 전체가 낱낱이 공개되어야 하는 것은 아니고, 징계혐의 사실은 징계절차를 거친 다음 일응 확정되는 것이므로 징계절차에 회부되었을 뿐인 단계에서 그 사실을 공개함으로써 피해자의 명예를 훼손하는 경우, 이를 사회적으로 상당한 행위라고 보기는 어렵고, 그 단계에서의 공개로 원심이 밝힌 공익이 달성될 수 있을지도 의문이다(업무 담당자가 피해자에 대한 징계절차 회부 안내문을 회사 게시판에 게시한 사건에 대하여 공공의 이익에 관한 것으로 볼 수 없다는 사례, 대법원 2021.8.26, 2021도6416).

㉣ (○) 정부 또는 국가기관의 정책결정 또는 업무수행과 관련된 사항을 주된 내용으로 하는 발언으로 정책결정이나 업무수행에 관여한 공직자에 대한 사회적 평가가 다소 저하될 수 있더라도, 발언 내용이 공직자 개인에 대한 악의적이거나 심히 경솔한 공격으로서 현저히 상당성을 잃은 것으로 평가되지 않는 한, 그 발언은 여전히 공공의 이익에 관한 것으로서 공직자 개인에 대한 명예훼손이 된다고 할 수 없다(대법원 2006.10.13, 2005도3112; 2011.9.2, 2010도17237 등; 2021.3.25, 2016도14995).

㉤ (○) 정신적 자유의 핵심인 학문의 자유는 기존의 인식과 방법을 답습하지 아니하고 끊임없이 문제를 제기하거나 비판을 가함으로써 새로운 인식을 얻기 위한 활동을 보장하는 데에 그 본질이 있다(대법원 2018.7.12, 2014도3923). 학문적 표현의 자유는 학문의 자유의 근간을 이룬다. 학문적 표현행위는 연구 결과를 대외적으로 공개하고 학술적 대화와 토론을 통해 새롭고 다양한 비판과 자극을 받아들여 연구 성과를 발전시키는 행위로서 그 자체가 진리를 탐구하는 학문적 과정이며 이러한 과정을 자유롭게 거칠 수 있어야만 궁극적으로 학문이 발전할 수 있다. 헌법 제22조 제1항이 학문의 자유를 특별히 보호하는 취지에 비추어 보면, 학문적 표현의 자유에 대한 제한은 필요 최소한에 그쳐야 한다. 따라서 학문적 표현행위는 기본적 연구윤리를 위반하거나 해당 학문 분야에서 통상적으로 용인되는 범위를 심각하게 벗어나 학문적 과정이라고 보기 어려운 행위의 결과라거나, 논지나 맥락과 무관한 표현으로 타인의 권리를 침해하는 등의 특별한 사정이 없는 한 원칙적으로 학문적 연구를 위한 정당한 행위로 보는 것이 타당하다. … 대법원은 명예훼손죄에서 '사실의 적시'에 관하여, 객관적으로 피해자의 사회적 평가를 저하시키는 사실에 관한 발언이 보도, 소문이나 제3자의 말을 인용하는 방법으로 단정적인 표현이 아닌 전문 또는 추측의 형태로 표현되었더라도, 표현 전체의 취지로 보아 사실이 존재할 수 있다는 것을 암시하는 방식으로 이루어진 경우에는 사실의 적시로 인정하여 왔다(대법원 2008.11.27, 2007도5312). 하지만 학문적 표현의 자유를 실질적으로 보장하기 위해서는, 학문적 연구 결과 발표에 사용된 표현의 적절성은 형사법정에서 가려지기보다 자유로운 공개토론이나 학계 내부의 동

료평가 과정을 통하여 검증되는 것이 바람직하다. 그러므로 학문적 연구에 따른 의견 표현을 명예훼손죄에서 사실의 적시로 평가하는 데에는 신중할 필요가 있다. 역사학 또는 역사적 사실을 연구 대상으로 삼는 학문 영역에서의 '역사적 사실'과 같이, 그것이 분명한 윤곽과 형태를 지닌 고정적인 사실이 아니라 사후적 연구, 검토, 비판의 끊임없는 과정 속에서 재구성되는 사실인 경우에는 더욱 그러하다. 이러한 점에서 볼 때, 학문적 표현을 그 자체로 이해하지 않고, 표현에 숨겨진 배경이나 배후를 섣불리 단정하는 방법으로 암시에 의한 사실 적시를 인정하는 것은 허용된다고 보기 어렵다(대법원 2023.10.26, 2017도18697). [보충] 형사재판에서 공소가 제기된 범죄의 구성요건을 이루는 사실은 그것이 주관적 요건이든 객관적 요건이든 그 증명책임이 검사에게 있으므로, 해당 표현이 학문의 자유로서 보호되는 영역에 속하지 않는다는 점은 검사가 증명하여야 한다(위 판례).

12 정답 ②

② ㉠㉢㉣
㉠ (×) 회의 자리에서 상급자로부터 책임을 추궁당하며 질문을 받게 되자 이에 대답하는 과정에서 타인의 명예를 훼손하는 듯한 사실을 발설하게 된 것이라면, 그 발설 내용과 경위·동기 및 상황 등에 비추어 명예훼손의 고의를 인정하기 어려울 수 있고, 또한 질문에 대하여 단순한 확인 취지의 답변을 소극적으로 한 것에 불과하다면 이를 명예훼손에서 말하는 사실의 적시라고 단정할 수도 없다(대법원 2022.4.14, 2021도17744).
㉡ (○) 형법 제311조(모욕)는 '공연히 사람을 모욕한 자'를 처벌한다고 규정하는바, 형법 제307조(명예훼손)가 '공연히 사실 또는 허위의 사실을 적시하여 사람의 명예를 훼손한 자'를 처벌한다고 규정하는 것과 마찬가지로 '공연성'을 요건으로 한다. 대법원 2020.11.19, 2020도5813 전원합의체 판결은 명예훼손죄의 구성요건인 공연성이란 '불특정 또는 다수인이 인식할 수 있는 상태'를 의미하는데, 개별적으로 소수의 사람에게 사실을 적시하였더라도 그 상대방이 불특정 또는 다수인에게 적시된 사실을 전파할 가능성이 있는 때에는 공연성이 인정된다는 종전 대법원의 일관된 판시를 재확인하였고, 이러한 법리는 모욕죄에도 동일하게 적용된다. … 발언 상대방이 발언자나 피해자의 배우자, 친척, 친구 등 사적으로 친밀한 관계에 있어 그러한 관계로 인하여 비밀의 보장이 상당히 높은 정도로 기대되는 경우에는 공연성이 부정된다. … 공소외인이 피해자와 친분이 있다고 하더라도 비밀의 보장이 상당히 높은 정도로 기대되는 관계라고 보기 어렵다. … 피고인들은 피해자의 집에 손님이 방문한 것을 알면서도 그로 인해 층간소음이 발생한다는 이유로 피해자의 집 거실에 음향이 울려 퍼지는 인터폰을 사용하여 이 사건 발언을 하였다. 그렇다면 피고인들에게 이 사건 발언의 전파가능성에 관한 미필적 고의를 부정하기 어렵다(대법원 2022.6.16, 2021도15122).
㉢ (×) 명예훼손죄가 성립하기 위해서는 피해자의 사회적 가치나 평가가 침해될 가능성이 있어야 하므로, 어떤 표현이 명예훼손적인지는 그 표현에 대한 사회통념에 따른 객관적 평가에 따라 판단하여야 하고(대법원 2008.11.27, 2008도6728 등), 명예훼손죄가 성립하기 위해서는 주관적 구성요소로서 타인의 명예를 훼손한다는 고의를 가지고 사람의 사회적 평가를 저하시키는 데 충분한 구체적 사실을 적시하는 행위를 할 것이 요구된다(대

법원 2018.6.15, 2018도4200 등). 이 사건 발언은 피고인과 피해자 및 상대방의 관계, 표현 정도와 방법, 발언에 이르게 된 경위, 발언의 의미와 전체적인 맥락, 발언 이후의 정황 등에 비추어, 피고인의 발언이 사회통념상 피해자의 명예를 훼손할 정도에 이르렀다고 보기 어렵고, 명예훼손의 고의도 인정되지 않는다(대법원 2022.4.28, 2021도1089).
㉣ (×) 위 표현이 피해자들의 사회적인 평가를 저해시킬 만한 경멸적인 표현에 해당하는 것으로 보이지만, 피고인 등은 노동조합의 운영에 문제를 제기하면서 노동조합 재산의 투명한 운영, 위원장 직선제 등을 요구하고 있었고, 피고인은 그 주장을 하기 위한 집회 참여를 독려하면서 위 표현을 사용한 것으로, 노동조합의 운영 등에 대한 비판적인 의견을 표현하는 과정에서 자신의 입장과 의견을 강조하기 위한 의도로 위 표현을 사용한 것으로 보이는 점, '악의 축'이라는 용어는 자신과 의견이 다른 상대방 측의 핵심 일원이라는 취지로 비유적으로도 사용되고 있어 피해자들의 의혹과 관련된 위 표현이 지나치게 모욕적이거나 악의적이라 보기 어려운 점 등 제반 사정을 종합할 때, 피고인이 노동조합 집행부의 공적 활동과 관련한 자신의 의견을 담은 게시글을 작성하면서 그러한 표현을 한 것은 사회상규에 위배되지 않는 정당행위로서 형법 제20조에 따라 위법성이 조각된다고 볼 여지가 크다(대법원 2022.10.27, 2019도14421). [비교1] 피고인들이 소속 노동조합 위원장 甲을 '어용', '앞잡이' 등으로 지칭하여 표현한 현수막, 피켓 등을 장기간 반복하여 일반인의 왕래가 잦은 도로변 등에 게시한 경우, '어용'이란 자신의 이익을 위하여 권력자나 권력 기관에 영합하여 줏대 없이 행동하는 것을 낮잡아 이르는 말, '앞잡이'란 남의 사주를 받고 끄나풀 노릇을 하는 사람을 뜻하는 말로서 언제나 위 표현들이 지칭된 상대방에 대한 모욕에 해당한다거나 사회상규에 비추어 허용되지 않는 것은 아니지만, 제반 사정에 비추어 피고인들의 위 행위는 甲에 대한 모욕적 표현으로서 사회상규에 위배되지 않는 행위로 보기 어렵다(대법원 2021.9.9, 2016도88). [비교2] 표현행위의 형식과 내용이 모욕적이고 경멸적인 인신공격에 해당하거나 타인의 신상에 관하여 인격권을 침해한 경우에는 의견 표명으로서의 한계를 벗어난 것으로서 허용되지 않는다(대법원 2018.10.30, 014다61654 전원합의체). … 연예인의 사생활에 대한 모욕적인 표현에 대하여 표현의 자유를 근거로 모욕죄의 구성요건에 해당하지 않거나 사회상규에 위배되지 않는다고 판단하는 데에는 신중할 필요가 있다. 특히 최근 사회적으로 인종, 성별, 출신 지역 등을 이유로 한 혐오 표현이 문제되고 있으며, 혐오 표현 중에는 특정된 피해자에 대한 사회적 평가를 저하하여 모욕죄의 구성요건에도 해당하는 것이 적지 않은데, 그러한 범위 내에서는 모욕죄가 혐오 표현에 대한 제한 내지 규제로 기능하고 있는 측면을 고려하여야 한다(헌법재판소 2020.12.23, 2017헌바456 등). … '국민호텔녀'는 피해자의 사생활을 들추어 피해자가 종전에 대중에게 호소하던 청순한 이미지와 반대의 이미지를 암시하면서 피해자를 성적 대상화하는 방법으로 비하하는 것으로서 여성 연예인 피해자의 사회적 평가를 저하시킬 만한 모멸적인 표현으로 평가할 수 있고, 정당한 비판의 범위를 벗어난 것으로서 정당행위로 보기도 어렵다(대법원 2022.12.15, 2017도19229).
㉤ (○) 정보통신망법 제70조 제1항은 "사람을 비방할 목적으로 정보보통신망을 통하여 공공연하게 사실을 드러내어 다른 사람의 명예를 훼손한 자는 3년 이하의 징역 또는 3천만 원 이하의 벌

금에 처한다."라고 정한다. '사람을 비방할 목적'이란 가해의 의사 내지 목적을 요하는 것으로, 사람을 비방할 목적이 있는지 여부는 해당 적시 사실의 내용과 성질, 해당 사실의 공표가 이루어진 상대방의 범위, 표현의 방법 등 표현 자체에 관한 제반 사정을 감안함과 동시에 표현에 의하여 훼손되거나 훼손될 수 있는 명예의 침해 정도 등을 비교·형량하여 판단되어야 한다. 위 사이트의 신상정보 공개를 통해 양육비 미지급 사실을 알린 것은 결과적으로 양육비 미지급 문제라는 공적 관심 사안에 관한 사회의 여론형성이나 공개토론에 기여하였다고 볼 수 있으나, 글 게시 경위 등을 비추어 살피면 특정된 개별 양육비 채무자를 압박하여 양육비를 신속하게 지급하도록 하는 것을 주된 목적으로 하는 사적 제재 수단의 일환에 가깝다고 볼 수 있는 점, 이 사건 사이트에서 신상정보를 공개하면서 공개 여부 결정의 객관성을 확보할 수 있는 기준이나 양육비채무자에 대한 사전 확인절차를 두지 않고 양육비를 지급할 기회를 부여하지도 않은 것은 양육비채무자의 권리를 침해하는 정도가 커 정당화되기 어려운 점, 이 사건 사이트에서 얼굴 사진, 구체적인 직장명, 전화번호 등을 공개함으로써 양육비채무자가 입게 되는 피해의 정도가 매우 큰 점 등을 종합하여 볼 때 피고인들의 행위에 대해서는 비방할 목적을 인정할 수 있다(대법원 2024.1.4, 2022도699).

13

정답 ②

② ㉠㉢㉣

㉠ (○) 대법원 2021.3.25, 2016도14995

㉡ (×) 형법 제307조 제1항, 제2항, 제310조의 체계와 문언 및 내용에 의하면, 제307조 제1항의 '사실'은 제2항의 '허위의 사실'과 반대되는 '진실한 사실'을 말하는 것이 아니라 가치판단이나 평가를 내용으로 하는 '의견'에 대치되는 개념이다. 따라서 제307조 제1항의 명예훼손죄는 적시된 사실이 진실한 사실인 경우이든 허위의 사실인 경우이든 모두 성립될 수 있고, 특히 적시된 사실이 허위의 사실이라고 하더라도 행위자에게 허위성에 대한 인식이 없는 경우에는 제307조 제2항의 명예훼손죄가 아니라 제307조 제1항의 명예훼손죄가 성립될 수 있다. 제307조 제1항의 법정형이 2년 이하의 징역 등으로 되어 있는 반면 제307조 제2항의 법정형은 5년 이하의 징역 등으로 되어 있는 것은 적시된 사실이 객관적으로 허위일 뿐 아니라 행위자가 그 사실의 허위성에 대한 주관적 인식을 하면서 명예훼손행위를 하였다는 점에서 가벌성이 높다고 본 것이다.(대법원 2017.4.26, 2016도18024).

㉢ (○) 대법원 2008.11.27, 2007도5312

㉣ (○) 대법원 2021.3.25, 2016도14995

㉤ (×) 군형법은 제64조 제3항에서 '공연히 사실을 적시하여 상관의 명예를 훼손한 경우'에 대해 형법 제307조 제1항의 사실적시에 의한 명예훼손죄보다 형을 높여 처벌하도록 하면서 이에 대해 형법 제310조와 같이 공공의 이익에 관한 때에는 처벌하지 아니한다는 규정을 별도로 두지 않았다. 그러나 입법에도 불구하고 입법자가 의도하지 않았던 규율의 공백이 있는 사안에 대하여 법규범의 체계, 입법 의도와 목적 등에 비추어 정당하다고 평가되는 한도 내에서 그와 유사한 사안에 관한 법규범을 적용할 수 있다고 할 것인바, 형법 제307조 제1항의 행위에 대한 위법성조각사유를 규정한 형법 제310조는 군형법 제64조 제

3항의 행위에 대해 유추적용된다고 보아야 한다. 그 이유는 다음과 같다. 군형법상 상관명예훼손죄는 상관에 대한 사회적 평가, 즉 외부적 명예 외에 군 조직의 질서 및 통수체계 유지 역시 보호법익으로 한다(대법원 2013.12.12, 2013도4555; 2015.9.24, 2015도11286). 그런데 군형법 제64조 제3항의 상관명예훼손죄는 행위의 상대방이 '상관'이라는 점에서 형법 제307조 제1항의 명예훼손죄와 구별되는 것일 뿐 구성요건적 행위인 명예훼손을 형법상의 개념과 다르게 해석할 이유가 없다. 따라서 군형법상 상관명예훼손죄와 형법상 명예훼손죄의 불법내용에 본질적인 차이가 있다고 보기 어렵고, 문제되는 행위가 '공공의 이익에 관한 때'에 해당하는지를 심사할 때에 상관명예훼손죄가 보호하고자 하는 군의 통수체계와 위계질서에 대한 침해 위험 등을 추가적으로 고려함으로써 위법성조각사유의 해당 여부를 판단하면 충분하다(대법원 2024.4.16, 2023도13333).

14

정답 ④

④ ㉠㉡㉢㉣

㉠ (○) 명예훼손죄의 구성요건으로서 공연성은 '불특정 또는 다수인이 인식할 수 있는 상태'를 의미하고, 개별적으로 소수의 사람에게 사실을 적시하였더라도 그 상대방이 불특정 또는 다수인에게 적시된 사실을 전파할 가능성이 있는 때에도 공연성이 인정된다. 개별적인 소수에 대한 발언을 불특정 또는 다수인에게 전파될 가능성을 이유로 공연성을 인정하기 위해서는 막연히 전파될 가능성이 있다는 것만으로 부족하고, 고도의 가능성 내지 개연성이 필요하며, 이에 대한 검사의 엄격한 증명을 요한다. 특히 발언 상대방이 직무상 비밀유지의무 또는 이를 처리해야 할 공무원이나 이와 유사한 지위에 있는 경우에는 그러한 관계나 신분으로 인하여 비밀의 보장이 상당히 높은 정도로 기대되는 경우로서 공연성이 부정되고, 공연성을 인정하기 위해서는 그러한 관계나 신분에도 불구하고 불특정 또는 다수인에게 전파될 수 있다고 볼 만한 특별한 사정이 존재하여야 한다(대법원 2020.11.19, 2020도5813 전원합의체; 2021.4.29, 2021도1677). 징계 처리 요청서 부분 명예훼손의 점의 요지는 피고인들이 피해자가 자율규정을 위반하여 징계하였으니 골프장 출입을 금지시켜 달라는 내용의 요청서를 작성하여 골프장 운영 회사 담당자를 통하여 위 회사에 제출하였다는 것인데, 피고인들과 피해자는 골프장의 경기도우미(캐디)인데 경기도우미들은 자율규정을 위반한 경기도우미에 대한 징계를 스스로 결정한 후 골프장 운영 회사의 접수 직원에게 전달하고, 위 회사 내부의 검토·보고를 거쳐 시행하는 점, 이 부분에서 문제된 요청서는 절차에 따라 접수 직원에게 전달되어 위 회사에 의해 피해자에 대한 출입금지조치가 있었던 점을 인정한 다음 피고인들이 피해자에 대한 출입금지처분을 요청하기 위하여 그 담당자에게 요청서를 제출한 것이어서 담당자를 통하여 불특정 또는 다수인에게 전파될 가능성이 있다고 보이지 않는다(대법원 2020.12.30, 2015도15619).

[보충] 다만, 피고인들이 피해자에 대한 허위사실을 적시한 서명자료를 만들어 다수의 동료들에게 읽고 서명하게 한 행위는 특히 그 내용을 동료들이 알고 있는 경우라 하더라도 명예훼손죄의 공연성이 인정된다. "명예훼손죄는 추상적 위험범으로 불특정 또는 다수인이 적시된 사실을 실제 인식하지 못하였다고 하더라도 인식할 수 있는 상태에 놓인 것으로도 명예가 훼손된

것으로 보아야 한다(위 2020도5813 전원합의체). 발언 상대방이 이미 알고 있는 사실을 적시하였더라도 공연성 즉 전파될 가능성이 없다고 볼 수 없다(대법원 1993.3.23, 92도455 등). 서명자료 부분 명예훼손의 점의 요지는 피고인들이 허위사실을 적시한 서명자료를 만들어 동료 여러 명에게 읽고 서명하게 하였다는 것이다. 원심은 피고인들의 행위는 불특정 또는 다수인이 인식할 수 있는 상태에 해당하고, 설령 그 내용이 동료들 사이에 만연한 소문이었다고 하더라도 공연성이 인정된다(대법원 2020.12.30, 2015도15619)."

ⓒ (O) 다음 판례의 @ 부분이 위 지문에 해당한다. "@ 피해자의 명예를 현저하게 훼손할 수 있는 이 사건 적시사실 자체가 허위이고 위 피고인이 위 적시사실의 주요 부분이 허위임을 충분히 인식하였다면, 특별한 사정이 없는 한 거기에는 피해자를 비방할 목적이 있다고 볼 것이고, 이 경우에는 형법 제310조 및 거기에서 파생된 법리에 의하여 위법성이 조각될 여지가 없는 것이므로, 피고인의 행위는 구 정보통신망법 제61조 제2항 소정의 명예훼손죄에 해당한다고 보아야 할 것이다. ⓑ 반면에, 이 사건 적시사실이 진실이거나 위 피고인에게 위 적시사실의 허위성에 대한 인식이 없었다면 구 정보통신망법 제61조 제2항 소정의 명예훼손죄는 물론, 원심이 유죄로 인정한 형법 제307조 제2항 소정의 명예훼손죄도 성립되지 않는 것이며, 나아가 원심이 구 정보통신망법 제61조 제2항 소정의 명예훼손죄에 대하여 이유에서 무죄로 판단하면서 든 여러 사정들을 고려할 때 구 정보통신망법 제61조 제1항의 명예훼손죄의 구성요건요소인 '비방의 목적'이나 형법 제307조 제1항 소정의 명예훼손죄의 위법성 역시 부정된다고 볼 여지가 없지 않다고 할 것이다(대법원 2008.11.27, 2007도5312)."

ⓒ (O) 명예훼손죄가 성립하려면 사실의 적시가 있어야 하고 적시된 사실은 특정인의 사회적 가치나 평가가 침해될 가능성이 있을 정도로 구체성을 띠어야 한다(대법원 2000.2.25, 98도2188 등). 사실의 적시란 가치판단이나 평가를 내용으로 하는 의견표현에 대치되는 개념으로서 시간과 공간적으로 구체적인 과거 또는 현재의 사실관계에 관한 보고나 진술을 뜻하며, 표현내용이 증거에 의한 증명이 가능한 것을 말한다. … 부산 ○○구 ○○동장인 피고인이 ○○구 주민자치위원인 A에게 전화를 걸어 "어제 열린 ○○동 마을제사 행사에 남편과 이혼한 피해자도 참석을 하여, 이에 대해 행사에 참여한 사람들 사이에 안 좋게 평가하는 말이 많았다."고 말하고, ○○동 주민들과 함께한 저녁식사 자리에서 "피해자는 이혼했다는 사람이 왜 마을제사에 왔는지 모르겠다."고 말하여 공연히 사실을 적시하여 피해자의 명예를 훼손하였다고 기소된 경우, @ 피고인이 피해자의 이혼 경위나 사유, 혼인관계 파탄의 책임 유무를 언급하지 않고 이혼 사실 자체만을 언급한 것은 피해자의 사회적 가치나 평가를 떨어뜨린다고 볼 수 없고, ⓑ 이 사건 발언 배경과 내용 등에 비추어 보면, 이 사건 발언은 피해자에 관한 과거의 구체적인 사실을 진술하기 위한 것이 아니라 피해자의 당산제 참석에 대한 부정적인 가치판단이나 평가를 표현하고 있을 뿐이므로, 이 사건 발언은 피해자의 사회적 가치나 평가를 침해하는 구체적인 사실의 적시에 해당하지 않고 피해자의 마을제사 참여에 관한 의견표현에 지나지 않아 명예훼손죄의 '사실의 적시'에 해당하지 않는다('이혼한 피해자가 왜 마을제사에 왔는지 모르겠다'는 발언은 의견표현에 불과하다는 사건, 대법원 2022. 5.13, 2020도15642).

ⓔ (×) 서적·신문 등 기존의 매체에 명예훼손적 내용의 글을 게시하는 경우에 그 게시행위로써 명예훼손의 범행은 종료하는 것이며 그 서적이나 신문을 회수하지 않는 동안 범행이 계속된다고 보지는 않는다는 점을 고려해 보면, 정보통신망을 이용한 명예훼손의 경우에, 게시행위 후에도 독자의 접근가능성이 기존의 매체에 비하여 좀 더 높다고 볼 여지가 있다 하더라도 그러한 정도의 차이만으로 정보통신망을 이용한 명예훼손의 경우에 범죄의 종료시기가 달라진다고 볼 수는 없다(대법원 2007. 10.25, 2006도346).

ⓜ (O) 모욕죄의 구성요건인 '공연성'에 관하여도 명예훼손죄의 '공연성'에 관한 법리가 동일하게 적용된다(대법원 2022.6.16, 2021도15122 등). … 발언 후 실제로 전파되었는지 여부는 전파가능성 유무를 판단함에 있어 소극적 사정으로 고려될 수 있다(대법원 2020.11.19, 2020도5813 전원합의체 등). 특히 발언의 내용 역시 피해자의 외부적 명예나 인격적 가치에 대한 사회적 평가를 저하시키거나 인격을 허물어뜨릴 정도로 모멸감을 주는 혐오스러운 표현이라기보다는 전체적으로 피해자의 입장에서 불쾌함을 느낄 정도의 부정적·비판적 의견이나 불편한 감정을 거칠게 나타낸 정도의 표현에 그치는 것으로서, 발언에 담긴 취지가 아니라 그와 같은 조악한 표현 자체를 피해자에게 그대로 옮겨 전파하리라는 사정을 쉽게 예상하기 어려운 경우에는 전파가능성을 인정함에 더욱 신중을 기할 필요가 있다. 피고인이 카카오톡 메시지를 보낸 행위에 모욕죄의 공연성이 있었다거나 피고인에게 전파가능성에 대한 인식과 그 위험을 용인하는 의사가 있었다고 단정하기 어렵다(대법원 2024.1.4, 2022도14571).

15   정답 ④

④ ㄱㄴㄷ

ⓖ (O) 민사재판에서 법원은 당사자 사이에 다툼이 있는 사실관계에 대하여 처분권주의와 변론주의, 그리고 자유심증주의의 원칙에 따라 신빙성이 있다고 보이는 당사자의 주장과 증거를 받아들여 사실을 인정하는 것이어서, 민사판결의 사실인정이 항상 진실한 사실에 해당한다고 단정할 수는 없다. 따라서 다른 특별한 사정이 없는 한, 그 진실이 무엇인지 확인할 수 없는 과거의 역사적 사실관계 등에 대하여 민사판결을 통하여 어떠한 사실인정이 있었다는 이유만으로, 이후 그와 반대되는 사실의 주장이나 견해의 개진 등을 형법상 명예훼손죄 등에 있어서 '허위의 사실 적시'라는 구성요건에 해당한다고 쉽게 단정하여서는 아니 된다. 판결에 대한 자유로운 견해 개진과 비판, 토론 등 헌법이 보장한 표현의 자유를 침해하는 위헌적인 법률해석이 되어 허용될 수 없기 때문이다(대법원 2017.12.5, 2017도15628).

ⓛ (O) 대안학교의 영어 교과를 담당하던 피고인이 교장인 피해자를 속이고 자신이 별도로 운영하는 교육 콘텐츠 제공 등 업체가 사용권이 있는 영어 교육 프로그램을 도입하면서 청구할 필요 없는 이용료를 학생들로부터 지급받은 문제 등으로 피해자와 대립하면서 학교 운영의 정상화나 학생의 학습권 보장 등의 목적이 아니라 본인의 이익을 추구할 목적으로 피해자를 비난하는 내용의 공소사실 기재 발언 게시행위를 하였다면, 형법 제310조의 공공의 이익에 관한 것이라 할 수 없고 피고인에게 비방할 목적이 없다고 볼 수 없다(대법원 2021.1.14, 2020도8780).

ⓒ (O) 정보통신망 이용촉진 및 정보보호 등에 관한 법률"(이하 '정보통신망법') 제70조 제2항은 "사람을 비방할 목적으로 정보

통신망을 통하여 공공연하게 거짓의 사실을 드러내어 다른 사람의 명예를 훼손한 자는 7년 이하의 징역, 10년 이하의 자격정지 또는 5천만 원 이하의 벌금에 처한다.'라고 정하고 있다. 이 규정에 따른 범죄가 성립하려면 피고인이 공공연하게 드러낸 사실이 거짓이고 그 사실이 거짓임을 인식하여야 할 뿐만 아니라 사람을 비방할 목적이 있어야 한다. 비방할 목적이 있는지 여부는 피고인이 드러낸 사실이 거짓인지 여부와 별개의 구성요건으로서, 드러낸 사실이 거짓이라고 해서 비방할 목적이 당연히 인정되는 것은 아니다. 그리고 이 규정에서 정한 모든 구성요건에 대한 증명책임은 검사에게 있다(대법원 2020.12.10, 2020도11471).

② (×) 전파가능성을 이유로 명예훼손죄의 공연성을 인정하는 경우에는 적어도 범죄구성요건의 주관적 요소로서 미필적 고의가 필요하므로 전파가능성에 대한 인식이 있음은 물론 나아가 그 위험을 용인하는 내심의 의사가 있어야 한다. 행위자가 전파가능성을 용인하고 있었는지 여부는 외부에 나타난 행위의 형태와 상황 등 구체적인 사정을 기초로 일반인이라면 그 전파가능성을 어떻게 평가할 것인가를 고려하면서 행위자의 입장에서 그 심리상태를 추인하여야 한다. … 마트의 운영자인 피고인이 마트에 아이스크림을 납품하는 업체 직원인 甲을 불러 '다른 업체에서는 마트에 입점하기 위하여 입점비를 준다고 하던데, 입점비를 얼마나 줬어? 점장 乙이 여러 군데 업체에서 입점비를 돈으로 받아 해먹었고, 지금 뒷조사 중이다.'라고 말하여 공연히 허위 사실을 적시하여 乙의 명예를 훼손하였다는 내용으로 기소된 경우, 피고인은 마트 영업을 시작하면서 乙을 점장으로 고용하여 관리를 맡겼는데, 재고조사 후 일부 품목과 금액의 손실이 발견되자 그때부터 乙을 의심하여 마트 관계자들을 상대로 乙의 비리 여부를 확인하고 다니던 중 乙이 납품업자들로부터 현금으로 입점비를 받았다는 이야기를 듣고 甲을 불러 乙에게 입점비를 얼마 주었느냐고 질문하였던 점 등 제반 사정을 종합하면, 피고인은 乙이 납품업체들로부터 입점비를 받아 개인적으로 착복하였다는 소문을 듣고 甲을 불러 소문의 진위를 확인하면서 甲도 입점비를 乙에게 주었는지 질문하는 과정에서 위와 같은 말을 한 것으로 보이므로, 乙의 사회적 평가를 저하시킬 의도를 가지거나 그러한 결과가 발생할 것을 인식한 상태에서 위와 같은 말을 한 것이 아니어서 피고인에게 명예훼손의 고의를 인정하기 어렵고, 한편 피고인이 아무도 없는 사무실로 甲을 불러 단둘이 이야기를 하였고, 甲에게 그와 같은 사실을 乙에게 말하지 말고 혼자만 알고 있으라고 당부하였으며, 甲이 그 후 乙에게는 이야기하였으나 乙 외의 다른 사람들에게 이야기한 정황은 없는 점 등을 고려하면 피고인에게 전파가능성에 대한 인식과 그 위험을 용인하는 내심의 의사가 있었다고 보기도 어렵다(대법원 2018.6.15, 2018도4200).

16
정답 ③

③ (○) 사실적시의 내용이 사회 일반의 일부 이익에만 관련된 사항이라도 다른 일반인과 공동생활에 관계된 사항이라면 공익성을 지니고, 나아가 개인에 관한 사항이더라도 공공의 이익과 관련되어 있고 사회적인 관심을 획득하거나 획득할 수 있는 경우라면 직접적으로 국가·사회 일반의 이익이나 특정한 사회집단에 관한 것이 아니라는 이유만으로 형법 제310조의 적용을 배제할 것은 아니다. 사인이라도 그가 관계하는 사회적 활동의 성

질과 사회에 미칠 영향을 헤아려 공공의 이익에 관련되는지 판단해야 한다(대법원 2020.11.19, 2020도5813 전원합의체; 2022.2.11, 2021도10827). … 공소사실에 기재된 이 사건 게시글의 중요한 부분은 '진실한 사실'에 해당되고, 피고인의 주요한 동기·목적이 공공의 이익을 위한 것임이 인정되는 이상, 형법 제310조에 따라 위법성이 조각된다고 봄이 타당하다(대법원 2023.2.2, 2022도13425).

① (×) 민사적 법률관계하에서 이해관계가 상충되는 당사자 사이에 권리의 실현·행사 과정에서 이루어진 상대방에 대한 불이익이나 해악의 고지가 일반적으로 보아 공포심을 일으킬 수 있는 정도로서 협박죄의 '협박'에 해당하는지 여부와 그것이 사회상규에 비추어 용인할 수 있는 정도를 넘어선 것인지 여부를 판단할 때에는, 행위자와 상대방의 관계 및 사회경제적 위상의 차이, 고지된 불이익이나 해악의 내용이 당시 상황에 비추어 이해관계가 대립되는 당사자의 권리 실현·행사의 내용으로 통상적으로 예견·수용할 수 있는 범위를 현저히 벗어난 정도에 이르렀는지, 해악의 고지 방법과 그로써 추구하는 목적 사이에 합리적 관련성이 존재하는지 등 여러 사정을 세심히 살펴보아야 한다. … 피고인들을 비롯한 직원들의 임금이 체불되고 사무실 임대료를 내지 못할 정도로 재정 상태가 좋지 않은 등의 이유로 이 사건 회사의 경영상황이 우려되고 대표이사 겸 최대주주인 피해자의 경영능력이 의심받던 상황에서, 직접적 이해당사자인 피고인들이 동료 직원들과 함께 피해자를 만나 '사임제안서'만 전달하였을 뿐 별다른 말을 하지 않았고, 피해자도 약 5분 동안 이를 읽은 후 바로 그 자리를 떠났다. … 경영위기에 놓인 회사의 직원 중 일부가 동료 직원 및 주요 투자자와 협의를 거쳐 회사 갱생을 위한 자구책으로 마련한 '사임제안서'를 대표이사에게 전달한 행위는 '협박'으로 볼 수 없고, 이에 해당하더라도 사회통념상 용인할 수 있는 정도이거나 회사의 경영 정상화라는 정당한 목적을 위한 상당한 수단에 해당하여 사회상규에 반하지 아니한다(대법원 2022.12.15, 2022도9187).

② (×) 형법 제273조 제1항에서 말하는 '학대'라 함은 육체적으로 고통을 주거나 정신적으로 차별대우를 하는 행위를 가리키고(대법원 1986.7.8, 84도2922 참조), 이러한 학대행위는 형법의 규정체제상 학대와 유기의 죄가 같은 장에 위치하고 있는 점 등에 비추어 단순히 상대방의 인격에 대한 반인륜적 침해만으로는 부족하고 적어도 유기에 준할 정도에 이르러야 한다. 피고인과 피해자간의 비정상적 관계가 단순 일과성에 그친 것이 아니라 장장 8년간에 걸쳐 지속되어 왔다는 등 상고이유에서 들고 있는 사정들이 이 부분 공소사실에 관한 위 판단을 좌우할 만한 결정적인 것은 되지 못한다(대법원 2000.4.25, 2000도223).

④ (×) 형법 제311조의 모욕죄는 사람의 가치에 대한 사회적 평가를 의미하는 외부적 명예를 보호법익으로 하는 범죄로서, 모욕죄에서 말하는 모욕이란 사실을 적시하지 아니하고 사람의 사회적 평가를 저하시킬 만한 추상적 판단이나 경멸적 감정을 표현하는 것을 의미한다. 따라서 어떠한 표현이 상대방의 인격적 가치에 대한 사회적 평가를 저하시킬 만한 것이 아니라면 설령 그 표현이 다소 무례한 방법으로 표시되었다 하더라도 이를 두고 모욕죄의 구성요건에 해당한다고 볼 수 없다(대법원 2018.11.29, 2017도2661). 모욕의 수단과 방법에는 제한이 없으므로 언어적 수단이 아닌 비언어적·시각적 수단만을 사용하여 표현을 하더라도 그것이 사람의 사회적 평가를 저하시킬 만한 추상적 판단이나 경멸적 감정을 전달하는 것이라면 모욕죄가

성립한다. 최근 영상 편집·합성 기술이 발전함에 따라 합성 사진 등을 이용한 모욕 범행의 가능성이 높아지고 있고, 시각적 수단만을 사용한 모욕이라 하더라도 그 행위로 인하여 피해자가 입는 피해나 범행의 가벌성 정도는 언어적 수단을 사용한 경우와 비교하여 차이가 없다. … 영상의 전체적인 내용을 살펴볼 때, 피고인이 피해자의 얼굴을 가리는 용도로 동물 그림을 사용하면서 피해자에 대한 부정적인 감정을 다소 해학적으로 표현하려 한 것에 불과하다고 볼 여지도 상당하므로, 해당 영상이 피해자를 불쾌하게 할 수 있는 표현이기는 하지만 객관적으로 피해자의 인격적 가치에 대한 사회적 평가를 저하시킬 만한 모욕적 표현을 한 경우에 해당한다고 단정하기는 어렵다(대법원 2023.2.2, 2022도4719).

17 정답 ④

④ ㉠㉡㉢

㉠ (○) 업무방해죄에서 '허위사실의 유포'란 객관적으로 진실과 부합하지 않는 사실을 유포하는 것으로서 단순한 의견이나 가치판단을 표시하는 것은 이에 해당하지 않는다. 유포한 대상이 사실과 의견 가운데 어느 것에 속하는지 판단할 때는 언어의 통상적 의미와 용법, 증명가능성, 문제된 말이 사용된 문맥, 당시의 사회적 상황 등 전체적 정황을 고려해서 판단해야 한다(대법원 1998.3.24, 97도2956; 2017.4.13, 2016도19159 등). 의견표현과 사실 적시가 혼재되어 있는 경우에는 이를 전체적으로 보아 허위사실을 유포하여 업무를 방해한 것인지 등을 판단해야지, 의견표현과 사실 적시 부분을 분리하여 별개로 범죄의 성립 여부를 판단해서는 안 된다(대법원 2005.6.10, 2005도89 등). 반드시 기본적 사실이 거짓이어야 하는 것은 아니고 비록 기본적 사실은 진실이더라도 이에 거짓이 덧붙여져 타인의 업무를 방해할 위험이 있는 경우도 업무방해에 해당한다. 그러나 그 내용 전체의 취지를 살펴볼 때 중요한 부분이 객관적 사실과 합치되고 단지 세부적으로 약간의 차이가 있거나 다소 과장된 표현이 있는 정도에 지나지 않아 타인의 업무를 방해할 위험이 없는 경우는 이에 해당하지 않는다(대법원 2006.9.8, 2006도1580 등; 2021.9.30, 2021도6634).

㉡ (○) 대학 교직원이 전보발령으로 인하여 웹서버를 관리, 운영할 권한이 없는 상태에서 웹서버에 접속하여 홈페이지 관리자의 비밀번호를 무단으로 변경한 행위가 컴퓨터 등 장애업무방해죄를 구성한다(대법원 2007.3.16, 2006도6663).

㉢ (○) 신규직원 채용권한을 가지고 있는 지방공사 사장이 시험업무 담당자들에게 지시하여 상호 공모 내지 양해하에 시험성적조작 등의 부정한 행위를 한 경우, 법인인 공사에게 신규직원 채용업무와 관련하여 오인·착각 또는 부지를 일으키게 한 것이 아니므로, '위계'에 의한 업무방해죄에 해당하지 않는다(대법원 2007.12.27, 2005도6404).

㉣ (×) 업무방해죄의 수단인 위력은 사람의 자유의사를 제압·혼란하게 할 만한 일체의 억압적 방법을 말하고 이는 제3자를 통하여 간접적으로 행사하는 것도 포함될 수 있다. 그러나 어떤 행위의 결과 상대방의 업무에 지장이 초래되었다 하더라도 행위자가 가지는 정당한 권한을 행사한 것으로 볼 수 있는 경우에는, 그 행위의 내용이나 수단 등이 사회통념상 허용될 수 없는 등 특별한 사정이 없는 한 업무방해죄를 구성하는 위력을 행사한 것이라고 할 수 없다. 따라서 제3자로 하여금 상대방에

게 어떤 조치를 취하게 하는 등으로 상대방의 업무에 곤란을 야기하거나 그러한 위험이 초래되게 하였더라도, 행위자가 그 제3자의 의사결정에 관여할 수 있는 권한을 가지고 있거나 그에 대하여 업무상의 지시를 할 수 있는 지위에 있는 경우에는 특별한 사정이 없는 한 업무방해죄를 구성하지 아니한다(대법원 2013.2.28, 2011도16718; 2009.10.15, 2009도5623 등; 2021.7.8, 2021도3805).
[보충] 장애인복지협회의 지부장으로서 협회에 대한 회계자료 열람권을 가진 피고인이 협회 사무실에서 회계서류 등의 열람을 요구하는 과정에서 협회 직원들을 불러 모아 상당한 시간 동안 이야기를 하거나 피고인의 요구를 거부하는 직원에게 다소 언성을 높여 책임을 지게 될 수 있다고 이야기한 사정 등만으로는 피고인의 행위가 업무방해 행위에 해당하지 않는다고 본 원심을 수긍한 사례이다.

㉤ (×) 업무방해죄의 보호대상이 되는 "업무"라 함은 직업 또는 사회생활상의 지위에 기하여 계속적으로 종사하는 사무나 사업을 말하는 것으로, 이러한 주된 업무와 밀접불가분의 관계에 있는 부수적인 업무도 이에 포함된다(대법원 1993.2.9, 92도2929 등). 그러나 이사회가 의안 심의 및 결의에 관한 업무와 관련하여 특정 안건의 심의 및 의결 절차의 편의상 이사회 구성원이 아닌 감사 등의 의견을 청취하는 것은 그 실질에 있어 이사회 구성원인 이사들의 의안 심의 및 결의에 관한 계속적 업무 혹은 그와 밀접불가분의 관계에 있는 업무에 해당할 뿐, (개별 이사회에서 이루어지는 심의·의결 등 업무는 감사가 그 주체로서 행한 업무에 해당하지 아니하고 감사의 특정 이사회 출석 및 의견 진술은 감사의 본래 업무와 밀접불가분의 관계에 있는 부수적인 업무라고 보기 어려우므로) 그와 같은 경우로 이사회에 출석하여 의견을 진술한 이사회 구성원 아닌 감사의 업무를 방해한 경우에 해당한다고 볼 수 없다(대법원 2023.9.27, 2023도6411).

18 정답 ④

④ (○) 사용자 또한 자신의 의견을 표명할 수 있는 자유를 가지고 있으므로, 사용자가 노동조합의 활동에 대하여 단순히 비판적 견해를 표명하거나 근로자를 상대로 집단적인 설명회 등을 개최하여 회사의 경영상황 및 정책방향 등 입장을 설명하고 이해를 구하는 행위 또는 비록 파업이 예정된 상황이라 하더라도 그 파업의 정당성과 적법성 여부 및 파업이 회사나 근로자에 미치는 영향 등을 설명하는 행위는 거기에 징계 등 불이익의 위협 또는 이익제공의 약속 등이 포함되어 있거나 다른 지배·개입의 정황 등 노동조합의 자주성을 해칠 수 있는 요소가 연관되어 있지 않는 한, 사용자에게 노동조합의 조직이나 운영 및 활동을 지배하거나 이에 개입하는 의사가 있다고 가볍게 단정할 것은 아니라 할 것이다(대법원 2013.1.10, 2011도15497).

① (×) 업무방해죄의 수단인 위력은 사람의 자유의사를 제압·혼란하게 할 만한 일체의 억압적 방법을 말하고, 이는 제3자를 통하여 간접적으로 행사하는 것도 포함될 수 있다. 그러나 어떤 행위의 결과 상대방의 업무에 지장이 초래되었다 하더라도 행위자가 가지는 정당한 권한을 행사한 것으로 볼 수 있는 경우에는, 행위의 내용이나 수단 등이 사회통념상 허용될 수 없는 등 특별한 사정이 없는 한 업무방해죄를 구성하는 위력을 행사한 것이라고 할 수 없다. 따라서 제3자로 하여금 상대방에게 어

떤 조치를 취하게 하는 등으로 상대방의 업무에 곤란을 야기하거나 그러한 위험이 초래되게 하였다 하더라도, 행위자가 제3자의 의사결정에 관여할 수 있는 권한을 가지고 있거나 그에 대하여 업무상 지시를 할 수 있는 지위에 있는 경우에는 특별한 사정이 없는 한 업무방해죄를 구성하지 아니한다(대법원 2013.2.28, 2011도16718).

② (×) 대리점 사업자 乙이 일정액의 사용료를 지급하고 판매정보 교환 등에 이용해 오던 甲 회사의 내부전산망 전체 및 고객관리시스템 중 자유게시판에 대한 접속권한을 차단하였다면, 피고인이 위력으로 乙의 업무를 방해하였다고 본 원심판단은 정당하다(대법원 2012.5.24, 2009도4141).

③ (×) 형법 제314조 제1항의 업무방해죄는 위계 또는 위력으로써 사람의 업무를 방해한 경우에 성립하고, 여기서의 '위계'라함은 행위자의 행위목적을 달성하기 위하여 상대방에게 오인·착각 또는 부지를 일으키게 하여 이를 이용하는 것을 말한다. 따라서 상호저축은행 경영진인 피고인들이 상호저축은행의 영업정지가 임박해 있던 상황에서 금융감독원 파견감독관에게 알리지 아니한 채 영업마감 후에 전화로 특정 고액 예금채권자들에게 영업정지 예정사실을 알려주어 이들로 하여금 상호저축은행을 방문하여 예금을 인출하도록 한 행위는, 영업정지 예정사실 통지에 관한 파견감독관의 부지를 이용하여 위 예금채권자들로 하여금 예금을 인출하도록 한 것으로 업무방해에 있어서의 위계에 해당한다(대법원 2013.1.24, 2012도10629).

19
정답 ①

① (○) 형법 제310조는 "제307조 제1항의 행위가 진실한 사실로서 오로지 공공의 이익에 관한 때에는 처벌하지 아니한다."라고 정한다. 사실적시의 내용이 사회 일반의 일부 이익에만 관련된 사항이라도 다른 일반인과 공동생활에 관계된 사항이라면 공익성을 지니고, 여기에서 나아가 개인에 관한 사항이더라도 공공의 이익과 관련되어 있고 사회적인 관심을 획득한 경우라면 직접적으로 국가·사회 일반의 이익이나 특정한 사회집단에 관한 것이 아니라는 이유만으로 형법 제310조의 적용을 배제할 것은 아니다. 사인이라도 그가 관계하는 사회적 활동의 성질과 사회에 미칠 영향을 헤아려 공공의 이익에 관련되는지 판단해야 한다(대법원 2020.11.19, 2020도5813 전원합의체). 이 사건 전단지는 피고인이 의료사고로 사망한 환자의 유족으로서 담당 의료인인 피해자와 면담 과정에서 실제 경험한 일과 이에 대한 자신의 주관적 평가를 담고 있고, 주요부분에서 객관적 사실과 합치되는 것으로 볼 여지가 있으며, 환자가 사망한 의료사고의 발생과 이에 대한 담당 의료인의 부적절한 대응으로 인한 의료소비자의 피해사례에 관한 것으로 볼 수 있어 피해자에게 의료행위를 받고자 하는 환자 등 의료소비자의 합리적인 선택권 행사에 도움이 될 수도 있는 정보로서 공적인 관심과 이익에 관한 사안이라는 등의 이유로, 피고인이 이 사건 전단지를 배포한 행위는 형법 제310조의 공공의 이익을 위한 것으로 볼 여지가 있다. 설령 피고인에게 부수적으로 피해자에 대한 원망이나 억울함 등 다른 개인적인 목적이나 동기가 내포되어 있었다고 하더라도 형법 제310조의 적용을 배제할 수 없다(대법원 2022.7.28, 2020도8421).

② (×) 정보통신망법 제70조 제2항이 정한 '허위사실 적시에 의한 명예훼손죄'가 성립하려면 피고인이 적시하는 사실이 허위이고 그 사실이 허위임을 인식하여야 한다. 같은 항에서 정한 '사람을 비방할 목적'은 공공의 이익을 위한 것과는 행위자의 주관적 의도라는 방향에서 상반되므로, 적시한 사실이 공공의 이익에 관한 것인 경우에는 특별한 사정이 없는 한 비방할 목적은 부정된다(대법원 2011.11.24, 2010도10864 등). 공공의 이익에 관한 것에는 널리 국가·사회 그 밖에 일반 다수인의 이익에 관한 것뿐만 아니라 특정한 사회집단이나 그 구성원 전체의 관심과 이익에 관한 것도 포함되며, 나아가 공공의 이익관련성 개념이 시대에 따라 변화하고 공공의 관심사 역시 상황에 따라 쉴 새 없이 바뀌고 있다는 점을 고려하면, 공적인 인물, 제도 및 정책 등에 관한 것만을 공공의 이익관련성으로 한정할 것은 아니다. 따라서 사실적시의 내용이 사회 일반의 일부 이익에만 관련된 사항이라도 다른 일반인과의 공동생활에 관계된 사항이라면 공익성을 지닌다고 할 것이고, 개인에 관한 사항이더라도 그것이 공공의 이익과 관련되어 있고 사회적인 관심을 획득한 경우라면 직접적으로 국가·사회 일반의 이익이나 특정한 사회 집단에 관한 것이 아니라는 이유만으로 공공의 이익관련성을 부정할 것은 아니다. 사인이라도 그가 관계하는 사회적 활동의 성질과 사회에 미칠 영향을 헤아려 공공의 이익에 관련되는지 판단하여야 한다(명예훼손죄에서의 '공공의 이익'에 관한 대법원 2020.11.19, 2020도5813 전원합의체). 피고인이 페이스북에 과거 자신이 근무했던 소규모 스타트업 회사의 대표가 회식 자리에서 직원들에게 술을 강권하였다는 취지의 글을 게시하여 정보통신망법 제70조 제2항 위반죄로 기소된 경우, 개인적 환경이나 근로 환경에 따라 회식 자리에서의 음주와 관련한 근로자 개인이 느끼는 압박감의 정도가 다를 수 있는 등을 고려할 때 피고인이 게시한 글은 허위사실이 아니고 비방할 목적도 인정되지 않는다(페이스북에 '과거 자신이 근무했던 회사 대표가 직원들에게 술을 강권하였다'는 취지의 글을 게시한 소위 '직장갑질 개선 주장'에 대하여 공공의 이익 관련성이 인정되므로 사람을 비방할 목적이 부정된다는 사건, 대법원 2022.4.28, 2020도15738).

③ (×) 정치적인 의사표현을 위한 집회나 행위가 헌법 제21조에 따라 보장되는 정치적 표현의 자유나 헌법 제10조에 내재된 일반적 행동의 자유의 관점 등에서 보호받을 가능성이 있더라도 전체 법질서상 용인될 수 없을 정도로 사회적 상당성을 갖추지 못한 때에는 그 행위 자체가 위법한 세력의 행사로서 형법 제314조 제1항의 업무방해죄에서 말하는 위력의 개념에 포섭될 수 있다. … 피고인들의 행위는 사람의 자유의사를 제압·혼란케 할 만한 '위력'에 해당하고 업무방해의 고의도 인정되며, 피고인들의 과격한 행위로 물리적 충돌이 발생하고 전당대회 개최가 지연되는 등 전당대회 진행, 당대표·최고위원 선출 등 정당의 업무가 방해되는 결과가 발생하였다(대법원 2022.6.16, 2021도16591).

④ (×) 위 시험의 개시나 수행과정에서의 하자 정도가 반사회성을 띠는 데까지 이르렀다고 볼 수 없으므로 도로공사의 위 성능시험 업무는 업무방해죄의 보호대상이 된다(대법원 2010.5.27, 2008도2344).

20
정답 ③

③ ㉠㉡㉢㉤

㉠ (×) 컴퓨터 등 정보처리장치에 정보를 입력하는 등의 행위가

그 입력된 정보 등을 바탕으로 업무를 담당하는 사람의 오인, 착각 또는 부지를 일으킬 목적으로 행해진 경우에는 그 행위가 업무를 담당하는 사람을 직접적인 대상으로 이루어진 것이 아니라고 하여 위계가 아니라고 할 수는 없다(대법원 2013.11. 28, 2013도4178).

ⓛ (×) 피고인이 일부러 건축자재를 갑의 토지 위에 쌓아 두어 공사현장을 막은 것이 아니라 당초 자신의 공사를 위해 쌓아 두었던 건축자재를 공사 완료 후 치우지 않은 것에 불과하므로, 비록 공사대금을 받을 목적으로 건축자재를 치우지 않았더라도, 피고인이 자신의 공사를 위하여 쌓아 두었던 건축자재를 공사 완료 후에 단순히 치우지 않은 행위가 위력으로써 甲의 추가 공사 업무를 방해하는 업무방해죄의 실행행위로서 甲의 업무에 대하여 하는 적극적인 방해행위와 동등한 형법적 가치를 가진다고 볼 수 없다(대법원 2017.12.22, 2017도13211).

ⓒ (○) 대법원 1984.5.9, 83도2270

ⓔ (×) 甲이 최종합격자를 선정하는 데 영향력을 행사하였더라도 그러한 행위가 면접업무를 이미 마친 공소외 2에게 오인·착각 또는 부지를 일으켰다고 할 수 없다. 한편 직원 채용권한을 갖고 있는 공소외 1 회사의 대표이사 원심공동피고인 1은 이 사건 채용계획에 정해진 최종합격자 결정 방법과는 다르게 피고인이 적합하다고 판단한 응시자를 최종합격자로 채용하는 것을 양해하였던 것으로 보이므로, 피고인이 최종합격자를 선정하는 과정에서 원심공동피고인 1을 오인 또는 착각에 빠트렸다거나 원심공동피고인 1의 부지를 이용하였다고 보기 어렵다(대법원 2017.5.30, 2016도18858).

ⓜ (×) 입찰방해죄는 위계 또는 위력 기타의 방법으로 입찰의 공정을 해하는 경우에 성립하고, 여기서 '입찰의 공정을 해하는 행위'란 공정한 자유경쟁을 방해할 염려가 있는 상태를 발생시키는 것으로서, 그 행위에는 적정한 가격형성에 부당한 영향을 주는 것뿐 아니라 적법하고 공정한 경쟁방법을 해하거나 공정한 경쟁구도의 형성을 저해하는 행위도 포함된다. 피고인이 민사집행법상 기일입찰 방식의 경매절차에서 경매목적물을 매수할 의사나 능력 없이 오로지 경매목적물이 제3자에게 매각되는 것을 저지하기 위하여 경매절차를 지연할 목적으로 다른 사람의 명의를 이용하여 감정가와 현저하게 차이가 나는 금액으로 입찰하는 행위를 반복함으로써 제3자의 매수를 사실상 봉쇄하여 전체적으로 경매절차를 형해화하는 정도에 이르렀고 이는 위계로써 경매의 공정을 해한 것으로 볼 수 있다(대법원 2023. 12.21, 2023도10254).

▶ 제1편 **개인적 법익에 대한 죄: 제3장 명예와 신용에 대한 죄** [신용·업무와 경매에 관한 죄 2] ― **제5장 재산에 대한 죄** [절도의 죄]

01	②	02	④	03	②	04	③	05	②
06	①	07	②	08	③	09	②	10	④
11	④	12	③	13	②	14	①	15	①
16	②	17	①	18	③	19	④	20	④

01

정답 ②

② ㉠㉢㉣㉤

㉠ (×) 소비자가 구매력을 무기로 상품이나 용역에 대한 자신들의 선호를 시장에 실질적으로 반영하기 위한 집단적 시도인 소비자불매운동은 본래 '공정한 가격으로 양질의 상품 또는 용역을 적절한 유통구조를 통해 적절한 시기에 안전하게 구입하거나 사용할 소비자의 제반 권익을 증진할 목적'에서 행해지는 소비자보호운동의 일환으로서 헌법 제124조를 통하여 제도로서 보장되나, 그와는 다른 측면에서 일반 시민들이 특정한 사회, 경제적 또는 정치적 대의나 가치를 주장·옹호하거나 이를 진작시키기 위한 수단으로서 소비자불매운동을 선택하는 경우도 있을 수 있고, 이러한 소비자불매운동 역시 반드시 헌법 제124조는 아니더라도 헌법 제21조에 따라 보장되는 정치적 표현의 자유나 헌법 제10조에 내재된 일반적 행동의 자유의 관점 등에서 보호받을 가능성이 있으므로, 단순히 소비자불매운동이 헌법 제124조에 따라 보장되는 소비자보호운동의 요건을 갖추지 못하였다는 이유만으로 이에 대하여 아무런 헌법적 보호도 주어지지 아니한다거나 소비자불매운동에 본질적으로 내재되어 있는 집단행위로서의 성격과 대상 기업에 대한 불이익 또는 피해의 가능성만을 들어 곧바로 형법 제314조 제1항의 업무방해죄에서 말하는 위력의 행사에 해당한다고 단정하여서는 아니된다. 다만 그 소비자불매운동이 헌법상 보장되는 정치적 표현의 자유나 일반적 행동의 자유 등의 점에서도 전체 법질서상 용인될 수 없을 정도로 사회적 상당성을 갖추지 못한 때에는 그 행위 자체가 위법한 세력의 행사로서 형법 제314조 제1항의 업무방해죄에서 말하는 위력의 개념에 포섭될 수 있고, 그러한 관점에서 어떠한 소비자불매운동이 위력에 의한 업무방해죄를 구성하는지 여부는 해당 소비자불매운동의 목적, 불매운동에 이르게 된 경위, 대상 기업의 선정이유 및 불매운동의 목적과의 연관성, 대상 기업의 사회·경제적 지위와 거기에 비교되는 불매운동의 규모 및 영향력, 불매운동 참여자의 자발성, 불매운동 실행과정에서 다른 폭력행위나 위법행위의 수반 여부, 불매운동의 기간 및 그로 인하여 대상 기업이 입은 불이익이나 피해의 정도, 그에 대한 대상 기업의 반응이나 태도 등 제반 사정을 종합적·실질적으로 고려하여 판단하여야 한다(대법원 2013.3. 14, 2010도410).

㉡ (○) 대법원 2013.3.28, 2010도14607

㉢ (×) 컴퓨터와 하드디스크는 형법 제314조 제2항에 규정된 '컴퓨터 등 정보처리장치'에 해당하고, 업무수행을 위해서가 아니라 담당직원의 정상적인 업무수행을 방해할 의도에서 그 담당직원의 의사와는 상관없이 함부로 컴퓨터에 비밀번호를 설정한 행위는 같은 항의 '허위의 정보 또는 부정한 명령의 입력'에 해당하며 컴퓨터의 하드디스크를 분리·보관한 행위는 같은 항의 '손괴'에 해당하므로, 피고인이 컴퓨터에 비밀번호를 설정하고 하드디스크를 분리·보관함으로써 조합의 정보처리에 관한 업무를 방해한 행위는 형법 제314조 제2항의 컴퓨터 등 장애 업무방해죄에 해당한다(대법원 2012.5.24, 2011도7943).

㉣ (×) 소비자불매운동이 헌법상 보장되는 정치적 표현의 자유나 일반적 행동의 자유 등의 점에서도 전체 법질서상 용인될 수 없을 정도로 사회적 상당성을 갖추지 못한 때에는 그 행위 자체가 위법한 세력의 행사로서 형법 제314조 제1항의 업무방해죄에서 말하는 위력의 개념에 포섭될 수 있으므로, ⓐ 피고인들이 공모하여 광고주들에게 지속적·집단적으로 항의전화를 하거나 항의글을 게시하고 그 밖의 다양한 방법으로 광고중단을 압박한 행위는 피해자인 광고주들의 자유의사를 제압할 만한 세력으로서 위력에 해당하지만, ⓑ 신문사들에 대한 업무방해의 점에 관해서는, 업무방해죄의 위력은 원칙적으로 피해자에게 행사되어야 하고 제3자를 향한 위력의 행사는 이를 피해자에 대한 직접적인 위력의 행사와 동일시할 수 있는 예외적 사정이 인정되는 경우에만 업무방해죄의 구성요건인 위력의 행사로 볼 수 있다(대법원 2013.3.14, 2010도410).

㉤ (×) 형법 제314조 제1항에서 정하는 위계에 의한 업무방해죄에서 '위계'란 행위자가 행위의 목적을 달성하기 위하여 상대방에게 오인·착각 또는 부지를 일으키게 하여 이를 이용하는 것을 말한다. 그리고 업무방해죄의 성립에는 업무방해의 결과가 실제로 발생할 것을 요하지 아니하지만 업무방해의 결과를 초래할 위험은 발생하여야 하고, 그 위험의 발생이 위계 또는 위력으로 인한 것인지 신중하게 판단되어야 한다(대법원 2005.4. 15, 2002도3453; 2023.3.30, 2019도7446). 학위논문을 작성함에 있어 자료를 분석, 정리하여 논문의 내용을 완성하는 일의 대부분을 타인에게 의존하였다면 그 논문은 타인에 의하여 대작된 것이라고 보아야 할 것이나(대법원 1996.7.30, 94도2708), 학위청구논문의 작성계획을 밝히는 예비심사 단계에서 제출된 논문 또는 자료의 경우에는 아직 본격적인 연구가 이루어지기 전이고, 연구주제 선정, 목차 구성, 논문작성계획의 수립, 기존 연구성과의 정리 등에 논문지도교수의 폭넓은 지도를 예정하고 있

다고 할 것이어서 학위논문과 동일하게 볼 수 없다(대법원 2023. 9.14, 2021도13708).

02

정답 ④

④ ㉠㉡㉢

㉠ (×) 어떠한 업무의 양도·양수 여부를 둘러싸고 분쟁이 발생한 경우에 양수인의 업무에 대한 양도인의 업무방해죄가 인정되려면, 당해 업무에 관한 양도·양수 합의의 존재가 인정되어야 함은 물론이고, 더 나아가 그 합의에 따라 당해 업무가 실제로 양수인에게 양도된 후 사실상 평온하게 이루어져 양수인의 사회적 활동의 기반이 됨으로써 타인, 특히 양도인의 위법한 행위에 의한 침해로부터 보호할 가치가 있는 업무라고 볼 수 있을 정도에 이르러야 한다(대법원 2007.8.23, 2006도3687; 2013. 8.23, 2011도4763).

㉡ (×) 위계에 의한 업무방해죄에서 '위계'란 행위자가 행위 목적을 달성하기 위하여 상대방에게 오인, 착각 또는 부지를 일으키게 하여 이를 이용하는 것을 말한다. 컴퓨터 등 정보처리장치에 정보를 입력하는 등의 행위도 그 입력된 정보 등을 바탕으로 업무를 담당하는 사람의 오인, 착각 또는 부지를 일으킬 목적으로 행해진 경우에는 여기서 말하는 위계에 해당할 수 있으나(대법원 2013.11.28, 2013도5117), 위와 같은 행위로 말미암아 업무과 관련하여 오인, 착각 또는 부지를 일으킨 상대방이 없었던 경우에는 위계가 있었다고 볼 수 없다(대법원 2007.12.27, 2005도6404; 2022.2.11, 2021도12394).
[보충] 2021도12394 판례는 전화금융사기 조직의 현금 수거책인 피고인이 무매체 입금거래의 '1인 1일 100만 원' 한도 제한을 회피하기 위하여 은행 자동화기기에 제3자의 주민등록번호를 입력하는 방법으로 이른바 '쪼개기 송금'을 한 것이 은행에 대한 업무방해의 위계에 해당하지 않는다고 본 사례이다.

㉢ (×) 집단표시에 의한 비난이 개별구성원에 이르러서는 비난의 정도가 희석되어 구성원 개개인의 사회적 평가에 영향을 미칠 정도에 이르지 않는 것으로 평가되는 경우에는 구성원 개개인에 대한 모욕이 성립되지 않는다고 할 것이지만, 구성원 개개인에 대한 것으로 여겨질 정도로 구성원 수가 적거나 당시의 주위 정황 등으로 보아 집단 내 개별구성원을 지칭하는 것으로 여겨질 수 있는 때에는 집단 내 개별구성원이 피해자로서 특정된다고 보아야 하고, 그 구체적 기준으로는 집단의 크기, 집단의 성격과 집단 내에서의 피해자의 지위 등을 들 수 있다(대법원 2003.9.2, 2002다63558; 2013.1.10, 2012도13189).

㉣ (○) 업무방해죄의 성립에 있어서는 업무방해의 결과가 실제로 발생함을 요하지 않고 업무방해의 결과를 초래할 위험이 발생하면 족하다(대법원 2002.3.29, 2000도3231 등). … 허위의 봉사활동확인서 제출로써 학교장의 봉사상 심사 및 선정업무 방해의 결과를 초래할 위험이 발생하였고, 위 업무를 학생으로부터 봉사상 수여에 관한 신청을 받아 자격요건 등을 심사하여 수용여부를 결정하는 것이라거나 확인서의 내용이 사실과 부합하지 않을 수 있음을 전제로 자격요건 등을 심사·판단하는 업무로는 볼 수 없다(소위 학교장의 불충분한 심사에 기인한 것이라 할 수 없다는 의미-필자 주). 이와 달리 본 원심판결을 파기환송한다(대법원 2020.9.24, 2017도19283).

03

정답 ②

② ㉠㉢㉣

㉠ (×) 면허증에 그 유효기간과 적성검사를 받지 아니하면 면허가 취소된다는 사실이 기재되어 있고, 이미 적성검사 미필로 면허가 취소된 전력이 있는데도 면허증에 기재된 유효기간이 5년 이상 지나도록 적성검사를 받지 아니한 채 자동차를 운전하였다면 비록 적성검사 미필로 인한 운전면허 취소사실이 통지되지 아니하고 공고되었다 하더라도 면허취소사실을 알고 있었다고 보아야 하므로 무면허운전죄가 성립한다(대법원 2002.10.22, 2002도4203).
[비교] 운전면허 취소 사실이 공고된 사실만으로는 운전자가 그 면허 취소사실을 알게 되었다고 볼 수 없다는 대법원 판례(대법원 1993.3.23, 92도3045)는 법규위반이나 교통사고로 인한 벌점 또는 누산점수가 운전면허 취소기준에 해당하여 면허가 취소된 사실을 모르고 자동차를 운전한 사안에 대한 것으로서 이 사건과는 사안을 달리 한다.

㉡ (○) 채용공고가 인사규정에 부합하는지 여부는 서류심사위원과 면접위원의 업무와 무관하고, 피고인들이 서류심사위원과 면접위원에게 오인, 착각 또는 부지를 일으키게 하여 이를 이용하였다고 볼 수 없으며, 공기업 대표이사인 피고인은 직원 채용 여부에 관한 결정에 있어 인사담당자의 의사결정에 관여할 수 있는 권한을 갖고 있어 관련 업무지시를 위력 행사로 볼 수 없고, 피고인들이 서류심사위원과 면접위원, 인사담당자의 업무의 공정성, 적정성을 해하였거나, 이를 해한다는 인식이 있었다고 단정하기 어려우므로 무죄이다(대법원 2022.6.9, 2020도16182).
[유사] 업무방해죄의 수단인 위력은 사람의 자유의사를 제압·혼란하게 할 만한 일체의 억압적 방법을 말하고 이는 제3자를 통하여 간접적으로 행사하는 것도 포함될 수 있다. 그러나 어떤 행위의 결과 상대방의 업무에 지장이 초래되었다 하더라도 행위자가 가지는 정당한 권한을 행사한 것으로 볼 수 있는 경우에는, 그 행위의 내용이나 수단 등이 사회통념상 허용될 수 없는 등 특별한 사정이 없는 한 업무방해죄를 구성하는 위력을 행사한 것이라고 할 수 없다. 따라서 제3자로 하여금 상대방에게 어떤 조치를 취하게 하는 등으로 상대방의 업무에 곤란을 야기하거나 그러한 위험이 초래되게 하였다 하더라도, 행위자가 그 제3자의 의사결정에 관여할 수 있는 권한을 가지고 있거나 그에 대하여 업무상의 지시를 할 수 있는 지위에 있는 경우에는 특별한 사정이 없는 한 업무방해죄를 구성하지 아니한다(대법원 2013.2.28, 2011도16718).

㉢ (×) 업무방해죄의 '위력'이란 사람의 자유의사를 제압·혼란하게 할 만한 일체의 세력으로, 유형적이든 무형적이든 묻지 아니하고, 현실적으로 피해자의 자유의사가 제압되어야만 하는 것도 아니지만, 범인의 위세, 사람 수, 주위의 상황 등에 비추어 피해자의 자유의사를 제압하기 족한 정도가 되어야 하는 것으로서, 그러한 위력에 해당하는지는 범행의 일시·장소, 범행의 동기, 목적, 인원수, 세력의 태양, 업무의 종류, 피해자의 지위 등 제반 사정을 고려하여 객관적으로 판단하여야 하고, 피해자 등의 의사에 의해 결정되는 것은 아니다. … A 등 7명(여 4명, 남 3명)은 홈플러스 강서점에 방문한 대표이사 등에게 해고와 전보 인사발령에 항의하기 위하여 식품매장에 들어가 당시 현장점검을 하던 점장과 대표이사 甲 등 간부들(20명 이상)을 약 30분간 따라 다니면서 그 근처에서 피켓을 들고 "강제전배 멈추어라, 통합운영 하지마라, 직원들이 아프다, 부당해고 그만

하라."라고 고성을 지르는 방법으로 약 30분간 甲의 현장점검 업무를 방해하였다는 내용으로 기소된 경우, 피고인들이 甲 등의 자유의사를 제압하기에 족한 위력을 행사하였다고 단정하기 어렵다(대법원 2022.6.16, 2021도7087).

ⓔ (×) 전자기록 등 특수매체기록이란 일정한 저장매체에 전자방식이나 자기방식 또는 광기술 등 이에 준하는 방식에 의하여 저장된 기록을 의미하는데, 특히 전자기록은 … 그 자체로서 객관적·고정적 의미를 가지면서 독립적으로 쓰이는 것이 아니라 개인 또는 법인이 전자적 방식에 의한 정보의 생성·처리·저장·출력을 목적으로 구축하여 설치·운영하는 시스템에서 쓰임으로써 예정된 증명적 기능을 수행한다(제227조의2에 규정된 공전자기록등위작죄에 관한 대법원 2005.6.9, 2004도6132, 형법 제232조의2에 규정된 사전자기록등위작죄에 관한 대법원 2020.8.27, 2019도11294 전원합의체 등 참조). 따라서 그 자체로서 객관적·고정적 의미를 가지면서 독립적으로 쓰이는 것이 아니라 개인 또는 법인이 전자적 방식에 의한 정보의 생성·처리·저장·출력을 목적으로 구축하여 설치·운영하는 시스템에서 쓰임으로써 예정된 증명적 기능을 수행하는 것은 전자기록에 포함된다(제232조의2에 규정된 사전자기록등위작죄에서의 전자기록에 관한 대법원 2008.6.12, 2008도938). (따라서) 피해자의 아이디, 비밀번호는 전자방식에 의하여 피해자의 노트북 컴퓨터에 저장된 기록으로서 형법 제316조 제2항의 '전자기록 등 특수매체기록'에 해당한다(대법원 2022.3.31, 2021도8900).

ⓜ (○) 상대방으로부터 신청을 받아 일정한 자격요건 등을 갖춘 경우에 한하여 그에 대한 수용 여부를 결정하는 업무에 관해서는 신청서에 기재된 사유가 사실과 부합하지 않을 수 있음을 전제로 하여 자격요건 등을 심사·판단하는 것이므로, 업무담당자가 사실을 충분히 확인하지 아니한 채 신청인이 제출한 허위 신청사유나 허위 소명자료를 가볍게 믿고 수용하였다면 이는 업무담당자의 불충분한 심사에 기인한 것으로서 신청인의 위계가 업무방해의 위험성을 발생시켰다고 할 수 없어 위계에 의한 업무방해죄를 구성하지 않는다. 따라서 계좌개설 신청인이 접근매체를 양도할 의사로 금융기관에 법인 명의 계좌를 개설하면서 예금거래신청서 등에 금융거래의 목적이나 접근매체의 양도의사 유무 등에 관한 사실을 허위로 기재하였으나, 계좌개설 심사업무를 담당하는 금융기관의 업무담당자가 단순히 예금거래신청서 등에 기재된 계좌개설 신청인의 허위 답변만을 그대로 믿고 그 내용의 진실 여부를 확인할 수 있는 증빙자료의 요구 등 추가적인 확인조치 없이 법인 명의의 계좌를 개설해 준 경우 그 계좌개설은 금융기관 업무담당자의 불충분한 심사에 기인한 것이므로, 계좌개설 신청인의 위계가 업무방해의 위험성을 발생시켰다고 할 수 없어 위계에 의한 업무방해죄를 구성하지 않는다고 보아야 한다(대법원 2023.8.31, 2021도17151).

04

정답 ③

③ ㉠㉢㉣㉤

㉠ (○) 형법상 업무방해죄의 보호대상이 되는 '업무'라 함은 직업 또는 계속적으로 종사하는 사무나 사업을 말하는 것으로서 타인의 위법한 행위에 의한 침해로부터 보호할 가치가 있는 것이면 되고, 그 업무의 기초가 된 계약 또는 행정행위 등이 반드시 적법하여야 하는 것은 아니므로, 법률상 보호할 가치가 있는 업무인지 여부는 그 사무가 사실상 평온하게 이루어져 사회적 활

동의 기반이 되고 있느냐에 따라 결정되는 것이고, 그 업무의 개시나 수행과정에 실체상 또는 절차상의 하자가 있다고 하더라도 그 정도가 반사회성을 띠는 데까지 이르지 아니한 이상 업무방해죄의 보호대상이 된다고 보아야 한다(대법원 2010.5. 27, 2008도2344 등). ⓐ 의료인이나 의료법인이 아닌 자가 의료기관을 개설하여 운영하는 행위는 업무방해죄의 보호대상이 되는 업무에 해당하지 않는다(대법원 2001.11.30, 2001도2015). 그러나 ⓑ 무자격자에 의해 개설된 의료기관에 고용된 의료인이 환자를 진료한다고 하여 그 진료행위 또한 당연히 반사회성을 띠는 행위라고 볼 수는 없다. 이때 의료인의 진료업무가 업무방해죄의 보호대상이 되는 업무인지는 의료기관의 개설·운영 형태, 해당 의료기관에서 이루어지는 진료의 내용과 방식, 피고인의 행위로 인하여 방해되는 업무의 내용 등 사정을 종합적으로 고려하여 판단해야 한다(대법원 2023.3.16, 2021도16482).

㉡ (×) 집행관은 집행관법 제2조에 따라 재판의 집행 등을 담당하면서 그 직무 행위의 구체적 내용이나 방법 등에 관하여 전문적 판단에 따라 합리적인 재량을 가진 독립된 단독의 사법기관이다(대법원 2021.9.16, 2015도12632 등). 따라서 채권자의 집행관에 대한 집행위임은 비록 민사집행법 제16조 제3항, 제42조 제1항, 제43조 등에 '위임'으로 규정되어 있더라도 이는 집행개시를 구하는 신청을 의미하는 것이지 일반적인 민법상 위임이라고 볼 수는 없다. 이 사건 강제집행은 특별한 사정이 없는 한 집행위임을 한 이 사건 조합의 업무가 아닌 집행관의 고유한 직무에 해당한다고 보아야 한다(대법원 2023.4.27, 2020도34).

㉢ (○) 형법상 업무방해죄에서 말하는 '위력'은 반드시 유형력의 행사에 국한되지 아니하므로 폭력·협박은 물론 사회적·경제적·정치적 지위와 권세에 의한 압박 등도 이에 포함되지만, 적어도 그러한 위력으로 인하여 피해자의 자유의사를 제압하기에 충분하다고 평가될 정도의 세력에는 이르러야 한다. 한편 어떤 행위의 결과 상대방의 업무에 지장이 초래되었더라도 행위자가 상대방의 의사결정에 관여할 수 있는 권한을 가지고 있거나 업무상의 지시를 할 수 있는 지위에 있는 경우에는 그 행위의 내용이나 수단이 사회통념상 허용될 수 없는 등 특별한 사정이 없는 한 위력을 행사한 것이라고 할 수 없다(대법원 2013.2.28, 2011도16718; 2013.3.14, 2010도410 등). 또한 업무방해죄의 성립에는 업무방해의 결과가 실제로 발생할 것을 요하지 아니하지만 업무방해의 결과를 초래할 위험은 발생하여야 하고, 그 위험의 발생이 위계 또는 위력으로 인한 것인지 신중하게 판단되어야 한다(대법원 2005.4.15, 2002도3453 등). ⓐ 피고인과 피해자들을 비롯한 신입생 입학 사정회의 구성원들은 모두 위 사정회의를 통해 다양한 의견을 반영하여 최종 합격자를 결정하고 그에 따라 면접 점수가 조정될 수 있음을 양해하였던 점, ⓑ 피해자들이 특정 학생의 면접 점수를 조정하기로 한 것은 피고인이 이 사건 발언을 통해 어떠한 분위기를 조성한 영향이 아닌 사정회의 구성원들이 이 사건 사정회의에서 논의한 결과에 따른 것이라고 보이는 점, ⓒ 이 사건 발언 경위 등에 비추어 피고인이 이 사건 발언을 하면서 다소 과도한 표현을 사용하였다고 하더라도 그로 인해 피해자들의 자유의사를 제압하거나 사회통념상 허용할 수 없는 위력을 행사였다고 보기 어려운 점, ⓓ 피고인이 업무방해의 고의로 이 사건 발언을 하였다고 보기도 어려운 점 등을 이유로, 업무방해죄를 유죄로 인정할 수 없다(대법원 2023.3.30, 2019도7446).

㉣ (○) 건조물침입죄는 관리하는 건조물의 사실상 평온을 보호법

익으로 하므로, 관리자가 건조물을 관리할 법률상 정당한 권한을 가지고 있는지는 범죄의 성립을 좌우하는 것이 아니며 관리자가 건조물을 사실상 점유·관리하는 경우라면 설령 정당한 권원이 없는 사법상 불법점유이더라도 적법한 절차에 의하여 점유를 풀지 않는 한 그에 따른 사실상 평온은 보호되어야 하므로 사법상 권리자라 하더라도 정당한 절차에 의하지 아니하고 건조물에 침입한 경우에는 건조물침입죄가 성립한다(대법원 1984.4.24, 83도1429; 2006.9.28, 2006도4875; 2023.2.2, 2022도5940 등). 침입 당시 관리자가 건조물을 사실상 점유·관리하여 그에 따른 '사실상 평온'을 누리고 있었는지는 건조물에 대한 점유 개시의 경위뿐만 아니라 점유 기간 및 현황, 외부인의 출입에 대한 통제·관리 상태 등을 고려하여 사회통념에 따라 합목적적으로 판단하여야 한다(건조물침입죄 성립, 대법원 2023. 2.2, 2022도5940).

ⓜ (O) 형법상 업무방해죄의 보호대상이 되는 '업무'란 직업 또는 계속적으로 종사하는 사무나 사업으로서 타인의 위법한 행위에 의한 침해로부터 보호할 가치가 있으면 되고 반드시 그 업무가 적법하거나 유효할 필요는 없다. 법률상 보호할 가치가 있는 업무인지는 그 사무가 사실상 평온하게 이루어져 사회적 활동의 기반이 되고 있느냐에 따라 결정되고, 업무의 개시나 수행과정에 실체상 또는 절차상 하자가 있더라도 사회생활상 도저히 용인할 수 없는 정도로 반사회성을 띠는 데까지 이르거나 법적 보호라는 측면에서 그와 동등한 평가를 받을 수밖에 없는 경우에 이르지 아니한 이상 업무방해죄의 보호대상이 된다(대법원 2006.3.9, 2006도382; 2013.11.28, 2013도4430; 2015.4.23, 2013도9828; 2023.2.2, 2022도5940 등).

05
정답 ②

② ⓛⓒⓔⓜ

ⓐ (×) 주거침입죄는 사실상의 주거의 평온을 보호법익으로 하는 것이므로, 그 주거자 또는 간수자가 건조물 등에 거주 또는 간수할 권리를 가지고 있는가의 여부는 범죄의 성립을 좌우하는 것이 아니며, 점유할 권리 없는 자의 점유라 하더라도 그 주거의 평온은 보호되어야 할 것이므로, 권리자가 그 권리를 실행함에 있어 법에 정하여진 절차에 의하지 아니하고 그 건조물 등에 침입한 경우에는 주거침입죄가 성립한다(대법원 2008.5.8, 2007도11322).

ⓛ (O) 주거침입죄의 실행의 착수는 주거자, 관리자, 점유자 등의 의사에 반하여 주거나 관리하는 건조물 등에 들어가는 행위, 즉 구성요건의 일부를 실현하는 행위까지 요구하는 것은 아니고 범죄구성요건의 실현에 이르는 현실적 위험성을 포함하는 행위를 개시하는 것으로 족하므로, 출입문이 열려 있으면 안으로 들어가겠다는 의사 아래 출입문을 당겨보는 행위는 바로 주거의 사실상의 평온을 침해할 객관적인 위험성을 포함하는 행위를 한 것으로 볼 수 있어 그것으로 주거침입의 실행에 착수한 것으로 보아야 한다(대법원 2006.9.14, 2006도2824).

ⓒ (O) 건조물침입죄에서 건조물이란 단순히 건조물 그 자체만을 말하는 것이 아니고 위요지를 포함하는 개념이다. 위요지란 건조물에 직접 부속한 토지로서 그 경계가 장벽 등에 의하여 물리적으로 명확하게 구획되어 있는 장소를 말한다. … 위 사드기지는 더 이상 골프장으로 사용되고 있지 않을 뿐만 아니라 이미 사드발사대 2대가 반입되어 이를 운용하기 위한 병력이 골

프장으로 이용될 당시의 클럽하우스, 골프텔 등의 건축물에 주둔하고 있었고, 군 당국은 외부인 출입을 엄격히 금지하기 위하여 사드기지의 경계에 외곽 철조망과 내곽 철조망을 2중으로 설치하여 외부인의 접근을 철저하게 통제하고 있었으므로, 위 사드기지의 부지는 기지 내 건물의 위요지에 해당한다. 따라서 이와 달리 보아 피고인들에게 무죄를 선고한 원심판결에는 주거침입죄의 위요지에 관한 법리를 오해한 잘못이 있다(대법원 2020.3.12, 2019도16484).

ⓔ (O) 점유할 권리 없는 자의 점유라 하더라도 그 주거의 평온은 보호되어야 할 것이므로, 권리자가 그 권리를 실행함에 있어 법에 정하여진 절차에 의하지 아니하고 그 건조물 등에 침입한 경우에는 주거침입죄가 성립한다 할 것이다. 원심은 피고인이 이 사건 주택에 무단 침입한 범죄사실로 이미 유죄판결을 받고 그 판결이 확정되었음에도 퇴거하지 아니한 채 계속해서 이 사건 주택에 거주함으로써 위 판결이 확정된 이후로도 피고인의 주거침입행위 및 그로 인한 위법상태가 계속되고 있다고 보아 이 부분 공소사실에 대해 유죄로 판단하였는바, 이러한 원심의 판단은 정당하다(대법원 2008.5.8, 2007도11322).

ⓜ (O) 주거침입죄의 객체는 행위자 이외의 사람, 즉 '타인'이 거주하는 주거 등이라고 할 것이므로 행위자 자신이 단독으로 또는 다른 사람과 공동으로 거주하거나 관리 또는 점유하는 주거 등에 임의로 출입하더라도 주거침입죄를 구성하지 않는다. 다만 다른 사람과 공동으로 주거에 거주하거나 건조물을 관리하던 사람이 공동생활관계에서 이탈하거나 주거 등에 대한 사실상의 지배·관리를 상실한 경우 등 특별한 사정이 있는 경우에 주거침입죄가 성립할 수 있을 뿐이다(대법원 2021.9.9, 2020도6085 전원합의체). 피고인이 피해자와 공동으로 관리·점유하는 피해 회사 사무실에 임의로 출입한 것이므로 원칙적으로 건조물침입죄가 성립한다고 볼 수 없고, 피고인이 피해자와의 관계에서 피해 회사에 대한 출입과 관련하여 공동생활관계에서 이탈하였거나 이에 관한 사실상의 지배·관리를 상실한 경우 등의 특별한 사정이 있다고 보기도 어려우며, 피고인이 피해자로부터 교부받은 스마트키를 이용하여 피해 회사에서 예정한 통상적인 출입방법에 따라 위 사무실에 들어간 것일 뿐 그 당시 객관적·외형적으로 드러난 행위태양을 기준으로 볼 때 사실상의 평온상태를 해치는 방법으로 피해 회사에 들어갔다고 볼 만한 사정도 없다(야간건조물침입절도죄 불성립, 대법원 2023. 6.29, 2023도3351).

06
정답 ①

① ⓛⓔ

ⓐ (×) 계속범설(통설)에 의하면 주거침입죄가 기수가 된 이후에도 침입행위는 계속되다가 그 주거에서 퇴거한 때 비로소 종료가 되므로, 퇴거불응죄는 별도로 성립하지 않는다.

ⓛ (O) 과거 판례에서는 남편이 부재 중에 간통할 목적으로 처의 승낙을 받고 주거에 들어간 행위에 대하여 남편의 주거의 사실상의 평온은 깨어졌다 할 것이므로 주거침입죄가 성립한다(대법원 1984.6.26, 83도685)고 보았으나, 대법원은 2021년 전원합의체 판결을 내려 주거침입죄가 성립하지 아니한다고 입장을 변경하였다. "주거침입죄의 보호법익은 사적 생활관계에 있어서 사실상 누리고 있는 주거의 평온, 즉 '사실상 주거의 평온'이다. 주거침입죄의 구성요건적 행위인 침입은 주거침입죄의 보

호법익과의 관계에서 해석하여야 한다. 따라서 침입이란 '거주자가 주거에서 누리는 사실상의 평온상태를 해치는 행위태양으로 주거에 들어가는 것'을 의미한다. 침입에 해당하는지 여부는 출입 당시 객관적·외형적으로 드러난 행위태양을 기준으로 판단함이 원칙이다. 단순히 주거에 들어가는 행위 자체가 거주자의 의사에 반한다는 거주자의 주관적 사정만으로 바로 침입에 해당한다고 볼 수는 없다. … 외부인이 공동거주자의 일부가 부재중에 주거 내에 현재하는 거주자의 현실적인 승낙을 받아 통상적인 출입방법에 따라 공동주거에 들어간 경우라면 그것이 부재중인 다른 거주자의 추정적 의사에 반하는 경우에도 주거침입죄가 성립하지 않는다고 보아야 한다. … 피고인은 피해자의 부재중에 피해자의 처로부터 현실적인 승낙을 받아 통상적인 출입방법에 따라 주거에 들어갔으므로 주거의 사실상 평온상태를 해치는 행위태양으로 주거에 들어간 것이 아니어서 주거에 침입한 것으로 볼 수 없고, 설령 피고인의 출입이 부재중인 피해자의 추정적 의사에 반하더라도 주거침입죄의 성립에 영향을 미치지 않는다고 보아 피고인에 대한 주거침입죄의 성립을 부정한 원심판결이 정당하다고 판단하여 상고를 기각하였음 … 이와 달리 공동거주자 중 한 사람의 승낙에 따라 주거에 출입한 것이 다른 거주자의 의사에 반한다는 사정만으로 다른 거주자의 사실상 주거의 평온을 해치는 결과가 된다는 전제에서, 공동거주자 중 주거 내에 현재하는 거주자의 현실적인 승낙을 받아 통상적인 출입방법에 따라 주거에 출입하였는데도 부재중인 다른 거주자의 추정적 의사에 반한다는 사정만으로 주거침입죄가 성립한다는 취지로 판단한 대법원 1984.6.26, 83도685 판결을 이 판결의 견해에 배치되는 범위 내에서 모두 변경한다(대법원 2021.9.9, 2020도12630 전원합의체)."
ⓒ (×) 피고인이 인근 동리에 사는 고모의 아들인 피해자의 집에 잠시 들어가 있는 동안에 동 피해자에게 돈을 갚기 위하여 찾아온 동 피해자의 이질의 돈을 절취하였다면 피고인이 당초부터 불법목적을 가지고 위 피해자의 집에 들어갔거나 그의 의사에 반하여 그의 집에 들어간 것이 아니어서 주거침입죄 부분의 공소사실은 범죄의 증명이 없는 때에 해당한다(대법원 1984.2.14, 83도2897).
ⓔ (○) 주거침입죄는 사실상의 주거의 평온을 보호법익으로 하는 것이므로 권리자가 그 권리실행으로서 자력구제의 수단으로 건조물에 침입한 경우에도 주거침입죄가 성립한다(대법원 1985.3.26, 85도122).
ⓜ (×) 업무시간 중 출입자격 등의 제한 없이 일반적으로 개방되어 있는 장소에 들어간 경우, 관리자의 명시적 출입금지 의사 및 조치가 없었던 이상 그 출입 행위가 결과적으로 관리자의 추정적 의사에 반하였다는 사정만으로는 사실상의 평온상태를 해치는 행위태양으로 출입하였다고 평가할 수 없다. 피고인들이 업무시간 중 일반적으로 출입이 허용되어 개방된 장소이거나 업무상 이해관계인의 출입에 별다른 제한이 없는 영업장소에 업무상 이해관계인 자격으로 관리자의 출입제한이나 제지가 없는 상태에서 사전에 면담약속·방문 통지를 한 후 방문한 것이거나 면담요청을 하기 위해 통상적인 방법으로 들어간 이상, 사실상의 평온상태를 해치는 행위 태양으로 들어갔다고 볼 수 없어 건조물침입죄에서 규정하는 침입행위에 해당한다고 보기 어려우며, 사후적으로 볼 때 위 피고인들의 위 각 장소에의 순차적 출입이 앞서 본 소란 등 행위로 인하여 결과적으로 각 관리자의 추정적 의사에 반하는 결과를 초래하게 되었더라도, 그

러한 사정만으로는 사실상의 평온상태를 해치는 행위 태양으로 출입하였다고 평가할 수 없다(대법원 2024.1.4, 2022도15955).

07

② (○) 과거 판례에서는 도청장치를 설치할 목적으로 음식점에 들어간 행위는 영업주의 추정적 의사에 반한다고 보아 주거침입죄가 성립한다(대법원 1997.3.28, 95도2674)고 보았으나, 대법원은 2022년 전원합의체 판결을 내려 주거침입죄가 성립하지 아니한다고 입장을 변경하였다. "주거침입죄는 사실상 주거의 평온을 보호법익으로 한다. 주거침입죄의 구성요건적 행위인 침입은 주거침입죄의 보호법익과의 관계에서 해석하여야 하므로, 침입이란 주거의 사실상 평온상태를 해치는 행위 태양으로 주거에 들어가는 것을 의미하고, 침입에 해당하는지는 출입 당시 객관적·외형적으로 드러난 행위 태양을 기준으로 판단함이 원칙이다. 사실상의 평온상태를 해치는 행위 태양으로 주거에 들어가는 것이라면 대체로 거주자의 의사에 반하겠지만, 단순히 주거에 들어가는 행위 자체가 거주자의 의사에 반한다는 주관적 사정만으로는 바로 침입에 해당한다고 볼 수 없다(대법원 2021.9.9, 2020도12630 전원합의체). 거주자의 의사에 반하는지는 사실상의 평온상태를 해치는 행위 태양인지를 평가할 때 고려할 요소 중 하나이지만 주된 평가 요소가 될 수는 없다. 따라서 침입행위에 해당하는지는 거주자의 의사에 반하는지가 아니라 사실상의 평온상태를 해치는 행위 태양인지에 따라 판단되어야 한다. 행위자가 거주자의 승낙을 받아 주거에 들어갔으나 범죄 등을 목적으로 한 출입이거나 거주자가 행위자의 실제 출입 목적을 알았더라면 출입을 승낙하지 않았을 것이라는 사정이 인정되는 경우 행위자의 출입행위가 주거침입죄에서 규정하는 침입행위에 해당하려면, 출입하려는 주거 등의 형태와 용도·성질, 외부인에 대한 출입의 통제·관리 방식과 상태, 행위자의 출입 경위와 방법 등을 종합적으로 고려하여 행위자의 출입 당시 객관적·외형적으로 드러난 행위 태양에 비추어 주거의 사실상 평온상태가 침해되었다고 평가되어야 한다. 이때 거주자의 의사도 고려되지만 주거 등의 형태와 용도·성질, 외부인에 대한 출입의 통제·관리 방식과 상태 등 출입 당시 상황에 따라 그 정도는 달리 평가될 수 있다. 일반인의 출입이 허용된 음식점에 영업주의 승낙을 받아 통상적인 출입방법으로 들어갔다면 특별한 사정이 없는 한 주거침입죄에서 규정하는 침입행위에 해당하지 않는다. 설령 행위자가 범죄 등을 목적으로 음식점에 출입하였거나 영업주가 행위자의 실제 출입 목적을 알았더라면 출입을 승낙하지 않았을 것이라는 사정이 인정되더라도 그러한 사정만으로는 출입 당시 객관적·외형적으로 드러난 행위 태양에 비추어 사실상의 평온상태를 해치는 방법으로 음식점에 들어갔다고 평가할 수 없으므로 침입행위에 해당하지 않는다. 이와 달리 일반인의 출입이 허용된 음식점이더라도 음식점의 방실에 도청용 송신기를 설치할 목적으로 들어간 것은 영업주의 명시적 또는 추정적 의사에 반한다고 보아 주거침입죄가 성립한다고 인정한 대법원 1997.3.28, 95도2674 판결을 비롯하여 같은 취지의 대법원 판결들은 이 판결의 견해에 배치되는 범위 안에서 이를 변경하기로 한다(대법원 2022.3.24, 2017도18272 전원합의체)."
① (×) 전자기록 등 특수매체기록이란 일정한 저장매체에 전자방식이나 자기방식 또는 광기술 등 이에 준하는 방식에 의하여

596 백광훈 진도별 모의고사 경찰형사법

저장된 기록을 의미하는데, 특히 전자기록은 … 그 자체로서 객관적·고정적 의미를 가지면서 독립적으로 쓰이는 것이 아니라 개인 또는 법인이 전자적 방식에 의한 정보의 생성·처리·저장·출력을 목적으로 구축하여 설치·운영하는 시스템에서 쓰임으로써 예정된 증명적 기능을 수행한다(제227조의2에 규정된 공전자기록등위작죄에 관한 대법원 2005.6.9, 2004도6132, 형법 제232조의2에 규정된 사전자기록등위작죄에 관한 대법원 2020.8.27, 2019도11294 전원합의체 등 참조). 따라서 그 자체로서 객관적·고정적 의미를 가지면서 독립적으로 쓰이는 것이 아니라 개인 또는 법인이 전자적 방식에 의한 정보의 생성·처리·저장·출력을 목적으로 구축하여 설치·운영하는 시스템에서 쓰임으로써 예정된 증명적 기능을 수행하는 것은 전자기록에 포함된다(제232조의2에 규정된 사전자기록등위작죄에서의 전자기록에 관한 대법원 2008.6.12, 2008도938). (따라서) 피해자의 아이디, 비밀번호는 전자방식에 의하여 피해자의 노트북 컴퓨터에 저장된 기록으로서 형법 제316조 제2항의 '전자기록 등 특수매체기록'에 해당한다. (다만) 형법 제316조 제2항 소정의 전자기록등내용탐지죄는 봉함 기타 비밀장치한 전자기록 등 특수매체기록을 기술적 수단을 이용하여 그 내용을 알아낸 자를 처벌하는 규정인바, 전자기록 등 특수매체기록에 해당하더라도 봉함 기타 비밀장치가 되어 있지 아니한 것은 이를 기술적 수단을 동원해서 알아냈더라도 전자기록등내용탐지죄가 성립하지 않는다(대법원 2022.3.31, 2021도8900).

③ (×) 아파트 등 공동주택의 공동현관에 출입하는 경우에도, 그것이 주거로 사용하는 각 세대의 전용 부분에 필수적으로 부속하는 부분으로 거주자와 관리자에게만 부여된 비밀번호를 출입문에 입력하여야만 출입할 수 있거나, 외부인의 출입을 통제·관리하기 위한 취지의 표시나 경비원이 존재하는 등 외형적으로 외부인의 무단출입을 통제·관리하고 있는 사정이 존재하고, 외부인이 이를 인식하고서도 그 출입에 관한 거주자나 관리자의 승낙이 없음은 물론, 거주자와의 관계 기타 출입의 필요 등에 비추어 보더라도 정당한 이유 없이 비밀번호를 임의로 입력하거나 조작하는 등의 방법으로 거주자나 관리자 모르게 공동현관에 출입한 경우와 같이, 그 출입 목적 및 경위, 출입의 태양과 출입한 시간 등을 종합적으로 고려할 때 공동주택 거주자의 주거의 사실상의 평온상태를 해치는 행위태양으로 볼 수 있는 경우라면 공동주택 거주자들에 대한 주거침입에 해당할 것이다(대법원 2022.1.27, 2021도15507).

④ (×) 아파트와 같은 공동주택은 주거에 해당하므로 주거침입죄가 성립할 수 있으나, 일반인의 출입이 허용된 상가와 같은 영업장소에 통상적인 방법으로 들어가는 행위는 건조물침입에 해당하지 않는다.

[보충] 아래 판례는 성폭력처벌법상 주거침입강제추행죄에 관한 것인데 위 죄의 법정형이 과중하다는 이유로 헌법재판소의 위헌결정(헌법재판소 2023.2.23, 2021헌가9 등)이 내려졌으므로, 독자들은 주거침입 내지 건조물침입 부분에 한정해서 참고하기 바란다.

성폭력처벌법위반(주거침입강제추행)죄는 형법 제319조 제1항의 주거침입죄 내지 건조물침입죄와 형법 제298조의 강제추행죄의 결합범이므로(대법원 2012.3.15, 2012도914 등) 위 죄가 성립하려면 형법 제319조가 정한 주거침입죄 내지 건조물침입죄에 해당하여야 한다. ㉠ 다가구용 단독주택이나 다

세대주택·연립주택·아파트와 같은 공동주택 내부의 엘리베이터, 공용 계단, 복도 등 공용 부분도 그 거주자들의 사실상 주거의 평온을 보호할 필요성이 있으므로 주거침입죄의 객체인 '사람의 주거'에 해당한다(대법원 2009.9.10, 2009도4335 등). 아파트 등 공동주택의 공동현관에 출입하는 경우에도, 그것이 주거로 사용하는 각 세대의 전용 부분에 필수적으로 부속하는 부분으로 거주자와 관리자에게만 부여된 비밀번호를 출입문에 입력하여야만 출입할 수 있거나, 외부인의 출입을 통제·관리하기 위한 취지의 표시나 경비원이 존재하는 등 외형적으로 외부인의 무단출입을 통제·관리하고 있는 사정이 존재하고, 외부인이 이를 인식하고서도 그 출입에 관한 거주자나 관리자의 승낙이 없음은 물론, 거주자와의 관계 기타 출입의 필요 등에 비추어 보더라도 정당한 이유 없이 비밀번호를 임의로 입력하거나 조작하는 등의 방법으로 거주자나 관리자 모르게 공동현관에 출입한 경우와 같이, 출입 목적 및 경위, 출입의 태양과 출입한 시간 등을 종합적으로 고려할 때 공동주택 거주자의 사실상 주거의 평온상태를 해치는 행위태양으로 볼 수 있는 경우라면 공동주택 거주자들에 대한 주거침입에 해당할 것이다(대법원 2022.1.27, 2021도15507 등). ㉡ 일반인의 출입이 허용된 상가 등 영업장소에 영업주의 승낙을 받아 통상적인 출입방법으로 들어갔다면 특별한 사정이 없는 한 건조물침입죄에서 규정하는 침입행위에 해당하지 않는다. 설령 행위자가 범죄 등을 목적으로 영업장소에 출입하였거나 영업주가 행위자의 실제 출입 목적을 알았더라면 출입을 승낙하지 않았을 것이라는 사정이 인정되더라도 그러한 사정만으로는 출입 당시 객관적·외형적으로 드러난 행위태양에 비추어 사실상의 평온상태를 해치는 방법으로 영업장소에 들어갔다고 평가할 수 없으므로 침입행위에 해당하지 않는다(대법원 2022.3.24, 2017도18272 전원합의체 등). … 아파트의 공동현관 내 계단과 엘리베이터 앞부분까지 들어간 부분에 대해서는 판시 법리에 따라 아파트에 대한 거주자들이나 관리자의 사실상 평온상태를 해치는 행위태양으로 주거에 침입한 것으로 볼 수 있으나, 상가 1층의 공용 부분 내 엘리베이터 앞부분까지 들어간 부분에 대해서는 판시 법리에 따라 이 사건 상가 건물의 용도와 성질, 출입문 상태 및 피해자와 피고인의 출입 당시 모습 등 여러 사정을 종합하여 보더라도 그것이 범죄 등을 목적으로 한 출입으로서 침입에 해당한다는 점에 대한 증명이 충분하다고 볼 수 없다(대법원 2022.8.25, 2022도3801).

08
정답 ③

③ ㉠ㄴㄹ

㉠ (○) 제331조 제1항의 특수절도죄는 주거침입행위가 그 구성요건 내에 포함되어 있으므로 별개의 죄를 구성하지 않지만, 동조 제2항의 특수절도죄는 주거침입죄와는 경합범의 관계에 있게 된다(대법원 2009.12.24, 2009도9667).

ㄴ (○) 공동거주자 각자는 특별한 사정이 없는 한 공동주거관계의 취지 및 특성에 맞추어 공동주거 중 공동생활의 장소로 설정한 부분에 출입하여 공동의 공간을 이용할 수 있는 것과 같은 이유로, 다른 공동거주자가 이에 출입하여 이용하는 것을 용인할 수인의무도 있다. 이처럼 공동거주자 각자가 공동생활의 장소에서 누리는 사실상 주거의 평온이라는 법익은 공동거주자 상호간의 관계로 인하여 일정 부분 제약될 수밖에 없고, 공동거주자는 이러한 사정에 대한 상호 용인 하에 공동주거관계를 형

성하기로 하였다고 보아야 한다. 따라서 공동거주자 상호간에는 특별한 사정이 없는 한 다른 공동거주자가 공동생활의 장소에 자유로이 출입하고 이를 이용하는 것을 금지할 수 없다. … 공동거주자 중 한 사람이 법률적인 근거 기타 정당한 이유 없이 다른 공동거주자가 공동생활의 장소에 출입하는 것을 금지한 경우, 다른 공동거주자가 이에 대항하여 공동생활의 장소에 들어갔더라도 이는 '사전 양해된 공동주거의 취지 및 특성에 맞추어 공동생활의 장소를 이용하기 위한 방편'에 불과할 뿐, 그의 출입을 금지한 공동거주자의 사실상 주거의 평온이라는 법익을 침해하는 행위라고는 볼 수 없으므로 주거침입죄는 성립하지 않는다. 설령 그 공동거주자가 공동생활의 장소에 출입하기 위하여 다소간의 물리력을 행사하여 그 출입을 금지한 공동거주자의 사실상 평온상태를 해쳤더라도 주거침입죄는 성립하지 않는다(대법원 2021.9.9, 2020도6085).

[보충1] 외부인이 공동거주자 중 한 사람의 승낙에 따라서 공동생활의 장소에 함께 출입한 것이 다른 공동거주자의 주거의 평온을 침해하는 행위가 된다고 볼 수 있는지 여부도 이러한 측면에서 살펴볼 필요가 있다. 공동거주자 중 한 사람의 승낙에 따른 외부인의 공동생활 장소의 출입 및 이용행위가 외부인의 출입을 승낙한 공동거주자의 통상적인 공동생활 장소의 출입 및 이용행위의 일환이자 이에 수반되는 행위로 평가할 수 있는 경우에는 이러한 외부인의 행위는 전체적으로 그 공동거주자의 행위와 동일하게 평가할 수 있다. 공동거주자 중 한 사람이 법률적인 근거 기타 정당한 이유 없이 다른 공동거주자가 공동생활의 장소에 출입하는 것을 금지하고, 이에 대항하여 다른 공동거주자가 공동생활의 장소에 들어가는 과정에서 그의 출입을 금지한 공동거주자의 사실상 평온상태를 해쳤더라도, 그 공동거주자의 승낙을 받아 공동생활의 장소에 함께 들어간 외부인의 출입 및 이용행위가 전체적으로 그의 출입을 승낙한 공동거주자의 통상적인 공동생활 장소의 출입 및 이용행위의 일환이자 이에 수반되는 행위로 평가할 수 있는 경우에는 그 외부인에 대하여 역시 주거침입죄가 성립하지 않는다(대법원 2021.9.9, 2020도6085).

[보충2] 가정불화로 처 A와 일시 별거 중인 남편 甲은 그의 부모 乙·丙과 함께 주거지에 들어가려고 하는데 처로부터 집을 돌보아 달라는 부탁을 받은 처제 B가 출입을 못하게 하자, 출입문에 설치된 잠금장치를 손괴하고 주거지에 출입하였다. 甲과 乙·丙에게 모두 주거침입죄의 죄책이 인정되지 않는다.

ⓒ (×) 주거침입죄의 보호법익에 대해서는 사실상 평온설이 다수설·판례(대법원 1984.4. 24, 83도1429 등)이므로, 타인이 평온·공연하게 점유하는 건물에 무단으로 들어간 행위는 설사 건물의 소유자라 하더라도 주거침입죄를 구성한다.

ⓔ (○) 주택의 매수인이 계약금과 중도금을 지급하고서 그 주택을 명도받아 점유하고 있던 중 위 매매계약을 해제하고 중도금 반환청구소송을 제기하여 얻은 그 승소판결에 기하여 강제집행에 착수한 이후에, 매도인이 매수인이 잠가 놓은 위 주택의 출입문을 열고 들어간 경우라면 매도인으로서는 매수인이 그 주택에 대한 모든 권리를 포기한 것으로 알고 그 주택에 들어간 것이라고 할 수 있을 뿐만 아니라 또한 그 주택에 대하여 보호받아야 할 피해자의 주거에 대한 평온상태는 소멸되었다고 볼 수 있으므로 매도인의 위 소위는 주거침입죄를 구성하지 아니한다(대법원 1987.5.12, 87도3).

정답 ②

② ⓒⓔ

ⓐ (×) 퇴거불응죄의 퇴거 역시 행위자의 신체가 주거에서 나감을 의미하므로, 피고인이 이 사건 건물에 가재도구 등을 남겨두었다는 사정은 퇴거불응죄의 성부에 영향이 없다(대법원 2007.11.15, 2007도6990).

ⓑ (○) 노동조합지부가 파업에 돌입한 지 불과 4시간 만에 협회가 바로 직장폐쇄 조치를 취한 것은 근로자측의 쟁의행위에 대한 대항·방위 수단으로서의 상당성이 인정될 수 없어 위 직장폐쇄는 정당한 쟁의행위로 인정되지 아니하고, 따라서 협회가 위와 같은 직장폐쇄를 이유로 근로자들인 피고인들에게 퇴거요구를 한 것이라면, 피고인들이 협회로부터 그와 같은 퇴거요구를 받고 이에 불응하였다고 하더라도 퇴거불응죄가 성립하지 아니한다(대법원 2007.12.28, 2007도5204).

ⓒ (×) 타워크레인은 건설기계의 일종으로서 작업을 위하여 토지에 고정되었을 뿐이고 운전실은 기계를 운전하기 위한 작업공간 그 자체이지 건조물침입죄의 객체인 건조물에 해당하지 아니한다(대법원 2005.10.7, 2005도5351).

ⓓ (○) 위 소독시설은 축사출입차량의 소독을 위하여 설치한 것이기는 하나 별대의 토지 이에 존재하는 독립한 건조물로서 축사 자체의 효용에 제공된 종물이 아니므로, 위 출입행위는 건조물침입죄를 구성한다(대법원 2007.12.13, 2007도7247).

ⓔ (×) 원심이 이와 같은 견해에서 가사 이 사건 건물에 대한 경락허가결정이 무효라고 하더라도 이에 기한 인도명령의 집행으로서 이 사건 건물의 점유가 피고인으로부터 주식회사 조흥은행을 거쳐 공소외 김○○에게 이전된 이상 함부로 다시 이 사건 건물에 들어간 피고인의 소위는 주거침입죄에 해당한다(대법원 1987.11.10, 87도1760).

정답 ④

④ ⓐⓑ ⓒ

ⓐ (×) 재물의 소유권 또는 이에 준하는 본권을 침해하는 의사가 있으면 되고 반드시 영구적으로 보유할 의사가 필요한 것은 아니며, 그것이 물건 자체를 영득할 의사인지 물건의 가치만을 영득할 의사인지를 불문한다(대법원 2014.2.21, 2013도14139).

ⓑ (×) 다른 특별한 사정이 없는 한 그러한 사유만으로 불법영득의 의사가 없다고 할 수는 없다(대법원 2014.2.21, 2013도14139).

ⓒ (×) 형법상 횡령죄의 성질은 '특정경제범죄 가중처벌 등에 관한 법률'(이하 '특경법'이라고 한다) 제3조 제1항에 의해 가중처벌되는 경우에도 그대로 유지되고, 특경법에 친족상도례에 관한 형법 제361조, 제328조의 적용을 배제한다는 명시적인 규정이 없으므로, 형법 제361조는 특경법 제3조 제1항 위반죄에도 그대로 적용된다(대법원 2013.9.13, 2013도7754).

[참고] 2024년 6월 27일 헌법재판소는 친족상도례 중 형면제 조항인 제328조 제1항에 대하여 아래와 같이 헌법불합치결정을 내렸다(개정시한은 2025.12.31.이고 개정 전까지 적용중지됨).

> 형법 제328조 제1항은 형사피해자가 법관에게 적절한 형벌권을 행사하여 줄 것을 청구할 수 없도록 하는바, 이는 입법재량을 명백히 일탈하여 현저히 불합리하거나 불공정한 것으로서 형사피해자의 재판절차진술권을 침해한다(헌법재판소 2024. 6.27, 2020헌마468 전원합의체).

ㄹ (○) 옳은 기술이다.

ㅁ (○) 친족상도례의 규정 취지는, 가정 내부의 문제는 국가형벌권이 간섭하지 않는 것이 바람직하다는 정책적 고려와 함께 가정의 평온이 형사처벌로 인해 깨지는 것을 막으려는 데에 있다. 가족·친족 관계에 관한 우리나라의 역사적·문화적 특징이나 재산범죄의 특성, 형벌의 보충성을 종합적으로 고려할 때, 경제적 이해를 같이하거나 정서적으로 친밀한 가족 구성원 사이에서 발생하는 수인 가능한 수준의 재산범죄에 대한 형사소추 내지 처벌에 관한 특례의 필요성은 수긍할 수 있다. 심판대상조항은 재산범죄의 가해자와 피해자 사이의 일정한 친족관계를 요건으로 하여 일률적으로 형을 면제하도록 규정하고 있다. 심판대상조항은 직계혈족이나 배우자에 대하여 실질적 유대나 동거 여부와 관계없이 적용되고, 또한 8촌 이내의 혈족, 4촌 이내의 인척에 대하여 동거를 요건으로 적용되며, 그 각각의 배우자에 대하여도 적용되는데, 이처럼 넓은 범위의 친족간 관계의 특성은 일반화하기 어려움에도 일률적으로 형을 면제할 경우, 경우에 따라서는 형사피해자인 가족 구성원의 권리를 일방적으로 희생시키는 것이 되어 본래의 제도적 취지와는 어긋난 결과를 초래할 우려가 있다. 심판대상조항은 강도죄와 손괴죄를 제외한 다른 모든 재산범죄에 준용되는데, 이러한 재산범죄의 불법성이 일반적으로 경미하여 피해자가 수인 가능한 범주에 속한다거나 피해의 회복 및 친족간 관계의 복원이 용이하다고 단정하기 어렵다. 예컨대, '특정경제범죄 가중처벌 등에 관한 법률'상 횡령이나 업무상 횡령으로서 이득액이 50억 원 이상인 경우 '무기 또는 5년 이상의 징역'으로 가중처벌될 수 있는 중한 범죄이고, 피해자의 임의의사를 제한하는 정도의 폭행이나 협박(공갈), 흉기휴대 내지 2인 이상 합동 행위(특수절도) 등을 수반하는 재산범죄의 경우 일률적으로 피해의 회복이나 관계의 복원이 용이한 범죄라고 보기 어렵다. 피해자가 독립하여 자유로운 의사결정을 할 수 있는 사무처리능력이 결여된 경우에 심판대상조항을 적용 내지 준용하는 것은 가족과 친족 사회 내에서 취약한 지위에 있는 구성원에 대한 경제적 착취를 용인하는 결과를 초래할 염려가 있다. 그런데 심판대상조항은 위와 같은 사정들을 전혀 고려하지 아니한 채 법관으로 하여금 형면제 판결을 선고하도록 획일적으로 규정하여, 거의 대부분의 사안에서는 기소가 이루어지지 않고 있고, 이에 따라 형사피해자는 재판절차에 참여할 기회를 상실하고 있다. 예외적으로 기소가 되더라도, '형의 면제'라는 결론이 정해져 있는 재판에서는 형사피해자의 법원에 대한 적절한 형벌권 행사 요구는 실질적 의미를 갖기 어렵다. 로마법 전통에 따라 친족상도례의 규정을 두고 있는 대륙법계 국가들의 입법례를 살펴보더라도, 일률적으로 광범위한 친족의 재산범죄에 대해 필요적으로 형을 면제하거나 고소 유무에 관계없이 형사소추할 수 없도록 한 경우는 많지 않으며, 그 경우에도 대상 친족 및 재산범죄의 범위 등이 우리 형법이 규정한 것보다 훨씬 좁다. 위와 같은 점을 종합하면, 심판대상조항은 형사피해자가 법관에게 적절한 형벌권을 행사하여 줄 것을 청구할 수 없도록 하는바, 이는 입법재량을 명백히 일탈하여 현저히 불합리하거나 불공정한 것으로서 형사피해자의 재판절차진술권을 침해한다(2025.12.31.까지 개정하되, 그 이전에도 적용 중지, 헌법재판소 2024.6.27, 2020헌마468 전원합의체).

11

④ ㄱㄴㄷㅁ

ㄱ (○) 심문기일소환장은 재산적 가치가 있는 물건으로서 형법상 재물에 해당한다(대법원 2000. 2.25, 99도5775).

ㄴ (○) 피고인이 타인의 명의를 모용하여 신용카드를 발급받은 경우, 비록 카드회사가 피고인으로부터 기망을 당한 나머지 피고인에게 피모용자 명의로 발급된 신용카드를 교부하고, 사실상 피고인이 지정한 비밀번호를 입력하여 현금자동지급기에 의한 현금대출(현금서비스)을 받을 수 있도록 하였다 할지라도, 카드회사의 내심의 의사는 물론 표시된 의사도 어디까지나 카드 명의인인 피모용자에게 이를 허용하는 데 있을 뿐 피고인에게 이를 허용한 것은 아니라는 점에서, 피고인이 타인의 명의를 모용하여 발급받은 신용카드를 사용하여 현금자동지급기에서 현금대출을 받는 행위는 카드회사에 의하여 미리 포괄적으로 허용된 행위가 아니라, 현금자동지급기의 관리자의 의사에 반하여 그의 지배를 배제한 채 그 현금을 자기의 지배하에 옮겨 놓는 행위로서 절도죄에 해당한다(대법원 2006.7.27, 2006도3126).

ㄷ (○) 임차인이 임대계약 종료 후 식당건물에서 퇴거하면서 종전부터 사용하던 냉장고의 전원을 켜 둔 채 그대로 두었다가 약 1개월 후 철거해 가는 바람에 그 기간 동안 전기가 소비된 사안에서, 임차인이 퇴거 후에도 냉장고에 관한 점유·관리를 그대로 보유하고 있었다고 보아야 하므로, 냉장고를 통하여 전기를 계속 사용하였다고 하더라도 이는 당초부터 자기의 점유·관리하에 있던 전기를 사용한 것일 뿐 타인의 점유·관리하에 있던 전기가 아니어서 절도죄가 성립하지 않는다(대법원 2008.7.10, 2008도3252).

ㄹ (×) 절도죄의 성립에 필요한 불법영득의 의사라 함은 권리자를 배제하고 타인의 물건을 자기의 소유물과 같이 이용, 처분할 의사를 말하고 영구적으로 그 물건의 경제적 이익을 보유할 의사임은 요치 않으며 일시사용의 목적으로 타인의 점유를 침탈한 경우에도 이를 반환할 의사 없이 상당한 장시간 점유하고 있거나 본래의 장소와 다른 곳에 유기하는 경우에는 이를 일시사용하는 경우라고는 볼 수 없으므로 영득의 의사가 없다고 할 수 없다. 소유자의 승낙 없이 오토바이를 타고 가서 다른 장소에 버린 경우, 자동차등불법사용죄가 아닌 절도죄가 성립한다(대법원 2002.9.6, 2002도3465).

ㅁ (○) 피해자가 결혼예식장에서 신부측 축의금 접수인인 것처럼 행세하는 피고인에게 축의금을 내어 놓자 이를 교부받아 가로챈 사안에서, 피해자의 교부행위의 취지는 신부측에 전달하는 것일 뿐 피고인에게 그 처분권을 주는 것이 아니므로, 이를 피고인에게 교부한 것이라고 볼 수 없고 단지 신부측 접수대에 교부하는 취지에 불과하므로 피고인이 그 돈을 가져간 것은 신부측 접수처의 점유를 침탈하여 범한 절취행위라고 보는 것이 정당하다(대법원 1996.10.15, 96도2227).

ㅂ (×) 타인의 재물을 점유자의 승낙 없이 무단 사용하는 경우 그 사용으로 인하여 재물 자체가 가지는 경제적 가치가 상당한 정도로 소모되거나 또는 사용 후 그 재물을 본래의 장소가 아닌 다른 곳에 버리거나 곧 반환하지 아니하고 장시간 점유하고 있는 것과 같은 때에는 그 소유권 또는 본권을 침해할 의사가 있다고 보아 불법영득의 의사를 인정할 수 있으나, 그렇지 아니하고 그 사용으로 인한 가치의 소모가 무시할 수 있을 정도로 경미하고 또 사용 후 곧 반환한 것과 같은 때에는 그 소유권 또는 본권을 침해할 의사가 있다고 할 수 없어 불법영득의 의사를 인정할 수

없다. 피해자의 승낙 없이 혼인신고서를 작성하기 위하여 피해자의 도장을 몰래 꺼내어 사용한 후 곧바로 제자리에 갖다 놓은 경우, 도장에 대한 불법영득의 의사가 있었다고 볼 수 없어 절도죄가 성립할 수 없다(대법원 2000.3.28, 2000도493).

12
정답 ③

③ ㉣㉤

㉠ (×) 예금통장을 사용하여 예금을 인출하게 되면 그 인출된 예금액에 대하여는 예금통장 자체의 예금액 증명기능이 상실되고 이에 따라 그 상실된 기능에 상응한 경제적 가치도 소모된다. 그렇다면 타인의 예금통장을 무단사용하여 예금을 인출한 후 바로 예금통장을 반환하였다 하더라도 그 사용으로 인한 위와 같은 경제적 가치의 소모가 무시할 수 있을 정도로 경미한 경우가 아닌 이상, 예금통장 자체가 가지는 예금액 증명기능의 경제적 가치에 대한 불법영득의 의사를 인정할 수 있으므로 절도죄가 성립한다(대법원 2010.5.27, 2009도900).

㉡ (×) 예금주인 현금카드 소유자로부터 일정한 금액의 현금을 인출해 오라는 부탁을 받으면서 이와 함께 현금카드를 건네받은 것을 기화로 그 위임을 받은 금액을 초과하여 현금을 인출하는 방법으로 그 차액 상당을 위법하게 이득할 의사로 현금자동지급기에 그 초과된 금액이 인출되도록 입력하여 그 초과된 금액의 현금을 인출한 경우에는 그 차액 상당액에 관하여 형법 제347조의2(컴퓨터등사용사기)에 규정된 '컴퓨터 등 정보처리장치에 권한 없이 정보를 입력하여 정보처리를 하게 함으로써 재산상의 이익을 취득'하는 행위로서 컴퓨터 등 사용사기죄에 해당된다(대법원 2006.3.24, 2005도3516).

㉢ (×) 컴퓨터등사용사기죄의 범행으로 예금채권을 취득한 다음 자기의 현금카드를 사용하여 현금자동지급기에서 현금을 인출한 경우, 현금카드 사용권한 있는 자의 정당한 사용에 의한 것으로서 현금자동지급기 관리자의 의사에 반하거나 기망행위 및 그에 따른 처분행위도 없었으므로, 별도로 절도죄나 사기죄의 구성요건에 해당하지 않는다 할 것이고, 그 결과 그 인출된 현금은 재산범죄에 의하여 취득한 재물이 아니므로 장물이 될 수 없다(대법원 2004.4.16, 2004도353).

㉣ (○) 타인의 명의를 모용하여 발급받은 신용카드를 사용하여 현금자동지급기에서 현금대출을 받는 행위는 카드회사에 의하여 미리 포괄적으로 허용된 행위가 아니라, 현금자동지급기의 관리자의 의사에 반하여 그의 지배를 배제한 채 그 현금을 자기의 지배하에 옮겨 놓는 행위로서 절도죄에 해당한다(대법원 2006.7.27, 2006도3126).

㉤ (○) 강도죄는 공갈죄와는 달리 피해자의 반항을 억압할 정도로 강력한 정도의 폭행·협박을 수단으로 재물을 탈취하여야 성립하므로, 피해자로부터 현금카드를 강취하였다고 인정되는 경우에는 피해자로부터 현금카드의 사용에 관한 승낙의 의사표시가 있었다고 볼 여지가 없다. 따라서 강취한 현금카드를 사용하여 현금자동지급기에서 예금을 인출한 행위는 피해자의 승낙에 기한 것이라고 할 수 없으므로, 현금자동지급기 관리자의 의사에 반하여 그의 지배를 배제하고 그 현금을 자기의 지배하에 옮겨 놓는 것이 되어서 강도죄와는 별도로 절도죄를 구성한다(대법원 2007.5.10, 2007도1375).

13
정답 ②

② ㉢㉣

㉠ (○) 아동복지법 제17조 제1호의 '아동을 매매하는 행위'는 '보수나 대가를 받고 아동을 다른 사람에게 넘기거나 넘겨받음으로써 성립하는 범죄'로서(대법원 2014.11.27, 2014도7998), 설령 위와 같은 행위에 대하여 아동이 명시적인 반대 의사를 표시하지 아니하거나 더 나아가 동의·승낙의 의사를 표시하였다 하더라도 이러한 사정은 아동매매죄의 성립에 아무런 영향을 미치지 아니한다(대법원 2015.8.27, 2015도6480).

㉡ (○) 대법원 2015.7.9, 2013도7787

㉢ (×) 갑은 피고인의 8촌 혈족, 병은 피고인의 부친이나, 위 부동산이 갑, 을, 병의 합유로 등기되어 있어 피고인에게 형법상 친족상도례 규정이 적용되지 않는다(대법원 2015.6.11, 2015도3160).

[참고] 2024년 6월 27일 헌법재판소는 친족상도례 중 형면제 조항인 제328조 제1항에 대하여 아래와 같이 헌법불합치결정을 내렸다(개정시한은 2025.12.31.이고 개정 전까지 적용중지됨).

> 형법 제328조 제1항은 형사피해자가 법관에게 적절한 형벌권을 행사하여 줄 것을 청구할 수 없도록 하는바, 이는 입법재량을 명백히 일탈하여 현저히 불합리하거나 불공정한 것으로서 형사피해자의 재판절차진술권을 침해한다(헌법재판소 2024.6.27, 2020헌마468 전원합의체).

㉣ (×) 당사자 사이에 자동차의 소유권을 그 등록명의자 아닌 자가 보유하기로 약정한 경우, 그 약정 당사자 사이의 내부관계에서는 등록명의자 아닌 자가 소유권을 보유하게 된다고 하더라도 제3자에 대한 관계에서는 어디까지나 그 등록명의자가 자동차의 소유자라고 할 것이다(대법원 2007.1.11, 2006도4498; 2012.4.26, 2010도11771 등)(대법원 2014.9.25, 2014도8984).

14
정답 ①

① (×) 형법 제333조 후단의 강도죄(이른바 강제이득죄)의 요건이 되는 재산상의 이익이란 재물 이외의 재산상의 이익을 말하는 것으로서, 그 재산상의 이익은 반드시 사법상 유효한 재산상의 이득만을 의미하는 것이 아니고 외견상 재산상의 이득을 얻을 것이라고 인정할 수 있는 사실관계만 있으면 여기에 해당된다. 여기서 피고인들이 폭행·협박으로 피해자로 하여금 매출전표에 서명을 하게 한 다음 이를 교부받아 소지함으로써 이미 외관상 각 매출전표를 제출하여 신용카드회사들로부터 그 금액을 지급받을 수 있는 상태가 되었는바, 피해자가 각 매출전표에 허위 서명한 탓으로 피고인들이 신용카드회사들에게 각 매출전표를 제출하여도 신용카드회사들이 신용카드 가맹점 규약 또는 약관의 규정을 들어 그 금액의 지급을 거절할 가능성이 있다 하더라도, 그로 인하여 피고인들이 각 매출전표 상의 금액을 지급받을 가능성이 완전히 없어져 버린 것이 아니고 외견상 여전히 그 금액을 지급받을 가능성이 있는 상태이므로, 결국 피고인들이 '재산상 이익'을 취득하였다고 볼 수 있다. 따라서 (특수)강도죄에 해당한다(대법원 1997.2.25, 96도3411).

② (○) 배임죄에 있어 재산상의 손해를 가한 때라 함은 현실적인 손해를 가한 경우뿐만 아니라 재산상 실해 발생의 위험을 초래한 경우도 포함되고, 재산상 손해의 유무에 대한 판단은 본인의 전재산 상태와의 관계에서 법률적 판단에 의하지 아니하고 경

제적 관점에서 파악하여야 하며, 따라서 법률적 판단에 의하여 당해 배임행위가 무효라 하더라도 경제적 관점에서 파악하여 배임행위로 인하여 본인에게 현실적인 손해를 가하였거나 재산상 실해 발생의 위험을 초래한 경우에는 재산상의 손해를 가한 때에 해당되어 배임죄를 구성하는 것이라고 볼 것이다(대법원 1992.5.26, 91도2963).

③ (○) 신용카드업자가 발행한 신용카드는 이를 소지함으로써 신용구매가 가능하고 금융의 편의를 받을 수 있다는 점에서 경제적 가치가 있다 하더라도, 그 자체에 경제적 가치가 화체되어 있거나 특정의 재산권을 표창하는 유가증권이라고 볼 수 없고, 단지 신용카드회원이 그 제시를 통하여 신용카드회원이라는 사실을 증명하거나 현금자동지급기 등에 주입하는 등의 방법으로 신용카드업자로부터 서비스를 받을 수 있는 증표로서의 가치를 갖는 것이어서, 이를 사용하여 현금자동지급기에서 현금을 인출하였다 하더라도 신용카드 자체가 가지는 경제적 가치가 인출된 예금액만큼 소모되었다고 할 수 없으므로, 이를 일시 사용하고 곧 반환한 경우에는 불법영득의 의사가 없다(대법원 1999. 7.9, 99도857).

④ (○) 피고인이 자기 이외의 자의 소유물인 이 사건 승용차를 점유자인 피해자의 의사에 반하여 그 점유를 배제하고 자기의 점유로 옮긴 이상 그러한 행위가 '절취'에 해당함은 분명하다. 또한 피고인이 이 사건 승용차를 임의로 가져간 것이 소유자인 ○○캐피탈의 의사에 반하는 것이라고는 보기 어렵고 실제로 위 승용차가 ○○캐피탈에 반납된 사정을 감안한다고 하더라도, 그러한 사정만으로는 피고인에게 불법영득의 의사가 없다고 할 수도 없다(대법원 2014.2.21, 2013도14139).

15 　　　　　　　　　　　　　　　　　　　정답 ①

① (×) 입목을 절취하기 위하여 이를 캐낸 때에는 그 시점에서 이미 소유자의 입목에 대한 점유가 침해되어 범인의 사실적 지배하에 놓이게 됨으로써 범인이 그 점유를 취득하게 되는 것이므로, 이때 절도죄는 기수에 이르렀다고 할 것이고, 이를 운반하거나 반출하는 등의 행위는 필요로 하지 않는다고 할 것이다. 원심이 확정한 사실관계에 의하더라도, 피고인 2는 피고인 1이 영산홍을 땅에서 완전히 캐낸 이후에 비로소 범행장소로 와서 피고인 1과 함께 위 영산홍을 승용차까지 운반하였다는 것인바, 앞서 본 법리에 비추어 보면, 피고인 1이 영산홍을 땅에서 캐낸 그 시점에서 이미 피해자의 영산홍에 대한 점유가 침해되어 그 사실적 지배가 피고인 1에게 이동되었다고 봄이 상당하므로, 그때 피고인 1의 영산홍 절취행위는 기수에 이르렀다고 할 것이고, 이와 같이 보는 이상 그 이후에 피고인 2가 영산홍을 피고인 1과 함께 승용차까지 운반하였다고 하더라도 그러한 행위가 다른 죄에 해당하는지의 여부는 별론으로 하고, 피고인 2가 피고인 1과 합동하여 영산홍 절취행위를 하였다고 볼 수는 없다고 할 것이다(대법원 2008.10.23, 2008도6080).

② (○) 산지기로서 종중 소유의 분묘를 간수하고 있는 자는 그 분묘에 설치된 석등이나 문관석 등을 점유하고 있다고는 할 수 없으므로 이러한 물건 등을 반출하여 가는 행위는 횡령죄가 아니고 절도죄를 구성한다(대법원 1985.3.26, 84도3024,84감도474).

③ (○) 육지로부터 멀리 떨어진 섬에서 광산을 개발하기 위하여 발전기, 경운기 엔진을 섬으로 반입하였다가 광업권 설정이 취소됨으로써 광산개발이 불가능하게 되자 육지로 그 물건들을

반출하는 것을 포기하고 그대로 유기하여 둔채 섬을 떠난 후 10년 동안 그 물건들을 관리하지 않고 있었다면, 그 섬에 거주하는 피고인이 그 소유자가 섬을 떠난 지 7년이 경과한 뒤 노후된 물건들을 피고인 집 가까이에 옮겨 놓았다 하더라도, 그 물건들의 반입 경위, 그 소유자가 섬을 떠나게 된 경위, 그 물건들을 옮긴 시점과 그간의 관리상황 등에 비추어 볼 때 피고인이 그 물건들을 옮겨 갈 당시 원소유자나 그 상속인이 그 물건들을 점유할 의사로 사실상 지배하고 있었다고는 볼 수 없으므로, 그 물건들을 절도죄의 객체인 타인이 점유하는 물건으로 볼 수 없다(대법원 1994.10.11, 94도1481).

④ (○) 고속버스 운전사는 고속버스의 관수자로서 차내에 있는 승객의 물건을 점유하는 것이 아니고 승객이 잊고 내린 유실물을 교부받을 권능을 가질 뿐이므로 유실물을 현실적으로 발견하지 않는 한 이에 대한 점유를 개시하였다고 할 수 없고, 그 사이에 다른 승객이 유실물을 발견하고 이를 가져 갔다면 절도에 해당하지 아니하고 점유이탈물횡령에 해당한다(대법원 1993. 3.16, 92도3170).

16 　　　　　　　　　　　　　　　　　　　정답 ②

② ㉠㉢

㉠ (○) 피고인들이 함께 담을 넘어 피해회사 마당에 들어가 그중 1명이 그곳에 있는 구리를 찾기 위하여 담에 붙어 걸어가다가 잡혔다면 절취대상품에 대한 물색행위가 없었다고 할 수 없다(대법원 1989.9.12, 89도1153).

㉡ (×) 피고인이 노상에 세워놓은 자동차 안에 있는 물건을 훔칠 생각으로 자동차의 유리창을 통하여 그 내부를 손전등으로 비추어 본 것에 불과하다면 비록 유리창을 따기 위해 면장갑을 끼고 있었고 칼을 소지하고 있었다 하더라도 절도의 예비행위로 볼 수는 있겠으나 타인의 재물에 대한 지배를 침해하는데 밀접한 행위를 한 것이라고는 볼 수 없어 절취행위의 착수에 이른 것이었다고 볼 수 없다(대법원 1985.4.23, 85도464).

㉢ (×) 소를 흥정하고 있는 피해자의 뒤에 접근하여 그가 들고 있던 가방으로 돈이 들어 있는 피해자의 하의(下衣) 주머니를 스치면서 지나간 행위는 단지 피해자의 주의력을 흩트려 주머니 속에 들은 금원을 절취하기 위한 예비단계의 행위에 불과한 것이고 이로써 실행의 착수에 이른 것이라고는 볼 수 없다(대법원 1986.11.11, 86도1109).

㉣ (○) 소매치기의 경우 피해자의 양복 상의(上衣) 주머니로부터 금품을 취하려고 그 주머니에 손을 뻗쳐 그 겉을 더듬은 때에는 예비단계를 지나 실행에 착수하였다고 봄이 타당하다(대법원 1984.12.11, 84도2524).

㉤ (×) 평소 잘 아는 피해자에게 전화채권을 사주겠다고 하면서 골목길로 유인하여 돈을 절취하려고 기회를 엿본 행위만으로는 절도의 예비행위는 될지언정 행위의 방법, 태양 및 주변상황 등에 비추어 볼 때, 타인의 재물에 대한 사실상 지배를 침해하는데 밀접한 행위가 개시되었다고 단정할 수 없다(대법원 1983. 3.8, 82도2944).

17 　　　　　　　　　　　　　　　　　　　정답 ①

① (○) 형법은 제329조에서 절도죄를 규정하고 곧바로 제330조에서 야간주거침입절도죄를 규정하고 있을 뿐, 야간절도죄에 관하여는 처벌규정을 별도로 두고 있지 아니하다. 이러한 형법 제

330조의 규정 형식과 그 구성요건의 문언에 비추어 보면, 형법은 야간에 이루어지는 주거침입행위의 위험성에 주목하여 그러한 행위를 수반한 절도를 야간주거침입절도죄로 중하게 벌하고 있는 것으로 보아야 하고, 따라서 주거침입이 주간에 이루어진 경우에는 야간주거침입절도죄가 성립하지 않는다고 해석하는 것이 타당하다(대법원 2011.4.14, 2011도300).

② (×) 2인 이상이 합동하여 야간이 아닌 주간에 절도의 목적으로 타인의 주거에 침입하였다 하여도 아직 절취할 물건의 물색행위를 시작하기 전에는 특수절도죄의 실행에는 착수한 것으로 볼 수 없는 것이어서 그 미수죄가 성립하지 않는다(대법원 1992.9.8, 92도1650).

③ (×) 구 특정범죄 가중처벌 등에 관한 법률 제5조의4 제1항은 '상습적으로 형법 제329조부터 제331조까지의 죄 또는 그 미수죄를 범한 사람은 무기 또는 3년 이상의 징역에 처한다'고 규정하고 있다. 이와 같이 위 규정에 의한 상습절도죄는 상습절도미수 행위 자체를 범죄의 구성요건으로 정하고 그에 관하여 무기 또는 3년 이상의 징역형을 법정하고 있는 입법 취지 등을 종합하면, 위 법 제5조의4 제1항이 적용되는 상습절도죄의 경우에는 형법 제25조 제2항에 의한 형의 미수감경이 허용되지 아니한다(대법원 2010.11.25, 2010도11620).

④ (×) 절도죄는 재물의 점유를 침탈하므로 인하여 성립하는 범죄이므로 재물의 점유자가 절도죄의 피해자가 되는 것이나 절도죄는 점유자의 점유를 침탈함으로 인하여 그 재물의 소유자를 해하게 되는 것이므로 재물의 소유자도 절도죄의 피해자로 보아야 할 것이다. 따라서 형법 제328조 제2항 소정의 친족 간의 범행에 관한 조문은 범인과 피해물건의 소유자 및 점유자 쌍방 간에 같은 조문 소정의 친족관계가 있는 경우에만 적용되는 것이고, 단지 절도범인과 피해물건의 소유자간에만 친족관계가 있거나 절도범인과 피해물건의 점유자간에만 친족관계가 있는 경우에는 그 적용이 없는 것이라고 보는 것이 타당할 것이다(대법원 1980.11.11, 80도131).

[참고] 2024년 6월 27일 헌법재판소는 친족상도례 중 형면제 조항인 제328조 제1항에 대하여 아래와 같이 헌법불합치결정을 내렸다(개정시한은 2025.12.31.이고 개정 전까지 적용중지됨).

> 형법 제328조 제1항은 형사피해자가 법관에게 적절한 형벌권을 행사하여 줄 것을 청구할 수 없도록 하는바, 이는 입법재량을 명백히 일탈하여 현저히 불합리하거나 불공정한 것으로서 형사피해자의 재판절차진술권을 침해한다(헌법재판소 2024.6.27, 2020헌마468 전원합의체).

18
정답 ③

③ ㉠㉡

㉠ (×) 자동차를 절취할 생각으로 자동차의 조수석문을 열고 들어가 시동을 걸려고 시도하는 등 차 안의 기기를 이것저것 만지다가 핸드브레이크를 풀게 되었는데 그 장소가 내리막길인 관계로 시동이 걸리지 않은 상태에서 약 10미터 전진하다가 가로수를 들이받는 바람에 멈추게 되었다면 절도의 기수에 해당한다고 볼 수 없을 뿐 아니라 도로교통법 제2조 제19호 소정의 자동차의 운전에 해당하지 아니한다(대법원 1994.9.9, 94도1522).

㉡ (○) 형법 제331조 제1항은 야간에 문호 또는 장벽 기타 건조물의 일부를 손괴하고 형법 제330조의 장소에 침입하여 타인의 재물을 절취한 자는 1년 이상 10년 이하의 징역에 처한다고 규

정하고 있다. 형법 제331조 제1항에 정한 '손괴'는 물리적으로 문호 또는 장벽 기타 건조물의 일부를 훼손하여 그 효용을 상실시키는 것을 말한다. 피고인은 창문과 방충망을 창틀에서 분리하였을 뿐 물리적으로 훼손하여 효용을 상실하게 한 것은 아니므로 특수절도에는 해당하지 아니한다(대법원 2015.10.29, 2015도7559).

㉢ (○) 상습으로 단순절도를 범한 범인이 상습적인 절도범행의 수단으로 주간(낮)에 주거침입을 한 경우에 주간 주거침입행위의 위법성에 대한 평가가 형법 제332조, 제329조의 구성요건적 평가에 포함되어 있다고 볼 수 없다. 그러므로 형법 제332조에 규정된 상습절도죄를 범한 범인이 범행의 수단으로 주간에 주거침입을 한 경우 주간 주거침입행위는 상습절도죄와 별개로 주거침입죄를 구성한다. 또 형법 제332조에 규정된 상습절도죄를 범한 범인이 그 범행 외에 상습적인 절도의 목적으로 주간에 주거침입을 하였다가 절도에 이르지 아니하고 주거침입에 그친 경우에도 주간 주거침입행위는 상습절도죄와 별개로 주거침입죄를 구성한다(대법원 2015.10.15, 2015도8169).

㉣ (×) 이미 취득한 재물 또는 재산상 이득을 사후에 반환하거나 변상하였더라도 사기죄는 성립한다(대법원 2015.11.26, 2015도3012).

19
정답 ④

④ (○) 절도범이 체포를 면탈할 목적으로 체포하려는 여러 명의 피해자에게 같은 기회에 폭행을 가하여 그중 1인에게만 상해를 가하였다면 이러한 행위는 포괄하여 하나의 강도상해죄만 성립한다(대법원 2001.8.21, 2001도3447).

① (×) 재물에 대한 물색·접근·접촉 등의 밀접행위가 없었으므로 절도의 실행착수를 인정할 수 없어 절도미수죄는 성립하지 않는다. 주거침입죄와 폭행죄의 실체적 경합범이 성립한다.

② (×) 甲이 담을 넘어 들어갈 때 범행에 사용할 의도로 칼을 소지하고 있었다면, 실제 甲이 A를 폭행할 때 칼을 사용하지 않더라도 특수주거침입죄와 특수폭행죄의 실체적 경합범이 성립한다.

③ (×) 위 사례가 야간에 발생하였다면 절도행위가 기수에 이르지 못하고 미수에 그쳤으므로, 甲에게 준강도미수죄가 성립한다.

> 형법 제335조에서 절도가 재물의 탈환을 항거하거나 체포를 면탈하거나 죄적을 인멸할 목적으로 폭행 또는 협박을 가한 때에 준강도로서 강도죄의 예에 따라 처벌하는 취지는, 강도죄와 준강도죄의 구성요건인 재물탈취와 폭행·협박 사이에 시간적 순서상 전후의 차이가 있을 뿐 실질적으로 위법성이 같다고 보기 때문인바, 이와 같은 준강도죄의 입법 취지, 강도죄와의 균형 등을 종합적으로 고려해 보면, 준강도죄의 기수 여부는 절도행위의 기수 여부를 기준으로 하여 판단하여야 한다(대법원 2004.11.18, 2004도5074 전원합의체).

20
정답 ④

④ ㉠(×), ㉡(×), ㉢(×), ㉣(×), ㉤(×)

㉠ (×) 절도죄의 보호법익은 소유권 및 점유권이므로 행위자와 소유자·점유자 사이 모두에 친족관계가 있을 때 친족상도례가 적용되므로, 甲은 점유자인 A와는 친족관계가 존재하지만, 소유자 B와는 친족관계가 없으므로 친족상도례를 적용할 수 없다.

친족상도례에 관한 규정은 범인과 피해물건의 소유자 및 점유자 모두 사이에 친족관계가 있는 경우에만 적용되는 것이고 절도범인이 피해물건의 소유자나 점유자의 어느 일방과 사이에서만 친족관계가 있는 경우에는 그 적용이 없다(대법원 1980.11.11, 80도131).

ⓒ (×) 甲의 컴퓨터등사용사기죄와 관련하여 A 명의 계좌의 금융기관이 피해자이므로, 甲이 A의 계좌에서 자신의 계좌로 100만 원을 이체한 행위는 친족상도례가 적용되지 않는다.

친척 소유 예금통장을 절취한 자가 그 친척 거래 금융기관에 설치된 현금자동지급기에 예금통장을 넣고 조작하는 방법으로 친척 명의 계좌의 예금 잔고를 자신이 거래하는 다른 금융기관에 개설된 자기 계좌로 이체한 경우, 그 범행으로 인한 피해자는 이체된 예금 상당액의 채무를 이중으로 지급해야 할 위험에 처하게 되는 그 친척 거래 금융기관이라 할 것이고, 거래 약관의 면책 조항이나 채권의 준점유자에 대한 법리 적용 등에 의하여 위와 같은 범행으로 인한 피해가 최종적으로는 예금 명의인인 친척에게 전가될 수 있다고 하여, 자금이체 거래의 직접적인 당사자이자 이중지급 위험의 원칙적인 부담자인 거래 금융기관을 위와 같은 컴퓨터 등 사용사기 범행의 피해자에 해당하지 않는다고 볼 수는 없으므로, 위와 같은 경우에는 친족 사이의 범행을 전제로 하는 친족상도례를 적용할 수 없다(대법원 2007.3.15, 2006도2704).

ⓒ (×) 甲은 이체한 돈을 인출하여 그 정을 아는 친구 乙에게 교부하였지만, 인출한 현금을 장물로 볼 수 없으므로 乙에게는 장물취득죄가 성립하지 않는다.

컴퓨터등사용사기죄의 범행으로 예금채권을 취득한 다음 자기의 현금카드를 사용하여 현금자동지급기에서 현금을 인출한 경우, 현금카드 사용권한 있는 자의 정당한 사용에 의한 것으로서 현금자동지급기 관리자의 의사에 반하거나 기망행위 및 그에 따른 처분행위도 없었으므로, 별도로 절도죄나 사기죄의 구성요건에 해당하지 않는다 할 것이고, 그 결과 그 인출된 현금은 재산범죄에 의하여 취득한 재물이 아니므로 장물이 될 수 없다(대법원 2004.4.16, 2004도353).

ⓔ (×) 甲이 경찰관의 신분증 제시 요구에 A의 운전면허증을 제시한 것은 공문서부정행사죄에 해당한다(대법원 2001.4.19, 2000도1985 전원합의체).

제3자로부터 신분확인을 위하여 신분증명서의 제시를 요구받고 다른 사람의 운전면허증을 제시한 행위는 그 사용목적에 따른 행사로서 공문서부정행사죄에 해당한다고 보는 것이 옳다(대법원 2001.4.19, 2000도1985 전원합의체).

ⓜ (×) 甲이 이체한 돈을 인출하지 못하였다고 하더라도 컴퓨터 등 사용사기죄의 기수에 해당한다.

입금절차를 완료함으로써 장차 그 계좌에서 이를 인출하여 갈 수 있는 재산상 이익을 취득하였으므로 형법 제347조의2에서 정하는 컴퓨터 등 사용사기죄는 기수에 이르렀고, 그 후 그러한 입금이 취소되어 현실적으로 인출되지 못하였다고 하더라도 이미 성립한 컴퓨터 등 사용사기죄에 어떤 영향이 있다고 할 수는 없다(대법원 2006.9.14, 2006도4127).

▶ **제1편 개인적 법익에 대한 죄: 제5장 재산에 대한 죄** [강도의 죄] — [공갈의 죄]

01	②	02	③	03	②	04	①	05	④
06	①	07	③	08	①	09	③	10	④
11	④	12	②	13	③	14	④	15	①
16	①	17	④	18	①	19	②	20	①

01
정답 ②

② (×) 절도범인이 처음에는 흉기를 휴대하지 아니하였으나, 체포를 면탈할 목적으로 폭행 또는 협박을 가할 때에 비로소 흉기를 휴대 사용하게 된 경우에는 형법 제334조의 예에 의한 준강도(특수강도의 준강도)가 된다(대법원 1973.11.13, 73도1553 전원합의체). 즉 폭행·협박의 행위태양에 따라 단순강도의 준강도인지 특수강도의 준강도인지를 결정해야 한다는 것이 위 전원합의체 판례에 입장인 것이다. 참고로 위 ②번 지문은 위 판례의 소수의견의 입장이다.

① (○) 대법원 1990.4.24, 90도193

③ (○) 甲에게는 준강도의 폭행에 관한 예견가능성을 부정하여 특수절도미수죄의 죄책만 인정된다는 판례이다(대법원 1984.2.28, 83도3321).

④ (○) 대법원 1987.9.22, 87도1592

02
정답 ③

③ 문제의 사례는 강도상해죄가 인정된다(대법원 2001.10.23, 2001도4142 참조). 이에 비하여 이 지문의 경우 준강도죄가 성립하지 않으므로(대법원 1999.2.26, 98도3321) 절도죄와 상해죄가 성립할 뿐이다.

03
정답 ②

② (○) 강도상해죄가 성립하려면 먼저 강도죄의 성립이 인정되어야 하고, 강도죄가 성립하려면 불법영득 또는 불법이득의 의사가 있어야 한다(대법원 2004.5.14, 2004도1370 등). 채권자를 폭행·협박하여 채무를 면탈함으로써 성립하는 강도죄에서 불법이득의사는 단순 폭력범죄와 구별되는 중요한 구성요건 표지이다. 폭행·협박 당시 피고인에게 채무를 면탈하려는 불법이득의사가 있었는지는 신중하고 면밀하게 심리·판단되어야 한다. 불법이득 의사는 마음속에 있는 의사이므로, 피고인과 피해자의 관계, 채무의 종류와 액수, 폭행에 이르게 된 경위, 폭행의 정도와 방법, 폭행 이후의 정황 등 범행 전후의 객관적인 사정을 종합하여 불법이득 의사가 있었는지를 판단할 수밖에 없다(대법원 2021.6.30, 2020도4539).

[보충] 피고인이 술을 마신 후 술값 지급과 관련한 시비 중 술집 주인과 종업원을 폭행하여 상해를 가한 사안에서, 폭행에 이르게 된 경위, 폭행 이후의 정황, 채무의 종류와 액수 등 제반사정에 비추어 피고인이 피해자들을 폭행할 당시 술값 채무를 면탈하려는 불법이득의 의사를 인정하기 어렵다고 보아, 유죄로 인정한 원심을 파기환송한 사례이다.

① (×) 피고인 및 공범들의 위 폭행에 의한 반항억압의 상태와 재물의 탈취가 시간적으로 극히 밀접하여 전체적·실질적으로 재물 탈취의 범의를 실현한 행위로 평가할 수 있으므로 강도죄의 성립을 인정할 수 있고(대법원 2009.1.30, 2008도10308 참조), 그 과정에서 피해자가 상해를 입었다면 강도상해죄가 성립한다고 보아야 한다(대법원 2013.12.12, 2013도11899).

③ (×) 형법 제335조는 '절도'가 재물의 탈환을 항거하거나 체포를 면탈하거나 죄적을 인멸할 목적으로 폭행 또는 협박을 가한 때에 준강도가 성립한다고 규정하고 있으므로, 준강도죄의 주체는 절도범인이고, 절도죄의 객체는 재물이다. … 절도의 실행에 착수하였다는 내용이 포함되어 있지 않음에도 준강도죄를 적용하여 유죄로 인정한 원심판결에는 준강도죄의 주체에 관한 법리오해의 잘못이 있다(대법원 2014.5.16, 2014도2521).

④ (×) 형법 제334조 제1항 특수강도죄는 '주거침입'이라는 요건을 포함하고 있으므로 형법 제334조 제1항 특수강도죄가 성립할 경우 '주거침입죄'는 별도로 처벌할 수 없고, 형법 제334조 제1항 특수강도에 의한 강도상해가 성립할 경우에도 별도로 '주거침입죄'를 처벌할 수 없다고 보아야 할 것이다(대법원 2012.12.27, 2012도12777).

04
정답 ①

① (×) 형법 제335조에서 절도가 재물의 탈환을 항거하거나 체포를 면탈하거나 죄적을 인멸할 목적으로 폭행 또는 협박을 가한 때에 준강도로서 강도죄의 예에 따라 처벌하는 취지는, 강도죄와 준강도죄의 구성요건인 재물탈취와 폭행·협박 사이에 시간적 순서상 전후의 차이가 있을 뿐 실질적으로 위법성이 같다고 보기 때문인바, 이와 같은 준강도죄의 입법 취지, 강도죄와의 균형 등을 종합적으로 고려해 보면, 준강도죄의 기수 여부는 절도행위의 기수 여부를 기준으로 하여 판단하여야 한다(대법원 2004.11.18, 2004도5074 전원합의체). → 훔칠 물건을 물색하다가 붙잡혔으므로 절도는 기수에 이르지 못했고 따라서 준강도죄는 성립하지 않는다.

② (○) 절도범인이 처음에는 흉기를 휴대하지 아니하였으나, 체포를 면탈할 목적으로 폭행 또는 협박을 가할 때에 비로소 흉기를 휴대 사용하게된 경우에는 형법 제334조의 예에 의한 준강도(특수강도의 준강도)가 된다(대법원 1973.11.13, 73도1553 전원합의체).

③ (○) 甲이 乙과 공모하여 타인의 재물을 절취하려다 미수에 그친 이상 乙이 체포를 면탈하려고 경찰관에게 상해를 가할때 甲이 비록 거기에는 가담하지 아니하였다고 하더라도 乙의 행위를 예견하지 못한 것으로 볼 수 없는 한 준강도상해의 죄책을 면할 수 없다(대법원 1989.3.28, 88도2291).

④ (○) 절도 피해자가 잠을 자다가 이마를 맞고 잠이 깨어 비로소 맞은 것을 알았다고 진술할 뿐, 피해자가 소리를 지르므로 피고인이 체포를 면탈하기 위하여 피해자를 때린 것이라고 인정할 수 없다면 피고인에게는 준강도 상해의 죄책을 지울 수 없다(대법원 1984.6.5, 84도460).

05 〔정답 ④〕

④ ㉠ㄴㄷ

㉠ (○) 대법원 2014.9.26, 2014도9567

㉡ (○) 대법원 1992.1.21, 91도2727

㉢ (○) 대법원 1996.7.12, 96도1108

㉣ (✕) 절도범이 체포를 면탈할 목적으로 체포하려는 여러 명의 피해자에게 같은 기회에 폭행을 가하여 그중 1인에게만 상해를 가하였다면 이러한 행위는 포괄하여 하나의 강도상해죄만 성립한다(대법원 2001.8.21, 2001도3447)

06 〔정답 ①〕

① ㉡

㉠ (○) 피고인이 원심피고인들과 강도하기로 모의를 한 후 판시와 같이 피해자 甲남으로부터 금품을 빼았고 이어서 피해자 乙녀를 강간하였다면 강도강간죄를 구성하는 것이므로 피고인의 행위에 대하여 형법 제339조를 적용한 것은 정당하다(대법원 1991.11.12, 91도2241).

㉡ (✕) 강도살인죄가 성립하려면 먼저 강도죄의 성립이 인정되어야 하고, 강도죄가 성립하려면 불법영득(또는 불법이득)의 의사가 있어야 하며, 형법 제333조 후단 소정의 이른바 강제이득죄의 성립요건인 '재산상 이익의 취득'을 인정하기 위하여는 재산상 이익이 사실상 피해자에 대하여 불이익하게 범인 또는 제3자 앞으로 이전되었다고 볼 만한 상태가 이루어져야 하는데, 채무의 존재가 명백할 뿐만 아니라 채권자의 상속인이 존재하고 그 상속인에게 채권의 존재를 확인할 방법이 확보되어 있는 경우에는 비록 그 채무를 면탈할 의사로 채권자를 살해하더라도 일시적으로 채권자 측의 추급을 면한 것에 불과하여 재산상 이익의 지배가 채권자 측으로부터 범인 앞으로 이전되었다고 보기는 어려우므로, 이러한 경우에는 강도살인죄가 성립할 수 없다(대법원 2004.6.24, 2004도1098).

㉢ (○) 강도강간죄는 강도가 강간하는 것을 그 요건으로 하므로 부녀를 강간한자가 강간행위 후에 강도의 범의를 일으켜 재물을 강취하는 경우에는 강간죄와 강도죄의 경합범이 성립될 수 있을 뿐이다(대법원 1977.9.28, 77도1350).

㉣ (○) 강도살인죄의 주체인 강도는 준강도죄의 강도 범인을 포함한다고 할 것이므로 절도가 체포를 면탈할 목적으로 사람을 살해한 때에는 강도살인죄가 성립한다(대법원 1987.9.22, 87도1592).

07 〔정답 ③〕

③ (○) 형법 제335조에서 절도가 재물의 탈환을 항거하거나 체포를 면탈하거나 죄적을 인멸할 목적으로 폭행 또는 협박을 가한 때에 준강도로서 강도죄의 예에 따라 처벌하는 취지는, 강도죄와 준강도죄의 구성요건인 재물탈취와 폭행·협박 사이에 시간적 순서상 전후의 차이가 있을 뿐 실질적으로 위법성이 같다고 보기 때문인바, 이와 같은 준강도죄의 입법 취지, 강도죄와의 균형 등을 종합적으로 고려해 보면 준강도죄의 기수 여부는 절도행위의 기수 여부를 기준으로 하여 판단하여야 한다(대법원 2004.11.18, 2004도5074).

① (✕) 형법은 제329조에서 절도죄를 규정하고 곧바로 제330조에서 야간주거침입절도죄를 규정하고 있을 뿐, 야간절도죄에 관하여는 처벌규정을 별도로 두고 있지 아니하다. 이러한 형법 제330조의 규정형식과 그 구성요건의 문언에 비추어 보면, 형법은 야간에 이루어지는 주거침입행위의 위험성에 주목하여 그러한 행위를 수반한 절도를 야간주거침입절도죄로 중하게 처벌하고 있는 것으로 보아야 하고, 따라서 주거침입이 주간에 이루어진 경우에는 야간주거침입절도죄가 성립하지 않는다고 해석하는 것이 타당하다(대법원 2011.4.14, 2011도300).

② (✕) 준특수강도가 아니라 준단순강도에 해당하는 경우이다. 또한 절도가 체포를 면탈할 목적으로 추격하여 온 수인에 대하여 같은 기회에 동시 또는 이시에 폭행 또는 협박을 하였다 하더라도 준강도의 포괄일죄가 성립한다(대법원 1966.12.6, 66도1392).

④ (✕) 절도범인이 체포를 면탈할 목적으로 경찰관에게 폭행 협박을 가한 때에는 준강도죄와 공무집행방해죄를 구성하고 양죄는 상상적 경합관계에 있다(대법원 1992.7.28, 92도917).
[보충] 다만, 강도범인이 체포를 면탈할 목적으로 경찰관에게 폭행을 가한 때에는 강도죄와 공무집행방해죄는 실체적 경합관계에 있고 상상적 경합관계에 있는 것이 아니다.

08 〔정답 ①〕

① (○) 범인이 기망행위에 의해 스스로 재물을 취득하지 않고 제3자로 하여금 재물의 교부를 받게 한 경우에 사기죄가 성립하려면, 그 제3자가 범인과 사이에 정을 모르는 도구 또는 범인의 이익을 위해 행동하는 대리인의 관계에 있거나, 그렇지 않다면 적어도 불법영득의사와의 관련상 범인에게 그 제3자로 하여금 재물을 취득하게 할 의사가 있어야 한다(대법원 2009.1.30, 2008도9985 등 참조). 원심이 피고인들에게 공소외 주식회사로 하여금 매매계약금 상당을 취득하게 할 의사가 있었다고 볼 수 없다고 판단하여 피고인들에 대하여 무죄를 선고한 제1심판결을 그대로 유지한 것은 정당하다(대법원 2012.5.24, 2011도15639).

② (✕) 보험계약자가 상법상 고지의무를 위반하여 보험자와 생명보험계약을 체결한다고 하더라도 그 보험금은 보험계약의 체결만으로 지급되는 것이 아니라 우연한 사고가 발생하여야만 지급되는 것이므로, 상법상 고지의무를 위반하여 보험계약을 체결하였다는 사정만으로 보험계약자에게 미필적으로나마 보험금 편취를 위한 고의의 기망행위가 있었다고 단정하여서는 아니 되고, 더 나아가 보험사고가 이미 발생하였음에도 이를 묵비한 채 보험계약을 체결하거나 보험사고 발생의 개연성이 농후함을 인식하면서도 보험계약을 체결하는 경우 또는 보험사고를 임의로 조작하려는 의도를 갖고 보험계약을 체결하는 경우와 같이 그 행위가 '보험사고의 우연성'과 같은 보험의 본질을 해할 정도에

이르러야 비로소 보험금 편취를 위한 고의의 기망행위를 인정할 수 있다고 할 것이다(대법원 2012.11.15, 2010도6910).

③ (×) 구 시설물안전법상 하도급 제한 규정은 시설물의 안전점검과 적정한 유지관리를 통하여 재해와 재난을 예방하고 시설물의 효용을 증진시킨다는 국가적 또는 공공적 법익을 보호하기 위한 것이므로, 이를 위반한 경우 구 시설물안전법에 따른 제재를 받는 것은 별론으로 하고 곧바로 사기죄의 보호법익인 재산권을 침해하였다고 단정할 수 없다. 사기죄가 성립된다고 하려면 이러한 사정에 더하여 이 사건 각 안전진단 용역계약의 내용과 체결 경위, 계약의 이행과정이나 결과 등까지 종합하여 살펴볼 때 과연 피고인들이 안전진단 용역을 완성할 의사와 능력이 없음에도 불구하고 용역을 완성할 것처럼 거짓말을 하여 용역대금을 편취하려 하였는지 여부를 기준으로 판단하여야 한다(대법원 2021.10.14, 2016도16343).

④ (×) 구 의료법 제17조 제1항은 '의료업에 종사하고 직접 진찰한 의사'가 아니면 진단서·검안서·증명서 또는 처방전을 작성하여 환자에게 교부하지 못한다고 정하고 있다. 이 조항은 스스로 진찰을 하지 아니하고 처방전을 발급하는 행위를 금지하는 규정일 뿐이고, 대면 진찰을 하지 아니하였거나 충분한 진찰을 하지 아니한 상태에서 처방전을 발급하는 행위 일반을 금지하는 조항이 아니다. 따라서 죄형법정주의 원칙, 특히 유추해석금지의 원칙상 전화나 화상 등을 이용하여 진찰(이하 '전화 진찰'이라고 한다)을 하였다는 사정만으로 '직접 진찰'을 한 것이 아니라고 볼 수 없다(대법원 2013.4.11, 2010도1388 참조). 다만, 구 '국민건강보험 요양급여의 기준에 관한 규칙'에 기한 보건복지부장관의 고시는 내원을 전제로 한 진찰만을 요양급여의 대상으로 정하고 있고 전화 진찰이나 이에 기한 약제 등의 지급은 요양급여의 대상으로 정하고 있지 아니하므로 전화 진찰이 구 의료법 제17조 제1항에서 정한 '직접 진찰'에 해당한다고 하더라도 그러한 사정만으로 요양급여의 대상이 된다고 할 수 없는 이상, 피고인이 전화 진찰하였음을 명시적으로 밝히면서 그에 따른 요양급여비용청구를 시도하거나 구 '국민건강보험 요양급여의 기준에 관한 규칙'에서 정한 신청절차를 통하여 전화 진찰이 요양급여대상으로 포섭될 수 있도록 하는 것은 별론으로 하고, 전화 진찰을 요양급여대상으로 되어 있던 내원 진찰인 것으로 하여 요양급여비용을 청구한 것은 기망행위로서 사기죄를 구성한다고 할 것이고, 피고인의 불법영득의사 또한 인정된다고 보아야 한다(대법원 2013.4.26, 2011도10797).

09
정답 ③

③ ㉠㉡㉣

㉠ (○) 대한주택보증의 임대보증금 보증서 발급이 피고인 등의 기망행위에 의하여 이루어졌다면 그로써 사기죄는 성립하고, 피고인 등이 취득한 재산상 이익은 대한주택보증이 보증한 임대보증금 상당액이며, 임대주택법에 따라 민간건설 공공임대주택 임대사업자의 임대보증금 보증 가입이 강제된다 하여 달리 볼 것이 아니다(대법원 2013.11.28, 2011도7229).

㉡ (○) 카드회사가 판매기업의 용역제공을 가장한 허위 내용의 납품내역에 의한 대금청구에 대하여는 이를 거절할 수 있는 등 납품내역이 허위임을 알았더라면 판매기업에 그 대금의 지급을 하지 아니하였을 관계가 인정된다면, 판매기업이 용역제공을 가장한 허위의 납품내역임을 고지하지 아니한 채 카드회사에 대금을 청구한 행위는 사기죄의 실행행위로서의 기망행위에 해당하고, 판매기업에 이러한 기망행위에 관한 범의가 있었다면, 비록 당시 그 운영자에게 카드 이용대금을 변제할 의사와 능력이 있었다고 하더라도 사기죄의 범의가 있었음이 인정되어 사기죄가 성립한다(대법원 1999.2.12, 98도3549; 2013.7.26, 2012도4438).

㉢ (×) 사기죄의 요건으로서의 기망은 널리 재산상의 거래관계에 있어서 서로 지켜야 할 신의와 성실의 의무를 저버리는 적극적 또는 소극적 행위로서 사람으로 하여금 착오를 일으키게 하는 것을 말하고, 반드시 법률행위의 중요부분에 관한 것임을 요하지 않으며 단지 상대방이 개별적 처분행위를 하기 위한 판단의 기초사실에 관한 것이면 충분하다(대법원 2009.1.30, 2008도10519; 2013.9.26, 2013도3631).

㉣ (○) 투자금 약정 당시를 기준으로 피해자로부터 투자금을 편취할 고의가 있었는지 여부를 판단하여야 할 것이다(대법원 2013.9.26, 2013도3631).

10
정답 ④

④ (×) 형법 제347조의2는 컴퓨터 등 정보처리장치에 허위의 정보 또는 부정한 명령을 입력하거나 권한 없이 정보를 입력·변경하여 정보처리를 하게 함으로써 재산상의 이익을 취득하거나 제3자로 하여금 취득하게 하는 행위를 처벌하고 있다. 여기서 '부정한 명령의 입력'은 당해 사무처리시스템에 예정되어 있는 사무처리의 목적에 비추어 지시해서는 안 될 명령을 입력하는 것을 의미한다. 따라서 설령 '허위의 정보'를 입력한 경우가 아니라고 하더라도, 당해 사무처리시스템의 프로그램을 구성하는 개개의 명령을 부정하게 변개·삭제하는 행위는 물론 프로그램 자체에서 발생하는 오류를 적극적으로 이용하여 그 사무처리의 목적에 비추어 정당하지 아니한 사무처리를 하게 하는 행위도 특별한 사정이 없는 한 위 '부정한 명령의 입력'에 해당한다고 보아야 한다(대법원 2013.11.14, 2011도4440).

① (○) 대법원 2021.8.12, 2020도13704

② (○) 주식회사는 주주와 독립된 별개의 권리주체로서 그 이해가 반드시 일치하는 것은 아니므로, 회사 소유 재산을 주주나 대표이사가 제3자의 자금 조달을 위하여 담보로 제공하는 등 사적인 용도로 임의 처분하였다면 그 처분에 관하여 주주총회나 이사회의 결의가 있었는지 여부와는 관계없이 횡령죄의 죄책을 면할 수는 없다(대법원 2005.8.19, 2005도3045; 2010.12.23, 2008도8851; 2012.6.28, 2012도2628).

③ (○) 소비자불매운동이라 하더라도 … 대상 기업에게 특정한 요구를 하면서 이에 응하지 않을 경우 불매운동의 실행 등 대상 기업에 불이익이 되는 조치를 취하겠다고 고지하거나 공표하는 것과 같이 소비자불매운동의 일환으로 이루어지는 것으로 볼 수 있는 표현이나 행동이 정치적 표현의 자유나 일반적 행동의 자유 등의 관점에서도 전체 법질서상 용인될 수 없을 정도로 사회적 상당성을 갖추지 못한 때에는 그 행위 자체가 강요죄나 공갈죄에서 말하는 협박의 개념에 포섭될 수 있다(대법원 2013.4.11, 2010도13774).

11
정답 ④

④ (×) 사기죄는 타인을 기망하여 착오에 빠뜨려 재물을 교부받거나 재산상의 이익을 얻음으로써 성립하므로 기망행위의 상대방 또는 피기망자는 재물 또는 재산상 이익을 처분할 권한이

있어야 한다. 사기죄의 피해자가 법인이나 단체인 경우에 기망행위가 있었는지는 법인이나 단체의 대표 등 최종 의사결정권자 또는 내부적인 권한 위임 등에 따라 실질적으로 법인의 의사를 결정하고 처분을 할 권한을 가지고 있는 사람을 기준으로 판단하여야 한다. 피해자 법인이나 단체의 대표자 또는 실질적으로 의사결정을 하는 최종결재권자 등 기망의 상대방이 기망행위자와 동일인이거나 기망행위자와 공모하는 등 기망행위를 알고 있었던 경우에는 기망의 상대방에게 기망행위로 인한 착오가 있다고 볼 수 없고, 기망의 상대방이 재물을 교부하는 등의 처분을 했더라도 기망행위와 인과관계가 있다고 보기 어렵다. 이러한 경우에는 사안에 따라 업무상횡령죄 또는 업무상배임죄 등이 성립하는 것은 별론으로 하고 사기죄가 성립한다고 보기 어렵다(대법원 2017.8.29, 2016도18986).

① (○) 피고인은 인도명령의 집행이 이루어지기 전까지는 당초부터 피고인이 점유·관리하던 전기를 사용한 것에 불과할 뿐 타인이 점유·관리하던 전기를 사용한 것이라고 할 수 없고, 피고인에게 절도의 범의도 인정할 수 없다(대법원 2016.12.15, 2016도15492).

② (○) 기망행위에 의하여 국가적 또는 공공적 법익을 침해하는 경우라도 그와 동시에 형법상 사기죄의 보호법익인 재산권을 침해하는 것과 동일하게 평가할 수 있는 때에는 행정법규에서 사기죄의 특별관계에 해당하는 처벌규정을 별도로 두고 있지 않는 한 사기죄가 성립할 수 있다. 그런데 중앙행정기관의 장, 지방자치단체의 장 등 법률에 따라 금전적 부담의 부과권한을 부여받은 자(이하 '부과권자'라 한다)가 재화 또는 용역의 제공과 관계없이 특정 공익사업과 관련하여 권력작용으로 부담금을 부과하는 것은 일반 국민의 재산권을 제한하는 침해행정에 속한다. 이러한 침해행정 영역에서 일반 국민이 담당 공무원을 기망하여 권력작용에 의한 재산권 제한을 면하는 경우에는 부과권자의 직접적인 권력작용을 사기죄의 보호법익인 재산권과 동일하게 평가할 수 없는 것이므로, 행정법규에서 그러한 행위에 대한 처벌규정을 두어 처벌함은 별론으로 하고, 사기죄는 성립할 수 없다(대법원 2019.12.24, 2019도2003).

③ (○) 공사도급계약에서 편취에 의한 사기죄의 성립 여부는 계약 당시를 기준으로 피고인에게 공사를 완성할 의사나 능력이 없음에도 피해자에게 공사를 완성할 것처럼 거짓말을 하여 피해자로부터 공사대금 등을 편취할 고의가 있었는지에 의하여 판단하여야 한다. 이때 법원으로서는 공사도급계약의 내용, 체결 경위 및 계약의 이행과정이나 그 결과 등을 종합하여 판단하여야 한다. … 사기죄의 보호법익은 재산권이므로, 기망행위에 의하여 국가적 또는 공공적 법익이 침해되었다는 사정만으로 사기죄가 성립한다고 할 수 없다. 따라서 공사도급계약 당시 관련 영업 또는 업무를 규제하는 행정법규나 입찰 참가자격, 계약절차 등에 관한 규정을 위반한 사정이 있는 때에는 그러한 사정만으로 공사도급계약을 체결한 행위가 기망행위에 해당한다고 단정해서는 안 되고, 그 위반으로 말미암아 계약 내용대로 이행되더라도 공사의 완성이 불가능하였다고 평가할 수 있을 만큼 그 위법이 공사의 내용에 본질적인 것인지 여부를 심리·판단하여야 한다(대법원 2019.12.27, 2015도10570).

12 정답 ②

② ㉠㉢㉣㉤

㉠ (○) 보험자가 보험금액이 목적물의 가액을 현저하게 초과한다는 것을 알았더라면 같은 조건으로 보험계약을 체결하지 않았을 뿐만 아니라 협정보험가액에 따른 보험금을 그대로 지급하지 아니하였을 관계가 인정된다면, 보험계약자가 초과보험 사실을 알지 못하는 보험자에게 목적물의 가액을 묵비한 채 보험금을 청구한 행위는 사기죄의 실행행위로서의 기망행위에 해당한다(대법원 2015.7.23, 2015도6905).

㉡ (×) 비의료인이 개설한 의료기관이 의료법에 의하여 적법하게 개설된 요양기관인 것처럼 국민건강보험공단에 요양급여비용의 지급을 청구하여 지급받은 경우, 사기죄가 성립하며, 이 경우 의료기관 개설인인 비의료인이 개설 명의를 빌려준 의료인으로 하여금 환자들에게 요양급여를 제공하게 하였더라도 마찬가지이다(대법원 2015.7.9, 2014도11843).

㉢ (○) 의료인으로서 자격과 면허를 보유한 사람이 의료법에 따라 의료기관을 개설하여 건강보험의 가입자 또는 피부양자에게 국민건강보험법에서 정한 요양급여를 실시하고 국민건강보험공단으로부터 요양급여비용을 지급받았다면, 설령 그 의료기관이 다른 의료인의 명의로 개설·운영되어 의료법 제4조 제2항을 위반하였더라도 그 자체만으로는 국민건강보험법상 요양급여비용을 청구할 수 있는 요양기관에서 제외되지 아니하므로, 달리 요양급여비용을 적법하게 지급받을 수 있는 자격 내지 요건이 흠결되지 않는 한 국민건강보험공단을 피해자로 하는 사기죄를 구성한다고 할 수 없다(대법원 2019.5.30, 2019도1839).

㉣ (○) 강제집행절차를 통한 소송사기는 집행절차의 개시신청을 한 때 또는 진행 중인 집행절차에 배당신청을 한 때에 실행에 착수하였다고 볼 것이다. … 민사집행법 제244조에서 규정하는 부동산에 관한 권리이전청구권에 대한 강제집행은 그 자체를 처분하여 대금으로 채권에 만족을 기하는 것이 아니고, 부동산에 관한 권리이전청구권을 압류하여 청구권의 내용을 실현시키고 부동산을 채무자의 책임재산으로 귀속시킨 다음 다시 부동산에 대한 경매를 실시하여 매각대금으로 채권에 만족을 기하는 것이다. 이러한 경우 소유권이전등기청구권에 대한 압류는 당해 부동산에 대한 경매의 실시를 위한 사전 단계로서의 의미를 가지나, 전체로서의 강제집행절차를 위한 일련의 시작행위라고 할 수 있으므로, 허위 채권에 기한 공정증서를 집행권원으로 하여 채무자의 소유권이전등기청구권에 대하여 압류신청을 한 시점에 소송사기의 실행에 착수하였다고 볼 것이다(대법원 2015.2.12, 2014도10086).

㉤ (○) 피고인이 가처분사건에서 변호사를 선임한 적이 없는데도 소송비용액확정신청을 하면서 소송비용계산서의 비용항목에 사실과 다르게 변호사비용을 기재하기는 하였으나 이와 관련하여 소명자료 등을 조작하거나 허위의 소명자료를 제출하지는 않았으므로, 피고인의 소송비용액확정신청이 객관적으로 법원을 기망하기에 충분하다고 보기는 어려워 이를 사기죄의 기망행위라고 단정할 수 없다(대법원 2024.6.27, 2021도2340).

13 정답 ③

③ (○) 부당이득죄는 형법 제349조에서 그 처벌규정을 두고 있는데, 상습범을 처벌하나(제351조), 미수범 처벌규정은 두고 있지 않다(제352조).

① (×) 임차권등기명령의 절차 및 그 집행에 의한 임차권등기의 법적 효력을 고려하면, 다른 특별한 사정이 없는 한, 법원의 임

차권등기명령은 피신청인의 재산상의 지위 또는 상태에 영향을 미칠 수 있는 행위로서 피신청인의 처분행위에 갈음하는 내용과 효력이 있다고 보아야 하고, 따라서 … 진정한 임차권자가 아니면서 허위의 임대차계약서를 법원에 제출하여 임차권등기명령을 신청하면 그로써 소송사기의 실행행위에 착수한 것으로 보아야 하고, 나아가 그 임차보증금 반환채권에 관하여 현실적으로 청구의 의사표시를 하여야만 사기죄의 실행의 착수가 있다고 볼 것은 아니다(대법원 2012.5.24, 2010도12732).

② (×) 타인의 사망을 보험사고로 하는 생명보험계약을 체결함에 있어 제3자가 피보험자인 것처럼 가장하여 체결하는 등으로 그 유효 요건이 갖추어지지 못한 경우에도, 그 보험계약 체결 당시에 이미 보험사고가 발생하였음에도 이를 숨겼다거나 보험사고의 구체적 발생 가능성을 예견할 만한 사정을 인식하고 있었던 경우 또는 고의로 보험사고를 일으키려는 의도를 가지고 보험계약을 체결한 경우와 같이 보험사고의 우연성과 같은 보험의 본질을 해칠 정도라고 볼 수 있는 특별한 사정이 없는 한, 그와 같이 하자 있는 보험계약을 체결한 행위만으로는 미필적으로라도 보험금을 편취하려는 의사에 의한 기망행위의 실행에 착수한 것으로 볼 것은 아니다(대법원 2012.11.15, 2010도6910 참조). 그러므로 그와 같이 기망행위의 실행의 착수로 인정할 수 없는 경우에 피보험자 본인임을 가장하는 등으로 보험계약을 체결한 행위는 단지 장차의 보험금 편취를 위한 예비행위에 지나지 않는다 할 것이다(대법원 2013.11.14, 2013도7494).

④ (×) 형법 제347조에서 말하는 재산상 이익 취득은 그 재산상의 이익을 법률상 유효하게 취득함을 필요로 하지 아니하고 그 이익 취득이 법률상 무효라 하여도 외형상 취득한 것이면 족한 것이다(대법원 1975.5.27, 75도760 등 참조). … 임차권등기의 기초가 되는 임대차계약이 통정허위표시로서 무효라 하더라도, 장차 피신청인의 이의신청 또는 취소신청에 의한 법원의 재판을 거쳐 그 임차권등기가 말소될 때까지는 신청인은 외형상으로 우선변제권 있는 임차인으로서 부동산 담보권에 유사한 권리를 취득하게 된다 할 것이니, 이러한 이익은 재산적 가치가 있는 구체적 이익으로서 사기죄의 객체인 재산상 이익에 해당한다고 봄이 상당하다(대법원 2012.5.24, 2010도12732).

14　정답 ④

④ ㉡

㉠ (×) 가압류는 강제집행의 보전방법에 불과한 것이어서 허위의 채권을 피보전권리로 삼아 가압류를 하였다고 하더라도 그 채권에 관하여 현실적으로 청구의 의사표시를 한 것이라고는 볼 수 없으므로, 본안소송을 제기하지 아니한 채 가압류를 한 것만으로는 사기죄의 실행에 착수하였다고 할 수 없다(대법원 1988. 9.13, 88도55).

㉡ (○) 공정증서원본불실기재죄에 있어서의 부실의 기재는 당사자의 허위신고에 의하여 이루어져야 하므로 법원의 촉탁에 의하여 이루어진 경우에는 가령 그 전제절차에 허위적 요소가 있다 하더라도 그것은 법원의 촉탁에 의하여 이루어진 것이지 당사자의 허위신고에 의하여 이루어진 것이 아니므로 공정증서원본불실기재죄를 구성하지 않는다(대법원 1983.12.7, 83도2442).

㉢ (×) 증거인멸죄는 타인의 형사사건 또는 징계사건에 관한 증거를 인멸하는 경우에 성립하는 것으로서, 피고인 자신이 직접 형사처분이나 징계처분을 받게 될 것을 두려워한 나머지 자기의 이익을 위하여 그 증거가 될 자료를 인멸하였다면, 그 행위가 동시에 다른 공범자의 형사사건이나 징계사건에 관한 증거를 인멸한 결과가 된다고 하더라도 이를 증거인멸죄로 다스릴 수 없다(대법원 1995.9.29, 94도2608).

15　정답 ①

① (×) 피고인이 甲 등에게 자동차를 인도하고 소유권이전등록에 필요한 일체의 서류를 교부함으로써 甲 등이 언제든지 자동차의 소유권이전등록을 마칠 수 있게 된 이상, 피고인이 자동차를 양도한 후 다시 절취할 의사를 가지고 있었더라도 자동차의 소유권을 이전하여 줄 의사가 없었다고 볼 수 없고, 피고인이 자동차를 매도할 당시 곧바로 다시 절취할 의사를 가지고 있으면서도 이를 숨긴 것을 기망이라고 할 수 없어, 결국 피고인이 자동차를 매도할 당시 기망행위가 없었으므로, 피고인에게 사기죄를 인정한 원심판결에는 법리오해의 잘못이 있다(대법원 2016.3.24, 2015도17452).

② (○) 소비대차 거래에서, 대주(貸主)와 차주(借主) 사이의 친척·친지와 같은 인적 관계 및 계속적인 거래 관계 등에 의하여 대주가 차주의 신용 상태를 인식하고 있어 장래의 변제 지체 또는 변제불능에 대한 위험을 예상하고 있었거나 충분히 예상할 수 있는 경우에는, 차주가 차용 당시 구체적인 변제의사, 변제능력, 차용 조건 등과 관련하여 소비대차 여부를 결정지을 수 있는 중요한 사항에 관하여 허위 사실을 말하였다는 등의 다른 사정이 없다면, 차주가 그 후 제대로 변제하지 못하였다는 사실만을 가지고 변제능력에 관하여 대주를 기망하였다거나 차주에게 편취의 범의가 있었다고 단정할 수 없다(대법원 2016.4.2, 2012도14516).

③ (○) 戊 은행은 별도의 감정평가법인이 정한 감정평가액을 기초로 '사정가격'을 결정하였고, 감정평가액이 피고인들의 행위로 부당하게 높게 산정되었다는 점에 대한 증명이 부족하여 戊 은행이 담보가치 평가를 그르쳐 적정 담보가치를 반영하지 못한 '사정가격'을 결정하였다고 단정하기 어려우므로, 피고인들이 아파트 부지의 매매가격을 부풀린 매매계약서 등을 제출한 행위와 戊 은행의 대출 사이에는 인과관계가 존재한다고 보기 어렵다(대법원 2016.7.14, 2015도20233).

④ (○) 대법원 2015.10.29, 2015도10948

16　정답 ①

① (×) 사기죄는 사람을 기망하여 착오에 빠뜨리고 그로 인한 처분행위로 재물의 교부를 받거나 재산상 이익을 얻는 것으로서, 기망행위가 있었다고 하여도 그로 인한 처분행위가 없을 때에는 사기죄가 성립하지 않는다. 이른바 소송사기에 있어서도 피기망자인 법원의 재판은 피해자의 처분행위에 갈음하는 내용과 효력이 있는 것이어야 하고 그렇지 아니한 경우에는 착오에 의한 재물의 교부행위가 있다고 할 수 없다(대법원 1985.10.8, 84도2642 등 참조). … 위와 같은 경매신청행위 등이 진정한 소유자에 대한 관계에서 사기죄가 된다고 볼 수는 없다. 왜냐하면 위 경매절차에서 한 법원의 재판이나 법원의 촉탁에 의한 소유권보존등기의 효력은 그 재판의 당사자도 아닌 위 진정한 소유자에게는 미치지 아니하는 것이어서, 피기망자인 법원의 재판이 피해자의 처분행위에 갈음하는 내용과 효력이 있는 것이라고 보기는 어렵기 때문이다(대법원 2013.11.28, 2013도459).

② (○), ③ (○) 낙찰하가에 가장 근접한 금액으로 투찰한 건설
사라고 하더라도 적격심사를 거쳐 일정 기준 이상이 되어야만
낙찰자로 결정될 수 있는 점 등을 감안할 때, 피고인 1 등이 조
달청의 국가종합전자조달시스템에 입찰자들이 선택한 추첨번
호가 변경되어 저장되도록 하는 등 권한 없이 정보를 변경하여
정보처리를 하게 함으로써 직접적으로 얻은 것은 낙찰하가에
대한 정보일 뿐, 위와 같은 정보처리의 직접적인 결과 특정 건
설사가 낙찰자로 결정되어 낙찰금액 상당의 재산상 이익을 얻
게 되었다거나 그 낙찰자 결정이 사람의 처분행위가 개재됨이
없이 컴퓨터 등의 정보처리과정에서 이루어졌다고 보기 어렵다
(대법원 2014.3.13, 2013도16099).

④ (○) 대법원 2014.5.29, 2013도13999

17

④ (×) [이 문제는 대법원 2017.2.16, 2016도13362 전원합의체 판
결(소위 서명사취 사건을 문제로 만든 것임] 甲 등은 피고인(A)
등의 기망행위로 착오에 빠진 결과 토지거래허가 등에 필요한
서류로 잘못 알고 처분문서인 근저당권설정계약서 등에 서명
또는 날인함으로써 재산상 손해를 초래하는 행위를 하였으므로
甲 등의 행위는 사기죄에서 말하는 처분행위에 해당하고, 甲 등
이 비록 자신들이 서명 또는 날인하는 문서의 정확한 내용과
문서의 작성행위가 어떤 결과를 초래하는지를 미처 인식하지
못하였더라도 토지거래허가 등에 관한 서류로 알고 그와 다른
근저당권설정계약에 관한 내용이 기재되어 있는 문서에 스스로
서명 또는 날인함으로써 그 문서에 서명 또는 날인하는 행위에
관한 인식이 있었던 이상 처분의사도 인정됨에도, 甲 등에게 그
소유 토지들에 근저당권 등을 설정하여 줄 의사가 없었다는 이
유만으로 甲 등의 처분행위가 없다고 보아 공소사실을 무죄로
판단한 원심판결에는 사기죄의 처분행위에 관한 법리오해의 잘
못이 있다.

① (○) 사기죄에서 처분행위는 행위자의 기망행위에 의한 피기망
자의 착오와 행위자 등의 재물 또는 재산상 이익의 취득이라는
최종적 결과를 중간에서 매개·연결하는 한편, 착오에 빠진 피
해자의 행위를 이용하여 재산을 취득하는 것을 본질적 특성으
로 하는 사기죄와 피해자의 행위에 의하지 아니하고 행위자가
탈취의 방법으로 재물을 취득하는 절도죄를 구분하는 역할을
한다. 처분행위가 갖는 이러한 역할과 기능을 고려하면, 피기망
자의 의사에 기초한 어떤 행위를 통해 행위자 등이 재물 또는
재산상의 이익을 취득하였다고 평가할 수 있는 경우라면 사기
죄에서 말하는 처분행위가 인정된다. 사기죄에서 피기망자의
처분의사는 기망행위로 착오에 빠진 상태에서 형성된 하자 있
는 의사이므로 불완전하거나 결함이 있을 수밖에 없다. 처분행
위의 법적 의미나 경제적 효과 등에 대한 피기망자의 주관적
인식과 실제로 초래되는 결과가 일치하지 않는 것이 오히려 당
연하고, 이 점이 사기죄의 본질적 속성이다. 따라서 처분의사는
착오에 빠진 피기망자가 어떤 행위를 한다는 인식이 있으면 충
분하고, 그 행위가 가져오는 결과에 대한 인식까지 필요하다고
볼 것은 아니다. 사기죄의 성립요소로서 기망행위는 널리 거래
관계에서 지켜야 할 신의칙에 반하는 행위로서 사람으로 하여
금 착오를 일으키게 하는 것을 말하고, 착오는 사실과 일치하지
않는 인식을 의미하는 것으로, 사실에 관한 것이든, 법률관계에
관한 것이든, 법률효과에 관한 것이든 상관없다. 또한 사실과

일치하지 않는 하자 있는 피기망자의 인식은 처분행위의 동기,
의도, 목적에 관한 것이든, 처분행위 자체에 관한 것이든 제한
이 없다. 따라서 피기망자가 기망당한 결과 자신의 작위 또는
부작위가 갖는 의미를 제대로 인식하지 못하여 그러한 행위가
초래하는 결과를 인식하지 못하였더라도 그와 같은 착오 상태
에서 재산상 손해를 초래하는 행위를 하기에 이르렀다면 피기
망자의 처분행위와 그에 상응하는 처분의사가 있다고 보아야
한다. 피해자의 처분행위에 처분의사가 필요하다고 보는 근거
는 처분행위를 피해자가 인식하고 한 것이라는 점이 인정될 때
처분행위를 피해자가 한 행위라고 볼 수 있기 때문이다. 다시
말하여 사기죄에서 피해자의 처분의사가 갖는 기능은 피해자의
처분행위가 존재한다는 객관적 측면에 상응하여 이를 주관적
측면에서 확인하는 역할을 하는 것일 뿐이다. 따라서 처분행위
라고 평가되는 어떤 행위를 피해자가 인식하고 한 것이라면 피
해자의 처분의사가 있다고 할 수 있다. 결국 피해자가 처분행위
로 인한 결과까지 인식할 필요가 있는 것은 아니다. 결론적으로
사기죄의 본질과 구조, 처분행위와 그 의사적 요소로서 처분
의사의 기능과 역할, 기망행위와 착오의 의미 등에 비추어 보면,
비록 피기망자가 처분행위의 의미나 내용을 인식하지 못하였더
라도, 피기망자의 작위 또는 부작위가 직접 재산상 손해를 초래
하는 재산적 처분행위로 평가되고, 이러한 작위 또는 부작위를
피기망자가 인식하고 한 것이라면 처분행위에 상응하는 처분의
사는 인정된다. 다시 말하면 피기망자가 자신의 작위 또는 부작
위에 따른 결과까지 인식하여야 처분의사를 인정할 수 있는 것
은 아니다.

② (○) 이른바 '서명사취' 사기는 기망행위에 의해 유발된 착오로
인하여 피기망자가 내심의 의사와 다른 처분문서에 서명 또는
날인함으로써 재산상 손해를 초래한 경우이다. 여기서는 행위
자의 기망행위 태양 자체가 피기망자가 자신의 처분행위의 의
미나 내용을 제대로 인식할 수 없는 상황을 이용하거나 피기망
자로 하여금 자신의 행위로 인한 결과를 인식하지 못하게 하는
것을 핵심적인 내용으로 하고, 이로 말미암아 피기망자는 착오
에 빠져 처분문서에 대한 자신의 서명 또는 날인행위가 초래하
는 결과를 인식하지 못하는 특수성이 있다. 피기망자의 하자 있
는 처분행위를 이용하는 것이 사기죄의 본질인데, 서명사취 사
안에서는 그 하자가 의사표시 자체의 성립과정에 존재한다. 이
러한 서명사취 사안에서 피기망자가 처분문서의 내용을 제대로
인식하지 못하고 처분문서에 서명 또는 날인함으로써 내심의
의사와 처분문서를 통하여 객관적·외부적으로 인식되는 의사
가 일치하지 않게 되었더라도, 피기망자의 행위에 의하여 행위
자 등이 재물이나 재산상 이익을 취득하는 결과가 초래되었다
고 할 수 있는 것은 그러한 재산의 이전을 내용으로 하는 처분
문서가 피기망자에 의하여 작성되었다고 볼 수 있기 때문이다.
이처럼 피기망자가 행위자의 기망행위로 인하여 착오에 빠진
결과 내심의 의사와 다른 효과를 발생시키는 내용의 처분문서
에 서명 또는 날인함으로써 처분문서의 내용에 따른 재산상 손
해가 초래되었다면 그와 같은 처분문서에 서명 또는 날인을 한
피기망자의 행위는 사기죄에서 말하는 처분행위에 해당한다.

③ (○) 아울러 비록 피기망자가 처분결과, 즉 문서의 구체적 내용
과 법적 효과를 미처 인식하지 못하였더라도, 어떤 문서에 스스
로 서명 또는 날인함으로써 처분문서에 서명 또는 날인하는 행
위에 관한 인식이 있었던 이상 피기망자의 처분의사 역시 인정
된다.

18

정답 ①

① (×) 근저당권자가 집행법원을 기망하여 원인무효이거나 피담
보채권이 존재하지 않는 근저당권에 기해 채무자 또는 물상보
증인 소유의 부동산에 대하여 임의경매신청을 함으로써 경매절
차가 진행된 결과 부동산이 매각되었더라도 그 경매절차는 무효
로서 채무자나 물상보증인은 부동산의 소유권을 잃지 않고, 매
수인은 부동산의 소유권을 취득할 수 없다. 이러한 경우에 허위
의 근저당권자가 매각대금에 대한 배당절차에서 배당금을 지급
받기에 이르렀다면 집행법원의 배당표 작성과 이에 따른 배당금
교부행위는 매수인에 대한 관계에서 그의 재산을 처분하여 직접
재산상 손해를 야기하는 행위로서 매수인의 처분행위에 갈음하
는 내용과 효력을 가진다(대법원 2017.6.19, 2013도564).

② (○) 사업의 수행과정에서 이루어진 거래에서 기업경영자가 파
산에 의한 채무불이행의 가능성을 인식할 수 있었으나 그러한
사태를 피할 수 있는 가능성이 있다고 믿었고, 계약이행을 위해
노력할 의사가 있었을 경우, 사기죄의 고의가 있었다고 단정할
수 없다(대법원 2001.3.27, 2001도202; 2016.6.9, 2015도18555;
2017.1.25, 2016도18432).

③ (○) 기망행위를 수단으로 한 권리행사의 경우 권리행사에 속
하는 행위와 수단에 속하는 기망행위를 전체적으로 관찰하여
그와 같은 기망행위가 사회통념상 권리행사의 수단으로서 용인
할 수 없는 정도라면 권리행사에 속하는 행위는 사기죄를 구성
한다(대법원 1997.10.14, 96도1405 등). (위 지문의 경우) 이때
그와 같은 행위가 사회통념상 용인할 수 있는지 여부는 설계물
량과 시공물량 사이의 차이, 물량 차이의 발생원인, 기성고 비
율의 산정방식, 약정공사대금의 결정방식과 설계변경에 따른
계약금액의 조정가능성 등을 종합하여 판단하여야 한다(대법원
2016.10.13, 2015도11200).

④ (○) 피고인이 수개의 선거비용 항목을 허위기재한 하나의 선
거비용 보전청구서를 제출하여 대한민국으로부터 선거비용을
과다 보전받아 이를 편취하였다면 이는 일죄로 평가되어야 하
고, 각 선거비용 항목에 따라 별개의 사기죄가 성립하는 것은
아니다(대법원 2017.5.30, 2016도21713).

19

정답 ②

② (×) 설령 개설자격이 없는 비의료인이 의료법 제33조 제2항을
위반하여 개설한 의료기관이라고 하더라도, 면허를 갖춘 의료
인을 통해 피해자에 대한 진료가 이루어지고 보험회사 등에 자
동차손해배상 보장법에 따라 자동차보험진료수가를 청구한 것
이라면 보험회사 등으로서는 특별한 사정이 없는 한 그 지급을
거부할 수 없다고 보아야 한다. 따라서 피해자를 진료한 의료기
관이 위 의료법 규정에 위반되어 개설된 것이라는 사정은 피해
자나 해당 의료기관에 대한 보험회사 등의 자동차보험진료수가
지급의무에 영향을 미칠 수 있는 사유가 아니어서, 해당 의료기
관이 보험회사 등에 이를 고지하지 아니한 채 그 지급을 청구
하였다고 하여 사기죄에서 말하는 기망이 있다고 볼 수는 없다
(대법원 2018.4.10, 2017도17699).

① (○) 후단이 소위 삼각사기의 개념이다.

③ (○) 피보험자를 진료한 의료기관으로서는 피보험자나 보험수
익자로부터 그에 따른 진료비를 지급받을 수 있고, 경우에 따라
보험수익자의 청구에 응하여 진료사실증명 등을 발급해 줌으로
써 단순히 그 보험금 청구 절차를 도울 수 있을 뿐이다. 따라서

특별한 사정이 없는 한 피보험자를 진료한 의료기관이 의료법
제33조 제2항에 위반되어 개설된 것이라는 사정은 해당 피보험
자에 대한 보험회사의 실손의료비 지급의무에 영향을 미칠 수
있는 사유가 아니라고 보아야 하고, 설령 해당 의료기관이 보험
회사 등에 이를 고지하지 아니한 채 보험수익자에게 진료사실
증명 등을 발급해 주었다 하더라도, 그러한 사실만으로는 사기
죄에서 말하는 기망이 있다고 볼 수는 없다(대법원 2018.
4.10, 2017도17699).

④ (○) 거래의 상대방이 일정한 사정에 관한 고지를 받았더라면
거래를 하지 않았을 것이라는 관계가 인정되는 경우에는, 그 거
래로 재물을 받는 자에게는 신의성실의 원칙상 사전에 상대방
에게 그와 같은 사정을 고지할 의무가 있다. 그런데도 이를 고
지하지 않은 것은 고지할 사실을 묵비함으로써 상대방을 기망
한 것이 되어 사기죄를 구성한다. (또한) 사기죄의 주관적 구성
요건인 편취의 고의는 피고인이 자백하지 않는 한 범행 전후
피고인의 재력, 환경, 범행의 내용, 거래의 이행과정, 피해자와
의 관계 등과 같은 객관적인 사정을 종합하여 판단하여야 한다.
민사상 금전대차관계에서 채무불이행 사실을 가지고 바로 차용
금 편취의 고의를 인정할 수는 없으나 피고인이 확실한 변제의
의사가 없거나 또는 차용 시 약속한 변제기일 내에 변제할 능
력이 없는데도 변제할 것처럼 가장하여 금원을 차용한 경우에
는 편취의 고의를 인정할 수 있다. … 피고인은 甲 저축은행에
대하여 다른 금융회사에 동시에 진행 중인 대출이 있는지를 허
위로 고지하였고, 甲 저축은행이 제대로 된 고지를 받았더라면
대출을 해주지 않았을 것으로 판단되며, 그 밖에 피고인의 재
력, 채무액, 대출금의 사용처, 대출일부터 약 6개월 후 프리워
크아웃을 신청한 점과 그 경위 등의 사정을 종합하면, 기망행
위, 기망행위와 처분행위 사이의 인과관계와 편취의 고의가 인
정된다고 볼 여지가 있다(대법원 2018.8.1, 2017도20682).

20

정답 ①

① ㉠ㄴㄷ㉣

㉠ (○) 자기의 소유에 속하므로 권리행사방해의 점은 별론으로
하고 절도죄는 성립하지 않는다(대법원 2008.11.27, 2006도
4263).

㉡ (○) 횡령죄의 본질이 신임관계에 기초하여 위탁된 타인의 물
건을 위법하게 영득하는 데 있음에 비추어 볼 때 위탁관계는
횡령죄로 보호할 만한 가치 있는 신임에 의한 것으로 한정함이
타당하다(대법원 2016.5.19, 2014도6992 전원합의체 참조). 위
탁관계가 있는지 여부는 재물의 보관자와 소유자 사이의 관계,
재물을 보관하게 된 경위 등에 비추어 볼 때 보관자에게 재물
의 보관 상태를 그대로 유지하여야 할 의무를 부과하여 그 보
관 상태를 형사법적으로 보호할 필요가 있는지 등을 고려하여
규범적으로 판단하여야 한다(대법원 2018.7.19, 2017도17494
전원합의체 참조). … 명의신탁자와 명의수탁자 사이에 무효인
명의신탁약정 등에 기초하여 존재한다고 주장될 수 있는 사실
상의 위탁관계라는 것은 부동산실명법에 반하여 범죄를 구성하
는 불법적인 관계에 지나지 아니할 뿐 이를 형법상 보호할 만
한 가치 있는 신임에 의한 것이라고 할 수 없다(위 대법원 2014
도6992 전원합의체 판결 참조). … 그러므로 부동산실명법에
위반한 양자간 명의신탁의 경우 명의수탁자가 신탁받은 부동산
을 임의로 처분하여도 명의신탁자에 대한 관계에서 횡령죄가

성립하지 아니한다. 이러한 법리는 부동산 명의신탁이 부동산 실명법 시행 전에 이루어졌고 같은 법이 정한 유예기간 이내에 실명등기를 하지 아니함으로써 그 명의신탁약정 및 이에 따라 행하여진 등기에 의한 물권변동이 무효로 된 후에 처분행위가 이루어진 경우에도 마찬가지로 적용된다(대법원 2021.2. 18, 2016도18761 전원합의체).

ⓒ (○) 사기죄에 있어서 처분의사는 착오에 빠진 피기망자가 어떤 행위를 한다는 인식이 있으면 충분하고, 그 행위가 가져오는 결과에 대한 인식까지 필요하다고 볼 것은 아니다. … 따라서 피기망자가 기망당한 결과 자신의 작위 또는 부작위가 갖는 의미를 제대로 인식하지 못하여 그러한 행위가 초래하는 결과를 인식하지 못하였더라도 그와 같은 착오 상태에서 재산상 손해를 초래하는 행위를 하기에 이르렀다면 피기망자의 처분행위와 그에 상응하는 처분의사가 있다고 보아야 한다. … 따라서 … 피기망자가 처분행위의 의미나 내용을 인식하지 못하였더라도, 피기망자의 작위 또는 부작위가 직접 재산상 손해를 초래하는 재산적 처분행위로 평가되고, 이러한 작위 또는 부작위를 피기망자가 인식하고 한 것이라면 처분행위에 상응하는 처분의사는 인정된다. 다시 말하면 피기망자가 자신의 작위 또는 부작위에 따른 결과까지 인식하여야 처분의사를 인정할 수 있는 것은 아니다(대법원 2017.2.16, 2016도13362 전원합의체).

ⓔ (○) 수분양권 매매계약의 매도인으로서는 원칙적으로 수분양자 명의변경에 관한 분양자 측의 동의 내지 승낙을 얻어 수분양자 명의변경절차를 이행하면 계약상 의무를 다한 것이 되고, 그 수분양권에 근거하여 목적물에 관한 소유권을 취득한 다음 매수인 앞으로 소유권이전등기를 마쳐 줄 의무까지는 없다(대법원 2006.11.23, 2006다44401 등). … 수분양권 매매계약에 따른 당사자 관계의 전형적·본질적 내용이 통상의 계약에서의 이익대립관계를 넘어서 그들 사이의 신임관계에 기초하여 타인의 재산을 보호 또는 관리하는 데에 있다고 할 수 없다. 따라서 특별한 사정이 없는 한 수분양권 매도인이 수분양권 매매계약에 따라 매수인에게 수분양권을 이전할 의무는 자신의 사무에 해당할 뿐이므로, 매수인에 대한 관계에서 '타인의 사무를 처리하는 자'라고 할 수 없다. 그러므로 수분양권 매도인이 위와 같은 의무를 이행하지 아니하고 수분양권 또는 이에 근거하여 향후 소유권을 취득하게 될 목적물을 미리 제3자에게 처분하였다고 하더라도 형법상 배임죄가 성립하는 것은 아니다(대법원 2021.7.8, 2014도12104).

▶ 제1편 개인적 법익에 대한 죄: 제5장 재산에 대한 죄 [횡령의 죄] ─ [배임의 죄 1]

01	②	02	②	03	②	04	②	05	③
06	③	07	①	08	②	09	④	10	④
11	③	12	③	13	④	14	③	15	④
16	②	17	④	18	②	19	②	20	①

01

정답 ②

② (×) 형법상 절취란 타인이 점유하고 있는 자기 이외의 자의 소유물을 점유자의 의사에 반하여 점유를 배제하고 자기 또는 제3자의 점유로 옮기는 것을 말한다. 이에 반해 기망의 방법으로 타인으로 하여금 처분행위를 하도록 하여 재물 또는 재산상 이익을 취득한 경우에는 절도죄가 아니라 사기죄가 성립한다. 사기죄에서 처분행위는 행위자의 기망행위에 의한 피기망자의 착오와 행위자 등의 재물 또는 재산상 이익의 취득이라는 최종적 결과를 중간에서 매개·연결하는 한편, 착오에 빠진 피해자의 행위를 이용하여 재산을 취득하는 것을 본질적 특성으로 하는 사기죄와 피해자의 행위에 의하지 아니하고 행위자가 탈취의 방법으로 재물을 취득하는 절도죄를 구분하는 역할을 한다. 처분행위가 갖는 이러한 역할과 기능을 고려하면 피기망자의 의사에 기초한 어떤 행위를 통해 행위자 등이 재물 또는 재산상의 이익을 취득하였다고 평가할 수 있는 경우라면, 사기죄에서 말하는 처분행위가 인정된다. 한편 사기죄가 성립되려면 피기망자가 착오에 빠져 어떠한 재산상의 처분행위를 하도록 유발하여 재산적 이득을 얻을 것을 요하고, 피기망자와 재산상의 피해자가 같은 사람이 아닌 경우에는 피기망자가 피해자를 위하여 그 재산을 처분할 수 있는 권능을 갖거나 그 지위에 있어야 한다. 乙은 지갑을 습득하여 진정한 소유자에게 돌려주어야 하는 지위에 있으므로 甲을 위하여 이를 처분할 수 있는 권능을 갖거나 그 지위에 있었으며, 이러한 처분 권능과 지위에 기초하여 지갑의 소유자라고 주장하는 피고인에게 지갑을 교부하였고 이를 통해 피고인이 지갑을 취득하여 자유로운 처분이 가능한 상태가 되었으므로, 乙의 행위는 사기죄에서 말하는 처분행위에 해당하고 피고인의 행위를 절취행위로 평가할 수 없다. 따라서 피고인에 대한 주위적 공소사실인 절도 부분을 이유에서 무죄로 판단하면서 예비적 공소사실인 사기 부분을 유죄로 인정한 원심의 판단은 정당하다(대법원 2022.12.29, 2022도12494).

① (○) ㉠ 국가연구개발사업에서 연구책임자인 교수가 처음부터 소속 학생연구원들에 대한 개별지급의사 없이 공동관리계좌를 관리하면서 이를 숨기고 산학협력단에 연구비를 신청하여 이를 지급받은 경우 산학협력단에 대한 관계에서 부작위에 의한 기망행위에 해당한다. ㉡ 다만 연구책임자가 원래 용도에 부합하게 학생연구원들의 사실상 처분권 귀속 하에 학생연구원들의 공동비용 충당 등을 위하여 학생연구원들의 자발적인 의사에 근거하여 공동관리계좌를 조성하고 실제로 그와 같이 운용한 경우라면, 비록 공동관리계좌의 조성 및 운영이 관련 법령이나

규정 등에 위반되더라도 그러한 사정만으로 불법영득의사가 추단되어 사기죄가 성립한다고 단정할 수 없다. 이 경우 사기죄 성립 여부는 공동관리계좌 개설의 경위, 실질적 관리 및 처분권의 귀속, 연구비가 온전히 법률상 귀속자인 학생연구원들의 공동비용을 위하여 사용되었는지 여부 등을 종합적으로 고려하여 판단하여야 한다. … ㉢ (결론) 의과대학 교수로서 연구책임자인 대학교수가 대학교 산학협력단 등으로부터 지급받은 학생연구비 중 일부를 실질적으로 자신이 관리하는 공동관리계좌에 귀속시킨 후 개인적인 용도 등으로 사용한 경우 산학협력단에 대한 관계에서 부작위에 의한 기망행위 및 불법영득의사가 모두 인정되어 사기죄가 성립된다(대법원 2021.9.9, 2021도8468).

③ (○) 법률을 해석할 때 입법취지와 목적, 제·개정 연혁, 법질서 전체와의 조화, 다른 법령과의 관계 등을 고려하는 체계적·논리적 해석 방법을 사용할 수 있으나, 문언 자체가 비교적 명확한 개념으로 구성되어 있다면 원칙적으로 이러한 해석 방법은 활용할 필요가 없거나 제한되어야 한다. 여신전문금융업법 제70조 제1항 제4호에서는 '강취·횡령하거나, 사람을 기망하거나 공갈하여 취득한 신용카드나 직불카드를 판매하거나 사용한 자를 처벌하도록 규정하고 있는데, 여기에서 '사용'은 강취·횡령, 기망 또는 공갈로 취득한 신용카드나 직불카드를 진정한 카드로서 본래의 용법에 따라 사용하는 경우를 말한다. 그리고 '기망하거나 공갈하여 취득한 신용카드나 직불카드'는 문언상 '기망이나 공갈을 수단으로 하여 다른 사람으로부터 취득한 신용카드나 직불카드'라는 의미이므로, '신용카드나 직불카드의 소유자 또는 점유자를 기망하거나 공갈하여 그들의 자유로운 의사에 의하지 않고 점유가 배제되어 그들로부터 사실상 처분권을 취득한 신용카드나 직불카드'라고 해석되어야 한다(대법원 2022.12.16, 2022도10629).

[보충] 피고인은 2019.2.19. 춘천교도소에 수용 중인 피해자 공소외인에게 '피해자의 항소심 재판을 위해 변호인을 선임했는데 성공사례비를 먼저 주어야 한다. 며칠 뒤 큰 돈이 나오니 영치된 피해자 명의의 신용카드로 성공사례비를 지불한 뒤 카드대금을 금방 갚겠다'는 취지의 편지를 보냈다. 그러나 피고인은 사실 피해자의 신용카드로 성공사례비를 지불하더라도 그 대금을 변제할 의사나 능력이 없었고, 피해자의 신용카드를 생활비 등 개인적인 용도로 사용할 생각이었다. 그런데도 피고인은 위와 같이 피해자를 기망하여 2019.2.22. 춘천교도소에서 피해자로부터 신용카드 1장을 교부받은 뒤, 2019.2.26.부터 같은 해 3.25.까지 이 사건 신용카드로 총 23회에 걸쳐 합계 29,997,718

원 상당을 결제하였다. 피고인은 피해자를 기망하여 이 사건 신용카드를 교부받은 뒤 이를 총 23회에 걸쳐 피고인의 의사에 따라 사용하였으므로, 피해자는 피고인으로부터 기망당함으로써 피해자의 자유로운 의사에 의하지 않고 이 사건 신용카드에 대한 점유를 상실하였고 피고인은 이에 대한 사실상 처분권을 취득하였다고 보아야 하기에, 이 사건 신용카드는 피고인이 그 소유자인 피해자를 기망하여 취득한 신용카드에 해당하고 이를 사용한 피고인의 행위는 기망하여 취득한 신용카드 사용으로 인한 여신전문금융업법 위반죄에 해당한다.

④ (○) 횡령죄의 본질이 신임관계에 기초하여 위탁된 타인의 물건을 위법하게 영득하는 데 있음에 비추어 볼 때 위탁관계는 횡령죄로 보호할 만한 가치 있는 신임에 의한 것으로 한정함이 타당하다(대법원 2016.5.19, 2014도6992 전원합의체; 2021.2. 18, 2016도18761 전원합의체 참조). 위탁관계가 있는지는 재물의 보관자와 소유자 사이의 관계, 재물을 보관하게 된 경위 등에 비추어 볼 때 보관자에게 재물의 보관 상태를 그대로 유지해야 할 의무를 부과하여 그 보관 상태를 형사법적으로 보호할 필요가 있는지 등을 고려하여 규범적으로 판단해야 한다. 재물의 위탁행위가 범죄의 실행행위나 준비행위 등과 같이 범죄 실현의 수단으로서 이루어진 경우 그 행위 자체가 처벌 대상인지와 상관없이 그러한 행위를 통해 형성된 위탁관계는 횡령죄로 보호할 만한 가치 있는 신임에 의한 것이 아니라고 봄이 타당하다(대법원 2022.6.30, 2017도21286).

02

② ㉠㉢㉣㉤

㉠ (○) 횡령죄에서 재물의 보관은 재물에 대한 사실상 또는 법률상 지배력이 있는 상태를 의미하며(대법원 1987.10.13, 87도1778 등 참조), 횡령행위는 불법영득의사를 실현하는 일체의 행위를 말한다(대법원 2004.12.9, 2004도5904 등 참조). 따라서 소유권의 취득에 등록이 필요한 타인 소유의 차량을 인도받아 보관하고 있는 사람이 이를 사실상 처분하면 횡령죄가 성립하며, 그 보관 위임자나 보관자가 차량의 등록명의자일 필요는 없다(대법원 2015.6.25, 2015도1944 전원합의체).

㉡ (×) (위 ㉠ 해설에서도 나와 있듯이) 소유권의 취득에 등록이 필요한 타인 소유의 차량을 인도받아 보관하고 있는 사람이 이를 사실상 처분하면 횡령죄가 성립하며, 그 보관 위임자나 보관자가 차량의 등록명의자일 필요는 없다. 이와 달리 소유권의 취득에 등록이 필요한 차량에 대한 횡령죄에서 타인의 재물을 보관하는 사람의 지위는 일반 동산의 경우와 달리 차량에 대한 점유 여부가 아니라 등록에 의하여 차량을 제3자에게 법률상 유효하게 처분할 수 있는 권능 유무에 따라 결정하여야 한다는 취지의 대법원 1978.10.10, 78도1714; 대법원 2006.12.22, 2004도3276 판결 등은 이 판결과 배치되는 범위에서 이를 변경하기로 한다(대법원 2015.6.25, 2015도1944 전원합의체)

㉢ (○) 대법원 2015.6.25, 2015도1944 전원합의체

㉣ (○) 옳은 설명이다.

㉤ (○) 상법상 주식은 자본구성의 단위 또는 주주의 지위(주주권)를 의미하고, 주주권을 표창하는 유가증권인 주권과는 구분된다. 주권(株券)은 유가증권으로서 재물에 해당되므로 횡령죄의 객체가 될 수 있으나, 자본의 구성단위 또는 주주권을 의미하는 주식(柱式)은 재물이 아니므로 횡령죄의 객체가 될 수 없다(대

법원 2005.2.18, 2002도2822). 따라서 예탁결제원에 예탁되어 계좌 간 대체 기재의 방식에 의하여 양도되는 주권은 유가증권으로서 재물에 해당되므로 횡령죄의 객체가 될 수 있으나(대법원 2007.10.11, 2007도6406), 주권이 발행되지 않은 상태에서 주권불소지 제도, 일괄예탁 제도 등에 근거하여 예탁결제원에 예탁된 것으로 취급되어 계좌 간 대체 기재의 방식에 의하여 양도되는 주식은 재물이 아니므로 횡령죄의 객체가 될 수 없다(대법원 2023.6.1, 2020도2884).

03
정답 ②

② ㉠㉢㉣

㉠ (○) 횡령죄는 타인의 재물에 대한 재산범죄로서 재물의 소유권 등 본권을 보호법익으로 하는 범죄이다. 따라서 횡령죄의 객체가 타인의 재물에 속하는 이상 구체적으로 누구의 소유인지는 횡령죄의 성립 여부에 영향이 없다. 주식회사는 주주와 독립된 별개의 권리주체로서 그 이해가 반드시 일치하는 것은 아니므로, 주주나 대표이사 또는 그에 준하여 회사 자금의 보관이나 운용에 관한 사실상의 사무를 처리하는 자가 회사 소유의 재산을 사적인 용도로 함부로 처분하였다면 횡령죄가 성립한다. … 피고인들이 공모하여 甲 주식회사 등 피해 회사가 납품하는 물품을 마치 피해 회사의 자회사로서 서류상으로만 존재하는 乙 주식회사 등이 납품하는 것처럼 서류를 꾸며 피해 회사가 지급받아야 할 납품대금을 자회사 명의의 계좌로 지급받아 급여 등의 명목으로 임의로 사용하였다고 하여 특정경제범죄 가중처벌 등에 관한 법률 위반(횡령)으로 기소된 경우, 법인격 부인 또는 남용 법리는 회사가 법인격을 남용했다고 볼 수 있는 예외적인 경우에 회사에 법인격이 있더라도 이를 무시하고 그 뒤에 있는 배후자에게 책임을 추궁하는 것이므로, 피고인들이 피해 회사의 자회사 계좌를 이용하여 피해 회사의 납품대금을 횡령한 사건에서 법인격 부인 여부에 따라 횡령죄의 성립이 좌우되는 것은 아니라고 할 것이다(대법원 2019.12.24, 2019도9773).

㉡ (×) 채무자가 기존 금전채무를 담보하기 위하여 다른 금전채권을 채권자에게 양도하는 경우, 채무자가 채권자에 대하여 부담하는 '담보 목적 채권의 담보가치를 유지·보전할 의무'는 채권 양도담보계약에 따라 부담하게 된 채무의 한 내용에 불과하다. 또한 통상의 채권양도계약은 그 자체가 채권자지위의 이전을 내용으로 하는 주된 계약이고, 그 당사자 사이의 본질적 관계는 양수인이 채권자지위를 온전히 확보하여 채무자로부터 유효하게 채권의 변제를 받는 것이다. 그런데 채권 양도담보계약은 피담보채권의 발생을 위한 계약(예컨대 금전소비대차계약 등)의 종된 계약으로, 채권 양도담보계약에 따라 채무자가 부담하는 위와 같은 의무는 담보목적을 달성하기 위한 것에 불과하고, 그 당사자 사이의 본질적이고 주된 관계는 피담보채권의 실현이다. … 따라서 채무자가 채권 양도담보계약에 따라 담보 목적 채권의 담보가치를 유지·보전할 의무는 계약에 따른 자신의 채무에 불과하고, 채권자와 채무자 사이에 채무자가 채권자를 위하여 담보가치의 유지·보전사무를 처리함으로써 채무자의 사무처리를 통해 채권자가 담보 목적을 달성한다는 신임관계가 존재한다고 볼 수 없다. 그러므로 채무자가 제3채무자에게 채권양도 통지를 하지 않은 채 자신이 사용할 의도로 제3채무자로부터 변제를 받아 변제금을 수령한 경우, 이는 단순한 민사상 채무불이행에 해당할 뿐, 채무자가 채권자와의 위탁신임

03 정답 및 해설 **613**

관계에 의하여 채무자를 위해 위 변제금을 보관하는 지위에 있다고 볼 수 없고, 채무자가 이를 임의로 소비하더라도 횡령죄는 성립하지 않는다(대법원 2021.2.25, 2020도12927).

ⓒ (○) 대법원 2003.4.25, 2003도187; 2011.12.8, 2010도4129; 2013.4.26, 2013도2034; 2014.10.27, 2014도9442

ⓔ (○) 위 건물은 지하 4층, 지상 12층으로 건축허가를 받았으나 피고인들이 건축주 명의를 변경한 당시에는 지상 8층까지 골조공사가 완료된 채 공사가 중단되었던 사정에 비추어 민사집행법상 강제집행이나 보전처분의 대상이 될 수 있다고 단정하기 어렵다(대법원 2014.10.27, 2014도9442).

ⓜ (×) 횡령죄의 본질이 신임관계에 기초하여 위탁된 타인의 물건을 위법하게 영득하는 데 있음에 비추어 볼 때 위탁관계는 횡령죄로 보호할 만한 가치 있는 신임에 의한 것으로 한정함이 타당하다(대법원 2016.5.19, 2014도6992 전원합의체; 2021.2.18, 2016도18761 전원합의체 참조). 위탁관계가 있는지는 재물의 보관자와 소유자 사이의 관계, 재물을 보관하게 된 경위 등에 비추어 볼 때 보관자에게 재물의 보관 상태를 그대로 유지해야 할 의무를 부과하여 그 보관 상태를 형사법적으로 보호할 필요가 있는지 등을 고려하여 규범적으로 판단해야 한다. 재물의 위탁행위가 범죄의 실행행위나 준비행위 등과 같이 범죄 실현의 수단으로서 이루어진 경우 그 행위 자체가 처벌 대상인지와 상관없이 그러한 행위를 통해 형성된 위탁관계는 횡령죄로 보호할 만한 가치 있는 신임에 의한 것이 아니라고 봄이 타당하다(대법원 2022.6.30, 2017도21286).

04   정답 ②

② (○) 이른바 중간생략등기형 명의신탁을 한 경우, 명의신탁자는 신탁부동산의 소유권을 가지지 아니하고, 명의신탁자와 명의수탁자 사이에 위탁신임관계를 인정할 수도 없다. 따라서 명의수탁자가 명의신탁자의 재물을 보관하는 자라고 할 수 없으므로, 명의수탁자가 신탁받은 부동산을 임의로 처분하여도 명의신탁자에 대한 관계에서 횡령죄가 성립하지 아니한다(대법원 2016.5.19, 2014도6992 전원합의체).

① (×) 중간생략등기형 명의신탁의 소유관계: 부동산 실권리자명의 등기에 관한 법률(이하 '부동산실명법') 제4조 제2항 본문에 의하여 명의수탁자 명의의 소유권이전등기는 무효이고, 신탁부동산의 소유권은 매도인이 그대로 보유하게 된다. 따라서 명의신탁자로서는 매도인에 대한 소유권이전등기청구권을 가질 뿐 신탁부동산의 소유권을 가지지 아니하고, 명의수탁자 역시 명의신탁자에 대하여 직접 신탁부동산의 소유권을 이전할 의무를 부담하지는 아니하므로, 신탁부동산의 소유자도 아닌 명의신탁자에 대한 관계에서 명의수탁자가 횡령죄에서 말하는 '타인의 재물을 보관하는 자'의 지위에 있다고 볼 수는 없다. 명의신탁자가 매매계약의 당사자로서 매도인을 대위하여 신탁부동산을 이전받아 취득할 수 있는 권리 기타 법적 가능성을 가지고 있기는 하지만, 명의신탁자가 이러한 권리 등을 보유하였음을 이유로 명의신탁자를 사실상 또는 실질적 소유권자로 보아 민사상 소유권 이론과 달리 횡령죄가 보호하는 신탁부동산의 소유자라고 평가할 수는 없다(대법원 2016.5.19, 2014도6992 전원합의체).

③ (×) 횡령죄의 위탁신임관계의 의미: 재물의 보관자와 재물의 소유자(또는 기타의 본권자) 사이에 법률상 또는 사실상의 위탁신임관계가 존재하여야 한다. 이러한 위탁신임관계는 사용대차·

임대차·위임 등의 계약에 의하여서뿐만 아니라 사무관리·관습·조리·신의칙 등에 의해서도 성립될 수 있으나, 횡령죄의 본질이 신임관계에 기초하여 위탁된 타인의 물건을 위법하게 영득하는 데 있음에 비추어 볼 때 위탁신임관계는 횡령죄로 보호할 만한 가치 있는 신임에 의한 것으로 한정함이 타당하다(대법원 2016.5.19, 2014도6992 전원합의체).

④ (×) 명의신탁약정의 무효의 의미와 횡령죄의 위탁신임관계: 명의신탁약정에 따른 명의수탁자 명의의 등기를 금지하고 이를 위반한 명의신탁자와 명의수탁자 쌍방을 형사처벌까지 하고 있는 부동산실명법의 명의신탁관계에 대한 규율 내용 및 태도 등에 비추어 볼 때, 명의신탁자와 명의수탁자 사이에 위탁신임관계를 근거 지우는 계약인 명의신탁약정 또는 이에 부수한 위임약정이 무효임에도 불구하고 횡령죄 성립을 위한 사무관리·관습·조리·신의칙에 기초한 위탁신임관계가 있다고 할 수는 없다. 또한 명의신탁자와 명의수탁자 사이에 존재한다고 주장될 수 있는 사실상의 위탁관계라는 것도 부동산실명법에 반하여 범죄를 구성하는 불법적인 관계에 지나지 아니할 뿐 이를 형법상 보호할 만한 가치 있는 신임에 의한 것이라고 할 수 없다(대법원 2016.5.19, 2014도6992 전원합의체).

05   정답 ③

③ ⓛⓒ

ⓞ (×) 소유권의 취득에 등록이 필요한 타인 소유의 차량을 인도받아 보관하고 있는 사람이 이를 사실상 처분하면 횡령죄가 성립하며, 보관 위임자나 보관자가 차량의 등록명의자일 필요는 없다. 그리고 이와 같은 법리는 지입회사에 소유권이 있는 차량에 대하여 지입회사에서 운행관리권을 위임받은 지입차주가 지입회사의 승낙 없이 보관 중인 차량을 사실상 처분하거나 지입차주에게서 차량 보관을 위임받은 사람이 지입차주의 승낙 없이 보관 중인 차량을 사실상 처분한 경우에도 마찬가지로 적용된다(대법원 2015.6.25, 2015도1944, 전원합의체).

ⓛ (○) 형사소송법 제326조 제1호에 정한 면소사유인 '확정판결이 있는 때'에는 공소가 제기된 공소사실을 확정판결이 있는 종전 사건의 공소사실과 비교해서 그 사실의 기초가 되는 자연적·사회적 사실관계가 기본적인 점에서 동일한 경우도 포함된다. 두 개의 공소사실은 하나의 동일한 송금행위에 의하여 실현된 것으로서 자연적·사회적 사실관계가 기본적인 점에서 동일하여 형사소송법 제326조 제1호의 '확정판결이 있는 때'에 해당할 여지가 있다(업무상횡령을 유죄로 인정한 원심판결을 파기한 사례)(대법원 2008.11.13, 2006도4885).

ⓒ (○) 포주가 윤락녀와 사이에 윤락녀가 받은 화대를 포주가 보관하였다가 절반씩 분배하기로 약정하고도 보관중인 화대를 임의로 소비한 경우, 포주와 윤락녀의 사회적 지위, 약정에 이르게 된 경위와 약정의 구체적 내용, 급여의 성격 등을 종합해 볼 때 포주의 불법성이 윤락녀의 불법성보다 현저히 크므로 화대의 소유권이 여전히 윤락녀에게 속하여 횡령죄를 구성한다(대법원 1999.9.17, 98도2036).

ⓔ (×) '특정경제범죄 가중처벌 등에 관한 법률' 제3조 제1항에 정한 이득액은 단순일죄의 이득액이나 혹은 포괄일죄가 성립되는 경우의 이득액의 합산액을 의미하는 것이지 경합범으로 처벌될 수죄에 있어서 그 이득액을 합한 금액을 말한다고 볼 수는 없다(대법원 2011.2.24, 2010도13801).

ⓜ (×) 형사재판에서의 유죄의 인정은 법관으로 하여금 합리적인 의심을 할 여지가 없을 정도의 확신을 가지게 하는 엄격한 증거에 의하여야 하므로, 그 재물이 당초 피고인에게 보관된 타인의 재산이라고 하더라도 그 이후 타인이 피고인에게 이를 양도하거나 임의사용을 승낙한 것으로 볼 여지가 있는 사정이 재판에 나타난다면 이러한 의문이 해명되지 아니하는 한 피고인을 유죄로 단정할 수는 없다(대법원 2001.12.14, 2001도3042). 자동차에 대한 소유권의 득실변경은 등록을 함으로써 그 효력이 생기고 등록이 없는 한 대외적 관계에서는 물론 당사자의 대내적 관계에서도 소유권을 취득할 수 없는 것이 원칙이지만, 당사자 사이에 소유권을 등록명의자 아닌 자가 보유하기로 약정하였다는 등의 특별한 사정이 있는 경우에는 그 내부관계에 있어서는 등록명의자 아닌 자가 소유권을 보유하게 된다(대법원 2013.2.28, 2012도15303; 2014.9.25, 2014도8984)(대법원 2023. 6.1, 2023도1096).

[보충] 피고인이 피해자 측으로부터 이 사건 차량을 매수하면서, 피고인이 매매대금의 지급에 갈음하여 피고인이 ○○캐피탈에 대한 차량할부금을 납부한 후 피고인 운영의 회사 명의로 이전등록을 하기로 약정하고, 이 사건 차량을 인도받아 사용하던 중 할부대금 및 과태료 등을 납부하지 않았다. 이에 피해자 측이 이 사건 차량의 반환을 요구하였으나 피고인이 이를 거부한 행위에 대해 횡령죄로 기소되었는데, 피고인이 이 사건 차량에 관한 매매약정에 따라 정당한 법률상 지위·권리를 보유한 채 이를 사용한 것일 뿐 피해자와의 위탁관계를 전제로 이 사건 차량을 보관하고 있었다고 보기 어렵고, 피해자 측이 피고인에게 이 사건 차량의 등록명의 이전과 무관하게 사용을 승낙한 것으로 볼 여지가 있어 판시 횡령의 점을 섣불리 유죄로 단정할 수도 없으며, 적어도 피고인·피해자 측 사이의 대내적 관계에서는 이 사건 차량의 등록명의에 관계없이 이 사건 차량에 관한 소유권을 매수인 측인 피고인이나 이 사건 회사가 보유하기로 정한 것이라고 볼 여지가 크다.

06

정답 ③

③ ㉠㉡

㉠ (×) 대법원 2004.5.27, 2003도6988

㉡ (×) 부동산 매수인이 매매대금의 완납 전에 그 매매목적물을 담보로 하여 금전을 차용함에 있어 매도인의 승낙을 받는 한편 매도인과 사이에 그 차용금액의 일부는 매도인에게 매매대금으로 우선 교부하여 주기로 약정한 다음 금전을 차용하여 이를 전부 임의로 소비한 경우에 매도인과 매수인 사이의 위의 약정은 매매잔대금의 지급방법의 하나를 정한 것에 불과한 것이므로 이로써 매수인이 대금완납시까지 매도인을 위하여 위 매매목적물을 관리하거나 담보제공하여 차용한 금전을 보관하여야 하는 지위에 있다고 볼 수 없으므로 매수인이 차용금액의 일부를 매도인에게 지급하지 아니하였다고 하더라도 이는 단순한 민사상의 채무불이행에 지나지 아니할 뿐 횡령죄는 성립하지 아니한다(대법원 1987.3.24, 83도1420).

㉢ (○) 대법원 2001.10.30, 2001도2095

㉣ (○) 채무자가 채무이행의 담보를 위하여 동산에 관한 양도담보계약을 체결하고 점유개정의 방법으로 여전히 그 동산을 점유하는 경우 그 계약이 채무의 담보를 위하여 양도의 형식을 취하였을 뿐이고 실질은 채무의 담보와 담보권실행의 청산절차

를 주된 내용으로 하는 것이라면 별단의 사정이 없는 한 그 동산의 소유권은 여전히 채무자에게 남아 있고, 채권자는 단지 양도담보물권을 취득하는 데 지나지 않으므로 그 동산을 다른 사유에 의하여 보관하게 된 채권자는 타인 소유의 물건을 보관하는 자로서 횡령죄의 주체가 될 수 있다(대법원 1989.4.11, 88도906).

07

정답 ①

① (×) 피고인이 甲으로부터 수표를 교부받은 원인행위는 이를 현금으로 교환해 주고 대가를 지급받기로 하는 계약으로서, 범죄수익은닉의 규제 및 처벌 등에 관한 법률(이하 '범죄수익은닉규제법') 제3조 제1항 제3호에 의하여 형사처벌되는 행위, 즉 거기에서 정한 범죄수익 등에 해당하는 수표를 현금으로 교환하여 그 특정, 추적 또는 발견을 현저히 곤란하게 하는 은닉행위를 법률행위의 내용 및 목적으로 하는 것이므로 선량한 풍속 기타 사회질서에 위반되고, 범죄수익은닉규제법에 의하여 직접 처벌되는 행위를 내용으로 하는 위 계약은 그 자체로 반사회성이 현저하며, 형벌법규에서 금지하고 있는 자금세탁행위를 목적으로 교부된 범죄수익 등을 특정범죄를 범한 자가 다시 반환받을 수 있도록 한다면, 범죄자로서는 교부의 목적을 달성하지 못하더라도 언제든지 범죄수익을 회수할 수 있게 되어 자금세탁행위가 조장될 수 있으므로, 범죄수익의 은닉이나 가장, 수수 등의 행위를 억지하고자 하는 범죄수익은닉규제법의 입법 목적에도 배치되므로, 결국 피고인이 甲으로부터 범죄수익 등의 은닉범행 등을 위해 교부받은 수표는 불법의 원인으로 급여한 물건에 해당하여 소유권이 피고인에게 귀속되고, 따라서 피고인이 그중 교환하지 못한 수표와 이미 교환한 현금을 임의로 소비하였더라도 횡령죄가 성립하지 않는다(대법원 2017.4.26, 2016도18035).

② (○) 횡령죄에서 불법영득의 의사는 타인의 재물을 보관하는 자가 위탁의 취지에 반하여 자기 또는 제3자의 이익을 위하여 권한 없이 재물을 자기의 소유인 것처럼 사실상 또는 법률상 처분하는 의사를 의미하므로, 보관자가 자기 또는 제3자의 이익을 위한 것이 아니라 소유자의 이익을 위하여 이를 처분한 경우에는 특별한 사정이 없는 한 불법영득의 의사를 인정할 수 없다. … 특별수선충당금은 甲 아파트의 주요시설 교체 및 보수를 위하여 별도로 적립한 자금으로 원칙적으로 그 범위 내에서 사용하도록 용도가 제한된 자금이나, 당시에는 특별수선충당금의 용도 외 사용이 관리규약에 의해서만 제한되고 있었던 점, 피고인이 구분소유자들 또는 입주민들로부터 포괄적인 동의를 얻어 특별수선충당금을 위탁의 취지에 부합하는 용도에 사용한 것으로 볼 여지가 있는 점 등 제반 사정을 종합하면, 피고인이 특별수선충당금을 위와 같이 지출한 것이 위탁의 취지에 반하여 자기 또는 제3자의 이익을 위하여 자기의 소유인 것처럼 처분하였다고 단정하기 어려우므로, 피고인의 불법영득의사를 인정한 원심판결에는 업무상횡령죄의 불법영득의사에 관한 법리오해의 잘못이 있다(대법원 2017.2.15, 2013도14777).

③ (○) 업무상배임죄의 주체는 타인의 사무를 처리하는 지위에 있어야 한다. 따라서 회사직원이 재직 중에 영업비밀 또는 영업상 주요한 자산을 경쟁업체에 유출하거나 스스로의 이익을 위하여 이용할 목적으로 무단으로 반출하였다면 타인의 사무를 처리하는 자로서 업무상의 임무에 위배하여 유출 또는 반출한 것이어서 유출 또는 반출 시에 업무상배임죄의 기수가 된다. 또

한 회사직원이 영업비밀 등을 적법하게 반출하여 반출행위가 업무상배임죄에 해당하지 않는 경우라도, 퇴사 시에 영업비밀 등을 회사에 반환하거나 폐기할 의무가 있음에도 경쟁업체에 유출하거나 스스로의 이익을 위하여 이용할 목적으로 이를 반환하거나 폐기하지 아니하였다면, 이러한 행위 역시 퇴사 시에 업무상배임죄의 기수가 된다(대법원 2017.6.29, 2017도3808).

④ (○) 회사직원이 퇴사한 후에는 특별한 사정이 없는 한 퇴사한 회사직원은 더 이상 업무상배임죄에서 타인의 사무를 처리하는 자의 지위에 있다고 볼 수 없고, 위와 같이 반환하거나 폐기하지 아니한 영업비밀 등을 경쟁업체에 유출하거나 스스로의 이익을 위하여 이용하더라도 이는 이미 성립한 업무상배임 행위의 실행행위에 지나지 아니하므로, 그 유출 내지 이용행위가 부정경쟁방지 및 영입비밀보호에 관한 법률 위반(영업비밀누설 등)죄에 해당하는지는 별론으로 하더라도, 따로 업무상배임죄를 구성할 여지는 없다(대법원 2017.6.29, 2017도3808).
[보충] 그리고 위와 같이 퇴사한 회사직원에 대하여 타인의 사무를 처리하는 자의 지위를 인정할 수 없는 이상 제3자가 위와 같은 유출 내지 이용행위에 공모 · 가담하였더라도 타인의 사무를 처리하는 자의 지위에 있다는 등의 사정이 없는 한 업무상배임죄의 공범 역시 성립할 수 없다.

08 정답 ②

② ㉢㉣
㉠ (×) 근로자가 애초 거둔 운송수입금 전액은 운송회사의 관리와 지배 아래 있다고 봄이 상당하므로 근로자가 운송수입금을 임의로 소비하였다면 횡령죄를 구성한다. 이는 근로자가 운송회사에 대하여 사납금을 초과하는 운송수입금의 일부를 배분받을 권리를 가지고 있다고 하더라도 다른 특별한 사정이 없는 한 다를 바 없다고 할 것이다(대법원 2014.4.30, 2013도8799).
㉡ (×) 성매매 및 성매매알선 등 행위는 선량한 풍속 기타 사회질서에 반하여 성매매할 사람을 고용함에 있어 성매매의 권유 · 유인 · 강요의 수단으로 이용되는 선불금 등 명목으로 제공한 금품이나 그 밖의 재산상 이익 등은 불법원인급여로서 반환을 청구할 수 없는바(대법원 2004.9.3, 2004다27488, 27495 등 참조), 성매매알선 등 행위에 관하여 동업계약을 체결한 당사자 일방이 상대방에게 그 동업계약에 따라 성매매의 권유 · 유인 · 강요의 수단으로 이용되는 선불금 등 명목으로 사업자금을 제공하였다면 그 사업자금 역시 불법원인급여에 해당하여 반환을 청구할 수 없다고 보아야 할 것이다(대법원 2013.8.14, 2013도321).
㉢ (○) 업무상 횡령죄는 위와 같은 불법영득의 의사가 확정적으로 외부에 표시되었을 때 성립하는 것이므로, 횡령의 범행을 한 자가 물건의 소유자에 대하여 별도의 금전채권을 가지고 있었다고 하더라도 횡령 범행 전에 상계 정산하였다는 등 특별한 사정이 없는 한 그러한 사유만으로 이미 성립한 업무상 횡령죄에 영향을 미칠 수는 없다(대법원 2012.6.14, 2010도9871; 2014.5.16, 2013도15895).
㉣ (○) 위탁관계별로 수개의 횡령죄가 성립하고, 그 사이에는 상상적 경합의 관계가 있는 것으로 보아야 한다(대법원 2013.10.31, 2013도10020).

09 정답 ④

④ (×) 피고인들에게 사기방조죄가 성립하지 않는 이상 사기피해금 중 일부를 임의로 인출한 행위는 사기피해자 丁에 대한 횡

령죄가 성립한다(공소사실 중 횡령의 점에 관하여 丙을 피해자로 삼은 주위적 공소사실을 무죄로 판단한 것은 정당함)(아래 ① · ②의 해설에 근거한 결론임)(대법원 2018.7.19, 2017도17494 전원합의체).
① (○) 계좌명의인이 송금 · 이체의 원인이 되는 법률관계가 존재하지 않음에도 계좌이체에 의하여 취득한 예금채권 상당의 돈은 송금의뢰인에게 반환하여야 할 성격의 것이므로, 계좌명의인은 그와 같이 송금 · 이체된 돈에 대하여 송금의뢰인을 위하여 보관하는 지위에 있다고 보아야 한다. 따라서 계좌명의인이 그와 같이 송금 · 이체된 돈을 그대로 보관하지 않고 영득할 의사로 인출하면 횡령죄가 성립한다(대법원 2018.7.19, 2017도 17494 전원합의체).
② (○) (위 ①번 해설에서 나타난 판례의) 이러한 법리는 ㉠ 계좌명의인이 개설한 예금계좌가 전기통신금융사기 범행에 이용되어 그 계좌에 피해자가 사기피해금을 송금 · 이체한 경우에도 마찬가지로 적용된다. 계좌명의인은 피해자와 사이에 아무런 법률관계 없이 송금 · 이체된 사기피해금 상당의 돈을 피해자에게 반환하여야 하므로, 피해자를 위하여 사기피해금을 보관하는 지위에 있다고 보아야 하고, 만약 계좌명의인이 그 돈을 영득할 의사로 인출하면 피해자에 대한 횡령죄가 성립한다(이상까지 ②번의 해설에 해당함).
[보충] 이때 ㉡ 계좌명의인이 사기의 공범이라면 자신이 가담한 범행의 결과 피해금을 보관하게 된 것일 뿐이어서 피해자와 사이에 위탁관계가 없고, 그가 송금 · 이체된 돈을 인출하더라도 이는 자신이 저지른 사기범행의 실행행위에 지나지 아니하여 새로운 법익을 침해한다고 볼 수 없으므로 사기죄 외에 별도로 횡령죄를 구성하지 않는다(대법원 2018.7.19, 2017도17494 전원합의체).
③ (○) 한편 계좌명의인의 인출행위는 전기통신금융사기의 범인에 대한 관계에서는 횡령죄가 되지 않는다. ㉠ 계좌명의인이 전기통신금융사기의 범인에게 예금계좌에 연결된 접근매체를 양도하였다 하더라도 은행에 대하여 여전히 예금계약의 당사자로서 예금반환청구권을 가지는 이상 그 계좌에 송금 · 이체된 돈이 그 접근매체를 교부받은 사람에게 귀속되었다고 볼 수는 없다. … 또한 ㉡ 계좌명의인과 전기통신금융사기의 범인 사이의 관계는 횡령죄로 보호할 만한 가치가 있는 위탁관계가 아니다(대법원 2018.7.19, 2017도17494 전원합의체).

10 정답 ④

④ (×) 대물변제예약의 궁극적 목적은 차용금반환채무의 이행 확보에 있고, 채무자가 대물변제예약에 따라 부동산에 관한 소유권이전등기절차를 이행할 의무는 궁극적 목적을 달성하기 위해 채무자에게 요구되는 부수적 내용이어서 이를 가지고 배임죄에서 말하는 신임관계에 기초하여 채권자의 재산을 보호 또는 관리하여야 하는 '타인의 사무'에 해당한다고 볼 수는 없다. 그러므로 채권 담보를 위한 대물변제예약 사안에서 채무자가 대물로 변제하기로 한 부동산을 제3자에게 처분하였다고 하더라도 형법상 배임죄가 성립하는 것은 아니다(대법원 2014.8.21, 2014도3363 전원합의체).
① (○) 대법원 2008.6.26, 2006도2222; 2013.9.27, 2013도6835
② (○) 배임죄는 타인의 사무를 처리하는 자가 위법한 임무위배 행위로 재산상 이득을 취득하여 사무의 주체인 타인에게 손해

를 가함으로써 성립하므로, 그 범죄의 주체는 타인의 사무를 처리하는 신분이 있어야 한다. 여기서 '타인의 사무처리'로 인정되려면, 타인의 재산관리에 관한 사무의 전부 또는 일부를 타인을 위하여 대행하는 경우와 타인의 재산보전행위에 협력하는 경우라야만 되고, 두 당사자 관계의 본질적 내용이 단순한 채권관계상의 의무를 넘어서 그들 간의 신임관계에 기초하여 타인의 재산을 보호 내지 관리하는 데 있어야 한다. 만약, 그 사무가 타인의 사무가 아니고 자기의 사무라면, 그 사무의 처리가 타인에게 이익이 되어 타인에 대하여 이를 처리할 의무를 부담하는 경우라도, 그는 타인의 사무를 처리하는 자에 해당하지 않는다(대법원 2014.2.27, 2011도3482).

③ (○) 부동산 이중매매에 관한 최근 대법원 전원합의체 판결의 입장으로서, 종래의 배임죄 긍정설의 입장을 유지하였다. [다수의견] 부동산 매매계약에서 계약금만 지급된 단계에서는 어느 당사자나 계약금을 포기하거나 그 배액을 상환함으로써 자유롭게 계약의 구속력에서 벗어날 수 있다. 그러나 중도금이 지급되는 등 계약이 본격적으로 이행되는 단계에 이른 때에는 계약이 취소되거나 해제되지 않는 한 매도인은 매수인에게 부동산의 소유권을 이전해 줄 의무에서 벗어날 수 없다. 따라서 이러한 단계에 이른 때에 매도인은 매수인에 대하여 매수인의 재산보전에 협력하여 재산적 이익을 보호·관리할 신임관계에 있게 된다. 그때부터 매도인은 배임죄에서 말하는 '타인의 사무를 처리하는 자'에 해당한다고 보아야 한다. 그러한 지위에 있는 매도인이 매수인에게 계약 내용에 따라 부동산의 소유권을 이전해 주기 전에 그 부동산을 제3자에게 처분하고 제3자 앞으로 그 처분에 따른 등기를 마쳐 준 행위는 매수인의 부동산 취득 또는 보전에 지장을 초래하는 행위이다. 이는 매수인과의 신임관계를 저버리는 행위로서 배임죄가 성립한다(대법원 2018.5.17, 2017도4027 전원합의체). 이러한 법리는 서면에 의한 부동산 증여계약에도 마찬가지로 적용된다. 서면으로 부동산 증여의 의사를 표시한 증여자는 계약이 취소되거나 해제되지 않는 한 수증자에게 목적부동산의 소유권을 이전할 의무에서 벗어날 수 없다. 그러한 증여자는 '타인의 사무를 처리하는 자'에 해당하고, 그가 수증자에게 증여계약에 따라 부동산의 소유권을 이전하지 않고 부동산을 제3자에게 처분하여 등기를 하는 행위는 수증자와의 신임관계를 저버리는 행위로서 배임죄가 성립한다(대법원 2018.12.13, 2016도19308).

11　　　　　　　　정답 ③

③ (×) 민법 제746조가 불법의 원인으로 인하여 재산을 급여한 때에는 그 이익의 반환을 청구하지 못한다고 규정한 뜻은, 그러한 급여를 한 사람은 그 원인행위가 법률상 무효임을 내세워 상대방에게 부당이득반환청구를 할 수 없음은 물론 급여한 물건의 소유권이 자기에게 있다고 하여 소유권에 기한 반환청구도 할 수 없다는 데 있으므로, 결국 그 물건의 소유권은 급여를 받은 상대방에게 귀속된다. 한편 민법 제746조에서 말하는 '불법'이 있다고 하려면, 급여의 원인된 행위가 내용이나 성격 또는 목적이나 연유 등으로 볼 때 선량한 풍속 기타 사회질서에 위반될 뿐만 아니라 반사회성·반윤리성·반도덕성이 현저하거나, 급여가 강행법규를 위반하여 이루어졌지만 이를 반환하게 하는 것이 오히려 규범 목적에 부합하지 아니하는 경우 등에 해당하여야 한다. 피고인이 乙로부터 범죄수익 등의 은닉을

위해 교부받은 무기명 양도성예금증서는 불법의 원인으로 급여한 물건에 해당하여 소유권이 피고인에게 귀속되므로, 피고인이 무기명 양도성예금증서를 교환한 현금을 임의로 소비하였더라도 횡령죄가 성립하지 않는다(이상 ③번 해설)(대법원 2017.10.26, 2017도9254).

① (○) 금전채권채무의 경우 채무자는 채권자에 대한 관계에서 '타인의 사무를 처리하는 자'에 해당한다고 할 수 없다(대법원 2011.4.28, 2011도3247 등). 채무자가 기존 금전채무를 담보하기 위하여 다른 금전채권을 채권자에게 양도하는 경우에도 마찬가지이다. 채권양도담보계약에 따라 채무자가 부담하는 '담보목적 채권의 담보가치를 유지·보전할 의무' 등은 담보목적을 달성하기 위한 것에 불과하며, 채권양도담보계약의 체결에도 불구하고 당사자 관계의 전형적·본질적 내용은 여전히 피담보채권인 금전채권의 실현에 있다(대법원 2020.2.20, 2019도9756 전원합의체 등). 따라서 채무자가 채권양도담보계약에 따라 부담하는 '담보 목적 채권의 담보가치를 유지·보전할 의무'를 이행하는 것은 채무자 자신의 사무에 해당할 뿐이고, 채무자가 통상의 계약에서의 이익대립관계를 넘어서 채권자와의 신임관계에 기초하여 채권자의 사무를 맡아 처리한다고 볼 수 없으므로, 이 경우 채무자는 채권자에 대한 관계에서 '타인의 사무를 처리하는 자'에 해당한다고 할 수 없다(대법원 2021.7.14, 2015도5184). [유사판례] 전세보증금반환채권에 관하여 채권양도담보계약을 체결한 채무자가 양도담보의 관한 대항요건을 갖추어 주기 전에 제3자에게 전세권근저당권을 설정하여 준 경우 배임죄가 성립하지 않는다(대법원 2021.7.15, 2020도3514).

② (○) 범죄수익은닉의 규제 및 처벌 등에 관한 법률(이하 '범죄수익은닉규제법'이라 한다)은 형법 등을 보충하여 중대범죄를 억제하기 위한 형사법 질서의 중요한 일부를 이루고 있다. 이 법에 따라 직접 처벌되는 행위를 내용으로 하는 계약은 그 자체로 반사회성이 현저하여 민법 제746조에서 말하는 불법의 원인에 해당하는 것으로 볼 수 있다. 그러나 자금의 조성과정에 반사회적 요소가 있더라도 그 자금을 위탁하거나 보관시키는 등의 행위가 범죄수익은닉규제법을 위반하지 않고 그 내용, 성격, 목적이나 연유 등에 비추어 선량한 풍속 그 밖의 사회질서에 반한다고 보기 어려운 경우라면 불법원인이 있다고 볼 수 없다(대법원 2017.10.31, 2017도11931).
[보충] C가 피고인 B에게 투자금을 교부한 원인이 된 위 계약이 범죄수익은닉규제법 위반을 내용으로 한다고 보기 어렵고, 계약 당시 피고인 B가 이 투자금이 범죄수익금이라는 사실이나 불법적인 해외 송금 사실을 알았거나 이를 알면서도 협조하기로 하였다고 보기 어려우며, 피고인은 범죄수익은닉규제법 위반, 갑의 사기와 유사수신행위의 규제에 관한 법률 위반 범행에 대한 방조, 외환거래법 위반 등의 혐의로 기소되지도 않았으므로, C의 피고인 B에 대한 투자금의 교부가 불법원인급여에 해당하지 않는다고 보인다. 따라서 피고인에 대한 횡령의 공소사실을 유죄로 인정한 원심판단은 정당하다(위 판례).

④ (○) 주권발행 전 주식에 대한 양도계약에서 양도인은 양수인에 대하여 그의 사무를 처리하는 지위에 있지 아니하여, 양도인이 위와 같은 제3자에 대한 대항요건을 갖추어 주지 아니하고 이를 타에 처분하였다 하더라도 형법상 배임죄가 성립하는 것은 아니다(대법원 2020.10.15, 2020도9688).
[보충] 주권발행 전 주식의 양도는 양도인과 양수인의 의사표시만으로 효력이 발생한다. 그 주식 양수인은 특별한 사정이 없

는 한 양도인의 협력을 받을 필요 없이 단독으로 자신이 주식을 양수한 사실을 증명함으로써 회사에 대하여 명의개서를 청구할 수 있다(대법원 2019.4.25, 2017다21176 등).

12

③ (×) 간접정범을 통한 범행에서 피이용자는 간접정범의 의사를 실현하는 수단으로서의 지위를 가질 뿐이므로, 피해자에 대한 사기범행을 실현하는 수단으로서 타인을 기망하여 그를 피해자로부터 편취한 재물이나 재산상 이익을 전달하는 도구로서만 이용한 경우에는 편취의 대상인 재물 또는 재산상 이익에 관하여 피해자에 대한 사기죄가 성립할 뿐 도구로 이용된 타인에 대한 사기죄가 별도로 성립한다고 할 수 없다(대법원 2017.5. 31, 2017도3894).
[보충] 위조문서행사죄의 간접정범에서는 도구로 이용된 자도 그 상대방이 될 수 있으므로, 수험에서는 혼동하지 않도록 주의하여야 한다.

① (○) 아파트 소유권자인 피고인이 가등기권리자 甲에게 아파트에 관한 소유권이전청구권가등기를 말소해 주면 대출은행을 변경한 후 곧바로 다시 가등기를 설정해 주겠다고 속여 가등기를 말소하게 하여 재산상 이익을 편취하고, 가등기를 회복해 줄 임무에 위배하여 아파트에 제3자 명의로 근저당권 및 전세권설정등기를 마침으로써 갑에게 손해를 가하였다고 하여 사기 및 배임으로 기소된 경우, 사기죄를 인정하는 이상 비양립적 관계에 있는 배임죄는 별도로 성립하지 않는다(피고인의 일련의 행위에 대한 법률적 평가에서 범죄의 비양립성이 인정되는 경우, 대법원 2017.2.15, 2016도15226).

② (○) 배임죄에서 '타인의 사무를 처리하는 자'라고 하려면, 타인의 재산관리에 관한 사무의 전부 또는 일부를 타인을 위하여 대행하는 경우와 같이 당사자 관계의 전형적·본질적 내용이 통상의 계약에서의 이익대립관계를 넘어서 그들 사이의 신임관계에 기초하여 타인의 재산을 보호 또는 관리하는 데에 있어야 한다. 이익대립관계에 있는 통상의 계약관계에서 채무자의 성실한 급부이행에 의해 상대방이 계약상 권리의 만족 내지 채권의 실현이라는 이익을 얻게 되는 관계에 있다거나, 계약을 이행함에 있어 상대방을 보호하거나 배려할 부수적인 의무가 있다는 것만으로는 채무자를 타인의 사무를 처리하는 자라고 할 수 없고, 위임 등과 같이 계약의 전형적·본질적인 급부의 내용이 상대방의 재산상 사무를 일정한 권한을 가지고 맡아 처리하는 경우에 해당하여야 한다. 채무자가 금전채무를 담보하기 위하여 그 소유의 동산을 채권자에게 양도담보로 제공함으로써 채권자인 양도담보권자에 대하여 담보물의 담보가치를 유지·보전할 의무 내지 담보물을 타에 처분하거나 멸실, 훼손하는 등으로 담보권 실행에 지장을 초래하는 행위를 하지 않을 의무를 부담하게 되었더라도, 이를 들어 채무자가 통상의 계약에서의 이익대립관계를 넘어서 채권자와의 신임관계에 기초하여 채권자의 사무를 맡아 처리하는 것으로 볼 수 없다. 따라서 채무자를 배임죄의 주체인 '타인의 사무를 처리하는 자'에 해당한다고 할 수 없고, 그가 담보물을 제3자에게 처분하는 등으로 담보가치를 감소 또는 상실시켜 채권자의 담보권 실행이나 이를 통한 채권실현에 위험을 초래하더라도 배임죄가 성립한다고 할 수 없다. 위와 같은 법리는, 채무자가 동산에 관하여 양도담보설정계약을 체결하여 이를 채권자에게 양도할 의무가 있음에도 제3

자에게 처분한 경우에도 적용되고, 주식에 관하여 양도담보설정계약을 체결한 채무자가 제3자에게 해당 주식을 처분한 사안에도 마찬가지로 적용된다(대법원 2020.2.20, 2019도9756 전원합의체).

④ (○) 보도의 대상이 되는 자가 언론사 소속 기자에게 소위 '유료 기사' 게재를 청탁하는 행위는 사실상 '광고'를 '언론 보도'인 것처럼 가장하여 달라는 것으로서 언론 보도의 공정성 및 객관성에 대한 공공의 신뢰를 저버리는 것이므로, 배임수재죄의 부정한 청탁에 해당한다(대법원 2014.5.16, 2012도11258 등). 설령 '유료 기사'의 내용이 객관적 사실과 부합하더라도, 언론 보도를 금전적 거래의 대상으로 삼은 이상 그 자체로 부정한 청탁에 해당한다. (다만) 2016.5.29. 법률 제14178호로 개정되기 전의 형법 제357조 제1항은 타인의 사무를 처리하는 자(이하 '사무처리자')가 그 임무에 관하여 부정한 청탁을 받고 재물 또는 재산상 이익(이하 '재물 등'이라 한다)을 취득한 때에 성립한다고 정하고 있었으나, 형법 개정으로 위와 같이 개정되었다(소위 제3자 배임수재죄 신설). 이는 사무처리자 본인이 직접 재물 등을 취득하는 행위뿐만 아니라 제3자로 하여금 재물 등을 취득하게 하는 행위도 처벌할 수 있도록 하기 위한 것이다. 위와 같은 형법 제357조의 문언, 개정 경위와 이유, 체계적 위치와 보호법익 등을 종합하면, 특별한 사정이 없는 한 형법 제357조 제1항의 '제3자'에는 사무처리를 위임한 '타인'이 포함되지 않는다, (따라서) 피고인에 대한 공소사실 중 배임증재 부분에 대해서 신문사 기자들이 홍보성 기사를 게재(이는 배임수증재죄의 부정한 청탁에는 해당함)하는 대가로 기자들이 소속된 신문사들이 피고인으로부터 돈을 교부받은 행위는 형법 제357조 제1항의 사무처리자 또는 제3자가 돈을 교부받은 경우가 아니다. 따라서 신문사들의 배임수재죄가 성립하지 않고 이를 전제로 하는 피고인의 배임증재죄 역시 성립하지 않는다(대법원 2021.9.30, 2020도2641).
[보충] 배임수재죄의 행위주체가 재물 또는 재산상 이익을 취득하였는지는 증거에 의하여 인정된 사실에 대한 규범적 평가의 문제이다(대법원 2017.12.7, 2017도12129 등). 부정한 청탁에 따른 재물이나 재산상 이익이 외형상 사무처리를 위임한 타인에게 지급된 것으로 보이더라도 사회통념상 그 타인이 재물 또는 재산상 이익을 받은 것을 부정한 청탁을 받은 사람이 직접 받은 것과 동일하게 평가할 수 있는 경우에는 배임수재죄가 성립될 수 있다.

13

④ (×) ㉠ 형법 제355조 제2항의 배임죄는 타인의 사무를 처리하는 자가 임무에 위배하는 행위로써 재산상의 이익을 취득하거나 제3자로 하여금 이를 취득하게 하여 본인에게 손해를 가함으로써 성립하고, 형법 제356조의 업무상배임죄는 업무상의 임무에 위배하여 제355조 제2항의 죄를 범한 때에 성립하는데, 취득한 재산상 이익의 가액이 얼마인지는 범죄 성립에 영향을 미치지 아니한다. 반면 ㉡ 배임 또는 업무상배임으로 인한 특정경제범죄 가중처벌 등에 관한 법률 제3조 위반죄는 취득한 재산상 이익의 가액(이하 '이득액'이라 한다)이 5억 원 이상 또는 50억 원 이상이라는 것이 범죄구성요건의 일부로 되어 있고 이득액에 따라 형벌도 매우 가중되어 있으므로, 배임행위로 취득한 재산상 이익의 가액(이득액)을 산정할 수 없는 경우 구 특정

경제범죄 가중처벌 등에 관한 법률제3조 제1항 제1호를 적용할 수 없다.(대법원 2015.9.10, 2014도12619).

[주의: 특경법상 배임죄와 형법상 배임죄의 비교] (형법상) 배임죄에 있어서 손해액이 구체적으로 명백하게 산정되지 않았더라도 배임죄의 성립에는 영향이 없다고 할 것이나, 발생된 손해액을 구체적으로 산정하여 인정하는 경우에는 이를 잘못 산정하는 것은 위법하다(대법원 1999.4.13, 98도4022 참조). 또한 경영권 프리미엄의 가치를 산정할 방법이 없어서 구체적으로 산정할 수 없게 되었다 하더라도 위법이 있다고 볼 수 없다(대법원 2009.10.29, 2008도11036).

① (○) 배임죄의 재산상의 손해에는 현실적인 손해가 발생한 경우뿐만 아니라 재산상 실해 발생의 위험을 초래한 경우도 포함되고, 재산상 손해의 유무에 대한 판단은 법률적 판단에 의하지 않고 경제적 관점에서 파악하여야 한다. 그런데 재산상 손해가 발생하였다고 평가될 수 있는 재산상 실해 발생의 위험이란 본인에게 손해가 발생할 막연한 위험이 있는 것만으로는 부족하고 경제적인 관점에서 보아 본인에게 손해가 발생한 것과 같은 정도로 구체적인 위험이 있는 경우를 의미한다. 따라서 재산상 실해 발생의 위험은 구체적·현실적인 위험이 야기된 정도에 이르러야 하고 단지 막연한 가능성이 있다는 정도로는 부족하다. 丙 회사가 乙 회사와 거래를 개시하지 않아 지급보증 대상인 물품대금 지급채무 자체가 현실적으로 발생하지 않은 이상, 보증인 甲 은행에 경제적인 관점에서 손해가 발생한 것과 같은 정도로 구체적인 위험이 발생하였다고 평가할 수 없다(대법원 2015.9.10, 2015도6745).

[보충] 배임죄의 법익보호의 정도에 대해서는 침해범설(多), 추상적 위험범설, 구체적 위험범설이 대립한다. 판례는 구체적 위험범설의 입장이다.

② (○) 이른바 지입제는 자동차운송사업면허 등을 가진 운송사업자와 실질적으로 자동차를 소유하고 있는 차주간의 계약으로 외부적으로는 자동차를 운송사업자 명의로 등록하여 운송사업자에게 귀속시키고 내부적으로는 각 차주들이 독립된 관리 및 계산으로 영업을 하며 운송사업자에 대하여는 지입료를 지불하는 운송사업형태를 말한다(대법원 2003.9.2, 2003도3073; 2009.9.24, 2009도5302 등). 따라서 지입차주가 자신이 실질적으로 소유하거나 처분권한을 가지는 자동차에 관하여 지입회사와 지입계약을 체결함으로써 지입회사에 자동차의 소유권등록 명의를 신탁하고 운송사업용 자동차로서 등록 및 그 유지 관련 사무의 대행을 위임한 경우에는, 특별한 사정이 없는 한 지입회사 측이 지입차주의 실질적 재산인 지입차량에 관한 재산상 사무를 일정한 권한을 가지고 맡아 처리하는 것으로서 당사자 관계의 전형적·본질적 내용이 그들 사이의 신임관계에 기초하여 타인의 재산을 보호 또는 관리하는 데에 있으므로, 지입회사 운영자는 지입차주와의 관계에서 '타인의 사무를 처리하는 자'의 지위에 있다(대법원 2021.6.30, 2015도19696).

③ (○) 일단 손해의 위험을 발생시킨 이상 나중에 피해가 회복되었다고 하여도 배임죄의 성립에 영향을 주는 것은 아니다. 피고인이 甲 회사로 하여금 乙 회사 및 丙 회사를 위하여 수차례에 걸쳐 대출금 등 채무를 연대보증하게 하면서도 어떠한 대가나 이익을 제공받지 아니하였고, 甲 회사가 연대보증채무를 이행할 경우 구상금채권의 확보방안도 마련하지 아니한 점, 피고인이 甲 회사의 이사회 승인을 받거나 다른 주주들의 동의를 받지 아니한 점 등을 종합하면, 피고인의 행위는 甲 회사에 대한 임무위배행위로서 甲 회사에 재산상 손해발생의 위험을 초래하였고, 피고인에게는 배임의 고의도 인정된다고 해야 한다(대법원 2015.11.26, 2014도17180).

14 정답 ③

③ ㉠㉡㉢㉣㉤

㉠ (×) 특정경제범죄 가중처벌 등에 관한 법률 위반(배임)죄는 재산상 이익의 가액이 일정액 이상이라는 것이 범죄구성요건의 일부로 되어 있고 그에 따라 형벌도 가중되는 만큼 그 재산상 이익의 가액은 엄격하고 신중하게 판단하여야 한다(대법원 2007.4.19, 2005도7288 전원합의체). 따라서 업무상배임으로 인한 재산상의 이익이 있었다는 점은 인정되지만 그 가액을 구체적으로 산정할 수 없는 경우에는 재산상 이익의 가액을 기준으로 가중 처벌하는 특정경제범죄 가중처벌 등에 관한 법률 위반(배임)죄로 의율할 수는 없다(대법원 2001.11.13, 2001도3531; 2012.8.30, 2012도5220).

㉡ (×) 회사 운영자나 대표 등이 그 내부 절차를 거쳐 고문 등을 위촉하고 급여를 지급한 행위가 업무상횡령으로 인정되기 위해서는 그와 같이 고문 등을 위촉할 필요성이나 정당성이 명백히 결여되거나 그 지급되는 급여가 합리적인 수준을 현저히 벗어나는 경우이어야 할 것이다. … 이와 같은 증거가 없다면 설령 피고인에게 유죄의 의심이 간다 하더라도 피고인의 이익으로 판단할 수밖에 없다(대법원 1998.2.13, 97도1962; 2002.11.26, 2002도5130; 2013.6.27, 2012도4848).

㉢ (○) 회사가 기업활동을 하면서 형사상의 범죄를 수단으로 하여서는 안 되므로 뇌물공여를 금지하는 법률 규정은 회사가 기업활동을 할 때 준수하여야 하고, 따라서 회사의 이사 등이 업무상의 임무에 위배하여 보관 중인 회사의 자금으로 뇌물을 공여하였다면 이는 오로지 회사의 이익을 도모할 목적이라기보다는 뇌물공여 상대방의 이익을 도모할 목적이나 기타 다른 목적으로 행하여진 것이라고 보아야 하므로, 그 이사 등은 회사에 대하여 업무상횡령죄의 죄책을 면하지 못한다. 그리고 특별한 사정이 없는 한 이러한 법리는 회사의 이사 등이 회사의 자금으로 부정한 청탁을 하고 배임증재를 한 경우에도 마찬가지로 적용된다(대법원 2013.4.25, 2011도9238).

㉣ (×) 보험계약자가 상법상 고지의무를 위반하여 보험자와 생명보험계약을 체결한다고 하더라도 그 보험금은 보험계약의 체결만으로 지급되는 것이 아니라 우연한 사고가 발생하여야만 지급되는 것이므로, 상법상 고지의무를 위반하여 보험계약을 체결하였다는 사정만으로 보험계약자에게 미필적으로나마 보험금 편취를 위한 고의의 기망행위가 있었다고 단정하여서는 아니 되고, 더 나아가 보험사고가 이미 발생하였음에도 이를 묵비한 채 보험계약을 체결하거나 보험사고 발생의 개연성이 농후함을 인식하면서도 보험계약을 체결하는 경우 또는 보험사고를 임의로 조작하려는 의도를 갖고 보험계약을 체결하는 경우와 같이 그 행위가 '보험사고의 우연성'과 같은 보험의 본질을 해할 정도에 이르러야 비로소 보험금 편취를 위한 고의의 기망행위를 인정할 수 있다고 할 것이다(대법원 2012.11.15, 2010도6910).

㉤ (×) 구 「부정경쟁방지 및 영업비밀보호에 관한 법률」(2019.1.8. 법률 제16204호로 개정되기 전의 것) 제2조 제2호의 "영업비밀"이란 공공연히 알려져 있지 아니하고 독립된 경제적 가치를 가지는 것으로서, 합리적인 노력에 의하여 비밀로 유지된 생산

방법, 판매방법, 그 밖에 영업활동에 유용한 기술상 또는 경영상의 정보를 말한다. 여기서 '공공연히 알려져 있지 아니하다'는 것은 그 정보가 간행물 등의 매체에 실리는 등 불특정 다수인에게 알려져 있지 않기 때문에 보유자를 통하지 아니하고는 그 정보를 통상적으로 입수할 수 없는 것을 말하고, 보유자가 비밀로서 관리하고 있다고 하더라도 당해 정보의 내용이 이미 일반적으로 알려져 있을 때에는 영업비밀이라고 할 수 없다(대법원 2004.9.23, 2002다60610; 2011.7.28, 2009도8265). <u>회사 직원이 경쟁업체 또는 스스로의 이익을 위하여 이용할 의사로 무단으로 자료를 반출한 행위가 업무상배임죄에 해당하기 위하여는, 그 자료가 반드시 영업비밀에 해당할 필요까지는 없지만 적</u>어도 그 자료가 불특정 다수인에게 공개되어 있지 않아 보유자를 통하지 아니하고는 이를 통상 입수할 수 없고 그 보유자가 자료의 취득이나 개발을 위해 상당한 시간, 노력 및 비용을 들인 것으로서, 그 자료의 사용을 통해 경쟁상의 이익을 얻을 수 있는 정도의 영업상 주요한 자산에는 해당하여야 한다(대법원 2011.6.30, 2009도3915; 2022.6.30, 2018도4794). 한편 <u>어떠한 정보가 공지된 정보를 조합하여 이루어진 것이라고 하더라도, 그 조합 자체가 해당 업계에 일반적으로 알려져 있지 않고 전체로서 이미 공지된 것 이상의 정보를 포함하고 있는 등의 이유로 보유자를 통하지 않고서는 조합된 전체로서의 정보를 통상적으로 입수하기 어렵다면 그 정보는 공공연하게 알려져 있다고 할 수 없다</u>(대법원 2024.4.12, 2022도16851).

15
정답 ④

④ (×) 어떤 예금계좌에 돈이 착오로 잘못 송금되어 입금된 경우에는 그 예금주와 송금인 사이에 신의칙상 보관관계가 성립한다고 할 것이므로, 피고인이 송금 절차의 착오로 인하여 피고인 명의의 은행 계좌에 입금된 돈을 임의로 인출하여 소비한 행위는 횡령죄에 해당하고, 이는 송금인과 피고인 사이에 별다른 거래관계가 없다고 하더라도 마찬가지이다(대법원 2010.12.9, 2010도891).

① (○) 피고인들이 중국 국적의 조선족 여자들과 참다운 부부관계를 설정할 의사 없이 단지 그들의 국내 취업을 위한 입국을 가능하게 할 목적으로 형식상 혼인하기로 한 것이라면, 피고인들이 중국에서 중국의 방식에 따라 혼인식을 거행하였다고 하더라도 우리나라의 법에 비추어 그 효력이 없는 혼인의 신고를 한 이상 피고인들의 행위는 공정증서원본불실기재 및 동행사죄(사안에서는 공전자기록등불실기재죄 및 동행사죄)의 죄책을 면할 수 없다(대법원 1996.11.22, 96도2049).

② (○) 속인주의가 적용된다(제3조).

③ (○) 공무원이 아닌 자는 형법 제228조의 경우를 제외하고는 허위공문서작성죄의 간접정범으로 처벌할 수 없다(대법원 2006. 5.11, 2006도1663).

16
정답 ②

② ㉠㉢㉣㉤

㉠ (○) 채권양도인이 채무자에게 채권양도 통지를 하는 등으로 채권양도의 대항요건을 갖추어 주지 않은 채 채무자로부터 채권을 추심하여 금전을 수령한 경우, 특별한 사정이 없는 한 금전의 소유권은 채권양수인이 아니라 채권양도인에게 귀속하고 채권양도인이 채권양수인을 위하여 양도 채권의 보전에 관한

사무를 처리하는 신임관계가 존재한다고 볼 수 없다. 따라서 채권양도인이 위와 같이 양도한 채권을 추심하여 수령한 금전에 관하여 채권양수인을 위해 보관하는 자의 지위에 있다고 볼 수 없으므로, 채권양도인이 위 금전을 임의로 처분하더라도 횡령죄는 성립하지 않는다. 이와 달리 채권양도계약을 체결한 채권양도인이 채무자에게 채권양도 통지를 하는 등으로 채권양도의 대항요건을 갖추어 주기 전에 채무자로부터 채권을 추심하여 금전을 수령한 경우, 그 금전은 채권양도인과 채권양수인 사이에서 채권양수인의 소유에 속하고 채권양도인이 채권양수인을 위하여 채권보전에 관한 사무를 처리하는 지위에 있으므로 보관자 지위가 인정된다는 전제에서, 채권양도인이 위 금전을 임의로 처분한 경우 횡령죄가 성립한다고 한 대법원 1999.4.15, 97도666 전원합의체; 대법원 2007.5.11, 2006도4935 판결을 비롯한 같은 취지의 대법원 판결들은 이 판결의 견해에 배치되는 범위 내에서 모두 변경하기로 한다(대법원 2022.6.23, 2017도3829 전원합의체).

㉡ (×) 위탁관계가 있는지는 재물의 보관자와 소유자 사이의 관계, 재물을 보관하게 된 경위 등에 비추어 볼 때 보관자에게 재물의 보관 상태를 그대로 유지해야 할 의무를 부과하여 그 보관 상태를 형사법적으로 보호할 필요가 있는지 등을 고려하여 규범적으로 판단해야 한다. 재물의 위탁행위가 범죄의 실행행위나 준비행위 등과 같이 범죄 실현의 수단으로서 이루어진 경우 그 행위 자체가 처벌 대상인지와 상관없이 그러한 행위를 통해 형성된 위탁관계는 횡령죄로 보호할 만한 가치 있는 신임에 의한 것이 아니라고 봄이 타당하다. 피고인이 보관하던 투자금은 의료법 제87조, 제33조 제2항에 따라 처벌되는 무자격자의 의료기관 개설·운영이라는 범죄의 실현을 위해 교부되었으므로, 해당 금원에 관하여 피고인과 피해자 사이에 횡령죄로 보호할 만한 신임에 의한 위탁관계는 인정되지 않으므로 피고인에게는 횡령죄의 타인의 재물을 보관하는 자의 지위가 인정되지 않는다(대법원 2022.6.30, 2017도21286).

㉢ (○) 청탁의 내용이 당해 학교법인의 설립 목적과 다른 목적으로 기본재산을 매수하여 사용하려는 것으로서 학교법인의 존립에 중대한 위협을 초래할 것임이 명백하다는 등의 특별한 사정이 없는 한, 그 청탁이 사회상규 또는 신의성실의 원칙에 반하는 것을 내용으로 하는 것이라고 할 수 없으므로 이를 배임수재죄의 구성요건인 '부정한 청탁'에 해당한다고 할 수 없고, 나아가 학교법인의 이사장 또는 사립학교경영자가 자신들이 출연한 재산을 회수하기 위하여 양도대금을 받았다거나 당해 학교법인이 국가 또는 지방자치단체로부터 일정한 보조금을 지원받아 왔다는 등의 사정은 위와 같은 결론에 영향을 미칠 수 없다(대법원 2014.1.23, 2013도11735).

㉣ (○) 이익대립관계에 있는 통상의 계약관계에서 채무자의 성실한 급부이행에 의해 상대방이 계약상 권리의 만족 내지 채권의 실현이라는 이익을 얻게 되는 관계에 있다거나, 계약을 이행함에 있어 상대방을 보호하거나 배려할 부수적인 의무가 있다는 것만으로는 채무자를 타인의 사무를 처리하는 자라고 할 수 없다(대법원 2015.3.26, 2015도1301; 2020.2.20, 2019도9756 전원합의체 등). A(피고인)가 乙 회사, 甲 금고와 체결한 담보신탁계약의 신탁 대상 부동산은 토지이고, 건물에 대해서는 위 계약에 따라 신탁등기가 이루어지는 것이 아니라 향후 건물이 준공되어 소유권보존등기까지 마친 후 乙 회사를 수탁자로, 甲 금고를 우선수익자로 한 담보신탁계약 등을 체결하고 그에 따른 등기

절차 등을 이행하기로 약정한 것에 불과한 점, 건물에 관하여 추가 담보신탁하기로 약정한 것은 甲 금고가 피고인에 대한 대출금 채권의 변제를 확보하기 위함이고, 甲 금고의 주된 관심은 건물에 대한 신탁등기 이행 여부가 아닌, 대출금 채권의 회수에 있다고 봄이 타당한 점, 피고인은 甲 금고와의 관계에서 향후 건물이 준공되면 乙 회사와 건물에 대한 담보신탁계약, 자금관리대리사무계약 등을 체결하고, 그에 따라 신탁등기절차를 이행하여 甲 금고에 우선수익권을 보장할 민사상 의무를 부담함에 불과하고, '甲 금고의 우선수익권'은 계약당사자인 피고인, 甲 금고, 乙 회사 등이 약정한 바에 따라 각자의 의무를 성실히 이행하면 그 결과로서 보장될 뿐인 점을 종합하면, 결국 피고인은 통상의 계약에서의 이익대립관계를 넘어서 甲 금고와의 신임관계에 기초하여 甲 금고의 우선수익권을 보호 또는 관리하는 등 그의 사무를 처리하는 자의 지위에 있다고 보기 어려우므로 배임죄에서의 '타인의 사무를 처리하는 자'에 해당하지 않는다(대법원 2020.4.29, 2014도9907).

⑩ (○) 피고인이 언론사 논설주간 및 경제 분야 칼럼니스트로서 기업에 대한 여론 형성에 영향력을 행사할 수 있는 지위에 있었던 점, … 배임증재자가 대표이사로 있던 기업은 당시 조선업계에서 상당한 비중을 차지하던 거대 기업으로 언제든지 영업이익 등 경영 실적은 물론 운영구조, 채용방식 등도 언론 보도, 평론 등의 대상이 될 수 있는 상황이었고, 실제 그 무렵 국민주 공모방식 매각 방안, 고졸 채용정책 등에 관한 칼럼, 사실 등이 적지 않게 게재되고 있었던 점 등에 비추어 보면, 배임증재자는 물론 피고인도 언론사 논설주간 사무를 이용한 우호적 여론 형성에 관한 청탁의 대가라는 점에 대한 인식과 양해 하에 약 3,973만 원 상당의 유럽여행 비용을 주고받았다고 보아야 하고, 청탁의 내용이 명시되지 않았더라도 묵시적 의사표시에 의한 청탁이 있었다고 평가되어야 하며, 이와 같이 언론인이 평론의 대상이 되는 특정인 내지 특정 기업으로부터 경제적 이익을 제공받으면서 우호적 여론 형성 등에 관한 청탁을 받는 것은 언론의 공정성, 객관성, 언론인의 청렴성, 불가매수성에 대한 공공의 신뢰를 저버리는 것일뿐더러, 그로 인하여 해당 언론사가 주의, 경고, 과징금 부과 등 제재조치를 받을 수 있다는 점에서 사회상규 또는 신의성실의 원칙에 반하는 배임수재죄의 부정한 청탁에 해당한다(대법원 2024.3.12, 2020도1263).

17

정답 ④

④ ㉠㉢㉣

㉠ (✕) 회사가 타인의 사무를 처리하는 일을 영업으로 영위하고 있는 경우, 회사의 대표이사가 그 타인의 사무를 처리하면서 업무상 임무에 위배되는 행위를 함으로써 재산상 이익을 취득하거나 제3자로 하여금 이를 취득하게 하고 그로 인하여 회사로 하여금 그 타인에 대한 손해배상책임 등 채무를 부담하게 한 때에는 회사에 손해를 가하거나 재산상 실해 발생의 위험을 초래한 것으로 볼 수 있으므로, 이러한 행위는 회사에 대한 관계에서 업무상배임죄를 구성한다(대법원 2014.2.21, 2011도8870).

㉡ (○) 주식회사의 임원이 공적 업무수행을 위하여서만 사용이 가능한 법인카드를 개인 용도로 계속적, 반복적으로 사용한 경우 특별한 사정이 없는 한 임원에게는 임무위배의 인식과 그로 인하여 자신이 이익을 취득하고 주식회사에 손해를 가한다는 인식이 있었다고 볼 수 있으므로, 이러한 행위는 업무상배임죄

를 구성한다. 위와 같은 법인카드 사용에 대하여 실질적 1인 주주의 양해를 얻었다거나 실질적 1인 주주가 향후 그 법인카드 대금을 변상, 보전해 줄 것이라고 일방적으로 기대하였다는 사정만으로는 업무상배임의 고의나 불법이득의 의사가 부정된다고 볼 수 없다(대법원 2014.2.21, 2011도8870).

㉢ (✕) 차입매수에 관하여는 이를 따로 규율하는 법률이 없는 이상 일률적으로 차입매수 방식에 의한 기업인수를 주도한 관련자들에게 배임죄가 성립한다거나 성립하지 아니한다고 단정할 수 없는 것이고, 배임죄의 성립 여부는 차입매수가 이루어지는 과정에서의 행위가 배임죄의 구성요건에 해당하는지 여부에 따라 개별적으로 판단되어야 한다(대법원 2010.4.15, 2009도6634; 2013.6.13, 2011도524).

㉣ (✕) 사회복지법인의 설립자 내지 운영자가 사회복지법인 운영권을 양도하고 양수인으로부터 양수인 측을 사회복지법인의 임원으로 선임해 주는 대가로 양도대금을 받기로 하는 내용의 '청탁'을 받았다 하더라도, 청탁의 내용이 당해 사회복지법인의 설립 목적과 다른 목적으로 기본재산을 매수하여 사용하려는 것으로서 실질적으로 법인의 기본재산을 이전하는 것과 다름이 없어 사회복지법인의 존립에 중대한 위험을 초래할 것임이 명백하다는 등의 특별한 사정이 없는 한 사회상규 또는 신의성실의 원칙에 반하는 것을 내용으로 하는 청탁이라고 할 수 없으므로 이를 배임수재죄의 성립 요건인 '부정한 청탁'에 해당한다고 할 수 없다(대법원 2013.12.26, 2010도16681).

18

정답 ②

② ㉠㉡㉢

㉠ (✕) 법인의 대표자 또는 피용자가 그 법인 명의로 한 채무부담행위가 관련 법령에 위배되어 법률상 효력이 없는 경우에는 그로 인하여 법인에게 어떠한 손해가 발생한다고 할 수 없으므로, 그 행위로 인하여 법인이 민법상 사용자책임 또는 법인의 불법행위책임을 부담하는 등의 특별한 사정이 없는 한 그 대표자 또는 피용자의 행위는 배임죄를 구성하지 아니한다(대법원 2004.4.9, 2004도771; 2009.8.20, 2009도4120; 2010.3.25, 2009도14585; 2010.9.30, 2010도6490).

㉡ (✕) 법률상 효력이 없어 그로 인하여 회사에 어떠한 손해가 발생한다고 할 수 없으므로, 그 행위로 인하여 회사가 상법 제395조의 표현대표이사책임을 부담하는 등의 특별한 사정이 없는 한 그 대표이사를 사칭한 자의 행위는 배임죄를 구성하지 아니한다(대법원 2013.3.28, 2010도7439).

㉢ (✕) 법인의 대표자가 법인 명의로 한 채무부담행위가 법률상 효력이 없는 경우에는 특별한 사정이 없는 한 그로 인하여 법인에 어떠한 손해가 발생하거나 발생할 위험이 있다고 할 수 없으므로 그 대표자의 행위는 배임죄를 구성하지 아니하며, 주식회사의 대표이사 등이 회사의 이익을 위해서가 아니라 자기 또는 제3자의 이익을 도모할 목적으로 대표권을 행사한 경우에 상대방이 대표이사 등의 진의를 알았거나 알 수 있었을 때에는 그 행위는 회사에 대하여 무효가 되므로 위와 같이 보아야 한다(대법원 2012.5.24, 2012도2142).

㉣ (○) 주식회사의 대표이사인 피고인이 회사에 대한 '자신'의 대여금 채권의 담보를 취득한다는 명목으로 회사 명의의 약속어음을 발행·취득한 경우, 피고인의 약속어음 발행행위가 대표권 남용행위라면 이로 인하여 회사에 재산상 손해가 발생하였

다고 할 수 없는데도, 이와 달리 보아 유죄를 인정한 원심판결에는 법리오해의 위법이 있다(대법원 2012.2.9, 2010도176).

19 정답 ②

② (×) 배임죄는 타인의 사무를 처리하는 자가 그 임무에 위배하는 행위로써 재산상의 이익을 취득하거나 제3자로 하여금 이를 취득하게 하여 사무의 주체인 타인에게 손해를 가할 때 성립하는 것이므로, 그 범죄의 주체는 타인의 사무를 처리하는 지위에 있어야 한다. 여기에서 '타인의 사무를 처리하는 자'라고 하려면, 타인의 재산관리에 관한 사무의 전부 또는 일부를 타인을 위하여 대행하는 경우와 같이 당사자 관계의 전형적·본질적 내용이 통상의 계약에서의 이익대립관계를 넘어서 그들 사이의 신임관계에 기초하여 타인의 재산을 보호 또는 관리하는 데에 있어야 한다(대법원 2011.1.20, 2008도10479 전원합의체; 2014.8.21, 2014도3363 전원합의체 등 참조). 이익대립관계에 있는 통상의 계약관계에서 채무자의 성실한 급부이행에 의해 상대방이 계약상 권리의 만족 내지 채권의 실현이라는 이익을 얻게 되는 관계에 있다거나, 계약을 이행함에 있어 상대방을 보호하거나 배려할 부수적인 의무가 있다는 것만으로는 채무자를 타인의 사무를 처리하는 자라고 할 수 없고(대법원 2015.3.26, 2015도1301 등), 위임 등과 같이 계약의 전형적·본질적인 급부의 내용이 상대방의 재산상 사무를 일정한 권한을 가지고 맡아 처리하는 경우에 해당하여야 한다(대법원 2020.2.20, 2019도9756 전원합의체 참조). 채무자가 금전채무를 담보하기 위한 저당권설정계약에 따라 채권자에게 그 소유의 부동산에 관하여 저당권을 설정할 의무를 부담하게 되었다고 하더라도, 이를 들어 채무자가 통상의 계약에서 이루어지는 이익대립관계를 넘어서 채권자와의 신임관계에 기초하여 채권자의 사무를 맡아 처리하는 것으로 볼 수 없다. 채무자가 저당권설정계약에 따라 채권자에 대하여 부담하는 저당권을 설정할 의무는 계약에 따라 부담하게 된 채무자 자신의 의무이다. 채무자가 위와 같은 의무를 이행하는 것은 채무자 자신의 사무에 해당할 뿐이므로, 채무자를 채권자에 대한 관계에서 '타인의 사무를 처리하는 자'라고 할 수 없다. 따라서 채무자가 제3자에게 먼저 담보물에 관한 저당권을 설정하거나 담보물을 양도하는 등으로 담보가치를 감소 또는 상실시켜 채권자의 채권실현에 위험을 초래하더라도 배임죄가 성립한다고 할 수 없다. 위와 같은 법리는, 채무자가 금전채무에 대한 담보로 부동산에 관하여 양도담보 설정계약을 체결하고 이에 따라 채권자에게 소유권이전등기를 해 줄 의무가 있음에도 제3자에게 그 부동산을 처분한 경우에도 적용된다. 이와 달리 채무 담보를 위하여 채권자에게 부동산에 관하여 근저당권을 설정해주기로 약정한 채무자가 채권자의 사무를 처리하는 자에 해당함을 전제로 채무자가 담보목적물을 처분한 경우 배임죄가 성립한다고 한 대법원 2008.3.27, 2007도9328; 대법원 2011.11.10, 2011도11224 판결을 비롯한 같은 취지의 대법원 판결들은 이 판결의 견해에 배치되는 범위 내에서 모두 변경하기로 한다(대법원 2020.6.18, 2019도14340 전원합의체).
[보충] 한편 대법원 2018.5.17, 2017도4027 전원합의체 판결은 부동산 이중매매의 경우 배임죄의 성립을 인정하였다. 위 판결은 부동산이 국민의 경제생활에서 차지하는 비중이 크고, 부동산 매매대금은 통상 계약금, 중도금, 잔금으로 나뉘어 지급되는데, 매수인이 매도인에게 매매대금 중 상당한 부분을 차지하는

계약금과 중도금까지 지급하고도 매도인의 이중매매를 방지할 충분한 수단이 마련되어 있지 않은 거래 현실의 특수성을 고려하여 부동산 이중매매의 경우 배임죄가 성립한다는 종래의 견해를 유지한 것이다. 이러한 점에 비추어 보면, 위 전원합의체 판결의 취지는 이 판결의 다수의견에 반하지 아니함을 밝혀둔다.

① (○) 주권발행 전 주식의 양도는 양도인과 양수인의 의사표시만으로 그 효력이 발생한다. 그 주식양수인은 특별한 사정이 없는 한 양도인의 협력을 받을 필요 없이 단독으로 자신이 주식을 양수한 사실을 증명함으로써 회사에 대하여 그 명의개서를 청구할 수 있다(대법원 2019.4.25, 2017다21176 등). 따라서 양도인이 양수인으로 하여금 회사 이외의 제3자에게 대항할 수 있도록 확정일자 있는 증서에 의한 양도통지 또는 승낙을 갖추어 주어야 할 채무를 부담한다 하더라도 이는 자기의 사무라고 보아야 하고, 이를 양수인과의 신임관계에 기초하여 양수인의 사무를 맡아 처리하는 것으로 볼 수 없다. 그러므로 주권발행 전 주식에 대한 양도계약에서의 양도인은 양수인에 대하여 그의 사무를 처리하는 지위에 있지 아니하여, 양도인이 위와 같은 제3자에 대한 대항요건을 갖추어 주지 아니하고 이를 타에 처분하였다 하더라도 형법상 배임죄가 성립하는 것은 아니다(대법원 2020.6.4, 2015도6057).

③ (○) ㉠ 일반적으로 임차인이 전입신고를 하고 확정일자를 받는 것은 임대인의 도움 없이 임차인이 일방적으로 할 수 있는 점, ㉡ 이 사건의 경우 임대인인 피고인 측의 필요에 의하여 '임차인의 전입신고는 피고인 측이 소유권을 취득하고 국민은행에 1순위 근저당권을 설정해 준 후에 하기로' 약정하였던 관계로 피고인이 소유권 취득 사실을 고지하지 않은 상태에서 피해자가 전입신고를 하기는 어려웠던 사정은 있으나, 그렇다고 하여 피고인과 피해자 관계의 본질적 내용이 단순한 채권관계상의 의무를 넘어서 피고인과 피해자 간의 신임관계에 기초하여 피해자의 재산을 보호 내지 관리하는 데 있다고까지 보기는 어려운 점 등을 고려할 때, 피고인은 타인의 사무를 처리하는 자의 지위에 있다고 보기 어렵다(대법원 2015.11.26, 2015도4976).

④ (○) 전환사채의 발행이 주식 발행의 목적을 달성하기 위한 수단으로 이루어졌고 실제로 목적대로 곧 전환권이 행사되어 주식이 발행됨에 따라 실질적으로 신주인수대금의 납입을 가장하는 편법에 불과하다고 평가될 수 있는 등의 특별한 사정이 없는 한, 전환사채의 발행업무를 담당하는 사람은 회사에 대하여 전환사채 인수대금이 모두 납입되어 실질적으로 회사에 귀속되도록 조치할 업무상의 임무를 위반하여, 전환사채 인수인이 인수대금을 납입하지 않고서도 전환사채를 취득하게 하여 인수대금 상당의 이득을 얻게 하고, 회사가 사채상환의무를 부담하면서도 그에 상응하여 취득하여야 할 인수대금 상당의 금전을 취득하지 못하게 하여 같은 금액 상당의 손해를 입게 하였으므로, 업무상배임죄의 죄책을 진다.

20 정답 ①

① (×) 대법원 2017.7.20, 2014도1104 전원합의체 판결에 의하여 종래의 판례는 변경되었다. 즉, 대표이사의 회사 명의 약속어음 발행행위가 무효인 경우에도 그 약속어음이 제3자에게 유통되지 아니한다는 특별한 사정이 없는 한 재산상 실해 발생의 위험이 초래된 것으로 보아야 한다는 취지의 대법원 2012.12. 27,

2012도10822; 대법원 2013.2.14, 2011도10302 판결 등은 배임죄의 기수 시점에 관하여 이 판결과 배치되는 부분이 있으므로 그 범위에서 이를 변경하기로 한다(대법원 2017.7.20, 2014도1104 전원합의체).

② (○) 형법 제355조 제2항은 타인의 사무를 처리하는 자가 그 임무에 위배하는 행위로써 재산상 이익을 취득하거나 제3자로 하여금 이를 취득하게 하여 본인에게 손해를 가한 때에 배임죄가 성립한다고 규정하고 있고, 형법 제359조는 그 미수범은 처벌한다고 규정하고 있다. 이와 같이 형법은 타인의 사무를 처리하는 자가 그 임무에 위배하는 행위를 할 것과 그러한 행위로 인해 행위자나 제3자가 재산상 이익을 취득하여 본인에게 손해를 가할 것을 배임죄의 객관적 구성요건으로 정하고 있으므로, 타인의 사무를 처리하는 자가 배임의 범의로, 즉 임무에 위배하는 행위를 한다는 점과 이로 인하여 자기 또는 제3자가 이익을 취득하여 본인에게 손해를 가한다는 점에 대한 인식이나 의사를 가지고 임무에 위배한 행위를 개시한 때 배임죄의 실행에 착수한 것이고, 이러한 행위로 인하여 자기 또는 제3자가 이익을 취득하여 본인에게 손해를 가한 때 기수에 이른다. … 주식회사의 대표이사가 대표권을 남용하는 등 그 임무에 위배하여 회사 명의로 의무를 부담하는 행위를 하더라도 일단 회사의 행위로서 유효하고, 다만 상대방이 대표이사의 진의를 알았거나 알 수 있었을 때에는 회사에 대하여 무효가 된다. 따라서 상대방이 대표권남용 사실을 알았거나 알 수 있었던 경우 그 의무부담행위는 원칙적으로 회사에 대하여 효력이 없고, 경제적 관점에서 보아도 이러한 사실만으로는 회사에 현실적인 손해가 발생하였다거나 실해 발생의 위험이 초래되었다고 평가하기 어려우므로, 달리 그 의무부담행위로 인하여 실제로 채무의 이행이 이루어졌다거나 회사가 민법상 불법행위책임을 부담하게 되었다는 등의 사정이 없는 이상 배임죄의 기수에 이른 것은 아니다. 그러나 이 경우에도 대표이사로서는 배임의 범의로 임무위배행위를 함으로써 실행에 착수한 것이므로 배임죄의 미수범이 된다. 그리고 상대방이 대표권남용 사실을 알지 못하였다는 등의 사정이 있어 그 의무부담행위가 회사에 대하여 유효한 경우에는 회사의 채무가 발생하고 회사는 그 채무를 이행할 의무를 부담하므로, 이러한 채무의 발생은 그 자체로 현실적인 손해 또는 재산상 실해 발생의 위험이라고 할 것이어서 그 채무가 현실적으로 이행되기 전이라도 배임죄의 기수에 이르렀다고 보아야 한다(대법원 2017.7.20, 2014도1104 전원합의체).

③ (○), ④ (○) 주식회사의 대표이사가 대표권을 남용하는 등 그 임무에 위배하여 약속어음 발행을 한 행위가 배임죄에 해당하는지도 원칙적으로 위에서 살펴본 의무부담행위와 마찬가지로 보아야 한다. 다만 약속어음 발행의 경우 어음법상 발행인은 종전의 소지인에 대한 인적 관계로 인한 항변으로써 소지인에게 대항하지 못하므로(어음법 제17조, 제77조), ㉠ 어음발행이 무효라 하더라도 그 어음이 '실제로 제3자에게 유통되었다면' 회사로서는 어음채무를 부담할 위험이 구체적·현실적으로 발생하였다고 보아야 하고, 따라서 그 어음채무가 실제로 이행되기 전이라도 배임죄의 기수범이 된다. 그러나 ㉡ 약속어음 발행이 무효일 뿐만 아니라 그 어음이 '유통되지도 않았다면' 회사는 어음발행의 상대방에게 어음채무를 부담하지 않기 때문에 특별한 사정이 없는 한 회사에 현실적으로 손해가 발생하였다거나 실해 발생의 위험이 발생하였다고도 볼 수 없으므로, 이때에는

배임죄의 기수범이 아니라 배임미수죄로 처벌하여야 한다(대법원 2017.7.20, 2014도1104 전원합의체).

[보충] 甲 주식회사 대표이사인 피고인 A는, 자신이 별도로 대표이사를 맡고 있던 乙 주식회사의 丙 은행에 대한 대출금채무를 담보하기 위해 丙 은행에 甲 회사 명의로 약속어음을 발행하여 주었다. 그런데 이는 피고인 A가 대표권을 남용하여 약속어음을 발행하였고 당시 상대방인 丙 은행이 그러한 사실을 알았거나 알 수 있었던 때에 해당하여 그 발행행위가 甲 회사에 대하여 효력이 없고, 그로 인해 甲 회사가 실제로 약속어음금을 지급하였거나 민사상 손해배상책임 등을 부담하거나 약속어음이 실제로 제3자에게 유통되었다는 등의 특별한 사정이 없는 경우이었다. 이 경우 A의 행위는 배임죄의 기수에 해당하지 않는다. 피고인의 약속어음 발행행위로 인해 甲 회사에 현실적인 손해나 재산상 실해 발생의 위험이 초래되었다고 볼 수 없는데도, 이에 대한 심리 없이 약속어음 발행행위가 배임죄의 기수에 이르렀음을 전제로 공소사실을 유죄로 판단한 원심판결에는 배임죄의 재산상 손해 요건 및 기수시기 등에 관한 법리오해의 잘못이 있다(대법원 2017.7.20, 2014도1104 전원합의체).

▶ **제1편 개인적 법익에 대한 죄: 제5장 재산에 대한 죄** [배임의 죄 2] ─ [손괴의 죄]

01	③	02	②	03	②	04	③	05	①
06	②	07	①	08	③	09	②	10	④
11	③	12	③	13	①	14	②	15	④
16	④	17	②	18	④	19	③	20	②

01
정답 ③

③ ㉠㉡㉢

㉠ (×) 배임죄에서 '재산상 손해를 가한 때'에는 현실적인 손해를 가한 경우뿐만 아니라 재산상 실해발생의 위험을 초래한 경우도 포함되나, 그러한 손해발생의 위험조차 초래되지 아니한 경우에는 배임죄가 성립하지 아니한다. 이에 따라 법인의 대표자가 법인 명의로 한 채무부담행위가 법률상 효력이 없는 경우에는 특별한 사정이 없는 한 그로 인하여 법인에 어떠한 손해가 발생하거나 발생할 위험이 있다고 할 수 없으므로 그 대표자의 행위는 배임죄를 구성하지 아니하며, 주식회사의 대표이사 등이 회사의 이익을 위해서가 아니라 자기 또는 제3자의 이익을 도모할 목적으로 대표권을 행사한 경우에 상대방이 대표이사 등의 진의를 알았거나 알 수 있었을 때에는 그 행위는 회사에 대하여 무효가 되므로 위와 같이 보아야 한다(대법원 2012.5. 24, 2012도2142).

㉡ (○) 부동산매매에서 미리 소유권을 이전받은 매수인이 목적물을 담보로 제공하는 방법으로 매매대금을 마련하여 매도인에게 제공하기로 약정한 경우, 위 매수인에게 있어서 그 대금의 지급은 당사자 사이의 신임관계에 기하여 매수인에게 위탁된 매도인의 사무가 아니라 애초부터 매수인 자신의 사무라고 할 것이어서(대법원 2011.4.28, 2011도3247) (업무상)배임죄의 주체인 '타인의 사무를 처리하는 자'에 해당하지 않는다.

㉢ (×) 형법상 장물죄의 객체인 장물이라 함은 재산권의 침해를 가져 올 위법행위로 인하여 영득한 물건으로, 이중매매된 부동산의 경우에는 위 부동산소유자가 배임행위로 인하여 영득한 것은 재산상의 이익이고 위 배임범죄에 제공된 대지는 범죄로 인하여 영득한 것 자체는 아니므로 그 취득자 또는 전득자에게 대하여 배임죄의 가공여부를 논함은 별문제로 하고 장물취득죄로 처단할 수 없다(대법원 1975.12.9, 74도2804). 배임행위에 제공된 물건은 재산범죄로 인하여 '영득'한 재물이 아니라 제공된 재물에 불과하다.

㉣ (×) 입주자대표회의 회장이 지출결의서에 날인을 거부함으로써 아파트 입주자들에게 그 연체료를 부담시킨 사안에서, 열 사용요금 납부 연체로 인하여 발생한 연체료는 금전채무 불이행으로 인한 손해배상에 해당하므로, 공급업체가 연체료를 지급받았다는 사실만으로 공급업체가 그에 해당하는 재산상의 이익을 취득하게 된 것으로 단정하기 어렵고, 나아가 공급업체가 열 사용요금 연체로 인하여 실제로는 아무런 손해를 입지 않았거나 연체료 액수보다 적은 손해를 입었다는 등의 특별한 사정이

인정되는 경우에 한하여 비로소 연체료 내지 연체료 금액에서 실제 손해액을 공제한 차액에 해당하는 재산상의 이익을 취득한 것으로 볼 수 있을 뿐이라는 이유로, 공급업체가 연체료 상당의 재산상 이익을 취득한 것으로 보아 업무상 배임죄의 성립을 인정한 원심판결을 파기하였다(대법원 2009.6.25, 2008도3792).

02
정답 ②

② ㉠㉢㉣

㉠ (×) 상대방이 대표이사의 진의를 알았거나 알 수 있었을 때에는 회사에 대하여 무효가 된다. 따라서 상대방이 대표권남용 사실을 알았거나 알 수 있었던 경우 그 의무부담행위는 원칙적으로 회사에 대하여 효력이 없고, 경제적 관점에서 보아도 이러한 사실만으로는 회사에 현실적인 손해가 발생하였다거나 실해 발생의 위험이 초래되었다고 평가하기 어려우므로, 배임죄의 기수에 이른 것은 아니다. 그러나 이 경우에도 대표이사로서는 배임의 범의로 임무위배행위를 함으로써 실행에 착수한 것이므로 배임죄의 미수범이 된다(대법원 2017.7. 20, 2014도1104 전원합의체).

㉡ (○) 업무상배임죄에 있어서 본인에게 손해를 가하다 함은 총체적으로 보아 본인의 재산상태에 손해를 가하는 경우를 말하고, 위와 같은 손해에는 장차 취득할 것이 기대되는 이익을 얻지 못하는 경우도 포함된다 할 것인바, 금융기관이 금원을 대출함에 있어 대출금 중 선이자를 공제한 나머지만 교부하거나 약속어음을 할인함에 있어 만기까지의 선이자를 공제한 경우 배임행위로 인하여 금융기관이 입는 손해는 선이자를 공제한 금액이 아니라 선이자로 공제한 금원을 포함한 대출금 전액이나 약속어음 액면금 상당액으로 보아야 한다(대법원 2003.10.10, 2003도3516).

㉢ (×) 재산상 손해의 유무에 대한 판단은 본인의 전 재산 상태와의 관계에서 법률적 판단에 의하지 아니하고 경제적 관점에서 파악하여야 하며, 따라서 법률적 판단에 의하여 당해 배임행위가 무효라 하더라도 경제적 관점에서 파악하여 배임행위로 인하여 본인에게 현실적인 손해를 가하였거나 재산상 실해발생의 위험을 초래한 경우에는 재산상의 손해를 가한 때에 해당되어 배임죄를 구성한다(대법원 1995.12.22, 94도3013).

㉣ (×) 업무상배임죄의 실행으로 인하여 이익을 얻게 되는 수익자 또는 그와 밀접한 관련이 있는 제3자를 배임의 실행행위자와 공동정범으로 인정하기 위해서는 실행행위자의 행위가 피해

자인 본인에 대한 배임행위에 해당한다는 것을 알면서도 소극적으로 그 배임행위에 편승하여 이익을 취득한 것만으로는 부족하고, 실행행위자의 배임행위를 교사하거나 또는 배임행위의 전 과정에 관여하는 등으로 배임행위에 적극 가담할 것을 필요로 한다(대법원 1999.7.23, 99도1911).

03
정답 ②

② ㉠㉢㉣

㉠ (○) ⓐ 금전채권채무 관계에서 채권자가 채무자의 급부이행에 대한 신뢰를 바탕으로 금전을 대여하고 채무자의 성실한 급부이행에 의해 채권의 만족이라는 이익을 얻게 된다 하더라도, 채권자가 채무자에 대한 신임을 기초로 그의 재산을 보호 또는 관리하는 임무를 부여하였다고 할 수 없고, 금전채무의 이행은 어디까지나 채무자가 자신의 급부의무의 이행으로서 행하는 것이므로 이를 두고 채권자의 사무를 맡아 처리하는 것으로 볼 수 없다. 따라서 채무자를 채권자에 대한 관계에서 '타인의 사무를 처리하는 자'에 해당한다고 할 수 없다. 채무자가 금전채무를 담보하기 위하여 「자동차 등 특정동산 저당법」 등에 따라 그 소유의 동산에 관하여 채권자에게 저당권을 설정해 주기로 약정하거나 저당권을 설정한 경우에도 마찬가지이다. 채무자가 저당권설정계약에 따라 부담하는 의무, 즉 동산을 담보로 제공할 의무, 담보물의 담보가치를 유지·보전하거나 담보물을 손상, 감소 또는 멸실시키지 않을 소극적 의무, 담보권 실행 시 채권자나 그가 지정하는 자에게 담보물을 현실로 인도할 의무와 같이 채권자의 담보권 실행에 협조할 의무 등은 모두 저당권설정계약에 따라 부담하게 된 채무자 자신의 급부의무이다. 또한 저당권설정계약은 피담보채권의 발생을 위한 계약에 종(從)된 계약으로, 피담보채무가 소멸하면 저당권설정계약상의 권리의무도 소멸하게 된다. 저당권설정계약에 따라 채무자가 부담하는 의무는 담보목적의 달성, 즉 채무불이행 시 담보권 실행을 통한 채권의 실현을 위한 것이므로 저당권설정계약의 체결이나 저당권 설정 전후를 불문하고 당사자 관계의 전형적·본질적 내용은 여전히 금전채권의 실현 내지 피담보채무의 변제에 있다(대법원 2020.8.27, 2019도14770 전원합의체 등). 따라서 채무자가 위와 같은 급부의무를 이행하는 것은 채무자 자신의 사무에 해당할 뿐이고, 채무자가 통상의 계약에서의 이익대립관계를 넘어서 채권자와의 신임관계에 기초하여 채권자의 사무를 맡아 처리한다고 볼 수 없으므로 채무자를 채권자에 대한 관계에서 배임죄의 주체인 '타인의 사무를 처리하는 자'에 해당한다고 할 수 없다. 그러므로 채무자가 담보물을 제3자에게 처분하는 등으로 담보가치를 감소 또는 상실시켜 채권자의 담보권 실행이나 이를 통한 채권실현에 위험을 초래하더라도 배임죄가 성립하지 아니한다. 위와 같은 법리는, 금전채무를 담보하기 위하여 「공장 및 광업재단 저당법」에 따라 저당권이 설정된 동산을 채무자가 제3자에게 임의로 처분한 사안에도 마찬가지로 적용된다. ⓑ 매매와 같이 당사자 일방이 재산권을 상대방에게 이전할 것을 약정하고 상대방이 그 대금을 지급할 것을 약정함으로써 그 효력이 생기는 계약의 경우(민법 제563조), 쌍방이 그 계약의 내용에 좇은 이행을 하여야 할 채무는 특별한 사정이 없는 한 '자기의 사무'에 해당하는 것이 원칙이다. 동산 매매계약에서의 매도인은 매수인에 대하여 그의 사무를 처리하는 지위에 있지 아니하므로, 매도인이 목적물을 타에 처분하였다 하더라도 형법상 배임죄가 성립하지 아니한다(대법원 2011.1.20, 2008도10479 전원합의체 등). 위와 같은 법리는 권리이전에 등기·등록을 요하는 동산에 대한 매매계약에서도 동일하게 적용되므로, 자동차 등의 매도인은 매수인에 대하여 그의 사무를 처리하는 지위에 있지 아니하여, 매도인이 매수인에게 소유권이전등록을 하지 아니하고 타에 처분하였다고 하더라도 마찬가지로 배임죄가 성립하지 아니한다(대법원 2020.10. 22, 2020도6258 전원합의체).

㉡ (×) 타인의 불법행위로 인하여 근저당권이 소멸된 경우 근저당권자로서는 근저당권이 소멸하지 아니하였더라면 그 실행으로 피담보채무의 변제를 받았을 것임에도 불구하고 근저당권의 소멸로 말미암아 이러한 변제를 받게 되는 권능을 상실하게 되는 것이므로, 그 근저당권의 소멸로 인하여 근저당권자가 입게 되는 손해는 근저당 목적물인 부동산의 가액 범위 내에서 채권최고액을 한도로 하는 피담보채권액이라고 할 것이며, 이와 같은 법리는 근저당권 외에 다른 담보권의 경우에도 마찬가지로 적용된다. … 상호저축은행 임직원인 피고인들이 대체담보를 취득하지 아니한 채 대출채권에 대한 기존 담보를 해지함으로써 업무상배임죄가 성립하는 경우 그 손해액은 담보물 가액을 한도로 한 대출잔액으로 보아야 할 것임에도, 담보물의 가액을 초과하는 대출잔액을 재산상 손해액으로 인정한 원심은 파기되어야 한다(대법원 2013.1.24, 2012도10629).

㉢ (○) 재산상의 손실을 야기한 임무위배행위가 동시에 그 손실을 보상할 만한 재산상의 이익을 준 경우, 예컨대 그 배임행위로 인한 급부와 반대급부가 상응하고 다른 재산상 손해(현실적인 손해 또는 재산상 실해 발생의 위험)도 없는 때에는 전체적 재산가치의 감소, 즉 재산상 손해가 있다고 할 수 없으나, 다만 그와 같은 급부간 대가관계가 존재한다고 하더라도 그 거래의 주된 목적이나 내용, 거래의 규모와 본인인 회사의 재무상태 등 여러 사정에 비추어 회사를 실질적으로 지배하는 자에 대한 자금조달 등의 목적에 이용된 것에 불과하다고 인정되거나 기업의 경영과 자금운영에 구체적 위험을 초래하는 등의 특별한 사정이 있다면 그 거래로 인하여 상대방에게 유동성을 증가시키는 재산상의 이익을 취득하게 하고 반대로 회사에 그에 상응하는 재산상의 손해로서 그 가액을 산정할 수 없는 손해를 가한 것으로 볼 수 있다(대법원 2013.1.24, 2012도10629).

㉣ (○) ⓐ 주식회사의 대표이사가 대표권을 남용하는 등 그 임무에 위배하여 회사 명의로 의무를 부담하는 행위를 하더라도 일단 회사의 행위로서 유효하고, 다만 상대방이 대표이사의 진의를 알았거나 알 수 있었을 때에는 회사에 대하여 무효가 된다. 따라서 상대방이 대표권남용 사실을 알았거나 알 수 있었던 경우 그 의무부담행위는 원칙적으로 회사에 대하여 효력이 없고, 경제적 관점에서 보아도 이러한 사실만으로는 회사에 현실적인 손해가 발생하였다거나 실해 발생의 위험이 초래되었다고 평가하기 어려우므로, 달리 그 의무부담행위로 인하여 실제로 채무의 이행이 이루어졌다거나 회사가 민법상 불법행위책임을 부담하게 되었다는 등의 사정이 없는 이상 배임죄의 기수에 이른 것은 아니다. 그러나 이 경우에도 대표이사로서는 배임의 범의로 임무위배행위를 함으로써 실행에 착수한 것이므로 배임죄의 미수범이 된다. ⓑ 그리고 상대방이 대표권남용 사실을 알지 못하였다는 등의 사정이 있어 그 의무부담행위가 회사에 대하여 유효한 경우에는 회사의 채무가 발생하고 회사는 그 채무를 이행할 의무를 부담하므로, 이러한 채무의 발생은 그 자체로 현실

적인 손해 또는 재산상 실해 발생의 위험이라고 할 것이어서 그 채무가 현실적으로 이행되기 전이라도 배임죄의 기수에 이르렀다고 보아야 한다(대법원 2017.7.20, 2014도1104 전원합의체).

04 정답 ③

③ ㄴㄷㄹ

㉠ (×) 배임죄의 '타인의 사무를 처리하는 자'라고 하려면, 타인의 재산관리에 관한 사무의 전부 또는 일부를 타인을 위하여 대행하는 경우와 같이 당사자 관계의 전형적·본질적 내용이 통상의 계약에서의 이익대립관계를 넘어서 그들 사이의 신임관계에 기초하여 타인의 재산을 보호 또는 관리하는 데에 있어야 한다(대법원 1987.4.28, 86도2490; 2009.2.26, 2008도11722; 2011.1.20, 2008도10479 전원합의체; 2014.8.21, 2014도3363 전원합의체 등). 이익대립관계에 있는 통상의 계약관계에서 채무자의 성실한 급부이행에 의해 상대방이 계약상 권리의 만족 내지 채권의 실현이라는 이익을 얻게 되는 관계에 있다거나, 계약을 이행함에 있어 상대방을 보호하거나 배려할 부수적인 의무가 있다는 것만으로는 채무자를 타인의 사무를 처리하는 자라고 할 수 없고(대법원 2015.3.26, 2015도1301 등), 위임 등과 같이 계약의 전형적·본질적인 급부의 내용이 상대방의 재산상 사무를 일정한 권한을 가지고 맡아 처리하는 경우에 해당하여야 한다. 채무자가 금전채무를 담보하기 위하여 그 소유의 동산을 채권자에게 양도담보로 제공함으로써 채권자인 양도담보권자에 대하여 담보물의 담보가치를 유지·보전할 의무 내지 담보물을 타에 처분하거나 멸실, 훼손하는 등으로 담보권 실행에 지장을 초래하는 행위를 하지 않을 의무를 부담하게 되었더라도, 이를 들어 채무자가 통상의 계약에서의 이익대립관계를 넘어서 채권자와의 신임관계에 기초하여 채권자의 사무를 맡아 처리하는 것으로 볼 수 없다. 따라서 채무자를 배임죄의 주체인 '타인의 사무를 처리하는 자'에 해당한다고 할 수 없고, 그가 담보물을 제3자에게 처분하는 등으로 담보가치를 감소 또는 상실시켜 채권자의 담보권 실행이나 이를 통한 채권실현에 위험을 초래하더라도 배임죄가 성립한다고 할 수 없다. 위와 같은 법리는, 채무자가 동산에 관하여 양도담보설정계약을 체결하여 이를 채권자에게 양도할 의무가 있음에도 제3자에게 처분한 경우에도 적용되고, 주식에 관하여 양도담보설정계약을 체결한 채무자가 제3자에게 해당 주식을 처분한 사안에도 마찬가지로 적용된다(대법원 2020.2.20, 2019도9756 전원합의체).

㉡ (○) 재산상의 손해에는 현실적인 손해가 발생한 경우뿐만 아니라 재산상 실해 발생의 위험을 초래한 경우도 포함되고, 재산상 손해의 유무에 대한 판단은 법률적 판단에 의하지 않고 '경제적 관점'에서 파악하여야 한다. 그런데 재산상 손해가 발생하였다고 평가될 수 있는 재산상 실해 발생의 위험이란 본인에게 손해가 발생할 막연한 위험이 있는 것만으로는 부족하고 경제적인 관점에서 보아 본인에게 손해가 발생한 것과 같은 정도로 구체적인 위험이 있는 경우를 의미한다. 따라서 재산상 실해 발생의 위험은 '구체적·현실적인 위험이 야기된 정도'에 이르러야 하고 단지 막연한 가능성이 있다는 정도로는 부족하다(대법원 2017.10.12, 2017도6151).

㉢ (○) 업무상배임죄에서 타인의 사무를 처리하는 자의 임무위배행위는 민사재판에서 법질서에 위배되는 법률행위로서 무효로 판단될 가능성이 적지 않고, 그 결과 본인(타인)에게도 아무런

손해가 발생하지 않는 경우가 많다. 이러한 경우에는 그 의무부담행위로 인하여 실제로 채무의 이행이 이루어졌는지 또는 본인이 민법상 사용자책임 등을 부담하게 되었는지 등과 같이 현실적인 손해가 발생하거나 실해 발생의 위험이 생겼다고 볼 수 있는 사정이 있는지를 면밀히 심리·판단하여야 한다. 甲 회사의 乙 측을 상대로 한 물품대금 소송의 제1심에서 甲 회사가 승소하였지만 상대방의 항소로 항소심에 계속 중인 이상 사용자책임 등을 부담할 가능성을 완전히 배제하기 어렵다는 등의 원심이 설시한 사정만으로는 甲 회사에 재산상 실해가 발생할 가능성이 생겼다고 말할 수는 있어도 나아가 그 실해 발생의 위험이 구체적·현실적인 정도에 이르렀다고 보기 어렵다(대법원 2017.10.12, 2017도6151).

㉣ (○) 타인의 사무를 처리하는 자의 임무위배행위는 민사재판에서 법질서에 위배되는 법률행위로서 무효로 판단될 가능성이 적지 않고, 그 결과 본인에게도 아무런 손해가 발생하지 않는 경우가 많다. 이러한 때에는 배임죄의 기수를 인정할 수 없다. 그러나 의무부담행위로 인하여 실제로 채무의 이행이 이루어지거나 본인이 민법상 불법행위책임을 부담하게 되는 등 본인에게 현실적인 손해가 발생하거나 실해 발생의 위험이 생겼다고 볼 수 있는 사정이 있는 때에는 배임죄의 기수를 인정하여야 한다. 다시 말하면, 형사재판에서 배임죄의 객관적 구성요건요소인 손해 발생 또는 배임죄의 보호법익인 피해자의 재산상 이익의 침해 여부는 구체적 사안별로 타인의 사무의 내용과 성질, 임무위배의 중대성 및 본인의 재산 상태에 미치는 영향 등을 종합하여 신중하게 판단하여야 한다. … 甲 주식회사 대표이사인 A는 甲 회사 설립의 동기가 된 동업약정의 투자금 용도로 부친 乙로부터 2억 원을 차용한 후 乙에게 甲 회사 명의의 차용증을 작성·교부하는 한편 甲 회사 명의로 액면금 2억 원의 약속어음을 발행하여 공증해 주었다. 이러한 A의 행위는 대표이사의 대표권 남용에 해당하고 그 행위의 상대방인 乙은 이러한 사실을 알았거나 알 수 있었던 상황이었다. 이후 乙은 A가 작성하여 준 약속어음공정증서에 기하여 甲 회사의 丙 재단법인에 대한 임대차보증금반환채권 중 2억 원에 이르기까지의 금액에 대하여 압류 및 전부명령을 받은 다음 확정된 압류 및 전부명령에 기하여 丙 재단법인으로부터 甲 회사의 임대차보증금 중 1억 2,300만 원을 지급받았다. 그렇다면, 피고인의 임무위배행위로 인하여 갑 회사에 현실적인 손해가 발생하였거나 실해 발생의 위험이 생겼으므로 배임죄의 기수가 성립하고, 전부명령이 확정된 후 집행권원인 집행증서의 기초가 된 법률행위 중 전부 또는 일부에 무효사유가 있는 것으로 판명되어 집행채권자인 을이 집행채무자인 갑 회사에 부당이득 상당액을 반환할 의무를 부담하더라도 배임죄의 성립을 부정할 수 없는데도, 이와 달리 보아 공소사실을 무죄로 판단한 원심판결에는 배임죄의 실행의 착수 및 기수 시기에 관한 법리오해의 잘못이 있다(대법원 2017.9.21, 2014도9960).

05 정답 ①

① ㉠ㄴㄷ

㉠ (○) 법률적 판단에 의하여 당해 배임행위가 무효라 하더라도 경제적 관점에서 파악하여 배임행위로 인하여 본인에게 현실적인 손해를 가하였거나 재산상 실해 발생의 위험을 초래한 경우에는 재산상의 손해를 가한 때에 해당되어 배임죄를 구성한다

(대법원 2012.12.27, 2012도10822 등 참조). 이러한 법리는 최초 배임행위가 법률적 관점에서 무효라고 하더라도 그 후 타인의 사무를 처리하는 자가 계속적으로 배임행위에 관여하여 본인에게 현실적인 손해를 가한 경우에도 마찬가지라고 할 것이다(대법원 2013.4.11, 2012도15890).

ⓛ (○) 주식회사의 대표이사가 대표권을 남용하는 등 그 임무에 위배하여 회사 명의로 의무를 부담하는 행위를 하더라도 일단 회사의 행위로서 유효하고, 다만 상대방이 대표이사의 진의를 알았거나 알 수 있었을 때에는 회사에 대하여 무효가 된다. 따라서 상대방이 대표권남용 사실을 알았거나 알 수 있었던 경우 그 의무부담행위는 원칙적으로 회사에 대하여 효력이 없고, 경제적 관점에서 보아도 이러한 사실만으로는 회사에 현실적인 손해가 발생하였다거나 실해 발생의 위험이 초래되었다고 평가하기 어려우므로, 달리 그 의무부담행위로 인하여 실제로 채무의 이행이 이루어졌다거나 회사가 민법상 불법행위책임을 부담하게 되었다는 등의 사정이 없는 이상 배임죄의 기수에 이른 것은 아니다. 그러나 이 경우에도 대표이사로서는 배임의 범의로 임무위배행위를 함으로써 실행에 착수한 것이므로 배임죄의 미수범이 된다. 그리고 상대방이 대표권남용 사실을 알지 못하였다는 등의 사정이 있어 그 의무부담행위가 회사에 대하여 유효한 경우에는 회사의 채무가 발생하고 회사는 그 채무를 이행할 의무를 부담하므로, 이러한 채무의 발생은 그 자체로 현실적인 손해 또는 재산상 실해 발생의 위험이라고 할 것이어서 그 채무가 현실적으로 이행되기 전이라도 배임죄의 기수에 이르렀다고 보아야 한다(대법원 2017.7.20, 2014도1104 전원합의체).

ⓒ (○) 배임죄의 손해발생의 위험조차 초래되지 아니하였으므로 배임죄가 성립하지 아니한다(대법원 2012.5.24, 2012도2142).

ⓔ (×) 가상자산 권리자의 착오나 가상자산 운영 시스템의 오류 등으로 법률상 원인관계 없이 다른 사람의 가상자산 전자지갑에 가상자산이 이체된 경우, 가상자산을 이체 받은 자는 가상자산의 권리자 등에 대한 부당이득반환의무를 부담하게 될 수 있다. 그러나 이는 당사자 사이의 민사상 채무에 지나지 않고 이러한 사정만으로 가상자산을 이체 받은 사람이 신임관계에 기초하여 가상자산을 보존하거나 관리하는 지위에 있다고 볼 수 없다. … 가상자산은 국가에 의해 통제받지 않고 블록체인 등 암호화된 분산원장에 의하여 부여된 경제적인 가치가 디지털로 표상된 정보로서 재산상 이익에 해당한다(대법원 2021.11.11, 2021도9855). 가상자산은 보관되었던 전자지갑의 주소만을 확인할 수 있을 뿐 그 주소를 사용하는 사람의 인적사항을 알 수 없고, 거래 내역이 분산 기록되어 있어 다른 계좌로 보낼 때 당사자 이외의 다른 사람이 참여해야 하는 등 일반적인 자산과는 구별되는 특징이 있다. 이와 같은 가상자산에 대해서는 현재까지 관련 법률에 따라 법정화폐에 준하는 규제가 이루어지지 않는 등 법정화폐와 동일하게 취급되고 있지 않고 그 거래에 위험이 수반되므로, 형법을 적용하면서 법정화폐와 동일하게 보호해야 하는 것은 아니다. … 원인불명으로 재산상 이익인 가상자산을 이체 받은 자가 가상자산을 사용·처분한 경우 이를 형사처벌하는 명문의 규정이 없는 현재의 상황에서 착오송금 시 횡령죄 성립을 긍정한 판례(대법원 2010.12.9, 2010도891 등)를 유추하여 신의칙을 근거로 피고인을 배임죄로 처벌하는 것은 죄형법정주의에 반한다. 이 사건 비트코인이 법률상 원인관계 없이 피해자로부터 피고인 명의의 전자지갑으로 이체되었더라도 피고인이 신임관계에 기초하여 피해자의 사무를 맡아 처리하는 것으로 볼 수 없는 이상, 피고인을 피해자에 대한 관계에서 '타인의 사무를 처리하는 자'에 해당한다고 할 수 없다(대법원 2021.12.16, 2020도9789).

06 정답 ②

② ⓛⓒⓔ

ⓛ (○) 타인의 사무를 처리하는 자가 그 임무에 관하여 부정한 청탁을 받고 재물 또는 재산상의 이익을 취득하거나 제3자로 하여금 이를 취득하게 하면 배임수재죄가 성립한다(형법 제357조 제1항). 타인의 사무를 처리하는 자가 증재자로부터 돈이 입금된 계좌의 예금통장이나 이를 인출할 수 있는 현금카드나 신용카드를 교부받아 이를 소지하면서 언제든지 위 예금통장 등을 이용하여 예금된 돈을 인출할 수 있어 예금통장의 돈을 자신이 지배하고 입금된 돈에 대한 실질적인 사용권한과 처분권한을 가지고 있는 것으로 평가될 수 있다면, 예금된 돈을 취득한 것으로 보아야 한다(대법원 2017.12.5, 2017도11564).

ⓒ (×) 회사의 대표이사 등이 임무에 위배하여 회사로 하여금 다른 사업자와 용역계약을 체결하게 하면서 적정한 용역비의 수준을 벗어나 부당하게 과다한 용역비를 정하여 지급하게 하였다면 다른 특별한 사정이 없는 한 통상 그와 같이 지급한 용역비와 적정한 수준의 용역비 사이의 차액 상당의 손해를 회사에 가하였다고 볼 수 있다. 이 경우 배임죄가 성립하기 위해서는 해당 용역비가 적정한 수준에 비하여 과다하다고 볼 수 있는지가 객관적이고 합리적인 평가 방법이나 기준을 통하여 충분히 증명되어야 하고, 손해의 발생이 그와 같이 증명된 이상 손해액이 구체적으로 명백하게 산정되지 아니하였더라도 배임죄의 성립에는 영향이 없다. 그러나 적정한 수준에 비하여 과다한지 여부를 판단할 객관적이고 합리적인 평가 방법이나 기준 없이 단지 임무위배행위가 없었다면 더 낮은 수준의 용역비로 정할 수도 있었다는 가능성만을 가지고 재산상 손해 발생이 있었다고 쉽사리 단정하여서는 안 된다(대법원 2018.2.13, 2017도17627).

ⓒ (○) 부동산 이중매매에 관한 최근 대법원 전원합의체 판결의 입장으로서, 종래의 배임죄 긍정설의 입장을 유지하였다. [다수의견] 부동산 매매계약에서 계약금만 지급된 단계에서는 어느 당사자나 계약금을 포기하거나 그 배액을 상환함으로써 자유롭게 계약의 구속력에서 벗어날 수 있다. 그러나 중도금이 지급되는 등 계약이 본격적으로 이행되는 단계에 이른 때에는 계약이 취소되거나 해제되지 않는 한 매도인은 매수인에게 부동산의 소유권을 이전해 줄 의무에서 벗어날 수 없다. 따라서 이러한 단계에 이른 때에 매도인은 매수인에 대하여 매수인의 재산보전에 협력하여 재산적 이익을 보호·관리할 신임관계에 있게 된다. 그때부터 매도인은 배임죄에서 말하는 '타인의 사무를 처리하는 자'에 해당한다고 보아야 한다. 그러한 지위에 있는 매도인이 매수인에게 계약 내용에 따라 부동산의 소유권을 이전해 주기 전에 그 부동산을 제3자에게 처분하고 제3자 앞으로 그 처분에 따른 등기를 마쳐 준 행위는 매수인의 부동산 취득 또는 보전에 지장을 초래하는 행위이다. 이는 매수인과의 신임관계를 저버리는 행위로서 배임죄가 성립한다(대법원 2018.5.17, 2017도4027 전원합의체).

ⓔ (○) 위 ⓒ의 법리는 서면에 의한 부동산 증여계약에도 마찬가지로 적용된다. 서면으로 부동산 증여의 의사를 표시한 증여자는 계약이 취소되거나 해제되지 않는 한 수증자에게 목적부동

산의 소유권을 이전할 의무에서 벗어날 수 없다. 그러한 증여자는 '타인의 사무를 처리하는 자'에 해당하고, 그가 수증자에게 증여계약에 따라 부동산의 소유권을 이전하지 않고 부동산을 제3자에게 처분하여 등기를 하는 행위는 수증자와의 신임관계를 저버리는 행위로서 배임죄가 성립한다(대법원 2018.12.13, 2016도19308).

07
정답 ①

① (×) 피고인이 한 채권 파킹 거래는 임무위배행위에 해당하고 그 임무위배행위를 통해 투자자에게는 금액을 특정할 수 없는 재산상 손해가 발생하였으며 증권사는 금액을 특정할 수 없는 재산상 이익을 취득한 것이므로 배임죄가 성립한다(대법원 2021.11.25, 2017도11612).
[보충] '채권 파킹 거래'란 펀드매니저의 지시에 따라 증권사 브로커가 증권사의 계산으로 채권을 매수하여 증권사의 계정에 보관(parking)한 후, 손익 정산을 전제로 펀드매니저가 다시 그 채권을 매수하거나 이를 다른 곳에 매도하도록 증권사 브로커에게 지시함으로써 그 보관을 해소하는 일련의 거래를 포괄하는 채권 거래 방식이다.

② (○) 기업인수에 필요한 자금을 마련하기 위하여 인수자가 금융기관으로부터 대출을 받고 나중에 피인수회사의 자산을 담보로 제공하는 방식, 이른바 LBO(Leveraged BuyOut) 방식을 사용하는 경우, 피인수회사로서는 주채무가 변제되지 아니할 경우에는 담보로 제공되는 자산을 잃게 되는 위험을 부담하게 되는 것이므로, 인수자가 피인수회사의 위와 같은 담보제공으로 인한 위험부담에 상응하는 대가를 지급하는 등의 반대급부를 제공하는 경우에 한하여 허용될 수 있다 할 것이다. 만일 인수자가 피인수회사에 아무런 반대급부를 제공하지 않고 임의로 피인수회사의 재산을 담보로 제공하게 하였다면, 인수자 또는 제3자에게 담보가치에 상응한 재산상 이익을 취득하게 하고 피인수회사에게 그 재산상 손해를 가하였다고 봄이 상당하다. 이는 인수자가 자신이 인수한 주식, 채권 등이 임의로 처분되지 못하도록 피인수회사 또는 금융기관에 담보로 제공함으로써 피담보채무에 대한 별도의 담보를 제공한 경우라고 하더라도 마찬가지이다(대법원 2008.2.28, 2007도5987).

③ (○) 업무상배임죄는 업무상 타인의 사무를 처리하는 자가 임무에 위배하는 행위를 하고 그러한 임무위배행위로 인하여 재산상의 이익을 취득하거나 제3자로 하여금 이를 취득하게 하여 본인에게 재산상의 손해를 가한 때 성립한다. 여기서 '재산상 이익 취득'과 '재산상 손해 발생'은 대등한 범죄성립요건이고, 이는 서로 대응하여 병렬적으로 규정되어 있다(형법 제356조, 제355조 제2항). 따라서 임무위배행위로 인하여 여러 재산상 이익과 손해가 발생하더라도 재산상 이익과 손해 사이에 서로 대응하는 관계에 있는 등 일정한 관련성이 인정되어야 업무상배임죄가 성립한다(대법원 2021.11.25, 2016도3452).

④ (○) 회사 직원이 경쟁업체 또는 스스로의 이익을 위하여 이용할 의사로 무단으로 자료를 반출한 행위가 업무상 배임죄에 해당하기 위하여는, 그 자료가 반드시 영업비밀에 해당할 필요까지는 없다고 하겠지만 적어도 그 자료가 불특정 다수인에게 공개되어 있지 않아 보유자를 통하지 아니하고는 이를 통상 입수할 수 없고 그 보유자가 자료의 취득이나 개발을 위해 상당한 시간, 노력 및 비용을 들인 것으로서, 그 자료의 사용을 통해 경

쟁상의 이익을 얻을 수 있는 정도의 영업상 주요한 자산에는 해당하여야 한다. 또한 비밀유지조치를 취하지 아니한 채 판매 등으로 공지된 제품의 경우, 역설계(reverse engineering)를 통한 정보의 획득이 가능하다는 사정만으로 그 정보가 불특정 다수인에게 공개된 것으로 단정할 수 없으나, 상당한 시간과 노력 및 비용을 들이지 않고도 통상적인 역설계 등의 방법으로 쉽게 입수 가능한 상태에 있는 정보라면 보유자를 통하지 아니하고서는 통상 입수할 수 없는 정보에 해당한다고 보기 어려우므로 영업상 주요한 자산에 해당하지 않는다(대법원 2022.6.30, 2018도4794).

08
정답 ③

③ (×) 배임수재죄 및 배임증재죄에서 공여 또는 취득하는 재물 또는 재산상 이익은 부정한 청탁에 대한 대가 또는 사례여야 한다. 따라서 거래상대방의 대향적 행위의 존재를 필요로 하는 유형의 배임죄에서 거래상대방이 양수대금 등 거래에 따른 계약상 의무를 이행하고 배임행위의 실행행위자가 이를 이행받은 것을 두고 부정한 청탁에 대한 대가로 수수하였다고 쉽게 단정하여서는 아니 된다(대법원 2016.10.13, 2014도17211).
[보충] 피고인 2는 종전 특허권자인 공소외인(특허권명의신탁자)이 피고인 1(특허권명의수탁자)에게 특허권을 양도하였다는 인증서(공증인의 면전에서 사서증서에 적힌 내용이 진실임을 선서하였음을 공증인이 인증함), 피고인 1이 특허권자로 등록되어 있는 특허등록원부 등을 확인한 후 피고인 1과 양수대금을 1,000만 원으로 정하여 이 사건 특허권에 관한 양도양수계약을 체결하고 2012.12.29. 이 사건 특허권의 전부이전등록을 받음과 동시에 피고인 1에게 그 양수대금 1,000만 원을 지급한 사실을 인정할 수 있다. 원심이 든 사정만으로는 피고인 2가 피고인 1과 체결한 계약에 따른 의무의 이행으로 1,000만 원을 지급하고 피고인 1이 이를 받은 것을 두고 부정한 청탁에 대한 대가로 수수하였다고 단정하기 어렵다.

① (○) 유치권자인 피해자로부터 점유를 위탁받아 부동산을 점유하는 피고인이 경매를 통하여 부동산을 매수한 자로부터 소유권에 기한 부동산 인도소송을 당하자 점유권원에 대한 항변을 하지 않은 채 상대방의 주장을 그대로 인정한다는 취지로 진술하여 재판상 자백한 경우, ⊙ 피고인과 피해자의 점유위탁관계가 이미 해지되어 피고인이 점유를 상실한지 약 2년의 기간이 경과한 사정, 피고인이 부동산을 점유할 당시 소유자가 피고인을 상대로 점유이전금지가처분결정을 받았기 때문에 인도청구소송의 상대방으로 특정되었을 뿐인 사정, 피해자가 인도소송이 제기된 사정을 알면서도 피고인에게 소송대리인을 선임해 주거나, 직접 보조참가를 시도하는 등의 별다른 조치를 취하지 않았다는 사정 등을 종합하여 피고인이 타인의 사무를 처리하는 자에 해당하거나 피고인의 행위를 임무위배행위라고 단정할 수 없다. ⓒ 피고인의 재판상 자백의 내용은 결국 소유자의 소유권 및 자신의 가처분 당시 점유사실을 인정하는 것에 불과하여 그 자체로 피해자의 유치권 성립·존속에 어떤 영향을 미친다고 할 수 없는데다가, 소유자가 승소판결을 선고받더라도 승계인에 해당하지 않는 유치권자인 피해자를 상대로 집행할 수 없을 것으로 보이며, 만약 소유자가 승소판결에 기초하여 현재의 점유자를 상대로 집행하려고 하더라도 피해자는 유치권자로서 제3자 이의의 소를 제기하여 그 집행의 배제를 구할 수 있을 것으로 보인다는 사정 등에 비추어 배임죄에서의 재산상 손해 발생에 이

르렀다고 단정할 수 없다(대법원 2017.2.3, 2016도3674).

② (○) 배임수재죄 및 배임증재죄에서 공여 또는 취득하는 재물 또는 재산상 이익은 부정한 청탁에 대한 대가 또는 사례여야 한다. 따라서 거래상대방의 대향적 행위의 존재를 필요로 하는 유형의 배임죄에서 거래상대방이 양수대금 등 거래에 따른 계약상 의무를 이행하고 배임행위의 실행행위자가 이를 이행받은 것을 두고 부정한 청탁에 대한 대가로 수수하였다고 쉽게 단정하여서는 아니 된다(대법원 2016.10.13, 2014도17211).

③ (○) 형법은 제357조 제1항에서 배임수재죄를, 제2항에서 배임증재죄를 규정하고, 이어 제3항에서 "범인이 취득한 제1항의 재물은 몰수한다. 그 재물을 몰수하기 불능하거나 재산상의 이익을 취득한 때에는 그 가액을 추징한다."라고 규정하고 있다. 배임수재죄와 배임증재죄는 이른바 대향범으로서 위 제3항에서 필요적 몰수 또는 추징을 규정한 것은 범행에 제공된 재물과 재산상 이익을 박탈하여 부정한 이익을 보유하지 못하게 하기 위한 것이므로, 제3항에서 몰수의 대상으로 규정한 '범인이 취득한 제1항의 재물'은 배임수재죄의 범인이 취득한 목적물이자 배임증재죄의 범인이 공여한 목적물을 가리키는 것이지 배임수재죄의 목적물만을 한정하여 가리키는 것이 아니다. 그러므로 수재자가 증재자로부터 받은 재물을 그대로 가지고 있다가 증재자에게 반환하였다면 증재자로부터 이를 몰수하거나 그 가액을 추징하여야 한다(대법원 2017.4.7, 2016도18104).

[보충] 상고이유 주장은 위와 같이 재물을 그대로 반환한 경우에는 수재자는 물론 증재자로부터도 몰수나 추징을 할 수 없다는 취지이나 이유 없다. 원심이 피고인 2로부터 5,000만 원을 추징한 것은 정당하고, 거기에 상고이유 주장과 같이 배임수증재죄에서의 추징에 관한 법리를 오해한 잘못이 없다.

09　　　정답 ②

② ㉠㉢

㉠ (×) 임무에 관하여 부정한 청탁을 받고 재물 또는 재산상 이익을 취득하면 배임수재죄는 성립되고, 어떠한 임무위배행위를 하거나 본인에게 손해를 가하는 것을 요건으로 하지 아니한다(대법원 2013.11.14, 2011도11174).

㉡ (○) 대법원 2010.7.22, 2009도12878

㉢ (○) 대법원 2013.10.11, 2012도13719

㉣ (×) 배임수재죄에서 '임무에 관하여'는 타인의 사무를 처리하는 자가 위탁받은 사무를 말하는 것이나, 이는 그 위탁관계로 인한 본래의 사무뿐만 아니라 그와 밀접한 관계가 있는 범위 내의 사무도 포함되고, 나아가 고유의 권한으로써 그 처리를 하는 자에 한하지 않고 그 자의 보조기관으로서 직접 또는 간접으로 그 처리에 관한 사무를 담당하는 자도 포함된다(대법원 2013.11.14, 2011도11174).

10　　　정답 ④

④ ㉠㉡㉢

㉠ (○) 피고인이 입점업체 대표 甲으로부터 부정한 청탁을 받고 그 대가로 자신이 받아온 수익금을 딸에게 주도록 甲에게 지시하였다면 이는 피고인 자신이 수익금을 취득한 것과 같다고 평가하여야 하고, 피고인이 입점업체인 乙 주식회사 대표이사 丙으로부터 부정한 청탁을 받고 그 대가를 피고인이 아들 명의로 설립하여 자신이 지배하는 丁 주식회사 계좌로 돈을 입금하도

록 한 이상 사회통념상 피고인이 직접 받은 것과 동일하게 보아야 한다(대법원 2017.12.7, 2017도12129).

㉡ (○) 甲 주식회사를 사실상 관리하는 乙이 甲 회사가 사업용 부지로 매수한 토지에 관하여 처분금지가처분등기를 마쳐두었는데, 위 토지를 매수하려는 丙에게서 가처분을 취하해 달라는 취지의 청탁을 받고 돈을 수수하였다는 내용으로 기소된 경우, 乙이 받은 돈은 부정한 청탁의 대가임이 분명하고 乙에게 부정한 청탁에 대한 인식이 없었다고 볼 수 없어 배임수재죄가 성립한다(대법원 2011.10.27, 2010도7624).

㉢ (○) 연합회 총회에서 각 지역협회 대표자가 총회의 구성원이 되어 회장 선출에 관한 선거권 내지 의결권을 행사하는 것은 연합회 회원인 각 지역협회의 업무집행기관으로서 그 권한을 행사하는 것에 불과하므로, 이러한 대표자의 권한행사는 자기의 사무를 처리하는 것이 아니라 타인인 지역협회의 사무를 처리하는 것으로 보아야 한다(대법원 2011.8.25, 2009도5618).

㉣ (×) 피고인은 개인적인 이익을 위해서가 아니라 조합의 이사장으로서 위 제1심 공동피고인 3으로부터 조합운영비 지원금 명목으로 금 3,000만 원을 받아 조합의 운영경비로 사용하도록 한 것이어서 이를 '타인의 사무를 처리하는 자가 그 임무에 위배하여 부정한 청탁을 받고 재물 또는 재산상 이익을 취득'한 경우에 해당한다고는 할 수 없다고 할 것이다(대법원 2008.4.24, 2006도1202).

11　　　정답 ③

③ ㉡㉢

㉠ (○) 대법원 2011.10.27, 2010도7624

㉡ (×) 학교법인의 이사장 또는 사립학교경영자가 학교법인 운영권을 양도하고 양수인으로부터 양수인 측을 학교법인의 임원으로 선임해 주는 대가로 양도대금을 받기로 하는 내용의 '청탁'을 받았다 하더라도, 그 청탁의 내용이 당해 학교법인의 설립목적과 다른 목적으로 기본재산을 매수하여 사용하려는 것으로서 학교법인의 존립에 중대한 위협을 초래할 것임이 명백하다는 등의 특별한 사정이 없는 한, 그 청탁이 사회상규 또는 신의성실의 원칙에 반하는 것을 내용으로 하는 것이라고 할 수 없으므로 이를 배임수재죄의 구성요건인 '부정한 청탁'에 해당한다고 할 수 없고, 나아가 학교법인의 이사장 또는 사립학교경영자가 자신들이 출연한 재산을 회수하기 위하여 양도대금을 받았다거나 당해 학교법인이 국가 또는 지방자치단체로부터 일정한 보조금을 지원받아 왔다는 등의 사정은 위와 같은 결론에 영향을 미칠 수 없다(대법원 2014.1.23, 2013도11735)

㉢ (×) 회사가 기업활동을 하면서 형사상의 범죄를 수단으로 하여서는 안 되므로 뇌물공여를 금지하는 법률 규정은 회사가 기업활동을 할 때 준수하여야 하고, 따라서 회사의 이사 등이 업무상의 임무에 위배하여 보관 중인 회사의 자금으로 뇌물을 공여하였다면 이는 오로지 회사의 이익을 도모할 목적이라기보다는 뇌물공여 상대방의 이익을 도모할 목적이나 기타 다른 목적으로 행하여진 것이라고 보아야 하므로, 그 이사 등은 회사에 대하여 업무상횡령죄의 죄책을 면하지 못한다. 그리고 특별한 사정이 없는 한 이러한 법리는 회사의 이사 등이 회사의 자금으로 부정한 청탁을 하고 배임증재를 한 경우에도 마찬가지로 적용된다(대법원 2013.4.25, 2011도9238)

㉣ (○) 대법원 2011.8.18, 2010도10290

12

③ ㉡㉣

㉠ (○) 대법원 2000.3.10, 98도2579

㉡ (×) 컴퓨터사용사기는 순수한 이득죄이므로 장물죄의 본범이 될 수 없고, 위 인출행위는 절도에 해당되지 않으므로 현금은 장물이 될 수 없다(대법원 2004.4.16, 2004도353).

㉢ (○) 횡령 교사를 한 후 그 횡령한 물건을 취득한 때에는 횡령 교사죄와 장물취득죄의 경합범이 성립된다(대법원 1969.6.24, 69도692).

㉣ (×) 장물은 재물임을 요하며 동산, 부동산을 불문한다. 관리할 수 있는 동력은(제346조의 준용규정은 없으나) 장물이 될 수 있다(관리가능성설). 그러나 재산상의 이익, 권리는 물리적 관리 가능한 것이 아니므로 장물이 아니다. 예를 들어 전화가입권은 채권적 권리에 불과하므로 재산상의 이익은 될지언정 재물이 아니므로 전화가입권 매수행위를 업무상 과실장물취득죄로 처단할 수 없다(대법원 1971.2.23, 70도2589).

13

① (○) 장물취득죄에서 '취득'이라 함은 장물의 점유를 이전받음으로써 그 장물에 대하여 사실상 처분권을 획득하는 것을 의미하는데, 이 사건의 경우 본범의 사기행위는 피고인이 예금계좌를 개설하여 본범에게 양도한 방조행위가 가공되어 본범에게 편취금이 귀속되는 과정 없이 피고인이 피해자로부터 피고인의 예금계좌로 돈을 송금받아 취득함으로써 종료되는 것이고, 그 후 피고인이 자신의 예금계좌에서 위 돈을 인출하였다 하더라도 이는 예금명의자로서 은행에 예금반환을 청구한 결과일 뿐 본범으로부터 위 돈에 대한 점유를 이전받아 사실상 처분권을 획득한 것은 아니므로, 피고인의 위와 같은 인출행위를 장물취득죄로 벌할 수는 없다(대법원 2010.12.9, 2010도6256).

② (×) 보통과실장물죄가 없으므로 업무상 과실장물죄는 업무로 인하여 형이 가중되는 범죄가 아니다. 또한 장물에 관한 죄는 미수범을 처벌하지 아니한다.

③ (×) 형법 제41장의 장물에 관한 죄에 있어서의 '장물'이라 함은 재산범죄로 인하여 취득한 물건 그 자체를 말하므로, 재산범죄를 저지른 이후에 별도의 재산범죄의 구성요건에 해당하는 사후행위가 있었다면 비록 그 행위가 불가벌적 사후행위로서 처벌의 대상이 되지 않는다 할지라도 그 사후행위로 인하여 취득한 물건은 재산범죄로 인하여 취득한 물건으로서 장물이 될 수 있다(대법원 2004.4.16, 2004도353).

④ (×) 장물범이 본범과 직계혈족일 때에는 형을 감경 또는 면제한다(제365조 제2항).
[보충] 장물범과 피해자가 직계혈족의 관계에 있다면 장물범의 형이 면제된다(인적 처벌조각사유). 직계혈족의 경우라면 동거 여부는 묻지 않는다. 제365조 제1항.

14

② ㉡

㉠ (×) 구 자동차관리법(2009.2.6. 법률 제9449호로 개정되기 전의 것) 제6조가 "자동차 소유권의 득실변경은 등록을 하여야 그 효력이 생긴다."고 규정하고 있기는 하나, 위 규정은 도로에서의 운행에 제공될 자동차의 소유권을 공증하고 안전성을 확보하고자 하는 데 그 취지가 있는 것이므로, 장물인 수입자동차를

신규등록하였다고 하여 그 최초 등록명의인이 해당 수입자동차를 원시취득하게 된다거나 그 장물양도행위가 범죄가 되지 않는다고 볼 수는 없다(대법원 2011.5.13, 2009도3552).

㉡ (○) 대법원 2004.4.9, 2003도8219

㉢ (×) 장물인 정을 모르고 장물을 보관하였다가 그 후에 장물인 정을 알게 된 경우 그 정을 알고서도 이를 계속하여 보관하는 행위는 장물죄를 구성하는 것이나 이 경우에도 점유할 권한이 있는 때에는 이를 계속하여 보관하더라도 장물보관죄가 성립한다고 할 수 없다(대법원 2006.10.13, 2004도6084).

㉣ (×) 본범자와 공동하여 장물을 운반한 경우에 본범자는 장물죄에 해당하지 않으나 그 외의 자의 행위는 장물운반죄를 구성하므로, 피고인이 본범이 절취한 차량이라는 정을 알면서도 본범 등으로부터 그들이 위 차량을 이용하여 강도를 하려 함에 있어 차량을 운전해 달라는 부탁을 받고 위 차량을 운전해 준 경우, 피고인은 강도예비와 아울러 장물운반의 고의를 가지고 위와 같은 행위를 하였다고 봄이 상당하다(대법원 1999.3.26, 98도3030).

15

④ ㉠㉣

㉠ (○) '장물'이라 함은 재산죄인 범죄행위에 의하여 영득된 물건을 말하는 것으로서 절도·강도·사기·공갈·횡령 등 영득죄에 의하여 취득된 물건이어야 한다. 여기에서의 범죄행위는 절도죄 등 본범의 구성요건에 해당하는 위법한 행위일 것을 요한다. 그리고 본범의 행위에 관한 법적 평가는 그 행위에 대하여 우리 형법이 적용되지 아니하는 경우에도 우리 형법을 기준으로 하여야 하고 또한 이로써 충분하므로, 본범의 행위가 우리 형법에 비추어 절도죄 등의 구성요건에 해당하는 위법한 행위라고 인정되는 이상 이에 의하여 영득된 재물은 장물에 해당한다(대법원 2011.4.28, 2010도15350).

㉡ (×) 장물인 정을 알면서, 장물을 취득·양도·운반·보관하려는 당사자 사이에 서서 서로를 연결하여 장물의 취득·양도·운반·보관행위를 중개하거나 편의를 도모하였다면, 그 알선에 의하여 당사자 사이에 실제로 장물의 취득·양도·운반·보관에 관한 계약이 성립하지 아니하였거나 장물의 점유가 현실적으로 이전되지 아니한 경우라도 장물알선죄가 성립한다(대법원 2009.4.23, 2009도1203).

㉢ (×) 컴퓨터등사용사기죄의 범행으로 예금채권을 취득한 다음 자기의 현금카드를 사용하여 현금자동지급기에서 현금을 인출한 경우, 현금카드 사용권한 있는 자의 정당한 사용에 의한 것으로서 현금자동지급기 관리자의 의사에 반하거나 기망행위 및 그에 따른 처분행위도 없었으므로, 별도로 절도죄나 사기죄의 구성요건에 해당하지 않는다 할 것이고, 그 결과 그 인출된 현금은 재산범죄에 의하여 취득한 재물이 아니므로 장물이 될 수 없다(대법원 2004.4.16, 2004도353).

㉣ (○) 절도 범인으로부터 장물보관 의뢰를 받은 자가 그 정을 알면서 이를 인도받아 보관하고 있다가 임의 처분하였다 하여도 장물보관죄가 성립하는 때에는 이미 그 소유자의 소유물 추구권을 침해하였으므로 그 후의 횡령행위는 불가벌적 사후행위에 불과하여 별도로 횡령죄가 성립하지 않는다(대법원 2004.4.9, 2003도8219).

16
정답 ④

④ (○) 장물취득죄에서 '취득'이라고 함은 점유를 이전받음으로써 그 장물에 대하여 사실상의 처분권을 획득하는 것을 의미하는 것이므로, 단순히 보수를 받고 본범을 위하여 장물을 일시 사용하거나 그와 같이 사용할 목적으로 장물을 건네받은 것만으로는 장물을 취득한 것으로 볼 수 없다(대법원 2003.5.13, 2003도1366).

① (×) 공동의 사기 범행으로 인하여 얻은 돈을 공범자끼리 수수한 행위가 공동정범들 사이의 범행에 의하여 취득한 돈이나 재산상 이익의 내부적인 분배행위에 지나지 않는다면 돈의 수수행위가 따로 배임수증재죄를 구성한다고 볼 수는 없다(대법원 2016.5.24, 2015도18795).

② (×) 이 사건 주말부킹권을 특정 부킹대행업체에 판매하여 달라는 부탁은 코리아골프&아트빌리지 그룹 및 계열사들인 뉴경기관광, 기흥관광개발의 사무인 골프장 예약업무에 관한 부정한 청탁에 해당하고, 그 판매대금 명목으로 교부된 금품은 위와 같은 부정한 청탁의 대가라고 판단된다(대법원 2008.12.11, 2008도6987).

③ (×) 甲이 회사 자금으로 乙에게 주식매각 대금조로 금원을 지급한 경우, 그 금원은 단순히 횡령행위에 제공된 물건이 아니라 횡령행위에 의하여 영득된 장물에 해당한다고 할 것이고, 나아가 설령 甲이 乙에게 금원을 교부한 행위 자체가 횡령행위라고 하더라도 이러한 경우 甲의 업무상횡령죄가 기수에 달하는 것과 동시에 그 금원은 장물이 된다(대법원 2004.12.9, 2004도5904).

17
정답 ②

② ㉡㉢㉣㉤

㉠ (×) 형법 제366조의 재물손괴죄는 타인의 재물을 손괴 또는 은닉하거나 기타의 방법으로 효용을 해하는 경우에 성립한다. 여기에서 재물의 효용을 해한다고 함은 사실상으로나 감정상으로 재물을 본래의 사용 목적에 제공할 수 없는 상태로 만드는 것을 말하고, 일시적으로 이용할 수 없는 상태로 만드는 것도 포함한다(대법원 2007.6.28, 2007도2590; 2017.12.13, 2017도10474). 건조물의 벽면이나 구조물 등에 낙서를 하는 행위가 구조물 등의 효용을 해하는 것인지는, 해당 구조물 등의 용도와 기능, 낙서 행위가 구조물 등의 본래 사용 목적이나 기능에 미치는 영향, 구조물 등의 미관을 해치는 정도, 구조물 등의 이용자들이 느끼는 불쾌감과 저항감, 원상회복의 난이도와 거기에 드는 비용, 낙서 행위의 목적과 시간적 계속성, 행위 당시의 상황 등 제반 사정을 종합하여 사회통념에 따라 판단하여야 한다(대법원 2007.6.28, 2007도2590; 2020.3.27, 2017도20455). 피고인은 피해자와 사이에서 토지경계에 관한 분쟁이 발생하여 경계측량을 통하여 이 사건 석축 중 일부가 피고인 소유의 토지를 침범한 사실을 확인하고, 이를 표시하기 위하여 이 사건 석축 중 돌 3개에 빨간색 락카를 사용하여 이 사건 낙서를 하였다. 이 사건 석축이 시공된 형상에 비추어 이 사건 석축의 주요한 용도·기능은 피해자의 집 대지보다 높이 있는 인접 토지의 흙과 모래가 피해자의 집으로 무너지는 것을 방지하고, 인접 토지와의 경계 구분을 위한 것으로 보인다. … 따라서 (미관 조성이 이 사건 석축의 주요한 용도·기능이라고 보기 어려우므로) 이 사건 낙서는 이러한 이 사건 석축의 주요한 용도나 기능에 영향을 미쳤다고 보이지 않는다(대법원 2022.10.27, 2022도8024).

㉡ (○) ⓐ 소유자의 의사에 따라 어느 장소에 게시 중인 문서를 소유자의 의사에 반하여 떼어내는 것과 같이 소유자의 의사에 따라 형성된 종래의 이용상태를 변경시켜 종래의 상태에 따른 이용을 일시적으로 불가능하게 하는 경우에도 문서손괴죄가 성립할 수 있다. 그러나 ⓑ 문서손괴죄는 문서의 소유자가 그 문서를 소유하면서 사용하는 것을 보호하려는 것이므로, 어느 문서에 대한 종래의 사용상태가 문서 소유자의 의사에 반하여 또는 문서 소유자의 의사와 무관하게 이루어진 것일 경우에 단순히 그 종래의 사용상태를 제거하거나 변경시키는 것에 불과하고 이를 손괴, 은닉하는 등으로 새로이 문서 소유자의 그 문서 사용에 지장을 초래하지 않는 경우에는 문서의 효용, 즉 문서 소유자의 문서에 대한 사용가치를 일시적으로도 해하였다고 할 수 없어서 문서손괴죄가 성립하지 아니한다(대법원 2015.11.27, 2014도13083).

㉢ (○), ㉣ (○) 강제집행면탈죄는 국가의 강제집행권이 발동될 단계에 있는 채권자의 권리를 보호하기 위한 범죄로서, 여기서의 강제집행에는 광의의 강제집행인 의사의 진술에 갈음하는 판결의 강제집행도 포함되고, 강제집행면탈죄의 성립요건으로서의 채권자의 권리와 행위의 객체인 재산은 국가의 강제집행권이 발동될 수 있으면 충분하다(대법원 2015.9.15, 2015도9883).

㉤ (○) 재물손괴죄(형법 제366조)는 다른 사람의 재물을 손괴 또는 은닉하거나 그 밖의 방법으로 그 효용을 해한 경우에 성립하는 범죄로, 행위자에게 다른 사람의 재물을 자기소유물처럼 그 경제적 용법에 따라 이용·처분할 의사(불법영득의사)가 없다는 점에서 절도, 강도, 사기, 공갈, 횡령 등 영득죄와 구별된다. 다른 사람의 소유물을 본래의 용법에 따라 무단으로 사용·수익하는 행위는 소유자를 배제한 채 물건의 이용가치를 영득하는 것이고, 그 때문에 소유자가 물건의 효용을 누리지 못하게 되었더라도 효용 자체가 침해된 것이 아니므로 재물손괴죄에 해당하지 않는다. 피고인의 행위는 토지를 본래의 용법에 따라 사용·수익함으로써 그 소유자로 하여금 효용을 누리지 못하게 한 것일 뿐 효용을 침해한 것은 아니다(대법원 2022.11.30, 2022도1410).

18
정답 ④

④ ㉡㉣㉤

㉠ (○) 타인 소유의 광고용 간판을 백색페인트로 도색하여 광고 문안을 지워버린 행위는 재물손괴죄를 구성한다(대법원 1991.10.22, 91도2090).

㉡ (×) 해고노동자 등이 복직을 요구하는 집회를 개최하던 중 래커 스프레이를 이용하여 회사 건물 외벽과 1층 벽면 등에 낙서한 행위는 건물의 효용을 해한 것으로 볼 수 있으나, 이와 별도로 계란 30여 개를 건물에 투척한 행위는 건물의 효용을 해하는 정도의 것에 해당하지 않는다(대법원 2007.6.28, 2007도2590).

㉢ (○) 약속어음의 수취인이 차용금의 지급담보를 위하여 은행에 보관시킨 약속어음을 은행지점장이 발행인의 부탁을 받고 그 지급기일란의 일자를 지움으로써 그 효용을 해한 경우에는 문서손괴죄가 성립한다(대법원 1982.7.27, 82도223).

㉣ (×) 쪽파의 매수인이 명인방법을 갖추지 않은 경우, 쪽파에 대한 소유권을 취득하였다고 볼 수 없어 그 소유권은 여전히 매도인에게 있고 매도인과 제3자 사이에 일정 기간 후 임의처분의 약정이 있었다면 그 기간 후에 제3자가 쪽파를 손괴하였더라도 재물손괴죄가 성립하지 않는다(대법원 1996.2.23, 95도2754).

ⓜ (×) 피고인들이 이 사건 조형물에 수성 스프레이를 분사하였다가 바로 세척하여 그 행위의 지속 시간이 짧았고, 일부 스프레이가 잔존한 부분이 있기는 하나 그 범위가 제한적이어서 이 사건 조형물 전체의 미관에 미치는 영향도 크지 않다. … 피고인들은 기후위기를 알리는 표현의 수단으로 이 사건 조형물에 수성 스프레이를 분사한 직후 바로 세척하는 행위를 하였다. … 여기에 형법상 재물손괴죄를 쉽게 인정한다면 표현의 자유를 억누르게 될 위험이 있으므로, 민사상 손해배상으로 해결하는 것이 바람직하고, 재물손괴죄를 쉽게 인정할 것이 아니다. … 이 사건 조형물의 용도와 기능 및 미관을 해치는 정도와 그 시간적 계속성, 원상회복의 난이도와 비용, 이 사건 조형물 이용자들이 느끼는 불쾌감과 저항감 등을 종합하여 보면, 피고인들이 이 사건 조형물을 본래의 사용 목적에 제공할 수 없는 상태 또는 일시적으로 이용할 수 없는 상태로 만들어 그 효용을 해하였다고 보기 어렵다(대법원 2024.5.30, 2023도5885).

19　　　　　　　　　　　　　　　　　　정답 ③

③ ㉠㉡이 재물손괴(은닉)죄에 해당하는 경우이다.

㉠ (○) 피고인이 경락받은 농수산물 저온저장 공장건물 중 공냉식 저온창고를 수냉식으로 개조함에 있어 그 공장에 시설된 피해자 소유의 자재에 관하여 피해자에게 철거를 최고하는 등 적법한 조치를 취함이 없이 이를 일방적으로 철거하게 하여 손괴하였다면 이는 재물손괴의 범의가 없었다고 할 수 없고 이것이 사회상규상 당연히 허용되는 것이라고 할 수도 없다(대법원 1990.5.22, 90도700).

㉡ (○) 재건축사업으로 철거가 예정되어 있었고 그 입주자들이 모두 이사하여 아무도 거주하지 않은 채 비어 있는 아파트라 하더라도, 그 아파트 자체의 객관적 성상이 본래 사용목적인 주거용으로 사용될 수 없는 상태가 아니었고, 더욱이 그 소유자들이 재건축조합으로의 신탁등기 및 인도를 거부하는 방법으로 계속 그 소유권을 행사하고 있는 상황이었다면 위와 같은 사정만으로는 위 아파트가 재물로서의 이용가치나 효용이 없는 물건으로 되었다고 할 수 없으므로, 위 아파트는 재물손괴죄의 객체가 된다고 할 것이다(대법원 2007.9.20, 2007도5207).

㉢ (×) 甲 주식회사의 직원인 피고인들이 유색 페인트와 래커 스프레이를 이용하여 甲 회사 소유의 도로 바닥에 직접 문구를 기재하거나 도로 위에 놓인 현수막 천에 문구를 기재하여 페인트가 바닥으로 배어 나와 도로에 배게 하는 방법으로 다중의 위력으로써 도로의 효용을 해하였다고 하여 특수재물손괴로 기소된 경우, 피고인들이 위와 같은 방법으로 도로 바닥에 여러 문구를 써놓은 행위는 위 도로의 효용을 해하는 정도에 이른 것이라고 보기 어렵다(대법원 2020.3.27, 2017도20455).

㉣ (×) 甲 소유였다가 약정에 따라 乙 명의로 이전되었으나 권리관계에 다툼이 생긴 토지상에서 甲이 버스공용터미널을 운영하고 있는 데 乙이 甲의 영업을 방해하기 위하여 철조망을 설치하려 하자 甲이 위 철조망을 가까운 곳에 마땅한 장소가 없어 터미널로부터 약 200 내지 300미터 가량 떨어진 甲 소유의 다른 토지 위에 옮겨 놓았다면 甲의 행위에는 재물의 소재를 불명하게 함으로써 그 발견을 곤란 또는 불가능하게 하여 그 효능을 해하게 하는 재물은닉의 범의가 있다고 할 수 없다(대법원 1990.9.25, 90도1591).

20　　　　　　　　　　　　　　　　　　정답 ②

② (×) 형법 제370조에서 말하는 경계표는 그것이 어느 정도 객관적으로 통용되는 사실상의 경계를 표시하는 것이라면 영속적인 것이 아니고 일시적인 것이라도 이 죄의 객체에 해당한다(대법원 1999.4.9, 99도480).

① (○), ④ (○) 형법 제370조의 경계침범죄는 토지의 경계에 관한 권리관계의 안정을 확보하여 사권을 보호하고 사회질서를 유지하려는데 그 규정목적이 있으므로 비록 실체상의 경계선에 부합되지 않는 경계표라 할지라도 그것이 종전부터 일반적으로 승인되어 왔다거나 이해관계인들의 명시적 또는 묵시적 합의에 의하여 정하여진 것이라면 그와 같은 경계표는 위 법조 소정의 계표에 해당된다 할 것이고 반대로 기존경계가 진실한 권리상태와 맞지 않는다는 이유로 당사자의 어느 한쪽이 기존경계를 무시하고 일방적으로 경계측량을 하여 이를 실체권리관계에 맞는 경계라고 주장하면서 그 위에 계표를 설치하더라도 이와 같은 경계표는 위 법조에서 말하는 계표에 해당되지 않는다(대법원 1986.12.9, 86도1492).

③ (○) 형법 제370조의 경계침범죄는 계표를 손괴, 이동 또는 제거하거나 기타방법으로 토지의 경계를 인식 불능하게 함으로써 성립되며 계표의 손괴, 이동 또는 제거 등은 토지의 경계를 인식 불능케 하는 방법의 예시에 불과하며 이와 같은 행위의 결과로서 토지의 경계가 인식 불능케 됨을 필요로 하고 동죄에 대하여는 미수죄에 관한 규정이 없으므로 경계표의 손괴 등의 행위가 있더라도 토지경계의 인식불능의 결과가 발생하지 않는 한 본죄가 성립될 수 없다고 해석함이 상당하다(대법원 1972.2.29, 71도2293).

▶ 제1편 **개인적 법익에 대한 죄: 제5장 재산에 대한 죄** [권리행사를 방해하는 죄] — 제2편 **사회적 법익에 대한 죄: 제2장 공공의 신용에 대한 죄** [문서에 관한 죄 1]

01	④	02	③	03	④	04	②	05	②
06	④	07	④	08	①	09	④	10	③
11	④	12	④	13	④	14	③	15	③
16	④	17	④	18	②	19	③	20	③

01
정답 ④

④ ㉠㉡

㉠ (○) 위 차량은 자동차등록원부에 비엠더블유파이낸셜서비스코리아 명의로 등록되어 있고, 자동차관리법 제6조에 의하면, 자동차 소유권의 득실변경은 등록을 하여야 그 효력이 생기는 것이므로, 위 차량은 그 등록명의자인 비엠더블유파이낸셜서비스코리아의 소유이고 피고인의 소유는 아니라고 할 것이다. 형법 제323조의 권리행사방해죄는 타인의 점유 또는 권리의 목적이 된 자기의 물건을 취거, 은닉 또는 손괴하여 타인의 권리행사를 방해함으로써 성립하는 것이므로, 그 취거, 은닉 또는 손괴한 물건이 자기의 물건이 아니라면 권리행사방해죄가 성립할 여지가 없다(대법원 2005.11.10, 2005도6604).

㉡ (○) 권리행사방해죄에 있어서의 타인의 점유라 함은 권원으로 인한 점유 즉 정당한 원인에 기하여 그 물건을 점유하는 권리 있는 자의 점유를 의미하는 것으로서 본권을 갖지 아니하는 절도범인의 점유는 여기에 해당하지 않는다(대법원 1994.11.11, 94도343).

㉢ (×) 무효인 경매절차에서 경매목적물을 경락받아 이를 점유하고 있는 낙찰자의 점유는 적법한 점유로서 그 점유자는 권리행사방해죄에 있어서의 타인의 물건을 점유하고 있는 자라고 할 것이다(대법원 2003.11.28, 2003도4257).

㉣ (×) 제3자로서 임차인인 피해자에 대한 관계에서는 피고인은 소유자가 될 수 없으므로, 어느 모로 보나 위 빌딩이 권리행사방해죄에서 말하는 '자기의 물건'이라 할 수 없는 것이다. 피고인이 이른바 중간생략등기형 명의신탁 또는 계약명의신탁의 방식으로 자신의 처에게 등기명의를 신탁하여 놓은 점포에 자물쇠를 채워 점포의 임차인을 출입하지 못하게 한 경우, 그 점포가 권리행사방해죄의 객체인 자기의 물건에 해당하지 않는다(대법원 2005.9.9, 2005도626).

02
정답 ③

③ ㉠㉡㉣

㉠ (○) 형법 제323조의 권리행사방해죄는 타인의 점유 또는 권리의 목적이 된 자기의 물건 또는 전자기록 등 특수매체기록을 취거, 은닉 또는 손괴하여 타인의 권리행사를 방해함으로써 성립한다. 여기서 '은닉'이란 타인의 점유 또는 권리의 목적이 된 자기 물건 등의 소재를 발견하기 불가능하게 하거나 또는 현저히 곤란한 상태에 두는 것을 말하고, 그로 인하여 권리행사가 방해될 우려가 있는 상태에 이르면 권리행사방해죄가 성립하고 현실로 권리행사가 방해되었을 것까지 필요로 하는 것은 아니다(대법원 2016.11.10, 2016도13734 등). 검사는 2018.12.21. 피고인들이 이 사건 건물과 기계·기구에 근저당권을 설정하고도 담보보유지의무를 위반하여, 이 사건 건물을 철거 및 멸실등기 하고, 이 사건 기계·기구를 양도한 행위를 배임의 점으로 공소제기하였다가 2019.9.25. 권리행사방해의 점으로 공소장변경을 신청하여 허가되었다. … 피고인들은 근저당권이 설정된 이 사건 건물을 철거한 뒤 멸실등기를 마치고, 이 사건 기계·기구를 양도함으로써 피해자의 권리의 목적이 된 피고인들의 물건을 손괴 또는 은닉하여 피해자의 권리행사를 방해하였다고 보아야 한다(대법원 2021.1.14, 2020도14735).

㉡ (○) 형법 제323조의 권리행사방해죄는 타인의 점유 또는 권리의 목적이 된 자기의 물건 또는 전자기록 등 특수매체기록을 취거, 은닉 또는 손괴하여 타인의 권리행사를 방해함으로써 성립한다. 여기서 '은닉'이란 타인의 점유 또는 권리의 목적이 된 자기 물건 등의 소재를 발견하기 불가능하게 하거나 또는 현저히 곤란한 상태에 두는 것을 말하고, 그로 인하여 권리행사가 방해될 우려가 있는 상태에 이르면 권리행사방해죄가 성립하고 현실로 권리행사가 방해되었을 것까지 필요로 하는 것은 아니다. … 피고인들은 처음부터 자동차대여사업자에 대한 등록취소 및 자동차등록 직권말소절차의 허점을 이용하여 권리행사를 방해할 목적으로 범행을 모의한 다음 렌트카 사업자등록만 하였을 뿐 실제로는 영업을 하지 아니함에도 차량 구입자들 또는 지입차주들로 하여금 차량을 관리·처분하도록 함으로써 차량들의 소재를 파악할 수 없게 하였고, 나아가 자동차대여사업자 등록이 취소되어 차량들에 대한 저당권등록마저 직권말소되도록 하였으므로, 이러한 행위는 그 자체로 저당권자인 乙 회사 등으로 하여금 자동차등록원부에 기초하여 저당권의 목적이 된 자동차의 소재를 파악하는 것을 현저하게 곤란하게 하거나 불가능하게 하는 행위에 해당함에도, 이와 달리 피고인들이 차량들을 은닉하였다고 단정할 수 없다는 이유로 무죄로 판단한 원심판결에는 권리행사방해죄에 관한 법리오해의 잘못이 있다(대법원 2017.5.17, 2017도2230).

㉢ (×) 형법 제327조는 "강제집행을 면할 목적으로 재산을 은닉, 손괴, 허위양도 또는 허위의 채무를 부담하여 채권자를 해한 자"를 처벌한다고 규정하고 있다. 강제집행면탈죄는 강제집행이 임박한 채권자의 권리를 보호하기 위한 것이므로, 강제집행

면탈죄의 객체는 채무자의 재산 중에서 채권자가 민사집행법상 강제집행 또는 보전처분의 대상으로 삼을 수 있는 것이어야 한다. 한편 의료법 제33조 제2항, 제87조 제1항 제2호는 의료기관 개설자의 자격을 의사 등으로 한정한 다음 의료기관의 개설자 격이 없는 자가 의료기관을 개설하는 것을 엄격히 금지하고 있고, 이를 위반한 경우 형사처벌하도록 정함으로써 의료의 적정을 기하여 국민의 건강을 보호·증진하는 데 기여하도록 하고 있다. 또한 국민건강보험법 제42조 제1항은 요양급여는 '의료법에 따라 개설된 의료기관'에서 행하도록 정하고 있다. 따라서 의료법에 의하여 적법하게 개설되지 아니한 의료기관에서 요양급여가 행하여졌다면 해당 의료기관은 국민건강보험법상 요양급여비용을 청구할 수 있는 요양기관에 해당되지 아니하여 해당 요양급여비용 전부를 청구할 수 없고, 해당 의료기관의 채권자로서도 위 요양급여비용 채권을 대상으로 하여 강제집행 또는 보전처분의 방법으로 채권의 만족을 얻을 수 없는 것이므로, 결국 위와 같은 채권은 강제집행면탈죄의 객체가 되지 아니한다(대법원 2017.4.26, 2016도19982).

ⓔ (○) ⓐ 압류금지채권의 목적물이 채무자의 예금계좌에 입금된 경우에는 그 예금채권에 대하여 더 이상 압류금지의 효력이 미치지 아니하므로 그 예금은 압류금지채권에 해당하지 않지만, ⓑ 압류금지채권의 목적물이 채무자의 예금계좌에 입금되기 전까지는 여전히 강제집행 또는 보전처분의 대상이 될 수 없으므로, 압류금지채권의 목적물을 수령하는 데 사용하던 기존 예금계좌가 채권자에 의해 압류된 채무자가 압류되지 않은 다른 예금계좌를 통하여 그 목적물을 수령하더라도 강제집행이 임박한 채권자의 권리를 침해할 위험이 있는 행위라고 볼 수 없어 강제집행면탈죄가 성립하지 않는다(대법원 2017.8.18, 2017도6229).
[보충] 산업재해보상보험법 제52조의 휴업급여를 받을 권리는 같은 법 제88조 제2항에 의하여 압류가 금지되는 채권으로서 강제집행면탈죄의 객체에 해당하지 않으므로, 피고인이 장차 지급될 휴업급여 수령계좌를 기존의 압류된 예금계좌에서 압류가 되지 않은 다른 예금계좌로 변경하여 휴업급여를 수령한 행위는 죄가 되지 않는다는 사례이다.

03

정답 ④

④ (×) 형법 제323조의 권리행사방해죄는 타인의 점유 또는 권리의 목적이 된 자기의 물건을 취거, 은닉 또는 손괴하여 타인의 권리행사를 방해함으로써 성립하므로 그 취거, 은닉 또는 손괴한 물건이 자기의 물건이 아니라면 권리행사방해죄가 성립할 수 없다. … 물건의 소유자가 아닌 사람은 형법 제33조 본문에 따라 소유자의 권리행사방해 범행에 가담한 경우에 한하여 그의 공범이 될 수 있을 뿐이다. 그러나 권리행사방해죄의 공범으로 기소된 물건의 소유자에게 고의가 없는 등으로 범죄가 성립하지 않는다면 공동정범이 성립할 여지가 없다(대법원 2017.5.30, 2017도4578).

① (○) 재물손괴죄는 타인의 재물, 문서 또는 전자기록 등 특수매체기록을 손괴 또는 은닉 기타 방법으로 그 효용을 해한 경우에 성립한다(형법 제366조). 여기에서 손괴 또는 은닉 기타 방법으로 그 효용을 해하는 경우에는 물질적인 파괴행위로 물건 등을 본래의 목적에 사용할 수 없는 상태로 만드는 경우뿐만 아니라 일시적으로 물건 등의 구체적 역할을 할 수 없는 상태로 만들어 효용을 떨어뜨리는 경우도 포함된다. 따라서 자동문

을 자동으로 작동하지 않고 수동으로만 개폐가 가능하게 하여 자동잠금장치로서 역할을 할 수 없도록 한 경우에도 재물손괴죄가 성립한다(대법원 2016.11.25, 2016도9219).

② (○) 민법 제209조 제2항 전단은 '점유물이 침탈되었을 경우에 부동산일 때에는 점유자는 침탈 후 직시(直時) 가해자를 배제하여 이를 탈환할 수 있다'고 하여 자력구제권 중 부동산에 관한 자력탈환권에 관하여 규정하고 있다. 여기에서 '직시'란 객관적으로 가능한 한 신속히' 또는 '사회관념상 가해자를 배제하여 점유를 회복하는 데 필요하다고 인정되는 범위 안에서 되도록 속히'라는 뜻으로, 자력탈환권의 행사가 '직시'에 이루어졌는지는 물리적 시간의 장단은 물론 침탈자가 확립된 점유를 취득하여 자력탈환권의 행사를 허용하는 것이 오히려 법적 안정 내지 평화를 해하거나 자력탈환권의 남용에 이르는 것은 아닌지 함께 살펴 판단하여야 한다. 피고인이 아파트에 들어갈 당시에는 이미 甲 조합이 집행관으로부터 아파트를 인도받은 후 출입문의 잠금 장치를 교체하는 등으로 그 점유가 확립된 상태여서 점유권 침해의 현장성 내지 추적가능성이 있다고 보기 어려워 점유를 실력에 의하여 탈환한 피고인의 행위는 민법상 자력구제에 해당하지 않으므로 유죄를 인정한 원심판단은 수긍이 된다(대법원 2017.9.7, 2017도9999).

③ (○) 피고인은 아들인 공소외 1 명의로 강제경매를 통하여 이 사건 건물 501호를 매수하였다는 것인데, 부동산경매절차에서 부동산을 매수하려는 사람이 다른 사람과의 명의신탁약정 아래 그 사람의 명의로 매각허가결정을 받아 자신의 부담으로 매수대금을 완납한 때에는 경매목적 부동산의 소유권은 매수대금의 부담 여부와는 관계없이 그 명의인이 취득하게 되는 것이므로, 피고인이 위 건물 501호에 대한 공소외 2 주식회사의 점유를 침탈하였다고 하더라도 피고인의 물건에 대한 타인의 권리행사를 방해한 것으로 볼 수는 없다(대법원 2019.12.27, 2019도14623).

04

정답 ②

② (×) 여러 사람의 권리의 목적이 된 자기의 물건을 취거, 은닉 또는 손괴함으로써 그 여러 사람의 권리행사를 방해하였다면 권리자별로 각각 권리행사방해죄가 성립하고 각 죄는 서로 상상적 경합범의 관계에 있다. 여러 명의 유류분권리자가 각자의 유류분반환청구권을 보전하기 위하여 부동산에 대한 가압류결정을 받아 가압류등기가 마쳐진 경우, 위 부동산은 유류분권리자들 각자의 유류분반환청구권 집행을 보전하기 위한 가압류의 목적이 되고 이는 유류분권리자들이 가압류를 개별적으로 신청하였는지 공동으로 신청하였는지에 따라 다르지 않다(대법원 2022.5.12, 2021도16876).

① (○) 버스회사 대표이사의 직무집행행위로서의 취거행위이므로 자기 소유로 볼 수 있는 경우이다(대법원 2010.10.14, 2008도6578).

③ (○) 상계의 의사표시가 있는 경우에는 각 채무는 상계할 수 있는 때에 소급하여 대등액에 관하여 소멸한 것으로 보게 된다. 따라서 상계로 인하여 소멸한 것으로 보게 되는 채권에 관하여는 상계의 효력이 발생하는 시점 이후에는 채권의 존재가 인정되지 않으므로 강제집행면탈죄가 성립하지 않는다(대법원 2012.8.30, 2011도2252).

④ (○) 강제집행면탈죄의 객체는 채무자의 재산 중에서 채권자가 민사집행법상 강제집행 또는 보전처분의 대상으로 삼을 수 있는 것만을 의미한다고 할 것인바, '보전처분 단계에서의 가압류

채권자의 지위' 자체는 원칙적으로 민사집행법상 강제집행 또는 보전처분의 대상이 될 수 없는 것이므로 이러한 지위를 강제집행면탈죄의 객체에 해당한다고 볼 수 없고, 이는 가압류채무자가 가압류해방금을 공탁한 경우에도 마찬가지이다(대법원 2008.9.11, 2006도8721).

05

정답 ②

② ㉠㉢

㉠ (○) 형법 제323조의 권리행사방해죄에 있어서의 타인의 점유라 함은 권원으로 인한 점유, 즉 정당한 원인에 기하여 물건을 점유하는 것을 의미하지만, 반드시 본권에 기한 점유만을 말하는 것이 아니라 유치권 등에 기한 점유도 여기에 해당한다(대법원 2011.5.13, 2011도2368).

㉡ (×) 채무자가 제3자 명의로 되어 있던 사업자등록을 또 다른 제3자 명의로 변경하였다는 사정만으로는 그 변경이 채권자의 입장에서 볼 때 사업장 내 유체동산에 관한 소유관계를 종전보다 더 불명하게 하여 채권자에게 손해를 입게 할 위험성을 야기한다고 단정할 수 없다(대법원 2014.6.12, 2012도2732).

㉢ (○) 대법원 2003.5.30, 2000도5767; 2010.2.25, 2009도5064

㉣ (×) 여러 사람의 권리의 목적이 된 자기의 물건을 취거, 은닉 또는 손괴함으로써 그 여러 사람의 권리행사를 방해하였다면 권리자별로 각각 권리행사방해죄가 성립하고 각 죄는 서로 상상적 경합범의 관계에 있다. 여러 명의 유류분권리자가 각자의 유류분반환청구권을 보전하기 위하여 부동산에 대한 가압류결정을 받아 가압류등기가 마쳐진 경우, 위 부동산은 유류분권리자들 각자의 유류분반환청구권 집행을 보전하기 위한 가압류의 목적이 되고 이는 유류분권리자들이 가압류를 개별적으로 신청하였는지 공동으로 신청하였는지에 따라 다르지 않다(대법원 2022.5.12, 2021도16876).

06

정답 ④

④ ㉠㉡㉣

㉠ (×) 강제집행면탈죄의 객체인 재산은 채무자의 재산 중에서 채권자가 민사집행법상 강제집행 또는 보전처분의 대상으로 삼을 수 있는 것을 의미하는데, 장래의 권리라도 채무자와 제3채무자 사이에 채무자의 장래청구권이 충분하게 표시되었거나 결정된 법률관계가 존재한다면 재산에 해당하는 것으로 보아야 한다(대법원 2011.7.28, 2011도6115).

㉡ (×) 강제집행면탈죄가 적용되는 강제집행은 민사집행법의 적용대상인 강제집행 또는 가압류·가처분 등의 집행을 가리키는 것이므로, 국세징수법에 의한 체납처분을 면탈할 목적으로 재산을 은닉하는 등의 행위는 위 죄의 규율대상에 포함되지 않는다(대법원 2012.4.26, 2010도5693).

㉢ (○) 대법원 2015.9.15, 2015도9883.

㉣ (×) '보전처분 단계에서의 가압류채권자의 지위' 자체는 원칙적으로 민사집행법상 강제집행 또는 보전처분의 대상이 될 수 없어 강제집행면탈죄의 객체에 해당한다고 볼 수 없고, 이는 가압류채무자가 가압류해방금을 공탁한 경우에도 마찬가지이다. 채무자가 가압류채권자의 지위에 있으면서 가압류집행해제를 신청함으로써 그 지위를 상실하는 행위는 형법 제327조에서 정한 '은닉, 손괴, 허위양도 또는 허위채무부담' 등 강제집행면탈행위의 어느 유형에도 포함되지 않는 것이므로, 이러한 행위를 처벌대상으로 삼을 수 없다(대법원 2008.9.11, 2006도8721).

07

정답 ④

④ ㉠㉡

㉠ (○) 형법 제327조의 강제집행면탈죄는 채권자의 권리보호를 주된 보호법익으로 하므로 강제집행의 기본이 되는 채권자의 권리, 즉 채권의 존재는 강제집행면탈죄의 성립요건이다. 따라서 채권의 존재가 인정되지 않을 때에는 강제집행면탈죄는 성립하지 않는다. 상계의 의사표시가 있는 경우에는 각 채무는 상계할 수 있는 때에 소급하여 대등액에 관하여 소멸한 것으로 보게 된다. 따라서 상계로 인하여 소멸한 것으로 보게 되는 채권에 관하여는 상계의 효력이 발생하는 시점 이후에는 채권의 존재가 인정되지 않으므로 강제집행면탈죄가 성립하지 않는다(대법원 2012.8.30, 2011도2252).

㉡ (○) 형법 제327조의 강제집행면탈죄는 위태범으로서 현실적으로 민사소송법에 의한 강제집행 또는 가압류·가처분의 집행을 받을 우려가 있는 객관적인 상태 아래, 즉 채권자가 본안 또는 보전소송을 제기하거나 제기할 태세를 보이고 있는 상태에서 주관적으로 강제집행을 면탈하려는 목적으로 재산을 은닉, 손괴, 허위양도하거나 허위의 채무를 부담하여 채권자를 해할 위험이 있으면 성립하는 것이고, 반드시 채권자를 해하는 결과가 야기되거나 행위자가 어떤 이득을 취하여야 범죄가 성립하는 것은 아니다(대법원 2008.6.26, 2008도3184).

㉢ (×) 채권이 존재하는 경우에도 채무자의 재산은닉 등 행위 시를 기준으로 채무자에게 채권자의 집행을 확보하기에 충분한 다른 재산이 있었다면 채권자를 해하였거나 해할 우려가 있다고 쉽사리 단정할 것이 아니다(대법원 2011.9.8, 2011도5165).

㉣ (×) 피고인들에 대한 이 사건 공소사실 중 강제집행면탈의 점의 공소시효는 범죄행위가 종료한 때부터 3년으로서, 위 죄는 늦어도 피고인들이 허위의 채무를 부담하는 내용의 채무변제계약 공정증서를 작성한 후 이에 기하여 채권압류 및 추심명령을 받은 2005.8.18.에는 성립하였다 할 것이고, 강제집행면탈죄의 보호법익과 구성요건, 위 범행내용 등에 비추어 이 사건에서는 허위의 채무부담에 의한 강제집행면탈죄의 성립과 동시에 위 범죄행위가 종료되어 공소시효가 진행된다고 봄이 상당하다(대법원 2009.5.28, 2009도875).

08

정답 ①

① (×) 채무자가 투자금반환채무의 변제를 위하여 담보로 제공한 임차권 등의 권리를 그대로 유지할 계약상 의무가 있다고 하더라도, 이는 기본적으로 투자금반환채무의 변제의 방법에 관한 것이고, 그 성실한 이행에 의하여 채권자가 계약상 권리의 만족이라는 이익을 얻는다고 하여도 이를 가지고 통상의 계약에서의 이익대립관계를 넘어서 배임죄에서 말하는 신임관계에 기초하여 채권자의 재산을 보호 또는 관리하여야 하는 '타인의 사무'에 해당한다고 볼 수 없다(대법원 2015.3.26, 2015도1301).

② (○) 특정 목적을 위하여 조성된 기금의 감소를 초래함으로써 기금이 목적을 위하여 사용됨을 저해하였다고 할 것이므로, 이러한 의미에서 한국농어촌공사는 그와 같은 기금의 지원으로 인하여 재산상 손해를 입었다고 보아야 한다(대법원 2015.8.13, 2014도5713).

③ (○) 강제집행면탈죄의 객체는 채무자의 재산 중에서 채권자가 민사집행법상 강제집행이나 보전처분의 대상으로 삼을 수 있는 것이어야 한다(대법원 2003.4.25, 2003도187; 2011.12.8, 2010도

4129; 2013.4.26, 2013도2034 등 참조). 위 건물은 지하 4층, 지상 12층으로 건축허가를 받았으나 피고인들이 건축주 명의를 변경한 당시에는 지상 8층까지 골조공사가 완료된 채 공사가 중단되었던 사정에 비추어 민사집행법상 강제집행이나 보전처분의 대상이 될 수 있다고 단정하기 어렵다(대법원 2014.10.27, 2014도9442).

④ (O) 형법 제327조의 강제집행면탈죄가 적용되는 강제집행은 민사집행법 제2편의 적용 대상인 '강제집행' 또는 가압류·가처분 등의 집행을 가리키는 것이고(대법원 1972.5.31, 72도1090; 2012.4.26, 2010도5693 참조), 민사집행법 제3편의 적용 대상인 '담보권 실행 등을 위한 경매'를 면탈할 목적으로 재산을 은닉하는 등의 행위는 위 죄의 규율 대상에 포함되지 않는다(대법원 2015.3.26, 2014도14909).

09   <정답 ④>

④ (×) 사기죄가 성립되려면 피기망자가 착오에 빠져 어떠한 재산상의 처분행위를 하도록 유발하여 재산적 이득을 얻을 것을 요하고 피기망자와 재산상의 피해자가 같은 사람이 아닌 경우에는 피기망자가 피해자를 위하여 그 재산을 처분할 수 있는 권능이나 지위에 놓여 있어야 하며 기망, 착오, 처분, 이득 사이에 인과관계가 있어야 한다(대법원 1991.1.15, 90도2180). 검사의 공소사실에는 "피기망자는 위 丙, 재산상의 피해자는 위 丁"으로 적시되어 있는데, 피기망자인 丙이 피해자인 丁을 위하여 그 재산을 처분할 수 있는 권능이나 지위에 있었다고 볼 만한 자료가 없다(대법원 1991.1.15, 90도2180).
[보충] 또한 판례는, 위 丙은 피고인의 기망행위로 인하여 동기에 착오를 일으켜 이 사건 매매계약을 체결하게 된 것일 뿐으로 위 丙에게 이 사건 매매계약을 취소할 수 있는 권리가 있다고 인정되지 아니하므로 이는 적법, 유효한 것으로서 이를 가리켜 위 丁에 대한 기망의 수단이 된다고 볼 수는 없으며, 위 丁이 위 토지 매매대금 전액을 지급하였으나 그 소유권을 이전받을 수 없게 되어 입은 손해는 매도인인 위 丙의 채무불이행으로 인한 것이라고 인정되므로 피고인의 기망행위와 위 丁의 손해발생 사이에 인과관계가 인정되지도 아니한다(위 판례).

① (O) 대법원 1997.2.14, 96도2904
② (O) 대법원 1995.9.15, 94도3213
③ (O) 대법원 2003.12.12, 2003도4450

10   <정답 ③>

③ (×) 다른 특별한 사정이 없는 한 피해자가 피고인에게 사업자등록 명의를 대여한 행위 자체를 사기죄의 재산적 처분행위로 볼 수는 없다. 뿐만 아니라, 피해자의 명의대여 행위로 인하여 피고인이 이 부분 공소사실 기재와 같은 임대보증금반환채무, 주차부스 구매대금채무, 각종 세금 및 고용·산재보험료채무 등을 면하게 되는 것도 아니라고 할 것이다. 결국 피해자가 피고인에게 사업자등록 명의를 대여하였다는 것만으로 피고인이 이 부분 공소사실 기재와 같은 채무를 면하는 재산상 이익을 취득하는 피해자의 재산적 처분행위가 있었다고 보기는 어렵다고 할 것이다(대법원 2012.6.28, 2012도4773).

① (O) 채권자에게 채권을 추심하여 줄 것같이 속여 채권의 추심승낙을 받아 그 채권을 추심하여 이를 취득하였다면 이는 채권자의 착오에 기한 재산처분행위라고 할 것이므로 이는 사기죄

를 구성한다(대법원 1983.10.25, 83도1520).

② (O) 편취한 약속어음을 그와 같은 사실을 모르는 제3자에게 편취사실을 숨기고 할인받는 행위는 당초의 어음 편취와는 별개의 새로운 법익을 침해하는 행위로서 기망행위와 할인금의 교부행위 사이에 상당인과관계가 있어 새로운 사기죄를 구성한다 할 것이고, 설령 그 약속어음을 취득한 제3자가 선의이고 약속어음의 발행인이나 배서인이 어음금을 지급할 의사와 능력이 있었다 하더라도 이러한 사정은 사기죄의 성립에 영향이 없다(대법원 2000.9.5, 99도3590).

④ (O) 환자들의 건강상태에 맞게 적정한 진료행위를 하지 않은 채 입원의 필요성이 적은 환자들에게까지 입원을 권유하고 퇴원을 만류하는 등으로 장기간의 입원을 유도하여 국민건강보험공단에 과다한 요양급여비를 청구한 행위는 사회통념상 권리행사의 수단으로 용인할 수 없는 것이어서, 비록 그중 일부 기간에 대하여 실제 입원치료가 필요하였다고 하더라도 그 부분을 포함한 당해 입원기간의 요양급여비 전체에 대하여 사기죄가 성립한다(대법원 2009.5.28, 2008도4665).

11   <정답 ④>

④ (×) 판례는 횡령죄를 위험범으로 본다(대법원 2009.2.12, 2008도10971).

① (O) 이는 성격상 뇌물이 아니고 횡령금에 해당한다(대법원 2007.10.12, 2005도7112).

② (O) 자기가 점유하는 타인의 재물을 횡령함에 있어 기망수단을 쓴 경우에는 일반적으로 횡령죄만이 성립하고 사기죄는 성립하지 아니한다고 봄이 상당하다. 왜냐하면 이런 경우는 피기망자에 있어 재산적 처분행위가 없기 때문이다(대법원 1980.12.9, 80도1177).

③ (O) 위 채권자는 횡령죄의 주체인 타인의 재물을 보관하는 자의 지위에 있다고 볼 수 없는 것이다(대법원 2000.2.11, 99도4979)

12   <정답 ④>

④ ㉡㉢㉣

㉠ (×) 부동산에 관한 횡령죄에 있어서 타인의 재물을 보관하는 자의 지위는 부동산을 제3자에게 유효하게 처분할 수 있는 권능의 유무에 따라 결정하여야 하므로, 부동산을 공동으로 상속한 자들 중 1인이 부동산을 혼자 점유하던 중 다른 공동상속인의 상속지분을 임의로 처분하여도 그에게는 그 처분권능이 없어 횡령죄가 성립하지 아니한다(대법원 2000.4.11, 2000도565).

㉡ (O) 포주가 윤락녀와 사이에 윤락녀가 받은 화대를 포주가 보관하였다가 절반씩 분배하기로 약정하고도 보관중인 화대를 임의로 소비한 경우, 포주와 윤락녀의 사회적 지위, 약정에 이르게 된 경위와 약정의 구체적 내용, 급여의 성격 등을 종합해 볼 때 포주의 불법성이 윤락녀의 불법성보다 현저히 크므로 화대의 소유권이 여전히 윤락녀에게 속한다는 이유로 횡령죄를 구성한다(대법원 1999.9.17, 98도2036).

㉢ (O) 대표이사가 회사의 수분양자들을 기망하여 편취한 분양대금은 회사의 소유로 귀속되는 것이므로, 대표이사가 그 분양대금을 횡령하는 것은 사기 범행이 침해한 것과는 다른 법익을 침해하는 것이어서 회사를 피해자로 하는 별도의 횡령죄가 성립된다(대법원 2005.4.29, 2005도741).

ⓔ (O) 각 학교법인은 별개의 법인격을 가진 소유의 주체로서 이를 실질적으로 1개의 학교법인이라고 볼 수 없으므로, 이를 단순히 예산항목을 유용하거나 장부상의 분식이나 이동에 불과하다고 할 수 없고, 각 학교법인 사이에서의 자금이동이 단순한 대차관계에 불과하다고 할 수도 없으므로 횡령죄가 성립한다 (대법원 2000.12.8, 99도214).

13
정답 ④

①과 ④는 연결되는 내용이다. 이 점을 고려하면서 읽을 것

④ (×) 타인의 사무를 처리하는 자의 임무위배행위는 민사재판에서 법질서에 위배되는 법률행위로서 무효로 판단될 가능성이 적지 않고, 그 결과 본인에게도 아무런 손해가 발생하지 않는 경우가 많다. 이러한 때에는 배임죄의 기수를 인정할 수 없다. 그러나 의무부담행위로 인하여 실제로 채무의 이행이 이루어지거나 본인이 민법상 불법행위책임을 부담하게 되는 등 본인에게 현실적인 손해가 발생하거나 실해 발생의 위험이 생겼다고 볼 수 있는 사정이 있는 때에는 배임죄의 기수를 인정하여야 한다. 다시 말하면, 형사재판에서 배임죄의 객관적 구성요건요소인 손해 발생 또는 배임죄의 보호법익인 피해자의 재산상 이익의 침해 여부는 구체적 사안별로 타인의 사무의 내용과 성질, 임무위배의 중대성 및 본인의 재산 상태에 미치는 영향 등을 종합하여 신중하게 판단하여야 한다(대법원 2017.9.21, 2014도9960).

① (O) 피고인의 임무위배행위로 인하여 甲 회사에 현실적인 손해가 발생하였거나 실해 발생의 위험이 생겼으므로 배임죄의 기수가 성립하고, 전부명령이 확정된 후 집행권원인 집행증서의 기초가 된 법률행위 중 전부 또는 일부에 무효사유가 있는 것으로 판명되어 집행채권자인 乙이 집행채무자인 甲 회사에 부당이득 상당액을 반환할 의무를 부담하더라도 배임죄의 성립을 부정할 수 없는데도, 이와 달리 보아 공소사실을 무죄로 판단한 원심판결에는 배임죄의 실행의 착수 및 기수 시기에 관한 법리오해의 잘못이 있다(대법원 2017.9.21, 2014도9960).

② (O) 배임죄에서 '재산상 손해를 가한 때'에는 현실적인 손해를 가한 경우뿐만 아니라 재산상 실해발생의 위험을 초래한 경우도 포함되나, 그러한 손해발생의 위험조차 초래되지 아니한 경우에는 배임죄가 성립하지 아니한다. 이에 따라 법인의 대표자가 법인 명의로 한 채무부담행위가 법률상 효력이 없는 경우에는 특별한 사정이 없는 한 그로 인하여 법인에 어떠한 손해가 발생하거나 발생할 위험이 있다고 할 수 없으므로 그 대표자의 행위는 배임죄를 구성하지 아니하며, 주식회사의 대표이사 등이 회사의 이익을 위해서가 아니라 자기 또는 제3자의 이익을 도모할 목적으로 대표권을 행사한 경우에 상대방이 대표이사 등의 진의를 알았거나 알 수 있었을 때에는 그 행위는 회사에 대하여 무효가 되므로 위와 같이 보아야 한다(대법원 2012.5.24, 2012도2142).

③ (O) 업무상배임죄에서 타인의 사무를 처리하는 자의 임무위배행위는 민사재판에서 법질서에 위배되는 법률행위로서 무효로 판단될 가능성이 적지 않고, 그 결과 본인(타인)에게도 아무런 손해가 발생하지 않는 경우가 많다. 이러한 경우에는 그 의무부담행위로 인하여 실제로 채무의 이행이 이루어졌는지 또는 본인이 민법상 사용자책임 등을 부담하게 되었는지 등과 같이 현실적인 손해가 발생하거나 실해 발생의 위험이 생겼다고 볼 수 있는 사정이 있는지를 면밀히 심리·판단하여야 한다. 甲 회사

의 乙 측을 상대로 한 물품대금 소송의 제1심에서 甲 회사가 승소하였지만 상대방의 항소로 항소심에 계속 중인 이상 사용자책임 등을 부담할 가능성을 완전히 배제하기 어렵다는 등의 원심이 설시한 사정만으로는 甲 회사에 재산상 실해가 발생할 가능성이 생겼다고 말할 수는 있어도 나아가 그 실해 발생의 위험이 구체적·현실적인 정도에 이르렀다고 보기 어렵다(대법원 2017.10.12, 2017도6151).

14
정답 ③

③ (×) 형법 제114조에서 정한 '범죄를 목적으로 하는 단체'란 특정 다수인이 일정한 범죄를 수행한다는 공동목적 아래 구성한 계속적인 결합체로서 그 단체를 주도하거나 내부의 질서를 유지하는 최소한의 통솔체계를 갖춘 것을 의미한다(대법원 2016.5.12, 2016도1221)(범죄단체 조직·가입·활동죄에는 해당하지 않음). … 형법 제114조에서 정한 '범죄를 목적으로 하는 집단'이란 특정 다수인이 사형, 무기 또는 장기 4년 이상의 범죄를 수행한다는 공동목적 아래 구성원들이 정해진 역할 분담에 따라 행동함으로써 범죄를 반복적으로 실행할 수 있는 조직체계를 갖춘 계속적인 결합체를 의미한다. '범죄단체'에서 요구되는 '최소한의 통솔체계'를 갖출 필요는 없지만, 범죄의 계획과 실행을 용이하게 할 정도의 조직적 구조를 갖추어야 한다(대법원 2020.8.20, 2019도16263).

[보충] 소위 '뜯플', '쌩플'의 수법으로 중고차량을 시세보다 비싸게 판매해 금원을 편취할 목적으로 조직된 이 사건 외부사무실은 특정 다수인이 사기범행을 수행한다는 공동목적 아래 구성원들이 대표, 팀장, 출동조, 전화상담원 등 정해진 역할분담에 따라 행동함으로써 사기범행을 반복적으로 실행하는 체계를 갖춘 결합체, 즉 형법 제114조의 '범죄를 목적으로 하는 집단'에 해당한다고 보아, 이를 무죄로 판단한 원심판결을 파기한 사례이다.

① (O) 제114조 및 단서 참조.

② (O) 2013.4.5. 형법 개정에 의해 범죄단체조직뿐만 아니라 범죄집단조직도 처벌할 수 있게 되었다.

④ (O) 대법원 1987.10.13, 87도1240

15
정답 ④

④ (×) 다중(多衆)이라는 다소 불명확한 개념에 대해서는, 소요죄의 보호법익을 고려할 때 "한 지방의 평온과 안전을 해할 수 있을 정도의 폭행·협박·손괴를 할 수 있을 정도의 다수인"임을 요한다는 것이 통설이다.

① (O) 다수설이다. 따라서 공동의 의사없이 다중이 집합한 때에 폭행·협박하는 것은 다수인의 행위라 할지라도 본죄가 성립하지 않고 특수폭행죄 또는 특수협박죄가 성립할 뿐이다.

[참고] 반대견해로서 공동정범에서의 공동의사와도 혼동될 우려가 있기 때문에 공동의사는 필요없다는 소수설도 있다(김일수/서보학, 박상기).

② (O) 최광의의 폭행개념이다. 또한 본죄는 필요적 공범 중 집합범에 속하므로 내부관여자에게는 총칙상 공범규정이 적용되지 않는다.

③ (O) 폭행죄·협박죄·손괴죄가 소요죄에 흡수된다는 데에는 이론이 없다. 그러나 이 이외의 어느 범죄까지 소요죄에 흡수되는가에 대하여는 견해의 대립이 있다. 다수설은 소요죄보다 법

정형이 중한 살인죄 · 방화죄는 본죄와 상상적 경합의 관계에 있지만 형이 경한 공무집행방해죄나 주거침입죄는 모두 소요죄에 흡수된다고 해석한다. 즉 다수설은 형량의 비교를 통한 죄수의 기준을 정하는 입장이다.

[참고] 반대견해로는 특수폭행죄 · 특수협박죄 · 특수손괴죄는 소요죄의 행위태양이므로 소요죄에 흡수되지만 그 이외의 범죄는 소요죄와 상상적 경합의 관계에 있다는 소수설도 있다(김성천/김형준, 박상기, 유기천, 이재상).

16   정답 ④

④ ㉠㉡㉢

㉠ (○) 피해자의 사체 위에 옷가지 등을 올려놓고 불을 붙인 천조각을 던져 그 불길이 방안을 태우면서 천장에까지 옮겨 붙었다면, 설령 그 불이 완전연소에 이르지 못하고 도중에 진화되었다고 하더라도, 일단 천장에 옮겨 붙은 이상 그 때에 이미 현주건조물방화죄는 기수에 이르렀다고 할 것이다(대법원 2007.3.16, 2006도9164).

㉡ (○) 피고인이 장롱 안에 있는 옷가지에 불을 놓아 건물을 소훼하려 하였으나 불길이 치솟는 것을 보고 겁이 나서 물을 부어 불을 끈 것이라면, 치솟는 불길에 놀라거나 자신의 신체안전에 대한 위해 또는 범행발각시의 처벌 등에 두려움을 느끼는 것은 일반 사회통념상 범죄를 완수함에 장애가 되는 사정에 해당한다고 보아야 할 것이므로 이를 자의에 의한 중지미수라고 볼 수 없다(대법원 1997.6.13, 97도957).

㉢ (○) 불을 놓아 무주물을 소훼하여 공공의 위험을 발생하게 한 경우에는 '무주물'을 '자기 소유의 물건'에 준하는 것으로 보아 형법 제167조 제2항을 적용하여 처벌하여야 한다. 따라서 노상에서 전봇대 주변에 놓인 재활용품과 쓰레기 등에 불을 놓아 소훼한 경우, 그 재활용품과 쓰레기 등은 '무주물'로서 형법 제167조 제2항에 정한 '자기소유의 물건'에 해당하므로 자기소유 일반물건방화죄가 성립한다(대법원 2009.11.5, 2009도7421).

㉣ (×) 방화죄는 화력이 매개물을 떠나 스스로 연소할 수 있는 상태에 이르렀을 때에 기수가 되고 반드시 목적물의 중요부분이 소실하여 그 본래의 효용을 상실한 때라야만 기수가 되는 것이 아니다(대법원 1970.3.24, 70도330; 서울고법 1998.1.20, 97노2544).

17   정답 ④

④ ㉠㉢㉣

㉠ (○) 대법원 2013.12.12, 2013도3950

㉡ (×) 피고인이 방화의 의사로 뿌린 휘발유가 인화성이 강한 상태로 주택주변과 피해자의 몸에 적지 않게 살포되어 있는 사정을 알면서도 라이터를 켜 불꽃을 일으킴으로써 피해자의 몸에 불이 붙은 경우, 비록 외부적 사정에 의하여 불이 방화 목적물인 주택 자체에 옮겨 붙지는 아니하였다 하더라도 현존건조물방화죄의 실행의 착수가 있었다고 봄이 상당하다고 한 사례(대법원 2002.3.26, 2001도6641).

㉢ (○) 이 사건 폐가는 지붕과 문짝, 창문이 없고 담장과 일부 벽체가 붕괴된 철거 대상 건물로서 사실상 기거 · 취침에 사용할 수 없는 상태의 것이므로 형법 제166조의 건조물이 아닌 형법 제167조의 물건에 해당하고, 피고인이 이 사건 폐가의 내부와 외부에 쓰레기를 모아놓고 태워 그 불길이 이 사건 폐가 주변

수목 4~5그루를 태우고 폐가의 벽을 일부 그을리게 하는 정도만으로는 방화죄의 기수에 이르렀다고 보기 어려우며, 일반물건방화죄에 관하여는 미수범의 처벌 규정이 없다(무죄)(대법원 2013.12.12, 2013도3950).

㉣ (○) 대법원 1983.1.18, 82도2341

18   정답 ②

② (×) 객체는 기차, 전차, 자동차, 선박 또는 항공기이다. 단, 기차 등에 현존하는 사람의 사상이라는 결과의 발생은 요하지 않는다.

① (○) 제190조, 제191조 참조.

③ (○) 대법원 2003.10.10, 2003도4485

④ (○) 대법원 2007.12.14, 2006도4662

19   정답 ③

③ ㉠㉡㉣

㉠ (×) 형법 제227조의2의 공전자기록등위작죄는 사무처리를 그르치게 할 목적으로 공무원 또는 공무소의 전자기록 등 특수매체기록을 위작 또는 변작한 경우에 성립한다. 대법원은, 형법 제227조의2에서 위작의 객체로 규정한 전자기록은 그 자체로는 물적 실체를 가진 것이 아니어서 별도의 표시 · 출력장치를 통하지 아니하고는 보거나 읽을 수 없고, 그 생성 과정에 여러 사람의 의사나 행위가 개재됨은 물론 추가 입력한 정보가 프로그램에 의하여 자동으로 기존의 정보와 결합하여 새로운 전자기록을 작출하는 경우도 적지 않으며, 그 이용 과정을 보아도 그 자체로서 객관적 · 고정적 의미를 가지면서 독립적으로 쓰이는 것이 아니라 개인 또는 법인이 전자적 방식에 의한 정보의 생성 · 처리 · 저장 · 출력을 목적으로 구축하여 설치 · 운영하는 시스템에서 쓰임으로써 예정된 증명적 기능을 수행하는 것이므로, 위와 같은 시스템을 설치 · 운영하는 주체와의 관계에서 전자기록의 생성에 관여할 권한이 없는 사람이 전자기록을 작출하거나 전자기록의 생성에 필요한 단위정보의 입력을 하는 경우는 물론 시스템의 설치 · 운영 주체로부터 각자의 직무 범위에서 개개의 단위정보의 입력 권한을 부여받은 사람이 그 권한을 남용하여 허위의 정보를 입력함으로써 시스템 설치 · 운영 주체의 의사에 반하는 전자기록을 생성하는 경우도 형법 제227조의2에서 말하는 전자기록의 '위작'에 포함된다고 판시하였다(대법원 2005.6.9, 2004도6132). 위 법리는 형법 제232조의2의 사전자기록등위작죄에서 행위의 태양으로 규정한 '위작'에 대해서도 마찬가지로 적용된다(대법원 2016.11.10, 2016도6299). 이와 같은 위작에 관한 대법원의 법리는 타당하므로 이 사건에서도 적용할 수 있다(대법원 2020.8.27, 2019도11294 전원합의체).

[보충] (요약) 코미드라는 상호로 인터넷 가상화폐 거래소를 운영하는 주식회사 코미드의 대표이사 내지 사내이사인 피고인들이 가상화폐 거래시스템상 차명계정에 허위의 원화 포인트 및 가상화폐 포인트를 입력하고, 이를 위 거래시스템상 표시하게 한 것은 사전자기록등위작죄 및 위작사전자기록등행사죄에 해당한다는 판례이다.

㉡ (○) (소위 10만 파운드화 사건이다.) 형법상 통화에 관한 죄는 문서에 관한 죄에 대하여 특별관계에 있으므로 통화에 관한 죄가 성립하는 때에는 문서에 관한 죄는 별도로 성립하지 않는다.

그러나 위조된 외국의 화폐, 지폐 또는 은행권이 강제통용력을 가지지 않는 경우에는 형법 제207조 제3항에서 정한 '외국에서 통용하는 외국의 화폐 등'에 해당하지 않고, 나아가 그 화폐 등이 국내에서 사실상 거래 대가의 지급수단이 되고 있지 않는 경우에는 형법 제207조 제2항에서 정한 '내국에서 유통하는 외국의 화폐 등'에도 해당하지 않으므로, 그 화폐 등을 행사하더라도 형법 제207조 제4항에서 정한 위조통화행사죄를 구성하지 않는다고 할 것이고, 따라서 이러한 경우에는 형법 제234조에서 정한 위조사문서행사죄 또는 위조사도화행사죄로 의율할 수 있다고 보아야 한다(대법원 2013.12.12, 2012도2249).

ⓒ (×) 위 '입퇴원 확인서'는 문언의 제목, 내용 등에 비추어 의사의 전문적 지식에 의한 진찰이 없더라도 확인 가능한 환자들의 입원 여부 및 입원기간의 증명이 주된 목적인 서류로서 환자의 건강상태를 증명하기 위한 서류라고 볼 수 없어 허위진단서 작성죄에서 규율하는 진단서로 보기 어렵다(대법원 2013.12.12, 2012도3173).

ⓔ (×) 허위공문서작성죄에서 허위라 함은 표시된 내용과 진실이 부합하지 아니하여 그 문서에 대한 공공의 신용을 위태롭게 하는 경우를 말하는 것이고(대법원 1985.6.25, 85도758), 허위공문서작성죄는 허위공문서를 작성함에 있어 그 내용이 허위라는 사실을 인식하면 성립한다 할 것이다(대법원 1995.11.10, 95도1395; 2013.10.24, 2013도5752).

ⓜ (○) 피해자의 진술로 기재된 내용 중 일부가 결과적으로 사실과 부합하는지, 재수사 요청을 받은 사법경찰관이 검사에 의하여 지목된 참고인이나 피의자 등에 대한 재조사 여부와 재조사 방식 등에 대해 재량을 가지는지 등과 무관하게 피고인의 공소사실 기재 행위는 허위공문서작성죄를 구성한다. (또한) 피고인은 구체적인 진술을 듣지 않고 자신의 의견이나 추측을 마치 진술을 듣고 그 진술내용을 적은 것처럼 재수사 결과서를 작성하였는데, 피고인이 피해자들의 진술에 신빙성이 부족하다는 이유에서 피고인 자신의 판단에 따라 기재하는 내용이 객관적인 사실에 부합할 것이라고 생각하였다 하여 범의를 부정할 수 없다(대법원 2023.3.30, 2022도6886).

20

③ (×) 공공의 위험은 구체적 위험범의 객관적 구성요건요소에 해당하므로, 구성요건적 고의의 인식대상에 해당한다.

① (○) 횡령죄는 타인의 재물에 대한 재산범죄로서 재물의 소유권 등 본권을 보호법익으로 하는 범죄이다. 따라서 횡령죄의 객체가 타인의 재물에 속하는 이상 구체적으로 누구의 소유인지는 횡령죄의 성립 여부에 영향이 없다. 주식회사는 주주와 독립된 별개의 권리주체로서 그 이해가 반드시 일치하는 것은 아니므로, 주주나 대표이사 또는 그에 준하여 회사 자금의 보관이나 운용에 관한 사실상의 사무를 처리하는 자가 회사 소유의 재산을 사적인 용도로 함부로 처분하였다면 횡령죄가 성립한다. … 피고인들이 공모하여 甲 주식회사 등 피해 회사가 납품하는 물품을 마치 피해 회사의 자회사로서 서류상으로만 존재하는 乙 주식회사 등이 납품하는 것처럼 서류를 꾸며 피해 회사가 지급받아야 할 납품대금을 자회사 명의의 계좌로 지급받아 급여 등의 명목으로 임의로 사용하였다고 하여 특정경제범죄 가중처벌 등에 관한 법률 위반(횡령)으로 기소된 경우, 법인격 부인 또는 남용 법리는 회사가 법인격을 남용했다고 볼 수 있는 예외적인 경우에 회사에 법인격이 있더라도 이를 무시하고 그 뒤에 있는 배후자에게 책임을 추궁하는 것이므로, 피고인들이 피해 회사의 자회사 계좌를 이용하여 피해 회사의 납품대금을 횡령한 사건에서 법인격 부인 여부에 따라 횡령죄의 성립이 좌우되는 것은 아니라고 할 것이다(대법원 2019.12.24, 2019도9773).

② (○) 구체적 위험범은 추상적 위험범과 달리 '현실적 위험의 발생'이 있어야 구성요건이 충족된다. 따라서 구체적 위험발생이 있어야 기수가 되는 것이다.
[보충] '공공의 위험'은 불특정 또는 다수인의 생명, 신체, 재산에 대한 침해가능성으로 물리적·객관적으로 발생함을 요하지 않고, 심리적, 객관적으로 판단할 것이므로 물리적으로 공공의 위험의 결과를 발생할 우려가 없다 하더라도 공공의 위험을 발생할 우려가 있다고 사료함에 상당한 이유가 있으면 족하다(대구고법 1979.1. 24, 78노941).

④ (○) 신탁자에게 아무런 부담이 지워지지 않은 채 재산이 수탁자에게 명의신탁된 경우 특별한 사정이 없는 한 수탁자는 신탁자에게 자신의 명의사용을 포괄적으로 허용하였다고 봄이 타당한바, 사법행위와 공법행위를 구별하여 신탁재산의 처분 등과 관련한 사법상 행위에 대하여만 명의사용을 승낙하였다고 제한할 수는 없다. 특히 명의신탁된 주식의 처분 후 수탁자 명의의 과세표준신고를 하는 것은 법령에 따른 절차로서 신고를 하지 않는다면 오히려 수탁자에게 불이익할 수 있다는 점까지 고려한다면, 명의수탁자가 명의신탁주식의 처분을 허용하였음에도 처분 후 과세표준 등의 신고행위를 위한 명의사용에 대하여는 승낙을 유보하였다고 볼 특별한 사정이 존재하지 않는 한 허용된 범위에 속한다고 보아야 할 것이다(대법원 2022.3.31, 2021도17197).
[보충] 甲이 자신의 주식을 乙에게 명의신탁한 후 명의수탁자를 변경하기 위해 제3자인 丙에게 주식을 양도하면서 임의로 乙의 명의로 증권거래세 과세표준신고서를 작성하여 관할세무서에 제출한 경우, 甲의 행위는 사문서위조죄 및 위조사문서행사죄를 구성하지 않는다는 사례이다.

▶ **제2편 사회적 법익에 대한 죄: 제2장 공공의 신용에 대한 죄** [문서에 관한 죄 2] ─ **제3편 국가적 법익에 대한 죄: 제2장 국가의 기능에 대한 죄** [공무원의 직무에 관한 죄 1]

01	③	02	④	03	④	04	③	05	②
06	③	07	①	08	③	09	③	10	④
11	③	12	②	13	①	14	②	15	④
16	②	17	④	18	②	19	③	20	④

01
정답 ③

③ (×) 형법 제214조의 유가증권은 재산권이 증권에 화체된다는 것과 그 권리의 행사, 처분에 증권의 점유를 필요로 한다는 두 가지 요소를 갖추면 된다(대법원 1972.12.26, 72도1688).

① (○) 유가증권변조죄에 있어서 변조라 함은 진정으로 성립된 유가증권의 내용에 권한 없는 자가 그 유가증권의 동일성을 해하지 않는 한도에서 변경을 가하는 것을 말하므로, 이미 타인에 의하여 위조된 약속어음의 기재사항을 권한 없이 변경하였다고 하더라도 유가증권변조죄는 성립하지 아니한다(대법원 2006. 1.26, 2005도4764).

② (○) 비록 피고인 1이 문제의 허위작성행위 자체에는 직접 관여한바 없다 하더라도 그 작성을 부탁하여 의사연락이 되고 피고인 3으로 하여금 범행을 하게 한 것으로서 피고인 1의 행위는 공모 공동정범에 의한 허위작성죄가 성립한다(대법원 1985. 8.20, 83도2575).

④ (○) 한국외환은행 소비조합이 그 소속조합원에게 발행한 신용카드는 그 카드에 의해서만 신용구매의 권리를 행사할 수 있는 점에서 재산권이 증권에 화체되었다고 볼 수 있으므로 유가증권이라 할 것이다(대법원 1984.11.27, 84도1862).

02
정답 ④

④ (×) 형법 제216조 전단의 허위유가증권작성죄는 작성권한 있는 자가 자기 명의로 기본적 증권행위를 함에 있어서 유가증권의 효력에 영향을 미칠 기재사항에 관하여 진실에 반하는 내용을 기재하는 경우에 성립하므로, 자기앞수표의 발행인이 수표의뢰인으로부터 수표자금을 입금 받지 아니한 채 자기앞수표를 발행하더라도 그 수표의 효력에는 아무런 영향이 없으므로 허위유가증권작성죄가 성립하지 않는다(대법원 2005. 10.27, 2005도4528).

① (○) 형법 제19장의 '유가증권'은 실체법상 유효한 유가증권만을 지칭하는 것이 아니라 실체법상 무효한 유가증권이라도 일반인으로 하여금 유효한 유가증권이라고 오신케 할 수 있을 정도의 외관을 갖추고 있는 유가증권도 포함하므로 약속어음작성권자의 승낙 내지 위임으로 어음을 발행함에 있어 발행인 명의 아래 피고인의 인장을 날인하여 약속어음을 발행·교부한 경우 제216조 전단의 허위유가증권작성죄 및 동 행사죄가 성립한다(대법원 1975.6.10, 74도2594).

② (○) 피고인이 선하증권 기재의 화물을 인수하거나 확인하지도 아니하고 선적할 선편조차 예약하거나 확보하지도 않은 상태에서 수출면장만을 확인한 채 실제로 선적한 일이 없는 화물을 선적하였다는 내용의 선하증권을 발행·교부한 경우, 환물이 선적되기 전에 이른바 선(先)선하증권을 발행하는 것이 해운업계의 관례라고 하더라도 사회적 상당성이 있다고 할 수는 없으므로 허위유가증권작성죄가 성립한다(대법원 1995.9.29, 95도803).

③ (○) 유가증권의 허위작성 행위 자체에는 직접 관여한 바 없다 하더라도 타인에게 그 작성을 부탁하여 범행을 하게 한 경우 허위유가증권작성죄의 공모공동정범이 성립한다(대법원 1985. 8. 20, 83도2575).

03
정답 ④

④ ㉠㉢㉣

㉠ (×) 금융위원회법 제37조에서 정한 업무에 종사하는 금융감독원장 등 금융감독원의 집행간부 및 실·국장급 부서의 장 등 금융위원회법 시행령에서 정한 직원에게 공무원과 동일한 책임을 부담시킴과 동시에 그들을 공무원과 동일하게 보호해 주기 위한 필요에서 모든 벌칙의 적용에 있어서 공무원으로 본다고 해석함이 타당하다. 따라서 금융위원회법 제69조 제1항에서 말하는 벌칙에는 금융감독원장 등 금융감독원의 집행간부 및 위 직원들이 지위를 남용하여 범법행위를 한 경우에 적용할 벌칙만을 말하는 것이 아니라, 제3자가 금융감독원장 등 금융감독원의 집행간부 및 위 직원들에 대하여 범법행위를 한 경우에 적용할 벌칙과 같이 피해자인 금융감독원장 등 금융감독원의 집행간부 및 위 직원들을 보호하기 위한 벌칙도 포함되는 것으로 풀이하여야 한다. 그렇다면 금융위원회법 제29조, 제69조 제1항에서 정한 금융감독원 집행간부인 금융감독원장 명의의 문서를 위조, 행사한 행위는 사문서위조죄, 위조사문서행사죄에 해당하는 것이 아니라 공문서위조죄, 위조공문서행사죄에 해당한다(대법원 2021.3.11, 2020도14666).

㉡ (○) 주식회사의 지배인이 자신을 그 회사의 대표이사로 표시하여 연대보증채무를 부담하는 취지의 회사 명의의 차용증을 작성·교부한 경우, 그 문서에 일부 허위 내용이 포함되거나 위 연대보증행위가 회사의 이익에 반하는 것이더라도 사문서위조 및 위조사문서행사에 해당하지 않는다(대법원 2010.5.13, 2010도1040).

㉢ (○) 제3자로부터 신분확인을 위하여 신분증명서의 제시를 요구받고 다른 사람의 운전면허증을 제시한 행위는 그 사용목적

에 따른 행사로서 공문서부정행사죄에 해당한다(대법원 2001. 4.19, 2000도1985).

ⓔ (×) 문서위조죄는 문서의 진정에 대한 공공의 신용을 그 보호법익으로 하는 것이므로 행사할 목적으로 작성된 문서가 일반인으로 하여금 당해 명의인의 권한 내에서 작성된 문서라고 믿게 할 수 있는 정도의 형식과 외관을 갖추고 있으면 문서위조죄가 성립하는 것이고, 위와 같은 요건을 구비한 이상 그 명의인이 실재하지 않는 허무인이거나 또는 문서의 작성일자 전에 이미 사망하였다고 하더라도 그러한 문서 역시 공공의 신용을 해할 위험성이 있으므로 공문서와 사문서를 가리지 아니하고 문서위조죄가 성립한다고 봄이 상당하며 이러한 법리는 법률적, 사회적으로 자연인과 같이 활동하는 법인 또는 단체에도 그대로 적용된다고 할 것이다(대법원 2005.3.25, 2003도4943; 2005.2.24, 2002도18 전원합의체).

ⓜ (×) 사문서위조죄가 아니라 자격모용사문서작성죄를 구성한다. "자격모용사문서작성죄는 문서위조죄와 마찬가지로 문서의 진정에 대한 공공의 신용을 보호법익으로 하는 것으로, 행사할 목적으로 타인의 자격을 모용하여 작성된 문서가 일반인으로 하여금 명의인의 권한 내에서 작성된 문서라고 믿게 할 수 있는 정도의 형식과 외관을 갖추고 있으면 성립한다(대법원 2008. 2.14, 2007도9606 등 참조). 주식회사의 대표 자격으로 계약을 하는 경우 피고인 자신을 위한 행위가 아니고 작성명의인인 회사를 위하여 법률행위를 한다는 것을 인식할 수 있을 정도의 표시가 있으면 대표관계의 표시라고 할 수 있다. … 도급계약서의 형식과 외관, 계약서 작성 경위, 종류, 내용 등의 사정을 종합할 때 위 계약서를 수령한 상대방으로서는 위 계약서가 A회사의 대표이사 또는 A회사와 B회사의 총괄대표이사의 자격을 가진 피고인에 의하여 A회사 및 B회사 명의로 작성된 문서라고 믿게 할 정도의 형식과 외관을 갖추고 있는 것으로 볼 수 있고 설령 상대방이 피고인이 B회사의 대표이사가 아님을 알고 있더라도 자격모용사문서작성죄의 성립에 영향이 없다(대법원 2022.6.30, 2021도17712)."

04
정답 ③

③ ⓐⓑⓔ

ⓐ (○) 위조문서행사죄에 있어서 행사는 위조된 문서를 진정한 것으로 사용함으로써 문서에 대한 공공의 신용을 해칠 우려가 있는 행위를 말하므로 그 행사의 상대방에는 아무런 제한이 없고, 다만 문서가 위조된 것임을 이미 알고 있는 공범자 등에게 행사하는 경우에는 위조문서행사죄가 성립할 수 없으나(대법원 2005.1.28, 2004도4663), 간접정범을 통한 위조문서행사범행에 있어 도구로 이용된 자라고 하더라도 문서가 위조된 것임을 알지 못하는 자에게 행사한 경우에는 위조문서행사죄가 성립한다(대법원 2012.2.23, 2011도14441).

ⓑ (○) 발행인과 수취인이 통모하여 진정한 어음채무 부담이나 어음채권 취득에 관한 의사 없이 단지 발행인의 채권자에게서 채권 추심이나 강제집행을 받는 것을 회피하기 위하여 형식적으로만 약속어음의 발행을 가장한 경우 이러한 어음발행행위는 통정허위표시로서 무효이므로(대법원 1996.8.23, 96다18076; 2005.4.15, 2004다70024 등), 이와 같이 발행인과 수취인 사이에 통정허위표시로서 무효인 어음발행행위를 공증인에게는 마치 진정한 어음발행행위가 있는 것처럼 허위로 신고함으로써

공증인으로 하여금 어음발행행위에 대하여 집행력 있는 어음공정증서원본을 작성케 하고 이를 비치하게 하였다면, 이러한 행위는 공정증서원본불실기재 및 불실기재공정증서원본행사죄에 해당한다고 보아야 한다(대법원 2007.7.12, 2007도3005; 2012. 4.26, 2009도5786).

ⓒ (×) 회사 내부규정 등에 의하여 각 지배인이 회사를 대리할 수 있는 행위의 종류, 내용, 상대방 등을 한정하여 권한을 제한한 경우에 제한된 권한 범위를 벗어나서 회사 명의의 문서를 작성하였다면, 이는 자기 권한 범위 내에서 권한 행사의 절차와 방식 등을 어긴 경우와 달리 문서위조죄에 해당한다(대법원 2012. 9.27, 2012도7467).

ⓔ (○) 백지수표의 금액란이 부당보충된 경우 적어도 보충권의 범위 내에서는 백지수표의 발행인이 그 금액을 보충한 것과 다를 바 없어 백지수표의 발행인은 그 범위 내에서는 부정수표단속법위반의 죄책을 진다고 할 것이나, 이와 달리 보충권을 넘어서는 금액에 관하여는 발행인이 그와 같은 금액으로 보충한 것과 동일하게 볼 수는 없으므로, 그 발행인에게 보충권을 넘어서는 금액에 대하여까지 부정수표단속법위반의 죄책을 물을 수는 없다(대법원 1995.9.29, 94도2464; 1998.3.10, 98도180; 2013.12.26, 2011도7184).

ⓜ (×) 사문서위조 및 동행사죄의 객체인 사문서는 권리·의무 또는 사실증명에 관한 타인의 문서 또는 도화를 가리키고, '권리·의무에 관한 문서'는 권리 또는 의무의 발생·변경·소멸에 관한 사항이 기재된 것을 말하며, '사실증명에 관한 문서'는 권리·의무에 관한 문서 이외의 문서로서 거래상 중요한 사실을 증명하는 문서를 의미한다(대법원 2002.12.10, 2002도5533 참조). '거래상 중요한 사실을 증명하는 문서'는 법률관계의 발생·존속·변경·소멸의 전후 과정을 증명하는 것이 주된 취지인 문서뿐만 아니라 법률관계에 간접적으로만 연관된 의사표시 또는 권리·의무의 변동에 사실상으로만 영향을 줄 수 있는 의사표시를 내용으로 하는 문서도 포함될 수 있지만(대법원 2009. 4.23, 2008도8527 등), 문서의 주된 취지가 단순히 개인적·집단적 의견의 표현에 불과한 것이어서는 아니 되고, 적어도 실체법 또는 절차법에서 정한 구체적인 권리·의무와의 관련성이 인정되는 경우이어야 한다. 피고인이 허무인 명의로 작성한 이 사건 서명부 21장은 주된 취지가 특정 대통령후보자에 대한 정치적인 지지 의사를 집단적 형태로 표현하고자 한 것일 뿐, 실체법 또는 절차법에서 정한 구체적인 권리·의무에 관한 문서 내지 거래상 중요한 사실을 증명하는 문서에 해당한다고 보기 어렵다(대법원 2024.1.4, 2023도1178).

05
정답 ②

② ⓐ-A와 ⓑ-B, B, ⓒ-A와 B, ⓔ-E와 F

ⓐ (사문서위조, 동행사죄) 실제의 본명 대신 가명이나 위명을 사용하여 사문서를 작성한 경우에 그 문서의 작성명의인과 실제 작성자 사이에 인격의 동일성이 그대로 유지되는 때에는 위조가 되지 않으나, 명의인과 작성자의 인격이 상이할 때에는 위조죄가 성립할 수 있다. 비록 피고인이 특정 가명을 다방에 근무하는 동안 계속 사용해 왔고, 주소는 실제 피고인의 주소와 동일하게 기재되어 있으며, 피고인이 위 문서로부터 발생할 책임을 면하려는 의사나 편취의 목적을 가지지는 않았다고 하더라도, 명의인과 작성자의 인격의 동일성을 오인케 한 피고인의 이

러한 행위는 사문서 위조, 동행사죄에 해당한다고 보아야 한다 (대법원 2010.11.11, 2010도1835).

ⓛ (위조사문서행사죄) 휴대전화 신규 가입신청서를 위조한 후 이를 스캔한 이미지 파일을 제3자에게 이메일로 전송한 사안에서, 이미지 파일 자체는 문서에 관한 죄의 '문서'에 해당하지 않으나, 이를 전송하여 컴퓨터 화면상으로 보게 한 행위는 이미 위조한 가입신청서를 행사한 것에 해당하므로 위조사문서행사죄가 성립한다(대법원 2008.10.23, 2008도5200).

ⓒ (사문서위조, 동행사죄) 단속경찰관의 주취운전자적발보고서 중 운전자 확인란에 주취운전사실을 확인하는 서명날인 또는 무인을 하는 것은 중요한 사회적 이해관계를 가지는 사실을 증명하는 문서에 해당하므로, 주취운전자적발보고서 중 운전자 확인란에 타인의 성명을 기재하고 무인을 찍은 경우 사문서위조죄에 해당한다(대법원 2004.12.23, 2004도6483). 따라서 이를 제출한 경우 위조사문서행사죄 또한 성립한다.

ⓔ (자격모용사문서작성, 동행사죄) 부동산중개사무소를 대표하거나 대리할 권한이 없는 사람이 부동산매매계약서의 공인중개사란에 '○○부동산 대표 △△△(피고인의 이름)'라고 기재한 사안에서, '○○부동산'이라는 표기는 단순히 상호를 가리키는 것이 아니라 독립한 사회적 지위를 가지고 활동하는 존재로 취급될 수 있으므로 자격모용사문서작성죄의 '명의인'에 해당한다(대법원 2008.2.14, 2007도9606).

06 정답 ③

③ ⓛⓒⓔⓜ

ⓛ (×) 주식회사의 대표이사가 그 대표 자격을 표시하는 방식으로 작성한 문서에 표현된 의사 또는 관념이 귀속되는 주체는 대표이사 개인이 아닌 주식회사이므로 그 문서의 명의자는 주식회사라고 보아야 한다. 따라서 위와 같은 문서 작성행위가 위조에 해당하는지는 그 작성자가 주식회사 명의의 문서를 적법하게 작성할 권한이 있는지에 따라 판단하여야 하고, 문서에 대표이사로 표시되어 있는 사람으로부터 그 문서 작성에 관하여 위임 또는 승낙을 받았는지에 따라 판단할 것은 아니다. 원래 주식회사의 적법한 대표이사는 회사의 영업에 관하여 재판상 또는 재판외의 모든 행위를 할 권한이 있으므로, 대표이사가 직접 주식회사 명의의 문서를 작성하는 행위는 자격모용사문서작성 또는 위조에 해당하지 않는 것이 원칙이다. 이는 그 문서의 내용이 진실에 반하는 허위이거나 대표권을 남용하여 자기 또는 제3자의 이익을 도모할 목적으로 작성된 경우에도 마찬가지이다. 이러한 법리는 주식회사의 대표이사가 대표 자격을 표시하는 방식으로 약속어음 등 유가증권을 작성하는 경우에도 마찬가지로 적용된다(대법원 2015.11.27, 2014도17894).

ⓛ (×) 사문서를 수정할 때 명의자가 명시적 묵시적 승낙을 하였다면 사문서변조죄는 성립하지 않고, 명의자가 그 사실을 알았다면 당연히 승낙했을 것이라고 추정되는 경우에도 사문서변조죄가 성립하지 않는다(대법원 2015.11.26, 2014도781).

ⓒ (○) 문서위조 및 동행사죄의 보호법익은 문서에 대한 공공의 신용이므로 '문서가 원본인지 여부'가 중요한 거래에서 문서의 사본을 진정한 원본인 것처럼 행사할 목적으로 다른 조작을 가함이 없이 문서의 원본을 그대로 컬러복사기로 복사한 후 복사한 문서의 사본을 원본인 것처럼 행사한 행위는 사문서위조죄 및 동행사죄에 해당한다(대법원 2016.7.14, 2016도2081).

[보충] 변호사회가 발급한 경유증표는 증표가 첨부된 변호사선임서 등이 변호사회를 경유하였고 소정의 경유회비를 납부하였음을 확인하는 문서이므로 법원, 수사기관 또는 공공기관에 이를 제출할 때에는 원본을 제출하여야 하고 사본으로 원본에 갈음할 수 없으며, 각 고소위임장에 함께 복사되어 있는 변호사회 명의의 경유증표는 원본이 첨부된 고소위임장을 그대로 컬러복사한 것으로서 일반적으로 문서가 갖추어야 할 형식을 모두 구비하고 있고, 이를 주의 깊게 관찰하지 아니하면 그것이 원본이 아닌 복사본임을 알아차리기 어려울 정도이므로 일반인이 명의자의 진정한 사문서로 오신하기에 충분한 정도의 형식과 외관을 갖추었다는 점에서 피고인의 행위는 사문서위조죄 및 동행사죄에 해당한다고 해야 한다(대법원 2016.7.14, 2016도2081).

ⓔ (×) 공문서부정행사죄는 사용권한자와 용도가 특정되어 작성된 공문서 또는 공도화를 사용권한 없는 자가 사용권한이 있는 것처럼 가장하여 부정한 목적으로 행사하거나 또는 권한 있는 자라도 정당한 용법에 반하여 부정하게 행사하는 경우에 성립한다. … 만일 경찰공무원이 자동차 등의 운전자로부터 운전면허증의 이미지파일 형태를 제시받는 경우에는 그 입수 경위 등을 추가로 조사·확인하지 않는 한 이러한 목적을 달성할 수 없을 뿐만 아니라, 그 이미지파일을 신용하여 적법한 운전면허증의 제시가 있었던 것으로 취급할 수도 없다. 따라서 도로교통법 제92조 제2항에서 제시의 객체로 규정한 운전면허증은 적법한 운전면허의 존재를 추단 내지 증명할 수 있는 운전면허증 그 자체를 가리키는 것이지, 그 이미지파일 형태는 여기에 해당하지 않는다. … 자동차 등의 운전자가 경찰공무원에게 다른 사람의 운전면허증 자체가 아니라 이를 촬영한 이미지파일을 휴대전화 화면 등을 통하여 보여주는 행위는 운전면허증의 특정된 용법에 따른 행사라고 볼 수 없는 것이어서 그로 인하여 경찰공무원이 그릇된 신용을 형성할 위험이 있다고 할 수 없으므로, 이러한 행위는 결국 공문서부정행사죄를 구성하지 아니한다(대법원 2019.12.12, 2018도2560).

ⓜ (×) 의사는 사망진단서 작성 당시까지 드러난 환자의 임상 경과를 고려하여 가장 부합하는 사망 원인과 사망의 종류를 자신의 의학적인 판단에 따라 사망진단서에 기재할 수 있으므로, 부검 이전에 작성된 사망진단서에 기재된 사망 원인이 부검으로 밝혀진 사망 원인과 다르다고 하여 피고인들에게 허위진단서 작성의 고의가 있다고 곧바로 추단할 수는 없다. 특히 부검을 통하지 않고 사망의 의학적 원인을 정확하게 파악하는 데에는 한계가 있으므로, 부검 결과로써 확인된 최종적 사인이 이보다 앞선 시점에 작성된 사망진단서에 기재된 사망 원인과 일치하지 않는다는 사정만으로 사망진단서의 기재가 객관적으로 진실에 반한다거나, 작성자가 그러한 사정을 인식하고 있었다고 함부로 단정하여서는 안 된다(대법원 2024.4.4, 2021도15080).

07 정답 ①

① (×) 이사회 회의록에 관한 이사의 서명권한에는 서명거부사유를 기재하고 그에 대해 서명할 권한이 포함된다. 이사가 이사회 회의록에 서명함에 있어 이사장이나 다른 이사들의 동의를 받을 필요가 없는 이상 서명거부사유를 기재하고 그에 대한 서명을 함에 있어서도 이사장 등의 동의가 필요 없다고 보아야 한다. 따라서 이사가 이사회 회의록에 서명 대신 서명거부사유를 기재하고 그에 대한 서명을 하면, 특별한 사정이 없는 한 그 내

용은 이사회 회의록의 일부가 되고, 이사회 회의록의 작성권한자인 이사장이라 하더라도 임의로 이를 삭제한 경우에는 이사회 회의록 내용에 변경을 가하여 새로운 증명력을 가져오게 되므로 사문서변조에 해당한다(사문서변조죄 및 변조사문서행사죄 성립)(대법원 2018.9.13, 2016도20954).

② (○) 자격모용에 의한 사문서작성죄는 문서위조죄와 마찬가지로 문서의 진정에 대한 공공의 신용을 보호법익으로 하는 것으로, 행사할 목적으로 타인의 자격을 모용하여 작성된 문서가 일반인으로 하여금 명의인의 권한 내에서 작성된 문서라고 믿게 할 수 있는 정도의 형식과 외관을 갖추고 있으면 성립한다. 대표자 또는 대리인의 자격으로 임대차 등 계약을 하는 경우 그 자격을 표시하는 방법에는 특별한 규정이 없다. 피고인 자신을 위한 행위가 아니고 작성명의인을 위하여 법률행위를 한다는 것을 인식할 수 있을 정도의 표시가 있으면 대표 또는 대리관계의 표시로서 충분하다. … 일반인으로서는 임대차계약서가 乙회사의 대표자 또는 대리인의 자격을 가진 피고인에 의해 乙회사 명의로 작성된 문서라고 믿게 할 수 있는 정도의 형식과 외관을 갖추고 있어 피고인의 행위는 자격모용사문서작성과 자격모용작성사문서행사에 해당된다(대법원 2017.12.22, 2017도14560).

③ (○) 허위진단서 작성에 해당하는 허위의 기재는 사실에 관한 것이건 판단에 관한 것이건 불문하므로, 현재의 진단명과 증상에 관한 기재뿐만 아니라 현재까지의 진찰 결과로서 발생 가능한 합병증과 향후 치료에 대한 소견을 기재한 경우에도 그로써 환자의 건강상태를 나타내고 있는 이상 허위진단서 작성의 대상이 될 수 있다. (형사소송법 제471조 제1항 제1호에서 정한 형집행정지 요건인 '형의 집행으로 인하여 현저히 건강을 해할 염려가 있는 때'에 해당하는지에 대하여) 의사가 환자의 수형생활 또는 수감생활의 가능 여부에 관하여 기재한 의견이 환자의 건강상태에 기초한 향후 치료 소견의 일부로서 의료적 판단을 기재한 것으로 볼 수 있다면, 이는 환자의 건강상태를 나타내고 있다는 점에서 허위진단서 작성의 대상이 될 수 있다. 따라서 의사가 진단서에 단순히 환자의 수형생활 또는 수감생활의 가능 여부에 대한 의견만 기재한 것이 아니라, 그 판단의 근거로 환자에 대한 진단 결과 또는 향후 치료 의견 등을 함께 제시하였고 그와 결합하여 수형생활 또는 수감생활의 가능 여부에 대하여 판단한 것이라면 그 전체가 환자의 건강상태를 나타내고 있는 의료적 판단에 해당한다(대법원 2017.11.9, 2014도15129).

④ (○) 대법원 2019.3.14, 2018도18646.

08

정답 ③

③ ㉠㉢㉣㉤

㉠ (○) 대법원 1989.8.8, 88도2209

㉡ (×) 공문서든 사문서든 일반인으로 하여금 문서의 작성명의자가 진정한 명의인으로 오인케 할 만한 위험이 존재하는 이상 명의인의 실재는 요하지 않는다는 것이 통설과 변경된 판례의 입장이다. 따라서 명의인이 실재하지 않는 허무인이거나 또는 문서의 작성일자 이전에 이미 사망한 자로 되어 있다 하더라도 문서로서 인정된다(대법원 2005.2.24, 2002도18 전원합의체).

㉢ (○) 대법원 2000.9.5, 2000도2855

㉣ (○) 문서의 변조는 이미 진정하게 성립한 타인 명의의 문서에 그 동일성을 해하지 않을 정도로 변경을 가하는 것으로, 문서의 작성권한 없는 자가 작성권자의 동의 없이 문서 내용을 변경함으로써 성립하는 범죄이다. 따라서 변경된 내용이 객관적 진실에 합치되는가의 여부는 문서변조죄의 성립에 영향을 주지 않는다.

㉤ (○) 허위공문서작성죄란 공문서에 진실에 반하는 기재를 하는 때에 성립하는 범죄이므로, 고의로 법령을 잘못 적용하여 공문서를 작성하였다고 하더라도 그 법령적용의 전제가 된 사실관계에 대한 내용에 거짓이 없다면 허위공문서작성죄가 성립될 수 없는바 당사자로부터 뇌물을 받고 고의로 적용하여서는 안 될 조항을 적용하여 과세표준을 결정하고 그 과세표준에 기하여 세액을 산출하였다고 하더라도, 그 세액계산서에 허위내용의 기재가 없다면 허위공문서작성에는 해당하지 않는다(대법원 1996.5.14, 96도554).

㉥ (×) 위계에 의한 공무집행방해죄가 성립한다(대법원 1997.2.28, 96도2825: 전북도청 어업허가신청 처리 사례). 위 판례에서 문제되는 어업허가처리기안문의 내용은 "어업을 허가한다"는 것이며, 어업을 허가한다는 위 공문서의 내용은 거짓이 아니다. 따라서 허위공문서작성죄(의 간접정범) 자체가 성립하는 경우가 아니다.

09

정답 ③

③ ㉡㉣㉥

㉠ (×) 컴퓨터 모니터 화면에 나타나는 이미지는 이미지 파일을 보기 위한 프로그램을 실행할 경우에 그때마다 전자적 반응을 일으켜 화면에 나타나는 것에 지나지 않아서 계속적으로 화면에 고정된 것으로는 볼 수 없으므로, 형법상 문서에 관한 죄에 있어서의 문서에는 해당되지 않는다(대법원 2010.7.15, 2010도6068).

㉡ (○) 담뱃갑은 적어도 그 담뱃갑 안에 들어 있는 담배가 특정 제조회사가 제조한 특정한 종류의 담배라는 사실을 증명하는 기능을 하고 있으므로, 그러한 담뱃갑은 문서 등 위조의 대상인 도화에 해당한다고 할 것이다(대법원 2010.7.29, 2010도2705).

㉢ (×) 공정증서란 권리의무에 관한 공정증서만을 가리키는 것이고 사실증명에 관한 것은 이에 포함되지 아니하므로 권리의무에 변동을 주는 효력이 없는 토지대장은 위에서 말하는 공정증서에 해당하지 아니한다(대법원 1988.5.24, 87도2696).

㉣ (○) 전화카드를 공중전화기에 넣어 사용하는 경우 비록 전화기가 전화카드로부터 판독할 수 있는 부분은 자기띠 부분에 수록된 전자기록에 한정된다고 할지라도, 전화카드 전체가 하나의 문서로서 사용된 것으로 보아야 하고 그 자기띠 부분만 사용된 것으로 볼 수는 없다(대법원 2002.6.25, 2002도461).

㉤ (×) 십지지문 지문대조표는 수사기관이 피의자의 신원을 특정하고 지문대조조회를 하기 위하여 직무상 작성하는 서류로서 비록 자서란에 피의자로 하여금 스스로 성명 등의 인적사항을 기재하도록 하고 있다 하더라도 이를 사문서로 볼 수는 없다(대법원 2000.8.22, 2000도2393).

㉥ (○) ⓐ 신탁자에게 아무런 부담이 지워지지 않은 채 재산이 수탁자에게 명의신탁된 경우에는 특별한 사정이 없는 한 재산의 처분 기타 권한행사에 관해서 수탁자가 자신의 명의사용을 포괄적으로 신탁자에게 허용하였다고 보아야 하므로, 신탁자가 수탁자 명의로 신탁재산의 처분에 필요한 서류를 작성할 때에 수탁자로부터 개별적인 승낙을 받지 않았더라도 사문서위조·동행사죄가 성립하지 않는다. 이에 비하여 ⓑ 수탁자가 명의신탁 받은 사실을 부인하여 신탁자와 수탁자 사이에 신탁재산의 소유권에 관하여 다툼이 있는 경우 또는 수탁자가 명의신탁 받

은 사실 자체를 부인하지 않더라도 신탁자의 신탁재산 처분권한을 다투는 경우에는 신탁재산에 관한 처분 기타 권한행사에 관해서 신탁자에게 부여하였던 수탁자 명의사용에 대한 포괄적 허용을 철회한 것으로 볼 수 있어 명의사용이 허용되지 않는다(대법원 2007.3.29, 2006도9425; 2007.11.30, 2007도4812; 2022.3.31, 2021도17197).

10 정답 ④

④ ㉠ㄴㄷ

㉠ (○) 신탁자에게 아무런 부담이 지워지지 않은 채 재산이 수탁자에게 명의신탁된 경우 특별한 사정이 없는 한 수탁자는 신탁자에게 자신의 명의사용을 포괄적으로 허용하였다고 봄이 타당한바, 사법행위와 공법행위를 구별하여 신탁재산의 처분 등과 관련한 사법상 행위에 대하여만 명의사용을 승낙하였다고 제한할 수는 없다. 특히 명의신탁된 주식의 처분 후 수탁자 명의의 과세표준신고를 하는 것은 법령에 따른 절차로서 신고를 하지 않는다면 오히려 수탁자에게 불이익할 수 있다는 점까지 고려한다면, 명의수탁자가 명의신탁주식의 처분을 허용하였음에도 처분 후 과세표준 등의 신고행위를 위한 명의사용에 대하여는 승낙을 유보하였다고 볼 특별한 사정이 존재하지 않는 한 허용된 범위에 속한다고 보아야 할 것이다(대법원 2022.3.31, 2021도17197).

㉡ (○) 일반인으로 하여금 공무원 또는 공무소의 권한 내에서 작성된 문서라고 믿을 수 있는 형식과 외관을 구비한 문서를 작성하면 공문서위조죄가 성립하지만, 평균 수준의 사리분별력을 갖는 사람이 조금만 주의를 기울여 살펴보면 공무원 또는 공무소의 권한 내에서 작성된 것이 아님을 쉽게 알아볼 수 있을 정도로 공문서로서의 형식과 외관을 갖추지 못한 경우에는 공문서위조죄가 성립하지 않는다(대법원 1992.5.26, 92도699; 2020.10.24, 2019도8443).

[보충] 위조문서행사죄에 있어서 행사라 함은 위조된 문서를 진정한 문서인 것처럼 그 문서의 효용방법에 따라 이를 사용하는 것을 말하고, 위조된 문서를 진정한 문서인 것처럼 사용하는 한 그 행사의 방법에 제한이 없으므로 위조된 문서를 스캐너 등을 통해 이미지화한 다음 이를 전송하여 컴퓨터 화면상에서 보게 하는 경우도 행사에 해당하지만(대법원 2008.10.23, 2008도5200), 이는 문서의 형태로 위조가 완성된 것을 전제로 하는 것이므로, 공문서로서의 형식과 외관을 갖춘 문서에 해당하지 않아 공문서위조죄가 성립하지 않는 경우에는 위조공문서행사죄도 성립할 수 없다. 피고인이 제주도 콘도 입주민들의 모임인 '한국녹지한라산소진 시설운영위원회' 직인을 행정기관에 등록한 것처럼 꾸미기 위하여 서귀포시 동홍동장이 발급한 개인 인감증명서에 위원회 직인 2개를 날인한 종이를 오려붙이는 방법으로 인감증명서를 위조하고, 이를 메신저 단체대화방에 게재하는 방법으로 행사한 경우, 위 법리에 비추어 ⓐ 피고인이 만든 종이 문서 자체를 ⓑ 평균수준의 사리분별력을 갖춘 일반인이 보았을 때 진정한 문서로 오신할 만한지 여부를 판단해야 하는데, 피고인이 만든 문서가 그와 같은 외관과 형식을 갖추었다고 인정하기는 어렵고, 공문서위조죄가 성립한다고 보기 어려운 이상 이를 사진촬영 하여 메신저 단체대화방에 게재한 행위가 위조공문서행사죄에 해당한다고 할 수도 없다(대법원 2020.10.24, 2019도8443).

㉢ (○) 공문서변조죄는 권한 없는 자가 공무소 또는 공무원이 이

미 작성한 문서내용에 대하여 동일성을 해하지 않을 정도로 변경을 가하여 새로운 증명력을 작출케 함으로써 공공적 신용을 해할 위험성이 있을 때 성립한다(대법원 2003.12.26, 2002도7339 등). 이때 일반인으로 하여금 공무원 또는 공무소의 권한 내에서 작성된 문서라고 믿을 수 있는 형식과 외관을 구비한 문서를 작성하면 공문서변조죄가 성립하는 것이고, 일반인으로 하여금 공무원 또는 공무소의 권한 내에서 작성된 문서라고 믿게 할 수 있는지 여부는 그 문서의 형식과 외관은 물론 그 문서의 작성경위, 종료, 내용 및 일반거래에 있어서 그 문서가 가지는 기능 등 여러 가지 사정을 종합적으로 고려하여 판단하여야 한다(공문서위조죄에 관한 대법원 1992.11.27, 92도2226 및 사문서위조죄에 관한 대법원 2009.7.23, 2008도10195 등 참조)(대법원 2021.2.25, 2018도19043).

㉣ (×) 허위공문서작성죄의 주체는 문서를 작성할 권한이 있는 명의인인 공무원에 한하고 그 공무원의 문서작성을 보조하는 직무에 종사하는 공무원은 허위공문서작성죄의 주체가 될 수 없다. 따라서 ⓐ 보조 직무에 종사하는 공무원이 허위공문서를 기안하여 허위임을 모르는 작성권자의 결재를 받아 공문서를 완성한 때에는 허위공문서작성죄의 간접정범이 될 것이지만, ⓑ 이러한 결재를 거치지 않고 임의로 작성권자의 직인 등을 부정 사용함으로써 공문서를 완성한 때에는 공문서위조죄가 성립한다. 이러한 법리는 공문서의 작성권한 없는 사람이 허위공문서를 기안하여 작성권자의 결재를 받지 않고 공문서를 완성한 경우에도 마찬가지이다. … 작성권자의 직인 등을 보관하는 담당자는 일반적으로 작성권자의 결재가 있는 때에 한하여 보관 중인 직인 등을 날인할 수 있을 뿐이다. 이러한 경우 다른 공무원 등이 작성권자의 결재를 받지 않고 직인 등을 보관하는 담당자를 기망하여 작성권자의 직인을 날인하도록 하여 공문서를 완성한 때에도 공문서위조죄가 성립한다(대법원 2017.5.17, 2016도13912).

㉤ (×) 형법상 인장에 관한 죄에서 인장은 사람의 동일성을 표시하기 위하여 사용하는 일정한 상형을 의미하고, 기호는 물건에 압날하여 사람의 인격상 동일성 이외의 일정한 사항을 증명하는 부호를 의미한다(대법원 1995.9.5, 95도1269). 그리고 형법 제238조의 공기호는 해당 부호를 공무원 또는 공무소가 사용하는 것만으로는 부족하고, 그 부호를 통하여 증명을 하는 사항이 구체적으로 특정되어 있고 해당 사항은 그 부호에 의하여 증명이 이루어질 것이 요구된다. 위 각 검찰 업무표장은 검찰수사, 공판, 형의 집행부터 대외 홍보 등 검찰청의 업무 전반 또는 검찰청 업무와의 관련성을 나타내기 위한 것으로 보일 뿐, 이것이 부착된 차량은 '검찰 공무수행 차량'이라는 것을 증명하는 기능이 있다는 등 이를 통하여 증명을 하는 사항이 구체적으로 특정되어 있다거나 그 사항이 이러한 검찰 업무표장에 의하여 증명된다고 볼 근거가 없고, 일반인들이 위 각 표지판이 부착된 차량을 '검찰 공무수행 차량'으로 오인할 수 있다고 해도 위 각 검찰 업무표장이 위와 같은 증명적 기능을 갖추지 못한 이상 이를 공기호라고 할 수는 없다(대법원 2024.1.4, 2023도11313).

11 정답 ③

③ ㉠ㄴㄹㅁ

㉠ (○) 허위공문서작성죄는 공문서에 진실에 반하는 기재를 하는 때에 성립하는 범죄이므로, 공문서를 작성하는 과정에서 법령

등을 잘못 적용하거나 적용하여야 할 법령 등을 적용하지 아니한 잘못이 있더라도 그 적용의 전제가 된 사실관계에 관하여 거짓된 기재가 없다면 허위공문서작성죄가 성립할 수 없고, 이는 그와 같은 잘못이 공무원의 고의에 기한 것이라도 달리 볼 수 없다. 공문서 작성 과정에서 법령 등을 잘못 적용하였다고 하여 반드시 진실에 반하는 기재를 하여 공문서를 작성하게 되는 것은 아니므로, 공문서 작성 과정에서 법령 등의 적용에 잘못이 있다는 것과 기재된 공문서 내용이 허위인지 여부는 구별되어야 한다(대법원 2021.9.16, 2019도18394).

ⓒ (○) 백지수표를 발행한 목적과 경위, 수표소지인 지위의 공공성, 발행인과의 계약관계 및 그 내용, 예정된 백지보충권 행사의 사유 등에 비추어 백지수표를 교부받은 수표소지인이 이를 제3자에게 유통시킬 가능성이 없을 뿐만 아니라 장차 백지보충권을 행사하여 지급제시를 하게 될 때에는 이미 당좌거래가 정지된 상황에 있을 것임이 그 수표 발행 당시부터 명백하게 예견되는 등의 특별한 사정이 인정된다면 그 백지수표는 유통증권성을 가지지 아니한 단순한 증거증권에 지나지 아니하는 것으로서 그러한 백지수표를 발행한 행위에 대해서까지 부정수표단속법 제2조 제2항 위반죄로 처벌할 수는 없다 할 것이다. 그리고 백지수표의 금액란이 부당보충된 경우 적어도 보충권의 범위 내에서는 백지수표의 발행인이 그 금액을 보충한 것과 다를 바 없어 백지수표의 발행인은 그 범위 내에서는 부정수표단속법위반죄의 죄책을 진다고 할 것이나, 이와 달리 보충권을 넘어서는 금액에 관하여는 발행인이 그와 같은 금액으로 보충한 것과 동일하게 볼 수는 없으므로, 그 발행인에게 보충권을 넘어서는 금액에 대하여까지 부정수표단속법위반죄의 죄책을 물을 수는 없다(대법원 1995.9.29, 94도2464; 1998.3.10, 98도180; 2013.12.26, 2011도7184).

ⓒ (×) 자격모용사문서작성죄 및 자격모용작성사문서행사죄의 객체인 사문서는 권리·의무 또는 사실증명에 관한 타인의 문서 또는 도화를 가리키고, 권리·의무에 관한 문서라 함은 권리의무의 발생·변경·소멸에 관한 사항이 기재된 것을 말하며, 사실증명에 관한 문서는 권리·의무에 관한 문서 이외의 문서로서 거래상 중요한 사실을 증명하는 문서를 의미한다. 그리고 거래상 중요한 사실을 증명하는 문서는, 법률관계의 발생·존속·변경·소멸의 전후과정을 증명하는 것이 주된 취지인 문서뿐만 아니라 직접적인 법률관계에 단지 간접적으로만 연관된 의사표시 내지 권리·의무의 변동에 사실상으로만 영향을 줄 수 있는 의사표시를 내용으로 하는 문서도 포함될 수 있다고 할 것이다(대법원 2009.4.23, 2008도8527; 2012.5.9, 2010도2690).

ⓔ (○) 사서명(私署名) 등 위조죄가 성립하려면 서명 등이 일반인으로 하여금 특정인의 진정한 서명 등으로 오신하게 할 정도에 이르러야 하고, 일반인이 특정인의 진정한 서명 등으로 오신하기에 충분한 정도인지 여부는 서명 등의 형식과 외관, 작성 경위뿐만 아니라 서명 등이 기재된 문서에 서명 등을 할 필요성, 문서의 작성 경위, 종류, 내용 그리고 일반거래에서 문서가 가지는 기능 등도 함께 고려하여 판단하여야 한다(대법원 2005.12.23, 2005도4478). 피고인이 음주운전으로 단속되자 동생의 이름을 대며 조사를 받다가 휴대용정보단말기(PDA)에 표시된 음주운전단속결과통보 중 운전자의 서명란에 동생의 이름 대신 의미를 알 수 없는 부호를 기재한 행위는 동생의 서명을 위조한 것에 해당한다(대법원 2020.12.30, 2020도14045).

ⓜ (○) 형법 제203조의 공문서부정행사죄는 공문서의 사용에 대한 공공의 신용을 보호법익으로 하는 범죄로서 추상적 위험범이다. 형법 제230조는 본죄의 구성요건으로 단지 '공무원 또는 공무소의 문서 또는 도화를 부정행사한 자'라고만 규정하고 있어, 자칫 처벌범위가 지나치게 확대될 염려가 있으므로 본죄에 관한 범행의 주체, 객체 및 태양을 되도록 엄격하게 해석하여 처벌범위를 합리적인 범위 내로 제한하여야 한다(대법원 2001.4.19, 2000도1985 전원합의체). 사용권한자와 용도가 특정되어 있는 공문서를 사용권한 없는 자가 사용한 경우에도 그 공문서 본래의 용도에 따른 사용이 아닌 경우에는 공문서부정행사죄가 성립되지 아니한다(대법원 2003.2.26, 2002도4935). … 장애인사용자동차표지는 장애인이 이용하는 자동차에 대한 조세감면 등 필요한 지원의 편의를 위하여 장애인이 사용하는 자동차를 대상으로 발급되는 것이고, 장애인전용주차구역 주차표지가 있는 장애인사용자동차표지는 보행상 장애가 있는 사람이 이용하는 자동차에 대한 지원의 편의를 위하여 발급되는 것이다. 따라서 장애인사용자동차표지를 사용할 권한이 없는 사람이 장애인전용주차구역에 주차하는 등 장애인 사용 자동차에 대한 지원을 받을 것으로 합리적으로 기대되는 상황이 아니라면 단순히 이를 자동차에 비치하였더라도 장애인사용자동차표지를 본래의 용도에 따라 사용했다고 볼 수 없어 공문서부정행사죄가 성립하지 않는다(대법원 2022.9.29, 2021도14514).

12 정답 ②

② (○) 준공검사조서를 작성함에 있어서 정산설계서를 확인하고 준공검사를 한 것이 아님에도 마치 한 것처럼 준공검사용지에 "정산설계서에 의하여 준공검사"를 하였다는 내용을 기입하였다면 허위공문서작성의 범의가 있었음이 명백하여 그것만으로 곧 허위공문서작성죄가 성립하고 위 준공검사조서의 내용이 객관적으로 정산설계서 초안이나 그후에 작성된 정산설계서 원본의 내용과 일치한다거나 공사현장의 준공상태에 부합한다 하더라도 그 성립에 아무런 영향을 미치지 못한다(대법원 1983.12.27, 82도3063).

① (×) 공무원이 어떠한 위법사실을 발견하고도 직무상 의무에 따른 적절한 조치를 취하지 아니하고 위법사실을 적극적으로 은폐할 목적으로 허위공문서를 작성, 행사한 경우에는 직무위배의 위법상태는 허위공문서작성 당시부터 그 속에 포함되는 것으로 작위범인 허위공문서작성, 동행사죄만이 성립하고 부작위범인 직무유기죄는 따로 성립하지 아니한다(대법원 1999.12.24, 99도2240).

③ (×) 피고인이 자기의 형사사건에 관하여 허위의 진술을 하는 행위는 피고인의 형사소송에 있어서의 방어권을 인정하는 취지에서 처벌의 대상이 되지 않으나, 법률에 의하여 선서한 증인이 타인의 형사사건에 관하여 위증을 하면 형법 제152조 제1항의 위증죄가 성립되므로 자기의 형사사건에 관하여 타인을 교사하여 위증죄를 범하게 하는 것은 이러한 방어권을 남용하는 것이라고 할 것이어서 교사범의 죄책을 부담케 함이 상당하다(대법원 2004.1.27, 2003도5114).

④ (×) 재판 확정 후에는 필요적 감면의 특례가 적용되지 않는다. 제152조, 제153조 참조.

> **제152조(위증, 모해위증)** ① 법률에 의하여 선서한 증인이 허위의 진술을 한 때에는 5년 이하의 징역 또는 1천만 원 이하의 벌금에 처한다. <개정 1995.12.29.>

② 형사사건 또는 징계사건에 관하여 피고인, 피의자 또는 징계혐의자를 모해할 목적으로 전항의 죄를 범한 때에는 10년 이하의 징역에 처한다.
제153조(자백, 자수) 전조의 죄를 범한 자가 그 공술한 사건의 재판 또는 징계처분이 확정되기 전에 자백 또는 자수한 때에는 그 형을 감경 또는 면제한다.

13 　　　　　　　　　　　　　　　　　정답 ①

① ㉠㉤

㉠ (○) 사기도박에 필요한 준비를 갖추고 그러한 의도로 피해자들에게 도박에 참가하도록 권유한 때 또는 늦어도 그 정을 알지 못하는 피해자들이 도박에 참가한 때에는 이미 사기죄의 실행에 착수하였다고 할 것이므로, 피고인 등이 그 후에 사기도박을 숨기기 위하여 얼마간 정상적인 도박을 하였더라도 이는 사기죄의 실행행위에 포함되는 것이어서 피고인에 대하여는 피해자들에 대한 사기죄만이 성립하고 도박죄는 따로 성립하지 아니한다(대법원 2011.1.13, 2010도9330).

㉡ (×) 사기도박은 죄수를 판단함에 있어 피해자의 수를 기준으로 판단하기 때문에 수죄인 것은 맞으나, 피고인 등이 피해자들을 유인하여 사기도박을 하여 도금을 편취한 행위는 사회관념상 1개의 행위로 평가함이 상당하므로, 피해자들에 대한 각 사기죄는 상상적 경합의 관계에 있다고 보아야 할 것이다(대법원 2011.1.13, 2010도9330).

㉢ (×) 도박행위를 처벌하지 않는 외국 카지노에서의 내국인의 도박은 속인주의가 적용되어 국내법의 적용을 받아 처벌받게 된다. 내국인의 폐광지역 카지노 출입을 허용하는 법은 국내에서만 특별하게 적용되는 법률에 의한 정당행위로써, 이를 외국에서의 도박에 유추적용하여 위법성을 조각시킬 수는 없는 것이다.

㉣ (×) 골프·당구·장기 등과 같은 경기는 당사자의 능력이 승패의 결과에 영향을 미친다고 하더라도 다소라도 우연성의 사정에 의하여 영향을 받게 된다는 점에서 도박죄에 해당될 수 있다. 따라서 일시오락의 정도에 불과하지 않은 '내기 골프'는 도박에 해당한다고 보아야 한다(대법원 2008.10.23, 2006도736).

㉤ (○) 상습도박의 죄나 상습도박방조의 죄에 있어서의 상습성은 행위의 속성이 아니라 행위자의 속성으로서 도박을 반복해서 거듭하는 습벽을 말하는 것이기 때문에, 도박의 습벽이 있는 자가 타인의 도박을 방조하면 상습도박방조의 죄에 해당하는 것이며, 도박의 습벽이 있는 자가 도박을 하고 또 도박방조를 하였을 경우 상습도박방조의 죄는 무거운 상습도박의 죄에 포괄시켜 1죄로서 처단하여야 할 것이다(대법원 1984.4.24, 84도195).

14 　　　　　　　　　　　　　　　　　정답 ②

② ㉠㉢㉣㉤

㉠ (○) 반드시 일반 장제의 의례를 갖추어야만 하는 것은 아니라 할지라도 단지 지하에 매몰하였다는 사실만으로서는 도저히 이를 정상한 매장이라 할 수 없고 피고인 소관의 과수원에 노무자로 종사해오던 자가 자살한 경우 법률상 또는 계약상 의무는 아니라 할지라도 의당 관할관서에 신고 또는 유가족에 의 통보 연락 등 상당한 조처를 취하였어야 할 조리상의 의무를 기대할 수 있으므로 피고인이 임의로 사체를 지하에 매몰한 행위는 제

161조 제1항 사체유기죄를 구성한다(대법원 1961.1.18, 4293형상859).

㉡ (×) 형법 제161조의 사체은닉이라 함은 사체의 발견을 불가능 또는 심히 곤란하게 하는 것을 구성요건으로 하고 있는바, 피고인이 실신한 피해자를 숲속으로 끌고 들어가 살해하고 그 장소에 방치한 채 그대로 하산하였을 뿐 그밖에 사체의 발견을 불가능 또는 현저하게 곤란하게 하는 어떤 행위를 한 바 없어 강도살인죄 이외에 별도로 사체은닉죄가 성립한다고 볼 수 없다(대법원 1986.6.24, 86도891).

㉢ (○) 성매매알선 등 행위의 처벌에 관한 법률(이하 '성매매처벌법') 제2조 제1항 제2호가 규정하는 '성매매알선'은 성매매를 하려는 당사자 사이에 서서 이를 중개하거나 편의를 도모하는 것을 의미하므로, 성매매의 알선이 되기 위하여는 반드시 그 알선에 의하여 성매매를 하려는 당사자가 실제로 성매매를 하거나 서로 대면하는 정도에 이르러야만 하는 것은 아니고, 성매매를 하려는 당사자들의 의사를 연결하여 더 이상 알선자의 개입이 없더라도 당사자 사이에 성매매에 이를 수 있을 정도의 주선행위만 있으면 족하다. 그리고 성매매처벌법 제19조에서 정한 성매매알선죄는 성매매죄 정범에 종속되는 종범이 아니라 성매매죄 정범의 존재와 관계없이 그 자체로 독자적인 정범을 구성하므로, 알선자가 위와 같은 주선행위를 하였다면 성매수자에게 실제로는 성매매에 나아가려는 의사가 없었다고 하더라도 위 법에서 정한 성매매알선죄가 성립한다(대법원 2023.6.29, 2020도3626).

㉣ (○) 대법원 2003.6.27, 2003도1331

㉤ (○) 장례식방해죄는 장례식의 평온과 공중의 추모감정을 보호법익으로 하는 이른바 추상적 위험범으로서 범인의 행위로 인하여 장례식이 현실적으로 저지 내지 방해되었다고 하는 결과의 발생까지 요하지 않고 방해행위의 수단과 방법에도 아무런 제한이 없으며 일시적인 행위라 하더라도 무방하나, 적어도 객관적으로 보아 장례식의 평온한 수행에 지장을 줄 만한 행위를 함으로써 장례식의 절차와 평온을 저해할 위험이 초래될 수 있는 정도는 되어야 비로소 방해행위가 있다고 보아 장례식방해죄가 성립한다고 할 것이다. 한편 형사재판에서 공소가 제기된 범죄사실에 대한 입증책임은 검사에게 있는 것이므로, 장례식방해죄에 있어서 장례식의 절차와 평온을 저해할 위험이 초래된 방해행위가 있었음에 대해서도 그 입증책임은 검사에게 있다고 할 것이다(대법원 2013.2.14, 2010도13450).

㉥ (×) 분묘는 시체나 유골을 매장하여 제사나 예배 또는 기념의 대상으로 삼기 위하여 만든 시설이므로, 여기에 매장된 시체나 유골이 후에 토괴화되었더라도 이는 여전히 분묘라 할 것이고, 이를 개장하여 토괴화한 유골을 화장하여 다시 묻는 경우에도 그 시설이 자연장의 요건을 갖추었다는 등의 사정이 없는 한 제사나 예배 또는 기념의 대상으로 삼기 위하여 만든 분묘로 보아야 한다(대법원 2012.10.25, 2010도5112).

15 　　　　　　　　　　　　　　　　　정답 ④

④ (○) 상습도박죄(제246조 제2항)와 음화판매죄(제243조)는 모두 목적범이 아니다.
① (×) 허위유가증권작성죄(제216조)
② (×) 허위공문서작성죄(제227조)
③ (×) 음행매개죄(제242조), 음화제조죄(제244조)는 목적범이다.

16

② ㉠㉢㉣㉤㉥

㉠ (×) 공문서위조죄나 허위공문서작성죄의 객체인 공문서는 공무원 또는 공무소가 그 직무에 관하여 작성하는 문서이고, 그 행위주체가 공무원과 공무소가 아닌 경우에는 형법 또는 특별법에 의하여 공무원 등으로 의제되는 경우를 제외하고는 계약 등에 의하여 공무와 관련되는 업무를 일부 대행하는 경우가 있더라도 공무원 또는 공무소가 될 수 없다. … 공단이 해양수산부장관을 대행하여 이사장 명의로 발급하는 선박검사증서는 공무원 또는 공무소가 작성하는 문서라고 볼 수 없으므로 공문서위조죄나 허위공문서작성죄에서의 공문서에 해당하지 아니한다(대법원 2016.1.14, 2015도9133).

㉡ (○) 주식회사의 발기인 등이 상법 등 법령에 정한 회사설립의 요건과 절차에 따라 회사설립등기를 함으로써 회사가 성립하였다고 볼 수 있는 경우 회사설립등기와 그 기재 내용은 특별한 사정이 없는 한 공정증서원본 부실기재죄나 공전자기록 등 부실기재죄에서 말하는 부실의 사실에 해당하지 않는다. 발기인 등이 회사를 설립할 당시 회사를 실제로 운영할 의사 없이 회사를 이용한 범죄 의도나 목적이 있었다거나, 회사로서의 인적·물적 조직 등 영업의 실질을 갖추지 않았다는 이유만으로는 부실의 사실을 법인등기부에 기록하게 한 것으로 볼 수 없다(대법원 2020.2.27, 2019도9293; 2020.3.26, 2019도7729).

[보충] 피고인 등이 공모하여, 甲 주식회사를 설립한 후 회사 명의로 통장을 개설하여 이른바 대포통장을 유통시킬 목적이었을 뿐 자본금을 납입하거나 회사를 설립한 사실이 없는데도 허위의 회사설립등기 신청서를 법원 등기관에게 제출하여 등기관으로 하여금 상업등기 전산정보처리시스템의 법인등기부에 위 신청서의 기재 내용을 입력하고 이를 비치하게 하여 행사하였다고 하여 공전자기록 등 부실기재와 부실기재 공전자기록 등 행사의 공소사실로 기소된 사안에서, 피고인 등이 실제 회사를 설립하려는 의사를 가지고 상법이 정하는 회사설립에 필요한 정관 작성, 주식 발행·인수, 임원 선임 등의 절차를 이행함으로써 甲 회사는 상법상 주식회사로 성립하였다는 등의 이유로 甲 회사에 대한 회사설립등기는 공전자기록 등 부실기재죄에서 말하는 '부실의 사실'에 해당하지 않는다고 한 사례이다.

㉢ (×) 도시 및 주거환경정비법 제16조의2 제1항에서 말하는 추진위원회 승인 또는 조합 설립인가의 '취소'는 추진위원회 승인이나 조합 설립인가 당시에 위법 또는 부당한 하자가 있음을 이유로 한 것이 아니라 처분 이후 발생한 후발적 사정을 이유로 하는 것이므로, 추진위원회 승인 또는 조합 설립인가의 효력을 소급적으로 상실시키는 행정행위의 '취소'가 아니라 적법요건을 구비하여 완전히 효력을 발하고 있는 추진위원회 승인 또는 조합 설립인가의 효력을 장래에 향해 소멸시키는 행정행위의 '철회'이다. 따라서 주택재건축사업조합장 甲은 구 도시정비법 제84조에 의하여 형법 제129조 내지 제132조의 적용에 있어서 공무원으로 의제되는 조합의 임원이라고 봄이 상당하다.(대법원 2016.6.10, 2015도576).

㉣ (×) 정비사업조합의 임원이 그 정비구역 안에 있는 토지 또는 건축물의 소유권 또는 그 지상권을 상실함으로써 조합 임원 지위를 상실한 경우나 임기가 만료된 정비사업조합의 임원이 관련 규정에 따라 그 후임자가 선임될 때까지 계속하여 그 직무를 수행하다가 후임자가 선임되어 그 직무수행권을 상실한 경우, 그 조합 임원이 그 후에도 조합의 법인 등기부에 임원으로 등기되어 있는 상태에서 계속하여 실질적으로 조합 임원으로서의 직무를 수행하여 왔다면 그 직무수행의 공정과 그에 대한 사회의 신뢰 및 직무행위의 불가매수성은 여전히 보호되어야 한다. 따라서 그 조합 임원은 임원의 지위 상실이나 직무수행권의 상실에도 불구하고 도시정비법 제84조에 따라 형법 제129조 내지 제132조의 적용에 있어서 공무원으로 보아야 한다(대법원 2016.1.14, 2015도15798).

㉤ (×) 형법 제195조가 규정한 수도불통죄는 공중의 음용수를 공급하는 수도 기타 시설을 손괴하거나 기타 방법으로 불통하게 함으로써 성립하는 공공위험범죄로서 공중의 건강 또는 보건을 보호법익으로 한다. 수도불통죄의 대상이 되는 '수도 기타 시설'이란 공중의 음용수 공급을 주된 목적으로 설치된 것에 한정되는 것은 아니고, 설령 다른 목적으로 설치된 것이더라도 불특정 또는 다수인에게 현실적으로 음용수를 공급하고 있는 것이면 충분하며 소유관계에 따라 달리 볼 것도 아니다. 원래 화장실 용수 공급용으로 설치되었으나 현실적으로 불특정 또는 다수인이 음용수 공급용으로도 이용 중인 수도배관이라면 수도불통죄의 대상에 해당하고, 정당행위로서 위법성조각사유에 해당한다는 피고인의 주장은 받아들일 수 없다(대법원 2022.6.9, 2022도2817).

> **제195조(수도불통)** 공중이 먹는 물을 공급하는 수도 그 밖의 시설을 손괴하거나 그 밖의 방법으로 불통(不通)하게 한 자는 1년 이상 10년 이하의 징역에 처한다.

㉥ (×) 형법 제243조(음화반포등)는 음란한 문서, 도화, 필름 기타 물건을 반포, 판매 또는 임대하거나 공연히 전시 또는 상영한 자에 대한 처벌 규정으로서 컴퓨터 프로그램파일은 위 규정에서 규정하고 있는 문서, 도화, 필름 기타 물건에 해당한다고 할 수 없다(대법원 1999.2.24, 98도3140). 이는 형법 제243조의 행위에 공할 목적으로 음란한 물건을 제조, 소지, 수입 또는 수출한 자를 처벌하는 규정인 형법 제244조(음화제조등)의 '음란한 물건'의 해석에도 그대로 적용된다. 위 법리에 의하면, 피고인이 성명불상자에게 제작을 의뢰하여 전송받은 음란합성사진 파일은 형법 제244조의 '음란한 물건'에 해당한다고 볼 수 없다(대법원 2023.12.14, 2020도1669).

[보충] 다만 성폭력처벌법상 허위영상물편집등죄에는 해당한다.

> **성폭력처벌법 제14조의2(허위영상물 등의 반포등)** ① 사람의 얼굴·신체 또는 음성을 대상으로 한 촬영물·영상물 또는 음성물(이하 이 조에서 "영상물등"이라 한다)을 영상물등의 대상자의 의사에 반하여 성적 욕망 또는 수치심을 유발할 수 있는 형태로 편집·합성 또는 가공(이하 이 조에서 "편집등"이라 한다)한 자는 7년 이하의 징역 또는 5천만 원 이하의 벌금에 처한다. <개정 2024.10.16.>
> ② 제1항에 따른 편집물·합성물·가공물(이하 이 조에서 "편집물등"이라 한다) 또는 복제물(복제물의 복제물을 포함한다. 이하 이 조에서 같다)을 반포등을 한 자 또는 제1항의 편집등을 할 당시에는 영상물등의 대상자의 의사에 반하지 아니한 경우에도 사후에 그 편집물등 또는 복제물을 영상물등의 대상자의 의사에 반하여 반포등을 한 자는 7년 이하의 징역 또는 5천만 원 이하의 벌금에 처한다. <개정 2024.10.16.>
> ③ 영리를 목적으로 영상물등의 대상자의 의사에 반하여 정보통신망을 이용하여 제2항의 죄를 범한 자는 3년 이상의 유

기징역에 처한다. <개정 2024.10.16.>

④ 제1항 또는 제2항의 편집물등 또는 복제물을 소지·구입·저장 또는 시청한 자는 3년 이하의 징역 또는 3천만 원 이하의 벌금에 처한다. <신설 2024.10.16.>

⑤ 상습으로 제1항부터 제3항까지의 죄를 범한 때에는 그 죄에 정한 형의 2분의 1까지 가중한다. <개정 2024.10.16.>

[본조신설 2020.3.24.]

17 정답 ④

④ ㉠㉡㉢㉤㉥

㉠ (○) 내란선동은 주로 언동, 문서, 도화 등에 의한 표현행위의 단계에서 문제되는 것이므로 내란선동죄의 구성요건을 해석함에 있어서는 국민의 기본권인 표현의 자유가 위축되거나 그 본질이 침해되지 아니하도록 죄형법정주의의 기본정신에 따라 엄격하게 해석하여야 할 것이다(대법원 2015.1.22, 2014도10978 전원합의체).

㉡ (○) 선동행위는 선동자에 의하여 일방적으로 행해지고, 그 이후 선동에 따른 범죄의 결의 여부 및 그 내용은 선동자의 지배영역을 벗어나 피선동자에 의하여 결정될 수 있으며, 내란선동을 처벌하는 근거가 선동행위 자체의 위험성과 불법성에 있다는 점 등을 고려해야 한다(대법원 2015.1.22, 2014도10978 전원합의체).

㉢ (○) 음모는 실행의 착수 이전에 2인 이상의 자 사이에 성립한 범죄실행의 합의로서, 2인 이상의 자 사이에 어떠한 폭동행위에 대한 합의가 있는 경우에도 공격의 대상과 목표가 설정되어 있지 않고, 시기와 실행방법이 어떠한지를 알 수 없으면 그것이 '내란'에 관한 음모인지를 알 수 없다(대법원 2015.1.22, 2014도10978 전원합의체).

㉣ (×) 나아가 합의는 실행행위로 나아간다는 확정적인 의미를 가진 것이어야 하고, 단순히 내란에 관한 생각이나 이론을 논의한 것으로는 부족하다. 또한, 내란음모가 단순히 내란에 관한 생각이나 이론을 논의 내지 표현한 것인지 실행행위로 나아간다는 확정적인 의미를 가진 합의인지를 구분하기가 쉽지 않다는 점을 고려하면, 내란음모죄에 해당하는 합의가 있다고 하기 위해서는 단순히 내란에 관한 범죄결심을 외부에 표시·전달하는 것만으로는 부족하고 객관적으로 내란범죄의 실행을 위한 합의라는 것이 명백히 인정되고, 그러한 합의에 실질적인 위험성이 인정되어야 할 것이다(대법원 1999.11.12, 99도3801 참조)(대법원 2015.1.22, 2014도10978 전원합의체).

㉤ (○) 피고인의 행위는 공동피고인 1로부터 북한의 지령을 전달받고 대화를 나누었으며 그로부터 금품 등을 수수하고 그에게 진보당 관련 문건 등을 교부하였다는 것일 뿐이므로, 결국 진보당의 중앙위원장인 피고인이 이미 지득하고 있던 진보당 관련 문건 등을 보고·누설한 행위에 불과하다고 할 것인바, 이러한 행위는 그 사실 자체로서 형법 제98조 제1항에 규정된 간첩행위, 즉 우리나라의 기밀을 탐지·수집하는 간첩행위라고 보기 어렵다(대법원 2011.1.20, 2008재도11 전원합의체).

㉥ (×) 판례는 공지의 사실은 국가기밀에 해당하지 않는다는 입장이므로 위 지문의 전단 부분부터 잘못된 것이다. "현행 국가보안법 제4조 제1항 제2호 (나)목에 정한 기밀을 해석함에 있어서 그 기밀은 정치, 경제, 사회, 문화 등 각 방면에 관하여 반국가단체에 대하여 비밀로 하거나 확인되지 아니함이 대한민국의

이익이 되는 모든 사실, 물건 또는 지식으로서, 그것들이 국내에서의 적법한 절차 등을 거쳐 이미 일반인에게 널리 알려진 공지의 사실, 물건 또는 지식에 속하지 아니한 것이어야 하고, 또 그 내용이 누설되는 경우 국가의 안전에 위험을 초래할 우려가 있어 기밀로 보호할 실질가치를 갖춘 것이어야 한다(대법원 1997.7.16, 97도985 전원합의체)." 그리고 국가기밀은 실질적 기밀개념에 따르므로 위 지문의 후단 부분도 잘못된 것이다. "간첩죄에 있어서의 국가기밀이란 순전한 의미에서의 국가기밀에만 국한할 것이 아니고 정치, 경제, 사회, 문화 등 각 방면에 걸쳐서 대한민국의 국방정책상 북한에 알리지 아니하거나 확인되지 아니함이 이익이 되는 모든 기밀사항을 포함하고, 지령에 의하여 민심동향을 파악·수집하는 것도 이에 해당되며, 그 탐지·수집의 대상이 우리 국민의 해외교포사회에 대한 정보여서 그 기밀사항이 국외에 존재한다고 하여도 위의 국가기밀에 포함된다(대법원 1988. 11.8, 88도1630)."

㉦ (×) 형법 제91조 제2호에 의하면 헌법에 의하여 설치된 국가기관을 강압에 의하여 전복 또는 그 권능행사를 불가능하게 하는 것을 국헌문란의 목적의 하나로 규정하고 있는데, 여기에서 '권능행사를 불가능하게 한다'고 하는 것은 그 기관을 제도적으로 영구히 폐지하는 경우만을 가리키는 것은 아니고 사실상 상당기간 기능을 제대로 할 수 없게 만드는 것을 포함한다(대법원 1997.4.17, 96도3376 전원합의체).

㉨ (○) 내란죄의 구성요건인 폭동의 내용으로서의 폭행 또는 협박은 일체의 유형력의 행사나 외포심을 생기게 하는 해악의 고지를 의미하는 최광의의 폭행·협박을 말하는 것으로서, 이를 준비하거나 보조하는 행위를 전체적으로 파악한 개념이며, 그 정도가 한 지방의 평온을 해할 정도의 위력이 있음을 요한다. … 비상계엄의 전국확대조치의 그와 같은 강압적 효과가 법령과 제도 때문에 일어나는 당연한 결과라고 하더라도, 이러한 법령이나 제도가 가지고 있는 위협적인 효과가 국헌문란의 목적을 가진 자에 의하여 그 목적을 달성하기 위한 수단으로 이용되는 경우에는 비상계엄의 전국확대조치가 내란죄의 구성요건인 폭동의 내용으로서의 협박행위가 되므로 이는 내란죄의 폭동에 해당하고, 또한 그 당시 그와 같은 비상계엄의 전국확대는 우리 나라 전국의 평온을 해하는 정도에 이르렀음을 인정할 수 있다(대법원 1997.4.17, 96도3376 전원합의체).

18 정답 ②

② ㉠㉡

㉠ (×) 형법 제127조는 공무원 또는 공무원이었던 자가 법령에 의한 직무상 비밀을 누설하는 것을 구성요건으로 하고 있고, 법령에 의한 직무상 비밀이란 반드시 법령에 의하여 비밀로 규정되었거나 비밀로 분류 명시된 사항에 한하지 아니하고 정치, 군사, 외교, 경제, 사회적 필요에 따라 비밀로 된 사항은 물론 정부나 공무소 또는 국민이 객관적, 일반적인 입장에서 외부에 알려지지 않는 것에 상당한 이익이 있는 사항도 포함하는 것이나, 동 조에서 말하는 비밀이란 실질적으로 그것을 비밀로서 보호할 가치가 있다고 인정할 수 있는 것이어야 할 것이다(대법원 1996.5.10, 95도780).

㉡ (×) 변호사 사무실 직원인 피고인 甲이 법원공무원인 피고인 乙에게 부탁하여, 수사 중인 사건의 체포영장 발부자 53명의 명단을 누설받은 경우, 피고인 乙이 직무상 비밀을 누설한 행위

와 피고인 甲이 이를 누설받은 행위는 대향범 관계에 있으므로 공범에 관한 형법총칙 규정이 적용될 수 없다(대법원 2011.4. 28, 2009도3642).

ⓒ (○) 대법원 1996.5.10, 95도780.

ⓔ (○) 검찰 등 수사기관이 특정 사건에 대하여 수사를 진행하고 있는 상태에서, 수사기관이 어떤 자료를 확보하였고 해당 사안이나 피의자의 죄책, 신병처리에 대하여 수사책임자가 어떤 의견을 가지고 있는지 등의 정보는, 그것이 수사기관 외부로 누설될 경우 피의자 등이 아직까지 수사기관에서 확보하지 못한 자료를 인멸하거나, 수사기관에서 파악하고 있는 내용에 맞추어 증거를 조작하거나, 허위의 진술을 준비하는 등의 방법으로 수사기관의 범죄수사 기능에 장애를 초래할 위험이 있으므로 해당 사건에 대한 종국적인 결정을 하기 전까지는 외부에 누설되어서는 안 될 수사기관 내부의 비밀에 해당한다(대법원 2007. 6.14, 2004도5561).

19
정답 ③

③ ㉠ㄴㄹㅁ

㉠ (✕) 공무원이 한 행위가 직권남용에 해당한다고 하여 그러한 이유만으로 상대방이 한 일이 '의무 없는 일'에 해당한다고 인정할 수는 없다. '의무 없는 일'에 해당하는지는 직권을 남용하였는지와 별도로 상대방이 그러한 일을 할 법령상 의무가 있는지를 살펴 개별적으로 판단하여야 한다. 직권남용 행위의 상대방이 일반 사인인 경우 특별한 사정이 없는 한 직권에 대응하여 따라야 할 의무가 없으므로 그에게 어떠한 행위를 하게 하였다면 '의무 없는 일을 하게 한 때'에 해당할 수 있다(대법원 2020.1.30, 2018도2236 전원합의체; 2020.2.13, 2019도5186).

[보충1] 그러나 상대방이 공무원이거나 법령에 따라 일정한 공적 임무를 부여받고 있는 공공기관 등의 임직원인 경우에는 법령에 따라 임무를 수행하는 지위에 있으므로 그가 직권에 대응하여 어떠한 일을 한 것이 의무 없는 일인지 여부는 관계 법령 등의 내용에 따라 개별적으로 판단하여야 한다.

[보충2] 대통령비서실장 등이 각 연도별로 전국경제인연합회(이하 '전경련')에 특정 정치성향 시민단체들에 대한 자금지원을 요구하고 그로 인하여 전경련 부회장 甲으로 하여금 해당 단체들에 자금지원을 하도록 하였다면, 피고인들이 위와 같이 자금지원을 요구한 행위는 대통령비서실장과 정무수석비서관실의 일반적 직무권한에 속하는 사항으로서 직권을 남용한 경우에 해당하고, 甲은 위 직권남용 행위로 인하여 전경련의 해당 보수 시민단체에 대한 자금지원 결정이라는 의무 없는 일을 하였으므로, 직권남용권리행사방해죄가 성립한다(대법원 2020.2. 13, 2019도5186).

ⓑ (✕) 직권남용권리행사방해죄는 단순히 공무원이 직권을 남용하는 행위를 하였다는 것만으로 곧바로 성립하는 것이 아니다. 직권을 남용하여 현실적으로 다른 사람이 법령상 의무 없는 일을 하게 하였거나 다른 사람의 구체적인 권리행사를 방해하는 결과가 발생하여야 하고, 그 결과의 발생은 직권남용 행위로 인한 것이어야 한다. '사람으로 하여금 의무 없는 일을 하게 한 것'과 '사람의 권리행사를 방해한 것'은 형법 제123조가 규정하고 있는 객관적 구성요건요소인 '결과'로서 둘 중 어느 하나가 충족되면 직권남용권리행사방해죄가 성립한다. 이는 '공무원이 직권을 남용하여'와 구별되는 별개의 범죄성립요건이다. 따라

서 공무원이 한 행위가 직권남용에 해당한다고 하여 그러한 이유만으로 상대방이 한 일이 '의무 없는 일'에 해당한다고 인정할 수는 없다. '의무 없는 일'에 해당하는지는 직권을 남용하였는지와 별도로 상대방이 그러한 일을 할 법령상 의무가 있는지를 살펴 개별적으로 판단하여야 한다. 직권을 남용한 행위가 위법하다는 이유로 곧바로 그에 따른 행위가 의무 없는 일이 된다고 인정하면 '의무 없는 일을 하게 한 때'라는 범죄성립요건의 독자성을 부정하는 결과가 되고, '권리행사를 방해한 때'의 경우와 비교하여 형평에도 어긋나게 된다. 직권남용 행위의 상대방이 일반 사인인 경우 특별한 사정이 없는 한 직권에 대응하여 따라야 할 의무가 없으므로 그에게 어떠한 행위를 하게 하였다면 '의무 없는 일을 하게 한 때'에 해당할 수 있다. 그러나 상대방이 공무원이거나 법령에 따라 일정한 공적 임무를 부여받고 있는 공공기관 등의 임직원인 경우에는 법령에 따라 임무를 수행하는 지위에 있으므로 그가 직권에 대응하여 어떠한 일을 한 것이 의무 없는 일인지 여부는 관계 법령 등의 내용에 따라 개별적으로 판단하여야 한다. … 피고인들의 위와 같은 지원배제 지시는 헌법에서 정한 문화국가원리, 표현의 자유, 평등의 원칙, 문화기본법의 기본이념인 문화의 다양성·자율성·창조성 등에 반하여 헌법과 법률에 위배되므로 '직권남용'에 해당하고, 나아가 위 지원배제 지시로써 문체부 공무원이 예술위·영진위·출판진흥원 직원들로 하여금 지원배제 방침이 관철될 때까지 사업진행 절차를 중단하는 행위, 지원배제 대상자에게 불리한 사정을 부각시켜 심의위원에게 전달하는 행위, 지원배제 방침을 심의위원에게 전달하면서 지원배제 대상자의 탈락을 종용하는 행위 등을 하게 한 것은 모두 위원들의 독립성을 침해하고 자율적인 절차진행과 운영을 훼손하는 것으로서 예술위·영진위·출판진흥원 직원들이 준수해야 하는 법령상 의무에 위배되므로 '의무 없는 일을 하게 한 때'에 해당한다(따라서 전단이 틀렸음). … 행정조직은 날로 복잡·다양화·전문화되고 있는 현대 행정에 대응하는 한편, 민주주의의 요청을 실현하는 것이어야 한다. 따라서 행정조직은 통일된 계통구조를 갖고 효율적으로 운영될 필요가 있고, 민주적으로 운영되어야 하며, 행정목적을 달성하기 위하여 긴밀한 협동과 합리적인 조정이 필요하다. 그로 인하여 행정기관의 의사결정과 집행은 다양한 준비과정과 검토 및 다른 공무원, 부서 또는 유관기관 등과의 협조를 거쳐 이루어지는 것이 통상적이다. 이러한 협조 또는 의견교환 등은 행정의 효율성을 높이기 위하여 필요하고, 동등한 지위 사이뿐만 아니라 상하기관 사이, 감독기관과 피감독기관 사이에서도 이루어질 수 있다. 이러한 관계에서 일방이 상대방의 요청을 청취하고 자신의 의견을 밝히거나 협조하는 등 요청에 응하는 행위를 하는 것은 특별한 사정이 없는 한 법령상 의무 없는 일이라고 단정할 수 없다. 결국 공무원이 직권을 남용하여 사람으로 하여금 어떠한 일을 하게 한 때에 상대방이 공무원 또는 유관기관의 임직원인 경우에는 그가 한 일이 형식과 내용 등에 있어 직무범위 내에 속하는 사항으로서 법령 그 밖의 관련 규정에 따라 직무수행 과정에서 준수하여야 할 원칙이나 기준, 절차 등을 위반하지 않는다면 특별한 사정이 없는 한 법령상 의무 없는 일을 하게 한 때에 해당한다고 보기 어렵다. … 예술위·영진위·출판진흥원 직원들로 하여금 문체부 공무원에게 각종 명단을 송부하게 한 행위, 공모사업 진행 중 수시로 심의 진행 상황을 보고하게 한 행위 부분은, 예술위·영진위·출판진흥원은 사업의 적정한 수행에 관하여 문체부의 감독을

받으므로 일반적으로 지원사업의 진행 상황을 보고하는 등 문체부의 지시에 협조할 의무가 있어 의무 없는 일에 해당하기 어렵다고 볼 여지가 있다(따라서 후단도 틀렸음)(대법원 2020. 1.30, 2018도2236 전원합의체).

ⓒ (○) 직권남용권리행사방해죄는 공무원에게 직권이 존재하는 것을 전제로 하는 범죄이고, 직권은 국가의 권력 작용에 의해 부여되거나 박탈되는 것이므로, 공무원이 공직에서 퇴임하면 해당 직무에서 벗어나고 그 퇴임이 대외적으로도 공표된다. 공무원인 피고인이 퇴임한 이후에는 위와 같은 직권이 존재하지 않으므로, '퇴임 후에도 실질적 영향력을 행사하는 등으로 퇴임 전 공모한 범행에 관한 기능적 행위지배가 계속되었다고 인정할 만한 특별한 사정이 없는 한', 퇴임 후의 범행에 관하여는 공범으로서 책임을 지지 않는다고 보아야 한다(대법원 2020. 2.13, 2019도5186).

ⓐ (×) 공무원인 행위자가 상대방에게 어떠한 이익 등의 제공을 요구한 경우 해악의 고지로 인정될 수 없다면 직권남용이나 뇌물 요구 등이 될 수는 있어도 협박을 요건으로 하는 강요죄가 성립하기는 어렵다(대법원 2020.2.13, 2019도5186).

[보충] 대통령비서실장 및 정무수석비서관실 소속 공무원들인 피고인들이, 2014~2016년도의 3년 동안 각 연도별로 전국경제인연합회(이하 '전경련')에 특정 정치성향 시민단체들에 대한 자금지원을 요구하고 그로 인하여 전경련 부회장 甲으로 하여금 해당 단체들에 자금지원을 하도록 하였다고 하여 직권남용권리행사방해 및 강요의 공소사실로 기소된 경우, 피고인들이 위와 같이 자금지원을 요구한 행위는 대통령비서실장과 정무수석비서관실의 일반적 직무권한에 속하는 사항으로서 직권을 남용한 경우에 해당하고, (甲은 위 직권남용 행위로 인하여 전경련의 해당 보수 시민단체에 대한 자금지원 결정이라는 의무 없는 일을 하였다는 등의 이유로 직권남용권리행사방해죄가 성립한다고 본 원심판단을 수긍하고, 한편) 대통령비서실 소속 공무원이 그 지위에 기초하여 어떠한 이익 등의 제공을 요구하였다고 해서 곧바로 그 요구를 해악의 고지라고 평가할 수 없는 점, 요구 당시 상대방에게 그 요구에 따르지 않으면 해악에 이를 것이라는 인식을 갖게 하였다고 평가할 만한 언동의 내용과 경위, 요구 당시의 상황, 행위자와 상대방의 성향·경력·상호관계 등에 관한 사정이 나타나 있지 않은 점, 전경련 관계자들이 대통령비서실의 요구를 받고도 그에 따르지 않으면 정책 건의 무산, 전경련 회원사에 대한 인허가 지연 등의 불이익을 받는다고 예상하는 것이 합리적이라고 볼 만한 사정도 제시되지 않은 점 등 여러 사정을 종합하면 피고인들의 위와 같은 자금지원 요구를 강요죄의 성립 요건인 협박, 즉 해악의 고지에 해당한다고 단정할 수 없다.

ⓜ (×) 직권남용 행위의 상대방이 일반 사인인 경우 특별한 사정이 없는 한 직권에 대응하여 따라야 할 의무가 없으므로 그에게 어떠한 행위를 하게 하였다면 '의무 없는 일을 하게 한 때'에 해당할 수 있다. 그러나 상대방이 공무원이거나 법령에 따라 일정한 공적 임무를 부여받고 있는 공공기관 등의 임직원인 경우에는 법령에 따라 임무를 수행하는 지위에 있으므로 그가 직권에 대응하여 어떠한 일을 한 것이 의무 없는 일인지 여부는 관계 법령 등의 내용에 따라 개별적으로 판단하여야 한다. … 결국 … 그가 한 일이 형식과 내용 등에 있어 직무범위 내에 속하는 사항으로서 법령 그 밖의 관련 규정에 따라 직무수행 과정에서 준수하여야 할 원칙이나 기준, 절차 등을 위반하였는지 등

을 살펴 법령상 의무 없는 일을 하게 한 때에 해당하는지 여부를 판단하여야 한다(대법원 2020.1.30, 2018도2236 전원합의체 참조). 대통령비서실 소속 해양수산비서관과 정무수석비서관은 해당 공무원들로 하여금 관련 법령에서 정한 직무수행의 원칙과 기준 등을 위반하여 업무를 수행하게 하여 법령상 의무 없는 일을 하게 한 때에 해당한다(대법원 2023.4.27, 2020도18296).

20
정답 ④

④ ②ⓜ

ⓐ (×) 일단 직무집행의 의사로 자신의 직무를 수행한 경우에는 그 직무집행의 내용이 위법한 것으로 평가된다는 점만으로 직무유기죄의 성립을 인정할 것은 아니고, 공무원이 태만·분망 또는 착각 등으로 인하여 직무를 성실히 수행하지 아니한 경우나 형식적으로 또는 소홀히 직무를 수행한 탓으로 적절한 직무수행에 이르지 못한 것에 불과한 경우에도 직무유기죄는 성립하지 아니한다(대법원 2007.7.12, 2006도1390; 2011.7.28, 2011도1739; 2013.4.26, 2012도15257).

ⓑ (×) 교육공무원의 징계에 관한 관련 규정을 종합하여 보면, 교육기관·교육행정기관·지방자치단체 또는 교육연구기관의 장이 징계위원회로부터 징계의결서를 통보받은 경우에는 해당 징계의결을 집행할 수 없는 법률상·사실상의 장애가 있는 등 특별한 사정이 없는 이상 법정 시한 내에 이를 집행할 의무가 있다(대법원 2014.4.10, 2013도229).

ⓒ (×) 교육기관·교육행정기관·지방자치단체 또는 교육연구기관의 장이 징계의결을 집행하지 못할 법률상·사실상의 장애가 없는데도 징계의결서를 통보받은 날로부터 법정 시한이 지나도록 집행을 유보하는 모든 경우에 직무유기죄가 성립하는 것은 아니고, 그러한 유보가 직무에 관한 의식적인 방임이나 포기에 해당한다고 볼 수 있는 경우에 한하여 직무유기죄가 성립한다고 보아야 한다(대법원 2014.4.10, 2013도229).

ⓓ (○) 대법원 2014.1.29, 2013도13937

ⓜ (○) 형법 제123조의 직권남용권리행사방해죄에서 말하는 '사람으로 하여금 의무 없는 일을 하게 한 때'란 공무원이 직권을 남용하여 다른 사람으로 하여금 법령상 의무 없는 일을 하게 한 때를 의미한다. 따라서 공무원이 자신의 직무권한에 속하는 사항에 관하여 실무 담당자로 하여금 직무집행을 보조하는 사실행위를 하도록 하더라도 이는 공무원 자신의 직무집행으로 귀결될 뿐이므로 원칙적으로 의무 없는 일을 하게 한 때에 해당한다고 할 수 없다. 그러나 직무집행의 기준과 절차가 법령에 구체적으로 명시되어 있고 실무 담당자에게도 직무집행의 기준을 적용하고 절차에 관여할 고유한 권한과 역할이 부여되어 있다면 실무 담당자로 하여금 그러한 기준과 절차를 위반하여 직무집행을 보조하게 한 경우에는 '의무 없는 일을 하게 한 때'에 해당한다. 공무원의 직무집행을 보조하는 실무 담당자에게 직무집행의 기준을 적용하고 절차에 관여할 고유한 권한과 역할이 부여되어 있는지 여부 및 공무원의 직권남용행위로 인하여 실무 담당자가 한 일이 그러한 기준이나 절차를 위반하여 한 것으로서 법령상 의무 없는 일인지 여부는 관련 법령 등의 내용에 따라 개별적으로 판단하여야 한다. … 검사에 대한 전보인사는 검찰청법 등 관련 법령에 근거한 것으로서 법령에서 정한 원칙과 기준에 따라야 하나, 한편 전보인사는 인사권자의 권한

에 속하고, 검사는 고도의 전문지식과 직무능력, 인격을 갖출 것이 요구되므로 인사권자는 법령의 제한을 벗어나지 않는 한 여러 사정을 참작하여 전보인사의 내용을 결정할 필요가 있고 이를 결정함에 있어 상당한 재량을 가지며, 인사권자의 지시 또는 위임에 따라 검사인사에 관한 직무집행을 보조 내지 보좌하는 실무 담당자도 그 범위에서 일정한 권한과 역할이 부여되어 재량을 가진다고 볼 수 있는 점, 위 인사안 작성 당시 경력검사 부치지청 배치제도가 인사기준 내지 고려사항의 하나로 유지되고 있었더라도, 이는 부치지청에서 근무한 경력검사를 차기 전보인사에서 배려한다는 내용에 불과하며, 관련 법령이나 검찰 인사위원회의 심의·의결사항 등을 전제로 한 여러 인사기준 또는 다양한 고려사항들 중 하나로서, 검사인사담당 검사가 검사의 전보인사안을 작성할 때 지켜야 할 일의적·절대적 기준이라고 볼 수 없고, 다른 인사기준 내지 다양한 고려사항들보다 일방적으로 우위에 있는 것으로 볼 만한 근거도 찾기 어려운 점 등의 사정을 종합하면, 피고인이 甲으로 하여금 위 인사안을 작성하게 한 것을 두고 피고인의 직무집행을 보조하는 甲으로 하여금 그가 지켜야 할 직무집행의 기준과 절차를 위반하여 법령상 의무 없는 일을 하게 한 때에 해당한다고 보기 어렵다(대법원 2020.1.9, 2019도11698).

ⓑ (×) 지방자치단체의 장이 승진후보자명부 방식에 의한 5급 공무원 승진임용 절차에서 인사위원회의 사전심의·의결 결과를 참고하여 승진후보자명부상 후보자들에 대하여 승진임용 여부를 심사하고서 최종적으로 승진대상자를 결정하는 것이 아니라, 미리 승진후보자명부상 후보자들 중에서 승진대상자를 실질적으로 결정한 다음 그 내용을 인사위원회 간사, 서기 등을 통해 인사위원회 위원들에게 '승진대상자 추천'이라는 명목으로 제시하여 인사위원회로 하여금 자신이 특정한 후보자들을 승진대상자로 의결하도록 유도하는 행위는 인사위원회 사전심의 제도의 취지에 부합하지 않다는 점에서 바람직하지 않다고 볼 수 있지만, 그것만으로는 직권남용권리행사방해죄의 구성요건인 '직권의 남용' 및 '의무 없는 일을 하게 한 경우'로 볼 수 없다(대법원 2020.12.10, 2019도17879).

[보충] 지방공무원법령상 임용권자(기장군수)는 인사위원회의 사전심의 결과에 구속되지 않으며 최종적으로 승진임용대상자를 결정할 권한은 임용권자에게 있다는 점을 중시한 판결로서, 직권남용죄 성립범위에 관한 대법원 2020.1.30, 2018도2236 전원합의체 판결(소위 블랙리스트 사건)의 후속판결이다.

▶ 제3편 국가적 법익에 대한 죄: 제2장 국가의 기능에 대한 죄 [공무원의 직무에 관한 죄 2] ─ [무고의 죄]

01	②	02	②	03	②	04	②	05	④
06	③	07	②	08	③	09	④	10	②
11	④	12	①	13	④	14	②	15	④
16	②	17	④	18	④	19	③	20	②

01
정답 ②

② (○) 법령에 기한 임명권자에 의하여 임용되어 공무에 종사하여 온 사람이 나중에 그가 임용결격자이었음이 밝혀져 당초의 임용행위가 무효라고 하더라도, 그가 임용행위라는 외관을 갖추어 실제로 공무를 수행한 이상 공무 수행의 공정과 그에 대한 사회의 신뢰 및 직무행위의 불가매수성은 여전히 보호되어야 한다. 따라서 이러한 사람은 형법 제129조에서 규정한 공무원으로 봄이 타당하고, 그가 그 직무에 관하여 뇌물을 수수한 때에는 수뢰죄로 처벌할 수 있다(대법원 2014.3.27, 2013도11357).

① (×) 도시개발법 제84조는 "조합의 임직원, 제20조에 따라 그 업무를 하는 감리원은 형법 제129조부터 제132조까지의 규정에 따른 벌칙을 적용할 때 공무원으로 본다."고 규정하고 있으므로, 도시개발구역의 토지 소유자가 도시개발을 위하여 설립한 조합(이하 '도시개발조합'이라 한다)의 임직원 등은 형법 제129조 내지 제132조가 정한 죄의 주체가 된다. 이에 따라 도시개발조합의 임직원 등이 그 직무에 관하여 부당한 이익을 얻었다면 그러한 이익도 형법 제133조 제1항에 규정된 "제129조 내지 제132조에 기재한 뇌물"에 해당하므로, 그 뇌물을 약속, 공여 또는 공여의 의사를 표시한 자에게는 형법 제133조 제1항에 의한 뇌물공여죄가 성립한다(대법원 2014.6.12, 2014도2393).

③ (×) 국가공무원이나 지방공무원 등 공무원이 기술심의위원회의 위원으로서 직무를 처리하는 경우에 그 직무가 그 공무원이 취급하는 원래의 직무 범위에 속하지 아니한다고 하더라도 기술심의위원회 위원의 직무와 관련하여 부당한 금품을 수수한 때에는 뇌물죄가 성립한다.

④ (×) 국가공무원이 지방자치단체의 업무에 관하여 전문가로서 위원 위촉을 받아 한시적으로 직무를 수행하는 경우와 같이 공무원이 그 고유의 직무와 관련이 없는 일에 관하여 별도의 위촉절차 등을 거쳐 다른 직무를 수행하게 된 경우에는 그 위촉이 종료되면 그 위원 등으로서 새로 보유하였던 공무원 지위는 소멸한다고 보아야 하므로, 그 이후에 종전에 위촉받아 수행한 직무에 관하여 금품을 수수하더라도 이는 사후수뢰죄에 해당할 수 있음은 별론으로 하고 일반 수뢰죄로 처벌할 수는 없다(대법원 2013.11.28, 2013도10011).

02
정답 ②

② ㉡㉢㉤㉥

㉠ (○) 관련 규정에 의하면 해운정책과 업무에는 대한민국 국적선사의 선박에 관한 것만 포함되어 있을 뿐 외국 국적선사의 선박에 대한 행정처분에 관한 것은 포함되어 있지 않고, 또한 외국 국적선사의 선박에 대한 구체적인 행정처분은, 해운정책과 소속 공무원에게 이를 좌우할 수 있는 어떠한 영향력이 있다고 할 수도 없어 해운정책과 소속 공무원의 직무와 밀접한 관계에 있는 행위라거나 또는 그가 관여하는 행위에 해당한다고 볼 수 없다는 이유로, 직무관련성이 없어 뇌물수수죄가 성립하지 않는다(대법원 2011.5.26, 2009도2453).

㉡ (×) 형법 제122조에서 공무원이 정당한 이유 없이 직무를 유기한 때라 함은 정당한 사유 없이 의식적으로 직무를 포기하거나 직무 또는 직장을 이탈하는 것을 말하고 공무원이 직무를 수행함에 있어서 태만 또는 착각 등으로 이를 성실하게 수행하지 아니한 경우까지 포함하는 것은 아니라 할 것인바, 위 출정계장과 감독교사가 재소자의 호송계호업무를 수행함에 있어서 성실하게 그 직무를 수행하지 아니하여 충근의무에 위반한 잘못은 인정되나 고의로 호송계호업무를 포기하거나 직무 또는 직장을 이탈한 것이라고는 볼 수 없으므로 형법상 직무유기죄를 구성하지 아니한다(대법원 1991.6.11, 91도2453).

㉢ (×) 직권남용죄는 공무원이 그 일반적 직무권한에 속하는 사항에 관하여 직권의 행사에 가탁하여 실질적, 구체적으로 위법·부당한 행위를 한 경우에 성립하고, 그 일반적 직무권한은 반드시 법률상의 강제력을 수반하는 것임을 요하지 아니하며, 그것이 남용될 경우 직권행사의 상대방으로 하여금 법률상 의무 없는 일을 하게 하거나 정당한 권리행사를 방해하기에 충분한 것이면 된다(대법원 2004.5.27, 2002도6251).

㉣ (○) 비록 관계 법령에서 이를 비밀 사항으로 규정한 바 없다 하더라도 형사 사건에 있어서 제출된 증거에 관한 정보는 실질적으로 비밀성을 지녔다 할 것이므로, 이를 피의자에게 알려주는 등으로 특정인의 이익을 도모하여 정당한 이유 없이 누설함은 형법 제127조 소정의 공무상 비밀누설죄에 해당한다(대법원 2005.9.15, 2005도4843).

㉤ (×) 형법 제127조는 공무원 또는 공무원이었던 자가 법령에 의한 직무상 비밀을 누설하는 것을 구성요건으로 하고 있는바, 여기서 '법령에 의한 직무상 비밀'이란 반드시 법령에 의하여 비밀로 규정되었거나 비밀로 분류 명시된 사항에 한하지 아니하고, 정치, 군사, 외교, 경제, 사회적 필요에 따라 비밀로 된 사항은 물론 정부나 공무소 또는 국민이 객관적, 일반적인 입장에서 외부에 알려지지 않는 것에 상당한 이익이 있는 사항도 포함하나, 실질적으로 그것을 비밀로서 보호할 가치가 있다고 인정할 수 있는 것이어야 한다(대법원 2007.6.14, 2004도556;

2018.2.13, 2014도11441 등). 그리고 '누설'이란 비밀을 아직 모르는 다른 사람에게 임의로 알려주는 행위를 의미한다. 한편, 공무상비밀누설죄는 공무상 비밀 그 자체를 보호하는 것이 아니라 공무원의 비밀엄수의무의 침해에 의하여 위험하게 되는 이익, 즉 비밀누설에 의하여 위협받는 국가의 기능을 보호하기 위한 것이다(위 2014도11441 등). 그러므로 공무원이 직무상 알게 된 비밀을 그 직무와의 관련성 혹은 필요성에 기하여 해당 직무의 집행과 관련 있는 다른 공무원에게 직무집행의 일환으로 전달한 경우에는, 관련 각 공무원의 지위 및 관계, 직무집행의 목적과 경위, 비밀의 내용과 전달 경위 등 제반 사정에 비추어 비밀을 전달받은 공무원이 이를 그 직무집행과 무관하게 제3자에게 누설할 것으로 예상되는 등 국가기능에 위험이 발생하리라고 볼 만한 특별한 사정이 인정되지 않는 한, 위와 같은 행위가 비밀의 누설에 해당한다고 볼 수 없다(대법원 2021.11. 25, 2021도2486).

ㅂ (×) 직무유기죄는 구체적으로 직무를 수행해야 할 작위의무가 있는데도 이러한 직무를 저버린다고 인식하고 작위의무를 이행하지 않음으로써 성립한다. 이때 직무를 유기한다는 것은 공무원이 법령, 내규 등에 따른 추상적 성실의무를 게을리하는 일체의 경우를 말하는 것이 아니라 직장의 무단이탈, 직무의 의식적인 포기 등과 같이 국가의 기능을 저해하고 국민에게 피해를 야기할 구체적인 가능성이 있는 경우만을 가리킨다(대법원 1983.3.22, 82도3065; 1997.4.22, 95도748). 따라서 공무원이 태만이나 착각 등으로 인하여 직무를 성실히 수행하지 않은 경우 또는 직무를 소홀하게 수행하였기 때문에 성실한 직무수행을 못한 데 지나지 않는 경우에는 직무유기죄가 성립하지 않는다(대법원 1994.2.8, 93도3568 등). 무단이탈로 인한 직무유기죄 성립 여부는 결근 사유와 기간, 담당하는 직무의 내용과 적시 수행 필요성, 결근으로 직무 수행이 불가능한지, 결근 기간에 국가기능의 저해에 대한 구체적인 위험이 발생하였는지 등을 종합적으로 고려하여 신중하게 판단해야 한다. 특히 근무기간을 정하여 임용된 공무원의 경우에는 근무기간 안에 특정 직무를 마쳐야 하는 특별한 사정이 있는지 등을 고려할 필요가 있다. … 학사일정상 피고인의 임기 종료일까지 기말고사 성적 처리에 대한 최종 업무를 종료할 것이 예정되어 있지 않았고, 피고인이 임기 종료 직전 2일을 무단결근한 사유에 참작할 사정이 있으며, 그 후로는 출근이나 업무 수행을 할 의무가 없으므로 직무유기죄의 죄책이 인정되지 않는다(대법원 2022.6.30, 2021도8361).

03
정답 ②

② ㄱㄷㄹㅁ

ㄱ (×) 뇌물수수죄는 공무원 또는 중재인이 그 직무에 관하여 뇌물을 수수한 때에 성립하는 것이어서 그 주체는 현재 공무원 또는 중재인의 직에 있는 자에 한정되므로, 공무원이 직무와 관련하여 뇌물수수를 약속하고 퇴직 후 이를 수수하는 경우에는, 뇌물약속과 뇌물수수가 시간적으로 근접하여 연속되어 있다고 하더라도, 뇌물약속죄 및 사후수뢰죄가 성립할 수 있음은 별론으로 하고, 뇌물수수죄는 성립하지 않는다(대법원 2008.2.1, 2007도5190).

ㄴ (○) 뇌물공여죄와 뇌물수수죄는 필요적 공범관계에 있다고 할 것이나, 필요적 공범이라는 것은 법률상 범죄의 실행이 다수인

의 협력을 필요로 하는 것을 가리키는 것으로서 이러한 범죄의 성립에는 행위의 공동을 필요로 하는 것에 불과하고 반드시 협력자 전부가 책임이 있음을 필요로 하는 것은 아니므로, 오로지 공무원을 함정에 빠뜨릴 의사로 직무와 관련되었다는 형식을 빌려 그 공무원에게 금품을 공여한 경우에도 공무원이 그 금품을 직무와 관련하여 수수한다는 의사를 가지고 받아들이면 뇌물수수죄가 성립한다(대법원 2008.3.13, 2007도10804).

ㄷ (×) 지방자치단체인 구는 '제3자뇌물제공죄의 제3자'가 될 수 있다(대법원 2011.4.14, 2010도12313).

ㄹ (×) 자기앞수표를 뇌물로 받아 이를 생활비로 소비한 후 자기 앞수표 상당액을 증뢰자에게 반환하였다 하더라도 뇌물 그 자체를 반환한 것은 아니므로 이를 몰수할 수 없고 그 가액을 추징하여야 한다(대법원 1983.4.12, 82도2462).

ㅁ (×) 뇌물죄에서의 수뢰액은 그 많고 적음에 따라 범죄구성요건이 되므로 엄격한 증명의 대상이 된다. 이때 ⓐ 공무원이 수수한 금품에 그 직무행위에 대한 대가로서의 성질과 직무 외의 행위에 대한 대가로서의 성질이 불가분적으로 결합되어 있는 경우에는 그 수수한 금품 전부가 불가분적으로 직무행위에 대한 대가로서의 성질을 가진다. ⓑ 다만 그 금품의 수수가 수회에 걸쳐 이루어졌고 각 수수 행위별로 직무 관련성 유무를 달리 볼 여지가 있는 경우에는 그 행위마다 직무와의 관련성 여부를 가릴 필요가 있다(대법원 2011.5.26, 2009도2453; 2012. 1.12, 2011도12642). 그리고 공무원이 아닌 사람과 공무원이 공모하여 금품을 수수한 경우에도 각 수수자가 수수한 금품별로 직무 관련성 유무를 달리 볼 수 있다면, 각 금품마다 직무와의 관련성을 따져 뇌물성을 인정하는 것이 책임주의 원칙에 부합한다(대법원 2024.3.12, 2023도17394).

04
정답 ②

② ㄴㄷㄹㅁ

ㄱ (○) 배임수재자가 배임증재자에게서 그가 무상으로 빌려준 물건을 인도받아 사용하고 있던 중에 공무원이 된 경우, 그 사실을 알게 된 배임증재자가 배임수재자에게 앞으로 물건은 공무원의 직무에 관하여 빌려주는 것이라고 하면서 뇌물공여의 뜻을 밝히고 물건을 계속하여 배임수재자가 사용할 수 있는 상태로 두더라도, 처음에 배임증재로 무상 대여할 당시에 정한 사용 기간을 추가로 연장해 주는 등 새로운 이익을 제공한 것으로 평가할 만한 사정이 없다면, 이는 종전에 이미 제공한 이익을 나중에 와서 뇌물로 하겠다는 것에 불과할 뿐 새롭게 뇌물로 제공되는 이익이 없어 뇌물공여죄가 성립하지 않는다(대법원 2015.10.15, 2015도6232).

ㄴ (×) 형법 제134조는 뇌물에 공할 금품을 필요적으로 몰수하고 이를 몰수하기 불가능한 때에는 그 가액을 추징하도록 규정하고 있는바, 몰수는 특정된 물건에 대한 것이고 추징은 본래 몰수할 수 있었음을 전제로 하는 것임에 비추어 뇌물에 공할 금품이 특정되지 않았던 것은 몰수할 수 없고 그 가액을 추징할 수도 없다(대법원 2015.10.29, 2015도12838).

ㄷ (×) 뇌물을 수수할 때 공여자를 기망한 경우, 뇌물수수죄, 뇌물공여죄가 성립하며, 이때 뇌물을 수수한 공무원은 뇌물죄와 사기죄의 상상적 경합 관계에 있다(대법원 2015.10.29, 2015도12838).

ㄹ (×) 등기신청은 단순한 '신고'가 아니라 신청에 따른 등기관의

심사 및 처분을 예정하고 있으므로, 등기신청인이 제출한 허위의 소명자료 등에 대하여 등기관이 나름대로 충분히 심사를 하였음에도 이를 발견하지 못하여 등기가 마쳐지게 되었다면 위계에 의한 공무집행방해죄가 성립할 수 있다. 등기관이 등기신청에 대하여 부동산등기법상 등기신청에 필요한 서면이 제출되었는지 및 제출된 서면이 형식적으로 진정한 것인지를 심사할 권한은 갖고 있으나 등기신청이 실체법상의 권리관계와 일치하는지를 심사할 실질적인 심사권한은 없다고 하여 달리 보아야 하는 것은 아니다(대법원 2016.1.28, 2015도17297).

ⓜ (×) 직권남용 행위의 상대방이 일반 사인인 경우 특별한 사정이 없는 한 직권에 대응하여 따라야 할 의무가 없으므로 그에게 어떠한 행위를 하게 하였다면 '의무 없는 일을 하게 한 때'에 해당할 수 있다. 그러나 상대방이 공무원이거나 법령에 따라 일정한 공적 임무를 부여받고 있는 공공기관 등의 임직원인 경우에는 법령에 따라 임무를 수행하는 지위에 있으므로 그가 직권에 대응하여 어떠한 일을 한 것이 의무 없는 일인지 여부는 관계 법령 등의 내용에 따라 개별적으로 판단하여야 한다(대법원 2020.1.30, 2018도2236 전원합의체).

05 [정답] ④

④ (○) 형법 제132조에서 말하는 '다른 공무원의 직무에 속한 사항의 알선에 관하여 뇌물을 수수한다'라고 함은, 다른 공무원의 직무에 속한 사항을 알선한다는 명목으로 뇌물을 수수하는 행위로서 반드시 알선의 상대방인 다른 공무원이나 그 직무의 내용을 구체적으로 특정할 필요까지는 없다. 알선행위는 장래의 것이라도 무방하므로, 뇌물을 수수할 당시 상대방에게 알선에 의하여 해결을 도모하여야 할 현안이 반드시 존재하여야 할 필요는 없지만, 알선뇌물수수죄가 성립하려면 알선할 사항이 다른 공무원의 직무에 속하는 사항으로서 뇌물수수의 명목이 그 사항의 알선에 관련된 것임이 어느 정도는 구체적으로 나타나야 한다. 단지 상대방으로 하여금 뇌물을 수수하는 자에게 잘 보이면 어떤 도움을 받을 수 있다거나 손해를 입을 염려가 없다는 정도의 막연한 기대감을 갖게 하는 정도에 불과하고, 뇌물을 수수하는 자 역시 상대방이 그러한 기대감을 가질 것이라고 짐작하면서 수수하였다는 사정만으로는 알선뇌물수수죄가 성립하지 않는다(대법원 2017.12.22, 2017도12346).

① (×) 뇌물죄는 직무집행의 공정과 이에 대한 사회의 신뢰에 기초하여 직무행위의 불가매수성을 보호법익으로 하고 있고, 직무에 관한 청탁이나 부정한 행위를 필요로 하지 않으므로 뇌물성을 인정하는 데 특별히 의무위반 행위나 청탁의 유무 등을 고려할 필요가 없고, 금품수수 시기와 직무집행 행위의 전후를 가릴 필요도 없다(대법원 2017.12.22, 2017도12346).

② (×), ③ (×) 형법 제129조 제1항의 뇌물수수죄가 성립하려면 공무원이 그 직무에 관하여 뇌물을 수수하여야 한다. 따라서 공무원이 이익을 수수한 행위가 공무원의 직무와 관련이 없다면 뇌물수수죄는 성립하지 않는다. 공무원이 장래에 담당할 직무에 대한 대가로 이익을 수수한 경우에도 뇌물수수죄가 성립할 수 있지만(이상 ②번의 해설), 그 이익을 수수할 당시 장래에 담당할 직무에 속하는 사항이 그 수수한 이익과 관련된 것임을 확인할 수 없을 정도로 막연하고 추상적이거나, 장차 그 수수한 이익과 관련지을 만한 직무권한을 행사할지 자체를 알 수 없다면, 그 이익이 장래에 담당할 직무에 관하여 수수되었다거나 그

대가로 수수되었다고 단정하기 어렵다(이상 ③번의 해설)(대법원 2017.12.22, 2017도12346).

06 [정답] ③

③ (×) 제3자뇌물수수죄에서 제3자란 행위자와 공동정범 이외의 사람을 말하고, 교사자나 방조자도 포함될 수 있다. 그러므로 공무원 또는 중재인이 부정한 청탁을 받고 제3자에게 뇌물을 제공하게 하고 제3자가 그러한 공무원 또는 중재인의 범죄행위를 알면서 방조한 경우에는 그에 대한 별도의 처벌규정이 없더라도 방조범에 관한 형법총칙의 규정이 적용되어 제3자뇌물수수방조죄가 인정될 수 있다(대법원 2017.3.15, 2016도19659).

① (○) 공무원이 아닌 사람(이하 '비공무원')이 공무원과 공동가공의 의사와 이를 기초로 한 기능적 행위지배를 통하여 공무원의 직무에 관하여 뇌물을 수수하는 범죄를 실행하였다면 공무원이 직접 뇌물을 받은 것과 동일하게 평가할 수 있으므로 공무원과 비공무원에게 형법 제129조 제1항에서 정한 뇌물수수죄의 공동정범이 성립한다. 형법은 제130조에서 제129조 제1항 뇌물수수죄와는 별도로 공무원이 그 직무에 관하여 뇌물공여자로 하여금 제3자에게 뇌물을 공여하게 한 경우에는 부정한 청탁을 받고 그와 같은 행위를 한 때에 뇌물수수죄와 법정형이 동일한 제3자뇌물수수죄로 처벌하고 있다. 제3자뇌물수수죄에서 뇌물을 받는 제3자가 뇌물임을 인식할 것을 요건으로 하지 않는다(대법원 2019.8.29, 2018도13792 전원합의체).

[보충] 그러나 공무원이 뇌물공여자로 하여금 공무원과 뇌물수수죄의 공동정범 관계에 있는 비공무원에게 뇌물을 공여하게 한 경우에는 공동정범의 성질상 공무원 자신에게 뇌물을 공여하게 한 것으로 볼 수 있다. 공무원과 공동정범 관계에 있는 비공무원은 제3자뇌물수수죄에서 말하는 제3자가 될 수 없고, 공무원과 공동정범 관계에 있는 비공무원이 뇌물을 받은 경우에는 공무원과 함께 뇌물수수죄의 공동정범이 성립하고 제3자뇌물수수죄는 성립하지 않는다.

② (○) 공무원이 뇌물을 받는 데에 지출한 필요 경비 또는 뇌물을 받는 주체가 아닌 자가 수고비로 받은 부분이나 뇌물을 받기 위하여 형식적으로 체결된 용역계약에 따른 비용으로 사용된 부분이 뇌물의 가액과 추징액에서 공제할 항목에 해당하는지 여부(소극)

공무원이 뇌물을 받는 데에 필요한 경비를 지출한 경우 그 경비는 뇌물수수의 부수적 비용에 불과하여 뇌물의 가액과 추징액에서 공제할 항목에 해당하지 않는다. 뇌물을 받는 주체가 아닌 자가 수고비로 받은 부분이나 뇌물을 받기 위하여 형식적으로 체결된 용역계약에 따른 비용으로 사용된 부분은 뇌물수수의 부수적 비용에 지나지 않는다. 뇌물을 받는다는 것은 영득의 의사로 금품을 받는 것을 말하므로, 뇌물인지 모르고 받았다가 뇌물임을 알고 즉시 반환하거나 또는 증뢰자가 일방적으로 뇌물을 두고 가므로 나중에 기회를 보아 반환할 의사로 어쩔 수 없이 일시 보관하다가 반환하는 등 영득의 의사가 없었다고 인정되는 경우라면 뇌물을 받았다고 할 수 없다. 그러나 피고인이 먼저 뇌물을 요구하여 증뢰자로부터 돈을 받았다면 피고인에게는 받은 돈 전부에 대한 영득의 의사가 인정된다(대법원 2017. 3.22, 2016도21536).

④ (○) 공무원이 직무관련자에게 제3자와 계약을 체결하도록 요구하여 계약 체결을 하게 한 행위가 제3자뇌물수수죄의 구성요

건과 직권남용권리행사방해죄의 구성요건에 모두 해당하는 경우에는, 제3자뇌물수수죄와 직권남용권리행사방해가 각각 성립하되, 이는 사회 관념상 하나의 행위가 수 개의 죄에 해당하는 경우이므로 두 죄는 형법 제40조의 상상적 경합관계에 있다(대법원 2017.3.15, 2016도19659).

07

② ㉠㉡㉢㉤㉥
㉠ (○) 도시 및 주거환경정비법 제84조에 의하여 공무원으로 의제되는 재건축정비사업조합 임원에게도 뇌물수수죄의 법리는 마찬가지로 적용되고, … 피고인이 乙에게서 제공받은 뇌물은 '보험계약 체결에 따라 모집수수료 등을 지급받을 수 있는 지위 또는 기회'이고, 재산적 가치는 적어도 보험계약 모집수수료 상당은 된다(대법원 2014.10.15, 2014도8113).
㉡ (○) 대법원 2009.1.30, 2008도6950; 2011.4.14, 2010도12313; 2014.9.4, 2011도14482 등
㉢ (○) 제반 사정에 비추어 甲은 법령의 근거에 기하여 국가 등의 사무에 종사하는 형법상 공무원이라고 보기 어렵다(대법원 2015.5.29, 2015도3430).
㉣ (✕) 뇌물죄는 공여자의 출연에 의한 수뢰자의 영득의사의 실현으로서, 공여자의 특정은 직무행위와 관련이 있는 이익의 부담 주체라는 관점에서 파악하여야 할 것이므로, 금품이나 재산상 이익 등이 반드시 공여자와 수뢰자 사이에 직접 수수될 필요는 없다(대법원 2008.6.12, 2006도8568 참조). 뇌물공여자가 공무원인 뇌물수수자가 제공한 명단 기재 대상자들에게 택배를 이용하여 뇌물수수자의 명의로 새우젓을 선물발송한 경우, (원심은 뇌물수수자가 선물수령자들에 대한 관계에서 이전에도 개인적 부담으로 선물 등을 보내왔다거나 선물을 보낼 것이 예정되어 있었는데 뇌물공여자로 하여금 대신 선물을 보내도록 하여 자신의 부담을 면하게 된 사정이 증명되지 않았으므로 사회통념상 뇌물수수자가 직접 새우젓을 받은 것과 같이 평가할 수 없다고 보아 무죄로 판단하였으나) 뇌물공여자는 뇌물수수자가 지정한 자들에게 뇌물수수자의 이름으로 새우젓에 대한 배송업무를 대신하여 주었을 뿐이고 새우젓을 받은 사람들은 보낸 사람을 뇌물수수자로 인식하였으며, 뇌물공여자와 뇌물수수자 사이에 새우젓 제공에 관한 의사합치가 존재하고 위와 같은 제공방법에 관하여 뇌물수수자가 양해하였다고 보이므로, 이로써 뇌물공여자의 새우젓 출연에 의하여 뇌물수수자의 영득의사가 실현되어 단순뇌물공여죄 및 수수죄가 성립한다고 보아야 한다(대법원 2020.9.24, 2017도12389).
㉤ (○) 금품이나 이익 전부에 관하여 뇌물수수죄의 공동정범이 성립한 이후에 뇌물이 실제로 공동정범인 공무원 또는 비공무원 중 누구에게 귀속되었는지는 이미 성립한 뇌물수수죄에 영향을 미치지 않는다. 공무원과 비공무원이 사전에 뇌물을 비공무원에게 귀속시키기로 모의하였거나 뇌물의 성질상 비공무원이 사용하거나 소비할 것이라고 하더라도 이러한 사정은 뇌물수수죄의 공동정범이 성립한 이후 뇌물의 처리에 관한 것에 불과하므로 뇌물수수죄가 성립하는 데 영향이 없다(대법원 2019.8.29, 2018도13792 전원합의체).
㉥ (○) 피고인의 욕설과 소란으로 인해 정상적인 민원 상담이 이루어지지 아니하고 다른 민원 업무 처리에 장애가 발생하는 상황이 지속되자 피고인을 사무실 밖으로 데리고 나간 공무원의

행위는 민원 안내 업무와 관련된 일련의 직무수행으로 포괄하여 파악하여야 하고, 담당 공무원이 피고인을 사무실 밖으로 데리고 나가는 과정에서 피고인의 팔을 잡는 등 다소의 물리력을 행사하였다고 하더라도 이는 피고인의 불법행위를 사회적 상당성이 있는 방법으로 저지한 것에 불과하므로 위법하다고 볼 수 없으므로, 피고인의 행위는 공무집행방해죄가 성립한다(대법원 2022.3.17, 2021도13883).

08

③ ㉠㉡㉣㉤
㉠ (✕) 여기에서의 제3자란 행위자와 공동정범 이외의 자를 말한다(대법원 2006.6.15, 2004도756; 2012.12.27, 2012도11200).
㉡ (✕) 공무원이 아닌 사람(이하 '비공무원')이 공무원과 공동가공의 의사와 이를 기초로 한 기능적 행위지배를 통하여 공무원의 직무에 관하여 뇌물을 수수하는 범죄를 실행하였다면 공무원이 직접 뇌물을 받은 것과 동일하게 평가할 수 있으므로 공무원과 비공무원에게 형법 제129조 제1항에서 정한 뇌물수수죄의 공동정범이 성립한다. 형법은 제130조에서 제129조 제1항 뇌물수수죄와는 별도로 공무원이 그 직무에 관하여 뇌물공여자로 하여금 제3자에게 뇌물을 공여하게 한 경우에는 부정한 청탁을 받고 그와 같은 행위를 한 때에 뇌물수수죄와 법정형이 동일한 제3자뇌물수수죄로 처벌하고 있다. 제3자뇌물수수죄에서 뇌물을 받는 제3자가 뇌물임을 인식할 것을 요건으로 하지 않는다. 그러나 공무원이 뇌물공여자로 하여금 공무원과 뇌물수수죄의 공동정범 관계에 있는 비공무원에게 뇌물을 공여하게 한 경우에는 공동정범의 성질상 공무원 자신에게 뇌물을 공여하게 한 것으로 볼 수 있다. 공무원과 공동정범 관계에 있는 비공무원은 제3자뇌물수수죄에서 말하는 제3자가 될 수 없고, 공무원과 공동정범 관계에 있는 비공무원이 뇌물을 받은 경우에는 공무원과 함께 뇌물수수죄의 공동정범이 성립하고 제3자뇌물수수죄는 성립하지 않는다(대법원 2019.8.29, 2018도13792 전원합의체).
[보충] 뇌물수수죄의 공범들 사이에 직무와 관련하여 금품이나 이익을 수수하기로 하는 명시적 또는 암묵적 공모관계가 성립하고 공모 내용에 따라 공범 중 1인이 금품이나 이익을 주고받았다면, 특별한 사정이 없는 한 이를 주고받은 때 그 금품이나 이익 전부에 관하여 뇌물수수죄의 공동정범이 성립하고, 금품이나 이익의 규모나 정도 등에 대하여 사전에 서로 의사의 연락이 있거나 금품 등의 구체적 금액을 공범이 알아야 공동정범이 성립하는 것은 아니다. 금품이나 이익 전부에 관하여 뇌물수수죄의 공동정범이 성립한 이후에 뇌물이 실제로 공동정범인 공무원 또는 비공무원 중 누구에게 귀속되었는지는 이미 성립한 뇌물수수죄에 영향을 미치지 않는다. 공무원과 비공무원이 사전에 뇌물을 비공무원에게 귀속시키기로 모의하였거나 뇌물의 성질상 비공무원이 사용하거나 소비할 것이라고 하더라도 이러한 사정은 뇌물수수죄의 공동정범이 성립한 이후 뇌물의 처리에 관한 것에 불과하므로 뇌물수수죄가 성립하는 데 영향이 없다(대법원 2019.8.29, 2018도13792 전원합의체).
㉢ (○) 횡령으로 인한 특정범죄 가중처벌 등에 관한 법률 위반(국고등손실)죄는 회계관계직원이라는 지위에 따라 형법상 횡령죄 또는 업무상횡령죄에 대한 가중처벌을 규정한 것으로서 신분관계로 인한 형의 경중이 있는 것이다(대법원 2020.10.29, 2020도3972).

[보충] 피고인이 국가정보원장 등과 공모하여 국가정보원장 특별사업비에 대한 국고손실 범행을 저질러 그에게 특정범죄 가중처벌 등에 관한 법률 위반(국고등손실)죄가 성립한다고 하더라도, 피고인은 회계관계직원 또는 국가정보원장 특별사업비의 업무상 보관자가 아니므로 형법 제355조 제1항의 횡령죄에 정한 형으로 처벌된다.

[참고] 다스 자금 횡령 및 삼성그룹 뇌물수수 등의 혐의로 기소된 이명박 전 대통령에게 징역 17년, 벌금 130억 원, 추징금 57억 8000여만 원의 중형이 확정된 대법원 판례이다.

ⓔ (×) 단순히 실제 업주라고 허위로 진술하는 것만으로는 부족하고 게임장 등의 운영 경위, 자금 출처, 게임기 등의 구입 경위, 점포의 임대차계약 체결 경위 등에 관해서까지 적극적으로 허위로 진술하거나 허위 자료를 제시하여 그 결과 수사기관이 실제 업주를 발견 또는 체포하는 것이 곤란 내지 불가능하게 될 정도에까지 이른 것으로 평가될 수 있어야 범인도피죄를 구성한다고 할 것이다(대법원 2010.1.28, 2009도10709 등 참조). … 피고인 2의 진술은 이미 수사기관과 법원에서 믿지 않았던 내용을 다시 반복하여 진술한 것에 불과하므로, 객관적으로 볼 때 피고인 2의 위와 같은 허위 진술로 인하여 수사기관이 실제 업주인 피고인 1 등을 발견 또는 체포하는 것이 곤란 내지 불가능하게 될 정도에까지 이른 것으로 쉽게 평가하기는 어렵다고 보인다(대법원 2013.1.10, 2012도13999).

ⓜ (×) 피고인의 변호인 접견교통권 행사가 그 한계를 일탈한 규율위반행위에 해당하더라도 그 행위가 위계공무집행방해죄의 '위계'에 해당하려면 행위자가 상대방에게 오인, 착각, 부지를 일으키게 하여 그 오인, 착각, 부지를 이용함으로써 상대방이 이에 따라 그릇된 행위나 처분을 하여야만 한다. 만약 그러한 행위가 구체적인 직무집행을 저지하거나 현실적으로 곤란하게 하는 데까지는 이르지 않은 경우에는 위계에 의한 공무집행방해죄로 처벌할 수 없다(대법원 2009.4.23, 2007도1554 등). 접견 변호사들이 미결수용자인 피고인의 개인적인 업무나 심부름을 위해 접견신청행위를 한 후 피고인과 소송서류 이외의 서류를 주고받고 피고인의 개인적인 연락업무 등을 수행한 것은 교도관들에 대한 위계에 해당한다거나 그로 인해 교도관의 직무집행이 구체적이고 현실적으로 방해되었다고 할 수 없으므로, 피고인이 지시한 접견이 접견교통권의 남용에 해당할 수는 있겠지만 위계공무집행방해죄를 구성하지는 않는다(대법원 2022. 6.30, 2021도244).

[보충] 헌법이 접견교통권을 기본권으로 보장하는 취지 및 관계 법령들의 규정들을 종합하여 보면, 미결수용자와 변호인 사이의 접견교통권은 최대한 보장되어야 하고 법령의 구체적인 근거가 없는 한 이를 함부로 제한할 수 없다. 미결수용자의 변호인이 교도관에게 변호인 접견을 신청하는 경우 미결수용자의 형사 사건에 관하여 변호인이 구체적으로 어떠한 변호 활동을 하는지, 실제 변호를 할 의사가 있는지 여부 등은 교도관의 심사대상이 되지 않는다.

09

정답 ④

④ (×) 벌금형에 따르는 노역장 유치는 실질적으로 자유형과 동일하므로, 그 집행에 대하여는 자유형의 집행에 관한 규정이 준용된다(형사소송법 제492조). 구금되지 아니한 당사자에 대하여 형의 집행기관인 검사는 그 형의 집행을 위하여 이를 소환

할 수 있으나, 당사자가 소환에 응하지 아니한 때에는 형집행장을 발부하여 이를 구인할 수 있는데(형사소송법 제473조), 이 경우의 형집행장의 집행에 관하여는 형사소송법 제1편 제9장에서 정하는 피고인의 구속에 관한 규정이 준용된다(형사소송법 제475조). 그리하여 사법경찰관리가 벌금형을 받은 이를 그에 따르는 노역장 유치의 집행을 위하여 구인하려면 검사로부터 발부받은 형집행장을 상대방에게 제시하여야 하지만(형사소송법 제85조 제1항), 형집행장을 소지하지 아니한 경우에 급속을 요하는 때에는 상대방에 대하여 형집행 사유와 형집행장이 발부되었음을 고하고 집행할 수 있고(형사소송법 제85조 제3항), 여기서 형집행장의 제시 없이 구인할 수 있는 '급속을 요하는 때'란 애초 사법경찰관리가 적법하게 발부된 형집행장을 소지할 여유가 없이 형집행의 상대방을 조우한 경우 등을 가리킨다. 이때 사법경찰관리가 벌금 미납으로 인한 노역장 유치의 집행의 상대방에게 형집행 사유와 더불어 벌금 미납으로 인한 지명수배 사실을 고지하였더라도 특별한 사정이 없는 한 그러한 고지를 형집행장이 발부되어 있는 사실도 고지한 것이라거나 형집행장이 발부되어 있는 사실까지도 포함하여 고지한 것이라고 볼 수 없으므로, 이와 같은 사법경찰관리의 직무집행은 적법한 직무집행에 해당한다고 할 수 없다. … 피고인에 대하여 확정된 벌금형의 집행을 위하여 형집행장이 이미 발부되어 있었으나, 갑이 피고인을 구인하는 과정에서 형집행장이 발부되어 있는 사실은 고지하지 않았던 사정에 비추어 갑의 위와 같은 직무집행은 위법하다고 보아야 하므로, 공소사실을 무죄로 판단한 원심판결은 정당하다(대법원 2017.9.26, 2017도9458).

① (○) 구 국적법 제3조 제1호는 대한민국 국적의 법정 취득 사유로 '대한민국 국민의 처가 된 자'를 정하고 있다. 여기서 '대한민국 국민의 처가 된 자'에 해당하려면 대한민국 국민인 남자와 혼인한 배우자로서 당사자 사이에 혼인의 합의, 즉 사회관념상 부부라고 인정되는 정신적·육체적 결합을 생기게 할 의사의 합치가 있어야 한다. 그런데 외국인 여자가 대한민국에 입국하여 취업 등을 하기 위한 방편으로 대한민국 국민인 남자와 혼인신고를 하였더라도 위와 같은 혼인의 합의가 없다면 구 국적법 제3조 제1호에서 정한 '대한민국 국민의 처가 된 자'에 해당하지 않으므로 대한민국 국적을 취득할 수 없다. 구 국적법 제3조 제1호에 따라 대한민국 국적을 취득하지 않았는데도 대한민국 국적을 취득한 것처럼 인적 사항을 기재하여 대한민국 여권을 발급받은 다음 이를 출입국심사 담당공무원에게 제출하였다면 위계로써 출입국심사업무에 관한 정당한 직무를 방해함과 동시에 부실의 사실이 기재된 여권을 행사한 것으로 볼 수 있다(대법원 2022.4.28, 2020도12239).

[유사판례] 중국 국적의 피고인이 허무인의 인적사항으로 가장 혼인하여 구 국적법 제3조 제1호에 따라 대한민국 국적을 취득한 것처럼 행세하여 대한민국 국민으로서 허무인의 인적사항이 기재된 대한민국 여권을 발급받아 이를 출입국시 출입국심사 담당공무원에게 제출한 행위도 부실기재 여권행사죄와 출입국관리법위반죄에 해당한다(대법원 2022.4.28, 2019도9177).

② (○) 도로교통법 제44조 제2항은 경찰공무원은 교통의 안전과 위험방지를 위하여 필요하다고 인정하거나 술에 취한 상태에서 자동차등을 운전하였다고 인정할 만한 상당한 이유가 있는 때에는 운전자가 술에 취하였는지의 여부를 호흡조사에 의하여 측정할 수 있고, 이 경우 운전자는 경찰공무원의 측정에 응하여야 한다고 규정한다. 음주운전 신고를 받고 출동한 경찰관이 만

취한 상태로 시동이 걸린 차량 운전석에 앉아있는 피고인을 발견하고 음주측정을 위해 하차를 요구함으로써 도로교통법 제44조 제2항이 정한 음주측정에 관한 직무에 착수하였다고 할 것이고, 피고인이 차량을 운전하지 않았다고 다투자 경찰관이 지구대로 가서 차량 블랙박스를 확인하자고 한 것은 음주측정에 관한 직무 중 '운전' 여부 확인을 위한 임의동행 요구에 해당하고, 피고인이 차량에서 내리자마자 도주한 것을 임의동행 요구에 대한 거부로 보더라도, 경찰관이 음주측정에 관한 직무를 계속하기 위하여 피고인을 '추격하여 도주를 제지'한 것은 앞서 본 바와 같이 도로교통법상 음주측정에 관한 일련의 직무집행 과정에서 이루어진 행위로써 정당한 직무집행에 해당한다(대법원 2020.8.20, 2020도7193).

③ (○) 형법 제136조에서 정한 공무집행방해죄는 직무를 집행하는 공무원에 대하여 폭행 또는 협박한 경우에 성립하는 범죄로서 여기서의 폭행은 사람에 대한 유형력의 행사로 족하고 반드시 그 신체에 대한 것임을 요하지 아니하며, 또한 추상적 위험범으로서 구체적으로 직무집행의 방해라는 결과발생을 요하지도 아니한다. 한편 공무집행방해죄에서 '직무를 집행하는'이란 공무원이 직무수행에 직접 필요한 행위를 현실적으로 행하고 있는 때만을 가리키는 것이 아니라 공무원이 직무수행을 위하여 근무 중인 상태에 있는 때를 포괄하고, 직무의 성질에 따라서는 직무수행의 과정을 개별적으로 분리하여 부분적으로 각각의 개시와 종료를 논하는 것이 부적절하고 여러 종류의 행위를 포괄하여 일련의 직무수행으로 파악함이 상당한 경우가 있다. … 제반 사정을 종합하면 피고인이 손으로 乙의 가슴을 밀칠 당시 乙은 112 신고처리에 관한 직무 내지 순찰근무를 수행하고 있었고, 이와 같이 공무를 집행하고 있는 乙의 가슴을 밀치는 행위는 공무원에 대한 유형력의 행사로서 공무집행방해죄에서 정한 폭행에 해당한다(대법원 2018.3.29, 2017도21537).

10 　　정답 ②

② (○) 징벌사유에 해당하는 행위를 하였다고 의심할 만한 상당한 이유가 있는 수용자에 대하여 조사가 필요한 경우라 하더라도, 특히 그 수용자에 대한 조사거실에의 분리 수용은 형의 집행 및 수용자의 처우에 관한 법률 제110조 제1항의 각 호에 따라 그 수용자가 증거를 인멸할 우려가 있는 때 또는 다른 사람에게 위해를 끼칠 우려가 있거나 다른 수용자의 위해로부터 보호할 필요가 있는 때에 한하여 인정된다(대법원 2014.9.25, 2013도1198).

① (×) 수용자에게 부착물의 내용, 부착의 경위 등에 비추어 교정시설의 소장에 의하여 허용된 범위를 넘은 부착 행위를 하게 된 정당한 사유가 인정되는 등의 특별한 사정이 없는 한, 교정시설의 소장에 의하여 허용된 범위를 넘어 사진 또는 그림 등을 부착한 수용자에 대하여 교도관이 부착물의 제거를 지시한 행위는 수용자가 복종하여야 할 직무상 지시로서 적법한 직무집행이라고 보아야 한다(대법원 2014.9.25, 2013도1198).

③ (×) 특별한 사정이 없는 한 정당한 직무집행 행위에 속한다(대법원 2014.2.13, 2011도10625).

④ (×) 정당한 사유 없이 보도에 천막을 설치하여 교통에 지장을 끼치는 등 도로법 제45조에 규정된 금지행위를 하는 데 대하여 도로 관리청 소속 공무원이 도로 관리의 목적으로 이를 제지하고 시설물의 설치를 완성하지 못하도록 막는 등의 행위는 도로

의 본래 목적을 달성하도록 하기 위한 합리적 상당성이 있는 조치로서 포괄적인 도로관리권의 행사 범주에 속하므로, 도로관리권에 근거한 공무집행을 하는 공무원에 대하여 폭행 등을 가한 피고인의 행위는 공무집행방해죄를 구성한다고 해야 한다(대법원 2014.2.13, 2011도10625).

11 　　정답 ④

④ ㉠㉡㉢

㉠ (○) 지방의회 의원으로서 지방의회의 의장을 선택할 권한을 부여받은 피고인들이 ○○○를 의장으로 선택하기로 정치적 합의를 하고, 그 합의의 이행을 관철하기 위하여 일정한 투표방법을 고안하여 각자 실행하기로 한 것을 가리켜, 그것이 과연 정치적으로 정당하거나 바람직한 것인지 여부에 관한 평가는 별론으로 하더라도, 임시의장의 위 직무집행에 대한 관계에서 금지된 행위를 실행한 것으로 단정할 수는 없다. 지방의회 의원들이 사전에 서로 합의한 방식대로 투표행위를 한 것만으로는, 무기명투표원칙에 반하는 전형적인 행위 즉 투표 과정이나 투표 이후의 단계에서 타인의 투표내용을 알려는 행위라거나 자신의 투표내용을 공개하는 것 또는 타인에게 투표의 공개를 요구하는 행위로 평가하기는 어렵기 때문이다(대법원 2021.4.29, 2018도18582).

㉡ (○) 법령에서 일정한 행위를 금지하면서 이를 위반하는 행위에 대한 벌칙을 정하고 공무원으로 하여금 금지규정의 위반 여부를 감시·단속하도록 한 경우 공무원에게는 금지규정 위반행위의 유무를 감시하여 확인하고 단속할 권한과 의무가 있으므로 구체적이고 현실적으로 감시·단속 업무를 수행하는 공무원에 대하여 위계를 사용하여 업무집행을 못하게 하였다면 위계에 의한 공무집행방해죄가 성립하지만, 단순히 공무원의 감시·단속을 피하여 금지규정을 위반한 것에 지나지 않는다면 그에 대하여 벌칙을 적용하는 것은 별론으로 하고 그 행위가 위계에 의한 공무집행방해죄에 해당한다고 할 수 없다. (또한) 관리자에 의해 출입이 통제되는 건조물에 관리자의 승낙을 받아 건조물에 통상적인 출입방법으로 들어갔다면, 이러한 승낙의 의사표시에 기망이나 착오 등의 하자가 있더라도 특별한 사정이 없는 한 형법 제319조 제1항에서 정한 건조물침입죄가 성립하지 않는다. 이러한 경우 관리자의 현실적인 승낙이 있었으므로 가정적·추정적 의사는 고려할 필요가 없다. 단순히 승낙의 동기에 착오가 있다고 해서 승낙의 유효성에 영향을 미치지 않으므로, 관리자가 행위자의 실제 출입 목적을 알았더라면 출입을 승낙하지 않았을 사정이 있더라도 건조물침입죄가 성립한다고 볼 수 없다. 나아가 관리자의 현실적인 승낙을 받아 통상적인 출입방법에 따라 건조물에 들어간 경우에는 출입 당시 객관적·외형적으로 드러난 행위태양에 비추어 사실상의 평온상태를 해치는 모습으로 건조물에 들어간 것이라고 평가할 수도 없다(대법원 2022.3.31, 2018도15213).

㉢ (○) 수사기관이 범죄사건을 수사함에 있어서는 피의자나 피의자로 자처하는 자 또는 참고인의 진술여하에 불구하고 피의자를 확정하고 그 피의사실을 인정할 만한 객관적인 제반증거를 수집 조사하여야 할 권리와 의무가 있는 것이라고 할 것이므로 피의자나 참고인이 아닌 자가 자발적이고 계획적으로 피의자를 가장하여 수사기관에 대하여 허위사실을 진술하였다 하여 바로 이를 위계에 의한 공무집행방해죄가 성립된다고 할 수 없다(대

법원 1977.2.8, 76도3685).

ⓔ (×) 신청인이 업무담당자에게 허위의 주장을 하면서 이에 부합하는 허위의 소명자료를 첨부하여 제출한 경우, 그 수리 여부를 결정하는 업무담당자가 관계 규정이 정한 바에 따라 그 요건의 존부에 관하여 나름대로 충분히 심사를 하였으나 신청사유 및 소명자료가 허위임을 발견하지 못하여 그 신청을 수리하게 될 정도에 이르렀다면, 이는 업무담당자의 불충분한 심사가 아니라 신청인의 위계행위에 의한 것으로서 위계에 의한 공무집행방해죄가 성립한다(대법원 2009.2.26, 2008도11862).

ⓜ (×) 위계에 의한 공무집행방해죄에서 '위계'라 함은 행위자의 행위목적을 이루기 위하여 상대방에게 오인, 착각, 부지를 일으키게 하여 그 오인, 착각, 부지를 이용하는 것으로서, 상대방이 이에 따라 그릇된 행위나 처분을 하여야만 위 죄가 성립한다. 만약 그러한 행위가 구체적인 직무집행을 저지하거나 현실적으로 곤란하게 하는 데까지는 이르지 않은 경우에는 위계에 의한 공무집행방해죄로 처벌할 수 없다(대법원 2009.4.23, 2007도1554 등). … 원심은 피고인이 2007.12.24. 허위의 사실이 기재된 귀화허가신청서를 담당공무원에게 제출하여 접수되게 함으로써 귀화허가에 관한 공무집행을 방해하는 상태가 초래된 이상 위계에 의한 공무집행방해죄가 기수 및 종료에 이르렀다고 판단하였으나, … 피고인이 허위사실이 기재된 귀화허가신청서를 담당공무원에게 제출하여 그에 따라 귀화허가업무를 담당하는 행정청이 그릇된 행위나 처분을 하여야만 위계에 의한 공무집행방해죄가 기수 및 종료에 이른다고 할 것이고, 한편 단지 허위사실이 기재된 귀화허가신청서를 제출하여 접수되게 한 사정만으로는 구체적인 직무집행을 저지하거나 현실적으로 곤란하게 하는 데까지 이르렀다고 단정할 수 없다(대법원 2017.4.27, 2017도2583).

12

① (×), ② (○), ③ (○) 형법 제140조 제1항이 정한 공무상표시무효죄 중 '공무원이 그 직무에 관하여 실시한 압류 기타 강제처분의 표시를 기타 방법으로 그 효용을 해하는 것'이란 손상 또는 은닉 이외의 방법으로 그 표시 자체의 효력을 사실상으로 감쇄 또는 멸각시키는 것을 의미하는 것이지, 그 표시의 근거인 처분의 법률상 효력까지 상실케 한다는 의미는 아니다(이상 ①번의 해설, 따라서 ①번 지문이 틀림). 집행관이 유체동산을 가압류하면서 이를 채무자에게 보관하도록 한 경우 그 가압류의 효력은 압류된 물건의 처분행위를 금지하는 효력이 있으므로, 채무자가 가압류된 유체동산을 제3자에게 양도하고 그 점유를 이전한 경우, 이는 가압류집행이 금지하는 처분행위로서, 특별한 사정이 없는 한 가압류표시 자체의 효력을 사실상으로 감쇄 또는 멸각시키는 행위에 해당한다(이상 ②번의 해설). 이는 채무자와 양수인이 가압류된 유체동산을 원래 있던 장소에 그대로 두었더라도 마찬가지이다(이상 ③번의 해설)(대법원 2018.7.11, 2015도5403).

④ (○) 범인도피죄는 타인을 도피하게 하는 경우에 성립할 수 있는데, 여기에서 타인에는 공범도 포함되나 범인 스스로 도피하는 행위는 처벌되지 않는다. 또한 공범 중 1인이 그 범행에 관한 수사절차에서 참고인 또는 피의자로 조사받으면서 자기의 범행을 구성하는 사실관계에 관하여 허위로 진술하고 허위 자료를 제출하는 것은 자신의 범행에 대한 방어권 행사의 범위를

벗어난 것으로 볼 수 없다. 이러한 행위가 다른 공범을 도피하게 하는 결과가 된다고 하더라도 범인도피죄로 처벌할 수 없다(이상 ④번의 해설). 이때 공범이 이러한 행위를 교사하였더라도 범죄가 될 수 없는 행위를 교사한 것에 불과하여 범인도피교사죄가 성립하지 않는다(대법원 2018.8.1, 2015도20396).

13

④ ㉠㉢

㉠ (○) 범인도피죄는 범인에 대한 수사·재판 및 형의 집행 등 형사사법의 작용을 곤란 또는 불가능하게 하는 행위를 말하는 것으로서 그 방법에는 어떠한 제한이 없고, 또 이는 위험범으로서 현실적으로 형사사법의 작용을 방해하는 결과가 초래될 것이 요구되지는 아니한다(대법원 1995.3.3, 93도3080; 2000.11.24, 2000도4078).

㉡ (×) 법원이 선고기일에 피고인에 대하여 실형을 선고하면서 구속영장을 발부하는 경우 검사가 법정에 재정하여 법원으로부터 구속영장을 전달받아 집행을 지휘하고, 그에 따라 피고인이 피고인 대기실로 인치되었다면 다른 특별한 사정이 없는 한 피고인은 형법 제145조 제1항의 '법률에 의하여 체포 또는 구금된 자'에 해당한다(도주미수 인정, 대법원 2023.12.28, 2020도12586).

[보충] 형사소송법은 재판의 집행 일반에 관하여 재판의 성질상 법원 또는 법관이 지휘할 경우를 제외하면 재판을 한 법원에 대응한 검찰청 검사가 지휘한다고 정하면서(제460조 제1항), 구속영장(제81조 제1항 본문, 제209조), 체포영장(제81조 제1항 본문, 제200조의6), 압수·수색·검증영장(제115조 제1항 본문, 제219조)의 집행 등에 관하여도 검사의 지휘에 의하여 집행한다고 규정하고 있다. 따라서 검사가 법정에서 법원으로부터 구속영장을 전달받아 교도관 등으로 하여금 피고인을 인치하도록 하였다면 집행절차가 적법하게 개시되었다고 볼 수 있다. 또한 구속영장의 집행을 통하여 최종적으로 피고인에 대한 신병을 인계받아 구금을 담당하는 교도관이 법정에서 곧바로 피고인에 대한 신병을 확보하였다면 구속의 목적이 적법하게 달성된 것으로 볼 수 있다.

㉢ (○) 범인도피죄는 형사사법에 관한 국권의 행사를 방해하는 자를 처벌하고자 하는 것이므로, 범인도피죄의 객체인 '죄를 범한 자'라 함은 범죄의 혐의를 받아 수사 대상이 되어 있는 자를 포함한다(대법원 1982.1.26, 81도1931).

㉣ (×) 범인이 자신을 위하여 타인으로 하여금 허위의 자백을 하게 하여 범인도피죄를 범하게 하는 행위는 방어권의 남용으로 범인도피교사죄에 해당하는바, 이 경우 그 타인이 형법 제151조 제2항에 의하여 처벌을 받지 아니하는 친족 또는 동거의 가족에 해당한다 하여 달리 볼 것은 아니므로, 이 경우 범인도피교사죄를 구성한다(대법원 2006.12.7, 2005도3707).

14

② (○) 형법 제151조가 정한 범인도피죄에서 '도피하게 하는 행위'란 은닉 이외의 방법으로 범인에 대한 수사, 재판 및 형의 집행 등 형사사법의 작용을 곤란하게 하거나 불가능하게 하는 일체의 형사사법의 작용을 말한다(대법원 2008.12.24, 2007도11137 등 참조). 한편 범인 스스로 도피하는 행위는 처벌되지 아니하는 것이므로(따라서 ①번은 틀림), 범인이 도피를 위하여 타인에게 도움

을 요청하는 행위 역시 도피행위의 범주에 속하는 한 처벌되지 아니하는 것이며, 범인의 요청에 응하여 범인을 도운 타인의 행위가 범인도피죄에 해당한다고 하더라도 마찬가지이다(따라서 ②번이 맞음). 다만 범인이 타인으로 하여금 허위의 자백을 하게 하는 등으로 범인도피죄를 범하게 하는 경우와 같이 그것이 방어권의 남용으로 볼 수 있을 때에는 범인도피교사죄에 해당할 수 있다(따라서 ③번은 틀림)(대법원 2000.3.24, 2000도20 등 참조). 이 경우 방어권의 남용이라고 볼 수 있는지 여부는, 범인을 도피하게 하는 것이라고 지목된 행위의 태양과 내용, 범인과 행위자의 관계, 행위 당시의 구체적인 상황, 형사사법의 작용에 영향을 미칠 수 있는 위험성의 정도 등을 종합하여 판단하여야 할 것이다. … 피고인의 위 행위는 형사사법에 중대한 장애를 초래한다고 보기 어려운 통상적 도피의 한 유형으로 볼 여지가 충분하다(따라서 ④번은 틀림)(대법원 2014. 4.10, 2013도12079).

① (×) 범인도피죄는 타인을 도피하게 하는 경우에 성립할 수 있는데, 여기에서 타인에는 공범도 포함되나 범인 스스로 도피하는 행위는 처벌되지 않는다. 또한 공범 중 1인이 그 범행에 관한 수사절차에서 참고인 또는 피의자로 조사받으면서 자기의 범행을 구성하는 사실관계에 관하여 허위로 진술하고 허위 자료를 제출하는 것은 자신의 범행에 대한 방어권 행사의 범위를 벗어난 것으로 볼 수 없다. 이러한 행위가 다른 공범을 도피하게 하는 결과가 된다고 하더라도 범인도피죄로 처벌할 수 없다. 이때 공범이 이러한 행위를 교사하였더라도 범죄가 될 수 없는 행위를 교사한 것에 불과하여 범인도피교사죄가 성립하지 않는다(대법원 2018.8.1, 2015도20396).

15
정답 ④

④ (×) 증인이 1회 또는 수회의 기일에 걸쳐 이루어진 1개의 증인신문절차에서 허위의 진술을 하고 그 진술이 철회·시정된 바 없이 그대로 증인신문절차가 종료된 경우 그로써 위증죄는 기수에 달하고, 그 후 별도의 증인 신청 및 채택 절차를 거쳐 그 증인이 다시 신문을 받는 과정에서 종전 신문절차에서의 진술을 철회·시정한다 하더라도 그러한 사정은 형법 제153조가 정한 형의 감면사유에 해당할 수 있을 뿐, 이미 종결된 종전 증인신문절차에서 행한 위증죄의 성립에 어떤 영향을 주는 것은 아니다(대법원 2010.9.30, 2010도7525).

① (○) 형법 제152조 제1항과 제2항은 위증을 한 범인이 형사사건의 피고인 등을 '모해할 목적을 가지고 있었는가 아니면 그러한 목적이 없었는가 하는 범인의 특수한 상태의 차이에 따라 범인에게 과할 형의 경중을 구별하고 있으므로, 이는 바로 형법 제33조 단서 소정의 "신분관계로 인하여 형의 경중이 있는 경우"에 해당한다고 봄이 상당하다(대법원 1994.12.23, 93도1002).

② (○) 피고인에게 사실대로 진술할 기대가능성이 있으므로 위증죄가 성립한다(대법원 2008.10.23, 2005도10101).

③ (○) 대법원 1990.2.23, 89도1212

16
정답 ②

② ㄱㄴㄹ

ㄱ (○) 증거인멸죄는 타인의 형사사건 또는 징계사건에 관한 증거를 인멸하는 경우에 성립하는 것으로서, 피고인 자신이 직접 형사처분이나 징계처분을 받게 될 것을 두려워한 나머지 자기

의 이익을 위하여 그 증거가 될 자료를 인멸하였다면, 그 행위가 동시에 다른 공범자의 형사사건이나 징계사건에 관한 증거를 인멸한 결과가 된다고 하더라도 이를 증거인멸죄로 다스릴 수 없다(대법원 1995.9.29, 94도2608; 2013.11.28, 2011도5329).

ㄴ (○) 증거인멸죄에서 '증거'라 함은 타인의 형사사건 또는 징계사건에 관하여 수사기관이나 법원 또는 징계기관이 국가의 형벌권 또는 징계권의 유무를 확인하는 데 관계있다고 인정되는 일체의 자료를 의미하고, 타인에게 유리한 것이건 불리한 것이건 가리지 아니하며 또 증거가치의 유무 및 정도를 불문한다(대법원 2007.6.28, 2002도3600; 2013.11.28, 2011도5329).

ㄷ (×) 형법 제155조 제1항이 정한 증거위조죄에서의 '증거'에는 타인의 형사사건 또는 징계사건에 관하여 수사기관이나 법원 또는 징계기관이 국가의 형벌권 또는 징계권의 유무를 확인하는 데 관계있다고 인정되는 일체의 자료가 포함된다(대법원 2007.6.28, 2002도3600 등). 따라서 범죄 또는 징계사유의 성립 여부에 관한 것뿐만 아니라 형 또는 징계의 경중에 관계있는 정상을 인정함에 도움이 될 자료까지도 본조가 규정한 증거에 포함된다. (다만) 형법 제155조 제1항은 타인의 형사사건 또는 징계사건에 관한 증거를 인멸, 은닉, 위조 또는 변조하거나 위조 또는 변조한 증거를 사용한 자를 처벌하고 있고, 여기서의 '위조'란 문서에 관한 죄의 위조 개념과는 달리 새로운 증거의 창조를 의미한다(대법원 2007.6.28, 2002도3600 참조). 그러나 '사실의 증명을 위해 작성된 문서'가 그 사실에 관한 내용이나 작성 명의 등에 아무런 허위가 없다면 '증거위조'에 해당한다고 볼 수 없다. 가사 사실증명에 관한 문서가 형사사건 또는 징계사건에서 허위의 주장에 관한 증거로 제출되어 그 주장을 뒷받침하게 되더라도 마찬가지이다(대법원 2021.1.28, 2020도2642).

ㄹ (○) 참고인이 타인의 형사사건 등에 관하여 제3자와 대화를 하면서 허위로 진술하고 위와 같은 허위 진술이 담긴 대화 내용을 녹음한 녹음파일 또는 이를 녹취한 녹취록은 참고인의 허위진술 자체 또는 참고인 작성의 허위 사실확인서 등과는 달리 그 진술내용만이 증거자료로 되는 것이 아니고 녹음 당시의 현장음향 및 제3자의 진술 등이 포함되어 있어 그 일체가 증거자료가 된다고 할 것이므로, 이는 증거위조죄에서 말하는 '증거'에 해당한다. 또한 위와 같이 참고인의 허위 진술이 담긴 대화 내용을 녹음한 녹음파일 또는 이를 녹취한 녹취록을 만들어 내는 행위는 무엇보다도 그 녹음의 자연스러움을 뒷받침하는 현장성이 강하여 단순한 허위진술 또는 허위의 사실확인서 등에 비하여 수사기관 등을 그 증거가치를 판단함에 있어 오도할 위험성을 현저히 증대시킨다고 할 것이므로, 이러한 행위는 허위의 증거를 새로이 작출하는 행위로서 증거위조죄에서 말하는 '위조'에도 해당한다고 봄이 상당하다. 따라서 참고인이 타인의 형사사건 등에 관하여 제3자와 대화를 하면서 허위로 진술하고 위와 같은 허위 진술이 담긴 대화 내용을 녹음한 녹음파일 또는 이를 녹취한 녹취록을 만들어 수사기관 등에 제출하는 것은, 참고인이 타인의 형사사건 등에 관하여 수사기관에 허위의 진술을 하거나 이와 다를 바 없는 것으로서 허위의 사실확인서나 진술서를 작성하여 수사기관 등에 제출하는 것과는 달리, 증거위조죄를 구성한다(대법원 2013.12.26, 2013도8085,2013전도165).

17
정답 ④

④ ㄱㄴㄷㅂ

⊙ (O) 허위공문서작성죄에 있어서 직무에 관한 문서라 함은 공무원이 직무권한 내에서 작성하는 문서를 말하고, 그 문서는 대외적인 것이거나 내부적인 것을 구별하지 아니하며, 그 직무권한이 반드시 법률상 근거가 있음을 필요로 하는 것이 아니고 명령, 내규 또는 관례에 의한 직무집행의 권한으로 작성하는 경우라도 포함되는 것이다. … 국정원의 지시에 따라 국정원에서 파견된 영사가 수행하는 직무권한 범위 내에서 공무의 일환으로써 '주선양총영사관 피고인 3 명의'로 '2013.9.27.자 확인서 및 사실확인서'(제1심판결 판시 제1항)와 '2013.12.17.자 확인서'(제1심판결 판시 제5항)를 작성하였으므로, 위 각 확인서 등은 허위공문서작성죄의 객체가 되는 공문서에 해당한다.

[보충] ⊙~㉣의 지문은 소위 국정원 서울시 공무원 간첩 조작 사건에 대한 대법원 2015.10.29, 2015도9010 판결을 가지고 구성하였다.

ⓛ (O) 허위공문서작성죄에서 허위라 함은 표시된 내용과 진실이 부합하지 아니하여 그 문서에 대한 공공의 신용을 위태롭게 하는 경우를 말하는 것이고, 허위공문서작성죄는 허위공문서를 작성함에 있어 그 내용이 허위라는 사실을 인식하면 성립한다 할 것이다.

ⓒ (O) 공무원이 그 직무를 수행함에 있어 상관은 하관에 대하여 범죄행위 등 위법한 행위를 하도록 명령할 직권이 없는 것이며, 또한 하관은 소속 상관의 적법한 명령에 복종할 의무는 있으나 위와 같이 명백히 위법 내지 불법한 명령인 때에는 이는 벌써 직무상의 지시명령이라 할 수 없으므로 이에 따라야 할 의무는 없다.

㉣ (×) 타인의 형사사건 또는 징계사건에 관한 증거를 위조한 경우에 성립하는 형법 제155조 제1항의 증거위조죄에서 증거를 위조한다 함은 증거 자체를 위조함을 말하는 것이고, 참고인이 수사기관에서 허위의 진술을 하는 것은 여기에 포함되지 않는다. 한편 참고인이 타인의 형사사건 등에서 직접 진술 또는 증언하는 것을 대신하거나 그 진술 등에 앞서서 허위의 사실확인서나 진술서를 작성하여 수사기관 등에 제출하거나 또는 제3자에게 교부하여 제3자가 이를 제출한 것은 존재하지 않는 문서를 이전부터 존재하고 있는 것처럼 작출하는 등의 방법으로 새로운 증거를 창조한 것이 아닐뿐더러, 참고인이 수사기관에서 허위의 진술을 하는 것과 차이가 없으므로, 증거위조죄를 구성하지 않는다고 할 것이다.

㉤ (×) 피의자 등이 적극적으로 허위의 증거를 조작하여 제출하고 그 증거 조작의 결과 수사기관이 그 진위에 관하여 나름대로 충실한 수사를 하더라도 제출된 증거가 허위임을 발견하지 못할 정도에 이르렀다면, 이는 위계에 의하여 수사기관의 수사행위를 적극적으로 방해한 것으로서 위계에 의한 공무집행방해죄가 성립된다(대법원 2011.2.10, 2010도15986).

㉥ (O) 헌법 제12조 제2항은 '모든 국민은 형사상 자기에게 불리한 진술을 강요당하지 아니한다'고 규정하고 있고 형사소송법 제283조의2 제1항도 "피고인은 진술하지 아니하거나 개개의 질문에 대하여 진술을 거부할 수 있다."고 규정하고 있으므로, 공범인 공동피고인은 당해 소송절차에서는 피고인의 지위에 있어 다른 공동피고인에 대한 공소사실에 관하여 증인이 될 수 없으나, 소송절차가 분리되어 피고인의 지위에서 벗어나게 되면 다른 공동피고인에 대한 공소사실에 관하여 증인이 될 수 있다(대법원 2008.6.26, 2008도3300 등 참조). 따라서 증인신문절차에서 형사소송법 제160조에 정해진 증언거부권이 고지되었음에

도 불구하고 위 피고인이 자기의 범죄사실에 대하여 증언거부권을 행사하지 아니한 채 허위로 진술하였다면 위증죄가 성립된다고 할 것이다(대법원 2012.10.11, 2012도6848, 2012전도143; 2024.2.29, 2023도7528).

18

④ ㉣㉤

㉠ (O) 무고죄는 타인으로 하여금 형사처분이나 징계처분을 받게 할 목적으로 신고한 사실이 객관적 진실에 반하는 허위사실인 경우에 성립되는 범죄이므로 신고한 사실이 객관적 진실에 반하는 허위사실이라는 점에 관하여는 적극적인 증명이 있어야 하며, 신고사실의 진실성을 인정할 수 없다는 점만으로 곧 그 신고사실이 객관적 진실에 반하는 허위사실이라고 단정하여 무고죄의 성립을 인정할 수는 없고, 이는 수표금액의 지급 또는 거래정지처분을 면할 목적으로 금융기관에 거짓 신고를 하는 경우에 성립하는 부정수표 단속법 제4조 위반죄에서도 마찬가지이다(대법원 2014.2.13, 2011도15767).

㉡ (O) 타인에게 형사처분을 받게 할 목적으로 허위의 사실을 신고한 행위가 무고죄를 구성하기 위하여는 신고된 사실 자체가 형사처분의 원인이 될 수 있어야 할 것이어서, 가령 허위의 사실을 신고하였다 하더라도 그 사실 자체가 형사범죄로 구성되지 아니한다면 무고죄는 성립하지 아니한다(대법원 1992.10.13, 92도1799; 2007.4.13, 2006도558; 2013.9.26, 2013도6862).

[보충] 우선 임대차보증금이 있는 임대차계약에 있어 임대인은 임차인으로 하여금 목적물을 사용·수익하게 할 의무와 임대차가 종료한 경우 임대차보증금 중 연체차임 등 당해 임대차에 관하여 명도 시까지 생긴 임차인의 채무를 청산한 나머지 금액을 반환할 사법상의 의무만 있을 뿐, 임차인을 위하여 임대차보증금을 보관하거나 임차인의 사무를 처리하는 지위에 있지 아니하므로, 임대차보증금의 반환을 거부하였더라도 횡령죄나 배임죄가 성립하지 아니한다.

㉢ (O) 무고죄는 타인으로 하여금 형사처분 또는 징계처분을 받게 할 목적으로 공무소 또는 공무원에 대하여 허위의 사실을 신고하는 때에 성립하고, 무고죄에서 형사처분 또는 징계처분을 받게 할 목적은 허위신고를 함에 있어서 다른 사람이 그로 인하여 형사 또는 징계처분을 받게 될 것이라는 인식이 있으면 족하고 그 결과발생을 희망하는 것까지를 요하는 것은 아니므로, 고소인이 고소장을 수사기관에 제출한 이상 그러한 인식은 있었다고 보아야 한다(대법원 2014.3.13, 2012도2468).

㉣ (×) 피고인이 수사기관에 '甲이 민사사건 재판과정에서 위조된 확인서를 제출하였으니 처벌하여 달라'는 내용으로 허위 사실이 기재된 고소장을 제출하면서 '甲이 위조된 합의서도 제출하였다'는 취지로 기재하였으나, 고소보충 진술 시 확인서가 위조되었다는 점에 관하여만 진술한 경우, 피고인이 제출한 고소장에 '합의서도 도장을 찍은 바가 없으므로 위조 및 행사 여부를 가려주시기 바랍니다'라고 기재한 내용이 허위의 사실이라면 이 부분에 대해서도 '허위 사실을 신고한 것'으로 보아야 한다(대법원 2014.3.13, 2012도2468).

㉤ (×) 형법 제156조의 '징계처분'이란 공법상의 감독관계에서 질서유지를 위하여 과하는 신분적 제재를 말한다. 그런데 학교법인 등과 사립학교 교원의 관계는 원칙적으로 사법상 법률관계에 해당하므로, 학교법인 등의 사립학교 교원에 대한 인사권의

행사로서 징계 등 불리한 처분은 사법적 법률행위의 성격을 가진다. 한편 형벌법규의 해석은 엄격하여야 하고, 명문의 형벌법규의 의미를 피고인에게 불리한 방향으로 지나치게 확장해석하거나 유추해석하는 것은 죄형법정주의의 원칙에 어긋나는 것으로서 허용되지 않는다. 위와 같은 법리를 종합하여 보면, 사립학교 교원에 대한 학교법인 등의 징계처분은 형법 제156조의 '징계처분'에 포함되지 않는다고 해석함이 옳다(대법원 2014.7. 24, 2014도6377).

19　　　정답 ③

③ ㉢㉣

㉠ (×) 비록 외관상으로는 타인 명의의 고소장을 대리하여 작성하고 제출하는 형식으로 고소가 이루어진 경우라 하더라도 그 명의자는 고소의 의사가 없이 이름만 빌려준 것에 불과하고 명의자를 대리한 자가 실제 고소의 의사를 가지고 고소행위를 주도한 경우라면 그 명의자를 대리한 자를 신고자로 보아 무고죄의 주체로 인정하여야 할 것이다(대법원 2007.3.30, 2006도6017).

㉡ (×) 상대방의 범행에 공범으로 가담한 사람이 이를 숨긴 채 상대방을 고소한 경우라 하더라도 고소내용이 결국 상대방의 범행 부분에 관한 한 진실에 부합한다는 점에서 무고죄를 구성하지 않는다(대법원 2008.8.21, 2008도3754).

㉢ (○) 무고죄는 다른 사람으로 하여금 형사처분을 받게 할 목적으로 수사기관에 대하여 허위의 신고를 함으로써 성립하는 것이고 수사에 착수하였는지의 여부는 그 범죄의 성립에 영향을 주지 않는다(대법원 1983.9.27, 83도1975).

㉣ (○) 객관적으로 고소사실에 대한 공소시효가 완성되었더라도 고소를 제기하면서 마치 공소시효가 완성되지 아니한 것처럼 고소한 경우에는 국가기관의 직무를 그르칠 염려가 있으므로 무고죄를 구성한다(대법원 1995.12.5, 95도1908).

㉤ (×) 이러한 경우라면 차용금의 실제 용도는 사기죄의 성립 여부에 영향을 미치는 것으로서 고소사실의 중요한 부분이 되기 때문에 무고죄의 허위사실의 신고에 해당한다(대법원 2004.12.9, 2004도2212; 2011.9.8, 2011도3489; 2011.1.13, 2010도14028).

20　　　정답 ②

② ㉠㉢㉣

㉠ (○) 타인으로 하여금 형사처분 또는 징계처분을 받게 할 목적으로 공무소 또는 공무원에 대하여 허위의 사실을 신고하는 때에 무고죄가 성립한다(형법 제156조). 무고죄는 부수적으로 개인이 부당하게 처벌받거나 징계를 받지 않을 이익도 보호하나, 국가의 형사사법권 또는 징계권의 적정한 행사를 주된 보호법익으로 한다. 이에 타인에게 형사처분을 받게 할 목적으로 '허위의 사실'을 신고한 행위가 무고죄를 구성하기 위해서는 신고된 사실 자체가 형사처분의 대상이 될 수 있어야 하므로, 가령 허위의 사실을 신고하였더라도 신고 당시 그 사실 자체가 형사범죄를 구성하지 않으면 무고죄는 성립하지 않는다(대법원 2017. 5.30, 2015도15398).

㉡ (×) 허위로 신고한 사실이 무고행위 당시 형사처분의 대상이 될 수 있었던 경우에는 국가의 형사사법권의 적정한 행사를 그르치게 할 위험과 부당하게 처벌받지 않을 개인의 법적 안정성이 침해될 위험이 이미 발생하였으므로 무고죄는 기수에 이르고, 이후 그러한 사실이 형사범죄가 되지 않는 것으로 판례가

변경되었더라도 특별한 사정이 없는 한 이미 성립한 무고죄에는 영향을 미치지 않는다(대법원 2017.5.30, 2015도15398).

[보충] 여기서 판례가 변경된 부분은, 이 사건 고소와 조사 당시의 대법원 판례가 '채권담보로 부동산에 관한 대물변제예약을 체결한 채무자가 대물로 변제하기로 한 부동산을 처분한 경우 배임죄가 성립한다'고 보았으나(대법원 2000.12.8, 2000도4293 등), 대법원은 2014.8.21. 선고한 전원합의체 판결로 판례를 변경하여 위와 같은 경우에 배임죄가 성립하지 않는다(대법원 2014.8.21, 2014도3363 전원합의체)고 한 부분이다.

㉢ (○) 피해자임을 주장하는 자가 성폭행 등의 피해를 입었다고 신고한 사실에 대하여 증거불충분 등을 이유로 불기소처분되거나 무죄판결이 선고된 경우 반대로 이러한 신고내용이 객관적 사실에 반하여 무고죄가 성립하는지 여부를 판단할 때에도 마찬가지로 고려되어야 한다. 따라서 성폭행 등의 피해를 입었다는 신고사실에 관하여 불기소처분 내지 무죄판결이 내려졌다고 하여, 그 자체를 무고를 하였다는 적극적인 근거로 삼아 신고내용을 허위라고 단정하여서는 아니 됨은 물론, 개별적, 구체적인 사건에서 피해자임을 주장하는 자가 처하였던 특별한 사정을 충분히 고려하지 아니한 채 진정한 피해자라면 마땅히 이렇게 하였을 것이라는 기준을 내세워 성폭행 등의 피해를 입었다는 점 및 신고에 이르게 된 경위 등에 관한 변소를 쉽게 배척하여서는 아니 된다(대법원 2019.7.11, 2018도2614).

㉣ (○) 형법 제30조에서 정한 공동정범은 공동으로 범죄를 저지르려는 의사에 따라 공범자들이 협력하여 범행을 분담함으로써 범죄의 구성요건을 실현한 경우에 각자가 범죄 전체에 대하여 정범으로서의 책임을 지는 것이다. 이러한 공동정범이 성립하기 위해서는 주관적 요건으로서 공동가공의 의사와 객관적 요건으로서 공동의사에 의한 기능적 행위지배를 통한 범죄의 실행사실이 필요하고, 이때 공동가공의 의사는 공동의 의사로 특정한 범죄행위를 하기 위하여 일체가 되어 서로 다른 사람의 행위를 이용하여 자기의 의사를 실행에 옮기는 것을 내용으로 하는 것이어야 한다. 따라서 범죄의 실행에 가담한 사람이라고 할지라도 그가 공동의 의사에 따라 다른 공범자를 이용하여 실현하려는 행위가 자신에게는 범죄를 구성하지 않는다면, 특별한 사정이 없는 한 공동정범의 죄책을 진다고 할 수 없다. 형법 제156조에서 정한 무고죄는 타인으로 하여금 형사처분 또는 징계처분을 받게 할 목적으로 허위의 사실을 신고하는 것을 구성요건으로 하는 범죄이다. 자기 자신으로 하여금 형사처분 또는 징계처분을 받게 할 목적으로 허위의 사실을 신고하는 행위, 즉 자기 자신을 무고하는 행위는 무고죄의 구성요건에 해당하지 않아 무고죄가 성립하지 않는다. 따라서 자기 자신을 무고하기로 제3자와 공모하고 이에 따라 무고행위에 가담하였더라도 이는 자기 자신에게는 무고죄의 구성요건에 해당하지 않아 범죄가 성립할 수 없는 행위를 실현하고자 한 것에 지나지 않아 무고죄의 공동정범으로 처벌할 수 없다(대법원 2017.4.26, 2013도12592).

[보충] 소극적 신분자라 하더라도 소극적 신분이 없는 자의 범행에 가공한 경우에는 당해 범행의 공범이 성립한다. 이는 신분 없는 자가 신분자의 범행에 가공한 경우 당해 범행의 공범이 성립한다는 제33조 본문이 적용되기 때문이다. 그런데 무고죄는 누구든지 허위신고를 행함으로써 성립하는 일반범이지 신분범이 아니므로, 제33조는 적용되지 않는다.

㉤ (×) 형법 제157조, 제153조는 무고죄를 범한 자가 그 신고한

사건의 재판 또는 징계처분이 확정되기 전에 자백 또는 자수한 때에는 그 형을 감경 또는 면제한다고 하여 이러한 재판확정 전의 자백을 필요적 감경 또는 면제사유로 정하고 있다. 위와 같은 자백의 절차에 관해서는 아무런 법령상의 제한이 없으므로 그가 신고한 사건을 다루는 기관에 대한 고백이나 그 사건을 다루는 재판부에 증인으로 다시 출석하여 전에 그가 한 신고가 허위의 사실이었음을 고백하는 것은 물론 무고 사건의 피고인 또는 피의자로서 법원이나 수사기관에서의 신문에 의한 고백 또한 자백의 개념에 포함된다. 그리고 형법 제153조에서 정한 '재판이 확정되기 전'에는 피고인의 고소사건 수사 결과 피고인의 무고 혐의가 밝혀져 피고인에 대한 공소가 제기되고 피고소인에 대해서는 불기소결정이 내려져 재판절차가 개시되지 않은 경우도 포함된다(대법원 2018.8.1, 2018도7293; 2024.9.12, 2024도7400).

판례색인

판례색인

APPENDIX

MEMO